ACCESO GRATIS *a la Lectura en la Nube*

Para visualizar el libro electrónico en la nube de lectura envíe junto a su nombre y apellidos una fotografía del código de barras situado en la contraportada del libro y otra del ticket de compra a la dirección:

ebooktirant@tirant.com

En un máximo de 72 horas laborables le enviaremos el código de acceso con sus instrucciones.

TRATADO DE RESPONSABILIDAD PATRIMONIAL SANITARIA

Estudio de la jurisprudencia y doctrina legal

Procedimiento de selección de originales, ver página web:
www.tirant.net/index.php/editorial/procedimiento-de-seleccion-de-originales

TRATADO DE RESPONSABILIDAD PATRIMONIAL SANITARIA

Estudio de la jurisprudencia y doctrina legal

LUIS MANENT ALONSO
Director

tirant lo blanch
Valencia, 2024

EDITA: TIRANT LO BLANCH
C/ Artes Gráficas, 14 - 46010 - Valencia
TELFS.: 96/361 00 48 - 50
FAX: 96/369 41 51
Email: tlb@tirant.com
www.tirant.com
Librería virtual: www.tirant.es
DEPÓSITO LEGAL: V-3907-2024
ISBN: 978-84-1056-878-5

Si tiene alguna queja o sugerencia, envíenos un mail a: *atencioncliente@tirant.com*. En caso de no ser atendida su sugerencia, por favor, lea en *www.tirant.net/index.php/empresa/politicas-de-empresa* nuestro procedimiento de quejas.

Responsabilidad Social Corporativa: http://www.tirant.net/Docs/RSCTirant.pdf

Listado de autores

Luis Manent Alonso (dir.)
Juan Albero Valdés
Víctor Ernesto Alonso Prada
Felio José Bauzá Martorell
Mariángeles Berrocal Vela
Lucas Blanque Rey
David Blanquer Criado
Patricia Boix Mañó
Juan Antonio Carrillo Donarie
Ricardo De Lorenzo y Montero
Enrique Fliquete Lliso
María del Rosario Forján Rioja
José Antonio García-Trevijano Garnica
Vicente Garrido Mayol
Ignacio Granado Hijelmo
Leopoldo Gómez Zamora
Santiago González-Varas Ibáñez
Yolanda Hernández Villalón
Isabel Hurtado Díaz-Guerra
María Maldonado Araque
Juan María Martínez Otero
Tomás Navalpotro Ballesteros
Jorge Ortillés Buitrón
Nuria Portell Salom
Sonia Ramos González
Enrique Soler Santos
Alicia Tajuelo Castilla
Rosa María Vidal Monferrer
Carlos Yánez Díaz

Al Consejo de Estado y los Consejos Consultivos y Comisiones Jurídicas Asesoras de las Comunidades Autónomas

Índice

Capítulo 2

Origen y evolución de la responsabilidad patrimonial

ENRIQUE SOLER SANTOS
Letrado de la Comunidad de Madrid
Letrado de la Junta de Andalucía (exc.)
Letrado de la Junta de Comunidades de Castilla-La Mancha (exc.)

Capítulo 3

Evolución de la responsabilidad civil de los médicos y centros hospitalarios y patrimonial de la Administración Sanitaria

MARÍA MALDONADO ARAQUE
Letrada de la Administración Sanitaria de la Junta de Andalucía
Letrada de la Junta de Comunidades de Castilla-La Mancha

PARTE II
SUJETOS Y OBJETO DE LA RESPONSABILIDAD PATRIMONIAL SANITARIA

Capítulo 4

El reclamante en la responsabilidad patrimonial sanitaria

LUIS MANENT ALONSO
Abogado de la Generalitat
Letrado del Consell Jurídic Consultiu de la Comunitat Valenciana (2019-2021)
YOLANDA HERNÁNDEZ VILLALÓN
Letrada del Tribunal Supremo
Letrada de la Comunidad de Madrid
JUAN ALBERO VALDÉS
Letrado del Consell Jurídic Consultiu de la Comunitat Valenciana

Capítulo 5

La Administración Sanitaria y otras personas responsables (I)

DAVID BLANQUER CRIADO
Letrado Mayor del Consejo de Estado
Catedrático de Derecho Administrativo de la Universidad Jaime I de Castellón

Capítulo 7

El contratista de la Administración Sanitaria

Luis Manent Alonso
Abogado de la Generalitat Valenciana
Letrado del Consell Jurídic Consultiu de la Comunitat Valenciana (2019-2021)

Capítulo 10

Los daños morales en la responsabilidad patrimonial sanitaria

ISABEL HURTADO DÍAZ-GUERRA
Doctora en Derecho
Técnico (Titulado Superior) en el Servicio Madrileño de Salud
Profesora asociada de Derecho Administrativo de la Universidad Autónoma de Madrid

PARTE III
NACIMIENTO, MODIFICACIÓN Y EXTINCIÓN DE LA RESPONSABILIDAD PATRIMONIAL SANITARIA

Capítulo 11

Nacimiento de la responsabilidad patrimonial sanitaria

FELIO JOSÉ BAUZÁ MARTORELL
Presidente del Consell Consultiu de las Illes Balears
Catedrático de Derecho administrativo de la Universidad de les Illes Balears

Capítulo 12

Modificaciones subjetivas y responsabilidad patrimonial concurrente o subsidiaria de las Administraciones Sanitarias

M.ª del Rosario Forján Rioja
Letrada de la Administración Sanitaria de la Comunidad Autónoma de Andalucía
Vocal del Tribunal Administrativo de Recursos Contractuales de la Junta de Andalucía

Capítulo 13

Extinción de la responsabilidad patrimonial sanitaria

Carlos Yáñez Díaz

Doctor en Derecho

Letrado de la Comunidad de Madrid

Letrado del Consejo Consultivo y de la Comisión Jurídica Asesora de la Comunidad de Madrid (2011-2022)

PARTE IV
SINGULARIDADES DE LA RESPONSABILIDAD PATRIMONIAL SANITARIA

Capítulo 14
La *lex artis* en la responsabilidad patrimonial sanitaria

LUCAS BLANQUE REY
Socio en Martínez-Echeverría Abogados
Letrado del Consejo de Estado

Capítulo 15
La teoría de la pérdida de oportunidad en la responsabilidad patrimonial sanitaria

ENRIQUE FLIQUETE LLISO
Vicepresidente del Consell Jurídic Consultiu de la Comunitat Valenciana
Profesor asociado de Derecho Constitucional de la Universitat de València

Capítulo 16

El consentimiento informado en la responsabilidad patrimonial sanitaria

PATRICIA BOIX MAÑÓ
Letrada Mayor del Consell Jurídic Consultiu de la Comunitat Valenciana
Profesora asociada de Derecho administrativo de la Universitat de València

Capítulo 17

La doctrina del daño desproporcionado en la responsabilidad patrimonial sanitaria

Ignacio Granado Hijelmo
Letrado del Gobierno de La Rioja (jub.)
Presidente del Consejo Consultivo de La Rioja (1996-2001)

Capítulo 18

Responsabilidad patrimonial sanitaria en la medicina satisfactiva

LUIS MANENT ALONSO
Abogado de la Generalitat Valenciana
Letrado del Consell Jurídic Consultiu de la Comunitat Valenciana (2019-2021)
VÍCTOR ERNESTO ALONSO PRADA
Letrado de la Junta de Comunidades de Castilla-La Mancha

Capítulo 19

Responsabilidad patrimonial por daños derivados de nacimiento no deseado

Vicente Garrido Mayol

Catedrático de Derecho Constitucional de la Universidad de Valencia

Presidente de Honor del Consell Jurídic Consultiu de la Comunitat Valenciana

Capítulo 20

Reclamaciones de responsabilidad patrimonial por infecciones nosocomiales

Ricardo De Lorenzo y Montero
Doctor en Derecho
Socio-director de Lorenzo Abogados
Presidente de Honor de la Asociación Española de Derecho Sanitario

Capítulo 21

Responsabilidad patrimonial derivada de transfusiones de sangre y tratamiento de hemoderivados

LUIS MANENT ALONSO
Abogado de la Generalitat Valenciana
Letrado del Consell Jurídic Consultiu de la Comunitat Valenciana (2019-2021)
ALICIA TAJUELO CASTILLA
Letrada de la Junta de Comunidades de Castilla-La Mancha

Capítulo 22

Responsabilidad patrimonial por productos sanitarios defectuosos

YOLANDA HERNÁNDEZ VILLALÓN
Letrada del Tribunal Supremo
Letrada de la Comunidad de Madrid

Capítulo 23

Daños vacunales: responsabilidad patrimonial y fondos de compensación

Sonia Ramos González

Profesora agregada de Derecho civil, Universitat Pompeu Fabra

Consejera de la Comissió Jurídica Asesora de Catalunya (2016-2022)

Capítulo 24
Defectos en el funcionamiento de la Administración Sanitaria. La responsabilidad sanitaria más allá de la lex artis

Tomás Navalpotro Ballesteros
Letrado de la Comunidad de Madrid
Letrado-vocal de la Comisión Jurídica Asesora de Madrid (2016-2019)
Profesor Asociado de Derecho Administrativo de la Universidad Rey Juan Carlos

PARTE V
RESPONSABILIDAD PATRIMONIAL EN TIEMPOS DE PANDEMIA

Capítulo 25
Responsabilidad patrimonial sanitaria por adopción de medidas para frenar la COVID-19 (I)

Nuria Portell Salom
Abogada del Área de Derecho Público de Broseta Abogados
Profesora asociada de Derecho administrativo de la Universitat de València

Capítulo 26

Responsabilidad patrimonial sanitaria por adopción de medidas para frenar la COVID-19 (II)

Mariángeles Berrocal Vela
Consejera del Consell Consultiu de las Illes Balears
Letrada de la Comunidad Autónoma de las Illes Balears

Capítulo 28

La prueba en la responsabilidad patrimonial sanitaria

José Antonio García-Trevijano Garnica
Letrado del Consejo de Estado (jub.)
Socio-director García-Trevijano Abogados

Capítulo 29

El proceso jurisdiccional con ocasión de reclamaciones de responsabilidad patrimonial sanitaria

Jorge Ortillés Buitrón
Letrado de la Comunidad Autónoma de Aragón
Víctor Ernesto Alonso Prada
Letrado de la Junta de Comunidades de Castilla-La Mancha
Leopoldo J. Gómez Zamora
Letrado de la Junta de Comunidades de Castilla-La Mancha (exc.)
Director adjunto de la Asesoría Jurídica de la Universidad Rey Juan Carlos
Enrique Soler Santos
Letrado de la Comunidad de Madrid
Letrado de la Junta de Andalucía (exc.)
Letrado de la Junta de Comunidades de Castilla-La Mancha (exc.)

Epílogo

Santiago González-Varas Ibáñez
Catedrático de Derecho administrativo de la Universidad de Alicante

Abreviaturas

AAVV	Autores varios
AGE	Administración General del Estado
AEM	Agencia Europea del Medicamento
AEMPS	Agencia española del Medicamento
Ap. (aps.)	Apartado(s)
AN	Audiencia Nacional
AP	Audiencia Provincial
AAPP	Administraciones Públicas
Art. (arts.)	Artículo (artículos)
As.	Asunto
BOE	Boletín Oficial del Estado
Cap. (caps.)	Capítulo (Capítulos)
CC	Código Civil
CCAA	Comunidades Autónomas
CCAnd	Consejo Consultivo de Andalucía
CCAra	Consejo Consultivo de Aragón
CCAst	Consejo Consultivo del Principado de Asturias
CCBal	Consejo Consultivo de las Islas Baleares
CCCan	Consejo Consultivo de Canarias
CCC-M	Consejo Consultivo de Castilla-La Mancha
CCCyL	Consejo Consultivo de Castilla y León
CCExt	Consejo Consultivo de Extremadura
CCGal	Consejo Consultivo de Galicia
CCMad	Consejo Consultivo de la Comunidad de Ma
CCMad	Consejo Consultivo de la Comunidad de Madrid
CCRioja	Consejo Consultivo de La Rioja
CE	Constitución Española de 1978
CdE	Consejo de Estado
CN	Consejo de Navarra
Cfr.	Confróntese
CJACat	Comisión Jurídica Asesora de Cataluña
CJAEus	Comisión Jurídica Asesora de Euskadi

CJAMad	Comisión Jurídica Asesora de la Comunidad de Madrid
CJCVal	Consejo Jurídico Consultivo de la Comunidad Valenciana
CCMur	Consejo Jurídico de la Región de Murcia
CJ (CCJJ)	Consideración(es) jurídica(s)
Con. (cons.)	Considerando(s)
Coord. (coords)	Coordinador
CP	Código Penal
DCCAnd (DDCCAnd)	Dictamen del Consejo Consultivo de Andalucía
DCCAra (DDCCAra)	Dictamen del Consejo Consultivo de Aragón
DCCAst (DDCCAst)	Dictamen Consejo Consultivo del Principado de Asturias
DCCBal (DDCCBal)	Dictamen del Consejo Consultivo de las Islas Baleares
DCCCan (DDCCan)	Dictamen del Consejo Consultivo de Canarias
DCCC-M (DDCC-M)	Dictamen del Consejo Consultivo de Castilla-La Mancha
DCCCyL (DDCCyL)	Dictamen del Consejo Consultivo de Castilla y León
DCCGal (DDCCGal)	Dictamen del Consejo Consultivo de Galicia
DCCRioja (DDCCRioja)	Dictamen del Consejo Consultivo de La Rioja
DCdE (DDCdE)	Dictamen del Consejo de Estado
DCJACat (DDCJACat)	Comisión Jurídica Asesora de Cataluña
DCJAEus (DDCJAEus)	Comisión Jurídica Asesora de Euskadi
DCJAMad (DDCJAMad)	Comisión Jurídica Asesora de la Comunidad de Madrid
DCJCVal (DDCJCVal)	Consejo Jurídico Consultivo de la Comunidad Valenciana
DCCMad	Dictamen del Consejo Consultivo de la Comunidad de Madrid
DCJMur (DDCJMur)	Consejo Jurídico de la Región de Murcia
Dir. (dirs.)	Director
DA (DDAA)	Disposición(es) adicional(es)
DD (DDU)	Disposición derogatoria (única)
DF (DDFF)	Disposición(es) final(es)
DOUE	Diario Oficial de la Unión Europea
Ed.	Edición (o editor)
EELL	Entidades Locales
EM	Exposición de motivos

Ep.	Epígrafe
FJ (FFJJ)	Fundamento(s) jurídico(s)
JCA	Juzgado de lo Contencioso-administrativo
JPI	Juzgado de Primera Instancia
LCE-65	Ley de contratos del Estado de 8 de abril de 1965
LCS	Ley 50/1980, de 8 de octubre, del contrato de seguro
LEC	Ley 1/2000, de 7 de enero, de enjuiciamiento civil
LEF	Ley de expropiación forzosa de 16 de diciembre de 1954
LCAP-95	Ley 13/1995, de 18 de mayo, de contratos de las Administraciones Públicas
LCSP-07	Ley 30/2007, de 30 de octubre, de contratos del sector público
LCSP	Ley 9/2017, de 8 de noviembre, de contratos del sector público
LECRIM	Ley de enjuiciamiento criminal
LGP	Ley 47/2003, de 26 de noviembre, general presupuestaria
LGS	Ley 14/1986, de 25 de abril, general de sanidad
LGSP	Ley 33/2011, de 4 de octubre, general de salud pública
LJCA	Ley 29/1998, de 13 de julio, reguladora de la jurisdicción contencioso-administrativa
LPRL	Ley 31/1995, de 8 de noviembre, de prevención de riesgos laborales
LPA-58	Ley de 17 de julio de 1958 sobre procedimiento administrativo
LOAES	Ley Orgánica 4/1981, de 1 de junio, de los estados de alarma excepción y sitio
LOSP	Ley Orgánica 3/1986, de 14 de abril, de medidas especiales en materia de salud pública
LPAC	Ley 39/2015, de 1 de octubre, de procedimiento administrativo común de las Administraciones Públicas
LRJPAC-92	Ley 30/1992, de 26 de noviembre, de régimen jurídico de las Administraciones públicas y del procedimiento administrativo común
LRJ	Ley 40/2015, de 1 de octubre, de régimen jurídico del sector público

LSNS	Ley 16/2003, de 28 de mayo, de cohesión y calidad del Sistema Nacional de Salud.
LT	Ley 19/2013, de 9 de diciembre, de transparencia, acceso a la información pública y buen gobierno.
núm.	Número
OMS	Organización Mundial de la Salud
Op. cit	Obra citada
Pág.(págs.)	Página(s)
Par. (pars.)	Parágrafo(s)
Párr. (párrs.)	Párrafo(s)
RCE-67	Reglamento general de contratos del Estado de 28 de diciembre de 1967
RD (RRDD)	Real Decreto (Reales Decretos)
RDLeg.	Real Decreto Legislativo
RD-ley	Real Decreto-ley
rec.	Recurso
Ref.	Referencia
REDEA	RD 463/2020, de 14 de marzo, por el que se declara el estado de alarma para la gestión de la situación de crisis sanitaria ocasionada por el COVID-19
REF	Reglamento de expropiación forzosa, de 26 de abril de 1957
RPRP	Reglamento de Procedimiento de los procedimientos de las Administraciones Públicas en materia de Responsabilidad Patrimonial, aprobado por el Real Decreto 429/1993, de 26 de marzo
SAN (SSAN)	Sentencia de la Audiencia Nacional
SAP (SSAN)	Sentencia de la Audiencia Provincial
SJCA (SSJCA)	Sentencia del Juzgado de lo Contencioso-Administrativo
SJPI (SSJPI)	Sentencia del Juzgado de Primera Instancia
SNS	Sistema Nacional de Salud
STS (SSTS)	Sentencia del Tribunal Supremo
STSJ (SSTSJ)	Sentencia del Tribunal Superior de Justicia
Tít.	Título
TJUE	Tribunal de Justicia de la Unión Europea
TR	Texto Refundido

TRLCAP	TR de la Ley de contratos de las Administraciones Públicas, aprobado por el RDLeg. 2/20, de 16 de junio
TRLCSP	TR de la Ley de contratos del sector público, aprobado por el RDLeg 3/2011, de 14 de noviembre
TRLRC	TR de la Ley sobre responsabilidad civil y seguro en la circulación de vehículos a motor, aprobado por el RDLeg 8/2004, de 29 de octubre
TRLM	Texto Refundido de la Ley de Garantías y Uso Racional de los Medicamento y Productos Sanitarios, aprobado por el RDLeg. 1/2015, de 24 de julio (TRLM)
TS	Tribunal Supremo
TSJ	Tribunal Superior de Justicia
v.gr.	*Verbi gratia*/por ejemplo
Vid.	Véase
Vol.	Volumen

Presentación

El desarrollo del Estado Autonómico, nacido de la Constitución de 1978, ha dado lugar a que las distintas Comunidades Autónomas, en cada uno de sus territorios, ejerzan la práctica totalidad de las potestades que se atribuyen a los poderes públicos. De esta manera, con el objetivo de afrontar esta realidad, las respectivas Administraciones Autonómicas han ido perfilando sus cuerpos de funcionarios, entre los que se encuentran los cuerpos de Letrados de Gobierno de CCAA, funcionarios de carrera por oposición, a los que les corresponde el asesoramiento legal y la representación y defensa procesal de estas Administraciones Territoriales.

El sistema de acceso a estos puestos, a través del tradicional sistema de oposición libre mediante la superación de exámenes orales y prácticos, incluye todas las ramas del ordenamiento jurídico español y de la Unión Europea, al que se debe añadir el específico de cada Comunidad Autónoma. A ello cabe añadir el conocimiento de, al menos, una lengua oficial en la Unión Europea, distinta del español. Todo ello garantiza, amén de los principios constitucionales de mérito y capacidad en el acceso a la función pública, la independencia profesional y la objetividad en el ejercicio de sus funciones.

Por demás, el enorme desarrollo del Estado se viene realizando, en su mayor parte, del lado del desenvolvimiento y asunción de competencias por las Comunidades Autónomas. Esta realidad, no ha hecho sino poner de manifiesto la tremenda importancia de estos cuerpos de funcionarios, sobre los que recae, cada vez más significativamente, el peso del asesoramiento jurídico público. Un ejemplo de tal actuación se hizo evidente como consecuencia de la desafortunada situación de pandemia que nos tocó vivir y en la que el asesoramiento continuo, en la producción normativa y en la propia actuación administrativa, por parte de estos letrados, ha permitido una adecuada respuesta jurídica, en garantía de los derechos de los ciudadanos.

El Consejo Superior de Letrados y Abogados de Comunidades Autónomas es la organización profesional que integra a los Letrados de Gobierno de CCAA y de ella forman parte cerca de 500 funcionarios públicos de la más alta cualificación y experiencia profesional.

El Consejo actúa, además, a través de distintas personas jurídicas como son, singularmente: —la Fundación Instituto Internacional de Tecnología y Derecho Digital, fruto del acuerdo con el Consejo General de Colegios de Ingeniería informática de España— y la Corporación Académica de Ciencia y Derecho.

Como presidente del Consejo es, para mí un honor presentar el *Tratado de responsabilidad patrimonial sanitaria*, dirigido por mi compañero Luis Manent Alonso, persona activamente involucrada en el Consejo desde sus inicios en 2013, que ha sido presidente de la Asociación de Abogados de la Generalitat Valenciana (2016-2022), y actualmente preside la Sección de Derecho Administrativo Económico de la Corporación.

Fruto de su paso por el Consell Jurídic Consultiu de la Comunitat Valenciana, es un más que destacado especialista en asuntos de responsabilidad patrimonial sanitaria, que no es sino una de las clásicas del Derecho administrativo y objeto de nuestro quehacer diario en las labores que nos son propias de asesoramiento y defensa de la administración pública.

Luis ha tenido la oportunidad de dirigir a varios de los más cualificados autores del sector, juristas de reconocido prestigio entre los que se encuentran letrados del Consejo de Estado, abogados, consejeros y letrados de Consejos Consultivos y Comisiones Jurídicas Asesoras de las Comunidades Autónomas, abogados del Estado, catedráticos, profesores de universidad y, por supuesto, Letrados de Gobierno de CCAA. A todos debo agradecer su colaboración y compromiso en este proyecto del Consejo y la Corporación.

Confío que el texto sea de ayuda para los profesionales del sector y los estudiosos del Derecho y sé que ocupará su lugar en las bibliotecas jurídicas especializadas del país.

Luis Moll Fernández-Fígares
Presidente del Consejo Superior de Letrados y Abogados de Comunidades Autónomas

Presentación

Los Letrados de Gobierno de CCAA han vivido, en los últimos diez años, una evidente evolución, tanto en sus atribuciones profesionales como en la relevancia de sus funciones. Fruto de esta situación, resultaba necesario conectar a los miembros de los distintos cuerpos y escalas, dependientes de Administraciones diferentes, a fin de consolidar un cierto sentido de pertenencia al colectivo y facilitar la interacción entre los integrantes, y ello pese a prestar servicios en Gobiernos de distintas Comunidades Autónomas. En consecuencia, puede afirmarse que, además del evidente componente de utilidad técnica, el impulso que para la profesión supuso el Consejo Superior de Letrados y Abogados de CCAA trascendió a una esfera propia del fortalecimiento de la sociedad civil: el concierto de profesionales que fundan su unidad en torno a unas funciones que reconocen como equivalentes, a las que se accede por sistema de oposición y que se ejercen en todo el territorio nacional. La adscripción administrativa a una Comunidad Autónoma no resultó en modo alguno un obstáculo, sino el medio para ser parte de un proyecto más grande.

En el contexto anterior, la Corporación Académica de Ciencia y Derecho nace con la misión de canalizar la gestión del conocimiento de los Letrados de Gobierno de CCAA y facilitar su relación con otras profesiones. Toda organización profesional precisa de instrumentos que contribuyan a su expansión en diferentes esferas. Una alianza que procura volcar en la sociedad la inherente vocación de servicio público compartida con otros prestigiosos profesionales. Todos los trabajos que se han venido desarrollando en el marco de las distintas Secciones, se caracterizan por tener un sustrato eminentemente jurídico, pero, en todo caso, caracterizado por ser permeable a otras visiones de los fenómenos, desde ámbitos del saber diversos y siempre con un claro enfoque orientado al bien común.

El *Tratado de responsabilidad patrimonial sanitaria*, dirigido por nuestro compañero Luis Manent Alonso que es, además, presidente de la Sección de Derecho Administrativo Económico de la Corporación, supone un claro exponente de la vocación de servicio público la institución y de los profesionales que la integran. Por otra parte, el hecho de concitar en la obra a juristas de procedencias diversas, todos ellos de enorme relevancia, constata la consecución de un objetivo esencial de la Corporación, establecer alianzas con otros colectivos profesionales y coadyuvar al desarrollo de la sociedad española.

Enhorabuena a sus autores y ojalá que esta obra sea el inicio de una colaboración que perdure en el tiempo.

Pablo de la Cruz López

Presidente de la Corporación Académica de Ciencia y Derecho

Prólogo

En España, el Sistema Nacional de Salud es uno de los principales servicios públicos, estrechamente ligado a una concepción adecuada del Estado social y democrático de derecho que proclama el artículo 1.1. de la Constitución.

Por medio de ese sistema se proporciona a los ciudadanos la protección de su salud (artículo 43 de la Constitución), en términos progresivamente ampliados, tanto en el aspecto material, como en la vertiente subjetiva.

Como ha declarado el Tribunal Constitucional, el artículo 43 de la Constitución «debe ser considerado como un principio rector constitucional dirigido a orientar y determinar la actuación de los poderes públicos (ATC 221/2009, de 21 de julio, FJ 4), expresivo de "un valor de indudable relevancia constitucional" (ATC 96/2011, FJ 5), lo que se traduce en su obligación "de organizar" la salud pública y de "tutelarla a través de las medidas, las prestaciones y los servicios necesarios»"(STC 95/2000, de 10 de abril, FJ 3). En suma, el desarrollo del art. 43 CE y la articulación del derecho a la protección de la salud requieren que el legislador regule las condiciones y términos en los que acceden los ciudadanos a las prestaciones y servicios sanitarios, respetando el contenido del mandato constitucional» (STC 139/2016, de 21 de julio, FJ 8º).

Esa obligación de los poderes públicos se ha concretado, en la indicada vertiente subjetiva, en la progresiva universalización del acceso a las prestaciones sanitarias sufragadas con fondos públicos que, como recordaba el Tribunal Constitucional, ha sido, desde la Ley 14/1986, de 25 de abril, general de sanidad (LGS), un objetivo a perseguir en el que no se ha llegado ni a la desvinculación absoluta con respecto a la Seguridad Social, ni a un acceso incondicionado y gratuito para todos los residentes en territorio español. En la búsqueda de ese objetivo de universalización de la asistencia sanitaria se han ido dictando normas específicas en relación a determinados colectivos y grupos de personas, como, por ejemplo, pensionistas de clases pasivas (art. 55 de la Ley 37/1988, de 28 de diciembre); personas sin recursos económicos suficientes (Real Decreto 1088/1989, de 8 de septiembre); perceptores de prestaciones no contributivas (Ley 26/1990, de 20 de diciembre); menores de edad (art. 3 de la Ley Orgánica 1/1996, de 15 de enero); extranjeros en territorio español (art. 12 de la Ley Orgánica 4/2000, de 11 de enero); trabajadores por cuenta ajena, que sean españoles de origen residentes en el exterior, que se desplacen temporalmente a

España, o los retornados de más de 65 años o pensionistas, en determinadas circunstancias (Real Decreto 8/2008, de 11 de enero).

Por lo que se refiere al ámbito material, la progresiva ampliación de la cartera común de servicios del Sistema Nacional de Salud (en sus modalidades básica, suplementaria y de servicios accesorios) ha sido una constante que regulan la Ley 16/2003, de 28 de mayo, de cohesión y calidad del Sistema Nacional de Salud y sus normas de desarrollo.

Este Sistema público, sobre cuya gestión y organización ostentan las competencias las Comunidades Autónomas, es uno de los que cuentan con una mejor valoración por parte de la ciudadanía.

Así, en el Informe sobre percepción ciudadana en la prestación de los servicios públicos de 2016, de la Agencia Estatal de Evaluación de las Políticas Públicas y la Calidad de los Servicios (AEVAL), se indicaba que, con proporciones que se situaban entre el 70 y el 80% de satisfacción, se encontraban los servicios administrativos de los centros sanitarios (76% de satisfechos, igual que en 2015).

Y según la información que facilita en su web institucional el Ministerio de Sanidad, siete de cada diez personas consideran que el sistema sanitario funciona bien, siendo la valoración de los niveles asistenciales del Sistema Nacional de Salud de 7,3 para las consultas de atención primaria, de 7,1 para ingreso y asistencia en hospitales, de 6,8 para consultas de atención especializada y de 6,1 para la atención en urgencias.

Estos datos revelan, como se indicaba, que el Sistema Nacional de Salud cuenta con una notable valoración por parte de sus usuarios, la población en general, a pesar de ser quienes padecen los daños derivados que en ocasiones se producen en el funcionamiento de este servicio público esencial.

Como es sabido, la responsabilidad patrimonial de los Administraciones públicas por razón del funcionamiento de los servicios sanitarios públicos constituye una de las materias que generan un mayor número de reclamaciones de indemnización de los daños y perjuicios padecidos por parte de la ciudadanía.

En los procedimientos que se tramitan por las respectivas Administraciones competentes se produce la intervención del Consejo de Estado o de las Comisiones consultivas correspondientes, como mecanismos de garantía, tal y como declaró el Tribunal Constitucional en su Sentencia 204/1992, de 26 de noviembre, ya que dicha intervención «supone en determinados casos una importantísima garantía del interés general y de la legalidad objetiva y, a consecuencia de ello, de los derechos y legítimos intereses de quienes son parte de un determinado procedimiento administrativo» (FJ 4º).

Esa misma garantía se presta en el ámbito organizativo de las Comunidades Autónomas, cuando estas, en virtud de sus potestades de autoorganización, crean «órganos consultivos propios de las mismas características y con idénticas o semejantes funciones a las del Consejo de Estado» (STC 204/1992, FJ 5º), si bien precisaba el Alto Tribunal que, reconocida «esa posibilidad de sustitución, también es necesario afirmar que en donde o en tanto semejantes órganos consultivos autonómicos, dotados de las características de organización y funcionamiento que aseguren su independencia, objetividad y rigurosa cualificación técnica, no existan, es decir, en aquellas Comunidades Autónomas que no cuenten con esta especialidad derivada de su organización propia, las garantías procedimentales mencionadas exigen mantener la intervención preceptiva del Consejo de Estado, en tanto que órgano al servicio de la concepción global del Estado que la Constitución establece».

El actual despliegue de la denominada Administración consultiva en España es prácticamente completo, de manera que, con la excepción de la Comunidad Autónoma de Cantabria, Extremadura y Ceuta y Melilla, las restantes Comunidades Autónomas se han dotado de un órgano consultivo semejante o inspirado en el modelo constituido por el Consejo de Estado.

Esta multiplicación de órganos consultivos supone la consagración de su intervención en garantía de los derechos de los ciudadanos, la objetividad de la actuación administrativa y la seguridad jurídica.

El ejercicio de la función consultiva, concretada en la emisión de dictámenes en asuntos de responsabilidad patrimonial por daños derivados de la actuación de los servicios sanitarios públicos, se traduce en el análisis objetivo de las anomalías o las patologías del sistema público de salud y también de las consecuencias dañosas derivadas de su funcionamiento ordinario, pues en este ámbito no hay exclusión de la cláusula de la «normalidad» del funcionamiento que solo opera en la Administración de Justicia, por imperio del artículo 121 de la Constitución.

El cuerpo de doctrina que emana de los Consejos consultivos supone una referencia para la jurisprudencia y la doctrina científica en materia de responsabilidad patrimonial sanitaria.

Buena muestra de ello es la presente obra.

En ella se examinan y exponen con brillantez el conjunto de temas que integran el instituto de la responsabilidad patrimonial por daños derivados del funcionamiento del Sistema Público de Salud, tanto de aspectos centrales como el daño y su cuantificación, la *lex artis*, la pérdida de oportunidad y el consentimiento informado, hasta la responsabilidad patrimonial sanitaria por adopción de medidas para combatir la COVID-19, pasando por el análisis de las más variadas y relevantes cuestiones —daño desproporcionado, medicina satisfactiva, productos sanitarios defectuosos y un largo etcétera—.

En todas las cuestiones que desfilan a lo largo de este tratado trasluce la sólida formación, aunada con una larga experiencia jurídica, principalmente desarrollada en la Administración consultiva, de quienes conforman la relación de autores de cada uno de los capítulos que en ella se contienen.

Esta obra es, sin duda, una notable muestra del talento y la capacidad de quienes conforman la Administración consultiva, al servicio de los ciudadanos y de la aplicación objetiva y garantista del ordenamiento jurídico.

María Teresa Fernández de la Vega Sanz
Consejera Permanente-Presidenta de la Sección 7ª del Consejo de Estado
Lucas Blanque Rey
Letrado de la Sección 7ª del Consejo de Estado

Introducción

Escribir sobre responsabilidad patrimonial sanitaria supone referirse, en primer lugar, a la *lex artis*. Ésta, sin embargo, no agota el debate jurídico de la responsabilidad patrimonial sanitaria.

Lex artis

La *lex artis* es aquel «conjunto de reglas a que ha de ajustarse la actuación de un profesional en el ejercicio de su arte u oficio»[1]. Aunque la literatura jurídica suele asociar la *lex artis* a la actuación médica, estamos ante un concepto jurídico indeterminado que se predica de una pluralidad de profesionales, como los médicos, abogados, ingenieros, etc[2]. Las más de las veces este brocardo «se ha circunscrito a las actuaciones que tengan referencia con la actividad constructora, médica o jurídica»[3].

En cualquier caso, en el ámbito médico-jurídico, «la lex artis es el criterio que emplea el Derecho para determinar la corrección de la práctica médica y dilucidar la responsabilidad del profesional y de la Administración por daños derivados de la actuación de los servicios sanitarios»[4].

Así, la *lex artis*:

---

1 Voz *Lex artis,* Diccionario Panhispánico de Dudas de la Real Academia de la Lengua.

2 Como pone de manifiesto FERNÁNDEZ HIERRO, «no a todos los profesionales se les ha exigido con la misma intensidad o con el mismo rigor la responsabilidad civil: así, en nuestro ordenamiento jurídico prácticamente no existen casos de exigencia de responsabilidad civil a periodistas (salvo los procedimientos de rectificación o los entablados en virtud de la Ley de Protección del Honor y de la Intimidad) ni a los políticos (si pueden considerarse profesionales); pero no sólo a tales categorías, sino a otras muchas, como pudieran ser los meteorólogos, informáticos, administradores de inmuebles, ingenieros agrícolas o de montes, técnicos en electricidad, etc.». FERNÁNDEZ HIERRO, José Manuel (1997): «Responsabilidad profesional: falta de tratamiento univoco», *Estudios de Deusto: Revista de Derecho Público,* vol. 45 núm. 2, pág. 164.

3 *Idem.*

4 SEOANE RODRÍGUEZ, José Antonio (2022): «Lex Artis», *Anuario de Filosofía del Derecho,* núm. 38, pág. 277.

i. Para el Derecho penal es el elemento determinante para apreciar la existencia o inexistencia de un delito por infracción del deber de cuidado exigible al facultativo.

ii. En la jurisdicción ordinaria es sinónimo de buena práctica profesional médica.

iii. Y en las reclamaciones en el orden contencioso-administrativo sirve para corregir los excesos del carácter objetivo de la responsabilidad patrimonial sanitaria.

Como puede verse, la *lex artis* es una expresión presente no sólo en la responsabilidad patrimonial sino también en la civil. Es más, tiene un alcance internacional. Así, en Francia, la doctrina suele referirse a la *règle de l'art*, y en Alemania a las *Regeln der Kunst*.

Dicho esto, en las siguientes páginas: realizamos una breve mención a la *lex artis* como estándar de conducta; señalamos los dos modelos de enjuiciamiento de la *lex artis* existentes en los países de nuestro entorno; y mencionamos los documentos —protocolos, guías de práctica y vías clínicas— con los que se pretende objetivar la actuación médica a efectos de declararla conforme o disconforme con la *lex artis*.

Estándar de conducta elevado, ad hoc y ex post facto

En la *lex artis*, el juicio sobre la buena praxis es un juicio aplicado, contextualizado y personalizado. «Su alcance normativo se concreta en cada caso, evaluando el cumplimiento de exigencias de naturaleza técnica, ética y jurídica. Es un criterio variable que debe atender a la diversidad individual y a la evolución del estado de la ciencia, los valores y deberes éticos y los derechos»[5]. Dicho con otras palabras, no prescribe qué se debe hacer sino cómo se debería actuar para lograr lo que se está llamado a hacer. No es una conducta específica —una regla fija aplicable mecánicamente—, sino un modo de conducta.

Adicionalmente, «se trata de una conducta obligatoria cuyo alcance normativo no se conoce antes de la actuación individual»[6]. Únicamente se puede confirmar *ex post facto*, razón por la cual incorpora un margen de

5 SEOANE RODRÍGUEZ, José Antonio (2001): «La *lex artis* como estándar de la práctica clínica», *Folia Humanística*, núm. 6 (vol. 2), pág. 12.

6 *Idem*.

discrecionalidad sujeto a elementos de justicia, equidad y razonabilidad. Incorpora un juicio prudencial *ad hoc.*

Por todo ello, puede decirse que es «un estándar, una clase de enunciado normativo que establece el modelo de conducta que debe seguir el profesional»[7]. A ello cabe añadir que, en todos los países de nuestro entorno cultural, en sede de *lex artis,* la especial cualificación profesional de los médicos justifica elevar el estándar de diligencia exigible más allá[8]:

i. De la del «buen padre de familia» del art. 1104 del Código Civil (CC).
ii. De la de una «persona prudente y razonable» que actúa de acuerdo con el «nivel de diligencia exigible en el tráfico» del par. 276.II del *Bürgerliches Gesetzbuch* alemán.
iii. Del «estándar de conducta exigible (…) [a] una persona que se halle en las mismas circunstancias» del art. 4:102 de los Principios del Derecho Europeo de la Responsabilidad Civil.

En efecto, «la inmensa mayoría de los ordenamientos jurídicos europeos evalúan la conducta del profesional sanitario de acuerdo con un estándar de diligencia superior al de la persona normal y razonable, basado en la experiencia, habilidades, técnicas y conocimientos que se esperan

---

7 *Idem.*

8 En puridad, *Lex artis* y estándar de diligencia no son términos sinónimos. Si bien ambos actúan como un marco normativo al que deben adecuar su actuación los facultativos, «la primera, en su doble contenido ético y profesional, constituye un modelo de conducta abstracto, que es el que se espera del profesional medio, que actúa de acuerdo con los conocimientos científicos existentes y las técnicas propias de la especialidad. La segunda, en cambio, es un concepto jurídico que se vincula al derecho de la responsabilidad [patrimonial y] civil, en tanto que su cumplimiento (diligencia) o incumplimiento (negligencia) dan lugar a la responsabilidad civil [o patrimonial] profesional». Ahora bien, como advierte SOLÉ, «ocurre, sin embargo, que estas dos últimas (diligencia o negligencia profesional) se definen por referencia a la primera». La *lex artis* actúa como un modelo ideal de conducta, como un parámetro para mediar si la actuación del médico fue diligente o negligente. Así, en España, mientras que «el contenido de la *lex artis* (o lo que es lo mismo, del estándar de conducta esperable en el profesional medio del sector) es algo que compete a los profesionales de la medicina, que son quienes tienen el conocimiento (…)[,] decidir, en cambio, si su cumplimiento o infracción constituyen diligencia o negligencia en el terreno de la responsabilidad civil [y patrimonial] es algo que compete al jurista». SOLÉ FELIU, Josep (2022): «Estándar de diligencia médica y valor de los protocolos y guías de práctica clínica en la responsabilidad civil de los profesionales sanitarios», *Revista de Derecho Civil,* vol. IX, núm. 3, págs. 7, 8 y 6.

del profesional médico del sector»[9]. La doctrina americana, por su parte, habla del «deber del profesional sanitario de usar la pericia, prudencia y diligencia que poseen y ejercen habitualmente los demás miembros de su profesión»[10].

Como afirman LAUFS, KERN y HERNBORN, a los facultativos se les requiere un nivel de diligencia «de un profesional de la medicina respetable y concienzudo con la experiencia media en el correspondiente campo de especialidad»[11]. En palabras del Tribunal Supremo (TS), este nivel de diligencia «no solo comporta el cumplimiento formal y protocolar de las técnicas previstas con arreglo a la ciencia médica adecuadas a una buena praxis, sino la aplicación de tales técnicas con el cuidado y precisión exigible de acuerdo con las circunstancias y riesgos inherentes a cada intervención según su naturaleza y circunstancias»[12]. Además, este nivel de diligencia, «no se trata de un patrón de conducta estático o fijo, sino más bien lo contrario (...), se caracteriza por tener un carácter dinámico, que le permite adaptarse a las circunstancias del caso y al cambio constante que representa la evolución del conocimiento científico y el desarrollo de nuevas técnicas de diagnóstico y tratamiento profesional»[13].

Modelo anglosajón y modelo continental

Existen ciertas diferencias para determinar el «estándar de conducta exigible» en los Derechos anglosajón y el continental. Así, hay dos grandes modelos: uno «basado en el control judicial de la opinión de los expertos entorno a lo que constituye el estándar de diligencia razonable en la profesión, [que] es el propio de los países de la Europa continental (...) [;] en contraposición con el criterio que tradicionalmente ha dominado

---

9 SOLÉ FELIU, Josep (2022): «Estándar de diligencia médica y valor de los protocolos y guías de práctica clínica en la responsabilidad civil de los profesionales sanitarios», *op. cit.* pág. 3.

10 SHUMAN, Daniel W. (1997): «The Standar of Care in Medical Malpractice Claims, Clinical Practice Guidelines, and Managed Care: Towards a Therapeutic Harmony», *California Western Law Review*, vol. 34, núm. 1, pág.100.

11 LAUFS, Adolf, KERN Bern-Rüdiger, REHBORN, Martin (2019): *Handbuch des Artzrechts*, C.H. Beck, Munich (5ª ed.), pág. 82.

12 FJ 3 STS 495/2006, de 23 de mayo [núm. rec. 2761/1999 y (*Tol 961836*)].

13 SOLÉ FELIU, Josep (2022): «Estándar de diligencia médica y valor de los protocolos y guías de práctica clínica en la responsabilidad civil de los profesionales sanitarios», *op. cit.* pág. 6.

en las jurisprudencias inglesa y norteamericana, donde (...) la opinión médica tiene —o, al menos ha tenido históricamente— un papel preponderante en la configuración del contenido de la diligencia o negligencia profesional»[14].

A. Modelo anglosajón

Este modelo se caracteriza por dar un valor preponderante a la opinión médica, y se aplica, fundamentalmente, en Estados Unidos y el Reino Unido.

a) Reino Unido

En este país, a los efectos de estimar o desestimar una reclamación de responsabilidad médica, los juzgados y tribunales han venido sirviéndose hasta hace poco del *Bolam test,* formulado por la *High Court of Justice* en la sentencia *Bolam vs. Friern Hospital Management Committee* de 26 de febrero de 1957. En este pronunciamiento se sostuvo que «en aquellas actuaciones cuya realización requiere una habilidad especial, como es el ejercicio de la medicina, el estándar de diligencia es el del "ordinal skilled man exercising and professing to have that special skill»[15].

Además, según dijera este fallo, un médico «no incumplirá un deber de diligencia si actuó de conformidad con las prácticas consideraras como correctas por un cuerpo responsable de otros profesionales médicos competentes, expertos en este ámbito concreto». A ello añadió que «una vez establecido esto, es irrelevante que existan otros expertos que estén en desacuerdo con la práctica»[16]. En palabras de Lord Scarman, de acuerdo con el *Bolam Test,* «el derecho impone el deber de diligencia, pero el estándar de diligencia es una cuestión de valoración médica»[17].

---

14 *Ibidem* pág. 7.

15 CADENAS OSUNA, Davina (2018): «El contrato de servicios médicos: la información sobre riesgos del tratamiento sanitario en el Draft Common Frame of Reference», *Actualidad Jurídica Iberoamericana,* núm. 8, pág. 425.

16 High Court of Justice Sentence *Bolam vs. Friern Hospital Management Committee* de 26 de febrero de 1957 (1957 1WLR 582).

17 Voto particular de Lord Scarman a la House of Lords Sentence *Sideaway vs. Board Gobernors of the Bethlem Royal Hospital and the Maudsley Hospital* de 21 de febrero de 1985 [1985 AC 232k].

De este modo, «el criterio desarrollado por la sentencia atribuía la determinación del estándar de diligencia médica a la propia comunidad médica, pues era suficiente para rechazar que el demandado hubiese actuado de forma negligente que expertos peritos lograran convencer al juez de que existía un "cuerpo responsable" de especialistas que opinaban que su actuación había sido conforme a una práctica médica correcta, sin importar que otros expertos pudieran estar de acuerdo con ella»[18].

El *Bolam test* fue modulado por la sentencia de la Cámara de los Lores *Bolitho vs. City and Hackney Health Authority* de 13 de noviembre 1997, que, si bien lo confirmó, atribuyó al juez cierto margen de discrecional para valorar el parecer médico y rechazarlo cuando estimase que no era razonable por no poder soportar un análisis crítico. En efecto, «tras Bolitho, se *produjo* en el Reino Unido un cambio en el estándar (...) transitando éste desde el estándar profesional o de la comunidad médica» como regla absoluta a regla general[19].

Posteriormente, la jurisprudencia ha abundado «en este margen de valoración judicial, de modo que, a pesar de que la propia sentencia *Bolitho* calificaba como excepcional la posibilidad de que un juez calificase como ilógica la opinión de un experto profesional, en la actualidad puede afirmarse que el control judicial de la opinión de los expertos ha devenido una característica típica de los procesos de responsabilidad médica profesional» en el Reino Unido[20]. Reflejo de este tercer estadio jurisprudencial del Bolam test lo encontramos en la sentencia de la *English and Gales Court of Appeal Burne vs A* de 25 de junio de 2006[21]. De esta evolución también da cuenta MULHERON[22].

---

18 SOLÉ FELIU, Josep (2022): «Estándar de diligencia médica y valor de los protocolos y guías de práctica clínica en la responsabilidad civil de los profesionales sanitarios», *op. cit.* pág. 8.

19 CADENAS OSUNA, Davina (2018): «El contrato de servicios médicos: la información sobre riesgos del tratamiento sanitario en el Draft Common Frame of Referencia», *op. cit.* pág. 426.

20 SOLÉ FELIU, Josep (2022): «Estándar de diligencia médica y valor de los protocolos y guías de práctica clínica en la responsabilidad civil de los profesionales sanitarios», *op. cit.* pág. 10.

21 England and Gales Court of Appeal Sentence (Civil division) *Burne vs A.* de 25 de enero de 2006 (2006 EWCA Civ 24).

22 MULHERON, Rachael (2010): «Trumping Bolan: A Critical Legal Analysis of Bolithos Gloss, *Cambridge Law Journal,* núm. 69, pág. 609.

b) Estados Unidos (EEUU)

En EEUU la jurisprudencia tradicional fundaba la determinación técnica del estándar de diligencia del médico en la costumbre y el arraigo local de la misma.

En virtud de la primera, la conducta del facultativo no podía ser calificada como negligente cuando se ajustase a la costumbre usualmente practicada por la comunidad médica. De este modo, el estándar de diligencia profesional venía determinado por la valoración médica y «el juez —o el jurado— no se *planteaban* si la costumbre *era* razonable o no; o si *era* acorde a lo que se esperaría de un profesional medio del sector»[23].

Además, en los casos de prácticas médicas consuetudinarias seguidas por un número significativo de profesionales, la jurisprudencia aplicaba la «doctrina de las dos escuelas de pensamiento», también conocida como «doctrina de la respetable minoría». Esta doctrina impedía condenar a un facultativo que hubiese optado por criterio médico seguido por número considerable de profesionales reconocidos y respetados en su correspondiente especialidad. Entre otros fallos, han defendido la «doctrina de la respetable minoría» la sentencia de la *Supreme Court of Pennsylvania Jones vs Chidester* de 17 de junio de 1992[24].

En segundo lugar, el arraigo local eximia de responsabilidad cuando la practica médica se había ajustado a la costumbre médica de misma localidad en la que ejercía el facultativo o de una similar. Este criterio «encontraba su razón de ser histórica en la dificultad de los médicos que ejercía en entornos alejados —o en localidades escasamente pobladas— para poder acceder a los mismos medios de diagnóstico y tratamiento que existían en las grandes ciudades y en los centros técnicos bien dotados técnicamente, particularmente en un país tan extenso como Estados Unidos»[25].

Sin embargo, hoy en día la situación ha cambiado. «Las dificultades que plantea el estándar de diligencia basado en la costumbre de la profesión

---

23 SOLÉ FELIU, Josep (2022): «Estándar de diligencia médica y valor de los protocolos y guías de práctica clínica en la responsabilidad civil de los profesionales sanitarios», *op. cit.* pág. 11.

24 Supreme Court of Pennsylbania Sentence *Jones vs Chidester* de 17 de junio de 1992 (531 Pa. 31, 610 A.2d 964).

25 SOLÉ FELIU, Josep (2022): «Estándar de diligencia médica y valor de los protocolos y guías de práctica clínica en la responsabilidad civil de los profesionales sanitarios», *op. cit.* pág. 11.

médica han llevado a los tribunales norteamericanos a sustituirlo, cada vez con mayor frecuencia, por otro basado en la conducta de un médico razonable por las mismas circunstancias»[26]. La asunción del modelo fundado en el estándar de diligencia razonable puede apreciarse en la *Supreme Judicial Court of Massachusets Brune vs Belinkoff* de 3 de abril de 1968[27]. Como consecuencia de lo anterior, los tribunales ahora tienen un margen de decisión para valorar si la apreciación médica es razonable o no y toman en consideración otras circunstancias. Ahora bien, en esta tarea de *judicial review*, «el juez no se plantea cuál es la práctica habitual de la comunidad médica, ni tampoco si esa práctica es o no razonable. Lo que se pregunta es, más bien, qué habría hecho un profesional razonable perteneciente al mismo sector de especialidad en el demandado en las mismas circunstancias»[28].

B. Modelo continental

En el modelo continental, a diferencia del anglosajón, prima la valoración judicial, la cual, no obstante, carece por si sola de competencias para pronunciarse sobre lo que resulta medicamente posible o necesario. Debe apoyarse en valoraciones médicas.

Así ocurre en España, cuya jurisprudencia, apoyándose en la libre valoración de la prueba, falla según las reglas de la «sana crítica» a partir de los dictámenes periciales obrantes en la causa[29]. Puede decirse, por lo tanto, que, en el Derecho continental, tanto la estimación o desestimación de las demandas —como los recursos contencioso-administrativos— descansa en «el prudente criterio del juzgador que debe ajustarse (…) a las más elementales directrices de la lógica humana». Éstas «están dedicadas a complementar los conocimientos del tribunal en el momento de adoptar la decisión cuyos fundamentos, por sus contenidos técnicos, hacen necesaria la ayuda de un experto en las materias científicas que pueden presentarse»[30].

---

26 *Ibidem* pág.12.

27 Supreme Judicial Court of Massachusets *Brune vs Belinkoff* de 3 de abril de 1968 (354 Mass. 102,235 N.E.2d 793)

28 *Ibidem* pág. 13.

29 Art. 348 de la Ley 1/2000, de 7 de enero, de enjuiciamiento civil.

30 FJ 2 STSJ de Madrid 538/2019, de 20 de junio, de la Sala de lo Contencioso-administrativo [núm. rec. 114/2017 y (*Tol 7434629*)].

Protocolos, guías de práctica y vías clínicas

Con frecuencia los dictámenes periciales hacen referencia a las «guías o protocolos de práctica clínica y asistencial», «basados en la evidencia científica y en los medios disponibles», los cuales «deberán ser utilizados de forma orientativa»[31].

Pues bien, en la literatura médica suele hablarse de protocolos, guías de práctica clínica y vías clínicas. Estos conceptos suelen emplearse como sinónimos, con un uso preponderante del primero porque «es el término más conocido y con más tradición entre los profesionales de la salud de nuestro país»[32]. Sin embargo, resulta cada vez más frecuentemente —por la influencia de la expresión *clinical practise guidelines*— referirse a las guías de práctica clínica (GPC)[33].

i. Los protocolos son, «un documento dirigido a facilitar el trabajo clínico, elaborado mediante una síntesis de información que detalla los pasos a seguir ante un problema asistencial específico. Está consensuado entre los profesionales, con carácter de "acuerdo a cumplir" y se adapta al entorno y a los medios disponibles»[34].

ii. Las guías de práctica clínica, según el *Institute of Medicine* de EEUU, son «el conjunto de recomendaciones basadas en una revisión de la mejor evidencia científica disponible, en la que se evalúan los riesgos y beneficios de las diferentes opciones, con el fin de dar soporte a las decisiones clínicas y mejorar la atención sanitaria a los pacientes»[35].

iii. Las vías clínicas son aquel «instrumento dirigido a estructurar las actuaciones ante situaciones clínicas que presentan una evolución

---

[31] Art. 4.7 b) de la Ley 44/2003, de 21 de noviembre, de ordenación de las profesiones sanitarias.

[32] ROMERO SIMÓ *et alii* (2010): «Guías y vías clínicas, ¿existe realmente diferencia?, *Cirugía española: órgano oficial de la Asociación Española de Cirujanos*, vol. 88, núm. 2, pág. 82.

[33] El Ministerio de Sanidad, en su Manual de Elaboración de Guías de Práctica Clínica (12ª ed.), las define como las «el conjunto de recomendaciones basadas en una revisión de la mejor evidencia científica disponible, en la que se evalúan los riesgos y beneficios de las diferentes opciones, con el fin de dar soporte a las decisiones clínicas y mejorar la atención sanitaria de los pacientes.

[34] Guía Salud.es. Biblioteca de Guías de Práctica Clínica del Sistema Nacional de Salud.

[35] Traducción procedente del Manual de Elaboración de Guías de Práctica Clínica, publicada por el Ministerio de Sanidad.

predecible. Describe los pasos que deben seguirse, establece las secuencias en el tiempo de cada una de ellas y define las responsabilidades de los diferentes profesionales que van a intervenir»[36].

Se configuran como instrumentos útiles para implantar guías de práctica clínica y protocolos ya que especifican las pautas, definen responsabilidades, organizan y determinan la secuencia temporal y la duración de las actuaciones.

En cualquier caso, «todos ellos tienen en común el hecho de ser un conjunto de recomendaciones dirigidas a facilitar a los pacientes y a los profesionales sanitarios la correcta toma de decisiones en situaciones clínicas específicas»[37].

Finalmente, queda por decir que estos documentos pueden ser elaborados por iniciativa privada (sociedades médicas, compañías de seguros, etc.) o pública (*v.gr.* Programa de Guías de Práctica Clínica en el Sistema Nacional de Salud).

Mucho más que *lex artis: diálogo entre la jurisprudencia y doctrina legal*

En sede de responsabilidad patrimonial sanitaria no todo es *lex artis*. Es más, existen ciertos ámbitos en los que los daños causados por el normal funcionamiento del servicio público de salud dan lugar a indemnizaciones a favor de la víctima o de sus familiares o allegados. Así ocurre en materia de vacunas, donde rige el principio de solidaridad.

En efecto, tratándose de vacunas recomendadas, inoculadas en el marco de una campaña promovida por la autoridad sanitaria, los daños graves y extraordinarios se socializan. En estos casos, «la obligación de soportar el daño sufrido no puede imputarse al perjudicado cuando éste no tiene el deber jurídico de soportar el riesgo que objetivamente debe asumir la sociedad en virtud del principio de solidaridad»[38]. Ello es así porque «no puede exigirse al ciudadano, después de contribuir a la inmunización de grupo, que soporte en solitario sobre sus espaldas la ocasional irrogación

---

[36] Guía Salud.es. Biblioteca de Guías de Práctica Clínica del Sistema Nacional de Salud.

[37] SOLÉ FELIU, Josep (2022): «Estándar de diligencia médica y valor de los protocolos y guías de práctica clínica en la responsabilidad civil de los profesionales sanitarios», *op. cit.* págs. 26 y 27.

[38] FJ 6 STS de 9 de octubre de 2012, de la Sala de lo Contencioso-administrativo [núm. rec. 6878/2010 y (*Tol 2667914*)].

imputable, aun sin falta, al servicio de vacunación»[39]. En este sentido se ha pronunciado, entre otras, la STS de 9 de octubre de 2012[40].

Además, incluso en aquellos ámbitos —la mayoría— en los que se responde por el funcionamiento anormal del servicio público de salud —por infracción de la *lex artis*— existen ciertas reglas especiales que llevan a considerar que la responsabilidad patrimonial sanitaria «tiene perfiles propios»[41]. Esta singularidad fomenta la existencia reglas especiales, así como polémicas que han dado lugar a posiciones encontradas entre la jurisprudencia y doctrina legal.

Reglas especiales

Una regla propia —que no privativa— de la responsabilidad patrimonial sanitaria es la teoría de la pérdida de oportunidad, cuyo fundamento no es otro que el principio de justicia.

«La pérdida de oportunidad se caracteriza por la incertidumbre acerca de que la actuación médica omitida pudiera haber evitado o mejorado el deficiente estado de salud del paciente con la consecuente entrada en juego a la hora de valorar el daño así causado de dos elementos o sumandos de difícil concreción, como son el grado de probabilidad de que dicha actuación hubiera producido el efecto beneficioso, y el grado, entidad o alcance de éste mismo»[42]. Ante esta tesitura puede optarse por la regla del «todo o nada» o del «no solo todo o nada».

Para el sistema binario, que entronca únicamente con el principio de igualdad, «la hipótesis sobre un hecho resulta aceptable cuando es más probable que cualquiera de las hipótesis rivales sobre el mismo hecho,

---

39 CIERCO SEIRA, César (2018): *Vacunación, libertades individuales y Derecho público,* Marcial Pons, Madrid, pág. 73.

40 STS de 9 de octubre de 2012, de la Sala de lo Contencioso-administrativo [núm. rec. 6878/2010 y (*Tol 2667914*)]. En este fallo se juzgó la alteración grave del sistema nervioso (síndrome Guillain-Barré) sufrida por un ciudadano tras vacunarse contra la gripe y que le produjo una tetraparesia flácida y un grado de discapacidad del 85 por ciento.

41 HUERGO LORA, Alejandro (2023): «Responsabilidad patrimonial por daños causados en la ejecución de contratos y concesiones administrativas. Situación actual y propuesta de futuro», *Revista de Estudios de la Administración Local y Autonómica,* núm. 20, pág. 7.

42 FJ 5 STS de 3 de diciembre de 2012, de la Sala de lo Contencioso-administrativo [núm. rec. 815/2012 y (*Tol 2709483*)].

siempre que dicha hipótesis resulte más probable que no. Ello implica: (i) una hipótesis con probabilidad media o positiva (>50%) es lógicamente preferible a las hipótesis alternativas con probabilidad inferior o negativa (<50%); (ii) una hipótesis no podrá aceptarse, aunque cuente con un mayor nivel de confirmación que sus iguales, si su probabilidad es negativa (<50%), esto es, si es verosímilmente más falsa que verdadera; y (iii) si compiten varias hipótesis con probabilidad positiva (>50%), debe reputarse aceptable la dotada del mayor nivel de probabilidad»[43].

En cambio, el sistema alternativo de la responsabilidad proporcional «obliga al agente a indemnizar a la víctima en la medida de la probabilidad causal, tanto si esta es negativa (<50%) como positiva (>50%), siempre que supere un mínimo de seriedad —probabilidad baja (≥25%) o muy baja (≥10%)— sin desbordar otro máximo rayano a la plena certeza —probabilidad alta (≤75%) o muy alta (≤90%)»[44]. Este sistema tiene a su favor estar fundada no solo en el principio de igualdad, sino también en el de valor de la justicia.

Otra regla característica de la responsabilidad patrimonial sanitaria es el del consentimiento informado. En virtud de esta regla, la Administración sanitaria está obligada a informar cabalmente de las actuaciones medicas a realizar en el cuerpo del paciente con el fin de que éste pueda decidir de manera informada. Este criterio está inspirado en la autonomía de la voluntad.

En la actualidad el consentimiento informado se regula en la Ley 41/2002, de 14 de noviembre, reguladora de la autonomía del paciente y de derechos y obligaciones en materia de información y documentación clínica (LAP). Ésta entiende por consentimiento informado: «la conformidad libre, voluntaria y consciente de un paciente, manifestada en pleno uso de sus facultades después de recibir la información adecuada, para que tenga lugar una actuación que afecta a su salud»[45].

Lo determinante es saber qué debe entenderse por «información adecuada» —principalmente, la relacionada con los riesgos— pues como afirma la STS de 29 de junio de 2010, «el consentimiento informado comprende transmitir al paciente (...) todos los riesgos a los que se expone en una

---

[43] MEDINA ALCOZ, Luis (2018): La responsabilidad proporcional como solución a la incertidumbre causal, *op. cit.* pág. 29.

[44] *Ibidem* pág. 45.

[45] Art. 3 LAP.

intervención quirúrgica [u otra actuación médica] precisando de forma detallada las posibilidades, conocidas, de resultados con complicaciones»[46].

Dicha información tendrá un alcance distinto según se trate de actuaciones de medicina necesaria o voluntaria. Será mayor en la medicina satisfactiva —*v.gr.* cirugía estética, odontología con fines de embellecimiento y esterilizaciones humanas— toda vez que la misma no es necesaria. Por ello, con la finalidad de que no se omitan, por interés crematístico del facultativo, riesgos relevantes que pudieran influir en la decisión de rechazar una intervención no necesaria para la mejoría de la salud, deben comunicarse no solo los riesgos típicos sino también los atípicos. Sólo quedan exceptuados los desconocidos debido a la limitación del estado de conocimientos de la ciencia y de la técnica.

En este sentido, tanto la jurisprudencia como la doctrina legal entienden que «la información (...) se hace especialmente exigente en intervenciones no necesarias, en las que el paciente tiene un mayor margen de libertad para optar por su rechazo habida cuenta la innecesaridad o falta de premura de la misma y porque podría dar lugar en algunos casos a un silencio de los riesgos excepcionales a fin de evitar una retracción de los pacientes a someterse a la intervención»[47].

Junto con estas reglas enunciadas existen otras como el daño desproporcionado, las *wrongful actions,* las infecciones nosocomiales, las transfusiones de sangre, etc.

Divergencias entre la jurisprudencia y doctrina legal

Si bien en muchas reglas de la responsabilidad patrimonial sanitaria —como *la lex artis,* la pérdida de oportunidad y el consentimiento informado que acabamos de mencionar— jurisprudencia y doctrina legal van de la mano, y tienen una doctrina similar, hay otros ámbitos en los que existe una disparidad de planteamientos. Esta circunstancia permite plantear este tratado como un diálogo entre la jurisprudencia y doctrina legal con el fin de conocer cuáles son sus convergencias y cuáles sus divergencias.

Aquí y ahora, queremos destacar tres ámbitos en los que las posiciones están enconadas, a saber: la transmisibilidad de la acción del reclamante

---

46 FJ 5 STS de 29 de junio de 2010 (núm. rec. 4637/2008).

47 FJ 3 STS 1/2011, de 20 de enero [núm. rec. 1565/2007 y (*Tol 2038296*)].

mortis causa, la responsabilidad del contratista y el tipo de obligaciones —de medios o de resultado— que resultan de la medicina satisfactiva.

A. Transmisibilidad de la acción del reclamante mortis causa

La posibilidad de que los herederos sucedan al causante en el derecho a interponer una reclamación patrimonial por daños causados a la salud de un familiar no es una cuestión pacífica. El Consejo de Estado (CdE) y parte de los consejos consultivos y comisiones jurídicas asesoras de las Comunidades Autónomas (CCAA) niegan tal posibilidad si el causante no ha accionado en vida.

Sostienen que «el derecho al resarcimiento del daño es un derecho de crédito que nace cuando se produce el daño y que, al recaer sobre derechos personalísimos, no patrimoniales, no es transmisible, a menos que se haya ejercitado en vida del causante, extinguiéndose en caso de fallecimiento»[48]. Según esta doctrina, «la propia muerte, (...) únicamente da lugar a un derecho indemnizatorio iure proprio en favor de los perjudicados por el fallecimiento»[49]. Éstos, sin embargo, no pueden reclamar *ex iure hereditatis* los padecimientos físicos del causante. Los familiares solo pueden reclamar *ex iure proprio* por el daño moral que la muerte evitable les genera a ellos.

Esta tesis es sostenida, además del CdE, entre otros, por el Consejo Consultivo de Canarias (CCCan) y las Comisiones Jurídicas Asesoras del País Vasco (CJAEus) y la Comunidad de Madrid (CJCMad)[50]. Otros consejos —como los Consejos Consultivos de Andalucía (CCAnd), Asturias (CCAst) y el Consell Jurídic Consultiu de la Comunitat Valenciana (CJCVal)— y comisiones —como la Comisión Jurídica Asesora de Cataluña (CJACat)— abogan por la transmisibilidad *mortis causa* de los daños personales irrogados al causahabiente[51].

En la jurisprudencia, la Sala de lo Civil —entre otras en su STS de 15 de marzo de 2021— admite sin ambages la transmisión *mortis causa* de los

---

48 CJ III de la Comisión Jurídica Asesora de Madrid 47/2023, de 2 de febrero.

49 CJ II DCdE de 20 de diciembre de 2018 (núm. exp. 942/2018).

50 *Cfr.* DCdE de 19 de julio de 2018 (núm. exp. 514/2018), DCCCan 408/2022, de 27 de octubre, DCJAEus 58/2019, y DCJCMad 47/2023, de 2 de febrero.

51 *Cfr.* DCCAnd 26/1996, de 22 de febrero, 222/2021, de 4 de noviembre, DCJCVal 150/2024, de 6 de marzo, y DCJACat 201/2022, de 9 de junio.

daños personales[52]. No puede decirse lo mismo del orden contencioso-administrativo. A falta de una jurisprudencia clara, los Tribunales Superiores de Justicia (TSJ) mantienen tesis contrapuestas. Así, mientras que el de Madrid admite la legitimación *ex iure hereditatis*, el de la Comunitat Valenciana la niega[53].

B. Responsabilidad del contratista de la Administración

A la hora de interpretar el precepto que regula la responsabilidad de los contratistas por los daños causados a terceros durante la ejecución del contrato existen dos interpretaciones predominantes, la garantista y la literal.

La primera es la que mantiene «desde 1906, el Consejo de Estado, cuya doctrina legal viene sosteniendo invariablemente que la Administración que recibe una reclamación de indemnización debe responder siempre, sin perjuicio de actuar después contra el contratista en vía de regreso en el caso de que el daño le fuera imputable»[54]. Esta tesis es seguida, entre otros, por los Consejos Consultivos de Asturias (CCAst), Castilla y León (CCCyL), Galicia (CCGal) y Murcia (CJMur), y las Comisiones Jurídicas Asesoras de Madrid (CJAMad) y Cataluña (CJACat)[55].

La interpretación literal del artículo 196 de la Ley 9/2017, de 8 de noviembre, de contratos del sector público (LCSP), es la que propugna la Sala de lo Contencioso-administrativo del TS, el CCAnd, el Consejo Consultivo de de Castilla-La Mancha, la CJACat y la CJAEus[56]. Según esta postura, la Administración sólo debe responder cuando el daño le sea imputable, por ejemplo, por haber dado una instrucción al contratista. En todos los demás casos, será responsable el contratista y lo será ante la jurisdicción ordinaria.

---

52 STS 141/2021, de 15 de marzo [núm. rec. 1235/2021 y (*Tol 8356571*)].

53 *Cfr.* STSJ de Madrid 896/2022, de 31 de octubre [núm. rec. 603/2021 y (*Tol 9300653*) y STSJ de la Comunitat Valenciana 42/2023, de 23 de enero [núm. rec. 97/2020 y (*Tol 9624355*)].

54 GAMERO CASADO, Eduardo (2018): «Responsabilidad extracontractual de la Administración y del contratista por daños a terceros en la ejecución de un contrato», en GAMERO CASADO, Eduardo y GALLEGO CÓRCOLES, Isabel (dirs.), *Tratado de contratos del sector público,* Tirant lo Blanch, Valencia, pág. 2218

55 *Cfr.* DCdE de 10 de marzo de 2015 (núm. exp. 1115/2015), DCCAst 18/2009, de 19 de febrero, DCCCyL 311/2022, de 1 de junio, DCCCan 163/2009, de 1 de abril, 329/2023, de 25 de octubre, DJMur 113/2018.

56 *Cfr.* DCCAnd 90/2021, de 11 de febrero, DCCC-M 155/2021, de 5 de mayo, CJACat 219/2021, de 8 de julio, y DCJAEus 99/2005, de 14 de diciembre.

Tal y como afirma la STS de 30 de marzo de 2009, una vez presentada una reclamación de responsabilidad patrimonial, «la Administración puede optar entre dos alternativas: considerar que concurren los requisitos para declarar la existencia de responsabilidad o estimar que están ausentes y que, por lo tanto, no procede esa declaración: en la primera hipótesis pueden ofrecerse, a su vez, dos salidas posibles; a saber: entender que la responsabilidad corresponde al contratista o que, por darse los supuestos que contempla el apartado 2 del [art. 196 LCSP] (...), sea ella misma quien tiene que hacer frente a la reparación. En este último caso así lo acordará y en el otro deberá reconducir a los interesados hacia el cauce adecuado abriéndoles el camino para que hagan efectivos su derecho ante el adjudicatario responsable» ante la jurisdicción civil[57].»

La Sala de lo Civil del TS, por su parte considera que, con independencia de que «haya existido o no responsabilidad de la Administración, no se puede negar el derecho de los perjudicados en vía civil para demandar las responsabilidades de sujetos privados»[58].

C. Tipos de obligaciones que surgen en la medicina satisfactiva

Finalmente, un tercer ámbito en el que destacamos que no existe una postura común entre la jurisprudencia y la doctrina legal es el de las obligaciones resultantes de la medicina satisfactiva. Mientras que la Sala de lo Civil solo sostuvo entre sus SSTS de 11 de febrero y 22 de abril de 1997 y 21 de octubre de 2005[59] que en la medicina voluntaria el facultativo asumía una obligación de resultado, la Sala de lo Contencioso-administrativo, desde su STS de 3 de octubre, sigue manteniendo esta postura[60]. La Sala de lo Civil, en cambio, entiende que, en la medicina voluntaria, salvo pac-

---

57 FJ 2 STS de 30 de marzo de 2009, de la Sala de lo Contencioso-administrativo [núm. rec. 10680/2004 y (*Tol 1490749*)].

58 FJ 6 SAP de Zaragoza 659/2009, de 30 de diciembre [núm. rec. 501/2009 y (*Tol 6688587*)]. Este criterio de la Sala de lo Civil del del TS también se recoge en la SAP de Barcelona 216/2019, de 26 de noviembre [núm. rec. 568/2009 y (*Tol 6901171*)].

59 *Cfr.* SSTS 83/1997, de 11 de febrero [núm. rec. 627/1993 y (*Tol 5114368*)], 334/1997, de 22 de abril [núm. rec. 1524/1993 y (*Tol 5119381*)] y 758/2005, de 21 de octubre [núm. rec. 1039/1999 y (*Tol 713285*)], de la Sala de lo Civil.

60 STS de 3 de octubre de 2000, de la Sala de lo Contencioso-administrativo [núm. rec. 3905/1996 y (*Tol 1717207*)].

to de resultado, el facultativo adquiere una obligación de medios y que la relación se enmarca en un contrato de servicios y no un contrato de obra.

Como afirma la STS de 30 de noviembre de 2021, la Sala de lo Civil «se ha cansado de repetir que la distinción entre obligación de medios y resultados no es posible mantenerla en el ejercicio de la actividad médica, salvo que se pacte o garantice». Ahora bien, según este mismo fallo, la medicina satisfactiva comporta una «obligación de medios cualificada», lo que implica exigir al médico «la diligencia que el derecho sajón califica como propia de las obligaciones de mayor esfuerzo»[61]. En sentido contrario, la STS de 18 de diciembre de 2017, de la Sala de lo Contencioso-administrativo, expresa que «la responsabilidad patrimonial sanitaria en sus vertientes de medicina curativa [da lugar a una] obligación de medios, y la medicina satisfactiva [obliga a la] (...) obtención de un resultado»[62]

La doctrina legal también se halla dividida. Por un lado, el CdE postula que «la denominada "medicina satisfactiva (...) se trata de una medicina de resultados a la que se acude voluntariamente»[63]. Mismo parecer tiene el CJCVal[64]. Por otro lado, el Consejo Consultivo de Aragón (CCAra), el extinto Consejo Consultivo de Extremadura (CCExt) y la CJAEus, consideran que la obligación del médico es una obligación de medios intensificada[65].

Luis Manent Alonso

Director del Tratado de responsabilidad patrimonial sanitaria

---

61 FJ 3.1 STS 394/1994, de 25 de abril, de la Sala de lo Civil [núm. rec. 1876/1991 y (*Tol 1665404*)].

62 FJ 3 STS 1993/2017, de 18 de noviembre, de la Sala de lo Contencioso-administrativo [núm. rec. 1995/2016 y (*Tol 6461849*)].

63 CJ IV DCdE de 10 de mayo de 2020 (núm. exp. 96/2008).

64 *Cfr.* DCJCVal 175/2021, de 24 de marzo.

65 *Cfr.* DCCAra 17/2020, de 1 de junio, DCCExt de 29 de mayo de 2008 y DCJAEus de 8 de noviembre de 2015.

PARTE I

RESPONSABILIDAD POR ASISTENCIA SANITARIA Y SU EVOLUCIÓN DENTRO DEL ORDENAMIENTO JURÍDICO ESPAÑOL

Capítulo 1

La responsabilidad patrimonial de la administración: una visión panorámica

Juan María Martínez Otero
Profesor titular de Derecho Administrativo
Universidad de Valencia

I. INTRODUCCIÓN

El presente capítulo, ubicado como pórtico de este ambicioso Tratado de Responsabilidad Patrimonial de la Administración Sanitaria, pretende ofrecer una visión panorámica de esta institución, con el fin de encuadrar debidamente el resto de los capítulos, que abordan y desgranan minuciosamente diferentes aspectos de la responsabilidad patrimonial en el ámbito sanitario.

A tal fin, nuestro estudio analiza la institución de la responsabilidad patrimonial de la Administración siguiendo un recorrido que podríamos denominar tradicional o incluso canónico. El capítulo se abre con una delimitación conceptual, en la que se define el concepto de responsabilidad patrimonial de la Administración, se presentan sus fundamentos y se la distingue de otras figuras afines. A continuación, se expone el marco normativo vigente que le resulta de aplicación, contenido fundamentalmente en el art. 106.2 de la Constitución (CE) y en las dos grandes normas administrativas de 2015: la Ley 39/2015, de 1 de octubre, de procedimiento administrativo común de las Administraciones Públicas (en adelante, LPAC) y la Ley 40/2015, de 1 de octubre, de régimen jurídico del sector público (LRJ). En tercer lugar, se exponen los requisitos para que surja el deber de indemnizar: lesión resarcible, imputación del daño y relación de causalidad. El capítulo prosigue analizando algunos aspectos procedimentales. Finalmente, con el propósito de ofrecer una visión completa de los supuestos de responsabilidad patrimonial del Estado por la causación de daños, se incluye una sucinta referencia a la responsabilidad por actos del Poder Legislativo, de la Administración de Justicia, del Tribunal Constitucional (TC) y por inaplicación del Derecho europeo.

A pesar del carácter introductorio del presente estudio, no se ha renunciado a presentar los principales debates doctrinales y jurisprudenciales abiertos en relación con la responsabilidad patrimonial de la Administración, tales como el alcance del concepto de «daño antijurídico», la discutida naturaleza objetiva de la responsabilidad, o la teoría del margen de tolerancia en relación con la indemnización por actos administrativos declarados inválidos.

II. CONCEPTO Y FUNDAMENTO DE LA RESPONSABILIDAD PATRIMONIAL DE LA ADMINISTRACIÓN

La responsabilidad patrimonial de la Administración pública puede definirse como el deber legal de la Administración de indemnizar los daños y perjuicios causados a otros sujetos de derecho que deriven de sus actividades y que estos no tienen el deber de soportar. Se trata, en esencia, de una responsabilidad extracontractual o aquiliana, pareja a la reconocida en los arts. 1902 y siguientes del Código Civil (CC), a diferencia de que se traduce en un régimen de responsabilidad de naturaleza jurídica pública, por lo que la Administración solo responderá en la medida en que una norma así lo establezca[1]. La finalidad primordial de esta institución, por lo tanto, consiste en la protección y garantía del patrimonio de quien sufre un daño no buscado, querido ni merecido que resulte de la acción (o de la inacción) administrativa[2].

---

[1] *Cfr.* ROMERO REY, Carlos (2020): «La responsabilidad patrimonial de las Administraciones públicas: un palimpsesto», *Revista de Administración Pública*, núm. 213, pág. 16.

[2] En este sentido, GARCÍA DE ENTERRÍA, Eduardo (1984): *Los principios de la nueva Ley de Expropiación Forzosa*, Civitas, Madrid (2ª ed.), págs. 165, 174, 176; y

La posibilidad de exigir responsabilidad patrimonial a la Administración es una de las garantías más relevantes de los ciudadanos frente a las acciones del poder público, garantía que no ha sido posible sino después de un lento proceso de decantación histórica[3]. En efecto, como han señalado GARCÍA DE ENTERRÍA y Tomás Ramón FERNÁNDEZ, junto al principio de legalidad y al control jurisdiccional del quehacer administrativo, la responsabilidad patrimonial constituye uno de los grandes soportes estructurales del Derecho Administrativo moderno, por cuanto viene a culminar el sometimiento de la Administración a Derecho[4].

Actualmente, las líneas maestras del régimen de responsabilidad patrimonial de la Administración se contienen en el art. 106.2 CE y en los arts. 32 a 37 LRJ. Antes de descender a un análisis más detenido de este marco normativo, conviene perfilar con nitidez la institución que nos ocupa, deslindándola de otras figuras e instituciones afines[5].

En primer lugar, y como ya ha tenido ocasión de subrayarse, la responsabilidad patrimonial de la Administración se configura primariamente

---

también LEGUINA VILLA, Jesús (1979): «El fundamento de responsabilidad de la Administración», *Revista Española de Derecho Administrativo*, núm. 23, pág. 526. Junto a esta función resarcitoria, la doctrina ha identificado otras: preventiva, de control, demarcatoria y punitiva. *Cfr.* BLANQUER CRIADO, David (2020): *La responsabilidad patrimonial en tiempos de pandemia*, Tirant lo Blanch, Valencia, págs. 307 y ss.; o MIR PUIGPELAT, Oriol (2012): *La responsabilidad patrimonial de la Administración*, Edisofer, Madrid (2ª ed.), págs. 103 a 123.

3 En nuestro ámbito doméstico, los principales hitos de este proceso han sido los siguientes: art. 43.1 de la Constitución de 1931; art. 209 de la Ley de bases municipal de 10 de julio de 1935; y art. 121 de la Ley de expropiación forzosa de 16 de diciembre de 1954. Un breve recorrido histórico por estos antecedentes puede consultarse en MARTÍN REBOLLO, Luis (1999): «Ayer y hoy de la responsabilidad patrimonial de la Administración: un balance y tres reflexiones», *Revista de Administración Pública*, núm. 150, págs. 329 y ss.; y en el cap. 2 (págs. 147 a 160), escrito por SOLER, de esta obra.

4 GARCÍA DE ENTERRÍA, Eduardo y FERNÁNDEZ Tomás Ramón (2017): *Curso de Derecho Administrativo II*, Civitas, Madrid (15ª ed.), pág. 386. En sentido similar, TRAYTER JIMÉNEZ, Juan Manuel (2016): «La responsabilidad patrimonial de la Administración pública como institución reconocida en la Constitución. Problemas que suscita en la actualidad», en BAÑO LEÓN, José María (coord.), *Memorial para la reforma del Estado: estudios en homenaje al Profesor Santiago Muñoz Machado*, Centro de Estudios Políticos y Constitucionales, Madrid, tomo III, pág. 2741.

5 En el siguiente «negativo fotográfico» de la responsabilidad patrimonial seguimos fundamentalmente a SÁNCHEZ MORÓN, Miguel (2018): *Derecho Administrativo. Parte General*, Tecnos, Madrid (14ª ed.), págs. 946 y 947.

como una responsabilidad extracontractual, de modo que no se refiere a las responsabilidades que pueden surgir en el seno de una relación contractual, fruto de sus incumplimientos o su resolución. Esta responsabilidad contractual cuenta con una regulación propia, contenida en la Ley 9/2017, de 8 de noviembre, de contratos del sector público (LCSP).

Tampoco entran dentro del radio de acción de la responsabilidad patrimonial los deberes indemnizatorios que surgen de la expropiación forzosa, con un régimen jurídico específico establecido en la Ley sobre expropiación forzosa de 16 de diciembre de 1954 (en adelante, LEF).

En tercer lugar, no son supuestos de responsabilidad patrimonial las prestaciones o compensaciones económicas decididas por la ley para amortiguar el efecto de opciones legales lícitas (*v.gr.*, una compensación legal a funcionarios por la reducción de la edad legal de jubilación); como tampoco lo son otras prestaciones o compensaciones económicas tendentes a paliar los perjuicios o lesiones excepcionales derivados de acontecimientos dañosos (*v.gr.* ayudas a víctimas del terrorismo o compensaciones a funcionarios heridos en actos de servicio). Este tipo de ayudas se rige por lo dispuesto en la norma que las concede o por lo previsto con carácter subsidiario por la Ley 38/2003, de 17 de noviembre, general de subvenciones.

En relación con lo anterior, conviene distinguir los supuestos que originan responsabilidad patrimonial de la delimitación de derechos, concepto que «cubre todas aquellas medidas de carácter normativo procedentes de poder público (...) destinadas a conformar el contenido de los derechos individuales»[6]. Estas medidas, que en ocasiones —como ha quedado dicho— podrán ser compensadas de acuerdo con los principios de igualdad, proporcionalidad y confianza legítima, no constituyen supuestos de responsabilidad patrimonial.

Por último, es preciso distinguir la responsabilidad patrimonial de la Administración de la responsabilidad de sus agentes, que podrá exigirse mediante la acción de regreso, en el marco de procedimientos disciplinarios o en procesos de naturaleza penal, de acuerdo con lo dispuesto en los arts. 36 y 37 LRJ.

Para concluir este somero perfilado, conviene señalar que la configuración de la responsabilidad patrimonial en nuestro ordenamiento no ha respondido a una lógica unitaria o exclusiva, sino a tres: la de la responsa-

---

6 MIR PUIGPELAT, Oriol (2012): *La responsabilidad patrimonial de la Administración, op. cit.* pág. 98.

bilidad extracontractual, la de la expropiación y la de las ayudas públicas. Ignorar o confundir estas lógicas —con sus respectivas dogmáticas— lleva necesariamente a un mal entendimiento de la institución que nos ocupa, lo que a nuestro entender está en la base de ciertos de los desencuentros doctrinales que tendremos ocasión de presentar. Veamos sucintamente cuáles son estas tres lógicas.

En primer lugar, la responsabilidad patrimonial puede responder a la lógica de la responsabilidad extracontractual, que es la lógica de la justicia conmutativa. En estos casos, que son la mayoría, la responsabilidad surge como consecuencia de una actuación dolosa o negligente imputable a la Administración que ocasiona un perjuicio que es preciso indemnizar. Esta lógica, de acuerdo con la mejor doctrina, es la lógica paradigmática de la responsabilidad patrimonial de la Administración, y resulta idéntica a la que inspira la regulación civil de la responsabilidad aquiliana[7].

En segundo lugar, la responsabilidad patrimonial puede obedecer a la lógica de la expropiación forzosa, inspirada en las exigencias de la justicia distributiva. Ello sucede cuando la actuación material de la Administración ocasiona deliberadamente un daño patrimonial a un particular, por exigirlo así el interés general. El principio que justifica la indemnización en estos casos es el de igualdad ante las cargas públicas[8]. Conforme al mismo, cuando una determinada actuación pública al servicio de la comunidad produce daños o impone sacrificios especiales en determinados sujetos, resulta necesario indemnizarlos.

Finalmente, bajo el concepto de responsabilidad patrimonial también se han incluido supuestos que responden a la lógica de las ayudas públicas y encuentran su razón de ser en consideraciones de justicia redistributiva o de solidaridad[9]. Se trata aquí de casos en que la Administración deci-

---

7 DOMÉNECH, por ejemplo, califica estos casos como los de responsabilidad patrimonial «en sentido estricto». DOMÉNECH PASCUAL, Gabriel (2022): «Responsabilidad patrimonial de las Administraciones públicas por daños causados en situaciones de emergencia», *Revista General de Derecho Administrativo*, núm. 61, pág. 16.

8 MIR PUIGPELAT, Oriol (2012): *La responsabilidad patrimonial de la Administración, op. cit.* pág. 179. Sobre está cuestión, puede leerse lo escrito por RAMOS en relación con los daños vacunales. Allí expone la jurisprudencia que reconoce la existencia de responsabilidad patrimonial en base a la teoría del sacrificio particular, también conocida como del sacrificio particular o daño de sacrificio.

9 En este punto, resarcimiento en base al principio de solidaridad, nos remitimos al cap. 23 de este tratado (págs. 1718 a 1723) en el que RAMOS realiza una aplica-

de indemnizar daños producidos sin su culpa o su concurso, saliendo en ayuda de personas que han sido víctimas de accidentes o infortunios en el contexto de los servicios públicos y a las que parece conveniente ayudar[10]. Mientras algunos autores han celebrado la extensión de la responsabilidad a estos supuestos, en lo que constituiría un signo evidente del carácter avanzado y garantista de nuestro sistema de responsabilidad patrimonial, un creciente sector de la doctrina critica esta excesiva extensión, que convierte el instituto de la responsabilidad patrimonial en una especie de seguro universal que, de aplicarse de forma generalizada, sería lisa y llanamente insostenible[11].

III. CONFIGURACIÓN CONSTITUCIONAL Y LEGAL DE LA RESPONSABILIDAD PATRIMONIAL EN NUESTRO ORDENAMIENTO

La responsabilidad patrimonial de la Administración está consagrada al más alto nivel normativo en el art. 106.2 CE, cuyo tenor literal señala: «los particulares, en los términos establecidos por la ley, tendrán derecho a ser indemnizados por toda lesión que sufran en cualquiera de sus bienes y

---

ción del principio de solidaridad o socialización de los riesgos a la responsabilidad patrimonial por daños vacunales y se cita la jurisprudencia que lo ha aplicado.

10 Son muchas las críticas que ha merecido la extensión de la responsabilidad a estos supuestos. Así, por ejemplo, ROMERO destaca que «la función reparadora que ha de predicarse de la responsabilidad patrimonial no la convierte en un instrumento apto para el desarrollo de políticas de solidaridad o redistribución, sino que un alcance excesivo de la misma encarece el coste de los servicios públicos y, en definitiva, los adelgaza». ROMERO REY, Carlos (2020): «La responsabilidad patrimonial de las Administraciones públicas: un palimpsesto», *op. cit.* págs. 210 y ss.

11 Entre los defensores de este sistema extensivo, a título ejemplificativo puede consultarse TRAYTER JIMÉNEZ, Juan Manuel (2016): «La responsabilidad patrimonial de la Administración pública como institución reconocida en la Constitución. Problemas que suscita en la actualidad», *op. cit.*; y FERNÁNDEZ RODRÍGUEZ, Tomás Ramón (2021): «Sobre la discutida naturaleza objetiva de la responsabilidad patrimonial de la Administración», *Revista de Administración Pública*, núm. 216, págs. 169 a 186. Para una visión crítica, y entre muchos, véase PANTALEÓN PRIETO, Fernando (1994): «Los anteojos del civilista: hacia una revisión del régimen de responsabilidad patrimonial de las Administraciones públicas», *Documentación Administrativa*, núm. 237-238, págs. 239 a 240.

derechos, salvo en los casos de fuerza mayor, siempre que la lesión sea consecuencia del funcionamiento de los servicios públicos». Conforme al art. 149.1.18 CE, la competencia para desarrollar normativamente esta materia corresponde en exclusiva al Estado.

Actualmente, este desarrollo normativo se contiene en la LRJ y la LPAC, disposiciones legales que regulan respectivamente los aspectos de carácter sustantivo y procedimental[12]. Una lectura conjunta de estas disposiciones nos permite enunciar una serie de características del sistema de responsabilidad patrimonial configurado por nuestro ordenamiento[13].

En primer lugar, el sistema de responsabilidad es de carácter general o universal, en la medida en que cubre los daños producidos por cualquier actuación de las Administraciones públicas y por el resto de poderes públicos. En efecto, la Administración responderá por daños ocasionados tanto por su actuación formalizada como por sus actuaciones materiales o técnicas, así como por los daños que se deriven de su inactividad[14]. El sistema, además, incluye la responsabilidad por los actos del Legislador, de los órganos judiciales, del TC y por la inaplicación del Derecho de la Unión Europea[15].

En segundo lugar, el sistema reviste un carácter unitario o común, aplicándose a todas las Administraciones y poderes públicos, ya sea en el plano estatal como en el autonómico y local. Así se desprende directamente de la Constitución, que ha querido reservar al Estado la regulación de las bases

---

12 En concreto, la regulación se contiene en los arts. 32 a 37 LRJ; y en los arts. 61.4, 65, 67, 68, 81, 86.5, 91, 92 y 96.4 LPAC.

13 Estas características han sido identificadas tempranamente por LEGUINA VILLA, Jesús (1979): «El fundamento de responsabilidad de la Administración», *op. cit.* págs. 253 y ss.

14 No son pocos los autores que critican la excesiva generalidad del sistema de responsabilidad establecido en la legislación administrativa, «que somete a un mismo régimen de responsabilidad todas las manifestaciones de la actividad administrativa, pese a su gran disparidad», y abogan por la elaboración de un sistema más articulado. En este sentido, y por todos, véase: RODRÍGUEZ-ARANA MUÑOZ, Jaime (2003): «Nuevas orientaciones doctrinales sobre la responsabilidad patrimonial de la administración pública», *Revista de Derecho de la Universidad de Montevideo*, núm. 4, pág. 36.

15 La responsabilidad por actos legislativos se regula en el art. 32.3 LRJ; por mal funcionamiento de la Administración de Justicia, en el art. 121 CE y en los arts. 292 a 297 de la Ley Orgánica 6/1985, de 1 de julio, del Poder Judicial; por funcionamiento anormal del TC, en el art. 32.8 LRJ; y por inaplicación del Derecho europeo, en el art. 32.5 LRJ.

del «sistema de responsabilidad de todas las Administraciones públicas» (art. 149.1.18 CE).

En tercer lugar, se establece un sistema de responsabilidad directa, de modo que la Administración cubre directamente, y no solo de forma subsidiaria, los daños ocasionados por sus autoridades, funcionarios y personal laboral. De este modo, conforme al art. 36.1 LRJ, los particulares deben dirigir sus reclamaciones directamente contra la Administración, y no contra la persona física responsable del daño. Este sistema resulta indudablemente ventajoso para el administrado, tanto por la mayor solvencia de la Administración como por la comodidad de no tener que identificar al agente público que ha ocasionado el perjuicio[16]. Junto con ello, la responsabilidad objetiva garantiza una mayor independencia de los empleados públicos y autoridades en el ejercicio de sus funciones, evitando posibles presiones de los administrados bajo la amenaza de entablar contra ellos acciones legales.

En cuarto término, la responsabilidad de la Administración es integral, debiendo cubrir la integridad del daño, de modo que el balance patrimonial de la víctima sea el mismo antes y después de la producción del daño.

Por último, el sistema de responsabilidad de la Administración es —al menos teóricamente— de carácter objetivo, toda vez que centra su foco en el daño causado y no en consideraciones subjetivas relativas al dolo o culpa del sujeto que lo causó. Así se deduce de la añeja expresión, incluida en el art. 121 LEF y contenida hoy en el art. 32.1 LRJ, conforme a la cual la Administración responde siempre que «la lesión sea consecuencia del funcionamiento normal o anormal de los servicios públicos». Esta característica de la objetividad de la responsabilidad, sin embargo, conviene tomarla desde ahora con las debidas cautelas. Y ello porque, a pesar de su proclamación casi plebiscitaria en normas, sentencias y artículos doctrinales durante la segunda mitad del siglo XX, actualmente está en el centro de un acalorado debate doctrinal, del que tendremos ocasión de ocuparnos[17].

---

16 *Cfr.* DOMÉNECH PASCUAL, Gabriel (2009): «¿Deberían las autoridades y los empleados públicos responder civilmente por los daños causados en el ejercicio de sus cargos?», *Revista de Administración Pública*, núm. 180, págs. 138 y ss.

17 MIR habla de un auténtico «cisma doctrinal», que a partir de los años 90 del siglo pasado ha venido a romper «de forma brusca el consenso reinante durante cuarenta años». MIR PUIGPELAT, Oriol (2012): *La responsabilidad patrimonial de la Administración, op. cit.* pág. 9. Uno de los últimos episodios de esta controversia ha sido la STC 112/2018, de 17 de octubre [*Tol 6887748*], que sostiene que la Constitución establece un régimen de responsabilidad objetivo. La sentencia, con dos votos discrepantes suscritos por tres magistrados, ha sido abiertamente criticada

Una vez presentado el marco normativo aplicable —ciertamente exiguo para una realidad tan amplia y proteica como la que nos ocupa—, procede analizar los requisitos que hacen surgir la responsabilidad patrimonial de la Administración, extremo al que se dedica el siguiente epígrafe.

IV. REQUISITOS DE LA RESPONSABILIDAD PATRIMONIAL

El deber jurídico de indemnizar surge por la concurrencia de tres requisitos. En primer lugar, debe producirse una lesión resarcible, entendida como un daño antijurídico, efectivo, evaluable económicamente e individualizado. En segundo lugar, dicha lesión tiene que resultar imputable a la Administración. Finalmente, debe existir una relación de causalidad entre la actuación administrativa y la lesión producida[18].

1) Lesión resarcible

El primer requisito para que surja la responsabilidad patrimonial de la Administración es la producción de una lesión resarcible en el patrimonio del administrado. Para resultar resarcible, la lesión patrimonial debe reunir una serie de condiciones, de acuerdo con lo dispuesto en los arts. 34.1 y 32.2 LRJ.

En primer lugar, la lesión tiene que ser antijurídica, lo que significa que el administrado no tiene el deber jurídico de soportarla de acuerdo con la

---

desde ciertos sectores doctrinales, y no parece que vaya a poner punto final al debate. Y ello porque, como ha subrayado DOMÉNECH, «debe notarse que en este ámbito existe una falta de correspondencia sistemática entre lo que los tribunales dicen y lo que realmente hacen (...). Salvo en muy contadas ocasiones, a pesar de reproducir una y otra vez la doctrina de la responsabilidad objetiva, aplican, *de facto*, una regla de responsabilidad por culpa: solo condenan a la Administración cuando el daño es consecuencia de un funcionamiento defectuoso del correspondiente servicio público. Para introducir de tapadillo esta regla, los tribunales españoles se sirven de varios artificios, manipulaciones y eufemismos argumentativos». DOMÉNECH PASCUAL Gabriel (2022): «De nuevo sobre la responsabilidad patrimonial de la Administración por actos ilegales. A favor de la doctrina del margen de tolerancia», *Revista de Administración Pública*, núm. 219, pág. 81.

18 Para una exposición jurisprudencial ordenada de estos requisitos puede consultarse, entre muchas, la STS, Sala de lo Contencioso-Administrativo, de 6 de abril (núm. rec. 2611/2014 y [*Tol 5684556*]).

ley (art. 34.1 LRJ). Esta concepción de la antijuridicidad —muy diferente de la que se maneja, por ejemplo, en el ámbito penal— pone el foco en el resultado de la actuación administrativa, y no en su licitud o ilicitud, de modo que tanto las actuaciones legales como ilegales de la Administración podrán dar lugar a responsabilidad[19]. Más allá de este dato, sin embargo, el concepto de antijuridicidad recogido en la LRJ resulta inservible, al tratarse de una pura tautología —«será antijurídica la lesión que el administrado no tenga el deber jurídico de soportar»—, y abocar al operador jurídico a un razonamiento circular[20]. Esta indeterminación tiene la ventaja de otorgar a los tribunales un amplio margen de discrecionalidad para determinar cuándo existe el deber jurídico de soportar un daño y cuándo no, margen que parece oportuno en un ámbito tan casuístico. El precio de esta ventaja, empero, no es pequeño, y se paga en términos de una jurisprudencia variopinta y no siempre todo lo uniforme que la seguridad jurídica exigiría[21].

Sin ánimo de inventar la rueda, y aun siendo consciente del río de publicaciones que manejan dicho concepto de «daño antijurídico» —moneda de curso común entre administrativistas desde un temprano trabajo de GARCÍA DE ENTERRÍA del año 1956— me planteo si no sería preferible sustituirlo por el de «daño injusto», al que encuentro al menos tres ventajas[22]. La primera es que el concepto de «daño injusto» parece expresar

---

19 En este sentido, y a título meramente ejemplificativo, no resultarán antijurídicos los perjuicios patrimoniales ocasionados como consecuencia de cargas u obligaciones generales, como pueden ser las cargas tributarias; aquellos que se deriven de una actuación discrecional de la Administración que se ejerce en términos razonables y proporcionados; o los que tengan su origen en un acto administrativo dictado de acuerdo con la ley.

20 LETELIER WARNBERG, Raúl (2018): «Sobre la lesión que la víctima no está obligada a soportar», en VAQUER CABALLERÍA, Marcos (coord.), *Estudios de Derecho Público en homenaje a Luciano Parejo Alfonso,* Tirant lo Blanch, Valencia, vol. I, pág. 1.047.

21 Como apunta DOMÉNECH, definido de forma tautológica, el concepto de daño antijurídico «funciona en la práctica como un comodín o *cajón de sastre* completamente vacío que cada intérprete rellena en cada caso a su gusto, según sus intuiciones y criterios acerca de qué daños deben ser resarcidos y cuáles no». DOMÉNECH PASCUAL, Gabriel (2022): «Responsabilidad patrimonial de las Administraciones públicas por daños causados en situaciones de emergencia», *op. cit.* págs. 86 y 87.

22 GARCÍA DE ENTERRÍA, Eduardo (1984): *Los principios de la nueva Ley de Expropiación Forzosa, op. cit.* págs. 176 y ss. Resulta oportuno hacer notar que este trabajo de GARCÍA DE ENTERRÍA ha sentado las bases interpretativas del régimen de responsabilidad patrimonial de la Administración durante décadas, en una especie

de forma más exacta lo que la jurisprudencia y la doctrina entienden por «daño antijurídico»[23]. La segunda es que se trata de un concepto más intuitivo para el ciudadano de a pie, que a fin de cuentas es el destinatario de las normas. Y la tercera es que la sustitución evitaría la confusión a la que puede conducir la polisemia del término «antijurídico», que en otras ramas del ordenamiento significa, lisa y llanamente, contrario a Derecho o ilegal[24].

La segunda característica que debe revestir una lesión para resultar resarcible, de acuerdo con el art. 32.2 LRJ, es la efectividad. Quiere esto decir que resultan indemnizables los daños ciertos y reales, pero no aquellos meramente hipotéticos, previsibles o futuros —«sueños de ganancias», los ha calificado la jurisprudencia—, ni la mera exposición a un riesgo[25]. Ello no quiere decir que no resulte indemnizable el lucro cesante, siempre que pueda ser cumplidamente probado. Además, y de acuerdo con la doctrina de la pérdida de oportunidad, la jurisprudencia también viene admitiendo la reparación de daños que, quizá, podrían haberse evitado de haberse ofrecido a los administrados determinadas alternativas de las que indebidamente se les privó[26].

---

de «interpretación auténtica» que doctrina y jurisprudencia han tardado mucho en cuestionar.

23 De hecho, son numerosos los autores que a la hora de explicar en qué consiste un daño antijurídico recurren en primera instancia al concepto de injusticia. Así, entre muchos otros, BLANQUER CRIADO, David (2020): *La responsabilidad patrimonial en tiempos de pandemia, op. cit.* págs. 311 y ss.

24 Como señala LETELIER, en el ámbito del Derecho Civil, del Derecho Penal y de la Teoría del Derecho, la antijuridicidad se relaciona *prima facie* con la idea de contradictoriedad al Derecho. LETELIER WARNBERG, Raúl (2018): «Sobre la lesión que la víctima no está obligada a soportar», *op. cit.* pág. 1.049. En un estudio reciente, COBREROS señalaba: «se percibe una sensación de desaliento ante la constatación de que llevamos años dando vueltas a conceptos (responsabilidad objetiva, antijuridicidad, funcionamiento normal o anormal...) a los que no acabamos de dar un significado preciso y unívoco». COBREROS MENDAZONA, Edorta (2020): «Culpabilidad, funcionamiento de los servicios y antijuridicidad en la responsabilidad patrimonial de la Administración y una referencia a los demás poderes del Estado», *Revista de Administración Pública,* núm. 213, pág. 95. Quizá una salida a dicho callejón pasa por sustituir los citados conceptos por otros más concretos y unívocos.

25 *Cfr.* STS, Sala de lo Contencioso-Administrativo, de 21 de diciembre de 2022 (núm. rec. 5521/2010 y [*Tol 2729120*]).

26 En estos casos, el daño no es el perjuicio material correspondiente al hecho acaecido, sino la incertidumbre en torno a la secuencia que hubieran tomado los

En tercer lugar, para ser resarcibles las lesiones deben ser «evaluables económicamente» (art. 32.2 LRJ), esto es, determinables en términos monetarios. Y ello porque de lo contrario su indemnización no sería posible. Resultan evaluables tanto los daños patrimoniales —cuya indemnización es esencialmente resarcitoria—, como los de carácter físico, personal o moral, en cuyo caso la evaluación es normalmente convencional y la indemnización reviste un carácter compensatorio o paliativo, ante la imposibilidad de restituir al afectado a la situación previa a la lesión[27].

Finalmente, el daño debe ser «individualizado con relación a una persona o grupo de personas» (art. 32.2 LRJ), de modo que se excluye la responsabilidad patrimonial de la Administración por daños o perjuicios generales[28]. El daño indemnizable consiste, pues, en un perjuicio especial o un sacrificio excesivo que recae sobre ciertas personas, y no en perjuicios de carácter genérico o global, como pueden ser las molestias, incomodidades o cargas generales que exige la vida en común. Y ello porque, como apunta DOMÉNECH, resultaría absurdo que «un perjuicio sufrido por la generalidad de los ciudadanos fuera resarcido por los poderes públicos, pues serían esos mismos ciudadanos los que, a través del sistema tributario, tendrían que sufragar no solo el pago de las correspondientes indemnizaciones, sino también el coste de los procedimientos que habría que tramitar para depurar la responsabilidad patrimonial de la Administración. Compensar

---

hechos de haberse seguido en el funcionamiento del servicio otro curso de actuación. *Cfr.* STS, Sala de lo Contencioso-Administrativo, de 24 de noviembre de 2009 (núm. rec. 1593/2008 y [*Tol 1761949*]).

27 Como en tantos otros ámbitos del Derecho Administrativo, ha sido el Consejo de Estado francés quien abrió la puerta a la compensación de daños no patrimoniales, como los estéticos (*arrêt* Dame Durand, 1949); los ocasionados por sufrimientos físicos excepcionales (*arrêt* Morell, 1942); o por la pérdida de un ser querido (*arrêt* Bondurand, 1954). En nuestro país, la primera sentencia en la que indemniza *pretium doloris* es la famosa STS, Sala de lo Contencioso-Administrativo, de 12 de marzo de 1975 [*Tol 5096906*], conocida como la «sentencia de los novios de Granada».

28 Como señala SANTAMARÍA, «tan evidente es que debe ser indemnizado el daño que se produzca exclusivamente a una sola persona (...), como que, en el extremo opuesto, no es lógico ni posible, física ni económicamente, indemnizar a todos los miembros de una amplia colectividad por los daños que se les causen por una única medida (...). Entre estos dos extremos, se mueve el concepto de individualización». SANTAMARÍA PASTOR, Juan Alfonso (2015): *Principios de Derecho Administrativo General,* Iustel, Madrid, vol. II (4ª ed.), pág. 551.

a las víctimas empeoraría paradójicamente su situación. El dinero que les entraría por un bolsillo sería menos que el que les saldría por el otro»[29].

2) Imputación del daño

El segundo requisito para que surja la responsabilidad patrimonial de la Administración es la imputación del daño o, dicho en otras palabras, que el daño ocasionado pueda atribuirse jurídicamente a la Administración. Mientras el requisito de la lesión resarcible pone el acento en la posición pasiva de quien la sufre, el requisito de la imputación del daño atiende a la vertiente activa de la lesión, es decir, a la actividad que la ocasiona. Como ha advertido la doctrina, la cuestión de la imputación se reduce a determinar en base a qué títulos puede atribuirse a la Administración el deber de reparación en que la responsabilidad patrimonial se concreta[30].

De acuerdo con la Constitución, la Administración responde de aquellos daños que sean «consecuencia del funcionamiento de los servicios públicos» (art. 106.2 CE). Por su parte, el art. 32.1 LRJ —en una estela que se remonta hasta el art. 121 de la LEF de 1954— explicita que los daños pueden ser consecuencia del «funcionamiento normal o anormal de los servicios públicos». Ambos textos normativos, conviene precisar, descartan expresamente la responsabilidad en los supuestos de fuerza mayor.

Expliquemos resumidamente el alcance de este título de imputación —«funcionamiento normal o anormal de los servicios públicos»—, cuya interpretación está en la base de numerosos debates doctrinales en relación con la naturaleza y alcance de la responsabilidad patrimonial[31].

---

29 DOMÉNECH PASCUAL, Gabriel (2020): «Responsabilidad patrimonial del Estado por la gestión de la crisis del Covid-19», *El Cronista del Estado Social y Democrático de Derecho,* núm. 86-87, pág. 106.

30 GARCÍA DE ENTERRÍA, Eduardo y FERNÁNDEZ, Tomás Ramón (2017): *Curso de Derecho Administrativo II, op. cit.* págs. 414 y 415.

31 Una primera cuestión controvertida es el margen de maniobra que la Constitución ha querido dejar al Legislador ordinario para configurar los títulos de imputación de la Administración. Un sector doctrinal —avalado por la reciente STC 112/2018, de 12 de octubre [*Tol 6887748*]— sostiene que la Constitución acoge el sistema vigente desde 1954, estableciendo un régimen de responsabilidad objetiva que se extiende a los daños ocasionados por el funcionamiento «normal y anormal» de los servicios públicos. En esta línea doctrinal se encuentran, entre otros, FERNÁNDEZ, Tomás Ramón (2021): «Sobre la discutida naturaleza objetiva de la responsabilidad patrimonial de la Administración», *op. cit.* págs. 169 a 186; y TRA-

Un primer dato relativo a la imputación del daño es que este debe haber sido ocasionado por el funcionamiento de los servicios públicos, lo que implica un elemento subjetivo: el daño debe provenir de una persona integrada en la organización administrativa, y no de un tercero. Por consiguiente, la responsabilidad de la Administración se circunscribe a los daños ocasionados por empleados públicos, titulares de órganos o cargos de confianza, así como por personas situadas bajo su custodia o autoridad —como internos en establecimientos hospitalarios o penitenciarios— en aplicación, en este último caso, del principio de culpa *in vigilando*[32]. Además, la responsabilidad se extiende a los daños anónimos o impersonales, siempre que se generen en el marco de la prestación de un servicio público. Por el contrario, la Administración no responderá ni de las conductas estrictamente privadas de las personas integradas en su organización, ajenas al servicio público; ni de las conductas de concesionarios, contratistas y profesionales libres que ejercen privadamente funciones públicas, conforme a lo dispuesto en los arts. 32.9 LRJ y 196 LCSP[33].

Identificado el agente del daño, corresponde atender a la actividad dañosa, que, al decir de la ley, puede ser el «funcionamiento normal o anormal de los servicios públicos» (art. 32.1 LRJ), entendidos éstos de una forma amplia, omnicomprensiva del quehacer de la Administración[34]. En

---

YTER JIMÉNEZ, Juan Manuel (2016): «La responsabilidad patrimonial de la Administración pública como institución reconocida en la Constitución. Problemas que suscita en la actualidad», *op. cit.* Otro sector doctrinal discute dicha posición, y defiende la libertad del Legislador para configurar los títulos de imputación y determinar si la responsabilidad debe ser objetiva o subjetiva. En este sentido, MIR PUIGPELAT, Oriol (2012): *La responsabilidad patrimonial de la Administración, op. cit.* págs. 185 y ss.; ROMERO REY, Carlos (2020): «La responsabilidad patrimonial de las Administraciones públicas: un palimpsesto», *Revista de Administración Pública, op. cit.* pág. 22; y MARTÍN REBOLLO, Luis (1999): «Ayer y hoy de la responsabilidad patrimonial de la Administración: un balance y tres reflexiones», *op. cit.* págs. 341 y ss.

32 Es el caso de la STS, Sala de lo Contencioso-Administrativo, de 12 de marzo de 1975 (núm. rec. 40.162 y [*Tol 5096906*]), caso de la «sentencia de los novios de Granada», en que los daños los ocasionó un enfermo psiquiátrico que saltó por una ventana.

33 En relación con la responsabilidad de la Administración por los actos de sus contratistas, puede consultarse un análisis más detallado en el cap. 7 de esta obra (págs. 477 a 491), redactado por MANENT.

34 Así lo ha interpretado generalmente la doctrina desde el temprano trabajo de GARCÍA DE ENTERRÍA, Eduardo (1984): *Los principios de la nueva Ley de Expropiación Forzosa*, Civitas, Madrid (2ª ed.), pág. 200.

este sentido, la responsabilidad puede surgir de cualquier forma de actuación administrativa susceptible de producir un daño, ya sea la aprobación de un reglamento o de un acto administrativo, la actividad material de la Administración o incluso la inactividad administrativa, cuando esta sea reprochable[35].

El hecho de señalar que el daño puede haber sido ocasionado por el funcionamiento normal o anormal de los servicios públicos implica que la responsabilidad no se anuda exclusivamente a actuaciones ilícitas o negligentes, sino que puede surgir también de actuaciones perfectamente legales o diligentes, cuando estas inflijan un daño que el administrado no tiene el deber jurídico de soportar. Esta idea es la que late bajo la doctrina de la responsabilidad objetiva de la Administración, largamente indiscutida en nuestro ordenamiento y que solo en las dos últimas décadas ha comenzado a ser puesta en entredicho.

Que la Administración debe responder de su funcionamiento anormal —léase, incorrecto— cuando este ocasione daños, resulta hasta cierto punto intuitivo. ¿Y qué es preciso entender por funcionamiento anormal? La actuación ilícita, respecto de las actuaciones formalizadas; y la actuación negligente, respecto de las actuaciones materiales. Estamos aquí, por lo tanto, ante supuestos típicos de responsabilidad por culpa, que siguen la lógica de la responsabilidad extracontractual propia del derecho común[36]. En relación con estos daños —que son los que más frecuentemente se indemnizan—, resulta oportuno presentar dos cuestiones que han ocupado a la doctrina, una relativa a las actuaciones materiales y otra a la actuación formalizada de la Administración.

La primera de ellas, propia del derecho de daños, es la de determinar cuándo se ha producido una actuación material o técnica negligente («anormal», siguiendo la terminología de la LRJ) en la prestación de los

---

35 Como ejemplos de responsabilidad por inactividad, SANTAMARÍA propone la falta de inspección de instalaciones peligrosas, la muerte de un enfermo por inasistencia del personal de un hospital, y la negligencia en la reparación de baches en las carreteras. SANTAMARÍA PASTOR, Juan Alfonso (2015): *Principios de Derecho Administrativo General, op. cit.* pág. 555. Para una aproximación jurisprudencial a esta cuestión, véanse las SSTS, Sala de lo Contencioso-Administrativo, de 31 de enero de 1996 (núm. rec. 2.366/1994 y [*Tol 5144096*]); y de 17 de noviembre de 1998 (núm. rec. 847/1998 y [*Tol 5253558*]).

36 COBREROS MENDAZONA, Edorta (2020): «Culpabilidad, funcionamiento de los servicios y antijuridicidad en la responsabilidad patrimonial de la Administración y una referencia a los demás poderes del Estado», *op. cit.* pág. 96.

servicios. Para ello será preciso atender a muy diversos factores: el grado de diligencia de los empleados públicos en el caso concreto, el nivel de desarrollo tecnológico, la disponibilidad de recursos, las expectativas razonables o la sensibilidad social de los ciudadanos en relación con un determinado servicio en un preciso momento, etc. A fin de objetivar estos niveles de calidad mínimos exigibles, tanto el Legislador como las distintas Administraciones vienen realizando un esfuerzo para aprobar cartas de servicios y protocolos de actuación, cuyo incumplimiento determinará un funcionamiento «anormal» de los servicios que puede dar lugar a responsabilidad[37]. En defecto de estos documentos, y aunque no resulta la solución idónea, estos estándares de rendimiento son establecidos de manera empírica y casuística por la jurisprudencia, atendiendo a las circunstancias de cada litigio[38].

La segunda cuestión relativa al funcionamiento anormal de los servicios gira en torno a la responsabilidad por actos administrativos declarados inválidos. Para un sector de la doctrina, la anulación de un acto administrativo dañoso siempre debe dar lugar a responsabilidad patrimonial de la Administración. Conforme a esta línea doctrinal, todo acto ilícito ocasionaría un daño antijurídico, que el administrado no tiene el deber jurídico de soportar y por el que debe ser indemnizado[39]. Desde otras tribunas, por el contrario, se sostiene que la anulación de un acto administrativo en vía administrativa o judicial solo dará lugar a responsabilidad cuando dicho acto no sea fruto de una aplicación razonable y razonada del orde-

---

37 En el ámbito estatal, estos documentos han sido previstos y regulados de forma general en el Real Decreto 1259/1999, de 16 de julio, por el que se regulan las cartas de servicios y los premios a la calidad en la Administración General del Estado.

38 MARTÍN REBOLLO, Luis (1999): «Ayer y hoy de la responsabilidad patrimonial de la Administración: un balance y tres reflexiones», *op. cit.* págs. 363 y ss.; y PANTALEÓN PRIETO, Fernando (1994): «Los anteojos del civilista: hacia una revisión del régimen de responsabilidad patrimonial de las Administraciones públicas», *op. cit.* pág. 246.

39 Entre los autores que defienden esta posición, pueden mencionarse a FERNÁNDEZ, Tomás Ramón (2018): «¿Existe un deber jurídico de soportar los perjuicios producidos por un acto administrativo declarado nulo por sentencia firme?», *Revista de Administración Pública*, núm. 205, págs. 221-237; BLANQUER CRIADO, David (2020): *La responsabilidad patrimonial en tiempos de pandemia, op. cit.* págs. 427 a 461; y TRAYTER JIMÉNEZ, Juan Manuel (2016): «La responsabilidad patrimonial de la Administración pública como institución reconocida en la Constitución. Problemas que suscita en la actualidad», *op. cit.* pág. 2.762.

namiento jurídico[40]. Esta segunda tesis, denominada «doctrina del margen de tolerancia», parece ser la acogida por el art. 32.1 *in fine* LRJ, cuando dispone que «la anulación en vía administrativa o por el orden jurisdiccional contencioso administrativo de los actos o disposiciones administrativas no presupone, por sí misma, derecho a la indemnización». Sin ánimo de entrar a un debate que exigiría de un espacio del que aquí adolecemos, la doctrina del margen de tolerancia tiene la virtud de aplicar a la responsabilidad patrimonial por actos administrativos inválidos un criterio similar al vigente en el Derecho europeo —articulado en torno al concepto de «lesión suficientemente caracterizada»—, así como al utilizado en los casos de error judicial en relación con las sentencias anuladas. De algún modo, la doctrina del margen de tolerancia admite que pueden existir actos administrativos ilícitos que no constituyen supuestos de funcionamiento anormal o negligente, toda vez que en su aprobación la Administración ha actuado de forma mínimamente razonable[41].

Dejando de lado los supuestos de «funcionamiento anormal», procede abordar aquellos de «funcionamiento normal» de los que se derivan daños que es preciso indemnizar. Estamos aquí ante actuaciones formalizadas lícitas o materiales diligentes que, no obstante su carácter jurídica o técnicamente irreprochable, ocasionan daños antijurídicos que parece justo compensar. Por encima de la inevitable casuística y de las divergencias doctrinales que caracterizan esta cuestión, existe un cierto consenso en afirmar que la Administración debe responder de las actuaciones que,

---

40 Para una sólida defensa de esta doctrina, véase: DOMÉNECH PASCUAL, Gabriel (2022): «De nuevo sobre la responsabilidad patrimonial de la Administración por actos ilegales. A favor de la doctrina del margen de tolerancia», *op. cit.* págs. 64 a 106. El Tribunal Supremo ha acogido esta teoría en numerosas sentencias, como las SSTS, Sala de lo Contencioso-Administrativo, de 5 de febrero de 1996 (núm. rec. 2.034/1993 y [*Tol 5146769*]), de 20 de febrero de 2012 (núm. rec. 462/2011 y [*Tol 2481382*]) o de 19 de junio de 2018 (núm. rec. 258/2018 y [*Tol 6789989*]). Idéntica razón parece latir en la STC 148/2021, de 14 de julio [*Tol 8518747*], que aun declarando inconstitucionales ciertas medidas para combatir la covid-19, entiende que las mismas no eran antijurídicas y que por lo tanto no darán lugar a responsabilidad patrimonial.

41 Para una visión panorámica de esta controversia doctrinal, véase COBREROS MENDAZONA, Edorta (2020): «Culpabilidad, funcionamiento de los servicios y antijuridicidad en la responsabilidad patrimonial de la Administración y una referencia a los demás poderes del Estado», *op. cit.* págs. 98 y ss.; y también BOIX MAÑÓ, Patricia (2012): «Responsabilidad patrimonial por anulación de actos administrativos (doctrina del margen de tolerancia), y por la adopción de medidas cautelares», *Revista española de la función consultiva,* núm. 18, págs. 19 a 40.

para satisfacer los intereses generales, ocasionan daños desproporcionados o exigen sacrificios especiales a algunas personas[42]. Pensemos en los daños derivados de unas obras públicas en los intereses económicos de algunos colindantes, o en el cierre de la circulación en una calle comercial para la celebración de una festividad local. En ambos casos, puede ser razonable que la Administración compense económicamente a los perjudicados. Esta compensación, empero, no responde a la lógica de la responsabilidad extracontractual, sino más bien a la de la expropiación forzosa[43]. Y ello porque el daño ocasionado no es un efecto indeseado o accidental del quehacer de la Administración, sino que ha sido previsto y asumido por ésta.

A caballo entre el funcionamiento normal y anormal de los servicios públicos se encuentran ciertos daños ocasionados por la Administración que se derivan de riesgos por ella creados para desarrollar actuaciones al servicio del interés general, aunque no medie culpa ni negligencia por su parte. En estos supuestos de responsabilidad por riesgo, que cabe englobar bajo el concepto de daños por caso fortuito, a pesar de haber puesto todas las cautelas para prevenir el daño, éste finalmente se produce, por lo que resulta razonable exigir a la Administración que lo indemnice[44]. Y ello aplicando el principio *ubi emolumentum ibi onus*, conforme al cual quien crea un riesgo en su propio beneficio debe responder de los daños, cuando dicho riesgo se materialice. En buena lógica, si la actividad administrativa arriesgada beneficia a la colectividad y la materialización del riesgo perjudica a un particular —o un reducido grupo de personas—, parece indiscutible que la Administración debe indemnizar.

Más dudas presentan aquellos casos en que los damnificados son precisamente los beneficiarios o usuarios de los servicios públicos, cuyo disfrute lleva aparejado un cierto riesgo. ¿Quién debe asumir en estos casos el daño ocasionado por el servicio público? ¿La propia Administración —es decir,

---

42 PANTALEÓN califica estos daños como «cuasiexpropiatorios o de sacrificio», y los define como «aquellos que son (producto indeseado, pero) consecuencia inmediata o directa de actuaciones administrativas lícitas de las que los daños aparecen como secuela connatural, como realización de un potencial dañoso intrínseco a la actuación administrativa en cuestión». PANTALEÓN PRIETO, Fernando (1994): «Los anteojos del civilista: hacia una revisión del régimen de responsabilidad patrimonial de las Administraciones públicas», *op. cit.* 247.

43 MIR PUIGPELAT, Oriol (2012): *La responsabilidad patrimonial de la Administración*, *op. cit.* pág. 179.

44 *Cfr.* STS, Sala de lo Contencioso-Administrativo, de 25 de octubre de 1996 (núm. rec. 14.283/1991 y [*Tol 5146489*]), por todas.

el conjunto de la ciudadanía—, o el usuario del servicio, que es quien se beneficia personalmente de la actividad peligrosa? La respuesta doctrinal más clásica a esta cuestión sostiene que el riesgo debe ser cubierto por la Administración, que responde de forma objetiva por cualquier daño ocasionado con motivo de la prestación de un servicio público[45]. Sin embargo, y a pesar de las casi plebiscitarias proclamaciones del carácter objetivo de la responsabilidad patrimonial, tanto la jurisprudencia como la doctrina vienen decantándose por la solución contraria: el riesgo debe ser asumido por el usuario, de forma que, si la Administración es capaz de demostrar que actuó de manera diligente, quedará exonerada de responsabilidad[46]. A este respecto, resulta paradigmática la jurisprudencia relativa a la responsabilidad de la Administración por los servicios sanitarios, que exonera de forma pacífica a la Administración de cualquier responsabilidad cuando los tratamientos o intervenciones se desarrollaron conforme a la *lex artis*, siempre y cuando el usuario hubiera prestado su consentimiento informado[47]. En estos casos, los tribunales se inclinan por reconocer un derecho a la indemnización exclusivamente cuando los daños producidos resultan desproporcionados al riesgo efectivamente asumido por la víctima, en una

---

45 Esta doctrina es la que sigue, por ejemplo, la STS, Sala de lo Contencioso-Administrativo, de 14 de junio de 1991 (núm. rec. 8.447/1991 y [*Tol 5132652*]), conocida como la sentencia del «doble aneurisma», que reconoce el derecho a indemnización por los daños sufridos por una intervención realizada conforme a la *lex artis* médica. El TS ha tenido ocasión de modificar este criterio en reiteradas ocasiones, como en las SSTS, Sala de lo Contencioso-Administrativo, de 4 de julio de 2007 (núm. rec. 6.245/2002 y [*Tol 1124231*]), o de 22 de noviembre de 2011 (núm. rec. 4.823/2009 y [*Tol 2289446*]).

46 En efecto, como constataba GARRIDO ya en 2004, «se pueden contar por docenas las sentencias del Tribunal Supremo que, haciendo una loa al carácter objetivo de la responsabilidad, terminan considerando elementos típicamente subjetivos para estimar o no la pretensión del recurrente». GARRIDO MAYOL, Vicente (2004): *La responsabilidad patrimonial del Estado*, Tirant lo Blanch, Valencia, pág. 78. En sentido similar, MEDINA ha puesto de manifiesto «el importante papel que juega la ficción, el mito o el artificio» en numerosas sentencias sobre responsabilidad patrimonial que, reafirmando el dogma de la objetividad, resuelven en consonancia con una regla de culpa. *Cfr.* MEDINA ALCOZ, Luis (2012): «Mitos y ficciones en la responsabilidad patrimonial de las Administraciones Públicas», *Revista Española de Derecho Administrativo*, núm. 153, pág. 154.

47 Para un estudio doctrinal sobre esta cuestión, con abundantes referencias jurisprudenciales, resulta de interés, SÁNCHEZ GARCÍA, Marta María (2013): «Evolución jurisprudencial de la responsabilidad patrimonial de la administración sanitaria», *DS: Derecho y salud*, núm. 23, págs. 189 a 205; así como el cap. 14 de esta obra (págs. 320 a 337), elaborado por BLANQUE.

operación que responde más a la lógica de la solidaridad o de subsidio para ayudarle a capear su desgracia —típica de las ayudas públicas— que a una lógica de justicia conmutativa[48]. Extender esta lógica indemnizatoria más allá de estos supuestos excepcionales, aplicando sin matices la regla de la responsabilidad objetiva, podría afectar de forma preocupante a la sostenibilidad de las arcas públicas, habida cuenta la progresiva expansión de las actividades de la Administración, que alcanzan un creciente número de ámbitos[49].

Un último título de imputación de responsabilidad a la Administración es el enriquecimiento injusto, que puede producirse en supuestos de lo más variado, como las requisas; la realización de ingresos indebidos (art. 221 de la Ley 58/2003, de 17 de diciembre, general tributaria); el ejercicio por un vecino de acciones judiciales en interés del municipio (68.3 y 4 de la Ley 7/1982, de 2 de abril, de bases de régimen local); o los servicios u obras realizados sin contrato o en virtud de un contrato no formalizado o inválido[50].

Una vez repasados los títulos de imputación es preciso señalar que tanto la Constitución (art. 106.2) como la LRJSP (art. 32.1) excluyen la responsabilidad por fuerza mayor, entendida como aquel acontecimiento imprevisible o absolutamente irresistible, extraño al ámbito de actuación de la Administración[51]. Como explica DOMÉNECH, «esta exclusión de responsabilidad se justificaría por la razón de que, en tales escenarios, puede considerarse que los daños no han sido causados realmente por el funcionamiento de los servicios públicos, sino por el evento constitutivo de fuerza

---

48 MIR ofrece sólidos argumentos contra la extensión de la responsabilidad patrimonial a estos supuestos en: MIR PUIGPELAT, Oriol (2012): *La responsabilidad patrimonial de la Administración*, *op. cit.* págs. 210 y ss.

49 ESTEVE PARDO, José (2021): *Lecciones de Derecho Administrativo*, Marcial Pons, Madrid (10ª ed.), pág. 293.

50 RODRÍGUEZ-ARANA MUÑOZ, Jaime (2003): «Nuevas orientaciones doctrinales sobre la responsabilidad patrimonial de la administración pública», *op. cit.* pág. 33.

51 Para una aproximación al concepto de fuerza mayor en el ámbito de la responsabilidad patrimonial de la Administración, véase: CONDE ANTEQUERA, Jesús (2015): "La responsabilidad de la Administración por daños derivados de fenómenos naturales: especial referencia al riesgo de inundación", *Revista Aragonesa de Administración Pública*, núm. 45-46, 2015, págs. 91 y ss.

mayor. Carece de sentido hacer responder a las Administraciones por daños que no podían haber evitado adoptando las debidas precauciones»[52].

Además, el art. 34.1 LRJ contiene una segunda causa de exoneración, conocida como «cláusula de progreso». Conforme a la misma, la Administración no estará obligada a responder de aquellas lesiones que se derivan de hechos o circunstancias imprevisibles o inevitables según el estado de los conocimientos de la ciencia o de la técnica existentes en el momento de su producción[53]. En este punto nos remitimos a lo escrito por MANENT y TAJUELO en el cap. 21 de este tratado (págs. 1534 a 1543).

El análisis hecho hasta aquí nos permite extraer algunas conclusiones en relación con la imputación del daño a la Administración. Cuatro son los títulos de imputación reconocidos por nuestro ordenamiento: (i) el funcionamiento anormal de los servicios públicos, (ii) el funcionamiento normal de los mismos, (iii) el riesgo creado por la Administración y (iv) el enriquecimiento injusto. Tradicionalmente, la doctrina se ha decantado por afirmar que la responsabilidad de la Administración es objetiva, lo que implica que debe cubrir con pocos matices los daños derivados de cualquier título de imputación[54]. Progresivamente, sin embargo, se han ido abriendo paso corrientes jurisprudenciales y doctrinales que de forma

---

[52] DOMÉNECH PASCUAL, Gabriel (2020): «Responsabilidad patrimonial del Estado por la gestión de la crisis del Covid-19», *op. cit.* pág. 105. También puede leerse lo escrito sobre la fuerza mayor por MANENT y TAJUELO en el cap. 21 de esta obra (págs. 1484 a 1491).

[53] Generalmente admitida, esta cláusula de progreso no ha estado exenta de alguna crítica doctrinal. Resulta particularmente afilada la de ESTEVE, que argumenta que esta cláusula «establece una muy desigual distribución de cargas y costes del progreso y del conocimiento. Hay tecnologías que se creen seguras, producen unos daños y es así como adquirimos el conocimiento de su potencial dañoso. A partir de entonces esas tecnologías dejarán de utilizarse: la sociedad queda a salvo de esos daños porque otros los han sufrido y así se conocen. Pero las víctimas, que los sufren en beneficio del conjunto social, quedan sin compensación». ESTEVE PARDO, José (2021): *Lecciones de Derecho Administrativo, op. cit.* pág. 306.

[54] En este sentido se pronuncian con convicción, entre otros, FERNÁNDEZ, Tomás Ramón (2021): «Sobre la discutida naturaleza objetiva de la responsabilidad patrimonial de la Administración», *op. cit.*; y TRAYTER JIMÉNEZ, Juan Manuel (2016): «La responsabilidad patrimonial de la Administración pública como institución reconocida en la Constitución. Problemas que suscita en la actualidad», *op. cit.* págs. 2.760 y ss. Recientemente, el propio TC ha defendido esta posición en la discutida STC 112/2018, de 17 de octubre [*Tol 6887748*], que afirma que el art. 106.2 CE se decanta por un régimen de responsabilidad objetiva. Dicha tesis es cuestionada, entre otros, por ROMERO REY, Carlos (2020): «La responsabilidad

expresa o tácita ponen en entredicho esa objetividad, decantándose por visiones más subjetivas de la responsabilidad, que se anuda a comportamientos negligentes del personal al servicio de la Administración[55]. Desde estas tribunas, por ejemplo, se sostiene la doctrina del margen de tolerancia respecto de los actos declarados inválidos, o se señala que la responsabilidad por funcionamiento normal de los servicios públicos debe ser excepcional, cubriendo exclusivamente aquellos casos en que la actividad administrativa tenga naturaleza expropiatoria[56].

Todavía, en relación con los títulos de imputación, y en la línea de lo señalado respecto del término «antijuridicidad» referido al daño, consideramos que sería conveniente abandonar la expresión «funcionamiento normal o anormal de los servicios públicos», cuyo significado resulta equívoco y opaco, al denotar en el lenguaje común un rasgo de habitualidad que poco tiene que ver con la imputabilidad del daño[57]. En su lugar —y de nuevo sin ignorar lo acendrado de esa expresión, que data de la LEF de 1954—, quizá podría emplearse «funcionamiento correcto o incorrecto de los servicios públicos», expresión que apunta de forma más certera al sig-

---

patrimonial de las Administraciones públicas: un palimpsesto», *Revista de Administración Pública*, núm. 213, pág. 22.

55 Entre estos autores, y a título meramente ejemplificativo, véase PANTALEÓN PRIETO, Fernando (1994): «Los anteojos del civilista: hacia una revisión del régimen de responsabilidad patrimonial de las Administraciones públicas», *op. cit.* págs. 247 y ss.; MIR PUIGPELAT, Oriol (2012): *La responsabilidad patrimonial de la Administración, op. cit.* págs. 168 y ss.; y DOMÉNECH PASCUAL, Gabriel (2022): «De nuevo sobre la responsabilidad patrimonial de la Administración por actos ilegales. A favor de la doctrina del margen de tolerancia», *op. cit.*

56 Respecto de este debate, resultan equilibradas las siguientes reflexiones de MEDINA: «en la dialéctica responsabilidad subjetiva/responsabilidad objetiva, no deben verse principios contrapuestos en lucha por la supremacía, sino criterios complementarios que emplea el ordenamiento para ámbitos diferenciados de la realidad». MEDINA ALCOZ, Luis (2012): «Mitos y ficciones en la responsabilidad patrimonial de las Administraciones Públicas», *op. cit.* pág. 169.

57 No resulta ocioso apuntar que el propio GARCÍA DE ENTERRÍA, quien como es sabido trabajó en la redacción del art. 121 LEF, ha tildado de «seguramente demasiado abstrusa» la expresión legal de «funcionamiento anormal del servicio». GARCÍA DE ENTERRÍA, Eduardo (2012): «Prólogo», en MIR PUIGPELAT, Oriol, *La responsabilidad patrimonial de la Administración*, Madrid (2ª ed.), pág. XXVI. En sentido análogo, SANTAMARÍA muestra sus reservas sobre la terminología legal afirmando que «la expresión "funcionamiento normal" produce mayor desasosiego aún». SANTAMARÍA PASTOR, Juan Alfonso (2015): *Principios de Derecho Administrativo General, op. cit.* pág. 557.

nificado que los tribunales y la doctrina vienen dando a los distintos títulos de imputación que dan lugar a responsabilidad[58].

3) La relación de causalidad

El tercer y último de los requisitos para que exista un deber de resarcimiento es la existencia de un nexo causal entre la actividad administrativa y el daño antijurídico. Esta relación no siempre es fácil de determinar ya que «cualquier acaecimiento lesivo se presenta normalmente no ya como el efecto de una sola causa, sino más bien como el resultado de un complejo de hechos y condiciones, agrupados en una o varias series»[59]. En efecto, la producción de un daño muchas veces obedece a una pluralidad de causas que tienen su origen en la conducta de sujetos distintos —la Administración o sus agentes, otras administraciones, terceras personas, la propia víctima— o en hechos imprevisibles.

A fin de esclarecer cómo este concurso de causas afecta a la responsabilidad patrimonial de la Administración, doctrina y jurisprudencia han ensayado diferentes respuestas, que cabe agrupar en tres teorías de la causalidad.

Conforme a la primera teoría, de la causalidad exclusiva, la Administración solo responderá cuando sea la única causante del daño, de modo que la intervención de un sujeto o factor ajeno a la actividad administrativa, cualquiera que sea, romperá el nexo causal y librará a la Administración de su deber indemnizatorio. Esta teoría configura la responsabilidad de forma excesivamente restrictiva, por lo que no ha tenido un largo recorrido jurisprudencial. La segunda teoría, conocida como de equivalencia de las condiciones, parte de la ficción de que todas las causas tienen el mismo

---

58 Recientemente ROMERO ha comparado nuestro régimen de responsabilidad patrimonial con un palimpsesto, cerrando su estudio con la formulación de un deseo: «confío en que, entre todos, seamos capaces de escribir nuevos capítulos en esta materia y que en este palimpsesto de la responsabilidad las huellas de las formas de escribir anteriores alumbren nuevas formas de escritura, cada vez más claras y también cada vez más justas». ROMERO REY, Carlos (2020): «La responsabilidad patrimonial de las Administraciones públicas: un palimpsesto», *Revista de Administración Pública,* núm. 213, pág. 27. Es con este espíritu de búsqueda de nuevas formas de escritura más claras y justas con el que se proponen las modificaciones terminológicas contenidas en nuestro estudio.

59 GARCÍA DE ENTERRÍA, Eduardo y FERNÁNDEZ Tomás Ramón (2017): *Curso de Derecho Administrativo II, op. cit.* pág. 428.

peso en la producción del daño, de modo que todos los causantes resultan responsables solidarios y el damnificado podrá escoger contra cuál de ellos se dirige, elección que lógicamente suele recaer en la Administración. Mientras el problema de la teoría de la causalidad exclusiva es su carácter excesivamente restrictivo, la teoría de la equivalencia de las condiciones presenta el problema opuesto, permitiendo atribuir responsabilidad a la Administración en demasiados casos. La tercera teoría, de la causalidad adecuada, resulta la más matizada de las tres. Conforme a ella, a la hora de atribuir responsabilidad a un sujeto el operador jurídico debe preguntarse por la verdadera causa eficiente, aquella que conforme a la experiencia sea la idónea para producir el daño, e imputar a su autor la responsabilidad[60].

Entre estas tres teorías, la jurisprudencia suele decantarse por la tercera, si bien ocasionalmente aplica la segunda, sobre todo cuando en ello reside la posibilidad real de indemnizar a la víctima[61]. En cualquier caso, conviene destacar que estamos en un ámbito enormemente casuístico, por lo que no siempre resulta fácil vaticinar en qué sentido van a aplicar los órganos jurisdiccionales el magro marco jurídico vigente.

Por otro lado, tampoco resulta insólito que los tribunales opten por la decisión salomónica de repartir proporcionalmente la responsabilidad entre la Administración y otros sujetos. En estos supuestos, la concurrencia de causas ajenas a la Administración no implica una exoneración total de la responsabilidad, sino una prudente modulación de la misma. Esto sucede, por ejemplo, cuando la víctima tiene una cierta responsabilidad en la producción del daño —por asumir libremente un riesgo o actuar con negligencia—, lo que determina una compensación de culpas y una indemnización parcial de los daños sufridos; o cuando un tercero contribuye al resultado lesivo, y los tribunales le obligan a asumir un porcentaje de la indemnización[62]. En sentido similar, numerosas sentencias modulan el *quantum* indemnizatorio en casos de incertidumbre causal, cuando faltan

---

60 *Cfr.* SSTS, Sala de lo Contencioso-Administrativo, de 6 de noviembre de 1998 (núm. rec. 2346/1994 y [*Tol 1715234*]) y 17 de noviembre de 1998 (núm. rec. 1181/1998 y [*Tol 5253544*]).

61 SÁNCHEZ MORÓN, Miguel (2018): *Derecho Administrativo. Parte General, op. cit.* pág. 967.

62 *Cfr.* STS, Sala de lo Contencioso-Administrativo, de 4 de octubre de 1995 [*Tol 187204*].

elementos de juicio para afirmar o rechazar con suficiente grado de certeza la existencia de la relación de causalidad[63].

Un supuesto particular de concurrencia de culpas, específicamente previsto en la LRJ, es la atribuida a dos o más Administraciones públicas. En estos casos, el art. 33 LRJ distingue dos supuestos. De un lado, cuando las Administraciones actúen bajo fórmulas conjuntas de actuación, en cuyo caso —y en ausencia de pactos al respecto— responderán de forma solidaria, si bien la reclamación deberá dirigirse frente a aquella que tenga mayor participación en la financiación del servicio. De otro, cuando no actúen de forma concertada, habrá que atender a los criterios de competencia, interés público tutelado e intensidad de la intervención, siempre teniendo en cuenta el principio *pro actione*[64].

V. EL EJERCICIO DE LA ACCIÓN DE RESPONSABILIDAD PATRIMONIAL

Supuesta la producción de una lesión resarcible, el perjudicado podrá iniciar un procedimiento de reclamación de responsabilidad patrimonial. Tras la última gran reforma de 2015, este procedimiento ya no se configura como un procedimiento especial, sino que se enmarca en el procedimiento administrativo común, con determinadas peculiaridades previstas en la LPAC[65]. Veamos sucintamente las líneas maestras del procedimiento cuando su objeto es una reclamación de responsabilidad patrimonial.

El procedimiento puede iniciarse tanto de oficio —extremo harto infrecuente— como por reclamación de los interesados (art. 65 y 67.1 LPAC), y se resuelve por la Administración presuntamente responsable del daño. En el escrito de solicitud, el interesado deberá concretar las lesiones pro-

---

63 *Cfr.* SSTS, Sala de lo Contencioso-Administrativo, de 24 de noviembre de 2009 (núm. rec. 1593/2008 y [*Tol 1761949*]) y de 27 de septiembre de 2011 (núm. rec. 6280/2009 y [*Tol 2248302*]). Para un análisis doctrinal de estos supuestos de «responsabilidad proporcional» ante causalidades sólo posibles, véase: MEDINA ALCOZ, Luis (2012): «Mitos y ficciones en la responsabilidad patrimonial de las Administraciones Públicas», *op. cit.* págs. 169 y ss.

64 TRAYTER JIMÉNEZ, Juan Manuel (2016): «La responsabilidad patrimonial de la Administración pública como institución reconocida en la Constitución. Problemas que suscita en la actualidad», *op. cit.* pág. 2.758.

65 Las principales particularidades del procedimiento de responsabilidad patrimonial se contienen en los arts. 61.4, 65, 67, 68, 81, 86.5, 91, 92 y 96.4 LPAC.

ducidas, la relación de causalidad, la evaluación económica del daño y la determinación del momento en que este se produjo (art. 67.2 LPAC).

El objeto del procedimiento consiste, pues, en determinar si se ha producido una lesión resarcible y, en su caso, proceder a su reparación integral, de modo que el balance patrimonial de la víctima sea idéntico antes y después de sufrir la lesión. La determinación concreta del daño es cuestión de prueba, que compete primariamente al perjudicado. Como ya hemos tenido ocasión de señalar, la integridad de la reparación incluye tanto el daño efectivo como el lucro cesante, si bien los tribunales suelen guardar respecto de este un criterio restrictivo y prudente, dejando sin indemnizar los deseos infundados o los meros sueños de ganancias. Para el cálculo del daño, el art. 34.2 LRJ se remite a «los criterios de valoración contenidos en la legislación fiscal, de expropiación forzosa y demás normas aplicables, ponderándose, en su caso, las valoraciones predominantes en el mercado», al tiempo que para los casos muerte o daños físicos invita a tomar como referencia ciertos baremos incluidos en la normativa vigente en materia de seguros obligatorios y de seguridad social. Con excepción de estos supuestos, en los que la aplicación de los baremos suele ser estricta, los tribunales disfrutan de un amplio margen de discrecionalidad a la hora de determinar la cuantía del daño. El momento temporal de referencia para el cálculo del daño es el día de su producción, de acuerdo con el art. 34.3 LRJ[66].

En cuanto a la instrucción del procedimiento, cabe destacar la exigencia legal de solicitar una serie de informes preceptivos, como el del servicio cuyo funcionamiento haya causado la presunta lesión indemnizable, o el del consejo consultivo competente cuando la indemnización sea igual o superior a los 50.000 euros (art. 81 LPAC)[67]. Por otro lado, y en relación con la carga de la prueba, en ocasiones los tribunales presumen la culpabilidad de la Administración y le imponen la carga de demostrar que actuó con diligencia[68]. Ello es así en aquellos supuestos en que la Admi-

---

66 Conforme al mismo artículo, dicha cantidad debe ser actualizada conforme al índice de precios al consumo (IPC) e incrementarse con los intereses de demora.

67 Son varias las normativas autonómicas —v.g., la valenciana y la castellanoleonesa— que han reducido el umbral a partir del cual es preceptivo solicitar el informe al consejo consultivo correspondiente. De acuerdo con el art. 81.3 LPAC, en el caso de reclamaciones en materia de responsabilidad patrimonial del Estado por el funcionamiento anormal de la Administración de Justicia, será preceptivo solicitar un informe al Consejo General del Poder Judicial.

68 Como señala BAUZÁ, «en la presunción de culpa, con base en la facilidad y disponibilidad probatorias, se traslada al autor del daño la exigencia de que explique

nistración tiene más facilidad para producir los medios de prueba que el damnificado[69]. Así, por ejemplo, en el ámbito sanitario es frecuente que el paciente que sufrió una infección hospitalaria no pueda demostrar la omisión de las necesarias medidas profilácticas; ni probar la negligencia en una determinada intervención, aunque el daño desproporcionado que la misma ha ocasionado invite a presumir esa negligencia. En estos supuestos, si la Administración sanitaria quiere eximirse de responsabilidad, tendrá la carga de demostrar que se respetaron los protocolos profilácticos o que la intervención se realizó conforme a la *lex artis*[70].

La terminación del procedimiento puede producirse por acuerdo entre las partes (art. 86.5 LPAC), o, como resulta más habitual, por resolución motivada del órgano competente. Esta deberá pronunciarse «sobre la existencia o no de la relación de causalidad entre el funcionamiento del servicio público y la lesión producida y, en su caso, sobre la valoración del daño causado, la cuantía y el modo de la indemnización» (arts. 91.2 y 35.1.h LPAC). El plazo para resolver es de seis meses, y el silencio tiene carácter negativo (arts. 91.3 y 24.1 LPAC)[71]. Ante la denegación de la solicitud, cabe tanto el recurso potestativo de reposición como el contencioso-administrativo (art. 114.1 LPAC).

La acción de responsabilidad prescribe «al año de producido el hecho o el acto que motive la indemnización o de manifestarse su efecto lesivo» (art. 67.1 LPAC). En caso de daños de carácter físico o psíquico a las personas, el plazo empezará a computarse desde la curación o la determinación del alcance de las secuelas[72]. Por lo que respecta a los daños producidos

---

razonablemente su diligencia, de manera que será la ausencia de esta explicación razonable la que haga surgir en su contra una presunción de causalidad y, por extensión, de negligencia». BAUZÁ MARTORELL, Felio José (2016): «Presunción de culpa. La deducción de negligencia en la responsabilidad patrimonial de la Administración», *Revista de Administración Pública*, núm. 201 pág. 381.

69 *Ibidem*, págs. 384 y ss.

70 *Cfr.* SÁNCHEZ GARCÍA, Marta María (2013): «Evolución jurisprudencial de la responsabilidad patrimonial de la administración sanitaria», *op.* cit. págs. 200 y ss. En idéntico sentido, *cfr.* STS, Sala de lo Contencioso-Administrativo, de 27 de junio de 2008 (núm. rec. 3224/2004 y [*Tol 1343661*]).

71 De acuerdo con el art. 96.4 LPAC, existe la posibilidad de seguir un procedimiento abreviado, que se resolverá en un plazo máximo de 30 días, cuando resulten inequívocos la relación de causalidad, la valoración del daño y el cálculo de la cuantía de la indemnización.

72 En relación con la indemnización de los daños permanentes y continuados, resulta de interés el cap. 13 del presente tratado (págs. 866 a 878), escrito por YÁÑEZ.

por actos administrativos, reglamentos o normas con rango de ley, el plazo empezará a correr en la fecha en que éstos sean declarados inválidos o inconstitucionales, ya sea el día de la notificación de la anulación o de la publicación de la sentencia. Cuando existen dudas acerca del *dies ad quem*, la jurisprudencia viene aplicando el principio *pro actione*, admitiendo a trámite la reclamación[73].

VI. APUNTE SOBRE LA RESPONSABILIDAD POR ACTOS DEL LEGISLADOR, DEL PODER JUDICIAL, DEL TRIBUNAL CONSTITUCIONAL Y POR INAPLICACIÓN DEL DERECHO EUROPEO

Para concluir estas páginas, resulta preciso recordar que la responsabilidad de la Administración cubre también los daños ocasionados por el Poder Legislativo, el Poder Judicial, el TC y por la inaplicación del Derecho europeo, conforme a lo dispuesto en los apartados 3 a 8 del art. 32 LRJ. Toda vez que el presente estudio pretende encuadrar un conjunto de estudios sobre la responsabilidad de la Administración sanitaria, no parece pertinente analizar estos supuestos en profundidad. Valga por lo tanto con describirlos a grandes rasgos, a fin de ofrecer una visión completa de la institución que nos ocupa.

1) La responsabilidad por actos del Legislador

Esta responsabilidad puede plantearse en relación con daños sufridos por aplicación de leyes posteriormente declaradas inconstitucionales o por leyes constitucionales[74].

---

[73] *Cfr.* STS, Sala de lo Contencioso-Administrativo, de 20 de diciembre de 2001 (núm. rec. 9995/1997 y [*Tol 4915714*]).

[74] El asiento constitucional de estos supuestos de responsabilidad es diferente: mientras los primeros lo encuentran en el art. 9.3, que consagra el principio de legalidad y el de jerarquía normativa; los segundos se apoyan en el art. 33.3, relativo a la expropiación. COBREROS MENDAZONA, Edorta (2022): «La responsabilidad patrimonial del Estado legislador por su incumplimiento del Derecho de la Unión Europea tras la intervención del Tribunal de Justicia», *Revista de Administración Pública*, núm. 219, págs. 21 a 58, pág. 52; y GARRIDO MAYOL, Vicente (2004): *La responsabilidad patrimonial del Estado, op. cit.* pág. 148.

La regulación de la responsabilidad por normas declaradas inconstitucionales, de cuya aplicación se hayan derivado perjuicios efectivos, individualizados y evaluables se contiene en los arts. 32.4 y 34.1 LRJ. Se trata de una regulación ciertamente restrictiva, ya que condiciona la procedencia de la indemnización a que quien la reclama haya obtenido una sentencia firme desestimatoria de un recurso contra la actuación administrativa que ocasionó el daño, y a que en ese recurso hubiera alegado la inconstitucionalidad posteriormente declarada. Además, y de forma abiertamente discutible, la reparación se circunscribe a los daños sufridos durante los cinco años anteriores a la fecha de publicación de la sentencia que declare la inconstitucionalidad de la Ley. Por si esto fuera poco, el marco regulador se cierra con la previsión de que el TC puede excluir expresamente el derecho a la indemnización, determinando la eficacia exclusivamente prospectiva de la sentencia[75].

Este régimen de responsabilidad tan restrictivo parece perseguir dos objetivos. De un lado, favorecer la seguridad jurídica; de otro, garantizar una cierta libertad de decisión al TC en su tarea de depuración del ordenamiento, ya que a la hora de decidir sobre la inconstitucionalidad de una ley no tendrá que preocuparse en exceso de una hipotética avalancha de reclamaciones con potenciales efectos desastrosos para las arcas públicas. Sin desconocer estas legítimas intenciones, la doctrina se ha mostrado muy crítica con la solución adoptada por el Legislador de 2015, por considerarla dudosamente constitucional, arbitraria, inconsistente e idónea para fomentar la litigiosidad[76].

En relación con las leyes constitucionales, el art. 32.3 LRJ prescribe que habrá que estar a lo dispuesto en las propias leyes, siempre y cuando estas no tengan carácter expropiatorio, ya que, de tenerlo, existirá un derecho a la indemnización de acuerdo con lo previsto en el art. 33.3 CE. En cualquier caso, existe jurisprudencia que ha reconocido la responsabilidad patrimonial en supuestos en que la ley nada decía al respecto, en el entendimiento de que ciertas lesiones producidas por leyes constitucionales reúnen todos los requisitos para resultar resarcibles conforme a los princi-

---

75 Así se resolvió, por ejemplo, en las SSTC 45/1989, de 20 de febrero [*Tol 80256*]; 180/2000, de 29 de junio [*Tol 2782*]; y 178/2004, de 21 de octubre (4.104/1999 y [*Tol 502199*]).

76 *Cfr.* DOMÉNECH PASCUAL, Gabriel (2018): «La menguante responsabilidad patrimonial del Estado por leyes contrarias a Derecho», *Corts: Anuario de derecho parlamentario,* núm. 31, págs. 423 a 424; y SÁNCHEZ MORÓN, Miguel (2018): *Derecho Administrativo. Parte General, op. cit.* págs. 952 y 953.

pios generales del régimen de responsabilidad patrimonial de los poderes públicos[77].

2) La responsabilidad del Estado por el funcionamiento de la Administración de Justicia

El marco normativo de la responsabilidad del Estado por funcionamiento de la Administración de Justicia viene descrito por el art. 121 CE y los arts. 292 a 297 de la Ley Orgánica 6/1985, de 1 de julio (LOPJ), a los que se remite el art. 32.7 LRJ.

Tres son las causas determinantes de esta responsabilidad.

En primer lugar, el error judicial, que debe ser injustificable —por evidente o craso—, dando lugar a conclusiones fácticas o jurídicas ilógicas, irracionales o absurdas (art. 292 LOPJ)[78]. No se trata pues de compensar el error o el desacierto del órgano jurisdiccional, sino más bien su desidia, su falta de interés. Además, el error debe contenerse en una sentencia firme y haber sido expresamente reconocido por una decisión judicial. Declarado el error, el interesado debe dirigir una petición indemnizatoria ante el Ministerio de Justicia, en el plazo de un año desde que la misma pudo ejercitarse.

La segunda causa generadora de responsabilidad es la prisión preventiva seguida de absolución o de auto de sobreseimiento libre, de acuerdo con lo dispuesto en el art. 293 LOPJ. Si bien inicialmente la norma preveía exclusivamente la indemnización para aquellos supuestos de inexistencia objetiva del hecho, progresivamente el derecho a la indemnización se ha ido extendiendo a los casos de inexistencia subjetiva, hasta reconocerse a todo aquel que es puesto en libertad, independientemente de que haya sido capaz de demostrar su inocencia[79]. Desde ciertas tribunas doctrinales

---

77 *Cfr.* SSTS, Sala de lo Contencioso-Administrativo, de 29 de febrero de 2000 (núm. rec. 49/1998 y [*Tol 1716948*]) y de 10 de diciembre de 2009 (núm. rec. 634/2008 y [*Tol 1747299*]).

78 Para una explicación más detallada de la responsabilidad patrimonial por error judicial y una cata jurisprudencial, véase: GARRIDO MAYOL, Vicente (2004): *La responsabilidad patrimonial del Estado, op. cit.* págs. 101 y ss.

79 Los principales hitos en esta evolución jurisprudencial son: STS, Sala de lo Contencioso-Administrativo, de 27 de enero de 1989 [*Tol 2375603*]; STC 98/1992, de 22 de junio [*Tol 80710*]; SSTEDH *Puig Panella vs. España* de 25 de abril de 2006 (asunto 1483/2002 y [*Tol 9082685*]) y *Tendam c. España* de 13 de julio de 2010

se ha criticado esta evolución, señalando que el umbral de certeza exigido para condenar penalmente, ciertamente elevado, no debería resultar de aplicación en el juicio acerca de la oportunidad de conceder una indemnización, ya que ello inevitablemente implica indemnizar a muchas personas que, a los ojos del juez penal, probablemente son culpables[80].

Finalmente, también darán lugar a responsabilidad los daños producidos por el funcionamiento anormal de la Administración de Justicia en sus aspectos no estrictamente jurisdiccionales (art. 296 LOPJ), como pueden ser los producidos por dilaciones excesivas que causan perjuicios irreparables, los ocasionados por notificaciones defectuosas, o la pérdida o deterioro de objetos bajo depósito judicial.

3) La responsabilidad por daños causados por el Tribunal Constitucional y por inaplicación del Derecho europeo

Los daños ocasionados por el TC en sus tareas internas e instrumentales ocasionan responsabilidad por funcionamiento anormal[81]. En cuanto a los daños por sus tareas jurisdiccionales, el art. 32.8 LRJ señala: «el Consejo

---

(asunto 25.720 y [*Tol 9069497*]); STS, Sala de lo Contencioso-Administrativo, de 23 de noviembre de 2010 (núm. rec. 1098/2006 y [*Tol 2009117*]); y STC 85/2019, de 19 de junio [*Tol 7378888*]. Un análisis detenido de esta evolución puede consultarse en: MEDINA ALCOZ, Luis y RODRÍGUEZ FERNÁNDEZ, Ignacio (2019): «Razones para (no) indemnizar la prisión provisional seguida de absolución», *Revista Española de Derecho Administrativo,* núm. 200, págs. 147 a 190.

80 DOMÉNECH PASCUAL, Gabriel (2015): «¿Es mejor indemnizar a diez culpables que dejar a un inocente sin compensación?: Responsabilidad patrimonial del Estado por los daños causados por la prisión preventiva seguida de absolución o sobreseimiento», *Indret,* núm. 4, pág. 25.

81 La indemnizabilidad de estos daños ha sido pacíficamente admitida por la doctrina. Las reclamaciones por los mismos deben plantearse ante el propio Tribunal, y su decisión podrá ser fiscalizada por la jurisdicción contencioso-administrativa. *Cfr.* SANTAMARÍA PASTOR, Juan Alfonso (2015): *Principios de Derecho Administrativo General, op. cit.* pág. 587 y 588. En esta misma dirección, como ha señalado MORO, «la responsabilidad patrimonial extracontractual es exigible al resto de los órganos constitucionales (Consejo General del Poder Judicial, Defensor del Pueblo, Tribunal de Cuentas, Consejo de Estado) y a los poderes y órganos autonómicos de origen estatutario (parlamentos autonómicos, consejos consultivos autonómicos, etc.)». MORO VALERO, Carlos (2019): «La responsabilidad patrimonial de las Administraciones Públicas en las Leyes 39/2015 y 40/2015», en SÁNCHEZ SOCÍAS, Luis (dir.), *Estudios jurídicos en homenaje a don Manuel Goded Miranda,* Ministerio de Justicia, Madrid, pág. 197.

de Ministros fijará el importe de las indemnizaciones que proceda abonar cuando el Tribunal Constitucional haya declarado, a instancia de parte interesada, la existencia de un funcionamiento anormal en la tramitación de los recursos de amparo o de las cuestiones de inconstitucionalidad. El procedimiento para fijar el importe de las indemnizaciones se tramitará por el Ministerio de Justicia, con audiencia al Consejo de Estado».

Un último supuesto de responsabilidad patrimonial es el que surge por actos lesivos de cualquier órgano estatal que constituyan una infracción del Derecho de la Unión Europea. Esta responsabilidad es una construcción de la jurisprudencia del Tribunal de Justicia de la Unión Europea (TJUE), y se extiende tanto a los daños ocasionados por la Administración como a aquellos resultantes de la actividad de otros poderes públicos (por ejemplo, el Legislativo, al no trasponer una directiva; o el Judicial, al dictar una sentencia contraria al ordenamiento comunitario)[82]. De acuerdo con la jurisprudencia comunitaria, para resultar indemnizables, las acciones dañosas deben cumplir tres requisitos. En primer lugar, la disposición comunitaria violada debe tener como objeto conferir derechos a los particulares; en segundo término, debe existir una relación de causalidad directa entre el daño y el incumplimiento de la obligación impuesta por el Derecho europeo; y, en tercer lugar, el incumplimiento ha de estar suficientemente caracterizado, lo que equivale a decir que debe ser un incumplimiento suficientemente patente o claro.

Esta construcción jurisprudencial se ha trasladado de forma parcial al art. 32.5 LRJ, que restringe su alcance a los daños ocasionados por la aplicación de una norma declarada contraria al ordenamiento comunitario, y exige —como hace con la responsabilidad por actos del Legislativo— que el particular «haya obtenido, en cualquier instancia, sentencia firme desestimatoria de un recurso contra la actuación administrativa que ocasionó el daño, siempre que se hubiera alegado la infracción del Derecho de la Unión Europea posteriormente declarada». Además, de acuerdo con lo previsto en el art. 34.1 *in fine* LRJ, la indemnización se acota a los daños producidos en los cinco años anteriores a la fecha de la publicación de la sentencia que declare la vulneración del Derecho europeo.

---

[82] Entre las sentencias en la materia, cabe destacar las SSTJUE *Francovich y Bonifaci vs. Italia*, de 19 de noviembre de 1991 (asuntos acumulados C-6/1990 y C-9/1990 y [*Tol 5752319*]); y *Köbler vs. Austria* de 30 de agosto de 2003 (asunto C-224/01 y [*Tol 5752881*]).

Esta regulación tan rigurosa —ya criticada por la doctrina doméstica para los supuestos de responsabilidad por actos legislativos, como se ha tenido ocasión de subrayar— ha llevado al TJUE a declarar nuestro régimen legal contrario al ordenamiento comunitario, por contravenir el principio de efectividad al hacer prácticamente imposible o excesivamente difícil obtener la indemnización[83]. Como consecuencia de esta sentencia, España deberá modificar su régimen de responsabilidad por incumplimiento del Derecho europeo, a fin de establecer un sistema de reclamación que no haga tan complicado obtener la indemnización, y que extienda la misma a todos los daños ocasionados por el incumplimiento, sin restringirla a los producidos en los cinco años previos a la sentencia declarativa de la vulneración del ordenamiento comunitario[84].

Bibliografía

BAUZÁ MARTORELL, Felio José (2016): «Presunción de culpa. La deducción de negligencia en la responsabilidad patrimonial de la Administración», *Revista de Administración Pública*, núm. 201, págs. 373 a 411.

BLANQUER CRIADO, David (2020): *La responsabilidad patrimonial en tiempos de pandemia*, Tirant lo Blanch, Valencia

BOIX MAÑÓ, Patricia (2012): «Responsabilidad patrimonial por anulación de actos administrativos (doctrina del margen de tolerancia), y por la adopción de medidas cautelares», *Revista española de la función consultiva*, núm. 18, págs. 19 a 40.

CONDE ANTEQUERA, Jesús (2015): «La responsabilidad de la Administración por daños derivados de fenómenos naturales: especial referencia al riesgo de inundación», *Revista Aragonesa de Administración Pública*, núm. 45-46, págs. 67 a 100.

COBREROS MENDAZONA, Edorta (2020): «Culpabilidad, funcionamiento de los servicios y antijuridicidad en la responsabilidad patrimonial de la Administración y una referencia a los demás poderes del Estado», *Revista de Administración Pública*, núm. 213, págs. 93 a 108.

---

83 STJUE *Comisión vs. España*, de 28 de junio de 2022 (asunto C-278/20 y [*Tol 9097233*]). En relación con la efectividad, el requisito de la existencia previa de una sentencia declarativa del carácter contrario al Derecho de la Unión de la norma legal causante del daño hace extremadamente difícil obtener la indemnización, ya que los particulares no tienen legitimación procesal ni para interponer el recurso por incumplimiento ante el TJUE (arts. 258 y 259 del Tratado de Funcionamiento de la Unión Europea), ni para plantear una cuestión prejudicial (art. 267 TFUE).

84 Para un análisis detenido de esta cuestión, véase: COBREROS MENDAZONA, Edorta (2022): «La responsabilidad patrimonial del Estado legislador por su incumplimiento del Derecho de la Unión Europea tras la intervención del Tribunal de Justicia», *op. cit.*

COBREROS MENDAZONA, Edorta (2022): «La responsabilidad patrimonial del Estado legislador por su incumplimiento del Derecho de la Unión Europea tras la intervención del Tribunal de Justicia», *Revista de Administración Pública*, núm. 219, págs. 21 a 58.

DOMÉNECH PASCUAL, Gabriel (2009): «¿Deberían las autoridades y los empleados públicos responder civilmente por los daños causados en el ejercicio de sus cargos?», *Revista de Administración Pública*, núm. 180, págs. 103 a 159.

DOMÉNECH PASCUAL, Gabriel (2015): «¿Es mejor indemnizar a diez culpables que dejar a un inocente sin compensación?: Responsabilidad patrimonial del Estado por los daños causados por la prisión preventiva seguida de absolución o sobreseimiento», *Indret*, núm. 4, págs. 1 a 42.

DOMÉNECH PASCUAL, Gabriel (2018): «La menguante responsabilidad patrimonial del Estado por leyes contrarias a Derecho», *Corts: Anuario de derecho parlamentario*, núm. 31, págs. 411 a 430.

DOMÉNECH PASCUAL, Gabriel (2020): «Responsabilidad patrimonial del Estado por la gestión de la crisis del Covid-19», *El Cronista del Estado Social y Democrático de Derecho*, núm. 86-87, págs. 102 a 109.

DOMÉNECH PASCUAL, Gabriel (2022): «Responsabilidad patrimonial de las Administraciones públicas por daños causados en situaciones de emergencia», *Revista General de Derecho Administrativo*, núm. 61, págs. 1 a 35.

ESTEVE PARDO, José (2021): *Lecciones de Derecho Administrativo*, Marcial Pons, Madrid (10ª ed.).

FERNÁNDEZ, Tomás Ramón (2018): «¿Existe un deber jurídico de soportar los perjuicios producidos por un acto administrativo declarado nulo por sentencia firme?», *Revista de Administración Pública*, núm. 205, págs. 221 a 237.

FERNÁNDEZ, Tomás Ramón (2021): «Sobre la discutida naturaleza objetiva de la responsabilidad patrimonial de la Administración», *Revista de Administración Pública*, núm. 216, págs. 169 a 186.

GARCÍA DE ENTERRÍA, Eduardo (1984): *Los principios de la nueva Ley de Expropiación Forzosa*, Civitas, Madrid (2ª ed.).

GARCÍA DE ENTERRÍA, Eduardo (2012): «Prólogo», en MIR PUIGPELAT, Oriol, *La responsabilidad patrimonial de la Administración*, Madrid (2ª ed.), págs. XXI-XXVIII.

GARCÍA DE ENTERRÍA, Eduardo y FERNÁNDEZ, Tomás Ramón (2017): *Curso de Derecho Administrativo II*, Civitas, Madrid (15ª ed.).

GARRIDO MAYOL, Vicente (2004): *La responsabilidad patrimonial del Estado*, Tirant lo Blanch, Valencia.

LEGUINA VILLA, Jesús (1979): «El fundamento de responsabilidad de la Administración», *Revista Española de Derecho Administrativo*, núm. 23, págs. 523 a 536.

LETELIER WARNBERG, Raúl: «Sobre la lesión que la víctima no está obligada a soportar», en VAQUER CABALLERÍA, Marcos (coord.), *Estudios de Derecho Público en homenaje a Luciano Parejo Alfonso*, Tirant lo Blanch, Valencia, vol. 1, págs. 1045 a 1067.

MARTÍN REBOLLO, Luis (1999): «Ayer y hoy de la responsabilidad patrimonial de la Administración: un balance y tres reflexiones», *Revista de Administración Pública*, núm. 150, pág. 317 a 371.

MEDINA ALCOZ, LUIS y RODRÍGUEZ FERNÁNDEZ, Ignacio (2019): «Razones para (no) indemnizar la prisión provisional seguida de absolución», *Revista Española de Derecho Administrativo*, núm. 200, págs. 147 a 190.

MEDINA ALCOZ, Luis (2012): «Mitos y ficciones en la responsabilidad patrimonial de las Administraciones Públicas», *Revista Española de Derecho Administrativo,* núm. 153, págs. 153 a 181.

MIR PUIGPELAT, Oriol (2012): *La responsabilidad patrimonial de la Administración,* Edisofer, Madrid, 2012 (2ª ed.).

MORO VALERO, Carlos (2019): «La responsabilidad patrimonial de las Administraciones Públicas en las Leyes 39/2015 y 40/2015», en SÁNCHEZ SOCÍAS, Luis (dir.), *Estudios jurídicos en homenaje a don Manuel Goded Miranda,* Ministerio de Justicia, Madrid, págs. 187 a 202.

PANTALEÓN PRIETO, Fernando (1994): «Los anteojos del civilista: hacia una revisión del régimen de responsabilidad patrimonial de las Administraciones públicas», *Documentación Administrativa,* núm. 237-238, págs. 239 a 253.

ROMERO REY, Carlos (2020): «La responsabilidad patrimonial de las Administraciones públicas: un palimpsesto», *Revista de Administración Pública,* núm. 213, págs. 13 a 27.

RODRÍGUEZ-ARANA MUÑOZ, Jaime (2003): «Nuevas orientaciones doctrinales sobre la responsabilidad patrimonial de la administración pública», *Revista de Derecho de la Universidad de Montevideo,* núm. 4, págs. 29 a 36.

SÁNCHEZ GARCÍA, Marta María (2013): «Evolución jurisprudencial de la responsabilidad patrimonial de la administración sanitaria», *DS: Derecho y salud,* núm. 23, págs. 189 a 205.

SÁNCHEZ MORÓN, Miguel (2018): *Derecho Administrativo. Parte General,* Tecnos, Madrid (14ª ed.).

SANTAMARÍA PASTOR, Juan Alfonso (2016): *Principios de Derecho Administrativo General,* vol. II, Iustel, Madrid (4ª ed.).

TRAYTER JIMÉNEZ, Juan Manuel (2016): «La responsabilidad patrimonial de la Administración pública como institución reconocida en la Constitución. Problemas que suscita en la actualidad», en BAÑO LEÓN, José María (coord.), *Memorial para la reforma del Estado: estudios en homenaje al Profesor Santiago Muñoz Machado,* Centro de Estudios Políticos y Constitucionales, Madrid, Tomo III, págs. 2739 a 2762.

Capítulo 2

Origen y evolución de la responsabilidad patrimonial

Enrique Soler Santos

Letrado de la Comunidad de Madrid

Letrado de la Junta de Andalucía (exc.)

Letrado de la Junta de Comunidades de Castilla-La Mancha (exc.)

I. INTRODUCCIÓN

La cuestión que aquí nos ocupa puede razonablemente considerarse principal entre las que propiciaron el nacimiento y consolidación del Derecho Administrativo como disciplina autónoma. Nos apresuraremos, antes de dar tiempo a ver este aserto cuestionado por el espíritu crítico del lector, a invocar palabras revestidas de autoridad que así lo avalen.

Si en el ámbito del Derecho privado son célebres las palabras de Rudolf VON IHERING, quien afirmaba que «la posesión es el juguete que el hada del Derecho ha puesto en la cuna de la doctrina», podemos los iuspublicistas encontrar un equivalente en las menos célebres, aunque igual de elocuentes, palabras de Maurice HAURIOU, idóneas para abrir este capítulo:

> *«Apenas hay cuestiones de derecho público más importantes que la de la responsabilidad pecuniaria de las Administraciones. No sólo tiene un interés administrativo y pecuniario, tiene un interés constitucional. No se trata sólo de saber si la víctima de un daño será indemnizada con mayor o menor seguridad; existe también, sobre todo, una cuestión de garantía constitucional de la libertad»*[1].

También los autores españoles han proclamado la central importancia de esta institución de la responsabilidad patrimonial de la Administración, como reverso o correlato imprescindible de la garantía de los derechos subjetivos.

Como botón de muestra, valgan las palabras de LEGUINA, quien considera que la doctrina de la responsabilidad patrimonial es nada menos que «uno de los institutos centrales del Estado de Derecho, y más concretamente, del Estado social y Democrático de Derecho»[2], y a continuación explica:

> *«Un Estado de Derecho debe comprender un sistema de garantía efectiva patrimonial, no sólo frente a los despojos expropiatorios que legítimamente el poder público puede realizar para llevar a cabo sus tareas en pos de la satisfacción eficaz de las necesidades colectivas, sino que dicha garantía debe también extenderse, sin la menor duda, a aquellos daños que voluntaria y, la mayor parte de las veces involuntariamente en el desenvolvimiento de sus quehaceres, el poder público causa a los ciudadanos, sea en relaciones contractuales o, como es el caso de nuestro análisis, en relaciones extracontractuales»*.

Habiendo analizado MARTÍNEZ OTERO en el capítulo anterior el encuadre general de la institución de la responsabilidad patrimonial y sus

---

1 Traducción del autor a partir del siguiente texto: «Or, il n'est guère de matières du droit public plus importantes que celles de la responsabilité pécuniaire des administrations. Elles n'ont pas seulement un intérêt d'un ordre administratif et pécuniaire, elles ont un intérêt constitutionnel. Il ne s'agit pas seulement de savoir si la victime d'un dommage sera indemnisée plus ou moins sûrement; il y a aussi et surtout une question de garantie constitutionnelle de la liberté». HAURIOU, Maurice (1918): «Le cumul de la responsabilité de l'Administration et de celle du fonctionnaire», *Revue générale du droit,* núm. 12.216.

2 LEGUINA VILLA, Jesús (2000): «Origen y evolución de la institución de la responsabilidad patrimonial del Estado», en VVAA, *La responsabilidad patrimonial del Estado,* Repositorio Universitario, Universidad Nacional Autónoma de México (UNAM), págs. 1 a 19.

elementos estructurales, nos centraremos en estas páginas en su origen y su evolución histórica.

Hasta su consagración con rango constitucional en el art. 106 de la Constitución Española de 1978 (CE), la idea de la indemnización de los perjuicios causados por el poder público ha recorrido un largo camino, que elocuentemente GARCÍA DE ENTERRÍA identifica como uno de los elementos del proceso histórico que el autor ha denominado «la lucha contra las inmunidades del poder»[3]. De hecho, «en el dogma de la soberanía se ha sustentado tradicionalmente la irresponsabilidad del Estado»[4].

Esta inmunidad del poder público inicia su declive a raíz de la Revolución Francesa, dando paso a un principio general de responsabilidad a partir del pretoriano pronunciamiento del Tribunal de Conflictos francés en su *arrêt Blanco,* de 8 de febrero de 1873.

Aunque el punto de partida lo marca el Tribunal de Conflictos, la construcción y perfilamiento del concepto compete al Consejo de Estado francés a lo largo de las décadas siguientes.

Sin embargo, nuestro ordenamiento no fue permeable a esta evolución y siguió marcado por el principio de irresponsabilidad hasta el siglo XX. El punto de inflexión, sin perjuicio de algunos interesantes precedentes, se produce con la promulgación de la Ley de expropiación forzosa de 16 de diciembre de 1954 (LEF), cuyo art. 121 consagra la formulación del principio de indemnidad que, con apenas modificaciones, ha llegado hasta nuestros días.

---

3 GARCÍA DE ENTERRÍA MARTÍNEZ-CARANDE, Eduardo (1962): «La lucha contra las inmunidades del poder en el Derecho administrativo (poderes discrecionales, poderes de gobierno, poderes normativos)», *Revista de Administración Pública,* núm. 38, págs. 159 a 208.

4 GONZÁLEZ RAMOS, César (2016): «Sobre la formación histórica del régimen de responsabilidad extracontractual de la Administración Pública», en BAÑO LEÓN, José María (coord.), *Memorial para la reforma del Estado: estudios en homenaje al Profesor Santiago Muñoz Machado,* vol. 3, (tomo III), pág. 2719.

II. EL LARGO CAMINO HISTÓRICO DE «LA LUCHA CONTRA LAS INMUNIDADES DEL PODER»

1) *Princeps legibus solutus est: un poder público «irreprensible, irresistible e inapelable»*

El camino recorrido por la doctrina de la responsabilidad patrimonial del Estado hasta su plena consagración tiene como punto de partida, precisamente, la premisa antagónica, es decir, la absoluta irresponsabilidad del poder público.

Así, como expone ROYO-VILLANOVA, «dentro del Derecho público, ninguna materia ha sufrido una evolución más rápida y característica que la responsabilidad de la Administración. A fines de siglo, en la doctrina y en la legislación de los distintos países dominaba la idea contraria a la responsabilidad de la Administración. El argumento más fuerte se basaba en la soberanía del Estado, considerando inconciliables la soberanía y la responsabilidad»[5].

La primera consagración de ese principio de irresponsabilidad o de «inmunidad soberana» la encontramos ya en el s. VI d.C., compilada en el Digesto, en una sumaria formulación atribuida a Ulpiano que mantuvo plena vigencia durante más de un milenio: *Princeps legibus solutus est*[6].

Las primeras formulaciones del principio de responsabilidad se encuentran, como veremos, a lo largo del s. XIX, principalmente en Francia, pero el abandono definitivo y generalizado del principio de inmunidad soberana no se culmina hasta bien entrado el s. XX.

Y, sin embargo, tras lo que parecía haber sido una constante histórica, en brevísimo plazo el nuevo principio de plena indemnidad, diametralmente opuesto, alcanza sus últimas consecuencias.

Hoy, la responsabilidad patrimonial de la Administración es una institución jurídica que goza de rango constitucional, con reflejo en los arts. 9.3 y 106.2 CE, el último de los cuales establece que «los particulares, en los términos establecidos por la Ley, tendrán derecho a ser indemnizados por toda lesión que sufran en cualquiera de sus bienes y derechos, salvo en los

---

5 ROYO-VILLANOVA FERNÁNDEZ-CAVADA, Segismundo (1956): «La responsabilidad de la Administración pública», *Revista de Administración Pública,* núm. 19, pág. 14.

6 Digesto 1, 2, 3, 1.

casos de fuerza mayor, siempre que la lesión sea consecuencia del funcionamiento de los servicios públicos».

Hasta tal punto se ha generalizado esta garantía de plena indemnidad y de tal modo ha ensanchado su ámbito de aplicación material que la jurisprudencia, que poco antes pujaba por darle general eficacia, es conducida enseguida a delinear sus límites.

Así lo constata MARTÍN REBOLLO: «venimos de una situación claramente insatisfactoria para llegar a otra que, para muchos, empieza a serlo otra vez por razones diametralmente opuestas. Venimos de la práctica irresponsabilidad de la Administración a una situación potencialmente desbordante y, desde luego, insegura»[7].

Veamos, pues, cómo se ha desenvuelto o, más bien, cómo se ha precipitado este radical cambio de paradigma.

En el Derecho romano hallamos el primer antecedente de lo que hoy genéricamente se denomina el «Derecho de daños», que no es otro que el principio general *alterum non laedere.*

Este principio o prohibición general de causar daño a otro aparece consagrado por primera vez en la *Lex Aquilia,* promulgada en el siglo III a.C. y compilada después en el Digesto. Ulpiano la eleva a la categoría de principio esencial, junto con los de vivir honestamente y dar a cada cual lo suyo: *iuris praecepta sunt haec: honeste vivere, alterum non laedere, suum cuique tribuere*[8].

El principio *alterum non laedere* llegará hasta el Código Civil (CC) a través del Derecho castellano medieval, con especial mención a la tercera de las Siete Partidas de Alfonso X:

> «*Los mandamientos de la justicia y del derecho son tres: el primero es que el hombre viva honestamente en cuanto en sí; el segundo, que no haga mal ni daño a otro; el tercero, que dé su derecho a cada uno*»[9].

Queda claro, pues, que la causación de un daño fuera de una previa relación jurídica ha dado lugar a responsabilidad, en relaciones entre particulares, ya desde muy lejanos precedentes.

---

7 MARTÍN REBOLLO, Luis (1999): «Ayer y hoy de la responsabilidad patrimonial de la Administración, un balance y tres reflexiones», *Revista de Administración Pública,* núm. 150, págs. 317 y 372.

8 Digesto 1, 1, 10 y Digesto 9, 2,1.

9 Partidas, III Partida, Título I, ley III.

Sin embargo, no ocurre lo mismo con los daños causados con el poder público, pues el mismo Digesto, como hemos visto, integra también el principio opuesto para las relaciones de imperium: *Princeps legibus solutus est*[10].

El Derecho, ciertamente, impone la compensación de los daños causados, pero al mismo tiempo el príncipe —el poder público, en definitiva— está absuelto de la ley, exento de cumplir el Derecho, que solo vincula a los súbditos.

El Código Civil de 1889 dispone en su art. 1902: «el que por acción u omisión causa daño a otro, interviniendo culpa o negligencia, está obligado a reparar el daño causado», consagrando el tradicional *principio alterum non laedere* antes mencionado.

Sin embargo, restringe esta responsabilidad en su art. 1.903 en relación con los actos de funcionarios, como después veremos, perpetuando aún, en materia de responsabilidad, esa dicotomía entre el *alterum non laedere* y el *princeps legibus solutus est.*

Esto no implica que no existiese en ningún caso, antes del s. XIX, alguna forma de compensación de los daños sufridos por los particulares a manos del Estado.

Se ha puesto de manifiesto en fecha reciente, por WRÓBLEWSKI, que, aunque en la antigua Grecia y en Roma «la institución de exigir responsabilidad a la autoridad estaba bastante débilmente desarrollada en ese momento», por otra parte, «no parece que esta conclusión pueda extenderse a todos los actos lesivos de los poderes gobernantes»; siquiera de manera incipiente, el autor considera que «está documentada la convicción de que la comunidad no debe interferir arbitrariamente en los derechos de un individuo»[11].

Pero sí puede afirmarse, en líneas muy generales, que el poder público no es plenamente responsable frente a los posibles perjudicados por su actuación hasta fecha muy reciente, como veremos.

---

10 Digesto 1, 2, 31.

11 Traducción a partir del siguiente texto: «The institution of holding the authority liable was rather weakly developed at that time. (... It does not appear, though, that this conclusion could be extended to all prejudicial acts of the ruling powers. The conviction that the community must not arbitrarily interfere with the rights of an individual is documented». WRÓBLEWSKI, Bartłomiej (2023)*: State Liability and the Law. A Historical and Comparative Analysis. Routledge Studies in Comparative Legal History,* Taylor & Francis, Londres.

Del mismo modo que las diversas formas de apropiación o confiscación de bienes por el poder público no siempre han llevado aparejada una compensación, tampoco así la causación de daños. Si se produce compensación, pues, es como graciosa concesión, no porque sea jurídicamente exigible ni porque la misma pueda reclamarse ante los tribunales de justicia.

Ambas formas de injerencia del poder público en la propiedad privada evolucionan a lo largo de la Edad Media hacia un concepto genérico de derechos de regalía o derechos mayestáticos (*iura regalia* o *iura majestatis*), entre los cuales se encuentra el derecho de dominio eminente (*ius eminens* o *dominium eminens*), como un derecho inherente, inalienable, imprescriptible y absoluto del monarca sobre la propiedad de los súbditos.

El marco teórico muta, pero la consecuencia práctica sigue siendo la misma: ya sea porque el poder público está absuelto de la ley (*legibus solutus*), o ya porque, más aún, esté amparado por el propio Derecho para despojar a sus súbditos sin compensación (*dominium eminens*), lo cierto es que la causación de daños por el poder público a particulares en ejercicio del *imperium* no genera derecho a compensación, o al menos no de manera general y sistemática, a lo largo de toda la Edad Media y aun de la Edad Moderna.

En las últimas décadas del s. XVIII y las primeras del XIX conviven llamativamente ambos paradigmas. La formulación teórica del principio de responsabilidad está gestándose, pero se encuentra muy arraigado —tras un largo milenio de aplicación constante, como hemos dicho— el brocardo *Princeps legibus solutus est.*

Por un lado, va cobrando fuerza la idea de que la actuación del poder público debe sujetarse al Derecho y estar sometida también al control de los tribunales. Esta nueva idea es coherente con el nuevo sistema de separación de poderes, o sistema de frenos y contrapesos concebido por MONTESQUIEU en *L'esprit des lois,* ya en la primera mitad del siglo XVIII. La actuación de la Administración, o poder ejecutivo, debe estar sujeta a la ley y al control de los tribunales.

Por otro lado, esta idea no se desarrolla hasta sus últimas consecuencias hasta más tarde, y entretanto sigue extendida la concepción absoluta —o, lo que es lo mismo, absuelta— de la soberanía.

Aún bien entrado el siglo XIX, pues, y con los primeros Estados democráticos echando a andar, en materia de responsabilidad sigue imperando la máxima recogida por LAFERRIÈRE: «lo propio de la soberanía es imponerse a todos, sin que se pueda reclamar de ella ninguna compensación»[12].

Encontramos, pues, una concepción absoluta de la soberanía —incluso de la soberanía democrática— que, en materia de responsabilidad, se corresponde aún con el clásico principio de irresponsabilidad o inmunidad soberana.

Se ha llegado a afirmar que «no pueden soslayarse (...) los importantísimos elementos de continuidad entre el régimen (tendencialmente) absolutista y el Derecho administrativo»[13].

Quizá por ello se ha dicho también que las premisas teóricas del primer Estado moderno, que sucede sin solución de continuidad al Estado absoluto, no son otra cosa que «el absolutismo de la voluntad general»[14].

No es de extrañar, pues, que el régimen de responsabilidad del poder frente al ciudadano difiera poco. Soberanía del monarca o soberanía del pueblo, pero soberanía, al fin y al cabo, en el concepto pleno de la misma acuñado por KANT hacia finales de ese mismo siglo: la soberanía no es sino la cualidad del Estado «irreprensible en cuanto legisla, irresistible en cuanto ejecuta, inapelable en cuanto juzga».

Quizá la principal virtualidad de la Revolución Francesa y del Estado al que da lugar, en lo que aquí nos ocupa, no se refiera tanto a la mutación del concepto de soberanía, sino a la mutación del concepto de ley.

La transformación esencial de la ley, de su fundamento y de su fuerza de obligar será lo que impida finalmente que el Príncipe pueda seguir estando absuelto de ella.

---

12 Traducción del autor a partir del siguiente texto: «[le] *propre de la souveraineté est de s'imposer à tous, sans qu'on puisse réclamer d'elle aucune compensation*». LAFERRIÈRE, Édouard (1896): *Traité de la Juridiction Administrative et des Recours Contentieux,* tomo II, libro 5, cap. 2, *Actions en responsabilité pour dommages et pour fautes;* Berger-Levrault et Compagnie, Libreurs-Éditeurs, Paris.

13 MEDINA ALCOZ, Luis (2022): *Historia del Derecho Administrativo español,* Marcial Pons, Madrid, págs. 222 y 223.

14 CHEVALLIER, Jean-Jacques (1953): «Jean-Jacques Rousseau ou l'absolutisme de la volonté générale»,
en *Revue française de science politique,* vol. 3, núm. 1, págs. 5 a 30, citado en GARCÍA DE ENTERRÍA MARTÍNEZ-CARANDE, Eduardo (1994): *Revolución francesa y administración contemporánea,* Civitas, Madrid.

2) *Mais qu'est-ce donc enfin qu'une loi?*: La Revolución Francesa y la Declaración de los Derechos del Hombre y del Ciudadano de 1879

La Revolución francesa de 1789 precipita la puesta en práctica de conceptos políticos y jurídicos que, como hemos visto, ya existían, pero que hasta entonces se habían desenvuelto únicamente en el plano teórico.

Es el caso, paradigmáticamente, de ROUSSEAU. En su obra *Du contrat social* (1762) consagra el libro II, capítulo VI, al concepto de la ley, y ensaya un concepto nuevo:

> «*Mediante el pacto social hemos dado existencia y vida al cuerpo político: ahora hemos de darle movimiento y voluntad a través de la legislación* (...). *Pero, ¿qué es, pues, una ley, después de todo?*»[15].

La ley, en el nuevo modelo político basado en la soberanía popular y la división de poderes, no será la misma que aquella *lex* de la que el Príncipe estaba *solutus*. El mismo fundamento de aquella absolución de la ley se encontraba en que la misma emanaba del propio Príncipe. Su voluntad era la ley, y por tanto por su misma voluntad la derogaba o excepcionaba. La ley y el acto del poder público, en definitiva, compartían naturaleza y rango.

El nuevo sistema de frenos y contrapesos (MONTESQUIEU) o de división de poderes romperá esta unidad conceptual: la ley será emanación soberana de la voluntad popular, y el acto del Príncipe —del poder público— estará sujeto a ella como parámetro de validez.

Pero el cambio de paradigma no se produce de inmediato. Es un proceso paulatino, como explica GARCÍA DE ENTERRÍA:

> «*La idea de someter el Poder sistemáticamente a un juicio en el que cualquier ciudadano pueda exigirle cumplidamente justificaciones de su comportamiento ante el Derecho es una idea que surge del Estado montado por la Revolución francesa, pero que aparece de un modo ocasional. No se encuentra en las grandes fuentes doctrinales de la Revolución una anticipación de este mecanismo que lejanamente pudiese parecerse a lo que hoy estamos habituados a ver*»[16].

---

15 Traducción del siguiente texto: «*Par le pacte social nous avons donné l'existence et la vie au corps politique: il s'agit maintenant de lui donner le mouvement et la volonté par la législation* (...) *Mais qu'est-ce donc enfin qu'une loi?*», en ROUSSEAU, Jean-Jacques (1762): *Du contrat social ou Principes du droit politique*, Marc-Michele Rey, Amsterdam, libro II, cap. VI, pág. 74.

16 GARCÍA DE ENTERRÍA MARTÍNEZ-CARANDE, Eduardo (1962): «La lucha contra las inmunidades del poder en el Derecho administrativo (poderes discreciona-

Durante el periodo inmediatamente posterior a la Revolución francesa no se observa un cambio efectivo en la materia que nos ocupa, pero sí se sientan las bases de la transformación que vendría después.

Las leyes del 13 y 19 de diciembre de 1790 previeron el establecimiento de mecanismos para exigir la responsabilidad de la Administración, pero nunca fueron objeto de aplicación.

Las posteriores guerras napoleónicas extendieron la nueva teoría política por Europa, si bien esta difusión se produce en un contexto de inestabilidad que dificultan enormemente su efectiva puesta en práctica.

A lo largo de las décadas siguientes serán frecuentes las involuciones y las regresiones al absolutismo. Un absolutismo que, recordemos, toma directamente su nombre del participio adjetivado *solutus* en ese *legibus solutus* que se predica del Príncipe, imposibilitando el desarrollo de la idea de responsabilidad de la Administración.

De ello es ilustrativo, en el caso de España, el devenir de la Constitución de 1812, de aplicación intermitente y a menudo efímera a lo largo de las décadas siguientes a su promulgación.

A pesar de todo ello, podemos decir que el cambio se ha producido, o al menos, que el germen del cambio se ha extendido. El nuevo paradigma jurídico ha quedado quintaesenciado en la *Déclaration des droits de l'homme et du citoyen* promulgada por la Asamblea Nacional francesa en 1789, en plena revolución.

La incertidumbre es absoluta y la fragilidad de la incipiente realidad política es inmensa. Es muy elocuente que la propia *Déclaration* se encuentra hasta tal punto a caballo entre dos eras que, tras su aprobación por la asamblea, será promulgada por Luis XVI, último rey francés del Antiguo Régimen, mediante las cartas patentes o *lettres patentes* otorgadas en París el 3 de noviembre de 1789.

Sea como fuere, la idea de la sujeción del poder al Derecho ha dejado de ser una mera utopía. El absolutismo, si bien no ha muerto aún, agoniza —será una agonía larga—, y con él, el aforismo del que toma su nombre, ese milenario *Princeps legibus solutus est*.

La *Déclaration* —aún hoy vigente, por cierto, como parte del bloque de constitucionalidad, por remisión de las sucesivas constituciones francesas

---

les, poderes de gobierno, poderes normativos)», *Revista de Administración Pública*, núm. 38, pág. 161.

hasta la actual— proclama la libertad, la igualdad, la soberanía nacional y la separación de poderes, pero también, y no menos importante para lo que aquí nos ocupa, consagra en su art. 17 la garantía del derecho de propiedad, en términos categóricos:

> *«Por ser la propiedad un derecho inviolable y sagrado, nadie puede ser privado de ella, salvo cuando la necesidad pública, legalmente comprobada, lo exija de modo evidente, y con la condición de una justa y previa indemnización»*.

Esta garantía del derecho de propiedad será el germen, a través de un proceso histórico de expansión de su ámbito y alcance, del principio general de indemnidad patrimonial que aquí nos ocupa.

Sin embargo, al tiempo de esta su primera proclamación, aún falta casi un siglo para que empiece a manifestarse y casi dos para que adquiera madurez y plenitud en España.

Será tarea de las siguientes generaciones de juristas la de articular los mecanismos para hacer efectiva esta sujeción del poder al Derecho, corolario de la separación de poderes recién implantada.

Y estos mecanismos, como veremos a continuación, no serán uniformes, sino que darán lugar a tres grandes sistemas, como explica GARRIDO FALLA:

> *«Vamos a pasar examen a los diversos modos como en la época moderna se ha sometido el Estado al Derecho. Estos modos son tres:*
> *1. Sumisión parcial al Derecho de ciertos actos estatales (doctrina del Fisco):*
> *2. Sumisión total al Derecho de los actos del Estado, sin consideración a la prerrogativa (rule of law);*
> *3. Sumisión total al Derecho, pero conservando los actos del Estado ciertas prerrogativas (régimen administrativo)»*[17].

3) El disparate de llevar al Estado a los Tribunales: la doctrina del Fisco

El proceso de sujeción del Príncipe a esa ley de la que hasta ahora estaba absuelto empieza tímidamente, y no es de extrañar, pues se trata de nada menos que un histórico giro de ciento ochenta grados.

---

17 GARRIDO FALLA, Fernando (1952): «Sobre el derecho administrativo y sus ideas cardinales», *Revista de Administración Pública*, núm. 7, pág. 22.

Consolidar el paso del *Princeps legibus solutus est* a un radicalmente opuesto *Princeps legibus tenutus est* o *Princeps lege tenetur* conlleva inevitablemente una serie de etapas intermedias.

Primero, pues, sólo algunos actos de la Administración se sujetan al Derecho y al control de los tribunales, mediante el artificio de la doctrina del fisco: «la doctrina del Fisco consigue así un fin que, de otra forma, se hubiese considerado disparatado: llevar al Estado a los Tribunales»[18].

Disparatado considera GARRIDO FALLA que habría sido, y no exagera, someter sistemáticamente a este Príncipe a la potestad de unos tribunales de justicia que hasta entonces habían estado incondicionalmente a sus órdenes.

Recordemos que, tal y como se recoge en las Partidas, los jueces juraban, al tomar el cargo, obediencia a los mandamientos que el Rey les hiciere:

> *«Puestos deven ser los judgadores (...) en los logares que les otorgan poderío de judgar, tomándoles primeramente la jura (...) faciéndoles jurar que guardarán estas cosas: la primera, que obedezcan todos los mandamientos que el Rey les fiziere por palabra, o por su carta, o por su mensagero cierto»*[19].

Debía parecer ciertamente disparatado erigir sin solución de continuidad a estos mismos tribunales en un poder autónomo que ya no viene sometido a todos los «mandamientos que el Rey les fiziere», sino que por el contrario es depositario de un mandato constitucional para enjuiciar la conformidad con un nuevo Derecho público de, precisamente, esos mandamientos del Rey y de los actos de ejecución de estos por los funcionarios.

La doctrina del Fisco, en este contexto, fue «una construcción de los juristas de los tiempos del Estado policía y que hizo posible el sometimiento a Derecho de parte de la actividad estatal. Su fundamento fue la consideración de que en ciertas ocasiones los actos del Estado no se diferenciaban en absoluto de los que hubiera podido realizar un particular. Como consecuencia, se distinguió una actividad privada estatal junto a los actos de poder, estimándose que no había ninguna razón para que aquélla no fuese sometida al mismo régimen de los actos particulares»[20].

---

18 *Ibidem* pág. 23.

19 Partidas, III Partida, Título IIII, Ley VI.

20 GARRIDO FALLA, Fernando (1952): «Sobre el derecho administrativo y sus ideas cardinales», *op. cit.* pág. 22.

Inicialmente se distinguen, pues la actuación de la Administración *iure imperii* y los actos de *imperium*, que siguen estando absueltos del Derecho bajo este modelo, y la actuación de la Administración *iure gestionis* y los actos privados que, como tales, se sujetan al Derecho privado y a los tribunales comunes: «se arbitró entonces el procedimiento técnico de referir todos estos actos estatales de carácter privado a una persona jurídica, el Fisco, que, para responder de ellos, podía incluso ser llevada a los Tribunales»[21].

La doctrina del Fisco, además, supone un avance en cuanto a la configuración del concepto unitario de la personalidad jurídica del Estado. «El Fisco —como decía O. MAYER— no representaba sino un lado del Estado; pero este lado se reconocía y configuraba como persona moral mucho antes de que, para todo el resto de su existencia, se concediere tal cualidad al Estado»[22].

Esta teoría de la personalidad jurídica del Estado, con el complemento de la teoría del órgano, jugará más adelante un papel esencial en la consolidación de la responsabilidad directa, y no ya subsidiaria, de la Administración respecto de los actos y omisiones de funcionarios y agentes, como después veremos.

La sumisión del poder público al Derecho fue primero, pues, parcial. Se circunscribía a los actos privados, desprovistos de *imperium*, y por tanto parecía evidente que el régimen aplicable fuese el jurídico-privado y la competencia la ostentasen los tribunales civiles.

Pero el proceso progresivo de limitación de las inmunidades del poder, como describe GARCÍA DE ENTERRÍA, exige ir más allá y extender ese control, progresivamente, a los actos de *imperium*.

Este nuevo reto jurídico dará lugar a dos grandes modelos: la sujeción al *common law*, al mismo Derecho de los particulares, frente a la creación de un sistema normativo y jurisdiccional ad hoc, el *régime administratif*.

4) Rule of law: la caída de la Administración «en las mallas de la ley común»

Superada la doctrina del Fisco y consolidada la premisa de que los actos del poder público, incluidos (al menos en parte) los dictados en ejercicio de potestades públicas debían someterse al Derecho, se distinguieron dos

21 *Idem*.

22 *Ibidem* págs. 22 y 23.

sistemas que, de forma muy simplificada, llamaremos el sistema anglosajón de *rule of law* y el sistema francés de *régime administratif*.

En el Derecho anglosajón, observamos un fenómeno paralelo de evolución desde un sistema de irresponsabilidad (consagrado en este caso en el aforismo *The King can do not wrong*) hasta un sistema de indemnidad del ciudadano, pero que en este caso se basa en la aplicación del mismo sistema de responsabilidad que rige las relaciones entre particulares, al menos en principio[23].

Sin embargo, también fue tortuoso el camino en este sistema, como expone nuevamente WRÓBLEWSKI: «a diferencia de Alemania y Francia, el derecho inglés no desarrolló ninguna regla general de responsabilidad del Estado destinada a reparar los daños causados por actos lícitos de las autoridades públicas»[24].

---

[23] En opinión de CUETO, «la poca nitidez con la que el Derecho inglés diferencia el Derecho Público del Derecho Privado ha llevado a que la mayor parte de las reclamaciones contra las Administraciones tengan lugar a través de procedimientos de Derecho privado. Así, la vía más frecuente para la reclamación de la responsabilidad patrimonial a la Administración es la misma que se utiliza cuando el daño es causado por un particular (*action for damages*), es decir, la reclamación de daños y perjuicios. El plazo de prescripción también es común con el de la acción de Derecho privado, éste es de tres años en los casos de daños de carácer personas, y seis años en los demás casos». En cambio, añade esta autora, «el Sistema de *judicial review* que constituye la vía de control por parte de los tribunales de las decisiones y actuaciones de los entes públicos apenas ha sido utilizado en materia de responsabilidad de las Administraciones Públicas, aunque constituiría sin duda alguna el procedimiento más adecuado» CUETO PÉREZ, Miriam (1997): *Responsabilidad de la Administración en la Asistencia Sanitaria*, Tirant lo Blanch, Valencia, pág. 48.

[24] Traducción del autor a partir del siguiente texto: «In contrast to Germany and France, English law did not evolve any general rules of state liability aimed at compensating for damage caused due to lawful acts of the public authorities». WRÓBLEWSKI, Bartłomiej (2023): *State Liability and the Law. A Historical and Comparative Analysis, op, cit.* Aunque es cierto que no existió una regulación general en el Reino Unido hasta 1947, CUETO ha puesto de manifiesto que «en Gran Bretaña es necesario distinguir entre la responsabilidad patrimonial del Estado, personificado en la Corona "*the Crown*" y la responsabilidad que corresponde al resto de Administraciones (en especial a la Administración local y a los "*governmental bodies*", Administraciones de carácter independiente). La aceptación de la responsabilidad patrimonial del Estado se produce por vía legislativa, y, sólo tendrá lugar a través de la aprobación del *Crown Proceeding Act*, 1947. Hasta ese momento la única opción que tenía el ciudadano consistía en la reclamación de responsabilidad al funcionario, al que a diferencia de lo que ocurría en Francia o en España podía exigir la responsabilidad sin ninguna autorización adminis-

La compensación, cuando existía, era consecuencia del ejercicio de un derecho de petición, canalizado mediante los *proceedings against the Crown* que databan de tiempos de Eduardo I y que comenzó a caer en desuso a partir del siglo XV. Al ser una petición, y no un derecho, su reconocimiento quedaba a expensas de que se adoptase una decisión parlamentaria expresa en tal sentido para cada caso concreto. Aunque se hizo un intento de facilitar las reclamaciones con la *Petition of Rights act* de 1860, revivida en la práctica legal desde principios del siglo XIX, esta solo tuvo un éxito parcial[25].

---

trativa previa. Este sistema resultó medianamente eficaz mientras las actuaciones de la Administración tenían un carácter limitado. En el momento en que estas intervenciones dejan de ser esporádicas, generalizándose a todos los ámbitos de la vida social, la inmunidad del Gobierno que actúa en nombre de la Corona resulta intolerable. Las diferencias trataron de ser paliadas en un primer momento a través de una ficción jurídica consistente en que, en determinados casos, la Administración aceptaba la demanda dirigida contra un funcionario que aparecía como causante del daño (aunque en la gran parte de los casos nada tenía que ver con el mismo), haciéndose cargo del importe del importe de la indemnización y de las costas en los casos de condena. La imposibilidad de demandar a la Corona por daños (*torts*), debido a que ésta en ningún caso podía ejercer los poderes de los que disponía de forma irregular o negligente, llevó a que durante bastante tiempo se mantuviese esta ficción jurídica. Este sistema se conoció con el nombre del "acusado nombrado" (...). El sistema fue rechazado definitivamente por la Cámara de los Lores a raíz de la gravedad y repercusión que tuvo el caso *Adams vs Nylor,* 1946». CUETO PÉREZ, Miriam (1997): *Responsabilidad de la Administración en la Asistencia Sanitaria, op. cit.* págs. 45 y 46.

25 En relación con la *petition of rights* BERBEROFF aclara que «bajo el reinado de Eduardo I se introdujo un procedimiento para presentar reclamaciones contra el Rey, a través de un sistema de petición de derecho, conocido como *Proceedings against the Crown.* Como el sujeto no tenía derecho de acción, el rechazo real a considerar su petición era irresarcible, dada la máxima *the King can do not wrong*». Este autor, adicionalmente, puntualiza que «el derecho de petición era idóneo para todas las acciones relativas a la propiedad, en un sentido ciertamente amplio, de modo que era esgrimido no sólo para recuperar la tierra sino para reclamar los daños derivados de una interferencia sin asentimiento del propietario. A partir del siglo XV, la petición de ese derecho cayó en un virtual desuso debido al complicado procedimiento instaurado para su ejecución (...). El siglo XIX supuso la reactivación del uso de la petición de derecho. Se pasó así a promulgar la *Petitions of Rights Act* (1860) que introdujo un procedimiento más simple del que se venía desarrollando desde el siglo XIV. No obstante, la inmunidad de la Corona fue confirmada en diversas decisiones». BERBEROFF AYUDA, Dimitry (2009): «¿Una responsabilidad de la administración objetiva?: Perspectivas de derecho comparado y comunitario», en ORTIZ BLASCO, Joaquín y MAHILLO GARCÍA,

Así, paradójicamente, Inglaterra, un estado con un *ethos* social liberal y un sistema de Derecho consuetudinario y jurisprudencial comparativamente garantista para los estándares de la época, también ignoró en gran medida el tema de la responsabilidad patrimonial de la Administración hasta principios del siglo XX, y reconoció el principio de tal responsabilidad solo después de la Segunda Guerra Mundial[26].

De este modo, no hace todavía un siglo que tanto en el Reino Unido, con la *Crown Proceedings Act* de 1947, como en los Estados Unidos, con la *Federal Tort Claims Act* de 1946, se sienta el principio de que la Administración será responsable, siempre que haya culpa, de la misma manera y tan ampliamente como un particular en las mismas circunstancias.

No fue esta la opción que se impuso en el ordenamiento jurídico español. La influencia francesa, especialmente la de la jurisprudencia del Consejo de Estado francés elaborada a partir del *arrêt Blanco* del Tribunal de Conflictos, conducirá a la implantación, como en buena parte de la Europa continental, del modelo de *régime administratif*.

Lo explica, una vez más, GARRIDO FALLA:

> *«La evolución del Derecho administrativo hasta nuestros días, debida en su gran parte a la jurisprudencia del Conseil d'Etat, nos ilustra suficientemente de cómo se ha producido este milagro de que la Administración, dejando de ser arbitraria, no haya caído, empero, en las mallas de la ley común.*
>
> *De verdadero prodigio debe ser calificada esta sutilísima labor de dar a cada uno lo suyo —al interés público y al privado— realizada por la jurisprudencia. El resultado*

Petra (coords.), *La responsabilidad patrimonial de las Administraciones Públicas. Crisis y propuestas para el siglo XXI*, pág. 84.

26 CUETO advierte, en relación con la responsabilidad patrimonial, que «pese a que en España se ha mencionado siempre el sistema inglés de responsabilidad como ejemplo de sistema que se ha impuesto a través de la vía legislativa, esta afirmación sólo es cierta en lo que se refiere a la Corona, es decir, a la Administración central. La responsabilidad por daños de los gobiernos locales fue reconocida por los tribunales desde el siglo XIX. Las Administraciones locales respondieron por los actos de sus empleados que causaban un daño a los particulares de la misma forma que los empresarios privados respondías por los actos de sus sirvientes (*Cooper v Wandsworth Board of Works, 1863*), siendo en el ámbito local donde verdaderamente se produce el desarrollo de la responsabilidad administrativa en Inglaterra. La responsabilidad por las Administraciones Públicas por la actuación negligente de sus empleados fue establecida de forma definitiva por la Cámara de los Lores en *Mersey Docks and Harvour Board Trustees v Gibbs, 1866.* CUETO PÉREZ, Miriam (1997): *Responsabilidad de la Administración en la Asistencia Sanitaria, op. cit.* págs. 47 y 48.

ha sido la construcción de este imponente sistema del Derecho administrativo, informado por principios propios».

Pasemos, pues, al estudio del «prodigio».

III. EL «PRODIGIO» DEL *ARRÊT BLANCO* Y EL NACIMIENTO DEL *RÉGIME ADMINISTRATIF*

«En Francia la incorporación y desarrollo en el ordenamiento jurídico de la responsabilidad patrimonial del Estado se ha logrado por vía jurisprudencial. La labor constante del Consejo de Estado y de los propios tribunales, ha sido, sin lugar a dudas, lo que ha llevado al reconocimiento de la responsabilidad administrativa en este país»[27].

La evolución, en palabras de CUETO, discurrió de la siguiente manera: «a mediados del siglo XIX la irresponsabilidad del Estado era la regla, al igual que en el resto de los países europeos, salvo en los casos previstos en la Ley de forma limitada. La única posibilidad con la que contaba el ciudadano era la de demandar al funcionario que ha llevado la actuación, en aquellos casos en los que cabía una imputación personal al mismo, y previa solicitud de autorización al Consejo de Estado, de acuerdo con lo dispuesto en el artículo 75 de la Constitución del año VIII. Esta autorización sólo se concedía en los casos de falta personal (*faute personelle*), por lo que la víctima se encontraba con que no podía llevar a cabo su reclamación cuando se trataba de supuestos en los que el funcionario no había incurrido en ningún tipo de falta atribuible a su persona. El Decreto de 19 de septiembre de 1870 suprimiría el precepto que establecía esta garantía para los funcionarios, poniendo fin a una etapa», pero sin afectar a la competencia de la jurisdicción ordinaria para conocer de la reclamación contra el funcionario[28].

Suprimida la necesidad de autorización del Consejo de Estado, se incrementó el número de reclamaciones. En esta situación, el *arrêt Blanco*, de 8 de febrero de 1873, del Tribunal de Conflictos francés, analiza el supuesto de una niña que fue arrollada y herida por un vehículo de una fábrica de tabaco explotada por el Estado.

---

27 *Ibidem* pág. 43.

28 *Ibidem* págs. 43 y 44.

El padre llevó el caso ante la jurisdicción civil para que se declarase que el Estado era responsable civilmente del daño, según el Código Civil. Se planteó conflicto de jurisdicción que fue elevado al Tribunal de Conflictos, el cual otorgó la competencia para conocer la disputa a la jurisdicción contencioso-administrativa[29].

En el caso *Blanco*, el Tribunal de Conflictos consagra tanto la responsabilidad del Estado por los daños causados por los servicios públicos como la competencia de la jurisdicción administrativa para conocer de ellos. La decisión pone fin así a una larga tradición de irresponsabilidad.

Esta responsabilidad se somete a un régimen específico, considerando que no se puede regir por los principios establecidos en el Código Civil para las relaciones entre particulares.

La sentencia reflexiona:

> *«Considerando que la demanda interpuesta por el señor Blanco contra el prefecto (...) tiene por objeto declarar al Estado responsable civil (...) por el daño resultante de la herida que ocasionó a su hija la actuación de unos obreros contratados por la administración del tabaco;*
>
> *Considerando que la responsabilidad del Estado por los daños ocasionados a particulares, como resultado de la actuación de personas empleadas en los servicios públicos, no puede regirse por los principios que se establecen en el Código Civil para las relaciones entre particulares.*
>
> *Que dicha responsabilidad no es ni general ni absoluta; que se rige por normas especiales que varían en función de las necesidades del servicio y de la necesidad de conciliar los derechos del Estado con los derechos privados;*
>
> *(...) la autoridad administrativa es la única competente para conocer de esta causa».*

He aquí, pues, el «prodigio», que además es doble.

Por un lado, el arrêt *Blanco* consagra la responsabilidad del Estado, poniendo fin a una larga historia de irresponsabilidad.

Por otro lado, se somete esta responsabilidad a un régimen jurídico sustantivo y procesal específico, considerando que la responsabilidad del

---

29 Sobre el relato del *arrêt Blanco* puede leerse en TRAYTER. TRAYTER JIMÉNEZ, Joan Manuel (2016): «La responsabilidad patrimonial de la Administración pública como institución reconocida en la Constitución», en BAÑO LEÓN, José María (coord.) *Memorial para la reforma del Estado: estudios en homenaje al Profesor Santiago Muñoz Machado*, vol. 3, (tomo III), Centro de Estudios Políticos y Constitucionales, Madrid, págs. 2739 y 2740.

Estado por el servicio público no puede regirse por los principios establecidos en el Código Civil para las relaciones entre particulares.

La necesidad de aplicar un régimen especial se justifica por las necesidades del servicio público.

Hasta entonces, la responsabilidad del Estado era siempre, en los excepcionales casos en que se reconocía, indirecta o subsidiaria, y se fundaba en la culpa de los funcionarios (*faute personnelle*) que habían incumplido sus deberes. Además, se regía por el Código Civil y era competencia de los tribunales civiles.

La sentencia del Tribunal de Conflictos sienta un principio general de responsabilidad y establece la aplicabilidad del Derecho administrativo y la competencia de la jurisdicción contencioso-administrativa, culminada en Francia por el *Conseil d'État* en ejercicio de su función jurisdiccional.

En este sentido la pretoriana sentencia del Tribunal de Conflictos es rompedora, incluso «milagrosa», pues opera, según GARRIDO FALLA, el «milagro de que la Administración, dejando de ser arbitraria, no haya caído, empero, en las mallas de la ley común»[30].

Pero tanto la cuestión del Derecho sustantivo aplicable como la de la jurisdicción competente necesitan de mayor concreción y desarrollo del que, lógicamente, puede llevar a cabo esta sentencia, de modo que los perfiles de la nueva institución hemos de buscarlos en la jurisprudencia posterior.

IV. LA PROGRESIVA CONSTRUCCIÓN DE UNA TEORÍA GENERAL DE LA RESPONSABILIDAD ADMINISTRATIVA EN LA JURISPRUDENCIA DEL CONSEIL D'ÉTAT

El *arrêt Blanco*, en definitiva, se ha considerado el punto de arranque de la moderna doctrina de la responsabilidad patrimonial de la Administración y aun del moderno Derecho administrativo en general.

Pero será la jurisprudencia del *Conseil d'État*, en una serie de célebres sentencias a lo largo de las décadas siguientes, la que desarrolle y perfile los casos de responsabilidad directa o subsidiaria, el concepto de servicio público, la delimitación de la *faute de service* frente a la *faute personelle* y el

30 GARRIDO FALLA, Fernando (1952): «Sobre el derecho administrativo y sus ideas cardinales», *op. cit.* pág. 23.

régimen de la acumulación de la responsabilidad de la Administración con la responsabilidad personal (civil) de los funcionarios.

Los comentarios de los primeros administrativistas franceses, juristas de la talla de HAURIOU y DUGUIT, entre otros, conformará un fecundo diálogo entre jurisprudencia y doctrina que alumbrará progresivamente las instituciones hoy erigidas en pilares de nuestro Derecho administrativo[31].

Esta evolución jurisprudencial gira, desde un primer momento, en torno al concepto de la *faute de service*, más amplio que el de responsabilidad aquiliana por culpa o dolo, que sigue rigiendo para la *faute personelle*.

El concepto es objeto de una constante expansión, aunque sin llegar a una plena objetivización de la responsabilidad de manera general, pero reconociendo finalmente, eso sí, casos determinados de responsabilidad objetiva por creación de riesgo específico.

Así, el alcance de la responsabilidad administrativa se ha extendido, incluso en ausencia de culpa, tanto en el terreno de la creación de riesgo como en el de la ruptura de igualdad ante las cargas públicas.

La evolución jurisprudencial se aprecia también en relación con la teoría de la antijuridicidad del daño o daño indemnizable, así como en una progresiva expansión del ámbito de la jurisdicción contencioso-administrativa frente al de la jurisdicción civil ordinaria, especialmente en los casos de concurrencia de culpa personal del funcionario.

En un afán garantista, se refuerza además la responsabilidad de la Administración, de forma directa y no ya subsidiaria, incluso en los casos de dolo o culpa del funcionario o agente. A continuación, reseñaremos muy brevemente algunos de los casos más destacados.

1) El arrêt Pelletier: el concepto de culpa del servicio

Diremos, en primer lugar, que el Tribunal de Conflictos no tardó en volver a ser llamado a pronunciarse sobre la delimitación de la competencia de ambas jurisdicciones, administrativa y ordinaria.

---

31 Sobre este particular, HARIOU mantuvo que «*había* dos correctivos de la prerrogativa de la Administración que reclama el instinto popular, cuyo sentimiento respecto al poder público puede formularse en estos dos brocardos: que actúe, pero que obedezca a la ley; que actúe, pero que pague el perjuicio». HAURIOU, Maurice (2002): *Précis de droit administratif et de droit public*, Dalloz, París (12ª ed.), pág. 325.

En su *arrêt Pelletier*, de 30 de julio de 1873, el Tribunal de Conflictos volvió a establecer la distribución de responsabilidad por los daños causados por las actividades administrativas en una distinción entre la culpa personal (*faute personelle)* del funcionario o agente, que determina su propia responsabilidad civil, y elabora el concepto opuesto de la culpa del servicio (*faute de service)* en que incurre la Administración, regida por el Derecho público.

El señor Pelletier solicitó ante un tribunal de la jurisdicción ordinaria que se declarara ilegal la confiscación de un diario llevada a cabo bajo un régimen extraordinario de estado de sitio, solicitando además la restitución de los ejemplares confiscados y que se condenase al comandante del estado de sitio, al prefecto y al comisario de policía competentes, a título personal, a indemnizarle los daños y perjuicios, invocando las reglas generales de la responsabilidad civil.

El Tribunal de Conflictos decidió que la solicitud del señor Pelletier se basaba exclusivamente en el acto de policía administrativa realizado por el comandante del estado de sitio, actuando como representante de la autoridad pública. Fuera de este acto, no se imputaba a los agentes responsabilidad personal, sino que la demanda se dirigía «contra el acto en sí mismo».

El fallo Pelletier estableció así la distinción entre culpa personal y culpa del servicio y fijó la distribución de responsabilidad entre la Administración y sus funcionarios o agentes por los daños causados a terceros.

Con ello se abandona en el ámbito de la responsabilidad administrativa la noción civil aquiliana de culpa, haciendo a la Administración responsable por la mera ejecución irregular o defectuosa de la función administrativa.

Expone ROYO-VILLANOVA:

> *«El Derecho francés también exige una culpa como fundamento de la responsabilidad de la Administración, pero una culpa distinta a la del Código civil y que se llama culpa del Servicio público. No es una adaptación de las ideas civilistas, sino una concepción original propia del derecho público.*
>
> *La culpa del Servicio público es anónima y variada y presenta muchos matices. Es anónima, pues no está ligada necesariamente a la culpa de un funcionario determinado. Basta con poner de manifiesto una mala marcha general y anónima del Servicio; basta con demostrar que el Servicio, en su organización o en su funcionamiento, ha sido defectuoso, y que el daño proviene de estos defectos»*[32].

---

[32] ROYO-VILLANOVA FERNÁNDEZ-CAVADA, Segismundo (1956): «La responsabilidad de la Administración Pública», *op. cit.* págs. 17 y 18.

2) El arrêt Terrier: responsabilidad administrativa y actos de los particulares

En el *arrêt Terrier*, de 6 de febrero de 1903, el Consejo de Estado reforzó la competencia de la jurisdicción contencioso-administrativa.

Una entidad local había adoptado, en el afán de erradicar una plaga, la decisión de asignar una bonificación a toda persona que eliminase una serpiente.

El señor Terrier, al que le había sido negado por el prefecto el pago de la bonificación, alegando que se había agotado el presupuesto previsto para ello, solicitó al Consejo de Estado que declarase la responsabilidad de la entidad local por incumplir su compromiso con los cazadores de serpientes.

El Consejo de Estado reconoció su competencia y estableció que cualquier actividad relacionada con el servicio público, incluso si es llevada a cabo por un particular o una entidad privada, está sujeta a la jurisdicción administrativa y al control del Consejo de Estado.

3) El arrêt Tomaso-Gréco: la responsabilidad del servicio de policía

Con el arrêt *Tomaso-Gréco*, de 10 de febrero de 1905, se reconoció la responsabilidad de la administración por sus actividades policiales.

Tomaso-Gréco, quien resultó herido dentro de su casa por un disparo efectuado por un gendarme que perseguía a un toro furioso que se había escapado, solicitó reparación al Estado argumentando que el servicio de policía había fallado al no asegurar el orden para evitar tales incidentes.

El Consejo de Estado rechazó en el caso concreto la demanda al considerar que el accidente no podía ser atribuido a una *faute de service*, pero al hacerlo aceptó implícitamente el abandono del principio de irresponsabilidad del Estado en los servicios de policía que prevalecía hasta entonces.

4) El arrêt Anguet: responsabilidad administrativa directa por actos u omisiones de funcionarios

En el *arrêt Anguet*, de 3 de febrero de 1911, se estableció que el Estado puede ser considerado responsable directo por los daños causados a un individuo por actos u omisiones de funcionarios o agentes.

El señor Anguet se encontraba en una oficina de Correos para cobrar un giro postal. Al ir a salir, puesto que la puerta habitual del público estaba cerrada, un empleado le indicó que fuera por otra salida. Otros dos empleados pensaron por error que se trataba de un malhechor y lo empujaron con tanta fuerza que le provocaron una fractura en una pierna.

El Ministerio de Correos y Telégrafos argumentó que los funcionarios culpables eran los responsables y que dicha responsabilidad personal por *faute personelle* excluía la responsabilidad del Estado por *faute de service.*

La sentencia, sin embargo, argumentó que la falta personal de los funcionarios sólo pudo haber ocurrido debido a una falta de servicio: la oficina de Correos había cerrado antes de la hora establecida y antes de que el señor Anguet hubiera terminado sus gestiones.

Por lo tanto, aunque la causa directa y material del accidente era la falta personal de los funcionarios, la existencia de la falta de servicio era suficiente para que la Administración incurriera en responsabilidad, entendiendo que se había producido un cúmulo o concurrencia de faltas.

5) El arrêt Époux Lemonnier: acumulación de la responsabilidad administrativa y la responsabilidad civil de funcionarios o agentes

El *arrêt Époux Lemonnier* de 26 de julio de 1918 llamó en su momento la atención de Maurice HAURIOU en relación con la cuestión de la solución que hubiera de darse a la acumulación de la responsabilidad de la Administración y la del funcionario:

> «*Esta sentencia merece gran atención, porque la teoría de la responsabilidad de las administraciones públicas por actos de servicio, frente a la responsabilidad personal de los agentes por actos personales, ha llegado, según la expresión del comisario de gobierno* (Léon) *Blum, a la época de los casos límite;* (...) *tiene buenas posibilidades por todas estas razones de convertirse en una sentencia de principio*»[33].

---

[33] Traducción del autor a partir del texto: «Cet arrêt mérite une grande attention, parce que la théorie de la responsabilité des administrations publiques pour faits de service, confrontée avec la responsabilité personnelle des agents pour fait personnel, en est arrivée, selon l'expression de M. le commissaire du gouvernement Blum à la période des cas limites; parce que les solutions qui seront adoptées pour ces cas-limites risquent d'avoir une répercussion grave sur les lignes essentielles de la théorie; parce que, enfin, des nombreux arrêts qui ont été rendus dans ces dernières années sur ces questions épineuses, aucun n'est aussi étudié dans son texte; aussi fouillé dans les conclusions du commissaire du gouvernement que notre arrêt Lemonnier, qui a grandes chances pour toutes ces raisons de devenir un

En la organización de las fiestas anuales de una entidad local se incluyó una atracción que consistía en disparar a objetivos flotantes en el río. Durante el evento, la Sra. Lemonnier, que estaba paseando por la rivera opuesta a los tiradores participantes, resultó herida por una bala.

Los esposos Lemonnier demandaron al alcalde ante la jurisdicción civil, quien lo declaró personalmente responsable y lo condenó a indemnizar a los esposos por el daño sufrido. Tras ello, iniciaron una acción legal ante el Consejo de Estado, buscando la condena de cumulativa de la entidad local.

Es muy ilustrativa la aguda crítica de HAOURIOU a las, de por sí, magistrales consideraciones de Léon BLUM en defensa de la entidad pública.

La principal virtualidad de esta sentencia es la aclaración de las relaciones alternativas o cumulativas, según los casos, entre la *faute personelle* y la *faute de service*. Así lo entiende MIR, analizando la evolución jurisprudencial hasta ese momento:

> «*El Tribunal de Conflictos, en el arrêt Pelletier de 1873 pareció negar tal posibilidad* [de acumulación], *estableciendo el principio de la antinomia de las calificaciones: o existía faute personnelle o faute de service. El Conseil d'État, sin embargo, en el arrêt Anguet, de 3 de febrero de 1911, provocó una primera fisura en dicho principio al admitir la posibilidad de que un mismo resultado lesivo pudiera ser consecuencia de una falta personal y de una falta de servicio (supuestos de cúmulo de faltas). En el arrêt Lemonnier de 26 de julio de 1918, el Conseil d'État dio un paso más y admitió, incluso, que una conducta pudiera ser reputada, al mismo tiempo, falta personal y de servicio (cúmulo de calificaciones). En ambos casos (cúmulo de faltas y cúmulo de calificaciones) se deriva una importante consecuencia procesal para la víctima, que dispondrá de la opción de dirigirse o contra el agente que ha incurrido en falta personal (ante la jurisdicción ordinaria) o contra la Administración que ha propiciado la falta de servicio (ante la jurisdicción administrativa)*»[34].

En definitiva, lo que con ello se persigue es una garantía del principio de indemnidad, en beneficio de la víctima, como acertadamente pone de relieve el mismo autor:

> «*Ante la duda, debe primar la calificación de falta de servicio sobre la de falta personal, ya que, como afirma MORAND-DEVILLER, aquélla es la regla y ésta la excepción, como demuestra la propia jurisprudencia, que sólo esporádicamente califica algún supuesto como constitutivo de falta personal. En este sentido, se aprecia en la jurisprudencia una tendencia a ampliar al máximo posible el concepto de falta de*

arrêt de principe». HAURIOU, Maurice (1918): «Le cumul de la responsabilité de l'Administration et de celle du fonctionnaire», *op. cit.*

34 MIR PUIGPELAT, Oriol (2000): *La responsabilidad patrimonial de la Administración sanitaria. Organización, imputación y causalidad*, Civitas, Madrid, págs. 176-182.

> *servicio, en una clara voluntad de favorecer a las víctimas, que encontrarán en dicho caso a un deudor solvente»*[35].

El resultado de este pronunciamiento será la consolidación del concepto de una responsabilidad plena y directa de la Administración. Este afán garantista, sin embargo, no hace recomendable descartar completamente la responsabilidad individual del funcionario, al menos por vía de repetición, puesto que, como razona HAURIOU:

> *«Si bien desde un punto de vista administrativo puede parecer ventajoso que la víctima del daño sea incentivada a demandar a la Administración y no al funcionario, desde un punto de vista constitucional es deseable que el hábito de demandar personalmente a los funcionarios ante los tribunales de justicia no se abandone por completo, porque el prospecto de incurrir en responsabilidad pecuniaria personal sigue siendo el mejor medio que se ha encontrado para prevenir la prevaricación de los funcionarios»*[36].

A raíz de esta sentencia, como afirma ROYO-VILLANOVA, «el Estado, la Administración, no responderían, pues, por culpa in eligendo o in vigilando con relación a sus funcionarios, sino porque la culpa in comitendo o in omitendo de éstos se considera culpa de la propia Administración. Esta es la doctrina admitida en el Derecho francés, alemán e italiano»[37].

6) El arrêt Couitéas: responsabilidad administrativa por ruptura de la igualdad ante las cargas públicas

En el caso Couitéas, de 30 de noviembre de 1923, el propietario de una finca en Túnez había obtenido por sentencia el derecho a expulsar a miles de ocupantes legítimos de su propiedad. Sin embargo, el gobierno francés había rechazado proporcionar la fuerza militar necesaria para llevar a cabo

---

35 MIR PUIGPELAT, Oriol, *op. cit.*

36 *«Si, d'un point de vue administratif, il peut paraître avantageux que la victime du dommage soit incitée à poursuivre l'Administration plutôt que le fonctionnaire, d'un point de vue constitutionnel, on doit souhaiter que l'habitude de poursuivre personnellement les fonctionnaires devant les tribunaux judiciaires ne soit pas complètement abandonnée, car l'éventualité de la responsabilité pécuniaire personnelle est encore le meilleur moyen que l'on ait trouvé pour empêcher les prévarications des fonctionnaires».*
HAURIOU, Maurice, (2018): *Le cumul de la responsabilité de l'Administration et le celle du functionnarie, op. cit.*

37 ROYO-VILLANOVA FERNÁNDEZ-CAVADA, Segismundo (1956): «La responsabilidad de la Administración pública», *op. cit.* pág. 16.

la expulsión debido a los graves disturbios que se esperaban. Como resultado, el propietario sufrió una limitación de su derecho de propiedad.

El Consejo de Estado resolvió que, aunque el gobierno tenía derecho a negar la ayuda de la fuerza pública por razones de seguridad, el propietario tenía derecho a una compensación patrimonial por el perjuicio sufrido.

Esta decisión marcó el inicio de la jurisprudencia que reconoce la responsabilidad sin culpa de la Administración por la ruptura de la igualdad ante las cargas públicas.

Se acepta que el poder público puede imponer cargas particulares a algunos miembros de la comunidad en nombre del interés general, pero se afirma entonces que el principio de igualdad ante las cargas públicas justifica una compensación si el perjuicio es anormal y afecta solo a algunos miembros de la comunidad.

7) El arrêt La Fleurette: el surgimiento de la responsabilidad del Estado legislador

Desde la sentencia de 14 de enero de 1938, *La Fleurette*, se reconoce que el Estado es legislador y no solo administrador: por lo tanto, su responsabilidad sin culpa puede ser comprometida por las leyes que promulga, lo cual supone ya un primer ensayo de una teoría de la responsabilidad patrimonial del Estado legislador, hoy tan en boga.

Una ley de protección de los productos lácteos prohibió la fabricación y venta de productos que se parecieran a la nata pero que no fueran elaborados exclusivamente a partir de leche. La empresa La Fleurette, que producía un producto afectado por esta prohibición, se vio obligada a cesar su actividad.

La jurisprudencia previa sostenía que el Estado no podía ser responsable de las consecuencias de las leyes que prohibían una actividad en aras del interés general. Sin embargo, en el caso de La Fleurette, se entendió que los productos no presentaban ningún peligro y nada en el texto de la ley ni en sus trabajos preparatorios permitía pensar que el legislador quisiera hacer cargar a esta empresa, aparentemente la única afectada, con una carga tan grande como el cese de su actividad.

En esta decisión, el Consejo de Estado reconoció por primera vez la responsabilidad del Estado por los efectos derivados de su actividad legislativa y consideró que esta carga, creada con un propósito de interés general, debía ser soportada por la comunidad, no directamente por el individuo afectado, concluyendo que la responsabilidad del Estado sin culpa, en términos de violación de la igualdad ante las cargas públicas, puede ser invocada no sólo por decisiones administrativas legales (como en el citado caso *Couitéas*), sino también, y según la misma lógica, por leyes.

Valgan las anteriores decisiones a título de mero ejemplo. Se evidencia el llamativo contraste entre la rápida expansión de la teoría resarcitoria en Francia, donde en fecha tan temprana ya se había abordado la responsabilidad patrimonial del Estado legislador, con la situación en España.

Por aquel entonces, se sostenía aquí una interpretación reduccionista y un tanto artificiosa de los arts. 1.902 y 1.903 CC que producía situaciones sangrantes, como veremos a continuación.

Hasta los años cincuenta del siglo XX, se denegaba en España indemnización en supuestos que la habrían merecido en Francia medio siglo antes, en aplicación de la doctrina de la *faute de service* desde sus más elementales formulaciones.

V. LA TARDÍA CONSAGRACIÓN EN NUESTRO ORDENAMIENTO

Como acertadamente afirma FAYA, «en nuestro ordenamiento jurídico la evolución fue lenta»[38].

Antes de la LEF de 1954, únicamente encontramos un goteo de normas puntuales que de forma restringida estipulan ciertos supuestos muy concretos de daños indemnizables[39].

---

[38] FAYA BARRIOS, Antonio (2015): «La progresiva conformación del sistema de responsabilidad patrimonial de las Administraciones Públicas en nuestro Derecho», en PÉREZ PINO, M.ª Dolores y SÁNCHEZ CARMONA, Miguel (coords.) *Manual sobre responsabilidad patrimonial de la Administración Pública*, Instituto Andaluz de Administración Pública-Asociación de Letrados de la Junta de Andalucía, pág. 34.

[39] En opinión de NIETO, estos supuestos —en los que se reconocía normativamente una compensación por los daños causados por el funcionamiento de la Administración— fueron «lo suficientemente amplios como para garantizar una protección adecuada a la época, dado el bajo nivel de intervencionismo público y la reducida escasa económica y técnica de los servicios públicos». GONZÁLEZ RAMOS va más allá, y sostiene que antes de la LEF de 1954, y del art. 1903 CC, «junto a la expropiación coexistía (con todas las limitaciones que quiera imputársele, pero que no merma en modo alguno su importancia en nuestro Derecho y doctrina), una responsabilidad extracontractual objetiva, destinada a indemnizar

Por ello afirmaba MARTÍN REBOLLO que hasta esa fecha «bien se podía decir, sin exageración, que no había responsabilidad de la Administración. No había norma específica que la regulara y el Código Civil, que en tal caso sería la norma pertinente, apenas se aplicaba»[40].

Hasta la LEF, se plantean los problemas de la falta de legislación específica y de la interpretación excesivamente restrictiva del art. 1.903 CC.

Tras la promulgación de la LEF se plantean otros: la reticencia y lentitud de la jurisprudencia en aplicar la nueva ley, primero; y después, el aparente malentendido en cuanto al carácter panobjetivo de la responsabilidad, que llevó a una exacerbación de su alcance que exigió correcciones, tanto legales como jurisprudenciales, correcciones que han cristalizado en una teoría general un tanto artificiosa y dogmáticamente deficiente, que ha sido objeto de crítica por la doctrina a partir de los años noventa. De todo ello pasamos a ocuparnos seguidamente.

1) La legislación anterior a 1954

Suele citarse como primer antecedente la Ley de 9 de abril de 1842, que declaró la obligación de la nación de indemnizar los daños materiales

---

los sacrificios singulares causados por una actuación distinta del ejercicio de la potestad expropiatoria». Este autor cita, como primer pronunciamiento en el que se reconoció una indemnización, sin previsión legal alguna, por los daños no directamente queridos por la Administración, la sentencia del Consejo Real de 30 de junio de 1847. En esta ocasión el Consejo Real, refiriéndose a la expropiación forzosa, concluyó que «en cuestiones administrativas no solo los derechos perfectos y absolutos una vez desconocidos y heridos producen acción e indemnización en favor del que los afecta, sino también los intereses legítimos compatibles con el interés público, injustamente hollados a nombre de este interés». El supuesto de hecho consistió en unas obras en la vía pública en las que, como consecuencia de la elevación del pavimento, se dejó las puertas de una edificación por debajo del mismo. Detrás de este fallo estimatorio estaba el principio de igualdad ante las cargas públicas y la evidencia de un sacrificio singular. NIETO GARCÍA, Alejandro (1986): *Estudios históricos sobre Administración y Derecho Administrativo,* Instituto Nacional de Administración Pública, pág. 179 GONZÁLEZ RAMOS, César (2016): «Sobre la formación histórica del régimen de responsabilidad extracontractual de la Administración Pública», *op. cit.* pág. 2719.

40 MARTÍN REBOLLO, Luis (1999): «Ayer y hoy de la responsabilidad patrimonial de la Administración, un balance y tres reflexiones», *Revista de Administración Pública,* núm. 150, pág. 329.

causados así en el ataque como en la defensa de plazas, pueblos y edificios en el curso de la primera guerra carlista.

Sin embargo, como decíamos, se trata siempre de previsiones para casos específicos y a menudo excepcionales, no susceptibles de aplicación analógica ni apoyados en una doctrina general. Por ello afirma FAYA que esa misma ley «fue invocada sin éxito ante los tribunales para reclamar indemnización del Estado por los daños sufridos en la guerra de 1898 contra los Estados Unidos»[41].

El mismo autor continúa citando también la Ley de policía de ferrocarriles de 23 de noviembre de 1877, que obligaba a indemnizar las demoliciones que fuera necesario hacer en fincas particulares; la Ley de aguas de 1879, que obligaba a indemnizar siempre que para contener inundaciones fuera urgente practicar obras provisionales o destruir las existentes; o la Ley de lo contencioso de 13 de septiembre de 1888, que contemplaba el derecho a indemnización en los supuestos de ejecución de sentencias, entre otras.

DE AHUMADA por su parte, cita como ejemplos los arts. 129 y 130 de la Ley de Epizootias de 1 de marzo de 1909 (Reglamento de 6 de marzo), «que establecieron que cuando por motivos de salubridad fuera necesario sacrificar un animal sospechoso de portar una enfermedad infecto-contagiosa, y practicada la autopsia resultara sano, el propietario tendrá derecho a ser indemnizado por su valor total fijado en tasación; y que cuando para cortar de raíz un foco infeccioso, el Ministerio competente acordase el sacrificio de todos los animales del sitio peligroso, se indemnizará el valor total comercial de los que se sacrificasen estando sanos»[42].

Debe citarse también la Ley de responsabilidad civil de funcionarios de 1904 (la llamada Ley Maura) que consagraba la responsabilidad directa

---

41 FAYA BARRIOS, Antonio (2015): «La progresiva conformación del sistema de responsabilidad patrimonial de las Administraciones Públicas en nuestro Derecho», *op. cit.* pág. 34.

42 DE AHUMADA RAMOS, Francisco Javier (2004): *La responsabilidad patrimonial de las administraciones públicas: elementos estructurales: lesión de derechos y nexo causal entre la lesión y el funcionamiento de los servicios públicos*, Aranzadi, Cizur Menor (Navarra), pág. 112. Según ha puesto de manifiesto, recientemente, BLANQUER, La Ley de epizootías de 20 de diciembre de 1952 en su art. 19 también «atribuyó a los ganaderos el derecho subjetivo a obtener una indemnización parcial por el sacrificio de los animales contagiados». BLANQUER CRIADO, David (2020): *La responsabilidad patrimonial en tiempos de epidemia (los poderes públicos y los daños por la crisis de la COVID*-19, Tirant lo Blanch, Valencia, pág. 100.

del funcionario por inobservancia de preceptos cuyo cumplimiento se les hubiera reclamado previamente por escrito.

Otros concretos ejemplos que encontramos en la doctrina del Consejo de Estado (CdE) a la que luego haremos referencia se hallan en los arts. 156, 162 y 183 de la Ley de aguas de 13 de junio de 1879, que recogían supuestos de daños por obras o destrucciones necesarias, en los que la indemnización se pone a cargo de la Administración; el art. 47 de la Ley de puertos de 19 de enero de 1928, que regulaba un caso análogo con la misma resolución positiva; o la previsión contenida en la legislación reguladora de la jurisdicción contencioso-administrativa de indemnización en los casos de inejecución de sentencias.

En 1931 encontramos una breve referencia a la materia en el art. 41 de la Constitución republicana. Señala MARTÍN REBOLLO que «el desarrollo legal del precepto sólo tuvo lugar en el ámbito local y con bien poca vigencia, debido a los luctuosos acontecimientos de la guerra civil. Efectivamente, sólo la Ley de Bases Municipal de 10 de julio 1935 y su Texto articulado, de 31 de octubre del mismo año, concretaron el precepto constitucional (...). De todos modos, la Ley de 1935 no tuvo aplicación práctica»[43].

Como expone DE AHUMADA, este principio no tuvo posterior desarrollo legal respecto del Estado, debido quizás, como ha señalado GARCÍA DE ENTERRÍA, a la «corta y agitada vida de la II República»[44]; «pero sí tuvo desarrollo legislativo en el ámbito local, más concretamente en el municipal, con la aprobación de la Ley Municipal de 31 de octubre de 1935»[45].

Y la Ley municipal de 1935, que estableció por vez primera una regulación general de la responsabilidad patrimonial de los municipios, dispondrá en su art. 209, pár. 1º, que «las entidades municipales responderán civilmente de los perjuicios y daños que al derecho de los particulares irrogue la actuación de sus órganos de gobierno o la de sus funcionarios, en

---

[43] MARTÍN REBOLLO, Luis (1999): «Ayer y hoy de la responsabilidad patrimonial de la Administración, un balance y tres reflexiones», *Revista de Administración Pública,* núm. 150, pág. 331.

[44] GARCÍA DE ENTERRÍA MARTÍNEZ-CARANDE, Eduardo y FERNÁNDEZ RODRÍGUEZ Tomás-Ramón (2017): *Curso de Derecho administrativo,* Civitas, Madrid, vol. II (15ª ed.), pág. 398.

[45] DE AHUMADA RAMOS, Francisco Javier (2004): *La responsabilidad patrimonial de las administraciones públicas: elementos estructurales: lesión de derechos y nexo causal entre la lesión y el funcionamiento de los servicios públicos, op. cit.* págs. 111 y 112.

la esfera de sus atribuciones respectivas, directa o subsidiariamente, según los casos».

Será finalmente el texto articulado de la Ley de régimen local, de 16 de diciembre de 1950, el que reconocerá un principio general de responsabilidad directa de las corporaciones locales, pero únicamente aplicable en el ámbito local, y mermado en su eficacia por la remisión a la citada Ley Maura de 1904.

2) El esquivo concepto de «agente especial» del artículo 1.903 del Código Civil

A falta de legislación específica, habría podido —y acaso debido— ser el Código Civil el instrumento para hacer efectiva la responsabilidad de la Administración por daños extracontractuales.

Establecía la redacción originaria del art. 1.903 CC en su párrafo quinto que «el Estado es responsable en este concepto cuando obra por mediación de un agente especial; pero no cuando el daño hubiese sido causado por el funcionario a quien propiamente corresponda la gestión practicada, en cuyo caso será aplicable lo dispuesto en el artículo anterior», el art. 1.902, que consagraba la responsabilidad directa.

«¿Y cuándo actuaba el Estado a través de un agente especial?», se pregunta MARTÍN REBOLLO «¿qué era un agente especial? Un extraño personaje que nadie conocía y que hizo decir, tiempo después, a SÁNCHEZ ROMÁN que el único agente especial reconocible había sido el General Primo de Rivera»[46].

PARADA VÁZQUEZ, citado por FAYA, interpretaba este precepto en el sentido de que cuando la Administración «actúa a través de un funcionario responde directamente por el daño causado y que cuando es un tercero sólo responde si aquel tiene un mandato especial»[47].

Aunque algunas sentencias del Tribunal Supremo acogieron esta tesis (SSTS de 10 de enero de 1892 o de 2 de enero de 1899) no fue esta la interpretación que acabó prosperando.

---

46 MARTÍN REBOLLO, Luis (1999): «Ayer y hoy de la responsabilidad patrimonial de la Administración, un balance y tres reflexiones», *op. cit.* pág. 330.

47 FAYA BARRIOS, Antonio (2015): «La progresiva conformación del sistema de responsabilidad patrimonial de las Administraciones Públicas en nuestro Derecho», *op. cit.* pág. 35.

Entendieron los tribunales, en general, que cuando la Administración actúaba a través de un funcionario era éste el que respondía directamente por los daños causados a tercero, conforme al Derecho civil y ante los tribunales de tal orden, lo cual vaciaba prácticamente de contenido la responsabilidad civil de las Administraciones, como hemos expuesto y como tuvo ocasión de poner de manifiesto en aquel momento el CdE en sus dictámenes sobre la materia.

3) Los dictámenes del Consejo de Estado de los años cincuenta

La situación a menudo sangrante generada por las deficiencias normativas de la época es bien descrita por MARTÍN REBOLLO:

> «*Todavía en 1953, poco antes del gran cambio que va a dar la Ley de expropiación forzosa de 1954, el Consejo de Estado propone denegar la indemnización solicitada por los daños producidos por un incendio provocado en un pinar por acciones de la Guardia Civil, como antes había propuesto denegar también las reclamaciones generadas a raíz de la gran catástrofe —no muy conocida, por cierto, para los españoles de mi generación y de otras posteriores— que tuvo lugar en Cádiz, en agosto de 1947, cuando se produjo la explosión del arsenal de una base militar, con el resultado de más de doscientos muertos, miles de heridos y numerosos destrozos*»[48].

El DCdE de 17 de marzo de 1953, en efecto, señaló que más allá de la Ley de régimen local de 1950 no existía norma que permitiera generalizar la responsabilidad administrativa y que el art. 1903 CC sólo era aplicable al cuasi inexistente supuesto del «agente especial». En lo que ahora interesa, dice así el citado dictamen:

> «*En reiterados informes viene el Consejo de Estado haciendo ver la situación negativa de nuestro Ordenamiento jurídico respecto al principio general de la responsabilidad de la Administración. En efecto, si bien nuestro Derecho positivo ofrece algunos casos aislados en los que aparece prevista la indemnización por daños, no existe una norma dotada de significación tal que permita generalizar la responsabilidad de la Administración como una consecuencia jurídica obligada de los daños irrogados a un particular en condiciones en que sea de justicia la compensación. El Derecho positivo paraliza toda posible construcción jurídica de tal responsabilidad al contraerla a los límites estrictos del art. 1903 CC, según el cual el Estado sólo es responsable por daños "cuando obra por mediación de un agente especial, pero no cuando el daño hubiese sido causado por el funcionario a quien propiamente corresponda la gestión*

[48] MARTÍN REBOLLO, Luis (1999): «Ayer y hoy de la responsabilidad patrimonial de la Administración, un balance y tres reflexiones», *op. cit.* pág. 333.

> *practicada", precepto de rigor tan extremado que la jurisprudencia no ha conseguido establecer sobre el mismo un solo caso de responsabilidad de la Administración»*[49].

En consecuencia, procedía mantener una postura negativa a la solicitud indemnizatoria por cuanto, «en estrictos términos jurídicos», la conclusión era que en «el estado actual de la legislación, la responsabilidad de la Administración por daños ocasionados por su actuación regular o administrativamente defectuosa constituye la excepción».

Y por ello, en el caso concreto, dictaminó finalmente que «en el incendio del pinar que ha dado lugar al expediente, resulta pues, técnicamente imposible establecer sobre una base jurídica responsabilidad de la Administración, ya que la norma general aplicable exige que a los agentes se les hubiera conferido una comisión especial al efecto, y no que actuasen, como lo han hecho, asumiendo las funciones propias de su cometido».

Con ello llegó a la misma conclusión que otros dictámenes anteriores, aludiendo al dictamen que dio lugar a la Real Orden de 30 de diciembre de 1926 en una reclamación por daños ocasionados por la caída de un hidroavión y a la formulada en el dictamen emitido en 1950 relativo a los daños causados por la explosión de un polvorín situado en la Base de Defensas Submarinas de la Armada en Cádiz, producida el 18 de agosto de 1947.

En todos estos casos, como vemos, el CdE dictaminó en sentido contrario a la indemnización, poniendo de manifiesto la insuficiencia de la normativa existente.

Y era precisamente ese carácter insuficiente e insatisfactorio de la normativa, que denegaba indemnización en supuestos en los que, en palabras del CdE, era *de justicia* la indemnización, lo llevó a la aparición de la primera consagración general del principio de indemnidad en nuestro ordenamiento, novedad en la que no tuvo poco que ver el mismo CdE o, al menos, algunos de sus jóvenes letrados.

4) La Ley de expropiación forzosa de 16 de diciembre de 1954 y la evolución posterior

En este estado de cosas se dicta la Ley de 16 de diciembre de 1954 sobre expropiación forzosa.

---

49 DCdE de 17 de marzo de 1953, relativo a los daños producidos por un incendio en un pinar a raíz de la acción de la Guardia Civil, pág. 149.

Subrepticiamente, hacia el final de la ley, y bajo la rúbrica de «otros daños», encontramos en el art. 121 una redacción que, por fin, nos suena más familiar y contemporánea:

> *«Dará también lugar a indemnización con arreglo al mismo procedimiento toda lesión que los particulares sufran en los bienes y derechos a que esta Ley se refiere, siempre que aquélla sea consecuencia del funcionamiento normal o anormal de los servicios públicos, o la adopción de medidas de carácter discrecional no fiscalizables en vía contenciosa, sin perjuicio de las responsabilidades que la Administración pueda exigir de sus funcionarios con tal motivo».*

No deja de constituir una interesante peculiaridad de nuestro ordenamiento jurídico el hecho de que la primera consagración de un principio general de indemnidad se encuentre en la LEF. GARCÍA DE ENTERRÍA llegó a calificarlo de «un oportunismo motivado por la gravedad de la imperfección del sistema vigente en la materia y el afán de rectificarlo urgentemente»[50].

Lo cierto es que existe una doble razón, histórica y sistemática, para ello.

La razón histórica está ligada a una oportunidad política. El CdE venía aplicando por aquel entonces la interpretación reduccionista del art. 1.903 CC, como hemos expuesto, pero sin dejar de criticarlo y abogar por la necesidad su reforma.

La oportunidad de propiciar dicha reforma se presenta con la tramitación de la LEF. Un grupo de juristas integrantes del CdE, pero también agrupados en torno al Instituto de Estudios Políticos y a la Revista de Administración Pública, entre ellos un joven GARCÍA DE ENTERRÍA, decidirán no dejar pasar la oportunidad de introducir en dicha ley la solución al problema. En este sentido puede afirmarse, con MESTRE, que «no es difícil constatar cómo en nuestro Ordenamiento Jurídico la construcción del régimen de responsabilidad patrimonial de la Administración se ha producido a impulso de la doctrina»[51].

Sobre este contexto de oportunidad política nos ilustra MEDINA:

---

50 GARCÍA DE ENTERRÍA MARTÍNEZ-CARANDE, Eduardo (1984): *Los principios de la nueva Ley de Expropiación Forzosa: potestad expropiatoria, garantía patrimonial, responsabilidad civil de la Administración*, Civitas, Madrid (2ª ed.), pág. 163.

51 MESTRE DELGADO, Juan Francisco (1992): recensión del libro de MUÑOZ-MACHADO, «La responsabilidad civil concurrente de las Administraciones Públicas», *Revista Española de Derecho Constitucional*, núm. 36, pág. 457.

> «*El autor material del sistema fue el joven García de Enterría, miembro de la Sección de Administración del Instituto de Estudios Políticos encargada de redactar el anteproyecto. El director de la Sección, Luis Jordana de Pozas, se mostró enteramente proclive a incluir la innovación propuesta y a defenderla ante el gobierno, contrariado como estaba por la ausencia de reconocimiento de indemnizaciones a las múltiples víctimas de un trágico y conocido accidente, la explosión del polvorín de la Armada en Cádiz (1947). García de Enterría fue también el primer intérprete del sistema. Desarrolló una teoría de la responsabilidad resarcitoria en un artículo publicado en el Anuario de Derecho Civil (1955) publicado después como libro por el Instituto de Estudios Políticos (1956)*»[52].

La razón sistemática, por otra parte, se refiere a la conexión conceptual existente entre el concepto de indemnización por lesión (responsabilidad patrimonial) y el de indemnización por privación o ablación (expropiación). Sin embargo, esta supuesta unidad conceptual ha sido cuestionada por la doctrina.

La propia exp. mots. de la ley se ocupa de justificar la teórica conexión entre ambas figuras:

> «*Se ha entendido así, no sin hacerse cargo de que la Ley de Expropiación Forzosa no puede ser, desde luego, la base normativa en que se integren todos los preceptos jurídicos rectores a este respecto, pero sí, al menos, una norma que puede muy bien recoger una serie de supuestos realmente importantes, en los que, al margen de un estrecho dogmatismo académico, cabe apreciar siempre el mismo fenómeno de lesión de un interés patrimonial privado, que, aun cuando resulte obligada por exigencias del interés o del orden público, no es justo que sea soportada a sus solas expensas por el titular del bien jurídico dañado*».

Sin embargo, esa conexión lógica entre la expropiación y la responsabilidad patrimonial no fue unánimemente apreciada. Por un lado, puede observarse un elemento común de indemnidad. Por otro, una insalvable diferencia conceptual entre indemnización y contraprestación, pues la expropiación no deja de conceptuarse como una compraventa forzosa, un acto de *imperium* pero heredero del negocio sinalagmático, bilateral, de compraventa.

Es muy elocuente al respecto la propia exp. mots. de la ley:

> «*Se ha intentado, finalmente, llamar la atención sobre la oportunidad que esta Ley ofrece, y que no debiera malograrse, de poner remedio a una de las más graves deficiencias de nuestro régimen jurídico-administrativo, cual es la ausencia de una*

---

52 MEDINA ALCOZ, Luis (2022): *Historia del Derecho Administrativo español, op. cit.* págs. 428.

pauta legal idónea, que permita hacer efectiva la responsabilidad por daños causados por la Administración.

Bajo el imperio de criterios jurídico-administrativos que habían caducado ya cuando fueron adoptados por nuestro ordenamiento, los límites técnicos dentro de los cuales se desenvuelve entre nosotros la responsabilidad por daños de la Administración, resultan hoy tan angostos, por no decir prácticamente prohibitivos, que los resultados de la actividad administrativa, que lleva consigo una inevitable secuela accidental de daños residuales y una constante creación de riesgos, revierten al azar sobre un patrimonio particular en verdaderas injusticias, amparadas por injustificado privilegio de exoneración.

Se ha estimado que es ésta una ocasión ideal para abrir, al menos, una brecha en la rígida base legal que, perjudicando el interés general, no puede proteger intereses de la administración insolidarios con aquél, como sin más ha venido a demostrar la legislación de régimen local vigente al incorporar, en esta importante materia, los criterios más progresivos sugeridos por la legislación comparada y la doctrina científica».

Por su parte, PERA argumenta:

«La conveniencia de decretarse normas sobre esta materia era de toda evidencia, pero su vinculación al tema de la expropiación forzosa es ciertamente relativa. (...) la única concomitancia entre la expropiación forzosa y la responsabilidad de la Administración radicará en la consecuencia de sufrirse en ambos casos una lesión patrimonial por el administrado, mediante una cierta actuación administrativa, escapando el segundo supuesto del verdadero campo de la expropiación forzosa, tendente a la satisfacción de intereses generales, pero siempre sobre la base de una actuación correcta y ajustada a derecho de la Administración, a diferencia de lo que acaece en el apuntado caso de la responsabilidad civil del Ente público.

Si el rasgo común identificador, radica solamente en la lesión patrimonial del particular por la acción administrativa, la norma del art. 121 de la Ley pudo tener un más amplio alcance. Realmente, como también se indica en la Exposición de Motivos, fueron razones de oportunidad las que aconsejaron romper viejos moldes, abrir brecha en la situación legal evidentemente insuficiente, salvando precariamente las dificultades derivadas de la disparidad y heterogeneidad de las materias tratadas y a que nos venimos refiriendo.

La mejor demostración de cuanto antecede radica en el hecho de que al promulgarse posteriormente la Ley de Régimen Jurídico de la Administración del Estado, de 26 de julio de 1957, se incluyó en ella lo relativo a la responsabilidad patrimonial del Estado, y de sus autoridades y funcionarios, trasladando al art. 40 el precepto contenido en el 121 de la Ley de Expropiación Forzosa, en gran parte literalmente»[53].

Y efectivamente así ocurrió: aunque el art. 121 LEF no ha sido formalmente derogado, no tardó en trasladarse su regulación a las leyes administrativas generales.

---

[53] PERA VERDAGUER, Francisco (1992): *Expropiación forzosa*, Bosch, Barcelona, págs. 642 a 652.

La formulación del art. 121 LEF que, con apenas modificaciones, alcanzó finalmente a integrarse en la Constitución de 1978 y en las normas posteriores, hasta llegar a la actual Ley 40/2015, de 1 de octubre, de régimen jurídico del sector público.

Con la LEF de 16 de diciembre de 1954 entramos ya de lleno en el Derecho vigente. En lugar del largo proceso jurisprudencial de destilación que se observa en Francia, en nuestro país el cambio fue abrupto.

Esto produjo, quizá, cierto exceso de prudencia doctrinal y jurisprudencial, interpretado por algunos como reticencia al cambio, de tal modo que, a la fecha de la constitucionalización del principio de indemnidad, no había este alcanzado generalidad ni plenitud en su aplicación práctica. Lo expone nuevamente MARTÍN REBOLLO:

> «*Lo cierto es, como digo, que la nueva normativa tardó tiempo en ser moneda corriente en la práctica jurisprudencial. Los propios abogados no usaban tampoco en demasía las posibilidades del sistema. Y todavía en los años setenta no era infrecuente hallar textos de sentencias en los que se hablara —para admitir o rechazar la indemnización— de la existencia o no de "culpas"*»[54].

Solamente tras la promulgación de la Constitución encontramos una reivindicación expresa, constante y uniforme del principio de responsabilidad objetiva en la jurisprudencia, por todas la STS de 7 de octubre de 1980:

> «*No puede acogerse el razonamiento efectuado en la sentencia recurrida en cuanto a la exigencia de acreditar el mal funcionamiento de los servicios públicos entre otros requisitos para que proceda la responsabilidad de la Administración, pues esto contradice el tenor literal de los arts. 121.1 de la L. Ex. For. y 40.1 de la de Régimen Jurídico de la Administración del Estado, ya en ellos se deriva dicha responsabilidad tanto del funcionamiento normal como del anormal de dichos servicios, consagrándose esta identidad de consecuencias para ambos supuestos es el art. 106.2 de la Constitución vigente al referirse escuetamente al funcionamiento de los servicios públicos, sin calificativo alguno, reflejando la sentencia impugnada una posición de la jurisprudencia ya superada, pues actualmente se sigue el principio de objetivación de la responsabilidad patrimonial de la Administración, como puede verse, entre otras y por citar algunas de las más recientes, en las sentencias de 6-3-1979 12-3-1979 27 1979 15-13-1979*»[55].

---

54 MARTÍN REBOLLO, Luis (1999): «Ayer y hoy de la responsabilidad patrimonial de la Administración, un balance y tres reflexiones», *op. cit.* pág. 337.

55 Considerando 3 STS de 7 de octubre de 1980, de la Sala de lo Contencioso-Administrativo (núm. rec. 526/1980 y [*Tol 974426*]), citada por MORENO. MORENO GIL, Óscar (1999): *Expropiación Forzosa. Legislación y Jurisprudencia comentadas,* Civitas, Madrid, págs. 1212 y 1213.

Posteriormente, sin embargo, la jurisprudencia llevaría este principio hasta sus últimas consecuencias, yendo incluso más allá, en la controvertida STS de 14 de junio de 1990 del doble aneurisma, lo que algunos han interpretado que era la intención inicial del legislador:

> *«A principios de los años noventa, surgió finalmente una línea jurisprudencial que llevó hasta sus últimas consecuencias la doctrina panobjetivista, ignorando ya por completo la exigencia de título de imputación y apoyándose en consideraciones de equidad o solidaridad, declarando el derecho indemnizatorio de la víctima por la sola circunstancia de que el daño se ha producido en el marco de un servicio de titularidad pública. (...). La STS, Sala 3, de 14 de junio de 1991 es el caso emblemático. El Tribunal Supremo condenó al Insalud a indemnizar con 10.000.000 de pesetas, aproximadamente, a una paciente por las graves secuelas padecidas tras su intervención quirúrgica. (...) Quedó demostrado, por tanto, que la actuación del cirujano, aunque irreprochable desde el punto de vista de la lex artis, ocasionó graves perjuicios a la recurrente»*[56].

De hecho, según exponen MANENT y TAJUELO en el cap. 21 de esta obra (págs. 1524 a 1527), a raíz de procedimientos como este fue necesario que el legislador introdujese límites a dicha responsabilidad para evitar un completo desbordamiento del sistema.

El art. 141 de la Ley 30/1992, de 26 de noviembre, del procedimiento administrativo común y régimen jurídico de las Administraciones Públicas, fue así modificado en 1999 para excepcionar de la indemnización «los daños que se deriven de hechos o circunstancias que no se hubiesen podido prever o evitar según el estado de los conocimientos de la ciencia o de la técnica existentes en el momento de producción de aquéllos». Se introduce, así, la *lex artis* como canon de diligencia que, en el ámbito de la responsabilidad patrimonial sanitaria, exime de responsabilidad a la Administración.

También la doctrina, a partir de los años noventa, inició un proceso de revisión crítica de esta exacerbación del principio de indemnidad, no faltando autores, como DOMÉNECH, que abogan, con sólidos argumentos, por revisar el dogma de la objetividad de la responsabilidad patrimonial de la Administración y por aplicar la doctrina del margen de tolerancia[57].

---

56 MEDINA ALCOZ, Luis (2022): *Historia del Derecho Administrativo español, op. cit.* págs. 428.

57 DOMÉNECH PASCUAL, Gabriel (2022): «De nuevo sobre la responsabilidad patrimonial de la Administración por actos ilegales. A favor de la doctrina del margen de tolerancia», *Revista de administración pública,* núm. 219, págs. 59 a 106.

Como afirma MEDINA, la mayor parte de la doctrina actual se alinea con esta corriente contraria al dogma del panobjetivismo:

> «*Se ha producido así un amplio distanciamiento de la jurisprudencia española sobre la responsabilidad patrimonial de la administración respecto de la doctrina administrativista (hoy mayoritariamente contraria al panobjetivismo), así como respecto del Derecho civil y el Derecho de daños de los demás países*»[58].

Ahora bien, en actualidad, como expone BLANQUE en el cap. 14 de esta obra (págs. 911 a 916), también existen autores que defienden un régimen de responsabilidad objetiva, pero reconducida a sus justos términos. Este es el caso de Tomás-Ramón FERNÁNDEZ[59].

Sin embargo, todo ello se ha producido ya en el marco normativo que hoy conocemos y por lo tanto excede de la perspectiva histórica que en este capítulo nos hemos propuesto abordar.

Volvamos a donde nos corresponde y terminémoslo, pues, con una reflexión sobre el hito que, por así decir, marca el inicio de la era contemporánea en materia de responsabilidad administrativa en nuestro país: el art. 121 LEF.

El hecho de que prosperase esta iniciativa, de corte marcadamente garantista, en aquel momento político y en aquel marco contextual es algo que no ha dejado de sorprender a los autores, empezando por el propio GARCÍA DE ENTERRÍA.

Aquel primer artículo sobre la potestad expropiatoria y la garantía patrimonial en la LEF —escrito por él en 1955, y publicado ese año en el Anuario de Derecho Civil[60]— para dar cuenta de la novedad legislativa, fue publicado después como libro, en 1956 y reeditado en 1984[61].

---

58 MEDINA ALCOZ, Luis (2022): *Historia del Derecho Administrativo español*, Marcial Pons, Madrid, págs. 428.

59 *Cfr.* FERNÁNDEZ RODRÍGUEZ, Tomás Ramón (2021): «Sobre la discutida naturaleza patrimonial objetiva de la responsabilidad patrimonial de la Administración», *Revista de Administración Pública*, núm. 216, págs. 169 a 186.

60 GARCÍA DE ENTERRÍA MARTÍNEZ-CARANDE, Eduardo (1955): «Potestad expropiatoria y garantía patrimonial en la nueva Ley de Expropiación forzosa», *Anuario de derecho civil*, núm. 4, vol. 8, págs. 1023 a 1166.

61 GARCÍA DE ENTERRÍA MARTÍNEZ-CARANDE, Eduardo (1956 y 1984): *Los principios de la nueva Ley de Expropiación Forzosa: potestad expropiatoria, garantía patrimonial, responsabilidad civil de la Administración*, Instituto de Estudios Políticos y Civitas, Madrid (1ª y 2ª ed.).

En el prólogo de esta última edición, el autor reconoce que la figura de la responsabilidad patrimonial se introdujo en la LEF «de un modo casi subrepticio» y «rectificando un injusto sistema multisecular de inmunidad virtualmente total de la Administración»[62].

Y narra, en primera persona, una escena que bien merece servir de cierre a este capítulo: la imagen de un joven Eduardo alumbrando, de forma manuscrita, esa longeva formulación del art. 121 LEF:

> *«Yo había participado en la Comisión que redactó el Anteproyecto de la Ley de Expropiación en el Instituto de Estudios Políticos, y me correspondió en ella también haber puesto un cierto énfasis en los básicos artículos 1° y 121, cuya redacción inicial manuscrita por mí conservo»*[63].

Bibliografía

BERBEROFF AYUDA, Dimitry (2009): «¿Una responsabilidad de la administración objetiva?: Perspectivas de derecho comparado y comunitario», en ORTIZ BLASCO, Joaquín y MAHILLO GARCÍA, Petra (coords), *La responsabilidad patrimonial de las Administraciones Públicas. Crisis y propuestas para el siglo XXI*, págs. 61 a 99

BLANQUER CRIADO, David (2020): *La responsabilidad patrimonial en tiempos de epidemia (los poderes públicos y los daños por la crisis de la COVID*-19, Tirant lo Blanch, Valencia, págs. 99 a 110

CUETO PÉREZ, Miriam (1997): *Responsabilidad de la Administración en la Asistencia Sanitaria*, Tirant lo Blanch, Valencia

DE AHUMADA RAMOS, Francisco Javier (2004): *La responsabilidad patrimonial de las administraciones públicas: elementos estructurales: lesión de derechos y nexo causal entre la lesión y el funcionamiento de los servicios públicos*, Aranzadi, Cizur Menor (Navarra), págs. 108 a 116

DOMÉNECH PASCUAL, Gabriel (2022): «De nuevo sobre la responsabilidad patrimonial de la Administración por actos ilegales. A favor de la doctrina del margen de tolerancia», *Revista de administración pública*, núm. 219, págs. 59-106

DUGUIT, Léon (1913): *Les transformations du droit public*, cap. 7, *La responsabilité*, Librairie Armand Colin, Paris

FAYA BARRIOS, Antonio (2015): «La progresiva conformación del sistema de responsabilidad patrimonial de las Administraciones Públicas en nuestro Derecho», en PÉREZ PINO, M.ª Dolores y SÁNCHEZ CARMONA, Miguel (coord.) *Manual sobre responsabilidad patrimonial de la Administración Pública*, Instituto Andaluz de Administración Pública-Asociación de Letrados de la Junta de Andalucía, págs. 33 a 40

FERNÁNDEZ RODRÍGUEZ, Tomás Ramón (2021): «Sobre la discutida naturaleza patrimonial objetiva de la responsabilidad patrimonial de la Administración», *Revista de Administración Pública*, núm. 216, págs. 169 a 186

---

62 *Idem.*

63 *Idem.*

GARCÍA DE ENTERRÍA MARTÍNEZ-CARANDE, Eduardo (1955): «Potestad expropiatoria y garantía patrimonial en la nueva Ley de Expropiación forzosa», *Anuario de derecho civil*, núm. 4, vol. 8, págs. 1023 a 1166

GARCÍA DE ENTERRÍA MARTÍNEZ-CARANDE, Eduardo (1962): «La lucha contra las inmunidades del poder en el Derecho administrativo (poderes discrecionales, poderes de gobierno, poderes normativos)», *Revista de Administración Pública*, núm. 38, págs. 159 a 208

GARCÍA DE ENTERRÍA MARTÍNEZ-CARANDE, Eduardo (1984): *Los principios de la nueva Ley de Expropiación Forzosa: potestad expropiatoria, garantía patrimonial, responsabilidad civil de la Administración*, Civitas, Madrid (2ª ed.)

GARCÍA DE ENTERRÍA MARTÍNEZ-CARANDE, Eduardo (1994): *Revolución francesa y administración contemporánea*, Civitas, Madrid

GARCÍA DE ENTERRÍA MARTÍNEZ-CARANDE, Eduardo (2001): «La Ley de Expropiación Forzosa de 1954, medio siglo después», *Revista de Administración Pública*, núm. 156, págs. 251 a 270

GARCÍA DE ENTERRÍA MARTÍNEZ-CARANDE, Eduardo y FERNÁNDEZ RODRÍGUEZ Tomás-Ramón (2017): *Curso de Derecho administrativo II*, Civitas, Madrid, vol. II (15ª ed.)

GARRIDO FALLA, Fernando (1952): «Sobre el derecho administrativo y sus ideas cardinales», *Revista de Administración Pública*, núm. 7, págs. 11 a 50

GARRIDO FALLA, Fernando (1997): «La responsabilidad patrimonial del Estado, ¿hasta dónde debe indemnizar?», *Anales de la Real Academia de Ciencias Morales y Políticas*, núm. 74, págs. 303 a 322

GONZÁLEZ RAMOS, César (2016): «Sobre la formación histórica del régimen de responsabilidad extracontractual de la Administración Pública», en BAÑO LEÓN, José María (coord.) *Memorial para la reforma del Estado: estudios en homenaje al Profesor Santiago Muñoz Machado*, vol. 3, (tomo III), págs. 2719 a 2737

HAURIOU, Maurice (2002): *Précis de droit administratif et de droit public*, Dalloz, París (12ª ed.)

LAFERRIÈRE, Édouard (1896): *Traité de la Juridiction Administrative et des Recours Contentieux*, tomo II, libro 5, cap 2, *Actions en responsabilité pour dommages et pour fautes*; Berger-Levrault et Compagnie, Libreurs-Éditeurs, Paris

LEGUINA VILLA, Jesús (1979): «El fundamento de la responsabilidad de la Administración», *Revista Española de Derecho Administrativo*, núm. 23, págs. 523 a 536

LEGUINA VILLA, Jesús (2000): «Origen y evolución de la institución de la responsabilidad patrimonial del Estado», en AAVV, *La responsabilidad patrimonial del Estado*, Repositorio Universitario, Universidad Nacional Autónoma de México (UNAM), págs. 1 a 19

MARTÍN REBOLLO, Luis (1999): «Ayer y hoy de la responsabilidad patrimonial de la Administración, un balance y tres reflexiones», *Revista de Administración Pública*, núm. 150, págs. 317 a 372

MEDINA ALCOZ, Luis (2022): *Historia del Derecho Administrativo español*, Marcial Pons, Madrid, págs. 420 a 429

MESTRE DELGADO, Juan Francisco (1992): recensión del libro de MUÑOZ-MACHADO, «La responsabilidad civil concurrente de las Administraciones Públicas», *Revista Española de Derecho Constitucional*, núm. 36, págs. 457 a 464

MIR PUIGPELAT, Oriol (2000): *La responsabilidad patrimonial de la Administración sanitaria. Organización, imputación y causalidad*, Civitas, Madrid, págs. 176 a 182

MORENO GIL, Óscar (1999): *Expropiación Forzosa. Legislación y Jurisprudencia comentadas*, Civitas, Madrid, págs. 1212 a 1213

NIETO GARCÍA, Alejandro (1986): *Estudios históricos sobre Administración y Derecho Administrativo*, Instituto Nacional de Administración Pública

PERA VERDAGUER, Francisco (1992): *Expropiación forzosa*, Bosch, Barcelona, págs. 642 a 652

ROYO-VILLANOVA FERNÁNDEZ-CAVADA, Segismundo (1956): «La responsabilidad de la Administración pública», *Revista de Administración Pública*, núm. 19, págs. 11 a 58

TRAYTER JIMÉNEZ, Joan Manuel (2016): «La responsabilidad patrimonial de la Administración pública como institución reconocida en la Constitución», en BAÑO LEÓN, José María (coord.) *Memorial para la reforma del Estado: estudios en homenaje al Profesor Santiago Muñoz Machado*, vol. 3, (tomo III), Centro de Estudios Políticos y Constitucionales, Madrid, págs. 2739 a 2762

WRÓBLEWSKI, Bartłomiej (2023): *State Liability and the Law. A Historical and Comparative Analysis. Routledge Studies in Comparative Legal History*, Taylor & Francis, Londres

Capítulo 3

Evolución de la responsabilidad civil de los médicos y centros hospitalarios y patrimonial de la Administración Sanitaria

María Maldonado Araque
Letrada de la Administración Sanitaria de la Junta de Andalucía
Letrada de la Junta de Comunidades de Castilla-La Mancha

I. INTRODUCCIÓN

«Desde el momento en que el hombre optó por vivir en sociedad, de sus acciones y omisiones se derivaron daños en los bienes o derechos de los demás»[1]. En el Derecho romano, partiendo del principio *alterum non laedere*, para reparar el perjuicio causado, inicialmente se recurrió al delito *Damnum iniuria datum*, el cual requería bien un *animus laedendi*, bien una conducta negligente. Posteriormente, la reclamación de responsabilidad extracontractual se articuló por la *Lex Aquilia de damno*[2]. La responsabilidad aquiliana, así conocida por el plebiscito que la aprobó, se caracterizaba por dos notas fundamentales, la culpa del causante del daño y su generación al margen de una relación contractual[3].

A día de hoy la responsabilidad aquiliana se reconoce en los arts. 1902 a 1910 del Código Civil (CC). Sin embargo, desde 1889, año en que se promulgó el Código Civil, hasta hoy la responsabilidad, la denominada responsabilidad civil ha evolucionado de manera significativa.

En el presente capítulo vamos a exponer su vigencia en dos ámbitos, en el de las relaciones *inter privatos*, haciendo una mención especial a la responsabilidad civil del empresario por accidentes de trabajo, y en el de los daños causados por las Administraciones Públicas.

---

1 CUETO PÉREZ, Miriam (1997): *Responsabilidad de la Administración en la asistencia sanitaria*, Tirant lo Blanch, Valencia, pág. 36.

2 La *Lex Aquilia de damno* fue aprobada por el plebiscito realizado *circa* 286 a.C. Esta institución está recogida por Gayo, en Digesto. 922.pr, y por Ulpiano, en Digesto 9.2.27.5. La aplicación de la responsabilidad aquiliana, tal como la conocemos hoy en día, ha precisado de ciertas adaptaciones. Así, en un principio las *Lex Aquilia* solo se refería a los daños causados a esclavos, animales o cosas, pero no a ciudadanos romanos. Originariamente se configuró como una responsabilidad objetiva, ya que el concepto de culpa se introdujo tardíamente al considerarse inmoral responder por un daño sin una causa que lo justificase (Digesto 44.7.34, pr, Digesto 47.6.1.2, Digesto 47.10.1.pr, y Digesto 47.10.15.46).

3 La *Lex aquilia de damno* inicialmente solo precisó un daño *iniuria datum* (Digesto. 9.2.2.pr.). Como advierte GRANADO en el cap. 17 de esta obra (págs. 1156 a 1157), el término *iniuria* no debe traducirse por el mucho más tardío de *culpa*. *Iniuria* era el antónimo de *ius*, es decir, como un daño producido sin una causa de justificación proporcionada por el *ius*, como la legítima defensa (XII Tablas 8.12-13), el estado de necesidad (Digesto 9.2.49.1) o el ejercicio de un derecho propio o de una actividad lícita (Digesto 9.2.29.7), causa ésta última que excluía a las lesiones deportivas (Digesto 2.9.7.4) y a los daños generados por el poder público (Digesto 9.2.29.7, Digesto 47.10.13.1, Digesto 18.6.13 y Digesto 18.6.14).

Como punto de partida hay que tener presente que, «en ninguna otra parcela de nuestro ordenamiento jurídico-público podremos encontrar, seguramente, tantas incoherencias y contradicciones: entre el Derecho normado y el Derecho practicado, entre lo que los Tribunales dicen y lo que realmente hacen, entre la jurisprudencia española y [...] las tesis defendidas por nuestros autores»[4].

«De este modo se produce una doble paradoja: de una parte, la "subjetivación" encubierta del régimen objetivo de la responsabilidad administrativa, a través de la conexión conceptual anormalidad-causalidad; contrariamente, la tendencia a un cierta "objetivación" del sistema civil a través de la acogida de matizaciones como la doctrina del riesgo creado, inversión de la carga de la prueba, la prueba por presunciones, la exigencia de una diligencia agravada, etc.»[5].

Al ser objeto de este tratado la responsabilidad patrimonial sanitaria, en este capítulo nos centraremos en la responsabilidad civil del médico y centro hospitalario, en particular: en la naturaleza contractual o extracontractual del daño; en la culpa y el riesgo como títulos de imputación; y, en relación con el contenido de la obligación de médico, su consideración como obligación de medios, y excepcionalmente de resultado. También expondremos la evolución de la responsabilidad civil y, brevemente, los títulos de imputación en la responsabilidad del empresario de la salud por los daños causados a facultativos y demás personal sanitario.

Finalmente dedicaremos dos epígrafes a las notas características de la responsabilidad patrimonial sanitaria —objetividad y subjetivación mediante la incorporación de la regla de la *lex artis*— y a su evolución al compás de la implantación de la Seguridad Social.

---

4 DOMÉNECH PASCUAL, Gabriel (2010): «Responsabilidad patrimonial de la Administración por los actos jurídicos ilegales. ¿Responsabilidad objetiva o por culpa?», *Revista de Administración Pública,* núm. 183, pág. 179.

5 LÓPEZ MENUDO, Francisco, GUICHOT REINNA, Emilio y CARRILLO DONAIRE, Juan Antonio (2005): *La responsabilidad patrimonial de los poderes públicos,* Lex Nova, Valladolid, pág. 121.

II. RESPONSABILIDAD CIVIL DE LOS MÉDICOS Y CENTROS HOSPITALARIOS

La responsabilidad médica se puede definir como «el daño producido a un ser humano por un profesional de la medicina en el ejercicio del acto médico»[6]. A su vez, el acto médico es toda actuación sobre un cuerpo humano, directa o indirecta, realizada por un profesional de la medicina en el ejercicio de su profesión.

Para que este acto sea causante de un daño que genere responsabilidad civil es necesario, además, que la acción u omisión del profesional «esté vinculada al ejercicio de la profesión médica (...) [y] directamente ligada a la actividad de prevención, diagnóstico, terapéutica o de rehabilitación que se desarrolla sobre el paciente»[7].

Partiendo de esta base, la doctrina y la jurisprudencia han ido elaborando un concepto de imprudencia médica como forma específica de imprudencia general. A tal efecto, para determinar su existencia es necesario que se den los siguientes requisitos:

i. Acción u omisión voluntaria, no intencional o maliciosa
ii. Una conducta o actuación negligente
iii. Una violación de un deber la ley sanitaria que implica ausencia de cuidado respecto de la conducta aconsejable
iv. La producción de un daño o perjuicio efectivo y evaluable económicamente
v. Que exista una relación causa-efecto entre el acto u omisión ilícito y el resultado antijurídico
vi. Ausencia de fuerza mayor o caso fortuito

Pues bien, en materia de responsabilidad médica, la jurisprudencia ha ido conformando una serie de pautas para delimitar dicha responsabilidad. Dichas pautas han ido asentándose en paralelo a la evolución del ejercicio de la medicina de una profesión liberal, basada en la relación de confianza, a una actividad organizada y muy sofisticada, pero más despersonalizada.

---

6 SILLERO CROVETTO, Blanca (2013): «La responsabilidad civil médico-sanitaria», en CAMAS JIMENA, Manuel (coord.), *Responsabilidad médica*, Tirant lo Blanch, Valencia, pág. 145.

7 *Idem.*

1) Del médico de cabecera al centro hospitalario

«Durante muchos años el ejercicio de la medicina respondió a una concepción paternalista, conforme a la cual era el médico quien, por su experiencia, conocimientos y su condición de tercero ajeno a la enfermedad, tomaba las decisiones que, según su criterio profesional, más le convenían al estado de salud y al grado de evolución de la enfermedad de sus pacientes, con la unilateral instauración de tratamientos e indicación de intervenciones quirúrgicas»[8]. Como consecuencia de esta mentalidad, hasta los años sesenta, los casos en que se demandaba al médico por su actuación eran raros, por no decir insólitos.

En la actualidad, sin embargo, la medicina y la figura del médico han dejado de tener ese halo casi mítico del médico confidente. Se ha producido un cambio de mentalidad en cuanto a la concepción social de la actividad médica, así como a la calidad exigible en la prestación de sus servicios. A ello hay que añadir, «que cualquier tratamiento médico, y con mayor frecuencia el quirúrgico, puede llegar a ocasionar resultados lesivos o menoscabo para la salud, la integridad, ya sea física o psíquica, o, incluso la vida»[9].

Esta metamorfosis ha sido fruto de una evolución a una sociedad cada vez más exigente con las condiciones de calidad en las que debe prestarse los servicios sanitarios y más predispuesta a exigir responsabilidades cuando realmente los servicios y prestaciones sanitarios no se han prestado con la debida calidad y diligencia profesional.

Las razones de este cambio, como apunta PLAZA, «son varias:

i. La tendencia a la mayor seguridad del hombre moderno y a su menor pasividad ante el infortunio hace que, en muchos casos, no se resigne ante un hecho que antaño podía haber sido considerado como inevitable, y que tienda a buscar las causas y consiguientemente la responsabilidad de tal suceso.
ii. La evolución médica, que ha sufrido en los últimos años un proceso de tecnificación y de masificación: el paciente no se encuentra en

---

[8] FJ 2.2 STS 828/2021, de 30 de noviembre, de la Sala de lo Civil (núm. rec. 5955/2018 y [*Tol 8674791*]).

[9] HERRERA CAMPOS, Ramón (2010): «Las condiciones de la acción de la acción de indemnización de daños y perjuicios», en SUÁREZ LÓPEZ, José María (coord.) y MORILLAS CUEVA, Lorenzo (dir.), *Estudios sobre responsabilidad penal, civil y administrativa del médico y otros agentes sanitarios*, Dykinson, Madrid, pág. 489.

muchos casos ante un médico particular al que conoce, sino ante una institución sanitaria anónima, ante la cual tiene menos reparos para exigir responsabilidad.

iii. La vulgarización de conocimientos médicos, que ha propiciado que los legos en medicina intuyan con mayor claridad las actuaciones negligentes, lo que, unido a un mayor cumplimiento del deber de información, ha hecho desaparecer la aureola de misterio que rodeaba antaño la actuación médica.

iv. La existencia generalizada de seguros de responsabilidad civil, que permite cubrir los riesgos, pero facilita la reclamación judicial.

v. La mayor concienciación social y de los usuarios de la sanidad a la hora de reclamar indemnizaciones por prestaciones sanitarias deficientes o defectuosas»[10].

En cualquier caso, es indudable que, la profesión médica, en su quehacer cotidiano, da lugar a consecuencias indeseables, como la no curación del enfermo, accidentes imprevisibles y, a veces, la muerte, que es, sin duda, la consecuencia más grave.

Pues bien, para entender la configuración de la responsabilidad civil de los médicos y centros hospitalarios a día de hoy, no podemos olvidar que la asistencia sanitaria en España se articula *grosso modo*, en tres niveles:

i. Médico de atención primaria. El primer nivel gira en torno a la asistencia, que corresponde al médico de atención primaria, y que supone una asistencia continuada en el tiempo.

ii. Centro de salud. El segundo nivel, se opera a través de un centro de salud, lugar en el que confluyen los servicios propios de la medicina preventiva, tanto en el ámbito individual como comunitario. Esta asistencia se realiza a través de equipos de profesionales, que actúan coordinados en función de las necesidades exigidas.

iii. Hospital. El tercer nivel de asistencia médica y sanitaria confluye en el hospital, donde se encuentran recursos materiales y tecnológicos, en el que se practica la medicina especializada, con amplias funciones de diagnóstico y terapia.

---

10 PLAZA PENADÉS, Javier (2021): «Responsabilidad civil médica y hospitalaria» en CLEMENTE MEORO, Mario Enrique y COBAS COBIELLA, María Elena (dirs.), *Derecho de daños*, Tirant lo Blanch, Valencia, pág. 1012.

Igualmente, el hospital es el centro donde se incardina la investigación médica y esto es relevante puesto que, en la actualidad, cada vez más, la responsabilidad médica no es individual.

Como consecuencia de lo anterior, hoy en día, la medicina no se ejerce aisladamente. Ya no es el médico de la familia el que actúa sino «un médico». Un médico, además, que puede cambiar de cara dos o tres veces al día, tan anónimo como el paciente es para él y un médico, en fin, al que casi nadie nunca elige y que ejerce como miembro de un equipo.

2) Naturaleza de la responsabilidad del médico y centro hospitalario

Como acabamos de indicar, la actuación médica es ahora, en infinidad de ocasiones debido a los avances de la técnica, una actuación en equipo colectiva. Para abordar esta compleja temática de la responsabilidad civil de los médicos y centros hospitalarios, lo primero que hay que hacer es una distinción entre lo que se denomina responsabilidad contractual, en el ámbito civil, de la responsabilidad extracontractual[11].

En efecto, «la acción de responsabilidad fundada en la culpa contractual tiene un régimen jurídico distinto de la basada en la extracontractual, como derivadas de títulos y causas diferentes, aunque su finalidad última

---

[11] Sobre el origen de la responsabilidad —contractual, extracontractual y derivada de un delito— por asistencia sanitaria, la mención de la STS 334/1997, de 22 de abril, de la Sala de lo Civil (núm. rec. 1524/1993 y [*Tol 5119381*]) es una cita de obligada referencia. En esta ocasión, el Tribunal Supremo (TS), afirmó que la responsabilidad sanitaria puede «ser una responsabilidad contractual, cuando se ha producido un daño por incumplimiento total o parcial de un contrato que contempla el artículo 1101 del Código Civil (…); o extracontractual cuando el daño no deriva de la ejecución del contrato, sino que se ha producido al margen de la relación contractual o el profesional no ha contratado con la víctima, como es el caso del médico dependiente del Instituto Nacional de la Salud, cuya responsabilidad extracontractual u obligación derivada de acto ilícito (principio alterum non laedere) se contempla como principio en el artículo 1902 del Código Civil y se desarrolla en la jurisprudencia; o, por último, responsabilidad civil derivada de delito cuando se ha atentado a la convivencia mínima en la sociedad, se ha incurrido en un tipo delictivo y la responsabilidad civil deriva de éste, como prevén el artículo 1092 del Código Civil y los artículos (…) [109] y siguientes del Código Penal» (FJ 1).

sea análoga, pues de una y de otra nace la responsabilidad que de estos dos supuestos resulta de los artículos 1.101 y 1902 CC»[12].

A. Responsabilidad contractual

«La responsabilidad contractual trae causa del incumplimiento de una relación obligatoria entre acreedor y deudor, que ordinariamente es un contrato, pero que puede ser una relación enmarcada en el área de cualquier servicio privado o público (...), en general (...), en cualquier otra relación jurídica que conceda un medio específico para su resarcimiento»[13].

Para que la responsabilidad se considere contractual, se han de cumplir dos requisitos básicos: que entre las partes exista un contrato o una relación contractual; y que el daño causado sea debido a incumplimiento o defectuoso cumplimiento de las obligaciones derivadas del contrato.

En España, la responsabilidad contractual se regula en los arts. 1101 a 1107 CC. En ella, la infracción contractual se presume voluntaria. Por este motivo, es el médico el que tiene que probar su carácter fortuito para quedar liberado de responsabilidad. Adicionalmente, hay que saber que la responsabilidad contractual se da cuando se ha producido un daño por incumplimiento total o parcial de un contrato que contempla el art. 1101 CC.

Por lo tanto, para que se produzca la responsabilidad contractual es preciso que la realización del hecho dañoso acontezca dentro de lo pactado y como preciso desarrollo del contenido negocial. En caso contrario, «si surgen daños en el marco contractual pero fuera de su contenido obligacional, no dentro de la rigurosa órbita de lo pactado, no opera entonces la responsabilidad contractual sino la surgida fuera del contrato»[14].

B. Responsabilidad extracontractual

La responsabilidad «extracontractual deriva del principio general de no dañar a otro y se produce, por tanto, con total independencia de las

---

[12] FJ 2 STS 651/2006, de 20 de junio, de la Sala de lo Civil (núm. rec. 3935/1999 y [*Tol 964446*]).

[13] *Idem.*

[14] FJ 2 STS de 5 de julio de 1994, de la Sala de lo Civil [*Tol 1666063*].

posibles obligaciones contractuales o de otro tipo que existan entre las partes»[15].

De acuerdo con la STS de 12 de febrero de 2002, las prestaciones de la sanidad privada son siempre contractuales, por la propia cobertura del seguro o del contrato que ampara la prestación sanitaria[16]. En cambio, en la sanidad pública los daños son extracontractuales por no existir ese contrato habilitante.

De ahí que, en España, en atención al deber legal de asistencia de la Administración sanitaria, la tendencia ha sido ubicar la responsabilidad del médico en el ámbito de la responsabilidad extracontractual. Este criterio se halla influenciado por el hecho de que, en realidad, el médico o facultativo que asiste a un paciente no es una persona que este selecciona *ad hoc*. En estos casos, el médico se encuentra, circunstancialmente, prestando sus servicios en ese momento, por lo que no existe ninguna relación jurídica previa, y los daños causados, por tanto, deben recaer en la órbita de la responsabilidad extracontractual.

Ahora bien, la realidad es que en la sanidad privada el paciente normalmente no elige de forma directa al facultativo que ha de atenderle, por lo que la responsabilidad contractual habría de remitirse solo a los casos en que la relación se establece entre un médico determinado elegido por el paciente.

No obstante, en la práctica, la tesis de la naturaleza contractual o extracontractual de la obligación solo se fuerza si existe algún problema del transcurso del plazo de prescripción o para beneficiarse de una presunción de culpa.

C. Yuxtaposición de responsabilidades

Hasta hace no mucho, en las reclamaciones de responsabilidad sanitaria interpuestas ante juzgados y tribunales del orden civil, se yuxtaponía, a la cita art. 1902 del Código Civil, una mención al art. 1101 y ss. CC. Es más, el Tribunal «Supremo se *mostró* particularmente decidido a admitir esta

---

15 FJ 2 STS 651/2006, de 20 de junio, de la Sala de lo Civil (núm. rec. 3935/1999 y [*Tol 964446*]).

16 La sentencia que ha reconocido que las prestaciones de la sanidad privada son siempre contractuales, por la propia cobertura del seguro o del contrato que ampara la prestación sanitaria, es la STS de 12 de febrero de 2002, de la Sala de lo Civil (núm. rec. 1658/1999 y [*Tol 3442003*]).

tesis de la "unidad de culpa civil" en materia sanitaria», y más en concreto en la jurisprudencia relacionada con sangre contaminada con los virus de inmunodeficiencia humana y hepatitis C desde la STS de 18 de febrero de 2017[17]. En este punto nos remitimos a lo escrito por MANENT y TAJUELO en el cap. 21 del tratado (págs. 1589 y 1590).

El origen de esta singularidad se halla a en cierta jurisprudencia que admitía que, en las reclamaciones de responsabilidad civil, «*concurrían*, conjuntamente, los aspectos contractual y extracontractual, ya que el médico, además de cumplir las obligaciones derivadas del contrato *debía* observar la obligación genérica de no dañar a otro ("alterum no laedere")»[18]. «En materia de responsabilidad médica, la sentencia de 18 de febrero de 1997 (...) [fue la que acogió] esta tesis que ha venido a denominarse del concurso de normas, y parte de la base de que no existen dos pretensiones independientes»[19].

Sin embargo, la jurisprudencia más reciente precisa que la «relación contractual entre médico y paciente deriva normalmente de [un] contrato»[20].

---

17 YZQUIERDO TOLSADA, Mariano (2001): *Sistema de responsabilidad contractual y extracontractual*, Dykinson, Madrid, pág. 104 y STS 108/1997, de 18 de febrero, de la Sala de lo Civil (núm. rec. 892/1993 y [*Tol 5114407*]).

18 FJ 5 STS de 7 de febrero de 1990, de la Sala de lo Civil [*Tol 1730390*]. La yuxtaposición de responsabilidades, contractual y extracontractual, entre otros fallos, estuvo reconocida por las SSTS de la Sala de lo Civil 587/1999, de 28 de junio (núm. rec. 3617/1994 y [*Tol 2728468*]), 923/1999, de 10 de noviembre (núm. rec. 813/1995 y [*Tol 5120593*], 1136/1999, de 30 de diciembre (núm. rec. 1222/1995 y [*Tol 5157417*]) y 1193/2001, de 11 de diciembre (núm. rec. 2017/1996 y [*Tol 4924464*]).

19 YZQUIERDO TOLSADA, Mariano (2001): «La responsabilidad médico-sanitaria al comienzo de un nuevo siglo. Los dogmas creíbles y los increíbles de la jurisprudencia», *Derecho y salud*, vol. 9, núm. 1 pág. 36. En este sentido, la STS de 6 de mayo de 1998, defendía el concurso de normas porque «la moderna jurisprudencia ha acuñado la doctrina de la unidad de culpa civil, que permite, sin que ello suponga incongruencia de la resolución ni indefensión en los demandados, en determinadas ocasiones, y siempre que (...) los hechos sirvan de fundamento para cualquiera de ambas acciones, la de responsabilidad contractual y la extracontractual, admitir una u otra acción, siquiera, insistimos, no hubiera sido calificada acertadamente en la demanda, pues lo importante e inmutable son los hechos, en tanto que la cita legal es alterable por el principio contenido en el brocardo «da mihi factum, dabo tibi ius» (FJ 3 STS 394/1998, de 6 de mayo, de la Sala de lo Civil, núm. rec. 710/1994 y [*Tol 5119892*]).

20 FJ 3.2 STS 587/1999, de 28 de junio, de la Sala de lo Civil (núm. rec. 3617/1994 y [*Tol 2728468*]).

De hecho, en alguna ocasión —como en la STS de 24 de noviembre de 2016— el TS ha llegado a afirmar que «no se entiende la cita (...) de [los] artículos 1902 y 1903 del Código Civil, relativos» a la responsabilidad extracontractual[21].

En cualquier caso, como consecuencia de esta yuxtaposición, la jurisprudencia española se inclinaba «a conferir al perjudicado la elección entre aplicar las normas contractuales y las extracontractuales, con posibilidad de acogimiento, según las características y circunstancias de la relación jurídica a que afecte, de las ventajas que ambas normativas ofrecen»[22].

Estas se referían al plazo de prescripción, y fundamentalmente, a la carga de la prueba.

a) Prescripción

Como es sabido, «*prescribe* por el transcurso de un año (...) la acción para exigir la responsabilidad civil (...) por las obligaciones derivadas *del* artículo 1.902» CC (art. 1968.2 CC). En cambio, a las relaciones contractuales, les resulta de aplicación el art. 1964.2 CC, el cual prevé que «las acciones personales que no tengan plazo especial prescriben a los cinco años desde que pueda exigirse el cumplimiento de la obligación»[23].

b) Presunción de culpa

También se recurría a la yuxtaposición de responsabilidades porque, en las reclamaciones de responsabilidad extracontractual, podía llegar a ocurrir que, «aquél a quien se le *atribuía* responsabilidad *hubiera* de probar en ciertos casos su falta de (...) responsabilidad en virtud de un desplazamiento del "onus probandi"». En cambio, en las obligaciones contractuales, la responsabilidad tenía que ser probada por el paciente «mediante la justificación de no haber empleado el médico la diligencia exigible en su actuar profesional»[24].

---

21 FJ 5 STS 698/2016, de 24 de noviembre, de la Sala de lo Civil (núm. rec. 455/2014 y [*Tol 5899910*]).

22 FJ 5 STS de 7 de febrero de 1990 de la Sala de lo Civil [*Tol 1730390*].

23 El plazo de prescripción del art. 1964.2 CC, antes de la Ley 41/2015, de 5 octubre, de reforma de la Ley 1/2000, de 7 de enero, de enjuiciamiento civil, era de 15 años.

24 FJ 5 STS de 7 de febrero de 1990, de la Sala de lo Civil [*Tol 1730390*].

D. Títulos de imputación de responsabilidad

En cualquier caso, en el ordenamiento jurídico español, la responsabilidad civil del médico se asienta en varios requisitos necesarios para que se de responsabilidad:

i. Acto médico: el Derecho civil requiere la existencia de una acción u omisión.

ii. Producción de un daño: este daño puede ser de cualquier tipo o especie, como la lesión de un derecho, la vida, la integridad física, la salud, etc.

iii. Relación de causalidad: ha de existir una relación entre el acto médico y el daño producido.

iv. Imputación del acto dañoso al médico supuestamente responsable.

El criterio de imputación puede ser la culpa o el riesgo.

a) Culpa

La responsabilidad extracontractual, entendida como aquella que se origina con total independencia de las posibles relaciones contractuales o de otro tipo existentes entre las partes, se ha caracterizado por ser una responsabilidad por culpa. Este hecho ha provocado la necesidad de resaltar que corresponde al perjudicado, es decir, el paciente, la prueba de la culpa del demandado, el médico. El criterio de la culpa rige en las reclamaciones de pacientes contra el médico o centro hospitalario.

b) Riesgo

Ahora bien, la responsabilidad del médico puede atribuirse a través de varios criterios. Como se ha dicho, entre ellos hemos destacado el de la culpa, si bien la evolución operada en España ha logrado poner en entredicho la teoría de la culpa. El fenómeno que ha cuestionado la responsabilidad por culpa se denomina «socialización del Derecho». Para ello se ha propugnado por un sector de la doctrina un tránsito de un sistema de responsabilidad médica por negligencia, hacia otro basado en la idea del riesgo y la existencia de una responsabilidad.

3) Contenido de las obligaciones del médico

Al analizar la responsabilidad de los facultativos y los centros hospitalarios, una segunda cuestión a considerar es si la obligación médica es una obligación de medios o de resultado.

A. Obligación de medios

«Conforme a la doctrina general de la Sala de lo Civil del Tribunal Supremo (TS), la prestación sanitaria es una obligación de medios y no de resultado»[25]. La prestación de servicios de la profesión médica, en general, debe encuadrarse como una obligación de medios. Ello implica, que esta consiste en suministrar todos los cuidados necesarios al paciente, sin que la curación se encuentre dentro del ámbito de la responsabilidad del médico. Así lo ha entendido una consolidada doctrina del TS que rechaza la obligación médica sea de resultado.

Según dijera la STS de 26 de mayo de 1986 «la naturaleza jurídica de la obligación del médico (...) no es la de obtener en todo caso la recuperación de la salud del enfermo (obligación de resultado), sino una "obligación de medios", es decir [el médico] se obliga no a curar al enfermo, sino a suministrarle los cuidados que requiera según el estado actual de la ciencia médica»[26].

Años después, la STS de 25 de abril de 1994, de la Sala de lo civil, añadió que la obligación de medios se descomponía «en los siguientes deberes:

A. Utilizar cuantos medios conozca la ciencia médica y estén a su disposición en el lugar en que se produce el tratamiento (...).

B. Informar al paciente y, en su caso, a los familiares (...) del diagnóstico de la enfermedad o lesión, del pronóstico que de su tratamiento pueda esperarse, de los riesgos que del mismo pueden derivarse y (...), en el caso de que los medios de que se disponga (...) puedan resultar insuficientes (...) hacerse constar tal circunstancia, de manera que, si resultase posible, opte (...) por el tratamiento del mismo en otro centro médico más adecuado.

---

25 LÓPEZ MENUDO, Francisco, GUICHOT REINNA, Emilio y CARRILLO DONAIRE, Juan Antonio (2005): *La responsabilidad patrimonial de los poderes públicos, op. cit.* pág. 136.

26 FJ 3 STS de 26 de mayo de 1986, de la Sala de lo Civil [*Tol 1740330*].

C. Continuar el tratamiento del enfermo hasta que pueda ser dado de alta, advirtiendo (…) de los riesgos que su abandono le puedan comportar.

D. En los supuestos (…) de enfermedades (…) crónicas o evolutivas, informar al paciente de los análisis y cuidados necesarios para la prevención del agravamiento (…) de la dolencia»[27].

YZQUIERDO ha criticado la distinción, en la responsabilidad sanitaria, entre obligaciones de medios y resultado. Para él «es casi un lugar común que las sentencias sobre responsabilidad médica repitan una y otra vez eso de que los médicos, por regla general, se comprometen una actividad diligente (…), pero no un éxito, no la curación ni la consecución de un resultado. Ninguna sentencia hace la previa advertencia: de antemano no podemos distinguir ante qué tipo de obligación nos encontramos. Y es que para eso se litiga precisamente. Y por otra parte, suele ser habitual mezclar, como si de una misma cosa se tratara, el lenguaje de la responsabilidad por daños con el de la obligación y su correspectivo»[28].

En nuestra opinión, las consecuencias de la actuación del profesional ante una presunta negligencia serán muy distintas dependiendo del ámbito en que nos hallemos, en la obligación de medios o de resultado. Asimismo, se ha de tener presente esta distinción de cara a la información que se debe suministrar al paciente quien debe conocer, entre otras cosas, si el médico asumirá una obligación de medios o, por el contrario, la obligación de conseguir un resultado concreto[29].

Por lo tanto, lo determinante es saber que «la norma general es la de considerar la cirugía estética [y en general, la medicina satisfactiva,] como una variante más de la Medicina (…), de lo que parece poder deducirse que es una obligación de medios, con algunas especialidades que le son propias (información, etc.)»[30].

---

[27] FJ 3 STS 349/1994, de 25 de abril, de la Sala de lo Civil (núm. rec. 1876/1991 y [*Tol 1656892*]).

[28] YZQUIERDO TOLSADA, Mariano (2001): «La responsabilidad civil médico-sanitaria al comienzo de un nuevo siglo. Los dogmas creíbles y los increíbles de la Jurisprudencia» *Derecho y Salud, op. cit.* pág. 38.

[29] LÓPEZ y GARCÍA DE LA SERRANA, Javier (2022): *El Consentimiento informado en el ámbito sanitario: la valoración y cuantificación del daño,* Atelier, Barcelona, pág. 28.

[30] VICANDI MARTÍNEZ, María Aránzazu (2016): *El error médico en la cirugía estética. La respuesta judicial del Derecho a la casuística en la Medicina voluntaria,* Dykinson, Madrid, pág. 30.

Como se verá, la diferencia tiene importancia «a efectos de determinar los criterios de imputación en la responsabilidad: Una actividad de medios dará lugar a la necesidad de existencia de algún grado de "culpa" por parte de su autor, pero en una actividad de resultado no va a ser necesario»[31].

B. Obligación de resultado

En determinadas ocasiones, la obligación médica puede ser de resultado. Así ha ocurrido hasta hace poco, cuando la labor del médico no consistía en curar sino en realizar una intervención satisfactiva para obtener un resultado específico. Como exponen MANENT y ALONSO en el cap. 18 (págs. 1207 a 1227), este es el caso de la asistencia médica dirigida a mejorar el aspecto físico o estético (cirugía estética), los tratamientos dentales con fines de embellecimiento (odontología estética), o las intervenciones para controlar la natalidad (esterilizaciones).

Las SSTS de 11 de febrero y 22 de abril de 1997 se encuentran entre los primeros pronunciamientos en los que el TS admitió que, en la medicina satisfactiva, las obligaciones del facultativo eran de resultado[32]. Previamente, la STS de 25 de abril de 1994 ya había postulado que la medicina voluntaria era una medicina de medios, pero con una «exigencia de una mayor

---

[31] PINO ANDRADE, Cristóbal (2009): «La responsabilidad civil médico sanitaria derivada de las técnicas de reproducción asistida», *Revista de Derecho Patrimonial*, núm. 23, pág. 132.

[32] La STS 83/1997, de 11 de febrero, de la Sala de lo Civil (núm. rec. 627/1993 y [*Tol 5114368*]) identificó la cirugía satisfactiva con la *locatio operis* y la STS 334/1997, de 22 de abril, de la Sala de lo Civil (núm. rec. 1524/1993 y [*Tol 5119381*]) sostuvo que, en la medicina satisfactiva, se exigía al facultativo una obligación de resultado. Según la primera sentencia, la jurisprudencia había «distinguido jurídicamente dentro del campo de la cirugía entre una "cirugía asistencial" que identificaría la prestación del profesional con la "locatio operarum" y una "cirugía satisfactiva" (operaciones de cirugía estética u operaciones de vasectomía (...) que identifican aquella con la "locatio operis", esto es, con el plus de responsabilidad que, en último caso, comporta la obtención del buen resultado o, dicho con otras palabras, el cumplimiento exacto del contrato en vez del cumplimiento defectuoso» (FJ 5). La STS de 22 de abril de 1997 defendió que en «la responsabilidad del médico (...), *era* preciso partir de la naturaleza de su obligación (...) [la cual] si *procedía* de contrato (...), en principio, *era* de prestación de servicios, (...) [y que] sólo excepcionalmente *era* de obra, como *podía* ser en cirugía estética, odontología o vasectomía» y demás intervenciones o mecanismos para la esterilización de personas» (FJ 1).

garantía en la obtención del resultado»[33]. Sobre esta particular cuestión, no obstante, ha habido una evolución en la doctrina jurisprudencial.

Esta división es esencial, y así lo pone de manifiesto la jurisprudencia, en aspectos tan importantes como el incumplimiento, la responsabilidad y la carga de la prueba.

a) Teoría precedente

La doctrina jurisprudencial volcada en las SSTS de 11 de febrero y de 22 de abril de 1997, llevó a considerar que, en las operaciones de cirugía estética, en particular, y la medicina voluntaria, en general, las obligaciones del facultativo eran las propias de un contrato de obra[34], así como que el paciente debería ser tratado como un cliente o usuario[35].

---

33 FJ 3 STS 349/1994, de 25 de abril, de la Sala de lo Civil (núm. rec. 1876/1991 y [*Tol 1656892*]). Según esta sentencia, en la medicina voluntaria o satisfactiva, «el interesado acude al médico, no para la curación de una dolencia patológica, sino para el mejoramiento de un aspecto físico o estético o (...), para la transformación de una actividad biológica —la actividad sexual— (...) [En estos casos, el contrato, sin perder su carácter de arrendamiento de servicios, que impone al médico una obligación de medios, se aproxima ya de manera notoria al de arrendamiento de obra, que propicia la exigencia de una mayor garantía en la obtención del resultado que se persigue, ya que, si así no sucediera, es obvio que el interesado no acudiría al facultativo para la obtención de la finalidad buscada» (FJ 3).

34 A la asistencia médica como obligación de medios o de resultado hace referencia, entre otras, la STS 587/1999, de 26 de mayo, de la Sala de lo Civil (núm. rec. 3617/1994 y [*Tol 2728468*]). De acuerdo con este fallo, «si bien es cierto que la relación contractual entre médico y paciente deriva normalmente de contrato de prestación de servicios y el médico tiene la obligación de actividad (o de medios) de prestar sus servicios profesionales en orden a la salud del paciente, sin obligarse al resultado de curación que no siempre está dentro de sus posibilidades, hay casos en que se trata de obligación de resultado en que el médico se obliga a producir un resultado: son los casos, entre otros, de cirugía estética, vasectomía y odontología; este último supuesto lo recoge la sentencia de 7 de febrero de 1990, que, tras referirse al contrato habitual de prestación de servicios, añade: "...salvo en el caso de que la relación jurídica concertada sea reveladora de un contrato de ejecución de obra como sucede en el caso, entre otros, de prótesis dentarias...". (...). En relación con lo anterior, la obligación del médico (...) derivada de contrato de obra, *es* obtener el resultado de sanear (...) la boca del paciente» (FFJJ 1 y 2).

35 Se ha afirmado que, en la medicina llamada voluntaria, la relación contractual médico-paciente deriva de contrato de obra, por el que una parte —el paciente—

Participan de esta postura las SSTS de 25 de abril de 1994, de 31 de enero de 1996 (vasectomía), de 11 de febrero de 1997 (vasectomía), de 28 de junio de 1999 (tratamiento mental), de 11 de diciembre de 2001 (protrusión del maxilar superior) y de 22 de julio de 2003 (mejora del aspecto físico y estético de los senos). Todas ellas se refieren a una doble obligación del médico, de medios y de resultados, ya apuntada en la STS de 26 de mayo de 1986[36].

En estos casos, la responsabilidad por incumplimiento o cumplimiento defectuoso se produciría en la obligación de resultado en el momento en que no se ha producido este o el mismo ha sido defectuoso.

b) Teoría actual

«Hasta mediados de la década de los 2000 mayoritariamente se afirmaba que la medicina curativa o asistencial constituía una obligación de medios, mientras que la medicina voluntaria o satisfactiva no podía sino encuadrarse entre las obligaciones de resultado»[37]. Sin embargo, «a finales de 2005 el Tribunal Supremo experimenta un cambio de criterio entendiendo que la obligación asumida por el médico debe entenderse como de medios acentuada por su propia naturaleza del acto médico»[38].

---

se obliga a pagar unos honorarios a la otra —médico— por la realización de una obra. Como consecuencia de este planteamiento, en ocasiones, a quien recibe el servicio se le ha llamado paciente, mientras que al que reclama una obra, adquiere la condición de cliente ya que lo hace de forma voluntaria y no necesaria.

36 Entre otros pronunciamientos, han calificado la medicina satisfactiva como un contrato de obra y calificado al paciente como cliente las SSTS de la Sala de lo Civil FJ 3 STS 349/1994, de 25 de abril, de la Sala de lo Civil (núm. rec. 1876/1991 y [*Tol 1656892*]), de 31 de enero de 1996 [*Tol 1669252*], 83/1997, de 11 de febrero (núm. rec. 627/1993 y [*Tol 5114368*]), 587/1999, de 28 de junio (núm. rec. 3617/1994 y [*Tol 2728468*]), 1193/2001, de 11 de diciembre (núm. rec. 2017/1996 y [*Tol 4924464*]) 783/2003, de 22 de julio (núm. rec. 3871/1997 y [*Tol 305409*]), y de 26 de mayo de 1986 [*Tol 1740330*].

37 *Ibidem* págs. 16 y 17.

38 MANJÓN RODRÍGUEZ, Jimena Beatriz (2013): «Configuración jurídica y evolución jurisprudencial en la prestación de servicios de cirugía estética; información, responsabilidad y publicidad», *Derecho y* Salud, vol. 23 extraordinario, pág. 227. En el mismo sentido se pronunció BOTANA. BOTANA GARCÍA, Gemma (2006): «Infracción del deber de información médica en una operación de cirugía estética», *Práctica de Derecho de Daños*, núm. 35, pág. 2.

El primer pronunciamiento que, cambiando de criterio, excluyó la calificación de la medicina satisfactiva como obligación de resultado fue la STS de 21 de octubre de 2005. En ella se rechazó que la medicina voluntaria se prestase mediante contratos de obra al entender que en la «medicina voluntaria o satisfactiva (...) hay una aproximación al régimen jurídico del arrendamiento de obra o que se trata de una figura intermedia entre éste y el arrendamiento de servicios»[39].

Sin embargo, con el paso de los años, ese titubeo inicial sobre el carácter de las obligaciones del facultativo en la medicina voluntaria ha cedido a favor de una posición más clara. La reciente STS de 30 de noviembre de 2021 es el mejor exponente de esta evolución. Según se afirma en la misma, el TS «se ha cansado de repetir que la distinción entre obligación de medios y resultados no es posible mantenerla en el ejercicio de la actividad médica, salvo que el resultado se pacte o se garantice»[40]. Esta sentencia también considera que la medicina satisfactiva, aunque es una obligación de medios, conlleva mayores exigencias porque es «obligación de medios cualificada», en palabras de MARTÍN y SOLÉ. En estos casos se estaría reclamando al médico «la diligencia que el derecho sajón califica como propia de las obligaciones del mayor esfuerzo»[41].

En efecto, la distinción entre obligación de medios y de resultados no es posible en el ejercicio de la actividad médica, ni siquiera en los supuestos más próximos a lo que se denomina medicina voluntaria, salvo en aquellos casos en que el resultado se garantice. Este concepto, además, hoy en día, asumido el derecho a la salud de un modo amplio que incluye aspectos psíquicos y sociales tampoco se separa claramente de la medicina «asistencial». En cualquier caso, es posible diferenciar una regla general y otra especial.

Regla general

«La responsabilidad del profesional médico es, por tanto, de medios y como tal no puede garantizar un resultado concreto. Obligación suya es poner a disposición del paciente los medios adecuados comprometiéndose

---

39 FJ 3 STS 758/2005, de 21 de octubre, de la Sala de lo Civil (núm. rec. 1039/1999 y [*Tol 731285*]).

40 FJ 3.2 STS 828/2021, de 30 de noviembre, de la Sala de lo Civil (núm. rec. 5955/2018 y [*Tol 8674791*]).

41 FJ 3.1 STS 394/1994, de 25 de abril, de la Sala de lo Civil (núm. rec. 1876/1991 y [*Tol 1656892*]).

no solo a cumplimentar las técnicas previstas para la patología en cuestión, con arreglo a la ciencia médica adecuada a una buena praxis, sino a aplicar estas técnicas con el cuidado y precisión exigible de acuerdo con las circunstancias y los riesgos inherentes a cada intervención, y, en particular, a proporcionar al paciente la información necesaria que le permita consentir o rechazar una determinada intervención»[42].

Por ello, toda actuación médica se produce en relación con una persona «con o sin alteraciones de la salud, y la intervención médica está sujeta, como todas, al componente aleatorio propio de la misma, por lo que los riesgos o complicaciones que se pueden derivar de las distintas técnicas de cirugía utilizadas son similares en todos los casos y el fracaso de la intervención puede no estar tanto en una mala praxis cuanto en las simples alteraciones biológicas»[43]. Es lo que se conoce como «factor reaccional».

«Lo contrario supondría prescindir de la idea subjetiva de culpa, propia de nuestro sistema, para poner a su cargo una responsabilidad de naturaleza objetiva derivada del simple resultado alcanzado en la realización del acto médico, al margen de cualquier otra valoración sobre culpabilidad y relación de causalidad y de la prueba de una actuación médica ajustada a la *lex artis*, cuando está reconocido científicamente que la seguridad de un resultado no es posible pues no todos los individuos reaccionan de igual manera ante los tratamientos de que dispone la medicina actual»[44].

Pacto de resultado

La jurisprudencia considera que esta distinción entre medicina curativa y satisfactiva y entre obligación de medios o de resultado no se puede resolver con carácter general, sino que habrá de estarse a las «circunstancias concurrentes» del caso[45].

Las singularidades y particularidades, por tanto, de cada supuesto, influyen de manera decisiva en la determinación de la regla aplicable al caso y de la responsabilidad consiguiente. En este sentido, la STS de 22 de no-

---

42 FJ 2 STS 778/2009, de 20 de noviembre, de la Sala de lo Civil (núm. rec. 1945/2005 y [*Tol 1748410*]).

43 FJ 2 STS 218/2008, de 12 de marzo, de Sala de lo Civil (núm. rec. 180/2001 y [*Tol 1351235*]).

44 *Idem.*

45 FJ 4 STS 943/2008, de 23 de octubre, de la Sala de lo Civil (núm. rec. 870/2003 y [*Tol 1389660*]).

viembre de 2007, analizando un supuesto de medicina voluntaria o satisfactiva, declaró que las obligaciones del facultativo «no comportan por sí la garantía del resultado perseguido, por lo que sólo se tomará en consideración la existencia de un aseguramiento del resultado por el médico a la paciente cuando resulte de la narración fáctica de la resolución recurrida»[46].

Por lo tanto, salvo los supuestos que hemos mencionado, en los que se ha pactado un resultado, la no obtención del resultado supone un daño reclamable sin necesidad de demostrar culpa. Ello es así, a pesar de que la tendencia de la doctrina y de la jurisprudencia del TS en materia de responsabilidad civil extracontractual ha sido la objetivación, porque en el ámbito de la responsabilidad médica, aún estamos en un ámbito de responsabilidad por culpa o subjetiva.

4) Responsabilidad de otros profesionales distintos al médico

No solo la actuación de los médicos, sino también la de los centros hospitalarios, puede dar lugar a responsabilidad —contractual o extracontractual según el daño haya tenido su origen en el incumplimiento de lo pactado— por acciones u omisiones del personal del centro o por el funcionamiento inadecuado del mismo.

A. Deficiencias asistenciales

Cuando se trata de actuaciones u omisiones del personal dependiente del centro hospitalario, tenemos que acudir al concepto de trabajo en equipo, al que ya nos referimos en el primer apartado de este epígrafe. Junto al médico, en un centro hospitalario intervendrán un amplio número de profesionales sanitarios en la asistencia que se le ofrezca al paciente. Su actuación, como la del facultativo, puede dar lugar a una responsabilidad civil.

De hecho, los centros hospitalarios responderán tanto por hecho propio como por hecho de sus dependientes. Cuando es imposible determinar cuál de estos sujetos es el responsable del acto que ha causado el daño acudiremos a la culpa anónima y a las «deficiencias asistenciales». En estas «deficiencias asistenciales no es necesaria la individualización concreta del

---

[46] FJ 3 A) STS 1194/2007, de 22 de noviembre de 2007, de la Sala de lo Civil (núm. rec. 4358 y 870/2008 y [*Tol 1213897*]).

facultativo o facultativos causantes del daño para declarar la responsabilidad del ente sanitario, público o privado, prestador de la atención médica inadecuada»[47].

La STS de 16 de diciembre de 1987 es la primera en la que nuestro Alto Tribunal acude al «conjunto de posibles deficiencias asistenciales»[48]. Este término ha sido una constante en la jurisprudencia con el efecto de eximir al paciente de la prueba del momento en que, dentro de la atención médica recibida, se ha producido la anomalía. De no ser así, la prueba que sería prácticamente imposible para el paciente. Así es empleado en las SSTS de 12 de julio de 1988, de 15 de noviembre de 1993, de 17 de mayo de 2002, de 18 de febrero de 2004, de 20 de mayo de 2004 y 14 de mayo de 2008[49].

B. Funcionamiento inadecuado del centro hospitalario

Los centros hospitalarios también responden por la falta de seguridad de la que pueda derivarse riesgos para el paciente. Es un caso en el que la responsabilidad corresponde al centro y a su titular, no al personal concreto.

Ejemplos habituales son los daños causados por puertas giratorias, ascensores o suelos mojados. A ellos se refiere NAVALPOTRO en el cap. 24 (págs. 1585 a 1588), al que nos remitimos.

También aquí se encuadra (págs. 1820 a 1829) —y en consecuencia es abordado por NAVALPOTRO— la vigilancia de enfermos mentales en la que la jurisprudencia no es constante: pues unas veces exime al centro médico de los daños sufridos por concurrir caso fortuito[50]; y en otros lo

---

47 SILLERO CROVETTO, Blanca (2013): «La responsabilidad civil médico-sanitaria», *op. cit.* pág. 184.

48 FJ 5 STS de 16 de diciembre de 1987, de la Sala de lo Civil [*Tol 1738374*].

49 El término «conjunto de posibles deficiencias asistenciales ha sido empleado, entre otras SSTS de la Sala de lo Civil, por la de 12 de julio de 1988 [*Tol 1736019*], 1064/1993, de 15 de noviembre (núm. rec. 837/1991 y [*Tol 1663504*]), 495/2002, de 17 de mayo (núm. rec. 3475/1996 y [*Tol 4975615*]), 96/2004, de 18 de febrero (núm. rec. 1036/1998 y [*Tol 347003*]), 409/2004, de 20 de mayo (núm. rec. 1078/1998) y 431/2008, de 14 de mayo (621/2002 y [*Tol 1320888*]).

50 En la STS 436/1996, de 1 de junio, de la Sala de lo Civil (núm. rec. 2975/1992 y [*Tol 1659533*]), se declaró no haber lugar al recurso de casación porque no se consideró culposa la conducta del Servicio Vasco de Salud en un caso de suicidio de un paciente en «descomposición psicótica» que saltó al vacío tras abrir una ventana. En palabras de la Sala, «habida cuenta su estado psiquiátrico (…) y de

condena por considerar que concurre culpa o negligencia en la omisión de la diligencia exigible, cuyo empleo podría haber evitado el resultado dañoso[51].

Un último supuesto de responsabilidad de los centros hospitalarios lo constituye la falta de medios de diagnóstico o terapéuticos, o la falta de personal cualificado durante los fines de semana. Un ejemplo lo encontramos en la STS de 7 de mayo de 1997, en la que se reprochó «dejar la vigilancia a cargo de enfermeras [por] carecer de atenciones sanitarias facilitadas por titulados en medicina desde el sábado (...) hasta el lunes siguiente (...) [y condenó al INSALUD por] transgresión del derecho a la protección de la salud»[52].

III. ETAPAS DE LA RESPONSABILIDAD CIVIL

La responsabilidad civil de los médicos y centros hospitalarios no es ajena a la transformación que ha experimentado la responsabilidad civil. De hecho, desde mediados del siglo pasado, se han sucedido dos etapas: la primera de ellas favorable al demandante; y la segunda beneficiosa para el demandado, cada una de las cuales ha influido en la jurisprudencia relativa a la responsabilidad de médicos y centros hospitalarios.

---

las circunstancias (...) respecto al tratamiento, vigilancia o atenciones y medidas adecuadas de control dispensadas al interesado (...), de forma indubitada se declara no existe nexo causal entre la conducta de vigilancia y atención del Centro Sanitario y sus profesionales» (FJ 2).

[51] STS 5266/2015, de 18 de noviembre, de la Sala de lo Penal (núm. Rec. 10445/2015) desestima los recursos del Servicio Andaluz de Salud y de la entidad aseguradora Zurich Insurance PLC, confirmando la sentencia condenatoria de 27 de febrero de 2015 dictada por la Audiencia Provincial de Málaga, sección novena, en un supuesto en el que un enfermo mental no fue correctamente contenido y ocasionó lesiones graves al paciente con quien compartía habitación: «se ha constatado que la sentencia de instancia sí acogió como probada la existencia de una omisión de diligencia por parte del personal del centro subsumible en el perímetro definitorio de la responsabilidad civil, ya sea por la falta de aportación de medios por el Servicio Andaluz de Salud o por la forma negligente de utilizarlos por los profesionales del centro aunque no se pudiera acabar individualizando el trabajador o trabajadores que omitieron la cumplimentación de las reglas correspondientes al cuidado debido en el caso concreto» (FJ 3).

[52] FJ 2 STS de 7 de mayo de 1997, de la Sala de lo Civil [*Tol 215012*].

1) Primera etapa: pro damnato

«Durante muchos años la responsabilidad derivada de la actividad sanitaria fue inexistente [porque] la actividad médica se desarrollaba en un ámbito estrictamente privado y en el marco de unas relaciones médico-paciente dominadas por el principio de confianza entre las partes (...). En este contexto las reclamaciones fueron muy escasas, y las pocas que llegaron a producirse fueron contempladas desde la perspectiva del Derecho civil, y por lo tanto, desde las exigencias de responsabilidad subjetiva, fundada en el principio culpabilístico»[53].

Con estos antecedentes, la STS de 10 de julio de 1943 supuso un importante punto de inflexión en materia de responsabilidad civil extracontractual[54]. «Hasta entonces, se imponía al perjudicado la carga de la prueba de la culpa del agente de forma tan severa que las más de las veces el perjudicado tropezaba con dificultades prácticamente insalvables para lograr tales pruebas»[55]. Para salvar este obstáculo, novedosamente, la STS de 10 de julio de 1943, recaída en un caso de responsabilidad extracontractual por accidente de circulación, invirtió la carga de la prueba porque «*resultaba* evidente un hecho que por sí solo *determinaba* la probabilidad de culpa»[56]. Ahora bien, la sentencia, como bien señala CAVANILLAS, «sólo *aplicó*, con absoluta neutralidad en cuanto al tema jurídico de fondo, una presunción judicial»[57].

---

53 CUETO PÉREZ, Miriam (1997): *Responsabilidad de la Administración en la asistencia sanitaria, op. cit.* pág. 25.

54 La STS de 10 de julio de 1943, de la Sala de lo Civil [*Tol 4458872*], resolvió una reclamación por atropello de un ciclista en un cruce de calles por considerar que era un suceso de «desgraciado e inevitable». El TS casó la sentencia y corrigió a la Audiencia que había absuelto al conductor de automóvil porque —con independencia de que había infringido el código de circulación por no ceder el pasó al ciclista que circulaba por la derecha— había utilizado señales acústicas para advertir de su presencia y tenía su visibilidad disminuida por una curva y una pendiente de la carretera. Según concluyó el TS, era fácil «deducir la responsabilidad del conductor» (considerando 2).

55 REGLERO CAMPOS Luis Fernando (2014): «Los sistemas de responsabilidad», en BUSTO LAGO, José Manuel y REGLERO CAMPOS Luis Fernando (coords.), *Lecciones de responsabilidad civil,* vol. I, Aranzadi, Cizur Menor (Navarra), pág. 70.

56 FJ 2 STS de 10 de julio de 1943, de la Sala de lo Civil [*Tol 4458872*].

57 CAVANILLAS MÚGICA, Santiago (1987): *La transformación de la responsabilidad civil en la jurisprudencia,* Aranzadi, Cizur Menor (Navarra), pág. 11.

Hubo que esperar hasta la STS de 24 de marzo de 1953 para que el TS utilizase como *ratio decidendi* la evolución objetivista de la responsabilidad civil para estimar una reclamación. En esta ocasión, la Sala de lo Civil hizo una aplicación del principio *pro damnato* —por razones de «convivencia social»— con el fin proteger a la víctima —pasajero de un autobús de línea— frente al conductor de este, causante del daño, y el empresario, responsable de la causación del daño. Según dijera el TS, «la jurisprudencia viene imponiendo a la referida responsabilidad civil cierto matiz objetivista en el sentido de exigir una vigorosa prueba de la diligencia desplegada por el empresario en cada caso concreto para desvirtuar la presunción de culpabilidad»[58].

Unos años después, la STS de 14 de octubre de 1961, continuando la senda de la STS de 24 de marzo de 1953, estimó la reclamación ante la «indefensión general de la víctima» en que se encontraba. Para ello, en un supuesto de fallecimiento de un menor por electrocución al tomar contacto con un cable de alta tensión, suavizó la rigurosa exigencia de la prueba de los hechos. Lo hizo porque «la dificultad de la prueba (…) *colocaba* en situación de inferioridad al demandante (…) [lo cual contradecía] los principios de equidad que *debían* presidir la realización de la justicia (…) [. Por ello, dio] cabida al principio de expansión a la apreciación de la prueba en beneficio del más débil, cuando *podía* deducirse que no se hubiera causado el daño si el demandado hubiera adoptado las precauciones debidas»[59].

Sin embargo, no fue hasta la STS de 22 de abril de 1980 cuando se generalizó el principio *pro damnato* como auténtico principio general del derecho de daños. A juicio de la Sala de lo Civil, en materia de responsabilidad civil, bajo ciertas condiciones, procedía invertir la carga de la prueba «en aras de un principio de humana solidaridad que tiende a evitar tanto la situación de desamparo de los perjudicados, como a cumplir el imperativo ético de no dejar sin reparación efectiva el daño causado más o menos culpablemente»[60].

Un paso más lo dio la STS de 27 de mayo de 1982. En ella, mediante un *obiter dictum*, la Sala de lo Civil admitió que el principio *pro damnato* no solo

---

58 Considerando 3 STS de 24 de marzo de 1953, de la Sala de lo Civil [*Tol 4446594*].

59 Considerando 2 STS de 5 de abril de 1963, de la Sala de lo Civil [*Tol 4329344*].

60 Considerando 3 STS de 22 de abril de 1980, de la Sala de lo Civil [*Tol 1740696*]. En esta ocasión la Sala se pronunció sobre una reclamación por fallecimiento de una persona, que estaba bajo los efectos del alcohol, por una caída en un foso —que iba a ser destinado a depósito de gas— de un edificio en construcción.

operaba en el campo probatorio (apreciación de la prueba en beneficio del más débil), sino que también afectaba a la misma cuestión de fondo.

En cualquier caso, en el ámbito de la responsabilidad civil médico-sanitaria, también se observa esta tendencia en favor del perjudicado. Así, la STS de 12 de diciembre de 1998, en un caso de tetraplejía causada por la sedación previa a la intervención quirúrgica, puso de manifiesto «lo difícil que *era* (...) para los litigantes el precisar las actuaciones médicas y las sanitarias que, por negligentes o defectuosas, *atentaban* y *dañaban* la salud de las personas, así como aportar las pruebas corroboradoras necesarias»[61].

Llegados a este punto se impone concluir que el principio *pro damnato* normalmente opera como *ratio* de presunción de la culpa. Prueba de este *favor victimae* son las construcciones doctrinales del «agotamiento de la diligencia» y el principio *res ipsa loquitur*, a las que nos referimos a continuación. Tanto en una como en otra, empezaremos con una explicación de su concepto y características, y en segundo lugar haremos una aplicación de estas a la responsabilidad civil, en general, y a la responsabilidad médico-sanitaria, en particular.

A. Agotamiento de la diligencia

El criterio del agotamiento de la diligencia, así bautizado por la doctrina y jurisprudencia, consiste en una presunción de culpa que no puede ser desvirtuada por la demostración de la observancia de una conducta diligente[62]. Por aplicación de esta regla, el causante del daño no podría exonerarse de responsabilidad probando su diligencia porque el daño mismo demostraría que esta no se agotó. Únicamente sería admisible, a modo de contraprueba, la existencia de caso fortuito o de culpa exclusiva de la víctima.

Por lo tanto, por agotamiento de la diligencia hay que entender aquella regla que impide que la conducta del causante del daño sea suficiente, a efectos de liberarle de responsabilidad civil, si la realidad fáctica evidencia que las garantías adoptadas para evitar los daños previsibles han resultado ineficaces. En su virtud, se considera que la presencia del daño demues-

---

[61] FJ 2 STS 1168/1998, de 12 de diciembre, de la Sala de lo Civil [*Tol 5119629*].

[62] *Cfr.* Considerando 3 de la STS de 27 de mayo de 1982, de la Sala de lo Civil, extractada en la nota a pie de pág. 58 del DÍEZ-PICAZO relativo al estudio de la jurisprudencia civil. DÍEZ-PICAZO y PONCE DE LEÓN, Luis (1979): *Estudios sobre la jurisprudencia civil*, Tecnos, Madrid, pág. 272.

tra un comportamiento culposo porque su acaecimiento proclama, por su misma existencia y circunstancias, que las cautelas adoptadas no fueron suficientes para prevenirlo, que faltaba algo por cumplir, y, por tanto, que la diligencia observada fue incompleta. No existe exoneración de la responsabilidad cuando las garantías para prever y evitar los daños previsibles y evitables no han ofrecido resultado positivo, revelando la eficacia del fin perseguido y la insuficiencia del cuidado prestado.

a) Responsabilidad civil

Como ha puesto de manifiesto CAVANILLAS, la primera sentencia que se refirió a esta regla fue STS de 29 de junio de 1932[63]. Lo hizo al vincular los daños causados con la presunción de culpa, a pesar de haberse observado la oportuna diligencia reglamentaria[64]. Como dijera años después la STS de 20 de junio de 1979, relativa a una reclamación por atropello de una persona por un tractor, «si las garantías adoptadas para prever y evitar los daños previsibles y evitables no *habían* ofrecido resultado positivo [ello] *revelaba* que algo faltaba en ellos para prevenir y que no se hallaba completa la diligencia»[65].

En esta línea la STS de 22 de abril de 1987, declaró que «si bien el artículo 1902 [CC] descansa en un principio básico culpabilista, no es permitido desconocer que la diligencia requerida comprende no sólo las prevenciones y cuidados reglamentarios, sino además todos los que la pru-

---

[63] CAVANILLAS MÚGICA, Santiago (1987): *La transformación de la responsabilidad civil en la jurisprudencia, op. cit.* pág. 83.

[64] Considerando primero de la STS de 29 de junio de 1932, de la Sala de lo Civil [*Tol 5028233*]. Esta sentencia resolvió una reclamación de responsabilidad extracontractual contra la Compañía de Caminos de Hierro del Norte de España por daños causados —por incendio de maleza inmediata a la vía del tren— en la propiedad privada. Según señalase la Sala, las certificaciones de la inspección ferroviaria, al no ser documentos auténticos, no ofrecían una presunción *iuris tantum* en las reclamaciones de responsabilidad civil. A ello añadió, que estas compañías «no podían excusar su responsabilidad con el hecho de haber cumplido formulariamente todos los requisitos reglamentarios a que *venían* obligados (...) cuando la realidad se *imponía*, demostrando que las medidas tomadas para precaver y evitar los daños previsibles y evitables no *habían* ofrecido resultado positivo (...) [Así, a partir de esta afirmación, consideró] claramente *acreditada* la imperfección y negligencia» de las medidas adoptadas por la compañía de trenes. *Idem.*

[65] Considerando primero de la STS de 20 de junio de 1979, de la Sala de lo Civil [*Tol 174086*].

dencia imponga para evitar el evento dañoso, con inversión de la carga de la prueba y presunción de conducta culposa (...) así como la aplicación (...) de la responsabilidad basada en el riesgo [Por ello, no puede reputarse] suficiente para la inexistencia de culpa acreditar que se procedió con sujeción a las disposiciones legales que, al no haber ofrecido resultado positivo, revelan su insuficiencia y la falta de algo por prevenir, estando por tanto incompleta la diligencia»[66].

En definitiva, la regla del agotamiento de la diligencia es uno de los criterios más radicales en la tendencia objetivadora de la responsabilidad civil, ya que, sin reconocerlo abiertamente, prescinde del análisis del cumplimiento de la diligencia exigible.

b) Responsabilidad médico-sanitaria

En el ámbito sanitario la tendencia objetivadora tiene un encaje más complejo. A pesar de ello, en las SSTS de 22 de mayo de 1998 y 30 de diciembre de 1999, puede reconocerse la huella del agotamiento de la diligencia. En la primera de ellas se exigió el «empleo de toda la diligencia exigible en un caso» de flemón, causado durante un empaste de muela, cuya realidad subyacente exigía una rapidísima intervención[67]. En la segunda se aludió al hecho de no «agotar los medios exploratorios realización de placas y exploración por cirujanos» para descartar la apendicitis que provocó la muerte al paciente[68].

De un modo más claro, la STS de 20 de julio de 2000, afirmó que, en el supuesto enjuiciado, la actividad probatoria era «base suficiente para

---

[66] FJ 3 STS 252/1987, de 22 de abril, de la Sala de lo Civil [*Tol 1739179*]. La STS de 22 de abril de 1987 declaró no haber lugar el recurso de casación interpuesto por la compañía de seguros en un caso de accidente de tráfico en el que un vehículo colisionó frontalmente contra una motocicleta que pretendía tomar el camino existente a su izquierda. Para el TS, ni la visibilidad sensiblemente reducida por ser de noche, ni la existencia de una densa niebla, ni el estado húmedo de la calzada, provocado por la niebla, fueron suficientes «para [probar] la inexistencia de culpa [y] acreditar que se procedió con sujeción a las disposiciones legales (...) [Más bien al contrario, revelaron la] insuficiencia y la falta de algo por prevenir». *Idem.*

[67] FJ 8 STS 462/1998, de 22 de mayo, de la Sala de lo Civil (núm. rec. 971/1994 y [*Tol 5119944*]).

[68] FJ 4 STS 1136/1999, de 30 de diciembre de la Sala de lo Civil (núm. rec. 1222/1995 y [*Tol 157457*]).

decretar negligencia en el funcionamiento de los servicios médicos del Insalud (...) por darse evidente falta de diligencia intensa y, a su vez, ausencia de agotamiento de medios, que *debían* actuar ante circunstancias evidentes plenas». A partir de aquí, justificó «la responsabilidad (...) ya que, de haber observado una actuación médica normal [al aplicar la anestesia epidural], el resultado de salud negativo no se *presentaría* lógicamente compatible» con la compresión medular[69].

B. Res ipsa loquitur

La teoría *res ipsa loquitur,* también conocida como doctrina de la evidencia palmaria o de la notoriedad, postula que no es preciso probar la desmesura del daño cuando este es tan claro y evidente que se proclama por sí mismo[70]. Por ello, el TS suele identificarla con la doctrina del daño desproporcionado. En su opinión la «desproporción» del daño hace que este hable por sí mismo[71]. Por eso sostiene que «la doctrina jurispruden-

---

69 FJ B 2 STS 767/2000, de 20 de julio, de la Sala de lo Civil (núm. rec. 2479 y [*Tol 4973956*]).

70 Como sostiene GRANADO en el cap. 17 de esta obra (pág. 1152), la expresión latina *res ipsa alloquitur* procede del verbo *alloquor,* que significa dirigir una alocución a alguien o ser muy expresivo para los demás. Por ello, este autor considera que es más acertado referirse a la doctrina de la evidencia palmaria como *res ipsa alloquitur,* en vez de *res ipsa loquitur,* porque el verbo *loquor* remite a hablar o manifestar algo sin especial énfasis o contundencia.

71 La STS de 21 de mayo de 2018, constituye un ejemplo de la identificación del daño desproporcionado con la teoría *res ipsa loquitur* y otras doctrinas culpabilísticas (*v.gr. Anscheinsbeweis, faute virtuelle*). Según expresa la Sala de lo Civil, «las reglas generales sobre la carga de la prueba se excepcionan, recayendo sobre la parte demandada la carga de acreditar que la prestación sanitaria se ha acomodado a la "lex artis ad hoc" tan sólo en aquellos casos en que el daño del paciente es desproporcionado o clamoroso "ya que éste, por sí mismo, por sí sólo, denota un componente de culpabilidad, como corresponde a la regla "*res ipsa loquitur*" (la cosa habla por sí misma) de la doctrina anglosajona, a la regla "Anscheinsbeweis" (apariencia de la prueba) de la doctrina alemana y a la regla de la "faute virtuelle" (culpa virtual), que significa que si se produce un resultado dañoso que normalmente no se produce más que cuando media una conducta negligente, responde el que ha ejecutado ésta, a no ser que pruebe cumplidamente que la causa ha estado fuera de su esfera de acción"». FJ 2 807/2018, de 21 de mayo, de la Sala de lo Contencioso-Administrativo (núm. rec. 1976/2016 y [*Tol 6621508*]. GRANADO no comparte esta equiparación. Sobre este particular, puede consultarse el cap. 17 de esta obra (pág. 1128). Ciñéndonos aquí a las teorías del proporcionado y *res ipsa loquitur,* GALLARDO la individualiza esta última por consistir en una pre-

cial sobre el daño desproporcionado (...) se (...) corresponde a la regla res ipsa loquitur»[72].

En cambio, para GALLARDO, lo que individualiza la teoría *res ipsa alloquitur* es la «evidencia circunstancial que crea una deducción de negligencia. [Por ello, para esta autora, esta doctrina] se construye sobre un hecho tan evidente del que se infiere la culpa y se presupone la relación de causalidad»[73].

Por lo tanto, la regla *res ipsa loquitur* se caracteriza por activar una presunción *iuris tantum* de culpabilidad por la producción de un resultado derivado de una actuación culposa o negligente que puede ser desvirtuada mediante la explicación del origen del daño[74]. Así, se traslada al causante

---

sunción de culpa que opera desde el momento de la producción del daño. Por el contrario, en opinión de GRANADO, el daño desproporcionado no es un título de imputación culpabilístico, sino solo una «amabilización» de la carga de la prueba que puede ser desvirtuada por el causante del daño si da una justificación del origen del daño. En cambio, según expresa GALLARDO, la regla *res ipsa loquitur* «se construye sobre un hecho tan evidente del que se infiere la culpa y se presupone la relación de causalidad». En segundo lugar, la teoría *res ipsa loquitur* parte de una realidad procesal, cual es la desmesura del daño, que resulta probado por notoriedad, de suerte que el causante del daño ha de desvirtuar esa realidad preestablecida en autos y que le responsabiliza. Por el contrario, en la doctrina del daño desproporcionado no se apoya en ninguna realidad procesal que haya que destruir, sino que se limita a «amabilizar» la carga de la prueba, exigiendo al causante del daño que lo justifique sin hacer supuesto de la cuestión de su responsabilidad. En palabras de GALLARDO, «lo que sucede es que se invierten los momentos y efectos de la aportación u omisión de la explicación por el facultativo o de la prueba en contrario: en el caso *res ipsa loquitur*, la versión de los hechos y la prueba sobre ellos por parte del facultativo desvirtúa la conclusión ya formada, mientras que en el daño desproporcionado resulta determinante para conformarla, lo que hace posible una exoneración de responsabilidad de la que se parte *ab initio*». Sobre las presunciones de culpa también puede leerse lo escrito por MANENT y ALONSO en el cap. 18 del tratado (págs. 1165 a 1172). GALLARDO CASTILLO, María Jesús (2021): *Administración Sanitaria y Responsabilidad* Patrimonial, Colex, La Coruña, págs. 130 y 131.

72 FJ 2 STS 461/2003, de 8 de mayo, de la Sala de lo Civil (núm. rec. 2731/1997 y [*Tol 27446*]).

73 *Idem.*

74 Un ejemplo de la aplicación de la doctrina *res ipsa loquitur*, y en concreto, del descargo de la prueba del origen del daño en el facultativo lo encontramos en la STS 546/2007, de 23 de mayo, de la Sala de lo Civil (núm. rec. 1940/2000 y [*Tol 1081754*]). En ella se condenó al demandado por cuanto no había aportado prueba suficiente capaz de justificar el resultado dañoso causado al paciente.

del daño la obligación de acreditar las causas que dieron origen al daño producido.

i. En puridad, no conlleva una inversión de la carga de la prueba sino una alteración «de los cánones sobre responsabilidad civil médica en relación con el "*onus probandi*"»[75].

No estamos ante una «inversión de la carga de la prueba sino de alivio del rigor de[l] (...) *onus probandi* a cargo de quien ejercita la acción [ya que] a este le continúa correspondiendo acreditar probadamente el daño cierto, real y efectivo generado y que este no guarda proporción con la enfermedad o lesión que padecía»[76]. En opinión de GALLARDO, «no implica más que la aplicación de un criterio de facilidad probatoria para quien reclama la responsabilidad sobre la anormalidad del resultado de una intervención médica»[77].

ii. Tampoco supone, *in fine*, una forma de objetivación puesto que lo que activa es una «pseudo presunción de negligencia del facultativo, la cual podrá ser desvirtuada mediante la aportación al proceso de pruebas y hechos que justifiquen el origen del daño»[78].

Según afirmó la la Sala, aunque no había «una prueba de la negligencia o de la impericia de los profesionales (...), pero la respuesta, en Derecho, al desastroso resultado de una sencilla operación quirúrgica no se obtiene al señalar que la operación "finalizó con éxito". [Para la Sala] o *podía* calificarse de este modo una intervención en la que se produjo hipoxia y que determinó el coma profundo» (FJ 3). En el mismo sentido ya se había pronunciado la STS 1152/2002, de 29 de noviembre, de la Sala de lo Civil (núm. rec. 1270/1997 y [*Tol 4920174*]). La STS de 23 de mayo de 2007, es también un ejemplo de la confusión reinante con la doctrina del daño desproporcionado y otras figuras culpabilísticas. De acuerdo con la misma, «la jurisprudencia del Tribunal Supremo adapta la tesis de la "faute virtuelle" de la jurisprudencia francesa y la doctrina de la "prueba aparente" de la jurisprudencia alemana, o la técnica anglosajona de la evidencia que crea o hace surgir una deducción de negligencia» (FJ 3).

75 FJ 7 STS de 22 de septiembre de 2010, de la Sala de lo Civil [*Tol 1961400*]. En este sentido se pronuncian las SSTS 517/2013, de 19 de julio (núm. rec. 939/2011 y [*Tol 3887671*]), y 284/2014, de 6 de junio (núm rec. 847/2012 y [*Tol 4371700*]), las dos de la Sala de lo Civil.

76 GALLARDO CASTILLO, María Jesús (2021): *Administración Sanitaria y Responsabilidad* Patrimonial, *op. cit.* págs. 136.

77 *Idem.*

78 ÁLVAREZ SARABIA, Marina (2016): «*Res ipsa* loquitur y daño desproporcionado en la responsabilidad médica, *op. cit.* pág. 19.

Aunque no es pacífico, parte de la doctrina incardina la regla *res ipsa loquitur*, junto con la prueba *prima facie*, dentro de las presunciones jurídicas cualificadas, en las que el juicio de probabilidad indica que producido el daño es más que probable la presencia de negligencia[79].

Para DÍAZ-REGAÑÓN, es una presunción dotada «de una mayor evidencia y verosimilitud que otros supuestos donde también incide el mecanismo presuntivo», que traslada al causante del daño la obligación de acreditar las causas que dieron origen al mismo[80].

NAVARRO discrepa de esta conclusión al no compartir la identificación de la regla *res ipsa loquitur* y la prueba *prima facie*. A juicio de este autor, «ambas figuras operan en momentos judiciales diferentes. Mientras que las presunciones se encargan de fijar los hechos conjuntamente con los medios de prueba, la carga de la prueba actúa a posteriori en el momento de valorar dicha prueba, cuando de los citados medios no se desprende con claridad la certeza de los hechos»[81].

Llegados a este punto realizamos una aplicación de la doctrina *res ipsa loquitur* a la responsabilidad civil, y dentro de ella, a la médico-sanitaria.

---

79 LUNA YERGA, Álvaro (2004): *La prueba de la responsabilidad civil médico-sanitaria*, Civitas, Madrid, pág. 302.

80 DÍAZ-REGAÑÓN GARCÍA-ALCALÁ, Calixto (1996): *El régimen de la prueba en la responsabilidad civil médica: hechos y derecho*, Aranzadi, Cizur Menor (Navarra), pág. *173*.

81 NAVARRO MICHEL, Mónica (2003): «Sobre la aplicación de la regla *res ipsa loquitur* en el ámbito sanitario», *Anuario de Derecho Civil*, núm. 56, fascículo 3, pág. 1212. GRANADO, según expone en el cap. 17 de esta obra (pág. 1192), dedicado al daño desproporcionado, coincide con NAVARRO y niega que la regla *res ipsa loquitur* sea una presunción en sentido jurídico. Lo califica como un razonamiento deductivo a partir de una evidencia. Por eso, en opinión de este autor, la doctrina *res ipsa loquitur*, a diferencia de las presunciones, no exige al demandante demostrar el hecho-base y el nexo causal. Todo lo contrario, a partir de la demostración del primero, el aplicador puede deducir, por simple aplicación de máximas de la experiencia, tanto el hecho presunto como el nexo que lo conecta al indicio alegado de contrario. De ahí que la teoría de la *res ipsa loquitur* tampoco implique una inversión de la carga de la prueba, atribuida generalmente al actor por el art. 217 LEC, sino una mera alteración de los criterios generales sobre responsabilidad en relación con el *onus probandi*.

a) Responsabilidad civil

El principio *res ipsa loquitur* se aplicó por primera vez, en 1863, en el asunto *Byrne vs Boadle*, en un caso en el que el demandante fue golpeado en la cabeza por un barril de harina que cayó desde la ventana de un almacén[82]. En la sentencia, el tribunal falló a favor del demandante al considerar que, en ausencia de negligencia, no debían caer barriles de las ventanas.

También influyó la sentencia de la *Cour de Cassation* de 28 de julio de 1960, creadora de la doctrina de la *faute virtuelle*.

b) Responsabilidad médico-sanitaria

La regla *res ipsa loquitur*, aplicado en numerosos escenarios dentro de la responsabilidad civil, topó con el rechazo inicial de la jurisdicción ordinaria a incluirla dentro del ámbito sanitario. Como afirma ÁLVAREZ SARABIA, «la variedad y complejidad de circunstancias que podían influir en la consecución de un daño dentro de este ámbito, la ubicaba fuera de los parámetros de la normalidad, lo que desaconsejaba la aplicación de una presunción por evidencia»[83].

Sin embargo, su aceptación fue abriéndose paso en la doctrina jurisprudencial. En su reconocimiento jugaron un papel importante, el hermetismo de los facultativos y la dificultad, en un primer momento, de obtener informes periciales de médicos, así como la negativa de los facultativos a prestar declaración en contra de un colega en casos de causalidad sencilla.

MUÑOZ PÉREZ y OJEDA sitúan en 1996 la importación de la doctrina *res ipsa loquitur* a España[84]. Previamente, algunos fallos, como la STS de 12 de julio de 1988, aún sin invocar la *doctrina res ipsa loquitur*, ya habían

---

[82] NAVARRO MICHEL, Mónica (2003): «Sobre la aplicación de la regla *res ipsa loquitur* en el ámbito sanitario», *op. cit.* pág. 1198.

[83] ÁLVAREZ SARABIA, Marina (2016): «*Res ipsa loquitur* y daño desproporcionado en la responsabilidad médica», *Anales de Derecho de la Universidad de Murcia*, vol. 34, núm. 2, pág. 7.

[84] MUÑOZ PÉREZ, David y OJEDA CUBERO, Carmen (2018): «Cuestiones sobre el daño desproporcionado en el ámbito de la responsabilidad patrimonial sanitaria», *La Ley*, núm. 3384/2018.

establecido una presunción de culpa en atención a lo clamoroso de los daños[85].

Años después, entre otras, en la STS de 2 de febrero de 1993, la Sala de lo Civil se mostró reacia a admitir las presunciones de culpa[86]. Así, en ella se expresó que «en nuestro Derecho no se *había* abierto camino la regla *res ipsa loquitur* que el Derecho anglosajón aplica a los casos de actuaciones profesionales médicas, determinante de la inversión de la carga de la prueba»[87].

En la STS de 2 de diciembre de 1996, el TS matizó su doctrina anterior al concluir que, en el supuesto enjuiciado, «no se *excluía* la presunción desfavorable que *pudiera* generar un mal resultado, cuando este por su desproporción con lo que es usual comparativamente (...) *revelase* inductivamente la penuria negligente de los medios empleados (...) o el descuido en su conveniente y temporánea utilización»[88].

Desde ese momento la Sala de lo Civil del TS «empezó a considerar que existiendo un resultado totalmente inesperado y no contradicho o explica-

---

85 En la STS de 12 de julio de 1988, de la Sala de lo Civil [*Tol 1733271*], condenó al INSALUD por «el conjunto de deficiencias asistenciales» que provocaron que un paciente, que iba a ser intervenido de apendicitis, acabase con una parálisis de una pierna, pérdida de audición y de visión, así como disminución de la capacidad mental. Para la Sala de lo Civil «el clamoroso resultado (...) constituía la prueba de la culpa o negligencia» (FJ 9).

86 FJ 3 STS de 2 de febrero de 1993 [*Tol 1664595*]. Esta sentencia desestimó un recurso de casación de una paciente que fue intervenida de estenosis lumbar y prolusión discal y a la que le causó una lesión de la columna vertebral. En su argumentación, la Sala de lo Civil concluyó que «la parte actora *venía* obligada a demostrar en juicio que concurren todos los requisitos exigidos por el art. 1902 para que *prosperase* la demanda y, naturalmente, entre ellos la actuación negligente del cirujano» (FJ 2 b).

87 Entre otras, la STS de 2 de febrero de 1993 [*Tol 1664595*] rechazó aplicar la doctrina *res ipsa loquitur* en el Derecho español. En esta sentencia se desestimó un recurso de casación en el que una paciente que fue intervenida de estenosis lumbar y prolusión discal y se le causó una lesión de la columna vertebral al afirmar que a «la parte actora *venía* obligada a demostrar en juicio que concurren todos los requisitos exigidos por el art. 1902 para que prospere la demanda y, naturalmente, entre ellos la actuación negligente del cirujano» (FJ 2 b).

88 FJ 3 STS 1022/1996, de 2 de diciembre, de la Sala de lo Civil (núm. rec. 404/1993 y [*Tol 1658875*]). En esta ocasión, la Sala de lo Civil conoció de una reclamación originada por una fuerte hemorragia en una mujer embarazada, a la cual, después de practicarle un legrado, y recibir varias transfusiones de sangre, le tuvieron que extirpar el útero para cortar la hemorragia.

do coherentemente por el demandado, si concurría, además, relación causal y si entraba dentro de la esfera de la acción de este, cabía deducir, sin duda ninguna, que existía conducta negligente y, por tanto, una apariencia relevante de prueba de esta»[89].

Sin embargo, la posición del TS fue oscilante hasta la STS de 8 de mayo de 2003. En este fallo, la Sala de lo Civil sentenció que ante «una caída [de una joven esquiando] y una lesión [de rodilla] que tampoco se dice que fueran especialmente graves, ni complicados, tienen un tratamiento largo y doloroso con un resultado [de cojera irreversible] que no puede por menos que considerarse desproporcionado: una cojera irreversible; lo cual crea una deducción de negligencia (res ipsa loquitur), una apariencia de prueba de ésta (Anscheisbeweis), una culpa virtual (faute virtuelle)»[90].

En cuanto a los requisitos básicos para aplicar la regla *res ipsa loquitur* al ámbito sanitario, estos fueron fijados en la sentencia *Mahon vs. Osborne*, dictada en 1939, y relativa una demanda de responsabilidad civil por fallecimiento de un paciente a causa del olvido de una esponja tras una operación[91]. De acuerdo con la misma:

---

89 GALLARDO CASTILLO, María Jesús (2021): *Administración Sanitaria y Responsabilidad* Patrimonial, *op. cit.* pág. 123. Un ejemplo lo encontramos en la STS 812/1998, de 8 de septiembre (núm. rec. 1326/1994 y [*Tol 5157055*])

90 FJ 1 STS 461/2003, de 8 de mayo, de la Sala de lo Civil (núm. rec. 2731/1997 y [*Tol 27446*]). En este pleito, en palabras de la Sala, ocurrió lo siguiente: «una joven va a esquiar (como tantas), se cae (como tantas), se rompe la rodilla (como tantas) y el resultado (desproporcionado) es que queda coja» (FJ 2). Además del párrafo extractado la STS de 8 de mayo de 2003 señaló que la doctrina *res ipsa loquitur,* no provoca «una objetivación absoluta de responsabilidad sino de apreciación de culpa, deducida del resultado desproporcionado y no contradichos por hechos considerados acreditados por prueba pericial. Se produce un suceso y un daño: es claro que no consta causa del mismo imputable a la víctima (...), ni se menciona el caso fortuito o la fuerza mayor; la causa fue la actuación médica, de cuyo mal resultado se desprende la culpa y, por ende, la responsabilidad» (FJ 3). Por lo demás, el primer fallo de la Sala de lo Contencioso-Administrativo del TS que aplicó la doctrina del daño desproporcionado fue la STS de 16 de diciembre de 2003 (núm. rec. 4290/1999 y [*Tol 348464*]) en un caso de una intervención de hernia de hiato).

91 Entre otros fallos, han recogido los dos requisitos básicos —de control y presunción de negligencia— establecidos en *Mahon v. Osborne* las SSTS de la Sala de lo Civil 1146/1998, de 9 de diciembre (núm. rec. 2159/1994 y [*Tol 4035980*]), 593/1999, de 29 de junio (núm. rec. 3437 y [*Tol 5121061*]) y 830/2003, de 15 de septiembre (núm. rec. 1759/1997 y [*Tol 314132*]). En esta última vuelve a poner de manifiesto la confusión conceptual entre el daño desproporcionado y

i. El facultativo al que se le imputa la responsabilidad debe tener el control del paciente y del instrumental.

El daño, «debe originarse por alguna conducta que entre en la esfera de la acción del demandado, aunque no se conozca el detalle exacto, y que el mismo no sea causado por una conducta o una acción que corresponda a la esfera de la propia víctima»[92]. Además, dicho control no precisa ser real o actual. Es suficiente con que el demandado pueda ejercer dicho control[93].

ii. El hecho evidente —o probado por el facultativo— debe encontrarse entre los que normalmente no ocurren sin culpa o negligencia. Ahora bien, dicho hecho no se trata simplemente de un resultado adverso: la negligencia debe aparecer como la causa más probable, o mejor aún, como la única posible.

La jurisprudencia califica la doctrina *res ipsa loquitur* «como una evidencia que deduce la negligencia de un sujeto, a partir de la producción de un evento dañoso de los que normalmente no se producen sino por razón de una conducta negligente»[94].

---

las doctrinas de la notoriedad, de la apariencia y de la prueba virtual. Para la Sala de lo Civil expresó que «corresponde a la regla *res ipsa loquitur* (la cosa habla por sí misma) que se refiere a una evidencia que crea una deducción de negligencia y ha sido tratada profusamente por la doctrina angloamericana y a la regla del Anscheinsbeweis (apariencia de prueba) de la doctrina alemana y, asimismo, a la doctrina francesa de la faute virtuelle (culpa virtual), lo que requiere que se produzca un evento dañoso de los que normalmente no se producen sino por razón de una conducta negligente, que dicho evento se origine por alguna conducta que entre en la esfera de la acción del demandado aunque no se conozca el detalle exacto».

92 ÁLVAREZ SARABIA, Marina (2016) «*Res ipsa loquitur* y daño desproporcionado en la responsabilidad médica», *op. cit.* pág. 11. En este sentido —necesidad de que el facultativo deba haber tenido el control de la situación— la STS 417/2007, de 16 de abril (núm. rec. 1667/2000 y [*Tol 1075934*]), en un supuesto de infección bacteriana por contaminación de los materiales utilizados durante una operación, en lugar de condenar al centro hospitalario por servicios defectuosos, atribuyó la responsabilidad al cirujano por entender «determinante la falta de atención en el postoperatorio, pues la infección de haberse conocido tempestivamente no hubiera dado lugar a las tremendas consecuencias que en definitiva se presentaron».

93 NAVARRO MICHEL, Mónica (2003): «Sobre la aplicación de la regla *res ipsa loquitur* en el ámbito sanitario», *op. cit.* pág. 1204.

94 ÁLVAREZ SARABIA, Marina (2016) «*Res ipsa loquitur* y daño desproporcionado en la responsabilidad médica», *op. cit.* pág. 11. Entre otros, ejemplos manifiestos de daños cuya probabilidad de aparición es nula si no media negligencia lo constituyen el olvido de material o instrumento quirúrgico en el interior del cuerpo

A diferencia de lo que ocurre con la regla del daño desproporcionado la mera rareza o anormalidad del resultado no es suficiente. Como se ha expuesto, la teoría *res ipsa loquitur* es una presunción culpabilística.

Ahora bien, queda excluida la aplicación de la regla *res ipsa loquitur* cuando en la producción del daño sostenido por el demandante haya contribuido con una conducta culposa o el daño se halle dentro de los riesgos inherentes al tratamiento, puesto que esta posibilidad ya explica el resultado lesivo.

2) Segunda etapa: imputación objetiva

Como se ha explicado en el primer epígrafe, la responsabilidad civil del médico se asienta en la existencia de un acto médico, la producción de un daño, la relación de causalidad entre ambos, y la imputación de daño al facultativo.

Con esta premisa, «la teoría de la imputación objetiva sirve para negar la equiparación absoluta entre la prueba de la relación de causalidad (causalidad fáctica o material) y la atribución de responsabilidad (causalidad jurídica); y ello por cuanto la causalidad de hecho resulta insuficiente como título de imputación de daños, requiriendo la concurrencia de otros criterios que delimiten su radio de acción»[95]. Para HURTADO, «este planteamiento resulta tan original como sorprendente, pues (...) se adoptan criterios de una teoría que trata de objetivar moderadamente la responsabilidad por culpa del art. 1902 CC[96].

Según expusiera en su día PANTALEÓN, para que nazca la responsabilidad extracontractual no basta la relación de causalidad. Es preciso que a este elemento fáctico (*quaestio facti*) se le añada otro de carácter jurídico la imputación (*quaestio iuris*), mediante el empleo de un concreto título de

---

de los pacientes, los encontramos en las siguientes SSTS de la Sala de lo Civil: 1116/1996, de 26 de diciembre (núm. rec. 98/1993 y [*Tol 1658738*]) y 1152/2002, de 29 de noviembre (núm. rec. 1270/1997 y [*Tol 4920174*] (olvido de gasas en el interior del cuerpo del paciente que causaron la muerte e incapacidad absoluta de los pacientes, respectivamente).

95 HURTADO DÍAZ-GUERRA, Isabel (2017): *El daño moral en la responsabilidad patrimonial sanitaria*, Tirant lo Blanch, Valencia, págs. 58 y 59.

96 *Ibidem* pág. 61.

imputación de responsabilidad[97]. De esta manera, para que nazca responsabilidad civil este autor requiere:

i. *Causalidad.* Por causalidad hay que entender la existencia de una relación de causa a efecto entre el hecho que se imputa y el daño. A día de hoy, entre las teorías de la causalidad —*v.gr.* equivalencia de condiciones, causalidad adecuada, etc.—, la que tiene mayor predicamento es esta última.

ii. *Teoría de la causalidad adecuada.* La causalidad adecuada es aquella teoría que «exige ponderar que el resultado dañoso sea una consecuencia natural, adecuada y suficiente, valorada conforme a las circunstancias que el buen sentido impone en cada caso y permite eliminar las hipótesis lejanas o muy lejanas al nexo causal so pena de conducir a un resultado incomprensible o absurdo, ajeno al principio de culpa»[98]. Una vez establecido el nexo causal será necesario imputar la responsabilidad a una persona.

iii. *Imputación.* La imputación es «un fenómeno jurídico consistente en la atribución a un sujeto determinado del deber de reparar un daño, en base a la relación existente entre aquél y éste»[99]. Para ello habrá que recurrir a un concreto título de imputación.

iv. *Título de imputación.* Por título de imputación hay que entender «aquellas circunstancias en virtud de las cuales es posible establecer una relación entre el daño y el sujeto imputado que justifica atribuir a éste el deber de reparación que la antijuridicidad del daño impone»[100]. Entre los títulos de imputación (prohibición de regreso, provocación, incremento del riesgo, ámbito de protección de la norma infringida y riesgo general de la vida), nos centraremos en el último.

Dicho esto, hemos de admitir que la segunda etapa de la responsabilidad civil médico-sanitaria es restrictiva porque se caracteriza por un in-

---

97 PANTALEÓN PRIETO, Fernando (1991): «Causalidad e imputación objetiva: criterios de imputación», en *Asociación de Profesores de Derecho Civil, Centenario del Código Civil*, vol. II, Centro de Estudios Ramón Areces, Madrid.

98 XIOL RÍOS, Juan Antonio (2010): «La imputación objetiva en la jurisprudencia reciente del Tribunal Supremo», *Práctica de Derecho de Daños*, núm. 84.

99 GARCÍA DE ENTERRÍA, Eduardo y FERNÁNDEZ RODRÍGUEZ, Tomás Ramón (2017): *Curso de Derecho Administrativo*, vol. II (15ª. ed.), Madrid, Civitas, pág. 414 y 415.

100 *Ibidem* pág. 415.

tento de minimización de la responsabilidad civil. De hecho, la teoría de la imputación objetiva se enmarca en esta tendencia restrictiva. Con esta doctrina, al contrario de las de agotamiento de la responsabilidad y *res ipsa loquitur* —con las que se facilita el nacimiento de responsabilidad civil con presunciones de culpa— se establece un requisito adicional que dificulta la admisión de responsabilidad civil.

A. Responsabilidad civil

Corresponde a PANTALEÓN el mérito de haber incorporado a nuestro Derecho de daños, en 1991, la teoría de la imputación objetiva proveniente de la doctrina penalista y civilista alemana. Fue él quien pusiera de manifiesto el poco interés de nuestra doctrina civilista a la hora de analizar el requisito de la causalidad.

Este autor evidenció la escasa reflexión, en nuestro país, sobre las ventajas e inconvenientes de las principales teorías de la causalidad —equivalencia de condiciones y causalidad adecuada— así como el pobre tratamiento jurisprudencial de este requisito de la responsabilidad civil.

Para PANTALEÓN, con más frecuencia que la deseada, los juzgados y tribunales efectúan un burdo empleo de la causalidad para justificar la ausencia de responsabilidad. Así, sin hacer referencia a la necesidad de un título jurídico para declarar la responsabilidad, en casos de evidente relación de causalidad entre daño y la conducta de su causante, abusan de criterios como la culpa de la víctima, el hecho de un tercero o la fuerza mayor. En su opinión, los emplean para romper el nexo causal en situaciones que la lógica rechazaba reconocer una indemnización.

En este contexto, la teoría de la imputación objetiva añade a la «causalidad física» (*quaestio facti*) una «causalidad jurídica» (*quaestio iuris*). Así, esta teoría sostiene que para determinar si una acción u omisión imprudente puede ser causa de un daño, es preciso que exista una causalidad física entre la acción y omisión y el resultado dañoso. Sin embargo, para que nazca un deber de responder, no basta la «causalidad física». Es necesario que concurra una «causalidad jurídica», o posibilidad de atribuir un resultado acudiendo a la imputación objetiva del mismo.

a) «Causalidad física»

La «teoría de la imputación objetiva niega la existencia de una causalidad de tipo jurídico y sostiene que la causalidad es siempre una noción naturalística, empírica, completamente ajena a consideraciones valorativo-normativas»[101]. De esta manera se pretende separar netamente el plano de causalidad del de la atribución de resultados a conductas.

Así, de acuerdo con los postulados de la teoría de la imputación objetiva, para que un hecho sea la causa de un resultado no es necesaria una consideración jurídica. A partir de aquí, a los solos efectos dialécticos se significa que, para los defensores de la imputación objetiva, no plantea inconveniente alguno en aceptar la teoría de la equivalencia de las condiciones. Ello sería así, porque para ellos, la causalidad física no tiene porqué suponer que un sujeto haya de responder por todas las consecuencias que, desde esta perspectiva fáctica, sean desencadenadas por su conducta.

b) «Causalidad jurídica»

Como advierte MIR, «hay que distinguir (...) la mera relación de causalidad del juicio de atribuibilidad de resultados a conductas»[102]. «Esta distinción, es precisamente en la que se basa la teoría de la imputación objetiva y la que le da su nombre: se trata de una teoría sobre la *imputación* objetiva del resultado a una conducta determinada»[103]. Dicho con otras palabras, «mientras que la causalidad [«física»] opera (...) en el marco de los hechos, la atribución de resultados (la imputación del daño [o «causalidad jurídica»] pertenece al mundo del Derecho»[104].

En efecto, la imputación objetiva «comporta un juicio que más allá de la mera constatación física de la relación de causalidad, obliga a valorar con criterios o pautas extraídas del ordenamiento jurídico la posibilidad de imputar al agente el daño causado apreciando la proximidad con la conducta realizada, el ámbito de protección de la norma infringida, el riesgo general de la vida, provocación prohibición de regreso, incremento del riesgo, consentimiento de la víctima y asunción del propio riesgo y de la confianza»[105]

---

101 MIR PUIGPELAT, Oriol (2000): *La responsabilidad patrimonial de la Administración Sanitaria. Organización, imputación y causalidad,* Civitas, Madrid, pág. 69.

102 *Ibidem* pág. 74.

103 *Ibidem* nota 35 a pie de la pág. 74.

104 *Ibidem* pág. 74.

105 FJ 3 SAP de La Coruña 88/2016, de 4 de marzo (núm. rec. 514/2005 y [*Tol 5677377*]).

c) *Títulos de imputación*

«La teoría de la imputación objetiva (...) no agota su utilidad en la distinción apuntada entre causalidad e imputabilidad del resultado, sino que, además (y sobre todo), suministra una serie de criterios o títulos de imputación»[106].

«Estos títulos (...) son los que permiten al operador jurídico llegar a una solución *justa* (acorde con la condición de la sociedad de que se trate tenga de la justicia en el momento en que deba producirse la selección), son articulación técnica de la justicia a casos concretos»[107].

Como se ha dicho, PANTALEÓN es quien «importó» la teoría de la imputación objetiva al Derecho Civil español en materia de responsabilidad extracontractual. Este autor comparte los criterios de imputación objetiva elaborados por la doctrina civilista alemana, a saber: del riesgo general de la vida, de la prohibición de regreso, de la provocación, del incremento del riesgo, del fin de protección de la norma fundamentadora de responsabilidad y el de la adecuación[108].

i. *Riesgo general de la vida* (*Allgemeines Lebensrisiko*). Según este criterio, no debe imputarse un resultado a una persona cuando la actualización de aquel esté ligada al normal existir de los seres humanos, y por lo tanto, no suponga, para la víctima, un incremento del riesgo general de la vida[109].

---

106 MIR PUIGPELAT, Oriol (2000): *La responsabilidad patrimonial de la Administración Sanitaria. Organización, imputación y causalidad, op. cit.* págs. 76 y 77.

107 *Idem.*

108 La descripción de los títulos de imputación objetiva, «importados» de la doctrina civilista alemana fue realizada por Fernando PANTALEÓN PRIETO, fundamentalmente, en tres publicaciones. (1991): «Causalidad e imputación objetiva. Criterios de imputación, *op. cit.* (1993) «Artículo 1902», en PAZ-ARES RODRÍGUEZ, Cándido, BERCOVITZ RODRÍGUEZ-CANO, Rodrigo, DÍEZ-PICAZO Y PONCE DE LEÓN, Luis, SALVADOR CODERCH, Pablo (dirs.), *Comentarios al Código Civil* (2ª. ed.), Ministerio de Justicia, Madrid, págs. 1985 a 1988. (2000): «Cómo repensar la responsabilidad civil extracontractual (también la de las Administraciones Públicas», *Anuario de la Facultad de Derecho de la Universidad Autónoma de Madrid*, núm. 4, págs. 167 a 192.

109 En relación con el título riesgo general de la vida ponemos este ejemplo: Antonio causa un moratón en el brazo derecho de Vicente jugando a fútbol; Vicente toma una moto de alquiler para ir al servicio de urgencias de un hospital, pero sufre un accidente de tráfico *in itinere* y se fractura un tobillo; Antonio no es responsable de la fractura del tobillo de Vicente porque no ha incrementado el riesgo de

ii. *Prohibición de regreso* (*Regressverbot*). Este criterio es aplicable a aquellos casos en los que uno de los antecedentes del daño es una conducta de un tercero, la cual, dadas sus características, justifica eliminar la imputabilidad causal de las anteriores. Por eso se dice que impide o prohíbe el retroceso en la cadena causal[110].

iii. *Provocación* (*Heraus forderung*). Engloba dos tipos de supuestos en los que se exime de responsabilidad a quien provocó el resultado:

- Exime de responsabilidad a quien causa unos daños al perseguir a un ladrón, que, tras un robo con fuerza en las cosas en un local comercial, huía de la escena del delito.

  En casos como este se imputará la responsabilidad al ladrón, tanto por los daños causados al establecimiento comercial como los que pudiera haber infligido el perseguidor, salvo que la persecución fuera irrazonable.

---

sufrir accidentes tráfico ya que es un riesgo general de la vida. También traemos a colación las SSTS de la Sala de lo Civil 831/2007, de 17 de julio (núm. rec. 2727/2000 y [*Tol 1123914*]) y 122/2018, de 7 de marzo (núm. rec. 2549/2015 y [*Tol 6538422*]). En ellas el TS denegó indemnizar: por un lado, la lesión causada por un resbalón con un juguete colocado en medio de un pasillo de una vivienda; por otro lado, el daño provocado a una espectadora de un partido de fútbol por balonazo recibido desde el campo del fútbol. En la primera se sostuvo que el tropiezo debía enmarcarse en «los pequeños riesgos que la vida obliga a soportar, el riesgo general de la vida o los riesgos no cualificados, pues riesgos hay en todas las actividades de la vida» (FJ 3). En la segunda se afirmó que «la naturaleza del riesgo, las circunstancias personales, de lugar y tiempo concurrentes, y la diligencia socialmente adecuada en relación con el sector de la vida o del tráfico en que se produce el acontecimiento dañoso, *era* elementos a tener en cuenta» para rechazar la condena al pago de una cantidad de dinero (FJ 3).

110 En virtud del título de la prohibición de regreso no se imputa un daño a quien haya puesto en marcha el curso causal de los acontecimientos, si posteriormente, interviene en la generación del daño un tercero con dolo o culpa grave (causa próxima). Como excepción, existirá responsabilidad, si quien inició el curso de los acontecimientos propició de manera decisiva la conducta del tercero o sea una persona que tenía el deber de evitar la infracción de la norma de cuidado infringida por el tercero. Este último supuesto, señalamos como ejemplo el del robo en un almacén de medicamentos preparados para entregar a un colegio de farmacéuticos. La conducta de los ladrones no impide imputar la pérdida patrimonial al depositario de los medicamentos, cuando el dueño del almacén, como responsable del cumplimiento de las reglas de seguridad fijadas por el colegio de farmacéuticos para evitar robos nocturnos, infringió tales reglas.

- Libera a quien, al intentar salvar su vida y bienes, o de otro, de una situación de peligro creada por culpablemente por el posible responsable.

  En este tipo de acontecimientos se imputará la responsabilidad, por los daños causados al rescatador y al rescatado, a quien provocó culpablemente la situación de riesgo, salvo que el rescate fuera irrazonable.

iv. *Incremento del riesgo* (*Risikoerhönung*). Impide imputar el resultado de una conducta a quien la ha causado sin incrementar el riesgo de que se produjera. A estos efectos, se entiende que no hay incremento del riesgo cuando, suprimida mentalmente la conducta examinada, el resultado debiera seguir produciéndose con alta seguridad o probabilidad.

v. *Ámbito de protección de la norma infringida* (*Schutzzweck der Haftungsbegründenden Norm).* Permite excluir la imputación del daño, en caso de incumplimiento de las obligaciones contractuales o extracontractuales, en aquellos supuestos en los que el carácter ilegal de la conducta carece de relevancia en función del interés protegido por la norma infringida[111]. En estos casos se afirma que existe otra causa, denominada próxima.

---

[111] El criterio del ámbito de protección de la norma infringida impide imputar al responsable de aquellos daños que escapen de la finalidad de la norma por él vulnerada y sobre la que pretenda fundamentarse la responsabilidad. Así, si el propietario de una empresa de transporte obliga a sus conductores a rebasar los tiempos máximos de conducción, y como consecuencia de ello uno de los camiones reposta en una gasolinera en la que fortuitamente se produce una deflagración, no será responsable del daño causado a su trabajador. No lo será porque la norma vulnerada no tenía por finalidad evitar explosiones. Un ejemplo lo encontramos en la STS 1395/2008, de 15 de enero, de la Sala de lo Civil (núm. rec. 2374/2000 y [*Tol 1292785*]). Según puso de manifiesto el TS, no podía reconocerse una indemnización al obrero que sufrió el accidente laboral, en concepto de responsabilidad civil, porque se hubiera ejecutado unas obras sin licencia, ya que los daños padecidos por un obrero estaban fuera del ámbito de protección de la norma. En este fallo la Sala de lo Civil significó que se trataba de «un supuesto de imputación objetiva, que muchas veces se ha presentado en la jurisprudencia como una cuestión de relación de causalidad», así como que «haber iniciado la obra sin la correspondiente licencia (...) no *permitía* imputar de forma objetiva al promotor la responsabilidad por el accidente causado, puesto que este comportamiento no es suficiente, por sí solo, para atribuir la causalidad jurídica» (FJ 11).

vi. *Adecuación o causalidad adecuada o eficiente* (*Adäkuanz*). Exime de responder, entre otros casos, cuando concurra asunción del riesgo por el perjudicado, consentimiento por la víctima de la causa del daño[112]. De acuerdo con este criterio, tampoco puede imputarse el resultado a una conducta cuando la producción de aquel deba ser considerado como extraordinariamente improbable por una persona con especiales conocimientos sobre la conducta[113].

Estos criterios han sido criticados por BELADIEZ por conducir a una «grave inseguridad»[114]. De hecho, el propio PANTALEÓN lo ha reconocido al afirmar que «los criterios de imputación objetiva no son dogmas de contornos perfectamente dibujados, sino tópicos de impreciso halo, en cuanto condensan juicios de valor, a veces contradictorios, y siempre difíci-

---

112 También conocido como criterio de competencia de la víctima, se utiliza para descartar la responsabilidad por los daños sufridos por hechos o situaciones que estaban en dominio de la víctima. Este es el caso de la STS 34/2015, de 6 de febrero (núm. rec. 3364/2012 y [*Tol 4713771*]), relativo a una reclamación contra los organizadores de unos festejos populares por quien sufrió un accidente al acceder voluntariamente a un escenario móvil, elevado y sin barandilla, que además, no estaba destinado para ser usada por el público. Frente a la «teoría del riesgo», el TS desestimó por «la importancia que en orden a la culpabilidad exclusiva de la víctima ha de darse al "control de la situación" que puede corresponderle en cada caso» (FJ 3).

113 El criterio de adecuación es un criterio cuantitativo que permite excluir la responsabilidad por daños altamente improbables, imprevisibles o producidos de manera fortuita. La STS de 4 de marzo de 2009, al entender que no era previsible ni predecible la reacción de un caballo propiciada por colocar a un menor en un carromato que no tenía conductor.

114 BELADIEZ ROJO, Margarita (1997): *Responsabilidad e imputación de daños por el funcionamiento de los servicios públicos*, Tecnos, Madrid, pág. 102. Como explican MANENT y TAJUELO en el cap. 21 (págs. 1518 a 1521), es esta autora la que ha propuesto aplicar la teoría de la imputación objetiva a la responsabilidad patrimonial de la Administración Pública española a partir de los desarrollos realizados por la doctrina penalista. Así, afirma que la Administración responderá solo cuando exista relación de causalidad entre su funcionamiento y el resultado y se haya creado un riesgo jurídicamente relevante con producción del resultado lesivo. Para esta autora, «la existencia de una relación de causalidad es, por tanto, un requisito necesario, pero no suficiente para que un daño pueda ser atribuido al sujeto que lo ha causado», puesto que «para ello es preciso que además exista otro tipo de nexo objetivo entre acción y resultado que permita atribuir el mismo al sujeto causante del daño», nexo objetivo «distinto de la causalidad es lo que se conoce como imputación objetiva». *Idem*.

les de aprehender»[115]. A lo anterior añade que los seis criterios no tienen igual importancia. Los criterios de la adecuación y el ámbito de protección de la norma infringida tienen especial importancia.

B. Responsabilidad médico-sanitaria

La responsabilidad civil médico sanitaria no es ajena a los problemas de la responsabilidad civil general, la cual solo muy recientemente ha distinguido los problemas de causalidad de los problemas de imputación objetiva[116]. Además, de la jurisprudencia recaída, no puede afirmarse que la Sala de lo Civil del TS haya aceptado completamente la teoría de la imputación objetiva. De hecho, rara vez distingue expresamente entre relación de causalidad e imputación objetiva[117]. Incluso, en algunos fallos, como la STS de 20 de octubre de 2006, al emplearlos, los ha calificado como «tópicos que vienen utilizando doctrina y jurisprudencia»[118].

---

115 PANTALEÓN PRIETO, Fernando (1991): «Causalidad e imputación objetiva. Criterios de imputación» *Centenario del Código Civil, op. cit.* pág. 1591.

116 En relación con la teoría de la imputación objetiva, la doctrina adolece del mismo problema. Como observa MIR, «cuando aborda, como un todo único, el estudio de la imputación maneja, probablemente de forma inconsciente (y, en cualquier caso, sin advertírselo al lector), dos conceptos distintos de imputación. En el significado de dicho concepto se incluyen cuestiones relativas tanto a la imputación de conductas a la Administración, como a la imputación de daños a dichas conductas administrativas». MIR PUIGPELAT, Oriol (2000): *La responsabilidad patrimonial de la Administración Sanitaria. Organización, imputación y causalidad.* Civitas, *op. cit.* pág. 63.

117 LUNA YERGA, Álvaro (2004): *La prueba de la responsabilidad civil médico-sanitaria, op. cit.* pág. 492.

118 FJ 3 STS 1010/2006, de 20 de octubre, de la Sala de lo Civil (núm. rec. 4880/1999 y [*Tol 1019362*]). En esta ocasión tuvo que pronunciarse «en base a alguno de los tópicos que vienen utilizando doctrina y jurisprudencia, en defecto de criterios legalmente establecidos, para determinar si un concreto daño puede ser justamente, de modo total o parcial, puesto a cargo de quien se encuentra en relación de causalidad con el evento generador» (FJ 3). Así, en un caso de daños causados por un cohete mientras era manipulado por la víctima, sentenció que «la conducta del codemandado *podía* claramente imputarse como un incremento del riesgo (...) en base a la colaboración o participación en el resultado, por la vía de lo que se ha denominado concurrencia de culpas, criterio que ha de ser entendido como un factor de imputación que tiene su punto de partida en la constatación de la relación causal, es decir, como un problema de causación jurídica» (FJ 3).

En relación con la responsabilidad médico-sanitaria, un supuesto de aplicación de la teoría de la imputación objetiva de obligada referencia lo constituye la STS de 21 de octubre de 2005. En esta ocasión la Sala de lo Civil desestimó una reclamación por la formación de unas cicatrices queloideas, surgidas tras una intervención de cirugía estética, por aplicación de los distintos títulos de imputación «importados» por PANTALEÓN[119].

> «*No cabía* (...) *ningún juicio de reproche* (...) [por]*que faltaba el elemento* (...) *de causalidad jurídica —criterio de imputación objetiva o de atribuibilidad del resultado—* (...), *bien porque se entienda aplicable la exclusión en virtud del criterio de imputación objetiva del "riesgo general de la vida", bien porque no ha sido la intervención la denominada causa próxima o inmediata, ni la causa adecuada, criterio éste (para unos, filtro de los restantes criterios de imputación; para otros, residual de cierre del sistema, y que, por ende, opera cuando no sea aplicable alguno de los previstos específicamente en la doctrina —riesgo general de la vida, provocación, prohibición de regreso, incremento del riesgo, ámbito de protección de la norma, consentimiento de la víctima y asunción del propio riesgo, y de la confianza—) que descarta la causalidad cuando, como dice la doctrina, "el daño aparece como extraordinariamente improbable para un observador experimentado que contara con los especiales conocimientos del autor y hubiese enjuiciado la cuestión en el momento inmediatamente anterior a la conducta"*»[120].

Otro pronunciamiento del TS, en la que se ha resuelto el pleito aplicando la teoría de la imputación, es la STS de 18 de diciembre de 2009. En esta ocasión, el TS denegó una indemnización a los hijos por el fallecimiento de su padre como consecuencia de la tardanza de una ambulancia porque no se supo la urgencia de la intervención hasta la práctica de una tomografía axial computarizada (TAC). Aunque no se refiriera a él, la Sala aplico el

---

119 Tal y cómo expuso la STS 758/2005, de 21 de octubre, de la Sala de lo Civil, «las cicatrices queloideas —poros abiertos— consiste en un tumor formado por el tejido fibroso que aparece en personas predispuestas genéticamente a producir excesiva respuesta tisular ante un trauma cutáneo» (FJ 4).

120 FJ 3 STS 758/2005, de 21 de octubre, de la Sala de lo Civil (núm. rec. 1039/1999 y [*Tol 731285*]). El TS, para excluir la responsabilidad del cirujano, aunque reconoció la «causalidad física o material (...) porque el queloide se generó como consecuencia de la intervención quirúrgica (...) [rechazó la existencia de] causalidad jurídica» (FJ 3). Esta sentencia también es conocida por cambiar de criterio respecto de la medicina satisfactiva al sentenciar que esta es una medicina de medios, y no de resultados como se venía sosteniendo desde la STS de 22 de abril de 1997. Calificó la cirugía como un contrato próximo al «arrendamiento de obra» o figura «intermedia entre éste y el arrendamiento de servicios» (FJ 4). En este punto nos remitimos a lo escrito por MANENT y ALONSO en el cap. 18 (pág. 1218), dedicado a la medicina satisfactiva.

criterio de la adecuación porque «no *era* posible apreciar una responsabilidad derivada de unos actos médico-asistenciales cuando no podía preverse racionalmente el resultado final acontecido»[121].

a) Mención especial a la prohibición de regreso

En atención a su presencia en la doctrina jurisprudencial, dedicamos un apartado a la prohibición de regreso en la responsabilidad médico-sanitaria. Como se dijo, la aplicación de este criterio permite excluir la imputación objetiva cuando se aprecia que uno de los antecedentes del daño es una conducta de tercero, que reúne unas características tales que justifican eliminar la imputabilidad causal de los anteriores, impidiendo así el regreso o retroceso en la cadena causal[122].

En el ámbito de la responsabilidad sanitaria la jurisprudencia declara que las exigencias derivadas del principio de imputación objetiva no pueden llevar a apreciar una responsabilidad derivada de unos actos médicos sin más fundamento que ser anteriores en el tiempo y constituir eslabones en el curso de los acontecimientos. En casos como estos, no podrá imputarse responsabilidad a un facultativo si no podía preverse racionalmente el resultado final producido, ni cuestionar el diagnóstico inicial del paciente si el reproche se realiza exclusivamente fundándose en la evolución posterior y, por ende, infringiendo la prohibición de regreso que imponen las leyes del razonamiento práctico.

Eso sí, la conducta que impide la imputabilidad objetiva de los factores causales precedentes ha de ser dolosa o gravemente negligente, no bastando la negligencia simple aun cuando el grado de culpa o negligencia del tercero fuera superior a la del agente anterior.

En el ámbito penal, si los agentes anteriores hubieran favorecido la realización de la conducta dolosa o gravemente negligente, no se produciría esta falta de imputabilidad. En cambio, en el ámbito civil, apunta REGLERO, «lo decisivo para que la irrupción de un nuevo curso causal sirva para impedir la imputación objetiva a quien originó uno anterior no reside tan-

---

121 FJ 2 STS 843/2009, de 18 de diciembre, de la Sala de lo Civil (núm. rec. 73/2006 y [*Tol 1762166*]).

122 ARCOS VIEIRA María Luisa (2005): *Responsabilidad Civil: Nexo causal e Imputación Objetiva en la Jurisprudencia,* Aranzadi, Cizur Menor (Navarra), pág. 117.

to en el grado de reproche de la conducta irruptiva cuanto en el grado de aporte causal del nuevo curso en la producción del resultado»[123].

Parte de la doctrina añade que la prohibición de regreso también es inaplicable «cuando la conducta dañosa del tercero se haya visto "decisivamente desfavorecida" por la de aquel, o más específicamente "por la negligencia de quien originó el primer curso causal"»[124]. Sin embargo, defender este criterio puede llevar a la inaplicabilidad de la prohibición de regreso puesto que, en una cadena causal, cada factor favorece siempre la eficacia dañosa del siguiente. Todos ellos son «causas» del daño final.

En este mismo sentido la Audiencia Provincial de Barcelona significó que la prohibición de regreso, como criterio de imputación objetiva, «supone negar la imputación del evento dañoso cuando, en el proceso causal que desembocó aquel, puesto en marcha por el posible responsable, se ha incardinado sobrevenidamente la conducta dolosa o gravemente imprudente de un tercero, no bastando la intervención meramente culposa de un tercero para excluir la imputación objetiva, salvo que la conducta dañosa del tercero se haya visto «decisivamente favorecida por la de aquel (Díez Picazo), o, más específicamente, «por la negligencia de quien originó el primer nexo causal» (Reglero)»[125].

Dicho esto, señalamos a continuación una serie de pleitos resueltos a partir de la prohibición de regreso.

En la **STS de 14 de febrero de 2006**, el TS absolvió a un ginecólogo de indemnizar al demandante, como consecuencia de haber practicado un legrado incompleto, de una posterior **extirpación parcial de las trompas de Falopio,** con pérdida de la capacidad reproductiva, realizada por otro ginecólogo. A juicio de la Sala el segundo ginecólogo debió verificar la necesidad de extirpación de la trompa de Falopio derecha. Así, aunque la conducta del médico que practicó el legrado fue «relevante causalmente desde el punto de vista estrictamente físico (...), para la producción del resultado dañoso (...)[no lo era], desde la perspectiva de la imputación

---

123 REGLERO CAMPOS, Luis Fernando: (2002) «El nexo causal. Las causas de exoneración de responsabilidad: culpa de la víctima y fuerza mayor. La concurrencia de culpas», en ÁLVAREZ LATA Natalia y REGLERO CAMPOS Luis Fernando (coords.) *Tratado de responsabilidad civil,* Cizur Menor (Navarra), pág. 298.

124 ARCOS VIEIRA María Luisa (2005): *Responsabilidad Civil: Nexo causal e Imputación objetiva en la Jurisprudencia, op. cit.* pág. 118.

125 FJ 3 SAP de Barcelona 218/2019, de 4 de abril (núm. rec. 238/2018 y [*Tol 7187043*]).

objetiva (...), puesto que el curso de los acontecimientos *demostró* que entre dichas conducta y resultado se produjo la actuación de otros facultativos (...), una de las cuales, al menos, *resultaba* directamente relevante desde el punto de vista causal para la producción del resultado dañoso» [Por ello concluyó] que **el retroceso no *era* admisible en la labor de integración del nexo causal desde el punto de vista jurídico, que debe realizarse manteniendo un grado de proximidad razonable,** aceptable en términos de Derecho, y adecuado a las reglas de experiencia sobre la posibilidad de previsión de las consecuencias»[126].

Y a este mismo criterio de imputación objetiva se remite la STS de 7 de mayo de 2007 al pronunciarse sobre un caso de fallecimiento por cáncer de pulmón. En dicho fallo se reiteró que «era menester acudir a criterios de limitación de la imputabilidad objetiva para recordar que no puede cuestionarse el diagnóstico inicial del paciente si el reproche se realiza exclusivamente fundándose en la evolución posterior y, por ende, infringiendo la prohibición de regreso que imponen los *topoi* [leyes] del razonamiento práctico»[127].

La STS de 10 de junio de 2008, desestimó una reclamación contra el INSALUD, por el fallecimiento de una persona de 29 años, toxicómana, a causa de una trombosis, y que no fue ingresada ni por el intensivista ni el internista que lo exploraron. Lo hizo aplicando también la misma doctrina de la prohibición de regreso, distinguiéndola de la causalidad. Así, para el TS, era necesario, en relación con el nexo causal, «ponderar que el resultado dañoso *fuera* una consecuencia natural, adecuada y suficiente, valorada conforme a las circunstancias que el buen sentido impone en cada caso y que permite eliminar todas aquellas hipótesis lejanas o muy lejanas al nexo causal so pena de conducir a un resultado incomprensible o absurdo, ajeno al principio de culpa (...). [A lo anterior añadió, con cita de las SSTS de 14 de febrero de 2006, 15 de febrero de 2006 y 7 de mayo de 2007], que la imputación objetiva al recurrente (...) no *podía* llevar a apreciar una responsabilidad derivada de unos actos médicos sin más fundamento que ser anteriores en el tiempo y constituir eslabones en el curso de los acontecimientos cuando no podía preverse racionalmente el resultado final producido, ni a cuestionar el diagnóstico inicial del paciente si el reproche se realiza exclusivamente fundándose en la evolución posterior y, por ende,

---

126 FJ 12 STS 84/2006, de 14 de febrero (núm. rec. 2249/1999 y [*Tol 846267*]).

127 FJ 3 STS 464/2007, de 7 de mayo, de la Sala de lo Civil (núm. rec. 1871/2000 y [*Tol 1106756*]).

infringiendo la prohibición de regreso que imponen los topoi [leyes] del razonamiento práctico»[128].

En la **STS de 20 de mayo de 2011** se denegó la indemnización reclamada a un cirujano y la compañía de seguros por el viudo y los 5 hijos de una mujer fallecida por shock séptico en el Hospital Infanta Cristina, 35 días después de que fuera derivada, desde una clínica privada, como consecuencia de las complicaciones de una intervención de hernia discal. El TS consideró que «la obligación del médico *era* de medios (...) [por lo que no era] posible **cuestionar la actuación médico-sanitaria fundándose en la evolución posterior** de la misma, lo que se conoce como la prohibición de regreso, para responsabilizar al médico de la materialización de un riesgo excepcional del que había sido previamente informada la paciente»[129].

Finalmente, en la **SAP de La Coruña 4 de marzo de 2016** se negó la indemnización a los familiares de un paciente de hemodiálisis que, mientras era trasladado a la sesión de diálisis en ambulancia, sufrió un accidente de tráfico con resultado de fractura del fémur derecho. Para desestimar la demanda se tuvo en cuenta que tomó la decisión de volver a su domicilio, en vez de ser explorado en un centro hospitalario. De hecho, dos horas después ingresó, por voluntad propia, en el Complejo Hospitalario Universitario de La Coruña, desde donde fue llevado al Sanatorio de San Rafael. Allí fue operado días después por un dolor en la cadera. En dicha intervención sufrió una infección nosocomial, que no pudo superar, falleciendo a la semana. La Audiencia descartó el nexo causal entre el accidente de tráfico y el fallecimiento del paciente porque «**encontrada una causa próxima al luctuoso resultado (sepsis por infección nosocomial) no podía seguirse retrocediendo** en el tiempo para encontrar causas remotas (caída en la ambulancia) (...) porque este retroceso nos llevaría a situaciones irracionales, tales como buscar la causa del fallo renal para atribuirle el resultado (si no estuviese en fallo renal no necesitaría hemodiálisis y por lo tanto no iría en ambulancia), o incluso más atrás»[130].

---

128 FJ 4 B STS 508/2008, de 10 de junio (núm. rec. 2897/2002 y [*Tol 1354570*]).

129 FJ 2 STS 340/2011, de 20 de mayo, de la Sala de lo Civil (núm. rec. 124/2008 y [*Tol 2129823*]).

130 FJ 3 SAP de La Coruña 88/2015, de 4 de marzo (núm. rec. 514/2015 y [*Tol 5677377*]). A esa prohibición de regreso, desde acontecimientos posteriores, se refieren también las SSTS de la Sala de lo Civil 167/2006, de 15 de febrero (núm. rec. 2626/1999 y [*Tol 849929*]), 464/2007, de 7 de mayo (núm. rec. 1871 y [*Tol 1106756*]), y 8/2010, de 29 de enero (núm. rec. 2318/2005 y [*Tol 1790764*]).

b) Prueba de los criterios de imputación objetiva

El tratamiento de la prueba de la relación de causalidad por la jurisprudencia sobre responsabilidad médico-sanitaria ha discurrido, a diferencia de lo sucedido con la negligencia, parejo al de responsabilidad civil general[131].

Con carácter general, la prueba de la imputación objetiva se rige por los criterios probatorios comunes, esto es, corresponderá al demandante o al demandado según su carácter positivo o negativo. Esta prueba se flexibiliza mediante los principios de disponibilidad y facilidad probatoria e igualmente será posible acreditar el nexo de imputación objetiva mediante presunción judicial.

Ahora bien, la carga de la prueba de la relación de causalidad corresponde al demandante. Reiterada jurisprudencia recuerda que «la culpa del médico y la relación causal entre la culpa y el daño sobrevenido incumbe probarla al paciente o a sus herederos o representantes legales»[132].

La prueba debe abarcar, como vemos, tanto al daño como la existencia del nexo de causalidad, así como la culpa que se imputa al médico, tanto sea por un diagnóstico erróneo basado en conclusiones inasumibles como por la falta de realización de pruebas diagnósticas, como por la mala o incorrecta ejecución de la técnica utilizada. El criterio de imputación en virtud del artículo 1.902 CC, se basa, como no podía ser de otra forma, en el reproche culpabilístico y exige del paciente la demostración de la relación o nexo de causalidad y la de la culpa en el sentido de que «ha de quedar plenamente acreditado en el proceso que el acto médico o quirúrgico enjuiciado fue realizado con infracción o no sujeción a las técnicas médicas o científicas exigibles para el mismo»[133].

En definitiva, «la jurisprudencia de la Sala Primera del TS, al analizar la relación causal entre la actuación negligente y el resultado de daños en actuación médica, exige valorar la asistencia recibida desde una perspectiva material o física para determinar si fue condición indispensable para

---

131 LUNA YERGA, Álvaro (2004): *La prueba de la responsabilidad civil médico-sanitaria, op. cit.* pág. 498.

132 FJ 2 STS de 13 de julio de 1987 [*Tol 1739921*] en su Fundamento de Derecho 2° o la STS de 13 de abril de 1999 [*Tol 5120831*].

133 FFJJ 6 y 4 SSTS 922/2005, de 24 de noviembre, de la Sala de lo Civil (núm. rec. 1481/1999 y [*Tol 781245*]) y 508/2008, de 10 de junio (núm. 2897/2002 y [*Tol 13545709*]).

la producción del resultado de daños. A esa valoración añade la necesidad de integrar jurídicamente el nexo de causalidad, imputación objetiva con el reconocimiento de la existencia de un ligamen causal jurídicamente relevante entre la infracción de la *lex artis* que se imputa y el resultado de daños»[134].

IV. RESPONSABILIDAD CIVIL POR ACCIDENTES DE TRABAJO

La responsabilidad del centro hospitalario no solo es exigible cuando el daño se causa a un paciente. El empresario es también responsable frente a su propio personal. En estos casos, como se expone a continuación, los parámetros de responsabilidad son distintos a los expuestos hasta ahora.

El art. 115.1 Real Decreto Legislativo 8/2015, de 30 de octubre, por el que se aprueba el texto refundido de la Ley general de la Seguridad Social, define el accidente de trabajo como «toda lesión corporal que el trabajador sufra con ocasión o por consecuencia del trabajo que ejecute por cuenta ajena».

Son tres los elementos esenciales del accidente de trabajo:

i. Existencia de una relación laboral por cuenta ajena
ii. Lesión corporal
iii. Causación de la lesión con ocasión o como consecuencia del trabajo

Si concurren los tres, *de facto* el empresario deberá responder civilmente por el accidente de trabajo con arreglo a una responsabilidad que algunos califican «por riesgo» y otros «subjetiva con elementos objetivadores».

1) Responsabilidad por culpa

En materia de responsabilidad civil por accidentes de trabajo, la doctrina jurisprudencial ha experimentado una evolución que le ha llevado a transitar desde una responsabilidad subjetiva a otra que se aproxima, con los moldes de la responsabilidad por riesgo. A ello han contribuido

---

134 FJ 3 SAP Madrid 307/2021, de 17 de septiembre (núm. rec. 295/2021, y [*Tol 8659343*]).

distintas teorías como la inversión de la carga de la prueba impuesta judicialmente.

A. Teorías objetivadoras

En la responsabilidad civil por accidentes de trabajo no cabe duda la tendencia a la objetivación de la responsabilidad. Varios son los criterios argumentativos que han justificado esta evolución jurisprudencial. Entre ellos destacan la dilatación del concepto de previsibilidad, el incumplimiento de la normativa de protección, la insuficiencia del cumplimiento de la normativa de prevención y la culpa *in vigilando.*

a) Dilatación de la noción de previsibilidad

El Derecho del trabajo parte de un principio, según el cual, «la posibilidad de prever los sucesos es un concepto teóricamente amplísimo y de límites imprecisos»[135]. A partir de aquí, el concepto de culpa del empresario estaría íntimamente relacionada con la idea de previsibilidad del daño. De esta manera, el empresario solo quedaría exonerado de «aquellos sucesos totalmente insólitos y extraordinarios que, aunque no imposibles físicamente, y por lo tanto, previsibles en teoría, no son los que pueden calcular una conducta prudente atenta a las eventualidades que el curso de la vida puede esperar»[136].

En este sentido, ÁLVAREZ LATA entiende que, a pesar de la objetivación de la responsabilidad empresarial por accidentes de trabajo, se sigue operando con el concepto de culpa «basado en la previsibilidad del daño (...) o mejor, de los riesgos potenciales de accidente laboral, esto es, la omisión por parte del empresario de todas las medidas que la prudencia imponga para evitar (todos) los riesgos que previsiblemente pudieran ocasionar el daño»[137].

---

135 Considerando 1 STS de 9 de septiembre 1949, de la Sala de lo Civil [*Tol 4455974*].

136 *Idem.*

137 ÁLVAREZ LATA, Natalia (2014): «La responsabilidad civil por accidente de trabajo» en BUSTO LAGO, José Manuel, REGLERO CAMPOS Luis Fernando (coords.), *Lecciones de responsabilidad civil.* Aranzadi, Cizur Menor (Navarra), pág. 598.

b) Incumplimiento de la norma de protección

También se ha dicho que, desde el punto de vista subjetivo, la culpa se evidencia por un juicio de comparación entre la conducta del causante del daño y un patrón de conducta deducido de la experiencia. Así, cuando un patrón de comportamiento se objetiva mediante la aprobación de una norma, su infracción determina la responsabilidad del empresario.

c) Insuficiencia del cumplimiento de la normativa de protección

En tercer lugar, hay que tener en cuenta que, para parte de la doctrina, hay que superar el binomio responsabilidad-infracción de la normativa de seguridad. Para ello, se ha afirmado que el empresario debe responder, «mediante la rigurosa adopción no sólo de las previsiones reglamentarias sino de otras "ad hoc", y según la "lex artis", en verdad, técnicamente para evitar y reducir los efectos de los desfavorables acontecimientos»[138].

Así, «la doctrina jurisprudencial se inclina por la tesis de que no resulta suficiente la diligencia reglamentaria, si la realidad fáctica evidencia que las garantías adoptadas para evitar daños previsibles han resultado ineficaces»[139]. Un ejemplo lo encontramos «en casos de actividades especialmente peligrosas (…) [donde], no es suficiente el cumplimiento de las normas y reglamentos, debiendo el empresario extremar su diligencia»[140].

En definitiva, «si bien el artículo 1902 descansa en un principio básico culpabilístico, no es permitido desconocer que la diligencia requerida comprende no solo las prevenciones y cuidados reglamentarios, sino además todos los que la prudencia imponga para evitar el evento dañoso, con inversión de la carga de la prueba y presunción de conducta culposa en el agente, así como la aplicación, dentro de prudentes pautas, de la responsabilidad basada en el riesgo, aunque sin erigirla en fundamento único de la obligación a resarcir»[141].

Para CAVANILLAS el «origen de este planteamiento no se encuentra tanto en el fenómeno de transformación jurisprudencial de un modelo

---

138 FJ 5 STS 631/1999, de 13 de julio, de la Sala de lo Civil (núm. rec. 3619/1994 y [*Tol 5121079*]).

139 *Idem.*

140 FJ 4 STS 740/2011, de 20 de octubre, de la Sala de lo Civil (núm. rec. 1637/2008 y [*Tol 2262160*]).

141 FJ 3 STS de 22 de abril de 1987, de la Sala de lo Civil [*Tol 1739179*].

subjetivo de culpa, sino en la desconsideración con la que tradicionalmente han sido tratadas las disposiciones administrativas en la casación civil, sin perjuicio de que posteriormente dicho expediente haya conectado con el mencionado procedimiento objetivador»[142].

Este mismo autor precisa que no estamos ante el argumento del agotamiento de la diligencia, analizado en el epígrafe anterior, sino que lo que viene a introducir el TS es un argumento específico: exigir una vigorosa y rigurosa prueba de la diligencia, tal que «ha hecho casi inviable esa excepción, al exigir tan rigurosa prueba de diligencia que ésta casi nunca juega como circunstancia exculpatoria»[143].

d) *Culpa in vigilando*

Como se viene afirmando, la jurisprudencia no prescinde de modo absoluto del elemento de culpa, sino que viene a atenuarlo, lo que, para un sector de la doctrina, «lleva inexcusablemente a una enorme ampliación de la obligación *in vigilando* y a un "plus" en la diligencia normalmente exigible»[144].

e) *Agotamiento de la diligencia*

El agotamiento de la diligencia, expuesto en el epígrafe dedicado a la evolución de la responsabilidad civil, también se utiliza para objetivar la responsabilidad civil del empresario. Un ejemplo lo encontramos en la STS de 30 de junio de 2010. En ella, se puso de manifiesto que «la deuda de seguridad que al empresario corresponde determina que, actualizado el riesgo, para enervar su posible responsabilidad el empleador ha de acreditar haber agotado toda diligencia exigible, más allá —incluso— de las exigencias reglamentarias»[145].

Por lo tanto, «la obligación del empresario alcanza a evaluar todos los riesgos no eliminados y no sólo aquellos que las disposiciones específicas

---

142 CAVANILLAS MÚJICA, Santiago (1987): *La transformación de la responsabilidad civil en la jurisprudencia civil, op. cit.* págs. 48 y 49.

143 *Ibidem* pág. 95.

144 FJ 1 STS 409/1999, de 18 de mayo, de la Sala de lo Civil (núm. rec. 2721/1994 y [*Tol 5120957*]).

145 FJ 3.2 STS de 30 de junio de 2010, de la Sala de lo Social (núm. rec. 4123/2008 y [*Tol 1962148*]).

hubiesen podido contemplar expresamente (…), máxime cuando la generalidad de tales normas imposibilita prever todas las situaciones de riesgo que comporta el proceso productivo»[146] Adicionalmente, como puntualiza la STS de 11 de diciembre de 2018, «el deber de protección del empresario es incondicionado y, prácticamente, ilimitado y (…) deben adoptarse las medidas de protección que sean necesarias, cualesquiera que ellas fueran»[147].

En definitiva, la diligencia del empresario es más intensa que la del buen padre de familia, razón por la cual requiere niveles máximos que se valorarán «según las circunstancias del caso concreto» exigiendo, en aquellos trabajos que suponen una peligrosidad más clara, medidas rigurosas para evitar y reducir los riesgos[148].

Ejemplo reciente de este plus de diligencia que se exige al empresario lo tenemos en las sentencias dictadas en materia de medios de protección frente al SARS-COV2[149].

---

146 FJ 1.2 STS 310/2018, de 15 de marzo, de la Sala de lo Social (núm. rec. 1047/2016 y [*Tol 6568480*]).

147 FJ 2.4 b) STS 1039/2018, de 11 de diciembre, de la Sala de lo Social (núm. rec. 1653/2016 y [*Tol 7011551*]).

148 FJ 1 STS 22 de febrero de 2001, de la Sala de lo Civil [*Tol 99618*].

149 Uno de los primeros pronunciamientos sobre responsabilidad de la Administración sanitaria por daños sufridos por personal sanitario fue la sentencia del Juzgado de lo Social Único de Teruel 60/2020, de 3 de junio (núm. rec. 114/2020 y [*Tol 7950957*]). En dicho fallo, confirmado por la STSJ de Aragón 405/2020, de 22 de septiembre (núm. rec. 353/2020 y [*Tol 8091537*]), se condenó al Servicio Aragonés de Salud, al Instituto Aragonés de Servicios Sociales y a la Diputación General de Aragón por vulnerar el derecho a la integridad física y protección de la salud de su personal. La razón determinante fue la falta de medios de protección necesarios, para hacer frente al Covid-19, a quienes trabajaban en residencias, y ello a pesar de reconocer la situación de escasez que se sufría a nivel mundial. En este sentido, la jueza realizó un relato muy pormenorizado de la actuación de la OMS para concluir que había avisos suficientes como para haber hecho acopio de los equipos de protección individual. Dicha sentencia fue confirmada en suplicación por el TSJ de Aragón, el cual negó que pudiera tratarse de un supuesto de fuerza mayor porque «*podía* ser inevitable —aunque fuera previsible— la epidemia, pero no el cumplimiento de las medidas preventivas del riesgo laboral que *conllevaba* para el personal sanitario» (FJ 9).

B. Inversión de la carga de la prueba

Para reforzar la objetivación en este ámbito, el TS aplica la inversión de la carga de la prueba de culpa, habiendo de demostrar que, o bien el riesgo laboral era imprevisible o que la causa fue el actuar culposo de la víctima.

Según expresa la STSJ de Aragón de 22 de septiembre de 2020, «es la Administración sanitaria (…) "la adopción de las medidas necesarias para prevenir o evitar el riesgo"» a que se refiere el art. 96.2 de la Ley 36/2011, de 10 de octubre, reguladora de la jurisdicción social[150]. Esta inversión de la carga de la prueba no incluye el elemento causal que habrá de ser probado por el trabajador, al igual que el daño sufrido. Por tanto, como causas de exoneración se contemplan el caso fortuito o fuerza mayor y la culpa exclusiva de la víctima.

2) Responsabilidad objetiva

Quienes defienden la responsabilidad objetiva en el ámbito los accidentes de trabajo se acogen a la «teoría del riesgo». Esta se basa en la existencia de un beneficio económico expresada en la máxima *ubi emolumentum ibi onus*. El principal reproche que puede realizarse a la «teoría del riesgo» es que «solo existe obligación de indemnizar en los casos determinados en la ley»[151].

La responsabilidad por riesgo no es aplicada de manera pacífica por la jurisprudencia. Pueden encontrarse fallos en los que se afirme que el «contenido culpabilístico del precepto civil 1902 ha sido corregido jurisprudencialmente en forma progresiva para llegar a la doctrina del riesgo»[152]. Junto con ellos también existen pronunciamientos en los que se conjugan la responsabilidad objetiva y subjetiva. Este es el caso de la STS de 8 de noviembre de 1990, en la que se afirma que «la doctrina moderna coloca al lado del tradicional principio de la culpa el nuevo principio de la respon-

---

150 FJ 20 STSJ de Aragón 405/2020, de 22 de septiembre (núm. rec. 353/2020 y [*Tol 8091537*]).

151 DÍEZ-PICAZO y PONCE DE LEÓN, Luis (2000): «Culpa y riesgo en la responsabilidad civil», *Anuario de la Facultad de Derecho de la Universidad Autónoma de Madrid*, núm. 4, pág. 164.

152 FJ 2 STS 237/1993, de 18 de marzo, de la Sala de lo Civil (núm. rec. 1912/1990 y [*Tol 1656251*]).

sabilidad por riesgo o sin culpa, que responde a las exigencias de nuestros tiempos»[153].

Sin embargo, en la actualidad —y como consecuencia de la atribución a la jurisdicción social de las reclamaciones contra el empresario por accidentes de trabajo por el art. 2 b) de la Ley 36/2011, de 10 de octubre, reguladora de la jurisdicción social— la línea jurisprudencial dominante esta es la que parte de la responsabilidad por culpa modelada por las reglas objetivadoras expuestas.

V. RESPONSABILIDAD PATRIMONIAL DE LA ADMINISTRACIÓN SANITARIA

«La responsabilidad patrimonial se erige hoy como uno de los pilares fundamentales sobre los que descansa el Estado de Derecho»[154]. Las notas que lo caracterizan son su unidad, alcance general, naturaleza directa, objetiva, así como su diferenciación con el instituto de la expropiación forzosa[155]. Además, «dentro del vasto campo de la responsabilidad de la Administración, el sector sanitario constituye una especie de microcosmos separado del resto, dado que en él se concitan cuestiones que le son características[156].

Dicho esto, la responsabilidad patrimonial sanitaria se distingue de la responsabilidad civil, por su carácter objetivo, y se singulariza, dentro de la responsabilidad patrimonial, por ciertas modulaciones que matizan su carácter objetivo, la más importante de ellas la regla de la *lex artis*. A estas dos «singularidades» —que son las que individualizan la responsabilidad patrimonial sanitaria— nos referimos a continuación.

---

153 FJ 4 b) STS de 8 de noviembre de 1990, de la Sala de lo Civil [*Tol 1729986*].

154 GARRIDO MAYOL, Vicente (2004): *La responsabilidad patrimonial del Estado. Especial referencia a la responsabilidad del Estado Legislador,* Tirant lo Blanch, Valencia, pág. 1.

155 LEGUINA VILLA, Jesús (1993): «La responsabilidad patrimonial de la Administración, de sus autoridades y del personal a su servicio», en LEGUINA VILLA, Jesús y SÁNCHEZ MORÓN, Miguel (dirs.), *La nueva Ley de régimen Jurídico de las Administraciones Públicas y del Procedimiento Administrativo Común,* Tecnos Madrid, págs. 394 y ss.

156 LÓPEZ MENUDO, Francisco, GUICHOT REINNA, Emilio y CARRILLO DONAIRE, Juan Antonio (2005): *La responsabilidad patrimonial de los poderes públicos, op. cit.* 118.

1) *Responsabilidad objetiva*

Como se expone en el cap. 14 (págs. 911 a 920) de esta obra por BLANQUE, la discusión sobre el carácter objetivo de la responsabilidad patrimonial ha hecho correr ríos de tinta[157]. En el ámbito de la jurisprudencia, este carácter objetivo ha sido declarado de manera reiterada por el TS, y más recientemente por el Tribunal Constitucional[158]. En efecto, según viene señalando la jurisprudencia, para reconocer una indemnización basta con que se haya producido un daño efectivo, evaluable económicamente e individualizado, y que se demuestre la realidad del daño, y la relación de causalidad entre el mismo y la actuación u omisión de la Administración.

En palabras de Tomás Ramón FERNÁNDEZ, se «ha eliminado la consideración de los elementos de ilicitud y culpa para construir la institución de la responsabilidad administrativo, trasladando el centro de gravedad del sistema al concepto de lesión»[159].

Por ello, puede afirmarse que no es necesario acreditar la existencia de una conducta culpable de los agentes públicos. Únicamente debe probarse que el daño es consecuencia del funcionamiento de los servicios públicos. En este sentido, puede decirse que el TS proclama «la total irrelevancia que para estos casos tiene que el funcionamiento de la Administración

---

157 BLANQUE, en el cap. 14 dedicado a la *lex artis,* realiza una buena síntesis sobre los antecedentes del art. 32 LRJ, el papel que jugó en la configuración de este sistema GARCÍA DE ENTERRÍA, la crítica efectuada por algunos autores —en particular Pantaleón— así como la defensa del carácter objetivo, entre otros por LEGINA y Tomás Ramón FERNÁNDEZ. También contiene un análisis de importantes sentencias, tanto del TS —como la de 14 de junio de 1991 (del doble aneurisma) y 21 de diciembre de 2020 (Ala Octa), como del TC, a saber, SSTC 141/2014, de 2 de julio y 112/2018. A él nos remitimos.

158 Hasta hace poco el TC no se había pronunciado sobre el carácter objetivo de la responsabilidad patrimonial. Una primera aproximación fue la realizada por la STC 141/2014, de 17 de octubre. Cuatro años después, la STC 112/2018 afirmó que «el tenor del artículo 106.2 [CE] supone la recepción constitucional de la responsabilidad de la Administración previamente vigente en España, cuyo carácter objetivo venía siendo ampliamente aceptado por la doctrina y la jurisprudencia (...). Así pues, el régimen constitucional de responsabilidad de las Administraciones públicas se rige por criterios objetivos» (FJ 5).

159 FERNÁNDEZ, Tomás Ramón (2021): «Sobre la discutida naturaleza objetiva de la responsabilidad patrimonial de la Administración», *Revista de Administración Pública,* núm. 216, pág. 174.

fuera normal o anormal, en función de cuyas premisas, para adoptar su decisión»[160].

A. Límites de la responsabilidad objetiva

Ahora bien, para el TS, «la objetivación de la responsabilidad patrimonial de la Administración (...) no la convierte (...) en un asegurador que deba responder en todos los casos en que se produzca un resultado lesivo a raíz de la utilización de bienes o servicios públicos, sino que es necesario que exista un nexo causal entre el resultado en cuestión y el actuar de la Administración»[161].

En cualquier caso, aunque tanto la jurisprudencia como la doctrina legal sostienen al unísono que la responsabilidad patrimonial sanitaria es objetiva porque participa de los mismos caracteres de la responsabilidad administrativa en general. Lo cierto es que esa objetividad luego se halla matizada por múltiples vías.

i. Según afirma el TS, refiriéndose a la responsabilidad patrimonial, «es doctrina jurisprudencial consolidada la que (...) entiende que la misma es objetiva o de resultado, de manera que lo relevante no es el proceder antijurídico de la Administración (...) sino la antijuridicidad del resultado o lesión (...), aunque (...) es imprescindible que exista nexo causal entre el funcionamiento normal o anormal del servicio público y el resultado lesivo o dañoso producido»[162].
ii. Como recuerda el Consejo de Estado (CdE), «la responsabilidad patrimonial (...) sanitaria, es una responsabilidad de carácter objetivo, es decir, debe apreciarse con independencia de la concurrencia de culpa en el actuar administrativo. Sin embargo [para este órgano consultivo,] este carácter objetivo (...) no implica que todos los daños producidos en los servicios públicos sanitarios sean indemnizables, pues eso (...) supondría una desnaturalización de la institución»[163].

160 FJ 3 STS de 14 de junio de 1991, de la Sala de lo Contencioso-Administrativo [*Tol 2423062*].

161 FJ 2 STS de 5 de diciembre de 1997 (núm. rec. 5213/1993 y [*Tol 5146840*]).

162 FJ 1 STS de 30 de octubre de 1999 (núm. rec. 5696/1995 y [*Tol 1716223*]).

163 CJ IV DCdE de 3 de junio de 1999 (núm. exp. 989/1999 y [*Tol 218132*]).

¿Estamos entonces ante una responsabilidad objetiva? CUETO sostiene que «no existe razón alguna que justifique la no aplicación en el ámbito de la asistencia sanitaria de la responsabilidad objetiva; sin embargo, esta afirmación tendrá que ser matizada al analizar los títulos de imputación, ya que las condenas a la Administración por funcionamiento normal de los servicios sanitarios son casi inexistentes»[164]. BLANQUER, por su parte, de manera más clara afirma que «en los asuntos de reclamación de un resarcimiento por el funcionamiento de los servicios sanitarios se confiesa que la responsabilidad no es en rigor puramente objetiva»[165]. Más allá va JIMÉNEZ-BLANCO, quien advierte que «aunque entre nosotros está formalmente desterrada la culpa en la responsabilidad patrimonial de la Administración, analizando (o, si se quiere, psicoanalizando) la jurisprudencia es dable colegir que ha seguido siendo un criterio de decisión más o menos camuflado»[166].

Cuando se acude a la jurisprudencia para tratar de responder a la pregunta de cuál es el alcance que tiene la responsabilidad patrimonial de la Administración española en materia sanitaria, nos encontramos con la ambigua posición de la Sala de lo Contencioso-Administrativo del TS.

i. Cuando pretende reconocer una indemnización, reitera con frecuencia —sin efectuar matización alguna respecto de la Administración sanitaria— que «para apreciar la existencia de responsabilidad patrimonial (...) es indiferente la calificación» [como normal o anormal del servicio sanitario, así como que] lo relevante no es el proceder antijurídico de la administración, sino la antijuridicidad del resultado o lesión»[167].

---

164 CUETO PÉREZ, Miriam (1997): *Responsabilidad de la Administración en la asistencia sanitaria, op. cit.* pág. 269.

165 BLANQUER CRIADO, David (2020): *La responsabilidad patrimonial en tiempos de pandemia los poderes públicos y los daños por la crisis de la COVID-19*, Tirant lo Blanch, Valencia, pág. 363.

166 JIMÉNEZ-BLANCO y CARRILLO DE ALBORNOZ, Antonio (1986): «Responsabilidad administrativa por culpa "in vigilando" o "in omitiendo"», *Poder judicial*, núm. 2, pág. 123.

167 FJ 3 23 de octubre de 2007, de la Sala de lo Contencioso-Administrativo (núm. rec. 3071/2003 y [*Tol 1174862*]). Entre otros fallos la Sala de lo Contencioso-Administrativo del TS también ha reiterado que la responsabilidad es objetiva en sus SSTS de 23 de noviembre de 2006 (núm. rec. 3374/2002 y [*Tol 1018744*]), de 19 de febrero de 2007 (núm. rec. 5512/2002 y [*Tol 1038439*]), 10 de octubre de 2007 (núm. rec. 1106/2003 y [*Tol 1156852*]). En todas ellas queda claro que dicha afirmación rige también para el ámbito sanitario. En particular, haciendo

ii. Cuando quiere denegar la indemnización, para salir del paso de la invocación del carácter objetivo de la responsabilidad, suele concluir que «no resulta suficiente la existencia de una lesión (...) sino que es preciso acudir al criterio de la *lex artis* (...), independientemente del resultado (...), ya que no le es posible ni a la ciencia ni a la Administración garantizar, en todo caso, la sanidad o la salud del paciente»[168].

Como gráficamente ha afirmado DÍEZ-PICAZO, «los Tribunales juegan con dos barajas intercambiables sin que uno termine de saber cuándo y por qué se elige un tipo de juego u otro. Cuando hay que favorecer la indemnización, se tensará la cuerda objetivista y cuando hay que negarla, se recogerá»[169]

B. La doctrina de la *lex artis*

Para comprender la lógica del TS hay que saber que la piedra angular en la que descansa la responsabilidad patrimonial sanitaria es la *lex artis*. Como afirma la STS de 14 de octubre de 2002, «cuando del servicio sanitario o médico se trata, el empleo de una técnica correcta es un dato de gran relevancia para decidir, de modo que, aun aceptando que las secuelas padecidas tuvieran su causa en la intervención quirúrgica, si esta se realizó correctamente y de acuerdo con el estado del saber, siendo también correctamente resuelta la incidencia postoperatoria, se está ante una lesión que no constituye un daño antijurídico»[170].

La *lex artis* es el parámetro de diligencia que se emplea en el ámbito médico. Además, «no se trata de un patrón de conducta estático o fijo, sino

---

una referencia a la responsabilidad patrimonial sanitaria, la STS 19 de febrero de 2007 (núm. rec. 5512/2002 y [*Tol 1038439*]), concluyó que «aun cuando no cabe negar el carácter objetivo de la responsabilidad patrimonial de la Administración, para apreciar esta resulta necesaria la concurrencia de sus requisitos definidores y por tanto ha de quedar acreditado que el resultado lesivo por el que se reclama trae su causa directa y eficaz en una actuación u omisión de la administración en este caso sanitaria, debiendo partir esta Sala de los hechos declarados probados por la Sala de instancia» (FJ 2).

168 FJ 4 STS de 30 de octubre de 2007 (núm. rec. 6996/2003 y [*Tol 1174861*])

169 DÍEZ-PICAZO y PONCE DE LEÓN, Luis (2011): *Fundamentos de Derecho Civil Patrimonial*, vol. V, Civitas, Madrid, pág. 121.

170 FJ 6 STS de 14 de octubre de 2002 (núm. rec. 8406/1997 y [*Tol 240461*]).

más bien lo contrario»[171]. «Pues bien, el TS conecta la *lex artis* con el requisito de la antijuridicidad, y la cláusula de exoneración de los riesgos del progreso, con el propósito de sentenciar que, cuando la Administración sanitaria ha actuado de acuerdo con la *lex artis*, el daño no es antijurídico y la víctima tiene el deber de soportarlo sin indemnización ninguna.

Qué duda cabe que este modo de entender la *lex artis* trata de compatibilizar la restricción del deber de indemnizar a supuestos de funcionamiento anormal de la Administración sanitaria con la premisa, repetida una y otra vez por el TS, de que la responsabilidad patrimonial sanitaria es objetiva[172].

MIR considera que «este esfuerzo argumental es un esfuerzo vano porque, se mire como se mire, y se fundamente como se fundamente, es flagrantemente contradictorio afirmar que la responsabilidad es objetiva y, al mismo tiempo, que solo habrá que responder cuando se vulnere la *lex artis*»[173].

Este autor, cuyo planteamiento coincide con el CUETO y JIMÉNEZ-BLANCO, expuesto *ut supra*, observa que, por mucho que se insista repetidamente en la objetividad de la responsabilidad, al final la culpa —la anormalidad del funcionamiento del servicio— entra en juego, en este caso, por la vía del daño antijurídico.

De esta manera, hay que concluir que la culpa —la anormalidad del funcionamiento del servicio— se erige en el criterio básico de imputación, manejado *de facto* por la Sala de lo Contencioso-Administrativo del TS en materia sanitaria.

De hecho, si se examina la jurisprudencia reciente, se evidencia que la responsabilidad de la Administración sanitaria únicamente se declara tras constatar o presumir la existencia de mala praxis, así como que cuando esta no se demuestra se concluye que la asistencia sanitaria fue correcta por haberse ajustado a la *lex artis*.

---

171 SOLÉ FELIU, Josep (2022): «Estándar de diligencia médica y valor de los protocolos y guías de la práctica clínica en la responsabilidad civil de los profesionales sanitarios», *Revista de Derecho Civil*, vol. IX, núm. 3, pág. 6.

172 MIR PUIGPELAT, Oriol (2008): Responsabilidad objetiva vs. funcionamiento anormal en la responsabilidad patrimonial de la administración sanitaria (y no sanitaria), en BELDA PÉREZ-PEDREDO, Enrique JIMÉNEZ IBÁÑEZ, Salvador y MARTÍNEZ BULLÉ GOYRI, Víctor Manuel (coords.), Problemas *actuales de responsabilidad patrimonial sanitaria*, Civitas, Madrid, pág. 156.

173 *Idem*.

Es más, solo en contadas sentencias de los años noventa del siglo pasado se condenó a la Administración sanitaria por daños derivados de una actuación médica ajustada a la *lex artis*. Estas sentencias, que fueron criticadas por una gran parte de la doctrina, propiciaron la inclusión de la cláusula de los riesgos de progreso mediante la Ley 4/1999, de 13 de enero, de modificación de la Ley 30/1992, de 26 de noviembre, de régimen jurídico de las Administraciones Públicas y del procedimiento administrativo común (LRJPAC-92). A pesar de que esta cuestión será expuesta en el cap. 21 por MANENT y TAJUELO (págs. 1522 a 1527, nos remitimos a lo allí escrito, resaltando lo siguiente:

i. La STS de 14 de junio de 1991, conocida como la sentencia del doble aneurisma, ejemplifica como ningún otro fallo, la controversia doctrinal y jurisprudencia a la que venimos refiriéndonos. En ella, a pesar de afirmarse que no era posible «efectuar un juicio crítico de la lex *artis* del profesional (...) para el cirujano por los dictámenes periciales (...) [que habían sido] contrastados (...) con la opinión de acreditados profesionales españoles y extranjeros», se condenó a la Administración por la mera producción del daño[174].

ii. Entre otras, la STS de 5 de enero de 2007, de la Sala de lo Civil, da buena cuenta del *status quaestionis* con las siguientes palabras: «en el ámbito de los servicios públicos, como es el sanitario, es aplicable el principio de responsabilidad objetiva (...) pero (...), los criterios de imputación aplicables no se separan en gran medida de los que derivan de la aplicación del principio culpabilístico (...) puesto que (...) los tribunales del orden contencioso— administrativo vinculan la existencia de responsabilidad al incumplimiento de los estándares del servicio (o de la «*lex artis*» [reglas del oficio] por parte del personal sanitario, cuando el daño está directamente vinculado a la realización de actos médicos), dado que existe un criterio general

---

174 Antecedente 1 de la STS de 14 de junio de 1991 [*Tol 2423062*]. La demandante presentaba «aneurismas gigantes de ambas carótidas supraclinoideos, en espejo, el derecho con diámetro mayor de 3,5 cm, el izquierdo con diámetro mayor de 2,8 cm.», por lo que se decidió inmediatamente intervenir quirúrgicamente, tras dar a conocer a su marido el alto riesgo de la intervención. En el curso de la operación se optó por reducir primero el aneurisma de la carótida derecha lo que llevó a una hemiparesia braquiofacial que originó las lesiones. El Tribunal Supremo declaró responsable a la Administración a pesar de reconocerse que el médico actuó conforme a la *lex artis* pues era más grave el aneurisma izquierdo que causó las lesiones, algo que no se podía prever.

de imputación, recogido hoy en la ley, fundado en la ausencia de deber de soportar por parte del perjudicado»[175].

Para autores como FONSECA, no se puede hablar «de un sistema de responsabilidad puramente objetivo ni puramente culpabilístico [sino de] la naturaleza "mixta" de la responsabilidad patrimonial en el concreto ámbito de la Administración sanitaria»[176].

Para MIR, el criterio del TS, que otorga un papel primordial a la *lex artis* como título básico de imputación en materia sanitaria, es plenamente correcto. En su opinión, no es aceptable una responsabilidad objetiva en sentido estricto, en el ámbito de la Administración sanitaria, pues «una genérica responsabilidad de tal calibre tendría, además, el efecto perjudicial añadido de incentivar la práctica de medicina defensiva, tan nociva para el erario público, los propios pacientes y el progreso de la medicina»[177]. Este autor entiende que la Administración solo debería responder, como regla general (tanto en materia sanitaria como fuera de ella), por los daños derivados de su *funcionamiento anormal.*

A la misma conclusión llega HURTADO. Esta autora ha puesto de relieve «que someter a los centros sanitarios públicos a una responsabilidad tan amplia invita a la práctica de la medicina defensiva como reacción a la facilidad declamatoria»[178]. Por ello, defiende un sistema en el que la responsabilidad nazca, con carácter general, del funcionamiento anormal de los servicios públicos.

Nos encontramos, concluye esta autora, «con que una institución que fue instaurada en el siglo pasado rige hoy para la determinación de la responsabilidad patrimonial ante actuaciones sanitarias que se realizan en una medicina acorde al Siglo XXI, que nada tiene que ver con la existente antaño, lo que pone en evidencia la necesidad de revisar y actualizar con-

---

175 FJ 8 STS 1377/2007, de 5 de enero, de la Sala de lo Civil (núm. rec. 161/2000 y [*Tol 1040249*]).

176 FONSECA FERRANDIS, Fernando (2015): *Mesa redonda en Foro Sanidad y Derecho, sobre* «La pérdida de oportunidad terapéutica. La valoración del daño (9 de abril de 2015), Hospital Universitario la Paz de Madrid, citado por HURTADO DÍAZ-GUERRA, Isabel (2018): *El daño moral en la responsabilidad patrimonial sanitaria, op. cit.* pág. 56.

177 MIR PUIGPELAT, Oriol (2008): «Responsabilidad objetiva vs. funcionamiento anormal en la responsabilidad patrimonial de la administración sanitaria (y no sanitaria)», *op. cit. pág.* 157.

178 HURTADO DÍAZ— GUERRA, Isabel (2018): *El daño moral en la responsabilidad patrimonial sanitaria, op. cit.* pág. 57.

ceptos e instituciones que parecen haber quedado desfasadas», afirmación que compartimos plenamente[179].

2) Infracción de la lex artis ad hoc

Como ya hemos dicho, la *lex artis* constituye un modelo de actuación al que el médico debe ajustarse. En palabras de GUERRERO la *lex artis* es «un criterio de normalidad de los profesionales sanitarios que permite valorar la corrección de los actos médicos y que impone al profesional el deber de actuar con arreglo a la diligencia debida»[180]. Es más, como apunta SOLÉ, «la especial cualificación profesional de los médicos y profesionales sanitario justifica elevar el estándar de diligencia exigible, para acomodarlo a la llamada *lex artis* profesional»[181].

Es «el criterio valorativo de la corrección del concreto acto médico ejecutado por el profesional de la medicina —ciencia o arte médico— que tiene en cuenta las especiales características de su autor, de la profesión, de la complejidad y trascendencia vital del paciente y, en su caso, de la influencia en otros factores endógenos —estado e intervención del enfermo, de sus familiares, o de la misma organización sanitaria—, para calificar dicho acto de conforme o no con la técnica normal requerida»[182].

A. Clasificación

Podemos distinguir tres niveles de *lex artis*:

i. General (o *lex artis* en sentido estricto): estado de la ciencia médica en cada momento, el cual se refleja no sólo en las publicaciones

---

179 *Ibidem* pág. 58.

180 FJ 3 SAN de 19 de junio de 2002 (núm. rec. 543/2000 y [*Tol 5245324*]).

181 SOLÉ FELIU, Josep (2022): «Estándar de diligencia médica y valor de los protocolos y guías de la práctica clínica en la responsabilidad civil de los profesionales sanitarios», *op. cit.* pág. 2. Según refiere este autor, «la inmensa mayoría de los ordenamientos jurídicos europeos evalúan la conducta del profesional sanitario de acuerdo con un estándar de diligencia superior al de la persona normal y razonable, basado en la experiencia, habilidades, técnicas y conocimientos que se esperan del profesional medio del sector. *Ibidem* pág. 3.

182 FJ 3 STS de 11 de marzo de 1991, de la Sala de lo Civil (núm rec. 245/1987 y [*Tol 1727301*]).

científicas, sino también en los protocolos, las conferencias de consenso, y otros procedimientos similares.

ii. *Lex artis ad hoc*: toma en consideración las características de tiempo, lugar, disponibilidades y recursos del centro donde se ejerce la medicina, según guías clínicas y decisiones de los comités hospitalarios, esto es las circunstancias específicas de cada caso.

iii. Criterios prudenciales de actuación ante un enfermo concreto.

A pesar de que la *lex artis* pueda ser objeto de clasificación, lo característico de la misma es la «concreción a cada acto médico»[183]. Por ello, tanto la jurisprudencia civil como la penal, vienen insistiendo en la imposibilidad de establecer normas generales de conducta, así como en la necesidad de atenerse a las circunstancias de cada caso.

B. Características

Entre las notas que caracterizan la *lex artis* se encuentran las siguientes:

a) Casuismo

La *lex artis* señala una serie de reglas técnicas o procedimientos aplicables a situaciones semejantes, pero para evaluar su infracción se ha de referir al caso concreto por las variedades que puede presentar con la situación típica prevista por la ciencia médica.

b) Evolución

La *lex artis* es también es un concepto en continua evolución debido a los avances de la ciencia.

c) Criterio de responsabilidad

En el ámbito de la responsabilidad patrimonial sanitaria lo determinante es la antijuridicidad del daño que hace que el paciente no tenga la obligación de soportarlo. La *lex artis* se considera módulo rector de la actuación del profesional sanitario, pero también es el criterio que nos

183 *Idem.*

permite determinar la antijuridicidad del daño, así como la existencia de nexo causal.

Ello es así por dos razones:

i. Porque la actuación médica es una obligación de medios, debiendo proporcionar el facultativo la atención debida, con la mayor diligencia, de modo que el criterio de la *lex artis* nos permite modular cuál es la actuación concreta que se debe llevar a cabo. En este sentido puede afirmarse que la antijuridicidad viene dada por la infracción de la *lex artis*[184]. El incumplimiento de la *lex artis* conlleva indefectiblemente el incumplimiento de la garantía de medios.

ii. «De exigirse solo la existencia de la lesión se produciría una consecuencia no querida por el ordenamiento, cuál sería la excesiva objetivación de la responsabilidad al poder declararse la responsabilidad con la única exigencia de la existencia de la lesión efectiva sin la exigencia de la demostración de la infracción del criterio de normalidad representado por la *lex artis*»[185].

d) Extensión de la lex artis

En este sentido, la STS de 25 de abril de 1994 explicita que la obligación de medios que incumbe a los médicos comprende «los siguientes deberes:

A. Utilizar cuantos medios conozca la ciencia médica y estén a su disposición en el lugar en que se produce el tratamiento (...).

B. Informar al paciente y, en su caso, a los familiares (...) del diagnóstico de la enfermedad o lesión, del pronóstico que de su tratamiento pueda esperarse, de los riesgos que del mismo pueden derivarse y (...), en el caso de que los medios de que se disponga (...) puedan resultar insuficientes (...) hacerse constar tal circunstancia, de manera que, si resultase posible, opte (...) por el tratamiento del mismo en otro centro médico más adecuado.

C. Continuar el tratamiento del enfermo hasta que pueda ser dado de alta, advirtiendo (...) de los riesgos que su abandono le puedan comportar.

---

184 SAN de 19 de junio de 2002[*Tol 5245324*] y SAN de 27 de noviembre de 2002[*Tol 5262793*].

185 FJ 3 SAN de 19 de junio de 2002 (núm. rec. 543/2000 y [*Tol 5245324*]).

D. En los supuestos (...) de enfermedades (...) crónicas o evolutivas, informar al paciente de los análisis y cuidados necesarios para la prevención del agravamiento (...) de la dolencia»[186].

Se añade a estos deberes el de conservación de la historia clínica, como pone de manifiesto la STS de 2 de enero de 2012[187].

Por lo tanto, la *lex artis* «permite delimitar los supuestos en los que verdaderamente puede haber lugar a responsabilidad exigiendo que no solo exista el elemento de la lesión sino también la infracción de dicha *lex artis*»[188].

C. Prueba

Quien invoca la infracción de la *lex artis*, ha de probar la misma. Los particulares, dada la especificidad de la materia, acuden a las periciales médicas para poder probar dicha infracción en un terreno donde la carga de la prueba se hace difícil debido a que son los profesionales sanitarios quienes poseen el conocimiento y quienes, además, conocen los pormenores de su intervención.

a) Carga de la prueba

Es por ello por lo que, acudiendo al principio de disponibilidad y facilidad probatoria se «exige que sea el médico —en nuestro caso, la Administración Sanitaria— "quien pruebe que proporcionó al paciente todas aquellas circunstancias relacionadas con la intervención mientras este se halle bajo su cuidado, incluyendo diagnóstico, pronóstico y alternativas terapéuticas, con sus riesgos y beneficios, como corolario lógico de que se trata de hechos que fácilmente pueden ser probados por él, y que integran, además, una de sus obligaciones fundamentales en orden a determinar la suficiencia o insuficiencia de la información y consiguiente formalización del consentimiento o conformidad a la intervención, como estable-

---

186 FJ 3 STS 349/1994, de 25 de abril, de la Sala de lo Civil (núm. rec. 1876/1991 y [*Tol 1656892*]).

187 FJ 2 STS de 2 de enero de 2012 de la Sala de lo Contencioso-Administrativo (núm. rec. 3156 y [*Tol 2387900*]).

188 FJ 2 SAN de 19 de junio de 2002 (núm. rec. 543/2000 y [*Tol 5245324*]).

ce la jurisprudencia (...)" (vid. STS de 29 de septiembre de 2005, citada supra)»[189].

Al ser tratado el principio de disponibilidad y facilidad probatoria en el ámbito sanitario por MANENT y ALONSO *in extenso* demos aquí por reproducido lo escrito por estos autores en el cap. 18 de este tratado (págs. 1246 y 1252).

b) Medios de prueba

Los tribunales, a la hora de determinar si existe o no infracción de la *lex artis,* también han de poder valerse de medios para determinar la vulneración o no relacionada al caso concreto, de la *lex artis ad hoc.*

Con carácter general, los medios de los que se pueden valer los tribunales dependen de cada tipo de actividad. Ninguna norma positiva contiene un catálogo completo de los deberes médicos, para determinar si la actuación del profesional sanitario es o no correcta, si se ajusta o no a lo que debe hacerse. Es ineludible, por tanto, el reenvío o remisión del Derecho a las reglas de la ciencia y técnica médica. Habremos de acudir a la legislación y a los denominados protocolos médicos, a los que nos referimos a continuación.

Para un concreto análisis de la prueba y de la inversión de la carga de la prueba nos remitimos a los caps. 18 y 28 de MANENT y ALONSO y GARCÍA-TREVIJANO, respectivamente (págs. 1252 a 1262 y 2040 a 2042).

D. Protocolos médicos

Los protocolos médicos son criterios de prudencia recogidos por escrito con el fin de adecuar las actuaciones médicas según el estado y desarrollo de la ciencia médica.

A ellos se refiere el art. 4.7 de la Ley 44/2003 de 21 de noviembre, de ordenación de las profesiones sanitarias (LOPS), al disponer que «los protocolos deberán ser utilizados de forma orientativa, como guía de la decisión para los profesionales del equipo». Con ellos se garantiza el deber del médico «de prestar una atención sanitaria técnica y profesional adecuada

189 CJ 6 Dictamen del Consejo Consultivo de la Comunidad de Madrid 483/11 de 14 de septiembre.

(...) [al] estado de desarrollo de los conocimientos científicos de cada momento» (art. 5.1).

En su favor, la doctrina científica suele alegar la función de «positivización» o forma de «positivar» la *lex artis.* Incluso, se ha llegado a hablar de los protocolos como una especie de «*lex artis* codificada». Un análisis de la jurisprudencia pone de manifiesto que los protocolos tienen un papel probatorio clave en los procedimientos de responsabilidad sanitaria porque son «pautas seriadas de diagnóstico y tratamiento terapéutico con las que se facilita la concreción de la *lex artis*»[190]. Ahora bien, no constituyen verdades obligatorias en su cumplimiento, sino que «fijan por escrito la conducta diagnóstica y terapéutica aconsejable ante determinadas eventualidades clínicas»[191]. Además, «en ningún caso se considera que constituyan el único criterio evaluable, ni tampoco que el mero cumplimiento de los protocolos (...) resulte suficiente para» entender que se ha infringido la *lex artis*[192]. En definitiva, los protocolos responden además a la necesidad médica de seguridad técnica y, sobre todo jurídica.

En su contra se ha dicho que pueden propiciar la práctica de medicina defensiva, caracterizada por estar centrada en el cumplimiento mecánico de los protocolos previstos sin atender a las circunstancias que, en un concreto caso, pudieran exigir otra actuación por parte del profesional.

Teniendo en cuenta lo anterior, puede decirse que los protocolos constituyen una muy autorizada aproximación al contenido de la *lex artis ad hoc,* siempre que la prueba pericial no lleve al juez a la convicción de que las características del concreto paciente examinado exigían por parte del médico procederes adicionales o distintos de los preestablecidos en el protocolo[193]. Esta cuestión, la del valor probatorio de los protocolos, es abordada a continuación.

---

190 FJ B 9) STS 415/2007, de 16 de abril, de la Sala de lo Civil (núm. rec. 1368/2000 y [*Tol 1106752*]).

191 SILLERO CROVETTO, Blanca (2013): «La responsabilidad civil médico-sanitaria», *op. cit.* pág. 169.

192 SOLÉ FELIU, Josep (2022): «Estándar de diligencia médica y valor de los protocolos y guías de la práctica clínica en la responsabilidad civil de los profesionales sanitarios», *op. cit.* pág. 25

193 MARTÍN LEÓN, Antonio (2010): «Lex artis y protocolos médicos», en SUÁREZ LÓPEZ, José María (coord.) y MORILLAS CUEVA, Lorenzo (dir.), Estudios *sobre responsabilidad penal, civil y administrativa del médico y otros agentes sanitarios,* Dykinson, Madrid, pág. 481.

a) Valor probatorio

Si se pondera que en los protocolos suelen plasmarse normas técnicas actualizadas y recomendadas por expertos en el tema para obtener una correcta praxis médica, no puede dudarse que su aportación al proceso constituye una enorme ayuda para dilucidar el criterio de *lex artis* aplicable al supuesto fáctico que se juzga.

A pesar de ello, conviene puntualizar que en ningún caso pueden los protocolos ser automáticamente equiparados con la *lex artis* correcta. Aunque los protocolos constituyen una importantísima referencia a la hora de fijar el contenido de la *lex artis*, debe quedar meridianamente claro que la determinación de la *lex artis* correcta y adecuada al caso que se enjuicia se verificará mediante los informes periciales médicos»[194]. Es decir, no basta con acreditar que se ha seguido el protocolo, es necesario que se pruebe que se ha seguido el protocolo adecuado a las circunstancias del caso concreto.

b) Libertad de método

En estrecha conexión con el valor probatorio de los protocolos, hay que tener en cuenta que la *lex artis* ha de conciliarse con la libertad de método, pues de lo contrario se haría imposible cualquier progreso en la ciencia médica.

Por ello, si bien la regla general es que se desestima la responsabilidad patrimonial si se considera que ha habido sujeción a los protocolos y, por tanto, no se ha infringido la *lex artis*, también podemos encontrar sentencias en las que el apartamiento del protocolo está justificado.

Como es sabido, la medicina «no suele presentar un único método, por más que la protocolización de los actos médicos invita a ajustarse a unas pautas seriadas de diagnóstico y tratamiento terapéutico, lo que no excluye que puedan existir— y así ocurre frecuentemente— otros métodos que, pese a no ser de uso generalizado, pueden ser igualmente utilizados, si en el caso concreto se considera que pueden ser más eficaces»[195].

---

194 *Idem.*

195 FJ 3 STS de 14 de marzo de 2005 de la Sala de lo Contencioso-Administrativo (núm. rec. 8107/2000 y [*Tol 633629*]).

En cualquier caso, es clara la tendencia a favor del desarrollo de protocolos y guías que orientan la actividad médica y buscan mejor la calidad de la actuación sanitaria, así como facilitar la actuación médica en equipo.

c) *Casuística*

La regla general es que los tribunales desestimen las demandas de responsabilidad sanitaria en aquellos supuestos en que se constata que el daño se ha causado a pesar de haberse observado los protocolos de aplicación. En supuestos como estos, no es indemnizable el daño puesto que los profesionales han cumplido con su obligación de poner todos los medios disponibles conforme al estado del saber y, por tanto, han actuado conforme a la *lex artis,* objetivada a través de la correcta aplicación del protocolo establecido para cada caso.

Constituye un buen ejemplo de esta tendencia la **STS de 9 de octubre de 2012,** recaída como consecuencia de una reclamación formulada por las secuelas derivadas de una intervención de **prótesis de rodilla**. En esta sentencia, el Alto tribunal afirmó que, aunque las secuelas tuvieran su causa en la intervención quirúrgica, si esta se realizó correctamente y de acuerdo con el estado del saber estamos ante una lesión que no es antijurídica. Para la Sala «el empleo de una técnica correcta *era* un dato de gran relevancia para decidir»[196].

En el caso de apartamiento del protocolo, el fallo suele ser estimatorio. Se ha llegado a considerar que el ajustarse al protocolo funciona como una presunción *iuris tantum.* Si bien no parece que la jurisprudencia llegue tan lejos, sí que se han de justificar las razones que llevan al profesional a apartarse del protocolo.

La STSJ de Murcia de 18 de marzo de 2022 es muy representativa de la necesidad de motivar de manera reforzada una intervención en la que no se haya seguido el protocolo de aplicación. En esta ocasión, la Sala de lo Contencioso-Administrativo condenó a la Administración por las graves secuelas que sufrió un paciente al no serle administrada heparina al inmovilizarle con férula el pie derecho, pese a los antecedentes de la paciente (obesidad y toma de anticonceptivos), que aumentaban el riesgo de tromboembolismo que al final se materializó. El Tribunal razonó esta vez que «dado que la intervención precisaba de un periodo de inmovilización

---

[196] FJ 2 STS de 9 de octubre de 2012 de la Sala de lo Contencioso-Administrativo (núm. rec. 40/2012 y [*Tol 2668624*]).

y dado que la paciente presentaba factores de riesgo, la prescripción de HBPM estaría indicada como medida de prevención de trombos»[197].

Otro buen ejemplo lo encontramos en la STS de 24 de octubre de 2008. En ella se consideró que hubo infracción de la *lex artis* porque el resultado —nacimiento de un niño con espina bífida— se podría haber evitado si se hubiera prescrito la realización de una ecografía morfológica «como medio de diagnóstico contemplado por los protocolos»[198]. Como afirma STS de 16 de abril de 2007, los protocolos son instrumentos con los que se «facilita la concreción de la *lex artis*»[199].

La actuación al margen de los protocolos no conlleva indefectiblemente la estimación de la reclamación. Existen supuestos en los que se desestima la responsabilidad a pesar del apartamiento de los protocolos.

Uno de ellos es la **STS de 14 de marzo de 2005**. Resolvió un caso de un parto con complicaciones que desembocó en el **nacimiento de un niño con encefalopatía** por hipoxia isquémica, la cual provocó su fallecimiento a los cuatro años de edad. Se trataba de un feto con unos parámetros biomédicos bastante superiores a los normales, a pesar de lo cual el equipo médico decidió practicar un parto sin cesárea al considerar que el peso no condicionaba la técnica a emplear para el alumbramiento. La Sala de lo Contencioso-Administrativo recalcó que la medicina «no suele presentar un único método, por más que la protocolización de los actos médicos invite a ajustarse a unas pautas seriadas de diagnóstico y tratamiento terapéutico, lo que no excluye que puedan existir —y así ocurre frecuentemente— otros métodos que, pese a no ser de uso generalizado, pueden ser igualmente utilizados, si en el caso concreto se considera que pueden ser más eficaces»[200].

Encontramos también supuestos en los que se estima la responsabilidad a pesar de haberse ajustado a los protocolos, por ejemplo, en las infecciones nosocomiales en las que el cumplimiento de la *lex artis* y de los

---

197 FJ 6 STSJ de Murcia 97/2022, de 18 de marzo (núm. rec. 406/2019 y [*Tol 8914520*]).

198 FJ 2 STS 969/2008, de 24 de octubre, de la Sala de lo Civil (núm. rec. 1894 y [*Tol 1393365*]).

199 FJ B 9 STS 415/2007, de 16 de abril, de la Sala de lo Civil (núm. rec. 1368/2000 y [*Tol 1106752*]).

200 FJ 3 STS de 14 de marzo de 2005 de la Sala de lo Contencioso-Administrativo (núm. rec. 8107/2000 y [*Tol 633629*]).

protocolos no viene dado por tomar medidas para su contención sino en su evitación.

En este sentido, el Consejo Consultivo de Andalucía (CCAnd), en su dictamen de 18 de abril de 2017 sostuvo que si bien «el criterio (...) de la *lex artis* (...) sólo *valía* si se *consideraba* a la *lex artis* como una dimensión objetiva de la prestación del servicio, cuyo cumplimiento *rompía* el nexo de causalidad (...), no *era* menos cierto que hasta el momento *no se estaba* aplicando dicho criterio en el caso de la enfermedad nosocomial, para cuya evitación también cabría predicar aplicación de la *lex artis,* en forma de medicina preventiva»[201]. Sobre el alcance del deber de prevención en los supuestos de infecciones nosocomiales, nos remitimos al capítulo 18 de esta obra, en la que se expone las reflexiones de la doctrina sobre la tendencia cero contagios.

Finalmente, cerramos este capítulo con una mención a la STS de 24 de noviembre de 2016 en la que se pone de manifiesto que la falta de consentimiento informado —como se expone en el cap. 16 por BOIX (págs. 1044 a 1045)— constituye, por sí mismo una infracción de la *lex artis*[202].

En definitiva, los protocolos médicos son un instrumento de gran utilidad a la hora de evaluar la infracción de la *lex artis* si bien plantean el mismo problema general de la práctica de la medicina: no hay conceptos unívocos y puede haber multitud de técnicas que resulten correctas. A pesar de ello, no se puede negar su utilidad para «reducir el alto grado de

---

201 CJ IV DCCAnd 226/2017, de 18 de abril [*Tol 6059913*]. En palabras del CCAnd, estimó la reclamación porque «nada se *decía* en ningún informe acerca de las medidas de asepsia que se adoptaron, habiéndose emitido, únicamente, un informe genérico y *a posteriori* por parte del Servicio de Medicina Preventiva en el que se *afirmaba* que la paciente fue el primer caso detectado del Brote de Klebsiella Pneumoniae Blee. Desde la detección de este caso se aplicaron las medidas recogidas en el Protocolo para la investigación y control de brotes nosocomiales por Klebsiella Productora de Beta-Loctomosa de Espectro Extendido. Con posterioridad a la detección, la Administración se *limitó* a afirmar que diariamente se *llevaban* a cabo acciones preventivas por todo profesional sanitario y que se *adoptaban* medidas medioambientales e higiénicas, relatando los controles protocolarios que periódicamente se realizan. Pero al margen de dicha mención, no *obraba* en el expediente ninguna prueba que *revelase* que la actuación preventiva sanitaria fue la adecuada. Es más, lo que *puso* de manifiesto el informe a que se ha hecho referencia es que antes de la detección de la infección no se adoptaron medidas preventivas».

202 STS 698/2016, de 24 de noviembre, de la Sala de lo Civil (núm. rec. 455/2014 y [*Tol 5899910*]).

incertidumbre clínica que acompaña a las decisiones médicas y, en consecuencia, de proporcionar un cierto grado de seguridad técnica al médico que se ajusta a su contenido»[203].

VI. EVOLUCIÓN DE LA ASISTENCIA SANITARIA PÚBLICA

1) Orígenes de la intervención administrativa en la asistencia sanitaria

«Tradicionalmente se ha considerado que la conservación, la protección y, en el caso de pérdida, la restitución, de la salud correspondía a la propia persona, sólo ella y nadie mejor que ella, debería velar por su propio bienestar»[204]. A partir de aquí se afirmaba que solo en los casos en que una persona careciera de medios para cuidar de su propia salud, serían terceros —la sociedad primero y Estado después— los que asumirían los cuidados.

Antes de la Revolución francesa fueron razones religiosas o de solidaridad las que motivaron que el Estado intervenga en la protección de la salud de quienes no tienen medios para ello. Sin embargo, la Revolución francesa, con las intensas transformaciones sociales que provocó, tuvo como consecuencia que la Administración comenzase a abandonar «su posición abstencionista» y fuera «la encargada de velar por que el individuo tenga una existencia digna, haciendo frente a todas aquellas necesidades que éste sea incapaz de cubrir con sus propios medios»[205].

A. Edad media y moderna

La aparición en la Edad Media de hospicios o centros de acogida, regidos, generalmente por órdenes religiosas, supone la primera manifestación de una asistencia sanitaria de carácter público, si bien las labores de carácter curativo solo se realizaban en beneficio de quienes carecían de recursos económicos. Aquellos que contaban con recursos pagaban los servicios a un médico, profesional liberal, a cambio de un precio.

---

203 MARTÍN LEÓN, Antonio (2010): «Lex artis y protocolos médicos», *op. cit.* pág. 477.

204 CUETO PÉREZ, Miriam (1997): *Responsabilidad de la Administración en la asistencia sanitaria, op. cit.* pág. 84.

205 *Idem.*

En España, la fundación de hospitales correspondió, como hemos dicho, principalmente, a las órdenes religiosas, aunque algunos particulares también contribuyeron a su creación a través de fundaciones.

Es a partir del s. XII cuando los hospitales alcanzan gran importancia como institución. Su número aumenta de forma importante y el Rey lleva a cabo una intervención cada vez mayor en los mismos, dándose las primeras formas de control del Estado sobre estas Instituciones[206].

Hasta el s. XIX, este control del Estado se ejerció mediante la refundición de hospitales y la creación de hospitales especiales, es decir, hospitales que atendían solo a determinados colectivos, fueran estos mujeres, religiosos, extranjeros, locos u hospitales gremiales. Estas primeras intervenciones, además, no tuvieron a tener un encuadre en la sanidad pública sino en la beneficencia. El objetivo es el socorro del necesitado, no la curación del enfermo.

Esto es consecuencia, como señala MUÑOZ MACHADO, de la «peculiar manera de concebir las relaciones entre la Administración y el ciudadano» que imperó hasta el siglo XIX e incluso durante el mismo siglo XIX[207]. Durante ese tiempo la fórmula de separación de poderes que sucedió a la Revolución francesa se orientó a la protección de las libertades ciudadanas y de la autonomía individual, quedando limitada la Administración a atender «aquellos escasos problemas que escapan de la capacidad de resolución del individuo»[208].

Se razonaba que «el hombre es libre y autosuficiente, solo a él le *incumbía* cuidar de su propia salud, buscando los medios para reponerla cuando *sufriera* cualquier tipo de quiebra o previniendo las posibles alteraciones de la misma. Solo cuando el carácter de la enfermedad que *amenazaba* al individuo la *hacía* irresistible para este y se *convertía* en un problema que *podía* afectar a un grupo más o menos extenso de la población, *podía* y *debía* producirse la intervención administrativa»[209].

Por ello, las más de las veces, los problemas sanitarios se solucionaban mediante medidas restrictivas de la libertad de los ciudadanos. La protección de la salud se ejerció, normalmente, mediante la evitación del conta-

---

206 *Ibidem* pág. 87.

207 MUÑOZ MACHADO, Santiago (1975): *La sanidad pública en España*, Instituto de Estudios Administrativos, Madrid, pág. 25.

208 *Idem.*

209 *Ibidem* pág. 26.

gio de las enfermedades transmisibles a través de medidas de aislamiento[210]. Es lo que se conoce como «sanidad pública en sentido estricto» o «policía sanitaria».

B. Edad contemporánea

La evolución de la asistencia sanitaria en la edad contemporánea exige diferenciar dos etapas o estadios: por un lado, el siglo XIX, al que nos referimos ahora; y por otro los siglos XX y XXI que se abordan en el siguiente apartado, distinguiendo la primera mitad del siglo XX y la segunda mitad del siglo XX y el siglo XXI.

Pues bien, durante el siglo XIX esta concepción de la sanidad como «policía sanitaria» apenas sufrió modificaciones. La ordenación sanitaria se limitó a algunas disposiciones generales aplicables en el ámbito local puesto que la competencia se atribuye a los entes locales.

Así, el art. 321 de la Constitución de 1812 atribuyó a los ayuntamientos las funciones de «policía de comodidad y salubridad» que fueron concretadas por la Instrucción para el gobierno económico y político de las provincias de 13 de junio de 1813. En esta Instrucción se estableció que los ayuntamientos debían cuidar de la limpieza de las calles, mercados, plazas públicas, hospitales, cárceles y casas de caridad o de beneficencia; velar por la calidad de los alimentos de todas clases; cuidar asimismo de la desecación o bien dar curso a las aguas estancadas o insalubres; y, por último, remover todo lo que en el pueblo o en los términos pueda alterar la salud pública o la de los ganados[211].

Una década después, el Código Sanitario de 1822, que no llegó a entrar en vigor, previó la adopción de medidas de acordonamiento y aislamiento de enfermos para detener el contagio de las enfermedades transmisibles, siguiendo la línea ya expuesta.

Del mismo modo, treinta años después, la Ley de sanidad de 1855 siguió esta concepción de sanidad pública como policía sanitaria. Prueba de ello es su articulado, el cual se ocupó mayoritariamente a la salud colectiva, y poca o nula atención prestó al individuo en los casos en los que su enfermedad no afectaba a la colectividad.

---

210 ÁLVAREZ GONZÁLEZ, Elsa Marina (2007): *Régimen jurídico de la asistencia sanitaria pública*, Comares, Granada, pág. 27.

211 *Idem.*

En cualquier caso, la atención sanitaria de tipo asistencial, durante el siglo XIX, siguió el modelo de beneficencia que consistía en atender únicamente a la población económicamente necesitada.

a) Ley de beneficencia de 1822

El principio general de autosuficiencia del individuo para cuidar de su propia salud tuvo, indudablemente, excepciones que recibieron respuesta desde la Administración, si bien mediante una vía distinta a la sanidad pública. Aquellos a quienes su precaria situación les hacía imposible la protección contra la enfermedad serían asistidos mediante la institución de la Beneficencia Pública[212]. En 1822, durante el trienio liberal, se promulgó la primera Ley general de beneficencia, que regularía todo lo referente a esta materia.

Aspectos destacables de esta primera Ley son, entre otros: la municipalización de la beneficencia; la reforma hospitalaria; y la creación de casas de maternidad, hospitales para «locos» y convalecientes.

b) Instrucción para el gobierno económico y político de las provincias de 1823

Una segunda norma a la que nos debemos referir es la Instrucción para el gobierno económico y político de las provincias de 3 de febrero de 1823, cuyo art. 12 dispuso lo siguiente: los ayuntamientos tenían de procurar que hubiera «facultativo o facultativos en el arte de curar personas y animales, según las circunstancias de cada pueblo, señalando a los médicos y cirujanos la dotación correspondiente, a lo menos por la asistencia a los pobres, sin perjuicio de que si los fondos públicos lo pueden sufrir, se extienda también la dotación a todos los demás vecinos».

Este precepto ha sido considerado por MUÑOZ MACHADO como la primera manifestación por la que la Administración asume el cuidado de la salud individual. CUETO, no obstante, puntualiza que «su importancia debe ser valorada en su justa medida, pues la asistencia facultativa a toda la población se condicionaba a la existencia de fondos públicos que lo pudie-

---

212 MUÑOZ MACHADO, Santiago (1975): *La sanidad pública en España, op. cit.* pág. 29.

sen afrontar». Por ello, en la práctica, esta disposición no fue más allá de lo establecido por la Ley de beneficencia del año anterior[213].

c) Ley de beneficencia de 1849

En 1849 se dicta una nueva Ley de beneficencia que, como la anterior, estaba basada en la atención domiciliaria y, en segundo término, en la asistencia en instituciones hospitalarias, exclusivamente, para los casos de extrema necesidad.

Podemos concluir, pues, que la asistencia prestacional sanitaria durante el siglo XIX estuvo dirigida a aquellas personas sin recursos y encuadrada en el ámbito de la beneficencia y no de la salud pública.

Como advierte MUÑOZ MACHADO, «dentro de los principios que inspiran al Estado liberal no cabe, en conclusión, otro sistema de Sanidad pública que no sea el preventivo. La Administración no se encarga en ningún caso de procurar asistencia sanitaria a todos los ciudadanos, pues la salud individual es algo que solo a cada particular concierne y que con sus propias fuerzas puede tutelar suficientemente. La Sanidad pública se limitará a procurar evitar las causas que alteren la salud de la colectividad. Paralelamente, la Beneficencia pública cubrirá las quiebras del dogma general de la autosuficiencia, prestando asistencia sanitaria a los que no estén en condiciones de procurársela»[214].

2) La asistencia sanitaria durante en los siglos XX y XXI

La moderna asistencia sanitaria exige partir en dos mitades el siglo XX.

A. Primera mitad del siglo XX

De este lapso de tiempo merece la pena destacar la aprobación de la Instrucción general de sanidad y la Ley de bases de sanidad nacional.

---

213 CUETO PÉREZ, Miriam (1997) *Responsabilidad de la Administración en la Asistencia Sanitaria, op. cit.* pág. 90.

214 MUÑOZ MACHADO, Santiago (1975): *La sanidad pública en España,* Instituto de Estudios Administrativos, Madrid, *op. cit.* págs. 32 y 33.

a) Instrucción general de sanidad de 1904

En los primeros años del siglo XX, una serie de disposiciones normativas permitieron mostrar mayor preocupación por los aspectos sanitarios de la vida urbana y posibilitaron crear establecimientos para la investigación de enfermedades socialmente trascendentes. Se produjo un avance desde el mero uso de técnicas represivas hacia técnicas de saneamiento y ordenación urbana[215].

Así la Instrucción general de sanidad de 1904, que actualizó la Ley de sanidad de 1855, atribuyó a los ayuntamientos las competencias de cuidado de la limpieza, trazado y anchura de las calles, de inspección de establecimientos e industrias nocivas para la salud pública, etc. Entre sus novedades merece la pena destacar, la exigencia, en cada municipio, como mínimo, de un médico titular y un practicante por cada 300 familias indigentes.

Sin embargo, su innovación más importante fue haber promovido a la estabilización del cuerpo de médicos titulares encargados de la asistencia benéfica[216]. Estos facultativos, dejan de ser únicamente profesionales encargados de la asistencia a los pobres, para convertirse, además, en agentes con potestad para ejercer funciones públicas sanitarias, en sentido estricto[217].

En los años posteriores a la Instrucción de 1904 paulatinamente se fueron produciendo ciertos avances en la asunción, por parte de los poderes públicos, dentro de los límites de la sanidad preventiva, de la sanidad curativa.

En este sentido, el Estatuto municipal de 8 de marzo de 1924 dispuso la obligación de los ayuntamientos de establecer servicios de asistencia médico-farmacéutica (art. 207) y casa de Socorro (art. 209), aunque aún dentro del ámbito de la beneficencia.

Por su parte, el Reglamento de sanidad municipal de 9 de febrero de 1925, llevó a cabo una descripción detallada de las prestaciones sanitarias que comprendía la beneficencia. Paralelamente, el Estatuto provincial de 20 de marzo de 1925 atribuyó a las diputaciones el «establecimiento y soste-

---

215 ÁLVAREZ GONZÁLEZ, Elsa Marina (2007): *Régimen jurídico de la asistencia sanitaria pública, op. cit.* pág. 28.

216 CUETO PÉREZ, Miriam (1997) *Responsabilidad de la Administración en la Asistencia Sanitaria, op. cit.* pág. 91.

217 MUÑOZ MACHADO, Santiago (1995): *La formación y crisis de los servicios sanitarios públicos,* Alianza Editorial, Madrid, pág. 56.

nimiento de Instituciones de Beneficencia, Higiene y Sanidad» (art. 107), distinguiendo por primera vez las Instituciones de Sanidad de las de Beneficencia[218].

Unos años después, en 1934, se aprobó la Ley de coordinación sanitaria reguladora del régimen de las mancomunidades sanitarias. Su finalidad, de acuerdo con la base primera, fue contribuir «a los fines trascendentales de la Sanidad Pública y para las más perfecta organización y eficacia de los servicios sanitarios y benéfico-sanitarios encomendados por las disposiciones vigentes a diputaciones y ayuntamientos». Por ello dispuso la creación «en cada provincia un organismo administrativo que se *denominaría* mancomunidad de municipios de la provincia».

Tras su recepción en la Ley de bases de sanidad nacional, el sistema diseñado en la Ley de coordinación sanitaria de 1934 perduró hasta 1967.

b) Ley bases de sanidad nacional de 1944

En 1944, la Ley de bases de la sanidad nacional, de 25 de noviembre de 1944, sustituyó a la Ley de sanidad de 1855. En opinión de MUÑOZ MACHADO, esta norma no supuso ningún gran avance ni aportó innovaciones radicales. Se limitó a incorporar el sistema heredado del siglo anterior con los principios que en aquella se habían establecido[219].

A pesar de esto, no se puede negar que esta ley avanzó en la senda del carácter asistencial de la sanidad iniciada en los años veinte del siglo XX. En este sentido, reguló materias como: la lucha contra la tuberculosis (base VII); el reumatismo y las cardiopatías (base VIII); contra el paludismo y el tracoma (bases IX y X); las enfermedades sexuales (base XI); la lepra y la dermatosis (base XII); la lucha contra el cáncer (base XIII); la sanidad maternal e infantil (base XIV); y la higiene mental (base XV) incluyendo dentro de las competencias de la Administración sanitaria los aspectos asistenciales vinculados a las mismas[220].

Hemos de referirnos también a la Ley de coordinación hospitalaria, de 21 de julio de 1962, cuya finalidad fue la conexión funcional de los distin-

---

218 CUETO PÉREZ, Miriam (1997), *Responsabilidad de la Administración en la Asistencia Sanitaria, op. cit.* pág. 93.

219 MUÑOZ MACHADO, Santiago (1975): *La sanidad pública en España*, Instituto de Estudios Administrativos, *op. cit.* pág. 175.

220 CUETO PÉREZ, Miriam (1997): *Responsabilidad de la Administración en la Asistencia Sanitaria, op. cit.* pág. 95.

tos hospitales del país y la coordinación de la asistencia hospitalaria, tanto pública como privada.

Dicha Ley incluyó, en su primer artículo, el concepto legal de hospital. De acuerdo con este precepto, «son hospitales, cualquiera que sea la denominación que ostenten, los establecimientos destinados a proporcionar una asistencia médico— clínica, sin perjuicio de que pueda realizarse en ellos, además en la medida que se estime conveniente, medicina preventiva y de recuperación y tratamiento ambulatorio».

Es en este momento cuando el hospital público se abre a todos los ciudadanos, y no solo a aquellos que carecen de medios. Así lo recogió su art. 2 al afirmar que «los hospitales serán abiertos en relación con todos los enfermos, cualquiera que sea su condición social y económica, a los que asistirán los Médicos del establecimiento».

B. Segunda mitad de siglo XX y siglo XXI

a) Implantación de la Seguridad Social

Siguiendo a ÁLVAREZ GONZÁLEZ, puede afirmarse que, con la implantación de la Seguridad Social —aunque no variaron los ejes en cuanto a lo que a la acción sanitaria de la Administración Pública se refiere— se dio un salto cualitativo de evidente interés.

La primera piedra del edificio de la Seguridad Social fue la creación, por Ley de 14 de diciembre de 1942, del seguro obligatorio de enfermedad (SOE). Este seguro se configuró como instrumento de protección económica de los trabajadores asegurados y los familiares a su cargo, en caso de enfermedad de aquellos[221].

El SOE se financió a través de primas satisfechas por el trabajador y el empleador —a partes iguales en proporción al salario pagado— y por el Estado. Fue gestionado por el Instituto Nacional de Previsión (INP), vinculado a la Seguridad Social. Por ello, no puede considerarse o estrictamente como una herramienta de la Administración sanitaria. A pesar de ello, no puede negarse su importancia pues constituyó el instrumento mediante el cual se extendió la asistencia sanitaria a un amplio sector de la población española.

---

[221] ÁLVAREZ GONZÁLEZ, Elsa Marina (2007): *Régimen jurídico de la asistencia sanitaria pública, op. cit.* pág. 32.

Posteriormente, la aprobación de la Ley 193/1963, de 28 de diciembre, de bases de la Seguridad Social, conllevó la unificación de los diversos seguros existentes en ese momento, entre ellos el SOE. Pues bien, a partir de este momento, la asistencia sanitaria se comenzó a configurarse como una prestación de la Seguridad Social. Ahora bien, como quiera que con esta ley la protección social continuó vinculada al aseguramiento obligatorio del trabajador y de sus familiares a cargo, en puridad, «aunque integrada en la Seguridad Social, no *protegió* a todos los ciudadanos, no *abarcó* tampoco todos los aspectos básicos de la protección de la salud (...) y, en definitiva, como consecuencia de su integración en la Seguridad Social *fue* una asistencia de base mutualista, orientación reparadora, cobertura no universal y financiación por cuotas»[222].

Con la promulgación del texto refundido de Ley general de la Seguridad Social, aprobado por el Decreto 2065/1974, de 30 de mayo, se produjo un gran avance en la acción protectora de la Seguridad Social. Se ampliaron los colectivos de personas objeto de protección, así como las prestaciones ofrecidas a ellos. Este auge tuvo su reflejo en sucesivas reformas, el corolario de las cuales fue, sin duda, el reconocimiento del derecho a la protección de la salud en el art. 43 CE.

Sancionada la Constitución se aprobaron una serie de disposiciones con las cuales se quebró el principio contributivo, característico de la Seguridad Social, según el cual la protección solo se extendía a trabajadores y pensionistas y a los familiares a cargo de uno u otro. Con estas disposiciones se reconoció, novedosamente, el derecho a la asistencia sanitaria en las instituciones de la Seguridad Social sin el requisito de la afiliación ni cotización a determinados colectivos.

Ejemplo de ello serán las siguientes normas:

i. La Ley 5/1979, de 21 de junio y la Orden ministerial de 18 de febrero de 1981 reconocedoras del derecho de asistencia médico-farmacéutica a las viudas y familiares de los fallecidos como consecuencia de la Guerra Civil.

ii. La Orden del Ministerio de Sanidad y Seguridad Social, de 18 de febrero de 1981, relativa a la incorporación a la asistencia del régimen general de Seguridad de los españoles emigrantes que retornaron a España.

---

222 *Ibidem* pág. 34.

iii. La Ley de 13/1982, de 7 de abril, por la que se impuso al Consejo de Ministros la obligación de aprobar reglamentariamente un sistema de prestaciones económicas y sociales para las personas con discapacidad que, por no desarrollar una actividad laboral, no estuvieran incluidos en el campo de aplicación de la Seguridad Social.

iv. La Ley 31/1984, de 2 de agosto, con la que se reconoció la prestación de asistencia sanitaria a los desempleados aun cuando no percibieran prestaciones por desempleo (nivel asistencial de protección del desempleo).

v. La Ley 37/1988, de 29 de diciembre, de presupuestos generales del Estado para 1989, amplió la cobertura sanitaria de la Seguridad Social a los pensionistas de las clases pasivas que no estuviesen protegidos por otro régimen público de Seguridad Social.

La Seguridad Social pasa así, como pone de manifiesto ÁLVAREZ GONZÁLEZ, «a canalizar una parte muy importante de los recursos públicos dedicados a la sanidad y la asistencia sanitaria se convierte en el aspecto central de la acción sanitaria del sector público, mucho más importante que las funciones tradicionales de la sanidad pública como acción de la Administración de tutela de la salud colectiva»[223].

Empieza a hacerse evidente, en opinión de MUÑOZ MACHADO, que «tampoco podía asegurarse a los servicios sanitarios de la Seguridad Social larga vida, al menos concebidos tal y como se estructuran en los años setenta y ochenta. A la par que aumenta la aportación estatal a su sostenimiento, se empezaría a postular que era preciso superar los sistemas de financiación establecidos mediante una vinculación más intensa con el sistema fiscal. Sobre estas pautas de perfeccionamiento ya son evidentes en las décadas citadas la generalización del sistema para abarcar a toda la población. Siendo esto así, no hay ninguna razón convincente para que la gestión sanitaria no se verifique por el Estado»[224].

b) Sistema Nacional de Salud y Servicios Autonómicos de Salud

Es la Constitución Española de 1978 la que propiciará la inaplazable transformación de la asistencia sanitaria financiada con fondos públicos

---

223 *Ibidem* pág. 35.

224 MUÑOZ MACHADO, Santiago (1995): *La formación y crisis de los servicios sanitarios públicos, op. cit.* pág. 83.

en España en lo que hoy se conoce como Sistema Nacional de Salud (SNS).

Dos artículos de la Carta Magna son los que afectan de modo directo al contenido y organización de los servicios sanitarios: por un lado, el art. 41 CE, que establece la obligación de los poderes públicos de mantener «un régimen público de Seguridad Social para todos los ciudadanos»; por otro, el art. 43 CE, que reconoce «el derecho a la protección de la salud» otorgando la competencia a los poderes públicos para «organizar y tutelar la salud a través de medidas preventivas y de las prestaciones y servicios necesarios»[225].

De la lectura de ambos preceptos surge la duda de si los servicios sanitarios han de organizarse dentro de la Seguridad Social como una prestación más de la misma o al margen de esta.

Pues bien, desde la aprobación de la Constitución hasta la entrada en vigor de la Ley 14/1986, de 25 de abril, general de sanidad (LGS), permaneció en nuestro país un sistema de servicios sanitarios que «mantenía confundida la financiación y la gestión de los servicios, agrupando cada bloque de servicios bajo la responsabilidad de una entidad o Administración pública, pudiendo ser esta, según los casos, la Administración del Estado, las Administraciones locales o la Seguridad Social, según los casos»[226].

A partir de la LGS se estructura un sistema integral de asistencia sanitaria, autónomo de la Seguridad Social, ofrecido a todos los ciudadanos, y que alcanza a todos los servicios de contenido sanitario[227]. Este se denomina SNS.

En este sentido, el art. 1 LGS señala que la misma tiene por objeto «la regulación general de todas las acciones que permitan hacer efectivo el derecho a la protección de la salud reconocido en el art. 43 de la Constitución y sus concordantes». Por su parte, el art. 4.1 LGS, expresa que «tanto el Estado como las Comunidades Autónomas y las demás Administraciones públicas competentes, organizarán y desarrollarán todas las acciones sanitarias a que se refiere este título dentro de una concepción integral del sistema sanitario».

---

225 Un comentario sobre el derecho a la asistencia sanitaria puede leerse en el cap. 15 de este tratado (págs. 947 a 951), redactado por FLIQUETE.

226 MUÑOZ MACHADO, Santiago (1995): *La formación y crisis de los servicios sanitarios públicos*, *op. cit.* pág. 93.

227 *Idem.*

Dentro del tít. III LGS, el art. 44 insiste en el carácter integral de la asistencia sanitaria al afirmar que «todas las estructuras y servicios públicos al servicio de la salud integrarán el Sistema Nacional de Salud». Adicionalmente el art. 45 LGS dispone que «el Sistema Nacional de Salud integra todas las funciones y prestaciones sanitarias que (...), son responsabilidad de los poderes públicos para el debido cumplimiento del derecho a la protección de la salud». En tercer lugar, el 46 LGS incluye, entre las características fundamentales del Sistema Nacional de Salud «la organización adecuada para prestar una atención integral a la salud» (ap. b) y «la prestación de una atención integral de la salud» (ap. e).

Por lo tanto, como afirma ÁLVAREZ GONZÁLEZ, la LGS parte de una concepción integral de los medios y acciones sanitarias, públicos o privados, que, en su conjunto, conforman el «sistema de salud». Este sistema, el SNS, atendiendo a la voluntad descentralizadora de la norma, estará formado por el servicio de salud de la Administración General del Estado y los servicios de salud de las Comunidades Autónomas (CCAA)[228].

Llegados a este punto puede decirse que el modelo de la LGS se sustenta, siguiendo a la citada autora, en los siguientes principios:

i. *Universalidad de la asistencia sanitaria pública.* La ley reconoce como titulares del derecho a la protección de la salud y a la atención sanitaria a «todos los españoles y los ciudadanos extranjeros que tengan establecida su residencia en territorio nacional» (art. 1.2).

ii. *Igualdad de todos los ciudadanos en relación al sistema sanitario público.* El principio de igualdad que consagra la LGS se reconoce: desde punto de vista del individuo y de los poderes públicos (art. 3); en el acceso al sistema sanitario (art. 16); en la prohibición de cualquier tipo de discriminación (art. 10); incorporando la igualdad como mínima uniformidad en el goce del derecho a la tutela de la salud en todo el territorio nacional (arts. 10 y 11); igualdad que se ve reforzada por las competencias del Estado para el mantenimiento de este mínimo común, si bien la posibilidad de que las CCAA lleven a cabo sus propias políticas puede dar lugar a diferencias entre los servicios sanitarios de unas comunidades y otras[229].

---

[228] ÁLVAREZ GONZÁLEZ, Elsa Marina (2007): *Régimen jurídico de la asistencia sanitaria pública, op. cit.* pág. 105.

[229] *Ibidem* pág. 101.

iii. *Concepción integral de la salud a través de un conjunto de medidas que se ocupan de todos los aspectos comprendidos en el concepto de salud.*

iv. *Énfasis en las acciones orientadas a la salud y la prevención de las enfermedades.*

v. *Superación de los desequilibrios territoriales y sociales en materia de sanidad* (art. 3.3.).

vi. *Participación comunitaria en la formulación de la política sanitaria y en el control de su ejecución* (art. 5).

vii. *Definición de los derechos y deberes de los usuarios* (arts. 10 y 11). La LGS es la primera normal legal que establece una carta de derechos del paciente, tratando de equilibrar el funcionamiento de sus servicios y el respeto a la individualidad y dignidad del paciente[230].

En cuanto al contenido de la asistencia sanitaria a la que tiene derecho el ciudadano, la LGS solo establece principios generales. Las prestaciones sanitarias del SNS se concretaron en el RD 63/1995, de 20 de enero, y actualmente se determinan en el RD 1030/2006, de 15 de septiembre, por el que se establece la cartera de servicios comunes del SNS.

En otro orden de cosas hay que tener presente que la LGS —además de separar la asistencia sanitaria de la Seguridad Social y convertirla en un sistema integral— también ajustó el modelo del SNS a las exigencias del Estado autonómico. Lo hizo, además, haciendo compatibles los principios de integración, por un lado, y de descentralización, por otro[231].

La adecuación de la asistencia sanitaria al Estado de autonomías se llevará a cabo por la LGS, en palabras de MUÑOZ MACHADO, «concibiendo el Sistema Nacional de Salud como "el conjunto de los Servicios de Salud de la Administración del Estado y de los Servicios de las Comunidades Autónomas". (art. 44.2). La integración de servicios se produce verdaderamente en el nivel territorial de la Comunidad Autónoma. El Sistema Nacional de Salud es un simple agregado de servicios integrados, organizados y dirigidos bajo la dependencia estricta de cada una de las Comunidades Autónomas constituidas»[232].

---

[230] CUETO PÉREZ, Miriam (1997): *Responsabilidad de la Administración en la Asistencia Sanitaria, op. cit.* pág. 121.

[231] MUÑOZ MACHADO, Santiago (1995): *La formación y crisis de los servicios sanitarios públicos, op. cit.* pág. 124.

[232] *Idem.*

En orden a garantizar el principio de integración de los 17 Servicios Autonómicos de Salud y del actual Instituto Nacional de Gestión Sanitaria (INGESA), que gestiona la asistencia sanitaria en las ciudades de Ceuta y Melilla, la LGS encomienda a la Administración General del Estado la función de coordinación. Así lo recoge el art. 73 LGS al disponer que «la coordinación general sanitaria se ejercerá por el Estado, fijando medios y sistemas de relación para facilitar la información recíproca, la homogeneidad técnica en determinados aspectos y la acción conjunta de las administraciones públicas sanitarias en el ejercicio de sus respectivas competencias, de tal modo que se logre la integración de actos parciales en la globalidad del Sistema Nacional de Salud».

A su vez, el art. 76 LGS hace referencia al Plan Integrado de Salud, documento comprensivo de los planes sanitarios de las CCAA, de los planes conjuntos de salud que puedan concertar la Administración General del Estado y Servicios Autonómicos de Salud, y de las iniciativas planificadoras del Estado.

Un último elemento de la articulación de los Servicios de Salud de las CCAA para que formen un sistema único estatal es el Consejo Interterritorial del SNS.

Finalmente, no queremos terminar este subapartado sin hacer una breve referencia a la Ley 16/2003 de 28 de mayo, de cohesión y calidad del SNS (LSNS) y a los RRDD-ley 7/2018 y 16/2012, de 20 de abril, de medidas urgentes para garantizar la sostenibilidad del SNS y sobre el acceso universal al SNS.

Como es sabido, la institucionalización del SNS se produjo antes de que las CCAA que accedieron a su autonomía por la vía del art. 43 CE asumieran las competencias en materia de salud. Este hecho hizo necesaria una implantación progresiva durante la cual convivieron hasta el año 2000 —fecha en la que terminó el proceso de transferencia de las competencias a las CCAA— dos modelos sanitarios, el de la Seguridad Social y el SNS.

Terminado este proceso, el papel del Estado ha quedado limitado al ejercicio de sus competencias que le atribuye la Constitución, a saber: sanidad exterior, bases y coordinación general de la sanidad, legislación sobre productos farmacéuticos, y legislación básica de la Seguridad Social.

Para adaptar el SNS a esta nueva realidad, se aprobó la LSNS para reordenar el sistema sanitario y adaptarlo a la gestión por parte de las CCAA de la asistencia sanitaria. Esta norma, empero, no sustituye a la LGS ya que regula «los aspectos imprescindibles para configurar un Sistema Nacional de Salud cohesionado y de calidad, con todo lo que ello implica»[233]. Por lo tanto, la LSNS culmina el marco jurídico diseñado por la LGS y hace posible el SNS integrando todos los sistemas públicos de cobertura sanitaria[234].

En el contexto de la crisis de la deuda soberana de 2009 a 2016, y con la obligación —impuesta por la Comisión Europea. de realizar serios ajustes macroeconómicos— el RD-ley 16/2002 excluyó de la asistencia sanitaria gratuita a las «personas adultas no registradas ni autorizadas a residir en España»[235]. Esta norma, hasta su derogación por el RD-ley 7/2018, de 27 de julio, vinculó «la prestación del servicio sanitario gratuito a la cotización al sistema de la Seguridad Social, vedando a muchas personas [extranjeras] que estaban en situación irregular la percepción de tal prestación»[236].

Al ser recurrida esta reforma ante el Tribunal Constitucional (TC), este órgano, en primer lugar advirtió que «la nueva regulación de la condición de asegurado del Sistema Nacional de Salud suponía un cambio en la política de progresiva extensión de la asistencia sanitaria gratuita o bonificada, que se aprecia a partir de la creación del Sistema Nacional de Salud y de la gradual incorporación como titulares de las prestaciones de colectivos a los que no alcanzaba la condición de asegurado de la Seguridad Social». Después, declaró la constitucionalidad del RD-ley 16/2020 porque «la Constitución no ha prefigurado directamente un contenido prestacional que el legislador deba reconocer necesariamente a cualquier persona, sino que (...) se trata de un derecho de configuración legal». Por ello afirmó que era constitucionalmente legítimo limitar la asistencia sanitaria a extranje-

---

233 ÁLVAREZ GONZÁLEZ, Elsa Marina (2007): *Régimen jurídico de la asistencia sanitaria pública, op. cit.* pág. 165.

234 *Idem.*

235 GOMEZ ZAMORA, Leopoldo J. (2018): «Comentario al real decreto-ley 7/2018, de 27 de julio, sobre el acceso universal al Sistema Nacional de Salud, Gabilex, núm. 15, pág 293. A lo anterior este autor precisa que, «a partir de la vigencia del Real Decreto-ley 16/2012 no tenían derecho a la asistencia sanitaria gratuita, con cargo a fondos públicos, aquellos extranjeros en situación de irregularidad administrativa en territorio español que no tuvieran la condición de asegurado o beneficiario; que no fueran menores de edad; que no fueran mujeres embarazadas o que la asistencia no fuera por caso de urgencia por enfermedad grave o accidente, cualquiera que fuera su causa, hasta el alta médica. Los extranjeros en tal situación (...) solo podrían obtener la prestación de la asistencia sanitaria mediante el pago de la correspondiente contraprestación o u otra derivada de la suscripción de un convenio especial». *Idem.*

236 *Idem.*

ros que, por no cotizar a la Seguridad Social, no tuvieran la condición de asegurado o beneficiario[237].

También señaló, que «la normativa básica estatal cierra toda posibilidad a las normas autonómicas de desarrollo para configurar un sistema de acceso a las prestaciones sanitarias que no atienda a los conceptos de asegurado o de beneficiario que han establecido en el art. 3.3 LSNS[238]. Lo hizo al pronunciarse sobre las normas autonómicas que, en contradicción con el RD-ley 16/2012, reconocían asistencia sanitaria gratuita a extranjeros en situación irregular.

c) *Nuevas formas de gestión del Sistema Nacional de Salud*

«El modelo actual de gestión (…) de la sanidad pública (…) trae causa de decisiones legislativas adoptadas en los años cincuenta y sesenta del siglo XX, en el momento de construcción y extensión del sistema de Seguridad Social en España. El que la mayor parte de los centros, servicios y establecimientos sanitarios sean de titularidad pública es el resultado del largo y complejo proceso de publificación de la Seguridad Social» iniciado con la gestión del SOE por el INP.

También ha influido una razón ideológica, «el rechazo a hacer dinero con la Seguridad Social y, en particular, con la salud»[239]. Tanto la Ley de bases de la Seguridad Social de 1963, como el texto articulado de la Ley de Seguridad Social de 1996, y antes la Ley de bases de sanidad nacional de 1944, previeron que «en ningún caso la ordenación de la Seguridad Social *pudiera* servir de fundamento a operaciones de lucro mercantil»[240].

---

[237] FJ 8 STC 139/2016, de 21 de julio [*Tol 5862685*].

[238] FJ 5 STC 17/2018, de 22 de febrero [*Tol 6988437*].

[239] VILLAR ROJAS, Francisco José (2007): «La concesión como modalidad de colaboración privada en los servicios sanitarios y sociales», *Revista de Administración Pública*, núm. 172, págs. 150 y 151. Del rechazo de la «mercantilización» de la sanidad daba cuenta la exposición de motivos de la Ley 193/1963, de 28 de diciembre, de bases de la Seguridad Social. En ella se afirmaba que «una de las causas que explica más satisfactoriamente, no sólo la gestión pública de la Seguridad Social, sino también la pervivencia y esplendor a través de los siglos del fenómeno de aseguramiento mutualista, incluso dentro de esquemas de Seguros Sociales obligatorios, es la inexistencia de ánimo de lucro como móvil de su actuación».

[240] Art. 3.4 del texto articulado de la Ley de la Seguridad Social, aprobado por el Decreto 907/1966, de 21 de abril.

Estas dos razones orientaron la prestación de la asistencia sanitaria hacia un modelo de gestión directa por establecimientos sin personalidad jurídica, y a su vez, justificaron que la colaboración privada se limitase a un sistema de conciertos de carácter subsidiario en el que se retribuyera cada acto médico previamente pautado por un facultativo de la Seguridad Social.

A estos dos motivos, uno histórico el otro político, cabe añadir un tercero de carácter técnico que limitó las posibilidades de la gestión indirecta de servicios públicos, la dificultad para fijar un criterio de retribución del contratista que no fuera contraproducente. La financiación pública de la sanidad o la calidad de la atención sanitaria podían quedar comprometidas por un abuso del régimen de pagos al contratista: bien mediante la realización de pruebas diagnósticas superfluas y la ampliación innecesaria de estancias en el centro hospitalarios cuando se pague por acto médico; o todo lo contrario, limitando o retrasando las pruebas y reduciendo los ingresos si el precio se fija por paciente. Esta dificultad entronca con la obligación de emplear cuantos conocimientos y técnicas sean necesarios para recuperar la salud propias de la asistencia sanitaria.

Por estas tres razones, la aprobación de la Ley 15/2017, de 25 de abril sobre nuevas formas de gestión del SNS, supuso una quiebra del sistema antes expuesto. No solo contempló la creación de entes instrumentales, como consorcios o fundaciones del sector público, y a las que BLANQUER y VIDAL dedican su atención en los caps. 5 y 6 del tratado, sino que permitió disociar la financiación de la provisión de los servicios sanitarios.

Hasta la fecha se han ensayado dos modelos conocidos como los de «bata blanca» o «modelo Alcira» y «bata gris» o «modelo Coslada», originados en la Comunidad Valenciana y de Madrid. Como expone VIDAL en el cap. 6: en los primeros, el concesionario asume la gestión integral del área de salud, responsabilizándose tanto de los servicios sanitarios como de los no sanitarios; en los segundos, al contratista se le encargan únicamente la gestión de los servicios de naturaleza administrativa, tales como limpieza, mantenimiento de las instalaciones sanitarias, conserjería, ambulancias, etc.

Bibliografía

ÁLVAREZ GONZÁLEZ, Elsa Marina (2007): *Régimen jurídico de la asistencia sanitaria pública*, Comares, Granada

ÁLVAREZ LATA, Natalia (2013): «La responsabilidad civil por accidente de trabajo» en BUSTO LAGO, José Manuel Y REGLERO CAMPOS, Luis Fernando (coords.) *Lecciones de responsabilidad civil*, Aranzadi, Cizur Menor (Navarra)

ÁLVAREZ SARABIA, Marina (2016): «*Res ipsa* loquitur y daño desproporcionado en la responsabilidad médica», *Anales de Derecho de la Universidad de Murcia*, vol. 34, núm. 2

ARCOS VIEIRA Mª Luisa (2005): *Responsabilidad Civil: Nexo causal e Imputación Objetiva en la Jurisprudencia*, Aranzadi, Cizur Menor (Navarra)

BELADIEZ ROJO, Margarita (1997): *Responsabilidad e imputación de daños por el funcionamiento de los servicios públicos*, Tecnos, Madrid

BLANQUER CRIADO, David (2020): *La responsabilidad patrimonial en tiempos de pandemia los poderes públicos y los daños por la crisis de la COVID*-19, Tirant lo Blanch, Valencia

BOTANA GARCÍA, Gemma (2006): «Infracción del deber de información médica en una operación de cirugía estética», *Práctica de Derecho de Daños*, núm. 35

MIR PUIGPELAT, Oriol (2008): «Responsabilidad objetiva vs. Funcionamiento anormal en la responsabilidad patrimonial de la Administración sanitaria», en BELDA PÉREZ-PEDREDO, Enrique JIMÉNEZ IBÁÑEZ, Salvador y MARTÍNEZ BULLÉ GOYRI, Víctor Manuel (coords.), Problemas *actuales de responsabilidad patrimonial sanitaria*, Civitas, Madrid

CAVANILLAS MÚGICA, Santiago (1987): *La transformación de la responsabilidad civil en la jurisprudencia*, Aranzadi, Pamplona (Navarra)

CUETO PÉREZ, Miriam (1997): *Responsabilidad de la Administración en la asistencia sanitaria*, Tirant lo Blanch, Valencia

DE AHUMADA RAMOS, Francisco Javier (2000): *La responsabilidad patrimonial de las Administraciones Públicas. Elementos Estructurales: Lesión de Derechos y Nexo Causal entre la Lesión y el Funcionamiento de los Servicios Públicos*, Aranzadi,(Cizur Meno) Navarra

DE ÁNGEL YÁGÜEZ, Ricardo (2007): «Constitución y derecho de daños», *Estudios de Deusto: revista de Derecho Público*, vol. 55, núm. 1

DE FUENTES BARDAJÍ, Manuel *et alii* (2009): *Manual sobre responsabilidad patrimonial sanitaria*, Aranzadi-Abogacía General del Estado, Cizur Menor (Navarra)

DÍAZ-REGAÑÓN GARCÍA-ALCALÁ, Calixto (1996): *El régimen de la prueba en la responsabilidad civil médica: hechos y derecho*, Aranzadi, Cizur Menor, Navarra

DÍEZ-PICAZO y PONCE DE LEÓN, Luis (1979): *Estudios sobre la jurisprudencia civil*, Tecnos, Madrid

DÍEZ-PICAZO y PONCE DE LEÓN, Luis (2000): «Culpa y riesgo en la responsabilidad civil», *Anuario de la Facultad de Derecho de la Universidad Autónoma de Madrid*, núm. 4

DÍEZ-PICAZO y PONCE DE LEÓN, Luis (2011): *Fundamentos de Derecho Civil Patrimonial*, vol. V, Civitas, Madrid

PECES MORATE, Jesús Ernesto (2002): «La responsabilidad patrimonial de la Administración sanitaria», en GARCÍA BERNALDO DE QUIRÓS, Joaquín (dir.) (2002): *Nuevas líneas doctrinales y jurisprudenciales sobre la responsabilidad patrimonial de la Administración*, Consejo General del Poder Judicial, Madrid

GARCÍA DE ENTERRÍA, Eduardo y FERNÁNDEZ RODRÍGUEZ, Tomás Ramón (2017): *Curso de Derecho Administrativo*, vol. II (15ª. ed.), Madrid, Civitas

GARRIDO MAYOL, Vicente (2004): *La responsabilidad patrimonial del Estado. Especial referencia a la responsabilidad del Estado Legislador*, Tirant lo Blanch, Valencia

GALLARDO CASTILLO, María Jesús (2021): *Administración Sanitaria y Responsabilidad* Patrimonial, Colex, La Coruña

DOMÉNECH PASCUAL, Gabriel (2010): «Responsabilidad patrimonial de la Administración por los actos jurídicos ilegales. ¿Responsabilidad objetiva o por culpa?». *Revista de Administración Pública,* núm. 183

GÓMEZ RUFIÁN, Luis (2015): «Cirugía estética y responsabilidad civil: análisis sistémico de una compleja jurisprudencia» *Revista Jurídica Universidad Autónoma de Madrid,* núm. 32

GOMEZ ZAMORA, Leopoldo J. (2018): «Comentario al real decreto-ley 7/2018, de 27 de julio, sobre el acceso universal al Sistema Nacional de Salud, *Gabilex,* núm. 15

HURTADO DÍAZ-GUERRA, Isabel (2018): *El daño moral en la responsabilidad patrimonial sanitaria,* Tirant lo Blanch, Valencia

JIMÉNEZ-BLANCO y CARRILLO DE ALBORNOZ, Antonio (1986): «Responsabilidad administrativa por culpa "in vigilando" o "in omitiendo"», *Poder* judicial, núm. 2

LEGUINA VILLA, Jesús (1993): «La responsabilidad patrimonial de la Administración, de sus autoridades y del personal a su servicio», en LEGUINA VILLA, Jesús y SÁNCHEZ MORÓN, Miguel (dirs.), *La nueva Ley de régimen Jurídico de las Administraciones Públicas y del Procedimiento Administrativo Común,* Tecnos Madrid

FERNÁNDEZ, Tomás Ramón (2021): «Sobre la discutida naturaleza objetiva de la responsabilidad patrimonial de la Administración», *Revista de Administración Pública,* núm. 216

LÓPEZ MENUDO, Francisco (2000): «Responsabilidad administrativa y exclusión de los riesgos del progreso. Un paso adelante en la definición del sistema», *Derecho y Salud,* vol. 8, núm. 2

LÓPEZ MENUDO, Francisco, GUICHOT REINNA, Emilio y CARRILLO DONAIRE, Juan Antonio (2005): *La responsabilidad patrimonial de los poderes públicos,* Lex Nova, Valladolid

LÓPEZ y GARCÍA DE LA SERRANA, Javier (2022): *El Consentimiento informado en el ámbito sanitario: la valoración y cuantificación del daño,* Atelier, Barcelona

LUNA YERGA, Álvaro (2004): *La prueba de la responsabilidad civil médico-sanitaria,* Civitas, Madrid

MANJÓN RODRÍGUEZ, Jimena Beatriz (2013): «Configuración jurídica y evolución jurisprudencial en la prestación de servicios de cirugía estética; información, responsabilidad y publicidad», *Derecho y* Salud, vol. 23 extraordinario

MIR PUIGPELAT, Oriol (2000): *La responsabilidad patrimonial de la Administración Sanitaria. Organización, imputación y causalidad.* Civitas, Madrid

MIR PUIGPELAT, Oriol (2002): *La responsabilidad patrimonial de la Administración: hacia un nuevo sistema,* Civitas, Madrid

MARÍN CASTÁN, Fernando (2007): «Jurisprudencia Civil sobre accidentes de trabajo» en MORENO MARTÍNEZ, Juan Antonio (coord.) *La responsabilidad civil y su problemática actual,* Dykinson, Madrid

FERNÁNDEZ COSTALES, Javier (2007): «Estado actual de la casuística de la responsabilidad sanitaria, a la luz de los Consejos Consultivos, del Consejo de Estado y de la Jurisprudencia» en MORENO MARTÍNEZ, Juan Antonio (coord.) *La responsabilidad civil y su problemática actual,* Dykinson, Madrid

MOLINER TAMBORERO, Gonzalo (2007): «La responsabilidad civil derivada del accidente de trabajo: culpa contractual o culpa extracontractual» en MORENO MARTÍNEZ, Juan Antonio (coord.) *La responsabilidad civil y su problemática actual,* Dykinson, Madrid

O'CALLAGHAN MUÑOZ, Xavier (2007): «La responsabilidad objetiva» en MORENO MARTÍNEZ, Juan Antonio (coord.) *La responsabilidad civil y su problemática actual,* Dykinson, Madrid

MUÑOZ MACHADO, Santiago (1975): *La sanidad pública en España,* Instituto de Estudios Administrativos, Madrid

MUÑOZ MACHADO, Santiago (1995): *La formación y crisis de los servicios sanitarios públicos,* Alianza Editorial, Madrid

NAVARRO MICHEL, Mónica (2003): «Sobre la aplicación de la regla *res ipsa loquitur* en el ámbito sanitario», *Anuario de Derecho Civil,* núm. 56, fascículo 3

PANTALEÓN PRIETO, Fernando (1991): «Causalidad e imputación objetiva: criterios de imputación, en Asociación de Profesores de Derecho Civil, Centenario del Código Civil, vol. II, Centro de Estudios Ramón Areces, Madrid

PANTALEÓN PRIETO, Fernando (1993): «Artículo 1902», en PAZ-ARES RODRÍGUEZ, Cándido, BERCOVITZ RODRÍGUEZ-CANO, Rodrigo, DÍEZ-PICAZO Y PONCE DE LEÓN, Luis, SALVADOR CODECH, Pablo (dirs.), *Comentarios al Código Civil* (2ª. ed.), Ministerio de Justicia, Madrid

PANTALEÓN PRIETO, Fernando (2000): «Como repensar la responsabilidad civil extracontractual (también la de las Administraciones Públicas», *Anuario de la Facultad de Derecho de la Universidad Autónoma de Madrid,* núm. 4

PÉREZ PINO, Dolores *et alii* (2015): *Manual sobre responsabilidad patrimonial de la administración pública,* Instituto Andaluz de Administración Pública-Asociación de Letrados de la Junta de Andalucía, Sevilla

PINO ANDRADE, Cristóbal (2009): «La responsabilidad civil médico sanitaria derivada de las técnicas de reproducción asistida», *Revista de Derecho Patrimonial,* núm. 23

PLAZA PENADÉS, Javier (2021): «Responsabilidad civil médica y hospitalaria» en CLEMENTE MEORO, Mario E. y COBAS COBIELLA, María Elena (dirs.) *Derecho de daños,* Tirant lo Blanch, Valencia

REGLERO CAMPOS, Luis Fernando: (2002) «El nexo causal. Las causas de exoneración de responsabilidad: culpa de la víctima y fuerza mayor. La concurrencia de culpas», en ÁLVAREZ LATA Natalia y REGLERO CAMPOS Luis Fernando (coords.) *Tratado de responsabilidad civil,* Cizur Menor

REGLERO CAMPOS Luis Fernando (2014): «Los sistemas de responsabilidad», en BUSTO LAGO, José Manuel y REGLERO CAMPOS Luis Fernando (coords.), *Lecciones de responsabilidad civil,* vol. I, Aranzadi, Cizur Menor (Navarra)

SALVADOR CODERCH, Pablo y RAMOS GONZÁLEZ, Sonia (2015): «150 casos de derecho de daños (2004-2014)», *Indret,* núm. 4

SÁNCHEZ GONZÁLEZ, Margarita (2018): «El tratamiento jurisprudencial del daño en las acciones de responsabilidad por wrongful birth» *Revista Jurídica Universidad Autónoma de Madrid,* núm. 37

SILLERO CROVETTO, Blanca (2013): «La responsabilidad civil médico-sanitaria», en CAMAS JIMENA, Manuel. (coord.), *Responsabilidad médica,* Tirant lo Blanch, Valencia

SOLÉ FELIÚ, Josep (2018): «Mecanismos de flexibilización de la prueba de la culpa y del nexo causal en la responsabilidad civil médico— sanitaria», *Revista de Derecho Civil,* vol. V, núm. 1

SOLÉ FELIU, Josep (2022): «Estándar de diligencia médica y valor de los protocolos y guías de la práctica clínica en la responsabilidad civil de los profesionales sanitarios», *Revista de Derecho Civil*, vol. IX, núm. 3

MUÑOZ PÉREZ, David y OJEDA CUBERO, Carmen (2018): «Cuestiones sobre el daño desproporcionado en el ámbito de la responsabilidad patrimonial sanitaria», *La Ley*, núm. 3384/2018

VICANDI MARTÍNEZ, María Aránzazu (2016): *El error médico en la cirugía estética. La respuesta judicial del Derecho a la casuística en la Medicina voluntaria*, Dykinson, Madrid

VILLAR ROJAS, Francisco José (2007): «La concesión como modalidad de colaboración privada en los servicios sanitarios y sociales», *Revista de Administración Pública*, núm. 172

XIOL RÍOS, Juan Antonio (2010): «La imputación objetiva en la jurisprudencia reciente del Tribunal Supremo», *Práctica de Derecho de Daños*, núm. 84

YÁÑEZ ANDRÉS, Aquilino (2013): «Evolución de la responsabilidad patrimonial de la Administración sanitaria. Situación actual y cambios necesarios», *Revista Española de la Función Consultiva*, núm. 20

YZQUIERDO TOLSADA, Mariano (2001): «La responsabilidad civil médico-sanitaria al comienzo de un nuevo siglo. Los dogmas creíbles y los increíbles de la Jurisprudencia», *Derecho y Salud*, vol. 9, núm. 1

YZQUIERDO TOLSADA, Mariano (2001): *Sistema de responsabilidad contractual y extracontractual*, Dykinson, Madrid

PARTE II

SUJETOS Y OBJETO DE LA RESPONSABILIDAD PATRIMONIAL SANITARIA

Capítulo 4

El reclamante en la responsabilidad patrimonial sanitaria

Luis Manent Alonso
Abogado de la Generalitat
Letrado del Consell Jurídic Consultiu de la Comunitat Valenciana (2019-2021)

Yolanda Hernández Villalón
Letrada del Tribunal Supremo
Letrada de la Comunidad de Madrid

Juan Albero Valdés
Letrado del Consell Jurídic Consultiu de la Comunitat Valenciana

I. INTRODUCCIÓN

En un Estado social y democrático de Derecho, corresponde a la Administración garantizar lo que FORSTHOFF denominó *Daseinsvosorge*[1], y nosotros hemos traducido como «procura existencial» o «procuración de los supuestos existenciales»[2].

En el ejercicio de tales funciones los poderes públicos generan riesgos, y en ocasiones, producen daños que los ciudadanos no tienen el deber jurídico de soportar. Para que la Administración deba responder de estos daños debe tramitarse un procedimiento. Esta carga es uno de los *privilegios en menos* de las Administraciones Públicas a que se refería RIVERO[3].

Pues bien, dejando de lado los supuestos de iniciación de oficio, en los cuales «el acuerdo de iniciación se notificará a los particulares presuntamente lesionados»[4], para que una reclamación pueda prosperar, deberá mediar una «solicitud del interesado»[5].

En la solicitud el interesado deberá acreditar que tiene legitimación y capacidad de obrar ante las Administraciones Públicas o que actúa a través de un representante (representación legal). Aun cuando ostentase capacidad de obrar, también podrá intervenir por medio de un representante (representación voluntaria)[6].

---

1 FORSTHOFF, Ernst (1938): *Die Verwaltung als Leistungstrager*, Königsberger Rechtswissenschaftliche Forschungen, Stuttgart.

2 MARTÍN-RETORTILLO BAQUER, Lorenzo (1962): «La configuración jurídica de la Administración Pública y el concepto de Daseinsvosorge», *Revista de Administración Pública*, núm. 38, págs. 37 a 38.

3 RIVERO Jean (1953): «Existe-t-il un critère du droitadministratif?», *Revue du droitpublic et de la sciencepolitique en France et à l'étranger*, año 59, págs. 279 a 296. «Como pusiese de manifiesto en su día RIVERO, el régimen de potestad pública, si bien comporta para la Administración en sus relaciones con los particulares unos derechos y prerrogativas exorbitantes, también implica una serie de limitaciones que estos no tienen. La Administración dispone, junto con unos *privilegios en más* otros *en menos*». MANENT ALONSO, Luis (2016): «clases de iniciación del procedimiento», en RECUERDA GIRELA, Miguel Ángel (dir.), *Régimen jurídico del sector público y procedimiento administrativo común*, Aranzadi, Cizur Menor (Navarra), pág. 454.

4 Art. 65.2 de la Ley 39/2015, de 1 de octubre, del procedimiento administrativo común de las Administraciones Públicas (LPAC).

5 Art. 54.1 LPAC.

6 REBOLLO es partidario de flexibilizar los requisitos subjetivos del reclamante —capacidad de obrar, legitimación y representación— toda vez que «si el proce-

De esta manera, «es necesario respecto del reclamante que concurran los requisitos de capacidad, legitimación y representación»[7]. En caso contrario, faltando uno de estos tres requisitos, la Administración inadmitirá la reclamación sin necesidad de pronunciarse sobre el fondo[8].

Si falleciese el reclamante, los herederos y allegados podrán reclamar en los términos que se expondrán en el epígrafe dedicado a la transmisibilidad de la acción para reclamar.

En definitiva, en este capítulo abordaremos tanto los aspectos generales como los singulares del ámbito subjetivo del ejercicio de la acción para exigir responsabilidad patrimonial sanitaria.

II. CAPACIDAD

La capacidad es la idoneidad de la persona para ser sujeto de relaciones jurídicas. Dentro de la capacidad se distingue la capacidad jurídica, o «cualidad de la persona de ser titular de las distintas relaciones jurídicas que la afectan»[9], de la capacidad de obrar, esto es, la «cualidad jurídica de la persona que determina —conforme a su estado— la eficacia jurídica de

---

dimiento se puede iniciar sin que ni si quiera el interesado pida nada, no parece que tenga mucho sentido que, cuando se inicie por reclamación del interesado, se apliquen rigurosamente los requisitos formales sobre su condición y menos aún resulta lógico ver vicios invalidantes en el procedimiento [judicial] porque la Administración no los exigiera rigurosamente» en el procedimiento administrativo previo. REBOLLO PUIG, Manuel (2011): «Capacidad, representación y legitimación del reclamante en el procedimiento administrativo de responsabilidad patrimonial», *Revista española de la función consultiva,* núm. 16 pág. 52.

7 GONZÁLEZ PÉREZ, Jesús (2000): *Responsabilidad patrimonial de las Administraciones Públicas,* Civitas, Madrid (2ª ed.), pág. 184.

8 A partir de la máxima *non venire contra factum proprium* la jurisprudencia impide que la Administración pueda oponer con éxito, en el procedimiento contencioso-administrativo, la falta de requisitos subjetivos —sobre todo el de legitimación— si estos defectos no se hicieron valer en vía administrativa. En este sentido se pronunció la STS de 21 de enero de 2011, de la Sala de lo Contencioso-administrativo (núm. rec. 238/2010 y [*Tol 2036713*]), la cual atribuyó la razón al recurrente puesto que «la Administración admitió su legitimación en vía administrativa a título personal, lo que le vedaría objetar ahora dicha legitimación en vía contencioso-administrativa» (FJ 4).

9 DE CASTRO y BRAVO, Federico (1952): *Derecho civil de España,* Instituto de Estudios Políticos, Madrid, tomo. 2, pág. 45.

sus actos»[10]. A continuación, nos detenemos en el examen de la última, la capacidad de obrar.

El art. 4 de la Ley 39/2015, de 1 de octubre, del procedimiento administrativo común de las Administraciones Públicas (LPAC) afirma que «los procedimientos podrán iniciarse de oficio o a solicitud del interesado». Además, éstos «sólo podrán solicitar el inicio de responsabilidad patrimonial, cuando no haya prescrito su derecho a reclamar», cuestión esta última que es tratada por YAÑEZ en el cap. 13 de esta obra al que nos remitimos[11]. En cualquier caso, para ejercer dicha reclamación es necesario en primer lugar, contar con capacidad de obrar.

De acuerdo con el art. 3 a) LPAC, con carácter general, tienen capacidad de obrar las personas físicas que la «ostenten (...) con arreglo a las normas civiles». También la tienen «los menores de edad para el ejercicio y defensa de aquellos de sus derechos e intereses cuya actuación esté permitida por el ordenamiento jurídico sin la asistencia de la persona que ejerza la patria potestad, tutela o curatela» (art. 3.b LPAC). Por tanto, respecto de este último grupo —el de los menores de edad— habrá que examinar si el ordenamiento jurídico (civil) les permite el ejercicio, en concreto, de reclamaciones de responsabilidad patrimonial sanitaria sin la intervención de las personas que ejerzan la patria potestad o la tutela.

Lo señalado se reitera por el art. 18.2 de la Ley 29/1998, de 13 de julio, reguladora de la jurisdicción contencioso-administrativa (LJCA) para el proceso contencioso-administrativo. En él se indica que «tienen capacidad procesal ante el orden jurisdiccional contencioso-administrativo, además de las personas que la ostenten con arreglo a la Ley de Enjuiciamiento Civil, los menores de edad para la defensa de aquellos de sus derechos e intereses legítimos cuya actuación les esté permitida por el ordenamiento jurídico sin necesidad de asistencia de la persona que ejerza la patria potestad, tutela o curatela».

La interpretación de estos preceptos ha suscitado tradicionalmente discrepancia. Está se suscita porque, conforme se ha visto, del tenor literal de los arts. 3 b) LPAC y 18.1 LJCA, parece desprenderse que estamos ante uno de los casos en los que el ordenamiento jurídico administrativo autoriza al menor de edad el ejercicio del derecho sin la asistencia de la persona que ejerza la patria potestad, tutela o curatela.

10 *Ibidem* págs. 39 y 40.

11 Art. 67.1 LPAC.

A lo anterior, REBOLLO añade que, el art. 2 de la Ley Orgánica 1/1996, de 15 de enero, de protección jurídica del menor (LOM), exige que «las limitaciones a la capacidad de obrar de los menores se interpretarán de forma restrictiva». A partir de este precepto, podría entenderse que el menor puede instar la responsabilidad de la Administración sin necesidad de su representante legal, si bien la interpretación será más restrictiva si se trata de permitirle renunciar al derecho de indemnización o de llegar a una terminación convencional[12]. No obstante, aun aceptando esta teoría, no puede cuestionarse la posibilidad de que los representantes del menor formulen la reclamación administrativa de responsabilidad patrimonial sanitaria.

Antes de abordar estas materias, conviene señalar que las normas civiles han sido objeto de una importante modificación, conforme veremos, en lo que concierne a los aspectos a examinar en este punto, por la Ley 8/2021, de 2 de junio, por la que se reforma la legislación civil y procesal para el apoyo a las personas con discapacidad en el ejercicio de su capacidad jurídica (LAPD)[13].

---

12 A juicio de REBOLLO, a partir del art. 2 LOM «puede mantenerse una tendencia general a admitir que el menor pueda instar la responsabilidad de la Administración sin necesidad de su representante legal. [En cambio, para este autor,] mucho más restrictiva habrá de ser la solución si se trata de permitirle renunciar al derecho de indemnización o de llegar a una terminación convencional». En síntesis, su postura se resume en que, visto que las restricciones a la capacidad de obrar del menor deben interpretarse de manera restrictiva *ex* art. 2 LOM, hay que entender que los menores de edad pueden interponer reclamaciones de responsabilidad patrimonial porque ni el Código Civil (CC) ni la LPAC —ni el resto del ordenamiento jurídico— las prohíben expresamente. REBOLLO PUIG, Manuel (2011): «Capacidad, representación y legitimación del reclamante en el procedimiento administrativo de responsabilidad patrimonial», *op. cit.* pág. 52.

13 LAPD ha dado una nueva redacción a los títs. IX a XII del libro I del CC. Estos títs. regulaban: la incapacitación (tít. IX); la tutela, curatela y la guarda de hecho de menores e incapacitados (tít. X); la mayoría de edad y la emancipación (tít. XI); y el Registro CiviI (tít. XII). En estos cuatro títs. ahora se regula: la tutela y la guarda de hecho de menores (tít. IX); la mayoría de edad y la emancipación (tít. X); las medidas de apoyo a las personas con discapacidad (medidas voluntarias de apoyo, curatela y guarda de hecho de personas con discapacidad) (tít. XI); y la inscripción registral de las resoluciones judiciales y documentos relativos a la tutela y las medidas de apoyo (tít. XII). Esta modificación responde a la necesidad de adecuar nuestro ordenamiento jurídico a la Convención internacional sobre los derechos de las personas con discapacidad, hecha en Nueva York el 13 de diciembre de 2006. Tras la modificación del CC, de 2 de junio de 2021, el eje de la protección de las personas con discapacidad gira en torno a las medidas de

De acuerdo con la misma, puede diferenciarse tres grupos de personas: las que tienen plena capacidad de obrar, las que la tienen restringida y las personas con discapacidad.

---

apoyo. Ya no pivota sobre la incapacitación ni la restricción de la capacidad de obrar. En cualquier caso, la LAPD, deja intactas las instituciones de la mayoría de edad, la emancipación (de personas sujetas a la patria potestad) y el beneficio de la mayoría de edad (de los menores no protegidos por la tutela). Los cambios se producen en la incapacitación, la tutela, la curatela y la guarda de hecho. En lo que aquí interesa, desde el 3 de septiembre de 2021: por un lado, quedan suprimidas las declaraciones de prodigalidad, la incapacitación judicial y la patria potestad prorrogada y rehabilitada; y por otro, se modifica sustancialmente el régimen jurídico de la tutela, la curatela y la guarda de hecho. En la actualidad: la tutela se proyecta únicamente sobre los menores de edad que no estén sometidos a la patria potestad; la curatela pasa a ser la institución de protección de las personas con discapacidad; y la guarda de hecho deja de ser una institución transitoria. Desarrollamos está última afirmación. A) *Tutela.* Antes de la LAPD, la tutela alcanzaba: 1) a los menores no emancipados que no estuviesen bajo la protección de sus padres; 2) a los incapacitados; 3) a los sujetos a patria potestad prorrogada; 4) y a los menores que se hallasen en situación de desamparo. Ahora el tutor únicamente cuida: 1) a los menores no emancipados no sujetos a patria potestad; 2) y a los menores no emancipados en situación de desamparo. B) *Curatela.* La LAPD revitaliza la institución de la curatela. Con anterioridad a la LAPD, estaban sujetos a curatela: 1) los emancipados cuyos padres falleciesen o quedaran impedidos; 2) los que obtuviesen el beneficio de la mayor edad; 3) y los pródigos. Desde el 3 de septiembre de 2021, las personas con discapacidad gozan de la misma capacidad de obrar que las demás personas. Si fuera necesaria un cuidado especial de las mismas: en primer lugar, podrán adoptarse, voluntaria o judicialmente, medidas de protección; con carácter subsidiario, y cuando la persona con discapacidad precise de apoyo continuado, esta o el juez podrán acordar el sometimiento a curatela, la cual podrá ser con o sin representación. En este sentido, la declaración de curatela determinará los concretos actos: para los que la persona con discapacidad precisase la asistencia de su curador (curatela sin representación); o respecto de los cuales el curador deba actuaren su nombre (curatela con representación). C) *Guarda de hecho.* Con la reforma del CC por la LAPD, la guarda de hecho deja de ser una situación provisional y pasa a convertirse en una institución de apoyo, tanto de los menores de edad como de las personas con discapacidad. Prueba de ello es que, cuando el guardador precise realizar una actuación representativa de las que los padres o el curador debieran recabar autorización judicial, también deberá pedirla.

1) Personas con plena capacidad de obrar

En el derogado art. 322 del Código Civil (CC) se atribuía capacidad de obrar plena a las personas mayores de edad (no incapacitadas)[14], y capacidad de obrar restringida a los menores emancipados bien por matrimonio (art. 316 del CC), o por concesión de quienes ejercían la patria potestad (art. 317 y 320 del CC)[15].

Pues bien, ahora, la tradicional capacidad de obrar plena —la que afecta a los mayores de edad— se regula en el art. 246 CC. De acuerdo con el mismo, «el mayor de edad puede realizar todos los actos de la vida civil, salvo las excepciones establecidas en casos especiales por este Código».

2) Personas con capacidad de obrar restringida

De acuerdo con el art. 239 CC, tiene lugar la emancipación por la mayoría de edad, por la concesión de los que ejerzan la patria potestad, o por concesión judicial.

La emancipación, de conformidad con el art. 249 CC, «habilita al menor para regir su persona y bienes como si fuera mayor, si bien hasta que llegue a la mayor edad no podrá el emancipado tomar dinero a préstamo, gravar o enajenar bienes inmuebles y establecimientos mercantiles o industriales u objetos de extraordinario valor sin consentimiento de sus progenitores y, a falta de ambos, sin el de su defensor judicial».

Asimismo, «el menor emancipado podrá por sí solo comparecer en juicio». Y lo indicado es aplicable también «al menor que hubiere obtenido judicialmente el beneficio de la mayor edad»[16].

En consecuencia, en concordancia con el citado art. 3 a) y b) LPAC, a efectos de reclamación de la responsabilidad patrimonial sanitaria, ostentan capacidad de obrar:

i. Los mayores de 18 años (art. 240 del CC y art. 12 de la Constitución).

---

14 Los art. 299 bis y 301 a 324 CC han sido derogados por la LAPD.

15 Los arts. 314 a 324 CC fueron modificados por el art. 4 de la Ley 11/1981, de 13 de mayo, de modificación del CC en materia de filiación, patria potestad y régimen económico del matrimonio.

16 Art. 247 CC.

Entre los actos para los que ostenta capacidad de obrar se encuentra, el solicitar a la Administración sanitaria una indemnización por los daños sufridos que no tenga el deber de soportar, y «sin que importe ni la nacionalidad ni la vecindad ni el sexo ni el matrimonio»[17].

ii. Los menores emancipados (por concesión de los padres o reconocimiento judicial).

3) Personas con discapacidad

Las personas con discapacidad deben ser estudiadas de manera separada. Respecto de éstas, el principio rector que debe primar es el respeto de la voluntad de la persona en la toma de sus decisiones. Así lo consagró la jurisprudencia[18], siendo además el principio inspirador de la reforma operada por la LAPD.

---

17 REBOLLO PUIG, Manuel (2011): «Capacidad, representación y legitimación del reclamante en el procedimiento administrativo de responsabilidad patrimonial», *op. cit.* pág. 56.

18 Un ejemplo de interpretación de la capacidad de las personas con discapacidad a la luz de la Convención lo encontramos en la STS 553/2015, de 14 de octubre, de la Sala de lo Civil (núm. rec. 257/2014 y [*Tol 5534898*]). En ella se dijo que «no se *discutía* que la incapacitación de una persona, total o parcial, *debía* hacerse siguiendo siempre un criterio restrictivo por las limitaciones de los derechos fundamentales que comporta. Lo que se *cuestionaba* (...) *era* de qué manera se *encontraba* afectada (...) [la persona con discapacidad] para adoptar la medida que *fuera* más favorable a su interés y como *podía* evitarse una posible disfunción en la aplicación de la Convección (...), que *tuviera* en cuenta, como principio fundamental, la importancia que para las personas con discapacidad reviste su autonomía e independencia individual, sus habilidades, tanto en el ámbito personal y familiar, que le permitan hacer una vida independiente, pueda cuidar de su salud, de su economía y sea consciente de los valores jurídicos y administrativos, reconociendo y potenciando la capacidad acreditada en cada caso, más allá de la simple rutina protocolar, evitando lo que sería una verdadera muerte social y legal que tiene su expresión más clara en la anulación de los derechos políticos, sociales o de cualquier otra índole reconocidos en la Convención». A lo anterior añadía, con cita de la STS de 24 de junio de 2013, que «una situación como esta no permite mantener un mismo status del que se disfruta en un régimen de absoluta normalidad, pero tampoco lo anula. Lo que procede es instaurar los apoyos personalizados y efectivos en beneficio de la persona afectada en la toma de decisiones, a los que con reiteración se refiere la Convención, para, en palabras de la misma, proteger su personalidad en igualdad de condiciones con los demás permitiéndole el ejercicio de la capacidad de obrar en las diferentes situaciones que se planteen, siempre en el plazo más corto posible y mediante los controles periódicos que se

Téngase en cuenta que antes de esta modificación del CC, los sistemas de tutela y curatela eran las respuestas legislativas ante la limitación parcial del alcance de la capacidad. Éstos, además, eran interpretados por la jurisprudencia de conformidad con la Convección de Nueva York, de 13 de diciembre de 2006, sobre los derechos de las personas con discapacidad, en adelante la Convención[19].

---

realicen, como precisa el artículo 12». También recordó, con la STS de 29 de septiembre de 2009, que «en materia de incapacidad y en la interpretación de las normas vigentes a la luz de la Convención, declara lo siguiente: "la incapacitación, al igual que la minoría de edad, no cambia para nada la titularidad de los derechos fundamentales, aunque sí que determina su forma de ejercicio. De aquí, que deba evitarse una regulación abstracta y rígida de la situación jurídica del discapacitado… Una medida de protección como la incapacitación, independientemente del nombre con el que finalmente el legislador acuerde identificarla, solamente tiene justificación con relación a la protección de la persona"» (FJ 2).

19 Instrumento de ratificación de España que entró en vigor el 3 de mayo de 2008 (BOE de 21 de mayo de 2008). El art. 12 de la Convención consagra el principio de igual reconocimiento como persona ante la ley. Lo hace en los siguientes términos: «los Estados Parte reafirman que las personas con discapacidad tienen derecho en todas partes al reconocimiento de su personalidad jurídica. Los Estados Parte reconocerán que las personas con discapacidad tienen capacidad jurídica en igualdad de condiciones con las demás en todos los aspectos de la vida. Los Estados Parte adoptarán las medidas pertinentes para proporcionar acceso a las personas con discapacidad al apoyo que puedan necesitar en el ejercicio de su capacidad jurídica. Los Estados Parte asegurarán que en todas las medidas relativas al ejercicio de la capacidad jurídica se proporcionen salvaguardias adecuadas y efectivas para impedir los abusos de conformidad con el derecho internacional en materia de derechos humanos. Esas salvaguardias asegurarán que las medidas relativas al ejercicio de la capacidad jurídica respeten los derechos, la voluntad y las preferencias de la persona, que no haya conflicto de intereses ni influencia indebida, que sean proporcionales y adaptadas a las circunstancias de la persona, que se apliquen en el plazo más corto posible y que estén sujetas a exámenes periódicos, por parte de una autoridad o un órgano judicial competente, independiente e imparcial. Las salvaguardias serán proporcionales al grado en que dichas medidas afecten a los derechos e intereses de las personas. Sin perjuicio de lo dispuesto en el presente artículo, los Estados Partes tomarán todas las medidas que sean pertinentes y efectivas para garantizar el derecho de las personas con discapacidad, en igualdad de condiciones con las demás, a ser propietarias y heredar bienes, controlar sus propios asuntos económicos y tener acceso en igualdad de condiciones a préstamos bancarios, hipotecas y otras modalidades de crédito financiero, y velarán por que las personas con discapacidad no sean privadas de sus bienes de manera arbitraria».

En este sentido, tal y como expresó la STS de 19 de febrero de 2020, «*correspondía* la tutela a una limitación total del alcance de la capacidad y la curatela a supuestos [de] limitación parcial del alcance de la capacidad»[20].

La LAPD introduce un nuevo enfoque en la materia para integrar el art. 12 de la Convención y la jurisprudencia recaída hasta el momento. Por la importancia de la reforma y su impacto en materia de capacidad, representación y legitimación, merece destacar —con la STS de 8 de septiembre de 2021[21]— algunos de los aspectos que la caracterizan:

i. Supresión de la declaración de incapacidad.

ii. Desaparición del anterior régimen de guarda legal (tutela y curatela), para quienes precisan el apoyo de modo continuado.

   Éste se reemplaza por la curatela, cuyo contenido y extensión debe ser precisado por la resolución judicial que la acuerde «en armonía con la situación y circunstancias de la persona con discapacidad y con sus necesidades de apoyo»[22].

iii. Afección a las personas mayores de edad o menores emancipadas que precisen una medida de apoyo para el adecuado ejercicio de su capacidad jurídica.

iv. Incorporación del principio de intervención mínima.

---

20 FJ 4 STS 118/2020, de 19 de febrero, de la Sala de lo Civil (núm. rec. 3904/2019 y [*Tol 7789979*]). Este fallo, reiterado lo dicho por las SSTS de la Sala de lo Civil 298/2017, de 16 de mayo (núm. rec. 2759/2016 y [*Tol 6113490*]) y STS 716/2015, de 16 de mayo (núm. rec. 2577/2014 y [*Tol 5605667*]), consagró la siguiente doctrina: «la tutela es la forma de apoyo más intensa que puede resultar necesaria cuando la persona con discapacidad no pueda tomar decisiones en los asuntos de su incumbencia, ni por sí misma ni tampoco con el apoyo de otras personas. En efecto, dice el art. 267 CC que el tutor es el representante de la persona con la capacidad modificada judicialmente, salvo para aquellos actos que pueda realizar por sí solo, ya sea por disposición expresa de la ley o de la sentencia. Pero en atención a las circunstancias personales puede ser suficiente un apoyo de menos intensidad que, sin sustituir a la persona con discapacidad, le ayude a tomar las decisiones que le afecten. En el sistema legal, está llamada a cumplir esta función la curatela, concebida como un sistema mediante el cual se presta asistencia, como un complemento de capacidad, sin sustituir a la persona con discapacidad (arts. 287, 288 y 289 CC)» (FJ 4).

21 *Cfr.* FJ 3 STS 589/2021, de 8 de septiembre, de la Sala de lo Civil (núm. rec. 4187/2019 y [*Tol 8585229*]).

22 Art. 250.5 CC.

Este principio se configura como una provisión de apoyos necesarios, dando prioridad a los voluntarios, para que una persona con discapacidad pueda ejercer «el adecuado ejercicio de su capacidad jurídica [con la finalidad de] (...) permitir el desarrollo pleno de su personalidad y su desenvolvimiento jurídico en condiciones de igualdad»[23].

v. Adopción de las salvaguardas oportunas para asegurar que el ejercicio de las medidas de apoyo se acomode a los criterios legales, y en particular, que atienda a la voluntad, deseos y preferencias de la persona que las requiera, así como acomodarse a los principios de necesidad y de proporcionalidad[24].

vi. Sustitución del proceso de provisión judicial de apoyos por un expediente de jurisdicción voluntaria, salvo que haya oposición, en cuyo caso deberá iniciarse un proceso especial de carácter contradictorio, que es, en esencia, una adaptación del proceso anterior (procedimentalmente).

En definitiva, las personas sujetas a restricciones para el autogobierno de su persona, el cuidado de su salud, o la administración y disposición de sus bienes, contarán con diferentes medidas de apoyo voluntario y en su defecto forzosas, como son la guarda de hecho, la curatela y el defensor judicial (art. 250 CC). Se excluye la tutela que queda reservada a los menores no emancipados en situación de desamparo, o para los menores no emancipados no sujetos a patria potestad (actual art. 199 CC)[25].

No obstante, en la línea de la jurisprudencia previa a la reforma, la intensidad en la intervención de la esfera de la persona discapacitada dependerá del grado de autonomía que le permita desenvolverse en su esfera patrimonial. En este sentido se pronunció, entre otras, entre otras, STS de 14 de octubre de 2015[26].

[23] Art. 249 CC.

[24] Art. 268 y 269 CC.

[25] El artículo 199 CC señala «quedan sujetos a tutela: 1.º Los menores no emancipados en situación de desamparo. 2.º Los menores no emancipados no sujetos a patria potestad».

[26] STS 553/2015, de 14 de octubre, de la Sala de lo Civil (núm. rec. 1257/2014 y [*Tol 5534898*]).

4) Mención especial a las medidas de apoyo a las personas mayores de edad y menores con discapacidad

El objetivo de las medidas de apoyo a los mayores de edad y menores emancipados que tengan una discapacidad es «permitir el desarrollo pleno de su personalidad y su desenvolvimiento jurídico en condiciones de igualdad»[27].

De acuerdo con el art. 250 CC, estas medidas, son cuatro, se definen como sigue:

i. Medidas de apoyo de naturaleza voluntaria

   Son aquellas que en las que la propia persona con discapacidad designa quién debe prestarle apoyo y con qué alcance[28].

ii. Defensor judicial

   Es una «medida formal de apoyo [que] procederá cuando la necesidad de apoyo se precise de forma ocasional, aunque sea recurrente»[29].

iii. Guarda de hecho

---

[27] Art. 249. 1 CC.

[28] De acuerdo con el art. 254 CC, «cuando se prevea razonablemente en los dos años anteriores a la mayoría de edad que un menor sujeto a patria potestad o a tutela pueda, después de alcanzada aquella, precisar de apoyo en el ejercicio de su capacidad jurídica, la autoridad judicial podrá acordar, a petición del menor, de los progenitores, del tutor o del Ministerio Fiscal, si lo estima necesario, la procedencia de la adopción de la medida de apoyo que corresponda para cuando concluya la minoría de edad». A ello añade, que «estas medidas se adoptarán si el mayor de dieciséis años no ha hecho sus propias previsiones para cuando alcance la mayoría de edad». En otro caso, sigue diciendo el art. 254 CC «se dará participación al menor en el proceso, atendiendo a su voluntad, deseos y preferencias». Paralelamente, el art. 255 CC permite que «cualquier persona mayor de edad o menor emancipada en previsión o apreciación de la concurrencia de circunstancias que puedan dificultarle el ejercicio de su capacidad jurídica en igualdad de condiciones con las demás, podrá prever o acordar en escritura pública medidas de apoyo relativas a su persona o bienes».

[29] Art. 250 CC. Nótese que mientras que los arts. 235 y 236 CC abordan el defensor judicial del menor, los arts. 295 y 296 CC regulan el defensor judicial de personas con discapacidad.

«Es una medida informal de apoyo que puede existir cuando no haya medidas voluntarias o judiciales que se estén aplicando eficazmente»[30].

iv. Curatela

«Es una medida formal de apoyo que se aplicará a quienes precisen el apoyo de modo continuado. Su extensión vendrá determinada en la correspondiente resolución judicial en armonía con la situación y circunstancias de la persona con discapacidad y con sus necesidades de apoyo»[31].

Finalmente, hay que tener en cuenta que, como recuerda el art. 250 CC *in fine*, «no podrán ejercer ninguna de las medidas de apoyo quienes, en virtud de una relación contractual, presten servicios asistenciales, residenciales o de naturaleza análoga a la persona que precisa el apoyo».

5) Herencias yacentes

Aunque carezcan de personalidad jurídica, determinadas masas de bienes pueden comparecer en el procedimiento administrativo. Una de ellas es la comunidad hereditaria. Como se verá en el ep. dedicado a la representación, basta que accione cualquiera de sus miembros, pues lo hecho por un coheredero beneficia a los demás[32]. De hecho, en las reclamaciones de responsabilidad patrimonial sanitaria derivadas del fallecimiento de una persona, las actuaciones, las más de las veces, se entienden con la comunidad hereditaria hasta que se produzca la división de herencia.

Su capacidad se les reconoce en los procedimientos administrativos, a partir del art. 6.1.4º de la Ley 1/2000, de 7 de enero, de enjuiciamiento civil (LEC), y especialmente para el orden contencioso-administrativo, del

---

30 Art. 250 CC. De la misma manera que sucede con el defensor judicial, los arts. 237 y 238 del CC regulan la guarda de hecho del menor y los arts. 263 a 269, de las personas con discapacidad.

31 Art. 250. La curatela se regula en los arts. 268 a 294 del CC, únicamente respecto de los menores emancipados y mayores de edad.

32 En este sentido, ejercicio de la acción en beneficio de la herencia yacente, puede consultarse la STS 629/2002, de 19 de junio, de la Sala de lo Civil (núm. rec. 8/1997 y [*Tol 4975760*]), así como la doctrina del Consejo Consultivo de Canarias (CCCan) y del Consell Jurídic Consultiu de la Comunitat Valenciana (CJCVal). En particular así lo señalan los DCCCan 360/2019, de 10 de octubre y DCJCVal 244/2018, de 28 de abril.

art. 18.2 LJCA. Estas personas, conforme veremos a continuación, estarán representadas, con carácter general, por la persona que designe la ley.

6) Grupos de afectados

Otro supuesto especial que debe ser citado es el de los grupos de afectados. El art. 18.2 LJCA confiere a los afectados, junto a las uniones sin personalidad o patrimonios independientes, la facultad de ejercitar acciones en el orden contencioso-administrativo por ser titulares de derechos y obligaciones al margen de su integración en estructuras formales de personas jurídicas.

A título de ejemplo, en el ámbito de la responsabilidad patrimonial sanitaria, un supuesto lo encontramos en las asociaciones sin ánimo de lucro que cuentan con capacidad jurídica como titulares de las relaciones jurídicas coincidentes con el objeto recogido en sus Estatutos. Cuando éstas ejercen una acción se entiende realizada en el marco de un mandato implícito por miembros.

Así sucedió en el recurso contencioso-administrativo interpuesto por la Asociación de Víctimas de la talidomida en España (AVITE) ante la Audiencia Nacional (AN) y que dio lugar a la SAN de 11 de marzo de 2022[33]. En esta ocasión AVITE no reclamaba una indemnización en concepto de responsabilidad patrimonial, por los daños sufridos por los afectados —cuestión solventada con anterioridad— sino por inactividad de la Administración. En concreto, por falta de desarrollo reglamentario, de la DA 56 de la Ley 6/2018, de 3 de julio, de presupuestos generales del Estado para 2018 (LPGE-18). Se pretendía que obligase a la Administración General

33 La SAN de 11 de marzo de 2022 (núm. rec. 1416/2019 y [*Tol 8889605*]), desestimó el recurso formulado por AVITE contra el Ministerio de Sanidad, Consumo y Bienestar Social. En él solicitó aquella pretendió la incoación de un expediente de responsabilidad patrimonial con el objeto de conceder a sus asociados una indemnización global de 390.540.000 euros. Para la asociación demandante se había producido un funcionamiento anormal de los servicios públicos por no haberse desarrollado reglamentariamente la DA 56 LPGE-18, la cual previó otorgar ayudas complementarias a las del RD 1066/2010, de 5 de agosto, a las a las personas s afectadas por la Talidomida en España durante el periodo 1950-1985. Según dijera la AN «el objeto directo de su reclamación no *eran* los daños causados por la ingesta de la talidomida, sino los perjuicios que eventualmente se *ocasionaban* a las víctimas de la talidomida como consecuencia del retraso en la percepción de las ayudas que pudieran corresponderles» (FJ 3. II. 11).

del Estado a aprobar un real decreto análogo al RD 1066/2010 de 5 de agosto, por el que se reguló el procedimiento de concesión de ayudas a las personas afectadas por la talidomida.

7) Valoración crítica

Como regla general, las personas con discapacidad tienen suficiente capacidad para solicitar una indemnización de la Administración sanitaria. Únicamente precisarán completarla cuando así resulte de las medidas de protección o de la resolución judicial de constitución o actualización de la curatela. Así lo prevé el art. 7.2 LEC *in fine*. Tanto en uno como en otro caso, las personas que presten apoyo y el curador, en la medida de lo posible, «deberán actuar atendiendo a la voluntad, deseos y preferencias» de la persona con discapacidad[34].

En el caso de intervenir un guardador de hecho, como quiera que estamos ante «una medida informal de apoyo que puede existir cuando no haya medidas voluntarias o judiciales que se estén aplicando eficazmente», la persona con discapacidad no verá modificada su capacidad[35]. Ello implica que, cuando aquellas no existan, la persona con discapacidad podrá reclamar sin necesidad de apoyo o asistencia de un tercero, si bien, en el caso de existir medidas de protección habrá que estar a lo dispuesto en ellas.

En sede de responsabilidad patrimonial sanitaria, tratándose las más de las veces de daños corporales, la capacidad corresponde a la víctima. Con frecuencia, cuando una persona con capacidad restringida interviene es un menor de edad. Rara vez accionan menores emancipados por la poca frecuencia de este estado. En cuanto a las personas con discapacidad, la Administración sanitaria suele tener conocimiento de la misma porque su representante lo pone de manifiesto.

Por lo general, la capacidad del reclamante no suele ser conflictiva. La intervención de la comunidad hereditaria a través de uno o varios de sus miembros es pacífica. Si acaso, los problemas pueden provenir de las reclamaciones interpuestas por personas jurídicas o grupos de afectados. En estos casos habrá que comprobar si su objeto coincide con el de la reclamación. Verificado este extremo se entiende que la entidad tiene implícita la representación de sus miembros.

---

[34] Arts. 249 y 282 CC.

[35] Art. 250 CC.

III. REPRESENTACIÓN

La representación jurídica, entendida como facultad de realizar operaciones jurídicas en nombre de otro, en atención a su origen, puede ser voluntaria o legal. Aquélla tiene lugar por voluntad del representado. Ésta se produce por ministerio de la ley. Ahora bien, las reclamaciones realizadas por representante engloban dos supuestos bien diferenciados.

La representación voluntaria, supone la capacidad de obrar (suficiente) del representado para reclamar, y consiste en la acción «de transmitir o declarar la voluntad por medio de otro»[36]. De ahí que se exija un contrato de mandato al efecto, porque «ninguno puede contratar a nombre de otro sin estar por éste autorizado o sin que tenga por la ley su representación legal»[37].

En cambio, en la representación legal, el representado debe carecer de capacidad de obrar (para interponer una reclamación de responsabilidad patrimonial). Ello es así porque la representación legal tiene como función primordial suplir la falta de capacidad del representado. Por eso, «el representante ocupa el lugar del representado en la misma determinación de la voluntad»[38], por tanto, en este caso, no se exige el contrato de mandato.

---

36 CABREROS DE ANTA, Marcelino (1954): «El Derecho de representación», *Salmanticensis*, vol. I, núm. 1, pág. 73.

37 Art. 1259 CC.

38 *Idem.* La representación, junto con el concepto de persona jurídica y el principio de autoridad, constituyen las principales aportaciones del Derecho canónico a nuestro ordenamiento jurídico actual. Ello es así, porque «la teoría de la representación (...) no pasó del Derecho romano al canónico (...). El *Derecho romano* admitió tan sólo la *representación* actualmente llamada *indirecta* o impropia, es decir, el derecho de transmitir o declarar la voluntad por medio de otro. Esta representación indirecta es la que tiene el *nuncio* o mensajero. Pero la representación propiamente dicha, por la que el representante sustituye u ocupa el lugar del representado en la misma *determinación* de la voluntad, el Derecho romano la rechazó explícitamente (...). La causa de no admitirse en el Derecho romano la representación propiamente dicha es porque el *paterfamilias* podía realizar el negocio jurídico por medio de sus *hijos*, o de los *siervos*, lo cual obligaba necesariamente al padre e impedía el recurso a los extraños. El Derecho civil moderno siguió en esta materia la tradición canónica apartándose de la romana. [En efecto,] el principio de representación es modernamente admitido en todos los Códigos, no sólo en lo que se refiere a la representación indirecta, sino también a la representación propiamente dicha (...). [A pesar de ello], los Códigos civiles, a excepción del alemán, no contienen una legislación propia acerca de la representación, sino que la presuponen o la consideran vinculada a otras instituciones jurídicas afines y que

Antes de la LAPD se preveía la declaración de incapacitación, por lo que el incapaz sólo podía actuar a través de su representante legal.

Ahora, las personas mayores de edad o menores emancipadas que precisen medidas de apoyo estarán representadas, o bien por las personas que designen voluntariamente, o en su defecto, por las nombradas subsidiariamente.

1) Representación voluntaria

La representación voluntaria, se caracteriza por surgir de un acto voluntario del representado, el cual es una persona capaz y acude a la cooperación de un tercero para la realización de actos jurídicos que producirán efectos en su propia esfera jurídica. Para ello acude a un negocio jurídico especial para plasmarla, el apoderamiento.

No obstante, no todos los actos o negocios jurídicos pueden otorgarse por representante. Existen ciertos actos de carácter personalísimo respecto de los que no procederá la representación, como, por ejemplo, el testamento *ex* art. 670 CC, o ciertos negocios de Derecho de familia, como las capitulaciones matrimoniales, o el reconocimiento de filiación. De todas formas, estos negocios personalísimos no suelen estar presentes en las reclamaciones de responsabilidad patrimonial sanitaria.

El art. 5 LPAC reconoce que toda persona con capacidad de obrar podrá «actuar por medio de representante, entendiéndose con éste las actuaciones administrativas, salvo manifestación expresa en contra del interesado». De esta manera, las personas físicas con capacidad de obrar, y las personas jurídicas, cuando esté previsto en sus estatutos, podrán actuar en representación de otras ante las Administraciones sanitaria. Sin perjuicio de ese carácter potestativo del uso de representante, cuando se formulan solicitudes en nombre de otro, como pueden ser reclamaciones patrimoniales «deberá acreditarse la representación»[39].

---

sirven de base a la representación, como el contrato de mandato y de sociedad». *Ibidem* págs. 72 y 73.

39 Art. 5.3 LPAC.

2) Representación legal

Detrás de las figuras canónicas de vicario, delegado y sustituto late la institución de la representación legal[40]. Se entiende por representación legal, aquella en la que «el representante ocupa el lugar del representado en la misma determinación de la voluntad»[41].

Esta es la función que el CC vigente atribuye a los padres, tutor, curador, y en su caso, al guardador y defensor judicial.

Por un lado, «los padres que ostenten la patria potestad tienen la representación legal de sus hijos menores no emancipados»[42]. A estos efectos, la interposición de una reclamación, aunque es una decisión personalísima, no supone el ejercicio de «actos relativos a los derechos de la personalidad del hijo»[43].

Por otro lado, si existiese una contraposición de intereses se designará un defensor judicial[44]. Esta situación puede ocurrir con menores en situación de desamparo, y más en concreto, con menores no acompañados (MENA)[45].

---

40 OLMOS ORTEGA, María Elena (2005): «Derecho canónico y formación del jurista», *Ius Canonicum*, vol. 45, núm. 90, pág. 611.

41 *Idem.* Según OLMOS, la teoría de la representación —junto con el concepto de persona jurídica y el principio de soberanía— constituyen las principales aportaciones del Derecho canónico a nuestro Derecho público. Como afirma CABREROS, «la teoría de la representación (...) no pasó del Derecho romano al canónico (...). El Derecho romano admitió tan sólo Ia representación actualmente llamada indirecta o impropia, es decir, el derecho a transmitir o declarar la voluntad por medio de otro. Esta representación indirecta es la que tiene el *nuncio* o mensajero. Pero la representación propiamente dicha, por la que el representante sustituye u ocupa el lugar del representado en la misma determinación de la voluntad, el Derecho romano la rechazó explícitamente (...). [En cambio,] el Derecho civil moderno siguió en esta materia la tradición canónica apartándose de la romana». OLMOS ORTEGA, María Elena (2005): «Derecho canónico y formación del jurista», *op. cit.* pág. 611. CABREROS DE ANTA, Marcelino (1954): «El Derecho de representación», *Salmanticensis,* vol. I, núm. 1, págs. 72 y 73.

42 Art. 162 CC.

43 Art. 1621 CC.

44 Arts. 235 y 236 CC.

45 Existirá contraposición de intereses porque, de acuerdo con la tutela de los menores en situación de desamparo «corresponde por ministerio de la ley, a partir de la declaración de desamparo, "a la Entidad Pública competente en materia de tutela y protección de menores" (...), esto es, a la Administración autonómica. Por ello los menores en situación de desamparo (...) precisarán de un defensor

Como se ha indicado anteriormente, también son representantes legales los tutores respecto de los menores no emancipados «en situación de desamparo» o «no sujetos a patria potestad»[46]. A aquéllos corresponderá la representación.

En caso de encontrarse el menor en situación de guarda de hecho, «mientras [ésta] se mantenga (...) y hasta que se constituya la medida de protección adecuada, si procediera, se podrán otorgar judicialmente facultades tutelares a los guardadores»[47]. Igualmente se podrá constituir un acogimiento temporal, siendo acogedores los guardadores. En estos casos, el menor estará representado por el guardador de hecho.

En todo caso «cuando, excepcionalmente, se requiera la actuación representativa del guardador de hecho, este habrá de obtener la autorización para realizarla a través del correspondiente expediente de jurisdicción voluntaria, en el que se oirá a la persona con discapacidad (...). En todo caso, quien ejerza la guarda de hecho deberá recabar autorización judicial conforme a lo indicado en el párrafo anterior para prestar consentimiento en los actos enumerados en el artículo 287»[48].

Cuando el menor emancipado o la persona mayor de edad discapacitada se encuentra en una situación de curatela respecto la representación «en casos excepcionales, cuando, pese a haberse hecho un esfuerzo considerable, no sea posible determinar la voluntad, deseos y preferencias de la persona, las medidas de apoyo podrán incluir funciones representativas. En este caso, en el ejercicio de esas funciones se deberá tener en cuenta la trayectoria vital de la persona con discapacidad, sus creencias y valores, así como los factores que ella hubiera tomado en consideración, con el fin de

---

judicial para interponer una reclamación de responsabilidad patrimonial. Existe un conflicto de interés al asumir la tutela la misma entidad (...) [que gestiona la sanidad pública: la Administración autonómica]. El nombramiento debería promoverse por la Administración [autonómica], y en caso de no hacerlo, el menor, u otra persona con interés legítimo, podrá pedirlo al fiscal de menores». MANENT ALONSO, Luis, TAJUELO CASTILLA, Alicia y ZAMORA ZARAGOZA, Francisco Javier (2021): «Responsabilidad patrimonial en el ámbito de los servicios sociales», en DE LA CRUZ LÓPEZ, Pablo y MOLL FERNÁNDEZ-FIGARES, Luis (dirs.): *Responsabilidad patrimonial y COVID-19 en los distintos sectores de la actividad*, Lefebre, Madrid, pág. 197.

46 Art. 199 CC.

47 Art. 237 CC.

48 Art. 264 CC.

tomar la decisión que habría adoptado la persona en caso de no requerir representación»[49].

Por otro lado, si en estos casos existe conflicto de interés «cuando una persona se encuentre en una situación que exija apoyo para el ejercicio de su capacidad jurídica de modo urgente y carezca de un guardador de hecho, el apoyo se prestará de modo provisional por la entidad pública que en el respectivo territorio tenga encomendada esta función. La entidad dará conocimiento de la situación al Ministerio Fiscal en el plazo de veinticuatro horas»[50].

Específicamente, en relación con el recurso contencioso-administrativo, como medida para garantizar que las personas con discapacidad defiendan sus derechos ante los tribunales, «se realizarán los ajustes necesarios» para respetar su derecho a entender y ser entendidas en cualquier actuación que deba llevarse a cabo[51]. Y en el caso de que no contare legalmente con representante para comparecer en juicio, «el Letrado de la Administración de Justicia le nombrará un defensor judicial mediante decreto, que asumirá su representación y defensa hasta que se designe a aquella persona»[52]. Es más, mientras así no suceda, «el Ministerio Fiscal asumirá la representación hasta el nombramiento de éste» y «en todo caso, proceso quedará en suspenso mientras no conste la intervención del Ministerio Fiscal»[53].

Respecto las herencias yacentes, la capacidad procesal se formalizará «por quienes, conforme a la ley, las administren»[54], y según regula el vigente artículo 911 CC, corresponderá a los herederos en defecto de albacea. Sin perjuicio de lo indicado, por su interés, citamos el criterio del extinto Consejo Consultivo de Madrid. Tal y como expresase el DCCMad de 16 de noviembre de 2011, a efectos de la vía administrativa reconoció a una heredera, «de la que *era* partícipe», como representante de la herencia yacente para reclamar una indemnización en beneficio de la herencia[55]. Ello a pe-

---

49 Art. 249 CC.

50 Art. 253 CC.

51 Art. 7 bis de la LEC. Este precepto también es aplicable al recurso contencioso-administrativo *ex* DF 1 LJCA.

52 Art. 8.1 LEC.

53 Art. 8.2 LEC.

54 Art. 7.5 LEC.

55 CJ 2 DCCMad 641/2011, de 16 de noviembre. En idéntico sentido se pronunciaron los DDCCMad 15/2011, de 26 de enero, 39/2011, de 16 de febrero, 89/2011, de 16 de marzo, 148/2011, de 13 de abril, 643/2011, de 16 de noviembre, y

sar de que no justificó actuar como administradora transitoria de la herencia, ni contar con la voluntad conforme de otros herederos. En el mismo sentido, también puede traerse a colación la STS de 19 de junio de 2002[56].

La jurisprudencia también ha admitido la representación implícita de los colegios profesionales para representar a sus colegiados. En este sentido tiene interés la SJCA núm. 3 de Alicante de 13 enero de 2022, confirmada por la STSJ de la Comunitat Valenciana de 1 de septiembre 2022, porque admitió la legitimación activa del Colegio Oficial de Médicos de Alicante y condenó a la Administración sanitaria a indemnizar con 10.000 euros, en concepto de *pecunia doloris,* al personal sanitario dependiente de hospitales y centros de titularidad privada[57]. Lo hizo al entender que habían sido discriminados a la hora de recibir la vacuna contra la Covid-19[58].

656/2011, de 23 de noviembre. Este criterio también está presente así en la doctrina del Consejo Consultivo de Canarias (CCCan) y del Consell Jurídic Consultiu de la Comunitat Valenciana (CJCVal). Así se aprecia en los DCCCan 360/2019, de 10 de octubre y DCJCVal 244/2018, de 28 de abril.

56 Sobre ejercicio de la acción en beneficio de la herencia yacente, puede consultarse la STS 629/2002, de 19 de junio, de la Sala de lo Civil (núm. rec. 8/1997 y [*Tol 4975760*]).

57 En el cap. 10 de este tratado HURTADO ha expuesto la difícil conceptualización y delimitación de los daños morales (págs. 632 a 636). También expone qué es el *pretium* o *pecunia doloris* como daño moral puro (págs. 676 a 681). A él nos remitimos.

58 SJCA núm. 3 de Alicante 5/2022, de 13 de enero (núm. rec. 3/2021 y [*Tol 8736846*]) y STSJ de la Comunidad Valenciana 293/2022, de 1 de septiembre (núm. rec. 69/2022 y [*Tol 9249826*]). El recurso para la protección de los derechos fundamentales, promovido por el Colegio Oficial de Médicos de Alicante, tuvo por objeto una inactividad de la Generalitat Valenciana. Esta consistió en la falta de vacunación inicial de todo el personal sanitario que durante la pandemia ejerció su actividad en hospitales o centros de salud de titularidad privada. A juicio del JCA núm. 3 de Alicante, Hubiera sido perfectamente factible que cada uno de los sanitarios hubiera interpuesto el mismo proceso por vulneración de Derechos Fundamentales, en reclamación de cuantos daños materiales personales o morales pudieran resultar. O que hubieran optado también por iniciar un procedimiento de responsabilidad patrimonial ante la propia Administración. Ahora bien, el Colegio Oficial de Médicos en tanto que Administración corporativa está legitimada para la interposición del presente recurso contencioso, habiendo debido acudir a los tribunales en defensa de sus colegiados, destinando para ello recursos personales y materiales para denunciar la situación de los colegiados. La situación debe reponerse no solamente con la condena en costar para la Administración demandada, sino también reconociendo al Colegio Oficial de Médicos recurrente como Administración Corporativa una indemnización por daños mo-

3) Formas de acreditar la representación

En el ámbito administrativo, el art. 5.4 LPAC contiene una previsión general. De acuerdo con el mismo, «la representación podrá acreditarse por cualquier medio válido en Derecho que deje constancia fidedigna de su existencia». La propia norma precisa que «se entenderá acreditada la representación realizada mediante apoderamiento apud acta efectuado por comparecencia personal o comparecencia electrónica en la correspondiente sede electrónica, o a través de la acreditación de su inscripción en el registro electrónico de apoderamientos de la Administración Pública competente».

Como excepción, «para los actos y gestiones de mero trámite», entre los que no se encuentra incluida la presentación de la reclamación de responsabilidad patrimonial, se presume la representación[59].

Sin perjuicio de lo indicado, «la falta o insuficiente acreditación de la representación no impedirá que se tenga por realizado el acto de que se trate, siempre que se aporte aquélla o se subsane el defecto dentro del plazo de diez días que deberá conceder al efecto el órgano administrativo, o de un plazo superior cuando las circunstancias del caso así lo requieran»[60]. En este caso, como «la solicitud de iniciación no reúne los requisitos (...), se requerirá al interesado para que, en un plazo de diez días, subsane la falta o acompañe los documentos preceptivos, con indicación de que, si así no lo hiciera, se le tendrá por desistido de su petición, previa resolución» dictada por la Administración[61].

No obstante, en la práctica, la falta de acreditación de la representación por parte del interesado suscita ciertas controversias. En primer lugar, queda claro, de acuerdo con lo preceptuado en los arts. 5.6 y 68 de la LPAC, que la falta de acreditación de la representación por parte del interesado debe ser advertida por la propia Administración mediante requerimiento. Ahora bien, como señala REBOLLO, una primera cuestión que surge en este momento procedimental es ¿a quién debe formular la Administración dicho requerimiento? ¿al interesado o a quien aparece

---

rales; (...); daños que la propia parte fija simbólicamente en 10,000 euros, cuantía que este Juzgado considera plenamente ajustada, y conforme con jurisprudencia similar en materia de daños morales» (FJ 3).

59 Art. 5.3 LPAC. De acuerdo con el art. 5.3, «para formular solicitudes (...) deberá acreditarse la representación».

60 Art. 5.6 LPAC.

61 Art. 68 LPAC.

como presunto representante de éste? La LPAC, en su art. 68, especifica que, para el caso de que deba procederse a la subsanación de algún defecto «se requerirá al interesado». Por tanto, del tenor literal del mismo se desprende de forma clara que, ante la falta de representación, la Administración debería dirigirse a quien ostenta la condición de interesado en el procedimiento y no a quien formula la reclamación como presunto representante.

En segundo lugar, en caso de que se haya requerido correctamente al interesado para que subsane los defectos advertidos y éste no haya procedido a dicha subsanación, «se le tendrá por desistido de su petición, previa resolución», tal y como expresa el art. 68 de la LPAC. Una lectura rigurosa de este precepto nos lleva a afirmar que la Administración, ante la situación descrita, no puede sino proceder a dictar resolución por la que se declare desistido al interesado. En tal caso, y dado que el desistimiento no significa renuncia de derecho, nada impide que el particular pueda volver a reclamar siempre y cuando no haya transcurrido el plazo de la prescripción[62].

En tercer lugar, la representación «podrá acreditarse mediante cualquier medio válido en Derecho que deje constancia fidedigna de su existencia». Si bien, no todo medio es válido a tales efectos. A este respecto, el DCJAMad de 20 de abril de 2023, para el caso en que un progenitor actuaba representado por una abogada que presentaba para acreditar dicha representación un certificado de inscripción de apoderamiento apud acta en el archivo electrónico de apoderamientos judiciales, afirmó que «dicho apoderamiento apud acta ante un letrado de la Administración de Justicia no es válido para actuar ante una Administración pública y, de hecho, el propio certificado limita su validez a actuaciones judiciales. Por ello no puede tenerse por acreditada fehacientemente la representación a los efectos del artículo 5 de la LPAC»[63]. Igualmente, tampoco cabe la acreditación de la representación mediante documento privado, pues no se ajusta a lo dispuesto en el art. 5 de la LPAC. En este sentido, el DCJAMad 537/2020, de 1 de diciembre, señala «si bien es cierto que, en el ámbito privado, el artículo 1710 del Código Civil establece que el mandato puede ser expreso o tácito, y que el expreso puede otorgarse en documento pú-

---

62 REBOLLO PUIG, Manuel (2011): «Capacidad, representación y legitimación del reclamante en el procedimiento administrativo de responsabilidad patrimonial», *op. cit.* pág. 62.

63 CJ 2 DCJAMad 194/2023, de 20 de abril.

blico o privado, y aun de palabra, en el ámbito del procedimiento administrativo, el artículo 5 LPAC, al igual que establecía el artículo 32 LRJ-PAC es muy explícito al exigir la acreditación de la representación. Se infiere así que los documentos privados no cumplen el requisito de fehaciencia impuesto por la normativa de procedimiento administrativo, tal como, por ejemplo, se indicó en la sentencia del Tribunal Superior de Justicia de la Comunidad Valenciana, de 1 abril de 2004 (Rec. 109/2003), que confirmaba una resolución administrativa en la que no se admitía la representación otorgada a un abogado mediante documento privado»[64].

En cuarto lugar, también debe indicarse que, para los casos en que sean varios los interesados, la representación debe acreditarse respecto de cada uno de ellos. A este respecto, en un supuesto en el que tres particulares formularon escrito de reclamación por los daños y perjuicios causados por el fallecimiento de su hijo y hermano, respectivamente, y, en el que sólo uno de ellos firmó con el abogado en el escrito, el DCJAMad de 14 de diciembre de 2023, afirmó que los dos reclamantes que no habían otorgado poder de representación al abogado firmante de la reclamación, no podían ser considerados como reclamantes en el procedimiento de responsabilidad patrimonial[65].

En quinto lugar, otra controversia que nace en torno a la falta de acreditación de la representación tiene que ver con aquellos casos en los que, por la razón que sea, la Administración no ha requerido al interesado para que subsane el defecto o, cuando hecho el requerimiento, y no habiéndose aportado acreditación alguna, la Administración no declara el desistimiento. En este supuesto pueden darse, a su vez, diversas situaciones controvertidas.

Por ejemplo, en un supuesto en el que la Administración no había requerido al interesado a efectos de que procediese a aportar la acreditación, el DCJAMad de 13 de julio de 2023, señala «no se puede hacer pechar a la reclamante con el improcedente actuar de la Administración al no recabar la subsanación del defecto advertido, y teniendo en cuenta, como después analizaremos, que resulta procedente la retroacción del procedimiento, deberá requerirse que se acredite la representación en forma adecuada»[66]. En este caso, el órgano consultivo estima oportuno la retroacción de actuaciones para que se proceda a subsanar el defecto pero, porque tampoco se

---

64 CJ 2 DJCAMad 537/2020, de 1 de diciembre.

65 CJ 2 DCJAMad 663/2023, de 14 de diciembre.

66 CJ 1 DCJAMad 372/2023, de 13 de julio.

había aportado el informe de funcionamiento al que hace referencia el art. 81 de la LPAC. Igualmente, en otro supuesto en el que el interesado no aporta la acreditación de la representación, a pesar de habérsele requerido por la Administración, el por entonces Consejo Consultivo de la Comunidad de Madrid (CCMad), en su dictamen de 26 de enero de 2011, señaló que «la Administración debería subsanar esta falta de acreditación de la representación antes de dictar resolución que ponga fin al procedimiento, convalidando este déficit inicial de acreditación formal»[67].

En definitiva, ante supuestos como los descritos anteriormente, parece lógico y razonable que la Administración, aunque sea de forma tardía, formule requerimiento de subsanación. Igualmente, también resulta correcto que, para el caso en el interesado subsana el defecto de forma tardía, se dé por válido lo realizado antes, no se retrotraigan actuaciones y se continúe hasta dictar resolución. Ahora bien, como advierte REBOLLO, en caso de que no se acredite la representación por parte del interesado, estaríamos ante una mera irregularidad no invalidante[68].

Finalmente, en el ámbito contencioso-administrativo el recurrente puede subsanar el defecto de justificación de la representación dentro de los diez días siguientes al de la notificación del escrito que contenga la alegación. Además, «cuando el Juzgado o Tribunal de oficio aprecie la existencia de algún defecto subsanable, el *letrado de la Administración de justicia* dictará diligencia de ordenación en que lo reseñe y otorgue el mencionado plazo para la subsanación, con suspensión, en su caso, del fijado para dictar sentencia»[69].

4) Valoración crítica

En las reclamaciones de responsabilidad patrimonial sanitaria la forma habitual de reflejar el apoderamiento eran las escrituras de poder y los apoderamientos *apud acta*. Incluso se admitían escritos en los que el reclamante apoderaba a su representante, con frecuencia un abogado, en el mismo escrito de la reclamación. Hoy en día, en cambio, son cada vez

---

67 CJ 2 DCCMad 15/2011, de 26 de enero.

68 REBOLLO PUIG, Manuel (2011): «Capacidad, representación y legitimación del reclamante en el procedimiento administrativo de responsabilidad patrimonial», *op. cit.* pág. 65.

69 Art. 138.1 y 2 LJCA.

más frecuentes los apoderamientos *apud acta* electrónicos o inscritos en los registros electrónicos de apoderamientos.

A lo señalado, procede añadir que, en el caso de ejercicio de la acción de responsabilidad patrimonial sanitaria por grupos de afectados, tratándose de asociaciones, se requieren dos documentos: por un lado, el apoderamiento a una persona física; por otro el acuerdo corporativo para recurrir adoptado por el órgano ejecutivo de la entidad. En este sentido se pronuncian las SSTS de 5 de marzo de 2018 y 18 de octubre de 2021, respectivamente[70].

IV. LEGITIMACIÓN

La legitimación se sustenta por la suficiente relación del sujeto con el concreto objeto del procedimiento.

En el ámbito de la responsabilidad patrimonial administrativa el art. 32 LRJ otorga legitimación a «los particulares» por «toda lesión que sufran en cualquiera de sus bienes y derechos».

Desde el punto de vista contencioso-administrativo, el art. 19.1 a) LJCA formula el alcance de la legitimación de manera muy amplia. Se refiere a «las personas físicas y jurídicas que ostenten un derecho». Por su parte, el art. 10 LEC indica que «serán considerados partes legítimas quienes comparezcan y actúen en juicio como titulares de la relación jurídica u objeto litigioso». A partir de aquí, algunos autores, como REBOLLO, consideran que es suficiente con afirmar la existencia de un derecho, no siendo necesario, inicialmente, probar que se ostenta[71].

Como en el ámbito de responsabilidad sanitaria es habitual que reclamen indemnización grupos de consumidores y usuarios, como en el caso de daños derivados de medicamentos, veremos sus especialidades.

A continuación, pasamos a examinar la legitimación en virtud de una distinción clásica: legitimación originaria y legitimación derivada.

---

70 SSTS de la Sala de lo Contencioso-administrativo 337/2018, de 5 de marzo (núm. rec. 3170/2016 y [*Tol 6538313*]) y 264/2020, de 18 de noviembre (núm. rec. 1239/2021 y [*Tol 8623429*]).

71 REBOLLO PUIG, Manuel (2011): «Capacidad, representación y legitimación del reclamante en el procedimiento administrativo de responsabilidad patrimonial», *op. cit.* pág. 66.

1) Legitimación activa

Debe diferenciarse la original de la derivada.

A. Legitimación originaria

Este tipo de legitimación se caracteriza porque el derecho a reclamar surgió directamente en el patrimonio del reclamante. Es lo que se denomina también como legitimación por *iure proprio.* Dentro de este ámbito particular, conviene que nos detengamos en abordar dos cuestiones o supuestos especiales que revisten una significativa relevancia práctica, a saber: por un lado, el denominado criterio de «concentración» y, por otro lado, la legitimación de las asociaciones de consumidores y usuarios.

a) El criterio de «concentración» de la protección resarcitoria

En el ámbito de la responsabilidad patrimonial, ostentan legitimación activa para interponer la acción resarcitoria, de conformidad con el art. 32.1 de la LRJ, los «particulares» por «toda lesión que sufran en cualquiera de sus bienes y derechos». Ahora bien, la ley no especifica quienes pueden asumir la condición de particular a efectos de reclamar, por lo que ha sido, especialmente, la jurisprudencia quien ha venido delimitando el contenido y límites de este concepto. A este respecto, conviene mencionar la STS de 4 de noviembre de 1999, la cual entiende por perjudicado «aquella persona ligada a la víctima por vínculos próximos de familia, afecto, relaciones de convivencia real, dependencia económica u otras situaciones de recíproca asistencia y amparo que determinen real y efectivamente perjuicios derivados directamente de la muerte»[72].

Sin embargo, en los supuestos de reclamación de daños morales por el fallecimiento de otro, en los que concurren al mismo tiempo varios familiares en la reclamación, se ha visto necesario limitar el grupo de legitimados; circunstancia que ha dado lugar a una modulación del concepto de «particulares», en el sentido de que sólo tendrán protección los más cercanos al finado. Dicho en otras palabras, la legitimación activa de ciertos particulares se ve desplazada por la de otros, considerados más próximos

---

[72] FJ 2 STS 910/1999, de 4 de noviembre, de la Sala de lo Civil (núm. rec. 428/1995 y [*Tol 5120631*]).

al fallecido. Esto es lo que la doctrina ha denominado como criterio de «concentración».

Este criterio ha sido asumido por el Consejo de Estado (CdE) en diversos dictámenes. Así, por ejemplo, en el DCdE de 3 de octubre de 2019 —el cual recoge, a su vez, lo ya dispuesto en el DCdE de 14 de febrero de 2008—, afirma lo siguiente: «Cuando una persona fallece, se ocasiona un daño moral a sus familiares más cercanos. Ahora bien, el ámbito de los afectados desfavorablemente por la muerte, desde un punto de vista emocional o del aprecio o cariño, es mucho más amplio. En efecto, un cierto perjuicio moral por el óbito puede alcanzar a la familia más allá de las personas más cercanas, en sucesivos círculos de trato y afecto, a los amigos, a compañeros de trabajo o de diversas actividades, a vecinos, y a un número grande de personas. No todos ellos, sin embargo, pueden probar un daño efectivo, evaluable económicamente e individualizado, susceptible de ser indemnizado. En Derecho este daño se configura con estos caracteres, sin necesidad de prueba, en el conjunto más cercano de familiares, pues resulta indudable que su daño es real y muy intenso en la generalidad de los casos Por este motivo, cuando se reclama responsabilidad patrimonial por la muerte de un interno que carece de cónyuge y de descendientes, como parece ser el supuesto sometido a consulta, se acepta sin ulterior exigencia de prueba la legitimación de sus padres. No puede decirse lo mismo de los hermanos y medios hermanos, que por la propia naturaleza de la privación de libertad no podían convivir con el fallecido. Salvo una prueba de una relación especial, más allá de la fraternidad, no cabe reconocerles legitimación activa para pretender una indemnización en concurrencia con sus padres». De ahí que, como afirma el Alto Cuerpo Consultivo «la prelación en la legitimación guarda relación, por una parte, con el grado de parentesco que unía al reclamante con la persona fallecida y, por otra parte, con la efectividad de la relación afectiva entre unos y otros»[73].

Del mismo modo, esta postura queda expuesta de forma clara, entre otros, en el DCCCan de 5 de octubre de 2023, al señalar lo siguiente:

> «Al tratarse de un daño moral en los sentimientos, se hace necesario poner un límite a la condición de legitimado. Es obligado establecer un orden de preferencia excluyente, siguiendo un orden lógico de afinidad con la fallecida, de forma que sean los más inmediatos los que, en su caso, reciban la indemnización con exclusión de los demás, primando de forma natural, a quienes hayan sufrido de forma más

[73] Antecedente 7 DCdE de 3 de octubre de 2019 (núm. exp. 643/2019) y CJ 7 DCdE de 14 de febrero de 2008 (núm. exp. 2445/2007).

palmaria y directa. El Tribunal Supremo, en algunos casos se refiere a "parientes más allegados". Según la jurisprudencia, puede establecerse un orden de preferencia:

1.- Los miembros de la familia nuclear, que en este caso se desconocen, si bien parece desprenderse de la reclamación que (...) estaba casada y tenía un hijo, que no se identifican (¿?). El dolor de la familia nuclear, es decir, marido e hijos, se presume, no requiere prueba (STS de 15 de abril de 1988). No obstante, estos, los más allegados, no formulan reclamación en este caso.

2.- Para el resto de los parientes no existe presunción, requiriéndose la acreditación de alguna de las siguientes circunstancias para establecer su legitimación: Que pertenezcan de hecho a la familia nuclear por convivir con ella, o bien se demuestren fuertes e importantes vínculos afectivos, asimilándose a los que normalmente se dan entre los miembros de la familia central.

En síntesis, la jurisprudencia ha atribuido la legitimación de los daños morales derivados del fallecimiento de una persona, en primer lugar, al viudo o viuda, junto a los hijos del fallecido y en segundo término a sus padres si la víctima está soltera (STS de 2 de julio de 1979; STS de 14 de diciembre de 1996). Finalmente, los hermanos también estarían legitimados en defecto de otros familiares más allegados (los ya expuestos) (STS de 4 de julio de 2005), debiendo probar en su caso la vinculación afectiva entre ellos, su dependencia económica o su convivencia en el núcleo familiar»[74].

En similares términos se han manifestado también otros órganos consultivos, como es el caso del Consejo Consultivo de Andalucía (CCAnd) (entre otros el DCCAnd de 22 de febrero de 2024[75]); el Consejo Jurídico de la Región de Murcia (CJMur) (entre otros en el DCJMur de 12 de mayo de 2023[76]).

Sin embargo, otros órganos consultivos se han pronunciado en sentido distinto, esto es, en el de admitir la legitimación activa de los hermanos cuando concurren en la reclamación con otros parientes más próximos al fallecido, por ejemplo, con los progenitores e hijos. Es el caso del Consejo Consultivo de Castilla-La Mancha (CCC-M) (entre otros los DDCCC-M de 11 de febrero de 2021 y 29 de junio de 2023[77]); el Consejo Consultivo de Castilla y León (CCC-L) (entre otros el DCCCyL de 27 de abril de 2022[78]); o la CJAMad (entre otros en los DDCJAMad de 5 y 14 de diciembre de 2023[79]) o el CJCVal (entre otros los DDCJCVal de 28 de febrero y 17 de abril de 2024[80]).

---

74 CJ 5.1 DCCCan 393/2023, de 5 de octubre.

75 DCCAnd 167/2024, de 22 de febrero.

76 DCJMur 130/2023, de 12 de mayo.

77 DDCCC-M 42/2021, de 11 de febrero y 169/2023, de 29 de junio.

78 DCCCyL 127/2022, de 27 de abril.

79 DDCJAMad 653/2023, de 5 de diciembre, y 663/2023, de 14 de diciembre.

80 DDCJCVal 136/2024, de 28 de febrero, y 235/2024, de 17 de abril.

Otra de las cuestiones que se entrelazan con el denominado criterio de «concentración» es el de la acreditación de la existencia de una especial relación de afectividad entre, por ejemplo, los hermanos y el finado. Parte de la doctrina, como es el CdE y algunos Consejos Consultivos, entienden que, respecto de quienes no forman parte de la «familia nuclear» no existe la presunción de que mantengan un especial vínculo afectivo con el fallecido y, en consecuencia, deben de aportar aquellos elementos que justifiquen dicha relación especial, como pueden ser los vínculos afectivos, la convivencia o cualquier otro elemento análogo. Es decir, no bastaría para el resto de parientes que no forman parte de la «familia nuclear» con aportar, por ejemplo, el libro de familia, sino que debería de acreditarse, además, la existencia de una especial relación de afectividad; así se pronuncian, por ejemplo, el DCCAnd de 22 de febrero de 2024, los DDCJCVal de 10 de mayo, 7 de junio y 26 de julio de 2023 y 13 de marzo de 2024, o el Consejo Consultivo de La Rioja (CCRioja), en su dictamen de 19 de septiembre de 2013[81].

Por el contrario, otros Consejos Consultivos, entienden que con la acreditación del grado de parentesco es suficiente, no siendo necesario la justificación de la «especial relación de afectividad». Así, merece traer a colación el DCJAMad de 27 de abril de 2023, el cual, al examinar una reclamación formulada por el padre y los ocho hermanos del fallecido, expresa que «todos los familiares ostentan legitimación activa en cuanto que padres y hermanos del fallecido, al ser familiares directos, por el daño moral provocado por la muerte de una persona con la que existe una relación estrecha de afectividad. Se ha acreditado debidamente tanto el fallecimiento como la relación de parentesco con el paciente fallecido»[82]. Respecto a la acreditación del grado de parentesco, se aportó el Libro de Familia.

Para algunos autores como REBOLLO[83], el foco de atención en relación con los supuestos comentados anteriormente no debería situarse en el momento de la legitimación sino, más bien, en el de la prueba. Es decir, quien reclama una indemnización para sí —ya sea a título de hermano, sobrino o amigo—, tendrá legitimación en la vía administrativa y contencio-

---

[81] DCCAnd 167/2024, de 22 de febrero, DDCJCVal 372/2023, de 10 de marzo, 465/2023, de 7 de junio, 599/2023, de 26 de julio, y 167/2024, de 13 de marzo, y DCCRioja 50/2013, de 19 de septiembre.

[82] CJ 2 DCJAMad 213/2023, de 27 de abril.

[83] REBOLLO PUIG, Manuel (2011): «Capacidad, representación y legitimación del reclamante en el procedimiento administrativo de responsabilidad patrimonial», *op. cit.* pág. 69.

so-administrativa. Cuestión distinta será que, después, durante la instrucción y prueba, aquéllos logren acreditar o no el supuesto daño irrogado y, en consecuencia, se les reconozca o no su indemnización. Por su parte, MEDINA CRESPO[84] considera que el «criterio técnico de concentración selectiva, hondamente arraigado, (...) carece de sentido en la sociedad actual.» En particular, para este último, dicho criterio no cohonestaría con el denominado principio de integridad reparatoria.

b) La legitimación de las asociaciones de consumidores y usuarios

Como hemos apuntado anteriormente, un supuesto especial lo configuran las asociaciones de consumidores y usuarios y que en el ámbito de la responsabilidad patrimonial sanitaria puede ser habitual, sobre todo, en materia de reclamaciones por daños derivados de la ingesta de medicamentos.

El art. 11 LEC señala expresamente que «sin perjuicio de la legitimación individual de los perjudicados, las asociaciones de consumidores y usuarios legalmente constituidas estarán legitimadas para defender en juicio los derechos e intereses de sus asociados y los de la asociación, así como los intereses generales de los consumidores y usuarios», todo ello en concordancia con el art. 24 del texto refundido de la Ley general para la defensa de los consumidores y usuarios, aprobado por el RDLeg. 1/2007, de 16 de noviembre (TRLCU)[85].

---

84 MEDINA CRESPO, Mariano (2011): «La ambigüedad de la jurisprudencia civil sobre la reparación íntegra y vertebrada», *Revista de la Asociación Española de Abogados Especializados en Responsabilidad Civil y Seguro*, núm. 40, pág. 33.

85 El art. 24 TRLCU, regula la legitimación de las asociaciones de consumidores y usuario del siguiente modo: «Las asociaciones de consumidores y usuarios (...) son las únicas legitimadas para actuar en nombre y representación de los intereses generales de los consumidores y usuarios» (ap. 1). En cambio, «las asociaciones o cooperativas que no reúnan los requisitos exigidos en (...) [el TRLCU] o en la normativa autonómica que les resulte de aplicación, sólo podrán representar los intereses de sus asociados o de la asociación, pero no los intereses generales, colectivos o difusos, de los consumidores» (ap. 1). Adicionalmente el art. 24.2 expresa que «a efectos de lo previsto en el artículo 11.3 de la Ley de Enjuiciamiento Civil, tendrán la consideración legal de asociaciones de consumidores y usuarios representativas las que formen parte del Consejo de Consumidores y Usuarios, salvo que el ámbito territorial del conflicto afecte fundamentalmente a una comunidad autónoma, en cuyo caso se estará a su legislación específica».

Pues bien, el art. 11 LEC especifica a qué asociaciones se les reconoce legitimación en función de si los usuarios o consumidores están perfectamente identificados o no. «Cuando los perjudicados por un hecho dañoso sean un grupo de consumidores o usuarios cuyos componentes estén perfectamente determinados o sean fácilmente determinables, la legitimación para pretender la tutela de esos intereses colectivos corresponde a las asociaciones de consumidores y usuarios, a las entidades legalmente constituidas que tengan por objeto la defensa o protección de éstos, así como a los propios grupos de afectados»[86]. En cambio, «cuando los perjudicados por un hecho dañoso sean una pluralidad de consumidores o usuarios indeterminada o de difícil determinación, la legitimación para demandar en juicio la defensa de estos intereses difusos corresponderá exclusivamente

---

86 Art. 11.2 LEC. La STS de 15 de abril de 2013, de la Sala de lo Contencioso-administrativo (núm. rec. 638/2012 y [*Tol 3539877*]) resolvió lo siguiente: «En la Sentencia de 20 de setiembre de 2005 dictada en el recurso de casación en interés de la ley 13/2004 se dijo que conforme al art. 11,23 LEC y al art. 20.1. de la Ley de Consumidores y Usuarios engarzado con el art. 51 CE y 7.3. LOPJ no hay duda "en cuanto a la legitimación de las asociaciones recurrentes para interponer procesos en defensa de los consumidores y usuarios que no sean sus asociados y para reclamar en su nombre la reparación de los perjuicios causados a los mismos como consecuencia de un hecho dañoso. Esa posibilidad de las asociaciones de consumidores y usuarios de representar y defender en virtud de lo dispuesto por el art. 20.1 de la Ley 26/1984 a sus asociados y ejercitar las correspondientes acciones en nombre de los mismos así como en defensa de la asociación o de los intereses generales de los consumidores y usuarios fue puesta ya de relieve por esta Sala en la Sentencia de once de diciembre de mil novecientos noventa y uno con ocasión de la impugnación de determinados preceptos del Real Decreto núm. 825/1990, de veintidós de junio, regulador del derecho de representación, consulta y participación de los consumidores y usuarios a través de sus asociaciones". Mas esa legitimación no exime a la asociación que recurra ejerciendo una acción colectiva de actuar conforme a las exigencias procesales de la LJCA. Si en vía administrativa se accionó por 234 consumidores reclamando 86.444,10 euros no cabe en vía jurisdiccional aumentar el número de reclamantes a 382 afectados ni el importe incrementándolo a 149.203,08 euros. Conforme al art. 56 LJCA en la demanda podrán alegarse cuantos motivos procedan, hayan sido o no planteados ante la administración, conforme a reiterada doctrina de este Tribunal (por todas STS 25 de septiembre de 2000, recurso de casación 7857/1994) y del Tribunal Constitucional (por todas STC 75/2008, de 23 de junio, FJ 4°)» (FJ 6).

a las asociaciones de consumidores y usuarios que, conforme a la Ley, sean representativas»[87].

---

[87] La STS de 20 de septiembre de 2005, de la Sala de lo Contencioso-administrativo (núm. rec. y [*Tol 726539*]), aborda este aspecto de forma detallada. De acuerdo con la misma: «si se examina el escrito del Sr. Abogado del Estado por medio del cual se interpuso el recurso que resolvemos, en el se hace una extensa argumentación a la que nos hemos referido también anteriormente acerca de la inexistente legitimación de las recurrentes en la instancia para accionar del modo en que lo hicieron en nombre de usuarios del servicio público aeronáutico que no tenían la condición de asociados de aquellas, pero una vez que concluye en el sentido que lo hizo, afirma en un segundo epígrafe que titula "sobre el carácter gravemente dañoso de la doctrina aplicada por la Sala", y refiriéndose a esa cuestión asevera que "parece evidente que el indebido reconocimiento de legitimación a quien no le corresponde legalmente altera, perturba y distorsiona las condiciones normales, constitucionalmente definidas, para el ejercicio del derecho fundamental a la tutela judicial efectiva" y añade en otro párrafo que "de otra parte, la sustitución de criterios resarcitorios congruentes con la realidad y efectividad de los perjuicios sufridos transformaría las bases del sistema legal, jurisprudencialmente interpretado, de la responsabilidad pública". A la vista de lo expuesto es preciso coincidir con las asociaciones recurridas en que la defensa de la Administración recurrente no justifica mínimamente el carácter gravemente dañoso para el interés general de la resolución recurrida. Para el supuesto de que no fuera correcta la decisión de la Sentencia impugnada cuando aceptó la legitimación de las demandantes para la defensa de los usuarios del servicio público que no eran asociados de ellas, pero que en todo caso les habían facultado para su ejercicio de modo expreso, no se puede deducir de ello que la Sentencia fuera gravemente dañosa para el interés general, porque esos perjuicios no se justifican en la reiteración de supuestos o en la posibilidad de que como consecuencia de esa Sentencia se fueran a producir situaciones, que no se concretan, de indebido ejercicio de la tutela judicial efectiva, ni que conculcasen o alterasen las bases o los criterios resarcitorios establecidos en materia de responsabilidad patrimonial de las Administraciones Públicas. Tanto más cuanto que como razonan también las asociaciones de consumidores recurrentes en la instancia, no existe posibilidad de reiteración de la tesis jurídica aplicada por la Sentencia recurrida que en el fundamento de Derecho tercero les reconoció legitimación para litigar en el supuesto concreto integrando por vía interpretativa los artículos 18 y 19.1.b) de la Ley de la Jurisdicción Contencioso Administrativa con el art. 11 de la Ley de Enjuiciamiento Civil, aun pudiendo haber dudas sobre la aplicabilidad directa de este precepto, y ello porque si el recurso se hubiera iniciado vigente la Ley 1/2000 de siete de enero, supletoriamente aplicable en el proceso contencioso administrativo ninguna duda se hubiera planteado ante la redacción que ofrecen los número 2 y 3 del art. 11 citado, a los que nos referiremos seguidamente y es que no es posible tampoco olvidar que el cumplimiento de los horarios en el transporte aéreo en este caso su no

cumplimiento, constituye una cuestión de interés general para los usuarios del servicio que transciende del perjuicio que se causa a las personas concretas que lo padecen, de modo que puede ser exigible un compromiso de puntualidad en circunstancias normales a las Compañías que prestan el servicio o, como en este caso, a la Administración que lo gestiona. Por otra parte, y como recuerda el Ministerio Fiscal en su informe, no cabe hablar de Sentencia que fije una doctrina errónea; a su juicio, y al de la Sala que lo hace suyo, la Sentencia se encuentra en la línea de protección de los consumidores y usuarios que inspira el art. 51 de la Constitución y recogida por el art. 7.3 de la Ley Orgánica del Poder Judicial que reconoce la legitimación ante los Juzgados y Tribunales de las corporaciones, asociaciones y grupos que resulten afectados o que estén legalmente habilitados para la defensa y promoción de los derechos e intereses legítimos, tanto individuales como colectivos, sin que en ningún caso pueda producirse indefensión, y en particular la Ley General de Consumidores y Usuarios en el art. 20.1. Para comprobar la corrección de la tesis mantenida por la Sentencia basta examinar el contenido del art. 11 de la Ley de Enjuiciamiento Civil en sus números 2 y 3 que disponen que: "cuando los perjudicados por un hecho dañoso sean un grupo de consumidores o usuarios cuyos componentes estén perfectamente determinados o sean fácilmente determinables, la legitimación para pretender la tutela de esos intereses colectivos corresponde a las asociaciones de consumidores y usuarios, a las entidades legalmente constituidas que tengan por objeto la defensa o protección de éstos, así como a los propios grupos de afectados. Cuando los perjudicados por un hecho dañoso sean una pluralidad de consumidores o usuarios indeterminada o de difícil determinación, la legitimación para demandar en juicio la defensa de estos intereses difusos corresponderá exclusivamente a las asociaciones de consumidores y usuarios que, conforme a la Ley, sean representativas. Los preceptos transcritos no dejan lugar a duda en cuanto a la legitimación de las asociaciones recurrentes para interponer procesos en defensa de los consumidores y usuarios que no sean sus asociados y para reclamar en su nombre la reparación de los perjuicios causados a los mismos como consecuencia de un hecho dañoso. Esa posibilidad de las asociaciones de consumidores y usuarios de representar y defender en virtud de lo dispuesto por el art. 20.1 de la Ley 26/1984 a sus asociados y ejercitar las correspondientes acciones en nombre de los mismos así como en defensa de la asociación o de los intereses generales de los consumidores y usuarios fue puesta ya de relieve por esta Sala en la Sentencia de once de diciembre de mil novecientos noventa y uno con ocasión de la impugnación de determinados preceptos del Real Decreto núm. 825/1990, de veintidós de junio, regulador del derecho de representación, consulta y participación de los consumidores y usuarios a través de sus asociaciones» (FJ 4).

En relación con la legitimación de asociaciones de consumidores y usuarios procede traer a colación a DOMÉNECH quien interpreta el requisito del artículo 32.2 LRJ en el que se exige que el daño alegado, para dar lugar a indemnización, ha de ser «individualizado con relación a una persona o grupo de personas», considerando que plantea un problema «cuando se trata de daños con un elevadísimo grado de generalidad, como seguramente es el caso de muchos de los causados con ocasión de la lucha contra la covid-19»[88].

B. Legitimación derivada

Esta cuestión será abordada en el siguiente epígrafe.

2) Pasiva

En materia de responsabilidad patrimonial sanitaria son habituales las reclamaciones contra la Administración pública, por servicios sanitarios realizados por centro privado. En este caso, es necesario distinguir si la prestación se ha realizado por derivación del paciente desde la asistencia pública sanitaria, o se debe a una intervención independiente del centro privado no concertado.

El art. 83 de la Ley 14/1986, de 25 de abril, general de sanidad, regula el alcance de la financiación de la asistencia pública cuando interviene un tercero. Indica que «los ingresos procedentes de la asistencia sanitaria en los supuestos de seguros obligatorios especiales y en todos aquellos supuestos, asegurados o no, en que aparezca un tercero obligado al pago, tendrán la condición de ingresos propios del Servicio de Salud correspondiente». A ello añade que «los gastos inherentes a la prestación de tales servicios no se financiarán con los ingresos de la Seguridad Social».

Lo señalado tiene un efecto directo sobre el ámbito que nos ocupa, ya que el servicio público de salud es quien debe asumir las cantidades que puedan derivarse de la reclamación de responsabilidad patrimonial cuando intervienen, como decimos, centros privados concertados.

---

88 DOMÉNECH PASCUAL, Gabriel (2022): «Responsabilidad patrimonial de las Administraciones Públicas por daños causados en situaciones de emergencia». *Revista General de Derecho Administrativo*, núm. 61, págs. 7 y 8.

Lo indicado es especialmente relevante dado que cada vez es más utilizada por la Administración pública la participación de entidades sanitarias privadas en ese régimen. Sobre esta cuestión nos remitimos a lo escrito por MANENT en el cap. 7 dedicado a la responsabilidad patrimonial del contratista de la Administración sanitaria (págs. 477 a 491).

V. MENCIÓN ESPECIAL A LA TRANSMISIÓN *MORTIS CAUSA* DE LAS RECLAMACIONES DE RESPONSABILIDAD PATRIMONIAL

La transmisión *mortis causa* del Derecho al resarcimiento por los daños no patrimoniales *ante mortem* es una cuestión polémica que ha suscitado un intenso debate jurisprudencial y doctrinal entre dos posiciones antagónicas: por un lado, quienes sostienen la tesis de la intransmisibilidad del mencionado derecho y, por otro lado, quienes afirman la tesis contraria, esto es, la transmisibilidad.

Estamos, por tanto, ante una cuestión nada pacífica y de largo alcance puesto que afecta no solo al orden contencioso-administrativo sino también al civil o social; circunstancia que añade, aún si cabe, una mayor complejidad a la discusión. Como se verá más adelante, el tratamiento de esta cuestión por parte de los órganos jurisdiccionales y la doctrina legal. Así, mientras que el CdE y parte de Consejos Consultivos y Comisiones Jurídicas Asesoras las Comunidades Autónomas (CCAA) niegan la reclamación *iure hereditatis,* las Salas de lo Civil y Social admiten la transmisibilidad del crédito resarcitorio.

Asimismo, una de las cuestiones que han irrumpido simultáneamente con el citado debate es la de si la responsabilidad patrimonial debe emplear categorías propias de Derecho privado o si, por el contrario, en tanto que institución característica del Derecho público, debe limitarse a utilizar los fundamentos propios de este ámbito jurídico, excluyendo, por consiguiente, cualquier elemento típico de la dogmática civilista. Dicho de otra forma, la discusión que aquí se suscita plantea la cuestión de si el instituto resarcitorio debe abordarse única y exclusivamente desde posiciones *iuspublicistas* o si, en cambio, también debe de admitirse la utilización de ciertas categorías civilistas o *iusprivatistas.*

Pero, además, esta cuestión polémica presenta una relevancia práctica innegable, especialmente en el ámbito de los servicios públicos sanitarios donde suele darse con relativa frecuencia; mayormente, con ocasión de las reclamaciones que formulan los familiares (padres, hijos, hermanos o cónyuges) de la víctima.

Pues bien, precisamente, de lo que se trata aquí es de esbozar de forma somera los principales argumentos que sirven de base y fundamento a las dos posiciones enfrentadas: a saber, por un lado, la tesis de la intransmisibilidad del derecho al resarcimiento por ser daños no patrimoniales y, por otro lado, la tesis opuesta, esto es, quienes defienden la transmisibilidad del crédito resarcitorio. Para ello, se expondrá en primer lugar qué supuestos de legitimación activa *mortis causa* suscitan controversia. Seguidamente, se pasará a examinar los distintos argumentos que sostienen cada una de las posturas contrapuestas; primero, se tratarán los motivos en que se apoya la tesis de la intransmisibilidad para, posteriormente, examinar los que dan sentido a la tesis o doctrina de la transmisibilidad.

1) La legitimación activa mortis causa y la delimitación de la controversia

Una de las cuestiones que deben tenerse en consideración en el momento de examinar cualquier reclamación de responsabilidad patrimonial es, junto con el plazo de prescripción, la legitimidad del reclamante. Según proclama el art. 106.2 CE, «los particulares, en los términos establecidos por la ley, tendrán derecho a ser indemnizados».

En similares términos se pronuncia el art. 32.1 LRJ al disponer que «los particulares tendrán derecho a ser indemnizados por las Administraciones Públicas correspondientes». Por tanto, la legitimación está directamente conectada con el particular perjudicado por la actuación de la Administración Pública, el cual podrá formular la reclamación por sí mismo o por su representante.

Ahora bien, al estudiar la legitimación conviene distinguir entre las reclamaciones *inter vivos* y *mortis causa*. Las primeras resultan plenamente pacíficas y en la práctica no suelen generar controversia. En cambio, las reclamaciones *mortis causa* sí suscitan polémica, especialmente en algunos casos concretos tal y como se verá a continuación. Para ello, y a efectos de delimitar adecuadamente la controversia, resulta oportuno seguir la diferenciación planteada por algunos autores entre legitimación activa *mortis causa* originaria y derivada[89].

---

89 REBOLLO PUIG, Manuel (2011): «Capacidad, representación y legitimación del reclamante en el procedimiento administrativo de responsabilidad patrimonial», *op. cit.* págs. 65 y ss.

A. Legitimación originaria

La legitimación activa originaria alude al supuesto en que «el reclamante es quien ha sufrido el daño efectivo y antijurídico de suerte que, según él, el derecho de crédito a la indemnización habrá surgido directamente en su patrimonio»[90]. En el ámbito de las transmisiones *mortis causa,* la legitimación originaria responde a aquellas situaciones en que el fallecimiento de una persona puede irrogar daños y perjuicios a otras, generalmente, los familiares y allegados del finado. Efectivamente, en este supuesto quienes reclaman lo hacen por un menoscabo que sufren directamente en un bien que integra su esfera personal, entendida ésta en un sentido amplio, abarcando tanto los bienes de naturaleza patrimonial como no patrimonial[91]. Por ello, conviene examinar cada uno de ellos.

a) Daños patrimoniales

La muerte de una persona puede ocasionar directamente daños patrimoniales en la esfera personal de terceras personas, esto es, los familiares o allegados. Tales daños pueden concretarse, entre otros, en los gastos que conlleva la atención sanitaria que el fallecido hubiera dejado sin abonar en el momento de fallecer, en los gastos funerarios derivados del sepelio o en la pérdida económica que pudiera ocasionarse si el reclamante dependiera del finado (*v. gr.* un padre, marido o hijo que experimente una pérdida de ingresos como consecuencia del fallecimiento).

Pues bien, en dichos casos los reclamantes no accionarán frente a la Administración *iure hereditatis,* sino *iure proprio,* habida cuenta de que el derecho a la indemnización nace directamente en el patrimonio de los familiares o allegados. No hay, por ende, una transmisión *mortis causa* de la acción indemnizatoria, pues el derecho a reclamar se ejerce *iure proprio,* ya sea en la condición de heredero-perjudicado o simplemente como perjudicado

---

90 *Ibidem* pág. 67.

91 Sobre la tipología del daño conviene mencionar la STS 801/2016, de 27 de julio, de la Sala de lo Civil (núm. rec. 4466/1999 y [*Tol 1014528*]). De acuerdo con dicho fallo, «atendiendo a su origen, el daño causado a los bienes o derechos de una persona puede ser calificado como daño patrimonial, si se refiere a su patrimonio pecuniario; daño biológico, si se refiere a su integridad física; o daño moral, si se refiere al conjunto de derechos y bienes de la personalidad que integran el llamado patrimonio moral» (FJ 5).

no heredero[92]. Además, dado que el daño que se alega es un menoscabo en un bien integrante de la esfera patrimonial del reclamante, éste no tendrá que probar la condición de heredero o sucesor de la víctima sino, por el contrario, simplemente deberá de aportar la prueba del gasto ocasionado o de la dependencia económica que dé lugar al daño indemnizable[93].

b) Daños no patrimoniales

El fallecimiento de una persona no solo puede generar daños de carácter patrimonial a los familiares y allegados del difunto, sino también daños de carácter no patrimonial. Así, la muerte en sí misma puede conllevar un daño moral en forma de sufrimiento, dolor, aflicción, angustia, congoja o pesar en aquellos que mantenían lazos o vínculos sentimentales con el finado, cuestión ésta que se estudia por HURTADO *in extenso* en el cap. 10 de esta obra. Conviene recalcar aquí que quienes sufren este daño no tienen por qué presentar la condición de familiares, sino que pueden ser allegados o incluso terceros, siempre y cuando acrediten su relación afectiva con la víctima.

De forma análoga a los daños patrimoniales, la acción resarcitoria por el daño moral a familiares o allegados no surge *iure hereditatis*, sino *iure proprio*. Ahora bien, dicho daño deberá probarse debidamente por quien lo alegue[94]. Asimismo, al igual que se ha expuesto anteriormente respecto de los

---

92 BOIX MAÑÓ, Patricia (2019): «La acción indemnizatoria por daños no patrimoniales: una posición a favor de su transmisión mortis causa», en BAUZÁ MARTORELL, Felio José (dir.), *Doctrina consultiva: a propósito del 25 aniversario del Consejo Consultivo de las Illes Balears*, Wolters Kluwer, Madrid, pág. 724. Esta cuestión también es abordada por FORJÁN en el cap. 12 del tratado al que nos remitimos (págs. 782 a 813).

93 REBOLLO PUIG, Manuel (2011): «Capacidad, representación y legitimación del reclamante», *op. cit.* pág. 69.

94 En algunos casos, sin embargo, se ha presumido que el hecho de ostentar un determinado grado de parentesco con la víctima permite afirmar que existen daños morales. Así se manifestó, por ejemplo, el Consejo Consultivo de Andalucía (CCAnd) en su dictamen 26/1996, de 22 de febrero. En él señaló que «lo cierto [era] que el parentesco de segundo grado de consanguinidad alegado *permitía* suponer al menos la existencia de daños morales, los cuales se *presumían* en los interesados por la perturbación emocional producida por la pérdida de su hermano, a quien por naturaleza les une un vínculo afectivo incuestionable. [Por ello concluyó que] el fallecimiento (…) *había* podido ocasionar una quiebra en el núcleo de las relaciones vitales de los actores, lo que traducido al lenguaje pro-

daños patrimoniales, debe indicarse que quien ostenta la legitimación no tiene por qué ser el heredero, sino que también puede alegar daño moral el perjudicado no heredero[95].

Todo este tipo de situaciones, tanto en el ámbito de las reclamaciones por daños patrimoniales como por daños no patrimoniales (biológicos o morales), no entrañan problema alguno, más bien todo lo contrario, presentan una fácil solución y resultan pacíficas entre la doctrina científica y la jurisprudencia[96]. Cuestión distinta es, empero, la reclamación por los daños corporales sufridos por la víctima antes de su fallecimiento, la cual ha dado lugar a una controvertida discusión jurídica acerca de si cabe o no la transmisibilidad del crédito indemnizatorio. Para analizar esta cuestión, se procede a continuación examinar la denominada como legitimación derivada.

B. Legitimación derivada

La legitimación derivada se refiere a aquella legitimación que ostenta «quien afirme ser el titular del derecho a la indemnización —y consiguientemente la reclama para sí— pese a no ser quien sufrió el daño ni quien

---

pio de la responsabilidad implica un daño susceptible de reparación mediante su compensación económica y, consiguientemente, el nacimiento de un derecho en el patrimonio de los perjudicados, al margen de los que puedan ser objeto de transmisión *mortis causa*» (FJ 2).

95 En particular, véase la STS 636/2003, de 19 de junio, de la Sala de lo Civil (núm. rec. 3375/1997 y [*Tol 4926599*]), la cual proclama que «es doctrina jurisprudencial constante de esta Sala que están legitimadas para reclamar indemnización por causa de muerte, "iure proprio", las personas, herederos o no de la víctima, que han resultado personalmente perjudicadas por su muerte, en cuanto dependían económicamente del fallecido o mantenían lazos afectivos con él; negándose mayoritariamente que la pérdida en sí del bien "vida" sea un daño sufrido por la víctima que haga nacer en su cabeza una pretensión resarcitoria transmisible "mortis causa" a sus herederos y ejercitable por éstos en su condición de tales "iure hereditatis"» (FJ 6).

96 En este sentido se manifiestan diversos autores como DE LA OLIVA y BOIX. DE LA OLIVA SANTOS, Andrés (2016): «Transmisibilidad o intransmisibilidad del derecho a ser indemnizado por la Administración Pública en razón de daños causados por el funcionamiento de servicios públicos (reflexiones sobre la naturaleza de ese derecho y una propuesta», en BAÑO LEÓN, José María (coord.), *Memorial para la reforma del Estado*, Centro de Estudios políticos y Constitucionales, Madrid, pág. 2764. BOIX MAÑÓ, Patricia (2019): «La acción indemnizatoria por daños no patrimoniales», *op. cit.* pág. 724.

inicialmente soportó en su patrimonio las consecuencias económicas»[97]. Dicho en otras palabras, quien reclama el crédito resarcible no es quien sufrió el daño indemnizable, sino que este fue soportado por otra persona anteriormente. Esto ocurre, especialmente, en los supuestos en los que la reclamación formulada por el interesado deriva de un daño sufrido por un particular que ya ha fallecido. Es decir, quien reclama lo hace porque afirma que adquirió el crédito resarcitorio *mortis causa*[98]. Al igual que ocurre con la legitimación originaria, conviene diferenciar entre daños patrimoniales y no patrimoniales.

a) Daños patrimoniales

La legitimación derivada *mortis causa* por daños patrimoniales es pacífica. Cuando el fallecido sufrió daños en cualesquiera de sus bienes materiales como consecuencia del funcionamiento normal o anormal de la Administración Pública transmitirá a sus herederos el crédito resarcitorio frente a aquella, en virtud del art. 659 CC. El derecho al resarcimiento nace con el daño, incluso aunque éste no estuviera reconocido y declarado. Dicho derecho, al ser de carácter patrimonial, se integrará en el patrimonio del causante, transmitiéndose *iure hereditatis* y, por tanto, disponiendo los herederos de acción para exigir de la Administración la correspondiente indemnización[99].

b) Daños no patrimoniales

A diferencia de lo expuesto anteriormente, la legitimación derivada *mortis causa* por daños no patrimoniales sí suscita controversia. Mientras que la doctrina legal —con la excepción de algunos consejos consultivos y comisiones jurídicas como los Consejos Consultivos de Andalucía, Asturias[100] y

---

97 REBOLLO PUIG, Manuel (2011): «Capacidad, representación y legitimación del reclamante», *op. cit.* pág. 70.

98 *Ibidem* pág. 72.

99 *Ibidem* pág. 72.

100 En particular, véase, entre otros el DCCAst 262/2023, de 13 de diciembre, en el que se efectúa un análisis extenso de la doctrina jurisprudencial y consultiva sobre la transmisibilidad de la acción, y en el que se ponen de manifiesto las conclusiones siguientes: «hemos de ponderar que en materia de responsabilidad patrimonial no nos enfrentamos, con carácter general, al resarcimiento de conceptos indemnizables tasados por una norma —a diferencia de los supuestos en los que es de aplicación directa el baremo de tráfico—, advirtiéndose que:

Castilla-La Mancha[101], Murcia, el CJCVal[102] y CJACat[103]— niega la transmisibilidad, la jurisprudencia, principalmente la civil, lo admite. Efectivamente,

---

1.º) La determinación del alcance del daño ("pericialmente determinado") se exige también por los tribunales del orden civil, en cualquier caso, como presupuesto previo para entender transmitido el derecho a reclamar los daños de carácter personalísimo.
2.º) El derecho a reclamar será transmisible cuando el daño afecte a un bien o derecho patrimonial (como en el aludido caso del automóvil, en el que el derecho de crédito a la reparación del mismo se entenderá transmitido con el vehículo).
3.º) Tratándose de daños personales, su resarcimiento no ha de desligarse de esa naturaleza, pero debe ponderarse si el perjuicio tiene una inmediata traducción o repercusión patrimonial y si el fallecido tuvo un margen de libre decisión.
4.º) Así, debe reputarse transmitido a los herederos todo daño del que derive un menoscabo patrimonial cierto, lo que incluye el cuantificado por la norma o el "pericialmente determinado" en la medida en que se traducen en una minoración de la masa hereditaria, quedando aquí comprendidos los gastos a los que el fallecido tuviere que haber hecho frente a raíz del siniestro.
5.º) No se estima transmisible en otro caso cuando el daño recae sobre la integridad física o moral del fallecido, salvo que, atendidas las circunstancias concretas del supuesto, la persona afectada no se hubiere hallado en condiciones para discernir y ejercitar su derecho o que mediare alguna manifestación de voluntad de la que pueda deducirse su voluntad de reclamar.
6.º) Más allá, merece singularizarse el supuesto de quien aguarda a la consolidación de las secuelas y se ve sorprendido por la muerte por causa distinta. De sobrevenir el fallecimiento a resultas del mismo hecho lesivo, la compensación que corresponde a los familiares se reconduce a la pautada para daños propios (sin perjuicio de que puedan acumularse dos pretensiones si el fallecido reclamó en vida), pero si fallece por causas ajenas al siniestro indemnizable cuando sus secuelas le eran aún desconocidas podría plantearse que no opera la presunción de que los actos que objetivamente pudieran constituir lesiones no merecieron esa consideración personal para el perjudicado».

101 En particular, véase, entre otros, el DCCC-M 382/2020, de 12 de noviembre, en el cual este órgano consultivo efectúa un análisis de la doctrina y jurisprudencia relativa a esta cuestión, y en la que resalta que «el Tribunal Superior de Justicia de Madrid, que tras sostener en Sentencia 214/2013, de 28 de febrero, el carácter personalísimo del daño y, por tanto, su intransmisibilidad vía hereditaria, ha dado paso a nuevas sentencias donde, con fundamento en la mencionada Sentencia del Tribunal Supremo, concluye que "no cabe exigir la previa reclamación administrativa para que se produzca la transmisión de su acción a los herederos» (Sentencias 42/2018, de 19 de enero; 274/2018, de 19 de abril; 217/2018, de 20 de abril, y 511/2018, de 26 de julio)» (CJ IV).

102 Este órgano consultivo ha modulado recientemente su postura acerca de la cuestión que aquí tratamos. Así, en sus DDCJCVal 117/2013, de 7 de marzo, 32/2016, de 4 de febrero, y 451/2018, de 4 de julio, expuso la controversia existente en esta materia, concluyendo que, en tales casos y a falta de una uniformidad

la polémica a la que se ha venido haciendo referencia surge en torno a la cuestión de si los herederos del difunto —padres, hijos, hermanos o cónyuges— tienen o no derecho a reclamar frente a la Administración por los daños morales padecidos por este último durante su vida y, por tanto, antes del fallecimiento. Debe aquí recordarse que, como ha señalado tanto doctrina como jurisprudencia, la propia muerte no puede conllevar un daño moral para la víctima ya que, al morir, esta no puede adquirir derechos, toda vez que los derechos no pueden integrarse en el patrimonio de aquella pues en ese momento se carece de personalidad[104].

---

jurisprudencial, resultaba jurídicamente complejo admitir la transmisión de la acción indemnizatoria cuando el perjudicado no ha ejercido dicha acción antes de su fallecimiento. Sin embargo, en su reciente DCJCVal 150/2024, de 6 de marzo, después de analizar la doctrina y jurisprudencia, manifestó lo siguiente: «Por cuanto antecede, este Consell considera prudente modular su doctrina restrictiva mantenida hasta la fecha, de forma que se pondere, en línea con la citada Sentencia del Tribunal Supremo de 15 de marzo de 2021 y doctrina consultiva reciente, las circunstancias concurrentes en cada caso, no optando de forma automática, ni por su transmisibilidad absoluta, ni por su absoluta intransmisibilidad, lo que exigirá el análisis del caso concreto, en atención a los siguientes aspectos:

1) A la naturaleza del daño causado (patrimonial o personal). Será totalmente transmisible cuando se trate de un daño patrimonial acreditado en el procedimiento. Tratándose de un daño personal o físico deberá analizarse las circunstancias concurrentes en cada caso.

2) Al hecho de que el daño esté determinado o sea determinable. Cuando se trate, en particular, de un daño de carácter personal o físico, la posibilidad de identificación del daño antes del fallecimiento del perjudicado que permita su valoración patrimonial y conversión en un crédito transmisible, dando lugar a una acción transmisible e integrable en el caudal hereditario. Dicha determinación puede resultar de cualquier medio de prueba admitido en derecho que permita su acreditación o determinación, como, por ejemplo, la historia clínica, etc.; de forma que permita su determinación y cuantificación.

3) A las circunstancias que, dentro del plazo de ejercicio de la acción por responsabilidad patrimonial, han impedido al perjudicado, antes de su fallecimiento, la interposición de la acción. Este último aspecto puede coadyuvar a reforzar la transmisibilidad de la acción, salvo que el perjudicado hubiera manifestado su voluntad de no ejercitar o renunciar a la "acción"» (CJ 3.4).

103 En particular, véase, entre otros el DCJACat 226/2022, de 23 de junio, en el cual este consejo consultivo recuerda que «en el Dictamen 50/2022 la Comisión ha considerado que debe aceptarse la legitimación activa de quien interpone la acción como heredero del perjudicado, en reclamación de daños de carácter físico y moral irrogados al causahabiente y que éste no reclamó en vida, subrayando el carácter patrimonial del crédito de resarcimiento, que nace con el hecho lesivo,

Lo anterior ha dado lugar a un intenso debate que se ha concretado en dos tesis o posiciones opuestas: por un lado, quienes defienden la transmisibilidad del derecho a ser indemnizado por la Administración y, por otro lado, quienes sostienen la intransmisibilidad de dicho derecho.

C. La doble legitimación por daños no patrimoniales

Finalmente, conviene abordar un último supuesto de legitimación activa que se caracteriza por el hecho de que concurre en el reclamante una doble legitimación: por un lado, la legitimación originaria por daños no patrimoniales; y, por otro lado, la legitimación derivada por daños no patrimoniales. En este supuesto se plantea la cuestión de si es compatible o no reclamar *ex iure proprio*, por la muerte, y *ex iure hereditatis*, por el daño corporal sufrido por el causante en vida a raíz de los distintos tratamientos asistenciales. Naturalmente, más allá de las cuestiones probatorias, el tratamiento o solución que se dé a esta doble legitimación dependerá de si se admite o no la transmisibilidad *mortis causa* del crédito resarcitorio, puesto que la reclamación *ex iure proprio* por daños no patrimoniales no plante duda alguna.

---

no cuando se ejerce la acción indemnizatoria (dictámenes 221/2016, 165/2018, 188/2018, 245/2018 y 274/2018, entre otros)» (CJ IV.1).

104 A este respecto la STS 141/2021, de 15 de marzo, de la Sala de lo Civil (núm. rec. 1235/2018 y [*Tol 8356571*]), afirma que «la muerte no se indemniza a quien muere, sino a quienes sufren los daños morales o patrimoniales por tal fallecimiento. Ello es así, dado que no existe propiamente daño resarcible para el muerto, desde la esfera del derecho de daños, sino privación irreversible del bien más preciado con el que contamos como es la vida, que extingue nuestra personalidad (art. 32 CC). La muerte no genera, por sí misma, perjuicio patrimonial ni no patrimonial a la víctima que fallece y, por lo tanto, en tal concepto, nada transmite vía hereditaria; cuestión distinta es que nazcan ex iure proprio derechos resarcitorios, originarios y no derivados, a favor de otras personas en razón a los vínculos que les ligan con el finado. En este sentido, señala la sentencia 246/2009, de 1 de abril, que «es doctrina pacífica que el derecho a la indemnización por causa de muerte no es un derecho sucesorio, sino ejercitable "ex iure proprio", al no poder sucederse en algo que no había ingresado en el patrimonio del "de cuius"» (FJ 6). De la misma manera, se expresa la STS 636/2003, de 19 de junio (núm. rec. 3375/1997 y [*Tol 4926599*]), de cuando proclama que se niega mayoritariamente que «la pérdida en sí del bien "vida" sea un daño sufrido por la víctima que haga nacer en su cabeza una pretensión resarcitoria transmisible "mortis causa" a sus herederos y ejercitable por éstos en su condición de tales "iure hereditatis"» (FJ 6).

Sobre esta cuestión se han manifestado en sentido afirmativo las SSTS de 13 de septiembre de 2012 y 15 de marzo de 2021[105]. Como afirma la segunda, «el hecho pues de contar con un doble título ex iure hereditatis y ex iure proprio, cada uno con su contenido patrimonial específico, permite su ejercicio conjunto, dado que no son acciones incompatibles o que se excluyan mutuamente (art. 71.2 LEC). Así lo reconoce la sentencia 535/2012, de 13 de septiembre, cuando señala que "[...] como legitimación tienen también, aunque no la actúen en este caso, como perjudicados por el fallecimiento que resulta del mismo accidente —iure proprio— puesto que se trata de daños distintos y compatibles". Por consiguiente, el daño corporal sufrido por el causante antes del fallecimiento, pericialmente determinado, puede ser reclamado por los herederos y es compatible con el daño experimentado por éstos como perjudicados por su fallecimiento»[106].

2) *Sobre la argumentación en que se fundamenta la intransmisibilidad del derecho al resarcimiento por los daños no patrimoniales ante mortem*

Generalmente, el núcleo argumental de la posición mantenida por quienes defienden la intransmisibilidad del derecho al resarcimiento por los daños no patrimoniales *ante mortem* ha girado en torno a un motivo central: el carácter personalísimo del derecho al resarcimiento. Sin embargo, como se expondrá a continuación, dicho argumento se ha visto matizado o incluso como dirán algunos, neutralizado, por la introducción de un argumento-condición, esto es, la exigencia de que no se haya ejercido por el difunto la acción resarcitoria antes del fallecimiento. Y, en último lugar, cabe mencionar una propuesta alternativa, claramente *iuspublicista*, que, sin rechazar la intransmisibilidad viene a fundamentar ésta no ya en el argumento tradicional del «derecho personalismo» sino en el «sentido institucional» de la responsabilidad patrimonial. Se examina a continuación cada uno de ellos.

---

105 SSTS de la Sala de lo Civil 141/2021, de 15 de marzo (núm. rec. 1235/2018 y [*Tol 8356571*]), y 535/2012, de 13 de septiembre (núm. rec. 2019/2009 y [*Tol 2695691*]).

106 FJ 6 STS 141/2021, de 15 de marzo, de la Sala de lo Civil (núm. rec. 1235/2018 y [*Tol 8356571*]).

A. El carácter personalísimo del derecho al resarcimiento

El argumento medular sobre el cual gravita la tesis de la intransmisibilidad del derecho al resarcimiento por daños no patrimoniales *ante mortem* tiene que ver con su carácter personalísimo. En efecto, el razonamiento que sostienen quienes preconizan esta postura parte de la afirmación de que los daños que la víctima sufrió en vida revisten un carácter personalísimo y, por ello, no son transmisibles *mortis causa*. Tal argumento ha encontrado respaldo tradicionalmente por la Sala de lo Contencioso-administrativo del TS y la doctrina legal. Por el contrario, las Salas de lo Civil y Social se han pronunciado en sentido contrario, admitiendo la transmisibilidad del derecho[107].

Así, la STS de 16 de julio de 2004, de la Sala de lo Contencioso-administrativo, en su día rechazó que en la reclamación por el fallecimiento de una persona, «lo que se *pretenda* que se repare[, por los allegados,] es el *pretium doloris* que aquél experimentó durante el tiempo que transcurrió entre que se le diagnosticó la enfermedad y su muerte». Para justificar la intransmisibilidad de la acción se dijo que «no es posible aceptar esa pretensión y ello porque fallecida una persona se extingue su personalidad jurídica, y, por tanto, no puede nacer en su favor una pretensión al resarcimiento del daño, es decir, de ningún daño material por su muerte o moral por los padecimientos experimentados como consecuencia de sufrir la enfermedad que le fue transmitida». A ello añadió que «esta acción personalísima la hubiera podido ejercer en vida quien padeció ese daño moral, e, incluso, si hubiera fallecido una vez iniciada la acción y se hubiera acreditado el daño y se hubiera dispuesto una indemnización, los beneficiarios de ella in *iure proprio*, que no como herencia puesto que la indemnización no habría alcanzado a integrarse en el caudal hereditario, y, aun si así fuese, quienes tuvieran derecho a ella lo tendrían por el título de convivencia y afectividad más que por el de herederos propiamente dicho»[108]. Esta tesis

---

107 A este respecto, conviene mencionar: en el ámbito civil, entre otras, las SSTS de la Sala de lo Civil 141/2021, de 15 de marzo, (núm. rec. 1235/2018 y [*Tol 8356571*]), y 535/2012, de 13 de septiembre (núm. rec. 2019/2009 y [*Tol 2695691*]), y, en el ámbito de lo social, la STS de la Sala de lo Social 779/2018, de 18 de julio (núm. rec. 1064/2017 y [*Tol 6827862*]).

108 FJ 7 STS de 6 de julio de 2004, de la Sala de lo Contencioso-administrativo (núm. rec. 7002/2000 y [*Tol 502409*]).

se mantiene actualmente por la STSJ de la Comunitat Valenciana de 23 de enero de 2023[109].

En términos similares se pronunciaba la Sala de lo Contencioso-administrativo del Tribunal Superior de Justicia de Madrid. Según expresase en su sentencia de 6 de junio de 2014, cuando fallece un padre, «no reclama el actor ni en la reclamación previa ni en la demanda, por ningún daño moral ni material propio del mismo, sino por el daño que sufrió su hija y por las secuelas que ella padeció, daño que es personalísimo de la hija, y por ello, intransmisible en situación de viva, a su padre». Con esta premisa inadmitió el recurso interpuesto por la hija porque, «no reclamado dicho daño personalísimo [por el padre] en vida (...), *carecía* ahora (...) de legitimación activa para reclamarlo» la hija[110]. Sin embargo, este TSJ, en consonancia con otros de diferentes CCAA, ha matizado esta postura recientemente, afirmando la transmisibilidad de la acción resarcitoria por daños no patrimoniales[111]. Sobre un análisis de la jurisprudencia actual de los TSJ puede consultarse lo escrito por YÁÑEZ en el cap. 13 del tratado al que nos remitimos (págs. 856 y 857)[112].

---

109 Cfr. STSJ de la Comunitat Valenciana 42/2023, de 23 de enero [núm. rec. 603/2022 (*Tol 9624355*)].

110 FJ 7 STSJ de Madrid 429/2014, de 6 de junio (núm. rec. 595/2011 y [*Tol 4516251*]).

111 *Vid.* STSJ de Madrid 896/2022, de 31 de octubre (núm. rec. 603/2021 y [*Tol 9300653*]). Ésta proclama que «el hecho de la extinción de la personalidad jurídica por la muerte no supone que se extingan las acciones surgidas durante la vida del causante y no existe disposición normativa que establezca una excepción a esa regla legal cuando se está ante una acción de "indemnización de los perjuicios físicos o morales que a aquél le fueron irrogados" como la que nos ocupa, ni se ha explicado la afirmación apodíctica de estarse ante un acción personalísima, cuya extinción se produce cuando se extingue la personalidad jurídica de su titular» (FJ 5). Esta sentencia acoge la tesis planteada por la 141/2021, de 15 de marzo, de la Sala de lo Civil (núm. rec. 1235/2018 y [*Tol 8356571*]), la cual rechaza el carácter personalismo del derecho al resarcimiento por daños morales, reafirmando, por consiguiente, la transmisibilidad del mismo.

112 Según expresa este autor, «el TSJ Madrid, si bien mantenía una postura contraria a la transmisibilidad, cambia su criterio en la STSJ Madrid de 19 de febrero de 2015 [*Tol 4776899*] apoyándose en la STS (Civil) de 13 de septiembre de 2012, si bien destaca que el causante había acudido previamente a un gabinete médico para que se determinase si había existido alguna negligencia y se valorasen las lesiones. Este cambio se confirma plenamente en la reciente STSJ Madrid de 20 de julio de 2022 [*Tol 9172685*] con cita de las SSTSJ Andalucía (Sevilla) de 6 de octubre de 2017 [*Tol 6653755*], Castilla-La Mancha de 16 de julio de 2019 [*Tol 7537121*] y la ya citada del TSJ de Asturias de 15 de enero de 2021 (pág. 855)».

Igualmente, el CdE y algunos de los Consejos Consultivos y Comisiones jurídicas Asesoras de las CCAA, siguen manteniendo la tesis clásica de la Sala de lo Contencioso-administrativo del TS, por todos, citamos el DCdE de 20 de diciembre de 2018, en el que se concluyó «que las reclamantes se *encontraban* legitimadas para suceder al [viudo y padre] fallecido (...) únicamente en lo que se *refería* a las pretensiones indemnizatorias de los daños patrimoniales ligados a su enfermedad, que (...) se concretaron en los gastos de alquiler de una vivienda adecuada a su situación de movilidad reducida». En cambio, el CdE les denegó la legitimación «en las pretensiones referidas a los daños personales y morales que su padre y esposo sufrió durante su enfermedad». En concreto, tratándose de unas patologías cancerígenas derivadas de su exposición laboral al amianto, aun admitiendo que estábamos ante «un derecho de crédito que había ingresado en el patrimonio (...) [del causante] antes de su fallecimiento (...), sin embargo, al producirse su muerte, el perjuicio derivado de la exposición al amianto ya no *era* la enfermedad desarrollada, sino la propia muerte, la cual (...) únicamente da lugar a un derecho indemnizatorio iure proprio en favor de los perjudicados por el fallecimiento»[113].

En sentido similar se pronuncian algunos los Consejos Consultivos y Comisiones Jurídicas Asesoras de las CCAA. Este es el caso de la DCJAMad, y los Consejos Consultivo de Asturias, Canarias (CCCan) y Galicia (CCGal)[114].

B. La falta de ejercicio de la acción resarcitoria antes del fallecimiento

Otro de los argumentos formulados por quienes sostienen la tesis de la intransmisibilidad del derecho al resarcimiento por los daños no patrimoniales *ante mortem* tiene que ver con el supuesto de si el difunto llegó o no a reclamar en vida. Partiendo de este planteamiento, se alcanzan dos escenarios o supuestos diferentes. Si la víctima reclamó en vida, los herederos-perjudicados tienen derecho a percibir las indemnizaciones que se debían al reclamante fallecido a través del instituto de la sucesión procedimental y

---

113 CJ II DCdE de 20 de diciembre de 2018 (núm. ex. 942/2018).

114 *Cfr.* DCCAst 221/2018, de 11 de octubre, DCCCan 408/2022, de 27 de octubre, DCCGal 535/2009, de 23 de diciembre, DCCMad 308/2012, de 16 de mayo, y DDCJAMad 34/2017, de 26 de enero, 554/2019, de 19 de diciembre, y 47/2023, de 2 de febrero, y CJCVal 117/2013, de 7 de marzo.

procesal; por el contrario, si no se reclamó en vida, no pueden tener dicho derecho puesto que quien falleció no tenía derecho a ella.

Esto queda manifiestamente claro en la STSJ de Canarias de 30 de diciembre de 2005. En dicho fallo se expresó que «la indemnización por secuelas del fallecido (...) en principio, *era* (...) un derecho de indemnización de carácter personalísimo y (...) no (...) transmisible *mortis causa*». Ahora bien, a renglón seguido distinguió «dos supuestos diferentes: que el padre reclamara o no (...). Si reclamó en vida, los herederos (...) *tenían* derecho a las indemnizaciones que se debían a su padre; si no reclamó, no *podían* tener derecho a una indemnización que no era debida a su padre, en tanto éste, en vida, por el motivo que fuera, no consideró procedente solicitarla». Dicha distinción se fundaba en la premisa de que «la indemnización por razón de lesiones y secuelas *derivaba* de los padecimientos o sufrimientos que tuviera el padre y (...), *constituía* un daño moral resarcible económicamente a la persona afectada, pero que no *podía* considerarse que se *hubiera* integrado en el caudal relicto si la víctima no los hubiese reclamado, pues realmente no ejercitó su derecho a dicha indemnización y, por extensión, nada podía transmitir. Pero si ejercitó la acción, como aquí ocurre, es incuestionable que el derecho ejercitado tiene naturaleza patrimonial»[115].

También se expresó en idéntico sentido la STSJ de Madrid de 15 de marzo de 2011. Así dijo que «la indemnización por razón de secuelas *derivaba* de los padecimientos o sufrimientos personales del paciente y (...), *constituía* un daño moral resarcible económicamente a la persona afectada, pero como ésta no lo reclamó y no se llegó a declarar su derecho a dicha indemnización nada podía transmitir al respecto y sucesoriamente, a sus herederos». En cambio, para la Sala de lo Contencioso-administrativo, «si el paciente hubiese reclamado una indemnización por las secuelas y *moría* durante el desarrollo del proceso (...) se estaría transmitiendo la pretensión procesal, dando lugar a la sucesión procesal por muerte prevista en el art. 16 LEC, y no el derecho subjetivo fundamento de la pretensión que (...) no *podía* transmitirle porque tal derecho se extinguió con la muerte del paciente»[116].

---

115 FJ 2 STSJ de Canarias 777/2005, de 30 de diciembre (núm. rec. 1704/2000 y [*Tol 830341*]).

116 FJ 5 STSJ de Madrid 205/2011, de 15 de marzo (núm. rec. 856/2009 y [*Tol 2176450*]).

De forma análoga, el DCJAMad de 2 de febrero de 2023 señaló que: «el derecho al resarcimiento del daño es un derecho de crédito que nace cuando se produce el daño y que, al recaer sobre derechos personalísimos, no patrimoniales, no es transmisible, a menos que se haya ejercitado en vida del causante, extinguiéndose en caso de fallecimiento»[117]. En el mismo sentido se pronunció el DCJCVal de 7 de marzo de 2013[118].

Por consiguiente, este condicionante lleva a afirmar que el carácter personalísimo del derecho al resarcimiento que se alega por parte de ciertos órganos jurisdiccionales y consultivos no es suficiente por sí solo para sostener la intransmisibilidad del derecho. Requiere, adicionalmente, de la falta de ejercicio de la acción resarcitoria por parte de la víctima antes de su fallecimiento. De lo contrario, se admitiría la transmisibilidad. Esto es lo que se ha denominado en algunos casos como tesis o postura intermedia.

C. El sentido institucional de la responsabilidad patrimonial

Un tercer argumento o tesis en que se pretende sostener la intransmisibilidad del derecho al resarcimiento por los daños no patrimoniales *ante mortem* tiene que ver con la propia naturaleza del instituto de la responsabilidad patrimonial. Este razonamiento, formulado, entre otros, por DE LA OLIVA[119], supone introducir un punto de vista distinto, netamente *iuspu-*

---

117 CJ 3 DCJAMad 47/2023, de 2 de febrero. Igualmente, el DCCMad 250/2012, de 25 de abril, proclamó que «no puede reconocerse legitimación a terceras personas para reclamar los perjuicios irrogados al paciente, cuando éste haya fenecido antes de interponer la reclamación (...) [porque] fallecida una persona, se extingue su personalidad jurídica y, por tanto, no puede nacer en su favor una pretensión de resarcimiento del daño». Por el contrario, para el CCMad, «esa acción personalísima la hubiera podido ejercer en vida quien padeció ese daño moral e, incluso, se podría aceptar la sucesión en la reclamación si hubiera muerto antes de concluido el procedimiento administrativo para la declaración de la responsabilidad patrimonial» (CJ 3). Este dictamen contó, sin embargo, con el voto particular discrepante del presidente del órgano consultivo, Mariano Zabía Lasala, en el que rechazó de plano la postura adoptada por mayoría.

118 DCJCVal 117/2013, de 7 de marzo.

119 DE LA OLIVA SANTOS, Andrés (2016): «Transmisibilidad o intransmisibilidad del derecho a ser indemnizado por la Administración Pública en razón de daños causados por el funcionamiento de servicios públicos (reflexiones sobre la naturaleza de ese derecho y una propuesta», *op. cit.* págs. 2775 y ss. Debe señalarse que esta postura fue ya manifestada previamente por el propio autor como voto particular discrepante en el DCCMad 353/2012, de 6 de junio.

blicista, a este debate polémico. Para este autor, la transmisibilidad del derecho al resarcimiento por los daños morales *ante morten* debe ser rechazada si bien, las razones que llevan a dicha posición difieren sustancialmente de los argumentos expuestos previamente. Es más, el razonamiento planteado por este autor no sólo parte de una aproximación *iuspublicista* al problema, sino que, además, rechaza algunas de las ideas que sostienen los argumentos en que tradicionalmente se ha venido justificando la intransmisibilidad del derecho al resarcimiento. Por ello, la tesis planteada por DE LA OLIVA, a pesar de conducir a la misma conclusión, esto es, la afirmación de la intransmisibilidad del derecho, es, sin embargo, fruto de un recorrido argumental distinto.

Efectivamente, DE LA OLIVA, una vez rechazado el axioma del carácter personalísimo del derecho al resarcimiento —no porque considere que no tenga ese carácter sino porque alega que no lo tiene en el sentido de «derecho de la personalidad»[120]— estima necesario fundamentar y explicar racionalmente la intransmisibilidad. A este respecto, este autor afirma que el «funcionamiento, incluso normal, de un servicio público genera, sí, un derecho a ser indemnizado por la Administración pública correspondiente, pero un derecho que debe considerarse de una especial naturaleza administrativa por coherencia con la finalidad institucional de la responsabilidad patrimonial administrativa, singular instituto de Derecho público»[121]. Así, la negación de la transmisibilidad encontraría su punto de partida en la propia naturaleza de la responsabilidad patrimonial, la cual, al estar intrínsecamente ligada al ámbito de la *res pública* requiere de un tratamiento distinto al que presenta la responsabilidad extracontractual característica del Derecho privado. Por consiguiente, sería ese especial sentido institucional el que haría decaer la transmisión del derecho. Las razones que llevan a este autor a formular este razonamiento son las siguientes.

En primer lugar, según DE LA OLIVA, el sentido institucional *obliga* a examinar la responsabilidad patrimonial desde una perspectiva esencialmente teleológica, como una figura destinada «a resarcir el daño solamente a quien en concreto lo haya sufrido»[122]. En este sentido, afirma que los herederos tienen derecho a reclamar por los daños que les provoque el fallecimiento de su causante, pero no a lucrarse con su muerte por medio

120 *Ibidem* pág. 2776.

121 *Ibidem* pág. 2777.

122 *Idem*.

de la responsabilidad patrimonial[123]. Para este autor, es precisamente, esa naturaleza institucional propia del Derecho público la que debe servir y actuar como límite al derecho indemnizatorio y, por tanto, conlleva rehuir de la aplicación por extensión de elementos propios de la dogmática civilística y *iusprivatista* que, según este autor, no resultan válidos[124]. Dicho en otras palabras, el derecho que se ostenta no es un derecho subjetivo privado sino un derecho subjetivo público, un derecho que cabe ejercer frente al Estado. Por tanto, esta postura también nace de la negación de los argumentos esgrimidos por quienes sostienen la transmisibilidad del derecho al resarcimiento al entender que, a pesar de ser tales argumentos jurídicamente admisibles, no encuentran respaldo en el ámbito de la responsabilidad patrimonial[125].

En segundo lugar, pero siguiendo la estela del razonamiento anterior, DE LA OLIVA defiende la limitación de la responsabilidad patrimonial como consecuencia del carácter limitativo de los recursos públicos y de la exigencia de observar respecto a éstos una justicia distributiva. Esto queda expresamente claro al afirmar que «es razonable que el crédito que para una persona puede surgir *ex.* art. 106 CE (...), se conciba como intransmisible porque tiene sentido —sentido institucional— que el importe de la indemnización se destine a resarcir los daños sufridos por esa persona y, en cambio, no tiene ese mismo sentido o justificación que una porción de los caudales públicos se destine simplemente a aumentar el patrimonio de esa

---

123 *Idem.*

124 En este mismo sentido *iuspublicista* se manifiesta el voto particular que formula el consejero permanente del CdE Jerónimo Arozamena Sierra al DCdE de 20 de junio de 2002 (núm. exp. 535/2002). A este respecto, señalaba que «cuanto se argumenta en el dictamen desde una perspectiva propia del derecho civil en torno a la sucesión hereditaria, sin ser errónea en sí misma, si significa un traslado a un ámbito que no es el propio regido por el derecho público, en su parte de derecho administrativo, con unas consecuencias inaplicables, o, a mi juicio, desacertadas». Acto seguido, afirmaba que de lo que se trataba era «del régimen administrativo del que la responsabilidad patrimonial es institución central y, en consecuencia, requiere de cautelas y rigor en el manejo de las categorías civiles». También recordaba que «pieza esencial en este régimen es la existencia de una lesión entendida como daño antijurídico. Como tal daño debe haberse producido al que reclama debiendo estar en relación directa el daño y el sujeto dañado, lo que obviamente, a mi juicio, no concurre en el caso objeto de la consulta. Por esto [—concluyó— que] la legitimación para reclamar se predica directamente del sujeto que ha sufrido el daño imputado a la Administración».

125 *Ibidem* pág. 2779.

persona y, en concreto, su caudal hereditario en beneficio de sus sucesores *mortis causa,* que no sufrieron daños causados por un servicio público»[126].

Así pues, podría sostenerse que el argumento del sentido institucional operaría como una suerte de modulación del carácter objetivo del instituto resarcitorio, en línea con lo manifestado en reiteradas ocasiones por doctrina legal y la jurisprudencia[127]: esto es, que la responsabilidad patrimonial no actúa como «un seguro a todo riesgo de manera que «el llamado "Estado de Bienestar" no convierte a las Administraciones Públicas en "Aseguradoras Universales" de todos los daños, desgracias, molestias o perturbaciones que sufren los ciudadanos»[128]. En este sentido, la naturaleza institucional de la responsabilidad patrimonial a la que alude DE LA OLIVA actuaría en una línea similar a como lo hace la *lex artis* en el ámbito sanitario, esto es, como un límite al alcance resarcitorio de la institución.

Como sostiene el propio DE LA OLIVA, este planteamiento pretende responder a una visión más racional y realista de esta institución, teniendo en cuenta el carácter limitativo de los recursos públicos y su aplicación basada en criterios de distribución equitativa, los cuales no cohonestarían adecuadamente con la transmisibilidad del derecho al resarcimiento por

---

126 *Ibidem* pág. 2777.

127 *Vid.*, por ejemplo, entre otros, el DCJCVal 759/2023, de 2 de noviembre, según el cual «la prestación por la Administración de un determinado servicio público o la titularidad de una determinada infraestructura, no implica de forma automática que se convierta la Administración en aseguradora universal de todos los riesgos de eventos desfavorables para los administrados» (CJ 3). *Vid.*, entre otras, STS de 14 de octubre de 2003, de la Sala de lo Contencioso-administrativo (núm. rec. 1058/199 y [*Tol 325230*]). En ella se afirmó que «la prestación por la Administración de un determinado servicio público y la titularidad por parte de aquella de la infraestructura material para su prestación no implica que el vigente sistema de responsabilidad patrimonial objetiva de las Administraciones Públicas, convierta a éstas, en aseguradoras universales de todos los riesgos, con el fin de prevenir cualquier eventualidad desfavorable o dañosa para los administrados que pueda producirse con independencia del actuar administrativo, porque de lo contrario, como pretende el recurrente, se transformaría aquél en un sistema providencialista no contemplado en nuestro Ordenamiento Jurídico» (FJ 3).

128 BLANQUER CRIADO, David (1997): *La responsabilidad patrimonial de las Administraciones Públicas. Ponencia Especial de Estudios del Consejo de Estado,* Instituto Nacional de Administración Pública, Madrid, pág. 70.

daños morales, sino que darían lugar a un enriquecimiento injustificado por parte de particulares que no han sufrido en sí mismos daño alguno[129].

3) Sobre la argumentación en que se fundamenta la transmisibilidad del derecho al resarcimiento por los daños no patrimoniales ante mortem

La argumentación formulada por quienes defienden la transmisibilidad del derecho al resarcimiento por los daños no patrimoniales *ante mortem* nace, esencialmente, de refutar las razones esgrimidas por quienes sostienen la intransmisibilidad. De ahí que, prácticamente, los motivos que sustentan la transmisibilidad sean un reflejo, eso sí, diametralmente opuesto, a los esbozados en el apartado anterior. Así, mientras unos alegan el carácter personalísimo del derecho al resarcimiento, los otros lo rechazan; mientras unos distinguen diferentes supuestos en función de si la víctima logró o no accionar en vida frente la Administración, los otros critican dicha distinción; y, mientras que unos se apoyan en la función resarcitoria como elemento limitador para la transmisibilidad, los otros, por el contrario, la emplean, precisamente, para justificar la transmisibilidad de derecho. Se procede a continuación a examinar cada uno de los argumentos que fundamentan la tesis de la transmisibilidad.

A. El carácter no personalísimo del derecho al resarcimiento

Si en el punto anterior se ha presentado el argumento de la naturaleza personalísima del derecho al resarcimiento como el elemento medular sobre el que se sostiene la postura de la intransmisibilidad no puede ser de otra manera que, quienes afirman lo contrario, esto es, la transmisibilidad del citado derecho, basen su posición, precisamente, en la negación de dicha naturaleza. Esta postura —la de la transmisibilidad— ha sido defendida desde posiciones tanto doctrinales como jurisprudenciales, especialmente por la Sala de lo Civil del TS, como ya se ha dicho anteriormente.

Quienes defienden esta postura —CANO, REBOLLO PUIG o BOIX, entre otros— parten de una afirmación, a saber: que quienes preconizan la tesis de la intransmisibilidad confunden la naturaleza o el tipo del daño

---

129 DE LA OLIVA SANTOS, Andrés (2016): «Transmisibilidad o intransmisibilidad del derecho a ser indemnizado por la Administración Pública en razón de daños causados por el funcionamiento de servicios públicos (reflexiones sobre la naturaleza de ese derecho y una propuesta», *op. cit.* pág. 2779.

con el derecho al resarcimiento[130]. Así, mientras que el daño puede ser distinto, en función del bien jurídico sobre el que se haga recaer la lesión; en cambio, el derecho a su resarcimiento tiene siempre el mismo carácter o naturaleza, al consistir en un derecho de crédito. En efecto, los argumentos presentados por esta parte de la doctrina se ajustan al siguiente razonamiento.

Primero, el derecho al resarcimiento nace cuando se origina el daño, ya sea éste patrimonial o no patrimonial, y no cuando se reclama la indemnización en la vía administrativa o cuando se reconoce en sede procedimental o procesal, como han asumido implícitamente quienes abogan por la intransmisibilidad[131]. Por consiguiente, el mero menoscabo de la esfera personal —patrimonial, biológica o moral— del afectado hace nacer por sí mismo y en beneficio de éste un derecho a ser resarcido[132]. Por tanto,

---

130 CANO CAMPOS, Tomás (2013): «La transmisión *mortis causa* del derecho a ser indemnizado por los daños no patrimoniales causados por la Administración», *Revista Administrativa Pública*, núm. 191, págs. 138 y ss. REBOLLO PUIG, Manuel (2011): «Capacidad, representación y legitimación del reclamante» *op. cit.* pág. 77. BOIX MAÑÓ, Patricia (2019): «La acción indemnizatoria por daños no patrimoniales», *op. cit.* págs. 740 y ss.

131 Aunque debe precisarse que no todos ellos parten de esta afirmación pues algunos como DE LA OLIVA, a pesar de defender la intransmisibilidad, sostienen claramente que «el derecho de crédito frente a la Administración no nace o existe desde que se afirma por su titular ni desde que la Administración acuerda indemnizarlo o desde que una sentencia judicial firme condena a indemnizar, en caso de que la Administración hubiera denegado la indemnización. Ese derecho existe desde que un servicio público produce una serie de daños antijurídicos. El ejercicio del derecho por su titular y las resoluciones administrativas o las sentencias no crean o constituyen el derecho. La Administración y la Justicia pueden (y deben), en su caso, reconocerlo y satisfacerlo». DE LA OLIVA SANTOS, Andrés (2016): «Transmisibilidad o intransmisibilidad del derecho a ser indemnizado por la Administración Pública en razón de daños causados por el funcionamiento de servicios públicos (reflexiones sobre la naturaleza de ese derecho y una propuesta», *op. cit.* págs. 2773 y 2774.

132 Por ejemplo, CANO se apoya para sostener esta aseveración en el art. 1089 CC, el cual expresa que «las obligaciones nacen de la ley, de los contratos y cuasi contratos y de los actos y omisiones ilícitos o en que intervenga cualquier género de culpa o negligencia». Igualmente, refiere el art. 1902 CC, según el cual «el que por acción u omisión causa daño a otro, interviniendo culpa o negligencia está obligado a reparar el daño causado». También respalda esta afirmación la STS 535/2012, de 13 de septiembre (núm. rec. 2019/2009 y [*Tol 2695691*]), al proclamar que: «el derecho de la víctima a ser resarcido por las lesiones y daños nace como consecuencia del accidente que causa este menoscabo físico» (FJ 3).

debe distinguirse entre el daño ocasionado y el derecho al resarcimiento que nace como consecuencia de aquél.

Como afirma BOIX, «que el daño sea personalismo no implica que la acción para reclamar su indemnización también lo sea». En este sentido, entiende que «resulta indiferente si el daño es personalísimo o inherente a la persona de quien lo sufre, puesto que de ello no se deriva que la acción participe del mismo carácter». Para esta autora, «hay que tener en cuenta que el objeto de la transmisión no es el daño sufrido por la víctima, sino la acción para reclamarlo (...). Lo que tiene carácter personalísimo y es intransmisible es el bien o derecho que sufra un daño o menoscabo, pero no el crédito resarcitorio que surge como consecuencia de un daño no patrimonial (proceda de la lesión de un bien o derecho personalísimo o de la lesión de un bien o derecho de carácter patrimonial) el cual, dada la finalidad del instituto de la responsabilidad, tiene una función resarcitoria»[133]. Igualmente, REBOLLO entiende que «una cosa son esos derechos personalísimos, que efectivamente son intransmisibles, y otra por completo distinta el derecho a una indemnización por la lesión a esos derechos personalísimos, derecho resarcitorio de carácter puramente patrimonial y, por ende, esencialmente transmisible por cualquier vía, incluida la herencia»[134].

En este sentido también se manifiesta de forma clara ZABÍA al expresar que «cuando la víctima de un daño no patrimonial (biológico o moral) muere sin haber ejercido el derecho a reclamar por dicho daño y éste no ha prescrito, ese derecho al resarcimiento, adquirido por el *de cuius* en el momento en que se produjo el hecho lesivo, se transmite mortis causa a sus herederos». Para él, «el derecho al resarcimiento por el daño corporal o moral no es un derecho de carácter personalísimo, sino un derecho de crédito como cualquier otro». Por ello considera que «no tiene sentido afirmar que la reclamación de la indemnización por tales daños es un derecho de carácter personalísimo y que, en consecuencia, no es transmisible mortis causa». En su opinión, «lo que tiene carácter personalísimo y es intransmisible es el bien o derecho que sufre el daño o menoscabo, pero

CANO CAMPOS, Tomás (2013): «La transmisión *mortis causa* del derecho a ser indemnizado por los daños no patrimoniales causados por la Administración», *op. cit.* pág. 139.

133 BOIX MAÑÓ, Patricia (2019): "La acción indemnizatoria por daños no patrimoniales», *op. cit.* pág. 741.

134 REBOLLO PUIG, Manuel (2011): «Capacidad, representación y legitimación del reclamante», *op. cit.* pág. 77.

no el crédito resarcitorio que surge como consecuencia de dicho daño, el cual, dada la finalidad del instituto de la responsabilidad, tiene una función resarcitoria o reparadora, en cuanto que tiende a sustituir la utilidad perdida o el daño sufrido por un equivalente económico»[135].

Especial mención merece la STS de 15 de marzo de 2021, la cual resume de forma clara el meollo de la cuestión al afirmar lo siguiente:

> «*El derecho de los particulares a ser resarcidos económicamente por los daños y perjuicios sufridos, a consecuencia de una conducta jurídicamente imputable a otra persona (art. 1902 CC), genera un derecho de crédito de contenido patrimonial, condicionado a la concurrencia de los presupuestos de los que surge la responsabilidad civil. Los bienes jurídicos sobre los que recae el daño cuando son la vida, la integridad física, los derechos de la personalidad, tienen carácter personalísimo y, como tales, no son transmisibles por herencia, pero cuestión distinta es el derecho a ser resarcido económicamente por mor de la lesión padecida, en tanto en cuanto goza de la naturaleza de un crédito de contenido patrimonial, que no se extingue por la muerte del causante (art. 659 CC). Este derecho al resarcimiento económico nace desde el momento en que es causado el daño, como resulta del juego normativo de los arts. 1089 y 1902 del CC, no cuando es ejercitado ante los tribunales o reconocido en una sentencia judicial, que tiene efectos meramente declarativos y no constitutivos del mismo. Lo adquiere el lesionado desde que lo sufre y queda integrado en su patrimonio, susceptible de ser transmitido a sus herederos*»[136].

Por lo que se refiere al derecho al resarcimiento, se ha dicho que éste constituye «un derecho de crédito, como cualquier otro, que sigue el régimen propio de este tipo de derechos, de modo que, como la mayor parte de ellos, no se extingue con la muerte, sino que, (…) se integra en la herencia y es transmisible *mortis causa*"[137]. Algunos, como BOIX, apoyándose en los *Principles of Euroepan Tort Law*, han considerado que es posible denominar como «deuda de valor» a la reparación del daño no patrimonial, en la medida en que la función principal de la indemnización es, por una parte, compensar a la víctima y, por otra que, en la medida de lo posible, el daño se compense de modo integral[138].

---

135 *Vid.* Voto particular discrepante Mariano Zabía Lasala, al DCCMad 250/2012, de 6 junio.

136 FJ 6 STS 2 141/2021, de 15 de marzo, de la Sala de lo Civil (núm. rec. 1235/2018 y [*Tol 8356571*]).

137 CANO CAMPOS, Tomás (2013): «La transmisión *mortis causa* del derecho a ser indemnizado por los daños no patrimoniales causados por la Administración», *op. cit.* pág. 146.

138 BOIX MAÑÓ, Patricia (2019): «La acción indemnizatoria por daños no patrimoniales», *op. cit.* pág. 741.

Por consiguiente, según esta doctrina, una vez admitido la naturaleza de derecho de crédito, nada impide que a éste le resulten de aplicación las normas relativas a la transmisión *mortis causa* de los créditos, esto es, los arts. 659 y 661 CC. De ahí que, siendo la regla general la transmisibilidad *mortis causa* de los derechos, y la excepción, la intransmisibilidad, para aquellos casos en los que aquellos se extingan con la muerte de su titular, si se considera el derecho al resarcimiento como un derecho no personalísimo, el razonamiento lleva indefectiblemente a sostener su transmisibilidad.

Es aquí, por tanto, donde encontramos el principal escollo o discrepancia argumental entre ambas posiciones. Efectivamente, quienes sostiene la intransmisibilidad consideran que el derecho de crédito que surge tiene carácter personalísimo y, por tanto, es intransmisible, tanto *inter vivos* como *mortis causa*[139]. Por el contrario, la tesis de la transmisibilidad considera que si hay algo que es personalísimo es el bien jurídico afectado por la lesión o en todo caso el daño, pero nunca el derecho al resarcimiento que constituye, en todo caso, un mero derecho de crédito al cual le resultan aplicables las normas propias que rigen tales derechos, esto es, las normas de Derecho privado.

B. La falta de coherencia en la aceptación de la denominada tesis intermedia

Como se ha expuesto anteriormente, uno de los razonamientos que alegan quienes defienden la intransmisibilidad tiene que ver con la falta de ejercicio de la acción de resarcimiento por parte de la víctima antes del fallecimiento como requisito para negar la transmisión. Dicho con otras palabras, si quien falleció ejerció con carácter previo la acción resarcitoria, se admitiría la transmisión, pero por sucesión procedimental o procesal. Es lo que se ha denominado por algunos como tesis intermedia. Posiblemente, este argumento ha sido el que mayor número de críticas y reproches

---

[139] Esto lo expone de forma clara DE LA OLIVA en su voto particular discrepante en el DCCMad 353/2012, de 6 de junio, al señalar que «si el derecho del reclamante inicial es, desde que existe, personalísimo e intransmisible no es transmisible *inter vivos* ni es transmisible *mortis causa,* lo que significa que el reclamante inicial no podría cederlo en vida ni pasaría a formar parte del caudal hereditario por fallecimiento de dicho reclamante».

haya recibido, puesto que, indudablemente, esconde en su seno una cierta incoherencia o inconsistencia[140].

Si se afirma que el derecho al resarcimiento por daños no patrimoniales *ante mortem* tiene carácter personalísimo, dicho carácter no puede depender de si el perjudicado ejercitó o no en vida la acción de resarcimiento antes de su fallecimiento. Esto es, la transmisión hereditaria del crédito resarcitorio por daños morales no puede hacerse depender de si el titular lo reclama o no en vía administrativa o procesal pues, como afirma CANO, su acción constituye una facultad potestativa que supone la existencia de un derecho preexistente[141]. Lo contrario sería admitir una especie de mutación ontológica en el propio derecho. Si se afirma que tal derecho no es transmisible tampoco lo puede ser por sucesión procedimental en virtud del art. 4.3 LPAC, ni por sucesión procesal *ex* art. 16 LEC.

Esta crítica se resume de forma evidente por ZABÍA en el voto particular discrepante formulado al DCCMad de 25 de abril de 2012. En concreto, afirma lo siguiente:

> *«La aplicación del art. 16 LEC en el supuesto del derecho al resarcimiento por daño corporal o moral no resulta coherente con el punto de partida de esa tesis: el carácter personal e intransmisible de dicho derecho. Si el bien o derecho lesionado constituye un derecho personalísimo y se considera, como hace la referida sentencia, que el derecho al resarcimiento tiene esa misma naturaleza, debería concluirse que tal derecho se extingue con la muerte de su titular y no puede ser transmitido a sus herederos, por lo que no puede tener lugar la sucesión procesal prevista en la LEC. Con la alusión a que lo que se transmite es la pretensión procesal, se olvida que ésta, entendida como la afirmación de una o varias acciones, constituye el objeto mismo del proceso y que el propio art. 16 LEC establece, precisamente, que no cabe la suce-*

140 Esta contradicción ha sido puesta de manifiesto por diversos autores: a saber, CANO CAMPOS, Tomás (2013): «La transmisión *mortis causa* del derecho a ser indemnizado por los daños no patrimoniales causados por la Administración», *op. cit.* págs. 132 y ss. REBOLLO PUIG, Manuel (2011): «Capacidad, representación y legitimación del reclamante», *op. cit.* pág. 77. BOIX MAÑÓ, Patricia (2019): «La acción indemnizatoria por daños no patrimoniales», *op. cit.* págs. 743 y 744. DE LA OLIVA SANTOS, Andrés (2016): «Transmisibilidad o intransmisibilidad del derecho a ser indemnizado por la Administración Pública en razón de daños causados por el funcionamiento de servicios públicos (reflexiones sobre la naturaleza de ese derecho y una propuesta», *op. cit.* pág. 2774. También, en el voto particular discrepante del presidente Mariano Zabía Lasala al DCCMad 250/2012, de 25 de abril.

141 CANO CAMPOS, Tomás (2013): «La transmisión *mortis causa* del derecho a ser indemnizado por los daños no patrimoniales causados por la Administración», *op. cit.* pág. 138.

sión procesal cuando lo que es objeto del juicio o proceso no es transmisible mortis causa. Los derechos personalísimos no se transmiten a los herederos y, por tanto, en aplicación estricta del art. 16 de la LEC, no cabe la sucesión procesal, lo que llevaría a la extinción del proceso en marcha. Si el derecho es intransmisible (y los derechos personalísimos lo son), en el momento en el que se produce el fallecimiento se produce, asimismo, la extinción de tal derecho y, por lo tanto, se origina una carencia sobrevenida de objeto en el proceso, lo que debería dar lugar al archivo de las actuaciones. Si la sucesión procesal en los casos de reclamación de resarcimiento por daño moral puede tener lugar es, precisamente, porque el derecho al resarcimiento por daños físicos o morales no es un derecho personalísimo, sino un derecho de carácter patrimonial que se puede transmitir mortis causa. Y precisamente porque ése, y no otro, es su carácter, también se puede transmitir mortis causa a los herederos, aunque la reclamación de responsabilidad no se haya presentado ante la Administración o el proceso contencioso-administrativo todavía no se haya entablado»[142].

C. La función resarcitoria y la negación de la tesis del enriquecimiento injusto

Como se ha puesto de manifiesto anteriormente una de las razones que se han utilizado para sostener la tesis de la intransmisibilidad es el sentido institucional de la responsabilidad patrimonial; un argumento que se apoya, entre otros motivos, en su función resarcitoria. En efecto, según DE LA OLIVA, la responsabilidad patrimonial debe concebirse con una «finalidad limitada a resarcir el daño solamente a quien en concreto lo haya sufrido»[143]. Y, por tanto, dicho resarcimiento debe circunscribirse a quien efectivamente ha resultado perjudicado como consecuencia del funcionamiento normal o anormal de los servicios públicos, pues de lo contrario se generaría un enriquecimiento injusto como consecuencia de la transmisión. De alguna manera, subyace a este pensamiento la idea de que el resarcimiento debe contribuir a «satisfacer una necesidad inherente a la propia persona que los sufre» y, por tanto, intransmisible[144].

Sin embargo, para quienes la transmisibilidad del derecho debe admitirse, la función resarcitoria, como argumento, no solo no desvirtúa su te-

---

142 Voto particular concurrente DCCMad 252/2012, de 25 de abril.

143 DE LA OLIVA SANTOS, Andrés (2016): «Transmisibilidad o intransmisibilidad del derecho a ser indemnizado por la Administración Pública en razón de daños causados por el funcionamiento de servicios públicos (reflexiones sobre la naturaleza de ese derecho y una propuesta», *op. cit.* pág. 2777.

144 CANO CAMPOS, Tomás (2013): «La transmisión *mortis causa* del derecho a ser indemnizado por los daños no patrimoniales causados por la Administración», *op. cit.* pág. 142.

sis, sino que, más bien, contribuye a afianzar su razonamiento. En efecto, según sostiene CANO el hecho de que la responsabilidad patrimonial tenga una función eminentemente resarcitoria en el sentido de «satisfacción personal de la propia víctima», no conlleva necesariamente la intransmisibilidad del derecho al resarcimiento por daños no patrimoniales. Es más, si se causó en vida un perjuicio respecto del cual el difunto no pudo obtener resarcimiento alguno, lo lógico sería que a través de la cesión del derecho o de su transmisión *inter vivos* o *mortis causa* se pudiese dar cumplimiento a tal función resarcitoria. De tal modo que, por medio de la transmisión los herederos obtendrían el derecho al resarcimiento[145].

Igualmente, se ha dicho que carece de sentido diferenciar, en cuanto al resarcimiento, entre daños patrimoniales y no patrimoniales. Así, se alega que, actualmente, para el cálculo de los daños no patrimoniales existen criterios objetivos, legales o jurisprudenciales a partir de los cuales se puede determinar el resarcimiento. De tal modo que, la indemnización por daños morales tiene, al igual que la indemnización por daños patrimoniales, una clara función resarcitoria, puesto que busca compensar una utilidad perdida a través de un equivalente pecuniario[146].

La consecuencia lógica de afirmar la función resarcitoria no como un límite sino como un punto de apoyo a la transmisibilidad es el rechazo a la tesis del enriquecimiento injusto. Si la transmisión contribuye a reforzar el sentido resarcitorio que se le atribuye la responsabilidad patrimonial, la indemnización que perciben los herederos no puede considerarse en modo alguno como un lucro injusto. Precisamente, la STS de 15 de marzo de 2021 corrobora esta posición al señalar que: «la transmisibilidad del crédito resarcitorio no genera, por otra parte, ningún enriquecimiento sin causa, en tanto en cuanto el título de herencia justifica la adquisición vía hereditaria; mientras que, por el contrario, de vedarse la reclamación, a quien realmente se beneficiaría de forma injusta sería al causante del daño»[147]. Este razonamiento permite aproximarse al argumento del enriquecimiento injusto desde otro punto de vista. Si, por ejemplo, la Administración Pública, ya sea por el funcionamiento normal o anormal de sus servicios, genera un daño no patrimonial a un particular, éste tiene derecho al resarcimiento. Pero, si fallece el perjudicado y se admite la postura de

---

145 *Ibidem* pág. 143.

146 *Ibidem* pág. 146.

147 FJ 6 STS 141/2021, de 15 de marzo, de la Sala de lo Civil (núm. rec. 1235/2018 y [*Tol 8356571*]).

la intransmisibilidad del derecho, el referido resarcimiento desaparecería, generando un beneficio a la Administración que, en última instancia, es quien ha cometido el daño.

Por consiguiente, el argumento analizado en este punto no sólo lleva a la negación de la tesis del enriquecimiento injusto, sino que, por el contrario, supone de algún modo afirmar el beneficio sin causa que obtendría la Administración de no producirse la transmisión del derecho al resarcimiento.

D. Necesidad de dotar de unidad y consistencia jurídica al ordenamiento jurídico

Finalmente, quienes sostienen la tesis de la transmisibilidad se sirven de un último argumento; a saber, la necesidad de dotar de unidad y consistencia jurídica al ordenamiento jurídico. Efectivamente, según éstos carece de toda consistencia jurídica admitir que en el ámbito de la responsabilidad patrimonial sea imprescindible que el difunto haya accionado contra la Administración con carácter previo a su fallecimiento mientras que, por el contrario, en otros sectores o ámbitos jurídicos no se reclame tal exigencia. Si se afirma el carácter personalismo del derecho al resarcimiento por daños no patrimoniales y, por ende, su intransmisibilidad, dicho silogismo no puede sino extenderse también a las otras parcelas del ordenamiento jurídico pues, de lo contrario, se estaría afectando a la coherencia interna del Derecho[148]. Es decir, no existe motivación alguna para admitir que los

148 BOIX MAÑÓ, Patricia (2019): «La acción indemnizatoria por daños no patrimoniales», *op. cit.* págs. 746 y ss. Precisamente, esta autora trae a colación algunos ejemplos del orden civil y social donde se ofrece un tratamiento distinto a la cuestión. En concreto, cita el art. 7.1 del texto refundido de la Ley de responsabilidad civil y seguro en la circulación de vehículos a motor, aprobado por el Real Decreto Legislativo 8/2004, de 29 de octubre. Este precepto reconoce el derecho a reclamar a los herederos al proclamar que «el perjudicado o sus herederos tendrán acción directa para exigir al asegurador la satisfacción de los referidos daños, que prescribirá por el transcurso de un año». Igualmente, en el orden social también se ha venido reconociendo esta posibilidad. Ejemplo de ello es, entre otras, la STS de la Sala de lo Social 779/2018, de 18 de julio (núm. rec. 1064/2017 y [*Tol 6827862*]) según la cual: «no puede entenderse (…) que el derecho a ser indemnizado sea personalísimo e intransmisible porque no es consustancial a la persona humana, ni innato a ella, como el derecho a la vida, a la libertad, a la intimidad, al honor etc., ni se trata de un derecho reconocido a ella "intuitu personae", esto es en función de la persona que tiene el derecho cuya subsistencia depende de

daños no patrimoniales en el ámbito de la responsabilidad patrimonial deban recibir un tratamiento distinto al observado en el orden civil o social.

4) Valoración crítica

En el ámbito de la responsabilidad patrimonial sanitaria la legitimación activa suscita importantes controversias. Así, tanto en la denominada legitimación originaria como en la derivada, encontramos supuestos en los que doctrina y jurisprudencia mantienen posturas distintas. Uno de los casos en los que dicha controversia se ha mostrado de una forma más evidente es, sin duda alguna, en la transmisión *mortis causa* de las reclamaciones de responsabilidad patrimonial por los daños patrimoniales *ante mortem*, donde podemos apreciar posturas antagónicas.

A la vista de lo examinado anteriormente podemos colegir que, si bien en un primer momento prevaleció la tesis de la intransmisibilidad, en la actualidad se observa, por el contrario, un cierto viraje hacia posturas más cercanas a la transmisibilidad, especialmente en los Consejos Consultivos. Aun así, no existe unanimidad entre la doctrina legal. Igualmente, puede observarse en el ámbito jurisprudencial, en el cual sólo la Sala Tercera del Tribunal Supremo mantiene su tesis de la intransmisibilidad.

Por otro lado, merece señalar que, dentro de la tesis de la intransmisibilidad, el argumento del carácter personalísimo del derecho al resarcimiento ha ido paulatinamente perdiendo un cierto peso, especialmente a partir de los planteamientos *iuspublicistas* de DE LA OLIVA. Efectivamente, en los últimos tiempos el argumento del «sentido institucional» de la responsabilidad patrimonial ha venido cobrando una mayor atención como basamento en el que sostener la tesis de la intransmisibilidad lo cual ha

---

la identidad y demás factores personales de quien ostenta el derecho. Por contra, (...) [señala que, en la responsabilidad patrimonial] se trata del derecho a la reparación de los daños y perjuicios sufridos por culpa de otro quien viene obligado a repararlos en función de su cuantía con independencia de quien sea la persona perjudicada, cuyo patrimonio se ha visto afectado por ese daño reparable que influye también en la cuantía del caudal hereditario que deje a su muerte, caudal del que forman parte los derechos nacidos y no ejercitados por ella al morir» (FJ 4). Como sostiene BOIX, esta sentencia pone de manifiesto que el meollo de la cuestión no es otro que el daño causado no quede sin la debida reparación. Una afirmación que, indudablemente, se entrelaza con el argumento de la función resarcitoria y la negativa de la tesis del enriquecimiento injusto, expuesto en el punto anterior.

tenido como resultado la irrupción de un debate paralelo, esto es, si la responsabilidad patrimonial debe emplear categorías propias del Derecho privado o si, por el contrario, debe limitarse a utilizar fundamentos propios del Derecho público.

VI. POSTULACIÓN

La postulación se define como la capacidad para realizar actos procesales válidamente. Con carácter general estas actuaciones se atribuyen a un abogado y a un procurador.

1) Órganos unipersonales

El artículo 23 1 LJCA determina que para la formulación de recurso contencioso-administrativo ante órgano jurisdiccional unipersonal, las partes pueden conferir su representación a un procurador y, en todo caso, serán asistidas, por Abogado.

Por su parte, de acuerdo con el art. 24 LJCA, el Estado, las CCAA y los Entes locales ejercerán su representación y defensa a través de los Abogados del Estado, o los Letrados de los respectivos servicios jurídicos autonómicos o local. En idéntico sentido se pronuncia el art. 551 de la Ley Orgánica 6/1985, de 1 de julio, del Poder Judicial.

Conviene precisar respecto los casos en los que se vaya a actuar en el órgano unipersonal únicamente mediante abogado que ejerce la defensa del interesado, es necesario que exprese de forma clara, que asume también la representación[149].

---

[149] La STS 1414/2020, de 29 de octubre, de la Sala de lo Contencioso-administrativo (núm. rec. 4264/2019 y [*Tol 8209419*]) dispuso que «quien ostenta el derecho de acceso a la jurisdicción, como manifestación del derecho a la tutela judicial efectiva, es el propio interesado que es el legitimado para iniciar el proceso (art. 19 LJCA). En este caso no consta su voluntad de interponer el recurso contencioso administrativo contra la resolución que acordó la devolución a su país de origen ya que la demanda aparece firmada sólo por el letrado. En estas circunstancias era necesario que dicho letrado acreditara la representación que se arrogaba (art. 45.2.a/ LJCA) en cualquiera de las formas establecidas en las leyes procesales (art. 24 LEC) ya que "es difícilmente rebatible la tesis de que para actuar en nombre de otro en un proceso resulta imprescindible el consentimiento expreso e inequívoco del representado, consentimiento habitualmente conferido a través del ins-

2) Órganos colegiados

Por otro lado, el art. 23.2 LJCA exige que, para las actuaciones de las partes ante órganos colegiados, se deberá conferir su representación a un procurador y ser asistidas por abogado. Misma previsión que para los órganos unipersonales para la representación y defensa de la Administración opera para los litigios ante órganos jurisdiccionales colegiados.

En todo caso, es necesario resaltar que, de conformidad con los artículos 45.3, 56.2, 59.1 y 138.1 LJCA, cabe la subsanación de la representación del procurador —cuando es obligatorio— y defensa/representación del abogado o sólo defensa en el plazo de 10 días.

VII. EL ACCESO A LA HISTORIA CLÍNICA DE LOS PACIENTES

La asistencia sanitaria se caracteriza, entre otros aspectos, por su relevante dimensión informativa. Efectivamente, la asistencia sanitaria constituye una actividad que se basa en buena medida en los datos procedentes del paciente, los cuales pueden ser de diversa índole. Así, encontramos datos tales como, por ejemplo, el nombre y apellidos del paciente, su dirección, teléfono, DNI o número de tarjeta sanitaria. Estos datos tienen la consideración de datos «datos personales», de acuerdo con el Reglamento (UE) 2016/679 del Parlamento Europeo y del Consejo, de 27 de abril, relativo a la protección de las personas físicas en lo que respecta al tratamiento de datos personales y a la libre circulación de estos datos y por el que se deroga la Directiva 95/ 46/ CE. En adelante nos referiremos a él como el Reglamento General de Protección de datos o RGPD[150].

También forman parte de la información relativa al paciente otros datos como, por ejemplo, los relacionados con su estado de salud, pruebas diagnósticas, medicamentos administrados, antecedentes familiares, interven-

---

trumento del poder notarial (ATC 276/2001, de 29 de octubre, FJ 3) o del poder apud acta (STC 205/2001, de 15 de octubre, FJ 5)" (ATC 296/2006)» (FJ 4).

150 Son «datos personales», «toda información sobre una persona física identificada o identificable ("el interesado"); se considerará persona física identificable toda persona cuya identidad pueda determinarse, directa o indirectamente, en particular mediante un identificador, como por ejemplo un nombre, un número de identificación, datos de localización, un identificador en línea o uno o varios elementos propios de la identidad física, fisiológica, genética, psíquica, económica, cultural o social de dicha persona» (art. 3 RGPD).

ciones o cirugías. Datos que, por lo demás, suelen incluirse en documentos de diversa índole, como, entre otros, los informes médicos o las hojas de anamnesis. Pues bien, esta información, a efectos del RGPD[151], son «datos relativos a la salud».

Los datos personales y relativos a la salud citada constituyen la «historia clínica». Ésta se define como «el conjunto de documentos que contienen los datos, valoraciones e informaciones de cualquier índole sobre la situación y la evolución clínica de un paciente a lo largo del proceso asistencial» (art. 3 de la Ley 41/2002, de 14 de noviembre, básica reguladora de la autonomía del paciente y de derechos y obligaciones en materia de información y documentación clínica (LAP). A mayor abundamiento, siguiendo la categorización establecida por el RGPD la historia clínica tiene la condición de datos «especiales»[152].

Desde un punto de vista médico-legal y deontológico, la historia clínica adquiere una dimensión especial pues: por una parte afecta de un modo innegable a núcleos esenciales de la personalidad del paciente, además de ser una información «residenciable en buena medida en el derecho fundamental a la intimidad de las personas», reconocido expresamente en el art. 18 CE[153]; y, por otra parte, constituye «el documento donde se refleja no sólo la práctica médica o acto médico, sino también el cumplimiento de algunos de los principales deberes del personal sanitario respecto al paciente y que la legislación contempla: deber de asistencia, deber de información, existencia o no del consentimiento informado, etc.»[154]. Ciertamente, esta

---

151 Son «datos relativos a la salud», los «datos personales relativos a la salud física o mental de una persona física, incluida la prestación de servicios de atención sanitaria, que revelen información sobre su estado de salud» (art. 3 RGPD). El TJUE interpreta dicho concepto en un sentido amplio e incluye dentro de los datos relativos a la salud, por ejemplo, la información vinculada a todos los aspectos, tanto físicos como psíquicos, de la salud de una persona, ya se refiera a su estado de salud —*v.gr.* que se ha lesionado un pie— ya esté ligada con una situación con la Administración derivada de la salud, como que el paciente se encuentra en una situación de baja parcial (*cfr.* STJUE *Lindqvist* de 6 de noviembre de 2003, as. C-101/01 y [*Tol 317269*]).

152 Art. 9.1 LAP.

153 ÁLVAREZ CIENFUEGOS SUÁREZ, José María (2001): «La confidencialidad de los datos relativos a la salud», en MARTÍNEZ-CALCERRADA, Luis y DE LORENZO y MONTERO, Ricardo (dirs): *Derecho Médico. Tratado de Derecho Sanitario*, Colex, La Coruña, tomo I, pág. 33.

154 SARRATO MARTÍNEZ, Luis (2009): «El régimen legal de acceso a la historia clínica y sus garantías», *Revista Jurídica de Castilla y León*, núm. 17, pág. 181.

especial dimensión hace que los datos relativos a la salud de los pacientes, como es la historia clínica, «merezcan la calificación de datos sensibles, sujetos a una inherente confidencialidad en su obtención, conservación y en su cesión». Igualmente, «el consentimiento del afectado, del paciente, constituye, en muchas ocasiones, una condición previa de legitimidad para la actuación del médico y de las Administraciones Sanitarias»[155].

En el marco del procedimiento de responsabilidad patrimonial sanitaria, la historia clínica adquiere una particular significación, puesto que constituye, junto con los informes médicos y periciales aportados al expediente, uno de los principales documentos probatorios de que disponen tanto la Administración como los interesados a efectos de examinar si la actuación asistencial que se dispensó al paciente se acomodó o no a la *lex artis ad hoc.* Precisamente, en este contexto, merece una especial atención el régimen legal de acceso a la historia clínica pues el mismo puede afectar a diversos sujetos, tal y como se expondrá a continuación. De ahí que, en la práctica, convenga abordar este particular régimen jurídico distinguiendo dentro del mismo en función de si quien accede a la historia clínica es el propio paciente, un tercero, el personal sanitario o una compañía aseguradora. Pasemos a analizar cada uno de ellos.

1) Paciente-reclamante

El principal sujeto interesado en acceder a su historia clínica es el propio paciente. Por ello art. 18.1 LAP, reconoce que «el paciente tiene el derecho de acceso, (…) a la documentación de la historia clínica y a obtener copia de los datos que figuran en ella». Por su parte, el art. 18.3 LAP añade que «el derecho al acceso del paciente a la documentación de la historia clínica no puede ejercitarse en perjuicio del derecho de terceras personas a la confidencialidad de los datos que constan en ella recogidos en interés terapéutico del paciente, ni en perjuicio del derecho de los profesionales participantes en su elaboración, los cuales pueden oponer al derecho de acceso la reserva de sus anotaciones subjetivas».

Una cuestión que ha suscitado cierta controversia entre la doctrina es la relativa a si el paciente puede obtener o no copia de la misma. Dicho en otras palabras, se ha discutido acerca de quien ostenta la propiedad de la historia clínica: para algunos, ésta es propiedad del paciente; para otros, del facultativo, por ser este el autor material de la misma. Actualmente,

---

155 *Idem.*

esta cuestión no suscita relevancia alguna pues, desde una perspectiva eminentemente práctica, lo significativo es quién puede acceder a la misma. Es más, ni tan siquiera la propia LAP se refiere a la historia clínica en términos de «propiedad». Por consiguiente, no hay duda alguna de que el derecho de acceso a la historia clínica por parte del paciente incluye el derecho a obtener una copia de ella[156]. A este respecto, corresponderá a cada centro establecer la forma concreta en que se facilite dicha copia, de acuerdo con lo dispuesto en el art. 16.2 LAP.

2) *Terceros*

Más allá del supuesto comentado anteriormente en el que paciente accede a historia clínica, existen otros casos en los cuales otros sujetos también pueden acceder a la misma. Así, el art. 5.1 LAP señala que «el titular del derecho a la información es el paciente» y que, además de él, «serán informadas las personas vinculadas a él, por razones familiares o de hecho, en la medida que el paciente lo permita de manera expresa o tácita». No obstante, desde la perspectiva propia del procedimiento de responsabilidad patrimonial cabe diferenciar varios sujetos que pueden verse involucrados en el acceso a la historia clínica.

A. Representante

No es inusual que el acceso a la historia clínica se realice por el representante del interesado, las más de las veces un abogado en ejercicio. En efecto, si bien es cierto que en sede administrativa la actuación por medio de letrado no es obligatoria, no lo es menos que, en la práctica, buena parte de las reclamaciones de responsabilidad patrimonial sanitaria son presentadas por abogados o con su asistencia.

Pues bien, en estos casos, el representante también estará legitimado para acceder a la historia clínica de su representado, tal y como expresamente dispone el art. 18.2 LAP. Pero, para ello, deberá de acreditarse debidamente la representación, de acuerdo con lo dispuesto en el art. 5 LPAC.

---

156 SARRATO MARTÍNEZ, Luis (2009): «El régimen legal de acceso a la historia clínica y sus garantías», *op. cit.* pág. 186.

B. Familiares o allegados

Otro supuesto común en las reclamaciones de responsabilidad patrimonial sanitaria es el ejercicio de la acción resarcitoria con motivo del fallecimiento de un familiar o allegado. En estos casos, cabe plantearse si quienes accionan están legitimados para acceder a la historia clínica del fallecido.

Esta cuestión tampoco plantea dudas pues, de acuerdo con el tenor literal del art. 18.4 LAP, «los centros sanitarios y los facultativos de ejercicio individual sólo facilitarán el acceso a la historia clínica de los pacientes fallecidos a las personas vinculadas a él, por razones familiares o de hecho, salvo que el fallecido lo hubiese prohibido expresamente y así se acredite».

Para el supuesto de que el fallecido sea un menor de edad o una persona con discapacidad, no sólo estarán legitimados sus padres, sino también el ministerio fiscal, tal y como establece el art. 3.3 de la de la Ley Orgánica 3/2018, de 5 de diciembre, de protección de datos personales y garantía de los derechos digitales (LOPD).

En el caso de las personas con discapacidad, también «por quienes hubiesen sido designados para el ejercicio de funciones de apoyo, si tales facultades se entendieran comprendidas en las medidas de apoyo prestadas por el designado». A este respecto, deberá tenerse en cuenta también lo dispuesto en el art. 3.2 de la Ley Orgánica 1/1982, de 5 de mayo, de protección civil al derecho al honor, intimidad personal y familiar y a la propia imagen, según el cual, el representante legal está obligado a enviar al ministerio fiscal con 8 días de antelación su pretensión de solicitar el historial clínico del incapaz[157].

C. Padres

En tercer lugar, cabe preguntarse si pueden los padres que ostentan la patria potestad acceder a la historia clínica de sus hijos menores de 14 años. La respuesta la aporta, el art. 12.6 LOPD que expresa que éstos «podrán ejercitar en nombre y representación de los menores de catorce años los derechos de acceso, rectificación, cancelación, oposición o cualesquiera otros que pudieran corresponderles». ¿Y respecto de los hijos con edades entre 14 y 18 años? En cuanto a los menores de entre 14 y 18 años, los progenitores también tienen derecho a acceder a la historia clínica de

157 *Ibidem* pág. 191.

sus hijos, en virtud del art. 154 CC[158]. No obstante, en este último caso, el menor también podría ejercer su derecho a acceder a su Historia clínica, si bien este ejercicio no puede entenderse como limitación al derecho de los titulares de la patria potestad del menor no emancipado a acceder a la misma[159].

3) Personal sanitario

Junto con el propio paciente, otro de los sujetos que también puede acceder a la historia clínica son los profesionales sanitarios. Así, el art. 16.1 LAP dispone que «la historia clínica es un instrumento destinado fundamentalmente a garantizar una asistencia adecuada al paciente». Por ello, «los profesionales asistenciales del centro que realizan el diagnóstico o el tratamiento del paciente tienen acceso a la historia clínica de éste como instrumento fundamental para su adecuada asistencia». Y, acto seguido añade en su ap. 2 que «cada centro establecerá los métodos que posibiliten en todo momento el acceso a la historia clínica de cada paciente por los profesionales que le asisten». A este respecto, también deben tenerse en cuenta, por su relevancia en materia de conservación de la documentación clínica, el art. 17.1. 4 y 5 LAP[160].

---

158 El art. 154 CC dispone que «los hijos no emancipados están bajo la potestad del padre y de la madre». A ello añade que «la patria potestad se ejercerá siempre en beneficio de los hijos, de acuerdo con su personalidad, y comprende los siguientes deberes y facultades (…) [:] velar por ellos, tenerlos en su compañía, alimentarlos, educarlos y procurarles una formación integral».

159 Sobre el acceso a la historia clínica de los menores conviene traer a colación el Informe 339/2015 de la AEPD en el cual se formula consulta relativa a si puede denegarse el acceso a la historia clínica de los menores entre 16 y 18 años a los padres que ostentan la patria potestad. A este respecto, la AEPD responde expresamente lo siguiente: «No podrá oponerse a ese acceso la mera oposición del menor salvo que así lo reconociera una norma con rango de Ley». Igualmente, el citado informe señala: que «el consentimiento para el tratamiento de los datos de los menores de edad en las historias clínicas queda supeditado a lo dispuesto en el artículo 9.3 c) de la Ley 41/2002»; que «el menor de edad mayor de catorce años podrá, en general, ejercitar por sí solo el derecho de acceso a la historia clínica»; y que «los titulares de la patria potestad podrán también acceder a los datos del menor de edad sujeto a aquélla mientras esa situación persista, para el cumplimiento de las obligaciones previstas en el Código Civil».

160 Según el art. 17.1 LAP, «los centros sanitarios tienen la obligación de conservar la documentación clínica en condiciones que garanticen su correcto mantenimiento y seguridad, aunque no necesariamente en el soporte original, para la

Desde una perspectiva deontológica, el acceso a la historia clínica también es abordada por los profesionales sanitarios. Así, el cap. IV del Código de Deontología Médica, en su edición de 2022, aborda, entre otras cuestiones, el acceso a la historia clínica[161].

Queda claro, pues, que el acceso a la Historia clínica por parte del personal sanitario reviste una clara función asistencial. Así se deduce, adicionalmente, se deduce del contenido de los arts. 15.2 y 16.1, 3 y 5 LAP.

Ahora bien, teniendo en cuenta dicha función asistencial que caracteriza a la historia clínica y lo dispuesto en el art. 9.1 RGPD[162], nos planteamos si pueden los profesionales sanitarios acceder a la historia clínica de los

---

debida asistencia al paciente durante el tiempo adecuado a cada caso y, como mínimo, cinco años contados desde la fecha del alta de cada proceso asistencial». De acuerdo con el art. 17.4 LAP, «la gestión de la historia clínica por los centros con pacientes hospitalizados, o por los que atiendan a un número suficiente de pacientes bajo cualquier otra modalidad asistencial, según el criterio de los servicios de salud, se realizará a través de la unidad de admisión y documentación clínica, encargada de integrar en un solo archivo las historias clínicas. La custodia de dichas historias clínicas estará bajo la responsabilidad de la dirección del centro sanitario». Para el art. 17.5 LAP, «los profesionales sanitarios que desarrollen su actividad de manera individual son responsables de la gestión y de la custodia de la documentación asistencial que generen».

161 El art. 14 del Código de Deontología Médica afirma lo siguiente: «El médico solo debe acceder y utilizar la historia clínica por motivos estrictamente profesionales y debidamente justificados, ya sean asistenciales, científicos, estadísticos, docentes, periciales o de investigación, debiendo cumplir en cada caso los requisitos establecidos previstos y observando rigurosamente el principio de vinculación asistencial. Respetará la confidencialidad de los datos del paciente» (ap. 2); «El médico tiene el deber de facilitar al paciente que lo solicite, o a quienes este autorice, la información contenida en su historia clínica. En el caso de menores de 16 años, sus representantes tienen derecho a solicitar acceder a la historia clínica. Entre 16 y 18 años, los menores tienen derecho al secreto, incluso ante sus padres, y el médico debe respetarlo a no ser que se trate de una situación de riesgo grave» (ap. 5); y «Es obligación del médico proteger los datos contenidos en las historias clínicas de los fallecidos y solo debe permitir su acceso en casos debidamente justificados y mientras no haya habido disposición expresa en contra por parte del fallecido» (ap. 7).

162 De acuerdo con el art. 9.1 RGPD, «quedan prohibidos el tratamiento de datos personales que revelen el origen étnico o racial, las opiniones políticas, las convicciones religiosas o filosóficas, o la afiliación sindical, y el tratamiento de datos genéticos, datos biométricos dirigidos a identificar de manera unívoca a una persona física, datos relativos a la salud o datos relativos a la vida sexual o las orientaciones sexuales de una persona física».

pacientes para fines relacionados con la defensa en el marco de una acción de responsabilidad patrimonial

Para responder a esta cuestión resulta pertinente traer a colación el Informe 98/2020 de la Agencia Española de Protección de Datos (AEPD), ya que en el mismo se tratan distintas cuestiones que en la práctica se suscitan en materia de acceso a la Historia clínica por parte de los profesionales sanitarios[163].

Así, en relación con la solicitud de acceso por parte del personal sanitario a la historia clínica de los pacientes a los que prestaron asistencia sanitaria, con la finalidad de preparar su defensa jurídica, tanto frente a una reclamación como frente al inicio de un procedimiento judicial, se afirma lo siguiente:

> «*Las reclamaciones extrajudiciales a las que se refiere el artículo 9.2 f) RGPD, en relación con el uso de la historia clínica, deben tener origen directo en el proceso asistencial entre el paciente y el facultativo. Es decir, el objeto de la reclamación debe referirse a una o unas asistencias que haya prestado el profesional, y las partes de la reclamación, serán de un lado, el paciente y de otro el médico (sin perjuicio de los representantes legales de cada uno o de las compañías aseguradoras con las que el profesional asegure su responsabilidad civil). Quiere decir esto que no podría utilizarse la información de la historia clínica para las reclamaciones extrajudiciales por convenir a los intereses de un tercero ajeno a la relación asistencial. O incluso siendo partes de la relación asistencial, cuando la reclamación no verse sobre acontecimientos derivados de la misma*».

No obstante, a lo anterior añade la AEPD:

> «*Sólo en el caso de que se ofrezcan suficientes garantías para el cumplimiento de los principios del tratamiento previstos en el artículo 5 del RGPD se podrá utilizar el supuesto previsto en el artículo 9.2 f) del RGPD para el ejercicio de reclamaciones extrajudiciales*».

4) Compañías de seguros

Otra de las cuestiones sobre la que también se manifiesta el citado Informe 98/2020 es la relativa al acceso a la historia clínica para comunicarla a la compañía aseguradora con la finalidad de analizar la responsabilidad civil del profesional, y en su caso, proceder al abono de la indemnización.

---

163 Este informe se pronuncia sobre una consulta relativa al personal sanitario (laboral y mercantil) de un hospital privado, no obstante, parece razonable extender dicho razonamiento también al personal integrante de un hospital público.

A este respecto, la AEPD concluye que «la comunicación de los datos de salud de los pacientes-reclamantes por parte del Hospital a la compañía aseguradora, está exceptuada de la prohibición general de tratamiento al amparo del apartado 2 del artículo 9 RGPD letra f) por las obligaciones derivadas de la LCS [Ley 50/1980, de 8 de octubre, de contrato de seguro] y LOSSEAR [Ley 20/2015, de 14 de julio, de ordenación, supervisión y solvencia de las entidades aseguradoras y reaseguradoras], y en las letras g) h) e i) del RGPD por lo dispuesto en el artículo 9.2 y en la Disposición Adicional Decimoséptima LOPDGDD» [Ley Orgánica 3/2018, de 5 de diciembre, de protección de datos personales y garantía de los derechos digitales]».

Por consiguiente, «la compañía aseguradora podrá acceder a los datos de salud y que dicho acceso pasa por que se los entregue el Hospital». Eso sí, «éste podrá acceder únicamente a los efectos de realizar la comunicación de la información a la aseguradora, en tanto que es al Hospital a quién le incumbe la custodia y gestión de la historia clínica y por tanto la materialización del acceso, y no para tenerlos por entender que los podrá necesitar para otra finalidad». En cualquier caso, dicho acceso también deberá de cumplir las suficientes garantías, tal y como se ha indicado anteriormente respecto al personal sanitario.

En último lugar, otra cuestión sobre la cual también se pronuncia la AEPD en el mencionado informe tiene que ver la acción directa del art. 76 LCSP a que se refieren ORTILLÉS, ALONSO, GÓMEZ ZAMORA y SOLER en el cap. 29 del tratado (págs. 2118 a 2120). Para la AEPD, con motivo del ejercicio de la acción directa del art. 76 LCS contra la aseguradora, la aseguradora del hospital o del facultativo puede acceder a la historia clínica de los pacientes a los que prestó asistencia sanitaria su asegurado (médico u hospital) porque el paciente se éste se dirige directamente frente a aquélla. La AEPD responde afirmativamente, pues el acceso «resulta conforme a los artículos 9.2 f) y h) y 6 apartado 1 letras c) y f) del RGPD siempre y cuando se cumplan los restantes principios y obligaciones que recoge el citado RGPD. A ello añade que «en la medida en que el acceso de la compañía aseguradora pasa porque el Hospital acceda a la información para proporcionársela, debe indicarse que para otra finalidad deberá analizarse las bases jurídicas que específicamente pudieran legitimar dicho tratamiento».

Bibliografía

ÁLVAREZ-CIENFUEGOS SUÁREZ, José María (2001): «La confidencialidad de los datos relativos a la salud», en MARTÍNEZ-CALCERRADA, Luis y DE LORENZO y MONTERO, Ricardo (dirs): *Derecho Médico. Tratado de Derecho Sanitario,* Colex, La Coruña, tomo I

BLANQUER CRIADO, David (1997): *La responsabilidad patrimonial de las Administraciones Públicas. Ponencia Especial de Estudios del Consejo de Estado,* Instituto Nacional de Administración Pública, Madrid

BOIX MAÑÓ, Patricia (2019): «La acción indemnizatoria por daños no patrimoniales: una posición a favor de su transmisión mortis causa», en BAUZÁ MARTORELL, Felio José (dir.), *Doctrina consultiva: a propósito del 25 aniversario del Consejo Consultivo de las Illes Balears,* Wolters Kluwer, Madrid

CABREROS DE ANTA, Marcelino (1954): «El Derecho de representación», *Salmanticensis,* vol. I, núm. 1

CANO CAMPOS, Tomás (2013): «La transmisión mortis causa del derecho a ser indemnizado por los daños no patrimoniales causados por la Administración», *Revista Administrativa Pública,* núm. 191

DE CASTRO y BRAVO, Federico (1952): *Derecho civil de España,* Instituto de Estudios Políticos, Madrid, tomo. 2

DE LA OLIVA SANTOS, Andrés (2016): «Transmisibilidad o intransmisibilidad del derecho a ser indemnizado por la Administración Pública en razón de daños causados por el funcionamiento de servicios públicos (reflexiones sobre la naturaleza de ese derecho y una propuesta», en BAÑO LEÓN, José María (coord.), *Memorial para la reforma del Estado,* Centro de Estudios políticos y Constitucionales, Madrid

DOMÉNECH PASCUAL, Gabriel (2022): «Responsabilidad patrimonial de las Administraciones Públicas por daños causados en situaciones de emergencia», *Revista General de Derecho Administrativo,* núm. 61.

FORSTHOFF, Ernst (1938): *Die Verwaltung als Leistungstrager,* Königsberger Rechtswissenschaftliche Forschungen, Stuttgart

GONZÁLEZ PÉREZ, Jesús (2000): *Responsabilidad patrimonial de las Administraciones Públicas,* Civitas, Madrid (2ª ed.)

MANENT ALONSO, Luis (2016): «clases de iniciación del procedimiento», en RECUERDA GIRELA, Miguel Ángel (dir.), *Régimen jurídico del sector público y procedimiento administrativo común,* Aranzadi, Cizur Menor (Navarra)

MANENT ALONSO, Luis, TAJUELO CASTILLA, Alicia y ZAMORA ZARAGOZA, Francisco Javier (2021): «Responsabilidad patrimonial en el ámbito de los servicios sociales», en DE LA CRUZ LÓPEZ, Pablo y MOLL FERNÁNDEZ-FIGARES, Luis (dirs.): *Responsabilidad patrimonial y COVID-19 en los distintos sectores de la actividad,* Lefebre, Madrid

MARTÍN-RETORTILLO BAQUER, Lorenzo (1962): «La configuración jurídica de la Administración Pública y el concepto de Daseinsvosorge», *Revista de Administración Pública,* núm. 38

MEDINA CRESPO, Mariano (2011): «La ambigüedad de la jurisprudencia civil sobre la reparación íntegra y vertebrada», *Revista de la Asociación Española de Abogados Especializados en Responsabilidad Civil y Seguro,* núm. 40

OLMOS ORTEGA, María Elena (2005): «Derecho canónico y formación del jurista», *Ius Canonicum*, vol. 45, núm. 90

REBOLLO PUIG, Manuel (2011): «Capacidad, representación y legitimación del reclamante en el procedimiento administrativo de responsabilidad patrimonial», *Revista española de la función consultiva*, núm. 16

RIVERO Jean (1953): «Existe-t-il un critère du droitadministratif?», *Revue du droitpublic et de la sciencepolitique en France et à l'étranger*, año 59

SARRATO MARTÍNEZ, Luis (2009): «El régimen legal de acceso a la historia clínica y sus garantías», *Revista Jurídica de Castilla y León*, núm. 17

Jurisprudencia

SAN (Contencioso) de 11 de marzo de 2022 (núm. rec. 1416/2019 y [*Tol 8889065*])
SJCA núm. 3 de Alicante 5/2022, de 13 de enero (núm. rec. 3/2021 y [*Tol 8736846*])
STJUE *Lindqvist* de 6 de noviembre de 2003 (as. C-101/01 y [*Tol 317269*])
STS (Civil) 910/1999, de 4 de noviembre (núm. rec. 428/1995 y [*Tol 5120631*])
STS (Civil) 629/2002, de 19 de junio (núm. rec. 8/1997 y [*Tol 4975760*])
STS (Civil) 636/2003, de 19 de junio (núm. rec. 3375/1997 y [*Tol 4926599*])
STS (Civil) 535/2012, de 13 de septiembre (núm. rec. 2019/2009 y [*Tol 2695691*])
STS (Civil) 553/2015, de 14 de octubre (núm. rec. 257/2014 y [*Tol 5534898*])
STS (Civil) 716/2015, de 16 de mayo (núm. rec. 2577/2014 y [*Tol 5605667*])
STS (Civil) 801/2016, de 27 de julio (núm. rec. 4466/1999 y [*Tol 1014528*])
STS (Civil) 298/2017, de 16 de mayo (núm. rec. 2759/2016 y [*Tol 6113490*])
STS (Civil) 118/2020, de 19 de febrero (núm. rec. 3904/2019 y [*Tol 7789979*])
STS (Civil) 141/2021, de 15 de marzo (núm. rec. 1235/2018 y [*Tol 8356571*])
STS (Civil) 589/2021, de 8 de septiembre (núm. rec. 4187/2019 y [*Tol 8585229*])
STS (Contencioso) de 14 de octubre de 2003 (núm. rec. 1058/199 y [*Tol 325230*])
STS (Contencioso) de 6 de julio de 2004 (núm. rec. 7002/2000 y [*Tol 502409*])
STS (Contencioso) de 20 de septiembre de 2005 (núm. rec. y [*Tol 726539*])
STS (Contencioso) de 21 de enero de 2011 (núm. rec. 238/2010 y [*Tol 2036713*])
STS (Contencioso) de 15 de abril de 2013 (núm. rec. 638/2012 y [*Tol 3539877*])
STS (Contencioso) 337/2018, de 5 de marzo (núm. rec. 3170/2016 y [*Tol 6538313*])
STS (Contencioso) 264/2020, de 18 de noviembre (núm. rec. 1239/2021 y [*Tol 8623429*])
STS (Contencioso) 1414/2020, de 29 de octubre (núm. rec. 4264/2019 y [*Tol 8209419*])
STS (Social) 779/2018, de 18 de julio (núm. rec. 1064/2017 y [*Tol 6827862*])
STSJ de Andalucía (Contencioso) 861/2017, de 6 de octubre (núm. rec. 402/2016 y [*Tol 6653755*])
STSJ de Canarias (Contencioso) 777/2005, de 30 de diciembre (núm. rec. 1704/2000 y [*Tol 830341*])
STSJ de Castilla-La Mancha 211/2019, de 16 de julio (núm. rec. 195/2019 y [*Tol 7537121*])
STSJ de la Comunidad Valenciana (Contencioso) 312/2004, de 1 de abril (núm. rec. 109/2003)
STSJ de la Comunidad Valenciana (Contencioso) 293/2022, de 1 de septiembre (núm. rec. 69/2022 y [*Tol 9249826*])

STSJ de Madrid (Contencioso) 205/2011, de 15 de marzo (núm. rec. 856/2009 y [*Tol 2176450*])
STSJ de Madrid (Contencioso) 429/2014, de 6 de junio (núm. rec. 595/2011 y [*Tol 4516251*])
STSJ de Madrid 112/2015, de 19 de febrero (núm. rec. 1251/2012 y [*Tol 4776899*])
STSJ de Madrid 474/2022, de 10 de julio (núm. rec. 626/2021 y [*Tol 91722685*])
STSJ de Madrid (Contencioso) 896/2022, de 31 de octubre (núm. rec. 603/2021 y [*Tol 9300653*])

Doctrina legal

DCCAnd 26/1996, de 24 de febrero
DCCAnd 167/2024, de 22 de febrero
DCCAst 221/2018, de 11 de octubre
DCCAst 262/2023, de 13 de diciembre
DCCCan 360/2019, de 10 de octubre
DCCCan 408/2022, de 27 de octubre
DCCCan 393/2023, de 5 de octubre
DCCGal 535/2009, de 23 de diciembre
DCCCyL 127/2022, de 27 de abril
DCCC-M 42/2021, de 11 de febrero
DCCC-M 382/2020, de 12 de noviembre
DCCC-M 169/2023, de 29 de junio
DCCMad 15/2011, de 26 de enero
DCCMad 39/2011, de 16 de febrero
DCCMad 89/2011, de 16 de marzo
DCCMad 148/2011, de 13 de abril
DCCMad 641/2011, de 16 de noviembre
DCCMad 643/2011, de 16 de noviembre
DCCMad 656/2011, de 23 de noviembre
DCCMad 250/2012, de 25 de abril
DCCMad 353/2012, de 6 de junio
DCCMad 308/2012, de 16 de mayo
DCCRioja 50/2013, de 19 de septiembre
DCdE de 20 de junio de 2002 (núm. exp. 535/2002)
DCdE de 14 de julio de 2007 (núm. exp. 2445/2007)
DCdE de 20 de diciembre de 2018 (núm. exp. 942/2018)
DCdE de 3 de octubre de 2019 (núm. exp. 643/2019)
DCJACat 226/2022, de 23 de junio
DCJAMad 34/2017, de 26 de enero
DCJAMad 554/2019, de 19 de diciembre
DCJAMad 47/2023, de 2 de febrero
DCJAMad 194/2023, de 20 de abril
DCJAMad 213/2023, de 27 de abril
DCJAMad 537/2023, de 1 de diciembre
DCJAMad 372/2023, de 23 de junio
DCJAMad 537/2023, de 1 de diciembre

DCJAMad 653/2023, de 5 de diciembre
DCJAMad 663/2023, de 14 de diciembre
DCJAMad 372/2023, de 13 de julio
DCJCVal 235/2014, de 17 de abril
DCJCVal 32/2016, de 4 de febrero
DCJCVal 117/2013, de 7 de marzo
DCJCVal 244/2018, de 28 de abril
DCJCVal 451/2018, de 4 de julio
DCJCVal 372/2023, de 10 de mayo
DCJCVal 465/2023, de 7 de junio
DCJCVal 599/2023, de 26 de julio
DCJCVal 663/2023, de 14 de noviembre
DCJCVal 759/2023, de 2 de noviembre
DCJCVal 136/2024, de 28 de febrero
DCJCVal 150/2024, de 6 de marzo
DCJCVal 167/2024, de 13 de marzo
DCJCVal 235/2024, de 17 de abril
DCJCVal 465/2024, de 7 de junio
DCJMur 130/2023, de 12 de mayo

Capítulo 5

La Administración Sanitaria y otras personas responsables (I)

David Blanquer Criado

Letrado Mayor del Consejo de Estado

Catedrático de Derecho Administrativo de la Universidad Jaime I de Castellón

I. LA IMPUTACIÓN SUBJETIVA DEL RESULTADO LESIVO: LAS ADMINISTRACIONES CON COMPETENCIAS EN MATERIA DE SANIDAD

«Responder» es dar respuesta o asumir las consecuencias de lo que uno hace; «responder» es dar la cara y hacer frente a las resultas de la propia actuación; es decir, rendir cuentas (porque lo que no son «cuentas» económicas son fábulas o «cuentos» chinos). Según el Diccionario de la Real Academia Española, una de las acepciones de la palabra responsabilidad es la *"capacidad existente en todo sujeto activo de derecho para reconocer y aceptar las consecuencias de un hecho realizado libremente"*; otra acepción de esa misma palabra es: *"deuda, obligación de reparar y satisfacer, por sí o por otra persona, a consecuencia de un delito, de una culpa o de otra causa legal"*.

La declaración de la responsabilidad patrimonial exige que las consecuencias económicas del resultado lesivo se atribuyan o imputen a la Administración pública como persona jurídica que es; además es necesario que el daño no tenga un origen externo, al haber sido causado por una causa de fuerza mayor de carácter inevitable. Dejando al margen lo relativo a la eventual concurrencia de una causa de fuerza mayor (circunstancia que orilla la atribución del resultado lesivo), la problemática jurídica de la imputación de la responsabilidad se bifurca en dos frentes o escenarios distintos (subjetivo y objetivo), cada uno de los cuales genera sus propios interrogantes y las correspondientes contestaciones.

i. por un lado, las preguntas sobre la «imputación subjetiva»: ¿a quién se atribuye la responsabilidad?, ¿sólo a la persona jurídica?; ¿y a la persona física que es titular del órgano administrativo?; ¿se puede exigir directamente la responsabilidad de las autoridades o empleados públicos?; ¿hay que depurar primero la responsabilidad de la persona jurídica?

ii. por otro lado, las preguntas sobre la «imputación objetiva»: ¿por qué razón fundada en Derecho se atribuye un resultado lesivo a una determinada persona?; ¿cuál es el título jurídico que justifica atribuir la responsabilidad a la Administración?, ¿únicamente la culpa o mal funcionamiento?; ¿y la creación de un riesgo?; ¿también la mala gestión de los riesgos creados por otros o los riesgos anónimos?; ¿y la imposición de un sacrificio especial e individualizado para obtener un beneficio general o colectivo?

Imputación subjetiva	Imputación objetiva
¿A quién?	**¿Por qué?**
¿A qué persona o sujeto se atribuye la responsabilidad?	**¿Cuál es el título jurídico que justifica atribuir la responsabilidad a una determinada persona?**

Desde la perspectiva subjetiva que aquí nos ocupa, la atención se focaliza en la búsqueda del sujeto o persona a quien hay que atribuir el hecho o la actividad que origina o causa el resultado lesivo al paciente que recibe una prestación sanitaria. En cierto sentido, se trata de identificar a quién corresponde la competencia para realizar una determinada actuación burocrática, o quién es el titular del servicio público que ha originado el daño (¿Administración estatal?; ¿Administración autonómica territorial?; ¿una personificación instrumental de la Administración autonómica?; ¿y la Administración local?)[1].

La mayoría de los servicios sanitarios son de prestación autonómica (artículo 148.1.21ª de la Constitución); en ocasiones se trata de personificaciones instrumentales creadas por las Comunidades Autónomas, otras veces el resultado lesivo es imputable a la propia Administración territorial autonómica o regional. Por otro lado, en el ámbito estatal no se puede ignorar las responsabilidades en que puede incurrir la «Agencia Española de Medicamentos y Productos Sanitarios», o en su caso el «Instituto Nacional de Gestión Sanitaria» (INGESA).

En la esfera local, los hospitales provinciales siguen teniendo un protagonismo relevante, sobre todo en el ámbito de la psiquiatría (como sucede con el Sanatorio Psiquiátrico Provincial Padre Jofré situado en Bétera, provincia de Valencia). Respecto al funcionamiento de esos establecimientos, conviene recordar aquí el asunto de «los novios de Granada» resuelto por la STS de 12 de marzo de 1975; también cabe mencionar aquí la STS de 10 de diciembre de 1987, referida al hospital psiquiátrico dependiente de la Diputación Provincial de Badajoz.

Aunque no todos, en la actualidad muchos hospitales provinciales han sido transferidos a las Comunidades Autónomas, incorporándose a su estructura organizativa. También hay otras fórmulas distintas, como la creación de un consorcio (baste mencionar aquí el «Consorcio para la gestión del hospital general universitario de Valencia» que inició su andadura el 1 de enero de 2002, y resulta de un convenio de colaboración entre la Diputación de Valencia y la Generalidad; el embrión originario de ese servicio es remoto, pues fue impulsado por fray Juan Gilabert Jofré en el año 1409). Con unos u otros matices, esa misma vestidura jurídica la encontramos también en el «Consorcio Hospitalario Provincial de Castellón», o en el «Consorcio de Salud y Social de Cataluña» (que agrupa a 2 Diputaciones Provinciales, 31 Ayuntamientos, 24 otras entidades del sector público local, 22 empresas públicas y consorcios de la misma naturaleza, y 31 entidades sin afán de lucro como algunas fundaciones).

Finalmente, en algunos ayuntamientos era tradicional la existencia de consultorios y dispensarios municipales[2], o se prestaban algunos servicios

---

1 Santiago MUÑOZ MACHADO, *La formación y la crisis de los servicios sanitarios públicos*, Alianza Editorial, Madrid 1995. Miriam CUETO PÉREZ, *Responsabilidad de la Administración en la asistencia sanitaria*, Editorial Tirant lo Blanch, Valencia 1997.

2 Artículo 8 de la Ley 8/2010, de 30 de agosto (de sanidad de Castilla y León).

sanitarios de atención domiciliaria. Ahora bien, la Ley 27/2013 (de racionalización y sostenibilidad de la Administración local), suprimió y dejó sin contenido al artículo 28 de la LBRL 7/1985[3], que incluía una habilitación expresa para la prestación de servicios sanitarios por los ayuntamientos. Por regla general, hoy en día los ayuntamientos tienen representación en algunos órganos colegiados de la Administración autonómica sanitaria, pero han quedado relegados al ejercicio de competencias de control en materia de «salud pública» (que como es sabido, es algo distinto a la «sanidad»)[4]. Dicho ello, conviene precisar que, aunque el ayuntamiento cuente con la asistencia de técnicos y profesionales dependientes de la Comunidad Autónoma para el desarrollo de esas tareas de salud pública, las responsabilidades que generen por su actuación son imputables a la corporación local[5].

En cualquier caso, la supresión del artículo 28 de la LBRL 7/1985 no equivale a prohibir de manera radical y absoluta la prestación de servicios sanitarios municipales; no está de más recordar aquí que *"cuando el desarrollo de las funciones sanitarias lo requiera, las entidades locales podrán disponer de personal y servicios sanitarios propios para el ejercicio de sus competencias, o recabar el apoyo técnico del personal y medios de las Áreas de Salud en cuya demarcación estén comprendidos, que se llevará a cabo según las normas establecidas por el Gobierno de Cantabria"* (artículo 60.5 de la Ley 7/2002, de 10 de diciembre, de sanidad de Cantabria). También cabe destacar que en el régimen de las haciendas locales sigue estando previsto el devengo de una tasa por *"asisten-*

---

[3] El originario artículo 28 de la Ley 7/1985, de 2 de abril (de bases de régimen local), estableció lo siguiente: *"Los Municipios pueden realizar actividades complementarias de las propias de otras Administraciones Públicas y, en particular, las relativas a la educación, la cultura, la promoción de la mujer, la vivienda, la sanidad y la protección del medio ambiente"*.

[4] Ver el artículo 6 de la Ley 10/2014, de 29 de diciembre (de salud de la Comunidad Valenciana); artículos 16 y 17 de la Ley 5/2014, de 26 de junio (de salud pública de Aragón); artículos 40 a 43 de la Ley 16/2011, de 23 de diciembre (de salud pública de Andalucía); artículos 52 y 53 de la Ley 18/2009, de 22 de octubre (de salud pública de Cataluña).

Téngase en cuenta también el artículo 8 de la Ley 8/2010, de 30 de agosto (de sanidad de Castilla y León), y el artículo 66 de la Ley 8/2000, de 30 de noviembre (de sanidad de Castilla y La Mancha).

[5] Artículo 42.5 de la Ley 14/1986, de 25 de abril (general de sanidad): *"El personal sanitario de los Servicios de Salud de las Comunidades Autónomas que preste apoyo a los Ayuntamientos en los asuntos relacionados en el apartado 3 tendrá la consideración, a estos solos efectos, de personal al servicio de los mismos, con sus obligadas consecuencias en cuanto a régimen de recursos y responsabilidad personales y patrimoniales"*.

cias y estancias en hospitales, clínicas o sanatorios médicos quirúrgicos, psiquiátricos y especiales, dispensarios, centros de recuperación y rehabilitación, ambulancias sanitarias y otros servicios análogos, y demás establecimientos benéfico-asistenciales de las entidades locales, incluso cuando los gastos deban sufragarse por otras entidades de cualquier naturaleza" (artículo 20.4.n) del Texto Refundido de la Ley reguladora de las haciendas locales, aprobado por Real Decreto Legislativo 2/2004, de 5 de marzo).

Imputación subjetiva de las consecuencias económicas del daño					
Administración estatal		**Administración autonómica**		**Administración local**	
Territorial	**Institucional**	**Territorial**	**Institucional**	**Territorial**	**Institucional**

En el caso de las personas jurídicas del sector público sanitario que actúan a través de sus órganos (cuya titularidad ostenta una o varias personas físicas), en pura teoría abstracta cabría imputar la actividad tanto al agente o empleado público (el médico, el enfermero o el celador que realiza directamente la actuación lesiva), como a la Administración (en cuya estructura organizativa se encuadra el causante del daño). En la actualidad, nuestro Derecho positivo ha optado por distinguir y secuenciar, en primera instancia una imputación directa a la persona jurídica que es la Administración, dejando abierta en determinadas circunstancias (dolo, culpa o negligencia grave), una imputación posterior y en segunda instancia contra la persona física titular del órgano o unidad administrativa que prestó el servicio sanitario. Lo peculiar es que el reclamante de la indemnización no tiene la condición jurídica de interesado en esa segunda fase en la que se ejerce la acción de regreso contra la autoridad o empleado público; ese procedimiento sólo se inicia de oficio por la propia persona jurídica que ya ha abonado al lesionado el importe de la indemnización.

Imputación subjetiva de la actividad sanitaria
Imputación directa y en primera instancia a la persona jurídica
Imputación sobrevenida y en segunda instancia contra la autoridad o el empleado público

II. LA IMPUTACIÓN DEL DAÑO A UNA PERSONA JURÍDICA

1) *La imputación del resultado lesivo a una persona jurídica; algo sobre las unidades administrativas (como los centros de atención primaria o los hospitales generales)*

Para determinar a quién se va a reclamar la indemnización de los daños y perjuicios causados, lo primero es saber qué persona física realizó la prestación sanitaria; en efecto, es un profesional de la sanidad quien comete el error de diagnóstico o es negligente en una intervención quirúrgica. Una vez ya identificada la persona física que ha causado el resultado lesivo, antes de pronunciarse sobre su imputación, hay que comprobar si forma parte de la estructura organizativa de la Administración[6]. En caso de existir esa integración, la responsabilidad se atribuye a la persona jurídica que es la Administración.

Otras veces, se sabe qué organización burocrática ha causado la lesión al paciente del servicio sanitario, pero la persona física generadora del daño es anónima o desconocida (pues se ignora la identidad del médico o el enfermero). Ahora bien, ello no impide atribuir las consecuencias patrimoniales a la Administración actuante; por decirlo en la terminología que es clásica en Francia, como no se conoce al empleado público culpable (*"faute personelle détachable"*), se trata de un daño anónimo que se imputa al mal funcionamiento del servicio (*"faute de service"*).

---

[6] Memoria elevada por el Consejo de Estado al Gobierno en el año 2004 (página 160 del texto impreso en papel; conviene advertir al lector internauta, que la paginación de ese texto cambia en el formato electrónico que está colgado de la web de esa institución): *"El modo habitual de actuación administrativa es la de gestión directa de los servicios a su cargo, sin interposición de contratistas ni concesionarios. Por lo común, es la organización propia de la Administración la que gestiona los servicios públicos y, por tanto, la que en su caso produce y responde de los daños que originen los mismos. Los funcionarios y demás agentes que integran la organización administrativa imputan a ésta sus actos de gestión. Para los administrados es indiferente saber quién o quiénes sean las personas concretas que han obrado en nombre de la Administración Pública; es a ésta, como ente impersonal y abstracto, a quien trasladan las consecuencias nocivas de la actuación de aquéllos. En la categoría de agentes de la Administración, se incluyen todas las personas físicas que componen el organigrama de la Administración actuante, entre los cuales las autoridades y los funcionarios públicos ocupan un destacado lugar. Cuando éstos actúan en su condición de agentes públicos, es la Administración quien responde de sus conductas lesivas hacia los administrados".*

Aunque se conozca la identidad del empleado público que ha causado el daño, la responsabilidad patrimonial se atribuye directamente a una persona jurídica, no a las personas físicas que ostentan un cargo público o ejercen un empleo público (artículo 36 de la Ley 40/2015, de 1 de octubre, de régimen jurídico del sector público, o LRJSP 40/2015); tampoco a los simples «órganos administrativos» que ejercen funciones que producen efectos jurídicos frente a terceros (artículo 5 de la LRJSP 40/2015); la responsabilidad nunca se imputa a los elementos organizativos básicos como son las «unidades administrativas» (artículo 56 de la LRJSP 40/2015). La Administración pública no es un invertebrado complejo de órganos y unidades que se agrupan de forma más o menos circunstancial u ocasional. No es una suma de piezas aisladas o inconexas, ya que existe la unidad estructural que articula ordenadamente la actividad, logrando así una gestión coherente y armónica. La personalidad jurídica es la técnica utilizada para garantizar la existencia de un centro unitario de imputación de responsabilidades, y de titularidad de potestades y derechos y obligaciones. De ahí que, pese a la eventual supresión o modificación de los órganos (o al posible cambio de los funcionarios o de las autoridades que ejercen cargos públicos), exista continuidad en las relaciones que se entablan y desarrollan con cada Administración con personalidad jurídica propia.

Elementos de la estructura organizativa de la Administración			
Persona jurídica	**Órgano**	**Unidad**	**Puesto de trabajo**

Al igual que sucede con la persona jurídica, el órgano administrativo es también una ficción jurídica inventada por el Derecho (pues carece de realidad material y tangible, y es una simple unidad funcional abstracta). El órgano no cumple una función de representación de la persona jurídica frente a terceros; no hay una dualidad de sujetos: el representado y el representante; tampoco hay una bifurcación entre los efectos jurídicos atribuidos al representado y la actuación imputada al representante. El órgano burocrático no actúa *"para"* representar a la Administración, sino que es un elemento que forma parte de ella. El órgano está integrado en la estructura de la persona jurídica, y de ahí que la Administración actúa *"por"* el órgano que forma parte de ella (por medio de él o a través de él).

Conviene recordar a los profanos en Derecho, que un centro de salud o un hospital de titularidad administrativa son simples «unidades administrativas» que prestan servicios sanitarios. Según resulta de la Ley 14/1986 (general de sanidad), en la demarcación territorial denominada «Área de

Salud» hay tanto «Centros de Salud» (de atención primaria), como «Hospitales Generales» (de asistencia especializada y complementaria). Conforme a lo dispuesto en el artículo 65.2 de esa Ley 14/1986: *"El hospital es el establecimiento encargado tanto del internamiento clínico como de la asistencia especializada y complementaria que requiera su zona de influencia"*.

En términos organizativos, un hospital o un centro de atención primaria son establecimientos públicos sanitarios; es decir, una caja separada de gestión de recursos financieros a la que se adscriben unos recursos humanos y unos medios materiales, pero que carece de personalidad jurídica propia e independiente a la que se pueda imputar la responsabilidad patrimonial. En consecuencia, lo más normal es imputar el resultado lesivo a la persona jurídica que es la Administración autonómica en cuya estructura organizativa se integra el establecimiento sanitario, y no al hospital en el que ha sido tratado un paciente, o en el que presta sus servicios el personal sanitario.

2) La organización administrativa como título de imputación; algo sobre la responsabilidad concurrente de varias Administraciones

La titularidad de la competencia o del servicio público es el criterio esencial para disipar las incertidumbres, sobre cuál es el sujeto del sector público al que hay que imputar el resultado lesivo sufrido por un paciente o sus familiares. La regla general es que ninguna Administración debe pagar los daños causados por otra persona jurídica o Administración distinta (por decirlo coloquialmente: «que cada palo aguante su vela»).

Un problema de imputación del resultado lesivo (a una u otra persona jurídica del sector público y naturaleza administrativa o privada) surge o puede originarse como consecuencia del Estado autonómico y la compleja distribución de competencias entre unas y otras Administraciones. A veces no es nada fácil identificar a qué Administración debe imputarse el resultado lesivo, porque no es del todo claro el deslinde de las específicas competencias sobre la determinada materia que corresponde a cada una de ellas. Otras veces la dificultad deriva de la concurrencia de competencias de distintas Administraciones sobre una misma materia. Ahora bien, para proteger al lesionado y evitar que las Administraciones que actúan conjuntamente se laven las manos (y se quieran exonerar de toda responsabilidad, atribuyéndola a las demás Administraciones actuantes)[7], el artículo

---

[7] Sentencia del Tribunal Supremo 1653/2019, de 2 diciembre (recurso de casación 6633/2018; *Tol 7615750*): *"La solidaridad en el ámbito externo, como garantía de*

33 de la LRJSP 40/2015 establece unas reglas especiales de responsabilidad solidaria (salvo que se puedan deslindar las recíprocas competencias y se pueda concretar la dosis de responsabilidad que es imputable a cada una de ellas)[8]. Ahora bien, si es posible concretar la parte de responsabilidad

---

indemnidad patrimonial del perjudicado, responde a dos criterios: uno de carácter formal y específico, cuando la intervención de varias Administraciones en la producción del resultado es consecuencia de fórmulas de gestión conjunta establecidas al efecto; y otro de carácter general que incluye todos los supuestos de concurrencia de varias Administraciones en la gestión del servicio y producción del resultado, cuando no sea posible discernir el alcance de la responsabilidad de cada una en atención a criterios de competencia, interés público tutelado o intensidad de la intervención.

En lo que atañe al ámbito interno, de distribución de responsabilidad entre las distintas Administraciones intervinientes, la regulación administrativa no es completa, si bien refleja la mancomunidad como regla. Así en el caso de fórmulas de gestión conjunta y ya en el anterior art. 140 de la Ley 30/1992, se dispone que el instrumento regulador de tal actuación podrá determinar la distribución de la responsabilidad entre las diferentes Administraciones públicas, y en los demás supuestos habrá de estarse, según la jurisprudencia, que se refleja ahora en el art. 33.2 de la Ley 40/2015, al criterio formal de la competencia, bien desde el punto de vista sustantivo acudiendo al criterio del beneficio, revelado por la intensidad de la actuación o por la presencia predominante del interés tutelado por una de las Administraciones intervinientes. En tal situación y por lo que se refiere a los supuestos en los que la aplicación de dichos criterios no permitan determinar la responsabilidad de cada Administración, habrá de acudirse a la normativa común de las obligaciones mancomunadas establecida en el Código Civil, concretamente los arts. 1.145 y 1.138, que establecen, para tales supuestos, la presunción de responsabilidad por partes iguales.

En consecuencia y como ya hemos indicado al principio, la cuestión planteada en el auto de admisión de este recurso ha de responderse en el sentido de considerar que en supuestos de deudas solidarias de distintas Administraciones Públicas, es aplicable la presunción de mancomunidad de las deudas, que divide entre los deudores por partes iguales, por no poder establecerse el porcentaje concreto de culpa de cada Administración".

[8] Conforme a lo establecido en el artículo 33 de la Ley 40/2015, de 1 de octubre (de régimen jurídico del sector público): *"Responsabilidad concurrente de las Administraciones Públicas.*

1.- Cuando de la gestión dimanante de fórmulas conjuntas de actuación entre varias Administraciones públicas se derive responsabilidad en los términos previstos en la presente Ley, las Administraciones intervinientes responderán frente al particular, en todo caso, de forma solidaria. El instrumento jurídico regulador de la actuación conjunta podrá determinar la distribución de la responsabilidad entre las diferentes Administraciones públicas.

2.- En otros supuestos de concurrencia de varias Administraciones en la producción del daño, la responsabilidad se fijará para cada Administración atendiendo a los criterios de competencia, interés público tutelado e intensidad de la intervención. La responsabilidad será solidaria cuando no sea posible dicha determinación.

3.- En los casos previstos en el apartado primero, la Administración competente para incoar, instruir y resolver los procedimientos en los que exista una responsabilidad concurrente de

que es imputable a cada Administración actuante, entonces la responsabilidad es mancomunada y la obligación de pago de la indemnización es proporcional a su grado de participación en el resultado lesivo (así resulta del artículo 1145 del Código Civil).

En caso de responsabilidad solidaria y una vez que por la Administración ya se ha indemnizado a la persona dañada, la persona jurídica que haya pagado el resarcimiento podrá ejercer después la acción de regreso contra las demás Administraciones corresponsables[9]. Aunque externamente y frente al lesionado la regla general sea la solidaridad, en las relaciones internas entre las distintas Administraciones que han concurrido en la generación del daño indemnizable, la responsabilidad es mancomunada y por partes iguales. Según ha declarado la jurisprudencia, si no es posible precisar la dosis de responsabilidad que debe atribuirse a cada Administración, internamente la obligación de pago es mancomunada e igual para todas ellas (según se infiere del artículo 1138 del Código Civil)[10].

---

varias Administraciones Públicas, será la fijada en los Estatutos o reglas de la organización colegiada. En su defecto, la competencia vendrá atribuida a la Administración Pública con mayor participación en la financiación del servicio.
4.- Cuando se trate de procedimientos en materia de responsabilidad patrimonial, la Administración Pública competente a la que se refiere el apartado anterior, deberá consultar a las restantes Administraciones implicadas para que, en el plazo de quince días, éstas puedan exponer cuanto consideren procedente".

9 Santiago MUÑOZ MACHADO, *La responsabilidad concurrente de las Administraciones públicas*, Editorial Civitas, Madrid 1992.

10 Sentencia de la Sala de lo Contencioso-Administrativo del Tribunal Supremo 256/2020, de 21 de febrero (recurso de casación 716/2019; *Tol 7790781*): *"La solidaridad en el ámbito externo, como garantía de indemnidad patrimonial del perjudicado, responde a dos criterios: uno de carácter formal y específico, cuando la intervención de varias Administraciones en la producción del resultado es consecuencia de fórmulas de gestión conjunta establecidas al efecto; y otro de carácter general que incluye todos los supuestos de concurrencia de varias Administraciones en la gestión del servicio y producción del resultado, cuando no sea posible discernir el alcance de la responsabilidad de cada una en atención a criterios de competencia, interés público tutelado o intensidad de la intervención.*
En lo que atañe al ámbito interno, de distribución de responsabilidad entre las distintas Administraciones intervinientes, la regulación administrativa no es completa, si bien refleja la mancomunidad como regla. Así en el caso de fórmulas de gestión conjunta y ya en el anterior art. 140 de la Ley 30/1992, se dispone que el instrumento regulador de tal actuación podrá determinar la distribución de la responsabilidad entre las diferentes Administraciones públicas, y en los demás supuestos habrá de estarse, según la jurisprudencia, que se refleja ahora en el art. 33.2 de la Ley 40/2015, al criterio formal de la competencia, bien desde el punto de vista sustantivo acudiendo al criterio del beneficio, revelado por la intensidad de la

Por otro lado, se plantea cómo se repercute en las demás Administraciones, el pago total ya realizado por la única Administración a la que se ha dirigido el lesionado. Pues bien, en ese escenario de las obligaciones mancomunadas, la Administración que ya haya pagado puede ejercer contra las demás la acción de regreso, que debe tramitarse por vía burocrática. En caso de controversia sobre el reintegro de la parte correspondiente a otra Administración, la competencia para resolver el litigio corresponde a la jurisdicción contencioso-administrativa (y no a la jurisdicción civil u ordinaria)[11].

---

actuación o por la presencia predominante del interés tutelado por una de las Administraciones intervinientes.

En tal situación y por lo que se refiere a los supuestos en los que la aplicación de dichos criterios no permita determinar la responsabilidad de cada Administración, habrá de acudirse a la normativa común de las obligaciones mancomunadas establecida en el Código Civil, concretamente los arts. 1.145 y 1.138, que establecen, para tales supuestos, la presunción de responsabilidad por partes iguales.

Efectivamente el art. 1145 del Código Civil establece como primer criterio de reclamación frente a los demás deudores solidarios, en sus relaciones internas mancomunadas, la parte que a cada uno corresponda, es decir, la responsabilidad proporcional a la participación que cada uno ha tenido en la generación de la deuda, en este caso la producción de los daños y perjuicios causados, lo que concuerda con las previsiones de la normativa administrativa en los términos que antes hemos señalado, mientras que la reclamación por parte iguales resulta procedente y se presume cuando de la propia obligación no resulta otra cosa, según dispone el art. 1138 del citado cuerpo legal, de manera que, para determinar la posibilidad de delimitar y cuantificar las cuotas de responsabilidad de cada deudor solidario, ha de estarse «al texto de las obligaciones», dice el citado precepto, es decir, a los términos en que se contrae y establece la obligación de que se trate".

11 Sentencia del Tribunal Supremo 256/2020, de 21 de febrero (recurso de casación 716/2019; *Tol 7790781*): "*La segunda cuestión.* Si abonada la totalidad del débito por una de las Administraciones solidariamente obligadas y requerida/s la/s restante/s —en vía de regreso— al pago de su cuota parte, la negativa de las requeridas, expresa o presunta, *a dicho abono es susceptible de impugnación ante la Jurisdicción Contencioso Administrativa o, por el contrario, la acción de regreso lo es de carácter civil y corresponde su conocimiento a dicho Orden Jurisdiccional—, sin embargo, ha sido planteada por vez primera en este recurso.*

La acción de repetición ha de deducirse en vía contencioso-administrativa en tanto implica a tres Administraciones Públicas, tiene su origen en una sentencia del Orden Jurisdiccional Contencioso en relación con actuaciones administrativas y su finalidad es el cobro de una cantidad —ya satisfecha por una de las tres Administraciones concernidas—, a cuyo pago fueron condenadas, en concepto de indemnización de daños y perjuicios causados por un acto administrativo (reclasificación de un suelo) lesivo a los intereses de sus propietarios".

3) Algo sobre la Agencia Española de Medicamentos y Productos Sanitarios

Los escenarios de responsabilidad patrimonial más habituales en la experiencia práctica, se refieren a los servicios sanitarios que se prestan en un hospital o centro de atención primaria (desde fallos o retrasos en el diagnóstico, a muy diversas situaciones de malpraxis médica, o la omisión del consentimiento informado del paciente). Aunque no sea un caso muy frecuente, en ocasiones el origen causal del resultado lesivo está en un medicamento o producto sanitario, pues la ciencia no puede ofrecer una garantía total y al cien por cien del éxito de un producto, que puede producir daños en algunos casos aislados y de manera fortuita. En ocasiones el servicio médico ha funcionado correctamente y siguiendo la *"lex artis"*, pero ha utilizado algún medicamento o producto autorizado por la Administración que ha resultado defectuoso, y a raíz de detectarse ese problema se ha formulado una alerta sanitaria para que ese producto deje de usarse temporalmente hasta que se analice y detecte el origen del problema.

En esas peculiares circunstancias, la Administración responsable será la «Agencia Española de Medicamentos y Productos Sanitarios» (AEMPS), que es la Administración competente para autorizar medicamentos y para realizar después las tareas de supervisión y farmacovigilancia (desarrollando para ello una continuada labor de monitorización de los efectos secundarios que eventualmente produzca un medicamento o un producto sanitario). Esa AEMPS tiene personalidad jurídica propia e independiente; fue creada por la Ley 66/1997, de 30 de diciembre (de medidas fiscales, administrativas y del orden social)[12].

---

[12] Artículo 89 de la Ley 66/1997, de 30 de diciembre: *"Creación de la Agencia Española del Medicamento.*
Uno. Se crea, con la denominación de Agencia Española del Medicamento, un organismo público con el carácter de organismo autónomo, de acuerdo con lo previsto en los artículos 41 y 43 de la Ley 6/1997, de 14 de abril, de Organización y Funcionamiento de la Administración General del Estado, con personalidad jurídico-pública diferenciada y plena capacidad de obrar, que se regirá por lo dispuesto en la presente Ley y demás disposiciones que le resulten aplicables.
Dos. La Agencia Española del Medicamento está adscrita al Ministerio de Sanidad y Consumo, al que corresponde su dirección estratégica, la evaluación y el control de los resultados de su actividad, a través de la Subsecretaría del Departamento.
Tres. A la Agencia Española del Medicamento, dentro de la esfera de sus competencias, le corresponden las potestades administrativas precisas para el cumplimiento de sus fines, en los términos que prevean sus estatutos, de acuerdo con la legislación aplicable.

En el ámbito de la Unión Europea, para la autorización de los medicamentos se distingue un «procedimiento centralizado» en el que la competencia corresponde a la «Agencia Europea de Medicamentos», y el «procedimiento descentralizado» y de reconocimiento mutuo que tramitan las distintas autoridades nacionales (en el caso de España hay que estar a los controles actualmente regulados en el Texto Refundido de la Ley de garantías y uso racional de los medicamentos y productos sanitarios, aprobado por Real Decreto Legislativo 1/2015, de 24 de julio).

Algunos medicamentos como los usados contra las enfermedades víricas (es el caso de la COVID-19), no pueden ser autorizados por las autoridades españolas, sino que necesariamente debe seguirse la tramitación del procedimiento centralizado, por corresponder la competencia en exclusiva a la Agencia Europea de Medicamentos (artículo 3.1 y apartado 3 del anexo del Reglamento CE 726/2004, de 31 de marzo, por el que se establecen los procedimientos comunitarios para la autorización y el control de los medicamentos de uso humano y veterinario y por el que se crea la Agencia Europea de Medicamentos)[13]. En esas circunstancias, la eventual existencia de responsabilidad patrimonial derivada de la autorización de una vacuna, no podría ser imputada a la Administración española[14]. La responsabilidad pesaría sobre la Unión Europea, y la reclamación debería fundamentarse

---

En el ejercicio de sus funciones públicas la Agencia Española del Medicamento, actuará de acuerdo con lo previsto en la Ley 30/1992, de 26 de noviembre, de Régimen Jurídico de las Administraciones Públicas y del Procedimiento Administrativo Común".

13 Luis SARRATO MARTÍNEZ, *Régimen jurídico-administrativo del medicamento*, Editorial La Ley, Madrid 2015, página 495 y siguientes. Jordi FAUS SANTASUSANA, *La autorización de comercialización*, trabajo publicado en el libro colectivo dirigido por Jordi Faus Santasusana y José Vida Fernández, *Tratado de Derecho Farmacéutico*, Editorial Aranzadi, Cizur Menor (Navarra) 2017, páginas 335 a 376.

14 Sentencia de la Audiencia Nacional 259/2017, de 17 de mayo (recurso 238/2014; *Tol 6180083*): *"Así, en primer lugar, y cuanto a la potestad de autorización de comercialización de la vacuna hay que señalar la misma no fue ejercida en este caso por la Administración Española (AEMPS) sino por la Comisión Europea a través de un procedimiento coordinado por la Agencia Europea de Medicamentos y Productos Sanitarios, según lo previsto en el Reglamento (CE) nº 726/2004, de 31 de marzo, y previos los estudios y ensayos clínicos que se detallan en la resolución impugnada. Una vez concedida la autorización de comercialización conforme a lo establecido en dicho Reglamento, es válida en toda la Comunidad, y confiere en cada Estado miembro los mismos derechos y las mismas obligaciones que una autorización de comercialización expedida por un Estado miembro (art. 13 Reglamento nº 726/2004).*

Por tanto, ninguna responsabilidad cabe atribuir a la Administración Estatal española en ese proceso de autorización de la vacuna, pues fue una decisión de la Comisión Europea la

en lo dispuesto en el artículo 41.3 de la Carta de Derechos Fundamentales de la Unión Europea[15]. Fuera de los resultados lesivos vinculados con un producto autorizado por la Agencia Europea de los Medicamentos a través del procedimiento centralizado, en los demás casos la responsabilidad patrimonial pesaría sobre la Agencia Española de Medicamentos y Productos Sanitarios.

En ese tipo de circunstancias, el resultado lesivo se imputará a AEMPS, atribución de la responsabilidad que normalmente será concurrente con la del productor y distribuidor de ese medicamento o producto sanitario[16], pues tal y como ya ha declarado la jurisprudencia, el hecho de que por esa Agencia estatal se otorgue la autorización administrativa que habilita la producción y distribución, no elimina de raíz la eventual responsabilidad del fabricante e importador del producto; sin perjuicio de otros pronunciamientos sobre la materia[17], baste recordar aquí la STS de 1 de diciembre de 2021, o la de 21 de diciembre de 2020[18].

---

que permitió al titular de la misma su comercialización en toda la Unión Europea, incluida España".

15 Artículo 41.3 de la Carta de Derechos Fundamentales de la Unión Europea (Diario Oficial de la Unión Europea número 83, de 30 de marzo de 2010): *"Toda persona tiene derecho a la reparación por la Unión de los daños causados por sus instituciones o sus agentes en el ejercicio de sus funciones, de conformidad con los principios generales comunes a los Derechos de los Estados miembros".*

16 Artículo 23.2 del Real Decreto 1345/2007, de 11 de octubre (por el que se regula el procedimiento de autorización, registro y condiciones de dispensación de los medicamentos de uso humano fabricados industrialmente): *"La autorización de un medicamento se concederá sin perjuicio de la responsabilidad civil o penal del fabricante o fabricantes y así mismo, del fabricante o fabricantes implicados en el proceso de fabricación del producto o de su materia prima, y en su caso del titular de la autorización de comercialización".*

17 Ver las Sentencias del Tribunal Supremo 1423/2021, de 1 de diciembre (recurso de casación 6479/2020; *Tol 8692044*); 824/2021, de 9 de junio (recurso de casación 2437/2020; *Tol 8485165*); 92/2021, de 28 de enero (recurso de casación 5467/2019; *Tol 8310447*). También la Sentencia del Tribunal Superior de Justicia de Madrid 457/2021, de 1 de junio (recurso 784/2016; *Tol 8562443*).

18 Sentencia del Tribunal Supremo 1806/2020, de 21 diciembre (recurso de casación 803/2019; *Tol 8291027*): *"Porque tampoco resulta posible la imputación con base en el riesgo creado por permitir, el Servicio, la utilización del gas tóxico, pues, la realidad es que riesgo no deriva de la aplicación del producto defectuoso —del acto médico—, sino de la fabricación del mismo por su productor, así como de la falta de control por la Administración competente para ello control, como era la Agencia Española de los Medicamentos y Productos Sanitarios. La utilización del producto —de conformidad con la «lex artis»—, previa y debidamente autorizado, no creaba riesgo alguno, pues el riesgo derivaba de la defectuosa*

Ahora bien, como ya ha precisado la jurisprudencia, la fortuita aparición de resultados adversos en algunos casos aislados, no equivale siempre a un mal funcionamiento del servicio administrativo que autorizó el medicamento o el producto sanitario. Es una quimera utópica pretender un horizonte de riesgo cero en relación a los productos médicos, pues siempre existe la posibilidad de que excepcionalmente se produzca alguna reacción o efecto secundario negativo[19]. Es más, la verdadera causa de la reacción adversa puede ser incluso desconocida para la ciencia biomédica. Si la reacción adversa generada por el medicamento es desconocida para la ciencia, en principio no habría responsabilidad patrimonial en aplicación de la cláusula de exoneración tipificada en el artículo 34.1 de la LRJSP 40/2015.

---

fabricación o producción del gas tóxico, siendo a esta actuación a la que debe imputarse el perjuicio causado, ya que es, a dicha actuación de incorrecta fabricación, a la que debe imputarse la responsabilidad; y, ello, al margen de la derivada del deficiente control sobre el producto defectuoso llevado a cabo por la Agencia Española de los Medicamentos y Productos Sanitarios.

Por todo ello, debemos concluir señalando que la Administración sanitaria —cuyos facultativos realizan correcta y adecuadamente una intervención quirúrgica de conformidad con la «lex artis»— no debe responder de las lesiones causadas a un paciente como consecuencia de la utilización de un producto sanitario defectuoso, cuya toxicidad se descubre y alerta con posterioridad a su utilización, previamente autorizada por la Agencia Española de Medicamentos y Productos Sanitarios, debiendo la responsabilidad recaer en el productor o, en su caso, en la Administración con competencias para autorizar y vigilar los medicamentos y productos sanitarios, de concurrir las concretas circunstancias necesarias para ello".

19 Sentencia de la Audiencia Nacional 259/2017, de 17 de mayo (recurso 238/2014; *Tol 6180083*): *"En todo caso, la posible aparición de reacciones adversas con carácter general no implica por sí misma que se esté ante una especialidad farmacéutica defectuosa, ni que exista un daño antijurídico que deba ser resarcido por la Administración. Las especialidades farmacéuticas —incluidas las vacunas— pueden presentar efectos adversos cuya manifestación efectiva —de producirse— constituye uno de los supuestos en los que la causación del daño viene determinada por la necesidad de evitar un mal mayor, debiendo el administrado soportar el riesgo de los efectos adversos que se consignan en la ficha técnica y el prospecto, y salvo que se aprecie una mala praxis en relación con la situación particular del paciente o la vigilancia y tratamiento de las posibles reacciones, lo que, en su caso, abriría las puertas a otro tipo de responsabilidades distintas a las derivadas de la autorización del medicamento. Ello se desprende del [sic] propia actividad de farmacovigilancia, cuyo fin primordial es proporcionar de forma continuada la mejor información posible sobre la seguridad de los medicamentos, posibilitando así la adopción de las medidas oportunas y, de este modo, asegurar que los medicamentos disponibles en el mercado presenten una relación beneficio— riesgo favorable para la población en las condiciones de uso autorizadas (RD 711/2002)".*

Dicho ello, conviene añadir que, en algunos ordenamientos de nuestro entorno cultural o geográfico, hay fondos públicos *"ad hoc"* destinados a otorgar ayudas y a satisfacer una misión solidaria con quienes sufren daños no indemnizables a título de responsabilidad patrimonial (como sucede por razón de los limitados avances de la ciencia)[20]. Así ocurre en Italia en aplicación de la Ley número 210, de 25 de febrero de 1992 (*"indennizzo a favore dei soggetti danneggiati da complicanze di tipo irreversibile a causa di vaccinazioni obbligatorie"*), de la que no resulta un resarcimiento integral de todos los daños sufridos, sino una simple indemnización parcial a través de una ayuda paliativa. Lo mismo ocurre también en el Reino Unido de la Gran Bretaña y la *"Vaccine Damage Payments Act"* del año 1979; igual sucede también en los Estados Unidos de Norteamérica con la *"National Childhood Vaccine Injury Act"* de 1986 (42 U.S.C. §§ 300aa-1 to 300aa-34). En Francia es de aplicación la Ley 64-643, de 1 de julio de 1964 (*"relative a la vaccination antipoliomyelitique"*). Estamos ante figuras propias del Estado social que cumplen la misma función solidaria que en España tuvo el Real Decreto-Ley 9/1993, de 28 de mayo, para los contagiados del «virus de inmunodeficiencia humana» (VIH).

Para cerrar este apartado resulta indicado destacar que, en rigor jurídico estricto, esas ayudas paliativas no pueden ser identificadas con indemnizaciones a título de responsabilidad patrimonial. En efecto, hay que distinguir las atribuciones patrimoniales que se realizan a título de responsabilidad patrimonial, y las que confiere el Estado social mediante ayudas y subvenciones otorgadas a título de solidaridad. Una cosa es la «justicia conmutativa o retributiva» (que es propia del resarcimiento a título de responsabilidad patrimonial), y otra distinta es que con fundamento en la «justicia distributiva», los poderes públicos otorguen ayudas o subvenciones para paliar las terribles consecuencias económicas del contagio por el VIH o las causadas por un medicamento que genera una reacción negativa y adversa desconocida para la ciencia biomédica. Las diferencias jurídicas entre esas figuras son de profundo calado:

---

[20] César CIERCO SEIRA, *Vacunación, libertades individuales y Derecho público (ensayo sobre las principales claves para la regulación de la vacunación pública en España)*, Marcial Pons Ediciones Jurídicas y Sociales, Madrid 2018, página 74. Nuria GARRIDO CUENCA, *Seguridad, riesgos y efectos adversos en materia de vacunación. Jurisprudencia sobre responsabilidad administrativa y reflexión: ¿es necesario o conveniente un fondo específico de compensación por daños vacunales?*, Revista Española de Derecho Administrativo número 189 (enero-marzo 2018), páginas 129 a 172.

i. la atribución patrimonial que se realiza a título de responsabilidad patrimonial se fundamenta en la «justicia conmutativa», y la atribución que se canaliza mediante ayudas y subvenciones a fondo perdido es una manifestación de la «justicia distributiva» fundada en la solidaridad;

ii. mientras que en el resarcimiento a título de responsabilidad patrimonial hay un auténtico derecho subjetivo a percibir una indemnización, la creación del régimen de ayudas o subvenciones es normalmente discrecional para los poderes públicos (aunque hay algunas excepciones como sucede en aplicación del Real Decreto-Ley 9/1993, o de la Ley 8/2003);

iii. mientras que la responsabilidad patrimonial reclama un resarcimiento pleno o integral de todos los caños causados, las ayudas o subvenciones únicamente sirven para aminorar parcialmente las consecuencias lesivas; y,

iv. mientras que el importe de la indemnización percibida a título de responsabilidad patrimonial está exento de tributación en el IRPF, por regla general y sin perjuicio de algunas excepciones aisladas, no sucede lo mismo con las ayudas y subvenciones paliativas otorgadas a título de solidaridad[21].

No es misión ni propósito de este trabajo adentrarse en el estudio en profundidad del régimen jurídico de las distintas fórmulas de ayudas y subvenciones públicas que nuestro Estado Social ha impulsado para disminuir en alguna medida alguna tragedia social y económica derivada de una pandemia o crisis sanitaria. Dejo en el tintero cuestiones importantes como, por ejemplo, la compatibilidad entre unas y otras ayudas y auxilios, pues en ocasiones el Derecho positivo permite acumular más de una percepción

---

21 Artículo 7 de la Ley 35/2006, de 28 de noviembre (impuesto sobre la renta de las personas físicas): *"Estarán exentas las siguientes rentas:*
a) Las prestaciones públicas extraordinarias por actos de terrorismo y las pensiones derivadas de medallas y condecoraciones concedidas por actos de terrorismo.
b) Las ayudas de cualquier clase percibidas por los afectados por el virus de inmunodeficiencia humana, reguladas en el Real Decreto-ley 9/1993, de 28 de mayo.
(...) q) Las indemnizaciones satisfechas por las Administraciones públicas por daños personales como consecuencia del funcionamiento de los servicios públicos, cuando vengan establecidas de acuerdo con los procedimientos previstos en el Real Decreto 429/1993, de 26 de marzo, por el que se regula el Reglamento de los Procedimientos de las Administraciones Públicas en materia de Responsabilidad Patrimonial".

solidaria[22]. Baste por tanto con haber establecido la línea fronteriza entre las indemnizaciones abonadas en concepto de responsabilidad patrimonial de la Administración, y otros pagos realizados por la hacienda pública en virtud de otros títulos jurídicos diferentes.

4) *Las personificaciones instrumentales creadas para prestar servicios sanitarios*

Conviene empezar recordando que, al amparo de lo previsto en el artículo 148.1.21ª de la Constitución, en sus respectivos estatutos las Comunidades Autónomas han asumido competencias en materia de sanidad. Ahora bien, al igual que sucede para otras muchas actividades del sector público, para la asistencia sanitaria tampoco hay un régimen organizativo uniforme en todas las Comunidades Autónomas. En el legítimo ejercicio de la libertad autonómica, se ha optado por diferentes planteamientos y fórmulas organizativas. Frente al modelo uniforme del siglo XIX de una Administración unitaria, centralizada, jerarquizada y piramidal (el Ministro en Madrid, el Gobernador Civil en la Provincia, y el Alcalde en el municipio), en la actualidad se ha pasado a una compleja galaxia de muy diversos satélites administrativos (organismos autónomos, agencias, entidades públicas empresariales, fundaciones públicas, consorcios, sociedades mercantiles de titularidad pública).

---

22 Artículo 2 del Real Decreto 307/2005, de 18 de marzo (que regula las subvenciones en atención a determinadas necesidades derivadas de situaciones de emergencia o de naturaleza catastrófica, y se establece el procedimiento para su concesión): *"Naturaleza.*

1.- La concesión de estas ayudas tendrá carácter subsidiario respecto de cualquier otro sistema de cobertura de daños, público o privado, nacional o internacional, del que puedan ser beneficiarios los afectados.

2.- No obstante, cuando los mencionados sistemas no cubran la totalidad de los daños producidos, las subvenciones previstas en este Real Decreto se concederán con carácter complementario y serán compatibles en concurrencia con otras subvenciones, indemnizaciones, ayudas, ingresos o recursos, procedentes de sistemas públicos o privados, nacionales o internacionales, hasta el límite del valor del daño producido.

3.- En todo caso, la adopción de estas medidas paliativas se inspirará en los principios de economía, celeridad, eficacia y solidaridad, así como en los de cooperación y coordinación entre Administraciones públicas. A estos fines, deberán impulsarse aquellos mecanismos de colaboración que en cada caso contribuyan a la mayor operatividad de las medidas previstas en este Real Decreto".

En las Comunidades Autónomas hay muy diversas opciones organizativas para la prestación de servicios sanitarios. Tal y como seguidamente se expone, en algunas Comunidades Autónomas los servicios son prestados por la propia Administración territorial a través de la Consejería competente; en otras hay una personificación instrumental *"ad hoc"* para la prestación de servicios hospitalarios. Al margen de ello, y sin perjuicio de otras normas igualmente relevantes, conviene recordar aquí la Ley 15/1997, de 25 de abril, que permite la introducción de nuevas formas de gestión del Sistema Nacional de Salud (en especial la gestión indirecta mediante concesiones administrativas); también establece el régimen jurídico aplicable a los consorcios sanitarios (disposición adicional única de la Ley 15/1997, añadida por la Ley 15/2014, de 16 de septiembre).

No pretendo desarrollar aquí una descripción completa y exhaustiva de todas las alternativas distintas creadas por las Comunidades Autónomas; baste con mencionar alguna de las fórmulas organizativas que existen en España. Por ejemplo, mediante la Ley 8/1986, de 6 de mayo, se creó el «Servicio Andaluz de Salud» (SAS), que es un organismo autónomo con personalidad jurídica propia, adscrito a la Consejería competente en esa materia. Ese organismo autónomo es el responsable de la gestión y administración de los servicios públicos de atención a la salud dependientes de la Junta de Andalucía (en la actualidad hay que estar a lo establecido en el artículo 64 y siguientes de la Ley 2/1998, de 15 de junio). Por tanto, en ese ámbito territorial, la responsabilidad patrimonial por mal funcionamiento de un hospital no debe imputarse a la Junta de Andalucía (que es una Administración territorial), sino que debe dirigirse contra el «Servicio Andaluz de Salud» (SAS), que es una personificación instrumental de perfil institucional (una *"universitas bonorum"*). Durante un tiempo en la Comunidad Valenciana también existió un organismo autónomo denominado «Agencia Valenciana de la Salud», dotada de personalidad jurídica propia (por lo que se trataba de un auténtico centro de imputación de responsabilidades); sucede que esa Agencia se suprimió el 31 de diciembre de 2013, asumiendo sus competencias la Consejería competente en materia de sanidad (es decir, la responsabilidad patrimonial se atribuye a la Administración territorial y no a una personificación instrumental).

Los servicios que se prestan en las Ciudades Autónomas de Ceuta y Melilla son gestionados por el «Instituto Nacional de Gestión Sanitaria» (INGESA), que anteriormente fue conocido como INSALUD. Conviene añadir que INGESA es una de las entidades gestoras de la Seguridad Social (artículo 66.1.b) del Texto Refundido de la Ley General de la Seguridad Social, aprobado por el Real Decreto Legislativo 8/2015, de 30 de octubre); su naturaleza jurídica es la de una entidad de Derecho público con capacidad jurídica para el cumplimiento de los fines que les están encomendados (artículo 68.1 de la citada norma).

Como ya he anunciado, no pretendo desarrollar aquí una descripción completa de todas las alternativas organizativas de los servicios sanitarios de las Comunidades Autónomas, pero tiene algún interés mencionar que en ocasiones se crea una personificación instrumental sometida al Derecho Privado. En Cataluña, así sucede con la empresa pública «Sistema de Emergencias Médicas, S.A.» (cuyos vigentes estatutos se aprobaron por el acuerdo del Gobierno de Cataluña 214/2010, de 16 de noviembre). Cabe destacar también a la «Agencia Pública Empresarial Sanitaria de la Costa del Sol» que está prevista en el artículo 9 de la Ley 1/2011, de 17 de febrero (de reordenación del sector público de Andalucía), cuyos estatutos se contienen en el Decreto de la Junta de Andalucía 98/2011, de 19 de abril. Están adscritas a esa Agencia, la Empresa Pública Hospital de Poniente de Almería, la Empresa Pública Hospital Alto Guadalquivir y la Empresa Pública Sanitaria Bajo Guadalquivir. En otras ocasiones, el resultado lesivo se puede imputar a una fundación pública; a ese respecto, cabe mencionar aquí la reciente Ley 1/2022, de 23 de febrero (de transformación de la organización sanitaria «Fundación Hospital Calahorra» en Fundación Pública Sanitaria, que se integra en el Servicio Riojano de Salud como entidad dependiente).

Lo importante de este apartado no es seguir añadiendo más ejemplos ilustrativos de las distintas y variadas opciones para organizar los servicios sanitarios que prestan las Comunidades Autónomas. Lo importante es destacar que, por regla general, ese tipo de personificaciones instrumentales están sometidas a la Ley 40/2015, de 1 de octubre (de régimen jurídico del sector público), y al régimen de responsabilidad patrimonial regulado en el artículo 32 y siguientes de esa norma. Ahora bien, ese criterio general aplicable al sector público institucional plantea la duda sobre su extensión a las personificaciones que tienen forma mercantil y por regla general se rigen por el Derecho privado.

Aparentemente, de lo establecido en los artículos 2.2.b)[23] y 3.1.f) de la LRJSP 40/2015, se puede inferir que, en materia de responsabilidad

---

[23] Artículo 2 de la LRJSP 40/2015: "*Ámbito Subjetivo.*

1.- La presente Ley se aplica al sector público que comprende: (…)

d) El sector público institucional.

2.- El sector público institucional se integra por:

patrimonial derivada de su gestión, también se rigen por esa misma norma estatal. Ello no obstante, hay que reconocer que la redacción de esos preceptos no es del todo afortunada y se abre a distintas interpretaciones, pues el artículo 3.1.f) sólo hace una referencia genérica al principio de *"responsabilidad por la gestión pública"*[24], que no es exactamente lo mismo que establecer expresamente su plena sujeción al régimen de responsabilidad patrimonial establecido en el artículo 32 y siguientes de la misma norma para las Administraciones públicas. Para desplazar la regla general (la aplicación del Derecho privado a las sociedades mercantiles y sujetos de Derecho privado), hace falta un precepto legal expreso y razonablemente claro; la duda se termina de despejar (y se confirma la aplicación de ese mismo régimen público a las sociedades mercantiles que gestionan servicios sanitarios), en el artículo 35 de esa LRJSP 40/2015:

> *"Responsabilidad de Derecho Privado.*
> *Cuando las Administraciones Públicas actúen, directamente o a través de una entidad de derecho privado, en relaciones de esta naturaleza, su responsabilidad se exigirá de conformidad con lo previsto en los artículos 32 y siguientes, incluso cuando concurra con sujetos de derecho privado o la responsabilidad se exija directamente a la entidad de derecho privado a través de la cual actúe la Administración o a la entidad que cubra su responsabilidad".*

Por tanto, cuando el resultado lesivo causado sanitario sea imputable a una sociedad mercantil de titularidad pública (o a otro sujeto del sector público, pero de naturaleza privada), el régimen sustantivo aplicable para aceptar o rechazar la responsabilidad patrimonial y el derecho a percibir una indemnización será el contenido en esa LRJSP 40/2015, por lo que la jurisdicción contenciosa aplicará los mismos principios y requisitos que

---

a) Cualesquiera organismos públicos y entidades de derecho público vinculados o dependientes de las Administraciones Públicas.

b) Las entidades de derecho privado vinculadas o dependientes de las Administraciones Públicas que quedarán sujetas a lo dispuesto en las normas de esta Ley que específicamente se refieran a las mismas, en particular a los principios previstos en el artículo 3, y en todo caso, cuando ejerzan potestades administrativas.

c) Las Universidades públicas que se regirán por su normativa específica y supletoriamente por las previsiones de la presente Ley".

24 Artículo 3 de la LRJSP 40/2015: *"Principios generales.*

1.- Las Administraciones Públicas sirven con objetividad los intereses generales y actúan de acuerdo con los principios de eficacia, jerarquía, descentralización, desconcentración y coordinación, con sometimiento pleno a la Constitución, a la Ley y al Derecho.

Deberán respetar en su actuación y relaciones los siguientes principios: (...)

f) Responsabilidad por la gestión pública".

también se utilizan cuando el daño se atribuye a la Administración pública (artículo 2.e) de la LJCA 29/1998).

5) El eventual error del reclamante al identificar a la Administración a la que imputa el resultado lesivo, y el cómputo del plazo para ejercer la acción indemnizatoria

En el seno de la compleja estructura jerarquizada de cada poder territorial se puede engarzar una cadena con múltiples eslabones (una Administración territorial como la de una Comunidad Autónoma, crea un organismo autónomo, al que se adscribe una fundación y una sociedad mercantil). Desde esa perspectiva se puede distinguir la matriz (Administración territorial), la entidad filial o hija (el organismo autónomo), y la nieta (la sociedad mercantil o la fundación sanitaria).

La percepción del ciudadano que se enfrenta a esa compleja y diversificada galaxia de personificaciones puede compararse a la que producen las muñecas rusas (*"matrioska"*), que sucesivamente se introducen unas dentro de otras. El uso abusivo de la potestad organizatoria puede desorientar a quienes se relacionen con las Administraciones públicas, hasta el punto de que pueden terminar pensando que el poder burocrático es un trilero del Derecho (que mueve con extraordinaria rapidez el cubilete de las formas de personificación, bajo el que se puede terminar escondiendo cualquier centro de imputación de responsabilidades). En ese contexto, y como reacción frente al abuso organizativo en la creación de tal variedad de entidades, cabe el levantamiento del velo de la persona ficticia tras la que se oculta el verdadero centro de imputación de la responsabilidad patrimonial (la Administración territorial o matriz que ha procreado un linaje familiar tan nutrido y diversificado).

El paciente que se relaciona con esa rica variedad de personificaciones jurídicas puede sufrir una lesión en sentido técnico-jurídico y además padecer un problema de grave inseguridad jurídica. Así puede suceder, por ejemplo, cuando la reclamación indemnizatoria se presenta en plazo, pero por error se dirige contra la Administración territorial autonómica, cuando en realidad el hospital que prestó el servicio sanitario estaba integrado en una de sus personificaciones instrumentales. Como el daño se imputa a una persona jurídica que en rigor carece de responsabilidad directa, existe el riesgo de que cuando se presente la reclamación ante la auténtica responsable, haya expirado ya el plazo de prescripción de 1 año que establece el artículo 67 de la LPAC 39/2015.

Cuando se utiliza la forma ficticia de una persona jurídica instrumental para perseguir fines contrarios al ordenamiento, la protección de ciertos bienes jurídicos preferentes legitima la reacción de levantar ese velo puramente formal. Entre proteger la utilización instrumental y desviada de una persona jurídica o tutelar ciertos bienes jurídicos (como la seguridad jurídica o la buena fe de los usuarios del servicio sanitario), el Derecho se inclina del lado de la justicia material, y denuncia el carácter ficticio y formal de la personalidad jurídica de algunos sujetos del sector público. De igual manera que la ficción se crea para proteger un valor o un bien de relevancia jurídica, termina la virtualidad de ese invento imaginativo que es la persona ficticia, cuando colisiona con otro valor o bien que goza de primacía y merece una tutela preferente. La ficción se construye con los materiales de los que están hechos los sueños[25], y el Derecho despierta cuando el exceso de imaginación creativa ataca y lesiona valores jurídicamente protegidos.

Por tanto, si el interesado se equivoca y presenta la reclamación ante la Administración territorial (cuando en realidad el resultado era imputable a una de las instituciones u organismos autónomos que de ella dependen), se interrumpe el cómputo del plazo de 1 año para que el interesado formalice y presente la reclamación de resarcimiento a título de responsabilidad patrimonial[26]. En ese tipo de circunstancias, cabe levantar el velo que en-

---

25 María DE LA VÁLGOMA, *La ficción jurídica o por qué el Derecho "miente" tanto,* Revista General de Legislación y Jurisprudencia número 4 (octubre-diciembre 2003), página 597.

26 Esa línea de principio ha seguido la jurisprudencia en relación a los daños sufridos en una piscina municipal dependiente del Instituto Municipal de Deportes. En relación a la reclamación presentada por los padres de un disminuido psíquico que se ahogó en la piscina municipal donde sólo había un socorrista, la Sentencia del Tribunal Supremo de 4 de junio de 1992 (relativa al Ayuntamiento de Madrid; *Tol 1677863*), declara lo siguiente: *"Sólo después se planteó por el Ayuntamiento ante el Tribunal de instancia la alegación de que faltaba la reclamación administrativa previa ante el órgano competente y de que se producía una falta de legitimación pasiva por encontrarse la piscina municipal en el ámbito de gestión y bajo la dependencia del Instituto Municipal de Deportes. Toda vez que dicho Instituto es una Fundación Pública del servicio municipal con personalidad jurídica y patrimonio propio de ahí deduce el Ayuntamiento que no es la propia entidad territorial municipal la legitimada. Es esta además la primera cuestión en la que se insiste en el recurso de apelación para desvirtuar los Fundamentos de Derecho de la sentencia apelada.*

Ahora bien esta alegación no puede aceptarse por la Sala por distintas razones. En primer lugar porque es cierto que según nuestro ordenamiento jurídico positivo y según las concepcio-

cubre la diferencia entre unas y otras personificaciones de la misma Administración, para concluir que la reclamación se ha presentado en plazo y se ha interrumpido el plazo de prescripción.

En cambio, no se interrumpe el cómputo del plazo de prescripción, cuando el error del interesado consiste en dirigir la reclamación indemnizatoria a una Administración territorial completamente distinta a la causante del daño; así sucede cuando se reclama a la Comunidad Autónoma por los daños causados al paciente en un hospital dependiente de la Diputación Provincial. Ahora bien, la cuestión se complica cuando en una materia hay competencias concurrentes de distintas Administraciones públicas; la necesidad de evitar un formalismo desorbitado se incrementa, si el error del reclamante ha sido inducido por la burocracia (que informa mal al lesionado sobre la Administración causante del daño y destinataria de su reclamación). En esas peculiares circunstancias de hecho, para proteger la legítima confianza depositada en la burocracia que suministró la información errónea, cabe entender que la reclamación dirigida a la Comunidad Autónoma interrumpe el cómputo del plazo para solicitar a la Diputación Provincial que declare y reconozca su responsabilidad patrimonial[27].

---

nes teóricas del Derecho Administrativo el Ayuntamiento tiene potestad suficiente para crear fundaciones públicas de servicio, análogas a los Organismos Autónomos estatales, con personalidad y patrimonio propios. Sin embargo es de tener en cuenta la corriente jurisprudencial mantenida por esta Sala en sentencias recientes en el sentido de que la personificación como instrumento de la potestad organizatoria de la Administración no puede utilizarse por los entes públicos para eludir el cumplimiento de sus obligaciones y derechos que consagra el ordenamiento jurídico. Esta doctrina, plenamente aplicable al caso de autos, es precisamente la que mantiene la sentencia apelada que en consecuencia no debe revocarse en este extremo".

27 Dictamen del Consejo de Estado de 26 de enero de 2012 (expediente 1300/2011): *"Se somete a consulta una reclamación de indemnización de daños y perjuicios por los derivados de un accidente de circulación atribuido a la existencia de un socavón en la avenida de la Hispanidad, de Madrid, a la altura de la calle Noray. Aquella avenida, calle de la ciudad, discurre paralela a las autovías M-22 y M-14 de acceso al aeropuerto. En el presente caso la reclamación se formaliza ante ese departamento el día 27 de mayo de 2010, habiéndose producido el accidente el día 12 de enero de 2009, y quedando sanado de las lesiones que se produjo el día 9 de abril de 2009. Previamente, se había reclamado el 17 de julio de 2009 frente al Ayuntamiento de Madrid, que resolvió desestimando la competencia el 5 de mayo de 2010.*

Pese a que una estricta consideración fáctica del tiempo que media entre la fecha de sanación de las lesiones y la de presentación de la reclamación ante el Ministerio de Fomento pudiera evidenciar que ha transcurrido en exceso el plazo de un año de prescripción, han concurrido —sin embargo— relevantes incidencias jurídicas que impiden estimar sin más tal consecuencia.

En efecto, la cuestión que se suscita al respecto es la de si la presentación de la reclamación ante el Ayuntamiento de Madrid, el 17 de julio de 2009, surte o no efectos interruptivos de la prescripción.

Cierto es que en este sentido existe, con carácter general, la regla del artículo 1973 del Código Civil que exige una reclamación frente al posible deudor, en este caso la Administración General del Estado. En la forma expuesta, y bajo dicho estricto prisma civilista, resulta que el peticionario se habría dirigido frente a una Administración pública distinta —el Ayuntamiento de Madrid— entidad que no está integrada en la Administración General del Estado, y que por tanto no podía remitir a la misma ninguna actuación (como para el caso de órganos de la misma Administración dispone el artículo 20 de la Ley 30/1992, de Régimen Jurídico de las Administraciones Públicas y del Procedimiento Administrativo Común).

(...) No obstante lo anterior parece al Consejo de Estado una muy pesada carga administrativa aquella que gravita sobre el particular que, eventualmente lesionado en sus derechos en la forma descrita en antecedentes, debe realizar, además, una interpretación competencial correcta relativa a cuál sea la Administración prestataria del servicio o titular de la actividad —cuando existen dos o más— para no errar en la reclamación frente a ella.

(...) Una estricta y severa consideración sobre la diferente naturaleza jurídica de las diferentes Administraciones implicadas como fundamento único de la prescripción cuando se produzca un encadenamiento de reclamaciones supondría imponer a los ciudadanos un ejercicio de precisión administrativa (en algunos casos cercano a la adivinación, por desconocerse la real situación jurídica de las infraestructuras en ciertas ocasiones en las que no puede avanzarse un juicio fundado de la mera apariencia que presentan las mismas) que se entiende con dificultad habida cuenta, además, de la real capacidad de respuesta de las personas jurídicas públicas en el tiempo, máxime cuando, como en el supuesto presente, las propias Fuerzas actuantes desconocían las competencias y remitieron al lesionado a una Administración que resultó luego no ser la competente, y cuando físicamente la infraestructura, en el sentido vulgar del término, es simplemente una calle más del municipio de Madrid.

Además, ha sido la demora en resolver la reclamación por parte del Ayuntamiento de Madrid (de 17 de julio de 2009 a 5 de mayo de 2010) la que ha terminado produciendo al ciudadano la prescripción de su derecho. Mal se compadece que un procedimiento cuyo plazo máximo de resolución ha sido excedido por la Administración (que ha tardado más de seis meses en resolver) haya sido acompañado, adicionalmente, de un muy lesivo efecto prescriptivo para un ciudadano diligente, cuando en principio, si tan clara era la cuestión competencial, debió haberse resuelto inmediatamente.

En la forma indicada, habiendo sido presentada (como fue) la reclamación inicial en tiempo y forma, debe estimarse interrumpida la prescripción del año en tal fecha. Una vez producida la resolución desestimatoria por parte del Ayuntamiento de Madrid, y fundándose esta en que la competencia no le resultaba atribuida a él, se reabriría nuevamente el plazo prescriptivo restante hasta un año, el cual aquí no ha sido desbordado, puesto que la segunda reclamación fue diligentemente presentada el 27 de mayo de 2010 (unos días después de la resolución desestimatoria de la competencia).

Cualquier otra interpretación llevaría a que el ejercicio de un derecho que está reconocido ni más ni menos que en la Constitución resultara condicionado, en casos semejantes, a la obligación de formular una reclamación simultánea y repetida ante cuantas Administraciones

6) Algunos casos peculiares de prestación del servicio sanitario por el sector privado

A. Los servicios sanitarios de las mutualidades patronales

Para completar el estudio de las personas jurídicas o los sujetos a los que se puede imputar la responsabilidad patrimonial por mal funcionamiento de un servicio sanitario, tiene algún interés hacer una breve referencia a las «Mutuas de Accidentes de Trabajo y Enfermedades Profesionales de la Seguridad Social» (por ejemplo, ASEPEYO o FREMAP, entre otras muchas). Esas mutuas son entidades colaboradoras de la Seguridad Social, que tienen sus propias instalaciones sanitarias de titularidad privada[28].

Es claro que una mutualidad patronal no es una Administración pública, y tampoco es en rigor estricto un sujeto del sector público. En efecto, las mutuas tienen personalidad jurídica propia y se rigen por el Derecho privado; son asociaciones privadas sin ánimo de lucro promovidas por empresarios[29]. Ahora bien, aunque esas mutuas no estén integradas en la es-

---

pudieran potencialmente ser territorial, funcional y sectorialmente competentes, lo que supondría no ya una carga sino también una irracionalidad contraria al principio de economía procedimental y eficacia de las Administraciones públicas".

28 A tenor de lo dispuesto en los dos primeros párrafos del artículo 12.1 del Reglamento sobre colaboración de las mutuas de accidentes de trabajo y enfermedades profesionales de la Seguridad Social (aprobado por Real Decreto 1993/1995, de 7 de diciembre): *"Las mutuas de accidentes de trabajo y enfermedades profesionales de la Seguridad Social podrán establecer instalaciones y servicios sanitarios y recuperadores para la prestación de la asistencia debida y la plena recuperación de los trabajadores incluidos en el ámbito de protección de las mutuas.*
La utilización de dichos servicios, en cuanto que se hallan destinados a la cobertura de prestaciones incluidas en la acción protectora de la Seguridad Social e integradas en el Sistema Nacional de Salud, deberá estar coordinada con los de las administraciones públicas sanitarias".

29 Conforme a lo establecido en el artículo 2 del Reglamento sobre colaboración de las mutuas de accidentes de trabajo y enfermedades profesionales de la Seguridad Social (aprobado por Real Decreto 1993/1995, de 7 de diciembre): *"Concepto y caracteres.*
1.-Se considerarán Mutuas de Accidentes de Trabajo y Enfermedades Profesionales de la Seguridad Social las asociaciones de empresarios que, debidamente autorizadas por el Ministerio de Trabajo e Inmigración y con tal denominación, se constituyan con el objeto de colaborar, bajo la dirección y tutela de dicho Ministerio, en la gestión de las contingencias de accidentes de trabajo y enfermedades profesionales del personal a su servicio, sin ánimo de lucro, con sujeción a las normas del presente Reglamento y con la responsabilidad mancomunada de sus miembros. (...)

tructura organizativa de la Seguridad Social, en virtud de una encomienda de gestión se les confía la realización de algunas prestaciones en el marco del Sistema Nacional de Salud. Por tanto, cuando se genere un resultado lesivo como consecuencia del funcionamiento de esas mutuas patronales, no estaremos ante una responsabilidad patrimonial concurrente (también imputable a la Administración pública que las supervisa y controla), pues el resultado lesivo se atribuye directa y exclusivamente a la mutua de accidentes de trabajo y enfermedades profesionales[30].

---

2. Las Mutuas, una vez inscritas en el Registro existente al efecto, tendrán personalidad jurídica propia y gozarán de plena capacidad para adquirir, poseer, gravar o enajenar bienes y realizar toda clase de actos y contratos o ejercitar derechos o acciones, todo ello ordenado a la realización de los fines que tienen encomendados y conforme a lo dispuesto en este Reglamento y en sus disposiciones de aplicación y desarrollo, pudiendo realizar su actividad de colaboración con la Seguridad Social en todo el territorio del Estado".

30 Sentencia del Tribunal Supremo de 26 de octubre de 2011 (recurso de casación 388/2009; *Tol 2289308*): *"El criterio correcto y ajustado a Derecho es el de la sentencia de contraste. La responsabilidad patrimonial por la deficiente asistencia sanitaria prestada por las Mutuas de Accidentes de Trabajo y Enfermedades Profesionales de la Seguridad Social debe ser exigida a las mismas, de forma que si se demuestra la existencia del nexo causal entre la asistencia prestada y el daño producido, y el mismo es antijurídico, de modo que el perjudicado no tiene el deber jurídico de soportarlo, la Mutua demandada debe responder por las consecuencias del daño producido haciendo frente a la indemnización que corresponda, sin que pueda condenarse por ello a la Administración competente para la vigilancia del funcionamiento del sistema sanitario, bien sea la Comunidad Autónoma correspondiente o el INSALUD, hoy Ingesa, pero en ningún caso el INSS.*

Así resulta de la Jurisprudencia de esta Sala y Sección de la que son buena muestra sentencias como las de diez de diciembre de dos mil nueve, recurso de casación nº 1885/2008, o veinticinco de mayo de dos mil once recurso de casación nº 6163/2006.

Así en la primera de ellas afirmamos que: «El hecho de que las Mutuas Patronales sean sujetos privados no es obstáculo para que las mismas puedan ser objeto de reclamaciones en el ámbito de la responsabilidad patrimonial de las administraciones públicas ya que aquellas realizan su labor prestando un servicio público por cuenta del Sistema Nacional de Salud.

Por ello, debe insistirse que en cuanto las mismas tienen atribuida, en virtud de las disposiciones legales y reglamentarias más arriba enumeradas, la colaboración con la administración pública sanitaria en la gestión de la Seguridad Social de las contingencias de accidentes de trabajo y enfermedades profesionales se encuentran sometidas al mismo régimen que las administraciones públicas.

Recordemos que la jurisprudencia (por todas las SSTS de 27 de junio de 2006, 18 de septiembre de 2007, recurso de casación 1962/2002 con cita de otras sentencias anteriores) a los fines del art. 106.2 de la Constitución, ha homologado como servicio público, toda actuación, gestión, actividad o tareas propias de la función administrativa que se ejerce, incluso por omisión o pasividad con resultado lesivo.

Aunque las mutuas patronales son personas jurídicas que se rigen por el Derecho privado, la jurisprudencia declara que cuando el resultado lesivo se origina por una prestación sanitaria realizada por ellas, la competencia para conocer del litigio sobre responsabilidad patrimonial corresponde a la jurisdicción contencioso-administrativa (y no a la jurisdicción civil u ordinaria)[31].

En cuanto al Derecho sustantivo aplicable para aceptar o rechazar la responsabilidad patrimonial y el derecho a percibir una indemnización con cargo a la mutualidad empresarial, la jurisdicción contenciosa aplicará los mismos principios y requisitos que también se utilizan cuando el daño se atribuye a la Administración pública; es decir, hay que estar a lo establecido en el artículo 32 y siguientes de la LRJSP 40/2015[32]. Igual cri-

---

En consecuencia, los particulares podrán reclamar por las lesiones que sufran en sus derechos a consecuencia del funcionamiento de la asistencia sanitaria (art. 106.2 CE) prestada por las Mutuas Patronales como entidades colaboradoras de la Seguridad Social»".

31 Sentencia del Tribunal Supremo de 22 de marzo de 2011 (recurso de casación 984/2009; *Tol 1988048*): *"Esto último que dice esta parte recurrida es así, como se desprende del apartado cuarto del petitum de la demanda; por otra parte, haciendo nuestras las argumentaciones de la Sala de instancia al rechazar la falta de legitimación pasiva de la Comunidad de Madrid, la carencia de jurisdicción del Tribunal y la falta del consorcio pasivo necesario, debemos señalar, que el hecho de las Mutuas Patronales sean sujetos privados no es obstáculo para que las mismas puedan ser objeto de reclamaciones en el ámbito de la prosperabilidad patrimonial de las administraciones públicas ya que aquellas realizan su labor prestando un servicio público por cuenta del Sistema Nacional de la Salud, pues como digimos [sic] en nuestra sentencia de diez de diciembre de dos mil nueve, recaída en el recurso de casación 185/2008, «un pronunciamiento indirecto de esta Sala sobre la cuestión se encuentra en la Sentencia de 22 de septiembre de 2009, dictada por la Sección Sexta en el recurso de casación 2144/2006 en que confirma la sentencia dictada por la Sala de lo Contencioso Administrativo, Sección Octava, del Tribunal Superior de Justicia de Madrid condenando a una Mutua Patronal y a la Comunidad de Madrid al abono de una indemnización derivada de responsabilidad compartida por deficiente atención sanitaria por una Mutua Patronal y la Comunidad de Madrid al ser derivado el enfermo a la Seguridad Social»".*

Ver también las Sentencias del Tribunal Supremo de 26 de octubre de 2011 (recurso de casación 388/2009; *Tol 2289308*); la de 22 de septiembre de 2009 (recurso de casación 2144/2006; *Tol 1602379*); también la Sentencia de la Audiencia Nacional de 7 marzo 2012 (recurso 35/2011).

32 Sentencia del Tribunal Supremo de 10 de diciembre de 2009 (recurso de casación 1885/2008; *Tol 1768733*): *"El hecho de que las Mutuas Patronales sean sujetos privados no es obstáculo para que las mismas puedan ser objeto de reclamaciones en el ámbito de la responsabilidad patrimonial de las administraciones públicas ya que aquellas realizan su labor prestando un servicio público por cuenta del Sistema Nacional de Salud.*

terio mantiene también el Consejo de Estado[33]. A esa misma conclusión se llega partiendo de lo actualmente establecido en el artículo 35 de la LRJSP 40/2015[34] (y anteriormente de la disposición adicional duodécima de la LPAC 30/1992, introducida por la Ley 4/1999)[35].

Por ello, debe insistirse que en cuanto las mismas tienen atribuida, en virtud de las disposiciones legales y reglamentarias más arriba enumeradas, la colaboración con la administración pública sanitaria en la gestión de la Seguridad Social de las contingencias de accidentes de trabajo y enfermedades profesionales se encuentran sometidas al mismo régimen que las administraciones públicas.
Recordemos que la jurisprudencia (por todas la STS de 27 de junio de 2006,18 de septiembre de 2007, recurso casación 1962/2002 con cita de otras sentencias anteriores) a los fines del art. 106.2 de la Constitución, ha homologado como servicio público, toda actuación, gestión, actividad o tareas propias de la función administrativa que se ejerce, incluso por omisión o pasividad con resultado lesivo.
En consecuencia, los particulares podrán reclamar por las lesiones que sufran en sus derechos a consecuencia del funcionamiento de la asistencia sanitaria (art. 106.2 CE) prestada por las Mutuas Patronales como entidades colaboradoras de la Seguridad Social.
(...) Pero lo indiscutible es que la prestación sanitaria forma parte de los servicios integrados en el Sistema Nacional de Salud como ya dijo la Sentencia de 29 de junio de 2007 dictada por la Sala de Conflictos de Competencia de este Tribunal Supremo reiterando lo manifestado por los Autos de 24 de octubre y de 22 de diciembre de 2005 también dictadas por la Sala de Conflictos de Competencia. Y de nuevo la Sentencia de 10 de julio de 2009, de la Sección Primera de esta Sala, cuestión de competencia 21/2009, reiterando lo dicho en la Sentencia de 16 de octubre de 2007, cuestión de competencia 2/2007, se pronuncia acerca de la prestación sanitaria realizada por las mutuas colaboradoras".

33 Memoria elevada al Gobierno por el Consejo de Estado, correspondiente a los años 2012 y 2013 (páginas 259 a 263).

34 Artículo 35 de la Ley 40/2015, de 1 de octubre (de régimen jurídico del sector público): *"Responsabilidad de Derecho Privado.*
Cuando las Administraciones Públicas actúen, directamente o a través de una entidad de derecho privado, en relaciones de esta naturaleza, su responsabilidad se exigirá de conformidad con lo previsto en los artículos 32 y siguientes, incluso cuando concurra con sujetos de derecho privado o la responsabilidad se exija directamente a la entidad de derecho privado a través de la cual actúe la Administración o a la entidad que cubra su responsabilidad".

35 Disposición adicional duodécima de la LPAC 30/1992, introducida por la Ley 4/1999, de 13 de enero: *"Responsabilidad en materia de asistencia sanitaria.*
La responsabilidad patrimonial de las Entidades Gestoras y Servicios Comunes de la Seguridad Social, sean estatales o autonómicos, así como de las demás entidades, servicios y organismos del Sistema Nacional de Salud y de los centros sanitarios concertados con ellas, por los daños y perjuicios causados por o con ocasión de la asistencia sanitaria, y las correspondientes reclamaciones, seguirán la tramitación administrativa prevista en esta Ley, correspondiendo su revisión jurisdiccional al orden contencioso-administrativo en todo caso".

B. Los hospitales privados incorporados al Sistema Nacional de Salud en virtud de un convenio de vinculación.

Una situación relativamente parecida o similar a la de las mutuas patronales que se acaba de mencionar, es la que también corresponde a los hospitales de titularidad privada que se incorporan o integran en el Sistema Nacional de Salud, en virtud de un convenio de vinculación.

La Ley 14/1986, de 25 de abril (general de sanidad, o LGSan 14/1986) estableció una estructura organizativa denominada «Sistema Nacional de Salud» (SNS), que canaliza todas las funciones y prestaciones sanitarias que son responsabilidad de los poderes públicos para el debido cumplimiento del derecho a la protección de la salud. Se integran en el SNS tanto los servicios estatales como los autonómicos (artículo 44.2 de la LGSan 14/1986). Ahora bien, no se trata de un sistema cerrado del que sólo formen parte los hospitales y centros sanitarios de titularidad pública, pues se abre también a la eventual y libre integración de algunos centros privados; conforme a lo establecido en el segundo párrafo del artículo 66.1 de la LGSan 14/1986: *"Los hospitales generales del sector privado que lo soliciten serán vinculados al Sistema Nacional de Salud, de acuerdo con un protocolo definido, siempre que por sus características técnicas sean homologables, cuando las necesidades asistenciales lo justifiquen y si las disponibilidades económicas del sector público lo permiten".*

Esa integración funcional de los hospitales privados en el Sistema Nacional de Salud se lleva a cabo mediante un «convenio de vinculación» de los previstos en el artículo 67 de la LGSan 14/1986 y en la legislación autonómica[36]. Ese tipo de convenio de vinculación es una figura jurídica

---

[36] Por ejemplo, cabe recordar aquí lo establecido en el artículo 95 de la Ley 2/2002, de 17 de abril (de Salud de La Rioja):

"1.- La suscripción de convenios, conciertos y demás acuerdos con entidades, empresas o profesionales ajenos al Sistema Público de Salud de La Rioja para la prestación de servicios sanitarios y sociosanitarios se realizará teniendo en cuenta los principios de complementariedad, optimización y adecuada coordinación en la utilización de los recursos públicos y privados.

2.- Los Hospitales y otros centros ajenos al Sistema Público de Salud de La Rioja, podrán integrarse en el Sistema Público de Salud de La Rioja conforme se establece en la presente Ley mediante la suscripción de convenios singulares de vinculación.

El contenido de dichos convenios vendrá dado de acuerdo con los protocolos que a tal efecto se establezcan.

3.- También podrán establecerse conciertos para la prestación de servicios con medios ajenos al Sistema Público de Salud de La Rioja, en los casos de insuficiencia de la misma. Excepcionalmente por carácter de necesidad podrá hacerse uso de servicios no vinculados o no incluidos en conciertos durante el tiempo imprescindible".

paccionada, que en gran medida aproxima el estatuto de algunos hospitales privados al de las mutuas patronales que se acaba de exponer, y que, en rigor estricto, debe diferenciarse de los simples «conciertos sanitarios» del artículo 90 de esa misma norma (a los que luego se hará una breve referencia)[37]. La vinculación mediante un convenio administrativo del artículo 67 de la LGSan 14/1986, es algo distinto a la gestión indirecta del

---

Ver también los artículos 30 y 31 del Texto Refundido de la Ley del Servicio Aragonés de Salud (aprobado por Decreto Legislativo 2/2004, de 30 de diciembre). Igualmente, el artículo 54 y siguientes de la Ley 8/2000, de 30 de noviembre (de ordenación sanitaria de Castilla-La Mancha). Además, hay que tener en cuenta el Decreto 196/2010, de 14 de diciembre (que regula el Sistema sanitario integral de utilización pública de Cataluña).

[37] Sentencia del Tribunal Superior de Justicia de Madrid 839/2013, de 13 diciembre (recurso 3709/2008; *Tol 4064702*): *"Por lo que al fondo del recurso se refiere, los recurrentes parten de una premisa errónea para solicitar la declaración de nulidad de pleno derecho del Concierto de 28 de diciembre de 2006, por cuanto que el Concierto Singular de Vinculación impugnado no es un contrato administrativo de gestión de servicios públicos a través del subtipo del concierto regulado en la LCAP, sino uno de los «Convenios de Vinculación» regulados en los arts. 66 y 67 de la Ley 14/1986 de 25 de abril, General de Sanidad (LGS) y arts. 68 y 69 de la Ley 12/2001 de 21 de diciembre de Ordenación Sanitaria de la CAM, por lo que no le resulta de aplicación la normativa sobre contratación pública ni el art. 90 de la LGS (referido a los conciertos) que la recurrente cita como infringidos, siendo ambos figuras jurídicas diferentes.*

(...) La diferencia en este caso entre el convenio singular de vinculación y otras formas de vinculación administrativa (conciertos del art. 90 de la LGS y gestión indirecta de servicios públicos, art. 156 LCAP) estriba en que en el convenio singular de vinculación el hospital privado se integra en el Sistema Nacional de Salud conforme a un protocolo definido, quedando sometido a un régimen sustancialmente idéntico al de los centros públicos, mientras que el concierto supone una vinculación limitada a determinadas prestaciones que el sector público le reclame. En efecto, el artículo 67 de la Ley General de Sanidad establece claramente que la «vinculación a la red pública de los hospitales a que se refiere el artículo anterior, se realizará mediante convenios singulares», de tal modo que los hospitales privados vinculados están sometidos a las mismas inspecciones y controles sanitarios, administrativos y económicos, e incluso al mismo régimen de jornada que los hospitales públicos, lo que produce una publificación del régimen de organización y funcionamiento de dicho Hospital, salvo en lo que se refiere a la titularidad del centro y de las relaciones laborales del personal que preste sus servicios. El concierto, sin embargo, no tiene como objetivo la vinculación de la institución a la red integrada de hospitales del sector público, sino que es una de las formas jurídicas contractuales del contrato de gestión de servicios públicos por la que las Administraciones públicas encomiendan a una persona, natural o jurídica, que venga realizando prestaciones análogas a las que constituyen el servicio público de que se trate, la gestión de un servicio público, contratando la prestación de determinados servicios públicos que pasan a ser prestados indirectamente por el contratista, por lo que, en este caso, no nos encontramos ante una vinculación global de un determinado centro privado a la red sanitaria pública

servicio y a la externalización al sector privado de una actividad mediante un concierto o una concesión.

Ese «convenio de vinculación» comporta la integración funcional de un hospital general privado en la red de servicios del «Sistema Nacional de Salud», y de ahí que la prestación realizada en ese hospital no pueda tener carácter lucrativo y deba ser gratuita. Ese tipo de convenio no se refiere a prestaciones sanitarias aisladas (como la rehabilitación o la hemodiálisis), pues ese particular tipo de convenio debe tener por objeto la gestión de todo un hospital general de titularidad privada. El convenio de vinculación no crea una nueva persona jurídica, es un cauce inorgánico de colaboración entre el sector público y el privado. No hay integración orgánica sino funcional, pues la entidad privada sigue teniendo su propia responsabilidad y personalidad jurídica, pero en virtud de un «convenio singular», una institución sanitaria privada que sea titular de un hospital general, puede vincularse a una red pública de hospitales, pasando a someterse a un control, inspección y régimen de funcionamiento equiparable al de los centros de titularidad pública[38].

A los efectos que aquí nos importan, la principal consecuencia jurídica del convenio de vinculación es, que la integración funcional en el SNS comporta que el hospital privado se asimile a los públicos, y de ahí que les sean aplicables los mismos principios y requisitos legales del régimen de responsabilidad patrimonial de las Administraciones públicas (según se infiere de la Memoria del Consejo de Estado del año 2011)[39]. Esa misma

---

sino ante la encomienda a un tercero de la realización de determinadas prestaciones sanitarias".

[38] En ese caso de integración en la red de hospitales del Sistema Nacional de Salud (SNS), el régimen de la jornada de trabajo del hospital privado pasa a ser el mismo que el de los centros de análoga naturaleza del sector público. La atención sanitaria al paciente que es usuario del servicio, se realiza en las mismas condiciones de gratuidad que si fuera un centro hospitalario público. Además, los hospitales privados vinculados a la red integrada del SNS por esos «convenios singulares», quedan sometidos a las mismas inspecciones y controles sanitarios, administrativos y económicos, que se aplican a cualquiera de los hospitales de titularidad pública. En definitiva, en virtud del «convenio singular», el hospital general privado pasa a someterse a una gestión unitaria, de la red que integra en régimen de paridad a los centros sanitarios públicos y privados.

[39] Memoria elevada al Gobierno por el Consejo de Estado en el año 2011 (página 126 del texto impreso en papel; conviene advertir al lector internauta, que la paginación de ese texto cambia en el formato electrónico que está colgado de la web de esa institución): *"El convenio singular depende del concurso de dos presupuestos: que*

conclusión se refuerza a la vista de lo posteriormente establecido en el artículo 35 de la LRJSP 40/2015, pues cabe decir que el Sistema Nacional de Salud actúa *"a través"* de los hospitales generales que se hayan vinculado a su estructura organizativa.

C. Algo sobre los centros sanitarios privados concertados con MUFACE

Una cuestión práctica que puede suscitarse en el ámbito subjetivo de los empleados públicos que requieran una atención médica, es la de la imputación del resultado lesivo a los centros sanitarios privados concertados con MUFACE («Mutualidad general de Funcionarios Civiles del Estado»). Sin perjuicio de algún matiz de detalle, en líneas generales lo mismo cabe decir también del ISFAS («Instituto Social de las Fuerzas Armadas») y de la MUGEJU («Mutualidad General Judicial»).

La financiación de la asistencia sanitaria corre a cargo de MUFACE (pues sufraga el pago del servicio), pero esa mutualidad no presta por sí misma los servicios sanitarios, sino que los contrata con terceros. Es más, los terceros con los que directamente se vincula MUFACE son entidades aseguradoras (como ASISA, ADESLAS o DKV), que asumen el pago de los servicios sanitarios prestados por el cuadro médico que se ofrece al mutualista, quien tiene libertad para elegir a unos u otros facultativos. Para evitar equívocos o malas interpretaciones, resulta indicado precisar que MUFACE no celebra con esas compañías pólizas de seguro regidas por el Derecho Mercantil, sino que les adjudica un contrato de naturaleza pública.

---

las necesidades asistenciales lo justifiquen y que existan suficientes recursos para su financiación. Si éstas concurren, el convenio establecerá las condiciones en que el hospital privado homologado colaborará en la prestación de la asistencia sanitaria —duración, régimen jurídico, número de camas hospitalarias,...— (Ley 14/1986, de 15 de abril, General de Sanidad, artículo 67.2). Su objeto es la realización de tareas asistenciales aunque los centros quedan obligados también al desarrollo de tareas de promoción de la salud, prevención de las enfermedades e investigación y docencia, de acuerdo con los programas del área de salud al que resulte adscrito (Ley 14/1986, de 25 de abril, General de Sanidad, artículo 68). Lo singular es que, en virtud del convenio, el hospital privado se somete al mismo régimen sanitario, administrativo y económico de los hospitales públicos (Ley 14/1986, de 25 de abril, General de Sanidad, artículo 67.5 y 94). Ello es consecuencia de que, mediante el convenio, el hospital privado se vincula e integra en la red de hospitales públicos. Con el convenio se produce una publificación del régimen de organización y funcionamiento del hospital vinculado (Ley 14/1986, de 25 de abril, General de Sanidad, artículo 30.2), salvo en lo que se refiere a la titularidad del centro y a la relación laboral con el personal (Ley 14/1986, de 25 de abril, General de Sanidad, artículo 66.3)".

Diversidad de sujetos jurídicos		
MUFACE	**Compañía de seguros**	**Empresa sanitaria**

Es claro y evidente que esos centros sanitarios de titularidad privada con los que pactan las aseguradoras no se integran en la estructura organizativa de la Administración, y en rigor estricto constituyen un distinto centro de imputación de responsabilidades. A pesar de ello, en ocasiones se ha planteado la cuestión práctica de saber si el lesionado puede dirigir su reclamación de responsabilidad directamente contra MUFACE, por los daños y perjuicios causados por mala praxis de la medicina en un centro sanitario privado concertado con esa mutualidad de funcionarios a través de una compañía aseguradora. Adviértase que ese peculiar escenario de la experiencia práctica, la reclamación no se presenta directamente ante la Administración en la que el empleado público presta sus servicios profesionales; tampoco se dirige directamente contra la aseguradora o el profesional que ha prestado el servicio sanitario, sino que tiene por destinataria a MUFACE.

Pues bien, aunque es evidente que esa mutualidad no ha prestado el servicio médico causante de la lesión indemnizable, durante un tiempo el Tribunal Supremo consideró válida y admisible la reclamación dirigida contra ella. Aunque ese criterio jurisprudencial ya ha sido abandonado en la actualidad, en el pasado se consideró que MUFACE asumía una posición de garante frente al paciente perjudicado, y se dejaba abierto el posterior ejercicio por esa mutualidad, de la acción de regreso contra la aseguradora o el centro sanitario[40]. Ahora bien, esa jurisprudencia del pasado estaba muy condicionada por el calendario de las reclamaciones examinadas en

---

[40] Sentencia del Tribunal Supremo de 9 diciembre 2015 (recurso de casación para la unificación de doctrina 967/2014; *Tol 5596153*): *"La cuestión suscitada en el proceso seguido en la instancia está perfectamente expuesta en el fundamento de derecho cuarto de la sentencia recurrida: la demandante, mutualista de MUFACE, optó en su día porque la asistencia sanitaria le fuera prestada por la compañía ASISA en virtud del concierto que ésta tiene suscrito con la mutualidad y ante una actuación médica desarrollada con los medios y servicios de la citada entidad privada, a la que califica como negligente en cuanto incurre en mala praxis, dirigió el correspondiente escrito de reclamación de responsabilidad patrimonial a MUFACE, sin que en esa reclamación se efectúe imputación alguna a ASISA.*

(...) Esto es, cabalmente, lo que sucede en el supuesto de autos: la negligente actuación médica se habría producido, según se sigue del expediente y de los documentos aportados a los autos, el 26 de octubre de 2007, con ocasión de la resección de exostosis efectuada a la interesada en centro privado concertado. Y resulta indubitado que en aquella fecha aún no había

esos pleitos, y por la legislación aplicable en las fechas en que se dictan las sentencias (normativa que establecía un régimen jurídico distinto al hoy en día vigente). Premisa jurídica necesaria para la conclusión a la que se llegaba en esos pleitos, era rechazar la aplicación retroactiva de la Ley de contratos del sector público 30/2007, cuya disposición adicional decimotercera, incluía a los conciertos celebrados por MUFACE, en el régimen del contrato administrativo de gestión de servicios públicos.

Las compañías aseguradoras como ASISA, ADESLAS o DKV, que están vinculadas a MUFACE, son una clara manifestación de lo que se conoce como «servicios públicos impropios». Al igual que una oficina de farmacia o un taxi, esas organizaciones también prestan servicios de utilidad pública e interés general, pero son empresas de titularidad privada, que a su vez contratan con empresas sanitarias también privadas. La Ley 14/1986 (general de sanidad) regula en su título III la estructura del sistema sanitario público, y en el título IV las actividades sanitarias privadas. El segundo precepto de ese título IV es el artículo 89, a cuyo tenor: *"Se reconoce la libertad de empresa en el sector sanitario, conforme al artículo 38 de la Constitución"*. A pesar de que esos centros concertados pertenecen a empresas particulares o sujetos de Derecho privado, la Ley 4/1999 introdujo una novedad en la ya derogada LPAC 30/1992, consistente en que el régimen de responsabilidad patrimonial de esas entidades privadas se sometía al Derecho Administrativo; en efecto, conforme a lo establecido en su día en la disposición

---

entrado en vigor la Ley de Contratos del Sector Público en la que se contiene la disposición adicional aplicada en la sentencia recurrida.

Así las cosas, como dijimos en la citada sentencia de 18 de octubre de 2011, establecida la improcedencia de aplicar de forma retroactiva la disposición adicional vigésimo tercera de la Ley 30/2007, de 30 de octubre, de Contratos del Sector Público, la conclusión es que la sentencia recurrida contradice la doctrina de esta Sala en relación con la responsabilidad de la Administración en los casos en los que la asistencia sanitaria la tiene concertada con una entidad privada, doctrina contenida, entre otras, en la sentencia de 24 de mayo de 2007 (recurso de casación 7767/03) que, reiterando lo dicho por sentencia de 20 de febrero de 2007 (recurso núm. 5791/02), donde se examinaba un supuesto de responsabilidad patrimonial sobre la base de un concierto entre el ISFAS con la entidad, dice que:

«Los razonamientos contenidos en la sentencia de instancia cuando excluye la responsabilidad patrimonial, alegando que el ISFAS no ha prestado ningún tipo de asistencia sanitaria, sino que ha sido la entidad concertada elegida libremente por el mutualista, la que los ha prestado, no resultan ajustados a derecho, no pudiendo oponerse las concretas cláusulas del concierto, a quien tiene el carácter de tercero en relación al articulado del mismo, pero que precisamente por la existencia de éste, acude a recibir asistencia sanitaria a la entidad médica con la que el ISFAS, de cuyo régimen sanitario es beneficiario, ha suscrito el oportuno concierto para la prestación de dicha asistencia»".

adicional duodécima de la LPAC 30/1992, de 26 de noviembre (introducida por la Ley 4/1999, de 13 de enero):

> *"La responsabilidad patrimonial de las Entidades Gestoras y Servicios Comunes de la Seguridad Social, sean estatales o autonómicos, así como de las demás entidades, servicios y organismos del Sistema Nacional de Salud y de los centros sanitarios concertados con ellas, por los daños y perjuicios causados por o con ocasión de la asistencia sanitaria, y las correspondientes reclamaciones, seguirán la tramitación administrativa prevista en esta Ley, correspondiendo su revisión jurisdiccional al orden contencioso-administrativo en todo caso".*

Ese sometimiento al Derecho Administrativo fue en gran medida orillado después por la Ley 30/2007 (de contratos del sector público), que atribuía a esos conciertos sanitarios celebrados con MUFACE, la naturaleza jurídica de contratos administrativos de gestión de servicio público a través de un tercero[41]. Al regular las obligaciones generales del adjudicatario de ese tipo de contratos, el artículo 256.c) de la LCSP 30/2007 incluía expresamente la de indemnizar los daños que se causaran a terceros como consecuencia de las operaciones que requiera el desarrollo del servicio, excepto cuando el daño sea producido por causas imputables a la Administración. En el escenario que nos ocupa, ni la Administración ni MUFACE prestan un servicio sanitario, que es la causa originaria del resultado lesivo y el título de imputación de la responsabilidad. Pues bien, la responsabilidad del adjudicatario del contrato con el tercero se rige por el Derecho pri-

---

41 A tenor de lo establecido en la disposición adicional vigésimo tercera de la Ley 30/2007, de 30 de octubre (de contratos del sector público): *"Conciertos para la prestación de asistencia sanitaria y farmacéutica celebrados por la Mutualidad de Funcionarios Civiles del Estado, la Mutualidad General Judicial y el Instituto Social de las Fuerzas Armadas.*
1.- Los conciertos que tengan por objeto la prestación de servicios de asistencia sanitaria y farmacéutica y que, para el desarrollo de su acción protectora, celebren la Mutualidad de Funcionarios Civiles del Estado y el Instituto Social de las Fuerzas Armadas con entidades públicas, entidades aseguradoras, sociedades médicas, colegios farmacéuticos y otras entidades o empresas, cualquiera que sea su importe y modalidad, tendrán la naturaleza de contratos de gestión de servicio público regulándose por la normativa especial de cada mutualidad y, en todo lo no previsto por la misma, por la legislación de contratos del sector público.
2.- Los conciertos que la Mutualidad General Judicial celebre para la prestación de servicios de asistencia sanitaria y farmacéutica con entidades públicas, entidades aseguradoras, sociedades médicas, colegios farmacéuticos y otras entidades o empresas, y que sean precisos para el desarrollo de su acción protectora, se convendrán de forma directa entre la Mutualidad y la Entidad correspondiente, previo informe de la Abogacía del Estado del Ministerio de Justicia y de la Intervención Delegada en el Organismo".

vado. Por tanto, aunque la LCSP 30/2007 no derogase de manera expresa lo establecido en la disposición adicional duodécima de la LPAC 30/1992, de su texto podía inferirse una derogación implícita.

Esa percepción se refuerza en la actualidad tras la entrada en vigor de la LPAC 39/2015 y la LRJSP 40/2015, que ya no contienen una regla equiparable a la de esa disposición adicional duodécima de la LPAC 30/1992 (que, por tanto, debe entenderse implícitamente derogada). La consecuencia práctica es que el régimen de responsabilidad patrimonial aplicable a la relación entre el paciente que es mutualista de MUFACE y la compañía aseguradora que es adjudicataria del concierto sanitario, es el propio del Derecho privado (es decir, el Código Civil), correspondiendo a la jurisdicción civil u ordinaria la competencia para conocer de los litigios que se susciten. Por tanto, el régimen de la responsabilidad patrimonial por los daños causados por los centros sanitarios privados que a través de las aseguradoras están concertados con MUFACE (ISFAS o MUGEJU) ya no es el propio del Derecho Administrativo, sino el de Derecho Privado que encaja con plena naturalidad en el perfil estatutario de las empresas titulares de esos centros; así lo han reconocido ya varios pronunciamientos de la Audiencia Nacional[42].

---

42 Sentencia de la Audiencia Nacional 206/2016, de 9 mayo (recurso 55/2014; *Tol 5737007*): *"Pues bien, no se discute que la recurrente Sra. Sagrario, tiene la condición de mutualista de Muface y derecho a utilizar los servicios médicos de la entidad de asistencia sanitaria DKV SEGUROS Y REASEGUROS, S.A.E., que asumió la efectiva prestación de la asistencia sanitaria a la Sra. Ruth a través de los facultativos y los medios que la misma determina y en las condiciones y requisitos establecidos en el concierto suscrito con Muface, los cuales no son de absoluta libre elección por el asegurado, que ha de limitarse al cuadro de centros y profesionales de la Compañía. Por tanto, la entidad aseguradora tiene legitimación, como ha quedado dicho, para responder de los daños que se hubiesen podido ocasionar a los mutualistas por la inadecuada prestación de asistencia sanitaria de los facultativos o centros sanitarios que figuran en su cuadro médico. Nos encontramos ante la responsabilidad del art. 1903 del Código Civil, y como se dice en la Sentencia de la Sala Primera del Tribunal Supremo de 6 de octubre de 2005, «… la acción derivada del artículo 1903 del Código Civil tiene la condición de directa en cuanto puede ser dirigida de este modo contra el empresario para exigirle responsabilidad por culpa "in vigilando" o "in eligendo", pese a que el artículo 1904 autorice la repetición contra el dependiente o empleado, por tratarse de una relación interna entre ambos responsables (entre otras, SSTS de 30 de abril de 1960 y 16 de abril de 1968), bien que haya de exigirse la prueba o realidad del actuar negligente del dependiente o autor material del daño (aparte de otras, SSTS de 3 de mayo de 1967 y 25 de octubre de 1980), ya que no basta la mera relación de dependencia para sentar la responsabilidad del empresario (SSTS de 30 de diciembre de 1981 y, en igual sentido, SSTS de 15 de julio de 1993, 20 de diciembre de 1996 y 31 de marzo de 1998…».*

En la actualidad esos conciertos sanitarios se asimilan a los contratos administrativos de concesión de servicios públicos (disposición adicional 19ª de la vigente LCSP 9/2017), por lo que la regla general es que el perjudicado debe reclamar directamente a la aseguradora o a la persona jurídica titular del centro sanitario, salvo que la prestación del servicio médico se haya realizado cumpliendo una orden directa de MUFACE o las indicaciones señaladas e impuestas por esa mutualidad (artículo 288.c) de la LCSP 9/2017). Ese criterio es mantenido tanto por la jurisprudencia de la Audiencia Nacional[43], como por la abundante y muy reiterada doctrina

---

Es por ello que, para que exista responsabilidad de estas entidades, es necesario acreditar la actuación negligente en base a la responsabilidad extracontractual de los facultativos o centro sanitarios que prestaron la asistencia por cuenta aquéllas, cuestión que a continuación pasamos a analizar".

Sentencia de la Audiencia Nacional de 24 de octubre de 2011 (recurso 800/2009; *Tol 2286297*): *"No puede alcanzarse la misma conclusión respecto de la pretendida responsabilidad de la entidad Adeslas y el Hospital de Madrid. La recurrente tiene la condición de mutualista de Muface y derecho a utilizar los servicios médicos de la entidad Adeslas, que asumió la efectiva prestación de la asistencia sanitaria a través de los facultativos y los medios que la misma determina y en las condiciones y requisitos que la póliza detalla, los cuales no son de absoluta libre elección por el asegurado, que ha de limitarse al cuadro de centros y profesionales de la Compañía, entre los que se encuentra el Hospital Monteprincipe de Madrid. Por tanto, tanto la entidad aseguradora como el hospital que prestó la asistencia sanitaria tiene legitimación ad causam para responder de los daños que se hubiesen podido ocasionar a los mutualistas por la inadecuada prestación de asistencia sanitaria de los facultativos o centros sanitarios que figuran en su cuadro médico. Nos encontramos ante la responsabilidad del art. 1903 del Código Civil, y como se dice en la Sentencia de la Sala Primera del Tribunal Supremo de 6 de octubre de 2005, «... la acción derivada del artículo 1903 del Código Civil tiene la condición de directa en cuanto puede ser dirigida de este modo contra el empresario para exigirle responsabilidad por culpa "in vigilando" o "in eligendo", pese a que el artículo 1904 autorice la repetición contra el dependiente o empleado, por tratarse de una relación interna entre ambos responsables (entre otras, SSTS de 30 de abril de 1960 y 16 de abril de 1968), bien que haya de exigirse la prueba o realidad del actuar negligente del dependiente o autor material del daño (aparte de otras, SSTS de 3 de mayo de 1967 y 25 de octubre de 1980), ya que no basta la mera relación de dependencia para sentar la responsabilidad del empresario (SSTS de 30 de diciembre de 1981 y, en igual sentido, SSTS de 15 de julio de 1993, 20 de diciembre de 1996 y 31 de marzo de 1998...».*

Es por ello que, para que exista responsabilidad de estas entidades es necesario acreditar la actuación negligente en base a la responsabilidad extracontractual de los facultativos o centro sanitarios que la atendieron, cuestión que a continuación pasamos a analizar".

43 Sentencia de la Audiencia Nacional 206/2016, de 9 mayo (recurso 55/2014; *Tol 5737007*): *"Pues bien, como asimismo ha declarado esta Sala (así, en la Sentencia de la Sección 5ª de fecha 16 de febrero de 2011, entre otras), el daño cuyo resarcimiento se persigue por la actora, no es imputable al funcionamiento de los servicios públicos, habida cuenta de*

legal del Consejo de Estado, o por las Memorias que ese órgano consultivo

---

que la actuación administrativa consiste en celebrar conciertos con Entidades o Sociedades para facilitar a los mutualistas y beneficiarios la prestación sanitaria de tal modo que, a tenor de lo dispuesto en los Conciertos suscritos, la responsabilidad que puede surgir por la defectuosa asistencia no es susceptible de ser imputada más allá del círculo en que efectivamente se realiza la prestación, extendiéndose en la forma pretendida por la demandante, debiendo tenerse presente que la Administración no ha prestado ningún tipo de asistencia sanitaria, ha sido la Entidad concertada elegida por la mutualista la que lo ha hecho a través de sus servicios y en el ámbito de una relación establecida libremente con la recurrente y que ésta no puede desconocer.

(…) Con esta disposición, la Ley considera expresamente sometidos los conciertos del tipo del que trae causa la asistencia prestada a la parte actora, al régimen del contrato de gestión de servicio público, del que el concierto constituye una de sus modalidades de contratación —artículo 253.a) de la nueva Ley y artículo 156.c) de la precedente Ley de Contratos de las Administraciones Públicas—, figurando entre las obligaciones del contratista la de «indemnizar los daños que se causen a terceros como consecuencia de las operaciones que requiera el desarrollo del servicio, excepto cuando el daño sea producido por causas imputables a la Administración» (artículo 256.c) de la nueva Ley y artículo 161.c) de su precedente).

Esta idea, que ya se deducía de la normativa anterior, se hace ahora explícita, por imperativo legal, cobrando todo su vigor el sistema de responsabilidad al que se acaba de aludir, de manera que «la responsabilidad de la Administración solo se impone cuando los daños deriven de manera inmediata y directa de una orden de la Administración […], modulando así la responsabilidad de la Administración en razón de la intervención del contratista, que interfiere en la relación de causalidad de manera determinante, exonerando a la Administración, por ser atribuible el daño a la conducta y actuación directa del contratista en la ejecución del contrato bajo su responsabilidad, afectando con ello a la relación de causalidad, que sin embargo se mantiene en lo demás, en cuanto la Administración es la titular» del servicio y del fin público que se trata de satisfacer, así como en los casos indicados de las operaciones de ejecución del contrato que responden a órdenes de la Administración (Sentencia del Tribunal Supremo de 20 de junio de 2006).

(…) En consecuencia, la prestación sanitaria a través de una Entidad o sociedad concertada incumbe exclusivamente a ésta a través de los profesionales y medios establecidos previamente y, dentro de ellos, de los elegidos por el mutualista y beneficiario. Por tanto, el daño cuyo resarcimiento se persigue no es imputable al funcionamiento de los servicios públicos, habida cuenta que la actuación administrativa consiste en celebrar conciertos con Entidades o Sociedades para facilitar a los mutualistas y beneficiarios la prestación sanitaria, de tal modo que, a tenor de lo dispuesto en los Conciertos suscritos, la responsabilidad que puede surgir por la defectuosa asistencia sanitaria no es susceptible de ser imputada más allá del circulo en que efectivamente se realiza la prestación.

MUFACE, pues, no ha prestado ningún tipo de asistencia sanitaria, habiendo sido la Entidad concertada DKV Seguros y Reaseguros, elegida por la mutualista la que lo ha hecho a través de sus médicos y servicios y en el ámbito de una relación establecida libremente con la recurrente. Por ello, no es exigible responsabilidad alguna a la Administración, y consecuentemente, la resolución recurrida al desestimar la reclamación de responsabilidad patrimonial

eleva anualmente al Gobierno[44]. Como no podía ser de otra manera, esa misma orientación general es la que también ha sido mantenida por el supremo órgano consultivo del Gobierno durante la vigencia del estado de alarma por la pandemia de la COVID-19 (declarado por el Real Decreto 463/2020); en ese sentido, cabe citar el dictamen del Consejo de Estado de 21 de mayo de 2020 (expediente 198/2020).

Aunque parece claro el criterio sobre el régimen de responsabilidad de las entidades aseguradoras privadas concertadas con MUFACE, lo cierto es que en la práctica surge con alguna frecuencia el problema del peregrinaje del reclamante a través de distintos órdenes jurisdiccionales, lo que retrasa en el tiempo la efectividad de la tutela judicial. Para evitar esas dilaciones

---

respecto de MUFACE es conforme a derecho, debiendo desestimarse en este punto la demanda".

44 Dictamen del Consejo de Estado de 13 de diciembre de 2018 (expediente número 922/2018): "*En el caso concreto de la reclamación ahora examinada, el Consejo de Estado considera que procede su desestimación, toda vez que la responsabilidad de MUFACE, en cuanto titular de los conciertos, se ciñe a gestionar económicamente la financiación de la prestación sanitaria.*

Ha quedado acreditado, además, en el expediente que los daños sufridos por la reclamante no han sido consecuencia inmediata y directa de una orden de la Administración, por cuanto MUFACE se ha mantenido completamente al margen de la prestación sanitaria, que es exclusiva responsabilidad de DKV Seguros conforme a las cláusulas 7.2.1, 7.2.2 y 7.4.1 del Concierto que rigió durante el año en que se produjeron los hechos que motivan la presente reclamación.

En el mismo sentido debe citarse el artículo 280 del texto refundido de la Ley de Contratos del Sector Público en relación con la disposición adicional vigésima de la misma norma, antes citada. El referido artículo 280, en el que se enumeran las obligaciones generales a cuyo cumplimiento está sujeto el contratista en el marco del contrato de gestión de servicios públicos, establece en su apartado c) que corresponde a aquel indemnizar los daños que se causen a terceros como consecuencia de las operaciones que requiera el desarrollo del servicio, excepto cuando el daño sea producido por causas imputables a la Administración.

En definitiva, no cabe apreciar en este caso la existencia de una relación de causalidad entre el actuar administrativo y el daño producido y, por tanto, no procede declarar la responsabilidad patrimonial de dicha entidad pública.

La interesada podría, de no ver satisfecha su pretensión en vía administrativa, interponer recurso ante la jurisdicción contencioso— administrativa contra la resolución de MUFACE por la que, en su caso, se desestimare la reclamación formulada y accionar, al tiempo, contra la entidad aseguradora, el centro hospitalario y los facultativos que prestaron la asistencia sanitaria —conforme a las normas de derecho privado que resulten aplicables—, de acuerdo con lo dispuesto en el artículo 9.4 de la Ley Orgánica del Poder Judicial".

En el mismo sentido se pronuncia también el dictamen del Consejo de Estado de 13 de diciembre de 2018 (expediente 922/2018), de 22 de noviembre de 2018 (expediente 827/2018), o el de 27 de julio de 2000 (expediente 2492/2000).

derivadas de la relativa incertidumbre sobre el régimen jurídico aplicable, el Consejo de Estado ha propuesto en alguna ocasión que se elabore una modificación legal, para dejar absolutamente clara la responsabilidad directa de las entidades privadas que prestan los servicios sanitarios, y la competencia de la jurisdicción civil u ordinaria[45].

D. Los hospitales privados concertados o en régimen de concesión administrativa

Como ya se ha anticipado, lo que antes se ha expuesto respecto a los «convenios de vinculación» al Sistema Nacional de Salud, no es trasladable a los «conciertos sanitarios» del artículo 90 de la LGSan 14/1986; tampoco a las concesiones de servicio otorgadas al amparo de la Ley 15/1997, de 25 de abril. Los conciertos y las concesiones son manifestaciones de la gestión indirecta de un servicio de competencia de la Administración.

Mientras que la «concesión» de servicio es un contrato administrativo típico o nominado (artículos 15 y 284 y siguientes de la LCSP 9/2017), el «concierto» sanitario un contrato administrativo atípico o innominado

---

45 Memoria elevada al Gobierno por el Consejo de Estado correspondiente a los años 2012 y 2013 (páginas 258 y 259): *"De lo expuesto se concluye que la delimitación de la responsabilidad de MUFACE, ISFAS y MUGEJU que actualmente se contiene en el TRLCSP, artículo 280.c), aun siendo correcta, resulta insuficiente y que la derivación sistemática de las reclamaciones al orden contencioso-administrativo no es plenamente eficaz para proporcionar una tutela judicial efectiva de los legítimos intereses de los beneficiarios. Para remediar estas deficiencias, quizá sería adecuado adoptar iniciativas de reforma normativa mediante instrumentos con rango de ley formal (…).*
En tal reforma, correspondería dejar establecidos los principios siguientes para fijar una ordenación adecuada de esta materia:
– La responsabilidad derivada de la asistencia sanitaria que se preste en virtud de conciertos corresponde a las entidades aseguradoras y, en su caso, a los responsables de los centros y a los facultativos que la realicen y, para conocer de las reclamaciones correspondientes, será competente el orden jurisdiccional civil.
– Las Administraciones públicas, por su sola condición de entidades gestoras del sistema de Seguridad Social correspondiente, no son responsables de los daños y perjuicios causados a los beneficiarios de la asistencia sanitaria. Sólo responderán cuando los daños y perjuicios estén causados por actuaciones específicas desarrolladas en la administración, organización y financiación de la prestación y sólo en tales casos se les reconocerá legitimación pasiva respecto de las reclamaciones de responsabilidad.
– Cuando en vía contencioso-administrativa se deduzcan pretensiones contra una Administración pública y contra particulares conforme al artículo 9.4 de la LOPJ, el Tribunal deberá siempre resolver sobre estas últimas".

(artículo 25.2 de la LCSP 9/2017), mediante el que se externaliza al sector privado la prestación de determinados servicios[46]. El concierto no comporta la integración de unos hospitales y centros sanitarios en el Sistema Nacional de Salud[47], por lo que la responsabilidad patrimonial de las empresas titulares de esas instalaciones se rige por el Derecho Privado, y la reclamación del resarcimiento debe plantearse ante la jurisdicción civil u ordinaria. En el caso de los conciertos sanitarios no es aplicable el artículo 35 de la LRJSP 40/2015, pues el Sistema Nacional de Salud no actúa *"a través"* de los hospitales y centros sanitarios concertados.

---

46 Ángel MENÉNDEZ REXACH, *La gestión indirecta de la asistencia sanitaria pública. Reflexiones en torno al debate sobre la privatización de la sanidad,* Revista de Administración Sanitaria siglo XXI, volumen 6, número 2 (2008), páginas 269 a 296. Francisco José VILLAR ROJAS, *La concesión como modalidad de colaboración privada en los servicios sanitarios y sociales,* Revista de Administración Pública número 172 (enero-abril 2007), páginas 141 a 188. Mónica DOMÍNGUEZ MARTÍN, *Formas de gestión de la sanidad pública en España,* Ediciones La Ley, Madrid 2006, en particular, página 179 y siguientes.

47 Memoria elevada al Gobierno por el Consejo de Estado en el año 2011 (páginas 127 y 128 del texto impreso en papel; conviene advertir al lector internauta, que la paginación de ese texto cambia en el formato electrónico que está colgado de la web de esa institución): *"La distinta naturaleza de uno y otro instrumento se evidencia en que, mediante el concierto, se gestiona de manera indirecta un servicio público y, mediante el convenio, un hospital se vincula a la red pública; mediante aquél, el prestatario no se integra en modo alguno en la organización administrativa y mediante éste, lo hace, pasando a publificarse su actividad; el primero es un contrato y el segundo una forma inorgánica de colaboración. Así las cosas, no puede decirse que concierto y convenio sean dos formas de gestión indirecta del servicio público sanitario. Uno y otro tienen alcance y naturaleza distinto, hecho este que se ve ratificado por la ubicación sistemática de la regulación de ambas instituciones en la Ley 14/1985, de 25 de abril, General del Sanidad. El concierto está regulado, como se ha dicho, en el artículo 90 de este Cuerpo Legal, integrado en el título IV ("De las actividades sanitarias privadas"), evidenciando que se trata de un modo de gestión del servicio público indirecta; esto es, un sujeto distinto de la Administración —vicario administrativo— la asume a su riesgo y ventura, con una amplia autonomía al no integrarse en ella. Por el contrario, la regulación del convenio —artículos 66 y 67— no se ubica en el mencionado título IV sino en el capítulo III ("De las áreas de salud") del título III ("De la estructura del sistema sanitario público"), evidenciando que se trata de una forma de colaboración, vinculación o inserción de un hospital en la red pública, pasando a formar parte de la organización administrativa. El hospital privado que se conviene pasa a incardinarse en la red integrada de hospitales del sector público (Ley 14/1985, artículo 66.1), frente al hospital concertado que presta un servicio por cuenta de la Administración pero sin integrarse en la red. Los hospitales convenidos tienen la consideración de hospitales públicos o están asimilados a estos; los hospitales concertados, por el contrario, son meros vicarios de la Administración, distintos de ésta".*

En ese marco contractual de las concesiones y los conciertos, las eventuales responsabilidades patrimoniales frente a los usuarios o pacientes del servicio sanitario no se atribuyen a la Administración, sino que corresponden a la empresa adjudicataria del contrato (que es quien realmente presta el servicio)[48]. Esa regla general tiene alguna excepción o regla singular, pues la responsabilidad no se imputa a la adjudicataria sino al sujeto del sector público, cuando el origen del daño sea una orden impartida por la Administración titular del servicio público (artículos 196.2 y 288.c) de la LCSP 9/2017)[49]. Excepcionalmente, también podría imputarse el resultado lesivo a la Administración en otros escenarios; por ejemplo, cuando la Administración autonómica hubiera incumplido sus deberes de vigilancia o supervisión del correcto funcionamiento de los centros privados, o cuando el daño se produzca como consecuencia del estricto cumplimiento de alguna de las cláusulas del contrato[50].

---

48 Sentencia del Tribunal Superior de Justicia de Andalucía (con sede en Granada) 1205/2021, de 25 marzo (recurso 346/2017; *Tol 8473189*): *"Para finalizar, la Administración autonómica en el fundamento jurídico cuarto de su escrito de contestación a la demanda señala que el daño, en caso de existir, únicamente sería imputable a la Orden Hospitalaria de San Juan de Dios.*
En efecto, la resolución expresa desestimatoria da respuesta ampliamente a esta cuestión en su fundamento jurídico tercero, en el que se indica que la asistencia sanitaria prestada a la interesada se realiza en virtud del concierto suscrito con la Orden Hospitalaria San Juan de Dios y la Consejería de Salud de la Junta de Andalucía en fecha de 4 de mayo de 2011, en cuya cláusula 19.1 se indica que la empresa será responsable de los daños que se causen a terceros, imputables al centro o al personal del mismo, y también, muy especialmente, de los que se causen como consecuencia del funcionamiento del servicio. Así pues, con independencia de que la autoría de la resolución expresa desestimatoria corresponda a la Administración autonómica, los términos en que se encuentra redactado el citado concierto de 4 de mayo de 2011 son diáfanos en relación con la responsabilidad de las que solo debe responder la Orden Hospitalaria San Juan de Dios.
Por cuando antecede, hemos de afirmar que la responsabilidad del daño objeto de reclamación debe residenciarse en la citada Orden Hospitalaria San Juan de Dios, a quien se impondrá el abono de la indemnización en los términos anteriormente indicados".

49 Artículo 288.c) de la Ley 9/2017, de 8 de noviembre (de contratos del sector público): *"Obligaciones generales.*
El concesionario estará sujeto al cumplimiento de las siguientes obligaciones: (…)
c) Indemnizar los daños que se causen a terceros como consecuencia de las operaciones que requiera el desarrollo del servicio, excepto cuando el daño sea producido por causas imputables a la Administración".

50 Sentencia del Tribunal Superior de Justicia de Andalucía (con sede en Málaga) 473/2020, de 13 marzo (recurso 589/2013; *Tol 8076197*): *"La responsabilidad patrimonial de la Administración queda limitada a los casos en que los contratistas actúen*

A pesar de la decisión del legislador que opta por atribuir la responsabilidad al adjudicatario del contrato (y por dejar al margen a la Administración pública), en la experiencia práctica no es insólito ni infrecuente que el perjudicado se dirija directamente contra ésta última. Si la Administración sanitaria declara la responsabilidad del contratista, pero asume el pago de la indemnización (dejando abierta la vía de regreso contra la empresa concesionaria o titular del concierto), se pueden crear notables dificultades prácticas cuyo estudio desborda los límites naturales de la modesta extensión de este trabajo. En cualquier caso, tiene una importancia clave el hecho de que la adjudicataria de la concesión o el concierto haya sido parte interesada en el previo procedimiento administrativo de responsabilidad patrimonial en el que se declaró el derecho del paciente a ser indemnizado[51].

---

cumpliendo cláusulas u órdenes directas de la Administración titular del servicio (artículo 97.2 LCAP), a los supuestos en que el contratista ejerza funciones específicamente delegadas por la Administración (artículo 126.3 RSCL), y además, con carácter general, siempre que, junto a la actuación lesiva del contratista, o al margen de la misma, se da una actuación administrativa (que en los casos de concurrencia puede ser previa, simultánea o posterior) que sea causa del evento lesivo o comporte su consolidación, según una relación de causalidad jurídica.

La responsabilidad patrimonial de la Administración será exclusiva, o concurrente con la del contratista, según los casos y encuentra su fundamento al margen de la relación jurídica existente entre la Administración y su contratista, cuando: 1) la responsabilidad patrimonial derivada de las lesiones que tengan su origen en el cumplimiento por el contratista de cláusulas del mismo contrato, en la medida en que este acto es propiamente imputable a la Administración; 2) la responsabilidad patrimonial por las lesiones que tengan su origen en una orden impuesta al contratista que sea de obligado cumplimiento para aquél; o también, más simplemente, en una actuación del contratista previamente aprobada por la Administración; 3) la responsabilidad patrimonial derivada de los actos de los contratistas sean confirmados por la Administración al resolver cualquier reclamación; 4) los supuestos en que proceda la imputación de la lesión de la consiguiente responsabilidad patrimonial a la Administración por omisión de los deberes de vigilancia; y, 5) finalmente, los casos en que la responsabilidad patrimonial resulte imputable a la Administración por insolvencia de los contratistas".

51 Sentencia del Tribunal Supremo 1645/2018, de 20 noviembre (recurso de casación 1685/2017; *Tol 6940620*): *"En este sentido y recapitulando lo antes razonado, cuando ante una reclamación de indemnización de daños y perjuicios por deficiente asistencia sanitaria formulada por un perjudicado a la Administración, habiéndose prestado la asistencia por una entidad privada en régimen de concierto con la Administración; si la propia Administración tramita el procedimiento y en el seno del mismo se da plena intervención a la entidad concertada, se declara en la resolución que pone fin al mismo que procede la responsabilidad y se fija las indemnizaciones procedentes, pero imputando dicha responsabilidad al centro privado concertado, imponiendo la obligación de que proceda al pago de las*

Por otro lado, cuando por la complejidad de los hechos del caso surjan dudas e incertidumbre sobre si el resultado lesivo es imputable a la Administración o a la entidad privada (que presta el servicio sanitario en virtud de una concesión o un concierto), la persona dañada puede formular una consulta y requerir a la Administración para que despeje esa duda en los términos previstos en el artículo 196.3 de la LCSP 9/2017[52]. Aunque *"prima facie"* se trata de una mera consulta y no de una auténtica reclamación, la jurisprudencia ha retorcido ese trámite para ampliar las posibilidades de imputar el resultado lesivo a la Administración pública[53]. En ese sentido, si la burocracia no responde expresamente ese requerimiento informativo del lesionado, la jurisprudencia interpreta que ese silencio burocrático abre la puerta a que un fallo judicial declare la responsabilidad de la Administración, pues al callar acepta implícitamente su responsabilidad (como por ejemplo sucede en la STS de 30 de marzo de 2009)[54]. Lo mismo

---

indemnizaciones con derecho de reintegro del centro concertado, esa misma resolución, una vez adquiere firmeza, es título suficiente para reclamar la Administración las cantidades abonadas a la entidad concertada, sin necesidad de iniciar un nuevo procedimiento a esos concretos fines".

52 Artículo 196.3 de la Ley 9/2017, de 8 de noviembre (de contratos del sector público): *"Los terceros podrán requerir previamente, dentro del año siguiente a la producción del hecho, al órgano de contratación para que este, oído el contratista, informe sobre a cuál de las partes contratantes corresponde la responsabilidad de los daños. El ejercicio de esta facultad interrumpe el plazo de prescripción de la acción"*.

53 César CIERCO SEIRA, *Los establecimientos de servicios sociales y la responsabilidad patrimonial de la Administración,* trabajo publicado en el libro colectivo dirigido por Antonio Ezquerra Huerva, *Ciudadanos y prestaciones sociales residenciales,* Editorial Iustel, Madrid 2011, páginas 231 y 232.

54 Sentencia del Tribunal Supremo de 30 de marzo de 2009 (recurso de casación 10680/2004; *Tol 1490749*): *"Estas exigencias resultan aún más intensas cuando, incumpliendo su deber de resolver (artículo 42 de la repetida Ley), la Administración da la callada por respuesta. Tal pasividad, que hurta al ciudadano la contestación a la que tiene derecho, permite interpretar que la Administración ha considerado inexistente la responsabilidad del contratista, al que no ha estimado pertinente oír y sobre cuya conducta ha omitido todo juicio, debiendo entenderse que, al propio tiempo, juzga inexistentes los requisitos exigidos por el legislador para que se haga efectiva la suya propia. En esta tesitura, el ulterior debate jurisdiccional debe centrarse en este último aspecto, sin que sea admisible que ante los tribunales la Administración cambie de estrategia y defienda que el daño, cuya existencia nadie discute, debe imputarse a la empresa adjudicataria del contrato de obras en cuya ejecución se causó, pues iría contra su anterior voluntad, tácitamente expresada.*
Así lo hemos estimado en otras ocasiones para casos semejantes. En la sentencia de 11 de julio de 1995 (casación 303/93, FJ 4°) esta Sala ha sostenido que, haciéndose referencia por los reclamantes a las compañías constructoras, a las que la Administración no dio traslado

ocurre también cuando la contestación burocrática es muy vaga y se limita a expresar huecas evasivas. Es más, en algunas ocasiones la jurisprudencia ha manipulado esa consulta informativa, transformándola en una especie de acción para reclamar un resarcimiento, al considerar que la Administración no puede limitarse a esclarecer la imputación del resultado lesivo a una u otra persona, sino que además también debe realizar un análisis completo sobre la reclamación y hacer un pronunciamiento sobre el fondo de la responsabilidad patrimonial suscitada al ejercerse la acción indemnizatoria[55].

E. El servicio de transporte en ambulancia

En la órbita sanitaria también actúan otros sujetos que realizan prestaciones distintas a las ya mencionadas; baste pensar en el servicio de transporte en ambulancia que prestan Cruz Roja[56] o las empresas privadas que trabajan al servicio de la Administración. El resultado lesivo se imputa a la empresa privada que presta ese servicio de transporte (ver los artículos 22,

---

de la reclamación, debe juzgarse que, si no lo hizo, fue porque asumía la total responsabilidad de lo decidido. Ya con anterioridad, el Tribunal Supremo se había expresado con parecidos términos en la sentencia de 9 de mayo de dicho año (recurso contencioso-administrativo 527/93, FJ 5º). La sentencia de 7 de abril de 2001 (apelación 3509/92, FJ 5º) dijo que, en tales situaciones, la Administración debe responder, sin perjuicio de repetir posteriormente sobre el responsable. A esta misma línea pertenecen las sentencias de 12 de febrero de 2000 (apelación 3342/92, FJ 1º) y 8 de julio de 2000 (casación 2731/96, FJ 3º)".

Sentencia del Tribunal Superior de Justicia del País Vasco 527/2013, de 10 septiembre (recurso 1021/2010; *Tol 4312337*): *"De lo anteriormente expuesto debe extraerse sin dificultad la conclusión de que la postura procesal del Ayuntamiento de Bermeo le impide alcanzar el efecto pretendido en este proceso y en esta instancia, es decir, trasladar a la empresa contratista toda la responsabilidad por los daños causados. Debió declararse así en el procedimiento de responsabilidad patrimonial abierto por la reclamación del perjudicado y la desestimación presunta de dicha pretensión administrativa no puede transmutarse, en sede judicial, en un debate que le ha quedado vedado a la Administración municipal por su propio comportamiento".*

55 Sentencia del Tribunal Superior de Justicia de Cataluña 149/2010, de 11 febrero (recurso 310/2007; *Tol 1836981*), y también la Sentencia del Tribunal Superior de Justicia de Asturias 1554/2007, de 10 diciembre (recurso 678/2003; *Tol 7382243*).

56 Conforme a lo establecido en el artículo 1.5 del Real Decreto 415/1996, de 1 de marzo (de ordenación de la Cruz Roja Española): *"Cruz Roja Española tiene personalidad jurídica propia y plena capacidad jurídica y patrimonial para el cumplimiento de sus fines".*

43, 102 y disposición adicional undécima de la Ley 16/1987, de 30 de julio, de ordenación de los transportes terrestres), como por ejemplo sucederá cuando por negligencia del conductor se produce la caída de un paciente al bajarlo de la ambulancia y sentarlo en una silla de ruedas. Ello no obstante, en función de las particulares circunstancias de hecho concurrentes en cada caso concreto, también puede haber responsabilidad concurrente entre esa empresa y el sujeto del sector público del que depende el hospital (como puede suceder cuando un celador del hospital ayuda al conductor de la ambulancia para bajar al paciente)[57].

Para evitar equívocos o malos entendidos, debe aclararse que ese tipo de servicio no siempre lo prestan empresas privadas de transporte, pues hay organismos públicos que también prestan el servicio de atención urgente y transporte en ambulancias medicalizadas, como por ejemplo sucede en la Comunidad de Madrid con «SUMMA 112» (el organismo autónomo «Madrid 112» fue creado por el artículo 17 de la Ley 13/2002, de 20 de diciembre). En ese caso, el organismo autónomo es el centro de imputación de responsabilidad al que debe reclamarse la indemnización de los daños y perjuicios causados. Cabe mencionar igualmente al «Servicio de Emergencias Sanitarias de la Comunidad Valenciana» (SESCV), regulado en el Decreto 108/2021, de 6 de agosto; no es una persona jurídica, pues se trata de un órgano no departamental dependiente funcionalmente del centro directivo competente en urgencias y emergencias sanitarias

---

57 Sentencia del Tribunal Superior de Justicia de Galicia 520/2021, de 22 septiembre (recurso de apelación 13/2021; *Tol 8663925*): *"La práctica habitual, y ello es de general conocimiento, incluso para quienes no forman parte del cuadro médico asistencial hospitalario, es que al llegar la ambulancia a la puerta del centro, el conductor recabe la ayuda del celador de puerta no solo para que le suministre una camilla, en este caso, silla de ruedas sino también para que le ayude a acomodar sobre ella a la paciente trasladada.*
Pero tal consideración no es una mera afirmación gratuita de este Tribunal; si atendemos al contenido de la reclamación inicial, formulada en vía administrativa, por la parte demandante resulta significativo que se denunciase que la caída de la paciente se produjo cuando estaba siendo asistida por el conductor de la ambulancia (personal propio de Ambulancias Berma, S.L.) y por el celador del hospital (personal del SERGAS).
(...) Por todo lo cual procede la estimación parcial del recurso de apelación promovido, con acogimiento de la pretensión subsidiariamente formulada por la representación de la entidad Ambulancias Berma, S.L., rebajando el montante indemnizatorio a la suma de 30.000 euros y extendiendo la responsabilidad al SERGAS con carácter solidario y, por ende, respecto de esta última, la de Allianz Seguros y Reaseguros, S.A., hasta el límite del contrato de seguro".
Ver también las Sentencias del Tribunal Supremo de 14 febrero 2012 (recurso de casación 7025/2009); y de 30 enero 2007 (recurso de casación 8384/2002).

III. LA RESPONSABILIDAD DE LAS AUTORIDADES Y EMPLEADOS PÚBLICOS

1) La acción de regreso

Conforme a nuestro vigente Derecho positivo, el paciente perjudicado no puede dirigirse directamente contra la persona física causante del resultado lesivo (el médico, enfermero o celador que presta un servicio sanitario), tampoco contra el gerente del hospital, sino que siempre debe reclamar a la persona jurídica que es la Administración. Esa persona jurídica paga una indemnización a título propio, es decir, no paga en representación y por cuenta de la persona física que es la verdadera causante del daño (por lo que no es de aplicación lo establecido en el artículo 1158 del Código Civil)[58]. La autoridad o el empleado público no son terceras personas que representen a la Administración sanitaria; son órganos que se incrustan en su estructura y forman parte de esa persona jurídica.

Esa fórmula de responsabilidad directa de la Administración tiene una clara ventaja para el paciente lesionado o sus familiares en caso de fallecimiento (por la mayor solvencia de la hacienda pública), pero también puede comportar alguna desventaja para la recta satisfacción de los intereses generales o colectivos. Reducir la exigencia de responsabilidad a la persona jurídica que es la Administración pública, es una fórmula que propicia una zona de confort de las autoridades y empleados públicos, pues, aunque sean gravemente descuidados en el ejercicio de sus cargos, en su esfera individual siempre quedarán inmunes, incluso a pesar del grave resultado lesivo que hayan causado por su torpeza o negligencia. Esa exoneración de las responsabilidades individuales abre la puerta al crepúsculo de los deberes administrativos[59], al propiciar la desinhibición frente al riesgo moral (o *"moral hazard"*) de causar daños a terceros. Es decir, la inmunidad de las autoridades y empleados públicos les convierte en «indolentes» (en sentido estricto), porque el resultado lesivo causado al paciente del servicio sanitario no les repercute en su esfera jurídica personal o individual.

---

[58] Artículo 1158 del Código Civil: *"Puede hacer el pago cualquier persona, tenga o no interés en el cumplimiento de la obligación, ya lo conozca y lo apruebe, o ya lo ignore el deudor. El que pagare por cuenta de otro podrá reclamar del deudor lo que hubiese pagado, a no haberlo hecho contra su expresa voluntad.*
En este caso sólo podrá repetir del deudor aquello en que le hubiera sido útil el pago".

[59] Gilles LIPOVETSKY, *Le crépuscule du devoir*, Éditions Gallimard, 1992.

Ahora bien, desde una perspectiva abstracta y de principio, imputar directamente las consecuencias lesivas a la persona jurídica que es la Administración (para así garantizar el efectivo resarcimiento a quien sufre el daño), no conduce necesariamente a la absoluta impunidad del causante de la lesión. Nada impide articular en primera instancia la «responsabilidad directa» de la Administración frente al perjudicado, con la posterior «responsabilidad en vía de regreso» de la persona física (que es la auténtica causante de la lesión indemnizable derivada de la mala praxis médica o de un error de diagnóstico). Primero se actúa puertas afuera y de cara al lesionado, para resolver después los asuntos internos o domésticos entre la Administración y los servidores públicos. Así resulta de lo establecido en los apartados 1 y 2 del artículo 36 de la LRJSP 40/2015, de 1 de octubre:

"Exigencia de la responsabilidad patrimonial de las autoridades y personal al servicio de las Administraciones Públicas.

1.- Para hacer efectiva la responsabilidad patrimonial a que se refiere esta Ley, los particulares exigirán directamente a la Administración Pública correspondiente las indemnizaciones por los daños y perjuicios causados por las autoridades y personal a su servicio.

2.- La Administración correspondiente, cuando hubiere indemnizado a los lesionados, exigirá de oficio en vía administrativa de sus autoridades y demás personal a su servicio la responsabilidad en que hubieran incurrido por dolo, o culpa o negligencia graves, previa instrucción del correspondiente procedimiento.

Para la exigencia de dicha responsabilidad y, en su caso, para su cuantificación, se ponderarán, entre otros, los siguientes criterios: el resultado dañoso producido, el grado de culpabilidad, la responsabilidad profesional del personal al servicio de las Administraciones públicas y su relación con la producción del resultado dañoso".

Siempre que las autoridades o los empleados públicos hayan actuado incurriendo en dolo, culpa o negligencia graves, el artículo 36 de la LRJSP 40/2015 reclama la necesaria y obligada exigencia de responsabilidad por la propia Administración pública. Es decir, se activa la vía de regreso cuando las autoridades y empleados públicos se hubieran desinhibido de las exigencias que impone un Estado social y democrático de Derecho; así puede suceder cuando existen fuertes indicios de que la actuación gravemente negligente o culpable del personal sanitario, ha sido determinante de los daños sufridos por el paciente.

La cuestión central de ese procedimiento administrativo a través del que se ejerce la acción de regreso es calificar jurídicamente la actuación del empleado público o autoridad, y analizar durante la instrucción tres cuestiones relevantes y claramente identificadas en el segundo párrafo del artículo 36.2 de la LRJSP 40/2015:

i. el variable grado de reproche que merece el empleado público o autoridad (dolo, culpa o negligencia grave);

ii. el grado de responsabilidad profesional que es exigible al personal al servicio de las Administraciones públicas; en el caso de la Administración sanitaria tiene especial relevancia la *"lex artis ad hoc"*; y,

iii. su relación causal con la producción del resultado dañoso (o la eventual concurrencia de culpas con el lesionado ya resarcido).

Las tres nociones jurídicas principales para determinar el fundamento del regreso contra el patrimonio privado de la autoridad política o el empleado público, exigen una labor de calificación jurídica y son: *(i)* el «dolo»; *(ii)* la «culpa grave»; y, *(iii)* la «negligencia grave». Aunque se trata de conceptos que intuitivamente son comprensibles, no es tan fácil definirlos de forma breve, clara y precisa. Es más, hay que reconocer que, si abandonamos la teoría abstracta y nos enfrentamos al análisis de las circunstancias de un caso concreto, no es del todo nítida y clara la línea fronteriza que separa la «culpa grave» de la «negligencia grave». De ahí la utilidad práctica de las definiciones legales más detalladas de alguna de esas nociones, como las contenidas en los artículos 5 y 6 de la Ley colombiana de 3 de agosto de 2001 (por la que se regula la determinación de la responsabilidad patrimonial de los agentes del Estado, a través del ejercicio de la acción de repetición, o de llamamiento en garantía con fines de repetición)[60]. Para no

---

[60] Artículo 5 de la Ley 678, de 3 de agosto de 2001 (por la que en Colombia se regula la determinación de la responsabilidad patrimonial de los agentes del Estado, a través del ejercicio de la acción de repetición, o de llamamiento en garantía con fines de repetición): *"La conducta es dolosa cuando el agente del Estado quiere la realización de un hecho ajeno a las finalidades del servicio del Estado.*
Se presume que existe dolo del agente público por las siguientes causas:
1.- Obrar con desviación de poder.
2.- Haber expedido el acto administrativo con vicios en su motivación por inexistencia del supuesto de hecho de la decisión adoptada o de la norma que le sirve de fundamento.
3.- Haber expedido el acto administrativo con falsa motivación por desviación de la realidad u ocultamiento de los hechos que sirven de sustento a la decisión de la administración.
4.- Haber sido penal o disciplinariamente responsable a título de dolo por los mismos daños que sirvieron de fundamento para la responsabilidad patrimonial del Estado.
5.- Haber expedido la resolución, el auto o sentencia manifiestamente contrario a derecho en un proceso judicial".
Artículo 6 de esa misma Ley de 3 de agosto de 2001: *"La conducta del agente del Estado es gravemente culposa cuando el daño es consecuencia de una infracción directa a la Constitución o a la ley o de una inexcusable omisión o extralimitación en el ejercicio de las funciones.*

desviarme del hilo argumental de este breve trabajo, no voy a profundizar en el análisis de esos conceptos; baste con una breve exposición sintética:

i. el «dolo» es la voluntad deliberada y consciente de producir el resultado lesivo, pues la autoridad o empleado público acepta el daño que va a producir;

ii. la «culpa grave» implica la desviación de un estándar de conducta debida, que tiene un plus de exigencia y está por encima del criterio normal, pues la responsabilidad se predica de un profesional; aunque no hay una intencionalidad deliberada y plenamente consciente, las circunstancias concurrentes revelan una imprudencia tan relevante, que no permite disculpar la generación del resultado lesivo, lo indicado es su reprobación o reproche; de haber ignorancia, es inexcusable); y,

iii. la «negligencia grave» se produce por haberse omitido los estándares normales de cuidado y atención exigibles a cualquier persona; así ocurre cuando por dejadez o descuido no se adoptan las oportunas medidas de precaución que habrían evitado el resultado lesivo, o habrían disminuido del alcance del daño; premisa necesaria para que exista negligencia, es que el resultado lesivo sea previsible y evitable.

La utilidad o funcionalidad práctica de la acción de regreso contra las autoridades y empleados públicos, no es tanto que la hacienda pública se resarza o recupere el dinero ya pagado al perjudicado; el objetivo no es lograr la recuperación integral de todo el importe de la indemnización ya pagada al paciente o sus familiares. Sirve más bien para hacer efectivo el mandato imperativo de una «buena Administración» (artículo 41 de la Carta de los Derechos Fundamentales de la Unión Europea), es decir, la exigencia de una burocracia que es prudente y quiere prevenir o evitar que

---

Se presume que la conducta es gravemente culposa por las siguientes causas:

1.- Violación manifiesta e inexcusable de las normas de derecho.

2.- Carencia o abuso de competencia para proferir de decisión anulada, determinada por error inexcusable.

3.- Omisión de las formas sustanciales o de la esencia para la validez de los actos administrativos determinada por error inexcusable.

4.- Violar manifiesta e inexcusablemente el debido proceso en lo referente a detenciones arbitrarias y dilación en los términos procesales con detención física o corporal" (el fragmento del texto subrayado fue declarado inexequible por la Corte Constitucional colombiana en su Sentencia C-455/02, de 12 de junio de 2002, por lo que no puede ser aplicado o llevado a efecto).

en el futuro tenga lugar nuevamente el daño. Por tanto, se trata de evitar que, por la misma autoridad o empleado público torpe y negligente, vuelva a producirse otra vez un mal funcionamiento causante de un resultado lesivo. De ahí que la recuperación del importe íntegro del mismo importe ya satisfecho al lesionado no sea un objetivo necesario; aplicando el principio de proporcionalidad, y en función de las particulares circunstancias concurrentes en cada caso, se modulará el alcance económico del importe que la autoridad o el empleado público debe abonar a la hacienda pública.

2) El obligado ejercicio de la acción de regreso

La responsabilidad de las autoridades y funcionarios no tiene nada de novedoso, pues da sus primeros pasos durante la Revolución francesa. Ya el artículo 15 de la Declaración de derechos del hombre y del ciudadano de 26 de agosto de 1789, dispuso que *"la sociedad tiene el derecho de pedir cuenta a todo agente público de su administración"*.

La idea de responsabilidad de las autoridades y funcionarios surgida en el marco del Estado liberal de Derecho cobra un nuevo significado y una dimensión diferente en el marco del Estado social y democrático de Derecho (artículo 1.1 CE). Ese carácter democrático es inescindible de la responsabilidad en los términos indicados por el dictamen del Consejo de Estado de 20 de junio de 1996, expediente número 1136/96 (*"democracia y responsabilidad son dos instituciones jurídicamente inseparables"*).

La esencia democrática y por tanto responsable de las Administraciones públicas, no exige de forma ineludible que el lesionado tenga acción directa contra el funcionario o autoridad causante del daño. Lo que no consiente ese rasgo democrático, es que en el ordenamiento jurídico no haya, ni acción directa del lesionado contra el funcionario o autoridad, ni tampoco vía de regreso de la Administración contra el servidor público causante del daño. O hay acción directa de la persona dañada contra el empleado público, o como alternativa, tiene que ser obligatorio el ejercicio de una acción de regreso contra la persona física causante del resultado lesivo. Lo que no cabe en un Estado social y democrático de Derecho, es la consagración de la inmunidad y la irresponsabilidad personal de las autoridades y empleados públicos.

En nuestro ordenamiento jurídico, la Administración no tiene libertad de elección para exigir responsabilidades o condonarlas (liberando a las autoridades o empleados públicos de soportarlas con su propio patrimonio privado y personal). El ejercicio de la acción de regreso no es discrecional, sino reglado[61] y de obligado ejercicio (tal y como ya ha declarado la jurisprudencia en algún pronunciamiento aislado)[62]. La acción de regreso articulada en nuestro ordenamiento jurídico es una acción que la ley impone en términos imperativos (*"exigirá de oficio"*), por lo que la Administración está jurídicamente obligada a ejercitarla cuando se den las condiciones exigidas en la LRJSP 40/2015.

En resumen, si como consecuencia de las eventuales reclamaciones por responsabilidad patrimonial, las Administraciones sanitarias resultan obligadas a indemnizar a los pacientes por los daños y perjuicios causados, después deberán ejercitar la acción de regreso contra el funcionario o la autoridad que causó el daño, pero sólo cuando haya actuado con dolo, culpa o negligencia graves.

---

61 Dictamen del Consejo de Estado de 22 de enero de 1998 (relativo al Anteproyecto de Ley de Modificación de la Ley 30/1992; expediente número 5356/1997): *"El texto proyectado contiene una modificación sustancial respecto del vigente, que consiste en la sustitución de la posibilidad de que la Administración que hubiere indemnizado a los lesionados exija de sus Autoridades y demás personal a su servicio la responsabilidad en que hubieran incurrido por dolo, culpa o negligencia grave, por la prescripción de que la "exigirá de oficio". Se pretende dar efectividad a una previsión legal que prácticamente no se ha aplicado".*

62 Sentencia del Tribunal Superior de Justicia de Andalucía (con sede en Granada) 14/2000, de 4 de enero (recurso 3404/1996): *"Tras la modificación de dicho artículo 145.2 por la referida Ley 4/1999 se alude ya al deber de la Administración de «exigir de oficio» la mencionada responsabilidad. La exégesis de tales preceptos, incluso antes de la corrección efectuada, conduce en opinión de la Sala a la conclusión de que la utilización del tiempo verbal «podrá» no puede interpretarse según hace la Administración demandada, como la atribución de una facultad ejercitable discrecionalmente, sino como expresión del reconocimiento legal del derecho de la Administración para reclamar, por vía de regreso, frente a la autoridad o funcionario causante del daño siempre que en su actuación pueda apreciarse la concurrencia de dolo o negligencia grave; de tal modo que si, tras la instrucción del oportuno expediente, llega a tal conclusión no puede dejar a su libre arbitrio la decisión de exigir o no la pertinente responsabilidad, sino que, en la medida en que es gestora de intereses públicos, viene obligada a su exigencia, en cuanto titular de ese* derecho-deber *legalmente atribuido y finalmente puesto claramente de manifiesto por la nueva redacción del repetido artículo 145.2 de la Ley 30/1992".*

3) La ausencia de acción pública; el perjudicado no tiene la condición de interesado en el procedimiento que se tramita para ejercer la acción de regreso; excepciones

Si el resultado lesivo causado por la Administración sanitaria es grave y relevante, en el plano sociológico no es sorprendente que el rencor y el resentimiento hayan anidado en el reclamante de la indemnización, y que por ello tenga un cierto afán de venganza contra el médico, el enfermero o el celador que han generado el daño. Con ese estado de ánimo puede querer forzar a la Administración a consumar y hacer efectiva la acción de regreso, para que así el causante del daño sufra las consecuencias en su propio patrimonio individual (cumpliéndose así la «ley del talión» de la justicia retributiva). Ahora bien, ¿tiene la persona dañada legitimación para promover la instrucción y resolución del procedimiento que se tramita para ejercer la acción de regreso?; ¿puede tener un protagonismo activo durante la tramitación del expediente?

Teniendo en cuenta que la responsabilidad en vía de regreso es una derivación del Estado democrático, sería lógico y congruente que la ley confiriese a cualquier persona la legitimación o habilitación normativa para exigir la repercusión del importe indemnizatorio sobre el patrimonio personal y privado de las autoridades y empleados públicos. No está de más recordar que, conforme a lo establecido en el artículo 13.f) de la LPAC 39/2015, en sus relaciones con la Administración, las personas tienen derecho: *"A exigir las responsabilidades de las Administraciones Públicas y autoridades, cuando así corresponda legalmente"*[63]. En un Estado democrático de Derecho, lo indicado podría ser que la ley estableciese una acción pública que legitimase a cualquier persona (y no sólo al lesionado), para instar el obligatorio ejercicio de la acción de regreso del artículo 36 de la LRJSP 40/2015.

Sucede que por el momento las Cortes Generales no han dado todavía ese paso, y no es previsible que lo den en el futuro más inmediato. En

---

63 Esa misma orientación hueca y vacía de consecuencias jurídicas reales, directas e inmediatas, siguen también otras normas de nuestro ordenamiento. En teoría, y de manera abstracta, se supone que una de las exigencias que se imponen a los altos cargos del poder es la de tener un comportamiento ejemplar de buena administración y de buen gobierno; como consecuencia de ello, y a tenor de lo establecido en el artículo 26.2.a.7) de la Ley 19/2013, de 9 de diciembre (de transparencia, acceso a la información pública y buen gobierno): *"Asumirán la responsabilidad de las decisiones y actuaciones propias y de los organismos que dirigen, sin perjuicio de otras que fueran exigibles legalmente"*.

materia de responsabilidad patrimonial no hay acción pública, y la persona dañada no puede erigirse en defensor de la legalidad objetiva y de los intereses generales lesionados por el dolo, la culpa o negligencia graves de una autoridad o empleado público. En el marco de la legislación estatal, el procedimiento de regreso para exigir la responsabilidad de las autoridades y empleados públicos que hayan lesionado a un tercero ya resarcido, sólo puede iniciarse de oficio por la propia Administración que ya ha indemnizado al lesionado. La tramitación de ese expediente nunca arranca a instancia de parte interesada. La persona dañada que ya ha sido resarcida, puede presentar una denuncia para excitar o provocar la incoación del procedimiento en el que se examina el ejercicio de la acción de regreso, pero como es sabido, la estimación de la denuncia sólo da paso al inicio de oficio de la tramitación del expediente (artículo 62 de la LPAC 39/2015)[64]. En efecto, la recepción de una denuncia no comporta que el procedimiento administrativo para ejercer la acción de regreso se inicie a instancia de parte interesada.

Aunque el rencor y el resentimiento sean sentimientos y emociones que a veces pueden ser humanamente comprensibles, en términos estrictamente jurídicos, el lesionado no es titular de un derecho subjetivo que se pueda ejercer contra la persona física que es el verdadero causante del daño (para así aliviar los espasmos de la bilis y desquitarse o promover una represalia contra el médico, el enfermero o el celador). En este otro procedimiento burocrático sustanciado después y para ejercer la acción de regreso, el lesionado que ya ha sido resarcido por la persona jurídica que es la Administración, no es parte interesada pues no reúne los requisitos exigidos en el artículo 4 de la LPAC 39/2015. En efecto, la decisión que se adopte al final de ese expediente no afecta de manera directa e inmediata a la esfera jurídica de quien fue lesionado y ya ha sido indemnizado. Ni puede participar en el desarrollo de este otro expediente, ni tampoco tiene legitimación para impugnar la resolución que finalmente se dicte.

Pese a que el lesionado ya resarcido no tiene en la normativa estatal legitimación activa que le permita promover la tramitación del procedimiento para ejercer la acción de regreso, no sucede lo mismo en algunas normas autonómicas. Tratándose de una cuestión de régimen interno (la responsabilidad de sus autoridades y empleados públicos), algunas Comunidades Autónomas atribuyen al lesionado ya resarcido la capacidad para promo-

---

64 David BLANQUER, *El inicio del procedimiento administrativo*, Editorial Tirant lo Blanch, Valencia 2020, página 476 y siguientes.

ver un procedimiento administrativo a instancia de parte interesada. Por ejemplo, así sucede en Castilla y León: *"Los ciudadanos indemnizados como consecuencia de responsabilidad patrimonial de la Administración autonómica podrán solicitar que se exija a las autoridades o empleados públicos la responsabilidad en que hubieran incurrido por dolo, culpa o negligencia grave"* (artículo 26.2 de la Ley 2/2010, de 11 de marzo, de derechos de los ciudadanos en sus relaciones con la Administración, y de gestión pública).

Al establecer esa regla especial, la Comunidad Autónoma no realiza una injerencia competencial sobre el sistema de responsabilidad patrimonial de las Administraciones públicas (que el artículo 149.1.18ª de la Constitución reserva a la legislación estatal). En rigor estricto, esa singularidad no afecta a los requisitos legales exigidos para declarar la responsabilidad patrimonial de la Administración e indemnizar a la persona dañada (que siguen siendo los establecidos con carácter general en el artículo 32 y siguientes de la LRJSP 40/2015). Se trata tan sólo de una especialidad procedimental, que además únicamente proyecta sus efectos y consecuencias en las autoridades y empleados públicos de la propia Comunidad Autónoma; es decir, es una cuestión doméstica que sólo atañe a su organización interna (*"in house"*), sin invadir las competencias legislativas estatales sobre el sistema de responsabilidad patrimonial.

Capítulo 6

La Administración Sanitaria y otras personas responsables (II)

Rosa María Vidal Monferrer

Abogado del Estado (exc.)

Socia Directora Derecho Público Broseta Abogados

I. INTRODUCCIÓN

En nuestro ordenamiento jurídico se admite y utiliza la colaboración de sujetos privados como forma de gestión indirecta de los servicios públicos sanitarios.

A diferencia de las formas de gestión directa, las de gestión indirecta se caracterizan por encomendar la prestación del servicio a un empresario privado. Éste aparece como un colaborador de la Administración para el desarrollo de actividades que son competencia o responsabilidad de ésta. En estos casos, la titularidad del servicio es, igualmente, de la Administración, pero su gestión se realiza contando con el sector privado.

Esta denominada «externalización» requiere la utilización de los contratos y concesiones de servicios, regulados ambos en la Ley 9/2017, de 8 de noviembre, de contratos del sector público, por la que se transponen al ordenamiento jurídico español las Directivas del Parlamento Europeo y del Consejo 2014/23/UE y 2014/24/UE, de 26 de febrero de 2014 (en adelante, «LCSP»).

Junto a la LCSP, la Ley 14/1986, de 25 de abril, general de sanidad (en adelante «LGS»), regula la posibilidad de los sujetos privados de cooperar en la prestación del servicio público sanitario. Esta colaboración se articula a través de la posible vinculación de centros privados a la red sanitaria pública por una doble vía: la del concierto y la del convenio.

Complementariamente, a través de la figura de la acción concertada, ha empezado a desarrollarse en España, en ejecución de la normativa europea, fórmulas en las que se permite que las prestaciones personales de carácter sanitario se excepcionen de las reglas de la concurrencia propias de un contrato típico.

Pues bien, en este capítulo vamos a diferenciar el régimen de responsabilidad, en función del tipo de figura jurídica que la Administración Pública haya decidido utilizar, entre dos grupos: los contractuales y los no contractuales. También nos referiremos a la responsabilidad de los consorcios sanitarios porque éstos se constituyen mediante convenios de colaboración y éstos a su vez, pueden gestionar indirectamente servicios sanitarios.

i. Figuras de naturaleza contractual:
   - Contratos y concesiones de servicios adjudicados por la Administración sanitaria
   - Concesiones de servicios adjudicadas por mutualidades de funcionarios
   - Concesiones adjudicadas por la Administración sanitaria a sociedades de economía mixta
   - Conciertos adjudicados por la Administración sanitaria

ii. Figuras de naturaleza no contractual:

- Convenios singulares de vinculación
- Acuerdos de acción concertada
- Convenios de asociación con mutuas colaboradoras de la Seguridad Social
- Convenios para la creación de consorcios sanitarios

Dentro de las figuras de naturaleza contractual, por su importancia, nos centraremos: en los contratos y concesiones de servicios para la asistencia sanitaria integral y de atención especializada sanitaria; y en los conciertos sanitarios. En lo que respecta a las fórmulas no contractuales: por su novedad incidiremos especialmente en los acuerdos de acción concertada; y por su arraigo en los convenios para la creación de consorcios sanitarios.

En otro orden de cosas, atendiendo a la fecha en la que se está elaborando este libro, no podemos dejar de recoger el régimen de responsabilidades generadas como consecuencia de los acontecimientos que se han ido sucediendo en relación con la COVID-19 o «Coronavirus»[1].

II. RÉGIMEN DE DISTRIBUCIÓN DE LA RESPONSABILIDAD ENTRE CONTRATISTAS Y LA ADMINISTRACIÓN

«Durante el cumplimiento del contrato (…) es posible que al realizarse la prestación se causen daños a la propia Administración, a los usuarios del servicio, o a terceros (…) ajenos a su organización y funcionamiento»[2].

---

1 La pandemia mundial ha dado lugar a la aprobación, por parte de distintas Administraciones Públicas (en adelante «AAPP», de un cúmulo de normativa que interviene o afecta directamente a la sanidad y, en particular, a los contratos formalizados entre las AAPP y los concesionarios. En este sentido, se han aprobado, por parte de la Administración General del Estado y de las Comunidades Autónomas (en adelante «CCAA»), una serie de medidas de carácter extraordinario para combatir la fuerte propagación y contagio del virus entre la población española. Entre ellas, se incluyen medidas relacionadas con el ámbito sanitario que, de forma directa o indirecta, afectan a los contratos de asistencia sanitaria integral y de atención especializada sanitaria. Tanto dichas medidas, como la propia situación generada por la expansión del virus en nuestro país, plantean graves consecuencias organizativas, económicas y sociales. Estas son susceptibles de generar graves alteraciones del equilibrio económico contractual y de generación de responsabilidad frente a los usuarios de los servicios.

2 BLANQUER CRIADO, David (2012): *Las concesiones de servicio público*, Tirant lo Blanch, Valencia, pág. 984.

Estos daños se agrupan en dos tipos de responsabilidad: contractual y extracontractual.

i. *Responsabilidad contractual*

Es la que se produce cuando el contratista causa un perjuicio a la Administración contratante. Las eventuales reclamaciones de ésta contra aquélla se someterán al Derecho administrativo, y llegado, el caso se ventilarán ante el orden contencioso-administrativo.

ii. *Responsabilidad extracontractual*

Es la que el contratista causa a los pacientes, terceros ajenos al contrato. Según las circunstancias será la jurisdicción civil o contencioso-administrativa la que conozca de las reclamaciones.

Corresponde en el presente epígrafe centrarnos en la «responsabilidad extracontractual» de los contratistas por los daños causados a terceras personas por razón de la ejecución de los contratos y concesiones de servicios. Para ello, dedicaremos el primer apartado a dibujar la tipología de los contratistas de la Administración sanitaria. Después, en dos apartados, expondremos su régimen de responsabilidad. En tercer lugar, haremos una mención especial a la responsabilidad de contratistas y concesionarios durante la COVID-19. Terminaremos el segundo epígrafe refiriéndonos al orden jurisdiccional competente para conocer de las reclamaciones de responsabilidad por asistencia sanitaria.

1) Alcance de aplicación

La responsabilidad a la que nos vamos a referir en este epígrafe resulta de aplicación cuando la Administración Pública gestora de la sanidad, en su mayoría Comunidades Autónomas (en adelante «CCAA»), hace uso de la gestión indirecta como modalidad de prestación del servicio sanitario. A estos efectos diferenciaremos los contratistas de la Administración sanitaria de las fórmulas de colaboración asimilables a la gestión indirecta de servicios sanitarios (concesiones de servicios adjudicadas por mutualidades de funcionarios, concesiones adjudicadas a sociedades de economía mixta y conciertos adjudicados por la Administración sanitaria).

A. Contratistas

Cuando la Administración Pública recurre a la gestión indirecta puede utilizar alguna de las siguientes modalidades contractuales:

a) Contratos de servicios

«Son contratos de servicios aquellos cuyo objeto son prestaciones de hacer consistentes en el desarrollo de una actividad o dirigidas a la obtención de un resultado distinto de un contrato de obra o un contrato de suministro, incluyendo aquellos en que el adjudicatario se obligue a ejecutar el servicio de forma sucesiva y por precio unitario»[3].

El límite para la utilización de estos contratos está en el ejercicio de la autoridad inherente a los poderes públicos. Así, a título de ejemplo, no es posible que sea objeto de este tipo de contratos las funciones de inspección sanitaria o de naturaleza sancionadora.

b) Contratos de concesión de servicios

Son contratos de concesión de servicios, aquéllos «en cuya virtud uno o varios poderes adjudicadores encomiendan a título oneroso a una o varias personas, naturales o jurídicas, la gestión de un servicio cuya prestación sea de su titularidad o competencia, y cuya contrapartida venga constituida bien por el derecho a explotar los servicios objeto del contrato o bien por dicho derecho acompañado del de percibir un precio»[4].

En este caso, la característica esencial es que el contratista, denominado concesionario, adquiere el derecho de explotación de los servicios y asuma el riesgo operacional[5].

---

[3] Art. 17 LCSP.

[4] Art. 15 de la LCSP.

[5] El riesgo operacional en la explotación abarca los denominados legalmente riesgo de demanda o riesgo de suministro, o ambos. «Se entiende por riesgo de demanda el que se debe a la demanda real (...) de *los* servicios objeto del contrato y riesgo de suministro el relativo al suministro (...) de *los* servicios objeto del contrato, en particular el riesgo de que la prestación de los servicios no se ajuste a la demanda» (art. 14.4 LCSP). Para que exista un contrato de concesión es necesario que el concesionario asuma el riesgo operacional y se considera que es así «cuando no esté garantizado que, en condiciones normales de funcionamiento, el concesionario vaya a recuperar las inversiones realizadas ni a cubrir los costes en que hubiera incurrido como consecuencia de la explotación» de los servicios que sean objeto de la concesión. Además, «la parte de los riesgos transferidos al concesionario debe suponer una exposición real a las incertidumbres del mercado que implique que cualquier pérdida potencial estimada en que incurra el concesionario no es meramente nominal o desdeñable» (art. 14.4 LCSP).

Hoy en día, no obstante, esta fórmula —gestión indirecta— constituye una excepción a la regla general de la prestación directa de los servicios sanitarios. Ello es así: en primer lugar, porque cuando en los años sesenta del siglo pasado se generalizó la asistencia sanitaria gratuita en España, el modelo adoptado, inicialmente por el Instituto Nacional de Previsión (INP) y después por el Instituto Nacional Sanitaria (INSALUD), fue la gestión directa; en segundo término, porque la utilización de una u otra forma de gestión se configura como una potestad de autoorganización de los poderes públicos[6].

La gestión indirecta de servicios sanitarios adquiere una nueva dimensión tras la aprobación de la Ley 15/1997, de 25 de abril. Esta norma habilitó nuevas formas de gestión del Sistema Nacional de Salud (SNS), y entre ellas los contratos de gestión de servicios públicos. La novedad consistió en permitir a una empresa privada la construcción y gestión, mediante concesión, de un área de salud y la desvinculación del precio del acto sanitario[7].

«El primer caso en que se utilizó este contrato (...) lo encontramos en el Área 10 del Servicio Valenciano de Salud (...). La gran particularidad de este supuesto no fue sólo el ser pionero en la utilización de aquel contrato

---

6 En el supuesto de utilización de las figuras de carácter contractual: los contratos se someten a la legislación de contratación pública en vigor al tiempo de su formalización; y su régimen de responsabilidad es distinto en función de su modalidad contractual, sea contrato de servicios, sea concesión de servicios o sea acción concertada o concierto sanitario. Sin embargo, en este capítulo, nos vamos a referir a la legislación contractual vigente al tiempo de la redacción del presente libro, y por lo tanto la LCSP-17.

7 «El primer supuesto [de gestión indirecta de un departamento de salud], se sitúa en la convocatoria pública, en 1997, de un contrato administrativo para la gestión de la atención especializada del Área 10 [—en la actualidad Departamento de Salud de La Ribera—] del Servicio Valenciano de Salud, previa construcción y equipamiento del centro hospitalario necesario para prestar esa asistencia (...). Esta iniciativa de la Comunidad Valenciana constituyó una novedad por dos motivos fundamentales: el primero, la forma de construcción a través de la concesión de servicio público habida cuenta la tradición de la Seguridad Social española (Instituto Nacional de Previsión, primero; Instituto Nacional de Salud, después) de construir los centros sanitarios públicos mediante contratos de obras; y el segundo, tanto o más importante, la retribución del contratista sobre bases capitativas, no por acto médico, con la intención de evitar la prestación de asistencia sanitaria innecesaria que aquella modalidad de pago incentiva». VILLAR ROJAS, Francisco José (2007): «La concesión como modalidad de colaboración privada en los servicios sanitarios y sociales», *Revista de Administración Pública,* núm. 172, págs. 143 y 154.

administrativo en materia de gestión de la prestación sanitaria, sino que incluía la construcción de un hospital (Hospital Comarcal de la Ribera)» en Alcira[8].

Los contratos para la gestión indirecta de un área de salud, en atención del alcance de los servicios que son objeto de gestión indirecta, en el argot médico se conocen como concesiones de gestión de *bata gris* y de gestión de *bata blanca*[9]. Las primeras, conocidas como el «modelo Coslada», se encuentran fundamentalmente en la Comunidad de Madrid, y las segundas —las denominadas «modelo Alcira»— en la Comunidad Valenciana[10].

---

8 DE FUENTES BARDAJÍ, Joaquín *et alii* (2009): *Manual sobre Responsabilidad Sanitaria,* Aranzadi, Cizur Menor (Pamplona), pág. 94.

9 En los contratos de gestión de *bata gris,* el concesionario asume la gestión de los servicios de naturaleza administrativa, tales como limpieza, mantenimiento de las instalaciones sanitarias, conserjería, ambulancias, etc. La gestión alcanza a todo tipo de servicios que no incluyan la prestación de asistencia sanitaria. En los contratos de gestión de *bata blanca,* el concesionario se responsabiliza de la gestión de los servicios no sanitarios, y además, de los servicios sanitarios. En algunos casos, la gestión de los servicios sanitarios se limita a la asistencia sanitaria especializada, mientras que en otros la gestión sanitaria comprende tanto asistencia primaria como la especializada. En este último caso, la gestión de análisis clínicos puede estar incluida, o no. En los contratos gestión de *bata blanca* o «modelo Alcira», la comunidad pionera es la Comunidad Valenciana. Este modelo, así denominado en atención al hospital general del actual Departamento de Salud de La Ribera, comenzó en 1997. «Esta modalidad de concesión de servicio público, previa construcción de centro sanitario, con retribución capitativa, ha vuelto a ser aplicada en la construcción de los nuevos Hospitales de Torrevieja, Denia, Manises, en la Comunidad Valenciana; del Hospital de Valdemoro, de la Comunidad Autónoma de Madrid, y de varios centros de salud en Cataluña (…). Este es el caso del contrato de gestión de servicio, con obra de ampliación, del servicio de atención primaria del ámbito del Área de Salud de Monserrat. En los contratos de gestión de *bata gris* o «modelo Coslada», el paradigma es la Comunidad de Madrid. «En 2004, el Gobierno autonómico promovió la construcción de siete hospitales en régimen de concesión de obra pública (ya adjudicados). Se trata de los Hospitales Comarcales de San Sebastián de los Reyes, Coslada, Arganda del Rey, Parla, Aranjuez, Vallecas y Puerta del Hierro (…). A partir de esta iniciativa esta fórmula se ha extendido a otras comunidades para la construcción de centros sanitarios: el Hospital de Burgos en Castilla y León, el Hospital Son Dureta de Baleares, y la ampliación parcial del Hospital Virgen del Rocío en Andalucía». VILLAR ROJAS, Francisco José (2007): La concesión como modalidad de colaboración privada en los servicios sanitarios y sociales, *op. cit.* págs. 148 y 145 y 145 y 146.

10 En la Comunidad Valenciana, desde 2015, la Generalitat Valenciana está promoviendo un proceso de involución consistente en revertir la gestión de las áreas de salud al no prorrogar los contratos al tiempo de su vencimiento. A día de hoy ya

B. Supuestos asimilables

El régimen de responsabilidad que vamos a desarrollar también resulta de aplicación, con alguna excepción, a lo que vamos a denominar «supuestos asimilables» a la gestión indirecta de servicios sanitarios, a saber: mutualidades de funcionarios, sociedades de economía mixta y hospitales y clínicas concertadas.

a) Mutualidades de funcionarios

La expresión «mutualidades de funcionarios» alcanza a la Mutualidades Generales de Funcionarios Civiles del Estado (MUFACE), Judicial (MUGEJU) y el Instituto Social de las Fuerzas Armadas (ISFAS).

El mutualismo administrativo surge en los primeros años del franquismo en el marco de la Ley de mutualidades de 1941. Su finalidad fue suplir dos carencias de los funcionarios, la asistencia sanitaria y la cuantía de las pensiones.

A partir de ese momento el Estado comienza a crear mutualidades, como las Mutualidades Benéficas de los Cuerpos de Abogados del Estado y de Corredores de Comercio, las cuales sobreviven a la creación de la Seguridad Social. En 1975 todas las mutualidades de funcionarios del Estado se agrupan y constituyen MUFACE, MUGEJU e ISFAS.

Por así disponerlo la LCSP, los servicios de asistencia sanitaria que, para el desarrollo de la acción protectora de MUFACE, MUGEJU e ISFAS, les presten «entidades públicas, entidades aseguradoras, sociedades médicas y otras entidades o empresas» se llevarán a cabo mediante contratos, los cuales tendrán naturaleza de concesión de servicios[11].

---

se han internalizado cuatro de los cinco contratos: los de los Departamentos de Salud de La Ribera (2018) y Manises (2024) en Valencia y Torrevieja (2021) y Denia (20249 en Alicante. Subsiste la gestión indirecta en el Departamento de Salud de Elche-Crevillente en Alicante.

[11] DA 19 de la LCSP. De acuerdo con esta disposición adicional, los contratos de concesión de servicios que celebren, MUFACE, MUGEGU e ISFAS para la prestación de asistencia sanitaria se regirán por la normativa especial de cada mutualidad y, en todo lo no previsto por la misma, por la LCSP. A día de hoy la normativa especial queda recogida en los RRDDLegs 4/2000, 3/2000 y 1/2000, todos ellos de 23 de junio, por los que se aprueban los TTRR de las Leyes sobre la Seguridad Social de Funcionarios Civiles del Estado, el personal al servicio de la Administración de Justicia y las Fuerzas Armadas.

b) Sociedades de economía mixta

Desde la Ley de contratos del Estado de 8 de abril de 1965, (en adelante «LCE-65»), hasta la actual LCSP, una modalidad del contrato de gestión de servicios públicos era la sociedad de economía mixta. Su «nota distintiva *era* la creación de un ente en el que *participaba* la Administración con un operador privado. Esta figura se ha visto revitalizada por el Derecho comunitario que la ha configurado como un supuesto de colaboración público-privado institucional (CPPI)»[12].

Hoy en día, la disposición adicional (en adelante «DA») 22 de la LCSP canaliza esta modalidad de CPPI mediante concesiones adjudicadas por la Administración sanitaria a sociedades de economía mixta. Se trata de aquellos casos en los que la Administración Pública, titular de la prestación del servicio de asistencia sanitaria, decide gestionar dicho servicio mediante la constitución de una sociedad mercantil «en la que concurra mayoritariamente capital público con capital privado»[13]. «Esta figura tiene la consideración de "empresa pública" (...) pero no es una forma de gestión directa»[14].

c) Hospitales y clínicas concertadas

Tradicionalmente, el concierto se ha caracterizado por ser «un contrato administrativo en el que un particular utiliza sus propias instalaciones para atender a los usuarios, y asume la prestación de un servicio a cambio de recibir una remuneración económica por una cuantía fija»[15]. Durante mucho tiempo, se cuestionó si los conciertos sanitarios eran una de las modalidades del contrato de gestión de servicios públicos.

El concierto sanitario es una modalidad de colaboración público-privada, con fuerte arraigo en España, referida a los «servicios de solidaridad, es

---

12 MANENT ALONSO, Luis y TENHAEFF LACKSCHEWITZ, Saskia (2018): «Los contratos para la gestión de servicios públicos», en MESTRE DELGADO, Juan Francisco y MANENT ALONSO, Luis (dirs.), *La Ley de contratos del sector público. Aspectos novedosos*, Tirant lo Blanch, Valencia, pág. 193.

13 DA 22 de la LCSP.

14 DOMÍNGUEZ MARTÍN, Mónica (2006): *Formas de gestión de la Sanidad Pública en España*, La Ley, Madrid, pág. 187.

15 BLANQUER CRIADO, David (2012): *La concesión de servicio público, op. cit.* pág. 413.

decir, a actividades de beneficencia que en otro tiempo fueron protagonizadas en España por la Iglesia»[16].

La pervivencia de los «conciertos sanitarios» hasta la actualidad, se haya en la organización de la asistencia sanitaria a partir de áreas de salud, las cuales se configuran en la LGS como las estructuras fundamentales del sistema sanitario. A cada una de ellas le corresponde, en su demarcación territorial, la gestión unitaria: de los centros y establecimientos del Servicio de Salud de la Comunidad Autónoma; y de las prestaciones y programas sanitarios a desarrollar por ellos.

Esta gestión unitaria engloba no sólo los centros y establecimientos públicos sino también los privados integrados a la red pública en virtud de los correspondientes convenios singulares o conciertos.

Pues bien, de entre todas las posibilidades organizativas, la LGS optó, fundamentalmente, por la gestión directa de los servicios de salud a través de las áreas de Salud. De manera complementaria admitía la vinculación de los hospitales generales y clínicas privadas mediante convenios singulares y los conciertos.

Ambas figuras —convenios singulares y conciertos sanitarios— se configuran como instrumentos de colaboración público-privada en la prestación de servicios sanitarios. En concreto, los convenios singulares de vinculación se regulan en los arts. 66 y 67 de la citada LGS y los conciertos sanitarios en el art. 90 de la LGS. Los convenios singulares se analizarán en tercer epígrafe, el relativo a la responsabilidad de los colaboradores de la Administración sanitaria distintos a los contratistas.

En cuanto al concierto sanitario, éste supone una vinculación difusa, limitada a determinadas prestaciones que el sector público no está capaci-

16 *Ibidem* pág. 411. Como afirma BLANQUER, «el concierto es un contrato administrativo en el que un particular utiliza sus propias instalaciones para atender a los usuarios, y asume la prestación de un servicio a cambio de recibir una remuneración económica por una cuantía fija (...). Entre otros, son característicos de los conciertos para la prestación de servicios públicos, los siguientes rasgos: (i) los conciertos se refieren a actividades económicas abiertas a la iniciativa privada y que no están reservadas al sector público; (ii) el aprovechamiento de infraestructuras de infraestructuras privadas preexistentes, y la ausencia de reversión a la Administración de los bienes afectos a la prestación del servicio; (iii) la exigencia de previa homologación; (iv) la práctica de adjudicaciones directas, y la relativización de la competencia entre los aspirantes a la celebración del concierto para la prestación de un servicio; (v) el precio cierto del negocio jurídico; y, *(vi)* la duración breve y limitada del vínculo contractual». *Ibidem* págs. 414 y 415.

tado para garantizar. Así pues, mediante la figura del concierto sanitario, la Administración encomienda a centros privados la prestación de servicios sanitarios concretos, empleando medios ajenos a los de la Administración. Habitualmente se retribuyen por acto médico.

Hasta la promulgación de la actual LCSP, la normativa de contratación pública articulaba esta modalidad de gestión indirecta a través del contrato de gestión de servicios públicos. Una de sus modalidades era el concierto[17]. En este sentido, como ha señalado el Consejo Consultivo de Canarias («en adelante CCCan»), los conciertos sanitarios han pertenecido «al género del contrato administrativo típico denominado concierto para la gestión indirecta de los servicios públicos (...). Esta naturaleza del concierto (...) implica que, para todo aquello que no regule el artículo 90 LGS [y la legislación autonómica], habrá que acudirse a la legislación de contratación pública»[18].

---

[17] Como afirman MANENT y TENHAEFF, con la actual LCSP, «el objeto del contrato de gestión de servicios públicos se ha desdoblado en los contratos de servicios y concesión de servicios (...). Ha desaparecido la idea de un contrato con cuatro modalidades de adjudicación. Una de ellas se mantiene (concesión), otra se convierte en una modalidad de adjudicación de los contratos de concesión (sociedad de economía mixta), y las dos restantes han dejado de existir (gestión interesada y concierto)». Los conciertos pasan a regirse por los preceptos dedicados a los contratos de servicios o concesión de servicios en función de si se trasmite el riesgo operacional o no. Por su parte, la DA 34 de la actual LCSP señala que «las referencias existentes en la legislación vigente al contrato de gestión de servicios públicos se entenderán realizadas tras la entrada en vigor de la presente Ley al contrato de concesión de servicios, en la medida en que se adecuen a lo regulado para dicho contrato en la presente Ley». La desaparición del contrato de gestión de servicios públicos se debe a la Directiva 2014/23/UE del Parlamento Europeo y del Consejo, de 26 de febrero, relativa a la adjudicación de los contratos de concesión. Esta norma ha armonizado por primera vez, a nivel europeo, los contratos de concesión de servicios. MANENT ALONSO, Luis y TENHAEFF LACKSCHEWITZ, Saskia (2018): «Los contratos para la gestión de servicios públicos», *op. cit.* pág. 188.

[18] CJ 4 DCCCan. 554/2011, de 18 de octubre. A juicio del CCCan: «los conciertos sanitarios, cuya regulación específica se encuentra en la LGS, pertenecen al género del contrato administrativo típico denominado concierto para la gestión indirecta de los servicios públicos que se encontraba ya contemplado en la Base X.1 de la Ley 198/1963, de 28 de diciembre, de Bases de Contratos del Estado (LBCE) y en el artículo 66 del Texto Articulado que la desarrollaba (aprobado por el Decreto 923/1965, de 8 de abril); y que actualmente se definen de manera idéntica en el artículo 253, c) de la Ley 30/2007, de 30 de octubre, de Contratos del Sector Público (LCSP). Esta naturaleza del concierto sanitario como un contrato de gestión

Entre las singularidades regulatorias, el art. 90.2 de la LGS prevé que, en su adjudicación, se dé «prioridad, cuando existan análogas condiciones de eficacia, calidad y costes, (...) [a] las entidades que tengan carácter no lucrativo».

En la actualidad cabe preguntarse si, con la actual LCSP, en la que ha desaparecido el contrato de gestión de servicios públicos, debe entenderse derogada la figura del concierto o no. Al respecto, DOMÍNGUEZ MARTÍN, considera que «los conciertos sanitarios se pueden mantener, ajustándose a lo dispuesto para el contrato de servicios (...), subsistiendo como modalidad contractual diferenciada»[19].

En definitiva, los conciertos sanitarios son figuras jurídicas muy utilizadas y a las que para todo aquello no regulado en su legislación sectorial se les aplica la LCSP.

2) *Régimen general*

Una vez esbozadas las modalidades contractuales que pueden dar lugar a responsabilidad patrimonial, entramos a analizar cómo se exige ésta y quién debe responder. A tal efecto distinguimos el régimen general, para los contratistas y concesionarios de la Administración sanitaria, y los re-

---

indirecta de los servicios públicos implica que, para todo aquello que no regule el artículo 90 LGS, habrá que acudirse a la legislación de contratación pública».

19 DOMÍNGUEZ MARTÍN, Mónica (2019): «Los contratos de prestación de servicios a las personas. Repensando las formas de gestión de los servicios sanitarios públicos tras las Directivas de contratos de 2014 y la Ley 9/2017 de contratos del Sector Público», *Revista General de Derecho Administrativo*, núm. 50, pág. 27. En palabras de DOMÍNGUEZ MARTÍN, «aunque tradicionalmente se consideraba incluido el concierto dentro de las formas contractuales del contrato de gestión de servicios públicos, a la luz de la jurisprudencia comunitaria y los dictámenes y resoluciones de las Juntas Consultivas de Contratación y los Tribunales de recursos contractuales, se habían excluido algunas prestaciones sanitarias del ámbito del contrato de gestión de servicio público, incluyéndolas en el contrato de servicios. (...) Por tanto, una primera aproximación a esta cuestión parece conducir a que los conciertos sanitarios se pueden mantener, ajustándose a lo dispuesto para el contrato de servicios (...), subsistiendo como modalidad contractual diferenciada (...). La regulación contenida en los arts. 89-90 de la LGS no entra en colisión con la LCSP ni con las Directivas. Tampoco es un problema la preferencia que se da a los centros o establecimientos de los sean titulares entidades que no tengan carácter lucrativo, puesto que esto ya ha sido admitido por la jurisprudencia del TJUE». *Idem.*

gímenes especiales para las mutualidades de funcionarios, sociedades de economía mixta y hospitales y clínicas concertadas.

A. Introducción

«La responsabilidad por los daños ocasionados a terceros en la ejecución de un contrato administrativo es una de las cuestiones más discutidas, tanto en lo que se refiere al responsable de los daños, como el procedimiento para determinar esa responsabilidad»[20].

Dan fe de ello, los «virajes» introducidos por las Leyes de expropiación forzosa, de 16 de diciembre de 1954 y 13/1995, de 18 de mayo, de contratos de las AAPP, así como la Ley Orgánica 19/2003, de 23 de diciembre, de modificación de la Ley Orgánica 6/1985, de 1 de julio, del Poder judicial (en adelante «LEF», «LCAP-95», «LO 19/2003», y «LOPJ»).

Antes de la LEF, «el régimen tradicionalmente aplicado en España ha sido la responsabilidad personal y directa del propio gestor del servicio»[21]. Al atribuirse ésta al contratista, las reclamaciones debían ventilarse ante la jurisdicción ordinaria. Como consecuencia de ello, la responsabilidad era del contratista, tenía carácter exclusivo, debía exigirse ante la jurisdicción ordinaria y se regía por el criterio de la culpa (responsabilidad subjetiva).

Fue la LEF, la que «introdujo una regulación alambicada y cuanto menos discutible, que diferenciaba las cuestiones sustantivas o de fondo, y las formales o procedimentales»[22].

En concreto, sobre el papel, la LEF distribuyó internamente la responsabilidad entre contratista y Administración Pública, y prescribió que cada uno respondiera mancomunadamente por los daños que le fueran imputables. También dispuso que los terceros perjudicados se dirigieran a la Administración para reclamar los daños, y en caso de ser desestimada la reclamación, recurriesen ante los tribunales del orden contencioso— administrativo (unidad jurisdiccional). La estimación o desestimación, tanto de la reclamación como del recurso, se basaría en un régimen de responsabilidad objetiva.

---

[20] YÁÑEZ DÍAZ, Carlos (2009): «La responsabilidad de los contratistas y concesionarios en la jurisprudencia y en la doctrina del Consejo de Estado y los consejos consultivos autonómicos», *Revista jurídica de la Comunidad de Madrid*, núm. 29, pág. 225.

[21] *Idem.*

[22] *Idem.*

Cuarenta años después, el art. 98 de la LCAP-95, aunque mantuvo el reparto interno de responsabilidades, dispuso que los daños imputables al contratista se dirimieran en la jurisdicción ordinaria, y los de la Administración en la jurisdicción contencioso-administrativa, previa reclamación de responsabilidad patrimonial (dualidad jurisdiccional). Como consecuencia de esta modificación, la responsabilidad por los daños causados por el contratista pasaba a ser subjetiva y la derivada de daños imputables a la Administración objetiva. Adicionalmente se introdujo un requerimiento previo destinado a que el órgano de contratación orientase el reclamante acerca del sujeto responsable: el contratista o la Administración.

En 2003, la LO 19/2003, modificó el art. 9.4 de la LOPJ con el fin de atajar el peregrinaje jurisdiccional. Para ello, prescribió que toda reclamación de responsabilidad patrimonial en la que la Administración fuera demandada se ventilara por los juzgados y tribunales del orden contencioso-administrativo.

Finalmente, tanto el art. 198 de la Ley 30/2007, de 30 de octubre, de contratos del sector público (en adelante «LCSP-07»), como el art. 196 de la LCSP, han mantenido el sistema introducido por la LCAP-95, si bien este último ha incorporado de novedades de carácter menor: una relativa a la responsabilidad de la Administración por vicios del proyecto y otra referente al requerimiento previo a la reclamación de responsabilidad patrimonial[23].

Dicho esto, a continuación, dividimos el apartado dedicado al régimen general de responsabilidad por los daños causados por los contratistas de la Administración en cuatro subapartados.

---

23 De manera complementaria al art. 196 de la LCSP, en el ámbito del régimen local, se impone al concesionario la obligación de indemnizar a terceros de los daños que les ocasionase el funcionamiento del servicio. Se exceptúa el caso de que se hubiesen producido por actos realizados en cumplimiento de una cláusula impuesta por la corporación con carácter ineludible (art. 128 del Reglamento de servicios de las corporaciones locales, aprobado por el Decreto de 17 de junio de 1955). De modo análogo, y con la idea de excluir la responsabilidad de la Administración Pública, el art. 288 c) de la LCSP, a la hora de establecer las obligaciones generales del concesionario, incluye la de «indemnizar los daños que se causen a terceros consecuencia de las operaciones que requiera el desarrollo del servicio, excepto cuando el daño sea producido por causas imputables a la Administración».

Los tres primeros (letras B, C y D), los dedicaremos a exponer de manera diacrónica elementos controvertidos de este sistema de responsabilidad. Éstos son:

i. El carácter de responsabilidad (exclusivo, global o limitado).

ii. El proceso (contencioso-administrativo o contencioso-administrativo y civil).

iii. La naturaleza de la responsabilidad (objetiva o subjetiva).

El cuarto subapartado abordará el requerimiento previo y expondrá las novedades incorporadas por el art. 196 de la LCSP (letra E). Terminaremos con una valoración crítica (letra F).

«En cualquier caso, es indispensable partir de la premisa de que el concesionario es un particular que no se integra en la estructura organizativa de la Administración, y que en sus relaciones con terceros se somete al Derecho privado»[24].

B. Responsabilidad exclusiva, global (mancomunada o solidaria) y limitada

Tanto la actual LCSP, como sus leyes predecesoras, han establecido un régimen de reparto o distribución interna (cuestión sustantiva), así como de atribución de responsabilidad específico y concreto (cuestión procesal). «La regulación sustantiva[, relativa al reparto de la responsabilidad] se ha mantenido con pequeños cambios durante más de un siglo. Sin embargo, la interpretación jurisprudencial [de la atribución de responsabilidad] ha experimentado cambios profundos»[25]. Veámoslo, diferenciando las cuestiones sustantivas de la procedimentales.

---

24 BLANQUER CRIADO, David (2012): *La concesión de Derecho público, op. cit.* pág. 985.

25 GARCÍA ÁLVAREZ, Gerardo (2018): «La responsabilidad en la ejecución de los contratos públicos: penalidades, responsabilidad frente a la administración contratante y frente a terceros», en GIMENO FELIÚ, José María (dir.), *Estudio sistemático de la ley de contratos del sector público,* Aranzadi, Cizur Menor (Navarra), pág. 1318.

a) Cuestiones sustantivas

Como acabamos de señalar, «hasta la aparición de la Ley de Expropiación Forzosa (...) las lesiones [causadas a] (...) a terceros por contratistas y concesionarios de la Administración (...) [eran] un supuesto más de responsabilidad civil [de carácter subjetivo] entre particulares, estrictamente sometido a la aplicación de las normas del Código Civil y al conocimiento de los Tribunales civiles de Justicia»[26]. En otras palabras, **antes de 1954, la responsabilidad era exclusiva del contratista**. Novedosamente, la LEF **Introdujo el siguiente reparto interno de responsabilidades** entre el contratista y la Administración:

> Art. ciento veintiuno.2 de la LEF
> *«En los servicios públicos concedidos correrá la indemnización a cargo del concesionario, salvo en el caso en que el daño tenga su origen en alguna cláusula impuesta por la Administración al concesionario y que sea de ineludible cumplimiento para éste».*

En 1954, el art. 121.2 de la LEF, dispuso que, con carácter general, «en los servicios públicos concedidos *correría* la indemnización a cargo del concesionario». De esta regla general excluyó los daños que tuvieran «su origen en alguna cláusula impuesta por [la Administración] (...) y que *fuera* de ineludible cumplimiento»[27].

Posteriormente, la LCE-65 sustituyó la excepción de la cláusula impuesta al contratista, por otra en la que la Administración se hacía responsable de los daños «ocasionados como consecuencia inmediata y directa de una orden de la Administración»[28].

Dos años después, el Reglamento general de contratos del Estado, de 28 de diciembre de 1967 (en lo sucesivo «RCE-67»), añadió una segunda excepción al régimen de distribución de responsabilidades. Desde entonces, la Administración responde no solo por los daños imputables a una orden suya, sino también de los «que se causen a terceros como consecuencia de vicios del proyecto»[29].

---

26 BOCANEGRA SIERRA, Raúl (1994): «La responsabilidad civil de los concesionarios y contratistas de la Administración por daños causados a terceros». *op. cit.* pág. 206.

27 Art. 121.2 LEF.

28 Art. 71.2 LCE-65.

29 Art. 134 RCE-67.

El esquema de reparto interno de responsabilidades entre el contratista y la Administración resultante del RCE-67 ha permanecido inalterado hasta la actual LCSP.

En efecto, el art. 196 de la **LCSP establece,** como **regla general,** que «será **obligación del contratista** indemnizar todos los daños y perjuicios que se causen a terceros como consecuencia de las operaciones que requiera la ejecución del contrato»[30]. Como excepción a esta regla general, de acuerdo con el art. 196.2 de la LCPS, **se hace responsable a la Administración Pública** en dos casos:

i. «Cuando tales daños y perjuicios hayan sido ocasionados como consecuencia inmediata y directa de una **orden dada por la Administración**»[31]. En este caso, la Administración será la responsable dentro de los límites señalados en las leyes.

   En los supuestos de orden directa y e inmediata de la Administración cabe plantearse con MESTRE, si «¿toda orden es susceptible de eximir al [contratista] o concesionario de responsabilidad? Parece que los preceptos que nos ocupan poseen una finalidad restrictiva, de tal manera que una orden vaga, genérica o indeterminada, para cuya ejecución el concesionario [o contratista] pueda adoptar las medidas que le parezcan más adecuadas, no justificará la exención de responsabilidad; parece, en efecto, que el precepto exige una orden concreta, encaminada directamente —o como consecuencia necesaria— a la consecución de un objetivo determinado —lesivo— que no permita al concesionario [o contratista] la ejecución de dicha orden sin producir el resultado lesivo»[32].

ii. Cuando «los daños que se causen a terceros [sean] como consecuencia de los vicios del proyecto en el contrato de obras, sin perjuicio de la posibilidad de repetir contra el redactor del proyecto de acuerdo con lo establecido en el artículo 315, o en el contrato del suministro de fabricación»[33].

---

30 Art. 196.1 de la LCSP.

31 Art. 196.2 de la LCSP.

32 MESTRE DELGADO, Juan Francisco (2011): «Las formas de prestación de los servicios públicos locales», en MUÑOZ MACHADO, Santiago (dir.), *Tratado de Derecho Municipal,* Iustel (3ª ed.), Madrid, pág. 2117.

33 Art. 196.2 de la LCSP. El actual art. 196 de la LCSP, modifica la excepción de los vicios del proyecto: por un lado —como ya hiciera el art. 198 del TR de la Ley de contratos del sector público aprobado por el RDLeg 3/2011, de 14 de noviem-

Un ejemplo lo encontramos en las SSTS de 9 de mayo y 11 de julio de 1995 relativas un deslizamiento del suelo que genera daños a terceros en la ejecución de un proyecto de obras que adolecía de vicios[34].

Como apunta ZAMORA, la actual LCSP establece novedosamente que el «proyecto en cuyos vicios está el origen o causa de los daños puede haber sido redactado por los propios servicios técnicos de la Administración o por un tercero externo a través del correspondiente contrato de servicios, de ahí la remisión al art. 315 de esta propia norma que regula las indemnizaciones por desviaciones en la ejecución de obra y responsabilidad por defectos o errores del proyecto, en relación con el contrato de servicios de elaboración de proyecto de obras en el que no solo se contempla un régimen de indemnización vinculado a los porcentajes de desvío del presupuesto de ejecución de la obra sino, también la responsabilidad por los daños y perjuicios causados a la Administración y a terceros por defecto e insuficiencias técnicas del proyecto o por lo errores materiales, omisiones e infracciones e preceptos legales o reglamentos en el que el mismo ha incurrido, imputables al contratista redactor del proyecto»[35].

b) Cuestiones procesales

Aunque en el cap. 29 (págs. 2070 a 2085), ORTILLÉS, ALONSO, GÓMEZ ZAMORA y SOLER abordan de manera completa el peregrinaje jurisdiccional en materia de responsabilidad patrimonial sanitaria, en este capítulo no queremos dejar de hacer una mención. Así, en lo que a las cuestiones procesales se refiere, el punto de partida es el art. 123 de la LEF. Éste atribuyó la competencia al orden contencioso-administrativo (unidad jurisdiccional). En cambio, como se verá, el art. 98 de la LCAP-95 distinguió en función del sujeto responsable (dualidad jurisdiccional).

---

bre— suprime la necesidad de que el proyecto haya sido elaborado por la Administración; por otro, aclara que la responsabilidad de la Administración será «sin perjuicio de la posibilidad de repetir contra el redactor del proyecto».

34 *Cfr.* SSTS de la Sala de lo Contencioso-administrativo de 9 de mayo de 1995 (rec. 527/1993 y [*Tol 186453*]) y 11 de julio de 1995 (rec. 303/1993 [*Tol 187355*]).

35 ZAMORA ZARAGOZA, Francisco Javier (2016): «Comentario al artículo 196 LCSP», en RECUERDA GIRELA, Miguel Ángel: *Comentarios a la nueva Ley de contratos del sector público*, Aranzadi, Cizur Menor (Navarra), pág. 1175.

Art. 123 de la LEF

«Cuando se trate de servicios concedidos, la reclamación se dirigirá a la Administración que otorgó la concesión, en la forma prevista en el párrafo segundo del artículo ciento veintidós, la cual resolverá tanto sobre la procedencia de la indemnización como sobre quién debe pagarla, de acuerdo con el párrafo segundo del artículo ciento veintiuno. Esta resolución dejará abierta la vía contencioso-administrativa, que podrá utilizar el particular o el concesionario, en su caso».

La principal diferencia entre la LEF y las leyes reguladoras de la contratación pública se encuentra en los órganos jurisdiccionales llamados a conocer de las pretensiones relativas a la responsabilidad de los contratistas: los del orden contencioso-administrativo o éstos y los del orden civil.

i. Unidad jurisdiccional

El art. 123 de la LEF impuso novedosamente a los perjudicados la carga de presentar una reclamación de responsabilidad patrimonial, y frente a la resolución de la Administración, un recurso contencioso-administrativo[36].

---

36 Tras la aprobación de la LEF, en relación con la atribución de la responsabilidad por los daños por los contratistas, la doctrina quedó dividida en tres grandes grupos. Uno, mayoritario, en el que se encuentran, entre otros, BOCANEGRA, GUERRERO, LEGUINA y MARTÍN REBOLLO. Para estos autores la Administración y el contratista debían responder mancomunadamente, aunque aplicando un régimen de Derecho público para que el contratista no estuviese en peor posición si era demandado con la Administración (responsabilidad objetiva). Adicionalmente existía otro minoritario de autores (ARIÑO, GONZÁLEZ NAVARRO, VILLALBA, VILLAR, etc.). Estos autores propugnaban que la Administración respondiera solidariamente aplicando las normas de Derecho público, sin perjuicio de que repitiera contra el contratista. Finalmente había un tercer grupo, al que se adscribían, entre otros, REBOLLO y BELADIEZ, que optaban por una solución casuística, diferenciando los casos en los que responde la Administración, de los que debe hacerlo el contratista (REBOLLO y BELADIEZ). BOCANEGRA SIERRA, Raúl (1978): «Responsabilidad de contratistas y concesionarios de la Administración Pública». *Revista Española de Derecho Administrativo,* pág. 404. GUERRERO ZAPLANA, José (2004): *Las reclamaciones por la defectuosa asistencia sanitaria,* Lex Nova, Valladolid (4ª ed.), pág. 116. LEGUINA VILLA, Jesús (1984): *La responsabilidad civil de la Administración Pública,* Tecnos, Madrid, pág. 325. MARTÍN REBOLLO, Luis (1977): *La responsabilidad patrimonial de la Administración en la jurisdicción,* Civitas, Madrid. ARIÑO ORTIZ, Gaspar (1979): «El servicio público como alternativa», *Revista Española de Derecho Administrativo,* núm. 23, págs. 552. GONZÁLEZ NAVARRO, Francisco (1976): «responsabilidad de la Administración por daños causados a terceros por el empresario de un servicio públicos», *Revista de Derecho Administrativo y Fiscal,* núms. 44 y 45, págs. 215 a 250. VILLAR ROJAS, Francisco José (1986): *La responsabilidad de las Administraciones sanitarias,* Praxis, Madrid. VILLALBA PÉREZ, Francisca (2005): *Responsabilidad extracontractual del con-*

La LCE-65 no reguló esta cuestión. Sí lo hizo, dando continuidad al art. 123 de la LEF, el art. 134 del RCE-67 (y posteriormente el Reglamento general de contratos del Estado de 25 de noviembre de 1975, en adelante «RCE-75»)[37].

ii. ***Dualidad jurisdiccional.*** Desde el art. 98 de la LCAP-95, si la responsabilidad se atribuye al contratista, será necesario demandarlo ante los juzgados y tribunales de la jurisdicción ordinaria. En cambio, sí se considera que la responsabilidad recae en órbita de la Administración, será necesario interponer una reclamación de responsabilidad patrimonial, y posteriormente, un recurso contencioso-administrativo.

La importancia de esta cuestión —unidad o dualidad jurisdiccional— radica en sus **consecuencias**.

i. El régimen de unidad jurisdiccional permite obtener un pronunciamiento global sobre la responsabilidad del contratista y la Administración, ya sea mancomunada para ambos, ya sea solidaria para la Administración.

La LEF optó por un sistema de responsabilidad mancomunada. Esto supuso que, primero la Administración y después los tribunales debían resolver sobre la existencia de responsabilidad, la persona responsable y la cuantía de la indemnización.

Ahora bien, podría haber recurrido a un sistema solidario en el que el pronunciamiento se limitase a admitir o denegar la responsabilidad de la Administración, y en el primer caso, además, a cuantificar la indemnización. Adicionalmente, la Administración, en caso de ser imputable la responsabilidad al contratista, podría repetir contra él.

---

tratista por los daños causados a terceros, op. cit. págs. 90 y 91 REBOLLO PUIG, Manuel (1990): «Servicios públicos concedidos y responsabilidad de la Administración: imputación o responsabilidad por hecho de otro», *Revista del Poder Judicial*, núm. 20, pág. 29. BELADIEZ ROJO, Margarita (1997): *Responsabilidad e imputación de daños por el funcionamiento de los servicios públicos*, Tecnos, Madrid, pág. 264.

37 Según el art. 134 del RCE-75: «será de cuenta del contratista indemnizar todos los daños que se causen a terceros como consecuencia de las operaciones que requiera la ejecución de las obras. Cuando tales perjuicios hayan sido ocasionados como consecuencia inmediata y directa de una orden de la Administración, será ésta responsable dentro de los limites señalados en la Ley de Régimen Jurídico de la Administración del Estado. También será ésta responsable de los daños que se causen a terceros como consecuencia de vicios del proyecto».

ii. El sistema de dualidad jurisdiccional solo permite efectuar un pronunciamiento limitado a la responsabilidad del contratista o de la Administración. De ser así, la jurisdicción ordinaria es la llamada a determinar la responsabilidad del contratista, y la contencioso-administrativa, la de la Administración.

Ni la jurisdicción ordinaria puede hacer responder a la Administración de manera mancomunada junto al contratista, ni la jurisdicción contencioso-administrativa puede efectuar un pronunciamiento en el que se haga responsable a la Administración de manera solidaria, o de manera mancomunada junto con el contratista.

Llegados a este punto, analizamos cuál ha sido la evolución real del proceso para exigir responsabilidad por los daños causados por el contratista durante la ejecución de un contrato.

C. Procesos para exigir la responsabilidad

El régimen de responsabilidad por los daños causados por los contratistas de la Administración, sobre el papel, ha evolucionado desde un sistema de responsabilidad exclusiva del contratista a un régimen de responsabilidad limitada, pasando por un régimen de responsabilidad global de carácter mancomunado.

Cuatro son las leyes que han marcado los procesos para exigir la responsabilidad por los daños causados por los contratistas de la Administración, a saber: la Ley de enjuiciamiento civil de 3 de febrero de 1881 (en adelante «LEC»), la LEF, la LCAP-95, y las LO 9/2003 y LOPJ.

a) Ley de Enjuiciamiento civil

Durante el siglo XIX, y hasta la LEF, «la responsabilidad de los contratistas y concesionarios de la Administración carecía de una regulación específica y concreta, entendiéndose que los daños causados por aquellos, se configuraban como un supuesto de responsabilidad civil entre particulares [sometidos a la jurisdicción ordinaria], siéndoles de aplicación la normativa prevista en el Código Civil»[38].

---

[38] MAYOR GÓMEZ, Roberto (2013): «La problemática jurídica de la imputación de los daños causados en centros sanitarios privados concertados», *Revista Aranzadi Doctrinal*, núm. 3, pág. 180.

Este criterio, en el que se hacía responder exclusivamente al contratista, tenía su razón de ser en un tiempo en que, con carácter general, las AAPP no eran responsables de su actuación[39].

b) Ley de expropiación forzosa

Una vez aprobada la LEF, los perjudicados empezaron a reclamar contra la Administración, la cual —sobre el papel— debía pronunciarse, tanto sobre la procedencia de la indemnización y su cuantía, así como quién debía de pagarla.

La realidad fue otra[40]. Durante la segunda mitad del siglo XX, «en la mayoría de los casos, los terceros dañados demandaron conjuntamente al contratista y a la Administración ante la jurisdicción civil, que se consideró

---

39 Para que la Administración respondiera de sus actos se requería una norma o pliego de cláusulas administrativas que lo estableciera. Así ocurría, entre otros ámbitos, en materia aguas (art. 256 de la Ley de aguas de 13 de junio de 1878) y obras públicas (art. 121 de la Ley general de obras públicas de 13 de septiembre de junio de 1888).

40 Según afirma BOCANEGRA, «la primera vez (...) en que se produce un pronunciamiento judicial [atribuyendo el conocimiento de la reclamación al orden contencioso-administrativo] (...) es en la Sentencia de la Sala de lo Contencioso-Administrativo de la entonces Audiencia Territorial de Oviedo, de fecha de 18 de marzo de 1976, cuya doctrina fue posteriormente ratificada en apelación por el Tribunal Supremo en la Sentencia de 28 de mayo de 1980». La Audiencia, frente a la tesis de la corporación municipal, que atribuía la responsabilidad al contratista, declaró que esta era de la Administración porque «en ningún momento deja de ejercitar (...) sus potestades y de asumir la responsabilidad de los daños que su ejecución pueda causar a terceros». Otra excepción a la regla general —conocimiento por el orden civil de las reclamaciones— la encontramos en la STS de 10 de noviembre de 1983 (RJ 1983\6070) de la Sala Civil, que se inhibió a favor de orden contencioso-administrativo por demandarse junto con el contratista a la Administración. En el mismo sentido se pronunció la STS de 20 de junio de 1994 (RJ 1994\5025) de la Sala de Conflictos para la cual en los casos en que "la posición del particular se inserta en el propio funcionamiento del servicio público", la responsabilidad de la Administración es "plena", y habrá de pronunciarse sobre ella mediante acto administrativo revisable ante la jurisdicción contencioso-administrativa». BOCANEGRA SIERRA, Raúl (1994): «La responsabilidad civil de los concesionarios y contratistas de la Administración por daños causados a terceros», *Documentación Administrativa,* núm. 237-238, pág. 214.

globalmente competente haciendo caso omiso a[l art. 123 de] la LEF»[41], que remitía «la vía contencioso-administrativa».

De esta manera, la Sala de lo Civil del Tribunal Supremo (en adelante «TS»), realizando una interpretación *contra legem* del art. 123 de la LEF, siguió considerándose competente para conocer de las reclamaciones contra el contratista, incluso aunque fuera demandado juntamente con la Administración. Obviamente resolvía aplicando un régimen de responsabilidad mancomunada.

Por su parte, la Sala de lo Contencioso-Administrativo del TS, en aquellas reclamaciones que pudo conocer, aunque con alguna excepción —como la STS de 9 de mayo de 1989 que falló que la responsable era la Administración[42]— negaba la responsabilidad de la Administración por falta de nexo causal.

En este sentido, cuando en la generación del daño se interponía el contratista entre la Administración y el perjudicado, el TS —las más de las veces— desestimaba los recursos. Entendía que la intervención del contratista rompía el nexo causal entre el daño y el funcionamiento del servicio público[43]. Se exceptuaban los casos en los que el daño fuera debido a una

---

41 YÁÑEZ DÍAZ, Carlos (2009): «La responsabilidad de los contratistas y concesionarios en la jurisprudencia y en la doctrina del Consejo de Estado y los consejos consultivos autonómicos», *op. cit.* 231.

42 GONZÁLEZ NAVARRO, partidario de atribuir, con carácter solidario, la responsabilidad a la Administración fue el ponente de la STS de 9 de mayo de 1989. En este fallo volcó su posición doctrinal. En fallo descanso en estos tres pilares: 1) La legislación debía garantizar la indemnidad patrimonial de los particulares 2) El contratista, al ser el concesionario de un servicio público, era un delegado de la Administración 3) Lo hecho por el contratista (delegado) debía imputarse a la Administración (delegante) sin perjuicio de la acción de regreso.

43 Como afirma YÁÑEZ, una vez aprobada la LEF, en la sala de lo contencioso-administrativo del TS convivieron dos posturas antagónicas. Una, minoritaria que —con el apoyo del CdE— atribuía la responsabilidad a la Administración con carácter solidario. Otra, mayoritaria, que hacía responder, mancomunadamente, a la Administración y el contratista, cada uno por los hechos que le fueran imputables. «La primera entendía que el particular podía reclamar a la Administración directamente y esta debería abonar la indemnización que en su caso correspondiese, sin perjuicio de su derecho a repetir contra el contratista si el daño no fue debido a órdenes de la Administración o vicios del proyecto. Así SSTS de 19-5-1987, 9-5-1989 y DDCE 18-6-1970 y 12-6-1973 (...). Una segunda tesis estableció que la Administración debía declarar la responsabilidad del contratista salvo que existieran órdenes de aquella o vicios del proyecto, determinando, en los demás supuestos, la responsabilidad que debía satisfacer el contratista. Así SSTS 27-12-

orden de la Administración o a los vicios del proyecto. De esta manera, **la Sala de lo Contencioso-Administrativo, partiendo de la dualidad de jurisdicciones, limitó sus pronunciamientos a la responsabilidad de la Administración**.

c) Legislación de contratación pública

Según se expuso en el apartado A, el art. 98 de la LCAP-95 introdujo, en sede de responsabilidad extrapatrimonial, la «dualidad jurisdiccional». Lo hizo de este modo:

> Artículo 98 de la LCAP-95. Indemnización de daños y perjuicios
>
> *«1. Será obligación del contratista indemnizar todos los daños y perjuicios que se causen a terceros como consecuencia de las operaciones que requiera la ejecución del contrato.*
>
> *2. Cuando tales daños y perjuicios hayan sido ocasionados como consecuencia inmediata y directa de una orden de la Administración, será ésta responsable dentro de los límites señalados en las leyes. También será la Administración responsable de los daños que se causen a terceros como consecuencia de los vicios del proyecto elaborado por ella misma en el contrato de obras o en el de suministro de fabricación.*
>
> *3. Los terceros podrán requerir previamente, dentro del año siguiente a la producción del hecho, al órgano de contratación para que éste, oído el contratista, se pronuncie sobre a cuál de las partes contratantes corresponde la responsabilidad de los daños. El ejercicio de esta facultad interrumpe el plazo de prescripción de la acción civil.*
>
> *4. La reclamación de aquéllos se formulará, en todo caso, conforme al procedimiento establecido en la legislación aplicable a cada supuesto».*

De acuerdo con este precepto, como regla general «será obligación del contratista indemnizar todos los daños y perjuicios» (ap. 1). Sin embargo, «cuando tales daños y perjuicios hayan sido ocasionados como consecuencia (...) de una orden de la Administración [o] de los vicios del proyecto (...) elaborado por ella», responderá la Administración (ap. 2).

«La reclamación (...) se formulará (...) conforme al procedimiento establecido en la legislación aplicable a cada supuesto» (ap. 4): la LEC para exigir la responsabilidad del contratista en el orden civil, y la Ley 29/1998, de 13 de julio, reguladora de la jurisdicción contencioso-administrativa,

---

1989, 23-1995. Esta línea es la que se ha considerado correcta por el Tribunal Supremo desde la STS 30-4-2001, así SSTS 22-6-2001, 20-12-2002 y 30-10-2003». YÁÑEZ DÍAZ, Carlos (2009): «La responsabilidad de los contratistas y concesionarios en la jurisprudencia y en la doctrina del Consejo de Estado y los consejos consultivos autonómicos», *op. cit.* págs. 232 y 233.

para reclamar contra la Administración en el orden contencioso-administrativo.

Adicionalmente, para aquellos casos en los que el reclamante dude acerca del sujeto responsable, podrá «requerir previamente (...), al órgano de contratación para que éste, oído el contratista, se pronuncie sobre a cuál de las partes contratantes *correspondía* la responsabilidad de los daños» (ap. 3).

En teoría, una lectura del art. 98 de la LCAP-95 debía llegar a las conclusiones escritas en los tres párrafos anteriores. Sin embargo, no fue así. La interpretación del art. 98 de la LCAP-95 —y su equivalente en las LCSP-07 y LCSP— ha provocado un divorcio entre el Consejo de Estado (en adelante «CdE») y el TS que aún perdura[44].

Mientras que el CdE —y los consejos consultivos de CCAA— realizan una lectura del precepto garantista con el reclamante, el TS interpreta literalmente el artículo que regula la «indemnización de daños y perjuicios causados a terceros».

i. Consejo de Estado

Para el CdE, aunque las leyes de contratación pública hayan introducido, desde 1995, dos itinerarios jurídicos, cualquier reclamación en la que se pretenda obtener una indemnización por daños causados por un contratista de la Administración debe ventilarse como una responsabilidad patrimonial. En otras palabras, el CdE actúa como si los arts. 121.2 y 123 LEF, que no han sido derogados expresamente, no se viesen afectados por el art. 98 de la LCAP-95 y los preceptos que lo han sustituido.

En efecto, en sus conocidos dictámenes de 13 de julio de 1967, 11 de julio de 1968 y 18 de junio de 1970, el CdE ya sostuvo, partiendo de los arts. 121.2 y. 123 de la LEF, que los daños debían ser reclamados en todo caso ante la Administración, la cual tenía la obligación

44 A día de hoy el CdE sigue, como hiciera desde 1967, interpretando el art. 196.2 de la LCSP, de manera garantista con el reclamante. Así lo ha expresado, entre otros, en los DDCdE de 21 de febrero de 2002 (núm. exp. 3443/2001), de 16 de enero de 2003 (núm. exp. 3235/2002), de 26 de febrero de 2006 (núm. exp. 2094/2005), de 30 de mayo de 2007 (núm. exp. 996/2007), de 23 de diciembre de 2008 (núm. rec. 2037/2008), de 29 de enero de 2009 (núm. exp. 2046/2009) y 18 de junio de 2020 (núm. exp. 205/2020).

de pronunciarse sobre el fondo, en su caso reconocer una indemnización, y si ésta correspondía al contratista, repetir contra él[45].

En opinión del CdE, «al particular *debía* dejarle indiferente quién, dentro de la Administración, en un sentido amplio (incluyendo el contratista o concesionario) *era* el responsable o a que partida presupuestaria (...) *debía* imputarse la indemnización pertinente»[46]. El motivo de este razonamiento era que la víctima no podía tener peor condición —responsabilidad por culpa en vez de objetiva— por el mero hecho de que la responsabilidad fuese imputable al contratista.

Parte de los consejos consultivos y comisiones asesoras de las CCAA, siguiendo al CdE, todavía optan «por exigir que la Administración ha de responder sobre la existencia de la responsabilidad y en caso afirmativo abonar la indemnización que proceda sin perjuicio de la posibilidad de repetir contra el contratista»[47]. Uno de ellos es el Consell Jurídic Consultiu de la Comunitat Valenciana (CJCVal), el cual desde su dictamen 214/1998, de 30 de abril, hasta la actualidad «ha venido manteniendo la precitada tesis de la responsabilidad directa, y así es de ver en cuantos dictámenes se ha planteado

---

45 En este sentido, como se afirma en el DCdE de 10 de marzo de 2016 (núm. rec. 1116/2015), «el Consejo de Estado ha sostenido siempre el mismo criterio. Los daños causados por el contratista a los terceros deben ser reclamados ante la Administración, quien deberá satisfacer, en su caso, la correspondiente indemnización, sin perjuicio de ejercer la acción de repetición contra el contratista. Esta doctrina no ha variado tras la promulgación de las sucesivas legislaciones de contratación pública desde 1995. Y es que este Cuerpo Consultivo siempre ha sentado el criterio de que la Administración responde frente al tercero que ejercita contra ella un derecho indemnizatorio si prueba el perjuicio efectivamente sufrido y la relación causa a efecto entre las operaciones propias de la ejecución de la obra pública y el daño producido por aplicación del principio general establecido en el artículo 121 de la Ley de Expropiación Forzosa primero, en el artículo 40 de la Ley de Régimen Jurídico de la Administración del Estado después (...), en el artículo 139 de la Ley 30/1992, de 26 de noviembre», y actualmente en el art. 32 de la Ley 40/2015, de 1 de octubre, de régimen jurídico del sector público» (CJ IV, comentario al art. 194).

46 DCdE de 10 de junio de 1994 (núm. exp. 1459/1993).

47 YÁÑEZ DÍAZ, Carlos (2009): «La responsabilidad de los contratistas y concesionarios en la jurisprudencia y en la doctrina del Consejo de Estado y consejos consultivos autonómicos», *op. cit.* pág. 238.

la cuestión»[48]. En el mismo sentido también pueden encontrarse dictámenes de los Consejos Consultivos de Asturias (CCAst), Canarias (CCCan) y Murcia (CCMur) y la Comisiones Jurídicas Asesoras de Madrid (CJAMad) y Cataluña (CJACat)[49].

Mención especial merece el DCCAst 185/2022, de 28 de julio porque confirma la tesis de la responsabilidad directa de la Administración «con la nueva previsión del artículo 190 de la LCSP [que] apunta en esta dirección cuando entre las prerrogativas de la Administración pública menciona expresamente [, por primera vez,] la de "declarar la responsabilidad imputable al contratista a raíz de la ejecución del contrato"»[50].

Con el paso del tiempo, algunos consejos consultivos y comisiones asesoras de CCAA han sustituido la posición tradicional del CdE por otra más moderna. Estos órganos consultivos, manteniendo la necesidad de promover —en todo caso— una reclamación de responsabilidad patrimonial —y en su caso interponer un recurso contencioso-administrativo— entienden que debe señalarse en la resolución al contratista como responsable salvo que concurra una de las causas del art. 196.2 LCSP-17 y siempre que concurran los requisitos de los arts. 32 y ss. LRJ-15. Su argumento es la falta de nexo causal entre el funcionamiento del servicio público y el daño como consecuencia de la intervención del contratista. Así lo han manifestado, entre otras, las Comisiones Jurídicas Asesoras de Euskadi (CJAEus) y Cataluña (CJACat) y el Consejo Consultivo de Castilla-La Mancha (CCC-M)[51]. De esta manera pretenden compatibilizar la

---

48 DÍEZ CUQUERELLA, José (2012): «Responsabilidad de la Administración por daños derivados de la actuación de sus contratistas y concesionarios, *Revista Española de la Función Consultiva, op. cit.* pág. 59. La doctrina legal iniciada por el DCJC 214/1998, de 30 de abril, se ha mantenido hasta la actualidad como pone de manifiesto el DCJCVal 551/2019, de 25 de septiembre.

49 *Cfr.* DCCAst 18/2009, de 19 de febrero, DCCCan 163/2009, de 1 de abril, DCCMur 113/2008, DCJAMad 86/2021, y DCJACat 345/2002, de 1 de agosto.

50 CJ 4 DCCAst 185/2022, de 28 de julio.

51 *Cfr.* DCJACat 219/2021, de 8 de julio, DCJAEus 89/2008 y DDCCC-M 58/2021, de 18 de febrero y 155/2021, de 5 de mayo. Estos dictámenes, en unos casos se afirma que «la responsabilidad de la Administración resulta (…) modulada en razón de la intervención del contratista, que interfiere en la relación de causalidad de manera determinante, exonerando a la Administración por ser atribuible el daño a la conducta y actuación directa del contratista en la ejecución del contrato bajo su responsabilidad» (par. 37 DCJAEus 89/2008). En otros, se afirma simplemente

interpretación garantista del art. 196 LCSP con los requisitos de la responsabilidad patrimonial del art. 32 y ss. LRJ-15, particularmente el del nexo causal.

MANENT, tras la aprobación de la actual LCSP entiende que las resoluciones que pongan fin a las reclamaciones de responsabilidad patrimonial deben señalar al contratista cuando a él le sea imputable el daño. Llega a esta conclusión, tal y como explica en el cap. 7 del tratado (págs. 503 a 505), porque, en la actualidad, el art. 190 LCSP, incluye entre las prerrogativas de la Administración la declaración de responsabilidad del contratante.

ii. Tribunal Supremo

En un primer momento, la interpretación del art. 98.3 LCAP-95 dividió a los tribunales superiores de justicia (en adelante «TSJ»).

La mayoría —entre ellos el de Extremadura—, a pesar del desplazamiento del art. 123 de la LEF, siguieron postulando que la Administración debía pronunciarse sobre la procedencia de la reclamación, a quien incumbía pagar y la cuantía de la indemnización (interpretación garantista)[52]. La postura minoritaria —también denominada arbitral— sostuvo que el art. 98.3 LCSP-95 no permitía declarar a la Administración la responsabilidad del contratista porque correspondía a la jurisdicción civil. Ésta fue la postura del TSJ de Murcia[53].

---

que, de acuerdo con el art. 196 LCSP-17, «la responsabilidad del contratista ante los particulares es directa» o se realiza una interpretación literal de éste resaltando que «los apartados 1 y 2 establecen que es obligación del contratista indemnizar todos los daños y perjuicios que causen a terceros (...) salvo que los daños se hayan ocasionado como consecuencia inmediata y directa de una orden de la Administración o de vicios del proyecto» (CCJJ 3 DCCCan 189/2021, de 15 de abril y VI.3 DCJACat. 219/2021, de 8 de julio). Este segundo dictamen, con cita: de los DDCJACat 297/1999, de 13 de mayo y 345/2002, de 1 de agosto, por un lado;, y los DDCJACat 165/2015, de 28 de mayo, 184/2016, de 7 de julio, 207/2016, de 26 de julio y 341/2016, de 21 de diciembre, por otro, muestra su evolución jurisprudencial.

52 Para la STSJ de Extremadura de 27 de abril de 2004 (núm. rec. 288/2002 y [*Tol 442339*]), asumiendo la interpretación garantista, «de conformidad con el artículo 98 de la Ley de contratos de las Administraciones del Estado, era obligación de la Administración examinar la reclamación del perjudicado y resolver sobre la procedencia de la indemnización, su cuantía y la parte responsable» (FJ 6).

53 A juicio de la STSJ de Murcia 141/2004, de 27 de febrero (núm. rec. 1/2001 y [*Tol 443900*]), en consonancia con la interpretación literal del art. 134 del RCE-75, «el art. 98 LCAP distribuye las responsabilidades entre Administración y contratista

En este punto, el TS asumió la postura minoritaria. Como consecuencia de ello, limita la institución de la responsabilidad patrimonial a las reclamaciones que se dirijan contra la Administración. Por esta razón, entiende que no existe relación de causalidad entre el daño y el funcionamiento del servicio público, y desestima las reclamaciones de los perjudicados. Tan solo liga los daños con el funcionamiento del servicio público, cuando éstos sean consecuencia de una orden dada por la Administración.

Como gráficamente expresa la STS de 30 de marzo de 2009, a día de hoy, en lo que al proceso se refiere, una vez presentada una reclamación de responsabilidad patrimonial, la «Administración puede optar entre dos alternativas: considerar que concurren los requisitos para declarar la existencia de responsabilidad o estimar que están ausentes y que, por lo tanto, no procede esa declaración; en la primera hipótesis pueden ofrecerse, a su vez, dos salidas posibles; a saber: entender que la responsabilidad corresponde al contratista o que, por darse los supuestos que contempla el apartado 2 del repetido artículo 98 [de la LCAP-95 y del art. 198 de la LCSP-07], sea ella misma quien tiene que hacer frente a la reparación. En este último caso así lo acordará y en el otro deberá reconducir a los interesados hacia el cauce adecuado, abriéndoles el camino para que hagan efectivo su derecho ante el adjudicatario responsable»[54].

Esta postura del TS provocó un «peregrinaje jurisdiccional» de la jurisdicción contencioso-administrativa a la civil y viceversa[55].

(...). Según que la responsabilidad corresponda a uno u otra el conocimiento de la reclamación va a seguir caminos diferentes ya que la responsabilidad de la Administración se exigirá por el cauce del RD 429/93, con posible impugnación ante la jurisdicción contencioso-administrativa (...), mientras que, en el otro caso, la competencia para el reconocimiento de la responsabilidad civil corresponde a la jurisdicción civil» (FJ 1).

54 FJ 2 de la STS de 30 de marzo de 2009 (núm. rec. 10680/2004 y [*Tol 1490749*].9).

55 Sobre el peregrinaje jurisdiccional nos remitimos a lo dicho por la STS de 2295/2016, de 25 de octubre (núm. rec. 2537/2015 y 5.857.355), en su fundamento jurídico número cinco. En esta sentencia, el TS se hizo eco del largo y tortuoso recorrido por el que había atravesado el régimen de reclamación diseñado a partir de los arts. 121.2 y 123 LEF, así como la tambaleante línea jurisprudencial, de la que ya se hacían eco sentencias como las SSTS de 30 de octubre de 2003 (recurso de casación 3315/1999) y 30 de abril de 2001 (recurso casación 9396/1999). Esta titubeante interpretación, además, ha llevando al TS a crear unas líneas de jurisprudencia no del todo coincidentes, como se deja constancia

d) Ley Orgánica 9/2003, de 29 de diciembre

Las inconvenientes derivadas de esta dualidad jurisdiccional propiciaron la reforma del art. 9.4 de la LOPJ. Este precepto, tras ser redactado por la Ley Orgánica 19/2003, de 29 de diciembre, atribuye a la jurisdicción contencioso-administrativa el conocimiento de las pretensiones que se deduzcan en relación con la responsabilidad patrimonial de las Administraciones Públicas.

> Art. 9.4 de la LOPJ
>
> Los juzgados y tribunales del orden contencioso-administrativo «*conocerán, asimismo, de las pretensiones que se deduzcan en relación con la responsabilidad patrimonial de las Administraciones públicas y del personal a su servicio, cualquiera que sea la naturaleza de la actividad o el tipo de relación de que se derive. Si a la producción del daño hubieran concurrido sujetos privados, el demandante deducirá también frente a ellos su pretensión ante este orden jurisdiccional. Igualmente conocerán de las reclamaciones de responsabilidad cuando el interesado accione directamente contra la aseguradora de la Administración, junto a la Administración respectiva.*
>
> *También será competente este orden jurisdiccional si las demandas de responsabilidad patrimonial se dirigen, además, contra las personas o entidades públicas o privadas indirectamente responsables de aquéllas*».

El art. 9.4 de la LOPJ, además de atribuir al orden contencioso-administrativo las reclamaciones de responsabilidad patrimonial extiende su *vis atractiva*: por un lado, a aquellos supuestos en los que sujetos privados concurran en la producción del daño con la Administración; por otro, cuando las demandas se dirijan, además de la Administración, contra su aseguradora. Esta última cuestión se analiza en el cap. 8 por CARRILLO (págs. 537 a 542), al que nos remitimos.

De esta manera, si antes de 2003 la unidad o dualidad jurisdiccional determinaban el carácter global o limitado de los pronunciamientos de responsabilidad patrimonial, desde entonces, toda reclamación que se dirija contra la Administración debe tramitarse por un procedimiento administrativo, y después, contencioso-administrativo.

Si a ello se suma que los consejos consultivos, efectuando una interpretación garantista del art. 196 de la LCSP, entienden que la responsabilidad de la Administración es solidaria, en la actualidad, se ha minimizado el «peregrinaje jurisdiccional».

---

en las SSTS de 30 de octubre de 2003 (recurso de casación 3315/1999) y en la anterior de 30 de abril de 2001 (recurso de casación 9396/1996).

En efecto, al limitarse las resoluciones de los consejos consultivos a estimar o desestimar la responsabilidad patrimonial, sin atribuir ésta a la Administración o al contratista, los juzgados y tribunales del orden contencioso-administrativo, en atención al carácter revisor de esta jurisdicción, suelen limitarse a confirmar o anulan la resolución administrativa. Por ello, de manera indirecta también se pronuncian sobre la responsabilidad del contratista.

D. Naturaleza de la responsabilidad: ¿subjetiva u objetiva?

Como señala RODRÍGUEZ LÓPEZ, para conocer si la responsabilidad patrimonial derivada de los actos de contratistas es subjetiva u objetiva, hay que indagar en el reconocimiento y posterior expansión de la teoría de la indemnización expropiatoria[56], y partir del art. 106.2 de la CE.

En efecto, tal y como dijimos en el apartado A, antes de la aprobación de la LEF, la responsabilidad era exclusiva de los contratistas y tenía que hacerse valer ante la jurisdicción ordinaria. Lógicamente, esta responsabilidad era de carácter subjetivo.

Según expresamos en el apartado B, el art. 123 de la LEF impuso un régimen de unidad jurisdiccional. Aunque no se dijera expresamente[57], la reclamación tendría que atribuirse «con arreglo a la responsabilidad objetiva característica del Derecho Administrativo»[58]. A pesar de ello, los juzgados y tribunales del orden civil continuaron admitiendo demandas dirigidas conjuntamente contra la Administración y sus contratistas[59]. En estos

---

56 RÓDRIGUEZ LÓPEZ, Pedro (2007): *Responsabilidad Patrimonial de la Administración en materia sanitaria,* Atelier, Barcelona, pág. 25.

57 En su momento, GARCÍA DE ENTERRÍA criticó lo que él calificaba como «ambigüedad de la Ley en este punto» y propuso un factor de corrección del tenor literal del art. 121.2 de la LEF en el sentido de hacer responder a los contratistas aplicando el régimen de responsabilidad de Derecho privado. GARCÍA DE ENTERRÍA, Eduardo (1956): *Los principios de la nueva Ley de Expropiación Forzosa,* Instituto de Estudios Políticos, Madrid, pág. 203.

58 BLANQUER CRIADO, David (2012): *La concesión de servicio público, op. cit.* pág. 985.

59 Como ha señalado VILLALBA, «el régimen de responsabilidad extracontractual instaurado por la LEF necesitó tiempo para aquilatar los perfiles de la institución (…). Reiteradamente los tribunales civiles afirmaban que la responsabilidad de los contratistas, al tratarse de sujetos privados sometidos al Derecho civil quedaba atribuido al conocimiento de esta jurisdicción y a través de este tipo de litigios de-

casos la responsabilidad fue subjetiva porque «el concesionario [o contratista] se encuentra como regla en una situación de Derecho civil, por la razón simple de que es una persona de Derecho civil». Paralelamente, en los escasos pleitos que se ventilaron en el orden contencioso-administrativo, éstos resolvieron aplicando un régimen de responsabilidad objetiva.

En tercer lugar, como ha destacado GARCÍA ÁLVAREZ, tras la LCAP-95, a pesar de introducir un sistema de dualidad jurisdiccional, «no se *estableció* (...) el carácter de la responsabilidad del contratista —bien por culpa o subjetiva, o bien objetiva— (...). Esa falta de definición de un régimen sustantivo (...) da una relevancia práctica especial al problema del orden jurisdiccional»[60]. Según fuera el civil o el contencioso-administrativo el

---

sarrollaron una doctrina jurisprudencial caracterizada: 1°) por aplicar el criterio de la culpa, aunque en ocasiones se haya omitido una cierta objetivación; 2°) por considerar que el carácter de servicio público de la actividad y la titularidad del mismo corresponde siempre a la Administración, incluso cuando no lo gestiona directamente, determina que ésta sea responsable de su funcionamiento siempre que los daños que se produzcan sean consecuencia de una "culpa in vigilando"; 3°) que la responsabilidad entre el concesionario y la Administración, cuando ésta haya contribuido a la producción del daño, es solidaria. Este régimen no coincidía en modo alguno con el propugnado por la doctrina administrativa y por los tribunales contencioso-administrativos, aunque entre ellos tampoco existió unanimidad en la interpretación de los preceptos relativos a la responsabilidad de los contratistas y concesionarios». VILLALBA PÉREZ, Francisca (2005): «Responsabilidad extracontractual del contratista por los daños causados a terceros durante la ejecución de un contrato», *Revista de estudios de la Administración local y autonómica*, núms. 296-297, págs. 86 y 87.

60 GARCÍA ÁLVAREZ, Gerardo (2018): «La responsabilidad en la ejecución de los contratos públicos: penalidades, responsabilidad frente a la administración contratante y frente a terceros», *op. cit.* pág. 1320. Tras la aprobación de la LCAP-95, HORGUÉ y PANTALEÓN, partiendo de su art. 98.3, postularon una vuelta al sistema «tradicional» del siglo XIX: responsabilidad casi exclusiva de la Administración y conforme a las reglas del Derecho civil. De acuerdo con el art. 98.3 de la LCAP-95, «el ejercicio de esta facultad [de requerir previamente a la Administración] *interrumpía* el plazo de prescripción de la acción civil». Esta polémica terminó con la supresión de las palabras «acción civil», por el TR de la Ley de contratos de las Administraciones Públicas, aprobado por el RDLeg 2/2000, de 16 de junio. HORGUÉ BAENA, Concepción (1998): «La responsabilidad del contratista por daños causados a terceros en la ejecución de los contratos administrativos», *Revista de Administración Pública*, núm. 147, págs. 339. PANTALEÓN PRIETO, Fernando (1996): «Responsabilidad patrimonial de las Administraciones Públicas: sobre jurisdicción competente, *Revista Española de Derecho Administrativo*, núm. 91, págs. 403 a 413.

que conociera de la pretensión, la responsabilidad sería subjetiva u objetiva[61]. En este punto, tanto la LCSP-07 como la LCSP, han mantenido el *status quo.*

Finalmente, a las leyes de contratación pública hay que añadir que el art. 9.4 de la LOPJ. Este precepto, desde 2004, remite al orden contencioso-administrativo cualquier reclamación de responsabilidad patrimonial en la que la Administración sea demandada. Como consecuencia de ellos, se han minimizado las reclamaciones basadas en la responsabilidad subjetiva del contratista.

E. Requerimiento previo

El art. 98.3 de la LCAP-95, incorporó un régimen de dualidad jurisdiccional, y por este motivo, introdujo un requerimiento previo y potestativo ante el órgano de contratación. Hasta la actual LCSP, dicho requerimiento debía terminar en un «pronunciamiento» sobre el sujeto responsable. Como se ha dicho, la LCSP sustituye este pronunciamiento por un «informe».

a) Pronunciamiento del órgano de contratación

Como señala BLANQUER, «ese "pronunciamiento" responde a un requerimiento previo (no a una auténtica "reclamación" [de responsabilidad patrimonial] (...) previa al posterior ejercicio de una acción»[62]. Como novedad, el art. 196.3 de la LCSP ha sustituido el «pronunciamiento» por un mero «informe».

Pues bien, el requerimiento previo ha tenido —y tiene— por finalidad que el órgano de contratación, como si fuese un árbitro, se pronuncie «so-

---

[61] Como señala GARCÍA ÁLVAREZ, refiriéndose al carácter objetivo o subjetivo de la responsabilidad, «en caso de conocer la Jurisdicción contencioso-administrativa, el régimen aplicable será la responsabilidad objetiva, tanto a la Administración como al contratista: cuando, por el contrario conozca la Jurisdicción civil, la norma aplicable será el art. 1902 del Código Civil, que establece una responsabilidad por culpa, aunque [en el caso de actividades objetivamente peligrosas] normalmente se aplicará en su variante de responsabilidad por riesgo, régimen de creación jurisprudencial que se caracteriza por la inversión de la carga de la prueba en lo referente a la diligencia exigible». *Idem.*

[62] BLANQUER CRIADO, David (2012): *La concesión de servicio público, op. cit.* pág. 1010.

bre cuál de las partes contratantes corresponde la responsabilidad de los daños»[63]. De tal manera que:

- Si efectuado el citado requerimiento, el órgano de contratación concluía que debía responder el contratista, quedaba expedita la vía para presentar una demanda ante el juzgado de primera instancia.
- Si el órgano de contratación atribuía la responsabilidad a la Administración, invitaba al reclamante a interponer una reclamación de responsabilidad patrimonial, y posteriormente, un recurso contencioso-administrativo.

En cualquier caso, hay que saber que el incidente arbitral no ha sido casi empleado. En este sentido, en 2012, DÍEZ CUQUERELLA resaltaba que «en la práctica diaria no *había* llegado (...) [al] Consell Jurídic [Consultiu de la Comunitat Valenciana] expediente alguno en el que el reclamante *hubiera* planteado el denominado "requerimiento previo" [—o incidente arbitral—], como tal con carácter previo al ejercicio de la acción de responsabilidad patrimonial, de lo que (...) [este autor] *infería* que *era* un trámite procesal no utilizado o poco utilizado»[64].

A juicio de VILLALBA, la introducción del requerimiento previo debería haber servido para apuntalar el «cambio [que] en la legislación contractual supuso el establecimiento de un sistema dual [—objetivo para la Administración y subjetivo para el contratista—] en materia de responsabilidad por daños causados por el funcionamiento de un servicio público en función del sujeto responsable»[65].

Sin embargo, el requerimiento previo no ha influido en la interpretación del art. 98 de la LCAP-05 ni en los preceptos que lo han sustituido. En otras palabras, en la actualidad conviven la interpretación garantista y literal.

---

63 Art. 98.3 LCAP-95.

64 DÍEZ CUQUERELLA, José (2012): «Responsabilidad de la Administración por daños derivados de la actuación de sus contratistas y concesionarios, *Revista Española de la Función Consultiva,* núm. 18, pág. 59.

65 VILLALBA PÉREZ, Francisca (2005): «Responsabilidad extracontractual del contratista por daños causados a terceros en la ejecución del contrato», *op. cit.* pág. 89.

– Interpretación garantista

Para el CdE, el requerimiento previo, «no obsta, para que el mecanismo de pago, en los casos en que la responsabilidad sea del contratista, (...) eluda la existencia de responsabilidad patrimonial (...), de tal suerte que lo que procede es que primero pague la Administración, y luego ésta repita frente al contrista»[66].

– Interpretación literal

Para el Alto Tribunal, el requerimiento previo es únicamente «una acción dirigida a obtener un pronunciamiento sobre la responsabilidad en atención al reparto de la carga indemnizatoria»[67].

b) Informe del órgano de contratación

GARCÍA ALVAREZ desvincula sustitución del pronunciamiento por un informe de la interpretación garantista o literal expuesta. En su opinión, «los cambios legales [operados por la actual LCSP] (...) no son una respuesta a estas posiciones jurisprudenciales [y doctrinales], sino a los fallos en los que se hace responsable a la Administración (...) por no dar respuesta al perjudicado [o] (...) por falta de una respuesta suficiente funda-

---

66 DCdE de 30 de mayo de 2007 (núm. exp. 996/2007).

67 FJ 4 STS de 24 de mayo de 2007 (núm. rec. 3315/199 y [*Tol 1081834*]). Esta sentencia es interesante porque, recoge las dos posturas procedimentales —la garantista y la literal— y opta por la segunda. «En la jurisprudencia (...) han venido conviviendo dos líneas jurisprudenciales (...): «Una tesis que (...) habilita al particular lesionado para exigir de la Administración contratante (...) en régimen objetivo y directo, la indemnización (...), sin perjuicio de su derecho de repetición frente al contratista. Ésta es la tesis mantenida por el Consejo de Estado (...). La segunda tesis es la que interpreta (...) el art. 196 de la LCSP] según su literalidad, es decir, como una acción dirigida a obtener un pronunciamiento sobre la responsabilidad en atención al reparto de la carga indemnizatoria en los términos del propio precepto; es decir, que la Administración declarará que la responsabilidad es del contratista, salvo que exista una orden de aquella que haya provocado el daño o salvo que el mismo se refiera a vicios del proyecto. En los demás supuestos la reclamación, dirigida ante el órgano de contratación, será resuelta por la Administración, decidiendo la responsabilidad que debe ser satisfecha por el contratista» (FJ 4 STS de 24 de mayo de 2007). En el mismo sentido se pronuncian las SSTS de 30 de octubre de 2003 (núm. rec. 3315/1999 y [*Tol 325252*]), 19 de febrero de 2002 (núm. rec. 2886/1998 y [*Tol 155617*]), 30 de abril de 2001 (núm. rec. 9396/1996 y [*Tol 4915809*]), 11 de julio de 1995 (núm. rec. 303/1993).

da en Derecho (...) cuando la víctima se dirige a la Administración (...) planteando la cuestión de la responsabilidad»[68].

Para el TS, la Administración, ante un requerimiento previo, «lo que no puede hacer es limitarse a declarar su irresponsabilidad cerrando a los perjudicados las puertas para actuar contra la empresa obligada a resarcirles. Así se lo impiden, no sólo el espíritu (...) de la Ley de Contratos (...), que quiere un previo pronunciamiento administrativo sobre la imputación del daño, cualquiera que sea el modo en que se suscite la cuestión, sino principios básicos (...) como los de buena fe y confianza legítima (...), y de su procedimiento en particular, que obligan a impulsarlo de oficio»[69].

Tampoco puede guardar silencio. En efecto, como afirma la STS 30 de marzo de 2009 «tal pasividad (...) permite interpretar que la Administración ha considerado inexistente la responsabilidad del contratista, al que no ha estimado pertinente oír y sobre cuya conducta ha omitido todo juicio, debiendo entenderse que, al propio tiempo, juzga inexistentes los requisitos» para que éste responda[70].

En opinión del TS, en estos supuestos, el perjudicado —a partir del art. 106 de la CE— puede reclamar contra la Administración para exigir la indemnización, aunque esta *ex* art. 196.1 LCSP-17 correspondiera al contratista. En palabras del TS, una solución distinta «atenta [contra] el principio de economía procesal que, teniendo como tiene la Administración potestad de interpretar el contrato, y por tanto las incidencias habidas en

---

68 GARCÍA ÁLVAREZ, Gerardo (2018): «La responsabilidad en la ejecución de los contratos públicos: penalidades, responsabilidad frente a la administración contratante y frente a terceros», *op. cit.* pág. 1324. Desde hace ya tiempo el TS viene realizando una interpretación amplia de la responsabilidad de la Administración por los daños causados «como consecuencia inmediata y directa de una orden dada por la Administración». En particular le ha declarado responsable por la «imposibilidad de trasladar directamente la responsabilidad al concesionario» o contratista (FJ 3 STS de 26 de marzo de 2001, núm. rec. 7190/1996). En estos casos, al incumplir la obligación de pronunciarse, prevista en los arts. 134 del RLCAP, 98 de la LCAP y 198 de la LCSP-07, hace responsable a la Administración por «eludir su propia responsabilidad frente al perjudicado (...) [pero,] sin perjuicio de su desplazamiento sobre el [contratista] responsable» (...) (considerando 6 STS de 28 de mayo de 1980, RJ 1980\2844).

69 FJ 3 STS de 14 de octubre de 2013 (núm. rec. 704/2011 y [*Tol 3984851*]).

70 FJ 2 STS de 30 de marzo de 2009 (núm. rec. 10680/2004 y [*Tol 1490749*]).

el mismo, tenga que abrirse una nueva vía administrativa, en su caso procesal, para que el pago se haga efectivo»[71].

De esta manera, ya sea de manera directa (aplicando la tesis garantista), ya sea de manera indirecta (por la pasividad de la Administración), ésta acaba respondiendo de los daños causados por el contratista. En este sentido, el CdE critica que, con arreglo a este criterio jurisprudencial, la «inactividad administrativa (...) es susceptible de producir un resultado equiparable al que deriva de la doctrina del Consejo de Estado, de acuerdo con la cual (aunque sin necesidad de la inactividad) la Administración debe responder de los daños y perjuicios ocasionados a terceros durante la ejecución de las obras o la prestación del servicio, sin menoscabo de la acción de repetición que corresponda»[72].

En definitiva, existen dos posturas:

i. Una posición jurisprudencial, menos garantista, que exige a los perjudicados que presenten: una reclamación de responsabilidad patrimonial cuando entiendan que los daños han sido ocasionados por una orden directa e inmediata de la Administración o por vicios del proyecto; una demanda civil en el resto de los supuestos.

   Esta postura posibilita que el perjudicado pueda tener que acudir a la doble jurisdicción, civil y contencioso-administrativa, para resarcirse de unos daños que no tiene la obligación de soportar.

   En nuestra opinión, esta posición, actualmente minoritaria, no es acorde con el art. 196.3 de la LCSP, el cual prescribe que el perjudicado debe reclamar en un procedimiento seguido ante la Administración Pública en el que se otorgue audiencia al contratista.

ii. Una posición de la doctrina legal, más garantista que, con el fin de evitar el «peregrinaje jurisdiccional», reconoce al perjudicado, en el procedimiento administrativo, la obtención de una respuesta sobre el fondo, al margen de que la responsabilidad sea o no de la

---

71 FJ 4 A STS de 30 de abril de 2001 (núm. rec. 9693/1996).

72 En palabras del CdE «la inactividad de la Administración frente a la que se dirige una reclamación de responsabilidad patrimonial por razón de ser titular de la obra o servicio en cuyo desarrollo se han producido los daños y perjuicios, acaba operando como fundamento de dicha responsabilidad, al margen de si tal resultado dañoso se vincula o no a una orden de la Administración o a un vicio del proyecto elaborado por esta, y sin menoscabo de la acción de repetición que pueda corresponderle en caso de que no concurra la mencionada vinculación» (CJ IV DCde 10 de de marzo de 2016, núm. exp. 1116/2015).

> Administración. Según nuestro parecer esta postura tiene cabida en el actual artículo 196 de la LCSP[73], el cual, al regular de forma parca el cauce procedimental, permite a la Administración que declare la responsabilidad con audiencia del contratista.
>
> A mayor abundamiento, se ha dicho que el art. 196 de la LCSP no contradice el art. 88 de la LPAC porque, según éste, «la resolución que ponga fin al procedimiento decidirá todas las cuestiones planteadas por los interesados y aquellas otras derivadas del mismo». De igual modo se considera que esta posibilidad se adecúa al ordenamiento jurídico y es respetuosa con los principios de congruencia, audiencia e interdicción de la indefensión, así como que no resulta incompatible con el mandato contenido en el art. 91 de la LPAC[74].

Según nuestro parecer, para explicar el procedimiento aplicable, nos debemos preguntar cuál puede ser la reacción del ciudadano que ha sufrido un daño. Éste, muchas veces es desconocedor de que detrás de la prestación de un servicio público sanitario hay un sujeto privado vinculado a la Administración Pública en régimen de contratación o concesión administrativa. Además, un número de ciudadanos mayor a los del anterior grupo, desconoce quién debe tramitar el procedimiento de exigencia de responsabilidad, a través de qué cauces, y cómo debe finalizar el procedimiento. A responder a estas tres preguntas dedicaremos este apartado (tipología procedimental, tramitación y resolución).

Llegados a este punto, como quiera que MANENT dedica el cap. 7 del tratado a la responsabilidad del contratista de la Administración sanitaria, no es necesario abundar en esta cuestión.

---

73 Entre otras Sentencia 289/2019, de 26 de noviembre, dictada por el Juzgado de lo Contencioso nº 2 de Vigo y Sentencia 54/2021, de 28 de abril, dictad por el Juzgado de lo Contencioso nº 1 de Vigo.

74 Según el art. 91.2 LPAC, «además de lo previsto en el artículo 88 [LPAC] (...), será necesario que la resolución se pronuncie sobre la existencia o no de la relación de causalidad entre el funcionamiento del servicio público y la lesión producida y, en su caso, sobre la valoración del daño causado, la cuantía y el modo de la indemnización, cuando proceda, de acuerdo con los criterios que para calcularla y abonarla se establecen en el artículo 34 de la Ley de Régimen Jurídico del Sector Público».

3) Regímenes particulares

Analizado el régimen general de responsabilidad es momento de pronunciarse respecto de los regímenes especiales: a saber, el de las mutualidades de funcionarios, las sociedades de economía mixta y los hospitales y clínicas concertadas.

A. Mutualidades de funcionarios

Aunque inicialmente la jurisprudencia titubeó, hoy en día tanto la jurisprudencia como la doctrina legal niegan legitimación pasiva a MUFACE, MUGEJU e ISFAS en las reclamaciones de responsabilidad patrimonial presentadas por sus afiliados o beneficiarios. Ninguna de ellas «ha prestado ningún tipo asistencia sanitaria [sino que] ha sido la Entidad (...) elegida por el mutualista la que lo ha hecho a través de sus servicios»[75].

En opinión del CdE, las mutualidades de funcionarios no deben responder por los daños causados por sus contratistas, porque «la prestación sanitaria efectuada [es] de exclusiva responsabilidad de ésta». Cada mutualidad administrativa «gestiona el régimen especial de seguridad social de (...) [un colectivo de] funcionarios públicos (...). Dicho régimen incluye entre su acción protectora la asistencia sanitaria que (...) puede prestarse bien directamente —lo que nunca ha ocurrido— bien mediante [contrato] (...) con otras entidades o establecimientos públicos o privados, estando facultado el mutualista para elegir la entidad concreta a cuyo servicio se acoge»[76].

En otro orden de cosas, el CdE, en su dictamen al anteproyecto de la actual LCSP, ya recalcó la necesidad de aclarar el régimen de responsabilidad de las mutualidades de funcionarios. Reprochó que la falta de claridad en la regulación «está provocando situaciones indeseables. En mayor parte de las ocasiones, se aboca al interesado a deambular primero ante las mu-

---

[75] FJ 4 SAN de 25 de julio de 2002 (núm. rec. 754/2000 y [*Tol 5248668*]). GALLARDO coincide con esta sentencia ya que, en su opinión, «habida cuenta de que la actuación administrativa consiste en celebrar conciertos con entidades o sociedades para facilitar a los mutualistas y beneficiarios la prestación sanitaria de tal modo que la responsabilidad que puede surgir por la defectuosa asistencia sanitaria no es susceptible de ser imputada "más allá del círculo en que efectivamente se realiza la prestación"». GALLARDO CASTILLO, Mª Jesús (2021): *Administración sanitaria y responsabilidad patrimonial*, Colex, La Coruña, pág. 45.

[76] CJ 3 del DCdE de 27 de julio de 2009 (núm. exp. 1123/2009).

tualidades públicas, y luego, ante los órdenes jurisdiccionales contencioso-administrativo y civil que difícilmente se acomoda su derecho a una tutela judicial efecto. Más cuando, al final del camino, en la vía civil se declara que su reclamación está prescrita por no haber sido dirigida desde un primer momento contra el efectivo prestador del servicio sanitario»[77].

B. Sociedad de economía mixta

La responsabilidad patrimonial de la sociedad de economía mixta, adjudicataria de una concesión de servicios, no presenta singularidad alguna.

Ésta se exigirá, en los términos expuestos en el régimen general de responsabilidad, como si la misma fuese un contratista de la Administración. Como afirma la STSJ de Madrid de 10 de junio de 2010, el régimen de atribución y distribución de responsabilidades, carácter subjetivo u objetivo y el *iter* procedimental para reclamar una indemnización expuesto, «se puede aplicar igualmente cuando el régimen de gestión se realiza indirectamente (...) a través de una sociedad de economía mixta»[78].

De hecho, como se dijo, las concesiones de servicios adjudicadas a sociedades de economía mixta son una modalidad de colaboración público-privada institucional. Es una fórmula para gestionar indirectamente servicios públicos cuya singularidad consiste en la creación de una persona jurídica con participación de una empresa seleccionada por un procedimiento de adjudicación de los previstos en la LCSP, y a la adjudicará un contrato de concesión.

C. Hospitales y clínicas concertadas

«En la actualidad una de las cuestiones que mayor controversia sigue planteando en materia de responsabilidad patrimonial sanitaria es la problemática jurídica que generan los daños causados a terceros, por centros sanitarios privados concertados con la Administración Pública»[79].

---

77 CJ 3 del DCdE de 10 de marzo de 2016 (núm. exp. 116/2015).

78 FJ 2 STSJ de Madrid 1178/2010, de 10 de junio (núm. rec. 2401/2009 y [*Tol 1938317*]).

79 MAYOR GÓMEZ, Roberto (2013): «La problemática jurídica de la imputación de los daños causados en centros sanitarios privados concertados», *Revista Aranzadi Doctrinal*, núm. 3, pág. 177.

Se discute quién debe responder —Administración o centro concertado— así como el carácter de la responsabilidad —subjetivo u objetivo— el cauce procedimental —requerimiento previo, reclamación de responsabilidad— y la jurisdicción competente, civil o contencioso-administrativa. Para poder responder a estas preguntas es necesario ahondar en la naturaleza jurídica de los conciertos.

Partiendo de la naturaleza contractual de los conciertos sanitarios, lo expuesto en el régimen general de los contratistas de la Administración es perfectamente aplicable a los conciertos sanitarios. Consejos consultivos y jurisprudencia, se adscriben bien a la interpretación garantista o literal del art. 196.3 de la LCSP. En síntesis, mantienen lo siguiente:

a) Interpretación garantista

Para el CdE, son las AAPP las que deben responder de las reclamaciones por daños causados por asistencia médica de centros concertados, ya que «en otro caso, se estaría colocando a los pacientes que son remitidos a los centros, por decisión de la Administración sanitaria, en una peor situación que el resto de los ciudadanos que permanecen en los establecimientos hospitalarios públicos»[80].

Según afirma GALLARDO, «el título para imputar al centro público sanitario (…) es doble: de una parte, la integración del servicio público en la organización administrativa y de otra, las responsabilidades de la Administración de supervisión (…). Ahora bien, (…) la solicitud de asistencia (…) ha de ser iniciativa de la Administración (…) y no a requerimiento del particular»[81].

Mismo parecer tienen la mayoría de los consejos consultivos de las CCAA. El Consejo Consultivo de Castilla-La Mancha (en adelante «CCC-M») admite la legitimación de la Administración sanitaria porque «la situación incierta que ponen de manifiesto los criterios jurisprudenciales (…) impone una interpretación sistemática»[82]. Para el CCMur, el hecho

---

80 DDCdE de 31 de enero de 2002 (núm. exp. 1115/2003) y 20 de noviembre de 2003 (núm. exp. 3345/2003).

81 GALLARDO CASTILLO, Mª Jesús (2020): *Administración sanitaria y responsabilidad patrimonial*», Colex, Valladolid (2ª ed.), págs. 42 y 43.

82 DCCC-M 194/2006, de 8 de noviembre. En el mismo sentido se han pronunciado los DDCCC-M 49/2003, de 24 de abril, 172/2004, de 28 de diciembre, 48/2006, de 22 de marzo.

de que «la intervención se llevara a cabo en el (...) centro concertado no altera para nada dicha legitimación»[83]. A juicio del CCAst. si «el centro privado (...) se encuentra vinculado a la red hospitalaria pública mediante un concierto singular (...) el eventual resarcimiento de los daños ha de ser imputado a la Administración sanitaria»[84].

b) Interpretación literal

El Consejo Consultivo de Castilla y León (en adelante «CCCyL», «siguiendo la tesis mayoritaria en la jurisprudencia (...) entiende que (...) la regla general es la responsabilidad del contratista y por lo tanto la falta de legitimación pasiva a la Administración»[85].

En idéntico sentido se manifiesta BLANQUER en el cap. 5 del tratado (págs. 379 a 384). Considera que los «conciertos sanitarios se celebran con entidades privadas que conservan su propia personalidad jurídica, y que no se integran en la estructura organizativa de la Administración. De ahí, que los daños o perjuicios causados por negligencia o mal funcionamiento de los hospitales privados con la Administración, deban ser imputados y soportados por las entidades».

4) Mención especial a los daños causados a terceros durante la Covid-19

Como hemos señalado en la introducción a este capítulo, la pandemia dio lugar a la aprobación, por parte de las distintas Administraciones públicas, de un cúmulo de normas que intervinieron o incidieron directamente en la sanidad y, en particular, en los contratos entre las distintas Administración sanitarias y los concesionarios.

A partir de esta normativa, la Administración General del Estado y las Administraciones de las CCAA adoptaron una serie de medidas de carácter extraordinario para combatir la fuerte propagación y contagio del virus entre la población española. Entre estas medidas destacamos las relacionadas con el ámbito sanitario que, de forma directa o indirecta, afectaron a los contratos de asistencia sanitaria integral y de atención especializada sanitaria.

---

[83] CJ 2 DCCMur 111/2007.

[84] CJ 2 DCCAst 166/2007, de 13 de diciembre.

[85] CJ 2 DCCCyL 661/2017, de 26 de julio.

Tanto dichas medidas, como la propia situación generada por el virus, causaron graves consecuencias de carácter organizativo, económico y social en estos contratos. Entre estas consecuencias se encontraban las relativas a la alteración del equilibrio económico y la responsabilidad frente a los usuarios.

Pues bien, para poder determinar quién debe responder de la ruptura del equilibrio económico y de los daños causados es necesario examinar la ingente normativa de emergencia aprobada, tanto por la Administración General del Estado como por las Administraciones de las CCAA, durante la pandemia.

En lo que aquí interesa, estas normas de emergencia, a pesar de su prolijidad, únicamente repararon en reconocer ciertas compensaciones económicas a los contratistas de las Administraciones Públicas durante el primer estado de alarma[86]. Las citadas normas, sin embargo, no modularon el régimen de responsabilidad patrimonial. Por ello, los daños causados por los adjudicatarios de las concesiones de asistencia sanitaria integral y de

86 A pesar de que, de acuerdo con la LCSP, las medidas adoptadas para atajar la COVID-19 tendría que haber propiciado el reequilibrio económico de las concesiones sanitarias, bien en concepto de riesgo imprevisible, bien en concepto de *factum principis*, tales previsiones fueron desplazadas. Durante el primer estado de alarma rigió el art. 34 del RD-ley 8/2020, de 17 de marzo, 8/2020, de 17 de marzo, de medidas urgentes que en cuanto al establecimiento de medidas en materia de contratación pública para paliar las consecuencias del COVID-19. Este precepto reconoció compensaciones económicas, a los contratistas que se vieron obligados a suspender la ejecución de sus contratos o que hubiesen incurrido en *mora debitori. En relación con* las concesiones de asistencia sanitaria integral y de atención especializada sanitaria, el art. 34.4 del RD-ley 8/2020, dispuso que «en los contratos públicos de concesión de obras y de concesión de servicios (…) la situación de hecho creada por el COVID-19 y las medidas adoptadas por el Estado, las comunidades autónomas o la Administración local para combatirlo darán derecho al concesionario al restablecimiento del equilibrio económico del contrato mediante, según proceda en cada caso, la ampliación de su duración inicial hasta un máximo de un 15 por 100 o mediante la modificación de las cláusulas de contenido económico incluidas en el contrato». Sobre este particular nos remitimos a lo señalado por MANENT. MANENT ALONSO, Luis (2020): «Medidas en materia de contratación pública para paliar las consecuencias del Covid-19. Análisis del artículo 34 del Real Decreto-Ley 8/2020, de 17 de junio», *Gabilex: Revista del Gabinete Jurídico de Castilla-La Mancha*, núm. 21, págs. 185 a 229.

atención especializada sanitaria, se tendrán que regir por el art. 106 de la CE y los arts. 32 LRJ y siguientes[87].

Las singularidades de la responsabilidad patrimonial sanitas derivada de la adopción de medidas para frenar la COVID-19 son tratadas en el cap. 25 por PORTELL. Por este motivo, en los siguientes párrafos nos limitaremos aquí a indicar ciertas pautas respecto de cada uno de sus requisitos (antijuridicidad del daño, efectividad del mismo, ausencia de fuerza mayor, relación de causalidad y la cláusula de progreso).

A. Antijuridicidad del daño

Todas las medidas adoptadas para frenar la COVID-19, lo han sido en cumplimiento de las órdenes, instrucciones, resoluciones y disposiciones dictadas por el Ministerio de Sanidad y del resto de autoridades competentes delegadas. Esta singularidad conlleva lo siguiente:

i. Como regla general, los ciudadanos tendrán el deber jurídico de soportar los daños causados como consecuencia de funcionamiento normal de la Administración sanitaria.

ii. Excepcionalmente, cuando así esté contemplado en una disposición de carácter general, serán resarcirles los daños provocados por el funcionamiento normal de los servicios públicos.

iii. Los ciudadanos tendrán derecho a ser indemnizados si los daños derivasen del funcionamiento anormal del servicio público sanitario.

iv. Podrá reputarse como funcionamiento anormal del servicio público sanitario la inicial inactividad de los poderes públicos, así como la falta de previsión de los efectos que el COVID-19.

---

87 Asimismo, también debe tenerse en cuenta el régimen aplicable en dicha situación de emergencia, atendiendo a lo dispuesto en el art. 3.2 de la Ley Orgánica 4/1981, reguladora de los estados de alarma, sitio y excepción. Dicho precepto confirma el sometimiento de todas las actuaciones que puedan adoptar las Administraciones Públicas durante ese espacio temporal al principio de responsabilidad, al señalar que «quienes como consecuencia de la aplicación de los actos y disposiciones adoptadas durante la vigencia de estos estados sufran, de forma directa, o en su persona, derechos o bienes, daños o perjuicios por actos que no les sean imputables, tendrán derecho a ser indemnizados de acuerdo con lo dispuesto en las leyes».

v. En situaciones como la provocada por la COVID-19, en las que el daño deriva de la adopción de un acto de naturaleza legislativa, es muy difícil apreciar la antijuridicidad del mismo. A pesar de ello, cada caso, conforme a la jurisprudencia, deberá ser analizado singularmente.

B. Efectividad del daño

Tal y como resalta el TS, «por daño efectivo hay que entender daño cierto ya producido, no simplemente posible, contingente o futuro»[88]. En caso contrario, cuando la lesión sufrida no pueda acreditarse o precisarse de forma suficiente, la jurisprudencia ha entendido que se estaría en el ámbito de la hipótesis o suposición, siendo imposible la estimación de pretensión.

C. Ausencia de fuerza mayor

Al encontrarnos ante una situación de crisis sanitaria insólita, probablemente, de haberse previsto o de haberse actuado con más antelación, se habrían podido evitar o reducir el alcance de los daños[89]. Esta circunstancia imponer estudiar, en cada caso, si la adopción del estado de alarma se retrasó o no, de acuerdo con la información que se disponía[90].

---

88 FJ 2 STS de 7 de junio de 2007 (rec. núm. 1400/2007 y [*Tol 2152364*]).

89 A efectos de definir la fuerza mayor cabe hacer referencia, entre otras, a la STSJ de Andalucía 242/2016, de 25 de febrero (núm. rec. 15473/2015 y [*Tol 5755188*]). En ella se afirma que «por fuerza mayor debe entenderse aquellos acontecimientos realmente insólitos y extraños al campo normal de previsiones típicas de cada actividad o servicio, según su naturaleza» (FJ 4).

90 Son muy pocos los supuestos en los que, que tanto la normativa como la jurisprudencia, aprecian la concurrencia de fuerza mayor. Las más de las veces la asocian a fenómenos naturales de efectos catastróficos. Sin perjuicio de lo anterior, puede apreciarse como, por ejemplo, en diversos preceptos del RD-ley 8/2020 se cataloga la situación provocada por el COVID-19 como un supuesto de fuerza mayor. Así ocurre en su art. 22, en el que se especifica que las pérdidas de actividad consecuencia del COVID-19 tendrán la consideración de fuerza mayor a los efectos de la suspensión de los contratos o la reducción de la jornada.

D. Relación de causalidad

Respecto de los daños que entronquen con las medidas adoptadas por la Administración, será necesario examinar cada supuesto para poder determinar si existe una relación de causalidad. Es decir, habrá que determinar en cada caso concreto si existe nexo de causalidad entre los daños y la actuación de alguna Administración para intentar paliar los efectos provocados por el COVID-19 o la actuación del contratista o concesionario[91].

E. Estado de los conocimientos de la ciencia o la técnica

A la hora de valorar la procedencia de indemnizar habrá que tener en cuenta la cláusula de progreso. También habrá que estar al caso concreto porque, a día de hoy, es debatible y rebatible: si el menoscabo de la salud se podría haber evitado con un conocimiento científico o médico mayor del coronavirus; y si el resultado lesivo se podría haber evitado con medios concretos para curar o para evitar su propagación de la COVID-9 en el momento de su aparición[92].

5) Responsabilidad patrimonial sanitaria de Derecho privado

La cuestión referente al orden jurisdiccional competente para conocer de las pretensiones sobre responsabilidad patrimonial en los casos de gestión indirecta de los servicios públicos, en general, y de los sanitarios, en particular, ha dado lugar a un peregrinaje entre distintos órdenes jurisdiccionales. Esta cuestión, cuando afecta a los contratistas de la Administración, ya ha sido expuesta en el apartados segundo y tercero, los dedicados al régimen general de la distribución de responsabilidad entre el contratista y la Administración.

---

91 El requisito de la relación de causalidad, que se constituye en torno a la causa de imputación, debe tener como base que el daño o lesión patrimonial sufrida sea consecuencia del funcionamiento normal o anormal de los servicios públicos en una relación directa e inmediata y exclusiva de causa a efecto entre la actuación administrativa y el efecto dañoso, sin intervención de elementos extraños que pudieran influir, alterando, el nexo causal.

92 El 34.1 de la LRJ determina que «no serán indemnizables los daños que se deriven de hechos o circunstancias que no se hubiesen podido prever o evitar según el estado de la ciencia o de la técnica existente en el momento de la producción de aquellos».

Para cerrar el círculo de la unidad jurisdiccional de reclamaciones por asistencia sanitaria, en los siguientes párrafos vamos a indicar cuál es el régimen de «responsabilidad de Derecho privado» de la Administración sanitaria. Estamos ante supuestos de responsabilidad derivados la gestión directa por la Administración sanitaria, y como tal son abordadas en el cap. 5 por BLANQUER. A pesar de ello, vamos a analizar la problemática que hubo entre los órdenes contencioso-administrativo y laboral con ocasión de la asistencia sanitaria dispensada por las entidades gestoras de la Seguridad Social. Para ello mostraremos la evolución normativa de las leyes de régimen jurídico del sector público.

A. Ley de régimen jurídico de la Administración del Estado

Durante la vigencia de la Ley de régimen jurídico de la Administración del Estado, de 26 de julio de 1957, las reclamaciones por responsabilidad sanitaria se podían plantear en cuatro órdenes jurisdiccionales: penal, civil, social y contencioso-administrativo. Ahora bien, la mayoría de los problemas surgían entre las jurisdicciones ordinaria y contencioso-administrativa[93]. Como dijera IRUZCUN, hasta 1993, «no fue fácil la delimitación, ni satisfactorios los resultados»[94].

La atribución de competencia dependía del origen del daño, en concreto, de si éste era consecuencia del funcionamiento de un servicio público o no. En el primer caso se entendía que la relación era de Derecho público y que la jurisdicción competente era la contencioso-administrativa. En el segundo supuesto, se calificaba el daño como privado, y se atribuía a la jurisdicción ordinaria la reclamación. El problema se encontraba en la dificultad de delimitar correctamente qué se entendía por relación de Derecho público y por relación de Derecho privado.

---

93 Hay que matizar que, antes de la aprobación de la LRJPAC-92, la jurisdicción social tenía un ámbito muy específico, y que la penal era y sigue preferente para cuando los hechos de los que deriva el daño suponen la comisión de un delito o una falta tipificada en el Código Penal.

94 IRURZUN MONTORO, Fernando (1995): «La jurisdicción competente para conocer de la responsabilidad patrimonial de la Administración. En especial, el caso de los servicios públicos sanitarios», *Revista Española de Derecho Administrativo*, núm. 87, pág. 413.

B. Ley de régimen jurídico de las Administraciones Públicas

La unidad jurisdiccional del orden contencioso administrativo para conocer las reclamaciones de responsabilidad patrimonial en materia sanitaria, se instaura en nuestro Derecho positivo con el art. 144 de la Ley 30/1992, de 26 de noviembre, de régimen jurídico de las Administraciones Públicas y del procedimiento administrativo común (en adelante «LRJPAC-92») y la DA 1ª del RD 429/1993, de 26 de marzo, por el que desarrollando de la ley (en adelante «RPRP»), se aprobó el Reglamento de los procedimientos de las AAPP en materia de responsabilidad patrimonial[95].

La DA 1 del RPRP dispuso que «la responsabilidad patrimonial de las Entidades Gestoras y Servicios Comunes de la Seguridad Social (...), así como de las demás entidades (...) del Sistema Nacional de Salud, por los daños y perjuicios causados por o con ocasión de la asistencia sanitaria, y las correspondientes reclamaciones, seguirán la tramitación administrativa y contencioso-administrativa prevista en dicha Ley y en el presente Reglamento».

Para determinar el concreto alcance de la *vis atractiva* prevista en la DA 1 del RPRP, ésta debía ponerse en relación con el art. 144 de la LRJPAC-92, relativo a la actuación de las Administraciones Públicas en régimen de derecho privado. Este artículo disponía que «cuando las Administraciones Públicas actúen en relaciones de derecho privado (...) la responsabilidad se exigirá de conformidad con lo previsto en los artículos 139 y siguientes» de la LRJPAC-92, en particular en los términos previstos en los arts. 143 y 144[96]. Los arts. 142 y 143 de la LRJPAC-92 establecieron, respectivamente,

---

95 Llama la atención el hecho de que la LRJPAC-92, a pesar de introducir un gran cambio al establecer la unidad jurisdiccional, nada dijera en su exp. mots. Por ello, el RPRP, que se aprobó unos meses más tarde, tuvo que pronunciarse sobre esta cuestión para evitar interpretaciones contradictorias. De acuerdo con su preámbulo, «la vía jurisdiccional contenciosa-administrativa (...) pasa a ser en el sistema de la nueva Ley, la única procedente en materia de responsabilidad patrimonial de las Administraciones Públicas, tanto en relaciones de Derecho Público como privado». Sin embargo, esta claridad del Derecho positivo no fue interpretada así desde el principio pese a que, para la doctrina, el tema era evidente.

96 Redacción del art. 144 de la LRJPAC-92 resultante de la modificación operada por el art. 1.38 de la Ley 4/1999, de 13 de enero, de modificación de la Ley LRLPAC-92. En su redacción inicial el inciso final del art. 144, con el fin de concretar los preceptos por los que se regiría la responsabilidad de Derecho privado, en vez de remitirse a los arts. 139 y siguientes, lo hacía a los arts. 142 y 143.

el procedimiento ordinario y abreviado para reclamar la responsabilidad patrimonial en las relaciones de Derecho público.

A pesar del cambio introducido, las distintas salas del TS llegaron a conclusiones diferentes. En particular, mientras que los autos de la sala conflictos, de 7 de julio y 24 de octubre de 1994[97], reconocieron la unidad jurisdiccional establecida por la DA 1 del RPRP, la STS de la Sala de lo Social, de 10 de julio de 1995, en un supuesto idéntico —daños causados por asistencia sanitaria del INSALUD se declaró competente. Según su parecer «no ha variado la legislación que atribuye competencias sobre (…) responsabilidad por asistencia sanitaria prestada por la Seguridad Social»[98].

El conflicto quedó resuelto de manera definitiva, con la reforma operada por Ley 4/1999, la cual incorporó el contenido de la DA 1 del RPRP, relativo a la competencia en relación con la responsabilidad en materia de asistencia sanitaria, a la DA 12 de la LJRPAC-12[99].

---

97 El auto de la sala de conflictos del TS, de 7 de julio de 1994, dirimió un conflicto de competencias entre el TST de Cataluña y un Juzgado de lo Social de Barcelona.

98 FJ 2.2 STS de 10 de julio de 1995, sala de lo social (núm. rec. 2825/1994 y [*Tol 5158579*]). La *ratio decidendi* queda recogida en su FJ 2.3. Para la sala de lo social, esta era competente, de acuerdo con el art. 2.2 de la Ley del procedimiento laboral aprobada por RDLeg 521/1990, de 27 de abril. Para la sala, «la asistencia sanitaria en un régimen público de Seguridad Social (…), es una prestación propia de la Seguridad Social, articulada como derecho público subjetivo frente a la Entidad Gestora de la misma, el INSALUD o el Servicio o Instituto de la Comunidad Autónoma al que se haya verificado la transferencia correspondiente». Adicionalmente, inaplicada la atribución que la DA 1 del RPRP hacía al orden contencioso-administrativo de los perjuicios causados por la asistencia sanitaria. Lo hacía por entender que no era «la Ley 30/1992 la que lo ordena [la unificación jurisdiccional], sino ese Reglamento, que con exceso evidente y con olvido de los principios de legalidad y de reserva de ley dispone lo que manifiestamente va más allá de la potestad reglamentaria» (FJ 1.3).

99 Previamente, tanto el art. 2 e) de la LJCA en su artículo 2 e), como el art. 9.4 de la LOPJ, en la redacción dada por la Ley Orgánica 6/1998, de 13 de julio ya habían ayudado a clarificar el asunto. El primero estableció que el orden Contencioso-Administrativo conociera de «las pretensiones que se deduzcan en relación con la responsabilidad patrimonial de las Administraciones Públicas y del personal a su servicio cualquiera que sea la naturaleza de la actividad o el tipo de relación de la que se derive. Si a la producción del daño hubieran concurrido sujetos privados, el demandante deducirá también frente a ellos su pretensión ante este orden». El segundo dispuso que los juzgados y tribunales del orden contencioso-administrativo conocieran «de las pretensiones que se deduzcan en relación con la responsabilidad patrimonial de las Administraciones públicas y del personal a su servicio, cualquiera que sea la naturaleza de la actividad o el tipo de relación

Posteriormente, en los años 2003, 2008 y 2009, la sala de conflictos del TS confirmó la unidad jurisdiccional del orden contencioso administrativo respecto de las reclamaciones de responsabilidad patrimonial sanitaria[100]. De resultas, la jurisdicción contencioso-administrativa conocerá: cuando se ejerza una acción de responsabilidad patrimonial contra la Administración Pública, ya sea exclusivamente contra ella, ya sea contra ésta y sus contratistas conjuntamente; cuando se accione contra la actuación de la Administración en régimen de Derecho privado.

C. Ley de régimen jurídico del sector público

Una novedad sobre el régimen jurídico de la responsabilidad patrimonial que establece la LRJ, es la extensión del ámbito de la responsabilidad patrimonial. Mientras que «la responsabilidad de derecho privado», con al art. 144 de la LRJPAC-92 alcanzaba a las Administraciones Públicas cuando «*actuasen* en relaciones de derecho privado», ahora lo es «cuando actúen directamente o a través de una entidad de derecho privado» (art. 35 de la LRJ).

De esta manera cuando la Administración actúe a través de entes instrumentales que sean personas jurídicas de Derecho privado —*i.e.* fundaciones y sociedades mercantiles—, su responsabilidad se regirá por los arts. 32 y siguientes de la LRJ, y los recursos judiciales deberán dirigirse a la jurisdicción contencioso-administrativa. «Es decir, la unidad de jurisdicción comprende no sólo los supuestos en los que la Administración actúa en relaciones de derecho privado, sino también cuando se sirve de entidades de derecho privado, en relaciones de tal naturaleza»[101].

En cualquier caso, el principio de exclusividad jurisdiccional imperante en nuestro ordenamiento jurídico en esta materia no puede solventar

---

que se derive. [Además] si a la producción del daño hubieran concurrido sujetos privados, el demandante deducirá también frente a ellos su pretensión ante este orden jurisdiccional».

100 La unidad jurisdiccional del orden contencioso-administrativo en materia de responsabilidad patrimonial, fue declarada por la Sala de Conflictos del TS, entre otros, por los autos de 9 de abril de 2003 (conflicto de competencia 6/2003), 19 de febrero de 2008 (conflicto de competencia 39/2007), y de 19 de junio de 2009 (conflicto de competencia 6/2009).

101 TESO GAMELLA, Pilar (2017): «El nuevo régimen jurídico de la responsabilidad patrimonial de la Administración. Última jurisprudencia desde la perspectiva local», *Cuadernos de Derecho local*, núm. 44, pág. 337.

todos los problemas por mucho que se extienda el ámbito de los sujetos legitimados o se distorsione el alcance de la responsabilidad de aquéllos.

III. RÉGIMEN DE RESPONSABILIDAD DE LOS ADJUDICATARIOS DE CONVENIOS SINGULARES, ACUERDOS DE ACCIÓN CONCERTADA Y DE LOS CONSORCIOS SANITARIOS

A continuación, vamos a tratar de exponer cuál es el régimen de responsabilidad cuando, en la prestación de los servicios sanitarios, se utiliza una figura jurídica no contractual.

1) Ámbito de aplicación

Nos vamos a centrar en este epígrafe en cuatro figuras jurídicas, propias de la legislación sanitaria sectorial, a saber: hospitales generales vinculados, hospitales y clínicas adjudicatarias de acciones concertadas, mutuas colaboradoras de la Seguridad Social y consorcios sanitarios.

A. Hospitales generales vinculados

Mediante los convenios singulares, regulados en los arts. 66 y 67 LGS, los hospitales de titularidad privada se integran en la red hospitalaria pública. «El convenio debe tener por objeto la gestión de un hospital general de titularidad privada»[102]. Así ocurre con los Hospitales Fundación Giménez Díaz, en Madrid, y San Juan de Dios, en León.

«La vinculación está sujeta a una condición previa que es la homologación técnica del centro sanitario con un protocolo definido (…). La homologación equivale a la clasificación del contratista en la Ley de Contratos y su consecuencia es la inclusión del centro hospitalario en la red de hospitales del sector público»[103].

---

102 BLANQUER CRIADO, David (2012): *La concesión de servicio público, op. cit.* pág. 418.

103 DOMÍNGUEZ MARTÍN, Mónica (2006): *Formas de gestión de la sanidad en España, op. cit.* pág. 192.

Como consecuencia del convenio, «quedan sometidos a un régimen sustancialmente idéntico al de los centros públicos (...). [Por ello], los hospitales privados vinculados están sometidos a las mismas inspecciones y controles sanitarios, administrativos y económicos, e incluso al mismo régimen de jornada que los hospitales públicos»[104].

Se «produce una publificación del régimen de organización y funcionamiento (...) salvo en lo que se refiere a la titularidad del centro y de las relaciones laborales del personal que preste sus servicios»[105]. En estos casos, la empresa privada efectúa el desembolso para la creación y puesta en funcionamiento del hospital, y después, a través de un convenio singular, la Administración sanitaria le encomienda la asistencia sanitaria de población de la Seguridad Social.

En este convenio singular se determina, entre otros aspectos: los derechos y obligaciones, su duración y prórroga, la suspensión temporal y la extinción definitiva del mismo, el régimen económico, el número de camas hospitalarias y demás condiciones de prestación de la asistencia sanitaria.

Para DOMÍNGUEZ MARTÍN, «la vinculación de cada centro privado a la red pública es una típica operación de subsunción de un caso concreto en el supuesto de hecho abstracto regulado en la norma (...). De ello se deduce que estos convenios, a pesar de las apariencias, no serían contractuales, sino resoluciones administrativas necesitadas de aceptación»[106]. Esta cuestión, sin embargo, no es pacífica. Autores como VILLAR y RODRÍGUEZ LÓPEZ sostienen que los convenios singulares tienen naturaleza contractual[107].

Al no tener la consideración de contratos, se les aplica la LPAC y la LRJ, y no la LCSP. En el mismo sentido se ha pronunciado la jurisprudencia,

---

104 FJ 3 STSJ de Madrid 839/2013, de 13 de diciembre (núm. rec. 3709/2008 y [*Tol 4064702*]).

105 *Idem.*

106 DOMÍNGUEZ MARTÍN, Mónica (2006): *Formas de gestión de la sanidad pública en España*, pág. 176.

107 RODRÍGUEZ LOPEZ, Pedro (2004): *Nuevas formas de gestión hospitalaria y responsabilidad de la Administración*, Dykinson, pág. 192 y VILLAR ROJAS, Francisco José (1996): *La responsabilidad de las administraciones sanitarias: fundamento y límites*, Praxis, Barcelona, págs. 105 y 106.

para la cual «no resulta de aplicación la normativa sobre contratación pública ni el art. 90 de la LGS»[108].

Como se dijo en el anterior epígrafe, los conciertos sanitarios y los convenios singulares de vinculación son dos modalidades de colaboración público-privada reguladas en la LGS. Según resalta la STSJ de Madrid de 13 de diciembre de 2013 ambos se distinguen entre sí.

i. «La diferencia entre un convenio singular de vinculación [de los] (...) conciertos de la LGS (...) estriba en que (...) [en aquél] el hospital privado se integra en el Sistema Nacional de Salud conforme a un protocolo definido»[109].
ii. En cambio, el concierto, «no tiene como objetivo la vinculación de la institución a la red integrada de hospitales del sector público (...). Supone una vinculación limitada a determinadas prestaciones que el sector público le reclame (...). Es una de las formas jurídicas contractuales»[110].

---

108 En este sentido, la STSJ de Madrid de 13 de diciembre de 2013, rechazó un recurso en el que se pretendía «la declaración de nulidad de pleno derecho [del Convenio singular entre la Fundación Giménez Díaz UTE y la Comunidad de Madrid] (...), por cuanto [éste] (...) no es un contrato administrativo de gestión de servicios públicos a través del subtipo del concierto regulado en la LCAP, sino uno de los "Convenios de Vinculación" regulados en los arts. 66 y 67 de la Ley 14/1986 de 25 de abril, General de Sanidad (LGS) (...) [Por ello,] no le resulta de aplicación la normativa sobre contratación pública ni el art. 90 de la LGS (referido a los conciertos) que la recurrente cita como infringidos, siendo ambos figuras jurídicas diferentes» (FJ 3 STSJ de Madrid 839/2013, de 13 de diciembre y [*Tol 4064702*])

109 FJ 3 STSJ de Madrid 839/2013, de 13 de diciembre (núm. rec. 3709/2008 y [*Tol 4064702*]).

110 *Idem.* Como matiza la STSJ de Madrid de 13 de diciembre de 2013, «el concierto, sin embargo, no tiene como objetivo la vinculación de la institución a la red integrada de hospitales del sector público, sino que es una de las formas jurídicas contractuales del contrato de gestión de servicios públicos —actualmente concesión de servicios— por la que las Administraciones públicas encomiendan a una persona, natural o jurídica, que venga realizando prestaciones análogas a las que constituyen el servicio público de que se trate, la gestión de un servicio público, contratando la prestación de determinados servicios públicos que pasan a ser prestados indirectamente por el contratista» (FJ 3).

B. Hospitales y clínicas adjudicatarias de acciones concertadas

Se entiende por acción concertada aquella «forma de gestión de servicios alternativa a la gestión directa o indirecta de los servicios públicos, no económicos, que realizan entidades sin ánimo de lucro en el ámbito de las personas»[111].

Esta fórmula de gestión tiene plena cabida en el Derecho comunitario porque «la aplicación de la normativa contractual pública no es la única posibilidad de la que gozan las autoridades competentes [de los Estados miembro] para la gestión de los servicios a las personas»[112]. Es más, su origen se haya en el *soft law* comunitario y en las Directivas de contratación de cuarta generación, aprobadas en 2014[113].

En estas directivas se reconoce la categoría de los «servicios a las personas [entendidos] como ciertos servicios sociales, sanitarios y educativos [que] se prestan en un contexto particular que varía mucho de un Estado miembro a otro, debido a las diferentes tradiciones culturales (...). [Además, respecto de los mismos, las Administraciones competentes por razón de la materia] (...) siguen teniendo libertad para prestar por sí mismos

---

111 Preámbulo de la Ley 7/2017, de 30 de marzo, de la Generalitat, sobre acción concertada para la prestación de servicios a las personas en el ámbito sanitario. De acuerdo con este preámbulo, «con la acción concertada, se pretende «dar una respuesta eficiente y eficaz (...) [a ciertas] prestaciones dirigidas a las personas vulnerables (...), con el fin de garantizar los principios de atención personalizada e integral, de arraigo de la persona en el entorno social, elección de la persona y continuidad en la atención y la calidad».

112 *Idem.* En ese sentido, el art. 11.6 de la LCSP excluye de su ámbito de aplicación la «prestación de servicios sociales por entidades privadas, siempre que esta se realice (...) a través (...) de la simple financiación de estos servicios». Por otro lado, DA 49 de la LCSP, relativa a «legislación de las Comunidades Autónomas relativa a instrumentos no contractuales para la prestación de servicios públicos de carácter social» ha reconocido la individualidad de la acción concertada. En nuestra opinión, dentro los servicios sociales deben entenderse incluidos, sin ningún género de dudas, los servicios sanitarios. del Parlamento Europeo y del Consejo, de 26 de febrero de 2014, relativa a la adjudicación de contratos de concesión

113 En 2014, la regulación de la contratación pública en el seno de la Unión Europea, se operó a través de tres directivas: 2014/23/UE, 2014/24/UE 2014/25/UE del Parlamento Europeo y del Consejo, de 26 de febrero, relativas a la adjudicación de contratos de concesión, sobre contratación pública y relativa a la contratación por entidades que operan en los sectores del agua, la energía, los transportes y los servicios postales.

esos servicios (...) de manera que no sea necesario celebrar contratos públicos, por ejemplo, mediante la simple financiación de estos servicios»[114].

A partir de esta «simple financiación», las CCAA de Aragón, Asturias, Cataluña, Comunidad Valenciana, Madrid y La Rioja han aprobado leyes reguladoras de la acción concertada como instrumento organizativo de naturaleza no contractual[115]. Aunque no lo afirme expresamente su ley de servicios sociales, también pueden formalizarse este tipo de acuerdos de naturaleza no contractual en las Comunidades Autónomas de Baleares, Castilla-La Mancha y Murcia[116].

---

[114] Considerando 114 de la Directiva 2014/24/UE. Como afirma MANENT, «la acción concertada (...), tiene su origen en el *soft law* comunitario, en concreto en tres comunicaciones de la Comisión Europea [de 2004, 2006 y 2011] (...), a saber: el Libro Blanco sobre los servicios de interés general; la comunicación sobre los servicios sociales de interés general; y la comunicación "un marco de calidad para los servicios sociales de interés general en Europa"». En ellas, «a partir de la categoría comunitaria de los servicios de interés general (SIG), la Comisión ha individualizado determinadas actuaciones que procuran directamente la vida y la salud de las personas, tengan o no naturaleza contractual. A estas prestaciones, que se incardinan dentro de la subcategoría de servicios sociales de interés general (SSIG), se les conoce hoy en día como servicios a las personas». MANENT ALONSO, Luis (2017): «El desconcierto de la acción concertada», *Actualidad Administrativa 2019*, Tirant lo Blanch, pág. 549.

[115] Se refieren a la acción concertada como conciertos sociales: el Decreto-ley 3/2016, de 31 de mayo, de la Generalitat de Cataluña, de medidas urgentes en materia de contratación pública (DLCat); la Ley 7/2009, de 22 de diciembre, de servicios sociales de La Rioja (LSSRioja); la Ley 14/2010, de 16 de diciembre, de servicios sociales de Castilla-La Mancha (LSSC-M); Ley 3/2021, de 29 de julio, de servicios sociales de la Región de Murcia (LSSMur); y la Ley 12/2022, de 21 de diciembre, de servicios sociales de la Comunidad de Madrid (LSSMad). Para simplificar la comprensión del artículo nosotros utilizaremos el término acción concertada para los instrumentos de naturaleza no contractual y concierto social para los de carácter contractual.

[116] Por su orden de aprobación, la legislación autonómica reguladora de la acción concertada como instrumento no contractual es la siguiente: 1) Decreto-ley 1/2016, 17 de mayo, del Gobierno de Aragón, sobre acción concertada para la prestación a las personas de servicios de carácter social y sanitario. Su tramitación como proyecto de ley ha dado lugar a la Ley 11/2016, de 15 de diciembre (LACAra); 2) DDAA 3 y 4 DLCat; 3) Decreto-ley 7/2016, de 4 de noviembre, del Consell, sobre acción concertada para la prestación de servicios a las personas en el ámbito sanitario, de la Comunidad Valenciana. Posteriormente, al ser tramitado como proyecto de ley, fue sustituido por la Ley 7/2017, de 30 de marzo, de la Generalitat Valenciana (LACVal); 4) Arts. 62 a 68 de la Ley 5/1997, de 25 de junio, de la Generalitat Valenciana, por la que se reguló el sistema de servicios so-

No deben confundirse estos acuerdos de acción concertada con los conciertos sociales regulados en la normativa andaluza, cántabra, castellanoleonesa, gallega, extremeña, murciana, navarra y vasca de servicios sociales[117]. Estas normas los consideran:

---

ciales en el ámbito de la Comunidad Valenciana, redactados por la Ley 13/2016, de 29 de diciembre, de medidas fiscales, de gestión administrativa y financiera, y de organización de la Generalitat (LSSVal). En la actualidad estas normas están derogadas y los preceptos de aplicación son los arts. 87 a 91 de la Ley 3/2019, de 18 de febrero, de la Generalitat Valenciana, de servicios sociales inclusivos de la Comunidad Valenciana; 5) Cap. I de la Ley 12/2018, de 15 de noviembre, de servicios a las personas en el ámbito social en la Comunidad Autónoma de las Illes Balears (LSPBal); 6) Ley 3/2019, de 15 de marzo, sobre acción concertada con entidades de iniciativa social sin ánimo de lucro para la prestación de servicios de carácter social, del Principado de Asturias (LACAst); 7) Arts. 61 ter y cuater LSSRioja, redactados por la Ley 2/2020, de 30 de enero 8); Art. 42 LSSC-M, en la redacción dada por la Ley 4/2021, de 25 de junio; 9) Art. 69 LSSMur 10) Arts. 72 a 76 LSSMad. La Ley balear de servicios a las personas en el ámbito social, aunque no afirma que los acuerdos de acción concertada sean instrumentos organizativos de naturaleza no contractual, este carácter debe entenderse implícito ya que los diferencia de la contratación pública de servicios sociales dirigida a las personas. A tal efecto, en sendos capítulos regula la gestión de servicios sociales a las personas mediante acción concertada y las reglas específicas de contratación pública de servicios sociales dirigidos a las personas. De hecho, el acuerdo de la Comisión Bilateral de Cooperación Administración General del Estado - Comunidad Autónoma de Illes Balears, de 30 de julio de 2019, en relación con la Ley 12/2018 del Parlamento Balear, publicada en el Boletín Oficial del Estado (BOE) de 26 de septiembre de 2019, concluyó que los acuerdos de la acción concertada no están sujetos a la LCSP. No lo están porque «cumple con los requisitos que establece el artículo 11.6 de la LCSP», esto es «servicios sociales [prestados] por entidades privadas (…) sin necesidad de celebrar contratos públicos, a través (…) de la simple financiación de estos servicios». La LSSC-M, y LSSMur guardan silencio sobre la naturaleza de los conciertos sociales. Su carácter no contractual se reconoce: en el art. 1.3 del Decreto 52/2021, de 4 de mayo, por el que se regula el concierto social para la gestión de servicios sociales y atención a las personas en situación de dependencia en Castilla-La Mancha (DACC-M); exp mots. del Decreto 62/2019, de 3 de mayo, por el que se establece el régimen jurídico de los conciertos sociales en la Región de Murcia, en materia de protección y reforma del menor.

117 Por su orden de aprobación, la legislación autonómica reguladora de los conciertos sociales como instrumento contractual es la siguiente: 1) Arts. 61 a 68 de la Ley 12/2008, de 5 de diciembre, de servicios sociales del País Vasco; 2) Arts. 33 bis a 33 octies de la Ley 13/2008, de 3 de diciembre, de servicios sociales de Galicia, redactados por la Ley 8/2016, de 8 de julio 3) Arts. 101 a 106 de la Ley 9/2016, de 27 de diciembre, de Servicios Sociales de Andalucía; 4) Ley Foral 13/2017, de 16 de noviembre, de conciertos sociales en los ámbitos de salud y servicios sociales

i. Una modalidad diferenciada del concierto del extinto contrato de gestión de servicios públicos (Andalucía, Galicia y País Vasco)[118].

ii. Una forma de gestión indirecta de servicios públicos (Canarias, Cantabria, Navarra, Extremadura y Castilla y León).

De entre las CCAA que regulan la acción concertada, todas ellas refieren la misma a los servicios sociales. Sin embargo, la acción concertada en los servicios sanitarios solo está admitida en Aragón y la Comunidad Valenciana.

Así, en la Comunidad Valenciana, el Instituto Valenciano de Oncología (IVO), la Asociación Española Contra el Cáncer (AECC), y la Asociación de Lucha contra las Enfermedades del Riñón (ALCER) prestan asistencia integral oncológica, preventiva del cáncer de mama y de traslado de pacientes con hemodiálisis mediante acuerdos de acción concertada.

En la actualidad, es «evidente, que (...) [las CC.AA.] disponen de suficiente hálito competencial como para regular la acción concertada para la prestación de servicios a las personas», aún no están trazados los lindes de esta figura respecto de los contratos públicos[119]. La cuestión determinante es si éstos tienen naturaleza contractual.

MANENT ha formulado una propuesta de delimitación. Para este autor, dejando de lado los requisitos formales, las notas características de la acción concertada son: las reservas o prioridades a entidades sin ánimo de lucro, la compensación de costes sin incluir el beneficio industrial y relación directa entre el prestador del servicio y el paciente o usuario. Pues bien, solo el tercer elemento es útil para singularizar la acción concertada.

---

5) Arts. 54 a 62 de la Ley 2/2007, de 27 de marzo, de derechos y servicios sociales de Cantabria, en la redacción dada por la Ley 9/2017, de 26 de diciembre; 6) Ley 13/2018, de 26 de diciembre, de conciertos sociales para la prestación de servicios a las personas en los ámbitos social, sanitario y sociosanitario en Extremadura; 7) Arts. 63 a 69 Ley 16/2019, de 2 de mayo, de servicios sociales de Canarias (LSSCan).

118 Aunque la LSSCan guarda silencio sobre la naturaleza de los conciertos sociales, el art. 1 del Reglamento del concierto social en el ámbito de los servicios sociales de la Comunidad Autónoma de Canarias, aprobado por el Decreto 144/2021, de 29 de diciembre, considera el concierto social como una modalidad de gestión indirecta.

119 FJ 6 de la STSJ de la Comunitat Valenciana 560/2018, de 12 de junio (rec. núm. 236/2017 y [*Tol 6796862*]).

En su opinión, «en todo servicio gestionado indirectamente mediante un contrato, ya sea de servicios o de concesión de servicios, se da siempre una relación triangular. "En la acción concertada el operador privado presta su servicio de forma directa al usuario, sin intervención del poder adjudicador, en tanto que en los contratos públicos se produce una subordinación a éste, por cuanto el servicio se presta directamente al susodicho poder adjudicador y, en ejecución de las obligaciones resultantes de la relación contractual con éste, indirectamente al usuario/pacientes"»[120].

A juicio de este autor, la relación directa entre el hospital o clínica y el paciente, entre otros elementos, se pondría de manifiesto: cuando el acceso del paciente al hospital o clínica es directo, por propia voluntad y sin mediación de una Administración que filtre pacientes o realice derivaciones: por la baja densidad del vínculo entre la Administración sanitaria y el hospital o clínico. En los contratos, al tener como destinatario directo a la Administración, ésta es la que determina las características del servicio en función de sus necesidades. Por el contrario, en la acción concertada, la Administración solo financia el servicio, el cual se presta de acuerdo las condiciones o características que decida el hospital o clínica.

Recientemente, sin embargo, las SSTS de la Comunidad Valenciana de 29 y 30 de junio de 2023 ha resuelto que aquellos acuerdos de acción concertada sujetos a regulación armonizada tienen naturaleza contractual y están sujetos al régimen simplificado de los arts. 74 a 77 de la Directiva 2014/24/UE de 26 de febrero, del Parlamento Europeo y del Consejo, sobre contratación pública[121].

---

[120] MANENT ALONSO, Luis (2019): «El desconcierto de la acción concertada», *op. cit.* pág. *568*.

[121] La SSTSJ de la Comunidad Valenciana 339/2023, de 29 de junio (núm. rec. 170/2018 y [*Tol 9692396*]), y 342/2023, de 30 de junio (núm. rec. 169/2018), se dictan tras haber planteado al Tribunal de Justicia de la Unión Europea (TJUE), mediante auto de 30 de junio de 2020, una cuestión prejudicial que afectaba a la legislación autonómica relativa a la acción concertada en los servicios sociales. En síntesis, preguntó si se oponía a la Directiva sobre contratos públicos la adjudicación de acuerdos de acción concertada a entidades sin ánimo de lucro por el hecho de recibir únicamente el reembolso de los costes o de autocalificarse como figuras como no contractuales. La STJUE *ASADE I* de 14 de julio de 2022, a falta de mayor precisión de la cuestión prejudicial, tan solo pudo señalar que «algunos de los servicios sociales de asistencia a las personas comprendidos en (…) [la Ley 3/2019, de 18 de febrero, de la Generalitat, de servicios sociales inclusivos] se prestan a cambio de una retribución y no están relacionados con el ejercicio de poder público, de modo que puede considerarse que tales actividades tienen

C. Convenios de asociación con mutuas colaboradoras de la Seguridad Social

«Las mutuas colaboradoras de la Seguridad Social son asociaciones privadas de empresarios (…) que tienen por finalidad colaborar en la gestión de la Seguridad Social, sin ánimo de lucro y asumiendo sus asociados responsabilidad mancomunada»[122]. Se financian con las cotizaciones de los empresarios.

Surgen a principios del siglo XX con el nombre de «mutuas de accidentes de trabajo» con la finalidad de hacer frente a la responsabilidad del empresario por los accidentes de trabajo. Con el paso del tiempo acabarían gestionando los accidentes de trabajo y las enfermedades profesionales. Desde la Ley 35/2014, de 26 de diciembre, de modificación de la LGSS, estas entidades pasan a denominarse «mutuas colaboradoras de la Seguridad Social».

En la actualidad, mediante convenios de asociación se les puede encomendar, entre otras prestaciones «la gestión de las prestaciones económicas y de la asistencia sanitaria, incluida la rehabilitación, comprendidas en la protección de las contingencias de accidentes de trabajo y enfermedades

---

carácter económico y, por tanto, constituyen servicios en el sentido de la Directiva 2014/24» (parágrafo 66). A partir de aquí la SSTSJ de la Comunitat 339/2023 y 342/2023 ha fallado —refiriéndose a la acción concertada— que pese la legislación valenciana la califique como una forma no contractual para la prestación de servicios a las personas, y que «la naturaleza no contractual (…) es defendida por determinados juristas/doctrina administrativa [, a efectos del Derecho de la Unión Europea, estamos ante] un instrumento de naturaleza contractual». Para ello se apoya en la SSTJUE *ASADE I y II* de 14 de julio de 2022 y 31 de marzo de 2023 (as. C-436/2020 y [*Tol 9118265*] y C-676/2020 y [*Tol 9493262*]). En la primera de ellas se afirma que «por mucho que se califique la acción concertada como instrumento no organizativo de naturaleza no contractual, hemos de (…) afirmar que es irrelevante jurídicamente. [Para la Sala de lo Contencioso-Administrativa,] dada la consabida primacía del Derecho de la Unión Europea (…) los acuerdos de acción concertada se incluyen, en rigor, entre las modalidades de gestión directa». (FJ 9). En el mismo sentido se pronuncian las SSTSJ de la Comunitat Valenciana 352/2023 (núm. rec. 224/2019 y [*Tol 9692394*]), 353/2023 (núm. rec. 302/2018 y [*Tol 9692395*]) y 354/2023 (núm. rec. 171/2019 y [*Tol 9692393*]), todas ellas de 30 de junio. Para un comentario sobre estas sentencias puede leerse a MANENT. MANENT ALONSO, Luis (2023): «La acción concertada: del desconcierto a la incertidumbre», *Administración y Ciudadanía*, núm. vol. 18, núm. 2.

122 Art. 80 del texto refundido de la Ley general de la Seguridad Social, aprobado por el RDLeg 5/2015, de 30 de octubre (en adelante «TRLGSS»).

profesionales de la Seguridad Social»[123]. En particular, «podrán establecer instalaciones y servicios sanitarios y recuperadores [las cuales están] incluidas en la acción protectora de la Seguridad» (art. 12 del Reglamento de las Mutuas de accidentes de trabajo y enfermedades profesionales, aprobado por el RD 1993/1995, de 7 de diciembre).

«La relación jurídica que deriva del concierto o convenio (…) no puede calificarse como un contrato oneroso pues dichas prestaciones forman parte del sistema de coberturas de la seguridad sociales». Además, estos convenios de asociación no tienen carácter oneroso. «La relación jurídica que se deriva (…) es la propia de una asociación civil». Consiste en la «agrupación de un conjunto de personas para la consecución de fines no lucrativos»[124], enfermedades profesionales del personal a su servicio», también de los empleados públicos.

D. Consorcios sanitarios

«Los consorcios son entidades de derecho público, con personalidad jurídica propia y diferenciada, creadas por varias Administraciones Públicas o entidades integrantes del sector público institucional, entre sí o con participación de entidades privadas, para el desarrollo de actividades de interés común a todas ellas dentro del ámbito de sus competencias»[125].

«La figura de los consorcios sanitarios nos remite (…) a la involucración de varias administraciones públicas, y muy en particular de la Administración local (…) normalmente por disponer los entes locales de infraestructuras asistenciales»[126]. Así ocurre con el Consorcio Hospital General Universitario de Valencia, constituido el 26 de diciembre de 2001, para gestionar un área de salud[127].

---

123 Art. 80.2 TRLGSS.

124 CJ II del informe de la Junta Consultiva de Contratación Administrativa de Aragón 23/2009, de 4 de noviembre.

125 Art. 118.1 LRJ. Por su parte, el art. 118.2 LRJ establece que los consorcios pueden realizar actividades de fomento, prestacionales o de gestión común de servicios públicos y cuantas otras estén previstas en las leyes. Cabe destacar, que el art. 120.3 de la LRJ preceptúa que aquellos consorcios en los que participen entidades privadas no pueden tener ánimo de lucro.

126 FONT I LLOBET, Tomàs (2016): «Organización y Gestión de los servicios de salud». El impacto del Derecho europeo», *Revista de Administración Pública*, pág. 268

127 Se constituyó mediante convenio entre la Generalitat y la Diputación de Valencia, propietaria de las instalaciones, con la finalidad de incorporar de forma com-

Tienen especial arraigo en Cataluña, donde «existen 13 consorcios en el ámbito de la salud»[128]. Entre ellos destaca el Consorcio Hospitalario de Cataluña, constituido el 15 de marzo de 1984 con el fin de fusionar diversos hospitales de titularidad municipal[129], y el Consorcio Sanitario de Barcelona, formado por la Generalitat de Cataluña y el Ayuntamiento de Barcelona, creado el 14 de noviembre de 1988[130].

Se regulan, con carácter de legislación básica, en los arts. 118 y siguientes de la LRJ. Esta norma establece, entre otros aspectos, la definición y actividades propias de los consorcios, su régimen jurídico, el régimen de adscripción y el contenido de los estatutos.

En el caso de consorcios creados para la gestión del servicio público sanitario, además, hay que estar a lo dispuesto por la Ley 15/1997, de 25 de abril. Esta norma habilitó nuevas formas de gestión del Sistema Nacional de Salud, y entre ellas los consorcios sanitarios, a los que dotó una regulación específica en su DAU. De acuerdo con la misma, son consorcios sanitarios aquéllos «cuyo objeto principal sea la prestación de servicios del Sistema Nacional de Salud».

---

pleta, tanto orgánica como funcionalmente, el Hospital General Universitario de Valencia a la red sanitaria de la Conselleria de Sanidad. Actualmente se rige por los estatutos de 27 de junio de 2017 publicados en el *Diari Oficial de la Generalitat Valenciana* de 24 de julio de 2017.

128 FONT I LLOBET, Tomàs (2016): «Organización y Gestión de los servicios de salud», *op. cit.* pág. 269.

129 El Consorcio Hospitalario de Cataluña los constituyeron los Ayuntamientos de Calella, Manresa, Mataró, Sabadell, Santa Coloma de Gramanet, Terrassa, Vilafranca del Penedès y Badalona y los Hospitales municipales de Badalona, Sant Jaume de Calella y sus estatutos fueron aprobaron por el Decreto 114/1984, de 15 de marzo, *Diari Oficial de la Generalitat de Catalunya* de 4 de mayo de 1984.

130 Los estatutos del Consorcio Sanitario de Barcelona, de 14 de noviembre de 1988, se publicaron el 17 de febrero de 1989. «Este consorcio, que gestiona sus servicios a través de entidades instrumentales dotadas de personalidad propia —*Institut Municipal d'Assistència Sanitaria* (IMAS), *Institut de Prestacions d'-Assitència Medica al Personal Municipal (PAMEM) y Fundació de Gestió Sanitaria de l'Hospital de la Santa Creu i Sant Pau—,* integró inicialmente los centros hospitalarios y los servicios de atención primaria de titularidad municipal —Hospitales del *Mar y de la Esperanza, el Centre Quirúrgic Perecamps, el lnstitut Psiquiatric, el Servei d'Ambulàncies Municipal (SAMU)* y la red de consultorios municipales de la ciudad de Barcelona—, *y con posterioridad incorporó el Hospital de la Santa Creu i Sant Pau.* LAFARGA i TRAVER, Josep Lluís (1994): «El Consorcio: un instrumento al servicio del consenso en la gestión de os servicios sanitarios. La experiencia de Cataluña», *Derecho y Salud,* vol. 2, pág. 112.

A lo anterior cabe añadir que para la creación de un consorcio es necesario suscribir el correspondiente convenio entre la Administración y la entidad privada consorciada, además de aprobar unos estatutos con el contenido del artículo 124 de la LRJ. Una vez constituido, el consorcio determinará la forma de gestión del servicio, es decir, debe optar por:

i. *La gestión directa del servicio*

El consorcio deberá decidir si el servicio es prestado por el propio consorcio a través de sus estructuras ordinarias o no. En este segundo supuesto la prestación del servicio podrá llevarse a cabo, bien mediante la creación de órganos especializados en régimen de desconcentración, bien mediante la constitución de un organismo autónomo, entidad pública empresarial, una empresa pública u otra entidad dotada de personalidad jurídica propia y diferenciada de la del consorcio.

ii. *La gestión indirecta del servicio*

Para ello será necesario adjudicar el servicio a un tercero.

En estos convenios también debe tenerse en consideración la normativa autonómica que se pueda existir en esta materia.

2) Régimen general de responsabilidad

Corresponde en este apartado desarrollar el régimen de responsabilidad de las entidades vinculadas con la Administración sanitaria mediante un convenio singular de vinculación, adjudicatarias de un acuerdo de acción concertada, así como de las mutuas colaboradoras de la Seguridad Social y los consorcios sanitarios. La responsabilidad de cada una de estas tres modalidades de gestión sanitaria exige un análisis diferenciado.

A. Hospitales generales vinculados con la Administración sanitaria

Según se expuso en el apartado anterior, mediante los convenios singulares se opera una «publificación» del régimen de organización y funcionamiento del hospital de la entidad vinculada, salvo en lo referente a la titularidad del centro y del personal que preste servicios en él. Por ello, sus hospitales están sometidos a las mismas inspecciones y controles sanitarios, administrativos y económicos, e incluso al mismo régimen de jornada que los hospitales públicos.

Lo anterior determina la necesidad de delimitar con claridad el reparto de funciones, así como el nexo de causalidad de la producción del daño. Por ejemplo, si ha habido un error humano en la administración de un medicamento, habida cuenta que la titularidad de las relaciones personales le corresponde a la empresa privada, sería ésta la responsable. Por el contrario, si el perjuicio viene provocado por una actuación o decisión de la Administración será ésta la responsable. No obstante, hay que examinar cada convenio de vinculación concreto y las relaciones de derechos y obligaciones que le corresponden a cada parte.

Además, en esta materia —daños causados por hospitales vinculados por un convenio del art. 66 LGS— hay que tener en cuenta la *vis atractiva* que los consejos consultivos y la jurisprudencia atribuyen a la responsabilidad patrimonial y al orden jurisdiccional contencioso-administrativo.

Para la STSJ de Canarias de 22 de mayo de 2019, un centro concertado, y por extensión los del art. 66 LGS, «no es un particular demandable ante la jurisdicción civil sino que es un centro sanitario concertado que también ha actuado en funciones de servicio público y por lo tanto su responsabilidad extracontractual está sometida al régimen de la responsabilidad patrimonial de las Administraciones Públicas»[131].

La CJAMad, en relación con los daños causados por los hospitales vinculados con un convenio singular, ha señalado la necesidad de demandar a la Comunidad Autónoma. Así, en el DCJAMad de 23 de febrero de 2021, ha reconocido la legitimación pasiva de la Comunidad Autónoma, «en tanto, que la asistencia fue dispensada en el Hospital (…) integrado en la red sa-

---

131 FJ 4 STSJ de Canarias (sede Santa Cruz de Tenerife) 228/2019, de 22 de mayo (núm. rec. 68/2019 y [*Tol 7435983*]). La reclamación se dirigía contra Servicio Canario de Salud, por una atención sanitaria defectuosa de HOSPITEN HOLDING SL, «en tanto sujeto privado en funciones administrativas integrado en la organización del servicio público de salud en virtud de un concierto con la Administración demandada» (FJ 4). En el mismo sentido también se ha pronunciado la STSJ de Madrid 780/2011, de 14 de marzo (núm. rec. 1018/2010 y [*Tol 3744987*]) en relación «la eventual responsabilidad de la Comunidad de Madrid por haber prestado la "FUNDACIÓN JIMÉNEZ DÍAZ" la asistencia sanitaria litigiosa en virtud del concierto con la Administración titular del servicio» (FJ 7). Aunque se afirme que el vínculo es un concierto sanitario, como se expone en la siguiente nota a pie página, la Fundación Jiménez Díaz tiene un convenio singular del art. 66 LGS con la Comunidad de Madrid.

nitaria pública madrileña por convenio singular, prestándose la asistencia al amparo del mismo»[132].

En definitiva, en cada caso concreto habrá que determinar cuál es la causa que ha provocado el daño y el nexo de causalidad con el titular de dicha causa, y en particular el convenio singular concreto existente

B. Hospitales y clínicas adjudicatarias de acciones concertadas

Los conciertos sociales o acción concertada, como modalidad no contractual de gestión de servicios sanitarios, son una figura en construcción. A ello cabe añadir sus diferentes denominaciones, como conciertos o acción concertada, según la respectiva ley autonómica. Ambas circunstancias dificultan acertar a la hora de plantearse quién debe de responder de los daños causados a un tercero perjudicado (paciente) como consecuencia de la prestación del servicio.

Este panorama jurídico se convierte en más complejo aún, si tenemos en cuenta, que la competencia para la prestación y provisión de la asistencia sanitaria es competencia de las CCAA. Por tanto, corresponde a sus poderes públicos determinar los modos de utilizar las distintas fórmulas jurídicas que el ordenamiento jurídico sanitario permite para gestionar la denominada actividad sanitaria concertada.

Teniendo en cuenta lo anterior, y si la Comunidad Autónoma acude a la figura de la acción concertada, que no tiene naturaleza contractual, MANENT considera, y así lo han reflejado en el cap. 7 de esta obra (págs. 476 y 477), que no resultará aplicable el régimen jurídico del artículo 196 de la LCSP.

---

[132] En el DCJAMad 104/2021, de 23 de febrero, se reclamaba una supuesta negligencia médica de los facultativos de la Fundación Jiménez Díaz, la cual tiene firmado un convenio singular (con un clausulado específico) con la Comunidad de Madrid. Para la CJAMad, el Servicio Madrileño de Salud (SERMAS) estaba pasivamente legitimado, «en tanto, que la asistencia fue dispensada en el Hospital Universitario Fundación Jiménez Díaz, integrado en la red sanitaria pública madrileña por convenio singular, prestándose la asistencia al amparo del mismo» En los otros dictámenes a los que se hace referencia (222/2017 de 1 de junio, 72/2018 de 15 de febrero, 219/2018 de 17 de mayo y 323/20 de 28 de julio) aunque se referían a «centros concertado», la CJAMad equipara su régimen el de los hospitales vinculados con la Administración mediante un convenio singular.

Para él, el carácter no contractual de los acuerdos de acción concertada debe conllevar: la falta de legitimación pasiva de la Administración sanitaria en las reclamaciones de responsabilidad patrimonial por daños causados por los adjudicatarios de acuerdos de acción concertada; y en consecuencia, la falta de jurisdicción del orden contencioso-administrativo para conocer de las reclamaciones de daños extracontractuales[133].

También cabe plantearse si puede establecerse un régimen similar al señalado para los casos de convenios singulares de vinculación. Ahora bien, a diferencia de los hospitales generales vinculados con la Administración sanitaria, en la acción concertada, «en puridad no existe una actuación de una Administración a través de una entidad de Derecho privado»[134]. Al ser entidades simplemente financiadas con fondos público es difícil pensar que haya algún nicho de responsabilidad de la Administración. Como se dijo en el apartado anterior, los acuerdos de acción concertada se distinguen las fórmulas contractuales para la gestión indirecta de servicios públicos por la relación directa entre el prestador del servicio y usuario o paciente.

C. Mutuas colaboradoras de la Seguridad Social

Como ha dicho la STS de 26 de octubre de 2011, «la responsabilidad por deficiente asistencia sanitaria debe (…) ser exigida a las mismas (…)

---

133 El TSJ de la Comunidad Valenciana no parece compartir la remisión de las reclamaciones contra los adjudicatarios de la acción concertada al orden civil. El ATSJ de la Comunidad Valenciana de 25 de abril de 2023, recaído en el procedimiento ordinario 523/2022, respondió a una alegación previa de la Generalitat Valenciana en la que cuestionaba su legitimación pasiva puesto que el causante del daño había dejado de ser un contratista de la Generalitat Valenciana y desde 2017 tenía suscrito un acuerdo de acción concertada. La Sala, apartándose del criterio del ministerio fiscal consideró que tenía legitimación pasiva porque en vía administrativa lo había considerado como «contratista» y porque el paciente había sido derivado desde un hospital de la Generalitat. El DCJCVal 147/2023, de 22 de febrero, a modo de *obiter dictum* señaló que la legitimación pasiva de los adjudicatarios de acción concertada derivaría de la LACVal, la cual tendría un precepto equivalente al art. 196 LCSP.

134 MANENT ALONSO, Luis (2021): «Las singularidades de las reclamaciones por daños causados por las administraciones públicas como consecuencia de la COVID-19», *op. cit.* págs. 149 y 150.

[y] sin que pueda condenarse por ello a la Administración competente para la vigilancia del funcionamiento del sistema sanitario»[135].

Existen dos excepciones:

a) Responsabilidad subsidiaria

La responsabilidad patrimonial de la Administración únicamente surgirá en caso de insolvencia de las mutuas colaboradoras de la Seguridad Social.

Como afirma GALLARDO, de conformidad con el art. 8 del RD 1993/1995, «la mutua responde directamente y en su defecto lo hacen mancomunadamente los empresarios asociados, por lo que quien se considere perjudicado puede dirigirse a la Administración solo en caso de insolvencia de aquélla y para las prestaciones derivadas de accidentes de trabajo, pero no como centro de imputación derivado de la relación de tutela que existe entre la Administración y tales mutuas»[136].

b) Responsabilidad por servicios sanitarios y recuperadores

Ahora bien, cuando en aplicación del art. 12 del RD 1993/1995, se trate de servicios sanitarios y recuperadores, como los servicios integrados en el SNS, «pueden dar lugar a responsabilidad patrimonial en los términos previstos para la responsabilidad patrimonial por asistencia sanitaria en hospitales y servicios públicos»[137].

El citado art. 12 contempla la posibilidad de establecer instalaciones y servicios sanitarios y recuperadores para la prestación de la asistencia debida y la plena recuperación de los trabajadores incluidos en el ámbito de protección de las mutuas. Pues bien, la utilización de dichos servicios, en cuanto que se hayan destinados a la cobertura de prestaciones incluidas en la acción protectora de la Seguridad Social e integradas en el SNS, deben estar coordinados con los de las AAPP.

En tales casos, tal y como afirman las SSTS de 10 de diciembre de 2009 y 22 de julio de 2010, su condición de sujeto pasivo tampoco es obstáculo

---

135 FJ 7 STS de 26 de octubre de 2011 (núm. rec. 388/2009 y [*Tol 2289308*]).

136 GALLARDO CASTILLO, Mª Jesús (2021): *Administración sanitaria y responsabilidad patrimonial, op. cit.* pág. 46.

137 CJ IV Consejo Consultivo de Andalucía 252/2020, de 30 de abril.

para ser objeto de reclamaciones de responsabilidad patrimonial, y ulterior de recurso contencioso-administrativo porque prestan un servicio público por cuenta del SNS[138].

Llegados a este punto, —según exponen ORTILLÉS, ALONSO, GÓMEZ ZAMORA y SOLER en el cap. 29 del tratado (págs. 2091 a 2095)— cuatro son las cuestiones procedimentales que se plantean en relación con las mutuas patronales: si es necesario tramitar una reclamación de responsabilidad patrimonial en vía administrativa, y en ese caso, qué Administración, entidad gestora de la Seguridad Social u organismo autónomo debe hacerlo; si la entidad del sector público debe comparecer necesariamente en el proceso: y qué juzgado o tribunal será competente para conocer de este tipo de recurso contencioso-administrativos. Desde aquí nos remitimos a lo escrito en dicho capítulo para no ser redundantes.

D. Consorcio sanitario

Por último, no queríamos concluir este capítulo sin hacer una breve referencia al régimen de responsabilidad cuando se utiliza la figura de los consorcios públicos para gestionar prestaciones sanitarias.

Como hemos señalado con anterioridad, en estos casos se crean entidades con personalidad jurídica propia. Al constituir una forma de gestión directa de la sanidad, ya sido analizada por BLANQUER en el cap. 5 al que nos remitimos. Aquí únicamente queremos señalar que el consorcio puede optar:

i. Gestión directa. Como ente dotado de personalidad jurídica responderá en los términos previstos en los arts. 32 y siguientes de la LRJ

ii. Gestión no directa. Si opta por la gestión indirecta de servicios, el régimen de responsabilidad será el que corresponda en función de la figura contractual o no contractual que haya elegido el consorcio[139].

---

138 SSTS de 10 de diciembre de 2009 y 22 de julio de 2010 (núm. recs. 1885/2008 y 90/2009).

139 En caso optar por la gestión directa de los servicios sanitarios pueden utilizarse entidades instrumentales como son las sociedades mercantiles públicas, los consorcios y las fundaciones públicas. En este punto nos remitimos a lo escrito por CUETO. CUETO PÉREZ, Miriam (2008) *Procedimiento administrativo, sujetos privados y funciones públicas*, Civitas, pág. 43 y ss.

Bibliografía

ARIÑO ORTIZ, Gaspar (1979): «El servicio público como alternativa», *Revista Española de Derecho Administrativo,* núm. 23, págs. 537 a 560

BELADIEZ ROJO, Margarita (1997): *Responsabilidad e imputación de daños por el funcionamiento de los servicios públicos,* Tecnos, Madrid

BLANQUER CRIADO, David (2012): *Las concesiones de servicio público,* Tirant lo Blanch, Valencia

BOCANEGRA SIERRA, Raúl (1978): «Responsabilidad de contratistas y concesionarios de la Administración Pública», *Revista Española de Derecho Administrativo,* págs. 397 a 406

BOCANEGRA SIERRA, Raúl (1994): «La responsabilidad civil de los concesionarios y contratistas de la Administración por daños causados a terceros», *Documentación Administrativa,* núm. 237-238), págs. 20-238

CUETO PÉREZ, Miriam (2008): *Procedimiento administrativo, sujetos privados y funciones públicas,* Civitas, Madrid

DE FUENTES BARDAJÍ, Joaquín *et alii* (2009): *Manual sobre Responsabilidad Sanitaria,* Aranzadi, Cizur Menor (Navarra)

DÍEZ CUCARELLA, José (2012): «Responsabilidad de la Administración por daños derivados de la actuación de sus contratistas y concesionarios», *Revista española de la función consultiva,* núm. 18, págs. 41 a 62

DOMÍNGUEZ MARTÍN, Mónica (2019): «Los contratos de prestación de servicios a las personas. Repensando las formas de gestión de los servicios sanitarios públicos tras las Directivas de contratos de 2014 y la Ley 9/2017 de contratos del Sector Público», *Revista General de Derecho Administrativo,* núm. 50

DOMÍNGUEZ MARTÍN, Mónica (2006): *Formas de gestión de la sanidad pública en España,* La Ley, Madrid

FONT I LLOBET, Tomàs (2016): «Organización y Gestión de los servicios de salud». El impacto del Derecho europeo», *Revista de Administración Pública*

GARCÍA ÁLVAREZ, Gerardo (2018): «La responsabilidad en la ejecución de los contratos públicos: penalidades, responsabilidad frente a la administración contratante y frente a terceros», en GIMENO FELIÚ, José María (dir.), Estudio sistemático de la ley de contratos del sector público, Aranzadi, Cizur Menor (Navarra), pág. 1297 a 1344

GARCÍA DE ENTERRÍA, Eduardo (1956): *Los principios de la nueva Ley de Expropiación Forzosa,* Instituto de Estudios Políticos, Madrid

GUERRERO ZAPLANA, José (2006): *Las reclamaciones por la defectuosa asistencia sanitaria,* Lex Nova, Valladolid (5ª ed.)

GONZÁLEZ NAVARRO, Francisco (1976): «responsabilidad de la Administración por daños causados a terceros por el empresario de un servicio públicos», *Revista de Derecho Administrativo y Fiscal,* núms. 44 y 45, págs. 215 a 250

HORGUÉ BAENA, Concepción (1998: «La responsabilidad del contratista por daños causados a terceros en la ejecución de los contratos administrativos», *Revista de Administración Pública,* núm. 147, págs. 337 a 367

IRURZUN MONTORO, Fernando (1995): «La jurisdicción competente para conocer de la responsabilidad patrimonial de la Administración. En especial, el caso de los servicios públicos sanitarios», *Revista Española de Derecho Administrativo,* núm. 87, pág. 413 a 435

LAFARGA i TRAVER, Josep Lluís (1994): «El Consorcio: un instrumento al servicio del consenso en la gestión de os servicios sanitarios. La experiencia de Cataluña», *Derecho y Salud,* vol. 2, págs. 109 a 116

LEGUINA VILLA, Jesús (1983): *La responsabilidad civil de la Administración Pública,* Tecnos, Madrid

MAYOR GÓMEZ, Roberto (2013): «La problemática jurídica de la imputación de los daños causados en centros sanitarios privados concertados», *Revista Aranzadi Doctrinal,* núm. 3, págs. 177 a 198

MANENT ALONSO, Luis y TENHAEFF LACKSCHEWITZ, Saskia (2018): «Los contratos para la gestión de servicios públicos La Ley de contratos del sector público», en MESTRE DELGADO, Juan Francisco y MANENT ALONSO, Luis y (dirs.), *La Ley de contratos del sector público. Aspectos novedosos,* Tirant lo Blanch, Valencia

MANENT ALONSO, Luis (2019): «El desconcierto de la acción concertada», *Actualidad administrativa 2019,* Tirant lo Blanch

MANENT ALONSO, Luis (2020): «Medidas en materia de contratación pública para paliar las consecuencias del Covid-19. Análisis del artículo 34 del Real Decreto-Ley 8/2020, de 17 de junio», Gabilex: Revista del Gabinete Jurídico de Castilla-La Mancha, núm. 21, págs. 185 a 229

MANENT ALONSO, Luis (2023): «La acción concertada: del desconcierto a la incertidumbre», *Administración y Ciudadanía,* núm. vol. 18, núm. 2

MARTÍN REBOLLO, Luis (1977): *La responsabilidad patrimonial e la Administración en la jurisdicción,* Civitas, Madrid

MESTRE DELGADO, Juan Francisco (2011): «Las formas de prestación de los servicios públicos locales», en MUÑOS MACHADO, Santiago (dir.), *Tratado de Derecho Municipal,* Iustel (3ª ed.), vol. 2, Madrid, pág. 2063 a 2175

PANTALEÓN PRIETO, Fernando (1996): «Responsabilidad patrimonial de las Administraciones Públicas: sobre jurisdicción competente, *Revista Española de Derecho Administrativo,* núm. 91, págs. 403 a 413

REBOLLO PUIG, Manuel (1990): «Servicios públicos concedidos y responsabilidad de la Administración: imputación o responsabilidad por hecho de otro», *Revista del Poder Judicial,* núm. 20, págs. 23 a 51

RÓDRIGUEZ LÓPEZ, Pedro (2007): *Responsabilidad Patrimonial de la Administración en materia sanitaria,* Atelier, Barcelona

RODRÍGUEZ LOPEZ, Pedro (2004): *Nuevas formas de gestión hostipalaria y responsabilidad de la Administración,* Dykinson, Madrid

VILLALBA PÉREZ, Francisca (2005): «Responsabilidad extracontractual del contratista por los daños causados a terceros durante la ejecución de un contrato», Revista de estudios de la Administración local y autonómica, núms. 296-297, págs. 86 y 87

VILLAR ROJAS, Francisco José (1986): *La responsabilidad de las Administraciones sanitarias,* Práxis, Madrid

VILLAR ROJAS, Francisco José (2007): «La concesión como modalidad de colaboración privada en los servicios sanitarios y sociales», *Revista de Administración Pública,* págs. 141 a 188

TESO GAMELLA, Pilar (2017): «El nuevo régimen jurídico de la responsabilidad patrimonial de la Administración. Última jurisprudencia desde la perspectiva local», *Cuadernos de Derecho local,* núm. 44, pág. 325 a 348

YÁÑEZ DÍAZ, Carlos (2009): «La responsabilidad de los contratistas y concesionarios en la jurisprudencia y en la doctrina del Consejo de Estado y los consejos consultivos autonómicos», *Revista jurídica de la Comunidad de Madrid,* núm. 29, págs. 225 a 259

ZAMORA ZARAGOZA, Francisco Javier (2016): «Comentario al artículo 196 LCSP», en RECUERDA GIRELA, Miguel Ángel (coord.) *Comentarios a la nueva Ley de contratos del sector público,* Aranzadi, Cizur Menor (Navarra)

Capítulo 7

El contratista de la Administración Sanitaria

Luis Manent Alonso

Abogado de la Generalitat Valenciana

Letrado del Consell Jurídic Consultiu de la Comunitat Valenciana (2019-2021)

I. INTRODUCCIÓN

Los contratistas de la Administración, al ejecutar el contrato pueden causar daños tanto a la propia Administración como a los pacientes o terceras personas. De dicha lesión podrá derivar la obligación de indemnizar a la Administración, al perjudicado y sus familiares o allegados. Esta responsabilidad, según los casos, será contractual o extracontractual ya que alcanza tanto a los «daños causados como consecuencia de contratos bajo encargo de la Administración (…) como las que tienen su origen en daños por acción u omisión de contratistas o concesionarios»[1].

---

1 GARCÍA BLANCO, Jesús Mª y MARTÍN LORENZO, Beatriz (2021): «Introducción a la responsabilidad patrimonial en tiempos de pandemia», en DE LA CRUZ

La responsabilidad será contractual cuando quien cause y sufra el daño sean, respectivamente, el contratista y la Administración, y el perjuicio derive del incumplimiento de las obligaciones del contrato[2]. En cambio, si la lesión causada por el contratista no es consecuencia de las obligaciones del contrato, la responsabilidad será extracontractual. También lo será cuando el lesionado sea un usuario o un tercero ajeno al servicio público. En los dos últimos casos, en los que la obligación de indemnizar está fundada en el principio *neminem laedere*, las reclamaciones se canalizan a través de una institución genuina del Derecho público, a saber, la responsabilidad patrimonial de las Administraciones Públicas.

«La mayor parte de los problemas se plantean en algunos sistemas muy concretos, el primero de los cuales es la ejecución de obras [ya sea en el marco de un contrato de obras o una concesión de obras o servicios,] en la que no es infrecuente que se causen daños, sobre todo materiales (…). Otro supuesto típico es la producción de daños es la prestación de actividades calificadas como servicios públicos, sobre todo en casos como el abastecimiento de aguas o el saneamiento»[3]. También son cuantitativa y cualitativamente importantes las reclamaciones de responsabilidad patrimonial sanitaria. Esta última, como afirma HUERGO, «tiene perfiles propios», y a ella dedicamos las siguientes páginas[4].

A ello cabe añadir que el derecho del paciente —o de sus familiares o allegados— a ser resarcido «debe considerarse de una especial naturaleza por coherencia con la finalidad institucional de la responsabilidad administrativa (…). [Esto es así, porque] es en un ámbito de Derecho público, no iusprivatístico, en el que se plantea y se sitúa la cuestión que nos

---

LÓPEZ, Pablo y MOLL FERNÁNDEZ-FIGARES, Luis S. (dirs.), *Responsabilidad patrimonial y COVID-19 en los distintos sectores de la actividad,* Lefebre, Madrid, pág. 23.

2 A título de ejemplo, son daños contractuales que sufre la Administración con ocasión de la ejecución de un contrato, los derivados de su cumplimiento defectuoso (art. 192.1 de la Ley 9/2017, de 8 de noviembre, de contratos del sector púbico, en adelante LCSP-17) y los incumplimientos parciales del contratista (art. 192.2 LCSP-17). Si el contrato tiene plazo de duración, el incumplimiento, por el contratista, de los plazos parciales o del total (art. 193 LCSP-17); y si el plazo es de ejecución, su retraso (art. 194 LCSP-17). En los contratos de obra, también causan daños los vicios ocultos de una obra o infraestructura (art. 244 LCSP-17).

3 HUERGO LORA, Alejandro (2023): «Responsabilidad patrimonial por daños causados en la ejecución de contratos y concesiones administrativas. Situación actual y propuesta de futuro», *Revista de Estudios de la Administración Local y Autonómica,* núm. 20, pág. 7.

4 *Idem.*

ocupa»[5]. Es más, como afirma BAUZA en el cap. 11 de este tratado, «la garantía patrimonial se erige como uno de los grandes principios constitucionales —junto al principio de legalidad y el sometimiento de la Administración a Derecho— que conforman el Estado de Derecho». En concreto, «la responsabilidad patrimonial del Estado aparece (...), como un límite del poder del Estado a favor de la libertad individual»[6].

Desde este prisma se comprende por qué interviene la Administración sanitaria, y en su caso, la jurisdicción contencioso-administrativa, cuando el daño ha sido causado por un particular —un contratista de la Administración— a otro particular —paciente o un tercero ajeno al servicio público de salud.

Como acabamos de decir, esta cuestión va a ser objeto de este capítulo. Para ello distinguiremos los aspectos procesales de la responsabilidad del contratista, de los sustantivos, y explicaremos cuál es la normativa aplicable. Previamente realizaremos una breve referencia a las normas que han regulado la responsabilidad por daños causados durante la ejecución de los contratos administrativos. Terminaremos con una sintética exposición de los itinerarios jurídicos para obtener una indemnización. También efectuaremos una valoración crítica de la situación actual a la luz del reconocimiento, novedoso, de la prerrogativa de la Administración de «declarar la responsabilidad imputable al contratista a raíz de la ejecución del contrato» (art. 190 de la Ley 9/2017, de 8 de noviembre, de contratos del sector público, LCSP-17).

Dicho esto, adelantamos aquí, en esta materia, «hay un panorama un tanto caótico, con posiciones enfrentadas en el ámbito académico, y en la doctrina legal (los cuerpos consultivos) y jurisprudencial aparente-

---

5 DE LA OLIVA SANTOS, Andrés (2016): «Transmisibilidad o intransmisibilidad del derecho a ser indemnizado por la Administración Pública en razón de daños causados por el funcionamiento de servicios públicos (reflexiones sobre la naturaleza de ese derecho y una propuesta», en BAÑO LEÓN, José María (coord.), *Memorial para la reforma del Estado: estudios en homenaje al profesor Santiago Muñoz Machado,* Centro de Estudios Políticos y Constitucionales, Madrid, tomo III, pág. 2777.

6 GARRIDO MAYOL, Vicente (2004): *La responsabilidad patrimonial del Estado. Especial referencia a la responsabilidad del Estado legislador,* Tirant lo Blanch, Valencia, pág. 15.

mente contradictoria, llegándose incluso a decir que se trata de posturas irreconciliables»[7].

II. EVOLUCIÓN DE LA RESPONSABILIDAD DEL CONTRATISTA

«La responsabilidad por los daños ocasionados a [los pacientes o] terceros en la ejecución de un contrato administrativo es una de las cuestiones más discutidas, tanto en lo que se refiere al responsable de los daños, como el procedimiento para determinar esa responsabilidad»[8].

Prueba de ello son los «golpes de timón» operados por las Leyes de expropiación forzosa, de 16 de diciembre de 1954 (LEF), y 13/1995, de 18 de mayo, de contratos de las Administraciones Públicas (LCAP-95); y en menor medida, por la Ley Orgánica 19/2003, de 23 de diciembre, de modificación de la Ley Orgánica 6/1985, de 1 de julio, del Poder judicial (LO 19/2003 y LOPJ) y la Ley 29/1998, de 13 de julio, reguladora de la jurisdicción contencioso-administrativa (LJCA).

1) Ley de expropiación forzosa de 1954

«Con anterioridad a la Ley de Expropiación Forzosa no existían previsiones explicitas sobre la responsabilidad patrimonial de las Administraciones Públicas cuando mediara contratista o concesionario»[9]. Por ello, con carácter general, hasta la LEF, «el régimen tradicionalmente aplicado en España *fue* la responsabilidad personal y directa» del contratista[10]. Según

---

7 GAMERO CASADO, Eduardo (2018): «Responsabilidad extracontractual de la Administración y del contratista por daños a terceros en la ejecución de un contrato», en GAMERO CASADO, Eduardo y GALLEGO CÓRCOLES, Isabel (dirs.), *Tratado de contratos del sector público,* Tirant lo Blanch, Valencia, pág. 2203 y 2204.

8 YÁÑEZ DÍAZ, Carlos (2009): «La responsabilidad de los contratistas y concesionarios en la jurisprudencia y en la doctrina del Consejo de Estado y los consejos consultivos autonómicos», *Revista jurídica de la Comunidad de Madrid,* núm. 29, pág. 225.

9 ALONSO MÁS, María José y NARBÓN LÁINEZ, Edilberto (2013): *La responsabilidad por los daños causados en la ejecución de contratos administrativos,* Civitas, Madrid, pág. 29.

10 YÁÑEZ DÍAZ, Carlos (2009): «La responsabilidad de los contratistas y concesionarios en la jurisprudencia y en la doctrina del Consejo de Estado y los consejos consultivos autonómicos», *Revista jurídica de la Comunidad de Madrid,* núm. 29, pág.

puntualiza VIDAL en el cap. 6 de esta obra, «como consecuencia de ello, la responsabilidad (...) del contratista tenía carácter exclusivo, debía exigirse ante la jurisdicción ordinaria y se regía por el criterio de la culpa»[11].

Fueron los arts. 121.2 y 123 LEF los que introdujeron «una regulación (...) que diferenciaba las cuestiones sustantivas o de fondo, y las formales o procedimentales», aunque referida únicamente a los contratos de concesión[12]. Así, estos preceptos: por un lado, distinguieron los supuestos en los que debía responder el concesionario y la Administración; y, por otro lado, impusieron al reclamante —tanto si la lesión se imputaba al concesionario, como a la Administración— la carga de reclamar contra ésta, y cuándo la resolución fuese desestimatoria, la de recurrir ante la jurisdicción contencioso-administrativa. Además, mediante un «procedimiento triangular», en el que intervenían el reclamante, la Administración y concesionario — al que debía darse traslado de la reclamación *ex* art. 137 del Reglamento de Expropiación Forzosa, de 26 de abril de 1957 (REF)— se garantizaba ne-

---

225. Salvo GONZÁLEZ NAVARRO, ningún otro autor vio al contratista como «agente especial» del art. 1903.4 del Código Civil (CC). Años después, BELADIEZ limitó la aplicación de este precepto a los casos de ejercicio defectuoso de la potestad de policía por parte de la Administración. GONZÁLEZ NAVARRO, Francisco (1976): «Responsabilidad patrimonial de la Administración por daños causados a terceros», *Revista de Derecho Administrativo y Fiscal*, núm. 44-45, pág. 276. BELADIEZ ROJO, Margarita (1997): *Responsabilidad e imputación objetiva,* Tecnos, Madrid, pág. 191 y ss.

[11] Un principio de excepción lo constituyó la Ley de obras públicas de 13 de abril de 1877, primera norma en recoger la responsabilidad del contratista fue la. Aunque no determinó quién debía responder, su art. 12.3 atribuyó a la jurisdicción ordinaria este tipo de reclamaciones. Algo más tarde, art. 18 del pliego de condiciones generales para la construcción de obras pública, aprobado por el RD de 11 de junio de 1886, señaló al contratista como responsable de todos los daños causados durante la ejecución del contrato.

[12] YÁÑEZ DÍAZ, Carlos (2009): «La responsabilidad de los contratistas y concesionarios en la jurisprudencia y en la doctrina del Consejo de Estado y los consejos consultivos autonómicos», *op. cit.* pág. 225. ALONSO y NARBÓN consideran que la LEF solo hizo mención a la responsabilidad del concesionario, porque «en los casos de concesiones, la indemnización debía, como regla general, correr a cargo del concesionario (...) por la peculiar forma de retribución de éste, e incluso por su mayor libertad de configuración en la ejecución del servicio, frente a otros contratos». ALONSO MÁS, María José y NARBÓN LÁINEZ, Edilberto (2013): *La responsabilidad por los daños causados en la ejecución de contratos administrativos, op. cit.* pág. 32.

cesaria contradicción[13]. Finalmente, el régimen de responsabilidad tenía, en todo caso, carácter objetivo por derivarse del «funcionamiento normal o anormal de los servicios públicos»[14].

La Ley de contratos del Estado de 8 de abril de 1965 (LCE-65), y su reglamento general, de 28 de diciembre de 1967 (RCE-67) introdujeron ligeros cambios en el régimen sustantivo de distribución de responsabilidad. Ambas incorporaron los supuestos en los que la responsabilidad era atribuible a la Administración, a saber: la orden de la Administración (art. 72.3 LCE-65) y vicios del proyecto de obras (art. 134 RCE-67)[15]. El RCE-67 fue sustituido por el Reglamento de 25 de noviembre de 1975 (RCE-75), el cual añadió un pár. 3 al texto del art. 134 RCE-97 —que mantuvo su nu-

---

13 Su regulación en la LEF fue justificada por GONZÁLEZ NAVARRO porque la responsabilidad patrimonial se enmarcó en el contexto de la garantía de indemnidad, y no en el campo de la ejecución del contrato administrativo, como se haría con posterioridad. GONZÁLEZ NAVARRO, Francisco (1976): «Responsabilidad patrimonial de la Administración por daños causados a terceros», *op. cit.* págs. 225 y ss.

14 Art. 121.1 LEF. El mismo año de la aprobación del REF, los arts. 40 y 41 de la Ley de régimen jurídico del Estado de 26 de julio de 1957 (LRJE-57), regularon —sin derogar la LEF ni el REF— el sistema de responsabilidad patrimonial del Estado. El art. 40 LRJE-57 reiteró su carácter objetivo. Sin embargo, no incluyeron mención alguna a la responsabilidad del concesionario. Sí lo hizo —y con el mismo reparto de responsabilidades que el art. 123 LEF— el art. 128.1.3° del Reglamento de servicios de las corporaciones locales, de 17 de abril de 1955, para las entidades locales. Éste impuso al concesionario la obligación de indemnizar los daños que causase a terceros salvo que hubiese mediado una cláusula impuesta por la corporación local. Mayores problemas trajo el art. 41 LRJE-57, al afirmar que «cuando el Estado actuase en relaciones de derecho privado (...) en este caso, habría de exigirse [la responsabilidad] ante los Tribunales ordinarios» porque dio pie a entender que esta jurisdicción era competente para conocer los daños causados por los contratistas de la Administración.

15 En los mismos términos que la LEF y la LRJE-57 se pronunció el art. 19 de la Ley 8/1972, de 10 de mayo, de construcción, conservación y explotación de autopistas en régimen de concesión. En concreto dispuso que «las indemnizaciones que *procedieran* en los supuestos de los artículos cuarenta de la Ley de Régimen Jurídico de la Administración del Estado y ciento veintiuno de la de Expropiación Forzosa *serían* de cargo del concesionario, cuando los daños a que dichos preceptos se refieren *fueran* consecuencia de la ejecución del proyecto o de la explotación del servicio concedido, a no ser que sean exclusivamente imputables a cláusulas o medidas impuestas por la Administración después de haber sido adjudicada la concesión».

meración— para establecer el procedimiento de reclamación de los daños causados por el contratista.

Pues bien, «a pesar de este criterio legislativo claro, la jurisprudencia (con el aval de la doctrina del Consejo de Estado) pronto lo abandonará en favor de la responsabilidad directa de la Administración, acompañada del reconocimiento de la acción de regreso frente al contratista»[16]. Esta circunstancia propició la reforma de 1995.

2) Ley de contratos de las Administraciones Públicas de 1995

La LCAP-95, desde el punto de vista sustantivo, mantuvo la distribución de responsabilidades previsto en la LCE-65 y los RCE-67 y 75. Sin embargo, procesalmente, diferenció el cauce a seguir según se pretendiera ser resarcido a costa del contratista o de la Administración. De este modo el sistema procesal monista de la LEF tornó en otro dual. Como consecuencia de esta modificación, la responsabilidad se basaría en la culpa o tendría carácter objetivo, en función del destinatario de la reclamación.

Así, de acuerdo con el art. 98 LCAP-95, cuando los daños se imputasen al contratista, sería competente la jurisdicción ordinaria para conocer las demandas de los particulares. En cambio, si se atribuían a la Administración, la competencia se atribuyó al orden contencioso-administrativo, la cual estaba llamada a revisar judicialmente las reclamaciones de responsabilidad patrimonial. Reflejo de esta nueva regulación son las SSTS de 24 de abril de 2003 y 20 de junio de 2006[17].

La LCAP-95 también se sustituyó el procedimiento triangular de la LEF por un «incidente arbitral» en el que se podía preguntar a la Administración para que se pronunciase respecto de la persona a quién debía exigirse responsabilidad: al contratista o la Administración[18].

---

16 HUERGO LORA, Alejandro (2023): «Responsabilidad patrimonial por daños causados en la ejecución de contratos y concesiones administrativas. Situación actual y propuesta de futuro», *op. cit.* pág. 14.

17 *Cfr.* SSTS de la Sala de lo Contencioso-administrativo de 24 de abril de 2003 (núm. rec. 10935/1998 y [*Tol 294038*]) y de 20 de junio de 2006 (núm. rec. 1344/2002 y [*Tol 961955*]).

18 Este incidente fue denominado en su día por HORGUÉ como «incidente arbitral» porque la Administración efectuaba una declaración de derechos a favor de un particular contra otro. BOCANEGRA. BOCANEGRA SIERRA, Raúl (1994): «La responsabilidad civil de los concesionarios y contratistas de la Administración

Ahora bien, esta fue la teoría, que no la práctica: el recurso del incidente arbitral fue residual: el Consejo de Estado (CdE) se negó a reconocer el régimen de reparto de responsabilidades entre el contratista y la Administración iniciado en 1954; y los juzgados y tribunales de los órdenes civil y contencioso-administrativo tampoco admitieron la competencia de su jurisdicción en función de la distribución responsabilidades establecida en la LCAP-95. Esta segunda cuestión fue la que propició la reforma de la LOPJ en 1998 y 2003[19].

3) Ley Orgánica de 23 de diciembre de 2003

La Ley Orgánica 6/1998, de 13 de julio, intentó reconducir las reclamaciones contra los contratistas de la Administración al orden contencioso-administrativo (sistema procesal monista). A tal efecto se añadió un segundo pár. al art. 9.4 LOPJ con el fin de que las reclamaciones de respon-

---

por daños causados a terceros», *Revista Española de Derecho Administrativo*, núm. 237-238, pág. 209

19 Tampoco se consiguió volver al sistema procesal monista con la aprobación de la Ley 30/1992, de 26 de noviembre, de régimen jurídico de las Administraciones Públicas y del procedimiento administrativo común (LRJPAC-92), y el Reglamento de los procedimientos de responsabilidad patrimonial, aprobado por el RD 429/1993, de 26 de mayo (RPRP). Ello a pesar de que el art. 142 LRJPAC-92 dio a «entender que toda responsabilidad patrimonial de la Administración sea cual fuere la relación jurídica de fondo, se sometería a un régimen material unitario, solo podía declararse mediante un procedimiento administrativo, y su resolución, al agotar la vía administrativa, sería únicamente residenciable ante el orden jurisdiccional contencioso-administrativo. A pesar de ello, el orden civil siguió conociendo de estos asuntos mediante diferentes títulos, y en particular (...) la continencia de la causa y el peregrinaje jurisdiccional». En 1999 tuvo lugar la modificación del art. 144 LRJPAC-92, «para establecer no sólo que el procedimiento para exigir la responsabilidad en relaciones de Derecho privado era un procedimiento administrativo, sino también para someter materialmente la responsabilidad patrimonial de la Administración en relaciones de Derecho privado a reglas jurídico-administrativas, reforzando la completa unificación del régimen de responsabilidad extracontractual de la Administración, sea cual *fuere* la relación jurídica de fondo». Lo mismo se ha intentado con el art. 35 LRJ-15, pero tampoco ha convencido a la jurisprudencia. Sobre esta cuestión véase GAMERO CASADO, Eduardo (2018): «Responsabilidad extracontractual de la Administración y del contratista por daños a terceros en la ejecución de un contrato», *op. cit.* págs. 2212 y 2213.

sabilidad patrimonial en las que, junto con la Administración, concurriera un contratista, se ventilasen en el orden contencioso-administrativo.

Ello no fue posible por la «impenitente actitud del orden jurisdiccional civil, que venía *resistiéndose* de manera sistemática a renunciar a una competencia —la declaración de responsabilidad de cualquier sujeto, ya *fuera* público o privado— que *consideraba* intrínsecamente propia»[20].

Por ello, en 2003 se volvió a modificar el art. 9.4 LOPJ, y ahora, también el art. 2 e) LJCA. El propósito fue apuntalar la competencia de la jurisdicción contencioso-administrativa cuando se demandase al contratista juntamente con la Administración. Para ello se impidió que la Administración pudiera ser demandada ante la jurisdicción ordinaria cuando se reclamasen daños causados por sus contratistas. Con esta medida se pretendió atajar el peregrinaje jurisdiccional al que se veían expuesto algunos reclamantes.

Estos cambios «no *fueron* superfluos ni caprichosos, pues en el fondo se pretendía reunir ante un mismo orden jurisdiccional todas las reclamaciones de responsabilidad patrimonial de la Administración, para que fueran enjuiciadas con criterios y estándares homogéneos, evitando una espiral de garantismo entre los diferentes órdenes jurisdiccionales»[21].

Esta última cuestión —la relativa a las modificaciones de la legislación procesal para concentrar las reclamaciones de responsabilidad patrimonial en el orden contencioso-administrativo— se expone *in extenso* por ORTILLÉS, ALONSO, GÓMEZ ZAMORA y SOLER en el cap. 29 del tratado al que nos remitimos (págs. 2078 a 2085).

4) Ley de contratos del sector público de 2017

El *status quo* de 1995 fue mantenido por el art. 198 de la Ley 30/2007, de 30 de octubre, de contratos del sector público (LCSP-07). Lo mismo ha hecho la LCSP-17. Ahora bien, su art. 196, ha introducido dos pequeñas novedades: una sustantiva y otra procedimental. La primera aclara que la Administración podrá repetir contra el proyectista y la segunda se refiere al incidente arbitral. Ha sustituido el pronunciamiento del órgano de contratación por una petición potestativa de un informe que en el que se

---

20 *Ibidem* pág. 2210.

21 *Ibidem* pág. 2213.

respondiese *prima facie* a cuál de las partes —Administración o contratista— pudiera corresponder pagar la indemnización.

III. RÉGIMEN DE RESPONSABILIDAD

Como se acaba de exponer de manera secuencial, la normativa reguladora de la responsabilidad de los contratistas de la Administración se ha decantado por un régimen de reparto de responsabilidad entre el contratista y la Administración (aspectos sustantivos) y, según el momento, de unidad o dualidad jurisdiccional (aspectos procesales).

En la actualidad el precepto de aplicación es el art. 196 LCSP-17.

> Art. 196 LCSP-17. Indemnización de daños y perjuicios causados a terceros.
>
> *1. Será obligación del contratista indemnizar todos los daños y perjuicios que se causen a terceros como consecuencia de las operaciones que requiera la ejecución del contrato.*
>
> *2. Cuando tales daños y perjuicios hayan sido ocasionados como consecuencia inmediata y directa de una orden de la Administración, será esta responsable dentro de los límites señalados en las leyes. También será la Administración responsable de los daños que se causen a terceros como consecuencia de los vicios del proyecto en el contrato de obras, sin perjuicio de la posibilidad de repetir contra el redactor del proyecto de acuerdo con lo establecido en el artículo 315, o en el contrato de suministro de fabricación.*
>
> *3. Los terceros podrán requerir previamente, dentro del año siguiente a la producción del hecho, al órgano de contratación para que este, oído el contratista, informe sobre a cuál de las partes contratantes corresponde la responsabilidad de los daños. El ejercicio de esta facultad interrumpe el plazo de prescripción de la acción.*
>
> *4. La reclamación de aquellos se formulará, en todo caso, conforme al procedimiento establecido en la legislación aplicable a cada supuesto.*

Pues bien, en este tercer epígrafe se describe cómo «la regulación sustantiva [—la relativa al reparto de la responsabilidad—] se ha mantenido con pequeños cambios durante más de un siglo»[22]. No puede decirse lo mismo de los aspectos procesales, cuestión ésta que no es baladí, puesto que como se verá en el epígrafe cuarto, aspecto éste, que no es baladí pues afecta al reparto de responsabilidades entre Administración y contratista.

---

[22] GARCÍA ÁLVAREZ, Gerardo (2018): «La responsabilidad en la ejecución de los contratos públicos: penalidades, responsabilidad frente a la administración contratante y frente a terceros», en GIMENO FELIÚ, José María (dir.), *Estudio sistemático de la ley de contratos del sector público*, Aranzadi, Cizur Menor (Navarra), pág. 1318.

Antes de referirnos a ambos extremos —aspectos sustantivos y procedimentales— expresamos cuál es ámbito de aplicación del art. 196 LCSP-17.

1) Ámbito de aplicación

El art. 196 LCSP-17, como precepto incluido en el tít. I del libro segundo LCSP-17, «se incardina dentro de la ejecución de los contratos administrativos (…) [razón por la que] no se aplica a los contratos privados del sector público»[23].

Regirá, por lo tanto, respecto de todos aquellos entes del sector público que, de acuerdo con los parámetros establecidos en el art. 3.2 LCSP-17, tengan la consideración de Administración Pública. Así ocurre cuando el servicio público de salud se incardine en la propia Administración territorial, como sucede en la Comunitat Valenciana o la sanidad militar, gestionados por la Conselleria de Sanidad y el Ministerio de Defensa. Lo mismo acontece si el servicio público de salud se ha personificado en una entidad gestora de la Seguridad Social u organismo autónomo. Este es el caso, entre otros, del Instituto Nacional de Gestión Sanitaria (INGESA), por un lado, y los Servicios Andaluz (SAS) y Aragonés de Salud (SAS), por otro.

De todas formas, como se ha dicho, lo determinante será que, a efectos de la LCSP-17, la entidad de Derecho público tenga la consideración de Administración Pública. Este es el caso de las fundaciones sanitarias —como la Fundación Hospital Calahorra de La Rioja— y los consorcios sanitarios —como el Consorci Sanitari de Terrasa en Cataluña— ya que siendo la sanidad un servicio público gratuito difícilmente tendrán la condición de productores de mercado de conformidad con el Sistema Europeo de Cuentas.

Cabe plantearse qué sucederá cuando las reclamaciones se formulen con ocasión de unos los daños causados por un contratista de una entidad que sea poder adjudicador distinto de Administración pública. En estas peticiones de indemnización, como afirma BLANQUER en el cap. 5 de esta obra, «el régimen sustantivo aplicable para aceptar o rechazar la responsabilidad patrimonial y el derecho a percibir una indemnización será el contenido en esa LRJSP 40/2015». Así resulta del art. 35 LRJ. Del mismo precepto, sin embargo, no se deriva que los aspectos procedimentales —y

---

23 ALONSO MÁS, María José y NARBÓN LÁINEZ, Edilberto (2013): *La responsabilidad por los daños causados en la ejecución de contratos administrativos*, *op. cit.* pág. 110.

por lo tanto el art. 196 LCSP-17— deban regirse por normas de Derecho público. Dicho esto, no puede desconocerse que, en la práctica, muchas reclamaciones por daños causados por un contratista de una entidad del sector público institucional que no sea Administración Pública se dirigen contra la Administración sanitaria matriz, la cual suele aceptar la legitimación pasiva.

Por otro lado, ALONSO y NARBÓN sostienen que el art. 196 LCSP-17 no rige respecto de los encargos a medios propios, porque «en puridad, no existe contrato (...). [Para estos autores,] lo que habrá que hacer [en caso de daños causados por el contratista de un medio propio de la Administración] (...) es aplicar la doctrina del levantamiento del velo, para imputar a la matriz los daños que haya causado la entidad vinculada»[24]. Un ejemplo lo encontramos con el Consorci Social i de Salut de Catalunya (CSSC), una sociedad anónima que es medio propio, entre otras entidades, de dos diputaciones, 25 ayuntamientos y 11 fundaciones del sector público[25].

En nuestra opinión, otro supuesto excluido deberían ser los acuerdos de acción concertada de la DA 49 LCSP-17, relativa a la legislación autonómica reguladora de los instrumentos no contractuales para la prestación

---

24 *Ibidem* pág. 111.

25 De acuerdo con el anexo de los estatutos del CSSC, de 17 de junio de 2008, entre otros, son poderes adjudicadores suyos dos diputaciones (Barcelona y Gerona), 25 ayuntamientos (Ampolla, Badalona, Barcelona, Blanes, Calella, Figueres, Granollers, Igualada, Lleida, Manlleu, Martorell, Mataró, Molins de Rei, Mollet del Vallès, Montcada i Reixac, Sabadell, Sant Andreu de la Barca, Sant Boi de Llobregat, Sant Vicenç dels Horts, Santa Coloma de Gramenet, Santa Margarida i els Monjos, Terrassa, Vilafranca del Penedès, Roca del Vallès, Serveis Assistencials, 14 consorcios (Consocci Corporació Sanitària Parc Taulí, Consorci Hospitalari de Vic, Consorci Laboratori Intercomarcal de l'Alt Penedès, l'Anoia i el Garraf, Consorci Mar Parc de Salut de Barcelona, Consorci Sanitari Integral, Consorci Sanitari de Terrassa, Consorci Sanitari de l'Alt Penedès, Consorci Sanitari de l'Anoia, Consorci Sociosanitari de Viladecans, Consorci Sanitari del Garraf, Consorci Sanitari del Maresme, Consorci Sociosanitari d'Igualada, Consorci Sociosanitari de Vilafranca del Penedès, Consorci d'Atenció Primària de Salut de l'Eixample, Consorci de Serveis a les Persones de Vilanova i la Geltrú), y 11 fundaciones del sector público (Fundació Hospital d'Olot i Comarcal de la Garrotxa, Fundació Josep Finestres, Fundació Mn. Miquel Costa— Hospital de Palamós, Fundació Obra Social Benèfica de Castellar del Vallès, Fundació Privada Hospital de Mollet, Fundació Privada Hospital de Pobres de Puigcerdà, Fundació Pública Hospital de Sant Bernabé de Berga, Fundació Residència Can Planoles, Fundació S21 del Consorci de Salut i Atenció Social de Catalunya, Fundació Salut Empordà, Fundació Sant Hospital de la Seu).

de servicios públicos de carácter social. Aunque el Tribunal Superior de Justicia de la Comunitat Valenciana, en su sentencia de 29 de junio de 2023, ha declarado que estos acuerdos tienen naturaleza contractual cuando estén sujetos a regulación armonizada, no puede perderse de vista que los mismos, con independencia de su naturaleza contractual, no están sujetos a la LCSP-17[26]. Su art. 11.6 los excluye de su ámbito de aplicación[27]. No parece ser el criterio de este Tribunal Superior de Justicia (TSJ), el cual ha considerado que la Generalitat Valenciana tiene legitimación pasiva en todas aquellas reclamaciones de responsabilidad patrimonial sanitaria por ser consecuencia de derivaciones de pacientes del Sistema Valenciano de Salud[28].

2) Aspectos sustantivos

Como acabamos de señalar, «hasta la aparición de la Ley de Expropiación Forzosa (...) las lesiones [causadas a] (...) [los usuarios del servicio y] terceros por contratistas y concesionarios de la Administración (...) [se consideraron como] un supuesto más de responsabilidad civil, entre par-

---

26 *Cfr.* STSJ de la Comunitat Valenciana 339/2023, de 29 de junio (núm. rec. 170/2018 y [*Tol 9692396*]).

27 Sobre la naturaleza de los acuerdos de acción concertada puede consultarse: MANENT ALONSO, Luis (2023): «La acción concertada tras la doctrina ASADE: del desconcierto a la incertidumbre», *Administración y Sociedad,* vol. 18, núm. 2; MANENT ALONSO, Luis (2024): «Disposición adicional 49», en GIRELA RECUERDA, Miguel Ángel, *Comentarios a la Ley de contratos del sector público,* Civitas, Madrid (2ª ed.), en imprenta.

28 El ATSJ de la Comunitat Valenciana de 25 de abril de 2023, recaído en el procedimiento ordinario 523/2022, respondió a una alegación previa de la Generalitat Valenciana en la que cuestionaba su legitimación pasiva puesto que el causante del daño —La Fundación Instituto Valenciano de Oncología— había dejado de ser un contratista de la Generalitat Valenciana y desde 2017 tenía suscrito un acuerdo de acción concertada. La Sala, apartándose del criterio del ministerio fiscal consideró que tenía legitimación pasiva porque en vía administrativa lo había considerado como «contratista» y porque el paciente había sido derivado desde un hospital de la Generalitat. En análogo sentido, el DCJCVal 147/2023, de 22 de febrero. A modo de *obiter dictum* concluyó que la legitimación pasiva de los adjudicatarios de acción concertada derivaría de la Ley valenciana de acción concertada, la cual tendría un precepto equivalente al art. 196 LCSP. Sobre los acuerdos de acción concertada puede consultarse lo escrito por VIDAL en el cap. 6 de este tratado (págs. 458 y 459).

ticulares, estrictamente sometido a la aplicación de las normas del Código Civil» (CC)[29].

En 1954 se produjo un primer «golpe de timón». Éste consistió en introducir un principio de excepción a la responsabilidad del concesionario. En efecto, si bien art. 121.2 LEF dispuso que, con carácter general, «en los servicios públicos concedidos *correría* la indemnización a cargo del concesionario», de esta regla quedaron excluidos los daños que tuvieran «su origen en alguna cláusula impuesta por [la Administración] (...) y que *fuera* de ineludible cumplimiento»[30].

Once años más tarde, la LCE-65, sustituyó la excepción de la cláusula impuesta al concesionario, por otra en virtud de la cual la Administración debía responder de los daños «ocasionados como consecuencia inmediata y directa de una orden de la Administración»[31]. Esta vez, la responsabilidad se predicó no solo en las concesiones, sino también las demás modalidades del contrato de gestión de servicios públicos (concierto, gestión interesada y sociedad de economía mixta)[32].

Dos años después, el RCE-67 amplió la responsabilidad de la Administración por las órdenes dadas a sus contratistas en los contratos de obras. También se proyectó la responsabilidad de la Administración a los contratos de suministros por serles de aplicación supletoria las disposiciones del contrato de obras[33]. Adicionalmente, el RCE-67 añadió una segunda

---

[29] BOCANEGRA SIERRA, Raúl (1994): «La responsabilidad civil de los concesionarios y contratistas de la Administración por daños causados a terceros», *op. cit.* pág. 206. Previamente a la LEF, los pliegos de cláusulas administrativas generales ya contemplaban la responsabilidad directa y exclusiva del contratista. En este sentido puede citarse el art. 19 del pliego de condiciones generales para la contratación de obras públicas, aprobado por el RD de 13 de marzo de 1903. En él se afirmaba que sería «de cuenta del contratista indemnizar a los propietarios de todos los daños que se *causasen* con la explotación de canteras, con la extracción de tierras para la ejecución de los terraplenes: con la habilitación de caminos para el transporte de éstos, y con las demás operaciones que *requiriese* la ejecución de obras».

[30] Art. 121.2 LEF.

[31] Art. 71.2 LCE-65.

[32] La responsabilidad de la Administración por los daños causados por orden suya se reconoció, para los contratos de gestión de servicios públicos en el art. 72.3 LCE-65.

[33] Los art. 134 y 218.3 RCE-67, ubicados en los cap. V de los títs. II y III del libro I, dedicados a los efectos de los contratos de obras y de gestión de servicios públicos, establecieron los supuestos en los que debía responder la Administración por los

excepción para estos contratos, a saber, por los daños «que se causasen a terceros como consecuencia de vicios del proyecto»[34].

Desde entonces, el régimen de reparto de responsabilidad ha permanecido intacto hasta el día de hoy. Así, en la actualidad, el régimen de responsabilidad se distribuye entre el contratista y la Administración como sigue:

A. Responsabilidad del contratista

De acuerdo con el art. 196.1 LCSP-17, con carácter general, «será obligación del contratista indemnizar todos los daños y perjuicios que se causen a terceros como consecuencia de las operaciones que requiera la ejecución del contrato»[35]. La regla del art. 196 LCSP-17, tiene sus réplicas en el tít. II del libro II LCSP-17, el dedicado a los distintos tipos de contratos de las Administraciones Públicas[36].

---

daños causados por los contratistas. También se proyectaron sobre los contratos de suministros porque el art. 84 LCE-65 dispuso que les fueran de aplicación supletoria los preceptos del contrato de obras. Desde la LCAP-95 la responsabilidad directa de la Administración por los daños causados por sus órdenes se aplica a todos los contratos, y desde la LCSP-17 la responsabilidad directa de la Administración por los caños causados por los vicios del proyecto se proyecta también a los contratos de suministro de fabricación.

34 Desde la LCAP-95 la excepción de los vicios del proyecto se aplica también a los contratos de suministro de fabricación. Así lo comenzó a establecer el art. 98.2 LCAP-95.

35 Art. 196.1 LCSP-17.

36 Para los contratos de obras el art. 238.3 LCSP-17 recuerda que «durante el desarrollo de las obras y hasta que se cumpla el plazo de garantía el contratista es responsable de todos los defectos que en la construcción puedan advertirse». Adicionalmente, en los contratos de concesión de obras y servicios, los arts. 258 e) y 288 c) LCSP-17 incluyen, entre las obligaciones del concesionario, la de «indemnizar los daños que se ocasionen a terceros por causa de la ejecución de las obras o de su explotación» o que sean «consecuencia de las operaciones que requiera el desarrollo del servicio». Finalmente, el art. 311.2 LCSP-17, en relación con los contratos de servicios, hace responsable al contratista «de las consecuencias que se deduzcan (…) para terceros de las omisiones, errores, métodos inadecuados o conclusiones incorrectas en la ejecución del contrato». Lo mismo establece el art. 312 c) LCSP-17 para los contratos de servicios a las personas. ALONSO y NARBÓN consideran que, junto con el régimen general del art. 196 LCSP-17, los preceptos que regulan la responsabilidad en determinados contratos modulan aquél. Así, en lo que aquí interesa, para estos autores, en el caso de las concesiones sanitarias (de servicios), la responsabilidad sería menos

Este criterio se justifica en el hecho de que «la externalización supone la transmisión al contratista de determinados riesgos (...) entre los que en principio debe encontrarse el riesgo de indemnizar los daños que puedan producirse durante la ejecución» ya que los contratos se ejecutan a riesgo y ventura[37]. «Además, la atribución de responsabilidad al contratista supone un fuerte incentivo para que emplee los medios más adecuados para la prevención de daños»[38].

Esta opción legislativa de atribuir la responsabilidad al contratista tiene como premisa «la relación de causalidad como criterio para imputación de la responsabilidad al contratista y no a la Administración»[39]. Esto es así, porque, como se acaba de decir, «la realización de la actividad por el primero determina la inexistencia de nexo causal entre el daño y la conducta de la Administración»[40]. Así ocurrió en la STS de 30 de octubre

amplia toda vez que debería «indemnizar los daños que se causen a terceros como consecuencia de las operaciones que requiera el desarrollo del servicio, excepto cuando el daño sea por causas imputables a la Administración». Según su parecer, «se establece, como cláusula de exoneración del contratista frente al tercero, un concepto jurídico indeterminado, que exigirá por lo tanto su correspondiente concreción en cada caso: frente a lo que sucede con carácter general, donde sólo se alude a los vicios en el proyecto elaborado por la Administración —o por un consultor distinto (...)— o bien a una orden directa e inmediata por ella dada». Y tratándose de contratos de servicios sucedería lo mismo. ALONSO y NARBÓN postulan que «el contratista solo *respondería* de los daños causados a terceros cuando el daño le resulte imputable en términos de dolo, culpa o negligencia: [ya que, para ellos,] sólo en estos términos se puede entender la referencia realizada a los errores, imprecisiones, defectos u omisiones del proyecto». ALONSO MÁS, María José y NARBÓN LÁINEZ, Edilberto (2013): *La responsabilidad por los daños causados en la ejecución de contratos administrativos, op. cit.* págs. 109, 113 y 116.

37 HUERGO LORA, Alejandro (2023): «Responsabilidad patrimonial por daños causados en la ejecución de contratos y concesiones administrativas. Situación actual y propuesta de futuro», *op. cit.* pág. 8.

38 *Idem.*

39 GAMERO CASADO, Eduardo (2018): «Responsabilidad extracontractual de la Administración y del contratista por daños a terceros en la ejecución de un contrato», *op. cit.* pág. 2216.

40 *Idem.*

de 2003[41]. Otro ejemplo lo encontramos en las STS de 3 de marzo de 2001[42].

Esta posición —responsabilidad directa del contratista como criterio general— es criticada, entre otros, por ARIÑO, GONZÁLEZ NAVARRO, MÁS y NARBÓN y VILLAR EZCURRA[43]. En su opinión, la Administración debe actuar como garante del contratista y su responsabilidad debe ser directa y principal siempre que exista un nexo causal entre el daño y la ejecución del contrato. Todo ello con independencia del sujeto —contratista

---

41 La STS de 30 de octubre de 2003 de la Sala de lo Contencioso-administrativo (núm. rec. 3315/1999 y [*Tol 325252*]) enjuició un contrato de obras que exigía recolocar unos postes de tendido eléctrico y que fueron ubicados en un lugar distinto del fijado en el proyecto. El TS consideró inexistente la relación de causalidad entre el funcionamiento del servicio público y el daño porque «en base a estas circunstancias fácticas la responsabilidad del daño, de existir, recaería en su caso sobre el contratista (…), que era frente a quien debería, en su caso, accionar la recurrente y no ante la Administración contratante que no había incurrido en ninguna responsabilidad» (FJ 3).

42 En la STS de 3 de marzo de 2001 de la Sala de lo Contencioso-administrativo (núm. rec. 9396/1996 y [*Tol 33430*]), el TS estimó el recurso de casación y condenó —en vez de la Administración General del Estado— al contratista. Lo hizo porque no había señalizado adecuadamente la reducción de velocidad —de 80 km/h a 40 km/m— de una vía pública como consecuencia de las obras que la concesionaria estaba realizando. Por ello, el TS, aplicando el art. 134 RCE-75, que establecía que la Administración, previa audiencia del contratista, sería la que determinase quien debía responder y en cuanto debía fijarse la indemnización, condenó al contratista. En concreto falló que «a la vista de los datos que *obraban* en el expediente (…), *resultaba* innegable que se *daban* los requisitos para la existencia de una responsabilidad extracontractual en los términos del artículo 134 [RCE-75]: [Dijo que] hubo daño; [que] hubo nexo causal entre el daño causado y la falta de señalización; [y] que el daño antijurídico *era* igualmente evidente; y que la parte responsable *era* PANASFALTO S.A. conforme a lo prevenido en la citada cláusula 23 del Pliego general *era* también palmario. [En este sentido, dicha cláusula obligaba al concesionario a señalizar las obras]. Todo ello sin perjuicio de la culpa imputable al lesionado que *determinase* la aplicación del correspondiente porcentaje reductor a la indemnización» (FJ 5 A).

43 ARIÑO ORTIZ, Gaspar (1979): «El servicio público como alternativa», *Revista Española de Derecho Administrativo,* pág. 552. GONZÁLEZ NAVARRO, Francisco (1976), «Responsabilidad de la Administración por daños causados a terceros por el empresario de un servicio público», *op. cit.* pág. 216 y ss., MAS ALONSO, María José y NARBÓN LÁINEZ, Edilberto (2013), *Responsabilidad por los daños causados en la ejecución de contratos, op. cit.* págs. 184 y ss., VILLAR EZCURRA, José Luis (1981), *La responsabilidad en materia de servicios públicos,* Librería Jiménez-Bravo, Madrid, 1981, pág. 216 y ss.

o Administración— que lo haya provocado y de la posibilidad de repetir contra el contratista en un segundo momento[44]. También la defiende VIDAL en el cap. 6 del tratado[45].

Estos autores, partiendo de la titularidad pública de la obra, suministro o servicio, entienden que «debe primar (...) el punto de vista del perjudicado; y no el punto de vista del causante del daño o de quien hubiera podido contratar con éste»[46]. Dicen que «al perjudicado sólo es exigible la prueba de los requisitos de la responsabilidad patrimonial»[47].

«En la misma línea se ha movido desde 1906, el Consejo de Estado, cuya doctrina legal viene sosteniendo invariablemente que la Administración

---

44 ALONSO y NARBÓN no se limitan a afirmar que la Administración responde a título de garante como titular de la obra, suministro o servicio. Entienden que la posición de la Administración «será similar a la de un avalista o fiador solidario, o a la del responsable solidario de la Ley 58/2003, General Tributaria (art. 135). [Por ello sostienen que] el título jurídico de responsabilidad de la Administración será distinto al título de la responsabilidad de la contratista. Éste deberá responder (...) en caso de que haya incurrido en culpa o negligencia o cuando su esfera de actuación se mueva en los ámbitos en que se deba responder así mismo por el riesgo generado por la actividad. En cambio, la Administración deberá responder objetivamente. O lo que es lo mismo: cuando efectivamente concurra un título de imputación de responsabilidad al contratista, la Administración actuará como garante de dicha responsabilidad; y cuando aquel título de imputación no concurra, la Administración responderá de modo directo y objetivo, por actuación propia, como titular de la obra, servicio o suministro (...). [Por ello sostienen que, el verdadero problema de la responsabilidad estriba en identificar adecuadamente los casos de funcionamiento normal y en particular debidamente los supuestos en que concurre el deber de soportar el daño». MAS ALONSO, María José y NARBÓN LÁINEZ, Edilberto (2013), Responsabilidad por los daños causados en la ejecución de contratos, *op. cit.* 190. También rechazan —como venía haciendo la Sala de lo Civil del TS antes de que la LO 19/2003 modificase los arts. 9.4 LOPJ y 2 e) LJCA-que Administración y contratista: respondan solidariamente porque su título de responsabilidad es diferente; que la Administración responda subsidiariamente porque no hay precepto legal alguno que avale que el reclamante deba dirigirse en primer lugar contra el contratista. *Ibidem* págs. 187 a 194.

45 VIDAL justifica esta postura porque el ciudadano «muchas veces es desconocedor de que detrás de la prestación de un servicio público sanitario hay un sujeto privado vinculado a la Administración Pública en régimen de contratación o concesión administrativa. Además, un número de ciudadanos mayor a los del anterior grupo, desconoce quién debe tramitar el procedimiento de exigencia de responsabilidad, a través de qué cauces, y cómo debe finalizar el procedimiento».

46 *Ibidem* pág. 184.

47 *Ibidem* págs. 185 y 186.

que recibe una reclamación de indemnización debe responder siempre, sin perjuicio de actuar después contra el contratista en vía de regreso en el caso de que el daño le fuera imputable a éste»[48].

Una opinión diferente es la que postula GAMERO, para el cual, «no cabe hacer responsable a la Administración de los daños de manera radical y en todo caso, pues la Constitución garantiza el derecho a ser indemnizados, pero sin predeterminar quién deba abonar la indemnización». En su opinión, «si el origen del daño encuentra su nexo causal en la conducta del contratista, debe ser éste quien responda; lo que no se puede pretender es convertir a la Administración en una especie de aseguradora universal que cubra de entrada cualesquiera daños». Además, «no solo resulta irreal, sino también materialmente imposible, que la Administración despliegue un control absolutamente exhaustivo sobre el contratista que lleve a imputarle cualquier daño que ocasione éste»[49].

En el mismo sentido, y referido a la asistencia sanitaria BLANQUER, se postula en el cap. 5 de esta obra. Para él, «los «conciertos sanitarios se celebran con entidades privadas que conservan su propia personalidad jurídica, y que no se integran en la estructura organizativa de la Administración. De ahí, que los daños o perjuicios causados por negligencia o mal funcionamiento de los hospitales privados con la Administración, deban ser imputados y soportados por las entidades».

Por su parte HUERGO considera que «puede ser conveniente distinguir entre las concesiones de obras y servicios y los demás contratos», de suerte que sólo exista responsabilidad directa de la Administración en todo caso en aquéllos, pero no en éstos»[50].

---

[48] GAMERO CASADO, Eduardo (2018): «Responsabilidad extracontractual de la Administración y del contratista por daños a terceros en la ejecución de un contrato», *op. cit.* pág. 2218.

[49] *Ibidem* pág. 2119 y 2220.

[50] HUERGO LORA, Alejandro (2023): «Responsabilidad patrimonial por daños causados en la ejecución de contratos y concesiones administrativas. Situación actual y propuesta de mejora», *op. cit.* pág. 28. Para este autor, en las concesiones, «nos encontramos ante una "actividad administrativa" (gestionada indirectamente), por lo que parece claro que el perjudicado no debe verse afectado en su protección frente al daño por una decisión organizativa de la Administración como es la alternativa entre gestión directa e indirecta. No puede decirse lo mismo en los demás contratos, que son actividades empresariales del contratista que normalmente en nada se distinguen exteriormente por el hecho de que su cliente sea la Administración o un sujeto privado». A lo anterior añade HUERGO, que,

Llegados a este punto hay que decir que, como regla general, es el contratista el que debe responder de los daños causados al reclamante, sus parientes o allegados. Como se expone a continuación, fuera de los casos de falta de resolución extemporánea o resolución en plazo vaga o con evasivas, la jurisprudencia entiende que debe ser el contratista el que resarza directamente. Cuestión distinta es lo que ocurre en la realidad, asunto éste que se abordará en la letra C de este epígrafe.

B. Responsabilidad de la Administración

El art. 196.2 de la LCPS prescribe que la Administración, sin perjuicio de su facultad de repetir contra el contratista, será responsable de los daños causados por éste en cuando sean consecuencia de la Administración o de los vicios del proyecto de obras o suministro de fabricación.

A partir de aquí, la Administración solo responderá en determinados supuestos excepcionales. Los exponemos a continuación.

a) Orden de la Administración

El primer supuesto por el que responde la Administración tiene lugar cuando los «daños y perjuicios hayan sido ocasionados como consecuencia inmediata y directa de una orden dada por» ella[51].

«también cabría añadir otros matices, pues no es lo mismo que el contrato se ejecute en un local del contratista (por ejemplo, un contrato de fabricación) o en edificios o terrenos públicos (por ejemplo, un contrato de limpieza de locales municipales en cuya ejecución se causa daños a un ciudadano que acude al Ayuntamiento a realizar una gestión), siendo más evidente la posible responsabilidad de la Administración en el segundo caso que en el primero». *Idem.*

51 Art. 196.2 LCSP-17. Como ejemplos de responsabilidad por órdenes dadas por la Administración pueden citarse las SSTS de la Sala de lo Contencioso-administrativo de 27 de septiembre de 1979 [*Tol 975363*], de 26 de octubre de 1982 (RJ 1982\1040), de 2 de marzo de 1987 [*Tol 2333105*] y 5 de marzo de 2002 (núm. rec. 2094/1998 y [*Tol 1713866*]). Estas sentencias se refirieron respectivamente a los daños causados: por retraso en la ejecución de unas obras; desplazamiento del trazado de la carretera en perjuicio de un establecimiento hotelero; el retraso de unas obras imputable a la Administración; concesión de transporte de viajeros parcialmente coincidente con otra. Obviamente, sí el contratista —como ocurrió en la STS de 26 de julio de 2001, de la Sala de lo Civil [*Tol 66532*]— desoye la orden de la Administración también deberá responder. En este fallo, tratándose de un contrato de obras de construcción de un dique, el TS declaró la responsabi-

Esta excepción al régimen general de responsabilidad del contratista «alude indudablemente a las prerrogativas que corresponden a la Administración en la ejecución del contrato, entre las que se encuentran los poderes de policía y dirección, inspección de control, particularmente importantes en los contratos de tracto sucesivo: especialmente, en los contratos de obras (con dirección técnica administrativa), de concesión de obras y de concesión de servicios: también abarca el precepto a los supuestos de ejercicio de *ius variandi* por parte de la Administración»[52].

Tratándose de responsabilidad patrimonial sanitaria, fuera de los casos de responsabilidad más allá de la *lex artis* a que se refiere NAVALPOTRO en el cap. 24 del tratado, difícilmente operara este supuesto de responsabilidad patrimonial de la Administración. Los médicos de los contratistas de la Administración sanitaria —lo mismo que los facultativos de los servicios

---

lidad del contratista porque «cuando para hacer una cosa hay varias opciones, y si al respecto se dice que una es más recomendable que otra, con ello no se ordena nada, sino solamente se indica cuál es la que se entiende que deba hacerse con más garantías». En concreto, la Consejería de Política Territorial del Gobierno de Canarias había dispuso que el trasporte y descarga del material se hiciera por mar y el contratista lo hizo por vía terrestre, con el consecuente incremento de los daños.

52 GAMERO CASADO, Eduardo (2018): «Responsabilidad extracontractual de la Administración y del contratista por daños a terceros en la ejecución de un contrato», *op. cit.* pág. 2232. Cabe preguntarse con MESTRE, si «¿toda orden es susceptible de eximir al [contratista] o concesionario de responsabilidad? Parece que los preceptos que nos ocupan poseen una finalidad restrictiva, de tal manera que una orden vaga, genérica o indeterminada, para cuya ejecución el concesionario [o contratista] pueda adoptar las medidas que le parezcan más adecuadas, no justificará la exención de responsabilidad; parece, en efecto, que el precepto exige una orden concreta, encaminada directamente —o como consecuencia necesaria— a la consecución de un objetivo determinado —lesivo— que no permita al concesionario [o contratista] la ejecución de dicha orden sin producir el resultado lesivo». Por su parte, PASTOR entiende que «si la orden en cuestión puede ser ejecutada de diversas maneras y el contratista elige la forma que causa el daño, no debe responder la Administración. Lo decisivo de la orden es que su estricto cumplimiento sea el causante directa e inmediatamente del daño, sin que el contratista haya tenido otra opción que la de obedecer, ni facultades decisorias en la forma de ejecución de la orden». MESTRE DELGADO, Juan Francisco (2011): «Las formas de prestación de los servicios públicos locales», en MUÑOZ MACHADO, Santiago (dir.), *Tratado de Derecho Municipal,* Iustel, Madrid (3ª ed.), pág. 2117. PASTOR LÓPEZ, Marta (2015): «La responsabilidad de los contratistas de la Administración por daños causados a terceros», en DE FUENTES BARDAJÍ *et* alii, *Manual de responsabilidad pública,* Aranzadi, Cizur Menor (2ª ed.), pág. 510.

públicos de salud— gozan de total libertad a la hora de decidir el modo de abordar una intervención o tratamiento médico.

b) Mención especial a las mutualidades de funcionarios

Las Mutualidades Generales de Funcionarios de la Administración Civil del Estado (MUFACE) y Judicial (MUGEJU), así como el Instituto Social de las Fuerzas Armadas (ISFAS), a pesar de que pudiera pensarse que responden por las órdenes que den a sus contratistas, tampoco lo hacen.

Estas mutualidades gestionan el régimen especial de Seguridad social de determinados funcionarios públicos. Lo hacen de conformidad con lo previsto en el texto refundido de la Ley de la Seguridad Social de los funcionarios civiles del Estado, aprobado por Real Decreto Legislativo. 4/2000, de 23 de junio.

Pues bien, de acuerdo con su art. 17, la acción protectora puede ser prestada directamente —lo que nunca ha ocurrido— o indirectamente mediante concierto «con otras entidades o establecimientos públicos o privados». La principal peculiaridad es la posibilidad de elección, por los mutualistas, de la entidad prestadora de la asistencia sanitaria.

Por su parte, la DA 19 LCSP-17 regula estos conciertos con MUFACE, MUGEJU e ISFAS y les atribuye la consideración de contratos de concesión de servicios. Sin embargo, a pesar de existir un contrato, para el CdE, estas mutualidades no deben responder de la asistencia sanitaria por ser ésta prestada por las entidades de elección de los mutualistas. Según expresa el DCdE 10 de marzo de 2016 «la actividad desarrollada por estas [—las mutualidades—] es de mera gestión asistencial o, en los términos legales, es "acción protectora", pues se limita a articular la cobertura económica de las prestaciones sanitarias, sin integrarse, en consecuencia, ni la entidad ni su actividad en el Sistema Nacional de Salud»[53].

Por ello, entiende el CdE, que es aplicable el art. 196.3 LCSP-17, el relativo al incidente arbitral, «con (...) [una] concreta modulación [que evite su responsabilidad] (...). En consecuencia, los reclamantes pueden accionar, bien exclusivamente frente a las entidades aseguradoras o los centros hospitalarios en vía civil —y sometiéndose en cuanto al fondo también al Derecho privado—, bien ante los (...) mencionados organismos públicos.

---

[53] CJ IV DCdE de 10 de marzo de 2015 (núm. exp. 1116/2015), comentario a la DA 20 del anteproyecto de la LCSP-17.

Pero, si lo hacen ante éstos, lo es a los específicos efectos de pronunciarse[, mediante el incidente arbitral,] sobre a cuál de las partes contratantes corresponde la responsabilidad de los daños»[54]. Dicho con otras palabras, el CdE, para este supuesto concreto, prescinde de su interpretación garantista del art. 196 LCSP-17 a la que nos referiremos en el siguiente ap. 3.3.

Detrás de este razonamiento se encuentran las SSTS de 18 de octubre de 2011 y 4 de diciembre de 2012, recaídas en recursos dirigidos contra mutualidades de funcionarios y citadas en el DCdE de 10 de marzo de 2016. A juicio del TS, «la responsabilidad de la Administración solo se impone cuando los daños deriven de manera inmediata y directa de una orden de la Administración (...) por ser atribuible el daño a la conducta y actuación directa del contratista en la ejecución del contrato bajo su responsabilidad»[55]. Como consecuencia de ello, en el caso que nos ocupa, como las entidades prestadoras del servicio no son elegidas por las mutualidades de funcionarios, en ningún caso podrá existir una orden de la que derive la responsabilidad.

c) Vicios del proyecto

El segundo supuesto de responsabilidad de la Administración se vincula a «los daños que se causen a terceros [y que sean] (...) consecuencia de los vicios del proyecto en el contrato de obras. [Todo ello,] sin perjuicio de la posibilidad de repetir contra el redactor del proyecto de acuerdo con lo establecido en el artículo 315, o en el contrato del suministro de fabricación»[56].

---

54 *Idem.*

55 FFJJ 4 y 1 SSTS de la Sala de lo Contencioso-administrativo de 18 de octubre de 2011 (núm. rec. 793/2008 y [*Tol 2727974*]) y de 4 de diciembre de 2012 (núm. rec. 6157/2011 y [*Tol 2727974*]).

56 Art. 196.2 LCSP-17. Este precepto, respecto de la LCSP-07, ha modificado la excepción de los vicios del proyecto en el siguiente sentido: por un lado suprime —como ya hiciera el art. 198 del texto refundido de la Ley de contratos del sector público, aprobado por el Real Decreto Legislativo 3/2011, de 14 de noviembre— la necesidad de que el proyecto haya sido elaborado por la Administración; por otro, precisa que la responsabilidad de la Administración será «sin perjuicio de la posibilidad de repetir contra el redactor del proyecto». En concreto, dice el art. 233.4 LCSP-17 que cuando la elaboración del proyecto haya sido contratada íntegramente por la Administración, el autor o autores del mismo incurrirán en responsabilidad en los términos establecidos en» el art. 315 LCSP-17. Este precepto, hace responsable al proyectista de los daños y perjuicios causados a terce-

De este supuesto cabe decir lo mismo que lo escrito en el caso de orden directa de la Administración: su incidencia en la responsabilidad patrimonial sanitaria es nula.

d) Falta de resolución o resolución de mero rechazo de la responsabilidad de la Administración

Además de los supuestos reconocidos en el art. 196.2 LCSP-17, jurisprudencialmente, se imputa la responsabilidad de la Administración cuando ésta no resuelve una reclamación de responsabilidad patrimonial y obliga

---

ros por defecto e insuficiencias técnicas del proyecto o por lo errores materiales, omisiones e infracciones de preceptos legales o reglamentos en el que el mismo ha incurrido, imputables al contratista redactor del proyecto». Ahora bien, su responsabilidad es limitada, ya que no podrá superar, «el 50 por ciento del importe de los daños y perjuicios causados, hasta un límite máximo de cinco veces el precio pactado por el proyecto» (art. 315.2 LCSP-17). Como afirma GÁRCÍA ÁLVAREZ, «con toda probabilidad la desproporción entre el precio del contrato y los daños potenciales es lo que ha llevado a limitar normativamente la cuantía de la eventual responsabilidad del contratista privado» Otra singularidad es el plazo de duración de la responsabilidad del proyectista. Ésta será de 10 años a contar desde la recepción del proyecto por la Administración, en vez hasta el cumplimiento del plazo de garantía. Por otro lado, si la redacción del proyecto se hubiera llevado «a cabo en colaboración con la Administración y bajo su supervisión, las responsabilidades [del contratista] se limitarán al ámbito de la colaboración» (art. 233.4 par. 2 LCSP-17). Un ejemplo de responsabilidad de la Administración por vicios del proyecto lo encontramos en las SSTS de la Sala de lo Contencioso-administrativo de 9 de mayo (núm. rec. 527/1993 y [*Tol 186453*]) y 11 de julio de 1995 (núm. rec. 303/1993 [*Tol 187355*]), relativas un deslizamiento del suelo que genera daños a terceros en la ejecución de un proyecto de obras que adolecía de vicios. Otro supuesto de limitación de la responsabilidad del contratista relacionado con los vicios del proyecto son los contratos de concesión de obras. De acuerdo el art. 249.4 LCSP, «el concesionario responderá de los daños derivados de los defectos del proyecto cuando, según los términos de la concesión, le corresponda su presentación o haya introducido mejoras en el propuesto por la Administración». GAMERO ha criticado que «se limite la responsabilidad de la Administración en la medida que haya supervisado o aprobado los proyectos o sus modificaciones, dado que esa actividad conlleva la asunción de su contenido (y por tanto de sus vicios) por parte de la Administración». GARCÍA ÁLVAREZ, Gerardo (2018): «La responsabilidad en la ejecución de los contratos públicos: penalidades, responsabilidad frente a la administración contratante y frente a terceros», *op. cit.* pág. 1335. GAMERO CASADO, Eduardo (2018): «Responsabilidad extracontractual de la Administración y del contratista por daños a terceros en la ejecución de un contrato», *op. cit.* pág. 2234.

al reclamante a solicitar el auxilio judicial. Así lo ha dicho, entre otras, la STS de 14 de octubre de 2013[57].

También se hace pechar a la Administración con la responsabilidad del contratista, cuando la resolución que ponga fin a la reclamación sea muy vaga o se limite a expresar respuestas huecas o evasivas. Así ocurre si la Administración se limita a señalar al contratista como responsable de los daños causados en ejecución del contrato. Testigos de esta doctrina jurisprudencial son las SSTS, de 28 de mayo de 1980, respecto de la LEF, y 30 de marzo de 2009, en relación con la LCE-65[58].

A juicio del TS, lo que no puede hacer el órgano de contratación es limitarse a declarar su irresponsabilidad, cerrando al reclamante las puertas para actuar contra la empresa obligada a resarcirles. Como afirma el segundo fallo, en la resolución que ponga fin a la reclamación de responsabilidad patrimonial deberá valorarse: si concurren los requisitos para indemnizar al reclamante; en caso afirmativo, declarar si son atribuibles a la Administración o al contratista; y, en el segundo supuesto, señalarle el cauce procesal para hacer efectivo su derecho.

Detrás de estas dos reglas está presente una idea de evitar al reclamante un segundo proceso. Para el TS «el perjudicado tiene derecho a que su resarcimiento (o la discusión sobre si tiene derecho a él) se ventile en un único proceso, de modo que, si la Administración desaprovecha la ocasión y remite al perjudicado a otro proceso contra el contratista, se encontrará con que los tribunales contencioso-administrativos le declaran responsable y la remiten a ella (no al perjudicado) a otro proceso contra el contratista, en este caso en forma de acción de regreso»[59].

Dicho esto, hay que tener en cuenta que, en sede de responsabilidad patrimonial sanitaria, éste es el único supuesto que, en la práctica jurisprudencial, debiera hacer responder a la Administración de los daños causados por sus contratistas. Como se expone a continuación, difícilmente

---

57 *Cfr.* STS de 14 de octubre de 2013 de la Sala de lo Contencioso-administrativo (núm. rec. 704/2011 y [*Tol 3984851*]).

58 *Cfr.* SSTS de la Sala de lo Contencioso-administrativo de 28 de mayo de 1980 (núm. rec. 43.668 y [*Tol 967082*]) y 30 de marzo de 2009 (10680/2004 y [*Tol 1490749*]).

59 HUERGO LORA, Alejandro (2023): «Responsabilidad patrimonial por daños causados en la ejecución de contratos y concesiones administrativas. Situación actual y propuesta de mejora», *op. cit.* págs. 20 y 23.

se darán las circunstancias para atribuir a la Administración sanitaria una responsabilidad por culpa *in vigilando*.

e) Culpa in vigilando de la Administración

Este último supuesto de responsabilidad de la Administración tampoco se encuentra reconocido ni en el art. 196.2 LCSP, ni tampoco en otra norma. A pesar de ello, tanto la doctrina como la jurisprudencia avalan su pertinencia por ser un principio general del Derecho conocido como la culpa *in vigilando*.

«Se trata de un tipo de responsabilidad por omisión, que puede deberse tanto a la radical pasividad de la Administración (omisión absoluta), como al carácter deficiente o insuficiente en su obrar (omisión relativa), si bien no basta la posición de garante de la Administración, se requiere, además, que se produzca el resultado lesivo, y que éste pudiera haberse evitado o paliado mediante una actuación adecuada, por lo que la relación de causalidad no media entre la omisión y el resultado, sino en la virtualidad causal de la hipotética acción que hubiera podido y debido realizarse para evitar dicho resultado»[60].

---

60 GAMERO CASADO, Eduardo (2018): «Responsabilidad extracontractual de la Administración y del contratista por daños a terceros en la ejecución de un contrato», *op. cit.* pág. 2236. La responsabilidad de la Administración deriva del poder de supervisión —para algunos de garante— que la Administración ostenta en la ejecución de sus contratos. Consiste en atribuirle los daños causados por la ejecución de un contrato por el inadecuado ejercicio sus deberes de vigilancia de la actuación del contratista. Como apuntan ALONSO y NARBÓN, «existe un específico título de imputación de responsabilidad a la Administración por funcionamiento deficiente —anormal— del servicio». Ahora bien, «los deberes de vigilancia constituyen una obligación de actividad y no de resultado; es decir, será preciso que efectivamente se hayan cumplido esos deberes de vigilancia sin más». El problema de este título de imputación es la falta de estándares de diligencia protocolizados, y la ausencia de una jurisprudencia uniforme. Las más de las veces, las sentencias: o bien atribuyen la responsabilidad al contratista o bien desestiman los recursos contencioso-administrativos por no ser la Administración una aseguradora universal. Una sentencia interesante es la STSJ de Galicia de 2 de enero de 2003 porque apreció *culpa in vigilando de la Administración.* El TSJ de Galicia, en relación con unos daños causados a una constructora por el corte de suministro de agua, condenó a la Administración «por haber faltado a sus obligaciones como titular de la obra ejecutada (...) de garantizar su correcto funcionamiento». Optó por «responsabilizar a la Administración por haber declinado su deber de vigilancia sobre la empresa concesionaria, en primer lugar, en orden a

No existe jurisprudencia que condene a la Administración sanitaria por culpa *in vigilando.* A los solo efectos dialécticos, cabría atribuirle responsabilidad en los casos de daños corporales causados por contratistas en los casos de falta de revocación sobrevenida de la autorización del centro sanitario pese a las denuncias de no estar en condiciones de ejercer la actividad sanitaria. En cualquier caso, «no bastará que se haya incurrido en esa culpa *vigilando,* sino será preciso que un correcto cumplimiento de los deberes de vigilancia hubiera tenido virtualidad para evitar un resultado lesivo». A ello cabe añadir con ALONSO y NARBÓN, «que los deberes de vigilancia constituyen una obligación de actividad y no de resultado; es decir, será preciso que efectivamente se hayan cumplido esos deberes de vigilancia sin más»[61].

Estos autores se plantean, además, si podrá existir también culpa *in eligiendo.* La rechazan salvo que «se haya elegido a un contratista falto de solvencia o de capacidad»[62].

3) Aspectos temporales

El alcance temporal de la responsabilidad del contratista dependerá del tipo de obligaciones —de actividad o de resultado— que asuma.

Los contratos de concesión de servicios y contratos de servicios son «contratos de tracto sucesivo y sujetos a plazo [de duración], y (...) de actividad más que de resultado: aun cuando lógicamente se impongan al contratista determinados estándares de calidad, e incluso de implantación del servicio en algunas ocasiones. Por ello, y teniendo en cuenta además el relevante papel del usuario (...) el gestor del servicio responde de los

---

la calidad de los materiales empleados en la conducción, y después, permitiendo su puesta en funcionamiento a falta de las preceptivas pruebas descarga o resistencia». El fallo, sin embargo, fue casado por la STS de 24 de mayo de 2007 de la Sala de lo Contencioso-administrativo (núm. rec. 5950/2003 y [*Tol 1081834*]). El TS estimó el recurso porque «fue la empresa recurrente la que especificó las características que debían reunir tanto los tubos como sus apoyos o anclajes [y porque] la Administración "no dio orden de ponerla en servicio", lo que obviamente *excluía* que *pudiera* imputársele negligencia en cuanto al deber de vigilancia» (FJ 5). ALONSO MÁS, María José y NARBÓN LÁINEZ, Edilberto (2013): *La responsabilidad por los daños causados en la ejecución de contratos administrativos, op. cit.* págs. 170 y 171.

61 *Idem.*

62 *Ibidem* pág. 175.

daños que se causen durante la vigencia del contrato. Una vez extinguido éste, la producción posterior de daños a terceros no será responsabilidad» suya[63].

Ahora bien, si la concesión de servicios conlleva la ejecución de obras —un hospital, por ejemplo— y los daños derivan de las mismas, habrá que estar a lo dispuesto para los contratos de concesión de obras *ex* art. 297 LCSP-17.

Como es sabido, el art. 256 LCSP-17, dispone que «a la terminación de las obras, y a efectos del seguimiento del correcto cumplimiento del contrato por el concesionario, se procederá al levantamiento de un acta de comprobación». Esta recepción es provisional ya que «el concesionario deberá mantener la obra pública»[64]. Por ello, «la recepción formal sólo tendrá lugar una vez realizada la fase de explotación. Y lo que es más relevante, el plazo de garantía solo comenzará a correr una vez finalizada dicha fase de explotación»[65]. Al estar ante una actuación de resultado, lo determinante no es la fecha de finalización de la prestación del servicio, sino del plazo de garantía del contrato establecido legalmente. Ahora bien, de esta regla deberá efectuarse la responsabilidad quincenal por vicios ocultos, que se regirá por el art. 244 LCSP-17.

4) Aspectos procesales

Como se ha dicho, durante el siglo XIX, y la primera mitad del siglo XX, «la responsabilidad de los contratistas y concesionarios de la Administración carecía de una regulación específica y concreta, entendiéndose que los daños causados por aquellos se configuraban como un supuesto de responsabilidad civil entre particulares», y por lo tanto sometidos a la jurisdicción ordinaria[66].

El art. 123 LEF produjo un primer «golpe de timón» al introducir, para las reclamaciones por daños causados por los contratistas de la Administración, un sistema de unidad jurisdiccional en el que toda pretensión in-

---

63 *Ibidem* pág. 123.

64 Art. 259.4 LCSP.

65 ALONSO MÁS, María José y NARBÓN LÁINEZ, Edilberto (2013): *La responsabilidad por los daños causados en la ejecución de contratos administrativos, op. cit.* págs. 124.

66 MAYOR GÓMEZ, Roberto (2013): «La problemática jurídica de la imputación de los daños causados en centros sanitarios privados concertados», *Revista Aranzadi Doctrinal*, núm. 3, pág. 180.

demnizatoria debía hacerse valer ante el orden jurisdiccional contencioso-administrativa[67].

A pesar de ello, la Sala de lo Civil del TS, siguió considerándose competente para conocer de las reclamaciones contra los contratistas de la Administración, incluso cuando aquéllos fueran demandados junto con ésta. De hecho, «la jurisprudencia civil, con la invocación de la *vis atractiva*, condujo en la práctica a la inaplicación del art. 123 LEF»[68]. También alegó su favor los inconvenientes de dividir la continencia de la causa, así como el art. 41 LRJE-57, que disponía que «cuando el Estado actuase en relaciones de derecho privado (...) habría de exigirse [la responsabilidad] ante los Tri-

---

67 Aprobada la LEF, la doctrina quedó dividida en tres grandes grupos. El primero, mayoritario —y en el que se encontraban, entre otros, BOCANEGRA, GUERRERO, LEGUINA y MARTÍN REBOLLO— abogaron un régimen de responsabilidad mancomunada de carácter objetivo. En su opinión, la Administración y el contratista debían responder mancomunadamente, bajo un régimen de Derecho público, con el propósito de evitar que el contratista fuese colocado en peor posición si era demandado con la Administración al quedar sustituido su responsabilidad por culpa por otra de carácter objetivo. Otro segundo grupo —ARIÑO, GONZÁLEZ NAVARRO, VILLALBA, VILLAR, etc.—, minoritario, que propuso que la Administración respondiera solidariamente aplicando las normas de Derecho público, pero sin perjuicio de que pudiera repetir contra el contratista. En el tercer grupo se incluyó a autores como REBOLLO y BELADIEZ porque, distinguiendo en función de si quien debía responder era la Administración o el contratista, propugnaron un sistema casuístico. BOCANEGRA SIERRA, Raúl (1978): «Responsabilidad de contratistas y concesionarios de la Administración Pública», *op. cit.* pág. 404. GUERRERO ZAPLANA, José (2004): *Las reclamaciones por la defectuosa asistencia sanitaria,* Lex Nova, Valladolid (4ª ed.), pág. 116. LEGUINA VILLA, Jesús (1984): *La responsabilidad civil de la Administración Pública,* Tecnos, Madrid, pág. 325. MARTÍN REBOLLO, Luis (1977): *La responsabilidad patrimonial de la Administración en la jurisdicción,* Civitas, Madrid. ARIÑO ORTIZ, Gaspar (1979): «El servicio público como alternativa», *op. cit.* pág. 552. GONZÁLEZ NAVARRO, Francisco (1976): «Responsabilidad de la Administración por daños causados a terceros por el empresario de un servicio públicos», *op. cit.* págs. 215 a 250. VILLAR ROJAS, Francisco José (1986): *La responsabilidad de las Administraciones sanitarias,* Praxis, Madrid. VILLALBA PÉREZ, Francisca (2005): *Responsabilidad extracontractual del contratista por los daños causados a terceros, Revista de estudios de la Administración local y autonómica,* núm. págs. 90 y 91 REBOLLO PUIG, Manuel (1990): «Servicios públicos concedidos y responsabilidad de la Administración: imputación o responsabilidad por hecho de otro», *Revista del Poder Judicial,* núm. 20, pág. 29. BELADIEZ ROJO, Margarita (1997): *Responsabilidad e imputación de daños por el funcionamiento de los servicios públicos, op. cit.* pág. 264.

68 ALONSO MÁS, María José y NARBÓN LÁINEZ, Edilberto (2013): *La responsabilidad por los daños causados en la ejecución de contratos administrativos, op. cit.* pág. 44.

bunales ordinarios», y para la Sala de lo Civil, así ocurría, entre otros casos, cuando la Administración actuase a través de un contratista interpuesto.

Esta postura quedó fortalecida por el hecho de que la Sala de lo Contencioso-administrativo del TS, aunque con alguna excepción —como la STS de 9 de mayo de 1989[69]— desestimó la mayoría de los recursos contencioso-administrativos en los que se reclamaban los daños causados por los contratistas de la Administración. Lo hizo al entender que la intervención del contratista rompía, por falta de relación de causalidad entre el daño y el funcionamiento del servicio público, el deber de indemnizar.

Con este estado de cosas, cuarenta años después, tuvo lugar un segundo «golpe de timón». Éste consistió en abandonar el sistema monista en torno a la jurisdicción contencioso-administrativa, consagrado por la LEF, y atribuir a ésta el conocimiento de los casos en los que debía responder la Administración, y a la jurisdicción ordinaria, la responsabilidad de sus contratistas. Fue el art. 98 LCAP-95 el encargado de poner fin al sistema de unidad jurisdiccional e introducir otro dual, en el cual: para exigir responsabilidad al contratista, debía demandarse a éste ante la jurisdicción ordinaria; y para reclamar contra a la Administración había que impetrar un procedimiento administrativo, y posteriormente, si era necesario, un proceso contencioso-administrativo.

Esta fue la teoría, que no la práctica. A partir de la LCAP-95, en este punto, se ha producido un divorcio entre la jurisprudencia y la doctrina legal. Mientras que el CdE —e inicialmente la práctica totalidad de los consejos consultivos y comisiones jurídicas asesoras de las Comunidades Autónomas (CCAA)— interpretaron la normativa de contratación pública en clave garantista para el reclamante, el TS lo hace de manera literal. Así: la doctrina legal entiende que la responsabilidad del contratista debe exigirse en un proceso administrativo, y en su caso en un proceso conten-

---

[69] El ponente de la STS de 9 de mayo de 1989 de la Sala de lo Contencioso-administrativo [*Tol 2373297*] fue el prof. GONZÁLEZ NAVARRO, el cuál impuso su criterio consistente en hacer responder, a la Administración de manera solidaria. Esta sentencia pivotó sobre tres puntos, a saber: A) Deber de garantizar la indemnidad patrimonial de los reclamantes. B) Consideración del contratista como un delegado de la Administración 3) Imputación de los daños causados por el delegado (el contratista), al delegante (la Administración). Todo ello, sin perjuicio de la acción de regreso de ésta contra aquél. Este criterio ya había sido expuesto, en 1976, en su artículo la «responsabilidad de la Administración por daños causados a terceros por el empresario de un servicio públicos», publicado en el núm. 44-45 de la Revista de Derecho Administrativo y Fiscal.

cioso-administrativo: en cambio la jurisdicción contencioso-administrativa cree que su conocimiento debe limitarse a aquellas reclamaciones de las que, con arreglo al art. 196.2 LCSP-17, deba responder la Administración.

Como se adelantó, esta diversidad de opiniones, además, tiene sus consecuencias en los aspectos sustantivos. Provoca que, según la tesis garantista, la Administración deba responder *prima facie* de los casos en los que, de conformidad con el art. 196.1 LCSP-17, la responsabilidad sea atribuible al contratista[70]. Veámoslo con mayor detenimiento.

A. Doctrina legal

Para el CdE, pese a que la legislación de contratación pública diseña dos itinerarios procesales —uno civil y otro contencioso-administrativo— en función de a quién se impute la responsabilidad, es necesario tramitar una responsabilidad patrimonial en todo caso. También entiende que posteriormente, si se quiere obtener la tutela judicial, deberá interponerse un recurso contencioso-administrativo[71]. Como se ha visto, se exceptúa el

---

70 Las consecuencias sustantivas de estas dos posturas procedimentales-la de la doctrina legal y jurisprudencia contencioso-administrativa— han sido expuestas por GONZÁLEZ NAVARRO en la STS de 30 de abril de 2001, de la Sala de lo Contencioso-administrativo (núm. rec. 9396/1996 y [*Tol 4915809*]): «Una tesis (...) habilita al particular lesionado para exigir de la Administración contratante (...) en régimen objetivo y directo, la indemnización por los daños (...) de[l] contratista interpuesto, debiendo la Administración si se dan los requisitos de responsabilidad abonar la indemnización al dañado sin perjuicio de su derecho de repetición frente al contratista (...). La segunda tesis es la que interpreta (...) [que el reclamante tiene] una acción dirigida a obtener un pronunciamiento sobre la responsabilidad en atención al reparto de la carga indemnizatoria en los términos del propio precepto; es decir, que la Administración declarará que la responsabilidad es del contratista, salvo que exista una orden de aquélla que haya provocado el daño o salvo que el mismo se refiera a vicios del proyecto. En los demás supuestos la reclamación, dirigida ante el órgano de contratación, será resuelta por la Administración, decidiendo la responsabilidad que debe ser satisfecha por el contratista (FJ 4).

71 La interpretación garantista del CdE suele fundarse en el su dictamen de 13 de julio de 1967, y otros posteriores como los de 11 de julio de 1968 y 18 de junio de 1970. Esta postura se mantiene hasta la actualidad. Prueba de ello son los DDCdE de 21 de febrero de 2002 (núm. exp. 3443/2001), de 16 de enero de 2003 (núm. exp. 3235/2002), de 26 de febrero de 2006 (núm. exp. 2094/2005), de 30 de mayo de 2007 (núm. exp. 996/2007), de 23 de diciembre de 2008 (núm. rec. 2037/2008), de 29 de enero de 2009 (núm. exp. 2046/2009) y 18 de junio de

caso de las mutualidades de funcionarios en las que da validez al incidente arbitral del art. 196.3 LCPS-17.

A ello hay que añadir que, si la Administración aprecia la existencia de responsabilidad patrimonial, existen dos variantes: la primera —la tradicional— capitaneada por el CdE, que consiste en hacer responsable a la Administración, dejando a salvo su derecho a repetir contra el contratista; y la segunda —más reciente— imputa la responsabilidad directamente al contratista.

Analizamos a continuación ambas posiciones.

a) Responsabilidad directa de la Administración

El CdE, basa su postura garantista en el hecho de que «al particular debe dejarle indiferente quién, dentro de la Administración, en un sentido amplio (incluyendo el contratista o concesionario) es el responsable o a que partida presupuestaria (...) debe imputarse la indemnización pertinente»[72]. Adicionalmente entiende que, el reclamante no puede tener peor condición —responsabilidad por culpa en vez de objetiva— por el mero hecho de que la responsabilidad sea imputable al contratista.

Pues bien, esta premisa, la de quién debe responder en primer término —la Administración o el contratista—, condiciona los aspectos procedimentales de la reclamación de responsabilidad patrimonial.

2020 (núm. exp. 205/2020). Así lo ha expresado en el CdE al informar el anteproyecto de la actual LCSP-17. En su dictamen de 10 de marzo de 2015 (núm. exp. 1116/2015) recordó que «el Consejo de Estado ha sostenido siempre el mismo criterio. Los daños causados por el contratista a los terceros deben ser reclamados ante la Administración, quien deberá satisfacer, en su caso, la correspondiente indemnización, sin perjuicio de ejercer la acción de repetición contra el contratista. Esta doctrina no ha variado tras la promulgación de las sucesivas legislaciones de contratación pública desde 1995. Y es que este Cuerpo Consultivo siempre ha sentado el criterio de que la Administración responde frente al tercero que ejercita contra ella un derecho indemnizatorio si prueba el perjuicio efectivamente sufrido y la relación causa a efecto entre las operaciones propias de la ejecución de la obra pública y el daño producido por aplicación del principio general establecido en el artículo 121 de la Ley de Expropiación Forzosa primero, en el artículo 40 de la Ley de Régimen Jurídico de la Administración del Estado después (...), en el artículo 139 de la Ley 30/1992, de 26 de noviembre, y actualmente en el art. 32 de la Ley 40/2015, de 1 de octubre, de régimen jurídico del sector público» (CJ IV, comentario al art. 194).

[72] DCdE de 10 de junio de 1994 (núm. exp. 1459/1993).

La mayoría de los consejos consultivos y comisiones jurídicas asesoras de las CCAA, siguiendo al CdE, todavía optan «por exigir que la Administración ha de responder sobre la existencia de la responsabilidad y en caso afirmativo abonar la indemnización que proceda sin perjuicio de la posibilidad de repetir contra el contratista»[73]. Entre ellos se encuentra el Consell Jurídic Consultiu de la Comunitat Valenciana (CJCVal), el cual desde su dictamen 214/1998, de 30 de abril, hasta la actualidad «ha venido manteniendo la precitada tesis de la responsabilidad directa, y así es de ver en cuantos dictámenes se ha planteado la cuestión»[74].

Mismo parecer tienen los Consejos Consultivos de Asturias (CCAst), Castilla y León (CCCyL), Canarias (CCCan), Galicia (CCGal) y Murcia (CCMur), y la Comisiones Jurídicas Asesora de Madrid (CJAMad) y Cataluña (CJACat)[75].

Especialmente interesante es el DCCAst 185/2022, de 28 de julio. Lo es porque reafirma la tesis de de la distribución interna de responsabilidades «con la nueva previsión del artículo 190 de la LCSP [que] apunta en esta dirección cuando entre las prerrogativas de la Administración pública menciona expresamente [, por primera vez,] la de "declarar la responsabilidad imputable al contratista a raíz de la ejecución del contrato"»[76].

b) *Responsabilidad directa del contratista*

De la posición mayoritaria se apartan algunos consejos consultivos y comisiones jurídicas asesoras de CCAA, los cuales entienden que es necesario promover —en todo caso— una reclamación de responsabilidad patrimonial. Ahora bien, para ellas, la resolución que le ponga fin, siempre que concurran los requisitos de los arts. 32 y ss. LRJ-15, debe señalar al contra-

---

73 YÁÑEZ DÍAZ, Carlos (2009): «La responsabilidad de los contratistas y concesionarios en la jurisprudencia y en la doctrina del Consejo de Estado y consejos consultivos autonómicos», *op. cit.* pág. 238.

74 DÍEZ CUQUERELLA, José (2012): «Responsabilidad de la Administración por daños derivados de la actuación de sus contratistas y concesionarios, *Revista Española de la Función Consultiva, op. cit.* pág. 59. La doctrina legal iniciada por el DCJC 214/1998, de 30 de abril, se ha mantenido hasta la actualidad como pone de manifiesto el DCJCVal 551/2019, de 25 de septiembre.

75 *Cfr.* DCCAst 18/2009, de 19 de febrero, DCCCyL 311/2022, de 1 de junio, DCCCan 163/2009, de 1 de abril, 329/2023, de 25 de octubre, DJMur 113/2008, DCJAMad 86/2021, de 16 de febrero, y DCJACat 345/2002, de 1 de agosto.

76 CJ 4 DCCAst 185/2022, de 28 de julio.

tista como responsable salvo que concurra una de las causas del art. 196.2 LCSP-17. Para la «opinión minoritaria», no existe un de nexo causal entre el funcionamiento del servicio público y el daño como consecuencia de la intervención del contratista. Este es el criterio de las Comisiones Jurídicas Asesoras de Euskadi (CJAEus) y Cataluña (CJACat) y los Consejos Consultivos de Andalucía (CCAnd) y Castilla-La Mancha (CCC-M)[77]. Con esta tesis pretenden hacer compatible la interpretación garantista del art. 196 LCSP

[77] *Cfr.* DCJACat 219/2021, de 8 de julio, DDCJAEus 99/2005, de 14 de diciembre y 89/2008, DCCAnd 90/2021, de 11 de febrero, y DDCCC-M 6/2008, de 16 de febrero, 58/2021, de 18 de febrero y 155/2021, de 5 de mayo. En estos dictámenes, en unos casos se expresa que «la responsabilidad de la Administración resulta (...) modulada en razón de la intervención del contratista, que interfiere en la relación de causalidad de manera determinante, exonerando a la Administración por ser atribuible el daño a la conducta y actuación directa del contratista en la ejecución del contrato bajo su responsabilidad» (par. 37 DCJAEus 89/2008). En otros, se afirma simplemente que, de acuerdo con el art. 196 LCSP-17, «la responsabilidad del contratista ante los particulares es directa» o se realiza una interpretación literal de éste resaltando que «los apartados 1 y 2 establecen que es obligación del contratista indemnizar todos los daños y perjuicios que causen a terceros (...) salvo que los daños se hayan ocasionado como consecuencia inmediata y directa de una orden de la Administración o de vicios del proyecto» (CCJJ 3 DCCCan 189/2021, de 15 de abril y VI.3 DCJACat. 219/2021, de 8 de julio). Este segundo dictamen, con cita: de los DDCJACat 297/1999, de 13 de mayo y 345/2002, de 1 de agosto, por un lado; y los DDCJACat 165/2015, de 28 de mayo, 184/2016, de 7 de julio, 207/2016, de 26 de julio y 341/2016, de 21 de diciembre, por otro, muestra su evolución jurisprudencial. El CCAnd tiene una línea argumental distinta, ya que entiende que la intervención del contratista no rompe el nexo causal entre el daño y funcionamiento del servicio público. A ello añade, desde su dictamen 15/2000, de 3 de febrero, que debe pronunciarse «sobre la existencia de responsabilidad y, en su caso, sobre la parte responsable» que, si es el contratista, para poder ser condenado, deberá haber sido oído. En concreto, en las reclamaciones de responsabilidad patrimonial sanitaria, cuando los daños son causados por los contratistas del SAS «la prestación del servicio por parte de un centro [de salud] concertado no obstaculiza la apreciación del requisito de imputabilidad, independientemente de las consecuencias que se desprenden de la relación contractual» (CJ VI D 1149/2023, de 20 de diciembre). Ahora bien, «la regla-base de la responsabilidad del contratista es que éste responde por los daños que derivan directamente de su gestión, a menos que hayan sido ocasionados como consecuencia inmediata y directa de una orden de la Administración» (CJ III DCCAnd 90/2021, de 11 de febrero). Por ello, puede ser declarado responsable en la resolución. La posición del CCAnd ha se expone de manera detallada por CARRILLO en el cap. 8, al que nos remitimos (págs. 545 y 546).

con los requisitos de la responsabilidad patrimonial del art. 32 y ss. LRJ-15, particularmente el del nexo causal.

B. Jurisprudencia

La doctrina jurisprudencial sobre el cauce que se ha de seguir para obtener una indemnización por los daños causados por el contratista de la Administración lleva decantándose por un sistema dualista desde 1995 porque así vienen estableciendo las sucesivas leyes reguladoras de la contratación pública[78].

Tal y como afirma VIDAL en el cap. 6 del tratado, «la importancia de esta cuestión —unidad o dualidad jurisdiccional— radica en sus consecuencias. El régimen de unidad jurisdiccional permite obtener un pronunciamiento global sobre la responsabilidad del contratista y la Administración,

---

[78] Inicialmente, la interpretación del art. 98.3 LCAP-95 dividió a los TSJ. La mayoría —entre ellos el de Extremadura—, a pesar del desplazamiento del art. 123 de la LEF, siguieron adoptaron la interpretación garantista del CdE. Entendían que la Administración debía pronunciarse sobre la procedencia de la reclamación, a quien incumbía pagar y la cuantía de la indemnización. En este sentido se pronunció la STSJ de Extremadura 575/2004, de 27 de abril (núm. rec. 288/2002 y [*Tol 442339*]). De acuerdo con este fallo, «de conformidad con el artículo 98 de la Ley de contratos de las Administraciones del Estado, era obligación de la Administración examinar la reclamación del perjudicado y resolver sobre la procedencia de la indemnización, su cuantía y la parte responsable» (FJ 6). La postura minoritaria —también denominada arbitral— sostuvo que el art. 98.3 LCSP-95 no permitía declarar a la Administración la responsabilidad del contratista porque correspondía a la jurisdicción civil. Ésta fue la postura del TSJ de Murcia. A juicio de la STSJ de Murcia 141/2004, de 27 de febrero (núm. rec. 1/2001 y [*Tol 443900*]), en consonancia con la interpretación literal del art. 134 del RCE-75, «el art. 98 LCAP distribuye las responsabilidades entre Administración y contratista (...). Según que la responsabilidad corresponda a uno u otra el conocimiento de la reclamación va a seguir caminos diferentes ya que la responsabilidad de la Administración se exigirá por el cauce del RD 429/93, con posible impugnación ante la jurisdicción contencioso-administrativa (...), mientras que, en el otro caso, la competencia para el reconocimiento de la responsabilidad civil corresponde a la jurisdicción civil» (FJ 1). Entre estas dos posturas, el TS adoptó la postura minoritaria. Como consecuencia de ello, limita la institución de la responsabilidad patrimonial a las reclamaciones que se dirijan contra la Administración. Por esta razón, entiende que no existe relación de causalidad entre el daño y el funcionamiento del servicio público, y desestima las reclamaciones de los perjudicados. Tan solo liga los daños con el funcionamiento del servicio público, cuando éstos sean consecuencia de una orden dada por la Administración.

ya sea mancomunada para ambos, ya sea solidaria para la Administración (...). El sistema de dualidad jurisdiccional solo permite efectuar un pronunciamiento limitado a la responsabilidad del contratista o de la Administración. De ser así, la jurisdicción ordinaria es la llamada a determinar la responsabilidad del contratista, y la contencioso-administrativa, la de la Administración».

El único límite a este sistema dual es el impuesto por los arts. 9.4 LOPJ y 2 e) LJCA, en la redacción dada por la LO 19/2003, ya que impide que la Administración —que no sus contratistas y aseguradoras— sean demandadas ante el orden civil.

Ahora bien, respetando este límite, existen matices en el modo en que las Salas de lo Civil y de lo Contencioso-administrativo extienden su competencia para conocer las reclamaciones extracontractuales y patrimoniales.

a) Sala de lo Civil del Tribunal Supremo

Para la Sala de lo Civil del TS, con independencia de que «haya existido o no responsabilidad de la Administración, no se puede negar el derecho de los perjudicados en vía civil para demandar las responsabilidades de sujetos privados (...) [ante la jurisdicción ordinaria. Ello es así,] aunque existiera una potencial responsabilidad de la Administración [puesto que] la misma, ni sería excluyente de la de los sujetos privados ni generaría una situación litisconsorcial entre ellos»[79].

Como han señalado la Sala Especial de Conflictos del TS en los AATS de 19 de noviembre de 2007 y 16 de junio de 2009: «ante el hecho de que no exista imputación de daño a alguna Administración Pública y que las pretensiones estén dirigidas contra sujetos privados (...), ha de entenderse competente a los Tribunales y Juzgados del Orden Jurisdiccional Civil, que, según lo dispuesto en el artículo 9.2, de la Ley 6/1985, de 1 de julio, son los que "conocerán, además de las materias que le son propias, de todas aquellas que no estén atribuidas a otro orden jurisdiccional"»[80].

---

[79] Este criterio del TS se recoge en sendas sentencias de Audiencias Provinciales (AP). FJ 6 SAP de Zaragoza 659/2009, de 30 de diciembre (núm. rec. 501/2009 y [*Tol 6688587*]). En términos análogo resolvió la SAP de Barcelona 216/2019, de 26 de noviembre (núm. rec. 568/2009 y [*Tol 6901171*]).

[80] FFJJ 3 AATS de la Sala Especial de Conflictos 100/2007, de 19 de noviembre (núm. conflicto. 17/2007 y [*Tol 4981721*]) y 66/2009, de 19 de junio (núm. conflicto. 6/2009 y [*Tol 4937192*]).

Ahora bien, «demandar única y exclusivamente al contratista ante la jurisdicción civil tiene el inconveniente de que es necesario dejar fuera de la reclamación a la Administración, que puede ser responsable si él daño se debe a orden de ella o a un vicio del proyecto. Esto supone el riesgo de que, si el contratista es absuelto porque la sentencia aprecia posible responsabilidad de la Administración, el perjudicado se ve obligado a iniciar un nuevo procedimiento administrativo (y en su caso contencioso-administrativo) con el riesgo de que se produzcan decisiones contradictorias (es decir, que la Administración atribuya la responsabilidad al contratista, ya absuelto por una sentencia civil). Todo ello al margen de la posible prescripción de la acción frente a la Administración, que no quedaría interrumpida por una demanda civil no dirigida contra ella»[81].

b) Sala de lo Contencioso-administrativo del Tribunal Supremo

Según explica la STS de 30 de marzo de 2009, de la Sala de lo Contencioso-administrativo, una vez presentada una reclamación de responsabilidad patrimonial, la «Administración puede optar entre dos alternativas: considerar que concurren los requisitos para declarar la existencia de responsabilidad o estimar que están ausentes y que, por lo tanto, no procede esa declaración; en la primera hipótesis pueden ofrecerse, a su vez, dos salidas posibles; a saber: entender que la responsabilidad corresponde al contratista o que, por darse los supuestos que contempla el apartado 2 del (...) artículo 98 [LCAP-95 y de los arts. 198 LCSP-07 y 196 LCSP-17], sea ella misma quien tiene que hacer frente a la reparación. En este último caso así lo acordará y en el otro deberá reconducir a los interesados hacia el cauce adecuado, abriéndoles el camino para que hagan efectivo su derecho ante el adjudicatario responsable» ante la jurisdicción civil[82].

---

[81] HUERGO LORA, Alejandro (2023): «Responsabilidad patrimonial por daños causados en la ejecución de contratos y concesiones administrativas. Situación actual y propuesta de mejora», *op. cit.* págs. 20 y 21.

[82] FJ 2 STS de 30 de marzo de 2009, de la Sala de lo Contencioso-administrativo (núm. rec. 10680/2004 y [*Tol 1490749*].9). Esta misma teoría ya había sido mantenida por el TS durante la vigencia de la LCE-65 y los RCE-67 y 95. Testigo de ello es la STS de 24 de mayo de 2007 de la Sala de lo Contencioso-administrativo (núm. rec. 5950/203 y [*Tol 1081834*]). Este fallo, apoyándose en la STS de 6 de octubre de 1994, de la misma Sala (núm. rec. 8787/1990 y [*Tol 1672481*]), admitió la existencia, antes de la LCE-95 de dos posturas jurisprudenciales —la garantista y la literal y optó por la segunda. En palabras del TS. «en la jurisprudencia (...) han venido conviviendo dos líneas jurisprudenciales (...): "Una tesis que

Llegados a este punto solo queda decir que la responsabilidad extracontractual o patrimonial se regirá por los arts. 1902 ss. CC o 32 y ss. LRJ-15 en función del órgano, juzgado o tribunal que conozca de la acción o pretensión. Si ésta se plantea ante el CdE, un consejo consultivo o comisión jurídica de Comunidad Autónoma o ante el orden contencioso-administrativo la responsabilidad será objetiva. Si en cambio, se deduce demanda ante el juzgado de primera instancia, la responsabilidad será subjetiva.

Como veremos en el último epígrafe, para evitar incertidumbres, el art. 196.3 LCSP-17 regula un incidente arbitral.

C. Práctica administrativa

Como se ha expuesto, la casuística para exigir al contratista que indemnice los daños causados con ocasión de un contrato administrativo es excesivamente complicada. Existen tantas variables, que solo un estudio concienzudo de la materia permite comenzar a entender por qué hemos llegado a esta situación indeseable. *A priori* no es posible conocer: quién responderá —la Administración o el contratista—; qué procedimiento habrá que seguir —contencioso-administrativo o civil—; las fases previas —el incidente arbitral y la reclamación de responsabilidad patrimonial— y el carácter subjetivo u objetivo de la responsabilidad.

En la práctica, si en vía administrativa se declara la responsabilidad de la Administración por los daños causados por sus contratistas, la Administración no podrá ir contra sus propios actos. Por ello, con frecuencia los juz-

---

(…) habilita al particular lesionado para exigir de la Administración contratante (…) en régimen objetivo y directo, la indemnización (…), sin perjuicio de su derecho de repetición frente al contratista. Ésta es la tesis mantenida por el Consejo de Estado (…). La segunda tesis es la que interpreta el art. 134 [del RCE-75] según su literalidad, es decir, como una acción dirigida a obtener un pronunciamiento sobre la responsabilidad en atención al reparto de la carga indemnizatoria en los términos del propio precepto; es decir, que la Administración declarará que la responsabilidad es del contratista, salvo que exista una orden de aquella que haya provocado el daño o salvo que el mismo se refiera a vicios del proyecto. En los demás supuestos la reclamación, dirigida ante el órgano de contratación, será resuelta por la Administración, decidiendo la responsabilidad que debe ser satisfecha por el contratista» (FJ 4). Previamente ya se habían pronunciado en el mismo sentido las SSTS de la Sala de lo Contencioso-administrativo de 11 de julio de 1995 (núm. rec. 303/1993), de 30 de abril de 2001 (núm. rec. 9396/1996 y [*Tol 4915809*]), de 19 de febrero de 2002 (núm. rec. 2886/1998 y [*Tol 155617*]), y de 30 de octubre de 2003 (núm. rec. 3315/1999 y [*Tol 325252*]).

gados y tribunales del orden contencioso-administrativo, cuando revisan resoluciones de responsabilidad patrimonial no entran a valorar la ruptura del nexo causal como consecuencia de la intervención del contratista en la producción del daño. De hecho, como se verá en el último epígrafe, el conocimiento de demandas civiles contra contratistas de la Administración es residual.

Ciñéndonos a las reclamaciones de responsabilidad patrimonial sanitaria, hay que tener en cuenta que la mayoría de los servicios públicos de salud, cuando estiman la responsabilidad, se limitan a declararla, para que, en su caso, la Administración sanitaria repita contra el contratista. Así ocurre —en consonancia con el criterio sostenido por los CCCyL y CCGal[83]— en Castilla y León y Galicia. Allí la Gerencia Regional de salud y Servizo Galego de Saúde siempre responden directamente.

En cambio, el Servicio Madrileño de Salud, a pesar de que la CJAMad ya no sostiene —como hiciera el extinto CCMad— que es preciso indicar la responsabilidad del contratista —porque en caso contrario la Administración la asume de manera tácita— no es esta la práctica seguida por la Administración a la que asesora. Mismo criterio se adopta en la Comunitat Valenciana. Tampoco en el Sistema Valenciano de Salud, pese a que su CJCVal mantiene la tesis clásica del CdE, cuando debe responder el contratista, lo indica en la resolución.

En la Comunidad de Madrid se actúa así por razones prácticas, para evitar problemas con el pago de la indemnización con la aseguradora de la Administración sanitaria. En la Comunitat Valenciana, que no tiene seguro de responsabilidadcivil, por su parte, se alegan razones de economía procesal. Se afirma —informalmente— que si el contratista —cuyo parecer pregunta la Administración al tiempo de la propuesta de resolución— acepta su responsabilidad, el reclamante puede dirigirse directamente contra él. Si no lo hace, lo suele comunicar a la Administración sanitaria, y ésta paga y deduce el importe de la indemnización del precio del contrato.

D. Valoración crítica

La caótica situación que existe en la actualidad podría ser reconducida tras la aprobación de la LCSP-17. En concreto, gracias al reconocimiento

83 *Cfr.* DCCCyL 398/2008, de 28 de abril, 151/2009, de 18 de febrero, y 311/2022, de 1 de junio, y DCCGal 45/2022, de 11 de octubre, 168/2022, de 4 de abril, 237/2023, de 31 de julio, y 329/2023, de 25 de octubre.

de la prerrogativa de la Administración «de declarar la responsabilidad imputable al contratista a raíz de la ejecución del contrato» por el art. 190 LCSP-17. Desde hace más de cinco años una potestad de la Administración le permite decidir quién debe responder de los daños que cause el contratista en la ejecución de un contrato.

En efecto, si tras la aprobación de la LCAP-95 la regulación de la responsabilidad patrimonial pasó del prisma de la indemnidad patrimonial a la lógica del contrato al quedar desplazada la LEF. Con la entrada en vigor de la LCSP-17, no sólo hay que partir de la normativa de la contratación pública, sino de las prerrogativas de la Administración ostenta en los contratos administrativos. Ésta es la que debe decidir si indemniza, y si así lo acuerda, determinar quién debe pagar.

En nuestra opinión, toda petición de indemnización que resulte de los daños causados en ejecución de un contrato administrativo debería solicitarse a la Administración contratante. Este cauce también sería el procedente si se considera que el contratista es el responsable.

La resolución que ponga fin a la reclamación de responsabilidad patrimonial la estimará o la desestimará, y en este segundo, caso reconocerá una indemnización al reclamante con cargo al erario público o a costa del contratista según resulta la distribución de responsabilidades del art. 196 LCSP-17. Frente a la misma, tanto el reclamante como el contratista —o las aseguradoras— si no estuvieran conformes podrán acudir a la jurisdicción contencioso-administrativa.

Este sistema sería plenamente garantista, totalmente seguro, y tremendamente simple, ya que eliminaría actuaciones innecesarias como el incidente arbitral o la intervención del orden civil. Además, permitiría tener un título administrativo que los particulares podrían hacer valer ante los tribunales contencioso-administrativo.

Para la plena efectividad de esta vía de resolver las reclamaciones de responsabilidad patrimonial de los contratistas de la Administración, sería conveniente desarrollar reglamentariamente la prerrogativa de declaración de la responsabilidad del contratista del art. 190 LCSP-17. Para ello habría que modificar el Reglamento general de la Ley de contratos de las Administraciones Públicas, aprobado por el RD 1098/2001, de 12 de octubre, en el sentido de añadir a la regulación de las prerrogativas —como la modificación y resolución del contrato— la de reconocimiento de responsabilidad del contratista.

5) Derecho aplicable

Según se acaba de exponer, la opción por un sistema de revisión judicial monista o dual tiene una otra consecuencia adicional al pronunciamiento global o parcial sobre el resarcimiento de los daños causados al perjudicado, sus familiares o allegados. También afecta al carácter de la responsabilidad del contratista, ya que, aunque no se haya positivizado: la jurisdicción ordinaria resuelve de acuerdo con la responsabilidad aquiliana de los arts. 1902 CC y ss.; y la contencioso-administrativa según las reglas de la responsabilidad objetiva de los arts. 32 y ss. LRJ-15[84].

Veamos como ha sido la sucesión de normas y la evolución jurisprudencial.

A. Ley de expropiación forzosa de 1954

El punto de partida es el reconocimiento, en el art. 121.2 LEF, de la responsabilidad patrimonial de los concesionarios de la Administración salvo que mediase cláusula impuesta por ésta. Adicionalmente, el art. 123 LEF previo, en el caso de servicios públicos concedidos, un procedimiento triangular entre la Administración, el concesionario y reclamante que terminaría con una resolución de la Administración en la que se determinaría, en su caso, quién debería responder[85]. Nada se dijo respecto del Derecho aplicable para determinar la responsabilidad, cuando ésta competiera

---

84 GONZÁLEZ NAVARRO entiende que el contratista responde con un criterio subjetivo, mientras que el concesionario —como delegado de la Administración— responde objetivamente. Esta afirmación debe partir de la premisa que, para este autor, la Administración siempre responde frente al paciente o usuario de manera directa. Por lo que, el carácter objetivo o subjetivo lo es a los solos efectos de la acción de repetición. Se trataría de una garantía de la Administración que podría repetir contra el concesionario aún cuando no haya actuado negligentemente. GONZÁLEZ NAVARRO, Francisco (1976): «Responsabilidad de la Administración por daños causados a terceros por el empresario de un servicio públicos», *op. cit.* pág. 236.

85 Art. 123 LEF «cuando se trate de servicios concedidos, la reclamación se dirigirá a la Administración que otorgó la concesión, en la forma prevista en el párrafo segundo del artículo ciento veintidós, la cual resolverá tanto sobre la procedencia de la indemnización como sobre quién debe pagarla, de acuerdo con el párrafo segundo del artículo ciento veintiuno. Esta resolución dejará abierta la vía contencioso-administrativa, que podrá utilizar el particular o el concesionario, en su caso».

al concesionario. El art. 123 LEF solo precisó que la «resolución *dejaría* abierta la vía contencioso-administrativa, que *podría* utilizar el particular o el concesionario, en su caso», si no estuvieran conformes con el sentido de la resolución.

GARCÍA DE ENTERRÍA, aprobada la LEF, ya consideró que al contratista se le debía aplicar el régimen de responsabilidad extracontractual de carácter subjetivo establecido en los arts. 1902 y ss. CC. Según su parecer, «de la misma manera que los actos de los concesionarios [o contratistas] no son actos administrativos, o sus contratos administrativos, o sus fondos, en fin, fondos públicos, así su eventual responsabilidad no hay razón para que sea una responsabilidad administrativa». En su opinión, aceptar lo contrario suponía trastocar las bases de nuestro régimen administrativo»[86].

En cambio, para BLANQUER, aunque no se dijera nada en la LEF, iba de suyo hacer responder al contratista «con arreglo a la responsabilidad objetiva característica del Derecho Administrativo»[87].

Pues bien, pensase lo que pensase la doctrina, a pesar de la aprobación de la LEF, los juzgados y tribunales del orden civil siguieron admitiendo demandas dirigidas contra los contratistas de la Administración, aisladamente o junto con ella. En estos casos se argüía que la responsabilidad debía ser subjetiva porque el concesionario, como entidad privada, se regía por el Derecho privado. Paralelamente, en los pleitos que se ventilaron en el orden contencioso-administrativo, éstos resolvieron aplicando un régimen de responsabilidad objetiva del art. 40 LRJE-57, salvo que se tratase de relaciones de Derecho privado a que se refería el art. 41 LRJE-57.

---

86 GARCÍA DE ENTERRÍA, Eduardo (1954): *Los principios de la nueva ley de expropiación forzosa: potestad expropiatoria, garantía patrimonial, responsabilidad civil de la administración,* Civitas, Madrid, pág. 203.

87 BLANQUER CRIADO, David (2012): *La concesión de servicio público, Tirant lo Blanch,* Valencia, pág. 985. Este silencio sobre el carácter objetivo o por culpa de la responsabilidad por culpa fue criticado por GARCÍA DE ENTERRÍA. En su opinión, la «ambigüedad de la Ley en este punto» debía ser corregida, y teniendo en cuenta el art. 121.2 de la LEF, hacer responder a los contratistas de la Administración según las normas de Derecho privado. GARCÍA DE ENTERRÍA, Eduardo (1956): *Los principios de la nueva Ley de Expropiación Forzosa, op. cit.* pág. 203.

B. Ley sobre régimen jurídico de la Administración del Estado de 1957

Con la aprobación de la LRJE-57, el precepto de referencia pasó a ser su art. 41[88]. Éste distinguió entre relaciones de Derecho público y privado del Administración. A partir de aquí se entendió por algunos que: «cuando la Administración actuase en relaciones de Derecho público le serían de aplicación las reglas jurídico-administrativas, siendo exigible la responsabilidad mediante un procedimiento administrativo específico, cuya resolución era residenciable en sede contencioso-administrativa; en tanto que, cuando la Administración actuase en relaciones de Derecho privado, se sometería a las reglas comunes de responsabilidad establecidas en el Código civil, siendo exigible ante los tribunales ordinarios»[89].

Obviamente, se interpretó que los casos de responsabilidad del contratista de la Administración se enmarcaban en relaciones de Derecho privado. *A fortiori*, más allá de la responsabilidad de contratista de la Administración, durante la vigencia de la LRJE-57 «resultó extraordinariamente difícil delimitar cuándo la Administración actuaba en relaciones de Derecho público o privado (o mejor dicho, la jurisdicción civil entendió que cualquier actuación de carácter material o prestacional se realizaba en relación de Derecho privado, por lo que el ámbito de las relaciones de Derecho público se circunscribió en la práctica por ese orden jurisdiccional a la responsabilidad derivada de actos administrativos ilícitos)»[90].

C. Ley de régimen jurídico de las Administraciones Públicas y del procedimiento administrativo común de 1992

Como se acaba de decir, la LEF guardó silencio sobre el derecho aplicable a la responsabilidad de los contratistas de la Administración. Además, el art. 41 LRJE-57 sembró más confusión aún al diferenciar la actuación de la Administración en relaciones de Derecho público y Derecho privado.

---

88 De acuerdo con el art. 41 LRJE-57 «cuando el Estado *actuase* en relaciones de derecho privado, *respondería* directamente de los daños y perjuicios causados por sus Autoridades, funcionarios o agentes, considerándose la actuación de los mismos como actos propios de la Administración. La responsabilidad, en este caso, habría de exigirse ante los Tribunales ordinarios».

89 GAMERO CASADO, Eduardo (2018): «Responsabilidad extracontractual de la Administración y del contrato por daños a terceros», *Tratado de contratos del sector público, op. cit.* pág. 2211.

90 *Idem.*

La LRJPAC-92, trató atajar la situación de inseguridad jurídica creada por la LRJE-57. Para ello se intentó someter toda responsabilidad patrimonial de los contratistas de la Administración a los arts. 139 y ss. LRJPAC-92.

En este sentido, el art. 142.6 LRJPAC-92 dispuso que «la resolución administrativa de los procedimientos de responsabilidad patrimonial, cualquiera que fuese el tipo de relación, pública o privada, de que derive, *pondría* fin a la vía administrativa». Adicionalmente, el art. 144 LRJPAC-92 expresó que «cuando las Administraciones públicas actuasen en relaciones de derecho privado (...) la responsabilidad se *exigiría* de conformidad con lo previsto en los artículos 139 y siguientes» de la LRJPAC-92. De este modo se quiso dar a entender que fuera cual fuese la relación jurídica de fondo la reclamación se regiría por la LRJPAC-92, debería canalizarse como una reclamación de responsabilidad patrimonial, y si éste se judicializase, se ventilaría ante la jurisdicción contencioso-administrativa.

A partir de aquí, se dijo que este cambio afectaba no solo a las entidades de Derecho privado de la Administración, sino también a sus contratistas, y como consecuencia de ello, la responsabilidad de los contratistas debía regirse, también por la LRJPAC-92.

Es más, el art. 1.3 del Reglamento de los procedimientos de responsabilidad patrimonial, aprobado por el RD 429/1993, de 26 de mayo (RPRP), incluyó una mención a la responsabilidad de los contratistas de la Administración. Lo hizo, pero a los efectos de obligar a seguir el procedimiento de responsabilidad patrimonial, «cuando [el daño] *fuera* consecuencia de una orden directa e inmediata de la Administración o de los vicios del proyecto elaborado por ella misma».

«A pesar de ello, el orden civil siguió conociendo de [la responsabilidad de los contratistas de la Administración] (...) mediante diferentes títulos, y en particular (...) la continencia de la causa y el peregrinaje jurisdiccional», y como no, aplicando la responsabilidad subjetiva de los arts. 1902 y ss. CC[91]. En cambio, la jurisdicción contencioso-administrativa, cuando

---

91 *Ibidem* pág. 2212. Como afirma GARCÍA ÁLVAREZ, «en la actualidad, tanto la Ley 30/1992 como el RD 429/1993 se encuentran derogados, viéndose reemplazados por las Leyes 39/2015 (...) y 40/2015 (...). [Pues bien, el único (...) cambio sustancial que estas leyes traen consigo es que someten a las entidades del sector público con personalidad jurídico-privada al régimen de responsabilidad administrativa extracontractual —art. 32 LRJSP, aspecto que no influye en este trabajo más que en el recordatorio de que tal régimen de responsabilidad se aplica plenamente a los contratos privados del sector público» GARCÍA ÁLVAREZ, Gerardo (2018): «La responsabilidad en la ejecución de los contratos públicos: penalida-

conocía reclamaciones de responsabilidad patrimonial resolvía aplicando los arts. 139 y ss. LRJPAC-92.

D. Ley de contratos de las Administraciones Públicas de 1995

Tras la aprobación de la LCAP-95, HORGUÉ y PANTALEÓN, partiendo de su art. 98.3, propugnaron una vuelta al sistema «clásico» del siglo XIX: responsabilidad casi exclusiva del contratista y conforme a las reglas del Derecho civil. Para llegar a esta conclusión citaron a su favor el art. 98.3 LCAP-95, que estableció que «el ejercicio de esta facultad [de promover el incidente arbitral] interrumpía el plazo de prescripción de la acción civil»[92]. Esta polémica se zanjó con la supresión de las palabras «acción civil», por el texto refundido de Ley de contratos de las Administraciones Públicas, aprobado por el Real Decreto Legislativo 2/2000, de 16 de junio.

Desde entonces hasta ahora no ha habido ninguna modificación normativa que haya hecho cambiar de parecer a las Salas de lo Civil y de lo Contencioso-administrativo del TS.

Por lo tanto, en la actualidad, según sea el orden que conozca de la pretensión, la responsabilidad será subjetiva u objetiva, y se regirá bien los arts. 1902 y ss. CC, bien por los arts. 32 y ss. LRJ-15.

---

des, responsabilidad frente a la administración contratante y frente a terceros», *op. cit.* pág. 1320.

Como señala GARCÍA ÁLVAREZ, refiriéndose al carácter objetivo o subjetivo de la responsabilidad, «en caso de conocer la Jurisdicción contencioso-administrativa, el régimen aplicable será la responsabilidad objetiva, tanto a la Administración como al contratista: cuando, por el contrario conozca la Jurisdicción civil, la norma aplicable será el art. 1902 del Código Civil, que establece una responsabilidad por culpa, aunque [en el caso de actividades objetivamente peligrosas] normalmente se aplicará en su variante de responsabilidad por riesgo, régimen de creación jurisprudencial que se caracteriza por la inversión de la carga de la prueba en lo referente a la diligencia exigible». *Idem.*

92 HORGUÉ BAENA, Concepción (1998): «La responsabilidad del contratista por daños causados a terceros en la ejecución de los contratos administrativos», *Revista de Administración Pública*, núm. 147, pág. 339. PANTALEÓN PRIETO, Fernando (1996): «Responsabilidad patrimonial de las Administraciones Públicas: sobre jurisdicción competente», *Revista Española de Derecho Administrativo*, págs., 403 a 413.

E. Ley de régimen jurídico del sector público de 2015

La polémica planteada con los arts. 142.6 LRJPAC-92 y 144 LRJPAC-92, con la que se pretendió canalizar la responsabilidad de los contratistas de la Administración, los cuales actúan en las relaciones de Derecho privado, por los arts. 139 y ss. LRJPAC-92, se ha vuelto a retomar tras la aprobación de la LRJ-15. Sin embargo, como ha dicho la SAP de Asturias de 19 de octubre de 2018, el precepto que los sustituye, «el artículo 35 de la Ley 40/2015, de 1 de octubre, de Régimen Jurídico del Sector Público (...), no es aplicable al caso» de los contratistas de la Administración[93].

IV. ITINERARIO PROCESAL

En la práctica, el itinerario jurídico a seguir por el reclamante para ser resarcido de los daños causados por el contratista de la Administración depende de las personas o entidades de las que pretenda obtener una indemnización.

Si la demanda se dirige sólo contra el contratista, o contra éste y la aseguradora del contratista o la Administración, el reclamante podrá ejercitar su pretensión ante los juzgados y tribunales del orden civil, y sin necesidad de interponer una reclamación de responsabilidad patrimonial.

En cambio, si incluye en la ecuación a la Administración, ya sea aislada o juntamente con los sujetos anteriores, no podrá acudir a la jurisdicción or-

93 FJ 1 SAP Asturias 100/2018, de 19 de octubre (núm. rec. 414/2018 y [*Tol 7087267*]). De acuerdo con el art. 35 LRJ-15, «cuando las Administraciones Públicas actúen, directamente o a través de una entidad de derecho privado, en relaciones de esta naturaleza, su responsabilidad se exigirá de conformidad con lo previsto en los artículos 32 y siguientes, incluso cuando concurra con sujetos de derecho privado o la responsabilidad se exija directamente a la entidad de derecho privado a través de la cual actúe la Administración o a la entidad que cubra su responsabilidad". Para la AP de Asturias, «tal artículo se refiere a actuación negocial (aseguramientos incluidos) o transaccional privada de las Administraciones, lo que no *era* el caso [—rotura del cristal frontal de un autobús por impacto de piedra proveniente de unas obras de mantenimiento de la red viaria del Principado de Asturias—], ya que *había* un contrato del sector público, concretamente de servicios; o cuando lo haga a través de una entidad de esta naturaleza, caso de las personificaciones privadas a las que se refieren los artículos 84 y siguientes de la misma ley (sociedades mercantiles, fundaciones del sector público, fondos sin personalidad, etc.)» (FJ 1).

dinaria. Tendrá la carga de interponer una reclamación de responsabilidad patrimonial antes de acudir a la jurisdicción contencioso-administrativa.

Esta tesis es defendida por ALONSO y NARBÓN para los cuales, el tercero puede exigir responsabilidad al contratista y a la Administración, aunque si acciona contra el primero, éste no responderá en los supuestos del art. 196.1 LCSP-17, esto es, cuando el daño sea imputable a la Administración. Defienden esta postura «porque, tratándose de un caso de responsabilidad extracontractual, la posición que debe asumirse como puno de partida es la del perjudicado, que sólo tiene que probar la concurrencia de los requisitos [de los arts. 32 y ss. LRJ] (...) y que no tiene por qué ver disminuidas sus garantías por la presencia de un contratista»[94]

Además, el reclamante, si duda acerca de quien deba responder, con carácter previo a la presentación de la demanda o interposición de la reclamación de responsabilidad patrimonial también podrá plantear un incidente arbitral con el fin de que la Administración informe quién *a priori* —la Administración o el contratista— debe responder. El planteamiento de este incidente interrumpirá el plazo para acudir a los tribunales o interponer la reclamación de responsabilidad patrimonial.

1) Incidente arbitral

El incidente arbitral, regulado actualmente en el art. 196.3 LCSP-17, fue introducido por el art. 98.3 LCE-95 como consecuencia del tránsito de un sistema monista de revisión judicial a otro dual. Se denomina así porque la Administración asumiría un papel de árbitro entre dos particulares, a saber el reclamante y el contratista. Como señala BLANQUER, estamos ante «un requerimiento previo (no a una auténtica "reclamación" [de responsabilidad patrimonial] (...) previa al posterior ejercicio de una acción»[95]. Tiene por objeto la emisión, por parte del órgano de contratación, de un informe en el que se señale, de acuerdo con los aps. 1 y 2 del art. 196 LCSP-17, «cuál de las partes contratantes corresponde la responsabilidad de los daños»[96].

---

94 ALONSO MÁS, María José y NARBÓN LÁINEZ, Edilberto (2013): *La responsabilidad por los daños causados en la ejecución de contratos administrativos, op. cit.* págs. 155 y 156.

95 BLANQUER CRIADO, David (2012): *La concesión de servicio público, op. cit.* pág. 1010.

96 Art. 196.3 LCSP-17.

A juicio de VILLALBA, la introducción del incidente arbitral debería haber servido para apuntalar el «cambio [que] en la legislación contractual supuso el establecimiento de un sistema en materia de responsabilidad por daños causados por el funcionamiento de un servicio público en función del sujeto responsable»[97]. Sin embargo, el requerimiento previo no ha influido ni en la interpretación garantista ni en la literal del art. 196 LCSP-17 ni en el de sus predecesores.

En este sentido, para el CdE, el requerimiento previo, «no obsta, para que el mecanismo de pago, en los casos en que la responsabilidad sea del contratista, (...) eluda la existencia de responsabilidad patrimonial (...), de tal suerte que lo que procede es que primero pague la Administración, y luego ésta repita frente al contrista»[98].

En cambio, a juicio del TS, el incidente arbitral es únicamente «una acción dirigida a obtener un pronunciamiento sobre la responsabilidad en atención al reparto de la carga indemnizatoria»[99]. Si el reclamante no está conforme con la asignación al contratista —y la necesidad de acudir a la jurisdicción ordinaria— lo que debe de hacer es recurrirlo. Lo que no puede es promover el incidente arbitral para después desoír a la Administración.

Lo importante del incidente arbitral son sus efectos interruptivos. Su interposición interrumpe el plazo de prescripción, tanto de la demanda del juicio ordinario o verbal a que se refiere el art. 248.2 de la Ley 1/2000, de 7 de enero, de enjuiciamiento civil (LEC), como de la reclamación de responsabilidad patrimonial del art. 67 de la Ley 39/2015, de 1 de octubre, del procedimiento administrativo común de las Administraciones Públicas.

Como se adelantó, el art. 196.3 LCSP-17 sustituyó el pronunciamiento de la Administración por un informe. GARCÍA ALVAREZ desvincula este cambio a las oposiciones —garantista y literal— que enfrentan a la doctrina legal con la jurisprudencia. Para él, «los cambios legales [operados por la actual LCSP-17] (...) no son una respuesta a estas posiciones jurisprudenciales [y doctrinales], sino a los fallos en los que se hace responsable a la Administración (...) por no dar respuesta al perjudicado [o] (...) por falta de una respuesta suficiente fundada en Derecho (...) cuando

---

97 VILLALBA PÉREZ, Francisca (2005): «Responsabilidad extracontractual del contratista por daños causados a terceros en la ejecución del contrato», *op. cit.* pág. 89.

98 DCdE de 30 de mayo de 2007 (núm. exp. 996/2007).

99 FJ 4 STS de 24 de mayo de 2007 de la Sala de lo Contencioso-administrativo (núm. rec. 3315/199 y [*Tol 1081834*]).-

la víctima se dirige a la Administración (…) planteando la cuestión de la responsabilidad»[100]. A ellos nos referimos en ep. III 2) B. d), por lo que damos por reproducido aquí lo dicho allí.

En cualquier caso, hay que saber que el incidente arbitral no ha sido casi empleado. En este sentido, en 2012, DÍEZ CUQUERELLA resaltaba que «en la práctica diaria no *había* llegado (…) [al] Consell Jurídic [Consultiu de la Comunitat Valenciana] expediente alguno en el que el reclamante *hubiera* planteado el denominado "requerimiento previo" [—o incidente arbitral—], como tal con carácter previo al ejercicio de la acción de responsabilidad patrimonial, de lo que (…) [este autor] *infería* que *era* un trámite procesal no utilizado o poco utilizado»[101].

2) *Procedimiento ordinario o verbal*

Haya habido o no incidente arbitral, los particulares pueden ventilar la responsabilidad por los daños causados por los contratistas de la Administración en el orden civil. También puede promoverse la acción directa contra las compañías de seguros de la Administración o sus contratistas.

La única cuestión importante a tener en cuenta es el plazo de prescripción anual del art. 1968.2 CC. La interposición de una reclamación de responsabilidad patrimonial, a diferencia del incidente arbitral —que interrumpe el plazo de prescripción desde que se plantea y vuelve a comenzar de cero a partir del día siguiente de la notificación del informe de la Administración— solo produce los efectos del art. 1973 CC.

---

100 GARCÍA ÁLVAREZ, Gerardo (2018): «La responsabilidad en la ejecución de los contratos públicos: penalidades, responsabilidad frente a la administración contratante y frente a terceros», *op. cit.* pág. 1324. Desde hace ya tiempo el TS viene realizando una interpretación amplia de la responsabilidad de la Administración por los daños causados «como consecuencia inmediata y directa de una orden dada por la Administración». En particular le ha declarado responsable por la «imposibilidad de trasladar directamente la responsabilidad al concesionario» o contratista (FJ 3 STS de 26 de marzo de 2001, núm. rec. 7190/1996 y [*Tol 4919595*]). En estos casos, al incumplir la obligación de pronunciarse, prevista en los arts. 134 del RLCAP, 98 de la LCAP y 198 de la LCSP-07, hace responsable a la Administración por «eludir su propia responsabilidad frente al perjudicado (…) [pero,] sin perjuicio de su desplazamiento sobre el [contratista] responsable» (…) (considerando 6 STS de 28 de mayo de 1980 y [*Tol 967082*]).

101 DÍEZ CUQUERELLA, José (2012): «Responsabilidad de la Administración por daños derivados de la actuación de sus contratistas y concesionarios, *Revista Española de la Función Consultiva,* núm. 18, pág. 59.

De acuerdo con este precepto, si bien interrumpe la acción la «reclamación extrajudicial del acreedor», una vez efectuada el plazo de prescripción se reanuda al día siguiente. Teniendo en cuenta el plazo que suele tomarse la Administración para resolver las reclamaciones de responsabilidad patrimonial, salvo que se intime en sucesivas ocasiones a la Administración, probablemente cuando recaiga la resolución el plazo anual del art. 1968.2 CC ya habrá prescrito.

3) Reclamación de responsabilidad patrimonial

De manera alternativa a la demanda de procedimiento ordinario o verbal, el reclamante también puede promover una reclamación de responsabilidad patrimonial. En ella deberá acreditar haber sufrido un daño antijurídico como consecuencia del funcionamiento de los servicios públicos.

A estos efectos, de acuerdo con la doctrina imperante en el CdE y los consejos consultivos y comisiones asesoras de CCAA, es indiferente que, de acuerdo con los aps. 1 y 2 del art. 196 LCSP-17, del mismo deba responder el contratista o la Administración.

Lo único que hay que tener en cuenta es que, «en el ámbito de la responsabilidad patrimonial de la Administración, el Tribunal Supremo ha considerado que el artículo 1973 del CC es inaplicable»[102]. Así lo ha hecho, por ejemplo, en la STS de 2 de marzo de 2011[103].

Esta postura ha sido criticada por GONZÁLEZ RAMOS, para el cual, una vez interpuesta una reclamación de responsabilidad patrimonial, el

---

102 . Según afirma este autor, la inaplicación del art. 1973 CC a las reclamaciones de responsabilidad patrimonial «resulta de la STS de 2 de marzo de 2011 (núm. rec. 1860/2009 y [*Tol 2054027*]) que entiende que su invocación es superflua, ya que el derecho a reclamar prescribe en el plazo de un año y no es susceptible de interrupción. Por ello, la sentencia considera que lo esencial si el escrito que se presenta ha de considerarse como una verdadera reclamación o no. En el caso resuelto por la citada sentencia se trataba de un burofax que no reunía los requisitos de una reclamación por lo que la Administración solicitó su subsanación. Al no cumplimentarse se inadmitió la reclamación y, cuando casi un año después se presentó una nueva reclamación, esta era claramente extemporánea ya que el citado burofax no tuvo ningún efecto interruptivo».

103 *Idem.*

plazo de un año del art. 1968.2 CC debía haberse reiniciado desde la notificación del archivo del procedimiento[104].

Por ello, como advierte YÁÑEZ en el cap. 13 de esta obra, en las «reclamaciones extrajudiciales» del art. 1973 CC, «lo esencial será estar a su contenido»[105]. Ahora bien, sigue diciendo ese autor que «una cosa es que

---

[104] GONZÁLEZ RAMOS, César (2012): «El plazo para ejercitar la acción de responsabilidad patrimonial. ¿Una vuelta a la caducidad? La sentencia de la Sala Tercera (Sección Cuarta) del Tribunal Supremo de 2 de marzo de 2011», en GARCÍA DE ENTERRÍA, Eduardo, ALONSO GARCÍA, Ricardo (coords.), *Administración y justicia: un análisis jurisprudencial: liber amicorum Tomás-Ramón Fernández*, Aranzadi, Cizur Menor (Navarra).

[105] YÁÑEZ DÍAZ, Carlos (2024): «Extinción de la responsabilidad patrimonial sanitaria», en MANENT ALONSO, Luis (coord.), *Tratado de responsabilidad patrimonial sanitaria. Estudio de la jurisprudencia y doctrina legal, op. cit.* Este autor pone algunos ejemplos ilustrativos. Así, en la STSJ de Madrid de la Sala de lo Contencioso-administrativo 671/2015, de 22 de octubre (núm. rec. 561/2012 y [*Tol 5558286*]) se trataba de una reclamación en la que un burofax conminaba a la Administración a abonar los daños en el plazo de cinco días ya que, de lo contrario, se ejercitarían acciones judiciales. Como dice YÁÑEZ, «la Administración respondió indicando que las reclamaciones de responsabilidad debían ajustarse a lo establecido en la legislación de procedimiento administrativo. La Sala consideró que el requerimiento de pago en cinco días no podía asimilarse a una reclamación de responsabilidad patrimonial ni la contestación de la Administración podía equipararse a la resolución desestimatoria. Por ello entendió que concurría la falta de ejercicio de la vía administrativa previa». También cita YÁÑEZ la STS 895/2022, de 30 de junio, de la Sala de lo Contencioso-administrativo (núm. rec. 5031/2021 y [*Tol 9123870*]). Como afirma este autor, en esta ocasión el TS reafirmó su criterio al «fijar como doctrina casacional el que la presentación de un escrito limitado a comunicar la intención de interrumpir la prescripción mediante su presentación al amparo del artículo 1973 del CC no produce dicha interrupción en el ámbito de la responsabilidad patrimonial de la Administración Pública, al no ser acción idónea para ello». En relación con la doctrina legal, YAÑEZ considera que «ha de destacarse que el Consejo de Estado en su Memoria del año 2005 ya analizó la validez de las reclamaciones presentadas por telegrama, indicando que era frecuente su presentación con la finalidad de interrumpir la prescripción y recordó su doctrina en cuanto a considerar que, además de no ser, con carácter general, un medio apto para presentar reclamaciones, sólo podrían interrumpir el plazo de prescripción, cuando tuviesen un contenido identificable como el ejercicio de una reclamación, pero no cuando obedeciesen a un mero propósito de instar que se tenga por interrumpida la prescripción (*Vid.* DCdE de 29 de abril de 1999 núm. exp. 1232/1999 y [*Tol 451698*]). En aplicación de esta doctrina, el DCdE 846/2018, de 31 de octubre, rechaza un burofax en el que el reclamante manifestaba su voluntad de ejercitar cuantas acciones penales y/o civiles fuesen

el artículo 1973 del CC no sea aplicable y otra es que, cuando los reclamantes presenten escritos reclamando una indemnización, no se tramiten y, al reiterarse la petición, la Administración alegue la prescripción». En estos casos, a juicio de YÁÑEZ, no estamos ante prescripción alguna sino simplemente se trata de que la Administración cumpla su deber de resolver expresamente conforme el artículo 21 de la LPAC, por lo que tales escritos (reclamaciones) sí interrumpen la prescripción»[106].

Otro apunte de YÁÑEZ se refiere a la posible interrupción del plazo a raíz de procedimientos en los que se desiste[107].

Dicho esto, no queremos dejar de significar que, en la práctica, «el régimen de responsabilidad de la Administración, basado en un criterio de imputación de tan fácil aplicación, ha terminado por fagocitar la responsabilidad del gestor contratista, de forma tal que las reclamaciones se dirigen casi siempre contra la Administración para que sea ésta la que abone la

---

precisas pueda interrumpir la prescripción, máxime cuando la Administración le respondió con un escrito en el que se le informaba sobre los cauces adecuados para reclamar frente a la Administración». Este autor también trae a colación la doctrina legal de los consejos consultivos y comisiones jurídicas de CCAA. Cita, entre otros, los DDCJAMad 557/21, de 2 de noviembre y 645/21, de 14 de diciembre, DDCCCyL 638/2012, de 19 de octubre y 520/2013, de 25 de julio, DDCJCVal 464/2014, de 18 de junio y 409/2021, de 23 de junio. *Idem.*

106 *Idem.* Sobre la obligación de resolver, YÁÑEZ cita el DCJAMad 397/17, de 5 de octubre.

107 YAÑEZ contrapone la STSJ de Castilla-La Mancha 463/2006, de 2 de noviembre, de la Sala de lo Contencioso-administrativo (núm. rec. 367/2003 y [*Tol 6277426*]) que consideró que no interrumpían la prescripción a la STSJ de Andalucía 1180/2016, de 2 de diciembre, de la Sala de lo Contencioso-administrativo, sede de Sevilla (núm. rec. 36/2016 y [*Tol 5944328*]) que llegó a la conclusión contraria. Lo hizo basándose en jurisprudencia civil y en la inexistencia en la prescripción extintiva de un precepto similar al artículo 1946.2 CC relativo a la prescripción adquisitiva o el artículo 944 del Código de Comercio (CCom). Sobre este punto hay que tomar en consideración que la jurisprudencia civil ha establecido una interpretación unitaria de la prescripción dando preferencia al artículo 1973 CC sobre el art. 944 CCom. Así lo ha hecho en la STS 79/2019, de 7 de febrero, de la Sala de lo Civil (núm. rec. 2073/2016 y [*Tol 7059553*]). Finalmente, procede traer a colación la citada STS 894/2022, de 30 de junio (núm. rec. 5031/2021 [*Tol 9123870*]) porque concluyó que un procedimiento desistido interrumpía la prescripción por cuanto tuvo «de facto valor interruptivo» (FJ 5). La resolución, en caso de ser estimatoria y ser imputable al contratista, podrá hacer responsable a la Administración, sin perjuicio del derecho a repetir contra el contratista, o declarar la responsabilidad del contratista. *Idem.*

indemnización correspondiente, a salvo siempre del ejercicio de una vía de regreso contra el contratista para, en su caso, recuperar la cantidad pagada»[108].

Además, dado el carácter revisor de la jurisdicción contencioso-administrativa, si la resolución que poner fin a una reclamación de responsabilidad patrimonial se ha limitado reconocerla, el juez o tribunal contencioso-administrativo se limitará a estimar o desestimar el recurso sin entrar a valorar si por ser aquélla atribuible al contratista el reclamante debe dirigirse al orden civil.

4) Recurso contencioso-administrativo

Frente a la resolución que ponga fin a la reclamación de responsabilidad patrimonial, ya sea desestimatoria o declarativa de la responsabilidad —y en este caso, tanto del contratista o como de la Administración— como acto administrativo, podrá interponerse recurso-administrativo. Por ello, por razón de la resolución, cualquiera que sea su contenido, será posible interponer un recurso contencioso-administrativo.

Bibliografía

ALONSO MÁS, María José y NARBÓN LÁINEZ, Edilberto (2013): *La responsabilidad por los daños causados en la ejecución de contratos administrativos,* Civitas, Madrid

ARIÑO ORTIZ, Gaspar (1979): «El servicio público como alternativa», *Revista Española de Derecho Administrativo,* núm. 23

BELADIEZ ROJO, Margarita (1997): *Responsabilidad e imputación de daños por el funcionamiento de los servicios públicos,* Tecnos, Madrid

BLANQUER CRIADO, David (2012): *Las concesiones de servicio público,* Tirant lo Blanch, Valencia

BOCANEGRA SIERRA, Raúl (1978): «Responsabilidad de contratistas y concesionarios de la Administración Pública», *Revista Española de Derecho Administrativo,* núm. 237-238

DE LA OLIVA SANTOS, Andrés (2016): «Transmisibilidad o intransmisibilidad del derecho a ser indemnizado por la Administración Pública en razón de daños causados por el funcionamiento de servicios públicos (reflexiones sobre la naturaleza de ese derecho y una propuesta», en BAÑO LEÓN, José María (coord.), *Memorial para*

108 RUIZ OJEDA, Alberto (2002): «La responsabilidad de la Administración contratante en los supuestos de daños causados a terceros por sus contratistas y concesionarios. (Inercias y atolladeros del Instituto, Resarcitorio en el ámbito de la contratación administrativa», *Cuadernos de Derecho Judicial,* núm. 2 pág. pág. 161.

la reforma del Estado: estudios en homenaje al profesor Santiago Muñoz Machado, Centro de Estudios Políticos y Constitucionales, Madrid, tomo III

DÍEZ CUQUERELLA, José (2012): «Responsabilidad de la Administración por daños derivados de la actuación de sus contratistas y concesionarios», *Revista Española de la Función Consultiva,* núm. 18

GAMERO CASADO, Eduardo (2018): «Responsabilidad extracontractual de la Administración y del contratista por daños a terceros en la ejecución de un contrato», en GAMERO CASADO, Eduardo y GALLEGO CÓRCOLES, Isabel (dirs.), *Tratado de contratos del sector público,* Tirant lo Blanch, Valencia

GARCÍA ÁLVAREZ, Gerardo (2018): «La responsabilidad en la ejecución de los contratos públicos: penalidades, responsabilidad frente a la administración contratante y frente a terceros», en GIMENO FELIÚ, José María (dir.), *Estudio sistemático de la ley de contratos del sector público,* Aranzadi, Cizur Menor (Navarra)

GARCÍA BLANCO, Jesús Mª y MARTÍN LORENZO, Beatriz (2021): «Introducción a la responsabilidad patrimonial en tiempos de pandemia», en DE LA CRUZ LÓPEZ, Pablo y MOLL FERNÁNDEZ-FIGARES, Luis S. (dirs.), *Responsabilidad patrimonial y COVID-19 en los distintos sectores de la actividad,* Lefebre, Madrid

GARCÍA DE ENTERRÍA, Eduardo (1956): *Los principios de la nueva Ley de Expropiación Forzosa,* Instituto de Estudios Políticos, Madrid

GARRIDO MAYOL, Vicente (2004): *La responsabilidad patrimonial del Estado. Especial referencia a la responsabilidad del Estado legislador,* Tirant lo Blanch, Valencia

GONZÁLEZ NAVARRO, Francisco (1976): «Responsabilidad de la Administración por daños causados a terceros por el empresario de un servicio públicos», *Revista de Derecho Administrativo y Fiscal,* núm. 44-45

GONZÁLEZ RAMOS, César (2012): «El plazo para ejercitar la acción de responsabilidad patrimonial. ¿Una vuelta a la caducidad? La sentencia de la Sala Tercera (Sección Cuarta) del Tribunal Supremo de 2 de marzo de 2011», en GARCÍA DE ENTERRÍA, Eduardo, ALONSO GARCÍA, Ricardo (coords.), *Administración y justicia: un análisis jurisprudencial: liber amicorum Tomás-Ramón Fernández,* Aranzadi, Cizur Menor (Navarra)

GUERRERO ZAPLANA, José (2004): *Las reclamaciones por la defectuosa asistencia sanitaria,* Lex Nova, Valladolid (4ª ed.)

HORGUÉ BAENA, Concepción (1998): «La responsabilidad del contratista por daños causados a terceros en la ejecución de los contratos administrativos», *Revista de Administración Pública,* núm. 147

HUERGO LORA, Alejandro (2023): «Responsabilidad patrimonial por daños causados en la ejecución de contratos y concesiones administrativas. Situación actual y propuesta de futuro», *Revista de Estudios de la Administración Local y Autonómica,* núm. 20

LEGUINA VILLA, Jesús (1984): *La responsabilidad civil de la Administración Pública,* Tecnos, Madrid

MANENT ALONSO, Luis (2023): «La acción concertada tras la doctrina ASADE: del desconcierto a la incertidumbre», *Administración y Sociedad,* vol. 18, núm. 2

MANENT ALONSO, Luis (2024): «Disposición adicional 49», en GIRELA RECUERDA, Miguel Ángel, *Comentarios a la Ley de contratos del sector público, Civitas,* Madrid (2ª ed.), en imprenta

MARTÍN REBOLLO, Luis (1977): *La responsabilidad patrimonial de la Administración en la jurisdicción*, Civitas, Madrid

MAYOR GÓMEZ, Roberto (2013): «La problemática jurídica de la imputación de los daños causados en centros sanitarios privados concertados», *Revista Aranzadi Doctrinal*, núm. 3

MESTRE DELGADO, Juan Francisco (2011): «Las formas de prestación de los servicios públicos locales», en MUÑOZ MACHADO, Santiago (dir.), *Tratado de Derecho Municipal*, Iustel, Madrid (3ª ed.)

PANTALEÓN PRIETO, Fernando (1996): «Responsabilidad patrimonial de las Administraciones Públicas: sobre jurisdicción competente», *Revista Española de Derecho Administrativo*, núm. 91

REBOLLO PUIG, Manuel (1990): «Servicios públicos concedidos y responsabilidad de la Administración: imputación o responsabilidad por hecho de otro», *Revista del Poder Judicial*, núm. 20

RUIZ OJEDA, Alberto (2002): «La responsabilidad de la Administración contratante en los supuestos de daños causados a terceros por sus contratistas y concesionarios. (Inercias y atolladeros del Instituto Resarcitorio en el ámbito de la contratación administrativa», *Cuadernos de Derecho Judicial*, núm. 2

VILLALBA PÉREZ, Francisca (2005): «Responsabilidad extracontractual del contratista por los daños causados a terceros durante la ejecución de un contrato», *Revista de estudios de la Administración local y autonómica*, núm. 296-297

VILLAR EZCURRA, José Luis (1981), *La responsabilidad en materia de servicios públicos*, Librería Jiménez-Bravo, Madrid

VILLAR ROJAS, Francisco José (1986): *La responsabilidad de las Administraciones sanitarias*, Praxis, Madrid

YÁÑEZ DÍAZ, Carlos (2009): «La responsabilidad de los contratistas y concesionarios en la jurisprudencia y en la doctrina del Consejo de Estado y los consejos consultivos autonómicos», *Revista jurídica de la Comunidad de Madrid*, núm. 29

Jurisprudencia

ATS (Sala Especial de Conflictos) 100/2007, de 19 de noviembre (núm. conflicto. 17/2007 y [*Tol 4981721*])

ATS (Sala Especial de Conflictos) 66/2009, de 19 de junio (núm. conflicto. 6/2009 y [*Tol 4937192*])

ATSJ de la Comunitat Valenciana (Contencioso) de 25 de abril de 2023 (PO 523/2022)

SAP de Asturias (Civil) 100/2018, de 19 de octubre (núm. rec. 414/2018 y [*Tol 7087267*])

SAP de Zaragoza (Civil) 659/2009, de 30 de diciembre (núm. rec. 501/2009 y [*Tol 6688587*])

SAP de Barcelona (Civil) 216/2019, de 26 de noviembre (núm. rec. 568/2009 y [*Tol 6901171*])

STS (Civil) 79/2019, de 7 de febrero (núm. rec. 2073/2016 y [*Tol 7059553*])

STS (Contencioso) de 27 de septiembre de 1979 [*Tol 975363*]

STS (Contencioso) de 28 de mayo de 1980 (núm. rec. 43.668 y [*Tol 967082*])

STS (Contencioso) de 26 de octubre de 1982 (RJ 1982\1040)

STS (Contencioso) de 2 de marzo de 1987 [*Tol 2333105*]

STS (Contencioso) de 9 de mayo de 1989 [*Tol 2373297*]
STS (Contencioso) de 6 de octubre de 1994 (núm. rec. 8787/1990 y [*Tol 1672481*])
STS (Contencioso) de 9 de mayo de 1995 (núm. rec. 527/1993 y [*Tol 186453*])
STS (Contencioso) 11 de julio de 1995 (núm. rec. 303/1993 [*Tol 187355*])
STS (Contencioso) de 3 de marzo de 2001 (núm. rec. 9396/1996 y [*Tol 33430*])
STS (Contencioso) de 26 de marzo de 2001, (núm. rec. 7190/1996 y [*Tol 4919595*])
STS (Contencioso) de 30 de abril de 2001 (núm. rec. 9396/1996 y [*Tol 4915809*])
STS (Contencioso) de 19 de febrero de 2002 (núm. rec. 2886/1998 y [*Tol 155617*])
STS (Contencioso) de 5 de marzo de 2002 (núm. rec. 2094/1998 y [*Tol 1713866*])
STS (Contencioso) de 24 de abril de 2003 (núm. rec. 10935/1998 y [*Tol 294038*])
STS (Contencioso) de 30 de octubre de 2003 (núm. rec. 3315/1999 y [*Tol 325252*])
STS (Contencioso) de 20 de junio de 2006 (núm. rec. 1344/2002 y [*Tol 961955*])
STS (Contencioso) 30 de marzo de 2009 (10680/2004 y [*Tol 1490749*])
STS (Contencioso) de 24 de mayo de 2007 (núm. rec. 5950/2003 y [*Tol 1081834*])
STS (Contencioso) de 30 de marzo de 2009 (núm. rec. 10680/2004 y [*Tol 1490749*].9)
STS (Contencioso) de 2 de marzo de 2011 (núm. rec. 1860/2009 y [*Tol 2054027*])
STS (Contencioso) de 18 de octubre de 2011 (núm. rec. 793/2008 y [*Tol 2727974*])
STS (Contencioso) de 4 de diciembre de 2012 (núm. rec. 6157/2011 y [*Tol 2727974*])
STS (Contencioso) de 14 de octubre de 2013 (núm. rec. 704/2011 y [*Tol 3984851*])
STS (Contencioso) 894/2022, de 30 de junio (núm. rec. 5031/2021 [*Tol 9123870*])
STS (Contencioso) 895/2022, de 30 de junio (núm. rec. 5031/2021 y [*Tol 9123870*])
STSJ de Andalucía (Contencioso) 1180/2016, de 2 de diciembre, sede de Sevilla (núm. rec. 36/2016 y [*Tol 5944328*])
STSJ de Castilla-La Mancha (Contencioso) 463/2006, de 2 de noviembre, (núm. rec. 367/2003 y [*Tol 6277426*])
STSJ de la Comunitat Valenciana (Contencioso) 339/2023, de 29 de junio (réc. 170/2018 y [*Tol 9692396*])
STSJ de Extremadura (Contencioso) 575/2004, de 27 de abril (núm. rec. 288/2002 y [*Tol 442339*])
STSJ de Madrid (Contencioso) 671/2015, de 22 de octubre (núm. rec. 561/2012 y [*Tol 5558286*])
STSJ de Murcia (Contencioso) 141/2004, de 27 de febrero (núm. rec. 1/2001 y [*Tol 443900*])

Doctrina legal

DCCAnd 90/2021, de 11 de febrero
DCCAst 18/2009, de 19 de febrero
DCCAst 185/2022, de 28 de julio
DCCCan 163/2009, de 1 de abril
DCCCan 189/2021, de 15 de abril
DCCCan 329/2023, de 25 de octubre
DDCCL-M 6/2008, de 16 de febrero
DDCCL-M, 58/2021, de 18 de febrero
DDCCL-M 155/2021, de 5 de mayo
DCCCyL 398/2008, de 28 de abril
DCCCyL 151/2009, de 18 de febrero

DCCCyL 638/2012, de 19 de octubre
DCCCyL 520/2013, de 25 de julio
DCCCyL 311/2022, de 1 de junio
DCdE de 13 de julio de 1967
DCdE de 11 de julio de 1968
DCdE de 18 de junio de 1970
DCdE de 10 de junio de 1994 (núm. exp. 1459/1993)
DCdE de 29 de abril de 1999 (núm. exp. 1232/1999 y [*Tol 451698*])
DCdE de 21 de febrero de 2002 (núm. exp. 3443/2001)
DCdE de 16 de enero de 2003 (núm. exp. 3235/2002)
DCdE de 26 de febrero de 2006 (núm. exp. 2094/2005)
DCdE de 30 de mayo de 2007 (núm. exp. 996/2007)
DCdE de 23 de diciembre de 2008 (núm. rec. 2037/2008)
DCdE de 29 de enero de 2009 (núm. exp. 2046/2009)
DCdE de 10 de marzo de 2015 (núm. exp. 1116/2015)
DCdE de 31 de octubre de 2018 (núm. ex. 846/2018)
DCdE de 18 de junio de 2020 (núm. exp. 205/2020)
DCCGal 45/2022, de 11 de octubre
DCCGal 168/2022, de 4 de abril
DCCGal 237/2023, de 31 de julio
DCCGal 329/2023, de 25 de octubre
DCJACat 297/1999, de 13 de mayo
DCJACat 345/2002, de 1 de agosto
DCJACat 345/2002, de 1 de agosto
DCJACat 165/2015, de 28 de mayo
DCJACat 184/2016, de 7 de julio
DCJACat 207/2016, de 26 de julio
DCJACat 341/2016, de 21 de diciembre
DCJACat 219/2021, de 8 de julio
DCJAEus 99/2005, de 14 de diciembre
DCJAEus 89/2008
DCJAMad 86/2021, de 16 de febrero
DCJAMad 397/17, de 5 de octubre
DCJAMad 557/21, de 2 de noviembre
DCJAMad 645/21, de 14 de diciembre
DCJACat 219/2021, de 8 de julio
DCJCVal 214/1998, de 30 de abril
DCJCVal 464/2014, de 18 de junio
DCJCVal 551/2019, de 25 de septiembre
DCJCVal 409/2021, de 23 de junio
DCJCVal 147/2023, de 22 de febrero
DCJMur 113/2008

Capítulo 8

El aseguramiento de la responsabilidad patrimonial de la administración en el ámbito sanitario

Juan Antonio Carrillo Donaire

Consejero del Consejo Consultivo de Andalucía

Catedrático de Derecho Administrativo de la Universidad de Sevilla

I. PECULIARIDADES DEL CONTRATO DE ASEGURAMIENTO DE LA RESPONSABILIDAD PATRIMONIAL EN EL ÁMBITO DE LA ADMINISTRACIÓN SANITARIA

1) *Justificación y habilitación legal del contrato de aseguramiento privado de la responsabilidad sanitaria: marco normativo aplicable*

«En el Derecho Administrativo francés se considera que "*l'État est son propre assurer*" (...). Este criterio o principio causa en la experiencia no pocos problemas jurídicos» en países de nuestro entorno cultural.

No ocurre así en España, porque a diferencia de Francia —donde no se admite el aseguramiento de la responsabilidad civil de las Administraciones Públicas— este tipo de contratos sí que están admitidos en la contratación pública. Ahora bien, esta falta de uniformidad jurídica impone exponer la justificación y habilitación legal del aseguramiento de la responsabilidad patrimonial sanitaria. En este sentido, BLANQUER opina que con estos contratos «se pasa de una "regulación legal" de cobertura de daños y perjuicios, al "régimen contractual" de la póliza de seguro regido por el Derecho Mercantil y que se inspira en principios jurídicos diversos a los que informan al Derecho administrativo. Se pasa de la Ley 40/2015 (...), a la Ley 50/1980, de 8 de octubre (...); del "resarcimiento integral", al pago de una "indemnización pactada" en función de la prima del seguro y a la vista de los cálculos actuariales de siniestros»[1].

La cuestión previa que hemos de plantearnos al abordar el tema del aseguramiento de la responsabilidad patrimonial en el ámbito sanitario es la necesidad o causa determinante y la motivación última de celebrar un contrato de tal objeto. Desde luego, no se trata de un problema de solvencia del sujeto obligado ante un riesgo cierto, aunque indefinido en su acaecimiento e indeterminado en su cuantía. El bien jurídico protegido o garantizado por dicho contrato no es, dicho de otro modo, garantizar la indemnidad de la víctima potencial del daño frente a la eventual insolvencia del obligado a indemnizar. Siendo la Hacienda pública el patrimonio de garantía del daño no existe un riesgo de solvencia, por lo que se podría optar por el autoseguro[2].

De hecho, algunas Comunidades Autónomas (CCAA), que son quienes han asumido la gestión del sistema sanitario público en sus respectivos territorios, no cuentan con un contrato de seguro de esta naturaleza, como Canarias, o han acabado renunciando al mismo, como en su día hicieron la Comunidad Valenciana (en 2012 al vencer el último contrato) o Extremadura (en este último caso por quedar desierta la última licitación lanzada en 2017); mientras que son una clara mayoría las que externalizan el aseguramiento de este riesgo, como hacen —entre otras— las Comunidades de Madrid, Cataluña, País Vasco, Galicia, Andalucía, Cantabria, Castilla La Mancha, Aragón o Asturias, entre otras. La razón, por tanto, ha de ser otra.

---

1 BLANQUER CRIADO, David (2020): *La responsabilidad patrimonial en tiempos de epidemia (los poderes públicos y los daños por la crisis de la COVID-19,* Tirant lo Blanch, Valencia, págs. 370 y 371.

2 Los orígenes y la evolución de la formulación de la teoría del autoseguro y del heteroseguro en el ámbito de la responsabilidad administrativa fueron extensamente estudiados por HUERGO en su esencial obra sobre el seguro de responsabilidad civil de las AAPP. HUERGO LORA Alejandro (2002): *El seguro de responsabilidad civil de las Administraciones Públicas,* Marcial Pons, Madrid-Barcelona, págs. 21 y ss.

Se suelen aducir tres causas principales para explicar la contratación de un seguro por parte de la Administración[3]. La primera proviene de una actitud que podríamos calificar de prudencia y racionalización del riesgo, que puede hacer preferible pagar una prima (cantidad cierta y cada cierto tiempo) antes que afrontar un riesgo de alcance incierto. La segunda, muy ligada a al anterior, serían las razones de estabilidad presupuestaria y de previsión de imprevistos desequilibrios financieros en supuestos de daños masivos o muy elevados. La tercera, por las reclamaciones o presiones de determinados sectores de funcionarios y trabajadores del sector sanitario público vinculados con las actividades más proclives a causar daños para que se contraten seguros que cubran estos riesgos. En nuestro país, los empleados de la sanidad pública no pagan las primas de un contrato de esta naturaleza (en otros países sí contribuyen parcialmente al pago de primas mediante un descuento en sus nóminas al efecto), y en muchos casos están exentos de las eventuales coberturas colegiales. Junto a estas razones, GAMERO apunta la oportunidad de abordar un análisis basado en la ponderación de costes-beneficios a fin de determinar la conveniencia de este tipo de contratos para la Administración[4], que no podría hacerse sino valorando la experiencia acumulada desde que empezaron a celebrarse en la década de los años noventa del pasado siglo[5].

Pero, como decimos, no se trata sólo de valorar cuestiones de mera conveniencia u oportunidad. La posibilidad de que la Administración sanitaria contrate este tipo de aseguramientos está plenamente reconocida hoy

---

3 HUERGO LORA, Alejandro (2003): «El seguro de responsabilidad civil de las Administraciones Públicas», *Revista para el análisis del Derecho: InDret. Revista para el Análisis del Derecho,* núm. 3; y GRIJALBA LÓPEZ, Juan Carlos (2011): «La compañía aseguradora en el procedimiento de responsabilidad patrimonial», *Revista Derecho y salud,* vol. 21, núm. extraordinario 1, págs. 153 a 166.

4 El análisis coste-beneficio de los contratos de seguro de responsabilidad civil suscritos por las Administraciones sanitarias se efectúa en el trabajo de GAMERO sobre el aseguramiento de la responsabilidad patrimonial de la Administración. GAMERO CASADO, Eduardo (2013): «El aseguramiento de la responsabilidad patrimonial de la Administración», en QUINTANA LÓPEZ, Tomás (dir.), *La responsabilidad patrimonial de la Administración Pública: estudio general y ámbitos sectoriales,* vol. I, Tirant lo Blanch, Valencia, págs. 221-292.

5 Respecto del análisis coste-beneficio de los contratos de seguro de responsabilidad civil suscritos por las Administraciones sanitarias, nos atrevemos a apuntar que no siempre decantan la balanza en favor de los beneficios de este tipo de contratos, como se induce de algunos de los datos que se manejan en el trabajo de GAMERO.

—como veremos—, en la legalidad vigente y —como acabamos de apuntar— está generalizada en la práctica mayoritaria de los servicios sanitarios autonómicos. Por tanto, queda muy lejos la tesis del autoseguro que se sostuvo por la Dirección General de Seguros, en el Informe de 26 de junio de 1996[6], por incompatibilidad legal de este tipo de contratos y que in-

---

[6] Comentada por BLANQUER. BLANQUER CRIADO, David (2020): *Responsabilidad patrimonial en tiempos de pandemia, op. cit.* págs. 373 y 374. Según dijera el informe de 26 de junio de 1996, de la Dirección General de Seguros, «el régimen de acción directa obviamente en vía civil, no es compatible con el régimen der responsabilidad patrimonial de las Administraciones Públicas contenido en la Ley de Régimen Jurídico de las Administraciones Públicas y del Procedimiento administrativo Común (...). El principio de responsabilidad patrimonial aparece reconocido como una garantía que tienen reconocida los administrados frente a determinadas actuaciones de la Administración (...). Esta garantía, reconocida constitucionalmente podría ser cercenada si se admite la cobertura de las misma a través de un contrato de seguro (...). La responsabilidad patrimonial exige para su acreditación la tramitación de un procedimiento administrativo en que se declare dicha responsabilidad (...). Evidentemente, la existencia de ese procedimiento en el que ningún caso es parte la entidad aseguradora, no se compadece bien con la naturaleza de una operación de seguro». En sintonía con este informe, BLANQUER cuestiona que la reserva de ley, establecida en el art. 106.2 de Constitución para regular el régimen de responsabilidad patrimonial de las Administraciones Públicas, sea compatible con la suscripción de pólizas de seguro en las que se transforme un «derecho de configuración legal» en un «derecho de configuración contractual». *Ibidem* pág. 373. Este autor plantea, entre otros, los siguientes interrogantes en torno a este tipo de contratos: «¿En qué medida incide la celebración de la póliza de seguro en el principio constitucional de indemnidad?; ¿es legítimo exigir que el beneficiario de la póliza renuncie al ejercicio de la acción de reclamación a título de responsabilidad patrimonial de la Administración?; ¿puede ampliarse por contrato el plazo de prescripción que la ley fija para el ejercicio de la acción de reclamación de indemnización de daños y perjuicios?; ¿quién controla a la compañía aseguradora una vez que se ha suscrito la póliza?; ¿a quién corresponde la defensa jurídica de la Administración concierta una póliza de seguro?; ¿cuál es la naturaleza de la póliza de seguro?; ¿contrato administrativo o mercantil?». *Ibidem* pág. 377. Lo determinante para BLANQUER es la imposibilidad de utilizar un contrato de seguro para atemperar el rigor del principio de restitución integral que caracteriza la responsabilidad patrimonial. Por ello solo admite que la suscripción de pólizas con el fin de ampliar los supuestos y cuantías en los que en los que resulta procedente indemnizar. A ello añade la necesidad de una cobertura legal como la prevista en la disposición adicional sexta de la Ley 31/1990, de 27 de diciembre, de presupuestos generales del Estado para 1991, que habilita para suscribir seguros de responsabilidad civil del personal al servicio de la Administración General del Estado, sus organismos autónomos y entidades gestoras y servicios comunes de la Seguridad Social». Esta

cluso cuenta con prohibiciones legales expresas en países como Alemania o Francia[7].

Antes bien, incluso ha llegado a plantearse[8], que en lugar de una prohibición legal, se observa una tendencia o proclividad del legislador a incluir un seguro obligatorio en las prestaciones médicas, tanto públicas (como para los centros gestionados por el Instituto Nacional de la Salud hace el Real Decreto 29/2000, de 14 de enero[9]) como privadas (art. 46 de la Ley 44/2003, de 21 de noviembre, de Ordenación de las Profesiones Sanitarias[10]).

---

habilitación, a juicio de BLANQUER, solo alcanzaría a aquellos supuestos «en los que existe una obligación normativa de concertar un seguro (como por ejemplo sucede respecto a la circulación con vehículos a motor». Cuestión distinta sería la de los seguros que cubren la responsabilidad civil derivada del delito porque esta se dirige contra el empleado público. «Lo que se persigue con la celebración de la póliza es conseguir que la Administración repare a los perjudicados sin necesidad de previa excusión de los bienes del responsable principal», y ello en atención a la responsabilidad civil subsidiaria de la Administración del art. 117 del Código Penal. *Ibidem* pág. 379.

7 HUERGO LORA, Alejandro (2002): *El seguro de responsabilidad civil de las Administraciones Públicas, op cit.*, págs. 36 y 37.

8 ARQUILLO COLET, Begoña (2004): «Seguro y responsabilidad patrimonial de la Administración Pública Sanitaria», *Indret: Revista para el Análisis del Derecho,* núm. 1.

9 El art. 36 del RD 29/2000, de 14 de enero, sobre Nuevas Formas de Gestión del Instituto Nacional de la Salud, establece, en sede de «garantías de los ciudadanos y de las reclamaciones», que «el personal que preste sus servicios en los centros sanitarios regulados en el presente Real Decreto [centros, servicios y establecimientos sanitarios de protección de la salud o de atención sanitaria gestionados por el Instituto Nacional de la Salud] tendrá cubierta la responsabilidad profesional derivada de los daños y perjuicios no intencionados causados a terceros, por acción u omisión, en el ejercicio de sus funciones asistenciales. A tal fin, el centro sanitario o el Instituto Nacional de la Salud suscribirá la correspondiente póliza de responsabilidad civil que determinará los riesgos incluidos y excluidos».

10 El art. 46 de la Ley 44/2003, de 21 de noviembre, de Ordenación de las Profesiones Sanitarias, establece la obligación de aseguramiento de la responsabilidad de los profesionales y entidades privadas que presten asistencia médico-sanitaria en los siguientes términos: «los profesionales sanitarios que ejerzan en el ámbito de la asistencia sanitaria privada, así como las personas jurídicas o entidades de titularidad privada que presten cualquier clase de servicios sanitarios, vienen obligados a suscribir el oportuno seguro de responsabilidad, un aval u otra garantía financiera que cubra las indemnizaciones que se puedan derivar de un eventual daño a las personas causado con ocasión de la prestación de tal asistencia o servi-

En todo caso, la celebración de un contrato de aseguramiento de la responsabilidad sanitaria ha de respetar ciertos requerimientos de legalidad, entre los que destacan:

i. El cumplimiento de la legalidad presupuestaria y la consignación de las primas durante el tiempo de duración del contrato;

ii. El respeto de la dinámica y a los elementos constitutivos del sistema de responsabilidad de las Administraciones Públicas (AAPP) consagrado por las Leyes 39/2015, de 1 de octubre de Procedimiento Administrativo Común (LPAC), y 40/2015, de 1 de octubre, de Régimen Jurídico del Sector Público (LRJ); y,

iii. La necesidad de ajustarse a la normativa contractual del sector aplicable a las entidades aseguradas tomadoras, que son los servicios públicos de salud autonómicos, así como a las prescripciones sustantivas de la relación contractual que establece la normativa sobre el contrato de seguro, dada la naturaleza privada de estos contratos.

2) *El contrato de seguro de responsabilidad sanitaria como contrato privado de servicios en el marco de la Ley de Contratos del Sector Público. Régimen jurídico, objeto, ámbito de cobertura y prescripciones*

Desde la perspectiva de la legislación de contratos del sector público, y con independencia de la naturaleza jurídica del órgano de contratación, ya tenga la calificación de Administración pública, ya sea un poder adjudicador no Administración Pública (art. 3 de la Ley 9/2017, de 8 de noviembre, de Contratos del Sector Público —en adelante LCSP—), los contratos de aseguramiento de responsabilidad en el ámbito sanitario serían, por su objeto, contratos de servicios de los enunciados en el art. 17 LCSP. No obstante, en estos casos se da la peculiaridad de que incluso en el caso de que el órgano de contratación pública sea una Administración pública o un organismo de Derecho público, se consideran contratos privados por expresa exclusión que de los mismos hace el art. 25.1.a 1° LCSP (por ser su Common Vocabulary Procedure (CPV), dentro de los servicios financieros, el que corresponde al contrato de seguro —66510000-8—); por lo que para su preparación y adjudicación se aplican las normas de la LCSP referi-

---

cios». Estableciéndose, además, que, para el supuesto de profesiones colegiadas, «los Colegios Profesionales podrán adoptar las medidas necesarias para facilitar a sus colegiados el cumplimiento de esta obligación».

das al contrato de servicios, sin perjuicio de que su ejecución se rija por el Derecho privado (esto es, por la Ley 50/80 del contrato de seguro (LCS), el Real Decreto Legislativo 6/2004, de 29 de octubre, por el que se aprueba el texto refundido de la Ley de ordenación y supervisión de los seguros privados y el libro II del Real Decreto-ley 3/2020 de 4 de febrero, de Incorporación de Diversas Directivas de la Unión Europea en el Ámbito de la Contratación Pública en Determinados Sectores; de Seguros Privados; de Planes y Fondos de Pensiones; del Ámbito Tributario y de Litigios Fiscales).

El contrato de seguro está regulado en la LCS. Según el art. 1 de dicha norma, «el contrato de seguro es aquel por el que el asegurador se obliga, mediante el cobro de una prima y para el caso de que se produzca el evento cuyo riesgo es objeto de cobertura a indemnizar, dentro de los límites pactados, el daño producido al asegurado o a satisfacer un capital, una renta u otras prestaciones convenidas».

Más concretamente, el art. 73 LCS establece que «por el seguro de responsabilidad civil el asegurador se obliga, dentro de los límites establecidos en la ley y en el contrato, a cubrir el riesgo del nacimiento a cargo del asegurado de la obligación de indemnizar a un tercero los daños y perjuicios causados por un hecho previsto en el contrato de cuyas consecuencias sea civilmente responsable el asegurado, conforme a derecho».

Por su parte, el art. 75 LCS dispone que «será obligatorio el seguro de responsabilidad civil para el ejercicio de aquellas actividades que por el Gobierno se determinen. La Administración no autorizará el ejercicio de tales actividades sin que previamente se acredite por el interesado la existencia del seguro. La falta de seguro, en los casos en que sea obligatorio, será sancionada administrativamente». De lo anterior se deriva la distinción de dos categorías: seguro obligatorio (el de responsabilidad sanitaria pública no lo es, con la excepción prevista para el Instituto Nacional de Salud en el art. 36 del RD 29/2000, de 14 de enero, sobre Nuevas Formas de Gestión del Instituto Nacional de la Salud), y seguro voluntario, que es el carácter que actualmente tienen los seguros de responsabilidad sanitaria en las CCAA que los licitan en el mercado.

Lo habitual en las CCAA que tienen en la actualidad suscrito este tipo de contratos de aseguramiento de su responsabilidad sanitaria, es que sean los organismos autónomos, Agencias o entidades de Derecho público a quienes se confía la gestión del servicio sanitario quienes lo liciten. Se trata de entidades que tienen la consideración legal de AAPP a los efectos de aplicación de la LCSP, lo que determina —como antes se decía— que la preparación y adjudicación de esos contratos siga las pautas del contrato de servicios. Además, dado que las cuantías de estos contratos superan los umbrales que para los contratos de servicio fija el art. 22 LCSP, se sujetan a las reglas especiales de publicidad, tramitación y plazos que rigen para los contratos sujetos a regulación armonizada.

Desde las primeras licitaciones autonómicas que se hicieron de estos contratos de aseguramiento de la responsabilidad sanitaria, la conformación progresiva de los Pliegos de Cláusulas Administrativas Particulares (en adelante los Pliegos) de dichas licitaciones ha acabado generando un patrón homogéneo para todas las CCAA que externalizan este servicio; en gran medida por tratarse de una demanda dirigida a un mercado reducido, con pocas empresas licitadoras, —que a su vez suelen tener carácter multinacional—, dadas las condiciones de solvencia económica que se piden, y también porque a lo largo de más de veinte años de experiencia se ha ido construyendo un acervo común en el clausulado de los Pliegos que responde a los requerimientos del sector, a las condiciones del mercado ofertante y a la casuística recurrente que se ha venido produciendo en la celebración y ejecución de estos contratos[11].

---

[11] Para exponer el patrón de los contratos de seguro de responsabilidad civil sanitaria, utilizaremos como ejemplo de referencia en este trabajo el seguro de responsabilidad que viene suscribiendo el Servicio Andaluz de Salud (en los sucesivo, SAS), por ser una entidad de referencia en el sector, tanto por el tiempo que lleva licitando este tipo de contratos, como por ser Andalucía la mayor Comunidad Autónoma en número de profesionales de la sanidad, oferta de servicios sanitarios y en población atendida. En Andalucía, la sanidad pública ofrece cobertura a unos 8 millones de habitantes y en los centros sanitarios públicos trabajan en torno a 90.000 profesionales (sin contar centros concertados). El SAS es una Agencia Administrativa de las previstas en el art. 65 de la Ley 9/2007, de 22 de octubre, que se adscribe a la Consejería de Salud y Consumo, por lo que tiene la consideración de Administración pública a efectos de la aplicación de la LCSP (art. 3.2.a). El SAS puso en práctica en 1994 un programa de aseguramiento y desde entonces lleva a cabo la contratación de seguros mediante la suscripción de pólizas que cubren tanto la responsabilidad integral en el ejercicio de sus funciones de todos los profesionales sanitarios, así como la responsabilidad patrimonial de la administración.

La cifra de reclamaciones patrimoniales presentadas en el Servicio Andaluz de Salud ha ido descendiendo en los últimos años, a pesar de que ha aumentado la cartera de servicios sanitarios y la población de la Comunidad andaluza y, por tanto, el número de asistencias sanitarias realizadas. Entre los años 2003 y 2017, el número de reclamaciones patrimoniales presentadas registró un descenso del 26,8%. En los últimos años (2017-2019) el número de reclamaciones anuales está en un promedio de 2 al día (algo menos de 650 al año). De las reclamaciones resueltas en la vía administrativa en 2018 (último año con datos conocidos —

El contrato de seguro de responsabilidad sanitaria, con independencia de su ámbito público o privado, se configura como un contrato de todo riesgo, sin perjuicio de que puedan establecerse franquicias —lo que es habitual—, en el cual se aseguran las consecuencias económicas que estén obligados a indemnizar por una responsabilidad no expresamente excluida en la póliza de seguro que se vaya a formalizar.

Las condiciones de la licitación, el ámbito de cobertura de estos contratos, las estimaciones de costes y el precio de licitación vienen determinadas por los análisis previos de contrato al que se sustituye y el histórico acumulado, cuya elaboración a efectos estadísticos ha acabado siendo una obligación que los Pliegos imponen al contratista, de forma que, estando próxima la liquidación del contratos, se pueden afinar con bastante certidumbre el valor estimado y otras prescripciones de la nueva licitación[12].

---

con el anterior contrato, que tenía AIG Europe Limited, que a su vez sustituyó a Zurich—), fueron 726 en total, de las que el 91,73% fueron desestimatorias, (el 2,34% se estimaron totalmente y el 5,92% de forma parcial). En el ejercicio 2018, las cuantías económicas indemnizadas en estos expedientes en la vía administrativa ascienden a 2.093.369 euros. Respecto a los expedientes resueltos en la vía judicial se indemnizaron 6.453.251,40 euros (8,5 millones en total).

En el contrato vigente, adjudicado en julio de 2019 conforme a la nueva LCSP y prorrogado hasta 2022 (prórrogas anuales hasta 6 años), el presupuesto base de licitación fue de 12,7 millones de euros/año, correspondiéndole un valor estimado del contrato de 76,5 millones para un periodo duración de un año más cinco prórrogas (para un máximo 6 años, dentro de la previsión del art. 22 LCS, que fija un máximo de 10 años para estos contratos, pero por encima de los 5 años de plazo máximo, prórrogas incluidas, que permite el art. 29 de la LCSP para los contratos de servicio —que, no obstante pueden superar dicho límite si se justifican algunas de las circunstancia previstas en el apdo. 4° del citado precepto—). La póliza vigente fue suscrita con la Société Hospitaliére D'assurances Mutuelles (SHAM). La antepenúltima licitación (2016) quedó desierta, lo que obligó a prorrogar el contrato que tenía Zurich, hasta que lo ganó AIG en 2017, que posteriormente renunció a la segunda prórroga. En el actual, solo concurrió SHAM con una oferta muy ajustada en precio, y con franquicias exentas de cobertura.

12 En el caso de Andalucía, que utilizamos como ejemplo, la obligación de facilitar al SAS las estimaciones de coste y precio de licitación está recogida incluso a nivel normativo. Así, el art. 12.1 m) del Decreto 156/2022, de 9 de agosto, por el que se establece la estructura orgánica de la Consejería de Salud y Consumo atribuye al Director/Gerente del SAS la competencia para: «la resolución de los procedimientos de responsabilidad patrimonial en su ámbito de competencia, así como la gestión y evaluación de los riesgos sanitarios derivados de la responsabilidad patrimonial y su impacto en el ámbito del Servicio Andaluz de Salud y en las entidades adscritas al mismo, así como la ejecución y seguimiento de la gestión de la

En cuanto al ámbito de cobertura, es usual que su objeto comprenda el aseguramiento del personal directivo, funcionario, estatutario, laboral, así como el personal en formación o en prácticas, el acogido a medidas de fomento al empleo, además de los relacionados con empresas de trabajo temporal, y, en general, cualquier otro dependiente en el ejercicio de sus actividades por cuenta del servicio autonómico de salud que contrata, siempre que preste sus servicios en los centros, dependencias y establecimientos propios o administrados por el mismo, incluyendo los servicios que se prestan mediando desplazamiento, y sean remunerados o externos por cuenta del órgano de contratación.

También es usual que tengan la condición de asegurados los trabajadores de los centros y de los servicios concertados por el órgano de contratación, con el alcance al que nos referiremos al final de este trabajo; si bien en este caso se limita la cobertura a las reclamaciones que se instrumenten por la vía de la responsabilidad patrimonial de las AAPP, quedando excluidas las que se ejerzan mediante la acción directa y exclusiva frente a la compañía aseguradora que consagra el art. 76 LSC, a la que luego nos referiremos.

La póliza subsiguiente da cobertura a las consecuencias económicas derivadas de la responsabilidad profesional sanitaria o no sanitaria que durante la vigencia del contrato pudiera corresponder directa, solidaria o subsidiariamente al asegurado por daños corporales o materiales y perjuicios económicos consecutivos, causados por acción u omisión a terceros en el ejercicio de sus actividades por cuenta de la Administración contratante, pero también están cubiertas las reclamaciones que se sustancien por un procedimiento distinto al de responsabilidad patrimonial.

Y es que en este tipo de contratos se separan las prestaciones en dos secciones o modalidades de cobertura diferentes. No se trata de «lotes» a efectos de la división del objeto del contrato (art. 99 LCSP), pues existe unidad funcional de las prestaciones. Éstas se separan en dos modalidades

---

responsabilidad patrimonial en el ámbito de la prestación asistencial sanitaria y la correspondiente gerencia de riesgos». La cláusula 6.1.2 del Pliego de Cláusulas Administrativas Particulares del contrato vigente dice que «el Órgano de Contratación facilitará a las personas licitadoras información sobre siniestralidad previo compromiso expreso de confidencialidad para facilitar la elaboración de las proposiciones según lo establecido en el Anexo VI de este pliego». Esa información la hace la compañía aseguradora contratista a lo largo del contrato por expresa imposición del Pliego de Prescripciones Técnicas (art. 3 Cap. VII del Pliego de Prescripciones Técnicas).

de cobertura en razón del diferente régimen jurídico que resulta de aplicación las reclamaciones que atiende una y otra sección: una para el aseguramiento del riesgo de responsabilidad civil profesional que deriva del ejercicio de la acción directa frente a la compañía aseguradora que habilita el art. 76 LCS; y otra para dar cobertura al aseguramiento del riesgo de responsabilidad patrimonial en supuesto de que la reclamación se canalice frente a la entidad tomadora del seguro por la vía de la responsabilidad patrimonial de la LPAC[13]. Con ello se persigue, de un lado, compensar las posibles pérdidas de una sección con la otra; y, de otro, se garantiza la cobertura frente a un mismo hecho dañoso, de forma coordinada y sin cambiar de asegurador, que es susceptible de ser enjuiciado por distintos órdenes jurisdiccionales, dependiendo de la jurisdicción en el que se sustancie la reclamación. Y es que el mercado de seguros, a la hora de contratar este tipo de seguros de responsabilidad sanitaria, requiere conocer y distinguir las diferentes vías de reclamación de los terceros perjudicados; así como atender a razones puramente técnicas-aseguradoras que determinan la necesidad de que en un mismo contrato se diferencien las causas que determinan la obligación de indemnizar, para estipular a su vez diferentes parámetros cuantitativos del riesgo, como son los límites de indemnización que se garantizan y las franquicias (tramo o parte no asegurada, de la que responde el tomador).

Finalmente, desde la perspectiva de la ejecución del contrato, ha de partirse de la naturaleza privada del mismo, por lo que las vicisitudes de su ejecución se regirán por las previsiones del Derecho civil. No obstante, es también usual que los Pliegos de estas licitaciones recojan y prevean el ejercicio de prerrogativas en favor del órgano de contratación que la legislación de contratos reserva a los poderes adjudicadores que a su vez tienen la condición legal de Administración Pública (el art. 190 LCSP enuncia dichas prerrogativas en favor solo de las «Administraciones Públicas»). Así, no es extraño que los Pliegos recojan en favor del órgano de contratación,

---

[13] En el ejemplo del contrato actualmente vigente en el SAS, los daños de la Sección I («aseguramiento del riesgo de responsabilidad civil profesional del art. 76 LCS») comprenden una cobertura máxima de 3,7 millones/año; mientras que los de la Sección II («aseguramiento del riesgo de responsabilidad patrimonial») 8,9 millones. El contrato vigente tiene límites de aseguramiento por cada siniestro individualmente considerado (3 millones), por siniestros en serie (5 millones) y por periodo anual por todos los conceptos (25 millones). Los de la Sección I tienen además una franquicia de 50.000 euros por siniestro y máxima agregada anual de 6 millones en daños de la Sección II. Los de la Sección I no tienen franquicia.

entre otras, las prerrogativas de interpretación unilateral del contrato y que se remitan, a su vez, al régimen legal de modificación, cesión y subcontratación de los contratos «administrativos» LCSP. Asimismo, las causas de resolución suelen ser las típicas de un contrato administrativo. Y ello no ha de extrañar, decimos, porque esta práctica de introducir en los Pliegos de contratos de naturaleza y régimen jurídico privado prerrogativas propias de los contratos administrativos celebrados por poderes adjudicadores ha sido bendecida por los Tribunales especiales de contratación al analizar la legalidad de los Pliegos que lo hacen, singularmente en el caso de poderes adjudicadores que no tienen la consideración de Administración Pública (cuyos contratos tienen siempre naturaleza privada). Es paradigmática, en este sentido, la Resolución del Tribunal Administrativo Central de Recursos contractuales (TACRC), de 6 de marzo de 2015[14], que ampara la legalidad de dicha posibilidad en el principio de libertad de pactos (arts. 34 LCSP y 1255 del Código Civil, en adelante CC) y en la garantía del cumplimiento del interés general al que deben responder los contratos celebrados por cualquier entidad del sector público (art. 3 LCSP)[15].

---

14 RTCRC 214/2015, de 4 de marzo.

15 En la RTCRC 214/2015, de 4 de marzo se dice que «el régimen en el ámbito privado negocial es el que las parte libremente fijen, y por tanto, no puede hablarse, como pretende el recurrente de que el contrato al establecer cláusulas de contenido idéntico a las establecidas para los contratos administrativos, es nulo, ya que ello supone, cuando menos, un claro desconocimiento del régimen jurídico de los contratos que se celebre por la Administración, por sí o a través de los entes que la conforman, con independencia de la naturaleza de éstos. Sentado, pues, que es correcta esa previsión genérica del régimen de los contratos administrativos al presente, de naturaleza privada, puesto que las partes son libres para establecer las cláusulas que estimen convenientes y adherirse o no al contrato según deseen, también podemos añadir unas precisiones a las que, ahora específicamente, hace el recurrente respecto algunas de las cláusulas del contrato. De lo expuesto hasta aquí resulta con claridad que no puede hablarse de infracción legal alguna respecto de aquellas cláusulas que se remiten a preceptos legales contenidos en el TRLCSP [texto refundido de la Ley de contratos del sector público, aprobada por el Real Decreto Legislativo 3/2011, de 14 de noviembre], no obstante, encontrarnos en un contrato de naturaleza privada, por el carácter dispositivo de este derecho aplicable y porque el régimen jurídico es de plena aplicación a este tipo de relaciones previa voluntad o consentimiento de los particulares, sin que suponga per se, una derogación del régimen de igualdad entre contratantes, sino que, respetando éste, lo que prevalece es el interés general al que deben atender toda clase de contratos en los que intervengan administraciones públicas o entes instrumentales de éstas». En parecido sentido se pronunció, poco después, el Acuerdo de la Comisión Permanente de la Junta Consultiva de

II. LA POSICIÓN DE LA ASEGURADORA EN EL EJERCICIO DE LA ACCIÓN DE RESPONSABILIDAD

1) El discutible papel de la compañía aseguradora en el procedimiento administrativo en el que se sustancia la reclamación patrimonial

Parece dudoso que la compañía aseguradora que tiene contratada una póliza de cobertura de daños con un servicio sanitario público responsabilidad pueda ostentar un derecho subjetivo para ser parte del procedimiento de tramitación de una reclamación patrimonial en el sentido contemplado en el art. 4.b) LPAC; si bien, nos parece evidente que, al menos, tendría la condición de titular de un interés legítimo a efectos de personación en el mismo [art. 4.c) LPAC]. En todo caso, el art. 16 LCS impone al tomador del seguro la obligación de comunicar al asegurador el acontecimiento del siniestro en un plazo máximo de siete días desde que se tiene conocimiento del mismo o, subsidiariamente, en el más amplio que fije la póliza; con lo que su posible participación como interesada en el procedimiento está legalmente garantizada, siendo la obligación de la Administración tomadora para con la aseguradora en el seno procedimiento de reclamación patrimonial la propia que tiene con todo interesado: ofrecer los trámites pertinentes, esencialmente el de prueba y audiencia, y finalmente notificarle la resolución.

Yendo más allá de esta posición de partida, en los Pliegos de las licitaciones de algunas CCAA, y en las propias pólizas de los contratos de seguro subsiguientes, se prevé expresamente que el informe médico solicitado por el órgano que tramita el procedimiento, que es pieza crucial para apreciar la relación causal y la imputabilidad del daño, sea «examinado en Comisión» con participación de la aseguradora. Los Pliegos de Prescripciones Técnicas de dichas licitaciones contemplan un procedimiento *ad hoc* en estos casos, llamado de «gestión de las reclamaciones» o similar[16]. En él suele establecerse que para valorar las reclamaciones objeto de cobertura de la póliza se constituirá una comisión de seguimiento formada por perso-

---

Baleares, de 27 de noviembre de 2015, confirmando una doctrina que a día de hoy puede considerarse consolidada entre los Tribunales especiales de Contratos y las Juntas Consultivas de Contratación.

16 Sirva como ejemplo de «tramitación colegiada del siniestro» el art. 7 del pliego de prescripciones técnicas del contrato vigente del SAS, que crea a tal efecto una «Comisión de Seguimiento» y contempla el modo en que la misma opera en cada procedimiento de reclamación.

nal de la Administración y de la aseguradora, a quienes se suma incluso el personal de la correduría de seguros. Cada reclamación se examina desde el punto de vista médico, jurídico, técnico-asegurador y administrativo, y finalmente se adopta un acuerdo sobre cada reclamación analizada. Es lo que se ha llamado «tramitación colegiada del siniestro»[17]. De entre los acuerdos que puede adoptar la Comisión, merece destacarse el de la «negociación con el reclamante» a fin de alcanzar un acuerdo con renuncia subsiguiente al ejercicio de acciones, que sería una modalidad *sui generis* de la terminación convencional o por mutuo acuerdo del procedimiento (de los previstos en materia de responsabilidad patrimonial en el art. 86.5 LPAC).

La cuestión es si es compatible esta privilegiada posición codecisora de la aseguradora con lo previsto en el art. 34.1 LPAC («Los actos administrativos que dicten las Administraciones Públicas, bien de oficio o a instancia del interesado, se producirán por el órgano competente ajustándose a los requisitos y al procedimiento establecido») y en el art. 8 LRJ («La competencia es irrenunciable y se ejercerá por los órganos administrativos que la tengan atribuida como propia, salvo los casos de delegación o avocación, cuando se efectúen en los términos previstos en ésta u otras leyes»). A mi juicio, a los Pliegos contractuales y al contrato de aseguramiento le faltan de largo el rango normativo que sería preciso para considerar la participación de la aseguradora en esos órganos mixtos y procedimientos de «gestión de reclamaciones" cuenta con amparo legal suficiente.

El Consejo Consultivo de Andalucía (CCAnd) terció indirectamente en ese debate tras las reforma de la Ley Orgánica 6/1985, de 1 de julio, del Poder Judicial (LOPJ) de 1998 y la aprobación de la Ley 29/1998, de 13 de julio, reguladora de la Jurisdicción Contencioso-Administrativa (LJCA) que avalaron la posibilidad de que la Administración asegurase su responsabilidad mediante este tipo de contrato de servicios financieros de aseguramiento, lo que el CCAnd consideró plausible siempre que no se transfiriesen a la compañía aseguradora el ejercicio de potestades administrativas. De modo que «la compañía de seguros no *puede* injerirse en el ejercicio de tales funciones y facultades adoptando iniciativas; ni se le *puede* otorgar poder de decisión ni posibilidad de mediatizar la voluntad del órgano administrativo competente y, mucho menos, de realizar frente a los

---

17 GRIJALBA LÓPEZ, Juan Carlos (2011): «La compañía aseguradora en el procedimiento de responsabilidad patrimonial», *op. cit*, pág. 160.

particulares funciones administrativas por iniciativa propia o por encargo de la Administración»[18].

La categoría del ejercicio privado de funciones públicas, sobradamente estudiada por la doctrina, requiere una atribución expresa de dicha función por una norma con rango de Ley[19]. E incluso, más recientemente, y con ocasión de la utilización de medios propios de la Administración para la tramitación de procedimientos administrativos, el Tribunal Supremo (TS) ha declarado la ilegalidad de que sujetos pertenecientes al sector público y que ostentan la condición de medio propio tramiten procedimientos administrativos por encargo de los poderes adjudicadores que los controlan, por mucho que la Administración que realiza el encargo retenga la competencia sobre la resolución final del procedimiento, si una Ley no ampara esta posibilidad[20].

2) Sobre la jurisdicción competente para conocer la reclamación cuando se demanda a la aseguradora y a la Administración y la pervivencia de la acción civil directa contra la aseguradora

Con anterioridad a la reforma de la LOPJ y de la LJCA que operó la Ley Orgánica 19/2003, de 23 de diciembre, a fin de aclarar que el orden jurisdiccional de lo contencioso-administrativo conocería de las reclamaciones de responsabilidad cuando el interesado accionase contra la aseguradora de la Administración junto a la Administración respectiva, habían corrido ríos de tinta entre la doctrina administrativista, civilista y laboralista. En ellos se discutía la necesidad de unificar la anterior dispersión jurisdiccio-

---

18 FJ 2.2 DCCAnd 2/2001, de 24 de enero, relativo a la demora de respuesta a una reclamación por las dilaciones producidas por el intento transaccional de la compañía aseguradora. Este Dictamen ha sido comentado ampliamente por GAMERO. GAMERO CASADO, Eduardo (2013): «El aseguramiento de la responsabilidad patrimonial», *op. cit.* págs. 264 a 268.

19 Sobre el ejercicio privado de funciones puede consultarse un capítulo extenso de mi obra sobre el derecho de la seguridad y de la calidad industrial. CARRILLO DONAIRE, Juan Antonio (2000): *El Derecho de la seguridad y la calidad industrial*, Marcial Pons, Madrid-Barcelona. Véase también, *in extenso* GAMERO. GAMERO CASADO, Eduardo (2021): *La potestad administrativa. Concepto y alcance práctico de un criterio clave para la aplicación del Derecho administrativo*, Tirant lo Blanch, Valencia.

20 STS 1160/2020, de 14 de septiembre, de la Sala de lo Contencioso-Administrativo (núm. rec. 5442/2019 y [*Tol 8078054*].

nal y de canalizar estas acciones en el orden contencioso-administrativo[21], al objeto de reconducir lo que algún autor denominó de «lamentable peregrinaje jurisdiccional» entre el orden civil, social y el contencioso-administrativo en materia de daños derivados de la atención sanitaria[22], pues todos esos órdenes jurisdiccionales (y también el penal) se consideraban competentes para resolver este tipo de reclamaciones.

Aunque esta cuestión relativa al «peregrinaje jurisdiccional» es abordada en el cap. 29 de este libro por ORTILLÉS, ALONSO, GÓMEZ ZAMORA y SOLER, no queremos dejar de mencionar las singularidades en relación con las compañías de seguros. En la actualidad, el apdo. e) del art. 2 LJCA establece que el orden jurisdiccional contencioso-administrativo conocerá de las cuestiones que se susciten en relación con:

> *«La responsabilidad patrimonial de las Administraciones públicas, cualquiera que sea la naturaleza de la actividad o el tipo de relación de que derive, no pudiendo ser demandadas aquellas por este motivo ante los órdenes jurisdiccionales civil o social, aun cuando en la producción del daño concurran con particulares o cuenten con un seguro de responsabilidad»"*[23].

---

[21] Respecto del «peregrinaje jurisdiccional», véanse, entre otros: ALEGRE ÁVILA, José Manuel (2005): «El aseguramiento de la responsabilidad civil extracontractual de la Administración Pública: procedimiento y jurisdicción», *Derecho y salud*, vol. 13, núm. 1, págs. 1 a 8; GAMERO CASADO, Eduardo (2004): «Los seguros de responsabilidad patrimonial de la Administración: recientes pactos y reformas», *La Ley: Revista jurídica española de doctrina, jurisprudencia y bibliografía*, núm. 3, págs. 1934 a 1939; HUERGO LORA, Alejandro (2004): «El seguro de responsabilidad civil de las Administraciones Públicas y la doctrina de la vis atractiva», *Revista Española de Derecho Administrativo*, núm. 122, págs. 199 a 222; LEGUINA VILLA, Jesús (1999): «Responsabilidad patrimonial de la Administración y unidad jurisdiccional», *Revista Justicia administrativa, núm. extraordinario*, págs. 5 a 14; y PANTALEÓN PRIETO, Fernando (1996): «Responsabilidad patrimonial de las Administraciones públicas: sobre la jurisdicción competente» *Cuadernos de derecho judicial*, núm. 14, págs. 25 a 44. Nosotros mismos hemos abordamos esta cuestión en la obra escrita en coautoría con los profesores LÓPEZ MENUDO y GUICHOT. LÓPEZ MENUDO, Francisco, GUICHOT REINA, Emilio y CARRILLO DONAIRE, Juan Antonio (2005): *La responsabilidad patrimonial de los poderes públicos*, Lex Nova, Valladolid, págs. 289 a 300.

[22] DE PALMA DEL TESO, Alejandra (1996): «El lamentable peregrinaje jurisdiccional entre el orden social y el contencioso-administrativo en materia de reclamaciones de indemnización por daños derivados de la deficiente atención sanitaria de la Seguridad Social», *Revista Española de Derecho Administrativo*, núm. 89, págs. 135 a 148.

[23] En relación con el «peregrinaje jurisdiccional», se recordará que, antes de esta redacción, dada por la LO 19/2003, la LJCA decía que «la responsabilidad patri-

Por su parte, el art. 21.c) LJCA considera parte demandada: a «las aseguradoras de las Administraciones públicas, que siempre serán parte codemandada junto con la Administración a quien aseguren».

La cuestión del orden jurisdiccional competente la cierra el art. 9.4 LOPJ al afirmar que aquél conocerá:

> *«De las pretensiones que se deduzcan en relación con la actuación de las Administraciones públicas sujeta al derecho administrativo, con las disposiciones generales de rango inferior a la ley y con los reales decretos legislativos en los términos previstos en el artículo 82.6 de la Constitución, de conformidad con lo que establezca la Ley de esa jurisdicción. También conocerán de los recursos contra la inactividad de la Administración y contra sus actuaciones materiales que constituyan vía de hecho (...).*
>
> *Conocerán, asimismo, de las pretensiones que se deduzcan en relación con la responsabilidad patrimonial de las Administraciones públicas y del personal a su servicio, cualquiera que sea la naturaleza de la actividad o el tipo de relación de que se derive. Si a la producción del daño hubieran concurrido sujetos privados, el demandante deducirá también frente a ellos su pretensión ante este orden jurisdiccional. Igualmente conocerán de las reclamaciones de responsabilidad cuando el interesado accione directamente contra la aseguradora de la Administración, junto a la Administración respectiva».*

La profesora GALLARDO ha analizado muy recientemente, y de forma pormenorizada, las vicisitudes que este litisconsorcio pasivo Administración-aseguradora ha dejado sin resolver[24]. Pero más allá de las cuestiones no resueltas por el legislador, lo que claramente pretendieron las reformas legales mencionadas fue unificar la competencia para residenciar este tipo de asuntos en la jurisdicción contencioso-administrativa, evitando la dispersión de acciones y garantizando la uniformidad jurisprudencial (salvo, por efecto de la prejudicialidad penal, en aquellos casos en que la responsabilidad derive de la comisión de hechos que puedan calificarse de delito); máxime por la necesidad de aplicar coherentemente las garantías sustantivas de la responsabilidad patrimonial de las AAPP, alejadas —al menos teóricamente— de las bases dogmáticas civilísticas. Nada de ello estaba

---

monial de las Administraciones públicas, cualquiera que sea la naturaleza de la actividad o el tipo de relación de que derive, no pudiendo ser demandadas aquéllas por este motivo ante los órdenes jurisdiccionales civil o social».

24 Entre los problemas que el litisconsorcio pasivo de la Administración y la compañía de seguros puede mencionarse la imprevisión de las consecuencias de un allanamiento de la Administración, que dejaría la vigencia de la acción frente al codemandado y, al cabo, litigio contencioso-administrativo perviviría entre dos sujetos particulares. GALLARDO CASTILLO, María Jesús (2021): *Administración sanitaria y responsabilidad patrimonial*, Colex, La Coruña, págs. 50 a 54.

garantizado con la anterior dispersión de la competencia jurisdiccional, pues cada orden razonaba en la propia «lógica» de su sistema de responsabilidad de referencia.

Sin embargo esta unificación de la competencia para conocer de las reclamaciones que se dirijan conjuntamente contra la Administración sanitaria y la aseguradora no ha derogado la vigencia de la acción directa contra la aseguradora en el ámbito civil, contemplada por el art. 76 LCS para supuestos de falta total o parcial de cobertura[25], que deberá sustanciarse en este orden jurisdiccional siempre que la Administración no sea codemandada.

A partir del conocido Auto núm. 61/2004 de la Sala de conflictos de competencia del Tribunal de Conflictos, de 18 de octubre de 2004[26], avala-

---

[25] De acuerdo con el art. 76 LCSP, «el perjudicado o sus herederos tendrán acción directa contra el asegurador para exigirle el cumplimiento de la obligación de indemnizar (...)». Precepto amplia y monográficamente comentado por CLAVERO TERNERO, Manuel (1995): *La acción directa del perjudicado contra el asegurador de responsabilidad*, Tecnos, Madrid.

[26] En relación con la pervivencia de la acción directa del asegurado en aquellos pleitos en los que solo se dirija contra la Administración sanitaria, el FJ 2º del núm. 61/2004 de la Sala de conflictos de competencia del Tribunal de Conflictos, de 18 de octubre de 2004, sostiene que «el conflicto negativo de competencia planteado debe resolverse en favor del orden jurisdiccional civil porque se ejercita una acción directa del art. 76 de la Ley de Contrato de Seguro, Ley 50 de 1980, de 8 de octubre, sin que obste que la entidad asegurada a la que se considera responsable por culpa extracontractual del accidente lesivo que, junto con el contrato de seguro, genera la pretensión entablada, sea un Ayuntamiento, porque al tiempo de presentarse la demanda, que determina la fijación de la competencia en virtud del principio "perpetuatio iurisdictionis", y con arreglo al art. 9.4, párrafo segundo, LOPJ, redactado por la Ley 6/1998, de 13 de julio, sólo se atribuye la competencia al orden jurisdiccional contencioso-administrativo cuando se demande a una Administración Pública para exigirle la correspondiente responsabilidad patrimonial, bien sola, o bien conjuntamente con un sujeto privado que hubiera concurrido a la producción del daño, y en el caso no se formula demanda contra la Administración Pública sino únicamente contra una Compañía de Seguros. La solución expuesta es la que viene adoptando esta Sala con carácter uniforme para los supuestos similares de ejercicio de la acción del art. 76 LCS (Autos de 28 de junio de 2004, núms. 53 y 54 de 2004); e incluso cabe resaltar que la reforma introducida por la LO 19/2003, de 23 de diciembre, en el art. 9.4 LOPJ, —no aplicable al caso por razones de derecho intertemporal—, en el sentido de atribuir al orden jurisdiccional contencioso-administrativo las reclamaciones de responsabilidad cuando el interesado accione directamente contra la aseguradora de la Administración, se refiere al supuesto de que se reclame contra aquella "JUNTO a

do por la jurisprudencia posterior, tanto de la Sala de lo Civil del TS como de las Audiencias Provinciales[27], los Juzgados y Tribunales del orden civil siguen considerándose competentes para conocer de la acción civil del art. 76 LCS cuando se ejercita exclusivamente contra la aseguradora de la Administración; si bien existen pronunciamientos minoritarios, posteriores al citado Auto del TS, que admiten y estiman la acción declinatoria en estos supuestos[28]. Y ello sin perjuicio de que la aseguradora pueda a llamar al juicio a la Administración mediante la intervención provocada del art. 13 de la Ley 1/2000, de 7 de enero, de enjuiciamiento civil, ya que si aquella acaba siendo emplazada como codemandada podría dar lugar al cuestionamiento de la competencia objetiva jurisdiccional con amparo en los arts. 9.4 LOPJ y 2 e) LJCA.

La profesora GALLARDO, ha hecho un meritorio esfuerzo por intentar reconducir esta anomalía siguiendo el razonamiento de dos Autos de la Audiencia Provincial de Madrid de 3 de noviembre de 2004 y de 14 de abril de 2005[29], que declinaron la competencia del orden jurisdiccional civil en favor del contencioso-administrativo en supuestos de acción directa del art. 76 LCS, utilizando dos razones de peso. La primera, porque admitir dicha competencia sería un fraude de Ley en tanto que se estaría aprovechando la doctrina jurisprudencial del litisconsorcio pasivo necesario en supuestos de responsabilidad solidaria, que permite demandar a uno solo de los responsables, en este caso a la aseguradora ante la vía civil. La segunda es que admitir la competencia jurisdiccional civil frustraría la pretensión unificadora del art. 9.4 LOPJ, porque para condenar al pago a la compañía demandada hay que analizar forzosamente la conducta del

---

la Administración respectiva", lo que excluye el supuesto de haberse demandado únicamente a la Compañía de Seguros».

27 Véanse, entre otros pronunciamientos, la STS 948/2007, de 12 de septiembre, de la sección 1° de la Sala de lo Civil (núm. rec. 3360/2000 y [*Tol 1146790*]), el auto de la Audiencia Provincial (AP) de Albacete 50/2007, de 24 de septiembre, sección 2ª (núm. rec. 109/2007 y [*Tol 7562538*]) y las SSAP de Barcelona 136/2010, de 12 de marzo, sección 16ª (núm. rec. 652/2008 y [*Tol 1855024*]), de Valencia 153/2015, de 2 de junio, sección 6ª (núm. rec. 176/2015 y [*Tol 5558076*]).

28 Entre otros fallos, han declinado conocer demandas dirigidas exclusivamente contra aseguradoras de Administraciones públicas las SSAP 66/2007, de 27 de abril, sección 3ª (núm. rec. 281/2006 y [*Tol 7557864*]) o de Madrid 91/2007, de 9 de abril, sección 18ª (núm. rec. 78/2007 y [*Tol 7408274*]).

29 Autos de la Audiencia Provincial de Madrid 270/2004, de 3 de noviembre (núm. rec. 675/2003 y [*Tol 551326*]) y 77/2005, de 14 de abril (núm. rec. 27/2004 y [*Tol 7577378*]).

sujeto asegurado (la Administración, *ex* art. 73 LCS), lo que le está vedado a la jurisdicción civil.

No obstante, pese a lo razonable de estos argumentos, lo cierto es que —como se ha dicho— los Juzgados y Tribunales del orden jurisdiccional civil se siguen considerando competentes cuando la acción se ejerce de modo directo y exclusivo frente a la aseguradora y la Administración no es parte en el pleito, mientras que se declaran incompetentes cuando la acción se ejerce de modo conjunto en virtud de lo dispuesto en los citados arts. 9.4 LOPJ y 2.e) LJCA[30].

3) Sobre el derecho aplicable para sustanciar el fondo del asunto: una cuestión teórica sin consecuencias prácticas

El problema que plantea esta dualidad competencial entre el orden civil y el contencioso-administrativo es el del Derecho aplicable al fondo del asunto, por cuanto la jurisdicción civil resuelve con naturalidad estas controversias amparándose en la lógica «culpabilística» del sistema de responsabilidad extracontractual a la que responde el art. 1902 CC; mientras que el orden contencioso-administrativo, en cambio, ha de hacerlo bajo el paradigma de la responsabilidad «objetiva», por funcionamiento normal o anormal, que hoy luce en el art. 32 LRJ. De esta forma, un mismo asunto pudiera ser resuelto en una u otra clave dependiendo de la estrategia procesal que resulte de dirigir la acción a un orden jurisdiccional o a otro, siendo el órgano o agente administrativo actuante —el autor del daño— el mismo. Cuestión diversa es que dicha estrategia venga condicionada por el plazo de prescripción, que en el caso de la reclamación de responsabilidad frente a la Administración (o Administración y aseguradora) es de un año (art. 67.1 LPAC); mientras que en el de la acción directa del art. 76 LCS es de dos (según el art. 23 LCS).

El problema del Derecho aplicable parece haberse acentuado tras la regulación que de la «responsabilidad de Derecho Privado» que de forma un tanto arcana formuló el art. 35 LRJ, según el cual: «cuando las Administraciones Públicas actúen, directamente o a través de una entidad de derecho privado, en relaciones de esta naturaleza, su responsabilidad se exigirá de

---

30 BAENA RUIZ, Eduardo (2020): «Responsabilidad de la administración pública sanitaria versus acción directa del art. 76 de la Ley de Contrato de Seguro», en HERRADOR GUARDIA, Mariano José (coord.), *Derecho de daños*, 2020, Lefebvre, Madrid, págs. 717 a 741.

conformidad con lo previsto en los artículos 32 y siguientes, incluso cuando concurra con sujetos de derecho privado o la responsabilidad se exija directamente a la entidad de derecho privado a través de la cual actúe la Administración o a la entidad que cubra su responsabilidad».

Atendiendo a la frase final del precepto y apurando su interpretación, habría base para sostener que el pleito que se dilucide entre la víctima o víctimas de un daño sanitario y la aseguradora en sede civil, cuando se ejerce la acción directa de la LCS, tendría que resolverse mediante la aplicación del régimen objetivo de responsabilidad patrimonial propio de las AAPP; por cuanto de otro modo se daría la paradoja —aún más extraña, ciertamente— de que tal régimen fuese aplicable al pleito contra la aseguradora cuando la Administración autora del daño actúa bajo veste privada, por expresa previsión legal *ex* art. 35 *in fine* LRJ (no faltan ejemplos de centros y hospitales con forma jurídica privada —de Fundación, por ejemplo, o incluso de sociedad mercantil— y de titularidad pública), y no lo fuese cuando la forma jurídica actuante sea un organismo público. De hecho, tal cosa ya se sostuvo por algún destacado autor a la vista del anterior art. 144 de la Ley 30/1992, de 26 de noviembre, de Régimen Jurídico de las Administraciones Públicas y del Procedimiento Administrativo Común (LRJPAC-92)[31], que era menos incisivo que el vigente art. 35 LRJ al regular la responsabilidad «de Derecho Privado» de las AAPP.

La conclusión apuntada, que conduciría a la aplicación del régimen objetivo de la responsabilidad patrimonial de las AAPP en los casos en los que la víctima dirige su reclamación solo frente a la compañía aseguradora, no deja de ser chocante y un tanto ilusoria a poco que se conozca el funcionamiento real de la jurisdicción civil. Jurisdicción a la que esa conclusión parece abocar, por lo demás, a una suerte de esquizofrenia en la aplicación de uno u otro régimen de responsabilidad en razón de la naturaleza jurídica del sujeto u organización autora del daño. Tanto es así, que esta pretensión teórica no resiste el análisis de la realidad. Si se consulta la jurisprudencia de las Audiencias Provinciales se comprobará fácilmente que el razonamiento determinante del fallo en los supuestos de acción directa

---

[31] GARRIDO FALLA, Fernando (1997): «La responsabilidad patrimonial de las Administraciones Públicas», *Jornadas de Estudio sobre la Reforma de la Ley 30/1992*, Sevilla, págs. 39 a 54. Y también, antes, en su obra en coautoría con FERNÁNDEZ PASTRANA, José María (1993): *Régimen jurídico y procedimiento de las administraciones públicas: un estudio de la Ley 30/1992*, Madrid, Civitas.

contra la aseguradora proviene de la aplicación del 1902 CC y, por consiguiente, la idea de culpa[32].

No obstante, estamos ante un debate teórico de escasa o nula relevancia práctica, por cuanto como ya ha puesto de relieve tantas veces la doctrina, el sistema de responsabilidad en el ámbito sanitario ha confluido, en uno y otro orden jurisdiccional, en un modelo que pivota sobre la idea de diligencia debida, que ya sea desde la perspectiva de la relación de causalidad del sistema administrativo, ya desde la de la imputabilidad de la culpa o la negligencia, arroja resultados equiparables entre el orden civil y el contencioso-administrativo[33].

III. LA COBERTURA DEL ASEGURAMIENTO EN EL CASO DE LAS ENTIDADES Y CENTROS CONCERTADOS SANITARIOS

La vigente LRJ ha eliminado la previsión de que las entidades sanitarias concertadas respondieran de las reclamaciones de responsabilidad por daños en la prestación del servicio siguiendo el procedimiento previsto en la legislación de Procedimiento Administrativo Común que estableció la Disposición Adicional 12ª LRJPAC-92 (añadida por la Ley 4/1999, de 13 de enero)[34].

No obstante, las pólizas suscritas por las CCAA incluyen la cobertura a los centros concertados, si bien limitada a los daños sufridos por las perso-

---

32 Son ejemplos de ello, entre otras, las SSAP de Barcelona de 23 diciembre 2002 (núm. rec. 857/2000), de Zaragoza de 10 noviembre de 2001 (núm. rec. 206/2000), de Cádiz, de 15 de julio de 2011 (núm. rec. 542/2010) o de Cádiz 107/2012, de 23 octubre (núm. rec. 107/2012 y [*Tol 5696052*]).

33 LOPEZ MENUDO, Francisco, GUICHOT REINA, Emilio y CARRILLO DONAIRE, Juan Antonio (2005): *La responsabilidad patrimonial de los poderes públicos, op cit.* Y más recientemente GALLARDO CASTILLO, María Jesús (2021): Administración sanitaria y responsabilidad patrimonial, *op. cit.*; y el propio profesor LÓPEZ MENUDO en el prólogo que hace a la obra de esta autora.

34 Según la DA 12 LRJPAC-92, «la responsabilidad patrimonial de las Entidades Gestoras y Servicios Comunes de la Seguridad Social, sean estatales o autonómicos, así como de las demás entidades, servicios y organismos del Sistema Nacional de Salud y de los centros sanitarios concertados con ellas, por los daños y perjuicios causados por o con ocasión de la asistencia sanitaria, y las correspondientes reclamaciones, seguirán la tramitación administrativa prevista en esta Ley, correspondiendo su revisión jurisdiccional al orden contencioso-administrativo en todo caso».

nas beneficiarias de prestaciones públicas sanitarias que resultan derivadas a esos centros en virtud del concierto. Asimismo, tantos los Pliegos de Prescripciones Técnicas como las pólizas subsiguientes prevén la posibilidad de dichos centros concertados puedan adherirse a las mismas, previa cotización de la compañía aseguradora.

La doctrina del CCAnd, al igual que la de otros órganos autonómicos análogos, aplica a los daños provocados por entidades concertadas el régimen de responsabilidad de concesionarios y contratistas en el marco del servicio público, extensamente expuesta en el dictamen 15/2000, y que hoy plasma el art. 32.9 LRJ y la legislación de contratos del sector público a la que éste se remite (que tradicionalmente ha imputado la responsabilidad del daño a la Administración si éste resulta de orden directa de aquella o de un vicio del proyecto —este último no supuesto resulta de aplicación a la responsabilidad sanitaria, por ser una relación de servicio—).

A partir del dictamen citado, el CCAnd viene sosteniendo que la prestación del servicio sanitario por parte de un centro concertado no obstaculiza la apreciación del requisito de imputabilidad, independientemente de las consecuencias que se desprenden de la relación contractual. En este punto, la doctrina que arranca del dictamen mencionado señala que la regla base de la responsabilidad del contratista es que éste responde por los daños que derivan directamente de su gestión, a menos que hayan sido ocasionados como consecuencia inmediata y directa de una orden de la Administración. Y en cuanto concierne al alcance del pronunciamiento de la Administración, el CCAnd advierte que la Administración no está legalmente compelida a pronunciarse sólo y exclusivamente sobre el sujeto responsable; antes al contrario, entiende que lo ajustado a Derecho resolver todas las cuestiones que plantea la reclamación.

Una cuestión enormemente trascendente en este punto es la de si el alcance de tal intervención comprende la determinación de quién haya de pagar la indemnización si se estima que hay responsabilidad, para cuya resolución ha de partirse del vigente art. 196 LCSP (anterior art. 214 del texto refundido de la Ley de contratos del sector público, aprobado por el Real Decreto Legislativo 3/2011, de 14 de noviembre) que establece la obligación del contratista indemnizar todos los daños y perjuicios que se causen a terceros como consecuencia de las operaciones que requiera la ejecución del contrato (ap. 1º). Precisando, a continuación que cuando tales daños y perjuicios hayan sido ocasionados como consecuencia inmediata y directa de una orden de la Administración, será esta responsable dentro de los límites señalados en las leyes (ap. 2º). A tal efecto, las victimas del daño podrán requerir previamente, dentro del año siguiente a la producción del hecho, al órgano de contratación para que este, oído el contratista, informe sobre a cuál de las partes contratantes corresponde la responsabilidad de los daños. El ejercicio de esta facultad interrumpe el plazo de prescripción de la acción (ap. 3º). La reclamación de aquellos se formulará, en todo caso, conforme al procedimiento establecido en la legislación aplicable a cada supuesto (ap. 4º).

Sobre dicha base legal, el CCAnd viene sosteniendo que la Administración puede determinar que la actuación del contratista llevaría a éste a estar obligado al pago (salvo orden directa de la Administración al centro concertado apreciada en el caso concreto). Ahora bien, para ello es necesario que el contratista intervenga en el procedimiento, pudiendo efectuar las alegaciones y presentar las pruebas que estime oportunas para su defensa, sin que el informe emitido por el servicio médico de la clínica concertada actuante pueda considerarse como cumplimentación de dicho derecho, como también tiene declarado el CCAnd[35].

Tal y como se ha expuesto *in extenso* por MANENT en el cap. 7 de esta obra (págs. 497 y 498), al que nos remitimos, la postura del CCAnd se adscribe a la «interpretación garantista» del art. 196 LCSP, postulada por la doctrina legal, frente a la «interpretación literal» defendida por el TS. Como singularidad, el CCAnd, a diferencia del Consejo de Estado (CdE) y otros órganos consultivos, admite que la Administración al tiempo de resolver la reclamación de responsabilidad patrimonial declare la responsabilidad del contratista siempre que este haya podido ser oído[36]. Otros consejos consultivos consideran —con el CdE— que la Administración debe resarcir al ciudadano, y en su caso, repetir posteriormente contra el contratista.

Bibliografía

ALEGRE ÁVILA, José Manuel (2005): «El aseguramiento de la responsabilidad civil extracontractual de la Administración Pública: procedimiento y jurisdicción», *Revista Derecho y salud*, vol. 13, núm. 1, págs. 1 a 18

---

[35] Por citar un ejemplo reciente de la determinación de la obligación de pago del contratista, el DCCAnd 90/2021, de 11 de febrero.

[36] Esta postura —interpretación garantista con posibilidad de declarar la responsabilidad del contratista— también ha sido adoptada, entre otros órganos consultivos, por el Consejo Consultivo de Castilla-La Mancha (dictamen 6/2008, de 16 de enero), y las Comisión Jurídica Asesora del País Vasco (dictamen 99/2005, de 14 de diciembre).

ARQUILLO COLET, Begoña (2004): «Seguro y responsabilidad patrimonial de la Administración Pública Sanitaria», *Indret: Revista para el Análisis del Derecho*, núm. 1

BAENA RUIZ, Eduardo (2020) «Responsabilidad de la administración pública sanitaria versus acción directa del art. 76 de la Ley de Contrato de Seguro», en HERRADOR GUARDIA, Mariano José (coord.), *Derecho de daños 2020*, Lefevbre, Madrid, págs. 717 a 741

BLANQUER CRIADO, David (2020): *Responsabilidad patrimonial en tiempos de pandemia (los poderes públicos y los daños por la crisis de la COVID-19)*, Tirant lo Blanch, Valencia

CARRILLO DONAIRE, Juan Antonio (2000): *El Derecho de la seguridad y la calidad industrial*, Marcial Pons, Madrid-Barcelona

CLAVERO TERNERO, Manuel (1995): *La acción directa del perjudicado contra el asegurador de responsabilidad*, Tecnos, Madrid

DE PALMA DEL TESO, Alejandra (1996): «El lamentable peregrinaje jurisdiccional entre el orden social y el contencioso-administrativo en materia de reclamaciones de indemnización por daños derivados de la deficiente atención sanitaria de la Seguridad Social», *Revista Española de Derecho Administrativo*, núm. 89, págs. 135 a 148

GALLARDO CASTILLO, María Jesús (2021): *Administración sanitaria y responsabilidad patrimonial*, Colex, La Coruña

GAMERO CASADO, Eduardo (1999): «Los contratos de seguro de responsabilidad extracontractual de las Administraciones Públicas», *Revista Española de Derecho Administrativo*, núm. 103, págs. 357 a 381

GAMERO CASADO, Eduardo (2004): «Los seguros de responsabilidad patrimonial de la Administración: recientes pactos y reformas», *La Ley: Revista jurídica española de doctrina, jurisprudencia y bibliografía*, núm. 3, págs. 1934 a 1939

GAMERO CASADO, Eduardo (2013): «El aseguramiento de la responsabilidad patrimonial de la Administración», en QUINTANA LÓPEZ, Tomás (dir.), *La responsabilidad patrimonial de la Administración Pública: estudio general y ámbitos sectoriales*, vol. I, Tirant lo Blanch, Valencia, págs. 221 a 292

GRIJALBA LÓPEZ, Juan Carlos (2011): «La compañía aseguradora en el procedimiento de responsabilidad patrimonial», *Revista Derecho y salud*, vol. 21, núm. extraordinario 1, págs. 153 a 166

HUERGO LORA, Alejandro (1994): «El seguro de responsabilidad civil de las Administraciones Públicas y la doctrina de la vis atractiva», *Revista Española de Derecho Administrativo*, núm. 122, págs. 199 a 222

HUERGO LORA, Alejandro (2002): *El seguro de responsabilidad civil de las Administraciones Públicas*, Marcial Pons, Madrid-Barcelona

HUERGO LORA, Alejandro (2003): «El seguro de responsabilidad civil de las Administraciones Públicas», *Indret: Revista para el Análisis del Derecho*, núm. 3

LEGUINA VILLA, Jesús (1999): «Responsabilidad patrimonial de la Administración y unidad jurisdiccional», *Revista Justicia administrativa*, núm. extraordinario, págs. 5 a 14

LÓPEZ MENUDO, Francisco, GUICHOT REINA, Emilio y CARRILLO DONAIRE, Juan Antonio (2006): *La responsabilidad patrimonial de los poderes públicos*, Lex Nova, Valladolid

PANTALEÓN PRIETO, Fernando (1996): «Responsabilidad patrimonial de las Administraciones públicas: sobre la jurisdicción competente», *Cuadernos de derecho judicial*, núm. 14, págs. 25 a 44

Capítulo 9

El daño y su valoración en la responsabilidad patrimonial sanitaria

Sonia Ramos González

Profesora agregada de Derecho civil, Universitat Pompeu Fabra

Consejera de la Comissió Jurídica Assessora de Catalunya (2016-2022)

I. EL DAÑO

«La responsabilidad patrimonial descansa sobre la existencia del daño, es decir, sobre un detrimento patrimonial o perjuicio, pues podrá haber responsabilidad sin culpa, pero nunca sin daño»[1].

El «daño (*Harm*) es cualquier detrimento, perjuicio, menoscabo, dolor o molestia ("dañar", DRAE), mientras que daño indemnizable (*actionable or recoverable damage*) es un concepto normativo que refiere aquellas lesiones causadas por conductas que reúnen los requisitos de los dos sistemas básicos de responsabilidad, por culpa y responsabilidad objetiva. Negligencia es fundamentalmente infracción de deberes de cuidado, previstos legal o jurisprudencialmente (...). Y responsabilidad objetiva es causación de daños y ha de estar prevista por ley o muy bien fundamentada por una jurisprudencia consolidada»[2].

En nuestro sistema de responsabilidad patrimonial un daño es indemnizable cuando su resultado se considera que es antijurídico. Siendo la antijuridicidad objeto de estudio en el cap. 21 de este tratado por MANENT y TAJUELO (págs. 1495 a 1404), nos centramos aquí en el daño.

«En el análisis doctrinal del daño, se suelen distinguir entre daños materiales, que son los causados a bienes sobre los cuales el demandante tiene un derecho de propiedad en sentido amplio, un *property right* (*Property Damages or Injury to Personal Property*), de los daños personales (*Personal Injury*). Dentro de estos últimos se subdistingue entre daños corporales, morales y los perjuicios económicos que derivan de los daños corporales mismos —por ejemplo, las pérdidas resultantes de los días de baja laboral de la víctima»[3].

Dentro de la categoría de los daños personales, los derivados de la muerte (*Wrongful Death*) o las lesiones causadas por un trauma externo (*Danno Biologico* en derecho italiano, *Blodily Injury* en el *Common Law*) son partidas que hoy en día suelen estar incluidas sin más en el ámbito de los daños resarcibles —aunque no fue así con la indemnización por causa de muerte en el pasado. En cambio, los daños morales, que los angloamericanos

---

1 GALLARDO CASTILLO, María Jesús (2022): *Administración sanitaria y responsabilidad patrimonial*, Colex, Valladolid, pág. 59.

2 RAMOS GONZÁLEZ, Sonia (2023): «Daño», en SALVADOR CODERCH (ed.), *El remedio indemnizatorio en el derecho español de daños. Análisis, aplicación e instrumentos comparados, Indret*, Barcelona, pág. 302 (12ª ed.).

3 *Ibidem* pág. 303.

denominan "*Pain and Suffering*" y los alemanes "*Schmerzengeld*", los originados por el dolor físico (...) o por la destrucción de un bien irrecuperable, son mucho más difíciles de determinar y, consecuentemente, mucho más fáciles de exagerar. Es normal, pues, que el carácter indemnizable de los segundos sea más difícil de sustanciar que el de los primeros»[4].

II. DAÑOS PERSONALES, PRINCIPIO DE REPARACIÓN INTEGRAL DEL DAÑO Y BAREMOS

En materia de responsabilidad sanitaria, el daño causado característico es un daño personal, que puede ser psicofísico o moral puro[5]. Como

---

[4] *Ibidem* págs. 304 y 305. «El análisis económico del derecho reduce las categorías de daño a dos: – Daños patrimoniales o pecuniarios, es decir, aquellos que afectan a bienes o servicios que pueden ser objeto de tráfico y, por tanto, de valoración en un mercado legal. Por ejemplo: daños causados a un automóvil, a un edificio, o daños que imposibilitan a un profesional desarrollar su actividad profesional durante unos días, semanas, meses o años. – Daños no patrimoniales o morales. Son los que se causan a bienes únicos, insustituibles, o, por decirlo de otro modo, a personas o a bienes que no son objeto de tráfico, ni por tanto de apreciación, en ningún mercado, sea ya porque no existe, sea ya porque la ley no admite su existencia o funcionamiento: hay, efectivamente y como escribe Michael Sandel, bienes que no se pueden comprar». *Ibidem* pág. 312.

[5] El daño moral puro, entendido como aquel que no deriva de un daño psicofísico o material, puede derivar, en el ámbito de la asistencia sanitaria, de la infracción del derecho al consentimiento informado del paciente. También puede provenir de una situación que, aunque no esté vinculada a la causación de daño físico, puede afectar razonablemente y de manera importante a la tranquilidad del ánimo del paciente (falsos diagnósticos de enfermedades graves o un retraso de diagnóstico que aumenta la incertidumbre del paciente sobre su estado de salud). Por ejemplo, en el dictamen 76/2022, de 10 de marzo, la *Comissió Jurídica Assessora de la Generalitat de Catalunya* (CJACat) reconoció que las limitaciones en la atención sanitaria generada por la pandemia por el Covid-19 habían causado un daño moral real al paciente e, indirectamente, a sus familiares, que no fue considerado indemnizable porque no era imputable a los profesionales sanitarios ni al servicio en su conjunto. Sobre la identificación de los distintos tipos de daño moral en el ámbito sanitario, véase el cap. 10 de este tratado escrito por HURTADO (págs. 673 a 706). En concreto, esta autora identifica el daño moral puro con el *pretium doloris* —o dolor emocional— y lo define como aquel «dolor moral o emocional [que] hace referencia a los sentimientos de pena y tristeza por el padecimiento de una lesión física». A juicio de esta autora, «comprende no solo el que padece el propio perjudicado, sino también el que sufren indirectamente los familiares o

normalmente no será posible su reparación *in natura*, para restablecer el nivel de salud o la tranquilidad de ánimo previos a la asistencia sanitaria, procederá una indemnización.

1) Principio de reparación integral del daño

La indemnización, aunque no devolverá al paciente la utilidad perdida, porque ésta es irrecuperable con dinero[6], deberá ser razonable, y para ello su importe habrá de ser adecuado y tender a la indemnidad de la víctima[7].

Expresa bien esta idea el art. 33.3 Texto Refundido de la Ley sobre responsabilidad civil y seguro en la circulación de vehículos a motor, aprobado por Real Decreto Legislativo 8/2004, de 29 de octubre (TRLRC). Este precepto, que establece el principio de reparación íntegra del daño, el cual rige en materia de daños extrapatrimoniales, dispone lo siguiente:

---

allegados por el fallecimiento o las lesiones del paciente». Ahora bien, en relación con el *pretium doloris,* HURTADO también advierte de la imprecisión con la que se utiliza. «Se trata de un término que se viene empleando tanto para denominar una de las manifestaciones del daño moral (el perjuicio moral derivado de un daño físico), como para refereirse al valor de la compensación del daño moral (el *pretium doloris* compensatorio del daño moral correspondiente no sólo por el sufrimiento personal de los perjuidciados ligado al hecho lesivo; sino que tiene un amplio espectro, de modo que acoge también el sentimiento de la dignidad lastimada o vejada, el daño psicológico, o la perturbación en el normal desarrollo de la personalidad». HURTADO DÍAZ-GUERRA, Isabel (2018): *El daño moral en la responsabilidad patrimonial sanitaria,* Tirant lo Blanch, Valencia, pág. 193.

6 Como acertadamente señala GÓMEZ POMAR, tras sufrir un accidente, «desde el punto de vista de la víctima, las cosas nunca volverán a ser como antes (...) por más que todos los gastos y pérdidas patrimonales hayan sido objeto de una comensación en dinero, la víctima no será restituada a la situación anterior». GÓMEZ POMAR, Fernando (2000): «Daño moral», *Indret,* núm. 1/2000, pág. 3.

7 DE ÁNGEL mantiene una postura crítica respecto de la aplicación de los principios de «indemnidad» o «reparación íntegra» a los daños personales. Considera que su aplicación es una entelequia porque, al pretender cuantificarse mediante módulos de referencia o comparación, «lo que en verdad ocurre (...) es que tál módulo de comparación no es siquiera imaginable, ya que la propia naturaleza inmaterial del daño experimentado por la víctima significa que la determinación de su "equivalente" en dinero será siempre por estimación o apreciacion aproximativa, cualquier aque sea su montante o cuantía». DE ÁNGEL YÁGÜEZ, Ricardo (1995): *Algunas previsiones sobre el futuro de la responsabilidad civil (con especial atención a la reparación del daño),* Civitas, Madrid, pág. 59.

> «*El principio de la reparación integral rige no sólo las consecuencias patrimoniales del daño corporal sino también las morales o extrapatrimoniales e implica en este caso compensar, mediante cuantías socialmente suficientes y razonables que respeten la dignidad de las víctimas, todo perjuicio relevante de acuerdo con su intensidad*».

El principio de reparación íntegra del daño, principio básico del Derecho de Daños y, por tanto, también de la responsabilidad patrimonial sanitaria[8], significa, entre otros aspectos, que no pueda quedar excluido de la indemnización ningún tipo de daño. Por ello, el art. 32 LRJ se refiere, en general, a «toda lesión que [los particulares] sufran en cualquiera de sus bienes y derechos». En concreto, este principio determina, por ejemplo, que en casos de secuelas la indemnización calculada de manera global deba tener en cuenta el daño moral, entendido como el impacto que la lesión tiene en la calidad de vida del paciente.

Así lo reconocen el Tribunal Supremo (TS) y los Tribunales Superiores de Justicia (TSJ). Entre otras, puede citarse la STSJ de Madrid de 30 de mayo de 2018, recaída en un caso de administración de una dosis de quimioterapia diez veces superior a la debida. Como consecuencia de esta sobredosis, se causó a la paciente una hepatopatía tóxica aguda, insuficiencia renal en tratamiento con hemodiálisis; cofosis bilateral; panmielosis y derrame pericárdico[9]. En esta ocasión, la resolución administrativa había concedido una indemnización de 500.000 euros por los daños personales, calculados a tanto alzado, entendiendo incluidos los daños morales. La víctima demandó una indemnización superior calculada conforme al sistema de baremos, que incluía un número superior de secuelas, así como una indemnización de 450.000 euros por el daño moral. El TSJ de Madrid estimó el recurso de la víctima en lo relativo a la indemnización del daño moral porque para la Sala, «la simple indemnización de las secuelas físicas y de la incapacidad temporal no "es" suficiente para lograr el principio de reparación integral del daño. Como señala la sentencia del Tribunal Supremo de 21 de diciembre de 2012 (…): la reparación del daño causado debe ser integral o restitutio in integrum (…) y que tal reparación ha de incluir, de haberse producido, el denominado daño moral entendido éste como el causado al conjunto de derechos y bienes de la personalidad que integran el llamado patrimonio moral». En el caso, el TSJ de Madrid consideró que

---

[8] GARCÍA DE ENTERRÍA, Eduardo y FERNÁNDEZ Tomás-Ramón (2020): *Curso de Derecho Administrativo,* tomo II (16ª ed.) Civitas, Cizur Menor (Navarra), pág. 446.

[9] STSJ de Madrid 381/2018, de 30 de mayo (núm. rec. 790/2016 y [*Tol 6753757*]).

no formaba parte de la indemnización fijada por la Administración todo el daño moral que se derivaba de las secuelas y la aumentó hasta 600.000 euros.

En supuestos de daño moral puro o autónomo, este mismo principio exige que deba tenerse en cuenta el especial valor de los derechos lesionados, como consideró la STSJ de Navarra de 2 de febrero de 2022 al enjuiciar un intercambio de neonatos.

En esta sentencia, la Sala aumentó la indemnización en un caso de responsabilidad del Servicio Navarro de Salud por el daño moral causado a los miembros de una familia tras el descubrimiento de la falta de filiación biológica respecto a uno de los hijos, debido a un intercambio de bebés ocurrido en el momento del nacimiento[10]. En concreto, la STSJ de Navarra concedió una indemnización de: 300.000 euros por daño moral para la persona que al nacer fue intercambiada por otra; 200.000 euros a cada uno de los padres no biológicos; y 40.000 euros a cada uno de sus otros dos hijos. La sentencia de instancia había concedido 200.000, 50.000 y 10.000 euros respectivamente.

El aspecto más relevante de la sentencia es que tiene en cuenta para fijar la indemnización: los daños psicológicos generados desde que los recurrentes son conscientes del hecho enjuiciado, los cuales, además, son valorados en función de la distinta afectación acreditada en cada caso; también el daño moral asociado a la privación (no consciente) del derecho a relacionarse con la otra familia —privación que el Tribunal califica de pérdida de oportunidad—, el tiempo durante el cual duró dicha privación y que esta se iba a seguir prolongando en lo sucesivo.

También pondera la STSJ de Navarra de 2 de febrero de 2022 el daño moral derivado de la privación de información sobre la historia clínica de los padres biológicos.

En palabras del TSJ de Navarra, «sobre la base del principio de indemnidad integral se ha de ponderar el derecho lesionado que afecta a la verdad biológica y a la propia identidad, pero también a la intimidad familiar, contacto entre padres e hijos y a la reunificación familiar. Como dice la parte apelante, no se puede examinar el resultado dañoso como si se derivase de cualquier otro hecho daños de distinta entidad hay que estar al concreto

---

10 STSJ de Navarra 12/2022, de 2 de febrero (núm. rec. 506/2021 y [*Tol 8925005*]).

derecho lesionado y a las concretas circunstancias acaecidas y concurrentes, cosa que no ha hecho al parecer el juez a quo»[11].

2) Los baremos de valoración de daños personales

El principio de reparación integra del daño es compatible con el hecho de que el legislador haya adoptado un baremo de valoración del daño personal y máximos indemnizatorios en el ámbito de los accidentes de circulación y que los jueces los apliquen —orientativamente— en el ámbito de la responsabilidad sanitaria. En adelante nos referiremos a él como el Baremo.

Así lo estableció el Tribunal Constitucional (TC) en la STC 181/2000, de 29 de junio, respecto al Baremo, introducido por la Ley 30/1995, de 8 de noviembre, de ordenación y supervisión de los seguros privados (LOSSP), predecesora del Baremo previsto en el TRLRC. En este fallo señaló que para hacer efectiva la protección de la vida y la integridad física lesionada era inevitable tener que traducir económicamente la lesión personal producida. En esa tarea el art. 15 de la Constitución (CE) exige al legislador que al regular la responsabilidad civil cumpla dos requisitos: que las indemnizaciones sean suficientes en el sentido de ser respetuosas con la dignidad del ser humano (art. 10.1 CE); y que tiendan a la integridad de la reparación sin efectuar exclusiones de lesiones físicas o padecimientos morales injustificadas[12]. El TC valoró que el Baremo introducido por la LOSSP cumplía ambos requisitos.

---

[11] FJ 5 STSJ de Navarra 12/2022, de 2 de febrero (núm. rec. 506/2021 y [*Tol 8925005*]).

[12] FJ 9 STC 181/2020, de 29 de junio (núm. rec. 3536/1996 y [*Tol 119783*]). De manera similar se ha pronunciado el Tribunal de Justicia de la Unión Europea (TJUE). Entre otras, la STJUE *Petillo y Petillo vs Unipol Assicurazioni SpA,* de 23 de enero de 2014 (as C-371/12 y [*Tol 4070909*]), estableció que las Directivas Primera y Segura, en materia de seguro obligatorio de vehículos a motor, eran compatibles con una legislación nacional (en el caso, el art. 139 del Código italiano de Seguros Privados) que limita la indemnización del daño personal. El citado precepto no incluye el daño moral entre los perjuicios indemnizables derivados de lesiones leves y sólo barema el daño corporal y la incapacidad temporal. Lo relevante según el TJUE es valorar si la normativa nacional excluye o limita de manera desproporcionada el derecho de la víctima a ser indemnizada. En el caso, consideró que la legislación italiana respetaba ese límite porque el método de cálculo más restrictivo sólo se aplica a los daños derivados de lesiones corporales leves y porque el importe derivado de ese cálculo es proporcionado, en particular,

Con más razón, cumple ambos requisitos el Baremo actual del TRLRC, introducido por la Ley 35/2015, de 22 de septiembre, de reforma del sistema para la valoración de los daños y perjuicios causados a las personas en accidentes de circulación, en adelante Ley 35/2015[13]. En efecto, tras esta reforma, el actual Baremo, necesariamente cumple con los citados requisitos de suficiencia e integridad, al menos en lo relativo a los daños personales, pues barema más lesiones, aumenta la puntuación de muchas de ellas e individualiza más categorías de perjuicios personales[14].

El propio art. 33 TRLRC establece como principio fundamental del sistema el de reparación integral del daño, dirigido a «asegurar la total indemnidad de los daños y perjuicios padecidos» (ap. 2). Por ello, «las indemnizaciones de este sistema tienen en cuenta cualesquiera circunstancias personales, familiares, sociales y económicas de la víctima, incluidas las que afectan a la pérdida de ingresos y a la pérdida o disminución de la capacidad de obtener ganancias» (ap. 2). En cuanto a los daños morales, el art. 33.3 establece que este principio implica, de acuerdo con la doctrina del TC, «compensar, mediante cuantías socialmente suficientes y razonables que respeten la dignidad de las víctimas, todo perjuicio relevante de acuerdo con su intensidad».

---

a la gravedad de las lesiones sufridas y a la duración de la invalidez ocasionada. Por último, el régimen permite al juez adaptar el importe de la indemnización, incluyendo un incremento que puede alcanzar hasta una quinta parte del importe calculado (par. 45).

13 El Consejo de Ministros celebrado el 7 de marzo de 2023 aprobó el Anteproyecto de ley por la que se modifica el TRLRC. En cuanto al Baremo, el Anteproyecto incorpora las recomendaciones del Informe de la Comisión de Seguimiento del Sistema de Valoración, de 23 de julio de 2020, que requieren rango legal.

14 Recientemente se ha pronunciado sobre el cumplimiento, por el Baremo, de los principios de suficiencia e integridad la STS 901/2021, de 21 de diciembre de la Sala de lo Civil (núm. rec. 1897/2012 y [*Tol 8712304*]). Este fallo, dictado en el asunto de la responsabilidad civil por los daños derivados del accidente de avión de Spanair concluyó que «al utilizar como criterio indemnizatorio la aplicación orientativa del baremo (...) e indemnizar el período de curación con incapacidad para sus ocupaciones habituales y las secuelas (...) la Audiencia Provincial no vulneró el principio de indemnidad en la indemnización de los daños y perjuicios ni aplicó limitaciones la indemnización por muerte o lesiones corporales, incompatibles con el sistema del Convenio de Montreal y el Reglamento (CE) n.° 2027/1997 (...), modificado por el Reglamento (CE) n° 889/2002, de 13 de mayo de 2002 (...)» (FJ 6, ap. 14).

De hecho, puede ser inexacto o, al menos, está poco fundamentado, afirmar con carácter general que el Baremo infracompensa los daños. En todo caso, habría que comparar para cada tipo de secuela los importes de las indemnizaciones a tanto alzado concedidos por la jurisprudencia con el que resulta de aplicar Baremo.

En definitiva, una primera idea que se deriva de este apartado es que la parte reclamante no puede exigir a la Administración instructora o a los jueces y tribunales que no apliquen el sistema de baremos por considerar que siempre supone una limitación contraria al principio de reparación integral del daño. La aplicación del Baremo puede resultar en una indemnización razonable y suficiente si tiene en cuenta las circunstancias personales y económicas de la víctima y perjudicados.

III. EL SISTEMA DE VALORACIÓN DE LOS DAÑOS PERSONALES DERIVADOS DE LOS ACCIDENTES DE CIRCULACIÓN

El empleo del Baremo, como referencia, es una práctica generalizada en supuestos de responsabilidad patrimonial sanitaria, tanto para la parte reclamante, como la Administración instructora, los consejos consultivos y comisiones asesoras y los jueces y tribunales[15].

Su utilidad reside en ser un instrumento que objetiva y uniformiza las indemnizaciones por causa de muerte y de lesiones corporales. Así lo ha dicho el Consejo Consultivo de Castilla y León (CCCyL), entre muchos otros, en su dictamen de 10 de diciembre de 2009, relativo a un supuesto

---

[15] La Generalitat Valenciana cuenta con la Comisión de Valoración del Daño Corporal, está compuesta por 9 médicos inspectores y se adscribe a la Conselleria de Sanidad. Este órgano se rige por un reglamento de organización y funcionamiento, aprobado por la Orden 6/2020, de 26 de octubre, de la Conselleria de Sanidad Universal y Salud Pública. Su cometido principal es valorar e informar sobre el daño corporal en los expedientes de responsabilidad patrimonial de la Generalitat Valenciana en los que se realice propuesta estimatoria o parcialmente estimatoria: evalúa si la asistencia sanitaria se ha prestado según los estándares de calidad previstos en los protocolos médicos, y, cuando corresponda, determina, porcentualmente, la pérdida de oportunidad terapéutica; también informa del daño corporal, fundamentalmente, puntuando las secuelas. Lo que no realiza esta comisión es la monetización —conversión en dinero— de la puntuación asignada a las secuelas.

de suicidio de un varón de 56 años en el hospital psiquiátrico donde había sido ingresado.

En él consideró que la valoración de la indemnización era insuficiente porque «los baremos a que aluden las reclamantes [fijados en la resolución de 7 de enero de 2007, de la Dirección General de Seguros y Fondos de Pensiones,] son utilizables a modo de referencia (criterio adecuado, que se viene aplicando tanto por este Consejo Consultivo como por los órganos judiciales), debiendo el órgano decisor ponderar las particulares circunstancias del caso concreto y el daño real producido para cuantificar la indemnización»[16].

En sentido similar se ha pronuncido el Consejo Consultivo de La Rioja (CCRioja) en su dictamen de 16 de febrero de 2017 dictado en un caso en que el paciente sufrió una lesión corneal durante la asistencia sanitaria. Según expresó el CCRioja «al igual que la jurisprudencia, venimos admitiendo, sólo con carácter orientativo [el sistema de baremos en accidentes de circulación] (...) en consideración a que proporciona un criterio aproximado de objetividad a la siempre compleja valoración de los daños»[17].

El segundo inciso del art. 34.2 LRJ positiviza esta práctica al establecer que «se podrá tomar como referencia los baremos de la normativa vigente en materia de Seguros obligatorios y de la Seguridad Social».

Como ha puesto de manifiesto la STS de 28 de septiembre de 2020, dictada en un caso de responsabilidad de la Administración penitenciaria: nada ha cambiado «con la nueva regulación que se estable en el actual artículo [34.2 LRJ, el cual] (...) se limita a proponer que la determinación de la indemnización (...) "podrá tomar como referencia" dicho baremo, es decir, ni se impone imperativamente ni, menos aún, de aceptarse ese recurso al baremo, deba ser aplicado en toda su pureza»[18].

Por su parte, la DA 3 de la Ley 35/2015 establece que el Baremo será de referencia para una futura regulación del baremo indemnizatorio de los daños y perjuicios sobrevenidos con ocasión de la actividad sanitaria. Sobre este particular, la última información que nos consta sobre los trabajos preparatorios de este baremo sanitario sigue siendo un borrador de informe del Ministerio de Sanidad, Servicios Sociales e Igualdad, de 28 de junio de

[16] CJ 7 DCCCyL de 10 de diciembre de 2009 [*Tol 5515831*].

[17] FJ 4 DCJRioja 12/2017, de 16 de febrero.

[18] FJ 4 STS 1217/2020, de 28 de septiembre de 2020 (núm. rec. 123/2020 y [*Tol 8112181*]),

2013[19], y un documento titulado anteproyecto de ley reguladora del sistema para la valoración de los daños y perjuicios causados a las personas con ocasión de la actividad sanitaria, de la Dirección General de Ordenación Profesional (Secretaría General de Sanidad y Consumo, Ministerio de Sanidad).

A través del trabajo del profesor Miquel MARTÍN CASALS sobre este último documento —nosotros no hemos podido acceder al mismo— conocemos que el articulado propuesto regula cuestiones singulares del ámbito sanitario, como el estado previo de la víctima, la indemnización por pérdida de oportunidad o los daños derivados de la infracción del consentimiento informado[20]. El problema, muy bien identificado por el profesor Miquel MARTÍN CASALS, es que estas cuestiones tienen que ver más con el requisito de la causalidad que con la valoración del daño y merecerían ser tratadas, en su caso, en una regulación especial sobre la responsabilidad civil médica[21]. Por lo tanto, estas singularidades no justifican la necesidad de un baremo distinto al de circulación, pues este posee, como indica César GALÁN CORTÉS, «herramientas suficientes para adecuarse y ajustarse a cada supuesto»[22]. Sin embargo, adelantamos que la situación actual, basada en una aplicación meramente orientativa del Baremo, es indeseable por la falta de uniformidad en su aplicación entre los jueces y tribunales, al menos, entre los órdenes civil y contencioso-administrativo, como se verá en este trabajo.

Dada la importancia práctica del Baremo en el ámbito de la responsabilidad patrimonial y, en particular, en el ámbito médico, explicaremos a continuación los conceptos, criterios y reglas básicas de funcionamiento de sus tablas.

---

19 Disponible en https://docplayer.es/2729332-Baremo-para-la-determinacion-de-indemnizaciones-por-danos-derivados-de-actividades-en-el-ambito-sanitario-borrador-de-informe.html.

20 MARTÍN-CASALS, Miquel (2018): «Más allá del mal llamado baremo sanitario», en LÓPEZ y GARCÍA DE LA SERRANA, Javier y NAVA MEANA, José Luis (coords), *Ponencias del* XVIII Congreso Nacional Asociación Española de Abogados Especializados en Responsabilidad Civil y Seguro, Sepín, Madrid, págs. 47 a 97.

21 *Ibidem* pág. 87.

22 GALÁN CORTÉS, César (2022): *Responsabilidad civil médica,* 8ª ed., Aranzadi, Cizur Menor (Navarra), cap. VI, ap. IV, 1.6. Sobre la oportunidad de un baremo obligatorio. Consultado on line.

En el ep. IV abordaremos los problemas que ha planteado la aplicación orientativa del Baremo a partir del estudio de la jurisprudencia y de dictámenes de los consejos consultivos y comisiones asesoras. Aquí nos referiremos a su ámbito de aplicación, los principios básicos en que se inspira, su estructura y los perjudicados. También comentaremos las reglas comunes y especiales para los tres tipos de daños, a saber: muerte, lesiones temporales y secuelas.

1) Ámbito de aplicación, principios básicos, estructura y perjudicados

El TRLRC regula un sistema de valoración de los accidentes por la circulación de vehículos a motor con estacionamiento habitual en España (art. 4.1 TRLRC). El ámbito de la circulación es el único que en la actualidad incluye un sistema legal, obligatorio e integral, que otorga *ex ante* un valor (baremo) a los daños corporales, morales y económicos que se deriven de los anteriores para determinar la cuantía indemnizatoria. Otras regulaciones especiales, como los arts. 116 y 117 de la Ley 48/1960, de 21 de julio, de navegación aérea, también cuantifican los daños materiales y corporales en caso de accidente. Sin embargo, sólo son de aplicación si no concurre culpa del transportista y no ofrecen un sistema integral dirigido a compensar el conjunto de perjuicios, personales y económicos, como sucede en el ámbito de la circulación de vehículos a motor.

El régimen de valoración diseñado por el TRLRC prevé un sistema de cálculo actuarial del lucro cesante bastante complejo que tiene en cuenta, entre otros factores, para cada accidente: los ingresos netos de la víctima, la edad de víctima o del perjudicado, según sea el caso de lesiones o muerte, la relación de parentesco con la víctima en el caso de muerte, y el grado de incapacidad en caso de secuelas.

El sistema de baremos previsto por el TRLRC fue ampliamente reformado por la Ley 35/2015, la cual introdujo un Tít. IV (que incluye los arts. 32 a 143 TRLRC) donde se definen los conceptos y se explica el funcionamiento del sistema. Además, ha sido la última norma que ha modificado las cuantías previstas en el anexo del TRLRC sin perjuicio de su actualización anual.

Ahora bien, esta reforma solo se aplica a los accidentes de tráfico ocurridos a partir del 1 de enero de 2016 (DTU y DF 5 Ley 35/2015). Para los accidentes ocurridos con anterioridad, resultan de aplicación las cuantías indemnizatorias actualizadas del TRLRC anteriores a la reforma y que habían sido introducidas por la Ley 30/1995, de 8 de noviembre, de ordenación y supervisión de los seguros privados (LOSSP).

En segundo lugar, el sistema se basa en dos principios básicos: los de reparación íntegra del daño y vertebración. El primero, al que ya hemos referido en el ep. II, significa que se valoran los daños corporales, morales y patrimoniales. También supone que, para las diferentes partidas o conceptos indemnizables, el sistema tiene en cuenta las circunstancias personales, familiares, sociales y económicas de la víctima. Para los daños morales, el principio de reparación íntegra supone compensar todo perjuicio de acuerdo con su intensidad, mediante cuantías socialmente suficientes y razonables (arts. 33.2 y 3 TRLRC). El principio de vertebración del daño conlleva que el sistema valora de forma separada los daños no patrimoniales y los patrimoniales, y dentro de unos y otros, los diversos conceptos perjuidiciales.

En tercer término, respecto de la estructura del sistema de valoración de daños, ésta se establece cuantificando indemnizaciones por muerte, secuelas y lesiones temporales causadas en los accidentes (art. 34 TRLRC).

Para cada situación (muerte, secuelas y lesiones temporales) se valoran por separado, como se ha indicado, los daños patrimoniales y los no patrimoniales y rige una estructura similar: primero, se asigna un valor a los perjuicios personales básicos asociados a cada uno de los daños corporales (tablas 1.A; 2.A.1 y 2.A.2; 3.A) y, por separado, se valoran los perjuicios personales particulares (tablas 1.B; 2.B; 3.B) y los perjuicios patrimoniales (tablas 1.C; 2.C; 3.C).

Los valores de los perjuicios personales particulares se definen de forma diversa: en ocasiones, mediante un porcentaje sobre la indemnización básica; otras veces mediante un intervalo de valores que el juez concretará según las circunstancias del caso.

En relación con los perjuicios patrimoniales: el sistema establece topes indemnizatorios para algunos tipos de gastos; por ejemplo, 400 euros —no actualizados— por daños emergentes en caso de fallecimiento, sin necesidad de justificación; en otros casos remite la valoración al importe que la víctima o perjudicado consigan probar (como en el caso del lucro cesante si la lesión es temporal); y en materia de lucro cesante por pérdida de ingresos laborales el sistema determina un importe concreto en función del nivel de ingresos de la víctima y de la edad de ésta o del perjudicado, después de haber aplicado un cálculo actuarial que tiene en cuenta múltiples variables, que se tratarán más adelante.

Finalmente, en cuanto a los perjuidicados, si se trata de un caso de lesiones, el perjudicado es la víctima. En cambio, en caso de muerte, de acuerdo con el art. 36 TRLRC, tienen esta consideración, las personas que el art. 62 TRLRC menciona y que luego trataremos (el Anteproyecto de reforma del TRLRC excluye del concepto de perjudicado en caso de fallecimiento al conductor causante del accidente). A todos los efectos, la ley considera que sufre el mismo perjuicio el cónyuge viudo que el miembro superviviente de una pareja de hecho estable, siempre que ésta se haya constituido mediante inscripción en un registro o documento público, o haya convivido como mínimo un año inmediatamente antes de la muerte o un período inferior si tienen un hijo en común (art. 36.2 TRLRC).

2) *Reglas comunes aplicables a los tres tipos de daños principales*

Las reglas comunes a las lesiones temporales, secuelas y muerte se refieren al momento de determinación de las cuantías indemnizatorias y de actualización de las cuantías, al resarcimiento mediante renta vitalicia y a la indemnización por valores superiores a los previstos por el sistema.

A. Momento de determinación de las cuantías indemnizatorias y de actualización de las cuantías

El sistema tiene en cuenta distintos momentos relevantes para aplicar las tablas. Entre ellos cabe destacar el día del accidente y el año de fijación judicial o extrajudicial del importe de la indemnización. Sobre esta cuestión, que aquí apuntamos, volveremos a referirnos a ella en el ep. V.

La fecha del accidente es relevante porque, en primer lugar, marca, si no se ha establecido una regla especial, cuál es la ley aplicable. En este sentido, recuérdese que desde el año 1995 se han sucedido distintas reformas del Baremo y el sistema vigente sólo se aplica a los accidentes ocurridos a partir del 1 de enero de 2016 (art. 40 TRLRC y DTU y DF 5 Ley 35/2015). El TRLRC regula, no sólo la cuantía asignada a tal o cual daño, sino también cuáles son los conceptos perjudiciales indemnizables, los puntos asignados a cada secuela, los criterios y definiciones para aplicar las tablas y los demás elementos relevantes para la aplicación del sistema (art. 38.2 TRLRC). En segundo lugar, también es importante la fecha del accidente porque determina la edad de la víctima y de los perjudicados, así como otras circunstancias personales, económicas y labores, que se tienen en cuenta para aplicar las tablas (art. 38 TRLRC).

Otro momento relevante para el sistema es el año en que se fija el importe por acuerdo judicial o extrajudicial, pues este momento determina la actualización correspondiente de la cuantía prevista por la ley (art. 40.1 TRLRC). A ello el art. 40.2 TRLRC añade que «no procederá esta actualización a partir del momento en que se inicie el devengo de cualesquiera intereses moratorios».

Por su parte, el art. 49 TRLRC establece que las cuantías y límites indemnizatorios fijados en la ley y en sus tablas «quedan automáticamente actualizadas, con efectos a 1 de enero de cada año, en el porcentaje del índice de revalorización de las pensiones previsto en la Ley de Presupuestos Generales del Estado»[23]. Para facilitar el cálculo de su actualización la Dirección General de Seguros y Fondos de Pensiones Publicas (DGSFP) por resolución las cuantías indemnizatorias. La última resolución publicada en la fecha de revisión de este texto (12 de enero de 2023) contiene las cuantías para las indemnizaciones fijadas durante el año 2023[24]. Los ejemplos de cuantías que se mencionarán en este apartado serán las actualizadas en el año 2023.

La regla anterior no se aplica a las tablas de lucro cesante y de ayuda de tercera persona, las cuales se actualizarán de acuerdo con la revisión de las bases técnicas actuariales. La primera revisión de estas bases desde la aprobación de la Ley 35/2015 se ha producido por el RD 907/2022, de 25 de octubre, cuya DF 3 contiene una regla especial de aplicación temporal, según la cual: «las tablas del anexo serán de aplicación a los accidentes ocurridos a partir de su entrada en vigor [29 de octubre de 2022] y a los lesionados en accidentes ocurridos anteriormente cuyas secuelas se hayan estabilizado a partir de esa fecha».

También tienen una regla propia de actualización las tablas de gasto sanitario futuro que se actualizarán de acuerdo con lo que establezcan los convenios sanitarios con los servicios públicos de salud (art. 49.2 TRLRC).

---

23 El Anteproyecto de reforma del TRLRC modifica el art. 49 para sustituir este índice por el IPC, como preveía el anterior sistema de baremos (art. único, ap. 17 Anteproyecto).

24 La Resolución y las tablas pueden consultarse aquí: https://dgsfp.mineco.gob.es/es/Regulacion/DocumentosRegulacion/Resolucion%20Baremo%202023%20publicacion%20WEB.pdf;
https://dgsfp.mineco.gob.es/es/Regulacion/DocumentosRegulacion/Tablas_indemnizatorias_Baremo_2023_JC%20-%20draft.pdf

Sobre la relación entre estos preceptos y el art. 34.3 LRJ [relativo a la cuantificación de la indemnización en el ámbito de la responsabilidad patrimonial de la Administración Pública], véase el ep. V.

B. Indemnización mediante renta vitalicia

El TRLRC contempla la posibilidad de convertir la indemnización en una renta vitalicia. Así, su art. 41.1 establece que «en cualquier momento las partes pueden convenir o el juez, a petición de cualquier de ellas, la sustitución total o parcial de la indemnización fijada por la constitución de una renta vitalicia». También introduce la facultad del juez de hacerlo de oficio en casos de menores o de personas con discapacidad y se estime necesario para proteger más eficazmente sus intereses.

Para cuantificar las indemnizaciones que consistan en una renta vitalicia, el sistema establece una tabla técnica (TT1) de conversión renta/capital, o capital/renta mediante la aplicación de un coeficiente actuarial que tiene en cuenta las probabilidades de supervivencia de la persona.

C. Regulación de los supuestos de muerte después de una secuela o incapacidad temporal causada en un accidente de circulación si la indemnización todavía no ha sido fijada

El articulado del TRLRC recoge una regla especial para los casos de fallecimiento producido tras la lesión temporal o permanente y antes de que se haya fijado la cuantía de la indemnización. De acuerdo con el su art. 42, deberá reducirse la indemnización. Nótese que el sistema reduce la indemnización sea cual sea la causa de la muerte, ya el accidente o un riesgo general de la vida. Por el contrario, si la indemnización ya se ha fijado, se entiende que la muerte posterior de la víctima no es una de las circunstancias a tener en cuenta para revisar la indemnización.

Por su parte, los arts. 44 y 45 TRLRC prevén el cálculo a seguir para reducir la indemnización.

Tratándose de lesiones temporales, la indemnización por incapacidad temporal que recibirá el heredero, en tanto en cuanto se calcula en función de su duración, tendrá en cuenta en estos supuestos el tiempo transcurrido «desde el accidente hasta la estabilización de las lesiones o, en su caso, hasta su fallecimiento, si este es anterior» (art. 44 TRLRC).

En los casos de secuelas, de acuerdo con el art. 45 TRLRC si los lesionados fallecen después de la estabilización de las secuelas la indemnización se ve recortada con base en una doble regla: en primer lugar, el heredero tiene derecho a un 15 por ciento del perjuicio personal básico que le hubiera correspondido por la secuela; en segundo lugar, respecto a la cantidad restante de perjuicio personal básico y de las restantes indemnizaciones por perjuicios personales particulares y patrimoniales en lo relativo al lucro cesante habrá que ajustar la indemnización en proporción al tiempo que ha sobrevivido teniendo en cuenta la esperanza de vida de la víctima en el momento del accidente, de acuerdo con la tabla técnica de esperanzas de vida (TT2)[25].

Finalmente, el art. 47 TRLRC reconoce la compatibilidad entre la indemnización a la que tienen derecho los herederos y la indemnización de los perjudicados por la muerte del lesionado.

D. Indemnización superior a los valores previstos por el sistema

La Ley 35/2015 regula expresamente la indemnización de perjuicios relevantes excepcionales cuando concurran circunstancias singulares y la forma de calcularlo es aumentando el perjuicio personal básico en un 25 por ciento (arts. 77 y 112 TRLRC).

3) Indemnización por causa de muerte

«La muerte en sí misma considerada no se indemniza (a quien la sufre), sino que lo que se indemniza es la pérdida neta que sufren aquellas personas que dependían económicamente de los ingresos de la víctima (daño patrimonial), así como el dolor, sufrimiento, aflicción, la pérdida de compañía, de proyectos conjuntos, etc., que produce a los familiares y allegados la muerte de un familiar (daño no patrimonial)»[26]. La condición

---

25 El art. 45 TRLRC es objeto de modificación por el Anteproyecto de reforma del TRLRC en el sentido de aplicar el 15 por ciento no sólo al perjuicio personal básico sino también a los perjuicios personales particulares y a los perjuicios patrimoniales relativos al lucro cesante y a la ayuda de tercera persona. La segunda regla, que tiene en cuenta la esperanza de vida de la persona, se mantiene pero se aplica a las cantidades que correspondan al porcentaje restante de los anteriores perjuicios.

26 CANO CAMPOS, Tomás (2013): «La transmisión mortis causa del derecho a ser indemnizado por los daños no patrimoniales causados por la Administración»,

de perjudicado por el fallecimiento se tiende a presumir en los familiares próximos de la víctima. En el reciente dictamen del CJCVal 160/2024, de 6 de marzo, el Consejo rechaza la posición de la Administración instructora de negar legitimación activa a las abuelas de un menor que había fallecido como consecuencia de una intervención quirúrgica de amigdalitis, porque considera que la misma acción de responsabilidad ya la habían ejercitado los descendientes de aquellas y progenitores del menor. Según el Consejo, de acuerdo con la jurisprudencia, el derecho a ser indemnizado corresponde a todos aquellos que acrediten un sufrimiento por haber perdido a un ser querido, fueran cuantos fueran (Consideración 2a).

Si su compensación va a determinarse siguiendo los criterios del TRLRC, hay que tener en cuenta las reglas especiales establecidas en los arts. 61 a 92 TRLRC. Éstas se refieren: por un lado, a los perjuicios personales, distinguiendo los básicos de particulares; y, por otro lado, los perjuicios patrimoniales, que comprenden los gastos relacionados con el entierro y funeral y el lucro cesante.

A. Perjuicios personales

El fallecimiento de un familiar o allegado causa un daño moral. Éste se cuantifica mediante un sistema de tablas, incorporadas como anexos al TRLRC y actualizadas anualmente por la Dirección General de Seguros y Fondos de Pensiones. Así, la tabla 1.A señala una cantidad de dinero en concepto de perjuicio personal básico. Su cuantía no es igual para todos los perjudicados. Dependerá de factores como su parentesco con la víctima, su edad —si se trata de hijos o hermanos de la víctima— y la edad de la víctima si se trata de valorar el daño moral causado al cónyuge o pareja de hecho.

Posteriormente, el sistema presume un agravamiento del daño moral si concurren determinadas circunstancias personales (véase tabla 1.B). Es lo que se conoce como perjuicio personal particular. Estas circunstancias están referidas: a la discapacidad física o psíquica del perjudicado, anterior o como consecuencia del accidente; la muerte del único hijo de los perjudicados; la muerte del único progenitor; que el perjudicado sea único en su categoría o el único familiar de la víctima, entre otros. La regulación del perjuicio personal básico y particular está prevista con detalle en los arts. 61 a 77 TRLRCS.

a) Perjuicio básico (tabla 1.A)

Para la determinación del perjuicio personal básico, el sistema clasifica a los familiares en categorías autónomas de perjudicados (cónyuge viudo no separado legalmente, descendientes, ascendientes y hermanos) y la indemnización pretende indemnizar su daño moral individual.

Cabe destacar, respecto del concepto de cónyuge viudo como categoría de perjudicado por la muerte de su pareja, que el art. 63.2 TRLRCS contempla al «cónyuge viudo no separado legalmente», así como que el art. 63.3. TRLRC aclara que «la separación de hecho y la presentación de la demanda de nulidad, separación o divorcio se equiparan a la separación legal». Por lo tanto, al cónyuge separado de hecho no se le considera perjudicado. A lo anterior hay que añadir que es considerado perjudicado, a efectos del cobro de la indemnización por lucro cesante, el cónyuge separado legalmente o excónyuge que tenga derecho, de acuerdo con las reglas del derecho de familia, a una pensión compensatoria que se hubiera extinguido por la muerte de la víctima (arts. 82.2 y 87.2.b TRLRC).

El sistema añade una quinta categoría de perjudicados, los allegados. Éstos son definidos como aquellas personas que «hubieran convivido familiarmente con la víctima durante un mínimo de cinco años inmediatamente anteriores al fallecimiento y fueran especialmente cercanas a ella en parentesco o afectividad» (art. 67 TRLRC).

El sistema también otorga la condición de perjudicado a «quien, de hecho y de forma continuada, ejerce las funciones que por incumplimiento o inexistencia no ejerce la persona perteneciente a una categoría concreta o asume su posición» (art. 62.3 TRLRC). Previamente ya lo había admitido la jurisprudencia en algún supuesto. Por último, se admite que «concurran circunstancias que supongan la inexistencia del perjuicio a resarcir» aunque el sujeto esté incluido en alguna de las categorías de perjudicado (art. 62.2 TRLRC).

Adicionalmente, el sistema incluye el factor de la convivencia entre los cónyuges o miembros de la pareja estable: para el año 2023, establece una cantidad fija para el cónyuge viudo no separado legalmente hasta los quince años de convivencia (107.123,05 euros si la víctima tenía menos de 67 años); y aplica un incremento de 1.190,26 euros por cada año adicional. Por otro lado, si la pareja estable contrae matrimonio los años de convivencia se sumarán a los de matrimonio (art. 63.2 TRLRC).

b) Perjuicio personal particular (tabla 1.B)

El perjudicado por la muerte de un familiar o allegado, si concurren determinadas circunstancias, recibirá una cantidad adicional mediante la aplicación, en la mayoría de los supuestos, de un porcentaje sobre la cuantía del perjuicio personal básico. Las circunstancias son las siguientes:

i. *Discapacidad física, intelectual o sensorial de perjudicado.* Tiene por objeto compensar la alteración perceptible que el fallecimiento de la víctima provoca en la vida del perjudicado que sea persona con discapacidad.

ii. *Convivencia con la víctima.* Resarce la relación más estrecha que surge en estos casos. El cónyuge viudo y los descendientes menores de 30 años no tienen reconocida indemnización alguna por este concepto porque «esta circunstancia ya está ponderada en la indemnización por perjuicio personal básico» (art. 70.1 TRLRC).

iii. *Condición de perjudicado único de su categoría, de perjudicado familiar único, así como el fallecimiento del progenitor o hijo únicos.* Toma en consideración la desaparición total de determinadas categorías de parentesco.

iv. *Pérdida del feto.* Atiende al especial dolor que causa la pérdida del *nasciturus.*

v. *Otros perjuicios excepcionales.* Actúa como un cajón de sastre donde valorar «los perjuicios relevantes, ocasionados por circunstancias singulares y no contemplados conforme a las reglas y límites del sistema» (art. 33.5 TRLRC).

B. Perjuicios patrimoniales (tabla 1.C)

En aplicación del principio de vertebración, reconocido en el art. 33.4 TRLRC, de manera complementaria a la reparación del perjuicio personal, los arts. 78 a 92 TRLRC establecen determinadas cantidades de dinero que compensen el menoscabo económico provocado por el fallecimiento de la víctima(*vid.* tabla 1.C). Éstas se asocian a los gastos por entierro y funeral y al lucro cesante.

a) Perjuicio básico y otros gastos específicos

Se refiere a los daños emergentes derivados del fallecimiento, como el desplazamiento, manutención, alojamiento y otros análogos. El art.

78 TRLRC, reconoce una indemnización mínima —fijada para 2023 en 476,10 euros— para estos conceptos— sin necesidad de justificación. Complementariamente admite que se puedan resarcir cantidades adicionales si se justifican. Por su parte, el art. 79 TRLRC también prevé el abono de los gastos de traslado del fallecido, entierro y funeral, según los usos y costumbres del lugar, así como de los gastos de repatriación del cadáver al país de origen.

b) Lucro cesante

A los efectos del TRLRC se entiende por lucro cesante en supuestos de muerte «las pérdidas netas que sufren aquellos que dependían económicamente de los ingresos de la víctima y que por ello tienen la condición de perjudicados» (art. 80 TRLRC).

En orden a su cuantificación, con carácter general, para los casos de fallecimiento, el sistema parte de un cálculo actuarial complejo que se explica en el articulado pero que no se muestra en el Baremo (arts. 81 y ss. TRLRC). El TRLRC también establece un sistema de cálculo actuarial para los casos de secuelas (arts. 127 y ss. TRLRC).

El cálculo consiste en multiplicar los ingresos netos de la víctima, como multiplicando, por un coeficiente que, como multiplicador, integra diversas variables. Para determinar el multiplicando, el TRLRC impone ponderar la situación de la víctima, diferenciando, a los efectos del cálculo de los ingresos, si tenía ingresos de trabajo personal antes del accidente, si estaba jubilada, si estaba en situación de desempleo o si tenía dedicación exclusiva o parcial a las tareas del hogar de la unidad familiar. Respecto del multiplicador toma en consideración: la existencia de pensiones públicas, la duración de la dependencia económica del perjudicado, el riesgo de fallecimiento y la tasa de interés de descuento.

Como se acaba de decir, una de las variables del multiplicador es el riesgo de fallecimiento del perjudicado (en caso de fallecimiento) o de la víctima (en caso de secuelas). Para aplicar esta variable se considera la edad y la probabilidad de supervivencia de la persona en una función que es exponencial pero que, además, tiene en cuenta que las posibilidades de supervivencia —de una persona dentro de 20 años, por ejemplo— son, por razón del desarrollo de la ciencia y de la técnica, mayores que en la actualidad (art. 86.1.d TRLRC).

Otra de las variables del multiplicador es el importe estimado que cobrará el perjudicado (en el caso de muerte) o la víctima (en el caso de secuelas) en concepto de pensiones públicas por la muerte o por la incapacidad permanente (arts. 86.1.b y 132 TRLRC).

En segundo lugar, la ley distingue en el art. 82 TRLRC entre perjudicados (que no deben acreditar dependencia económica con la víctima), presuntos perjudicados, y otros perjudicados (que deben acreditar el daño). En el primer grupo, se incluyen el cónyuge y los hijos menores de edad; en el segundo se encuentran los hijos hasta los 30 años, cuya consideración de perjudicado se presume a menos que se acredite lo contrario. Los restantes perjudicados por daño moral sólo se consideran perjudicados por lucro cesante si acreditan que dependían económicamente de la víctima. Al cónyuge separado legalmente o excónyuge que tenía derecho a cobrar pensión compensatoria se le considera perjudicado (art. 82.2 TRLRC). Pues bien, el sistema prevé hasta 7 grupos de tablas (de la tabla 1.C.1 a la tabla 1.C.7.d) para valorar el lucro cesante de los distintos perjudicados y la cuantía de lucro cesante que ofrecen las tablas resulta de cruzar los ingresos netos de la víctima con la edad del perjudicado.

En tercer término, la ley utiliza para el cálculo del lucro cesante un sistema de cuotas que tiene en cuenta que el lucro cesante debe repartirse entre los diferentes perjudicados y que éstos pueden ser varios.

Como es imposible determinar *ex ante* el número de perjudicados, el sistema aplica las siguientes reglas:

i. Al menos un 10 por ciento de los ingresos de la víctima deben considerarse excluidos del reparto por considerarse necesarios para cubrir las necesidades de la víctima, es decir, deben detraerse de la base. Por lo tanto, la base de cálculo ya no será del 100 por ciento de los ingresos sino del 90 por ciento.

ii. A partir de ahí el sistema (art. 87 TRLRC) realiza la siguiente estimación y distribuye los ingresos de la siguiente manera:

   - Si hay cónyuge o sólo un perjudicado su cuota será de un 60 por ciento.
   - Si hay más de un perjudicado, la cuota del cónyuge continuará siendo de un 60 por ciento, la de cada hijo del 30 por ciento y la de cualquier otro perjudicado del 20 por ciento (en este último grupo está incluido el cónyuge separado o ex cónyuge derecho a pensión compensatoria).

   Llegados a este punto, si por razón del número y tipo de perjudicados, la suma de sus cuotas no supera el 90 por ciento, el importe de las tablas será el lucro cesante resultante, sin tener que realizar más cálculos, porque el sistema ha calculado el lucro cesante considerando esta distribución de los ingresos de la víctima.

En cambio, si por razón del número de perjudicados, la suma de sus cuotas supera el 90 por ciento, lo que sucedería si, por ejemplo, además del cónyuge (60 por ciento) hay dos hijos (60 por ciento; 30 por ciento cada uno), el art. 87 TRLRC establece la siguiente regla: las cuotas deben redistribuirse de manera proporcional, dando lugar a la correspondiente indemnización de cada uno de ellos.

Esto significa que el importe previsto por las tablas para cada tipo de perjudicado se verá reducido cuando las cuotas de los perjudicados superen el 90 por ciento. Y a la inversa, si el perjudicado es único y no es el cónyuge, el cálculo de la indemnización se hará multiplicando por dos el importe previsto para el hijo y por tres cuando se trate de los demás perjudicados.

C. Ejemplo de indemnización por causa de muerte

Supongamos los siguientes datos que como mínimo se necesitan para el cálculo básico de la indemnización por muerte:

- Fallecimiento de marido y padre de 56 años de edad (año 2021)
- Cónyuge viuda (52 años)
- Años de duración del matrimonio: 20 años
- 2 hijos comunes (17 y 19 años)
- Ingresos netos de la víctima en el último año: 90.000 euros

Para el cálculo se utilizarán las cuantías actualizadas del año 2023, así como las cuantías actualizadas por lucro cesante y ayuda de tercera persona, introducidas por el RD 907/2022 en el anexo del TRLRC.

a) Perjuicio personal básico

- Perjuicio básico del cónyuge viudo: 113.074,35 euros.
- Perjuicio básico de cada hijo: 95.220,49 euros.

Tablas consultadas:

INDEMNIZACIONES POR CAUSA DE MUERTE TABLA 1.A PERJUICIO PERSONAL BÁSICO	
Categoría 1. El Cónyuge viudo	
Hasta 15 años de convivencia, si la victima tenía hasta 67 años	107.123,05 €
Hasta 15 años de convivencia, si la victima tenía desde 67 hasta 80 años	83.317,93 €
Hasta 15 años de convivencia, si la victima tenía más de 80 años	59.512,81 €
Por cada año adicional de convivencia o fracción con independencia de la edad de la victima.	1.190,26 €
Categoría 2. Los Ascendientes	
A cada progenitor, si el hijo fallecido tenía hasta 30 años	83.317,93 €
A cada progenitor, si el hijo fallecido tenía más de 30 años	47.610,25 €
A cada abuelo, sólo en caso de premoriencia del progenitor de su rama familiar	23.805,12 €
Categoría 3. Los Descendientes	
A cada hijo que tenga hasta 14 años	107.123,05 €
A cada hijo que tenga desde 14 hasta 20 años	95.220,49 €
A cada hijo que tenga desde 20 hasta 30 años	59.512,81 €
A cada hijo que tenga más de 30 años	23.805,12 €
A cada nieto, sólo en caso de premoriencia del progenitor hijo del abuelo fallecido	17.853,84 €
Categoría 4. Los Hermanos	
A cada hermano que tenga hasta 30 años.	23.805,12 €
A cada hermano que tenga más de 30 años.	17.853,84 €
Categoría 5. Los Allegados	
A cada allegado	11.902,56 €

b) Perjuicio patrimonial: lucro cesante

Tabla de lucro cesante del cónyuge. Tabla 1.C.1. Años de duración del matrimonio: 20 años

Ingreso neto					
Hasta	**52**	**53**	**54**	**55**	**56**
9.000 €	20.220 €	20.011 €	19.741 €	19.422 €	19.034 €
12.000 €	26.960 €	26.682 €	26.321 €	25.896 €	25.378 €
15.000 €	33.700 €	33.352 €	32.901 €	32.369 €	31.723 €
18.000 €	40.440 €	40.023 €	39.481 €	38.843 €	38.067 €
21.000 €	47.180 €	46.693 €	46.061 €	45.317 €	44.412 €
24.000 €	53.920 €	53.364 €	52.641 €	51.791 €	50.757 €
27.000 €	60.660 €	60.034 €	59.222 €	58.265 €	57.101 €
30.000 €	67.400 €	66.704 €	65.802 €	64.739 €	63.446 €
33.000 €	73.526 €	73.375 €	72.382 €	71.213 €	69.790 €
36.000 €	74.393 €	73.728 €	72.494 €	71.259 €	70.659 €
39.000 €	75.132 €	74.081 €	74.081 €	72.541 €	71.865 €
42.000 €	75.871 €	74.433 €	74.135 €	73.838 €	72.994 €
45.000 €	76.610 €	74.785 €	74.368 €	73.952 €	73.535 €
48.000 €	77.349 €	75.137 €	74.877 €	74.616 €	74.356 €
51.000 €	83.741 €	75.489 €	75.388 €	75.286 €	75.185 €
54.000 €	108.250 €	98.491 €	88.800 €	79.199 €	77.639 €
57.000 €	132.760 €	121.493 €	110.278 €	99.139 €	88.056 €
60.000 €	157.269 €	144.496 €	131.757 €	119.079 €	106.438 €
63.000 €	181.778 €	167.498 €	153.235 €	139.019 €	124.820 €
66.000 €	206.287 €	190.500 €	174.713 €	158.958 €	143.202 €
69.000 €	230.796 €	213.502 €	196.191 €	178.898 €	161.585 €
72.000 €	255.305 €	236.505 €	217.669 €	198.838 €	179.967 €
75.000 €	279.814 €	259.507 €	239.147 €	218.778 €	198.349 €
78.000 €	304.323 €	282.509 €	260.625 €	238.718 €	216.731 €
81.000 €	328.832 €	305.511 €	282.103 €	258.657 €	235.113 €
84.000 €	353.341 €	328.514 €	303.581 €	278.597 €	253.495 €
87.000 €	377.850 €	351.516 €	325.059 €	298.537 €	271.877 €
90.000 €	402.359 €	374.518 €	346.537 €	318.477 €	290.260 €
93.000 €	426.868 €	397.520 €	368.015 €	338.417 €	308.642 €
96.000 €	451.377 €	420.523 €	389.493 €	358.356 €	327.024 €
99.000 €	475.886 €	443.525 €	410.971 €	378.296 €	345.406 €
102.000 €	500.395 €	466.527 €	432.449 €	398.236 €	363.788 €
105.000 €	524.904 €	489.529 €	453.927 €	418.176 €	382.170 €
108.000 €	549.413 €	512.532 €	475.406 €	438.116 €	400.552 €
111.000 €	573.922 €	535.534 €	496.884 €	458.055 €	418.934 €
114.000 €	598.431 €	558.536 €	518.362 €	477.995 €	437.317 €
117.000 €	622.940 €	581.538 €	539.840 €	497.935 €	455.699 €
120.000 €	647.449 €	604.541 €	561.318 €	517.875 €	474.081 €

Tabla de lucro cesante de los hijos. Tabla 1.C.2.

Ingreso neto								Edad del hijo/a		
Hasta	17	18	19	20	21	22	23	24	25	
9.000 €	19.733 €	18.891 €	18.057 €	17.232 €	16.414 €	15.605 €	14.805 €	14.014 €	13.232 €	
12.000 €	26.310 €	25.188 €	24.076 €	22.976 €	21.886 €	20.807 €	19.740 €	18.685 €	17.643 €	
15.000 €	32.888 €	31.485 €	30.095 €	28.720 €	27.357 €	26.009 €	24.675 €	23.356 €	22.054 €	
18.000 €	39.465 €	37.782 €	36.114 €	34.463 €	32.828 €	31.211 €	29.610 €	28.027 €	26.465 €	
21.000 €	46.043 €	44.079 €	42.133 €	40.207 €	38.300 €	36.413 €	34.545 €	32.699 €	30.876 €	
24.000 €	52.620 €	50.376 €	48.152 €	45.951 €	43.771 €	41.615 €	39.480 €	37.370 €	35.287 €	
27.000 €	59.198 €	56.673 €	54.171 €	51.695 €	49.243 €	46.816 €	44.415 €	42.041 €	39.697 €	
30.000 €	65.775 €	62.970 €	60.190 €	57.439 €	54.714 €	52.018 €	49.350 €	46.712 €	44.108 €	
33.000 €	72.353 €	69.267 €	66.209 €	63.183 €	60.185 €	57.220 €	54.285 €	51.384 €	48.519 €	
36.000 €	78.930 €	75.564 €	72.229 €	68.927 €	65.657 €	62.422 €	59.220 €	56.055 €	52.930 €	
39.000 €	85.508 €	81.860 €	78.248 €	74.671 €	71.128 €	67.624 €	64.155 €	60.726 €	57.341 €	
42.000 €	92.085 €	88.157 €	84.267 €	80.415 €	76.599 €	72.826 €	69.090 €	65.397 €	61.752 €	
45.000 €	98.663 €	94.454 €	90.286 €	86.159 €	82.071 €	78.027 €	74.025 €	70.069 €	66.162 €	
48.000 €	105.240 €	100.751 €	96.305 €	91.903 €	87.542 €	83.229 €	78.960 €	74.740 €	70.573 €	
51.000 €	113.859 €	108.851 €	103.884 €	98.960 €	94.075 €	89.235 €	84.436 €	79.684 €	74.984 €	
54.000 €	124.884 €	119.078 €	113.305 €	107.566 €	101.859 €	96.188 €	90.551 €	84.951 €	79.395 €	
57.000 €	135.910 €	129.305 €	122.725 €	116.173 €	109.643 €	103.142 €	96.665 €	90.218 €	83.806 €	
60.000 €	146.936 €	139.532 €	132.146 €	124.779 €	117.427 €	110.095 €	102.780 €	95.485 €	88.217 €	
63.000 €	157.962 €	149.759 €	141.566 €	133.385 €	125.211 €	117.049 €	108.894 €	100.752 €	92.627 €	
66.000 €	168.988 €	159.986 €	150.987 €	141.992 €	132.995 €	124.002 €	115.008 €	106.018 €	97.038 €	
69.000 €	180.013 €	170.213 €	160.408 €	150.598 €	140.778 €	130.955 €	121.123 €	111.285 €	101.449 €	
72.000 €	191.039 €	180.440 €	169.828 €	159.205 €	148.562 €	137.909 €	127.237 €	116.552 €	105.860 €	
75.000 €	202.065 €	190.667 €	179.249 €	167.811 €	156.346 €	144.862 €	133.352 €	121.819 €	110.271 €	
78.000 €	213.091 €	200.894 €	188.669 €	176.417 €	164.130 €	151.816 €	139.466 €	127.086 €	114.682 €	
81.000 €	224.117 €	211.121 €	198.090 €	185.024 €	171.914 €	158.769 €	145.580 €	132.352 €	119.092 €	
84.000 €	235.142 €	221.348 €	207.510 €	193.630 €	179.698 €	165.723 €	151.695 €	137.619 €	123.503 €	
87.000 €	246.168 €	231.575 €	216.931 €	202.236 €	187.482 €	172.676 €	157.809 €	142.886 €	127.914 €	1
90.000 €	257.194 €	241.802 €	226.351 €	210.843 €	195.266 €	179.630 €	163.924 €	148.153 €	132.325 €	1
93.000 €	268.220 €	252.029 €	235.772 €	219.449 €	203.050 €	186.583 €	170.038 €	153.420 €	136.736 €	1
96.000 €	279.246 €	262.256 €	245.192 €	228.056 €	210.834 €	193.537 €	176.152 €	158.687 €	141.147 €	1
99.000 €	290.271 €	272.483 €	254.613 €	236.662 €	218.618 €	200.490 €	182.267 €	163.953 €	145.557 €	1
102.000 €	301.297 €	282.710 €	264.034 €	245.268 €	226.402 €	207.444 €	188.381 €	169.220 €	149.968 €	1
105.000 €	312.323 €	292.937 €	273.454 €	253.875 €	234.186 €	214.397 €	194.496 €	174.487 €	154.379 €	1
108.000 €	323.349 €	303.164 €	282.875 €	262.481 €	241.970 €	221.351 €	200.610 €	179.754 €	158.790 €	1
111.000 €	334.375 €	313.391 €	292.295 €	271.088 €	249.754 €	228.304 €	206.724 €	185.021 €	163.201 €	1
114.000 €	345.400 €	323.618 €	301.716 €	279.694 €	257.538 €	235.258 €	212.839 €	190.287 €	167.612 €	1
117.000 €	356.426 €	333.845 €	311.136 €	288.300 €	265.322 €	242.211 €	218.953 €	195.554 €	172.022 €	1
120.000 €	367.452 €	344.072 €	320.557 €	296.907 €	273.106 €	249.165 €	225.068 €	200.821 €	176.433 €	1

Aplicación del sistema de cuotas al caso propuesto:

- Cónyuge viudo (52 años, 20 de matrimonio): 402.359 euros (por ley, tiene asignada una cuota del 60 por ciento)
- Hijo (17 años): 257.194 euros (por ley, tiene asignada una cuota del 30 por ciento)
- Hijo (19 años): 226.351 euros (por ley, tiene asignada una cuota del 30 por ciento)

Como por ley las cuotas de los perjudicados alcanzan el 120 por ciento, procede una redistribución de estas sobre el 90 por ciento:

- Cónyuge viudo, cuota del 45 por ciento (75 por ciento de 60): 301.769,25 euros
- Hijo (17 años), cuota del 22,5 por ciento (75 por ciento de 30): 192.895,5 euros
- Hijo (19 años), cuota del 22,5 por ciento (id): 169.763,25 euros

En caso de que el único perjudicado por el fallecimiento fuera su hijo de 19, tendríamos que multiplicar la cantidad prevista en la tabla (en este caso, 226.351 euros), que considera una cuota del 30 por ciento, por 2, por lo que la indemnización por lucro cesante sería de 452.702 euros.

A continuación, se detalla el importe de la indemnización por fallecimiento en el ejemplo propuesto:

	Perjuicio básico	Lucro cesante	Total
Cónyuge viudo	113.074,35	301.769,25	414.843,6
Hijo (17 años)	95.220,49	192.895,5	288.115,99
Hijo (19 años)	95.220,49	169.763,25	264.983,74

4) Indemnización por lesiones temporales (tabla 3)

Además del fallecimiento, existen dos casos de daños corporales contemplados por el sistema: las lesiones temporales y las permanentes, también conocidas como secuelas.

En efecto, es posible que del accidente resulte una afectación para la salud, una lesión o traumatismo que, en el actual estadio de los conocimientos médicos, «está llamada a curarse a corto o medio plazo» (regla núm. 2 tabla 2.A.1, secuelas). A este tipo de daño el art. 134.1 TRLRC lo denomina lesiones temporales y las define como aquellas «que sufre el lesionado desde el momento del accidente hasta el final del proceso curativo o hasta la estabilización de la lesión y su conversión en secuela». Además, como señala el art. 134.2 TRLRC, «la indemnización por lesiones temporales es compatible con la que proceda por secuelas o, en su caso, por muerte».

En otros casos, en cambio, la lesión será incurable e irreparable médicamente, incluso después de los cuidados y tratamientos necesarios para evitar que se agrave. De hecho, terminados estos procesos médicos, el paciente será diagnosticado con una secuela o lesión permanente. Toda secuela, en este sentido, habrá comportado, siguiendo la terminología del sistema, una incapacidad temporal y dará lugar a la suma de indemnizaciones por ambos tipos de daño corporal.

Veamos a continuación los distintos perjuicios cubiertos por la indemnización en caso de lesiones temporales. De la misma manera que en las indemnizaciones por causa de muerte, las lesiones temporales pueden causar daños personales y patrimoniales. Así lo reflejan los arts. 134 a 143 TRLRC.

A. Perjuicios personales

Los perjuicios personales pueden ser básicos y particulares. A tal efecto, el sistema valora: por un lado, el perjuicio personal básico, el cual consiste en el «perjuicio común que se padece desde la fecha del accidente hasta el final del proceso curativo o hasta la estabilización de la lesión y su conversión en secuela» (art. 136.1 TRLRC); y por otro, el perjuicio personal particular, entendido como pérdida o limitación temporal de la capacidad de la persona para llevar a cabo las actividades que habitualmente realizaba en su día a día.

El impacto personal de ese perjuicio —o el daño moral en sentido estricto— se considera inherente a esta limitación o pérdida temporal de calidad de vida, pero no se valora de forma separada como perjuicio básico o particular.

a) Perjuicio básico

El valor del perjuicio personal básico será siempre el mismo para todos los perjudicados y variará en función del número de días que hayan estado bajo tratamiento médico. El valor para el año 2023, de acuerdo con la tabla 3, es de 35,71 euros por día.

b) Perjuicio particular

El valor del perjuicio particular se distingue en función de si se refiere a la pérdida de calidad de vida o al sometimiento a intervenciones quirúrgicas.

«La indemnización por pérdida temporal de calidad de vida compensa el perjuicio moral particular que sufre la víctima por el impedimento o la limitación que las lesiones sufridas o su tratamiento producen en su autonomía o desarrollo personal» (art. 137 TRLRC).

A diferencia del perjuicio básico, admite grados (moderado, grave y muy grave). Estos se delimitan en el art. 138 TRLRC atendiendo a su incidencia en la calidad de vida del sujeto y en función de si las actividades más afectadas son las esenciales de la vida ordinaria o las específicas de desarrollo personal. El perjuicio es muy grave si la casi totalidad de las actividades esenciales están afectadas; y es moderado si una parte relevante de las actividades específicas de desarrollo personal están afectadas. Los grados de perjuicio son excluyentes entre sí y aplicables de forma sucesiva. En cualquier caso, se asignará un único grado a cada día (art. 138.6 TRLRC).

El valor por día para el año 2023, de acuerdo con la tabla 3, es de 119,03 euros, 89,27 euro y 61,89 euros para el perjuicio muy grave, grave y moderado, respectivamente.

La relación entre ambos tipos de perjuicio, común y especial, es de incompatibilidad, porque el art. 139.2 TRLRC establece que la cuantía diaria establecida por cada uno de los grados incorpora ya el importe del perjuicio personal básico.

El sistema también contempla, en el art. 140 TRLRC, el perjuicio personal que el lesionado sufre por cada intervención quirúrgica a la que deba someterse. Teniendo en cuenta las características de la operación, la complejidad de la técnica quirúrgica y los tipos de anestesia, la tabla 3 lo valora desde 476,10 euros a 1.904,40 euros. Este perjuicio no es ajeno a la jurisprudencia general de derecho de daños. Así la STS de 9 de diciembre de 2010, en relación con las prótesis mamarias Trilucent®, calificó bajo el concepto de daño moral «los perjuicios originados por la extracción prematura de unas prótesis implantadas con la expectativa de ser funcionales durante un período de tiempo prolongado»[27].

B. Perjuicios patrimoniales

El perjuicio patrimonial comprende los gastos de asistencia sanitaria y otros específicos y el lucro cesante.

a) Gastos de asistencia sanitaria y otros específicos

Bajo este concepto «se resarcen los gastos de asistencia sanitaria y el importe de las prótesis, órtesis, ayudas técnicas y productos de apoyo para la autonomía personal», así como «los gastos de asistencia los relativos a los desplazamientos que el lesionado realice con ocasión de la asistencia sanitaria de sus lesiones temporales» (art. 141.1 y 3 TRLRC).

De acuerdo con el art. 142 TRLRC, «también se resarcen los gastos que la lesión produce en el desarrollo de la vida ordinaria del lesionado (…) siempre que se justifiquen y sean razonables (…)» (ap. 1). «En particular

---

[27] FJ 6 C b) STS 545/2010, de 9 de diciembre, del pleno de la Sala de lo Civil (núm. rec. 1433/2006 y [*Tol 2021482*])

(…) los incrementos de los costes de movilidad del lesionado, los desplazamientos de familiares para atenderle cuando su condición médica o situación personal lo requiera y, en general, los necesarios para que queden atendidos él o los familiares menores o especialmente vulnerables de los que se ocupaba» (ap. 2).

b) Lucro cesante

«Consiste en la pérdida o disminución temporal de ingresos netos provenientes del trabajo personal del lesionado o, en caso de su dedicación exclusiva a las tareas del hogar» (art. 143 TRLRC). Se indemniza en la cuantía que se acredite con los medios de prueba generales.

5) Indemnización por secuelas

«Son secuelas las deficiencias físicas, intelectuales, orgánicas y sensoriales y los perjuicios estéticos que derivan de una lesión y permanecen una vez finalizado el proceso de curación» (art. 93 TRLRC). A ellas se refieren los arts. 93 a 133 TRLRC. Para su cuantificación es necesario distinguir entre perjuicios personales, de tipo básico y particular, y perjuicios patrimoniales.

A. Perjuicios personales

La indemnización por secuelas reconoce unas cantidades básicas (perjuicio básico), a las que podrán añadirse otras complementarias (perjuicio particular) si aquéllas revisten especial entidad.

a) Perjuicio básico (tabla 2.A)

Se indemniza el perjuicio funcional —esto es psicofísico u orgánico— y el estético asociado a la secuela resultante. Tal y como resulta del art. 96 TRLRC, uno y otro se valoran mediante un baremo exclusivamente médico (tabla 2.A.1) que gradúa con puntos la gravedad de cada perjuicio en el caso particular (hasta 100 puntos si el perjuicio es funcional y hasta 50 puntos si es estético). La valoración económica de los puntos (baremo económico), prevista en el art. 104 TRLRC, tiene en cuenta la gravedad de la secuela, por un lado, y la edad del perjudicado, por otro, en el momento del accidente (tabla 2.A.2) —a más gravedad, más valor de cada punto; a más edad, menos valor de cada punto—.

Las características básicas del cálculo del perjuicio personal básico son las siguientes:

i. El baremo económico se articula de punto y punto y de año en año, lo que permite individualizar el perjuicio.

ii. En caso de pluralidad de secuelas, el sistema prevé, en su art. 98.1 TRLRC, la aplicación de la llamada fórmula de Balthazard recogido en esta fórmula:

[[(100-M) x m] / 100] + M

Donde «M» es la puntuación de la secuela mayor y «m» la puntuación de la secuela menor.

iii. El baremo médico prevé una puntuación única y superior para algunas secuelas concurrentes que juntas suponen un agravamiento de la entidad fisiológica de cada una de ellas (art. 99 TRLRC).

La tabla 2.A.1 las regula bajo la rúbrica secuela bilateral y en ausencia de puntuación específica, el sistema faculta al juez para aumentar en un 10 por ciento la puntuación que resulte de aplicar la fórmula de secuelas concurrentes.

iv. Se mantiene el sistema de cálculo del perjuicio estético de la anterior regulación, consistente en que se lleva a cabo de manera separada al cálculo del perjuicio funcional (arts. 101 y ss. TRLRC), pero como novedad la Ley 35/2015 añade una partida de daño moral complementario en caso de que el perjuicio abarque una puntuación de 36 puntos (perjuicio importante). La indemnización adicional oscila entre los 11.426,46 euros y los 57.132,29 euros.

v. El sistema regula expresamente, en el art. 100 TRLRC, la incidencia que tiene la subsistencia de secuelas preexistentes que hayan influido en el resultado lesivo.

Algunas de las secuelas que agravan un estado previo están previstas en el baremo médico, en cuyo caso se miden con la puntuación asignada específicamente para ella. En defecto de tal previsión, la puntuación es la resultante de aplicar la siguiente fórmula:

(Mm) / [1— (m / 100)]

Donde «M» es la puntuación de la secuela en el estado actual y «m» es la puntuación de la secuela preexistente. Si el resultado ofrece fracciones decimales, se redondea a la unidad más alta.

vi. La Ley 35/2015 contempla en el art. 97.5 TRLRC una regla de cierre de acuerdo con la que «las secuelas no incluidas en ninguno de los conceptos del baremo médico se miden con criterios analógicos a los previstos en él».

b) Perjuicio personal particular (tabla 2.B)

Bajo este concepto se resarcen los daños morales complementarios vinculados a los perjuicios psicofísico y estético, la pérdida de calidad de vida del perjudicado y de los familiares y la pérdida del feto. A ellos se añade un perjuicio excepcional tendente a garantizar el principio de resarcimiento íntegro.

i. Daño moral complementario por perjuicios psicofísicos y estéticos (arts. 105 y 106 TRLRC)

La tabla 2.B prevé que, si el perjuicio psicofísico de la secuela llega a 60 puntos —o las concurrentes a 80 puntos— la víctima tiene derecho a una indemnización adicional de hasta 114.264,59 euros. El perjuicio indemnizable aquí es un daño moral adicional que complementa el perjuicio personal básico (tablas 2.A.1 y 2.A.2), y es distinto del daño moral asociado a la pérdida de autonomía a que se refiere el siguiente apartado.

En 2023, tratándose del perjuicio estético, si la secuela alcanza los 36 puntos el perjudicado podrá ser indemnizado hasta con una cantidad de 57.132,29 euros (tabla 2.B). Esta cantidad es complementaria a la que corresponde al perjuicio personal básico (tablas 2.A.1 y 2.A.2).

ii. Daño moral asociado a la pérdida de calidad de vida (arts. 107 a 109 TRLRC)

«La indemnización por pérdida de calidad de vida tiene por objeto compensar el perjuicio moral particular que sufre la víctima por las secuelas que impiden o limitan su autonomía personal para realizar las actividades esenciales en el desarrollo de la vida ordinaria o su desarrollo personal mediante actividades específicas» (art. 107 TRLRC).

Como ya se ha indicado para el supuesto de lesiones temporales, la pérdida de calidad de vida se mide en función de cómo afecta la lesión al desarrollo normal de la vida del individuo, en sus diversas manifestaciones (actividades esenciales de la vida ordinaria y específicas de desarrollo personal, que incluirían las recreativas, culturales o la práctica de deportes).

En la definición de los diferentes grados de afectación a los que la ley asigna una horquilla indemnizatoria (muy grave, grave, moderado y leve) se tiene en cuenta: la importancia y el número de actividades afectadas; y, en particular, se considera la posibilidad del sujeto de realizar la actividad laboral o profesional que venía ejerciendo o cualesquiera otras, así como su edad, que expresa la previsible duración del perjuicio.

En 2023, las cantidades previstas en la tabla 2 oscilan entre 107.123, 05 euros y 178.538,42 euros, entre 47.610,25 euros y 119.025,61 euros, entre 11.902,56 y 59.512,81 y 1.785,38 y 17.853,84 euros, según se trate de secuelas muy graves, graves, moderadas y leves.

iii. Daño moral de familiares de grandes inválidos (art. 110 TRLRC)

El arte. 94 TRLRC deja claro que en los supuestos de secuelas son perjudicados los lesionados que las padecen y, con carácter excepcional, los familiares de grandes lesionados por los gastos de tratamiento médico y psicológico que reciban durante un máximo de seis meses (art. 36.3 TRLRC).

Sin perjuicio de lo anterior, el sistema contempla, una indemnización adicional de hasta 172.587,14 euros destinado a reparar el daño moral de los familiares de la víctima, pero sólo si la víctima puede ser calificada de gran lesionada. Conforme al art. 52 TRLRC se entiende por gran lesionado «quien no puede llevar a cabo las actividades esenciales de la vida ordinaria o la mayor parte de ellas». En estos casos se compensa «la sustancial alteración que causa en sus vidas la prestación de cuidados y la atención continuada de dichos lesionados cuando han perdido la autonomía personal para realizar la casi totalidad de actividades esenciales en el desarrollo de la vida ordinaria» (art. 110.1 TRLRC).

El art. 110.2 TRLRC amplía el ámbito subjetivo de aplicación de la víctima calificada como gran lesionada y destina esta partida también a los familiares de víctimas con secuelas muy graves que lleguen al menos a los 80 puntos y en las que se demuestre que el lesionado requiere prestación de cuidados y la atención continuada referida en el art. 110.1 TRLRC. La legitimación para reclamar el daño moral corresponde, según el art. 110.4 TRLRC, al lesionado, quien deberá destinar la indemnización a compensar los perjuicios sufridos por los familiares afectados.

iv. Perjuicio por pérdida del *nasciturus*

Para 2023, la tabla 2.B reconoce 17.853,84 euros o 35.707,68 euros según la pérdida del feto se produzca en las primeras 12 semanas de gestación o después.

v. Perjuicio excepcional (art. 112 TRLRC)

Como en la indemnización por causa de muerte, en el caso de secuelas, los perjuicios relevantes, ocasionados por circunstancias singulares y no contemplados conforme a las reglas y límites anteriores, se indemnizan con un límite máximo de incremento del 25 por ciento del perjuicio personal básico.

B. Perjuicios patrimoniales (Tabla 2.C)

Comprenden el daño emergente y el lucro cesante.

a) Daño emergente

El sistema contempla daños emergentes relacionados con los gastos médicos y las ayudas técnicas y por la necesidad de un cuidador.

i. Gastos médicos

El sistema distingue entre gastos previsibles de asistencia sanitaria futura (arts. 113 y 114 TRLRC), los asocidos a la necesidad de prótesis (art. 115 TRLRC) y los de rehabilitación domiciliaria y ambulatoria (art. 116 TRLRC).

Los gastos médicos compensan: el valor económico de las prestaciones sanitarias futuras en los ámbitos hospitalario y ambulatorio, así como el domiciliario; los relativos a las prótesis, compensan la adquisición de prótesis y las ortesis; y los de rehabilitación, el coste del tratamiento rehabilitador.

El sistema precisa que los acreedores del pago de los gastos médicos asociados a la asistencia sanitaria futura, al uso de prótesis y a la rehabilitación, si han sido realizados a cargo de los servicios públicos, serán los centros sanitarios en vez de los perjudicados. En caso contrario serán abonados al perjudicado de acuerdo con la tabla 2.C.

El importe de las prótesis que se requiere después de la estabilización de la secuela o los gastos de rehabilitación futura, no cubiertos por la Seguridad Social, se pagarán directamente al lesionado. El sistema permite la opción de una indemnización máxima por cada repuesto o capitalizar el importe de todos los recambios que puedan necesitarse a lo largo de la vida, mediante un coeficiente de capitalización que resulta de la tabla técnica TT3.

ii. Ayudas técnicas (arts. 117 a 119 TRLRC)

Alcanzan a los gastos asociados a la necesidad de productos técnicos relacionados con la pérdida de autonomía, la adecuación de la vivienda o el incremento de los costes de movilidad.

iii. Gastos por ayuda de tercera persona (arts. 120 a 125 TRLRC)

Compensa el valor económico de las prestaciones no sanitarias que precisa el lesionado por pérdida de autonomía personal.

Pueden aplicarse a cualquier lesión siempre que se acredite que la ayuda es necesaria porque se ve especialmente afectada la autonomía personal. Las tablas contemplan el número de horas diarias que requiere la lesión y el valor de la hora en función de la edad del lesionado. El sistema admite que se puedan aplicar las tablas en cualquier otra secuela no prevista si se prueba una pérdida de autonomía similar a la lesión prevista.

b) Lucro cesante

«En los supuestos de secuelas el lucro cesante consiste en la pérdida de capacidad de ganancia por trabajo personal y, en particular, en el perjuicio que sufre el lesionado por la pérdida o disminución neta de ingresos provenientes de su trabajo» (art. 126 TRLRC).

En materia de lucro cesante —y de forma similar a lo dicho en el caso de fallecimiento— los valores resultan de multiplicar los ingresos de la víctima por un coeficiente que incorpora una serie de factores. Entre ellos está el riesgo de fallecimiento, pero también las pensiones públicas que pueda llegar a cobrar a la víctima por su incapacidad. En cualquier caso, el sistema describe el proceso, pero no muestra el cálculo actual utilizado.

Se destacan las siguientes particularidades del proceso de cuantificación del lucro cesante:

i. La cuantía que resulta de las tablas es la cuantía definitiva, es decir, no es necesario realizar ningún otro cálculo.

ii. El sistema distingue entre la edad de la víctima, los ingresos netos y el tipo de incapacidad absoluta, total o parcial.

iii. Se establecen reglas espaciales para determinar el lucro cesante de víctimas menores de 30 años que no hubiesen accedido al mercado laboral y de personas que se dedicaban a las tareas domésticas de su unidad familiar. En estos casos, la base que utiliza para determinar los ingresos de la víctima es el salario mínimo interprofesional.

En ambos casos se requiere que el perjudicado tenga reconocida una incapacidad permanente absoluta o total. Si ésta solo limita parcialmente la capacidad laboral del perjudicado, la secuela se compensará como daño moral asociado a la pérdida de autonomía personal.

6) Ejemplo de indemnización por lesiones temporales y secuelas

Supongamos el siguiente supuesto para ejemplificar el cálculo de la indemnización por secuelas e incapacidad o lesión temporal. Consideremos que la víctima es una abogada de 52 años, con ingresos netos anuales en el último año de 100.000 euros, que sufre como consecuencia del accidente las siguientes secuelas funcionales:

- Amputación de una mano
- Artrosis postraumática en hombro
- Estrés postraumático leve

Asumamos que la secuela relativa a la amputación de la mano le ha comportado un perjuicio estético de grado importante (véanse los grados del perjuicio estético en el art. 102 TRLRC).

Consideremos que, para la estabilización de la secuela relativa a la amputación de mano, el perjudicado requirió una intervención quirúrgica, 33 días de hospitalización y 348 días en los que tuvo limitada de manera moderada su autonomía personal para llevar a cabo sus actividades ordinarias y de desarrollo personal (es el perjuicio personal por pérdida temporal de calidad de vida, definido, en sus distintos grados, en el art. 138 TRLRC).

Tengamos también en cuenta que la secuela de amputación de mano supone, para el futuro, una incapacidad permanente parcial para el desarrollo de su actividad laboral y un perjuicio moral moderado por pérdida de calidad de vida, definido en el art. 108.4 TRLRC como aquél en el que el lesionado pierde la posibilidad de llevar a cabo una parte relevante de sus actividades específicas de desarrollo personal.

Tanto en relación con el perjuicio temporal como el permanente por pérdida de calidad de vida, la mayor gravedad del perjuicio está asociada a una mayor afectación de las actividades esenciales de la vida ordinaria.

Como en el ejemplo de la indemnización por fallecimiento, se utilizarán las cuantías actualizadas del año 2023, así como las cuantías actualizadas por lucro cesante y ayuda de tercera persona, introducidas por el RD 907/2022 en el anexo del TRLRC.

Teniendo en cuenta lo anterior, resulta la siguiente indemnización:

a) Perjuicio personal básico por secuelas funcionales y estéticas

El primer paso es cuantificar la indemnización básica por secuelas funcionales y estéticas. Para ello es necesario identificar dentro de la tabla de baremo médico de secuelas (tabla 2.A.1) la puntuación que la ley asigna a las secuelas funcionales y al perjuicio estético, respectivamente, y a continuación aplicar el baremo económico (tabla 2.A.2), esto es, el valor que la ley asigna a la secuela, funcional y estética, teniendo en cuenta la edad de la víctima.

A continuación, calculamos la indemnización por secuelas funcionales y estéticas, cálculo que se ha de llevar a cabo de manera separada.

– Secuelas funcionales

Comencemos por cuantificar las secuelas funcionales. En el ejemplo propuesto, como veremos a continuación, el Baremo médico asigna 40 puntos a la amputación de una mano, 5 puntos como máximo a la artrosis postraumática de hombro y 2 puntos como máximo a estrés postraumático leve.

Capítulo I. Sistema nervioso.

	B) PSIQUIATRÍA Y PSICOLOGÍA CLÍNICA	Puntuación anatómico funcional
	1. Trastornos Neuróticos	
	Secuelas derivadas del estrés postraumático: Es indispensable que el cuadro clínico se produzca como consecuencia de un accidente de circulación de naturaleza excepcionalmente amenazante o catastrófica en el que se hayan producido lesiones graves o mortales, y en el que la víctima se haya visto directamente involucrada.	
	(…)	
	Los criterios para la determinación de los grados de esta secuela se basarán en la periodicidad de los síntomas, y la gravedad de los mismos.	
01158	• Leve: Manifestaciones menores de forma esporádica	**1-2**

Capítulo II. Sistema músculo esquelético. D) Extremidad superior. 1. Amputaciones.

	D) EXTREMIDAD SUPERIOR 1. Amputaciones	
	En el presente capítulo, a efectos de la valoración, se tendrá en cuenta la dominancia	
	Desarticulación del miembro superior / Amputación del hombro:	
03022	• Unilateral:	55-60
03023	• Bilateral	90
	Amputación del brazo	
03024	• Unilateral	45-50
03025	• Bilateral	85
	Amputación del antebrazo	
03026	• Unilateral	40-45
03027	• Bilateral	80
	Amputación de mano (carpo y/o metacarpo):	
03028	• Unilateral	35-40
03029	• Bilateral	75

2. Cintura escapular y hombro

03075	Artrosis postraumática y/o hombro doloroso	1-5

Cuando concurren dos o más secuelas, no procede sumar los puntos de cada secuela, sino aplicar la fórmula de secuelas concurrentes prevista en el art. 98 TRLRC:

$$[[(100 - M) \text{ x m}] / 100] + M$$

En la fórmula, "M" es la puntuación de la secuela mayor y "m" la puntuación de la secuela menor.

El art. 98.2 TRLRC indica cómo aplicar la fórmula cuando se trata de más de dos secuelas: «se parte de la secuela de mayor puntuación y las operaciones se realizan en orden inverso a su importancia. Los cálculos sucesivos se realizan con la indicada fórmula, correspondiendo el término "M" a la puntuación resultante de la operación inmediatamente anterior».

En el ejemplo propuesto, partiríamos de la secuela de mayor y menor puntuación (40 y 2):

$$[[(100 - 40) \text{ x } 2] / 100] + 40 = 41{,}2$$

Como indica el art. 98.3 TRLRC, «si, al efectuarse los cálculos, se obtienen fracciones decimales, el resultado de cada operación se redondea a la unidad más alta». El resultado redondeado es por tanto 42.

A continuación, hay que aplicar de nuevo la fórmula teniendo en cuenta que el resultado de la operación anterior corresponde al término «M». Si hubiera más de una secuela por computar, tomaríamos la siguiente puntuación más baja y así sucesivamente. En nuestro caso, sólo queda por computar la secuela de artrosis postraumática de hombro (5 puntos):

$$[[(100 - 42) \text{ x } 5] / 100] + 42 = 44{,}9 \ (45)$$

La puntuación obtenida (45) se lleva a la tabla 2.A.2, relativa al baremo económico, que atribuye a los 45 puntos de una víctima de 52 años: 95.939,94 euros.

– Secuelas estéticas

El apartado segundo de la tabla de Baremo médico determina los puntos de los distintos grados de perjuicio estético. El grado importante recibe entre 22 y 30 puntos:

	APARTADO SEGUNDO: CAPÍTULO ESPECIAL: PERJUICIO ESTÉTICO	
11001	Ligero	1-6
11002	Moderado	7-13
11003	Medio	14 - 21
11004	Importante	22 - 30
11005	Muy importante	31 - 40
11006	Importantísimo	41 - 50

Consideraremos, en este caso, el valor mínimo de la horquilla (22 puntos) y corresponde, como en el caso de la secuela funcional, llevar esta puntuación a la tabla del baremo económico, que asigna un valor de 31.977,63 euros.

b) Perjuicio personal particular por secuelas (tabla 2.B)

La tabla 2.B determina los perjuicios personales particulares. En el caso propuesto, es de aplicación el perjuicio moral por pérdida de calidad de vida ocasionada por las secuelas, que hemos calificado de moderado. Tiene asignada una horquilla de entre 11.902,56 euros hasta 59.512,81 euros. Tomaremos la máxima prevista.

INDEMNIZACIONES POR SECUELAS TABLA 2.B PERJUICIO PERSONAL PARTICULAR				
PERJUICIOS PARTICULARES				
1. Daños morales complementarios por perjuicio psicofísico				
Cuando una sola secuela alcanza al menos 60 puntos o el resultado de las concurrentes alcanza al menos 80 puntos.	De	22.852,92 €	hasta	114.264,59 €
2. Daños morales complementarios por perjuicio estético				
Cuando alcanza al menos 36 puntos.	De	11.426,46 €	hasta	57.132,29 €
3. Perjuicio moral por pérdida de calidad de vida ocasionada por las secuelas				
Muy Grave	De	107.123,05 €	hasta	178.538,42 €
Grave	De	47.610,25 €	hasta	119.025,61 €
Moderado	De	11.902,56 €	hasta	59.512,81 €
Leve	De	1.785,38 €	hasta	17.853,84 €
4. Perjuicio moral por pérdida de calidad de vida de los familiares de grandes lesionados	De	35.707,68 €	hasta	172.587,14 €
5. Pérdida de feto a consecuencia del accidente				
Si la pérdida tuvo lugar en las primeras 12 semanas de gestación	17.853,84 €			
Si la pérdida tuvo lugar a partir de las 12 semanas de gestación	35.707,68 €			
6. Perjuicio Excepcional	Hasta 25%			

c) *Perjuicio patrimonial de las secuelas: prótesis y ayuda de tercera persona*

En el caso propuesto hay que distinguir el daño emergente del lucro cesante.

– Daño emergente

En cuanto a los daños emergentes, la víctima tendría derecho, como mínimo, a obtener una indemnización por el importe de las prótesis que, de acuerdo con el correspondiente informe médico, precise a lo largo de su vida (art. 115 TRLRC). El importe máximo resarcible por recambio está previsto en la tabla 2.C y es de 50.000 euros por cada uno de ellos.

Además, el TRLRC contempla, para la secuela de amputación unilateral, la indemnización de los gastos de ayuda de tercera persona para compensar la pérdida de autonomía. En concreto: la tabla 2.C.2 determina la ayuda en horas en función de la secuela y considera una hora diaria para el caso de amputación de una mano: y la tabla 2.C.3 determina el importe de la indemnización, sin perjuicio de los factores de corrección en función de la edad que se prevén en el art. 124 TRLRC. De lo anterior resulta que el importe mínimo para la amputación de una mano de una víctima de 52 años es de 69.747 euros.

Tabla 2.C.2. Horas diarias de necesidad de ayuda de tercera persona según secuela del art. 123 TRLRC

	CAPITULO III - SISTEMA MÚSCULO ESQUELÉTICO	
	D) EXTREMIDAD SUPERIOR	
	1. Amputaciones	
	Desarticulación del miembro superior / Amputación del hombro:	
03022	• Unilateral	1
03023	• Bilateral	7-8
	Amputación del brazo	
03024	• Unilateral	1
03025	• Bilateral	6-7
	Amputación del antebrazo	
03026	• Unilateral	1
03027	• Bilateral	3-4
	Amputación de mano (carpo y/o metacarpo):	
03028	• Unilateral	1
03029	• Bilateral	2-3
	Amputación de dedos	
	• **Pulgar**	
	○ **Amputación completa del metacarpiano** (primer radio)	
03035	• Bilateral	1-2

Tabla 2.C.3. Indemnización por necesidad de ayuda de tercera persona

Horas/día		
Hasta	**52**	**53**
1 hora	69.747 €	68.919 €
1 hora 15 minutos	95.849 €	94.703 €
1 hora 30 minutos	121.950 €	120.487 €
1 hora 45 minutos	148.052 €	146.272 €
2 horas	174.153 €	172.056 €
2 horas 15 minutos	175.006 €	172.899 €
2 horas 30 minutos	175.958 €	173.841 €
2 horas 45 minutos	177.012 €	174.884 €
3 horas	225.406 €	222.716 €
3 horas 15 minutos	251.508 €	248.501 €
3 horas 30 minutos	277.609 €	274.285 €
3 horas 45 minutos	303.711 €	300.069 €
4 horas	329.813 €	325.853 €
4 horas 15 minutos	355.914 €	351.637 €
4 horas 30 minutos	382.016 €	377.421 €
4 horas 45minutos	408.117 €	403.206 €
5 horas	434.219 €	428.990 €
5 horas 15 minutos	460.320 €	454.774 €
5 horas 30 minutos	486.422 €	480.558 €
5 horas 45 minutos	512.523 €	506.342 €
6 horas	538.625 €	532.126 €
6 horas 15 minutos	545.982 €	539.405 €
6 horas 30 minutos	553.740 €	547.080 €
6 horas 45 minutos	579.842 €	572.864 €
7 horas	605.943 €	598.648 €
7 horas 15 minutos	632.045 €	624.432 €
7 horas 30 minutos	658.147 €	650.216 €
7 horas 45 minutos	684.248 €	676.001 €
8 horas	710.350 €	701.785 €
8 horas 15 minutos	736.451 €	727.569 €
8 horas 30 minutos	762.553 €	753.353 €

– Lucro cesante

Respecto del lucro cesante, resultaría aplicable, en el ejemplo propuesto, la tabla relativa al lucro cesante por incapacidad que de origen a una disminución parcial de ingresos en el ejercicio de su trabajo o actividad habitual (tabla 2.C.6).

Para la determinación del importe, acudiremos a la tabla 2.C.6 y cruzaremos los ingresos netos anuales de la víctima antes del accidente (100.000 euros) con su edad (52 años). Para estos supuestos el art. 127.2 TRLRC aclara que «cuando el ingreso neto del lesionado se encuentre entre dos niveles de ingreso neto previstos en las tablas 2.C que correspondan [como ocurre en el ejemplo supuesto], se asigna el lucro cesante correspondiente al límite superior». Por lo tanto, el importe es, según la tabla que sigue a continuación, el que corresponde a un ingreso neto de 102.000 euros: 130.424 euros.

Ingreso neto					
Hasta	50	51	52	53	54
9.000 €	4.878 €	4.876 €	4.875 €	4.873 €	4.872 €
12.000 €	6.504 €	6.502 €	6.500 €	6.498 €	6.496 €
15.000 €	8.130 €	8.127 €	8.125 €	8.122 €	8.120 €
18.000 €	9.756 €	9.753 €	9.750 €	9.747 €	9.744 €
21.000 €	11.382 €	11.378 €	11.375 €	11.371 €	11.368 €
24.000 €	13.008 €	13.004 €	13.000 €	12.996 €	12.992 €
27.000 €	14.634 €	14.629 €	14.625 €	14.620 €	14.616 €
30.000 €	16.260 €	16.255 €	16.250 €	16.245 €	16.240 €
33.000 €	17.886 €	17.880 €	17.874 €	17.869 €	17.864 €
36.000 €	19.512 €	19.506 €	19.499 €	19.494 €	19.488 €
39.000 €	21.138 €	21.131 €	21.124 €	21.118 €	21.112 €
42.000 €	22.764 €	22.757 €	22.749 €	22.742 €	22.736 €
45.000 €	24.390 €	24.382 €	24.374 €	24.367 €	24.360 €
48.000 €	26.016 €	26.007 €	25.999 €	25.991 €	25.984 €
51.000 €	29.619 €	29.609 €	29.600 €	29.591 €	29.582 €
54.000 €	35.554 €	35.542 €	35.531 €	35.520 €	35.510 €
57.000 €	41.488 €	41.474 €	41.461 €	41.449 €	41.437 €
60.000 €	47.423 €	47.407 €	47.392 €	47.378 €	47.365 €
63.000 €	53.358 €	53.340 €	53.323 €	53.307 €	53.292 €
66.000 €	59.292 €	59.273 €	59.254 €	59.236 €	59.219 €
69.000 €	65.227 €	65.205 €	65.185 €	65.165 €	65.147 €
72.000 €	71.162 €	71.138 €	71.116 €	71.094 €	71.074 €
75.000 €	77.096 €	77.071 €	77.046 €	77.023 €	77.002 €
78.000 €	83.031 €	83.003 €	82.977 €	82.953 €	82.929 €
81.000 €	88.965 €	88.936 €	88.908 €	88.882 €	88.857 €
84.000 €	94.900 €	94.869 €	94.839 €	94.811 €	94.784 €
87.000 €	100.835 €	100.801 €	100.770 €	100.740 €	100.711 €
90.000 €	106.769 €	106.734 €	106.701 €	106.669 €	106.639 €
93.000 €	112.704 €	112.667 €	112.631 €	112.598 €	112.566 €
96.000 €	118.639 €	118.600 €	118.562 €	118.527 €	118.494 €
99.000 €	124.573 €	124.532 €	124.493 €	124.456 €	124.421 €
102.000 €	130.508 €	130.465 €	130.424 €	130.385 €	130.348 €
105.000 €	136.443 €	136.398 €	136.355 €	136.314 €	136.276 €
108.000 €	142.377 €	142.330 €	142.286 €	142.243 €	142.203 €
111.000 €	148.312 €	148.263 €	148.217 €	148.172 €	148.131 €
114.000 €	154.247 €	154.196 €	154.147 €	154.102 €	154.058 €
117.000 €	160.181 €	160.128 €	160.078 €	160.031 €	159.986 €
120.000 €	166.116 €	166.061 €	166.009 €	165.960 €	165.913 €

d) Perjuicio personal particular por lesiones temporales

Desde el accidente hasta la estabilización de las secuelas, las lesiones sufridas generan una serie de perjuicios personales consistentes en la pérdida de autonomía y desarrollo personal, así como en los perjuicios asociados a la intervención quirúrgica que requirió la lesión.

– Perjuicio personal particular por pérdida de calidad de vida

El valor de este perjuicio resulta de atribuir a cada día que transcurre entre el accidente y las secuelas un grado de perjuicio y un valor económico. El mínimo es el grado básico y le siguen el moderado, grave y muy grave, en función de si las actividades más afectadas son las esenciales de la vida ordinaria o las de desarrollo personal.

En el caso propuesto, hemos identificado: 33 días de hospitalización, que la ley califica como perjuicio grave (art. 138.3 TRLRC); y 348 días que, en la descripción del caso, hemos calificado como perjuicio moderado porque se correponde con la situación en la que la persona ve limitada su capacidad para llevar a cabo una parte relevante de sus actividades específicas de desarrollo personal (art. 138.4 TRLRC).

Indemnizaciones por lesiones temporales

Tabla 3		
Tabla 3.A Perjuicio Personal Básico		
Indemnización por día		**35,71 €**
Tabla 3.B Perjuicio Personal Particular		
Por pérdida temporal de calidad de vida		
Indemnización por día (incluye la indemnización por perjuicio básico)		
Muy Grave		**119,03 €**
Grave		**89,27 €**
Moderado		**61,89 €**
Por cada intervención quirúrgica	**De 476,10 € hasta**	**1.904,40 €**
Tabla 3.C Perjuicio Patrimonial		
Gastos de asistencia sanitaria		**su importe**
Gastos diversos resarcibles		**su importe**
Lucro cesante		**su importe**

En aplicación de los valores de la tabla 3, la indemnización que resultaría en el caso propuesto es la siguiente:

- Perjuicio personal particular grave: 33 días x 89,27 euros/día = 2.945,91 euros.
- Perjuicio personal particular moderado: 348 días x 61,89 euros/día = 21.537,72 euros.

Habría que incluir también el importe de la indemnización por el perjuicio particular asociado a la intervención quirúrgica: el importe mínimo aplicable en el año 2023 es de 476,10 euros.

El importe de la indemnización por lesiones temporales es: 24.959,73 euros

El detalle de la indemnización por secuelas y lesiones temporales en el ejemplo propuesto es el siguiente:

Indemnización básica por secuelas funcionales	95.939,94 euros
Indemnización básica por perjuicio estético	31.977,63 euros
Perjuicio moral por pérdida de calidad de vida	59.512,81 euros
Ayuda de tercera persona	69.747 euros
Lucro cesante	130.424 euros
Incapacidad temporal	24.959,73 euros
Total*	412.561,11 euros

*** No se ha incluido el importe de las prótesis de mano que pudiera necesitar la víctima a lo largo de su vida.**

IV. APLICACIÓN ORIENTATIVA DE BAREMOS DE ACCIDENTE DE CIRCULACIÓN. CONSECUENCIAS

Este apartado quiere profundizar en el significado de la aplicación orientativa y no analógica del Baremo. En particular, analizar cuál es el margen de discrecionalidad que tiene la Administración y los jueces y tribunales para determinar la manera en la que aplican el sistema de baremos de accidentes de circulación.

1) Baremos no vinculantes: fijación a tanto alzado del importe de la indemnización

La aplicación orientativa del Baremo en el ámbito de la responsabilidad patrimonial sanitaria significa, en primer lugar y aunque sea evidente: que el Baremo no es vinculante y, por lo tanto, la Administración instructora y los jueces y tribunales pueden utilizar otros sistemas de valoración de los daños personales; y, lo que es más importante, lo pueden hacer, aunque la parte reclamante fundamente el cálculo de la indemnización en los baremos.

Normalmente, el sistema alternativo consistirá en llevar a cabo una valoración global de los daños, sin distinguir conceptos indemnizatorios, y en fijar un importe a tanto alzado de acuerdo con las circunstancias del caso y, en su caso, de acuerdo con los importes concedidos en supuestos similares.

En este sentido, a veces el aplicador puede considerar necesario fijar el importe a tanto alzado porque la secuela o el daño indemnizable no están cubiertos por el Baremo.

Así ocurrió en la STSJ de Madrid de 16 de julio de 2018, en la que se tuvo en cuenta que «la secuela de amputación del pene no está contemplada como tal en el baremo de tráfico (...) y en su caso podría valorarse que la amputación implica parte del resto de las secuelas que expresa (...) [N] o es sencilla la aplicación del baremo en este caso ya que hay que encajar los resultados de una complicación sanitaria, cuando este baremo no está pensado para ello»[28].

Otro supuesto de determinación a tanto alzado es el daño moral puro, no contemplado en el Baremo.

Piénsese en un caso de fallecimiento de la paciente por retraso negligente de dos meses en el diagnóstico en el que el tribunal considera que no ha quedado acreditada la pérdida de oportunidad y que, en todo caso, el único daño imputable a la infracción de la *lex artis* por no haber realizado una determinada prueba médica es el daño moral; y que éste estaría asociado a una «situación de zozobra e incertidumbre en la paciente y su familia, impidiendo tener conocimiento de la situación real, y por ello de afrontar la misma con tiempo para asumirla, estrechar los vínculos e incluso prestar especial dedicación y cuidado [a la paciente] en los últimos meses de vida»[29].

También puede justificar la fijación de una suma a tanto alzado cuando no se disponga de la información necesaria para aplicar las tablas de manera adecuada.

Este es el caso resuelto por la Comissió Jurídica Assessora de Catalunya (CJACat) en su dictamen de 17 de marzo de 2022, donde no pudo determinar los días de perjuicio personal básico asociados a una falta de tratamiento medico durante diez meses y consideró adecuado valorar este perjuicio personal con un importe prudencial a tanto alzado[30].

Es habitual en la jurisprudencia y en la doctrina de los consejos consultivos y comisiones asesoras la fijación a tanto alzado del importe de la in-

---

28 FJ 5 STSJ de Madrid 460/2018, de 16 de julio (núm. rec. 460/2018 y [*Tol 6817084*]).

29 FJ 4 STSJ de Asturias 413/2021, de 13 de mayo (núm. rec. 301/2020 y [*Tol 8518095*]).

30 DCJACat 83/2022, de 17 de marzo.

demnización en supuestos de pérdida de oportunidad con resultado final de fallecimiento o daños personales muy graves[31]. Así suele ocurrir, sobre todo si es difícil concretar el grado de probabilidad en que el funcionamiento del servicio sanitario ha contribuido al daño.

En este sentido, las SSTSJ de Castilla y León de 2 y 8 de marzo de 2022 y de 5 de octubre de 2021 recogieron la doctrina sobre el carácter orientativo del Baremo en el ámbito de la responsabilidad sanitaria para apartarse de la indemnización baremada solicitada por la parte reclamante y fijar una cantidad a tanto alzado por pérdida de oportunidad[32]. Lo mismo puede decirse de la STSJ de la Comunitat Valenciana de 23 de mayo de 2018, dictada en un caso de fallecimiento por derrame cerebral en que no practicaron las pruebas diagnósticas necesarias. En esta ocasión, la Sala de lo Contencioso-administrativo destacó que se desconocían las posibilidades de supervivencia en caso de haberle practicado al paciente las oportunas pruebas en el mismo hospital o haberle remitido a otro[33]. Por ello concedió una indemnización a tanto alzado de 15.000 euros para la viuda del paciente y 2.500 euros para cada hijo. También concluyó lo mismo la STSJ de Asturias de 30 de julio de 2018. Reconoció que no había sido posible acreditar en qué grado la disfunción renal que sufrió el paciente hubiera sido más leve en caso de diagnostico precoz y concedió una indemnización a tanto alzado de 18.000 euros[34].

Se desprenden de algunas sentencias que la razón para no aplicar el Baremo en casos de pérdida de oportunidad sanitaria es que el daño que cabe indemnizar es un daño moral autónomo, no contemplado por el sistema.

Sobre este particular, la STSJ de Andalucía de 10 de mayo de 2018 falló que «no pueden considerarse aisladamente como secuelas los daños (...), pues los mismos, son conformadores en todo caso, de ese daño moral cau-

---

[31] *Cfr.* DDCJACat 100/2018, de 31 de marzo, 119/2018, de 21 de junio, 224/2018, de 4 de octubre, 267/2018, de 30 de octubre, 119/2019, de 25 de abril, 8/2020, de 9 de enero, 275/2020, de 19 de noviembre, y 38/2021, de 4 de febrero.

[32] SSTSJ de Castilla y León de la Sala de Valladolid 262/2022, de 2 de marzo (núm. rec. 616/2020 y [*Tol 8882683*]), 164/2022, de 8 de febrero (núm. rec. 554/2020 y [*Tol 8812557*]) y 1040/2021, de 5 de octubre (núm. rec. 1228/2018 [*Tol 8668029*]).

[33] FJ 6 STSJ de la Comunitat Valenciana 253/2018, de 23 de mayo de 2018 (núm. rec. 396/2015 y [*Tol 6792953*]).

[34] FJ 7 STSJ de Asturias 657/2018, de 30 de julio (núm. rec. 514/2017 y [*Tol 6836356*]).

sado, siendo todos ellos subsumibles en el propio daño causado por aquel retraso diagnóstico que genera unas secuelas generalizadas (...) de difícil valoración separadamente atendiendo a la rigidez de un baremo por puntos, más aún, cuando lo acaecido, según lo anteriormente argumentado, se trata de una pérdida de oportunidad, caso que atiende prioritariamente a la valoración conjunta del daño global producido por aquella expectativa que se desconoce»[35].

En el mismo sentido han concluido: la STSJ de Galicia de 19 de mayo de 2021 que al entender asimilado «el daño indemnizable al daño moral, su resarcimiento [carecía] de módulos objetivos, lo que conduce a que sea valorado en una cifra razonable»[36]; las SSTSJ de Asturias de 13 de mayo de 2021 y 30 de mayo de 2022. Según ésta última, se produce un daño moral de doble fuente: un daño moral del paciente que podría haber prolongado mínimamente la supervivencia y un daño moral de la familia, pues un diagnostico con fatal desenlace permitió que el paciente y su familia asumieran la situación, estrechen vínculos e incluso aumenten la dedicación y cuidado en los últimos meses de vida[37]; o la STSJ de Murcia de 7 de mayo de 2021 que rechazó la indemnización solicitada por la actora de 100.000 euros por la pérdida de oportunidad en un caso de fallecimiento, asociada al retraso de tres meses en diagnósticar un cáncer de pulmón, porque se aproximaba a la que el baremo concede en caso de muerte[38].

Respecto de la doctrina legal de los consejos consultivos y comisiones asesoras puede verse, por ejemplo, el DCJACat de 4 de noviembre de 2021. En él se estimó la responsabilidad sanitaria en un caso de fallecimiento derivado de una sepsis abdominal post quirúrgica en el que la Administración no acreditó que se había administrado al paciente el tratamiento antibiótico profiláctico. Por ello, la Comissió consideró más adecuado fijar una indemnización a tanto alzado «a la vista de la patología de base del paciente, del mal pronóstico derivado de esta patología de base y de la

35 FJ 4 STSJ de Andalucía, Sala de Málaga, 991/2018, de 10 de mayo de 2018 (núm. rec. 479/2013 y [*Tol 6966891*]).

36 FJ 5 STSJ de Galicia 313/2021, de 19 de mayo (núm. rec. 546/2019 y [*Tol 8502926*]).

37 SSTSJ de Asturias 413/2021, de 13 de mayo (núm. rec. 301/2020 [*Tol 8518095*]) y 485/2022, de 30 de mayo (núm. rec. 280/2021 [*Tol 9055426*]).

38 STSJ de Murcia 195/2021, de 7 de mayo (núm. rec. 183/2018 y [*Tol 8518075*]).

incertidumbre relativa a si la correcta realización de la antibioterapia profiláctica hubiera sido suficiente para evitar la concreción del riesgo»[39].

Otra razón que justifica no recurrir al Baremo apuntada por algunas sentencias y dictámenes es que la indemnización que resulta de ellos puede ser infracomensatoria atendidas las circunstancias del caso.

Así ocurrió en el caso resuelto por la STSJ de La Rioja de 30 de julio de 2021. Según resulta de la misma, la paciente sufrió una infección progresiva y muy grave de la piel y tejidos blandos como consecuencia de una artrodesis del quinto metacarpiano de una mano. El TSJ de La Rioja consideró que la indemnización fijada por la Administración, calculada conforme a baremos (36.582,40 euros), no había tenido en cuenta otros daños morales complementarios acreditados en el expediente y fijó una indemnización a tanto alzado de 80.000 euros. En palabras de la Sala, se trataba «de una persona, aún joven, cuya calidad de vida se ha visto afectada de manera permanente y probablemente definitiva hasta el punto de precisar ser atendida por el Servicio de Salud Mental»[40].

En el mismo sentido, puede verse el DCJACat 25/2018, en el que la víctima, una persona de edad avanzada, sufrió una fractura de fémur como consecuencia de una caída causada por el funcionamiento deficiente del mecanismo automático de la puerta de acceso de un hospital. Después de la intervención quirúrgica de la fractura, el paciente sufrió diversas complicaciones que no pudo superar. La CJACat consideró que, dado que médica y jurídicamente, no se podía vincular causalmente la caída y la muerte, «la indemnización que resultaría de aplicar el sistema de baremos a este caso sólo podría valorar la incapacidad temporal asociada a la fractura de fémur (diez días de hospitalización) y (…) la cantidad que resulta es manifiestamente infracompensatoria. Por tanto, teniendo en cuenta que el sistema de baremos es meramente orientativo en el ámbito de la responsabilidad patrimonial, (…) [la Comissió consideró] que, de acuerdo con las circunstancias específicas de este caso, es razonable y ponderado fijar la cuantía indemnizatoria de 10.000 euros»[41].

En la jurisprudencia contencioso-administrativa, es de referencia la STS de 3 de diciembre de 2012, que resolvió un caso sobre pérdida de opor-

---

39 CJ VI.7 DCJACat 339/2021, de 4 de noviembre. Traducción de la autora del catalán.

40 FJ 1 STSJ de La Rioja 284/2021, de 30 de julio (núm. rec. 284/2021 y [*Tol 8640056*]).

41 CJ XI.2 DCJACat 25/2018, de 1 de febrero. Traducción de la autora del catalán.

tunidad de un paciente de 50 años a quien diagnosticaron tardíamente un proceso tumoral abdominal cuando ya se había hecho metástasis en el peritoneo. Según dijera la Sala «los baremos (…) no pueden aplicarse sin matices cuando se trata de la responsabilidad patrimonial de la Administración sanitaria (…). [Por ello sentenció que] (…) la suma fijada (…) de 108.846,51 euros que el baremo reconoce al cónyuge y 18.141,08 euros a la hija no es adecuada para comenzar el cálculo de la indemnización. [Adujo que,] en casos semejantes (…) viene reconociendo cantidades que oscilan entre los 500.000 euros y 600.000 euros, por lo que, reduciendo esta suma en atención al reducido grado de probabilidad de haber evitado el resultado fatal producido si se hubiera efectuado un diagnóstico certero de la enfermedad (…) reconoce (…) una suma de 126.987,59 euros, igual a la reconocida por la sentencia de instancia, que no puede ser superada por impedirlo el principio de la prohibición de reformatio in peius»[42].

Finalmente, queremos destacar que consecuencia práctica del carácter no vinculante del Baremo es que, a efectos de determinar si la pareja de la víctima fallecida tiene la consideración de perjudicado, deberían ser preferentes las normas del derecho civil autonómico que, en su caso, determinan qué se considera pareja estable en cada Comunidad Autónoma. Así ocurre en Cataluña, cuyo art. 234-1.a) del Código Civil de Cataluña requiere una convivencia ininterrumpida de dos años, mientras que el articulo 36 TRLRC exige un período de un año.

En este sentido se pronuncia, por ejemplo, los DDCJACat de 25 de enero de 2018 y 23 de julio de 2020 y los allí citados. De acuerdo con este último, «la condición de pareja estable, que en este procedimiento daría a la reclamante la legitimación activa como perjudicada, está regulada en el art. 234-1 del Codi civil català»[43].

2) Aplicación no analógica

Además de no ser vinculante, la aplicación extensiva de los criterios y de los importes previstos por el legislador fuera de los accidentes de circulación, no supone una aplicación analógica.

---

[42] FJ 4 STS de 3 de diciembre de 2012 (núm. rec. 815/2012 y [*Tol 2709483*]).

[43] DDCJACat 17/2018, de 25 de enero y 188/2020, de 23 de julio. Traducción de la autora del catalán.

Como mantiene la Sala de lo Civil del TS, no se cumple el primer requisito necesario para recurrir a la analogía *ex* art. 4.1 CC, porque no hay un vacío legal sobre la cuestión de la cuantificación del daño en ámbitos ajenos a los de la circulación[44]. En este sentido, la STS de 10 de febrero de 2006 falló que el reconocimiento del carácter orientativo del Baremo «está muy lejos de admitir la existencia de una laguna legal que imponga la aplicación analógica de las normas de tasación legal con arreglo a lo establecido en el art. 4.1 del Código civil (...) [A juicio de la Sala de lo Civil,] la fijación y determinación de determinadas cuantías en el ejercicio de funciones de apreciación o valoración por el juzgador de las circunstancias concurrentes en cada caso, difícilmente previsibles en pormenor por el legislador, constituye una facultad que entra de lleno en la potestad o función jurisdiccional que atribuye el art. 117.1 de la Constitución (...) a los jueces y magistrados»[45].

También es discutible que concurra el segundo requisito de la analogía, es decir, que exista identidad de razón entre los sectores de actividad o tipos de accidente. Fuera del requisito del daño, que ciertamente puede no presentar diferencias, hay poderosas razones que justifican, según la STC 181/2000, de 29 de junio, que el sector de los accidentes disponga de un régimen jurídico específico y diferenciado en cuanto a la valoración de los daños, compatible con los principios de igualdad y de reparación integral del daño. Tal y como afirma el TC «la alta siniestralidad, la naturaleza de los daños ocasionados y su relativa homogeneidad, el aseguramiento obligatorio del riesgo, la creación de fondos de garantía supervisados por la Administración (Consorcio de Compensación de Seguros), y, en fin, la tendencia a la unidad normativa de los distintos ordenamientos de los Estados miembros de la Unión Europea, son factores concurrentes perfectamente susceptibles de ser valorados por el legislador y que justifican suficientemente y hacen plausible la opción legislativa finalmente acogida,

---

44 Aunque la cuestión no es baladí, en la doctrina se sigue utilizando la expresión aplicación analògica: por ejemplo, DOMÉNECH PASCUAL, Gabriel (2023): «La cuantificación de los daños morales causados por las administraciones públicas», GÓMEZ POMAR, Fernando y MARÍN GARCÍA, Ignacio (coords.), *El daño moral y su cuantificación*, Bosch, Madrid (3ª ed.), pág. 588.

45 FJ 2 STS 58/2006, de la Sala de lo Civil, de 10 de febrero (núm. rec. 2280/1999 y [*Tol 839274*]). Con anterioridad a este fallo, la STS 597/2003, de la Sala de lo Civil, de 20 de junio de 2003 [*Tol 4926606*] ya había negado la aplicación analogica del baremo de tráfico. *Cfr.* LUNA YERGA, Álvaro y RAMOS GONZÁLEZ, Sonia (2004): «Los baremos como paradigma de valoración de daños personales. Comentario a la STS, 1ª, 20.6.2003", *InDret* núm. 1/2004, págs. 1 a 8.

en cuanto sistema global»[46]. Nótese que en el centro está la existencia de un seguro de responsabilidad civil obligatorio para circular.

En nuestra opinión no tiene demasiado sentido proyectar esta lógica sobre accidentes causados en el marco de actividades no sujetas a seguro obligatorio. La razón que fundamenta el sistema de valoración de los daños es, básicamente, la de contener el precio de las primas del seguro obligatorio y facilitar los cálculos de las reservas técnicas en responsabilidad civil.

Pues bien, en el ámbito sanitario, la obligación de contratar un seguro de responsabilidad civil u otra garantía financiera sólo es exigible para los profesionales sanitarios que trabajan en la sanidad privada[47]. Sin embargo, la contención de las primas y la previsibilidad de costes y cuantías también están entre las razones o ventajas identificadas, en su momento, por el Ministerio de Sanidad para regular un baremo específico en el ámbito sanitario[48]. Por ello, creemos que los objetivos legítimos identificados en el borrador de previsibilidad y contención de primas de los seguros se consiguen igualmente con la aplicación del baremo actual de tráfico. No obstante, en la actualidad, el uso orientativo del Baremo por la Administración y los jueces, tal y como está siendo interpretado, supone un amplio margen de discrecionalidad que lleva a una disparidad de criterios en la aplicación del baremo que no contribuye a los objetivos mencionados.

3) Discrecionalidad para adaptar la aplicación de los baremos a las circunstancias del caso. En particular, para alterar el ámbito de aplicación temporal de las normas que regulan el baremo de tráfico

Una consecuencia de la aplicación no vinculante y orientativa del Baremo es que la Administración instructora o el juez, una vez que han optado por hacer uso del sistema como mera referencia, tienen discrecionalidad para adaptar su aplicación a las circunstancias concretas del caso.

La jurisprudencia lo ha reconocido, entre otras, en la STS de 27 de diciembre de 1999, en los siguientes términos: «es objetivo y razonable el cálculo de la reparación de los daños personales en los casos de responsa-

---

46 FJ 13 STC 181/2000, de 29 de junio (núm. rec. 3536/1996 y [*Tol 119783*]).

47 *Cfr.* art. 46 de la Ley 44/2003, de 21 de noviembre, de ordenación de las profesiones sanitarias.

48 Consideraciones generales, borrador de informe sobre el baremo sanitario, Ministerio de Sanidad, Servicios Sociales e Igualdad, de 28 de junio de 2013.

bilidad patrimonial de la Administración mediante el uso de los baremos (…) sin que aquél tenga que aplicarse puntualmente ni menos deba considerarse de obligado y exacto cumplimiento»[49]. Más recientemente, la STS de 28 de septiembre de 2020, dictada en un asunto de responsabilidad por suicidio de un preso, ha establecido: «nada ha cambiado con la nueva regulación (…) [de] dicho baremo, es decir, ni se impone imperativamente ni, menos aún, de aceptarse ese recurso al baremo, deba ser aplicado en toda su pureza»[50].

En la práctica, lo anterior significa que la Administración o el juez pueden, motivadamente, incrementar o reducir la cuantía que resulta de los baremos. Puede estar motivado incrementar la cuantía tasada cuando ésta no refleja la gravedad del daño o cuando el daño indemnizable no está contemplado por el sistema, por ejemplo, en supuestos de daño moral autónomo. Aplicar estrictamente los baremos en estos casos supondría introducir límites cuantitativos que el legislador no ha contemplado para casos distintos a los de circulación y podría vulnerar el principio de reparación integral del daño. La aplicación meramente orientativa también debería permitir fijar indemnizaciones inferiores a las que resultan del Baremo cuando son razonablemente suficientes atendidas las circunstancias.

La Administración o el juez también podría considerar como perjudicados en caso de fallecimiento a personas que no lo son de acuerdo con el Baremo, como ocurre, por ejemplo, en el caso de los nietos de la persona que ha fallecido. De acuerdo con el art. 65.2 TRLRC, los nietos sólo tienen la consideración de perjudicados en caso de premoriencia del progenitor que es hijo del abuelo fallecido. A pesar de ello, el DCJACat de 12 de mayo de 2022 recordó que «la promulgación de la Ley 35/2015, de 22 de septiembre, que establece los nuevos baremos, no hace variar [su] (…) doctrina (…) que consiste en reconocer una amplia legitimación si la reclamación va acompañada de una prueba de la condición de perjudicado, que puede consistir en demostrar la convivencia o una relación habitual con la persona fallecida». Para la Comissió, «esto permite presumir la existencia de una relación de afectividad o un sentimiento de vínculo familiar y, en consecuencia, también el dolor o aflicción por la muerte»[51].

---

[49] FJ 9 STS de 27 de diciembre de 1999 (núm. rec. 6998/1995 y [*Tol 1715669*]), dictada en un caso de responsabilidad patrimonial sanitaria.

[50] FJ 4 STS 1217/2020, de 28 de septiembre (núm. rec. 123/2020 y [*Tol 8112181*]).

[51] FJ III DCJACat 166/2022, de 12 de mayo.

Un ejemplo extremo del amplio margen de discrecionalidad con el que cuentan los tribunales a la hora de aplicar el sistema de baremos es la sentencia del Juzgado de lo Contencioso-administrativo núm. 3 de Toledo de 8 de mayo de 2018. En este fallo el juzgado fijó una cantidad a tanto alzado de 40.000 euros por el fallecimiento del paciente en un caso de pérdida de oportunidad y aplicó el concepto de unidad familiar del art. 60 TRLRC para incluir como perjudicados al esposo e hijos de la fallecida y excluir a los padres y hermanas[52]. Sobre este punto, conviene recordar que en el Baremo se define «unidad familiar» a efectos del calculo del lucro cesante de víctimas con dedicación a las tareas del hogar de la unidad familiar, pero no con el objectivo de limitar a los perjudicados en supuestos de fallecimiento.

El umbral a esta aplicación discrecional del sistema de baremos se ha de encontrar en los límites generales que, en el ámbito jurisdiccional, afectan a la determinación de la indemnización y permiten casar la cuantía fijada por el juez o el tribunal de instancia: la aplicación incorrecta de las bases jurídicas en que se fundamenta la indemnización, el error de hecho notorio en la fijación de la cuantía[53], la desproporción o la arbitrariedad del importe[54].

Ahora bien, en el contexto de la aplicación orientativa del Baremo, el error en las bases de cálculo de la indemnización no permitiría por sí solo revisar judicialmente la cuantía, según el criterio establecido en la STS de 9 de febrero de 2010, dictada en un supuesto de retraso de tratamiento médico. En ella se concluyó que «la aplicación incorrecta de un baremo no vinculante —suponiendo que efectivamente tuviera lugar— no constituye una infracción de la legalidad y, por consiguiente, no sirve de fundamento para casar la sentencia impugnada». En el procedimiento, el abogado de la Adminstración demandada había alegado en casación que la sentencia de instancia no se había ajustado a los criterios del Baremo en cuanto a la discapacidad y al daño moral, y el TS desestimó el motivo y añadió al argumento anterior que: «teniendo en cuenta la experiencia de esta Sala en

---

52 SJCA núm. 3 de Toledo 125/2018, de 8 de mayo (núm. rec. 42/2017 y [*Tol 7994326*]).

53 FJ 3 STS 306/2005, de 21 de abril de 2005, de la Sala de lo Civil (núm. rec. 4539/1998 y [*Tol 638990*]).

54 FJ 2 STS 2227/2016, de 14 de octubre, de la Sala de lo Contencioso-administartivo (núm. rec. 2387/2015 y [*Tol 5860957*]).

materia de indemnizaciones, la cifra finalmente establecida por el tribunal a quo no resulta desproporcionada ni arbitraria»[55].

Una idea que se desprende de la jurisprudencia sobre el carácter no vinculante del Baremo es que, como afirma la STSJ de Castilla y León de 4 de mayo de 2021, los tribunales sólo están obligados a enjuiciar si la cantidad reconocida por la Administración o por la sentencia recurrida conforme a baremos es razonable atendidas las circunstancias del caso.

En esta ocasión, la Sala de lo Contencioso-administrativo resolvió un caso en el que se utilizó un producto defectuoso durante una intervención de desprendimiento de retina, lo que causó la pérdida de visión de un ojo, el Tribunal dió por buena la indemnización propuesta por la resolución administrativa (39.472,52 euros) y la aumentó en 2.000 euros para compensar el perjuicio estético[56].

La cuestión actual más controvertida que a nuestro juicio plantea la aplicación orientativa del Baremo es la relativa al ámbito de aplicación temporal de las normas que han regulado los baremos desde la Orden del Ministerio de Economía y Hacienda, de 5 de marzo de 1991, hasta el actual TRLRC. En concreto, la pregunta relevante es si la Administración o el juez pueden aplicar retroactivamente reglas e importes del sistema que no estaban vigentes en el momento en que sucedieron los hechos.

En efecto, desde la orden mencionada, se han aprobado diversas normas sobre el Baremo: La LOSSP introdujo, en 1995, los primeros baremos obligatorios como anexo de la Ley de responsabilidad civil y seguro en la circulación de vehículos a motor, aprobada por Decreto 632/1968, de 21 de marzo; La Ley 34/2003, de 4 de noviembre, de modificación y adaptación a la normativa comunitaria de la legislación de seguros privados, sustituyó la tabla VI del anexo relativa a la clasificación y valoración de las secuelas; el Decreto 632/1968 fue derogado por el el actual TRLRC, aprobado por el RDLeg. 8/2004, de 29 de octubre; finalmente, el baremo de la TRLRC fue modificado por la Ley 35/2015. Pues bien, de acuerdo con su DTU, el sistema de baremos regulado por esta norma se aplicará únicamente a los accidentes de circulación que se produzcan después de su entrada en vigor que, según la DF 5 de la misma, tuvo lugar el 1 de enero de 2016. Por ello, para los accidentes sucedidos con anterioridad, regirá la redacción del anexo del TRLRC previa a la Ley 35/2015.

---

55 FJ 4 STS de 9 de febrero de 2010 (núm. rec. 858/2007 y [*Tol 1790565*]).

56 FJ 4 (STSJ de Castilla y León, de la Sala de Valladolid, 496/2021, de 4 de mayo (núm. rec. 387/2019 y [*Tol 8503456*]).

En el DCJACat de 29 de junio de 2017, la Comissió se pronunció a favor de aplicar estrictamente el sistema de baremos vigente en el momento en que tuvo lugar el hecho dañoso. Lo hizo con las siguientes palabras: «en este caso, dado que el accidente tuvo lugar en noviembre de 2015, sería de aplicación el sistema de baremos anterior a la mencionada reforma»[57]. También tiene en cuenta, correctamente, el distinto ámbito de aplicación temporal de las normas el DCJACat de 27 de enero de 2022, porque aplicó el Baremo anterior a la reforma de 2015 en un caso relativo a una intervención quirúrgica realizada en 2014, a pesar de que la última alta hospitalaria tuvo lugar en febrero de 2016[58]. Esta regla no siempre ha sido respetada. El Consejo de Estado (CdE) en su dictamen de 6 de junio de 2002 aplicó retroactivamente el sistema de baremos introducido en 1995 por la LOSSP y tuvo en cuenta la edad de la víctima en el momento del accidente (12 años en 1988). Lo hizo en un caso de error de diagnóstico de una torsión testicular que determinó la pérdida del testículo en el año 1988[59].

Llegados a este punto, exponemos a continuación la doctrina jurisprudencial de las Salas de lo Civil y de lo Contencioso-administrativo del TS sobre la aplicación retroactiva de los baremos. De este modo veremos que: mientras la primera defiende una aplicación estricta del principio de irretroactividad de las normas —también cuando éstas se aplican orientativamente—; la segunda ha admitido en alguna sentencia (dictada fuera del ámbito sanitario) la posibilidad de aplicar retroactivamente reglas y importes que no estaban vigentes en el momento de los hechos.

A. La posición de la Sala de lo Contencioso-administrativo del Tribunal Supremo

La línea jurisprudencial de la Sala de lo Contencioso-administrativo considera que la aplicación del sistema es doblemente orientativa —tanto en la decisión sobre si tomarlo como referencia, como en su aplicación— y, en este sentido, como se ha indicado anteriormente, ha rechazado que la utilización incorrecta de un baremo que no es vinculante sea fundamento para casar una sentencia de instancia.

En este contexto, alguna sentencia, como la STS de 14 de octubre de 2016, consideró insuficiente para casar la sentencia de instancia que ésta

57 FJ VIII DCJACat 185/2017, de 29 de junio. Traducción de la autora del catalán.

58 FJ VI.8 DCJACat 24/2022, de 27 de enero.

59 DCdE de 6 de junio de 2002 (núm. exp. 1192/2002 y [*Tol 3953578*]).

no hubiera aplicado la fórmula de secuelas concurrentes y hubiera atribuido 183 puntos por secuelas, cuando la puntuación máxima del baremo médico y económico es de 100 puntos. Lo hizo en un supuesto de accidente de circulación por deficiente estado de la carretera[60]. El cálculo realizado por la sentencia de instancia era posible con el sistema de baremos anterior a la Ley 35/2015 porque el baremo económico asignaba un valor por punto a multiplicar por el número de puntos asignados a las secuelas. De acuerdo con el sistema vigente, en cambio, el baremo económico asigna un valor al total de puntos por las secuelas y, de nuevo, como máximo, el valor máximo de puntos es 100.

También es destacable la STS de 27 de diciembre de 1999, porque estableció que, en cuanto al ámbito de aplicación temporal de los baremos, «carece de relevancia que [el Baremo] estuviera o no vigente en el momento de ocurrir los hechos, pues de lo que se trata es del empleo de un método de compensación de daños personales utilizado en la práctica forense»[61]. Esta sentencia resolvió un caso de daños causados durante un espectáculo organizado por la Administración pública, en el que el TS aplicó retroactivamente los baremos introducidos por la LOSSP para valorar una secuela, consistente en la amputación de una pierna, sucedida en 1992. Según la Sala de lo Contencioso-administrativo, el sistema introducido en 1995 era más casuístico y completo que el diseñado por la Orden del Ministerio de Economía y Hacienda de 5 de marzo de 1991. En nuestra opinión, aunque esta afirmación es cierta, el Tribunal no sólo ignoró el principio de irretroactividad de las normas (art. 2.3 CC), sino también el art. 141.3 Ley 30/1992, de régimen jurídico de las Administraciones Públicas y del procedimiento administrativo común (LRJPAC-92) aplicable en el momento de los hechos, según el cual la cuantía de la indemnización se calculará con referencia al día en que la lesión efectivamente se produjo.

Sin embargo, aunque sea jurisprudencia menor, queremos destacar la STSJ de la Comunitat Valenciana de 30 de junio de 2021 porque rechazó la alegación de la parte recurrente de aplicar el Baremo introducido por la Ley 35/2015 a unos hechos que empezaron a producirse en el año 2006, aunque las consecuencias dañosas se prolongaron hasta el año 2016[62]. Tal y como se describe en el fallo, en el año 2006 se le implantó al paciente una

---

60 FJ 2 STS 2227/2016, de 14 de octubre (núm. rec. 2387/2015 y [*Tol 5860957*]).

61 FJ 9 STS de 27 de diciembre de 1999 (núm. rec. 698/1995 y [*Tol 1715669*]).

62 FJ 6 STSJ de la Comunitat Valenciana 511/2021, de 30 de junio (núm. rec. 77/2019 y [*Tol 8701273*]).

prótesis de cadera metálica de la que derivaron daños por presencia de metales en sangre, además de presentar una miocardiopatía, lo que motivó que se procediera al recambio de la prótesis de metal por otra de cerámica el 26 de agosto de 2016.

Otra sentencia que también diferenció correctamente el distinto ámbito de aplicación de las normas que se han dictado en materia de baremos es la STSJ de Castilla-La Mancha de 30 de abril de 2021. En este fallo, teniendo en cuenta que el daño —implantación de una prótesis en la pierna errónea— se produjo en el año 2015, el TSJ recalculó la indemnización por secuelas funcionales y estéticas de acuerdo con el método de cálculo introducido por la Ley 34/2003, de 4 de noviembre[63].

B. La posición de la Sala de lo Civil del Tribunal Supremo

La Sala de lo Civil ha evolucionado su doctrina jurisprudencial sobre la discrecionalidad de jueces y tribunales a la hora de aplicar orientativamente los baremos en el sentido de dar mayor discrecionalidad al juzgador.

Inicialmente consideró que, si bien la decisión de aplicar el Baremo era discrecional para al juez, una vez éste había decidido aplicarlo, debía hacerlo de forma estricta[64]. De lo contrario, como fijase la STS de 15 de diciembre de 2010, la sentencia podría ser revisada. Así lo hizo en un caso de un accidente laboral en el que la sentencia de segunda instancia no se había pronunciado sobre los factores de corrección por incapacidad de la víctima y por perjuicios económicos. Por este motivo, el TS estimó el motivo en el que la parte actora alegó la infracción del art. 1902 CC y la errónea utilización del anexo introducido por la LOSSP en 1995.

En palabras de la Sala de lo Civil:

> «*La función de cuantificar los daños (...) es el resultado de una actividad de apreciación para lo que* [el juez o tribunal] *goza de amplia libertad que abarca la posibilidad de servirse a efectos orientativos de sistemas objetivos, como el del baremo anexo a la Ley sobre Responsabilidad Civil y Seguro en la Circulación de Vehículos a Motor. Ahora bien, esta regla tiene también dos limitaciones. Una, que el Tribunal*

---

63 FJ 4 STSJ de Castilla-La Mancha 95/2021, de 30 de abril (núm. rec. 40/2019 y [*Tol 8503884*]).

64 Se ha mostrado crítico con esta posición MEDINA. MEDINA CRESPO, Mariano (2012): «Reflexiones críticas sobre la aplicación del sistema fuera del tránsito motorizado (I) y (II)», *Revista de responsabilidad civil, circulación y seguro,* núms. 4 y 5, págs. 6 a 29 y págs. 6 a 32.

(...) deberá resolver en atención a las circunstancias concurrentes, determinando la indemnización que corresponda con arreglo a dicho sistema, sin salirse del baremo para procurar indemnizaciones distintas, puesto que lo contrario haría incongruente la resolución y supondría un evidente desajuste en la determinación y cuantificaron del daño en un sistema en el que los valores de días y puntos están directamente calculados en previsión y ponderación a sus inherentes factores de corrección.

Otra, que aun siendo posible revisar en casación la aplicación de la regla conforme a la cual debe establecerse, en los casos en que se haya inaplicado, se haya aplicado indebidamente o se haya aplicado de forma incorrecta, en ningún caso, en cambio, puede ser objeto de examen en casación la ponderación y subsiguiente determinación del porcentaje de la cuantía indemnizatoria fijada por la norma para cada concepto que el tribunal de instancia haya efectuado en atención al concreto perjuicio que consideró acreditado (SSTS 6 de noviembre 2008; 22 de junio 2009)»[65].

En el mismo sentido, puede verse la STS de 30 de noviembre de 2011, dictada en un caso de responsabilidad civil médica. En ella, la Sala de lo Civil desestimó el recurso de casación del actor en el que reclamaba una indemnización adicional a la del Baremo en concepto de daño moral. Según dijera el TS, el sistema ya contaba con instrumentos suficientes para dar satisfacción al perjuicio moral acreditado, por ello, «aceptada la aplicación del sistema legal de valoración previsto en el ámbito de la circulación, no cabe acoger una indemnización al margen del mismo, y con menor motivo, cuando el sistema ha demostrado contar con instrumentos suficientes para dar satisfacción al perjuicio moral acreditado: [por ello,] aceptada la aplicación del sistema legal de valoración previsto en el ámbito de la circulación, no cabe acoger una indemnización al margen del mismo, y con menor motivo, cuando el sistema ha demostrado contar con instrumentos suficientes para dar satisfacción al perjuicio moral acreditado»[66].

La doctrina mencionada se ha reiterado en las SSTS de 27 de mayo de 2013 y de 6 de febrero de 2020 que resolvieron sendas reclamaciones de responsabilidad médica. De la primera se deriva, por ejemplo, que la renta vitalicia no puede superar la suma que correspondería a tanto alzado con arreglo al baremo[67].

No obstante, existen algunas sentencias de la Sala de lo Civil del TS que excepcionan o ponen en cuestión la doctrina anterior, aunque no se

---

65 FJ 5 STS 858/2010, de 15 de diciembre, de la Sala de lo Civil (núm. rec. 1159/2007 y [*Tol 2011611*]).

66 FJ 3 STS 906/2011, de 30 de noviembre, de la Sala de lo Civil (núm. rec. 2155/2008 y [*Tol 2440954*]). La cursiva es nuestra.

67 SSTS 262/2015, de 27 de mayo (núm. rec. 1459/2013 y [*Tol 5185808*]) y 84/2020, de 6 de febrero (núm. rec. 1132/2019 y [*Tol 7763395*]).

han dictado en casos de responsabilidad médica. Este es el caso de la STS de 8 de abril de 2016, dictada en el caso del naufragio del crucero Costa Concordia, que complementó la tesis originaria al limitarse a admitir la posibilidad de aumentar la indemnización por daño moral al margen del Baremo siempre que se tratase de indemnizar un daño moral independiente del daño físico, es decir, un daño no cubierto por el sistema[68].

La postura inicial fue puesta en cuestión por las sentencias dictadas en el asunto del accidente de avión de Spanair. En efecto, entre otras, en la STS de 24 de noviembre de 2020, la Sala de lo Civil confirmó el criterio del juzgado de primera instancia (JPI) y la audiencia provincial (AP), que, en función de los casos, aumentaron en un 50 por ciento la indemnización que por daño moral resultaba de aplicar el baremo de tráfico para los casos de muerte o de secuelas[69].

Los mencionados fallos resolvieron las acciones directas, ejercidas contra la compañía aseguradora Mapfre, por la responsabilidad civil derivada del accidente de un avión de la aerolínea Spanair sucedido el 20 de agosto de 2008 en el aeropuerto de Barajas, durante la maniobra de despegue. El accidente causó la muerte de 154 pasajeros y lesiones muy graves a otros 18. Cabe destacar que el incremento del 50 por ciento no se ajustó ni al baremo anterior a la reforma de 23 de septiembre de 2015 ni al sistema actual: el primero no preveía la posibilidad de aplicar un factor de corrección de aumento por circunstancias no contempladas en el propio sistema; y el vigente contempla esta posibilidad con un límite máximo de incremento del 25 por ciento de la indemnización por perjuicio personal básico (*cfr.* arts. 33, 77 —muerte—, 112 —secuelas— TRLRC).

Para la Sala de lo Civil, como dispuso la STS de 3 de septiembre de 2019 —otra sentencia recaída en el asunto Spanair— la aplicación orientativa tiene como límite las reglas sobre la aplicación temporal del Baremo. En este caso, habían reclamado una indemnización las hijas de un matrimonio que murió en el accidente: la SJPI y SAP habían tomado como referencia los importes introducidos por la Ley 35/2015; Mapfre alegó en casación infracción del art. 2.3 CC, —el que prescribe que «las leyes no tendrán efecto retroactivo si no se dispusiera lo contrario»— así como de los arts. 9.2 y 14 CE, porque consideraba que el tribunal *a quo* no había tenido en cuenta los principios necesarios para valorar correctamente el daño. En

---

68 STS 232/2016, de 8 de abril (núm. rec. 1741/2014 y [*Tol 5687669*]).

69 FJ 5 STS 630/2020, de 24 de noviembre, de la Sala de lo Civil (núm. rec. 630/2020 y [*Tol 8226082*]).

concreto, alegó que el carácter orientativo de una norma y el principio de discrecionalidad no eximían al juez de aplicar los principios de irretroactividad y seguridad jurídica. El TS estimó el motivo porque el hecho de «que el citado baremo se utilice con carácter orientativo y que pueda aplicarse criterios correctores en atención a las circunstancias concurrentes en el sector de actividad donde ha acaecido el siniestro, no significa que el margen de arbitrio del tribunal llegue al punto de poder elegir qué sistema de valoración de daños personales y qué cuantías elige, si los vigentes cuando se produjo el accidente (y, en el caso de lesiones, la cuantía del punto vigente cuando se produzca el alta definitiva) o los vigentes en un momento posterior, como puede ser el de la sentencia»[70].

En el mismo sentido, puede verse la STS de 13 de septiembre de 2021, dictada en un caso de negligencia médica sucedida durante un parto y que causó: en un primer momento, una lesión del plexo braquial del recién nacido; y con carácter definitivo, una secuela de paresia grave de una extremidad superior. La SAP había aplicado a los hechos sucedidos en 2014 el número de puntos por la secuela introducidos por la Ley 35/2015 y los había valorado de acuerdo con las cuantías vigentes en 2014. La aseguradora del Servicio Gallego de Salud demandada recurrió la sentencia por este motivo y el TS le dio la razón al establecer que tanto el hecho dañino como el alta médica se produjeron antes del 1 de enero de 2016, razón por la cual, no era válido aplicar el baremo médico introducido por la Ley 35/2015. En palabras de la Sala de lo Civil, «no cabe la fijación de la indemnización mediante la aplicación postulada del baremo de tráfico, a través de la utilización conjunta de dos normas jurídicas distinguidas, una la vigente a la fecha del accidente, con las valoraciones correspondiente al alta médica definitiva, y otra que entró posteriormente en vigor, tras la producción del daño, la primera para determinar la valoración económica de los puntos y la segunda para fijar la puntuación de la secuela padecida, cuando lo procedente (…) que el baremo aplicable era el vigente en 2014, fecha del acto ilícito y del alta médica con secuelas, que no puede ser fraccionado mediante la aplicación de dos disposiciones normativas vigentes en períodos temporales sucesivos»[71].

[70] FJ 7.8 STS 460/2019, de 3 de septiembre (núm. rec. 4174/2016 y [*Tol 7469458*]).

[71] FJ 2.2 STS 597/2021, de 13 de septiembre (núm. rec. 4511/2018 [*Tol 8592999*]).

V. MOMENTO RELEVANTE PARA DETERMINAR Y ACTUALIZAR EL IMPORTE INDEMNIZATORIO

Según se avanzó en el ap. 1 del ep. II, una cuestión importante —y pendiente de resolución— es la de las fechas que deben emplearse para cuantificar y actualizar la indemnización, máxime cuando la LRJ y el TRLRC establecen diferentes criterios.

1) El artículo 34.3 de la Ley de régimen jurídico del sector público y su relación con las reglas del sistema de baremos de accidentes circulación

Existe, al menos, una doble actividad en el proceso de determinación de la indemnización: la cuantificación de los daños y la actualización de la cuantía. Esto es así porque la indemnización es una deuda de valor y el deudor está obligado a la entrega de una cantidad de dinero que tenga en cuenta la potencial pérdida o incremento de valor del dinero.

El precepto que regula esta cuestión es el art. 34.3 LRJ:

> Art. 34.3 LRJ. Indemnización
> *«La cuantía de la indemnización se calculará con referencia al día en que la lesión efectivamente se produjo, sin perjuicio de su actualización a la fecha en que se ponga fin al procedimiento de responsabilidad con arreglo al Índice de Garantía de la Competitividad, fijado por el Instituto Nacional de Estadística, y de los intereses que procedan por demora en el pago de la indemnización fijada, los cuales se exigirán con arreglo a lo establecido en la Ley 47/2003, de 26 de noviembre, General Presupuestaria, o, en su caso, a las normas presupuestarias de las Comunidades Autónomas»*.

El art. 34.3 LRJ, a diferencia del art. 141.3 LRJPAC que se remitía al índice de precios al consumo (IPC), prevé que la actualización de la indemnización se lleve a cabo conforme al índice de garantía de competitividad.

Pues bien, tanto si resulta aplicable *ratione temporis* el art. 34.3 LRJ como el art. 141.3 LRJPAC, si la Administración fija la indemnización a tanto alzado, la indemnización se entenderá actualizada en el momento en que se determina su importe. En cambio, en un escenario en el que la Administración utiliza orientativamente el Baremo, la distinción entre cuantificación y actualización es relevante, porque existen dos diferencias fundamentales entre las reglas contenidas en el Baremo del TRLRC y el art. 34.3 LRJ y la cuestión es cómo aplicar el Baremo respetando el art. 34.3 LRJ.

A. Reglas de los baremos de accidentes de circulación

Veamos, primero, qué establecen las reglas del Baremo. Según el art. 40 TRLRC, la cuantificación de la indemnización se realiza según la legislación reguladora del Baremo vigente el día del accidente y su actualización tendrá lugar el año en que en que se cuantifique la indemnización.

> Art. 40.1 TRLRC. Momento de determinación de la cuantía de las partidas resarcitorias.
>
> «*La cuantía de las partidas resarcitorias será la correspondiente a los importes del sistema de valoración vigente a la fecha del accidente, con la actualización correspondiente al año en que se determine el importe por acuerdo extrajudicial o por resolución judicial*».

Conviene recordar que, según la DTU de la Ley 35/2015, dedicada a la aplicación temporal del Baremo, «el sistema para la valoración de los daños y perjuicios causados a las personas en accidentes de circulación que establece esta Ley se aplicará únicamente a los accidentes de circulación que se produzcan tras su entrada en vigor», esto es, a partir del 1 de enero de 2016.

Además, el art. 49.1 TRLRC prevé que el índice con el que se actualizan los importes es el índice de revalorización de las pensiones. De acuerdo con este precepto, «a partir del año siguiente a la entrada en vigor de esta Ley, las cuantías y límites indemnizatorios fijados en ella y en sus tablas quedan automáticamente actualizadas con efecto a 1 de enero de cada año en el porcentaje del índice de revalorización de las pensiones previsto en la Ley de Presupuestos Generales del Estado»[72].

El sentido de la distinción entre determinación del importe y su actualización en las normas que regulan el Baremo es el siguiente:

i. La ley que regula el Baremo no sólo determina cuantías para los distintos tipos de daños, que son objeto de actualización anual mediante la publicación en el BOE de la correspondiente resolución de la Dirección General de Seguros y Fondos de Pensiones, sino también establece conceptos indemnizatorios, definiciones y criterios que el operador debe ponderar en el proceso de determinación del importe.

---

[72] El Anteproyecto de reforma del TRLRC modifica el art. 49 para sustituir este índice por el IPC, como preveía el anterior sistema de baremos (art. único, apt. 17 Anteproyecto).

Por ejemplo: en el caso de muerte, entre otras circunstancias personales, deben tenerse en cuenta la edad de víctima y de los perjudicados; en cambio, si se trata de lesiones permanentes, debe aplicarse la tabla del baremo médico, que asigna unos puntos a cada una de las secuelas previstas.

Lo que queremos destacar es que el Baremo no sólo prevé cuantías, que se actualizan anualmente, sino que también incluye los tipos de perjuicios indemnizables en los casos de muerte, incapacidad permanente y temporal, así como definiciones, criterios y reglas de funcionamiento de las tablas.

ii. Las cuantías originarias para los distintos conceptos indemnizatorios y el resto del Baremo puede ser objeto de reforma legislativa y lo que se actualiza anualmente son sólo las cuantías originarias de los distintos conceptos dañosos.

En este sentido, el TRLRC distingue: por un lado, entre el momento del accidente como referencia para determinar el Derecho aplicable, es decir, la norma que establece los conceptos indemnizatorios, las cuantías originarias, las definiciones, los criterios y las reglas de funcionamiento de las tablas; y, por otro lado, el momento de fijación del importe extrajudicial o judicialmente de la indemnización, como referencia temporal para determinar la actualización de las cuantías.

B. Reglas de la Ley de régimen jurídico del sector público

Visto el sistema de valoración del TRLRC, señalamos aquí las diferencias con la LRJ, tanto respecto de la cuantificación de la indemnización como su actualización.

a) Cuantificación del daño

En relación con el momento de referencia para cuantificar el daño, la LRJ da relevancia al momento en que la lesión se produjo efectivamente, mientras que el Baremo toma como referencia el momento del accidente, y es conocido que ambos momentos no tienen por qué coincidir.

Qué debe entenderse por «el día en que la lesión efectivamente se produjo», expresión prevista en el art. 34.3 LRJ (y en el art. 141.3 LRJPAC-92), no es evidente. Una interpretación razonable, acorde con la finalidad del precepto —esto es, determinar el importe de la indemnización— permite identificar ese momento con el día en que el daño se materializó en todo su alcance (la muerte, la incapacidad temporal o la secuela) y, por tanto, no debería coincidir necesariamente con la fecha del accidente o del hecho dañoso (en materia sanitaria, la intervención quirúrgica, el error de diagnóstico, etc.).

b) Actualización de la indemnización

En segundo lugar, el TRLRC actualiza los importes de acuerdo con el índice de revalorización de las pensiones (para 2022, se aplicó un incremento del 4,13 por ciento; para 2023, un 8,5 por ciento y para el año 2024, un 3,8 por ciento). La LRJ refiere como parámetro de actualización el índice de garantía de competitividad que publica el Instituto Nacional de Estadística (INE). Este indicador tiene en cuenta el IPC, pero también el nivel de competitividad de la economía del Estado español y, en caso de ser positivo, tiene una cifra máxima establecida por el Banco Central Europeo del 2 por ciento (el último índice publicado el 19 de junio de 2023 es del 4,65 por ciento).

Bajo el régimen jurídico anterior a la Ley 35/2015, los importes se actualizaban anualmente de acuerdo con el índice de precios al consumo (ap. 1.10 del anexo del TRLRC). Además, en ausencia de una disposición sobre el momento de determinación del importe y su actualización, la jurisprudencia había interpretado que, en supuestos de lesiones permanentes, la actualización se hacía de acuerdo con los importes vigentes en el momento de la alta médica definitiva del perjudicado. Fiel reflejo de este criterio son las SSTS de 17 de abril de 2007, de la Sala de lo Civil[73].

Por lo tanto, si resultaba aplicable el sistema de baremos anterior a la Ley 35/2015, era necesario llevar a cabo una segunda actualización de la cuantía que tomara como referencia, según establecía el art. 141.3 LRJPAC, el momento en que se ponía fin al procedimiento de responsabilidad.

Nótese que el índice para actualizar las cuantías era el IPC tanto en el sistema de baremos anterior a la Ley 35/2015, como en la LRJPAC. De hecho, este es el criterio que siguió el Consejo Consultivo de Canarias (CCCan) en sus dictámenes de 25 de noviembre de 2020, 10 de noviembre de

---

[73] SSTS de la Sala de lo Civil 429/2007, de 17 de abril (núm. rec. 2908/2001 y [*Tol 1106818*]) y 430/2007, de 17 de abril (núm. rec. 2598/2002 y [*Tol 1106740*]).

2009 y 19 de octubre de 2009[74]. En este último caso, por ejemplo, se tomó como referencia el baremo vigente en año en el que se dictó el dictamen y se previó finalizar el procedimiento administrativo (2009) y no el año en que se produjeron la asistencia sanitaria y la lesión (2006). En cambio, otros dictámenes aplicaron la cuantía vigente en el momento de los hechos o del daño. Así ocurrió con el Consejo Consultivo de Castilla-La Mancha (CCC-M), por ejemplo, en su dictamen de 13 de febrero de 2008, que determinó que la cantidad resultante se tenía que actualizar por aplicación del art. 141.3 LRJPAC[75]. Por su parte, otros consejos consultivos, como los de Castilla-León y La Rioja, no se pronunciaron sobre la actualización. En este sentido pueden consultarse el DCCC-L de 7 de mayo de 2009 y el DCCRioja de 16 de marzo de 2017[76].

2) *Disparidad de criterios seguidos por los tribunales y los consejos consultivos y comisiones asesoras*

Se advierten distintas interpretaciones sobre el momento relevante para determinar el importe y para actualizarlo cuando la Administración o el juez han decidido aplicar orientativamente los baremos.

Algunas sentencias del TS y de los TSJ determinan el importe conforme a las cuantías vigentes en el momento del accidente o del hecho dañoso. Este es el caso de la STS de 7 de marzo de 2016, de la Sala de lo Contencioso-administrativo. Se pronunció a favor del baremo vigente en el momento de la fecha del accidente en los siguientes términos:

> «*Sin desconocer la jurisprudencia, fundamentalmente civil, del Tribunal Supremo, en esta materia, que en determinadas ocasiones ha aplicado el baremo correspondiente a la fecha de estabilización de las lesiones, lo cierto es que en este caso procede la aplicación del baremo correspondiente a la fecha del accidente* (...) *Esto es así porque, por un lado, el Anexo del Real Decreto Legislativo 8/2004, en su apartado primero* (...) *señala que: "3. A los efectos de la aplicación de las tablas, la edad de la víctima y de los perjudicados y beneficiarios será la referida a la fecha del accidente". Asimismo, el art. 141.3 de la Ley 30/1992, de 26 de noviembre* (...), *señala que: "3.*

74 DCCCan 494/2020, de 25 de noviembre [*Tol 9528981*], 642/2009, de 10 de noviembre [*Tol 9533199*], y 589/2009, de 19 de octubre de 2009 (JUR 2009\500493).

75 CCC-M 26/2008, de 13 de febrero.

76 DCCC-L 32/2009 de 7 de mayo y DCCRioja 18/2017, de 16 de marzo de 2017.

La cuantía de la indemnización se calculará con referencia al día en que la lesión efectivamente se produjo»[77].

En el mismo sentido falló la STSJ de Madrid de 23 de enero de 2018, que resolvió un caso de pérdida de oportunidad de curación de un cáncer colonorrectal por retraso en el diagnóstico[78]. La Sala de lo Contencioso-administrativo concedió una indemnización del 70 por ciento sobre la indemnización por fallecimiento calculada conforme a las cuantías vigentes en el momento en que se produjo la omisión del diagnóstico (2014), aunque el fallecimiento devino con posterioridad. Adicionalmente ordenó aplicar a la cantidad resultante intereses legales desde la fecha de la reclamación administrativa de acuerdo con el art. 141.3 LRJPAC, aplicable a los hechos. También recoge esta práctica la STSJ del País Vasco de 27 de marzo de 2018, que aplicó las cuantías vigentes en el año en que se produjo la intervención quirúrgica y la lesión del nervio cubital, aunque la estabilización de la lesión fue posterior[79].

Otras sentencias, como la STSJ de Andalucía de 20 de febrero de 2005, referida a un caso de responsabilidad sanitaria, se pronuncian a favor del momento de producción de la lesión. En palabras de este fallo:

«La cuestión de cuál debe ser el baremo aplicable para tasar las secuelas de la recurrente, si el vigente al tiempo de producirse la lesión, o el que lo estaba al tiempo de interponer demanda en cuantificación de los daños sufridos, cuenta con una solución legal reflejada en el art. 141.3 de la Ley 30/1992, de 26 de noviembre (...): la cuantía de la indemnización se calculará con referencia al día en que la lesión efectivamente se produjo (...) por lo que, en puridad, no existe base legal para remitir el cálculo de la indemnización a una fecha posterior a la producción y determinación del daño, aplicando las disposiciones vigentes en ese momento posterior»[80].

En supuestos de fallecimientos o de secuelas que se producen poco tiempo después o durante la asistencia sanitaria los tribunales suelen aplicar el baremo vigente en el año del fallecimiento o de la determinación de la lesión del paciente. En este sentido pueden consultarse las SSTSJ de Madrid de 19 de diciembre de 2018, de la Comunitat Valenciana de 29

---

77 FJ 4 STS de 7 de mayo de 2016, de la Sala de lo Contencioso-administrativo (núm. rec. 3032/2014 y [*Tol 5661892*]).

78 STSJ de Madrid, 30/2018, de 23 de enero (núm. rec. 617/2016 y [*Tol 6544817*]).

79 STSJ del País Vasco 161/2018, de 27 de marzo (núm. rec. 161/2018 y [*Tol 6665657*]).

80 STSJ de Andalucía, Sala de la Sala de lo Contencioso-administrativo de Sevilla, 200/2015, de 20 de febrero (núm. rec. 225/2012 y [*Tol 5191364*]).

de mayo de 2018 y de Andalucía, de 8 de febrero de 2019: la primera se pronunció sobre una reclamación por fallecimiento y pérdida de oportunidad al no haber decidido el envío de una ambulancia medicalizada; la segunda resolvió otro supuesto de fallecimiento y pérdida de oportunidad por una demora de seis horas en la práctica de una intervención urgente; y la tercera enjuició a una paciente que sufrió una histerectomía en una intervención de un legrado[81].

A los efectos que estamos tratando, los casos más complicados son aquellos en los que los daños se determinan mucho tiempo después de la asistencia sanitaria. Un caso paradigmático es el retraso en el diagnóstico resuelto por la STSJ del País Vasco de 26 de octubre de 2020[82]. En dicho caso, el paciente sufrió distintos daños de manera sucesiva: primero tuvo lugar el diagnóstico de la hipertrofia prostática en el año 2012; luego se diagnosticó un adenocarcinoma con metástasis en el año 2015; al que siguió un tratamiento paulativo hasta que se produjo el fallecimiento del paciente por esta enfermedad en el año 2018. En el pleitó lo que se planteó fue la aplicabilidad del sistema de baremos anterior a la reforma por la Ley 35/2015. Pues bien, la Sala de lo Contencioso-administrativo, consciente de la falta de reglas claras sobre si acudir al baremo vigente en el momento de producción del hecho dañoso o el de consolidación de las secuelas, tuvo en cuenta el momento del fallecimiento (2018) y aplicó los criterios y tablas introducidas por la Ley 35/2015 para valorar todos los daños, los que sufrió el paciente y los daños morales derivados de su fallecimiento.

En el mismo sentido resolvió la STSJ de Andalucía de 1 de julio de 2021, en un supuesto en el que paciente había contraído una infección hospitalaria por el virus de la Hepatitis C en el año 2011 y que tuvo que estar de baja por incapacidad temporal desde junio de 2012 hasta febrero de 2013[83]. El Tribunal valoró los días de incapacidad conforme al sistema anterior a la Ley 35/2015 y actualizó el importe de acuerdo con las cuantías vigentes en el momento en que finalizó la situación de incapacidad temporal.

---

81 STSJ de Madrid 760/2018, de 19 de diciembre de 2018 (núm. rec. 56/2018 y [*Tol 7099439*]), STSJ de la Comunitat Valenciana 261/2018, de 29 de mayo (núm. rec. 13/2016 y [*Tol 6792951*]) y STSJ de Andalucía, Sala de Sevilla, 130/2019, de 8 de febrero (núm. rec. 212/2017 [*Tol 7451102*]).

82 STSJ del País Vasco 409/2020, de 26 de octubre (núm. rec. 922/2019 y JUR 2021\61510).

83 STSJ de Andalucía 1667/2021, de 1 de julio, Sala de lo Contencioso Administrativo de Málaga (núm. rec. 2714/2020 y [*Tol 8761773*]).

La Administración o el juez que aplica las cuantías vigentes en el momento de la asistencia sanitaria o en el momento de la producción efectiva de la lesión, debería tener en cuenta la procedencia de actualitzar la cuantía con referencia al momento en que se fije la indemnización en el procedimiento administrativo o judicial. Así lo ha señalado la jurisprudencia, por todas la STSJ de Madrid de 27 de abril de 2021, la cual —citando la STS de 21 de abril de 1998, de la Sala de lo Contencioso-administrativo— sentenció que «la obligación pecuniaria de resarcimiento como una deuda de valor (...) lleva a fijar la cuantía de la deuda actualizada al momento de su determinación o fijación en vez de al momento de producción del daño»[84].

Sin embargo, el hecho dañoso o la lesión efectiva no es la única referencia temporal que han utilizado los jueces para aplicar los baremos. Algunas sentencias han concentrado los procesos de determinación del importe y de actualización por la vía de aplicar directamente las cuantías de baremos vigentes en el momento en que se interpuso la reclamación administrativa. Este es el caso de la STS de 14 de mayo de 2020, que dio por buena la aplicación, en un supuesto de muerte por negligencia médica acaecido en 2011, del importe actualizado en 2015 porque ese fue el momento en que se presentó la reclamación administrativa[85]. En en el mismo sentido se pronunció la SAN de 15 de enero de 2016, en un recurso que traía causa de una reclamación por asistencia a un parto[86].

Otras sentencias, en cambio, han considerado que la actualización se puede obtener «bien aplicando el baremo vigente al tiempo del dictado de la Sentencia que pone término al procedimiento o bien acudiendo al aplicable a la fecha del siniestro incrementado con los intereses legales desde la fecha de la reclamación»[87].

---

84 FJ 7 STSJ de Madrid 325/2021, de 27 de abril (núm. rec. 1013/2019 y [*Tol 8513634*]).

85 STS 407/2020, de 14 de mayo, de la Sala de lo Contencioso-administrativo (núm. rec. 6365/2018 y [*Tol 7947621*]).

86 SAN de 15 de enero de 2020, de la Sala de lo Contencioso-administrativo (núm. rec. 349/2016 y [*Tol 7880270*]).

87 FJ 8 STSJ de Madrid 682/2022, de 18 de noviembre (núm. rec. 378/2022 y [*Tol 9318746*]. Esta sentenci, dictada en un supuesto de caída en la vía pública, optó por cuantificar la deuda el día del siniestro, e incrementarla con los intereses delales desde la fecha de la reclamación hasta el pago, por el criterio seguido, entre otras muchas por las SSTSJ de Madrid 1982/2010, de de 21 octubre (núm. rec. 528/2003 y [*Tol 2030719*]) y 1377/2011, de 22 septiembre

Los DDCJACat, de forma mayoritaria, toman como referencia los baremos vigentes en el año que ocurrió el accidente o el hecho dañoso, con fundamento en el art. 34.3 LRJ. Por ejemplo, en el DCJACat de 31 de octubre de 2019, la Comissió valoró «como el órgano instructor (…) [al emplear orientativamente los baremos de accidentes de tráfico], de acuerdo con el art. 34.2 de la LRJ (…) [estableció que] las cuantías aplicables serían las vigentes en la fecha en que se produjo el hecho dañoso», 2016. Lo hizo en un supuesto relativo a una cesárea, practicada en 2016, durante la cual se quedó una gasa quirúrgica en el abdomen de la paciente que tuvo que extraerse posteriormente. Entendió que «así resulta del art. 34.3 de la LRJ, según el cual, la "cuantía de la indemnización se calcula con referencia al día en que se produjo efectivamente la lesión", y de la Sentencia del TS, Sala Contenciosa Administrativa, Sección Sexta, de 7 de marzo de 2016, que se pronunció a favor de tomar como referencia la fecha del accidente de acuerdo con el anterior art. 141.3 Ley 30/1992»[88].

También aplicaron los baremos vigentes en el año del hecho dañoso los DDCJACat de 7 de octubre de 2021, 2 de septiembre de 2021, 6 de mayo de 2021: el primero resolvió un caso de caída sucedida en 2018 con resultado de secuelas consolidadas en 2019; el segundo dictaminó una caída que tuvo lugar en 2017 con secuelas concretadas en 2018; el tercero se pronunció sobre la caída de una menor en la guardería y aplicó los importes actualizados en el año 2017, aunque el período de incapacidad temporal y otros perjuicios se produjeron en años posteriores[89].

El mismo criterio se aplicó a los casos resueltos por los DDCJACat de 29 de abril de 2021 y 6 de febrero de 2020, referidos, respectivamente, a la pérdida del dedo de la mano derecha durante la práctica de una actividad deportiva en una instalación municipal y una caída en vía pública. Ambos presentan la particularidad de que el hecho lesivo y el daño se producen durante el mismo año[90]. Entre los dictámenes dictados en 2019, se pueden ver los de 25 de julio y 13 de junio, relativos a caídas en vía pública[91].

(núm. rec. 958/2002 y [*Tol 2273811*]).

88 FJ XII DCJACat 339/2019, de 31 de octubre. Traducción de la autora del catalán. La cursiva es suya.

89 DDCJACat 300/2021, de 7 de octubre, 273/2021, de 2 de septiembre, y 142/2021, de 6 de mayo.

90 DCJACat 131/2021, de 29 de abril, y 42/2020, de 6 de febrero.

91 DCJACat 235/2019, de 25 de julio, y 173/2019, de 13 de junio.

En pronunciamientos sobre responsabilidad patrimonial sanitaria, otros consejos consultivos y comisiones asesoras han llegado a soluciones dispares. El CdE, en sus dictámenes de 6 de junio de 2002 y 8 de noviembre de 2005, aplicó directamente las cuantías de baremos vigentes: ya en la fecha de la propuesta estimatoria de la Administración, en el primer caso —que además aplicó interés legal hasta la fecha de resolución del procedimiento administrativo—; ya en la fecha del dictamen, en el segundo caso, relativo al fallecimiento de un recién nacido[92].

Por su parte, el Consejo Consultivo de Andalucía (CCAnd) mantiene una doctrina que consiste en calcular la indemnización tomando como referencia la resolución de la Dirección General de Seguros y Fondos de Pensiones vigente en el momento de la fecha de pago de la indemnización, siempre y cuando la indemnización esté actualizada de acuerdo con el IPC, índice de referencia bajo la LRJPAC. Por todos, citamos los DDCCAnd de 8 de julio de 2009 y 29 de julio de 2009, dictados en un supuesto de fallecimiento tras hipoxia sufrida durante intervención quirúrgica, y en un caso de lesión del plexo braquial durante la asistencia a un parto[93].

El CCRioja, en cambio, en su dictamen de 16 de febrero de 2017, tuvo en cuenta, las cuantías vigentes en el año en que se hizo efectivo el daño, en particular, cuando finalizó el período incapacidad temporal a raíz de una lesión corneal producida durante la asistencia médica[94].

VI. VALORACIÓN DEL ESTADO PREVIO DE LA VÍCTIMA COMO FACTOR DE REDUCCIÓN DE LA INDEMNIZACIÓN

En nuestra opinión la condición personal de la víctima, en particular la relacionada la avanzada edad o sus patologías, no debe ser considerada, en todo caso y de forma automática, un factor de reducción de la indemnización en casos de daños finales que se han visto agravados por esas circunstancias personales. Por este motivo, consideramos que deben evitarse referencias genéricas, como la efectuada por la STSJ de Extremadura de 20

---

92 DDCdE de 6 de junio de 2002 (núm. exp. 983/2002 y [*Tol 335589*]) y 8 de septiembre de 2005 (núm. exp. 946/2005 y [*Tol 4086469*]).

93 DDCCAnd 472/2009, de 8 de julio, y 536/2009, de 11 de julio febrero.

94 DCCRioja 12/2017, de 16 de febrero (JUR 2017\210253).

de diciembre de 2020, al «estado de salud y edad» del paciente como factor para reducir la indemnización[95].

Según nuestro parecer, siguiendo a los profs. GÓMEZ CALLE, PANTALEÓN, MARTÍN-CASALS y MEDINA, es necesario realizar un análisis previo sobre causalidad e imputación objetiva[96].

Un ámbito en el que se plantea a menudo el estado previo de la víctima es el de la responsabilidad patrimonial. Por este motivo hemos seleccionado tres dictámenes, dos de ellos referidos al ámbito sanitario.

Los DDCJACat, de 2 de diciembre de 2021 y 1 de julio de 2010, tuvieron en cuenta el estado previo de la víctima como factor reductor de la indemnización:

i. El DCJACat de 2 de diciembre de 2021 resolvió un caso de responsabilidad patrimonial sanitaria por muerte, como consecuencia de un hematoma subdural, de un paciente dependiente que se cayó de la cama mientras se encontraba ingresado en un hospital. La Comissió consideró procedente reducir la indemnización en un 30 por ciento porque «en este fallecimiento influyeron de forma relevante las circunstancias de edad y de salud de la paciente, que tomaba medicamentos anticoagulantes (Sintrom) que incrementan el riesgo de sufrir hematomas subdurales»[97].

ii. En el DCJACat de 1 de julio de 2020, relativo al fallecimiento de un paciente por una infección nosocomial, la Comissió consideró que había «que aplicar un factor de corrección del 50 por ciento, a la vista del informe del ICAM, en el que se destaca el estado basal

---

[95] FJ 5 STSJ de Extremadura 231/2021, de 20 de diciembre (núm. rec. 206/2021 y [*Tol 875157*]).

[96] GÓMEZ CALLE, Esther (2015): «Víctimas vulnerables y Derecho de daños», *Anuario de Derecho Civil, Estudios monográficos,* tomo LXVIII, fasc. IV., págs. 1197 a 1310. PANTALEÓN PRIETO, Fernando (1993): «Comentario del articulo 1902 CC», Comentarios del Código Civil, tomo II, Ministerio de Justicia, Madrid (2ª ed.) págs. 1971 y ss. MARTÍN-CASALS, Miquel (2019): «Más allà del llamado "Baremos sanitario», *XVIII Congreso Nacional Asociación Española de Abogados Especializados en Responsabilidad Civil y Seguro.* (ESP): Sepín, págs. 47 a 97. MARTÍN-CASALS, Miquel (2019): «Más allá del llamado "Baremo sanitario"», pág. 61. MEDINA CRESPO, Mariano (2015): *El resarcimiento de los perjuicios personales causados por la muerte en el nuevo baremo de trafico. Ley 35/2015, de 22 de septiembre,* Bosch, Barcelona, págs. 293 a 299.

[97] FJ VI.2 DCJACat 384/2021, de 2 de diciembre. Traducción de la autora del catalán.

del paciente». En concreto, en dicho informe del Institut Català d'Avaluacions Mèdiques (ICAM) se indicaba «que la infección sufrida ha sido "sin duda favorecida por las condiciones del paciente (edad, patología respiratoria grave, importantes intervenciones quirúrgicas abdominales y prolongada estancia en la UCI)"»[98]. La CJA valoró que en la cuantificación de la indemnización debían tenerse en cuenta, para rebajarla, los antecedentes del paciente, fundamentalmente la insuficiencia respiratoria crónica que sufría.

La cuestión planteada no es exclusiva de la responsabilidad patrimonial sanitaria. Así lo muestra el DCJACat de 17 de diciembre de 2014 —el tercer dictamen seleccionado— referido a una caída en la vía pública. Consta en él que «la reclamante (...) presentababa, como antecedentes previos a la caída, artritis reumatoide juvenil, razón por la cual era portadora de una prótesis bilateral de cadera desde joven, una neuropatía y un traumatismo en la rodilla izquierda en 2001, entre otras patologías». Según relata el dicamen, a raíz del accidente la reclamante sufrió una fractura periprotética de la cadera derecha Vancouver. Teniendo en cuenta lo anterior, la CJACat redujo la indemnización en un 50 por ciento: «a la vista de la documentación incorporada en el expediente y de los datos que de ésta se infieren (...) [porque] en el alcance y evolución de las mismas lesiones (...) incidió de una manera muy significativa la situación basal previa de la reclamante, de modo que los daños no habrían adquirido la entidad actual, si la reclamante no hubiera presentado los antecedentes médico-quirúrgicos previos referidos»[99].

Llegados a este punto, procede plantearse si, a pesar del funcionamiento anormal del servicio público, ¿debe asumir la Administración pública el agravamiento de los daños debidos a debilidades y enfermedades preexistentes de los pacientes? Para responder a la pregunta la doctrina distingue básicamente dos situaciones:

i. La predisposición al daño o vulnerabilidad previa del paciente que, en el momento de producirse el hecho dañoso, todavía no se ha exteriorizado ni tiene porqué tener consecuencias perjudiciales.

ii. La existencia previa al hecho dañoso de una lesión, anomalía o enfermedad física o intelectual susceptible de ser valorada y que el

---

98 FJ VI DCJACat 232/2010, de 1 de julio. Traducción de la autora del catalán.

99 FJ VI DCJACat 441/2014, de 17 de diciembre. Traducción de la autora del catalán.

hecho dañoso agrava o avanza las consecuencias perjudiciales que con toda probabilidad iban a producirse en el futuro[100].

A ambos supuestos nos referimos a continuación.

1) Predisposición dañosa que en el momento del accidente no ha causado perjuicios a la víctima

En este primer supuesto, el paciente o la víctima del accidente padece determinadas enfermedades que suponen un riesgo de daño más grave que acaba materializándose precisamente porque interviene la actuación negligente de un tercero o el funcionamiento anormal del servicio público. Por ejemplo, el paciente o la víctima puede estar afectado de hemofilia, hipertensión, fragilidad ósea, enfermedades latentes o insuficiencia cardíaca, condiciones que de forma imprevisible hacen más grave el daño final. Es importante destacar que, aunque la patología previa agrava el daño, la patología por sí sola no habría tenido necesariamente consecuencias perjudiciales.

La regla general en muchos sistemas jurídicos de nuestro entorno cultural (Francia, Alemania o Reino Unido[101]) se sintetiza en la idea de que el causante del daño debe aceptar a la víctima tal y como se la encuentra, con sus vulnerabilidades. Por ello, debe responder de las reacciones imprevisibles y anormales que la víctima sufre como consecuencia de su conducta negligente o dolosa. En el derecho del Common Law, estas reglas se expresan bajo la regla del cráneo de cáscara de huevo (*eggshell skull rule*).

En casos como estos, el causante del daño debe responder de ese plus de indemnización derivado de una circunstancia personal que aumenta el daño, de misma manera que el causante de un daño debe pagar una mayor indemnización cuando sobreviven a la víctima mortal varios familiares que dependen económicamente de ella, o cuando el lesionado, por razón de su trabajo, sufre un daño económico mucho más grave. Tanto en uno como en otro supuesto, la circunstancia personal que aumenta el daño es imprevisible.

La predisposición de la victima, desde el punto de vista de la causalidad de hecho, es una concausa del daño. A pesar de ello, en orden a los

---

100 *Cfr.* entre otros autores, GÓMEZ CALLE. GÓMEZ CALLE, Esther (2015): «Víctimas vulnerables y Derecho de daños», *op. cit.* págs. 1206 y 1207.

101 *Ibidem* págs 1205 y 1206.

requisitos de la responsabilidad, existen buenas razones para imputar objetivamente todo el daño al causante del mismo: en primer lugar, porque la víctima no hubiera sufrido el daño si no fuera por la intervención del autor del daño; en segundo término, porque, aunque es cierto que existe un elemento extraño al responsable del daño, ajeno a su control, que interviene en la cadena causal, éste opera después de que el hecho dañoso ya se haya producido; en tercer lugar, porque —como destacó en su día el prof. PANTALEÓN— reducir la responsabilidad en estos supuestos supondría tratar a estas víctimas como ciudadanos de segunda en el sentido de considerarlas responsables o culpables por haber llevado a cabo actividades normales[102].

Una sentencia que aplica exactamente esta doctrina es la STSJ de Andalucía de 20 de febrero, recaída en un caso de responsabilidad sanitaria por fallecimiento del paciente[103]. Ante la alegación de la Administración sanitaria de minorar la valoración del daño en atención a la existencia de patologías previas en el paciente, la Sala de lo Contencioso-administrativo, con cita de su sentencia de 15 de julio de 2013[104], dijo lo siguiente:

> «*Si lo que se quiere tomar en consideración son las circunstancias preexistentes del fallecido, esto es, su edad y el hecho de padecer una cardiopatía isquémica, debemos decir, (...), que estas circunstancias resultan irrelevantes, puesto que conforme a la teoría de la imputación objetiva la predisposición del damnificado a reaccionar con menos defensas o su especial débil constitución física son independientes de la creación desaprobada jurídicamente de un riesgo para su vida, en este caso materializado desgraciadamente en su fallecimiento y que depende exclusivamente de no haber efectuado el diagnóstico correcto en el momento adecuado. Por lo tanto, ni las menciones a las circunstancias personales del fallecido tienen trascendencia jurídica, puesto que no debilitan el nexo de causalidad entre la omisión y el fallecimiento*».

En contra de esta doctrina parece pronunciarse, en cambio, la STS de 20 de julio de 2011, dictada en un caso de accidente de circulación[105]. En

---

[102] PANTALEÓN PRIETO, Fernando (1993): «Artículo 1902», en PAZ-ARES RODRÍGUEZ, Cándido, DÍEZ-PICAZO PONCE DE LEÓN, Luis, BERCOVITZ RODRÍGUEZ-CANO, Rodrigo, SALBADOR CODERCH, Pablo (dirs.), *Comentarios del Código Civil*, tomo II, Ministerio de Justicia, Madrid (2ª ed.), pág. 1988.

[103] STSJ de Andalucía 200/2015, de 20 de febrero, de la Sala de lo Contencioso-administrativo de Sevilla (núm. rec. 225/2012 y [*Tol 5191364*]).

[104] STSJ de Andalucía 1101/2011, de 15 de julio, de la Sala de lo Contencioso-administrativo de Sevilla (núm. rec. 245/2011 y [*Tol 4130827*])

[105] STS 599/2011, de 20 de julio, de la Sala de lo Civil (núm. rec. 820/2008 y [*Tol 2232619*]).

esta ocasión la Sala de lo Civil consideró adecuado reducir la indemnización por razón de un proceso degenerativo de la columna vertebral que, si bien era asintomático, había agravado notablemente las consecuencias del impacto sufrido. También minoró la indemnización la STSJ de Galicia de 19 de mayo de 2021, en un caso en el que un paciente oncológico con un linfoma de mal pronóstico e inmunodeprimido sufrió una infección bacteriana en el hospital que determinó su fallecimiento[106].

2) *Predisposición dañosa que ya ha causado daños previos a la víctima o que los habría causado en un futuro*

A diferencia del supuesto anterior, según nuestro parecer y siguiendo la doctrina que previamente se ha pronunciado sobre este tema, estaría justificado reducir la indemnización si la patología previa —*v.gr.* una incapacidad previa evaluada médicamente— ya hubiera generado daños consolidados y cuantificables al paciente o victima. El alcance de la reducción consistiría en el valor del daño preexistente. Éste sería *stricto sensu* el supuesto de estado previo[107] que debe tenerse en cuenta a la hora de fijar la indemnización[108].

En casos como los del párrafo anterior, el daño no puede imputarse a la Administración sanitaria porque éste ya se causó a la víctima o paciente antes del accidente que motiva la reclamación de responsabilidad patrimonial. De hecho, el art. 100.2 TRLRC, en la redacción dada por la Ley 35/2015, incorpora en el baremo médico la siguiente fórmula para puntuar aquellas determinadas secuelas que agravan un estado previo y que no están previstas en el propio baremo:

$$(Mm) / [1— (m / 100)]$$

Donde «M» es la puntuación de la secuela en el estado actual y «m» es la puntuación de la secuela preexistente[109].

---

106 STSJ Galicia, 307/2021, de 19 de mayo, de la Sala de lo Contencioso-administrativo (núm. rec. 4047/2020 y [*Tol 8578809*]).

107 MARTÍN-CASALS, Miquel (2019): «Más allá del llamado "Baremo sanitario"», *op cit.* pág. 62.

108 GALÁN CORTÉS, César (2022): *Responsabilidad civil médica,* cap. IV, ap. III. 3.

109 MOURE destaca la limitación de la regla de cálculo del art. 100.2 TRLRC en el ámbito sanitario, porque requiere la existencia de una secuela previa y «un paciente hospitalario generalmente padece una lesión o una enfermedad que está en proceso de curación, con lo cual no existe una secuela previa, propiamente

Antes de la Ley 35/2015, el ap. primero.7 del anexo del TRLRC, contemplaba también la posibilidad de reducción de la indemnización, aunque sin determinar secuelas agravatorias o fórmulas concretas. Un ejemplo del sistema previo a la Ley 35/2015 lo encontramos en la STSJ de Andalucía de 29 de octubre de 2021, que redujo la puntuación de la secuela (depresión) 6 a 4 puntos debido a la preexistencia de un trastorno ansioso depresivo. En el caso, se practicó una mastectomía de mama derecha a la paciente sin que, posteriormente, se confirmara la existencia del tumor que justificó el acto quirúrgico[110].

También estaría justificado moderar la indemnización si la conducta del causante del daño hubiera anticipado la producción de un daño que se habría producido con certeza más tarde. En este supuesto, la indemnización deberá consistir en el perjuicio que ha comportado la anticipación del daño, como el lucro cesante o los gastos de atención médica, pero no el daño en sí mismo, porque éste se habría causado igualmente por la patología que era previa al hecho dañoso.

VII. CONCLUSIONES

En este trabajo se han defendido las siguientes ideas principales sobre la cuantificación de los daños personales y la aplicación orientativa del Baremo de tráfico en el ámbito de la responsabilidad patrimonial sanitaria:

1. La aplicación del Baremo de tráfico fuera del ámbito de los accidentes de circulación y, en concreto, en el de la responsabilidad patrimonial, no deber realizarse por analogía: ni existe un vacío legal en cuanto a la cuantificación de los daños en este ámbito; ni existe identidad de razón entre los regímenes de responsabilidad patrimonial y civil.
2. De acuerdo con la jurisprudencia contencioso-administrativa, los jueces y tribunales —y previamente la Administración en la reclamación de responsabilidad patrimonial— gozan de discrecionalidad no sólo para decidir si aplican los baremos de tráfico, sino también para decidir sobre la manera de aplicarlos. Esto último significa que, si ha

dicha». MOURE GONZÁLEZ, Eugenio (2018), *Hacia un baremo del daño sanitario. Y cómo valorarlo mientras tanto,* La Ley, Madrid, pág. 75.

110 STSJ de Andalucía, 2198/2021, de 29 de octubre, de la Sala de lo Contencioso-administrativo de Sevilla (núm. rec. 436/2019 y [*Tol 8742068*]).

optado por aplicarlos, de manera motivada, puede incrementar o reducir la indemnización resultante del Baremo si las circunstancias del caso lo requieren. Dicho con otras palabras, fuera del ámbito de los accidentes de tráfico, los baremos del TRLRC son meramente orientativos.

Procederá incrementar la indemnización cuando la tasada por el baremo no refleje la gravedad del daño, moral o económico, o cuando se quiera resarcir un determinado perjuicio que no esté contemplado por el sistema, como, por ejemplo, el daño moral autónomo. En estos casos, al concurrir singulares circunstancias, la aplicación estricta del Baremo vulneraría el principio de reparación integral del daño al impedir resarcirlo en su totalidad por tratarse de supuestos no contemplados por el baremo de accidentes de tráfico.

En cambio, deberá reducirse la indemnización cuando la Administración motive que la que resulte del Baremo exceda a la que el perjudicado tenga derecho a percibir, atendidas las circunstancias del caso.

3. El reclamante no puede exigir a la Administración la aplicación o inaplicación de los baremos. No puede imponerle su aplicación porque éstos no son vinculantes fuera del ámbito de los accidentes de tráfico. Tampoco puede conminar a la Administración a que inaplique los baremos, alegando que siempre suponen una limitación contraria al principio de reparación integral del daño puesto que pueden resarcirlo de manera razonable y suficiente de acuerdo con las circunstancias del caso.

4. En nuestra opinión, la discrecionalidad de la Administración para servirse del Baremo no puede llegar al extremo de aplicar retroactivamente un baremo que no estaba vigente en el momento de la producción del daño. La retroactividad ha sido aplicada en alguna sentencia de la Sala de lo Contencioso-administrativo del TS. Sin embargo, este criterio no ha sido secundado por buena parte de los consejos consultivos y comisiones asesoras, entre ellos el CdE y la CJACat.

5. En principio, cuando la Administración o el juez fijan una indemnización a tanto alzado, ésta debe entenderse actualizada en el momento en que se determina su importe. Sin embargo, en un escenario en el que la Administración utiliza orientativamente el sistema de baremos, la distinción entre cuantificación y actualización de la indemnización es relevante. Lo es, porque existen dos diferencias

fundamentales entre las reglas contenidas en el sistema de baremos y la regla del art. 34.3 LRJ. La cuestión es cómo aplicar el sistema de baremos respetando el art. 34.3 LRJ.

En primer lugar, en cuanto a la cuantificación del daño, el art. 34.3 LRJ da relevancia al momento en que la lesión se produce efectivamente. En cambio, el sistema de baremos toma como referencia el momento del accidente y es sabido que el momento de la producción del daño y el del accidente no siempre coinciden.

En segundo término, respecto al índice de referencia para la actualización de la indemnización, el TRLRC recurre al índice de revalorización de las pensiones que esté en vigor al tiempo de la cuantificación del daño. Así, para 2022, se aplicó un incremento del 4,13 por ciento, para 2023, del 8,5 por ciento y para 2024, un 3,8 por ciento. Por su parte, la LRJ utiliza el índice de garantía de competitividad, fijado por el INE, que esté vigente en el momento de la cuantificación del daño en el procedimiento de responsabilidad patrimonial. Ahora bien, este índice, en caso de ser positivo, tiene una cifra máxima del 2 por ciento establecida por el Banco Central Europeo. A título de ejemplo, el índice publicado el 19 de junio de 2023 es del 4,65 por ciento.

6. A los efectos de cuantificar la indemnización, existen varios criterios interpretativos de la expresión del art. 34.3 LRJ «el día en que la lesión efectivamente se produjo» y la jurisprudencia y doctrina legal no se han puesto de acuerdo en cuál aplicar: unas veces defienden que, a los efectos de la evaluación económica del daño, el momento en que éste se produjo debe coincidir con el día de la estabilización de las lesiones, pero otras decisiones sitúan el momento relevante en el de producción de la asistencia sanitaria, aunque los daños se estabilicen después, sin perjuicio, en ambos casos, de que proceda la actualización de la cuantía al tiempo del reconomiento de la indemnización. En otras ocasiones sostienen que lo más adecuado para fijar el *quantum* es entender cuantificado y actualizado el daño aplicando la cifra que resulte de utilizar los baremos vigentes en el año en que la Administración reconozca la indemnización.

   A título de ejemplo, la mayoría de los DDCJACat, con fundamento en el art. 34.3 LRJ, toman como referencia los baremos vigentes en el año que ocurrió el accidente o el hecho dañoso. En cambio, de manera alternativa, el CdE y algunas sentencias, utilizan los baremos vigentes en el año en que se dicta la propuesta o resolución administrativa.

7. Finalmente entendemos, siguiendo a la doctrina civilista, que la condición personal del paciente o víctima —en particular, en relación con su (avanzada) edad o patologías previas— no debe ser considerada, en todo caso y de forma automática, como un factor de reducción de la indemnización. En nuestra opinión, debe realizarse un análisis previo de la relación de causalidad entre el funcionamiento del servicio público y la producción del daño, y su imputación objetiva a la víctima o paciente.

   Según nuestro parecer, habría que distinguir: entre aquellas patologías, previas y latentes, que, a pesar de predisponer a la víctima a sufrir un daño más grave del que cupiera esperar, no le habían causado ningún perjuicio —ni debían causárselo en un futuro necesariamente—; de aquellas otras que, antes del hecho dañino, ya han causado perjuicios concretos y evaluables a la víctima. Pues bien, en el trabajo se explica por qué sólo en el segundo caso está justificado reducir la indemnización.

Bibliografía

CANO CAMPOS, Tomás (2013): «La transmisión mortis causa del Derecho a ser indemnizado por los daños no patrimoniales causados por la Administración», *Revista de Administración Pública*, núm. 191

COMISIÓN DE SEGUIMIENTO DEL SISTEMA DEL SISTEMA DE VALORACIÓN DEL DAÑO CORPORAL DE LA LEY 35/2015 (2020) *Informe razonado previsto por la Disposición Adicional Primera de la Ley 35/2015*, Ministerio de Justicia y Ministerio de Asuntos Económicos y Transformación Digital

DE ÁNGEL YÁGÜEZ, Ricardo (1995): *Algunas previsiones sobre el futuro de la responsbilidad civil (con especial atención a la reparación del daño)*, Civitas, Madrid

DOMÉNECH PASCUAL, Gabriel (2023): «La cuantificación de los daños morales causados por las administraciones públicas», en GÓMEZ POMAR, Fernando y MARÍN GARCÍA, Ignacio (coords.), *El daño moral y su cuantificación*, Bosch, Madrid (3ª ed.)

GALÁN CORTÉS, César (2022): *Responsabilidad civil médica*, Aranzadi, Cizur Menor (Navarra), (8ª ed.)

GALLARDO CASTILLO, María Jesús (2022): *Administración sanitaria y responsabilidad patrimonial*, Colex, Valladolid

GARCÍA DE ENTERRÍA, Eduardo y FERNÁNDEZ Tomás-Ramón (2020): *Curso de Derecho Administrativo*, tomo II, Civitas, Cizur Menor (Navarra), (16ª ed.)

GÓMEZ CALLE, Esther (2015): «Víctimas vulnerables y Derecho de daños», *Anuario de Derecho Civil*, Estudios monográficos, tomo LXVIII, fasc. IV, págs. 1197 a 1310

GÓMEZ POMAR, Fernando (2000): «Daño moral», *Indret*, núm. 1/2000

HURTADO DÍAZ-GUERRA, Isabel (2018): *El daño moral en la responsabilidad patrimonial sanitaria,* Tirant lo Blanch, Valencia

LUNA YERGA, Álvaro, RAMOS GONZÁLEZ, Sonia y MARÍN GARCÍA, Ignacio (2006), «Guía de Baremos», *InDret* núm. 3/2006

LUNA YERGA, Álvaro y RAMOS GONZÁLEZ, Sonia (2004): «Los baremos como paradigma de valoración de daños personales. Comentario a la STS, 1ª, 20.6.2003", *InDret* núm. 1/2004

MARTÍN-CASALS, Miquel (2018): «Más allá del mal llamado baremo sanitario», en LÓPEZ y GARCÍA DE LA SERRANA, Javier y NAVA MEANA, José Luis (coords), *Ponencias del XVIII Congreso Nacional Asociación Española de Abogados Especializados en Responsabilidad Civil y Seguro,* Sepín, Madrid

MEDINA CRESPO, Mariano (2015): *El resarcimiento de los perjuicios personales causados por la muerte en el nuevo baremo de trafico. Ley 35/2015, de 22 de septiembre,* Bosch, Barcelona

MEDINA CRESPO, Mariano (2012): «Reflexiones críticas sobre la aplicación del sistema fuera del tránsito motorizado (I) y (II)», *Revista de responsabilidad civil, circulación y seguro,* núms. 4 y 5, págs. 6 a 29 y págs. 6 a 32

MOURE GONZÁLEZ, Eugenio (2018) Hacia un baremo del daño sanitario. Y cómo valorarlo mientras tanto, La Ley, Madrid

PANTALEÓN PRIETO, Fernando (1993): «Artículo 1902», en PAZ-ARES RODRÍGUEZ, Cándido, DÍEZ-PICAZO PONCE DE LEÓN, Luis, BERCOVITZ RODRÍGUEZ-CANO, Rodrigo, SALBADOR CODERCH, Pablo (dirs.), *Comentarios del Código Civil,* tomo II, Ministerio de Justicia, Madrid (2ª ed.)

RAMOS GONZÁLEZ, Sónia (2023): «Daño», en SALVADOR CODERCH, Pablo (ed.), *El derecho de daños (DdD). Análisis, aplicación e instrumentos comparados,* Indret, Barcelona (2ª ed.)

Capítulo 10

Los daños morales en la responsabilidad patrimonial sanitaria

Isabel Hurtado Díaz-Guerra
Doctora en Derecho
Técnico (Titulado Superior) en el Servicio Madrileño de Salud
Profesora asociada de Derecho Administrativo de la Universidad Autónoma de Madrid

I. LA RELEVANCIA DEL DAÑO MORAL EN LA RESPONSABILIDAD PATRIMONIAL SANITARIA

El daño moral ha pasado de ser un elemento denostado por los Tribunales a verdadero protagonista de la responsabilidad patrimonial sanitaria. Si bien, durante años fue negado su resarcimiento —principalmente por los problemas intrínsecos a la dificultad de su prueba y su controvertida cuantificación monetaria—, rara es ya la sentencia en este ámbito que no invoca algún tipo de daño moral como título indemnizatorio, incurriendo en un uso que llega a parecer incluso excesivo y, en ocasiones, manido.

Realmente, este fenómeno de creciente sobredimensionamiento del daño moral tiene lugar en un contexto general en el que se ha extendido el reconocimiento de este daño a una gran amplitud de ámbitos. Ya no sólo se asocia el daño moral a los derechos de la personalidad, sino en cuanto al sufrimiento emocional o espiritual de las personas. Son sobradamente conocidos los supuestos de indemnización por daños morales en casos de: retrasos de vuelos, ruidos, pérdida de la posibilidad de disfrutar las vacaciones, menoscabo de la confianza en el sistema público, extravío de restos en un cementerio. Incluso se reclaman daños morales en los casos de anulación de procesos selectivos con la obligación de reiterar las pruebas en especiales circunstancias o, por la suspensión sin previo aviso de una línea telefónica, etc.

En el terreno sanitario, y particularmente en su parte asistencial, los daños morales surgieron en un principio ceñidos a los supuestos del fallecimiento de un paciente y la repercusión afectiva a sus familiares. Posteriormente, los daños morales se incorporaron como un concepto complementario del daño corporal principal. Sin embargo, su introducción paulatina y la progresiva amplitud de su contenido han acabado por propiciar que, hoy en día, hayan adquirido una autonomía propia, pasando a ser, en muchas ocasiones, causa exclusiva de reclamación. Es notorio el continuo incremento de las sentencias que, de forma abrumadora, conceden indemnizaciones bajo ese concepto, siendo especialmente llamativo el aumento de sentencias basadas en la pérdida de oportunidad en su consideración como daño moral, En concreto, se ha dicho, que la perdida de oportunidad parece haberse convertido en la «tendencia de moda» en el mundo de las reclamaciones sanitarias[1].

Sin lugar a dudas, a ello ha contribuido el progreso en la proclamación de los derechos del paciente, particularmente el de información y autonomía de la voluntad. De esta manera, el reconocimiento de la autonomía del paciente ha favorecido la propagación de las reclamaciones en las que su principal motivo está relacionado con alguno de los derechos contemplados en la Ley 41/2002, de 14 de noviembre, básica reguladora de la autonomía del paciente y de derechos y obligaciones en materia de información y documentación clínica (LAP)[2].

Al mismo tiempo, es también cada vez más habitual que cuando se reconoce algún tipo de responsabilidad patrimonial sanitaria, lo sea por considerar que se han quebrantado alguno de los derechos previstos en la LAP, cuya consecuencia se califica como daño moral. A todo ello se suma, además, la mayor relevancia que el derecho reconoce a la persona y, en el ámbito sanitario, al «sentir» del paciente y sus familiares.

Ya en 2008 el profesor DÍEZ-PICAZO, con un título tan revelador como es *El Escándalo del Daño Moral*, ponía de relieve la tendencia a aplicar indebidamente esta figura[3]. En esta monografía advertía, no solo la trivialización del recurso al daño moral, sino también su deformación, al atribuirle un fin más punitivo que resarcitorio. Lo calificaba ilustrativamente como concepto «comodín» y moldeable «como la plastilina»[4]. No pudo ser más acertado su presagio, pues unos años después podemos observar como esa desfiguración o esa maleabilidad que el profesor avanzaba, ha llegado a desnaturalizar e incluso pervertir la institución de la responsabilidad patri-

---

1 MORENO ALEMAN, Javier (2011): «La cuantificación del daño», *Revista Española de la Función Consultiva*, núm. 16, pág. 41.

2 Sobre este particular, HURTADO DIAZ-GUERRA, Isabel (2022): «El impacto de la ley de autonomía del paciente en la responsabilidad patrimonial sanitaria y el papel de esta como fuente de desarrollo de los derechos de autonomía del paciente» en LIZARRAGA BONELLI, Emilio (coord.), *Ley 41/2002 de Autonomía del Paciente en su XX Aniversario. Reflexiones y Comentarios*, Aranzadi, Cizur Menor (Navarra).

3 DÍEZ-PICAZO y PONCE DE LEÓN, Luis (2008): *El escándalo del daño moral*, Civitas, Madrid.

4 *Ibidem* pág. 15.

monial. Como advierte BLANQUER, retomando la figura del «comodín», «el daño moral es un comodín que con alguna frecuencia se utiliza de manera abusiva y desviada, para incrementar el importe del resarcimiento económico que por otros conceptos obtiene la persona que ha sufrido un daño antijurídico»[5].

La versatilidad de este concepto, su imprecisión y el gran margen de apreciación del que goza la judicatura a la hora de interpretar el Derecho, permiten que la etiqueta de «daño moral» se utilice para aligerar la tarea de valorar los daños. De esta forma se evita tener que explicitar los criterios de su cuantificación económica, acogiéndose a la reiterada jurisprudencia del Tribunal Supremo (TS), según la cual tal motivación no se requiere para los daños morales. Todo ello, pone de manifiesto la gran arbitrariedad con la que se aplica el daño moral, en todos sus aspectos. Ahora bien, a día de hoy, se desconoce si esta circunstancia ha sido deliberadamente pretendida por el legislador —al no regular tales cuestiones con el propósito de que quede en manos de los juzgadores—, o si se trata de un hecho provocado por la laguna legal en todo lo concerniente al daño moral.

En definitiva, siendo varias las ventajas que, como veremos, ofrece la aplicación del daño moral, y patente su uso generalizado —en atención a los interrogantes que suscita y las soluciones aportadas por la jurisprudencia y doctrina legal— ya no es posible estudiar la responsabilidad patrimonial sanitaria sin atender al daño moral.

II. LA DELIMITACIÓN DEL DAÑO MORAL Y SU ENCAJE EN LA RESPONSABILIDAD PATRIMONIAL

1) Su difícil conceptualización

Por la propia naturaleza del daño moral —como algo tan particular, personal, y ceñido al caso en concreto—, a día de hoy, resulta prácticamente imposible definirlo y caracterizar los elementos que lo integran. Esta circunstancia determina que la propia definición del daño moral se presente como una cuestión controvertida, respecto de la cual se han realizado diversos intentos de conceptualización: unos han propuesto delimitarlo,

---

5 BLANQUER CRIADO, David (2021: *La responsabilidad patrimonial en tiempos de pandemia (los poderes públicos y los daños por la crisis de la COVID-19)*, Tirant lo Blanch, Valencia, pág. 766.

bien de forma negativa o por exclusión[6]; otros han procurarlo definirlo a partir de una previa clasificación de los daños y sus subtipos[7]. En nuestra opinión, ambas vías, en definitiva, constituyen más aproximaciones que determinaciones del concepto de daño moral. Por ello, estas «intentonas» han sido calificadas por DÍEZ-PICAZO como «puro escapismo» de problemas de muy difícil solución[8].

Pues bien, si se entiende el daño moral como un derecho de carácter extrapatrimonial, este debe vincularse necesariamente con la afectación espiritual de la persona. A partir de aquí, es posible definir el daño moral como aquel que afecta a la órbita interna del sujeto, concretamente a su esfera emotivo-espiritual, y que generalmente se manifiesta en forma de dolor, congoja, pesadumbre, aflicción, intranquilidad o cualquier otra forma de alteración emocional. «El daño moral implica, por tanto, una modificación del espíritu en el desenvolvimiento de su capacidad de entender, querer o sentir, que se traduce en un modo de estar de la persona diferente de aquél en que se hallaba antes del hecho»[9].

Ahondando en la búsqueda del significado de daño moral, y al margen de las aproximaciones teóricas realizadas, lo cierto es que, como explica DIEZ PICAZO, sólo podemos conocer su contenido si determinamos la forma en que el ordenamiento otorga su protección en esta materia[10]. Esta circunstancia nos lleva a tener que recurrir una vez más a los pronunciamientos de nuestros Tribunales y órganos consultivos.

Aunque son numerosas las sentencias que indemnizan el daño moral, realmente, la mayoría elude el trance de explicitarlo. Son pocas las que contemplan un criterio teórico del mismo, y menos aun las que lo definen.

---

6 A este respecto puede consultarse ÁLVAREZ VIGARAY. ÁLVAREZ VIGARAY, Rafael (1966): «La Responsabilidad por daño moral», *Anuario de Derecho civil,* vol. 19, núm. 1, pág. 81; o, posteriormente, SANTOS BRIZ, Jaime (1989): *Los daños morales y su incidencia en el derecho de la circulación,* Editorial Revista de Derecho Privado, pág. 828.

7 Así lo argumenta GARCÍA LÓPEZ. GARCÍA LÓPEZ Rafael (1990): *Responsabilidad Civil por daño moral. Doctrina y Jurisprudencia,* Bosch, Barcelona, págs. 57 a 68.

8 DÍEZ-PICAZO y PONCE DE LEÓN, Luis (2008): *El escándalo del daño moral, op. cit.* pág. 25.

9 MAYOR GÓMEZ, Roberto (2015): «Los daños morales en la responsabilidad patrimonial sanitaria: análisis jurídico y práctico de las cuestiones más problemáticas», *Gabilex,* núm. 2, pág. 8.

10 DÍEZ-PICAZO y PONCE DE LEÓN, Luis (2008): *El escándalo del daño moral, op. cit.* pág. 76.

En este sentido, los Tribunales parecen mostrar una tendencia sumamente expansiva en la apreciación de estos daños. Cada vez resulta más habitual que la jurisprudencia los reconozca, a pesar de ser tan difusos para la percepción jurídica, por el mero hecho de ser de general acaecimiento y entenderse lógicas y comunes reacciones de las personas ante determinados hechos[11].

En el fondo, da la impresión de que los Tribunales encuentran en el daño moral un «concepto comodín», que facilita el encaje de sus sentencias[12]. De hecho, ya sea por la dificultad de su delimitación, ya sea por la deformación que ha venido experimentado, en la práctica, todo —o casi todo— tiene cabida en él. Ello hace que resulte dificultoso llegar a una definición certera sino es a través de su adjetivación. En otras palabras, las definiciones, en vez de establecer qué es el daño moral, lo caracterizan[13]. A este respecto, de las diversas sentencias, podemos extraer las siguientes descripciones:

11 Como ejemplo, cabe citar, entre otras, la STS 139/2001, de 22 de febrero, de Sala de lo Civil, (núm. rec. 358/1996 y [*Tol 4964866*]): «por daños morales habrá de entenderse categorías anidadas en la esfera del intimismo de la persona, y que, por ontología, no es posible emerjan al exterior, aunque sea factible que, habida cuenta la ocurrencia de los hechos (en definitiva, la conducta ilícita del autor responsable) se puede captar la esencia de dicho daño moral, incluso, por el seguimiento empírico de las reacciones, voliciones, sentimientos o instintos que cualquier persona puede padecer al haber sido víctima de una conducta transgresora fundamento posterior de su reclamación por daños morales. En esta idea cabe comprender aspectos tan difusos para su perceptibilidad jurídica, pero, sin lugar a dudas, de general acaecimiento y comprensión dentro del medio social, los siguientes: 1°) Toda la gama de sufrimientos y dolores físicos o psíquicos que haya padecido la víctima a consecuencia del hecho ilícito (...) 2°) Puede ser también aspecto integrador de ese daño moral, cualquier frustración, quebranto o ruptura en los sentimientos, lazos o afectos, por naturaleza o sangre que se dan entre personas allegadas fundamentalmente por vínculos parentales, cuando a consecuencia del hecho ilícito, se ve uno de ellos privado temporal o definitivamente de la presencia o convivencia con la persona directamente dañada por dicho ilícito» (FJ 6).

12 DÍEZ-PICAZO y PONCE DE LEÓN, Luis (2009): *En torno al daño moral*, Segundas Jornadas Australes de Derecho Civil, Patagonia, Argentina, pág. 1. Disponible en internet: *http://www.aidp.com.ar/wp-content/uploads/2012/09/dmoral.doc*

13 Así lo argumenta VICENTE. VICENTE DOMINGO, Elena (1994): *Los daños corporales*, Bosch, Barcelona, pág. 47.

i. «Dificultosa noción»[14].

ii. «Vaporoso y discutible daño»[15].

iii. Concepto dotado de «relatividad e imprecisión»[16], producto de un «descubrimiento jurisprudencial que se inicia con la STS de 6 de diciembre de 1912» cualesquiera que sean los derechos o bienes sobre los que directamente recaiga la acción dañosa (y de que estos pertenezcan a personas jurídicas)[17].

iv. «Aquellos que no son susceptibles de ser evaluados patrimonialmente por consistir en un menoscabo cuya sustancia puede recaer no sólo en el ámbito moral estricto, sino también en el ámbito psicofísico de la persona y consiste, paradigmáticamente, en los sufrimientos, padecimientos o menoscabos experimentados que no tienen directa o secuencialmente una traducción económica»[18].

Por su parte, los órganos consultivos, partiendo de la contraposición del daño moral con el patrimonial, lo describen como aquel que deriva de la lesión a derechos inmateriales. En este sentido, como señala la Comisión Jurídica Asesora de Madrid (CJAMad), «la situación básica para que pueda darse un daño moral indemnizable consiste en un sufrimiento o padecimiento psíquico o espiritual, impotencia, zozobra, ansiedad, angustia». Adicionalmente lo define como aquellos «estados de ánimo permanentes de una cierta intensidad»[19].

La cuestión de los daños morales ha sido también debatida por el Grupo Europeo de Derecho de Daños con el propósito de fijar ciertas orientaciones con las que alcanzar una adecuada comprensión del daño moral (denominado no patrimonial). Es más, este grupo de trabajo, al huir de

---

14 FJ 2 STS 474/1995, de 22 de mayo, de la Sala de lo Civil (núm. rec. 399/1992 y [*Tol 5127581*]).

15 FJ 5 STS de 22 de febrero de 2001, de la Sala de lo Civil (núm. rec. 358/1996 y [*Tol 4964866*]).

16 FJ 2 STS 1055/1996, de 14 de diciembre, de la Sala de lo Civil (núm. rec. 299/1993 y [*Tol 5119330*]).

17 Así, lo recoge, entre otras, FJ 4 STSJ de Extremadura 698/2013, de 11 de abril (núm. rec. 142/2011 y [*Tol 3756244*]).

18 FJ 2.1 STS 583/2015, de 23 de octubre, de la Sala de lo Civil (núm. rec. 2017/2013 y [*Tol 5534775*]).

19 CJ 4 DCJAMad 512/2020, de 10 de noviembre. En análogo sentido han resuelto, entre otros, los DDCJAMad 143/18, de 22 de marzo; y 126/21, de 16 de marzo. Uno y otro definen el daño moral con similares palabras.

las definiciones y evitar implantar un concepto uniforme de lo que deba entenderse por daño moral, ratifica la idea sobre la dificultad de conceptualización de este tipo de perjuicios[20].

2) ¿Cuál es el daño moral jurídicamente relevante?

En un ámbito tan especial como el sanitario, donde se ven afectados bienes tan primordiales como la salud, la dignidad o la vida, dada la trascendencia anímica que conlleva cualquier proceso clínico y su atención médica, todos los supuestos de reclamación podrían dar lugar a la invocación de un daño moral. Sin embargo, lógicamente, el daño moral aducido no puede tener, en todo caso, la relevancia requerida para generar un efecto jurídico, como es el derecho a obtener una indemnización.

Al situarnos en el marco de la responsabilidad patrimonial, son de plena aplicación los requisitos que de forma general se contemplan en los arts. 32 y 34 de Ley 40/2015, de 1 de octubre, de régimen jurídico del sector público. Por esta razón, para que un daño sea considerado como lesión indemnizable se requiere que sea efectivo (real, no potencial), individualizable, cuantificable y antijurídico (en el sentido de que no existe obligación jurídica de soportarlo). Sin embargo, la particular naturaleza del daño moral exige acoplar tales requisitos a su idiosincrasia. De hecho, esta singularidad ha propiciado que los requisitos legales del daño, en ocasiones, hayan quedado desvirtuados.

Ante una regulación tan escueta como es la relativa a la responsabilidad patrimonial, con vacíos normativos respecto al daño moral, los Tribunales se han encargado de intentar delimitar las notas que otorgan a este tipo de daño trascendencia jurídica. En este sentido, podemos encontrar en la jurisprudencia, entre otros, los siguientes criterios que contribuyen a su necesaria delimitación:

---

20 El Grupo de Trabajo también ha puesto de manifiesto la dificultad de conceptualizar el daño moral. Así, en el art. 10:301 de los Principios del Derecho Europeo de la Responsabilidad Civil (Viena, 2005), se establecen las bases para fijar la indemnización de los daños morales, huye de fijar una definición expresa de lo que debe entenderse por daños no patrimoniales. En su lugar, establece algunos contenidos que integrarían el daño moral: sufrimiento, perjuicio a la salud física o psíquica, daño a la dignidad humana, a la libertad o a otros derechos de la personalidad, entre otros. El articulado puede consultarse a través de la página web: http//: www.egtl.org.

i. El riesgo general de la vida
ii. Daño psicológico
iii. Dolor

A. El «riesgo general de la vida» como criterio negativo de imputación

A pesar de la creciente aplicación del daño moral, y la progresiva ampliación de su significado por la jurisprudencia y doctrinal legal, lo cierto es que, al mismo tiempo, tanto una como otra intentan imponer prudencia y cautela a la hora de atribuir relevancia jurídica al daño moral. A estos efectos suelen afirmar que la mera situación de malestar, incertidumbre o incomodidad no es un daño moral resarcible.

En este sentido, la jurisprudencia viene recordando que la situación básica que puede dar lugar a un daño moral resarcible «consiste en un sufrimiento o padecimiento psíquico o espiritual, impacto quebrante o estados de ánimo permanentes o de cierta intensidad, tales como impotencia, grave incertidumbre, inquietud, pesadumbre, temor, zozobra, ansiedad, angustia, etc.»[21].

Por el contrario, los Tribunales excluyen de tal concepto, «las meras situaciones de malestar o incertidumbre que no vayan acompañadas de una repercusión psicofísica grave, las cuales, si bien se incardinarían en los llamados perjuicios morales o personales, carecen de carácter resarcible como componente indemnizatorio. De igual forma y por igual motivo, han quedado fuera de tal noción las "repercusiones psíquicas leves" en las que es inapreciable el requisito de evaluabilidad»[22].

A este respecto, se ha señalado que el daño moral indemnizable es el que perdura en el tiempo, el que convierte una preocupación en sufrimiento, en angustia, en pesar; es decir, sólo son resarcibles las situaciones que afectan profundamente, y de una forma intensa, a la vida íntima y de relación del sujeto. De esta forma, se han puesto de relieve por la juris-

---

21 FJ 6 de la sentencia del Tribunal Superior de Justicia de Navarra 25/2022, de 8 de febrero (núm. rec. 487/2021 y [*Tol 8922151*]), en adelante TSJ. Resolvió un pleito sobre la fijación definitiva de las lesiones y determinación de las secuelas, por deficiente asistencia médico-sanitaria a raíz de una intervención quirúrgica por displasia aneurística.

22 FJ 6 STSJ de Navarra 25/2022, de 8 de febrero (núm. rec. 487/2021 y [*Tol 8922151*]). En la misma línea, cabe citar, entre otras, la STS de 19 de febrero de 2008 (núm. rec. 2717 y [*Tol 1277224*]).

prudencia y doctrina legal, de un modo casuístico, en algunos pronunciamientos «las notas exigidas jurisprudencialmente para poder indemnizar los daños morales derivados de la actuación sanitaria»[23]. Y ello, por cuanto otra consideración «nos conduciría al absurdo de que cualquier situación de preocupación, que pueden darse a menudo en la vida de las personas, seria indemnizable»[24]. De todo ello, cabe colegir —en definitiva— que la indemnización por daño moral es, o debería ser, una reacción especial del ordenamiento jurídico frente a la gravedad de una situación.

En este sentido, DÍEZ-PICAZO relaciona el concepto de daño moral no indemnizable con uno de los principales criterios de imputación objetiva, como es el conocido «riesgo general de la vida»[25]. Como es sabido, este criterio de imputación es utilizado para negar el resarcimiento de aquellos daños que sean realizados con ocasión de riesgos habitualmente ligados a la vida del dañado, a la existencia humana o al esperable transcurso de la existencia del afectado.

---

23 FJ IV. 2 del dictamen del Consejo Consultivo de Canarias 511/2021 de 28 de octubre. En este dictamen se informó una reclamación de responsabilidad patrimonial, en la que junto con los daños corporales se reclamaban los morales, por una deficiente colocación de un enema preoperatorio que causó una perforación anal.

24 FJ 3 de la sentencia de la Audiencia Provincial de Valencia 473/2008, de 30 de junio (núm. rec. 398/2008 y [*Tol 1370259*]), en lo sucesivo AP. En este pleito se juzgó la reclamación de una indemnización por los daños morales sufridos a consecuencia de unas pruebas analíticas que realizaron con un diagnóstico erróneo de anticuerpos VIH. En parecidos términos también se expresó la STS 887/2007, de 19 de julio (núm. rec. 877/2007 y [*Tol 1116420*]), en relación por la reclamación de daños y perjuicios, también morales, por el fallecimiento de un hijo diagnosticado por un brote psicótico que se quitó la vida al poco tiempo de ser ingresado.

25 DÍEZ-PICAZO señala respecto del riesgo general de la vida como criterio de imputación lo siguiente: «a uno no deja de sorprenderle el escaso análisis que se realiza en las sentencias que imponen indemnizaciones por daño moral. Se tiene la impresión de que el ordenamiento no tiene como objetivo vetar todas aquellas actividades de las que según la jurisprudencia puede resultar un daño moral. Tampoco es fácilmente pensable que el ordenamiento quiera que los sujetos miembros activos de la comunidad jurídica no puedan sufrir desolaciones, disgustos o quebraderos de cabeza como es normal que los sufran los partícipes en el tráfico social. Hay en todos estos campos un riesgo permitido y toda actuación en el marco del riesgo permitido no genera daño ni, por consiguiente, daño moral». DÍEZ-PICAZO y PONCE DE LEÓN, Luis (2008): *El escándalo del daño moral, op. cit.* pág. 88.

Con ello se pone de relieve que existen daños y situaciones desagradables en la vida que ni el sistema más perfecto podría evitar y que forman parte de la condición humana. Por esta razón, estos daños no son indemnizables como tales, pues debe existir un mínimo de riesgos que están socialmente permitidos, ya que, de lo contrario, sería imposible la vida en sociedad.

En relación con la teoría de la imputación objetiva y los criterios empleados para reconocer una indemnización puede leerse lo escrito por MALDONADO y MANENT y TAJUELO en los caps. 3 y 21 (págs. 198 a 201 y 1504 a 1521), en particular el criterio de incremento del riesgo mantenido por BELADIEZ y MIR.

Sin perjuicio de lo expuesto en las páginas anteriores, lo cierto es que, al revisar el repertorio de sentencias, podemos observar que el umbral a partir del cual las molestias o padecimientos constituyen daño jurídico en la órbita del daño moral ha descendido notablemente. Y así, aunque en algunos pronunciamientos judiciales se da carta de naturaleza a los daños morales «mínimos», la práctica judicial revela la necesidad de realizar un test de medición en el que, en función de las circunstancias objetivas de la normal tolerancia o convivencia social, sólo se indemnizan aquellos daños que superen cierto estándar. De esta forma se evita la trivialización de la figura.

B. La distinción entre daño moral y daño psicológico

Como hemos visto, desde un punto de vista jurídico, el daño moral viene constituido por un quebranto anímico, un sufrimiento emocional, que repercute en la capacidad del individuo de disfrutar o limita su satisfacción. Podríamos decir, por tanto, que se trata de una alteración psíquica que, sin llegar a ser patológica, conlleva un cierto desequilibrio emocional o espiritual limitado en el tiempo. Una característica del daño moral es que quien lo sufre consciencia de ello.

Los daños morales, a su vez se distinguen de los daños psicofísicos, psicológicos o psíquicos. Estos son una alteración de las funciones psíquicas de una persona a consecuencia de un accidente o hecho traumático. A diferencia del daño moral, la persona que lo padece puede no ser consciente de padecerlo. Ejemplo de ello ocurre cuando se aduce la necesidad de haber tenido que recibir tratamiento en las unidades de salud mental debido al dolor ante determinadas situaciones familiares, en las que uno de sus miembros está sufriendo algún proceso patológico. Estos tratamientos, en caso de estar debidamente acreditado el padecimiento mediante el oportuno informe, van a permitir objetivar el daño llevándolo al terreno de lo psicofísico, y facilitando con ello su reconocimiento[26].

Diferenciando el daño moral del psicológico, podríamos equiparar el daño moral con aquellas situaciones de sufrimiento, angustia o padecimiento referidas al ámbito espiritual, o a la pérdida de disfrute de personas o situaciones. En cambio, el daño psíquico es considerado como una afección con entidad propia, que provoca en el sujeto que la padece una alteración en sus funciones psíquicas objetivables (medibles, cuantificables y clasificables nosológicamente).

Así, y aunque ambos daños tienen en común el hecho de que los dos ocurren en la psique del individuo —en su interior—, lo cierto es que el daño moral acontece prevalentemente en el ámbito de los sentimientos o de la emotividad, mientras que el daño psíquico afecta principalmente al razonamiento (en cuanto a los procesos de formación de ideas, pensamientos, enjuiciamientos, entendimiento, etc.). Ello no significa que puedan siempre compartimentarse ambos tipos de daños de forma estanca, pues, aunque son alteraciones en principio separables, el razonamiento y el sentimiento comparten aspectos estrechamente relacionados que, en ocasiones, dificultan su delimitación.

Realmente, por tanto, lo que distingue entre una y otra categoría de daño es la índole de los bienes jurídicos afectados en cada supuesto: en el caso del daño moral, la emotividad; y en el daño psicológico el razonamiento.

C. La distinción entre daño y dolor

El dolor, entendido como sufrimiento moral o anímico, ha dejado de ser elemento principal en la identificación del daño moral. Prueba de ello

---

26 En un supuesto de daño psicológico indemnizable lo encontramos en el dictamen del extinto Consejo Consultivo de Madrid 430/15, de 30 de septiembre. En él se informó una reclamación, en la que un menor de 13 años pidió una indemnización por el padecimiento sufrido, y por el que tuvo que recibir atención médica durante un mes, causado por una reacción adaptativa depresiva ante los padecimientos de su madre. Para la cuantificación del daño calificó los días de tratamiento como días no impeditivos, según el baremo de accidentes de tráfico recogido en el RDLeg 8/2004, de 29 de octubre, por el que se aprueba el texto refundido de la Ley sobre responsabilidad civil y seguro en la circulación de vehículos a motor (TRLVM).

es su aceptación en relación a personas cuya capacidad de sufrir ha sido cuestionada. Así ocurre en el caso de personas sin discernimiento o que se encuentran en estado vegetativo, o de las personas jurídicas, con motivo de los daños por afectación a la imagen corporativa. Y es que, aunque parecen sinónimos, realmente, daño y dolor no son lo mismo, pues hay daños que no se sienten y dolores que no constituyen daño, por lo que ambos conceptos no han de ser confundidos[27].

3) El requisito de certeza en el daño moral y los problemas de prueba

En el derecho de daños, y por ende en la responsabilidad patrimonial, el requisito de certeza del daño se presenta como esencial para su consideración como lesión indemnizable. La exigencia de tal requisito determina la necesidad de que se trate de un daño real, efectivo y no hipotético o eventual, y que sea evaluable. Y es que primer requisito para entender el daño como resarcible es su realidad, lo que nos sitúa ante una cuestión de prueba.

Considerando que el daño moral es aquel que conculca intereses extra patrimoniales dignos o merecedores de tutela jurídica, y que afectan a la esfera más íntima de la persona, la acreditación de su existencia representa un importante escollo difícil de solventar. El abordaje de este problema —como todo lo concerniente al daño moral— es también controvertido. Por esta razón en la doctrina se han elaborado distintas hipótesis.

A. Las distintas teorías

«En materia de prueba, la doctrina general sobre la carga de la prueba del daño presenta ciertas peculiaridades, sobre todo por la variedad de circunstancias, situaciones o formas (poliforma) con que puede representarse el daño moral en la realidad práctica»[28].

---

[27] Sobre este particular *cfr.* BARRIENTOS. BARRIENTOS ZAMORANO, Marcelo (2008): «Del daño moral al daño extrapatrimonial: la superación del pretium doloris», *Revista Chilena de Derecho,* vol. 35, núm. 1, pág. 96. Disponible en internet: https://www.scielo.cl/scielo.php?script=sci_arttext&pid=S0718-34372008000100004.

[28] GUERRERO ZAPLANA, José (2003): *Las Reclamaciones por la defectuosa asistencia sanitaria,* Lex Nova, Valladolid (3ª ed.), pág. 51.

Así, tradicionalmente, han sido dos las posturas sostenidas al respecto, conviviendo ambas a pesar de ser totalmente antagónicas. Por un lado: se encuentra la que libera al reclamante de la exigencia de prueba del daño moral; por otro lado, está la que defiende que, al igual que el resto de daños, el daño moral debe ser probado por quien solicita su reparación.

a) El daño moral no necesita probarse

Esta teoría ha encontrado dos vías de desarrollo jurisprudencial:

- La primera fundamenta la falta de exigencia probatoria en el carácter espiritual y subjetivo del daño moral, que hace imposible la acreditación de su existencia. A partir de aquí, debe entenderse que los daños morales no precisan ser acreditados cuando emanan lógicamente del suceso acogido como probado[29]. De ahí que se haya señalado que el daño moral «sólo puede ser establecido mediante un juicio global basado en el sentimiento social de reparación del daño producido», atendiendo a la naturaleza y gravedad de los hechos y su repercusión en el perjudicado[30].

  Con esta teoría, se llega a la conclusión de que se trata de una materia entregada completamente al arbitrio de los jueces. A ellos corresponde determinar su realidad y cuantía de manera discrecional, sin necesidad de una especial motivación al respecto, y sin que por este motivo sean revisables los pronunciamientos de los Tribunales en casación.

- La segunda línea jurisprudencial, que, en principio, es partidaria de exigir la prueba del daño moral, en la práctica, llega a la misma solución que la anterior. Partiendo de la consideración del daño moral como la violación de un derecho extrapatrimonial, entiende que la

---

29 En relación con la falta de necesidad de acreditar los daños morales, cuando estos resultan del suceso probado puede consultarse la STS de 19 de febrero de 2008 (núm. rec. 2717/2005 y [*Tol 1277224*]). En esta ocasión el TS falló que, a pesar de la indeterminación y subjetividad del concepto del daño moral más amplio que el clásico *pretium doloris* y comprensivo de distinta graduación según su intensidad, descartadas situaciones de mero malestar, incertidumbre e incomodidad su apreciación puede inferirse sin necesidad de prueba en ocasiones cuando el propio «supuesto de hecho» lo revela implícitamente (FJ 6).

30 FJ 1 STS 1291/2001, de 29 de junio, de la Sala de lo Penal (núm. rec. 502/2000 y [*Tol 4925197*]).

mera prueba de la transgresión del derecho implica también la existencia del daño.

Lo cierto es que esta segunda teoría ha sido muy criticada pues, aunque es innegable que la naturaleza del daño moral hace extremadamente difícil su acreditación, no puede olvidarse que la exigencia probatoria nace de principios básicos sustanciales y procesales que sostienen nuestro moderno Estado de Derecho.

También se ha reprochado que la eliminación de la carga de la prueba equivale a desplazar la atención de la reparación del perjuicio a la conducta causante del mismo, lo que exalta una función punitiva impropia del sistema de responsabilidad. A mayor abundamiento, también se ha apuntado que la ausencia de exigencia probatoria puede favorecer el nacimiento de condenas arbitrarias por daños inexistentes o en cuantías no razonables, con la consecuente potenciación de la disparidad en las decisiones judiciales, lo que supone un claro atentado al valor de la justicia y al principio de seguridad jurídica.

b) El daño moral debe probarse

Los partidarios de esta tesis sostienen que, a partir de principios jurídicos como el del debido proceso —comprensivo de los derechos de defensa y a una sentencia motivada— y la reparación integral del daño —que exige acreditar lo que se pretenda— debe probarse en el proceso la existencia real y palmaria del daño moral, así como los hechos que indiscutiblemente lo han causado y su importe.

Por lo tanto, y sin hacer ningún tipo de excepción, según esta teoría, el daño moral —al igual que el daño patrimonial— debe ser probado, más allá de la alegación en abstracto. Así lo han señalado, entre otros Consejos Consultivos, la CJAMad[31].

---

31 Entre otros dictámenes, cabe citar el DCJAMad 473/2020, de 20 de octubre, dictado en el ámbito de educación, respecto a la reclamación de responsabilidad patrimonial por los daños y perjuicios que atribuyen al presunto incumplimiento y negativa a valorar a un alumno por parte de un centro educativo y del Equipo de Orientación Educativa y Psicopedagógica (EOEP), durante varios cursos escolares, habiendo solicitado dicha evaluación los padres por el bajo rendimiento escolar del menor. En esta ocasión desestimó la reclamación porque el «reclamante no había aportado prueba alguna del daño que aducía y en qué medida las actuaciones llevadas a cabo por el colegio habían repercutido en la esfera psicofísica del menor en los términos»

A caballo entre ambas teorías se encuentra una tercera, que es más flexible, porque —para determinar la exigibilidad probatoria concreto— tiene en consideración las circunstancias específicas.

c) El daño moral debe probarse, si bien en determinados casos puede presumirse

En determinados sectores se ha venido defendiendo que, como regla general, es necesario probar el daño jurídicamente relevante, aunque lo sea de manera liviana, porque —a juicio de sus partidarios— si bien es admisible atemperar la carga de la prueba, no puede bastar la mera afirmación del daño para tenerlo como cierto[32]. Junto con esta regla general, en determinados casos, cabría presumir o deducir «la realidad del daño moral en atención a la gravedad de las circunstancias concurrentes en cada caso concreto cuando el daño invocado reviste tal entidad que permite su apreciación, sin necesidad de prueba específica»[33]. Según los DDCCAst de 4 de junio de 2015 y 22 de marzo de 2018, así sucedería, por ejemplo, en los supuestos de fallecimiento de familiares directos o en un caso de aborto natural[34].

B. Los presupuestos de idoneidad y apreciación para la prueba

Con independencia de las tesis expuestas, lo que sí es cierto es que solo una vez delimitado el daño moral, podremos vislumbrar a qué hechos debemos dirigir la prueba y cuáles son, de entre los medios permitidos, los más idóneos para conseguir ese objetivo.

A tal efecto —probar el daño moral— no sirve una concepción amplia del objeto de prueba. Teniendo en cuenta que ésta debe ser pertinente y útil, y capaz de convencer al juez de los hechos constitutivos del daño moral, es necesario restringir el concepto, o introducir distintas categorías que delimiten los hechos que fundamentan el daño moral en relación a los cuales determinaremos los medios de prueba más idóneos. Así, por ejemplo, para la prueba del *pretium doloris,* como subcategoría del daño moral:

---

32 Por todos véase el dictamen del Consejo Consultivo de Asturias 134/2015, de 23 de julio, en adelante CCAst.

33 CJ 6 DCCAst 56/2019, de 21 de febrero, sobre una reclamación de responsabilidad patrimonial por los daños y perjuicios que se entienden padecidos tras una cirugía reparadora (ureteroileostomía).

34 CCJJ 6 DDCCAst 108/2015, de 4 de junio, y 51/2018, de 22 de marzo.

el hecho constitutivo será la aflicción espiritual, pena o desesperación experimentada por la víctima; y los medios de prueba más idóneos serán la prueba pericial (informes médicos) y las declaraciones, tanto de la víctima como de los testigos.

La finalidad de la actividad probatoria es que el perjudicado acredite, o por lo menos exteriorice, la realidad de todos los conceptos que integran el daño moral. En otras palabras, corresponde al reclamante demostrar «ese sufrimiento, ese dolor, esa zozobra, esa inquietud, esa desazón, esa ruptura de lazos afectivos, esa soledad, esa orfandad»[35]. Estas sensaciones, aunque están dotadas de un intimismo indiscutible, pueden dotarse de cobertura jurídica, de manera que sean tangibles, incluso con apoyo en algún tipo de estadística sociológica.

En cuanto a la apreciación, y aun considerando que la naturaleza compleja del perjuicio moral se traduce en una mayor dificultad probatoria, ello no varía la regla general en materia de valoración de la prueba. Es necesario provocar en el juzgador dentro del sistema del «íntimo convencimiento», lo que parece dar la razón a la tesis —ya referida— de que en el daño moral la prueba también es una cuestión entregada a la discrecionalidad del juez.

C. Las presunciones y el daño moral

Para BAUZÁ, «la presunción conduce (…) a tener un hecho por cierto, aunque no se haya probado, a partir de la certeza indubitada de otro hecho con el que guarda relación lógica y probable»[36]. La presunción es aquel proceso que posibilita la comprobación de un hecho de difícil o imposible acreditación, a través de la demostración de un segundo hecho con el que guarda relación. De esta manera, verificado el segundo, puede afirmarse con un alto grado de probabilidad que el primero se ha producido. Consecuentemente, constatado el segundo hecho, el primero puede generar las consecuencias jurídicas previstas.

---

35 FJ 6 STS 139/2001, de 22 de febrero, de la Sala de lo Civil (núm. rec. 358/1996 y [*Tol 4964866*]). Esta sentencia enjuició la reclamación sobre, entre otros daños, los morales causados a una mujer por la paraplejia de su marido causada por caída del balcón de la habitación de un hotel como consecuencia de la rotura de la barandilla y los anclajes de aquella.

36 BAUZÁ MARTORELL, Felio José (2016): «Presunción de culpa. La deducción de negligencia en la responsabilidad patrimonial de la Administración», *Revista de Administración Pública*, núm. 201, pág. 378.

Las presunciones, aunque estén reguladas en los arts. 385 y 386 de la Ley 1/2000, de 7 de enero, de enjuiciamiento civil, dentro del capítulo dedicado a la prueba, no son, rigurosamente hablando, realmente un medio probatorio. A ellas se refieren MANENT y ALONSO en el cap. 18 de este tratado al que nos remitimos (págs. 1262 a 1272).

Según reiterada jurisprudencia, para que pueda apreciarse, por presunción, un daño moral, se exige —como ya hemos señalado— que, al menos, se pruebe la existencia de los hechos básicos de los que pueda inferirse desde la lógica, y de acuerdo a las reglas del criterio humano[37]. Por tanto, frente a la regla general que impone al actor la carga de probar los daños sufridos, y al margen de las teorías ya expuestas, ante un daño moral, tiene lugar una excepción probatoria. Esta excepción consiste en dispensar de la carga de la prueba, cuando —recurriendo «al juicio de razonabilidad que proporciona la lógica, la experiencia y el criterio humano»— de los hechos demostrados o reconocidos por las partes en el proceso, pueda deducirse, necesariamente, la existencia de un daño[38].

Con carácter general, la doctrina no cuestiona la utilización de este instrumento respecto de la acreditación del daño moral. Es más, se ha dicho que el daño moral tiene mucho de «presunto», razón por la cual, su uso es perfectamente lícito, siempre y cuando se den ciertos presupuestos. Es preciso que se cumplan los requisitos legales, que las circunstancias que sirven de base a la presunción de los daños estén debidamente acreditadas en el proceso y, en todo caso, se admita la prueba en contrario[39].

---

37 Según ha recordado la SAP de Alicante 208/2010 de 18 de junio, (núm. rec. 644/2007 y [*Tol 1927427*]), respecto de las presunciones, «la Jurisprudencia tiene declarado que si bien los daños y perjuicios han de ser probados (...), cabe establecerlos por presunciones, si el enlace es lógico, (...), no estimando necesaria la prueba de los daños cuando de los hechos demostrados o reconocidos por las partes en el pleito se deduzcan necesaria y fatalmente la existencia de un daño, siendo que, además, en materia de valoración de daños morales, y a diferencia de los derivados de gastos o pérdidas económicas, el principio de la facilidad probatoria (...), informa de la necesidad de recurrir, en última instancia (...), al juicio de razonabilidad que proporciona la lógica, la experiencia y el criterio humano y fin de apreciar (FJ 6).

38 *Idem.*

39 En relación con las presunciones, ha de significarse que estas deben fundarse sobre hechos probados, pues si no, se trataría no de una presunción sino de una mera ficción.

Por lo tanto, la prueba mediante presunciones constituye uno de los llamados «resquicios solidaristas», consagrados dentro del sistema probatorio, cuyo empleo, en materias como el daño moral —en la prueba directa resulta extremadamente compleja—, tiene una importancia mayor que en otras materias[40].

Aunque no existen en nuestro Derecho presunciones legalmente establecidas sobre los perjuicios extrapatrimoniales, sin embargo, del análisis de la jurisprudencia, puede afirmarse que, a efectos de distribución de la carga de la prueba, se distinguen dos tipos de daños morales:

i. Aquellos cuya existencia puede presumirse, por ser de sentido común.
ii. Aquellos cuya existencia debe ser acreditada, mediante pruebas distintas a la de presunciones o no solo por estas.

Esta tarea de división, sin embargo, no es sencilla. Todavía está pendiente de realizar una clasificación de los daños morales en la que se distingan los que admiten prueba por presunciones, de los que no la admiten. De haberse hecho esta tipología, sería posible, a partir de la concreción de ciertos grupos de casos que permitieran la aplicación de estas dos catego-

---

40 El papel de la presunción para la determinación del daño moral aparece en otros ámbitos. Así, por ejemplo, «ante agresiones a la libertad sexual o a la autoestima y reputación en esta materia, en los delitos de agresiones contra la libertad sexual o a la autoestima y reputación, el TS se muestra especialmente proclive a condenar al pago de indemnizaciones. Las concede sistemáticamente, sin constatación alguna de la realidad y alcance del daño: Indemniza la ofensa por su enormidad, pero no entra en consideraciones empíricas sobre la dimensión del perjuicio». La gravedad de estos hechos, así como la relevancia y repulsa social que merecen, aparecen aquí como los factores preponderantes en la fijación de la indemnización por daño moral. Esta materia es claro ejemplo del referido uso sancionador de la indemnización por daño moral. En opinión de GÓMEZ POMAR, «la actividad sancionadora no encaja bien con los imperativos de eficiencia en la prevención que exigen que el causante tenga que hacer frente a una indemnización esperada comprensiva del daño patrimonial y del no patrimonial. La eficacia preventiva del derecho de daños no persigue una sanción que se añada a la cantidad a cuyo pago es condenado el demandado para reparación del daño patrimonial, sino que busca que la indemnización esperada por el causante potencial de daños coincida con el daño social (patrimonial + moral) esperado y no derivado de su actuación». GÓMEZ POMAR, Fernando (2000): «Daño moral», *Indret*, núm. 1, págs. 9, 10 y 11.

rías, reducir o eliminar la posible arbitrariedad que su utilización no fundamentada puede ocasionar[41].

a) *Daños susceptibles de ser presumidos*

En el terreno en el que nos situamos, la presunción opera especialmente con el daño moral indirecto (también llamado «de rebote»), esto es, el ocasionado a un allegado o familiar por el fallecimiento o pérdida de salud de un paciente. En casos como estos, los Tribunales vienen entendiendo que la mera acreditación de la relación de parentesco u otro vínculo estrecho, en consideración al orden normal de las relaciones humanas, puede constituir indicio suficiente de daño moral respecto de parientes o allegados próximos.

Como señala la STS de 11 de noviembre de 2004, en los daños «de rebote», «la reparación de daño moral no necesita prueba alguna y que este [daño] ha de presumirse como cierto»[42]. En tales supuestos, «no debe ser

---

41 No podemos dejar de manifestar, respecto de la admisión de daños morales por presunciones, que ante algo tan subjetivo, que depende del carácter o personalidad de cada individuo, no es fácil objetivar el sufrimiento. Dada la «congénita subjetividad o intimidad de los daños morales», cada persona sufre por cosas distintas y con distintas intensidades. «Este rasgo nos obliga a recapacitar sobre la prueba del daño moral. Estamos en un ámbito en el que las presunciones juegan un papel esencial, pero hay que dilucidar en qué casos puede presumirse la existencia del daño in re ipsa y si cabe la prueba en contrario». QUICIOS MOLINA, María Susana (2011): «El daño moral: requisitos para que proceda su resarcimiento», en HERRADOR GUARDIA, Mariano José (coord.), *Derecho de daños*, Sepín, Madrid, pág. 564.

42 FJ 2 STS 2 de 11 de noviembre de 2004 (núm. rec. 7013 y [*Tol 515331*]). En esta ocasión el TS enjuició la reclamación por daños morales de una mujer y su hija debidas al fallecimiento de su marido y padre durante unas maniobras nocturnas. En similar sentido se ha pronunciado la STS 25 de julio de 2003 (núm. rec. 1267/1999 y [*Tol 348068*]). Previamente, la STS de 15 de junio de 1989 [*Tol 2379290*], en un supuesto de muerte en accidente de circulación de tres jóvenes solteras de 17, 18 y 27 años de edad, falló que «en esta situación y tratándose de daños morales, el dolor que a los padres ha de producir la muerte de los hijos, sobre todo, si es que cabe hacer graduaciones en este sentido, en plena juventud, no necesitaba ningún tipo de probanza (…) [porque] de esta relación parental fluye, de manera normal y lógica, el daño» (FJ 3). A lo anterior añadió que «en estos supuestos no regía tampoco la norma según la cual los perjuicios no se presumen y han de demostrarse [porque] regla que cede cuando se produce una situación tan ciertamente dramática y lacerante como a la que se refiere esta causa, en la

probado lo que normalmente se infiere de las circunstancias concurrentes, sino aquello que se separa de lo ordinario y obedece a situaciones de excepción»[43]. En su caso, es la Administración —o el Tribunal— a los que corresponde desvirtuar, si así lo consideran, tal presunción. Para ello tendrán que acreditar la inexistencia de dicha relación, o la ausencia de efectivo daño moral, por la ruptura de lazos sentimentales entre los parientes.

No obstante, esta postura ha sido objeto de crítica. Se ha sostenido que no basta acreditar la relación de parentesco porque sería necesario constatar el vínculo afectivo, que es el que fundamenta el daño moral invocado. Y ello, por dos razones fundamentales:

i. Porque el parentesco —ya sea por afinidad o consanguinidad— es sólo un indicio contingente que no necesariamente implica una relación de afecto de la cual pueda desprenderse un impacto emocional que cause unos daños «de rebote».

ii. Porque la familia, como noción social que varía según épocas y lugares, es un concepto desactualizado, razón por la cual es necesario tener en consideración a personas que, sin tener ese lazo de parentesco, pueden tener un íntimo vínculo afectivo.

En nuestra opinión, esta crítica solo es admisible respecto de las situaciones más extremas: como el reconocimiento de una indemnización a parientes con enemistad manifiesta o abandono notorio de sus obligaciones legales; o como la presunción de la generación de un daño moral al cónyuge supérstite separado legalmente o de hecho. Sin embargo, siendo estos casos excepcionales, a partir de las reglas de la experiencia y del orden común de las relaciones, parece legítimo presumir el vínculo afectivo a partir de la relación de parentesco, siempre y cuando no existan en el proceso antecedentes que impidan la aplicación de una deducción contraria.

Otro caso de daño moral cuya existencia ha sido presumida por los Consejos Consultivos, son los supuestos de *pretium doloris* porque «no puede

---

que están probadas la muerte y la relación paterno-materno-filial, salvo cualificadas excepciones que no son de aplicación a este supuesto porque no han sido traídas al debate judicial sin duda porque no concurren, como son por ejemplo, los supuestos de abandono» (FJ 3).

[43] FJ 10 STS de 4 de mayo de 1999 (núm. rec. 733/1995 y [*Tol 1716150*]). En esta sentencia la prueba por presunción de los daños morales fue admitida en un caso respecto a una viuda cuyo marido —interno en un establecimiento penitenciario— se había suicidado.

exigirse la prueba con el grado de certeza aplicable a los daños patrimoniales o a los físicos»[44].

Adicionalmente, la jurisprudencia reconoce la dificultad probatoria del «vaporoso y discutible daño» moral, inserto en el intimismo humano, y relaja el rigor probatorio, dando por bueno el relato de la víctima cuando «acredite, o por lo menos, exponga o exteriorice la realidad de todos los conceptos que han integrado el daño moral», a saber, «ese dolor, esa zozobra, esa inquietud, esa desazón, esa ruptura de lazos afectivos, esa soledad, esa orfandad»[45].

b) Daños cuya existencia debe probarse

Igualmente, se ha señalado que «cuando el daño moral emane de un daño material (…) o resulte de unos datos singulares de carácter fáctico, es preciso acreditar la realidad que le sirve de soporte, pero cuando depende de un juicio de valor consecuencia de la propia realidad litigiosa, que justifica la operatividad de la doctrina de la "in re ipsa loquitur", o cuando se da una situación de notoriedad (…), no es exigible una concreta actividad probatoria»[46].

---

[44] CJ 4 DCJAMad 466/2013, de 16 de octubre de 2013. En este dictamen, relativo a una reclamación por daños morales como consecuencia de la ingesta de un medicamento inapropiado prescrito por el médico de atención primaria, también se recordó lo siguiente: que «en el ámbito penal se venía estableciendo que el llamado "pretium doloris" no necesitaba prueba (…) cuando devenía de los hechos declarados probados (…) [y] sin que fuera necesario que ese daño moral (…) tuviera que concretarse en determinadas alteraciones patológicas o psicológicas» (CJ 4).

[45] FJ 4 SAP de Madrid 26 de diciembre de 2001, de la Sala Primera (núm. rec. 674/2003 y [*Tol 200724*]). En esta ocasión, en un supuesto de extravío de la chaqueta del reclamante en un establecimiento comercial, la Audiencia, teniendo en cuenta que había sido utilizada por su propietario el día de la pedida de mano, descartó la necesidad de «ubicar estas sensaciones dotadas de un intimismo indiscutible, de la cobertura jurídica para, incluso, con apoyo en una especie de estadística sociológica, poder cimentar su integración tangible en la responsabilidad de este vaporoso y discutible daño» (FJ 4).

[46] FJ 3 SAP de Sevilla de 15 de noviembre de 2001 (núm. rec. 6302/01 [*Tol 213717*]). La Audiencia llegó a esta conclusión —dispensa la carga de la prueba — en una demanda interpuesta contra una agencia turística como consecuencia de no haber podido utilizar el servicio de audio durante el vuelo de Madrid a Miami.

Fuera de las reclamaciones interpuestas por los parientes cercanos —*v.gr.* en las reclamaciones *mortis causa* el «viudo o viuda junto con los hijos del fallecido, y en segundo término a sus padres si la víctima está soltera»—, «lo primero que hace falta (...) es que la reclamante acredite la existencia de un daño moral (...). En definitiva, corresponde a la reclamante aportar datos de entidad suficiente para estimar el daño moral como efectivamente sufrido; mientras que, al no ser los mismos, objeto de presunción alguna, no compete a la Administración la prueba de su inexistencia»[47].

III. ALGUNOS PROBLEMAS DE LEGITIMACIÓN PARA LA RECLAMACIÓN DE LOS DAÑOS MORALES. LA LEGITIMACIÓN COMO ELEMENTO CONDICIONANTE DEL CONTENIDO DEL DAÑO MORAL

Al analizar la legitimación de quien presenta una reclamación de responsabilidad patrimonial de la Administración con el propósito de obtener una indemnización, es fundamental examinar los términos en los que se reclama y el tipo de daños cuyo resarcimiento se solicita. Esto es así, en virtud del principio de congruencia, por el cual se habrá de valorar la legitimación en relación al *petitum* de cada reclamante.

Pues bien, es habitual encontrar que, además del paciente, se incluyan en la reclamación algunos familiares, sin distinguir ni concretar —ni mucho menos, acreditar— cuáles son sus perjuicios específicos y propios, distintos de los de la víctima principal. En estos casos, en el escrito de la reclamación, únicamente se les menciona, por si acaso les pudiera corres-

[47] CCJJ 2 y 3 del dictamen Consejo Consultivo de La Rioja 50/2013, de 19 de septiembre, en lo sucesivo CCRioja. En dicho dictamen, si bien se admitió que podía producirse en el hermano del fallecido un daño moral como consecuencia de una neumonía nosocomial, el CCRioja no entendió aplicable al caso la presunción de zozobra, inquietud o desazón por el mero vínculo de consanguinidad. Según dijera el CCRioja, «este Consejo no tiene duda de que (...) le afectó y sufrió el natural disgusto al morir éste; pero, a la vez, se ve obligado a poner de manifiesto, aunque sea obvio, que los efectos que para el ser humano comporta el amor fraterno no pueden confundirse con los daños morales: los primeros carecen de consecuencias jurídicas, mientras que sí que pueden tenerlas los segundos; pero, para ello, hace falta que se haya acreditado su existencia y la entidad que requieren para producirlas, lo cual es justamente lo que falta en el expediente sometido a nuestra consideración» (CJ 3).

ponder una eventual indemnización, la cual no suele prosperar por no estar bien planteada su legitimación.

Aunque en el ámbito sanitario, por lo general, no suele ofrecer dudas la legitimación para reclamar por lesiones físicas, no ocurre lo mismo cuando se invoca un daño moral. Estamos ante una cuestión controvertida, con distintas interpretaciones y soluciones, que pone de manifiesto la dificultad que representa para el Derecho el reconocimiento de este tipo de daños. Sin entrar en un análisis exhaustivo de la legitimación, que ya ha sido abordada en el cap. 4, por MANENT, HERNÁNDEZ VILLALÓN y ALBERO (págs. 296 a 324), y que se volverá a tratar en caps. 12 y 13, por FORJÁN y YÁÑEZ (págs. 779 a 813 y 854 a 862), lo cierto es que el estudio del daño moral no puede abordarse sin estudiar esa especial problemática.

Por lo tanto, hay que diferenciar cuando se reclama *iure proprio* e *iure hereditatis.*

1) La legitimación originaria (por derecho propio) directa e indirecta

En la reclamación de daños a la Administración sanitaria, la *legitimación* puede ser *directa o indirecta.* En el primer caso, paciente y reclamante coinciden en la misma persona, mientras que, en el segundo, quien reclama es un tercero que solicita para sí una indemnización por los daños morales que las lesiones o el fallecimiento de otra persona le han ocasionado. Esta última categoría constituye una fuente de discusión y controversia, en la que jurisprudencia y doctrina legal aportan soluciones que, a falta de regulación expresa, no son convergentes.

Como se acaba de exponer, la legitimación indirecta tiene lugar cuando quienes reclaman lo hacen por los perjuicios sufridos «de rebote», esto es, a causa de los daños padecidos por una persona con la que guardan una relación afectiva, de convivencia o dependencia económica[48]. En este tipo de daños, un tercero adquiere la legitimación de forma colateral, al margen de los perjuicios sufridos en primera persona por la víctima principal. Se trata, por tanto, de supuestos en los que concurre una persona con legitimación directa con otro o u otros legitimados de manera indirecta, cada uno de los cuales, en virtud de unos mismos hechos, acciona por distintos perjuicios.

---

[48] Sobre esta cuestión *cfr.* VICENTE. VICENTE DOMINGO, Elena (1994): *Los daños corporales, op. cit.* pág. 211.

Pues bien, dentro de la categoría de los daños «de rebote», en el contexto de la asistencia sanitaria, y refiriéndose a los daños morales, hay que distinguir, a su vez, los que se derivan de una lesión física de los que devienen del fallecimiento del paciente.

A. Legitimación indirecta por daños derivados de lesiones físicas

Cuando los daños corporales los sufre un paciente que está vivo —y que, por tanto, puede reclamarlos directamente—, la problemática se centra en determinar la relación causal entre dichos daños y el perjuicio colateral que estos acarrean a un tercero.

En este sentido hay que significar que son habituales los supuestos en los que, además del paciente, la reclamación está suscrita por su pareja, y en su caso, por los hijos comunes. Además, con frecuencia, tanto aquella como estos no concretan los perjuicios «de rebote». Lo cierto es que, en casos como estos, las más de las veces, la Administración sanitaria no reconoce una indemnización a los legitimados de manera indirecta. Solo accede a ello en supuestos patentes o en los que el daño esté debidamente acreditado.

A este respecto, y sin perjuicio de la casuística que recogeremos más adelante, la jurisprudencia viene reconociendo la legitimación de los familiares, entre otros, en los siguientes supuestos:

a) Daños de afección

Se conoce como daños de afección, aquellos perjuicios de carácter moral causados a familiares por la alteración sustancial de la vida que les provoca el menoscabo de salud de su pariente. «La apreciación de este perjuicio tan especial requiere una "sustancial alteración de la vida y convivencia derivada de los cuidados y atención continuada"» del paciente[49]. Para que

---

[49] FJ 5 STSJ de Madrid 1326/2010, de 22 de diciembre (núm. rec. 224/2008 y [*Tol 2083361*]). En esta ocasión, el TSJ de Madrid desestimó el recurso porque no había «prueba de la que deducir que las secuelas del paciente, pese a su gravedad, exijan unos cuidados continuados que supongan para sus familiares una sustancial alteración de tales aspectos de la vida» (FJ 5). Las secuelas alegadas como causantes de los daños «de rebote» fueron unas graves lesiones hepáticas ocasionadas a raíz de una colecistectomía laparoscópica en la que se seccionó la vía biliar principal a nivel hepático. Estos hechos determinaron un ingreso hospi-

esto tenga lugar, se requiere que las lesiones sean de tanta gravedad para el paciente y de tal entidad para terceras personas, que originen un evidente daño moral «de rebote» a sus parientes allegados; esto es, a las personas que tengan un vínculo de afección muy estrecho con el paciente. Por esta razón se les conoce como «daños de afección».

La apreciación de estos daños está sujeta a un doble presupuesto:

i. Objetivamente, en cuanto a la gravedad, las lesiones deben tener una entidad capaz de alterar de manera «sustancial» la vida y convivencia de sus familiares o allegados.

   No se trata de valorar el sufrimiento de ver padecer a la víctima —que podría dar lugar a otro tipo de daño moral—, sino de los cambios que conlleva la situación derivada de los cuidados y atención continuada requerida por el enfermo[50].

ii. Subjetivamente, en cuanto a la condición de familiar o allegado, este debe ser conviviente, bien en el momento de los hechos o bien como consecuencia de la lesión para poder atender al paciente.

Este concepto —«sustancial alteración de la vida y convivencia derivada de los cuidados y atención continuada» del paciente— se extrae del baremo de accidentes de tráfico, el cual se refiere a ellos como «perjuicios morales a familiares» y suele ser aplicado por los Tribunales para apreciar la procedencia de la indemnización o no por este perjuicio[51]. Se trata de

talario de un total de 133 días y una incapacidad de 930 días, con baja laboral del 30 de enero de 2003 al 10 de noviembre de 2004, fecha en la que fue declarada la incapacidad permanente absoluta del paciente. Para llegar a esta conclusión la Sala se sirvió del baremo de accidentes de tráfico previsto en TRLVM, con arreglo al cual se atribuyeron a las secuelas la suma de 72 puntos.

50 *Cfr.* MARTÍN DEL PESO GARCÍA, Rafael (2013): «El daño moral: determinación y cuantía, algunos aspectos de su problemática jurisprudencial», en HERRADOR GUARDIA, Mariano José (dir.), *Derecho de Daños*, Aranzadi, Cizur Menor (Navarra), pág. 343.

51 El baremo de accidentes de tráfico, regulado en el TRLVT, recoge los daños por «sustancial alteración de la vida y convivencia derivada de los cuidados y atención continuada» como un «factor de corrección» que se aplica a los familiares o allegados en el caso de que la víctima obtenga la calificación de «gran invalidez», por estar afectado por incapacidades determinantes de ese grado. Es una partida excepcional, ya que constituye una salvedad en cuanto a la no indemnizabilidad de daños morales a personas distintas del perjudicado que no ha fallecido. De hecho, en materia de tráfico, este factor no es extensible a lesionados con incapacidad permanente no constitutiva de gran invalidez; si bien, de forma excepcional, sí se

un concepto indemnizatorio independiente de la «ayuda de tercera persona» que corresponde al propio perjudicado, ya que aquel tiene como fin indemnizar el perjuicio patrimonial que supone tener que pagar a una persona para que le ayude. Por esta razón no se reconoce si el paciente está ingresado en un centro especial en el que es atendido.

En alguna ocasión, la jurisprudencia ha reconocido los «daños de afección», de forma automática, como complemento de la indemnización principal al paciente, presumiendo la legitimación de los familiares, y dando por probados, por su evidencia, daños que, a veces, no se han reclamado. En nuestra opinión, tratándose de una cuantía destinada a indemnizar perjuicios propiciados a familiares, lo más correcto sería que su solicitud fuese formulada por ellos, y de no ser así, si no fueran demandados por ellos, no reconocerlos. De hecho, así lo ha considerado la jurisprudencia en algún caso[52].

b) *Impacto emocional*

La inquietud o zozobra derivada de una intervención o tratamiento médico, en ocasiones, trasciende del paciente y alcanza a sus familiares. En estos casos, de apreciación necesariamente subjetiva, los allegados también pueden ser compensados en concepto de «daños morales»[53].

---

ha reconocido en incapacidades que conlleven una alteración sustancial de la vida y la convivencia.

52 En relación con los «daños de afección» no reclamados por los familiares del paciente, la STSJ de Madrid 320/2016, de 24 de junio (núm. rec. 1259/2012 y [*Tol 5830026*]), rechazó abonarlos. Su argumento fue que «no constaba que la (...) actora fuera la representante legal de las personas por las cuales reclamaba [los daños de afección] y que tuviera poder para ello. En otras palabras, al no constar «que los hijos de la recurrente, mayores de edad, estuvieran incapacitados o que hubieran otorgado a la actora algún poder especial para reclamar en su nombre (...) los daños morales que procedía considerar como daños resarcirles se circunscribían a los sufridos por la propia reclamante, pero no los que hubieran podido sufrir terceras personas por muy directa y estrecha que sea la relación que une a la recurrente con las mismas» (FJ 4). Con estos argumentos, rechazó abordar si procedía o no «el reconocimiento del derecho a percibir la cantidad de 90.000 euros, que la actora reclamaba, por los perjuicios morales causados a sus familiares (FJ 4).

53 Un ejemplo de impacto emocional causado por la Administración sanitaria a los familiares de un paciente lo encontramos en la STSJ de Madrid 191/2014, de 11 de marzo (núm. rec. 1060/2011 y [*Tol 4183675*]). Esta sentencia resolvió un

c) Pérdida de la facultad de concebir de la pareja

La impotencia provocada por error médico es susceptible de provocar un daño moral, en concepto de pérdida de oportunidad, tanto al paciente como a su pareja. En ese sentido puede consultarse la STSJ de Madrid de 19 de febrero de 2015[54].

d) Prejudice sexual y wrongful life

El *prejudice sexual*, o daño a la vida sexual, y la *wrongful life*, o vida desdichada, por su naturaleza, son susceptibles de causar un daño moral «de rebote»: en el primer caso respecto de la pareja; y en el segundo en relación con el hijo.

i. Un ejemplo de indemnización por daño moral «de rebote» en concepto de *prejudice sexual* lo encontramos en la STS de 9 de febrero de 1988. En dicho fallo se reconoció: al marido una indemnización por daños corporales derivados de un accidente laboral y morales,

---

recurso en el que tanto el paciente como sus familiares reclamaban por el diagnóstico erróneo de un adenocarcinoma que propició el retraso del tratamiento de quimioterapia. A partir de aquí la Sala apreció «un daño físico, por los inevitables efectos tóxicos de la quimioterapia, así como un daño psicológico. A ello (...) [hubo] que añadir el impacto emocional que debió de sufrir la paciente y sus familiares como consecuencia del (...) escaso plazo de vida que aquél comportaba» (FJ 6). Teniendo en cuenta las singulares circunstancias el TSJ de Madrid reconoció una indemnización de 50.000 euros para el paciente por todos los conceptos (materiales y morales) y otra de 9.000 euros por los perjuicios morales padecidos por sus tres hijos.

54 Un supuesto de indemnización por pérdida de oportunidad de ser padres, reconocido a ambos «no progenitores» lo encontramos en la STSJ de Madrid 134/2015, de 19 de febrero (núm. rec. 617/2012 y [*Tol 4776989*]). Lo característico de este recurso fue la reclamación conjunta de la pareja de hecho (con convivencia estable), por retraso en las pruebas correspondientes para el diagnóstico y clasificación de un carcinoma de mama padecido por la mujer, en concreto una mamografía). La Sala, no solo reconoció a esta la pérdida de oportunidad consistente en que un diagnóstico más temprano pudo haber evitado los tratamientos de quimioterapia y radioterapia (con las consiguientes secuelas de deterioro en los órganos vitales); sino que, además, acordó indemnizar a su pareja, también reclamante, la pérdida de la posibilidad de concebir como consecuencia del devenir de aquella enfermedad. De tal manera, que la Sala estableció una indemnización de 50.000 euros para la paciente (perjudicada directa) y 10.000 euros para la pareja (perjudicado indirecto).

por pérdida del apetito sexual; y a la mujer una indemnización por daño moral «de rebote» por «pérdida de un importante elemento de las relaciones afectivas»[55].

ii. En el segundo coexisten las lesiones del niño con los daños «de rebote» que supone para los padres[56].

B. Legitimación indirecta por daños derivados del fallecimiento: la necesaria delimitación de la condición del perjudicado

La legitimación indirecta por daños derivados del fallecimiento de un familiar no ha sido una cuestión pacífica de resolver. Si bien en una primera línea jurisprudencial, la legitimación quedó subordinada a la existencia de una obligación alimenticia, en una evolución posterior, el TS ensanchó el círculo de personas con legitimación, al desplazar el punto clave hacia la calidad e intensidad del vínculo afectivo[57].

De esta forma, en la actualidad, a los efectos de obtener una indemnización, el TS reconoce legitimación, a la «persona ligada a la víctima por vínculos próximos de familia, afecto, relaciones de convivencia real, dependencia económica u otras situaciones de recíproca asistencia y am-

---

[55] FJ 6 STS 9 de febrero de 1988, de la Sala de lo Civil [*Tol 1735492*]. En esta sentencia se discutió la reclamación de daños corporales y morales de un peón de obra que sufrió —como consecuencia de una descarga eléctrica fortuita— un «espasmo facial post paralítico debido a afectación del nervio facial por fractura de peñasco y artritis postraumática cervical, lo que constituye una incapacidad permanente total para su trabajo habitual». En esta sentencia, además, se reconoció «legitimación de la mujer como demandante, basada en el interés manifiesto que resultaba de un perjuicio directo consecuente a la nueva situación del lesionado [su marido], (...) y que, actualmente, no puede prácticamente valerse por sí mismo y carece de apetencia de las relaciones sexuales (...) lo que se traduce en una situación de su mujer conviviente especialmente penosa y sacrificada en orden a los gravosos deberes de atención al enfermo y pérdida de un importante elemento de las relaciones afectivas. [Según dijera la Sala de lo Civil,] no padece, por estas circunstancias, un daño estrictamente físico, pero sí unos sufrimientos en el orden de los sentimientos afectivos más elementales que justifican la calificación de las consecuencias de hecho, para ella, como daño moral», y en consecuencia estimó el recurso de casación y ordenó el pago de 5.000.000 de pesetas (FJ 6).

[56] Sobre este particular *vid.* VICENTE. VICENTE DOMINGO, Elena (1994): *Los daños corporales, op cit.* pág. 231.

[57] GARCÍA LÓPEZ, Rafael (1990): *Responsabilidad Civil por daño moral. Doctrina y Jurisprudencia. op. cit.* pág. 252.

paro que determinen real y efectivamente perjuicios»[58]. También admite la reclamación por la herencia yacente.

Al tratarse de un daño moral sufrido en los sentimientos, es necesario poner límite al grupo de legitimados. Los lazos de parentesco, afecto y amistad tienden a expandirse a un número de individuos superior al de los merecedores de una indemnización, ya que no todo sufrimiento puede ser jurídicamente relevante.

A este respecto, rige un criterio de «concentración» de la protección resarcitoria, de manera que solo tendrán derecho a indemnización los más cercanos. Pero esta delimitación de allegado sigue siendo demasiado amplia cuando son varios los que concurren a tal condición. Por esta razón, es obligado establecer un orden de preferencia excluyente en función de la afinidad con el fallecido, de forma que sean los más inmediatos los que reciban la indemnización con exclusión de los demás.

De esta manera se prima, de forma natural, a quienes hayan sufrido el dolor de forma más palmaria y directa. Esta pauta resulta ineludible, pues de no seguir esta prevalencia, quebraría de forma estridente el principio general de resarcimiento de este tipo de daños, al tener que repartir el *quantum* indemnizatorio entre un sinfín de personas dolidas, cualquiera que fuese su grado de sufrimiento, lo que resultaría de todo punto irrazonable e insostenible.

En el caso de los parientes, ante la ausencia de una regulación, la determinación ha sido variable en la doctrina legal y la jurisprudencia. En este sentido, el TS, en ocasiones, ha utilizado la expresión «parientes más allegados», término impreciso que dificulta la individualización de los legitimados. En un intento de acotar tal expresión, GARCÍA LÓPEZ extraía del análisis de la jurisprudencia la existencia del siguiente orden de preferencia:

---

58 FJ 2 STS 910/1999, de 4 de noviembre, de la Sala de lo Civil (núm. rec. 428/2005 y [*Tol 5120631*]). En esta sentencia se reconoció legitimación a la herencia yacente de la persona fallecida. Tras denunciar la vulneración del derecho a la tutela judicial efectiva, el TS añadió que «esto último era lo que había sucedido en el presente caso en que el tribunal "a quo" *había* apreciado la falta de legitimación "ad causam" como presupuesto para promover el proceso, fundando la inadmisión de la acción en argumentos jurídicos, aceptables o no, porque constituyen fundamento adecuado y suficiente de la resolución adoptada; en consecuencia, no se han cometido las infracciones que se denuncian en el motivo que ha de ser desestimado» (FJ 1).

i. *Miembros de la familia nuclear.* Comprendería, según este autor al cónyuge o pareja de hecho y los hijos, e incluso en ocasiones los abuelos y nietos si hay convivencia.

En estos casos, el daño moral, consistente en el dolor, aflicción y pesar por el fallecimiento, se presume. Se trata de una *presunción iuris tantum* que solo quedará destruida en aquellos supuestos en los que se desacredite verazmente la producción del daño presunto[59].

ii. *Resto de los parientes.* No existe tal presunción, requiriéndose la acreditación de alguna de las siguientes circunstancias para establecer su legitimación: que formen parte de hecho de la familia nuclear por convivir con ella, siendo miembro de la misma; o bien que, aunque no se forma parte de ese núcleo, se demuestren fuertes y especiales vínculos afectivos, asimilándose a los que normalmente se dan entre los miembros de la familia nuclear[60].

No obstante, y en atención a las específicas circunstancias de cada supuesto, podemos encontrar pronunciamientos más amplios en cuanto a la consideración de los familiares más allegados, ampliando la condición de perjudicados a otros parientes —en este caso a las abuelas—, aún sin necesidad de acreditar su convivencia o una especial relación con el paciente fallecido[61].

---

59 En relación con la legitimación de los familiares de segundo grado con los que se conviva, puede consultarse la STS de 15 de abril de 1988, de la Sala de lo Penal [*Tol 2350001*]. En ella el TS concedió indemnización a los nietos de una mujer fallecida en accidente de tráfico porque «por pertenecer a la línea recta descendente, *eran*, a la vez, sus únicos herederos, en los que, con convivencia o sin ella, se *presumía* el dolor, la aflicción y el pesar causados por el fallecimiento de su abuela, siendo, por lo demás, el "quantum" de la indemnización fijada, reducido y prudencialmente señalado dada la falta de desamparo económico de los citados como consecuencia del fallecimiento de su ascendiente» (FJ 10).

60 Así lo explica GARCÍA LÓPEZ. GARCÍA LÓPEZ, Rafael (1990). (1990) *Responsabilidad Civil por daño moral. Doctrina y* Jurisprudencia, *op. cit.* pág. 80.

61 A este respecto, cabe citar el reciente DCJCVal. núm. 160/2024, de 6 de Marzo, que respecto al fallecimiento de un menor admite la legitimación de sus abuelas en contra del criterio aplicado por la Administración, que rechazaba la misma en virtud del citado criterio de concentración. No obstante en este caso, dadas las circunstancias concretas, parece razonable presumir el daño moral sufrido por las abuelas respecto al fallecimiento de su nieto menor de edad, tras las complicaciones de una intervención de amígdalas, que se aventuraba de baja complejidad.

C. La repercusión de la tabla de perjudicados del baremo de accidentes de tráfico en la determinación de la legitimación por daño moral

En ocasiones —ya sea en la propia reclamación o ya sea en la resolución de la misma o en la sentencia del recurso—, se invoca el baremo del texto refundido de la Ley sobre responsabilidad civil y seguro en la circulación de vehículos a motor, (aprobado por el RDLeg 8/2004, de 29 de octubre —TRLVM—, y reformado por Ley 35/2015, de 22 de septiembre, de reforma del sistema para la valoración de los daños y perjuicios causados a las personas en accidentes de circulación), para justificar la legitimación activa, acogiéndose a la tabla de perjudicados que en ella se establece[62].

En nuestra opinión, esta práctica resulta realmente inaudita. Ya no sólo se hace uso del baremo de tráfico para valorar el daño, sino que, ante la ausencia de regulación, se intenta extraer de sus tablas, los perjudicados, o por lo menos, ciertas reglas para determinar la legitimación. Con ello se evidencia, una vez más, la patente necesidad de disponer de un régimen reglado de valoración de los daños en materia de responsabilidad patrimonial sanitaria.

No podemos más que estar en desacuerdo con esta práctica. Una cosa es el uso de dichos criterios para orientar la cuantificación de las indemnizaciones, y otra que con ello la jurisprudencia esquive un pronunciamiento sobre la legitimación del recurrente desde la óptica del Derecho administrativo, analizando si el reclamante tiene interés para accionar y, en su caso, para obtener una indemnización.

Realmente, la utilización del baremo de accidentes de tráfico, «en nada debería afectar al régimen jurídico de la responsabilidad» patrimonial cuya regulación ha de ser la prevista en la escasa normativa vigente y su desarrollo doctrinal y jurisprudencial[63]. Sin embargo, ante la dificultad de establecer un criterio reglado para determinar quiénes pueden reclamar los daños morales, y a falta de un baremo *ad hoc* para cuantificar los daños corporales y morales en materia de responsabilidad patrimonial sanitaria,

---

[62] Un ejemplo en el que —en nuestra opinión de manera indebida— se recurre al baremo de accidentes de tráfico para determinar la legitimación es el DCJAMad 200/2020, de 9 de junio.

[63] SÁNCHEZ FIERRO, Julio (2014): «El cálculo de las indemnizaciones en la responsabilidad Patrimonial sanitaria: ¿un baremo "ad hoc"?», *Revista Española de la Función Pública*, núm. 22, pág. 41.

se ha defendido la conveniencia de aplicar el baremo de accidentes de tráfico.

Sobre la conveniencia de esta aplicación del baremo, argumenta MAYOR: «a pesar de la diferente naturaleza jurídica en el ámbito de la responsabilidad patrimonial sanitaria (...) resultaría coherente con el principio de unidad de sistema (...), la aplicación del mismo criterio [que] se establece en el baremo de accidentes de tráfico a los efectos de la determinación de las personas que ostentan la condición de perjudicadas para solicitar el resarcimiento de los daños morales sufridos»[64]. Ello supondría garantizar a todos los ciudadanos, los principios constitucionales de igualdad y seguridad jurídica, y evitar que se produzcan arbitrariedades a los efectos de la determinación de las personas que ostentan la condición de perjudicadas para solicitar el resarcimiento de los daños morales sufridos.

Sin embargo, según nuestro parecer, de la misma forma que un baremo no puede predeterminar cómo apreciar una mala praxis, tampoco debería presuponer ninguna legitimación. En este sentido, la legitimación —al igual que otros elementos de la responsabilidad patrimonial— debe ser valorada al caso concreto, sin sujeción a baremo alguno, y menos aún al de accidentes de tráfico, previsto para un tipo de perjuicios muy distintos, los cuales, además, están garantizados por un seguro de responsabilidad civil obligatorio y, por lo tanto, sometidos a un régimen jurídico muy particularizado[65].

---

64 MAYOR GÓMEZ, Roberto (2015): «Los daños morales en la responsabilidad patrimonial sanitaria: análisis jurídico y práctico de las cuestiones más problemáticas», *op. cit.* pág. 21.

65 En este sentido, la STSJ de Madrid 263/2021, de 9 de de abril (núm. rec.. 82/2019 y [*Tol 8484929*]), al señalar «la falta de legitimación activa se fundamenta por la entidad aseguradora en la aplicación de la Ley 30/2015 de 22 de septiembre, de Reforma del Sistema de Valoración de Daños y Perjuicios causados a las Personas en Accidente de Circulación, cuyo art. 110 párrafo 4° relativo al perjuicio moral por pérdida de calidad de vida de familiares de grandes inválidos, establece que: "4. La legitimación para reclamar la reparación de este perjuicio se atribuye en exclusiva al lesionado, quien deberá destinar la indemnización a compensar los perjuicios sufridos por los familiares afectados". Sin embargo, el mero dato de fundamentar la excepción invocada en la citada Ley, obliga por sí mismo, a desestimar la excepción en la medida en que dicha Ley, por cuanto, sin perjuicio de que sea admisible acudir al baremo en ella contemplado como "criterio orientativo" para la valoración de los daños a los efectos de fijar una posible indemnización, no es de aplicación a la institución de la responsabilidad patrimonial de las administraciones públicas, que está sujeta a lo preceptuado por la Ley 40/2015, de 1 de octu-

A pesar de ello, la práctica nos muestra una realidad distinta, y a la hora de indemnizar los daños se tiene en consideración la regulación que del perjudicado se recoge en el baremo de accidentes de tráfico con respecto a la indemnización que le corresponde a cada uno[66]. Pero no es lo mismo utilizarlo como sistema objetivo de cuantificar una indemnización, que se emplee como sistema para fijar las personas con derecho a reclamar, convirtiendo el baremo de tráfico en un instrumento declarativo de derechos frente a la responsabilidad patrimonial de la Administración.

Así pues, y siendo este el estado de la cuestión en este momento, no podemos pasar por alto la incidencia que la regulación del perjudicado por accidentes de tráfico tiene sobre la consideración del interesado por responsabilidad sanitaria.

2) *Legitimación ordinaria derivada: especial mención a la legitimación mortis causa*

En sede de responsabilidad patrimonial, se entiende por legitimación derivada, la de aquel que reclama para sí una indemnización en virtud de un derecho adquirido de otra persona por cualquier título. Cuando la legitimación derivada arranca del hecho luctuoso, a su vez se ha de distinguir, entre los daños ocasionados por la propia muerte y los daños morales padecidos con anterioridad a ella.

---

bre, de Régimen Jurídico del Sector Público y en la Ley 39/2015, de 1 de octubre, del Procedimiento Administrativo Común de las Administraciones Públicas y en el Real Decreto 429/1993, de 26 de marzo, por el que se aprueba el Reglamento de las Administraciones Públicas en materia de responsabilidad patrimonial, señalando el artículo 32 de la Ley 40/2015, lo siguiente: "1. Los particulares tendrán derecho a ser indemnizados por las Administraciones Públicas correspondientes, de toda lesión que sufran en cualquiera de sus bienes y derechos, siempre que la lesión sea consecuencia del funcionamiento normal o anormal de los servicios públicos salvo en los casos de fuerza mayor o de daños que el particular tenga el deber jurídico de soportar de acuerdo con la Ley» (FJ 7).

66 Así, por ejemplo, la STSJ de Galicia 215/2021, de 14 de abril (núm. rec. 135/2018 y [*Tol 8465292*]) rechazó la legitimación de los hermanos de una paciente que se suicida, enfocando la discusión en cuál ha de ser el baremo aplicable desde un punto de vista temporal y si el perjudicado en cuestión se encuentra en el baremo a aplicar.

A. Los daños causados por la muerte: ¿Causa la muerte un daño moral al fallecido?

Pocas cuestiones han merecido tal disparidad de opiniones como la relativa a la legitimación *mortis causa* en las reclamaciones de responsabilidad patrimonial. De hecho, en numerosas ocasiones, tras confrontar los argumentos en uno u otro sentido, el debate ha quedado «en tablas». Como apunta PANTALEÓN cuando la discusión entra en el campo puramente dogmático y conceptual «todo es juego de palabras»[67].

Dicho esto, lo bien cierto es que, aunque un sector de la doctrina ha considerado la muerte como fenómeno generador de un daño para quien lo padece, y susceptible por tanto de un derecho resarcitorio, se trata realmente de una postura minoritaria[68]. Prueba de ello es que la jurisprudencia civil, penal y contencioso-administrativa coinciden en sostener que la muerte no constituye para el que la sufre un daño indemnizable.

Los Juzgados y Tribunales de estos tres órdenes han llegado a esta conclusión partiendo del hecho de que, una vez fallecida una persona, se extingue su personalidad jurídica, razón por la cual no puede adquirir una indemnización por daños morales y mucho menos transmitirla[69]. Es decir, no existe legitimación de los causahabientes, porque realmente no hay derecho alguno que pueda serles transmitido[70]. Otros autores sostienen igualmente que el fallecimiento no genera ningún derecho transmisible,

---

67 PANTALEÓN PRIETO, Fernando (1983): «Diálogo sobre la indemnización por causa de muerte», *Revista Actualidad Derecho Civil*, pág. 1581. Este juego de palabras alrededor de la legitimación *mortis causa*, ha quedado reflejado por PANTALEÓN, ha desdoblado las posturas divergentes, e igual de razonadas, a través de la discusión que mantienen los juristas imaginarios Primus y Secundus en su «Diálogo sobre la indemnización por causa de muerte».

68 DE CASTRO Y BRAVO, Federico (1956): «La indemnización por causa de muerte. Estudio en torno a la Jurisprudencia del Tribunal Supremo», *Anuario de Derecho Civil*, fasc. 2, pág. 486.

69 La imposibilidad de reconocer una indemnización, en concepto de daños morales, por el hecho de morir, se ancla en el art. 32 del Código Civil (CC), el cual dispone que «la personalidad civil se extingue por la muerte de las personas».

70 Entre otros fallos, la STS 246/2009, de 1 de abril, de la Sala de lo Civil (núm. rec. 2267/2004 y [*Tol 1494582*]), ha negado la posibilidad de reconocer un daño moral por el propio hecho de morir, porque «el derecho a la indemnización ligado al fallecimiento del progenitor nació a la vida del derecho con su muerte (sic), lo que impidió al padre incorporarlo a su patrimonio, y, por ende, que formara parte del caudal relicto del progenitor en la que sucedió la hija antes de morir

pero no por la extinción de la personalidad civil, o el carácter inestimable de la vida, sino porque la muerte no es un daño para quien la sufre[71].

B. Daños causados al fallecido antes de su muerte: el problema de la transmisibilidad en los daños morales

La cuestión relativa a la transmisión *mortis causa* de los daños sufridos por una persona antes de su muerte no corre la misma suerte que la de los daños morales causados con ocasión del óbito. Cuando hablamos de los daños que el paciente sufre en vida, en el tiempo que media entre la asistencia sanitaria supuestamente lesiva y el fallecimiento, el tratamiento jurídico va a depender de si aquel solicitó la reparación del daño antes de su muerte o no.

En caso de que sí lo hubiera hecho, la solución viene dada a través de la sucesión procedimental de los causahabientes recogida por el art. 4.3 de la Ley 39/2015, de 1 de octubre, del procedimiento administrativo común de las Administraciones Públicas[72]. En cambio, si el perjudicado fallece sin haber ejercido acción alguna para reclamar el daño moral sufrido por él, es variada la interpretación que la jurisprudencia y doctrina legal plantean a la problemática de su transmisibilidad[73].

---

ella, siendo, por esta misma razón, también imposible que el primitivo derecho se transmitiera mortis causa a la madre viuda» (FJ 2 B).

71 PANTALEÓN PRIETO, Fernando (1983): «Diálogo sobre la indemnización por causa de muerte», *op. cit.* págs. 646 y 647.

72 A título de ejemplo, un dictamen en el que, en abstracto, se ha reconocido la posibilidad de transmitir *mortis causa* una reclamación si el causante hubiese accionado antes de fallecer, es el DCCMad 250/2012, de 25 de abril. En una reclamación ejercitada por el mal resultado de una operación de cadera para colocar una prótesis que le provocó al paciente varias luxaciones, se desestimó la reclamación, por falta de legitimación activa. Adicionalmente expresó que «esa acción personalísima la hubiera podido ejercer en vida quien padeció ese daño moral e, incluso, se podría aceptar la sucesión en la reclamación si hubiera muerto antes de concluido el procedimiento administrativo para la declaración de la responsabilidad patrimonial. Por el contrario, no cabe reconocer legitimación activa para reclamar ex novo, una vez fallecido el paciente, la indemnización de los perjuicios físicos o morales que a aquél le fueron irrogados» (CJ 3).

73 En este sentido, sobre la intransmisibilidad *mortis causa* de los daños morales, si estos no han sido reclamados por el causante, puede confrontarse la STSJ de Madrid 205/2011, de 15 de marzo (núm. rec. 856/2009 y [*Tol 2176450*]). En ella se sostuvo que «la indemnización por razón de secuelas derivada de los padeci-

A pesar de que tanto los Tribunales como los Órganos Consultivos han venido acogiendo la misma tesis negativa, en algunos de sus pronunciamientos, sin embargo, se han puesto de relieve las dudas que se presentan. En estos se reconoce la dificultad de llegar a un criterio pacífico que sea capaz de llenar el vacío legal existente, dada la divergencia de los fallos judiciales y las muy distintas opiniones doctrinales[74]. Tal es la confusión, que en

---

mientos o sufrimientos personales del paciente [causados por diagnosticar una patología ósea cervical de carácter grave como contractura cervical] (...) constituye un daño moral resarcible económicamente en la persona afectada, pero como ésta no reclamó y no se llegó a declarar su derecho a dicha indemnización, nada podía transmitir al respecto sucesoriamente a sus herederos». A lo anterior el TSJ de Madrid añade que «por el contrario, si el paciente hubiese reclamado una indemnización por secuelas y muere durante el desarrollo del proceso, sus herederos podrían continuarlo hasta su terminación». La razón no es otra que «se estaría transmitiendo la pretensión procesal, dando lugar a la sucesión procesal por muerte prevista en el art. 16 LEC, y no el derecho subjetivo fundamento de la pretensión que los reclamantes han intentado aquí y que no puede transmitirse porque tal derecho se extinguió con la muerte del paciente». Como consecuencia de lo anterior la STSJ de Madrid de 15 de marzo de 2011 concluye que «se debe inadmitir el recurso porque los demandantes no pueden reclamar por las acciones que el paciente antes de fallecer no reclamó sin que puedan sucederle procesalmente mortis causa ya que el fallecido no instó ningún tipo de acción» (FJ 5). Por el contrario, para el TSJ de la Comunidad Valenciana, en estos casos, «el ejercicio de la acción [...] tras la muerte de la acreedora ha de fundarse necesariamente en la condición sucesoria» (FJ 4 STSJ de la Comunitat Valenciana 331/2012, de 18 de abril, núm. rec. 2430/2008 y [*Tol 2596398*]).

74 En este sentido —negar la transmisión *mortis causa* de los daños sufridos por el causahabiente antes de su fallecimiento— también se ha pronunciado el DCJA-Mad 554/2019, de 19 de diciembre. En él, además, se diferencia en función de si el causante accionó en vida. Así, «esta Comisión (...) ha ido distinguiendo el tratamiento de diversos supuestos en que el fallecimiento del perjudicado (...) requería plantearse si, quienes efectuaban la reclamación o al menos concurrían al procedimiento de un modo sobrevenido, ostentaban legitimación (...). Así, hemos reconocido el derecho (y legitimación activa), por consiguiente) de los herederos, siempre que acreditaran cumplidamente tal condición, para reclamar el resarcimiento de los gastos surgidos para el tratamiento de la enfermedad del difunto (Dictamen 648/11). Del mismo modo, es recurrente nuestra doctrina en torno a la legitimación de quienes estén ligados por un vínculo de parentesco, afectividad o convivencia con el finado, para reclamar en propio nombre los daños morales que les haya producido una defectuosa asistencia sanitaria (...). Y nos hemos referido también, como otro de los supuestos más frecuentes, a la legitimación de los herederos para sustituir al reclamante/perjudicado directamente por la deficiente asistencia sanitaria prestada, cuando su fallecimiento se produce después de interpuesta la reclamación, entretanto se tramita el procedimiento

no pocas sentencias y dictámenes, si bien se concluye la intransmisibilidad de los daños morales, realmente se están aportando en sus fundamentos razones para defender precisamente lo contrario.

a) *Tesis negacionista*

En contra de la transmisión *mortis causa* de los daños morales, entre otros órganos consultivos se ha posicionado la CJAMad. Esta sostiene que los daños morales previos al fallecimiento, al igual que los relativos a la prestación del consentimiento informado y la información en él contenida, son padecimientos físicos de carácter personalísimo que solo al paciente incumbe reclamarlos. En concreto afirma que «fallecida una persona se extingue su personalidad jurídica y, por tanto, no puede nacer en su favor una pretensión de resarcimiento del daño»[75].

A mayor abundamiento, la CJAMad se hace eco de esta tesis en su Memoria de 2021, en la que ha destacado el elevado número de dictámenes en los que se habían analizado cuestiones relativas al consentimiento informado del paciente y sus familiares. Según señaló la CJAMad, en todos ellos se había mantenido la «falta de legitimación activa en casos en que se plan-

---

para, en su caso, su reconocimiento (...)» (CJ 2). Previamente, en el DCCMad 250/2012, de 25 de abril, en una reclamación, esa se inadmitió porque, «fallecida una persona, se extingue su personalidad jurídica y, por tanto, no puede nacer en su favor una pretensión de resarcimiento del daño, es decir, de ningún daño material por su muerte o moral por los padecimientos experimentados como consecuencia de sufrir la enfermedad». Esa acción personalísima la hubiera podido ejercer en vida quien padeció ese daño moral e, incluso, se podría aceptar la sucesión en la reclamación si hubiera muerto antes de concluido el procedimiento administrativo para la declaración de la responsabilidad patrimonial. Por el contrario, no cabe reconocer legitimación activa para reclamar *ex novo,* una vez fallecido el paciente, la indemnización de los perjuicios físicos o morales que a aquél le fueron irrogados. El Consell Jurídic Consultiu de la Comunitat Valenciana (CJC), por su parte, entre otros, en su dictamen 32/2016, de 4 de febrero, ha mantenido la tesis negacionista. Según se afirma en este dictamen, «fallecida una persona se extingue su personalidad jurídica, y, por tanto, no puede nacer en su favor una pretensión al resarcimiento del daño [...] por los padecimientos experimentados como consecuencia de sufrir» (CJ 3).

75 CJ 2 DCJAMad 554/2019, de 19 de diciembre. En idéntico sentido se pronunciaron los DDCJAMad 34/2017, de 26 de enero, 201/2017, de 18 de mayo, y 277/2017, de 6 de julio, y 332/2021, de 6 de julio.

teen deficiencias del consentimiento informado por personas diferentes al propio paciente afectado»[76].

Es más, esta era la doctrina que se venía manteniendo por la mayor parte de los órganos consultivos autonómicos, los cuales son conocedores de la existencia de pronunciamientos judiciales que se apartan de su criterio. A este respecto, la CJAMad ha manifestado que este cambio de criterio —transmisibilidad mortis causa— está «sustentado, no en el convencimiento alcanzado tras una fundamentación jurídica razonada, sino en dos sentencias del Tribunal Supremo (STS de 13 de septiembre de 2012 y (...) de 26 de marzo de 2012»[77]. A mayor abundamiento, estos fallos —para el DCJAMad de 9 de febrero de 2021— no constituyen jurisprudencia consolidada puesto que la primera sentencia del Alto Tribunal, se dictó por la Sala de lo Civil del TS y la segunda, además de ser de la Sala de lo Civil, resolvió un caso totalmente distinto a la transmisión *mortis causa* de un daño moral[78]. Más recientemente, la CJAMad también ha descartado que la STS de 4 de febrero de 2021 «sea suficientemente concluyente como para propiciar un cambio de criterio, puesto que no contiene pronunciamiento expreso

---

[76] Memoria de actividades de la Comisión Jurídica Asesora de Madrid de 2021, pág. 72.

[77] CJ 2 DCJAMad 70/2021 de 9 de febrero y SSTS de 13 de septiembre de 2012, de la Sala de lo Civil (núm. rec. 2019/2009 y [*Tol 2695691*]) y 26 de marzo de 2012 (núm. rec. 3531/2010 y [*Tol 2501604*]).

[78] El caso analizado en el DCJAMad 70/2021, de 9 de febrero, giraba en torno al consentimiento informado para la anestesia epidural, debidamente firmado por la paciente, en el que se recogía como riesgo particular el derivado de la preeclampsia que padecía la paciente. La CJAMad hizo notar que en este caso no constaba que la paciente hubiera efectuado ninguna reclamación o reserva sobre el particular antes de su fallecimiento y que cualquier pretendida lesión de ese derecho tiene la condición de personalísimo. Para la CJAMad esta falta de información equivalía a una limitación del derecho a consentir o rechazar una actuación médica determinada, inherente al derecho fundamental a la integridad física y moral contemplado en el art. 15 de la Constitución según tiene declarado el Tribunal Constitucional (TC) en sentencia 37/2011, de 28 de marzo. Por eso, no constando en el expediente que la paciente —titular del derecho a la información— hubiera formulado reclamación en vida por tales daños entendió que los daños no resultaban transmisibles. En apoyo de su doctrina citó la STSJ de Castilla-La Mancha 211/2019, de 16 de julio (núm. rec. 195/2019 y [*Tol 7537121*]), la cual sostuvo que la acción por daños a bienes personalísimos en principio no se transmite por sucesión hereditaria, con la importante salvedad de que esta ya hubiera sido ejercitada en vida por el causante.

sobre la transmisibilidad del daño moral, personalísimo, en que traduce dicha falta de información»[79].

En cualquier caso, y aunque esta ha sido la línea mayoritariamente seguida en sede administrativa y contencioso-administrativa, lo cierto es que es un asunto enormemente espinoso. En este sentido pueden encontrarse soluciones llamativas, como el DCJAMad de 28 de abril de 2016, en el que recogiendo la tesis del carácter personalísimo de los daños en sus consideraciones jurídicas, terminó indemnizando a los familiares de la paciente fallecida por su daño moral en base al defecto del consentimiento informado[80].

b) Tesis favorable a la transmisibilidad

Inicialmente, de forma aislada, en alguna sentencia de los TSJ, estos, sin pronunciarse sobre el carácter personalísimo del daño, han aceptado la legitimación de los familiares[81]. A favor de esta posición favorable a la

---

79 Memoria de actividades de la Comisión Jurídica Asesora de Madrid de 2021, pág. 72. Merece la pena recalcar que la STS 140/2021, de 4 de febrero (núm. rec. 3935/2019 y [*Tol 8331659*]), no reparó en la posible falta de legitimación activa de la mujer y el hijo del reclamante fallecido por una infección nosocomial (estafilococo con resistencia a la penicilina y a la clindamicina) adquirida durante una intervención de hernia lumbar de cuyos riesgos de contagio hospitalario no fue advertida. En idéntico sentido — intransmisibildad *mortis causa* de la legitimación— se han pronunciado los DDCJAMad 420/2021, de 14 de septiembre, y 332/21, de 6 de julio.

80 En el DCJAMad 46/2016, 28 de abril, ante una reclamación de los hijos por entender que hubo mala praxis en la intervención realizada a su madre (toracocentesis), porque se produjeron unas complicaciones de las cuales no había sido informada, la CJAMad concluyó que no se habían explicado debidamente las razones del resultado y que el documento de consentimiento informado no recogía la referencia a un posible desgarro del tipo del que sufrió la madre de los reclamantes. En consecuencia, previa cita del baremo de tráfico, reconoció a cada hijo la cantidad de 3.000 euros. Pues bien, parece que la Comisión finalmente no resarció en concepto de un daño moral derivado del fallecimiento, sino el inherente a la falta de información, a pesar de defender en su fundamentación su carácter personalísimo.

81 Sobre esta cuestión —reconocimiento de la transmisibilidad *mortis causa* de la acción para reclamar sin pronunciase sobre carácter personalísimo de la acción— puede consultarse la STSJ de Madrid 118/2015, de 11 de febrero (núm. rec. 1368/2015 y [*Tol 4776900*]). En un supuesto de reclamación por fallecimiento del esposo y padre a consecuencia de una defectuosa asistencia, la Sala estimó el

transmisión *mortis causa* de la acción resarcitoria por daños morales, se han aportado argumentos doctrinales que se basan fundamentalmente en la distinta naturaleza del daño y de la acción resarcitoria, entendiendo que como crédito resarcitorio es perfectamente transmisible[82]. Se ha dicho que la tesis negacionista, «supone confundir la naturaleza del daño con el derecho a su resarcimiento que presenta un carácter patrimonial»[83]. Dicho sea de paso, esta posición no deja de ser llamativa pues la acción no es sino un instrumento para poder ejercitar un derecho sobre el bien protegido, y es difícil entender que exista acción si no hay derecho, por haber desaparecido dicho bien.

Ante tal polémica, y sin resultar pacífica esta cuestión, BOIX proponía replantear la posición contraria de los órganos consultivos autonómicos a la transmisibilidad de la acción. Para esta autora, esta reflexión debiera realizarse para «ratificarse en ella, o bien para impulsar un giro hacia la doctrina favorable a la transmisión cuando los daños son de naturaleza no patrimonial y la víctima no impetró la acción en vida»[84].

Sin perjuicio de la ausencia de casación en el ámbito contencioso-administrativo sobre la disparidad expuesta, este giro propuesto por BOIX parece estar materializándose tanto en sede judicial como en el ámbito

---

recurso por no estar firmado el consentimiento informado para la biopsia cerebral que le practicaron y que provocó una hemorragia cerebral que le causó la muerte. Pues bien, el TSJMad, a pesar de no compartir la tesis de los recurrentes sobre el daño moral causado a la viuda e hijo, por omisión de consentimiento informado, acogiéndose a la jurisprudencia del TS, reconoció 30.000 euros a ambos como familiares directos del paciente Lo hizo en concepto de daño moral, por la lesión subjetiva del paciente y la repercusión de dicha vulneración al haber fallecido por la complicación de la prueba invasiva no informada. Ahora bien, a la hora de valorar el daño se tuvo en consideración que no era «tan claro que hubiera rechazado la biopsia» y que «el resultado letal se *produjera* por la materialización de un riesgo conocido del que el paciente no fue informado» (FJ 7).

82 La consideración de la acción resarcitoria como crédito transmisible está magníficamente analizada en: MEDINA CRESPO, Mariano (2013): *Transmisión hereditaria del crédito resarcitorio por daños corporales. Reconocimiento y cuantía. Doctrina y jurisprudencia*, Bosch, Barcelona; y CANO CAMPOS, Tomás (2013): «La transmisión mortis causa del derecho a ser indemnizado por los daños no patrimoniales causados por la Administración», *Revista de Administración Pública* núm. 191, págs. 113 a 157.

83 BOIX MAÑO, Patricia (2019): «La acción indemnizatoria por daños no patrimoniales: una postura a favor de su transmisión mortis causa», en BAUZÁ MARTORELL, Felio José (coord.) *Doctrina consultiva: a propósito del 25 aniversario del Consejo Consultivo de las Illes Balears*, Wolters Kluwer, Madrid, pág. 713.

84 *Ibidem* pág. 752.

consultivo, y en los últimos meses son ya más numerosos los pronunciamientos favorables a admitir la transmisibilidad de los daños físicos y también morales. En un termino intermedio, se ha aportado también un criterio ponderativo, sometiendo la transmisibilidad a aspectos tales como la naturaleza del daño o las circunstancias por las que el paciente no formuló reclamación en vida[85].

En nuestra opinión, y sin perjuicio de los razonamientos técnico-jurídicos expuestos, en el estudio de esta cuestión no debiera quedar al margen la repercusión de la transmisión *mortis causa* del derecho a reclamar en la sostenibilidad del sistema de responsabilidad patrimonial de la Administración. Según nuestro parecer, de seguir ensanchándose la admisión de reclamaciones y su ámbito de legitimación, las Administraciones sanitarias podrían acabar convirtiéndose en aseguradoras universales de amplios márgenes, poniendo en claro peligro la solidez de un instituto jurídico no concebido con esa naturaleza.

En cualquier caso, como se dijo, tratándose esta cuestión en los caps. 4, 12 y 13 por MANENT, HERNÁNDEZ VILLALÓN y ALBERO, FORJÁN y YÁÑEZ no podemos más que remitirnos al mismo para profundizar en su estudio (págs. 296 a 324, 782 a 813 y 854 a 862).

B. La doble legitimación en el daño moral

No son pocos los supuestos en los que puede concurrir, en una misma persona, legitimación por doble título (*ex iure proprio* y *ex iure hereditatis)*, al ser habitual que quienes resultan perjudicados por la muerte de la víctima (familiares más allegados), sean al mismo tiempo los herederos.

Este sería el caso de quienes reclaman los daños morales que sufrió el paciente durante su proceso asistencial y, además, los daños propios ocasionados a raíz de su fallecimiento o incluso los irrogados al ver padecer

---

85 En este sentido, cabe citar el reciente y muy interesante DCJCVal. núm. 150/2024, de 6 de marzo (respecto a un fallecimiento tras caída en la vía pública) que, tras recoger la evolución en cuanto a las diferentes posiciones adoptadas sobre esta cuestión por los distintos Órganos Consultivos, se inclina por modular la tendencia restrictiva, de forma que se ponderen las circunstancias concurrentes en cada caso, "no optando de forma automática,ni por su transmisibilidad absoluta, ni por su absoluta intrintransmisibilidad, lo que exigirá el análisis del caso concreto" en función de determinados aspectos que se señalan. Realizada tal ponderación en el caso dictaminado, finalmente la CJCVal. reconoce la legitimación de los familiares respecto a los daños padecidos en vida por el perjudicado.

a la víctima. En esas situaciones, y dados sus distintos regímenes jurídicos, se hace necesario diferenciar el ejercicio de la acción *iure proprio* y la acción *iure hereditario*; por cuanto, si bien en la primera se requiere la prueba efectiva del daño sufrido (a excepción de los casos en los que juegue la *presunción iuris tantum)*, en la segunda solo debe acreditarse la condición de heredero.

De igual forma, la legitimación debe justificarse desde las dos vertientes, en cuanto a la relación afectiva (en lo que respecta al daño moral propio) y la condición de causahabiente (en cuanto al daño «heredado»).

Dicho esto, analizadas las manifestaciones de la legitimación activa en relación al daño moral, podemos afirmar que esta, más allá de constituir un mero presupuesto formal, es un elemento de notoria relevancia que actúa como verdadero criterio delimitador del daño. En este sentido, puede afirmarse que el daño moral condiciona la legitimación para reclamar, y al mismo tiempo, la legitimación delimita el daño moral a reclamar, de manera que uno y otra se presentan como elementos íntimamente ligados.

Por otra parte, los términos en que se formule la reclamación van a determinar, no solo el reconocimiento de la legitimación, sino también, como vimos en relación con la prueba, el nivel de exigencia probatoria del daño, distinguiéndose los casos en que este puede presumirse de los que no. Por esta razón, es muy importante que las reclamaciones se planteen, desde el punto de vista de la legitimación activa, de manera técnicamente correcta.

En otro orden de cosas, hay que advertir que para la jurisprudencia la condición de perjudicado no depende de la evidencia del daño moral o de una legitimación técnicamente bien planteada, sino de la situación de especial protección que necesitan determinadas personas. Puede observarse, así, que cuando un juzgado o tribunal quiere indemnizar una situación de desgracia familiar, busca los títulos legitimadores para ello, aunque no hayan sido invocados por los reclamantes, y da al recurso la vestidura jurídica más apropiada según el caso.

3) Legitimación de los colegios profesionales para el ejercicio de acciones colectivas

El art. 19.1 b) de la Ley 29/1998, de 13 de julio, reguladora de la jurisdicción contencioso-administrativa, reconoce legitimación a las «Las corporaciones, asociaciones, sindicatos y grupos y entidades [de] (...) o estén legalmente habilitados para la defensa de los derechos e intereses legítimos colectivos». Estas personas o entidades podrán ejercer acciones en defensa de sus afiliados o miembros, incluso para reclamar daños morales.

Entre estos colectivos debe incluirse a los colegios profesionales, los cuales son «algo más que una mera asociación (reguladas éstas en el artículo 22 CE), desde el momento en que la Ley les permite gestionar determinados intereses públicos, reuniendo la doble condición de asociación que defiende los intereses privados de sus colegiados; pero también Administración corporativa que gestiona y tiene encomendados intereses indiscutiblemente públicos»[86].

La cuestión radica en determinar si la mera consideración de un colegio profesional —por ejemplo, un colegio de médicos— como Administración corporativa les legitima para litigar en nombre de sus colegiados en toda clase de pleitos. Este parece ser el criterio de las sentencias del Juzgado de lo Contencioso-administrativo (JCA) núm. de 3 de Alicante de 13 de enero de 2022 y del TSJ de la Comunidad Valenciana de 1 de septiembre de 2022[87].

Ambas reconocieron una indemnización, en concepto de daños morales, de 10.000 euros a los médicos que durante la pandemia de la Covid-19 trabajaron en hospitales y centros de salud de titularidad privada por no haber sido vacunados a principios de 2021. Lo singular radica en el hecho de que la acción fue ejercitada por el Colegio Oficial de Médicos de la Provincia de Alicante. Según dijera el JCA núm. 3 de Alicante, «el Colegio Oficial de Médicos en tanto que Administración corporativa *estaba* legitimada para la interposición del recurso contencioso-administrativo [ya que ante la inactividad de la Generalitat Valenciana tuvo que] (...) acudir a los tribunales en defensa de sus colegiados»[88]

Sobre esta cuestión, puede consultarse el cap. 4 de este tratado, ya que ha sido abordada por MANENT, HERNÁNDEZ VILLALÓN y ALBERO (pág. 281). También el cap. 23 de esta obra (págs. 1754 a 1758), redactado por RAMOS, en el que comenta las citadas sentencias.

---

86 . FJ 1 SJCA núm 3 de Alicante 5/2022, de 13 de enero (núm. rec. 3/2021 y [*Tol 8736846*]).

87 SJCA núm. 3 de Alicante 5/2022, de 13 de enero (núm. rec. 3/2021 y [*Tol 8736846*]) y STSJ de la Comunidad Valenciana 293/2022, de 1 de septiembre (núm. rec. 69/2022 y [*Tol 9249826*]).

88 FJ 7 SJCA núm 3 de Alicante 5/2022, de 13 de enero (núm. rec. 3/2021 y [*Tol 8736846*]).

IV. UNA PROPUESTA DE CLASIFICACIÓN DE LOS DAÑOS MORALES EN LA RESPONSABILIDAD PATRIMONIAL POR ASISTENCIA SANITARIA. PRINCIPAL CASUÍSTICA

Tratándose el daño moral de un concepto abierto, que no ha sido reconocido por el Derecho positivo, en ausencia de una regulación específica, se ha encontrado su encaje jurídico en el cajón de sastre del art. 1902 del Código Civil (CC).

Es más, a día de hoy, siendo innegable la resarcibilidad de este daño, la jurisprudencia, y en cierta medida la doctrina legal, son quienes están dotándolo de contenido, integrando en él las lesiones que, en cada caso, entienden subsumibles. Indudablemente, esta no es una tarea fácil. De hecho, son los propios jueces y magistrados los que habitualmente expresan en sus sentencias la dificultad de admitir y valorar el daño moral, como preámbulo justificativo de la decisión final. No obstante, también es cierto, que —precisamente— ese vacío legal es el que, precisamente, les permite incluir dentro de este concepto una gran variedad de perjuicios, incluso por asimilación[89]. Por eso, se ha dicho, que el daño moral se utiliza para marcar las tendencias de lo que en cada momento es jurídicamente relevante como daño.

Como venimos señalando, la invocación de los daños morales es cada vez más frecuente en las reclamaciones que se presentan en la esfera médico— asistencial. Esto es así: no solo porque, por su propia naturaleza, cualquier lesión física o actuación sobre la salud o el cuerpo, puede conllevar repercusiones de índole moral a uno mismo y a sus seres queridos; sino también, por la predisposición judicial a reconocer daños morales, incluso sin haber sido aducidos por los perjudicados. A lo anterior cabe añadir que, «en materia de responsabilidad patrimonial sanitaria no solo es generalmente admitido sino que muchas de las reclamaciones y reso-

89 Entre otros fallos, la STSJ de Madrid 279/2014, 11 de abril de 2014 (núm. rec. 809/2011 y [*Tol 4278824*]) sirve de ejemplo para mostrar la función asimiladora que la jurisprudencia otorga al daño moral. En esta sentencia, ante una reclamación por las secuelas sufridas por la falta de un diagnóstico precoz de una comprensión medular derivada de una hernia discal, imputable al retraso injustificado de una resonancia magnética, la Sala dispuso lo siguiente: «al asimilarse en el caso presente el daño indemnizable —pérdida de oportunidad— al daño moral, su resarcimiento carece de módulos objetivos» (FJ 8).

luciones judiciales están exclusivamente fundamentadas en esta clase de indemnización»[90].

En el ámbito de la responsabilidad patrimonial sanitaria, además de las lesiones a los derechos de la personalidad, que —como en otros sectores— se pueden dar también en este, podemos encontrar en las reclamaciones lesiones de muy distinta naturaleza catalogadas como daños morales. Estas, pueden provenir del uso indebido de la historia clínica (cesión no autorizada de datos, anotaciones indebidas en la historia clínica, etc.), de situaciones de acoso, discriminación en la atención o dispensación de medicamentos, etc.

A nuestro entender, todos estos «menoscabos» pueden englobarse en dos grandes categorías:

i. *Daños morales derivados de un daño corporal.* En estos casos, los daños corporales —ya sean lesiones o secuelas— son causados, bien por o con ocasión de un acto sanitario, como es un tratamiento o intervención quirúrgica, bien como por la demora o la falta de actuación asistencial.

ii. *Daños morales propios o autónomos.* En este grupo se engloban aquellos daños morales que se reconocen por su propia entidad con independencia de las lesiones físicas.

También es posible clasificar los daños morales en función del interés lesionado. Aunque pueden hacerse tantas subdivisiones como bienes o derechos a proteger, en el ámbito sanitario, esta clasificación debería distinguir:

i. *Daños morales contra la integridad física.* Un supuesto de daño moral contra la integridad física es el *pretium doloris.*

ii. *Daños morales contra la integridad moral o la autonomía de la voluntad.* En este grupo habría que incluir los daños morales por falta de información y consentimiento, nacimiento de un hijo no esperado por fallo anticonceptivo, por privación de asistencia sanitaria o de decisión sobre el tratamiento, etc.

En tercer lugar, como ya hemos expuesto, los daños morales pueden catalogarse en relación con la legitimación. Así se puede distinguir:

---

[90] MAYOR GÓMEZ, Roberto (2015): «Los daños morales en la responsabilidad patrimonial sanitaria: análisis jurídico y práctico de las cuestiones más problemáticas», *op. cit.* pág. 13.

i. *Daños morales directos*. Este es el caso de la zozobra, *pretium doloris*, perjuicio estético, etc.

ii. *Daños morales indirectos o «de rebote»*. Los principales supuestos son el daño moral por el fallecimiento o las graves lesiones de un familiar o allegado.

Pues bien, «cualquier clasificación de los daños morales no puede ser exhaustiva y desde luego su principal finalidad es didáctica»[91]. De hecho, las tres clasificaciones expuestas, no constituyen enumeración taxativa, sino más bien ilustrativa.

A mayor abundamiento, hay daños, que dentro de los tres grupos de daños morales descritos, podrían incluirse en una u otra categoría, en función de las diversas interpretaciones de lo que ha de considerarse como daño en cada caso.

Dicho esto, y sin ánimo de efectuar una lista cerrada, a partir de la casuística de nuestros Juzgados y Tribunales y Órganos Consultivos, puede realizarse la siguiente clasificación:

1) Daños morales derivados de lesión física

A. Daños Directos:

a) Pretium Doloris: El dolor físico y moral

b) El perjuicio estético

B. Daños Indirectos:

a) El fallecimiento de un familiar o allegado

b) Daño moral «de rebote» por lesión física de un familiar o allegado

2) Daños morales autónomos

A. Daño moral derivado de la falta de información o consentimiento

B. La pérdida de oportunidad como daño moral

C. La inquietud, zozobra y otros estados de ánimos

a) Los falsos positivos o falsos negativos

---

91 MACÍAS CASTILLO, Agustín (2004): *El daño causado por el ruido y otras inmisiones*, La Ley, Madrid, pág. 399.

b) El retraso diagnóstico

c) El extravío y la descoordinación en las pruebas diagnósticas

d) La angustia por la necesidad de reintervención o por la suspensión de la intervención programada

D. Daños morales por privación o demora de asistencia sanitaria o de decisión sobre el tratamiento.

E. Las acciones derivadas del nacimiento de un bebé: *wrongful actions* (*wrongul conception, wrongful birth, y wrongful life*).

F. Daño moral por imposibilidad de tener descendencia

G. Daño moral por extravío, deterioro o privación del uso de muestras biológicas o material genético

1) Daños morales derivados de lesión física

Son daños morales derivados de una lesión física, aquellos que tienen como presupuesto un menoscabo de salud. A su vez, estos daños morales pueden ser directos, porque los sufre el reclamante, o indirectos o «de rebote».

A. Daños directos

Entre los daños morales que padece quien sufre una enfermedad o ha sido víctima de un accidente, error médico o administrativo, el *pretium doloris* y el perjuicio estético merecen una mención especial.

a) Pretium doloris: el dolor físico y moral

El *pretium doloris o pecunia doloris,* que es como fue conocido inicialmente, es una expresión latina que se utiliza para denominar tanto una de las manifestaciones del daño moral (el perjuicio moral derivado de un daño físico), como para referirse al valor de la compensación del daño moral (el *pretium doloris* compensatorio del daño moral).

Partiendo de la primera acepción, que es la que aquí interesa, el *pretium doloris* se desdobla en dos vertientes: el dolor físico y el dolor moral o emocional. Ambas manifestaciones son diferentes y como tal, están sometidas a distintas reglas de valoración.

i. El *pretium doloris* como dolor físico (o psico-físico), es un dolor que solo la persona que lo siente puede conocer su intensidad[92]. A pesar de ello, se considera un daño objetivable, y por tanto acreditable mediante dictamen médico-pericial en el que, una vez identificada la lesión, se ofrecen los datos empíricos sobre las repercusiones psicofísicas de la enfermedad en cuestión.

Presenta la ventaja de poder reconocerse, independientemente de la capacidad de sentir dolor, de su intensidad y de las sensaciones que alberguen las personas que lo padecen, razón por la cual permite su reconocimiento jurídico, por ejemplo, respecto de personas en estado de coma.

En el baremo aplicable para accidentes de tráfico —de valor referencial en el ámbito sanitario—, el resarcimiento por daño moral inherente al corporal va incluido en la valoración de las correspondientes lesiones físicas. Ello conlleva que, en caso de utilizar este baremo para la cuantificación de las indemnizaciones, como regla general, no cabría un cómputo separado del *pretium doloris*[93]. Se exceptúan de esta regla general: aquellos daños morales que sean muy relevantes o cuando concurran padecimientos no comprendi-

---

[92] El *pretium doloris* como dolor físico o psico-físico es el equivalente al *pain and suffering* del *Common Law*. Mediante esta expresión se ordena la reparación de todo sufrimiento, sea mental o físico, experimentado por una persona como consecuencia de lesiones personales. Implica equiparar dolor con sufrimiento. No obstante, se ha planteado cuál es el alcance de cada uno de los conceptos a que se refiere la expresión *pain and suffering*. Por un lado, *pain* aludiría al dolor físico y a la molestia atribuible al daño en sí mismo, mientras que *suffering* se equipararía con la repercusión mental que la víctima sufre como consecuencia del daño (ansiedad, preocupación, miedos, angustia, etc.). BARRIENTOS ZAMORANO, Marcelo (2007): *El resarcimiento por daño moral en España y Europa*, Ratio Legis. Salamanca, pág. 147.

[93] Entre otras sentencias, respecto de la indemnización del *pretium doloris*, la STSJ de Madrid 656/2012, de 20 de septiembre (núm. rec. 97/2009 y [*Tol 2678538*]), concluyó que en «el baremo [de accidentes de tráfico] el daño moral ya iba incluido en la valoración de los puntos por lo que no cabía un cómputo separado del mismo salvo que el daño fuera muy relevante» (FJ 6). En este sentido, en este fallo se indemnizaron de manera independiente, en concepto de *pretium doloris*, los fuertes dolores y la disminución de la movilidad del brazo causados por un pseudoaneurisma provocado por error médico en una intervención de limpieza de la fistula para llevar a cabo la hemodiálisis de un enfermo con insuficiencia renal crónica.

dos en los daños corporales que causaron el *pretium doloris*[94]. Siendo de general aceptación la aplicación de este baremo como sistema de valoración objetiva para los daños derivados de la asistencia sanitaria, esta tipología del daño moral es la que menos problemas plantea, al poderse instrumentar su indemnización con el citado baremo.

ii. El *pretium doloris* como dolor moral o emocional hace referencia a los sentimientos de pena y tristeza por el padecimiento de una lesión física. Es lo que se conoce como daño moral puro[95].

En el daño moral puro (el dolor emocional), el *pretium doloris* comprende no solo el que padece el propio perjudicado, sino también el que sufren indirectamente los familiares o allegados por el fallecimiento o las lesiones del paciente[96]. Sobre este último volveremos posteriormente.

---

94 En relación a la valoración de daños no comprendidos en los daños corporales puede consultarse la STSJ de Madrid 669/2014, de 30 de septiembre (núm. rec. 55/2012 y [*Tol 4574560*]). El TSJ de Madrid, en un supuesto de pérdida total de visión de un ojo como consecuencia de una intervención de cataratas expresó que «si bien era cierto que las indemnizaciones relativas a (...) [la ceguera total de un ojo y el perjuicio estético] incluían los consiguientes daños morales, en el (...) [caso examinado] concurrían asimismo otros padecimientos no comprendidos en aquéllas derivados de las sucesivas intervenciones, hasta cinco en total, que hubo de sufrir (...) [la reclamante], y que la Sala *estimó* adecuado resarcir en la suma global de 10.000 euros» (FJ 7).

95 VICENTE se inclina por una concepción estricta del *pretium doloris*, identificándolo con el dolor derivado del daño corporal. Esta opción, a su juicio, presenta la ventaja de recortar las dosis de subjetividad que conlleva el dolor emocional o espiritual, por cuanto el dolor físico es más fácil de objetivar que la pena o la tristeza, ya que en realidad responde a un fenómeno nervioso que tiene manifestaciones externas, y que incluso puede ser medido acudiendo a «la sensibilidad del hombre medio». VICENTE DOMINGO, Elena (1994): *Los daños corporales, op. cit.* pág. 189.

96 El resarcimiento, en un supuesto de daño moral puro, tanto de los daños causados al paciente como sufridos por sus familiares o allegados, ha quedado recogido, entre otros dictámenes, en el DCJAMad 531/2021 de 19 de octubre. En este dictamen, la CJAMad, con cita STS de 5 de noviembre de 1990, de la Sala de lo Penal, señaló qué había «de entenderse, "en la pecunia doloris", sobre todo, al vacío que dejaba la víctima en el reclamante, en sus sentimientos de afecto, en su grado de parentesco, permanente convivencia familiar con el perjudicado del que había de ser no sólo apoyo económico sino, sobre todo, afectivo» (CJ 4). En sentido análogo también se ha pronunciado la STS de 15 de octubre de 1993, de la Sala de los Penal (núm. rec. 133/1992 y [*Tol 5153674*]). Según expuso el TS, «la

En definitiva, como ya advertíamos, no todo dolor es daño desde un punto de vista jurídico. Por ello es necesario analizar, en cada supuesto, qué razones son las que otorgan relevancia jurídica al dolor. Ahora bien, dada la subjetividad del daño moral, que nace en el terreno íntimo y espiritual de cada persona, en atención a su carácter afectivo y psíquico, no existen parámetros o módulos que permitan su objetivación, lo que conduce a valorarlo haciendo uso de la razón. Ello exige del órgano que lo ha de valorar y cuantificar una ponderación de las especiales circunstancias que concurren, tratando de evitar, naturalmente, cualquier exceso en que pueda incurrir la petición de indemnizaciones que se plantea[97].

En el ámbito de la asistencia sanitaria, se ha reconocido relevancia jurídica al dolor como tal, en sus dos vertientes, por ejemplo, en los siguientes supuestos:

i. *Sometimiento a más de una intervención quirúrgica.* Cuando las operaciones adicionales son causa de mala praxis, este hecho debe traducirse en un *pretium doloris,* aun cuando no se hayan derivado consecuencias de las mismas. Así lo ha entendido, entre otras sentencias, la SAN de 7 de marzo de 2001, al considerar que el «hecho de que el recurrente hubiera de someterse a dos nuevas intervenciones quirúrgicas (...) suponía en sí mismo ya un determinado grado de sufrimiento e incertidumbre en cuanto al resultado»[98].

---

muerte de una persona, respecto de sus familiares más directos (el cónyuge o persona que con la víctima viva de manera estable, los hijos y los padres, estos últimos con carácter subsidiario o no, según las circunstancias), es innegable que produce un daño moral. Es decir, la llamada "pecunia doloris" en estos casos es tan patente que no necesita de argumentación alguna para justificar su existencia» (FJ 2).

97 Por ello, la jurisprudencia —a la hora de valorar los daños morales— se ha decantado por una valoración global que derive de una *"apreciación racional aunque no matemática"* (FJ 6 STSJ de Madrid 389/2016, de 8 de septiembre (núm. rec. 851/2014 y [*Tol 5870317*]).

98 FJ 3 SAN de 7 de marzo de 2001 (núm. rec. 175/2000 y [*Tol 5245112*]). El *pretium doloris,* en este caso vino justificado por el hecho de someterse a dos intervenciones, «la primera a efectos de extraer parte del arpón utilizado en la tumorectomía (...) y la segunda, para extracción de un remanente de drenaje quirúrgico». Para la AN, ninguna de estas dos operaciones —adicionales a la derivada de la tumorectomía—, «en modo alguno podían considerarse como insertas necesariamente o correspondientes de una forma ordinaria a la intervención de tumorectomía (...) sino como consecuencias anómalas de actos quirúrgicos, cuya corrección ha precisado de tales operaciones reparadoras» (FJ 3). En este caso la AN reconoció una indemnización de 3.000.000 de pesetas «por resultado lesivo (...) consistente

En la actualidad, tras la modificación del TRLVT, por la Ley 35/2015, de 22 de septiembre, la circunstancia de tener que soportar una intervención como consecuencia de un hecho lesivo ha sido incorporado al baremo de accidentes de tráfico como un concepto indemnizatorio con entidad propia, dentro del «perjuicio personal particular» de las lesiones temporales correspondiente a la indemnización por pérdida temporal de calidad de vida[99].

ii. *Error en la extremidad intervenida.* La equivocación de la extremidad en la que operar también da lugar a un daño relevante jurídicamente[100]. Es el caso, por ejemplo, de la STS de 18 de noviembre de 2002. En ella, el TS, a pesar de entender que la operación fue ajustada a *lex artis*, consideró que intervenir por error primero la rodilla derecha provocó un padecimiento temporal adicional innecesario consistente en someterse a una segunda operación de la izquierda[101].

Lo controvertido aquí es la determinación de la cuantía a indemnizar, poniéndose de manifiesto en la sentencia cierto ánimo de sancionar el negligente error del cirujano, al reconocer una indemnización elevada en comparación a casos similares.

---

en el sometimiento a dos intervenciones quirúrgicas con el consiguiente grado de sufrimiento y permanencia en situación de hospitalización durante varios días y el trastorno por estrés generado en la demandante» (FJ 4)

99 Aunque esta cuestión es tratada por BAUZÁ en el capítulo siguiente, no queremos dejar de explicar que «el perjuicio personal particular por pérdida de calidad de vida» compensa el daño que sufre el perjudicado por el impedimento o la limitación que las lesiones sufridas o su tratamiento producen en su autonomía o desarrollo personal. Con respecto a las intervenciones quirúrgicas, para poder valorar la cuantía indemnizatoria derivada de una operación, se establece que habrá de atenderse a las características propias de la misma, la complejidad de la técnica quirúrgica y el tipo de anestesia, señalándose en la Tabla 3B del baremo de tráfico una horquilla de entre 400 euros y 1.600 euros.

100 En esta materia —error médico en la extremidad intervenida— una cita de obligada mención es el comentario a la STS de 18 de noviembre de 2002 de LUNA. LUNA YERGA, Álvaro (2003): «Una rodilla por otra. Comentario a la STS, 1ª, 18.11.2002», *Indret*, núm. 3.

101 STS 1077/2002, de 18 de noviembre, de la Sala de lo Civil (núm. rec. 1144/1996 y [*Tol 4975027*]). En esta ocasión el TS confirmó la SAP de Madrid y configuró el daño como la diferencia entre el dolor que hubo de soportar desde que fue intervenida de la rodilla equivocada hasta que pudo ser intervenida nuevamente de la izquierda, con el dolor previsiblemente inferior que habría padecido si se hubiera intervenido primero de ésta. Este error fue valorado en 500.000 pesetas.

iii. *Dolor emocional por las lesiones físicas causadas con ocasión de una asistencia.* Un tercer supuesto típico de *pretium doloris* es el sufrimiento derivado de los daños corporales causados por las lesiones físicas Así lo expresa, entre otras, la STSJ de Extremadura de 21 de julio de 2015. Para la Sala, en estos casos, «es obvio que cualquier mente estable ha de verse alterada y necesariamente ha de sufrir un trauma que le genere un stress posterior y una ansiedad cada vez que acuda a una consulta médica»[102].

b) El perjuicio estético

El *pretium pulcritudinis* o perjuicio estético, es aquel que sufre la persona en su aspecto, en relación con los cánones sociales de belleza. Se causa por la pérdida de armonía física o estética corporal, ya sea en el rostro o en otras partes del cuerpo. Es una de las posibles consecuencias del daño corporal, que, por su repercusión en la esfera interior y social del individuo, se presenta como otra de las manifestaciones del daño moral, pues es moral su componente y, de hecho, es lo que constituye la clave de su resarcimiento[103].

---

102 FJ 3 STSJ de Extremadura 155/2015, de 21 de julio (núm. rec. 116/2015 y [*Tol 5221102*]). En esta sentencia la reclamante estimó que el deficiente funcionamiento de la Administración sanitaria le ha ocasionado un cuadro de trastorno de ansiedad generalizada además de un daño moral. A juicio de la reclamante, como quiera que, para ser tratada de lumbago, era necesario analizar la sensibilidad dérmica, fue sometida a una pasada por la piel con una aguja que le causó lesiones totalmente visibles tras varios años. El TSJ falló a favor de la reclamante y calificó como inadmisible y reprobable tal actuación, pues la paciente entró a consulta con dolor lumbar y salió con cinco heridas punzantes en muslos y glúteos, envueltas en sangre. Así pues, por el propio devenir de los hechos, el dolor emocional de la reclamante, referido a su propia dignidad como persona, y de los sufrimientos físicos y psíquicos, acordó indemnizar con 2.000 euros por el daño moral causado.

103 En relación con el perjuicio estético como daño moral, MEDINA pone de relieve, frente al eventual perjuicio patrimonial, el carácter indefectible del componente moral y por el contrario eventual del patrimonial. En este sentido señala que «el perjuicio estético se resarce, no por el sustrato de su consistencia (daño biológico) sino por su consecuencia, hasta el punto que, cuando la autonomía conceptual del daño biológico (daño psicofísico) y del daño moral (consecuencias extrapatrimoniales del daño biológico) se traduce en su autonomía resarcitoria, el perjuicio estético no resulta afectado de tal separación, pues en cualquier caso se repara como una especie de daño moral». MEDINA CRESPO, Mariano (2001): «El resarcimiento del Perjuicio Estético. Consideraciones doctrinales y legales a

Este perjuicio resulta resarcible, como vulneración del derecho a la conservación de la propia fisonomía, como alteración de la integridad corporal. Es indudable que la belleza y la estética, así como la impresión que tiene uno de sí mismo, son cuestiones totalmente subjetivas pero, por contra, este daño ofrece la ventaja de que, al exteriorizarse, cumple los requisitos de certeza y efectividad, probándose con su propia realidad, lo que facilita la apreciación por el juez o los magistrados a simple vista.

El perjuicio estético se deriva de una alteración física, consistente en una deformidad, en el sentido de diferencia notable en la forma del cuerpo u órgano o parte de él, como consecuencia de lesiones atróficas, traumatismos o vicios funcionales, o fealdad, entendida como carencia de belleza o hermosura según el modelo de Beldad (modificación peyorativa de la imagen de la persona)[104].

Este perjuicio puede consistir en un menoscabo estático (cicatrices, pérdidas de sustancias, de cabellos o piezas dentarias, costurones, manchas, alteraciones de la pigmentación) o dinámico (claudicación o pérdida de la euritmia —armonía de los movimientos—, tics nerviosos, cojera, etc.); o, en general, cualquier tipo de defecto físico que altere peyorativamente la apariencia externa de la persona, degradando su aspecto y su natural conformación anteriores al hecho lesivo. En el ámbito sanitario, estos perjuicios son extensibles también a la necesidad de tener que hacer uso de prótesis, órtesis u otros elementos como pañales o sondas[105].

---

la luz del sistema de la Ley 30/1995». Ponencia en II Congreso Nacional de Responsabilidad Civil y Seguro. Córdoba, España, pág. 13. Disponible en internet: http://civil.udg.edu/cordoba/pon/medina.htm

104 Por deformidad hay que entender la diferencia notable en la forma del cuerpo u órgano o parte de él, como consecuencia de lesiones atróficas, traumatismos o vicios funcionales.

105 La calificación de las prótesis, órtesis, u otros elementos ha sido reconocida, entre otras por la STSJ de Madrid 356/2015, de 22 de mayo (núm. rec 57/2012 y [*Tol 5186188*]). Enjuició el caso de una paciente que acudió en numerosas ocasiones a urgencias por intensos dolores, parestesias e hipoestesias, y a pesar de existir evidencias en la resonancia magnética nuclear (RMN) de compromiso medular, no se la intervino. Como consecuencia de ello, sufrió gravísimas lesiones. En la sentencia, se estimó en 24 puntos el daño por uso de pañales y ocasionalmente sonda, adicionales al entorpecimiento evidente de la forma de caminar, todo ello independientemente de la edad de la reclamante. Previamente, el DCJAMad 25/2015, de 28 de mayo, ya había reconocido como perjuicio estético moderado el uso de una silla de ruedas con 10 puntos.

B. Daños indirectos

Los daños morales no se agotan con los padecimientos sufridos por la víctima. Los padecimientos de un allegado también son susceptibles de causar daños morales «de rebote». Así ocurre con el fallecimiento o lesión de un familiar o persona.

a) El fallecimiento de un familiar o persona allegada: el pretium mortis

El fallecimiento es fuente de varios debates jurídicos, especialmente —como ya hemos visto— en cuanto a los problemas que plantea la legitimación para reclamar. Una segunda cuestión controvertida, y no menos interesante, es la relativa a la determinación del concreto daño que se deriva del hecho luctuoso.

El fallecimiento de un paciente tras ser atendido por uno o varios centros sanitarios, es una importante causa a tomar en consideración en las reclamaciones de responsabilidad patrimonial sanitaria. Así ocurre, entre otros casos, cuando los familiares consideran que se ha recibido una deficiente asistencia: ya sea, en general, por todo el proceso asistencial en su conjunto; ya sea por un concreto acto sanitario, como una intervención, o un tratamiento indebido; o ya sea porque no se emplearon todos los medios para evitar que tal fallecimiento ocurriera.

Es un claro ejemplo en el que un daño físico —irreparable— conlleva un daño moral a las personas que sufren la pérdida de un ser querido. De hecho, originariamente, dio lugar a los primeros reconocimientos de daños morales, y constituye, hoy en día, una de las causas más frecuentes de reclamación por daños morales, en las cuales, en no pocas ocasiones, subyace el normal sentimiento de frustración e impotencia ante una pérdida inevitable.

Estamos ante uno de los supuestos de los daños indirectos o *per ricochet*, también conocidos como daños «de rebote». Como se ha explicado, en estos daños, si bien el daño principal es directamente sufrido por el paciente que fallece, ocasiona indirectamente consecuencias dañosas a una o varias personas, las cuales, pueden reclamar por tales daños por derecho propio (*in iure proprio*).

En otras palabras, se trata del perjuicio personal causado a quien se encontraba ligado al paciente por «vínculos próximos de familia, afectos, relaciones de convivencia real, dependencia económica u otras situaciones de recíproca asistencia y amparo que determinen real y efectivamente perjuicios derivados directamente de la muerte producida»[106]. De esta manera, se califica como un supuesto de lesión indemnizable, catalogado como daño moral resarcible a pesar de su difícil valoración económica[107].

Como señalábamos al exponer la prueba y la legitimación del daño moral, acreditado el fallecimiento de una persona, los Tribunales presumen el daño moral respecto de los familiares, cuando se trata de reclamaciones interpuestas por la familia nuclear. En cambio, si esta ha sido presentada por otras personas, estas tendrán que acreditar una especial relación sentimental, convivencia o dependencia.

b) Daño moral «de rebote» por lesión física de un familiar o persona allegada

Ante una lesión corporal, la persona que la sufre es quien puede reclamar tal daño. Sin embargo, en determinados supuestos, por la gravedad

---

106 FJ 2 STS 910/1999, de 4 de noviembre, de la Sala de lo Civil (núm. rec. 428/2005 y [*Tol 5120631*]). La reclamación que dio lugar a esta sentencia fue interpuesta por la herencia yacente de una persona, fallecida por accidente fortuito, contra la Red Nacional de Ferrocarriles Españoles (RENFE). En la misma, trayendo a colación la STS de 23 de marzo de 1985, se realiza una evolución de los daños «de rebote» por fallecimiento de un familiar. Según dispusiese la Sala de lo Civil «"la tesis de que, en los casos de muerte por un hecho delictivo, el destinatario directo de la indemnización era la propia víctima y por sucesión sus herederos (Sentencias de 30 de diciembre de 1932, 4 de mayo de 1944, 27 de noviembre de 1954, 23 de junio de 1956 y 24 de febrero de 1968), está hoy superada por el propio Tribunal Supremo, que ha rectificado su anterior postura, afirmando categóricamente que (…) los destinatarios inmediatos y directos son los perjudicados, que reciben la indemnización iure propio y no por vía hereditaria, cualidad que puede o no coincidir con la de heredero, pero que en cualquier caso es distinta y con efectos jurídicos muy diferentes, debiendo entenderse por perjudicado aquella persona ligada a la víctima por vínculos próximos de familia, afecto, relaciones de convivencia real, dependencia económica u otras situaciones de recíproca asistencia y amparo que determinen real y efectivamente perjuicios derivados directamente de la muerte producida por el hecho delictivo (sentencias de 24 de noviembre de 1970, 16 de marzo de 1971, 10 de febrero de 1972 y 25 de marzo de 1983)"» (FJ 2). En el mismo sentido se han pronunciado, entre otras muchas, la STSJ de Navarra 1089/2003, de 17 de octubre (núm. rec. 55/2003 y [*Tol 334187*]).

107 Al respecto, en relación con el reconocimiento de los daños «de rebote» por el fallecimiento de un familiar o allegado como un daño moral de difícil valoración, podemos citar las SSTS de 29 de febrero de 1972, 12 de marzo de 1975, y más recientemente, las SSTS de 27 de noviembre de 1993 (núm. rec. 395/1993 y [*Tol 1671386*]), 19 de noviembre de 1994 y 28 de febrero de 1995 [*Tol 1703230*].

de la enfermedad o lesión, ese daño es capaz de ocasionar a otras personas una serie de perjuicios «de rebote», en especial a los familiares. Estos no solo sufren una alteración «sustancial» en su vida y convivencia, a causa de ese daño originario —y que se concreta en una serie de cuidados y atención continuada—, sino que además provocan un daño emocional por ver padecer a su ser querido.

Es evidente, por ejemplo, que los padres de un menor aquejado de graves dolencias, al ser testigos permanentes de la grave situación de su hijo, sufren dolor y padecimiento emocional y psíquico, adicional a las limitaciones de toda índole que supone para ellos esa situación. Tal sufrimiento comporta un verdadero daño moral resarcible cuando las lesiones físicas o secuelas corporales derivan de una deficiente asistencia sanitaria; y como daño moral que es, cuando no puede ser probado objetivamente, la jurisprudencia suele presumir un daño moral, que nace del «prudente criterio, resolviendo jurídicamente con pragmatismo y aproximación», es decir poniéndose en la situación del perjudicado indirecto[108].

El resarcimiento de este tipo de daño ha encontrado aval, una vez más, en el sistema orientador de los daños originados por la circulación de vehículos a motor, en la partida correspondiente a las «lesiones morales de familiares».

No queremos dejar pasar por alto que, en muchos casos, la invocación de los daños «de rebote», es desacertada. Con frecuencia los reclamantes tienden a aludir a ese daño en cualquier supuesto de enfermedad de un familiar, incluyéndose como interesado en la reclamación que hace el paciente como perjudicado directo. A pesar de ello, lo cierto es que, en el ámbito de la responsabilidad patrimonial sanitaria, la jurisprudencia —cuando se dan los requisitos de gravedad de la lesión, y sobre todo, una lógica repercusión en la vida del allegado o familiar— indemniza esta desdicha, como daños «de rebote». Así sucede, especialmente en lesiones neonatales asociadas a partos (indemnización que trata de paliar el quebranto moral de los padres considerando también los mayores gastos que la situación entraña), o bien en grandes lesiones (tetraplejias, tetraparesias, etc.)[109].

---

108 FJ 9 STS 1001/1999, de 26 de noviembre, de la Sala de lo Civil (núm. rec. 984/1995 y [*Tol 5157440*]). En el mismo sentido, también se han pronunciado las SSTS 9 de mayo de 1984, 5 de octubre de 1998 y 26 de noviembre de 1999.

109 Como ejemplo de daños «de rebote», cabe citar la STSJ de Madrid 265/2014, de 10 de marzo (núm. rec. 1030/2011 y [*Tol 4516746*]). En un caso de responsabilidad patrimonial por graves lesiones medulares en un neonato a causa del uso

2) Daños morales autónomos

A día de hoy ya nadie cuestiona el reconocimiento de daños morales de manera independiente de un dolor físico. De hecho, algunos supuestos —como los derivados del consentimiento informado, la pérdida de oportunidad y las *wrongful actions*— son compañeros de viaje de un número no desdeñable de reclamaciones. Junto a ellos, existen otros supuestos —*v.gr.* la zozobra, la privación o demora de asistencia o tratamiento sanitario, la imposibilidad de tener descendencia o la pérdida de muestras biológicas— que también son reconocidos por la jurisprudencia. A unos y otros nos referimos a continuación.

A. El daño moral derivado de la falta de información o consentimiento informado

El daño causado por falta de información o consentimiento informado supone una infracción «del derecho del paciente a conocer y entender los riesgos que asume y las alternativas que tiene a la intervención o tratamiento»[110]. Esta infracción «causa un daño moral, cuya indemnización no depende de que el acto médico en sí mismo se acomodara o dejara de acomodarse a la praxis médica, sino de la relación causal existente entre ese acto y el resultado dañoso o perjudicial que aqueja al paciente»[111].

Los daños morales por falta o insuficiencia del consentimiento informado, a pesar de ser una de las causas más frecuentes de reclamación, y también de condena a la Administración, las más de las veces son desestimadas al limitarse a alegar defectos o falta de información en casos en los que la actuación médica ha sido correcta. Es más, con frecuencia, el empleo de ese reproche tiene lugar cuando no se dispone de argumentos sólidos para reclamar por una práctica médica. En este sentido REBÉS ha puesto de relieve que «la invocación de las deficiencias relacionadas con el consentimiento informado se ha transformado en una especie de cláusula de estilo, por su repetición»[112].

---

incorrecto de fórceps, no realizando cesárea. En este supuesto, se reconoce por el TSJ una indemnización de 600.000 euros para el menor y 75.000 euros en concepto de los daños morales causados a los padres.

110 FJ 5 STS de 2 de enero de 2012 (núm. rec. 6710/2010 y [*Tol 2384370*]).

111 FJ 4 STS de 13 de noviembre de 2012 (núm. rec. 5283/2011 y [*Tol 2690342*]).

112 REBÉS SOLÉ, Josep Enric (2004): «La responsabilidad patrimonial por asistencia sanitaria desde la perspectiva de los Órganos Consultivos», *Revista Española de la Función Consultiva*, núm. 1, pág. 92.

La continua invocación del consentimiento informado supone que, de forma elocuente, una parte no desdeñable de los dictámenes de los Consejos Consultivos contengan pronunciamientos al respecto. Así lo recoge entre otras la Memoria de Actividades de la CJACat de 2017, señalando que, en el año 2016, por ejemplo, en torno al 42 por ciento de los dictámenes versaron sobre reclamaciones en las que se había alegado, únicamente o entre otras, déficits informativos como causa posible de imputación de la deficiente actuación sanitaria[113]. Igualmente es muy significativa su inclusión en las observaciones y sugerencias que anualmente contienen las Memorias de los Órganos Consultivos autonómicos. En este sentido, la CJAMad, en su Memoria Anual de 2020, destaca el elevado número de dictámenes de 2019 en los que se abordan problemas relativos al consentimiento informado o a la información suministrada a los pacientes y sus familiares[114].

Respecto de los requisitos para que prospere una reclamación por ausencia o defecto de consentimiento informado la Jurisprudencia ha evolucionado. Ha pasado de considerarlo un daño moral autónomo —e indemnizable, con independencia de un daño corporal—, a exigir una relación causal entre el acto médico y el daño para que sea resarcible, para luego volver al posicionamiento original, o incluso hacer un uso indistinto de las diferentes teorías[115]. Aunque actualmente se exige un daño corporal, lo

---

113 *Cfr.* PUEYO MACHICA, Evelin (2017): «Doctrina sobre la ausencia del consentimiento informado escrito cuando existe un consentimiento no escrito o verbal», *Revista Española de la Función Consultiva*, núm. 27, págs. 179-198 o Memoria CJACat de 2017.

114 Memoria de la CJAMad, de 2020, pág. 55. https://www.comunidad.madrid/sites/default/files/memoria_2020_0.pdf

115 Según ha afirmado la STS 1226/2020, de 30 de septiembre (núm. rec. 2432/2019 y [*Tol 8112083*]), «la jurisprudencia ha evolucionado, desde una postura que reputaba el defecto o la omisión del consentimiento informado como constitutivo, en sí mismo, de un daño moral grave, distinto y ajeno al daño corporal derivado de la intervención y por tanto indemnizable independientemente y en todo caso, hacia otra postura considera que la "regla o principio que la mera falta o ausencia de aquél no es indemnizable si no concurre el elemento de la relación causal entre el acto médico y el daño constatado"». (FJ 7). En idéntico sentido, la STS de 26 de febrero de 2004 declaró que «aun cuando la falta de consentimiento informado constituía una mala praxis, no *era* lo menos que tal mala praxis no podía *per se* dar lugar a responsabilidad patrimonial si del acto médico no se derivaba daño alguno para el recurrente» (FJ 4). A ello añadió, que así lo había precisado la STS de 26 de marzo de 2002, que resolvió en unificación de doctrina que «para que exista responsabilidad es imprescindible que el acto médico se deriva un daño

cierto es que, en la práctica, encontramos casos en los que, aun invocando la necesaria relación de causalidad, se indemniza la omisión o defecto del consentimiento informado como daño autónomo en forma de daño moral, aún sin existir el requisito causal[116].

Si bien nadie cuestiona la entidad del daño, como ha puesto de manifiesto el Consell Jurídic Consultiu de la Comunitat Valenciana, a la hora de fijar el *quantum* indemnizatorio se dibujan cuatro posibles escenarios:

i. Indemnizar en todo caso el daño corporal causado.

ii. Indemnizar el daño corporal causado si la actuación médica no se ajustó a la *lex artis*.

iii. Indemnizar sólo el daño moral si la técnica médica se ajustó a la citada *lex artis*.

iv. Indemnizar el daño corporal causado con la producción del riesgo[117].

Aunque esta cuestión —y otras— van a ser tratada en el cap. 16 por BOIX (págs. 1043 a 1047)[118], dedicado al consentimiento informado, adelantamos aquí que, con esta falta de unificación es verdaderamente difícil la sistematización de unos criterios uniformes, pues casos homogéneos

---

antijurídico porque si no se produce éste la falta de consentimiento informado no genera responsabilidad» (FJ 4). También participan de esta doctrina las ST de 19 de junio de 2008 (núm. rec. 4415/2004 y [*Tol 1335851*]), y anteriormente las STS de 23 de febrero de 2007 (núm. rec. 3551 y [*Tol 1042443*]).

116 A día de hoy, aún pueden encontrarse sentencias o dictámenes en los que no se exija una relación de causalidad entre el daño corporal y la ausencia o insuficiencia de consentimiento informado. Un ejemplo de ello es el DCJAMad 207/21, de 5 de mayo.

117 CJ 4 DCJCVal de 23 de marzo de 2016.

118 En concreto, en el cap. 16, en relación con el «consentimiento desinformado» como daño moral, además de la cuestión relativa a la absorción o no del daño moral por el daño corporal, BOIX aborda las siguientes cuestiones: i) El «consentimiento desinformado» como infracción de la *lex artis*; ii) El «consentimiento desinformado» como desplazamiento de los riesgos inherentes a la intervención médica del paciente a la Administración sanitaria; iii) El consentimiento debidamente informado como liberador de la responsabilidad de la Administración sanitaria de los daños inherentes a la operación; iv) El «consentimiento desinformado» como daño moral autónomo y diferente del daño corporal; v) La cuantificación del daño moral por «consentimiento desinformado»; vi) La necesidad de un daño corporal para poder indemnizar el daño moral por «consentimiento desinformado»; vii) Excepciones del deber de informar.

pueden ser tratados de distinta forma, lo que imposibilita conocer de antemano que respuesta indemnizatoria corresponde en cada supuesto[119]. Ello contribuye a que el consentimiento informado sea «un tema del que bien puede afirmarse que siempre hay algo nuevo que decir; está eternamente inacabado»[120].

Lo que sí que es cierto es la tendencia, tanto de la jurisprudencia menor como de la doctrina legal, de indemnizar la ausencia o insuficiencia del consentimiento informado, contrariando a veces incluso los criterios del TS. Es más, se están reconociendo indemnizaciones que más bien parecen sanciones-tipo porque, dejando a un lado la ponderación de las circunstancias concretas, se enjuicia una conducta «infractora» del facultativo, y no el daño, como sería lo propio del sistema de responsabilidad patrimonial.

Sobre este particular, cabe recordar que la responsabilidad patrimonial de la Administración es de carácter objetivo, así como que lo determinante no es la antijuricidad de la conducta, sino del daño. En cambio, en determinados dictámenes y fallos parece entreverse un claro ánimo pedagógico encaminado a que los Servicios de Salud den más importancia al proceso de comunicación de la información y consentimiento informado.

En definitiva, como afirma RAMOS, «no esta claro (...) si el daño asociado a la falta de derecho a autonomía en el ámbito médico (...) [es una] lesión autónoma y distinta de la del daño físico derivado del tratamiento médico. Si fuera así, como sostiene una línea jurisprudencial del Tribunal Supremo, la indemnización debida al paciente que acreditara un error médico y, además, una infracción del consentimiento informado cubriría no sólo el daño físico derivado del tratamiento, sino, adicionalmente, un perjuicio distinto, de difícil concreción. Algunas sentencias asocian este perjuicio a un supuesto daño moral por la desinformación misma, otras a la lesión del derecho de autonomía del paciente y otras a una pérdida de la oportunidad equiparable a la que la jurisprudencia aplica en casos

---

119 La STS 1226/2020, de 30 de septiembre (núm. rec. 2432/2019 y [*Tol 8112089*]), con cita de la STS de 19 de mayo de 2011, en su fundamento jurídico séptimo ha recogido la evolución jurisprudencial relativa a la necesidad de acreditar una infracción de la *lex artis* para indemnizar la falta o insuficiencia de consentimiento informado.

120 DE ÁNGEL YAGÜEZ, Ricardo (2002): «Consentimiento Informado: algunas reflexiones sobre la relación de causalidad y el daño», 2.º *Congreso de la Asociación Española de Abogados Especializados en Responsabilidad Civil y Seguro*. Granada 14 de noviembre de 2002, pág. 1.

de errores o retrasos en el diagnóstico o tratamiento médicos (pérdida de oportunidad terapéutica)[121].

B. La pérdida de oportunidad como daño moral

La pérdida de oportunidad, concebida como una herramienta para solucionar problemas de incertidumbre causal, se ha convertido —junto con la *lex artis*— en un nuevo parámetro para el examen de la antijuricidad. Su alarmante crecimiento y su uso continuo ha llevado incluso a considerarlo un daño moral en sí mismo. Dicho daño consistiría en la sensación anímica producida por saber que se ha perdido la posibilidad de una mejor atención o por una frustración curativa o paliativa, o bien equiparándose con la incertidumbre de no saber qué habría pasado[122].

En ese sentido, la jurisprudencia —*v.gr.* SSTS de 24 de noviembre de 2019 y 27 de noviembre de 2015— considera que, en estos supuestos, el daño indemnizable no es el daño material causado «sino la incertidumbre en torno a la secuencia que hubieran tomado los hechos de haberse seguido en el funcionamiento del servicio otros parámetros de actuación,

---

121 RAMOS GONZÁLEZ, Sonia (2017): «Daño moral por falta de consentimiento informado», en GÓMEZ POMAR, Fernando y MARÍN GARCÍA, Ignacio (dirs.), *El daño moral y su cuantificación*, Bosch, Madrid (2ª. ed.), pág. 390. En relación con la indemnización de la falta de información como daño moral autónomo, RAMOS, después de precisar que «no son muchos los casos en los que el Tribunal da por acreditada esta doble infracción» —de la obligación de información y de la *lex artis*— añade recoge la siguiente jurisprudencia: «A favor de indemnizar al paciente por ambos conceptos de manera separada se pronuncia la STS, 3ª 21.12.2006, en la que el Tribunal concedió 60.000 euros por la falta de información y un millón de euros por la atención médica negligente que contribuyó al fallecimiento del padre (o la STS, 3º, 20.9.2005). EN CONTRA, EN CAMBIO PUEDE VERSE LA STS, 1ª, 21.12.2006, que confirma la cuantía establecida por la SAP de 357.316 euros por daños físicos causados en un caso en el que concurre una doble negligencia médica, durante el postoperatorio, y en la información facilitada al paciente.; o la SAP Ciudad Real, Sec. 1ª, 30.11.2009, según la cual el daño derivado de la desinformación sobre el riesgo de infección inherente a una operación de implantación de prótesis mamarias y el daño derivado del mal control de la infección que efectivamente se produjo es el mismo y se concreta en los perjuicios personales y patrimoniales asociados a las cicatrices que le quedaron a la paciente, valorados en 40.800 euros». *Idem.*

122 Entre otras sentencias, STSJ de Madrid 141/2019, de 28 de febrero (núm. rec. 895/2017 y [*Tol 7180991*]) ha reconocido la pérdida de oportunidad como daño moral.

en suma, la posibilidad de que las circunstancias concurrentes hubieran acaecido de otra manera». Como afirman estas sentencias, «en la pérdida de oportunidad hay (...) una cierta pérdida de una alternativa de tratamiento, pérdida que se asemeja en cierto modo al daño moral y que es el concepto indemnizable»[123].

Realmente, con esta fundamentación, en muchos casos, se está abriendo la puerta a resarcir supuestos en los que la actuación médica no ha sido incorrecta —porque no ha existido mala praxis—, pero sí cabían otras alternativas. En nuestra opinión, esta aplicación no solo parece técnicamente incorrecta sino también peligrosa. Permite indemnizar toda actuación que, sin estar mal realizada, es mejorable, lo que implica medir la labor médica con un rasero que a veces es utópico e irreal, al no ponerse en relación con la práctica clínica diaria de los hospitales y centros sanitarios públicos.

De esta manera, se está llevando la responsabilidad más allá de sus justos términos, pues no se indemniza el funcionamiento anormal de la asistencia médica, sino el funcionamiento normal de la misma comparado con un parámetro de idealidad que, además, se conoce una vez que ya ha acontecido o se sabe el resultado. Además, con este planteamiento se retrotrae el proceso clínico, con la consiguiente infracción de la regla de «prohibición de regreso». Ello nos lleva a defender la necesidad de aplicar mayor cautela y criterios más restrictivos a la hora de hacer uso de esta doctrina; máxime teniendo en cuenta que, aunque la actuación sanitaria en cuestión sea susceptible de mejora dentro de los objetivos de calidad asistencial, para que el enjuiciamiento sea verdaderamente justo ha de situarse en el contexto de la sanidad del momento, con los medios reales que cuenta y las prácticas clínicas que son habituales.

C. La inquietud, zozobra y otros estados de ánimo

La inquietud, zozobra y otros estados de ánimo, cuando se indemnizan como daños morales, resarcen un perjuicio con independencia de los daños físicos. Dada la dificultad de acreditar su efectividad y certeza, su reconocimiento es uno de los supuestos más espinosos. Por eso, son bastantes

---

123 FFJJ 2 y 4 STSS de 24 de noviembre de 2009 (núm. rec. y [*Tol 1761949*]) y de 27 de enero de 2016 (núm. rec. y [*Tol 5632815*]). También lo han puesto de relieve que la pérdida de oportunidad causa un daño moral autónomo, entre otros, los DDCJAMad 146/2017, de 6 de abril, 340/2018, de 19 de julio, y 123/2022, de 8 de marzo.

los casos en los que, basándose en presunciones y en la naturaleza humana, se reconoce al perjudicado una indemnización por lesiones de índole anímicas o psíquicas ocasionadas a raíz de una actuación sanitaria[124]. Se trata, en muchas ocasiones, de cantidades más bien simbólicas, que parecen encubrir una sanción como enmienda a los Servicios de Salud por conductas o actuaciones que se consideran incorrectas.

Habida cuenta de la diversidad de situaciones en que se presenta la inquietud y la zozobra, la jurisprudencia ha sido incapaz de establecer unos criterios fijos para determinar: qué sufrimientos o padecimientos son psíquicos o espirituales; cuándo la impotencia, zozobra, ansiedad, o angustia son jurídicamente relevantes; o cuándo, por el contrario, son presuntas alteraciones del ánimo de difícil detección y ponderación, y no susceptibles de resarcimiento en concepto de daños morales[125]. Por ello, también aquí, habrá que estar al supuesto concreto.

---

[124] Un caso de zozobra presumido como daño moral por zozobra, reconocido a partir de una presunción, puede encontrarse en el DCCAst 67/2019, de 7 de marzo. En él se reclamó por las lesiones sufridas, por la recién nacida, en un parto por cesárea, así como los daños ocasionados a los padres. Aquellas consistieron en un corte con el bisturí que afectó a la práctica totalidad de la cabeza.

[125] Un ejemplo de sufrimiento psíquico grave indemnizable como daño moral autónomo, independiente de la valoración económica del órgano perdido, lo encontramos en la STS 1162/2007, de 8 de noviembre, de la Sala de lo Civil (núm. rec. 3958/2000 y [*Tol 1221238*]). En ella se indemnizó de manera independiente «el daño moral que (…) [la] inhabilidad para engendrar provoca de por vida en los actores [como consecuencia de la extirpación del útero de la mujer], cuya existencia ha quedado marcada por la definitiva imposibilidad física de engendrar hijos». Como expuso el TS, «conceptual y realmente son cosas distintas la extirpación del útero, que implica la pérdida de un órgano económicamente evaluable, y el daño moral que provoca el hecho de que esa extirpación impida al matrimonio engendrar en el futuro, concepto éste también evaluable económicamente». Además, «esos conceptos indemnizables no afectan sólo a la señora, pues la capacidad de engendrar es conjunta del marido y de la mujer, de manera que la infertilidad de ésta se sufre también directamente por aquél y determina la incapacidad del matrimonio para tener hijos» (FJ 3). Por su parte, la STS 993/2006, de 4 de octubre, de la Sala de lo Civil (núm. rec. 2873/1999 y [*Tol 1014557*]), confirmó la SAP de Valencia que acordó indemnizar de manera cumulativa las lesiones dermatológicas crónicas (poiquilodermia) derivadas de implante capilar y el daño moral por falta de información previa sobre su real grado de dificultad y los riesgos inherentes a la intervención. En ambos casos —pérdida de útero y poiquilodermia), el TS tomó en consideración supuestos en los que se produjo un daño corporal susceptible de secuelas futuras. Por el contrario, no se ha considerado como daño moral autónomo las demoras en la asistencia sin lesiones corporales subsiguientes, ni

De todo lo anterior, se vislumbra que cuando los Tribunales reconocen virtualidad jurídica a una sensación anímica, se están poniendo en el lugar del perjudicado, especialmente, cuando la gravedad de los hechos es manifiesta. A diferencia de lo que ocurriera años atrás, al dar relevancia jurídica a la inquietud o zozobra, se otorga mayor reconocimiento jurídico a la posición del paciente. Así ocurre cuando se indemnizan «las incomodidades y preocupaciones propias del diagnóstico de la infección padecida»[126].

Con este cambio de percepción, la jurisprudencia y doctrina legal dan sentido y respuesta jurídica a situaciones como la denominada «zozobra», la cual se ha convertido en un concepto empleado cada vez con mayor habitualidad en dictámenes y sentencias. En estos se pone en valor la «sensación anímica de inquietud, pesadumbre, temor o presagio de incertidumbre por la que aquella mala asistencia depara al enfermo, al percibir por todo ello no sólo que su patología no se le trata con la debida terapia, sino que lo que más le desazona es que ello suponga una agravación de su dolencia en el futuro»[127].

---

en la omisión de conductas cuya finalidad trasciende a la procura de la salud y el bienestar. Así lo consideró la STS 1267/2006, de 5 de diciembre, de la Sala de lo Civil (núm. rec. 4838/1999 y [*Tol 1014557*]), en la que se reclamaban al médico daños morales por «no haber examinado personalmente al fallecido». Para el TS «no le *era* exigible al médico un comportamiento que, más allá del cumplimiento de sus obligaciones profesionales, consideradas incluso desde la perspectiva de las modernas ramas de la medicina del dolor o paliativa (...) le imponga conductas cuya finalidad trasciende a la procura de la salud y el bienestar, aun psicológico, del paciente, y que tienden únicamente a *confortarlo anímica* o *espiritualmente* o a hacer más benigno el trance de la muerte desde un punto de vista estrictamente humanitario, solidario o espiritual». Para el TS, «tales comportamientos no derivan de la lex artis ad hoc ni se enmarcan en la esfera de los deberes profesionales y de la responsabilidad de este carácter, sino que se sitúan de manera decidida en la esfera moral, en cuyo ámbito han de ser valorados» (FJ 3).

126 FJ 12 STSJ de Madrid 40/2016, de 29 de enero (núm. rec. 564/2012 y [*Tol 5701876*]). En esta sentencia, las incomodidades o preocupaciones se vincularon a una intervención de cataratas en las que no se han aplicado las medidas profilácticas adecuadas, y el sufrimiento ante la necesidad de someterse a una evisceración con la pérdida del ojo.

127 FJ 2 STS 474/1995, de 22 de mayo, de la Sala de lo Civil (núm. rec. 399/1992 y [*Tol 5127581*]). Esta sentencia es un buen ejemplo de aplicación al caso concreto del concepto de zozobra. Para el TS, la zozobra «debe entenderse como indemnización del perjuicio moral, ciertamente incalculable, pero que (...) trata de indemnizar la zozobra que en el paciente causó la inatención y el progresivo deterioro de su salud». El TS la caracteriza «como sensación anímica de inquietud, pesadumbre, temor o presagio de incertidumbre por la que aquélla mala asisten-

Entre otros supuestos, la zozobra y demás estados de ánimo análogos compensan económicamente el carácter lacerante o erosionado de las sensaciones anímicas que sufre el paciente, ante diversos supuestos de deficiencias o irregularidades en la asistencia que le es dispensada, incluyendo el peregrinaje hospitalario. Así, estos estados de ánimo pueden ejemplificarse:

a) Falsos positivos o falsos negativos

Se entiende por falso positivo o negativo aquellos supuestos en los que, por algún tipo de error, se hace creer al enfermo, temporalmente, que padece o que no padece cierta enfermedad, en contra de lo que realmente es. La equivocación se descubre posteriormente en la misma Sanidad Pública, o bien acudiendo a un centro privado. En este último supuesto, con frecuencia, el reclamante suele aducir que, de no haber acudido a esa segunda opinión, podría estar muerto o seguir pensando que tenía una enfermedad, y ello con independencia de que, al final, no hayan existido daños físicos.

Bajo este supuesto es indemnizable la angustia que pasa el paciente, entre otros supuestos, ante las dudas generadas por error en relación con el «falso» padecimiento de una enfermedad de extrema gravedad o con respecto al error de diagnóstico de enfermedades[128]. En casos como estos, la jurisprudencia apunta ciertas especialidades en lo relativo al daño moral, de tal forma que exige para obtener su reparación tres grandes requisitos:

---

cia depara al enfermo al percibir por todo ello tanto que su mal no se le ataja o se le trata con la debida terapia, sino lo que más le desazona, que esa irregularidad intensificará aún más en el futuro la gravedad de su dolencia». A mayor abundamiento, como puntualiza la Sala, estos daños también pueden ser propiciados por el «peregrinaje a otros centros sanitarios» (FJ 1). Los daños morales, como daño autónomo, en la STS de 22 de mayo de 1995 se reclamaron, y reconocieron en la instancia, al existir un error de diagnóstico de un cáncer que pudo haberse diagnosticado 8 días antes de haberle remitido del servicio de urgencias al hospital para su ingreso hospitalario y práctica de las pertinentes pruebas.

128 El error de diagnóstico puede provenir principalmente de tres causas: 1) error por mal funcionamiento del centro sanitario, o por descoordinación o falta de medios; 2) mal funcionamiento del test o método de detección (por defectuoso funcionamiento del aparato, en cuyo caso habrá que examinar la responsabilidad del fabricante, o por no realizar correctamente la prueba o apartándose de la *lex artis*; y 3) errónea lectura o interpretación del resultado del test.

i. *Evidencia empírica del daño alegado.* Debe tratarse de valoraciones médicas cuyo error puede corroborarse con los conocimientos del estado de la ciencia. Por ello, «no cabe negar la inquietud y el impacto emocional que dicho resultado [falso positivo] pudo producir en el actor»[129]. Así sucedería, por ejemplo, con una prueba del virus del SIDA que, de acuerdo con el estado de la ciencia, fuera infalible.

ii. *Gravedad del daño.* Se refiere a errores, en los que por diversos factores que han de ser ponderados por el Tribunal, (*v.gr.* tipo de enfermedad diagnosticada de manera errónea, pruebas médicas practicadas de manera innecesaria, tiempo de duración del error, o circunstancias personales del paciente) tienen capacidad de provocar un gran «impacto emocional (...) [al] paciente y [, en su caso, a] su familia [por ejemplo, ante las escasas o nulas posibilidad de curación»[130].

---

[129] FJ 5 SAP de Barcelona de 15 de noviembre de 2001 (núm. rec. 805/2000). Al considerar la Audiencia erróneo el resultado de una prueba analítica del SIDA reconoció una indemnización de 250.000 pesetas porque «el informe de la universidad de Barcelona (...), *era* contundente al afirmar que el método "western Blot", (...) utilizado por los recurrentes, *era* fiable en un 100%, y por ello la conclusión obligada *era* que alguna disfunción existió al haberse comunicado un falso positivo» (FJ 3).

[130] FJ 5 STSJ de Madrid 191/2014, de 11 de marzo de 2014 (núm. rec. 1060/2011 y [*Tol 4183675*]). La Sala, en esta ocasión, condenó al abono de una indemnización por el impacto emocional sufrido de 50.000 euros a la paciente y 9.000 euros a su familia, por haber informado erróneamente el centro hospitalario de un diagnóstico de adenocarcinoma pulmonar (cáncer de pulmón) en estadio IV según la clasificación estadística internacional de enfermedades, que posteriormente resultó ser incorrecto. Todo ello pese haber seguido la técnica de la función-aspiración con aguja final con un porcentaje del 1 por ciento. En este caso fue determinante la valoración, por el inspector médico, de la actuación no ajustada a la *lex artis.* En análogo sentido se pronunció la STSJ de Murcia 59/2015, de 30 de enero (núm. rec. 526/2012 y [*Tol 4704323*]). Anudó al error una indemnización de 50.000 euros por un falso positivo de un linfoma no Hodgkin que realmente no padecía el reclamante. Este error de diagnóstico provocó el sometimiento a un tratamiento quimioterapéutico no ajustado al tipo tumoral a una cirugía innecesaria y a un retraso en la aplicación del tratamiento adecuado. En concreto: – «A un tratamiento quimioterapéutico no ajustado al tipo tumoral (...). – A una cirugía innecesaria, a la que no se habría recurrido de no haber mediado el error de diagnóstico. – Al periodo de tiempo que media entre el diagnóstico erróneo y el correcto, tiempo que tardó en aplicarse el tratamiento adecuado» (FJ 5).

iii. Imputación jurídica. En último lugar, se requiere la presencia de un criterio de imputación, de manera que pueda restringirse los daños susceptibles de reparación. Al no poder ser todos ellos achacables al error de diagnóstico, es necesario determinar si jurídicamente puede establecerse el nexo causal con los Servicios Sanitarios. Uno de estos criterios es la causalidad adecuada, la cual permite vincular el funcionamiento del Servicio de Salud con los hechos «comprehendidos en su curso regular, coherente y previsible»[131].

b) Retraso diagnóstico o asistencial

El retraso en la realización del diagnóstico, así como la demora injustificada en el comienzo del tratamiento o realización de la intervención, con independencia de su repercusión corporal, indudablemente tienen una trascendencia jurídica. Así ocurrirá cuando se esté ante una enfermedad «con tanto retraso diagnosticada» o tratada. Esta «angustia, obviamente, (…) [puede llegar a ser] un daño moral plenamente indemnizable»[132].

---

[131] FJ STSJ de Navarra 1314/2000 (núm. rec. 60/2000). Esta sentencia planteó la duda de si cabía apreciar relación de causalidad entre un falso positivo de VIH, comunicado a una mujer embarazada, la cual, al conocer la noticia, decidió interrumpir su embarazo. La Sala falló a favor de la mujer, y le concedió una indemnización de 24.000.000 de las antiguas pesetas por el daño moral derivado de la pérdida del feto. Interesa destacar aquí, que el TSJ de Navarra apreció la relación de causalidad jurídica por la mera sucesión objetiva de los hechos. En concreto, llegó a esta conclusión, tras examinar el «curso causal [de los hechos], desde un punto de vista retrospectivo, esto es, en función de resultados sobrevenidos, y no en atención al curso normal y previsible de los acontecimientos, esto es lo que se llama causalidad adecuada» (FJ 2).

[132] FJ 3 STSJ de Madrid 681/2014, de 25 de septiembre (núm. rec. 70/2012 y [*Tol 4574562*]). En este fallo, el daño corporal se debió al retraso en el diagnóstico de una apendicitis de 10 días desde los primeros síntomas —dolor epigástrico, vómitos, mareo, abdomen blando y depresible— hasta que se produjo la operación. Esta sentencia tiene de particular, el hecho de no concretar el demandante el daño «en las cicatrices resultantes de la intervención quirúrgica, sino en el sufrimiento derivado de la enfermedad —con fuertes dolores, náuseas y ansiedad— con tanto retraso diagnosticado, así como la angustia derivada de riesgo de muerte que padeció, habiéndose prolongado la hospitalización hasta (…) [15 días después] lo cual, obviamente, constituye un daño moral plenamente indemnizable» (FJ 3). El daño fue cuantificado por el TSJ de Madrid en 10.000 euros. Igualmente, encontramos otro ejemplo en la STSJ de Castilla-León de 23 de junio de 2011 (núm. rec. 1289/2007 y [*Tol 2220255*]). Concedió una indemnización

En este sentido, en ocasiones, se ha indemnizado la zozobra asociada a la ausencia de una intervención precoz en atención a la «incertidumbre que el retraso asistencial *pudo haber provocado* en los familiares, acerca de si hubiera superado o no la crisis que padeció y, si de esta forma, podría haber vivido algún tiempo más»[133].

c) *Extravío o descoordinación en las pruebas diagnósticas*

Otro de los posibles supuestos en los que la zozobra puede ser considerada, por si misma, como daño resarcible, son todos aquellos casos en los que se ha producido un extravío de las pruebas diagnósticas. Se requiere, no obstante, una causa grave que determine la urgencia de conocer los resultados, provocando ese tiempo de retraso una angustia o afección moral de todo punto lógicas[134].

---

de 15.000 euros, como daño moral, por la demora en recibir un tratamiento. En particular, según destacó el fallo, existió un daño moral, «sobre todo si se tiene en cuenta que al paciente en la sanidad pública solo se le ofreció tratamiento sintomático y sin atender a las causas de su hepatocarcinoma» (FJ 5).

133 CJ 5 DCCAnd 505/2009, de 22 de julio. La zozobra asociada a un retraso asistencial fue objeto de estudio por dictamen, que versó sobre el fallecimiento de un paciente con tumor. Este Consejo Consultivo concluyó que el fallecimiento fue producto de la grave enfermedad que padecía (gliobastoma multiforme de cuerpo calloso), si bien, reconoció que hubo un retraso asistencial de unos 25 minutos, ya que la ambulancia tardó 33 minutos en llegar. Este retraso se justificó por el Servicio Andaluz de Salud (SAS) por la dificultad de contactar con el médico al ser festivo en la localidad. Se indemnizó con 3.000 euros «la zozobra e incertidumbre» que el retraso pudo provocar en los familiares acerca de si hubiera superado o no la crisis que padeció y si de esta forma podría haber vivido algún tiempo más.

134 En este sentido —daño moral por extravío de pruebas diagnósticas— es ilustrativo el DCCMad 341/2014, de 30 de julio. En él se analizó una reclamación presentada por un paciente del Servicio Madrileño de Salud (SERMAS) al que le había sido detectado, en una prueba rutinaria, un problema tumoral, tanto en el riñón derecho como en el uréter izquierdo. Posteriormente, y después de someterse a varias pruebas, le fue diagnosticado un tumor quístico en el riñón derecho y un urotelioma en el riñón izquierdo, ambos con elevadas probabilidades de malignidad. Establecida la necesidad de efectuarle dos intervenciones quirúrgicas, se le entregó, como paso previo, un volante para la realización de una angioresonancia, la cual no debía exceder para su realización más allá de quince días. Tras no recibir noticias, el reclamante habría solicitado información sobre la realización de dicha prueba. La respuesta que recibió se limitó a informarle de que no había sido incluido en el listado de pruebas previstas para el mes siguiente. Ante dicha contestación, el reclamante decidió acometer las intervenciones en la sanidad pri-

d) *Angustia debida a reintervenciones quirúrgicas o por la suspensión de una intervención programada*

Otro supuesto de zozobra o angustia jurídicamente relevante son las segundas o ulteriores reintervenciones como consecuencia de una inadecuada o deficiente operación, así como las cancelaciones de intervenciones programadas. Tanto en uno como en otro caso implican un sobreesfuerzo emocional adicional al propio de una intervención quirúrgica[135], referido

---

vada. Según reflejó en la reclamación, la falta de información, así como el hecho de ser olvidado por parte del hospital, le causó una gran preocupación, tanto a él como a su familia. En esta reclamación se dio la circunstancia de que el paciente no reclamó daño físico alguno —pues mantuvo, en paralelo, un seguimiento en una clínica privada en la que fue sometido a las mismas actuaciones que estaban previstas en el hospital de la Comunidad de Madrid— sino moral. El CCMad concluyó que, en el contexto del conocimiento de una enfermedad grave, esta circunstancia le produjo tal zozobra ante la incertidumbre y falta de noticias que le llevó a acudir a una clínica privada. Y si bien rechazó indemnizar gastos de la sanidad privada —por falta de pasividad o diligencia prolongada de la Administración— estimó la reclamación en lo referente al daño moral. Teniendo en cuenta estas circunstancias, así como que el tiempo que permaneció desinformado —y en el que padeció la incertidumbre— fue corto, el CCMad estimó parcialmente la reclamación y le reconoció una indemnización en concepto de daño moral de 3.000 euros. En otro orden de cosas, respecto al derecho de los particulares a ser indemnizados por los gastos soportados al tener que acudir a un centro de salud u hospital privado, la jurisprudencia contencioso-administrativa es restrictiva. Supedita dicho reconocimiento a la pasividad o falta de diligencia de la sanidad pública, así como la circunstancia de que el enfermo no haya tenido más alternativa que acudir a la sanidad privada para obtener una solución a su dolencia (*vid.* la STSJ de Madrid 699/2007, de 31 de mayo, núm. rec. 174/2004 y [*Tol 1139388*]). Se trata de supuestos en los que, constatada la conducta omisiva durante un largo plazo de tiempo, o la pasividad que ha producido un empeoramiento de la salud del enfermo, se justifica la compensación económica en la «confianza que constituye un presupuesto imprescindible de la prestación sanitaria» (FJ 4 STSJ de Madrid 378/2008, de 25 de marzo, núm. rec. 184/2005 y [*Tol 1310646*]). En la primera sentencia la tardanza excesiva en efectuar una resonancia magnética fue de dos años después —con el consecuente empeoramiento progresivo de la salud del paciente— frente al tratamiento conservador que no debió superar los 6 meses. El TSJ de Madrid indemnizó con 42.000 euros. En la segunda sentencia, la laparoscopia no fue practicada, pese a la insistencia del paciente por los síntomas que presentaba, durante catorce meses, los cual, para la Sala, era «*asimilable* en cierto modo a una denegación de asistencia» (FJ 4).

135 Un supuesto de angustia provocada por una reintervención lo encontramos en la STSJ de Madrid 838/2014, de 4 de diciembre (núm. rec. 59/2012 y [*Tol 4617726*]). En este recurso contencioso-administrativo se revisó una reclamación

al dolor físico y por añadidura moral, sufrido en primera persona, al tener que pasar nuevamente por el trance de someterse a una intervención que habría sido innecesaria de ser correcta la asistencia dispensada, o bien por ver aumentado el tiempo de espera ante un acto que se afronta con lógica inquietud.

e) Privación o demora en la determinación del tratamiento o asistencia; la asistencia sanitaria y las listas de espera

La desatención o falta de asistencia de una enfermedad o su sospecha —ya sea por errónea interpretación de los síntomas; ya sea por la omisión de pruebas diagnósticas; o ya sea por actos de gestión u organización hospitalaria— pueden dar lugar a daños morales. Así, no ordenar un traslado o derivación a otro centro[136], la convocatoria de una

---

de responsabilidad patrimonial relativo al sufrimiento de una niña, y de sus padres, al tener que ser reintervenida aquella por una deficiente atención de la enfermera que supervisó la vía colocada al tiempo de ser ingresada en el hospital en el pie izquierdo. Los daños causados como consecuencia de la infusión de suero glucosalino a través de una vía le generaron una quemadura que requirió una posterior cirugía. Según señaló la Sala, la reclamación comprendía tres diferentes conceptos: por el daño moral (...) sufrido como padres de la menor (10.000 euros), por el daño moral (...) sufrido por la menor (10.000 euros), y por incapacidad y secuelas consistentes en cicatrices en el pie y en el muslo, y por limitación de la movilidad en el pie (30.000 euros)» (FJ 8). Las dos primeras cantidades resarcieron la pesadumbre ante lo acontecido, el normal y comprensible dolor de ver sometida a su hija a otras dos intervenciones quirúrgicas urgentes en un plazo de tiempo muy corto, así como el sufrimiento que conlleva conocer que su hija aún tendrá que ser sometida a otra última intervención reparadora, además de valorar el lógico padecimiento de la pequeña.

136 La STS 423/2007, de 17 de abril, de la Sala de lo Civil (núm. rec. 1007/2000) [*Tol 1073417*], expresó con claridad por qué la ausencia de derivación de un paciente puede dar lugar a un daño moral, en concreto, «por la pérdida de la expectativa que una intervención quirúrgica implicaría para la supervivencia del fallecido» (FJ 1.4. V). En este proceso contencioso-administrativo el marido e hijo de la fallecida reclamaron 65.000.000 de pesetas al Servicio Gallego de Salud (SERGAS) por la muerte de su mujer y madre —que presentaba una isquemia aguda del miembro inferior derecho, con obliteración de arteria ilíaca— a causa de la omisión de trasladarlo a otro centro hospitalario. Este traslado se debía a la ausencia de medios del Policlínico (...) para practicar una técnica de diagnóstico conocida como arteriografía, la cual no solo era necesaria, sino también urgente. La singularidad de este pleito se halla en el reconocimiento de una indemnización, a pesar de la falta de causalidad entre omisión de la prueba de arteriografía y la muerte

huelga[137], o la gestión de las listas de espera[138], son supuestos en los que la jurisprudencia ha reconocido la existencia de daños morales.

Bajo este concepto, en general, se indemniza la angustia ocasionada por no haber podido recibir la asistencia sanitaria debida, o bien por no haber tenido la información previa acerca de la asistencia finalmente recibida. Y ello, con independencia de que vaya seguida de una lesión corporal.

Lo característico de este tipo de daños morales es la certeza respecto de la ausencia de causalidad entre la falta de asistencia o de información como elemento causal. En casos como estos, ante esta certeza, y con independencia del resultado, se indemniza el efecto de verse desatendido por el Sistema Público Sanitario. Por lo tanto, no nos encontramos ante casos de pérdida de oportunidad de curación indemnizables (incardinables en la pérdida de oportunidad en sentido jurídico), sino ante daños reales constituidos por el daño moral de haber sido privado de asistencia en su doble vertiente: clínica o informativa.

---

del paciente, confirmada por el TS, debido a las escasas expectativas de supervivencia —inferiores al 20 por ciento— del paciente. En palabras del TS, «se privó al paciente y a sus familiares, al no realizarse la arteriografía, de una expectativa: la eventualidad de que la cirugía vascular o cardiaca alcanzase éxito. A pesar de ello, el TS confirmó la indemnización de 5.000.000 de pesetas, al entender que «la privación de expectativa *era* un resultado dañoso indemnizable» (FJ 1.4.IV B)

137 La huelga también es susceptible de causar daños morales. En casos como estos, la antijuricidad del daño vendrá determinada por la legalidad o no de la misma (en su convocatoria, el cumplimiento o no de los servicios mínimos aprobados, etc.), así como por la consideración de la gravedad de la patología en cuestión.

138 Respecto de la responsabilidad de la Administración sanitaria por la gestión de listas de espera, no queremos dejar de mencionar la STSJ de Asturias 1133/2012, de 15 de noviembre (núm. rec. 1053 y [*Tol 2703379*]). En ella se indemnizó la negativa a la inclusión de la reclamante en el programa de fecundación *in vitro* (FIV) por razón de la edad que la solicitante tendría presumiblemente en el momento en que la lista de espera permitiera atenderla. En este recurso contencioso-administrativo la Sala estimó la demanda y condenó la Servicio de Salud del Principado de Asturias (SESPA) a abonar 11.000 euros, de los que 6.000 correspondían al daño moral por falta de consentimiento informado previo a la prueba de histerosalpingografía, y 5000 euros a la indebida denegación de ser incluida en un programa de FIV. En este segundo concepto, se indemnizó pese a que no existía plena certeza de éxito caso de haberse practicado y que podía haberse acudido a la sanidad privada.

f) Discriminación en el orden de atención o dispensación de medicamentos

Las diferencias de trato en la atención por los servicios de salud o la dispensación de fármacos, si carecen de lógica asistencial, también pueden causar daños morales. Aunque, en nuestra opinión es preciso ser restrictivos, ya que no toda diferencia de trato injustificada puede tener entidad suficiente para provocar la angustia o grave incertidumbre característica del daño moral, no puede descartarse la causación de daños morales en concepto de discriminación.

Por poner un ejemplo, en el contexto de la limitación de equipos de protección para el personal sanitario durante la pandemia de la Covid-19, y en concreto de vacunas, «el debate se traslada a la fijación de un orden de prioridades (para identificar qué grupos de riesgo serán vacunados antes), situación que genera una diferencia de trato entre personas»[139].

En estos casos, aunque la vacunación sea voluntaria, se pueden causar daños morales —y en su caso corporales— con ocasión de las campañas de vacunación. Estos deberán reputarse antijurídicos si el orden de inoculación carece de una lógica asistencial.

Así lo pusieron de manifiesto con ocasión de la vacunación contra la Covid-19 DE MONTALVO y BELLVER, para los cuales, «la priorización fue el primer debate ético de calado de esta crisis sanitaria [de la Covid-19 porque] [...] el todo para todos, siempre y ya es sencillamente imposible»[140].

En este sentido, ya existen pronunciamientos judiciales que han apreciado un la existencia de un *pretium doloris*, en relación con la discriminación del personal sanitario de hospitales y centros de salud privado en el orden de vacunación de la Covid-19. Nos estamos refiriendo a la SJCA núm 3 de Alicante de 13 de enero de 2022 y STSJ de la Comunidad Valenciana de 1 de septiembre de 2022, comentadas por RAMOS en el cap. 23 de este tratado (págs. 1754 a 1758)[141]. A él nos remitimos.

---

139 BLANQUER CRIADO, David (2020): *La responsabilidad patrimonial en tiempos de pandemia (los poderes públicos y los daños por la crisis de la COVID-19), op. cit.* pág. 197.

140 DE MONTALVO JÄÄSKELÄINEN, Fernando y BELLVER CAPELLA, Vicente (2020): «Priorizar sin discriminar: la doctrina del Comité de Bioética de España sobre derechos de las personas con discapacidad en un contexto de pandemia». *IgualdadES*, núm. 3, pág. 315.

141 *Cfr.* SJCA núm. 3 de Alicante 5/2022, de 13 de enero (núm. rec. 3/2021 y [*Tol 8736846*]) y STSJ de la Comunidad Valenciana 293/2022, de 1 de septiembre (núm. rec. 69/2022 y [*Tol 9249826*]).

Aquí simplemente queremos destacar que, en la Comunidad Valenciana, a la hora de inocular la vacuna contra la Covid-19, a principios de 2021, «el personal sanitario privado tuvo que seguir trabajando con grave riesgo para su integridad y su salud, debiendo atender a pacientes propios y también a pacientes derivados del sistema sanitario público, sin saber si los mismos eran o no portadores del virus. Esta situación [añadida a la injustificada diferencia de trato respecto del personal sanitario público que sí estaba siendo vacunado,] generó para el personal sanitario privado evidentes daños morales, ansiedad, frustración, etc, que deben también ser indemnizados»[142].

D. Daños morales derivados del nacimiento de un hijo: *wrongful actions* (*wrongul conception*, *wrongful birth*, y *wrongful life*)

El punto común de las acciones por nacimiento de un hijo —conocidas como *wrongful conception o wrongful pregnacy, wrongful birth y wrongful life*, respectivamente— «consiste en el hecho que desencadena la responsabilidad es el nacimiento de un niño»[143].

Como se expondrá en el cap. 19 (págs. 1747 a 1749), para GARRIDO, esta forma de clasificar las acciones derivadas del nacimiento de un hijo suele centrarse en torno a dos supuestos: las pruebas diagnósticas y el embarazo no deseado.

a) Embarazo no deseado

Las *wrongful conception actions* pueden tener su origen en el embarazo no deseado, producido tras haberse sometido el progenitor a una intervención de vasectomía —o la embarazada a una ligadura de trompas u otro método anticonceptivo— y, no obstante, haber resultado fallidos ambos métodos anticonceptivos.

En estas reclamaciones, como quiera que una nueva vida humana no puede ser considerada como daño, la reclamación suele fundarse en los «perjuicios que su nacimiento conlleva tanto desde el punto de vista pa-

---

142 FJ 7. SJCA núm. 3 de Alicante 5/2022, de 13 de enero (núm. rec. 3/2021 y [*Tol 8736846*]).

143 TORRE DE SILVA LÓPEZ DE LETONA, Víctor (2017): «Responsabilidad por nacimiento evitable (*wrongful birth*) y discapacidad», *Revista de Administración Pública*, núm. 203, pág. 96.

trimonial como moral, en cuanto a lo inesperado del suceso. Así, según autores, el daño moral será la vulneración de la autodeterminación de la madre o el fuerte impacto psíquico derivado de un nacimiento no deseado. El daño patrimonial, teniendo en cuenta que los gastos de crianza no son resarcibles porque la vida humana es un bien en sí, se limitan a los eventuales gastos de embarazo y parto.

b) Pruebas diagnósticas

Las w*rongful birth* y *wrongful life actions* se fundan: en la ausencia de pruebas, durante el embarazo, capaces de determinar la malformación del feto; o cuando estas se han llevado a cabo, porque las mismas han sido ineficaces, o habiendo sido eficaces, porque no se han comunicado sus resultados, a tiempo para que la madre pueda, en su caso, interrumpir el embarazo temporáneamente. Según quien sea el reclamante —los padres o el hijo— la acción se denominará de nacimiento o de vida desdichada.

En las reclamaciones derivadas de las pruebas diagnósticas, las más de las veces, la reclamación, ejercitada por los padres, va dirigida a obtener una indemnización por la privación de información relacionada con las taras del *nasciturus,* así como por vulneración de la autodeterminación de la madre y la falta de preparación psicológica ante el nacimiento de un hijo enfermo o con discapacidad. Adicionalmente también suelen reclamarse los gastos extraordinarios de crianza del hijo no deseado.

Dicho esto, al estudiarse con detenimiento en el cap. 19 de esta obra, escrito por GARRIDO, los daños morales en las *wrongful actions,* nos remitimos a lo escrito en él.

E. Daño moral por extravío, deterioro o privación del uso de muestras biológicas o material genético

Si bien son pocas las sentencias pronunciadas en relación con las reclamaciones por el extravío o deterioro de muestras biológicas (*v.gr.* biopsias de tejidos, muestras de heces, orina o sangre y tumores, quistes o pólipos extirpados), o material genético (cordón umbilical, semen, óvulos, etc.) los avances en este campo convierten estos en supuestos con tendencia a ser más habituales. En estos casos, se plantean no solo aspectos de carácter bioético, sino también interesantes cuestionamientos jurídicos respecto del concreto daño y su forma de valoración.

a) Muestras biológicas

El extravío de muestras biológicas puede causar un daño moral porque se priva al paciente de conocer, antes de la intervención quirúrgica, cuál es su verdadero estado de salud a partir de la información que pudiera haber suministrado el material biológico extraído con fines diagnósticos. Como se acaba de advertir, todavía son pocas las sentencias recaídas en este punto. Por este motivo es necesario indagar en la jurisprudencia menor.

En este punto es interesante la SAP Madrid de 29 de septiembre de 2004, confirmatoria de la sentencia de un juzgado de primera instancia que condenó a un hospital por el extravío de la muestra. En ella se admitió la existencia de unos «daños morales (...) por ese sufrir psicológico (...) [aún] cuando no se tuviera una personalidad hipocondríaca»[144]. Ahora bien, lo verdaderamente relevante de este fallo fue apreciar que la zozobra o incertidumbre podía dar lugar a una indemnización, independiente de la que pudiera resultar por la pérdida del material biológico en sí misma, como bien material propiedad de la reclamante.

b) Material genético

La pérdida de material genético también puede dar lugar al reconocimiento de daños morales. En estos casos, a diferencia de las muestras biológicas, no es posible atribuir —y reclamar— un valor económico a este elemento del cuerpo humano. No es legalmente posible convertir en dinero el material genético. Lo prohíbe la Ley 14/2006, de 26 de mayo, sobre téc-

---

[144] FJ 2 SAP de Madrid 600/2004, de 29 de septiembre (núm. rec. 587/2003). En esta sentencia, la Audiencia se pronunció sobre los daños morales invocados por una paciente que se sometió a una intervención para la extirpación de un pólipo endometrial, sin que la muestra llegara nunca al laboratorio de patología debido a una negligencia o descuido de los empleados de la clínica encargados de su transporte. Los magistrados consideraron que este extravío le produjo un importante trastorno de orden psicológico porque no se pudo conocer hasta el momento de la operación quirúrgica si la reclamante padecía un cáncer benigno o maligno, circunstancia que motivó una situación temporal de fuerte incertidumbre acerca del carácter de la enfermedad. Esta zozobra, impotencia y perturbación del estado por no poder saber si padecía una peligrosa enfermedad se tradujeron en una indemnización de 12.000 euros. La indemnización se reconoció en concepto de daños morales, ya que la Audiencia no se ocupó de la eventual responsabilidad que pudiera corresponder al hospital por la pérdida del material biológico.

nicas de reproducción asistida, la cual prescribe que «la donación de gametos y preembriones (…) es un contrato gratuito, formal y confidencial»[145].

En efecto, estamos en una materia especialmente delicada de alcance social, muy sensible, por sus implicaciones bioéticas, que establece que el cuerpo humano y sus partes no pueden ser objeto de lucro[146]. Esta es la razón por la que el reclamante no puede pretender el valor económico de ese bien genético, sino solamente las consecuencias anímicas que puede suponer para el perjudicado.

En este sentido se ha pronunciado el DCJAMad de 13 de octubre de 2020, en relación con la pérdida de embriones crioconservados. En casos como estos, a juicio de la CJAMad, es reclamable «únicamente, el daño moral que supone el que la expectativa (…) se *vea* (…) frustrada por la destrucción o desaparición de los embriones y, por tanto, una futura concepción exigiría un nuevo proceso de fertilización»[147].

Dentro del daño moral, a su vez, puede reclamarse por diversos conceptos. En este sentido, la STSJ de Madrid de 6 de febrero de 2017, rechazó «indemnizar (…) la imposibilidad (…) de continuar el ciclo de fecundación para ser madre de un hijo biológico de su esposo fallecido (…) [por] haber devenido inviables los preembriones (…) porque, al haber transcurrido (…) el plazo de doce meses desde el fallecimiento de su esposo (…) [,] ya no era legalmente posible continuar el tratamiento». En cambio sí que propuso «indemnizar el daño moral consistente en la aflicción, zozo-

---

145 Art. 5 de la Ley 14/2006, de 26 de mayo, sobre técnicas de reproducción asistida. En el mismo sentido se pronuncia el art. 21 del Convenio para la protección de los derechos humanos y la dignidad del ser humano con respecto a las aplicaciones de la Biología y la Medicina, de 4 de abril de 1997, ratificado por España el 20 de cctubre de 1999, conocido como el «Convenio de Oviedo».

146 El carácter *extra commercium* del material genético ha sido puesto de relieve por la STC 116/1999, de 17 de junio [*Tol 13003*], la cual se apoya en la STC 212/1996, de 19 de diciembre [*Tol 83141*]. Para el TC, la regulación de esta «singular "donación", al igual que la de órganos humanos regulada en la Ley 30/79, o incluso la del cadáver de una persona, no implica en modo alguno la "patrimonialización" de la persona, lo que sería desde luego incompatible con su dignidad (art. 10.1 CE), sino, justamente (…) la exclusión de cualquier causa lucrativa o remunerada expresamente prohibida» (FJ 5).

147 CJ 5 DCJAMad 458/2010, de 13 de octubre. Esta reclamación por pérdida de material genético fue consecuencia de un tratamiento de fecundación *in vitro* con microinyección espermática en el que, tras someter a la paciente a estimulación y punción ovárica, se extrajeron nueve óvulos, se fecundaron siete y, finalmente, se obtuvieron dos embriones que fueron congelados.

bra y sufrimiento psíquico infligidos a los sentimientos de por la pérdida injustificada de los embriones criopreservados»[148].

Otro supuesto interesante es el del DCJAMad de 15 de febrero de 2012, en el cual se analizó una reclamación por daños morales como consecuencia de la frustración del deseo —al que el Servicio Madrileño de Salud (SERMAS) había accedido— de guardar el cordón umbilical para su posible uso autólogo. En este expediente se aminoró la indemnización hasta 3000 euros porque «el cordón podía no ser susceptible de conservación por inidoneidad (...), los reclamantes pueden no necesitar nunca del trasplante autólogo o alogénico intrafamiliar o que, ante esa necesidad, pueden encontrar respuesta en un banco público o privado en territorio español»[149].

V. EL PROBLEMA DE LA CUANTIFICACIÓN DEL DAÑO MORAL

Superados los obstáculos históricos para indemnizar el daño moral, a pesar de su inconmensurabilidad, y en un marco de completa orfandad normativa, aún sigue siendo un difícil problema su valoración. Ello tiene como evidente resultado una enorme disparidad en las sentencias que reconocen cuantías diferentes para casos similares. A día de hoy, no existe consenso ni sobre el contenido del concepto del daño moral, ni sobre el método de valoración del mismo para su resarcimiento.

En un marco de libre elección de la técnica de resarcimiento, según los casos, las indemnizaciones se fijan aplicando el baremo de accidentes de tráfico, a tanto alzado por arbitrio judicial, o por precedentes. Al no explicitarse la elección del método, con frecuencia se crea un escenario de caos y desconcierto.

1) Criterios de cuantificación

Nuevamente, ante la falta de parámetros o módulos objetivos, la jurisprudencia y doctrina legal son las que intentan fijar, aludiendo siempre a su indiscutible componente subjetivo, las orientaciones básicas para cuan-

---

148 FJ 6 STSJ de Madrid 41/2017, de 6 de febrero (núm. rec. 448/2014 y [*Tol 6015877*]). La zozobra y sufrimiento psíquico por la pérdida injustificada de los embriones criopreservados fue indemnizada en esta sentencia con 2000 euros.

149 CJ 6 DCJAMad 86/2012, de 15 de febrero.

tificar los daños morales. A modo de recopilación de los criterios admitidos jurisprudencialmente, cabe destacar los siguientes:

A. Principio de indemnidad

Con carácter general, la indemnización por responsabilidad patrimonial debe ajustarse al principio de plena indemnidad o reparación integral de los daños y perjuicios causados. No obstante, para los daños morales, esta regla es una mera aspiración imposible de cumplir porque «el resarcimiento del daño moral por su carácter afectivo y de pretium doloris, carece de módulos objetivos, lo que conduce a valorarlo en una cifra razonable»[150].

Por ello, en la actualidad se admite que el resarcimiento del daño moral, más que una reparación, es una compensación con el fin de atenuar o eliminar sensaciones dolorosas y proporcionar medios económicos para ello.

Con frecuencia suele recurrirse, con carácter orientativo, al baremo de accidentes de tráfico. Esto tiene a su favor permitir que el Tribunal pueda acogerse a él o no, de lo cual se obtiene una doble ventaja:

i. Por un lado, si se aplica estrictamente el mismo, se procura la mayor objetividad al partir de parámetros preestablecidos;

ii. Por otro lado, el hecho de que no sea obligatorio permite adaptar dichas partidas a las peculiaridades del caso, haciendo uso de la libertad estimativa.

Aunque ya es indudable la utilidad del baremo de accidentes de tráfico, y el uso habitual que se hace en el ámbito de la responsabilidad patrimonial sanitaria, es cierto que muchos de los supuestos que se plantean en el ámbito sanitario no tienen cabida en sus tablas. En concreto, como advierte RAMOS, este baremo cuando «ha querido cuantificar el daño moral en sentido estricto lo ha expresado con claridad y lo ha hecho en casos muy excepcionales»[151]. Dos son los supuestos en que se indemniza el daño mo-

---

[150] Cabe citar al respecto, FJ 4 STS de 9 de junio de 2009 (núm. rec. 1822/2005 y [*Tol 1554123*]).

[151] RAMOS GONZÁLEZ, Sonia (2017): «Pautas de valoración del daño moral (Sistema legal de valoración de daños personales y el falso baremo del daño moral por prisión indebida», en GÓMEZ POMAR, Fernando y MARÍN GARCÍA, Ignacio (dirs.), *El daño moral y su cuantificación*, Bosch, Madrid (2ª. ed.), pág. 150.

ral como daño autónomo. Así, únicamente añade una cantidad de dinero —en concepto de daño moral— a los siguientes daños corporales:

i. «La secuela o secuelas físicas o estéticas muy graves (…) [las cuales] dan lugar a una indemnización complementaria por daño moral»[152].

ii. «Los familiares de la víctima que merezca la consideración de gran lesionado podrán recibir una indemnización por daño moral asociado a la sustancial alteración de la vida y la convivencia»[153].

Hemos de tener en cuenta, además, que en este no se parte de la plena salud del perjudicado, pues el accidentado en tráfico no tiene en principio ninguna patología previa que sí tiene el ciudadano que acude a un servicio sanitario para ser diagnosticado o tratado. Entendemos, por ello, que el esperado baremo sanitario específico sería un instrumento necesario para lograr la seguridad jurídica y la ecuanimidad de las indemnizaciones.

B. Discrecionalidad judicial

La determinación del *quantum* indemnizatorio es un juicio de valor reservado a los Tribunales de instancia porque «la valoración probatoria no es revisable en sede casacional salvo arbitrariedad, irracionalidad o conculcación de las reglas de valoración»[154]. Ello es así, porque «han de respetarse los hechos de la resolución recurrida, siendo inadmisible la casación cuando se parte de conclusiones fácticas contrarias o distintas»[155].

---

152 *Idem.*

153 *Idem.*

154 Entre otras, FJ 5 STS de 3 de mayo de 2012 (núm. rec. 2389 y [*Tol 2533070*]).

155 FJ 3 STS de 3 de mayo de 2012 (núm. rec. 2046/2009 y [*Tol 2525384*]). Tal y como afirma la STS de 27 de noviembre de 2012 (núm. rec. 4981/2011 y [*Tol 2709008*]), «la cuantía indemnizatoria por daño moral no es revisable en sede casacional, pues constituye una cuestión de hecho. Hasta el punto de que (…), aunque el Tribunal de Casación tenga un criterio distinto al de instancia respecto de la cuantía de reparación de un concreto perjuicio moral, no le está permitido corregir la evaluación que hubiese efectuado el Tribunal sentenciador si éste ha respetado ese único requisito controlable en casación, que es la razonabilidad y la ponderación de la indemnización fijada en atención a los hechos declarados probados por la propia Sala de Instancia» (FJ 5). En idéntico sentido se ha pronunciado la STS de 19 de julio de 2011 (núm. rec. 353/2010 y [*Tol 2204077*]),

El motivo de esta limitación se debe a que el importe de la indemnización depende de las características de cada daño y, por esta razón, es una cuestión de hecho, cuya solución depende de la valoración del material probatorio que han de hacer los tribunales de instancia. Además, «ha de tenerse en cuenta que el resarcimiento del *daño moral* (...), carece de módulos objetivos, lo que conduce a valorarlo en una cifra razonable, que como señala la jurisprudencia, siempre tendrá un cierto componente subjetivo»[156].

Así, podemos encontrar algunos fallos que han apreciado una valoración arbitraria del daño moral. En nuestra opinión así ha ocurrido en la STSJ de Madrid de 14 de abril de 2014, en la que se reconoció «prudencialmente» «la cantidad total de 100.000 euros» por los daños causados por una infección provocada por el olvido de una gasa en la cadera[157]. Otro supuesto es el recogido en la sentencia de 2 de junio de 2015, del JCA núm. 14 de Madrid, en un supuesto de contagio de la hepatitis C por uso de material contaminado[158].

---

156 FJ 4 STS de 9 de junio de 2009 (núm. rc. 1822/2005 y [*Tol 1554123*]).

157 FJ 7 STSJ de Madrid 304/2014, de 14 de abril de 2014 (núm. rec. 673/2011 y [*Tol 4516142*]). En esta ocasión, la Sala, en un caso de infección causada por el olvido de una gasa en una intervención de prótesis, que obligó a su retirada y posterior colocación, apoyándose en la dificultad de cuantificar este tipo de daños, fijó, sin mayor motivación, una indemnización de 100.000 euros, de los cuales un 10 por ciento se concedieron al esposo por la alteración de su vida por los cuidados a la esposa y el resto a la paciente. En nuestra opinión, cabe reprochar a esta sentencia la falta de motivación y ponderación de las circunstancias tenidas en cuenta.

158 FJ 2 SJCA núm. 14 de Madrid 226/2015, de 2 de junio, Para el juzgado, en esta ocasión, el contagio de la hepatitis C por empleo de un equipo contaminado, justificó una indemnización a tanto alzado «en uso de la libertad estimativa que todo tribunal de justicia tiene para casos en que no hay norma legal que expresamente regule el supuesto, o la que hubiere no puede ser directamente aplicada». Así, actuó «por arbitrio que está implícitamente reconocida en los arts. 9.2 y 103 CE (sujeción a la Constitución y al resto del ordenamiento jurídico; sujeción a la Ley y al Derecho); y en los arts. 1.2, 1.3 y 1.7 del CC (aplicación subsidiaria de la costumbre y complementaria de los principios generales del Derecho; prohibición del "non liquet"), entre otros; en definitiva: decidiendo de manera arbitrada (y, como tal lícita) que no arbitraria (lo que sería un ilícito por ir contra la prohibición contenida en el art. 9.3 CE)» (FJ 5).

C. Valoración global

La jurisprudencia se ha decantado por una valoración global del daño moral que «derive de una apreciación racional aunque no matemática»[159]. A estos efectos, «la doctrina jurisprudencial tiene en cuenta las circunstancias concurrentes en cada caso concreto, y frecuentemente atiende a la edad, necesidad de la intervención, secuelas producidas, evolución y/o irreversibilidad de las mismas, y perdida de la calidad de vida»[160].

En efecto, con respecto al daño moral, los tribunales tras resaltar la dificultad de cuantificarlo, incluso para resarcir la ausencia o insuficiencia del consentimiento informado, suelen señalar la cuantía «de un modo estimativo atendiendo a las circunstancias concurrentes, sin que, ni siquiera con carácter orientativo, proceda fijar la cuantía de la indemnización con base en módulos objetivos o tablas indemnizatorias como las contempladas en las resoluciones de la Dirección General de Seguros y Fondos de Pensiones»[161].

En atención a la dificultad de cuantificar el daño moral, tanto la jurisprudencia como la doctrina legal, en ocasiones, justifican su valoración acudiendo a la equidad. Ello obedece, realmente, a la imposibilidad cierta de servirse o acudir a un criterio diferente, teniendo en cuenta la ausencia de valor de mercado del mismo y las controversias existentes en cuanto a la aplicación del baremo de tráfico a estos daños. Para este tipo de daño, que no tiene plena cabida en las tablas, su aplicación llega a forzar la norma obteniendo resultados incoherentes y poco razonables.

En definitiva, las orientaciones jurisprudenciales relativas a la determinación de la indemnización por daños morales conducen a la ponderación de las circunstancias concurrentes, tanto personales como patrimoniales de la víctima y de sus allegados, teniendo en cuenta además la práctica cotidiana de los Tribunales de Justicia en casos similares. Todo ello, a fin de lograr la razonabilidad en su compensación, y dar así cumplimiento a lo que ha señalado la STS de 20 de julio de 1996 como «el único requisito jurisprudencialmente declarado de resultar razonable y ponderada para compensar el daño [moral] realmente sufrido»[162].

---

159 FJ 2 STS de 3 de enero de 1990 (Roj: STS 21/1990).

160 FJ 11 STSJ de Madrid 1037/2021, de 29 de diciembre (núm. rec. 130/2020 y [*Tol 8799656*]).

161 FJ 4 STSJ de Madrid de 11 de mayo de 2016 (recurso 1018/2013 y [*Tol 5753802*]).

162 FJ 4 STS de 20 de julio de 1996 (núm. rec. 2297/1994 y [*Tol 5141884*]).

En el contexto expuesto, y cuando se trata de daños morales, el deber de motivación de las decisiones adquiere una mayor relevancia por la especial naturaleza de esta clase de perjuicios. Por ello, según nuestro parecer, es obligado justificar: qué hechos lesivos constituyen la causa; qué partidas son las que se indemnizan; qué razonamientos han llevado a dar por ciertos los mismos; y la justificación de la coherencia de la decisión final. Sin embargo, más que realizar tal motivación, los Tribunales parecen venir empleando meras fórmulas de estilo huecas y sin contenido alguno, lo que no permite conocer el razonamiento jurídico del sentido de la resolución final, y hace imposible extraer criterios claros y uniformes.

2) Baremo de accidentes de tráfico

El problema que se plantea, realmente, es la necesidad de lograr un equilibrio entre un criterio subjetivo que tenga en consideración las circunstancias del caso concreto[163] y, una serie de criterios homogéneos en relación al daño común, que aporten seguridad jurídica y permitan reducir la litigiosidad. No obstante, no resulta una tarea sencilla. Como decimos, se suelen fijar las indemnizaciones de forma global, sin desglosar las partidas o conceptos indemnizatorios, lo que no permite extraer criterios para su armonización y, además, porque al tratarse de una cuestión de hecho no revisable en casación, el TS no puede cumplir aquí su papel unificador de criterios judiciales.

Para autores como PINTOS la solución a estos problemas pasaría por realizar una evaluación mediante baremos. En su opinión, si bien, «el baremo no elimina los errores en la valoración judicial del daño sufrido por cada víctima, (…) compensa los cometidos por todas, en valores agregados. Ello presenta algunas ventajas de cara al objetivo de la compensación, igualdad, seguridad jurídica y certidumbre; y casi todas las que se me ocurre imaginar en lo concerniente al efecto preventivo de la responsabilidad civil, pues repercute en el daño moral medio en el causante una solución muy superior a la actual estimación arbitraria»[164]. Sin embargo, lo cierto es que el baremo sanitario específico no termina de ver la luz, por lo que

---

163 STSJ de Murcia 255/2020, de 5 de junio de 2020 (núm. rec. 63/2019 y [*Tol 7996887*]).

164 PINTOS AGER, Jesús (2000): «Baremos», *InDret*, núm. 1, pág. 11.

por el momento podemos atisbar que la situación actual persistirá aún en el tiempo.

A través del estudio de la doctrina legal, jurisprudencia y la dogmática de la materia, se observa una dialéctica permanente e inacabable sobre si el daño moral debe regirse por un baremo/tablas, o por el contrario ha de quedar reservado al arbitrio judicial. El abordaje del daño moral pone de manifiesto la controversia entre aquella postura que defiende su regulación mediante reglas escritas (ordenación normativa de sus supuestos y presupuestos jurídicos, y tabulación de su indemnización), y la que postula que se trata de una materia no regulable, que ha de regirse por principios generales que faciliten la labor equitativa de los tribunales.

Los Tribunales parecen estar deseosos de poder utilizar tablas, guías, baremos, reglas, sistematizaciones, o algún tipo de instrumento normativo; pero cuando han podido contar con alguno, han comprobado que se quedaba corto por la dificultad o imposibilidad de ceñir el daño moral de esa forma. Ante esta dicotomía, nuestra propuesta es partidaria de ambos sistemas, haciendo uso conjunto de lo mejor que ofrece cada fórmula: una regulación homogeneizadora de criterios básicos que garanticen una mínima objetividad, y la ponderación razonada y motivada de las circunstancias particulares de cada caso mediante el arbitrio de los juzgadores, que asegure la aplicación de justicia al supuesto concreto.

Consideramos que este enjuiciamiento, lejos de ser arbitrario, gozaría de objetividad, si se cumpliera con el deber de motivación explicando el porqué de la decisión y el proceso intelectual que la precede. De esta forma, se lograría una misma respuesta jurídica para casos homogéneos y una respuesta diferente ante casos diferentes, garantizando la ecuanimidad y objetividad de la decisión judicial.

VI. LAS MÚLTIPLES FUNCIONES DEL DAÑO MORAL EN LA RESPONSABILIDAD PATRIMONIAL SANITARIA

Siendo la reparación la finalidad que reside en la esencia de la institución de la responsabilidad patrimonial, podemos observar como en lo que respecta a los daños morales, el Derecho reacciona de manera que aquella queda relegada por otras funciones, a saber: reparadora de daños patrimoniales, preventiva, constitutiva.

1) Función reparadora de daños patrimoniales

En nuestra opinión, el daño moral no solo comprende el dolor, padecimiento o sufrimiento espiritual, sino también la privación de momentos de satisfacción y felicidad en la vida del perjudicado. Por ello, el resarcimiento no solo va a tener un fin compensatorio, sino también de *satisfacción*, lo que se ha venido a denominarse «precio del consuelo».

En la práctica, sin embargo, en vez de resarcir el dolor y la zozobra, así como el «precio del consuelo», en numerosos casos, en los que se alude al componente subjetivo en la valoración del daño moral sanitario, en realidad se está *enmascarando el reconocimiento de un daño patrimonial* del que, en ese momento, no se puede conocer su alcance. Así ocurre, especialmente, en supuestos en los que el resultado lesivo es un daño corporal invalidante y permanente o duradero en el tiempo; sobre todo, cuando va a ser otro el que haya de hacerse cargo de las necesidades del perjudicado. En supuestos como estos el Tribunal acaba indemnizando, a modo de compensación, por un sufrimiento psicológico que se enlaza con los mayores gastos que conllevará la atención al discapacitado dependiente[165].

Con tal desnaturalización del concepto de daño moral, no solo se esquivan las dificultades de valorar algunos daños patrimoniales, sino que, como señala GÓMEZ POMAR, se «evita tener que explicitar los criterios de valoración económica del daño»[166]. De esta manera, el juzgador o funcionario quedan eximidos de motivar los daños, a pesar de que esta dispensa no es aplicable a los daños morales. Con esta táctica se imposibilita el control externo de los parámetros empleados para valorar el daño encubiertamente patrimonial (por mucho que se vista de daño moral).

En nuestra opinión, esta práctica supone una perversión del sistema y de los criterios jurisprudenciales. Si bien es cierto que la indemnización en supuestos como estos tiene una finalidad compensatoria, aunque parezca que lo más equitativo sea solidarizar los gastos de estas atenciones, no creemos que sea lo más correcto que para ello los Tribunales se escuden en unos criterios reservados para otro tipo de indemnización, pues no deja de ser un fraude en la aplicación del derecho. De esta forma, con el pretexto de socializar la Justicia, esta pasa a desempeñar un papel que deberían

---

165 Son muchos los casos en los que se plasma tal actuación, pudiendo citar, a título de ejemplo, el dictamen 150/2007, de 5 de septiembre, del Consejo Consultivo de Castilla-La Mancha.

166 GÓMEZ POMAR, Fernando (2000): «Daño moral», *op. cit.* pág. 11.

ejercer el resto de Poderes Públicos, a quienes corresponde asegurar y disponer ayudas y medios para facilitar una vida digna a los discapacitados.

2) Función preventiva

Cuando a través de una sentencia se declara la responsabilidad de la Administración —y se reconoce el derecho de un particular a ser indemnizado— se señala qué es correcto y qué no lo es. Con esta práctica, no solo se demarcan las conductas de los profesionales o centros sanitarios, sino que también se previenen nuevas actuaciones lesivas, cumpliendo así una *función preventiva.*

Este fenómeno es particularmente apreciable en el deber de informar, en el consentimiento informado y en la historia clínica, donde más que indemnizar para reparar, en muchos casos, se utiliza la responsabilidad patrimonial para regular conductas de los profesionales. De esta manera se establece cuál es el contenido del consentimiento informado, cómo se ha de facilitar la información, y qué anotaciones deben reflejar el facultativo en la historia clínica, su acceso, su custodia, etc…

3) Función constitutiva

En ocasiones el daño moral, aunque se afirme que cumple una función resarcitoria, en vez de compensar un daño, lo constituye. Ejerce, por tanto, una *función constitutiva.* Así ocurre, cuando bajo el paraguas de los daños morales, los Tribunales, guiados por la no sustracción al sentimiento o la presunción de su existencia, conceden indemnizaciones por daños que carecen de esta consideración. Esta forma de actuar supone un verdadero ejercicio de justicia social que varía según caigan los casos en uno u otro tribunal o en una u otra sala o sección. Esto es lo que modernamente se conoce como «lotería judicial».

De esta manera, la doctrina legal y la jurisprudencia van acotando los ámbitos con concretas obligaciones de hacer o no hacer y, paralelamente, usando la idea de daño moral como base de un deber de reparar, se establecen o se refuerzan aquellas obligaciones. Con ello, lo cierto es que se trata más bien de forzar a la Administración a llevar a cabo una determinada actuación y no tanto el reparar los daños morales. Como se expone a continuación, esto sucede, especialmente, en el resarcimiento de la falta o defectos de la información o consentimiento informado.

4) Función sancionadora

Una resolución, administrativa o judicial, tiene carácter sancionador cuando, para el cálculo del *quantum* indemnizatorio, se atiende a la gravedad de la conducta en vez de la existencia y alcance del daño. Así ocurre cuando, como el dolor no tiene precio, la conducta del facultativo funciona como clave del cálculo de la reparación-sanción.

Lo anterior supone valorar, en vez de la lesión, la actuación del profesional, con la consecuente transformación de la naturaleza objetiva de la responsabilidad patrimonial, construida sobre el deber de reparar el daño (antijuridicidad del resultado), en un castigo de conductas subjetivamente antijurídicas (antijuridicidad de la acción). Esa *función sancionadora* parece evidenciarse en el sistema indemnizatorio que se ha configurado para los supuestos de ausencia de consentimiento informado. Al no asociarse el daño moral a secuela alguna, la incorporación —por la jurisprudencia y doctrina legal— de mecanismos indemnizatorios matemáticos, a través de la imposición de indemnizaciones-tipo (*v.gr* 6.000 euros por falta de consentimiento informado y 3.000 euros por defectos de consentimiento), los mismos funcionan *de facto* como un sistema sancionador[167].

Así, por ejemplo, los DDCJAMad de 23 de enero de 2020, 27 de julio de 2021 y 31 de agosto de 2021, por citar los más recientes, al estimar reclamaciones por ausencia de la «hoja» de consentimiento, han otorgado una indemnización de 6.000 euros[168].

---

167 Podemos observar esta práctica de atribuir a la responsabilidad patrimonial una función «cuasi-sancionadora», tanto en sentencias como en dictámenes de los distintos órganos consultivos. Por poner un ejemplo, cabe citar la STSJ de Madrid 332/2016, de 29 de junio (núm. rec. y [*Tol 5827771*]), relativa a la falta de información por no existir consentimiento informado en una intervención de prótesis. En dicha sentencia, a pesar de afirmar que se valoró la potencialidad del paciente de haber sido intervenido, así como de haber accedido a la intervención, se fijó como indemnización 6.000 euros. En idéntico sentido, el DCCMad 358/2013, de 4 de septiembre, impuso una indemnización de 6.000 euros por falta de consentimiento Informado, sin perjuicio de que la interesada no hubiera reclamado expresamente por este concepto, lo que supuso una incongruencia *extra petitum*.

168 Los DDCJAMad 25/2020, de 23 de enero, 371/2021, de 27 de julio, y 393/2021, de 31 de agosto son buena —y reciente— muestra de la parametrización de los daños morales en responsabilidad patrimonial sanitaria por infracción del consentimiento informado. Con frecuencia las indemnizaciones por falta de consentimiento informado funcionan como «cuasi sanciones» porque ni siquiera realizan

Sin lugar a dudas, la creciente incidencia del reconocimiento de los derechos del paciente conlleva que el juzgador tenga más en cuenta la gravedad de la conducta del causante que su consecuencia dañosa. En este sentido, el criterio equitativo que parece aplicarse con esta práctica conlleva un discernimiento del juez de mayor amplitud, lo que implica un mayor riesgo de realizar un juicio de culpabilidad y una condena represiva, cuando, realmente, la equidad habría de servir como elemento moderador.

En definitiva, como advierte GARRIDO, pueden «resultar perversos algunos planteamientos que confunden responsabilidad patrimonial —cuya declaración es un acto de justicia—, con la compasión [castigo] o con la generosidad, pues hemos de ser conscientes de que las indemnizaciones correspondientes lo son a cargo de los caudales públicos»[169].

VII. CONCLUSIONES

El reconocimiento de los daños morales en todos los ámbitos del Derecho ha supuesto una revalorización del concepto de persona. Como consecuencia de ello, los sentimientos, emociones, intereses y angustias son tenidos en cuenta a la hora de estimar las reclamaciones de responsabilidad patrimonial. Ello responde a una nueva visión integral del ser humano en la que se da más reconocimiento a los derechos del paciente y a la autonomía de su voluntad. En el ámbito sanitario, esta transformación se ha traducido en una mayor empatía y relevancia del paciente y sus familiares, cuyos sentimientos, emociones y pesares ya no pasan inadvertidos para el facultativo y la Administración sanitaria.

Llegados a este punto, hay que advertir que, tanto la jurisprudencia como la doctrina legal, encuentran en el daño moral:

el previo proceso intelectual de valoración de las probabilidades de no consentir, de inexistencia de exenciones de obtener ese consentimiento, o de previsibilidad del riesgo para paciente. Se pone en evidencia con ello el especial interés de nuestros Tribunales en castigar el hecho de que la información no se preste en buena forma; es decir, de reprimir y castigar lo que se entiende una mala conducta, a fin de ir consiguiendo que los centros sanitarios y las Administraciones tomen medidas para garantizar la existencia en todo caso, y sin excepción, del documento de consentimiento informado.

[169] GARRIDO MAYOL, Vicente (2004): *Responsabilidad patrimonial del Estado. Especial referencia a la responsabilidad del Estado* legislador, Tirant lo Blanch, Valencia, pág. 68.

i. Un cajón de sastre idóneo para incorporar al concepto de daño nuevos resultados lesivos que la sociedad considera relevantes. Esta evolución hace del daño un elemento o vivo y abierto, que permite adaptar la responsabilidad patrimonial a los valores sociales de cada momento.

ii. Una herramienta que posibilita hacer justicia al permitir: indemnizar, con mayor margen de arbitrio y menor control, determinados daños patrimoniales difícilmente cuantificables; engrosar el *quantum* indemnizatorio sin necesidad de justificación; resarcir perjuicios de difícil acreditación; castigar conductas o actuaciones reprobables; y constituir obligaciones exigibles a los Servicios de Salud.

Por todo ello, entendemos que el sobredimensionamiento del daño moral que viene produciéndose de un tiempo a esta parte en el ámbito de la responsabilidad patrimonial sanitaria está dando lugar a que se indemnice por ese concepto sin especificar en qué consiste o de qué forma se manifiesta el daño. Este se reconoce sin más prueba que la mera presunción del juzgador y se valora de distintas formas, mediante diferentes criterios que se aplican indistintamente y sin motivar porqué se escoge uno u otro.

Observamos, pues, que no solo asistimos a un fenómeno de sobrevaloración del daño moral, sino que, con frecuencia, se utiliza y abusa, por parte de Tribunales, Órganos Consultivos y los propios ciudadanos. Este exceso es más patente aún en casos de falta de consentimiento informado y pérdida de oportunidad.

Ello nos lleva a plantear que, de confirmarse esta tendencia, el daño moral no solo corre el riesgo de perder su auténtico sentido y su importante función, sino que además también podría terminar deformando técnicamente la institución de la responsabilidad patrimonial. Y lo que es más importante aún, esta desmesura puede transformar esta institución en un instrumento de justicia social que no le es propio y que pone en riesgo la sostenibilidad económica de los servicios de salud (a mayor actividad indemnizatoria menores prestaciones sociales). Por ello, parece conveniente imponer razonabilidad en el uso de esta importante figura, lo que podría llevarse a cabo mediante la aplicación de parámetros técnicos o criterios de racionalidad, que aseguren que el daño moral no pierda su verdadera esencia.

Bibliografía

ÁLVAREZ VIGARAY, Rafael (1966): «La Responsabilidad por daño moral», *Anuario de Derecho civil*, vol. 19, núm. 1, págs. 81 a 116

BARRIENTOS ZAMORANO, Marcelo (2008): «Del daño moral al daño extrapatrimonial: la superación del pretium doloris», *Revista Chilena de Derecho*, vol. 35, núm. 1, págs. 85-106

BARRIENTOS ZAMORANO, Marcelo (2007): *El resarcimiento por daño moral en España y Europa*. Ratio Legis, Salamanca

BAUZÁ MARTORELL, Felio José (2016): «Presunción de culpa. La deducción de negligencia en la responsabilidad patrimonial de la Administración», *Revista de Administración Pública*, núm. 201, págs. 373 a 411

BAUZÁ MARTORELL, Felio José (2017): *La presunción de culpa en el funcionamiento de los servicios públicos*, Civitas, Madrid

BLANQUER CRIADO, David (2021): *La responsabilidad patrimonial en tiempos de pandemia (los poderes públicos y los daños por la crisis de la COVID-19)*, Tirant lo Blanch, Valencia

BOIX MAÑÓ, Patricia (2019): *La acción indemnizatoria por daños no patrimoniales: una posición a favor de su transmisión mortis causa*, en BAUZÁ MARTORELL, Felio José (coord.), *Doctrina consultiva: a propósito del 25 aniversario del Consejo Consultivo de les Illes Balears*, Wolters Kluwer, Madrid, págs. 713 a 756

BOUAZZA ARIÑO, Omar (2017): «Responsabilidad por deficiencias estructurales de los hospitales públicos», *Revista de Administración Pública* núm. 202

CANO CAMPOS, Tomás (2013): «La transmisión mortis causa del derecho a ser indemnizado por los daños no patrimoniales causados por la Administración», *Revista de Administración Púb*lica, núm. 191, págs. 113 a 157

CASTRO Y BRAVO, Federico (1956): «La indemnización por causa de muerte. Estudio en torno a la Jurisprudencia del Tribunal Supremo», *Anuario de Derecho Civil*, fasc. 2

DE ÁNGEL YAGÜEZ, Ricardo (2002): «Consentimiento Informado: algunas reflexiones sobre la relación de causalidad y el daño», 2º Congreso de la Asociación Española de Abogados Especializados en Responsabilidad Civil y Seguro celebrada en Granada 14 de noviembre de 2002, pág. 1

DE MONTALVO JÄÄSKELÄINEN, Fernando y BELLVER CAPELLA, Vicente (2020): «Priorizar sin discriminar: la doctrina del Comité de Bioética de España sobre derechos de las personas con discapacidad en un contexto de pandemia». *IgualdadES*, núm. 3

DÍEZ-PICAZO y PONCE DE LEÓN, Luis (1999): *Derecho de Daños*, Civitas, Madrid

DÍEZ-PICAZO y PONCE DE LEÓN, Luis (2008): *El escándalo del daño moral*, Civitas Madrid

DÍEZ-PICAZO y PONCE DE LEÓN, Luis (2009): En torno al daño moral», *Segundas Jornadas Australes de Derecho Civil*. Patagonia, Argentina

DOMÉNECH PASCUAL, Gabriel (2017): «La cuantificación de los daños morales causados por la Administración», en GÓMEZ POMAR, Fernando y MARÍN GARCÍA, Ignacio (dirs.), *El daño moral y su cuantificación*, Bosch, Madrid (2ª ed.), págs. 518 a 555

DOMÍNGUEZ MARTÍNEZ, Pilar (2017): «Daño moral derivado de muerte y lesiones corporales», en GÓMEZ POMAR, Fernando y MARÍN GARCÍA, Ignacio (dirs.), *El daño moral y su cuantificación*, Wolters Kluwer, Madrid (2ª ed.), págs. 518 a 555

ESPUEY SERVERA, Irene (2019): «El resarcimiento de daños morales en el ámbito sanitario en los dictámenes del Consejo Consultivo de las Illes Balears. Doctrina de la pérdida de oportunidad y el consentimiento informado», en BAUZÁ MARTO-

RELL, Felio José (coord.), *Doctrina consultiva: a propósito del 25 aniversario del Consejo Consultivo de les Illes Balears,* Wolters Kluwer, Madrid, págs. 757 a 791

GALLARDO CASTILLO, María Jesús (2021): *Administración sanitaria y responsabilidad patrimonial,* Colex, La Coruña

GARRIDO MAYOL, Vicente (2004): Responsabilidad patrimonial del Estado. Especial referencia a la responsabilidad del Estado legislador, Tirant lo Blanch, Valencia

GARCÍA LOPEZ, Rafael (1990): *Responsabilidad Civil por daño moral. Doctrina y Jurisprudencia,* Bosch, Barcelona

GÓMEZ POMAR, Fernando (2000): «Daño moral», *InDret,* núm. 1

GUERRERO ZAPLANA, José (2003): *Las Reclamaciones por la defectuosa asistencia sanitaria,* Lex Nova, Valladolid (3ª ed.)

HURTADO DIAZ-GUERRA, Isabel (2022): «El impacto de la ley de autonomía del paciente en la responsabilidad patrimonial sanitaria y el papel de esta como fuente de desarrollo de los derechos de autonomía del paciente» en LIZARRAGA BONELLI, Emilio (coord.), *Ley 41/2002 de Autonomía del Paciente en su XX Aniversario. Reflexiones y Comentarios,* Aranzadi, Cizur Menor (Navarra)

LUNA YERGA, Álvaro, RAMOS GONZALEZ, Sonia y SEUBA TORREBLANCA, Joan Carles: (2002): «Falsos Positivos. La Responsabilidad Civil derivada del diagnóstico erróneo de enfermedades», *InDret*

LUNA YERGA, Álvaro: (2005) «Oportunidades Perdidas», *InDret,* núm. 2

LUNA YERGA, Álvaro (2003): «Una rodilla por otra», *InDret,* núm. 5

MACÍAS CASTILLO, Agustín (2004): El daño causado por el ruido y otras inmisiones, La Ley, Madrid

MARTÍN DEL PESO GARCÍA, Rafael (2013): «El daño moral: determinación y cuantía, algunos aspectos de su problemática jurisprudencial» en Herrador Guardia, Mariano José (dir.): *Derecho de Daños.* Aranzadi, Cizur Menor (Navarra), págs. 297 a 343

MAYOR GÓMEZ, Roberto (2015): «Los daños morales en la responsabilidad patrimonial sanitaria: análisis jurídico y práctico de las cuestiones más problemáticas» en *Gabilex,* núm. 2, págs. 7 a 34

MEDINA CRESPO, Mariano (2013): *Transmisión hereditaria del crédito resarcitorio por daños corporales. Reconocimiento y cuantía. Doctrina y jurisprudencia,* Barcelona, Bosch

MEDINA CRESPO, Mariano (2012): «Los Daños: Tipología y Valoración», Revista *Española de la Función Consultiva,* núm. 16, págs. 17-27

MEDINA CRESPO, Mariano (2011): «La ambigüedad de la jurisprudencia civil sobre la reparación íntegra y vertebrada», Revista *de la Asociación Española de Abogados Especializados en Responsabilidad Civil y Seguro.* Granada: Asociación Española de Abogados Especializados en Responsabilidad Civil y Seguro, núm 40 (2011) págs. 25-42

MEDINA CRESPO, Mariano (2007): «Bases concretas para una reforma conservadora del sistema legal valorativo», Revista *Española de Seguros,* núm. 131, págs. 271-296

MEDINA CRESPO, Mariano (2003): «El resarcimiento del lucro cesante causado por la muerte. Luces y sombras del sistema valorativo, diez años después; y, sobre todo, el indefectible porvenir», C*ongreso sobre Responsabilidad Civil. Asociación de Abogados Especializados en Responsabilidad Civil y Seguro.* Disponible en internet: www.asociacionabogadosrcs.org/congreso/5congreso/ponencias/marianoMedinaLucroCesante.pdf

MEDINA CRESPO, Mariano (2001) «El resarcimiento del Perjuicio Estético. Consideraciones doctrinales y legales a la luz del sistema de la Ley 30/1995», *Ponencia en II Congreso Nacional de Responsabilidad Civil y Seguro.* Córdoba, España; 2001. Disponible en internet: http://civil.udg.edu/cordoba/pon/medina.htm

MEDINA CRESPO, Mariano (1999): *La valoración civil del daño corporal. Bases para un tratado,* tomo IV, Dykinson, Madrid

MORENO ALEMAN, Javier (2011): «La cuantificación del daño» en Revista Española de la Función Consultiva, núm. 16, julio-diciembre, págs. 37 a 50

PANTALEÓN PRIETO, Fernando (1983): «Diálogo sobre la indemnización por causa de muerte», *Revista Actualidad Derecho Civil* (ADC), págs. 1567 a 1585

PINTOS AGER, Jesús (2001): «Baremos», *InDret,* núm. 1

QUICIOS MOLINA, Susana (2011): «El daño moral: requisitos para que proceda su resarcimiento», en HERRADOR GUARDIA, Mariano José (Coord.), *Derecho de daños,* Sepín, Madrid, págs. 559-608

RAMOS GONZÁLEZ, Sonia (2017): «Daño moral por falta de consentimiento informado», en GÓMEZ POMAR, Fernando y MARÍN GARCÍA, Ignacio (dirs.), Bosch, Madrid (2ª ed.), págs. 389 a 419

RAMOS GONZÁLEZ, Sonia (2017): «Pautas de valoración del daño moral (sistema legal de valoración de daños personales y el falso baremo del daño moral por prisión indebida)», en GÓMEZ POMAR, Fernando y MARÍN GARCÍA, Ignacio (dirs.), *El daño moral y su cuantificación* (dirs.), Bosch, Madrid (2ª ed.), págs. 107 a 156

REBÉS SOLÉ, Josep Enric (2004): «La responsabilidad patrimonial por asistencia sanitaria desde la perspectiva de los Órganos Consultivos» Revista *Española de la función consultiva,* núm. 1

SÁNCHEZ FIERRO, Julio (2014): «El cálculo de las indemnizaciones en la responsabilidad Patrimonial sanitaria: ¿un baremo "ad hoc"?», *Revista española de la función consultiva,* núm. 22, págs. 41 a 46

SANTOS BRIZ, Jaime (1989): «Los daños morales y su incidencia en el derecho de la circulación» Revista *de Derecho Privado,* Madrid, págs. 827-837

TORRE DE SILVA LÓPEZ DE LETONA, Víctor (2017): «Responsabilidad por nacimiento evitable (wrongful birth) y discapacidad», *Revista de Administración Pública,* núm. 203

VICENTE DOMINGO, Elena (1994): *Los daños corporales: tipología y valoración,* Bosch, Barcelona

PARTE III

NACIMIENTO, MODIFICACIÓN Y EXTINCIÓN DE LA RESPONSABILIDAD PATRIMONIAL SANITARIA

Capítulo 11

Nacimiento de la responsabilidad patrimonial sanitaria

Felio José Bauzá Martorell
Presidente del Consell Consultiu de las Illes Balears
Catedrático de Derecho administrativo de la Universidad de les Illes Balears

I. LA RESPONSABILIDAD SANITARIA COMO ESPECIALIDAD DE LA RESPONSABILIDAD PATRIMONIAL

«Dentro del vasto campo de la responsabilidad de la Administración el sector sanitario constituye una especie de microcosmos separado del resto, dado que en él se concitan cuestiones que le son características»[1]. Ahora bien, la responsabilidad por negligencia médica no se concibe como una disciplina autónoma en derecho público, sino que necesariamente debe enmarcarse en el contexto de la responsabilidad patrimonial.

Así, la responsabilidad medioambiental, por daños de la Administración de Justicia, la penitenciaria, la urbanística y un largo etcétera son proyecciones de la necesidad de reparar el daño ocasionado por la actividad administrativa. Ello se debe a que el ejercicio de competencias por parte de los poderes públicos se integra en un concepto amplio de servicio pú-

---

1 LÓPEZ MENUDO, Francisco, GUICHOT REINA, Emilio y CARRILLO DONAIRE, Juan Antonio (2005): *Responsabilidad patrimonial de los poderes públicos,* Lex Nova, Valladolid, pág. 118.

blico, siendo así que la responsabilidad se genera por el funcionamiento normal o anormal de los servicios públicos (art. 106.2 de la Constitución, en adelante CE).

En este sentido, la garantía patrimonial se erige como uno de los grandes principios constitucionales —junto al principio de legalidad y el sometimiento de la Administración a Derecho— que conforman el Estado de Derecho[2]. Al decir de HAURIOU, se trata de que la Administración actúe, pero que lo haga con arreglo a Derecho[3]. Por ello, cuando la Administración resulta negligente prestando un servicio público, tiene obligación de reparar o, en su caso, compensar, el daño causado. «La responsabilidad patrimonial del Estado aparece, así, como un límite del poder del Estado a favor de la libertad individual»[4].

En efecto, y sin perjuicio de antecedentes históricos[5], la salud se concibe en nuestro ordenamiento como un derecho y no tanto como un principio

---

2 SANTAMARÍA PASTOR, Juan Alfonso (2018): *Principios de Derecho Administrativo General*, tomo I (5ª ed.), Iustel, Madrid, pág. 32.

3 HAURIOU, Maurice (2002): *Précis de droit administratif et de droit public* (12ª ed.), Dalloz, París, pág. 325. La garantía patrimonial formulada por HAURIOU puede traducirse como sigue: «Hay dos correctivos de la prerrogativa de la Administración que reclama el instinto popular, cuyo sentimiento respecto al poder público puede formularse en estos dos brocardos: que actúe, pero que obedezca a la ley; que actúe, pero que pague el perjuicio».

4 GARRIDO MAYOL, Vicente (2004): *La responsabilidad patrimonial del Estado. Especial referencia a la responsabilidad del Estado legislador*, Tirant lo Blanch, Valencia, pág. 15.

5 A pesar de que la responsabilidad patrimonial no aparece en derecho positivo español hasta que se proclama en el art. 121 de la Ley de expropiación Forzosa de 16 de diciembre de 1954 (LEF), no es menos cierto que los poderes públicos se interesan por la sanidad ya en el primero tercio del siglo XIX. Así lo confirma el proyecto de Código Sanitario de 1822, que no se aprobará, o la Ley de 28 de noviembre de 1855. Le sucederá la Instrucción General de Sanidad, aprobada por Real Decreto de 12 de enero de 1904. En este sentido la sanidad pública se va extendiendo y por ello resulta necesaria su coordinación, que se lleva a cabo mediante la Ley de Coordinación Sanitaria de 11 de julio de 1934 y la Ley de Hospitales de 21 de julio de 1962. Y así se llega a la vigente Ley 14/1986, de 25 de abril, General de Sanidad, que dictan las Cortes Generales en aplicación del mandato del art. 149.1.6 CE.

Quiere ello decir que, a pesar de que hasta la LEF sigue vigente el principio de que «the King can do not wrong», por el contrario, la sanidad va adquiriendo condición de política pública. De ahí que, cuando el deber de indemnizar se haga extensivo a cualquier servicio público, la responsabilidad por actuaciones médicas

rector de la política social y económica. Es cierto que sistemáticamente la protección de la salud aparece en la Constitución Española entre los principios rectores, y tales principios tienen una eficacia jurídica inferior a los derechos fundamentales (art. 53 CE). Sin embargo, la Carta Magna reconoce el derecho a la protección de la salud (art. 43 CE) y de hecho su punto segundo atribuye la competencia a los poderes públicos para organizar y tutelar la salud pública a través de medidas preventivas y de las prestaciones y servicios necesarios[6].

En consecuencia, la actuación administrativa asistencial en materia sanitaria ha afianzado el carácter de derecho de los ciudadanos a obtener medios —nunca a garantizar un resultado, a diferencia de la medicina satisfactiva[7]— para mantener y recuperar la salud, convirtiendo la sanidad en un servicio público.

De ahí que el funcionamiento normal o anormal de la sanidad pública sea un hecho generador de responsabilidad patrimonial en los casos en que provoca un daño que la víctima no tenga el deber de soportar.

Siendo por tanto una manifestación del deber de indemnizar los daños ocasionados por acciones u omisiones llevadas a cabo durante la prestación de servicios asistenciales (como fiel trasunto del *naeminen laedere*)[8], debe significarse que la especialidad de la negligencia médica descansa en que el deber de reparar (la *restitutio in integrum*) es más amplia. Lo es por cuanto comprende no sólo un daño puntual o instantáneo, sino también las secuelas que el daño ocasiona para la salud de la víctima, que pueden ser incluso crónicas; también alcanza no sólo el daño físico, sino también el

---

se convertirá en una realidad y desencadenará todo un acervo jurisprudencial de considerable interés y no menos abundante casuística. Sobre la introducción en España de la responsabilidad patrimonial, *vid.* GARCÍA DE ENTERRÍA, Eduardo (2006): *Los principios de la "nueva" Ley de Expropiación Forzosa,* Civitas. Madrid, (2ª reimpresión).

6 Una exposición detallada de los sujetos y el contenido del derecho a protección de la salud puede leerse a FLIQUETE en el cap. 15 de esta obra (págs. 947 a 954).

7 La polémica acerca de la medicina satisfactiva como «obligación de resultado» es abordada por MANENT y ALONSO en el cap. 18, (págs. 1207 a 1227) dedicado a la responsabilidad patrimonial sanitaria en la medicina curativa y satisfactiva, al que nos remitimos.

8 SANZ GANDASEGUI, Fernando (2009): «Presupuestos de la responsabilidad administrativa por la prestación de servicios sanitarios», en DE FUENTES BARDAJÍ, Joaquín *et alteri* (dirs), *Manual sobre responsabilidad sanitaria,* Aranzadi, Cizur Menor (Navarra), pág. 189.

daño moral, que en muchos casos acompaña al daño meramente corporal; por último, el daño no sólo afecta a la víctima, sino también a sus familiares (en caso de fallecimiento o de daños a menores), motivo por el cual la legitimación de la acción de reclamación es trasladable a familiares[9] siempre que se den las circunstancias[10].

---

9 La transmisión *mortis causa* del derecho a reclamar por los daños causados al *de* cuius, es analizada en los caps. 4, 10, 12 y 13 "(págs. 296 a 324, 651 a 672, 782 a 813 y 854 a 862), escritos por MANENT, HERNÁNDEZ VILLALÓN y ALBERO, FORJÁN y YÁÑEZ, dedicados, respectivamente, al reclamante, el daño moral, la modificación y la extinción de la responsabilidad patrimonial. Adicionalmente, esta cuestión también ha sido estudiada *in extenso* por la doctrina. En este sentido puede consultarse: BOIX MAÑÓ, Patricia (2019): «La acción indemnizatoria por daos no patrimoniales: una posición a favor de su transmisión mortis causa», en BAUZÁ MARTORELL, Felio José (coord.), *Doctrina consultiva. A propósito del 25 aniversario del Consejo Consultivo de las Illes Balears.* Wolters Kluwer. Madrid, págs. 713 a 756; CANO CAMPOS, Tomás (2013): «La transmisión "mortis causa" del derecho a ser indemnizado por los daños no patrimoniales causados por la Administración», *Revista de Administración Pública*, núm. 191, págs. 113 a 157; DE LA OLIVA SANTÓS, Andrés (2016): «Transmisibilidad o intransmisibilidad del derecho a ser indemnizado por la Administración pública en razón de daños causados por el funcionamiento de servicios públicos (reflexiones sobre la naturaleza de ese derecho y una propuesta)», en BAÑO LEÓN, José María (coord.), *Memorial para la reforma del Estado. Estudios en homenaje al Profesor Santiago Muñoz Machado*, Centro de Estudios Políticos y Constitucionales, Madrid, vol. III, págs. 2763 a 2782. (REBOLLO PUIG, Manuel (2006): «Capacidad, representación y legitimación del reclamante en el procedimiento administrativo de responsabilidad patrimonial», *Revista Española de la Función Consultiva*, núm. 6., págs 51 a 86.

10 En relación con las circunstancias para que pueda reclamarse *iure hereditatis*, no deja de ser interesante el razonamiento que elabora la Sección 1ª de la Sala de lo Contencioso-administrativo del Tribunal Superior de Justicia (TSJ) del Principado de Asturias, en su sentencia 5/2021 de 15 de enero (núm. rec. 519/2019 y [*Tol 8356444*]), en un supuesto en que los herederos de un paciente fallecido formulan reclamación de responsabilidad patrimonial. La Sentencia inadmite la reclamación porque los herederos del fallecido formulan reclamación al fallecer su padre tras ser amputado del miembro inferior izquierdo con pérdida de calidad de vida. No se trata de que no se aporte pericial para acreditar el nexo causal ni los daños, sino que el paciente podía haber ejercitado en vida una reclamación por el daño sufrido y no lo hizo. En el presente caso no estamos —al decir del Tribunal— ante un perjudicado por negligencia médica que fallece y no puede ejercitar la acción, sino ante quien supuestamente sufre unos perjuicios de calidad de vida y daños morales y con posterioridad fallece por causas ajenas a la actuación sanitaria, por lo que no se trasfiere derecho a la indemnización como derecho hereditario.

Veamos a continuación la fase inicial del nacimiento de la responsabilidad patrimonial por daños en el servicio público sanitario, que se articula a partir del daño que la Administración sanitaria irroga a un particular.

II. EL DAÑO COMO ELEMENTO NUCLEAR QUE ORIGINA LA RESPONSABILIDAD SANITARIA

La responsabilidad patrimonial es lo más parecido a una ecuación matemática, en la que deviene inexcusable la presencia de tres vectores: la acción u omisión administrativa, el daño antijurídico, y muy especialmente la relación de causalidad entre ambos. La ausencia de alguno de estos tres elementos impide que aflore el deber de indemnizar.

En efecto, y al amparo de los arts. 32 y siguientes de la Ley 40/2015, de 1 de octubre, de régimen jurídico del sector público (LRJ), para que nazca la obligación de que las Administraciones Públicas respondan y reparen los daños, de acuerdo con reiterada doctrina jurisprudencial, para que nazca la responsabilidad patrimonial, deben concurrir los siguientes requisitos:

i. La realidad efectiva del daño o perjuicio causado, evaluable económicamente e individualizado respeto de una persona o de un grupo de personas.
ii. Que el daño o la lesión sufridos por la reclamante sea consecuencia del funcionamiento normal o anormal de los servicios públicos en una relación de causalidad adecuada, sin intervención de elementos alteradores del nexo causal.
iii. Ausencia de fuerza mayor.
iv. Que los reclamantes no tengan el deber jurídico de soportar el daño.

En el caso de la responsabilidad de la Administración sanitaria o con ocasión de la atención prestada por los servicios públicos de salud, la doctrina y la jurisprudencia han elaborado unos criterios que permiten concluir que, en el campo de la medicina curativa, los usuarios o ciudadanos no pueden exigir del funcionamiento de los servicios públicos un resultado conforme a lo que esperaban o de curación absoluta. Ello es así, dado que —como explican MANENT y ALONSO en el cap. 18 (pág. 1210)— se trata de una obligación de medios y no de resultados, por lo que, de acuerdo con la STS de 25 de abril de 1994, únicamente pueden exigir:

i. Una aplicación correcta de todos los medios y remedios sanitarios al alcance en el lugar y en el momento de la asistencia médica.

ii. La información al paciente o, cuando corresponda, a los familiares: del diagnóstico de la enfermedad o de la lesión; del pronóstico que del tratamiento se pueda esperar; de los medios de curación y de los riesgos que se puedan derivar y; si es el caso, de la insuficiencia de los medios disponibles, para dar opción a continuar el tratamiento en otro sitio.

iii. La continuación del tratamiento hasta que se pueda dar el alta y la información de los posibles riesgos de abandonarlo voluntariamente[11].

En este sentido, la responsabilidad patrimonial de las Administraciones Públicas en el sector sanitario público viene determinada por una serie de características propias, que resume la STS de 15 de marzo de 2018 como sigue:

> *«Más en concreto, en reclamaciones derivadas de prestaciones sanitarias, la jurisprudencia viene declarando que "no resulta suficiente la existencia de una lesión (que llevaría la responsabilidad objetiva más allá de los límites de lo razonable), sino que es preciso acudir al criterio de la lex artis como modo de determinar cuál es la actuación médica correcta, independientemente del resultado producido en la salud o en la vida del enfermo, ya que no le es posible ni a la ciencia ni a la Administración garantizar, en todo caso, la sanidad o la salud del paciente" —sentencias del Tribunal Supremo de 25 de abril, 3 y 13 de julio y 30 de octubre de 2007, 9 de diciembre de 2008 y 29 de junio de 2010—, por lo que "la actividad médica y la obligación del profesional es de medios y no de resultados, de prestación de la debida asistencia médica y no de garantizar en todo caso la curación del enfermo, de manera que los facultativos no están obligados a prestar servicios que aseguren la salud de los enfermos, sino a procurar por todos los medios su restablecimiento, por no ser la salud humana algo de que se pueda disponer y otorgar, no se trata de un deber que se asume de obtener un resultado exacto, sino más bien de una obligación de medios, que se aportan de la forma más ilimitada posible" —entre otras, sentencias del Tribunal Supremo de 10 y 16 de mayo de 2005.*
>
> *En el mismo sentido, la Sentencia del Tribunal Supremo de 9 de octubre de 2012 declaraba: "(...) debemos insistir en que, frente al principio de responsabilidad objetiva interpretado radicalmente y que convertiría a la Administración sanitaria en aseguradora del resultado positivo y, en definitiva, obligada a curar todos las dolencias, la responsabilidad de la Administración sanitaria constituye la lógica consecuencia que caracteriza al servicio público sanitario como prestador de medios, pero, en ningún caso, garantizador de resultados, en el sentido de que es exigible a la Administración sanitaria la aportación de todos los medios que la ciencia en el momento*

---

11 FJ 3 STS 349/1994, de 25 de abril, de la Sala de lo Civil (núm. rec. 1876/1991 y [*Tol 1656892*]).

actual pone razonablemente a disposición de la medicina para la prestación de un servicio adecuado a los estándares habituales; conforme con este entendimiento del régimen legal de la responsabilidad patrimonial, en modo alguno puede deducirse la existencia de responsabilidad por toda actuación médica que tenga relación causal con una lesión y no concurra ningún supuesto de fuerza mayor, sino que ésta deriva de la, en su caso, inadecuada prestación de los medios razonablemente exigibles (así Sentencia de esta Sala de 25 de febrero de 2009, recurso 9484/2008, con cita de las de 20 de junio y 11 de julio de 2007).

Con esto queremos decir que la nota de objetividad de la responsabilidad de las Administraciones Públicas no significa que esté basada en la simple producción del daño, pues además este debe ser antijurídico, en el sentido que no deban tener obligación de soportarlo los perjudicados por no haber podido ser evitado con la aplicación de las técnicas sanitarias conocidas por el estado de la ciencia y razonablemente disponibles en dicho momento, por lo que únicamente cabe considerar antijurídica la lesión que traiga causa en una auténtica infracción de la lex artis (...)".

[...] *Reiterando dichos conceptos la sentencia del Tribunal Supremo de 29 de junio de 2011, nos recuerda que "La observancia o inobservancia de la lex artis ad hoc es, en el ámbito específico de la responsabilidad patrimonial por actuaciones sanitarias, el criterio que determina, precisamente, la ausencia o existencia de tal responsabilidad de la Administración.*

[...] *Y, la sentencia del Tribunal Supremo de 10 de octubre de 2011, respecto de los requisitos para la indemnizabilidad del daño, esto es, antijuridicidad y existencia de nexo causal, también nos recuerda la doctrina jurisprudencial, expresando que conforme a reiterada jurisprudencia (STS de 25 de septiembre de 2007, Rec. casación 2052/2003 con cita de otras anteriores) la viabilidad de la responsabilidad patrimonial de la administración exige la antijuridicidad del resultado o lesión siempre que exista nexo causal entre el funcionamiento normal o anormal del servicio público y el resultado lesivo o dañoso producido»*[12].

Por último, no debe olvidarse que el daño debe ser imputable a la Administración, de lo contrario no es posible hablar de responsabilidad patrimonial. Por este motivo, a continuación desarrollamos esta idea a partir de las formas de producirse el daño, sus requisitos, el necesario carácter antijurídico del mismo y la doctrina del daño desproporcionado.

1) Formas de producirse un daño

Si un rasgo caracteriza al daño, como elemento de la responsabilidad patrimonial sanitaria, es su amplitud. A ello hay que añadir que la identificación del deber de responder con la infracción de la *lex artis* ha permitido acoger, en esta materia, la teoría de la presunción del daño. En tercer lugar, ese daño ha de imputarse a la Administración sanitaria, considerada

---

12 FJ 10 STS 418/2018, de 15 de marzo (núm. rec. 106/2016 y [*Tol 6556359*]).

también *lato sensu* porque comprende a sus contratistas, y a estos efectos es indiferente que la indemnización sea satisfecha por una aseguradora.

A. Amplitud del concepto de actuación médica

La acción u omisión de la actuación médica, eventualmente generadora de un daño, se concibe en términos sumamente amplios, por cuanto la concepción reparadora del deber de indemnizar hace que la actividad administrativa comprenda cualquier medida.

En este sentido, dentro del concepto de acción u omisión, tienen cabida: las intervenciones quirúrgicas en sí; la contracción de infecciones nosocomiales en un centro médico u hospitalario públicos, las transfusiones (según el estado de la ciencia en cada momento); los retrasos y los errores de diagnóstico (la pérdida de oportunidad terapéutica); la falta o insuficiencia de consentimiento informado, la asistencia a un parto, e incluso la aplicación de productos defectuosos (piénsese en prótesis y apósitos).

En este punto aflora en toda su extensión la inevitable casuística, que hace que no se pueda elaborar una teoría general sobre la responsabilidad patrimonial y que el derecho positivo sólo pueda limitarse a configurar unos principios generales, y la jurisprudencia aplicarlos a cada caso concreto[13].

En materia sanitaria no es aventurado advertir que la actuación médica —sin dejar de ser importante— cede en importancia frente al daño. Lo que realmente genera el deber de indemnizar es que la víctima haya sufrido un daño. Evidentemente, este resultado dañoso debe provenir de una actuación (positiva o negativa) administrativa, y de hecho ahí radica uno de los componentes de la ecuación que decíamos; pero insisto en que —a los efectos de generar la responsabilidad patrimonial— es indiferente que la actuación médica sea una u otra, porque lo importante será el daño que

---

[13] La inevitable casuística de la responsabilidad patrimonial sanitaria hace que la doctrina jurisprudencial y consultiva en algunos casos sea incoherente y hasta contradictoria, de manera que el mismo supuesto puede encontrar soluciones dispares. No en vano NIETO ya definió tempranamente la responsabilidad «como un juego de azar o una adivinanza». NIETO GARCÍA, Alejandro (1975): «La relación de causalidad en la responsabilidad del Estado», *Revista Española de Derecho Administrativo,* núm. 4. págs. 90 a 95.

sufre la víctima y que no tenía la obligación de soportar[14]. A partir del daño antijurídico, se identifica la acción u omisión.

En este sentido, constituye una actuación médica generadora de responsabilidad la mera infracción de la *lex artis ad hoc*; de ahí que digamos que la actuación administrativa se conciba en términos sumamente amplios, capaces de albergar cualquier actividad o inactividad.

B. La presunción de negligencia

De hecho y en línea con lo anterior, en ocasiones el daño llega a presumirse, porque —de acuerdo con la teoría de la presunción de culpa— existen daños que sólo pueden haber sido causados a partir de una negligencia médica[15].

En este sentido, puede afirmarse que «la presunción de culpa constituye una novedad en un ordenamiento como el español, de corte continental, en el que procesalmente la regla general consiste en el principio de aportación, de suerte que la deducción de negligencia solo puede aplicarse por el operador jurídico con una interpretación restrictiva»[16].

---

[14] En relación con el carácter preponderante del daño —y consecuente relativización de la actuación médica-De hecho, la jurisprudencia confirma esta consideración y no en vano la Sala de lo Contencioso-administrativo del Tribunal Supremo (TS) en su sentencia de 14 de octubre de 2002 (núm. rec. 5294/1998 y [*Tol 1717373*]) señala que «lo relevante en materia de responsabilidad patrimonial de las Administraciones Públicas no es el proceder antijurídico de la Administración, dado que tanto responde en supuestos de funcionamiento normal como anormal, sino la antijuridicidad del resultado o lesión» (FJ 7).

[15] BAUZÁ MARTORELL, Felio José (2017): *La presunción de culpa en el funcionamiento de los servicios públicos*, Civitas, Madrid.

[16] BAUZÁ MARTORELL, Felio José (2016): «Presunción de culpa. La deducción de negligencia en la responsabilidad patrimonial de la Administración», *Revista de Administración Pública*, núm. 201, pág. 375. Sobre la presunción de culpa cabe reparar en el hecho de que «hasta hace unos años resultaba ajeno a toda duda que la responsabilidad era eminentemente objetiva, y que —si son indemnizables los daños que el perjudicado no tiene el deber jurídico de soportar— la antijuridicidad se proyectaba en la sola existencia de la lesión. En este sentido la responsabilidad de la Administración o era objetiva o no era. De acuerdo con esta consideración no se planteaba la culpabilidad de la acción; el resultado lesivo, por el mero hecho de generarse, ya era determinante del deber de indemnizar» BAUZÁ MARTORELL, Felio José (2014): «Algunas precisiones sobre el elemento subjetivo en la responsabilidad patrimonial por asistencia sanitaria», *Revista Espa-*

En efecto, la presunción de culpa hunde sus raíces en el derecho norteamericano del siglo XIX en torno a la teoría de *res ipsa loquitur*[17]. Esta idea se acuñó jurisprudencialmente para aquellos casos en que no se puede determinar con exactitud la acción dañosa, si bien existe con incontestable certeza un daño que hay que reparar. De ahí que los Tribunales entendieran que —producido un daño— forzosamente tiene que haberse producido una acción de la que trae causa, porque «las cosas hablan por sí mismas»[18].

ñola de la Función Consultiva, núm. 22, pág. 60. En la línea del carácter objetivo de la responsabilidad patrimonial, en el cap. 14, BLANQUE desarrolla —partiendo de los postulados de GARCÍA DE ENTERRÍA y LEGINA— la forma en que se imbrica el carácter objetivo de la responsabilidad patrimonial con la regla de la *lex artis* (págs. 911 a 920).

17 Como afirma GALLARDO, lo que individualiza la teoría *res ipsa loquitur* es la «evidencia circunstancial que crea una deducción de negligencia. [Por ello, para esta autora, esta doctrina] se construye sobre un hecho tan evidente del que se infiere la culpa y se presupone la relación de causalidad». GALLARDO CASTILLO, María Jesús (2021): *Administración Sanitaria y Responsabilidad* Patrimonial, Colex, La Coruña, págs. 130 y 131. Según ha expuesto MALDONADO en el cap. 3, la regla *res ipsa loquitur* (pág. 190) se caracteriza por activar una presunción *iuris tantum* de culpabilidad por la producción de un resultado derivado de una actuación culposa o negligente que puede ser desvirtuada mediante la explicación del origen del daño. A ello cabe añadir, según afirma esta autora que, en puridad, la regla *res ipsa loquitur* no provoca una inversión de la carga de la prueba, sino una alteración de los cánones de la carga de la prueba, ni transforma en objetiva la responsabilidad porque la presunción de culpa puede ser desvirtuada mediante la prueba del origen del daño. Esta cuestión no es del todo pacífica. De hecho, en esta misma obra, GRANADO, en el cap. 17 (págs. 1147 a 1148), dedicado monográficamente a la doctrina del daño desproporcionado, mantiene que esta teoría despliega sus efectos al margen del elemento culpabilístico de la responsabilidad. Para GRANADO la doctrina del daño desproporcionado es neutral respecto a la objetividad característica de la responsabilidad patrimonial de la Administración. Como consecuencia de lo anterior, este autor sostiene que el daño desproporcionado no es un parámetro intercambiable con las doctrinas de la culpa virtual (*faute virtuelle*), de la apariencia (*anscheinsbeweis*); de la mayor facilidad probatoria (*prima facie*); y de la doctrina de la notoriedad (*res ipsa loquitur*).

18 El primer caso documentado de aplicación de la regla *res ipsa loquitur* es la sentencia *Byrne vs. Boadle* de la Court of Exchequer (1863), en el que el demandante fue víctima de la caída de un barril de harina desde un segundo piso. El demandante, a quien correspondía la carga de la prueba, no pudo explicar cómo ocurrieron los hechos, y por ello el ponente Barón Polock tuvo que interpretar que el barril se encontraba bajo el control del demandado, y que por consiguiente sólo podía existir negligencia en la custodia del mismo.

Se trata, como puede apreciarse, de una deducción de la responsabilidad a partir del daño, si bien tiene una consistencia mayor que una mera conjetura. En la presunción de culpa se alcanza la convicción, razonada, de que sólo una negligencia ha podido causar el daño y que la falta de diligencia es atribuible a la persona o personas que tenían encomendada la responsabilidad de una materia, es decir, aquellos que tenían el bien bajo su esfera de dominio o control.

Así nació la presunción de culpa, que pasó al derecho europeo en diferentes épocas y con distintas teorías. En Alemania el *Reichsgericht* aplicó por vez primera la doctrina del *Anscheinsbeweis* como una regla sobre la carga de la prueba en 1900, aunque a partir de la Sentencia de 23 de noviembre de 1930 la consideró una regla sobre la valoración de la prueba, que es como la aplica a día de hoy el *Bundesgerichtshof*[19].

En Francia por ejemplo y sin perjuicio de antecedentes inmediatos, aparece la doctrina de la *faute virtuelle* en la Sentencia de la Cour de Cassation de 28 de julio de 1960, que acuña la teoría de la culpa virtual, también conocida como *presomtion de faute*[20].

En Italia, por su parte esta teoría se importa tardíamente; se conoce como *prima facie,* y aparece por vez primera en la Sentencia 6141 de la Corte di Cassazione Civile de 21 de diciembre de 1978, reiterada en Sentencia de 16 de noviembre de 1988. Esta interpretación jurisprudencial apunta a que, en el ámbito sanitario cuando se trate de intervenciones normales que no exijan la solución de problemas técnicos complejos, o de terapias suficientemente experimentadas donde el logro del resultado es la regla general, el juez puede estimar mediante una presunción simple que el error que ha provocado el suceso sea *per se* suficiente para establecer la culpa del profesional.

En España, la recepción de esta figura se produce con la teoría del daño desproporcionado, que analizamos en su epígrafe correspondiente. En

---

19 En relación con la doctrina *Anscheinsbeweis* no puede dejar de mencionarse la Sentencia del *Bundesgerichtshof* de 10 de julio de 1956, que dedujo la negligencia porque a una paciente de diecisiete años se le hubo de practicar una mastectomía porque dos años antes, al extirpársele un tumor, le habían quedado restos de apósitos que habían impedido su curación.

20 En el caso de la Sentencia de la Cour de Cassation de 28 de julio de 1960 una paciente, después de someterse a rayos X, sufre una radio dermitis y se constata que las puertas protectoras del aparato se habían aflojado. El Tribunal se ampara en la obligación de *garde* o de vigilancia para afirmar la existencia de responsabilidad patrimonial.

cualquier caso la presunción de culpa guarda una relación muy estrecha con la responsabilidad médica y ello por dos razones:

i. La primera es porque la presunción de culpa se encuentra anudada a la negligencia, siendo fundamentalmente la responsabilidad sanitaria un asunto de negligencia médica.
ii. La segunda, porque en esta sede con frecuencia la víctima del daño se encuentra limitada en su capacidad de acreditar la acción generadora de daño. Piénsese por ejemplo cómo puede probar un paciente que un cirujano ha dejado material quirúrgico en su abdomen.

Cualquier persona sostiene que el material quirúrgico sólo puede traer causa del descuido (negligencia) del cirujano, si bien esta conclusión debe ir precedida de una fundamentación jurídica. De la misma manera que los principios generales no pueden aplicarse sin más, al margen de un razonamiento jurídico[21], asimismo la acusación de una actuación negligente no puede llevarse a cabo por simple conjetura, por muy evidente que sea. Deberá ampararse en un juicio de valor y una ponderación, y ahí radica el valor de la teoría de la presunción de culpa como doctrina jurídica.

Como puede verse, la presunción de culpa tiene un substrato marcadamente procesal, en tanto que nace para mitigar el desequilibrio que existe entre el autor y la víctima del daño en lo que se conoce como la igualdad de armas. Esta teoría contribuye a la defensa de la posición jurídica de la víctima, al objeto de evitar que su inferioridad de condiciones se traduzca en una lesión o merma de sus derechos. La presunción de culpa es analizada por MANENT y ALONSO en el marco de la carga de la prueba en el cap. 18 del tratado al que nos remitimos (págs. 1265 a 1272).

C. Imputación del daño a la Administración

Para que aflore el instituto de la responsabilidad patrimonial, resulta imprescindible que el daño sea atribuible a la Administración.

En una primera aproximación, este requisito aparenta ser redundante. Sin embargo, la gestión privada de la sanidad pública, o la actuación de agentes concretos de la sanidad, pueden plantear dudas en muchos casos acerca del carácter público de la acción u omisión lesiva.

---

[21] SANTAMARÍA PASTOR, Juan Alfonso (2013): *Los principios jurídicos del derecho administrativo*. Wolters Kluwer, Madrid, pág. 50.

En efecto, esta última consideración significa que la actuación médica que genera el daño debe ser la propia de la sanidad pública, siendo indiferente que pueda residenciarse la autoría material en personal médico-sanitario concreto[22]. En la Ley 30/1992, de 26 de noviembre, de régimen jurídico de las Administraciones Públicas y del procedimiento administrativo común (LRJPAC-92), ya se superó la opción que asistía a la víctima de reclamar frente a la Administración o al agente concreto que había causado el daño. Por ello, existe unanimidad en considerar que la responsabilidad de la Administración es siempre directa y que ello no obsta a que la Administración no pueda ejercer la acción de repetición contra el concreto agente causante de la lesión en caso de dolo, culpa o negligencia grave (art. 36 LRJ)[23].

Otra cosa son los supuestos de los contratos de seguro con entidades privadas o el de la sanidad concertada, en los que —como explican con mayor detalle CARRILLO y VIDAL en los caps. 8 y 6 (págs. 735 a 737 y 358 y 359, respectivamente— se pueden plantear problemas de jurisdicción competente[24].

---

22 En relación con la responsabilidad de los facultativos, incluso es posible que el médico autor de una lesión no se haya identificado en un procedimiento, como es el caso analizado por la STS de 19 de mayo de 2015 (núm. rec. 4397/2010 y [*Tol 5173539*]). En ella se afirmó que «*resultaba* especialmente relevante (...) la falta de identificación del facultativo que practicó el implante, cuya declaración hubiera, sin duda, arrojado luz sobre la cuestión. [A ello añadió que] este extremo *era* importante (...) porque esa identificación no fue posible por exclusiva responsabilidad del centro médico: el Jefe del Servicio de Obstetricia informó, en la fase de instrucción del procedimiento administrativo, que "no *quedaba* claro quién hizo realmente la inserción del dispositivo", lo que provocó (...) que no pudiera ser citado como testigo en sede judicial, como pretendió sin éxito la demandante». En estos casos los Tribunales de Justicia no tienen reparos en condenar a la Administración porque la falta de acreditación del personal concreto no impide determinar que la negligencia se llevó a cabo en el centro hospitalario de que se trate.

23 Esta cuestión —la repetición de la Administración sanitario contra sus facultativos y demás personal sanitario— ha sido abordada en el cap. 5 por BLANQUER (págs. 386 a 392), en el que se expone, al caracterizar a la Administración sanitaria, los requisitos que deben darse para que pueda esta pueda exigir responsabilidad al facultativo que provocó la lesión.

24 VILLAR ROJAS, Francisco José (2007): «La concesión como modalidad de colaboración privada en los servicios sanitarios y sociales», *Revista de Administración Pública,* núm. 172, págs. 141 a 188. En el cap. 8 CARRILLO explora las peculiaridades del aseguramiento de la responsabilidad patrimonial. Así expone cuales

i. En el primer caso la tramitación del procedimiento y su resolución corresponden a la Administración, independientemente de que la satisfacción económica de la indemnización corresponda a la compañía aseguradora.

ii. En el segundo supuesto, el de la actuación de la Administración a través de un centro concertado, la jurisprudencia —no sin reconocer la tradicional confusión en cuanto a legitimación en casos de actuación de concesionarios[25]— viene manteniendo el criterio de

---

son —según su parecer— los motivos que justifican este tipo de contratos y la habilitación legal con la que cuentan (págs. 523). Por parte, VIDAL, en el cap. 6 (págs. 409 a 415), analiza los distintos pareceres —por un lado, la doctrina legal y por otro la jurisprudencia— sobre el alcance, respecto de los contratistas, de las resoluciones que ponen fin a procedimientos de responsabilidad patrimonial cuando la asistencia sanitaria sostenida con fondos públicos es dispensada por ellos.

25 Prueba de la tradicional confusión en cuanto a la legitimación en casos de actuación de concesionarios es la STS 2295/2016, de 25 de octubre, de la Sala de lo Contencioso-administrativo (núm. rec. 2537/2015 y [*Tol 5857355*]). En dicho fallo el TS afirmó que, «en relación con dicho debate es quizás una de las cuestiones de más honda polémica en nuestro Derecho que se incardina en la no menor confusión que en nuestro Derecho ha existido sobre la propia institución de la responsabilidad patrimonial de las Administraciones, al menos en lo que a los trámites para su reclamación, dada la línea fronteriza que hay entre la responsabilidad de las Administraciones y los particulares cuando actúan vinculados a ellas. Ese debate sobre la responsabilidad de los daños ocasionados por los concesionarios o contratistas, de la lesión en sentido más propio del ámbito administrativo, viene propiciado por el hecho de que el concesionario es un delegado de la Administración, en el sentido estricto y técnico del vocablo, esto es, un sujeto que asume el ejercicio de funciones administrativas cuya titularidad se reserva la Administración. Y esa asunción de actividades administrativas se produce tanto cuando actúa en esas funciones propias de los servicios públicos, como cuando lo hace "en el giro o tráfico normal de su empresa", como se declara en la sentencia de este Tribunal de 9 de mayo de 1989, dictada en el recurso de apelación 616/1987, en la que se hace un examen detallado de la regulación de esa responsabilidad conforme a la legislación de la época, de gran similitud a la actual, como después se verá.

Sin perjuicio de la polémica de que ha venido teñida esta cuestión en nuestro Derecho y la confusión que se generó en relación con el denominado peregrinaje judicial, al momento presente, que es lo que interesa, la cuestión viene regulada, en efecto y como se argumenta en el recurso, en los artículos 121.2° de la Ley de Expropiación Forzosa de 1954 conforme al cual cuando se hubiese ocasionado una lesión por un servicio público "concedido... la indemnización correrá a cargo del concesionario", salvo que la lesión estuviera propiciada en una cláusula impuesta por la Administración concedente. Se añadía en el artículo 123 que en tales supuestos el particular lesionado debía dirigirse a la Administración concedente, que estaba obligada a resolver "tanto sobre la procedencia de la indemnización como sobre quién debe pagarla", añadiendo el precepto que "esta resolución dejará abierta la vía contencioso-administrativa, que podrá utilizar el particular o el concesionario, en su caso." No es este el momento de detenernos en el largo y tortuoso recorrido que ese régimen ha tenido en los años de vigencia de los dos preceptos que, como ha puesto de manifiesto la doctrina, trasciende incluso a la promulgación de la Ley de Régimen Jurídico de las Administraciones Públicas y del Procedimiento Administrativo Común que establecía una nueva regulación de la institución de la responsabilidad, lo cual llevó incluso a este Tribunal a una jurisprudencia no del todo coincidente, como se deja constancia en la sentencia de este Tribunal de 30 de octubre de 2003 (recurso de casación 3315/1999), haciéndose eco de lo que ya había declarado la anterior sentencia de 30 de abril de 2001 (recurso de casación 9396/1996) que al interpretar el artículo 134 del viejo Reglamento de Contratos del Estado —cuyo contenido nos interesa retener— estimó que la tesis correcta en esa interpretación, dentro de las dos posiciones que se habían acuñado por la doctrina e incluso por la misma jurisprudencia de la Sala —de la que se deja abundante cita— era la que consideraba que el mencionado precepto lo que establecía era la posibilidad del perjudicado de ejercitar una "acción dirigida a obtener un pronunciamiento sobre la responsabilidad en atención al reparto de la carga indemnizatoria en los términos del propio precepto; es decir, que la Administración declarará que la responsabilidad es del contratista, salvo que exista una orden de aquélla que haya provocado el daño o salvo que el mismo se refiera a vicios del proyecto. En los demás supuestos la reclamación, dirigida ante el órgano de contratación, será resuelta por la Administración, decidiendo la responsabilidad que debe ser satisfecha por el contratista...".

Interpretados los mencionados preceptos de la vieja Ley de expropiación y delimitado por la legislación sobre contratación, debemos recordar que al momento de autos esa legislación sobre contratos está referida al invocado Texto Refundido de la Ley de Contratos del Sector Público, aprobado por Real Decreto Legislativo 3/2011, de 14 de noviembre; más concretamente a su artículo 214 que establece en su párrafo primero la regla general, ya establecida en la vieja Ley de expropiación, que en el supuesto de que un servicio objeto de concesión ocasionara daños y perjuicios a terceros es "obligación del contratista". No obstante, en el párrafo segundo y como ya venía siendo tradicional desde aquella Ley, se excluye la responsabilidad del contratista cuando el daño sea consecuencia "inmediata y directa" de órdenes dadas por la Administración concedente. La cuestión surge porque en uno u otro supuesto el devenir procedimental y procesal es diferente, porque así como la exigencia de responsabilidad en el supuesto de que sea imputable al concesionario deberá hacerse valer por la vía ordinaria del proceso civil y ante ese Orden Jurisdiccional —en este sentido Auto de la Sala de Conflictos de Jurisdicción de 24 de abril de 2015 (ECLI:ES:TS:2015:2965ª)—; en el supuesto de que se impute el daño al concesionario, pero por órdenes impuestas por la

la responsabilidad de la Administración en tanto titular del servicio, por encima de la prestación material por parte de la entidad privada[26]. Y ello sin perjuicio de que la Administración sanitaria pueda repetir del centro concertado el importe de la indemnización satisfecha[27].

Administración, siendo esta la responsable, el régimen de responsabilidad sigue los trámites procedimentales y procesales establecidos con carácter general para la responsabilidad patrimonial de las Administraciones Públicas.

Así pues, cuando el daño se impute a un concesionario —o contratista—, de conformidad con lo establecido en los mencionados preceptos, el perjudicado ha de dirigirse contra la Administración titular del servicio y otorgante de la concesión; debiendo ésta, con audiencia de todas las partes afectadas, determinar si la imputación del daño ha de realizarse, conforme a ese sistema de reparto de responsabilidad, bien al concesionario o a la Administración; dejando abierta la vía civil para aquel primer caso y la vía administrativa para la segunda.

Bien es verdad que no han faltado pronunciamientos de esta Sala en los que, ante la falta de declaración de la forma expuesta por la Administración, se declara la responsabilidad de la Administración concedente por el mero hecho de no responder a esa alternativa que, en todo caso, podrá repetir contra la concesionario si el daño surge como consecuencia de un mandato ineludible que le impuso aquella, debiendo citarse en este sentido la sentencia de 7 de abril de 2001, dictada en el recurso de apelación 3509/1992, con abundante cita de otras; en las que se funda esa imputación directa a la Administración del daño precisamente en la desatención de la petición del lesionado conforme a lo que le impone a los poderes públicos los mencionados preceptos vigentes al momento de los hechos enjuiciados, de contenido similar a los actuales» (FJ 5).

26 Este criterio jurisprudencial se incorporó al derecho positivo en la disposición adicional duodécima de la LRJPAC-92, introducida por la Ley 4/1999, de 11 de enero.

27 Así lo ha expresado la STS 1645/2018, de 20 de noviembre (núm. rec. 1685/2017 y [*Tol 6940620*]). En ella ha sentado como doctrina casacional que «cuando ante una reclamación de indemnización de daños y perjuicios por deficiente asistencia sanitaria formulada por un perjudicado a la Administración, habiéndose prestado la asistencia por una entidad privada en régimen de concierto con la Administración; si la propia Administración tramita el procedimiento y en el seno del mismo se da plena intervención a la entidad concertada, se declara en la resolución que pone fin al mismo que procede la responsabilidad y se fija las indemnizaciones procedentes, pero imputando dicha responsabilidad al centro privado concertado, imponiendo la obligación de que proceda al pago de las indemnizaciones con derecho de reintegro del centro concertado, esa misma resolución, una vez adquiere firmeza, es título suficiente para reclamar la Administración las cantidades abonadas a la entidad concertada, sin necesidad de iniciar un nuevo procedimiento a esos concretos fines» (FJ 3).

2) Requisitos del daño

La simple producción de una acción u omisión dañosa no resulta suficiente para considerar que ha nacido la responsabilidad patrimonial por negligencia médica. Para ello es indispensable que el daño sea efectivo, individualizado o individualizable, y evaluable económicamente, como exige el art. 32.1 LRJ.

A. Efectivo

Para que nazca el deber de indemnizar, debe haberse producido un daño de manera efectiva, sin que resulte suficiente una mera expectativa del daño.

Ciertamente este requisito cobra todo su sentido si se tiene en cuenta la concepción reparadora de la responsabilidad patrimonial. De hecho, el art. 106 CE (como, en el mismo sentido, el art. 32.2 LRJ) reconoce el derecho a ser indemnizado como consecuencia de haber sufrido una lesión en los bienes o derechos, y la lesión —por su propia definición— sólo puede ser efectiva: si no se hace efectiva, si no se ha consumado, no existe lesión porque sencillamente no se ha producido.

Por este motivo, no genera deber de indemnizar un daño que podría haberse producido, pero que no se ha llegado a producir; porque no es efectivo, no existe daño.

B. Individualizado o individualizable

El art. 32.2 LRJ exige que el daño sea individualizado con relación a una persona o grupo de personas.

Quiere ello decir que el daño no puede ser abstracto o genérico, sino que debe concretarse en la lesión que se hace efectiva en una víctima, ya sea individual o colectiva (en este último caso la lesión o el fallecimiento que sufre un bebé al nacer genera un daño a sus familiares, como también la muerte de una persona por negligencia médica excita el deber de indemnizar a sus familiares por daño moral).

En este sentido, no resulta admisible la invocación de un perjuicio que no se puede referir a una persona en calidad de víctima del daño.

Por último, debe observarse que la jurisprudencia —en su afán garantista y reparador— ha ampliado el requisito legal del daño individualizado al daño que sea susceptible, con una mera interpretación, de ser individualizado. Por ello al daño individualizado se le suma el individualizable como elemento necesario para generar responsabilidad patrimonial.

C. Evaluable económicamente

Pese a la histórica confrontación entre la concepción sancionadora y la vertiente reparadora de la responsabilidad patrimonial[28], es esta última la que ha acabado por imponerse, especialmente en la negligencia médica[29].

---

28 Las idas y venidas de la culpa en la responsabilidad extracontractual se explican por la concepción que se ha tenido en cada momento de esta última. Así, inicialmente la indemnización respondía a una idea de reparación-sanción por parte del causante del daño, al que se le castigaba por haber infligido una lesión, que por razones de equidad no podía quedar indemne. De ahí que en consecuencia el elemento subjetivo de la culpa fuera relevante y hasta esencial para que se estimara la reclamación. En cambio, con el tiempo esa idea cuasi sancionadora cedió ante una concepción estrictamente reparadora del daño, de manera que el acento de la institución de la responsabilidad civil o patrimonial se desplazó del autor del daño a la víctima.

29 BLANQUER, a las funciones punitiva y resarcitoria de la responsabilidad patrimonial añade una tercera función, la preventiva. En su opinión, con ella, «desde otro punto de vista (la responsabilidad patrimonial como técnica que sirve para garantizar el correcto funcionamiento de la Administración Pública), se pretende corregir el dolo, la culpa o negligencia grave de aquellas autoridades políticas o servidores públicos que provocan un mal funcionamiento de la Administración, y de esa forma no sólo dañan a un persona determinada, sino que además también perjudican los intereses generales ("garantía de la eficacia administrativa)». BLANQUER CRIADO, David (2020): *La responsabilidad patrimonial en tiempos de epidemia (los poderes públicos y los daños por la crisis de la COVID*-19, Tirant lo Blanch, Valencia, pág. 310. En efecto, este autor considera que en un primer momento la responsabilidad patrimonial fue una técnica utilizada para proteger la propiedad privada. Por ello, al concebirse como una garantía de la eficacia *erga omnes* de este derecho, la responsabilidad servía para sancionar a quien lesionaba este derecho real y consistía en una multa o sanción. BLANQUER se refiere a la existencia de una «antijuridicidad subjetiva» por contraposición a la «antijuridicidad objetiva» propia de la función resarcitoria de la responsabilidad patrimonial. En efecto, con el transcurso del tiempo, la responsabilidad patrimonial se instauró como un mecanismo para obtener la *restitutio in integrum*. En la actualidad, al prescindirse del elemento culpabilístico —y como consecuencia de desplazar el foco de atención de la persona que causaba el daño al que lo sufre— la responsabilidad patrimonial se orienta a garantizar la integridad patrimonial de aquellos perjudicados que no tienen el deber jurídico de soportar un daño. *Ibidem* págs. 306 a 310. «En definitiva, el instituto de responsabilidad patrimonial no debe ser contemplado desde la exclusiva perspectiva de las garantías patrimoniales de quien resulta lesionado

Dado que la reparación del daño, tratándose de lesiones que afectan a la salud e incluso a la vida de las personas, no es materialmente posible, sólo cabe una compensación económica; de ahí que el daño tenga que ser evaluable económicamente.

En los daños físicos (tanto impeditivos como no impeditivos) la manera de calcular el importe de la indemnización pasa por la aplicación del baremo en materia de tráfico (texto refundido de la Ley sobre responsabilidad civil y seguro en la circulación de vehículos a motor, aprobado por el Real Decreto Legislativo 8/2004, de 29 de octubre), en las cuantías que se actualizan anualmente por resolución de la Dirección General de Seguros y Fondos de Pensiones. Al haberse expuesto, por RAMOS, en el cap. 9 los criterios de valoración del daño previstos en esta norma, no es necesario ahondar más en esta materia.

El problema se plantea en los daños morales, que son difícilmente objetivables y se valoran a tanto alzado. Este tipo de daños constituyen una lesión en toda regla, y —como tal— una lesión resarcible.

Tal y como se ha expuesto HURTADO en el cap. 10 (págs. 676 a 681), el daño moral se sufraga a modo de *pretium doloris* para la víctima y de *pretium affectionis* para sus familiares[30], y se vincula a la dignidad de la persona, que se protege al más alto nivel en el art. 10 CE. No basta alegar un daño moral, como tampoco se asocia indiscutiblemente al daño físico. Desde el punto de vista de la reclamación, el problema del daño moral es doble: por un lado, tiene que ser un daño efectivo y no una mera incomodidad o inconveniencia; y por otro lado, el daño moral debe probarse, para lo cual resulta fundamental un peritaje psicológico que dé testimonio de cómo la negligencia médica ha afectado al paciente[31].

---

por la Administración. También debe velarse por la protección de los intereses públicos o generales, cuando resultan lesionados por la torpeza de las autoridades políticas, o la grave negligencia de los funcionarios y demás empleados públicos». *Ibidem* pág. 310.

30 VICENTE DOMINGO, Elena (1994): *Los daños corporales, tipología y valoración*, J. M. Bosch, ed., Barcelona, pág. 187.

31 Dada la dificultad de prueba del daño moral, la prueba pericial se convierte así en fundamental y crítica, dado que un asunto como el de la negligencia médica necesita ampararse en los conocimientos científicos. Así lo recuerda la STSJ del Principado de Asturias 201/2022 de 7 de marzo, de la Sala de lo Contencioso-administrativo (núm. rec. 576/2020 y [*Tol 8905617*]). Como afirma este TSJ, «dentro de esta actividad probatoria opera con especial relevancia la prueba pericial. No se escapa que para poder apreciar si concurre o no defectuosa praxis o lex

En efecto, el daño moral se debe acreditar, como cualquier daño, en el sentido de que la negligencia médica haya afectado al paciente hasta el punto de que le haya mermado su capacidad de autogobierno y su dignidad como persona. Algunos autores —como HURTADO— procuran facilitar el reconocimiento de daños morales abogando por la prueba del daño moral a partir de presunciones[32].

---

artis ad hoc, se hace necesario analizar y valorar la técnica medica empleada en cada supuesto y para ello es necesario un estudio técnico para la que se exigen conocimientos médicos específicos. La aportación de dichos conocimientos solo puede realizarse a través de una prueba pericial que tiende a convertirse en muchos supuestos, en el centro del recurso. La trascendencia de la prueba pericial se aprecia con más intensidad en supuestos en los que la estimación o no de la reclamación depende de que se determine si se ha producido una violación o no de la lex artis; y a partir de ahí, concluir si el daño reúne la condición de antijurídico, o si debe entenderse que es una consecuencia inherente al padecimiento mismo de la enfermedad y que, por tanto, no debe dar lugar a indemnización.

En la valoración de esta prueba, existe una constante doctrina jurisprudencial que se expresa, entre muchas otras, en la STSJ de Madrid, Secc. 10ª de 30 de diciembre de 2014, citando la jurisprudencia del TS: "Finalmente, no puede desconocerse que para la determinación de la existencia de posibles infracciones de la "lex artis" se requieren especiales conocimientos de la ciencia médica que deben ser facilitados por técnicos especializados en la materia. En tal sentido, la jurisprudencia viene sosteniendo que la valoración de los informes periciales o de técnicos peritos requiere un análisis crítico de los mismos, incumbiendo al órgano judicial valorar los datos y conocimientos expuestos en ellos de acuerdo con los criterios de la sana crítica que determina el artículo 348 de la Ley de Enjuiciamiento Civil, y debiendo atender a la fuerza probatoria de los dictámenes con base en la mayor fundamentación y razón de ciencia aportada, y conceder, en principio, prevalencia a aquellas afirmaciones o conclusiones que vengan dotadas de una mayor explicación racional. Y precisa que el principio de libre valoración de la prueba pericial permite al Juez o Tribunal decantarse por uno u otro dictamen en función de su fuerza técnica, generadora de convicción, sin que ello suponga valoración arbitraria o contraria a las reglas de la sana crítica [sentencias del Tribunal Supremo, Sala 3ª, de 20-11-2012 (recurso 5870/2011) y 21 de diciembre de 2012 (4229/2011)] ") (FJ 4).

32 En opinión de HURTADO, «para que pueda apreciarse un daño moral, se exige que al menos se pruebe la existencia de hechos básicos de los que puedan inferirse aquél si el enlace es lógico en virtud de las reglas del criterio humano, mediante la técnica de la presunción. De ahí, que no se necesite de especiales acreditaciones, en atención a la dificultad de su prueba por carecer de módulos o parámetros presumiéndose como cierto». HURTADO DÍAZ-GUERRA, Isabel (2018): *El daño moral en la responsabilidad patrimonial sanitaria*, Tirant lo Blanch, Valencia, pág. 136. Para esta autora —tal y como ha detallado en el cap. 10 de este tratado (págs. 641 a 651)— la cuestión pendiente es determinar qué daños pueden ser presumi-

La STS de 19 de mayo de 2015 recoge la doctrina sobre el daño moral, estableciendo los requisitos para su apreciación:

> «*Esta Sala ha considerado que el concepto de daño evaluable a efectos de determinar la responsabilidad patrimonial de la Administración incluye el daño moral. Sin embargo, por tal no podemos entender una mera situación de malestar o incertidumbre —ciertamente presumible cuando de una operación de vasectomía con resultado inesperado de embarazo se trata—, salvo cuando la misma ha tenido una repercusión psicofísica grave. Tampoco puede considerarse como daño moral el derivado del nacimiento inesperado de un hijo, pues nada más lejos del daño moral, en el sentido ordinario de las relaciones humanas, que las consecuencias derivadas de la paternidad o maternidad.*
>
> *Sin embargo, sí podría existir un daño moral, si concurriesen los requisitos necesarios, en el caso de que se hubiese lesionado el poder de la persona de autodeterminarse, lo que a su vez podría constituir una lesión de la dignidad de la misma. Esta dignidad es un valor jurídicamente protegido, pues, como dice el Tribunal Constitucional en la sentencia 53/1985, de 11 de abril, "nuestra Constitución ha elevado también a valor jurídico fundamental la dignidad de la persona, que, sin perjuicio de los derechos que le son inherentes, se halla íntimamente vinculada con el libre desarrollo de la personalidad (artículo 10) [...]". En efecto, como añade el Tribunal Constitucional, «la dignidad es un valor espiritual y moral inherente a la persona que se manifiesta singularmente en la autodeterminación consciente y responsable de la propia vida [...]*»[33].

Y la STSJ de Castilla y León de 9 de marzo de 2022 insiste en la dificultad de valorar el daño moral:

> «*En el mismo sentido, la ya citada sentencia de 29 de junio de 2010 señala que "esta Sala viene admitiendo (por todas Sentencia 22 de octubre de 2009, recurso de casación 710/2008, con cita de otras anteriores, reiterada en la de 25 de marzo de 2010, recurso de casación 3944/2008) que en determinadas circunstancias la antedicha infracción produce a quien lo padece un daño moral reparable económicamente ante la privación de su capacidad para decidir. También reitera esta Sala que esa reparación dada la subjetividad que acompaña siempre a ese daño moral es de difícil valoración por el Tribunal, que debe ponderar la cuantía a fijar de un modo estimativo, atendiendo a las circunstancias concurrentes"*»[34].

---

dos y cuáles no. Así, a título de ejemplo, los conocidos como daños «de rebote» por el fallecimiento de un allegado o familiar deben ser presumidos mientras no se acredite la falta de afecto.

33 FJ 6 STS de 19 de mayo de 2015, de la sección 4ª de la Sala de lo Contencioso-Administrativo (núm. rec. 4397/2010 y [*Tol 5173539*]).

34 FJ 6 STSJ de Castilla y León 317/2022, de 9 de marzo, de la sección 1ª de la Sala de lo Contencioso-Administrativo (núm. rec. 334/2020 y [*Tol 8903408*]).

En cualquier caso, como decimos, se plantea como una exigencia ineludible que el daño debe ser evaluable económicamente; en caso contrario, no puede operar el instituto de la responsabilidad patrimonial.

3) Antijuridicidad del daño

Un requisito fundamental del daño es que debe ser antijurídico, esto es, la víctima no puede tener el deber jurídico de soportar ese daño. No en vano el art. 32.1 *in fine* LRJ exime del deber de indemnizar aquellos «daños que el particular tenga el deber jurídico de soportar de acuerdo con la Ley», salvedad que reitera el art. 34.1 del mismo texto legal. Siendo la sanidad un servicio público, su prestación de manera inadecuada genera un daño antijurídico a la víctima.

Sobre el requisito de la antijuridicidad del daño, para que exista responsabilidad patrimonial de la Administración, la STSJ de las Illes Balears de 27 de octubre de 2020, remitiéndose a su sentencia de 9 de marzo de 2016, establece lo siguiente[35]:

> «*La pretensión indemnizatoria no se puede hacer descansar sin más en la doctrina del carácter objetivo de la responsabilidad de la Administración, como si ello supusiera obligación de indemnizar siempre que el daño tuviese su origen en una intervención administrativa. En este punto, y en particular para los supuestos de responsabilidad sanitaria, la Ley de Régimen Jurídico de las Administraciones Públicas y Procedimiento Administrativo Común ha sido modificada en su art. 141 por la Ley 4/1999, de modo que a su primer párrafo que rezaba: "Sólo serán indemnizables las lesiones producidas al particular provenientes de daños que éste no tenga el deber jurídico de soportar de acuerdo con la Ley", se le ha añadido: "No serán indemnizables los daños que se deriven de hechos o circunstancias que no se hubiesen podido prever o evitar según el estado de los conocimientos de la ciencia o de la técnica existentes en el momento de la producción de aquellos, todo ello sin perjuicio de las prestaciones asistenciales o económicas que las leyes puedan establecer para estos casos", con lo que el principio de la "responsabilidad objetiva" no alcanza para cubrir supuestos imprevisibles o inevitables, de tal modo que si los informes de la Ad-*

35 La doctrina de las SSTSJ de las Illes Balears de 9 de marzo de 2016 y 27 de octubre de 2020, se recoge también por las SSTS de la Sala de lo Contencioso-Administrativo, de 14 de octubre de 2002 (núm. rec. 5294/1998 y [*Tol 1717373*]), de 9 de octubre de 2012 (núm. rec. 40/2012 y [*Tol 2668624*]) y, más recientemente, 418/2018, de 15 de marzo (núm. rec. 1016/2016 y [*Tol 6556359*]), que hemos citado.

ministración atribuyen tal carácter a lo sucedido, sólo la prueba en contrario puede conducir a la estimación de la pretensión del particular»[36].

Esto nos lleva a dos cuestiones: la primera es la distinción entre el daño jurídico y el antijurídico, esto es, cuándo la víctima tiene el deber de asumir el daño irrogado, y cuándo puede reclamar porque la lesión es antijurídica; y la segunda es la necesidad de objetivar la antijuridicidad del daño, que se lleva a cabo fundamentalmente a través de la *lex artis*.

A. Daño jurídico y daño antijurídico

Es esta una distinción aparentemente compleja, si bien la jurisprudencia y la doctrina consultiva la han perfilado con cierta claridad.

1. En una actuación médica el paciente tiene el deber de soportar los daños que persistan después de la intervención, porque —como hemos adelantado y sin perjuicio de lo que añaden MANENT y ALONSO en el cap. 18 (págs. 1207 a 1227), dedicado a la medicina curativa y satisfactiva— la sanidad es una obligación de medios y no de resultados[37]. En este sentido, la jurisprudencia es muy clara a la hora de prohibir el análisis retrospectivo de una asistencia médica, partiendo de la lesión y retrocediendo en un simple automatismo hacia la actuación asistencial[38].

---

[36] FJ 3 STSJ de las Illes Balears 522/2020, de 27 de octubre (núm. rec. 351/2017 y [*Tol 8217303*]). Esta sentencia, a su vez, se remite a la STSJ de las Illes Balears 115/2016, de 9 de marzo de 2016 (núm. rec. 388/2014 y [*Tol 5691096*]).

[37] La STS 232/2022, de 23 de febrero, de la Sección 5ª de la Sala de lo Contencioso-administrativo (núm. rec. 2560/2021 y [*Tol 8833279*]) reitera la doctrina casacional sobre la sanidad como obligación de medios (*v.gr.* SSTS 1806/2020, de 21 de diciembre, núm. rec. 5608/2020 y [*Tol 8291027*], 50/2021, de 21 de enero, núm. rec. 803/19 y [*Tol 8301657*], y 92/2021, de 28 de enero, núm. rec. 5467/19 y [*Tol 8310447*]). En este sentido, recuerda que «"la actividad médica y la obligación del profesional es de medios y no de resultados, de prestación de la debida asistencia médica y no de garantizar en todo caso la curación del enfermo, de manera que los facultativos no están obligados a prestar servicios que aseguren la salud de los enfermos, sino a procurar por todos los medios su restablecimiento, por no ser la salud humana algo de que se pueda disponer y otorgar, no se trata de un deber que se asume de obtener un resultado exacto, sino más bien de una obligación de medios, que se aportan de la forma más ilimitada posible"» (FJ 2).

[38] En relación con la prohibición de regreso, la STSJ de Justicia de Castilla y León 43/2021, de 3 de marzo, de la Sección 2ª de la Sala de lo Contencioso-adminis-

2. El paciente tiene el deber de soportar aquellos daños que la asistencia médica genere, que no se hubiesen podido prever o evitar según el estado de los conocimientos de la ciencia o de la técnica existentes en el momento de producción de aquéllos. Sobre este particular, puede leerse lo escrito por MANENT y TAJUELO el cap. 21 (págs.

---

trativo de Burgos (núm. rec. 155/2019 y [*Tol 8425540*]) establece con absoluta claridad la improcedencia de efectuar un análisis prospectivo. Como recuerda la Sala de Burgos —citando en su apoyo la STSJ de Castilla y León 2581/2014, de 15 de diciembre, de la Sala de Valladolid (núm. rec. 1708/2011 y [*Tol 4689311*]), «con carácter general hemos de poner de manifiesto la improcedencia de reproches asistenciales que se fundan en el análisis retrospectivo de la asistencia médica a partir del resultado luego conocido, en este caso el resultado definitivo del diagnóstico anatomopatológico, incurriendo así en la prohibición de regreso a la que esa Sala se ha referido en varias ocasiones —por todas, Sentencias de 22 de noviembre de 2013, recurso 741/2010, 6 de febrero de 2017, recurso 216/2015, doctrina en cuya virtud debemos tener en cuenta que en sede de responsabilidad patrimonial, por defectuosa asistencia sanitaria, no es factible cuestionarse el diagnóstico inicial de un paciente si el reproche se realiza exclusiva o primordialmente fundándose en la evolución posterior y, por ende, infringiendo la prohibición de regreso que imponen las leyes del razonamiento práctico. A esta prohibición de regreso desde acontecimientos posteriores desconocidos en el momento del diagnóstico se refieren las sentencias del TS, Sala 3ª, de 14 y 15 de febrero de 2006, 7 de mayo de 2007, 29 de enero de 2010, y 20 de mayo y 1 de junio de 2011; es decir, no es posible sostener la insuficiencia de pruebas diagnósticas, el error o retraso diagnóstico o la inadecuación del tratamiento, sólo mediante una regresión a partir del desgraciado curso posterior seguido por el paciente ya que dicha valoración ha de efectuarse según las circunstancias en el momento en que tuvieron lugar; en definitiva, es la situación de diagnóstico actual la que determina la decisión médica adoptada valorando si conforme a la situación de la paciente y los resultados de las pruebas diagnósticas existentes, se ha puesto a su disposición la intervención quirúrgica indicada y acorde a la misma, no siendo válido, pues, que a partir del diagnóstico definitivo y dada la mala evolución postoperatoria de la actora, se considere que la decisión adoptada de la reconstrucción mamaria inmediata pudiera haberse diferido, ya que esto supone realizar un juicio retrospectivo, o a posteriori que no puede determinar la existencia de responsabilidad patrimonial, por mucho que se comprenda y comparta la frustración que vivió la recurrente como consecuencia de la evolución del post operatorio, pero sin que ello pueda determinar la existencia de una mala praxis o vulneración de la lex artis determinante de responsabilidad» (FJ 8). La prohibición de regreso como concreto título de imputación —dentro de la teoría de la imputación objetiva— se expone por MALDONADO y MANENT y TAJUELO en los cap. 3 y 21 (págs. 208 a 212 y 1518)al hilo de los mecanismos de moderación de la responsabilidad patrimonial y la exposición sobre la relación de causalidad.

1518 a 1534), donde se expone el alcance de los riesgos de progreso del art. 34.1 LRJ[39].

3. El paciente tendrá la obligación de soportar aquellos daños que —siendo inherentes a la intervención médica— ha asumido en el consentimiento informado[40]. La información tiene que ser suficiente, aunque no es preciso que alcance el más mínimo detalle[41]. En este punto, nos remitimos al cap. 16, escrito por BOIX, dedicado monográficamente al consentimiento informado.

Fuera de estos tres supuestos —asistencia sanitaria como obligación de medios, clausula de progreso y secuelas o lesiones permanentes advertidas en el documento de consentimiento informado— y con la prudencia obligada por la casuística, la prestación inadecuada de la atención médico-sanitaria será con carácter general antijurídica. Esto es así, incluso aunque se trate de un riesgo inherente, pero del que no exista constancia indubitada de que el paciente lo haya aceptado (la responsabilidad por falta o insuficiencia del consentimiento informado, regulado en la Ley 41/2002, de 14 de noviembre, básica reguladora de la autonomía del paciente y de

---

39 La cláusula de desarrollo como salvedad al deber de responder fue introducida en la LRJPAC-92 por la Ley 4/1999, de 11 de enero, como consecuencia de los contagios provocados por transfusiones de sangre en una época en que no se verificaban determinadas infecciones. Sobre este particular nos remitimos al 20, dedicado a la responsabilidad por sangre contaminada. También puede consultarse a MUGA MUÑOZ. MUGA MUÑOZ, José Luis (1995): «La responsabilidad patrimonial de las Administraciones Públicas por el contagio de sida», *Revista de Administración Pública,* núm. 136, págs. 277 a 308.

40 Un caso de inexistencia de responsabilidad patrimonial por la asunción de determinados riesgos en el documento de consentimiento informado es el resuelto por la STSJ de Castilla y León 38/2020, de 6 de marzo, de la Sección 2ª de la Sala de lo Contencioso-Administrativo de Burgos (núm. rec. 16/2019 y [*Tol 7899497*]). En esta ocasión la Sala rechazó la indemnización solicitada por defectuosa asistencia sanitaria (perforación durante la realización de una colonoscopia) porque se trata de un riesgo previsible e inherente a dicha prueba, por lo que no cabe invocar la teoría del daño desproporcionado. En este caso se daba una particularidad y es que el centro hospitalario no pudo aportar el documento de consentimiento informado, si bien existía un proceso penal previo en el que el actor aportó este documento y reconoció su firma.

41 El deber de informar de manera suficiente, entre otros fallos, ha sido recogido, entre otros fallos, por la STSJ de Castilla y León 43/2021, de 3 de marzo, de la Sección 2ª de la Sala de lo Contencioso-administrativo de Burgos (núm. rec. 155/2019 y [*Tol 8425540*]).

derechos y obligaciones en materia de información y documentación clínica, se analiza por BOIX en el cap. 16 de este tratado).

B. Objetivación del daño

La antijuricidad del daño se ha objetivado en la jurisprudencia con la *lex artis ad hoc.* Esta se define como aquel «criterio valorativo para calibrar la diligencia exigible en todo acto o tratamiento médico, en cuanto comporta no sólo el cumplimiento formal y protocolario de las técnicas previstas con arreglo a la ciencia médica adecuadas a una buena praxis, sino la aplicación de tales técnicas con el cuidado y precisión exigible de acuerdo con las circunstancias y los riesgos inherentes a cada intervención según su naturaleza y circunstancias»[42].

La *lex artis,* que se analiza en profundidad en la introducción y los caps. 3 y 14, por MANENT, MALDONADO y BLANQUE (págs. 65 a 74, 223 a 237 y 920 a 937), respectivamente, conduce a la elaboración de protocolos de actuación en la asistencia médica o la intervención quirúrgica, cuyo incumplimiento o infracción es indicativo de negligencia médica. No se trata de un *soft law* o derecho blando, sino de estándares de actuación que sirven de referencia para determinar si la actuación médica ha sido jurídica o antijurídica[43].

En este sentido, la doctrina jurisprudencial y consultiva consideran que no resulta suficiente para la estimación de responsabilidad por negligencia médica la existencia de una lesión, sino que es preciso acudir al criterio de la *lex artis* como referente para determinar si la actuación médica es, o no, correcta; independientemente del resultado producido en la salud o en la vida del enfermo, ya que no le es posible ni a la ciencia ni a la Administración garantizar, en todo caso, la sanidad o la salud del paciente.

Así, pues, sólo en el caso de que se produzca una infracción de dicha *lex artis* responderá la Administración de los daños causados. En caso contrario, dichos perjuicios no son imputables a la Administración y no tendrán la consideración de antijurídicos, por lo que deberán ser soportados por el

---

42 FJ 3 STS 495/2006, de 23 de mayo de la Sala de lo Civil Contencioso-administrativo (núm. rec. 2761/1999 y [*Tol 961836*]).

43 La doctrina consultiva se ha referido a la *lex artis* como las normas de precaución y cautela que las circunstancias del caso requieren per evitar daños a la vida, la salud o la integridad física del paciente. En ese sentido puede consultarse el dictamen 161/2004, de 29 de octubre, del Consejo Consultivo de las Illes Balears.

perjudicado. La existencia de este criterio de la *lex artis* se basa en el criterio jurisprudencial de que la obligación del profesional de la medicina es de medios y no de resultados.

Ahora bien, dicho lo anterior —y en consonancia con lo que ha escrito FLIQUETE en el cap. 15 (págs. 962 y 963), sobre la pérdida de oportunidad—, es preciso recordar que existen casos en que —pese al cumplimiento de la *lex artis*— se genera deber de indemnizar porque la víctima ha sufrido un daño. Es el caso de la pérdida de oportunidad a que se refiere la STS de 6 de febrero de 2018 y explica en los siguientes términos:

> *«Centrado el debate en determinar si puede considerarse que en el caso de autos existe un supuesto de pérdida de oportunidad, debemos comenzar por recordar que la Jurisprudencia de esta Sala, ya desde los años noventa del pasado siglo, ha venido admitiendo en el ámbito de la responsabilidad sanitaria de las Administraciones Públicas la posibilidad de que se pueda acceder a la declaración de dicha responsabilidad, no solo por el hecho que se haya omitido la "lex artis ad hoc" que requería la asistencia sanitaria prestada a un ciudadano por los servicios sanitarios, que es el parámetro de determinar la antijuridicidad en este ámbito de la institución indemnizatoria.*
>
> *Existe un supuesto intermedio entre esa vulneración de la "lex artis" o la concurrencia de la misma, con los relevantes efectos de acceder a la indemnización de los daños y perjuicios ocasionados o denegar dicha indemnización, es el supuesto de la pérdida de oportunidad que, como recuerda la sentencia de 13 de enero de 2015 (recurso de casación 612/2013), con cita abundante, "la doctrina de la pérdida de oportunidad ha sido acogida en la jurisprudencia de la Sala 3ª del Tribunal Supremo,... configurándose como una figura alternativa a la quiebra de la lex artis que permite una respuesta indemnizatoria en los casos en que tal quiebra no se ha producido y, no obstante, concurre un daño antijurídico consecuencia del funcionamiento del servicio".*
>
> *Ahora bien, en este supuesto el daño viene propiciado por el hecho de que, si bien a tenor de la prueba no cabe apreciar un tratamiento médico contrario a los cánones aceptados en cada momento por la ciencia médica, es lo cierto que de haber existido un tratamiento diferente, que no es ajeno a la propia medicina, existe la duda de si se habría producido el resultado lesivo, exigencia de esa probabilidad sobre la que se pone la nota de la pérdida de oportunidad por la jurisprudencia (sentencia de 3 de julio de 2012; recurso de casación 6787/2010) y que ha de vincularse, de un lado, a la prueba practicada en el proceso, de otro, que, sobre esa base, existiera el convencimiento que de haberse adoptado un tratamiento diferente, o con diferentes criterios, el resultado podría haberse disminuido o incluso haberse evitado. Como señala la sentencia 1177/2016, de 25 de mayo (recurso de casación 2396/2014) "la pérdida de oportunidad exige que la posibilidad frustrada no sea simplemente una expectativa general, vaga, meramente especulativa o excepcional ni puede entrar en consideración cuando es una ventaja simplemente hipotética."*
>
> *Como se ha puesto de manifiesto por la doctrina, la teoría de la pérdida de oportunidad debe vincularse, dentro de la estructura general de la institución de responsabilidad patrimonial de las Administraciones Públicas, en el nexo causal, de tal forma que cuando se haya acreditado que el resultado lesivo tiene como causa directa e inmediata la asistencia sanitaria, que es contraria a la "lex artis", se debe proceder a la*

indemnización de la lesión; en el extremo opuesto, cuando la asistencia sea correcta, el daño producido no es antijurídico y debe soportarlo el ciudadano. (…)

Los supuestos de pérdida de oportunidad constituye un supuesto intermedio porque se ocasiona cuando, producido el daño, la experiencia y el estado de la ciencia médica permite acoger la probabilidad de que un diagnóstico diferente al que fue correcto, podría haberlo evitado. No se olvide que el diagnóstico, según la misma jurisprudencia tiene declarado, no es sino un dictamen, una opinión sobre una situación presente a la que se anuda un tratamiento conforme al criterio de quien lo emite, pero que nunca garantiza un resultado. Y en esa situación de presente ha de moverse quien lo emite atendiendo a la realidad que se le presenta, en especial a los síntomas que se manifiestan en el paciente y sus propios conocimientos. Ahora bien, nada impide que una vez transcurrido el proceso del tratamiento aconsejado conforme a aquel diagnóstico, sea admisible poder concluir en que a la vista de aquellos síntomas podría haberse dado otro dictamen y tratamiento que, probablemente habría evitado el daño o la habría podido disminuir»[44].

4) Carácter desproporcionado del daño

Un último requisito es necesario para que nazca la responsabilidad patrimonial, y es que el daño —tratándose de una actuación médica— debe ser clamoroso o desproporcionado, sin que sea suficiente cualquier daño (aun siendo efectivo, individualizado y evaluable).

GALLARDO lo define como «aquel daño no previsto ni explicable en la esfera de actuación médica, dada su desproporción con lo que es usual comparativamente, atendiendo a las reglas de la experiencia y el sentido común, al estado de la Ciencia y a las circunstancias de tiempo y lugar, o el descuido en su conveniente y temporánea utilización»[45].

Como pone de manifiesto GRANADO en el cap. 17 de esta obra (pág. 1218), paradójicamente, pese a su origen civil, la institución del *daño desproporcionado* ha tenido más éxito en el ámbito de la responsabilidad patrimonial de la Administración sanitaria. A juicio de este autor, esto se debe a la consolidación de la jurisprudencia contraria a imputar a la Administración daños sanitarios cuando el causante del daño ha observado la *lex artis ad hoc*. Esta restricción ha supuesto limitar la responsabilidad patrimonial de las Administraciones públicas a los casos de funcionamiento *anormal* del

---

[44] FJ STS 169/2018, de 06 de febrero de 2018, de la Sección 5ª de la Sala de lo Contencioso-Administrativo (núm. rec. 2302/2016 y [*Tol 6508701*]).

[45] GALLARDO CASTILLO, María Jesús (2021): *Administración sanitaria y Responsabilidad patrimonial, op. cit.* pág. 125.

servicio público sanitario, lo cual acerca bastante la imputación en estos casos al criterio de culpa que es propio de la responsabilidad civil[46].

En efecto, la actuación sobre la salud de las personas reviste una particular especialidad, y es que son muchos los factores que pueden influir en un resultado lesivo, sin que traigan causa directa de la intervención médica. Puede suceder que las patologías previas del paciente desemboquen en el daño, o sencillamente que su condición física rechace un tratamiento, una prótesis… y que ello derive en una lesión corporal o incluso en un fallecimiento. De ahí que, por tratarse de la salud de las personas, el daño deba reunir el requisito de su carácter clamoroso.

En cuanto al daño desproporcionado la STS de 24 de abril de 2018, expresa lo siguiente:

> *«[FJ 4°] En efecto, se denuncia en el motivo quinto, con invocación de vulneración del artículo 139 de la Ley de Régimen Jurídico de las Administraciones Públicas y del Procedimiento Administrativo Común —-deberá entenderse que como complemento de la cuestión sobre la valoración de la prueba, aunque no se vincule en su razonamiento-— la no aplicación por la Sala de instancia de la doctrina sobre el daño desproporcionado, al considerar que la situación del recurrente con anterioridad a su ingreso para el tratamiento a que fue sometido, que tenía plena movilidad, terminando con una gran invalidez tras el mencionado tratamiento y las tres intervenciones a las que fue sometido. A la vista de esas circunstancias se considera que era aplicable la mencionada doctrina jurisprudencial que, en realidad, está vinculada a la carga de la prueba, porque cuando se ocasiona esos daños desproporcionados o no esperados, es la propia Administración la que tiene la carga de probar que dicho resultado ha sido consecuencia necesaria del tratamiento a que se somete al paciente.*
>
> *Por su parte, en el motivo sexto, con invocación de vulneración de la jurisprudencia que se cita, se denuncia que la sentencia de instancia "hace una incorrecta valoración del nexo causal entre la intervención quirúrgica practicada al actor [...] y las graves lesiones producidas [...]". En la fundamentación del motivo se vuelven a reiterar los reproches sobre la valoración de las pruebas que ya se contenían en el fundamento tercero.*
>
> *Es manifiesto que los motivos no pueden correr mejor suerte que los anteriores porque, referido el debate a la valoración de la prueba, hemos de remitirnos a lo que antes se expuso al respecto y al contenido de la sentencia en orden a la justificación de las conclusiones a que llega la Sala de instancia del examen de los informes técnicos que obra en las actuaciones.*
>
> *Las consideraciones anteriores sirven también para determinar la aplicación al caso de autos de la doctrina sobre el daño desproporcionado que ha adquirido carta de naturaleza en nuestra jurisprudencia y que como recuerda la sentencia de 19 de*

---

46 Con independencia de la posición que se tenga sobre el daño desproporcionado, resulta de interés la caracterización del daño proporcionado, efectuada por GRANADO, así como su diferenciación respecto de las reglas *faute virtuelle*, *Anscheinsbeweis* y *res ipsa loquitur*.

septiembre de 2012 (Recurso 8/2010): «En el caso de daño desproporcionado o resultado clamoroso el profesional médico está obligado a acreditar las circunstancias en que se produjo el daño por el principio de facilidad y proximidad probatoria (STS Sala Primera Civil de 10 de junio de 2008)». Ahora bien, partiendo de esa vinculación a la existencia de una vulneración de la "lex artis", se considera que no es aplicable la doctrina del daño desproporcionado cuando el resultado se presenta como una posibilidad de la atención prestada. En este sentido se declara en la STS de 2 de enero de 2012 (...) que "[...] En estos casos, donde el resultado se presenta como una opción posible no es posible aplicar la doctrina del daño desproporcionado, ya que el resultado insatisfactorio se relaciona con la intervención y tratamiento aplicado. No olvidemos tampoco que ya el tratamiento conservador había resultado ineficaz. No hay errónea valoración de la prueba".

A la vista de lo expuesto, concluyendo la Sala de instancia que el resultado era una previsible consecuencia de la asistencia que requería la situación del recurrente cuando acudió a que le fuera prestada la asistencia sanitaria, es evidente que no procedía la aplicación de dicha doctrina, sin que puedan desconocerse los ya manifiestos síntomas de su enfermedad que le llevaron a la prestación de la asistencia sanitaria que, insistimos, la Sala concluye de los informes que fue la correcta dadas las condiciones del paciente. Y ello sin perjuicio de que las partes recurridas, a juicio de la Sala de instancia, al valorar la prueba practicada, concluye que no existió mala praxis ad hoc, lo cual rechaza la aplicación de dicha doctrina que es, no se olvide, una regla de valoración de la carga de la prueba a tener en cuenta por los Tribunales cuando no exista prueba sobre la concurrencia de una asistencia sanitaria que fuese acorde a la "lex artis", lo que no es el caso de autos, como ya se ha concluido en los anteriores fundamentos»[47].

Ciertamente, el daño desproporcionado es objeto de atención por la jurisprudencia y la doctrina consultiva, si bien en la práctica esta característica tiende a aparecer recogida o bien en la *lex artis*, en el sentido de que no se han infringido los protocolos de actuación comúnmente admitidos, o bien en que no existe nexo causal entre el daño y la actuación médica.

Por lo demás, el daño desproporcionado no puede confundirse con el riesgo típico, en tanto este último sí resulta proporcionado a la intervención quirúrgica o asistencia médica; será un daño indeseado, pero formaba parte de las probabilidades de sufrir esta lesión para evitar o erradicar un mal mayor. El daño desproporcionado es aquel que reviste una entidad exageradamente mayor de lo esperable, indicativo por este motivo de la existencia de negligencia médica.

---

[47] FJ 4 STS 664/2018, de 24 de abril, de la Sala de lo Contencioso-Administrativo (núm. rec. 33/2016 y [*Tol 6592188*]).

III. RELACIÓN CAUSA-EFECTO ENTRE EL DAÑO Y LA ACTUACIÓN

Por último, el tercer pilar para entender que nace la responsabilidad patrimonial consiste en la relación de causalidad entre la lesión que sufre el paciente y la actuación (u omisión) médica, que puede abordarse en sentido positivo, o bien en sentido negativo en cuanto a los factores que truncan el nexo causal.

De manera paralela a las distintas teorías sobre la relación de causalidad —fundamentalmente las de la equivalencia de condiciones y la causalidad adecuada— parte de la doctrina se sirve de la teoría de la imputación objetiva, de origen alemán y desarrollado en España por la doctrina penal, para hacer responder a la Administración sanitario de los daños causados por el personal a su servcio a los ciudadanos.

1) Relación de causalidad

Es difícil abordar en abstracto el alcance de la relación de causalidad, dado que de nuevo es la casuística la que ha ido construyendo el nexo entre la actuación médica y el daño irrogado[48]. Con carácter general podemos

48 A pesar de la dificultad de abordar en abstracto la relación de causalidad, BLANQUER define las dos principales teorías de la causalidad como sigue: «Según la llamada "teoría de la equivalencia de condiciones" que se aplica en materia de responsabilidad patrimonial, todos los eslabones de la cadena causal tienen el mismo valor ponderado o fuerza causal, y todos ellos son "*conditio sine qua non*" de la efectiva verificación del resultado lesivo (...) Desde esta perspectiva, la existencia de la relación de causalidad es una cuestión que sólo es fáctica, únicamente se refiere a los hechos que son relevantes, es ajena a los conceptos propios del mundo del Derecho, y está totalmente desprendida de connotaciones o valoraciones jurídicas (...). La teoría de la causalidad adecuada se utiliza para reducir el alcance de la responsabilidad patrimonial de la Administración (...). Suele utilizarse para orillar causas remotas del resultado lesivo y denegar el derecho a la indemnización. Esta teoría se vincula con un juicio de razonable probabilidad, sobre la normal concatenación entre un hecho originario y un hecho derivado. (...) Se trata de un juicio de probabilidad retrospectivo (sobre cómo se habrían engarzado o concatenado los acontecimientos en el pasado). Por otro lado, ese juicio de probabilidad se fundamenta en las máximas de la experiencia ("*in quod plerumpque accidit*"), es decir, lo que normalmente sucede en la experiencia práctica: a base está en la cultura del sentido común. Estas máximas de la experiencia no resultan de una constatación empírica e indubitable de los hechos, sino de una proposición lógica y razonable fundada en la experiencia humana desarrollada en la aplicación del

afirmar que la relación de causalidad exige que la actuación médica sea un presupuesto o condición relevante para que se haya producido el daño.

En este sentido y como consecuencia del carácter reparador del daño, se han superado concepciones tradicionales que exigían que la relación fuera directa, inmediata y exclusiva (teoría de la causalidad adecuada y eficiente), para admitir una relación indirecta, mediata e incluso concurrente con la culpa del perjudicado (equivalencia de las condiciones)[49].

A mayor abundamiento, debe señalarse que la relación de causalidad en muchas ocasiones se analiza en el contexto de los requisitos del daño. Así, se relaciona con la *lex artis* en el sentido de que el cumplimiento de estos protocolos impide que se verifique la relación causa-efecto entre la acción u omisión médica y el daño[50]. Por su parte, también la doctrina del daño des-

---

Derecho. [Así,] la causalidad no es adecuada si un concreto hecho o evento no es normalmente idóneo para general un específico hecho derivado o resultado lesivo. BLANQUER CRIADO, David (2021): *La responsabilidad patrimonial en tiempos de pandemia (los poderes públicos y los daos por la crisis de la COVID-19, op. cit.* págs. 466 a 468. También resulta de interés la adecuación que MIR y BELADIEZ efectúan de la teoría de la imputación objetiva —importada a España por PANTALEÓN al ámbito de la responsabilidad civil extracontractual— a la responsabilidad patrimonial. A tal efecto unifican distintos títulos de imputación —riesgo general de la vida, prohibición de regreso, provocación, incremento del riesgo, ámbito de protección de la norma y adecuación— en uno el incremento del riesgo. En este punto nos remitimos a lo escrito por MANDONADO y MANENT y TAJUELO en los caps. 3 y 20, dedicados a la evolución de la responsabilidad patrimonial sanitaria y la responsabilidad derivada de las transfusiones de sangre (págs. 202 a 206 y 1514 a 1521). En este último se aborda con profundidad la teoría de la imputación objetiva.

49 Como afirma la STS de 22 de octubre de 2004, de la Sección 1ª de la Sala de lo Contencioso-administrativo (núm. rec. 6777/2000 y [*Tol 514815*]), «no es obstáculo a la existencia de responsabilidad patrimonial de la Administración en los casos de fallecimientos de internos en establecimientos penitenciarios ya por obra de otra persona, ya por su propia voluntad suicida, el carácter directo, inmediato y exclusivo con que la jurisprudencia viene caracterizando el nexo causal entre la actividad administrativa y el daño o lesión, pues, como afirma la sentencia de 25 de enero de 1997, entre otras, la imprescindible relación de causalidad entre la actuación de la Administración y el resultado dañoso producido puede aparecer bajo formas mediatas, indirectas y concurrentes (aunque admitiendo la posibilidad de una moderación de la responsabilidad en el caso de que intervengan otras causas, la cual debe tenerse en cuenta en el momento de fijarse la indemnización)» (FJ 3).

50 Como afirma el dictamen 34/2021, de 28 de abril, del Consejo Consultivo de las Illes Balears, «cuando se trata de analizar la responsabilidad patrimonial de-

proporcionado influye sobre la relación de causalidad, de manera que —la confirmación del daño clamoroso— acredita la relación de causalidad.

En consecuencia, como puede apreciarse, la relación de causalidad carece de autonomía como tal, siendo muy difícil confirmar su existencia o inexistencia si no se rodea de otros elementos de la responsabilidad patrimonial. Resulta muy complejo articular un razonamiento jurídico para concluir en favor del nexo causal.

No está demás recordar que la carga de la prueba corresponde a la víctima, siendo así que habrá que admitir las reglas de facilidad probatoria del art. 217 de la Ley 1/2000, de 7 de enero, de enjuiciamiento civil, cuestión esta que se estudia con más profundidad por MANENT y ALONSO en el cap. 18 (págs. 1235 a 1262), al hilo de las singularidades en materia probatoria de la medicina satisfactiva, y por GARCÍA-TREVIJANO en el cap. 28 (págs. 2037 a 2053), sobre la prueba en los procedimientos de responsabilidad patrimonial. La STC 165/2020, de 16 de noviembre, aprobada por el pleno, establece doctrina sobre la indefensión probatoria en materia de responsabilidad por negligencia médica:

> *«A) Delimitación. Nos corresponde analizar a continuación el segundo y último motivo de impugnación de la demanda, referido a las consecuencias de no haber aplicado el juzgado el principio de facilidad probatoria respecto del hecho que hubieran podido acreditar los electrocardiogramas extraviados: la necesidad de que los facultativos del centro de salud activasen el llamado "código Infarto", ordenando mucho antes el traslado del paciente a un hospital dotado de los medios necesarios para tratar el infarto que ya tendría el paciente. Su negativa sitúa a la recurrente, según esta alega, ante una prueba diabólica e imposible que al no poder cumplir trajo consigo la desestimación de su reclamación patrimonial, produciéndole la lesión de los derechos a la defensa, art. 24.2 CE, y a la tutela judicial efectiva y a no padecer indefensión, art. 24.1 CE.*
>
> *Como paso inmediato, se impone una delimitación de cuál ha de ser nuestro ámbito de cognición para enjuiciar el problema que se suscita: (i) En primer lugar, hemos recordado en nuestra STC 81/2018, de 16 de julio, y a ello hemos de ceñirnos también ahora, que "no está entre las funciones de este tribunal revisar la valoración probatoria o alterar los hechos probados [art. 44.1 b) LOTC], al ser esta función exclusiva de los órganos del Poder Judicial ex art. 117.3 CE (SSTC 174/1985, de 23 de*

---

rivada del funcionamiento del Servicio sanitario, ya hemos señalado antes que la relación de causalidad debe analizarse de acuerdo con la lex artis ad hoc. Por eso, dado su indudable vertiente técnica, la apreciación de una posible infracción requiere acudir al criterio facultativo expuesto por los peritos médicos en sus informes, los conocimientos técnicos o especializados de los cuales — si bien no son vinculantes y están sujetos a valoración de conformidad con las reglas de la sana crítica— resultan, por lo general, muy relevantes» (CJ 4).

noviembre, FJ 3; 323/1993, de 8 de noviembre, FJ 4; 102/1994, de 11 de abril, FJ 1; 157/1995, de 6 de noviembre, FJ 2; 125/2001, de 4 de junio, FJ 10, y 74/2007, de 16 de abril, FJ 2) [STC 81/2018, FJ 2 c)]. "[D]ebiéndose reiterar, una vez más, la carencia de competencia del Tribunal Constitucional para proceder a una nueva valoración de los hechos, conforme a lo dispuesto en los arts. 117 CE y 44.1 b) LOTC (STC 8/2003, de 20 de enero, FJ 9). Al Tribunal Constitucional corresponde solo llevar a cabo una supervisión externa de la razonabilidad del discurso que enlaza la actividad probatoria con el relato fáctico resultante (así, SSTC 131/2003, de 30 de junio, FJ 7; 122/2003, de 17 de junio, FJ 4, y 97/2003, de 2 de junio, FJ 16)" [STC 81/2018, FJ 5]. Por lo tanto, más allá de constatar prima facie cuáles son los datos que contienen las pruebas del caso, a los solos efectos de resolver la queja planteada, ninguna consideración cabe efectuar acerca del mayor o menor grado de convicción que merezcan dichas pruebas, sea de la documental como de los informes periciales aportados.

(ii) No nos compete tampoco el control en la aplicación de las reglas sobre distribución de la carga de la prueba, asignadas por el juzgado a cada una de las partes del proceso a quo, excepto solamente la consecuencia última que ha tenido esa aplicación, en el extremo que ahora se dirá. Ni ha de ocuparse esta sentencia de la exégesis del apartado 7 del art. 217 LEC ("Para la aplicación de lo dispuesto en los apartados anteriores de este artículo el tribunal deberá tener presente la disponibilidad y facilidad probatoria que corresponde a cada una de las partes del litigio"), ni desentrañar el significado de los conceptos incluidos en dicha norma. Basta constatar, desde la perspectiva constitucional que aquí se analiza, que la referida regla de atemperación de la carga de la prueba, aplicada de manera mesurada y razonable por el juez, resulta compatible con la doctrina de este tribunal a la que ahora se aludirá, dirigida a la evitación de situaciones de indefensión procesal en virtud del que hemos venido llamando principio de facilidad probatoria.

Con carácter general, la determinación de quién ha de soportar en un proceso las consecuencias de la falta de prueba de un hecho, la llamada regla de juicio en que se traduce la carga de la prueba, en cuanto entraña la interpretación y aplicación de la legalidad procesal resulta propia de la jurisdicción ordinaria, ex art. 117.3 CE (por todas, STC 116/1995, de 17 de julio, FJ 2). Resulta cierto, sin embargo, que este tribunal ha reconocido varios ámbitos de relevancia constitucional en la aplicación de las reglas del onus probandi y su inversión en los distintos órdenes jurisdiccionales, como sucede con: (i) la vulneración de derechos fundamentales en las relaciones de trabajo, incluyendo conductas discriminatorias sufridas por el trabajador (entre otras, SSTC 38/1981, de 23 de noviembre, FFJJ 2 y 3; 92/2009, de 20 de abril, FFJJ 3 y 5-7; 10/2011, de 28 de febrero, FJ 3; 140/2014, de 11 de septiembre, FJ 7); (ii) la enervación de la presunción de inocencia en el proceso penal (por ejemplo, SSTC 142/2009, de 15 de junio, FFJJ 3 y 6; y 185/2014, de 6 de noviembre, FFJJ 3 y 4) y en el ámbito administrativo sancionador (por ejemplo, SSTC 9/2018, de 5 de febrero, FJ 2; y 161/2016, de 3 de octubre, FJ 3); (iii) los procesos electorales (por todas, STC 159/2015, de 14 de julio, FJ 6) y, (iv) en fin, cuando la no aplicación del llamado principio de facilidad probatoria ha acarreado la indefensión de la parte en el proceso de que se trate. Es esta última doctrina en la que debemos detenernos ahora, en orden a su posible aplicabilidad al presente caso.

B) Doctrina de la facilidad probatoria:

a) Principio: la STC 227/1991, de 28 de noviembre, ya estableció que en los casos en los que la administración dispone de una prueba sobre la cual el demandante funda su derecho, y aquella se niega sin causa justificada a su entrega con el fin de que pueda surtir efecto en el correspondiente proceso, sería contrario al derecho a la tutela judi-

cial efectiva imponerle al interesado la consecuencia de la falta de prueba del hecho (carga): «tales obstáculos y dificultades, debidos solo a deficiencias y carencias en el funcionamiento del propio Instituto Nacional de la Seguridad Social (INSS), no pueden repercutir en perjuicio de la solicitante de amparo, porque a nadie es lícito beneficiarse de la propia torpeza (allegans propriam turpitudinem non liquet). A la hora de sustentar su pretensión, la demandante se dirigió al propio INSS para que este certificase la existencia de cotización y alta, y cabe decir que la recurrente en amparo no tenía razonablemente otra vía para acreditar que el causante reunía el período de cotización legalmente exigido, puesto que a los trabajadores por cuenta ajena no se les facilita copia de los boletines de cotización, como el propio INSS ha reconocido en este proceso constitucional. Por lo que no puede exigirse de aquella un comportamiento imposible y eximir de acreditar la existencia o no de cotización a quien tiene en su mano hacerlo. No cabe, pues, imputar a la actora falta de diligencia en la defensa de su derecho. Antes bien, es el comportamiento exhibido por el INSS el que merece reproche, incluso desde el ángulo de la interdicción de la arbitrariedad de los poderes públicos que garantiza el art. 9.3 de la Constitución» (STC 227/1991, FJ 3). Y más adelante: "hacer recaer la prueba de la existencia de cotización en la demandante —y no en la entidad pública a la que corresponde, por ingresar en ella el empresario (no el trabajador) las cotizaciones— implica exigir de la actora un comportamiento imposible que es incompatible con la prestación de una tutela judicial efectiva a la que la interesada tiene derecho por virtud del art. 24.1 de nuestro primer texto normativo" (FJ 4).

Aún más, para esta misma sentencia la privación de la prueba por una de las partes, comporta "declarar, asimismo, que se ha lesionado el derecho de la actora a un proceso con todas las garantías del art. 24.2 de la Constitución, en relación con la violación del derecho a la tutela judicial [...]; ante dicha situación, en la que las fuentes de prueba se encuentran en poder de una de las partes, la obligación constitucional de colaboración con los jueces y tribunales en el curso del proceso (art. 118 de la Constitución) determina como lógica consecuencia que, en materia probatoria, la parte emisora del informe esté especialmente obligada a aportar al proceso con fidelidad, exactitud y exhaustividad la totalidad de los datos requeridos, a fin de que el órgano judicial pueda descubrir la verdad, pues en otro caso se vulneraría el principio de igualdad de armas en la administración o ejecución de la prueba, ya que sería suficiente un informe omisivo o evasivo para que el juez no pudiera fijar la totalidad de los hechos probados en la sentencia" (FJ 5).

Esta misma doctrina se reitera en asuntos de naturaleza similar (cálculo de prestaciones sociales), como la STC 116/1995, de 17 de julio, FFJJ 1 a 4; y 61/2002, de 11 de marzo, FFJJ 3 a 5. En el caso de estas dos sentencias y la 227/1991, el fallo acordó estimar el amparo por la vulneración conjunta de los derechos a la tutela judicial efectiva y a un proceso público con todas las garantías.

Proyectándose también en controversias de distinta naturaleza. Así: (i) la STC 7/1994, de 17 de enero, FJ 6, en relación con la negativa del demandado en procesos sobre filiación, a someterse a la extracción de una muestra de ADN de su cuerpo para la práctica de una pericial que permita descubrir la verdad: "Como hemos declarado en la STC 227/1991, fundamento jurídico 5, cuando las fuentes de prueba se encuentran en poder de una de las partes del litigio, la obligación constitucional de colaborar con los tribunales en el curso del proceso (art. 118 CE) conlleva que dicha parte es quien debe aportar los datos requeridos, a fin de que el órgano judicial pueda descubrir la verdad. Asimismo, nuestra jurisprudencia afirma que los tribunales no pueden exigir de ninguna de las partes una prueba imposible o diabólica, so pena de causarle indefensión contraria al art. 24.1 CE, por no poder justificar procesalmente sus dere-

chos e intereses legítimos mediante el ejercicio de los medios probatorios pertinentes para su defensa (SSTC 98/1987, fundamento jurídico 3, y 14/1992, fundamento jurídico 2). Sin que los obstáculos y dificultades puestos por la parte que tiene en su mano acreditar los hechos determinantes del litigio, sin causa que lo justifique, puedan repercutir en perjuicio de la contraparte, porque a nadie es lícito beneficiarse de la propia torpeza (STC 227/1991, fundamento jurídico 3)". En el mismo sentido, la STC 95/1999, de 31 de mayo, FJ 2; (ii) la STC 237/2001, de 18 de diciembre, sobre la prueba de la responsabilidad civil ex delicto, FJ 5 ("no se observa un desequilibrio en la posición procesal de ella, derivado de la adopción de reglas de distribución de la carga de la prueba que hubiere producido una situación de supremacía o de privilegio de alguna de las partes en la traída de los hechos al proceso, sino una falta de diligencia procesal de la demandante en amparo en el momento de proponer y practicar las pruebas disponibles para sustentar su pretensión, y que podrían ser determinantes del fallo a su favor"); y (iii) la STC 153/2004, de 20 de septiembre, FJ 4, que estimó el amparo por lesión del art. 24.1 CE, pues tras dictarse sentencia que condenaba a un banco a suprimir los datos médicos del recurrente de su base de datos, se le exigía después a este en ejecución, que acreditara que la entidad no había cumplido (prueba del hecho negativo).

Y en fin, la STC 14/1992, de 10 de febrero, al desestimar la posible inconstitucionalidad del entonces vigente art. 1435 LEC (fuerza ejecutiva de una escritura pública), descartó que el precepto llegara a "exigir al demandado una prueba imposible o diabólica, lo que, si así fuera, ciertamente le causaría indefensión por no poder justificar procesalmente sus derechos e intereses legítimos mediante el ejercicio de los medios probatorios pertinentes para su defensa (SSTC 4/1982, fundamento jurídico 5; 95/1991, fundamento jurídico 3, y 227/1991, in toto)".

b) Excepciones a su aplicación: hemos fijado sin embargo dos excepciones para las cuales no opera el principio de facilidad probatoria, lo que implica que las reglas de distribución del onus probandi han de aplicarse de manera ordinaria, sin atemperar:

(i) Cuando se pueda hablar de imposibilidad material y no de negativa injustificada de la administración a la entrega del medio de prueba. Así, en la STC 140/1994, de 9 de mayo, FJ 4 b) se dijo que "ha de tenerse en cuenta que cuando las fuentes de prueba se encuentran en poder de una de las partes en el litigio, la obligación constitucional de colaborar con los órganos jurisdiccionales en el curso del proceso (art. 118 CE) conlleva que sea aquella quien deba acreditar los hechos determinantes de la litis (SSTC 227/1991). […]; si bien las deficiencias y carencias en el funcionamiento de un órgano administrativo no pueden repercutir en perjuicio del solicitante de amparo, es claro que no nos encontramos ante un supuesto [donde] no lo lleva a cabo invocando dificultades derivadas de deficiencia o carencias internas, como en el caso objeto de la STC 227/1991, sino ante el supuesto de una imposibilidad de proceder a esa acreditación ni aun tratando de reconstruir el expediente".

Importa en todo caso atender a las circunstancias concretas: como se precisa en los antecedentes 2 b) y 9, y el fundamento jurídico 3, sucedió ahí que la administración no tenía una parte del expediente, porque con ocasión de la apertura de unas diligencias penales se habían remitido al órgano judicial competente, sin llegar a recuperarlo.

(ii) Cuando el deber de custodia del documento por una de las partes está sujeto a un plazo normativo, y este ya se ha superado a la fecha en la que se solicita el documento por la otra parte, caso tratado por la STC 140/2003, de 14 de julio, FJ 8, en relación con la conservación de la documentación de una empresa en liquidación: "No estamos, pues, ante un supuesto de deficiencias y carencias en el funcionamien-

to de un órgano administrativo, que no deben repercutir en perjuicio del solicitante de amparo, porque a nadie es lícito beneficiarse de su propia torpeza, como viene señalando nuestra doctrina (por todas, SSTC 227/1991, de 28 de noviembre, FJ 3; 140/1994, de 9 de mayo, FJ 4; 116/1995, de 17 de julio, FJ 1, y 61/2002, de 11 de marzo, FJ 3), sino ante un supuesto en que ni el demandante ni la empresa pública para la que prestaba servicios conservan documentación relativa a esa relación laboral, sin que la empresa venga obligada a conservar esa documentación por haber transcurrido con creces el plazo establecido al efecto en la legislación mercantil».

c) Reparación de los derechos: en los supuestos en que se ha estimado la demanda de amparo, por aplicación del principio de facilidad probatoria, el restablecimiento del derecho se ha obtenido (i) bien declarando la firmeza de la sentencia dictada por el tribunal inferior a aquel que pronunció la anulada en amparo, en cuanto aquella sí había sido respetuosa con tales derechos, al tener por probado el hecho y estimar la demanda (caso de las SSTC 227/1991; 7/1994 y 61/2002), (ii) o bien retrotraer las actuaciones para que el órgano judicial competente hiciera cumplir a la parte con el deber de entrega de la prueba, presuponiéndose lógicamente que esto era materialmente posible (SSTC 116/1995, fallo, 3, y 153/2004, FJ 6)»[51].

2) Ruptura del nexo causal

No es infrecuente que en la práctica la relación de causalidad se analice en sentido negativo, es decir, en los casos en que no se produzca una ruptura del nexo causal.

Tres son los factores que pueden incidir sobre el nexo causal, con efectos desiguales:

i. La fuerza mayor alcanza a quebrar aquél
ii. El caso fortuito, que en cambio, no impide el deber de indemnizar con arreglo a la concepción reparadora de la actuación médica.
iii. La culpa del perjudicado, que se limita a modular la indemnización en un porcentaje en función de la proporción en la concurrencia de culpas.

La fuerza mayor aparece en la dicción literal del art. 106.2 CE (y el art. 32.1 LRJ), otra cosa es que no exista una definición legal de fuerza mayor, cuyo concepto se ha construido nuevamente a través de la casuística[52].

---

[51] FJ 4 STC 165/2020, de 16 de noviembre (núm. rec. 4425/2018 y [*Tol 8228578*]).

[52] A juicio de BLANQUER, «en materia de responsabilidad patrimonial de la Administración, el concepto de fuerza mayor se vincula (por influencia de la legislación de contratos del sector público) con una causa externa (los fenómenos de la naturaleza), y del Código Civil resulta el carácter imprevisible de la causa e inevitable el resultado (…). [Por ello,] cuando en un asunto de responsabilidad patrimonial

En este sentido, es tradicional en materia de fuerza mayor la constatación de daños que el estado de la técnica no descubre hasta fechas posteriores, como es el caso de la hepatitis C que hemos comentado, y que se analiza, por MANENT y TAJUELO, en el cap. 21 dedicado a las transfusiones de sangre (págs. 1572 a 1596). Puede citarse en este sentido, el caso analizado por la STS de 21 de diciembre de 2020, que excluye de responsabilidad a la Administración sanitaria por el uso de un producto defectuoso en una operación de retina, que había sido previamente autorizado por la Administración competente:

> «*Debemos concluir señalando que la Administración sanitaria —cuyos facultativos realizan correcta y adecuadamente una intervención quirúrgica de conformidad con la lex artis— no debe responder de las lesiones causadas a un paciente como consecuencia de la utilización de un producto sanitario defectuoso, cuya toxicidad se descubre y alerta con posterioridad a su utilización, previamente autorizada por la Agencia Española de Medicamentos y Productos Sanitarios, debiendo la responsabilidad recaer en el productor o, en su caso, en la Administración con competencias para autorizar y vigilar los medicamentos y productos sanitarios, de concurrir las concretas circunstancias necesarias para ello*»[53].

---

se acepta que hay fuerza mayor, normalmente el resultado lesivo se debe a circunstancias externas a la actividad administrativa, que además no son previsibles ni evitables. (…) [Además,] para desplazar la imputación del resultado lesivo y orillar su responsabilidad patrimonial, pesa sobre la Administración la carga de la prueba de la efectiva concurrencia de una causa de fuerza mayor; además también debe acreditar el vínculo o la conexión lógica entre las fuerzas de la indómita naturaleza y el inevitable resultado lesivo que generan. (…) [Por otro lado], el concepto de causa "fuerza mayor" (…) debe ser jurídicamente deslindado o distinguido de los "casos fortuitos" (que no exoneran de responsabilidad a la Administración). Acaece un caso fortuito cuando el resultado lesivo deriva de un riesgo interno del funcionamiento de la Administración y de una causa desconocida (como por ejemplo sucede con el daño anónimo en el que se ignora la identidad del causante). La imputación objetiva de daños con fundamento en la creación o la gestión de un riesgo no requiere la existencia de culpa de las autoridades o empleados públicos; basta que con que por causas fortuitas no se haya satisfecho adecuadamente la misión de ser precavido o cauteloso que corresponde a quien tiene la posición de garante de los riesgos para la salud pública o par el entorno natural. Por ilustrar el concepto de caso fortuito con un ejemplo concreto, cabe aludir a las infecciones nosocomiales producidas con ocasión o como consecuencia del funcionamiento de la Administración sanitaria. BLANQUER CRIADO, David (2021): *La responsabilidad patrimonial en tiempos de pandemia (los poderes públicos y los daos por la crisis de la COVID-19, op. cit.* pág. 625 a 627.

53 FJ 7 STS 1806/2020, de 21 de diciembre, de la Sala de lo Contencioso-Administrativo (núm. rec. 803/2019 y [*Tol 8291027*]).

No muy distinta es la doctrina casacional de la STS de 17 de noviembre de 2021, recaída en un caso del riesgo generado por la utilización de un gas tóxico:

«Debemos avanzar algo más, con la finalidad de comprobar la doctrina que parece establecer la Sala de instancia, en la que, según se expresa, la responsabilidad patrimonial del Servicio Cántabro de Salud vendría determinada por la utilización del gas tóxico al margen de su aplicación por un acto médico (intervención quirúrgica); esto es, vendría determinada por posibilitar, el Servicio, la utilización del mismo, al margen de que los facultativos que lo aplicaron hubieran cumplido rigurosamente con la lex artis. Es decir, que la responsabilidad patrimonial derivaría del riesgo creado, por el Servicio Cántabro de Salud, al permitir la utilización del gas tóxico en las intervenciones quirúrgicas de desprendimiento de retina.

Debemos rechazar tal conclusión de la sentencia de instancia, por diversas razones:

A) Porque la competencia para la autorización, homologación y control de los medicamentos y productos sanitarios corresponde, única y exclusivamente, al órgano estatal con competencia para ello, cual es la Agencia Española de los Medicamentos y Productos Sanitarios.

No resulta posible la imposición —no puede atribuirse—, al Servicio Cántabro de Salud un a modo de culpa in vigilando derivada de una supuesta competencia, complementaria de la competencia estatal de control; esto es, no es exigible un —otro— control autonómico del producto, bien desde la perspectiva de la decisión de adquisición contractual del producto tóxico, bien desde la perspectiva de un supuesto complementario control técnico o médico del producto adquirido, debidamente autorizado y validado por la Agencia Española de los Medicamentos y Productos Sanitarios.

La responsabilidad pretendida del Servicio Cántabro de Salud no puede derivar de la adquisición, a través de un contrato de suministro, de un producto debidamente autorizado por la Agencia Española de los Medicamentos y Productos Sanitarios, por cuanto ninguna intervención tiene, la paciente afectada por la utilización del producto tóxico, en la relación contractual bilateral del Servicio sanitario con el fabricante o distribuidor del producto.

Y, desde la perspectiva de la obligación de control del producto utilizado, obvio es que el mismo se lleva a cabo por la Agencia Española de los Medicamentos y Productos Sanitarios, de conformidad con lo establecido en el Real Decreto 1275/2011, de 16 de septiembre, por el que se crea la citada Agencia estatal y se aprueba su Estatuto.

Esto es, ningún título de imputación de la responsabilidad patrimonial permite exigir esta del Servicio Cántabro de Salud, bien por algún incumplimiento de las obligaciones derivadas de la legislación de contratos públicos, o bien por la omisión del algún control del producto al que estuviera obligado. Y,

B) Porque tampoco resulta posible la imputación con base en el riesgo creado por permitir, el Servicio, la utilización del gas tóxico, pues, la realidad es que riesgo no deriva de la aplicación del producto defectuoso —del acto médico—, sino de la fabricación del mismo por su productor, así como de la falta de control por la Administración competente para ello, como era la Agencia Española de los Medicamentos y Productos Sanitarios. La utilización del producto —de conformidad con la lex artis—, previa y debidamente autorizado, no creaba riesgo alguno, pues el riesgo derivaba de la defectuosa fabricación o producción del gas tóxico, siendo a esta actuación a la que debe imputarse el perjuicio causado, ya que es, a dicha actuación de incorrecta fabricación, a la que debe imputarse la responsabilidad; y, ello, al margen de la derivada del deficiente control sobre el producto defectuoso llevado a cabo por la Agencia Española de los Medicamentos y Productos Sanitarios.

Por todo ello, debemos concluir señalando que la Administración sanitaria —cuyos facultativos realizan correcta y adecuadamente una intervención quirúrgica de conformidad con la lex artis— no debe responder de las lesiones causadas a un paciente como consecuencia de la utilización de un producto sanitario defectuoso, cuya toxicidad se descubre y alerta con posterioridad a su utilización, previamente autorizada por la Agencia Española de Medicamentos y Productos Sanitarios, debiendo la responsabilidad recaer en el productor o, en su caso, en la Administración con competencias para autorizar y vigilar los medicamentos y productos sanitarios, de concurrir las concretas circunstancias necesarias para ello"»[54].

3) Teoría de la imputación objetiva

Como afirma GARCÍA DE ENTERRÍA, las causas de imputación son «aquellas circunstancias en virtud de las cuales es posible establecer una relación entre el daño y el sujeto imputado que justifica atribuir a este el deber de reparación que la antijuridicidad del daño impone»[55].

A partir de aquí, algunos autores —como BELADIEZ y MIR[56]—: por un lado postulan, que la causalidad es una relación meramente física o natural; y por otro lado, sostienen que para que surja el deber de responder deben concurrir de unos requisitos normativos adicionales, a saber los títulos de imputación. Estos permiten, «a partir de una determinada condición de la justicia (vigente en la sociedad en la que se lleva a cabo el comportamiento, en el momento en que éste se produce), afirmar que un determinado resultado es obra de un determinado sujeto». En palabras de

---

54 FJ 2 STS 1340/2021 de 17 de noviembre (núm. rec. 6485/2020 y [*Tol 8667678*]).

55 GARCÍA DE ENTERRÍA, Eduardo (2006): *Los principios de la nueva Ley de Expropiación Forzosa, op. cit.* pág. 203. Este autor recalca que «la imputación es un concepto jurídico y o físico: el daño, en cuanto realización material, puede haber sido causado por persona distinta a quien, sin embargo, jurídicamente se le imputa: o puede haber sido ocasionado por hecho fortuito, y no obstante no impedirse la imputación a un sujeto». *Ibidem* pág. 204.

56 MIR PUIGPELAT, Oriol (2000): *La responsabilidad patrimonial de la Administración sanitaria. Organización, imputación y causalidad*, Civitas, Madrid y BELADIEZ ROJO, Margarita BELADIEZ ROJO, Margarita (1997): *Responsabilidad e imputación de daños por el funcionamiento de los servicios públicos*, Tecnos, Madrid.

MIR, lo que procede es «distinguir (...) la causalidad de la *imputación* del resultado (del daño) a un determinado comportamiento»[57].

En opinión de HURTADO, «la aplicación de la Teoría de la Imputación Objetiva sirve para negar la equiparación absoluta entre la prueba de la relación de causalidad (causalidad fáctica o material) y la atribución de responsabilidad (causalidad jurídica), y ello por [sostiene que] cuanto la causalidad de hecho resulta insuficiente como título de imputación de daños, requiriendo la concurrencia de otros criterios de imputación que delimiten su radio de acción»[58].

Finalmente, según ha puesto de manifiesto BLANQUER, no puede desconocerse que «esta mixtura o combinación de unas cuestiones fácticas y otras jurídicas aminora la importancia estelar de la prueba a la hora de determinar la relación de causalidad, pues su utilidad se reduce parcialmente, ya que por si sola, la prueba no basta para esclarecer una controversia sobre la relación de causalidad ante una concreta reclamación indemnizatoria»[59].

IV. DEBER DE INDEMNIZAR

La verificación de los requisitos que acabamos de enumerar genera el nacimiento de la obligación de indemnizar.

---

57 MIR PUIGPELAT, Oriol (2000): *La responsabilidad patrimonial de la Administración sanitaria. Organización, imputación y causalidad, op. cit.* pág. 75. En concreto, como se desarrolla en el cap. 21 por MANENT y TAJUELO (págs. 1504 a 1521), MIR distingue dos niveles de imputación: imputación de una conducta realizada por una persona física a una persona jurídica, la Administración (imputación de primer nivel o de conductas a la Administración); e imputación de una daño a la conducta de una Administración (imputación del segundo nivel o imputación de un daño a la Administración). Para este autor, en cada uno de estos dos niveles existen sus respectivos títulos de imputación, a saber: en el primer nivel, por un lado, la inserción de la persona física en la organización de la persona jurídica, actuación en el ejercicio o con ocasión de sus funciones en dicha organización, y por otro la sumisión al poder de dirección de la Administración; y en el segundo nivel la creación de un riesgo y su realización en el resultado lesivo.

58 HURTADO DÍAZ-GUERRA, Isabel (2018): *El daño moral en la responsabilidad patrimonial sanitaria, op. cit.* págs. 58 y 59.

59 BLANQUER CRIADO, David (2021): *La responsabilidad patrimonial en tiempos de pandemia (los poderes públicos y los daos por la crisis de la COVID-19, op. cit.* pág. 472.

En efecto y a salvo cuestiones de orden procedimental (la teoría de la *actio nata*, el plazo de prescripción, la legitimación...) la responsabilidad patrimonial de la Administración sanitaria —y su correspondiente deber de indemnizar— se genera cuando aparece una acción u omisión médica de la Administración sanitaria (ya sea directa o a través de una entidad de seguro o de un centro concertado), que genera una lesión antijurídica, en el sentido que el paciente no tiene el deber de soportar, y siempre y cuando el daño sea efectivo (no una mera conjetura), individualizado y evaluable económicamente; y siempre que entre la actuación médica y el daño exista un nexo causal.

Como decimos, esta ecuación resulta sencilla en su configuración teórica, si bien en la práctica la casuística no sólo dificulta sobre manera el razonamiento jurídico, sino que por desgracia esta complejidad —unida a la existencia de decenas de operadores jurídicos que deciden sobre la materia (Tribunales de Justicia, Consejo de Estado y órganos consultivos autonómicos) hace que en muchos casos existan soluciones dispares ante casos muy similares.

V. REFLEXIÓN FINAL

Desde una perspectiva general, dos son las reflexiones finales que me genera la responsabilidad patrimonial por negligencia médica.

La primera es que se debe resolver de una vez por todas el carácter objetivo o subjetivo de la responsabilidad, toda vez que existen no sólo interpretaciones distintas en los Tribunales de Justicia y órganos consultivos, sino que se matiza cualquier de las dos soluciones hasta generar una importante confusión.

Tradicionalmente la jurisprudencia viene señalando que la responsabilidad es objetiva y que por el solo hecho de que un paciente sufra un daño, ya se genera el deber de indemnizar. Sin embargo, al mismo tiempo las mismas sentencias consideran que —a pesar del carácter objetivo— no resulta suficiente la existencia de un daño y que por ello debe constatarse un incumplimiento de la *lex artis*.

También la doctrina científica ha hecho acopio de las tesis jurisprudenciales y ha defendido el carácter objetivo[60], si bien recientemente se ha discutido con especial énfasis[61]. Sin ir más lejos, BLANQUE, en el cap. 14 de esta publicación (págs. 911 a 920), expone las razones por la que, en su opinión, la responsabilidad patrimonial sanitaria es de carácter objetivo. Particularmente he defendido que la responsabilidad patrimonial (también la médica) es subjetiva, hasta el punto de que se presume la culpa cuando se constata un dato objetivo como es el incumplimiento de la *lex artis*[62]. Entiendo que la objetividad de la que se parte en cualquier reclamación (falta de consentimiento informado, pérdida de oportunidad, infracción de la *lex artis*, etc.) constituye un punto de partida para alcanzar el elemento de culpa en la actuación médica; de hecho, cuando nos referimos a la responsabilidad por actuaciones médicas, lo hacemos a la negligencia médica, término que encierra el elemento de culpa.

Por consiguiente, considero que de una vez por todas debería superarse este pretendido carácter objetivo, que a mi juicio no opera como tal. Y prueba de ello es que no nace de manera automática la responsabilidad por negligencia médica; se objetiva para verificar la culpa, de manera que en la práctica se exige la negligencia.

En segundo lugar, me preocupa la deriva que adquiere la institución de la responsabilidad patrimonial en dos órdenes de cuestiones. Una de ellas es la percepción por parte del ciudadano de que cualquier lesión se va a traducir en una indemnización alta o muy alta. Basta leer cualquier reclamación de las que se dirigen a la Administración para comprobar que el ciudadano visualiza en la responsabilidad patrimonial una oportunidad para obtener fondos públicos. En este sentido, la presión económica genera distorsiones en una institución netamente jurídica, extremo que contribuye aun más a avivar todos los debates entorno a la responsabilidad (el

---

60 Entre otros ha defendido el carácter objetivo de la responsabilidad patrimonial sanitaria MIR. MIR PUIGPELAT, Oriol (2000 y 2002): *La responsabilidad patrimonial de la administración sanitaria: organización, imputación y causalidad*, Civitas. Madrid. Y del mismo autor, *La responsabilidad patrimonial de la administración: hacia un nuevo sistema*. Civitas. Madrid.

61 FERNÁNDEZ, Tomás Ramón (2021): «Sobre la discutida naturaleza objetiva de la responsabilidad patrimonial de la Administración». *Revista de Administración Pública*, núm. 216, págs. 169 a 186.

62 BAUZÁ MARTORELL, Felio José (2017): *La presunción de culpa en el funcionamiento de los servicios públicos, op. cit.*

carácter objetivo o subjetivo) e incluso a alimentar la teoría del azar de Alejandro NIETO y que hemos citado[63].

El contrapunto de esta voracidad ciudadana consiste en la sobre prevención que esto genera en la Administración, que es particularmente grave en la Administración sanitaria, en la que se llegan a construir todo tipo de protocolos (a modo de *lex artis*) con tal de evitar el deber de indemnizar. Y estas medidas de sobre prevención son ciertamente costosas para los presupuestos generales, al tiempo que suponen una carga burocrática notable.

Bibliografía

BAUZÁ MARTORELL, Felio José (2014): «Algunas precisiones sobre el elemento subjetivo en la responsabilidad patrimonial por asistencia sanitaria», *Revista Española de la Función* Consultiva, núm. 22

BAUZÁ MARTORELL, Felio José (2016): «Presunción de culpa. La deducción de negligencia en la responsabilidad patrimonial de la Administración», *Revista de Administración Pública,* núm. 201

BAUZÁ MARTORELL, Felio José (2017): *La presunción de culpa en el funcionamiento de los servicios públicos,* Civitas, Madrid, 2017

BELADIEZ ROJO, Margarita (1997): *Responsabilidad e imputación de daños por el funcionamiento de los servicios públicos,* Tecnos, Madrid

BLANQUER CRIADO, David (2020): *La responsabilidad patrimonial en tiempos de epidemia (los poderes públicos y los daños por la crisis de la COVID*-19, Tirant lo Blanch, Valencia

BOIX MAÑÓ, Patricia (2019): «La acción indemnizatoria por daos no patrimoniales: una posición a favor de su transmisión mortis causa», en BAUZÁ MARTORELL, Felio José (coord.), *Doctrina consultiva. A propósito del 25 aniversario del Consejo Consultivo de las Illes Balears,* Wolters Kluwer, Madrid, págs. 713 a 756

CANO CAMPOS, Tomás (2013): «La transmisión "mortis causa" del derecho a ser indemnizado por los daños no patrimoniales causados por la Administración», *Revista de Administración Pública,* núm. 19, págs. 113 a 157

DE LA OLIVA SANTOS, Andrés (2016): «Transmisibilidad o intransmisibilidad del derecho a ser indemnizado por la Administración pública en razón de daños causados por el funcionamiento de servicios públicos (reflexiones sobre la naturaleza de ese derecho y una propuesta)», en BAÑO LEÓN, José María (coord.), *Memorial para la reforma del Estado. Estudios en homenaje al Profesor Santiago Muñoz Machado,* Centro de Estudios Políticos y Constitucionales, Madrid, vol. III

---

[63] Hace ya muchos años NIETO, a falta de una teoría general sobre la responsabilidad patrimonial —porque la misma se ha ido construyendo sobre la base de decisiones judiciales y por lo tanto de manera casuística— calificó a esta institución como «como un juego de azar o una adivinanza». NIETO GARCÍA, Alejandro (1975): «La relación de causalidad en la responsabilidad del Estado», *Revista Española de Derecho Administrativo, op. cit.* pág. 90.

FERNÁNDEZ, Tomás Ramón (2021): «Sobre la discutida naturaleza objetiva de la responsabilidad patrimonial de la Administración», *Revista de Administración Pública,* núm. 216, septiembre-diciembre, págs. 169 a 186

GARCÍA DE ENTERRÍA, Eduardo (2006): *Los principios de la «nueva» Ley de Expropiación Forzosa,* Civitas (2ª reimpresión)

GARRIDO MAYOL, Vicente (2004): *La responsabilidad patrimonial del Estado. Especial referencia a la responsabilidad del Estado legislador,* Tirant lo Blanch, Valencia

HAURIOU, Maurice (2002): *Précis de droit administratif et de droit public,* 12ª ed., Dalloz, París

HURTADO DÍAZ-GUERRA, Isabel (2018): *El daño moral en la responsabilidad patrimonial sanitaria,* Tirant lo Blanch, Valencia

LÓPEZ MENUDO, Francisco, GUICHOT REINA, Emilio y CARRILLO DONAIRE, Juan Antonio (2005): *Responsabilidad patrimonial de los poderes públicos,* Lex Nova, Valladolid

MIR PUIGPELAT, Oriol (2000): *La responsabilidad patrimonial de la administración sanitaria: organización, imputación y causalidad,* Civitas, Madrid

MIR PUIGPELAT, Oriol (2002): *La responsabilidad patrimonial de la administración: hacia un nuevo sistema,* Civitas, Madrid

MUGA MUÑOZ, José Luis (1995): «La responsabilidad patrimonial de las Administraciones Públicas por el contagio de sida», *Revista de Administración Pública* núm. 136, págs. 277 a 308

NIETO GARCÍA, Alejandro (1975): «La relación de causalidad en la responsabilidad del Estado», Revista Española de Derecho Administrativo, núm. 4. págs. 90 a 95

REBOLLO PUIG, Manuel (2006): «Capacidad, representación y legitimación del reclamante en el procedimiento administrativo de responsabilidad patrimonial», *Revista Española de la Función Consultiva,* núm. 6, julio-diciembre, págs. 51 a 86

SANTAMARÍA PASTOR, Juan Alfonso (2018): *Principios de Derecho Administrativo General,* tomo I (5ª ed.), Iustel

SANTAMARÍA PASTOR, Juan Alfonso (2013): *Los principios jurídicos del derecho administrativo,* Wolters Kluwer, Madrid

SANZ GANDASEGUI, Francisco de Asís (2009): «Presupuestos de la responsabilidad administrativa por la prestación de servicios sanitarios», en DE FUENTES BARDAJÍ, Joaquín *et alteri* (dirs), *Manual sobre responsabilidad sanitaria.* Aranzadi, Cizur Menor (Navarra)

VICENTE DOMINGO, Elena (1994): *Los daños corporales, tipología y valoración,* J. M. Bosch, ed. Barcelona

VILLAR ROJAS, Francisco José (2007): «La concesión como modalidad de colaboración privada en los servicios sanitarios y sociales», *Revista de Administración Pública,* núm. 172

Capítulo 12

Modificaciones subjetivas y responsabilidad patrimonial concurrente o subsidiaria de las Administraciones Sanitarias

M.ª del Rosario Forján Rioja
Letrada de la Administración Sanitaria de la Comunidad Autónoma de Andalucía
Vocal del Tribunal Administrativo de Recursos Contractuales de la Junta de Andalucía

dimanante de fórmulas conjuntas de actuación; B. Responsabilidad derivada de otros supuestos distintos a las fórmulas conjuntas actuación; VI. RESPONSABILIDAD SUBSIDIARIA DE LA ADMINISTRACIÓN SANITARIA; Bibliografía.

I. INTRODUCCIÓN. UNA BREVE APROXIMACIÓN A LA INCIDENCIA DE LOS SUPUESTOS DE NOVACIÓN SUBJETIVA EN EL PROCEDIMIENTO DE RESPONSABILIDAD PATRIMONIAL SANITARIA

«La responsabilidad, tanto en el ámbito civil, como en el administrativo, se proyecta reparadora para los quebrantos, tanto físicos y materiales, como morales que sufren los perjudicados por los hechos realizados por parte de quien nace el deber de indemnizar»[1]. Por ello, puede afirmarse que el sistema de responsabilidad patrimonial de los poderes públicos consagrado en nuestro ordenamiento jurídico gira en torno a dos ideas rectoras:

i. Precisar los daños sufridos por los particulares o lesionados, de los que se han de hacer responsables los poderes públicos y por los que se ha de indemnizar.

ii. Determinar a quién son imputables aquellos daños dentro de la organización pública.

A ello hay que añadir, con el Tribunal Supremo (TS), que «la finalidad de las indemnizaciones es la de paliar en lo posible el dolor generado por hecho ajeno (…) y extraño y restaurar en lo posible, mediante la aportación económica, el estado de las cosas y situación existente con anterioridad al suceso trágico (…) y que ocasiona siempre desequilibrios personales, familiares, sociales y económicos»[2]. Esta situación de desequilibrio es la que otorga legitimación activa a quien lo sufre y hace nacer a su favor, dada su condición de afectado, un derecho de crédito *ex iure propio*. En este sentido, «la muerte no se indemniza a quien muere, sino a quienes sufren los daños morales o patrimoniales por tal fallecimiento. Ello es así dado que no existe propiamente un daño resarcible para el muerto, desde la esfera del derecho de daños, sino privación irreversible del bien más preciado

---

1 GALLARDO CASTILLO, María Jesús (2021): *Administración Sanitaria y responsabilidad patrimonial, Colex,* A Coruña, pág. 229.

2 FJ 1 STS 843/1994, de 1 de octubre, de la Sala de lo Civil (núm. rec. 2584/1991 y [*Tol 1656895*]).

con el que contamos, como es la vida que extingue nuestra personalidad (art. 32 CC). La muerte, no genera, por si misma, perjuicio patrimonial ni no patrimonial a la víctima que fallece, y por lo tanto, nada transmite vía hereditaria; cuestión distinta es que nazcan *ex iure propio* derechos resarcitorios, originarios y no derivados, a favor de otras personas en razón a los vínculos que les ligan con el finado»[3].

Los conceptos angulares a través de los cuales discurrirá el presente capítulo son, a saber: el daño a indemnizar, en su doble vertiente de patrimonial y no patrimonial; el derecho de crédito de contenido patrimonial que surge del derecho de los particulares a ser resarcidos económicamente por los daños y perjuicios sufridos; y el presupuesto de la legitimación activa para ejercitar el derecho resarcitorio. De estos tres conceptos va a centrar nuestra atención la legitimación.

En efecto, en el ámbito de la responsabilidad patrimonial, como en toda relación jurídica obligacional, el elemento subjetivo viene delimitado por las siguientes partes:

i. El titular del derecho a reclamar, que es quien puede impetrar al causante de los daños la correspondiente indemnización.

ii. El obligado a indemnizar que, en sede de responsabilidad patrimonial, será el ente público responsable por el funcionamiento normal o anormal de los servicios públicos.

Si trasladamos a ambas partes al procedimiento de responsabilidad patrimonial sanitaria, puede afirmarse lo siguiente:

i. El perjudicado por la actuación o el funcionamiento de la Administración sanitaria será quien ostente la legitimación activa.

Ahora bien, la problemática surge cuando la víctima de un daño de contenido personal, que, en principio, está legitimada activamente para interponer la correspondiente acción, muere antes de haberla ejercitado. En estos casos, se suscita la cuestión relativa a si opera la transmisibilidad del crédito resarcitorio a sus herederos siempre que no haya prescrito aquélla. Cuestión que, como analizaremos, no está exenta de polémica y se ha movido siempre entre dos polos antagónicos de posiciones favorables o contrarias a tal posibilidad.

---

[3] FJ 6 STS 141/2021, de 15 de marzo, de la Sala de lo Civil (núm. rec. 1235/2018 y [*Tol 8356571*]).

ii. La legitimación pasiva recaerá sobre la entidad responsable del servicio o las entidades responsables, en los supuestos de actuación concurrente.

Adicionalmente, hay que tener en cuenta que durante la tramitación de la reclamación también podemos asistir a supuestos de alteración del régimen de competencias, o a la transformación o extinción del ente público responsable. Tanto en uno como en otro supuesto, operará una novación subjetiva en la Administración responsable.

Dicho esto, a continuación, introducimos brevemente los elementos objeto de estudio en nuestro capítulo, a saber, la legitimación activa, la legitimación pasiva y la responsabilidad administrativa concurrente.

1) Legitimación activa

En principio, ninguna singularidad presenta la legitimación activa del reclamante. Este debe ser un interesado a los efectos del art. 4.2 de la Ley 39/2015, de 1 de octubre, del procedimiento administrativo común de las Administraciones Públicas (LPAC)[4]. No obstante, en el ámbito de la responsabilidad administrativa patrimonial sanitaria, son frecuentes las sucesiones en la condición de reclamante. Así ocurre, entre otros, con los herederos del paciente fallecido con posterioridad a la interposición de la reclamación. De ahí que, como veremos en este capítulo, en la práctica, la determinación de las personas legitimadas activamente presenta algunas dificultades interpretativas cuando la condición de interesado deviene de una relación jurídica transmisible.

---

[4] De acuerdo con el art. 4 LPAC «se consideran interesados en el procedimiento administrativo: a) quienes lo promuevan como titulares de derechos o intereses legítimos individuales o colectivos. b) los que, sin haber iniciado el procedimiento, tengan derechos que puedan resultar afectados por la decisión que en el mismo se adopte. c) aquellos cuyos intereses legítimos, individuales o colectivos, puedan resultar afectados por la resolución y se personen en el procedimiento en tanto no haya recaído resolución definitiva» (Ap. 1). Adicionalmente, «las asociaciones y organizaciones representativas de intereses económicos y sociales serán titulares de intereses legítimos colectivos en los términos que la Ley reconozca» (Ap. 2). Finalmente, «cuando la condición de interesado derivase de alguna relación jurídica transmisible, el derecho-habiente sucederá en tal condición cualquiera que sea el estado del procedimiento» (Ap. 3).

2) Legitimación pasiva

En el devenir del procedimiento de reclamación de responsabilidad patrimonial se pueden producir novaciones subjetivas, no solo respecto del interesado sino también en relación con la Administración o entidad que presta la asistencia sanitaria. En tales supuestos será necesaria una tarea previa de delimitación competencial, la cual afectará tanto en los casos de cambio de la Administración territorial, como aquellos otros en los que la modificación opera entre las entidades de un sector público o con entidades privadas. Como analizaremos en este capítulo, este tipo de modificaciones puede entrañar ciertas dificultades.

3) Concurrencia de Administraciones responsables

Por su conexión con la legitimación pasiva, también dedicaremos un epígrafe a la responsabilidad administrativa concurrente. Aunque ya se verá, adelantamos aquí que su regulación —como afirma GONZÁLEZ-VARAS— «dista de estar lo clara que sería deseable»[5].

Lo determinante, en lo que a la legitimación pasiva se refiere, es saber que «en los casos de responsabilidades concurrentes se ha permitido presentar una reclamación ante una de las Administraciones, no siendo esencial ante cuál (...) siempre y cuando se otorgue la correspondiente audiencia a la otra Administración implicada»[6]

4) Responsabilidad subsidiaria de las Administraciones sanitarias

En determinadas ocasiones las Administraciones sanitarias deberán responder por los actos de su personal no de manera directa, sino en defecto de los facultativos. Estos casos se limitan a declaraciones de responsabilidad civil *ex delicto.*

En definitiva, el presente capítulo tiene por objeto abordar las distintas soluciones y criterios que, en el terreno doctrinal y jurisprudencial, se han ido aquilatando para resolver, en el orden práctico, quién puede reclamar y quién debe responder por los daños causados a una persona o a sus allegados con ocasión de la atención sanitaria pública. Ahora bien, en esta

---

5 GONZÁLEZ-VARAS IBÁÑEZ, Santiago (2012): *Tratado de Derecho administrativo,* Civitas, Cizur Menor (Navarra), vol. 1 (2ª ed.), pág. 537.

6 *Ibidem* pág. 539.

operación no deberá perderse de vista: ni la finalidad resarcitoria, en el sentido de procurar una reparación integral; ni el carácter pecuniario de la responsabilidad patrimonial reconocida en el art. 106.2 de la Constitución (CE) y regulada en los arts. 32 y siguientes de la Ley del régimen jurídico del sector público (LRJ).

II. MODIFICACIÓN EN EL TITULAR DEL DERECHO A LA INDEMNIZACIÓN

El estudio de la novación del titular del derecho a la indemnización exige indagar previamente en la naturaleza jurídica del derecho a ser resarcido por los daños no patrimoniales causados por la Administración y la función normativa que esta institución cumple[7]. De esta manera, una vez comprendidas estas dos cuestiones se podrán analizar las posturas favorables y contrarias a la transmisión *mortis causa* del derecho de crédito que genera toda reclamación de responsabilidad patrimonial, así como su eco en la doctrina legal y la jurisprudencial.

1) Consideración previa: concepto y tipología del daño a indemnizar. Requisitos del daño como presupuesto de la responsabilidad patrimonial

El derecho a ser resarcido por los daños causados como consecuencia del funcionamiento normal o anormal de los servicios públicos, consagrado en el art. 32.1 LRJ, entronca con el concepto del daño a indemnizar, su tipología, y con el presupuesto de la lesión como requisito de la responsabilidad patrimonial. Esta premisa nos obliga a diferenciar, desde ahora, entre la naturaleza y tipología del daño, por un lado, y el derecho al resarcimiento que ostenta el perjudicado.

A. Daño

El daño que da lugar a la responsabilidad patrimonial es un perjuicio, de carácter patrimonial o no, que deriva del funcionamiento —ya sea nor-

---

7 La transmisibilidad *mortis* causa del derecho de crédito ha sido estudiada en profundidad por CANO CAMPOS, Tomás (2013): «La transmisión mortis causa del derecho a ser indemnizado por los daños no patrimoniales causados por la Administración», *Revista de Administración Pública*, núm. 191.

mal o anormal— de un servicio público. Como han señalado MENUDO, GUICHOT y CARRILLO, la responsabilidad patrimonial pivota en torno al concepto de daño, alegado por el particular, el cual habrá de ser «efectivo, evaluable económicamente e individualizado con relación a una persona o grupo de personas»[8]. Se configura, pues, como el presupuesto objetivo de la acción de responsabilidad patrimonial[9].

a) Efectividad

Que el daño sea «efectivo» implica que este sea un daño real, y no meramente eventual o contingente, así como que se traduzca en un perjuicio cierto, no basado en meras hipótesis o conjeturas, y que se manifieste en una serie de daños materiales o morales[10].

A juicio del TS, los daños también podrán ser futuros, siempre que «sean de producción indudable y necesaria, por la anticipada certeza de su acaecimiento en el tiempo, y no, por el contrario, cuando se trata de aconteceres autónomos con simple posibilidad, que no certeza, de su posterior producción, dado su carácter contingente y aleatorio»[11].

---

8 Art. 32.2 LRJ.

9 En relación con el daño, como elemento basilar de la responsabilidad patrimonial, MENUDO, GUICHOT y CARRILLO precisan que «el sistema de responsabilidad patrimonial no indemniza cualquier daño sino solo los daños jurídicos, esto es, los racionalmente susceptibles de derivar y anudarse al hecho generador. La garantía de la responsabilidad patrimonial no puede hacerse cargo de cualquier daño que pueda engarzarse de algún modo a un hecho provocador de una cadena de consecuencias». LÓPEZ MENUDO, Francisco, GUICHOT REINA, Emilio y CARRILLO DONAIRE, José Antonio (2005): *La responsabilidad patrimonial de los poderes públicos,* Lex Nova, Valladolid, pág. 190.

10 En relación con el daño efectivo, GALLARDO indica «que sea un daño efectivo significa que en el plano jurídico no cabe sustentar las consecuencias indemnizatorias en meras hipótesis, impresiones o especulaciones sino en hechos que hayan sido alegados y probados por la parte legitimada para hacerlo, no siendo indemnizables las meras "conjeturas" al hallarse desprovistas de certidumbre». GALLARDO CASTILLO, María Jesús (2021): *Administración Sanitaria y responsabilidad patrimonial, op. cit.* pág. 62.

11 FJ 1 STS de 2 de noviembre de 1990, de la Sala de lo Contencioso-Administrativo [*Tol 2413097*].

b) Mensurabilidad

Que el daño sea «evaluable económicamente» significa que ha de tener cierta entidad, no pudiendo ser una mera molestia o un simple perjuicio, sino que ha de tener una trascendencia patrimonial o moral.

No obstante, la jurisprudencia, en algunos casos, ha reconocido el deber de indemnizar con la mera producción de un «simple perjuicio». Así ocurrió en la STS de 14 de junio de 1991. En la conocida como STS de los dos aneurismas gigantes, la Sala de lo Contencioso-Administrativo se pronunció sobre el alcance del deber reparador de la Administración, como titular del servicio público, en este caso, la asistencia sanitaria. A tal efecto, advirtió que el Instituto Nacional de Salud (INSALUD) debía responder, a pesar de que no era imputable a la Administración sanitaria el resultado lesivo, puesto que no era posible «efectuar un juicio crítico de la *lex artis* del profesional (...) [porque así lo habían constatado todos] los dictámenes periciales obrantes en las actuaciones, contrastados además con la opinión de acreditados profesionales españoles y extranjeros»[12].

A la vista de pronunciamientos como el reseñado, la doctrina civilista y administrativista, entre otros PANTALEÓN y MARTÍN REBOLLO, se mostró muy crítica[13]. Tanto uno como otro han cuestionado el reconocimiento de indemnizaciones en casos de operaciones desarrolladas conforme a la *lex artis*, con las que —sin necesidad de desembolsar cantidad alguna el

---

12 FJ 3 STS de 14 de junio de 1991, de Sala de lo contencioso-administrativo [*Tol 2424584*]. En dicho fallo, el TS, en un supuesto de una paciente con dos aneurismas gigantes en ambas carótidas atendida en el Hospital Puerta del Hierro de Madrid, reconoció la responsabilidad a favor de la reclamante y su marido, por la decisión del facultativo de intervenir y cerrar la arteria carótida derecha en vez de la izquierda, a pesar de que esta última suponía un mayor riesgo de incremento de la presión intracraneal porque ya había empezado a sangrar. Aunque esta decisión, según constataron los distintos dictámenes médico-periciales no supuso una infracción de la *lex artis,* provocó una hemiparesia braquifacial izquierda que le dejó graves secuelas. Así, «la decisión de atender prioritariamente a la resolución del aneurisma del lado derecho (opción legítima dentro de las reglas de la lex artis), resultó a posteriori y a nivel de experiencia desacertada, convirtiéndose en una de las concausas relevantes a la hora de valorar (...) las consecuencias lesivas de la operación» (antecedente tercero).

13 PANTALEÓN PRIETO, Fernando (1994): «Los anteojos del civilista: hacia una revisión del régimen de la responsabilidad patrimonial de las Administraciones Públicas» Documentación Administrativa núm. 237-238, pág. 244. MARTÍN REBOLLO, Luis (1999): «Ayer y hoy de la responsabilidad patrimonial de la responsabilidad patrimonial», *op. cit.* pág. 371 (nota a pié núm. 67).

paciente— se ha salvado la vida de este. En particular se preguntan: ¿cuál es el daño antijurídico por el que se indemniza en este caso? ¿cómo puede imputarse responsabilidad al hospital público por algo que jamás hubiera sido condenado un hospital privado pese a cobrar incluso la intervención?

c) *Individualidad*

Que el daño sea «individualizado» en el sentido de que se concrete en una persona o en un grupo de personas determinadas. A ello cabría añadir, como afirma GALLARDO, que «el daño ha de ser concreto y excederse de las cargas comunes, esto es, superar el nivel de riesgo que es susceptible de *asunción y aceptación* por parte de los destinatarios de los servicios públicos»[14].

En tal delimitación reside, en nuestra opinión, el problema que ha inquietado tanto a la doctrina como a la jurisprudencia. En este sentido, para determinar cuándo se está en presencia de lo que pudiéramos calificar de «cargas comunes» es necesario identificar los riesgos correspondientes a la vida social y que son inherentes al propio funcionamiento del servicio, es decir, aquellos que se tiene el deber jurídico de soportar. En el ámbito doctrinal, tal dicotomía se ha resuelto acudiendo a dos principios de elaboración doctrinal, por un lado, el del «riesgo permitido» y, de otro el principio de «no exigibilidad de otra conducta distinta»[15].

---

14 GALLARDO CASTILLO, María Jesús (2021): *Administración Sanitaria y responsabilidad patrimonial, op. cit.* pág. 63.

15 GALLARDO con el propósito de dar contenido a los principios del «riesgo permitido» y la «no exigibilidad de una conducta distinta» afirma los siguiente: «El primero opera tras sopesar el grado de preponderancia de los intereses en juego: de una parte se valora la utilidad social de la actividad en que se desarrolla la conducta, y por otro, el riesgo o grado de probabilidad de la lesión de los bienes jurídicos amenazados (vida, integridad física o salud de la persona), de tal suerte que nos situamos dentro del ámbito "riesgo socialmente permitido" cuando, ponderando, de un lado, las posibilidades de acaecimiento de una determinada patología, y de otro, los costes que ello conllevan tales pruebas —retraso de intervenciones, medios materiales y humanos exigidos— no se estima necesario ni conveniente la realización o reiteración de pruebas o actividades médicas previamente realizadas». *Ibidem* pág. 64.

B. Tipología de daños

Si atendemos a categorías civilistas, los daños se clasifican en patrimoniales y no patrimoniales, y estos últimos, a su vez, en corporales y morales[16].

i. El daño patrimonial sería el causado a los bienes o derechos de una persona que afectan a su patrimonio pecuniario.

ii. El daño biológico comprendería la lesión inferida a la integridad física de una persona.

iii. El daño moral se referiría al conjunto de bienes y derechos de la personalidad que integran el patrimonio moral.

Esta distinción entre daños patrimoniales y daños no patrimoniales no viene determinada por el bien o derecho sobre el que recae la acción dañosa sino por las consecuencias que causa. En este sentido puede afirmarse que un mismo hecho lesivo o acción dañosa puede provocar daños de ambas clases.

Así, la muerte de una persona no solo causa daños no patrimoniales *v.gr.* la pérdida de un ser querido— sino también daños patrimoniales, como los gastos clínicos y de entierro y funeral, los gastos de desplazamiento, alojamiento y manutención (daños emergentes) o los ingresos dejados de obtener (lucro cesante). Pues bien, son estos daños —patrimoniales y no patrimoniales— los que pueden ser reclamados siempre que sean constitutivos de una lesión antijurídica.

C. Lesión

Dicho lo anterior solo resta por precisar por qué los textos legales que regulan la responsabilidad patrimonial no hablan de daño sino de lesión.

Como afirma GALLARDO a partir del art. 34 LRJ, la responsabilidad patrimonial también descansa sobre el concepto de lesión, pues no basta la producción del daño para que nazca el derecho a ser indemnizado, sino que se requiere que se convierta en lesión indemnizable[17]. Ello obedece a que el concepto de lesión es más estricto y riguroso que el simple de daño:

---

16 La distinción entre daños patrimoniales, biológicos y morales se encuentra recogida en la STS 801/2006, de 27 de julio (núm. rec. 4466/1999 y [*Tol 1014528*]).

17 GALLARDO CASTILLO, María Jesús (2021): *Administración Sanitaria y responsabilidad patrimonial, op. cit.* pág. 59.

i. El daño, a secas, consiste en una mera disminución patrimonial.

ii. La lesión resarcible, por el contrario, es un daño cualificado por la concurrencia de los requisitos que acabamos de exponer (efectividad, mensurabilidad e individualidad).

La lesión, por lo tanto, es aquel daño que debe reputarse como antijurídico, y por lo tanto resarcible[18].

2) Naturaleza jurídica del derecho a ser indemnizado

Para la doctrina, con carácter general, la lesión antijurídica puede afectar a una pluralidad de bienes, tales como la vida, la integridad física y moral, la libertad, la intimidad y la propia imagen, entre otros. Estos bienes son derechos de la personalidad y tienen carácter personalísimo, pero el derecho a su resarcimiento tiene siempre naturaleza o carácter patrimonial.

Por ello, según nuestro parecer, una cosa es que el daño o lesión afecten a un bien o derecho de carácter personalísimo —como la vida— y otra muy distinta que, en los daños corporales —*v.gr.* lesiones físicas— o morales —*i.e. pretium doloris*— la naturaleza personalísima de estos bienes transforme en patrimonial su derecho al resarcimiento. Esta precisión, en los supuestos de novación subjetiva del titular del derecho a la indemnización, es de singular relevancia a la hora de abordar la cuestión de la transmisibilidad del derecho resarcitorio. En este punto no existe un único criterio respecto de la transmisibilidad del derecho de resarcimiento.

A. Tesis favorable a la transmisibilidad del derecho a reclamar

Quienes sostienen esta tesis entienden que, cuando la víctima de un daño no patrimonial —por ejemplo, la amputación de una pierna— fallece sin reclamar, el derecho al resarcimiento se transmite a los herederos, los cuales podrán ejercerlo mientras no haya prescrito[19].

---

18 *Cfr.* Arts. 32.1 y 34.1 LRJ.

19 En relación con la transmisibilidad del derecho a reclamar, DE LA OLIVA, al abordar la tesis de la naturaleza no personalísima y transmisible del derecho a ser indemnizado, analiza diversos pronunciamientos judiciales en esa línea, y señala lo siguiente: «si dejamos a un lado los casos en que la transmisibilidad y la negación del carácter personalísimo del derecho a la indemnización se han afirmado con apoyo exclusivo en el Derecho Privado y han sido jurisdiccionalmente

Los defensores de esta postura consideran que no se puede confundir el derecho a la integridad física, como derecho de la personalidad, y que tiene un indudable carácter personalísimo, con el derecho de crédito, de carácter resarcitorio y contenido patrimonial que nace de su lesión. A partir de ahí, siguiendo planteamientos propios del Derecho privado, parte de la doctrina sostiene que el derecho al resarcimiento —y la correlativa obligación— nace en el momento de producción del daño, *ex* art. 1902 CC y desde ese momento, se integra en el patrimonio de la persona. Por ello, cuando fallezca su titular, este derecho formará parte de la sucesión universal que decreta el art. 659 CC. La aplicación de este criterio obedece al postulado de evitar, en última instancia, el enriquecimiento sin causa de quien sea causante del daño. A tal fin se afirma, que los herederos, *iure hereditatis,* por integración del derecho a reclamar en el caudal relicto, suceden al *de cuius,* ya que, en caso contrario, de vedarse tal posibilidad, quien realmente se beneficiaría sería al autor del resultado lesivo susceptible de indemnización.

B. Tesis contraria a la transmisibilidad del derecho a reclamar

Por el contrario, los defensores de la intransmisibilidad *mortis causa* del derecho a reclamar resuelven esta cuestión desde el punto de vista del Derecho público.

---

resueltos por tribunales del orden civil (incluida la Sala de lo Civil del Tribunal Supremo) un exponente claro de la tesis es, nos parece, la Sentencia de la Sala de lo Contencioso del TSJ de Canarias, de 27 de abril de 2010 (ROJ: STSJ ICAN 1708/2010), que reproducimos en lo que aquí nos interesa: "(…) el artículo 661 CC proclama que la sucesión a título universal transmite al heredero el conjunto de relaciones jurídicas y, por tanto, ha de operarse la transmisión en todas sus obligaciones; pero también en todos sus derechos, ya estén consolidados o en vías de consolidación pues, cuando la posibilidad de ejercitar un derecho depende del curso de un plazo, el heredero podrá ejercitarlo una vez transcurrido dicho plazo, incluso sin esperar a su adjudicación, como ha ocurrido en el presente caso, en que la acción de responsabilidad ejercitada por Don Juan María no había sido resuelta por la administración en el momento de su fallecimiento» (FJ 3 STSJ de Canarias 140/2010, de 27 de abril, núm. rec. 479/2009 y [*Tol 2013505*]). DE LA OLIVA SANTOS, Andrés (2016): «Transmisibilidad o intransmisibilidad del derecho a ser indemnizado por la Administración Pública en razón de daños causados por el funcionamiento de servicios públicos (reflexiones sobre la naturaleza de ese derecho y una propuesta», BAÑO LEÓN, José María (coord.), *Memorial para la reforma del Estado,* Centro de Estudios Políticos y Constitucionales, Madrid, pág. 2.770.

Así, se ha dicho, que la solución a muchas de las cuestiones que se suscitan en el ámbito de la responsabilidad patrimonial requiere acudir a instrumentos de la dogmática *iusprivatista* del «Derecho de daños». Ahora bien, los conceptos y reglas de este no son, en algunos casos, extrapolables plenamente al ámbito de la responsabilidad patrimonial, y en nuestro caso, a la sanitaria.

En este sentido, para autores como DE LA OLIVA, el derecho al resarcimiento por los daños producidos como consecuencia del funcionamiento de los servicios públicos no puede asimilarse a los derechos de crédito. Ello sería así, por tratarse de un ámbito de Derecho público y no *iusprivatistico*[20].

Por ello, si se atiende al fundamento de la responsabilidad patrimonial, los particulares son titulares de derechos subjetivos, pero no tanto porque respondan a comportamientos dañosos de otros sujetos en que haya intervenido culpa o negligencia, sino por el compromiso resarcitorio del Estado. Como consecuencia de lo anterior, según ha puesto de manifiesto GONZÁLEZ-VARAS, la responsabilidad patrimonial habría de abordarse en el marco de los principios generales del Derecho, como el de protección de la confianza legítima, y particularmente, el de la interdicción del enriquecimiento injusto[21]. También, habría que ponderar la necesidad de orientar el compromiso resarcitorio con criterios de racionalidad y realismo[22].

Todo lo anterior abocaría a concluir, teniendo en cuenta la finitud de los recursos públicos, la improcedencia de resarcir unos daños a quien no los ha padecido en su persona. Por ello procede negar la legitimación activa a quienes no son reales y efectivos perjudicados.

---

20 *Ibidem* págs. 2775 y ss. Este autor plantea una propuesta netamente iuspublicista sobre la naturaleza e intransmisibilidad del derecho a ser indemnizado.

21 GONZALEZ-VARAS IBAÑEZ, Santiago (2022): Responsabilidad patrimonial de la Administración, Aranzadi, *op. cit.* págs. 17 y 18.

22 De este modo, al negar la transmisión *mortis causa* del derecho a reclamar, se reconduce el instituto de la responsabilidad patrimonial a unos límites «asumibles», a la vista de los siempre escasos recursos públicos, y atendiendo a los criterios de justicia distributiva.

3) La transmisibilidad mortis causa de las reclamaciones de responsabilidad patrimonial sanitaria en la doctrina legal

La doctrina legal ha abordado en multitud de ocasiones la cuestión relativa a la transmisibilidad *mortis causa* del derecho de crédito propio de las reclamaciones de responsabilidad patrimonial[23]. En este punto existen dos corrientes, la mayoritaria que niega la transmisión *mortis causa* del derecho a reclamar, y la minoritaria que sostiene lo contrario.

A. Posición mayoritaria

Para el Consejo de Estado (CdE) y la mayoría de los consejos consultivos es necesario distinguir, en los casos en los que ha fallecido el paciente, la legitimación *iure proprio* o *iure hereditatis.*

– Reclamación *iure proprio.*

De acuerdo con la tesis mayoritaria, los herederos del fallecido podrían accionar *iure proprio,* por el daño moral que este hecho les causa. Como recuerda el Consejo Consultivo de Andalucía (CCAnd) «los reclamantes pueden ejercitar un derecho propio disociado de su condición de herederos, al estar basada la reclamación en los daños sufridos por el fallecimiento de una persona a la que les une un vínculo parental y afectivo incuestionable»[24].

---

[23] Sobre la transmisión del derecho de crédito por actos *inter vivos,* como señala DE LA OLIVA, «no conocemos, ni por experiencia ni por estudio de la jurisprudencia, un solo caso en que se haya planteado una transmisión inter vivos, por donación, cesión del crédito, etc.». DE LA OLIVA SANTOS, Andrés (2016): «Transmisibilidad o intransmisibilidad del derecho a ser indemnizado por la Administración Pública en razón de daños causados por el funcionamiento de servicios públicos», *op. cit.* pág. 2.765.

[24] CJ II DCCAnd 256/2021 de 22 de abril. Según señala el propio dictamen en relación con la acción ejercitada por los herederos *iure proprio,* de acuerdo con lo sostenido desde el DCCAnd 26/1996, de 22 de febrero, «no hace falta un gran esfuerzo argumental para concluir que el fallecimiento de un ser querido puede ocasionar una quiebra en el núcleo de las relaciones vitales de los actores, lo que traducido al lenguaje propio de la responsabilidad implica un daño susceptible de reparación mediante su compensación económica, y consiguientemente, el nacimiento de un derecho en el patrimonio de los perjudicados, al margen de los que puedan ser objeto de transmisión *mortis causa*» (CJ 2).

Los herederos, incluso podrían reclamar determinados daños materiales, como los gastos de atención sanitaria que el paciente hubiera dejado pendiente de pago al fallecer, y que hubiesen sido satisfechos por los allegados.

– Reclamación *iure hereditatis*

Para el CdE y la mayoría de los consejos consultivos en las reclamaciones *iure hereditatis* habría de diferenciar dos situaciones:

i. Fallecimiento del *de cuius* antes interponer una reclamación de responsabilidad patrimonial

   En este caso, los interesados en el procedimiento administrativo o recurrentes en el proceso contencioso-administrativo no podrían actuar *iure hereditatis*. Sólo estarían legitimados *iure proprio* por el daño moral que causa el fallecimiento de un familiar.

   Esta postura ha sido reflejada, entre otros consejos consultivos, por el Consejo Consultivo de Castilla y León (CCCyL). Así lo ha reflejado en su dictamen de 17 de diciembre de 2009[25].

   El argumento en que se basó este dictamen, para negar la legitimación activa a la viuda para reclamar por las secuelas causadas a su difunto esposo fue el carácter personalísimo del derecho y, en consecuencia, su intransmisibilidad *mortis causa*. Según su parecer, no se estaba ante una sucesión por causa de muerte en un procedimiento administrativo en curso, sino ante una reclamación interpuesta por la viuda tras el fallecimiento de su marido y en la que la pretensión se articula en torno a daños sufridos exclusivamente por aquel.

ii. Fallecimiento del paciente después de interponer una reclamación de responsabilidad patrimonial

   Habiendo accionado el causante antes de fallecer los causahabientes pueden colocarse en su posición y reclamar *iure hereditatis*.

---

[25] El DCCCyL 1300/2009, de 17 de diciembre analizó una reclamación de responsabilidad patrimonial interpuesta, no por el perjudicado en vida, sino por su esposa tras el fallecimiento de su marido, y en su condición de heredera universal de todo su patrimonio. En consecuencia, reclamó una indemnización por las lesiones, secuelas estéticas, días de hospitalización y días de baja impeditiva de su esposo. El dictamen invocó cierta jurisprudencia menor —la STSJ de Canarias de 30 de diciembre de 2005, fundada en la STS de 17 de febrero de 1981— en la que se partía de la premisa de la transmisibilidad de los derechos y obligaciones al heredero conforme a los dispuesto en el art. 661 CC.

Autores como DE LA OLIVA señalan, entre los «puntos débiles» de esta tesis, el hecho de «hacer depender el carácter personalísimo y la transmisibilidad del derecho a ser indemnizado de que la persona directamente dañada haya reclamado a la Administración por ese innegable derecho propio o haya ejercitado la correspondiente acción». En su opinión, «el derecho a verse indemnizado por la Administración a causa de daños producidos por el funcionamiento de un servicio público, así como la acción para la tutela jurisdiccional de ese derecho, si existen, existen desde que concurren los presupuestos materiales, entre los que resulta poco discutible que no se encuentra haber afirmado el derecho frente a la Administración». Para él, «la naturaleza del derecho, si existe desde el momento y con los presupuestos aludidos (y no otros) no puede cambiar: o es personalísimo desde que nace o no lo es, pero no consideramos aceptable que, no siendo originariamente personalísimo, pase a ser personalísimo e intransmisible porque su titular no lo ejercitó»[26].

En nuestra opinión, la postura mayoritaria de la doctrina legal, al distinguir en función del ejercicio o no de la acción por el reclamante, revela la debilidad o «incoherencia interna» de esta postura:

i. Desde la perspectiva de la existencia y naturaleza del derecho subjetivo a ser resarcido.

   No se puede hacer depender la transmisibilidad del derecho, de la reclamación, en vida, por parte de su titular, porque ello supondría tanto como confundir la existencia del derecho con su ejercicio o satisfacción.

   Según nuestro parecer, no hay justificación aparente ni lógica para que, iniciada por una persona una reclamación, se afirme que la misma está basada en un derecho personalísimo e intransferible, y a la vez, que esta puede ser trasmitida *mortis causa.* «Si el derecho a la indemnización (...) fuese personalísimo (...) la sucesión procedimental sería contraria a Derecho y el hecho (...) de que se admita esa sucesión (...) no regulariza la sucesión, ni menos aún, determina la existencia de un derecho a ser indemnizado por daños ajenos»[27].

ii. Desde el punto de vista de la normativa invocada como aplicable

---

26 *Ibidem pág.* 2.772.

27 *Ibidem* pág. 2.774.

No es posible considerar que el derecho a una indemnización es personalísimo y aplicar la sucesión procedimental, y por analogía, la sucesión procesal, de los arts. 4.3 y 16 LPAC y Ley 1/2000, de 7 de enero, de enjuiciamiento civil (LEC), respectivamente[28].

Es del todo punto improcedente aplicar a una relación jurídica calificada como intransferible, las normas que regulan la novación subjetiva.

Llegados a este punto, para analizar las distintas posiciones jurídicas, resulta de sumo interés: el voto particular del consejero Arozamena en el dictamen del CdE de 20 de junio de 2002; y sobre todo, la posición mayoritaria y los votos particulares —concurrente y discrepante— del dictamen del Consejo Consultivo de Madrid (CCMad) de 16 de junio de 2012.

a) Dictamen del Consejo de Estado de 20 de junio de 2002

En consonancia con el carácter de institución de Derecho público de la responsabilidad patrimonial, procede traer a colación el voto particular concurrente del consejero Arozamena al dictamen de 20 de junio de 2002. En él señaló que la «responsabilidad patrimonial *era* [una] institución central [del Derecho administrativo] y (…) *requería* de cautelas y rigor en el manejo de las categorías civiles»[29].

---

28 De acuerdo con el art. 4.3 LPAC, «cuando se transmita mortis causa lo que sea objeto del juicio, la persona o personas que sucedan al causante podrán continuar ocupando en dicho juicio la misma posición que éste, a todos los efectos». Según el art. 14 LEC, «cuando la condición de interesado derivase de alguna relación jurídica transmisible, el derecho-habiente sucederá en tal condición cualquiera que sea el estado del procedimiento».

29 En el voto particular al DCdE de 20 de junio de 2002 (núm. exp. 535/2002), el consejero Arozamena recordó que en la responsabilidad patrimonial era «pieza esencial (…) la existencia de una lesión entendida como daño antijurídico. [Por esta razón, entendía que] (…) el daño debe haberse producido al que reclama debiendo estar en relación directa el daño y el sujeto dañado (…). Por esto la legitimación para reclamar se predica directamente del sujeto que ha sufrido el daño imputado a la Administración». En consecuencia, entendió —como la mayoría de los consejeros, pero por diferente fundamentación— que debía desestimarse la reclamación —no porque el daño no fuera antijurídico— sino porque el «reclamante no *había* sufrido de modo directo un daño derivado de la lesión sufrida» ya que era el heredero universal y no quien sufrió el daño.

b) Dictamen del Consejo Consultivo de Madrid de 6 de junio de 2012

El DCCMad de 6 de junio de 2012 analizó una reclamación de responsabilidad patrimonial sanitaria por la pérdida de una extremidad como consecuencia de un error médico. Concluyó que, tratándose de una reclamación de responsabilidad patrimonial sanitaria, el crédito resarcitorio era transmisible y que los herederos estaban legitimados activamente para ser indemnizados en su nombre porque el *de cuius* había reclamado en vía administrativa[30].

Este dictamen contó con un voto particular concurrente y otro discrepante.

– Voto particular concurrente

El voto particular concurrente, si bien compartía el sentido del dictamen, discrepó respecto de la fundamentación jurídica. Para «la minoría», la legitimación activa de los herederos no podía estar condicionada por la existencia de una reclamación previa formulada por el causante. En su opinión, si el derecho al resarcimiento por daños físicos o morales se configuraba como un derecho *intuitu personae,* este no sería transmisible, incluso cuando el *de cuius* hubiese accionado antes de morir. Por el contrario, si el mismo se considerase como un derecho de crédito de contenido patrimonial, podría haber sido ejercitado por los herederos con independencia de que el causante hubiese formulado la reclamación inicial.

Desde este planteamiento, la admisión de la novación subjetiva pasaba por calificar el derecho a reclamar como un derecho de crédito patrimonial *ab initio* —desde la producción del daño— y no desde la interposición de la reclamación de responsabilidad patrimonial. Según el parecer de «la minoría», la transmisibilidad de un derecho no podía depender de que este se hubiese hecho valer por su titular ni de su reconocimiento administrativo o judicial.

---

30 En el DCCMad 353/2012, de 6 de junio se analizó una reclamación de responsabilidad patrimonial interpuesta por un paciente que, tras ingresar en el Hospital Infanta Cristina de Parla, perteneciente al Servicio Madrileño de Salud (SERMAS), con el diagnóstico de rotura de cadera, sufrió la amputación de la pierna. A juicio del reclamante, la amputación se debió a infracción de la *lex artis* consistente en focalizar el problema de la cadera. Por esta pérdida de oportunidad, debida a la falta de un diagnóstico precoz de una isquemia de miembro inferior izquierdo, se reclamó, primero por el causante, y después por sus herederos, 80.000 euros.

– Voto particular discrepante

El voto particular discrepante abogó, en atención al carácter personalísimo de los daños corporales, por la intransmisibilidad en todo caso del derecho a reclamar. Los «consejeros discrepantes», contra el parecer de la mayoría, sostuvieron que, en atención a la naturaleza del derecho a ser indemnizado, los herederos carecían de legitimación activa para reclamar.

Esta última postura va ligada al carácter eminentemente resarcitorio de la reclamación y a los postulados de la justicia distributiva. En particular, sostiene que los herederos carecen de legitimación activa porque los daños sufridos por el causante, cualquiera que sea su índole, no pueden ser el sustento de una reclamación formulada por los herederos, *ab initio* o de manera sobrevenida. El razonamiento guarda una ostensible coherencia con la configuración del derecho resarcitorio como un derecho personalísimo que se extingue con la muerte de la persona.

La doctrina de los «consejeros discrepantes» —consistente en negar la legitimación activa de los herederos— implica[31]:

i. La configuración del derecho a reclamar como un derecho de crédito de carácter personalísimo e intransmisible *inter vivos* o *mortis causa*.
ii. El nacimiento del derecho de crédito desde la causación del daño (y no desde que la Administración sanitaria o una sentencia lo reconozca).
iii. La intransmisibilidad del derecho de crédito por configurarse *ab initio* como un derecho personalísimo e intransmisible, no susceptible de ser cedido *inter vivos* o transmitido *mortis causa*.
iv. La imposibilidad, derivada de la naturaleza *intuitu personae* del derecho a ser resarcido, del reconocimiento a los herederos de manera sobrevenida como interesados en el procedimiento administrativo o legitimados en el recurso contencioso-administrativo.
v. El mantenimiento del carácter personalísimo e intransmisible del derecho de crédito después de iniciada la reclamación. Ello sería así porque el derecho resarcitorio no muta tras el ejercicio de la

---

31 El criterio de la intransmisibilidad absoluta del derecho a ser resarcido por los daños corporales o morales sufridos por una persona, de acuerdo con la doctrina del TS, se debe a su consideración como derecho *intuitu personae*, razón por la cual no debe confundirse la causa del derecho —los daños antijurídicos producidos por la Administración sanitaria— con el derecho mismo.

acción. Este era y sigue siendo intransmisible tanto cuando nació como, después, cuando la víctima reclamó.

En nuestra opinión, lo más relevante de esta postura es que ahonda en el carácter personalísimo e intransmisible del derecho a ser indemnizado y lo liga a los fundamentos mismos del instituto de la responsabilidad patrimonial. Esta circunstancia, enriquece enormemente el enfoque de la cuestión que nos ocupa y nos sitúa ante la problemática de manejar instituciones de Derecho público con categorías civilistas o *iusprivatisticas*.

El derecho de los particulares a ser resarcidos por una lesión antijurídica debe considerarse de una especial naturaleza por coherencia con su propia finalidad institucional. Así es razonable pensar —como plantea el interesante voto particular discrepante del dictamen que venimos analizando— que ese derecho ha de concebirse con una finalidad limitada a resarcir el daño a quien en concreto lo haya sufrido. No empero, dentro de los presupuestos del daño indemnizable y como examinamos con anterioridad, «el daño alegado habrá de ser efectivo, evaluable económicamente e individualizado con relación a una persona o grupo de personas»[32].

Esta limitación del resarcimiento del daño a quien realmente lo sufre entronca, además, con el sentido más institucional de la responsabilidad patrimonial: los siempre limitados recursos públicos y la justicia distributiva al disponer de tales recursos. El crédito se concibe como personalísimo y, en consecuencia, el importe de la indemnización se destina al resarcimiento de los daños sufridos por esa persona en concreto, pero no a aumentar su caudal hereditario. Conforme a esta tesis, el derecho a la indemnización no es asimilable a los créditos que integran el patrimonio de un sujeto jurídico y sobre el que opera la sucesión universal[33].

Es decir, los herederos tienen legitimación activa siempre para reclamar los daños antijurídicos que se les causen a ellos por el fallecimiento del causante, pero no a lucrarse con su muerte, percibiendo una indemnización por los daños que ellos no sufrieron, o incluso que, si los sufrieron, no los alegaron[34].

---

[32] Art. 32.2 LRJ. En relación con los presupuestos del daño indemnizable puede consultarse GONZALEZ-VARAS IBAÑEZ, Santiago (2022): *Responsabilidad patrimonial de la Administración, op. cit.* págs. 83 y 84.

[33] De acuerdo con el art. 659 CC, «la herencia comprende todos los bienes, derechos y obligaciones de una persona que no se extingan por su muerte».

[34] Diversas SSTS han subrayado, frente a la condición de herederos de los reclamantes, o a la alegación de falta de legitimación activa por la Administración, que

B. Posición minoritaria: Mención especial a la doctrina del Consejo Consultivo de Andalucía y a la reciente doctrina del Consell Jurídic Consultiu de la Comunitat Valenciana

Como se ha dicho, el corpus doctrinal fraguado por los órganos consultivos, en relación con la transmisión *mortis causa* del crédito resarcitorio de una reclamación de responsabilidad patrimonial, permite diferenciar dos posturas: una, la mayoritaria, que entiende que estamos ante un derecho personalísimo e intransmisible; otra, la minoritaria, favorable a la transmisibilidad a los causahabientes del derecho de crédito derivado del daño corporal causado al *de cuius.*

Entre los valedores de esta segunda tesis se encuentra el CCAnd. Por esta razón citamos expresamente, sus dictámenes de 22 de febrero de 1996, de 12 de marzo de 2020 y 22 de abril de 2021.

De enorme interés resulta el reciente DCCJVal de 6 de marzo de 2024 que expone el cambio de criterio que mantenía con relación a la línea restrictiva que sostenía sobre la intransmisibilidad de la acción cuando el perjudicado ha fallecido sin haber interpuesto la acción por daños personales Sobre él volveremos al final del presente epígrafe.

a) Dictamen del Consejo Consultivo de Andalucía de 22 de febrero de 1996

La postura actual del CCAnd arranca con el DCCAnd de 22 de febrero de 1996. Por eso nos referimos a él en primer lugar. En este dictamen el CCAnd disoció, en los casos de premoriencia del reclamante, entre las reclamaciones *iure proprio* y *iure hereditaris.* También se reconocieron a los herederos ciertos gastos surgidos con ocasión de la muerte del *de cuius*[35].

Este dictamen distinguió:

i. La reclamación *iure proprio*

   Para el CCAnd la reclamación de daños, en concepto de daño moral por el fallecimiento de una persona, es independiente de la condición de heredero. Lo es porque tiene por objeto resarcir los daños que el hecho de morir una persona causa a quienes tienen un vínculo parental y afectivo con ella.

---

dicho presupuesto procesal no deriva de la sucesión hereditaria sino de la condición de ellos mismos como perjudicados.

[35] CJ II DCCAnd 26/1996, de 22 de febrero.

Este derecho, que se abordará en el subapartado C, es distinto del derecho de crédito que el *de cuius* transmite al fallecer a sus herederos, y al que nos referimos ahora.

ii. La reclamación *iure hereditatis*

A juicio del CCAnd el art. 659 CC permite a los causahabientes suceder al causante en la reclamación porque esta forma parte del caudal hereditario.

iii. La reclamación de gastos que nacen por razón del óbito

Según el CCAnd, estos «daños» solo pueden ser reclamados por los herederos porque nacen *ex novo* al fallecer el familiar. Así ocurre con las cargas de la herencia y los gastos de entierro y funeral.

b) Dictamen del Consejo Consultivo de Andalucía de 12 de marzo de 2020

El DCCAnd de 12 de marzo de 2020 tiene interés por las diversas cuestiones que trató. En esta ocasión el CCAnd abordó una reclamación en la que un padre accionó en vida de su hija incapacitada judicialmente, como representante legal suyo[36].

Este dictamen tiene interés, en primer lugar, porque admitió la legitimación *iure hereditatis* del padre y de la madre, personados en la reclamación de responsabilidad patrimonial dos años después del fallecimiento de la hija, tanto respecto de los daños corporales como morales. El CCAnd concluyó, que tras la muerte de la hija, operó una transmisión *mortis causa* de su acción a favor de sus padres, los cuales estaban legitimados para re-

---

[36] En el DCCAnd 183/2020, de 12 de marzo. el CCAnd tuvo que pronunciarse sobre una reclamación de responsabilidad patrimonial sanitaria, en concepto de pérdida de oportunidad, debida al retraso en el diagnóstico por demora en la realización de las pruebas. La falta de diagnóstico precoz se produjo entre verano de 2012 y marzo de 2013 y la reclamación se interpuso por los padres en nombre de la hija en 2014, y se personaron en el procedimiento dos años después de su fallecimiento el 16 de marzo de 2016. Se solicitó una indemnización de 1.109.548'53 de euros a distribuir entre los herederos, padres de la perjudicada. La particularidad del supuesto examinado radica en el reconocimiento de un doble título de legitimación en el progenitor, el cual en un primer momento reclamó en nombre y representación de su hija, y posteriormente, sobrevenido su fallecimiento, como heredero de la misma. Esta singularidad llevó al padre a continuar la reclamación subsumiendo en la misma posición ambos planos. Sin embargo, procedimentalmente, el CCAnd entendió que debería habérsele requerido al padre para que formalizara la pretensión indemnizatoria como heredero.

clamar, no solo los daños corporales sufridos por la hija sino también los daños morales que se le hubieran irrogado a la hija mientras vivía.

En segundo término, tiene interés porque abordó una situación compleja en lo que a la prescripción se refiere. El CCAnd dictaminó que el derecho a reclamar no estaba prescrito a pesar de que los padres se personaron en el procedimiento de reclamación de responsabilidad patrimonial dos años después del fallecimiento de la hija. Para el CCAnd lo relevante era que el procedimiento se había iniciado en vida de la hija. En este sentido, el DCCAnd de 12 de marzo de 2020 distinguió —en abstracto— dos situaciones distintas:

i. Los supuestos en los que la resolución administrativa fuese estimatoria y el procedimiento hubiera finalizado antes de la muerte de la causante, en cuyo caso la indemnización formaría parte del caudal hereditario y no se plantearían problemas procesales.

ii. Los procedimientos, desestimatorios, que hubiesen finalizado antes del fallecimiento de la causante, en los cuales el *dies a quo* para impugnar judicialmente la resolución comenzaría a contar desde la notificación de la resolución administrativa al *de cuius*.

Finalmente, el DCCAnd de 12 de marzo de 2020 también es interesante por la exposición que hace de la incidencia de la muerte sobrevenida de la perjudicada a la hora de cuantificar el monto indemnizatorio[37].

Frente a algunos planteamientos doctrinales y judiciales, que parecen asumir que la indemnización se cuantifica cuando se produce el daño y que se «congela» en ese momento, el CCAnd considera que el fallecimiento prematuro del perjudicado repercute, necesariamente, en la cuantificación de la indemnización. Para ello apela al imperativo legal y ético que propugna que debe existir una correspondencia entre la indemnización y la envergadura real del daño producido. En tales casos, para el CCAnd, la

---

[37] Las reclamaciones *iure hereditatis* se fundan en la regla *conditio causa data causa non secuta* y que puede traducirse como acción por prestación cumplida y ante prestación no observada. A esta regla se ha referido, entre otras, el FJ 4 STS 535/2012, de 13 de septiembre, de la Sala de lo Civil (núm. rec. 535/2012 y [*Tol 2695691*]). En la CJ V DCCAnd 183/2020, de 12 de marzo, se minoró las cantidades reconocidas en concepto de secuelas aplicando el art. 65 del texto refundido de la Ley de responsabilidad civil y seguro en la circulación de vehículos a motor, aprobada por el Real Decreto Legislativo 8/2004, de 29 de octubre (TRLRC). Este precepto contempla un mecanismo reductor para los casos de premoriencia de la víctima antes del reconocimiento de la indemnización.

muerte del perjudicado supone una alteración sustancial de los presupuestos que han de servir para cuantificar el daño.

c) *Dictamen del Consejo Consultivo de Andalucía de 22 de abril de 2021*

El criterio del DCCAnd de 12 de marzo de 2020 sobre la minoración de la indemnización en los supuestos de premoriencia de la víctima, también ha sido aplicado por el DCCAnd de 22 de abril de 2021. Por eso hacemos una mención especial a este dictamen. La situación de partida era una reclamación interpuesta por una paciente, fallecida en julio de 2018, y sustituida en el procedimiento por su esposo y tres hijos[38].

En él se volvió a recordar la doctrina, sentada en el dictamen de 22 de febrero de 1996, que disocia entre las reclamaciones *iure proprio* y *iure hereditaris* en los casos de reclamaciones iniciadas por el *de cuius*. Adicionalmente, en orden a la determinación de la legitimación activa, separó conceptualmente: el *quantum* correspondiente al daño moral causado por el fallecimiento de la paciente al viudo y los hijos; del resto de cantidades indemnizatorias por las lesiones permanentes, gran invalidez, perjuicio estético, etc., causados a la paciente y transmitidos *iure hereditatis* al viudo e hijos, pero en cantidad reducida.

Del DCCAnd de 22 de abril de 2021, merece la pena destacar, en primer lugar, su configuración del derecho a la indemnización por la muerte de un ser querido como un derecho ejercitable únicamente *ex iure propio*. El CCAnd llega a esta conclusión —imposibilidad de reclamar *ex iure hereditatis*— porque este derecho no pudo ingresar en el patrimonio del *de cuius* por el simple hecho de carecer de personalidad en ese momento. Por esta razón el viudo y las hijas no reclamaron como herederos sino como perjudicados por el sufrimiento que le había ocasionado la pérdida del ser querido.

En esta ocasión el CCAnd, reiteró —con el DCCAnd de 12 de marzo de 2020— que «los daños inicialmente reclamados por [los] padecimientos y secuelas (...) [de la mujer y madre se fijaron] por un largo período de tiempo, en atención a las expectativas de sobrevivencia, los cuales no *tuvieron* finalmente esa proyección temporal al haber acontecido la muerte

[38] CJ V DCCAnd 256/2021 de 22 de abril.

sobrevenida de la paciente»[39]. En base a esta idea minoró la cuantía que le correspondía al viudo y las hijas de la finada.

En efecto, según este dictamen, no podían indemnizarse los padecimientos por las secuelas, y su consecuente pérdida de calidad de vida, que iba a sufrir la mujer y madre causante durante toda su vida. Para evitar este «enriquecimiento injusto» de los causahabientes, el CCAnd abogó —de acuerdo con la jurisprudencia del TS— por aplicar factores de corrección. En este sentido, el Alto Tribunal, para supuestos como el del DCCAnd de 22 de abril de 2021, viene sosteniendo la procedencia de reducir el crédito resarcitorio que se transmite *mortis causa.* Lo limita en función del tiempo transcurrido desde el accidente hasta el fallecimiento, y no por el que le hubiera correspondido de haber vivido conforme a las expectativas normales. Según su parecer, al no poder proyectarse sobre el futuro las consecuencias lesivas, los parámetros temporales y personales utilizados para fijar la indemnización deben dejar de ser considerados en abstracto porque se conocen los perjuicios reales y ciertos sufridos por el causante desde la fecha del siniestro hasta su fallecimiento y que no han quedado absorbidos por la muerte.

Finalmente, también resulta interesante el análisis del DCCAnd de 22 de abril de 2021 sobre la diferente posición del cónyuge viudo y los descendientes, ya que el mientras que el primero recibe el usufructo de la herencia, los segundos son los herederos universales. En concreto, para el CCAnd, en orden a la legitimación activa para suceder al causante, los herederos son los continuadores de la personalidad del causante[40]. Por este motivo, como ya viniera haciendo previamente el TS[41], el CCAnd enmen-

---

39 CJ V DCCAnd 256/2021, de 22 de abril.

40 CJ V DCCAnd 256/2021, de 22 de abril.

41 Entre otras, la STS de 24 de enero de 1963, de la Sala de lo Civil [*Tol 4329785*], dejó sentadas las profundas y esenciales diferencias entre el cónyuge viudo y los hijos en la herencia. Una de ellas es la que, conforme al art. 660 CC, se refiere a la transmisión del caudal relicto. Los hijos, como herederos universales, adquieren en bloque, o en parte alícuota, el patrimonio del causante y se colocan respecto del mismo en igual situación que el difunto. En cambio, en la sucesión usufructuaria, el designado se coloca tan solo en una parte cualitativa de su contenido. Por eso, dejando a un lado la indemnización que pudiera corresponderle por daños morales —y en la que reclamaría *ex iure propio* y no *iure hereditatis*—, en el orden civil, la posición del usufructuario, aunque lo sea a título universal, tiene notables diferencias con el heredero propiamente dicho. El usufructuario ostenta el goce o disfrute sobre cosa ajena. A mayor abundamiento, el usufructuario y heredero también se distinguen por el título del que dimana su derecho. Mientras que el

dó la propuesta de resolución y propuso minorar las cuantías correspondientes al viudo en su condición de usufructuario universal de los bienes de la causante.

En efecto, en nuestra opinión, es esencial la distinción entre usufructuario y propietario en cuanto a la duración: mientras que el heredero adquiere un derecho por tiempo ilimitado y lo trasmite a los suyos al gozar sobre los bienes las mismas facultades que el causante; en el usufructo, por el contrario, el derecho del usufructuario es temporal porque la supervivencia de su titular constituye una *conditio iuris* de su efectividad porque el usufructo es un derecho temporal y el usufructuario ostenta un derecho *intuitu personae.* Ambas notas hacen intransmisible el usufructo por actos *mortis causa.*

d) Dictamen del Consell Jurídic Consultiu de la Comunitat Valenciana de 6 de marzo de 2024

El reciente DCJCVal de 6 de marzo de 2024 justifica el cambio de criterio respecto de la postura restrictiva que venía manteniendo hasta la fecha sobre la intransmisibilidad de la acción cuando el perjudicado haya fallecido sin haber interpuesto la acción por daños personales, a la luz de la nueva jurisprudencia y la doctrina consultiva reciente en esta materia[42].

Este dictamen reviste interés puesto que comienza exponiendo las sentencias que venía manteniendo, en línea con el criterio que el propio

---

heredero adquiere el pleno dominio, sin disgregación alguna, en el usufructo, aunque se produce el efecto traslativo, el usufructuario tiene un *ius in re aliena.* Provoca el desmembramiento de la propiedad al pasar el derecho de uso a persona distinta de aquel, el heredero, a quien se le atribuye la facultad de disposición.

42 En el DCJCVal 150/2024, de 6 de marzo, el CJCVal se ha pronunciado sobre una reclamación de responsabilidad patrimonial formulada por el hijo e hijas de una señora que falleció a raíz de una caída en vía pública. Los reclamantes solicitaban una indemnización por el fallecimiento de su madre como consecuencia de la caída al cruzar un paso de peatones (daño personal in *iure propio*); y reclamaban *iure hereditatis* en relación con el daño inferido a la causante (por los doce días de hospitalización y los 5 días de estancia en el domicilio) así como por los daños materiales por la rotura de la montura de las gafas. En este dictamen, también señala que cambia su anterior posición, manifestada, entre otros, en los DDCJCVal 117/2013, de 7 de marzo, 32/2016, de 4 de febrero y 421/2018, de 20 de junio, y en los que concluyó que, a falta de una uniformidad jurisprudencial, resultaba jurídicamente complejo admitir la transmisión de la acción indemnizatoria cuando el perjudicado no ha ejercitado dicha acción antes de su fallecimiento.

CJCVal había venido sosteniendo, una postura contraria a la transmisión mortis causa de la acción. También analiza la nueva jurisprudencia, remontándose a la STS de la Sala de lo Civil de 13 de septiembre de 2012 —que analizaremos en el ep. 4)— en la que se abogó por la transmisión *mortis causa* de la acción resarcitoria[43]. Asimismo, hace especial mención a la STS de 15 de marzo de 2021, también de la Sala de lo Civil, objeto de posterior comentario en el presente capítulo[44]. Y, de igual modo, se refiere a los dictámenes de otros consejos consultivos y comisiones jurídicas asesoras de CCAA que recientemente han mostrado su parecer favorable a la transmisión de la acción resarcitoria por daños no patrimoniales en aquellos casos en que el perjudicado no accionó en vida, alineándose con la postura —minoritaria en principio— mantenida tradicionalmente por el CCAnd[45].

---

[43] STS 532/2012, de 13 de septiembre (núm. rec. 2019/2009 [*Tol 2695691*]).

[44] STS 142/2021, de 15 de marzo (núm. rec. 2115/2018 [*Tol 8369895*]).

[45] Así, entre los pronunciamientos de la doctrina legal más recientes, el DCJCVal 150/2024, de 6 de marzo, cita el DCCAnd 621/2023 de 20 de julio. En él que se señala que, en su sesión de 14 de junio de 2023, constituida como ponencia de régimen especial, llegó, entre otras, a la siguiente conclusión: «es susceptible de ser transmitido a sus herederos [el derecho a reclamar] (en palabras de la STS 1417/2021, de 15 de marzo) quienes podrán ejercer la acción resarcitoria en el plazo del año a contar desde que la lesión de la que trae causa se produjo (Art.67. 1 de la LPAC). A ello añade que, «para que esa "susceptibilidad" a transmitirse pase a que realmente lo sea es necesario, cumplir, *conforme a la jurisprudencia con un presupuesto previo para entender transmitido el derecho a reclamar por daños de carácter personalísimo como es que el daño haya sido identificado antes del fallecimiento del causante* (Sentencia 535/2012 del Tribunal Supremo) con independencia de que su cuantificación se fije en un momento posterior (Sentencia del Tribunal Supremo de 13 de septiembre de 2012) pues, como señala la sentencia del Tribunal Supremo de 10 de diciembre de 2009, a partir de entonces nace causa legal que legitima el desplazamiento patrimonial a favor del perjudicado de la indemnización por lesiones y secuelas concretadas en el alta definitiva, tratándose de un derecho que, aunque no fuera ejercitado en vida de la víctima, pasó desde ese momento a integrar su patrimonio hereditario» (CJ 3.II). Por su parte, el DCJACat 226/2022, de 23 de junio, resolvió sobre una reclamación de responsabilidad patrimonial por un importe de 175.000 euros formulada ante el Instituto Catalán de la Salud (ICS) por los familiares de una paciente, en concepto de herederos. Éstos reclamaron por las graves secuelas neurológicas que sufrió la familiar, y que correlacionaban con la suspensión del tratamiento de la medicación anticoagulante que tenía prescrita con motivo de la colocación de un marcapasos. En dicho pronunciamiento, la CJACat se mostró favorable a reconocer legitimación activa en favor de quien formula, como es el supuesto examinado, a título de heredero del perjudicado, la reclamación por daños de carácter físico y moral y que el causahabiente no reclamó en vida. Con anteriori-

Del DCJCVal de 6 de marzo de 2024 merece la pena destacar que, a la vista de los pronunciamientos judiciales que invoca y habida cuenta la inexistencia de una STS de la Sala de lo contencioso-administrativo sobre la materia, postula la incorporación a la masa hereditaria de las obligaciones nacidas en vida del causante y no reclamadas por este en vida.

El CJCVal llega a las siguientes conclusiones:

i. El crédito que dimana del deber de resarcir el daño causado a una persona tiene contenido patrimonial y se integra en la herencia.

ii. El derecho al resarcimiento no requiere que sea efectivamente ejercitado por el causante, pues la obligación nace y existe en el momento de la producción del daño de conformidad con el art. 1089 CC.

iii. La integración de la obligación de resarcimiento en la herencia supone que los herederos pasan a ser titulares del derecho de crédito (de contenido patrimonial) que ostentaba el causante, y por tanto, que: «si este no accionó en vida en defensa de su derecho, tal inacción no extingue la obligación, ni implica su renuncia, puesto que no es la acción la que se integra en la masa hereditaria, sino la obligación de

---

dad, el DCJACat 50/2022 de 10 de febrero, ya había reconocido la legitimación activa de quien interpone la acción como heredero del perjudicado, en reclamación de daños de carácter físico y moral irrogados al causahabiente y que este no había reclamado en vida. A tal efecto subrayó el carácter patrimonial del crédito resarcitorio, que nace con el hecho lesivo, y no cuando se ejerce la acción resarcitoria (entre otros, DDCJACat 221/2016, de 28 de julio y 165/2018, de 26 de julio). De igual modo, el DCCC-M 282/2020, de 12 de noviembre, también se alinea en la tesis favorable a la transmisibilidad de la acción por daños personales no reclamados de forma previa por el fallecido. Postura que reitera en el posterior dictamen 159/2022, de 26 de mayo. Paralelamente, el DCJAMad 47/2023, de 2 de febrero, También se pronuncia favor de esta postura favorable a la reclamación por los herederos del daño corporal sufrido por el causante «pericialmente determinado» destacando el cambio de criterio en la materia operado con fundamento en la citada STS de 15 de marzo de 2021. Asimismo, el DCJCVal 150/2024, reproduce parcialmente el DCCAst 262/2023, de 13 de diciembre. En él, tras efectuar un análisis extenso de la doctrina jurisprudencial y consultiva sobre la transmisibilidad de la acción, se concluye que «debe reputarse trasmitido a los herederos todo daño del que deriva un menoscabo patrimonial cierto, lo que incluye el cuantificado por la norma o el «pericialmente determinado" en la medida que se traducen en una minoración de la masa hereditaria, quedando aquí comprendidos los gastos a los que el fallecido tuviere que haber hecho frente a raíz del siniestro» (CJ 3.II).

resarcimiento del daño, que es un crédito nacido con anterioridad al fallecimiento del causante» (CJ 3.II).

iv. El derecho a ser resarcido permite a los nuevos titulares (los herederos) ejercitar su acción de reclamación, como una acción propia, que viene determinada por la titularidad de la obligación *iure hereditatis*, estando condicionada, en todo caso, la legitimación de aquellos por la efectiva existencia del crédito y éste por la realidad del daño y el cumplimiento de los presupuestos determinantes de la responsabilidad patrimonial.

En esta ocasión, el CJCVal declaró que «la declaración de responsabilidad patrimonial de la Administración tiene efectos meramente declarativos respecto a la obligación de resarcir, puesto que la obligación nace cuando se causa el daño resarcible». También dijo que «la causación del daño tiene efectos constitutivos del derecho al resarcimiento económico, y tal derecho lo adquiere el perjudicado desde que lo sufre y se integra en la herencia del causante por lo que lo transmite a sus herederos». Ello sería así, a juicio del CJCVal, porque «la responsabilidad tiene su génesis en la mala praxis en el actuar administrativo, y es en ese momento (en el que queda constatado el mal funcionamiento de la Administración) donde se sitúa el nacimiento del derecho al resarcimiento del particular, lo que junto con la determinación del daño (mediante cualquier medio de prueba) le confiere legitimación activa para reclamar su reparación por parte de la Administración causante del mismo».

Por este motivo, el CJCVal considera prudente modular su doctrina restrictiva mantenida hasta la fecha de forma que se pondere en cada caso, en línea con la STS de 15 de marzo de 2021 y la doctrina consultiva reciente, las circunstancias concurrentes en cada caso, no optando de forma automática, ni por la transmisibilidad absoluta, ni por la intransmisibilidad, requiriendo el análisis casuístico de los aspectos determinantes del nacimiento del derecho al resarcimiento.

C. Reconocimiento de la legitimación activa de los herederos por daños patrimoniales o no patrimoniales inferidos a ellos directamente por el fallecimiento del causante

Un caso singular es el del daño que el fallecimiento de una persona causa a su núcleo familiar. Son los daños «de rebote» a los que hace referencia HURTADO en el cap. 10 de esta obra (págs. 684 y 685).

La doctrina civilista suele distinguir entre daños patrimoniales, corporales y morales[46].

i. El daño patrimonial sería el causado a los bienes o derechos de una persona que afectan a su patrimonio pecuniario.
ii. El daño biológico comprendería la lesión inferida a la integridad física de una persona.
iii. El daño moral se referiría al conjunto de bienes y derechos de la personalidad que integran el patrimonio moral.

Ahora bien, como afirma el prof. CANO, es preciso resaltar que «para comprender el concepto de daño no patrimonial hay que referirse primero a la noción genérica de daño, pues la misma puede ser entendida desde una doble perspectiva: el daño como lesión de un interés jurídicamente protegido (…) y el daño como consecuencia o perjuicio indemnizable que deriva de dicha lesión»[47].

Dicho esto, hay que tener en cuenta que la distinción, entre daños patrimoniales y daños no patrimoniales, no tiene en cuenta la perspectiva del derecho o bien sobre el que recae la acción dañosa sino las consecuencias. Pues bien, desde este ángulo —el del daño como consecuencia o perjuicio indemnizable— un mismo hecho lesivo o acción dañosa que incide en un bien jurídico protegido, puede provocar daños de ambas clases, tanto patrimoniales como morales o no patrimoniales.

Un ejemplo de ello lo tenemos en la muerte de una persona. El óbito no solo causa daños no patrimoniales o morales constituidos por el dolor (*v.gr.* la pérdida de un ser querido), sino también daños patrimoniales. Así ocurre con los gastos clínicos y de entierro y funeral, los gastos de desplazamiento, alojamiento y manutención (daños emergentes) o los ingresos dejados de obtener (lucro cesante). Pues bien, son estos daños —patrimoniales y no patrimoniales— los que pueden ser reclamados por derecho propio por los herederos del fallecido.

Expuesto lo anterior, podemos afirmar que la doctrina legal y la jurisprudencia es pacífica en torno al reconocimiento de la legitimación activa de los herederos para reclamar *iure proprio* por los daños patrimoniales, o

---

46 La distinción entre daños patrimoniales, biológicos y morales se encuentra recogida en la STS 801/2006, de 27 de julio (núm. rec. 4466/1999 y [*Tol 1014528*]).

47 CANO CAMPOS, Tomás (2013): «La transmisión mortis causa del derecho a ser indemnizado por los daños no patrimoniales causados por la Administración», *Revista de Administración Pública*, pág. 116.

no patrimoniales, inferidos a ellos y que derivan directamente del fallecimiento del causante.

Sobre este particular hay que destacar que, recientemente, el Consejo Consultivo de Canarias (CCCan), en su dictamen de 15 de marzo de 2022, ha reconocido legitimación activa a los padres para reclamar a la Administración sanitaria los daños morales sufridos por el fallecimiento de un hijo[48].

En esta línea, el DCCCan de 30 de diciembre de 2021, a partir del art. 4.1 a) LPAC, reconoció legitimación activa a las herederas para reclamar *iure proprio* por el fallecimiento de su madre[49]. Este dictamen, para reforzar su criterio sobre la legitimación activa de las reclamantes, invocó la doctrina recogida en el DCCCan de 3 de marzo de 2020. Lo hizo por enfocar de manera didáctica la legitimación *iure proprio* de los allegados y condensar la doctrina jurisprudencial respecto de la legitimación para reclamar los daños, patrimoniales y extrapatrimoniales, derivados del fallecimiento de una persona[50].

Destacamos el DCCCan de 24 de mayo de 2021 por poner de manifiesto la necesidad de poner un límite a la condición de legitimado cuando se reclaman daños morales derivados del fallecimiento de un familiar. A estos efectos el CCCan postula la necesidad de establecer un orden de preferencia excluyente, siguiendo un orden lógico de afinidad con el familiar fallecido. De esta forma, los familiares más inmediatos recibirían la indemnización con exclusión de los demás parientes más mediatos, y a igualdad de proximidad con el difunto, primaría a quienes hubieran sufrido de forma

---

48 DCCCan 97/2022, de 15 de marzo. En este dictamen se analizaba la reclamación por la interesada de una indemnización de 120.000 euros, más los gastos de funeral, así como los de repatriación del fallecido y de viajes de familiares, por la falta de la debida atención sanitaria del fallecido tras recibir un golpe en la cabeza.

49 DCCCan 617/2021, de 30 de diciembre.

50 FJ 4.1.1 DCCCan 66/2020, de 3 de marzo. Según este dictamen, «la doctrina y la jurisprudencia consideran de forma prácticamente unánime que la muerte en sí misma considerada no se indemniza (a quien la sufre), sino que lo que se indemniza es la pérdida neta que sufren aquellas personas que dependían económicamente de los ingresos de la víctima (daño patrimonial), así como el dolor, sufrimiento, aflicción, la pérdida de la compañía, de proyectos conjuntos, etc., que produce a los familiares y allegados la muerte de una familiar (daño no patrimonial)». Este es un criterio generalizado en el Derecho comparado europeo, en el que la privación de la vida no se considera un daño a efectos de las normas que regulan la responsabilidad y en si mismo no es indemnizable.

más palmaria y directa, todo ello de acuerdo con lo que ha ido estableciendo la jurisprudencia[51].

En nuestro ordenamiento jurídico, el criterio de que el perjudicado por la muerte no es quien fallece, sino los allegados, se recoge en el baremo previsto para las indemnizaciones que se derivan de los accidentes de tráfico. Además, la jurisprudencia así lo viene señalando desde hace tiempo[52].

El TS, por su parte, a los efectos de determinar los familiares beneficiados con la indemnización, en algunos casos ha hablado de los «parientes más allegados», esto es, los miembros de la familia nuclear. Respecto de los demás parientes, se requiere acreditar las circunstancias que permitan establecer o determinar su legitimación.

4) El estado de la cuestión en el ámbito judicial

En el presente apartado analizaremos la doctrina jurisprudencial sobre la transmisibilidad *mortis causa* del crédito resarcitorio por los daños corporales inferidos al causante, y la legitimación activa de los herederos para reclamar *iure proprio/ iure hereditatis*. Para ello haremos un breve recorrido panorámico por la doctrina del TS y la que pudiéramos denominar «jurisprudencia menor» por provenir del ámbito de los Tribunales Superiores de Justicia (TSJ).

Como hemos tenido ocasión de analizar al abordar esta cuestión en la doctrina legal, la reclamación *iure proprio* en concepto de daños morales es pacífica. No puede decirse lo mismo de la transmisión *iure hereditatis* del derecho a reclamar. Nos encontramos ante una cuestión sobre la que se proyectan posturas favorables y contrarias. Esta discusión doctrinal, también ha tenido su eco en los diversos pronunciamientos judiciales, tanto en el orden civil como en el contencioso-administrativo[53].

---

51 DCCCan 292/2021, de 24 de mayo.

52 En relación con la consideración de los perjudicados por el fallecimiento de una persona, la STS 246/2009, de 1 de abril (núm. rec. 1167/2004 y [*Tol 1494582*]) señala «es doctrina pacífica que el derecho a la indemnización por causa de muerte no es un derecho sucesorio, sino ejercitable ex iure propio, al no poder sucederse en algo que no había ingresado en el patrimonio del de cuius, por lo que la legitimación no corresponde a los herederos en cuanto tales, sino a los perjudicados por el fallecimiento» (FJ 2 B).

53 La mayor parte de las sentencias que abordan la transmisión *mortis causa* del derecho a reclamar provienen del orden civil, siendo escasos este tipo de pronuncia-

A. Transmisibilidad *mortis causa* de la acción para reclamar

Tradicionalmente, la jurisprudencia había mostrado reticencias a la reclamación, *iure hereditatis* de la muerte de un familiar. Buen ejemplo de esta postura es la STS de 16 de julio de 2004, de la Sala de lo contencioso-Administrativo[54]. En este caso, se negó la legitimación activa a los recurrentes, como herederos, al dictaminar que éstos solamente podían accionar en concepto de perjudicados, *ex iure proprio.* Ello supuso considerarlos como perjudicados por el fallecimiento de un allegado, pero negarles la legitimación para ser resarcidos por el daño inferido al causante desde el diagnóstico de la enfermedad hasta su muerte[55].

La posibilidad de la transmisión *mortis causa* del derecho a reclamar ha sido reconocida, expresamente, por las SSTS de 13 de septiembre de 2012 y 15 de marzo de 2021, ambas de la Sala de lo Civil.

a) Sentencia del Tribunal Supremo de 13 de septiembre de 2012

En la STS de 13 de septiembre de 2012, la controversia giraba en torno a la legitimación activa de los ascendientes, como herederos de un menor fallecido a los cinco meses de sufrir un accidente de moto. Aquéllos reclamaban *iure hereditatis* la indemnización que correspondía a éste en concep-

---

mientos en el orden contencioso-administrativo. Esto se debe a que, en la mayoría de las ocasiones, los reclamantes actúan *iure proprio* por los daños que les causa a ellos mismos el fallecimiento de un ser querido, actuando, en consecuencia, en concepto de perjudicados y no como herederos.

54 En la STS de 16 de julio de 2004 (núm. rec. 7002/2000 y [*Tol 502409*]), la Sala de lo Contencioso-Administrativo debía determinar si era indemnizable o no a los herederos del fallecido el deterioro de calidad de vida experimentado por una persona desde que contrajo el virus de la hepatitis C hasta su fallecimiento. El TS rechazó la petición por considerar que lo que se perseguía no era la indemnización por el perjuicio que derivó para ellos del fallecimiento, que sería ejercitable *iure propio,* sino el *pretium doloris* que aquel padeció durante el tiempo que transcurrió entre el diagnóstico de la enfermedad y la muerte.

55 La postura contraria a la transmisión del daño moral, parte de considerar que la muerte o el fallecimiento en sí mismo no se indemniza, ni genera perjuicio patrimonial ni no patrimonial a la víctima que fallece y por lo tanto, nada transmite vía hereditaria. Cuestión distinta es que nazcan derechos resarcitorios *ex iure propio,* es decir, originarios y no derivados a favor de las personas herederas del fallecido, pero en condición de perjudicados y no *ex iure hereditatis.*

to de incapacidad transitoria y permanente[56]. Dicho con otras palabras, no reclamaban en su condición de perjudicados por el fallecimiento de un descendiente sino en concepto de herederos del causante.

El interés de este pronunciamiento, favorable a la transmisibilidad *mortis causa* del crédito resarcitorio, reside, no sólo en el modo en que configura jurídicamente el derecho de la víctima, sino también por reconocer la posibilidad de reclamar en virtud de un doble título, a saber, *ex iure proprio* y *ex iure hereditatis*: por un lado, una compensación por los daños corporales sufridos por el hijo, a pesar de no haberse ejercitado este derecho en vida del menor; por otro, una compensación por el daño moral sufrido por los padres. La Sala declaró compatible el reconocimiento de un derecho de crédito, de contenido patrimonial y transmisible *mortis causa*, con otro derecho moral ejercitable *ex iure proprio*. Para el TS cada una de estas acciones tiene un contenido patrimonial específico que permite su ejercicio conjunto dado que no son acciones incompatibles, ni excluyentes entre sí[57].

---

56 La STS 535/2012, de 13 de septiembre, de la Sala de lo Civil (núm. rec. 535/2012 y [*Tol 2695691*]) conoció de un recurso de casación interpuesto por los padres de un menor fallecido como consecuencia de un accidente como ocupante de un ciclomotor conducido por otra persona. Los progenitores alegaron la infracción de los artículos 659 y 661 CC a fin de determinar «si *resultaba*, legal y jurisprudencialmente admisible que los herederos de una víctima de accidente de tráfico, que falleció por causa del mismo a los cinco meses de recibir el alta definitiva, *reclamasen* en dicho concepto la indemnización correspondiente a la incapacidad transitoria (…) y permanente (…), y no en su condición de perjudicados por su fallecimiento» (FJ 2). Dicha posibilidad había sido rechazada por la SAP de Badajoz 330/2009, de 5 de octubre (núm. rec. 330/2009 y [*Tol 1651309*]). Este órgano judicial les había denegado legitimación para reclamar *iure hereditatis* porque «el fallecimiento, por sí mismo, no *generaba* una integración patrimonial a favor del fallecido susceptible de transmisión mortis causa» (FJ 2). Para la Audiencia, «las personas a quienes *podía* corresponder una indemnización lo *era* por muerte ocurrida por accidente de circulación como perjudicados y no como herederos (…) de una posible indemnización por lesiones y secuelas que al tiempo de solicitarse ya había fallecido». Según dijera este órgano judicial, «solo los vivos son capaces de adquirir derechos y únicamente puede ser transmitido por vía hereditaria (…) aquello que al tiempo del fallecimiento del causante se hallase integrado en su patrimonio, no las meras expectativas, al no poderse suceder algo que no había ingresado en el patrimonio del "de cuius" distinto del hipotético derecho a la indemnización por muerte, que sí adquirirían los perjudicados por vía originaria y no derivativa» (FJ 2).

57 En el caso de la STS 535/2012, de 13 de septiembre, de la Sala de lo Civil (núm. rec. 535/2012 y [*Tol 2695691*]), los padres del fallecido, independientemente de su legitimación para reclamar las indemnizaciones como perjudicados por el fa-

En el supuesto examinado, el TS concluyó que, al estar perfectamente determinado el alcance de las secuelas y daños en el informe del médico forense, el crédito resarcitorio había quedado integrado en el patrimonio del *de cuius* pese a no haberse accionado en vida. Por ello falló que la acción era perfectamente transmisible a los herederos, quienes ostentaban legitimación activa para reclamar contra la aseguradora lo que el causante sufrió efectivamente.

Merece destacar la aplicación que hizo el TS, en este pronunciamiento, de los principios de compatibilidad de indemnizaciones por distintos conceptos —incapacidad temporal y lesión permanente del *de cuius* y daños a los familiares por el fallecimiento— y de proporcionalidad a la hora de monetizar la lesión sufrida en función del tiempo que medió desde el accidente hasta la muerte. Durante este lapso, el daño sufrido pudo resarcirse, teniendo en cuenta, a los efectos de cuantificar el daño, la premoriencia de la víctima[58].

En efecto, en el caso dictaminado por la STS de 13 de septiembre de 2012, en el momento de la lesión, el derecho de crédito incorporado al pa-

llecimiento, con arreglo a la Tabla I del baremo, optaron por reclamar como herederos la mayor indemnización que hubiera correspondido a su hijo por las lesiones sufridas. Lo hicieron en el entendimiento de que se trataba de un derecho incorporado al patrimonio de la víctima desde su concreción y determinación al alta, y que, por tanto, estaban en disposición de adquirirlo vía hereditaria, puesto que el daño se había producido y se había generado el derecho a la indemnización.

58 Según establece la STS 535/2012, de 13 de septiembre, de la Sala de lo Civil (núm. rec. 535/2012 y [*Tol 2695691*]), las indemnizaciones tanto por daños fisiológicos, en sentido estricto, como por daños patrimoniales vinculados a estos (secuelas, daños morales complementarios, y factor de corrección por perjuicios económicos) como por daños no patrimoniales (factor de corrección por incapacidad permanente) y finalistas (adaptación del vehículo y vivienda en caso de gran invalidez, necesidad de ayuda de otra persona) deben considerarse integrados en el patrimonio del perjudicado desde el momento del alta médica. Ahora bien, respecto de las restantes circunstancias, el fallecimiento prematuro de la víctima sí ha de ser tomado en consideración puesto que los daños morales derivados para los familiares del cuidado y atención de la víctima solo se prolonguen hasta el óbito, y lógicamente los daños morales ligados al dolor de la muerte o pérdida del ser querido se integran en la indemnización por fallecimiento que los allegados ejercitan en concepto de perjudicados y no *iure hereditatis*. Este criterio responde a que la indemnización está sujeta al principio de legalidad y es independiente de que la víctima viva más o menos de lo que previene el sistema para la valoración de los daños y perjuicios causados por accidente de circulación.

trimonio del causante consistía en una indemnización fijada *a priori* con sujeción a unos parámetros determinados —gravedad fisiológica de la lesión, edad del joven y progresión por gravedad— cuya consideración excluía la esperanza de vida. Pero como el fallecimiento trajo causa del propio accidente, y era un efecto de éste, la cuantificación de la indemnización tuvo en cuenta el lapso entre el accidente y el óbito[59]. En la actualidad, tal y como expone RAMOS en el cap. 9 del tratado (págs. 564 y 565), esta incidencia se encuentra recogida en el baremo de accidentes de tráfico previsto en el texto refundido de la Ley de responsabilidad civil y seguro en la circulación de vehículos a motor, a aprobado por el Real Decreto Legislativo 8/2004, de 29 de octubre (TRLRC), tras su modificación por la Ley 35/2015, de 22 de septiembre.

En definitiva, para la STS de 13 de septiembre de 2012, el derecho al resarcimiento por el daño corporal sufrido surgió con el accidente, el cual causó el menoscabo físico, pericialmente determinado. Según la Sala de lo Civil, este crédito resarcitorio, y su derecho a ejercitarlo, nacieron con el daño y en virtud de éste. Por ello, a juicio de esta sentencia, el reconocimiento del derecho no podía quedar supeditado a que el perjudicado hubiera manifestado su voluntad de reclamar o hubiera hecho valer su derecho ante la Administración sanitaria. En esta ocasión, el TS, a diferencia de pronunciamientos judiciales, en los que, en atención al carácter personalísimo de los daños corporales, condicionaban la transmisión de la

---

59 Para la STS 535/2012, de 13 de septiembre, de la Sala de lo Civil (núm. rec. 535/2012 y [*Tol 2695691*]), «las consecuencias lesivas ya no atienden al futuro, porque desaparecieron con el fallecimiento, por lo que aquellos parámetros temporales y personales considerados en abstracto dejan de serlo porque se conocen los perjuicios reales y ciertos que ha sufrido desde la fecha del siniestro y que no quedan absorbidos por la muerte posterior por cuanto tienen entidad propia e independiente y han generado hasta ese momento unos perjuicios evidentes a la víctima susceptibles de reparación en un sistema que indemniza el daño corporal en razón de la edad y las expectativas de vida del lesionado, que no se han cumplido (...) ya no hay incertidumbre alguna sobre la duración de las lesiones y secuelas, por lo que el crédito resarcitorio que se transmite por herencia deberá hacerse en razón del tiempo transcurrido desde el accidente hasta su fallecimiento, y no por lo que le hubiera correspondido de haber vivido conforme a las expectativas normales de un joven de quince años, puesto que aquello que se presumía como incierto dejó de serlo a partir de ese trágico momento» (FJ 4).

acción a su ejercicio en vida de la víctima, declaró transmisible la acción para reclamar[60].

Por lo tanto, causada la lesión al particular, nace el crédito resarcitorio, el cual ingresa en el patrimonio de la víctima. Todo ello sin perjuicio de que su concreción cuantitativa se produzca después porque el derecho a ser indemnizado existe desde que concurran el resto de los presupuestos de la responsabilidad patrimonial.

b) Sentencia del Tribunal Supremo de 15 de marzo de 2021

En la línea de la STS de 13 de septiembre de 2012 la STS de 15 de marzo de 2021 ha reconocido a los demandantes la posibilidad de reclamar, *ex iure hereditatis,* los daños corporales padecidos por el *de cuius,* y de manera cumulativa, *ex iure proprio,* los daños morales infligidos a los allegados del

---

60 Una muestra de la compatibilidad de la reclamación *ex iure propio* de un daño personalísimo con la petición de indemnización *ex iure hereditatis* por los daños corporales causados a la víctima, siempre que ésta hubiere accionado en vida, la encontramos en la STSJ de Canarias 777/2005, de 30 de diciembre (núm. rec. 777/2005 y [*Tol 830341*]). En este fallo se admitió expresamente los dos supuestos: que el padre reclamara o no. En palabras de la Sala de lo Contencioso-administrativo, en «la indemnización por secuelas del fallecido se trata, en principio, de un derecho de indemnización de carácter personalísimo y, por lo tanto, no es transmisible mortis causa, ni los hijos del fallecido tienen el carácter legal de perjudicados. Ahora bien, debe distinguirse dos supuestos diferentes: que el padre reclamara o no lo haya hecho. Si reclamó en vida, los herederos —que tengan el concepto de perjudicados— tienen derecho a las indemnizaciones que se debían a su padre; si no reclamó, no pueden tener derecho a una indemnización que no era debida a su padre, en tanto éste, en vida, por el motivo que fuera, no consideró procedente solicitarla. Ello es así porque la indemnización por razón de lesiones y secuelas deriva de los padecimientos o sufrimientos que tuviera el padre y, por lo tanto, constituye un daño moral resarcible económicamente a la persona afectada, pero que no puede considerarse que se haya integrado en el caudal relicto si la víctima no los hubiese reclamado, pues realmente no ejercitó su derecho a dicha indemnización y, por extensión, nada podía transmitir. Pero si ejercitó la acción, como aquí ocurre, es incuestionable que el derecho ejercitado tiene naturaleza patrimonial» (FJ 2). Esta tesis no está exenta de críticas. Entre ellas queremos destacar la inconsistencia de admitir la transmisión *mortis causa* de la acción para reclamar daños no patrimoniales —por ejemplo, la pérdida de calidad de vida— solo si la víctima accionó en vida.

causante por su muerte[61]. Admitió la doble legitimación, por un lado, en concepto de herederos, y por otro, en el de perjudicados[62].

De este modo, rechazó la tesis desarrollada por la recurrente, que negaba la posibilidad de ambas pretensiones indemnizatorias al considerar que sólo cabía una verdadera y propia indemnización *iure propio,* causada por la muerte de un allegado[63]. En esta ocasión, el TS, si bien reconoció el carácter polémico de la cuestión y la existencia de posturas contrapuestas, e incluso intermedias, reconoció sin ambages dos extremos: por un lado, la transmisibilidad *mortis causa* del derecho de los particulares a ser resarcidos económicamente por los daños y perjuicios sufridos a consecuencia de una conducta jurídicamente imputable a otra persona; y por otro lado, la compatibilidad del ejercicio conjunto de las acciones por el daño corporal sufrido por el causante y el perjuicio inferido directamente a los herederos en concepto de perjudicados por el fallecimiento. Dicho con otras palabas,

---

61 La STS 141/2021, de 15 de marzo, de la Sala de lo Civil (núm. rec. 1235/2018 y [*Tol 8356571*]) analizó una acumulación subjetiva de acciones —pretensiones indemnizatorias— por los daños causados por una empresa de Cerdanyola del Vallès, entre 1907 y 1977, por el empleo de amianto en la fabricación de elementos para la construcción. Como quiera que la inhalación de sustancias tóxicas fue la causa de distintas patologías no solo para los trabajadores que lo manipularon, sino también para sus familiares convivientes, estos últimos reclamaron en virtud de un doble título: en concepto de perjudicados y de herederos de personas fallecidas por las causas expuestas.

62 En la STS 141/2021, de 15 de marzo, de la Sala de lo Civil (núm. rec. 1235/2018 y [*Tol 8356571*]), el tercer motivo de casación, promovido por la Corporación Empresarial de Materiales de Construcción SA, planteó la infracción, por la SAP de Madrid 401/2017, de 7 de diciembre (núm. rec. 737/2015 y [*Tol 6802856*]), del art. 1902 CC en relación con los arts. 659 y 661 CC. El motivo fue la declaración de compatibilidad de las indemnizaciones por las enfermedades padecidas por los familiares de los fallecidos reclamadas en concepto de herederos y además, las indemnizaciones en nombre propio, como perjudicados por la defunción de aquellos.

63 En la STS 141/2021, de 15 de marzo, de la Sala de lo Civil (núm. rec. 1235/2018 y [*Tol 8356571*]), el recurrente, en apoyo de su tesis, razonó que, si los afectados hubieran sido indemnizados en vida, ni sus herederos, ni las personas cercanas a ellos, hubieran podido reclamar por el mismo daño. Esta argumentación está basada la idea de que el padecimiento, la aflicción, y en última instancia el daño moral, solo pueden ser indemnizado a quien los sufre directamente. A partir de aquí se niega la posibilidad de indemnizar a personas que directamente no han un sufrido un daño, salvo los casos en que así lo prevé la ley expresamente. Así ocurriría con los arts. 4 y 6 de la LO 1/1982, de 5 de mayo, de protección civil del derecho al honor, a la intimidad personal y familiar y a la propia imagen.

la coexistencia del doble título y la atribución de legitimación activa a los herederos.

Merece la pena destacar que, con este criterio, la STS de 15 de marzo de 2021, si bien reconoce que la vida y la integridad física son bienes personalísimos e intransmisibles vía hereditaria, ello no empece la transmisibilidad *mortis causa* del contenido patrimonial de los mismos, consistente en un crédito resarcitorio. Para el TS, por aplicación del juego normativo de los artículos 1089 y 1902 CC, este derecho nace desde el momento mismo de la producción del daño. Lo adquiere el lesionado desde que lo sufre y queda integrado en su patrimonio, susceptible de ser transmitido a sus herederos *ex* art. 659 CC.

Asimismo, la STS de 15 de marzo de 2021 también aborda la incidencia del fallecimiento de la víctima a la hora de la determinación del crédito resarcitorio no cuantificado. Para el TS éste no puede quedar desligado del fallecimiento del causante ya que el óbito implica inexorablemente que tales perjuicios dejan de sufrirse[64]. Por ello, falló que el crédito resarcitorio, cuando se transmite *mortis causa,* debe adecuarse a los daños efectivamente irrogados. De lo contrario, podría generar un enriquecimiento sin causa a favor de los herederos porque la indemnización ya no puede ser la que hubiera correspondido a la víctima en función de sus expectativas vitales puesto que el hecho cierto es que se han visto frustradas por la muerte.

---

64 En la STS 141/2021, de 15 de marzo, de la Sala de lo Civil (núm. rec. 1235/2018 y [*Tol 8356571*]), la parte actora alegó la infracción del artículo 1902 CC y del baremo establecido por la ley 30/95, de 8 de noviembre, de ordenación y supervisión de los seguros privados, y el texto refundido de la Ley sobre de responsabilidad civil y seguro en la circulación de vehículos a motor, aprobado por el Real Decreto Legislativo 8/2004, de 29 de octubre (TRLRC). Consideró que la SAP de Madrid 401/2017, de 7 de diciembre (núm. rec. 737/2015 y [*Tol 6802856*]), aplicó indebidamente el citado baremo al fijar el importe del monto indemnizatorio teniendo en cuenta el lapso que mediaba entre el diagnóstico de la enfermedad y el fallecimiento, esto es, en atención al tiempo durante el cual la patología fue sufrida por la víctima. El TS casó el recurso de casación al entender que «el daño es el presupuesto para la existencia de la responsabilidad civil, en tanto en cuanto marca sus límites y el quantum indemnizatorio, que ha de ser proporcional a la entidad del perjuicio sufrido, sin generar enriquecimientos para la víctima ni esfuerzos desorbitantes para el causante de ellos. Cuando la víctima muere, antes de la cuantificación del daño, la duración de la vida, sus expectativas vitales, se convierten en un hecho cierto, que no puede ser despreciado» (FJ 7).

B. División de pareceres en el ámbito de la jurisprudencia menor

Como se acaba de exponer al hilo de las SSTS de 13 de septiembre de 2012 y 15 de marzo de 2021, en la jurisdicción civil, existe doctrina jurisprudencial consolidada sobre la transmisibilidad *mortis causa* de la acción para reclamar daños corporales. Sin embargo, en el orden contencioso-administrativo, no son muchas las sentencias que abordan esta cuestión. Esto es así porque, en la mayor parte de los casos, los reclamantes actúan *iure propio* por los daños que les ocasiona directamente a ellos la muerte del familiar. Está cuestión, además, ésta exenta de polémica porque «el criterio del resarcimiento de los familiares perjudicados a título propio se ajusta mejor al norte de la justicia resarcitoria porque, de un lado, permite compensar perjuicios sufridos por quienes no son herederos y porque simultáneamente evita reconocer indemnización a herederos que no sufren perjuicios por la muerte de la víctima, como sucede con aquellos que no estén ligados afectivamente con la víctima o incluso, con el Estado, cuando, por falta de parientes, es el heredero de la víctima»[65].

La controversia se suscita en los supuestos de reclamaciones *ex iure hereditatis,* en cuyo caso, habrá que distinguir los pronunciamientos que admiten la transmisibilidad incondicional de la acción, de los que la supeditan a su ejercicio en vida de la víctima por el propio causante o sus representantes legales. Esta dicotomía permite diferenciar las sentencias que configuran la reclamación *ex iure hereditatis* como un supuesto de sucesión procesal del art. 16 LEC, de las que niegan la transmisibilidad *mortis causa* del crédito resarcitorio. Entre ambos polos se perfila el panorama de división de pareceres que pasamos a exponer.

Por un lado, nos encontramos fallos que niegan la transmisibilidad *mortis causa* del crédito resarcitorio al considerar que el derecho a la indemnización no es un derecho económico *stricto sensu* ni un derecho de crédito contra la Administración. Estas sentencias califican la acción para reclamar como un derecho *intuitu personae* que necesita ejercitarse en vida por su titular.

Ejemplos de esta postura los encontramos en las SSTSJ del País Vasco, de 11 de diciembre de 2008, de Madrid, de 15 de marzo de 2011 y de la Comunitat Valenciana, de 23 de enero de 2023. En la primera, la Sala de lo Contencioso-administrativo concluyó que una pretensión relativa a la in-

---

65 FJ 6 STSJ de Galicia 652/2013, de 2 de octubre (núm. rec. 780/2006 y [*Tol 3963426*]).

demnización sufrida por la madre de los reclamantes, como consecuencia de una caída, no podía ser atendida, ya que la víctima no había ejercitado en vida su derecho a reclamar, razón por la cual dicho derecho no formaba parte del caudal hereditario[66]. En la segunda sentencia, el TSJ de Madrid inadmitió el recurso promovido por los hijos y la viuda de la víctima al negarles legitimación activa porque el padre y marido, que quedó en silla de ruedas antes de fallecer por un cáncer de hígado, no interpuso reclamación de administrativa previa[67]. Según este fallo, en caso de haberse accionado en vida de la víctima, lo que se habría transmitido sería la pretensión procesal pero no el derecho a reclamar puesto que éste, en atención a su carácter personalísimo, es intransmisible y se extinguió con la muerte del paciente. La STS de Justicia de la Comunitat Valenciana de 23 de enero de 2023 estimó parcialmente la demanda reconociendo, en concepto de daños morales —y *ex iure proprio*— al hermana, tío y sobrina 10.000 euros para la primera y 5.000 para el segundo y para la tercera, por el fallecimiento de una persona con síndrome de Down fallecida en un centro de atención especializada gestionado indirectamente por la Generalitat valenciana. En cambio desestimó el recurso respecto de la reclamación *iure hereditatis* ejercitada por la hermana[68].

Por otro lado, existen pronunciamientos —como las SSTSJ de Galicia, de 2 de octubre de 2013, y de Asturias, de 15 de enero de 2021— que admiten la transmisibilidad de la acción de manera condicionada. Estos fallos reconocen legitimación activa a los herederos si la víctima hubiera ejercitado la reclamación con antelación a su fallecimiento. El segundo fallo es especialmente importante porque, a pesar de que la víctima había fallecido sin reclamar, reconoció legitimación a los herederos en base al principio

[66] STSJ del País Vasco 885/2008 de 11 de diciembre (núm. rec. 2183/2003 y [*Tol 6946795*]).

[67] Para la STSJ de Madrid 205/2011, de 15 de marzo (núm. rec. 856/2009 y [*Tol 2176450*], el recurso debía inadmitirse porque «el propio paciente no reclamó en su momento, pudiendo haberlo hecho, produciéndose ahora una evidente falta de legitimación activa de los reclamantes porque éstos —viuda e hijo del paciente fallecido— no pueden reclamar por las secuelas y daños sufridos por su marido y padre si este no lo hizo ya que la reclamación de indemnización por secuelas es un derecho de carácter personalísimo y, por lo tanto, no es transmisible mortis causa, ni los hijos del fallecido tienen el carácter legal de perjudicados pues no cabe el derecho a una indemnización que no era debida a su padre, en tanto éste, en vida, por el motivo que fuera, no consideró procedente solicitarla» (FJ 5).

[68] STSJ de la Comunitat Valenciana 42/2023, de 23 de enero (núm. rec. 97/2020 y [*Tol 9624355*]).

de equidad. De esta manera viene a reconocer una suerte de transmisión *mortis causa* «en los casos en que se acredite la imposibilidad del titular de ejercer o formular tal reclamación por no disponer de plazo para ello al fallecer o quedar incapacitado en su voluntad tras la consolidación de los daños o perjuicios»[69].

Entre los tribunales favorables a la transmisibilidad *mortis causa* se encuentran los TSJ de Andalucía y Castilla-La Mancha. En este sentido pueden citarse las SSTSJ de Andalucía, de 6 de octubre de 2017, y de Castilla-La Mancha de 16 de julio de 2019[70].

El TSJ de Madrid, que, si bien, como hemos visto, mantenía una postura contraria a la transmisibilidad, cambió su criterio a partir de su sentencia de 19 de febrero de 2015[71]. En ella consideró que bastaba acreditar que la víctima tenía intención de reclamar antes de fallecer. Para ello se apoyó en la STS de 13 de septiembre de 2012 de la Sala de lo Civil, que hemos

---

69 Las SSTSJ de Galicia 652/2013, de 2 de octubre (núm. rec. 780/2006 y [*Tol 3963426*]), y de Asturias 5/2021, de 15 de enero (núm. rec. 519/2019 y [*Tol 8356444*]) son del mismo ponente, el magistrado Chaves. Ambas parten del carácter intransmisible de la acción, pero no se cierran completamente a su ejercicio por los herederos. La primera afirma que «el derecho a indemnización que asistía en vida al causante por las lesiones o menoscabos padecidos (…) [es] un derecho económico integrable en el caudal relicto (art. 659 Código Civil), no personalísimo y transmisible a los herederos (quienes estarían legitimados para el ejercicio de las acciones existentes para la integración de este derecho en dicho caudal [en tanto en cuanto el causante hubiese reclamado en vida])» (FJ 6). Por su parte, la STSJ de Asturias afirma que «para poder ejercer tal acción a título de heredero es preciso que la masa hereditaria se integre, bien del derecho conquistado a indemnización, bien del derecho litigioso (mediante subrogación), o bien del derecho a obtener una respuesta indemnizatoria, que requiere haber ejercido el interesado tal reclamación en vida. No existe un derecho genérico a reclamar que pueda actualizarse o ejercerse ex novo por los herederos, salvo en los casos en que se acredite la imposibilidad del titular de ejercer o formular tal reclamación por no disponer de plazo para ello al fallecer o quedar incapacitado en su voluntad tras la consolidación de los daños o perjuicios» (FJ 3).

70 STSJ de Andalucía 861/2017, de 6 de octubre (núm. rec. 402/2016, de 6 de octubre y [*Tol 6653755*]) y de Castilla-La Mancha 195/2019, de 16 de julio (núm. rec. 195/2019 y [*Tol 7537121*]).

71 En la STSJ de Madrid 112/2015, de 19 de febrero (núm. rec. 1251/2012 y [*Tol 4776899*]) se admitió la legitimación de los herederos porque la víctima, antes de morir, había acudido «al Gabinete de Valoración del Daño Corporal con la intención de que se procediera a determinar la posible existencia de negligencia médica y se valorasen las lesiones y secuelas concurrentes, con la intención de reclamar por todos los padecimientos sufridos» (FJ 3).

analizado en el epígrafe anterior. El cambio a favor de la transmisibilidad *mortis causa* del crédito resarcitorio se confirma plenamente, sin necesidad de probar la intención de recurrir, en la reciente STSJ de Madrid de 20 de julio de 2022[72].

Pues bien, la transmisión condicionada a la existencia de una reclamación de responsabilidad patrimonial o recurso contencioso-administrativo previo al fallecimiento del causante ha sido criticado desde la óptica procesalista. Para ello se ha dicho que resulta incoherente aplicar a este tipo de supuestos el art. 16 LEC[73]. Según los críticos, si el bien o derecho lesionado tienen carácter personalísimo, el derecho al resarcimiento tiene el mismo carácter, razón por la cual tanto uno como otro se extinguen con la muerte de su titular, no siendo posible invocar la sucesión procesal prevista en el art. 16 LEC.

Siguiendo esta lógica es incoherente permitir la transmisión de la pretensión procesal, y la sustitución del causante por el causahabiente en el proceso, y rechazar, por intransmisible, el derecho al resarcimiento por su configuración *intuitu personae* por tratarse de daños no patrimoniales inferidos al causante.

Cuando la sucesión procesal se produce por la muerte del demandante o reclamante, la regla general es que su puesto lo ocupe la persona que haya de sucederle en todos sus derechos y obligaciones, esto es, su heredero. Así, en virtud de este mecanismo, un tercero se incorpora al procedimiento o proceso porque ha adquirido extraprocesalmente la titularidad de un derecho o de una situación jurídica.

Pues bien, para que ello opere es preciso que el derecho material cuya titularidad se afirma como sustrato de la pretensión, pueda ser asumido y

---

72 SSTSJ de Madrid 474/2022, de 10 de julio (núm. rec. 626/2021 y [*Tol 9172685*]).

73 De acuerdo con el art. 16.1 LEC «cuando se transmita mortis causa lo que sea objeto del juicio, la persona o personas que sucedan al causante podrán continuar ocupando en dicho juicio la misma posición que éste, a todos los efectos». Este precepto distingue entre objeto del proceso y otros elementos del mismo. A partir de aquí se afirma que mientras que el objeto del proceso es transmisible *mortis causa,* mediante la sucesión procesal, los demás elementos no lo son. Así, los elementos que identifican el objeto del proceso son la petición o *petitum,* los sujetos y la causa de pedir o *causa petendi.* En rigor, el derecho público subjetivo a una tutela judicial concreta no se identifica con el derecho subjetivo o la posición jurídica que le sirve de base o fundamento, pero ambos están estrechamente relacionados hasta el punto de que el derecho subjetivo que fundamenta la pretensión no se puede escindir de ella por ser su base.

defendido por un sujeto diverso. De ahí, en opinión de cierta doctrina, la «debilidad» de los pronunciamientos judiciales que admiten la sucesión procesal en el ejercicio de la pretensión de resarcimiento por daños no patrimoniales. Dicho con otras palabas, si se considera que el derecho al resarcimiento es de carácter personalísimo, no debe poder transmitirse *mortis causa,* y como consecuencia, tampoco debe ser posible la sucesión procesal. *A contrario* sensu, si cabe la sucesión procesal es porque tal derecho al resarcimiento no tiene carácter personalísimo, sino que se puede transmitir *mortis causa* a los herederos.

Este razonamiento sería igualmente aplicable a los arts. 4.3 LPAC y 22 de la Ley 29/1998, de 13 de julio, reguladora de la jurisdicción contencioso-administrativa. En ambos casos, para que los herederos adquieran la condición de interesados, es preciso que la relación jurídica sea transmisible en el procedimiento administrativo de reclamación de responsabilidad patrimonial y en el ulterior proceso contencioso-administrativo. Así, en el caso de la reclamación por daños no patrimoniales, la condición de interesado se adquiere por el derechohabiente porque la relación jurídica sobre la que versa la pretensión es perfectamente transmisible.

Por las mismas razones es criticada la tesis que condiciona la transmisión *mortis causa* de la acción para reclamar a que el fallecido la haya ejercitado en vida porque del silencio no puede deducirse su intención de no ejercitar su derecho al resarcimiento[74].

La postura de la intransmisibilidad del crédito resarcitorio niega, implícitamente, que el derecho al resarcimiento nazca desde la producción del daño, y afirma —también de manera implícita— que lo hace cuando este se ejercita, o incluso, como algún que otro fallo ha señalado, cuando dicho derecho se declara en un proceso.

---

74 La crítica a quienes supeditan la transmisibilidad *mortis causa* de reclamación de responsabilidad patrimonial a que el causante haya accionado en vida se basa en la inexistencia de una norma que así lo establezca en nuestro Derecho positivo. Quienes así opinan sostienen que, en tanto en cuanto no transcurra el plazo de prescripción, se desconoce la voluntad del causante, por lo que no puede operar la presunción de que este no quería reclamar, salvo que haya manifestado de manera inequívoca esa voluntad y estemos ante la renuncia de un derecho.

III. MODIFICACIÓN EN LA ADMINISTRACIÓN O ENTIDAD QUE PRESTA LA ASISTENCIA SANITARIA

En el ámbito de la responsabilidad patrimonial sanitaria, el reconocimiento del derecho subjetivo a la protección de la salud de los ciudadanos —reconocida en el art. 43 CE[75]— implica que la acción para exigir la responsabilidad patrimonial deba de dirigirse contra la Administración responsable del daño. Esta es la ostenta la legitimación pasiva en el correspondiente procedimiento de responsabilidad patrimonial[76].

Adicionalmente, el carácter objetivo y directo de la responsabilidad patrimonial conlleva que la Administración sea la que deba responder de los daños irrogados a los particulares como consecuencia del funcionamiento normal o anormal de los servicios públicos de salud. A estos efectos, es irrelevante la forma de personificación de la Administración sanitaria, así como su sometimiento al Derecho administrativo o al Derecho privado[77].

Por otro lado, como abordaremos a continuación, puede ocurrir que no haya una única Administración o entidad «actuante», sino que concurran varios sujetos a la producción del daño. Así ocurre en los supuestos dimanantes de fórmulas colegiadas de actuación. Esta cuestión, que será tratada en el último epígrafe de este capítulo, en ocasiones dificulta la imputación del daño. Paralelamente, la complejidad en la atribución de la responsabilidad patrimonial también puede derivar de la amalgama de entes que conforman el sector público de las distintas Administraciones autonómicas y de la Ley 15/1997, de 25 de abril, sobre habilitación de nuevas formas de gestión del Sistema Nacional de Salud (SNS).

---

75 En su apartado segundo, el artículo 43 CE establece que compete a los poderes públicos organizar y tutelar la salud pública a través de medidas preventivas y de las prestaciones y servicios necesarios, estableciendo por Ley los derechos y deberes de todos al respecto.

76 Dicha acción se corresponde con el ejercicio del derecho conferido a los ciudadanos por el artículo 106.2 de la Constitución para verse resarcidos de toda lesión que sufran en cualquiera de sus bienes y derechos como consecuencia del funcionamiento de los servicios públicos, salvo en los casos de fuerza mayor.

77 Sobre el carácter objetivo de la responsabilidad patrimonial puede leerse lo escrito por MALDONADO y BLANQUE en los caps. 3 y 14 (págs. 220 a 227 y 911 a 920). Adicionalmente, para la aproximación interesante sobre los elementos subjetivos de la responsabilidad patrimonial de la Administración confróntese lo escrito por VIDAL MARTÍN, Teresa (2021): «La responsabilidad patrimonial de la Administración Pública», en CLEMENTE MEORO, Mario E. y COBAS COBIELLA, Mª Elena, *Derecho de daños*, Tirant lo Blanch, vol. I, págs. 798 a 806.

En cualquier caso, y adelantándonos a nuestra conclusión final, hemos de afirmar ya desde el inicio que las dudas que pudiera suscitar la determinación de la Administración sanitaria responsable no deben perjudicar al particular. Así, citando a CUETO, puede afirmarse que «la forma de organización y de gestión de los servicios públicos adoptada por la Administración no puede incidir en el ámbito de las garantías reconocidas a los usuarios del servicio»[78].

A efectos de dotar a la cuestión objeto de nuestro análisis de una mayor sistemática expositiva, distinguiremos los siguientes supuestos:

i. Procesos de transferencia de competencias del INSALUD a los servicios autonómicos de salud
ii. Extinción o transformación de entidades instrumentales de la Administración sanitaria
iii. Reversión de áreas de salud gestionadas indirectamente mediante concesiones sanitarias
iv. Disolución de consorcios sanitarios

1) Procesos de transferencia de competencias del Instituto Nacional de Salud a los servicios autonómicos de salud

Corresponde en el presente apartado analizar, con un enfoque retrospectivo, el criterio jurisprudencial seguido para resolver qué Administración estuvo legitimada pasivamente en las reclamaciones interpuestas durante la tramitación de los procesos de transferencia de las competencias en materia de sanidad a las Comunidades Autónomas[79].

Dicho proceso estaba ya previsto en la Ley 14/1986, de 25 de abril, General de Sanidad (LGS)[80], aprobada al amparo de los arts. 148.1. 21ª y

---

[78] CUETO PÉREZ, Miriam (1997): *Responsabilidad de la Administración en la asistencia sanitaria*, Tirant lo Blanch, Valencia, pág. 220.

[79] Para profundizar en el reparto de competencias entre el Estado y las CCAA y en el proceso normativo de transferencia de competencias sanitarias, recomendamos el estudio de SÁNCHEZ CORDERO, Alicia (2002): «La responsabilidad patrimonial una vez transferido el INSALUD», *Derecho y Salud*, vol. 10, núm. 1, págs. 55 a 77.

[80] Según la EM de la Ley 14/1986, de 15 de abril, LGS, esta norma vino a «establecer los principios y criterios substantivos que *han permitido* conferir al (...) sistema sanitario [diseñado en ella,] unas características generales y comunes, que *son* [el] fundamento de los servicios sanitarios en todo el territorio del Estado». Adicio-

149.1.16ª CE y elaborada teniendo en cuenta la cláusula de supletoriedad del art. 149.3 CE.

De hecho, hoy todas las CCAA han asumido las competencias de desarrollo de la legislación básica en materia de sanidad interior, así como las ejecutivas o de gestión. Pues bien, para gestionar la asistencia sanitaria en cada Comunidad Autónoma, la LGS prevé la existencia un servicio de salud en cada una de ellas, el cual comprende todos los centros, servicios y establecimientos de las Administraciones territoriales intracomunitarias —municipios, diputaciones, islas, cabildos—. Además, el conjunto de los servicios de salud de las CCAA constituye el SNS. De este modo, los servicios sanitarios se gestionan bajo la responsabilidad de las CCAA reservándose el Estado los poderes de dirección, en lo básico, y la coordinación del sistema[81].

Este sistema de gestión descentralizada se implantó en tres momentos[82]. En cada uno de ellos, las CCAA debieron observar un procedimien-

---

nalmente ha garantizado «un dispositivo sanitario suficiente (…) para atender las necesidades sanitarias de la población residente en sus respectivas jurisdicciones» tras procesos de transferencia de las competencias en materia de sanidad.

[81] Como señala SÁNCHEZ CORDERO, «en el actual sistema organizativo de la sanidad pública española, la Ley 14/1986, General de Sanidad sigue un modelo sanitario integral creando el Sistema Nacional de Salud, que define como "el conjunto de los servicios de salud de las Comunidades Autónomas convenientemente coordinados", sistema separado de la Seguridad Social encargado de las prestaciones estrictamente económicas. La diferencia competencial de las distintas Comunidades Autónomas en materia sanitaria y en materia de Seguridad Social, las reservas de competencias estatales en una y otra y la intervención de los Ayuntamientos, en las limitadas competencias en materia sanitaria establecidas en la legislación de régimen local, exige, a efectos de atribución de responsabilidad patrimonial, determinar quién gestiona la Administración sanitaria, qué materias se incluyen en la misma, qué entes se integran en ella y cuál es el alcance de su responsabilidad». SÁNCHEZ CORDERO, Alicia (2002): «La responsabilidad patrimonial una vez transferido el INSALUD», *op. cit.* pág. 56.

[82] El proceso descentralizador se llevó a cabo en tres tiempos. En primer lugar, antes de la aprobación de sus Estatutos de Autonomía, se transfirieron algunas competencias sanitarias a los entes preautonómicos Cataluña, País Vasco, Galicia, Andalucía, Comunidad Valenciana y Canarias. En un segundo momento, al aprobarse el correspondiente Estatuto de Autonomía —en el caso de Navarra la Ley Orgánica de Reintegración y Amejoramiento del Régimen Foral de Navarra— las CCAA citadas, más Navarra, asumieron competencia en materia de sanidad. En el caso de las Comunidades Canaria y Valenciana fue necesario, además, la aprobación de sendas leyes orgánicas de transferencia de competencias, las LLOO 11/1982

to bifásico de transferencias. En primer lugar, cada una de ella asumió la competencia en su estatuto de autonomía, y en segundo término, una vez recibida la competencia por medio de ley orgánica, tuvo lugar la fase reglamentaria. Esta se llevó a cabo mediante la aprobación de los reales decretos de traspaso de servicios y funciones y los acuerdos adoptados por las comisiones mixtas creadas por los mismos[83].

Pues bien, tras el dictado de los citados reales decretos, se planteó la cuestión relativa a la Administración sanitaria —estatal o autonómica— competente para tramitar, resolver y resarcir las reclamaciones de responsabilidad patrimonial pendientes de resolución al tiempo la finalización del traspaso de competencias. En este punto, y como veremos a continuación, fue determinante el art. 20 LOPA[84].

---

y 12/1982, de 10 de agosto, de transferencias complementarias a Canarias y de transferencia a la Comunidad Valenciana de competencias en materia de titularidad estatal. Finalmente, en un tercer tiempo, como consecuencia de la modificación de los respectivos estatutos de autonomía se transfirieron las competencias a las CCAA de Aragón, Asturias, Cantabria, Castilla-La Mancha, Castilla y León, Extremadura, Islas Baleares, La Rioja Madrid y Murcia. Estas CCAA, conocidas formalmente como «territorio INSALUD» terminaron de recibir las competencias en diciembre del 2001. Con ello se puso fin a un sistema asimétrico de distribución de competencias en materia de sanidad. Para profundizar en el proceso de transferencias en materia de sanidad recomendamos la lectura del estudio sobre «la responsabilidad patrimonial una vez transferido el INSALUD», realizado por Alicia Sánchez Cordero y publicado en el núm. 1 del vol. 10 de la revista Derecho y Salud, págs. 55 a 77, previamente citado.

83 De acuerdo con el art. 21.1 de la Ley Orgánica 12/1983, de 14 de octubre, del proceso autonómico (LOPA), «los Reales Decretos de transferencia *determinaron* las concesiones y los contratos administrativos afectados por el traspaso, produciéndose la subrogación en los derechos y deberes de la Administración estatal en relación con los mismos por la Administración de la Comunidad Autónoma correspondiente» (ap. 1). A su vez el art. 21.2 LOPA dispuso que fuera «título suficiente para la inscripción en el Registro de la Propiedad del traspaso de bienes inmuebles de la Administración del Estado a la Comunidad Autónoma la certificación expedida por la Comisión Mixta de los acuerdos de traspaso debidamente promulgados».

84 De acuerdo con el art. 20.1. LOPA, «los expedientes en tramitación correspondientes a los servicios o competencias que *estuvieron* pendientes de resolución definitiva, antes de la fecha de efectividad de la transferencia, se *entregaron* a la Comunidad Autónoma para su decisión. No obstante, los recursos administrativos contra resoluciones de la Administración del Estado se *tramitaron y resolvieron* por los órganos de ésta». Además, «las consecuencias económicas que en su caso *resultaron, fueron* de cuenta de quien hubiere adoptado la resolución definitiva»

A partir de este precepto los tribunales atribuyeron la legitimación pasiva a los servicios autonómicos de salud respecto de las reclamaciones de responsabilidad patrimonial sanitaria interpuestas por los beneficiarios de la Seguridad Social e iniciadas con anterioridad a la fecha de efectividad del traspaso de competencias. Para los tribunales, en asuntos como estos, *ex* art. 20.1 LOPA, «"los expedientes en tramitación correspondientes a los servicios o competencias que *estuvieron* pendientes de resolución definitiva, antes de la fecha de la efectividad de las transferencias *debieron ser entregados* a la comunidad autónoma para su decisión" y por la tanto la[s] consejería[s eran las que] *tuvieron* [la] legitimación pasiva» en los procedimientos de responsabilidad patrimonial[85].

Un ejemplo de ello lo encontramos en la STSJ de Madrid de 22 de diciembre de 2006. Resolvió una reclamación de responsabilidad patrimonial de un pensionista del régimen general de la Seguridad Social que fue operado en el Hospital de Móstoles el 23 noviembre 2000 y que reclamó 90.000 euros por los daños sufridos como consecuencia de la operación a la que se sometió. La Sala de lo Contencioso-administrativo sentenció que, si se venía entendiendo por el art. 20 LOPA que la legitimación pasiva correspondía al Servicio Madrileño de Salud «por no haberse dictado, en la fecha de transferencia del servicio correspondiente, la resolución definitiva del expediente, con mayor razón igual solución habría de adoptarse en aquellos otros casos, en los que la reclamación por responsabilidad patrimonial fue formulada con posterioridad al traspaso de competencias a la Comunidad Autónoma»[86].

(art. 20.1 LOPA). Por otro lado, «la entrega de bienes, derechos y obligaciones y documentación *debió* formalizarse mediante la correspondiente acta de entrega y recepción conforme a la normativa estatal correspondiente» (art. 20.2 LOPA).

85 FJ 2 STSJ de La Rioja 612/2005, de 2 de noviembre (núm. rec. 84/2004 y [*Tol 6290901*]).

86 En el caso examinado por la STSJ de Madrid 380/2006, de 22 de diciembre (núm. rec. 21/2003 y [*Tol 1087934*]), el recurrente había formulado múltiples reclamaciones ajenas a la reclamación por daños y perjuicios por la intervención quirúrgica, marginales a la misma y no fue hasta el 26 diciembre de 2001 cuando formuló la reclamación de daños y perjuicios. La Sala, conforme al RD 1479/2001, de 27 de diciembre, y teniendo en cuenta que el traspaso de las funciones y servicios del INSALUD a la Comunidad de Madrid se produjo con efectos de 1 de enero de 2002, se declaró competente toda vez que, en la fecha de transferencia del servicio no podía haberse dictado la resolución definitiva.

Otro ejemplo lo constituye la STSJ de La Rioja de 2 de noviembre de 2005[87]. En esta ocasión la Sala de lo Contencioso-administrativo tuvo que pronunciarse sobre la desestimación, por silencio administrativo, de una reclamación por responsabilidad patrimonial formulada por el fallecimiento de un neonato como consecuencia de una mala praxis del equipo médico originada durante las maniobras del parto en el Hospital San Millán-San Pedro de Logroño. En dicho pronunciamiento, y por lo que aquí nos interesa, la Sala aplicó el art. 20.1 LOPA y rechazó la falta de legitimación pasiva alegada por la Consejería de Salud del Gobierno de La Rioja. Para el TSJ de La Rioja, al tratarse de un expediente iniciado con anterioridad a la fecha de la efectividad del traspaso de competencias, correspondía al Servicio de Salud de La Rioja resolver y pagar.

Finalmente, el TS fue el encargado de interpretar la dimensión económica del art. 20 LOPA, y lo hizo atribuyendo «a las Comunidades Autónomas las consecuencias económicas que *resultasen* de los expedientes correspondientes a los servicios y competencias transferidos, incluso cuando se *hubieren* iniciado con anterioridad a la fecha de la efectividad de la transferencia»[88].

2) Extinción o transformación de entidades instrumentales de la Administración sanitaria

«La sanidad pública (...) no sólo es gestionada directamente por las Administraciones instrumentales (...) a través de sus propios órganos. Dichas Administraciones acuden, cada vez con mayor frecuencia, tanto a la gestión indirecta (...), como a nuevas fórmulas de gestión directa caracterizadas por la creación de entes dotados de personalidad jurídica propia»[89].

---

87 En la STSJ de La Rioja 612/2005 (núm. rec. 84/2004 y [*Tol 6290901*]), la Sala no compartió la causa de inadmisibilidad, por falta de legitimación pasiva del Servicio de Salud de La Rioja, porque conforme al (...) artículo 20.1 de La ley 12/1983 de Proceso Autonómico (...) "los expedientes en tramitación correspondientes a los servicios o competencias que *estuvieran* pendientes de resolución definitiva, antes de la fecha de la efectividad de las transferencias se *entregaría* a la Comunidad Autónoma para su decisión"» (FJ 2).

88 FJ 4 STS de 18 de septiembre de 2007 (núm. rec. 8967/2003 y [*Tol 1146874*]).

89 MIR PUIGPELAT, Oriol (2000): *La responsabilidad patrimonial de la Administración Sanitaria. Organización, imputación y causalidad,* Civitas, Madrid, pág. 106.

A la hora de abordar la reestructuración de un determinado servicio autonómico de salud se ha de partir: en primer lugar, de las normas reguladoras de la reordenación —porque serán las que atribuyan competencia para gestionar la atención sanitaria a una o varias entidades—; y posteriormente, de los arts. 8 a 14 LRJ, relativos al ejercicio de competencias, en el caso de entidades de derecho público, y la normativa civil o mercantil, en el caso de entidades de derecho privado.

A. Atribución de competencia

«La competencia es el elemento esencia de todo ente y de todo órgano, presupuesto de su lícita actividad y límite de la misma»[90]. Por ello, el art. 8 LRJ destaca como nota esencial de la competencia su carácter «irrenunciable»[91]. De hecho, todo acto adoptado por órgano que carezca de competencia estará incurso en un vicio invalidante que, según el caso, será de nulidad de pleno derecho o de mera anulabilidad, sin perjuicio, en este último caso, de la posibilidad de convalidación, en los términos previstos en el art. 52.3 LPAC.

Pues bien, la competencia —que es indisponible para las partes— adquiere especial relevancia cuando se produce una reordenación de las entidades que integran un determinado sector público[92].

---

90 ESPAÑA MARTÍ, Belén (2016): «Competencia», en RECUERDA GIRELA, Miguel Ángel (dir.), *Régimen jurídico del sector público y procedimiento administrativo común*, Aranzadi, Cizur Menor (Navarra), pág. 1016.

91 Sobre el carácter irrenunciable de la competencia *cfr.* STS de 9 de noviembre de 1990, de la Sala de lo Contencioso-Administrativo (núm. rec. 1622/1989 y [*Tol 2390509*]).

92 En relación con el sector público estatal, cabe destacar que su actual clasificación, que es «más clara, ordenada y simple» es la que resulta de la LRJ. Esta norma redujo la tipología de entes del sector público estatal a las siguientes entidades: los organismos públicos, en sus modalidades de organismos autónomos y entidades públicas empresariales, autoridades administrativas independientes, sociedades mercantiles estatales, consorcios, fundaciones del sector público y fondos sin personalidad jurídica. Esta reordenación, de acuerdo con la exposición de motivos de la LRJ descansó en las siguientes pautas: a) La preservación, de los «aspectos positivos de la regulación de los distintos tipos de entes»; b) La supresión de «las especialidades que, sin mucha justificación, propiciaban la excepción de la aplicación de controles administrativos que deben existir en toda actuación pública»; c) La «atención a la supervisión de los entes públicos y a su transformación y extin-

B. Transformación y extinción de entidades

En los procesos de transformación y extinción de entes del sector público estatal, con la finalidad de paliar cualquier falta de regulación, el art. 87 LRJ, bajo la rúbrica de las «transformaciones de las entidades integrantes del sector público estatal», contiene una regulación detallada de su transformación y extinción. En este sentido, el art. 87.2 LRJ, establece que «la transformación [de cualquier organismo autónomo, entidad pública empresarial, agencia estatal, sociedad mercantil estatal o fundación del sector público estatal], tendrá lugar, conservando su personalidad jurídica, por cesión e integración global, en unidad de acto, de todo el activo y el pasivo de la entidad transformada con sucesión universal de sus derechos y obligaciones».

Adicionalmente, el art. 85.3 LRJ establece la obligación, para las entidades integrantes del sector público institucional estatal, de sujetarse, «desde su creación hasta su extinción a la supervisión continua del Ministerio de Hacienda y Administraciones Públicas, a través de la Intervención General de la Administración del Estado». Esta, vigilará, entre otras circunstancias, las que justificaron su creación, y por lo que aquí nos concierne, «la concurrencia de la causa de disolución (...) referida al incumplimiento de los fines que justificaron su creación o que su subsistencia no resulte el medio más idóneo para lograrlos»[93].

En este contexto de modificaciones estructurales surge la duda, desde el punto de vista procedimental, acerca de cuál será la Administración que deba resarcir, en concepto de responsabilidad patrimonial, así como respecto del ente público que deba resolver la reclamación.

Como botón de muestra de la complejidad de las reestructuraciones del sector público exponemos a continuación el proceso de disolución de las empresas y agencias públicas empresariales sanitarias que tuvo lugar en la

---

ción», materias éstas que, por poco frecuentes, no habían requerido un régimen detallado en el pasado.

93 La supervisión de las entidades del sector público institucional estatal, por parte del Ministerio del ramo y de aquel que tenga competencias en materia de Hacienda, se plasmará, previa audiencia de la entidad o entidades afectadas, en un informe. Este «podrá contener recomendaciones de mejora o una propuesta de transformación o supresión del organismo público o entidad» (art. 85.4 *in fine* de la Ley 9/2017, de 8 de noviembre, de contratos del sector público, en adelante LCSP.

Administración de la Junta de Andalucía[94], tras la aprobación del Decreto 193/2021, de 6 de julio, por el que Servicio Andaluz de Salud (SAS), asumió los fines y objetivos de aquellas[95].

Así, para disolver la Empresa Pública Sanitaria de Emergencias Sanitarias M.P., y las Agencias Públicas Empresariales Sanitarias Costa del Sol, Hospital de Poniente de Almería, así como Hospitales Alto y Bajo Guadalquivir, se recurrió al art. 60 de la Ley 9/2007, de 22 de octubre, de la Administración de la Junta de Andalucía, relativo a la disolución, liquidación y extinción de agencias[96]. En efecto, mediante el Decreto 193/2021, se inició el 6 de julio de 2021 un proceso para la asunción, por parte del SAS,

---

94 El art. 43 de la Ley 2/1998, de 15 de junio, de salud de Andalucía dispone, que «el Sistema Sanitario Público de Andalucía es el conjunto de recursos, medios organizativos y actuaciones de las Administraciones sanitarias públicas de la Comunidad Autónoma o vinculadas a las mismas, orientados a satisfacer el derecho a la protección de la salud a través de la promoción de la salud, prevención de las enfermedades y la atención sanitaria».

95 El Decreto 193/2021, de 6 de julio, por el que se dispuso la asunción por parte del Servicio Andaluz de Salud de los fines y objetivos de las Agencias Públicas Empresariales Sanitarias fue publicado en el Boletín Oficial de la Junta de Andalucía (BOJA núm. 131 de 9 de julio de 2021) el 9 de julio de 2021. En su EM se establecía que su finalidad respondía a la necesidad de acometer un proceso de evaluación y racionalización de las entidades instrumentales de la Administración de la Junta de Andalucía a fin de adaptar las estructuras organizativas existentes a las nuevas exigencias sociales y a las demandas de la ciudadanía, siendo, por tanto el marco de referencia los principios generales del art. 3 LRJ, tales como el servicio efectivo a la ciudadanía, objetividad y transparencia en la actuación, eficacia en el cumplimiento de los objetivos asignados y eficiencia en la asignación y utilización de los recursos públicos.

96 Las cinco empresas públicas sanitarias afectadas por la reestructuración del sector público de la Junta de Andalucía de 2021 se regían por los siguientes reglamentos: 1) Decreto 8/1994, de 19 de abril, de constitución de la Empresa Pública de Emergencias Sanitarias y aprobación de sus estatutos (BOJA núm. 54 de 23 de abril de 1994); 2) Decreto 131/1997, de 13 de mayo, de constitución de la Empresa Pública Hospital de Poniente de Almería y aprobación de sus estatutos (BOJA núm. 65 de 7 de junio de 1997); 3) Decreto 48/2000, de 7 de febrero, de constitución de la Empresa Pública Hospital Alto Guadalquivir en Andújar (Jaén) y aprobación de sus estatutos (BOJA núm. 18 de 12 de febrero de 2000); 4) Decreto 190/2006, de 31 de octubre, de constitución de la Empresa Pública Sanitaria Bajo Guadalquivir y aprobación de sus estatutos (BOJA núm. 221 de 15 de noviembre de 2006; 5) Decreto 98/2011, de 19 de abril, de aprobación de los estatutos de la Agencia Pública Empresarial Sanitaria Costa del Sol (BOJA núm. 83 de 29 de abril de 2011).

de los fines y objetivos de la empresa pública y las cuatro agencias públicas empresariales sanitarias citadas con el objetivo de extinguirlas y unificar sus recursos, el cual se llevó a término el 30 de diciembre de 2021 mediante la aprobación de cinco decretos[97].

En dichas normas, de manera complementaria a las cuestiones de personal, quedaron recogidas prescripciones atinentes al proceso de disolución, designación del órgano liquidador, entre cuyas funciones se establecía la aprobación de la liquidación de las agencias por cesión e integración, en unidad de acto, de todo el activo y pasivo en el SAS[98].

Pues bien, a fin de determinar la entidad responsable de terminar la tramitación e indemnizar hubo que estar a lo establecido por la norma de disolución de las agencias públicas empresariales sanitarias. En este sentido, se atendió al día en que se efectuó la cesión e integración del activo y el pasivo de dichas agencias en el SAS. Desde ese momento esta agencia administrativa quedó subrogada en todos los derechos y obligaciones de las empresas públicas y agencias públicas empresariales extinguidas, incluidas las reclamaciones de responsabilidad patrimonial pendientes de resolución y las indemnizaciones que pudieran proceder.

Por tanto, en aquellos procesos de restructuración del sector público, la distribución del régimen de responsabilidad patrimonial vendrá determinada por lo que establezca la norma que regule la transformación, o en

---

97 Tal y como previó el expositivo del Decreto 193/2021, la liquidación se llevó a cabo por cesión e integración, en unidad de acto, de todo el activo y pasivo de las 5 agencias en el SAS, el cual se subrogó en todos sus derechos y obligaciones, desde el 30 de diciembre de 2021, fecha de publicación en el BOJA de los decretos de extinción, a saber: los Decretos 290 a 294/2021, de 28 de diciembre, por los que se disolvieron la Empresa Pública de Emergencias Sanitarias M. P. y las Agencias Públicas Empresariales Sanitarias Costa del Sol, y de los Hospitales de Poniente de Almería, así como Alto y Bajo Guadalquivir, se designó órgano liquidador, se establecieron medidas en materia de personal y otras medidas organizativas de carácter transitorio (BOJA núm. 250 de 30 de diciembre de 2021).

98 En relación con la disolución de la Empresa Pública de Emergencias Sanitarias M.P. y las cuatro agencias públicas empresariales sanitarias, los Decretos 290 a 294/2021, dispusieron su liquidación y determinaron el inventario y el balance de las mismas, a 31 de diciembre de 2021, fecha en la que el SAS quedó subrogado en todos los derechos y obligaciones contabilizados de aquellas, así como en las provisiones y los activos y pasivos contingentes. Adicionalmente, se determinaron las relaciones jurídicas vigentes con sus acreedores, tanto de carácter principal como accesorias.

su caso la disolución o extinción del ente público cuya actuación propició la reclamación.

A falta de previsión expresa, así como en los supuestos de alteración del régimen de competencias, el criterio determinante será el competencial. A estos efectos deberá tenerse presente, que, como ya anteriormente indicamos, de acuerdo con los postulados de la doctrina y jurisprudencia, la novación subjetiva en el ámbito de la responsabilidad patrimonial, y en concreto, de la Administración sanitaria responsable, deberá estar orientada a garantizar el principio de indemnidad del perjudicado.

3) Reversión de áreas de salud gestionadas indirectamente mediante contratos de asistencia sanitaria integral

Según ha escrito VIDAL en el cap. 6 de este tratado (págs. 399 a 402), tras la aprobación de la Ley 15/1997, algunas CCAA —particularmente la Generalitat Valenciana y la Comunidad de Madrid— han suscrito contratos de concesión para la gestión de áreas de salud, tanto de «bata blanca» como de «bata gris»[99]. A estas fórmulas de colaboración público-privada se las conoce, respectivamente, como el «Modelo Alcira» y «Modelo Coslada». Estos nombres remiten a los municipios de las Comunidades Valenciana y de Madrid, respectivamente, donde se encuentran los hospitales de referencia de las áreas de salud en las que se ha ensayado estas nuevas fórmulas de gestión.

Siendo nuestro objetivo la determinación de la entidad responsable por los daños causados por el funcionamiento del servicio público de salud, nos centraremos en el «Modelo Alcira» porque en este modelo, los concesionarios asumen la gestión de la atención sanitaria.

---

[99] Como indica VIDAL en el cap. 6 de esta obra. «en los contratos de gestión de *bata gris,* el concesionario asume la gestión de los servicios de naturaleza administrativa, tales como limpieza, mantenimiento de las instalaciones sanitarias, conserjería, ambulancias, etc. La gestión alcanza a todo tipo de servicios que no incluyan la prestación de asistencia sanitaria. En los contratos de gestión de *bata blanca,* el concesionario se responsabiliza de la gestión de los servicios no sanitarios, y además, de los servicios sanitarios. En algunos casos, la gestión de los servicios sanitarios se limita a la asistencia sanitaria especializada, mientras que en otros la gestión sanitaria comprende tanto asistencia primaria como la especializada. En este último caso, la gestión de análisis clínicos puede estar incluida, o no.

La licitación que dio nombre al «Modelo Alcira» se llevó a cabo en 1997 y tuvo por objeto la gestión de la asistencia sanitaria especializada del actual Departamento de Salud de La Ribera (área 10 del Servicio Valenciano de Salud), previa construcción y equipamiento del centro hospitalario[100]. Este contrato fue resuelto en 2002 y vuelto a licitar ese mismo año, pero con un objeto más amplio al comprender no solo la asistencia especializada sino también primaria. Por eso fue calificado como un contrato de asistencia sanitaria integral. En 2018, al expirar el segundo contrato, la Generalitat Valenciana decidió revertir la gestión del Departamento de Salud de La Ribera[101].

Tanto los pliegos de cláusulas administrativas como el propio contrato, firmado entre la Generalitat Valenciana y Ribera Salud II UTE el 31 de marzo de 2003, incluyeron una previsión respecto de la responsabilidad patrimonial del contratista. En el pliego de cláusulas administrativas particulares, entre las obligaciones del contratista, se incluyó la de «indemnizar los daños que se *causasen* a terceros, como consecuencia de las operaciones que *requiriera* el desarrollo del servicio, excepto cuando el daño *fuera*

---

[100] Como señala VILLAR «esta iniciativa de la Comunidad Valenciana constituyó una novedad por dos motivos fundamentales: el primero, la forma de construcción a través de concesión de servicio público, habida cuenta la tradición de la Seguridad Social española (Instituto Nacional de Previsión, primero; Instituto Nacional de la Salud, después) de construir los centros sanitarios públicos mediante contrato de obras; y el segundo, tanto o más importante, la retribución del contratista sobre bases capitativas, no por acto médico, con la intención de evitar la prestación de asistencia sanitaria innecesaria que aquella modalidad de pago incentiva. En su momento, este contrato se presentó como ejemplo de financiación privada de obras públicas (en este caso, un hospital), aunque, en rigor, es un supuesto de financiación pública, presupuestaria, diferida, de la obra, sin pago alguno por el usuario, para quien el servicio sigue siendo «gratuito», como lo es en cualquier centro hospitalario público».
VILLAR ROJAS, Francisco José (2007): «La concesión como modalidad de colaboración privada en los servicios sanitarios y sociales», *Revista de Administración Pública*, núm. 172, págs. 141 a 188. La concesión incluyó la construcción de un hospital (Hospital Comarcal de la Ribera) en Alcira.

[101] La reversión supone la decisión de la Administración de recuperar la gestión de aquellos servicios que, siendo de su titularidad, estaban siendo gestionados por una empresa privada. Desde el año 2015, la Generalitat Valenciana ha promovido el proceso de reversión de la gestión de las áreas de salud de La Ribera (2018) y Manises (2024) en Valencia y Torrevieja (2021) y Denia (2014) en Alicante. En la actualidad, subsiste la gestión indirecta en el Departamento de Salud de Elche-Crevillente en Alicante.

producido por causas imputables a la Administración» (cláusula 17.1). La cláusula decimotercera del contrato, además, añadió —teniendo en cuenta la extinción por resolución del contrato— que «el nuevo adjudicatario *asumía* las obligaciones que a este respecto pudieran derivarse de la prestación del servicio efectuado por el anterior concesionario».

A ello cabe añadir que, desde un punto de vista doctrinal, en la ejecución de los contratos administrativos, la responsabilidad por los daños ocasionados por un contratista de la Administración a terceros es una de las cuestiones que mayor polémica ha generado. Como expone VIDAL en el cap. 6 del tratado, esta alcanza a la determinación del sujeto responsable, el procedimiento para determinar la responsabilidad y el orden jurisdiccional competente para pronunciarse de manera definitiva la reclamación[102].

---

[102] Según afirma VIDAL en el cap. 6, de este tratado, «el régimen de responsabilidad por los daños causados por los contratistas de la Administración, sobre el papel, ha evolucionado desde un sistema de responsabilidad exclusiva del contratista a un régimen de responsabilidad limitada, pasando por un régimen de responsabilidad global de carácter mancomunado. Cuatro son las leyes que han marcado los procesos para exigir la responsabilidad por los daños causados por los contratistas de la Administración, a saber: la LEC (...), la LEF, la LCAP-95, y las LO 9/2003 y LOPJ». Por su parte, «el Consejo de Estado ha sostenido siempre el mismo criterio. Los daños causados por el contratista a los terceros deben ser reclamados ante la Administración, quien deberá satisfacer, en su caso, la correspondiente indemnización, sin perjuicio de ejercer la acción de repetición contra el contratista. Esta doctrina no ha variado tras la promulgación de las sucesivas legislaciones de contratación pública desde 1995. Y es que este Cuerpo Consultivo siempre ha sentado el criterio de que la Administración responde frente al tercero que ejercita contra ella un derecho indemnizatorio si prueba el perjuicio efectivamente sufrido y la relación causa a efecto entre las operaciones propias de la ejecución de la obra pública y el daño producido por aplicación del principio general establecido en el artículo 121 de la Ley de Expropiación Forzosa primero, en el artículo 40 de la Ley de Régimen Jurídico de la Administración del Estado después (...), en el artículo 139 de la Ley 30/1992, de 26 de noviembre», y actualmente en el art. 32 de la Ley 40/2015, de 1 de octubre, de régimen jurídico del sector público» (CJ IV, comentario al art. 194 del anteproyecto de Ley de contratos del sector público, DCdE de 10 de marzo de 2016, núm. rec. 1116/2015). Pues bien, hoy en día el CdE interpreta el art. 196.2 LCSP, como hiciera desde 1967 respecto de los preceptos predecesores de la legislación de contratación pública, de manera garantista con el reclamante. Así lo ha expresado, entre otros, en los DDCdE de 21 de febrero de 2002 (núm. exp. 3443/2001), de 16 de enero de 2003 (núm. exp. 3235/2002), de 26 de febrero de 2006 (núm. exp. 2094/2005), de 30 de mayo de 2007 (núm. exp. 996/2007), de 23 de diciembre de 2008 (núm. rec. 2037/2008), de 29 de enero de 2009 (núm. exp. 2046/2009) y 18 de junio de 2020 (núm. exp.

Pues bien, a pesar de esta polémica jurídica, la transición de un modelo de gestión indirecta a otro de gestión directa, en lo que a las reclamaciones de responsabilidad patrimonial se refiere, tanto en vida del contrato como después de extinguido el mismo, no ha planteado problema alguno.

Durante la vida del contrato, el servicio de responsabilidad patrimonial de la Conselleria con competencias en materia de sanidad tramitó todas las reclamaciones relativas al Departamento de Salud de La Ribera —dando audiencia y notificando las actuaciones a Ribera Salud II UTE— y si estas eran estimatorias, le otorgaba 15 días para prestar su conformidad y resarcir a los particulares. En caso de no aceptar su responsabilidad, la cantidad se compensaba en las liquidaciones anuales del contrato.

Respecto de las reclamaciones posteriores a la reversión del Departamento de Salud de La Ribera, ni los pliegos ni el contrato especificaron quién debía responder en caso de reclamaciones que, interpuestas con posterioridad a la extinción del contrato, fueran imputables a actos médicos realizados o tratamientos iniciados durante su vigencia del contrato. Afortunadamente disponemos de doctrina legal del Consell Juridic Consultiu de la Comunitat Valenciana (CJCVal). Este, en sus dictámenes de 6 de abril de 2022 y 22 de febrero de 2023 se pronunció sobre sendas reclamaciones, presentadas los días 19 de febrero de 2019 y el 3 de enero de 2020, respectivamente. En ellas se dio audiencia y notificó las actuaciones a Ribera Salud II UTE por referirse a asistencias iniciadas antes del 1 de abril de 2018 y terminadas con posterioridad a dicha fecha. En ambos dictámenes, además, el CJCVal propuso estimar parcialmente la reclamación y Ribera Salud II UTE resarció a los familiares de los pacientes[103]. Por ello

---

205/2020). En nuestra opinión, siguiendo la interpretación garantista mantenida por el CdE, la tramitación de los expedientes y la resolución de las reclamaciones originadas como consecuencia de la ejecución de los contratos de asistencia sanitaria integral debe corresponder a la Administración, la cual deberá resarcir a los pacientes, sin perjuicio de la correspondiente compensación cuando así resulte del art. 196 LCSP.

[103] El DCJC 220/2022, de 6 de abril se refería al fallecimiento de una persona por cáncer, asistida en el Hospital Universitario de La Ribera, y proponía indemnizar con 66.373'49 euros a la viuda y a la hija. En el primer dictamen se reconoció legitimación pasiva a Ribera Salud II UTE «dado que la asistencia sanitaria se prestó en el Hospital de La Ribera de titularidad pública, cuya gestión correspondía en la fecha de los hechos a una entidad privada adjudicataria de un contrato de gestión de servicios públicos» (CJ 2 DCJC). En el DCJC 147/2023, de 22 de febrero, se dijo que «el Hospital "LA RIBERA" de Alzira *fue* un Centro Hospitalario de titularidad pública, pero (...) de gestión indirecta (...) hasta el mes de abril de 2018

cabe concluir que las reclamaciones posteriores a la reversión de un área de salud pueden ser tramitadas por la Administración sanitaria y podrán dar lugar a una indemnización derivada de la responsabilidad en última instancia del contratista.

4) Disolución de consorcios sanitarios

Como afirma FONT I LLOBET «la figura de los consorcios (...) nos remite a la involucración de varias administraciones públicas, y muy en particular de la Administración local»[104]. En el caso de los consorcios creados para la gestión del servicio público sanitario, además, hay que estar a lo dispuesto por la citada Ley 15/1997, de 25 de abril. En particular, su disposición adicional única (DA), califica y regula como consorcios sanitarios aquellos «cuyo objeto principal sea la prestación de servicios del Sistema Nacional de Salud».

Los consorcios sanitarios se incardinan, pues, dentro de las figuras de naturaleza no contractual que la Administración puede utilizar para la gestión directa o indirecta de las prestaciones sanitarias, según la asociación comprenda entidades del sector público y privado, o solo del primero. Tanto en uno como en otro caso, «su responsabilidad se exigirá de conformidad con lo previsto en los artículos 32 y siguientes» de la LRJ[105]. En este punto nos remitimos a lo escrito por VIDAL y BLANQUER sobre los consorcios y la responsabilidad patrimonial de entidades de Derecho privado, respectivamente, en los caps. 6 y 5 de este tratado (págs. 454 a 456 y 358).

Los consorcios para prestación de servicios sanitarios tienen gran raigambre en Cataluña[106], pero también en otras comunidades como Anda-

---

(...) [y que su] condición de parte (...) *derivaba* de la legislación sectorial sobre la contratación administrativa» (CJ 2). Por eso, al apreciar que habiéndose se había realizado una infiltración con infracción de la *lex artis* propuso indemnizar a la viuda, que sustituyó *mortis causa* el reclamante durante la tramitación del procedimiento administrativo, con 25.001'83 euros.

104 FONT I LLOBET, Tomás (2016): «Organización y Gestión de los servicios de salud. El impacto del Derecho europeo», *Revista de Administración Pública,* núm. 199, pág. 269.

105 Art. 35 LRJ.

106 En Cataluña, entre otros consorcios sanitarios cabe mencionar el **Consorcio Sanitario de Barcelona** (CSB), constituido por la Generalitat de Catalunya y el Ayuntamiento de Barcelona, y adscrito al Servicio Catalán de la Salud. Se encarga de planificar, dirigir y coordinar la atención sanitaria, sociosanitaria y de salud pú-

lucía y la Comunidad Valenciana[107]. En esta última, el personal laboral del Consorcio Hospital General Universitario de Valencia —y también el del Consorcio Hospital Provincial de Castellón— lleva años reclamando su «estaturización», y posterior integración de los consorcios en la Generalitat Valenciana. Por ello nos referimos a él a continuación.

En la actualidad, para determinar quién debe tramitar y responder de las reclamaciones de responsabilidad patrimonial, dirigidas contra el Consorcio Hospital General Universitario de Valencia, hay que estar a lo que digan los estatutos. En adelante nos referiremos a ellos como los Estatutos. Pues bien, la versión actual de los Estatutos, aprobada el 27 de junio de 2017, dispone en su art. 9.2 que «el Consorcio tiene atribuida la competencia para tramitar y resolver las reclamaciones de responsabilidad patrimonial».

Sin embargo, estos Estatutos, en su redacción original, guardaban silencio sobre esta cuestión. A falta de una regla expresa, las reclamaciones fueron ventiladas por la Conselleria con competencias en materia de sanidad. En el ámbito de la doctrina legal, esta cuestión fue abordada por el

---

blica en la ciudad de Barcelona. Su objetivo es ofrecer unos servicios de salud de calidad a toda la ciudadanía, adaptados a las diferentes necesidades, y velar por corregir las desigualdades. Más recientemente, el 1 de abril de 2019, se creó el Consorcio Sanitario del Alt Penedès-Garraf, con el objetivo de dar respuesta a las necesidades sanitarias y sociales de la población de referencia, mediante la ejecución de actividades hospitalarias, asistenciales, preventivas, rehabilitadoras, docentes y de investigación y que gestiona el Hospital Comarcal del Alt Penedès, el Hospital Residencia Sant Camil, y el Hospital Sant Antoni Abat y el Centro de Rehabilitación.

107 En Andalucía, existe un consorcio, constituido mediante convenio el 1 de diciembre de 2003, e integrado por la Junta de Andalucía y la Provincia Bética de la Orden Hospitalaria de San Juan de Dios, propietaria del Hospital San Juan de Dios del Aljarafe. Se denomina Consorcio Sanitario Público del Aljarafe, está adscrito funcionalmente a la Administración Sanitaria de la Junta de Andalucía, forma parte del Sistema Sanitario Público de Andalucía y presta la asistencia sanitaria pública a los municipios de la zona del Aljarafe. En la Comunidad Valenciana existe el Consorcio Hospital General Universitario de Valencia, formado por la Generalitat Valenciana y la Diputación de Valencia, propietarias del Hospital General de Valencia. Este consorcio se constituyó el 26 de diciembre de 2001, mediante un convenio entre la Generalitat Valenciana y la Diputación de Valencia, con el propósito de gestionar el Departamento de Salud Hospital General Universitario de Valencia. Actualmente se rige por los estatutos de 27 de junio de 2017 aprobados por el director gerente y publicados en el Diario Oficial de la Generalitat Valenciana de 24 de julio de 2017.

DCJCVal de 14 de octubre de 2020. Al analizar la legitimación pasiva de la Generalitat Valenciana, resolvió que había que estar a lo que establecieran los Estatutos, y que, en caso de silencio de estos, la tramitación correspondería a la Administración que ostentase mayor participación en la financiación del servicio sanitario, y por lo tanto a la Generalitat Valenciana[108].

En cualquier caso, con vistas a una futura disolución del consorcio habrá que estar al art. 127 LRJ, que establece, con carácter básico, las consecuencias de la disolución de un consorcio, así como al art. 28 de los Estatutos. De acuerdo con ambos preceptos, podrá disolverse el consorcio, previa liquidación de sus obligaciones, entre ellas, las cantidades que se reconozcan en concepto de responsabilidad patrimonial. Estos preceptos también contemplan la disolución sin liquidación del consorcio, cuando «por mayoría de dos tercios de sus miembros (…) [se acuerde la] cesión global de activos y pasivos» a la Generalitat. En este caso, está asumirá la tramitación y resarcimiento de las cantidades que pudieran corresponder en concepto de responsabilidad patrimonial en términos análogos a los expuestos en relación con la extinción o transformación de entidades instrumentales de la Administración sanitaria (art. 28.2 g de los Estatutos).

Por lo tanto, existen dos escenarios respecto de la disolución del consorcio: uno, disolución previa liquidación. En este caso las reclamaciones deberán ser tramitadas y resarcidas por el consorcio; otro, disolución previa cesión global del activo y pasivo a la Generalitat. En este supuesto, la Generalitat Valenciana, como sucesora de los derechos de crédito contra el

---

108 En el DCJCVal 485/2020, de 14 de octubre, el supuesto analizado se refería a la reclamación de una paciente —que estaba siendo tratada en la unidad multidisciplinar de tratamiento del dolor del Hospital General Universitario de Valencia— por una lumbociática C y que solicitaba una indemnización de daños y perjuicios por las lesiones causadas por una mala praxis durante una sesión de radiofrecuencia el 11 de diciembre de 2013. Para el DCJC 485/2020, «cuando de la gestión dimanante de fórmulas colegiadas de actuación entre varias Administraciones públicas se derive responsabilidad, la Administración competente para la iniciación, instrucción y decisión del procedimiento será la fijada en los Estatutos o Reglas de la organización colegiada. En su defecto, la competencia vendrá atribuida a la Administración pública con mayor participación en la financiación del servicio» (apartado 1). En cuanto a la obligación de responder, respecto de los terceros perjudicados, ad extra "la responsabilidad entre las Administraciones implicadas es solidaria. En el orden interno, la distribución de responsabilidad entre las distintas Administraciones públicas se regirá por los criterios que establezcan las fórmulas colegiadas"» (CJ 3).

consorcio, deberá continuar la tramitación de los expedientes de responsabilidad patrimonial y resarcir los daños imputables al consorcio.

IV. VALORACIÓN CRÍTICA DE LAS NOVACIONES SUBJETIVAS

Las novaciones subjetivas que puedan producirse en la tramitación de las reclamaciones de responsabilidad patrimonial, ora afecten al ente público responsable, ora afecten al perjudicado, constituyen una cuestión eminentemente casuística que ha de ser resuelta en cada supuesto concreto atendiendo al *corpus* doctrinal y jurisprudencial expuesto en este capítulo.

Desde un punto de vista conceptual estas han sido agrupadas en función de la persona que ha experimentado la novación: el reclamante (Ep. II) o la Administración o entidad responsable de la asistencia sanitaria (Ep. III).

A su vez, en el epígrafe II, el dedicado a las novaciones que atañen al reclamante, se ha diferenciado según la reclamación se haya interpuesto en vida del perjudicado o no. Según se ha escrito, la problemática jurídica se constriñe a la posibilidad de accionar *iure proprio* por el daño moral padecido, o adicionalmente, *iure hereditatis* por el daño corporal infligido al *de cuius.*

En efecto, entre las tesis expuestas, las hay que propugnan el carácter personalísimo del derecho resarcitorio y, en consecuencia, niegan legitimación a los herederos para reclamar *iure hereditatis.* Quienes así razonan entienden que en los herederos no se produce un daño real y efectivo. Esta postura conecta con el espacio del Derecho público, así como con el compromiso resarcitorio del Estado atendiendo a criterios de racionalidad y realismo. Adicionalmente, según defiende esta línea doctrinal, a la hora de indemnizar a los particulares habrá que ponderar tanto la limitación de los recursos públicos como los imperativos de la justicia distributiva.

Otra postura doctrinal es la que, partiendo de un análisis *iusprivatista, no* ve reparo alguno en reconocer la transmisión *mortis causa* del derecho a reclamar los daños causados por una atención sanitaria defectuosa.

Dicho esto, en nuestra opinión, en el ámbito de la responsabilidad patrimonial sanitaria, deben prevalecer aquellas interpretaciones que garanticen la indemnidad del lesionado. Más en concreto, somos partidarios de las tesis que permiten la transmisibilidad, *inter vivos* o *mortis causa,* de la reclamación de responsabilidad patrimonial, por ser esta, como hemos analizado a lo largo del presente capítulo, un derecho de crédito perfectamente transmisible. Así resulta, no solo de la interpretación, por la doctrina legal y por la jurisprudencia de los arts. 659 CC y 1112 CC, sino también de la función eminentemente resarcitoria del instituto de la responsabilidad patrimonial.

Por otro lado, en el ep. III, hemos abordado el régimen de distribución de la responsabilidad patrimonial cuando se produce una modificación en la Administración o entidad que presta la asistencia sanitaria. En particular, se han traído a colación cuatro supuestos: transferencia de competencias del INSALUD a los servicios autonómicos de salud; extinción o transformación de entidades instrumentales de la Administración sanitaria; reversión de áreas de salud gestionadas indirectamente mediante concesiones sanitarias; disolución de consorcios sanitarios.

En estos cuatro casos, lo deseable sería que el régimen de atribución de responsabilidad estuviera previsto legal o contractualmente. Sin embargo, de los cuatro supuestos, solo el primero cuenta con una regla *ad hoc* de carácter procedimental. Nos estamos refiriendo al art. 20 LOPA, el cual previó que los expedientes en tramitación al tiempo de hacerse efectiva la transferencia de competencias, se entregasen a la Comunidad Autónoma para su decisión. Posteriormente el TS declaró que la Administración obligada al pago de la indemnización sería la que terminó de tramitar el expediente.

En los tres restantes supuestos se impone interpretar la normativa aplicable. Así: en la reestructuración del sector público institucional andaluz se ha atendido al criterio de la cesión e integración del activo y el pasivo de la entidad sucesora, previsto en la norma que provocó la reordenación; en la internalización de servicios públicos se ha aplicado al art. 196 LCSP, que atribuye a la Administración la tramitación de las reclamaciones de responsabilidad patrimonial derivadas de daños causados a terceros por los contratistas de aquella; en la disolución de Consorcio Hospital General Universitario nos hemos remitido a sus estatutos, los cuales contemplan la posibilidad de acordar la regla de la cesión global del activo y pasivo en la Generalitat Valenciana.

Pues bien, para nosotros el mecanismo idóneo es la cesión global del activo y pasivo en la Administración de la Comunidad Autónoma en los casos de reordenación de las entidades instrumentales de un servicio autonómico de salud y la disolución de consorcios. En cambio, en los supuestos de internalización de áreas de salud, se impone que el contratista responda de los daños causados durante la ejecución del contrato.

V. RESPONSABILIDAD PATRIMONIAL CONCURRENTE DE LAS ADMINISTRACIONES SANITARIAS

Sin duda alguna, en relación con la legitimación pasiva, la cuestión más compleja consiste en discernir quién o quiénes son los sujetos responsables en los supuestos de intervención de varias Administraciones Públicas (AAPP), esto es, los casos de responsabilidad concurrente.

En efecto, «siendo numerosas las Administraciones territoriales que conforman el tejido administrativo (...), en no pocas ocasiones encontramos varias personificaciones administrativas en el origen de la actuación generadora del perjuicio por el ciudadano»[109]. Concretamente, «en el ámbito sanitario, son numerosos los casos en que son distintos los entes u organismos públicos que intervienen en el curso causal, bien porque uno sea el titular del servicio y otro, el prestador del mismo, o bien porque la competencia (en cuanto titularidad y ejercicio) se distribuya entre Administración y un Organismo integrante de su organización y estructura administrativa. [Estos son los casos de las consejerías y agencias autonómicas de salud, en el primer supuesto, y de las personificaciones limitadas a un departamento de salud, en el segundo.] En otras ocasiones, sin embargo, el reparto de responsabilidad entre distintas Administraciones no viene dado por virtud de esta distribución competencial, sino porque una es la autorizante de un medicamento o de un material sanitario y otra es la que lo aplica o suministra al paciente[. Así ocurre en el caso de la Agencia Española de Medicamentos y Productos Sanitarios (AEMPS) y los servicios autonómicos de salud. A mayor abundamiento], en otros casos, se producen distintos títulos de imputación», esto es, la concurrencia de competencias de distintas Administraciones sobre una materia, como en la custodia temporal de reclusos en hospitales o centros de salud[110].

A lo anterior cabe añadir que, en esta materia, las previsiones legales —fundamentalmente los arts. 32 y ss. LRJ— y los criterios doctrinales y jurisprudenciales, solo pueden servirnos de pauta orientativa. El precepto de referencia es el art. 33 LRJ que establece lo siguiente:

---

[109] NAVALPOTRO BALLESTEROS, Tomás (2021): «La responsabilidad patrimonial concurrente de las Administraciones Públicas. Algunas acotaciones a un régimen jurídico inacabado», en ORTEGA BURGOS, Enrique y PASTOR RUIZ, Federico (dirs.), *Derecho administrativo 2021*, pág. 165.

[110] GALLARDO CASTILLO, María Jesús (2021): *Administración Sanitaria y responsabilidad patrimonial, op. cit.* pág. 42.

Artículo 33 LRJ. Responsabilidad concurrente de las Administraciones Públicas

«1. Cuando de la gestión dimanante de fórmulas conjuntas de actuación entre varias Administraciones públicas se derive responsabilidad en los términos previstos en la presente Ley, las Administraciones intervinientes responderán frente al particular, en todo caso, de forma solidaria. El instrumento jurídico regulador de la actuación conjunta podrá determinar la distribución de la responsabilidad entre las diferentes Administraciones públicas.

2. En otros supuestos de concurrencia de varias Administraciones en la producción del daño, la responsabilidad se fijará para cada Administración atendiendo a los criterios de competencia, interés público tutelado e intensidad de la intervención. La responsabilidad será solidaria cuando no sea posible dicha determinación.

3. En los casos previstos en el apartado primero, la Administración competente para incoar, instruir y resolver los procedimientos en los que exista una responsabilidad concurrente de varias Administraciones Públicas, será la fijada en los Estatutos o reglas de la organización colegiada. En su defecto, la competencia vendrá atribuida a la Administración Pública con mayor participación en la financiación del servicio.

4. Cuando se trate de procedimientos en materia de responsabilidad patrimonial, la Administración Pública competente a la que se refiere el apartado anterior, deberá consultar a las restantes Administraciones implicadas para que, en el plazo de quince días, éstas puedan exponer cuanto consideren procedente».

El art. 33 LRJ recoge dos supuestos de responsabilidad concurrente, a saber:

i. Las «fórmulas conjuntas de actuación» formalizadas a través del «instrumento jurídico regulador», al que se refieren los aps. 1, 3 y 4[111].

ii. «Otros supuestos de concurrencia», en los que no exista el instrumento de actuación conjunta, regulados en el ap. 2.

Ahora bien, si la fórmula de actuación conjunta se concreta en la creación de un nuevo ente dotado de personalidad jurídica propia, no estaremos estrictamente ante un supuesto de responsabilidad patrimonial concurrente, sino que la responsabilidad será atribuible en exclusiva al ente causante del daño. Así sucede con los consorcios, los cuales «no encajan

111 Según dijera la Comisión Jurídica Asesora de Madrid en su dictamen 557/2021, de 2 de noviembre, referido a un supuesto de actuación conjunta entre el Ministerio de Defensa y la Comunidad de Madrid: la legitimación pasiva correspondía a la Comunidad de Madrid pese haberse prestado la asistencia sanitaria en el Hospital Central de la Defensa-Gómez Ulla (HCD). De acuerdo con este dictamen, ésta debía tramitar la reclamación, «en cuanto la asistencia sanitaria se prestó por el HCD, centro sanitario del Ministerio de Defensa que forma parte de la red sanitaria pública de la Comunidad de Madrid en virtud de convenio resultando de aplicación lo establecido en el artículo 33 de la LRJSP» (CJ 2).

en el concepto de responsabilidad concurrente de diversas Administraciones Públicas habida cuenta de que tienen personalidad jurídica propia y pueden ser objeto de imputación de responsabilidad patrimonial por si mismos»[112].

Dicho esto, en las siguientes páginas nos referiremos, por un lado, los daños causados en virtud de fórmulas de actuación conjunta, y por otro el resto de los supuestos.

1) Fórmulas conjuntas de actuación

«Cuando en 1992 se aprobó la LRJ-PAC, esta norma únicamente contempló la responsabilidad derivada de la "gestión dimanante de fórmulas colegiadas de actuación entre Administraciones Públicas"»[113]. Desde entonces, este «supuesto queda referido especialmente a los daños derivados de las actuaciones realizadas en ejecución de convenios, conferencias sectoriales u otras fórmulas de colaboración conjunta sistematizadas. No obstante, parece aceptarse sin dificultad la inclusión en esta categoría de las formas de actuación coordinada de competencias concurrentes previstas en normas jurídicas», como ocurre en los planes urbanísticos bifásicos[114].

La responsabilidad de las Administraciones, cuando existe un instrumento que regula la actuación conjunta, exige diferenciar las relaciones de las Administraciones con los ciudadanos de las que se entablan entre las AAPP.

A. Responsabilidad *ad extra*

El art. 33.1 LRJ, en caso de fórmulas conjuntas de actuación entre varias AAPP, parte del criterio de la responsabilidad solidaria *ad extra.*

Cabe preguntarse si el instrumento en que se formalice la actuación conjunta podría alterar la regla de solidaridad por la de la responsabili-

---

112 NAVALPOTRO BALLESTEROS, Tomás (2021): «La responsabilidad patrimonial concurrente de las Administraciones Públicas. Algunas acotaciones a un régimen jurídico inacabado», *op. cit.* pág. 167.

113 DE AHUMADA RAMOS, Francisco Javier (2004): *La responsabilidad patrimonial de las Administraciones Públicas,* Aranzadi, Cizur Menor (2ª. ed.), pág. 350.

114 NAVALPOTRO BALLESTEROS, Tomás (2021): «La responsabilidad patrimonial concurrente de las Administraciones Públicas. Algunas acotaciones a un régimen jurídico inacabado», *op. cit.* pág. 167.

dad mancomunada toda vez que el art. 33.1 LRJ permite a aquel fijar «la distribución de la responsabilidad entre las diferentes Administraciones públicas».

En nuestra opinión, la respuesta debe ser claramente negativa porque la distribución de responsabilidades a que se refiere el art. 33.1 LRJ solo puede tener lugar en las relaciones internas entre las Administraciones obligadas a responder. Como afirma NAVALPOTRO, «no cabe duda, en cualquier caso, de que la previsión de la solidaridad se estatuye en beneficio del principio de indemnidad y que, en especial, evita el peregrinaje por cada una de las Administraciones implicadas en orden a conseguir la reparación de los daños sufridos»[115]. De hecho, para evitar cualquier confusión, novedosamente, el art. 33.1 LRJ, a la hora de referirse a la responsabilidad de las Administraciones intervinientes, ha añadido que la solidaridad regirá «en todo caso»[116].

B. Responsabilidad *ad intra*

El art. 33.1 LRJ, atribuye al instrumento jurídico regulador de la actuación conjunta el papel de determinación de la distribución de la responsabilidad *ad intra.*

---

115 *Ibidem* pág. 168.

116 En relación con el carácter solidario de la responsabilidad patrimonial de las Administraciones, en los supuestos en los que mediase un instrumento de actuación conjunta, el art. 140.1 de la Ley 30/1992, de 26 de noviembre, de régimen jurídico de las Administraciones Públicas y del procedimiento administrativo común (LRJPAC-92) afirmaba que las mismas responderían «frente al particular de forma solidaria». En cambio, el art. 33.1 LRJ precisa que la responsabilidad «frente al particular [será], en todo caso, de forma solidaria». Respecto del origen de la regulación de la responsabilidad administrativa concurrente, como afirma NAVALPOTRO, «la cuestión de la existencia de una pluralidad de entidades administrativas corresponsables de un mismo hecho dañoso fue abordada por primera vez en el artículo 140 de la LRJ-PAC[-92]. Su redacción originaria tuvo que ser objeto de corrección, al igual que otros aspectos destacados de la ley de 1992, por la Ley 4/1999, de 13 de enero, con vistas a hacerla más operativa. La LRJ trajo esta regulación precedente a su artículo 33, añadiendo a lo ya previsto en aquella un par de reglas complementarias que, en lo esencial, se hallaban igualmente recogidas en su desarrollo reglamentario» NAVALPOTRO BALLESTEROS, Tomás (2021): «La responsabilidad patrimonial concurrente de las Administraciones Públicas. Algunas acotaciones a un régimen jurídico inacabado», *op. cit.* pág. 166.

Ahora bien, como pone de manifiesto la STS de 2 de diciembre de 2019, «en lo que atañe al ámbito interno de distribución de responsabilidad entre las distintas Administraciones intervinientes, la regulación no es completa, si bien refleja la mancomunidad como regla» ya que la distribución interna de la responsabilidad no forma parte obligatoria del instrumento que ordene la actuación conjunta. Por ello, a falta de previsión, «en supuestos de deudas solidarias de distintas Administraciones, es aplicable la presunción de las deudas, que divide entre los deudores por partes iguales, por no poder establecerse el porcentaje concreto de culpa de cada Administración»[117].

Sea como fuere, como acertadamente ha señalado GONZÁLEZ-VARAS, «esta regulación no es el quid en la praxis»[118], puesto que las controversias se suscitan, mayoritariamente, en los casos en los que no existen fórmulas de actuación conjunta. A ellas nos referimos a continuación.

2) Otros supuestos distintos a las fórmulas conjuntas de actuación

En supuestos distintos a las fórmulas conjuntas de actuación, de conformidad con el art. 33.2 LRJ, «cada Administración responderá «atendiendo a criterios de competencia, interés tutelado e intensidad de la intervención». Así se establece desde que la Ley 4/1999 modificase la regulación del art. 140 LPACRJ-92 «con vistas a hacerla más operativa»[119].

En los supuestos de posible responsabilidad concurrente en los que no exista un instrumento regulador de la actuación conjunta también hay que diferenciar la relación externa de cada Administración de la interna entre todas ellas.

---

117 FJ 3 STS 1653/2019, de 2 de octubre (núm. rec. 6633/2018 y [*Tol 7615750*]). Por lo tanto, como quiera que el art. 33.1 LPAC solo señala que el instrumento que regule la actuación conjunta «podrá determinar la distribución de la responsabilidad entre las diferentes Administraciones públicas», si no lo concreta regirá la regla de la mancomunidad. *Idem.*

118 GONZÁLEZ-VARAS IBÁÑEZ, Santiago (2022): *Responsabilidad patrimonial de la Administración, op. cit.* pág. 115.

119 NAVALPOTRO BALLESTEROS, Tomás (2021): «La responsabilidad patrimonial concurrente de las Administraciones Públicas. Algunas acotaciones a un régimen jurídico inacabado», *op. cit.* pág. 166.

A. Responsabilidad *ad extra*

«El art. 33.2 de la LRJSP apela a la consideración de tres factores en orden a determinar el grado de responsabilidad de cada Administración: la competencia, el interés público tutelado y la intensidad de la intervención de cada una de las Administraciones implicadas. Cuando la ponderación de estos factores permita individualizar la responsabilidad de cada una de ellas (…) la indemnización será mancomunada o individualizada»[120]. Subsidiariamente, de no ser posible dicha determinación, operará la regla de la solidaridad.

Así, según los casos la responsabilidad podrá ser mancomunada, individualizada o solidaria.

a) Responsabilidad mancomunada

«Si es posible concretar la parte de responsabilidad que es imputable a cada Administración, entonces la responsabilidad es mancomunada y la obligación de pago de la indemnización es proporcional a su grado de participación en el resultado lesivo (así resulta del artículo 1145 del Código Civil»[121].

b) Responsabilidad individualizada

«Distinto de la posibilidad de concretar la responsabilidad de cada Administración en la producción del daño, es el caso en el que el protagonismo de determinada entidad jurídica en su generación sea tal que anule o haga insignificante la participación del resto. Así, viene señalando la jurisprudencia que, cuando la titularidad de la responsabilidad sea susceptible de ser definida con claridad, bien desde el punto de vista formal atendiendo al criterio del ejercicio de la competencia, bien desde el punto de vista sustantivo acudiendo al criterio del beneficio revelado por la intensidad de la actuación, o por la presencia predominante del interés tutelado por

---

120 *Ibidem* pág. 168.

121 BLANQUER CRIADO, David (2021): *La responsabilidad patrimonial en tiempos de pandemia (los poderes públicos y los daños por la crisis de la COVID-19)*, Tirant lo Blanch, Valencia, pág. 509.

una de las Administraciones intervinientes» solo responderá una Administración[122].

En casos como estos, en los que es posible individualizar la responsabilidad de una de las Administraciones intervinientes, la actuación del resto carece de relevancia «como causa eficiente y determinante del perjuicio»[123].

c) *Responsabilidad solidaria*

El art. 33.2 LRJ, a diferencia del art. 33.1 LRJ, «sí [que] encuentra eco en la praxis jurídica, en el sentido de que la solidaridad, como regla central (...), depende de que no haya criterios que sirvan para determinar de otro modo la posible responsabilidad de la Administración»[124]. Ello afecta a «todos los supuestos de concurrencia de varias Administraciones en la gestión del servicio y producción del resultado, cuando no sea posible discernir el alcance de la responsabilidad de cada una en atención a criterios de competencia, interés público tutelado o intensidad de la intervención»[125].

En estos casos, «el principio de solidaridad entre las Administraciones públicas concurrentes a la producción del daño resarcible emana (...) de la normatividad inmanente en la naturaleza de las instituciones (...) cuando lo impone la efectividad del principio de indemnidad que constituye el fundamento de la responsabilidad patrimonial»[126].

Así, existe jurisprudencia que ha declarado que, en los casos distintos a las fórmulas conjuntas de actuación, la regla no es la de la solidaridad, sino la individualización del perjuicio causado por cada Administración. De

---

[122] NAVALPOTRO BALLESTEROS, Tomás (2021): «La responsabilidad patrimonial concurrente de las Administraciones Públicas. Algunas acotaciones a un régimen jurídico inacabado», *op. cit.* pág. 169. En este sentido, individualizar la responsabilidad en una de las Administraciones causantes del daño, la STS de 27 de junio de 2007 ha recalcado que en estos casos, «se impone atribuir legitimación a la Administración a la que corresponde el protagonismo en la actividad dañosa y excluir a las que han colaborado mediante actividades complementarias o accesorias, pero no significativas desde el punto de vista del desempeño de la actividad o servicio causante del perjuicio y de su relevancia como causa eficiente del daño» (FJ 2 STS de 26 de junio de 2007, núm. rec. 10350/2003 y [*Tol 1113173*]).

[123] FJ 4 STS de 13 de febrero de 1997 (núm. rec. 4577 y [*Tol 5147089*]).

[124] GONZÁLEZ-VARAS IBÁÑEZ, Santiago (2022): *Responsabilidad patrimonial de la Administración, op. cit.* pág. 116.

[125] FJ 1 STS 256/2020, de 21 de febrero (núm. rec. 716/2019 y [*Tol 7790781*]).

[126] FJ 3 STS de 23 de noviembre de 1999 (núm. rec. 3814/1998 y [*Tol 1716249*]).

este modo, en primer lugar, deberá intentarse fijar de forma autónoma la responsabilidad de cada Administración, teniendo en cuenta «los criterios de competencia, interés público tutelado e intensidad de la intervención causante del daño». Solo cuando no pueda determinarse esta distribución se aplicará la regla de la solidaridad. «Cuestión [esta] que no es baladí porque puede llegar a desestimarse finalmente el recurso contencioso-administrativo, si este no ha escogido con acierto la Administración realmente responsable en el caso concreto»[127].

B. Responsabilidad *ad intra*

La responsabilidad *ad intra* no plantea problemas jurídicos cuando la responsabilidad concurrente es mancomunada o cuando esta puede individualizarse en una de las AAPP causantes del daño. En el primer supuesto, al responder cada Administración de una parte alícuota, no existirán reclamaciones ulteriores entre ellas. Tampoco será necesario repetir contra las demás Administraciones si una de ellas debe responder de manera individualizada.

El problema se limita a la situación en la que deben quedar las distintas las distintas Administraciones vinculadas por la obligación de resarcir al ciudadano si no es posible dividir o imputar a una de ellas la responsabilidad. Esta cuestión ha sido resuelta, en unificación de doctrina, por la STS de 21 de febrero de 2020[128].

Esta sentencia tuvo que pronunciarse sobre dos cuestiones: ¿en qué proporción debían responder las AAPP cuando, por no poder establecerse un porcentaje concreto de responsabilidad, todas ellas deban responder solidariamente frente al perjudicado?; ¿cómo podrá repetir la Administración que satisfizo la responsabilidad la cuota que les corresponde a las demás AAPP?

a) *Presunción de mancomunidad*

La STS de 21 de febrero de 2020, tomando como base el art. 33.2 LRJ, aísla «la faceta externa de la solidaridad como garantía de la indemnidad

---

127 GONZÁLEZ-VARAS IBÁÑEZ, Santiago (2022): *Responsabilidad patrimonial de la Administración, op. cit.* pág. 116.

128 STS 256/2020, de 21 de febrero (núm. rec. 716/2019 y [*Tol 7790781*]).

patrimonial del perjudicado de las relaciones internas entre las partes (...) en los casos en que la responsabilidad concurrente tenga origen en situaciones distintas a fórmulas colegiadas de actuación y no sea posible determinar la cuota de responsabilidad de cada cual»[129]. A partir de aquí, concluye que «en el caso de deudas solidarias en las que no sea posible establecer el porcentaje de responsabilidad de cada uno de los deudores solidarios, ha de aplicarse la presunción de mancomunidad»[130]

A estos efectos «habrá de acudirse a la normativa común de las obligaciones mancomunadas establecida en el Código Civil, concretamente los arts. 1.145 y 1.138, que establecen, para tales supuestos, la presunción de responsabilidad por partes iguales»[131].

b) Acción de repetición

Aun cuando la responsabilidad sea mancomunada en las relaciones internas, frente al perjudicado cada Administración debe responder por el todo, y repetir frente a las demás, cuestión no siempre pacífica. De aquí que «la segunda cuestión de interés casacional objetivo estribaba en deter-

---

129 NAVALPOTRO BALLESTEROS, Tomás (2021): «La responsabilidad patrimonial concurrente de las Administraciones Públicas. Algunas acotaciones a un régimen jurídico inacabado», *op. cit.* pág. 174.

130 FJ 3 STS 256/2020, de 21 de febrero (núm. rec. 716/2019 y [*Tol 7790781*]).

131 FJ 1 STS 256/2020, de 21 de febrero (núm. rec. 716/2019 y [*Tol 7790781*]). A modo de explicación de la aplicación de los arts. 1145 y 1138 CC, esta sentencia explica que «el art. 1145 del Código Civil establece como primer criterio de reclamación frente a los demás deudores solidarios, en sus relaciones internas mancomunadas, la parte que a cada uno corresponda, es decir, la responsabilidad proporcional a la participación que cada uno ha tenido en la generación de la deuda, en este caso la producción de los daños y perjuicios causados, lo que concuerda con las previsiones de la normativa administrativa en los términos que antes hemos señalado, mientras que la reclamación por parte iguales resulta procedente y se presume cuando de la propia obligación no resulta otra cosa, según dispone el art. 1138 del citado cuerpo legal, de manera que, para determinar la posibilidad de delimitar y cuantificar las cuotas de responsabilidad de cada deudor solidario, ha de estarse "al texto de las obligaciones", dice el citado precepto, es decir, a los términos en que se contrae y establece la obligación de que se trate». *Idem.* La regla de la mancomunidad en las relaciones internas ya había sido propuesta por HERNÁNDEZ CORCHETE, Juan Antonio (2000): «La responsabilidad concurrente de las Administraciones Públicas», en SOSA WAGNER, Francisco (coord.), *El Derecho Administrativo en el umbral del siglo XXI. Homenaje al Profesor Dr. D. Ramón Martin* Mateo, vol. I, Tirant lo Blach, Valencia, págs. 1705 a 1731.

minar si, ante dicha negativa [a pagar la parte alícuota], la Administración requirente debía impugnarla ante la Jurisdicción Contencioso-Administrativa o bien hacer uso de la acción de regreso ante el Orden Jurisdiccional Civil»[132].

Para la STS de 21 de febrero de 2020, «la acción de regreso del deudor, que hubiera satisfecho la deuda en su integridad contra los codeudores, ha de deducirse en vía contencioso-administrativa»[133]. «El Alto Tribunal ha apelado a una triple motivación para llegar a la conclusión establecida: la implicación de tres Administraciones Públicas, el que la responsabilidad tuviera origen en una sentencia recaída en relación con actuaciones administrativas y su relación con el cobro de una indemnización derivada de un acto administrativo»[134].

3) Casuística

Con carácter general, y sin necesidad de circunscribirse al ámbito de la responsabilidad patrimonial sanitaria, para la doctrina mayoritaria, lo determinante, es identificar la Administración responsable cuando entran en juego diferentes criterios de imputación subjetiva. Así, con frecuencia se ha seguido el criterio de observar cuál es la Administración con competencias en el ámbito donde se ha producido el daño con el fin imputarle el daño por incumplimiento o negligencia o por acción u omisión. Así, como regla general, en casos de daños provenientes de la atención sanitaria, la responsabilidad recaerá sobre los servicios autonómicos de salud o el Instituto Nacional de Gestión Sanitaria (INGESA).

Ahora bien, cuando el ámbito de una competencia no esté atribuida de manera clara —lo cual no resulta infrecuente en la práctica— todos los agentes implicados deben asumir el riesgo de tener que responder atendiendo a los criterios jurisprudenciales de imputación que sean predominantes (interés público tutelado o intensidad de la intervención), los cuales suelen ser aplicados por el juzgador con bastante discrecionalidad. Así,

---

132 NAVALPOTRO BALLESTEROS, Tomás (2021): «La responsabilidad patrimonial concurrente de las Administraciones Públicas. Algunas acotaciones a un régimen jurídico inacabado», *op. cit.* pág. 175.

133 FJ 3 STS 256/2020, de 21 de febrero (núm. rec. 716/2019 y [*Tol 7790781*]).

134 NAVALPOTRO BALLESTEROS, Tomás (2021): «La responsabilidad patrimonial concurrente de las Administraciones Públicas. Algunas acotaciones a un régimen jurídico inacabado», *op. cit.* pág. 175.

en orden a la determinación del sujeto responsable habría que partir, no solo de la titularidad del bien o interés tutelado, sino también del concreto precepto que atribuya competencia y se relacione la causación del daño, esto es, con qué función omitida o competencia indebidamente ejercitada se relaciona el daño a resarcir en el patrimonio del perjudicado.

Llegados a este punto, señalamos algunas aplicaciones realizadas por la doctrina, los Consejos Consultivos y la jurisprudencia respecto de la responsabilidad concurrente de las AAPP en materia de sanidad.

A. Doctrina

En el ámbito de la responsabilidad patrimonial sanitaria, la mayoría de las veces, la responsabilidad viene determinada por la competencia y no por la titularidad del bien. Así ocurre en los supuestos de infracción de la *lex artis*. En estos casos, por poner un ejemplo, es irrelevante que el hospital o centro de salud sea un inmueble del patrimonio de la Seguridad Social cedido al amparo del art. 107.4 del texto refundido de la Ley General de la Seguridad Social, aprobado por el Real Decreto Legislativo 8/2015, de 30 de octubre[135].

En cambio, en los supuestos de responsabilidad más allá de la *lex artis* —*v.gr.* suicidio de un recluso en dependencias penitenciarias— habrá que acudir a otros criterios. Así, a los efectos de imputar subjetivamente la posible responsabilidad patrimonial por fallecimiento del preso, no será suficiente remitirse a la competencia. En esta materia —enfermos mentales condenados con penas privativas de libertad— será preciso indagar si el suicidio vino motivado por un tratamiento psiquiátrico inadecuado o por un fallo en la cadena de custodia del preso.

---

[135] En el marco de la transferencia de las competencias en materia de sanidad a las Comunidades Autónomas (CCAA), mediante reales decretos de traspaso de las funciones y servicios de asistencia sanitaria la Seguridad Social ha ido cediendo el uso de un gran número de bienes inmuebles que estaban destinados a un uso sanitario. Estas instalaciones son de titularidad estatal, en la medida en que, siendo patrimonio de la Seguridad Social, habían sido financiadas mediante cotizaciones de los trabajadores. En concreto, en cada una de las comisiones mixta de traspasos entre el Estado y las CCAA, solía indicarse las siguientes reglas de uso: que los bienes adscritos habrían de mantenerse en el balance de la Seguridad Social; que las CCAA debían hacerse cargo del mantenimiento de los bienes; que los bienes revertirían en caso de no uso o cambio de destino.

Un tercer tipo de supuestos de posible responsabilidad concurrente son los daños causados por deficiente mantenimiento de la infraestructura sanitaria. Así, por poner un ejemplo, los daños causados por caídas fortuitas, puertas giratorias, ascensores, etc. Podrán dar lugar a responsabilidad patrimonial municipal en el caso de centros de salud de titularidad autonómica cuya conservación y gestión se haya delegado en un ayuntamiento *ex* art. 25.3 d) de la Ley 7/1985, de 2 de abril, reguladora de las bases de régimen local.

B. Doctrina legal

En la doctrina legal merece la pena destacar la postura mantenida por el extinto Consejo Consultivo de la Comunidad de Madrid (CCMad). Este órgano, a la hora de abordar los supuestos de responsabilidad patrimonial sanitaria en que hubieran intervenido distintos servicios autonómicos de salud, partía de un «concepto subjetivo del servicio público sanitario». Como consecuencia de ello, hacía responder a cada Administración sanitaria por las lesiones que hubiera causado el funcionamiento de los servicios públicos de su titularidad, incidiendo, por tanto, en el componente de la individualización del perjuicio causado[136]. Para ello, acudía con frecuencia a los partes de alta u órdenes de traslado.

---

[136] El criterio de atribución de responsabilidad del CCMad fue expresado, entre otros, en su dictamen 30/2008, de 5 de noviembre. Según dijera el CCMad, «el instituto de la responsabilidad patrimonial en el ámbito sanitario se define subjetivamente a través del concepto de servicio público sanitario, debiendo responder cada Administración por las lesiones que haya producido el funcionamiento de los servicios públicos de su titularidad (...). [Por ello, al] remitir al Servicio Madrileño [otro servicio autonómico de salud] a un paciente (...) cesa la vinculación subjetiva del paciente con el servicio sanitario y desde el momento en que la remisión es aceptada por uno de los centros del Servicio Madrileño de Salud (...), en virtud de la orden de asistencia (...) el paciente es responsabilidad de dicho servicio, tanto en la fase decisoria del tratamiento o intervención a practicar, como en la fase de la realización efectiva de los mismos. [En opinión del CCMad,] ello no podía ser de otra forma bajo el prisma de garantizar la equidad en el acceso a una atención sanitaria de calidad, segura y eficiente a las personas con patologías que, por sus características, precisan de cuidados de elevado nivel de especialización que requieren concentrar los casos a tratar en un número reducido de centros, todo ello financiado con un fondo de cohesión, para todos los usuarios del Sistema Nacional de Salud, con independencia de la Comunidad Autónoma en la que residan. Además, desde el punto de vista estrictamente jurídico [otro criterio] supondría romper de antemano toda relación de causalidad entre la Adminis-

C. Jurisprudencia

La jurisprudencia da mayor importancia a la regla de la solidaridad que la que parece derivarse de la simple lectura del art. 33.2 LRJ. Como afirma el CCAnd, el TS viene interpretándolo «en una determinada dirección»[137]. En este sentido, los tribunales han sentado que la efectividad del principio de indemnidad del perjudicado impone que, si la distribución de los daños de la responsabilidad no es clara —y no es labor fácil la individualización del daños— debe facilitarse la reclamación al particular acudiendo a la fórmula de la solidaridad[138]. «Esta dirección, siendo claros, supone llevar el principio de la solidaridad, con una irreprochable finalidad protectora del administrado, más allá de lo que la letra de la ley contempla»[139].

En palabras del TS, «el principio de solidaridad entre las Administraciones públicas concurrentes a la producción del daño resarcible emana (…) de la normatividad inmanente en la naturaleza de las instituciones no sólo

---

tración Pública eventualmente responsable y su actuación, que en estos casos de derivación de pacientes se agota con la misma» (CJ 2). Este mismo criterio fue sostenido por los DDCCMad 79/2008, de 5 de noviembre y 246/2010, de 28 de julio.

137 CJ IV DCCAnd 22/2010, de 20 de enero.

138 La preferencia de la jurisprudencia por la responsabilidad solidaria en casos de intervención de diversos servicios autonómicos de salud, es mantenida, entre otras por las SSTS de la Sala de lo Contencioso-Administrativo de 23 de noviembre de 1999 (núm. rec. 3814/1998 y [*Tol 1716249*]), de 5 mayo de 2005 (núm. rec. 518/2003 y [*Tol 668348*]), de 3 de marzo de 2009 (núm. rec. 9070/2004 y [*Tol 1462953*]) y 1654/2018, de 22 de noviembre (núm. rec. 3719/2017 y [*Tol 6940607*]). En concreto, la STS de 3 de marzo de 2009, haciendo una síntesis de la doctrina jurisprudencial, expresó que el «"el principio de solidaridad entre las Administraciones públicas concurrentes a la producción del daño resarcible emana […] de la normatividad inmanente en la naturaleza de las instituciones no sólo cuando, a partir de la entrada en vigor del artículo 140 de la Ley de Régimen Jurídico y del Procedimiento Administrativo Común [de 1992, en la actualidad el art. 33 LRJ], se dan fórmulas "colegiadas" de actuación, sino también, al margen de este principio formal, cuando lo impone la efectividad del principio de indemnidad que constituye el fundamento de la responsabilidad patrimonial". [Para la Sala de lo Contencioso-Administrativo,] así ocurre cuando la participación concurrente desde el punto de vista causal de varias Administraciones o las dudas acerca de la atribución competencial de la actividad cuestionada imponen soluciones favorables a posibilitar el ejercicio de la acción por el particular perjudicado, sin perjuicio de las relaciones económicas internas entre aquellas» (FJ 4).

139 NAVALPOTRO BALLESTEROS, Tomás (2021): «La responsabilidad patrimonial concurrente de las Administraciones Públicas. Algunas acotaciones a un régimen jurídico inacabado», *op. cit.* pág. 169.

cuando (…) se dan fórmulas "colegiadas" de actuación, sino también, al margen de este principio formal, cuando lo impone la efectividad del principio de indemnidad que constituye el fundamento de la responsabilidad patrimonial»[140].

A pesar de lo anterior, en ocasiones, el TS ha recordado que fuera de los casos de las fórmulas conjuntas de actuación a que se refiere el art. 33.1 LRJ, el principio general, es el de la individualización de la responsabilidad de cada Administración a partir de los parámetros de competencia, interés tutelado e intensidad de la intervención[141]. Un supuesto en el que el TS ha individualizado la responsabilidad es el que afecta a los daños causados por los Servicios de Salud como consecuencia del empleo de productos sanitarios defectuosos[142].

---

140 FJ 3 STS de 23 de noviembre de 1999 (núm. rec. 3814/1998 y [*Tol 1716249*]). Para el TS, el principio de solidaridad será de aplicación, «cuando [se aprecie] la participación concurrente desde el punto de vista causal de varias Administraciones o [o surjan] las dudas acerca de la atribución competencial de la actividad cuestionada[, en estos casos se] imponen soluciones favorables a posibilitar el ejercicio de la acción por el particular perjudicado, sin perjuicio de las relaciones económicas internas entre aquéllas», las cuales, como sucede en el art. 33.1 LPAC, se solventarán por la regla de la mancomunidad. *Idem*.

141 La individualización de la responsabilidad de cada servicio autonómico de salud, atendiendo a los criterios de competencia, interés tutelado e intensidad de la intervención, ha sido acogida, entre otras, por las SSTS de la Sala de lo Contencioso-Administrativo de 25 de mayo de 2011 (núm. rec. 363/2007 y [*Tol 2146472*]) y de 10 de noviembre de 2011 (núm. rec. 2105/2009 y [*Tol 2290053*]). Tanto una como otra indicaron que la regulación del actual art. 33.2 LRJ, «aboca a que, con carácter principal, se busque un único patrimonio responsable, en la medida de lo posible, atendiendo a criterios de competencia, interés público tutelado y necesidad de la intervención; sin que sea posible recurrir a la responsabilidad solidaria más que en los casos en que no sea posible la individualización de las respectivas responsabilidades» (FFJJ 2 y 5).

142 Un caso de cita frecuente de responsabilidad patrimonial concurrente era la que resultaba de los daños causados por la utilización de material defectuoso. En tales situaciones, según expresaba GUERRERO, «el daño *podía* derivar del consumo de un medicamento en mal estado o del uso de una aparato defectuoso (cobaltoterapia o rayos láser en microcirugía).[Para este autor], se *producía* una clara concurrencia de responsabilidad de causas: por una parte, la Administración hospitalaria *era* la causante del daño al suministrar el medicamento o emplear el aparato defectuoso, por otra parte, el causante inmediato del daño *era* el fabricante del producto o aparato defectuoso, ello pues, de haber estado en condiciones, no se habría producido el resultado lesivo. [A lo anterior, GUERRERO añadía que], *había* que tener en cuenta que *existía* una relación entre la Administración y el fa-

Por otra parte, no es frecuente que los convenios suscritos entre CCAA para la prestación de servicios sanitarios, por ejemplo, en zonas limítrofes, contemplen previsiones relativas a la competencia para la tramitación de las reclamaciones de responsabilidad patrimonial. Al respecto, un reciente pronunciamiento del TSJ de Aragón, resulta de sumo interés. Este órgano judicial, al examinar su competencia para enjuiciar una reclamación, no solo por servicios prestados por Servicio Aragonés de Salud, sino también por el Sistema Valenciano de Salud derivadas acudió al fuero territorial electivo del art. 53.2 LEC[143]. No todos los tribunales asumen esta postura.

---

bricante del producto o instrumental defectuoso relación regulada por la Ley de Contratos de las Administraciones Públicas[, actualmente la LCSP]) pero no *existía* relación directa entre el suministrador y el paciente que *sufría* el daño. [A juicio de este autor,] la Administración *era* autora material del daño puesto *hacía* un uso por si misma del producto suministrado, sin embargo, lo razonable *era* que esa Administración *reparase* el daño (entendiendo que la responsabilidad *era* solidaria respecto a la responsabilidad del fabricante o suministrador, aplicando el mismo criterio de solidaridad que *resultaba* de la responsabilidad concurrente de administraciones y que resultaba del artículo 140 de la Ley 30/1992[actual art. 33 LRJ]) sin perjuicio de que, una vez reparado el daño, *podía* repetir contra el suministrador». Esta tesis, en lo que se refiere al empleo de medicamentos y material sanitario defectuoso, ha sido rechazada expresamente por las STS de 21 de diciembre de 2020 (núm. rec. 803/2019 y [*Tol 8291027*]) y confirmada posteriormente por las SSTS 50/2021, de 21 de enero (núm. rec. 5608/2019 y [*Tol 8301657*]), 92/2021, de 28 de enero (núm. rec. 5467/2019 y [*Tol 8310447*]), 1340/2021 de 17 de noviembre (núm. rec. 6485/2020 y [*Tol 8667678*]), 1423/2021, de 1 de diciembre (núm. rec. 6479/2020, y [*Tol 8692044*]) y 232/2022, de 23 de febrero (núm. rec. 2560/2021 y [*Tol 8833279*]). Desde la STS de 21 de diciembre de 2020, relativa al empleo de gas perfluoroctano Ala Octa, para el TS, la responsabilidad es del fabricante, y en su caso de la autoridad que haya autorizado el medicamento o haya actuado como organismo notificado en el caso de productos sanitarios. En este punto, no obstante, nos remitimos a lo escrito por HERNÁNDEZ VILLALÓN sobre la responsabilidad de los servicios de salud por el empleo de productos sanitarios defectuosos en el cap. 22 de esta obra (págs. 1694 y 1695). GUERRERO ZAPLANA José (2004): *Las reclamaciones por la defectuosa asistencia sanitaria. Doctrina, Jurisprudencia, Legislación y Formularios,* Lex Nova, Valladolid (4ª ed.), págs. 125 y 126

143 La STS de Aragón 2/2023, de 9 de enero, de la Sala de lo contencioso-administrativo (núm. rec. 17/2021 y [*Tol 9439698*]) enjuició, una demanda dirigida frente al Gobierno de Aragón y la Generalitat Valencina como consecuencia de una actuación llevada a cabo en el Centro de Salud de Ademuz y en el Hospital Obispo Polanco de Teruel, pertenecientes, respectivamente al Sistema Valenciano de Salud y el Servicio Aragonés de Salud. En este fallo se declaró competente aplicando el fuero territorial electivo del art. 52.3 LEC. Para ello partió de la certeza de la

Existe otra jurisprudencia que, cuando es posible, atribuye la responsabilidad a un único servicio autonómico de salud, dejando al margen a otros servicios de salud, sobre la base de su participación secundaria en el hecho dañoso ha sido secundaria[144]. Sobre esta cuestión, no obstante, nos remitimos a lo escrito por ORTILLÉS, ALONSO, GÓMEZ ZAMORA y SOLER en el cap. 29 de este tratado (págs. 2095 a 2097).

Por tanto, recapitulando, en la praxis judicial, la regla general para la imputación de responsabilidad a una u otra Administración sanitaria —insistimos, en el ámbito del art. 33.2 LRJ— es la individualización por aplicación de los criterios de la competencia, interés tutelado e intensidad de la actuación. Subsidiariamente —esto es cuando no fuera posible aplicar dichos criterios— se acude a la regla de la solidaridad.

4) Procedimiento

Los aps. 3 y 4 del art. 33 LRJ, regulan los aspectos procedimentales de la responsabilidad patrimonial concurrente. Estos se refieren únicamente a la tramitación conjunta de reclamaciones de responsabilidad patrimonial entabladas en el seno de fórmulas conjuntas de actuación.

A. Responsabilidad dimanante de fórmulas conjuntas de actuación

Para los supuestos del art. 33.1 LRJ se establecen dos criterios para determinar la Administración competente para «incoar, instruir y resolver» los procedimientos: en primer lugar, habrá que estar a los «estatutos o reglas de la organización colegiada»; en segundo término, será competente

---

existencia de un daño, pero no del servicio autonómico de salud responsable, y justificó su decisión basándose en el carácter inescindible de las acciones ejercitadas.

144 El TS, en caso de intervención de varias Administraciones sanitarias sin un instrumento que regula la actuación conjunta, también ha individualizado la responsabilidad en un único servicio autonómico de salud cuando ha apreciado su «protagonismo en la actividad dañosa (…) [y ha excluido a aquellos servicios de salud que únicamente habían] colaborado mediante actividades complementarias o accesorias, pero no significativas desde el punto de vista del desempeño de la actividad o servicio causante del perjuicio y de su relevancia como causa eficiente del daño» (FFJJ 3 y 5 SSTS de la Sala de lo Contencioso-Administrativo de 23 de noviembre de 1999, núm. rec. 3814/1998 y [*Tol 1716249*], y de 5 mayo de 2005, núm. rec. 518/2003 y [*Tol 668348*]).

para tramitar el expediente «la Administración Pública con mayor participación en la financiación del servicio».

Tanto en uno como en otro caso, «la Administración Pública competente (...) deberá consultar a las restantes Administraciones implicadas para que, en el plazo de quince días, estas puedan exponer cuanto consideren procedente».

B. Responsabilidad derivada de otros supuestos distintos a las fórmulas conjuntas actuación

La LRJ no establece criterio alguno relativo a la Administración competente para tramitar la reclamación cuando no existe un instrumento de actuación conjunta. «En ausencia de tales pautas legales, la cuestión es si la reclamación se puede presentar en una de los dos Administraciones o ha de presentarse en las dos». Para GONZÁLEZ-VARAS, «Lo aconsejable, mientras todo esté tan mal regulado es lo segundo»[145]. En caso contrario el reclamante se expone a ver prescrita su acción si dirige la acción contra la Administración no responsable. Es preferible que sean las Administraciones cuyas decisiones son el presupuesto fáctico de la responsabilidad concurrente las que se declare competentes o incompetentes.

Este autor llega a esta conclusión, porque «la regla general es la de que los procedimientos de responsabilidad patrimonial dirigidos contra Administraciones distintas no deben ser acumulados por sencilla razón de que ello implica la resolución por una sola de las Administraciones implicadas, en detrimento de la autonomía de la otra. Ello es así, aunque la responsabilidad sea solidaria por concurrir las distintas Administraciones en la producción del efecto dañoso»[146].

Desde el punto de vista procesal la competencia «ha de corresponder al órgano jurisdiccional competente para fiscalizar el acto dictado por la Administración de mayor ámbito territorial, y teniendo ambas el mismo, al órgano jurisdiccional de mayor jerarquía»[147].

---

145 GONZÁLEZ-VARAS IBÁÑEZ, Santiago (2022): *Responsabilidad patrimonial de la Administración*, *op. cit.* pág. 122.

146 FJ 2 STSJ de Baleares 532/2001, de 31 de mayo (núm. rec. 608/1998).

147 FJ STS de 12 de septiembre de 2013 (núm. rec. 24/2013 y [*Tol 3984721*]).

VI. RESPONSABILIDAD SUBSIDIARIA DE LA ADMINISTRACIÓN SANITARIA

Como es bien sabido, la Administración sanitaria responde directamente de los daños causados por su personal sanitario con ocasión de sus actos asistenciales. El art. 36.1 LRJ —al afirmar que «para hacer efectiva la responsabilidad patrimonial (...) los particulares exigirán directamente a la Administración Pública correspondiente las indemnizaciones por los daños (...) causados por [el] (...) personal a su servicio»— no deja lugar a dudas.

De esta regla se exceptúa un supuesto, a saber: la responsabilidad civil *ex delicto.* De acuerdo con el art. 121 del Código Penal, «la Comunidad Autónoma (...) y los demás entes públicos (...) responden subsidiariamente de los daños causados por los penalmente responsables (...) cuando estos sean (...) funcionarios públicos en servicios públicos que les estuviesen confiados».

En estos casos, existe una «responsabilidad civil principal, a cargo de los criminalmente responsables del delito cometido: se trata de una responsabilidad exigible en caso de insolvencia de los responsables principales»[148]. Esta opción fue criticada por MARTÍN REBOLLO, para quien esta solución «resulta criticable por cuanto la naturaleza de esa responsabilidad es la misma que cuando la Administración cubre directamente en vía administrativa, y sin perjuicio de la acción de regreso, una actividad daños (aunque no delictiva del funcionario)»[149].

En relación con la imbricación de los pronunciamientos penales con la responsabilidad patrimonial sanitaria, siguiendo a GALLARDO, pueden realizarse dos observaciones:

a) «Fuera del caso en que la sentencia judicial declare la inexistencia del hecho del que pueda traer causa la responsabilidad (art. 116.1 de la Lecrim.) las sentencias absolutorias de la jurisdicción penal no vedan a otros Tribunales a declarar la responsabilidad (...).

b) La jurisdicción penal no puede limitar ni condicionar la responsabilidad patrimonial por ser ésta una potestad específica de la jurisdic-

---

148 FJ 2 STS de 17 de julio de 1992, de la Sala de lo Contencioso-Administrativo (núm. rec. 13573/1991 y [*Tol 1679594*]).

149 MARTÍN REBOLLO, Luis (1999): «Ayer y hoy de la responsabilidad patrimonial de las Administraciones Públicas», *Revista de Administración Pública*, núm. 150, pág. 356.

ción contencioso-administrativa, pues una y otra obligación nacen de causas distintas: la primera de la naturaleza penal para determinar la responsabilidad punible de los autores; la segunda dimana del funcionamiento de los servicios públicos y es determinante para concretar la responsabilidad patrimonial o extracontractual de la Administración»[150]

Bibliografía

BLANQUER CRIADO, David (2021): *La responsabilidad patrimonial en tiempos de pandemia (los poderes públicos y los daños por la crisis de la COVID-19)*, Tirant lo Blanch, Valencia

CANO CAMPOS, Tomás (2013): «La transmisión mortis causa del derecho a ser indemnizado por los daños no patrimoniales causados por la Administración», *Revista de Administración Pública*, núm. 191

CUETO PÉREZ, Miriam (1997): *Responsabilidad de la Administración en la asistencia sanitaria*, Tirant lo Blanch, Valencia

DE AHUMADA RAMOS, Francisco Javier (2004): *La responsabilidad patrimonial de las Administraciones Públicas*, Aranzadi, Cizur Menor (2ª. ed.)

DE LA OLIVA SANTOS, Andrés (2016): «Transmisibilidad o intransmisibilidad del derecho a ser indemnizado por la Administración Pública en razón de daños causados por el funcionamiento de servicios públicos (reflexiones sobre la naturaleza de ese derecho y una propuesta», en BAÑO LEÓN, José María (coord.), *Memorial para la reforma del Estado*, Centro de Estudios Políticos y Constitucionales, Madrid

ESPAÑA MARTÍ, Belén (2016): «Competencia», en RECUERDA GIRELA, Miguel Ángel (dir.), *Régimen jurídico del sector público y procedimiento administrativo común*, Aranzadi, Cizur Menor (Navarra)

GALLARDO CASTILLO, María Jesús (2021): *Administración Sanitaria y responsabilidad patrimonial*, Colex, A Coruña

GONZÁLEZ-VARAS IBÁÑEZ, Santiago (2012): *Tratado de Derecho administrativo*, Civitas, Cizur Menor (Navarra), vol. 1 (2ª ed.)

GONZÁLEZ-VARAS IBÁÑEZ, Santiago (2022): *Responsabilidad patrimonial de la Administración*, Aranzadi, Navarra (Cizur Menor)

HERNÁNDEZ CORCHETE, Juan Antonio (2000): «La responsabilidad concurrente de las Administraciones Públicas», en SOSA WAGNER, Francisco (coord.), *El Derecho Administrativo en el umbral del siglo XXI. Homenaje al Profesor Dr. D. Ramón Martin* Mateo, vol. I, Tirant lo Blach, Valencia

LÓPEZ MENUDO, Francisco, GUICHOT REINA, Emilio y CARRILLO DONAIRE, José Antonio (2005): *La responsabilidad patrimonial de los poderes públicos*, Lex Nova, Valladolid

---

150 GALLARDO CASTILLO, María Jesús (2021): Administración sanitaria y responsabilidad patrimonial, *op. cit.* pág. 49.

MARTÍN REBOLLO, Luis (1999): «Ayer y hoy de la responsabilidad patrimonial de la responsabilidad patrimonial», *Revista de Administración Pública*

MIR PUIGPELAT, Oriol (2000): *La responsabilidad patrimonial de la Administración Sanitaria. Organización, imputación y causalidad,* Civitas, Madrid

NAVALPOTRO BALLESTEROS, Tomás (2021): «La responsabilidad patrimonial concurrente de las Administraciones Públicas. Algunas acotaciones a un régimen jurídico inacabado», en ORTEGA BURGOS, Enrique y PASTOR RUIZ, Federico (dirs.), *Derecho administrativo 2021*

PANTALEÓN PRIETO, Fernando (1994): «Los anteojos del civilista: hacia una revisión del régimen de la responsabilidad patrimonial de las Administraciones Públicas» Documentación Administrativa núm. 237-238

VILLAR ROJAS, Francisco José (2007): «La concesión como modalidad de colaboración privada en los servicios sanitarios y sociales», *Revista de Administración Pública,* núm. 172

SÁNCHEZ CORDERO, Alicia (2002): «La responsabilidad patrimonial una vez transferido el INSALUD», Derecho y Salud, vol. 10, núm. 1

VIDAL MARTIN, Teresa (2021): «La responsabilidad patrimonial de la Administración Pública», en CLEMENTE MEORO, Mario E. y COBAS COBIELLA, Mª Elena, *Derecho de daños,* Tirant lo Blanch

Capítulo 13

Extinción de la responsabilidad patrimonial sanitaria

Carlos Yáñez Díaz
Doctor en Derecho
Letrado de la Comunidad de Madrid
Letrado del Consejo Consultivo y de la Comisión Jurídica Asesora de la Comunidad de Madrid (2011-2022)

I. CUMPLIMIENTO

Los procedimientos de responsabilidad patrimonial pueden concluir, tal y como dispone el artículo 91 de la Ley 39/2015, de 1 de octubre, del Procedimiento Administrativo Común de las Administraciones Públicas (LPAC), mediante una terminación convencional o bien por resolución que, además de cumplir los requisitos generales del artículo 88, deberá pronunciarse sobre la existencia o no de la relación de causalidad y, en su caso, sobre la valoración del daño causado, la cuantía y el modo de la indemnización de acuerdo con los criterios que, para calcularla y abonarla, se establecen en el artículo 34 de la Ley 40/2015, de 1 de octubre, de Régimen Jurídico del Sector Público (LRJP). En concreto cabe que la indemnización se abone, bien en metálico o bien en especie o en pagos periódicos.

En el momento en el que se abone la indemnización fijada en la resolución o en el acuerdo convencional se extingue la responsabilidad de la Administración.

II. OTROS MODOS DE EXTINCIÓN

1) En relación con los sujetos

A. Muerte

En el caso de muerte de la persona que ha sufrido el daño debe distinguirse si ha reclamado o no antes de fallecer. En el primer caso es de aplicación plena el artículo 4.3 de la LPAC por lo que el derecho-habiente sucederá al causante cualquiera que sea el estado del procedimiento. En términos semejantes se pronuncian los artículos 22 de la Ley 29/1998, de 13 de julio, reguladora de la Jurisdicción Contencioso-administrativa (LJCA) y 16 de la Ley 1/2000, de 7 de enero, de Enjuiciamiento Civil (LEC).

El problema se plantea cuando la persona que ha recibido la asistencia sanitaria fallece antes de interponer la reclamación.

En la práctica, lo más habitual es que los herederos (normalmente los familiares) reclamen por el daño moral que les causa el fallecimiento de un ser querido, por lo que no se plantea dificultad alguna en admitir su legitimación ya que reclaman por un daño propio.

Las dudas surgen cuando los familiares/herederos reclaman por los daños padecidos por su causante. Por ejemplo, porque se incumplió la obligación de informar mediante el oportuno documento de consentimiento informado y se materializó un riesgo que debía haberse comunicado al paciente o porque se infringió la *lex artis* causando daños al paciente que este no reclamó antes de su fallecimiento.

En estos casos se plantea si los herederos pueden reclamar por tales daños puesto que el derecho a reclamar forma parte de la masa hereditaria o bien si se trata de derechos personalísimos que no se integran en la herencia conforme el artículo 659 del Código Civil (CC).

La discusión es ciertamente compleja y se pueden apreciar dos líneas contrapuestas.

– Los defensores de la transmisibilidad del derecho a reclamar a favor de los herederos.

– Los que consideran que la naturaleza de la responsabilidad patrimonial de la Administración impide que los herederos puedan reclamar por los daños padecidos por su causante si este no interpuso la reclamación antes de su muerte.

En el primer grupo cabe destacar la opinión de CANO CAMPOS[1] para quien el derecho al resarcimiento surge cuando se produce el daño como consecuencia del hecho lesivo, tal y como se deriva del artículo 1089 del CC y reconoce la STS (Civil) de 13 de septiembre de 2012 [*Tol 2695691*]. No sería necesario su reconocimiento en un procedimiento administrativo o judicial, tal y como recogía el artículo 143 de la Ley 30/1992, de 26 de noviembre, de Régimen Jurídico de las Administraciones Públicas y del Procedimiento Administrativo Común (LRJPAC-92[2]). Aun cuando el derecho a reclamar sea un derecho público subjetivo, el derecho a ser resarcido tiene naturaleza patrimonial que se integra en la herencia.

Rechaza que el derecho a la indemnización por los daños no patrimoniales tenga una función de satisfacción personal de la víctima, pero, incluso en ese caso, no puede derivarse de ello un carácter intransmisible, tal y como interpreta la jurisprudencia civil el artículo 659 del CC (SSTS (Civil) de 11 de octubre de 1943 [*Tol 4458883*] y 17 de febrero de 1981 [*Tol 1740140*]). Así, serían intransmisibles derechos de carácter público como los políticos, aquellos ligados a la vida de la persona como el usufructo y también los llamados derechos de la personalidad pero, en este último caso, sí es transmisible el derecho a la reparación del daño causado a los mismos.

Se apoya en alguna jurisprudencia civil como la STS de 13 de septiembre de 2012 [*Tol 2695691*] que reconoció la legitimación de los padres para reclamar la indemnización correspondiente a los días de hospitalización y secuelas sufridas por su hijo antes de su fallecimiento y también en otras de la jurisdicción contencioso-administrativa.

Ahora bien, este autor considera que el fallecimiento, aunque no afecte a la legitimación de los herederos, sí afecta a la cuantía de la indemnización ya que solo se debe indemnizar el daño realmente sufrido por la víctima. Por ello no cabe admitir indemnizar los perjuicios que, por ejemplo, una lesión permanente produciría a lo largo de la vida de la víctima puesto que, al fallecer esta, la duración de su vida es ya un hecho cierto y así lo entiende la citada STS de 13 de septiembre de 2012.

---

1 CANO CAMPOS, Tomás. (2013): «La transmisión *mortis causa* del derecho a ser indemnizado por los daños no patrimoniales causados por la Administración», *Revista de Administración Pública*, núm. 191, págs. 113-157.

2 La LPAC en su artículo 96.4 ya no habla de «*reconocer el derecho a la indemnización*».

En el grupo de quienes defienden la intransmisibilidad destaca DE LA OLIVA[3] que recuerda la existencia de diversas sentencias de la jurisdicción contencioso-administrativa que defienden la intransmisibilidad[4]. No obstante, critica los argumentos tradicionalmente esgrimidos para defender esa tesis y considera que la intransmisibilidad derivaría de la peculiar naturaleza de la responsabilidad patrimonial en cuanto instituto de derecho público que debe resarcir el daño causado únicamente a quien lo ha padecido. Se apoya también en los limitados recursos públicos y en las exigencias de la justicia distributiva. En cualquier caso, considera que el legislador debería aclarar esta cuestión.

En la jurisprudencia contencioso-administrativa no son muchas las sentencias que abordan esta cuestión ya que, en la mayor parte de los casos, los reclamantes actúan *iure propio* por los daños que les ocasiona la muerte del familiar. No obstante, la polémica existe como lo demuestran la STSJ Galicia de 2 de octubre de 2013 [*Tol 3963426*], la STSJ Asturias de 15 de enero de 2021 [*Tol 8356444*] y la SJCA núm. 18 de Madrid de 24 de enero de 2022 (rec. 156/2021) que optan la intransmisibilidad[5] en tanto que acepta la transmisibilidad la SJCA núm. 2 de Toledo de 23 de noviembre de 2018 [*Tol 7984032*]. También se ha mostrado favorable a la legitimación en cuanto heredera universal la STSJ Cataluña de 20 de abril de 2018 [*Tol 6795371*].

---

3 DE LA OLIVA, Andrés. (2016): «Transmisibilidad o intransmisibilidad del derecho a ser indemnizado por la Administración Pública en razón de daños causados por el funcionamiento de servicios públicos», en BAÑO LEÓN, José María (coord.), *Memorial para la reforma del Estado: Estudios en homenaje al Profesor Santiago Muñoz Machado,* Centro de Estudios Políticos y Constitucionales, Tomo III, Madrid, págs. 2763-2782.

4 A destacar diversas SSTSJ Madrid como las de 15 de marzo de 2011 [*Tol 2176450*], 28 de febrero de 2013 [*Tol 3745301*] y 6 de junio de 2014 [*Tol 4516251*].

5 Las sentencias del TSJ Asturias y del TSJ Galicia son del mismo ponente. Aplican la intransmisibilidad, pero no se cierran completamente a la transmisión. La de la Sala asturiana destaca que pasó suficiente tiempo como para que el paciente hubiera iniciado la reclamación, pero, si como consecuencia de la intervención quirúrgica o asistencial hubiese fallecido o quedase incapacitado, consideraciones lógicas y de equidad impondrían admitir la legitimación de los herederos que reclaman ante la primera oportunidad u ocasión para ello. En la STSJ Galicia se afirma que el derecho a la indemnización que asistía en vida al causante por las lesiones o menoscabos padecidos es un derecho económico integrable en el caudal, no personalísimo y transmisible a los herederos, pero rechaza que pueda transmitirse el derecho la indemnización por causa de muerte ya que solo se puede transmitir por sucesión lo que se poseía en vida.

El TSJ Madrid, si bien mantenía una postura contraria a la transmisibilidad, cambia su criterio en la STSJ Madrid de 19 de febrero de 2015 [*Tol 4776899*] apoyándose en la STS (Civil) de 13 de septiembre de 2012, aunque destaca que el causante había acudido previamente a un gabinete médico para que se determinase si había existido alguna negligencia y se valorasen las lesiones. Este cambio se confirma plenamente en la reciente STSJ Madrid de 20 de julio de 2022 [*Tol 9172685*] con cita de las SSTSJ Andalucía (Sevilla) de 6 de octubre de 2017 [*Tol 6653755*], Castilla-La Mancha de 16 de julio de 2019 [*Tol 7537121*] y la ya citada del TSJ de Asturias de 15 de enero de 2021. En las sentencias más recientes de este Tribunal se aprecia un esfuerzo argumentativo a favor de la transmisibilidad. Así la STSJ Madrid de 31 de octubre de 2022 [*Tol 9300653*] cita la STS (Civil) de 15 de marzo de 2021 [*Tol 8356571*] que admite la transmisibilidad en un caso de fallecidos por exposición al amianto si bien reconoce las dudas que tradicionalmente han existido sobre esta cuestión. En la interesante STSJ Madrid de 10 de noviembre de 2023 [*Tol 9799129*] se recuerda (FJ 7º) que la transmisibilidad se apoya en el derecho privado ya que la acción se integra en la herencia y, aunque el daño sea personalísimo, su quiebra tiene efectos patrimoniales apoyándose en la STEDH de 8 de marzo de 2022 Reyes Jiménez C. España [*Tol 8820566*] si bien debe advertirse que esta sentencia se refiere a la falta de consentimiento de unos padres respecto de una cirugía practicada a su hijo menor de edad. La Sala madrileña considera asimismo que no reconocer la transmisibilidad y, por tanto, la legitimación, crearía una situación de inmunidad contraria al artículo 9.3 CE.

El problema se ha planteado también en otros ámbitos de responsabilidad patrimonial como es el de los retrasos en la tramitación de la atención a la dependencia. En estos casos, lamentablemente en ocasiones el interesado fallece antes de que se reconozca su derecho y los herederos reclaman por los gastos que tuvo que asumir su causante (residencias, teleasistencia, etc.).

La STSJ Madrid de 18 de junio de 2014 [*Tol 4515429*] consideró que, hasta que no se aprueba el plan individual de atención, el solicitante carece de un derecho integrado en su patrimonio susceptible de poder ser transmitido por vía hereditaria por lo que los herederos carecen de legitimación *ad causam*[6].

---

[6] Criterio acogido también por el DCCCan 67/2016 de 10 de marzo y el DCJMad 302/16, de 14 de julio.

En este caso la propia Administración advirtió el riesgo de que las reclamaciones de responsabilidad patrimonial por parte de los herederos de los solicitantes fallecidos antes de la resolución del procedimiento pudiesen desvirtuar el sistema de atención a la dependencia y así el Consejo Territorial del Sistema para la Autonomía y Atención a la Dependencia en su Acuerdo de 10 de julio de 2012[7] consideró que los beneficiarios del Sistema de la Dependencia que fallecieren antes de la formalización de la Resolución donde se establece la prestación, en base al Programa Individual de Atención elaborado por los equipos de valoración, aunque tuvieran reconocido un grado de dependencia, no tienen la condición de beneficiarios de la prestación económica y, por tanto, al no haberse perfeccionado el derecho, no puede incorporarse a la herencia.

En la Comunidad Valenciana, el pleno de su TSJ tuvo que fijar un criterio común vistas las discrepancias de las secciones 4ª y 5ª de la Sala de lo Contencioso-Administrativo[8]. Así lo hizo en la sentencia de 15 de abril de

---

7 Resolución de 13 de julio de 2012, de la Secretaría de Estado de Servicios Sociales e Igualdad, por la que se publica el Acuerdo del Consejo Territorial del Sistema para la Autonomía y Atención a la Dependencia para la mejora del sistema para la autonomía y atención a la dependencia (BOE núm. 185, de 3 de agosto de 2012).

8 Según afirma MUÑOZ GIL en relación con la transmisión mortis causa de la prestación a la dependencia: «La cuestión a resolver es si procedía reconocer algún derecho a los herederos de un dependiente fallecido antes de que se hubiera aprobado el Programa Individual de Atención (PIA), cuando la pretensión planteada era una solicitud de pago de la prestación de la dependencia con efectos retroactivos desde la fecha de presentación de la solicitud de la dependencia. Por un lado, la Sección 5ª, venía acogiendo la posición de la Conselleria de Bienestar Social. Consideraba que, al socaire de una solicitud de reconocimiento de efectos retroactivos de la prestación de la dependencia cuando el dependiente hubiera fallecido antes de aprobarse el PIA, no podía reconocerse situación jurídica individualizada de abono de la prestación económica fijada en la propuesta de PIA, al faltar la concreción de los servicios, que se fijaban en el PIA por el órgano administrativo competente. De este modo, no se consolidaba derecho alguno que ingresase en el patrimonio del dependiente fallecido y no existía, por tanto, título patrimonial suficiente que pudiera transmitirse a los herederos. Es decir, el dependiente sin PIA, era titular de una mera expectativa de derecho, que al no haber sido concretado ni patrimonializado no podía transmitirse a los herederos. Por otro lado, la Sección 4ª, sí que venía accediendo a la petición de anulación de las resoluciones impugnadas, reconociendo como situación jurídica individualizada el reconocimiento de los derechos económicos sugeridos en la propuesta de PIA. A esta conclusión llegaba al considerar que, en muchos casos, había existido una demora excesiva en la tramitación y aprobación del PIA. Entendía que, sobrepasados los márgenes normales de una demora razonable, lo que existe es un fun-

2014 [*Tol 4431143*]. En ella concluyó «que el dependiente sin PIA, al faltarle dicho instrumento, únicamente ostenta una expectativa de un derecho no patrimonializado y no trasmisible. No obstante, si ha existido demora excesiva en la aprobación del PIA, podrá ejercerse la oportuna acción de responsabilidad patrimonial, pero sin que ésta pueda plantearse en el seno de un procedimiento en el que se solicitó el pago con efectos retroactivos de la prestación, alterando el petitum de la demanda e introduciendo una pretensión, no planteada debidamente en la vía administrativa»[9].

Recientemente, el Tribunal Supremo ha abordado esta cuestión en su Sentencia de 4 de abril de 2024 [*Tol 9967911*]. Si bien no se trata de una responsabilidad patrimonial *stricto sensu*, el Tribunal considera que los herederos tienen derecho al abono de las cantidades pagadas para sufragar prestaciones que habrían estado incluidas en el Programa Individual de Atención de haber sido aprobado. De esta forma, los causahabientes sucedieran en el procedimiento como interesados hasta que se apruebe el programa al tener un derecho de crédito puesto que han venido sosteniendo con sus medios lo que habrían sido prestaciones del sistema.

Si bien la sentencia no es especialmente clara, la referencia al nacimiento de un derecho de crédito de los causahabientes permite entender que es favorable a la transmisibilidad.

La transmisibilidad inter vivos de las reclamaciones de responsabilidad patrimonial también ha suscitado dudas y buena muestra de ello es la STS de 22 de noviembre de 2020 [*Tol 7708846*] en la que se analiza la reclamación de responsabilidad patrimonial por parte de una persona que había adquirido el derecho a reclamar a una empresa incursa en un procedimiento concursal[10].

---

cionamiento anormal de los servicios públicos que dan derecho al resarcimiento de los daños y perjuicios ocasionados. MUÑOZ GIL, Carlos (2015): «Comentario a la sentencia nº 153/2014 del pleno de la sala de lo contencioso-administrativo del Tribunal Superior de Justicia de la Comunitat Valenciana de 15 de abril de 2014 sobre dependencia», Revista Valenciana d'Estudis Autonòmics, núm. 159, págs. 203 y 204.

9 *Ibidem* pág. 211.

10 Se trataba de una empresa de transportes en concurso. Una persona adquiere a la concursada, por un importe de 1.000 euros y con la aprobación del Juzgado de lo Mercantil, los derechos indemnizatorios derivados de la declaración de inconstitucionalidad del impuesto sobre las ventas minoristas de determinados hidrocarburos.

Aun cuando la sentencia excluye de su análisis la sucesión mortis causa contiene algunas precisiones interesantes. Así considera que el derecho de crédito que se deriva de la responsabilidad patrimonial de la Administración solo puede ser cedido (al igual que ocurre en la contratación administrativa) una vez que ha sido reconocido por un acto administrativo firme o una sentencia firme.

La sentencia considera que lo transmitido fue una expectativa indemnizatoria, la cesión de una relación jurídica administrativa que ni siquiera estaba iniciada por lo que entiende que no es posible aplicar el artículo 1112 del CC a lo que se suma el que la legislación presupuestaria exige la fase de «*reconocimiento de la obligación*».

La Sala reconoce que los créditos aquilianos se adaptan peor que los contractuales a las transacciones onerosas y recuerda el carácter tuitivo de la regulación de la responsabilidad patrimonial por lo que no es indiferente quién puede reclamar ni tampoco el que los derechos a indemnización (reales o imaginarios) puedan convertirse en *res intra commercium*.

Ciertamente la sentencia se limita a las transmisiones inter vivos y cuenta, además, con un voto particular de un magistrado[11], pero en ella subyace (o al menos da esa impresión) un rechazo a la transmisión del derecho a reclamar la responsabilidad patrimonial ya que ello desvirtuaría el sistema configurado por el artículo 106.2 de la CE como un mecanismo de protección de los ciudadanos dañados por el funcionamiento de los servicios públicos. En mi opinión sus razonamientos también podrían aplicarse a las transmisiones mortis causa y en las que podría ocurrir que una persona completamente ajena al perjudicado (heredero testamentario o incluso un legatario del artículo 870 del CC por no hablar del Estado como sucesor *ab intestato*) pudiera reclamar por los daños físicos o morales padecidos por el causante. Si el artículo 1112 del CC no resulta aplicable a las cesiones de créditos *inter vivos* cabe dudar si se puede incluir la reclamación de responsabilidad patrimonial en el artículo 659 de dicho cuerpo legal.

En esa misma línea, la STS de 19 de diciembre de 2022 [*Tol 9356686*] establece que la cesión de créditos derivados de contratos administrativos solo es posible una vez que se hayan emitido las correspondientes certificaciones de obra sin que sea posible aplicar el artículo 1271 del CC. Según

---

11 El magistrado que firma el voto es D. Ángel Ramón Arozamena Laso. Considera que estamos ante un mecanismo de financiación de litigios que es admisible ya que se trata de la «*cesión anticipada*» de un crédito futuro admisible de acuerdo con el artículo 1271 del CC.

la sentencia, tanto en los créditos extracontractuales a los que se refiere la Sentencia de 22 de noviembre de 2020 como en los créditos derivados de contratos administrativos «(...) subyace la misma cuestión jurídica que atañe al efecto traslativo de las cesiones de crédito de futuro y la singular posición jurídica del cesionario en el ámbito administrativo, razones que nos llevan a concluir que la interpretación de los preceptos en liza ha de ser coincidente».

En la doctrina de los órganos consultivos puede citarse el DCdE 535/2002, de 20 de junio, en el que se admite la legitimación de un heredero testamentario para reclamar por los días de hospitalización y gastos de desplazamiento de su causante al entender que no hay razón alguna para exceptuar de la transmisión hereditaria el derecho a reclamar la responsabilidad patrimonial. No obstante, cuenta con un voto particular que considera lo contrario por la peculiar naturaleza administrativa de la responsabilidad patrimonial a la que no son aplicables de forma automática las reglas del derecho privado.

El Consejo Consultivo de Andalucía en el DCCAnd 143/2019, de 13 de febrero considera que el derecho a reclamar este tipo de indemnizaciones por daño moral pertenece «*ex iure propio*» a la persona que resulte perjudicada por el suceso y no «*ex iure hereditatis*», pues tal derecho, en todos los casos y con mayor incidencia en los supuestos de muerte instantánea, no llegó a formar parte del caudal relicto y, por tanto, no pudo transmitirse a los herederos.

En el DCCAnd 183/2020, de 13 de marzo, analiza una reclamación interpuesta por el padre (como titular de la patria potestad y al amparo del artículo 162 del CC) en la que, tras el fallecimiento de la menor, se admite la subrogación del padre y también de la madre en cuanto heredera aun cuando esa personación se hubiera producido transcurrido un año desde el fallecimiento[12]. El dictamen admite expresamente la transmisión de los daños morales reclamados por la menor que considera que se integran en el caudal hereditario si bien, como decimos, se trata de una reclamación ya interpuesta en vida de la perjudicada a la que es de aplicación el artículo 4.3 de la LPAC.

No obstante, cabría defender que esa aceptación de la transmisión de una reclamación de daños morales ya interpuesta permitiría aceptar la pre-

12 Lo cual es coherente con el hecho de que no se trata de una nueva reclamación sino de la personación de la madre en cuanto heredera en una reclamación ya interpuesta en plazo por su hija si bien representada por el padre.

sentación de una reclamación por los herederos aun cuando no hubiera reclamado el causante en vida.

También se inclina por considerar que solo pueden reclamar *iure propio* el DCCCan 388/201, de 22 de julio.

La CJAMad también ha considerado intransmisible este derecho en los DDCJMad 332/21, de 6 de julio, 474/21, de 5 de octubre y 620/21, de 30 de noviembre, si bien destacando que no considera que la STS de 4 de febrero de 2021 [*Tol 8331659*] pueda afectar ese criterio al no contener un pronunciamiento expreso sobre la transmisibilidad del daño moral causado por la deficiente información al fallecido. Este criterio se ratifica en su reciente DCJMad 127/24, de 7 de marzo.

El Consell Juridic Consultiu de la Comunitat Valenciana en su reciente Dictamen 157/2024, de 6 de marzo, efectúa un completo análisis de la cuestión que le lleva a modular su anterior postura contraria a la transmisibilidad.

Destaca que la jurisprudencia y doctrina consultiva contrarias a la transmisibilidad han comenzado a cambiar especialmente tras la STS (Civil) de 13 de septiembre de 2012 y así menciona el cambio de criterio del TSJ Madrid. En los órganos consultivos cita el criterio favorable a la transmisibilidad de los Consejos Consultivos de Andalucía (Dictamen 621/2023), Castilla-La Mancha (Dictamen 282/2020) y Asturias (Dictamen 262/2023) y las Comisiones Jurídicas Asesoras de Cataluña (Dictamen 226/2022) y Madrid (Dictamen 47/2023) si bien en este caso, con matices. También cita un dictamen del Consejo de Estado de 15 de diciembre de 1999.

Por ello procede a modular su doctrina y establece que habrá que tener en cuenta tres factores: 1) el carácter de los daños. Si son patrimoniales la transmisibilidad será plena en tanto que si son físicos/personales habrá que tener en cuenta las circunstancias concurrentes; 2) deberá tratarse de un daño determinado o determinable; 3) se deberán tener en cuenta las circunstancias que impidieron al perjudicado la interposición de la reclamación. Por ejemplo, en el caso objeto de dictamen, la perjudicada había fallecido a los cinco días del alta hospitalaria.

B. Renuncia

El artículo 6.2 del CC admite la renuncia de los derechos reconocidos en la ley siempre que no contrarie el interés o el orden público ni perjudique a terceros.

En el procedimiento administrativo, el artículo 94 de la LPAC contempla el desistimiento y la renuncia, esta última siempre que no esté prohibida por el ordenamiento jurídico. Deberán hacerse por cualquier medio que permita su constancia y la Administración las aceptará de plano y declarará concluso el procedimiento salvo que, habiéndose personado terceros interesados, instasen éstos su continuación en el plazo de diez días desde que fueron notificados del desistimiento o renuncia. No obstante, si la cuestión entrañase interés general o fuera conveniente sustanciarla para su definición y esclarecimiento, la Administración podrá limitar los efectos del desistimiento o la renuncia al interesado y seguirá el procedimiento.

La diferencia entre ambos es sustancial ya que la renuncia al derecho impide la ulterior reclamación en tanto que el desistimiento de la reclamación no impide reclamar posteriormente siempre que no haya prescrito el derecho. Por ello, como se expondrá más adelante, tiene una particular relevancia a la hora de la interrupción de la prescripción.

2) En relación con el tiempo

La responsabilidad patrimonial se extingue por el transcurso del tiempo mediante el instituto de la prescripción que pasamos a examinar.

III. PRESCRIPCIÓN DEL DERECHO A RECLAMAR

Como la mayoría de los derechos, la reclamación de la responsabilidad patrimonial de la Administración está sujeta a un plazo de prescripción por razones de seguridad jurídica. Como indicó la STC 147/1986, de 25 de noviembre [*Tol 79693*], la prescripción conecta con el principio de seguridad jurídica y permite consolidar situaciones contrarias a la ley si el titular de una pretensión no la ejercita en un plazo de tiempo razonable de acuerdo con las exigencias de la buena fe. Se trataría de un equilibrio entre la seguridad jurídica y la justicia material que, a veces, ha de ceder el paso a aquella y permitir un desenvolvimiento adecuado del tráfico jurídico.

En la doctrina DÍEZ-PICAZO[13] ha defendido que la prescripción extintiva persigue garantizar la estabilidad, la seguridad y la paz jurídicas, esti-

---

13 Vid. su estudio clásico sobre esta figura: DÍEZ-PICAZO, Luis (2007), «*La prescripción extintiva en el Código Civil y en la jurisprudencia del Tribunal Supremo*», 2ª edición, Civitas, Madrid.

mulando a los reclamantes a no demorar el ejercicio de sus derechos de tal forma que se evite ejercitar acciones antiguas en las que no se consigan ya los necesarios medios de prueba.

El plazo de la responsabilidad civil extracontractual se ha caracterizado, desde el derecho romano y la legislación de Partidas[14], por su brevedad de un año. Este plazo pasó al artículo 1968.2 del CC y, como recuerda TOMÁS RAMÓN FERNÁNDEZ[15], también se acogió en el derecho administrativo español para la reclamación de daños y perjuicios a la Administración desde el artículo 17 de la Ley de 20 de febrero de 1850 que fijó las bases de la contabilidad general, provincial y municipal.

Si bien en el ámbito civil se ha defendido la ampliación de dicho plazo y, de hecho, en el artículo 121.121 de la Ley 29/2002, de 30 de diciembre, primera Ley del Código Civil de Cataluña [*Tol 230654*] se ha ampliado a tres años o en materia de defensa de la competencia se ha ampliado a cinco[16], en la responsabilidad patrimonial de la Administración se mantiene el plazo anual en el artículo 67.1 de la LPAC. Alguna doctrina como GÓMEZ POMAR[17] considera que carece de sentido que se establezcan plazos más breves en la responsabilidad extracontractual que en la contractual y la brevedad del plazo anual hace que sea el plazo «*más distorsionante y generador de litigación (y no reductor, como habrían de ser los plazos de prescripción, al contrario) que existe en el sistema jurídico español*», siendo para este autor un mero relicto histórico.

Se trata en todo caso de un **plazo de prescripción y no de caducidad** como establecía la Ley de Régimen Jurídico de la Administración del Estado de 1957 en contradicción con la LEF. Así lo reconoció la jurisprudencia, en concreto la STS de 12 de mayo de 1997 citada por GARCÍA GÓMEZ

---

14 CLEMENTE MEORO, Mario (2021): «*Prescripción de la acción de reclamación de daños*», en CLEMENTE MEORO, Mario y COBAS COBIELLA, María Elena (dirs.), Derecho de Daños, Tirant lo Blanch, Valencia [*Tol 8759749*].

15 FERNÁNDEZ, Tomás Ramón (2021): *La «Década moderada» y la emergencia de la Administración contemporánea,* Iustel, Madrid, pág. 82

16 Artículo 74 de la Ley 15/2007, de 3 de julio, de Defensa de la Competencia [*Tol 1082683*], tras su modificación por el Real Decreto-ley 9/2017, de 26 de mayo, por el que se transponen directivas de la Unión Europea en los ámbitos financiero, mercantil y sanitario, y sobre el desplazamiento de trabajadores [*Tol 6113137*].

17 GÓMEZ POMAR, Fernando (2015): «¿Qué hay en un número? La magia de las cifras y los plazos de prescripción», *Indret,* 4/2015, www.indret.com.

DE MERCADO[18] y se estableció de forma expresa en el artículo 142.4 de la LRJPAC-92

1) Principio pro actione

La prescripción, como decimos, determina la extinción de un derecho por el mero transcurso del tiempo. Esta extinción se ha tratado de apoyar en una supuesta renuncia del derecho por parte de su titular inactivo y en la seguridad jurídica. Tales circunstancias, ajenas a la idea de justicia material y el tratarse de la extinción de derechos o acciones válidos y eficaces, han llevado a que la jurisprudencia haya mantenido un criterio restrictivo en su aplicación y favorable al ejercicio del derecho en los casos dudosos.

El Tribunal Constitucional ha establecido que, si bien la aplicación de los plazos de prescripción y caducidad es una cuestión de mera legalidad ordinaria, nada impide que adquiera una dimensión constitucional cuando resulte inmotivada, arbitraria, irrazonable o incursa en error patente así como cuando sea el resultado de una interpretación y aplicación legal que por su rigorismo, formalismo excesivo o desproporción entre los fines que preservan y la consecuencia de cierre del proceso, se convierta en un obstáculo injustificado para resolver —STC 148/2007, de 18 de junio [*Tol 1090669*].

Así, la jurisprudencia civil ha venido declarando de forma constante que la prescripción está sometida a una interpretación y tratamiento restrictivos —STS (Civil) de 24 de octubre de 1988 [*Tol 1733351*]. Como indica SEIJAS QUINTANA[19], se busca proteger al perjudicado que ejercita tardíamente su acción mediante una interpretación restrictiva, así la STS (Civil) de 6 de febrero de 2007 [*Tol 1036550*].

Ahora bien, esta interpretación restrictiva no puede conducir (como ocurre en algunas ocasiones en la práctica consultiva y judicial) a una inaplicación/derogación de la prescripción y sus plazos. Así lo ha destacado el Tribunal Supremo (Civil) en las SSTS de 16 de marzo de 2010 [*Tol 1808696*] y de 19 de enero de 2011 [*Tol 2036817*] y en la STS de 8 de junio de 2021 [*Tol 8473394*] en la que, tras destacar que, ciertamente, el plazo

---

18 GARCÍA GÓMEZ DE MERCADO, Francisco (2009): «Responsabilidad Patrimonial de la Administración», Comares, Granada, pág. 76.

19 SEIJAS QUINTANA, José Antonio (2015): «*Responsabilidad Civil. Principios y Fundamentos*», en SEIJAS QUINTANA, José Antonio (coord.), Responsabilidad Civil. Aspectos Fundamentales, 2ª edición, SEPIN, Las Rozas (Madrid), pág. 61.

es «*indudablemente corto*», por lo que su aplicación no debe ser «*rigurosa sino cautelosa y restrictiva*», pero no es posible que la jurisprudencia pueda «*derogar por vía de interpretación dicho instituto jurídico*».

En la jurisprudencia contenciosa también se ha acogido esta interpretación restrictiva, como resulta de la STS de 29 de abril de 2013 [*Tol 3706387*] y en ocasiones se conecta con el derecho a la tutela judicial efectiva, por ejemplo, la STSJ Castilla-La Mancha de 10 de octubre de 2016 [*Tol 5908472*], lo cual resulta un tanto discutible porque la tutela judicial abarca también a quien invoca la prescripción.

Obviamente, los órganos consultivos han acogido esa interpretación flexible y así cabe citar el DCJAMad 557/21, de 2 de noviembre, los DDCdE 11/2020, de 27 de febrero y 945/2018, de 17 de enero de 2019 [*Tol 6055188*], los DDCJCVal 076/2020, de 5 de febrero, 647/2019, de 13 de noviembre y el DCCAnd 0661/2016, de 18 de octubre [*Tol 5858735*], entre otros.

Esta tensión entre plazo de prescripción y una aplicación extremadamente flexible genera disfunciones como el que, en muchas ocasiones, los dictámenes de los órganos consultivos e incluso las sentencias de los tribunales opten por examinar el fondo de la reclamación incluso después de haber considerado que habría prescrito. Como reconoce PAVEL[20], se produce una «*enorme inseguridad jurídica a la hora de su aplicación*» que en nada beneficia a los interesados, a las administraciones públicas o a los tribunales de justicia. Esta inseguridad se puede apreciar en los distintos criterios jurisprudenciales que se exponen en este capítulo.

2) Día inicial del cómputo de la prescripción. Daños permanentes y daños continuados

Todo plazo tiene un comienzo y si CASTAN[21] ya destacaba que la determinación del momento inicial de la prescripción había suscitado «*dificultades y dudas en la doctrina*», los problemas se incrementan en un plazo como el de la responsabilidad patrimonial, tan breve y al mismo tiempo tan utilizado en la práctica jurídica.

---

20 PAVEL, Eduard-Valentín (2020): *Op. cit*, pág. 159.

21 CASTÁN TOBEÑAS, José (1987): *Derecho Civil Español, Común y Foral*, 14ª edición, Editorial Reus, Madrid, pág. 977.

El artículo 67.1 de la LPAC se limita a indicar que el derecho a reclamar prescribirá al año de producido el hecho o el acto que motive la indemnización o se manifieste su efecto lesivo. En caso de daños de carácter físico o psíquico a las personas, el plazo empezará a computarse desde la curación o la determinación del alcance de las secuelas. Por otra parte, el artículo 65 de la LPAC impide la iniciación de oficio del procedimiento de responsabilidad si ha prescrito el derecho a reclamar conforme el citado artículo 67.

Por tanto, ese será el momento inicial del cómputo, pero basta la lectura de la ley para ver la insuficiencia de la regulación.

Tradicionalmente, la jurisprudencia y la doctrina consultiva han venido acudiendo al criterio de la *actio nata* del artículo 1969 del CC, esto es, el momento en el que la acción pudo ejercitarse. Como indica la STS de 14 de mayo de 2020 [*Tol 7947621*] ello supone que el plazo no comienza sino desde que esté determinado el daño y los elementos de orden fáctico y jurídico cuyo conocimiento es necesario para el ejercicio de la acción.

Ahora bien, para CANO CAMPOS[22], esta invocación de la doctrina de la *actio nata* no deja de ser un tópico que no aporta nada ya que, en vez del artículo 1969 del CC, debería acudirse al criterio subjetivo del artículo 1968.2 del CC que, respecto de la acción para reclamar la responsabilidad extracontractual, establece que se computará el plazo desde que tuvo conocimiento del daño el que lo sufrió.

La jurisprudencia es un tanto dubitativa ya que, por ejemplo, la STS de 4 de abril de 2019 [*Tol 7177863*] establece que la regulación del artículo 67.1 de la LPAC difiere de la civil al remitirse expresamente al momento de la determinación de las secuelas sin comprender el conocimiento de otros daños como las posibles declaraciones de discapacidad. Sin embargo, la citada STS de 14 de mayo de 2020 considera que no puede tenerse en cuenta como *dies a quo* la fecha del auto de archivo penal del procedimiento que no fue notificado a la perjudicada, conectando ese criterio con la plena efectividad del derecho a la tutela judicial efectiva[23].

---

22 CANO CAMPOS, Tomás. (2019): «El comienzo del plazo para reclamar los daños causados por la Administración: el tópico de la *actio nata*», *Revista de Administración Pública,* núm. 210, págs. 175-216.

23 Criterio coincidente con el de la jurisdicción civil, así STS (Civil) de 22 de febrero de 2021 [*Tol 8337336*] si bien en este caso se trataba de partes personadas en las actuaciones penales.

Así PAVEL[24] considera que, ante la insuficiencia del artículo 67.1 de la LPAC cabría aplicar "*por analogía*" lo establecido en el artículo 1969 del CC y especialmente lo dispuesto en el artículo 1968.2 del CC de tal forma que el plazo comenzaría a correr cuando el reclamante conociese no solo el daño sino los elementos fácticos y jurídicos de la acción en su totalidad. Esta tesis supondría la aplicación de la *discovery rule* y plantea nuevos problemas como es el determinar en qué momento el reclamante, empleando una diligencia razonable hubiera debido conocer los hechos que fundamentan su pretensión[25].

Un supuesto de esta problemática se puede apreciar en la STS (Civil) de 14 de septiembre de 2021 en la que se interpreta el artículo 1969 del CC en cuanto a que el propietario de una vivienda no pudo ejercitar la acción por unos defectos constructivos hasta que no dispuso de un informe pericial que le permitió concretar las verdaderas causas de los daños, sus causas y las medidas a adoptar.

Al comentar esta sentencia, MARÍN LÓPEZ[26] analiza la regulación del derecho inglés en cuanto a que el plazo comienza a correr cuando el acreedor podía razonablemente haber tenido conocimiento de los hechos observables o comprobables por él actuando con diligencia o bien cuando podía razonablemente haber tenido conocimiento de los hechos verificables con la ayuda del asesoramiento médico o de otros expertos, siempre que sea razonable para él solicitar ese asesoramiento.

En cambio, en el ámbito contencioso administrativo, la STS de 2 de diciembre de 2010 [*Tol 2011333*] rechazó que el retraso de la Administración en entregar documentación no afectase al inicio del plazo ya que el reclamante debía haber presentado la reclamación y recabar la documentación necesaria en el procedimiento de responsabilidad a través del instructor. Igualmente, la STS de 18 de octubre de 2011 [*Tol 2274574*] confirma la sentencia de instancia en la que no se tuvo en cuenta el tiempo obtenido para la obtención de un dictamen preprocesal respecto de la fecha del

---

24 PAVEL, Eduard-Valentín. (2021): «La prescripción de la responsabilidad patrimonial por daños vacunales», *Revista General de Derecho Administrativo*, núm. 58, págs. 37-38.

25 MENDOZA CALDERON, Silvia: Comentario a la STS (Civil) Tribunal Supremo de 20 de octubre de 2015 [*Tol 5511240*].

26 MARÍN LÓPEZ, Manuel Jesús (2022): «Los dictámenes de expertos y su relevancia en la fijación del inicio del plazo de prescripción», http://centrodeestudiosdeconsumo.com/, 14 de marzo de 2022.

diagnóstico[27], momento en el que se considera fijado el alcance de las secuelas.

Expresamente la STS de 30 de junio de 2022 [*Tol 9123870*] cita esta última sentencia rechazando que la obtención de medios de prueba pueda condicionar el inicio del plazo de prescripción.

Por tanto, tratándose de las reclamaciones por asistencia sanitaria, el elemento esencial para fijar el momento en el que comienza a correr el plazo viene determinado por la producción del daño. Para ello la jurisprudencia y la doctrina consultiva distinguen entre daños permanentes (aquellos que se materializan y agotan en un momento determinado) y daños continuados (aquellos en los que el daño se prolonga en el tiempo sin que quede limitado a un concreto momento).

La STS de 17 de octubre de 2019 [*Tol 7564507*] analiza esta distinción recordando que la STS de 26 de febrero de 2013 [*Tol 3249100*], a propósito de los daños por una asistencia sanitaria, definió los daños continuados como aquellos que «*no permite[n] conocer en el momento en el que se produce los efectos definitivos de una lesión y en los que, por tanto, el inicio del plazo para reclamar es aquél en el que ese conocimiento se alcance*», en tanto que los daños permanentes, según la STS de 31 de marzo de 2014 [*Tol 4245205*], serían «*aquellos en los que el acto generador de los mismos se agota en un momento concreto aun cuando sea inalterable y permanente en el tiempo el resultado lesivo*». Para la STS de 28 de noviembre de 2017 [*Tol 6454490*] los daños permanentes sanitarios consisten en lesiones irreversibles e incurables, que, no obstante, pueden ser tratadas y cuyas secuelas resultan previsibles en relación a su fijación y evolución, siendo por tanto cuantificables.

Como destaca CÓRDOBA CASTROVERDE[28] la distinción entre daños permanentes y daños continuados busca dar una respuesta a los casos en los que no es posible valorar todos los perjuicios causados en el momento en el que se produce el hecho generador del daño. No se basa en el ca-

---

27 Se trataba de una cirrosis hepática por una hepatitis B. La STSJ Cataluña de 25 de junio de 2007 [*Tol 1213117*] consideró que desde el momento en que se comunicó el diagnóstico de cirrosis (sin evolución desde entonces) existía un daño permanente, por lo que la reclamación presentada años después era extemporánea. No obstante, la sentencia cuenta con un voto particular que se apoya en la jurisprudencia que venía considerando la hepatitis como un caso de daños continuados.

28 CORDOBA CASTROVERDE, Diego. (2015): «Los daños continuados y daños permanentes en la Jurisprudencia: incidencia respecto del plazo para ejercitar la acción de reclamación de responsabilidad», *Revista de Jurisprudencia*, núm. 2, abril.

rácter definitivo o perdurable del daño ya que en ambos casos se trata de daños definitivos, sino que solo cuando pueden determinarse y calcularse en esa fecha son daños permanentes.

Un análisis de la jurisprudencia y de la doctrina permite establecer algunos criterios, sin olvidar que nos encontramos en otro supuesto en el que aparece el elevado grado de casuismo de la responsabilidad patrimonial.

A. Daños permanentes

a) Alta médica

En los daños permanentes derivados de una asistencia sanitaria **el principal criterio para establecer el *dies a quo* viene dado por el alta médica**, así se pronuncian las SSTS de 11 de junio de 2012 [*Tol 2558916*] y de 2 de abril de 2013 [*Tol 3530877*]. El problema es que en el tratamiento médico suele haber varias «*altas*».

El artículo 3 de la Ley 41/2002, de 14 de noviembre, básica reguladora de la autonomía del paciente y de derechos y obligaciones en materia de información y documentación clínica [*Tol 215624*], define el alta médica como «*el documento emitido por el médico responsable en un centro sanitario al finalizar cada proceso asistencial de un paciente, que especifica los datos de éste, un resumen de su historial clínico, la actividad asistencial prestada, el diagnóstico y las recomendaciones terapéuticas.*»

Al indicar que se entregará al finalizar cada proceso asistencial, puede existir un alta hospitalaria y un alta médica posterior e incluso es frecuente el alta de rehabilitación[29]. En estos casos habrá que estar al momento en el que se considera que las secuelas están estabilizadas. Así, la STSJ Galicia de 9 de diciembre de 2021 [*Tol 8731035*] considera que la cuestión es determinar si al momento del alta hospitalaria las lesiones estaban ya estabilizadas y no tenían posibilidad de evolución más favorable[30]. La STSJ La Rioja de 27 de enero de 2023 [*Tol 9617398*] precisa que será el momento

---

[29] Vid. el Real Decreto 1093/2010, de 3 de septiembre, por el que se aprueba el conjunto mínimo de datos de los informes clínicos en el Sistema Nacional de Salud [*Tol 1930497*].

[30] En realidad, con mayor motivo habría que rechazar la consolidación de las secuelas si estas pudieran evolucionar en un sentido desfavorable, lo cual no haría sino incrementar el daño.

en el que el informe de alta se entrega al paciente con independencia de que se le hubiera dado de alta con anterioridad.

Lo que no es posible es pretender que la continuación de la asistencia sanitaria mediante **revisiones**, dirigidas a vigilar la evolución del paciente, permita entender que no se ha producido la estabilización de las secuelas —STS de 21 de junio de 2011 [*Tol 2162897*], STSJ Murcia de 29 de enero de 2021 [*Tol 8389101*]. No obstante, en alguna ocasión se admite que, si las revisiones son «*decisivas para que la paciente conociese el alcance real de sus secuelas*», habrá que estar a la fecha de estas para fijar el *dies a quo* —STSJ Galicia de 17 de noviembre de 2021 [*Tol 8731046*]. En la doctrina consultiva puede citarse el DCJCVal 498/2021, de 28 de julio, si bien este dictamen cuenta con un voto particular que considera que la prescripción se interrumpió por la presentación de un escrito dirigido al Servicio de Información al Paciente.

También habría que excluir los **tratamientos paliativos del dolor**, en este sentido el DCJAMad 552/19, de 19 de diciembre y la STSJ Galicia de 28 de abril de 2021 [*Tol 8478737*]. Por el contrario, la STSJ Islas Canarias (Las Palmas) de 21 de noviembre de 2016 [*Tol 6037918*] considera que basta la presencia de dolor para entender que el daño no se encuentra estabilizado, criterio que desvirtúa el sentido del plazo de prescripción en el ámbito sanitario.

Aunque resulta obvio, es necesario añadir que la persistencia de los síntomas de una secuela no permite calificar el daño como continuado ya que ello supondría dejar el plazo a la voluntad del reclamante, así la STSJ Madrid de 18 de noviembre de 2021 [*Tol 8741979*]. Tampoco el que tales secuelas (identificadas plenamente) no estén curadas —STSJ Castilla-La Mancha de 17 de noviembre de 2021 [*Tol 8729780*].

En otros casos, la asistencia prestada provoca **secuelas diferentes** al ámbito sanitario en el que se produjo. Por ejemplo, tras un parto, la paciente presenta secuelas psiquiátricas que, al no estar curadas en el momento de la reclamación, justifican que no esté prescrita, como es el caso contemplado en el DCCCyL 195/2021, de 10 de junio. Sin embargo, la STSJ Madrid de 11 de junio de 2020 [*Tol 8031421*] considera que el recibir tratamiento psicológico no implica que no se conozcan las secuelas, máxime cuando, de estar a la fecha de diagnóstico de la enfermedad, la reclamación estaría prescrita.

Ahora bien, como indica la SAN de 17 de noviembre de 2021 [*Tol 8673101*], la acción puede ejercitarse desde que existe base suficiente para prever la evolución y determinación de las secuelas. Por ello lo sustancial es el momento en el que el reclamante conoce el daño, con independencia de que la asistencia sanitaria que estabiliza las secuelas se produzca en la sanidad privada —DCCCyL 453/2019, de 2 de octubre—.

Cuestión distinta es que, diagnosticada una enfermedad y por tanto conocido el daño causado por la misma, aparezca tiempo después una **complicación de la misma**, en cuyo caso el plazo comenzará a contar desde su detección, así ocurre en el síndrome postpolio que aparece muchos años después del diagnóstico de poliomielitis y no en todos los casos - DCdE 965/2018, de 17 de enero de 2019 [*Tol 6055186*].

Respecto a los **tratamientos de rehabilitación o fisioterapia**, la jurisprudencia ha venido considerando que no afectaban al *dies a quo*. Así la STS de 26 de febrero de 2013 [*Tol 3249100*] considera que los tratamientos paliativos o de rehabilitación ulteriores encaminados a obtener una mejor calidad de vida, o a evitar eventuales complicaciones en la salud, o a obstaculizar la progresión de la enfermedad, no enervan la realidad de que el daño ya se manifestó con todo su alcance. No obstante, no puede compartirse este criterio como una regla absoluta[31], el tratamiento rehabilitador es un tratamiento médico que es ejercido por médicos especialistas, negar con carácter general su eficacia y la posibilidad de que puedan mejorar el estado del paciente, reduciendo o incluso eliminando las secuelas, implica privar de valor a una disciplina médica. Es por ello que, en ocasiones, la jurisprudencia ha admitido su valor a los efectos de fijar el *dies a quo*, así la STSJ Galicia de 24 de noviembre de 2021 [*Tol 8744780*] considera que el tratamiento de fisioterapia aplicado no tenía carácter paliativo sino claramente curativo, pues gracias a él tuvo lugar una mejoría clínica. También considera que ha de tenerse en cuenta el tratamiento rehabilitador la STSJ Castilla y León (Valladolid) de 31 de marzo de 2022 [*Tol 8960563*].

En los órganos consultivos, el DCCCyL 226/2020, de 30 de julio, acoge la doctrina general en cuanto a que los tratamientos rehabilitadores que efectivamente sirven para mejorar el «*modus operandi*» del paciente que los recibe, no interrumpen el cómputo del plazo de prescripción en aquellos supuestos en que se conocen definitivamente los efectos de la lesión, enfermedad o secuela.

---

31 YÁÑEZ DIAZ, Carlos. (2019): «La prescripción de la reclamación de responsabilidad patrimonial de la Administración. Su problemática en la jurisprudencia y en la doctrina de los órganos consultivos», *Revista Española de la Función Consultiva*, núm. 30 y 31, págs. 253-296.

b) Reconocimiento del grado de discapacidad

El reconocimiento de un **grado de discapacidad o incapacidad laboral** plantea el problema de si es en ese momento cuando el reclamante conoce definitivamente las secuelas y por ello puede utilizarse como base para el inicio del cómputo del plazo de prescripción.

En este punto tradicionalmente ha existido una discrepancia entre la jurisprudencia civil y la contencioso administrativa.

La primera considera que debe fijarse el *dies a quo* en la resolución que fija definitivamente dicha incapacidad puesto que es en ese momento cuando el perjudicado dispone de ese dato que afecta esencialmente al daño y por ende a la indemnización. Ello sería exigencia del principio de indemnidad ya que hasta que no se conoce tal resolución no puede fijarse el daño por causas no imputables a su persona, así las SSTS (Civil) de 25 de mayo de 2010 [*Tol 1881909*] y 9 de enero de 2013 [*Tol 3011044*] que añaden que, si esa resolución es objeto de recurso, ha de estarse a la resolución de este, aunque no sea el perjudicado quien la recurre y con independencia de que finalmente la decisión judicial confirme la resolución.

Por el contrario, la jurisdicción contencioso administrativa ha venido rechazando que el plazo de la prescripción se compute desde tales resoluciones al considerar que tal reconocimiento no es sino la valoración a efectos administrativos o laborales de unas secuelas ya existentes. Así cabe citar la STS de 29 de noviembre de 2011 [*Tol 2301530*] y la STS de 28 de noviembre de 2017 [*Tol 6454490*] según la cual «*la realización de controles ambulatorios así como también la elaboración de dictámenes o propuestas de organismos evaluadores a efectos de la declaración de invalidez a efectos laborales no ha de tener incidencia automática a efectos de inicio del cómputo del plazo para el ejercicio de la acción, salvo en aquellos casos en los que esos documentos fijen definitivamente el alcance de lesiones y secuelas*».

Esta jurisprudencia se ha visto definitivamente ratificada con la STS de 4 de abril de 2019 [*Tol 7177863*]. Entiende la Sala 3ª que ha de ratificarse ese criterio, tanto por lo dispuesto en el artículo 67 de la LPAC como por el hecho de los distintos títulos en los que se basan la responsabilidad patrimonial y las declaraciones de incapacidad laboral. Estas últimas despliegan su eficacia principalmente en el ámbito laboral y de previsión social y, en todo caso, son una verificación de las consecuencias del accidente. De esta forma el que, sobre la base de las secuelas, se siga un procedimiento para determinar el grado de invalidez no altera el que haya que estar a la fecha de determinación de las secuelas con independencia de cuál sea el resultado de ese procedimiento.

Este criterio se recoge expresamente también para resoluciones de minusvalía en sentencias como la STSJ Madrid de 21 de diciembre de 2021 [*Tol 8779117*] y el propio Tribunal Supremo en la STS de 28 de junio de 2021 [*Tol 8513680*] considera que no cabe reclamar responsabilidad por el fallecimiento de un miembro de las Fuerzas Armadas tomando como *dies a quo* el de la declaración del fallecimiento en acto de servicio, toda vez que esta declaración permite obtener unas prestaciones específicas que son compatibles pero independientes de la responsabilidad patrimonial ya que, aun teniendo el mismo supuesto fáctico, se basan en títulos de imputación diferentes. A ello añade que, en el momento del fallecimiento, la enfermedad ya estaba contemplada como de naturaleza profesional por lo que no había ningún obstáculo para que los reclamantes pudieran conocer la vinculación entre el fallecimiento y la exposición profesional al amianto.

Ahora bien, la extremada variabilidad judicial se puede observar en la STSJ Madrid de 2 de noviembre de 2021 [*Tol 8715040*] que, en relación con las lesiones de un niño en el parto, si bien menciona expresamente la STS citada, toma como *dies a quo* la fecha de una resolución modificativa de la minusvalía inicialmente determinada. La sentencia alude indistintamente a esta resolución y a un informe médico de valoración que recogía que el niño presentaba una sordera que no figuraba en los informes iniciales. Hubiera sido más correcto entender bien que cabía reclamar solo respecto a dicha sordera o bien que la aparición de una sordera no detectada inicialmente permitiría hablar en este caso de un daño continuado ya que no era posible determinar a priori la totalidad de las secuelas que iba a presentar, tal y como recoge en un caso parecido la STSJ Madrid de 6 de mayo de 2021 [*Tol 8513954*] que, no obstante, tiene que acudir a la consabida aplicación restrictiva de la prescripción[32].

Otra sentencia que también acude a la declaración de minusvalía es la STSJ Castilla-La Mancha de 1 de julio de 2013 [*Tol 3896005*] para la cual, aun cuando una declaración de minusvalía no tiene por objeto determi-

---

32 Estas sentencias chocan con el criterio mantenido por la STSJ Castilla y León (Burgos) de 9 de noviembre de 2018 [*Tol 6986553*] según la cual, el hecho de que las lesiones padecidas por recién nacidos en el parto puedan agravarse con el paso de los años no implica que sean daños continuados ya que eran previsibles en el momento del nacimiento.

nar las secuelas sino que se trata de una constatación administrativa de la situación de discapacidad, el hecho de que se fije en ese momento se debe a que quienes alegaban la prescripción no pudieron acreditar de modo conveniente que existiese un momento previo en el que los reclamantes fuesen conscientes del concreto alcance de las secuelas.

En el ámbito consultivo también se acoge este criterio, así, por ejemplo, el DCdE 957/2018, de 24 de enero, considera que en los daños derivados de un accidente laboral ha de estarse a la determinación de las secuelas por el informe del equipo de valoración de incapacidades, pero no a la fecha de la resolución del INSS y mucho menos a la fecha de la resolución judicial que puso término a la impugnación de la resolución. También cabe citar el DCCAnd 101/2022, de 10 de febrero.

En la práctica se comprueba que la alegación de la fecha de la resolución de incapacidad o minusvalía persigue, a menudo, rehabilitar plazos de prescripción ya fenecidos. La solicitud de estas declaraciones a instancia de parte hace que, de admitirse su aptitud como *dies a quo*, el plazo de prescripción quedaría a la voluntad de los reclamantes. A ello se suma el que la consideración de la incapacidad como un daño autónomo valorable conforme al Baremo establecido para las víctimas de accidentes de tráfico exige recordar que, en la valoración del daño en la responsabilidad patrimonial de la Administración, el citado baremo es meramente orientativo[33]. Ello explica que la jurisdicción civil, que sí ha de aplicar ese baremo, tenga en cuenta la fecha de la resolución que determina el daño indemnizable como *dies a quo*.

También es oportuno recordar que las valoraciones se realizan por los Equipos de Valoración de la Incapacidad (EVIS) del INSS y los centros bases de valoración de la discapacidad a cargo de las Comunidades Autónomas que no son centros sanitarios, sino que se limitan a comprobar el estado del solicitante a efectos de la determinación del grado de incapacidad/discapacidad sobre la base de la documentación médica aportada.

Lo expuesto no significa que nunca deba atenderse a la fecha de la resolución. En ocasiones la historia clínica no permite establecer con seguridad cuando se determinaron las secuelas, generalmente por falta de claridad en los informes de alta. En esos casos, la fijación de las secuelas en el informe del equipo de valoración permite establecer que fue en ese

[33] Vid. el capítulo 9 de esta obra dedicado a la valoración del daño.

momento cuando el reclamante conoció las secuelas, posibilidad a la que hace expresa referencia la citada STS de 28 de noviembre de 2017.

c) Cirugía reconstructiva

El tratamiento de los pacientes exige en ocasiones la realización de intervenciones quirúrgicas de cirugía plástica o reparadora. En estos casos ha de considerarse que estos tratamientos forman parte de la asistencia sanitaria y la fijación del *dies a quo* ha de hacerse a partir del momento en que quedan las secuelas definitivamente fijadas tras la realización de dichos procedimientos quirúrgicos. Así cabe citar la STSJ Madrid de 20 de diciembre de 2017 [*Tol 6516369*] que, en los daños derivados por el intento autolítico de un paciente psiquiátrico, tiene en cuenta las intervenciones de cirugía reconstructiva para entender que la reclamación no está prescrita.

B. Daños continuados

Tal y como se ha indicado, los daños continuados son aquellos que no permiten conocer el momento en el que se producen los efectos definitivos de una lesión. Como indica la STS de 17 de octubre de 2019 [*Tol 7564507*], en esta categoría el daño se renueva en el tiempo y no es posible determinarlo correctamente hasta que se estabiliza.

En la STS de 18 de enero de 2008 [*Tol 1235142*] se concreta este concepto en el ámbito de la responsabilidad patrimonial sanitaria vinculándolo, bien a enfermedades cuya naturaleza no permite prever su evolución o bien porque en el desarrollo de la enfermedad se produzcan secuelas imprevistas y no determinadas.

Como indica la SAN de 1 de diciembre de 2021 [*Tol 8707385*] los daños continuados están vinculados a enfermedades excepcionales de imprevisible evolución y no a los padecimientos crónicos. Ello obliga en la mayor parte de los casos a estar al caso concreto y así el DCdE 349/2017, de 15 de julio, consideró, en el marco de una reclamación por los supuestos **daños causados por una vacuna**, que el trastorno del espectro autista es un daño permanente y no un daño continuado. Cuestión distinta es que el daño aparezca muchos años después de la administración de la vacuna como fue el caso contemplado en la STS de 18 de septiembre de 2007 [*Tol 1146874*] al aparecer una epilepsia veintiún años después.

Para ALARCON SOTOMAYOR[34] son considerados como daños continuados las enfermedades evolutivas o progresivas que incluso pueden terminar con la muerte.

En el DCCAst 160/2017, de 1 de junio, se los define como aquellos que, con base en una unidad de acto, se producen día a día de manera prolongada y sin solución de continuidad, de tal forma que el resultado lesivo no puede ser evaluado de manera definitiva hasta que no se adoptan las medidas necesarias para poner fin al mismo.

Un supuesto clásico de daño continuado es la infección por el virus de la **hepatitis C** ya que, como indica la STS de 25 de octubre de 2017 [*Tol 6420793*], se trata de una enfermedad crónica cuyas secuelas, aunque puedan establecerse como posibles, están indeterminadas en cada caso concreto[35]. En otros casos como el síndrome tóxico, que en un primer momento se consideró como un caso de daños continuados, la STS de 15 de diciembre de 2009 [*Tol 1761680*] ha considerado que, al quedar estabilizadas las secuelas, el plazo para reclamar comenzaba en ese momento.

Y es que, como precisa la STSJ Castilla y León (Burgos) de 20 de octubre de 2021 [*Tol 8702364*], los daños continuados no suponen que el plazo de prescripción deba quedar abierto *sine die,* sino que el cómputo se iniciará cuando el daño producido por la enfermedad padecida resulte previsible en su determinación y, por ende, cuantificable, pese a que permanezca el padecimiento por no haberse recuperado íntegramente la salud o quedar ya quebrantada de forma irreversible.

Concepto diferente de los daños continuados es de los «*daños tardíos*» que aparecen con posterioridad y en los que, como reconoce la STS (Civil) de 20 de octubre de 2015 [*Tol 5511240*] relativa a los afectados por la Talidomida, en ellos sí cabe que el cómputo se difiera al momento en que sus consecuencias lesivas sean definitivas.

---

34 ALARCÓN SOTOMAYOR, Lucía (2013): «El plazo para pedir responsabilidad patrimonial a las Administraciones Públicas», en QUINTANA LÓPEZ, Tomás, CASARES MARCOS, Anabelén (coords.), *La responsabilidad patrimonial de la Administración Pública. Estudio General y ámbitos,* Tirant lo Blanch, Valencia [*Tol 3706308*].

35 La aparición de fármacos antivirales que logran la remisión completa de la enfermedad en un porcentaje elevadísimo de casos debería hacer revisar esta calificación como un daño continuado.

En todo caso, como recuerda CHAVES GARCÍA[36], la prueba de que se trata de un daño continuado y no de un daño permanente corresponde al reclamante con cita de la STSJ Andalucía (Granada) de 27 de septiembre de 2016 [*Tol 5896671*].

3) Interrupción de la prescripción

A. Inaplicación del artículo 1973 del CC

El artículo 1973 del CC establece una serie de mecanismos que permiten interrumpir el plazo de prescripción de las acciones, tales como su ejercicio ante los tribunales, la reclamación extrajudicial o el reconocimiento del deudor.

De igual forma que la jurisprudencia civil ha considerado que la prescripción debe interpretarse de forma restrictiva, también ha establecido que estas formas de interrumpir el plazo de prescripción no pueden interpretarse en sentido extensivo —STS (Civil) de 2 de noviembre de 2005 [*Tol 765862*].

En el ámbito de la responsabilidad patrimonial de la Administración, el Tribunal Supremo ha considerado que el artículo 1973 del CC es inaplicable. Así resulta de la STS de 2 de marzo de 2011 [*Tol 2054027*] que entiende que su invocación es superflua, ya que el derecho a reclamar prescribe en el plazo de un año y no es susceptible de interrupción. Por ello, la sentencia considera que lo esencial es si el escrito que se presenta ha de considerarse como una verdadera reclamación o no. En el caso resuelto por la citada sentencia se trataba de un burofax que no reunía los requisitos de una reclamación por lo que la Administración solicitó su subsanación. Al no cumplimentarse se inadmitió la reclamación y, cuando casi un año después se presentó una nueva reclamación, esta era claramente extemporánea ya que el citado burofax no tuvo ningún efecto interruptivo.

GONZÁLEZ RAMOS[37] destaca que esta sentencia configura la interrupción de la prescripción como algo excepcional y critica la inaplicación del

---

36 CHAVES GARCÍA, José Ramón. (2018): «El plazo de un año para reclamar indemnización por responsabilidad patrimonial: fragilidad y elasticidad jurisprudencial», *Consultor de los ayuntamientos y de los juzgados*, núm. 12, págs. 121-129.

37 GONZÁLEZ RAMOS, César. (2012): «El plazo para ejercitar la acción de responsabilidad patrimonial. ¿Una vuelta a la caducidad? La sentencia de la Sala Tercera (Sección Cuarta) del Tribunal Supremo de 2 de marzo de 2011», en GARCÍA

artículo 1973 del CC entendiendo que el plazo de un año debía haberse reiniciado desde la notificación del archivo del procedimiento. Apunta la posibilidad de que el TS tratase de evitar la libre disposición de los plazos por los reclamantes mediante la interposición de reclamaciones y posteriormente abandonar el procedimiento obteniendo así el reinicio del plazo de prescripción.

En este tipo de escritos, en los que los reclamantes utilizan modelos más o menos frecuentes en el tráfico jurídico privado, lo esencial será estar a su contenido. Así en la STSJ Madrid de 22 de octubre de 2015 [*Tol 5558286*] se trataba de una reclamación en la que un burofax conminaba a la Administración a abonar los daños en el plazo de cinco días ya que, de lo contrario, se ejercitarían acciones judiciales. La Administración respondió indicando que las reclamaciones de responsabilidad debían ajustarse a lo establecido en la legislación de procedimiento administrativo. La Sala consideró que el requerimiento de pago en cinco días no podía asimilarse a una reclamación de responsabilidad patrimonial ni la contestación de la Administración podía equipararse a la resolución desestimatoria. Por ello entendió que concurría la falta de ejercicio de la vía administrativa previa.

La reciente STS de 30 de junio de 2022 [*Tol 9123870*] reafirma ese criterio al fijar como doctrina casacional el que la presentación de un escrito limitado a comunicar la intención de interrumpir la prescripción mediante su presentación al amparo del artículo 1973 del CC no produce dicha interrupción en el ámbito de la responsabilidad patrimonial de la Administración Pública, al no ser acción idónea para ello.

En la doctrina consultiva, ha de destacarse que el Consejo de Estado en su Memoria del año 2005 ya analizó la validez de las reclamaciones presentadas por telegrama, indicando que era frecuente su presentación con la finalidad de interrumpir la prescripción y recordó su doctrina en cuanto a considerar que, además de no ser, con carácter general, un medio apto para presentar reclamaciones, sólo podrían interrumpir el plazo de prescripción, cuando tuviesen un contenido identificable como el ejercicio de una reclamación, pero no cuando obedeciesen a un mero propósito de instar que se tenga por interrumpida la prescripción[38]. En aplicación de esta doctrina, el DCdE 846/2018, de 31 de octubre, rechaza un burofax en

---

DE ENTERRÍA MARTÍNEZ-CARANDE, Eduardo, ALONSO GARCÍA, Ricardo (coords.), *Administración y justicia: un análisis jurisprudencial: liber amicorum Tomás-Ramón Fernández*, Thomson Reuters Aranzadi, Cizur Menor (Navarra).

38 Vid. DCdE 1232/1999, de 29 de abril [*Tol 451698*].

el que el reclamante manifestaba su voluntad de ejercitar cuantas acciones penales y/o civiles fuesen precisas pueda interrumpir la prescripción, máxime cuando la Administración le respondió con un escrito en el que se le informaba sobre los cauces adecuados para reclamar frente a la Administración.

En los órganos consultivos autonómicos pueden citarse los DDCJAMad 557/21, de 2 de noviembre y 645/21, de 14 de diciembre, DDCCCyL 638/2012, de 19 de octubre y 520/2013, de 25 de julio, DDCJCVal 409/2021, de 23 de junio y 464/2014, de 18 de junio[39] [*Tol 4827319*].

Ahora bien, una cosa es que el artículo 1973 del CC no sea aplicable y otra es que, cuando los reclamantes presenten escritos solicitando una indemnización, no se tramiten y, al reiterarse la petición, la Administración alegue la prescripción, en este sentido el DCJAMad 397/17, de 5 de octubre. En estos casos no estamos ante prescripción alguna sino simplemente se trata de que la Administración cumpla su deber de resolver expresamente conforme el artículo 21 de la LPAC, por lo que tales escritos (reclamaciones) sí interrumpen la prescripción.

Respecto a la posible interrupción del plazo a raíz de **procedimientos en los que se desiste**, la STSJ Castilla-La Mancha de 2 de noviembre de 2006 [*Tol 6277426*] considera que no interrumpen la prescripción en tanto que la STSJ Andalucía (Sevilla) de 22 de diciembre de 2016 [*Tol 5944328*] considera que sí interrumpe basándose en jurisprudencia civil y en la inexistencia en la prescripción extintiva de un precepto similar al artículo 1946.2 del CC relativo a la prescripción adquisitiva o el artículo 944 del Código de Comercio[40]. Aplicando esa sentencia también considera que los procedimientos desistidos interrumpen la prescripción la SJCA Albacete nº 2 de 5 de febrero de 2019 [*Tol 7920480*].

En la ya citada STS de 30 de junio de 2022 [*Tol 9123870*] se considera que un procedimiento desistido interrumpe la prescripción al considerarlo una reclamación por lo que la Administración le confirió "*de facto valor interruptivo*".

39 En este dictamen (con cita de otro anterior) se considera que la comunicación de la representación letrada de la reclamante solicitando datos, identificando el hecho causante y manifestando la voluntad de interrumpir la prescripción permite tener por interrumpido dicho plazo.

40 La jurisprudencia civil ha establecido una interpretación unitaria de la prescripción dando preferencia al artículo 1973 del CC sobre el artículo 944 del Código de Comercio. Así la STS (Civil) de 7 de febrero de 2019 [*Tol 7059553*].

B. Actuaciones penales

Un supuesto específico en el que se interrumpe el plazo para reclamar la responsabilidad patrimonial de la Administración viene dado por la realización de actuaciones penales en relación con los hechos causantes del daño.

Como es sabido, en nuestro ordenamiento jurídico la responsabilidad civil derivada del delito puede hacerse valer en el proceso penal o bien reservarse para un proceso civil ulterior, tal y como resulta del artículo 111 de la LECRIM, por lo que tradicionalmente se consideraba que el ejercicio de actuaciones penales suponía la suspensión del plazo de prescripción conforme lo establecido en el artículo 1973 del CC.

Sin embargo, el artículo 146.2 de la LRJPAC-92 en su redacción original estableció que la exigencia de responsabilidad penal del personal al servicio de las Administraciones Públicas no suspendería los procedimientos de reconocimiento de la responsabilidad patrimonial ni interrumpiría el plazo de prescripción, salvo que la determinación de los hechos fuese necesaria para la fijación de la responsabilidad patrimonial.

Esto suscitó dudas en la doctrina[41] y el citado artículo 146.2 fue modificado por la Ley 4/1999, de 13 de enero [*Tol 709581*], que suprimió la referencia a la no interrupción del plazo. Actualmente, el artículo 37.2 de la LRJ ha vuelto a recoger que la exigencia de responsabilidad penal al personal al servicio de las Administraciones públicas no suspenderá los procedimientos de reconocimiento de responsabilidad patrimonial, salvo que la determinación de los hechos en el orden jurisdiccional penal sea necesaria para la fijación de la responsabilidad patrimonial.

---

41 LÓPEZ-MEDEL BASCONES, Jesús (1993): «Responsabilidad de las Administraciones Públicas (Exégesis de la elaboración de la Ley 30/1992», en *Estudios y Comentarios sobre la Ley de Régimen Jurídico de las Administraciones Publicas y del Procedimiento Administrativo Común*, Tomo II, Ministerio de Justicia-BOE, Madrid, pág. 494, destaca que el artículo 146 en su redacción originaria se basaba en la STC de 14 de junio de 1983 (STC 50/1983 [*Tol 79217*]) que permitía que los órganos administrativos exigiesen responsabilidad respecto de hechos, aunque la autoridad judicial no se hubiese pronunciado sobre ellos. Es por ello por lo que las actuaciones penales no suspenderían los procedimientos administrativos ni interrumpirían la prescripción. Dos enmiendas que intentaron establecer esa interrupción no prosperaron y, por el contrario, sí salió adelante la enmienda que supeditaba la interrupción a que la fijación de los hechos en el orden penal sea necesaria para la fijación de la responsabilidad patrimonial.

Como se puede comprobar, la nueva LRJ vuelve a la redacción original de la LRJPAC-92 pero los tribunales se muestran favorables a considerar que, con carácter general, **las actuaciones penales tienen carácter interruptivo**. Así, la STSJ Madrid de 11 de marzo de 2020 [*Tol 7960539*], tras citar jurisprudencia posterior a la Ley 4/1999, considera que el hecho de que las actuaciones penales se siguiesen por los mismos hechos de los que derivaba la reclamación de responsabilidad patrimonial y en relación a los mismos justifica la interrupción del plazo.

En todo caso, para que se produzca esa interrupción, es necesario que no haya transcurrido el plazo de un año antes de que se inicien las actuaciones penales, así la STSJ Murcia de 18 de marzo de 2016 [*Tol 5688696*]. Como recoge el DCCAnd 230/2020, de 15 de abril, para que se produzca la interrupción debe existir un plazo previo y vivo, pues es evidente que solo se puede interrumpir lo iniciado.

Una cuestión debatida es si ese efecto interruptivo tiene lugar aun cuando en las actuaciones penales no se persone la Administración o estas no se refieran a personal de la Administración a la que se reclama y/o al funcionamiento de los servicios públicos.

La STSJ Madrid de 23 de enero de 2017 [*Tol 5996406*] consideró que unas actuaciones penales en las que se personó la Administración autonómica tenían eficacia interruptiva para esta, toda vez que al personarse tuvo conocimiento de la reclamación, pero no respecto de una entidad local que no tuvo conocimiento de tales actuaciones. Por el contrario, la SAN de 21 de diciembre de 2005 [*Tol 796343*] entiende que lo esencial es que las diligencias penales permitan establecer los hechos y determinar los daños y perjuicios «*lo cual es totalmente ajeno a la coincidencia o no de los elementos personales intervinientes en las relaciones jurídicas objeto de discusión*».

Desde el punto de vista del reclamante, la STS de 14 de mayo de 2020 [*Tol 7947621*] considera que el archivo de las actuaciones penales no opera como *dies a quo* respecto a quien no le fue notificado, aun cuando tuviera conocimiento extraprocesal del mismo, por lo que, iniciadas por esta persona nuevas actuaciones penales, el plazo de prescripción no comenzó a correr sino desde que se produjo un nuevo archivo que le fue debidamente notificado.

En los casos en los que las actuaciones penales no tienen relación directa con el funcionamiento de la Administración se ha considerado que no interrumpirían el plazo. Así, en relación con una intoxicación masiva, se recogió en el DCdE 740/2014, de 9 de octubre [*Tol 4718454*] que las actuaciones penales no interrumpían el plazo para reclamar por una supuesta omisión de los deberes de vigilancia de la Administración. El dictamen se apoyó en la SAN de 18 de marzo de 2009 [*Tol 5269539*] en la que se rechazó que las actuaciones penales por un accidente de trafico pudieran interrumpir la prescripción respecto a la reclamación por una supuesta descoordinación de los servicios de la Guardia Civil de Tráfico y de emergencias. Otro supuesto es el contemplado en el DCCBal 79/2013, de 31 de julio [*Tol 4899782*], que rechaza la eficacia interruptiva de unas diligencias penales por robo.

En el DCJCVal 698/2021, de 24 de noviembre, se considera, apoyándose en jurisprudencia del TS, que no todo procedimiento penal puede tener efectos suspensivos, sino que solo aquellos encaminados a la fijación de los hechos o a la determinación del alcance de la responsabilidad de la Administración comportan eficacia interruptiva del plazo de prescripción.

En el ámbito sanitario, lo habitual es que las actuaciones penales traten de dilucidar si ha existido algún tipo delictivo como el homicidio imprudente del artículo 142 del CP o las lesiones imprudentes del artículo 152 del CP. En esos casos, es decir cuando las actuaciones penales versen sobre la asistencia sanitaria prestada, es lógico que se interrumpa el plazo de prescripción. No lo sería cuando, por ejemplo, las actuaciones penales versasen sobre una agresión y la reclamación de responsabilidad se base en que hubo mala praxis en la atención prestada al agredido en un centro sanitario.

Esta postura fue defendida por GARCÍA-TREVIJANO GARNICA[42] que consideraba que, para que exista interrupción del plazo, debe existir una conexión directa entre el objeto de la acción penal ejercitada y la pretensión indemnizatoria.

En la doctrina consultiva es constante la aplicación de esta causa de interrupción del plazo de prescripción, así cabe citar el DCJACat 24/2018, de 1 de febrero, en el que se cita su Memoria de Actividad del año 2007; el DCCAnd 106/2017, de 23 de febrero, que considera que no interrumpen el plazo unas actuaciones penales que no tenían relación con las actuaciones médicas por las que se reclama; el DCJMur 208/21, de 29 de septiembre; el DCJAEus 157/2019, de 18 de septiembre; el DCCCan 415/2019, de 19 de noviembre; el DCCCyL 106/2021, de 20 de mayo y el DCCRioja 19/2020, de 28 de enero, en el que se plantea si las acciones penales contra

---

42 GARCÍA-TREVIJANO GARNICA, Ernesto (1998): *Plazo para exigir la responsabilidad extracontractual de las Administraciones Públicas,* Civitas, Madrid, págs. 163-164.

el personal de una clínica concertada interrumpen la prescripción[43], entre otros muchos.

C. Petición de indemnización

La petición de indemnización, es decir, el inicio del procedimiento de reclamación de responsabilidad conforme lo establecido en el artículo 67 de la LPAC, interrumpe el plazo de prescripción. A su vez, como se ha indicado, el artículo 65 de la LPAC impide la iniciación de oficio del procedimiento de responsabilidad si el plazo de prescripción ya ha expirado.

Los problemas surgen cuando la petición de responsabilidad se realiza de forma incorrecta, bien ante una Administración que no es la competente o bien cuando se acude a la jurisdicción civil o laboral exigiendo la responsabilidad de la Administración.

a) Órgano distinto del competente

La presentación de una reclamación ante un órgano distinto del competente para resolver, pero perteneciente a la misma Administración interrumpe el plazo de prescripción por cuanto el artículo 14 de la LRJ establece que el órgano que se estime incompetente remitirá directamente las actuaciones al competente, advirtiendo de esta circunstancia a los interesados.

Cuestión distinta es que la reclamación de responsabilidad se presente ante una Administración que no es la competente.

Previamente hay que indicar que, **en los supuestos de responsabilidad concurrente de varias Administraciones, el artículo 33 de la LRJ establece la responsabilidad solidaria** de las mismas. Por ello la interrupción por la reclamación planteada a una de las Administraciones produce efectos frente a todas de acuerdo con lo establecido en los artículos 1137 y 1974 del CC, tal y como recoge la STSJ Madrid de 17 de enero de 2018 [*Tol 6547655*]. Debe precisarse que, en estos casos, es la propia ley la que establece la soli-

---

[43] El Consejo riojano considera que sí interrumpe al amparo de una interpretación *pro actione*. La cuestión es un reflejo general de la problemática sobre la responsabilidad de la Administración en los casos en los que el servicio público se presta mediante un contratista. Vid. YÁÑEZ DÍAZ, Carlos (2019): *Responsabilidad patrimonial de la Administración y privatización de servicios públicos*, Aranzadi, Cizur Menor (Navarra).

daridad, por lo que nos encontramos ante una solidaridad propia y no ante la solidaridad impropia en la que no se aplica esa interrupción[44].

En el ámbito sanitario, la STSJ Castilla-La Mancha de 18 de septiembre de 2017 [*Tol 6388656*] considera que, si no se demanda a la Administración que ha actuado provocando el daño, esta no puede ser condenada si bien considera que las actuaciones interrumpieron el plazo de actuación frente a dicha Administración.

En cambio, hay situaciones en los que no se conoce cuál es la Administración competente. En el DCdE 1300/2011, de 26 de enero de 2012, se consideró que la reclamación a un Ayuntamiento por un accidente ocurrido en un vial del Ministerio de Fomento interrumpía la prescripción al entender que no podía calificarse como manifiestamente inadecuada, si bien dicho dictamen cuenta con un voto particular.

Una postura contraria es la que recoge la STSJ Castilla y León de 26 de noviembre de 2021 [*Tol 8739452*] en la que se rechaza que la interposición de una reclamación frente a un ayuntamiento por un accidente por falta de alumbrado pueda interrumpir el plazo de prescripción frente a la diputación provincial titular del vial, puesto que se trata de títulos de imputación distintos. Rechaza que la confusión de competencias genere una responsabilidad solidaria ya que, en tal supuesto, estaríamos ante una solidaridad impropia[45] de tal forma que la reclamación a un deudor no interrumpe la prescripción frente a los demás de acuerdo con la interpretación jurisprudencial civil del artículo 1974 del CC.

En el ámbito sanitario resulta interesante citar la STSJ Galicia de 6 de febrero de 2019 [*Tol 7157684*] que recuerda que la Administración sanitaria, tan pronto recibe una reclamación en relación con la actuación de un centro concertado, tiene la carga de proceder a brindarle audiencia o alegaciones[46], extremo que puede ser relevante a los efectos de que, even-

---

44 Acuerdo adoptado por los Magistrados de la Sala Primera del Tribunal Supremo, en Junta General celebrada el día 27 de marzo de 2003. Vid. STS (Civil) de 5 de junio de 2003 [*Tol 276088*].

45 Argumento un tanto discutible ya que si ambas administraciones colaboran (aunque no tengan un instrumento específico de colaboración) en el servicio público que presta el vial, una conservándolo al ser de su titularidad y la otra iluminando el vial para permitir su uso en horario nocturno, estaríamos ante un supuesto encuadrable en el artículo 33.2 de la LRJ a poco que se aplique un criterio *pro actione* y restrictivo de la prescripción en línea con el espíritu del artículo 106.2 de la CE.

46 Más bien se trataría de poner en su conocimiento la reclamación en cuanto parte interesada de acuerdo con el artículo 8 de la LPAC ya que el trámite de audiencia,

tualmente, se cuestione la prescripción de la acción frente al centro concertado, que pudiera tener la primera noticia del litigio al tiempo de ser emplazado como codemandado. En ese caso, las consecuencias de la falta de diligencia en la tramitación de la reclamación y comunicación temporánea al centro concertado para interrumpir la prescripción ha de asumirlas la Administración sanitaria. En términos similares la STSJ Canarias (Santa Cruz de Tenerife) de 22 de mayo de 2019 [*Tol 7435983*] aplicando ya la LPAC y la LRJ.

En caso de reclamar a la entidad concertada, la STS de 23 de abril de 2008 [*Tol 1369911*] entendió que razones de justicia hacían que la reclamación, en cuanto esta entidad puede calificarse como «*representante o mandatario de la sanidad pública*», habría de tener los mismos efectos que la efectuada a la Administración pública y por tanto interrumpir el plazo de prescripción.

b) Sede no manifiestamente inidónea o improcedente

En otras ocasiones las **dudas sobre la interrupción de la prescripción se plantean por cuanto se demanda a la Administración ante la jurisdicción civil o la laboral**. El problema es reflejo de la discusión existente hace años respecto a la unidad de fuero de la Administración y de la jurisprudencia de las jurisdicciones civil y social que, sobre la base de evitar el «*peregrinaje de jurisdicciones*», pretendía conocer de reclamaciones de responsabilidad frente a la Administración. La discusión no terminó hasta la Ley Orgánica 19/2003, de 23 de diciembre, de modificación de la Ley Orgánica 6/1985, de 1 de julio, del Poder Judicial [*Tol 329807*].

La STS de 2 de noviembre de 2011 [*Tol 2277229*] consideró que, cuanto mayor fuese el tiempo que medió entre la publicación de las normas que establecieron el orden jurisdiccional competente para conocer de la responsabilidad patrimonial de la Administración y la fecha de ejercicio ante la jurisdicción civil de esas acciones, mayor fundamento tendría la calificación de estas como manifiestamente inadecuadas, con la consecuencia de no interrumpir la prescripción. Este criterio ha sido reiterado en la STS de 4 de diciembre de 2015 [*Tol 5596345*].

En los tribunales inferiores también se ha acogido ese criterio en la STSJ Asturias de 9 de noviembre de 2021 [*Tol 8718204*], la STSJ Castilla-La Man-

---

que el artículo 82.5 de la LPAC exige conceder a los contratistas, requiere que se haya instruido el procedimiento.

cha de 22 de octubre de 2018 [*Tol 6958373*] o en la SJCA núm. 2 de Melilla de 14 de abril de 2021 [*Tol 8543373*].

PÉREZ TÓRTOLA[47] cita la STSJ Comunidad Valenciana de 17 de febrero de 2021 (recurso 90/2018) que consideró que el **acto de conciliación** dirigido frente a la Administración era un procedimiento manifiestamente inadecuado para reclamar la responsabilidad patrimonial por lo que no tendría efectos interruptivos.

En el caso especial de la responsabilidad exigida a las **Mutuas colaboradoras de la Seguridad Social**[48] sí consideran que interrumpe, dada su peculiar naturaleza, tanto la STS de 17 de julio de 2012 [*Tol 2595450*] como la STSJ Andalucía (Sevilla) de 11 de noviembre de 2020 [*Tol 8466140*].

En la doctrina consultiva, el DCdE 1073/2019, de 23 de enero de 2020, es claro al indicar que no ofrece dudas la competencia de la jurisdicción contencioso administrativa y había transcurrido tiempo suficiente entre la reforma legislativa —año 2003— y la acción presentada por la reclamante ante la jurisdicción civil —año 2018—. No obstante, en algún dictamen, se ha admitido la interrupción por actuaciones judiciales civiles, como es el caso del DCCCan 388/2021, de 22 de julio respecto de una demanda civil interpuesta en el año 2016 que, como no podía ser menos, acabó siendo rechazada por falta de jurisdicción a favor de la jurisdicción contencioso administrativa. Sin embargo, el órgano consultivo canario consideró en el DCCCan 99/2021, de 9 de marzo, que no cabía aceptar la eficacia interruptiva del proceso civil dada la falta de competencia de tal jurisdicción en la materia.

---

47 PÉREZ TÓRTOLA, Ana María (2021): «Unas notas sobre responsabilidad patrimonial sanitaria en la jurisprudencia», en SOLER SÁNCHEZ, Margarita (coord.), *La función consultiva en la Comunidad Valenciana. XXV Aniversario del Consell Jurídic Consultiu*, Tirant lo Blanch, Valencia [*Tol 8629453*].

48 Téngase presente que la Ley 35/2014, de 26 de diciembre, por la que se modifica el texto refundido de la Ley General de la Seguridad Social en relación con el régimen jurídico de las Mutuas de Accidentes de Trabajo y Enfermedades Profesionales de la Seguridad Social [*Tol 4582219*] atribuye a la jurisdicción social las reclamaciones de responsabilidad por la asistencia prestada por las Mutuas. *Vid.* DCCAst 266/2017, de 26 de octubre.

D. Quejas

Más pacífico resulta el que la interposición de meras quejas por la actuación de la Administración, al amparo de la normativa sobre calidad de los servicios públicos y atención a los ciudadanos, carece de efectos interruptivos, puesto que no son una verdadera reclamación de la responsabilidad patrimonial por un daño efectivo, individualizado y económicamente evaluable.

En este sentido cabe citar la STS de 23 de julio de 2013 [*Tol 3853424*] que confirma la STSJ Comunidad Valenciana de 4 de junio de 2012 [*Tol 2621568*] y los DDCCyL 75/2021, de 27 de abril y 195/2021, de 10 de junio.

E. Petición de la historia clínica

El artículo 18 de la Ley 41/2002, de 14 de noviembre, básica reguladora de la autonomía del paciente y de derechos y obligaciones en materia de información y documentación clínica [*Tol 215624*], reconoce el acceso a su historia clínica como uno de los derechos de información del paciente. Este derecho de acceso no comporta, lógicamente, una petición de responsabilidad de la Administración.

Por ello, la mera solicitud de acceso a la historia clínica no interrumpe el plazo de prescripción. El problema surge por cuanto el artículo 256.1.5° bis de la LEC recoge la petición de la historia clínica al centro sanitario como una de las **diligencias preliminares** del proceso civil.

La petición de esa diligencia preliminar no puede servir para interrumpir la prescripción en la línea de lo anteriormente expuesto en cuanto a que las acciones civiles no tienen efectos interruptivos, al ser manifiestamente inadecuadas.

Este criterio ha sido acogido por la STS de 16 de diciembre de 2011 [*Tol 2369250*] y en la doctrina consultiva por los DDCJAMad 63/19, de 21 de febrero y 492/19, de 21 de noviembre, sin que tampoco acepte que interrumpa la prescripción la solicitud de la historia clínica ante la Administración sanitaria el DCJCVal 702/2021, de 24 de noviembre.

De forma clara, la STSJ Navarra de 18 de febrero de 2016 [*Tol 5791749*] recuerda que, además de la citada STS de 16 de diciembre de 2011, la diligencia preliminar era manifiestamente inadecuada por la falta de jurisdicción de los tribunales civiles y, además, innecesaria por cuanto la historia clínica es la base del expediente administrativo de responsabilidad al cual tiene acceso la parte reclamante.

Ahora bien, como se viene exponiendo, la casuística en esta materia es enorme y en ocasiones conduce a resultados un tanto contradictorios, Así la ya citada STSJ Madrid de 2 de noviembre de 2021 [*Tol 8715040*] afirma, *obiter dicta*, que la petición de la historia clínica como diligencia preliminar no puede calificarse como manifiestamente improcedente.

El problema ha sido resuelto definitivamente por la STS de 30 de junio de 2022 [*Tol 9123870*] que casa una sentencia[49] que había admitido que la petición de la diligencia preliminar de obtención de la historia clínica interrumpía el plazo.

El TS rechaza la aplicación efectuada en la sentencia recurrida de la jurisprudencia civil ya que conduce a vincular el inicio de la prescripción con la obtención de los elementos probatorios necesarios para presentar la reclamación en vía administrativa lo cual es contrario al artículo 67 de la LPAC que "*sitúa el inicio del cómputo del plazo de prescripción en el de determinación del alcance de las secuelas y no en el de obtención de las pruebas necesarias para el sostenimiento de la acción*".

Respecto de la diligencia preliminar de obtención de la historia clínica considera que se trata de una acción inidónea toda vez que la historia se puede obtener de la Administración sanitaria. En este caso, además, esa solicitud ante la Administración no se había producido y la diligencia preliminar se solicitó cuando ya habían transcurrido seis meses del plazo de prescripción. Por todo ello se fija como doctrina casacional el que la interposición de una diligencia preliminar para la obtención de la historia clínica no constituye una acción idónea a los efectos de interrumpir el plazo de prescripción de un año para reclamar la responsabilidad patrimonial de la Administración por daños derivados de la actuación sanitaria.

IV. PRESCRIPCIÓN DEL DERECHO A EXIGIR EL PAGO

Establecida por una resolución administrativa firme el derecho del reclamante a percibir una indemnización cabe preguntarse si prescribe el derecho a reclamar a la Administración el pago de la cantidad reconocida.

En primer lugar, debe recordarse que, si la Administración no cumple lo establecido en un acto administrativo, los que tuvieren derecho

49 STSJ Andalucía (Sevilla) de 15 de abril de 2021 [*Tol 8749667*].

a ello pueden utilizar la vía establecida en el artículo 29.2 de la LJCA para los supuestos de inactividad de la Administración. Ello supone que la Administración deberá proceder a ejecutar el acto en el plazo de un mes y, en caso de no hacerlo, los interesados podrán interponer recurso contencioso administrativo que se sustanciará por los trámites del procedimiento abreviado. En estos casos, el artículo 136 de la LJCA parte de la concesión de las medidas cautelares que se soliciten, salvo que se aprecie con evidencia que no se dan los requisitos de las medidas cautelares o la medida ocasione una perturbación grave de los intereses generales o de tercero. Tales medidas podrán solicitarse incluso antes de la interposición del recurso.

Por ello resulta difícil que la indemnización reconocida por la Administración pueda prescribir, pero en cualquier caso cabe preguntarse cuál será dicho plazo.

El artículo 25.1 b) de la LGP establece que prescribe a los cuatro años el derecho a exigir el pago de las obligaciones ya reconocidas o liquidadas si no fuese reclamado por los acreedores legítimos o sus derechohabientes, plazo que se contará desde la fecha de notificación, del reconocimiento o liquidación de la respectiva obligación. A su vez, el artículo 25.2 de la LGP recoge que ese plazo se interrumpirá conforme lo dispuesto en el CC.

Ahora bien, GONZÁLEZ-VARAS IBÁÑEZ[50] cita la STSJ Extremadura de 16 de junio de 2006 [*Tol 986280*] que, en una demanda por inactividad de la Administración al no pagarse una cantidad reconocida en acto firme (si bien por silencio positivo), entiende que debe condenar a la Administración sin permitir a esta alegar la prescripción de la deuda, puesto que ello sería dejar sin efecto un acto administrativo firme sin proceder a su revisión por el procedimiento legalmente establecido. Para este autor, la clave estaría en observar si la inactividad se imputa al particular que no ejercita su derecho a cobrar o a la Administración que omite el cumplimiento de un deber.

Por otra parte, en el ámbito de la expropiación forzosa, el Tribunal Supremo viene manteniendo la imprescriptibilidad de los justiprecios. Así la STS de 23 de noviembre de 1996 [*Tol 5146486*] cita la STS de 2 de octubre de 1989, en cuanto a que el pago o depósito del justiprecio es un deber

---

50 GONZÁLEZ-VARAS IBÁÑEZ, Santiago. (2014): «Los plazos de prescripción y la Administración Pública», *Asamblea. Revista parlamentaria de la Asamblea de Madrid*, núm. 31, págs. 208-209.

connatural y necesario en el instituto expropiatorio para que el beneficiario alcance la propiedad del bien, de manera que ese derecho no es un crédito cuyo reconocimiento, liquidación o cobro sean susceptibles de prescripción, sino que constituye un requisito inexcusable a fin de que la expropiación no se convierta en confiscación y resulten debidamente indemnizados los propietarios. De igual forma la STSJ Madrid de 16 de noviembre de 2021 [*Tol 8746280*].

En el ámbito de la responsabilidad patrimonial, la cuestión es dudosa. No parece admisible la posibilidad de mantener permanentemente abierto el plazo para reclamar el abono de la cantidad reconocida, ya que ello iría en contra de la prescripción que reconoce el artículo 25 de la LGP y parece más lógico aplicar el plazo de dicho precepto antes que la prescripción general de las acciones personales del artículo 1964 del CC.

Para concluir, ha de indicarse que el plazo de prescripción para ejercer la acción de regreso contemplada en el artículo 36 de la LRJ es de un año desde que se abonó por la Administración la indemnización por la responsabilidad patrimonial, así lo han entendido la STSJ Cataluña de 26 de junio de 2016 [*Tol 792967*] y la STSJ Castilla-La Mancha de 28 de diciembre de 2021 [*Tol 8800386*].

Bibliografía

ALARCÓN SOTOMAYOR, Lucía (2013): «El plazo para pedir responsabilidad patrimonial a las Administraciones Públicas», en QUINTANA LÓPEZ, Tomás, CASARES MARCOS, Anabelén (coords.), *La responsabilidad patrimonial de la Administración Pública. Estudio General y ámbitos,* Tirant lo Blanch, Valencia [*Tol 3706308*]

CANO CAMPOS, Tomás. (2013): «La transmisión mortis causa del derecho a ser indemnizado por los daños no patrimoniales causados por la Administración», *Revista de Administración Pública,* núm. 191

CANO CAMPOS, Tomás. (2019): «El comienzo del plazo para reclamar los daños causados por la Administración: el tópico de la actio nata», *Revista de Administración Pública,* núm. 210

CASTÁN TOBEÑAS, José (1987): *Derecho Civil Español, Común y Foral,* 14ª edición, Editorial Reus, Madrid

CHAVES GARCÍA, José Ramón. (2018): «El plazo de un año para reclamar indemnización por responsabilidad patrimonial: fragilidad y elasticidad jurisprudencial», *Consultor de los ayuntamientos y de los juzgados,* núm. 12

CLEMENTE MEORO, Mario (2021): «Prescripción de la acción de reclamación de daños», en CLEMENTE MEORO, Mario y COBAS COBIELLA, María Elena (dirs.), *Derecho de Daños,* Tirant lo Blanch, Valencia [*Tol 8759749*]

CORDOBA CASTROVERDE, Diego. (2015): «Los daños continuados y daños permanentes en la Jurisprudencia: incidencia respecto del plazo para ejercitar la acción de reclamación de responsabilidad», *Revista de Jurisprudencia,* núm. 2, abril

DE LA OLIVA, Andrés. (2016): «Transmisibilidad o intransmisibilidad del derecho a ser indemnizado por la Administración Pública en razón de daños causados por el funcionamiento de servicios públicos», en BAÑO LEÓN, José María (coord.), *Memorial para la reforma del Estado: Estudios en homenaje al Profesor Santiago Muñoz Machado,* Centro de Estudios Políticos y Constitucionales, Tomo III, Madrid

DÍEZ-PICAZO, Luis (2007), *La prescripción extintiva en el Código Civil y en la jurisprudencia del Tribunal Supremo,* 2ª edición, Civitas, Madrid

FERNÁNDEZ, Tomás Ramón (2021): *La «Década moderada» y la emergencia de la Administración contemporánea*, Iustel, Madrid

GARCÍA GÓMEZ DE MERCADO, Francisco (2009): *Responsabilidad Patrimonial de la Administración,* Comares, Granada

GARCÍA-TREVIJANO GARNICA, Ernesto (1998): *Plazo para exigir la responsabilidad extracontractual de las Administraciones Públicas,* Civitas, Madrid

GÓMEZ POMAR, Fernando (2015): «¿Qué hay en un número? La magia de las cifras y los plazos de prescripción», *Indret,* 4/2015, www.indret.com

GONZÁLEZ RAMOS, César. (2012): «El plazo para ejercitar la acción de responsabilidad patrimonial. ¿Una vuelta a la caducidad? La sentencia de la Sala Tercera (Sección Cuarta) del Tribunal Supremo de 2 de marzo de 2011», en GARCÍA DE ENTERRÍA MARTÍNEZ-CARANDE, Eduardo, ALONSO GARCÍA, Ricardo (coords.), *Administración y justicia: un análisis jurisprudencial: liber amicorum Tomás-Ramón Fernández,* Thomson Reuters Aranzadi, Cizur Menor (Navarra)

GONZÁLEZ-VARAS IBÁÑEZ, Santiago. (2014): «Los plazos de prescripción y la Administración Pública», *Asamblea. Revista parlamentaria de la Asamblea de Madrid,* núm. 31

LÓPEZ-MEDEL BASCONES, Jesús (1993): «Responsabilidad de las Administraciones Públicas (Exégesis de la elaboración de la Ley 30/1992», en *Estudios y Comentarios sobre la Ley de Régimen Jurídico de las Administraciones Publicas y del Procedimiento Administrativo Común,* Tomo II, Ministerio de Justicia-BOE, Madrid

MARÍN LÓPEZ, Manuel Jesús (2022): «Los dictámenes de expertos y su relevancia en la fijación del inicio del plazo de prescripción», *http://centrodeestudiosdeconsumo.com/*, 14 de marzo de 2022

MENDOZA CALDERON, Silvia: *Comentario a la STS (Civil) Tribunal Supremo de 20 de octubre de 2015* [*Tol 5511240*]

MUÑOZ GIL, Carlos (2015): «Comentario a la sentencia nº 153/2014 del pleno de la sala de lo contencioso-administrativo del Tribunal Superior de Justicia de la Comunitat Valenciana de 15 de abril de 2014 sobre dependencia», Revista Valenciana d'Estudis Autonòmics, núm. 159

PAVEL, Eduard-Valentín (2020): *El procedimiento administrativo de responsabilidad patrimonial,* Tecnos, Madrid

PAVEL, Eduard-Valentín. (2021): «La prescripción de la responsabilidad patrimonial por daños vacunales», *Revista General de Derecho Administrativo,* núm. 58

PÉREZ TÓRTOLA, Ana María (2021): «Unas notas sobre responsabilidad patrimonial sanitaria en la jurisprudencia», en SOLER SÁNCHEZ, Margarita (coord.), *La función consultiva en la Comunidad Valenciana. XXV Aniversario del Consell Jurídic Consultiu,* Tirant lo Blanch, Valencia

SEIJAS QUINTANA, José Antonio (2015): «Responsabilidad Civil. Principios y Fundamentos», en SEIJAS QUINTANA, José Antonio (coord.), *Responsabilidad Civil. Aspectos Fundamentales,* 2ª edición, SEPIN, Las Rozas (Madrid)

YÁÑEZ DÍAZ, Carlos (2019): *Responsabilidad patrimonial de la Administración y privatización de servicios públicos*, Aranzadi, Cizur Menor (Navarra)

YÁÑEZ DIAZ, Carlos. (2019): «La prescripción de la reclamación de responsabilidad patrimonial de la Administración. Su problemática en la jurisprudencia y en la doctrina de los órganos consultivos», *Revista Española de la Función Consultiva*, núm. 31

PARTE IV

SINGULARIDADES DE LA RESPONSABILIDAD PATRIMONIAL SANITARIA

Capítulo 14

La *lex artis* en la responsabilidad patrimonial sanitaria

Lucas Blanque Rey
Socio en Martínez-Echevarría Abogados
Letrado del Consejo de Estado

I. IDEA DE LA RESPONSABILIDAD PATRIMONIAL DE LOS PODERES PÚBLICOS

1) *Breves apuntes históricos*

Son muchos los estudios que se han efectuado sobre los orígenes de la institución de la responsabilidad patrimonial de los poderes públicos. Estos se han situado de forma usual en las revoluciones liberales de los siglos XVII y XVIII, partiendo de las ideas de JOHN LOCKE, y entendiendo que representa una clara marca de autenticidad y calidad de un sistema político frente a las manifestaciones autocráticas y totalitarias de todo signo[1].

En la nueva situación histórico-política que emana de dichas revoluciones, la idea de la responsabilidad opera: como parámetro de la acción de

---

1 LOCKE, Jonh (1690): *Two treatises on Civil Government.* Awnsham Churchill, Londres, II, § 13.

los poderes públicos; y como límite a dicha actuación, en términos que ya recoge la Declaración de los Derechos del Hombre y del Ciudadano de 1789, conforme a cuyo art. 15 «*la Société a le droit de demander compte á tout agent public de son administration*»[2].

Como señalara el profesor GARCÍA DE ENTERRÍA, son de suma importancia los precedentes doctrinales anglosajones (el citado LOCKE y su concepción del poder como una especie de mandato fiduciario) que pronto se plasmaron en los documentos de la Revolución de las colonias de Norteamérica, como el *Bill of Rights* de Virginia de 1776 y las Declaraciones de Pennsylvania (1776), Massachussets (1780) y New Hampshire (1783)[3].

De ellos cabe deducir, según el citado autor, que:

> *«La significación del concepto es, pues, paladina y así se explica perfectamente que pasase al constitucionalismo revolucionario francés. Se trataba de subrayar que no había ni un solo titular del poder que no ejercitase el poder que sólo al pueblo pertenecía, que nadie podía ser propietario de un poder propio que, como tal, fuese capaz de sobreponerse al pueblo, al conjunto de sus destinatarios, usando a su arbitrio de tal poder. Era una pieza esencial del nuevo orden político, que desplazaba definitivamente la concepción del monarca como delegado de Dios, ante el cual sólo podía haber súbditos pasivos»*[4].

Con estos precedentes, los revolucionarios franceses iniciaron su labor de sustitución del régimen anterior, llegando, en este punto concreto, a conclusiones prácticamente análogas a los revolucionarios norteamericanos, como se refleja en los numerosos ejemplos que brindan los trabajos preparatorios de la Declaración de 1789[5]. De todo ello se sigue que, también en la Francia revolucionaria, la responsabilidad es un concepto cardinal del nuevo sistema político, contrapunto de la situación general de irresponsabilidad propia del Antiguo Régimen.

En España, estas perspectivas del entorno en materia de actuación de los poderes públicos encontrarán un pronto eco en el art. 130 de la Cons-

---

2 «La sociedad tiene el derecho de pedir cuentas de su administración a todo agente público» (art. 15 de la Declaración de los Derechos del Hombre y Ciudadano).

3 GARCÍA DE ENTERRÍA, Eduardo (2003): «El principio de la "responsabilidad de los poderes públicos" según el artículo 9.3 de la Constitución y la responsabilidad patrimonial del Estado legislador», *Revista Española de Derecho Constitucional*, año 23, núm. 67, págs. 15 y ss., enero-abril 2003.

4 *Ibidem* pág. 31.

5 *Ibidem* págs. págs. 31 a 37.

titución de Cádiz, dedicado a las «Funciones de las Cortes». Entre ellas se encuentra, señaladamente, la de:

> *«Hacer efectiva la responsabilidad de los Secretarios de Despacho y demás empleados públicos».*

Otras previsiones se encuentran en sus arts. 168, 226, 239 y 372, aunque, sin duda, será de primera importancia la contenida en el art. 254, relativa a la responsabilidad de los jueces[6]. En su conjunto, la Constitución de Cádiz se hizo eco de una determinada manera de entender la responsabilidad de los poderes y agentes públicos, fruto de los referidos procesos revolucionarios y de las ideas democráticas que les sirvieron de sustrato. Así lo pone de relieve el propio Discurso Preliminar de la Constitución gaditana, al calificar a esta nueva perspectiva en que se coloca la responsabilidad como uno más de los «adelantamientos» que la ciencia del Gobierno ha introducido en Europa, que sirve, con otros, de sustento al edificio «de la libertad de la Nación».

No cabe duda, en fin, de que la implantación de la responsabilidad de quienes detentan el poder político constituye una auténtica conquista del Derecho, en su labor de juridificación de aquel. El Estado está limitado por el derecho porque su poder está jurídicamente condicionado por la idea de Derecho que lo legitima. El Estado no tiene límites: nace limitado[7]. Esos límites se imponen, de manera primaria, por las Constituciones.

La idea de la responsabilidad, dejando al margen los aspectos de ejemplaridad y, en definitiva, de control que pueda presentar, opera así como un nuevo mecanismo de garantía de los ciudadanos[8]. El que el Estado sea responsable frente al ciudadano constituye un elemento fundamental del

---

6 De acuerdo con el art. 254 de la Constitución española de 1812, «toda falta de observancia de las Leyes que arreglan el proceso en lo civil y en lo criminal hace responsables personalmente a los jueces que la cometieron».

7 BOURDEAU, G. (1970): *L'État*, Editions du Seuil, París, pág. 61.

8 MARTÍN REBOLLO, Luis (2007): «Fundamento y función de la responsabilidad de Estado: situación actual y perspectivas», en MORENO MARTÍNEZ, Juan Antonio (coord.), *La responsabilidad civil y su problemática actual*, Dykinson, Madrid, págs. 539 y ss. Para MARTÍN REBOLLO, todo sistema de responsabilidad es, ante todo, un mecanismo de garantía. Al tiempo, es un medio al servicio de una determinada política jurídica (EISENMANN), un mecanismo de prevención e, incluso, de control del Poder. También es un seguro (de cobertura de ciertos riesgos relevantes) y, a veces, es también el precio de ciertas políticas y actuaciones administrativas (en términos expropiatorios o cuasiexpropiatorios).

propio sistema democrático porque modula el ejercicio democrático el poder y la correcta actuación administrativa[9]. Un instituto, en síntesis, que implica una nueva limitación del poder público y cuya génesis y desarrollo histórico también ha sido estudiado con detenimiento por la doctrina administrativa[10].

2) *La consagración de la responsabilidad de los poderes públicos en la Constitución de 1978*

«La responsabilidad patrimonial se erige hoy como uno de los pilares fundamentales sobre los que descansa el Estado de Derecho. Se ha pasado de considerar la presunción de licitud de actos estatales por el mero hecho de provenir de las Instituciones del Estado, a reconocer que, como en el ámbito de las relaciones jurídico-privadas, el que causa daño al otro está obligado a reparar el daño causado. Tal principio se ha consagrado en el ordenamiento jurídico español, tal y como viene reconocido, de forma genérica en la Constitución (...) en su artículo 9.3»[11].

El art. 9.3 de la Constitución (CE), encuadrado en su Título Preliminar (arts. 1 a 9) dispone que:

> *«La Constitución garantiza (...) la responsabilidad (...) de los poderes públicos».*

Según resulta de la mayor parte de las obras en la materia, tanto de constitucionalistas como de administrativas, nuestra doctrina se ha decantado por considerar que el referido precepto proclama el principio de la responsabilidad patrimonial de los poderes públicos: del que, en lógica deducción, derivan las proclamaciones de los arts. 106 (Administración Pública) y 121 (Poder Judicial); y del que, a falta de una previsión constitucional específica como las referidas, es posible presumir una voluntad

---

9 Según el dictamen del Consejo de Estado (DdE), «democracia y responsabilidad son dos instituciones jurídicas inseparables» (núm. exp. 1.136/1996).

10 Un breve pero excelente estudio del instituto de la responsabilidad patrimonial como limitación del poder público se contiene en MARTÍNEZ-CARDÓS RUIZ, José Leandro (2005): *Temas de responsabilidad, Cap. I, Un poco de historia en materia de responsabilidad del Estado,* Escuela de Práctica Jurídica de la Universidad Complutense de Madrid, Madrid, págs. 9 a 48.

11 GARRIDO MAYOL, Vicente (2004): *La responsabilidad patrimonial del Estado. Especial referencia a la responsabilidad del Estado legislador,* Tirant lo Blanch, Valencia, pág. 11.

constituyente de reconocimiento de la responsabilidad patrimonial de todos los poderes públicos[12].

En este sentido, para GARRIDO, «cuando la Constitución, en su art. 9.3 proclama el principio de responsabilidad de los poderes públicos, por éstos hay que entender, siguiendo la doctrina del Tribunal Constitucional, a todos aquellos entes —y sus órganos— que ejercen un poder de imperio, derivado de la soberanía del Estado. Por tanto [para este autor] por poderes públicos hay que entender, a efectos de la responsabilidad patrimonial a los entes territoriales con capacidad normativa o con facultades ejecutivas, esto es, el Estado concebido en sentido estricto, las Comunidades Autónomas, las Provincias y los Municipios. Y también a la llamada Administración Institucional como, por ejemplo, las Universidades»[13].

Otros autores han considerado que el art. 9.3 CE invoca un principio general configurador del ordenamiento, en línea con lo señalado con anterioridad.

Así, para GARCÍA DE ENTERRÍA:

> *«La responsabilidad a que el precepto alude es, pues, la general de los gobernantes y titulares de cualquier poder público y se manifestará en múltiples aspectos: responsabilidad política, ante las Cámaras y ante los electores, responsabilidad criminal, responsabilidad contable, también, eventualmente, responsabilidad civil por los daños que los titulares de los oficios puedan causar ejercitando éstos, responsabilidad moral por los aciertos y los desaciertos de la gestión. Esta obligación de "dar cuenta" es universal y debe ser efectiva, porque está en la raíz misma del principio democrático»*[14].

---

12 GALÁN VIOQUE, Roberto (2001): «De la teoría a la realidad de la responsabilidad del Estado legislador», *Revista de administración pública*, núm. 155, pág. 288. Según destaca GARRIDO, «el concepto de "poderes públicos", entendido en forma amplia acoge, en principio, no sólo a los tres poderes del Estado, según la teoría clásica, (ejecutivo, legislativo y judicial), sino también a otros considerados también poderes por algunos, como la Corona (cuarto poder, poder neutral, moderador, arbitral, según Lord Acton) o más recientemente, el tribunal Constitucional (poder arbitral, en palabras de quien fue su Presidente Rodríguez-Piñero)» en su obra *La forma del poder*. GARRIDO MAYOL, Vicente (2004): *La responsabilidad patrimonial del Estado. Especial referencia a la responsabilidad del Estado legislador, op. cit.* pág. 11.

13 *Ididem*, pág. 13.

14 GARCÍA DE ENTERRÍA, Eduardo (2003): «El principio de la "responsabilidad de los poderes públicos" según el artículo 9.3 de la Constitución y la responsabilidad patrimonial del Estado legislador», *op. cit.* págs. 41 y 42.

En esta misma línea, el profesor LEGUINA, al examinar la problemática derivada de la paulatina admisión jurisprudencial de la responsabilidad patrimonial del Estado-legislador y, en concreto, los argumentos esgrimidos por parte de la doctrina, examinó el alcance que, a su juicio, presenta la alegación a tal efecto del citado art. 9.3 CE. En una reflexión de carácter general, el referido autor admite que ese precepto constitucional impone, en lo aquí interesa, el principio de la responsabilidad a todos los poderes públicos sin excepción. Ello, en el bien entendido de que, por medio del mismo, se garantiza que, bajo el imperio de la Constitución y de la ley, no haya ningún poder público exento o inmune a los controles que la propia Constitución organiza. De esta suerte, a través de esos controles y de los procedimientos legales prescritos al efecto, puede exigirse aquella responsabilidad (política, penal, civil, administrativa, civil o contable) que en cada caso proceda a los titulares de los cargos y funciones públicas y a los entes y órganos en que aquellos se integren. Es indudable, según el citado autor, que el principio de responsabilidad es un principio esencial del Estado de Derecho, pero no es menos cierto que su alcance inespecífico e indeterminado hace que sea insuficiente por sí solo para determinar en concreto la modalidad o el tipo de responsabilidad que haya de corresponder a cada poder público En su opinión, «la especificación o determinación de este principio general de responsabilidad del artículo 9.3 debe buscarse, pues, en otros preceptos constitucionales, y no desde luego en preceptos de rango legal que, por sí solos, como es evidente, carecen de fuerza normativa para ello»[15].

En suma, desde esta segunda perspectiva es evidente que la declaración genérica del art. 9.3 CE integra todas las clases de responsabilidad a que la misma alude (así, por ejemplo, en los arts. 102, 106, 108, 117, 121 o 136, entre otros), sin que en ella pueda encontrarse la cobertura directa e inmediata de un género concreto de responsabilidad de un determinado poder público. En definitiva, podría deducirse que, para esta orientación doctrinal, la labor de precisión de nuestras lagunas legales en materia de responsabilidad patrimonial —como ocurrió en relación con la actuación del Tribunal Constitucional (TC) hasta la introducción del art. 139.5 en la Ley 30/1992, de 26 de noviembre, del régimen jurídico de las Administraciones Públicas y del procedimiento administrativo común (LRJPAC-92),

---

15 LEGUINA VILLA, Jesús y SÁNCHEZ MORÓN, Miguel (1993): *La nueva Ley de Régimen Jurídico de las Administraciones Públicas y de Procedimiento Administrativo Común: La responsabilidad patrimonial de la Administración, de sus autoridades y del personal a su servicio*, Técnos, Madrid, págs. 412 y ss.

por la Ley 13/2009, de 3 de noviembre— corresponde al legislador, antes que a los tribunales.

Con independencia del enfoque que emplee la doctrina, lo cierto es que ese principio de responsabilidad que garantiza la Constitución, configurador de toda acción pública, no ha de verse limitado a las meras, aunque amplias, fronteras de la institución de la responsabilidad patrimonial en sus distintas vertientes. Así, ese art. 9.3 CE puede considerarse como una cláusula que permite al legislador, en uso de su libertad de configuración normativa, dentro de las pautas que brinda la Constitución, precisar las opciones de responsabilidad que ofrece el ordenamiento en relación con los diferentes poderes públicos[16].

En definitiva, de lo anterior se sigue que en la Constitución la idea de la responsabilidad de los poderes públicos opera a modo de clave de arco. No hay, o no puede haber, ningún espacio de actividad pública exento de responsabilidad, ni nadie que sufra un daño por una actuación u omisión de un poder público puede verse privado de su derecho a ser resarcido.

En cualquier caso, la acción del poder legislativo en la materia ha sido parsimoniosa, habiéndose colmado usualmente las lagunas existentes en nuestro ordenamiento por la jurisprudencia. Así aconteció con la responsabilidad del Estado-legislador o ciertos aspectos de la actuación del Consejo General del Poder Judicial (CGPJ) o del TC[17]. También con la responsa-

---

16 Al atribuir al art. 9.3 CE la condición de cláusula habilitadora para establecer concretos modelos de responsabilidad patrimonial, quiere con ello decirse que, del mismo modo que el constituyente optó por establecer claras diferencias entre el régimen de responsabilidad patrimonial de las Administraciones Públicas (art. 106) y de la Administración de Justicia (art. 121), el legislador, ante su silencio en relación con un poder público —como el TC o el CGPJ— y partiendo de la cláusula general del art. 9.3, puede configurar un régimen de responsabilidad específico que responda a uno u otro modelo (exigencia de responsabilidad patrimonial por funcionamiento normal y anormal o solo anormal). La concreta opción adoptada por el legislador solo podrá ser controlada por el TC, sobre la base de su posible inconstitucionalidad.

17 «La Constitución no concreta la responsabilidad derivada de actos del Poder Legislador. No hay referencia alguna a lo que se ha venido a denominar "responsabilidad del Estado Legislador" o "responsabilidad del Estado por aplicación de actos legislativos". Hubo que esperar a la Ley 30/1984, de 2 de agosto, de medidas de reforma de la función pública, cuyo artículo 33 adelantó la jubilación forzosa de los funcionarios a los sesenta y cinco años de edad (…) para que los juristas españoles se apercibieran de la ausencia de una normativa que, con respecto al legislativo, desarrollara la proclama constitucional de la responsabilidad patrimonial

bilidad derivada de la vulneración del Derecho de la Unión Europea (UE). Y cuando, con posterioridad, el legislador ha procedido a la regulación de algunos regímenes de responsabilidad lo ha hecho en términos que generan severas dudas en cuanto a su alcance e, incluso, su conformidad con el Derecho de la UE[18], desde la perspectiva de la garantía de los principios de equivalencia y de efectividad, consagrados por el Tribunal de Justicia de la Unión Europea (TJUE) (entre otras muchas, la STJUE *Transportes Urbanos y Servicios Generales, S.A.L. y Administración del Estado* de 26 de enero de 2010)[19].

3) La cláusula de responsabilidad patrimonial de la Administración Pública

A. El artículo 106.2 de la Constitución

Como se ha indicado, en el art. 106.2 CE tiene lugar el reconocimiento constitucional específico de la responsabilidad administrativa. A su tenor:

> *«Los particulares, en los términos establecidos por la Ley, tendrán derecho a ser indemnizados por toda lesión que sufran en cualquiera de sus bienes y derechos, salvo en los casos de fuerza mayor, siempre que la lesión sea consecuencia del funcionamiento de los servicios públicos».*

Este reconocimiento se ha producido en términos amplios y generosos porque trae causa de normas anteriores: la Ley de expropiación forzosa de

---

de los poderes públicos». GARRIDO MAYOL, Vicente (2004): *La responsabilidad patrimonial del Estado. Especial referencia a la responsabilidad del Estado legislador, op. cit.* pág. 17.

18 Tal sería el caso del régimen de responsabilidad patrimonial por vulneración del Derecho de la UE que contiene el art. 32.5 de la Ley 40/2015, de 1 de octubre, de régimen jurídico del sector público (LRJ). Sobre este régimen, el CdE ha entendido que no comprende todos los supuestos en los que puede apreciarse causada una lesión por el legislador nacional, pues esta también puede proceder, en hipótesis, de la ausencia de transposición (STJUE *Francovich* de 19 de noviembre de 1991, asunto. C-6/90 y 9/90 y [*Tol 5752319*]). Adicionalmente, al menos en hipótesis, una transposición parcial e insuficiente pueden generar una lesión a los ciudadanos, que será indemnizable de concurrir los requisitos decantados por la jurisprudencia europea (y ahora recogidos en el citado art. 32.5 LRJ). Sobre esta cuestión, véase la reciente STJUE de 28 de junio de 2022, asunto C-278/20, en la que se entiende que diversos extremos del artículo 32 LRJSP son contrarios al Derecho UE, lo que obligará a su revisión por el legislador español.

19 STJUE *Transportes Urbanos y Servicios Generales, S.A.L., y Administración del Estado* de 26 de enero de 2010 (asunto C-118/08 y [*Tol 1891947*]).

1954 (LEF) y la Ley de régimen jurídico de la Administración del Estado de 1957. Una y otra, inauguraron un sistema de responsabilidad objetiva de la Administración que la Constitución ratifica, al decir de MARTÍN REBOLLO[20]. En su opinión, la constitucionalización del régimen de responsabilidad patrimonial no comportó novedades sustanciales.

En palabras del Consejo de Estado (CdE), «la responsabilidad patrimonial del Estado se conecta también con el principio de legalidad, opera al servicio de éste, siendo la reacción frente a una actuación administrativa ilícita un componente significativo, aunque no necesario, del sistema de responsabilidad administrativa. En la Constitución, el principio de responsabilidad administrativa es un complemento de la interdicción de la arbitrariedad de la actuación administrativa, y está recogido en el mismo artículo junto al principio de legalidad y el de responsabilidad administrativa, principios constitucionales que han de inspirar toda la actuación administrativa»[21].

Es más, la teoría de la responsabilidad se encuentra directamente relacionada con el valor «eficacia» a que ha de responder la actuación administrativa (art. 103 CE), siempre sometida a la Ley y el Derecho, y sin lesionar ni desconocer los derechos de los ciudadanos. De ahí que haya podido afirmarse que la institución de la responsabilidad cuenta, además, con un «complejo fundamento ético», en la medida en que se conecta con dos valores superiores de nuestro ordenamiento jurídico, los de igualdad y justicia (art. 1.1 CE), y también con la dignidad de la persona, el libre desarrollo de su personalidad y la protección de sus bienes y derechos (art. 10.1 CE). La responsabilidad administrativa es, desde luego, una salvaguardia de los derechos de los ciudadanos, y una institución garantista, sin perjuicio de sus otras funciones (sanción, seguro, precio a pagar y garantía social)[22].

---

20 MARTÍN REBOLLO, Luis (2007): «Fundamento y función de la responsabilidad de Estado: situación actual y perspectivas», *op. cit.* pág. 547.

21 Memoria del CdE de 1998, pág. 83. Cabe recordar aquí que, conforme al art. 20.2 de la Ley Orgánica 3/1980, de 22 de abril, del Consejo de Estado: «el Consejo de Estado en Pleno elevará anualmente al Gobierno una memoria en la que, con ocasión de exponer la actividad del Consejo en el período anterior, recogerá las observaciones sobre el funcionamiento de los servicios públicos que resulten de los asuntos consultados y las sugerencias de disposiciones generales y medidas a adoptar para el mejor funcionamiento de la Administración».

22 Memoria del CdE de 1998, pág. 92.

a) Características

Por lo que a la caracterización del sistema de responsabilidad patrimonial de las Administraciones Públicas (AAPP) se refiere, LEGUINA en términos que ha venido compartiendo el común de la doctrina, señala que los caracteres esenciales del mismo son los siguientes:

i. Se trata, en primer lugar, de un sistema unitario de Derecho administrativo que se aplica a todas las AAPP sin excepción y que protege por igual a todos los sujetos privados.

ii. En segundo lugar, es un sistema general, en el sentido de que la cláusula de la responsabilidad patrimonial por el «funcionamiento de los servicios públicos» comprende todo tipo de actuación extracontractual de la Administración, ya sea normativa, jurídica o material, y ya se trate de simples actividades u de omisiones.

iii. La responsabilidad de la Administración es directa, pues ella responde frente a los particulares, sin necesidad de que éstos reclamen o identifiquen previamente al agente público culpable de la producción del daño.

iv. La responsabilidad es objetiva, independiente de toda idea de culpa en la producción del daño. La ilicitud del hecho dañoso administrativo deriva de su efecto negativo injustificado sobre la esfera jurídica del particular (antijuridicidad objetiva), no de la valoración reprobable de la conducta que lo haya causado (antijuridicidad subjetiva). La culpa del agente puede generar su propia responsabilidad, pero el deber de indemnizar de la Administración no depende de la conducta culpable de sus agentes, sino solo del funcionamiento de los servicios públicos[23].

En definitiva, como señala MARTÍN REBOLLO, se trata de un sistema sencillo, avanzado y, sobre todo, generoso, al tiempo que casuístico e inseguro[24]. Ello se debe, en gran medida, a la conjunción de diversos conceptos jurídicos indeterminados, que han ido colmándose con la labor doctrinal y jurisprudencial. En cualquier caso, sí cabe destacar que el sistema

---

23 LEGUINA VILLA, Jesús y SÁNCHEZ MORÓN, Miguel (1993): *La nueva Ley de Régimen Jurídico de las Administraciones Públicas y de Procedimiento Administrativo Común: La responsabilidad patrimonial de la Administración, de sus autoridades y del personal a su servicio, op. cit.* págs. 395 y 396.

24 MARTÍN REBOLLO, Luis (2007): «Fundamento y función de la responsabilidad de Estado: situación actual y perspectivas», *op. cit.* pág. 550.

pivota sobre la idea de la «lesión» causada por el funcionamiento normal o anormal de los servicios públicos, excluida la fuerza mayor.

La jurisprudencia también ha sido clara a este respecto. Así, el Tribunal Supremo (TS) ha entendido que:

> «*La responsabilidad del artículo 40 de la Ley de Régimen Jurídico de la Administración del Estado* [de 26 de julio de 1957] *es una responsabilidad objetiva que no precisa en consecuencia de un actuar culposo o negligente del agente* (...) *no siendo, por tanto, el aspecto subjetivo del actuar antijurídico de la Administración el que debe exigirse para sostener el derecho a la indemnización, sino el objetivo de la ilegalidad del perjuicio, en el sentido de que el ciudadano no tenga el deber jurídico de soportarlo, ya que en tal caso desaparecería la antijuridicidad de la lesión*»[25].

b) *Funcionamiento de los servicios públicos*

Al no limitarse el derecho a la indemnización a los supuestos de daños causados por el funcionamiento anormal de los servicios públicos y extenderlo también a los ocasionados por el funcionamiento normal, se somete a la Administración a un régimen de responsabilidad patrimonial de carácter objetivo, lo que significa que no se requiere la existencia de culpa en el actuar administrativo[26].

Se trata, pues, de una responsabilidad objetiva o por el resultado, en la que es indiferente que la actuación administrativa haya sido normal o anormal, siendo imprescindible para declararla que el daño o perjuicio causado sea consecuencia del funcionamiento del servicio público[27].

---

25 FJ 3 STS de 21 de abril de 2005 (núm. rec. 222/2001 y [*Tol 646720*]), que sigue la línea de la STS de 20 de febrero de 1989 (RJ 1989\2526).

26 GONZÁLEZ PÉREZ, Jesús (2006): *Responsabilidad patrimonial de las Administraciones Públicas*, Civitas, Madrid, pág. 203.

27 La cuestión de la responsabilidad objetiva o por resultado, ya fue examinada en su momento por el CdE en cuanto al alcance de la referencia al «funcionamiento normal» de los servicios públicos. En este sentido, consideró que «el servicio puede funcionar dentro de la más estricta legalidad y licitud y, sin embargo, producir un perjuicio a un tercero que, en razón de las circunstancias, no corresponde a éste soportar; y supuesto que la actividad legítima de los poderes públicos busca la mayor conveniencia de la colectividad, a ella corresponderá resarcir los sacrificios antijurídicos que resulten para sus miembros de la ejecución de una iniciativa que reporta un beneficio general» (DCdE 37.559, de 8 de julio de 1971). Tal sucedía, por ejemplo, en relación con el daño causado por la retención durante un período determinado de un taxi por haber sido utilizado en un atentado terrorista, aunque la retención se hubiera hecho correctamente y hubiera existido un

Lo anterior no ha de entenderse en el sentido de que ha de ser indemnizado todo perjuicio que se padezca en la esfera de la Administración. Esta conclusión, forzada sobre la base de la amplitud con que ha de ser entendida la expresión «servicios públicos» que emplean la CE y la LRJ (como antes lo hacía la LRJPAC-92), puede llevar a obviar la necesaria presencia de un funcionamiento normal o anormal al que imputar el daño alegado por los interesados. De ser así, se deduciría, sin mayores consideraciones, una «objetividad» del sistema que raya en la mera existencia del servicio en sí mismo considerado como título de imputación[28].

Tales tendencias, de las que fue un claro exponente la STS de 14 de junio de 1991, que seguía una anterior de 28 de mayo de 1991, generaron alarma en la doctrina, señaladamente de PANTALEÓN[29].

Posteriormente se volverá sobre esta STS de 14 de junio de 1991 y sus ecos doctrinales hasta nuestros días.

---

funcionamiento normal de los servicios públicos (DCdE 41.035, de 22 de febrero de 1979). Este tipo de casos aplica la idea de que «si la Administración genera un riesgo debe responder cuando el riesgo se convierte en lesión de derechos o intereses legítimos» (DCdE 41.071, de 29 de septiembre de 1977).

28 FJ 2 STS de 5 de junio de 1989 [*Tol 2370092*]. Según esta sentencia, «toda actuación, gestión o actividad propias de la función administrativa ejercida, incluida la pasividad u omisión de la Administración cuando tiene el deber concreto de obrar o comportarse de modo determinado».

29 La STS de 14 de junio de 1991 [*Tol 2423062*], se refería a un supuesta de responsabilidad de facultativos del INSALUD, finalmente declarada por el Alto Tribunal, en la que se confirmó la sentencia de instancia, declarando que «alegar en estos casos ausencia de dolo o culpa, impericia o negligencia, resulta intrascendente (...) porque, en definitiva, es la realidad que se está en presencia de un supuesto de responsabilidad patrimonial de la Administración que (...) tiene carácter objetivo tal que hace muy difícil en la práctica —y, a la vez, innecesaria— la justificación de que el hecho desencadenante del resultado que la determina, no radique, propiamente, en el ejercicio de un servicio público (...) con desconsideración total de las circunstancias y conductas de quienes lo crean, organizan, controlan o vigilan y del personal que lo realiza» (FJ 4). Como se acaba de señalar, previamente a la STS de 14 de junio de 1991, el TS ya se había pronunciado sobre el carácter objetivo de la responsabilidad patrimonial en la STS de 28 de mayo de 1991 [*Tol 2425508*].

En cualquier caso, así lo ha confirmado la jurisprudencia, que la admisión de la responsabilidad de la Administración por causa de su funcionamiento normal no puede desembocar en la conversión de las AAPP en una suerte de aseguradoras universales de toda clase de riesgos, ni siquiera por el hecho de que se produzcan en la esfera de actuación de aquellas. Y es que, en el Estado social (art. 1.1 CE), la idea de riesgo social puede justificar que el Estado asuma compensar al perjudicado de ciertos hechos no achacables directamente a una actividad administrativa potencialmente productora de daños, pero ello más que una indemnización originada por una responsabilidad administrativa es una prestación social, cuyo fundamento constitucional no puede hallarse en el art. 106 CE[30]. Este precepto condiciona el derecho a la indemnización a «que la lesión sea consecuencia del funcionamiento de los servicios públicos», pero no precisa si ello es suficiente o si deben concurrir adicionalmente otros elementos.

La doctrina, como ya se ha adelantado, considera en general que la Constitución impone un régimen de responsabilidad de carácter objetivo que comprende toda lesión imputable causalmente a la Administración, al margen de toda culpa o negligencia. Un dato al respecto lo aportaría la propia Constitución en sus arts. 106.2 y 121, pues este alude al error judicial y al funcionamiento anormal de la Administración de Justicia, en tanto que aquel alude en exclusiva al funcionamiento de los servicios públicos, lo que incluiría, en todo caso, como supuestos equiparables, el funcionamiento normal y anormal de los servicios públicos.

c) Garantía constitucional

Pero lo cierto es que «el reconocimiento constitucional de la responsabilidad administrativa ha implicado mucho más que una elevación de rango de los principios contenidos en el sistema legal precedente, al que la Constitución no se opone frontalmente, pero obliga a replantear esos principios, los extiende a la materia de Administración de Justicia y los refuerza notablemente, garantizando especialmente su efectividad. La Constitución ha creado las condiciones para hacer real y efectiva esa responsabilidad (...) [y] ha dado una base jurídica más sólida a la regulación legal, elevando a rango constitucional sus principios»[31].

30 DCdE 1.526/1993, de 10 de febrero.

31 Memoria del CdE de 1998, pág. 85.

Como ya advirtiera el CdE en su Memoria de 1998, los estudios de nuestra doctrina han operado, en buena parte, sobre la base de la «artificial transferencia de conceptos entre la regulación legal precedente y el marco constitucional», lo que, a juicio del Consejo, propició «una interpretación desbordada de aquél, pretendidamente justificada en la Constitución», de la que es buen ejemplo la STS de 4 de julio de 1980[32]. En ella se declara, en relación con el régimen legal preconstitucional de la responsabilidad patrimonial, que su «natural carácter expansivo impide en su aplicación toda interpretación que obstaculice su plena realización material»[33]. Y es que la consagración constitucional de la responsabilidad administrativa no era solo su elevación de rango —en palabras del CdE—, sino su transformación y conversión en una pieza fundamental del sistema político y del régimen jurídico-administrativo, de modo que la posible compatibilidad de la legislación precedente con el sistema constitucional no significaba ni que este lo hubiera consagrado ni que la Constitución impusiese su continuidad sin cambios[34]. Esa «artificial transferencia» se vio favorecida, además, por la tardanza del legislador en aprobar una norma general en materia de responsabilidad patrimonial de las Administraciones Públicas, al amparo del art. 149.1.18 CE, que se dilató hasta la LRJPAC-92 (arts. 139 y ss.).

En este mismo sentido se ha pronunciado el TC; así, en su sentencia 112/2018, de 17 de octubre, que cita como precedente la STC 141/2014, de 11 de septiembre, se dice con claridad que «el tenor del artículo 106.2 supone la recepción constitucional del sistema de responsabilidad de la Administración previamente vigente en España, cuyo carácter objetivo venía siendo ampliamente aceptado por la doctrina y la jurisprudencia»[35]. A lo que añade que «el régimen constitucional de responsabilidad de las Administraciones públicas se rige por criterios objetivos, que implican la necesidad, no sólo de examinar la relación de causalidad, sino también la de formular un juicio de imputación del daño que permita conectar suficientemente el perjuicio producido con la actividad desarrollada por el agente del mismo, en este caso por una Administración pública»[36]. De todo ello se sigue para el TC que, conforme al art. 106.2 CE, solo procede apreciar la responsabilidad patrimonial de la Administración cuando el

---

32 STS de 4 de julio de 1980 (RJ 1980/3410).

33 Considerando 2 STS de 4 de julio de 1980 (RJ 1980\3410). DCdE 47.449, de 27 de noviembre de 1986.

34 Memoria del CdE de 1998, pág. 95.

35 FJ 5 STC *112/2018*, de 17 de octubre (núm. rec. 95/2018 y [*Tol 6887748*]).

36 *Idem.*

daño es imputable al funcionamiento de los servicios públicos y cuando el particular sufre una lesión efectiva. Por ello afirma que «la remisión del artículo 106.2 CE al desarrollo legislativo no puede, en modo alguno, explicarse como una mera autorización al legislador para que determine el régimen jurídico de la responsabilidad de la Administración; se trata, más bien, de una regla de cierre que permite al legislador concretar la forma en que una responsabilidad puede ser exigida»[37].

B. Sobre el carácter objetivo del sistema de responsabilidad. Posturas doctrinales y recepción jurisprudencial

Conforme a lo hasta aquí expuesto, puede considerarse que una vez que la responsabilidad administrativa se alejó de las concepciones subjetivas propias de la institución en el orden civil, se «objetivó». Esta «objetivización» se alza frente al carácter eminentemente «subjetivo», es decir, «culpabilístico» de la responsabilidad prevista en el Código Civil. Pues bien, en ese momento de aprobarse la Constitución, se consideró por la mayoría de la doctrina administrativa que dicha responsabilidad había de nacer de todo daño causado por cualquier especie de actuación pública, ya fuera normal o anormal, en el bien entendido de que una actuación perfectamente conforme con el ordenamiento (lícita y no culpable) podía, no obstante, generar perjuicios a los ciudadanos que estos no tienen el deber jurídico de soportar.

Sin embargo, con el tiempo, algunos autores criticaron la amplitud con la que se iba interpretando la cláusula de la objetividad del sistema de responsabilidad diseñado por la Constitución, en la medida en que podía derivar en la supresión de toda diferencia entre los títulos de imputación del funcionamiento de los servicios públicos: el normal y el anormal.

a) Título de imputación

Así, PANTALEÓN llegó a tachar al sistema de responsabilidad patrimonial de las AAPP de irrazonable, poniendo de relieve cómo, a su juicio, para la doctrina administrativista es indiferente, desde la perspectiva de la responsabilidad, que el funcionamiento del servicio sea normal o anor-

37 FJ 5 STC 112/2018, de 17 de octubre [*Tol 6887748*].

mal[38]. Y recuerda que, según LEGUINA, «la referencia explícita a uno y otro modo —normal y anormal— de funcionamiento de los servicios públicos o de realización de la actividad administrativa es, pues, un simple (aunque respetable) tributo a una fórmula legal que cuenta ya con notorio arraigo en nuestro ordenamiento, pero que no altera la naturaleza objetiva de la responsabilidad extracontractual administrativa. La normalidad o anormalidad de la actuación opera como criterio de imputación del daño a la Administración, no como fundamento del deber de indemnizar, pues la responsabilidad no es en nuestro Derecho una sanción a una conducta culpable, sino un dispositivo objetivo de reparación de todos los daños antijurídicos que los particulares sufran a resultas de las acciones u omisiones administrativas»[39].

A juicio de PANTALEÓN, desde estas premisas sería absolutamente innecesario teorizar acerca del título de imputación de responsabilidad a la Administración, considerando que no debería haber otro criterio de imputación que la «conexión causal entre el daño y la actuación de una Administración Pública». El citado autor, precisamente por ello, abogó por una sustancial reducción a sus justos términos del título de imputación consistente en el «funcionamiento normal», partiendo del principio de igualdad ante las cargas públicas (art. 31.3 CE). De este modo, los daños indemnizables derivados de un funcionamiento normal solo serán para este autor aquéllos que «son (producto indeseado, pero) consecuencia inmediata o directa de actuaciones administrativas lícitas de las que los daños aparecen como secuela connatural, como realización de un potencial dañoso intrínseco a la actuación administrativa en cuestión, siendo también necesario, obvio es, que los daños de que se trate representen para quien los padece un sacrificio individualizado que no le sea exigible soportar»[40].

---

38 PANTALEÓN PRIETO, Fernando (1994): «Los anteojos del civilista: Hacia una revisión del régimen de responsabilidad patrimonial de las Administraciones Públicas», *Documentación Administrativa*, núm. 237 y 238, págs. 240 y ss.

39 LEGUINA VILLA, Jesús y SÁNCHEZ MORÓN, Miguel (1993): *La nueva Ley de Régimen Jurídico de las Administraciones Públicas y de Procedimiento Administrativo Común: La responsabilidad patrimonial de la Administración, de sus autoridades y del personal a su servicio, op. cit.* págs. 396 y 397.

40 PANTALEÓN PRIETO, Fernando (1994): «Los anteojos del civilista: Hacia una revisión del régimen de responsabilidad patrimonial de las Administraciones Públicas», *op. cit.* pág. 248. El autor alude, como casos prototípicos, a los de los daños causados a los colindantes por la ejecución de obras públicas o la reforma de vías públicas y a ciertos casos de indemnizaciones en el ámbito urbanístico (alteración del planeamiento).

Las consecuencias de las observaciones de PANTALEÓN se han dejado sentir hasta nuestros días.

A este respecto, Tomás-Ramón FERNÁNDEZ recuerda lo resuelto por la STS de 14 de junio de 1991 (conocida en la doctrina como la «sentencia del doble aneurisma»), destacando su «extraordinaria simplicidad»[41]. La simplicidad resultaría de desplazar el análisis de la cuestión planteada a la constatación de la falta de culpabilidad del cirujano, cuya conducta era tomaba en cuenta solamente «desde la estricta objetividad mecánica de un comportamiento que se inserta, junto con otros eventos, en la causalidad material, a nivel de experiencia, en la producción de un resultado»[42]. Esto le bastó al TS para decidir, según el citado autor, porque —dice el Alto Tribunal— «lo único relevante para la Sala ha de ser la incidencia, a efectos de causalidad, de la intervención quirúrgica llevada a cabo en un Centro de la Seguridad Social»[43]. Es esto, la pura causación material del daño, lo único que importó entonces.

Como sigue destacando dicho autor, la decisión de atender prioritariamente a la resolución del aneurisma del lado derecho (opción legítima desde las reglas de la *lex artis*) resultó *a posteriori* y a nivel de experiencia desacertada, convirtiéndose en una de las concausas relevantes a la hora de valorar, desde una pura perspectiva de la causalidad material de los actos, las consecuencias lesivas de la operación.

La STS de 14 de junio de 1991, prosigue el autor, no hizo alusión a la inexistencia de un deber jurídico de soportar el daño de acuerdo con la ley: es decir, al concepto técnico de «lesión» en el que se apoyaba el art. 121 LEF y que debía entenderse, según GARCÍA DE ENTERRÍA como un perjuicio antijurídico, esto es, como un «perjuicio que el titular del patrimonio considerado no tiene el deber jurídico de soportarlo»[44].

Al no atender a dicho elemento estructural del sistema de responsabilidad patrimonial de la Administración Pública, la STS de 14 de junio de 1991 y la doctrina que siguió la crítica efectuada por PANTALEÓN, vinie-

---

41 FERNÁNDEZ Tomás-Ramón (2021): «Sobre la discutida naturaleza objetiva de la responsabilidad patrimonial de la Administración», *Revista de Administración Pública*, núm. 216, pág. 172.

42 Idem.

43 FJ 3 STS de 14 de junio de 1991 [*Tol 2424584*].

44 GARCÍA DE ENTERRÍA, Eduardo (1984): *Los principios de la nueva Ley de Expropiación Forzosa*, Civitas, Madrid (2ª ed), pág. 175, en 1984 y antes en *Anuario de Derecho Civil*, 1955, págs. 1024 y ss.)

ron a considerar, dice Tomás-Ramón FERNÁNDEZ, que la Administración responde siempre inevitablemente de cualquier perjuicio que una persona pueda sufrir «siempre que se pueda establecer un vínculo de causalidad entre el agente público y el resultado lesivo», cualquiera que sea dicho vínculo[45].

Este autor recuerda, además, lo resuelto por las ya mencionadas SSTC 141/2014, de 11 de septiembre, y 112/2018, de 17 de octubre. Tanto una como otra, han afirmado el carácter objetivo del sistema, que implica «la necesidad, no sólo de examinar la relación de causalidad, sino también la de formular un juicio de imputación del daño que permita conectar suficientemente el perjuicio producido con la actividad desarrollada por el agente del mismo, en este caso por una Administración pública. Esa es, claramente, la línea de interpretación marcada en nuestra propia doctrina»[46].

Aun cuando es cierto que tales sentencias no han dicho expresamente que la calificación como objetivo de dicho sistema se debe a que ha situado el foco en la lesión sufrida por la víctima y no en el comportamiento del agente causante del daño, esto es algo que realmente estaba implícito en el art. 106.2 CE. En palabas de Tomás-Ramón, la circunstancia de situar el foco de la cuestión en la lesión de la víctima, «estaba implícito en la afirmación de que el art. 106.2 de la Constitución (...) supone la recepción constitucional del sistema de responsabilidad de la Administración vigente en España, cuyo carácter objetivo venía siendo ampliamente aceptado por la doctrina y la jurisprudencia»[47]. Hay, pues, en la sentencia una incorporación por remisión de las explicaciones entonces al uso de ese carácter objetivo y del propio funcionamiento del sistema»[48].

Buena muestra de lo hasta aquí expuesto —antijuridicidad del resultado— lo representa la STS de 21 de diciembre de 2020, en la que se declaraba:

> «*En consecuencia, en relación con la responsabilidad patrimonial de la Administración, cabe señalar que la Constitución de 1978 no hace sino consagrar —y elevar a rango de máxima norma— los resultados ya alcanzados en el Derecho positivo (artículo 40 de la LRJAE* [Ley de régimen jurídico de la Administración del Estado

---

[45] FERNÁNDEZ, Tomás-Ramón (2021): «Sobre la discutida naturaleza objetiva de la responsabilidad patrimonial de la Administración», *op. cit.* pág. 182.

[46] FJ 5 STC 112/2018, de 17 de octubre (núm. rec. 95/2018 y [*Tol 6887748*]).

[47] FERNÁNDEZ, Tomás-Ramón (2021): «Sobre la discutida naturaleza objetiva de la responsabilidad patrimonial de la Administración», *op. cit.* pág. 183.

[48] *Idem.*

de 26 de julio de 1957]), *al disponer en su artículo 106.2 que "los particulares, en los términos establecidos por la Ley, tendrán derecho a ser indemnizados por toda lesión que sufran en cualquiera de sus bienes o derechos, salvo en los casos de fuerza mayor, siempre que aquella lesión sea consecuencia del funcionamiento de los servicios públicos". Como, recientemente, ha señalado el Tribunal Constitucional (STC 112/2018, de 17 de octubre, FJ 5), "el tenor del artículo 106.2 supone la recepción constitucional del sistema de responsabilidad de la Administración previamente vigente en España, cuyo carácter objetivo venía siendo ampliamente aceptado por la doctrina y la jurisprudencia"*»[49].

Esta sentencia recoge los términos generales en que ha venido produciéndose la jurisprudencia en materia de responsabilidad patrimonial; pero a continuación añade un importante matiz sobre el tradicionalmente afirmado carácter objetivo de la responsabilidad patrimonial. Reconoce la existencia de «matizaciones o modulaciones» al carácter objetivo de la responsabilidad patrimonial. Lo hace de la siguiente forma:

---

[49] FJ 4 STS 1806/2020, de 21 de diciembre, sec. 5ª de la Sala de lo Contencioso-administrativo (núm. rec. 803/2019 y [*Tol 8291027*]). Según el parecer de la STS de 21 de diciembre de 2020, «la responsabilidad patrimonial (...) constituye, uno de los pilares fundamentales, junto con el sistema del control jurisdiccional contencioso-administrativo, en la construcción del Derecho administrativo como un Derecho que permite la correcta actuación administrativa bajo el control de los Tribunales de Justicia. Evidentemente, junto con este fundamento constitucional, la responsabilidad patrimonial también se fundamenta en el principio de solidaridad —en cuanto no sería justo que un sólo sujeto lesionado tuviera que hacer frente a las consecuencias lesivas de los actos de los Poderes públicos—; e, igualmente, también encuentra su fundamento en la confianza legítima que los citados Poderes han podido crear en los ciudadanos. En definitiva, el fundamento de la responsabilidad patrimonial de la Administración se encontraba inicialmente en el ejercicio ilegal de sus potestades, o en la actuación culposa de sus funcionarios, por lo que se configuraba con carácter subsidiario, pero actualmente, y sin perjuicio de admitir en algunos supuestos otra fundamentación, se considera que, si la actuación administrativa tiene por objeto beneficiar, con mayor o menor intensidad, a todos los ciudadanos, lo justo —lo razonable— es que si con ello se causa algún perjuicio, éste se distribuya también entre todos, de forma que el dato objetivo —de la producción de una lesión antijurídica a los ciudadanos— como consecuencia de actuación de la Administración —o de los Poderes públicos— constituye —sigue constituyendo— en la jurisprudencia del Tribunal Supremo, el fundamento de la misma responsabilidad. La responsabilidad, por tanto, surge con el perjuicio que se causa, independientemente de que éste se haya debido a una actuación lícita o ilícita de los Poderes públicos, y de quién haya sido concretamente su causante» (FJ 4 STS de 21 de diciembre de 2020).

> *«Pero, no obstante, lo anterior, los citados pronunciamientos constitucionales sobre la responsabilidad patrimonial, requieren y exigen, una serie de matizaciones o modulaciones, en relación con el citado carácter objetivo genérico que de la institución se proclama; sobre todo, cuando de algún tipo concreto de responsabilidad patrimonial se trata, tal y como aquí acontece con la responsabilidad sanitaria. Así lo ha venido poniendo de manifiesto el Tribunal Supremo, con reiteración»*[50].

b) Matizaciones o modulaciones

En la jurisprudencia, por tanto, se han introducido «matizaciones o modulaciones» al carácter objetivo de la responsabilidad, en el mismo sentido en que se ha venido pronunciando parte de la doctrina, así como el CdE.

Para autores como BLANQUER, no cabe hablar en rigor del carácter objetivo a ultranza de la responsabilidad patrimonial de las Administraciones públicas. En su opinión, en nuestro ordenamiento «solo son indemnizables los resultados lesivos causados por el mal funcionamiento de la Administración sanitaria» pues, en efecto, «si el funcionamiento del servicio hospitalario ha sido correcto y adecuado, no procede declarar la responsabilidad patrimonial, aunque haya un resultado lesivo individualizado a tal efecto»[51].

En esta línea, el CdE, en su labor consultiva, ha ido decantando una serie de criterios que perfilan la invocación a ultranza de la «objetividad» del sistema de responsabilidad patrimonial. A través de ellos, de hecho, es posible introducir ciertos matices que permiten diferenciar entre el funcionamiento normal y anormal de los servicios públicos.

Así, por ejemplo, en materia de accidentes en las vías públicas, el CdE parte de un dato cierto en su análisis, que no es otro que el de la titularidad pública de la vía de que se trate. Una vez sentado este dato primario, el Consejo recuerda que «la Administración tiene el deber ineludible de mantener las carreteras abiertas a la circulación pública en condiciones tales que la seguridad de quienes las utilicen esté normalmente garantizada»[52]. Sin embargo, de dicho deber, entroncado en la esencia misma del funcionamiento de la Administración titular de la vía, no se sigue una afirmación sin

---

50 FJ 4 STS 1806/2020, de 21 de diciembre (núm. rec. 803/2019 y [*Tol 8291027*]).

51 BLANQUER CRIADO, David (2020): *La responsabilidad patrimonial en tiempos de pandemia (los poderes públicos y los daños por la crisis de la COVID-19)*, Tirant lo Blanch, Valencia, págs. 413 y 414.

52 DCdE 1.837/1995, de 28 de septiembre.

solución de continuidad de su deber de reparar todo daño que sufran los usuarios de la vía, en su persona o en sus vehículos. Y ello, por dos motivos:

i. El CdE, desde una perspectiva relacional, realiza un análisis de la conducta de los interesados, pues sobre este dato se monta gran parte de la noción relativa al deber de soportar los daños padecidos. Por tanto, cuenta con una especial relevancia la conducta de la víctima o de los terceros a los efectos de la interrupción del nexo causal[53].

ii. De otra parte, es un criterio esencial a valorar el de la debida diligencia del servicio administrativo, referido aquí al mantenimiento y cuidado de la carretera en cuestión, según su carácter e importancia[54].

Esta exigencia de la observancia de ciertos deberes de comportamiento por parte de la Administración titular del servicio, aunque se utilice para valorar la existencia del nexo causal, supone la inclusión en el mismo sistema de un elemento propio de la responsabilidad culposa, cual es la negligencia del causante.

Ello contrasta abiertamente con el indubitado carácter objetivo de los daños causados —por ejemplo, en las viviendas o negocios colindantes— durante la ejecución de obras en las carreteras, en los que la actividad puede ser jurídica y legítima, pero producir un daño antijurídico indemnizable[55].

También cabe destacar que el elemento objetivo se encuentra presente en relación con ciertos aspectos de la actividad de las Fuerzas y Cuerpos de Seguridad del Estado, en concreto, en aquellos que presentan un marcado carácter de riesgo que los particulares, en sus consecuencias dañosas, no tienen el deber jurídico de soportar. Así ocurre, entre otros supuestos, con

---

53 DDCdE 1.312/1993, de 11 de noviembre, 90/1994 (en el que indemniza por la privación total de accesos que generó la obra), 988/1995, de 11 de mayo de 1995, y 1.515/1995, de 20 de julio de 1995.

54 Los supuestos de falta de seguridad en la vía comprenden, entre otros, los casos de desprendimientos, presencia prolongada de gravilla y deficiente señalización (DDCdE 102/1993, de 4 de marzo de 1993, y 221/1995, de 2 de marzo de 1995).

55 DCdE 27.412, de 6 de julio de 1962. Esta línea ha sido continuada a lo largo de los años, como muestran los DDCdE 824/1994, 2.521/1994 y 2.309/2003.

los daños causados en vehículos y viviendas por la explosión controlada de vehículos utilizados en actividades terroristas[56].

Otro ámbito en el que se pueden apreciar matizaciones al incondicionado carácter objetivo de la responsabilidad patrimonial se encuentra en los daños imputados a las Administraciones sanitarias por la actuación de los profesionales a su servicio. En tales supuestos, el CdE ha considerado insuficiente que la lesión derive de la actuación de los servicios públicos[57]. En estos casos, es preciso, a los efectos de apreciar la existencia de la responsabilidad denunciada, que se acredite la vulneración de la *lex artis ad hoc,* de modo que sólo en esos casos —que evidenciarían la anormalidad del funcionamiento del servicio— cabrá imputar a la Administración de la cual dependen los servicios sanitarios la responsabilidad por los perjuicios causados[58]. Pero esta cuestión se tratará más ampliamente a continuación.

C. Conclusión

De todo lo anterior puede deducirse que nuestro sistema de responsabilidad patrimonial se funda en el carácter antijurídico del daño padecido por los particulares, como consecuencia del funcionamiento de los servicios públicos. Sobre la antijuridicidad del daño puede leerse lo escrito por MANENT y TAJUELO en el cap. 21 del tratado (págs. 1495 a 1504).

Pero, como ha quedado expuesto, cabe distinguir: aquellos supuestos en los que la anormalidad del funcionamiento es una exigencia para la imputación del daño padecido a la Administración, y para que nazca así el derecho a la indemnización pretendida (inobservancia del deber de conservación de la vía pública que ha generado unos daños a un particular);

---

56 DDCdE 1.667/1999 y 1.669/1999, entre otros. Llama la atención el supuesto examinado en el dictamen 48.915, de 28 de febrero de 1986, en el que se consideró que no había lugar a la indemnización por los daños producidos en un vehículo, que había sido explosionado por la Policía, como consecuencia de haber estado mal aparcado por un período de tiempo excesivo en una zona prohibida cercana a un establecimiento policial, lo que permitió sospechar que era una amenaza para la seguridad de las instalaciones públicas. En casos como éste, de conducta indebida del perjudicado, se ha entendido que los daños no son indemnizables.

57 Entre otros muchos, DDCdE 3.889/1996, de 24 de enero de 1997.

58 Solo en ciertos supuestos la responsabilidad juega en este ámbito en su sentido más objetivo, como el contagio en un hospital (DCdE 4.428/1996, de 20 de febrero).

de aquellos en los que el mero funcionamiento del servicio genera un derecho de resarcimiento (daños producidos en un vehículo explosionado).

La jurisprudencia, sin embargo: suele operar afirmando categóricamente ese carácter objetivo de la responsabilidad (para el que, conforme a lo señalado, es indiferente que el daño haya sido causado por el funcionamiento normal o anormal de los servicios públicos); y a continuación, declarar que la Administración debe responder por razón de la inobservancia de alguna previsión normativa o de la insuficiencia de los medios dispuestos o, en fin, por la negligencia en que habría incurrido.

Este modo de razonar, en el fondo, responde a la idea de la imputación de los daños derivados de una actuación administrativa incorrecta y es esa incorrección la que permite imputar el daño a la Administración. En definitiva, de no existir la anomalía en la actuación administrativa —por ejemplo, de no haberse infringido la *lex artis*, o de no haberse omitido ningún deber de conservación de una vía pública— el daño quedaría sin resarcir, incluso aunque no hubiera concurrido negligencia en la actuación del interesado.

La mera existencia de los servicios administrativos y su necesario despliegue en su función vicaria del Estado (art. 103.1 CE) le otorgan un protagonismo en la vida social que, al tiempo, ha producido un innegable aumento de las demandas de responsabilidad por los presuntos daños derivados de su actuación. Ahora bien, para que surja el derecho a la indemnización no basta con el hecho del surgimiento del perjuicio en la esfera de influencia de la Administración. Es preciso que el daño que se le imputa sea «consecuencia» del funcionamiento de sus servicios. A partir de este dato, será posible examinar si concurre un supuesto de auténtica responsabilidad objetiva —daños causados por la realización de obras públicas, por la existencia de bienes públicos o por situaciones de riesgo que genera el desarrollo de la actividad administrativa, entre otros— o un caso en el que la responsabilidad de la Administración solo surgirá cuando su actuación pueda calificarse de anormal —ya por acción, ya por omisión—[59].

---

[59] GÓMEZ PUENTE, Marcos (1994): «*Responsabilidad por inactividad de la Administración*», *Documentación Administrativa*, núm. 237-238, págs. 140 y ss. GÓMEZ PUENTE, Marcos (2002): *La inactividad de la Administración*, Aranzadi, Cizur Menor (Navarra).

II. LA *LEX ARTIS* Y LA *LEX ARTIS AD HOC*

1) Caracterización

Como ya se ha indicado, la lesión en sentido técnico jurídico es uno de los elementos basilares del sistema de responsabilidad patrimonial, pero no el único, como resulta de lo expuesto y de la lectura del art. 32 de la Ley 40/2015, de 1 de octubre, de régimen jurídico del sector público (LRJ).

La lesión, el daño antijurídico o que el perjudicado no tiene el deber jurídico de soportar, habrá de producirse como consecuencia del funcionamiento normal o anormal de los servicios públicos —como el servicio público sanitario— para poder generar el derecho a obtener una indemnización.

Pero no todo perjuicio padecido en la esfera de la Administración pública sanitaria es indemnizable, ya que ha de concurrir, en principio, una quiebra de la denominada *lex artis*. Nos encontramos ante una de esas «matizaciones o modulaciones» al carácter objetivo de la responsabilidad patrimonial a las que hicimos referencia en el anterior epígrafe.

Según HURTADO, el recurso a la *lex artis*, «constituye el elemento modulador de la responsabilidad más relevante introducido por la jurisprudencia»[60].

A. Origen

En opinión de CUETO, el recurso a la *lex artis* en las reclamaciones de responsabilidad patrimonial por asistencia médica en los servicios públicos de salud encuentra su razón en la circunstancia de que «la asistencia médica que en ellos se presta no acaba, en palabras de un autor francés, "de incorporarse a una lógica administrativa"»[61].

---

60 HURTADO DÍAZ-GUERRA, Isabel (2018): *El daño moral en la responsabilidad patrimonial sanitaria,* Tirant lo Blanch, Valencia, pág. 70.

61 CUETO PÉREZ, Miriam (1997): *Responsabilidad de la Administración en la asistencia sanitaria,* Tirant lo Blanch, Valencia, págs. 229. El autor francés citado por CUETO es LEGAL y la cita se haya en la Revue française de Droit Administrativ. LEGAL, H. (1992): «La fin de la faute lourde médicale ou chirurgicale dans le droit de la responsabilité hospitalalière», *Revue française de Droit Administrafit,* núm. 8, pág. 571.

Ahora bien, lo verdaderamente determinante, a efectos de justificar la regla de la *lex artis,* sería que «la actividad médica está rodeada de reglas particulares de orden técnico y de orden ético [así como que] el médico cuenta con una libertad de actuación inherente a su actividad que no se da cuanto estamos ante otros servicios públicos»[62]. A ello hay que añadir que la asistencia sanitaria es una obligación de medios. Por esta razón, «la teoría del riesgo o la inversión de la carga de la prueba que se aplican de manera generalizada en otros campos de la actividad, no ha tenido su reflejo en la responsabilidad médica»[63].

En efecto, «como ciencia que es, la medicina se halla sujeta a las reglas propias de su oficio, de manera que su transgresión implica responsabilidad. La *lex artis* se convierte así en el criterio de normalidad, que ha de infringirse en la realización del servicio sanitario para que haya lugar a la obligación de indemnizar, que, a su vez, permite valorar la corrección de los actos médicos»[64].

B. Concepto

Como define el Diccionario Panhispánico del Español Jurídico, la *lex artis* es el «conjunto de reglas técnicas a que ha de ajustarse la actuación de un profesional en ejercicio de su arte u oficio»[65].

Según MARTÍNEZ-CALCERRADA, con la expresión *lex artis* se hace referencia a la referencia a la regla de la técnica de actuación profesional diligente, correcta y adecuada, o a aquellos principios esenciales que tienden a su normal desenvolvimiento[66].

Desde esta perspectiva, la *lex artis* sería en realidad predicable de cualquier profesión, arte u oficio[67]. Como destaca GALLARDO, con esa expre-

---

62 *Idem.*

63 *Ididem* pág. 230.

64 BAUZÁ MARTORELL, Felio José (2016): «Presunción de culpa. La deducción de negligencia en la responsabilidad patrimonial de la Administración» *Revista de Administración Pública,* núm. 201, pág. 404.

65 Real Academia Española, Madrid 2020.

66 MARTÍNEZ-CALCERRADA GÓMEZ, Luis (1986): «Especial estudio de la denominada "lex artis ad hoc" en la función médica», *Actualidad Civil,* núm. 23, págs. 1697 y ss.

67 Sobre la aplicación de la lex artis a profesiones distintas a la médica puede leerse lo escrito por MANENT en la introducción al tratado.

sión se refiere «al conjunto de reglas que disciplinan su respectivo ejercicio correcto o el conjunto de contenidos de carácter ético y técnico-científico que son de observancia y de aplicación necesaria en el ámbito de una determinada actividad profesional y que se despliegan en cada caso concreto»[68].

Pero, como recuerda esta autora, la jurisprudencia ya puso de manifiesto en su momento (*v.gr.* STS de 11 de marzo de 1991[69]) que la *lex artis* como regla general y sin referencia al enfermo concreto no pasa de ser una cabal abstracción.

C. *Lex artis ad hoc*

«El criterio de la *lex artis* se define como *ad hoc*, es decir, se trata de un criterio valorativo de cada caso concreto que no atiende a criterios universales sino a las peculiaridades del caso concreto y de la asistencia individualizada que se presta en cada caso»[70]. Las reglas aplicables al ejercicio de las profesiones sanitarias han de ajustarse a las circunstancias de cada caso en particular, tanto las propias del paciente, como las de tiempo, lugar, medios disponibles, etc. De esta manera surge la denominada *lex artis ad hoc* que, según entiende GALLARDO, implica la adecuación de la técnica o ciencia médica generalmente aceptada al caso concreto, esto es: «a un paciente determinado en contemplación a las circunstancias en que la misma se desarrolla, así como las incidencias inseparables en el normal actuar profesional, tales como las circunstancias de tiempo, lugar, disponibilidades y recursos del centro en el que se realza el acto sanitario»[71]. Por ello estima más adecuado hablar de *lex artis ad hoc* en vez de simplemente de *lex artis* cuando se analizan posibles supuestos de negligencia médica.

Se aprecia de este modo cómo, en general, el examen de las reclamaciones de responsabilidad patrimonial por los daños causados por el funcionamiento de los servicios sanitarios públicos implica un pormenorizado análisis del modo en que se han desarrollado las actuaciones de los profesionales sanitarios que atendieron al paciente, a fin de verificar si se

---

68 GALLARDO CASTILLO, Mª Jesús (2021): *Administración sanitaria y responsabilidad patrimonial,* Colex, *La Coruña,* pág. 31.

69 STS de 11 de marzo de 1991 [*Tol 1728149*].

70 GUERRERO ZAPLANA, José (2004): *Las reclamaciones por la defectuosa asistencia sanitaria, op. cit.* pág. 140.

71 GALLARDO CASTILLO, Mª Jesús (2021): *Administración sanitaria y responsabilidad patrimonial, op. cit.* pág. 32.

ajustaron a la *lex artis ad hoc*. Es desde esta perspectiva desde la que se produce esa introducción en el régimen de la responsabilidad patrimonial de las Administraciones públicas un elemento que implica una valoración de la corrección de las conductas desplegadas, lo que aleja la idea de la objetividad a ultranza del sistema de responsabilidad patrimonial en sí misma considerada.

Como dice BLANQUER, en este sector, a pesar de haberse producido un resultado lesivo, se considera que no es antijurídico si hay buen funcionamiento de un servicio médico que se ajusta a la «*lex artis*» y al grado de avance de los conocimientos de la ciencia en el momento de realizarse la actuación sanitaria[72]. Por ello, este autor afirma que «*la lex artis* ad hoc es el estándar de calidad exigible a un servicio profesional determinado en función del grado de avance de los conocimientos especializados sobre una materia específica»[73].

D. Obligación de medios

Una segunda nota de la responsabilidad patrimonial sanitaria, intrínsecamente unida a la *lex artis ad hoc*, es la categorización de la responsabilidad patrimonial sanitaria como una obligación de medios. Al facultativo no se le pide la absoluta garantía de la curación del enfermo. Únicamente se le pide que preste un servicio de la manera más adecuada con vistas a la recuperación de la salud del enfermo.

En opinión de GUERRERO, «la obligación de medios en que consiste la *lex artis*, ha sido definida básicamente, por la doctrina y la jurisprudencia y puede entenderse que se descompone en tres obligaciones:

---

[72] BLANQUER CRIADO, David (2020): *La responsabilidad patrimonial en tiempos de pandemia (los poderes públicos y los daños por la crisis de la COVID-19)*, *op. cit.* pág. 414. La infracción de la *lex artis ad hoc* puede consistir, entre otros supuestos, en un error o un retraso en el diagnóstico o en la utilización de una técnica indebida o la no utilización de la adecuada, incluida la administración de los medicamentos que la situación demandaba, o el extravío de documentación clínica (*vid.* DDCdE 59/2020, de 13 de mayo; 52/2020, de 19 de marzo; 1048/2019, de 6 de febrero de 2020; 892/2019, de 5 de diciembre; 585/2017, de 23 de noviembre, 385/2016, de 15 de septiembre, entre otros).

[73] *Idem.* En idéntico sentido a BLANQUER, MANENT considera en la introducción al tratado que la *lex artis* es un estándar de conducta elevado, *ad hoc* y *ex post facto*.

– Utilizar cuantos remedios conozca la ciencia médica y estén a disposición del profesional en el lugar y en el momento en que se produce la asistencia y el tratamiento suministrado al paciente.
– Informar al paciente, o en su caso a los familiares, del diagnóstico de la enfermedad o lesión, del pronóstico que del tratamiento pueda esperarse, medios de curación y riesgos que puedan derivarse (sobre todo si el tratamiento es quirúrgico); asimismo, deberá informarse cuando concurra esta circunstancia, de la insuficiencia de los medios disponibles para luchar contra la enfermedad de que se trate, y ello para dar opción a continuar el tratamiento en otro lugar.
– Configurar el tratamiento hasta que sea posible dar el alta, informando de los posibles riesgos del abandono voluntario del tratamiento»[74].

E. Cláusula de los riesgos de progreso

Según se ha expuesto, *la lex artis ad hoc* tiene como parámetro de referencia el estado de conocimientos de la ciencia o la técnica. En efecto, la doctrina jurisprudencial de la cláusula de los riesgos de progreso, como elemento determinante para valorar la quiebra de la *lex artis ad hoc*, se ha cristalizado en ley tras la modificación de la LRJPAC-92 por la Ley 4/1999, de 13 de enero. Desde entonces, primero el art. 141.1 LRJPAC-92, y ahora el art. 34.1 LRJ, imponen a la Administración una obligación de actuación ajustada al estado de conocimientos de la ciencia o la técnica:

> *«No serán indemnizables los daños que se deriven de hechos o circunstancias que no se hubiesen podido prever o evitar según el estado de los conocimientos de la ciencia o de la técnica existentes en el momento de producción de aquéllos, todo ello sin perjuicio de las prestaciones asistenciales o económicas que las leyes puedan establecer para estos casos».*

Según expresase la STS de 14 de octubre de 2002, «la cláusula de los riesgos del progreso fue incorporada a la Directiva 85/374/CEE, de 25 de julio de 1985, y transpuesta a nuestro ordenamiento interno por los artículos 6.1 e de la Ley 22/1994, de 6 de julio, 141.1 de la Ley 30/1992, de 26 de noviembre, en la modificación introducida por Ley 4/1999, de 13 de enero». Ahora bien, esta doctrina jurisprudencial, «anteriormente venía siendo utilizada por la jurisprudencia para definir el daño como no anti-

---

74 GUERRERO ZAPLANA, José (2004): *Las reclamaciones por la defectuosa asistencia sanitaria, op. cit.* pág. 138.

jurídico cuando se había hecho un correcto empleo de la *lex artis*, entendiendo por tal el estado de los conocimientos científicos o técnicos en el nivel más avanzado de las investigaciones, que comprende todos los datos presentes en el circuito informativo de la comunidad científica o técnica en su conjunto, teniendo en cuenta las posibilidades concretas de circulación de la información»[75].

Por poner un ejemplo, la jurisprudencia sobre contagios de los virus de la hepatitis C (VHC) y de inmunodeficiencia adquirida (VIH), recaída durante la última década del siglo pasado, ya se sirvió de la limitación de los conocimientos científicos como criterio para desestimar reclamaciones de responsabilidad patrimonial[76]. Así ocurrió, entre otras, en la STS de 11 de febrero de 1998[77]. En esta ocasión el TS rechazó indemnizar por entender que la falta de conocimientos sobre la hepatitis C abocaba a calificar el contagio derivado de una transfusión de sangre como un supuesto de fuerza mayor.

Sobre este particular, esto es las limitaciones del estado de conocimientos de la ciencia y de la técnica en relación con los contagios de sangre contaminada con VHC o VIH puede consultarse el cap. 21 de este tratado escrito por MANENT y TAJUELO (págs. 1543 a 1596). Allí abordan monográficamente esta cuestión.

---

75 FJ 7 STS de 14 de octubre de 2002 (núm. rec. 5294/1998 y [*Tol 1717373*]).

76 Aunque en el cap. 21, dedicado a la responsabilidad derivada de transfusiones de sangre se analiza con más detalle por MANENT y TAJUELO, no queremos dejar de reflejar que «en España, hasta principios de 1990 no se dispuso comercialmente de los reactivos que posibilitaban la detección de anticuerpos frente a este virus (en octubre de 1989 se publicaron en la revista *Science* los trabajos que permitieron el reconocimiento serológico del virus C de la hepatitis). En efecto, no es sino hasta octubre de 1990 cuando las pruebas de detección son obligatorias (mediante Orden de 3 de octubre de 1990), por lo que en las transfusiones sanguíneas anteriores a esta fecha, el riesgo de contagio debía recaer en el paciente, quien tenía por ello el deber jurídico de soportar el daño, el cual carecía de la condición de antijurídico. En la misma línea se mueven las sentencias sobre reclamaciones de responsabilidad patrimonial, por contagio del virus del SIDA en sangre transfundida». DE FUENTES BARDAJÍ, Joaquín *et alii* (2009): *Manual sobre responsabilidad sanitaria*, Aranzadi, Cizur Menor (Navarra), pág. 220.

77 STS de 11 de febrero de 1998 [*Tol 2233*].

F. Protocolos médicos

Para determinar si la actuación del facultativo se ajustó a la *lex artis ad hoc*, así como para saber si la Administración sanitaria adoptó todos los medios que estaban a su alcance, suele recurrirse a los protocolos médicos[78].

«Los protocolos médicos vienen a ser una especie de *lex artis* codificada, una forma de positivizar la *lex artis*, los criterios de prudencia y de buen hacer hechos papel»[79].

Buena parte de las actuaciones médicas están estandarizadas a través de protocolos, adoptados por sociedades médicas, en los que se incluyen las recomendaciones asumidas por la comunidad científica.

Para GALLARDO, los protocolos médicos cumplen una triple función:

i. Constituyen, según el parecer de un grupo de expertos cualificado, una aproximación al estado de conocimientos de la ciencia y de la técnica.

   Plasman por escrito directrices y recomendaciones sobre la materia de aceptación generalizada.

ii. Otorgan a la Administración sanitaria —y a los tribunales— un importante elemento de juicio para valorar la adecuación de la actuación médica a la *lex artis ad hoc*.

   De esta manera constituyen un elemento generador de seguridad jurídica en una materia tan compleja como es la medicina.

iii. Constituyen un elemento probatorio de primer orden.

   No obstante, no son una «patente de corso» de la actuación del facultativo, toda vez que la valoración de la actividad médica deberá realizarse atendiendo a las singularidades del caso. Eso sí, las actuaciones al margen de los protocolos médicos precisarán de una justificación rigurosa y exhaustiva.

---

78 Tal como señala MANENT en la introducción al tratado, técnicamente, en el ámbito médico se distingue entre protocolo, guías de práctica y vías clínicas.

79 GALLARDO CASTILLO, María Jesús (2021): *Administración sanitaria y responsabilidad patrimonial*, *op. cit.* pág. 34.

G. Carga de la prueba

Si, con carácter general, «en lo que a la carga de la prueba del daño, de la lesión y de la relación de causalidad resultan plenamente aplicables las reglas contenidas en el art. 217.2 y 3 LEC», en la responsabilidad patrimonial sanitaria, además, el reclamante debe acreditar que la asistencia sanitaria no se ajustó a la *lex artis ad hoc*[80]. Por su parte, corresponde a la Administración probar la observancia de protocolos o limitaciones del conocimiento de la ciencia o de la técnica que, eventualmente, puedan liberar a la Administración sanitaria de obligación indemnizar. Ello es así, porque «incumbe al (...) [reclamado] la carga de probar los hechos que, conforme a las normas que les sean aplicables, impidan, extingan o enerven la eficacia jurídica de los hechos a que se refiere el apartado anterior»[81].

En resumen, «en el ámbito sanitario, atañe (...) al interesado el deber de probar todos los hechos constitutivos de la obligación cuya existencia se alegue, de manera que es a él a quien corresponde acreditar que se produjo un concreto incumplimiento de la *lex artis* y que esta infracción concreta fue causa de los daños y perjuicios cuya reparación o indemnización se pretende». Ahora bien, no puede perderse de vista que, «dado el carácter técnico de los actos sanitarios, las alegaciones sobre una eventual negligencia médica deben acreditarse con medios técnicos, como son las pruebas periciales médicas, y estas deben señalar no sólo cualquier valoración del daño resultante, sino los criterios de la *lex artis ad hoc* que se consideren infringidos y como, en el episodio cuestionado, la infracción de los mismos condujo a una asistencia defectuosa y además relevante para producir el daño que se alega»[82].

2) Posición de la jurisprudencia y de la doctrina legal

En la ya citada STS, de 21 de diciembre de 2020, de la Sala de lo Contencioso-administrativo, tras mencionar que existen «matizaciones o modulaciones» en relación con el carácter objetivo genérico se predica de la institución de la responsabilidad patrimonial, el TS precisaba que la pres-

---

80 *Idem.*

81 Art. 217.3 LEC.

82 HURTADO DÍAZ-GUERRA, Isabel (2018): *El daño moral en la responsabilidad patrimonial sanitaria, op. cit.* pág. 72.

tación de un servicio público no convierte a la Administración en una aseguradora universal de todos los riesgos[83]. Lo hacía de la siguiente manera:

> «*Exponente —y síntesis— de esta línea jurisprudencial es la doctrina contenida en la STS 418/2018, de 15 de marzo (...), en la que, sin abandonar el fundamento de imputación de la responsabilidad, introduce en la misma elementos subjetivos o de culpa, dejando constancia de anteriores y reiterados pronunciamientos de la propia Sala* (...) [*i.e* SSTS de 17 de abril de 2007, 14 de octubre de 2003, 13 de septiembre de 2002 y 5 de junio de 1998]:
>
> *"la jurisprudencia viene modulando el carácter objetivo de la responsabilidad patrimonial rechazando que (...) la prestación por la Administración de un determinado servicio público y la titularidad por parte de aquella de la infraestructura material para su prestación no implica que el vigente sistema de responsabilidad patrimonial objetiva de las Administraciones Públicas, convierta a éstas en aseguradoras universales de todos los riesgos, con el fin de prevenir cualquier eventualidad desfavorable o dañosa para los administrados que pueda producirse con independencia del actuar administrativo, porque de lo contrario (...), se transformaría aquél en un sistema providencialista no contemplado en nuestro Ordenamiento Jurídico". Y, en la sentencia de 13 de noviembre de 1999, también afirmamos que "Aun cuando la responsabilidad de la Administración ha sido calificada por la Jurisprudencia de esta Sala, como un supuesto de responsabilidad objetiva, no lo es menos que ello no convierte a la Administración en un responsable de todos los resultados lesivos que puedan producirse por el simple uso de instalaciones públicas, sino que, como antes señalamos, es necesario que esos daños sean consecuencia directa e inmediata del funcionamiento normal o anormal de aquélla"*» (FJ 5 STS de 21 de diciembre de 2020).

A lo que añade, expresamente, en relación con la responsabilidad patrimonial de las Administraciones públicas sanitarias, la necesidad de acudir al criterio de la *lex artis* así como de calificar la actividad médica como una obligación de medios:

> «*Más en concreto, en reclamaciones derivadas de prestaciones sanitarias, la jurisprudencia viene declarando que "no resulta suficiente la existencia de una lesión*

[83] Según indica GUERRERO en relación con los límites de la responsabilidad de la Administración sanitaria, «es necesario, pues, llegar a entender que el hecho de que la asistencia sanitaria no consiga restablecer la salud del paciente no siempre puede dar lugar a responsabilidad y ello a pesar de que pueda establecerse la oportuna relación de causalidad entre la asistencia prestada y el resultado de la falta de salud. En el caso de los pacientes con graves enfermedades terminales o con patologías de alto riesgo es fácil distinguir que una cosa es la relación de causalidad que puede establecerse entre la asistencia y el resultado y otra que por el simple hecho de que pueda establecer dicha relación sea factible imputar el resultado a la prestación asistencial y no a la previa patología del paciente». GUERRERO ZAPLANA, José (2004): *Las reclamaciones por la defectuosa asistencia sanitaria, op. cit.* pág. 135.

(que llevaría la responsabilidad objetiva más allá de los límites de lo razonable), sino que es preciso acudir al criterio de la lex artis como modo de determinar cuál es la actuación médica correcta, independientemente del resultado producido en la salud o en la vida del enfermo, ya que no le es posible ni a la ciencia ni a la Administración garantizar, en todo caso, la sanidad o la salud del paciente" —sentencias del Tribunal Supremo de 25 de abril, 3 y 13 de julio y 30 de octubre de 2007, 9 de diciembre de 2008 y 29 de junio de 2010—, por lo que "la actividad médica y la obligación del profesional es de medios y no de resultados, de prestación de la debida asistencia médica y no de garantizar en todo caso la curación del enfermo, de manera que los facultativos no están obligados a prestar servicios que aseguren la salud de los enfermos, sino a procurar por todos los medios su restablecimiento, por no ser la salud humana algo de que se pueda disponer y otorgar, no se trata de un deber que se asume de obtener un resultado exacto, sino más bien de una obligación de medios, que se aportan de la forma más ilimitada posible" —entre otras, sentencias del Tribunal Supremo de 10 y 16 de mayo de 2005 —» (FJ 5 STS de 21 de diciembre de 2020).

Y prosigue reiterando, con cita de la STS 9 de octubre de 2012, que frente al principio de responsabilidad objetiva —que interpretado radicalmente y que convertiría a la Administración sanitaria en aseguradora del resultado positivo y, en definitiva, obligada a curar todos las dolencias— su obligación no es garantizar unos resultados sino a poder a disposición del paciente los medios que el estado de la ciencia médica permita.

«La responsabilidad de la Administración sanitaria constituye la lógica consecuencia que caracteriza al servicio público sanitario como prestador de medios, pero, en ningún caso, garantizador de resultados, en el sentido de que es exigible a la Administración sanitaria la aportación de todos los medios que la ciencia en el momento actual pone razonablemente a disposición de la medicina para la prestación de un servicio adecuado a los estándares habituales; conforme con este entendimiento del régimen legal de la responsabilidad patrimonial, en modo alguno puede deducirse la existencia de responsabilidad por toda actuación médica que tenga relación causal con una lesión y no concurra ningún supuesto de fuerza mayor, sino que ésta deriva de la, en su caso, inadecuada prestación de los medios razonablemente exigibles (así Sentencia de esta Sala de 25 de febrero de 2009, recurso 9484/08, con cita de las de 20 de junio de 2007 y 11 de julio del mismo año)» (FJ 5 STS de 21 de diciembre de 2020).

Por consiguiente, puede observarse cómo se matiza la nota de la objetividad de la responsabilidad de las Administraciones públicas sanitarias, que no descansa en la mera producción de un daño, sino en su antijuridicidad. Esto implica, que quien lo padece no tenga el deber jurídico de soportarlo, por haber sido causado por la inobservancia, o no haber podido ser evitado, de las técnicas sanitarias conocidas por el estado de la ciencia y razonablemente disponibles en dicho momento. Por ello se considera que únicamente cabe calificar de antijurídica la lesión que traiga causa en una auténtica infracción de la *lex artis ad hoc*.

En esta línea —obligación de la Administración sanitaria de dispensar los medios adecuados de acuerdo con la *lex artis ad hoc*— se ha manifestado en reiteradas ocasiones la doctrina del CdE; entre muchos, en el DCdE 212/2021, de 24 de junio, se recordaba que:

> «*II. (...) Con relación a los supuestos daños y perjuicios padecidos como consecuencia del funcionamiento de los servicios sanitarios públicos, este Consejo de Estado viene señalando reiteradamente que el derecho de los pacientes se circunscribe, como regla general, a que se les dispense un tratamiento adecuado de acuerdo con la lex artis ad hoc. Esto es, no existe una obligación de resultado, sino de medios, en el sentido de que deben proporcionarse al paciente todos los cuidados que requiera, según el estado de la ciencia.*
>
> *IV. Procede, pues, analizar si, en el caso examinado, las supuestas deficiencias invocadas como sustento de la reclamación son ciertas, es decir, si son imputables a la acción u omisión del servicio público sanitario en una relación de causa a efecto y si la lesión reviste la nota de antijuridicidad. Corresponde, por tanto, como señala la propuesta de resolución elevada por el órgano instructor, examinar si la asistencia sanitaria recibida por la ahora reclamante se ajustó o no a la lex artis*» (DCdE de 24 de junio de 2021).

Interesa recordar, en cualquier caso, que el CdE ha entendido que «los pacientes tienen efectivamente derecho a que se les preste una atención sanitaria adecuada en función de los conocimientos científicos de cada momento, de acuerdo con lo que ha venido en denominarse *lex artis ad hoc*, que —se insiste— nada tiene que ver con la obtención de resultados concretos. De ahí que, haciendo abstracción de la eventual existencia o no de culpa o negligencia por parte del personal sanitario (pues la responsabilidad de la Administración es objetiva y no exige la mediación de tal culpa o negligencia), deban examinarse las circunstancias concurrentes para determinar si, con independencia del resultado final, la atención dispensada fue la adecuada en función del cuadro que presentaba la paciente» (CJ 6 DCdE de 3 de octubre de 1996)[84].

---

84 Así se razonaba en el DCdE 2830/1996, de 3 de octubre, en el que, analizadas las circunstancias del caso, se consideró que procedía desestimar la reclamación formulada en los siguientes términos: «de esta concreta sucesión de hechos y tomando en consideración la dificultad objetiva de diagnóstico de la embolia del líquido amniótico (dificultad reconocida por la literatura científica), cabe concluir que en el presente caso la atención sanitaria dispensada fue correcta, adecuada a la "lex artis ad hoc", aunque el resultado final haya sido tan desgraciado como el ya relatado, lo que cabe situar, en atención a las circunstancias concurrentes, en un riesgo inherente a la propia situación clínica de la fallecida, sin que quepa ser calificado, a los efectos de la presente reclamación, como un "daño antijurídico". Ello lleva a informar favorablemente la propuesta desestimatoria formulada por

En el mismo sentido, el CdE ha recordado que, para determinar la corrección o incorrección de la actividad administrativa a la que se pretende imputar el daño, hay que diferenciar cuando el resultado dañoso es imputable a la actuación de la Administración sanitaria y cuando a la evolución de la enfermedad.

> «*La doctrina y la jurisprudencia han venido fijando un parámetro diferenciador de los supuestos en que el resultado dañoso es imputable a la actividad administrativa sanitaria (es decir, al tratamiento sanitario recibido), de aquellos otros en que el resultado se ha debido a la evolución natural de la enfermedad y al hecho de la imposibilidad de garantizar la salud en todos los casos (...).* [En concreto], *el criterio básico que viene siendo utilizado por la doctrina y la jurisprudencia para poder imputar la existencia o no de responsabilidad patrimonial en materia sanitaria es el de la "lex artis", que se basa en el principio fundamental de que la obligación del profesional de la medicina es de medios y no de resultados, o sea, que la obligación real y verdadera consiste en la prestación de la debida asistencia médica, pero no la garantía de curación del enfermo por ser ello contrario a la naturaleza mortal del ser humano, y de acuerdo con este criterio se halla el artículo 141 de la Ley 30/1992, de 26 de noviembre, en cuanto dispone que "sólo serán indemnizables las lesiones producidas al particular provenientes de daños que éste no tenga el deber jurídico de soportar de acuerdo con la Ley", no siendo consiguientemente "indemnizables los daños que se deriven de hechos o circunstancias que no se hubiesen podido prever o evitar según el estado de los conocimientos de la ciencia o de la técnica existentes en el momento de producción de aquellos"*» (CJ 7 DCdE de 25 de enero de 2005)[85].

Podría así apreciarse cómo la cuestión de la observancia o la infracción en cada caso de la *lex artis ad hoc* opera en el plano del título de imputación. De este de modo se mantendría la «objetividad» del sistema, en el sentido de que no se exige culpa o negligencia del agente —facultativo actuante— de forma ineludible, pero sí de una infracción de la *lex artis ad hoc*, generadora de un daño que no se tenía el deber jurídico de soportar[86]. En otras

---

la Administración instructora, pues no concurren los requisitos exigidos para declarar la responsabilidad patrimonial de la Administración» (CJ 6).

85 DCdE 3.323/2004, de 27 de enero de 2005.

86 Un supuesto de imputación objetiva por infracción de la *lex artis* —sin necesidad de recurrir a la culpa o negligencia sería, por ejemplo, el de la inexistencia del debido consentimiento informado, según reiterada jurisprudencia, recogida entre otras muchas, en la STS de 24 de julio 2012 (núm. rec. 2040/2011 y [*Tol 2600355*]), o en la STS de 3 de abril de 2012 (núm. rec. 1464/2011 y [*Tol 2521484*]). En esta última, con cita de la STS de 2 de noviembre de 2011 (núm. rec. 3833/2009 y [*Tol 2274618*]), se entendió que «tal vulneración del derecho a un consentimiento informado constituye en sí misma o por sí sola una infracción de la "lex artis ad hoc", que lesiona el derecho de autodeterminación del paciente al impedirle elegir con conocimiento, y de acuerdo con sus propios intereses y

palabas, en caso de concurrir el resto de los requisitos exigidos legalmente, se generaría un supuesto de responsabilidad patrimonial de la Administración pública sanitaria competente[87].

O como afirma la STS de 19 de mayo de 2015 «no resulta suficiente la existencia de una lesión (que llevaría la responsabilidad objetiva más allá de los límites de lo razonable), sino que es preciso acudir al criterio de la *lex artis* como modo de determinar cuál es la actuación médica correcta, independientemente del resultado producido en la salud o en la vida del

---

preferencias, entre las diversas opciones vitales que se le presentan. Causa, pues, un daño moral, cuya indemnización no depende de que el acto médico en sí mismo se acomodara o dejara de acomodarse a la praxis médica, sino de la relación causal existente entre ese acto y el resultado dañoso o perjudicial que aqueja al paciente. O, dicho en otras palabras, que el incumplimiento de aquellos deberes de información solo deviene irrelevante y no da por tanto derecho a indemnización cuando ese resultado dañoso o perjudicial no tiene su causa en el acto médico o asistencia sanitaria (sentencias de este Tribunal Supremo, entre otras, de 26 de marzo y 14 de octubre de 2002, 26 de febrero de 2004, 14 de diciembre de 2005, 23 de febrero y 10 de octubre de 2007, 1 de febrero y 19 de junio de 2008, 30 de septiembre de 2009 y 16 de marzo, 19 y 25 de mayo y 4 de octubre de 2011)» (FJ 4 STS de 24 de julio de 2012).

87 En relación la exigencia de responsabilidad patrimonial por acreditación del resto de requisitos distintos a la culpa puede citarse el DCdE 123/2012, de 8 de marzo. En él se afirmó lo siguiente: «como en reiteradas ocasiones ha puesto de manifiesto la jurisprudencia del Tribunal Supremo y la doctrina del Consejo de Estado (véanse los dictámenes números 1.531/2004, 3.052/2003, 1.459/2001, 1.350/98, 4.356/97 y 398/94), conviene tener en cuenta que para estimar las reclamaciones de indemnización por daños derivados de intervenciones médicas o quirúrgicas, no resulta suficiente con que la existencia de la lesión se derive de la atención de los servicios sanitarios, pues ello llevaría a configurar la responsabilidad administrativa en estos casos de forma tan amplia y contraria a los principios que la sustentan que supondría una desnaturalización de la institución. Así pues, de acuerdo con dicha doctrina, en casos como el presente se hace preciso acudir a parámetros tales como la lex artis, de modo tal que tan solo en caso de una infracción de esta cabría imputar a la Administración de la cual dependen los servicios sanitarios la responsabilidad por los perjuicios causados. En otro caso, ha de concluirse que tales perjuicios no son imputables a la Administración, y han de ser soportados por el particular sin que generen, en modo alguno, el derecho a percibir una indemnización. En consecuencia, pues, para que pueda prosperar una reclamación como la deducida, "es necesario que el reclamante acredite, por una parte, que la praxis médica fue contraria al referido parámetro, y, por otra, que los perjuicios por los cuales reclama una indemnización están vinculados a dichas deficiencias en el tratamiento dispensado" (dictamen 803/2010, de 17 de junio)» (CJ 7 DCdE 123/2012, de 8 de marzo).

enfermo ya que no le es posible ni a la ciencia ni a la Administración garantizar, en todo caso, la sanidad o la salud del paciente»[88]. Por ello, sigue diciendo el TS, «si no es posible atribuir la lesión o secuelas a una o varias infracciones de la *lex artis*, no cabe apreciar la infracción que se articula por muy triste que sea el resultado producido»[89]. Esto es así, ya que «la ciencia médica es limitada y no ofrece en todas ocasiones y casos una respuesta coherente a los diferentes fenómenos que se producen y que a pesar de los avances siguen evidenciando la falta de respuesta lógica y justificada de los resultados»[90].

Cuestión distinta es la del denominado «daño desproporcionado» estudiado por GRANADO en el cap. 17 de este tratado. En él, como ha razonado la jurisprudencia, la Administración sanitaria debe responder, pues un daño o resultado que merece esa calificación es, por sí mismo, por sí solo, un daño clamoroso. En efecto, el daño desproporcionado «denota un componente de culpabilidad, como corresponde a la regla "res ipsa loquitur" (la cosa habla por sí misma) de la doctrina anglosajona, a la regla "Anscheinsbeweis" (apariencia de la prueba) de la doctrina alemana y a la regla de la "faute virtuelle" (culpa virtual), que significa que si se produce un resultado dañoso que normalmente no se produce más que cuando media una conducta negligente, responde el que ha ejecutado ésta, a no ser que pruebe cumplidamente que la causa ha estado fuera de su esfera de acción»[91].

Por esta razón, como quiera que el resultado no se presenta como una posibilidad de la atención prestada, se produce una inversión de la carga de la prueba. Así lo recuerda la jurisprudencia, entre otras la STS de 24 de abril de 2018:

> «*"En el caso de daño desproporcionado o resultado clamoroso el profesional médico está obligado a acreditar las circunstancias en que se produjo el daño por el principio de facilidad y proximidad probatoria (STS Sala Primera Civil de 10 de junio de 2008)". Ahora bien, partiendo de esa vinculación a la existencia de una vulneración de la "lex artis", se considera que no es aplicable la doctrina del daño desproporcionado cuando el resultado se presenta como una posibilidad de la atención prestada. En este sentido se declara en la STS de 2 de enero de 2012 (R 6710/2010), que que "[...] En estos casos, donde el resultado se presenta como una opción posi-*

---

88 FJ 5 STS de 19 de mayo de 2005 (núm. rec. 4397/2010 y [*Tol 5173539*]).

89 *Idem.*

90 *Idem.*

91 FJ 4 STS de 19 de septiembre de 2012 (núm. rec. 8/2010 y [*Tol 2651403*]).

ble no es posible aplicar la doctrina del daño desproporcionado, ya que el resultado insatisfactorio se relaciona con la intervención y tratamiento aplicado"» (FJ 4)[92].

3) La lex artis y la denominada medicina satisfactiva

Como pone de manifiesto GALLARDO, «la jurisprudencia ha venido reiterando hasta la saciedad que la asistencia sanitaria es una actividad "de medios" y no "de resultado" (...). Es decir, la obligación no consiste en la obtención de un resultado que se pretende (la salud del paciente) sino la de prestar el servicio más adecuado en orden a la consecución de un resultado»[93]. Por lo tanto, la obligación de la Administración sanitaria consiste en la prestación actividad dirigida a la prestación de un servicio del modo más adecuado posible —la observancia de la *lex artis ad hoc*—, sin que exista una obligación de obtención de un determinado resultado».

La medicina no es una ciencia exacta y no puede asegurar la consecución del objetivo de curación esperado por los pacientes. Lo que se puede exigir de los servicios sanitarios públicos es la ejecución diligente y correcta de la actividad encaminada a la mejora del estado de salud o la curación del paciente.

Ahora bien, en determinados casos sí existe una obligación de resultado. Así ocurre con la denominada medicina no necesaria o satisfactiva.

Siguiendo a GALLARDO, la medicina curativa o asistencial «se desarrolla en el ámbito propio de los arrendamientos de servicios, dando lugar a una obligación de medios, a diferencia de la satisfactiva en la que la obligación es de resultado, con mayores exigencias en cuanto a la prestación de la asistencia sanitaria y en cuanto a la información» a suministrar al paciente[94]. En este sentido la jurisprudencia se ha encargado de recordar que:

i. La primera es la medicina que trata de curar o mejorar al paciente.

ii. La segunda es aquella en la que se acude a un profesional para obtener, en condiciones de normalidad de salud, un resultado que voluntariamente se quiere conseguir.

Pues bien, en la medicina satisfactiva, se ha venido exigiendo por la jurisprudencia y la doctrina de los Consejos consultivos un reforzamiento del

---

92 FJ 4 STS 664/2018, de 24 de abril (núm. rec. 33/2016 y [*Tol 6592188*]).

93 GALLARDO CASTILLO, Mª Jesús (2021): *Administración sanitaria y responsabilidad patrimonial, op. cit.* págs. 36 y 37.

94 *Ibidem* pág. 183.

deber de información al paciente: tanto en la advertencia de la probabilidad de que el resultado pretendido puede no ser conseguido; como en la más amplia especificación de los riesgos. En consonancia con lo anterior, el TS ha resaltado que la obligación de conseguir un resultado se intensifica en la órbita de la medicina satisfactiva:

> «*El deber de información asistencial adquiere mayor intensidad en cuanto se trata de la denominada "medicina satisfactiva", que, como señala la Sentencia de 2 de octubre de 2007 (recurso 9.208/2003) con cita de la de 3 de octubre de 2000 (recurso 3.905/1996), se trata de una medicina de resultados a la que se acude voluntariamente para lograr una transformación satisfactoria del propio cuerpo, en la que no es la necesidad la que lleva a someterse a ella, sino la voluntad de conseguir un beneficio estético o funcional y ello acentúa la obligación del facultativo de obtener un resultado e informar sobre los riesgos y pormenores de la intervención, lo que tampoco significa que deba reprocharse a la Administración todo resultado adverso producido en este ámbito de la medicina, que no sucederá, como igualmente hemos declarado en nuestra Sentencia de 22 de noviembre de 2011 (recurso 4.823/2009), si la actuación sanitaria ajustada a la praxis médica va precedida de una información comprensible que incluya la veraz advertencia de que la satisfacción estética o funcional buscada no está plenamente garantizada*» (FJ STS de 9 de octubre de 2012).

Cabe recordar que para la jurisprudencia, en el instituto de la responsabilidad patrimonial de la Administración, el elemento de la culpabilidad del agente desaparece frente al elemento meramente objetivo del nexo causal entre la actuación del servicio público y el resultado lesivo o dañoso producido. Ahora bien, cuando del servicio sanitario o médico se trata, el empleo de una técnica correcta es un dato de gran relevancia para decidir. De este modo, aun aceptando que las secuelas padecidas tuvieran su causa en la intervención quirúrgica, si esta se realizó correctamente y de acuerdo con el estado del saber, siendo también correctamente resuelta la incidencia postoperatoria, se está ante una lesión que no constituye un daño antijurídico.

Ahora bien, la jurisprudencia considera que esa doctrina ha de matizarse en la medicina satisfactiva. A estos efectos debe distinguirse la medicina satisfactiva de la curativa. Esta diferenciación, como señalan las SSTS de 3 de octubre de 2000 y 2 de octubre de 2007, consiste «a grandes rasgos, en que la primera es una medicina de medios que persigue la curación y la segunda una medicina de resultados a la que se acude voluntariamente para lograr una transformación satisfactoria del propio cuerpo. En la primera la diligencia del médico consiste en emplear todos los medios a su alcance para conseguir la curación del paciente, que es su objetivo; en la segunda no es la necesidad la que lleva a someterse a ella, sino la voluntad de conseguir un beneficio estético o funcional y ello acentúa la obligación del facultativo de obtener un resultado e informar sobre los riesgos y pormenores de la intervención»[95].

A partir de esta dicotomía, las SSTS de 3 de octubre de 2000 y 2 de octubre de 2007, trasladándose a las categorías jurídicas del Derecho privado, comparan la medicina o cirugía curativa con un arrendamiento de servicios (*locatio operarum*) y la curativa con un arrendamiento de obra (*locatio operis*).

> «*Esta distinción, aplicada al campo de la cirugía, ha permitido diferenciar entre una "cirugía asistencial" que identificaría la prestación del profesional con lo que, en el ámbito del Derecho privado, se asocia con la "locatio operarum" y una "cirugía satisfactiva" (operaciones de cirugía estética u operaciones de vasectomía, como la presente) que la identificaría, en el mismo terreno de las relaciones entre particulares, con la "locatio operis", esto es, con el reconocimiento del plus de responsabilidad que, en último caso, comporta la obtención del buen resultado o, dicho con otras palabras, el cumplimiento exacto del contrato en vez del cumplimiento defectuoso (sentencia de la Sala Primera de este Tribunal de 11 de febrero de 1997, núm. 83/1997, Rec. 627/1993).*
>
> *El resultado, en la cirugía satisfactiva, opera como auténtica representación final de la actividad que desarrolla el profesional, de tal suerte que su consecución es el principal criterio normativo de la intervención. Por el contrario, cuando se actúa ante un proceso patológico, que por sí mismo supone un encadenamiento de causas y efectos que hay que abordar para restablecer la salud o conseguir la mejoría del enfermo, la interferencia de aquel en la salud convierte en necesaria la asistencia y eleva a razón primera de la misma los medios que se emplean para conseguir el mejor resultado posible. El criterio normativo aplicable se centra entonces en la diligencia y adecuación en la instrumentación de aquéllos, teniendo en consideración las circunstancias*» (FFJJ 9 y 3 SSTS de 3 de octubre de 2000 y 2 de octubre de 2007).

En todo caso, en los supuestos de medicina satisfactiva también se evalúa el efectivo resultado conseguido y el índice de éxito en el pasado de la técnica empleada. Por ello, en las citadas SSTS de 3 de octubre de 2000 y 2 de octubre de 2007, se descarta la existencia de responsabilidad —por falta de antijuridicidad del daño— en casos en los que la técnica se ha aplicado de forma correcta pero no se ha logrado el efecto pretendido: esterilización mediante vasectomía y ligadura de trompas, respectivamente. En este sentido, en ambos fallos, la sentencia fue desestimatoria, por cuanto el método empleado no tenía una eficacia absoluta, ya que presentaba un determinado índice de fracasos, y se había informado de ello a los reclamantes que, los cuales habían asumido el riesgo de que pudiera no

---

95 FFJJ 9 y 3 SSTS de 3 de octubre de 2000 (núm. rec. 3906/1996 y [*Tol 1717207*]) y de 2 de octubre de 2007 (núm. rec. 9208/2003 y [*Tol 1156845*]).

lograrse el resultado pretendido y la correlativa obligación de soportar que el riesgo se concretase.

En cualquier caso, en este punto —medicina satisfactiva— nos remitimos a lo escrito por MANENT y ALONSO en el cap. 18, dedicado monográficamente a la medicina voluntaria.

III. LA *LEX ARTIS AD HOC* Y LOS PRODUCTOS DEFECTUOSOS

Numerosas reclamaciones de responsabilidad patrimonial de la Administraciones públicas sanitarias están referidas a los daños causados por la utilización o la implantación de productos defectuosos o, también en ocasiones, por la inoculación de determinados medicamentos, incluidas las vacunas[96].

En estos casos, tanto la jurisprudencia como la doctrina del CdE vienen entendiendo que si no concurre un supuesto de quiebra o vulneración de la *lex artis* no se producirá tampoco el surgimiento de responsabilidad patrimonial de la Administración competente por el mero hecho de la administración o la utilización de un medicamento o un producto sanitario.

Así, en relación con la administración de las vacunas del virus del papiloma humano (VPH) y la hepatitis, el CdE ha analizado si tales medicamentos contaban con las correspondientes autorizaciones de comercialización europeas para, a continuación, verificar si concurrían los pertinentes requisitos para apreciar la eventual responsabilidad patrimonial. En tales casos, si el medicamento en cuestión está debidamente autorizado, las reacciones adversas que puedan tener en un determinado paciente o grupo de pacientes no se consideran elemento suficiente para generar la correspondiente responsabilidad.

En este sentido se pronuncia, entre otros, el DCdE de 27 de octubre de 2016:

> *«Las especialidades farmacéuticas —incluidas las vacunas— pueden presentar efectos adversos cuya manifestación efectiva —de producirse— constituye uno de los supuestos en los que la causación del daño viene determinada por la necesidad de evitar un mal mayor, debiendo el administrado soportar el riesgo de los efectos*

---

96 A este respecto, pueden consultarse los DDCdE 1.731/2009, de 10 de diciembre, o 316/2021, de 15 de julio, para la vacuna de la triple vírica y el espectro autista.

adversos. Otra cosa bien distinta es que la concreta prescripción facultativa no fuera correcta, lo que, en su caso, abriría las puertas a otro tipo de reclamaciones»[97].

En relación con productos sanitarios, se han formulado numerosas reclamaciones relativas a dispositivos intrauterinos de contracepción. Estos dispositivos son productos sanitarios que no están sometidos a evaluación ni autorización de comercialización por las autoridades nacionales de los Estados miembros y que circulan libremente en el territorio comunitario, siempre que vayan provistos del marcado CE. Este marcado otorga presunción de conformidad en los productos que lo llevan, de lo que deriva que los Estados miembros no pueden impedir en su territorio la comercialización ni la puesta en servicio de los productos que ostentan el marcado CE, a menos que se demuestre que presentan riesgos para la salud.

En este escenario, la utilización de un producto sanitario con marcado CE ha de considerarse correcta.

Varias reclamaciones de responsabilidad fueron planteadas tras la suspensión temporal del certificado de marcado CE para un determinado producto sanitario de contracepción. Al no disponer de un certificado de marcado CE en vigor, la Agencia Española de Medicamentos y Productos Sanitarios (AEMPS) requirió a la empresa distribuidora en España para que cesase la comercialización del producto y procediera a su retirada del mercado. Igualmente conminó a cesar en su utilización a los centros y profesionales sanitarios que dispusieran del producto en cuestión.

Y en relación con los ya implantados con anterioridad, se analizó por el CdE si se habían producido o no perjuicios concretos y una eventual infracción de la *lex artis ad hoc.*

En este sentido, y teniendo en cuenta los datos y el criterio de la Sociedad Española de Ginecología y Obstetricia sobre la eficacia y la escasa incidencia negativa en la población femenina general de tales dispositivos, varios DDCdE han analizado la eventual responsabilidad de la Administración saniaria[98]. En ellos se ha estudiado la concurrencia y la suficiencia del consentimiento informado prestado, la inexistencia de indicación alguna en cuanto a posibles alergias a los componentes de los dispositivos y la corrección de la técnica seguida en la implantación, para descartar la

---

97 CJ 6 DCdE 666/2016, de 27 de octubre.

98 Entre otros DDCdE, los dictámenes números 389/2018 y 423/2018, ambos de 26 de julio, o 366/2020 de 8 de octubre, se han pronunciado sobre la responsabilidad patrimonial derivada de dispositivos intrauterinos de anticoncepción.

existencia de responsabilidad patrimonial; todo ello sin perjuicio de las acciones legales que las reclamantes en estos casos puedan formular contra el fabricante o productor de los dispositivos[99].

En cualquier caso, no cabe descartar la existencia, en estos supuestos, de una eventual responsabilidad patrimonial, pero no será atribuible a una vulneración de la *lex artis ad hoc*.

De nuevo cabe citar la STS de 21 de diciembre de 2020, conocida como sentencia Ala Octa, en la que se examina un supuesto en el que se producen perjuicios a un paciente como consecuencia de la utilización de un producto sanitario defectuoso, cuya toxicidad es alertada con posterioridad a su aplicación en una intervención quirúrgica.

En esta sentencia, el TS recuerda su jurisprudencia sobre los daños causados por el empleo de productos sanitarios defectuosos en los servicios de salud y concluye que esta únicamente alcanza a los actos médicos *stricto sensu*:

> *«1º. Que pese al carácter objetivo que se proclama de la responsabilidad patrimonial de la Administraciones públicas, la que nos ocupa, la responsabilidad sanitaria, cuenta con un evidente componente subjetivo o culpabilístico, cuyo elemento de comprobación es el ya reiterado del "incumplimiento de la lex artis ad hoc".*
>
> *2º. Que el carácter objetivo de la responsabilidad patrimonial prevista en la normativa citada de consumidores y usuarios (Texto Refundido de la Ley General para la defensa de los consumidores y usuarios) no comprende, ni se extiende, ni abarca a los denominados "actos médicos propiamente dichos", esto es, a las intervenciones quirúrgicas, pues la responsabilidad por los perjuicios, que de ellas pudiesen derivar, vendrá determinada por el "incumplimiento de la lex artis ad hoc". (...).*
>
> *3º. Pero debemos avanzar algo más, con la finalidad de comprobar la doctrina que parece establecer la Sala de instancia, en la que, según se expresa, la responsabilidad patrimonial del Servicio Cántabro de Salud vendría determinada por la utilización del gas tóxico al margen de su aplicación por un acto médico (intervención quirúrgica); esto es, vendría determinada por posibilitar, el Servicio, la utilización del mismo, al margen de que los facultativos que lo aplicaron hubieran cumplido rigurosamente con la lex artis. Es decir, que la responsabilidad patrimonial derivaría del riesgo creado, por el Servicio Cántabro de Salud, al permitir la utilización del gas tóxico en las intervenciones quirúrgicas de desprendimiento de retina»*[100].

La Sala Tercera aprecia que la resolución recurrida en casación se ha situado en una tesis puramente objetiva de la responsabilidad patrimonial sanitaria, interpretación que rechaza por diversas razones:

---

99 DCdE 284/2021, de 15 de julio.

100 FJ STS 1806/2020, de 21 de diciembre (núm. rec. 803/2019 y [*Tol 8291027*]).

> *«A) Porque la competencia para la autorización, homologación y control de los medicamentos y productos sanitarios corresponde, única y exclusivamente, al órgano estatal con competencia para ello, cual es la Agencia Española de los Medicamentos y Productos Sanitarios.*
>
> *No resulta posible la imposición —no puede atribuirse— al Servicio Cántabro de Salud, a modo de culpa in vigilando derivada de una supuesta competencia, complementaria de la competencia estatal de control; esto es, no es exigible un —otro— control autonómico del producto, bien desde la perspectiva de la decisión de adquisición contractual del producto tóxico, bien desde la perspectiva de un supuesto complementario control técnico o médico del producto adquirido, debidamente autorizado y validado por la Agencia Española de los Medicamentos y Productos Sanitarios. (...).*
>
> *Esto es, ningún título de imputación de la responsabilidad patrimonial permite exigir esta del Servicio Cántabro de Salud, bien por algún incumplimiento de las obligaciones derivadas de la legislación de contratos públicos, o bien por la omisión del algún control del producto al que estuviera obligado. Y,*
>
> *B) Porque tampoco resulta posible la imputación con base en el riesgo creado por permitir, el Servicio, la utilización del gas tóxico, pues, la realidad es que el riesgo no deriva de la aplicación del producto defectuoso —del acto médico—, sino de la fabricación del mismo por su productor, así como de la falta de control por la Administración competente para ello, como era la Agencia Española de los Medicamentos y Productos Sanitarios. La utilización del producto —de conformidad con la lex artis—, previa y debidamente autorizado, no creaba riesgo alguno, pues el riesgo derivaba de la defectuosa fabricación o producción del gas tóxico, siendo a esta actuación a la que debe imputarse el perjuicio causado, ya que es, a dicha actuación de incorrecta fabricación, a la que debe imputarse la responsabilidad; y, ello, al margen de la derivada del deficiente control sobre el producto defectuoso llevado a cabo por la Agencia Española de los Medicamentos y Productos Sanitarios.*
>
> *Por todo ello, debemos concluir señalando que la Administración sanitaria —cuyos facultativos realizan correcta y adecuadamente una intervención quirúrgica de conformidad con la lex artis— no debe responder de las lesiones causadas a un paciente como consecuencia de la utilización de un producto sanitario defectuoso, cuya toxicidad se descubre y alerta con posterioridad a su utilización, previamente autorizada por la Agencia Española de Medicamentos y Productos Sanitarios, debiendo la responsabilidad recaer en el productor o, en su caso, en la Administración con competencias para autorizar y vigilar los medicamentos y productos sanitarios, de concurrir las concretas circunstancias necesarias para ello»*[101].

En suma, la postura de la jurisprudencia y de la doctrina legal en estos casos excluye de ordinario la responsabilidad patrimonial sanitaria en sentido estricto. A su vez entiende, en función de las circunstancias en cada caso concurrentes, que cabría exigir la reparación de los perjuicios derivados de la aplicación de un producto defectuoso bien al fabricante, bien al distribuidor, bien a la AEMPS, o, incluso, a todos ellos.

---

101 *Idem.*

En cualquier caso, para obtener un conocimiento más completo de la responsabilidad derivada de intervenciones quirúrgicas esterilizadoras, así como de los daños vacunales y del empleo de productos sanitarios defectuosos, puede leerse lo escrito en esta obra: en primer lugar, por MANENT y ALONSO y GARRIDO en los caps. 18 y 19 (págs. 1304 a 1330 y 1372 a 1386); en segundo término, por RAMOS en el cap. 23; y finalmente por HERNÁNDEZ VILLALÓN, en el cap. 22.

IV. LA PÉRDIDA DE OPORTUNIDAD

Conforme al Diccionario Panhispánico del Español Jurídico, la «pérdida de oportunidad» es la «situación generada por la actividad o la inactividad de la Administración, en virtud de la cual el particular se ve privado de la posibilidad de realizar determinada conducta o de obtener las ventajas de una actuación administrativa que debía haberse producido».

En el ámbito sanitario, la doctrina de la pérdida de oportunidad ha sido acogida por la jurisprudencia, entre otras por la STS de 24 de noviembre de 2009. En esta y otras sentencias la configura «como una figura alternativa a la quiebra de la *lex artis* que permite una respuesta indemnizatoria en los casos en que tal quiebra no se ha producido y, no obstante, concurre un daño antijurídico consecuencia del funcionamiento del servicio (...). [En estos casos] el daño no es el material correspondiente al hecho acaecido (...), sino la incertidumbre en torno a la secuencia que hubieran tomado los hechos de haberse seguido en el funcionamiento del servicio otros parámetros de actuación»[102]. «La doctrina de la pérdida de oportunidad exige que la posibilidad frustrada no puede consistir en una expectativa general, vaga, meramente especulativa o excepcional, ni puede entrar en consideración la doctrina de la pérdida de oportunidad cuando la ventaja médica que podría haberse obtenido fuera simplemente hipotética»[103].

---

102 FJ 2 STS de 24 de noviembre de 2009 (núm. rec. 1593/2008 y [*Tol 1761949*]).

103 FJ 7 STS 1177/2016, de 25 de mayo (núm. rec. 2396/2014 y [*Tol 5735398*]). En esta resolución se consideró una pérdida de oportunidad la falta de práctica de una cesárea tras un primer episodio de bradicardia fetal pues, aun cuando no se podía afirmar con total certeza que, de haberse practicado inmediatamente la cesárea a raíz de ese primer episodio, se hubiera podido evitar la asfixia perinatal que sufrió el niño, lo que sí se podía afirmar con certeza es que era una opción perfectamente indicada al caso, que con un porcentaje de probabilidades muy alto habría evitado o aminorado la situación de asfixia perinatal del feto, y por

En esta línea, la STS de 14 de octubre de 2014, reitera la jurisprudencia conforme a la cual «la pérdida de oportunidad se caracteriza por la incertidumbre acerca de que la actuación médica omitida pudiera haber evitado o mejorado el deficiente estado de salud del paciente, con la consecuente entrada en juego a la hora de valorar el daño así causado de dos elementos o sumandos de difícil concreción, como son el grado de probabilidad de que dicha actuación hubiera producido el efecto beneficioso, y el grado, entidad o alcance de éste»[104].

Por consiguiente, hay dos aspectos esenciales a valorar cuando se intenta demostrar la posible existencia de un supuesto de actuación médica en la que no se han aplicado los medios, modos o formas ordinarios o protocolizados para evitar un perjuicio que, finalmente, se produjo y que podía haberse evitado con carácter previo si se hubiera actuado de forma diferente a como se hizo, pero que no se aplicó en el momento oportuno:

i. El grado de probabilidad de que la actuación médica omitida hubiera podido producir un efecto beneficioso.

ii. El grado, alcance o entidad de éste mismo.

En esta misma línea, el CdE ha entendido que, «de acuerdo con la doctrina de la pérdida de la oportunidad, es necesario que la falta de práctica de las pruebas diagnósticas pautadas privase (...) [al paciente] de legítimas expectativas de curación». También ha señalado que, «siguiendo la doctrina de la pérdida de la oportunidad, la determinación de la indemnización a la que los reclamantes tienen derecho (...) debe tomar en consideración la probabilidad de que el daño que se ha materializado a raíz de cierta actuación sanitaria (...) no se hubiese producido si se hubiesen observado otros parámetros de actuación durante el funcionamiento del servicio»[105]. Por ello, ha señalado que puede «considerarse que ha sido la falta de determinación en un momento anterior de la causa (...) la que ha motivado una postergación de la aplicación a la paciente del tratamiento que requería la

---

ende las severas complicaciones neurológicas que presenta el niño. Aquí radica la pérdida de oportunidad que sufrió el menor, y es consecuencia directa de la decisión terapéutica que adoptaron los ginecólogos y personal sanitario que atendieron el parto.

[104] FJ 7 A) STS de 14 de octubre de 2014 (núm. rec. 2499/2013 y [*Tol 4531718*]).

[105] CCJJ V y VI DCdE 1048/2019, de 6 de febrero.

lesión (…) que realmente sufría, habiendo padecido por ello una pérdida de oportunidad terapéutica»[106].

Siendo objeto del siguiente capítulo la doctrina de la pérdida de oportunidad, desde aquí nos remitimos a lo escrito en el cap. 15 por FLIQUETE.

V. CONCLUSIONES

Como ha quedado expuesto a lo largo del presente capítulo, la *lex artis ad hoc* es uno de los elementos principales que ha de analizarse a la hora de examinar una reclamación de responsabilidad patrimonial de la Administración pública, fundada en el funcionamiento de los servicios sanitarios de su competencia.

La adecuación de la actuación facultativa desplegada en el caso concreto a los estándares de la ciencia médica aplicables permitirá afirmar, en principio, el respeto a la *lex artis* y, por ello, la inexistencia de un título de imputación de responsabilidad patrimonial. Y ello porque cuando, una vez consideradas las circunstancias del caso en su conjunto, la actividad sanitaria se ha desarrollado con arreglo al estado del saber y con aplicación de los medios a disposición del servicio sanitario concreto, el eventual resulta-

---

[106] CJ III DCdE 367/2020, de 3 de diciembre. En este dictamen se recordaba lo siguiente: «En este punto conviene tener en cuenta la Sentencia del Tribunal Supremo de 6 de febrero de 2018, que recuerda lo declarado sobre la doctrina de la pérdida de oportunidad en la de 27 de septiembre de 2011, en los siguientes términos: "… la doctrina de la pérdida de oportunidad ha sido acogida en la jurisprudencia (…) configurándose como una figura alternativa a la quiebra de la lex artis que permite una respuesta indemnizatoria en los casos en que tal quiebra no se ha producido y, no obstante, concurre un daño antijurídico consecuencia del funcionamiento del servicio. Sin embargo, en estos casos, el daño no es el material correspondiente al hecho acaecido, sino la incertidumbre en torno a la secuencia que hubieran tomado los hechos de haberse seguido en el funcionamiento del servicio otros parámetros de actuación, en suma, la posibilidad de que las circunstancias concurrentes hubieran acaecido de otra manera. En la pérdida de oportunidad hay, así pues, una cierta pérdida de una alternativa de tratamiento, pérdida que se asemeja en cierto modo al daño moral y que es el concepto indemnizable. En definitiva, es posible afirmar que la actuación médica privó al paciente de determinadas expectativas de curación, que deben ser indemnizadas, pero reduciendo el montante de la indemnización en razón de la probabilidad de que el daño se hubiera producido, igualmente, de haberse actuado diligentemente"» (CJ IV).

do lesivo que pudiera generarse al paciente no tendrá la consideración de antijurídico. *A sensu contrario*, si se incurre en una infracción de la *lex artis*, los daños podrán considerarse antijurídicos.

La responsabilidad patrimonial sanitaria es una de las que genera un mayor número de reclamaciones cada año en nuestro país. El análisis de las memorias que publican los diferentes consejos consultivos así lo atestigua.

La intervención de la Administración consultiva en este tipo de expedientes ha de considerarse, en línea con nuestra jurisprudencia constitucional, una garantía al servicio de los administrados, en la medida en que implica la intervención de organismos de carácter eminentemente técnico, no insertos en la estructura de la administración activa, cuyo funcionamiento está dotado de la necesaria objetividad y calidad.

Como es obvio, la Administración consultiva carece de conocimientos médicos en sentido estricto, pero al emitir sus dictámenes tienen en cuenta —como no podía ser de otra manera— la realidad médica que sirve de sustento a las reclamaciones de responsabilidad patrimonial[107]. De otro modo, esto es, si la Administración consultiva no entrara a valorar la actuación sanitaria cuestionada por los usuarios del servicio, resultaría imposible dilucidar si existe (o no) un título de imputación de responsabilidad patrimonial a la Administración y si, correlativamente, el particular tiene derecho (o no) a percibir una indemnización compensatoria.

Bibliografía

BAUZÁ MARTORELL, Felio José (2016): «Presunción de culpa. La deducción de negligencia en la responsabilidad patrimonial de la Administración» *Revista de Administración Pública*, núm. 201

BLANQUER CRIADO, David (2020): *La responsabilidad patrimonial en tiempos de pandemia (los poderes públicos y los daños por la crisis de la COVID-19)*, Tirant lo Blanch, Valencia

BOURDEAU, G. (1970): *L'État*, Editions du Seuil, París

FERNÁNDEZ Tomás-Ramón (2021): «Sobre la discutida naturaleza objetiva de la responsabilidad patrimonial de la Administración», *Revista de Administración Pública*, núm. 216

107 Véanse, a este respecto, las consideraciones efectuadas en el DCdE 537/2020, de 26 de noviembre de 2020, consideración III, a resultas de una previa devolución de antecedentes y la respuesta dada a ésta por Jefe de la Inspección de Servicios Sanitarios y Prestaciones del Servicio Extremeño de Salud.

CUETO PÉREZ, Miriam (1997): *Responsabilidad de la Administración en la asistencia sanitaria,* Tirant lo Blanch, Valencia

DE FUENTES BARDAJÍ, Joaquín et alii (2009): *Manual sobre responsabilidad sanitaria,* Aranzadi, Cizur Menor (Navarra)

DE MONTALVO JÄÄSKELÄINEN, Federico (2019): *Menores de edad y consentimiento informado,* Tirant lo Blanch, Valencia

GARCÍA DE ENTERRÍA, Eduardo (1956): *Los principios de la nueva Ley de Expropiación Forzosa,* Civitas, Madrid, pág. 175 (2ª ed.), en 1984 y antes en *Anuario de Derecho Civil,* 1955)

GARCÍA DE ENTERRÍA, Eduardo (2003): «El principio de la "responsabilidad de los poderes públicos" según el artículo 9.3 de la Constitución y la responsabilidad patrimonial del Estado legislador», *Revista Española de Derecho Constitucional,* año 23, núm. 67

GALÁN VIOQUE, Roberto (2001): *La responsabilidad del Estado legislador,* CEDECS, Barcelona

GALLARDO CASTILLO, María Jesús (2021): *Administración sanitaria y responsabilidad patrimonial,* Colex, *La Coruña*

GARRIDO MAYOL, Vicente (2004): *La responsabilidad patrimonial del Estado. Especial referencia a la responsabilidad del Estado legislador,* Tirant lo Blanch, Valencia

GÓMEZ PUENTE, Marcos (1994): *«Responsabilidad por inactividad de la Administración», Documentación Administrativa,* núm. 237-238

GÓMEZ PUENTE, Marcos (2002): *La inactividad de la Administración,* Aranzadi, Cizur Menor (Navarra)

GONZÁLEZ PÉREZ, Jesús (2006): *Responsabilidad patrimonial de las Administraciones Públicas,* Civitas, Madrid

GUERRERO ZAPLANA, José (2004): *Las reclamaciones por la defectuosa asistencia sanitaria,* Lex Nova, Valladolid (4ª ed.)

HURTADO DÍAZ-GUERRA, Isabel (2018): *El daño moral en la responsabilidad patrimonial sanitaria,* Tirant lo Blanch, Valencia

LOCKE, Jonh (1690): *Two treatises on Civil Government.* Awnsham Churchill, Londres

MARTÍN REBOLLO, Luis (2007): «Fundamento y función de la responsabilidad de Estado: situación actual y perspectivas», en MORENO MARTÍNEZ, Juan Antonio (coord.), *La responsabilidad civil y su problemática actual,* Dykinson, Madrid

MARTÍNEZ-CALCERRADA GÓMEZ, Luis (1986): «Especial estudio de la denominada "lex artis ad hoc" en la función médica», *Actualidad Civil,* núm. 23

MARTÍNEZ-CARDÓS RUIZ, José Leandro (2005): *Temas de responsabilidad, Cap. I, Un poco de historia en materia de responsabilidad del Estado,* Escuela de Práctica Jurídica de la Universidad Complutense de Madrid, Madrid

PANTALEÓN PRIETO, Fernando (1994): «Los anteojos del civilista: Hacia una revisión del régimen de responsabilidad patrimonial de las Administraciones Públicas», *Documentación Administrativa,* núm. 237-238 [illegible] responsabilidad de la Administración [illegible] Tirant lo Blanch, Valencia.

[illegible] Manual sobre [illegible] Cizur Menor (Navarra).

[illegible] Tirant lo Blanch, Valencia.

[illegible]

[illegible] (1995), «El principio de la [illegible] de los poderes públicos según el artículo 9.3 de la Constitución [illegible]», *Revista Española de Derecho* [illegible]

[illegible]

[illegible] *Administración* [illegible]

[illegible] Tirant lo Blanch, Valencia.

[illegible] *Responsabilidad patrimonial* [illegible]

[illegible] *La responsabilidad de la Administración* [illegible] Cizur Menor (Navarra).

[illegible]

[illegible]

[illegible] Tirant lo Blanch, Valencia.

[illegible]

[illegible] función de la responsabilidad [illegible], en [illegible]

[illegible] artículo [illegible] en la Constitución [illegible]

[illegible] Madrid.

[illegible] «Los anteojos del civilista: hacia una revisión del régimen de la responsabilidad patrimonial de las Administraciones Públicas», *Documentación Administrativa*, núm. 237-238 [illegible]

Capítulo 15

La teoría de la pérdida de oportunidad en la responsabilidad patrimonial sanitaria

Enrique Fliquete Lliso
Vicepresidente del Consell Jurídic Consultiu de la Comunitat Valenciana
Profesor asociado de Derecho Constitucional de la Universitat de València

I. GARANTÍA PATRIMONIAL

«El principio de responsabilidad patrimonial es uno de los pilares más importantes del derecho, y en particular del derecho público, por cuanto que protege a los ciudadanos que actúan correctamente en su vida cotidiana de los daños y perjuicios que puedan sufrir como consecuencia de las acciones ajenas provenientes, bien de otros ciudadanos, bien de los poderes públicos»[1].

Por ello, no es de extrañar que el art. 106.2 de la Constitución (CE) establezca la determinación constitucional sobre la responsabilidad de la Administración por los daños que cause a los particulares el funcionamiento de los servicios públicos. Este precepto —y su interpretación por el Tribunal Constitucional (TC)— constituyen el punto de partida para la concreción de la teoría general sobre el derecho al resarcimiento. Sobre esta cuestión no puede perderse de vista que, como ha señalado la STC 112/2018, de 17 de octubre, «el tenor del artículo 106.2 [CE] supone la recepción constitucional del sistema de responsabilidad de la Administración previamente vigente en España, cuyo carácter objetivo venía siendo ampliamente aceptado por la doctrina y la jurisprudencia»[2].

Pues bien, desde tal mención del art. 106.2, CE se advierte la necesaria concurrencia de una lesión en los bienes o derechos de los particulares, correlativa al funcionamiento de la Administración, que ha de ser causa de tal lesión. Se requiere, por lo tanto: un daño, una actuación de los servicios públicos y un nexo causal entre ambos.

Adicionalmente, la dicción textual del art. 106.2 CE consagra un «derecho a ser indemnizado», en los términos establecidos por la ley. Es por ello que el derecho tiene, por así afirmarlo el constituyente, configuración legal. Sin embargo, la determinación del concreto ámbito del derecho, objeto, límites y su propia configuración, deben respetar los elementos esenciales, en el caso que nos ocupa, de la responsabilidad patrimonial sanitaria. Así, de acuerdo con el art. 106.2 CE, la afirmación del derecho a ser indemnizado en «toda lesión que sufran en cualquiera de sus bienes o derechos» implica no excluir ninguna lesión sufrida por el particular, en los bienes de los que resulte titular o en sus derechos, entre los cuales se encuentra el derecho a la protección de la salud ex art. 43 CE.

1) Derecho a la protección de la salud

El derecho a la protección de la salud es un principio rector del cap. III del Título I de la Constitución, y tiene, por así preverlo el art. 53.3 CE, na-

---

1 GARRIDO MAYOL, Vicente (2004): *La responsabilidad patrimonial del Estado. Especial referencia a la responsabilidad del Estado legislador,* Tirant lo Blanch, Valencia, pág. 53.

2 FJ 5 STC 112/2018, de 17 de octubre (núm. rec. 95/2018 y [*Tol 6887748*]).

turaleza de principio informador de la actuación de los poderes públicos y la legislación positiva, que deberán reconocerlo, respetarlo y protegerlo. Complementariamente, este precepto requiere de la existencia de una legislación de desarrollo del derecho a la protección de la salud para poder ser invocado ante la jurisdicción ordinaria.

La lectura conjunta de las previsiones constitucionales del art. 53.3 CE permite afirmar la existencia de una obligación de regular a través de ley el derecho a la protección de la salud y, además, una obligación de actuar, que incumbe a los poderes públicos, para el respeto y la protección del meritado derecho.

Tal previsión, general, respecto a todo el cap. III, se hace explícita en el texto constitucional, con relación al derecho a la protección de la salud, en el art. 43, ap. 2º, por cuanto dota de contenido al citado derecho al materializarlo en términos prestacionales: compete a los poderes públicos organizar y tutelar la salud pública a través de las «prestaciones y servicios necesarios». Se trata así de una obligación, aparentemente incondicionada, que se impone a los poderes públicos, para la protección integral de la salud con todos los medios que sean necesarios para ello. Sin embargo, ni su contenido es ilimitado, ni sus titulares son quienes se encuentren en España.

A. Contenido

El art. 43.2 CE hace explícita una obligación de medios, inicialmente ilimitada, ya que exige que la Administración tutele la salud con todas las prestaciones y servicios que para ello sean necesarios. Esa amplitud del término «necesarios», obliga a la determinación del concepto «necesarios», que deberá deslindarse del concepto «no necesarios».

La realidad es que no existen prestaciones o servicios innecesarios, pues si lo fuesen, no tendrían como finalidad la tutela de la salud pública. No caben, por tanto, exclusiones por innecesaridad, sino por falta de cumplimiento de la finalidad a la que se obliga la Administración, la protección de la salud. Por esta razón, estos medios quedarían fuera del contenido del derecho, no por resultar innecesarios sino por ser ajenos al mismo. En consecuencia, todo medio que resulte adecuado para tutelar la salud pública sería una «prestación o servicio necesario», y *a priori*, debería ser puesto a disposición del ciudadano por parte de los poderes públicos.

B. Titulares

El art. 43 CE identifica al titular del derecho a la protección de la salud con carácter universal. De esta forma se reconoce el derecho de forma general, y sin limitación subjetiva, en el art. 43.1 CE. Igualmente, en el último inciso del art. 43.2 CE se difiere a la regulación mediante ley de los derechos y obligaciones que forman parte del derecho a la protección de la salud, «de todos». La expresión «todos» se debe entender, por tanto, como la afirmación universal del derecho de acceso a las prestaciones y servicios necesarios para la tutela de la salud pública por parte de los poderes públicos, sin exclusión ni diferencias de trato.

Precisamente, la igualdad que se desprende del «todos», y del principio general de reconocimiento del derecho a la protección de la salud, tiene su enlace en el principio de igualdad jurídica del art. 14 CE y en su cualificación como derecho fundamental[3]. De esta manera, una interpretación conjunta de los arts. 43 CE y 14 CE veta toda desigualdad en el ejercicio de los derechos que se determinan en las leyes de desarrollo dimanantes del derecho a la protección de la salud[4].

---

3 La igualdad de todos en la atención sanitaria también queda establecida en el art. 3.2 de la Ley 14/1986, de 25 de abril, General de Sanidad (LGS), el cual prescribe que «la asistencia sanitaria pública se extenderá a toda la población española. El acceso y las prestaciones sanitarias se realizarán en condiciones de igualdad efectiva».

4 El término «todos», establecido en el art. 43.1 CE, es delimitado en la Ley 16/2003, de 28 de mayo, de cohesión y calidad del Sistema Nacional de Salud (LSNS). Esta norma, que es la que determina las bases para la asistencia sanitaria en España, con cargo a fondos públicos, a través del Sistema Nacional de Salud (SNS), circunscribe el derecho de «todos» a la protección de la salud, reconocido en el art. 43.1 CE, a aquellas personas que ostenten la condición de asegurado. El Tribunal Constitucional (TC), respecto a dicha norma afirma que la misma «cumple con la doble exigencia de ser formal y materialmente básica, pues se encuentra recogida en una norma con rango de ley y tal determinación ha sido considerada por la doctrina de este Tribunal como materialmente básica» (FFJJ 5 y 4 SSTC 136/2012, de 19 de junio, núm. rec. 2810/2009 [*Tol 2583515*], y 63/2017, de 25 de mayo, núm. rec. 414/2013 [*Tol 6197272*]). Asimismo, el TC ha sentado, en relación con la ampliación del ámbito de cobertura subjetivo de las prestaciones sanitarias a través de normas autonómicas, que tal previsión vulnera el ámbito competencial del Estado ex artículo 149.1.16 CE por contravenir las bases del Estado. Para el TC, contravenía el art. 149.1.16º CE el reconocimiento, efectuado por la Ley 7/2016, de 21 de junio, de la Asamblea de Extremadura, de «las prestaciones sanitarias a las personas extranjeras no registradas ni autorizadas como residentes en España y con residencia efectiva en la Comunidad Autónoma de

Pero, también, atendida la dimensión general del derecho a la protección de la salud, este derecho deberá cumplir con la exigencia de igualdad que predica el art. 139.1 CE al prohibir la existencia de desigualdades por razones territoriales. Así, el art. 139 CE expresa que «todos los españoles tienen los mismos derechos y obligaciones en cualquier parte del territorio del Estado». Este mandato tiene especial trascendencia dado el reparto competencial en materia de prestaciones sanitarias, y las disparidades que pueden producirse por el diferente alcance de los desarrollos autonómicos y capacidades de gestión y asignación de recursos en cada Comunidad Autónoma[5].

Para evitar una desigual atención sanitaria en función de cada Administración sanitaria autonómica, en sendas normas básicas se reconoce el contenido mínimo del derecho a la protección de la Salud y se crea el Sistema Nacional de Salud.

C. Administraciones sanitarias

A este respecto, el sistema competencial español en materia sanitaria tiene una conformación dual en la cual inciden: por un lado, las competencias autonómicas relativas a la sanidad e higiene que hayan sido asumidas por las Comunidades Autónomas (CCAA) a partir del art. 148.1. 21.ª CE; y por otro, la competencia exclusiva del Estado sobre las bases y coordinación general de la sanidad de conformidad con el art. 149.1.16ª CE.

Extremadura, que no tuvieran la condición de aseguradas ni de beneficiarias del Sistema Nacional de Salud y que no pudieran exportar el derecho a cobertura sanitaria en el Sistema Nacional de Salud desde sus países de origen, ni existiera un tercero obligado a pago. [Para el TC] (...), lo que llevaba a efecto esta norma era una ampliación de la cobertura sanitaria en el ámbito subjetivo de las prestaciones no contemplado por la normativa estatal, que (...) incluía entre los sujetos que tenían la condición de asegurados a los extranjeros titulares de una autorización para residir en territorio español, pero no a los que no estaban registrados ni autorizados como residentes en España» (FJ 2 STC 2/2018, de 11 de enero, núm. rec. 2002/2017 y [*Tol 6494600*]).

5 En relación con las competencias autonómicas en materia de sanidad el art. 12 LGS afirma que «los poderes públicos orientarán sus políticas de gasto sanitario en orden a corregir desigualdades sanitarias y garantizar la igualdad de acceso a los Servicios Sanitarios Públicos en todo el territorio español, según lo dispuesto en los artículos 9.2 y 158.1 de la Constitución».

Ambos preceptos deben unirse, por la cualidad de derecho prestacional del derecho a la protección de la salud, así como por la competencia exclusiva del Estado *ex* art. 149.1.1ª CE para la regulación de las condiciones básicas en el ejercicio de los derechos, en aras a garantizar la igualdad de todos los españoles en una igual atención sanitaria. Es por ello que el Estado asume la facultad —obligación— de asegurar en todo el territorio nacional, un mínimo igualitario de vigencia y aplicación para el disfrute de las prestaciones sanitarias, que proporcione unos derechos comunes a todos los ciudadanos[6].

El marco legislativo básico habilitado por el art. 43.2 CE, en relación con el art. 149.1.16ª CE, tiene su primera referencia en la Ley 14/1986, de 25 de abril, general de sanidad (LGS). La LGS es una norma estatal de alcance general, que parte del reconocimiento del derecho a obtener las prestaciones del sistema sanitario a todos los ciudadanos y a los extranjeros residentes en España. También establece los principios y criterios del sistema sanitario para que tenga unas características generales y comunes en todo el territorio del Estado.

Así, tal y como establece la LGS, la finalidad de las actuaciones de los poderes públicos en materia de sanidad, entre otras, será garantizar la asistencia sanitaria en todos los casos de pérdida de la salud (art. 6.4). A tal efecto reconoce, entre otros, los siguientes derechos: a la asignación de un médico (art. 10.7°); a la obtención de los medicamentos y productos sanitarios que se consideren necesarios para promover, conservar o restablecer su salud (art. 10.14°); al diagnóstico y tratamiento en los servicios de atención primaria y en los servicios especializados hospitalarios (art. 15.1); y a

---

6 Respecto de la igualdad de todos los españoles en la protección de la salud, el TC entiende que «la Constitución no sólo atribuye al Estado una facultad, sino que le exige que preserve la existencia de un sistema normativo sanitario nacional con una regulación uniforme mínima y de vigencia en todo el territorio español (...), sin perjuicio, bien de las normas que sobre la materia puedan dictar las Comunidades Autónomas en virtud de sus respectivas competencias, dirigidas, en su caso, a una mejora en su ámbito territorial de ese mínimo común denominador establecido por el Estado, bien de las propias competencias de gestión o de financiación que sobre la materia tengan conforme a la Constitución y a los Estatutos. Y se lo exige cuando en el art. 149.1.16 CE le atribuye las bases en materia de "sanidad", para asegurar el establecimiento de un mínimo igualitario de vigencia y aplicación en todo el territorio nacional en orden al disfrute de las prestaciones sanitarias, que proporcione unos derechos comunes a todos los ciudadanos» (FFJJ 7 y 3 SSTC 98/2004, de 25 de mayo, núm. rec. 1297/1997 [*Tol 409916*], y 22/2012, de 16 de febrero, núm. rec. 5560/2006 y [*Tol 2447511*]).

las acciones curativas y rehabilitadoras en atención primaria integral de la salud, la asistencia sanitaria especializada asistencia domiciliaria, la hospitalización y la rehabilitación y a la prestación de los productos terapéuticos precisos (art. 18).

Ello va a obligar a homogeneizar los servicios y prestaciones mínimas en todo el territorio español, como así se prevé en la Ley 16/2003, de 28 de mayo, de cohesión y calidad del Sistema Nacional de Salud (LSNS). En la actualidad esta garantía de mínimos está amparada por el «Catálogo de prestaciones del Sistema Nacional de Salud», dentro del cual están comprendidos los servicios diagnósticos, terapéuticos y rehabilitadores (art. 7) y también la «Cartera común de servicios del Sistema Nacional de Salud», definida en el art. 8 LSNS.

De acuerdo con el art. 8 LSNS, la cartera común de servicios del SNS es el «conjunto de técnicas, tecnologías o procedimientos, entendiendo por tales cada uno de los métodos, actividades y recursos basados en el conocimiento y experimentación científica, mediante los que se hacen efectivas las prestaciones sanitarias».

A mayor abundamiento, el contenido básico de la cartera común —la cartera común básica— comprende todas las actividades asistenciales de prevención, diagnóstico, tratamiento y rehabilitación que se realicen en centros sanitarios, así como el transporte sanitario urgente (art. 8 *bis* LSNS). Esta cartera común básica tiene por finalidad garantizar la continuidad asistencial bajo un enfoque multidisciplinar centrado en el paciente y «la máxima calidad y seguridad en su prestación».

En consecuencia, el derecho a la prestación sanitaria se configura como una obligación de medios impuesta a la Administración sanitaria, a la que se le puede exigir una adecuada atención, al configurarse como un derecho, y cuya omisión supondrá una hipotética que debe ser resarcida si de tal omisión se desprende un daño[7]. Ahora bien, no toda omisión de medios se puede considerar que genera una lesión en los bienes o derechos del paciente. La omisión debe ser relevante y deberá guardar una relación directa con el daño que se hubiese causado con dicha omisión. En ese momento, es cuando surge el deber de la Administración sanitaria de responder.

---

[7] La consideración del derecho a la protección de la salud como una obligación de medios ha sido reconocida, entre otras, por las SSTS de 21 diciembre de 2012, de la Sala de lo Contencioso-administrativo (núm. rec. 4229/2011 y [*Tol 2722733*]) y de 4 de junio de 2013 (núm. rec. 2187/2010 y [*Tol 3775438*]).

2) Responsabilidad patrimonial sanitaria

Como se acaba de señalar, la asunción de una obligación de medios a partir de un catálogo de prestaciones constituye la génesis del derecho a recibir tales prestaciones. Ahora bien, el derecho la asistencia sanitaria queda supeditado a un requisito objetivo, la existencia de circunstancias clínicas del paciente. Se conjuga, pues, con dichas actividades y medios asistenciales, el derecho a la correcta asistencia por parte de los profesionales sanitarios, la cual comprende el diagnóstico y tratamiento adecuados a cada patología. Es lo que se conoce como el derecho a una atención sanitaria ajustada a la *lex artis ad hoc*[8]. De esta forma la adecuación del diagnóstico y el tratamiento que determina el personal sanitario acompaña al derecho a la prestación de los servicios diagnósticos, terapéuticos y rehabilitadores que fuesen necesarios.

La pauta de corrección de la actuación del profesional sanitario se referencia así, tanto en el conocimiento y la formación de tales profesionales, como también en el cumplimiento de los protocolos médicos de actuación[9]. Es «el estado de los conocimientos de la ciencia» que prevé el art. 34 LRJ para excluir el derecho al resarcimiento de los daños causados.

---

8 En opinión de DE LAS HERAS, desde el punto de vista de la actividad que deben desplegar los profesionales en general, «la lex artis se halla compuesta por aquellos usos, costumbres y prácticas profesionales en constante desarrollo de obligatoria observancia en toda actividad profesional, viniendo a conformar una general reglamentación perfectamente compatible con el principio de legalidad consagrado en el art. 25 CE y a la que una cláusula general o en blanco (p. ej., el actuar conforme a las exigencias de la bona fide dentro del orden profesional) podría, en su caso reenviar». DE LAS HERAS GARCÍA, Manuel Ángel (2005): «Lex artis, onus probandi y responsabilidad médica», *Revista Jurídica Región de Murcia*, núm. 36, Colegio de Abogados de la Región de Murcia, pág. 22.

9 En relación con el papel de los protocolos médicos como criterio de actuación ajustada a la *lex* artis, el Tribunal Superior de Justicia (TSJ) de Galicia sostiene que los protocolos constituyen un límite para la apreciación de responsabilidad patrimonial de la administración. En este sentido mantiene que los protocolos remiten al «estado de la ciencia» del art. 34.1 LRJ (antes art. 141.1 de la Ley 30/1992, de 26 de noviembre, de régimen jurídico de las Administraciones Públicas y del procedimiento administrativo común, LRJPAC-92). En particular, en un recurso contencioso-administrativo derivado de una reclamación de responsabilidad patrimonial sanitaria, afirmó que «no se *había* demostrado que esta actuación médica fuese contraria a los protocolos de actuación (...). [Por ello, denegó la indemnización reclamada, porque] la actuación común y habitual en estos casos fue la adoptada por los facultativos, sin que se *hubiera* demostrado que su actuación contraviniese los protocolos de actuación médica, por mucho que el resultado final *hubiera pues-*

Artículo 34.1 LRJ. Indemnización
«No serán indemnizables los daños que se deriven de hechos o circunstancias que no se hubiesen podido prever o evitar según el estado de los conocimientos de la ciencia o de la técnica existentes en el momento de producción de aquéllos».

Al sistema sanitario, como garante de los derechos prestacionales del art. 43.1 CE, le es exigible la puesta a disposición de todos los medios necesarios para la eficacia del derecho a la protección de la salud, dentro de los límites propios del sistema y en el marco del catálogo de prestaciones y la cartera de servicios que normativamente le corresponde cumplir. Dentro de tales medios, se debe incluir la actuación de los profesionales sanitarios, que debe ejercerse conforme a las técnicas vigentes en función del conocimiento de la práctica sanitaria (*lex artis*). En este sentido, las limitaciones de la ciencia médica, obviamente, determinan el límite de la obligación de medios que se impone tanto al sistema como a los profesionales de la salud, operando tal limitación como exención de la responsabilidad —o más concretamente, de la indemnización— de conformidad con el art. 34.1 LRJ.

De esta forma, el sistema de responsabilidad patrimonial sanitaria requiere un incumplimiento de las obligaciones de medios exigibles a la administración, tanto por falta de prestación, como por una prestación deficiente o alejada de los parámetros de la ciencia médica. A tal efecto, deberá tomarse en consideración la existencia de un estándar técnico mínimo, que se conforma a partir de las reglas de la experiencia[10]. Y tal

---

to de manifiesto que la indicación de otras pruebas diagnósticas hubiesen podido dar lugar a someter al paciente a otro tipo de intervención sin tener que practicar la punción vesical de la que derivaron los daños por los que reclama en este procedimiento (...). [En definitiva, para la Sala delo Contencioso-Administrativo, no procedía indemnizar al recurrente, ya que] no se *había* practicado ninguna prueba que nos *dijera* que la ciencia médica y los protocolos de actuación médica elaborados por las sociedades científicas aconsejasen otro tipo de pruebas y otro tipo de intervención para la clínica que presentaba el paciente» (FJ 4 STSJ de Galicia 144/2016, de 2 de marzo, núm. rec. 366/2015 y [*Tol 5679551*]). En términos similares se ha pronunciado la STSJ de Murcia 327/2017, de 29 de septiembre (núm. rec. 260/2015 y [*Tol 6388431*]).

10 En relación con el estándar medio exigible a la Administración sanitaria, «tampoco cabe olvidar que en relación con (...) [la] responsabilidad patrimonial es doctrina jurisprudencial consolidada la que, entiende que la misma es objetiva o de resultado, de manera que lo relevante no es el proceder antijurídico de la Administración, sino la antijuridicidad del resultado o lesión aunque, como hemos declarado igualmente en reiteradísimas ocasiones es imprescindible que exista nexo causal entre el funcionamiento normal o anormal del servicio público y el

premisa es la propia para la determinación de la existencia de una pérdida de oportunidad.

3) Pérdida de oportunidad

La existencia de un estándar mínimo de cumplimiento vendrá determinada, bien por así preverlo el conocimiento técnico exigible al profesional sanitario, bien por quedar dispuesto —en términos probabilísticos— en los protocolos clínicos, o bien por comprender la puesta a disposición de los medios (prestaciones y servicios) que la normativa establece. Pues bien, este umbral mínimo va a exigir que su omisión o su cumplimiento defectuoso causen la pérdida de la oportunidad de haber recibido una atención adecuada. Y si tal pérdida se concreta en la oportunidad de haber mejorado de una dolencia, o de no haber empeorado una patología preexistente, la oportunidad perdida es un daño en sí mismo, con independencia de que exista, o no, un daño directo por la omisión del estándar mínimo de cumplimiento. Así lo ha reconocido la STS de 3 de diciembre de 2012:

> «*La pérdida de oportunidad se caracteriza por la incertidumbre acerca de que la actuación médica omitida pudiera haber evitado o mejorado el deficiente estado de salud del paciente con la consecuente entrada en juego a la hora de valorar el daño así causado de dos elementos o sumandos de difícil concreción, como son el grado de probabilidad de que dicha actuación hubiera producido el efecto beneficioso, y el grado, entidad o alcance de éste mismo*»[11].

De esta forma, el concepto de probabilidad supone la frustración de expectativas —inciertas pero probables— de mejoría que existirían de haber actuado de forma adecuada ante una determinada dolencia. Ahora bien, de una parte, las expectativas de mejoría deben ser reales y, de otra parte, tal frustración debe tener su causa en una actuación no adecuada. Esta conducta-praxis consistirá en la omisión de una conducta médica acorde con los estándares del conocimiento, y prestada con los medios necesarios, según las condiciones y circunstancias del paciente existentes en el momento de la actuación médica.

En síntesis, en la pérdida de oportunidad, el «denominador común» es un «daño [que] no es el material correspondiente al hecho acaecido

---

resultado lesivo o dañoso producido» FJ 7 STS de 27 de septiembre de 2011, de la Sala de lo Contencioso-Administrativo (núm. rec. 6280/2009 y [*Tol 2248302*]).

11 FJ 4 STS de 3 de diciembre de 2012, de la Sala de lo Contencioso-Administrativo (núm. rec. 815/2012 y [*Tol 2709483*]).

(empeoramiento de la enfermedad, agravación de sus condiciones o fallecimiento) sino la incertidumbre en torno a la secuencia que hubieran tomados los hechos de haberse seguido en el funcionamiento del servicio otros parámetros de actuación»[12].

Ahora bien, queda, pues, extramuros de la pérdida de oportunidad, la revisión de aquellas actuaciones médicas que no pudieron aplicarse por no advertirse su idoneidad atendidas las circunstancias del paciente en el momento de la atención, o de las que excediesen de las necesarias según su sintomatología. Por ello, si existe una patología oculta que solo se aprecia con el devenir de la enfermedad, y ésta no es advertida por los conocimientos y medios adecuados que están al alcance del profesional sanitario, no podría hablarse de una actuación incorrecta y, por ello, no cabría afirmar la génesis de responsabilidad. La prohibición de «vía de regreso» a la que ha hecho referencia MALDONADO en el cap. 3 (págs. 208 a 212), implica que la calificación de la adecuación de la actuación de los profesionales sanitarios debe realizarse según la sintomatología del paciente en el momento en que se despliega tal actuación. Siguiendo a BLANQUER puede afirmarse:

> «*Deberá realizarse un análisis retrospectivo, una especie de visión de los acontecimientos a través de un espejo retrovisor, que permita evaluar la situación en la que se encontraba el paciente al momento de demandar la atención sanitaria, para después estar en condiciones de determinar las probabilidades de conseguir la mejora o curación de la patología que presentaba. Sólo entonces se está en disposición de precisar la proporción estimativa de esta posibilidad puesta en comparación con otras alternativas que hubieran podido producirse*»[13].

Asimismo, las posibilidades de curación frustradas deben ser hipotéticas pero probables. Si no se hubiesen frustrado con la actuación médica inadecuada o no existiese posibilidad de curación o mejoría —o ésta fuese ínfima— no existiría pérdida de oportunidad. Visto desde el ángulo inverso, tampoco cabría apreciar responsabilidad patrimonial si el daño causado no fuese hipotético sino directo, es decir, si la actuación médica incorrecta es causa directa e inmediata del daño sufrido, sin opción a que se abra el umbral de las probabilidades de no curación o mejoría.

---

12 GALLARDO CASTILLO, María Jesús (2021): *Administración sanitaria y responsabilidad patrimonial,* Colex, La Coruña, pág. 103.

13 BLANQUER CRIADO, David (2020): *La responsabilidad patrimonial en tiempos de pandemia (Los poderes públicos y los daños por la crisis de la COVID-19),* Tirant lo Blanch, Valencia, pág. 476.

En consecuencia, se debe partir de la existencia de un actuar correcto —*lex artis ad hoc*— objetivado, del cual se pueda establecer una probabilidad cierta y real de curación o mejoría, y la correlativa infracción de tal actuar que impide alcanzar tal probabilidad. Implica, así, que los procedimientos médicos deberán seguir un estándar mínimo de adecuación, dirigidos a la mejoría o la curación del paciente, a partir de datos empíricos, lo suficientemente contrastados, como para poder afirmar con certeza que con su aplicación el paciente podrá mejorar o curar de su patología, aunque la evidencia sobre tal mejoría o curación real sea probable, pero hipotética.

II. INCERTIDUMBRE Y PÉRDIDA DE OPORTUNIDAD

La pérdida de oportunidad se fundamenta, básicamente, en la incertidumbre. Incertidumbre: sobre si un determinado tratamiento médico omitido hubiese mejorado la situación del paciente; sobre si la Administración de un fármaco diferente habría sido favorable en su evolución; sobre si la práctica de unas pruebas que no se realizaron habría determinado un diagnóstico correcto de la enfermedad y, por tanto, las mayores posibilidades de mejoría del paciente, etc. «Se trata, más precisamente, de una solución que, en situaciones de incertidumbre, impone multiplicar el porcentaje (estimativo) de probabilidad causal por el valor total del daño»[14].

1) Incertidumbre

En esencia, la pérdida de oportunidad consiste en la falta de certeza sobre el resultado que se habría obtenido en la salud del paciente si se hubiesen utilizado los medios que dejaron de emplearse. Ahora bien, «la incertidumbre en los resultados es consustancial a la práctica de la medicina»[15]. Por eso, junto a tal incertidumbre, se precisa la existencia de otras actuaciones médicas teóricamente más beneficiosas que no se llevaron a cabo. Dicho con otras palabras, la incertidumbre sobre la supervivencia o recuperación o mejora de la salud debe estar asociada a la certeza sobre el actuar incorrecto por parte de la Administración sanitaria, aunque tal inco-

---

[14] MEDINA ALCOZ, Luis (2018): *La responsabilidad proporcional como solución a la incertidumbre causal*, Civitas, Cizur Menor (Navarra), pág. 16.

[15] FJ 7 STS de 20 de noviembre de 2012, de la Sala de lo Contencioso-Administrativo (núm. rec. 4598/2011 y [*Tol 2689553*]).

rrección no sea causa directa del resultado final, sino de la pérdida de las posibilidades de mejoría del paciente.

«Se produce así una situación de coexistencia de un elemento de certeza y un elemento de incertidumbre. Lo primero, en cuanto que de no haber interferido en el curso causal de los acontecimientos la acción de un tercero, la víctima habría conservado la oportunidad o chance de obtener un beneficio o de evitar una pérdida o perjuicio. Lo segundo, en cuanto que, aun sin la interferencia del tercero y, por tanto, aun manteniéndose incólume la situación, no puede garantizarse a ciencia cierta que el resultado final no se hubiera producido, puesto que, si así fuera, ya no estaríamos en presencia de una "perdida de oportunidad" sino ante un supuesto de responsabilidad patrimonial con derecho a una indemnización plena»[16].

Por ello se ha dicho que «la pérdida de oportunidad o chance constituye una zona gris limítrofe entre lo cierto y lo incierto, lo hipotético y lo seguro»[17]. Transita, pues, la perdida de oportunidad, en el limbo sobre lo que pudo ser y no fue, no sobre lo que efectivamente ha ocurrido. Ahora bien, la incertidumbre debe trasladarse tanto al daño causado —que necesariamente es diferente a las consecuencias directas de las actuaciones médicas desarrolladas— como al nexo causal entre la mala praxis médica y el daño sufrido —pues la causa no tiene como efecto el estado final del paciente sino la hipótesis de haber podido obtener un mejor resultado o de haber sufrido un menor daño—.

Por otro lado, la oportunidad perdida de mejorar tiene un marcado carácter probabilístico y requiere de una concreción individual: tanto sobre las posibilidades generales de mejoría, las cuales deben desprenderse desde el ámbito de lo puramente estadístico; como respecto del estado de salud del paciente, previo y coetáneo o posterior a la actuación médica que, teóricamente, debería resultar más beneficiosa.

2) Abuso

No son todo halagos para la doctrina de la pérdida de oportunidad. Sus detractores reprochan «que con esta doctrina se abre paso a la indemnización sistemática en la responsabilidad patrimonial médica donde, por

16 GALLARDO CASTILLO, María Jesús (2021): *Administración sanitaria y responsabilidad patrimonial,* op. cit. pág. 112.

17 GALÁN CORTÉS, Julio César (2005): *Responsabilidad civil médica,* Civitas, Madrid, pág. 343.

definición, cualquier error o deficiencia implica una pérdida de oportunidad, salvo que pueda acreditarse por los Servicios Sanitarios que el daño responde a circunstancias ajenas a la asistencia (lo que parece encubrir una inversión velada de la carga de la prueba)»[18].

La pérdida de oportunidad se ha convertido en un «concepto-válvula» que cobija reclamaciones por responsabilidad sanitaria carentes de encaje en la teoría general de la responsabilidad[19]. En este sentido, HURTADO afirma que asistimos «a un verdadero "boom" de la Pérdida de Oportunidad»[20]. MEDINA va más allá y la califica como una «anomalía que la Ciencia normal del Derecho de daños no acierta a resolver»[21]. Entre otros factores, han contribuido al abuso de la doctrina de la pérdida de oportunidad, la falta de relación directa entre la actuación sanitaria y el daño causado (nexo de causalidad) y la inexistencia de un daño real, sino sólo probable (normalmente anclado en el concepto de daño moral), característicos de esta doctrina[22].

---

18 HURTADO DÍAZ-GUERRA, Isabel (2018): *El Daño Moral en la Responsabilidad Patrimonial Sanitaria, op. cit.* pág. 259.

19 XIOL RÍOS, Juan Antonio (2010): «El daño moral y la pérdida de oportunidad», *Revista Jurídica de Catalunya*, núm. 1, pág. 20.

20 HURTADO DÍAZ-GUERRA, Isabel (2018): *El daño moral en la responsabilidad patrimonial sanitaria*, Tirant lo Blanch, Valencia, pág. 257.

21 MEDINA ALCOZ, Luis (2007): *La teoría de la pérdida de oportunidad. Estudio doctrinal y jurisprudencial de derecho de daños público y privado*, Civitas, Madrid, pág. 399. Este autor también ha denunciado el recurso a de la pérdida de oportunidad con el fin de indemnizar menos de lo que se debería, «en contra de lo que podría ser nuestra intuición judicial, con una doctrina que nos suena a que es la intervención de un daño nuevo, para que se repare algo más añadido de lo que venía reparándose ya antes». MEDINA ALCOZ, Luis (2012): «La teoría de la pérdida de oportunidad», *Revista Española de la Función Consultiva*, núm. 16, pág. 98.

22 GALLARDO considera que, para evitar un uso abusivo de la teoría de la pérdida de oportunidad, «deben ser tenidos en cuenta, al menos, tres factores: en primer lugar (…) la inconveniencia de realizar una interpretación *a posteriori* de los signos y síntomas que presenta un paciente y llegar a una conclusión en función de la evolución de la patología. Esta ha de realizarse al tiempo de su manifestación (…). En segundo lugar, no se puede cuestionar el diagnóstico inicial por la evolución posterior, dada la dificultad que entraña acertar con el correcto, puesto que, sabido es, hay sintomatología de las que participan varias patologías, por lo que, a pesar de haber puesto todos los medios existentes a disposición de la recuperación de la salud del paciente, en un elevado porcentaje existe un margen de error independientemente de las pruebas que se realicen (…). En tercer lugar, no solo porque ontológicamente resultan excluyente entre si, sino porque supondría indemnizar dos veces por el mismo padecimiento, es necesario elegir cuál

Desde este punto de vista, y con el fin de reconducir la pérdida de oportunidad a sus justos términos, puede afirmarse que estas dos notas —la ausencia de nexo causal y el daño probable— determinan: en sentido negativo, la inaplicabilidad de las pautas ordinarias de responsabilidad patrimonial; y en sentido positivo, la creación de una construcción doctrinal que permite el resarcimiento en términos de incertidumbre.

En cualquier caso, es importante distinguir entre pérdida de oportunidad terapéutica y pérdida de oportunidad desde el punto de vista jurídico, porque la pérdida de oportunidad empleada en el ámbito sanitario no tiene los mismos contornos que en el ámbito forense. Así, por ejemplo, las listas de espera pueden llevar a considerar que el agravamiento de una patología fue debido, desde el punto de vista clínico, a una pérdida de oportunidad de minorar los efectos de una enfermedad, sin que ello conlleve el derecho a ser resarcido en concepto de responsabilidad patrimonial sanitaria. «Todo ello, sin perjuicio de su reprobabilidad social y política, por escasez de medios para la prestación del servicio público (es decir, a pesar de existir una pérdida de oportunidad terapéutica, no habría pérdida de oportunidad en sentido jurídico, al faltar el necesario requisito de la antijuridicidad del daño»[23].

3) Crítica

Como se ve, no todo son bondades para con este criterio de imputación probabilística. La teoría de la pérdida de oportunidad también tiene sus detractores, los cuales sostienen que su admisibilidad requeriría una innovación normativa.

Se ha dicho que el reconocimiento de daños hipotéticos, inciertos o eventuales atenta contra el requisito de la efectividad de la lesión a que hace referencia el art. 32 de la Ley 40/2015, de 1 de octubre, de régimen jurídico del sector público (LRJ).

---

de las dos posibilidades se revela como resultado dañoso generado por la mala praxis: o la frustración de las posibilidades de obtención de la ventaja pretendía o el daño concreto consistente en el resultado final». GALLARDO CASTILLO, María Jesús (2021): *Administración sanitaria y responsabilidad patrimonial,* Colex, La Coruña, pág. 106.

[23] HURTADO DÍAZ-GUERRA, Isabel (2018): *El daño moral en la responsabilidad patrimonial sanitaria, op. cit.* pág. 257.

También hay quienes entienden que la teoría de la *chance* puede llegar a encubrir inversiones de la carga de la prueba porque esta doctrina abre la puerta a indemnizaciones sistemáticas, en un ámbito como el sanitario, en el que cualquier error o deficiencia puede dar lugar a una pérdida de oportunidad. Complementariamente se reprocha la infracción de los arts. 1101 y 1902 del Código Civil por exigir la prueba de la falta de nexo causal, en vez del causante del daño al que pudo haberlo sido.

4) Causa, daño e infracción de la lex artis

Teniendo en cuenta la tendencia al abuso de la teoría de la pérdida de oportunidad y la crítica por falta de reconocimiento legal, es necesario realizar un detenido análisis de la pérdida de oportunidad en el ámbito sanitario, a los efectos de individualizar cuáles son los elementos imprescindibles para apreciar su existencia y encaje en la doctrina general de la responsabilidad patrimonial.

Pues bien, tanto la doctrina como jurisprudencia asumen pacíficamente que la pérdida de oportunidad debe suponer:

i. En el plano de la causalidad: la inexistencia de un daño derivado directamente de una deficiente prestación sanitaria, ya que, de ser así, estaríamos ante un daño real y efectivo, que no requeriría de la aplicación de la doctrina sobre la «pérdida de oportunidad».

ii. En el plano del daño: la inexistencia de un daño efectivo que sea consecuencia directa de una actuación médica, sino tan solo probable.

En nuestra opinión, en el plano de la antijuridicidad, la pérdida de opción de un tratamiento adecuado debe partir de una mala praxis, la cual se traduce en una atención inadecuada frente a la que sería correcta de conformidad con la *lex artis*. Por ello entendemos —y así lo justificaremos en el epígrafe dedicado a los elementos de la pérdida de oportunidad— que la quiebra de la *lex artis* es también nota característica de la teoría de la pérdida de oportunidad.

Así, según nuestro parecer, toda infracción de la *lex artis* es una oportunidad perdida para mejorar o no empeorar la salud, y debe reputarse como mala praxis a efectos de la doctrina de la pérdida de oportunidad. Se exceptuarían aquellos casos en que la mala práctica no incida en el estado del paciente, o que, a pesar de incidir en su salud, la situación basal del enfermo no permita una mejoría, incluso desplegando todos los conocimientos y medios sanitarios posibles. En estos casos, la deficiencia asistencial carece tanto de nexo causal como de daño, pues éste se produce con independencia de la vulneración de la *lex artis*. De esta manera puede decirse que la inadecuada asistencia sanitaria es inocua para la génesis del daño.

En resumen, salvando esta última situación —inadecuada asistencia sanitaria inocua— entendemos que en todos los casos de infracción de la *lex artis*, existirá una pérdida de oportunidad. Ello es así porque, ante una concreta patología, la actuación del facultativo puede, bien mejorar el estado del paciente, bien empeorarlo, o bien no tener trascendencia alguna en el desarrollo de la enfermedad. Además, son muy pocos los supuestos en los que la actuación médica no tenga ningún efecto —positivo o negativo— en la salud del enfermo. La actuación médica, aunque sólo sea para mitigar los efectos de una patología o a minorar las dolencias o padecimientos de un paciente, debe procurar una mejoría, aun sin suponer un avance terapéutico.

III. ORIGEN

«La doctrina de la pérdida de oportunidad (en ocasiones también denominada Teoría de la *Chance*) responde a una construcción jurisprudencial y doctrinal que carece de soporte normativo alguno y que tiene su origen entre los siglos XIX y XX, en el derecho francés (*perte d'une chance*), e inglés (*loss of a chance of recovery*), introduciéndose posteriormente en EEUU, Canadá e Italia»[24]. De modo análogo a la teoría del incremento del riesgo y la prueba por presunciones, nace con la finalidad de relajar la prueba del nexo causal entre un daño y su causante[25].

En este sentido LUNA afirma que «la doctrina de la pérdida de oportunidad es un instrumento de facilitación probatoria de creación jurisprudencial cuya consolidación en el derecho de daños y, en particular, en la responsabilidad civil médico-sanitaria es, en buena medida, mérito del Pro-

---

[24] *Ibidem* pág. 254.

[25] Como exponen en el cap. 21 MANENT y TAJUELO (págs. 1518 a 1521), la teoría del incremento del riesgo surge como pauta para estimar aquellas demandas por contagio, como consecuencia de una transfusión de sangre, de los virus de inmunodeficiencia humana (VIH) y de la hepatitis C (VHC), sin necesidad de probar la relación de causalidad entre el contagio y la transfusión, por el mero hecho de suponer la misma un incremento del riesgo. La prueba por presunciones permite tener por cierto un hecho desconocido (hecho presunto), a partir de otro (hecho probado), sirviéndose de máximas de experiencia. De este modo se salva la dificultad probatoria del nexo causal entre daño y causante del daño.

fesor Joseph H. KING, quien en un trabajo pionero apuntó la necesidad de estudiar la causalidad en conexión con el proceso de identificación y determinación del valor del interés destruido (*Valuation*)»[26].

En nuestro ordenamiento jurídico la pérdida de oportunidad, como construcción jurídica, comienza a invocarse en los años 50 del siglo XX en supuestos de responsabilidad civil de los abogados por pérdida de oportunidad procesal. Tres décadas después es asumida por la jurisprudencia y doctrina legal en relación con el error de diagnóstico y diagnóstico tardío. En concreto, la doctrina suele hacerse eco: en la jurisdicción ordinaria, de la STS de 10 de octubre de noviembre de 1998, y en la jurisdicción contencioso-administrativa de la SAN de 16 de junio de 1999[27].

IV. ELEMENTOS DE LA PÉRDIDA DE OPORTUNIDAD EN EL ÁMBITO SANITARIO

La pérdida de oportunidad «se presenta como una herramienta multifunción que igual se utiliza para paliar la incertidumbre causal (conectándose con la relación causal), que la incertidumbre en cuanto a la praxis (en

---

26 LUNA YERGA, Álvaro (2005): «oportunidad perdida», *Indret*, pág. 3. *Cfr.* KING, Joseph H. (1981): «Causation, Valuation and Chance in Personal Injury Torts Involving Preexisting Conditions and Future Consequences», *Yale Law Journal*, vol. 90, núm. 1353. Adicionalmente, LUNA señala que «si bien los mayores desarrollos provienen recientemente del derecho de daños, la doctrina se originó en el derecho de contratos», en concreto a partir de la sentencia del Tribunal de Apelación de Inglaterra y Gales *Chaplin vs. Hicks* de 13 de mayo de 1911. En ella se indemnizó a una de las cincuenta finalistas de un concurso de belleza que no pudo optar a uno de los doce premios al no haberle sido notificado el día de celebración de la final. En el ámbito de la responsabilidad médico-sanitaria LUNA cita como *leading case* la sentencia del Tribunal de Apelación del Cuarto Circuito de 27 de octubre de 1966 en la que una mujer, Carol Greitens, falleció a causa de una obstrucción intestinal que fue diagnosticada de manera errónea como gastroenteritis». *Idem.*

27 La SAN de 16 de junio de 1999 (núm. rec. 310/1998 y [*Tol 5243888*]), sin necesidad de mencionar la doctrina de la pérdida de oportunidad, rechazó, en un caso de fallecimiento de un neonato, que «un seguimiento más cercano de la paciente durante el lapso de tiempo (...) [que permaneció en la madre en servicio de urgencias del Hospital Severo Ochoa de Leganés], incluso un diagnóstico correcto, no garantizaban la vida del feto, pero [estimó el recurso contra el Ministerio de Sanidad y Consumo porque] *era* evidente que hubiera situado al feto ante la posibilidad de nacer con vida, al menos en el porcentaje probable manejado por las estadísticas para este tipo de patologías (mortalidad del 50%)» (FJ 6).

relación con la antijuridicidad), o incluso la incertidumbre sobre el daño causado» (conectándose con la lesión)[28]. Estos son los tres elementos que singularizan la doctrina de la pérdida de oportunidad y a ellos nos referimos a continuación.

1) Nexo causal

Uno de los elementos de la responsabilidad patrimonial sanitaria es el nexo causal de la actuación médica con el daño infringido[29]. Como es sabido, «las teorías clásicas o tradicionales [de la relación de la causalidad, como la casualidad adecuada o la equivalencia de condiciones,] (...) se construyen en torno a un esquema binario que sólo admite dos conclusiones: "verdad o falsedad"»[30]. Sin embargo, «la controversia sobre la relación

---

28 HURTADO DÍAZ-GUERRA, Isabel (2018): *El daño moral en la responsabilidad patrimonial sanitaria, op. cit.* 257.

29 Para LUNA, la pérdida de oportunidad (*loss of chance doctrine*) —junto con la causalidad directa (*all or nothing approach*) y la teoría del riesgo (*increase risk of harm*)— son las tres formas de abordar los interrogantes que plantea el nexo causal. En efecto, según este autor, ante la falta de certeza sobre el nexo causal entre el daño y su causante, tres son los criterios adoptados por la jurisprudencia: el todo o nada, el incremento del riesgo y la pérdida de oportunidad. Según la regla del todo o nada (*all or nothing approach*), la problemática relativa al nexo causal se reduce a dos opciones: o existe un nexo causal directo y exclusivo o no existe relación de causalidad. En el primer supuesto el causante del daño deberá responder de todo el daño infligido a una persona, en el segundo, no. En segundo lugar, de acuerdo con la teoría del incremento del riesgo (*increase risk of harm*), «no es necesario que el nexo causal concurra con matemática exactitud» (FJ 2 STS 504/2003, de 27 de mayo, de la Sala de lo Civil, núm. rec. 2837/1997 y [*Tol 4928575*]). Es perfectamente posible sostener que, con base en esta teoría, que no siempre es necesario llevar el requisito del nexo causal a sus últimas consecuencias, así como que en determinadas ocasiones, el deber de resarcimiento puede surgir como consecuencia de una negligencia humana de la que se deriva: bien un incremento del riesgo superior al habitual (*increase risk of harm*); bien una imposibilidad de alcanzar un resultado más beneficioso (*sustancial possibility of achievement a more favorable outcome*). Finalmente, también es posible concluir, en los casos de incertidumbre causal, que una determinada actuación —a partir de máximas de experiencia— priva a un tercero de un beneficio (*loss of chance*). *Cfr.* LUNA YERGA, Álvaro (2005): «oportunidad perdida», *Indret*, núm. 2, pág. 2.

30 BLANQUER CRIADO, David (2020): *La responsabilidad patrimonial en tiempos de pandemia (Los poderes públicos y los daños por la crisis de la COVID-19), op. cit.* pág. 473. Según advierte BLANQUER, «mientras que la teoría de la equivalencia de condiciones o de la causalidad adecuada buscan en el pasado el fundamento fáctico

de causalidad tampoco se puede encerrar siempre en el esquema binario y radical del "todo o nada"[31]. En la actualidad, y con fundamento en la "teoría de una oportunidad real, seria y consistente", se admite además un punto intermedio en el que, aunque no se logra acreditar plenamente la existencia de relación de causalidad, hay derecho a una indemnización parcial en proporción al suficiente grado de probabilidades del nexo que se ha demostrado»[32].

Así, «la responsabilidad proporcional rompe el sistema binario (verdadero/falso, responsabilidad total/exoneración total) inherente a las cláusulas resarcitorias generales (...). Fundamenta indemnizaciones que estas rechazan y, a su vez, recorta indemnizaciones que habrían de ser plenas, según las cláusulas indicadas. Ante probabilidades causales inferiores al 50% y superiores al 10 o 25%, la responsabilidad proporcional compensa parcialmente a la victima. En cambio, las cláusulas resarcitorias generales rechazan la certeza del nexo causal y toda obligación de indemnizar. Ante probabilidades causales superiores al 50% e inferiores al 75 o 90%, la primera sigue indemnizando a la víctima en la medida de la probabilidad

---

del nexo entre la actuación administrativa y el resultado lesivo ("juicio retrospectivo"), la teoría de la pérdida de una oportunidad real y seria busca ese vínculo causal a través de una hipótesis sobre los que habría ocurrido en el futuro ("juicio prospectivo" o vaticinio de futuro». *Ibidem* 476.

31 l sistema binario parte de la teoría del estándar de la probabilidad preponderante. «Conforme a él, la hipótesis sobre un hecho resulta aceptable cuando es más probable que cualquiera de las hipótesis rivales sobre el mismo hecho, siempre que dicha hipótesis resulte más probable que no. Ello implica: (i) una hipótesis con probabilidad media o positiva (>50%) es lógicamente preferible a las hipótesis alternativas con probabilidad inferior o negativa (<50%); (ii) una hipótesis no podrá aceptarse, aunque cuente con un mayor nivel de confirmación que sus iguales, si su probabilidad es negativa (<50%), esto es, si es verosímilmente más falsa que verdadera; y (iii) si compiten varias hipótesis con probabilidad positiva (>50%), debe reputarse aceptable la dotada del mayor nivel de probabilidad». A la teoría de la probabilidad preponderante MEDINA anuda, en caso de duda sobre si en el caso concreto se supera o no el umbral de probabilidad preponderante, una regla de cierre favorable a quien esté en peor condición para demostrar. En su opinión, «en caso de duda (...), debe quitar[se] la razón a quien, estando en mejores condiciones de probar, no ha proporcionado los elementos de juicio que quizá habrían inclinado la balanza su favor». MEDINA ALCOZ, Luis (2018): *La responsabilidad proporcional como solución a la incertidumbre causal, op. cit.* págs. 29 y 32.

32 *Ibidem* 475.

causal. Sin embargo, las segundas conducen a declarar la certeza del nexo causal y la responsabilidad total»[33].

Por ello, como afirma MEDINA, la teoría de la pérdida de oportunidad es «la solución menos mala» pues de lo contrario quedarían sin resarcir muchos daños, con la consecuente contribución a la creación de una sensación colectiva de injusticia[34].

Pues bien, «la doctrina de la pérdida de oportunidad nace como técnica para intentar solventar las dificultades de prueba del nexo causal en casos de incertidumbre, mediante el reparto del peso de esa falta de certeza entre la parte causante del daño y la perjudicada»[35]. Para ello parte de una causalidad probabilística.

A. Causalidad probabilística

En los supuestos de pérdida de oportunidad el nexo causal se asocia a la tesis de la causalidad probabilística, entendida posibilidad de que el actuar de la Administración haya podido influir en el daño finalmente sufrido. De hecho, lo que caracteriza a la pérdida de oportunidad es la inexistencia de conexión entre el resultado final en la salud del paciente y la actuación de la Administración sanitaria. «De ahí que para algún sector de la doctrina la definición de pérdida de oportunidad pueda considerarse una "mentira técnica", un artilugio jurídico que no deja de ser una quiebra a la tradicional exigencia (...) de un nexo causal entre el hecho y el daño producido»[36].

---

33 MEDINA ALCOZ, Luis (2018): *La responsabilidad proporcional como solución a la incertidumbre causal, op. cit.* pág. 86.

34 MEDINA ALCOZ, Luis (2009): «La Doctrina de la Pérdida de Oportunidad en los dictámenes del Consejo de Castilla-La Mancha», *Revista Jurídica de Castilla-La Mancha*, núm. 47, pág. 50.

35 HURTADO DÍAZ-GUERRA, Isabel (2018): *El daño moral en la responsabilidad patrimonial sanitaria, op. cit.* pág. 257. Para HURTADO el reparto de esta falta de certeza entre el la Administración sanitaria y el reclamante se realiza «rebajándose los estándares ordinarios de prueba [de suerte que] la primera responde sólo en la medida en que ha intervenido en la causación del daño y en proporción a la incidencia de su actuación en el menoscabo, y la segunda es indemnizada por un daño —aunque de forma parcial— que, de otra forma, quedaría indemne». *Ibidem* págs. 257 y 258.

36 GALLARDO CASTILLO, María Jesús (2021): *Administración sanitaria y responsabilidad patrimonial, op. cit.* pág. 108.

El nexo de causalidad en el ámbito de la oportunidad de mejoría perdida se identifica con la *chance* de la que no se ha dispuesto —se ha perdido— para conseguir un hipotético mejor resultado en salud del paciente, de haberse actuado conforme a la adecuada praxis médica. De este modo, el daño causalmente imputable al servicio público sanitario no es el daño en sí mismo, sino la pérdida de expectativas que el paciente no tiene el deber de soportar. En definitiva, la causalidad probabilística consiste en valorar si la actuación médica ha sido la causa de la privación de tales expectativas de curación o mejoría[37].

El nexo de causalidad no se advierte, pues, de forma directa respecto a un daño efectivo. Por este motivo, puede afirmarse que la actividad dañosa viene determinada por una la actuación médica inadecuada que despliega sus efectos en el ámbito de la hipótesis de probabilidad de mejoría o curación de haberse seguido la *lex artis ad hoc*. Tal probabilidad es, por tanto, el daño causado susceptible de resarcimiento, y debe tener causa, necesaria, en el actuar inadecuado del profesional sanitario. No obstante, y precisamente por fundarse en un nexo causal predeterminado por unos elementos probabilísticos, las posibles distorsiones —en forma de disolución o de disfunción— en el nexo causal son tanto mayores cuanto menor sea la certidumbre sobre la curación o mejoría del paciente.

B. Disolución del nexo causal

Cuando de la determinación objetiva de la pauta adecuada de actuación médica no puedan desprenderse unos resultados de mejoría o curación del paciente en términos de certidumbre o de probabilidad relevante, la menor certeza sobre el resultado diluye el nexo causal. Lo disminuye proporcionalmente hasta hacerlo desaparecer cuando solo sean expectativas estadísticamente poco significativas. Alcanza así relevancia la actuación médica no realizada —o mal realizada— en la efectividad de la misma —

---

37 Respecto de la causalidad probabilística, propia de la pérdida de oportunidad, el TS afirma que esta doctrina «incide sobre el nexo causal y, conforme a ella, no es el fallecimiento en sí mismo, sino la pérdida de expectativas, en este caso, de supervivencia el daño causalmente imputable al servicio público sanitario que la actora no tiene el deber de soportar, pues aunque la obligación médica es de medios y no de resultados, el paciente tiene derecho a que se le proporcionen los medios que la ciencia médica establece como adecuados para su padecimiento» (FJ 8 D STS 407/*2020*, de 14 de mayo 2020, de la Sala de lo Contencioso-Administrativo, núm. rec. 407/2020 y [*Tol 7947621*]).

en términos de resultados—, pues el nexo causal requerirá, para que la oportunidad perdida tenga un enlace causal con la actuación médica, que tal efectividad exista y esté contrastada.

Junto a la «disolución» del nexo causal, se debe resaltar la existencia de posibles disfunciones con capacidad de quebrar el nexo causal o, cuanto menos, condicionarlo de forma relevante.

C. Disfunciones en el nexo causal

Las disfunciones del nexo causal vienen determinadas por el estándar objetivo de actuación ante una determinada patología al que nos referiremos en el siguiente subapartado. En este sentido puede decirse que las disfunciones desdibujan la relación causal de la pérdida de oportunidad con el acto médico. El planteamiento de la cuestión exige el análisis de los elementos que sirven para establecer cuándo una actuación médica es adecuada.

a) Actuación médica adecuada

La actuación médica adecuada parte de unas máximas de actuación que aplican los conocimientos técnicos —estado de la ciencia—, en un momento y circunstancias concretas. A mayor abundamiento, tales máximas de actuación serán las que confirmen la corrección médica a partir de unos resultados que cuantifican —estadísticamente— las posibilidades de mejoría o curación que con tal actuación —o protocolo médico— se ha obtenido. De esta manera la corrección de la actuación médica se obtiene a partir de los resultados conseguidos y de la cuantificación de riesgos que pueden ser asumidos.

No obstante, la objetivación de las actuaciones sanitarias no alcanza a toda la casuística que implica cada decisión médica. El porcentaje estadístico de éxito se determina *ceteris paribus*, y las posibles complicaciones se analizan a partir de un muestreo, lo suficientemente significativo como para poder ser integrado en el conjunto de riesgos propios —o razonables— del tratamiento. Sin embargo, los factores propios y exclusivos de cada paciente rompen el enlace casuístico entre la opción médica objetivamente correcta y la probabilidad de mejoría o curación[38]. Ello es así, puesto que el

[38] Entre otros, son factores propios y exclusivos de cada paciente, la edad, sintomatología, otras patologías previas o concurrentes ya sean conocidas o desconocidas,

estándar medio de actuación no puede tener en consideración la totalidad de las circunstancias de cada paciente. Y, por ello, la probabilidad de curación o mejoría no puede ser establecida de modo categórico o absoluto ni, por tanto, la pérdida de oportunidad tiene un enlace casual cierto y preciso ante toda omisión de la *lex artis ad hoc.*

b) Otras circunstancias ajenas a la actuación médica

Las consecuencias de una actuación médica inadecuada no tienen su causa únicamente en la actuación médica. En toda asistencia y seguimiento médico concurren circunstancias que son ajenas al tratamiento, ora la participación de otros profesionales, ora la propia actuación del paciente en el cumplimiento de las pautas médicas. En efecto, la pérdida de oportunidad *strictu sensu* requeriría de un nexo causal aséptico, no contaminado por otras circunstancias. Y tal asepsia resulta virtualmente imposible.

Por ello, la actuación médica no ajustada a la *lex artis* no necesariamente supondrá la pérdida de oportunidad de curación o mejoría, y, desde luego, no será la misma para cada paciente, ni podrá configurarse a partir de elementos probabilísticos generales. Además, dicha incertidumbre se traslada tanto al daño resarcible como, y especialmente, al nexo de causalidad, pues la alteración de una sola variable en el momento de la actuación médica altera a su vez el nexo causal con la pérdida de oportunidad resarcible. La actuación médica incorrecta pudo, o no, causar la pérdida de la oportunidad de mejoría o curación, pues sólo si las constantes que se toman en consideración para determinar la corrección de un acto médico —y la probabilidad estadística de mejoría que dicho acto supone—, son las mismas en un paciente concreto que no recibió ese tratamiento adecuado, podría llegar a afirmarse el nexo causal entre tal actuación médica y pérdida de oportunidad cuantificada en el porcentaje objetivo de éxito del tratamiento o acto médico. La alteración de tales circunstancias afecta, pues, al nexo casual.

Resumiendo, si bien la pérdida de oportunidad exige que exista una actuación contraria a la *lex artis*, sin embargo, no toda actuación médica inadecuada supone pérdida de oportunidad. Aunque en abstracto pueda afirmarse que la actuación no realizada es idónea para conseguir un resul-

---

reacciones alérgicas, constitución física, antecedentes familiares, tratamientos ya seguidos con anterioridad, metabolismo, genética, etc.

tado beneficioso, esta idoneidad descansa en unos factores y circunstancias que no necesariamente concurren en todos los pacientes.

Cuanto antecede determina la importancia de la prueba del nexo causal, así como de la indagación de sus posibles quiebras. En este sentido, a modo de ejemplo, son pautas útiles para establecer el necesario nexo causal entre actuación médica y daño infringido:

i. La corrección de la actuación médica.

ii. La indagación, a partir de los conocimientos técnicos exigibles al facultativo y de la existencia de protocolos médicos, de la actuación médica adecuada.

iii. Las probabilidades de curación o mejora y los riesgos evitables en caso de haberse seguido una actuación médica correcta.

iv. Los elementos sobre los que descansa el dato estadístico de mejora o curación.

v. La influencia de la situación personal del paciente en la obtención de los resultados beneficiosos.

vi. Situación del paciente y circunstancias que pueden minimizar el éxito o la falta de eficacia de la actuación médica adecuada.

vii. Los riesgos propios para el paciente concreto.

viii. La intervención de terceros profesionales en el tratamiento.

ix. La participación del perjudicado en el fracaso de los resultados probables

2) Mala praxis médica

Como dijimos en el segundo epígrafe, relativo a la incertidumbre, para reconocer una responsabilidad patrimonial por perdida de oportunidad se requiere la omisión de una actuación médica correcta o, al menos, más correcta de la que se realizó. Frente a algunas posiciones doctrinales y jurisprudenciales que propugnan la irrelevancia de la mala praxis médica a los efectos de aplicar la doctrina de pérdida de oportunidad, lo bien cierto es que, en nuestra opinión, sin una infracción de la *lex artis* no puede haber responsabilidad patrimonial, ni directa, ni por vía de la pérdida de oportunidad. Entendemos que no puede haber pérdida de oportunidad sin mala praxis porque privar paciente de una expectativa de curación es, en esencia, una actuación incorrecta desde el punto de vista médico y, por tanto, no ajustada a la *lex artis.*

En efecto, como veremos en el penúltimo epígrafe, dedicado a la casuística, la infracción de la *lex artis* se puede desplegar, entre otros, en los siguientes ámbitos:

i. Por un error en el diagnóstico correcto que impidió el tratamiento más adecuado a la dolencia del paciente.

ii. Por la no realización o realización tardía de pruebas diagnósticas para valorar el mejor tratamiento;

iii. Por la no utilización de los medios médicos que estaban a disposición de la Administración sanitaria (medicación, intervención quirúrgica, tratamientos clínicos, etc.) que impidieron la mejoría del paciente, o que, incluso, causaron su empeoramiento. «Aunque la obligación médica es de medios y no de resultados, el paciente tiene derecho a que se le proporcionen los medios que la ciencia médica establece como adecuados para su patología»[39].

iv. Por un error asociado al tratamiento, ya sea del tratamiento elegido, ya sea en el modo en que este es aplicado, ya sea por omisión de un tratamiento alternativo.

Todas estas infracciones pueden reunirse en torno a la aplicación de medios para la obtención de un resultado. Así lo indican, entre otras, las SSTS de 16 de marzo de 2005, 7 de marzo de 2007, de 20 de marzo de 2007 y 26 de junio de 2008[40].

> *«A la Administración no es exigible nada más que la aplicación de las técnicas sanitarias en función del conocimiento de la práctica médica, sin que pueda sostenerse una responsabilidad basada en la simple producción del daño, puesto que en definitiva lo que se sanciona en materia de responsabilidad sanitaria es una indebida aplicación de medios para la obtención del resultado, que en ningún caso puede exigirse que sea absolutamente beneficioso para el paciente»*[41].

Pues bien, la calificación de la actuación sanitaria como obligación de medios conduce a la necesidad de determinar: en un primer momento, cuándo una praxis es inadecuada —por acción u omisión— a partir de la

---

39 FJ 8 D) STS 407/2020, de 14 de mayo 2020, de la Sala de lo Contencioso-Administrativo (núm. rec. 407/2020 y [*Tol 7947621*]).

40 FFJJ 3 SSTS de la Sala de lo Contencioso-Administrativo de 16 de marzo de 2005 (núm. rec. 3149/2001 y [*Tol 657093*]), 20 de marzo de 2003 (núm. rec. 7915/2003 y [*Tol 1050754*]) y 26 de junio de 2008, (núm. rec. 4429/2004 y [*Tol 1340324*]).

41 FJ 3 STS de 26 de junio de 2008, de la Sala de lo Contencioso-Administrativo (núm. rec. 4429/2004 y [*Tol 1340324*]).

valoración de los medios sanitarios de los que dispone la Administración para una determinada patología; y posteriormente, y si tales medios han sido, efectivamente, desplegados.

Obviamente, en la concreción de la inadecuación de las técnicas sanitarias deberá estarse a cada supuesto concreto y también a las circunstancias del conocimiento médico en el momento de la prestación asistencial. No cabe pues sino exigir un estándar racional de medios sanitarios-conocimientos médicos[42] con exclusión de aquellos tratamientos experimentales ajenos al sistema público ordinario, o que requieran de unos conocimientos extraordinarios o superiores a los exigibles en la práctica médica ordinaria[43]. En cualquier caso, normalmente, la observancia o inobservancia de un determinado protocolo médico será el parámetro a tener en cuenta para apreciar la actuación conforme a la *lex artis* o su infracción.

---

42 La limitación del deber de corrección de la actuación sanitaria en atención de un estándar racional de medios disponibles es reconocida por la práctica totalidad de tribunales superiores de justicia (TSJ) en infinidad de sentencias. Entre ellas se encuentra la STSJ de la Comunitat Valenciana 369/2015, de 21 de mayo, de la Sala de lo Contencioso-Administrativo, (núm. rec. 99/2013 y [*Tol 5406733*]). De acuerdo con la misma, la actuación conforme a la *lex artis* consiste en un «criterio de normalidad de los profesionales sanitarios que permite valorar la corrección de los actos médicos y que impone al profesional el deber de actuar con arreglo a la diligencia debida. [Para la Sala de lo Contencioso-Administrativo,] este criterio es fundamental pues permite delimitar los supuestos en los que verdaderamente puede haber lugar a responsabilidad exigiendo que no sólo exista el elemento de la lesión sino también la infracción de dicha lex artis; de exigirse sólo la existencia de la lesión se produciría una consecuencia no querida por el ordenamiento, cuál sería la excesiva objetivación de la responsabilidad al poder declararse la responsabilidad con la única exigencia de la existencia de la lesión efectiva sin la exigencia de la demostración de la infracción del criterio de normalidad representado por la lex artis» (FJ 2).

43 La limitación del conocimiento científico sobre el cuerpo humano, y su reflejo en la *lex artis*, está reflejada entre otras en la STS de 21 de diciembre de 2012 (núm. rec. 4229/2011 y [*Tol 2722733*]). De acuerdo con la misma, según «la inevitable limitación de la ciencia médica para detectar, conocer con precisión y sanar todos los procesos patológicos que puedan afectar al ser humano, y, también (...) en la previsión normativa del art. 141.1 de la Ley 30/1992 [actual art. 34.1 LRJ] (...), la imputación de responsabilidad patrimonial a la Administración por los daños originados en o por las actuaciones del Sistema Sanitario, exige la apreciación de que la lesión resarcible fue debida a la no observancia de la llamada "lex artis". O lo que es igual, que tales actuaciones no se ajustaron a las que según el estado de los conocimientos o de la técnica eran las científicamente correctas, en general o en una situación concreta» (FJ 5).

A. Protocolos médicos

La determinación del estándar racional de actuación médica y de prestación de medios requiere de su objetivación. Según nuestro parecer, no puede dejarse al albur de la pura subjetividad del profesional sanitario todo el peso de la decisión sobre la adecuación de las actuaciones médicas a desarrollar, de las pruebas que se deben realizar o de los medios a emplear. De ser esto así, sería muy difícil concretar la materialización del acierto o error. De este modo, entran en juego los protocolos asistenciales —estudiados por MANENT, MALDONADO y BLANQUE en la introducción y los caps. 3 y 14 de esta obra (págs. 73 y 74, 231 a 237 y 926 y 927)— como estándar de actuación para la calificación de la praxis médica, y, más en general, del criterio de la *lex artis ad hoc*.

En este sentido —necesidad de objetivar la actuación médica mediante protocolos— se ha pronunciado, entre otras, la STS de 11 de marzo de 1991, la cual, reiterando lo dicho por las SSTS de 7 de febrero y 29 de mayo de 1991, afirmó lo siguiente:

> *«Se entiende por lex artis ad hoc como aquel criterio valorativo de la corrección del concreto acto médico ejecutado por el profesional de la medicina —ciencia o arte médico— que tiene en cuenta las especiales características de su autor, de la profesión, de la complejidad y trascendencia vital del paciente y, en su caso, de la influencia en otros factores endógenos —estado e intervención del enfermo, de sus familiares, o de la misma organización sanitaria—, para calificar dicho acto de conforme o no con la técnica normal requerida, derivando de ello tanto el acervo de exigencias o requisitos de legitimación o actuación lícita, de la correspondiente eficacia de los servicios prestados, y, en particular, de la posible responsabilidad de su autor/médico por el resultado de su intervención o acto médico ejecutado»*[44].

De esta forma, son necesarias reglas que midan la actuación médica, porque las mismas serán determinantes para valorar la corrección de tal actuación. Por esta razón, las pautas que deben integrarse en tales reglas de actuación deben tomar en consideración, como requisito previo: el conocimiento actualizado de la ciencia médica para el ejercicio de la profesión médica y los límites de tal conocimiento o el estado de los conocimientos de la ciencia o de la técnica existentes a que se refiere el art. 34 LRJ. Ahora bien, tampoco se le puede exigir al profesional sanitario la total excelencia de sus conocimientos en medicina. Tan solo se le puede pedir que los mismos sean adecuados para la correcta prestación de la asistencia sanitaria.

---

[44] FJ 3 STS de 11 de marzo de 1991, de la Sala de lo Civil (núm. rec. 245/1987 y [*Tol 1727301*]).

Es por ello por lo que la *lex artis ad hoc* también tiene que determinarse a partir de un estándar medio de adecuación de la actuación médica al caso concreto. Es más, este parámetro, para ser considerado como una pauta de actuación idónea, necesariamente deberá establecerse a partir de elementos objetivos, que permitan verificar su observancia por el facultativo. Así lo ha entendido la citada STS de 11 de marzo de 1991:

> «*Valorar la corrección o no del resultado de dicha conducta, o su conformidad con la técnica normal requerida, o sea, que esa actuación médica sea adecuada o se corresponda con la generalidad de conductas profesionales ante casos análogos*»[45].

Por lo tanto, la adecuación de la actuación médica debe tener como referencia las posibilidades de éxito terapéutico (en términos mejoría-curación), teniendo en cuenta que los resultados a alcanzar son una variable de probabilidad cierta.

B. Inexistencia de protocolos médicos

En la pérdida de oportunidad, la probabilidad estadística de mejoría es la que integra el concepto de daño. Para ello, deberá partirse de los datos estadísticos que, *a priori*, deben existir y ser reconocidos pacíficamente en la comunidad médica. A tal modo de proceder a partir de datos objetivos, se deberá sumar el «factor riesgo» inherente a todas las actuaciones sanitarias. Este implica, por una parte, su previsibilidad, y, por otra parte, su evitabilidad, ambos integrados en el canon de diligencia.

De tal forma, si no existe un tratamiento o protocolo médico que contraste los resultados obtenidos y que haya fijado la manera de abordar una determinada patología clínica, no podrá exigirse al facultativo una actividad diferente a la que resulte de sus conocimientos y máximas de experiencia. Tampoco será exigible una conducta distinta a la derivada del conocimiento y experiencia del médico, si los riesgos no resultasen previsibles, o de serlo, no fuesen evitables (siempre que tales riegos fuesen asumidos por el paciente), pues, en uno u otro caso, el resultado no dependerá de la pericia técnica del profesional. Este será imputable a la evolución clínica del paciente y a su patología basal y, por lo tanto, será ajeno al deber de protección de la salud que incumbe a la Administración. Por ello no habrá pérdida de oportunidad si no existe un protocolo o conocimiento científico sobre el modo de abordar el problema de salud de un paciente.

---

45 *Idem.*

En cuanto al daño causado, como se expone en el siguiente apartado, este deberá de estar vinculando, directamente, con una actuación sanitaria inadecuada. De esta manera, la pérdida de oportunidad se traduce en el porcentaje de curación o mejora que habría experimentado el paciente de haberse actuado correctamente —que es objetivo y previo a la actuación médica, y debe ser conocido por el profesional sanitario— al daño causado. De hecho, la curación o mejora no será sino el citado porcentaje, pero aplicado *ex post* a la prestación sanitaria, atendiendo a las circunstancias personales del paciente.

Es por ello que en todo tratamiento cuya probabilidad de curación o mejoría —según la *lex artis ad hoc*— sea del 100 por ciento, no existirá pérdida de oportunidad, sino daño directo, el cual, además, será el resultante de la situación del paciente tras la actuación médica inadecuada o incorrecta. En cambio, cuando al aplicar los estándares médicos de actuación, no exista una seguridad absoluta y cierta de curación o mejora, la omisión de tales parámetros causará una pérdida de oportunidad equivalente al porcentaje objetivo de curación o de mejoría, no obtenida pero probable, de haberse seguido las pautas adecuadas de actuación.

C. Opción más beneficiosa

En los subapartados anteriores se ha expuesto por qué entendemos que la omisión de la *lex artis ad hoc* se configura como elemento esencial para la afirmación de una pérdida de oportunidad: en caso contrario el daño no podría reputarse como antijurídico. Esto debe ser así, pues una actuación correcta o adecuada, por parte del profesional sanitario, carecería del necesario enlace causal con un pretendido daño fundado en la oportunidad perdida.

Sin embargo, «lo cierto es que [en la práctica judicial, la pérdida de oportunidad] también se aplica cuando sin mediar tal quebranto, existía otra opción posible de tratamiento que podría haber evitado el resultado lesivo, o bien porque hubiese mejorado la situación del paciente»[46]. Esta

---

46 HURTADO DÍAZ-GUERRA, Isabel (2018): *El daño moral en la responsabilidad patrimonial sanitaria, op. cit.* pág. 261. Entre los pronunciamientos judiciales que han desligado la pérdida de oportunidad de la infracción de la *lex artis* se encuentra la STS de 24 de noviembre de 2009, (núm. rec. 1593/2008 y [*Tol 1761949*]). En esta ocasión la Sala de lo Contencioso-Administrativo, con cita de las SSTS de 13 de julio y 7 de septiembre de 2005, y 4 y 12 de julio de 2007, caracterizó la doctrina de la pérdida de oportunidad «como una figura alternativa a la quiebra de la lex

circunstancia nos obliga a reflejar en estas páginas esta corriente jurisprudencial.

En efecto, existen fallos y dictámenes en los que, a pesar de no haberse apreciado una infracción de la *lex artis*, se ha reconocido una indemnización en concepto de pérdida de oportunidad porque cabía un tratamiento alternativo más beneficioso: bien porque este podría haber evitado el resultado lesivo; bien porque el mismo podría haber mejorado la situación en la que se quedó el paciente.

La tesis de la «opción más beneficiosa», en palabras del extinto Consejo Consultivo de la Comunidad de Madrid (CCMad), asume que la pérdida de oportunidad consiste en que no se «haya dejado de practicar actuación médica alguna ni se haya omitido tampoco ningún tratamiento posible»[47].

---

artis que permite una respuesta indemnizatoria en los casos en que tal quiebra no se ha producido y, no obstante, concurre un daño antijurídico consecuencia del funcionamiento del servicio. Sin embargo, en estos casos, el daño no es el material correspondiente al hecho acaecido, sino la incertidumbre en torno a la secuencia que hubieran tomado los hechos de haberse seguido en el funcionamiento del servicio otros parámetros de actuación, en suma, la posibilidad de que las circunstancias concurrentes hubieran acaecido de otra manera. En la pérdida de oportunidad hay, así pues, una cierta pérdida de una alternativa de tratamiento, pérdida que se asemeja en cierto modo al daño moral y que es el concepto indemnizable. En definitiva, es posible afirmar que la actuación médica privó al paciente de determinadas expectativas de curación, que deben ser indemnizadas, pero reduciendo el montante de la indemnización en razón de la probabilidad de que el daño se hubiera producido, igualmente, de haberse actuado diligentemente» (FJ 7). Por el contrario, la STS 169/2018, de 6 febrero, de la Sala de lo Contencioso-Administrativo (núm. rec. 2302/2016 y [*Tol 6508701*]), consideró que «la aplicación de la doctrina sobre la pérdida de oportunidad (...) no puede estimarse que constituya una alternativa a la apreciación de la vulneración de la lex artis, sino concurrente con ella» (FJ 6). Previamente la STS de 13 de julio de 2005 (núm. rec. 453/2004 y [*Tol 698342*]) ya había señalado que «para que la pérdida de oportunidad pueda ser apreciada (...) de lo actuado debe deducirse ellos de una situación relevante, bien de la actuación médica que evidencia mala praxis o actuación contraria a protocolo, bien de otros elementos como puede ser una sintomatología evidente indicativa de que se actuó mal, incorrectamente o con omisión de medios» (FJ 2).

47 CJ 3 DCCMad 354/2013, de 4 de septiembre. Esta afirmación —pérdida de oportunidad como omisión de actuación médica o tratamiento posible fue formulada en un dictamen referido al retraso diagnóstico de una factura de hueso nasal, en el que se concluyó que no hubo error de diagnóstico, pero sí pérdida de opción más beneficiosa.

Para HURTADO, este enfoque no se compagina bien con el principio de seguridad jurídica porque objetiva la responsabilidad patrimonial más allá de sus justos términos, convirtiendo a la Administración sanitaria en una suerte de aseguradora universal de posibles expectativas perdidas que se conocen después de la asistencia prestada.

Esta autora considera peligroso partir de la base de que, «ante un mismo caso, a veces son varias las opciones clínicas posibles para poder afrontarlo, siendo todas correctas *a priori*. Es decir, se compara *a posteriori* la conducta realizada con la que hubiera sido la más deseable, la ideal (...). Con ello, se lleva la responsabilidad más allá de su objetivación, pues no se indemniza por funcionamiento anormal, sino por un funcionamiento normal comparado con un parámetro ideal que, además, se conoce una vez que ya ha acontecido o se sabe el resultado, yendo hacia atrás en la reconstrucción del proceso clínico (si hubiera actuado de otra forma no se habrían producido determinadas secuelas o lesiones), lo que supone enjuiciar hechos infringiendo la prohibición de regreso, tantas veces invocada por los Tribunales»[48], y que ha sido expuesta en el cap. 3 por MALDONADO y volverá a ser tratada en el cap. 21 por MANENT y TAJUELO (págs. 208 a 212 y 1518).

En nuestra opinión no puede asumirse la tesis de la «opción más beneficiosa», pero por otro motivo. Entendemos que las oportunidades solo se pierden si pudiera existir una actuación médica que no se ha realizado —o se ha realizado de forma deficiente—, que, de modo objetivo y contrastado, y sin efectuar una valoración retrospectiva, hubiera permitido la mejoría o la curación del paciente. Y si dicha actuación más adecuada existe, era posible conocerla, y no se llevó a término, la intervención médica prestada debe reputarse como no ajustada a la *lex artis ad hoc*. En definitiva, en casos como estos, aunque no se reconozca, no se habría cumplido con la obligación de medios que incumbe a la Administración sanitaria. En el mismo sentido se pronuncia GALLARDO[49].

---

48 HURTADO DÍAZ-GUERRA, Isabel (2018): *El daño moral en la responsabilidad patrimonial sanitaria, op. cit*, pág. 262.

49 Para GALLARDO, «la doctrina de la pérdida de oportunidad (...) exige la concurrencia simultánea de dos presupuestos básicos: uno, que de acuerdo con las máximas de experiencia exista una probabilidad seria, solvente y suficiente de mejora o de curación del padecimiento. Y dos, que se haya producido una infracción de la *lex artis*, que evidencie *mala praxis* o actuación contra protocolo, o bien de otros extremos, como pueda ser una sintomatología evidente indicativa de que se actuó bien tardía o incorrectamente o bien con omisión e medios». GALLARDO

3) El daño

En la pérdida de oportunidad, como modalidad de responsabilidad patrimonial debe existir un daño. HURTADO se pregunta, «cuál es el daño resultante de la pérdida de oportunidad: la privación en sí de la actuación diagnóstica/terapéutica omitida, la disminución de expectativas de curación o supervivencia, o el menoscabo moral que sufre el paciente o sus familiares al saber que por una omisión no contará con una posibilidad que podría haberle dado mayor tiempo de vida o mejorar su calidad?»[50].

i. GONZÁLEZ-VARAS sostiene que, en la pérdida de oportunidad, «la responsabilidad surge no por la pérdida de una ventaja sino por la "pérdida en sí de la oportunidad"»[51]. Dicho en otras palabras, la pérdida de oportunidad es un daño autónomo.

   En idéntico sentido se pronuncia MEDINA, para el cual, «la oportunidad perdida es una *chance* inexorablemente sacrificada, una ocasión irremediablemente frustrada, una posibilidad que el agente dañoso, con su actuación, ha mutilado definitivamente»[52].

ii. Para un sector de la doctrina el «daño» sufrido es el porcentaje de curación o mejora que podría haberse «conseguido» de haberse adoptado la decisión médica correcta.

   Tal porcentaje se establecería a partir de máximas de experiencia y estudios estadísticos y sería un dato previo a la toma de decisiones que únicamente toma en consideración la idoneidad de una actuación médica para una determinada patología atendidas las circunstancias propias del paciente.

iii. DOMINGO considera que el daño, en la pérdida de oportunidad, es un daño moral constituido por el impacto o sufrimiento psíquico

---

CASTILLO, María Jesús (2021): *Administración sanitaria y responsabilidad patrimonial*, Colex, *op. cit.* págs. 105 y 106.

50 HURTADO DÍAZ-GUERRA, Isabel (2018): *El daño moral en la responsabilidad patrimonial sanitaria, op. cit.* pág. 262.

51 GONZÁLEZ-VARAS IBÁÑEZ, Santiago (2022): *Responsabilidad patrimonial de la Administración*, Aranzadi, Cizur Menor (Navarra), pág. 51.

52 MEDINA ALCOZ, Luis (2009): «Hacia una nueva teoría general de la causalidad en la responsabilidad civil contractual (y extracontractual): la doctrina de la pérdida de oportunidades», *Revista de responsabilidad civil y seguro»*, núm. 30, pág. 42.

o espiritual ante la falta de atención o servicio[53]. Sería algo diferente a la mera incertidumbre.

Como acertadamente ha señalado HURTADO, «la equivalencia entre pérdida de oportunidad y daño moral se presenta (...) [para la jurisprudencia] como la solución más fácil, que no sólo permite aprovecha las dispensaciones de prueba de las que goza el daño moral, sino también la reducción de indemnizaciones que son fijadas al arbitrio del juzgador»[54].

Entendida así la pérdida de oportunidad, la misma no causaría un «daño efectivo», directamente relacionado con el incumplimiento de la *lex artis.* El «daño» consistiría en haber privado al paciente de la expectativa o de un porcentaje de salud, o en un daño moral caracterizado por el impacto psíquico. Y tal «lesión», en la medida en que se excluiría el daño real en la salud del paciente, no sería sino una hipótesis de daño, materializada en la probabilidad de mejoría perdida.

A. Daño cierto

En nuestra opinión, en la pérdida de oportunidad, sí que existe un resultado dañoso cierto y autónomo cuya realidad no puede cuestionarse por ser patente. GALLARDO lo considera como un «daño intermedio» entre el físico y el moral[55]. Alguna sentencia lo ha calificado como «semejante al daño moral»[56]. Consiste en «la frustración de una expectativa (...) y (...) es un bien propiamente dicho, distinto del bien salud; siendo su pérdida un perjuicio inmaterial diferente al menoscabo de la integridad física o del perjuicio moral derivado de la muerte de un allegado»[57].

La posibilidad de haber evitado un peor resultado, o de haber obtenido una mejoría o curación de las dolencias, tiene su correlación en el estado

---

53 VICENTE DOMINGO, Elena (1994): *Los daños corporales*, Bosch, Barcelona, pág. 350.

54 HURTADO DÍAZ-GUERRA, Isabel (2018): *El daño moral en la responsabilidad patrimonial sanitaria, op. cit.* pág. 266.

55 GALLARDO CASTILLO, María Jesús (2021): *Administración sanitaria y responsabilidad patrimonial, op. cit.* pág. 109.

56 FJ 5 STSJ de Madrid 405/2013, de 14 de mayo (núm. rec. 618/2011 y [*Tol 3784722*]).

57 HURTADO DÍAZ-GUERRA, Isabel (2018): *El Daño Moral en la Responsabilidad Patrimonial Sanitaria, op. cit.* pág. 263.

final del paciente. Prueba de ello es la falta de fundamento resarcitorio de aquellas reclamaciones en las que el paciente hubiese alcanzado la curación con independencia de la infracción de la *lex artis*. En tales casos, al ser irrelevante la actuación médica para la mejoría o curación del paciente, no puede hablarse de oportunidad perdida, pues nada se ha «privado» al paciente que consigue su curación. Tampoco puede hablarse de pérdida de oportunidad cuando el daño se habría producido al margen del acto médico no ajustado a la *lex artis*. En tal caso, el acto médico es irrelevante porque está desconectado causalmente del daño, ya que este se produce por circunstancias ajenas al acto médico. En ambos casos —mantenimiento o pérdida de salud al margen de la actuación médica— se produce una ruptura del nexo causal, una por inexistencia de daño, y otra por carecer de tal enlace.

No puede, por tanto, desligarse la pérdida de oportunidad de las consecuencias en la salud del paciente, ni, por ello, conceptuarse aquella como un daño moral que se resarce de forma independiente a tales consecuencias. Ello es así porque la actuación médica es una obligación de medios, y para dotar de eficacia al derecho a la protección de la salud, estos no solo deberán prestarse, sino también deberán ejercerse sirviéndose de las técnicas adecuadas en función del conocimiento de la práctica sanitaria (*lex artis*). Así entendido el derecho a la protección de la salud, su violación, determina la antijuridicidad del daño, aunque este no sea material, en tanto en cuanto la situación física en la que queda el paciente tras una actuación médica incorrecta, o bien es peor a antes de ella, o bien podría ser mejor después de ella.

B. Daño moral

En las reclamaciones por pérdida de oportunidad, junto con el daño cierto al que venimos refiriéndonos, el paciente puede sufrir un daño moral. Éste puede ser deducido a partir de la situación en la que se encuentra el paciente conocedor de la incorrección de la actuación médica, y consistiría en la probable frustración de las expectativas de mejoría o curación que esta ha causado.

Coincidimos con HURTADO al afirmar que «la pérdida de oportunidad puede dar lugar por tanto a varios daños (...): por un lado, *la oportunidad* perdida, en términos de expectativas perdidas en la concreta enfermedad (...); y, por otro lado, como *daño moral* (por las sensaciones anímicas que ocasiona saber que se perdió esa oportunidad posiblemente beneficiosa»[58]. Por ello este daño es un «daño moral derivado» de otro cierto y autónomo, que depende del estado final del paciente, el cual entroncaría con el derecho a la protección de la salud cuya responsabilidad corresponde a la Administración sanitaria, como garante de derechos prestacionales.

La práctica judicial muestra que la calificación del daño como moral «va de la mano del sentido práctico, concretando el daño en el valor de la expectativa cuando pericialmente puede ofrecerse el cálculo del menoscabo en la salud en términos de porcentaje, y en daño moral cuando sea imposible tal determinación y por tanto sólo exista certeza en la incertidumbre padecida por el perjudicado»[59]. No puede desconocerse, sin embargo, que «en muchas ocasiones se invoca, tanto por los órganos judiciales como por los órganos consultivos, para justificar una valoración a tanto alzado de los daños morales, sin ajustarse a los baremos oficiales [cuando se] (...) ha generado una privación de expectativas» reconocible a la pérdida de oportunidad[60].

En definitiva, «ambas partidas no son excluyentes: ya que, una coa es el empeoramiento o progresión de la enfermedad por la ventaja frustrada (es decir, la repercusión física) y otra la incertidumbre o sensación anímica que produce saber que el proceso podía haber sido mejor (repercusión moral)»[61].

C. Cuantificación del daño

Para que pueda resarcirse el daño, la actuación médica inadecuada debe tener una correlación directa con la pérdida de las posibilidades de mejoría, o con la ausencia de los medios sanitarios necesarios para la protección de su salud. En ambos casos, estos daños son fácilmente reconocibles por el órgano jurisdiccional. La dificultad radica en los parámetros en los que

---

58 *Ibidem* págs. 266 y 267.

59 *Ibidem* pág. 267.

60 ESPUEY SERVERA, Irene (2019): «El resarcimiento de daños morales en el ámbito sanitario en los dictámenes del Consejo Consultivo de las Illes Balears. Doctrina sobre la pérdida de oportunidad y el consentimiento informado», en *Doctrina consultiva: a propósito del 25 aniversario del Consejo Consultivo de las Illes Balears* (BAUZÁ MARTORELL, Felio José), Wolters Kluwer, Las Rozas (Madrid), pág. 775.

61 *Ibidem* pág. 267.

se basa —*v.gr.* incertidumbre[62], frustración de expectativas de curación[63]— los cuales son difíciles de cuantificar.

Pues bien, tal y como afirma la STS de 20 de mayo de 2018, dos son los elementos a tomar en consideración a la hora de valorar el daño moral por pérdida de oportunidad[64]:

---

62 Entre otras sentencias, las SSTS de la Sala de lo Contencioso-Administrativo de 2 de enero de 2012 (núm. rec. 4795/2010 y [*Tol 2388699*]) y 3 de diciembre de 2012 (núm. rec. 2892/2011 y [*Tol 2721762*]), han caracterizado el daño moral de la pérdida de oportunidad como una incertidumbre. Ambos fallos, con remisión a las SSTS de 27 de septiembre de 2011 y de 24 de noviembre de 2009, mantienen que, en la pérdida de oportunidad, «el daño no es el material correspondiente al hecho acaecido, "sino la incertidumbre en torno a la secuencia que hubieran tomado los hechos de haberse seguido en el funcionamiento del servicio otros parámetros de actuación, en suma, la posibilidad de que las circunstancias concurrentes hubieran acaecido de otra manera. En la pérdida de oportunidad hay, así pues, una cierta pérdida de una alternativa de tratamiento, pérdida que se asemeja en cierto modo al daño moral y que es el concepto indemnizable» (FFJJ 4 y 2). Igualmente, la STS 1832/2016, de 18 de julio, de la Sala de lo Contencioso-Administrativo (núm. rec. 4139/2014 y [*Tol 5785190*]) considera que «la doctrina de la pérdida de la oportunidad exige que concurra un supuesto estricto de incertidumbre causal, esto es una probabilidad causal seria, no desdeñable, de que un comportamiento distinto en la actuación sanitaria no solo era exigible, sino que podría haber determinado, razonablemente, un desenlace distinto» (FJ 5).

63 Por su parte la STS de 7 de julio de 2008 (núm. rec. 4776/2004 y [*Tol 1351165*]) entiende que la pérdida de oportunidad es una frustración de expectativas. En palabras de la Sala de lo Contencioso-Administrativo, «esta privación de expectativas, denominada doctrina de la "pérdida de oportunidad" (...), constituye (...) un daño antijurídico, puesto que, aunque la incertidumbre en los resultados es consustancial a la práctica de la medicina (circunstancia que explica la inexistencia de un derecho a la curación), los ciudadanos deben contar, frente a sus servicios públicos de la salud, con la garantía de que, al menos, van a ser tratados con diligencia aplicando los medios y los instrumentos de la ciencia médica a disposición de las administraciones sanitarias; tienen derecho a que, como dice la doctrina francesa, no se produzca una "falta de servicio "» (FJ 5).

64 En relación con la necesidad de tomar en consideración, tanto del porcentaje de oportunidad perdida como su aplicación en cada paciente, y adecuar la probabilidad de oportunidad perdida, en términos estadísticos, a cada paciente puede consultarse la STS 462/2018, de 20 de marzo (núm. rec. 2820/2016 y [*Tol 6558255*]), con cita de las SSTS de 19 de octubre de 2011 y 22 de mayo de 2012. Esta expresa lo siguiente: «"la denominada "pérdida de oportunidad" se caracteriza por la incertidumbre, "acerca de que la actuación médica omitida pudiera haber evitado o mejorado el deficiente estado de salud del paciente, con la consecuente entrada en juego a la hora de valorar el daño así causado de dos elementos o sumandos

i. El porcentaje de probabilidad de que la actuación médica adecuada hubiera producido el efecto beneficioso. En estos casos, para calcular la probabilidad de mejoría o curación, se deberá partir de datos objetivos.

   Estos datos, en contraste con otro tipo de reclamaciones médicas, servirán para establecer un porcentaje —en grado de probabilidad— del efecto beneficioso de un determinado tratamiento, atención médica, o prestación sanitaria ajustados a la *lex artis*.

ii. El grado, entidad o alcance de la pérdida de oportunidad en el estado de salud del paciente. El segundo elemento de cuantificación sirve para concretar, también a partir de parámetros objetivos, el efecto beneficioso —de curación o mejoría— que se hubiera alcanzado con la actuación médica correcta.

   Tales elementos determinarán un porcentaje *en bruto*, el cual corresponderá a la pérdida de oportunidad de obtener el efecto beneficioso de la actuación médica correcta y, que, por ello, es referencia de la que deberá partirse para establecer el daño.

No obstante, las posibilidades de una ruptura del nexo causal entre la hipótesis de mejoría —a partir de unos datos estadísticos—, y la oportunidad efectivamente perdida, son muy variadas, puesto que la cuantificación del daño requerirá de una aproximación a la probabilidad real de tal mejoría. En efecto, en la determinación de la probabilidad real concurren factores no preestablecidos de forma probabilística. En particular, cabe destacar:

i. Los factores propios y exclusivos de cada paciente. Estos no se pueden apreciar según el estándar medio de actuación porque el mismo no puede tener en consideración la totalidad de las circunstancias de cada paciente.

ii. Las circunstancias ajenas a la actuación médica incorrecta, como la participación de otros profesionales, la actitud del paciente en el seguimiento de las pautas médicas, etc.

---

de difícil concreción, como son el grado de probabilidad de que dicha actuación hubiera producido el efecto beneficioso, y el grado, entidad o alcance de éste mismo"» (FJ 9). En términos análogos se posicional el Consell Jurídic Consultiu de la Comunitat Valenciana (CJCVal). Según expresa en su dictamen 130/2021, de 3 marzo, «tales posibilidades [de pérdida de oportunidad] tienen que referirse, obviamente, a la persona concreta, tratamiento omitido, intensidad de la irregularidad en el resultado y factores que permitan individualizar tal hipótesis al caso objeto de estudio» (CJ 9).

Todos estos factores individualizarán la oportunidad realmente pérdida por el paciente atendidas las circunstancias concurrentes en un concreto individuo, en una situación determinada, y para una determinada actividad médica concreta.

De esta forma, para calcular el porcentaje real de pérdida de oportunidad será necesario adaptar el porcentaje inicial de mejoría o curación a la situación de un paciente ante el acto médico incorrecto, con inclusión —a modo de factor de corrección del dato estadístico— de todas las variables que pudiesen incidir en la eficacia de un hipotético correcto tratamiento.

Con esta modulación —aumentando o disminuyendo el porcentaje estadístico de mejora o curación— se podrá conocer hasta qué punto la hipótesis de mejoría o curación se ajusta a un supuesto real, así como la medida en que las circunstancias concurrentes influyen en la mayor o menor eficacia del tratamiento o acto médico omitido o realizado de forma inadecuada.

Llegados a este punto, resta decir que «en el ámbito sanitario, la tecnicidad de los actos exige que la valoración de tales sumandos sea efectuada por peritos médicos, que son los que van a poder concluir si, efectivamente, se ha producido una pérdida de oportunidad que haya repercudo en el proceso médico del paciente en cuestión»[65]. De hecho, en la práctica la cuantificación suele ser realizada por médicos con estudios específicos en valoración del daño corporal. Esta cuestión, no obstante, se aborda en el último epígrafe al que nos remitimos.

D. Carga de la prueba

Apreciada la existencia de un daño por pérdida de oportunidad, surge la pregunta relativa a la carga de la prueba. Es necesario señalar quién debe realizar el esfuerzo probatorio de cuantificar el daño. Pues bien, la jurisprudencia y doctrina legal, teniendo en cuenta que el porcentaje inicial y los factores de corrección son elementos que pueden alterar el nexo causal entre la deficiente actuación médica y el resultado probable, atribuyen la carga de la prueba a quien los alegue. A pesar de ello, en la práctica, las más de las veces será la Administración sanitaria quien asuma esta carga

65 HURTADO DÍAZ-GUERRA, Isabel (2018): *El daño moral en la responsabilidad patrimonial sanitaria, op. cit.* pág. 268.

porque a ella incumbe —e interesa— acreditar las circunstancias que disminuyen o eliminan el daño[66].

a) Reparto de cargas

En la mayoría de las ocasiones corresponderá al reclamante probar la actuación contraria a la *lex artis* por ser el punto de partida de las reclamaciones de responsabilidad patrimonial. Ahora bien, *ab initio* solo podrá exigírsele la demostración del daño sufrido y la inadecuación del acto médico.

En cambio, será la Administración sanitaria la que tenga que cuantificar la probabilidad de curación o mejoría que cabría atribuir, de modo general, a un correcto actuar —a partir de la praxis médica— e individualizar porcentaje de desvió achacable a la situación basal del paciente y al resto de acontecimientos que puedan influir en la salud del paciente. Por ello, si la Administración entiende que se ha roto el nexo causal, a ella corresponderá probar que, en su caso, y con independencia del tratamiento seguido, el daño causado hubiese sido el mismo porque éste era de todo punto inevitable. Igualmente, también deberá acreditar el porcentaje de falibilidad del tratamiento adecuado, así como su capacidad de alterar el nexo causal —si quiera de forma limitada—, y su traslación al daño que debiera ser indemnizado.

b) Distribución dinámica de la carga de la prueba

La carga probatoria que pesa sobre la Administración también se puede establecer, *ex* art. 217.7 de la Ley 1/2000, de 7 de enero, de enjuiciamiento civil (LEC), a partir del principio de facilidad de la prueba, figura de creación jurisprudencial que modula la distribución de la carga de la prueba, en este caso, atribuyendo a la Administración sanitaria el deber de probar la inexistencia del nexo causal[67]. Ello es así, puesto que difícilmente puede

---

[66] Como afirma el DCJCVal 130/2021, de 3 marzo, en relación con la carga de la prueba de la pérdida de oportunidad, «la carga probatoria de tal pérdida de oportunidad incumbe, en este caso, a la Administración, en la medida que implica probar que existían posibilidades de causación del daño aun en el supuesto de haber funcionado de forma correcta» (CJ 9).

[67] Respecto de la aplicación de la regla de facilidad probatoria a la responsabilidad patrimonial sanitaria hay que tener presente —como expresa la STS de 7 de julio

hacerse soportar la carga de la prueba a quien no puede acceder a ella o desconoce los extremos esenciales sobre los que debería versar, o incluso porque no puede pesar sobre el reclamante la prueba de la negación del actuar correcto o del no realizado, so pena de incurrir en *probatio diabólica*[68].

En consecuencia, somos del parecer que la Administración sea la que deba probar la corrección de la actuación médica, y de no ser así, la influencia entre la mala actuación médica y el porcentaje del daño sufrido por privar al paciente de la expectativa de curación o mejoría. A estos efectos, no será suficiente establecer unas pautas genéricas de probabilidad de curación, en términos porcentuales, sino que deberá particularizarse e individualizar tal porcentaje en el individuo concreto y establecer una aproximación, lo más certera posible, a las probabilidades de tal mejoría o curación atendidas las circunstancias concurrentes en el paciente.

---

de 2008 (núm. rec. 4776/2004 y [*Tol 1351165*])— que «acreditado que un tratamiento no se ha manejado de forma idónea o, que lo ha sido con retraso, no puede exigirse al perjudicado la prueba de que, de actuarse correctamente, no se habría llegado al desenlace que motiva su reclamación. Con tal forma de razonar se desconocen las especialidades de la responsabilidad pública médica y se traslada al afectado la carga de un hecho de demostración imposible (...). Probada la irregularidad, corresponde a la Administración justificar que, en realidad, actuó como le era exigible. Así lo demanda el principio de la "facilidad de la prueba", aplicado por esta Sala en el ámbito de la responsabilidad de los servicios sanitarios de las administraciones públicas» (FJ 4).

68 En relación con la *probatio diabólica* la STSJ de la Comunitat Valenciana 969/2013, de 17 diciembre (núm. rec. 6/2010 y [*Tol 4139506*]) afirma que «la regla general de que la prueba de la relación de causalidad corresponde a quien formula la reclamación (...) en materia de prestación sanitaria se modera (...) en aplicación del principio de facilidad de la prueba (...), en el sentido que la obligación de soportar la carga de la prueba al perjudicado, no empece que esta exigencia haya de atemperarse a fin de tomar en consideración las dificultades que normalmente encontrará el paciente para cumplirla dentro de las restricciones del ambiente hospitalario, por lo que habrá de adoptarse una cierta flexibilidad de modo que no se exija al perjudicado una prueba imposible o diabólica, principio que obliga a la Administración, en determinados supuestos, a ser ella la que ha de acreditar, precisamente por disponer de medios y elementos suficientes para ello, que su actuación fue en todo caso conforme a las exigencias de la lex artis, pues no sería objetiva la responsabilidad que hiciera recaer en todos los casos sobre el administrado la carga de probar que la Administración sanitaria no ha actuado conforme a las exigencias de una recta praxis médica» (FJ 3).

Es más, de no cuantificarse tal probabilidad, entendemos que la consecuencia no sería la de la aplicar un porcentaje genérico de posibilidad de curación, sino la de hacer responsable a la Administración sanitaria de todo el menoscabo en la salud del paciente, y no como pérdida de oportunidad, sino como daño efectivo por no aportar prueba de la ruptura del nexo causal entre la actuación incorrecta y el daño soportado[69].

Llegados a este punto puede afirmarse que la prueba de la inexistencia de pérdida de oportunidad es carga que incumbe a la Administración. Es a ella a quien corresponde enervar la posible relación causal entre la actuación médica contraria a la *lex artis* y el resultado dañoso concretado en el estado final del paciente.

A mayor abundamiento, junto a tal exigencia probatoria, deberá concurrir la suficiencia y adecuación de la misma a un concreto reclamante. Así, no podrá considerarse como suficiente, por muy cualificado que sea el órgano asesor, una mera afirmación o referencia genérica a probabilidad estadística, puesto que la misma tiene que articularse y practicarse con pericia[70], toda vez que su valor reside en la capacidad de los razonamientos

---

69 La tesis en virtud de la cual la Administración sanitaria debe resarcir el 100 por ciento del daño sino justifica el porcentaje de pérdida de oportunidad ha sido asumida, entre otros órganos consultivos por el CJC. En este sentido, el DCJCVal 192/2021, de 31 de marzo, se atribuyó a la Administración la responsabilidad por el daño en el estado final del paciente, atendida la falta de prueba sobre la existencia de pérdida de oportunidad y su concreta individualización en el paciente concreto. De hecho, reprochó a la Comisión de Valoración del Daño Corporal (CVDC), un órgano colegiado, dependiente de la Conselleria de Sanidad Universal y Salud Pública de la Generalitat Valenciana, y compuesto por 11 médico e inspectores médicos la falta de motivación de la cuantificación del daño. Para el CJCVal 192/2021, de 31 de marzo «la referencia a la pérdida de oportunidad, de hasta un 70%, *era* notoriamente sucinta y falta de fundamentación médica, ya que simplemente se *expresaba* en el informe [de la CVDC] como un porcentaje de supervivencia a un infarto agudo de miocardio, pero sin referencia a elementos del paciente analizados como edad, sexo o historial clínico, análisis y efectos de los mismos, metodología empleada y justificación del porqué de su elección. En resumen, *faltaba* una concreción mayor del caso examinado en que poder fundamentar ese porcentaje y justificar la apreciación de la "pérdida de oportunidad"» (CJ 6).

70 La necesidad de probar el porcentaje de oportunidad perdida en atención a una pluralidad de criterios ha sido recordada por la STSJ de Madrid 181/2014, de 12 de febrero, de Sala de lo Contencioso-Administrativo (núm. rec. 528/2014, y [*Tol 4181736*]). Según recordaba la Sala, «a la hora de valorar los dictámenes periciales [era necesario] se *prestase* una atenta consideración a [los siguientes] a) la cua-

y datos técnicos aportados para convencer al Tribunal en los términos del art. 348 LEC[71]. En definitiva, este convencimiento no puede alcanzarse, simplemente, mediante la asignación de un valor reverencial al dictamen de un determinado órgano o perito, sea cual sea su composición, si éste no es capaz de provocar el convencimiento de quien deba valorarlos, de conformidad con las reglas de la sana crítica[72].

---

lificación profesional o técnica de los peritos; b) la magnitud cuantitativa, clase e importancia o dimensión cualitativa de los datos recabados y observados por el perito; c) operaciones realizadas y medios técnicos empleados; y, en particular, d) el detalle, exactitud, conexión y resolución de los argumentos que soporten la exposición, e) la solidez de las deducciones; sin que, en cambio, parezca conveniente fundar el fallo exclusivamente en la atención aislada o exclusiva de sólo alguno de estos datos» (FJ 12). Igualmente, la STSJ de la Comunitat Valenciana 337/2018, de 11 de julio, de la sección 5ª de la Sala de lo Contencioso-Administrativo (núm. rec. 129/2017 y [*Tol 6920765*]), ha señalado que, a los efectos de «la valoración de los dictámenes periciales, según doctrina del TS, pueden concretarse los siguientes puntos: "a) Ha de atenderse, en primer lugar, a la fuerza convincente de los razonamientos que contienen los dictámenes, pues lo esencial no son sus conclusiones, sino la línea argumental que a ellas conduce (…) b) Debe tenerse en cuenta la mayor o menor imparcialidad presumible en el perito y ha de darse preferencia a los informes emitidos por los Servicios Técnicos Municipales y, en su caso, por los peritos procésales, puesto que éstos gozan de las garantías de imparcialidad superiores a cuantos otros dictámenes hayan sido formulados por técnicos designados por los interesados (…) c) Un tercer criterio que debe ser tenido en cuenta es la necesaria armonía de las conclusiones contenidas en los informes periciales con el resto de los elementos probatorios» (FJ 2).

71 Sobre la necesidad de incorporar un razonamiento suficiente en los informes periciales aportados al proceso judicial, la STSJ de la Comunitat Valenciana 969/2013, de 17 de diciembre, de la Sala de lo Contencioso-Administrativo (núm. rec. 6/2010 y [*Tol 4139506*]) ha recalcado que «la respuesta de la Sala a las pretensiones de los actores lleva aparejado el estudio y valoración de los informes médicos, tanto de los obrantes en el expediente, como de los acompañados por las partes junto con sus escritos de demanda o contestación, o de los practicados en sede judicial. [En concreto, para el TSJ de la Comunitat Valenciana, procedía] (…) recordar que el valor de la prueba pericial reside en la capacidad de los razonamientos y datos técnicos aportados por el Perito para convencer al Tribunal en los términos del art. 348 de la LEC» (FJ 4).

72 En relación a la importancia del informe pericial en la responsabilidad patrimonial sanitaria, así como atender a dictámenes contradictorios, la STSJ de Madrid 547/2019 de 27 de junio, de sección 10 de la Sala de lo Contencioso-Administrativo (núm. rec. 505/2017 y [*Tol 7451882*]) dispuso lo siguiente: «en aquellas controversias jurídicas en donde aparece un presupuesto fáctico con efectos jurídicos suficientes para fundamentar una acción resarcitoria, pero que cuenta con distintos criterios de especialistas, es cuando la función interpretativa del tribunal

V. PRESUPUESTOS DE APLICABILIDAD

A falta de una regulación, HURTADO sostiene que la pérdida de oportunidad «entra en juego no ante una incertidumbre cualquiera, sino estricta, irreversible e intrínseca de la relación causal»[73].

i. Estricta porque, como afirma MEDINA, la oportunidad perdida debe ser «real, seria y consistente»[74].

ii. Irreversible porque la oportunidad, para que pueda entenderse perdida, debe provocar la pérdida en un bien —la salud— de ma-

---

se pone a prueba con el fin de discernir la posible existencia de los requisitos legales que habilitan la declaración de responsabilidad patrimonial, lo que resulta especialmente complicado cuando en los diversos informes periciales se alcanzan conclusiones contradictorias. En estos casos es procedente un análisis crítico de los mismos, dándose preponderancia a aquellos informes valorativos de la praxis médica que, describiendo correctamente los hechos, los datos y fuentes de la información, están revestidos de mayor imparcialidad, objetividad e independencia y cuyas afirmaciones o conclusiones vengan dotadas de una mayor explicación racional y coherencia interna, asumiendo parámetros de calidad asentados por la comunidad científica, con referencia a protocolos que sean de aplicación al caso y estadísticas médicas relacionadas con el mismo. También se acostumbra a dar preferencia a aquellos dictámenes emitidos por facultativos especialistas en la materia, o bien con mayor experiencia práctica en la misma. Y en determinados asuntos, a aquéllos elaborados por funcionarios públicos u organismos oficiales en el ejercicio de su cargo y a los emitidos por sociedades científicas que gozan de prestigio en la materia sobre la que versa el dictamen. Además de los dictámenes obrantes en autos, se erige en elemento probatorio el conjunto de documentos que contienen datos, valoraciones e información de cualquier índole sobre la situación clínica del paciente a lo largo del proceso asistencial y que se recogen en la Historia Clínica, así como los protocolos y las guías médicas. Ha de tenerse en cuenta que, si bien tanto el informe de la Inspección Sanitaria como el resto de los que obran en el expediente administrativo no constituyen prueba pericial en sentido propiamente dicho, sus consideraciones médicas y sus conclusiones constituyen también un elemento de juicio para la apreciación técnica de los hechos jurídicamente relevantes para decidir la litis puesto que, con carácter general, su fuerza de convicción deviene de los criterios de profesionalidad, objetividad, e imparcialidad respecto del caso y de las partes que han de informar la actuación del Médico Inspector, y de la coherencia y motivación de su informe» (FJ 5).

73 HURTADO DÍAZ-GUERRA, Isabel (2018): *El daño moral en la responsabilidad patrimonial sanitaria, op. cit.* pág. 268.

74 MEDINA ALCOZ, Luis (2007): *La teoría de la pérdida de oportunidad. Estudio doctrinal y jurisprudencial derechos de daños privado y público,* Civitas, Madrid.

nera irrepetible e irrecuperable en el sentido de que no depende de la esfera jurídica del paciente.

iii. Intrínseca por cuanto la incertidumbre viene dada por la propia naturaleza de los hechos, de suerte que imposibilita conocer cuáles podrían haber sido la consecuencia de un acontecimiento ya ocurrido. Ahora bien, se trata de «un supuesto de imposibilidad de prueba, pero no procesal, sino material al ser humanamente indemostrable por la propia naturaleza de los hechos; lo que conlleva que no sea aplicable esta técnica cuando el perjudicado no haya agotado todos los recursos probatorios que estaban a su alcance.

A lo anterior cabe añadir ciertos límites en la aplicación de la teoría de la pérdida de oportunidad reconocidos por la doctrina jurisprudencial del TS:

i. «La teoría de la pérdida de oportunidad deviene inaplicable (...) [cuando] el perjuicio por el que se reclama no trae causa del funcionamiento del servicio público, sino de la propia evolución de la enfermedad y la naturaleza de la paciente»[75].

ii. No cabrá recurrir a la teoría de la pérdida de oportunidad cuando exista una «certidumbre manifiesta» de la producción del daño o cuando la pérdida de oportunidad sea «muy reducida»[76].

---

75 FJ 4 STS de 27 de noviembre de 2012 (núm. rec. 5983/2011 y [*Tol 2708603*]).

76 La STS de 18 de octubre de 2005 (núm. rec. 3139/2001), concluyó que «*bastaba* la certidumbre manifiesta de que el conjunto de circunstancias *había* repercutido en el daño sufrido para estimar responsabilidad» por la totalidad del daño causado (FJ 6). La STSJ de Castilla y León 1529/2015, de 1 de julio (núm. rec. 280/2012 y [*Tol 5200793*]), referida a un caso de fallecimiento por aneurisma abdominal aórtica, reconoció una indemnización proporcional al considerar que un 10 por ciento de probabilidades de supervivencia no era «muy reducida» (FJ 2). La jurisprudencia en este punto es vacilante y la doctrina no es unánime. Así, en algunas ocasiones ha rechazado la pérdida de oportunidad por concurrir una «certeza manifiesta». MEDINA sostiene, a los efectos de reconocer una indemnización en concepto de pérdida de oportunidad, tres supuestos: 1.- Cuando la probabilidad de que la víctima no hubiese sufrido el daño de no haber mediado la intervención ilícita del agente daños es inferior al 15 por ciento no surge el deber de reparar el daño. 2.-Cuando es una probabilidad muy levada (80 por ciento en Europa continental o 50 por ciento en el ámbito anglosajón), la víctima tiene derecho a obtener una reparación integral y no será necesario invocar la doctrina de la pérdida de oportunidad. 3.- Si la probabilidad se sitúa entre estos dos umbrales, se podrá obtener una indemnización parcial en concepto de pérdida de oportu-

iii. «Para que la pérdida de oportunidad pueda ser apreciada (...) debe deducirse una situación relevante, bien de la actuación médica, que evidencia mala praxis o actuación contra protocolo, bien de otros extremos como pueda ser una sintomatología evidente indicativa de que se actuó mal, incorrectamente o con omisión de medios»[77].

VI. ALGUNOS SUPUESTOS PARA LA APLICACIÓN DE LA DOCTRINA DE LA PÉRDIDA DE OPORTUNIDAD

Cada vez son más reclamaciones —y dictámenes y sentencias— sustentadas en la incertidumbre. Ésta puede provenir de una pluralidad de circunstancias y afectan tanto al paciente —estado de salud, edad, antecedentes, etc.— como a la atención médica —complicaciones durante la intervención, limites de la ciencia médica etc.— Sin ánimo de ser exhaustivos, buen número de las reclamaciones fundadas en la incertidumbre se reconducen a alguno de los siguientes grupos:

i. Error de diagnóstico
ii. Diagnóstico tardío y retraso de tratamiento
iii. Omisión de pruebas diagnósticas
iv. Errores relacionados con el tratamiento o tratamientos alternativos
v. Servicios de urgencias

1) Error de diagnóstico

El paradigma de la pérdida de oportunidad se explicita en los casos de error de diagnóstico, «especialmente en procesos neoplásicos que terminan con el fallecimiento del paciente (...) dada la dificultad de establecer la relación de causalidad en dichos casos»[78]. Así mismo, hay que destacar «en relación con [las] patologías neurológicas (...) que estos procesos son

---

nidad. MEDINA ALCOZ, Luis (2007): *La teoría de la pérdida de oportunidad. Estudio doctrinal y jurisprudencial derechos de daños privado y público, op. cit.* págs. 283 y ss.

[77] FJ 1 STS de 13 de julio de 2005 (núm. rec. 453/2004 y [*Tol 698342*]).

[78] HURTADO DÍAZ-GUERRA, Isabel (2018): *El daño moral en la responsabilidad patrimonial sanitaria, op. cit.* 277.

de "alto riesgo" judicial en cuanto a la pérdida de oportunidad asistencial se refiere»[79].

La inadecuación de la actuación médica por incurrir en un error el profesional sanitario supone una infracción de la *lex artis ad hoc* sin necesidad de excesivo esfuerzo argumental. En efecto, el error de diagnóstico permite calificar la actuación como infractora de la *lex artis*: bien cuando sea inducido por sintomatologías poco claras, confusas, o concordantes con otras patologías diferentes; bien sea por un error humano en el análisis de los síntomas o en la anamnesis del paciente; bien sea por desconocimiento, impericia o carencias en los conocimientos del profesional sanitario.

Si bien es cierto que no todo error de diagnóstico implica la génesis del daño y la responsabilidad de la Administración sanitaria, no es menos cierto que ante un diagnóstico erróneo, y el consecuente tratamiento inadecuado, se producirá la omisión del tratamiento correcto para la patología del paciente[80]. Son dos, pues, las variables que pueden originar de un daño:

i. El tratamiento incorrecto.

ii. La pérdida de la oportunidad de haber recibido el tratamiento adecuado.

Ambas variables son susceptibles de integrar el daño, de forma cumulativa: el primero, como daño directo; el segundo, entendido como pérdida de la oportunidad de mejoría o curación.

---

[79] SARDINERO GARCÍA, Carlos (2017): «Responsabilidad por pérdida de oportunidad asistencial en patologías neurológicas en la medicina pública española», *Gaceta Sanitaria*, vol. 33, núm. 1, pág. 33.

[80] Respecto de la omisión de un tratamiento terapéutico inadecuado como consecuencia de un error de diagnóstico la STS de 169/2018, de 6 de febrero de 2018, de la Sala de lo Contencioso-Administrativo (núm. rec. 2302/2016 y [*Tol 6508701*]) sostuvo que «el diagnóstico (...) no es sino un dictamen, una opinión sobre una situación presente a la que se anuda un tratamiento conforme al criterio de quien lo emite, pero que nunca garantiza un resultado. Y en esa situación de presente ha de moverse quien lo emite atendiendo a la realidad que se le presenta, en especial a los síntomas que se manifiestan en el paciente y sus propios conocimientos. Ahora bien, nada impide que, una vez transcurrido el proceso del tratamiento aconsejado conforme a aquel diagnóstico, sea admisible poder concluir en que a la vista de aquellos síntomas podría haberse dado otro dictamen y tratamiento que, probablemente habría evitado el daño o la habría podido disminuir» (FJ 6).

Sin embargo, no es suficiente la existencia del error de diagnóstico para poder imputar la génesis y responsabilidad sobre el daño. «Las indiscutibles dificultades inherentes a la labor diagnóstica (...) conllevan que para hablar de un diagnóstico (...) erróneo con repercusión jurídica, sea preciso que haya existido falta de diligencia»[81]. En este sentido:

i. El error debe apreciarse como determinante de responsabilidad patrimonial cuando sea de notoria gravedad o bien cuando las conclusiones de la asistencia prestada sean absolutamente erróneas[82].

ii. Debe descartarse toda responsabilidad por error de diagnóstico cuando se rompa la relación de causalidad entre el error y el daño. En particular, no podrá resarcirse en concepto de responsabilidad patrimonial sanitaria, aquellos casos:

   - En los que no se produzca un efectivo quebranto en la salud del paciente, consecuencia del error. En supuestos como éstos no cabe invocar la existencia del daño genérico por infracción del derecho a la asistencia sanitaria con virtualidad para, por sí mismo, apreciar la existencia de un daño moral[83].
   - En los que la responsabilidad de aquel error de diagnóstico carezca de trascendencia —porque no existiera un enlace casual— respecto al daño sufrido.

---

81 HURTADO DÍAZ-GUERRA, Isabel (2018): *El daño moral en la responsabilidad patrimonial sanitaria, op. cit.* pág. 277.

82 En relación con la entidad del error, según mostrase la STS 49/2018, de 18 de enero (núm. rec. 3206/2015 y [*Tol 6484699*]), «el error de diagnóstico es determinante de responsabilidad cuando sea de notoria gravedad o las conclusiones de la asistencia prestada sean absolutamente erróneas (...). [En este sentido, par el TS], la demora de diagnóstico puede ser significativa, en sí misma, de infracción de la lex artis o, en su caso, de pérdida del principio de oportunidad cuando se hayan omitidos pruebas indicadas por los signos y síntomas del paciente» (FJ 2).

83 Como excepción a la regla que impide el reconocimiento de responsabilidad patrimonial a título de pérdida de oportunidad en los casos de invocación daños genéricos, si el error de diagnóstico hubiese afectado a la situación personal del paciente causando incertidumbre, zozobra, inquietud o un sufrimiento no físico, tal afección podría conformar el daño moral. Piénsese, por ejemplo, en el diagnóstico erróneo sobre una enfermedad grave, que en realidad no se padece; desde el momento del diagnóstico y hasta la confirmación del error, se puede producir una angustia vital que, en sí misma, sería un daño moral directo —y no pérdida de oportunidad.

- En los que, a pesar del error en el diagnóstico, el daño resultante fuese inevitable.

Por lo tanto, solamente cuando exista incertidumbre casual entre la actuación médica y el resultado dañoso podrá reconocerse un daño moral por la *chance* perdida de una mejoría o curación. Para que esto tenga lugar será preciso que pueda establecerse un nexo causal, aunque sea incompleto, entre el error de diagnóstico y el daño sufrido, con la consecuente oportunidad perdida de sanar o mejorar respecto a la situación inicial del estado del paciente. Es por ello, que la quiebra parcial del nexo causal entre error de diagnóstico y el estado final del paciente es carga que corresponde a quien la alegue, pues de no advertirse tal quiebra, el enlace causal entre el acto médico y el daño efectivo sería directo, y no cabría apreciar pérdida de oportunidad, sino resultado dañoso real.

En definitiva, en los casos de error de diagnóstico, cabe hablar de pérdida de oportunidad, cuando el error no sea causa de un daño efectivo, sino de un daño probable. Esto ocurrirá si la equivocación no tiene entidad suficiente como para imputar la plena causalidad del daño que se representa en el estado final de salud del paciente. Normalmente, así sucederá cuando en el nexo causal se presenten determinadas quiebras que sean ajenas al error y que condicionen —o determinen— el daño que se representa. Estas quiebras, normalmente serán concausas con capacidad para romper el enlace directo entre error y resultado aunque no permitan excluir completamente tal nexo causal. Fundamentalmente, a partir de la hipótesis probabilística de haberse obtenido un mejor resultado terapéutico de no haber incurrido en el error[84].

---

84 En los casos de ausencia de daño real, el reclamante pueda ser indemnizado por la pérdida de oportunidad de una mejoría o curación, eso sí, siempre que el error de diagnóstico haya impedido una asistencia sanitaria exigible. En este sentido, la STSJ de Madrid 163/2020, de 27 de febrero, de la Sala de lo Contencioso (núm. rec. 541/2017 y [*Tol 7967752*]), ha dispuesto que, «respecto al error de diagnóstico es importante advertir que para que éste sea generador de responsabilidad es necesario que atendidas las circunstancias del caso y en particular el estado de conocimiento de la ciencia en el momento de producirse el evento lesivo, pueda afirmarse que resultaba factible para el servicio sanitario realizar dicho diagnóstico y que el mismo, de haberse realizado, posibilitara alguna oportunidad de curación. En definitiva, es necesario que la falta de diagnóstico, o bien su error o su retraso sea imputable a la Administración y por ello sea determinante de la lesión del derecho del paciente a un diagnóstico correcto en tiempo oportuno. [En estos casos, afirma la sentencia,] el error de diagnóstico es fuente de responsabilidad patrimonial de la Administración, por incumplimiento de la obligación de

2) Diagnóstico tardío y retraso de tratamiento

Otro supuesto típico de pérdida de oportunidad es el diagnóstico tardío y el retraso de tratamiento. Esta modalidad comparte, aunque con ciertas matizaciones, los presupuestos del error de diagnóstico. La singularidades de esta modalidad de pérdida de oportunidad hallan su razón de ser en la diferencia entre la equivocación —que supone la omisión del estándar medio admisible en la determinación de la patología del paciente—, y la determinación tardía del diagnóstico correcto y el comienzo del tratamiento médico. En este segundo supuesto, al exceder el diagnóstico del lapso de tiempo admisible cabe concluir que esta actuación tiene entidad para afectar a la evolución de la enfermedad. Como afirma GALLARDO, «el grado de cumplimiento de la *lex artis* no solo está en función de la aplicación del tratamiento adecuado sino de que este se realice a tiempo»[85].

Ahora bien, como ha puesto de manifiesto LUNA, no puede perderse de vista que, tanto en los errores de diagnóstico como en el diagnóstico tardío y el consecuente retraso de tratamiento, estamos ante «daños pasivos» puesto que, tanto en uno como en otro, no hay una acción directa causante de un daño sino, en puridad, una omisión[86].

Concretamente, en el diagnóstico tardío, de la misma manera que en el error de diagnóstico, la relación causal se establece a partir de una infracción de la *lex artis*. Ahora bien, esta quiebra consistirá, a diferencia del error de diagnóstico que se basa en un acto positivo, en una conducta pasiva, a saber, la superación de los términos ordinarios para alcanzar el diagnóstico adecuado.

Implicará, por tanto, una previa situación de ausencia de diagnóstico certero, en relación con una determinada patología que —según el esta-

---

aplicar las técnicas sanitarias en función del proceso o conocimiento de la práctica médica. Ahora bien, no todo error de diagnóstico da lugar a responsabilidad y ha de insistirse en que, para que ello suceda, es necesario que como consecuencia del error no se haya procurado al paciente la asistencia sanitaria exigible» (FJ 8).

85 GALLARDO CASTILLO, María Jesús (2021): *Administración sanitaria y responsabilidad patrimonial*, *op. cit.* pág. 100.

86 LUNA YERGA, Álvaro (2005): «Oportunidades perdidas. La doctrina de la pérdida de oportunidad en la responsabilidad civil médico-sanitaria», *InDret*, pág. 2. En palabras de LUNA, «nos hallamos ante lo que podemos denominar daños pasivos, esto es, aquellos daños que suceden no por la acción directa del facultativo sino debido a errores de diagnóstico o a omisiones en el tratamiento que privan al paciente de los cuidados médicos adecuados». *Idem.*

do de la ciencia y de la técnica— podría haber sido diagnosticada en un lapso de tiempo menor. Esta conducta omisiva también podrá consistir —atendiendo a las concomitancias de la sintomatología que presenta con otras similares— en un diagnóstico erróneo o inespecífico, y un posterior diagnóstico correcto pero tardío. Adicionalmente, para que esta demora sea reprochable en términos jurídicos, será preciso que el diagnóstico se obtenga cuando ya se ha manifestado un perjuicio causado, o cuando éste resulta inevitable por no haberse podido aplicar, a tiempo, el tratamiento adecuado.

Llegados a este punto hay que recordar que no todo diagnóstico tardío con consecuencias en la salud del paciente debe reputarse contrario a la *lex artis*.

A. Ausencia de mala praxis

Existen situaciones, como las de sintomatología inespecífica, concurrente u oculta, o las patologías asintomáticas, en las que no es posible reprochar al facultativo una negligencia omisiva. «No cabe exigir al profesional medio del sector que posea el nivel más elevado de destreza de todos los tiempos, ni tampoco al del especialista más cualificado o más experimentado del sector»[87].

Este criterio se ajusta a lo que la doctrina alemana denomina el «principio de negligencia grupal», en cuya virtud la negligencia de los profesionales sanitarios debe evaluarse a partir de «los conocimientos o habilidades que se presuponen en el círculo respectivo de médicos generales o especialistas»[88]. En particular puede no apreciarse mala praxis en supuestos de sintomatologías inespecíficas, concurrentes, ocultas o asintomáticas.

a) Sintomatología inespecífica

No serán indemnizables los supuestos de sintomatología inespecífica, por cuanto, aunque no exista un diagnóstico precoz y certero, sino sólo estimativo, el mismo no podrá calificarse como retraso inadecuado. En estos

---

[87] SOLÉ FELIU, Josep (2022): «Estándar de diligencia médica y valor de los protocolos y guías de práctica clínica en la responsabilidad civil de los profesionales sanitarios», *Revista de Derecho Civil*, vol. IX, núm. 3, pág. 15.

[88] LAUFS, Adolf y KERN, Bern-Rüdiger (2010): *Handbuch des Artzrechts* (4ª ed.), C.H. Beck, Munich, § 97, Rn 18, pág. 1202.

casos no podrá reprocharse la ausencia de actuación precoz porque para alcanzar el diagnóstico correcto era necesario el oportuno estudio clínico y la observación de la evolución del estado de salud del paciente.

b) Sintomatología concurrente

Tampoco habrá infracción de la *lex artis* en supuestos en los que la falta de actuación precoz se debe a que la sintomatología del paciente es común —concurrente— con otras patologías diferentes, y donde todas comparten los mismos presupuestos clínicos. En casos como estos sólo será exigible un diagnóstico correcto a partir de la obtención de otro diferencial que permita excluir las patologías con identidad sintomática. Para ello será necesario observar la evolución de la enfermedad, la respuesta a los diferentes tratamientos, y la práctica de nuevas pruebas diagnósticas.

c) Sintomatología oculta

Si la patología real que padece el paciente está oculta en la sintomatología de otra enfermedad no será reprochable la actuación tardía.

d) Patologías asintomáticas

Lógicamente, mientras una enfermedad no se manifieste en el cuerpo del paciente, al no presentar los síntomas propios de la patología que sufre, no podrá exigirse un diagnóstico correcto.

B. Infracción de la *lex artis*

En cambio, cabrá afirmar la virtualidad del retraso de diagnóstico cuando este determine una infracción de la *lex artis* y permita advertir una conexión causal con la pérdida de la oportunidad de mejoría o curación perdida por tal retraso.

a) Diagnósticos previos incorrectos

Cuando el diagnóstico correcto esté precedido por uno incorrecto, y el lapso de tiempo transcurrido haya perjudicado las opciones de curación habrá que entender que se infringió la *lex artis*.

b) Pruebas tardías

Deberá reputarse contrario a la *lex artis* el retraso de la práctica de pruebas diagnósticas, en la medida en que tal dilación implique una demora en la determinación del diagnóstico correcto, con el consecuente retraso del tratamiento médico adecuado. Es lo que se conoce como «demora terapéutica».

Tal dilación, si perjudica la eficacia o eficiencia del tratamiento correspondiente a la patología del paciente, estará casualmente enlazado con la pérdida de expectativas de mejoría o, incluso, con el estado final del paciente[89]. A tal efecto, será indiferente que la demora en la realización de las pruebas diagnósticas se deba al profesional sanitario, por no haberlos solicitado en el momento oportuno, o que sea imputable a la Administración sanitaria, por la carestía de los medios necesarios.

Entre otros supuestos de «demora terapéutica» se encuentran:

– *Retraso de tratamiento.* El retraso en la aplicación del tratamiento adecuado, puede deberse al retraso en las pruebas diagnósticas. En puridad, en estos casos la pérdida de oportunidad —y también el daño directo— no se produce sólo por el retraso en el diagnóstico, sino que estará también determinado por el retraso en la aplicación del tratamiento, puesto que su aplicación establecerá la posibilidad de que la patología pueda experimentar una mejoría o curación.

– *Insuficiencia de recursos materiales.* El tratamiento tardío no solo puede deberse a un retraso del diagnóstico correcto. Aquel también puede producirse en el marco de un tratamiento médico, adecuadamente pautado, previo diagnóstico precoz y correcto, y sin retraso, cuya aplicación, por causas ajenas a la actuación del facultativo, se demore hasta el punto de hacer que el tratamiento pierda su eficacia terapéutica. Son los retrasos que se derivan de la propia organización de la Administración sanitaria,

---

[89] Tal y como ha recordado el DCJCVal 36/2021 de 20 de enero, «jurisprudencialmente se viene estableciendo el deber de indemnizar el retraso en el diagnóstico, aunque no exista repercusión corporal, por considerar que tiene una trascendencia moral, entre otras, el TSJ Madrid en su sentencia núm. 681/2014, de 25 de septiembre de 2014, en la que concreta el daño en el sufrimiento derivado de la enfermedad diagnosticada con retraso, que es calificado como "daño moral plenamente indemnizable", y el TSJ de Castilla-León, en su sentencia de 23 de junio de 2011, que concede una indemnización como daño moral por la demora en recibir un tratamiento» (CJ 4). En los mismos términos se ha pronunciado el DCJCVal 683/2021, de 17 noviembre de 2021.

y de la carencia de medios y recursos. Sin embargo, cuando el retraso en el tratamiento se debe a una decisión médica, ya no es posible hablar de responsabilidad de la Administración sanitaria por listas de espera[90].

La práctica médica muestra que la demora en el diagnóstico y el retraso en el tratamiento de pacientes también se origina por la ausencia de medios suficientes para poder atender las necesidades sanitarias. Ello es debido a la finitud y limitación de los recursos materiales. Éstos, cuando propicien un peor pronóstico de curación o mejora de la salud del paciente, pueden dar lugar a un mal funcionamiento de la Administración, y, por ello, causar un daño antijurídico. Es lo que se conoce como «listas de espera», las cuales pueden generar un daño por el retraso en el diagnóstico, así como en el tratamiento de una enfermedad.

La jurisprudencia viene aplicando, respecto a las listas de espera, el criterio de «normalidad»[91], que no es sino el establecimiento de un estándar de prestación de los medios razonablemente exigibles. En estos casos

---

90 Un ejemplo de retraso en el tratamiento debido a decisiones clínicas lo encontramos en el dictamen Consejo Consultivo de Aragón (CCAra) 53/2013, de 30 de abril. Se pronunció sobre una pérdida de oportunidad consistente en la falta de establecimiento de tratamiento prioritario a la intervención quirúrgica. En esta ocasión se reconoció una indemnización, determinada a tanto alzado en 37.500 euros, por un retraso de tratamiento ya que la intervención quirúrgica tuvo lugar 8 meses después de haber diagnosticado al paciente —el 25 de julio de 2007— una acumulación patológica de líquido cefalorraquídeo en el canal central de la médula espinal (siringohidromielia de Chiari), en concreto, el el 31 de marzo de 2008, y en la Clínica Universitaria de Navarra, hospital privado al que fue derivado desde el Hospital Miguel Servet de Zaragoza. A juicio del CCAra «el haber programado la intervención jurídica sin prioridad de clase alguna requiere que sea efectuada una valoración de este hecho, al menos, en cuanto que contrasta y no se compagina con la previsión de los manuales científicos y la afirmación de los informes técnicos que aconsejan la necesaria rapidez en la intervención» (CJ V).

91 En relación con las listas de espera, a juicio de, la STS de Madrid 686/2022, de 21 de julio, de la Sala de lo Contencioso-Administrativo (núm. rec. 653/2021 y [*Tol 9180479*]), para que surja el deber de indemnizar hay que estar al «criterio de normalidad delimita la responsabilidad sanitaria exigiendo no sólo que exista el elemento de lesión sino también que no se haya prestado un servicio adecuado a los estándares habituales, bien sea porque el personal sanitario no haya actuado con arreglo a la diligencia debida, diligencia que incluye la utilización de los conocimientos presentes en el circuito informativo de la comunidad científica o técnica en su conjunto, "teniendo en cuenta las posibilidades concretas de circulación de la información", y la disposición de los medios al alcance que, por su propia naturaleza, no tienen un carácter ilimitado» (FJ 3).

se exonerará de responsabilidad a la Administración sanitaria cuando el paciente tenga el deber de soportar el daño porque la Administración ha prestado todos los medios a su disposición en un plazo «razonablemente» exigible. No obstante, la inicial juridicidad de las listas de espera, se torna en antijurídica, entre otros supuestos: cuando el daño haya sido causado por una lista mal gestionada o irracional, de duración exagerada o cuando hubiere un error en la clasificación de la prioridad del enfermo o en el curso de esa espera se produjesen empeoramientos o deterioros de la salud que provocasen secuelas irreversibles o que sin llegar a anular, mitiguen la eficacia de la intervención esperada[92].

---

92 El deber de soportar la escasez de medios materiales, en principio es «jurídico» y encuentra su razón de ser, de acuerdo con la Audiencia Nacional (AN) en el hecho de que «la prestación del servicio sanitario la Administración tiene un deber de puesta de medios, pero dispone de unos medios materiales y humanos limitados, medios que gestiona y con los que tiene que atender, en función de la organización sanitaria, a cierto número de beneficiarios. En este contexto la llamada lista de espera es una realidad en sí jurídica y como tal tiene su previsión legal. Así se deduce, por ejemplo, del artículo 16.2 de la Ley 4/86, de 25 de abril, General de Sanidad en relación con el artículo 28.2 del RD 521/87, de 15 de abril, sobre Hospitales gestionados por el INSALUD; también se refleja en la OM de 1 de marzo de 1999 o en el Acuerdo 4º de la Resolución de 26 de octubre de 1998; es más, algunas normas autonómicas regulan esa realidad como es la Ley Foral 12/99, de 6 de abril, o la Ley 2/89, de 21 de abril, del Servicio Aragonés de Salud» (FJ 3 SAN de 31 de mayo de 2000, de la Sala de lo Contencioso-Administrativo (núm. rec. 1/1998 y [*Tol 5394758*]). Por ello, sigue diciendo la AN, «que desde la juridicidad de la lista de espera y al margen del reintegro de gastos en centros privados, cabe entender que serán daños jurídicos, luego existe el deber jurídico de soportarlos, los que se refieran a las molestias de la espera, precauciones y prevenciones que hay que tener en tanto llega el momento de la intervención, la desazón que implica o la rebaja que esto suponga en calidad de vida por controles o vigilancia del padecimiento hasta la operación. Por contra el daño que se sufra será antijurídico cuando venga dado por una lista en sí mal gestionada o irracional, de duración exagerada o cuando hubiere un error en la clasificación de la prioridad del enfermo o cuando en el curso de esa espera se produjesen empeoramientos o deterioros de la salud que lleven a secuelas irreversibles o que sin llegar a anular, sí mitiguen la eficacia de la intervención esperada» (FJ 4 SAN de 31 de mayo de 2000). Ahora bien, «entiende la Sala que el daño sufrido (...) es antijurídico (...) [porque] la juridicidad de la espera no implica la soportabilidad de daños irreparables» (FJ 5 SAN de 31 de mayo de 2000). Por eso, en el supuesto enjuiciado por la SAN de 31 de mayo de 2000, la Sala de lo Contencioso-Administrativo, concluyó que «el fallecimiento no *venía* causado por una fuerza mayor enervante de la responsabilidad administrativa, es decir, un hecho imprevisible e inevitable, ajeno o extraño a la prestación del servicio; por contra, la muerte le *sobrevino* a una per-

Concluyendo, aunque las listas de espera tienen su previsión legal, y puede admitirse su juridicidad, el daño sufrido puede ser antijurídico, pues siendo asumible la existencia de listas de espera, ello no empece a que se deban soportar daños irreparables. A partir de aquí, el plazo de razonabilidad vendrá delimitado: por una lado, por la urgencia del diagnóstico y del tratamiento; y por otro, por la disponibilidad de medios de la Administración, y siempre que con las listas de espera no se comprometa de forma irreversible la posibilidad de mejoría o curación o bien cuando estas sean causa de empeoramientos o deterioros que hagan ineficaz la actuación médica que sufre la demora[93].

Esta cuestión también la aborda NAVALPOTRO en el cap. 24 (págs. 1788 a 1798), dedicado a la responsabilidad patrimonial sanitaria más allá de la lex artis, al cual nos remitimos.

3) Omisión de pruebas diagnósticas

En íntima conexión con el error de diagnóstico se encuentra la omisión de las pruebas diagnósticas, cuando su ausencia impida alcanzar el diagnóstico adecuado a la patología del paciente.

En efecto, la realización de pruebas diagnósticas podrá tener al menos, tres finalidades:

i. La determinación de la concreta patología a partir de la sintomatología del paciente.

ii. La concreción de la patología que aqueja al paciente ante una sintomatología inespecífica.

---

sona con un padecimiento cardiaco serio que había que operar y la organización sanitaria entendió que esa intervención no era urgente sino preferente y le hizo esperar. En el curso de la espera —funcionamiento normal o prestación regular del servicio y por la forma de organizarlo— su familia *sufrió* el daño que se trataba de atajar con la operación y que *excedió* de lo tolerable o soportable» (FJ 6 SAN de 31 de mayo de 2000). En los términos análogos falló la STSJ de Justicia de Galicia 558/2005, de 13 de julio, de la Sala de lo Contencioso-Administrativo (núm. rec. 222/2005 y [*Tol 558/2005*]).

93 Como principio, «los ciudadanos deben contar, frente a sus servicios públicos de la salud, con la garantía de que, al menos, van a ser tratados con diligencia aplicando los medios y los instrumentos que la ciencia médica pone a disposición de las administraciones sanitarias; tienen derecho a que, como dice la doctrina francesa, no se produzca una "falta de servicio"» (FJ 5 STS de 7 de julio de 2008, de la Sala de lo Contencioso-Administrativo, núm. rec. 4776/2004 y [*Tol 1351165*]).

iii. Ante una sintomatología común con diferentes patologías, descartar unas y confirmar otras.

Para que una prueba diagnóstica pueda ser considerada necesaria se requiere una hipótesis diagnóstica inicial, que deberá, bien demostrarse, o bien rechazarse, a través de las pruebas diagnósticas[94]. Para ello deberán practicarse las pruebas idóneas y proporcionadas, y también completadas según la evolución de cada patología y del curso de los acontecimientos.

Es más, la omisión de tales pruebas, cuando las mismas resulten esenciales para alcanzar un diagnóstico —de acuerdo con criterios de normalidad y de regularidad estadística según el estado de la ciencia médica—, supone una infracción de la *lex artis.* Constituye una mala praxis en la medida en que propician un diagnóstico erróneo, y con él, el tratamiento inadecuado para la patología del paciente.

Por ello tienen entidad para provocar una de pérdida de oportunidad respecto al tratamiento correcto omitido, el cual habría podido evitar, en términos de probabilidad, el resultado lesivo[95]. De hecho, «el Tribunal Supremo se ha mostrado proclive a estimar las demandas de responsabili-

---

94 Un supuesto de pérdida de oportunidad por omisión de pruebas diagnósticas necesarias es el que examinó el Consejo Consultivo de Andalucía (CCAnd) el 12 de junio de 2019. En su dictamen 459/2019, concluyó que se había «producido retraso en el diagnóstico y, por él, se *había realizado* una intervención quirúrgica muy agresiva [—nefrectomía radical—] que podría haber sido sustituida por otra de menor gravedad» (CJ IV). En concreto, el abordaje tardío de un carcinoma renal, por retraso del diagnóstico del tumor que podría haberse detectado en un estadio inferior de haberse practicado la ecografía aconsejada. Por ello, el CCAnd, al examinar un curso causal no verificable concluyó que hubo pérdida de oportunidad porque al haberse omitido las oportunas pruebas diagnósticas era «evidente que concurría una demora excesiva y relevante en la puesta a disposición de los medios necesarios para la atención del paciente» que entre otros males propició una depresión y una convalecencia susceptibles de haberse evitado (CJ IV).

95 La pérdida de oportunidad es apreciada por la jurisprudencia cuando «la demora en practicar la operación *es* la que *ocasiona* el resultado; y [en el caso enjuiciado —recluso que quedó inválido por una infección de empiema— para la STS de 6 de febrero de 2018 era evidente] que esa premura estuvo motivada por la tardanza en detectarla por la resonancia magnética y esta, a su vez, en la posibilidad de realizarla, que no era posible en el Centro penitenciario. En suma, que si bien los servicios sanitarios penitenciarios actuaron conforme a su criterio y de acuerdo a las circunstancias del enfermo y sus antecedentes, es manifiesto que otro diagnóstico era admisible desde el punto de vista de la ciencia médica, lo cual remite la actuación a la pérdida de oportunidad» (FJ 6 STS 169/2018, de 6 de febrero, núm. rec. 2302/2016 y [*Tol 6508701*]).

dad por resultado acontecido cuando el error de diagnostico se ha producido por omisión de la práctica de pruebas cuando estas eran pertinentes conforme a protocolo médico y ello aun en el supuesto de que no resultara probado, que de haberse realizado se hubiera evitado el resultado dañoso»[96].

Llegados a este punto se impone concluir que las pruebas diagnósticas necesarias son un factor fundamental para ilustrar la opinión médica y determinar cuál es la patología que presenta el paciente. Hacemos hincapié en el término necesarias, en la medida en que el despliegue de pruebas diagnósticas meramente defensivas por devenir en inútiles o inadecuadas, supone una práctica médica incorrecta que afecta al buen desempeño de la prestación de medios y a la optimización de los recursos que corresponde a la Administración sanitaria[97].

Como pone de manifiesto BAUZÁ, el incremento de reclamaciones de «responsabilidad [patrimonial sanitaria] ha desarrollado una medicina defensiva, en la que las pruebas tradicionales de diagnóstico han dado paso a todo tipo de pruebas que, siendo innecesarias, además resultan tecnológicamente sofisticadas y económicamente costosas, que se limitan a ir descartando posibles dolencias, todo ello con la finalidad de impedir un error o un retraso en el diagnóstico que pueda generar el deber de indemnizar»[98].

Además no puede perderse de vista que la medicina defensiva también es contraria a la *lex artis ad hoc*, toda vez que la misma propicia la práctica de un número mayor de pruebas diagnósticas que las indicadas para una determinada sintomatología.

---

96 GALLARDO CASTILLO, María Jesús (2021): *Administración sanitaria y responsabilidad patrimonial, op. cit.* pág. 113.

97 En reiteradas ocasiones la jurisprudencia ha prevenido de la denominada «medicina defensiva». Una de ellas es la STSJ de Canarias 347/2021, de 14 de octubre, de la Sala de lo Contencioso-Administrativo de Tenerife (núm. rec. 127/2021 y [*Tol 8789010*]). Según dijera la misma, «nadie discute el deber de realizar pruebas diagnósticas, pero no ha de cumplirse practicando la llamada medicina defensiva, tan perniciosa como la omisión de pruebas necesarias, porque la prescripción abusiva de todos los medios diagnósticos posibles puede también producir una perturbación del Servicio de Salud al retrasar la utilización de los medios personales y materiales en perjuicio de otros casos en los que se podría requerir con mayor claridad y urgencia» (FJ 8).

98 BAUZÁ MARTORELL, Felio José (2017): «Responsabilidad médica y sobre prevención. Otra perversión del sistema», *Derecho y Salud*, vol. 27, pág. 143.

4) Errores relacionados con el tratamiento

A. Error de tratamiento

Reviste mayor gravedad que la omisión de las pruebas diagnósticas el error de tratamiento a partir de un diagnóstico correcto por cuanto tal error evidencia una inadecuación de los conocimientos médicos o de las decisiones clínicas que deberían aplicarse a una determinada patología.

El error de tratamiento determina la incorrección de las pautas terapéuticas a una determinada patología, excluyendo el tratamiento correcto que podría haber supuesto la curación o mejoría del paciente y, por tanto, determinante para que se pueda apreciar una pérdida de oportunidad.

B. Error en el tratamiento

Del error de tratamiento debe distinguirse el error en el tratamiento. Éste comprende una amplia casuística en la que, ante la pauta de un tratamiento correcto, el mismo no se desarrolla conforme a la *lex artis*. Así ocurre con el error en la administración de los fármacos o en el control de su administración, pero también cuando una determinada actuación médica indicada para el tratamiento de una patología —*v. gr.*, una intervención quirúrgica—, no se ejecuta de forma correcta, bien sea por impericia o bien por error de los profesionales que participan en dichos actos médicos.

Son ejemplos de error en el tratamiento, entre otros, los casos de olvido de material quirúrgico dentro del cuerpo del paciente, la realización defectuosa de una cirugía, la infección de las heridas por una mala praxis en su manejo o por falta de asepsia. Este tipo de errores comprende una amplia gama de actuaciones caracterizadas por una vulneración de la *lex artis* en la cualificación del acto sanitario concreto, pero que, además, determinan que el tratamiento pautado, siendo correcto, no pueda alcanzar todas las expectativas de mejoría o curación que inicialmente cabría esperar. Por eso, este tipo de errores, normalmente no constituyen propiamente una pérdida de la oportunidad de obtener un resultado más favorable para el paciente porque causan un daño directo.

C. Omisión del tratamiento alternativo

Cuestión diferente al error en el tratamiento es la elección de un determinado tratamiento existiendo otros tratamientos alternativos. La omisión del tratamiento alternativo idóneo engloba a aquellos casos en los cuales, aun siendo el tratamiento prescrito adecuado según los cánones de la ciencia médica, cabe la posibilidad de haber pautado un tratamiento diferente, más eficaz[99].

Cuando el tratamiento escogido es conforme a la *lex artis, a priori* no cabría considerar que la elección médica pudiera determinar la génesis de pérdida de oportunidad por la exclusión de un tratamiento alternativo, ya que la elección implica valorar la adecuación del tratamiento a la patología concreta de un paciente y descartar otros tratamientos. No obstante, la corrección o incorrección en la elección del tratamiento, debe estar determinada por el grado de eficacia de la misma en la curación o mejoría del paciente, de tal forma que, ante la existencia de varios tratamientos para una determinada patología, la actuación médica adecuada es la que considerase el mayor índice de beneficio para el paciente.

No es cuestión simple el advertir, en el momento de la toma de decisiones, si la opción por uno u otro tratamiento determinará un mayor beneficio al paciente. Tal resultado, en la mayoría de las ocasiones, solo puede conocerse una vez se dispone de los resultados del tratamiento escogido, tras la evolución y situación final del paciente. En estos casos el reproche al facultativo es más difícil porque puede chocar con la prohibición de regreso para valorar la corrección de la decisión médica en el momento de su adopción[100]. Ya que:

---

99 En opinión de HURTADO, «ante un mismo caso, a veces son varias las opciones clínicas posibles para poder afrontarlo, siendo todas correctas a priori. Es decir, se compara a posteriori la conducta realizada con la que hubiera sido la más deseable, la ideal, de forma que, ante cualquier actuación, siempre quedaría abierto el interrogante: ¿Y si ...? Con ello, se lleva la responsabilidad más allá de su objetivación, pues no se indemniza por funcionamiento anormal, sino por un funcionamiento normal comparado con un parámetro de idealidad». HURTADO DÍAZ-GUERRA, Isabel (2018): El daño moral en la responsabilidad patrimonial sanitaria, *op. cit.* pág. 262.

100 Sobre la regresión y la indagación prospectiva o retroacción se pronuncia el DCJCVal 149/2020, de 11 marzo. En esta ocasión el CJCVal volvió a «traer a colación la tesis jurisprudencial de no procedencia de la aplicación de la metodología de la regresión que impide cuestionar el diagnóstico inicial por la evolución posterior del paciente (...). [A este efecto,] el razonamiento [de la SSTS de 3 de marzo y 10 de diciembre, entre otras] estriba en la dificultad que entraña acertar con el diagnóstico correcto, a pesar de haber puesto para su consecución todos los medios disponibles, pues en todo paciente existe un margen de error independientemente de las actuaciones que se realicen. Por ello [añade el CJCVal,] la suficiencia o no de las pruebas diagnósticas o de los tratamientos sólo puede afirmarse mediante una valoración de las circunstancias en el momento en que

> *«No puede enjuiciarse la actuación de los facultativos a quienes se imputa la actuación contraria a la "lex artis", con criterios y circunstancias de cómo ha discurrido el tratamiento prestado al paciente en un examen a posteriori de dichas actuaciones, máxime en supuestos como el presente en el que, ciertamente, hubo demora en la prestación de la cirugía la que ha provocado el luctuoso resultado en la salud del recurrente. Esos criterios han de valorarse conforme a las circunstancias del momento en que suceden los hechos»*[101].

No obstante, cuando en el catálogo de posibles tratamientos alguno resulte más beneficioso para el paciente, tanto en términos generales —atendiendo a su eficacia, la reducción de riesgos, porcentaje de éxito y minoración de efectos secundarios—, como para el paciente en particular —según sus circunstancias personales concretas—, dicho tratamiento deberá considerarse como el correcto desde el punto vista de la *lex artis ad hoc*, porque los demás presentan efectos beneficiosos más limitados.

Así se entiende que la opción por un determinado tratamiento, existiendo otro que, objetivamente, podría conseguir mejores resultados, puede ser considerado como una pérdida de oportunidad resarcible[102]. En

---

tuvieron lugar, y no mediante una regresión a partir del curso posterior seguido por el paciente» (CJ 3). Previamente, en el DCJCVal 140/2017, de 22 de febrero, ya se había señalado —parafraseando la STS de 29 de enero de 2010— que «los acontecimientos posteriores desconocidos en el momento del diagnóstico inicial de un paciente no pueden habilitar *a posteriori* un regreso al momento inicial. Y ello porque en función de los síntomas y las circunstancias iniciales se deciden las exploraciones y pautas adecuadas a la sintomatología que se pone en cada caso a disposición del demandante de asistencia sanitaria. Pues no resulta coherente sustentar la responsabilidad simplemente a partir del diagnóstico final, y considerando que se pudieron haber puesto otras, aun cuando los síntomas y las circunstancias no habilitaban dichas pruebas (CJ 3).

101 FJ 4 STS 169/2018, de 6 de febrero, de la Sala de lo Contencioso-Administrativo (núm. rec. 2302/2016 y [*Tol 6508701*]).

102 La opción por un determinado tratamiento puede dar lugar a una pérdida de oportunidad resarcible porque «en este supuesto el daño viene propiciado por el hecho de que, si bien a tenor de la prueba no cabe apreciar un tratamiento médico contrario a los cánones aceptados en cada momento por la ciencia médica, es lo cierto que de haber existido un tratamiento diferente, que no es ajeno a la propia medicina, existe la duda de si se habría producido el resultado lesivo, exigencia de esa probabilidad sobre la que se pone la nota de la pérdida de oportunidad por la jurisprudencia (...) y que ha de vincularse, de un lado, a la prueba practicada en el proceso, de otro, que, sobre esa base, existiera el convencimiento que de haberse adoptado un tratamiento diferente, o con diferentes criterios, el resultado podría haberse disminuido o incluso haberse evitado» (FJ

tal supuesto, en puridad, no se produciría infracción de la *lex artis ad hoc*, atendido que el tratamiento escogido no es incorrecto, pero sí una pérdida de expectativa de un mayor beneficio con un tratamiento alternativo. Por ello, el tratamiento practicado podría llegar a ser cualificado como incorrecto, o no completamente ajustado a la *lex artis*.

5) Servicios de urgencias

Los servicios de urgencias son aquellas unidades asistenciales, ubicadas en los hospitales, que tienen por objeto facilitar una atención inmediata a aquellos daños o patologías que requieren una atención perentoria. A estos efectos, debe entenderse por atención perentoria o urgente aquel «acto inmediato que exige una concreta situación clínica subjetiva pero objetivable de un paciente, esto es, delimita una atención medica de inmediatez y rapidez»[103].

Tratándose de actuaciones no programadas presentan dificultades a la hora de efectuar un diagnóstico certero. Por ello una de las cuestiones más problemáticas es la que se refiere a la omisión de pruebas diagnósticas necesarias. Éstas son las que, en un número no despreciable de ocasiones, hubieran determinado la necesidad de someter al paciente a una cirugía inmediata, o descartada la intervención inaplazable, la remisión a un concreto especialista.

Buena parte de las reclamaciones relacionadas con los servicios hospitalarios de urgencia se refieren a diagnósticos tardíos por omisión de pruebas protocolizadas y altas prematuras por falta de correcto diagnóstico. Tanto unas como otras presentan ciertas singularidades según sea la patología o lesión que motiva la atención urgente. Entre ellas cabe destacar las siguientes:

i. Urgencias traumatológicas

ii. Urgencias neurológicas

iii. Urgencias cardíacas

---

6 STS 169/2018, de 6 de febrero, de la Sala de lo Contencioso-Administrativo (núm. rec. 2302/2016 y [*Tol 6508701*]).

103 FJ 5 STSJ de Cantabria 795/2008, de 31 de octubre (núm. rec. 156/2008 y [*Tol 1462204*]).

A. Urgencias traumatológicas

Las reclamaciones derivadas de sucesos traumáticos suelen reprochar la falta de descubrimiento de fracturas que requerían un tratamiento inmediato y que provocan, o podrían haber provocado de no ser abordadas de manera precoz, secuelas dolorosas o funcionales por la curación «en falso». También pueden arrancar a partir de sospechas de diagnóstico, que posteriormente, al ser exploradas por el traumatólogo, continúan sin un diagnostico correcto, provocando una doble pérdida de oportunidad (por los servicios de urgencias y traumatología y cirugía ortopédica)[104].

B. Urgencias Neurológicas

Se caracterizan por fundarse en lesiones neuronales que debieron ser sospechadas a partir de ciertos síntomas (desorientación, mareos, etc.) y que podrían haber sido objetivadas de haberse practicado una completa exploración neurológica al paciente o de haberse realizado una prueba diagnóstica, como una tomografía axial computarizada (TAC)[105]. También pueden venir propiciadas por una atención, tras sufrir un traumatismo en

[104] Un ejemplo de doble pérdida de oportunidad, por falta de objetivación de la dolencia tanto al tiempo de la asistencia de urgencia como la programada con el especialista lo encontramos en la STSJ de Galicia 593/2015, de 28 de octubre, de la Sala de lo Contencioso-Administrativo (núm. rec. 339/2015 y [*Tol 5553110*]). En ella se reconoció una indemnización por una defectuosa atención en los servicios de urgencias y de traumatología y cirugía ortopédica al no detectar una factura del pilón tibial tras un accidente de tráfico. La pérdida de oportunidad, que se cifró en un 60 por ciento de no tener artrosis y en un 80 por ciento de no consolidar en valgo, se debió a la falta de estabilización de la fractura del pilón tibial con reconstrucción del mismo con injertos óseos.

[105] A título de ejemplo de omisión de prueba diagnóstica con resultado de muerte, citamos la STSJ de Galicia, de la Sala de lo Contencioso-Administrativo 506/2015, de 30 de septiembre (núm. rec. 324/2015 y [*Tol 5507884*]). En esta ocasión se juzgó una pérdida de oportunidad de supervivencia de un paciente de hemodiálisis que sufrió un accidente de tráfico camino del Hospital de Burela. La pérdida de oportunidad, que se valoró teniendo en cuenta la situación basal del paciente, fue debida al alta prematura del paciente por no dejarle 24 horas en observación, la omisión de dos TAC, un al tiempo de ser atendido en urgencias y otro previo al alta, y la ausencia de interrupción del tratamiento de hemodiálisis. En esta ocasión, la Sala se resarció la totalidad del daño, al reconocer una indemnización de acuerdo con el baremo de accidentes de tráfico sin porcentaje alguno que actuase como factor de corrección.

una parte del cuerpo distinta a la cabeza, que pone de manifiesto un síntoma neurológico que pasa desapercibido, y que en última instancia causa una hemorragia o infarto cerebral[106].

C. Urgencias cardíacas

Pueden dar lugar a indemnizaciones aquellas asistencias de urgencia en las que se confunde una sintomatología propia de una patología cardíaca, que pasa desapercibida al ser asociada erróneamente con traumatismos o dolores musculares comunes, y que propicia la no realización de aquellas pruebas que debieron arrojar un diagnóstico precoz[107].

6) Servicios de ambulancias y emergencias sanitarias

Cada día son más la reclamaciones interpuestas por una emergencia súbita que no puede ser atendida a tiempo en el domicilio del paciente, ya sea por retraso de la ambulancia, ya sea por «falta de servicio» al asignar un facultativo por falta de coordinación o por estar ocupado en otras atenciones de urgencia.

---

106 En relación con los fallos en los que en un traumatismo se confunden los síntomas neurológicos con los propios de un accidente, traemos a colación la STSJ de Madrid, de la Sala de lo Contencioso-Administrativo 170/2011, de 4 de marzo (núm. rec. 518/2009 y [*Tol 2100975*]). En un caso de accidente fortuito de una persona con antecedentes cardíacos y tratamiento anticoagulante, y que presentaba una cefalea, la Sala rechazó la pérdida de oportunidad de haber evitado la hemorragia subdural aguda que acabó con la vida del paciente. A juicio del TSJ la práctica de un TAC por el servicio de urgencias no estaba incluida en el protocolo médico, y probablemente no hubiese detectado el hematoma cerebral, el cual además era inevitable. En un supuesto análogo —accidente de persona con antecedentes cardíacos y tratamiento anticoagulante— los DDCCMad 538/2011, de 26 de octubre, y 440/2012, de 18 de julio, rechazaron la infracción de la *lex artis* porque, de acuerdo con los informes médicos, ante un accidente de persona con tratamiento anticoagulante no estaba protocolizada la práctica de un TAC.

107 Un supuesto singular, relacionado con las urgencias cardíacas, es el recogido por la STSJ de Galicia en la STSJ de Galicia 511/2015, de 30 de septiembre, de la Sala de lo Contencioso-Administrativo (núm. rec. 206/2015 y [*Tol 5507315*]). En él la Sala resarció totalmente el daño causado al descartar la pérdida de oportunidad ya que el fallecimiento se debió a una mala praxis consistente en una deficiente anamnesis que debería haber sospechado la posibilidad de parada cardiorrespiratoria por infarto en vez de diagnosticar el dolor de pecho con un simple dolor muscular.

En este sentido, es ilustrativa la STS de 7 de julio de 2007, conocida por ser uno de los primeros fallos en los que se reconoció la pérdida de oportunidad por «falta de servicio». Se reconoció una indemnización a tanto alzado por emplear una ambulancia —en vez de un helicóptero— para desplazar a un submarinista que sufrió una descompresión que le causó una paraplejia[108].

En casos como estos, de manera análoga a los supuestos de las listas de espera, para considerar la lesión como un daño antijurídico, hay que estar al «parámetro de normalidad» de respuesta. Para ello habrá de tener en cuenta el tiempo de respuesta de la ambulancia o médico de atención domiciliaria y la limitación de los recursos materiales y medios humanos de a la Administración sanitaria. Tanto en uno como en otro caso, si se demuestra que el tiempo de respuesta fue razonable o que los medios estaban comprometidos en otra asistencia médica, el daño no deberá ser considerado antijurídico[109].

7) *Deficiente prevención en materia de salud pública*

Los reproches por una deficiente actividad de prevención en materia de salud pública suelen estar relacionados con la ausencia o insuficiencia

---

108 La STS de 7 de julio de 2008, de la Sala de lo Contencioso-Administrativo (núm. rec. 4776/2004 y [*Tol 1351165*]) juzgó y estimó una reclamación de 90.000 euros por las secuelas —paraplejia y postración en silla de ruedas— con que quedó un submarinista que sufrió una descompresión mientras practicaba buceo en las proximidades de Cullera y que fue trasladado en ambulancia desde el Hospital La Fe de Valencia al Centro de Recuperación e Investigaciones Submarinas de Barcelona donde había cámara hiperbárica.

109 Un supuesto de desestimación de reclamación por demora en la llegada de la ambulancia lo encontramos en la STSJ de Baleares 589/2015, de 7 de octubre, de la Sala de lo Contencioso-Administrativo (núm. rec. 210/2015 y [*Tol 5525836*]). En esta ocasión se desestimó un recurso contencioso-administrativo por el fallecimiento de una persona, a causa de una ingesta de alcohol, que no fue desplazada de manera inmediata al hospital al no juzgarlo necesario el médico de atención domiciliaria. En cambio, la STSJ de Madrid 786/2010, de 21 de julio, de la Sala de lo Contencioso-Administrativo (núm. rec. 478/2008 y [*Tol 1951061*]), sí que reconoció una indemnización de 30.000 euros —determinados a tanto alzado— por el daño moral sufrido por la esposa e hijos de una persona que falleció tras sufrir un cuadro de dificultad respiratoria, mareo, debilidad generalizada y sudoración fría. Para la Sala no fue «razonable» la respuesta dada a la viuda, por el centro de salud, y que se limitó a contestar que no su marido no podría ser atendido antes de cuatro horas y media.

de información. Un supuesto lo encontramos en la STS de 25 de junio de 2010, en la que se condenó al Servicio de Salud de Castilla-La Mancha (SESCAM) por falta de información en una campaña de vacunación de meningitis C dirigida a menores de edad. La falta de información consistió en omitir la necesidad de una segunda vacuna para que la vacunación de la primera fuera eficaz[110]. Esta cuestión, al tratarse con detenimiento en el cap. 16 (págs. 1107 a 1118), y particularmente por en el cáp. 23 (págs. 1749 a 1754), nos remitimos a lo escrito por BOIX y RAMOS.

8) Falta de información

Finalmente, cabe recordar —como se expone en el cap. 16 (págs. 1050 a 1057)— que la falta o insuficiencia de información puede ser abordada desde diferentes ángulos. Uno de ellos es el que vincula la falta de consentimiento informado con la pérdida de oportunidad.

En estos casos se efectúa un cálculo probabilístico dirigido a averiguar cuál habría sido la decisión del paciente —someterse o no a la intervención médica— de haber sido informado de manera adecuada. En este punto la doctrina jurisprudencial, que poco a poco va asentando la ausencia u omisión de información como pérdidas de oportunidad, viene distinguiendo dos grandes grupos de sentencias.

A. Falta de información relativa a las malformaciones congénitas

Las reclamaciones por falta de la información relativa a las malformaciones congénitas se enmarcan en las *wrongful actions* —y en particular en las *wrongful birth* y *wrongful life actions*— estudiadas por GARRIDO en el cap. 19 (págs. 1396 a 1414). Para un sector de la doctrina, en las *wrongful action* lo que se invoca es un daño moral por violación de la autodeterminación de la madre en relación con la interrupción voluntaria del embarazo, o por el impacto psíquico que produce conocer las taras con las que nacerá el *nasciturus*.

Así, algunos autores como TORRE DE SILVA, sostienen que, como «la aceptación social de la discapacidad por desgracia aún no es la deseable,

---

[110] La STS de 25 de junio de 2010, de la Sala de lo Contencioso-Administrativo (núm. rec. 5927/2007 y [*Tol 1895440*]) cifró la pérdida de oportunidad de una menor que se contagió —al haberse vacunado en la campaña de 1997, pero no en la de 2000— y tuvo que se amputada de ambos pies en 800.000 euros.

el impacto [psicológico, como daño moral,] existe en muchas personas al comunicarles el diagnóstico y que no pueden evitarlo»[111]. En cambio, otros autores como VICANDI identifican el daño moral con «la imposibilidad para la madre de tomar una decisión informada sobre el término de su embarazo, acorde con sus propios intereses personales y familiares»[112].

En la jurisprudencia, las estimaciones de *wrongful birth actions* se fundan mayoritariamente en un daño moral —ya sea por lesión de la autodeterminación de la madre, ya sea por el impacto psicológico— y en un daño patrimonial por los mayores costes de crianza de una persona con discapacidad, normalmente con síndrome de Down. Sin embargo, también hay pronunciamientos —como las SSTS de 4 de noviembre de 2008 y 25 de mayo de 2012— que articulan la existencia de un daño, tanto moral como económico a partir de una pérdida de oportunidad[113].

B. Falta de información sobre los riesgos o complicaciones asociadas a una intervención

Aunque la falta de información sobre los posibles riesgos de una intervención quirúrgica es analizada con mayor profundidad por BOIX en el cap. 16 (págs. 1050 a 1061), dedicado al consentimiento informado, en este subapartado queremos resaltar que esta omisión informativa también

---

[111] TORRE DE SILVA LÓPEZ DE LETONA, Víctor (2017): «Responsabilidad por nacimiento evitable (*wrongful birth* y discapacidad», *Revista de Administración Pública,* núm. 203, pág. 106.

[112] SÁNCHEZ GONZÁLEZ, Margarita (2018): «El tratamiento jurisprudencial del daño en las acciones de responsabilidad por wrongful birth», *Revista Jurídica de la Universidad Autónoma de Madrid,* núm. 37, pág. 475.

[113] Las SSTS de 4 de noviembre de 2008, de la Sala de lo Contencioso-Administrativo (núm. rec. 4936 y [*Tol 1401291*]) y de 25 de mayo de 2010 (núm. rec. 3021/2008 y [*Tol 1884556*]), han reconocido que la «no realización de la prueba [de diagnóstico prenatal] indicada para la posible detección de malformaciones fetales (...) privó a los padres de la oportunidad de plantearse la interrupción voluntaria del embarazo o de seguir adelante con el mismo, y esa privación, les causó un daño moral (...) tanto moral como económico (...), puesto que ocuparse de su hija con tales malformaciones y la incapacidad que las mismas comportan, para cualquier actividad de por vida (...) produce gastos extraordinarios de todo tipo para sus padres que obligan a desatender otros fines ineludibles o muy relevantes mediante la desviación para la atención del hijo de recursos en principio no previstos para dichas finalidades (FJ 4 25 de mayo de 2010).

puede enfocarse como una pérdida de oportunidad de haber optado por no operarse vistas el porcentaje estadístico de posibles complicaciones[114].

VII. CUANTIFICACIÓN DE LA PÉRDIDA DE OPORTUNIDAD

Aunque la cuantificación del daño se ha analizado RAMOS en el cap. 9, no queremos dejar de recordar que las cuestiones más complejas de la pérdida de oportunidad es la relativa a su valoración ya que nos movemos en el terreno de los «"cursos causales no verificables" en los que no puede establecer se una relación directa entre un hecho (…) y varios resultados posibles según los conocimientos científicos vigentes»[115].

Esta dificultad se ha traducido en una falta de consenso, tanto respecto de los criterios admitidos para resarcir al paciente o sus familiares, como en relación sobre las fórmulas de cuantificación del daño.

1) Criterios indemnizatorios

Apreciada la pérdida de oportunidad, la jurisprudencia y doctrina legal se decanta por una de las siguientes opciones:

i. *Compensación proporcional.* Consiste en una valoración probabilística en la que se cuantifica, porcentualmente, la oportunidad frustrada a partir de datos estadísticos recogidos por la literatura científica y las circunstancias basales del paciente. «Esto supone la realización de un examen prospectivo de probabilidades a fin de poder determinar la cuantía de la indemnización, y resarcir así únicamente el valor de la oportunidad»[116].

---

114 La STS de 24 de octubre de 2011, de la Sala de lo Contencioso-Administrativo (núm. rec. 438/2009 y [*Tol 2400494*]) tradujo la falta de información acerca del riesgo de sufrir una parálisis como consecuencia de una intervención quirúrgica en una indemnización por la posibilidad perdida de haberse sustraído a la intervención en vez de por el daño causado por infracción de la *lex artis*.

115 FJ 5 STSJ de Madrid 398/2015, de 5 de junio (núm. rec. 682/2013 y [*Tol 5415573*]).

116 HURTADO DÍAZ-GUERRA, Isabel (2018): *El daño moral en la responsabilidad patrimonial sanitaria, op. cit.* pág. 284.

En estos casos se fija una contraprestación por «el «temor o la ansiedad ante la pérdida de una oportunidad todavía no sacrificaba»[117].

ii. *Compensación integral.* La conocida como *full compensation* es un préstamo de la jurisprudencia inglesa que permite resarcir el valor total de daño corporal causado si se acredita que la actuación médica incrementó el riesgo inherente a la enfermedad o lesión.

iii. *Compensación discrecional.* Considera que «la pérdida de oportunidad es un daño antijurídico indemnizable conforme a los criterios indemnizatorios del daño moral»[118].

Lo característico de este criterio radica en calificar la pérdida de oportunidad como un daño moral autónomo, desligado del daño corporal, y fijar la indemnización en una cantidad alzada, obtenida según el «prudente arbitrio» del juez o órgano administrativo.

iv. *Compensación dual.* Indemniza «una pérdida de oportunidad de haber evitado el padecimiento de la reclamante y un daño físico consistente en el dolor sufrido»[119].

También existen sentencias en la que el elemento determinante, a los efectos de reconocer una indemnización, es la acreditación de la infracción de la *lex artis.* Así, se distingue:

i. *Reparación integral.* Cuando la infracción de la *lex artis* queda probada, se indemniza el total del desvalor causado al paciente. Este criterio, entre otros fallos, se ha aplicado en las SSTS de 10 de octubre de 2011, 3 de mayo de 2012 y 16 de mayo de 2012[120].

ii. *Reparación de las expectativas frustradas.* En aquellos casos en los que no se logre probar una mala praxis la indemnización, en concepto de daño moral, solo recogerá la incertidumbre de haber evitado o

---

117 ASÚA GONZÁLEZ, Clara Isabel (2008): «Pérdida de Oportunidad en la Responsabilidad sanitaria», *Cuadernos de Derecho Civil,* núm. 31, pág. 92.

118 FJ 9 STSJ de Madrid 181/2015, de 10 de marzo (núm. rec. 292/2012 y [*Tol 4786543*]).

119 CJ 5 DCCMad 252/2011, de 18 de mayo. En el mismo sentido se pronunció el DDCCMad 354/2013, de 4 de septiembre. En el primer dictamen, se indemnizó una fractura nasal que pasó desapercibida se indemnizó, por un lado, la secuela, y por otro la pérdida de oportunidad, en cuanto al daño estético, reducido en un 50 por ciento.

120 *Cfr.* SSTS de la Sala de lo Contencioso-Administrativo de 10 de octubre de 2011 (núm. rec. 3056/2008 y [*Tol 3350658*]), 3 de mayo de 2012 (núm. rec. 2441/2010 y [*Tol 2452231*]) y 16 de mayo de 2012 (núm. rec. 1777/2010 y [*Tol 2554785*]).

minorado el menoscabo de la salud. En este sentido se han pronunciado las SSTS de 23 de septiembre de 2010, de 19 de octubre de 2011, de 23 de enero de 2012 y 3 de julio de 2012[121].

2) *Fórmulas de monetización del daño*

Los métodos empleados para convertir en dinero la pérdida de oportunidad son, básicamente, el baremo de accidentes de tráfico, las cantidades reconocidas a tanto alzado, y los antecedentes.

i. *Baremo de accidentes de tráfico.* Para cuantificar la indemnización, la mayoría de los tribunales —y alguna Administración sanitaria— se sirven del baremo de accidentes de tráfico recogido en el texto refundido de la Ley sobre responsabilidad civil y seguro en la circulación de accidentes a motor, aprobado por el Real Decreto Legislativo 8/2004, de 29 de octubre. Sobre el mismo se aplicará el porcentaje que se corresponda con la oportunidad frustrada.

   Como recuerda RAMOS, «la Ley 35/2015 *introdujo* una detallada explicación del funcionamiento en los arts. 32 a 143 (…) [del Real Decreto Legislativo 8/2004] y *amplió* el número de tablas porque introdujo principalmente un sistema de cálculo actuarial del lucro cesante que, entre otros factores, tiene en cuenta para cada accidente los ingresos netos de la víctima, la edad de la víctima o del perjudicado, según los casos, la relación de parentesco con la víctima en el caso de muerte, y el grado de incapacidad en el caso de las secuelas»[122]

   Sin embargo, «los baremos aprobados por la Administración para calcular los daños personales derivados de accidentes de tráfico (…) no pueden aplicarse sin matices cuando se trata de la responsabili-

---

[121] *Cfr.* SSTS de la Sala de lo Contencioso-Administrativo de 23 de septiembre de 2010 (núm. rec. 863/2008 y [*Tol 1969518*]), 19 de octubre de 2011 (núm. rec. 5893/2006 y [*Tol 2274412*]) y 23 de enero de 2012 (núm. rec. 43/2010 y [*Tol 2412182*]), y de 3 de julio de 2012 (núm. rec. 6787/2010 y [*Tol 2587639*]).

[122] RAMOS GONZÁLEZ, Sonia (2017): «pautas de valoración del daño moral (sistema legal de valoración de daños personales y el falso baremo del daño moral por prisión indebida», en GÓMEZ POMAR, Fernando (coord.), *El daño moral y su cuantificación*, Wolter Kluwers, Las Rozas (Madrid), pág. 109.

dad patrimonial sanitaria»[123]. «El baremo de accidentes de tráfico tiene un valor meramente orientador»[124]. Por ello «no vincula (…) y carece de otro valor que no sea el (…) reseñado de orientativo cuando el tribunal lo estima conveniente»[125]. En concreto, «ante la pérdida de oportunidad, los baremos de tráfico no proceden (…) [cuando] reflejan indemnizaciones orientativas muy por debajo de lo que debe aplicarse (…) atendidas las circunstancias del caso»[126].

ii. *Cuantificación a tanto alzado.* Ante la dificultad de señalar, en todo caso, un porcentaje que valore el beneficio frustrado, tanto la jurisprudencia como la doctrina legal admiten monetizar la pérdida de oportunidad en una cantidad a una cantidad prudencial, la cual debe reputarse como una «apreciación racional aunque no matemática»[127].

iii. *Precedentes.* En ocasiones, haciendo valer el principio de seguridad jurídica, se ha reconocido indemnizaciones «ponderando las valoraciones predominantes en el mercado»[128].

Como ha puesto de manifestó HURTADO, el empleo de diferentes fórmulas de monetización «ha sido vista como forma de ocultar su empleo en aras de aplicación de justicia materia; lo que distorsionaría el Sistema de Responsabilidad Patrimonial, pues no es este su fundamento»[129].

Bibliografía

ASÚA GONZÁLEZ, Clara Isabel (2008): «Pérdida de Oportunidad en la Responsabilidad sanitaria», *Cuadernos de Derecho Civil*, núm. 31

BAUZÁ MARTORELL, Felio José (2017): «Responsabilidad médica y sobre prevención. Otra perversión del sistema», *Derecho y Salud*, vol. 27

BLANQUER CRIADO, David (2020): *La responsabilidad patrimonial en tiempos de pandemia (los poderes públicos y los daños por la crisis de la COVID-19)*, Tirant lo Blanch, Valencia

123 FJ 4 STS de 3 de diciembre de 2012, de la Sala de lo Contencioso-Administrativo (núm. rec. 815/2012 y [*Tol 2709483*]).

124 FJ 5 STS de 22 de diciembre de 2009 (núm. rec. 4109/2005 y [*Tol 1761857*]).

125 FJ 2 F) STS 92/2021, de 28 de enero (núm. rec. 5467/2019 y [*Tol 8310447*])

126 FJ 1 STSJ de Madrid 376/2018, de (núm. 484/2016 y [*Tol 6753752*]).

127 FJ 3 STS de 10 de enero de 1990 (RJ 1990\154)

128 CJ 6 DCCMad 455/2011, de 27 de julio.

129 HURTADO DÍAZ-GUERRA, Isabel (2018): *El daño moral en la responsabilidad patrimonial sanitaria, op. cit.* pág. 292.

ESPUEY SERVERA, Irene (2019): «El resarcimiento de daños morales en el ámbito sanitario en los dictámentes del Consejo Consultivo de las Illes Balears. Doctrina sobre la pérdida de oportunidad y el consentimiento informado», en Doctrina consultiva: a propósito del 25 aniversario del Consejo Consultivo de las Illes Balears (BAUZÁ MARTORELL, Felio José), Wolters Kluwer, Las Rozas (Madrid)

DE LAS HERAS GARCÍA, Manuel Ángel (2005): «Lex artis, onus probandi y responsabilidad médica», *Revista Jurídica Región de Murcia,* núm. 36

GALÁN CORTÉS, Julio César (2005): *Responsabilidad civil médica,* Civitas, Madrid

GALLARDO CASTILLO, María Jesús (2021): Administración sanitaria y responsabilidad patrimonial, *Colex,* La Coruña

GARRIDO MAYOL, Vicente (2004): *La responsabilidad patrimonial del Estado. Especial referencia a la responsabilidad del Estado legislador,* Tirant lo Blanch, Valencia

GONZÁLEZ-VARAS IBÁÑEZ, Santiago (2022): *Responsabilidad patrimonial de la Administración,* Aranzadi, Cizur Menor (Navarra)

HURTADO DÍAZ-GUERRA, Isabel (2018): *El daño moral en la responsabilidad patrimonial sanitaria,* Tirant lo Blanch, Valencia

LAUFS, Adolf y KERN, Bern-Rüdiger (2010): *Handbuch des Artzrechts* (4ª ed.), C.H. Beck, Munich, § 97, Rn 18

MEDINA ALCOZ, Luis (2007): *La teoría de la pérdida de oportunidad. Estudio doctrinal y jurisprudencial derechos de daños privado y público,* Civitas, Madrid

MEDINA ALCOZ, Luis (2009): «Hacia una nueva teoría general de la causalidad en la responsabilidad civil contractual (y extracontractual): la doctrina de la pérdida de oportunidades», *Revista de responsabilidad civil y seguro»,* núm. 30

MEDINA ALCOZ, Luis (2009): «La Doctrina de la Pérdida de Oportunidad en los dictámenes del Consejo de Castilla-La Mancha», *Revista Jurídica de Castilla-La Mancha,* núm. 47

MEDINA ALCOZ, Luis (2018): *La responsabilidad proporcional como solución a la incertidumbre causal,* Civitas, Cizur Menor (Navarra)

LUNA YERGA, Álvaro (2005): «Oportunidad perdida», *Indret,* núm. 2

RAMOS GONZÁLEZ, Sonia (2017): «Pautas de valoración del daño moral (sistema legal de valoración de daños personales y el falso baremo del daño moral por prisión indebida», en GÓMEZ POMAR, Fernando (coord.), El daño moral y su cuantificación, Wolter Kluwers, Las Rozas (Madrid)

SÁNCHEZ GONZÁLEZ, Margarita (2018): «El tratamiento jurisprudencial del daño en las acciones de responsabilidad por wrongful birth», *Revista Jurídica de la Universidad Autónoma de Madrid,* núm. 37

SARDINERO GARCÍA, Carlos (2017): «Responsabilidad por pérdida de oportunidad asistencial en patologías neurológicas en la medicina pública española», *Gaceta Sanitaria,* vol. 33, núm. 1

SOLÉ FELIU, Josep (2022): «Estándar de diligencia médica y valor de los protocolos y guías de práctica clínica en la responsabilidad civil de los profesionales sanitarios», *Revista de Derecho Civil,* vol. IX, núm. 3

TORRE DE SILVA LÓPEZ DE LETONA, Víctor (2017): «Responsabilidad por nacimiento evitable (*wrongful birth* y discapacidad», *Revista de Administración Pública,* núm. 203

VICENTE DOMINGO, Elena (1994): *Los daños corporales,* Bosch, Barcelona

Capítulo 16

El consentimiento informado en la responsabilidad patrimonial sanitaria

Patricia Boix Mañó

Letrada Mayor del Consell Jurídic Consultiu de la Comunitat Valenciana
Profesora asociada de Derecho administrativo de la Universitat de València

I. LEY REGULADORA DE LA AUTONOMÍA DEL PACIENTE Y DE DERECHOS Y OBLIGACIONES EN MATERIA DE INFORMACIÓN Y DOCUMENTACIÓN CLÍNICA

«Los continuos cambios sociales, junto a la evolución del pensamiento y pautas de comportamiento de los individuos, obligan a operar una constante adecuación y acomodación del ordenamiento jurídico a la realidad social del tiempo en que han de ser aplicadas las normas»[1].

Un ejemplo lo encontramos en el consentimiento informado. En esta cuestión merece la pena destacar, como ha puesto de manifiesto HURTADO, que «la idea moderna de consentimiento informado tiene un origen más jurídico que médico, constituyendo una de las más notables aportaciones que el Derecho ha realizado a la Medicina»[2].

En cualquier caso, en los últimos cincuenta años, la relación entre el médico y paciente ha pasado de ser un vínculo basado en la confianza a enmarcarse en un complejo entramado denominado, en un primer momento, Seguridad Social, y en la actualidad, Sistema Nacional de Salud[3].

---

1 LÓPEZ Y GARCÍA DE LA SERRANA, Javier (2022): *El consentimiento informado en el ámbito sanitario: la valoración y cuantificación del daño,* Atelier, Barcelona, pág. 32.

2 HURTADO DÍAZ-GUERRA, Isabel (2018): *El daño moral en la responsabilidad patrimonial sanitaria,* Tirant lo Blanch, Valencia, pág. 302. En relación con el deber de informar, HURTADO puntualiza que, «aunque es considerado símbolo de un indudable avance en la práctica de la profesión sanitaria y una conquista en lo que al paciente se refiere, lo cierto es que también ha sido recibido común una de las "trabas" que el Derecho ha impuesto a los médicos». *Idem.*

3 A juicio de HURTADO, la primera sentencia conocida acerca del consentimiento informado tuvo lugar en la Islas Británicas en 1767, con ocasión del caso *"Slater versus Baker and Stapleton"*. En dicha sentencia, el tribunal condena a unos médicos, por negarse a retirar un vendaje en contra de lo solicitado por la paciente, y por producir una fractura para experimentar con un tratamiento ortopédico; primándose por el tribunal la voluntad manifestada por el paciente por encima de la decisión médica». Ya en el siglo XX, «en EEUU, una de las primeras resoluciones tuvo lugar en 1905, en el caso *"Mohr v. Williams"*, en el que un médico es consultado por una paciente por presentar molestias y pérdida auditiva en sus oídos. Si bien, en un principio, el cirujano le indica que le va a operar del oído derecho —obteniendo su consentimiento—, finalmente le interviene del oído izquierdo por encontrar más grave la lesión en éste. La intervención parece exitosa, pera la paciente termina perdiendo oído: razón por la que demanda al médico al haberle operado sin su autorización. Aunque el facultativo no fue condenado penalmente, la Corte Suprema de Minnesota determinó que, sin perjuicio de que no existía dolo por su parte, no podía tolerarse una intervención innecesaria en el cuerpo de la paciente; puesto que no había dado su autorización para operar su oído izquierdo, más aún cuando ella entendió que ese oído estaba bien, ya que el médico nada le había dicho al respecto». Mayor importancia tuvo la sentencia "*Salgo v. Leland Stanford Jr. Universiti Board of Trstees*" del Tribunal de Apelación de California de 1957, la cual estableció dos principios que se mantienen en la actualidad: la necesidad de informar de manera adecuada y con carácter previo al paciente y la obligación de obtener el consentimiento del paciente. Esta senten-

Durante este tiempo, el paciente, como ciudadano, ha ido adquiriendo conciencia de sus derechos, entre los cuales se encuentra el de ser informado y decidir sobre las decisiones que afectan a su salud. Paralelamente, la progresiva pérdida de la concepción paternalista del médico propició un incremento de reclamaciones de responsabilidad a los facultativos y a los servicios de salud. Frente a esta amenaza, médicos y Administración sanitaria, acabarían respondiendo con el uso de «hojas» de consentimiento informado.

1) Precedentes normativos

A juicio de algunos, la respuesta del ordenamiento jurídico al «cambio cultural» que supuso la creación e implantación, en la década de los años sesenta del siglo pasado, de la Seguridad Social, fue lenta y tardía. Esta «laguna» fue cubierta, en un primer momento, por la jurisprudencia, la cual ancló la necesidad de informar al paciente en figuras «como la del dolo omisivo, o el principio de buena fe o lealtad contractual»[4].

En este sentido, «en España la primera normativa reguladora del consentimiento informado la encontramos en el Reglamento General para el Régimen, Gobierno y Servicio de las Instituciones Sanitarias de la Seguridad Social (aprobado por Orden del Ministerio de Trabajo de 7 de julio de 1972, en cuyo artículo se establece: "*El derecho de los enfermos a autorizar las intervenciones quirúrgicas o actuaciones terapéuticas que implicaren riesgo notorio o previsible*"»[5].

---

cia, además, fue la primera en hacer referencia al «consentimiento informado». A raíz de esta, y otras resoluciones, «se formó en los EEUU un importante y copioso cuerpo jurisprudencia, precursor del alcance de esta problemática que ha tenido repercusión a nivel internacional, y que marcó las diversas etapas que han residido el desarrollo del consentimiento informado, hasta adquirir las actuales características». Esta autora también afirma que «uno de los primeros textos que imponía a los médicos la necesidad de obtener el consentimiento informado previo para los actos de experimentación científica fue, irónicamente, el promulgado en Alemania en 1931, bajo el título "*Directivas concernientes a las terapéuticas nuevas y a la experimentación científica con el hombre*». *Ibidem* págs. 305 y 307 y 303.

4 LÓPEZ Y GARCÍA DE LA SERRANA, Javier (2022): *El consentimiento informado en el ámbito sanitario: la valoración y cuantificación del daño, op. cit.* pág. 35.

5 HURTADO DÍAZ-GUERRA, Isabel (2018): *El daño moral en la responsabilidad patrimonial sanitaria, op. cit.* pág. 311. Con posterioridad a la Orden del Ministerio de Trabajo de 7 de julio de 19872, que reconoció el derecho a la información, se aprobó el RD 12082/1978, de 25 de agosto, sobre Garantías de los Usuarios de

La aprobación de la Constitución de 1978 (CE), supuso un avance significativo en esta materia. A partir de los arts. 43 y 51, los cuales reconocen el derecho a la protección de la salud y de los consumidores y usuarios, respectivamente, se aprobaron normas como la Ley 14/1986, de 25 de abril, general de sanidad (LGS), y la Ley 26/1984, de 19 de julio, general para la defensa de los consumidores y usuarios (LCU-84).

La LGS, reguló, entre los derechos del paciente: por un lado, el de información «en términos comprensibles, a él y a sus familiares o allegados, (...) [de manera] completa y continuada, verbal y escrita, sobre su proceso, incluyendo diagnóstico, pronóstico y alternativas de tratamiento» (art. 10.5); y, por otro lado, «la libre elección entre las opciones que le presentase el responsable médico de su caso» (art. 10.6).

La LCU-84, por su parte, reconoció a los consumidores y usuarios el derecho a «la información correcta sobre los diferentes productos y servicios» (art. 2.1 d). A partir de este precepto —así como del art. 13, relativo al contenido necesario para que la información sobre los productos y servicios fuera «veraz, eficaz y suficiente sobre sus características esenciales»— los prestadores de servicios y proveedores de productos comenzaron a informar a consumidores y usuarios. Estos tomaron conciencia de que «aquel que los presta debe transmitir una especial información, a veces asesoramiento, cuando no consejo, que ha llegado a acuñar una especial terminología como ésta del consentimiento informado»[6].

Hospitales Públicos (...) en cuyo art. 13 c se establecía la obligación de que dichos centros públicos cuenten con: "*La previa conformidad y el consentimiento escrito y expreso del enfermo, y en caso de menor de edad o de su imposibilidad, de sus pariente más próximos o e su representante legal, para aplicar medios terapéuticos o realizar intervenciones que entrañen riesgo para su vida o de las que necesaria o previsible ente deriven lesiones o mutaciones permanentes*"» *Idem.*

6 LÓPEZ Y GARCÍA DE LA SERRANA, Javier (2022): *El consentimiento informado en el ámbito sanitario: la valoración y cuantificación del daño, op. cit.* pág. 35. En la actualidad, los arts. 147 y 148 RDLeg 1/2007, de 16 de noviembre, por el que se aprueba el texto refundido para la defensa de los consumidores y usuarios y otras leyes complementarias (TRLCU) no incluye dentro de su ámbito de aplicación los actos médicos propiamente dichos. Así lo ha expresado, entre otras la STS 438/2009, de 4 de junio, de la Sala de lo Civil (núm. rec. 2701/2004 y [*Tol 1547703*]). Para el TS, la «responsabilidad en aplicación de la Ley de Consumidores y Usuarios (...), según la más reciente jurisprudencia, dada su específica naturaleza, (...) no afecta a los actos médicos propiamente dichos, dado que es inherente a los mismos la aplicación de criterios de responsabilidad fundados en la negligencia por incumplimiento de la lex artis ad hoc. Por consiguiente,

Otro hito fue la aprobación, en Oviedo, el 14 de abril de 1997 —en el seno del Consejo de Europa— del Convenio para la protección de los derechos humanos y la dignidad del ser humano con respecto a las aplicaciones de la biología y la medicina, supuso un avance notable en el reconocimiento de la autonomía del paciente. El denominado «Convenio de Oviedo», espoleó a los poderes públicos para dotar una regulación específica a los derechos y obligaciones en materia de información y documentación clínica.

2) Regulación ad hoc

En 2000, dos años después de la entrada en vigor del Convenio de Oviedo, las Cortes Generales aprobaron la Ley 41/2002, de 14 de noviembre, básica reguladora de la autonomía del paciente y de derechos y obligaciones en materia de información y documentación clínica (LAP). Esta, en su exposición de motivos, expresó la necesidad de abordar el «derecho a la información, como derecho del ciudadano cuando demanda la atención sanitaria [porque este derecho había sido] (...) objeto de diversas matizaciones y ampliaciones por Leyes y disposiciones de distinto tipo y rango».

Pues bien, el art. 2.2 LAP establece, entre sus principios básicos, la exigencia, en «toda actuación en el ámbito de la sanidad, con carácter general, del previo consentimiento de los pacientes o usuarios, consentimiento que debe obtenerse después de que el paciente reciba una información adecuada y que se hará por escrito en los supuestos previstos en la Ley».

El art. 3 LAP, por su parte, define, entre otros conceptos, el consentimiento informado y la libre elección.

i. Por consentimiento informado entiende: «la conformidad libre, voluntaria y consciente de un paciente, manifestada en el pleno uso de sus facultades después de recibir la información adecuada, para que tenga lugar una actuación que afecta a su salud».
ii. Por libre elección considera: «la facultad del paciente o usuario de optar, libre y voluntariamente, entre dos o más alternativas asistenciales, entre varios facultativos o entre centros asistenciales, en los

---

la responsabilidad establecida por la legislación de consumidores únicamente es aplicable en relación con los aspectos organizativos o de prestación de servicios sanitarios, ajenos a la actividad médica propiamente dicha» (FJ 1 e).

términos y condiciones que establezcan los servicios de salud competentes, en cada caso».

Adicionalmente, los arts. 4 a 6 LAP regulan el derecho de información sanitaria, y los arts. 8 a 13 LAP, el consentimiento informado. Por su parte, el art. 10.6 LAP reconoce como derecho del paciente «la libre elección (…) [y exige] el previo consentimiento escrito (…) para la realización de cualquier intervención, excepto en los siguientes casos:

a. Cuando la no intervención suponga un riesgo para la salud pública;

b. Cuando no esté capacitado para tomar decisiones, en cuyo caso, el derecho corresponderá a sus familiares o personas a él allegadas;

c. Cuando la urgencia no permita demoras por poderse ocasionar lesiones irreversibles o existir peligro de fallecimiento»[7].

Por otro lado, como recalca el Tribunal Superior de Justicia (TSJ) de Galicia en su sentencia de 21 de mayo de 2014, el consentimiento informado regulado en la LAP constituye una garantía no solo para el paciente sino también para los facultativos y demás personal sanitario[8].

El consentimiento informado también es tomado en consideración en la Ley Orgánica 3/2018, de 5 de diciembre, de protección de datos personales y garantía de los derechos digitales (LOPD), al regular el expresa-

---

7 Al margen de la normativa general en materia de consentimiento informado, distintas normas sectoriales regulan el consentimiento informado en relación con concretas actividades médicas. Hay de destacar: art. 4 b) y c) de la Ley 30/1979, de 27 de octubre, de extracción y trasplante de órganos; art. 3.3 y 4 de la Ley 14/2006, de 26 de mayo, de técnicas de reproducción humana asistida; art. 4 de Ley 14/2007, de 3 de julio, de investigación biomédica; y art. 13.3 de la Ley Orgánica 2/2010, de 3 de marzo, de salud sexual y reproductiva y de la interrupción voluntaria del embarazo, que se remite a la LAP.

8 De acuerdo con la STSJ de Galicia 341/2014, de 21 de mayo (núm. rec. 1116/2010 y [*Tol 4478270*]), en adelante TSJ de Galicia la LAP no plasma «únicamente un conjunto de derechos para el paciente, unido a los correlativos deberes de los facultativos que permitan hacerlos efectivos, sino que, básicamente, refleja una doble garantía para aquél y éstos: de un lado, la que permite hacer efectivo el derecho fundamental a la integridad física del paciente respecto de las actuaciones médicas que se le efectúen; de otro, la regulación descrita ofrece a los facultativos la garantía de que sus actuaciones se desarrollarán dentro de los límites que impone la protección de aquel derecho. Así pues, desde la perspectiva de los facultativos esta regulación no se limita a imponerles un conjunto de deberes, sino que, también, desde una vertiente positiva, les proporciona una garantía de su propia actuación profesional» (FJ 7).

mente el tratamiento de datos personales basado en el consentimiento del afectado[9].

A mayor abundamiento, el régimen jurídico de consentimiento informado en el ámbito sanitario no se agota con la LAP (y la LOPD). Todas las Comunidades Autónomas (CCAA) regulan, en sus leyes de salud, el consentimiento informado[10]. En este punto —privacidad de la información relativa a la salud— nos remitimos a lo escrito en el cap. 4 por MANENT, HERNÁNDEZ VILLALÓN y ALBERO sobre la historia clínica (págs. 325 a 332).

Fuera de nuestras fronteras, el consentimiento informado se protege en los arts. 5 y 10.2 del Convenio del Consejo de Europa, relativo a los derechos humanos y la biomedicina, de 4 abril 1997[11].

---

9 El art. 6.1 LOPD, de conformidad con lo dispuesto en el artículo 4.11 del Reglamento (UE) 2016/679, define el tratamiento basado en el consentimiento informado del afectado como «toda manifestación de voluntad libre, específica, informada e inequívoca por la que este acepta, ya sea mediante una declaración o una clara acción afirmativa, el tratamiento de datos personales que le conciernen».

10 Junto con la LAP, el consentimiento informado también se encuentra regulado en las siguientes leyes autonómicas: 1) Ley 2/1998, de 15 de junio, de salud de Andalucía; 2) Ley 6/2002, de 15 de abril, de salud de Aragón; 3) Ley 7/2019, de 29 de marzo, de salud del Principado de Asturias; 4) Ley 11/1994, de ordenación sanitaria de Canarias; 5) Ley 7/2002, de 10 de diciembre, de ordenación sanitaria de Cantabria; 6) Ley 5/2010, de 24 de junio, sobre derechos y deberes en materia de salud de Castilla La Mancha; 7) Ley 8/2003 de 8 de abril, sobre derechos y deberes de las personas en relación con la salud, de Castilla-León; 8) Ley 21/2000, de 29 de diciembre, sobre los derechos de información concernientes a la salud y autonomía del paciente, y la documentación clínica, de Cataluña; 9) Ley 10/2014, de 29 de diciembre, de la Generalitat, de Salud de la Comunitat Valenciana; 10) Ley 8/1997, de 26 de junio, de ordenación sanitaria de Euskadi; 11) Ley 3/2005, de 8 de julio, de información sanitaria y autonomía del paciente, de Extremadura; 12) Ley 3/2001, de 28 de mayo, reguladora del consentimiento informado y de la historia clínica de los pacientes, de Galicia; 13) Ley 5/ 2003 de 4 de abril, de salud de las Illes Balears; 14) Ley 2/2002, de 17 de abril, de salud de La Rioja; 15) Ley 12/2001, de 21 de diciembre, de ordenación sanitaria de la Comunidad de Madrid; 16) Ley 3/2009, de 11 de mayo, de los derechos y deberes de los usuarios del sistema sanitario de la Región de Murcia; 17) Ley Foral 17/2010, de 8 de noviembre, de derechos y deberes de las personas en materia de salud en la Comunidad Foral de Navarra.

11 El Convenio del Consejo de Europa, relativo a los derechos humanos y la biomedicina, de 4 abril 1997, conocido como «Convenio de Oviedo», está vigente en España desde el 1 de enero de 2000 (BOE núm. 251, de 20 de octubre de 1999).

En cualquier caso, la importancia del consentimiento informado ha sido confirmada por la jurisprudencia, tanto interna como supranacional, así como por la doctrina legal.

i. En España, el Tribunal Supremo (TS) y el Tribunal Constitucional (TC) unen el consentimiento informado con los derechos fundamentales[12]. En este sentido, según ha expresado la conocida STC 37/2011, de 28 de marzo, «el consentimiento del paciente a cualquier intervención sobre su persona es algo inherente, entre otros, a su derecho fundamental a la integridad física». A ello añade que «la privación de información no justificada equivale a la limitación o privación del propio derecho a decidir y consentir la actuación médica, afectando así al derecho a la integridad física de lo que ese consentimiento es manifestación»[13].

ii. En el ámbito del Consejo de Europa, el Tribunal Europeo de Derechos Humanos (TEDH) vincula el consentimiento informado en el ámbito sanitario con el «respeto a la vida privada» reconocido en el art. 8 del Convenio Europeo de Derechos Humanos (CEDH). En particular sostiene que el paciente debe ser informado sobre los riesgos derivados del acto médico para que pueda decidir si se somete a una intervención quirúrgica o análoga. Así lo ha lo ha expresado en la reciente, y muy interesante, STEDH *Reyes Jiménez contra España* de 8 de marzo de 2022[14].

---

[12] El TS ha destacado la importancia del consentimiento informado, entre otras, en las SSTS de 29 de junio de 2010 (núm. rec. 4637/2008 y [*Tol 1898819*]), de 15 de junio de 2011 (núm. rec. 2556/2007 y [*Tol 2158251*]) y de 4 de junio de 2013 (núm. rec. 2187/2010 y [*Tol 3775438*]).

[13] FJ 5 STC 37/2011, de 28 de marzo (rec. de amparo 3574/2008 y [*Tol 2084764*]).

[14] STEDH *Reyes Jiménez contra España* de 8 de marzo de 2022 (núm. rec. 57020/2018 y [*Tol 8820566*]). Este fallo es especialmente importante, porque en él, el TEDH realiza una síntesis de su doctrina general sobre el art. 8 CEDH, cuyo ap. 1 reconoce el derecho de «toda persona (…) al respecto de su vida privada y familiar», y las exigencias que de este precepto derivan en caso de actuaciones médicas sobre las personas. En síntesis, esta sentencia analizó el siguiente supuesto: el mandante (menor de edad) fue ingresado en el Hospital Universitario Virgen de Arrixaca (Murcia) en enero de 2019, cuando tenía 6 años. En ese momento se le diagnosticó un tumor cerebral y recomendaron a sus padres la necesidad de ser intervenido quirúrgicamente. Tras dos operaciones, el menor sufrió graves secuelas de tipo neurológico que lo convirtieron en una persona dependiente para toda actividad de la vida diaria. Los padres del niño, considerando que las secuelas padecidas por su hijo fueron debidas a una actuación negligente de los servicios

iii. Entre los consejos consultivos, la Comissió Jurídica Assessora de la Generalitat de Catalunya (CJACat), sostiene que, en materia de responsabilidad patrimonial sanitaria, «la información (...) constituye un elemento central del ordenamiento jurídico (...) [y que], la información terapéutica y el consentimiento informado no son otra cosa que dos visiones de uno mismo objetivo: que el paciente conozca el estado de su salud y tenga la información necesaria y suficiente para decidir libremente lo que le convenga (...). Esta previsión [, como pone de manifiesto la CJACat] (...) ha tenido proyección en otras normas de distinto ámbito (...): el llamado Convenio de Derechos Humanos y Biomedicina»[15].

Llegados a este punto, en los siguientes epígrafes se analizarán distintos aspectos que afectan al consentimiento informado. Expondremos los elementos del consentimiento informado, haciendo una mención especial al consentimiento informado en las infecciones nosocomiales y las vacunas. Esta aproximación la realizamos partiendo de las aportaciones de la juris-

---

de salud, presentaron una reclamación de responsabilidad patrimonial ante el Servicio Murciano de Salud, la cual fue desestimada en vía administrativa. Frente a esta resolución los padres formularon recurso contencioso-administrativo, invocando la existencia de «mala praxis» y la omisión del consentimiento informado en la segunda intervención practicada. Su demanda fue desestimada por la STSJ de Murcia de 20 de marzo de 2015 y confirmada en casación. En esta ocasión, la STS de 9 de mayo de 2017 destacó, en relación con la supuesta falta de información y consentimiento a la segunda intervención, que la información se transmitió a los padres del menor, y estos prestaron su consentimiento, de manera verbal. Adicionalmente argumentó que la segunda intervención era una consecuencia necesaria de la primera. Finalmente, el ATC de 29 de mayo de 2018 inadmitió el recurso de amparo por no apreciar en el mismo la «especial trascendencia constitucional». Agotadas las instancias jurisdiccionales nacionales, los padres interpusieron una demanda ante el TEDH. En ella invocaron la violación del art. 8 CEDH. En su sentencia, el TEDH señaló que, aunque el Convenio de Oviedo no requería que el consentimiento informado se prestase mediante una forma determinada, la legislación española exigía que esté se prestase por escrito. Se condenó a España por no justificar, tras no obtener el consentimiento con carácter previo a una operación quirúrgica de forma contraria a lo dispuesto en la legislación española. Al no constar por escrito, el TEDH, tras constatar que «la segunda operación no se produjo con precipitación, habiendo tenido lugar un mes después de la primera» (parágrafo 35), así como que «los tribunales internos no *habían* explicado suficientemente por qué consideraron que la ausencia de consentimiento escrito no vulneraba el derecho del demandante» (parágrafo 37), condenó al Estado español a abonar al demandante 24.000 euros en concepto de daños morales.

15 CJ V DJCACat 46/2016, de 11 de febrero.

prudencia y doctrina legal, exteriorizadas, en ambos casos, con ocasión de las sentencias y los dictámenes preceptivos emitidos en materia de responsabilidad patrimonial sanitaria.

II. ELEMENTOS DEL CONSENTIMIENTO INFORMADO

El consentimiento informado «tiene su génesis en el Derecho privado y equivale a una cláusula voluntaria y genérica de exoneración de responsabilidad, aceptada por el paciente»[16]. Es definido por la CJACat como «la aceptación, por parte de un enfermo capaz, de un procedimiento diagnóstico o terapéutico, después de tener la información adecuada para implicarse libremente en la decisión»[17].

i. Para el Consell Jurídic Consultiu de la Comunitat Valenciana (CJCVal), «el consentimiento informado se configura como un proceso de comunicación entre el profesional médico y el paciente que culmina con la aceptación o negativa del procedimiento de diagnóstico o terapéutico, después de conocer los riesgos, alternativas, y demás aspectos que integran dicho consentimiento»[18]. Es un «criterio negativo de imputación objetiva, que supone la no existencia de responsabilidad patrimonial, cuando el paciente ha sido informado de los riesgos que presenta el tratamiento o la intervención que se propone y luego presta su consentimiento a estos, si, finalmente, un daño de cuya eventual producción fue informado se produce efectivamente»[19].

---

16 CJ 3.7 del dictamen del Consejo Consultivo de la Rioja 40/2015, de 27 de julio, en adelante CCRioja.

17 CJ V.4 DDCJACat 183/2006, de 18 de mayo. Esta definición se ha reiterado en los DDCJACat 256/2007, de 30 de octubre, 409/2009, de 26 de noviembre, y 192/2017, de 6 de julio, entre otros). Además, según ha reflejado en su memoria de actividades de 2015, para la CJACat, el contenido concreto de la información suministrada al paciente puede condicionar la elección o rechazo de una determinada terapia debido a los riesgos que genera.

18 CJ 1 CJCVAL 432/2018, de 27 de junio.

19 CJ 3.7 DCCRioja 40/2015, de 27 de julio. Tal y como expresa este dictamen, el consentimiento informado como criterio negativo de imputación «tiene su génesis en el Derecho privado y equivale a una cláusula voluntaria y genérica de exoneración de responsabilidad, aceptada por el paciente». Si se traslada este criterio al ámbito de la responsabilidad patrimonial, «el presupuesto de este criterio es el de la existencia de una obligación prestacional, (que aquí no deriva de un

ii. Según reitera jurisprudencia la «hoja» de consentimiento informado previa a una intervención quirúrgica, «es la exigencia legal de documentar lo que ha de hacerse previamente de forma verbal, en la consulta médico-paciente, en el que se le informa de su situación, de la recomendación médica en respuesta a su situación, y en la que tiene lugar las preguntas, respuestas y comentarios que pueden producirse. Cada paciente presenta una personal situación, y la consecuencia es una personal recomendación adaptada a esa situación personal, y todo ello ha de reflejarse, con mayor o menor extensión, en dicho documento, que no es, ni tiene por qué serlo, una transcripción literal de la consulta previa a la intervención»[20].

Definido el consentimiento informado, a continuación, describiremos su alcance. Para ello separaremos los riesgos típicos de los atípicos, distinguiremos la medicina curativa de la satisfactiva, y destacaremos la importancia de comunicar al paciente las distintas alternativas terapéuticas. Después, en un segundo apartado, analizaremos las consecuencias de la omisión o insuficiencia del consentimiento informado. En particular, entre otros aspectos, expondremos: por qué supone una infracción de la *lex artis*; por qué se requiere, para que pueda reconocerse una indemnización como daño moral, la producción de una lesión corporal; y cuáles son los supuestos en los que no se precisa recabar el consentimiento informado del paciente. En tercer lugar, abordaremos los requisitos formales y temporales del consentimiento informado.

1) Alcance del consentimiento informado: descripción del tratamiento o intervención, riesgos y alternativas

Una intervención en el ámbito de la sanidad solo puede efectuarse después de que el paciente haya dado su libre e informado consentimiento[21].

---

contrato sino de una relación jurídico pública) y equivale a una cláusula voluntaria y genérica de exoneración de dicha responsabilidad por la cual el paciente asume los riesgos típicos de los que fue informado, de modo que, entonces, ha de entenderse que éste tiene el deber jurídico de soportar el daño en materia de responsabilidad sanitaria de la Administración» (CJ 3.7 DCCRioja 40/2015, de 27 de julio).

20 FJ 7 c) STS 1226/2020, de 30 septiembre (núm. rec. 2432/2019 y [*Tol 8112083*]).

21 Para obtener una caracterización más detallada de las características del consentimiento informado puede consultarse los trabajos de GALÁN CORTÉS, Julio Cesar (2001): *Responsabilidad médica y consentimiento informado*, Civitas, Madrid, y

A estos efectos, no basta un mero consentimiento, pues ha de tratarse de un consentimiento que cumpla con dos presupuestos: que sea previo y que pueda calificarse de informado. Para ello, la persona deberá recibir previamente, como exige el art. 2 LAP, una información adecuada acerca de la finalidad y la naturaleza de la intervención, los riesgos y consecuencias, así como las alternativas asistenciales.

Este consentimiento deberá recabarse en cualquier tipo de «intervención en el ámbito de la sanidad», y, por lo tanto, en «toda actuación realizada con fines preventivos, diagnósticos, terapéuticos, rehabilitadores o de investigación. Además, en cualquier momento podrá retirar libremente su consentimiento»[22].

La necesidad de que se trate de un consentimiento informado enlaza con el alcance material de la información que debe suministrarse al paciente. En relación con este aspecto, su contenido queda delimitado en la LAP y en la normativa autonómica correspondiente. Tanto una como otra reconocen el derecho de los pacientes a conocer «toda la información disponible sobre la actuación médica de que se trate, salvando los supuestos exceptuados por la Ley, alcanzando, como mínimo, la finalidad y la naturaleza de cada intervención, sus riesgos y sus consecuencias»[23].

Ello supone tener que informar al paciente: tanto del tratamiento como de la intervención; desde su diagnóstico hasta los riesgos, sus consecuen-

---

PLAZA PENADÉS, Javier (2003): «La Ley 41/2002 básica sobre autonomía del paciente, información y documentación clínica», *Actualidad Jurídica Aranzadi*, núm. 562.

22 Art. 3 LAP. Según afirma el art. 5 LAP, «el titular del derecho a la información asistencial es el paciente» (ap. 1). cuando este «carezca de capacidad para entender la información (...) [esta] se pondrá en conocimiento de las personas vinculadas a él por razones familiares o de hecho» (ap. 3). Por consiguiente, la regla general es que el consentimiento ha de prestarse por el titular del derecho a la información asistencial. El consentimiento podrá otorgarse por representación cuando —de acuerdo con el art. 9.3 LAP— el paciente «carezca de capacidad para tomar decisiones», «tenga la capacidad modificada judicialmente» o «cuando sea menor de edad y no sea capaz intelectual ni emocionalmente de comprender el alcance de la intervención». En estos casos, «la decisión deberá adoptarse atendiendo siempre al mayor beneficio para la vida o salud del paciente» (art. 9.6 LAP).

23 Art. 4.1 LAP.

cias y alternativas posibles. En concreto, el art. 10 LAP determina las condiciones de información del consentimiento informado[24].

> **Art. 10 LAP**. Condiciones de información y consentimiento por escrito
>
> *«El facultativo propondrá al paciente, antes de recabar su consentimiento escrito, la información básica siguiente:*
>
> *a) Las consecuencias relevantes o de importancia que la intervención origina con seguridad.*
>
> *b) Los riesgos relacionados con las circunstancias personales o profesionales del paciente.*
>
> *c) Los riesgos probables en condiciones normales, conforme a la experiencia y al estado de la ciencia o directamente relacionados con el tipo de intervención.*
>
> *d) Las contraindicaciones».*

En definitiva, como señaló la STS de 29 de junio de 2010, «el contenido del consentimiento informado comprende transmitir al paciente (...) todos los riesgos a los que se expone en una intervención quirúrgica precisando de forma detallada las posibilidades, conocidas, de resultados con complicaciones»[25].

---

24 Este contenido normativo del derecho de información y consentimiento informado previsto en el art. 10 LAP, se completa con lo dispuesto en la respectiva regulación autonómica. Por poner un ejemplo, en el caso de la Comunitat Valenciana, hay que estar a los arts. 42 y 43 de la Ley 10/2014, de 29 de diciembre, de la Generalitat, de salud de la Comunitat Valenciana. Antes de la aprobación de la LAP, la jurisprudencia ya había señalado que con carácter general, «debe referirse el derecho o deber de información, no es posible exponer un modelo prefijado, que albergue "a priori" todo el vasto contenido de dicha información, si bien abarcaría como mínimo y, en sustancia, por un lado, la exposición de las características de la intervención quirúrgica que se propone, en segundo lugar, las ventajas o inconvenientes de dicha intervención, en tercer lugar, los riesgos de la misma, en cuarto lugar, el proceso previsible del post-operatorio e, incluso en quinto lugar, el contraste con la residual situación ajena o el margen a esa intervención» (FJ 3 STS 784/2003, de 23 de julio, de la Sala de lo Civil, núm. rec. 4013 y [*Tol 305467*]).

25 FJ 5 STS de 29 de junio de 2010 (núm. rec. 4637/2008 y [*Tol 1898819*]). Recientemente, la STS 140/2021, de 4 de febrero (núm. rec. 3935/2019 y [*Tol 8331659*]), con cita de la STS de 29 de junio de 2010, ha reiterado que «la información facilitada al paciente debe ser la adecuada para que el mismo pueda decidir sobre la actuación sanitaria de que se trate, de manera libre y voluntaria y con los elementos de juicio necesarios, para que la decisión resulte fundada, plasmándola en el correspondiente consentimiento. [También se ha dicho que] el alcance de la información (...) supone la comunicación de las opciones en relación con la intervención de que se trate, sus resultados, riesgos y complicaciones previsibles» (FJ 3).

A la hora de concretar el alcance del consentimiento informado, dos son los parámetros que hay que tener en cuenta: por un lado, si los riesgos son típicos o atípicos; por otro lado, si la asistencia médica tiene carácter curativo o satisfactivo.

A. Riesgos típicos *versus* riesgos atípicos

En la doctrina jurisprudencial es frecuente distinguir, a efectos del consentimiento informado, entre riesgos típicos y atípicos.

i. Los riesgos son típicos porque son probables y deben ser conocidos por el facultativo. Esta afirmación alcanza tanto a los riesgos generales como a los específicos derivados de la situación basal del paciente.

ii. Los riesgos son atípicos porque no son inherentes a la intervención o tratamiento.

a) Riesgos típicos

Los riesgos típicos son los inherentes a la actuación médica a la que se somete el paciente, con independencia de la frecuencia con la que se produzcan. Tienen esta consideración, los riesgos derivados de la intervención o tratamiento médico de que se trate y que pueden producirse aunque los facultativos médicos ajusten su actuación a la denominada *lex artis*. En nuestra opinión, este es el sentido que debe darse el art. 10.1 c) LAP cuando se refiere a los «riesgos probables» en condiciones normales, y que, como tales, deben ser reconocidos por el facultativo.

Los riesgos típicos se caracterizan por ser probables, razón por la cual deben ser conocidos por el facultativo en una concreta asistencia médica, y comunicados al paciente para que este, si lo considera oportuno, pueda rechazar la intervención o tratamiento propuesto.

– Riesgos probables

Por riesgos probables debe entenderse los riesgos previsibles, con independencia del porcentaje de casos estadísticos del riesgo. La vinculación de los riesgos típicos con la actuación médica a realizar convierte aquellos en riesgos «probables», de modo que un riesgo se reputará típico si es inherente a una determinada intervención o tratamiento. Así, el carácter típico o probable del riesgo no depende, de este modo, de la frecuencia con que se materializa el riesgo sino de si se trata de un riesgo propio o no de la actuación médica[26].

Por ello, no debe confundirse el riesgo típico o «probable» —término empleado por el art. 10 c LAP— con la probabilidad estadística o frecuencia con la que se materializa el riesgo o la complicación médica.

i. Como afirma la STS de 25 de marzo de 2010, «una cosa es la incerteza o improbabilidad de un determinado riesgo, y otra distinta su baja o reducida tasa de probabilidad, aunque sí existan referencias no aisladas acerca de su producción o acaecimiento (...). [A juicio del TS,] no cabe (...) considerar que no *hay* (...), quebranto del consentimiento informado por el hecho de que el riesgo *sea* considerado muy bajo»[27].

ii. Según señaló el Consejo Consultivo de la Rioja (CCRioja) en su dictamen de 4 de noviembre de 2021, la LAP «al referirse al riesgo típico (...) huye de criterios estadísticos o porcentuales y los califica como aquellos directamente relacionados con el tipo de intervención, esto es, con los específicos de la actuación concreta a desarrollar, aunque su cuantificación estadística sea muy poco frecuente o casi excepcional»[28].

---

26 La compatibilidad entre riesgo «típico» y «poco frecuente» ha tenido su reflejo en el art. 28 de la Ley 3/2001 de 28 de mayo, reguladora del consentimiento informado y de la historia clínica de los pacientes, de Galicia. Según este precepto, el consentimiento informado deberá referirse a «los riesgos poco frecuentes, cuando sean de especial gravedad y estén asociados al procedimiento de acuerdo con el estado de la ciencia».

27 FJ 10 STS de 25 de marzo de 2010 (núm. rec. 3944/2008 y [*Tol 1829994*]).

28 Añadir nota a pie de página con el siguiente texto: CJ 4 DCCRioja 48/2021, de 4 de noviembre. El CCRioja ha considerado que son riesgos típicos las siguientes complicaciones: i) la perdida fetal tras una amniocentesis (DCCRioja16/2009, de 9 de marzo); ii) la persistencia de restos puerperales tras un parto asistido con forceps (DCCRioja 90/2009, de 27 de noviembre); iii) la persistencia de restos fetales tras un legrado (DCCRioja 16/2009, de 9 de marzo); iv) la persistencia de dolor y la recurrencia de la patología tras una realineación de Lelieve para corregir una metatarsalgia (DCCRioja 24/2009, de 23 de marzo); v) la endoftalmitis aguda tras una operación de cataratas (DCCRioja 27/2009, de 23 de marzo); vi) la rotura vesical tras una histerectomía (DCCRioja 72/2009, de 15 de septiembre); vii) la secuela de paraplejia tras una laminectomía y disectomía por hernia discal (DCCRioja 49/2009, de 25 de junio); viii) la recanalización espontánea tras una vasectomía (DCCRioja 90/2009, de 27 de noviembre); ix) una fístula biliar tras una colecistectomia laparoscópica, pero no lo es la estenosis del conducto hepa-

En este sentido, en infinidad de ocasiones la jurisprudencia ha determinado cuándo un riesgo debe reputarse probable. Entre otros fallos, destacamos los siguientes:

i. La STS de 31 de julio de 2006 calificó como incumplimiento de la *lex artis ad hoc* la falta de información sobre los riesgos de una intervención quirúrgica de cervicales que eran poco probables porque «estadísticamente solo se *daba* la complicación (...) [—tetraparesia—] en el 2% de los casos»[29].

ii. La STS de 30 de junio de 2009 consideró responsable al cirujano por no haber informado al paciente, antes de la intervención quirúrgica, del riesgo de «lesión del nervio ciático por elongación que presentaba la intervención de implantación de prótesis de cadera»[30]. Para la Sala de lo Civil, de dicho riesgo debía haber sido informado al paciente porque, si bien la probabilidad estadística de su acaeci-

---

tocolédoco por sutura quirúrgica al cerrar dicha fístula (DCCRioja 51/2009, de 2 de julio); x) el retardo en la consolidación de las fracturas de muñeca escayoladas según la edad del paciente (DCCRioja 92/2009, de 27 de noviembre); xi) en pacientes de edad avanzada, la distrofia simpático refleja (Südeck), residual a la reducción con escayola de una fractura de muñeca (DCCRioja 92/2009, de 27 de noviembre); xii) una limitación del 45% en la flexión palmar y dorsal tras una reducción con escayola de una fractura de muñeca en paciente de edad avanzada (DCCRioja 92/09, de 27 de noviembre); xiii) la aparición de un síndrome de cola de caballo tras una intervención de discos intervertebrales (DCCRioja 94/2009, de 17 de diciembre); y xiv) la aparición de edemas tras las fracturas que obligan a abrir la escayola de inmovilización para evitar la compresión del yeso (DCCRioja 95/2009, de 17 de diciembre).

29 FJ 3 STS 695/1996, de 31 de julio, de la Sala de lo Civil (núm. rec. 3558/1992 y [*Tol 1659055*]). En esta sentencia el TS concluyó que «la falta de previsión del evento (...) *estaba* en abierta contradicción con las propias argumentaciones de la parte recurrente [, la cual] *afirmaba* que estadísticamente solo se *daba* la complicación que aquí contemplamos en el 2% de los casos (...). [Para el TS, sin embargo,] la previsibilidad *era* evidente [porque] si *estaba* acreditado que *ocurría* dos veces de cada cien, ya se *estaba* previendo. (FJ 3). Gráficamente la Sala de lo Civil, señaló que sucedía «algo parecido con el juego de la lotería [en el que] los premios tocan pocas veces, pero está previsto que toquen» (FJ 3).

30 FJ 2 STS 478/2009, de 30 de junio, de la Sala de lo Civil (núm. rec. 137/2002 y [*Tol 1567579*]). A juicio del TS, «si la lesión del nervio ciático por elongación era una complicación descrita en la literatura científica y por tanto conocida según el estado de la ciencia en la época de la intervención, entonces ninguna duda cabe de que el cirujano tenía que haber informado de ese riesgo a la demandante antes de la intervención» (FJ 3).

miento era solo del 3'5 por ciento, se trataba de un riesgo típico de la intervención.

iii. La STSJ de Andalucía de 26 de septiembre de 2009 mantuvo que el «riesgo de perforación» en la práctica de una colonoscopia era un riesgo «posible» del que debía informarse al paciente con independencia de su frecuencia desde el punto de vista estadístico. Según la Sala de Granada, «el riesgo de perforación *estaba* incluido dentro del consentimiento informado en la prueba de la colonoscopia, y aunque *era* infrecuente que se *produjera* (un caso de cada mil, o incluso menos), *era* un riesgo estadístico»[31].

iv. La STS de 12 de enero de 2001, falló, en una intervención que consistía en colocación de injertos liofilizados en los espacios vertebrales, que «la previsibilidad nada *tenía* que ver con la frecuencia del suceso (...) [ya que] poco importa la frecuencia a efectos de la información y el tanto por ciento y las estadísticas al respecto, es tal complicación inherente a toda intervención en el cuello, ya que por su inherencia y ser perfectamente conocida debió manifestárselo a la enferma»[32].

– Riesgos conocidos

Con arreglo al art. 10 c) LAP, los riesgos típicos vienen determinados por «la experiencia, el estado de la ciencia o directamente relacionados con el tipo de intervención». Serán típicos, y, por tanto, «probables», aquellos que los facultativos médicos conozcan por actuaciones médicas anteriores que han realizado, o aquellos que la ciencia médica los ha puesto de relieve, o deriven del tipo de intervención. Solo resultan riesgos excluidos los desconocidos por la ciencia médica en el momento de la intervención o provocados por fuerza mayor. En este sentido:

---

31 FJ 5 STSJ de Andalucía 2145/2019, de 26 de septiembre, de la Sala de lo Contencioso-Administrativo de Granada (núm. rec. 662/2018 y [*Tol 7672430*]). En esta ocasión, el tribunal matizó que, como consecuencia de la colonoscopia, «la perforación *era* un riesgo posible, y que si hubiera surgido la perforación no *hacía* surgir de forma automática la responsabilidad, pues para que surgiera sería necesario que hubiera una actuación contraria a la lex artis, lo que no *constaba* que se haya producido» (FJ 5). Por su parte, la STSJ de Galicia 652/2021, de 29 de octubre (núm. rec. 65/2021 y [*Tol 8715563*]), estimó el recurso de apelación por ausencia del consentimiento informado para la práctica de una colonoscopia en la que se produjo una perforación intestinal.

32 FJ 3 STS de 12 de enero de 2001, de la Sala de lo Civil [*Tol 99652*].

i. La STS de 21 de octubre de 2005, analizó un supuesto de «cicatrices queloideas» y tras calificar este tipo de cicatriz como un riesgo previsible y conocido, entendió que debió ser sometido al deber de información del paciente. Llegó a esta conclusión porque «la ciencia médica conoce tal posibilidad como consecuencia de una intervención, con independencia de la técnica quirúrgica utilizada, y el médico demandado no sólo, obviamente, conocía la misma, sino que incluso ya le había sucedido en un quehacer profesional con anterioridad, por lo que se añadía su propia experiencia personal»[33].

ii. En el dictamen de 28 de abril de 2020, la Comisión Jurídico Asesora de Madrid (CJAMad), estimó una reclamación por perforaciones en el esófago tras una operación de crioablación con balón, porque los daños, pese a estar descritos en la literatura médica, no habían sido informados[34].

– *Riesgos genéricos y específicos*

El riesgo típico o probable depende no solo de la clase de intervención médica propuesta (riesgo genérico), considerada en abstracto, sino también de las circunstancias o condiciones personales concretas del paciente (riesgo específico). Por ello, el art. 10 LAP incluye en la información a suministrar al paciente «los riesgos relacionados con sus circunstancias personales o profesionales».

---

[33] FJ 4 STS 758/2005, de 21 de octubre (núm. rec. 1039/1999 y [*Tol 731285*]). En esta sentencia el TS analizó un supuesto de cicatrices queloideas. Según dijera el TS «la cicatriz queloidea —poros abiertos— consiste en un tumor formado por el tejido fibroso que aparece en personas predispuestas genéticamente a producir excesiva respuesta tisular arte un trauma cutáneo. Se trata por lo tanto de un riesgo previsible, que, aunque muy improbable, lo que excluye la responsabilidad en la práctica de la intervención, no excusaba del deber de información, a cuyo efecto el médico podía, y debía haber hecho saber a la paciente la pequeña posibilidad de que ocurriera el suceso y su causa, para la misma, dentro de su autonomía, asumir el riesgo de las eventuales dificultades de cicatrización defectuosa» (FJ 4).

[34] El dictamen de la Comisión Jurídica Asesora de Madrid 103/2020, de 28 de abril, en adelante CJAMad, en relación con unas perforaciones en el esófago, estimó parcialmente la reclamación porque el «consentimiento no recogía la posibilidad de que a raíz de la realización de (...) [la] técnica [crioablación con balón] se pudieran producir lesiones en el conducto esofágico (...) [y] los informes médicos (...) *ponían* de relieve que la técnica *podía* producir úlceras de esófago y así lo ha recogido la literatura médica (...) pero no recogen nada sobre por qué el documento de consentimiento no contempla ese riesgo» (CJ 3).

Esta es la razón por la que los facultativos deben informar de aquellos riesgos relacionados con tales circunstancias como, por ejemplo, con la edad, el peso, la complexión física, la salud y la dedicación profesional o habitual del paciente. También han de informar de los riesgos probables en condiciones normales conforme a la experiencia y al estado de la ciencia médica o directamente relacionados con el tipo de intervención.

En este punto cabe resaltar, con los Consejos Consultivos de Galicia (CCGal) y Canarias (CCCan), lo siguiente:

i. El art. 10.1.b) LAP exige que los riesgos sean conocidos por el médico, de forma que cualquier circunstancia conocida y relacionada con el estado personal del paciente que, junto con el acto médico pretendido, pueda suponer un riesgo para el paciente ha de ser comunicada a este[35].

ii. «Una adecuada aplicación de la regulación del consentimiento informado exige no sólo que preste información sobre todos los riesgos genéricos que los tratamientos médicos generan, sino también los específicos; en otras palabras, se han de atender a las especiales circunstancias de cada paciente, que pueden producir que tales riesgos se concreten en ellos con mayor facilidad»[36].

– Rechazo del tratamiento o intervención

Lo relevante del consentimiento informado es ofrecer al paciente la posibilidad de optar por rechazar la intervención ante los posibles riesgos de esta, por muy remotos que estos sean, e incluso ofrecer alternativas terapéuticas. Esto es así, porque la omisión de la previa información priva al paciente de efectuar un juicio de valor en el que pondere los riesgos de la intervención o tratamiento y en función de ello, decidir si se somete al mismo o no, aunque ello sea médicamente aconsejable.

---

35 *Cfr.* DCCGal 20/2018, de 31 de enero, 308/2019, de 4 de septiembre y 138/2020, de 1 de julio. En particular, destacamos el DCCGal 471/2017, de 18 de abril de 2018. En él se consideró que el porcentaje del riesgo (complicación descrita en la literatura médica en, aproximadamente, un 7%) justificaba suficientemente la necesidad de que dichos riesgos hubiese sido conocido por el paciente y constase expresamente en el documento de consentimiento informado

36 FJ 5.5 del dictamen del Consejo Consultivo de Canarias 534/2018, de 27 de noviembre, en lo sucesivo CCCan. Como recordó el CCGal, los riesgos específicos y genéricos «han de ser, además, acreditados por la Administración a los efectos de demostrar la adecuación del acto médico a la *lex artis* y su consiguiente exoneración de responsabilidad» (FJ 5.5).

Entre otros fallos, las SSTS de 2 de octubre de 2012, 20 de noviembre de 2012 y 26 de mayo de 2015, se han pronunciado sobre la relevancia del consentimiento informado con la posibilidad de rechazar un tratamiento o intervención[37].

b) Riesgos atípicos

La jurisprudencia considera como riesgos atípicos aquellos que no se asocian a la concreta actuación médica a realizar por el facultativo, y, en consecuencia, no resultan «probables». La consecuencia no es otra, como recuerda la STS de 15 de marzo de 2018, que cuando el «riesgo sea atípico, es decir imprevisible o anómalo, de los que no se producen habitualmente en el tipo de intervención, no cabría incluirlo entre los riesgos que deben ser informados al paciente»[38].

Ello es así porque, si «se origina un resultado dañoso por un riesgo atípico, imprevisible o fuerza mayor (...) [se] entiende que se rompe el nexo causal entre la prestación del servicio y el resultado dañoso, al considerar que el consentimiento y la información que la precede debe ajustarse a estándares de razonabilidad»[39].

Por otro lado, como se acaba de exponer en el anterior apartado, no es posible equiparar los riesgos típicos o «probables» con los frecuentes, y, por lo tanto, los atípicos con los infrecuentes. Ahora bien, si bien es cierto que los riesgos que con frecuencia se producen suelen ser riesgos inherentes a la actuación médica (riesgo típico), en cambio, un riesgo estadísticamente poco probable (infrecuente) puede ser un riesgo típico o «probable» si se sabe, por la experiencia o por la ciencia médica, que puede producirse, aunque acaezca con poca frecuencia.

---

[37] En este sentido —destacar la importancia de rechazar un tratamiento o intervención— se han pronunciado las SSTS de 2 de octubre de 2012 (núm. rec. 3925/2011 y [*Tol 2662449*]), 20 de noviembre de 2012 (núm. rec. 4598/2011 y [*Tol 2689553*]) y 26 de mayo de 2015 (núm. rec. 2548/13 y [*Tol 5010344*]).

[38] FJ 14 STS 418/2018, de 15 de marzo (núm. rec. 1016/2016 y [*Tol 6556359*]).

[39] Dictamen 5/72019 de la Comisión Jurídica Asesora de Euskadi (CJAEus). En el mismo sentido, y con cita de la STS de 4 de febrero de 2009, véase el FJ 2 STSJ de Castilla y León, de la Sala de Valladolid 1201/2014, de 6 de junio (núm. rec. 74/2011 y [*Tol 4430116*]).

B. Medicina curativa *versus* medicina satisfactiva

Aunque la medicina curativa y satisfactiva son objeto de estudio monográfico por MANENT y ALONSO en el cap. 18 de esta obra, no queremos pasar por alto que la distinción entre riesgos típicos y atípicos resulta especialmente relevante si atendemos a los distintos tipos de actos médicos, respecto de los cuales la información al paciente presenta grados distintos de exigencia.

Esta división es importante porque el alcance del deber de informar está especialmente vinculado, en un segundo nivel de análisis, a la clase de intervención que se pretenda realizar, necesaria o asistencial *versus* voluntaria o satisfactiva[40]. Como afirma LLAMAS, «la exigencia de consentimiento será tanto más rígida cuanto más nos alejemos de tal finalidad puramente curativa, llegando a ser inexcusable cuando dicho objeto desaparece»[41].

a) *Medicina curativa, asistencial, terapéutica o necesaria*

La medicina necesaria es aquella que pretende la curación o mejora de la salud de un paciente que sufre de alguna alteración patológica en su organismo. Un ejemplo lo encontramos en la extracción de las muelas del juicio. Esta operación, a diferencia de buena parte de intervenciones odontológicas, es considerada, entre otros fallos, por la STS de 29 de septiembre de 2021, como medicina curativa[42].

---

40 En la STS, de 25 de abril de 1994, de la Sala de lo Civil [*Tol 73778*], se destacó la diferencia entre la medicina «curativa» y la «transformativa» (o voluntaria o satisfactiva): en la primera, una persona acude al médico para la curación de una enfermedad y la prestación profesional se califica simplemente como arrendamiento de servicios; en la segunda, un paciente o cliente acude al médico para el mejoramiento de un aspecto físico o estético y el contrato, y la prestación profesional sin dejar de ser un arrendamiento de servicios, se aproxima al de arrendamiento de obra. En estos últimos se obliga el facultativo a una mayor garantía en la obtención del resultado que se persigue, «ya que, si así no sucediera, es obvio que el interesado no acudiría al facultativo para la obtención de la finalidad buscada» (FJ 3).

41 LLAMAS POMBO, Eugenio (2003): «Doctrina general de la llamada culpa médica», *Ponencias del III Congreso Asociación de Abogados Especializados en Responsabilidad Civil y Seguro,* Salamanca, pág. 262.

42 La STS de 19 de septiembre de 2021 (núm. rec. 8/2010 y [*Tol 2651403*]), refiriéndose a la extracción de la muela del juicio como un supuesto de medicina curativa, señaló que «la extracción de los cordales superiores para prevenir la

Según afirma la STS de 12 de septiembre de 2012, en la medicina curativa, no es necesario informar, con carácter general, detalladamente, acerca de aquellos riesgos que no tienen un carácter típico ni ser específicos del tratamiento aplicado, siempre que tengan carácter excepcional o no revistan una gravedad extraordinaria[43].

b) Medicina satisfactiva o voluntaria

Para GALÁN la medicina satisfactiva es aquella «cuyo fin no es curar propiamente, sino que actúa sobre un cuerpo sano para mejorar su aspecto estético (cirugía estética, perfectiva o de embellecimiento) o para anular su capacidad reproductora (vasectomías y salpingectomías)»[44].

La jurisprudencia, incluye dentro de la medicina satisfactiva, las intervenciones de cirugía estética, los tratamientos odontológicos, los de colocación de determinadas prótesis y para la implantación capilar artificial[45].

---

enfermedad periodontal no integra un acto de medicina voluntaria o satisfactiva, cuya finalidad es lograr una transformación satisfactoria del propio cuerpo, sino de medicina curativa, en cuanto se encamina, precisamente, a evitar la enfermedad periodontal (...). Con todo, aun cuando el acto médico de exodoncia de los cuatro terceros molares de la paciente fuera considerado como acto de medicina satisfactiva tampoco cabría apreciar incumplimiento por el facultativo interviniente de la obligación de informar sobre la intervención a realizar y sobre los riesgos de la cirugía a realizar, pues la actora se limita a afirmar que en el caso de la medicina satisfactiva la exigencia del consentimiento informado es aún mayor y más estricta, pero en modo alguno especifica ni justifica qué mayor información habría de haberse facilitado a la recurrente sobre la que la Sala considera probado que se dio a la misma» (FJ 2).

43 STS de 12 de septiembre de 2012, de la Sala de lo Contencioso-Administrativo (núm. rec. 467/2011 y [*Tol 2652663*]). En este mismo sentido también se han pronunciado las SSTS, de la Sala de lo Civil, de 28 de diciembre de 1998, 17 de abril de 2007 (núm. rec. 1773/2000), y 30 de abril de 2007 (núm. rec. 1018/2000). En esta línea, el art. 10.1 LAP, incluye como información básica, los «riesgos probables» y las contraindicaciones.

44 GALÁN CORTÉS, Julio César (2007): «1922 Sentencia de 21 de octubre de 2005: Responsabilidad médica. Medicina voluntaria. Doctrina de la imputación objetiva. Consentimiento informado en cirugía estética. Incumplimiento del deber de información: daño y nexo causal», *Cuadernos Civitas de jurisprudencia civil*, núm. 74, págs. 995 a 1014.

45 En este sentido, la STSJ de la Comunitat Valenciana 79/2005, de 17 de enero (núm. rec. 1699 y [*Tol 627727*]), tras considerar que la vasectomía era medicina curativa, condenó a la Administración sanitaria por el resultado frustrado de una

Esta doctrina también ha sido recogida por los distintos órganos consultivos[46].

Una vez definidas estas dos modalidades de la medicina por razón de su finalidad, ha llegado el momento de afirmar que, en la medicina satisfactiva —a diferencia de la curativa— se ha de informar de todos los riesgos (típicos y atípicos), secuelas (permanentes o temporales) y consecuencias que se pueden derivar de la actuación médica. Todo ello, al margen de la posibilidad de que con la misma no se consigan los resultados esperados.

El deber de información por parte del médico debe prestarse sin regateos ni evasivas. Se impone una exigencia más intensa en su faceta de información, ya que el paciente debe contar con la información, lo más exacta posible, respecto de la intervención. La jurisprudencia, por tanto, impone para estos supuestos un mayor contenido de información

---

intervención esterilizadora que no impidió el ulterior embarazo de la esposa del demandante debido a la ausencia de información suficiente acerca de los riesgos inherentes a la operación y probabilidades de fracaso derivadas de la vasectomía (medicina satisfactiva). En esta ocasión, la Sala, con fundamento en el daño infligido por el fallo de información y el resultado no deseado, reconoció 150.253'02 euros en concepto de manutención hasta que el hijo nacido —tras la vasectomía fallida— alcanzase la mayoría de edad. La indemnización se justificó porque «el nacimiento del hijo, que sin duda conlleva un incremento en los gastos familiares, ha sido fruto de un embarazo no deseado (…); de ahí que, al no haberse informado al reclamante sobre el posible fracaso de dicha intervención quirúrgica (posibilidad de recuperar la fertilidad por una recanalización espontánea de los conductos deferentes), con ello se le impidió decidir acerca del riesgo de una nueva fertilidad y, por ende, de la posibilidad de un nuevo embarazo de su esposa. (…) Así las cosas, la Sala, decide aceptar la indemnización interesada por el recurrente en vía administrativa, todo ello teniendo en cuenta la edad del perjudicado (nacido en 1950), es decir, cuando fue padre tenía ya 47 años, de ahí que cuando el hijo alcance la edad de 18 años, el actor se hallará en edad de jubilación y su esposa próxima a la misma (nacida en 1954)» (FJ 5). Sala Civil: STS 11 mayo 2001, atribuye al médico la carga de probar la debida información al paciente; en el mismo sentido, las SSTS 28 diciembre 1998, 19 abril 1999, 12 enero 2001, 23 diciembre 2002, 8 septiembre 2003, 28 junio 1997, 2 abril 2001, 22 julio 2003, 26 marzo 2004, 22 junio 2004, 21 octubre 2005, entre otras

46 A título ilustrativo, sobre la consideración de las intervenciones o tratamientos esterilizadores como medicina satisfactiva, el DCCGal 452/2015, de 14 de octubre, mantuvo, en relación con una intervención quirúrgica programada de vasectomía, que «es preciso subrayar el carácter de medicina satisfactiva que tiene la intervención a la que se sometió el interesado que exige una información de carácter más amplio, como señala la jurisprudencia» (CJ 5).

Hay que informar de todos los riesgos, con independencia de su carácter típico o «probable», y de su frecuencia (aunque ínfima), con la finalidad de que no se omitan, por el facultativo, riesgos relevantes para influir en la decisión de rechazar una intervención no necesaria para la mejoría de su salud. Únicamente se exceptúan del deber de información los riesgos no conocidos según el estado de la ciencia médica en el momento de llevar a cabo la actuación médica.

En efecto, la jurisprudencia ha introducido, en orden a la información, un alcance más riguroso en la medicina satisfactiva que en la asistencial. «La información (...) se hace especialmente exigente en intervenciones no necesarias, en las que el paciente tiene un mayor margen de libertad para optar por su rechazo habida cuenta la innecesaridad o falta de premura de la misma y porque podría dar lugar en algunos casos a un silenciamiento de los riesgos excepcionales a fin de evitar una retracción de los pacientes a someterse a la intervención»[47]. De aquí la importancia que tanto la doctrina como la jurisprudencia dan a la delimitación de ambos conceptos, sobretodo el de la medicina satisfactiva.

En cualquier caso, al dedicarse un cap. a la medicina satisfactiva y curativa, el 18, desde aquí nos remitimos a lo escrito allí por MANENT y ALONSO.

C. Tratamientos alternativos y otros aspectos

La exigencia de consentimiento informado se extiende, no solo a los riesgos del eventual acto médico, sino también, a los tratamientos alternativos que puedan darse al margen de la intervención que se practique. Es necesario que el paciente dé su consentimiento a la realización de una intervención, una vez que haya sido debidamente informado de las posibilidades alternativas del acto médico[48].

Esta obligación de informar respecto de los tratamientos alternativos no queda eliminada por el hecho de que el paciente no pueda someterse a ta-

---

47 FJ 3 STS 1/2011, de 20 de enero (núm. rec. 1565/2007 y [*Tol 2038296*]). El mayor grado de exigencia del deber de información en la medicina satisfactiva también ha sido admitida SSTS 544/2007, de 23 de mayo (núm. rec. 1984/2000 y [*Tol 1106817*]), 759/2007, de 29 de junio (núm rec. 2094/2000 y [*Tol 1113002*]) 1215/2007, de 28 de noviembre (núm. rec. 4889/2000 y [*Tol 1213895*]), todas ellas de la Sala de lo Civil.

48 *Cfr.* FJ 2 STS de 2 de marzo de 2005 (núm. rec. 8125/2000 y [*Tol 623101*]).

les tratamientos[49], o por la circunstancia de que una determinada técnica no pueda llevarse a cabo en un concreto hospital[50].

Obviamente, el deber de información sobre las alternativas asistenciales cesa en el caso de intervenciones o actuaciones de urgencia[51].

2) Consecuencias de la omisión o insuficiencia del consentimiento Informado

«Con el consentimiento informado el paciente autoriza al profesional médico a actuar sobre su cuerpo y legitima la intervención médica»[52]. Por ello, una vez se constata que el consentimiento informado, bien se ha omitido, bien no se ha prestado de manera adecuada, surgen determinados interrogantes que la Administración sanitaria debe abordar. Nosotros destacamos las siguientes:

i. Si el «consentimiento desinformado» es, por si solo, una infracción de la *lex artis*.

---

49 En relación con la imposibilidad real de someterse a tratamientos alternativos, puede leerse la STS 488/2006, de 10 de mayo, de la Sala de lo Civil (núm. rec. 3476/1999 y [*Tol 942250*]). En esta ocasión el TS corrigió a la Audiencia Provincial de Girona porque «la tesis de la sentencia de instancia, que no atribuye consecuencias a la falta de información al no ser posible optar por otra alternativa distinta al tratamiento, no enerva la obligación de hacerlo y de obtener el consentimiento informado previo a la intervención pues la actuación decisoria pertenece al enfermo y afecta a su salud y como tal no es quien le informa si no él quien a través de la información que recibe, adopta la solución más favorable a sus intereses. Lo contrario sería tanto como admitir que las enfermedades o intervenciones que tengan un único tratamiento, según el estado de la ciencia, no demandan «consentimiento informado» (STS 9 de sep. 2003)» (FJ 4).

50 Respecto de la carencia de medios, la STS de 3 de enero de 2012 (núm. rec. 7014 y [*Tol 2395194*]), en un supuesto en el que el Hospital de la Vall d'Aran no contaba con los medios suficientes para llevar a cabo una laparoscopia, mantuvo que el deber de informar al paciente comprende no solo los riesgos de la intervención, sino también los medios de que dispone el hospital para dar realizar adecuadamente la intervención médica.

51 Sobre la modulación del deber de informar en situaciones de emergencia puede consultarse el dictamen del Consejo Consultivo de Castilla-La Mancha 6/2017 de 11 de enero. Consideró que el empleo de instrumental para el desarrollo de la adecuada actuación médica — fórceps o ventosa— no requiere consentimiento informado por tratarse de situaciones de emergencia obstétrica.

52 RAMOS GONZÁLEZ, Sonia (2017): «Daño moral por falta de consentimiento informado, en GÓMEZ POMAR, Fernando y MARÍN GARCÍA, Ignacio (coords.), *El daño moral y su cuantificación, Wolter Kluwers,* Las Rozas (Madrid), pág. 391.

ii. Si el «consentimiento desinformado» desplaza los riesgos no informados del paciente al médico o Administración sanitaria.

iii. Si el consentimiento debidamente informado únicamente libera a la Administración sanitaria de indemnizar los daños provocados por la operación, cuando estos sean riesgos inherentes a la intervención médica, o en general, de todos los daños causados —incluidos los que sean consecuencia de una infracción de la *lex artis*— con tal de que sean informados.

iv. Si el «consentimiento desinformado» es un daño moral autónomo —por lesión de la libre autodeterminación del paciente— del daño corporal que pueda causar la asistencia sanitaria.

v. Si el daño moral que el «consentimiento desinformado» causa, debe ser cuantificado como si de un daño corporal se tratase.

vi. Si para que surja la obligación de indemnizar es necesario que, además de «consentimiento desinformado», se produzca un daño corporal

vii. Si el daño moral por «consentimiento desinformado» puede exigirse, de manera complementaria, al daño corporal.

viii. Si existen excepciones al deber de informar al paciente.

Dicho esto, en las páginas siguientes daremos respuesta a estos interrogantes.

A. Infracción de la *lex artis*

En materia de responsabilidad sanitaria resulta preciso fijar un parámetro que permita determinar el grado de corrección de la actividad sanitaria a la que se imputa el daño. Este criterio se denomina *lex artis* y permite diferenciar los supuestos en los que el resultado dañoso se puede imputar a la actividad sanitaria —es decir, al tratamiento o a su falta— de aquellos otros casos en los que el resultado se ha debido a la evolución natural de la enfermedad y al hecho de la imposibilidad de garantizar la salud en todos los supuestos.

Adicionalmente, la obligación de la Administración sanitaria, de acuerdo con una consolidada jurisprudencia y doctrina legal, no consiste en obtener un resultado —la curación del paciente—, sino en proporcionar y poner a disposición de los usuarios todos los medios que requiera el caso para lograrlo. Todo ello, de acuerdo con el estado de los conocimientos de la ciencia o de la técnica existentes en el momento de prestarse la asistencia. Como gráficamente ha señalado el TS, «el paciente no es un robot, pero el facultativo tampoco es un dios, y la ciencia profesional no es, ni siempre ni necesariamente, de resultado exitoso»[53].

Dicho esto, dentro de este concepto de *lex artis*, tanto doctrina como jurisprudencia, han incluido la figura del consentimiento informado[54]. Ambos sostienen que la falta de consentimiento informado constituye un incumplimiento de la *lex artis ad hoc* y lo consideran como manifestación del funcionamiento anormal del servicio sanitario[55]. Desde este punto de vista «el consentimiento informado constituye una parte de la asistencia prestada a un paciente, luego es un acto clínico más»[56]. La jurisprudencia, además, tiene declarado que el consentimiento informado es presupuesto y elemento esencial de la *lex artis*[57].

La integración del deber de informar al paciente en la *lex artis* conlleva que su incumplimiento comporte la infracción de las reglas de la profe-

---

53 FJ 6.3 STS 1226/2020, de 30 de septiembre (núm. rec. 2432/2019 y [*Tol 8112083*]).

54 En numerosas sentencias se reitera la inclusión del deber de informar como parte de la *lex artis*. Tal es el caso de la STS de 29 de junio de 2010 (núm. rec. 4637/2008 y [*Tol 1898819*]). En esta ocasión el TS señaló que «una constante jurisprudencia (...) insiste en que el deber de obtener el consentimiento informado del paciente constituye una infracción de la "lex artis" y revela una manifestación anormal del servicio sanitario» (FJ 5). En el mismo sentido se han pronunciado las SSTS de 24 de febrero de 2004 (núm. rec. 6166/2000 y [*Tol 421366*]), 9 de noviembre de 2005 (núm. rec. 6620/2001 y [*Tol 766318*]), 23 de febrero de 2007 (núm. rec. 3551/2002 y [*Tol 1043433*]), 10 de octubre de 2007 (núm. rec. 1106/2003 y [*Tol 1156852*]), 19 de junio de 2008 (núm. rec. 4415/2004 y [*Tol 1335851*]), 30 de septiembre de 2009 (núm. rec. 263/2008 y [*Tol 1638985*]), 16 de marzo de 2011 (núm. rec. 3890/2009 y [*Tol 2073036*]), 19 de mayo de 2011 (núm. rec. 5067/2006) y [*Tol 2141540*]), 25 de mayo de 2011 (núm. rec. 5513/2006 y [*Tol 2145138*]), 30 de abril de 2013 (núm. rec. 2989/2012 y [*Tol 3706438*]) y 26 de mayo de 2015 (núm. rec. 2548/2013 y [*Tol 5010344*]).

55 La consideración de la ausencia o insuficiencia de consentimiento informado como infracción de la *lex artis* también es compartida por la doctrina legal. A título indicativo, puede consultarse los DDCCCan 103/2018, de 15 de marzo 156/2018 y 236/2018, de 24 de mayo.

56 REQUERO IBÁÑEZ, José Luis (2002): «El consentimiento informado y la responsabilidad patrimonial de las administraciones», en VVAA, *La Responsabilidad patrimonial de la Administración sanitaria. Cuadernos de Derecho Judicial*, Consejo General del Poder Judicial, Madrid, pág. 324.

57 En la STS de 2 de octubre de 1997 se calificó el consentimiento informado como uno de los elementos esenciales de la *lex artis ad hoc*. En el mismo sentido, véase los DDCCGal 151/2005, de 28 de marzo y el 452/2015, de 14 de octubre.

sión y la consiguiente responsabilidad médica. Ahora bien, «no solo puede constituir infracción [de la *lex* artis] la omisión completa del consentimiento informado sino también descuidos parciales»[58]. También hay infracción de la *lex artis* en los casos de informaciones defectuosas, parciales o incompletas.

Que el consentimiento informado forma parte de la *lex artis* es algo pacífico también en doctrina de los órganos consultivos. Así, la comisión Jurídica Asesora de Euskadi (CJAEus) ha venido reiterando que los supuestos de ausencia o insuficiencia de la información facilitada para prestar el consentimiento requerido constituye una mala praxis[59].

A mayor abundamiento, según ha expresado la STS de 30 de septiembre de 2020, «con carácter general y en abstracto, "en una revisión jurisdiccional sanitaria fundada exclusivamente en la vulneración de la lex artis resulta posible la alegación de la falta de consentimiento informado que no había sido utilizado en la previa vía administrativa"»[60]. Ahora bien, como puntualiza LÓPEZ y GARCÍA DE LA SERRANA, «en concreto», esto no será posible cuando se haya «introducido una causa *petendi* nueva». Este autor, al valorar la STS de 30 de septiembre de 2020, sostiene que la misma establece «una clara diferenciación entre añadir nuevos motivos que justifiquen la pretensión actora (que sí puede hacerse), y otra bien distinta suscitar cuestiones nuevas, no planteadas en sede administrativa (que no puede hacerse), como es la supuesta falta de consentimiento informado que supone referirse a unos hechos distintos a la mala praxis en la asistencia médica, suponiendo una cuestión novedosa planteada *per saltum*»[61].

---

58 FFJJ SSTS de 29 de junio de 2010 (núm. rec. 4637/2008 y [*Tol 1898819*]), 22 de junio de 2012 (núm. rec. 2506/2011 y [*Tol 2581264*]) y 664/2018, de 24 de abril (núm. rec. 33/2016 Y [*Tol 6592188*])

59 A título ilustrativo se traen a colación los DDCJAEus 96/2018, 242/2016, 134/2014 y 119/2014, 4/2010 y 216/2010.

60 FJ 10 STS 1226/2020, de 30 de septiembre (núm. rec. 234/2019 y [*Tol 8112089*]). A lo anterior —posibilidad, en abstrajo, de alegar en vía judicial la falta de consentimiento informado *ex novo*— el TS añadió, para desestimar el recurso que, «"en concreto (...) no es admisible, constituyendo desviación procesal, pues la alegación no es jurídica (...) sino el planteamiento de una cuestión nueva (...), un hecho (omisión del documento) no alegado en la vía previa» administrativa (FJ 10).

61 LÓPEZ Y GARCÍA DE LA SERRANA, Javier (2022): *El consentimiento informado en el ámbito sanitario: la valoración y cuantificación del daño, op. cit.* pág. 96.

En conclusión, el «consentimiento desinformado», por si solo, da lugar a una infracción de la *lex artis ad hoc*[62].

B. El consentimiento como criterio de exoneración de responsabilidad

Con arreglo a la jurisprudencia y doctrina legal, cumplimentado el deber de información al paciente, queda exonerada la Administración de los daños derivados de la actuación médica realizada de forma correcta. Los pacientes, desde el momento que asumen los beneficios que se derivan de una actuación médica, asumen igualmente los riesgos «probables» siempre que el acto médico fuera correctamente practicado. Por esta razón, el deber de soportar que no se alcance el éxito terapéutico deseado resulta de la propia asunción voluntaria de ese riesgo, por lo que de producirse la lesión no revestiría el carácter de antijurídica[63].

---

[62] En relación con la legitimación activa, la STSJ de Madrid 175/2024 de 22 febrero (núm. rec. 1136/2021 y [*Tol 9957703*]), es un ejemplo de resolución judicial que admite la transmisión de la acción a los herederos del fallecido, también por omisión del consentimiento informado. En la sentencia se afirma que «contrariamente a lo defendido por las entidades demandadas, es evidente que la actora, hija de la fallecida, ostenta legitimación activa para promover el procedimiento de responsabilidad patrimonial , al amparo del artículo 32.1 de la LRJSP y para reclamar los daños que considere que se le han irrogado a su madre como consecuencia de la que considera inadecuada asistencia recibida entre la que se incluye, en su caso, la que se pueda derivar de los problemas que pudieran concurrir respecto del consentimiento informado» (FJ 5).

[63] En relación con el deber de soportar el daño en los supuestos de falta de éxito terapéutico puede consultarse los DDCJCVal 359/2015, de 10 de junio, 489/2015, de 30 de julio, 547/2015, de 30 de septiembre, 678/2015, de 26 de noviembre, 59/2016, de 11 de febrero, 238/2016, de 12 de mayo, 554/2016, de 25 de octubre, 332/2018, de 23 de mayo, 571/2018, de 12 de septiembre, 724/2021, de 1 de diciembre 764/2021, de 15 de diciembre, 49/2022, de 2 de febrero, 158/2022, de 16 de marzo 166/2022, de 16 de marzo, 168/2022, de 23 de febrero, 182/2022, de 23 de febrero y 764/2021, de 1 de diciembre. En particular, es preciso destacar que el DCJCVal 702/2018, de 6 de noviembre. En este dictamen, en un supuesto de una intervención de histerectomía simple, cervicitis crónica quística con metaplasia escamosa y endometrio secretor-hipertrofia miometrial con complicación de «retención urinaria», se desestimó la reclamación porque la paciente fue «atendida por parte de los facultativos con arreglo a los protocolos establecidos para este tipo de actuaciones (...) [y] aceptó las propuestas quirúrgicas referidas y firmó los consentimientos informados» (CJ 2). También son relevantes los DCCGal 151/2005, de 28 de marzo y 452/2015, de 14 de octubre.

La existencia, por tanto, de una actuación médica acomodada a la denominada *lex artis*, unida a la realidad acreditada del consentimiento informado, excluye la imputación del resultado lesivo al funcionamiento del servicio público sanitario[64].

Por lo tanto, el «cumplimiento en debida forma supone que es el paciente quien asume las consecuencias derivadas de las actuaciones sanitarias, siempre y cuando estas hayan sido conformes a la lex artis ad hoc»[65]. Dicho de otro modo, con el «consentimiento desinformado» se desplazan los riesgos inherentes y no informados del tratamiento o intervención del paciente al médico, o más propiamente a la Administración sanitaria. A esta afirmación hay que añadir, como ha puntualizado GUERRERO, que la teoría del desplazamiento del riesgo «ha sido más producto de esfuerzos doctrinales que propiamente legales»[66].

En conclusión, el «consentimiento desinformado» desplaza los riesgos no informados del paciente al médico y Administración sanitaria.

---

64 Con carácter ilustrativo, la STSJ de la Comunitat Valenciana 1273/2009, de 24 de septiembre (núm. rec. 1215/2006), excluyó la existencia de responsabilidad patrimonial por la corrección médica de la intervención y la existencia de un documento de consentimiento informado adecuado. Así, en un supuesto de operación de cataratas seguido de un desprendimiento de retina, el STSJ de la Comunitat Valenciana concluyó que, «la intervención de cataratas fue correcta, y el posterior desprendimiento de retina sufrido más de un año después no *tenía* su causa en infracción alguna de la lex artis ad hoc, sin perjuicio de que tal como consta en los informes médicos y en el documento de consentimiento informado suscrito por el actor, la intervención de cataratas aun siendo técnicamente correcta genera un riesgo mayor de sufrir dicho tipo de patología» (FJ 4). En términos análogos se pronunció la STSJ de Asturias 325/2011, de 30 de marzo (núm. rec. 770/2009 y [*Tol 2109010*]). Declaró la inexistencia de responsabilidad de la Administración porque «se infiere que se ha producido uno de los riesgos específicos de la intervención, al margen de su pequeña incidencia, y de los que el paciente fue informado, lo que excluye la vulneración de la autonomía de la voluntad del paciente, y la infracción de la lex artis» (FJ 3).

65 CJ V.4 DCCCan 438/2019, de 7 de octubre.

66 GUERRERO ZAPLANA, José (2004): *Las reclamaciones por la defectuosa asistencia sanitaria* (4ª ed.), Lex Nova, Valladolid, pág. 221.

C. El documento de consentimiento informado no es una «patente de corso»

El hecho de que el paciente suscriba la denominada «hoja» de consentimiento informado no significa que dé «carta blanca» a la actuación del médico, de suerte que cualquier riesgo que acontezca como consecuencia de acto médico y que haya sido reflejado en dicha «hoja» sea asumido por el paciente.

El paciente asume los riesgos de los que fue informado siempre y cuando la actuación médica se haya ajustado a la *lex artis*, es decir, haya sido correcta, pues no constituye el documento de consentimiento informado no se convierte en una patente de corso que habilite o ampare una negligencia médica[67].

Así «la obligación de información que corresponde al médico es independiente de la obligación de desplegar una adecuada técnica en la intervención quirúrgica realizada. Se trata de dos obligaciones distintas: la de información al paciente y la de llevar a cabo una adecuada técnica médica, cuyos incumplimientos originan a su vez distintas consecuencias jurídicas»[68].

En conclusión, el consentimiento debidamente informado solo libera al médico responder de los riesgos inherentes a la intervención, pero no de los que sean consecuencias de su mala praxis.

---

67 El DCCRioja 12/2004, 24 de febrero, en relación con el alcance del consentimiento informado ha resumido su alcance con las siguientes palabras: «es obvio que el paciente consiente una actuación médica realizada sin error alguno, ni imprudente ni no prudente. Si posteriormente, esta actuación médica resulta errónea (de forma imprudente o no imprudente (...) y causa un daño, no podrá decirse que el funcionamiento del servicio público ha sido consentido, ya que habrá rebasado el consentimiento prestado por el paciente, y habrá que valorarlo negativamente a efectos de responsabilidad (...). Por eso, con este consentimiento, el paciente solo está aceptando (y renunciando a que le sean indemnizados) los daños inevitables según el estado técnico-científico. Distinto es el caso del paciente que presta un consentimiento más amplio y asume el error médico, en supuesto en los que, pese a las reticencias y advertencias médicas, solicita un tratamiento particularmente agresivo o una intervención quirúrgica especialmente peligrosa. Pero este no es el supuesto planteado en la presente reclamación» (CJ 3).

68 CJ 3 DCJCVal 721/2015, de 16 de diciembre.

D. La lesión de derecho de la autodeterminación como daño moral o pérdida de oportunidad

«En el *Common Law* (…) uno de los temas más analizados en materia de *informed consent* es cómo debe configurarse la relación de causalidad entre la desinformación y el resultado final»[69]. En el derecho español, ante la

[69] RAMOS GONZÁLEZ, Sonia (2017): «Daño moral por falta de consentimiento informado, *op. cit.* pág. 393. Según pone de manifiesto esta autora, en EEUU el único daño indemnizable es el daño corporal y para que este sea resarcible, es necesario acreditar que, dadas las circunstancias del caso, con toda la información relevante habría rechazado el tratamiento. En efecto, en este país no se indemnizan los daños morales por falta o insuficiencia de consentimiento informado, «porque el derecho de daños tiene como finalidad compensar daños ciertos y no sancionar la infracción de derechos subjetivos». *Idem.* Pues bien, partiendo de esta realidad, se distinguen los casos de omisión del consentimiento informado de aquellos en los que el documento de consentimiento informado no advirtió, o lo hizo de manera insuficiente, del riesgo actualizado. En el primer supuesto, el daño corporal sufrido se considera ilícito por no contar con el consentimiento del paciente, y en consecuencia, basta probar la relación de causalidad entre el tratamiento médico y el daño físico. En estos casos es irrelevante que el paciente hubiera consentido o no la intervención. Por el contrario, si hay documento informado, pero este guarda silencio o informa de manera insuficiente el daño físico padecido, se requiere probar que el paciente, de haber conocido el riesgo, no se hubiera puesto en manos del médico. En efecto, «si la pretensión de daños está basada en la falta o insuficiencia de información sobre riesgos relevante de la intervención, el US *Common Law* reconoce al paciente una acción basada en negligencia y suele exigir la prueba de una doble relación de causalidad: por un lado, prueba de la relación que media entre la intervención médica y el daño físico al paciente sobre cuya ocurrencia el paciente no fue informado (*Injury-Causation*) y, por el otro, la prueba de que el paciente habría rechazado el tratamiento de haber conocido el riesgo no informado y actualizado (*Decision-Causation*). Es lo que se conoce como el requisito de la doble prueba (*injuri-causation* y *decisión-causation*) o teoría de todo o nada en el sentido de que: si la recurrente prueba que, de haber conocido el concreto riesgo que ha provocado el daño físico, no se habría puesto en manos del médico, será resarcido de todos los daños corporales (así como de los perjuicios personales o patrimoniales), pero en ausencia de algún extremo de dicha prueba, la víctima verá desestimada su demanda. A ello añade RAMOS, que «una cuestión muy discutida en las jurisdicciones norteamericanas es si la prueba de esta segunda relación de causalidad (*Decision-Causation*) debe basarse en un criterio objetivo o subjetivo», esto es si hay que atenerse la decisión que hubiese adoptado una persona razonable o al testimonio del recurrente. En cambio, «en el derecho español de daños, la única prueba en materia de causalidad que suelen exigir los jueces y tribunales al paciente o a sus familiares es la que media entre la actuación sanitaria y el daño físico que supone la materialización del riesgo

evidencia de la falta de relación causal entre el «consentimiento desinformado» y el daño corporal, algunos han abogado por aplicar la teoría de la imputación objetiva[70].

Por su parte, la jurisprudencia y doctrina legal han calificado estas disquisiciones como un debate «estéril fundado en simples y absurdas especulaciones, que no hacen más que añadir una cierta complejidad probatorio, porque carece de una respuesta cierta y ofrece un curso de causas inseguro o simplemente especulativo»[71].

Pues bien, para RAMOS, «existen dos tesis jurisprudenciales principales acerca de la calificación del daño: un grupo de sentencias destaca que el daño indemnizable se concreta en la privación del derecho a decidir, o en un daño moral autónomo, y otro grupo de sentencias considera que el paciente tiene derecho a una parte del daño físico sufrido, que será proporcional a la probabilidad que de que hubiera rechazado el tratamiento»[72].

En efecto, en la mayoría de los fallos y dictámenes, la jurisprudencia y la doctrina legal, han sostenido que la falta o insuficiencia de consentimiento informado determina, por si sola, una infracción de la *lex artis* y causa un

---

sobre el que fue el paciente no fue informado y, a diferencia de Estados Unidos la estimación de la demanda no depende de que el paciente pruebe que, de haber obtenido la información adecuada habría rechazado el tratamiento» *Ibidem* pág. 396.

70 El consentimiento informado se ha querido vincular con la teoría de la causalidad objetiva a partir del hecho de que, casualmente, —si se causa un daño de cuyo riesgo no se ha advertido— la lesión es provocada por «la mano» del facultativo y no por el «consentimiento desinformado». Para ello se ha dicho que, ante la falta de causalidad física, la atribución de responsabilidad a la Administración sanitaria pasa por establecer un vínculo jurídico, esto es un título de imputación. Para soslayar esta «circunstancia», han optado por alterar el bien jurídico lesionado, en los casos de ausencia o insuficiencia de consentimiento informado, ya no sería el daño físico sino la autodeterminación del paciente. A partir de aquí, para reconocer una indemnización al paciente no informado, se ha dicho que el título de imputación sería el desplazamiento al facultativo de los riesgos no informados al paciente.

71 FJ 7 STS 1002/2005, de 21 de diciembre, de la Sala de lo Civil (núm. rec. 1986/1999 y [*Tol 795310*]). Previamente, otros fallos —como las SSTS de la Sala de lo Civil 1242/1998, de 4 de febrero de 1999 (núm. rec. 2236/1994 y [*Tol 3711169*]) y 7 de junio de 2002 [*Tol 202874*], habían negado que hubiera un vínculo entre el daño corporal y la actuación médica.

72 RAMOS GONZÁLEZ, Sonia (2017): «Daño moral por falta de consentimiento informado, *op. cit.* pág. 393.

daño moral. No obstante, también pueden encontrarse pronunciamientos en los que se concluya que el «consentimiento desinformado» se traduzca en una pérdida de oportunidad de rechazar la intervención.

a) *Daño moral*

La lesión del derecho del paciente a la autodeterminación —o, lo que es lo mismo, la infracción de la capacidad de decidir, consecuencia de la omisión total o parcial del consentimiento informado— ha sido calificada, con carácter general, tanto por la jurisprudencia como la doctrina legal, como un supuesto de daño moral. Por ello, basta la existencia de un lazo causal entre la actuación médica y el daño sufrido, pero no entre el «consentimiento desinformado y la lesión corporal». Dicho con otras palabras, no se exige al reclamante que pruebe que, de haber conocido el riesgo a que se exponía —y que se produjo—, no habría prestado su consentimiento a la intervención médica.

La línea jurisprudencial mayoritaria del TS mantiene «la naturaleza autónoma y, por tanto, relevante por sí misma, de la infracción del derecho del paciente a conocer y entender los riesgos que asume y las alternativas que tiene a la intervención o tratamiento»[73].

Esta «falta o insuficiencia de la información debida al paciente (...) constituye en sí misma o por sí sola una infracción de la "lex artis ad hoc", que lesiona su derecho de autodeterminación al impedirle elegir con conocimiento y de acuerdo con sus propios intereses y preferencias entre las diversas opciones vitales que se le presentan. Causa, pues, un daño moral, cuya indemnización no depende de que el acto médico en sí mismo se acomodara o dejara de acomodarse a la praxis médica, sino de la relación causal existente entre ese acto y el resultado dañoso o perjudicial que aqueja al paciente»[74].

Paralelamente, para los órganos consultivos, la ausencia de información o consentimiento da lugar, igualmente, y con carácter general, a una indemnización por daño moral.

---

73 FJ 5 STS de 2 de enero de 2012 (núm. rec. 6710/2010 y [*Tol 2384370*]).

74 FJ 4 STS de 13 de noviembre de 2012 (núm. rec. 5283/2011 y [*Tol 2690342*]).

i. El DCJACat de 30 de junio de 2016, entendió, en un supuesto de *wrongful action*, que se había producido un daño moral derivado de la «angustia» de la concepción de un hijo inesperado[75].

ii. El Consejo de Navarra (CNav), en su dictamen de 11 de enero de 2022, también apreció un daño moral en un caso de falta de información de los riesgos de la paraplejia[76].

iii. El DCJAMad de 18 de septiembre de 2013 calificó un deficiente consentimiento informado como un daño material autónomo en un caso de daños derivados de una infiltración en un codo[77].

iv. En el dictamen de 4 de junio de 2020, del Consejo Consultivo de Asturias (CCAst) se recordó, en relación con una artroscopia con

---

75 En el DCJACat 167/2016, de 30 de junio, sostuvo que «la jurisprudencia ha admitido la indemnización del daño moral derivado de la angustia o frustración por la inesperada concepción del hijo y de no poder tomar una decisión sobre la propia maternidad o paternidad (sentencias del Tribunal Supremo de 24 de septiembre de 1999 y de 3 de octubre de 2000) (CJ XI). Posteriormente, el TSJ de Cataluña no indemnizó la «zozobra» o «angustia», porque no quedó suficientemente acreditada la relación de causalidad entre la prueba practicada y el riesgo de desplazamiento del DIU, que presuntamente provocó el embarazo. En el mismo sentido resolvieron los DDCJACat 12/2013, de 10 de enero, y 153/2016, de 16 de junio. A juicio de PACHUCO, «ocasionalmente, y acreditada la relación causal entre el acto médico y el resultado dañoso, el déficit informativo se ha considerado un daño moral que constituía per se una mala praxis ad hoc, indemnizable, con independencia de la diligencia de la actuación médica. Es decir, aun resultando probado que el acto médico fue conforme a la lex artis». PUEYO MACHUCA, Evelin (2017): «Doctrina sobre la ausencia del consentimiento informado escrito cuando existe un consentimiento no escrito o verbal», *Revista Española de la Función Consultiva*, núm. 27, pág. 185.

76 En el DCNav 1/2022, de 11 de enero, tras apreciar el CNav la falta de información a la paciente sometida a la intervención reparadora de sus patologías lumbares (varios hemangiomas comprendidos entre los niveles D8 y L3, con signos incipientes de mielitis) y del posible riesgo de un cuadro de paraplejia, concluyó que se trataba de «un incumplimiento que constituye una infracción de la "lex artis", susceptible de determinar el derecho a la correspondiente indemnización por el daño moral que supone la privación a la paciente de la capacidad de decidir fundadamente» (CJ II.5).

77 Tal y como afirmó el DCCMad 388/2015, de 18 de septiembre, respecto los daños derivados de una infiltración en el codo, «el daño causado merece la consideración de daño moral, como este Consejo Consultivo ha mantenido, entre otros, en sus dictámenes 429/10 y 299/11, debiendo para valorarse, ponderarse todas las circunstancias concurrentes, dado que se carece de parámetros o módulos objetivos (vid. STS de 3 de enero de 1990 y las posteriores)» (CJ 6).

artrosis anestésica, que la insuficiencia o ausencia de consentimiento informado era un daño moral[78].

v. En el DCJCVal de 29 de diciembre de 2010, se mantuvo que, apreciada la omisión del consentimiento informado, procedía indemnizar al reclamante por haber sido privado del derecho a conocer el posible riesgo al que se sometía en la intervención para tratar un linfagioma cervical[79].

vi. En los DDCCGal de 21 de junio de 2017, 15 de enero de 2019, 21 de abril de 2020 y 1 de julio de 2021 en relación con apendicetomía, hieroscopia, punción espinal y vasectomía, se reconoció la causación de un daño moral[80].

b) Pérdida de oportunidad

El deber de información de la Administración sanitaria es el correlato del derecho del paciente a elegir la mejor solución, incluida la de no operarse. Y es ahí donde entra en juego la doctrina de la pérdida de oportunidad, en tanto que la omisión de la información puede privar al paciente la oportunidad de decidir, y con ello, de poder evitar el resultado lesivo final. El daño que se reprocha es corporal y se expresa en el porcentaje que es atribuible a la Administración sanitaria.

Aunque en la mayoría de los supuestos la omisión del consentimiento informado se ha vinculado directamente con el daño moral por infracción de la *lex artis*, en algunos casos se ha acudido, además, a efectos indemnizatorios, a la denominada «pérdida de oportunidad»[81]. En estos supuestos, en puridad, habría que diferenciar el daño moral del corporal:

---

78 Para el DCCAst 136/2020, de 4 de junio, «la insuficiencia o ausencia de consentimiento informado es, en todo caso, un daño moral que a tenor de los pronunciamientos judiciales» (CJ 4).

79 DCJCVal 1217/2010, de 29 de diciembre.

80 Dictámenes del Consejo Consultivo de Galicia 206/2017, de 21 de junio, 7/2019, de 15 de enero, 135/2020, de 21 de abril, y 138/2020, de 1 de julio. En lo sucesivo nos referiremos a esto órgano consultivo como CCGal.

81 Como señala la STS de 14 de octubre de 2014 (núm. rec. 2499/2013 y [*Tol 4531718*]), en relación con la pérdida de oportunidad, esta «se caracteriza por la incertidumbre acerca de que la actuación médica omitida pudiera haber evitado o mejorado el deficiente estado de salud del paciente, con la consecuente entrada en juego a la hora de valorar el daño así causado de dos elementos o sumandos de difícil concreción, como son el grado de probabilidad de que dicha actuación

i. En el daño moral la relación de causalidad se establece entre la omisión de información y la privación de la facultad de autodeterminación.

ii. En el daño corporal, la causalidad se vincula entre la falta de información y la posibilidad de haber evitado la pérdida de salud o muerte.

De este modo no existirá pérdida de oportunidad si, para el supuesto de haberse sido informado de manera adecuada, el paciente también habría decidido someterse al tratamiento o intervención quirúrgica que causó el daño corporal. En estos casos, en principio, no se indemniza el daño corporal, pero puede que se resarzan, en concepto de daño moral, la lesión de la facultad de autodeterminación del peciente.

En cambio, sí que existirá pérdida de oportunidad, si de haber conocido los riesgos, el paciente no se hubiese sometido a la intervención o tratamiento médico. En casos como estos, además del daño moral, se tendría que poder indemnizar el daño corporal causado en función del porcentaje de incertidumbre causal[82].

---

hubiera producido el efecto beneficioso, y el grado, entidad o alcance de éste» (FJ 7 A). En este mismo fallo y fundamento jurídico, el TS también recuerda que hay dos aspectos esenciales a valorar cuando se propone demostrar un supuesto de responsabilidad médica en la que no se han aplicado los medios, modos o formas ordinarios o protocolizados: «grado de probabilidad de que dicha actuación hubiera producido el efecto beneficioso, y el grado, entidad o alcance de éste». Paralelamente, la STS 1177/2016, de 25 de mayo (núm. rec. 2396/2014 y [*Tol 5735398*]) ha resaltado que «la doctrina de la pérdida de oportunidad exige que la posibilidad frustrada no sea simplemente una expectativa general, vaga, meramente especulativa o excepcional ni puede entrar en consideración cuando es una ventaja simplemente hipotética» (FJ 7).

82 Como afirma LOPÉZ y GARCÍA DE LA SERRANA «tanto la Sala de la jurisdicción civil como la de la contencioso-administrativa del TS se han ocupado de la omisión o deficiencia del consentimiento informado como una mala praxis formal del facultativo, en la que la relación de causalidad se establece entre la omisión de la información y la posibilidad de haber eludido, rehusado o demorado el paciente la intervención médica cuyos riesgos se han materializado. Se ha venido distinguiendo supuestos en los que, de haber existido la previa información adecuada, la decisión del paciente no hubiese variado, y en principio no habría lugar a indemnización (...), sin perjudico de que en ciertas circunstancias, se pudiese determinar la existencia de un daño moral, de aquellos otros en que, de haber existido información previa adecuada, la decisión del paciente hubiese sido negarse a la intervención, por lo que a, al no existir incertidumbre causal, se concede indemnización íntegra del perjuicio que se ha materializado (...). Cuando

i. Como afirma el DCJACat de 28 de febrero de 2013, «la cuestión a resolver es si (...) la ausencia de consentimiento informado puede considerarse como un supuesto de mala praxis o de pérdida de oportunidad para la paciente». A juicio de la CJACat, existirá pérdida de oportunidad «si se concluye que la paciente, con la información necesaria, hubiera renunciado a la operación»[83].

ii. Un ejemplo de indemnización en concepto de pérdida de oportunidad lo encontramos en el DCJCVal de 16 de diciembre de 2015. En él, en un caso de hernia discal, se resarció «por la pérdida de oportunidad que supuso la omisión del deber de informar al paciente, en relación con la segunda de las intervenciones quirúrgicas»[84].

iii. En el mismo sentido se pronunciaron el DCCAnd de 15 de septiembre de 2009, en un supuesto de afección del nervio perineo como consecuencia de una intervención en el pie, y el DCJACat de 28 de enero de 2016, respecto del fallecimiento por retraso en el tratamiento de una crisis del síndrome de la hipermeabilidad capilar[85].

En otro orden de cosas, queremos resaltar que la aplicación de la teoría de la pérdida de oportunidad al consentimiento informado ha sido criticada —entre otros, por MARTÍN, SOLÉ y RIBOT— dado que la incertidum-

---

no existe incertidumbre causal en los términos extremos antes expuestos, surge la teoría de la pérdida de oportunidad en la que el daño que fundamenta la responsabilidad resulta de haberse omitido la información previa al consentimiento y de la posterior materialización del riesgo previsible de la intervención, privando al paciente de la toma de decisiones que afectan a su salud». LOPÉZ y GARCÍA DE LA SERRANA (2022): *El consentimiento informado en el ámbito sanitario: la valoración y cuantificación del daño, op. cit.* págs. 88 y 89.

83 CJ V DCJACat 93/2013, de 28 de febrero. En esta ocasión se rechazó la pérdida de oportunidad porque antes de someter a la paciente a una colangiopancreatografia retrógrada endoscópica, prueba consistente en la introducción onda óptica hasta la vía biliar y el páncreas, ya se había practicado y descartado su alternativa, la colangio-RM.

84 CJ 3 DCJCVal 721/2015, de 16 de diciembre. En este dictamen, el CJCVal relacionó el importe de la indemnización —3000 €— por la perdida de oportunidad que supuso la omisión del deber de informar al paciente sobre los riesgos de bipedestación, en relación con la segunda de las intervenciones quirúrgica practicadas a la raíz de la lumbociatalgia.

85 *Cfr.* DCCAnd 580/2009, de 15 de septiembre y DCJACat 29/2016, de 28 de enero. Posteriormente, como puso de relieve la Memoria de 2016 del CJACat, los supuestos de omisión de consentimiento informado se recondujeron a un daño moral *per se.*

bre se proyecta sobre la opción que habría escogido el paciente de tener toda la información relevante[86]. De este modo:

i. En el «consentimiento desinformado», la duda «se proyecta sobre una decisión de la víctima y no deriva del azar o de la aleatoriedad como exige la doctrina de la pérdida de oportunidad en sentido estricto»[87].

ii. «En los supuestos de errores o retrasos en el diagnóstico o en el tratamiento, la incertidumbre deriva de las limitaciones propias del estado de la ciencia médica y de la multiplicidad de factores que pueden influir en el éxito o fracaso de los tratamientos médicos»[88].

E. Cuantificación del daño

Como se ha expuesto, el «consentimiento desinformado» puede calificarse como un daño moral autónomo —por lesión de la libre autodeterminación del paciente—, diferente del daño corporal que pueda infligir al paciente con ocasión de la asistencia sanitaria. También es posible vincular el «consentimiento desinformado» a la pérdida de oportunidad de haber evitado un daño corporal.

Tal y como se ha dicho, la diferencia entre la fundamentación de la indemnización como un daño moral o como pérdida de oportunidad radica en el nexo causal:

i. En el daño moral el nexo se establece entre la actuación médica y el daño corporal.

ii. En la pérdida de oportunidad, la relación de causalidad se establece entre la falta de información sobre los riesgos del tratamiento o intervención médica y el resultado dañoso producido.

Por ello, de aplicarse la doctrina de la pérdida de oportunidad, el cálculo de la indemnización tendría que llevarse a cabo con base en una regla de responsabilidad proporcionalidad basada en las probabilidades de que

---

86 MARTÍN CASALS, Miquel y SOLÉ FELIU (2002): «Comentario a la STS de 7 de junio de 2002, *Cuadernos Civiltas de Jurisprudencia Civil,* núm. 69. RIBOT IGUALADA, Jordi (2007): «La responsabilidad civil por falta de consentimiento informado», *Revista de Derecho Privado,* núm. 6, pág. 40.

87 RAMOS GONZÁLEZ, Sonia (2017): «Daño moral por falta de consentimiento informado, op. cit. pág. 404.

88 *Idem.*

el paciente hubiera rechazado el tratamiento de haber conocido el riesgo o riesgos que finalmente se materializaron.

A pesar de ello, tanto la Sala de lo Civil, como la de lo Contencioso-Administrativo, del TS consideran que «el daño indemnizable en casos de infracción del deber de información es uno independiente del daño físico, que en algunas ocasiones las sentencias califican de daño moral y en otras de pérdida de oportunidad, pero entendida como privación de la capacidad de decisión sobre si suspender o rechazar el tratamiento, buscar alternativas al mismo u obtener una segunda opinión médica —pérdida, por tanto, distinta a la doctrina de la pérdida de oportunidad en sentido propio»[89].

Es más, para el TS, tanto en uno como en otro caso, «la valoración de dicha indemnización ha de efectuarse de forma autónoma y separada del resultado» de la asistencia sanitaria[90]. Por ello, como afirma la STS de 24 de julio de 2012, «en modo alguno *resultará* procedente la (...) integración de (...) [los riesgos inherentes a una intervención médica, no informados y convertidos en lesiones,] (...) como [si las mismas fueran] consecuencia de la intervención quirúrgica y la cuantificación económica de la indemnización» como si fuera un daño corporal[91]. Este mismo criterio es el mantenido en el seno de los Tribunales Superiores de Justicia (*v.gr.* SSTSJ de Madrid y la Comunitat Valenciana 24 de julio de 2012 y 4 de noviembre de 2011) y la Audiencia Nacional (*vid.* SAN de 29 de diciembre de 2002)[92].

---

89 *Ibidem* pág. 406.

90 CJ 4 DCJCVal 1217/2010, de 29 de diciembre. La indemnización reconocida en este dictamen —en un caso de «consentimiento desinformado» con resultado de lesión del nervio— por la omisión del deber de información, fue una cantidad alzada de 10.000 euros, en concepto de daño moral sobre la salud del interesado. Esta, además fue independiente de lesión espinal ha que —según se desprendía de los informes incorporados al expediente— fue «una complicación derivada de la propia localización del linfagioma cervical» (CJ 4).

91 FJ 6 STS de 24 de julio de 2012 (núm. rec. 2040/2011 y [*Tol 2600355*]).

92 Los TSJ también han catalogado el consentimiento informado como un daño moral autónomo, resarcible de manera independiente del daño corporal. En este sentido, la STSJ de Madrid 578/2012, de 24 de julio (núm. rec. 585/2010 y [*Tol 2620228*]), mantuvo que la responsabilidad de la Administración, en los supuestos de omisión de consentimiento informado, no podía extenderse al reconocimiento de una indemnización económica de idéntica cuantía que la que se hubiera reconocido en el caso de haberse apreciado *mala praxis* en el acto médico. A juicio de la Sala de lo Contencioso-Administrativo, en el primero de estos daños, «el contenido de la indemnización se extiende tan sólo a los daños morales, pues resulta

Ahora bien, la «reparación dada la subjetividad que acompaña siempre a ese daño moral es de difícil valoración por el Tribunal, que debe ponderar la cuantía a fijar de un modo estimativo»[93]. Así, en lo que se refiere a la valoración como daño moral de la infracción del consentimiento informado:

i. Como afirma la STS de 23 de marzo de 2011, citando la STS de 6 de julio de 2010, «ha de tenerse en cuenta que (…) por su carácter afectivo y de pretium doloris, carece de módulos objetivos, lo que

---

contrario al principio de causalidad, que preside el instituto de la responsabilidad patrimonial de la Administración, la indemnización de unos daños que no se han producido por aquella causa» (FJ 6). En idéntico sentido resolvió STSJ de la Comunitat Valenciana 941/2011, de 4 de noviembre (núm. rec. 1913/2008 y [*Tol 2368160*]). Sentenció que «en los casos de falta de información y consentimiento (…), el contenido de la indemnización tiene un contenido resarcitorio distinto [al de la infracción de la *lex artis* en la actuación medica], pues en (…) [este] la misma abarca a los daños físicos y lesiones físicos derivados de la intervención médica en directa relación de causalidad con aquélla, mientras que (…) [en] la falta de tal consentimiento informado, el contenido de la indemnización se extiende tan sólo a los daños morales» (FJ 3). Por su parte, la SAN de 19 de diciembre de 2002 (núm. rec. 55/2002 y [*Tol 5262963*]), apreció la existencia de un daño moral en atención a la circunstancia de que «al omitirse el consentimiento informado se privó a la afectada de la posibilidad de ponderar la conveniencia de sustraerse a la operación evitando sus riesgos y de asegurarse y reafirmarse en la necesidad de la intervención quirúrgica», en definitiva, de su facultad de autodeterminación ligada al libre desarrollo de la personalidad (FJ 3).

93 FJ 5 STS de 24 de julio de 2012 (núm. rec. 2040/2011 y [*Tol 2600355*]). Previamente el TS ya había sentenciado que «en determinadas circunstancias la (…) infracción produce a quien lo padece un daño moral reparable económicamente ante la privación de su capacidad para decidir [y que] esa reparación dada la subjetividad que acompaña siempre a ese daño moral es de difícil valoración por el Tribunal, que debe ponderar la cuantía a fijar de un modo estimativo, atendiendo a las circunstancias concurrentes» (FJ 6 STS de 29 de junio de 2010, núm. rec. 4637/2008 y [*Tol 1898819*]). Más recientemente, la STS 140/2021, de 4 de febrero (núm. rec. 3935/2019 y [*Tol 8331659*]), ha reiterado que, en orden «a la determinación de la indemnización (…) tal infracción de la lex artis tiene autonomía propia [respecto de la quiebra de la *lex artis* en la realización del acto médico], en cuanto incide sobre el derecho del paciente a decidir, libremente y con la información adecuada, sobre su sometimiento a la actuación sanitaria, privándole de la oportunidad de optar por el sometimiento o no a la intervención y, en su caso, aquella modalidad que entienda asumible» (FJ 4). En igual sentido han fallado las SSTS de 4 de marzo de 2010 (núm. rec. 3833/2009 y [*Tol 3330572*]), 5 de junio de 2011 (núm. rec. 2556/2007 y [*Tol 2158251*]) y 27 de diciembre de 2011 (núm. rec. 2154/2010 y 2.451.020).

conduce a valorarlo en una cifra razonable, que como señala la jurisprudencia, siempre tendrá un cierto componente subjetivo»[94].

ii. En esta misma línea, el Consejo Consultivo de Murcia (CCMur), en su dictamen de 20 de mayo de 2019, recordó que la cuantificación del daño moral se encuentra siempre impregnada del «inevitable subjetivismo que conlleva la fijación del llamado pretium doloris»[95].

En definitiva, la valoración del daño que supone la lesión del derecho a decidir tendrá que cuantificarse en un ejercicio estimativo, en atención a determinados factores, entre ellos: la edad de la paciente al tiempo de los hechos, la existencia o no de una incapacidad permanente total o parcial (para su profesión u oficio), la eventual posibilidad de mejoría, entre otras[96]. Dicho con otras palabras, en atención a la dificultad de cuantificar el daño por «consentimiento desinformado», este se valora en un tanto alzado según el prudente arbitrio de la Administración sanitaria o de los

---

94 FJ 6 STS de 23 de marzo de 2011 (núm. rec. 2302/2009 y [*Tol 2071722*]).

95 CJ 4 DCCMur 207/2019, de 20 de mayo, en adelante CCMur. En esta misma consideración jurídica, se añadió a la subjetividad del *pretium doloris* que, «su carácter afectivo (...) [y la ausencia de] módulos objetivos, (...) aboca al operador jurídico a la fijación de una cuantía o cifra razonable que, en términos de equidad, y en atención a las circunstancias concurrentes, permitan entender resarcido el daño moral causado al paciente». También se especificó que, «dichas circunstancias, utilizadas por la jurisprudencia como parámetros de valoración del daño moral consistente en la privación al paciente de su derecho de autodeterminación, son variadas y atienden al "propio estado y evolución de los padecimientos" (STS, 3ª, de 1 de febrero de 2008); a la edad del paciente, la necesidad de la intervención practicada y la corrección de la actuación médica en sentido material (SSTS, 3ª, de 4 de diciembre de 2012 y núm. 664/2018, de 24 de abril); la trascendencia y gravedad de la intervención, que se traduce en la importancia de las secuelas (STS, 3ª, de 4 de abril de 2000); la frecuencia con que pueden aparecer complicaciones o secuelas derivadas de la intervención (STS, 3ª, de 25 de mayo de 2011)» (CJ 4 DCCMur 2017/2019, de 20 de mayo).

96 En la STS de 9 de octubre de 2012 (núm. rec. 5450/2011 y [*Tol 2668365*]), se dijo respecto de la valoración del daño moral, que «en supuestos de inexistencia o insuficiencia de consentimiento informado, hemos fijado indemnizaciones que fluctúan entre los 30.000 y los 60.000 euros, y confirmado indemnizaciones mayores otorgadas por las Salas de instancia en función de las circunstancias del caso concreto (...). En todo [para el TS] caso las cuantías obedecen a la casuística, en función de las consecuencias lesivas». En el supuesto analizado se fijó una indemnización de 300.000 euros porque «el paciente quedó paraparético a partir de la primera intervención, donde se hizo monitorización intraoperatoria, y se realizó la segunda intervención con este déficit, empeorando la lesión medular con la infección» (FJ 4).

juzgados y tribunales, ya se funde este en un daño moral o en la pérdida de oportunidad.

F. Exigencia de un daño

Según la jurisprudencia y doctrina legal mayoritaria, aun cuando la falta de consentimiento informado constituye una mala praxis, su infracción, *per se* no dar lugar a responsabilidad patrimonial si del acto médico no se deriva daño alguno para el paciente.

a) Jurisprudencia

Para la jurisprudencia mayoritaria, «la falta o el deficiente consentimiento solo alcanzará consecuencias indemnizatorias cuando el paciente sufra algunos de los efectos adversos de los que no fue informado»[97].

No obstante, alguna resolución judicial —y cierto sector doctrinal— han entendido que la omisión del consentimiento informado constituye un daño autónomo indemnizable con independencia de que haya acecido el riesgo del que no se informó al paciente. En este sentido:

i. La STS de 4 de abril de 2000 falló que la «situación de inconsciencia provocada por la falta de información imputable a la Administración sanitaria del riesgo existente [era indemnizable] con absoluta independencia (…) [d]el resultado de la operación [,] que no *era* imputable causalmente a dicha falta de información [,] o de que esta hubiera tenido buen éxito»[98].

ii. Para SARDINERO, «la falta de consentimiento informado supone, *per se*, un daño moral que debe ser indemnizado al margen de que se produzcan, además, daños en la integridad física del paciente».

---

97 FJ 6 STSJ de la Comunitat Valenciana 89/2018, de 21 de febrero (núm. rec. 336/2015 y [*Tol 6623410*]). En la STSJ de Madrid 175/2024 de 22 febrero (núm. rec.1136/2021 y [*Tol 9957703*]), con cita de la STS de 2 de enero de 2012, que «dado que la jurisprudencia entiende que la falta de consentimiento no da lugar automáticamente a responsabilidad patrimonial, porque para que así sea, resulta necesario la producción de un resultado dañoso. El incumplimiento de los deberes de información deviene irrelevante y no da, por tanto, derecho a indemnización cuando, como aquí ocurre, el resultado dañoso o perjudicial no tiene su causa en el acto médico o asistencia sanitaria» (FJ 6).

98 FJ 5 STS de 4 de abril de 2000 (núm. rec. 8065/1995 y [*Tol 1716583*]).

En su opinión «tal infracción supone la privación del derecho a ejercer la autonomía de la voluntad que se traduce, a su vez, en la pérdida de oportunidad de haber optado por otra decisión, ya sea no ser sometido al tratamiento, aceptar otro diferente e, incluso, pedir otra opinión, sin olvidar que supone un atentado contra su dignidad»[99]

Sobre este particular es necesario saber que la citada STS de 4 de abril de 2000, que consideró que la falta de información suponía «un daño moral grave, distinto y ajeno al daño corporal derivado de la intervención», y por lo tanto indemnizable con independencia de que el riesgo llegase a materializarse, no ha formado jurisprudencia[100]. Posteriores fallos —primero la STS de 26 de marzo de 2002, y después, entre otras, las SSTS de 26 de febrero de 2004, 20 de abril de 2005, 23 de febrero de 2007, y de 1 de febrero de 2008[101]— rechazaron esta tesis. En las mismas late la idea de que «el

---

99 SARDINERO GARCIA, Carlos (2016): *Responsabilidad administrativa, civil y penal, por falta de información en el ámbito clínico, criterios indemnizatorios*, Tirant lo Blanch, Valencia, pág. X.

100 FJ 5 STS de 4 de abril de 2000, de la Sala de lo Contencioso-Administrativo (núm. rec. 8065/1995 y [*Tol 56840*]). La Sala de lo Civil, ha asumido la tesis de la STS de 4 de abril de 2000, en alguna sentencia esporádica como la STS 828/2003, de 8 de septiembre (núm. rec. 3583/1999 y [*Tol 307998*]). En el mismo sentido, la STS 13 de mayo de 2011, de la Sala de lo Civil (núm. rec. 11205/2010 y [*Tol 2182477*]), sostuvo que «la falta de información configura en este caso un daño moral grave, al margen de la corrección con que se llevó a cabo la intervención, puesto que ningún daño moral se produjo, según lo hechos probados en la sentencia» (FJ 2).

101 SSTS de 26 de marzo de 2002 (núm. rec. 890/2011 y [*Tol 1717963*]), 26 de febrero de 2004 (núm. rec. 8656/1999 y [*Tol 356900*]), de 20 de abril de 2005 (núm. rec. 3831/2001 y [*Tol 646723*]), STS de 23 de febrero de 2007 (núm. rec. 3551/2002 y [*Tol 1402443*]), y 1 de febrero de 2008 (núm. rec. 2033/2003 y [*Tol 1281687*]). En la STS de 26 de marzo de 2002, el TS, al resolver un recurso de casación para unificación de doctrina, afirmó que para que exista responsabilidad, era imprescindible que del acto médico se derivase un daño antijurídico porque si no se produce éste la falta de consentimiento informado no genera responsabilidad. Todo ello, para el TS era «independientemente de que se haya informado correctamente o no a la paciente, si no se ha acreditado la existencia de una lesión ni la relación de causalidad, no puede hacerse recaer en la falta de consentimiento el hipotético daño producido» (FJ 1). En igual sentido, se pronunció la STS de 26 de febrero de 2004. De acuerdo con la misma, «el defecto del consentimiento informado se considera un incumplimiento de la "lex artis" y de funcionamiento anormal del servicio sanitario siempre que se haya ocasionado un resultado lesivo como consecuencia de las actuaciones médicas realizadas sin tal consentimiento informado» (FJ 4). Adicionalmente, en la STS de 20 de abril de 2005 (núm. rec. 3831/2001 y

defecto del consentimiento informado se considera como incumplimiento de la lex artis, y revela una manifestación del funcionamiento anormal del servicio sanitario, pero obviamente se requiere que se haya ocasionado un resultado lesivo como consecuencia de las actuaciones médicas realizadas sin tal consentimiento informado»[102].

En cualquier caso, a día de hoy la polémica esta zanjada ya que, como recuerda la STS de 30 de septiembre de 2020, «la jurisprudencia ha evolucionado, desde una postura que reputaba el defecto o la omisión del consentimiento informado como constitutivo, en sí mismo, de un daño moral grave, distinto y ajeno al daño corporal derivado de la intervención y por tanto indemnizable independientemente y en todo caso, hacia otra postura que considera que la "regla o principio que la mera falta o ausencia de aquél no es indemnizable si no concurre el elemento de la relación causal entre el acto médico y el daño constatado"»[103].

Por otro lado, es importante destacar que la «exigencia de consentimiento informado se extiende también (...) a los tratamientos alternativos que puedan darse al margen de la intervención que se practique»[104]. Por

---

[*Tol 646723*]), el Alto Tribunal reiteró que «la inexistencia de tal consentimiento, que la Ley exige que ha de realizarse con constancia escrita, constituye ya de por sí una mala praxis ad hoc, como tenemos declarado en reiterada doctrina de esta Sala de la que es ejemplo la Sentencia de 26 de febrero de 2004 aun cuando tal mala praxis no puede por sí misma dar lugar a la responsabilidad patrimonial si del acto médico no se deriva daño alguno para el recurrente» (FJ 2). Este criterio fue reiterado por la FJ STS de 1 de febrero de 2008 (núm. rec. 2033/2003 y [*Tol 1281687*]), la cual añadió que «obviamente se requiere que se haya ocasionado un resultado lesivo como consecuencia de las actuaciones médicas realizadas sin tal consentimiento informado» (FJ 4). También en la STS de 23 de febrero de 2007 se declaró que «aun cuando la falta de consentimiento informado constituye una mala praxis ad hoc, no es lo menos que tal mala praxis no puede per se dar lugar a responsabilidad patrimonial si del acto médico no se deriva daño alguno para el recurrente (...) [Por este motivo,] para que exista responsabilidad es imprescindible que el acto médico se deriva un daño antijurídico porque si no se produce éste la falta de consentimiento informado no genera responsabilidad» (FJ 3). También los TSJ exigen la producción de un daño para que la omisión del consentimiento sea indemnizable. Así, la STSJ del Principado de Asturias 29/2020, de 27 de enero (núm. rec. 673/2018 y [*Tol 7884069*]) recuerda que «la jurisprudencia ha precisado que el deficiente consentimiento informado no genera daño autónomo indemnizable» (FJ 4).

102 FJ 2 STS 288/2018, de 8 de mayo (núm. rec. 214/2017 y [*Tol 6793896*]).

103 FJ 7 STS 1226/2020, de 30 de septiembre (núm. rec. 2432/2019 y [*Tol 8112083*]).

104 FJ 4 STS de 1 de febrero de 2008 (núm. rec. 2033/2003 y [*Tol 1281687*]).

ello, cuando no se ha informado de las alternativas terapéuticas, la indemnización, cuando proceda, «debe resarcir la imposibilidad que se derivó para la paciente de poder optar ante distintos tratamientos alternativos para hacer frente a la afectación que padecía, eligiendo libre y voluntariamente aquel que ella, una vez conocedora de los riesgos y expectativas de resultados de todos ellos, hubiera considerado el más conveniente»[105]. Se exige un daño «cuya indemnización no depende de que el acto médico en sí mismo se acomodara o dejara de acomodarse a la praxis médica, sino de la relación causal existente entre ese acto y el resultado dañoso o perjudicial que aqueja al paciente. O, dicho en otras palabras, que el incumplimiento de aquellos deberes de información solo deviene irrelevante y no da por tanto derecho a indemnización cuando ese resultado dañoso o perjudicial no tiene su causa en el acto médico o asistencia sanitaria»[106].

b) Doctrina legal

De igual modo, los distintos órganos consultivos autonómicos vienen considerando que la falta de consentimiento informado como un elemento necesario, pero no suficiente para que el daño producido sea indemnizable. De esta manera puede afirmarse que los mismos, de modo unánime, sostienen lo siguiente:

i. «Ninguna consecuencia, a efectos indemnizatorios, proceder derivar de la omisión del consentimiento informado, más allá del mero incumplimiento formal por parte de los facultativos médicos, al no haber derivado daño alguno de dicha omisión»[107].

---

105 FJ 7 STS de 1 de febrero de 2008 (núm. rec. 2033/2003 y [*Tol 1281687*]).

106 FJ 4 STS de 2 de octubre de 2012 (núm. rec. 3925/2011 y [*Tol 2662449*]). En el mismo sentido —existencia de daño— se ha pronunciado la STS de 20 de noviembre de 2012 (núm. rec. 4598/2011 y [*Tol 2689553*]).

107 CJ 3 DCJCVal 469/2009, de 30 de junio. En el dictamen 365/2015, de 23 de septiembre, el Consejo Consultivo de Castilla y León, en adelante CCCyL, partió de la premisa, de que, «para que exista responsabilidad, es imprescindible que el acto médico se derive un daño antijurídico porque, si no se produce este, la falta de consentimiento informado no genera responsabilidad» (CJ 4). Más recientemente el DCCCyL 91/2022 ha desestimado una reclamación por omisión del consentimiento informado pues quedó «acreditado que la paciente sufrió una complicación o riesgo típico de la modalidad de cirugía a la que voluntariamente se sometió, de la que fue debidamente informada y correctamente diagnosticada y tratada» (CJ 5). En el mismo sentido, se han pronunciado, entre otros, los DDCCCyL 401/2021, de 21 de octubre, 421/2021, de 22 de diciembre, 500/2021,

ii. En «la concurrencia del daño, es requisito imprescindible que la falta o la insuficiencia de la información afecte a los riesgos inherentes y típicos a la intervención, que son los únicos que deben advertirse por ser los únicos previsibles»[108].

iii. «No cabe plantear si se da o no una "relación de causalidad" (en sentido técnico de causalidad material) entre una desinformación y el resultado dañoso producido, sino si la información recibida fue la debida para prestar el consentimiento o conformidad a la intervención»[109].

iv. El daño «se produce con absoluta independencia de la existencia o no de mala praxis en el acto médico concretamente (...), puesto que basta la existencia del daño derivado del mismo cuando falta el consentimiento informado»[110].

Por lo tanto, la doctrina legal exige acreditar una mala praxis, la existencia de un daño y que el daño sea consecuencia del incumplimiento del deber de información, en todas las eventuales acepciones deficitarias: desde la carencia o insuficiencia hasta el exceso innecesario e incomprensible para el paciente[111]. Así, entre otras reclamaciones sanitarias, se ha aplicado esta doctrina a supuestos como la falta de información de la vacuna antitetánica o a los mecanismos anticonceptivos[112].

---

de 29 de diciembre, 504/2021, de 13 de enero de 2022, 550/2021, de 26 de enero de 2022, 89/2022, de 17 de marzo, y 93/2022, de 24 de marzo.

108 CJ IV del dictamen del Consejo Consultivo de Andalucía 303/2022, de 25 de abril, en adelante CCAnd.

109 CJ IV DCCAnd 746/2018, de 18 de octubre.

110 CJ 6 del dictamen del Consejo Consultivo del Principado de Asturias 96/2018, de 17 de mayo, en lo sucesivo CCAst. A la misma conclusión —infracción de la *lex artis* con independencia de la actuación médica— ha llegado CCAnd en sus dictámenes 746/2018, de 18 de octubre y 428/2021, de 1 de junio.

111 *Vid.* Memoria y Análisis de Doctrina 2015 de la CJACat. Y entre otros muchos, sus dictámenes 12/2014, de 9 de enero, 114/2014, de 27 de marzo, 20/2015, de 15 de enero 61/2015, de 26 de febrero, 305/2015, de 23 de septiembre, 12/2016, de 7 de enero, y 173/2016, de 30 de junio.

112 El Consejo Consultivo de les Illes Balears en su dictamen 5/1996, de 21 de febrero, resolvió una reclamación de un particular por los daños sufridos por una mala praxis médica donde esencialmente alegaba un defecto de información sobre la necesidad de vacunación antitetánica de su herida, que acabó infectándose. El órgano consultivo, aunque reconoce que el facultativo no actuó con la diligencia exigible, desestimó la reclamación por considerar que no concurría un nexo causal entre la actuación de la Administración sanitaria y los daños reclamados,

A mayor abundamiento, numerosos pronunciamientos han concluido que corresponde a los pacientes soportar un daño porque en el consentimiento informado se había advertido de concretos riesgos que posteriormente se actualizaron.

En definitiva, siguiendo a la STSJ de Madrid de 24 de julio de 2012, pueden establecerse hasta aquí «las siguientes conclusiones:

i. El consentimiento informado surge en defensa de la autonomía de la voluntad del paciente que tiene derecho a decidir, con el asesoramiento técnico adecuado, su sometimiento a un acto médico (...).

ii. No de todo incumplimiento del consentimiento informado se deriva responsabilidad pues se requiere que se haya ocasionado un resultado lesivo. En el supuesto de intervención enteramente satisfactoria para el paciente e inexistencia de daño físico, difícilmente puede entenderse que se origine una reclamación (...). Supuesto distinto (...) es aquel en el que no obstante ajustarse la intervención de manera absoluta a la "lex artis", el paciente sufre una secuela previsible; en estos casos la jurisprudencia considera el consentimiento informado como bien moral susceptible de resarcimiento (...), salvo en aquellos supuestos (...) en las que se origina un resultado dañoso por un riesgo atípico, imprevisible o fuerza mayor, supuesto en el que la jurisprudencia entiende que se rompe el nexo causal (...)».

iii. A falta del documento relativo a su prestación, incumbe a la Administración por inversión en la carga de la prueba la acreditación sobre el cumplimiento de las formalidades que exige el consentimiento informado, que comprenden, entre otros aspectos, no sólo los riesgos inherentes a la intervención sino también los posibles tratamientos alternativos (...).

iv. Supuesto que la producción del daño colateral, inherente al riesgo normal de la intervención, no pueda imputarse al mal arte del facultativo, respecto de las consecuencias jurídicas de tal carencia

---

ya que la única causa de la mala evolución de su herida fueron los gérmenes contaminantes de gran virulencia. El DCJACat 210/2020, de 3 de septiembre, por su parte, en un caso de colocación y retirada del dispositivo Essure, expresó «que la alegación relativa a la falta de consentimiento informado sobre la aplicación del producto sanitario Essure no puede prosperar (...), porque no *había* quedado acreditado que la paciente *hubiera* sufrido daños como consecuencia de este tratamiento médico» (CJ XI).

en el consentimiento informado, lo que debe valorarse en cuanto proceder antijurídico es la privación del derecho del paciente a obtener la información esclarecedora, debiendo ponderarse sólo el monto de una indemnización que responda a la privación de aquel derecho y de las posibilidades que, en otro caso, se tenía»[113].

Al margen de los criterios que acabamos de exponer, hay que tener en cuenta —como se expuso el primer apartado de este epígrafe al referirnos al alcance del consentimiento informado— que, como excepción, en el ámbito de la medicina satisfactiva, el facultativo responde también de la actualización de riesgos atípicos e imprevisibles o producidos por fuerza mayor. En este tipo de reclamaciones, únicamente se exceptúan del deber de información los riesgos no conocidos según el estado de la ciencia médica en el momento de llevar a cabo la actuación médica.

En otro orden de cosas, en el caso de que no exista un daño, ello no significa que el personal sanitario no asuma ninguna otra responsabilidad, puesto que la falta de información podría originar una responsabilidad deontológica[114].

Por último, debe tenerse en cuenta que, cuando el profesional sanitario no está comprometido en la ejecución de un acto médico que, aunque lí-

---

113 FJ 6 STSJ de Madrid 578/2012, de 24 de julio (núm. rec. 585/2010 y [*Tol 2620228*]). En relación con la adecuación del deber de informar en el marco de unos parámetros de racionalidad el DCCCyL 420/2015, de 22 de octubre, después de reiterar que la carga de la prueba corresponde al equipo médico, determinó la necesidad de remitirse al caso concreto para concretar el alcance del deber de informar. Así, concluyó, reproduciendo la sentencia de la Audiencia Nacional de 7 de mayo de 2002, en adelante SAN, que era necesario «que se pormenorice siempre atendiendo a las peculiaridades del caso de que se trate», y sin que pudiera descargarse todo el peso de una actuación jurídica sobre los servicios sanitarios. Para el CCCyL «es el paciente, o en su caso el familiar o allegado que lo asiste y sustituye, quien puede y debe solicitar, si lo considera necesario que se le dé una información más elocuente, y que, siempre con la inexcusable concisión y claridad que sea compatible con la necesaria precisión técnica, se haga constar esa información detallada y por escrito» (CJ 5).

114 El art. 12.1 del Código de Deontología Médica de la Organización Médica Colegial de España establece, en relación con la responsabilidad deontológica, que el «médico respetará el derecho del paciente a decidir libremente, después de recibir la información adecuada, sobre las opciones clínicas disponibles. [A ello añade que,] es un deber del médico respetar el derecho del paciente a estar informado en todas y cada una de las fases del proceso asistencial. [Complementariamente dispone que,] como regla general, la información será la suficiente y necesaria para que el paciente pueda tomar decisiones».

cito, es contrario a su código ético, no estaría eximido de su obligación de informar al paciente o usuario del sistema sanitario. Un ejemplo lo encontramos en la STSJ de Madrid de 6 de julio de 2012, dictada en un supuesto de interrupción voluntaria del embarazo[115]. Ello sería así porque la Constitución «no admite el ejercicio de la objeción de conciencia por parte de los médicos de atención primaria a su deber de informar a la mujer sobre los derechos que el Estado le otorga en materia de interrupción voluntaria del embarazo»[116].

En conclusión, para que surja la obligación de indemnizar es necesario que, además de «consentimiento desinformado», se produzca un daño corporal —la concurrencia del desvalor del resultado— aunque este sea inherente a la intervención médica.

G. Debate sobre el alcance de la indemnización: ¿solo daño moral?

Pese a que, como se ha indicado anteriormente, con carácter general, tanto los órganos judiciales como los consultivos han acudido a la categoría del daño moral para calificar la infracción del consentimiento informado, es necesario abordar la cuestión relativa al alcance de su indemnización.

En otras palabras, hay que determinar el *quantum* indemnizatorio de aquellas actuaciones médicas, ajustadas a la *lex artis*, pero con resultado de muerte o que han producido un daño corporal, en las se omitió el consentimiento del paciente, o este fue insuficiente. En estos casos surge la duda acerca de la extensión de la indemnización. En concreto, si ha de indemnizarse solo la lesión del derecho a la autodeterminación del paciente o también los daños corporales, incluido el fallecimiento.

En relación con las anteriores cuestiones, y, en particular, respecto al alcance de la indemnización, puede optarse por dos posibilidades: «o bien indemnizar el daño corporal causado (...); o bien indemnizar, únicamen-

---

115 En esta ocasión el TSJ de Madrid mantuvo que el Colegio de Médicos de Toledo, en sus estatutos «*podía* predeterminar el alcance subjetivo que para cada médico supondrá en relación con sus creencias religiosas o ideológicas, por ejemplo, el hecho de tener que informar a una mujer que haya decidido abortar de los riesgos somáticos y psíquicos que razonablemente se puedan derivar de su decisión (FJ 4 STSJ de Madrid 812/2012, de 6 de julio (núm. rec. 1049/2011 y [*Tol 2645645*]).

116 BELTRÁN AGUIRRE, Juan Luis (2013), «La objeción de conciencia en el ámbito sanitario: últimas aportaciones judiciales», *Revista Aranzadi Doctrinal*, núm. 11, pág. 72.

te, el daño moral o daño derivado de la pérdida de oportunidad de elección, al desconocer si el paciente, de conocer el posible riesgo, hubiera prestado o no el consentimiento»[117].

A estos efectos, como señala el DCJCVal de 23 de marzo de 2016, deben diferenciarse varios escenarios:

i. Indemnizar en todo caso el daño corporal causado. Esta opción «podría resultar discutible en la medida que prescinde de que la técnica médica haya sido considerada correcta, es decir, ajustada a la *lex artis*».
ii. Indemnizar el daño corporal causado si la actuación médica no se ajustó a la *lex artis*. «En los casos en los que el acto médico se desarrolla incumpliendo el buen quehacer médico y, además, el deber de informar, es lógico abonar una indemnización en concepto de daño corporal y, en su caso, por el daño moral que proceda».
iii. Indemnizar solo el daño moral si la técnica médica se ajustó a la citada *lex artis*. Si únicamente «se omitió el consentimiento informado, no necesariamente lo indemnizable debe ser el daño corporal». Salvo que se acredite que el paciente, en caso de haber sido informado adecuadamente, no habría corrido el riesgo, la indemnización deberá limitarse al daño moral[118].
iv. Indemnizar el daño corporal causado con la producción del riesgo. Así ocurrirá, «en el supuesto de que constara acreditado que el paciente, de haber sido debidamente informado, hubiera rechazado la intervención quirúrgica o el tratamiento, tras una ponderación entre la necesidad de la intervención y los posibles riesgos»[119].

---

117 CJ 4 DCJCVal 124/2016, de 23 de marzo.

118 En la STSJ de Andalucía 41/2023, de 18 enero (núm. rec. 637/2021 y TOL9.475.366), se indemnizó con 2000 euros al paciente, en concepto de daño moral, sin actuación médica contraria a la lex artis, por la ausencia de consentimiento informado. La misma cantidad acuerda indemnizar la STSJ de Castilla y León 456/2022, de 7 de abril (núm. rec. 1418/2020 y [*Tol 8957444*]), en un supuesto análogo, consecuencia directa de la falta de información sobre los posibles riesgos y alternativas de tratamiento a las instilaciones intratimpánicas de corticoides.

119 *Idem*. La traslación de esta prueba —que no se hubiera operado de haber sido informado de los riesgos de los daños o de un tratamiento alternativo— a la reclamante supondría la exigencia de una *probatio diabólica* y es contraria a los principios que rigen la responsabilidad de la Administración sanitaria, y, por tanto, a

Partiendo de las premisas anteriores, la jurisprudencia opta, con carácter general, por estimar que los daños físicos o corporales derivados de la actuación médica en la que se ha omitido el consentimiento informado son irrelevantes. Las más de las veces, la lesión indemnizable se limita a una vulneración del derecho de autonomía del paciente a decidir si asume o no tales riegos, siempre que la actuación médica haya sido correcta. Fiel testigo de esta postura son las siguientes sentencias:

i. La STS de 8 de septiembre de 2003 rechazó indemnizar, en una operación de tiroides, «la producción del daño colateral, inherente al riesgo normal de la primera (...) [porque este] no *podía* imputarse a mal arte del cirujano»[120].

ii. La STS de 10 mayo 2006, en una intervención de extracción de osteocondroma peroné, teniendo en cuenta que la extirpación era necesaria, acudió a la doctrina de la «pérdida de oportunidad» o privación de expectativas. De esta manera limitó la indemnización por privación de la posibilidad de desistir de la actuación médica llevada a cabo, de elegir otra alternativa, si existiera, o incluso tomar la decisión de que practicara la intervención otro profesional[121].

iii. La STS de 24 de abril de 2018 concluyó que, en una intervención de colocación de material de osteosíntesis en la que se produjo una reducción del riego sanguíneo de la médula espinal (hipoperfusión medular), no procedía resarcir la lesión corporal. No se resarció «por el resultado del tratamiento (...) [porque] éste fue, conforme a la lex artis, sino (...) [únicamente] una indemnización sobre la base del daño moral»[122].

---

la propia Administración compete acreditar una circunstancia exculpatoria de su responsabilidad.

120 FJ 3 STS 828/2003, de 8 de septiembre, de la Sala de lo Civil (núm. rec. 3583/1999 y [*Tol 307998*]).

121 Para la STS 488/2006, de 10 de mayo, de la Sala de lo Civil (núm. rec. 3476/1999 y [*Tol 942250*]), no procedía indemnizar «la reparación íntegra del daño en función de las secuelas que le quedaron al paciente (...) [porque la *restitutio in integrum* solo era aplicable], para supuestos (...), amparados bien en que la intervención no era ineludible y necesaria, bien porque se privó al paciente de poder desistir de la misma, al no presentarse como urgencia quirúrgica, o bien por tratase de un supuesto de medicina voluntaria, que es donde con mayor rigor se exige el deber de información médica» (FJ 5).

122 FJ 5 STS 664/2018 (núm. rec. 33/2016 y [*Tol 6592188*])

iv. La STS de 30 de junio de 2009 señaló que «la indemnización no *tenía* que coincidir necesariamente con la que correspondería al daño o lesión causado por la intervención», a saber, lesión del nervio ciático derivada de una intervención para la implantación de una prótesis de cadera. A partir de aquí concluyó que debía «moderarse la suma indemnizatoria, por no deber equipararse la intensidad de la culpa derivada de una mala praxis en la intervención a la que comporta la omisión o insuficiencia de información sobre un riesgo típico»[123].

El examen de cuál hubiera sido la decisión del paciente —de haber sido informado del riesgo o de otra alternativa médica posible— puede llegar a condicionar el alcance de la indemnización (solo daño moral o también daños físicos).

i. Si se trata de supuestos en los que se considera que el paciente habría consentido igualmente el tratamiento o la actuación médica, procede excluir o moderar la responsabilidad patrimonial médica[124].
ii. Si no se pudiera acreditar, con cierta probabilidad, cuál hubiera sido la decisión del paciente, la indemnización dependerá de otras circunstancias. Entre ellas podría señalarse: la mayor o menor necesidad de la intervención o tratamiento médico; los riesgos de la intervención; la situación personal del paciente como la edad, sus antecedentes, las eventuales alternativas, la entidad del resultado o de las secuelas, entre otros posibles factores[125].

---

123 FJ 4 STS 478/2009, de 30 de junio, de la Sala de lo Civil (núm. rec. 137/2002 y [*Tol 1567579*]).

124 Tal y como ha señalado la Memoria de 2016 de la CJACat, a efectos de apreciar responsabilidad sanitaria, el consentimiento informado no se considera insuficiente, si el paciente carece de información relativa a riesgos remotos. Para la CJACat debe rechazarse resarcir la omisión de aquella información que pudiera considerarse alarmista, ya que no habría contribuido en modo alguno a que el paciente tomara su decisión, y ello por cuanto no incidiría en su autodeterminación de decidir una u otra opción médica.

125 En este sentido el DCJACat 93/2013, de 28 de febrero, en relación con una prueba colangiopancreatografia retrograda endoscópica, exigió, para poder indemnizar que resultase acreditado, al menos con cierta probabilidad, que la paciente nunca se hubiera sometido a la intervención de haber conocido los riesgos o las complicaciones de la concreta actuación médica. En otras palabras, se exigía que «la paciente, con la información necesaria, hubiera renunciado a la operación

En cualquier caso, no faltan resoluciones judiciales que han considerado que la mera omisión del consentimiento informado traslada de forma automática a la Administración sanitaria los riesgos derivados de la intervención médica que, de haber existido el consentimiento informado, habría asumido el paciente; por ello, se opta por indemnizar íntegramente el daño corporal sufrido por el paciente o el daño derivado, en su caso, de su fallecimiento. Así se han pronunciado, entre otras, las SSTS de 4 de abril de 2000, y 26 de mayo de 2015[126].

En definitiva, apreciada la omisión del consentimiento informado, las posibilidades que se debaten son:

i. Indemnizar por la totalidad del daño físico causado, si el paciente (con arreglo a factores de probabilidad), de haber conocido los riesgos o las complicaciones, no se hubiera sometido a la prueba, al tratamiento o a la intervención[127].
ii. Indemnizar por daño moral, si se produjo el riesgo del que no fue informado, por vulneración del derecho de autodeterminación. Se indemniza únicamente por el daño moral, y no por el daño corporal, si no consta que de haber recibido la información no se hubiera sometido a la intervención[128].
iii. En algunas ocasiones se vincula la omisión con la pérdida de oportunidad, si se impidió al paciente, al omitirse la información debi-

---

[en el caso presente, debe entenderse tratamiento], se puede predicar responsabilidad por parte de la Administración» (CJ V).

126 *Cfr.* SSTS de 4 de abril de 2000 (núm. rec. 8065/1995 y [*Tol 1716583*]) y 26 de mayo de 2015 (núm. rec. 2548/13 y [*Tol 5010344*]). Para la STS de 4 de abril de 2000, la «situación de inconsciencia provocada por la falta de información (...) supone por sí misma un daño moral grave, distinto y ajeno al daño corporal derivado de la intervención» (FJ 5). La STS de 26 de mayo de 2015 entendió que «sobre la falta o ausencia del consentimiento informado, este Tribunal ha tenido ocasión de recordar con reiteración [, entre otras en las SSTS de 2 de octubre de 2012 y 20 de noviembre de 2012] que "tal vulneración del derecho a un consentimiento informado constituye en sí misma o por sí sola una infracción de la lex artis ad hoc, que lesiona su derecho de autodeterminación al impedirle elegir con conocimiento, y de acuerdo con sus propios intereses y preferencias, entre las diversas opciones vitales que se le presenta"» (FJ 4).

127 FJ 3 STSJ de Castilla-La Mancha 394/2015, de 9 de diciembre (núm. rec. 193/2014 y [*Tol 5628743*]).

128 FJ 1 STSJ de Castilla-La Mancha 361/2016, de 25 de julio (núm. rec. 265/2015 y [*Tol 5841329*]).

da, ponderar otras alternativas, o, incluso, un cambio de hospital o de facultativos, atendiendo, entre otros factores: a las circunstancias concretas del caso, la gravedad de la intervención, la viabilidad real de las alternativas no informadas, indemnizándose dicha pérdida de oportunidad como daño moral[129].

iv. Por último, se dan supuestos en los que la omisión de información al paciente puede ser la causa directa del daño; piénsese, por ejemplo, el caso en el que al paciente sometido a una determinada medicación —por ejemplo, anticoagulantes— no se le informa que debe suspender la expresada mediación días antes de una intervención quirúrgica. Cualquier daño derivado de la omisión de la citada información será indemnizable como tal al paciente, con fundamento en la actuación contraria a lo que exigía el buen quehacer médico.

v. En sede de *wrongful birth actions,* la jurisprudencia suele sumar, a la indemnización por daño moral, otra por los gastos o desembolsos extraordinarios o especiales asociados al nacimiento. En este punto nos remitimos a lo escrito por GARRIDO en el cap. 19 (págs. 1365 a 1366).

H. Excepciones al consentimiento informado

Los supuestos respecto de los cuales el legislador excluye la necesidad de recabar el consentimiento informado del paciente se encuentran recogidos en el art. 9.2 LAP.

> **Art. 9.2 LAP.** Límites del consentimiento informado
> *«Los facultativos podrán llevar a cabo las intervenciones clínicas indispensables en favor de la salud del paciente, sin necesidad de contar con su consentimiento, en los siguientes casos:*

129 La STSJ de Cataluña 2483/2023 de 29 junio (núm. rec. 1783/2020 y [*Tol 9696589*]), tras la cita de la oportuna jurisprudencia, estimó el recurso del demandante por déficit de consentimiento informado, ante la imposibilidad de optar por otras alternativas, acordado un indemnización por daño moral de 16.000 euros. En esta ocasión la Sala argumentó que «con el actor se incurrió (...) en un déficit en el consentimiento informado, que le impidió (...) decidir, con todos los elementos de conocimiento, que no le fueron facilitados, si le convenía o no someterse a la intervención de cataratas (...), que con los datos en presencia requería de la implantación de una lente intraocular, que las demandadas no contemplaban en sus protocolos» (FJ 6.1).

a) Cuando existe riesgo para la salud pública a causa de razones sanitarias establecidas por la Ley. En todo caso, una vez adoptadas las medidas pertinentes, de conformidad con lo establecido en la Ley Orgánica 3/1986, se comunicarán a la autoridad judicial en el plazo máximo de 24 horas siempre que dispongan el internamiento obligatorio de personas.

b) Cuando existe riesgo inmediato grave para la integridad física o psíquica del enfermo y no es posible conseguir su autorización, consultando, cuando las circunstancias lo permitan, a sus familiares o a las personas vinculadas de hecho a él».

Por lo tanto, el art. 9.2 LAP recoge dos excepciones:

i. *Riesgo para la salud pública.* En estos casos, «la regla de la proporcionalidad de los sacrificios es la que debe ponderar su restricción tanto en su intensidad como en el tiempo de aplicación»[130].

ii. *Estado de necesidad terapéutica.* En estos supuestos debe prevalecer la actuación sanitaria con la finalidad de garantizar la salud del paciente frente al derecho de este a ser informado porque la demora en la práctica de actuación médica puede perjudicar o producir lesiones mayores o irreversible al paciente.

Dos son los presupuestos básicos que el art. 9.2 b) LAP exige: por un lado, que el riesgo vital sea inmediato y grave; por otro, que no sea posible obtener del paciente su autorización, entendiendo como imposibilidad la derivada del estado clínico del paciente (por ejemplo, por encontrarse inconsciente). En estos casos, debe consultarse, cuando las circunstancias lo permitan, a sus familiares o a las personas vinculadas de hecho a él, si bien atendiendo siempre al interés del paciente.

Los supuestos de las letras a) y b) del art. 9.2 LAP deben reflejarse en la historia clínica, de forma que se constate las circunstancias relativas a la situación clínica del paciente y la presencia o no de familiares. informando al paciente en cuanto sea posible[131].

---

130 NARVÁEZ RODRIGUEZ, Antonio (2009): «La limitación de derechos fundamentales por razones sanitarias», *Revista Aranzadi Doctrinal*, núm. 6, pág. 87.

131 A título de ejemplo, la STC 37/2011, de 28 de marzo (núm. rec. 3574/2008 y [*Tol 2084764*]), negó la existencia de una situación de urgencia, y, por tanto, apreció la necesidad de recabar el consentimiento del paciente o de los familiares, en un supuesto en el que el recurrente ingresó en urgencias a las 14,16 horas del 4 de septiembre de 2005 y el cateterismo no se le practicó hasta la mañana siguiente. A juicio del TC, para que pudiera haber estado legitimada la actuación del profesional no bastaba «con que exista una situación de riesgo para omitir el consentimiento informado, sino que aquél ha de encontrarse cualificado por las notas de inmediatez y gravedad» (FJ 5).

La doctrina legal se ha pronunciado en numerosas ocasiones respecto de la dispensa de recabar el consentimiento informado. Destacamos aquí algunos de sus dictámenes:

i. El DCJACat de 5 de julio de 2018, en relación con una intervención de resección quirúrgica del colon, sostuvo, que se podían «llevar a cabo las intervenciones indispensables desde el punto de vista clínico en favor de la salud de la persona afectada» sin necesidad de recabar el consentimiento informado[132].

ii. El DCJCVal de 1 de marzo de 2017 desestimó una reclamación por falta de consentimiento informado de los riesgos de una intervención de absceso perianal y fístula transesfinteriana porque «la intervención quirúrgica fue realizada de "urgencia"»[133].

iii. El DCJCVal de 17 de julio de 2014 señaló, respecto de una extracción molar seguida de tumefacción, que «ante la urgencia que exigía practicar la citada intervención, los facultativos médicos prescindieron [correctamente] del correspondiente consentimiento

---

[132] CJ VIII DCJACat 141/2018, de 5 de julio. En este dictamen, para desestimar la reclamación, se aplicó el art. 7.1.b) de la Ley 21/2000, de 29 de diciembre, sobre los derechos de información concerniente a la salud y la autonomía del paciente, y la documentación clínica. Este precepto permite excepcionar la obtención del consentimiento informado, «cuando en una situación de riesgo inmediato grave para la integridad física o psíquica del enfermo no es posible conseguir la autorización de éste o de sus familiares o de las personas vinculadas al mismo». Previamente había mantenido esta misma postura en sus dictámenes 296/2008, de 27 de noviembre, 281/2016, de 25 de octubre, y 36/2017, de 26 de febrero.

[133] CJ 4 DCJCVal 151/2017, de 1 de marzo. A juicio del CJCVal, en casos como el del dictamen de 1 de marzo de 2017, no era «posible exigir a los facultativos médicos un deber de informar tan exhaustivo y completo como sucedería en relación con una intervención programada». Adicionalmente, el DCJCVal 151/2017 indicó que era «habitual que, en muchas ocasiones, por la premura de la intervención o actuación médica, se informe a los pacientes de forma verbal o que incluso no sea posible informar al paciente». Cabe destacar que, en el dictamen de 1 de marzo de 2017, el precepto aplicado fue el art. 10 c) Ley 1/2003, de 28 de enero, de la Generalitat, de derechos e información al paciente de la Comunidad Valenciana. De acuerdo con él, se excluía de la necesidad de consentimiento informado, cuando el paciente se hallase en «una situación de urgencia que no permita demoras». En la actualidad dicho supuesto de excepción está recogido en el art. 43.9 de la Ley 10/2014, de la Generalitat, de salud de la Comunitat Valenciana, el cual señala que «la información previa al consentimiento se facilitará con la antelación suficiente y, en todo caso, al menos 24 horas antes del procedimiento correspondiente, siempre que no se trate de actividades urgentes».

informado (...) en la medida que dicha omisión estuvo justificada (...) en la referida urgencia médica»[134].

iv. El DCJCVal de 16 de junio de 2010 rechazó la necesidad de informar de los riesgos de una cardioversión eléctrica, en un supuesto de fallecimiento por infarto de miocardio posterior a la aplicación de un desfibrilador. La razón determinante fue que el paciente se encontraba en «una de las situaciones de máxima urgencia (...) para instaurar las medidas terapéuticas (...) no debiendo siquiera demorarías para informar a los familiares, ya que de lo contrario *era* más que probable que el paciente falleciera»[135].

v. El DCCAst de 23 de diciembre de 2021 concluyó lo siguiente en un caso de fallecimiento tras una asistencia ventricular mediante un sistema de oxigenación por membrana extracorpórea (ECMO): «las circunstancias fácticas a las que responde la concreta intervención entrarían dentro de los supuestos en los que se *podía* proceder sin necesidad de contar con el consentimiento escrito y firmado, bastando, si las circunstancias lo *permitían*, con evacuar consulta a los familiares»[136].

vi. EL DCCCyL de 20 de febrero de 2013 recordó que, de conformidad con el art. 9.2 b) LAP, en supuestos de emergencia vital —*v.gr.* parada cardiorrespiratoria durante la intervención por un traumatismo accidental de cadera— «la no necesidad de consentimiento informado, puesto que lo fundamental en esos casos es atender al paciente»[137].

---

[134] CJ 4 DCJCVal 401/2014, de 17 de julio. A mayor abundamiento, el dictamen de 17 de julio de 2014 expresó que «no solo existía urgencia en la realización de la intervención quirúrgica, sino que, además, el paciente no sufrió ninguna complicación o secuela posquirúrgica de la que necesariamente tuviera que haber sido previamente informado» (CJ 4).

[135] CJ 3 DCJCVal 544/2010, de 16 de junio. En este dictamen se destacó que, como refería el inspector médico, «la propia legislación (...) [era la que] exime [del consentimiento informado] (...) en los casos de urgencia vital» (CJ 3).

[136] CJ 6 DCCAst 271/2021, de 23 de diciembre.

[137] CJ 5 DCCCyL 56/2013, de 20 de febrero.

3) Requisitos formales

El consentimiento informado no solo debe tener un concreto contenido, sino también debe exteriorizarse de una determinada forma[138]. Esta, aunque como regla general sea oral, en ciertos supuestos debe prestarse por escrito. Ahora bien, incluso en estos casos, es una formalidad *ad probationem*. Por eso, en los casos de omisión o insuficiencia de consentimiento escrito, cuando esta forma sea necesaria, cobran especial relevancia la historia clínica y las declaraciones o informes de los facultativos.

Otra cuestión relevante, a la hora de estudiar la forma del consentimiento, es la relativa a la admisión de formularios o modelos de consentimiento informado.

Pues bien, para el análisis de todas estas cuestiones, es imprescindible partir del art. 8 LAP.

> **Artículo 8 LPA.** Consentimiento informado
>
> «*1. Toda actuación en el ámbito de la salud de un paciente necesita el consentimiento libre y voluntario del afectado, una vez que, recibida la información prevista en el artículo 4, haya valorado las opciones propias del caso.*
>
> *2. El consentimiento será verbal por regla general.*
>
> *Sin embargo, se prestará por escrito en los casos siguientes: intervención quirúrgica, procedimientos diagnósticos y terapéuticos invasores y, en general, aplicación de procedimientos que suponen riesgos o inconvenientes de notoria y previsible repercusión negativa sobre la salud del paciente.*
>
> *3. El consentimiento escrito del paciente será necesario para cada una de las actuaciones especificadas en el punto anterior de este artículo, dejando a salvo la posibilidad de incorporar anejos y otros datos de carácter general, y tendrá información suficiente sobre el procedimiento de aplicación y sobre sus riesgos.*
>
> *4. Todo paciente o usuario tiene derecho a ser advertido sobre la posibilidad de utilizar los procedimientos de pronóstico, diagnóstico y terapéuticos que se le apli-*

---

[138] En relación con la forma del consentimiento, GALLARDO ha puesto de manifiesto, que «la doctrina inicialmente se inclinó por la llamada "teoría de la declaración de voluntad", conforme a la cual, para que el consentimiento produzca efectos, se requiere que el consentimiento se haya exteriorizado de forma que el que actúa tenga conocimiento del mismo, tal y como si se tratase de un negocio jurídico. Frente a esta teoría, otros autores mantienen la llamada teoría de "la dirección de la voluntad" que considera que para que el consentimiento basta que el consentimiento exista, aunque no se haya exteriorizado, En la actualidad, la teoría dominante es la teoría intermedia según la cual únicamente se requiere que el consentimiento haya sido reconocible externamente de algún modo que no sea la pasividad». GALLARDO CASTILLO, María Jesús (2021): *Administración sanitaria y responsabilidad patrimonial*, Colex, La Coruña, pág. 153.

quen en un proyecto docente o de investigación, que en ningún caso podrá comportar riesgo adicional para su salud.

5. El paciente puede revocar libremente por escrito su consentimiento en cualquier momento».

A. Consentimiento oral o escrito

El art. 10.6 LGS exigía el «consentimiento escrito del usuario para la realización de cualquier intervención». En la actualidad, el art. 8 LAP establece las siguientes reglas:

i. *Regla general.* De acuerdo con el art. 8.2 LAP, el consentimiento, «por regla general» será verbal. Ahora bien, este precepto no puntualiza sí este debe exteriorizarse de manera expresa o si resulta admisible el consentimiento tácito. En cualquier caso, es pacífico que debe entenderse obtenido de una actuación concluyente del paciente como, por ejemplo, del sometimiento a un análisis de sangre.

ii. *Regla especial.* El art. 8.3 LAP impone el consentimiento escrito en los casos de «intervención quirúrgica, procedimientos diagnósticos y terapéuticos invasores y, en general, aplicación de procedimientos que suponen riesgos o inconvenientes de notoria y previsible repercusión negativa sobre la salud del paciente»[139].

Esta dicotomía de la LAP es reiterada por las leyes autonómicas de salud pública. Así, tanto estas como aquella, establecen, como regla general, el consentimiento verbal, y reservan el consentimiento escrito para determinados casos, entre ellos, las intervenciones quirúrgicas (*v.gr.* ligadura de trompas, cesáreas, etc.). Por el contrario, basta el consentimiento verbal para actuaciones médicas sencillas como una exploración médica general, vendajes, análisis clínicos, radiografías, etc.[140]

---

139 Mismo criterio —regla general oralidad y regla especial escritura— recogen las leyes autonómicas de salud pública. En la Comunitat Valenciana así viene establecido en el art. 43.2 de la Ley 10/2014, de la Generalitat, de salud de la Comunitat Valenciana.

140 Sobre los supuestos en los que puede darse el consentimiento de palabra puede consultarse LÓPEZ GUIZÁN, Ana María y QUINTANA ACEBO, María José (2017): «Doctrina sobre la ausencia del consentimiento informado escrito cuando existe un consentimiento no escrito o verbal», *Revista Española de la Función Consultiva*, núm. 27, págs. 209-221.

a) Forma ad probationem

La exigencia de la forma escrita en los supuestos del art. 8.2 LAP no es absoluta. Este precepto debe interpretarse en el sentido de que no se excluye, de modo radical, la validez en tales supuestos del consentimiento verbal[141]. La forma escrita, cuando es requerida, «tiene un valor "*ad probationem*", por lo que siempre que se justifique el consentimiento o la prestación de la adecuada información en forma oral será suficiente, y ello, aunque se trate de una la intervención quirúrgica [u otra actuación] para las que la Ley exige consentimiento por escrito»[142]. Así resulta, entre otras, de las SSTS de 4 de abril de 2000, 2 de noviembre de 2000 y 2 de julio de 2002, y de la STSJVal de 23 de noviembre de 2009[143].

En el mismo sentido, el CJCVal ha concluido que, «aunque la normativa legal exige la constancia por escrito del consentimiento (...) en los (...) supuestos establecidos en el artículo 8.2 de la Ley 41/2002, como forma más adecuada para dejar la debida constancia de su existencia y contenido, no se excluye (...) la validez del consentimiento verbal siempre que quede debidamente acreditado en el expediente»[144].

---

141 Sobre este particular —admisibilidad del consentimiento prestado verbalmente— puede consultarse ESPUEY SEVERA, Irene (2017): «Doctrina sobre la ausencia del consentimiento informado escrito cuando existe un consentimiento no escrito o verbal», *Revista Española de la Función Consultiva,* núm. 27, págs. 235-261.

142 FJ 8 STS 19 de septiembre de 2012 (núm. rec. 8/2010 y [*Tol 2651403*]).

143 *Cfr.* SSTS de 4 de abril de 2000, de la Sala de lo Contencioso-Administrativo (núm. rec. 8065/1995 y [*Tol 1716583*]) y de 2 de noviembre de 2000 [*Tol 12792*] y 2 de julio de 2000 [*Tol 202422*], ambas de la Sala de lo Civil, y STS de la Comunitat Valenciana de 23 de noviembre de 2009 [*Tol 1858129*]. En la misma línea se han pronunciado las SSTS 830/1997, de 2 de octubre (núm. rec. 1104/1993 y [*Tol 5156645*]), 13/1998, de 26 de enero (núm. rec. 2629/1993 y [*Tol 5114821*]), de 10 noviembre 1998 [*Tol 172039*], 44/2004, de 10 de febrero (núm. rec. 768/1998 y [*Tol 345079*]), y 29 de septiembre de 2005 (núm. rec. 189/1999 y [*Tol 715796*]), todas ellas de la Sala de lo Civil. Asimismo, también puede consultarse las SSTS de 24 de septiembre de 2012 (núm. rec. 6137/2011 y [*Tol 2655925*]), de 2 de noviembre de 2012 (núm. rec. 3833/2009 y [*Tol 2274618*]), y 1215/2017, de 11 de junio (núm. rec. 1756/2016 y [*Tol 6206707*]), todas ellas de Sala de lo Contencioso-Administrativo.

144 CJ 5 DCJCVal 219/2017, de 29 de marzo. En este dictamen se concluyó que «atendiendo a la complicación sufrida por la paciente (infección), al título de imputación que la interesada efectúa a los facultativos médicos ("falta de control en el post-operatorio" y "negligencia en las curas"), así como a la constatación que se realiza en la hoja relativa al preoperatorio (constatación que no ha sido negada

b) Inversión de la carga de la prueba

En lo que a la prueba de la prestación del consentimiento informado se refiere, en virtud del principio de la facilitad de la prueba, esta carga recae sobre el médico o, en su caso, sobre la Administración sanitaria. Así lo han entendido, entre otras, las SSTS de 3 de octubre de 2000 y de 19 de septiembre de 2012 en relación con los arts. 10.6 LGS y 8 LAP, respectivamente.

Tanto una como otra han permitido «invertir la regla general sobre la carga de la prueba (...) según la cual (...) incumbe la prueba de las circunstancias determinantes de la responsabilidad a quien pretende exigirla»[145]. Esta inversión descansa en el hecho de que «el consentimiento informado, por su propia naturaleza (...) integra un procedimiento gradual y básicamente verbal, por lo que la exigencia de forma escrita (...) tiene la finalidad de garantizar la constancia del consentimiento y de las condiciones en

---

por la reclamante), no se estima relevante, en este caso, la ausencia de la denominada "hoja de consentimiento informado", pues la paciente (hoy reclamante) sabía, por ser un riesgo notorio, que la herida podía infectarse en el postoperatorio; por lo que no procede imputar responsabilidad a la Administración sanitaria por ausencia de consentimiento en orden a una posible infección» (CJ 5).

145 FJ 8 STS 19 de septiembre de 2012 (núm. rec. 8/2010 y [*Tol 2651403*]). En este fallo el TS expuso que «la regulación legal [contenida en el art. 8.3 LAP] *debía* interpretarse en el sentido de que no excluye de modo radical la validez del consentimiento en la información no realizada por escrito». A ello añadió, que «al exigir que el consentimiento informado se ajuste a esta forma documental, más adecuada para dejar la debida constancia de su existencia y contenido, la nueva normativa contenida en la Ley General de Sanidad tiene virtualidad suficiente para invertir la regla general sobre la carga de la prueba (...) según la cual, en tesis general, incumbe la prueba de las circunstancias determinantes de la responsabilidad a quien pretende exigirla de la Administración» (FJ 8). Previamente, la STS de 3 de octubre de 2000 (núm. rec. 3905/1996 y [*Tol 1717207*]), ya había admitido la «inversión de la prueba (...) cuando la información no se ha realizado por escrito». Además, en el examinado —esterilización masculina— el TS dio por bueno el relato del médico porque «a) se hace constar en la ficha obrante en el expediente que "se le explican al paciente: irreversibilidad de la intervención, porcentaje mínimo pero existente de recanalizaciones, riesgo infección, hematoma herida. Seguir con las mismas precauciones durante dos a tres meses (anovulatorios, preservativo...). A los siete días retirar puntos. Dentro de dos a tres meses espermiograma»; b) El operador se manifiesta de forma espontánea en este sentido; y c) sólo motivado por la información el actor pudo someterse al espermiograma de 26 de diciembre de 1989» (FJ 12).

que se ha prestado, pero no puede sustituir a la información verbal, que es la más relevante para el paciente»[146].

c) *Valoración al caso concreto*

El hecho de que no conste en el expediente «la denominada "hoja de consentimiento informado" ello no constituye, de forma automática, un incumplimiento del deber de informar al paciente, ni justifica sin más un derecho a ser indemnizado, pues debe valorarse la influencia que pudiera tener la falta de información y su omisión real en cada caso concreto»[147]. Debe valorarse si hubo o no una previa información al paciente y consentimiento de este para la actuación médica. De esta manera, la prueba de dicho consentimiento verbal constituye un requisito necesario, y dicha prueba se convierte en una carga de los facultativos médicos[148]. La afirmación verbal requerirá que esté acompañada de medios probatorios, por parte de la Administración que acrediten su certeza y realidad[149].

---

146 FJ 4 STS 743/2008, de 29 de julio, de la Sala de lo Civil (núm. rec. 541/2002 y [*Tol 1373193*]).

147 CJ 5 DCJCVal 219/2017, de 29 de marzo.

148 *Cfr.* DDCJACat 144/2006, de 6 de abril, 31/2007, de 31 de enero, y 36/2007, de 8 de febrero, entre otros, y DCCGal 746/2006, de 2 de noviembre.

149 En la STSJ de la Comunitat Valenciana 284/2023, de 19 abril (núm. rec. 377/2020 y [*Tol 9655810*]) no se estimó suficiente, ante la ausencia del documento suscrito por el paciente, la anotación en la historia clínica en la que consta que el paciente su informado. Pues razonó la Sala que «partiendo del texto legal vigente y de la doctrina legal (...), tratándose de una intervención quirúrgica el consentimiento debió ser por escrito, siendo insuficiente el obtenido de forma verbal , no reflejando la historia clínica que información concreta se le trasladó ni ningún otro dato concreto que permita concluir que se le explico cómo mínimo, la finalidad y la naturaleza de su intervención, y sus riesgos y sus consecuencias». Tampoco admitió que «por tratarse de una complicación inusual, no figurase en los consentimientos informados de Cirugía Ortopédica o Traumatología, pues por un lado lo manifestado en el acto de ratificación del informe de perito de parte, no ha sido corroborado por ningún documento de consentimiento escrito, y en todo caso si la complicación de SRC no figurara se trataría de un consentimiento incompleto» (FJ 7).

d) Procedimiento de comunicación

Todas estas afirmaciones —forma escrita *ad probationem*, inversión de la carga de la prueba y valoración al caso concreto de las consecuencias de la falta de la «hoja» del consentimiento informado— son compartidas por la doctrina legal.

Los consejos consultivos, además, han destacado que el consentimiento informado, más que un documento firmado es un proceso de comunicación que comienza con la información verbal y culmina con la «hoja» de consentimiento informado. También han advertido que la ausencia de esta «hoja» no es sinónimo de desinformación, así como que la misma no es un salvoconducto. Por esta razón han admitido vías de acreditación alternativas, como las actuaciones penales, la historia clínica o el testimonio de los facultativos. Estas dos últimas cuestiones, por su relevancia, se analizarán en sendos apartados.

La caracterización del consentimiento informado como un procedimiento que comienza con una información verbal y termina, cuando proceda, con la suscripción de un documento, se encuentra recogido, entre otros, de los siguientes dictámenes:

i. El DCCGal de 26 de mayo de 2021 ha precisado que «la exigencia del consentimiento efectuado por escrito no debería excluir una fase previa de información verbal, aun cuando en la práctica médica ambas fases quedan subsumidas en la denominada "hoja de consentimiento informado"»[150].

ii. El DCJCVal de 7 de febrero de 2008 señaló que «la ausencia de consentimiento escrito no presupone necesariamente desinformación, reconociéndose la posibilidad de que por otros medios de prueba (...), si bien en estos supuestos la prueba de existencia de consentimiento corresponde (...) a la Administración (...) no considerándose suficiente la mera afirmación de existencia de información verbal»[151].

iii. El DCCRioja de 15 de septiembre de 2020 ha advertido que «el hecho de que conste por escrito la existencia del consentimiento informado prestado por el paciente puede no constituir, en ciertos casos, una causa de exoneración de la responsabilidad patrimonial

---

[150] CJ 5 B) DCCGal 26/2021, de 25 de mayo.

[151] CJ 3 DCJCVal 107/2008, de 7 de febrero.

de la Administración sanitaria, pues el consentimiento informado no puede operar como una especie de salvoconducto que legitime todo evento dañoso ulterior»[152].

iv. El DCJCVal de 11 de noviembre de 2013 concluyó «que, si bien no *constaba* formalmente la denominada "hoja de consentimiento" escrito y suscrito por la reclamante, lo que constituye una irregularidad médica, (…) [la prestación del consentimiento] *había* quedado acreditado en las actuaciones penales [en las que quedó constancia de] que se había informado detalladamente a la paciente en las diversas consultas previas a la que había mostrado su conformidad verbal inicial»[153].

v. El DCJCVal de 16 de diciembre de 2015 matizó que «con la simple anotación clínica no se *llegaba* al convencimiento de que el paciente fuera conocedor y consciente de que las expectativas de un buen resultado eran más limitadas o de que podía optar por esperar y aplicar un tratamiento menos agresivo»[154].

vi. El DCJCVal de 8 de febrero de 2007 afirmó que «no basta, a efectos de apreciar una responsabilidad imputable a la Administración (…) con que exista una carencia formal de consentimiento informado, sino que es necesario que (…) dicha omisión ha podido tener alguna trascendencia en la práctica o no de la intervención quirúrgica o, en su caso, en la asunción de las eventuales secuelas»[155].

---

[152] CJ 2.9 DCCRioja 61/2020, de 15 de septiembre. Previamente el CCRioja ya había manifestado esta advertencia —el consentimiento informado no es una patente de corso»— en sus dictámenes 15/05, de 24 de febrero, 55/05, de 30 de mayo, 86/05, de 15 de septiembre, 89/07, de 10 de septiembre y 40/15, de 27 de julio, entre otros.

[153] CJ 3 DCJCVal 603/2013, de 7 de noviembre.

[154] CJ 3 DCJCVal 721/2015, de 16 de diciembre. En el supuesto examinado —dos operaciones de lumbociatalgia poner— el CJCVal no consideró «suficientemente acreditada —pese a la referida anotación clínica— la información suministrada al paciente, de forma completa, acerca de las limitadas expectativas de la (…) intervención quirúrgica, de los eventuales riesgos o de la posible agravación de la dolencia, o, incluso, de la posibilidad de optar por un tratamiento alternativo como pudiera ser el tratamiento conservador» (CJ 3).

[155] CJ 6 DCJCVal 110/2007, de 8 de febrero. *Vid.* MONZÓ BAGUENA, Pau (2017): «Doctrina sobre la ausencia del consentimiento informado escrito cuando existe un consentimiento no escrito o verbal», *Revista Española de la Función Consultiva*, núm. 27, págs. 199 a 207.

B. La historia clínica como medio de prueba del consentimiento informado

La historia clínica constituye «el conjunto de documentos relativos a los procesos asistenciales de cada paciente, con la identificación de los médicos y de los demás profesionales que han intervenido en ella, con objeto de obtener la máxima integración posible de la documentación clínica de cada paciente, al menos en el ámbito de cada centro»[156]. A ella debe incorporarse, como parte de su contenido mínimo, «el consentimiento informado»[157].

Como se ha expuesto en el apartado anterior, cuando —de acuerdo con el art. 8.3 LAP— sea precisa la prestación del consentimiento informado por escrito, y este no se haya recabado, procede investigar si existió información verbal suficiente y adecuada en función de las circunstancias. Ello es así porque «la ausencia de documento [de prestación del consentimiento informado] (...), no determina automáticamente la antijuricidad del daño, si puede probarse por otros medios que se dio la necesaria información al paciente»[158].

En tales casos, el medio probatorio por excelencia será la historia clínica[159]. En este sentido puede afirmarse que, el historial médico del paciente, junto con el resto de actividad probatoria, constituyen un aspecto importante a valorar en las reclamaciones por responsabilidad sanitaria[160].

---

156 Art. 14 LAP.

157 Art. 15.2 i) LAP.

158 CJ 4 2 b) DCCMur 69/2004, de 28 de junio.

159 Quizás la trascendencia de la historia clínica sea la razón por la cual los defectos en su cumplimentación puedan determinar la responsabilidad de la Administración sanitaria y «de los profesionales que intervengan en la asistencia directa al paciente» (FJ 4 STS de 13 de mayo de 2009, núm. rec. 3746/2007 y [*Tol 1525232*]). En este sentido, el art. 17.4 *in fine* LAP afirma que «la custodia de (...) [las] historias clínicas estará bajo la responsabilidad de la dirección del centro sanitario» y «los profesionales sanitarios que desarrollen su actividad de manera individual son responsables de la gestión y de la custodia de la documentación asistencial que generen» (art. 17.5 LAP).

160 De este modo, en las reclamaciones de responsabilidad patrimonial en las que falta la «hoja» de consentimiento informado, la historia clínica se convierte, en un documento trascedente para analizar si se produjo o no una posible negligencia sanitaria u omisión de consentimiento informado. Adicionalmente, desde la perspectiva de los profesionales médicos, la historia clínica constituye el mejor medio de defensa de que disponen los facultativos que intervinieron en el proceso asis-

Ello exige analizar el papel que juega la historia clínica en relación con el consentimiento informado.

Pues bien, como se acaba de decir, el alcance probatorio de la historia clínica se suscita en aquellos casos en los que, cuando se exigible el consentimiento escrito, como un documento más de la historia clínica, la denominada «hoja» de consentimiento informado no obra en ella. A estos efectos, es indiferente que la ausencia «fuera debida a un problema de custodia [de la Administración sanitaria] y no a su inexistencia radical y absoluta (...), pues sobre ella *pesa* la carga de aportarlos al proceso y acreditar así la válida obtención del Consentimiento Informado»[161].

Como ha aseverado la STS de 14 de febrero de 2006, como regla general, «el historial médico (...) no hace fe por sí mismo de los datos que contiene (...), pues no tienen carácter intocable (...) ya que la historia no es más que el relato de un proceso médico que puede, o no, ser verídico y que (...) se les reconoce el carácter de documentos administrativos como señala hoy el artículo 319.2 de la Ley de Enjuiciamiento Civil»[162].

Ahora bien, aunque la historia clínica sea un documento administrativo, cabe recordar que «la prueba documental no tiene prevalencia sobre las demás y la veracidad intrínseca de un documento público puede ser desvirtuada por otro medio de prueba, especialmente si se trata de un documento del mismo carácter (...). Más en particular, en lo que se refiere a los documentos públicos y a los privados no impugnados, ha de precisarse que hacen prueba plena del hecho, acto o estado de las cosas que reflejan»[163].

---

tencial para demostrar que ajustaron su actuación a las reglas de la medicina, y, especialmente, a efectos del suministro y obtención del consentimiento informado.

161 FJ 12 STSJ de Madrid 825/2015, de 15 de diciembre (núm. rec. 196/2013 y [*Tol 5641831*]). La STS de 29 de junio de 2010 (núm. rec. 7387/2005 y [*Tol 1900593*]).

162 FJ 10 STS 84/2006, de 14 de febrero, de la Sala de lo Civil (núm. rec. 2249/1999 y [*Tol 846267*]).

163 FJ 3 STS de 27 de noviembre de 2012 (núm. rec. 5398/2011 y [*Tol 2708603*]). Siguiendo con la naturaleza y fuerza probatoria de la historia clínica, la STSJ de Castilla y León de 13 de julio de 2012 (núm. rec. 2742/2008 y [*Tol 2610296*]) sostuvo lo siguiente: «aun cuando sea elaborada por médicos ligados a los servicios públicos de salud mediante una relación jurídica de naturaleza pública, no tiene un carácter asimilable al de los papeles o libros privados, pero tampoco ostenta el carácter de documento público determinante de plenitud de prueba (...) pues, aunque quien la emita tenga la condición de funcionario, en ella se plasma la realización de actos médicos (...). Es decir, el historial médico no hace fe por sí mismo de los datos que contiene» (FJ 2).

De esta forma, la historia clínica, con independencia de su relevancia en orden al control del proceso asistencial del paciente, no debe ser valorada de forma aislada en la comprobación de la existencia del consentimiento. Ha ser confrontada y valorada juntamente con los demás medios probatorios, ya sean testificales, documentales o de cualquier otra índole que se aporten al procedimiento administrativo o al proceso judicial de que se trate[164].

La doctrina legal también reconoce la historia clínica como un elemento más —aunque cualificado— para valorar la suficiencia de información facilitada al paciente. Así, en ocasiones han dictaminado que el consentimiento informado no se tiene por acreditado con una simple afirmación de haberse llevado a cabo en la historia clínica. En otras, en cambio, se ha afirmado que la historia clínica es un buen complemento de una «hoja» de consentimiento informado genérica, en particular para recoger la información previa comunicada verbalmente. Incluso se ha llegado a decir que la hoja clínica no precisa incorporar el contenido de la información facilitada. Prueba de ello son los siguientes dictámenes:

i. El DCJCVal de 16 de diciembre de 2015 señaló que «la ley exige que se acredite que el paciente ha recibido la información oportuna y que ha aceptado el acto médico (...), lo que, en principio, se acredita con la (...) "hoja de consentimiento informado" (...). Y a falta de dicha "hoja", resulta necesario que el consentimiento informado se acredite de forma que resulte indubitado su realización y la aceptación por el paciente. Y (...) la sola anotación clínica (...) por el facultativo médico, sin otro apoyo probatorio, se estima insuficiente para acreditar la adecuada información al paciente»[165].

ii. El DCJCVal de 1 de diciembre de 2021 admitió, tras un examen de la historia clínica y de los registros asistenciales, la existencia de consentimiento informado «a pesar de [que este] (...) era genérico [porque] *había* constancia escrita de que al paciente le fueron explicados los riesgos de su intervención y de que decidió someterse a ella»[166].

iii. El DCJACat 66/2019, de 1 de marzo, desestimó la reclamación porque «*constaba* documentado en el historial clínico (...) que el pa-

---

164 En este sentido, STS de 5 de enero de 1998.

165 CJ 2 DCJCVal 721/2015, de 16 de diciembre.

166 CJ 2 DCJCVal 726/2021, de 11 de diciembre. En el mismo sentido han resuelto los DDCJCVal 624/2021, de 20 de octubre, y 795/2021, de 29 de diciembre.

ciente recibió información verbal suficiente con anterioridad a la intervención».

iv. El DCJACat 42/2019, de 7 de febrero, también rechazó una reclamación con motivo de un trasplante de riñón «porque *había* quedado acreditado que se informó verbalmente al paciente (...). [Ello, a pesar de que] no se anotó cuál fue el contenido de la información facilitada, pero tampoco es exigible».

C. Declaraciones de los facultativos como medio de prueba del consentimiento informado

Como se acaba de exponer, el incremento de reclamaciones por actuaciones sanitarias ha convertido a la documentación clínica, en general, y la historia clínica, en particular, en una fuente de prueba esencial. Pero, aunque esta última posee una enorme relevancia, no constituye el único medio probatorio, razón por la cual debe valorarse conjuntamente con las restantes pruebas aportadas por la Administración sanitaria. Entre ellas, hay que destacar las declaraciones o informes de los facultativos, en particular de los que llevaron a cabo o presenciaron la asistencia al paciente.

Tanto la jurisprudencia como la doctrina legal se han encargado de señalar, de manera casuística, el carácter y valor probatorio de los informes y relatos de los facultativos.

En la jurisprudencia hay sentencias que niegan valor probatorio, a los efectos de entender prestado el consentimiento informado, a las simples manifestaciones del facultativo que intervino al paciente[167]. A la misma

---

[167] *Cfr.* FFJJ 3 y 1 SSTS de 26 de febrero de 2004 (núm. rec. 8.656/1999 y [*Tol 356900*]) y de 20 de abril de 2005 (núm. rec. 3.831/2001 y [*Tol 646723*]). En la primera sentencia, en un supuesto de perforación del esófago, se estimó el recurso, porque, en el informe médico, «la única mención que se hace (...) [relacionada con el consentimiento informado fue que], tras la radiografía de tórax y esofagograma "es requerido para realizársele otras pruebas de las que no (...) la informan, manifestándole tan solo que le iban a "desatrancar""» (FJ 3). En la segunda sentencia, en un caso de aborto tras el sometimiento a la prueba de amniocentesis, se entendió infringida la *lex artis* por no haber informado adecuadamente a la madre de los riesgos de la prueba. En concreto el TS estimó el recurso porque el facultativo «*aludió* simplemente a la práctica que considera habitual y según la cual es en el Servicio de Urgencias del Hospital donde se le explican los riesgos, acudiendo posteriormente a la consulta en que se efectúa» (FJ 1). En el STSJ de La Rioja 347/2022, de 10 noviembre (núm. rec. 5/2020 y [*Tol 9317383*]),

conclusión se ha llegado cuando las declaraciones del facultativo han sido frases de estilo como «siempre se explica», u otras análogas[168]. En cambio, existen fallos que han optado por «decantarse por la versión del médico que practicó la intervención [si se hizo] (…) constar en la ficha obrante en el expediente que se le explican al paciente» los riesgos de la intervención: irreversibilidad de la intervención, porcentaje mínimo pero existente de recanalizaciones, riesgo infección, hematoma»[169].

Paralelamente, encontramos dictámenes que han entendido que «la mera declaración genérica realizada por el facultativo que realiza el informe de servicio cuando no se trate del responsable directo del acto médico, no es suficiente para justificar la existencia de información si no va avalada por otros medios de prueba (documentación clínica, confesión, declara-

---

se acordó indemnizar en 200.000 euros a los demandantes por omisión del consentimiento informado, y con infracción de la lex artis en la actuación médica. Junto a la omisión del consentimiento se acreditó «un nexo causal directo entre la escleroterapia y la amputación transmetatarsiana y (...) [la] Sala consideró acreditado que hubo infracción de la lex artis» (FJ 5) . Se señaló en el fallo que «la información verbal que se pudo transmitir al tío del paciente como médico colega de los profesionales que intervendrían en la operación, no podía ser en ningún caso sustitutiva del necesario consentimiento informado otorgado por los padres del menor, una vez que estos han recibido la debida información detallada sobre el tipo de intervención, procedimiento, alternativas y riesgos que puede conllevar esta operación» (FJ 5).

168 FJ 5 STSJ de las Illes Balears 551/2005, de 30 junio (núm. rec. 1247/2001 y [*Tol 663688*]). La Sala entendió quebrantada la *lex artis* al no haberse prestado el consentimiento informado. En concreto negó validez, a falta de otras pruebas, a «las contestaciones genéricas, ambiguas y del estilo de "han pasado varios años"; "se informa a la paciente" (…); "que siempre se explica", "no se acuerda en el caso concreto", etc.» (FJ 5).

169 FJ 8 STS de 19 de septiembre de 2012 (núm. rec. 8/2010 y [*Tol 2651403*]). El TS, en la reclamación derivada de una intervención maxilo-facial, se decantó «por la versión del médico que practicó la intervención (…) [porque se hizo] constar en la ficha obrante en el expediente que "se le *explicaron* al paciente: irreversibilidad de la intervención, porcentaje mínimo pero existente de recanalizaciones, riesgo infección, hematoma». Esta misma sentencia, adicionalmente, tomó en consideración que no se advertía «que el resultado de la prueba *fuera* arbitrario, irracional o inverosímil —motivo que determinaría la infracción de las reglas de la sana crítica—, pues se *advirtió* una coherencia interna en las inferencias realizadas a partir del historial clínico (…), del grado de credibilidad de las manifestaciones del médico y de los testigos, y de la conducta del paciente» (FJ 8).

ciones testimoniales, etc.)»[170]. A la misma conclusión también han llegado cuando se trataba «de la persona facultativa autora de la actuación médica sobre el cumplimiento de la obligación referida (sin apoyo en alguna otra prueba, como puede ser la anotación en la historia clínica)»[171]. En la misma línea existen pronunciamientos que han rechazado, como medio idóneo para probar el consentimiento informado, el informe complementario del facultativo que intervino al paciente porque se había limitado a señalar que este «fue informado sobre el tipo de intervención que se proponía para su proceso patológico»[172].

Por el contrario, otros dictámenes han reconocido la suficiencia, para probar el consentimiento prestado verbalmente, de la declaración de los facultativos que atendieron a la reclamante[173]. También se ha estimado acreditada la información verbal del facultativo al contrastarla con las declaraciones contradictorias del paciente, familiares o profesionales médicos[174].

---

170 CJ 5 DCCGal 151/2005, de 28 de marzo. El dictamen se pronunció sobre un fallecimiento por tumor extragonadal causado por un tratamiento de quimioterapia.

171 DCJAEus 59/2020 en la Memoria de la Comisión Jurídica Asesora de Euskadi de 2020, en adelante CJAEus.

172 CJ V.2.1 Dictamen 26/2008, de 13 de febrero. En el supuesto dictaminado el paciente, que había sido diagnosticado de un síndrome de «cola de caballo», sufrió unas secuelas subsiguientes a la intervención quirúrgica de hernia discal.

173 DCCC-M 60/2004, de 20 de mayo. En este dictamen se desestimó la reclamación porque, con cita de las SSTS de 30 de octubre de 2000 y 14 de octubre de 2002, «las declaraciones efectuadas por los facultativos que atendieron al reclamante evidencian que hubo consentimiento verbal». En el mismo sentido se pronunció este consejo consultivo en su dictamen 123/2007, de 27 de julio otorgó igualmente plena validez al consentimiento verbal, aun cuando pudiera existir dudas de hecho en el supuesto (paciente afectado de la enfermedad de Dupuytren y que empeoró tras la intervención quirúrgica) ante la inexistencia de forma escrito, correspondiente la carga de la prueba a la Administración sanitaria demandada. *Vid.* GALÁN CORTÉS, Julio César (2009): «El Consentimiento Informado en los Dictámenes del Consejo Consultivo de Castilla-La Mancha», *Revista Jurídica de Castilla-La Mancha*, núm. 47, págs. 9 a 43.

174 En relación con la validez del consentimiento prestado verbalmente cuando así lo han corroborado el paciente, familiares y profesionales sanitarios destacan los DDCCC-M 190/2010, de 22 de septiembre, 5/2014, de 15 de enero, y 376/2014, de 29 de octubre. *Cfr.* SERRANO GUARDIA, Gemma (2017): «Doctrina sobre la ausencia del consentimiento informado escrito cuando existe un consentimiento no escrito o verbal», *Revista Española de la Función Consultiva*, núm. 27, págs. 223 a 235.

D. Características del deber de informar al paciente

Con carácter general, el consentimiento del paciente ha de solicitarse en la forma y el tiempo precisos para que cumpla su finalidad. No obstante, estos requisitos habrán de modularse en atención a las circunstancias del supuesto de que se trate, sobre todo las referidas a la urgencia de la intervención médica y a la situación clínica y de capacidad del paciente. En cualquier caso, para que la información pueda calificarse de efectiva y real ha de ser previa, adecuada, suficiente y comprensible

a) Previo

La información suministrada con carácter previo constituye el presupuesto necesario para que el consentimiento del paciente pueda considerarse libre y voluntario y responda a una valoración fundada de las opciones propias del caso. Sin previa información no cabe hablar de consentimiento. «El consentimiento informado tiene el propósito esencial de hacer posible que el paciente (...) participe activamente en la toma de decisiones que afecten a su salud y que, a través de la información que se le proporcione, pueda sopesar la posibilidad de eludir una determinada intervención o prueba, para contrastar el pronóstico con otros médicos, e incluso, ponerlo, en su caso, a cargo de un centro o especialistas»[175].

b) Adecuado

Solo si se dispone de la información adecuada sobre las medidas terapéuticas, el paciente podrá prestar libremente su consentimiento, eligiendo entre las opciones que se le presenten, o decidir, también con plena libertad, no autorizar los tratamientos o las intervenciones que se le propongan por los facultativos.

c) Suficiente

La información debe ser tan amplia como sea necesaria para que el paciente pueda valorar las posibles consecuencias[176]. Como afirma la STS

---

175 CJ 5 DCCGal 135/2020, de 21 de abril.

176 En la STSJ de la Comunitat Valenciana 821/2022 de 1 diciembre (núm. rec. 186/2020 y [*Tol 9450847*]), la Sala apreció la existencia de responsabilidad patri-

de 27 de abril de 2011, esta «habrá de ser exhaustiva, es decir, que, en la comprensión del destinatario, se integre con los conocimientos suficientes a su alcance para entenderla debidamente, y también ha de tratarse de información suficiente a fin de poder contar con datos claros y precisos para poder decidir si se somete a la intervención que el facultativo a los servicios médicos le proponen»[177].

De hecho, una información deficiente puede dar lugar a una estimación parcial de la reclamación, porque de la pérdida de salud «de la que no fue informada la paciente, es imputable a la Administración Sanitaria, ya que supone que la paciente perdió la oportunidad de ejercitar su derecho de autodeterminación»[178].

---

monial porque el consentimiento informado que firmó la actora no recogía como riesgo, en el caso del uso de fórceps, la fractura craneal del recién nacido, riesgo que desgraciadamente se materializó. Añade el fallo, en cuanto a la determinación de la indemnización, que «tal infracción de la *lex artis* tiene autonomía propia, en cuanto incide sobre el derecho del paciente a decidir, libremente y con la información adecuada, sobre su sometimiento a la actuación sanitaria, privándole de la oportunidad de optar por el sometimiento o no a la intervención y, en su caso, aquella modalidad que entienda asumible, lo que puede traducirse en una lesión de carácter moral, al margen y con independencia del daño que pueda resultar de la infracción de la *lex artis* en la realización del acto médico» (FJ 6). Y en la STSJ de la Comunitat Valenciana 636/2022 de 14 septiembre (núm. rec. 167/2020 y [*Tol 9396997*]), el TSJ no compartió el planteamiento de la Administración en el sentido de que fue suficiente con la información verbal al paciente, ya que éste negó haber recibido información completa del proceso, y la historia clínica no recogió que se comunicase tal información. Así en la hoja de visita solo constaba «proponemos infiltración». En cuanto a la determinación de la indemnización, la Sala de lo Contencioso-administrativo recordó que tal infracción de la *lex artis* tiene autonomía propia, en cuanto incide sobre el derecho del paciente a decidir, libremente y con la información adecuada, sobre su sometimiento a la actuación sanitaria. En concretó concluyó que privó a la recurrente de la oportunidad de optar por el sometimiento o no a la intervención y que ello debía traducirse en una lesión de carácter moral, al margen y con independencia del daño que pueda resultar de la infracción de la *lex artis* en la realización del acto médico. En consecuencia fijó la correspondiente indemnización por el daño moral -consistente en la privación de la capacidad de decidir fundadamente- la cantidad de 5.000 euros, más los intereses desde la fecha de la presentación de la reclamación administrativa.

177 FJ 1 STS de 27 de abril de 2001, de la Sala de lo Civil [*Tol 131037*].

178 CJ 5 DCCCyL 443/2013, de 20 de junio. En esta ocasión, la interesada fundamentó su reclamación en una mala praxis médica y en la falta de información del alcance, riesgos y consecuencias de la intervención quirúrgica a la que fue sometida.

En cambio, una información excesiva podría convertirla en desmesurada y en un padecimiento innecesario para el paciente. Por ello, «la información no puede ser ilimitada o excesiva, so pena de producir el efecto contrario, atemorizante o inhibidor»[179]. Una aplicación rígida, dificultaría el ejercicio de la función médica y podría no favorecer al paciente, quien, ante un miedo innecesario, rechazara una intervención o un acto médico conveniente o, incluso, necesario. El derecho a ser informado, reconocido en el art. 8 LAP «debe ponerse en relación con los datos que en concreto se deben transmitir y la finalidad de la información misma en cuanto al conocimiento de los riesgos y alternativas existentes según el estado de la técnica»[180].

Eso sí, «la información (...) ha de ser específica (...) [y] si bien debe comprender una indicación de los riesgos que se pueden producir y de las alternativas posibles, no necesariamente tiene que abarcar todos y cada uno de los riesgos ni todas y cada una de las alternativas posibles»[181].

Aunque hay que estar al caso concreto, como criterio orientativo puede decirse que no debe incurrirse en excesos informativos innecesarios y, en ocasiones, contraproducentes[182].

d) Comprensible

Se ha de suministrar la información con datos que estén al alcance de la comprensión del ciudadano, de manera que, a través de ellos y con cabal conocimiento, pueda ponderar el alcance del acto médico. Téngase en

Según el órgano consultivo, en la historia clínica solo figuraba el consentimiento informado de la osteotomía del primer dedo del pie, pero no de la ampliación de la citada intervención al resto de los dedos, ni los riesgos inherentes a dicha intervención. Por estas omisiones consideró que existía responsabilidad de la Administración, ya que tras la intervención quirúrgica quedó como secuela posquirúrgica una limitación funcional de la articulación metatarso-falángica de los dedos 2º, 3º y 4º, riesgos de una intervención de la que la paciente no fue informada.

179 FJ 2.6 STS de 9 de octubre de 2012 (núm. rec. 6878/2010 y [*Tol 2667914*]).

180 *Idem.*

181 FJ 3 STS 1084/2018, de 26 de junio (núm. rec. 191/2017 y [*Tol 6660613*]).

182 En el ámbito de los consejos consultivos, el CCGal, en el dictamen 358/2015, señaló que la información que debe suministrarse al paciente ha de versar sobre los riesgos propios e inherentes a la cirugía que se va a practicar, sin que sea exigible, por excesiva, una información exhaustiva de todos y cada uno de los riesgos a los que está expuesto el paciente, incluso los imprevisibles o infrecuentes.

cuenta que, en materia sanitaria, a la dificultad objetiva, derivada de los conceptos y tecnicismos médicos, se une una dificultad subjetiva resultante de la mayor o menor capacidad del paciente para comprender la información suministrada. De ahí el esfuerzo que debe desplegar el personal médico al tiempo de suministrar la información para su adecuada comprensión y la conveniencia de emplear un lenguaje sencillo, claro y comprensible, en especial, adaptado a las características del paciente.

El deber de indemnizar no supone que antes de practicar cualquier tipo de operación quirúrgica o tratamiento médico el profesional dé una lección magistral al enfermo, sino que el facultativo tiene que efectuar, mediante una explicación sencilla, clara y con un lenguaje adecuado, con la que el paciente obtenga una información suficiente sobre su enfermedad, sobre la operación que se le va a practicar y sobre los riesgos, y una vez recibida una información completa preste su consentimiento.

En cualquier caso, la información para que sea comprensible «ha de ser puntual, correcta, veraz, leal, continuada, precisa y exhaustiva»[183]. Además, esta deberá facilitarse para cada actuación médica porque «la regulación legal [de la LAP] —que obedece a las exigencias constitucionales— implica (…) que, en principio, cada intervención médica debe estar autorizada por el previo consentimiento del paciente que, a su vez, se ha de encontrar precedido de la correspondiente información sobre el procedimiento a aplicar»[184].

E. Formularios o modelos-tipo de consentimiento informado

La exigencia de forma escrita se conecta, por otro lado, con la elaboración de formularios prototipo o modelos de consentimiento informado. Las distintas Administraciones sanitarias competentes han procedido a la elaboración de modelos de consentimiento informado que agilizan la práctica médica en la cumplimentación del consentimiento del paciente. Su validez, no obstante, está sujeta a que se trate de modelos completos y personalizados.

Estas últimas exigencias —suficiencia y personalización— ponen de relieve la importancia de los formularios específicos, puesto que solo mediante un protocolo, amplio y comprensivo de las distintas posibilidades

---

183 FJ 13 STS 418/2018, de 15 de marzo (núm. rec. 1016/2016 y [*Tol 6556359*]).

184 FJ 5 STC 37/2011, de 28 de marzo (rec. de amparo 3574/2008 y [*Tol 2084764*]).

y alternativas, «seguido con especial cuidado», puede garantizarse que se cumpla su finalidad[185].

Es más, en ningún caso, el consentimiento prestado mediante documentos impresos carentes de todo rasgo informativo adecuado sirve para conformar la debida y correcta la información. «Son documentos ética y legalmente inválidos que se limitan a obtener la firma del paciente pues aun cuando pudieran proporcionarle alguna información, no es la que interesa y exige la norma como razonable para que conozca la trascendencia y alcance de su patología, la finalidad de la terapia propuesta, con los riesgos típicos del procedimiento, los que resultan de su estado y otras posibles alternativas terapéuticas»[186].

La exclusión de los modelos-tipo de consentimiento informado, carentes de toda información personalizada, se debe al hecho de que estos no pueden relegarse a la categoría de simples trámite administrativo. Esta es la razón por la que, en ocasiones, el TS ha rechazado la admisión del consentimiento prestado mediante documentos impresos— tipo o «modelo»[187].

Los razonamientos anteriores determinan que los documentos-tipo, o impresos, de los que se sirve la Administración sanitaria, y en los que no esté particularizada la situación clínica del paciente, exijan su adaptación en el sentido de reflejar las circunstancias que concurren en el paciente. De este modo, al incorporar los antecedentes personales y el estado de salud del paciente, se podrá advertir si estos pueden o no suponer un mayor o específico riesgo para la actuación médica a la que se somete.

En definitiva, la situación personalizada del paciente ha de ser valorada en orden a si constituye o no un riesgo específico para la técnica médica de que se trate, aunque no cabe hablar de falta de personalización del documento-tipo cuando tales circunstancias o antecedentes no inciden en la técnica concreta que se va a realizar[188]. «Ninguna valía puede otorgarse

---

[185] FJ STS de 4 de abril de 2000 (núm. rec. 8065/1995 y [*Tol 1716583*]).

[186] FJ 14 STS 418/2018, de 15 de marzo (núm. rec. 1016/2016 y [*Tol 6556359*]).

[187] SSTS 1065/2007, de 4 de octubre (núm. rec. 4813 y [*Tol 1153277*]), 1215/2007, de 28 de noviembre (núm. rec. 4889/2000 y [*Tol 1213895*]), 742/2008, de 29 de julio (núm. rec. 541/2002 y [*Tol 1373193*]), de 13 de octubre de 2009 [*Tol 1635096*], 583/2010, de 27 de septiembre (núm. rec. 2224/2006 y [*Tol 1958896*]), 357/2011, de 1 de junio (núm. rec. 791/2008 y [*Tol 2137553*]), todas ellas de la Sala de lo Civil.

[188] La determinación de cuando un documento-tipo está o no personalizado, no siempre es sencilla. Un ejemplo lo encontramos en la STS de 22 de marzo de 2011

a la firma de un documento en blanco. Y desde luego, la versión dada consistente en que la información fue verbal hubiera requerido, para tenerla por acreditada, de una actividad probatoria»[189].

La doctrina de los distintos órganos consultivos no ha quedado al margen de la problemática que suscitan los impresos o modelos-tipo de consentimiento informado. Así, entre otros dictámenes destacamos los siguientes:

i. El DCJCVal de 15 de febrero de 2007, expresó que «el consentimiento informado no puede interpretarse como un mero impreso (...) para [advertir de] todos los posibles riesgos o consecuencias que puedan originarse tras la operación [y que en consecuencia] exonere de responsabilidad médica ante el evento no deseado»[190].

ii. En sentido contrario, el DCJCVal de 18 de enero de 2017 informó desfavorablemente una reclamación por responsabilidad patrimonial porque la «valoración conjunta de los documentos *permitía* estimar (...), que se cumplió con el deber de informar a la paciente». Así, aunque «las denominadas hojas de consentimiento informado (...) no estaban *completas* en cuanto a la información, la paciente fue informada (...) por los facultativos (...) acerca de la interven-

(núm. rec 984/2009 y [*Tol 2075910*]). En ella, el TS examinó un supuesto en el que, el TSJ de Madrid admitió que hubo un adecuado consentimiento informado, pues, en la «hoja» de consentimiento informado constaba como posible complicación de la intervención quirúrgica la «lesión de algún nervio en las maniobras propias del acto quirúrgico» (FJ 2. El Alto Tribunal no compartió el razonamiento del tribunal de instancia porque, a su juicio, «el formulario impreso —y por tanto ciclostilado— utilizado y firmado por el paciente para la práctica quirúrgica de "laminectomía más disectomía por hernia discal"», no contenía una información precisa y detallada de las posibles consecuencias adversas y gravísimas secuelas que se le ocasionaron por la intervención quirúrgica.

189 FJ 8 STSJ de Galicia 341/2014, de 21 de mayo (núm. rec. 1116/2010 y [*Tol 4478270*]).

190 CJ 3.2 DCJCVal 135/2007, de 15 de febrero. En este dictamen el CJCVal se pronunció sobre las secuelas —secuelas pérdida parcial del sentido kinestésico de la lengua, alteraciones en el lenguaje y la conducta, cambios en la dieta alimenticia, rehabilitación logopeda— causadas por una extracción del cordal inferior izquierdo y. El CJC Propuso reconocer una indemnización de 25.000 euros porque «aun cuando la paciente firmara el consentimiento informado, ello no implica una aceptación del total de las posibles consecuencias negativas de la intervención, por cuanto no es ni da lugar a una "carta blanca", una patente de corso, para poder realizar cualquier tipo de acto ajeno a la *lex artis* o actuación inadecuada» (CJ 3.2).

ción quirúrgica a la que iba a ser sometida, de las particularidades técnicas de la intervención, así como las posibles complicaciones y riesgos; quedando constancia de ello en las anotaciones de la historia clínica»[191].

iii. El DCCRioja de 25 de abril de 2007 propuso estimar una reclamación de responsabilidad patrimonial porque «a la vista de los requisitos formales y sustantivos del consentimiento informado (...) *eran* palmarias las insuficiencias formales del consentimiento informado (...) por limitarse (...) [este a un] impreso estándar e impersonal, sin referencia alguna a los antecedentes clínicos del paciente y a los riesgos específicos»[192].

iv. El DCCGal 26 de mayo de 2021, con cita de las SSTS de 15 de marzo de 2018 y 11 de abril de 2013, recordó que «la jurisprudencia no se opone al uso de formularios o plantillas para la prestación del consentimiento informado, ya que su uso no está prohibido por ley, siempre que su contenido se ajuste a los requisitos establecidos en los artículos 8 y 10 de la Ley 41/2002, de 14 de noviembre»[193].

---

191 CJ 4 DCJCVal 38/2017, de 18 de enero. La reclamación ventíló una reclamación de los familiares de una mujer fallecida por insuficiencia valvular mixta de años de evolución. Sobre la apreciación conjunta de la prueba puede leerse SÁNCHEZ SAN MILLÁN, Ana (2017): «Doctrina de la ausencia de consentimiento informado escrito cuando existe un consentimiento no escrito o verbal, Doctrina sobre la ausencia del consentimiento informado escrito cuando existe un consentimiento no escrito o verbal», *Revista Española de la Función Consultiva*, núm. 27, págs. 275 a 287.

192 CJ 3 DCCRioja 34/2007, de 25 de abril. En atención al carácter formulario de la «hoja» de consentimiento informado, el CCRioja reconoció, en concepto de daño moral, una indemnización 9015'18 euros por la perforación del recto durante una operación de uretrotomía interna endoscópica para tratar una estenosis de uretra consecuencia, todo ello a pesar de que no apreció culpa o imprudencia del facultativo que realizó la intervención.

193 CJ 5 C) DCCGal 26/2021, de 26 de mayo. El CCGal, en un supuesto de sustitución de prótesis mamaria y mastopexia, propuso reconocer una indemnización de 7.000 euros por «la excesiva escasez y generalidad del documento de consentimiento informado (...) [ya que impidió] un conocimiento pleno y completo de los riesgos y ventajas de la intervención, de sus consecuencias, de sus posibles efectos secundarios, contraindicaciones o posibles complicaciones. En particular (...) [destacó] que además de consideraciones absolutamente genéricas y por tanto vacías de contenido sustancial, el documento de consentimiento informado (...) no recogía ni los riesgos típicos de la cirugía ni los riesgos personalizados» (CJ 5 C). La doctrina anterior conlleva que no pueda admitirse como prueba de

v. El DCJCVal de 27 de junio de 2018 dictaminó que «la firma del denominado "consentimiento informado" no puede actuar para eximir de responsabilidad (...) porque dicho documento no actúa como una "patente de corso" que ampare la mala praxis (...). El consentimiento informado solo alcanza o tiene eficacia en el marco de una actuación médica ajustada a la lex artis, pues al margen de ella carece de todo efecto»[194].

En conclusión, si bien nada obsta al empleo de guías o modelos de consentimiento informado, estos no pueden convertirse en una mera rutina formularia ya que deben responder a la realidad de ofrecer al paciente la plena información que le permita adoptar una decisión en orden a la prestación sanitaria propuesta. Por esta razón, es necesario que la «hoja» en la que se recoge el consentimiento del paciente no constituya un simple documento genérico o tipo. Más bien al contrario, esta debe adecuarse a las exigencias de concreción en cuanto a la específica operación quirúrgica o actuación médica a la que el paciente va a ser sometido, y a sus circunstancias personales, sin olvidar alternativas y posibles complicaciones sobrevenidas que sean puedan preverse *ex ante* por los responsables médicos. El

---

que el paciente autorizara una intervención quirúrgica el solo hecho de que haya consentido las pruebas relacionadas con la intervención o con la anestesia, ya que los formularios han de ser específicos y no genéricos, de forma que los riesgos que entraña cada una de las posibles pruebas son distintos. Sin embargo, el Consejo Consultivo de Madrid (CCMad) ha admitido en algunas ocasiones, como en su dictamen 159/2014, de 9 de abril, la validez del consentimiento prestados para otra intervención distinta, pero de gran similitud Este dictamen propuso indemnizar al reclamante con 24.918,25 euros por daño desproporcionado.

194 CJ 3 DCJCVal 432/2018, de 27 de junio. En este dictamen, en relación con un paciente diagnosticado de varices, y que sufrió una lesión severa del nervio ciático poplíteo externo al ser operad con la técnica CHIVA y exéresis Muller, el CJCVal concluyó que «la lesión a este paciente se le produjo probablemente por compresión o tracción durante la intervención y por tanto se podría haber evitado con un manejo cuidadoso del paciente, por lo que el consentimiento informado no puede amparar, en este caso, el daño causado por un supuesto riesgo inherente a la técnica empleada» (CJ 3). Por otro lado, estos formularios han de estar debidamente cumplimentados y firmados por el paciente y el responsable facultativo (Dictamen 411/2018, de 20 de junio, del CJCCV) CJ 4 DCJCVal de 20 de junio. constata, la omisión del consentimiento informado; y aun cuando la intervención se califica de "urgente" no se justifica con la documentación remitida que no pudiera practicarse un estudio preoperatorio mínimo a la paciente de 72 años, ni que fuera imposible realizar la debida información a esta o, en su caso, a los familiares, obteniendo el consentimiento informado. (...)

consentimiento así otorgado delimita el marco de actuación dentro del cual puede moverse el facultativo, al margen de los supuestos de urgencia vital.

4) Requisitos temporales

Una de las cuestiones que se suscita al tiempo de examinar las reclamaciones por responsabilidad patrimonial sanitaria es determinar la antelación con la que debe suministrarse la información al paciente a fin de garantizar que, con ánimo tranquilo y sosegado, tome la decisión que considere mejor, sobre todo cuando las opciones de tratamiento son diversas.

En nuestra opinión, lo que no es admisible es que se facilite y recabe el consentimiento al paciente: fuera de los supuestos legalmente previstos, simultáneamente; o inmediatamente antes, de la realización de la prueba o actuación médica, y sin que previamente se le haya informado con tiempo suficiente. Es importante distinguir, por tanto, entre la previa información y la prestación definitiva del consentimiento. Mención especial merecen los «hallazgos médicos».

A. Información previa y «hoja» de consentimiento informado

La prestación verbal (o tácita) o escrita del consentimiento del paciente ha de preceder a la actuación médica, pero el suministro de información no solo debe ser previo sino que, además, debe hacerse con antelación suficiente por parte del médico responsable, así como de los profesionales que atiendan al paciente durante el proceso asistencial[195]. La necesidad de que se cumpla con el elemento temporal —antelación suficiente— persigue la obtención de una decisión reposada del paciente, al margen de cualquier prisa o premura huérfana de cualquier ponderación real acerca

[195] Incumbe al facultativo la justificación de haber proporcionado al paciente una adecuada información no solo por tratarse de un hecho que integra una de las obligaciones fundamentales del médico, sino también por aplicación del principio de facilidad probatoria que consagra el art. 217 LEC. Así lo han admitido las SSTS 1132/2006, de 15 de noviembre (núm. rec. 711/2000 y [*Tol 1014480*]), 1367/2006, de 21 de diciembre (núm. rec. 19/2000 y [*Tol 1026967*]), 759/2007, de 29 de junio (núm. rec. 2094/2000 y [*Tol 1113002*]), 1065/2007, de 4 de octubre (núm. rec. 4813/2000 y [*Tol 1153277*]), 1195/2007, de 19 de noviembre (núm. rec. 4311/2000 y [*Tol 1213836*]) y 743/2008, de 29 de julio (núm. rec. 542/2002 y [*Tol 1373193*]), todas ellas de la Sala de lo Civil.

de las ventajas e inconvenientes, y de las alternativas a la actuación médica propuesta.

Pues bien, la normativa estatal no determina con qué antelación debe suministrarse al paciente la información. El art. 10.1 LAP solo exige que esta sea previa a la intervención o tratamiento. Tampoco distingue claramente entre suministrar información y obtener el consentimiento definitivo del paciente.

Según nuestro parecer, el suministro de información debe prestarse con el tiempo suficiente que permita al paciente valorar las ventajas e inconvenientes, así como las distintas alternativas de la actuación médica a la que se somete. Pero, habiéndose cumplido con un previo proceso verbal de información —debidamente acreditado—, nada obstaría, en principio, a que la aceptación definitiva de la intervención se efectuara poco antes de la actuación médica.

En cualquier caso, en la práctica médica, el suministro de información y la aceptación de la actuación médica se canaliza, simultáneamente, en la denominada «hoja» de consentimiento informado. Esta circunstancia obliga a que se acredite la firma de dicho documento con la anterioridad suficiente para garantizar la información previa al paciente[196].

En algunas normativas autonómicas se exige expresamente que se dé la información con la «antelación suficiente»[197], concepto jurídico indeterminado que exigirá que se analice de forma casuística con arreglo a las circunstancias que concurran en el caso concreto[198]. En la Comunitat Valenciana se exige, además de facilitar la información con antelación suficiente, que esta sea comunicada con un mínimo de 24 horas antes de la actuación médica. Complementariamente se señala, que «en ningún caso se dará información al paciente cuando esté adormecido ni con sus facultades mentales alteradas, ni tampoco cuando se encuentre ya

---

196 La STS 1226/2020, de 30 de septiembre (núm. rec. 2432/2019 y [*Tol 8112083*]), da fe de la práctica de informar y prestar el consentimiento sin solución de continuidad. Según se señaló en la misma, «el paciente, antes de ser intervenido, debe ser informado de las consecuencias, riesgos personales y probables y las contraindicaciones, información verbal que luego determinará la firma por el paciente del consentimiento informado, consentimiento que se firma tras ser informado verbalmente, y que no puede significar que toda la información verbal se traslade al escrito» (FJ 6).

197 Art. 43.9 de la Ley 10/2014, de 29 de diciembre, de la Generalitat, de salud de la Comunitat Valenciana (LSCV).

198 *Idem.*

dentro del quirófano o la sala donde se practicará el acto médico o el diagnóstico»[199].

La determinación al caso concreto, de la «antelación suficiente» es muy variada. De entre la multitud de pronunciamientos, tanto de la doctrina como de la jurisprudencia y doctrina legal, a modo de botón de muestra, destacamos las siguientes afirmaciones y pronunciamientos:

i. En opinión de GALÁN, «si la información no se transmite con la antelación suficiente para que el paciente pueda reflexionar en condiciones adecuadas, el consentimiento aun cuando se halle firmado, carece de validez y eficacia, al haberse actuado de forma claramente contraria a los principios básicos que deben concurrir en el mismo, lo que constituye (...), una clara infracción de los derechos del paciente»[200].

ii. A juicio de la SAP de Granada de 11 de febrero de 2012, el consentimiento prestado en la mesa de operaciones «lo priva de su razón de ser y finalidad, pues la paciente carece del necesario sosiego y calma para decidir con libertad y voluntariedad plenas, por lo que (...), esa deficiencia en el consentimiento constituye una mala praxis médica y una infracción de la *lex artis*»[201].

iii. Para el CCCyL de 9 de diciembre de 2015, «el consentimiento prestado poco antes de ingresar en el quirófano no respondería a su finalidad, ya que no ha garantizado el derecho de la paciente a decidir libremente, después de recibir la información, entre las opciones clínicas disponibles (...); y, por ello, no podría considerarse válido a estos efectos»[202].

---

199 Art. 43.9 LSCV.

200 GALÁN CORTES, Julio César (2020): *Responsabilidad civil médica*, Aranzadi, Cizur Menor (Navarra), A lo anterior —información transmitida sin antelación suficiente— GALAN matiza que «distinto sería el caso y su solución, si la firma del documento de consentimiento se produjese unas horas antes de la intervención, pero la información hubiere sido facilitada con antelación suficiente (varios días antes, por ejemplo), pues entonces nada habría que objetar sobre esta cuestión». *Idem.*

201 FJ 5 SAP de Granada 55/2011, de 11 de febrero (núm. rec. 573/2010 y [*Tol 2666593*]). *Vid.* CADENAS OSUNA, Davinia (2018): *El consentimiento informado y la responsabilidad médica*, Boletín Oficial del Estado, Madrid, pág. 289.

202 CJ 5 DCCCyL 470/2015, de 9 de diciembre. En este dictamen examinó un supuesto en el que la paciente firmó —aunque se discute la autoría de la firma— el documento de consentimiento informado el mismo día de la cirugía histerecto-

Por otro lado, es necesario resaltar que el consentimiento y la información que le sirve de base, han de persistir a lo largo del tiempo, durante todo el proceso diagnóstico o terapéutico. La información para el consentimiento no se agota en un determinado momento, de tal forma que en muchos supuestos el deber de información puede no terminar con la actuación concreta. El consentimiento del paciente es temporal y revocable. Es importante que el paciente conozca tal posibilidad de revocación, debiendo constar dicha revocación por escrito.

B. Hallazgos médicos

Un supuesto límite lo encontramos en los «hallazgos médicos», es decir, aquellas circunstancias que se advierten durante una operación, para la que se ha prestado el consentimiento informado, y que requieren de una nueva intervención. En tal caso surge la duda sobre si habría que despertar al paciente o realizar la segunda intervención sin su consentimiento.

Según afirma CADENAS, como punto de partida, «no ostentan eficacia jurídica las autorizaciones genéricas y desinformadas otorgadas por el paciente al facultativo para modificar, en el desarrollo de la intervención programada, su extensión y forma de ejecución en el sentido que juzgue conveniente conforme a su juicio clínico, quedando a salvo, evidentemente, los supuestos de emergencia»[203].

A partir de aquí, en palabras de MONTERROSO, la infracción de la *lex artis* por falta de consentimiento informado «dependerá, de si resulta urgente e inaplazable y de la contemplación de dicha eventualidad en el documento de consentimiento informado»[204]. De este modo, el documento de consentimiento informado debería recoger aquellas posibles complicaciones que, siendo posible prever con anterioridad por el médico

---

mía vaginal y colpoperineorrafía. Según expresó el CCCyL, «tal hecho *resultaba* llamativo, si se tiene en cuenta que se trataba de una operación programada, que la paciente había ingresado el día anterior para someterse a dicha cirugía y que la paciente bajó a quirófano a las 8:05 (…) y entró al quirófano a las 8:15 horas (…). Lo que sugiere una inadecuada inmediatez entre el consentimiento prestado y la cirugía practicada» (CJ 5).

203 CADENAS OSUNA, Davinia (2018): *El consentimiento informado y la responsabilidad médica, op. cit.* pág. 287.

204 MONTERROSO CASADO, Esther: «La cuantificación del daño por la falta de consentimiento informado: la determinación y la reparación del daño», *Ponencia presentada al «Premio Magistrado Ruiz Vadillo»*.

responsable, puedan surgir de forma sobrevenida en el desarrollo de la intervención o actuación médica de que se trate.

Como ha reconocido la STSJ de Andalucía de 10 de marzo de 2016, si la intervención era urgente y durante la misma se aprecia la necesidad realizar una nueva operación de mayor calado «ambas intervenciones (...) se realizaron de manera correcta (...). No obstante [si la "hoja" de consentimiento informado] debió ser completada [con la información de las posibles complicaciones o descubrimientos] (...) esa opción se le sustrajo a la actora y en consecuencia padeció su derecho de información y de autonomía como paciente si bien no de una manera total, sino que se hizo de una manera incompleta»[205].

Ahora bien, no todo hallazgo médico es predecible. Por ese motivo, según expresó el DCCAnd de 27 de septiembre de 2011, al ser durante «la intervención misma cuando se puso de manifiesto la necesidad de la operación finalmente realizada, resulta difícil pensar en la posibilidad de recabar tal consentimiento. En efecto (...) tal operación con el alcance que se realizó, fue necesaria y no meramente conveniente»[206].

Por lo tanto, la actuación de los profesionales médicos frente a situaciones de «hallazgo médico» deberá analizarse de forma casuística, atendiendo a la capacidad del paciente para ser informado y consentir —en ese momento— y, especialmente, a la necesidad y urgencia de la nueva actuación médica, procurando garantizar siempre la debida información y consentimiento del paciente.

---

205 FJ 4 STSJ de Andalucía 259/2016, de 10 de marzo, de la Sala de Sevilla (núm. rec. 369/2014 y [*Tol 5797267*]). En esta sentencia se analizó un supuesto en el que, en la «hoja» del consentimiento informado, no se constató como posible complicación que podía surgir durante la intervención programada de desbridamiento artroscópico la acromioplastia. Como quiera que en ambas actuaciones médicas fueron realizadas desde el punto de vista de la *lex artis*, para el Tribunal, «nos encontramos aquí en que se propone una intervención quirúrgica y, sobrevenidamente y ante el hallazgo del médico que interviene se realiza algo más que un desbridamiento artroscópico como es una acromioplastia.

206 CJ IV DCCAnd 615/2011, de 27 de septiembre. Este dictamen se emitido en relación con una intervención de apendicitis aguda, en cuyo curso se practicó a la paciente la resección del ovario izquierdo y trompa de Falopio, y para la que solo constaba en la historia clínica el consentimiento informado de la intervención de apendicitis.

III. SUPUESTOS ESPECÍFICOS EN MATERIA DE CONSENTIMIENTO INFORMADO

En materia de consentimiento informado, existen dos ámbitos que merecen una exposición separada, por las singularidades de objeto: no afectan a una intervención quirúrgica o tratamiento *stricto sensu.* Nos estamos refiriendo a las infecciones nosocomiales y las vacunas. Como se verá, la primera ha adquirido una relevancia especial, desde que la reciente STS de 4 de febrero de 2020 haya fallado la necesidad de informar no solo de los riesgos de la intervención, sino también los relacionados con los contagios hospitalarios. La segunda también presenta actualidad como consecuencia de las vacunas contra la Covid-19.

1) *Información de los riesgos inherentes a los ingresos hospitalarios: la infección nosocomial*

Las infecciones nosocomiales —del latín *nosocomīum*, que significa «hospital»— son las adquiridas por el paciente durante la estancia en un hospital y que no estaban presentes en el momento de su ingreso en él. Para la CJACat, este tipo de infecciones hace referencia:

i. En general, a «las que se adquieren como consecuencia de un ingreso o una estancia hospitalaria o asistencial y que el paciente o usuario no tenía antes del ingreso»[207].

ii. Más concretamente, a «aquellas contraídas durante una estancia hospitalaria y que no se habían manifestado ni estaban en período de incubación en el momento de internamiento del paciente, o como una enfermedad o afección (dolores, inflamación) causada por un agente infeccioso o por toxinas por haber estado el paciente en un centro asistencial o haberse sometido a un procedimiento sanitario»[208].

«Hablar de infecciones nosocomiales como eventuales generadoras de responsabilidad patrimonial comporta tener que emitir consideraciones sobre la previsibilidad e inevitabilidad de este tipo de infecciones»[209].

---

207 CJ V DCJACat 166/2015, de 18 de mayo.

208 DCJACat 270/2015, de 28 de julio. Ver: Memoria y Análisis de Doctrina 2015, de la CJACat.

209 CJ V B) DCJACat 270/2015. En el mismo sentido se han pronunciado los DDCJACat 48/2010, de 11 de febrero, 173/2011, de 21 de julio y 77/2012, de 29 de marzo.

Como expondrá con mayor detalle DE LORENZO en el cap. 20 (págs. 1447 y 1448), con frecuencia, las infecciones nosocomiales son una complicación previsible y evitable, que, no obstante, se viene produciendo con ocasión de distintas actuaciones sanitarias y, particularmente en las intervenciones quirúrgicas. Así lo ha expresado, entre otras sentencias, la STS de 13 de julio de 2000[210], y entre otros dictámenes, el DCJACat de 29 de marzo de 2012[211].

Pues bien, teniendo en cuenta que la infección hospitalaria no es un riesgo en sí mismo considerado de una intervención quirúrgica, sino un riesgo que está asociado a la propia estancia hospitalaria, hay que concluir que las mismas pueden originar dos títulos de imputación:

i. Responsabilidad patrimonial por infecciones contraídas por falta de asepsia[212].

ii. Responsabilidad patrimonial por ausencia o insuficiencia de información acerca de los riesgos asociados a operaciones o estancias en un hospital o centro de salud, con independencia de la observancia de los protocolos de asepsia y las medidas de esterilización. Este

---

210 En este sentido, en la STS de 13 de julio de 2000 (núm. rec. 2464/1996 y [*Tol 1716903*]), se declaró que la infección por el estafilococo Aureus, durante una intervención quirúrgica, si bien podía resultar en algunos casos inevitable, las más de las veces era un evento previsible, razón por la cual, debían extremarse medias precautorias. Esta declaración se reiteró en la STS de 23 de diciembre de 2009 (núm. rec. 175/2007 y [*Tol 1761867*]).

211 DCJACat 77/2012, de 29 de marzo, recordó que «no puede olvidarse que estas infecciones son habitualmente previsibles y, además, habitualmente pueden ser habitualmente evitables (CJ III C).

212 Entre otros dictámenes la CJACat ha conocido de reclamaciones por infecciones contraídas por falta de asepsia, en sus dictámenes 205/2015, de 25 de junio, 321/2015, de 21 de octubre. En el primero examinó la reclamación de los familiares de un paciente, afectado de unas secuelas muy graves derivadas de una encefalopatía anóxica congénita, que había ingresado en el hospital con motivo de un cuadro secundario a intoxicación por fármacos antiepilépticos. Este paciente, en el transcurso del ingreso, había contraído una neumonía atribuida a un germen desconocido, el cual, posteriormente, al ser trasladado a otro centro hospitalario, se identificó como Pseudomonas aeruginosa. En segundo se analizó un supuesto de contagio por VHC, en un paciente afectado, entre otros, de una hepatopatía crónica exenólica y de cirrosis hepática, que se imputaba, bien a un defecto de asepsia del aparato con el que le practicaron una fibrogastroscopia, bien a una eventual infección a través de las transfusiones sanguíneas administradas.

riesgo será mayor o menor en función de la situación clínica y antecedentes del paciente.

Mucho se ha discutido sobre el alcance del consentimiento informado en relación con las infecciones nosocomiales. Las dudas se centran en la proyección del deber de informar: en concreto, si este se extiende únicamente a los riesgos derivados de actuación o tratamiento médico; o por el contrario, si —además—, abarca a otros riesgos como los derivados de la propia permanencia de los pacientes en el centro hospitalario.

En nuestra opinión, la configuración de las infecciones nosocomiales como riesgos o complicaciones previsibles y de considerable relevancia para el resultado de la intervención, impone que no pueda privarse al paciente de la adecuada información al respecto. Es innegable que las mismas constituyen una información a tener en cuenta a la hora de decidir fundadamente sobre la prestación del consentimiento a la intervención quirúrgica o tratamiento hospitalario. Por eso, tal exigencia de información no puede excluirse, pues la estancia hospitalaria responde a la concreta asistencia sanitaria que se solicita por el paciente y se presta por la Administración sanitaria, la cual debe responder de las consecuencias lesivas que el interesado no tenga el deber de soportar.

Como recientemente ha señalado la STS de 4 de febrero de 2021, la omisión, en el consentimiento informado, de los riesgos y complicaciones vinculadas al contagio durante la intervención quirúrgica o en la estancia en un hospital, da lugar a una «indemnización en concepto de daño moral por la privación del ejercicio de la autonomía del paciente»[213]. Esta, ade-

---

213 FJ 6 STS 140/2021, de 4 de febrero (núm. rec. 3935/2019 y [*Tol 8331659*]). En relación con la legitimación para reclamar, el TS solo reconoció a la esposa y al hijo —*iure proprio*— una indemnización por el fallecimiento del esposo y padre de 6000 y 3000 euros, respectivamente. Adicionalmente, les atribuyó el derecho a ser indemnizados por el daño moral derivado de la omisión del consentimiento informado del paciente fallecido. En palabras del TS, «en estas circunstancias, entiende la Sala como indemnización proporcionada derivada de la infracción de la lex artis en relación con el deficiente consentimiento informado, la cantidad de 2.000 euros a favor de la esposa y 1.000 euros a favor del hijo del paciente». Esta decisión choca con el parecer de la, la cual —entre otros dictámenes 27/2020, 142/2020, 430/2020; y 485/2020— viene manteniendo la ausencia de legitimación de los herederos para reclamar por supuestas deficiencias en la información facilitada a los pacientes una vez que fallecen sin haber interpuesto reclamación alguna ante la Administración.

más, es independiente de «la responsabilidad que pudiera derivar de la mala praxis en la realización del acto médico»[214].

En definitiva, «la falta de información al paciente que va a ser intervenido quirúrgicamente del posible riesgo de infección hospitalaria, supone el incumplimiento del deber de obtener el consentimiento informado en las condiciones legalmente establecidas (...). Por eso, añade el TS,] la ausencia de la referida información constituye una infracción de la *lex artis*, que es susceptible de determinar el derecho a la correspondiente indemnización por el daño moral que supone la privación al paciente de la capacidad de decidir fundadamente»[215].

La anterior doctrina expuesta en relación con las infecciones nosocomiales resulta extensible a todas aquellas infecciones que puedan afectar a la salud del paciente en su ingreso en un centro sanitario, siempre que sean conocidos y previsibles. Piénsese, por ejemplo, en las infecciones por la Covid-19 que sean imputables a un ingreso hospitalario y, en consecuen-

---

214 FJ 6 STS 140/2021, de 4 de febrero (núm. rec. 3935/2019 y [*Tol 8331659*]). En esta sentencia, en la que se debatió el deber de informar sobre los riesgos procedentes de una infección nosocomial, el TS se pronunció sobre la proyección del consentimiento informado en un supuesto de fallecimiento por infección intrahospitalaria del estafilococo Aureus. De esta manera dio respuesta a la cuestión de interés casacional planteada en el auto de admisión del recurso. Concretamente, frente a la postura de la STSJ de la Comunitat Valenicana 277/2019, de 29 de marzo —que limitaba la información a los riesgos y complicaciones derivadas de la concreta actuación médica o tratamiento— el TS sostuvo que el consentimiento informado debía abarcar, además, otros riesgos como los derivados de la propia permanencia de los pacientes en el centro hospitalario, y por lo tanto, de las infecciones nosocomiales, tan frecuentes en el ámbito hospitalario. Por lo tanto, ante la tesitura de si debía informarse al paciente que iba a ser intervenido quirúrgicamente de los particulares riesgos por infección hospitalaria, el TS entendió que se había incumplido el deber de obtener el consentimiento informado, porque este no se limita a los riesgos y complicaciones propias de la operación. En efecto, el la STS de 4 de febrero de 2021, el TS estimó el recurso de casación contra el criterio del tribunal *a quo*, que no había apreciado la existencia de infracción de la *lex artis* por deficiencias en el consentimiento informado, a pesar de haberse justificado y resultar incontrovertido que no se informó al paciente del riesgo de infección hospitalaria, que posteriormente se produjo y que contribuyó, según la propia sentencia, al fallecimiento del paciente. Resulta relevante resaltar, como afirmó el TS, que, en el supuesto de hecho enjuiciado, el paciente, en el consentimiento informado «aceptó el fallecimiento como consecuencia de la cirugía». En cambio, no consintió «el riesgo de infección nosocomial (...) [esto es, el] riesgo inherente al ingreso hospitalario, no a la técnica quirúrgica) (FJ 2).

215 FJ 5 STS 140/2021, de 4 de febrero (núm. rec. 3935/2019 y [*Tol 8331659*]).

cia, y por lo tanto, también a la ausencia de información al paciente sobre esta posible infección.

2) Consentimiento informado en materia de vacunas

«Las medidas preventivas en materia de salud pública abren un interesante campo de reflexión (…), pues en ocasiones constituyen una importante limitación de los derechos y libertades»[216]. Entre esas medidas preventivas se encuentra las vacunas. Por la relevancia que tiene en ellas el consentimiento informado analizamos aquí su régimen jurídico. Para ello comenzaremos con sus aspectos generales y terminaremos con una aplicación de estos a las vacunas contra la Covid-19.

A. Aspectos generales

Las vacunas, como explican HERNÁNDEZ VILLALÓN y RAMOS en los caps. 22 y 23 sobre los productos sanitarios defectuosos y los riesgos vacunales (págs. 1628 y 1705 y 1706), son medicamentos especiales, y como tales, están sometidos a una regulación específica[217]. Aquí únicamente queremos resaltar, que uno de los ámbitos sanitarios en los que el consentimiento informado ha suscitado alguna reflexión lo constituye el acto de vacunación.

«La regla general en nuestro derecho es el carácter voluntario de la vacunación pues la Ley 33/2011, de 4 de octubre, General de Salud Pública establece en su artículo 5.2 que "(…) la participación en las actuaciones de salud pública será voluntaria, salvo lo previsto en la Ley Orgánica 3/1986, de 14 de abril, de medidas especiales en materia de salud pública"» (LOSP)[218]. Por lo tanto, únicamente será obligatoria la vacunación

---

[216] BLANQUER CRIADO, David (2020): *La responsabilidad patrimonial en tiempos de pandemia (los poderes públicos y los daños por la crisis de la COVID-19)*, Tirant lo Blach, Valencia pág. 244.

[217] A los medicamentos especiales refiere el art. 8.1.d) del RDLeg 1/2015, de 24 de julio, por el que se aprueba el texto refundido de la Ley de garantías y uso racional de los medicamentos y productos sanitarios (TRLM); y a las vacunas el art. 45 TRLM.

[218] CJ 4 DCJAMad 470/2020, de 13 de octubre. Así, el art. 1 LOSP determina que «las autoridades sanitarias (…) podrán (…) adoptar las medidas previstas en la presente Ley cuando así lo exijan razones sanitarias de urgencia o necesidad». Por su parte, el art. 2 LOSP autoriza a las autoridades sanitarias a «adoptar medidas de reconocimiento, tratamiento, hospitalización o control cuando se apre-

en supuestos excepcionales[219]. En todos los demás casos, será necesario recabar el consentimiento del interesado o de sus representantes legales.

Como pone de manifiesto BLANQUER, la cuestión relativa a la obligatoriedad de la vacuna «ya ha sido abordada en Italia por la Sentencia de la Corte Constitucional 5/2018, de 18 de enero. Ese pronunciamiento reconoce a los poderes públicos un amplio margen de libertad decisoria a la hora de optar (…) [por la vacunación obligatoria o voluntaria] siempre que se establezca un régimen razonable y proporcionado»[220].

B. Sujetos obligados a informar

Tal y como afirma RAMOS, tres sujetos tienen deberes de información sobre los riesgos de la vacunación:

- «El laboratorio farmacéutico está obligado a informar directamente al paciente mediante el prospecto del medicamento (art. 15.3 Ley del medicamento».

---

cien indicios racionales que permitan suponer la existencia de peligro para la salud de la población debido a la situación sanitaria concreta de una persona o grupo de personas o por las condiciones sanitarias en que se desarrolle una actividad». Finalmente, el art. 3 dispone que: «con el fin de controlar las enfermedades transmisibles, la autoridad sanitaria, además de realizar las acciones preventivas generales, podrá adoptar las medidas oportunas para el control de los enfermos, de las personas que estén o hayan estado en contacto con los mismos y del medio ambiente inmediato, así como las que se consideren necesarias en caso de riesgo de carácter transmisible».

219 En España, la vacunación sistemática de la población infantil y adulta no está impuesta legalmente. Existe una excepción: Galicia. El art. 38.2b) 5.ª de la Ley 8/2008, de 10 de julio, de salud de Galicia, en la redacción dada por la Ley 8/2021, de 25 de febrero, contempla entre las medidas para atajar las enfermedades transmisibles la vacunación obligatoria. En 2021 fue recurrida ante el TC por el presidente del Gobierno y, hoy en día, su vigencia sigue suspendida. El art. 38.2.b.5.ª de la Ley 8/2008, de 10 de julio, de salud, de Galicia, fue introducido por el art. único.5 quinto de la Ley 8/2021, de 25 de febrero. Mediante providencia de 22 de abril de 2021, se admitió el recurso de inconstitucionalidad 1975/2021 y suspendió la eficacia del art. 38.2 en los términos previos en el art. 161.2 CE. Posteriormente, el ATC 74/2021, de 20 de julio, acordó mantener la suspensión de la vigencia, pero solo respecto del art. 38.2 b 5ª.

220 BLANQUER CRIADO, David (2020): *La responsabilidad patrimonial en tiempos de pandemia (los poderes públicos y los daños por la crisis de la COVID-19), op. cit,* pág. 201.

- «El profesional médico que recomienda e indica la vacunación es el responsable conforme a la Ley 41/2002, de la información en el acto de inoculación de la vacuna, sobre la base de la ficha técnica del producto que resume la información científica sobre el producto (art. 15.2 Ley del Medicamento)».
- «La autoridad sanitaria en tanto artífice de la política de vacunación púbica y de las campañas de vacunación también tiene obligaciones de información conforma a la normativa de salud pública (arts. 10, 18.1 Ley 33/2011, de 4 de octubre, General de Salud Pública)»[221].

En este contexto, se suscita la cuestión relativa a cuál es el medio más adecuado para suministrar la información sobre los riesgos, finalidad y consecuencias de la vacunación, y, por lo tanto: si basta con el prospecto de la vacuna o resulta exigible una información adicional por parte del personal sanitario y si ha de recabarse un consentimiento escrito o basta el verbal.

a) Laboratorio farmacéutico

«La información más completa sobre los riesgos conocidos del producto (...) [es la que] está prevista en el prospecto y en la ficha técnica del producto elaborado por el fabricante, aprobado por la AEMPS y disponible en la página web de la Agencia»[222].

El prospecto es un documento que, a diferencia de la ficha técnica «cuyo destinatario es el Facultativo», va «dirigido singularmente al paciente», para quien constituye una garantía de información[223]:

i. Porque «se elaborará de acuerdo con el contenido de la ficha técnica, y proporcionará a los pacientes información suficiente sobre la denominación del principio activo, identificación del medicamento y su titular, instrucciones para su administración, empleo y conservación, así como sobre los efectos adversos, interacciones, contraindicaciones»[224]

---

[221] RAMOS GONZÁLEZ, Sonia (2022): *Responsabilidad patrimonial y daños vacunales. Por un sistema público de compensación en el Derecho español,* Aranzadi, Cizur Menor (Navarra), pág. 87.

[222] *Ibidem* pág. 88.

[223] FJ 8 SAN de 4 de abril de 2002 (núm. rec. 411/2010 y [*Tol 2503969*]).

[224] Art. 15.3 TRLM.

ii. Porque «deberá ser legible, claro, asegurando su comprensión por el paciente y reduciendo al mínimo los términos de naturaleza técnica».

De esta manera, el prospecto, «junto al etiquetado (...) [y] la ficha técnica (...) constituyen vertientes fundamentales del derecho a la información en ámbito del derecho sanitario»[225]. Por este motivo, aunque el prospecto *a priori* debería de considerase válido para dar cumplimiento al deber de información al paciente, no es pacífica la admisión de este como instrumento para dar por cumplido el deber de suministrar la información al paciente. De hecho, la información de relevancia es la que habitualmente facilita el facultativo.

En cualquier caso, para que responda el fabricante de vacunas por las lesiones derivadas del suministro de vacunas, será necesario que tales daños sean consecuencia de inoculación de las vacunas y concurran los requisitos exigidos por la normativa reguladora de la responsabilidad por productos defectuosos. En esta cuestión nos remitimos a lo escrito por HERNÁNDEZ VILLALÓN en el cap. 22 (págs. 1650 a 1663)[226].

Todo ello, sin perjuicio, de la eventual responsabilidad de la Administración competente para autorizar y vigilar los medicamentos y productos sanitarios[227].

---

225 CJ 6 DCCMad de Madrid 388/2013, de 18 de septiembre. En este dictamen también se analizó la vacunación en casos de posible desacuerdo entre los titulares de la patria potestad del menor. En este tipo de reclamaciones, hoy en día, hay que tener en cuenta la STC 141/2000, de 29 de mayo (núm. rec. 4233/1993 y [*Tol 2779*]), y la Ley Orgánica 1/1996, de 15 de enero, de protección jurídica del menor. También es de interés el y el auto de la Audiencia Provincial de Pontevedra 125/2019, de 22 de julio (núm. rec. 321/2019 y [*Tol 7459341*]).

226 En concreto, los posibles daños que se atribuyan a la inoculación de la vacuna de la Covid-19, se resolverán aplicando los arts. 135 a 148 TRLCU.

227 Sobre la responsabilidad de fabricantes y distribuidores no puede dejar de citarse la STS 1806/2020, de 21 de diciembre (núm 803/2019 y [*Tol 8291027*]), estudiada en el cap. 22 por HERNÁNDEZ VILLALÓN (págs. 1694 a 1698). En relación el fluido Ala Octa, utilizado para en las operaciones oftalmológicas de desprendimiento de retina para readherirla la retina, el TS concluyó que la Administración sanitaria —cuyos facultativos realizan correcta y adecuadamente una intervención quirúrgica de conformidad con la *lex artis*— no debe responder de las lesiones causadas a un paciente como consecuencia de la utilización de un producto sanitario defectuoso, cuya toxicidad se descubre y alerta con posterioridad a su utilización, previamente autorizada por la Agencia Española de Medicamentos y Productos Sanitarios. En su caso, sentenció el TS, la responsabilidad debería re-

b) Servicio de salud

«La exigencia de consentimiento informado, regulada en la Ley 41/2002, de 14 de noviembre, y el régimen de responsabilidad patrimonial de la Administración que ha elaborado la jurisprudencia en caso de infracción sólo es aplicable en sentido estricto a la relación entre el profesional médico y paciente o personas que han de prestar el consentimiento por representación»[228]. De hecho, la DA 5 LAP remite a su normativa específica la «información, la documentación y la publicidad relativas a los medicamentos y productos sanitarios».

En este sentido, «resulta cierto que corresponde al personal sanitario que prescribe un determinado medicamento trasladar al paciente la primera y principal información sobre dicho fármaco»[229]. Así lo ha expresado la doctrina legal:

i. Para el DCCCyL de 2 de octubre de 2008, en un supuesto de disartria causada por ingesta de metrotexato, desestimó la reclamación: por un lado, porque la dificultad en el habla por pérdida de músculos no era un riesgo típico; y por otro, «los posibles efectos adversos aparecen recogidos en el prospecto de la medicación pautada»[230].

ii. Para la STSJ de la Comunitat Valenciana de 8 de febrero de 2006, en un caso de fallo hepático estimó el recurso. Lo hizo, porque, en su opinión, el déficit de información «no *podía* entenderse subsanada por la mera remisión al contenido del prospecto del fármaco, al tratarse de un deber que recaía directamente sobre el personal facultativo que lo prescribió, al igual que el de comprobar sus posibles efectos adversos sobre el paciente»[231].

---

caer en el productor o, la Administración competente para autorizar y vigilar los medicamentos y productos sanitarios, y siempre que concurrieran las concretas circunstancias necesarias para ello. En análogo sentido se han pronunciado la STS 824/2021, de 9 de junio (núm. rec. 2437/2020 y [*Tol 8485165*]) y SAN de 17 de mayo de 2017.

228 RAMOS GONZÁLEZ, Sonia (2022): *Responsabilidad patrimonial y daños vacunales. Por un sistema público de compensación en el Derecho español, op. cit.* págs. 87 y 88.

229 CJ 4 DCCMad 388/2013, de 18 de septiembre.

230 CJ 6 DCCCyL 747/2008, de 2 de octubre.

231 FJ 3 STS de la Comunitat Valenciana 1184/2010, de 11 de noviembre, (núm. rec. 1703/2008 y [*Tol 2045531*]). La STS 125/2006, de 8 de febrero, de la Sala de lo Civil (núm. rec. 2297/1999 y [*Tol 827040*]) recuerda que «el médico es por tanto el encargado de señalar el tratamiento terapéutico individualizado en función de

iii. La SAN de 12 de junio de 2019 atribuyó el deber de informar al servicio de salud que procede a la inoculación de la vacuna. Según dijera la AN, «tanto la información en el momento de la administración de la vacuna como el control de las posibles reacciones adversas ante alguna de sus dosis, a efectos de valorar si era conveniente administrar la siguiente dosis, correspondería al Servicio de salud autonómico competente para esa administración, quedado excluida cualquier responsabilidad de la Administración estatal por este motivo»[232].

Dos son las cuestiones que plantea el deber de información del personal sanitario de los servicios de salud: su alcance y la forma en que debe transmitirse.

– Riesgos típicos y frecuentes

La jurisprudencia viene considerando que la información que debe facilitarse al tiempo de inocular la vacuna se limita a los riesgos frecuentes, los cuales, normalmente son reacciones leves. Para el TS —entre otras las SSTS de 12 de septiembre y 9 de octubre de 2012 de los riesgos graves inherentes a la vacunación, pero muy infrecuentes, no forman parte de la información que necesariamente debe transmitirse[233].

i. Para llegar a esta conclusión el TS ha tenido en cuenta la calificación de la administración de vacunas como un acto de medicina curativa.

---

la respuesta del paciente y de prescribir el uso o consumo de un medicamento y su control, proporcionando una adecuada información sobre su utilización, al margen de la que pueda contener el prospecto» (FJ 3).

232 FJ 10 SAN de 12 de junio de 2019 (núm. rec. 335/2016 y [*Tol 7379065*]). La AN hizo responsable al Ministerio de Sanidad, Servicios Sociales e Igualdad, en un supuesto de vacunación contra el virus del papiloma humano (VHP), en el que la paciente recibió la primera de las tres vacunas comenzó a experimentar reacciones adversas (episodios de mareo inespecífico con sensación de visión borrosa y en ocasiones diplopía e inestabilidad, etc.) que acabaron siendo diagnosticados como «Síndrome Ortostático Postural». A pesar de hacer responsable de informar al ministerio, la sentencia acabó desestimando el recurso porque no quedó acreditada la relación de causalidad entre el suministro de la vacuna contra VHP y el «Síndrome Ortostático Postural».

233 En el mismo sentido —información de efectos secundarios frecuentes— se han pronunciado las SSAN de 12 de junio de 2019 (núm. rec. 335/2016 y [*Tol 7379065*]) y 10 de junio de 2019 (núm. rec. 484/2015 y [*Tol 7438810*]), relativas a las vacunas Gardasil y Cervarix, contra el virus del papiloma humano

En palabras de la STS de 12 de septiembre de 2012, «la administración de la vacuna contra la varicela no integra un acto de medicina satisfactiva sino curativa en la que el consentimiento informado no alcanza a aquellos riesgos que no tienen un carácter típico, por no producirse con frecuencia ni ser específicos del tratamiento aplicado, siempre que tengan carácter excepcional, como es aquí el caso, en que la prueba practicada resulta que la cerebelitis posvacunal es rarísima»[234].

Resulta asimismo significativa la STSJ de la Comunitat Valenciana de 6 de mayo de 2013, en la que, sobre unos posibles efectos secundarios graves, desestimó el recurso porque «no *quedó* acreditada (...) [la] relación de causalidad (...) en la administración de la vacuna por cuanto (...) no *era* un acto de medicina satisfactiva sino curativa en la que el consentimiento informado no *alcanzaba* aquellos riesgos que no tienen carácter típico». A ello, la Sala añadió que «el deber de información no *podía* exigirse con carácter genérico o carente de previsibilidad [así como que no quedó acreditada que las consecuencias fueran] causadas de forma directa y exclusiva por la administración de la vacuna»[235].

ii. Adicionalmente el TS también ha ponderado el principio de proporcionalidad.

Según la STS de 9 de octubre de 2012, el deber de información «no puede entenderse genérico o en términos de probabilidad hipotética, ni ampara la exigencia de información excesiva y desproporcionada con las finalidades curativas o preventivas de la ciencia médica, como es la relativa a los riesgos no normales, no previsibles de acuer-

---

234 En la STS de 9 de octubre de 2012 (núm. rec. 6878/2010 y [*Tol 2667914*]), se analizó la omisión del consentimiento informado en la administración a un paciente de una vacuna antigripal, y que le contagió el Síndrome Guillain-Barré. En concreto el TS, falló que el recurrente no tenía «el deber jurídico de soportar el daño (...) como consecuencia del acto de la vacunación, antigripal (...) y que conllevó que el mismo quedase afectado por el síndrome Guillain-Barré» (FJ 6).

235 FJ 8 STSJ de la Comunitat Valenciana 324/2013, de 6 de mayo (núm. rec. 1110/2010 y [*Tol 3852475*]). Dicha doctrina se aplicó en el DCJCVal 75/2017, de 1 de febrero, del CJCCV. La reclamación fue desestimada «al no resultar acreditado (...) que las vacunas administradas al niño (...) *hubieran* sido la causa del Trastorno del espectro Autista [ni tampoco se apreció] una omisión del consentimiento informado, al no constar que se tratara de una complicación previsible» (CJ 5).

do con la literatura médica, o que se basan en características específicas del individuo»[236].

RAMOS ha criticado esta postura jurisprudencial porque, «desde la perspectiva estrictamente individual del derecho del ciudadano a obtener información adecuada sobre las características y los riesgos del tratamiento médico, excluir con carácter general la información sobre cualquier efecto adverso grave tiene difícil amparo en la Ley 41/2012»[237]. Su art. 9.2 a) solo exceptúa el deber de información cuando «existe riesgo para la salud pública a causa de razones sanitarias establecidas por la Ley». En cambio, ni la gravedad del daño, ni el carácter típico pero excepcional del daño, ni el beneficio colectivo derivado del tratamiento médico son causas recogidas en la LAP.

– Consentimiento escrito u oral

«En materia de vacunación no se está ante un tratamiento médico o quirúrgico singular sino ante una actuación masiva que está previamente testada en cuanto a seguridad y sujeta a informes técnicos previos que lo avalan, sin perjuicio de las consecuencias de las reacciones adversas que pueden producirse y que de estar asociadas a una mala praxis pudieran ser objeto de indemnización»[238].

Si a esto se añade que la vacunación es «en todo caso voluntaria si bien aconsejada y promovida por la Administración por los beneficios sociales que de la misma derivan, es bastante con que en el acto de la inoculación del virus se advierta verbalmente a la persona que lo recibe de aquellas consecuencias leves que pueden presentarse y que desaparecerán en breve tiempo y se indique los medios para paliar sus efectos»[239].

---

[236] FJ 5 STS de 9 de octubre de 2012. Una excepción a esta regla la encontramos en la STSJ de Castilla y León 2/2012, de 2 de enero núm. rec. 564/2012 y [*Tol 2456377*]). En esta ocasión la Sala reconoció una indemnización de 350.000 euros al menor y 120.000 euros a los padres por no haber informado al inocular la vacuna triple vírica (sarampión, rubeola y parotiditis) de la posibilidad de rechazar la vacuna ni del riesgo de tetraparesia espástica.

[237] RAMOS GONZÁLEZ, Sonia (2022): Responsabilidad patrimonial y daños vacunales. Por un sistema público de compensación en el Derecho español, *op. cit.* pág. 90.

[238] FJ 10.4 SAN 259/2017, de 17 de mayo, de la Sala de lo Contencioso-Administrativo (núm. rec. 538/2014 y [*Tol 6180083*]).

[239] FJ 5 STS de 9 de octubre de 2012 (núm. rec. 6878/2012 y [*Tol 2667914*]). 12 de septiembre de 2012 (núm. rec. 1467/2011 y [*Tol 2652663*]),

En esta misma línea argumental, el entonces Consejo Consultivo de la Comunidad de Madrid (CCMad) sostuvo que «el consentimiento en la administración de vacunas ha de ser verbal». Llegó a esta conclusión, a partir del art. 8 LAP y «aplicando el artículo 3 del Código Civil [porque] el citado precepto [—el art. 8 LAP—] establece como regla general el consentimiento verbal y como excepciones una serie de supuestos en los que se exige forma escrita, las cuales, como toda excepción, han de interpretarse de forma restrictiva». En definitiva, para el CCMad, «una interpretación conjunta de los supuestos en los que se exige consentimiento escrito permite entender que el legislador se refiere a supuestos en los que existe una afectación intensa en la integridad física y moral de la persona con riesgos importantes para su salud»[240].

A la vista de la doctrina expuesta, y como regla general, el consentimiento en materia de vacunación es suficiente con que sea verbal. No obstante, la exigencia del consentimiento por escrito puede venir exigida en aquellos casos en los que la vacunación se considere un procedimiento invasor que suponga riesgos o inconvenientes de previsible repercusión desfavorable sobre la salud, o con graves efectos adversos previsibles.

Debe tenerse en cuenta, además, que no es práctica habitual la exigencia del consentimiento escrito en relación con las vacunas, considerando que el paciente, o en su caso, los padres o representantes legales, están prestando dicho consentimiento de forma tácita por el mero hecho de acudir a un centro médico a solicitar una determinada vacuna. Como dijera la STSJ de Castilla y León de 2 de enero de 2012, «el mismo hecho de que se acudiera por los demandantes al centro de salud para la administración (...) de la vacuna (...) en el día concertado (...) supone un consentimiento para la misma»[241].

---

240 CJ 4 DCCMad 225/15, de 13 de mayo. Previamente el CCMad ya se había pronunciado en el mismo sentido en su dictamen 63/11, de 2 de marzo.

241 FJ 1 STSJ de Castilla y León 2/2012, de 2 de enero, Sala de Valladolid (núm. rec. 564/2006 y [*Tol 2456377*]). A pesar de que el STSJ de Castilla y León considerase que, al aceptar la inoculación de la vacuna, el consentimiento se entendía prestado de manera tácita, sin embargo, concluyó que hubo ausencia de consentimiento informado. En este caso se reclamó por unos daños causados por haber inyectado a un neonato, a los 15 días de nacer, la vacuna triple vírica. A juicio de la Sala, aunque se consintió la vacunación, los padres «no fueron informados ni advertidos (...) [de] que, aunque muy excepcional [existía un] posible riesgo de encefalitis secuente a su administración [la cual fue la] causante de encefalitis y tetraparesia espástica, que provocó un 92% de minusvalía a un menor de 15 meses de edad» (FJ 4 C). Según dispuso el STSJ de Castilla y León L, lo que se indemnizó

Partiendo, por tanto, de la admisión de la información verbal, los facultativos deben anotar en la historia clínica que se informa al paciente o a los padres o representantes legales de los efectos de las vacunas, y controlar su evolución.

A modo de conclusión, en la administración de vacunas es necesario el consentimiento informado. Existe, además consenso en que este sea verbal, si bien, ante posibles reacciones adversas a las vacunas que puedan ser excepcionalmente graves, convendría tener en cuenta que el consentimiento escrito es un medio de prueba de la realidad de la información.

c) Autoridad sanitaria

Visto que las reacciones adversas graves e inherentes, pero infrecuentes, quedan excluidas de la información que debe facilitar el servicio de salud, cabe preguntarse cuál es la responsabilidad que debe asumir la Agencia Española de Medicamentos y Productos Sanitarios (AEMPS).

En opinión de RAMOS, «la imprecisión sobre el contenido de las obligaciones de información de la autoridad sanitaria en la normativa sobre salud pública no permite fundamentar normativamente cuáles son esos deberes pero es evidente que otros modelos mejores al actual son posibles: bastaría, por ejemplo, con que la autoridad sanitaria se asegurara que el ciudadano tiene acceso real al prospecto de la vacuna, ya sea proporcionándoselo directamente o poniéndolo a su disposición en centros de salud»[242]. En este punto, nos remitimos a la crítica efectuada por RAMOS en el cap. 23 de esta obra a las SSTS de 12 de septiembre y 9 de octubre de 2012, porque solo exigen informar los riesgos leves (págs. 1749 a 1754)[243].

---

fue «el daño moral derivado de haber privado al paciente de la información necesaria sobre los posibles riesgos y complicaciones, a fin de que adoptase la decisión que reputaba más conveniente"» (FJ 4 c). Así, la Sala concluyó que «sin perjuicio de reconocer que probablemente no exista en el campo de la prevención ninguna medida con mejor relación beneficio/coste y beneficio/riesgos que la de las vacunaciones, sí hubo violación del derecho de los recurrentes a poder optar por rechazar sin más la vacunación de su hijo tras la información que la Administración sanitaria pudo y debió suministrarles» (FJ 4).

242 RAMOS GONZÁLEZ, Sonia (2022): Responsabilidad patrimonial y daños vacunales. Por un sistema público de compensación en el Derecho español, *op. cit.* pág. 93.

243 *Cfr.* SSTS de la Sala de lo Contencioso-administrativo de 12 de septiembre de 2012 (núm. rec. 1467/2011 y [*Tol 2652663*]) y de 9 de octubre de 2012 (núm. rec.

C. Consentimiento informado en la vacunación de la COVID-19

En las reclamaciones derivadas de los daños provocados por la vacuna de la COVID-19, cuando nos encontremos ante una hipotética vacuna defectuosa, la reclamación debe articularse —como sucede en relación con cualquier otro tipo de vacuna o producto defectuoso— a través de la normativa en materia de consumidores y usuarios.

En lo que atañe a las Administraciones sanitarias, un posible título de imputación de responsabilidad puede provenir, precisamente, de la omisión del consentimiento informado[244]. A estos efectos, lo determinante será omisión o defectuosa información que puede determinar o condicionar que el ciudadano se someta o no a la vacunación. Además, el consentimiento deberá recabarse en los términos exigidos por la LAP para el acto de vacunación[245]. En particular, habrá que constatar si ha informado debidamente de los efectos adversos o secundarios.

Como resalta ÁLVAREZ LATA, la información para las campañas de vacunación masiva de la COVID-19 se ha canalizado, por lo general, «a través de la web del Ministerio y de las consejerías de sanidad de cada comunidad autónoma, en las que hay un apartado especial para la información de los ciudadanos. Por eso, su juicio, «se trata de una información comprensible, detallada y extensa». Es más, añade esta autora que, en casos puntuales, como es el de los menores de edad o de mayores de 65 años, «se han confeccionado documentos ad hoc»[246]. A lo anterior hay que añadir que muchos ciudadanos recibieron información personalizada por parte de sus médicos de familia o pediatras. Adicionalmente, en los distintos puntos de vacunación se repartieron hojas informativas sobre los posibles efectos adversos conocidos en ese momento. Por si fuera poco, también se difundió

6878/2010 y [*Tol 2667914*]).

244 Las recomendaciones o decisiones efectuadas por las Administraciones Públicas en orden a la vacunación de ciertas personas o a la priorización o no de ciertos colectivos, pueden llegar a constituir títulos de imputación de responsabilidad si se prueba que fueron, atendiendo a las circunstancias en las que se adoptaron, equivocadas o carentes de estudio o fundamento (*Cf.* SAN de 12 de junio de 2019, núm. rec. 335/2015 y [*Tol 7379065*]).

245 Fj 3 SSTSJ de Castilla y León 2592/2015, de 13 de noviembre (núm. rec. 886/2013 y [*Tol 5587077*]).

246 ÁLVAREZ LATA, Natalia (2022): «Vacunación y tratamiento médicos impuestos y responsabilidad civil. Una revisión en tiempos de COVID-19», en HERRADOR GUARDIA, Mariano (dir.), *Responsabilidad Médico Sanitaria* (dir. Mariano José Herrador Guardia), Sepín, Madrid, págs. 581-625.

información a través de los distintos medios de comunicación. Por otro lado, la personación voluntaria del ciudadano al acto de vacunación constituyó la aceptación tácita de los posibles efectos adversos constatados en dichas hojas informativas.

Podría resultar cuestionable, como pone de relieve ÁLVAREZ LATA, si hubo o no una información personalizada, es decir, adaptada a los riesgos derivados de las circunstancias personales de cada ciudadano. En nuestra opinión, esto debería ponderarse: por un lado, a la vista de la información general suministrada en relación con determinados colectivos o pacientes (*v.gr.*, embarazadas y personas mayores); y, por otro lado, si existió suficiente accesibilidad de dicha información para la generalidad de los ciudadanos. En cualquier caso, estas cuestiones exigen un examen casuístico, atemperado por el carácter masivo de la vacunación y la situación de pandemia existente.

Bibliografía

AA.VV. (1999): «Il Consenso Informato nella Sperimentazione Clinica», *Boletino dell'Ordine Provinciale di Roma dei Medici Chirurghi e ddegli Odontoiatri*

BARRIENTOS ZAMORANO, Marcelo (2007): *El resarcimiento del daño moral en España y en Europa*, Ratio Legis, Salamanca

BELADÍEZ ROJO, Margarita (1997): *Responsabilidad e imputación de daños por el funcionamiento de los servicios públicos*, Tecnos, Madrid

BELTRÁN AGUIRRE, Juan Luis (2013): «La objeción de conciencia en el ámbito sanitario: últimas aportaciones judiciales», *Revista Aranzadi Doctrinal*, núm. 11, págs. 63 a 76

BERCOVITZ RODRÍGUEZ-CANO, Rodrigo (2002): «Comentario a la STS de 7 de junio de 2002», *Cuadernos Cívitas de Jurisprudencia Civil*, núm. 59, págs. 857 a 865

BLANQUER CRIADO, David (2020): *La responsabilidad patrimonial en tiempos de pandemia (los poderes públicos y los daños por la crisis de la COVID-19)*, Tirant lo Blach, Valencia

BLASCO IGUAL, María Clara (2005); «El consentimiento informado del menor de edad en materia sanitaria», *Revista de Bioética y Derecho*, núm. 35

BOYARSKI S. (1984): «Informed Consent», *New England Journal of Medicine*, núm. 311, págs. 1583 y 1584

CABEZUELO ARENAS, Ana Laura (2013): «El consentimiento presunto o autorización paciente inferida de otras intervenciones anteriores», *Derecho Privado y Constitución*, núm. 27

CADENAS OSUNA, Davinia (2016): «El estándar de información sanitaria sobre riesgos de los tratamientos e intervenciones médicas en España y el *common law*: una visión panorámica», *InDret Revista para el Análisis del Derecho*

CADENAS OSUNA, Davinia (2018): *El consentimiento informado y la responsabilidad médica*, Boletín Oficial del Estado, Madrid

CANO CAMPOS, Tomás (2013): «La transmisión mortis causa del derecho a ser indemnizado por daños no patrimoniales causados por la Administración», *Revista de Administración Pública,* núm. 191

DE ÁNGEL YÄGUEZ, Ricardo (2002): «Consentimiento informado: algunas reflexiones sobre la relación de causalidad y el daño», *II Congreso Asociación de Abogados Especializados en Responsabilidad Civil y Seguro*-Granada

DE FUENTES BARDAJÍ, Joaquín et *alii* (2009): *Manual sobre responsabilidad sanitaria,* Aranzadi, Cizur Menor (Navarra)

DE LORENZO y MONTERO, Ricardo (2000): *El consentimiento informado en oncología médica,* Editores Médicos SA, Madrid

DOMÍNGUEZ LUELMO, Andrés (2007): *Derecho Sanitario y Responsabilidad Médica. Comentarios a la Ley 41/2002, de 14 de noviembre, Sobre Derechos del Paciente, Información y Documentación Clínica,* LEX NOVA (2ª ed.) Valladolid

ESPUEY SERVERA, Irene (2019): «El resarcimiento de daños morales en el ámbito sanitario en los dictámenes del Consejo Consultivo de las Illes Balears. Doctrina sobre la pérdida de oportunidad y el consentimiento informado», en BAUZÁ MARTORELL, Felio José (dir.), *Doctrina consultiva: a propósito del 25 aniversario del Consejo Consultivo de las Illes Balears,* Wolters Kluwer, Madrid

FADEN, Ruth *et alii* (1986): *A History and Theory of Informed Consent,* Oxford University Press, New York

GALÁN CORTÉS, Julio Cesar (2001): *Responsabilidad médica y consentimiento informado,* Civitas, Madrid

GALÁN CORTÉS, Julio César (2007): «1922 Sentencia de 21 de octubre de 2005: Responsabilidad médica. Medicina voluntaria. Doctrina de la imputación objetiva. Consentimiento informado en cirugía estética. Incumplimiento del deber de información: daño y nexo causal», *Cuadernos Civitas de jurisprudencia civil,* núm. 74, págs. 995 a 1014

GALÁN CORTÉS, Julio César (2009): «El Consentimiento Informado en los Dictámenes del Consejo Consultivo de Castilla-La Mancha», *Revista Jurídica de Castilla-La Mancha,* núm. 47, págs. 9 a 43

GALÁN CORTÉS, Julio César (2020): *Responsabilidad civil médica,* Aranzadi, Cizur Menor (Navarra)

GALLARDO CASTILLO, María Jesús (2021): *Administración sanitaria y responsabilidad patrimonial,* Colex, La Coruña

GARCÍA GARNICA, María del Carmen (2004): *El ejercicio de los derechos de la personalidad del menor no emancipado. Especial consideración al consentimiento a los actos médicos y a las intromisiones en el honor, la intimidad y la propia imagen,* Aranzadi, Cizur Menor (Navarra), pág. 78

GATTELLARI M (1999): «Informed Consent: what did the doctor say?», *The Lancet,* núm. 353, pág. 1713

GÓMEZ ABEJA, Laura (2011): «Consentimiento informado y derechos fundamentales», *Revista Europea de Derechos Fundamentales,* núm. 18, págs. 275 a 306

GUÉREZ TRICARICO, Pablo (2012): *El tratamiento médico curativo y su licitud: el papel del consentimiento del paciente,* Cívitas, Madrid

GUERRERO ZAPLANA, José (2004): *Las reclamaciones por la defectuosa asistencia sanitaria* (4ª ed.), Lex Nova, Valladolid

GUILLEM TATAY, David (2017): «El consentimiento informado en la legislación española y la jurisprudencia y propuesta de aclaración», *Revista Jurídica de la Comunitat Valenciana*, núm. 64, págs. 5 a 15

HUERTA GARICANO, Inés (2011): «La indemnización por defectos en la prestación del consentimiento informado», *Revista Española de la Función Consultiva*, núm. 16, págs. 151 a 158

HURTADO DÍAZ-GUERRA, Isabel (2018): *El daño moral en la responsabilidad patrimonial sanitaria*, Tirant lo Blanch, Valencia

IDOATE GARCÍA, Víctor (1998): «Aspectos bioéticos en el concepto y comprensión del Consentimiento informado», *Cuadernos de Bioética*, núm. 33, págs. 9 a 11

LÓPEZ CHAPA, Sara (2007): *Autonomía del paciente y libertad terapéutica*, Bosch, Barcelona, pág. 236

LÓPEZ Y GARCÍA DE LA SERRANA, Javier (2022): *El consentimiento informado en el ámbito de la valoración y cuantificación del daño*, Atelier, Barcelona

LÓPEZ GUIZÁN, Ana María y QUINTANA ACEBO, María José (2017): «Doctrina sobre la ausencia del consentimiento informado escrito cuando existe un consentimiento no escrito o verbal», *Revista Española de la Función Consultiva*, núm. 27, págs. 209 a 221

MANENT ALONSO, Luis (2021): «Las singularidades de las reclamaciones por daños causados por las administraciones públicas como consecuencia de la COVID-19», *Revista jurídica de les Illes Balears*, núm. 20, págs. 139 a 175

MARTÍN CASALS, Miquel y SOLÉ FELIU (2002): «Comentario a la STS de 7 de junio de 2002, *Cuadernos Civiltas de Jurisprudencia Civil*, núm. 69

MIR PUIGPELAT, Oriol (2000): *La responsabilidad patrimonial de la Administración Sanitaria*, Civitas, Madrid

MONZÓ BAGUENA, Pau (2017): «Doctrina sobre la ausencia del consentimiento informado escrito cuando existe un consentimiento no escrito o verbal», *Revista Española de la Función Consultiva*, núm. 27, págs. 199 a 207

PISONERO PISONERO, María Paz (2017): «Doctrina sobre la ausencia del consentimiento informado escrito cuando existe un consentimiento no escrito o verbal», *Revista Española de la Función Consultiva*, núm. 27, págs. 237 a 262

PLAZA PENADÉS, Javier (2003): «La Ley 41/2002 básica sobre autonomía del paciente, información y documentación clínica», *Actualidad Jurídica Aranzadi*, núm. 562

PUEYO MACHUCA, Evelin (2017): «Doctrina sobre la ausencia del consentimiento informado escrito cuando existe un consentimiento no escrito o verbal», *Revista Española de la Función Consultiva*, núm. 27, págs. 179 a 198

RAMOS GONZÁLEZ, Sonia (2022): *Responsabilidad patrimonial y daños vacunales. Por un sistema público de compensación en el Derecho español*, Aranzadi, Cizur Menor (Navarra)

RAMOS GONZÁLEZ, Sonia (2017): «Daño moral por falta de consentimiento informado, en GÓMEZ POMAR, Fernando y MARÍN GARCÍA, Ignacio (coords.), El daño moral y su cuantificación, Wolter Kluwers, Las Rozas (Madrid)

REQUERO IBÁÑEZ, José Luis (2002): «El consentimiento informado y la responsabilidad patrimonial de las administraciones», en VV.AA., *La Responsabilidad patrimonial de la Administración sanitaria. Cuadernos de Derecho Judicial*, Consejo General del Poder Judicial, Madrid

RIBOT IGUALADA, Jordi (2007): «La responsabilidad civil por falta de consentimiento informado», *Revista de Derecho privado*, núm. 6

RODRÍGUEZ FERNÁNDEZ, Ricardo (2010): «El consentimiento informado. Su evolución jurisprudencial», *Diario La Ley*, núm. 7358

ROVIRA VIÑAS, Antonio. (2007): *Autonomía personal y tratamiento médico. Una aproximación constitucional al consentimiento informado*, Aranzadi, Cizur Menor (Navarra)

SANCHO GARGALLO, Ignacio (2004): «Tratamiento Legal y Jurisprudencial del consentimiento informado», *Working Paper Indret*, núm. 209

SÁNCHEZ GONZÁLEZ, María Paz (2013): «Responsabilidad de la Administración por daños morales», en QUINTANA LÓPEZ, Tomás (dir.), *La Responsabilidad patrimonial de la Administración Pública*, tomo I, Tirant lo Blanch (2ª ed.), Valencia

SÁNCHEZ SAN MILLÁN, Ana (2017): «Doctrina de la ausencia de consentimiento informado escrito cuando existe un consentimiento no escrito o verbal, Doctrina sobre la ausencia del consentimiento informado escrito cuando existe un consentimiento no escrito o verbal», *Revista Española de la Función Consultiva*, núm. 27, págs. 275 a 287

SARDINERO GARCIA, Carlos (2016): *Responsabilidad administrativa, civil y penal, por falta de información en el ámbito clínico, criterios indemnizatorios*, Tirant lo Blanch, Valencia

SERRANO GUARDIA, Gemma (2017): «Doctrina sobre la ausencia del consentimiento informado escrito cuando existe un consentimiento no escrito o verbal», *Revista Española de la Función Consultiva*, núm. 27, págs. 223 a 235

SEUBA TORREBLANCA, Joan Carles (2002): *Sangre contaminada, la responsabilidad civil y ayudas públicas. Respuestas jurídicas al contagio transfusional del SIDA y de la Hepatitis*, Civitas, Madrid

XIOL RÍOS, Juan Antonio (2011): «El consentimiento informado», *Revista Española de la Función Consultiva*, núm. 16, págs. 127 a 150

Capítulo 17

La doctrina del daño desproporcionado en la responsabilidad patrimonial sanitaria

Ignacio Granado Hijelmo

Letrado del Gobierno de La Rioja (jub.)

Presidente del Consejo Consultivo de La Rioja (1996-2001)[1]

SUMARIO: I. CONCEPTO; 1) Delimitación positiva; 2) Delimitación negativa; 3) Delimitación jurisprudencial; 4) Distinción de figuras afines y otros parámetros técnicos; 5) Carácter probatorio; II. ANTECEDENTES; III. NATURALEZA JURÍDICA; IV. EL *DAÑO DESPROPORCIONADO* COMO CATEGORÍA SISTÉMICA; V. El *DAÑO DESPROPORCIONADO* COMO PARÁMETRO ADICIONAL O ADJETIVO; VI. EL *DAÑO DESPROPORCIONADO* COMO CONCEPTO VALORATIVO; 2) Desproporción (óntica) y corrección (deóntica) de equidad; VII. CARÁCTER OBJETIVO DEL *DAÑO DESPROPORCIONADO;* 1) La neutralidad de la doctrina del daño desproporcionado; 2) El daño desproporcionado y la doctrina de la culpa virtual; 3) El daño desproporcionado y la doctrina de la apariencia (anscheinsbeweis); 4) El daño desproporcionado y la doctrina de la mayor facilidad probatoria; 5) El daño desproporcionado y la doctrina res ipsa alloquitur; VIII. LA EQUIPARACIÓN JURISPRUDENCIAL DE LAS INSTITUCIONES AFINES; 1) Crítica de la doctrina de la equivalencia interinstitucional; 2) Precisiones sobre el origen aquiliano de la responsabilidad culposa; IX. CARÁCTER PROBATORIO DE LA DOCTRINA DEL *DAÑO* DESPROPORCIONADO; 1) Su ubicación en el ámbito de la prueba; 2) Daño desproporcionado y causalidad; 3) Daño desproporcionado e imputación; 4) Daño desproporcionado y presunción; 5) Daño desproporcionado y ficción; 6) Daño desproporcionado y argumentación; 7) Reconducción del daño desproporcionado al ámbito probatorio; X. CARÁCTER *SEGUNDO* DE LA DOCTRINA DEL *DAÑO DESPROPORCIONADO;* XI. RELACIÓN ENTRE LAS DOCTRINAS DEL *DAÑO DESPROPORCIONADO* Y LA *LEX ARTIS AD HOC;* 1) El concepto de lex artis ad hoc y sus condiciones de aplicación; 2) La observancia de la lex artis ad hoc como parámetro de exoneración; 3) Consecuencias en los casos de daño desproporcionado; XII. EL *DAÑO DESPROPORCIONADO* Y LA DOCTRINA DE LA *PÉRDIDA DE OPORTUNIDAD;* XIII. RELACIÓN ENTRE LAS DOCTRINAS DEL *DAÑO DESPROPORCIONADO* Y EL *RIESGO ASUMIDO;* 1) La doctrina del riesgo asumido; 2) El riesgo general de la vida y su limitación por daño excesivo; A. Concepto; B. Fundamento; C. Efectos correlativos de exoneración e imputación; D. Carácter moderado; E. Ámbito educativo y otros ámbitos; F. El *daño desproporcionado* como límite al criterio del *riesgo general de la vida;* 3) Tipificación de riesgos y daño desproporcionado; A. La doctrina de los

---

[1] Doctor en Derecho (1992) y en Derecho Canónico (2011); Académico Correspondiente de las Reales Academias de Jurisprudencia y Legislación (1996) y de Ciencias Morales y Políticas (2019); ha sido Letrado del Gobierno de La Rioja (1982-2022) y Jefe de la Asesoría Jurídica de dicho Gobierno (1982-1996), así como Presidente (1996-2001) y Letrado-Secretario General (2001-2022) del Consejo Consultivo de La Rioja.

riesgos típicos; B. Riesgo típico y daño desproporcionado; C. Riesgo atípico y daño desproporcionado; D. Consentimiento informado y *daño desproporcionado;* E. Pacto de resultados y *daño desproporcionado;* XIV. RECAPITULACIÓN CONCLUSIVA; Bibliografía; Resumen; Abstract.

I. CONCEPTO[2]

1) Delimitación positiva

Tanto la jurisprudencia, al intervenir *a posteriori* en la resolución de procesos judiciales, como los distintos Altos Órganos que integran la Función consultiva española (AOC) al intervenir preventivamente con sus dictámenes preceptivos, han intentado atrapar en una tupida red de parámetros jurídicos, de imputación y exoneración, el abrumador y evanescente casuismo que presenta la responsabilidad patrimonial de las Administraciones públicas.

Uno de esos parámetros, procedentes del Derecho Comparado en el ámbito de la responsabilidad civil, es el *daño desproporcionado*[3], que GALLARDO define como «aquel daño no previsto ni explicable en la esfera de actuación médica, dada su desproporción con lo que es usual comparativamente, atendiendo a las reglas de la experiencia y el sentido común, al estado de la Ciencia y a las circunstancias de tiempo y lugar, o el descuido en su conveniente y temporánea utilización»[4].

---

2 SIGLAS: En este trabajo se emplean, además de las abreviaturas señaladas para todos los capítulos al principio del libro, las siguientes: a.C. = antes de Cristo (antes del año 1 de la era cristiana); *advs* = *adversus* (contra); AOC= Altos Órganos Consultivos; ap.= apartado; C.= *Códex*; CcCat = Código Civil catalán; CIC= *Corpus Iuris Civilis*; CIC'83 = *Codex Iuris Canonici* de 1983; CICn = *Corpus Iuris Canonici*; *circa* = alrededor de, aproximadamente en; Decrt/s = Decretal/es; Dg = *Digesto* (seguido de los núms. indicativos del libro, título y parágrafo); ex = procedente de; Ext. = *Extravagantes* (Decretales); FN = Fuero Nuevo de Navarra; Greg. = Gregorio. gregoriano/a; Inst. = *Instituta*; Nov. = *Novelas*; NR = Novísima Recopilación; P. = Partidas.

3 Como alternativa a la denominación de *daño desproporcionado*, no parece haber tenido fortuna la expresión *resultado clamoroso*, a que alude la STS, de 2 de noviembre de 2012, de la Sala de lo Contencioso-administrativo (núm. rec. 772/2012 [*Tol 2688168*]).

4 *Cfr*, GALLARDO CASTILLO, María Jesús (2021): *Administración sanitaria y Responsabilidad patrimonial*, Colex, La Coruña, pág. 125.

En efecto, por el *daño desproporcionado*, quien (siguiendo el sentir social común que, según las *reglas de la experiencia*[5], es propio de una *persona media*[6]), debería, en principio, soportar la actualización en siniestro de un riesgo (típico o general) de la vida (aceptado, expresa o tácitamente, al participar en el ámbito de actuaciones que lo genera), queda, sin embargo, exonerado de responsabilidad en base a la magnitud (cuantitativa o cualitativa) de sus efectos lesivos, los cuales deben ser imputados entonces al dañante, salvo que éste pruebe que el daño se ha producido (total o parcialmente) fuera de su ámbito de actuación, por una interferencia (de la víctima, de un tercero, de un caso fortuito o de una causa de fuerza mayor) que elimina o modera su responsabilidad[7].

---

5 En el ámbito jurídico, el concepto de *reglas* o *máximas de la experiencia* (*Erfahrungssatz*) fue propuesto en 1893 por el jurista alemán Friedrich Stein (1859-1923), en su obra *Das private Wissen des Richters*, traducida por DE LA OLIVA; pero, como afirman LLUCH y LABANDEIRA, hunde sus raíces en la tradición sapiencial, desde Confucio a los estoicos y desde Boecio hasta el propio Kant. Cfr. DE LA OLIVA SANTOS, Andrés (1973): *El conocimiento privado del juez: investigaciones sobre el derecho probatorio en ambos procesos*, Universidad de Navarra, Pamplona. LABANDEIRA, Eduardo (1989): «Las máximas de experiencia en los procesos canónicos», *Ius Canonicum*, vol. XXIX, núm. 57, págs. 245-273. ABEL LLUCH, Xavier (2015): *Las reglas de la sana crítica*, La Ley, (Las Rozas) Madrid. TARUFFO, Michele, *Contribución al estudio de las máximas de experiencia*, Madrid, Ed. Marcial Pons, 2023.

6 La locución «propio de una *persona media*» es de carácter neutro para recoger y actualizar, sin implicaciones de género, el antiguo criterio romano del *buen padre de familia*, como concepto jurídico indeterminado que resulta expresivo de un estándar de actuación considerado socialmente como propio de alguien normal y corriente.

7 Esta descripción del *daño desproporcionado* tiene base en la jurisprudencia sobre responsabilidad civil que ha acogido la doctrina del *daño desproporcionado*; así, es destacable la conceptuación que, en el ámbito sanitario, ofrece la STS 1022/1996, de 2 de diciembre, de la Sala de lo Civil (núm. rec. 3442/199 [*Tol 1658875*]). Lo califica, por primera vez, como aquel daño que «por su desproporción con lo que es usual comparativamente, según las reglas de la experiencia y el sentido común, revele inductivamente la penuria negligente de los medios empleados, según el estado de la Ciencia y las circunstancias de tiempo y lugar, o el descuido en su conveniente y temporánea utilización» (FJ 3). En el mismo sentido se han pronunciado, entre otras, las SSTS de 9 de diciembre de 1999 [*Tol 171964*]; 22 de septiembre de 2010 [*Tol 1961400*]; 517/2013, de 19 de julio (núm. rec. 939/2011 [*Tol 3887671*]): y 284/2014, de 6 de junio (núm. rec. 847/2012 [*Tol 4371700*]), todas ellas de la Sala de lo Civil. En la STS de 22 de septiembre de 2010 se condenó al Servicio Andaluz de Salud por el daño (desproporcionado), consistente pérdida del globo ocular izquierdo, tras una operación de cataratas. La STS de 19 de julio de 2013 condenó a una Clínica por los daños desproporcionados causa-

2) Delimitación negativa

Conviene advertir desde el principio que el *daño desproporcionado*: i) no es una institución de Derecho *legal* (aunque pueda rastrearse en algunas normas procesales y sustantivas), sino jurisprudencial y doctrinal, porque ha sido construida en los ámbitos judicial, consultivo y académico como un *correctivo de equidad*[8] ; ii) no es una institución de Derecho *material* (aunque produzca derivativamente el efecto de exonerar de responsabilidad a la víctima e imputarla al dañante) porque opera en el ámbito *probatorio* como una mera *inversión de la carga de la prueba*, haciéndola recaer sobre el dañante; iii) no es una institución de Derecho *administrativo* sobre responsabilidad patrimonial de las Administraciones públicas, ya que procede del Derecho Comparado de daños, en el ámbito de la responsabilidad civil general; y iv) no es una institución de Derecho *sanitario*, exclusiva del régimen jurídico de la responsabilidad del personal sanitario de los Centros asistenciales dependientes de entidades privadas o públicas, ya que resulta aplicable a cualquier sector (privado o público) de responsabilidad, sea o no sanitario o asistencial, siempre que su actividad genere un daño que exceda del que se repute ordinario.

3) Delimitación jurisprudencial

El parámetro del *daño desproporcionado* ha tenido especial aplicación en España en casos de responsabilidad sanitaria, tanto civil (de personal sanitario de Centros asistenciales de Derecho privado) como patrimonial (de personal sanitario de Centros asistenciales de Derecho público).

Así, en el ámbito sanitario civil, es muy citada la STS, Sala de lo Civil (ponente O'Callagham), de 31 de enero de 2003, con un voto particular de

---

dos como consecuencia de una reconstrucción mamaria mal realizada. La STS de 6 de junio de 2014 enjuició unos daños desproporcionados como consecuencia de unas complicaciones posteriores al parto, en concreto: histerectomía con anexectomía izquierda por sangrado de ovario y tres infartos cerebrales, que dejaron secuelas motoras y una minusvalía del 79%.

8 LLAMAS POMBO Eugenio (2010): *Reflexiones sobre Derecho de Daños, casos y opiniones*, La Ley, Las Rozas (Madrid), pág. 33, señala que «los creadores del Derecho de daños han sido, sin duda, los tribunales de justicia, de la mano de las exigencias de los ciudadanos, y con la (a menudo olvidada) labor doctrinal y teórica, que ha dotado a la materia de precisión, sistemática y, ¿por qué no decirlo?, entidad dogmática».

MARÍN CASTÁN, que se refiere, a la que denomina *doctrina jurisprudencial del «resultado desproporcionado»,* como «elemento que justifica una inversión de la carga de la prueba, desplazando sobre el Médico o Cirujano demandado la demostración de su propia diligencia»; y señala que «es necesario precisarla en sus justos términos como una técnica correctora que exime al paciente de tener que probar el nexo causal y la culpa de aquellos, cuando el daño sufrido no se corresponda con las complicaciones posibles y definidas de la intervención enjuiciada»[9].

Pero, además del carácter correctivo de equidad y de inversión probatoria que reviste la institución del *daño desproporcionado,* es importante insistir en que su construcción técnica procede del ámbito de la responsabilidad civil, que es *subjetiva* por fundarse en la *culpa* como criterio de imputación, lo cual provoca disfunciones al aplicarla, no sólo en ámbitos civiles de responsabilidad por *riesgo* asumido, sino principalmente en el ámbito de la responsabilidad administrativa, que es *objetiva* por fundarse en el *funcionamiento* (normal o anormal) de los servicios públicos como criterio de imputación.

Ahora bien, paradójicamente, pese a su origen civil, la institución del *daño desproporcionado* ha tenido más éxito en el ámbito de la responsabilidad patrimonial de las Administraciones públicas competentes en materia sanitaria. Esto se debe a la consolidación de la jurisprudencia contraria a imputar a la Administración daños sanitarios cuando el dañante ha observado la *lex artis ad hoc* (es decir, la pericia profesional protocolizada para el caso concreto según el estado de la Ciencia en el momento de la actuación)[10]. Esta restricción ha supuesto limitar la responsabilidad patrimonial de las Administraciones públicas a los casos de funcionamiento *anormal* del servicio público sanitario, lo cual acerca bastante la imputación en estos casos al criterio de culpa que es propio de la responsabilidad civil[11].

---

9 FJ 3 STS de 31 de enero de 2003, de la Sala de lo Civil [*Tol 253657*], que versa sobre un recurso por *daño desproporcionado* interpuesto por una persona que fue intervenida quirúrgicamente de hemorroides sangrantes y fisura anal, y que quedó con una incontinencia anal parcial; y a la que dicha Sala reconoce una indemnización de 120.000 euros.

10 La reciente STS de 23 de febrero de 2022, de la Sala de lo Contencioso-administrativo [*Tol 833279*], resume, con amplia cita de otras sentencias, toda la jurisprudencia respecto a la doctrina de la *lex artis ad hoc.*

11 En relación con la limitación de la responsabilidad patrimonial sanitaria por el funcionamiento *anormal* del Sistema Nacional de Salud, se va abriendo paso la opinión académica de que, en rigor, la responsabilidad patrimonial de las Admi-

4) Distinción de figuras afines y otros parámetros técnicos

Otra observación, derivada de las anteriores, es que la institución del *daño desproporcionado,* para ser comprendida en toda su profundidad sin caer en el vulgarismo jurídico, ha de ser (como intentaré efectuar en este estudio), cuidadosa, e incluso sutilmente, deslindada: i) de otras figuras de Derecho Comparado afines o que le sirven como precedente, como son, entre otras, la culpa presunta (*faute virtuelle*), la notoriedad clamorosa (*res ipsa alloquitur*) o la apariencia convincente (prueba *prima facie*); las cuales, si bien producen resultados semejantes, tienen un origen, naturaleza o ámbito de aplicación distinto; y ii) de otros parámetros técnicos que se emplean para acotar la responsabilidad por daños, como son, entre otros, la relación de causalidad, los requisitos del daño, el deber de soportarlo o la imputación; los cuales, en rigor, tienen una operatividad distinta que no deben ser confundida con la que es propia de la figura del *daño desproporcionado.*

5) Carácter probatorio

Es de advertir, además, que la prueba en contra, a la que institucionalmente conduce la aplicación de la doctrina del *daño desproporcionado,* impide una clara delimitación general apriorística, tanto positiva como negativa, acerca de cuándo un daño deba o no ser reputado como *desproporcionado.*

---

nistraciones públicas sólo excepcionalmente se funda en el funcionamiento *normal* del servicio público, ya que la mayoría de casos en que la aprecian los órganos jurisdiccionales y consultivos son de funcionamiento *anormal.* Es más, la reciente STS 50/2021, de 21 de enero, de la Sala de lo Contencioso-administrativo (núm. rec. 5608/2019 [*Tol 8301657*]) ha afirmado que «todo el sistema de responsabilidad patrimonial de la administración sanitaria gira en torno al criterio de la *lex artis,* hasta tal punto que se ha llegado a decir que no existe jurisprudencia que condene a la Administración en materia sanitaria por funcionamiento normal del servicio» (FJ 5). Por su parte, MARTÍN REBOLLO propone reducir la responsabilidad por funcionamiento *normal* a los casos en que el resarcimiento opera como un *precio* por la aplicación de un cambio de política (p.e, urbanística) o como un seguro, no universal, sino sólo de ciertos riesgos, excepcionalmente graves y tasados legal o jurisprudencialmente. Esta última precisión podría, en mi opinión, originar una *doctrina del riesgo desorbitado,* inspirada en la del *daño desproporcionado.* MARTÍN REBOLLO, Luis (2018), *Manual de las Leyes Administrativas,* Aranzadi, Cizur Menor (Navarra), (2ª ed.), págs. 789 a 797.

Por eso, aunque doctrinalmente se ha apuntado (en un intento de delimitación *positiva* del concepto) que un daño es *desproporcionado* cuando (especialmente en el ámbito de la responsabilidad sanitaria) sea *imprevisible* y *desconocido,* o bien *anormal, atípico, insólito* e *inusualmente grave, importante, catastrófico* (si ha causado un considerable número de víctimas), *anómalo* (en relación con un determinado comportamiento comparado con los riesgos que normalmente acarrea y con los padecimientos que trata de atender) o *incompatible* con las consecuencias de una terapia normal, y que, por tanto, resulte *inexplicable*; sin embargo la jurisprudencia ha mostrado en reiteradas ocasiones que, ante un daño *excepcional,* no puede establecerse una relación de causalidad entre la actuación médica y el resultado dañoso, porque, con frecuencia, estos riesgos *inesperados, indeseados o insatisfactorios* son justificados por los Facultativos[12].

Tampoco han tenido mucho éxito los intentos de lograr una delimitación *negativa* del concepto de *daño desproporcionado,* es decir, para fijar qué supuestos no pueden ser calificados como tal, porque el resultado de la valoración conjunta de la prueba presenta con frecuencia casos en que el daño, por ordinario que parezca, es imputado al dañante, frente a otros en que, pese a ser extraordinarios en su magnitud, el dañador ha logrado aportar una justificación suficientemente razonable. En suma, el daño no será *desproporcionado* mientras exista una justificación que explique de manera suficiente su origen y proceso causal en el caso concreto[13].

Pero estas consecuencias no deben desalentar sobre la consistencia de la doctrina del *daño desproporcionado,* ya que no son sino plasmación de la realidad probatoria en que la misma consiste y que se traduce en que no es

---

12 Entre otros pronunciamientos que han rechazado la responsabilidad patrimonial sanitaria por *daño desproporcionado,* al entender justificada la actuación del Facultativo, cabe citar las SSTS 465/2007, de 30 de abril (núm. rec. 1018/2000 [*Tol 1073415*]); y 475/2013, de 3 de julio (núm. rec. 437/2011 [*Tol 3846412*]), ambas de la Sala de lo Civil. En la STS de 30 de abril de 2007, se justificó una ceguera irreversible de un recién nacido con síndrome de Down, al que se le operó, al mes de nacer, de cataratas congénitas bilaterales. En la STS de 3 de julio de 2013, la Sala de lo Civil sostuvo que la falta de cesárea, que supuestamente debería haberse practicado cuando la madre acudió al Hospital aquejada por fuertes dolores (que posteriormente se supo que respondían a un desprendimiento de placenta y hemorragia intrauterina de la madre), no fue lo que provocó que el niño naciera con un síndrome de West, calificado con una minusvalía del 90%. Para la Sala, el desplazamiento de placenta no era previsible y la cesárea no era el único tratamiento.

13 FJ 6 STS 943/2008, de 23 de octubre (núm. rec. 870/2003 [*Tol 1389660*]).

una doctrina dirigida a conseguir un título de *imputación* para el dañante, sino encaminada sólo a lograr una *inversión de la carga probatoria*, de suerte que sea dicho dañante quien deba soportar las consecuencias del daño si no logra justificar su proceso causal.

II. ANTECEDENTES

Aunque, como veremos, este criterio hunde sus raíces en el Derecho romano[14] y bizantino[15], su aplicación procesal moderna deriva del Derecho anglosajón, de donde ha pasado a la jurisprudencia europea continental y, en España, también a la doctrina de los AOC.

En efecto, se considera *leading case* de esta doctrina la Sentencia de 25 de noviembre de 1863, de la *Exchequer Court* inglesa, recaída en el caso *Byrne advs Boadle*[16]. Se trataba del daño causado a un viandante por la

---

14 Para las citas del *Corpus Iuris Civilis*, sigo la edición ordinaria de KRÜGER, MOMMSEN, SCHÖLL y KROLL, si bien, para la traducción española, he manejado: en cuanto al *Digesto* (Dg.), a D'ORS, HERNÁNDEZ TEJERO, FUENTESECA, GARCÍA GARRIDO y BURILLO; y, en cuanto a la *Instituta* (Inst.), el *Código* (C.) y las *Novelas* (Nov.), a GARCÍA DEL CORRAL. *Cfr.* KRÜGER, Paul, MOMMSEN Theodor SCHÖLL, Rudolf y KROLL, Wilhem (1928-29=1954): *Corpus Iuris Civilis, editio stereotipa*, Berlín. D'ORS Y PÉREZ-PEIX, Álvaro, HERNÁNDEZ-TEJERO JORGE, Francisco, FUENTESECA DÍAZ, Pablo, GARCÍA GARRIDO, Manuel Jesús y BURILLO LOSHUERTOS, Jesús (1968-1975): *El Digesto de Justiniano*, Aranzadi, Cizur Menor (Navarra). GARCÍA DEL CORRAL, Ildefonso (1889-1897=1990): *Cuerpo del Derecho Civil Romano*, Barcelona=Valladolid.

15 El Derecho bizantino post-justinianeo fue recopilado en los *Basílicos*, colección en 60 libros auspiciada por el emperador Basilio I el Macedonio (867-886) y ultimada por su hijo, León VI el Filófoso (886-911), hacia el año 900. Esta recopilación fue objeto de múltiples comentarios marginales o escolios. Se cita por la edición ordinaria de SCHELTEMA, VAN DER WAL y HOLWERDA con dos series, una para los *Basílicos* y otra para los escolios; si bien sigue siendo de referencia la clásica edición heimbachiana (de los hermanos HEIMBACH), con traducción latina del texto griego. *Cfr.* SCHELTEMA, Herman Hans, VAN DER WAL, Nicolas y HOLWERDA, Douwe (1953-1974): *Basilicorum libri LX*, Groningen. HEIMBACH, Gustav Ernst y Karl Wihhelm Ernst (1833-1870): *Basilicorum Libri LX*, Leipzig.

16 Siguiendo el criterio de mi maestro, el recordado Prof. D. Francisco González Navarro, empleo la expresión latina *advs =adversus* (contra), que estimo más correcta que la usual *vs= versus* (hacia). Para el precedente citado, *Cfr.* 159 *England Rep.* 299, *Exchequer Court*, 2, *Hurlstone & Coltman*, 722, que puede consultarse en http: *h20.law.harvard.edu/colleges/566.*

caída de un barril de harina desde un segundo piso, caso muy parecido al de *Scott advs London & St Katherine Docks Co.* de 1865 (caída de un saco de azúcar)[17]; y, en el ámbito norteamericano, al del asunto *Ristau advs Frank Coe Company* de 1907 (caída de la carga de un vagón)[18].

Estos precedentes sirvieron de base a otros pronunciamientos posteriores, en el Reino Unido, como el asunto *Barkway advs South Wales Transport Co. Ldt* de 1950[19] ; y, en EEUU, especialmente tras el caso *Ybarra advs Spangard* de 1944 (grave disfuncionalidad tras una mera operación de apendicitis)[20] ; siempre en un ámbito de imputación subjetiva de la responsabilidad civil por culpa.

En Alemania, esta formulación anglosajona del *daño desproporcionado* fue recogida por el *Bundesgerichtshof* (Tribunal Supremo Federal) en la Sentencia de 10 de julio de 1956 (un caso de mastectomía de una joven de 17 años por olvido de una gasa en una previa intervención quirúrgica), aunque ya había sido apuntada en otra Sentencia de 13 de diciembre de 1951 (sobre la necesidad de modular la responsabilidad según el tipo y tamaño del cuerpo extraño olvidado)[21].

La recepción de esta teoría en Francia se realizó poco después, en la Sentencia de 28 de junio de 1960, de la *Cour de Cassation*, también en un

---

17 *Cfr.* 3 H&C 596 (1865); disponible en: *https://www.lawteacher.net/cases/scott-v-london-st-katherine.php?vref=1.* En este caso, que se considera como formulación de precedente en el *Commom law* (reiterado, entre otros, en *Thomson advs Kvaerner Govan Limite*d, *cfr.* HL 31-07-2003), el Tribunal determinó que: «cuando el objeto que causa el daño está bajo el control del demandado o sus empleados, y se produce un accidente que no suele ocurrir en el curso normal de los acontecimientos, si quienes están encargados de controlar la situación actúan con diligencia, la falta de una explicación por parte del demandado, constituye prueba razonable de que el accidente se produjo por falta de diligencia».

18 *Cfr.* 120 *App. Div.* 478, 104 NYS, *Supreme Court of New York, Appeal Division, Second Dep.* 1907.

19 *Cfr.* 1. All. ER 392. HL (1950).

20 *Cfr.* 25 cal 2d 486, 154 P2 da 687 162 A.L.R. 1258, *Supreme Court of California*, 1944.

21 Las citadas sentencias del Tribunal Supremo Federal, de 13 de diciembre de 1951 (BGHZ, VersR 1956, pág. 577) y de 10 de julio de 1956 (BGHZ 4, pág. 138) son referidas por LUNA. *Cfr.* LUNA YERGA, Álvaro (2003): «Olvido de una gasa durante una intervención quirúrgica: Comentario a la STS, 1ª, 29.11.2002», *InDret*, núm. 2, pág. 14.

marco de imputación culposa, al resolver un caso de radiodermitis tras una prueba radiológica practicada sin protección suficiente[22].

En España, aunque quizá pueda notarse un influjo de esta doctrina en las SSTS, de la Sala de lo Civil, de 12 de julio de 1988 (que se inspira en ella, pero no la cita expresamente, al apreciar una infracción de la *lex artis* en unas secuelas de atrofia cerebral con ligera hidrocefalia, paresia de una pierna, fibrosis muscular y pérdida auditiva, sufridas tras a una operación de apendicitis) y 4 de noviembre de 1992 (que la sugiere en un caso de muerte de un menor por osteocondritis imputada a negligencia asistencial)[23], el orden judicial civil se resistió a adoptarla[24], si bien terminó asumiéndola (siempre en un ámbito de responsabilidad por negligencia asistencial), a partir de la STS de 2 de diciembre de 1996 (tetraparesia iatrogénica post-parto), y la reiteró posteriormente[25].

---

[22] La citada sentencia de la *Cour de Cassation*, de 28 de julio de 1960, es referida por GALÁN. GALAN CORTES, Julio César (2007): «La responsabilidad civil médico-sanitaria», en SEIJAS QUINTANA, José María (coord.), *Responsabilidad civil, aspectos fundamentales*, Sepin (1ª ed.), pág. 289.

[23] *Cfr.* las citadas SSTS de 12 de julio de 1988 [*Tol 1733271*] y de 4 de noviembre de 1992 [*Tol 1661333*], ambas de la Sala de lo Civil.

[24] Han rechazado la existencia del daño desproporcionado, entre otras, las SSTS 31/1993, de 2 de febrero (RJ 1993/793); y 197/1993, de 4 de marzo (núm. rec. 2404/1990 [*Tol 1664558*]), ambas de la Sala de lo Civil. En está última sentencia se reclamó por una alteración de la fonación y afectación del nervio lingual como consecuencia de una extracción de las «muelas del juicio».

[25] La recepción de la doctrina del *daño desproporcionado* en nuestro país se realizó, en efecto, a partir de la STS 1022/1996, de 2 de diciembre, de la Sala de lo Civil (núm. rec. 404/1993 [*Tol 1658875*]). Este primer caso de responsabilidad por *daño desproporcionado* se refirió a una tetraparesia espástica resultante de un sangrado producido al practicar un parto no programado. Posteriormente, la Sala de lo Civil, también admitió el *daño desproporcionado* en las SSTS 462/1998, de 22 de mayo (núm. rec. 971/1944 [*Tol 5119944*]), relativa a un óbito por *shock* séptico tras intervención en un flemón; y 719/1997, de 28 de julio (núm. rec. 2327/1993 [*Tol 5156487*]), sobre una estenosis iatrogénica post-ureterostomía. También lo han reconocido, entre otros, las siguientes SSTS: de 26 de mayo de 1997 [*Tol 215092*]; 604/1997, de 1 de julio (núm. rec. 1937/1993 [*Tol 5156484*]); 688/1997, de 21 de julio (núm. rec. 2276 [*Tol 5156513*]); 1124/1997, de 2 de diciembre (núm. rec. 3100 [*Tol 5114622*]); 1108/1997, de 13 de diciembre (núm. rec. 3045 [*Tol 114656*]); 812/1998, de 8 de septiembre (núm. rec. 1326/1994 [*Tol 5157055*]); y 1168/1998, de 12 de diciembre (núm. rec. 2094/1997 [*Tol 5119629*]). De los distintos pronunciamientos, en los que la Sala de lo Civil ha aplicado la doctrina del *daño desproporcionado* cabe destacar, las SSTS: 1146/1998, de 9 de diciembre (núm. rec.

La jurisdicción contencioso-administrativa, obligada legalmente a actuar en el marco de la responsabilidad objetiva, pero impelida por sus propios criterios sobre imputación por funcionamiento *anormal* de los servicios sanitarios e inobservancia de la *lex artis ad hoc*, así como por varios precedentes en la jurisprudencia menor[26], asumió la doctrina del *daño desproporcionado* formulada por la Sala de lo Civil, a partir de la STS de 16 de diciembre de 2003 (gastrectomía total tras cirugía de hernia de hiato)[27], y especialmente en las SSTS, de 20 de septiembre de 2005 (tetraplejia tras cirugía de estenosis traqueal)[28] y 20 de junio de 2006 (fallecimiento tras

2159/1994 [*Tol 4035980*]), sobre el fallecimiento por tétanos tras cirugía de *hallux valgus* (juanetes); y 9 de diciembre de 1999 [*Tol 171964*], relativa a una evisceración ocular infecciosa tras cirugía de cataratas. El TS continuó aplicando esta doctrina en años posteriores, cfr, p.e, las SSTS 58/2003, de 30 de enero (núm. 30/2003 [*Tol 4927594*]); de 31 de enero de 2003 [*Tol 253657*]; 461/2003, de 8 de mayo (núm. rec. 2731/1997 [*Tol 4928547*]); de 18 de mayo de 2004 (núm. rec. 298/2004 [*Tol 442972*]); 1108/2004, de 17 de noviembre (núm. rec. 5332/2000 [*Tol 538270*]); y 482/2005, de 23 de junio (núm. rec. 647/1999 [*Tol 674248*]). De este grupo de fallos, recaídos entre 2002 y 2005, una mención especial merece las SSTS de 6 de febrero de 2001 [*Tol 25302*], sobre la muerte por infarto no detectado previamente pese a haber acudido dos veces al Servicio de Urgencias; de 31 de enero de 2003 [*Tol 253657*], sobre una incontinencia fecal tras cirugía de hemorroides; y 917/2004, de 7 de octubre (núm. rec. 2622 [*Tol 514220*]), relativa a la rotura tendinosa de una mano que causa invalidez profesional tras la negligente cura de una herida. También son relevantes las SSTS 546/2007, de 23 de mayo (núm. rec. 1940/2000 [*Tol 1081753*]), sobre una operación de tabique nasal que acaba en fallecimiento del paciente; 417/2007, de 16 de abril (1667/2000 [*Tol 1075934*]), relativa a una tetraparesia tras cirugía de hernia discal; y 943/2008, de (núm. rec. 8770/2003 [*Tol 1389660*]), relativa al fallecimiento durante el parto, todas ellas de la Sala de lo Civil.

26 Con carácter previo a la STS de 16 de diciembre de 2003 (núm. rec. 5060/1999 [*Tol 348470*]), la responsabilidad por *daño desproporcionado* fue reconocida, en el orden contencioso-administrativo, por las SSAN de 4 de octubre de 2000 (núm. rec. 968/1999 [*Tol 5244451*]), relativa a una parálisis mentoniana tras extirpación de un neurilemoma; y de 3 de diciembre de 2003 (núm. rec. 483/2001 [*Tol 5228533*]), sobre la muerte en la preparación anestésica para una uvulopalatoplastia para evitar la apnea del sueño).

27 STS de 16 de diciembre de 2003, de la Sala de lo Contencioso-administrativo (núm. rec. 5060/1999 [*Tol 348470*]).

28 STS de 20 de septiembre de 2005, de la Sala de lo Contencioso-administrativo (núm. rec. 5078/2002 [*Tol 732093*]).

colitestomía por litiasis biliar)[29], y la ha reiterado[30], aunque también ha desechado su aplicación en bastantes ocasiones[31].

La doctrina legal de nuestros AOC ha seguido la línea jurisprudencial de recepción de la figura del *daño desproporcionado*[32]. Así, como ha puesto de manifiesto GARRIDO, el Consejo Jurídico Consultivo de la Comunidad Valenciana (CJCVal), al poco tiempo de cuajar la doctrina del *daño desproporcionado*, la aplicó, entre otros, en sus dictámenes de 9 de septiembre y 23 de diciembre de 1999[33].

---

29 STS de 20 de junio de 2006, de la Sala de lo Contencioso-administrativo (núm. rec. 167/2002 [*Tol 985025*]). MUÑOZ PÉREZ, David y OJEDA CUBERO, Carmen (2018): «Cuestiones sobre el *daño desproporcionado* en el ámbito de la responsabilidad patrimonial sanitaria en la jurisprudencia», *Actualidad administrativa*, núm. 5.

30 Como ejemplos de pronunciamiento judicial en el que el paciente fue resarcido por considerar la Sala de lo Contencioso-administrativo que el daño era desproporcionado, cabe citar, entre otras, las SSTS de 19 de mayo de 2011 (núm. rec. 5067/2006 [*Tol 2141540*]) y de 2 de noviembre de 2012 (núm. rec. 772/2012 [*Tol 2688168*]).

31 La Sala de lo contencioso-administrativo del TS ha inaplicado la doctrina del *daño desproporcionado*, entre otras, en las SSTS de 7 de julio de 2011 (núm. rec. 3903/2007 [*Tol 2185580*]); de 20 de julio de 2011 (núm. rec. 4613/2007 [*Tol 2227285*]); de 19 de junio de 2012 (núm. rec. 3198/2011 [*Tol 2581228*]); de 16 de julio de 2012 (núm. rec. 1383/2011 [*Tol 2597145*]), de 19 de septiembre de 2012 (núm. rec. 8/2010 [*Tol 2651403*]), de 4 de diciembre de 2012 (núm. rec. 5890/2011 [*Tol 2707171*]); y 4 de junio de 2013 (núm. rec. 2187/2010 [*Tol 3775438*]).

32 Valga el ejemplo de los dictámenes del Consejo Consultivo de Castilla-La Mancha (CCC-M). Debe quedar: "Valga el ejemplo de los dictámenes del Consejo Consultivo de Castilla-La Mancha 112/2003 (complicaciones tras una prueba diagnóstica), 57/2004 (nefrectomía tras operación de *by-pass*), 53/2006 (infección intra-operatoria), 174/2006 (pérdida de visión tras cirugía de cadera, 96/2008 (fallecimiento tras colonoscopia) o 147/2008 (graves secuelas tras intervención quirúrgica); analizados por PÉREZ TOLÓN, Ernesto y LARIOS RISCO, David, «La teoría del daño desproporcionado en los dictámenes sobre responsabilidad sanitaria del Consejo Consultivo de Castilla-La Mancha», *Revista jurídica de Castilla-La Mancha*, 47, 2009, págs. 65-105; a los que cabe añadir el DCCC-M núm. 1/2021, de 21 de enero, "a los que cabe añadir el DCCC-M 1/2021, de 21 de enero (enema pre-colonoscópico) (enema pre-colonoscópico, cuya aplicación provoca una perforación de colon y, tras intervenirla, la amputación de miembros superiores e inferiores por necrosis derivada del tratamiento farmacológico administrado en la UCI).

33 GARRIDO MAYOL, Vicente (2004): «El carácter objetivo de la responsabilidad patrimonial y el funcionamiento normal de los servicios públicos», *Revista Española de la Función Consultiva*, págs. 37 y 38. El DCJCVal 274/1999, de 9 de septiembre,

En opinión de BAUZÁ (de cuya obra extraemos las referencias que se indican)[34], tras más de 30 años de jurisprudencia y doctrina legal, algunas de las manifestaciones más relevantes de la responsabilidad médica por *daño desproporcionado* son las siguientes: i) lesiones en el parto[35] ; ii) actos anestésicos[36] ; iii) infecciones nosocomiales[37] ; iv) transfusiones[38] ; v) casos de pérdida de oportunidad terapéutica[39] ; y vi) falta o insuficiencia de consentimiento informado[40].

---

estudió el caso de una mujer que se sometió a una laparotomía para liberación de adherencias y a una ligadura de trompas, pero en la intervención quedó afectado un nervio que le provocó una pérdida de sensibilidad en su pierna izquierda, alterando su sexualidad y produciendo dificultades en su capacidad de movimiento. El DCJCVal 410/1999, de 23 de diciembre, contempló el caso de una paciente que acudió al Oftalmólogo para una exploración rutinaria y, al inyectarle fluoresceína, quedó en coma, que se prolongó hasta su posterior fallecimiento.

34 BAUZÁ MARTORELL, Felio José (2017): «Responsabilidad médica y sobre prevención: otra perspectiva del sistema», *Derecho y Salud*, vol. 27, núm. extra, págs. 144 a 149.

35 SSTS 479/2015, de 15 de septiembre, de la Sala de lo Civil (núm. rec. 2675/2013 [*Tol 5439307*]), que reconoció una indemnización a los padres, en concepto de daño moral, por no haber apreciado las malformaciones congénitas durante el embarazo; y de 17 de septiembre de 2012 (núm. rec. 6693/2010 [*Tol 2651485*]), que desestimó un recurso en un caso de infartos cerebrales del feto durante el parto, achacados al empleo de fórceps. Respecto del empleo de fórceps y el daño que puede provocarse con esta técnica, *cfr.* la doctrina legal del Consejo Consultivo de Baleares (CCBal), en su dictamen 119/2012, de 12 de septiembre.

36 STS de 18 de diciembre de 2009, de la Sala de lo Contencioso-administrativo (núm. rec. 3810/2005 [*Tol 1761847*]), en la que se descartó indemnizar a un paciente que quedó tetrapléjico a raíz de una parada cardiaca sufrida durante la intervención de una hernia umbilical porque entendió que no se había infringido la *lex artis*.

37 El DCCC-M 167/2013, de 22 de mayo, declaró la responsabilidad del Servicio de Salud de Castilla-La Mancha por la contracción de malaria, por un niño de 4 años, tras haberse empleado una jeringuilla usada con otro paciente con el que coincidió en el mismo box.

38 STS de 22 de abril de 2003, (núm. rec. 11317/1998 [*Tol 675349*]) y SAN de 14 de octubre de 1998 (núm. rec. 569/1997 [*Tol 5243418*]), ambas de la Sala de lo Contencioso-administrativo, ambas sobre el contagio por hepatitis C.

39 SSTS, de la Sala de lo Contencioso-administrativo, de 10 de febrero de 2005 (núm. rec. 1112/2001 [*Tol 582734*]), 20 de junio de 2006 (núm. rec. 167/2002 [*Tol 985025*]) y 23 de febrero de 2009 (núm. rec. 7840/2004 [*Tol 1462968*]); esta última obligó a resarcir a un paciente de 45 años de edad que acudió 4 veces al Servicio de urgencias de un hospital, aquejado de fuertes dolores abdominales, y que sufrió una peritonitis con perforación de la vesicular biliar. Más reciente es

III. NATURALEZA JURÍDICA

La precedente descripción revela, desde el punto de vista de su naturaleza jurídica, que el *daño desproporcionado* tiene un carácter *sistémico*, aunque meramente *adicional*, *valorativo* y *probatorio*, cuyos efectos son *correctivos*, es decir, dirigidos, por motivos de equidad, a invertir el régimen ordinario de la carga de la prueba y, eventualmente, de imputación de la responsabilidad.

Esta eficacia posterior denota, además, el carácter *segundo* que, desde una perspectiva de lógica jurídica, tiene este parámetro en el Derecho de daños.

A continuación, se analizan estas características, advirtiendo que la connotación valorativa del parámetro no altera, sin embargo, el carácter *objetivo* inherente a la responsabilidad patrimonial de la Administración.

Por ello, al hilo del análisis de las expresadas características, en este estudio se exponen los aspectos que pueden servir para una delimitación jurídica más precisa de la institución del *daño desproporcionado* como parámetro para la determinación de la responsabilidad patrimonial de las Administraciones públicas por contraposición: i) a otros elementos estructurales de la responsabilidad patrimonial (como la *causalidad*, la *imputación* o la *lex artis ad hoc*), con los que no debe ser confundida; y ii) a otras figuras afines (como la *culpa virtual*, la *apariencia probatoria* o la *prueba prima facie*), que también conviene deslindar, aunque, por generar los mismos resultados prácticos, hayan sido equiparadas por la jurisprudencia.

---

la STS de 27 de abril de 2015, de la Sala de lo Contencioso-administrativo (núm. rec. 2114/2013 [*Tol 4946683*]) que condenó al Servicio Murciano de Salud a una indemnización de 600.000 euros y una pensión vitalicia de 1.000 euros mensuales, por una niña que nació con hipoxia. También pueden citarse los DD CJACat 153/2008, de 19 de julio, relativo a un error de identificación de una gastrectomía, y del CCBal 81/2015, de 10 de junio, sobre error de diagnóstico que supuso la aplicación de un tratamiento inadecuado.

[40] El dictamen del Consejo de Estado (CdE), de 18 de noviembre de 2004 (núm. exp. 2508/2004) entiende que la actualización de un riesgo, calificado como típico en el documento de consentimiento informado, no exoneraba de seguir actuando diligentemente y, por lo tanto, de la prueba de la misma. En otras palabras, citando la famosa STS de 4 de diciembre de 2012, de la Sala de lo Contencioso-administrativo (núm. rec. 5890/2011 [*Tol 2707171*]), «el consentimiento informado (...) no puede servir de patente de corso (...) liberadora del deber de diligencia de la Administración» (FJ 5). A esta misma conclusión ha llegado el DCCGal 198/2010, de 27 de mayo, del Consejo Consultivo de Galicia.

En concreto, analizaremos el *daño desproporcionado* dedicando sendos apartados (ap.) a esbozar las siguientes dimensiones del mismo:

- Como categoría *sistémica* (ap. IV); como parámetro *adicional* o *adjetivo* (ap. V) y como concepto *valorativo* (ap. VI)
- Como institución de carácter *objetivo* (ap. VII), para distinguirlo de las doctrinas de la *culpa virtual,* la apariencia *(anscheinsbeweis),* la *mayor facilidad probatoria* y la notoriedad *(res ipsa alloquitur),* pese a su equiparación jurisprudencial (ap. VIII).
- Como figura de carácter *probatorio* (ap. IX), para diferenciarlo de la *causalidad* y la *imputación,* así como de las doctrinas que pretenden equipararlo a una *presunción, ficción* o mera *argumentación* jurídica.
- Como doctrina de carácter *segundo* (ap. X), que debe ser diferenciada de otros parámetros como la *lex artis ad hoc* (ap. XI) o la *pérdida de oportunidad* (ap. XII), así como del *riesgo asumido* (ap. XIII), con especial consideración de sus principales variantes (*riesgo general de la vida* y riesgos *típicos* objeto de *consentimiento informado*).

IV. EL *DAÑO DESPROPORCIONADO* COMO CATEGORÍA SISTÉMICA

Comencemos señalando que el *daño desproporcionado* tiene carácter *sistémico* ya que se incardina en el *sistema* en que, por imperativo del art. 149.1. 18 CE, la responsabilidad patrimonial de la Administración consiste; por más que dicha expresión constitucional admita también ser interpretada como sinónimo de *régimen jurídico general* de esta institución jurídica en el marco del reparto competencial en el que se inserta el precepto que la recoge[41].

---

41 Cabe recordar, respecto de la distribución de competencias entre el Estado y Comunidades Autónomas en materia de responsabilidad patrimonial, que el art. 149.1.18 CE reserva al primero la legislación básica y atribuye a las segundas la normativa de desarrollo en el ámbito de sus propias competencias sectoriales (*cfr.* FJ 33 STC 61/1997, de 20 de marzo). Como afirma GARRIDO, «con ello se pretende garantizar la prescripción constitucional de que todos los españoles tienen los mismos derechos y obligaciones en cualquier parte del territorio del Estado». *Cfr.* GARRIDO MAYOL, Vicente (2004): *La responsabilidad patrimonial del Estado. Especial referencia a la Responsabilidad del Estado legislador,* Tirant lo Blanch, Valencia, pág. 48.

En todo caso, el sintagma constitucional tiene la ventaja de orientarnos hacia una interpretación global de la responsabilidad patrimonial y sus distintos componentes en sus relaciones con el resto de las instituciones de Derecho público.

En efecto, en el método para la explicación de las Ciencias Sociales que es la *Teoría General de Sistemas* o, como prefiero denominarlo, *Sistemología Estructural*, un *sistema* es toda unidad de intelección que manifiesta una coherencia entre los elementos y estructuras que la componen. La aplicación al Derecho de dicho método es la denominada *Jurisprudencia de Sistemas*[42].

Desde esta perspectiva metodológica, la responsabilidad patrimonial se presenta como un sistema integrado por distintos elementos coherentes (como, p.e, el hecho lesivo, la causalidad, el efecto dañoso, la imputación, la prueba o el cálculo de la indemnización) que, además, se matizan en función del sector de actividad administrativa de que se trate (como el urbanístico, el educativo, el medioambiental o el sanitario, entre otros).

Es precisamente el carácter sistémico de la responsabilidad el que ha permitido a la doctrina académica, la jurisprudencia y los AOC urdir sobre ella la red de conceptos aludida al comienzo.

En efecto, para la correcta intelección y aplicación de todos los elementos que confluyen en la responsabilidad patrimonial, la Ciencia jurídica puede valerse de diversos parámetros o criterios jurídicos, como, por ejemplo, la *condicio sine qua non,* para fijar la causalidad; o el *estado de la Ciencia*, el *estándar de los servicios* y el *consentimiento informado,* para decidir sobre la imputación.

Pues bien, uno de esos parámetros es el *daño desproporcionado,* que opera en la fase de prueba e indirectamente, en la de imputación de responsabilidad[43].

---

42 En relación con la *Jurisprudencia de Sistemas,* puede consultarse mi obra GRANADO HIJELMO, Ignacio (1996): *Reflexiones jurídicas para un tiempo de crisis,* Ediciones Internacionales Universitarias, Barcelona.

43 Los parámetros del sistema de responsabilidad patrimonial enunciados (*condicio sine qua non, estado de la Ciencia, estándar de los servicios públicos, consentimiento informado y daño desproporcionado*) han sido empleados por todos los AOC. En este sentido y como ejemplo, pueden traerse a colación los siguientes dictámenes del CCRioja: i) DDCCRioja 82/2005, de 15 de septiembre; 148/08, de 25 de noviembre; y 36/10, de 21 de abril (*condicio sine qua non*). ii) DDCCRioja 102/2007, de 10 de octubre; y 4/2010, de 10 de febrero (*estándar de los servicios*). iii) DDCCRioja 34/2007, de 25 de abril; 63/2008, de 12 de mayo; y 97/2009, de 21 de diciembre (*consentimiento informado*). iv) DDCCRioja 37/2007, de 7 de mayo; y 63/2008, de

El carácter sistémico del *daño desproporcionado* exige aplicarlo a la responsabilidad patrimonial, en el sector de actividad administrativa de que se trate y en coherencia con el resto de los criterios que operan en cada caso concreto; es decir, sin actuar con ellos de una forma aislada e inconexa y, además, ponderando todas las circunstancias concurrentes, todo ello en orden a lograr un resarcimiento integral del daño[44].

El Derecho romano iba más allá de la *restitutio in integrum* pues, para reclamar la responsabilidad extracontractual, de la *Lex Aquilia de damno*[45], nacía una *actio Legis Aquiliae* que, como declara Justiniano (Inst. 4,6,15), además de *noxal,* era *mixta,* esto es, tanto *resarcitoria* del daño económico causado, como *punitiva* del dañante; ya que, por un lado, en su Capítulo I, no se indemnizaba sólo el valor de mercado actual de lo dañado *(quantum res est),* sino el mayor valor *(quanti plurimi)* alcanzado por la cosa en el plazo anual de duración de la acción; y, por otro, la oposición procesal maliciosa del dañante *(infitiatio)* aumentaba dicho plusvalor al doble (*in duplum*).

El Derecho bizantino aún aumentó los criterios de valoración de la cosa y de punición de la *infitiatio* para sanar (*therapéuein*) íntegramente el daño causado[46].

---

12 de mayo (*daño desproporcionado*). Por otro lado, la doctrina del *daño desproporcionado* también ha sido utilizada por el Consejo Jurídico Consultivo de la Comunidad Valenciana (CJCVal), entre otros, en los siguientes dictámenes: i) DDCJVal 410/1999, de 23 de diciembre; y 170/2000, de 25 de mayo, en relación con fallecimientos por reacción a inyecciones de contraste. ii) DCJVal 8/2006, de 12 de enero, relativo a la imposibilidad deambulatoria tras cuatro intervenciones de *hallux valgus* (juanetes); iii) DCJVal 135/2007, de 15 de febrero, sobre el consentimiento informado para una extracción dentaria al que siguen cuatro extracciones. iv) DCJCVal 328/2007, de 19 de abril, relativo al consentimiento informado para una intervención lingual con resultado de afasia.

44 Entre otros, han insistido especialmente en el carácter sistémico de la responsabilidad patrimonial, los DDCCRioja 31/2006, de 23 de mayo; 113/2008, de 18 de septiembre; 13/2009, de 12 de febrero; 24/2009, de 23 de marzo; y 46/2010, de 26 de mayo.

45 La *Lex Aquilia de damno* fue aprobada por el plebiscito realizado *circa* 286 a.C, recogido por Gayo, en Dg. 922.pr, y por Ulpiano, en Dg. 9.2.27.5.

46 Así resulta de la *Paráfrasis* de Teófilo, 4.3.15 y del Escolio 1 a *Basilicos* 60.3.1, textos ambos referidos a los fragmentos de Ulpiano recogidos en Dg. 9.2.1 y Gayo en Dg. 9.2.2 sobre la *Lex Aquilia de damno. Cfr.* MIGLIETTA, Máximo (2011): «Reflexiones en torno al Título III, Libro IV de la Paráfrasis de Teófilo en materia de daño extracontractual», en PARICIO SERRANO, Javier (dir.), *Seminarios Complutenses de Derecho Romano,* núms. XXIII y XXIV, años 2010 y 2011, págs. 356 y 357.

V. EL *DAÑO DESPROPORCIONADO* COMO PARÁMETRO ADICIONAL O ADJETIVO

El *daño desproporcionado* constituye un parámetro adicional o adjetivo (*adiectus*), en el sentido de que parte de una novedad (*aliquid novi*) añadida al daño temido *(damnum infectum)*, esto es, al daño que una persona corriente se ha representado al someterse a una actividad que conlleva el riesgo de producirlo.

Repárese en que el término latino *infectus* (que no es un participio del verbo *inficio*, infectado, sino un adjetivo derivado de *in-factus*, no realizado), se empleó en Derecho romano preclásico para calificar una *legis actio de damno infecto* (Gayo, 4,31), dirigida a prevenir el daño temido por el derrumbamiento de una construcción vecina que amenazaba ruina, si bien fue desplazada en la práctica urbanística por la pretoria *cautio damni infecti*, que, si no se prestaba, podía ocasionar una *missio in possesionem* (Dg. 39.2), antecedente del que luego sería nuestro *interdicto de obra ruinosa*, ahora embebido en el juicio verbal (cfr. art. 250.1. 6º LEC). Algo similar sucede en el caso de los árboles corpulentos que amenazan con caer sobre el fundo colindante[47].

La novedad añadida al daño *temido* consiste en un *plus*, es decir, en una intensificación imprevista de los efectos lesivos ordinarios asumidos como tolerables y que lo cualifican ahora como un daño inusual y desorbitado, en suma, *desproporcionado*; esto es, dotado de una magnitud, cuantitativa o cualitativamente, excesiva (*laesio enormis*).

En Derecho romano, la expresión *laesio*, en sentido material, implicaba un daño corporal (así, Gayo en Dg. 9.3.7), que es la acepción recogida por el Derecho penal (cfr. arts. 147 y ss. CP sobre el delito de lesiones), que curiosamente también reaparece en la responsabilidad patrimonial por daño sanitario (cfr. art. 67.1 LPAC'15), en cuanto que también es inferido corporalmente, esto es, un *damnum corpore illatum*. Pero, en un sentido amplio y traslaticio, expresaba también cualquier perjuicio a un tercero (así, Scaevola, en Dg. 17.2.49), lo que explica que *non laedere*, no hacer daño,

---

47 Para un análisis de los antecedentes romanos y régimen vigente de las acciones ejercitables en casos de edificios ruinosos y árboles que amenazan caerse y su relación con la responsabilidad extracontractual *cfr.* mis comentarios a los arts. 389 a 391 Cc: GRANADO HIJELMO, Ignacio (2011): «Artículo 389. Construcción que amenaza ruina», «Artículo 390. Amenaza de caída de árbol» y «Artículo 391. Caída de edificio ruinoso o árbol», en DE PABLO CONTRERAS, Pedro *et alii* (2011), Comentarios *al Código Civil*, Civitas, vol. 1, 1ª ed, Madrid, págs. 1532 a 1544.

fuera incluido, con carácter general, entre los *tria praecepta iuris* (Ulpiano, Dg. 1.5.1).

Nuestro Derecho público ha recogido ese concepto amplio como sinónimo de infracción jurídica (cfr. el art. 103 LPAC sobre declaración de *lesividad* de actos anulables).

Sin embargo, en la responsabilidad extracontractual, por influencia de la *Lex Aquilia de damno,* se impuso más bien el término *damnum,* mientras que *laesio* comenzó a emplearse, en el Derecho justinianeo de obligaciones, como causa de rescisión de aquellos contratos en que se pagara más del doble del precio justo de la cosa (*laesio ultra dimidium,* cfr. C. 4.44.2).

El CC. no admitió la rescisión de los contratos por lesión (art. 1293 CC.), salvo la de un cuarto en perjuicio del pupilo (art. 1291.1 CC.), del ausente (art. 1291.2 CC.) o del coheredero en las particiones (art. 1074 CC.); pero la legislación foral la sigue recogiendo en Navarra (leyes 499 y ss. FN) y Cataluña (art. 321 CcCat).

En todo caso, el *ius commune* convirtió a la *laesio* en un término expresivo de una estimación económica desproporcionada (*laesio enormis* o *enormíssima*), susceptible de infringir las leyes canónicas de represión de la usura, de las que, a través de nuestra legislación histórica, deriva la famosa Ley Azcárate de 23 de julio de 1908, que también sanciona con nulidad los negocios desproporcionados[48].

Por todo ello, estimo que el término *laesio enormis* puede ser recuperado en Derecho de daños para aludir al criterio del *daño desproporcionado,* advirtiendo que, si bien la lesión en que consiste no es necesariamente económica e incluso suele ser más bien corporal, a la postre redunda en una estimación dineraria (*aestimatio*), que se cifrará en la indemnización procedente.

No es, pues, el daño, sino su exceso o desproporción, o sea una cualidad añadida al mismo (*plus*), y que lo cualifica dotándole de una magnitud excesiva (*enormitas*), la que explica la funcionalidad correctiva (*aequitas*) que se asocia a este parámetro en el sistema de la responsabilidad patrimonial.

De ahí que la *ratio* jurídica del *daño desproporcionado* sea la misma que inspiraba en Derecho romano a las acciones *adyecticias,* es decir, una excepción a la regla general del *onus probandi,* pues, como veremos, se traduce

---

48 Para la normativa canónica de represión de la usura, *cfr,* p.e, CICn, Decr. Greg. V, 19, 10 y Extr. com. III, 5, 2; y, en nuestro Derecho histórico, P 6.6.4 y 5.11.31 y NR 12.22.

en una inversión de la carga de la prueba y, en su caso, del criterio de imputación ordinario.

En efecto, a partir de un fragmento de Paulo (recogido en Dg. 14.1.5.1), los glosadores medievales generalizaron la denominación de *actiones adiecticiae qualitatis* para referirse a todas aquellas en que (como sucedía en las acciones *institoria, exercitoria* o *quod iussu*) había una cualidad añadida (normalmente una relación causal de mandato) que explicaba la transposición de personas que aparecía en el proceso formulario; en cuya virtud se demandaba, en la *intentio,* al mandatario, pero, en la *condemnatio,* aparecía el principal.

Pues bien, en el *daño desproporcionado,* la transposición de personas opera mediante la inversión de la carga de prueba y, eventualmente, de la imputación, haciendo responsable del daño excesivo a su causante y no a la víctima, que hubiera debido asumirlo de no haber sido excesivo.

La idea del *daño desproporcionado* se deduce ya de algunos fragmentos del *Digesto* que pasaron a los *Basílicos.* Así, en *Basílicos* 60.3.9, se refiere el caso de una joven parturienta que murió tras haberle administrado la matrona (*obstetrix*) un medicamento (*phármakon*) abortivo, caso éste que los escoliastas relacionaron con la expresión *causa mortis praestare* de un fragmento de Ulpiano recogido en Dg. 9.2.9. También puede citarse el Escolio 10 a *Basílicos* 60.3.11, que refiere un caso de coparticipación de varios dañantes en la muerte de un esclavo, aludiendo a la opinión de Juliano contenida en Dg. 9.2.11.2[49].

La prueba de la enormidad o desmesura del daño incumbe, en principio, a quien la afirma, esto es, normalmente a la parte reclamante, pero los AOC suelen *amabilizar* esa probanza acudiendo a la doctrina de que no es necesario acreditar los hechos notorios cuando la desproporción es evidente por sí misma[50].

---

49 Para un análisis de estos textos romanos y bizantinos, *cfr.* MIGLIETTA, Máximo (2011): «Reflexiones en torno al Título III, Libro IV de la Paráfrasis de Teófilo en materia de daño extracontractual», *op. cit,* págs. 347-364.

50 La dispensa de la carga de la prueba de los hechos notorios ha sido aplicada, entre otros, por los DDCCRioja 10/2005, de 31 de enero; 63/2008, de 12 de mayo; 104/2008, de 4 de septiembre; 48/2009, de 25 de julio; 54/2009, de 27 de julio; 1/2010, de 25 de enero; 63/2010, de 28 de julio; o 82/2010, de 15 de octubre.

VI. EL *DAÑO DESPROPORCIONADO* COMO CONCEPTO VALORATIVO

El *daño desproporcionado* es un concepto valorativo porque requiere: por un lado, una primera ponderación entre el riesgo previsto (*damnum infectum*) y el daño producido (*damnum illatum*); y, por otro, una segunda ponderación entre el daño producido (desproporción óntica) y la corrección que se debe aplicar por razones de equidad (corrección deóntica).

1) Desproporción y prudente juicio de ponderación

La adición al daño consiste en un exceso o desproporción que sólo puede ser aprehendida mediante una operación lógica de ponderación comparativa, inherente a la virtud jurídica de la prudencia. A esta ponderación alude la clásica expresión romana *damnum decidere oportet*, hay que dilucidar el daño, que figuraba en la fórmula de una acción delictual como la *actio furti* (cfr. Gayo 4.37).

Dicha operación es, en efecto, precisa para relacionar el riesgo previsto (el *damnum infectum*, es decir, el daño *temido* pero no realizado), que es reputado normal y asumible por una persona media, con el daño efectivamente *producido* e irrogado (*illatum*) que, por su entidad cuantitativa o cualitativa, desborde ese estándar social que se considera ordinario.

Por tanto, el *daño desproporcionado* implica un prudencial *juicio de ponderación* y *comparación* y una previa fijación, también prudencial, del *estándar medio* de daño temido que socialmente se estima asumible como riesgo ordinariamente derivado de la actividad de que se trate por quien, voluntaria o al menos espontáneamente, se somete a ella.

El *daño desproporcionado* surge así cuando el daño que se ha irrogado (*quod illatum est*) excede notablemente al previsible (*quod infectum est*), esto es, al que ordinariamente suele producirse en iguales circunstancias, a las que alude la expresión jurídica romana *id quod plerumque accidit* (lo que normalmente acontece), que es recogida por la jurisprudencia de daños como criterio de lo que suele suceder y, por tanto, es achacable a quien no lo tiene en cuenta[51].

---

51 Para apreciar la aplicación jurisprudencial de la regla *id quod plerumque accidit* (lo que normalmente acontece) *cfr.* SSTS 837/2005, de 11 de noviembre (núm. rec. 1575/1999 [*Tol 781246*]); y 149/2007, de 22 de febrero (núm. rec. 3278/1999 [*Tol 1043364*]), ambas de la Sala de lo Civil.

Desde luego, para determinar qué habría sido *usual* o *previsible* en un caso similar, es preciso tener en cuenta las circunstancias concretas; y, en el ámbito de la responsabilidad patrimonial sanitaria, también el *estado de la Ciencia* en el momento de la aplicación del tratamiento, del diagnóstico clínico o de la intervención quirúrgica correspondiente[52].

Otra circunstancia que ha sido considerada por la jurisprudencia para afirmar la existencia de *daño desproporcionado* es el factor tiempo, en concreto la *proximidad* temporal del daño producido con respecto a la actividad dañosa o, en el ámbito de la responsabilidad sanitaria, la *dilación* temporal que supone la ausencia de resultados positivos tras un largo tratamiento[53].

El fundamento del *daño desproporcionado* como parámetro jurídico en el sistema de responsabilidad patrimonial estriba, pues, en una *relación de adecuación,* subjetivamente sentida y racionalmente aprehendida, entre dos realidades lesivas que se representan al aplicador jurídico: i) una es el *daño* que se reputa sociológicamente *asumible* por una persona media que haya asumido (voluntaria o espontáneamente) el riesgo inherente a la actividad que la produce (quizá, con analogía con el término empleado por los glosadores para calificar una carga modal ordinaria pudiéramos denominarlo *damnum simplex*); y ii) otra es el daño, cuantitativa o cualitativamente, *exorbitante* que, en comparación con el anterior, se ha producido en el caso

---

52 Como ejemplo de fallos en los que se aplica la doctrina del *daño desproporcionado* por causar perjuicios no justificados *cfr.* SSTS 417/2007, de 16 de abril (núm. rec. 1667/2000 [*Tol 1075934*]); 1108/2004, de 17 de noviembre (núm. rec. 5332/2004 [*Tol 538270*]); y 517/2013, de 19 de julio (núm. rec. 939/2011 [*Tol 3887671*]), todas ellas de la Sala de lo Civil. La primera se refiere a una infección nosocomial que, a los 6 meses de la intervención, causó al paciente una tetraparesia de carácter severo e incapacitante del 76 por ciento. La segunda resolvió un caso en el que se infligió al paciente unas secuelas irreversibles con pérdida de autonomía, en el marco de una operación de histerectomía, como consecuencia de un tratamiento coronario agresivo e innecesario. Finalmente, la STS de 19 de julio de 2013 condenó a una clínica por los daños causados como consecuencia de una reconstrucción mamaria mal realizada.

53 La prolongación de un tratamiento sin resultado positivo ha sido utilizada, entre otras, por la STS 315/2014, de 6 de junio, de la Sala de lo Civil (núm. rec. 718/2012 [*Tol 4364744*]) para justificar la desproporción del daño. En este fallo, se entendió que era desproporcionada la monoparesia de una pierna, la limitación de un brazo y un trastorno de afectividad, que se tradujeron en el reconocimiento de un grado de minusvalía del 79% el 14 de junio de 2007, derivado de unos restos placentarios y no extraídos de forma inmediata, tras el parto de 23 de marzo de 2006.

concreto (y que, siguiendo con la anterior analogía modal, pudiéramos denominar *damnum qualificatum*)[54].

La distinción entre *simplex* y *qualificatum* deriva de los penalistas, civiles y canónicos, del Derecho intermedio, que la empleaban para distinguir los delitos por su gravedad; de ahí que no repugne su aplicación a los daños extracontractuales, máxime cuando estos eran reputados en Derecho justinianeo como obligaciones delictuales o cuasi-delictuales (cfr. Inst. 3.13.3).

Este razonamiento de equilibrio suele lucir en los dictámenes de los AOC. Así, por ejemplo, el DCCRioja de 23 de mayo de 2005, mantiene (a la luz de los arts. 136 LPAC y 15, del ahora derogado RD 1398/1993), que «la adopción por la Administración de una medida cautelar en el curso de un procedimiento sancionador ha de estar amparada en una norma; y ha de ajustarse en su intensidad, o sea, ser proporcionada, de suerte que no implique sacrificios ni riesgos inútiles, innecesarios o excesivos, en suma, desproporcionados con respecto al riesgo creado por el presunto infractor»[55].

El mismo CCRioja, en su dictamen de 23 de noviembre de 2005, entiende que es desproporcionado valorar el daño por impedimento de acceso rodado a un local en un 60% del valor total del inmueble, pues el citado local comercial, siendo un anexo de la vivienda, ni siquiera resulta el elemento primordial del bien, por lo que el importe de la indemnización debe comprender sólo el 10% del valor total del bien, en que se estima el perjuicio real sufrido por los reclamantes[56].

2) Desproporción (óntica) y corrección (deóntica) de equidad

El daño irrogado que nos ocupa es real y efectivo, pero su ontología presenta una intensidad que, cualitativa o cuantitativamente, excede de la ordinariamente producida por la causa que lo ha ocasionado.

La constatación de ese exceso requiere, en cada caso concreto de que se trate, una confrontación intelectual entre el ordinario daño esperable y el exorbitante daño producido, la cual se efectúa a la luz del criterio o

---

[54] Sobre los orígenes de la idea del carácter exorbitante, cuantitativa o cualitativamente, del *daño desproporcionado, Cfr.* CORBINO Alessandro (2005): «Il damno qualificato e la Lex Aquilia», *Corso di Diritto romano,* CEDAM, Padova, págs. 151 y ss.

[55] CJ 3 DCCRioja 47/2005, de 23 de mayo.

[56] CJ 3 DCCRioja 109/2005, de 9 de noviembre.

principio de normalidad, es decir, representándose mentalmente el proceso habitual de la causación daños que suele desarrollarse en presencia de unas iguales circunstancias de tiempo, lugar, estado de la Ciencia y demás concurrentes.

De ese *juicio de adecuación* entre el daño esperable y el producido, resulta, para el aplicador jurídico, la *certeza moral*[57] de que, en el caso concreto de que se trate, "debe ser" invertido el régimen ordinario de carga de la prueba y, en su caso, el de imputación de la responsabilidad. Y es precisamente esa conclusión deóntica (de "deber ser") la que sitúa el parámetro del *daño desproporcionado* entre los *correctivos de equidad* en la aplicación del *ius strictum* en materia de responsabilidad patrimonial (cfr. art. 3.2 CC.).

La contraposición entre *ius strictum* y *ius aequum* es también tardía en Derecho romano (cfr. los conocidos fragmentos de Celso en Dg. 1.1.1.pr. y Ulpiano en Dg. 1.1.10.pr.1), puesto que, en la época clásica, la moderación del *ius* se operaba sobre todo mediante el *ius honorarium* y, en concreto, por vía pretoria. Por eso, la moderna aplicación de la equidad en materia de daños hay que entenderla más bien derivada de la institucionalización jurisprudencial de la *equity* en el *Commom Law*; que, a su vez, la recibió de la elaboración canonística de la *aequitas* como medio de moderación del *rigor iuris* en el caso concreto[58].

El fundamento de la aplicación del *ius aequum* en caso de *daño desproporcionado* es que no parece razonable imputar a la víctima la prueba y responsabilidad del daño causado cuando éste supere la magnitud que socialmente se estima asumida por una persona media que se ha sometido

---

57 En *Gnoseología*, a diferencia de la *verdad* (que es la adecuación objetiva entre el objeto conocido y el conocimiento del sujeto cognoscente), la *certeza* es una adhesión subjetiva del conocedor a la existencia, identidad y realidad del objeto conocido. Por eso, la aplicación del Derecho, como puso de manifiesto el procesalista italiano FURNO, no pivota sobre la verdad *material*, cualquiera que esta sea filosóficamente, es decir, sobre lo, absoluta, real y verdaderamente, acaecido, sino sobre la verdad *formal* que resulta de las pruebas; y, en rigor, sobre la certeza moral que dicha formalización genera en el aplicador llamado a valorarla en su conjunto. Para la Gnoseología en general, *cfr*. POLO BARRENA, Leonardo (1984-1996): *Curso de Teoría del Conocimiento*, 5 vols, Eunsa; para la distinción entre verdad y certeza; y DE ALEJANDRO, José María (1965): *Gnoseología de la certeza*, Gredos, Madrid. Sobre la verdad formal en Derecho, cfr. FURNO, Carlo (1954): «Teoría de la prueba legal», Ed. Revista de Derecho Privado, Madrid.

58 *Cfr*. MARTÍNEZ-TORRÓN, Javier (1991): *Derecho angloamericano y Derecho canónico. Las raíces canónicas del «Common Law»*, Civitas, Madrid.

a la actuación de que se trate, salvo que el dañante ofrezca una cumplida prueba de que el daño se produjo al margen de su esfera de control.

Obviamente, esta aplicación de la *aequitas* sólo es posible en el ámbito valorativo que proporciona el juicio de adecuación y comparación entre el *damnum simplex* y el *damnum qualificatum* y de valoración del conjunto de la prueba que está en la base del parámetro jurídico que nos ocupa.

Con la fina ironía que a veces desprende el *Commom Law* anglosajón, se ha puesto de manifiesto que el correctivo de equidad en que la aplicación de la doctrina del *daño desproporcionado* consiste, sólo persigue, en rigor, evitar la producción del deplorable efecto del *smoking out*, es decir, la pasiva alegación del demandado dañante de que el daño irrogado le es ajeno porque, cuando se produjo, él estaba en otro sitio o haciendo otra cosa, actitud que se estereotipa en la de quien está fumando (*smoking*) tranquilamente fuera (*out*) del lugar de los hechos.

En el fondo, lo que revela este planteamiento es que la doctrina del *daño desproporcionado* se reconduce a un valor fundamental y perenne en el razonamiento jurídico, cual es la *proporción* o equilibrio ponderado que debe mantenerse, en este caso, entre el daño que, por moderado, es tolerable y debe ser asumido por la víctima; y el daño que, por excesivo, es intolerable y debe ser imputado al dañante, salvo que éste proporcione una convincente prueba exoneradora de que el daño se ha producido totalmente al margen de su ámbito de control; sin admitir, por tanto, que el dañador permanezca al margen y de brazos cruzados esperando que el actor realice una prueba que le es imposible o sumamente dificultosa (*probatio diabólica*)[59].

VII. CARÁCTER OBJETIVO DEL *DAÑO DESPROPORCIONADO*

La doctrina del *daño desproporcionado* despliega sus efectos al margen del elemento culpabilístico de la responsabilidad y, por tanto, es neutral respecto a la objetividad característica de la responsabilidad patrimonial de la Administración. Por ese motivo, en el ámbito jurídico-administrativo,

[59] Desgraciadamente, nuestra praxis no es ajena a la reiteración del efecto *smoking out*, como ha probado, con varios ejemplos, GARCÍA CREMADES, Gabriel (2005): *La problemática de la prueba de la responsabilidad patrimonial en el proceso contencioso-administrativo. Análisis especial de la «regla res ipsa loquitur»*, tesis doctoral, Universidad de Alicante.

no es un parámetro intercambiable con las siguientes doctrinas, de las que ha de ser distinguido: i) la doctrina de la culpa virtual (*faute virtuelle*); ii) la doctrina de la apariencia (*anscheinsbeweis*); iii) la doctrina de la mayor facilidad probatoria; y iv) la doctrina de la notoriedad (*res ipsa alloquitur*).

1) La neutralidad de la doctrina del daño desproporcionado

La doctrina del *daño desproporcionado* es neutral con respecto al carácter objetivo de la responsabilidad patrimonial de las Administraciones públicas, pues no introduce en el mismo ningún aspecto de subjetividad o imputación por culpa.

En efecto, el carácter *valorativo* que el *daño desproporcionado* tiene para el aplicador jurídico no lo convierte en un criterio de imputación culpabilístico (como sostienen quienes entienden que conduce a una responsabilidad por *culpa*, sea *virtual, presunta o ficticia,* del dañante), pues no constituye un título autónomo y directo para la *imputación* del dañador, sino sólo para la *inversión* de la carga de la prueba, haciéndola recaer en éste; de suerte que, de las pruebas que aporte en su descargo (*facta refutationis,* en la terminología antigua), puede, una vez valorado, resultar incluso la *exoneración* del mismo.

Así lo han considerado varios AOC[60], siguiendo la doctrina jurisprudencial reiterada en el sentido de que el *daño desproporcionado* no predetermina ningún título de imputación contra el dañante, sino que se limita a invertir el *onus probandi,* admite prueba en contrario y permite que el dañador quede exonerado si demuestra que el daño se produjo al margen de su esfera de actuación y control[61].

---

60 Sobre el carácter no culpabilístico de la doctrina del *daño desproporcionado* cfr, p.e, los dictámenes del Consejo de Estado (CdE) de 24 de junio de 1999 (núm. exp. 1743/99); del Consejo Jurídico de Murcia (CJMur) 173/2007, de 12 de septiembre; de la Comisión Jurídica Asesora de Cataluña (CJACat) 214/2010, de 17 de junio; y del Consejo Jurídico Consultivo de la Comunidad Valenciana (CJCVal) 274/1999, de 9 de septiembre, y 410/1999, de 23 de diciembre.

61 El mecanismo de funcionamiento de la doctrina del *daño desproporcionado* (inversión de la carga de la prueba e imputación al dañante salvo probanza en contrario) ha quedado recogida, entre otras, en las siguientes SSTS de la Sala de lo Civil 1022/1996, de 2 de diciembre (núm. rec. 404/1993/ [*Tol 1658875*]); 1152/2002, de 29 de noviembre (núm. rec. 1270/1997/ [*Tol 4920174*]); 329/2003, de 7 de abril (núm. rec. 2688/1997/ [*Tol 275403*]); 461/2003, de 8 de mayo (núm. rec. 2731/1997/ [*Tol 4928547*]); 508/2008, de 10 de junio (núm. rec. 2897/2002/ [*Tol*

Por tanto, el criterio del *daño desproporcionado*, al operar en la fase de prueba y no modificar las reglas de imputación, no altera el carácter *objetivo* que la responsabilidad patrimonial de las Administraciones públicas tiene en nuestro Derecho.

Sin embargo, esta constatación colisiona con la naturaleza subjetiva y culpabilística que presentan las instituciones de Derecho Comparado de las que procede y que suelen ser invocadas por la jurisprudencia como similares a la doctrina del *daño desproporcionado*; por lo que, más en el ámbito ius-administrativo que en el jurídico-civil, se impone una delimitación precisa entre ésta y aquéllas.

2) El daño desproporcionado y la doctrina de la culpa virtual

La doctrina de la *culpa virtual* (*faute virtuelle)* procede, como antes se ha indicado, del Derecho francés, tras la precitada Sentencia de 28 de junio de 1960 (dermitis por insuficiente protección radiológica), de la *Court de Cassation.*

Esta doctrina francesa expresa la idea de que, si se produce un resultado dañoso, que normalmente no se genera más que cuando media una conducta culposa o negligente, ésta se presume *iuris tantum* y el dañante ha de responder, salvo que pruebe que la causa lesiva se encuentra al margen de su esfera de actuación.

La doctrina de la *faute virtuelle*, al haber sido formulada por la Corte casacional en un marco jurídico de imputación culposa, ha sido fácilmente importada por la Sala de lo Civil de nuestro TS que, obviamente, se mueve igualmente en la órbita de la responsabilidad por culpa o negligencia que diseñan los arts. 1902 y 1903 CC.[62].

Sin embargo, esta técnica francesa no se cohonesta fácilmente con la responsabilidad objetiva que es propia del enjuiciamiento contencioso-ad-

---

1354570]); STS 534/2009, de 30 de junio (núm. rec. 222/2005/ [*Tol 1577200*].); 22 de septiembre de 2010 [*Tol 1961400*].

62 La doctrina de la culpa virtual (*faute virtuelle*) ha sido recogida por la jurisprudencia de la Sala de lo Civil desde las SSTS de 4 de noviembre de 1992 [*Tol 1662033*] y 1022/1996, de 2 de diciembre (núm. rec. 404/1993 [*Tol 152817*]). Posteriormente también ha recurrido a ella en las SSTS 1108/1997, de 13 de diciembre (núm. rec. 3045 [*Tol 114656*]); 1146/1998, de 9 de diciembre (núm. rec. 2159/1994 [*Tol 4035980*]); 1168/1998, de 12 de diciembre (núm. rec. 2094/1997 [*Tol 5119629*]); y 58/2003, de 30 de enero (núm. rec. 1818/1997 [*Tol 4927594*]), entre otras.

ministrativo en que se mueve la responsabilidad patrimonial de las Administraciones públicas en España, por imperativo del art. 106.2 CE.

Se ha producido así la paradoja de que la institución de la *faute virtuelle* haya sido acríticamente importada, desde el orden civil, por la Sala de lo Contencioso-administrativo de nuestro TS, al considerarla asimilable a la del *daño desproporcionado* debido a su común efecto de imputar la responsabilidad al dañante; pero sin reparar en el escollo que su construcción con la técnica subjetivista de una presunción *iuris tantum* de culpabilidad supone para la objetividad inherente al sistema español de responsabilidad administrativa. Cuando así se actúa se desconoce que «la *faute virtuelle* o "culpa virtual", está conectada con la obligación de *garde* o de vigilancia», y por lo tanto con la *culpa in vigilando*»[63].

Es cierto que, como se ha adelantado, dicho escollo resulta menos pronunciado en el ámbito sanitario, debido a la subjetivación que en el mismo genera la reiterada doctrina jurisprudencial de que la Administración sanitaria sólo responde por funcionamiento *anormal* del servicio y no ha de responder si se ha observado fielmente la *lex artis ad hoc.*

Pero, esto dicho, conviene precisar que la doctrina francesa de la *faute virtuelle* estriba en una *presunción* de culpabilidad que invierte la carga de la prueba, ya que exige al dañante que se exonere, mientras que la doctrina del *daño desproporcionado* provoca la misma inversión probatoria, pero sin apoyarse en una presunción de culpabilidad subjetiva, sino en la objetividad de un daño excesivo debidamente acreditado.

En otras palabras, si se quiere conservar el carácter objetivo de la responsabilidad patrimonial, es preferible, al menos en el ámbito administrativo, no fundamentar la doctrina del *daño desproporcionado* en una presunción de culpabilidad y no citar acríticamente la *faute virtuelle* como doctrina equiparable, pese a que, en ambas doctrinas, los efectos indirectos de imputación de responsabilidad al dañante sean semejantes, en defecto o insuficiencia de la prueba que éste pueda ofrecer a la valoración conjunta que compete efectuar al aplicador jurídico.

En resumen, la doctrina francesa de la *faute virtuelle* está técnicamente construida como una *presunción* de culpabilidad que invierte la carga de la prueba, ya que exige exonerarse al dañante; mientras que la doctrina del *daño desproporcionado* provoca la misma inversión probatoria, pero sin

63 GARRARDO CASTILLO, María Jesús (2021): *Administración sanitaria y responsabilidad patrimonial, op. cit.* pág. 123.

apoyarse en una presunción de culpabilidad subjetiva, sino en la equidad procedimental que, en la fase de prueba, exigen los casos de daño desmesurado; y, por ello, la doctrina del *daño desproporcionado* se ajusta mejor a nuestro sistema objetivo de responsabilidad patrimonial de las Administraciones públicas.

3) El daño desproporcionado y la doctrina de la apariencia (anscheinsbeweis)

Tratando de ofrecer una solución menos culpabilista al problema del *daño desproporcionado,* ha surgido la precitada doctrina de la *anscheinsbeweis, apariencia* probatoria o *probabilidad estadística* que, aplicada en Alemania por el Tribunal Supremo Federal (*Bundesgerichtshof*), tras su precitada Sentencia de 10 de julio de 1956 (mastectomía por olvido de una gasa en una cirugía previa), ha sido también acogida por la Sala de lo Civil de nuestro TS[64].

Esta propuesta parte de la tradicional predilección del Derecho germánico por las vestes aparenciales que deben ser protegidas, tanto en el tráfico jurídico real (*gewere*) como en el obligacional (negocios de *anweisung*), pues se fundamenta en la *apariencia* jurídica que, en base a la experiencia ordinaria y al cálculo estadístico de probabilidades, emana de la misma desproporción del daño y genera una situación próxima a la certeza que sólo puede ser enervada por el dañante mediante una probanza en contrario.

La doctrina del *daño desproporcionado* explica la misma inversión de la carga de prueba, pero apoyándose, no en la ficción de una apariencia jurídica de prueba, sino en el hecho, objetivo y probado, de la desproporción del daño causado.

4) El daño desproporcionado y la doctrina de la mayor facilidad probatoria

Otro intento similar se ha producido en el ámbito procesal anglosajón mediante la pragmática doctrina de la *carga dinámica de la prueba, comparti-*

---

64 La recepción, en nuestro ordenamiento jurídico, de la doctrina alemana de la apariencia queda reflejada, entre otras, en las siguientes SSTS 695/1992, de 31 de julio (núm. rec. 3558/1992 [*Tol 1659055*]); 508/1997, de 9 de junio (núm. rec. 1950/1993 [*Tol 5119453*]); y 394/1998, de 6 de mayo (núm. rec. 710/1994 [*Tol 119892*]), todas ellas de la Sala de lo Civil.

ción probatoria, o de la *mayor facilidad probatoria*, consistente en, sin alterar la posición inicial de igualdad de las partes procesales, residenciar *a posteriori* la carga de probar la causación y magnitud del daño en el litigante que está en mejor situación de conseguir la probanza, dispone de mejores medios o tiene más posibilidades de hacerla, como ahora recoge el art. 217.6 de la Ley 1/2000, de 7 de enero, de Enjuiciamiento civil (LEC)[65].

Sin embargo, la doctrina del *daño desproporcionado* invierte la carga de la prueba haciéndola recaer *a priori* en el dañante. Pero este apriorismo (que es fruto del juicio previo de ponderación acerca de la magnitud del daño causado), no significa violar la igualdad procesal de las partes, sino precisamente garantizarla, haciéndola real y efectiva, mediante una inversión de la carga de la prueba que compensa la desigualdad generada tanto por el exceso del daño irrogado como por la imposibilidad, o mayor dificultad, probatoria del dañado.

5) El daño desproporcionado y la doctrina res ipsa alloquitur

Con la misma finalidad, se ha acuñado la doctrina de la notoriedad (*res ipsa alloquitur*), por la que no es preciso probar la desmesura del daño cuando es tan clara y evidente que se proclama por sí misma[66]. La jurisprudencia italiana considera tal evidencia como una prueba *prima facie* porque se aprecia a simple vista

La diferenciación entre esta doctrina de la evidencia palmaria (también denominada de notoriedad, de prueba *prima facie* o *res ipsa alloquitur*) y la del *daño desproporcionado* es también muy sutil.

La doctrina *res ipsa alloquitur* parte de una realidad procesal cual es la desmesura del daño, que resulta probado por notoriedad, de suerte que el dañante ha de desvirtuar esa realidad prestablecida en autos y que le res-

---

65 La aplicación de la doctrina de la mayor facilitad probatoria ha sido acogida en distintas SS de la Sala de lo Civil del TS citadas en la recopilatoria de 30 de marzo de 2010 (núm. Rec. 238/2004 [*Tol 831154*]). Para el ámbito penal, *cfr.* BETANCOURT RESTREPO, Sebastián (2010): «La carga dinámica probatoria y su repercusión en el proceso penal desde las reglas de Mallorca y la teoría del garantismo penal», *Ratio Iuris*, vol. 5, núm. 11, págs. 25 a 44.

66 La expresión latina *res ipsa alloquitur* procede del verbo *alloquor*, que puede traducirse como arengar, proclamar, interpelar o dirigir una alocución a alguien, es decir, ser muy expresivo para ante los demás; por eso es más acertado su empleo en Derecho de daños que la expresión *res ipsa loquitur*, la cual deriva del verbo *loquor*, que es simplemente hablar o manifestar algo, sin especial énfasis o contundencia.

ponsabiliza; mientras que la doctrina del *daño desproporcionado* no se apoya en ninguna realidad procesal que haya que destruir, sino que se limita a invertir la carga de la prueba, exigiendo al dañante que se justifique, sin hacer supuesto de la cuestión, que es precisamente si debe o no exigirse responsabilidad patrimonial al mismo.

Repárese en que la doctrina de la *res ipsa alloquitur* no presenta una *presunción* en sentido jurídico, sino un *razonamiento* deductivo de la culpa del dañante a partir de una evidencia. Por eso, a diferencia de las presunciones, la doctrina de la *res ipsa alloquitur* no exige al demandante demostrar el hecho-indicio y el nexo causal; sino que, a partir de la demostración del primero, permite al aplicador deducir tanto el hecho presunto como el nexo que lo conecta al indicio alegado de contrario, por simple aplicación de máximas de la experiencia.

De ahí que la doctrina de la *res ipsa alloquitur* tampoco implica una inversión de la carga de la prueba atribuida generalmente al actor en el art. 217 LEC, sino una mera alteración de los criterios generales sobre responsabilidad en relación con el *onus probandi.*

VIII. LA EQUIPARACIÓN JURISPRUDENCIAL DE LAS INSTITUCIONES AFINES

Expuestas las sutiles diferencias que existen entre la doctrina del *daño desproporcionado* y las citadas doctrinas culpabilísticas, no es extraño que estas y aquella se confundan en la aplicación práctica del Derecho de daños[67]. En cualquier caso, como se expone en este epígrafe, la responsabilidad extracontractual, como tal y en sus orígenes, no partió de la idea moderna de culpa.

1) Crítica de la doctrina de la equivalencia interinstitucional

Ante tan sutiles diferencias inter-institucionales, no cabe extrañarse de que nuestra jurisprudencia (primero, la civil; y, luego, la contencioso-administrativa) y también los AOC hayan optado por la pragmática solución

[67] La STS de 19 de septiembre de 2012, de la Sala de lo Civil (rec. 8/2010 [*Tol 2651403*]) es una de las muchas que cita indistintamente las diversas instituciones probatorias que hemos analizado.

de la equiparación práctica de tales instituciones probáticas que ofrece el Derecho Comparado, reputándolas equivalentes en sus resultados procesales a la doctrina del *daño desproporcionado*[68].

En mi criterio, esta equiparación entre instituciones jurídicas comparadas, aunque, sin duda, es pragmática (si se atiende sólo al común resultado procesal y probatorio de inversión de la carga de prueba que todas ellas logran), sin embargo, especialmente en el ámbito ius-administrativo, creo que debe evitarse, a menos que se explique con cuidado.

Y así lo entiendo, no sólo por las diferencias de matiz que existen entre tales instituciones, sino, principalmente, porque están trascendidas de preocupación por la culpa del dañante en la causación del daño; cuando, en nuestro sistema de responsabilidad objetiva, no es preciso apelar a estas foráneas doctrinas de raíz culpabilística, porque, en nuestro foro, basta con recurrir a los parámetros objetivos (de inversión de la carga de la prueba y, en su caso, del régimen de imputación de riesgos), que pueden deducirse tácitamente del funcionamiento del servicio público, tanto si éste ha sido *anormal* como si ha sido *normal*.

Por eso, salvo que se las distinga cuidadosamente, con advertencia del ámbito en que surgen y de sus aspectos culpabilísticos, entiendo que, al menos en foros ius-administrativos, debe evitarse una cita conjunta y acrítica de estas instituciones asimilables, para no convertir al *daño desproporcionado* en un vehículo más hacia la imputación de la Administración por culpa.

---

68 Esta doctrina de la equiparación inter-institucional ha sido preconizada en nuestro foro desde la STS 1022/1996, de 2 de diciembre, de la Sala de lo Civil (núm. rec. 404/1993 [*Tol 1658875*]) y luego por otras muchas, como las SSTS 1288/2002, de 23 de diciembre (núm. rec. 1761/1997 [*Tol 4927462*]); 1072/2004, de 17 de noviembre (núm. rec. 3042/1998 [*Tol 536341*]); de 26 de julio de 2006 (núm. rec. 4460/1999 [*Tol 986873*]); 182/2007, de 14 de febrero (núm. rec. 821/2000 [*Tol 1038329*]) o de 19 de septiembre de 2012 (núm. rec. 8/2010 [*Tol 2651403*]), todas ellas de la Sala de lo Civil. Así lo han resaltado algunos AOC, entre ellos el CCRioja en sus dictámenes 56/2008, de 12 de mayo; 63/2008, de 12 de mayo; 128/2008, de 23 de octubre (este con cita de jurisprudencia); 42/2009, de 26 de mayo; 48/2009, de 25 de junio; 54/2009; de 27 de julio; 69/2009, de 15 de septiembre; 85/2009, de 13 de noviembre; 1/2010, de 25 de enero; 27/2010, de 23 de marzo; y 60/2011, de 8 de septiembre. *Cfr.* SALAS CARCELLER, Antonio (2007): «La doctrina del daño desproporcionado en la exigencia de responsabilidad civil derivada de acto médico. Comentario sobre la Sentencia de la Sala de lo Civil del Tribunal Supremo de 5 de enero de 2007», *Repertorio de jurisprudencia Aranzadi*, núm. 7, págs. 337 a 339.

En suma, me parece preferible limitarse a expresar que el *daño desproporcionado* es una de las varias técnicas que pueden ser empleadas en estos casos para *amabilizar,* a la víctima, la probanza (tanto del daño y de su exceso, como de su causa y circunstancias), mediante una *inversión de la carga probatoria,* para que sea entonces la Administración actuante quien deba probar que el exceso de daño producido no se ha debido a una causa que estuviera en su esfera de actuación y control[69].

En otras palabras, cuando se trate de estas instituciones afines en un ámbito administrativo, debe advertirse que su afinidad con doctrina del *daño desproporcionado* no consiste en que éste encierre o revele también una *culpa* de la Administración dañante, sino en que comparte con ellas la cualidad de ser criterios de *amabilización* probatoria que el aplicador jurídico puede emplear cuando las circunstancias del caso concreto aconsejen una inversión de la carga de la prueba.

El reclamante, por su parte, ha de aportar, al menos, un *principio de prueba* de la existencia y desproporción del daño y de que éste presenta el aspecto (*fumus*) de ser consecuencia de un servicio público; en el bien entendido de que no se trata de un *fumus culpae* o sospecha de culpabilidad del ente público dañante, susceptible de convertirse en un factor más de la persistente tendencia a la *subjetivización* de la responsabilidad administrativa, sino de un mero *fumus derivationis* o alta probabilidad de que el daño *derive* del funcionamiento del servicio público actuante[70].

2) *Precisiones sobre el origen aquiliano de la responsabilidad culposa*

La expuesta doctrina de la equivalencia inter-institucional es una muestra más de la sedicente tendencia a reconducir todos los títulos de imputación a la *culpa.* Dicha tendencia se explica por la pretendida novedad que,

---

69 Buen ejemplo de la posibilidad de resolver reclamaciones de responsabilidad patrimonial a partir de criterios objetivos son las SSTS de la Sala de lo Contencioso-administrativo de 20 de septiembre de 2005 (núm. rec. 5078/2002 [*Tol 732093*]); de 4 de julio de 2007 (núm. rec. 8368/2003 [*Tol 1124241*]); y de 2 de noviembre de 2007 (núm. rec. 9309/2003 [*Tol 1214167*]).

70 Este criterio —inversión de la carga de la probanza a partir del *fumus derivationis*— es el seguido, entre otros AOC, por el CCRioja en sus dictámenes 56/2008, de 12 de mayo; 63/2008, de 12 de mayo; 128/2008, de 23 de octubre (este con cita de jurisprudencia); 42/2009, de 26 de mayo; 48/2009, de 25 de junio; 54/2009, de 27 de julio; 69/2009, de 15 de septiembre; 85/2009, de 13 de noviembre; 1/2010, de 25 de enero; 27/2010, de 23 de marzo; y 60/2011, de 8 de septiembre.

en perspectiva diacrónica, supone la responsabilidad *objetiva* frente a la exclusivamente *culposa* del art. 1902 CC.

Es cierto que este importante precepto codicial (el art. 1902 CC.) se recaba de una antigüedad secular al enlazar con la *Lex Aquilia*. Pero debe resaltarse que el famoso plebiscito romano sólo exigía un daño *iniuria datum* (Dg. 9.2.2.pr.), donde el término *iniuria* (en los textos griegos, *adikía*) no debe traducirse por el mucho más tardío de *culpa*, sino más bien como *contra ius*, es decir, como un daño producido *sin una causa de justificación proporcionada por el ius*, como la legítima defensa (XII Tablas 8.12-13), el estado de necesidad (Dg. 9.2.49.1) o el ejercicio de un derecho propio o de una actividad lícita (Dg. 9.2.29.7), causa ésta última que excluía a las lesiones deportivas (Dg. 2.9.7.4) y a los daños generados por el poder público (Dg. 9.2.29.7, Dg. 47.10.13.1, Dg. 18.6.13 y Dg. 18.6.14).

Esto significa: i) que la responsabilidad aquiliana era una institución inaplicable a los daños causados en el lícito ejercicio del poder público; aunque sí, y directamente, a los cargos públicos que causaran daños a particulares excediéndose de sus atribuciones (*ultra vires)*, pues entonces tales daños carecían de causa de justificación (Nov. 8.6.9 y 8.6.14); y ii) que, respecto a los daños privados, se trataba de una responsabilidad más bien objetiva, puesto que el concepto de *culpa*, esto es, de *damnum culpa datum,* solo aparece tardíamente cuando se considera moralmente reprobable producir un daño sin una causa que lo justifique (Dg. 44.7.34, pr, Dg. 47.6.1.2, Dg. 47.10.1.pr, y Dg. 47.10.15.46).

Además, debe tenerse en cuenta que la *Lex Aquilia* sólo se refería a daños causados a esclavos, animales o cosas, por lo que no era aplicable a daños personales inferidos a una persona libre, los cuales, en base al criterio *in corpore humano nulla aestimatio fieri potest*, se reputaban inestimables, por lo que sólo eran susceptibles de castigo o compensación por vía penal (Dg. 9.1.3, D. 9.3.1.5.3)[71].

En suma, sin necesidad de dejarse seducir por la fascinación de la responsabilidad culposa, puede conceptuarse la doctrina del *daño desproporcionado* como uno de los varios parámetros de los que puede valerse el aplicador jurídico para la *amabilización* de la prueba mediante la inversión

[71] Cfr. RODRÍGUEZ, Ramón Perfecto (2011): «Regulación jurídica y desarrollo jurisprudencial del daño aquiliano en Roma: aspectos generales de una experiencia histórica», *Anuario de la Facultad de Derecho de la Universidad de La Coruña*, núm. 15, págs. 647 a 670.

del *onus probandi* y, en su caso (esto es, en función de lo que resulte de dicha prueba), para la imputación o no del daño a la Administración pública causante del mismo.

Pero la aplicación del criterio del *daño desproporcionado* no es una presunción *iuris tantum* de negligencia y no convierte en subjetiva y culposa, ni siquiera virtualmente, una responsabilidad que, como la patrimonial de la Administración, es y sigue siendo objetiva en nuestro ordenamiento jurídico; si bien, obviamente, ello no significa que se impute sin más la responsabilidad al dañante, ya que sólo invierte la carga de la prueba, de suerte que el mismo siempre puede exonerarse mediante la oportuna prueba en contrario.

IX. CARÁCTER PROBATORIO DE LA DOCTRINA DEL *DAÑO* DESPROPORCIONADO

La doctrina del *daño desproporcionado* se enmarca, pues, en la fase probatoria. Debe, por tanto, rechazarse el intento de vincularla a los parámetros del nexo causal o de la imputación. Tampoco puede ser equiparada a una presunción o ficción, ni menos aún reconducirla a una mera argumentación lógica.

1) Su ubicación en el ámbito de la prueba

A consecuencia de lo hasta ahora expuesto, entiendo que el parámetro del *daño desproporcionado* debe ser situado en el ámbito de la *prueba* (prueba de la causa, prueba del daño y prueba de la enormidad de éste), concretamente como una *iusta causa* determinante de la inversión del *onus probandi;* y no debe ser ubicado en el ámbito de la *antijuridicidad* ni, en general, en el de la *imputación o exoneración,* y, menos aún, en el de la *causalidad*; puesto que ello haría supuesto de la cuestión, ya que, precisamente, lo que se trata de conseguir (con la inversión de la carga de la prueba en caso de *daño desproporcionado*) es que el aplicador jurídico pueda valorar la prueba que se realice, para determinar si el dañante ha demostrado suficientemente o no que el daño excesivo se ha generado fuera de su ámbito de actuación; y, en función de ello, proceder a la exoneración o imputación que corresponda.

2) Daño desproporcionado y causalidad

El carácter de institución probatoria que tiene la doctrina del *daño desproporcionado* implica que, como ha reiterado la jurisprudencia[72], la misma no se refiere directamente a la relación de causalidad, aunque, por supuesto, el nexo causal, es decir, la relación de causalidad entre la actividad dañosa (causa) y el daño causado (efecto) debe ser probada y esa prueba puede ser *amabilizada* por la institución del *daño desproporcionado.*

La *causalidad* en sí es siempre una cuestión *de hecho* que resulta de las reglas de la lógica formal y de las Ciencias naturales que explican la producción del daño causado; y de ahí que, si bien en cuanto que es una cuestión fáctica y, por tanto, *probanda vel refutanda* (esto es, que ha de ser probada para acreditarla o refutarla), sin embargo, su naturaleza no es *probatoria.*

En otros términos, la *causalidad* (aunque, en los nexos causales complejos, pueda presentarse como una sucesión de eventos concurrentes, susceptible de ser explicada como un proceso lógico o natural), jurídicamente no tiene carácter procesal, sino que pertenece a la esfera de la previa realidad (material y extraprocesal) que ha generado el hecho dañoso; mientras que la *prueba* pertenece a la esfera de la posterior actividad (formal y procesal) que es necesaria para acreditarlo como existente y efectivo y para explicar cómo se ha generado.

Por supuesto, cuando se alude aquí al ámbito procesal, se entiende que el mismo incluye también al pre-procesal (procedimental-administrativo) que es propio de la actividad consultiva y de la instructora de la Administración actuante para sustanciar las reclamaciones en esta materia.

3) Daño desproporcionado e imputación

El *daño desproporcionado* tampoco debe ser confundido con la *imputación* y, por ello, tampoco deben ser acogidas acríticamente en nuestro foro diversas instituciones que el Derecho Comparado ofrece sobre el régimen de imputación de riesgos; pues (al igual que hemos analizado con respecto a las instituciones comparadas sobre el régimen de inversión de la carga de la prueba) con dicho acogimiento se corre el peligro de confundir dos

---

72 Distintas SSTS han recalcado que el *daño desproporcionado* no se infiere del nexo causal. *Cfr, p.e*, las SSTS de la Sala de lo Civil 508/2008, de 10 de junio (núm. rec. 2897/2002 [*Tol 1354570*]); y de 20 de enero de 2011 (núm. rec. 2187/2010 [*Tol 3521792*]).

elementos que los AOC[73], siempre se han preocupado de diferenciar: i) la *causalidad* (que, como acabamos de indicar, es siempre una cuestión fáctica que debe ser probada según las reglas de la lógica formal y de las Ciencias naturales y consiste en la explicación de la génesis del daño); y ii) la *imputación* (que es siempre una cuestión jurídica que debe ser determinada con los criterios que el ordenamiento ofrece al aplicador en función de la prueba que se practique y valore; y que consiste en atribuir y referir a alguien, esto es, poner en cabeza de una persona responsable, la obligación de resarcir íntegramente el daño irrogado y, por tanto, las consecuencias indemnizatorias que la misma conlleva.

Téngase en cuenta que la distinción entre *causalidad* e *imputación* en función de la prueba es uno de los grandes logros de la jurisprudencia romana que no debemos perder, pues su preterición, no sólo implicaría una torpe *inelegantia iuris*, sino algo mucho peor: el vulgarismo jurídico consistente en difuminar la institución misma de la responsabilidad extracontractual como fuente de las obligaciones (también para las Administraciones públicas dañantes) y confundirla con las de origen legal, como la tributaria, sancionadora o incluso penal (que era la ancestral configuración que le confería el Derecho sumerio, según resulta del Código de Hammurabi).

La crucial distinción entre causalidad e imputación suele cifrarse en un conocido texto del jurista tardo-republicano Alfeno Varo[74] que, a propósito de un accidente de tráfico (ocurrido en Roma cuando un carro que remontaba la cuesta del Campidoglio comenzó a retroceder, se deslizó por la pendiente e impactó con otro carro que le seguía, el cual aplastó a un esclavo que lo empujaba por detrás), analiza el nexo de causalidad en función de la prueba y distingue, con suma *elegantia iuris,* cómo el daño no puede imputarse al mulero del segundo carro, pese a ser éste la causa directa del daño, por haber sido un mero instrumento pasivo de la acción; sino que la causa ha de encontrarse en el primer carro, si bien, en orden a la imputación, habría que atribuirla: i) al mulero, si se prueba que no hizo todo lo posible para evitar el deslizamiento del carro (criterio de imputación a título de culpa); ii) al dueño de las mulas, si se demuestra que éstas se espantaron y el mulero no pudo sujetarlas (criterio de imputación a título de responsabilidad por actos de personas dependientes); y iii) a nadie,

---

73 Cuando ha sido necesario, los AOC han advertido de la posibilidad de confundir el *daño desproporcionado* con la causalidad y la imputación. Cfr, p.e. y por todos, los DDCCRioja 29/2007, de 17 de abril; y 134/2007, de 20 de diciembre.

74 El fragmento de Alfeno Varo se encuentra recogido en Dg. 9.2.52.2 y, en versión griega, en *Basílicos* 60.3.52.2.

si resulta probado que el carro comenzó a deslizarse por resbalón de las mulas u otro evento inevitable (criterios de exoneración por caso fortuito o fuerza mayor).

Es de advertir que la ubicación del *daño desproporcionado* en el ámbito probatorio (y no en los de la causalidad o la imputación de la responsabilidad) implica necesariamente que admita prueba en contrario; o, en rigor, que, apreciada en un caso concreto la concurrencia de *daño desproporcionado* y producida, en virtud del mismo, la inversión del *onus probandi*, el dañante pueda probar (momento de la prueba) que el daño excesivo se produjo al margen de su esfera de actuación (momento de la causalidad) y quedar así exonerado de responsabilidad (momento de la imputación)[75].

4) Daño desproporcionado y presunción

Ahora bien, este efecto (de centrar la causación del daño en la esfera de actuación del dañante), como se ha expuesto al analizar la institución francesa de la *faute virtuelle,* ha generado el espejismo jurídico de entender el *daño desproporcionado* como el hecho-indicio de una *presunción iuris tantum* de culpabilidad y, por tanto, como un criterio que, en definitiva, redunda en una imputación de responsabilidad, aunque sea provisional (*culpa praesumpta*).

El argumento esgrimido al efecto estriba en que, si es cierto que el daño ha sido excesivo y que normalmente no suele serlo en la actuación de que se trate (hecho conocido), de ello puede deducirse (hecho desconocido) su imputación al causante del daño, salvo prueba en contra[76].

Pero concebir el *daño desproporcionado* como una presunción no es jurídicamente adecuado, ya que no se trata de un *medio de prueba* consistente en que, como establece el art. 386 LEC (sucesor del antiguo art. 1249 CC.), de un hecho conocido (hecho-indicio) se infiera otro desconocido (hecho presunto) con el que guarde conexión según las reglas del criterio huma-

---

75 Como quiera que la doctrina del *daño desproporcionado* invierte la carga de la prueba, la STS de 19 de noviembre de 2013, de la Sala de lo Civil (núm. rec. 92/2013 [*Tol 4933865*]), entendió que no hay *daño desproporcionado* si hay una causa que lo explique.

76 *Cfr*. la STS de 23 de febrero de 2009, de la Sala de lo Contencioso-administrativo (núm. rec. 7840/2004 [*Tol 1462968*]), con cita de las SSTS, de la misma Sala, de 25 de abril y 2 de noviembre de 2007.

no, de suerte que, en expresión del canon 1825.1 CIC'83, se pueda fundar en el mismo una conjetura probable (*probabilis coniectura*).

Por el contrario, en los casos de *daño desproporcionado,* la excesiva magnitud del daño no es un hecho que haya de presumirse, sino un hecho probado por el reclamante o perfectamente conocido desde el comienzo e incluso cualificado con una evidencia notoria.

5) Daño desproporcionado y ficción

Desechado, pues, que el *daño desproporcionado* pueda consistir en una *presunción,* cabría preguntarse si no será una *ficción jurídica* que fundamente una *culpa ficta* o una especie de *avatar* de culpa, es decir, una mera veste aparencial, como se ha expuesto al tratar de la doctrina alemana de la *anscheinsbeweis.* Pero la respuesta ha de ser también negativa.

En primer lugar, porque la aplicación de la doctrina del *daño desproporcionado* admite prueba en contrario, cosa que no es posible en las ficciones jurídicas, al ser éstas unas meras declaraciones legales imperativas (*de iure*).

En segundo lugar, porque, con arreglo a la clásica definición de Bártolo de la *fictio iuris* como *assumptio, contra veritatem sed pro veritate, a iure facta in re certa de eius quod est possibile* (afirmación jurídica imperativa de que es cierto algo cuya verdad no consta, pero cuya realidad es verosímil y posible)[77], la ficción es jurídica (*iuris*), pero es siempre un acto *a iure,* es decir, de *potestas,* vedado a los aplicadores del Derecho, lo cual significa que requiere siempre una declaración legal expresa que, como sucede en las presunciones *iuris et de iure,* hay que asumir (*assumptio*) porque dispone imperativamente, por motivos de justicia o seguridad jurídica y sin admitir prueba en contra, tener por cierto algo que lo que no es, pero que bien podría serlo al situarse en línea con la verdad, es decir, por ser verosímil.

Sin embargo, el *daño desproporcionado* no es una creación del legislador ni viene impuesta por un órgano revestido de *imperium,* sino que consiste en un mero criterio jurídico razonable, emanado de la jurisprudencia y de la doctrina que, como aplicadores del Derecho, no son fuentes formales del mismo, sino meras instancias de *auctoritas* y, por tanto, carentes de poder para imponer ficciones jurídicas.

---

[77] La definición de ficción jurídica se contiene en BÁRTOLO DE SASSOFERRATO, *Commentaria, Consilia, Quaestiones et Tractatus… III…in primam Digesti novi partem,* Lyon, 1550, núm. 21.

De ahí que la aplicación de la doctrina del *daño desproporcionado*, aunque tampoco es una presunción, sino un criterio de distribución de la carga probatoria, no opere *de iure*, sino *iuris tantum* y, por tanto, admita prueba en contra; y, en suma, permita al dañante exonerarse acreditando que el hecho se produjo al margen de su esfera de control.

6) Daño desproporcionado y argumentación

También se ha pensado que, si el *daño desproporcionado* no es una presunción ni una ficción jurídica, pudiera consistir en una mera proposición de lógica jurídica (*argumentum iuris*) y, concretamente, en un *razonamiento a sensu contrario*, por el que, salvo prueba en contrario, si, por lo general, debe exonerarse de responsabilidad a quien produce unos efectos lesivos que han sido asumidos por el dañado (en cuanto que normalmente pueden derivarse de la actuación realizada); en sentido contrario, el causante de los mismos debe ser imputado y responder patrimonialmente de ellos cuando sean de tal entidad que no puedan calificarse razonablemente como consecuencias normales de la actuación realizada ni como asumidos previamente por el dañado. Pero esta explicación tampoco es por completo convincente.

Desde luego, la doctrina del *daño desproporcionado* tiene un componente de lógica jurídica, puesto que implica un pre-juicio, esto es, un juicio previo y provisional que, *a priori*, opera como justificante (*iusta causa*) de la inversión de la carga de prueba a que esta institución conduce.

Pero precisamente esa inversión es la que revela que la institución del *daño desproporcionado* pertenece al pragmático ámbito probatorio, mientras que concebirla como una propuesta abstracta de lógica jurídica encierra el peligro de configurarla en el ámbito de la imputación de responsabilidad, como si ésta quedase provisionalmente predeterminada, a reserva de la prueba en contra que pueda presentar el dañante para exonerarse.

7) Reconducción del daño desproporcionado al ámbito probatorio

Señalado todo lo anterior, entiendo que es claro que la doctrina del *daño desproporcionado* encuentra su ubicación jurídica más precisa (en rigor, su estatuto sistémico) en el ámbito de la prueba.

Lo que sucede (y explica las diversas propuestas que se han expuesto sobre la naturaleza jurídica de esta doctrina) es que el *daño desproporcionado* (por la dinámica propia del *onus probandi*) despliega su eficacia de manera plurifásica:

i. En un primer momento, el aplicador jurídico se limita a apreciar la desproporción del daño, y lo hace en base a un mero *principio de prueba* aportado por el reclamante y que es apreciado, de una manera casi intuitiva (de ahí que se hable de prueba por notoriedad, *prima facie* o meramente aparencial)[78].

ii. En un segundo momento, el aplicador, en base a esa apreciación inicial, decide la inversión de la carga probatoria, por lo que el efecto jurídico del *daño desproporcionado* se concreta entonces en determinar quién debe probar con detalle la causa y circunstancias de la enormidad del daño.

iii. En un tercer momento, el daño *desproporcionado* genera la eficacia jurídica propia del *onus probandi*, que no es ya determinar a quién incumbe probar, sino quién debe soportar los efectos de la falta de prueba, cuando la procedente no se haya practicado o la practicada sea insuficiente[79].

Esta última virtualidad eventualmente imputadora (que resulta inherente a la institución de la carga de prueba) es la que impele, en esta materia, a un triple error conceptual y de planteamiento:

i. El primer error consiste en reconducir el *daño desproporcionado* hacia el ámbito de la *causalidad*, intentando concebir su propia magnitud como una causa explicativa de la producción del daño, cuando éste y su desproporción se produce por un desencadenamiento de sucesos que se explica por las normas de la lógica y por el normal desarrollo de las leyes físico-naturales operantes en las concretas circunstancias (de tiempo, lugar y modo) del supuesto de hecho de que se trate. En otras palabras, este error consiste en no caer en cuenta de que la doctrina del *daño desproporcionado* no trata de explicar la *causa* del daño ni de su magnitud, sino sólo de provocar

---

78 La percepción, casi intuitiva, de la desproporción de daño es exigida por los AOC; así, p.e., los DDCCR 128/2008, de 23 de octubre; y 42/2009, de 26 de mayo, entre otros.

79 Para la doctrina tradicional sobre los efectos del *onus probandi,* (consistente en que aquel, a quien, por la carga probatoria, incumbe la probanza, ha de soportar las consecuencias de la falta de la prueba), *cfr, p.*e, la precitada STS de 23 de febrero de 2009, de la Sala de lo Contencioso-administrativo (rec. núm. 7890/2004 [*Tol 1462968*]).

el *efecto* consistente en invertir la carga de la prueba para que dicha explicación recaiga en el dañante.

ii. Un segundo error estriba en reconducir el *daño desproporcionado* hacia el ámbito de la *imputación*, tratando de explicarlo como un *titulus imputandi*, es decir, como una doctrina jurídica dirigida a la imputación de responsabilidad al causante del daño excesivo, cuando dicha imputación no deriva de la enormidad del daño sino de la falta de probanza por parte del dañante de que la desmesura lesiva se haya producido fuera del ámbito de control del dañador. En otras palabras, este error consiste en no apercibirse de que la doctrina del *daño desproporcionado* no constituye directamente un título de imputación, o, si se prefiere, de que es sólo título de imputación *de la carga de la prueba*, pero no, necesaria ni directamente, imputación *de la responsabilidad*

iii. Un tercer error, derivado de los anteriores, estriba en construir técnicamente la doctrina del *daño desproporcionado* como una presunción, una ficción o una argumentación jurídica *a sensu contrario*; cuando, en rigor, el *daño desproporcionado* es simplemente la *iusta causa* que fundamenta la aplicación del régimen de inversión de la carga de la prueba si el resultado lesivo resulta exorbitante. En otras palabras, este error consiste en no advertir que la doctrina del *daño desproporcionado* no estriba en una construcción teórica sobre la que deducir la imputación del dañante, sino en un mecanismo práctico para asignar al dañador la carga de probar su exoneración.

Por consiguiente, procede concluir que la posibilidad de exoneración del dañante, mediante la pertinente probanza de descargo, demuestra que la aplicación *ad casum* de la *doctrina del daño desproporcionado* no implica necesariamente ni *causalidad* ni *imputación*, porque afirmar que dicho dañante (sobre el que recae la carga de la prueba) puede acreditar que el daño y su desproporcionada magnitud se debe a una interferencia en el nexo causal, producida por la propia víctima (por ejemplo, por su idiosincrasia), por un tercero, por un caso fortuito (si se trata de un caso de responsabilidad civil) o de fuerza mayor, equivale a posibilitarle que explique el proceso causal del daño irrogado y elimine o modere la responsabilidad que, en principio y en defecto o insuficiencia de prueba, correspondería imputarle por efecto de la inversión del *onus probandi*[80].

---

[80] La doctrina del *daño desproporcionado* como mecanismo de inversión de la prueba tiene base en la jurisprudencia (*cfr.*, entre otras, las SSTS 1022/1996, de 2 de

X. CARÁCTER *SEGUNDO* DE LA DOCTRINA DEL *DAÑO DESPROPORCIONADO*

A la vista de cuanto se ha expuesto, los AOC han insistido en que es necesario un análisis ordenado de los distintos parámetros de la responsabilidad patrimonial[81].

Por eso, conviene aclarar que el *daño desproporcionado,* aunque, desde una óptica sustantiva o material, opere en el ámbito de la prueba y concretamente de su apreciación; desde una óptica procedimental o procesal, no despliega su eficacia en la fase probatoria del procedimiento sino en la decisoria, es decir: i) en vía administrativa, cuando haya de adoptarse la propuesta de resolución, el informe jurídico y el preceptivo dictamen consultivo que precede inmediatamente a la resolución de la reclamación; y ii) en vía judicial, cuando haya de dictarse la sentencia sobre el fondo del asunto.

Es entonces cuando, fijada la relación de causalidad, la doctrina del *daño desproporcionado* puede conducir indirectamente, merced a la dinámica propia de la carga de la prueba, a un eventual título de imputación de responsabilidad si, en criterio del aplicador jurídico, el dañante no se ha exonerado probando suficientemente que los acontecimientos se han desarrollado al margen de su intervención en ellos o sólo lo ha probado de una manera parcial.

Es cierto que la jurisprudencia antes citada ha insistido mucho en que el *daño desproporcionado* no es título de imputación de la responsabilidad, ya que la carga de prueba que comporta admite una probanza exoneradora

---

diciembre (núm. rec. 404/1993 [*Tol 1658875*]); 1152/2002, de 29 de noviembre (núm. rec. 1270/1997 [*Tol 4920174*]); 329/2003, de 7 de abril (núm. rec. 2688/1997 [*Tol 275403*]); 461/2003, de 8 de mayo (núm. rec. 2731/1997 [*Tol 4928547*]); 508/2008, de 10 de junio (núm. rec. 2897/2002 [*Tol 1354570*]); todas ellas de la Sala de lo Civil. La misma doctrina ha sido aplicada por los AOC; así, p.e, el CCRioja ha dictaminado casos de interferencia en el nexo causal producida: i) por la propia víctima (en concreto, por su idiosincrasia), DDCCRioja 46/2007, de 28 de mayo; 130/2008, de 23 de octubre; y 55/2009, de 27 de julio); ii) por un tercero, DCCRioja 84/2007, de 10 de septiembre; o iii) por fuerza mayor, DDCCRioja 14/2005, de 24 de febrero; y 53/2009, de 2 de julio.

81 La necesidad de efectuar un análisis sosegado de los parámetros de la responsabilidad patrimonial ha sido puesta de manifiesto, entre otros, por los DDCCRioja 29/2007, de 17 de abril; y 134/2007, de 20 de diciembre; este último con amplia cita de la previa doctrina consultiva al respecto.

en contra; pero no menos cierto es que la virtualidad de todo *onus probandi* estriba precisamente en la posibilidad de imputar la responsabilidad a quien, estando obligado a probar, no lo hizo o lo hizo de forma insuficiente.

Es precisamente esa funcionalidad procesal de la carga de prueba la que permite que el *daño desproporcionado* pueda comportarse de forma indirecta como un eventual título de imputación de responsabilidad. Esa eventualidad es la que quiere resaltar la jurisprudencia cuando subraya que el *daño desproporcionado* admite prueba en contra y que de la misma puede derivarse tanto la exoneración como la imputación del dañante.

Reitero todo esto para significar: i) por un lado, que el *daño desproporcionado* no es título *primario* de imputación que opere *ex ante* y de manera autónoma y directa con respecto a la prueba, como una especie de *a priori* inculpatorio del dañante impuesto por la enormidad del daño; y ii) por otro, que el *daño desproporcionado* constituye un título *derivativo* de imputación o exoneración que opera *ex post* y vinculado a la prueba (en rigor, a los efectos jurídicos de la falta de prueba suficiente en casos de inversión del *onus probandi*), traduciéndose, siempre *a posteriori*, en un criterio de exoneración o imputación del dañante, según la valoración que el aplicador jurídico haga de la prueba practicada.

Este carácter, no *secundario* sino *segundo*[82], del *daño desproporcionado* es puesto de manifiesto reiteradamente por la jurisprudencia y por la doctrina legal de los AOC cuando afirman que cada parte ha de probar los hechos constitutivos de su pretensión y los hechos impeditivos de la contraria[83].

Ello implica que la víctima siempre ha de probar, en un primer momento, el daño y la excesiva magnitud del mismo respecto a lo que cabría esperar en un desarrollo normal de los procesos causales ordinarios.

Sólo en un segundo momento, esto es, cuando dicha prueba prioritaria ya ha sido practicada (y valorada, frecuentemente de una forma inmediata e intuitiva, por el aplicador), es cuando el *daño desproporcionado* así establecido, provoca, en su caso (es decir, si así lo decide el aplicador por haber

---

82 Adjetivar algo como *secundario* indica una inferioridad cuantitativa o cualitativa respecto a lo *primario*; mientras que calificarlo como *segundo*, sólo alude a una posposición temporal en orden a su consideración después de lo que ha de tratarse *primero*.

83 Respecto del carácter *segundo* del daño desproporcionado, *cfr.*, por todos, los DDCCRioja 36/2007, de 7 de mayo; 5/2009, de 19 de enero; y 53/2009, de 2 de julio.

llegado a la certeza moral de que así procede), la inversión del *onus probandi,* de suerte que será el causante de la magnitud del daño quien deberá probar que la misma no se debe a su propia actuación, sino a la víctima, a un tercero, o a un suceso fortuito (sólo en casos de responsabilidad civil) o de fuerza mayor[84].

Obviamente, el carácter *segundo* que el criterio del *daño desproporcionado* tiene en la lógica jurídica del sistema en que la responsabilidad patrimonial consiste, no significa que encierre una importancia menor que otros parámetros del mismo, ya que precisamente su virtualidad estriba nada menos que en una eventual inversión del régimen de carga de la prueba y de la consiguiente imputación de la responsabilidad, es decir, en los aspectos más trascendentales para la decisión del asunto.

XI. RELACIÓN ENTRE LAS DOCTRINAS DEL *DAÑO DESPROPORCIONADO* Y LA *LEX ARTIS AD HOC*

Daño desproporcionado y *lex artis ad hoc* son dos parámetros del sistema de responsabilidad patrimonial sanitaria, cada uno de los cuales tiene sus propias reglas de aplicación y, por ello, conviene diferenciarlos.

A tal efecto, en este epígrafe se analiza el concepto de *lex artis ad hoc* y sus condiciones de aplicación. Posteriormente, se expone por qué la observancia de la *lex artis* exonera de responsabilidad. A partir de ahí, se indica por qué el cumplimiento de la *lex artis* es incompatible con la apreciación del *daño desproporcionado.*

1) El concepto de lex artis ad hoc y sus condiciones de aplicación

Con base en el *Diccionario panhispánico del español jurídico* de la RAE, la STS de 30 de septiembre de 2020 señala que la *lex artis* puede definirse como el «conjunto de reglas técnicas a que ha de ajustarse la actuación de un profesional en ejercicio de su arte u oficio»; y añade que la misma «se aplica a todos los profesionales, médicos, abogados, ingenieros etc., y a

---

[84] En relación con la carga impuesta al dañante de probar que el daño desproporcionado se ha producido fuera de su ámbito de actuación, *cfr.*, por todos, los DDCCRioja 56/2008, de 12 de mayo; 128/08, de 23 de octubre (este con cita de jurisprudencia); y 1/2010, de 25 de enero.

todos ellos les es exigible un desempeño de su profesión conforme a la *lex artis*, no siendo de aplicación exclusivamente al mundo sanitario»[85].

Sin embargo, es en el ámbito sanitario donde se aplica con mayor profusión este parámetro para enriquecerlo con importantes matices que se traducen en otras tantas *condiciones iuris* que modulan su aplicación, como son los siguientes:

- La expresión añadida "*ad hoc*" es indicativa de que la *lex artis*, no sólo alude a las reglas técnicas en general, sino específicamente a las aplicables al concreto caso de que se trate.
- La constancia de que la *lex artis* no constituye un acervo atemporal de conocimientos prácticos, por lo que ha de ser entendida y aplicada conforme al *estado del conocimiento científico* y de los *medios disponibles* por el servicio sanitario actuante, según las concretas circunstancias de tiempo y lugar concurrentes en el caso de que se trate.
- La advertencia de que las pautas y protocolos de actuación en que la *lex artis* consiste suele estar recogida en *Guías* y otros documentos semejantes, emanados de entidades científicas, técnicas y profesionales, que las objetivan y que operan en Derecho sanitario como *soft law*, esto es, como fuentes jurídicas (de conocimiento), no vinculantes, pero sí informativas y orientativas, sobre la correcta praxis profesional.
- La observación de que la probabilidad bio-estadística de que la actuación profesional sanitaria pueda ocasionar consecuencias lesivas, permite la previa tipificación de éstas como *riesgos típicos*, los cuales han de ser advertidos y explicados expresamente al paciente para que éste quede enterado de los mismos y pueda manifestar que los acepta eventualmente, mediante un previo acto documentable de *consentimiento informado*.

2) La observancia de la lex artis ad hoc como parámetro de exoneración

Si, como señala BAUZÁ, «un parámetro que permite objetivar la actuación de la Administración pública en la prestación sanitaria consiste en la

[85] FJ 6 STS 1226/2020, de 30 de septiembre, de la Sala de lo Contencioso-administrativo (núm. rec. 2432/2009 [*Tol 8112083*]).

lex artis ad hoc»[86], la relevancia jurídica de la *lex artis ad hoc* así concebida estriba en que la prueba de su estricta observancia en un determinado caso en el que se reclamen daños exonera de responsabilidad al dañante.

La exclusión de responsabilidad por observancia estricta de la *lex artis* tiene también su origen en Derecho romano, donde varios fragmentos del CIC se refieren a daños ocasionados por mala praxis médica (Dg. 9.2.27.9, Dg. 7.1.13.2) o durante prácticas deportivas en las que se observan las *reglas del juego*; así un caso de daños en el juego de la pelota es recogido por los juristas bizantinos en *Basílicos* 60.3.52.4 y extrapolado a casos semejantes en los Escolios 11 y 15 a *Basílicos* 60.3.7.

En nuestro actual sistema de responsabilidad patrimonial, el carácter exonerante que conlleva la observancia de la *lex artis ad hoc* ha sido expuesto en la reciente STS 3ª núm. 232/2022, de 23 febrero (Ponente Herrero Pina), que efectúa un exhaustivo resumen de toda la jurisprudencia anterior[87]. Para su mejor lectura y destacando sin cursiva las múltiples SSTS que recoge, he estructurado dicho resumen en los siguientes puntos (que coinciden con los reiterados en la doctrina de todos los AOC durante la última década):

I. No cabe garantizar en todo caso la salud del paciente:

> «*No resulta suficiente la existencia de una lesión (que llevaría la responsabilidad objetiva más allá de los límites de lo razonable), sino que es preciso acudir al criterio de la* lex artis *como modo de determinar cuál es la actuación médica correcta, independientemente del resultado producido en la salud o en la vida del enfermo, ya que no le es posible ni a la Ciencia ni a la Administración garantizar, en todo caso, la sanidad o la salud del paciente*» (SSTS de 25-04-2007, 13-07-2007, 30-10-2007; 09-12-2008 y 29-06-2010).

II. La prestación sanitaria es *de medios* y no *de resultados*:

---

86 BAUZÁ MARTORELL, Felio José (2017): «Responsabilidad médica y sobre prevención: otra perspectiva del sistema», *op. cit.* pág. 144.

87 La citada STS 2323/2022, de 14 de marzo, de la Sala de lo Contencioso-administrativo (núm. rec. 25604/2021 [*Tol 8833279*]), en su FJ 2º, resume la jurisprudencia de la Sala, respecto a la doctrina de la *lex artis ad hoc*, con cita de las SSTS de 22 de diciembre de 2011; 14 de octubre de 2002; 24 de septiembre de 2004; 16 de marzo de 2005; 7 de marzo de 2007; 30 de marzo de 2007; 20 de junio de 2007; 11 de julio de 2007; 25 de septiembre de 2007; 26 de junio de 2008; 25 de febrero de 2009; 23 de septiembre de 2009; 29 de junio de 2011; 10 de octubre de 2011; 11 de abril de 2014; y 19 de mayo de 2015.

«La actividad médica y la obligación del profesional es de medios *y no* de resultados, *de prestación de la debida asistencia médica y no de garantizar en todo caso la curación del enfermo, de manera que los Facultativos no están obligados a prestar servicios que aseguren la salud de los enfermos, sino a procurar por todos los medios su restablecimiento, por no ser la salud humana algo de que se pueda disponer y otorgar, no se trata de un deber que se asume de obtener un resultado exacto, sino más bien de una obligación de medios, que se aportan de la forma más ilimitada posible»* (entre otras, SSTS de 10-05-2005 y 16-05-2005).

III. La Administración sanitaria no es *aseguradora universal* de todas las dolencias:

«Debemos insistir en que, frente al principio de responsabilidad objetiva interpretado radicalmente y que convertiría a la Administración sanitaria en aseguradora del resultado positivo y, en definitiva, obligada a curar todos las dolencias, la responsabilidad de la Administración sanitaria constituye la lógica consecuencia que caracteriza al servicio público sanitario como prestador de medios, pero, en ningún caso, garantizador de resultados, en el sentido de que es exigible a la Administración sanitaria la aportación de todos los medios que la Ciencia en el momento actual pone razonablemente a disposición de la Medicina para la prestación de un servicio adecuado a los estándares habituales» (STS de 09-10-2012).

IV. La objetividad de la responsabilidad patrimonial en el ámbito sanitario sólo opera por daño *antijurídico* y sólo lo es el producido por infracción de la *lex artis*:

«Conforme con este entendimiento del régimen legal de la responsabilidad patrimonial, en modo alguno puede deducirse la existencia de responsabilidad por toda actuación médica que tenga relación causal con una lesión y no concurra ningún supuesto de fuerza mayor, sino que ésta deriva de la, en su caso, inadecuada prestación de los medios razonablemente exigibles» (así STS 3ª de 11-07-2007 y 25-02-2009).

«Con esto queremos decir que la nota de objetividad de la responsabilidad de las Administraciones públicas no significa que esté basada en la simple producción del daño, pues además este debe ser antijurídico, en el sentido de que no deban tener obligación de soportarlo los perjudicados por no haber podido ser evitado con la aplicación de las técnicas sanitarias conocidas por el estado de la Ciencia y razonablemente disponibles en dicho momento, por lo que únicamente cabe considerar antijurídica la lesión que traiga causa en una auténtica infracción de la lex artis».

«Así las cosas, cuando, atendidas las circunstancias del caso, la asistencia sanitaria se ha prestado conforme al estado del saber y con adopción de los medios al alcance del servicio, el resultado lesivo producido no se considera antijurídico» (así SSTS 3ª de 22-12-2001, 14-10-2002, 20-06-2007, 11-07-2007 y 25-02-2009).

«En otro caso, cuando se ha incurrido en infracción de la lex artis, *el daño y perjuicio producidos son antijurídicos y deben ser indemnizados. Reiterando dichos conceptos la* STS 3ª de 29-06-2011, *nos recuerda que la observancia o inobservancia de la* lex artis ad hoc *es, en el ámbito específico de la responsabilidad patrimonial por actuaciones sanitarias, el criterio que determina, precisamente, la ausencia o existencia de tal responsabilidad de la Administración».*

«*En este sentido, y por citar sólo algunas, hemos dicho en* (las SSTS 3ª de 16-03-2005, 07-03-2007, 20-03-2007 y 26-06-2008) *que es también doctrina jurisprudencial reiterada que, a la Administración no es exigible nada más que la aplicación de las técnicas sanitarias en función del conocimiento de la práctica médica, sin que pueda sostenerse una responsabilidad basada en la simple producción del daño, puesto que en definitiva lo que se sanciona en materia de responsabilidad sanitaria es una indebida aplicación de medios para la obtención del resultado, que en ningún caso puede exigirse que sea absolutamente beneficioso para el paciente", o lo que es lo mismo, la Administración sanitaria no puede constituirse en aseguradora universal y por tanto no cabe apreciar una responsabilidad basada en la exclusiva producción de un resultado dañoso*».

V. En todo caso, es preciso probar la *causalidad* y la *antijuridicidad*:

«*La* STS 3ª de 10-10-2011, *respecto de los requisitos para la indemnizabilidad del daño, esto es, antijuridicidad y existencia de nexo causal, también nos recuerda la doctrina jurisprudencial, expresando que, conforme a reiterada jurisprudencia* (STS 3ª de 25-09-2007, con cita de otras anteriores), la *viabilidad de la responsabilidad patrimonial de la Administración exige la antijuridicidad del resultado o lesión siempre que exista nexo causal entre el funcionamiento normal o anormal del servicio público y el resultado lesivo o dañoso producido*»

VI. La Administración sanitaria sólo responde por infracción de la *lex artis*:

«*La Sala ha perfilado con reiteración el concepto de* lex artis ad hoc *señalando al respecto en la* STS 3ª de 11-04-2014 *que las referencias que la parte recurrente hace a la relación de causalidad son, en realidad, un alegato sobre el carácter objetivo de la responsabilidad, que ha de indemnizar, en todo caso, cualquier daño que se produzca como consecuencia de la asistencia sanitaria.; tesis que no encuentra sustento en nuestra jurisprudencia tradicional, pues venimos declarando que es exigible a la Administración la aplicación de las técnicas sanitarias, en función del conocimiento en dicho momento de la práctica médica, sin que pueda mantenerse una responsabilidad basada en la simple producción del daño. La responsabilidad sanitaria nace, en su caso, cuando se ha producido una indebida aplicación de medios para la obtención del resultado. Acorde esta doctrina, la Administración sanitaria no puede ser, por tanto, la aseguradora universal de cualquier daño ocasionado con motivo de la prestación sanitaria*».

«*Dicho de otro modo, como mero ejemplo de una línea jurisprudencial reflejada en otras muchas, nuestra* S. de 24-09-2004 indica que este *TS tiene dicho que responsabilidad objetiva no quiere decir que baste con que el daño se produzca para que la Administración tenga que indemnizar, sino que es necesario, además, que no se haya actuado conforme a lo que exige la buena praxis sanitaria*» (STS 3ª de 23-09-2009).«*A su vez, en la* STS de 19-05-2015 *se expresó con claridad que no resulta suficiente la existencia de una lesión (que llevaría la responsabilidad objetiva más allá de los límites de lo razonable), sino que es preciso acudir al criterio de la* lex artis *como modo de determinar cuál es la actuación médica correcta, independientemente del resultado producido en la salud o en la vida del enfermo ya que no le es posible ni a la Ciencia ni a la Administración garantizar, en todo caso, la sanidad o la salud del paciente. Por lo que, si no es posible atribuir la lesión o secuelas a una o varias infracciones de la* lex artis, *no cabe apreciar la infracción que se articula por muy triste que sea el resultado producido, ya que la Ciencia médica es limitada y no ofrece en todas ocasiones y casos una respuesta coherente a los diferentes fenómenos que se producen y que a pesar de los avances siguen evidenciando la falta de respuesta lógica y justificada de los resultados».*

3) Consecuencias en los casos de daño desproporcionado

La jurisprudencia ha declarado que no procede imputar responsabilidad por *daño desproporcionado* cuando se ha probado en el caso una infracción de la *lex artis ad hoc*[88].

Esta declaración jurisprudencial no significa que la enormidad del daño no sea tenida en cuenta para calcular la indemnización, sino que el título de imputación en tal caso no es dicha exorbitancia sino la infracción de la *lex artis.*

Para encontrar la *ratio iuris* subyacente en este planteamiento de la jurisprudencia, entiendo que no debe pensarse en una *incompatibilidad* ni en una *neutralidad* entre las doctrinas de la *lex artis* y del *daño desproporcionado,* sino en un sucesivo efecto de *primacía* o *prevalencia* entre ellas que produce un también sucesivo efecto de *desplazamiento por postergación* en la aplicación de las mismas en los casos de daño exorbitante.

La explicación de este fenómeno se debe al que hemos denominado carácter *segundo* de la doctrina del *daño desproporcionado.* Como se ha expuesto, en un primer momento procesal, prima la doctrina del *daño desproporcionado* pues, probada, aun de forma indiciaria, la enormidad del resultado lesivo, se produce la inversión de la carga de la prueba, la cual, en virtud de esta doctrina, pasa a recaer en el dañante. Sin embargo, en el posterior momento procesal, que es el probatorio de la cuestión de fondo (consistente en la existencia y enormidad del daño, así como en su causación por

---

88 La improcedencia de aplicar la doctrina del *daño desproporcionado,* cuando se haya probado una infracción de la *lex artis ad hoc,* ha sido declarada tanto por la jurisdicción civil como por la contencioso-administrativa. Así resulta, entre otras: por un lado, de las SSTS de la Sala de lo Civil 1091/2001, de 26 de noviembre (núm. rec. 2245/1996 [*Tol 4924384*]); y 313/2002, de 11 de abril (núm. rec. 3422/1996 [*Tol 4975470*]); y por otro lado, de las SSTS de la Sala de lo Contencioso-administrativo de 2 de noviembre de 2012 (núm. rec. 772/2012 [*Tol 2688168*]); de 19 de septiembre de 2012 (núm. rec. 8/2010 [*Tol 2651403*]); y 6 de abril de 2015 (núm. rec. 1508/2013 [*Tol 4952092*]).

el dañante), prima la doctrina de la *lex artis ad hoc*, pues sólo se imputa la responsabilidad al dañante si se ha acreditado una infracción de dicha *lex artis*.

Obviamente, este efecto de sucesiva prevalencia y desplazamiento entre la aplicación de las precitadas doctrinas no se produce en los casos en que el daño no es desproporcionado (por lo que no procede invertir la carga de la prueba) o en que se haya acreditado la observancia de la *lex artis* (por lo que no procede imputar, sino exonerar, al dañante).

No puede extrañar, por tanto, que nuestra jurisprudencia haya fijado como requisitos de la doctrina del *daño desproporcionado*: i) la existencia de un daño (*damnum*) que se pruebe que es desmesurado (*exorbitans*) con respecto al acontecer ordinario; ii) la producción de dicho daño en el seno de un ámbito controlado por el dañante (*in ambitu agentis*); iii) la existencia de una infracción de la *lex artis ad hoc*, es decir, la aplicable al sector y caso de que se trate (*cum mala praxe*); y iv) la inexistencia de una interferencia del nexo causal imputable a la víctima, a un tercero o a una causa de fuerza mayor (*sine intermissione causae*)[89].

XII. EL *DAÑO DESPROPORCIONADO* Y LA DOCTRINA DE LA *PÉRDIDA DE OPORTUNIDAD*

Para finalizar el somero repaso a las cuestiones que plantea la naturaleza jurídica de la doctrina del *daño desproporcionado*, conviene efectuar una breve referencia a la doctrina de la *pérdida de oportunidad*.

El parámetro de la *perdida de oportunidad* (*perde de chance* o *loss of chance*) fue introducido por la *Court de Cassation* francesa desde su Sentencia de 17 de julio de 1889, y específicamente, por la Sentencia de 14 de diciembre de 1965. Posteriormente, esta teoría fue acogida, en el ámbito sanitario, pri-

---

[89] La Sala de lo Contencioso-administrativo del TS ha establecido, para que pueda apreciarse un *daño desproporcionado*, la necesidad de un daño desmesurado, producido en la órbita del dañante, con infracción de la *lex artis* y sin ruptura del nexo causal, entre otras, en las SSTS de la Sala de lo Civil 1108/1997, de 13 de diciembre (núm. rec. 3045 [*Tol 114656*]); 812/1998, de 8 de septiembre (núm. rec. 1326/1994 [*Tol 5157055*]); 1146/1998, de 9 de diciembre (núm. rec. 2159/1994 [*Tol 4035980*]); 1168/1998, de 12 de diciembre (núm. rec. 2094/1997 [*Tol 5119629*]); 23 de mayo de 2008 (núm. rec. 2381 [*Tol 1324335*]); y 12 de noviembre de 2012 (núm. rec. 1977/2011 [*Tol 2697646*]).

mero en la jurisdicción civil, por la STS de 10 de octubre de 1988 y después en la jurisdicción contencioso-administrativa, por la STS de 13 de julio de 2005 y otras posteriores[90].

Esta doctrina consiste en que (en casos en los que no ha habido infracción de la *lex artis,* pero sí un resultado lesivo) lo indemnizable no es el daño físico o material irrogado sino el daño moral consistente en la incertidumbre y zozobra que supone la representación de lo que habría podido suceder de haber sido otro el curso de los acontecimientos, con fundamento en unas probabilidades estadísticas que no son ilusorias (genéricas) ni muy altas (cualificadas o casi perfectas), pero sí específicas, aunque imperfectas.

Este criterio suele aplicarse, como *pérdida de oportunidad terapéutica,* en el ámbito de la responsabilidad sanitaria, a casos en que podría esperarse una curación, prolongación de la vida o una mejora de las condiciones del paciente, pero en los que tales eventos favorables no se han producido, debido a un injustificado error o retraso en el diagnóstico o el tratamiento.

La figura de la *pérdida de oportunidad* debe ser cuidadosamente deslindada de figuras afines y, en concreto, de la doctrina del *daño desproporcionado.* Así, en la *perdida de oportunidad,* no hay presunción (como en la *faute virtuelle*), ni inversión de la carga de prueba (como en el *daño desproporcionado*), ni un título de imputación (como en los casos de inexistencia o insuficiencia de *consentimiento informado*), sino una *amabilización* de la labor de apreciación del nexo de causalidad (imputación probabilística), debiendo, además, tener en cuenta que, en los casos de fallecimiento tras una pérdida de oportunidad terapéutica, el daño (aunque sea desproporcionado) irrogado a la víctima perece con ella, de suerte que sus allegados (concepto que no tiene por qué coincidir con sus herederos) sólo son acreedores por el daño moral que les haya podido suponer el padecimiento del paciente,

---

90 SSTS de la Sala de lo Contencioso-administrativo de 10 de octubre de 1988 (núm. rec. 1496-1994 [*Tol 157152*]) y 13 de julio de 2005 (núm. núm. 453-2004 [*Tol 698342*]). Sobre, la recepción, en nuestro ordenamiento jurídico, de la teoría de la *pérdida de oportunidad cfr.*, entre otras, las SSTS, de la Sala de lo Contencioso-administrativo de 4 de julio de 2007 (núm. rec. 8368/2003 [*Tol 1124241*]); de 12 de julio de 2007 (núm. rec. 92/2003 [*Tol 1124247*]); de 7 de julio de 2008 (núm. rec. 4776/2004 [*Tol 1351165*]); de 6 de octubre de 2011 (núm. rec. 579/2011 [*Tol 3304048*]); de 22 de mayo de 2012 (núm. rec. 4677/2010 [*Tol 2547755*]); de 3 de diciembre de 2012 (núm. rec. 2892/2011 [*Tol 2721762*]).

por lo que también suele plantearse en el ulterior momento de fijar la indemnización[91].

XIII. RELACIÓN ENTRE LAS DOCTRINAS DEL *DAÑO DESPROPORCIONADO* Y EL *RIESGO ASUMIDO*

Todo lo anterior denota que, desde una perspectiva metodológica, la red de conceptos aludida al comienzo (de la que los aplicadores del Derecho de daños se valen para atrapar el casuismo de la responsabilidad patrimonial de la Administración) y en la que se ubica el criterio del *daño desproporcionado*, conforma un verdadero *sistema* de lógica deóntica que sólo funciona adecuadamente si los distintos elementos que lo componen son analizados con el orden que les corresponde, considerando las limitaciones que unos suponen para con los otros y poniendo a todos ellos en tensión de lograr el objetivo de una justa imputación de las consecuencias lesivas que la institución de la responsabilidad patrimonial de la Administración persigue por imperativo constitucional.

De ahí que la jurisprudencia y la doctrina legal de los AOC sobre el *daño desproporcionado* no puedan entenderse de forma adecuada sin una alusión a otro parámetro jurídico en el que se apoya y al que limita, matiza y corrige, cual es la doctrina que podemos denominar del *riesgo asumido.*

1) La doctrina del riesgo asumido

Con base en los pronunciamientos jurisprudenciales y consultivos, entendemos por *riesgo asumido* aquel parámetro de imputación de responsabilidad patrimonial a cuyo tenor el daño causado debe ser asumido por quien se ha sometido, voluntaria o espontáneamente, a un ámbito de actuación en el que se considera como acaecimiento potencialmente ordi-

---

91 Como afirma HURTADO, la «pérdida de oportunidad en algunas ocasiones se califica como daño moral ... y, en otras, se emplea como criterio de aminoración de la valoración económica del daño corporal, motivando que haya sido considerada como *mecanismo de contención y equilibrio,* o como *un instrumento para introducir racionalidad en un mundo desbocado de reclamaciones incesantes*». HURTADO DÍAZ-GUERRA, Isabel (2018): *El daño moral en la responsabilidad patrimonial sanitaria,* Tirant lo Blanch, Valencia, pág. 256. Esta cuestión es abordada en el Cap. 15 por FLIQUETE, al que remito (págs. 979 y 980).

nario la actualización en siniestro del riesgo (daño eventual, *infectum* o temido) que dicho sometimiento comporta, siempre que las consecuencias lesivas del mismo no excedan de las normalmente previsibles.

Es de precisar que la asunción del riesgo puede ser *expresa*, como sucede cuando la precede una advertencia o información clara y comprensible para el afectado de las posibles consecuencias lesivas (así ocurre en el ámbito sanitario con el *consentimiento informado* requerido a los pacientes que van a someterse a una intervención quirúrgica).

Pero dicha asunción de riesgo también puede ser *tácita*, como sucede en el discurrir normal de la vida cada vez que espontáneamente se realiza un acto humano en un contexto conocido de riesgos, como es deambular por la calle, acudir a un espectáculo público o asistir como alumno a un centro docente.

Así pues, el parámetro del *riesgo asumido* puede presentarse en dos formas principales: el *riesgo general de la vida* y el *riesgo típico objeto de un previo consentimiento informado*. En ambas juega el *daño desproporcionado* como criterio de limitación.

2) El riesgo general de la vida y su limitación por daño excesivo

Tal y como ha puesto de manifiesto BLANQUER, «la Administración no responde por riesgos que carezcan de relevancia jurídica, como sucede con los riesgos que son normales en la vida cotidiana y están socialmente admitidos o tolerados por la sociedad y el ordenamiento jurídico»[92]. En este sentido, se afirma que estos riesgos son asumidos por las personas porque son *riesgos generales de la vida*.

A. Concepto

La primera, pues, de las especies del género que hemos denominado *riesgo asumido* es el *riesgo general de la vida*, que podemos concebir como aquel parámetro jurídico por el que un daño no puede ser imputado al causante del mismo, sino que ha de ser soportado por el damnificado, cuando el siniestro correspondiente se haya producido en un ámbito de

[92] BLANQUER CRIADO, David (2020), *La responsabilidad patrimonial en tiempos de pandemia (los poderes públicos y los daños por la crisis de la COVID-19)*, Tirant lo Blanch, Valencia, pág. 573.

riesgo que, en el criterio de una persona media, se considera tácitamente aceptado por quienes participan en el mismo, siempre que el daño producido se mueva en unos límites de moderación que socialmente se reputan también pre-asumidos por quienes intervienen en dicho ámbito en iguales circunstancias[93].

B. Fundamento

Este criterio negativo de imputación de responsabilidad no está expresamente establecido por la ley, pero se infiere de nuestro global sistema de responsabilidad extracontractual y es empleado por la jurisprudencia y la doctrina consultiva[94].

La razón que lo fundamenta es un razonamiento de sentido común, por el que quien participa (voluntaria o espontáneamente) en un ámbito de actuación social que es reputado, por el buen criterio de un ciudadano corriente, como posiblemente productor de ciertos riesgos, no puede quedar exonerado de la actualización de uno de esos riesgos en siniestro dañoso, precisamente porque la experiencia ordinaria de la vida de una persona media enseña que ese siniestro, cuando sus efectos lesivos son moderados, forma parte del conjunto de eventos que normalmente podían producirse al participar sin coacción en el ámbito de actuación social que conlleva dicho riesgo y que presuntamente se han representado los participantes.

C. Efectos correlativos de exoneración e imputación

La doctrina del *riesgo general de la vida* funciona como un criterio para la exoneración de responsabilidad de la Administración pública, pues evita responder de los sucesos dañosos que acompañan naturalmente al ordinario o normal existir del ser humano, pues se considera que, en tal caso, el

---

93 Sobre la aplicación de este concepto del *riesgo general de la vida* a una reclamación de responsabilidad patrimonial *cfr.*, p.e, el DCCRioja 26/2012, de 9 de mayo, entre otros.

94 Sobre la posibilidad de inferir de la normativa reguladora de la responsabilidad patrimonial diversos criterios de imputación, cfr, p.e, los DDCCRioja 41/1999, de 20 de diciembre; 6/2008, de 24 de enero; y 47/2010, de 26 de mayo, en los que se admite la existencia de criterios de imputación *expresos* (como el de ser el daño consecuencia del funcionamiento de un servicio público) y *tácitos* (como el del *riesgo general de la vida* o el de *estándar de los servicios*, entre otros).

daño es un evento propio del ordinario discurrir de la vida humana que debe ser soportado por quien lo sufre[95].

Por eso, al aplicar la doctrina del *riesgo general de la vida,* los AOC suelen resaltar más el carácter que tiene como criterio *negativo* o de *exoneración* de la responsabilidad de la Administración en cuyo ámbito de actuación se ha producido el daño, que el correlativo carácter, que obviamente también tiene, como criterio *positivo* o de *imputación* de la responsabilidad del daño al que lo parece.

D. Carácter moderado

Ahora bien, el efecto de exoneración de la Administración pública dañante sólo es admisible en aquellos hechos dañosos que tengan un carácter moderado, es decir, en los que el perjudicado tiene el deber (natural y social, ya que no propiamente jurídico, pues no podría decirse con carácter general que su conducta sea antijurídica), de asumir ese daño moderado como una incidencia normal y esperable en el natural acontecer de su existencia[96].

Por todo ello, es reiterada en los AOC la precisión de que la concurrencia de este criterio ha de valorarse caso por caso, atendiendo a todas las circunstancias concurrentes tanto objetivas como subjetivas, incluida la *entidad* del daño, pues no debe olvidarse que el daño imputable por *riesgo general de la vida* ha de ser necesariamente moderado[97].

De ahí que los AOC no apliquen el criterio del *riesgo general de la vida* en casos en los que objetivamente falta esa moderación[98].

---

95 Sobre la inexistencia de derecho a ser resarcido por los daños sufridos por el ordinario discurrir de la vida puede consultarse el DCCRioja 26/2012, de 29 de mayo.

96 En relación con la limitación del deber de soportar únicamente los riesgos asociados a la vida que sean moderados *cfr.*, p.e, los DDCCRioja 8/2005, de 27 de enero; 14/2009, de 12 de febrero; y 26/2012, de 9 de mayo, entre otros.

97 La exigencia del carácter moderado del daño imputable por riesgo general de la vida ha sido resaltado, p.e, en los DDCCRioja 97/2004, de 9 de noviembre; 53/2003, de 16 de junio; y 26/2012, de 9 de mayo.

98 Por lo que se refiere a la atribución de responsabilidad patrimonial a la Administración cuando el *riesgo general de la vida* no es moderado *cfr.*, p.e, los casos señalados por los siguientes DDCCRioja: i) daños a menores de corta edad (4/2004, de 27 de enero; o 24/2004, de 30 de abril). ii) daños a personas discapaces (45/2006, de 20 de julio); iii) daños producidos en ejercicios gimnásticos peligrosos (43/2004, de 1 de junio; o 115/2008, de 18 de septiembre). iv) resbalón por

Estos eventos no son nuevos; ya Ulpiano (en Dg. 9.2.11, pr.) recoge la opinión de diversos juristas sobre la curiosa hipótesis de la muerte de un esclavo a consecuencia del corte en la garganta que le produce el barbero cuando que le afeitaba en una plaza y recibió en el brazo un pelotazo procedente de jugadores cercanos. En este caso, para Pomponio Mela, el responsable era quien golpeó la pelota; Próculo, sin embargo, imputaba al barbero por trabajar en un lugar público de riesgo notorio y asumido; Ulpiano, sigue esta última opinión, pero añadiendo la responsabilidad del propio esclavo que también conocía y asumió el riesgo.

Este famoso fragmento suele ser reputado el origen de la llamada *concurrencia de culpas,* que (cuando no es un caso de *concurrencia de causas,* con el que frecuentemente suele confundirse), ha de resolverse mediante un juicio de prevalencia y proporcionada distribución de la responsabilidad[99].

Ahora bien, la limitación legal de la competencia dictaminante de los AOC por razón de la cuantía económica de las reclamaciones ha producido una generalizada disminución del número de casos en que los AOC han tenido ocasión de aplicar la doctrina del *riesgo general de la vida,* ya que, obviamente, la misma es más propia para eventos ordinarios y pequeños incidentes[100].

---

falta de señalización de pavimento deslizante (97/2004, de 9 de noviembre); v) agresiones intencionales (30/2003, de 25 de marzo; o 62/2004, de 15 de julio); vi) desórdenes producidos en tiempo y espacio escolar (52/2003, de 16 de junio; 53/2003, de 16 de junio; 43/2006, de 23 de junio; 52/2006, de 27 de julio; o 111/2008, de 8 de septiembre); vii) actividades realizadas fuera del centro escolar (11/2003, de 19 de febrero); y viii) daños causados desde dentro del Centro escolar a terceros situados fuera del mismo (17/2003, de 18 de marzo; 63/2003, de 15 de julio; o 30/2005, de 12 de abril, este último referido a un motorista que circulaba normalmente por la vía pública y recibe un balonazo que, procedente de un Centro escolar público, le derriba y causa daños personales y materiales).

99 *Cfr.* RODRÍGUEZ MONTERO, Ramón Perfecto (2011): «Regulación jurídica y desarrollo jurisprudencial del daño aquiliano en Roma: aspectos generales de una experiencia histórica», *op. cit.* págs. 666 y 667.

100 Sobre la citada limitación legal de informar las reclamaciones de responsabilidad patrimonial por debajo de un umbral económico, cfr. mi estudio GRANADO HIJELMO, Ignacio (2014): «Función consultiva y limitaciones cuantitativas: un análisis de Derecho Comparado sobre las cuantías mínimas establecidas para consultar preceptivamente en casos de responsabilidad patrimonial», *Revista Española de la Función consultiva,* núm. 21, págs. 45 a 96.

E. Ámbito educativo y otros ámbitos

Centrándonos, pues, en la doctrina consultiva anterior a dicha constricción cuantitativa de las competencias, es claro que los AOC han aplicado el criterio del *riesgo general de la vida* con profusión para exonerar a la Administración educativa de las consecuencias indemnizatorias de ciertos pequeños daños ocurridos accidentalmente en el ámbito escolar.

La exoneración de la Administración educativa se ha justificado por tratarse de: i) daños ligados a un acontecer normal de las actividades educativas en Centros docentes públicos (tales como roturas de gafas o pequeñas lesiones por balonazos y otros eventos fortuitos semejantes); ii) daños en los que no se aprecia intencionalidad del agente, negligencia en los cuidadores (en ocasiones, los AOC emplean como calibre la diligencia ordinaria que hubieran empleado los padres), ni defectos de organización en las actividades escolares; iii) daños en los que la víctima tenga una autonomía motora y una edad suficiente para apreciar el riesgo, y en los que la actividad realizada carezca de una especial peligrosidad, sobre todo si ésta ha sido advertida previa y expresamente[101].

[101] Como ejemplos de reclamaciones, dirigidas contra la Administración educativa, relacionadas con los *riesgos generales de la vida*, con los matices expresados, cfr. los casos contemplados en los DDCCRioja 53/2002, de 17 de septiembre; 53/2003, de 16 de junio; 32/2003, de 8 de abril; 24/2004, de 30 de abril; 43/2004, de 1 de junio; 69/2004, de 27 de julio; y 103/2004, de 30 de noviembre. El casuismo puede rastrarse en los distintos AOC; así, a título de ejemplo, el CCRioja exoneró a la Administración pública en casos de: i) resbalones fortuitos (DCCRioja 25/2005, de 12 de abril); ii) encontronazos casuales (DDCCRioja 27/2003, de 18 de marzo; 51/2005, de 23 de mayo; y 16/2011, de 17 de febrero); iii) rotura de gafas por golpes ocasionales (DDCCRioja 11/2003, de 19 de febrero; 16/2003, de 10 de marzo; 63/2003, de 29 de julio; 31/2004, de 11 de mayo; 40/2004, de 25 de mayo; 59/2005, de 21 de junio; 43/2006, de 23 de junio; o 59/2005, de 21 de junio); iv) lesiones y daños leves en clase de Educación Física (DDCCRioja 19/2003, de 18 de marzo; 26/2003, de 18 de marzo; 51/2003, de 16 de junio; 59/2003, de 2 de julio; 87/2003, de 9 de diciembre; 31/2004, de 11 de mayo; 49/2004, de 15 de junio; 52/2004, de 29 de junio; 66/2004, de 27 de julio; 8/2005, de 27 de enero; o 78/2005, de 9 de septiembre); v) daños dentales por caídas fortuitas (DDCCRioja 27/2003, de 18 de marzo; 32/2003, de 8 de abril, 59/2003, de 2 de julio; 8/2004, de 9 de febrero; 42/2004, de 1 de junio; 52/2004, de 29 de junio; 69/2004, de 27 de julio; 70/2004, de 27 de julio; 74/2004, de 10 de septiembre; 25/2005, de 12 de abril; 78/2005, de 9 de septiembre); vi) pequeños traumatismos en el transcurso de actividades escolares (DDCCRioja 52/2003, de 16 de junio; o 103/2004, de 30 de noviembre); y vii) accidentes leves durante los tiempos de recreo (DDCCRioja 32/2003, de 8 de abril; 8/2004, de 9 de febrero; 19/2003, de 18 de mar-

Fuera de la Administración docente, los AOC también han aplicado el criterio del *riesgo general de la vida* en ámbitos administrativos en los que se presume que el dañado ha asumido el riesgo inherente a la actividad que produce el daño[102].

F. El *daño desproporcionado* como límite al criterio del *riesgo general de la vida*

En todo caso, la aplicación del criterio del *riesgo general de la vida* no deja de ser, en un sistema de responsabilidad objetiva, como es la responsabilidad patrimonial de la Administración pública, una *excepción* a la regla general y, por eso, requiere la clara constancia de que, en la percepción común, el suceso es tenido generalmente como normal u ordinario, esto es, como un evento inevitable, puramente casual y de efectos lesivos moderados que, por ello mismo, ha de ser soportado por la propia víctima[103].

Todas estas matizaciones apuntan claramente a que las doctrinas del *funcionamiento anormal* del servicio público y del *daño desproporcionado* constituyen límites del parámetro de imputación en que el *riesgo general de la vida* consiste.

En efecto, el criterio del *riesgo general de la vida* es un concepto jurídico indeterminado que, al constituir un parámetro derivado del sentido común socialmente entendido, no puede extender sus correlativos efectos exoneradores o imputadores de responsabilidad cuando el daño generado por el siniestro excede de lo que una persona media puede considerar asumible en el ámbito de actividades sociales en las que se ha producido el evento dañoso. Y es entonces cuando surge, como elemento moderador o de corrección, la doctrina del *daño desproporcionado.*

---

zo; 27/2003, de 18 de marzo; 87/2003, de 9 de diciembre; 40/2004, de 25 de mayo; 48/2004, de 15 de junio; 49/2004, de 15 de junio; 66/2004, de 27 de julio; 25/2005, de 12 de abril; o 51/2005, 23 de mayo).

102 El CCRioja ofrece ejemplos paradigmáticos de la aplicación del *riesgo general de la vida* fuera del ámbito de la Administración educativa en sus dictámenes 14/2009, de 14 de febrero (empleada pública que resbala al entrar en su centro de trabajo); 4/2011, de 18 de enero (paseante que resbala con las piedrecitas de un jardín ornamental público); y 26/2012, de 9 de mayo (persona que tropieza por descuido con una alcantarilla).

103 Respecto de la aplicación excepcional de la exoneración de responsabilidad patrimonial si se aprecia el *riesgo general de la vida* cfr, por todos, el DCCRioja 8/2000, de 8 de marzo.

En tal situación, la doctrina del *daño desproporcionado* se comporta como un parámetro jurídico corrector de la doctrina del *riesgo general de la vida*, de forma que ésta no resulta aplicable (y, en consecuencia, procede imputar un daño a la Administración causante del mismo) cuando su entidad sobrepasa, en el sentir de una persona media, la cuantía que el damnificado debe soportar como *riesgo general de la vida* al participar voluntaria o espontáneamente en el ámbito de actividad social en que se ha generado el siniestro.

Así pues, si por el *riesgo general de la vida* procede imputar daños ordinarios a quien los padece, la doctrina del *daño desproporcionado* le exonera de los mismos cuando éstos son notoriamente superiores a los que pueden reputarse normales por concurrir determinadas circunstancias que los cualifican o hacen imposible, difícil o muy cuantiosa su reparación[104].

El *daño desproporcionado* es, pues, en la doctrina de los AOC, también un criterio corrector o moderador de la doctrina del *riesgo general de la vida* y, siendo éste un claro concepto jurídico indeterminado, opera como límite del que académicamente se conoce como *halo del concepto*, esto es, un punto cuantitativo o cualitativo de intensidad del daño producido a partir del cual éste se reputa excesivo con respecto a lo que una persona media consideraría normal en el ámbito de riesgo correspondiente, de suerte que, superado ese límite, se invierte el sistema de imputación, quedando exonerado el dañado y responsabilizado el dañante, o más precisamente, la Administración gestora del servicio público en cuyo marco se ha generado el daño.

Por ello, los AOC no aplican el criterio del *riesgo general de la vida* en casos de *daños excesivos*[105].

---

[104] Un caso de imputación de responsabilidad, en concepto de *daño desproporcionado*, si los daños derivados *del riesgo general de la vida* son notoriamente superiores a los ordinarios, es contemplado, p.e, en el DCCRioja 18/2010, de 22 de febrero, al afirmar que es objetivamente imputable a la Administración sanitaria el daño si excede del habitual en una intervención quirúrgica que normalmente no presenta complicaciones y que, sin embargo, en el caso concreto, puso en peligro la vida del paciente.

[105] Son ejemplos de inaplicación de la doctrina del *riesgo general de la vida* los casos contemplados en los DDCCRioja 53/2003, de 16 de junio (fractura naso-etmoidal por lesión involuntaria en actividad extraescolar); 52/2006, de 27 de julio (rotura inculpable del violín de una alumna por un Profesor del Conservatorio que se lo había pedido para hacer una demostración en clase); o 115/2008, de 18 de septiembre (riesgo asumido por el Centro educativo al hacerlo objeto de una actividad extraescolar específica en horario lectivo que conlleva cierto peligro para practicantes inexpertos, como el patinaje sobre hielo).

3) Tipificación de riesgos y daño desproporcionado

Volviendo a lo señalado al comienzo de este apartado, la doctrina del *riesgo asumido*, además de los casos no tipificados que son reconducibles al *riesgo general de la vida*, también comprende los *riesgos típicos* objeto de un previo *consentimiento informado*, así denominados porque han sido objeto de una previa tipificación que ha posibilitado su información.

A. La doctrina de los *riesgos típicos*

El *riesgo típico* es, pues, una modalidad del género *riesgo asumido* que aparece cuando una determinada actividad humana está sujeta a precisas pautas o protocolos de actuación científica, técnica o profesional (*lex artis*), de cuya aplicación en un caso concreto (*ad hoc*) pueden derivar ciertas consecuencias lesivas que previamente han sido tipificadas, advertidas, conocidas y aceptadas eventualmente por el afectado al prestar a las mismas su *consentimiento informado*, de suerte que, por este motivo, el dañante no responde de estos riesgos libremente asumidos por el eventual dañado.

El *riesgo típico* que ha sido objeto de *consentimiento informado* opera entonces como un criterio de exoneración del dañante siempre que éste haya observado en su intervención las exigencias derivadas de la *lex artis ad hoc*.

La actualización en forma de daño de un *riesgo típico* opera así para el dañante como un parámetro de exoneración de su responsabilidad patrimonial que está íntimamente relacionado con los de *consentimiento informado* y observancia estricta de la *lex artis ad hoc*.

Los *riesgos típicos* pueden aparecer en diversos ámbitos (p.e. el DCCRioja de 9 de mayo de 2012 aprecia *riesgo típico* en el ámbito de Administración prestadora de servicios sociales[106]), pero normalmente este parámetro aparece en el ámbito de la responsabilidad sanitaria para calificar ciertas secuelas derivadas de intervenciones quirúrgicas, de cuya responsabilidad patrimonial procede exonerar a la Administración cuando la intervención se ha realizado conforme a la *lex artis ad hoc* y el *riesgo típico* ha sido objeto de un previo *consentimiento informado*[107].

---

106 DCCRioja 25/2012, de 9 de mayo.

107 Varios son, pues, los elementos que confluyen en la prefiguración del parámetro denominado *riesgo típico* y, entre ellos, destacan, como han puesto de relieve los AOC (los dictámenes que se citan seguidamente son, a título de ejemplo, del CCRioja): i) el *ámbito profesional* de actuación (DCCRioja 50/2007, de 19 de julio).

En la actualidad, el ámbito más habitual de aplicación, en Derecho de daños, del criterio de la *lex artis* (y, por tanto, de *riesgos típicos* exonerantes) es la Medicina, pues quien se somete a la misma, como *sujeto paciente o usuario pasivo* del servicio médico, especialmente para la práctica de una intervención quirúrgica, ha de ser informado, previa, clara, expresamente y de manera que le resulte personalmente comprensible (*información específica*), de la existencia de ciertos eventos, denominados riesgos típicos, por ser potencialmente dañosos (*riesgos inherentes a la intervención*) y estar descritos en los protocolos aplicables (*tipificación*) y que, para desplegar su eficacia exonerante de la responsabilidad del dañante, han de ser previamente conocidos y aceptados (*consentimiento informado*) por la persona paciente.

Dicho *consentimiento informado* a los *riesgos típicos* es consecuencia del derecho de la persona paciente a su propia autonomía personal, ya que, eventualmente, pueden irrogarse daños tipificados, aunque la actuación profesional se ajuste estrictamente a las exigencias técnicas o científicas requeridas en el caso concreto (*lex artis ad hoc*).

Además, la morbilidad y mortalidad inherentes a la naturaleza humana imponen que las prestaciones sanitarias en Medicina sean necesariamente *de medios* y *no de resultados*, ya que no puede racionalmente exigirse a la Administración asistencial que garantice siempre la curación de los pacientes y se convierta así en asegurador universal de todas los *riesgos típicos* y eventuales secuelas de las intervenciones quirúrgicas.

Por consiguiente, si se ha observado la *lex artis ad hoc*, la eventual conversión en siniestro dañoso de un *riesgo típico* que ha sido objeto de un previo *consentimiento informado* conlleva normalmente la exoneración de la Administración sanitaria titular del Centro sanitario en el que se ha producido la intervención quirúrgica de que se trate.

B. Riesgo típico y daño desproporcionado

La actualización en daño (sin infracción de la *lex artis ad hoc*) de un *riesgo típico* (que ha sido objeto de *consentimiento informado*) conlleva, pues, una inversión del régimen ordinario de riesgos, pues el dañante queda

---

ii) la *tipificación* científica o profesional del riesgo (DCCRioja 15/2008, de 8 de febrero). iii) el *consentimiento informado* recaído al respecto (DDCCRioja 16/2009, de 9 de marzo y 90/2019 de 27 de noviembre); y iv) la estricta observancia de la *lex artis ad hoc* (DCCRioja 111/2007, de 29 de octubre; 12/2009, de 12 de febrero; 16/2009, de 9 de marzo; y 37/2009, de 14 de mayo.

exonerado de responsabilidad y es el paciente quien debe asumir el daño causado.

En teoría, esta doctrina del *riesgo típico* podría quedar corregida por la del *daño desproporcionado*, pues, si el daño producido por la actualización del *riesgo típico* es desproporcionado, la inversión de la carga de prueba que ocasiona esta desproporción determinaría que fuese el dañante quien tuviera que probar que la desproporción del daño se había producido al margen de su esfera de control.

Si esto fuera así, la doctrina del *daño desproporcionado*, debido a su esencial carácter de correctivo de equidad, desplazaría a la del *riesgo típico*, de suerte que, si el daño fuera desproporcionado y el dañante no lograse probar que se había producido al margen de su esfera de control, el dañador no quedaría exonerado, aunque probase que el riesgo era típico.

Pero la jurisprudencia sobre responsabilidad sanitaria no sostiene que el *daño desproporcionado* opere como un criterio corrector de la exoneración por *riesgos típicos*, sino que, por el contrario, suele considerar al *daño desproporcionado* como el reverso de la doctrina de los *riesgos típicos*, de suerte que la *tipicidad* del riesgo excluye la *desproporción* del daño, esto es, que no procede aplicar la doctrina del *daño desproporcionado* si el mismo constituye un *riesgo típico*[108].

Desde luego, el *riesgo típico* opera en el plano de la imputación (porque comporta una inversión del régimen de riesgos de suerte que exonera al dañante y carga sobre el paciente la obligación de soportar el daño causado); mientras que el *daño desproporcionado* sólo opera en el plano probatorio (pues únicamente conlleva una inversión de la carga de la prueba, de suerte que es el dañante quien debe probar que la desproporción dañosa no le es imputable).

La jurisprudencia no ignora que se trata de dos inversiones distintas (inversión "del régimen de imputación", en caso de *riesgo típico*; e inversión del "régimen de prueba" en caso de *daño desproporcionado*); pero entiende que es jurídicamente más seguro establecer que la *tipicidad* excluye la *desproporción* o, lo que es lo mismo, que la doctrina del *daño desproporcionado*

---

108 Como ejemplos de sentencias en las que se excluye la aplicación de la doctrina del *daño desproporcionado* por concurrencia de *riesgos típicos*, *cfr*. SSTS de la Sala de lo Civil 1091/2001, de 26 de noviembre (núm. rec. 2245/1996 [*Tol 4924384*]) y 335/2002 de 11 de abril (núm. rec. 711/1998 [*Tol 4975473*]); y la STS de 20 de junio de 2006, de la Sala de lo Contencioso-administrativo (núm. rec. 167/2002 [*Tol 985025*]).

sólo puede operar sus efectos de correctivo de equidad en caso de *riesgos atípicos.*

Por tanto, en los casos en que concurre *riesgo típico* y *daño desproporcionado,* la *primera* cuestión jurídica (*quid iuris*) estriba en calificar si el daño causado constituye o no un *riesgo típico* o *atípico,* ya que, como se ha expuesto, el *daño desproporcionado* tiene siempre un carácter *segundo.*

C. Riesgo atípico y daño desproporcionado

En el ámbito sanitario, *riesgo atípico* es el que no esté contemplado en la literatura médica para el tipo de intervención o tratamiento de que se trate y que no haya sido objeto de *consentimiento informado* al no haberse dado al paciente una información adecuada y suficiente, en virtud de lo dispuesto en el arts. 8.2 y concordantes de la Ley 41/2002, de 14 de noviembre, básica reguladora de la autonomía del paciente y de derechos y obligaciones en materia de información y documentación clínica; ya sea por la falta de firma del correspondiente documento expresivo del *consentimiento informado,* ya sea porque el mismo no haya recogido el riesgo finalmente materializado o lo haya hecho de forma insuficiente.

El criterio de exonerar de responsabilidad patrimonial a la Administración pública cuando, sin infracción alguna de la *lex artis ad hoc,* el daño producido consiste en la actualización en siniestro de un *riesgo típico* que ha sido objeto de *consentimiento informado,* conduce, *a sensu contrario,* a imputar dicha responsabilidad cuando el daño irrogado proceda de un *riesgo atípico,* es decir, una eventualidad dañosa que no ha sido objeto de *consentimiento informado* o que resulta de una infracción de la *lex artis ad hoc.*

Es, pues, importante la calificación de un riesgo como *típico* o *atípico,* ya que, según se desprende de la citada jurisprudencia, la Administración solo responde de los daños causados por los riesgos *atípicos,* así como de los *típicos* que no haya informado o que procedan de una infracción de la *lex artis ad hoc.*

En teoría, podría concluirse que, si *atípicos* son los riesgos que no han sido previamente tipificados y, por tanto, no han sido objeto de *consentimiento informado,* tal sería el caso de los *daños desproporcionados,* ya que su propio exceso implicaría la imposibilidad de tipificarlos y consentirlos.

Esto implicaría que los *daños desproporcionados* constituirían, de por sí, *riesgos atípicos,* aunque ello no significase que todos los *riesgos atípicos* constituyeran *daños desproporcionados* y, lo que aún más relevante, tampoco implicaría que los *daños desproporcionados,* por el hecho de ser *atípicos,* hubieran de implicar necesariamente la imputación de responsabilidad al dañante, pues ya sabemos que la doctrina de los *daños desproporcionados* opera en la fase probatoria y admite siempre una probanza en contra, mediante la cual el dañante podría exonerarse de responsabilidad demostrando que tales daños se habían irrogado al margen de su esfera de actuación.

Pero la jurisprudencia citada ha evitado representarse la hipótesis de que un *riesgo típico* constituya *daño desproporcionado* por el sencillo expediente de reputar que la *tipicidad* excluye la *desproporción*, mediante el cual reduce el efecto corrector de la doctrina del *daño desproporcionado* a los casos de daños derivados de un *riesgo atípico.*

Este criterio estriba, como ha apuntado la jurisprudencia civil, en la incompatibilidad entre la *tipicidad* (que es inherente al *riesgo típico*) y la *imprevisibilidad* (que es propia del *daño desproporcionado*)[109], aunque, al ser ésta última característica también inherente al *caso fortuito* (que es exonerante en el ámbito civil, pero no en el ámbito de la de responsabilidad patrimonial de las Administraciones públicas), no parece un término apropiado en el ámbito administrativo, en el que estimo que es preferible sustituirlo por los de *exorbitancia* o *excepcionalidad* del daño.

Desde luego, esta jurisprudencia no impide a la defensa de los pacientes argumentar en favor de carácter atípico de un riesgo que la Administración afirme que es típico, orientando así el debate litigioso hacia los límites de la tipificación de la desproporción del daño causado.

Advierto esto porque no deben ser confundidos los criterios de imputación (o no exoneración) por *riesgo atípico,* por falta o insuficiencia de *consentimiento informado* o por infracción de la *lex artis ad hoc,* con el efecto de inversión de carga de prueba que se produce en caso de *daños desproporcionados* y que no resulta alterado por el hecho de que éstos puedan tener, por su propia desproporción, naturaleza atípica.

Esto implica que la doctrina del *daño desproporcionado* es, en principio, inmune a la calificación del mismo como derivado de un *riesgo atípico,* en el sentido de que no determina automáticamente la imputación del dañante, sino que sólo le atribuye la carga de probar su exoneración; sin perjuicio, obviamente, de que una eventual falta o insuficiencia de tal prueba determine que haya de soportar la imputación como efecto del mecanismo del *onus probandi.*

---

[109] *Cfr.* STS de 6 de abril de 2015, de la Sala de lo Civil (núm. núm. 1508/2013 [*Tol 4952092*])

El amplio margen dejado al debate forense sobre los límites de la tipificación en caso de daños exorbitantes, explica los múltiples casos en que la alegación por parte de la Administración sanitaria de la doctrina de la exoneración por derivar el daño de un *riesgo típico* objeto de consentimiento informado decae ante la imputación procedente de la prueba de un *daño desproporcionado*, que opera, en tales casos, como criterio de excepción, límite, corrección o moderación de aquélla, tal y como han declarado la jurisprudencia[110] y los AOC[111].

Ello es debido a que, como señala el DCCRioja de 24 de febrero de 2004, el *consentimiento informado* no actúa como título que justifique cualquier daño, sino tan solo aquellos que no resulten extraños o ajenos al acto clínico realizado, pues los daños absolutamente desproporcionados y extraños al tipo de intervención llevada a cabo sobre el paciente no deben ser soportados jurídicamente por éste, y ello, pese a que haya sido informado de los mismos y los haya asumido[112].

---

110 *Cfr.*, en este sentido, las STS de 31 de enero de 2003, de la Sala de lo Civil [*Tol 243657*]; y las SSTS de la Sala de lo Contencioso-administrativo de 9 de marzo de 2011 (núm. rec. 1773/2009 [*Tol 2067852*]); de 2 de enero de 2012 (núm. rec. 6710/2010 [*Tol 2384370*]); y de 2 de noviembre de 2012 (núm. rec. 772/2012 [*Tol 2688168*]).

111 En esa línea, *cfr.*, p.e, entre otros, los DD del CCRioja núms: 37/2007, de 7 de mayo (perforación de tabique nasal por empleo prolongado de un aerosol de calcitonina); 63/2008, de 12 de mayo (punción pleural que lesiona el bazo); y 19/2011, de 24 de febrero (parto distócico en el que, tras practicar correctamente la maniobra de Kristeller, se produce un importante desgarro vaginal que es suturado por una Matrona residente, todo ello sin pruebas de mala praxis, pero provocando un post-parto con tales dolores y molestias que incluso impide defecar, de suerte que ha de procederse al descosido, desbridación, nueva suturación e incluso reconstrucción plástica de la zona perineal y vaginal). En el mismo sentido, cfr. el dictamen del Consejo Consultivo de Andalucía 188/2020, de 12 de marzo.

112 *Cfr.* FJ 3 DCCRioja 12/2004, de 24 de febrero. En la misma línea, *cfr.* SSTS de la Sala de lo Contencioso-administrativo de 16 de enero de 2007 (núm. rec. 5060/2002 [*Tol 1028325*]); de 25 de marzo de 2010 (núm. rec. 3944/2008 [*Tol 1829994*]); de 2 de enero de 2013 (núm. rec. 5805/2010 [*Tol 2438920*]); de 9 de octubre de 2012 (núm. rec. 6878/2010 [*Tol 2667914*]); y de 21 de diciembre de 2012 (núm. rec. 4229/2012 [*Tol 2722733*]).

D. Consentimiento informado y *daño desproporcionado*

En la misma línea, la jurisprudencia civil[113], ha señalado que el *riesgo típico* no puede desempeñar una doble función exculpatoria, por un lado, del mal resultado de la intervención, y, por otro, de la omisión o insuficiencia de la información al paciente, pues *tipicidad* e *imprevisibilidad* son conceptos excluyentes en un juicio sobre la responsabilidad del profesional médico, ya que no se puede exculpar a éste del daño causado por tratarse de un *riesgo típico* de la intervención y, al propio tiempo, eximirle de su deber de informar al paciente de ese mismo *riesgo típico* por darse en muy pocos casos.

A la vista de esta postura jurisprudencial, menos podría considerarse *daño desproporcionado* el *riesgo típico no informado* al paciente, ya que su desconocimiento por el mismo no implica su *anormalidad* en relación con la intervención, sino que nuevamente se trataría simplemente de un problema de derecho de información, pero no de *daño desproporcionado.*

En rigor, lo que sucede es que *consentimiento informado* (que la jurisprudencia suele considerar como una dimensión más de la *lex artis ad hoc*) y *daño desproporcionado* son parámetros diferentes en el sistema de responsabilidad.

Por ello, conviene distinguir: i) casos de *consentimiento informado* inexistente o insuficiente (en los que la imputación procede de dicha inexistencia o insuficiencia, independientemente de si el daño procede de un riesgo típico o atípico y de si éstos son o no desproporcionados); y ii) casos de *consentimiento informado* suficiente, por haber advertido del riesgo (típico o atípico) de que se trate, pero haberse materializado el mismo en un *daño desproporcionado* cuya ajenidad a la esfera de control del dañante no ha sido debidamente justificada por éste (en cuyo caso, la imputación deriva, no de inexistencia o insuficiencia del consentimiento informado, sino de la aplicación de la doctrina del *daño desproporcionado*).

E. Pacto de resultados y *daño desproporcionado*

Sin perjuicio de lo que exponen MANENT y ALONSO en el Cap. 18 (págs. 1207 a 1227), es de recordar que la tradicional doctrina de que la obligación sanitaria es *de medios* y *no de resultado* fue inicialmente reservada

---

113 *Cfr.* la STS 534/2009, de 30 de junio, de la Sala de lo Civil (núm. rec. 222/2005 [*Tol 1577200*].).

por la jurisprudencia a la Medicina *necesaria* o *curativa*, pero no a la *voluntaria* o *satisfactiva* (p.e, la cirugía estética no reparadora), donde sería *de resultado* y no meramente *de medios*[114] ; pero, como es sabido, la jurisprudencia actual ha estimado que, en ambos tipos de Medicina, la obligación es *de medios* y no *de resultado*, aunque con intensificación del deber de lograr éste último[115].

Naturalmente eso es así, salvo que (como admite la STS de 13 de abril de 2016[116]) se pacte lo contrario, pues, en tal caso, la obligación sería no *de medios* sino *de resultado*, sencillamente porque derivaría de un contrato civil (bilateral, atípico, oneroso, consensual, de tracto sucesivo e *intuitu personae*) de asistencia sanitaria, que convertiría a esta responsabilidad en contractual[117].

En este caso excepcional de que medie lo que podemos denominar un *pacto de resultados*, el paciente perjudicado que solicitase una indemnización sólo debería acreditar la no obtención del resultado esperado o que este es defectuoso; pues la carga de probar las causas excluyentes de responsabilidad recaería entonces en el dañante, en virtud de un principio de exigencia contractual y no por inversión del régimen probatorio; y, por eso, aunque el daño haya sido exagerado, no sería preciso (en este excepcional caso pacticio), invocar la doctrina del *daño desproporcionado* para obtener dicha inversión del *onus probandi*, ya que la imputación no se fundaría en la desproporción del daño producido, sino en la falta de justificación del re-

---

114 Sobre la inicial consideración de la medicina *satisfactiva* como obligación *de resultado* cfr, p.e, la STS de 737/1993, de 7 de julio, de la Sala de lo Civil (núm. rec. 3211/1990 [*Tol 1656375*]).

115 En cuanto al cambio jurisprudencial, por el que la Medicina *satisfactiva* deja de ser considerada como una obligación *de resultado*, y pasa a ser calificada como una obligación *de medios* en la que se intensifica el deber de obtener un resultado, *cfr.*, entre otras, las SSTS; todas ellas de la Sala de lo Civil 544/2007, de 23 de mayo (núm. rec. 1984/2000 [*Tol 1106817*]); 778/2009, de 20 de noviembre (núm. rec. 1945/2005 [*Tol 1748410*]); 3 de marzo de 2010 [*Tol 1798263*]; 463/2013, de 28 de junio (núm. rec. 265/2011 [*Tol 3843923*]); 517/2013, de 19 de julio (núm. rec. 939/2011 [*Tol 3887671*]); de 9 de septiembre de 2014 (núm. rec. 2305/2013 [*Tol 4514335*]); 18/2015, de 3 de febrero (núm. rec. 2434/2012 [*Tol 4709030*]); 250/2016, de 13 de abril (núm. rec. 2237/2014 [*Tol 5694493*]), ésta última con amplia cita de SS anteriores.

116 STS de 13 de abril de 2015, de la Sala de lo Contencioso-administrativo (núm. rec. 2237/2014 [*Tol 5694493*]).

117 *Cfr.* PARRA SEPÚLVEDA, Darío (2014): «La responsabilidad civil del Médico en la Medicina curativa», tesis doctoral, Universidad Carlos III, págs. 20 y ss.

sultado por parte del dañante y en otros indicios resultantes de los hechos que puedan inducir a pensar que ha habido negligencia médica, aunque el paciente dañado no haya podido probarla.

XIV. RECAPITULACIÓN CONCLUSIVA

Con antecedentes romano-bizantinos y en el Derecho Comparado francés, italo-alemán y anglosajón (mediante construcciones como la *faute virtuelle*, la apariencia notoria o *anscheinsbeweis*, la probanza *prima facie* o la *res ipsa alloquitur*), la doctrina del *daño desproporcionado* fue importada a nuestro foro por el Tribunal Supremo, primero, en su Sala de lo Civil y, luego, en la de lo Contencioso-administrativo, desde donde ha pasado a los distintos AOC y a la doctrina científica.

No es, pues, una institución de Derecho positivo (*statute law*, en la terminología anglo-americana), sino más bien jurisprudencial, consultiva y académica que se integra en la *equity*, es decir, entre los dispositivos propios del *ius aequum* frente al *ius strictum*.

En concreto, esta doctrina se presenta como un *correctivo de equidad* en cuya virtud quien, siguiendo el sentir social común que, según las reglas de la experiencia, es propio de una persona media, debería, en principio, soportar la actualización en siniestro de un riesgo (típico o general) de la vida (aceptado, expresa o tácitamente, al participar en el ámbito de actuaciones que lo genera), queda, sin embargo y por motivos de equidad, exonerado de responsabilidad en base a la magnitud (cuantitativa o cualitativa) de sus efectos lesivos, los cuales deben ser imputados entonces al dañante, salvo que éste se exonere probando en su descargo que el daño se ha producido (total o parcialmente) fuera de su ámbito de actuación, por una interferencia (de la víctima, de un tercero, de un caso fortuito —esto sólo en el ámbito civil— o de una causa de fuerza mayor) que elimina o modera su responsabilidad.

El estatuto que epistemológicamente conviene a esta doctrina es el de un parámetro que, incluido en el Derecho de daños (Privado y Público, es decir, tanto en el ámbito de la responsabilidad civil como de la patrimonial de las Administraciones públicas), se caracteriza por ser *sistémico* (porque se explica en el seno del sistema jurídico-institucional de la responsabilidad por daños en el que opera), *adicional* (porque cualifica el resultado dañoso con el *plus* que implica la exorbitancia lesiva) y *valorativo* (porque requiere un previo y prudencial *juicio de ponderación* para apreciarlo y aplicarlo); y funciona como un remedio deóntico (de *aequitas*) cuando el resultado dañoso es de tal magnitud que no puede explicarse ni resolverse por el juego ordinario de la causalidad y la imputación.

La doctrina del *daño desproporcionado*, sin embargo, no opera como un criterio de *causalidad* ni de *imputación* de la responsabilidad, sino como un mero mecanismo procesal de *inversión de la carga de la prueba* para residenciarla, no en el dañado sino en el dañante; por lo que, en rigor, se ubica en la fase probática de los procedimientos (prejudiciales o jurisdiccionales) instruidos para sustanciar acciones de responsabilidad.

La naturaleza jurídica del *daño desproporcionado*, en la «economía» de la responsabilidad por daños, no es, sin embargo, la de una *presunción* de culpabilidad, *iuris tantum* (porque no presume culpa alguna) ni *iuris et de iure* (porque tampoco es una ficción jurídica construida por el Derecho en base a un indiciario *fumus* o intuición inicial de apariencia culposa); sino la de una institución pragmática cuya finalidad es *amabilizar* la prueba en caso de daños exorbitantes, por lo que, en rigor y pese a su frecuente asimilación jurisprudencial, debe ser diferenciada de las precitadas figuras análogas del Derecho Comparado cuya fundamentación estriba en la *culpabilidad* (como las precitadas *faute virtuelle*, *anscheinsbeweis*, probanza *prima facie* y la *res ipsa alloquitur*).

Por el contrario, la operatividad de la doctrina del *daño desproporcionado* en el marco de responsabilidad *objetiva* con que la Constitución ha diseñado nuestro sistema de responsabilidad patrimonial de las Administraciones públicas, conduce a diferenciarlo de otros parámetros estructurales del mismo, como son la *causalidad* (porque reconducir el *daño desproporcionado* a la causa haría supuesto de la cuestión) o la *imputación* (porque admite en contra la prueba exoneratoria del dañador).

Así, desde, desde el ámbito *probatorio* que le es propio, procede reivindicar la doctrina del *daño desproporcionado* como un mecanismo *segundo*, en el sentido de que no resulta aplicable si, en el caso concreto de que se trate, queda probado que el daño excesivo se ha generado en una esfera totalmente ajena al control del dañante.

En la responsabilidad patrimonial de las Administraciones sanitarias, este planteamiento conlleva la exclusión de la doctrina del *daño desproporcionado* cuando se acredita tanto la observancia de la *lex artis ad hoc*, como la existencia y suficiencia de *consentimiento informado* sobre los *riesgos típicos*; en el bien entendido de que no debe pensarse en una *incompatibilidad* ni en una *neutralidad* entre las doctrinas de la *lex artis* y del *daño desproporcionado*, sino en un sucesivo efecto de *primacía* o *prevalencia* entre ellas que produce un también un sucesivo efecto de *desplazamiento por postergación* en la aplicación de las mismas en los casos de *daño exorbitante.*

Bibliografía

ABEL LLUCH, Xavier (2015): *Las reglas de la sana crítica,* La Ley, Las Rozas (Madrid)

ALBI NUEVO, Julio (2013): «La carga de la prueba en los procedimientos de responsabilidad sanitaria», *Revista CESCO de Derecho de Consumo,* núm. 8, págs. 259 a 273

ALONSO MONTAÑEZ, Belén María (2016): «Daño desproporcionado en actuación médica y aplicación analógica parcial del baremo para accidentes de circulación: Sentencia de la Audiencia Provincial de Barcelona de 02.03.16», *Revista de responsabilidad civil, circulación y seguro,* núm. 8, págs. 46 y 47

ÁLVAREZ SARABIA, Marina (2016): «Res ipsa loquitur y daño desproporcionado en la responsabilidad médica», *Anales de Derecho,* vol. 34, núm. 2

ASENSI PALLARÉS, Eduardo y CID-LUNA CLARES, Iñigo (2016): «Algunas consideraciones sobre los riesgos del desarrollo y la doctrina del daño desproporcionado en responsabilidad civil sanitaria al hilo de la Sentencia del Tribunal Supremo, sala tercera, de 6 de octubre de 2015», *Revista de responsabilidad civil, circulación y seguro,* núm. 1, págs. 26 a 32

ASÚA GONZÁLEZ, Clara Isabel (2007): «La responsabilidad civil médica: pérdida de oportunidad y daño desproporcionado», en HERRADOR GUARDIA, Mariano José y REGLERO CAMPOS, Luis Fernando (coords.), *Sobre la responsabilidad civil y su prueba: ponencias VII Congreso Nacional,* Asociación Española de Abogados Especializados en Responsabilidad Civil y Seguros, Sepin, Madrid

BARREDA, Íñigo (2012): «La nueva orientación jurídica del daño desproporcionado en anestesia (I y II)», *Actualidad del derecho sanitario,* núms. 190 y 191, págs. 71 a 83 y 142 a 145

BAUZÁ MARTORELL, Felio José (2017): «Responsabilidad médica y sobre prevención: otra perspectiva del sistema», *Derecho y Salud,* vol. 27, núm. extra, pág. 143 a 151

BERROCAL LANZAROT, Ana Isabel (2011): «A propósito de la responsabilidad civil médica. La teoría de la pérdida de oportunidad y del resultado o daño desproporcionado», *Revista de la Escuela de Medicina Legal,* núm. 16, págs. 23 a 42

BETANCOURT RESTREPO, Sebastián (2010): «La carga dinámica probatoria y su repercusión en el proceso penal desde las reglas de Mallorca y la teoría del garantismo penal», *Ratio Iuris,* vol. 5, núm. 11, págs. 25-44

BLANQUER CRIADO, David (2020): *La responsabilidad patrimonial en tiempos de pandemia (los poderes públicos y los daos por la crisis de la COVID-19),* Tirant lo Blanch, Valencia

BULLARD GONZÁLEZ, Alfredo (2005): «Cuando las cosas hablan: el *res ipsa loquitur* y la carga de prueba en la responsabilidad civil», *Themis: Revista de Derecho,* núm. 50, págs. 217 a 236

CORBINO, Alessandro (2005): «Il damno qualificato e la Lex Aquilia», *Corso di Diritto romano,* CEDAM, Padova

DE ALEJANDRO, José María (1965): *Gnoseología de la certeza,* Gredos, Madrid

DE LA OLIVA SANTOS, Andrés (1973): *El conocimiento privado del juez: investigaciones sobre el derecho probatorio en ambos procesos,* Universidad de Navarra, Pamplona

DIAZ-REGAÑÓN GARCÍA-ALCALÁ, Calixto (2003): «1708. Sentencia de 8 de mayo 2003: responsabilidad civil médica: aplicación de la doctrina del daño desproporcionado. Nexo causal. Aplicación de los principios de disponibilidad y facilidad probatoria», *Cuadernos Civitas de jurisprudencia civil*, núm. 63, págs. 1191 a 1209

D'ORS Y PÉREZ-PEIX, Álvaro, HERNÁNDEZ-TEJERO JORGE, Francisco, FUENTESECA DÍAZ, Pablo, GARCÍA GARRIDO, Manuel Jesús y BURILLO LOSHUERTOS, Jesús (1968-1975): *El Digesto de Justiniano*, Aranzadi, Cizur Menor (Navarra)

ELIZARI URTASUN, Leyre (2012): *El daño desproporcionado en la responsabilidad de los médicos y los centros sanitarios*, Tirant lo Blanch, Valencia

FONSECA FERRANDIS Fernando E. (2017): «La teoría del daño desproporcionado en materia de responsabilidad patrimonial de la administración sanitaria: su alcance a tenor de la jurisprudencia contencioso-administrativa», Tesis doctoral, *Universidad Complutense de Madrid*, Madrid

FORTEA GORDO, Irene (2016): «El daño desproporcionado, medida de dulcificación de la carga de la prueba de la culpa en el ámbito sanitario», *Práctica de Tribunales*, núm. 118, pág. 7

FURNO, Carlo (1954): «Teoría de la prueba legal», Revista de Derecho Privado, vol. XXXVIII

GALÁN CORTÉS, Julio César (2005): «1829. Sentencia de 7 de octubre de 2004. Responsabilidad médica. Límites de la información al paciente. Doctrina del daño desproporcionado. Aplicación a los servicios sanitarios del art. 28 de la Ley General para la defensa de los consumidores y usuarios», *Cuadernos Civitas de jurisprudencia civil*, núm. 68, págs. 831 a 846

GALÁN CORTÉS, Julio César (2007): «Sentencia de 5 de enero de 2007: Responsabilidad médico-sanitaria. Infección hospitalaria. Nexo de causalidad. Doctrina del daño desproporcionado. Normativa específica de protección de los consumidores. Principio culpabilístico», *Cuadernos Civitas de Jurisprudencia Civil*, núm. 74, págs. 995 a 1014

GALAN CORTES, Julio César (2007): «La responsabilidad civil médico-sanitaria», en SEIJAS QUINTANA, José María (coord.), *Responsabilidad civil, aspectos fundamentales*, Sepin (1ª ed.)

GALÁN CORTÉS, Julio César (2013): «Cuestiones actuales en responsabilidad civil médico-sanitaria. Daño desproporcionado, aplicación de la normativa de consumo, consentimiento informado y responsabilidad de las aseguradoras de asistencia sanitaria», en HERRADOR GUARDIA, Mariano José (Dir.), *Derecho de daños*, Aranzadi, Cizur Menor (Navarra), págs. 613 a 638

GALÁN CORTÉS, Julio César (2013): «Responsabilidad en Anestesiología: teoría del daño desproporcionado», *Revista española de anestesiología y reanimación*, vol. 60, núm. 8, págs. 457 a 464

GALÁN CORTÉS, Julio César (2017): «Daño desproporcionado y responsabilidad civil médica», en PRATS ALBENTOSA, Lorenzo y TOMÁS MARTÍNEZ, Gemma, (coords.), Aranzadi, Cizur Menor (Navarra), págs. 359 a 372

GALLARDO CASTILLO, María Jesús (2009 y 2010): «De nuevo sobre el concepto de *lex artis*, especial referencia a la doctrina de la pérdida de oportunidad y el daño desproporcionado o culpa virtual» (I y II), *La Ley*, núms. 7277 y 18

GALLARDO CASTILLO, María Jesús (2021): *Administración sanitaria y responsabilidad patrimonial*, Colex, La Coruña

GARCÍA DEL CORRAL, Ildefonso (1889-1897=1990): *Cuerpo del Derecho Civil Romano,* Barcelona y Valladolid

GARCÍA CREMADES, Gabriel (2015): «La problemática de la prueba de la responsabilidad patrimonial en el proceso contencioso-administrativo. Análisis especial de la regla "res ipsa loquitur"», Tesis Doctoral, Universidad de Alicante, Alicante

GARCÍA VARELA, Román (1999): «Responsabilidad de la administración hospitalaria por daño desproporcionado», *La Ley,* núm. 5, págs. 1911 a 1912

GARRIDO MAYOL, Vicente (2004): «El carácter objetivo de la responsabilidad patrimonial y el funcionamiento normal de los servicios públicos», *Revista Española de la Función Consultiva,* págs. 29 a 48

GARRIDO MAYOL, Vicente (2004): *La responsabilidad patrimonial del Estado. Especial referencia a la responsabilidad del Estado legislador,* Tirant lo Blanch, Valencia

GONZÁLEZ BARRIOS, Iván Domingo (2016): «Intervención quirúrgica sencilla y poco agresiva, que provoca la muerte del paciente. Inaplicación de la doctrina del daño desproporcionado: Sentencia del Tribunal Supremo de 12.04.16», *Revista de responsabilidad civil, circulación y seguro,* núm. 7, págs. 30 y 31

GONZÁLEZ CARRASCO, Carmen (2016): «Daño desproporcionado: ¿presunción de culpa o facilidad probatoria? Una buena sentencia sobre responsabilidad médica», *Centro de Estudios de Consumo, Publicaciones Jurídicas,* págs. 1 a 6

GONZÁLEZ CARRASCO, Carmen (2016): «Daño desproporcionado: ¿presunción de culpa o facilidad probatoria? Una buena sentencia sobre responsabilidad médica. STS (Sala 1ª, Sección 1ª)» núm. 240, Revista CESCO de Derecho de Consumo, núm. 17, págs. 264 a 269

GRANADO HIJELMO, Ignacio (1996): *Reflexiones jurídicas para un tiempo de crisis,* Ediciones Internacionales Universitarias, Barcelona

GRANADO HIJELMO, Ignacio (2011): «Artículo 389. Construcción que amenaza ruina», «Art. 390. Amenaza de caída de árbol» y «Artículo 391. Caída de edificio ruinoso o árbol», en DE PABLO CONTRERAS, Pedro *et alii,* Comentarios *al Código Civil,* Civitas, vol. 1, Madrid, págs. 1532 a 1544

GRANADO HIJELMO, Ignacio (2011): «Doctrina del Consejo Consultivo de La Rioja sobre el daño desproporcionado en la responsabilidad patrimonial de la Administración pública», *Revista Española de la Función Consul*tiva, núm. 16, págs. 283 a 288

GRANADO HIJELMO, Ignacio (2014): «Función consultiva y limitaciones cuantitativas: un análisis de Derecho Comparado sobre las cuantías mínimas establecidas para consultar preceptivamente en casos de responsabilidad patrimonial», *Revista Española de la Función consultiva,* núm. 21, págs. 45 a 96

HEIMBACH, Gustav Ernst y Karl Wilhelm Ernst (1833-1870): *Basilicorum Libri LX,* Leipzig

HURTADO DÍAZ-GUERRA, Isabel (2018): *El daño moral en la responsabilidad patrimonial sanitaria,* Tirant lo Blanch, Valencia

KRÜGER, Paul, MOMMSEN Theodor, SCHÖLL, Rudolf y KROLL, Wilhelm (1928-29=1954): *Corpus Iuris Civilis, editio stereotipa,* Berlín

LABANDEIRA, Eduardo (1989): «Las máximas de experiencia en los procesos canónicos», *Ius Canonicum,* vol. XXIX, núm. 57, págs. 245 a 273

LÓPEZ Y GARCÍA DE LA SERRANA, Javier (2022): *El consentimiento informado en el ámbito sanitario: la valoración y cuantificación del daño,* Atelier, Barcelona

LUNA YERGA Álvaro (2003): «Olvido de una gasa durante una intervención quirúrgica», *InDret*, núm. 2, págs. 1 a 14

LUNA YERGA, Álvaro, (2003): «1677. Sentencia de 31 de enero de 2003. responsabilidad de profesionales sanitarios: paciente sufre incontinencia anal a consecuencia de una intervención de hemorroides sangrantes con fisura anal. Daño desproporcionado del que se desprende la culpa del cirujano demandado. Aplicabilidad del artículo 28 LGDCU», *Cuadernos Civitas de jurisprudencia civil*, núm. 62, págs. 655 a 672

LLAMAS POMBO Eugenio (2010): *Reflexiones sobre Derecho de Daños, casos y opiniones*, La Ley, Las Rozas (Madrid)

MARTÍN REBOLLO, Luis (2018): *Manual de las Leyes Administrativas*, Aranzadi, Cizur Menor (Navarra), (2ª ed.)

MARTÍNEZ-TORRÓN, Javier (1991): *Derecho angloamericano y Derecho canónico.: las raíces canónicas del «Common Law»*, Civitas, Madrid

MIGLIETTA, Máximo (2011): «Reflexiones en torno al Título III, Libro IV de la Paráfrasis de Teófilo en materia de daño extracontractual», en PARICIO SERRANO, Javier (Dir.), *Seminarios Complutenses de Derecho Romano*, núms. XXIII y XXIV, años 2010 y 2011, págs. 347 a 364

MOLINA SERRANO, Plácido y ORTEGA LOZANO, Pompeyo Gabriel (2016): «La responsabilidad objetiva en el derecho sanitario a la luz de jurisprudencia: lex artis y doctrina del daño desproporcionado o resultado clamoroso», *Economist & Jurist*, vol. 24, núm. 204, págs. 26 a 37

MUÑOZ PÉREZ, David y OJEDA CUBERO, Carmen (2018): «Cuestiones sobre el daño desproporcionado en el ámbito de la responsabilidad patrimonial sanitaria en la jurisprudencia», *Actualidad administrativa*, núm. 5

NAVARRO MICHEL, M (2003): «Sobre la aplicación de la regla *res ipsa loquitur* en el ámbito sanitario», *Anuario de Derecho Civil*, núm. 56, fasc, 3, julio, págs. 1197 a 1230

PARRA SEPÚLVEDA, Darío (2014): «La responsabilidad civil del Médico en la Medicina curativa», tesis doctoral, *Universidad Carlos III*, Getafe

PÉREZ TOLÓN, Ernesto y LARIOS RISCO, David (2009): «La teoría del daño desproporcionado en los dictámenes sobre responsabilidad sanitaria del Consejo Consultivo de Castilla-La Mancha», *Revista jurídica de Castilla-La Mancha*, núm. 47, págs. 65 a 105

POLO BARRENA, Leonardo (1984-196): Curso de Teoría del Conocimiento, 5 vols, Eunsa

RODRÍGUEZ GARCÍA, Margarita (2013): «Aspectos básicos de la doctrina del daño desproporcionado en la responsabilidad civil sanitaria», *Anuario de la Facultad de Derecho de la Universidad Alcalá de Henares*, núm. 6, págs. 199 a 218

RODRÍGUEZ MONTERO, Ramón Perfecto (2011): «Regulación jurídica y desarrollo jurisprudencial del daño aquiliano en Roma: aspectos generales de una experiencia histórica», *Anuario de la Facultad de Derecho de la Universidad de La Coruña*, núm. 15, págs. 647 a 670

SALAS CARCELLER, Antonio (2013): «La doctrina del daño desproporcionado en la exigencia de responsabilidad civil derivada del acto médico: Comentario sobre la Sentencia de la Sala de lo Civil del Tribunal Supremo de 5 de enero de 2007», *Repertorio de jurisprudencia Aranzadi*, núm. 7, págs. 337 a 339

SÁNCHEZ GARCÍA, Marta María (2016): «El daño desproporcionado», *Revista CESCO de Derecho de Consumo*, núm. 8, pág. 240 a 258

SCHELTEMA, Herman Hans, VAN DER WAL, Nicholas y HOLWERDA, Douwe (1953-1974): *Basilicorum libri LX*, Groningen

TEJEDOR MUÑOZ, Lourdes (2003): «Responsabilidad civil médica. Doctrina del daño desproporcionado», *Revista Crítica de Derecho Inmobiliario*, año 79, núm. 680, págs. 3437 a 344

VICANDI MARTÍNEZ, Arántzazu (2009): «El daño desproporcionado en la responsabilidad civil sanitaria. Un estudio jurisprudencial», *Revista Nomos*, Universidad de Viña del Mar, núm. 3, págs. 221 a 241

VICANDI MARTÍNEZ, Arántzazu (2009): «El daño desproporcionado en la responsabilidad civil sanitaria: Un estudio jurisprudencial», *Revista de Derechos Fundamentales*, núm. 3, págs. 221 a 241

VICANDI MARTÍNEZ, Arántzazu (2015): «El daño desproporcionado en la responsabilidad civil sanitaria por cirugía: una visión dogmática y jurisprudencial de la realidad actual», *CEF Legal: Revista práctica de Derecho. Comentarios y casos prácticos*, núm. 169, págs. 5 a 52

VICANDI MARTÍNEZ, Arántzazu (2009): «El daño desproporcionado en la responsabilidad civil sanitaria: Un estudio jurisprudencial», *Revista de Derechos Fundamentales*, núm. 3, págs. 221 a 241

Resumen

El *daño desproporcionado* es una doctrina (jurisprudencial, consultiva y académica de Derecho Comparado que, del ámbito civil, ha pasado al administrativo) por la cual, quien (siguiendo el sentir social común que, según las reglas de la experiencia, es propio de una persona media) debería, en principio, soportar la actualización en siniestro de un riesgo (típico o general) de la vida (aceptado, expresa o tácitamente, al participar en el ámbito de actuaciones que lo genera), queda, sin embargo, exonerado de responsabilidad en base a la magnitud (cuantitativa o cualitativa) de sus efectos lesivos, los cuales deben ser imputados entonces al dañante, salvo que éste pruebe que el daño se ha producido (total o parcialmente) fuera de su ámbito de actuación, por una interferencia (de la víctima, de un tercero, de una causa de fuerza mayor o de caso fortuito, aunque éste sólo es admisible en el ámbito civil) que elimina o modera su responsabilidad.

Abstract

Disproportionate damage is a jurisprudential, advisory and academic doctrine of comparative law which has passed from the civil to the administrative sphere and by which the person who, following the common social feeling which, according to the rules of experience, is typical of an average person, should, in principle, bear the actualisation of a risk (typical or general) of life (accepted, expressly or tacitly, by participating in the sphere of actions that generate it) in the form of a claim, is, however, exonerated from liability on the basis of the magnitude (quantitative or qualitative) of its harmful effects, which must then be imputed to the tortfeasor, unless he proves that the damage has occurred (totally or partially) outside his sphere of action, due to an interference (of the victim, of a third party, or of a cause of force majeure or fortuitous event, although the latter is only admissible in the civil sphere) that eliminates or moderates his liability.

Capítulo 18

Responsabilidad patrimonial sanitaria en la medicina satisfactiva

Luis Manent Alonso

Abogado de la Generalitat Valenciana

Letrado del Consell Jurídic Consultiu de la Comunitat Valenciana (2019-2021)

Víctor Ernesto Alonso Prada

Letrado de la Junta de Comunidades de Castilla-La Mancha

A. Daños morales; B. Daños patrimoniales; 2) Doctrina jurisprudencial; A. *Lex artis;* B. Consentimiento informado; 3) Casuística; A. Intervenciones de esterilización; a) Vasectomías; b) Ligaduras de trompas; B. Mecanismos anticonceptivos; a) DIU; b) Essure; c) Implanon; 4) Doctrina legal; Bibliografía; Jurisprudencia; Doctrina legal.

I. INTRODUCCIÓN

El acto médico, según la visión clásica, es «toda actividad que se realiza de forma directa sobre un ser humano, más concretamente sobre un enfermo, y que únicamente recibe ese nombre cuando su finalidad es prevenir, tratar o sanar una patología, y además, lo realiza el personal médico»[1]. Todos los demás actos recibirían el nombre de acto sanitario.

Esta definición se encuentra actualmente superada. También es acto médico el que se orienta al embellecimiento y perfección del cuerpo según los cánones socialmente impuestos. Hoy en día, ya no cabe limitar la medicina a las actuaciones sobre un cuerpo enfermo, y por lo tanto, a la medicina curativa. Si bien: hasta la primera mitad del siglo XX la medicina satisfactiva fue «objeto de dudas, críticas y desacuerdos, especialmente en lo que a su naturaleza se refiere»[2]; en siglo XXI, ya nadie cuestiona que ésta se proyecta no ólo sobre el restablecimiento de la sanidad (medicina curativa), sino también sobre la búsqueda del bienestar (medicina satisfactiva).

Por ello, no solo es acto que actúa sobre un cuerpo enfermo, sino también el que interviene sobre un cuerpo sano. Además, «la delimitación de la medicina curativa y satisfactiva viene determinada por la finalidad de la actividad médica que se persigue: si ésta se fundamenta en motivos de salud, de sanación, de mejora del paciente, hablaremos de medicina curativa; si, dicha actividad (…) se funda en (…) la libertad personal (…) a decidir por sí mismo en lo atinente la propia persona y a la propia vida (…) estaremos ante la medicina satisfactiva»[3].

---

1 VICANDI MARTÍNEZ, María Aránzazu (2017): *El error médico en la cirugía estética. La respuesta judicial del Derecho a la casuística en la Medicina voluntaria*, Dykinson, Madrid, pág. 9.

2 *Ibidem* pág. 11.

3 MORENO NAVARRETE, Miguel Ángel (2009): «La responsabilidad civil en la medicina natural o satisfactiva», en MORILLAS CUEVA, Lorenzo y SUÁREZ LÓPEZ, José María (dirs.), *Estudios jurídicos sobre responsabilidad penal, civil y administrativa y otros agentes sanitarios*, Dykinson, Madrid, pág. 525.

1) Denominaciones

A partir de este diferente propósito se han empleado diversas denominaciones para recoger esta realidad.

A. Medicina curativa y medicina satisfactiva

Gramaticalmente, de acuerdo con el diccionario de la Real Academia de la Lengua (RAE), en atención a su significado, se distingue la medicina curativa de la satisfactiva. De esta manera:

i. Medicina curativa

Es la que está referida a una acción «que sirve para curar»[4]. Por eso puede decirse que «actúa ante una determinada patología»[5]. Comprende las acciones terapéuticas, curativas, paliativas y de acompañamiento de personas que presenten patologías concretas.

ii. Medicina satisfactiva

Aunque la medicina satisfactiva, no está reconocida como tal por la RAE, en el ámbito jurídico, tiene un significado concreto. Es aquélla en la «se actúa sobre un cuerpo sano (…) para el mejoramiento de su aspecto físico o estético o para transformar una actividad biológica —la actividad sexual—, en forma tal que le permita practicar el acto sin necesidad de acudir a otros métodos anticonceptivos»[6].

A modo de anécdota, interesa destacar aquí la posición del Consell Jurídic Consultiu de la Comunitat Valenciana (CJCVal) respecto de las donaciones de sangre para su transformación en hemoderivados que sirvan para el tratamiento de pacientes. Considera que es un *tertium genus* distinto a la medicina curativa o satisfactiva[7].

---

4 Voz «curativa» del diccionario de la RAE.

5 ORDÁS ALONSO, Marta (2020): «La delgada línea roja entre la medicina curativa o asistencial y la medicina voluntaria o satisfactiva. Hacia una unificación de régimen jurídico», *Revista Boliviana de Derecho,* núm. 29, pág. 16.

6 GALÁN CORTÉS, Julio César (2006): «Sentencia de 21 de octubre de 2005: Responsabilidad médica. Medicina voluntaria. Doctrina de la imputación objetiva. Consentimiento informado en cirugía estética. Incumplimiento del deber de información: daño y nexo causal», *Cuadernos Civitas de Jurisprudencia Civil,* núm. 72, pág. 1435.

7 Para el CJCVal en las donaciones de sangre, «no nos hallamos ante un supuesto de medicina asistencial, en el que el paciente es atendido de una enfermedad,

B. Medicina necesaria y medicina voluntaria

Junto con el binomio medicina curativa-medicina satisfactiva, también es habitual referirse, por razón de su continencia, a la medicina necesaria y voluntaria.

i. Medicina necesaria

«La medicina necesaria, asistencial o terapéutica (…) actúa sobre un cuerpo enfermo con la finalidad de mantener o restaurar la salud (…) con las miras puestas en evitar (…) [la] banalización de los riesgos, que toda intervención invasiva genera»[8]. Por ello se dice que en este tipo de medicina la intervención asistencial es inexorable o necesaria.

ii. Medicina voluntaria

«La medicina voluntaria (…) actúa sobre un cuerpo sano para mejorar su aspecto estético, controlar la natalidad, colocar dispositivos anticonceptivos, llevar a efecto tratamientos odontológicos o realizar implantes capilares entre otras manifestaciones»[9].

En esta modalidad de la medicina, aprovechándose de los avances de la ciencia, se trata de conseguir mejoras corporales o en otros aspectos de su vida relacionados con la salud. Dicho con otras palabras, no es la necesidad la que provoca la intervención sino la de conseguir una mejora o beneficio estético o funcional.

Ya se clasifique como medicina curativa o satisfactiva y necesaria o voluntaria, el fundamento constitucional y la naturaleza jurídica de una u otra es distinto.

---

como tampoco ante un caso de medicina satisfactiva, cuando una persona quiere voluntariamente mejorar su estado de salud, como ocurre con la medicina preventiva o reparadora, sino ante un acto voluntario y altruista de donación de sangre (…), de modo que la propia Administración de sanidad adopta una posición de máximo garante respecto de aquellas personas que, por su propia decisión libre y voluntaria, acuden a donar su sangre, de forma que deben asistir, resarcir y, en su caso indemnizar, de cualquier efecto adverso, incidente, complicación o lesión que pudiera sufrir el donante de sangre» (CJ 4 DCJCVal 22/2020, de 15 de enero).

8 FJ 2.3 STS 828/2021, de 31 de noviembre, de la Sala de lo Civil (núm. rec. 5955/2018 y [*Tol 8674791*]).

9 *Idem.*

2) Fundamento constitucional

La medicina curativa y la medicina satisfactiva, como manifestaciones de la práctica médica, se conectan cada una de ellas con los siguientes valores y derechos reconocidos por la Constitución Española (CE):

i. Protección de la salud

La medicina curativa engarza, fundamentalmente, con la justicia como valor superior de nuestro Estado social de Derecho, por su universalidad y gratuidad. Es también, un derecho reconocido en el art. 43 CE, dentro de los principios rectores de la política económica y social. Además, de acuerdo con el art. 41 CE, los poderes públicos deben incluir, dentro del régimen público de la Seguridad Social, la asistencia sanitara.

ii. Autonomía de la voluntad

La medicina satisfactiva —así como la curativa prestada por empresarios y entidades sin ánimo de lucro—, desde el prisma del facultativo, es una actividad amparada por la libertad de empresa. Es una libertad pública, reconocida en el art. 38 CE entre los derechos de los ciudadanos. Desde el punto de vista del paciente o cliente, la medicina satisfactiva está anclada en el libre desarrollo de la personalidad a que se refiere el art. 10 CE.

3) Naturaleza jurídica

La consideración de la medicina curativa como un derecho, unida al deber de los poderes públicos de mantener «un régimen público de Seguridad Social para todos los ciudadanos (…) ante situaciones de necesidad», ha dado lugar al Sistema Nacional de Salud (SNS) y a la naturaleza normativa de la asistencia sanitaria[10]. Por su parte la medicina satisfactiva, al fundarse en la autonomía de la voluntad, se articula como un negocio jurídico y tiene naturaleza contractual[11].

---

10 Art. 41 CE.

11 Sobre el origen de la responsabilidad —contractual, extracontractual y derivada de un delito— por asistencia sanitaria, la mención de la STS 334/1997, de 22 de abril de 1997, de la Sala de lo Civil (núm. rec. 1524/1993 y [*Tol 5119381*]) es una cita de obligada referencia. En esta ocasión, el Tribunal Supremo (TS), afirmó que la responsabilidad sanitaria puede «ser una responsabilidad contractual, cuando se ha producido un daño por incumplimiento total o parcial de un

i. Naturaleza normativa

La medicina curativa garantizada por los poderse públicos se articula a través del SNS. Por esta razón, la intervención de las Administraciones sanitarias —mediante los oportunos servicios preventivos, diagnósticos, terapéuticos, rehabilitadores y de promoción y mantenimiento de la salud— tiene una naturaleza normativa[12].

Es una obligación para los poderes públicos y un derecho para los ciudadanos. Además, esta actividad asistencial únicamente podrá prestarse por el personal legalmente habilitado, en centros y servicios, propios o gestionados indirectamente, del SNS. Se exceptúan las situaciones de riesgo vital, cuando se justifique que no pudieron ser utilizados los medios de aquél.

En estos casos, cuando la asistencia sanitaria se encuadra en el SNS y la Administración sanitaria causa un daño, su responsabilidad —con independencia de que se adjetive como «patrimonial» o «extracontractual»— se fundamenta en la obligación de no dañar a otro (*alterum no laedere*). Como afirma GARRIDO, «protege a los ciudadanos que actúan correctamente en su vida cotidiana de los daños y perjuicios que puedan sufrir como consecuencia de acciones ajenas

contrato que contempla el artículo 1101 del Código Civil (...); o extracontractual cuando el daño no deriva de la ejecución del contrato, sino que se ha producido al margen de la relación contractual o el profesional no ha contratado con la víctima, como es el caso del médico dependiente del Instituto Nacional de la Salud, cuya responsabilidad extracontractual u obligación derivada de acto ilícito (principio alterum non laedere) se contempla como principio en el artículo 1902 del Código Civil y se desarrolla en la jurisprudencia; o, por último, responsabilidad civil derivada de delito cuando se ha atentado a la convivencia mínima en la sociedad, se ha incurrido en un tipo delictivo y la responsabilidad civil deriva de éste, como prevén el artículo 1092 del Código Civil y los artículos (...) [109] y siguientes del Código Penal» (FJ 1).

12 El art. 7 de la Ley 16/2003, de 28 de mayo, de cohesión y calidad del Sistema Nacional de Salud (LSNS), determina el catálogo de prestaciones del SNS. Éste está formado por «los servicios o conjunto de servicios preventivos, diagnósticos, terapéuticos, rehabilitadores y de promoción y mantenimiento de la salud dirigidos a los ciudadanos» (ap. 1). Además, comprende «las prestaciones correspondientes a salud pública, atención primaria, atención especializada, atención sociosanitaria, atención de urgencias, la prestación farmacéutica, la ortoprotésica, de productos dietéticos y de transporte sanitario» (ap. 2).

provenientes (…) de los poderes públicos», en concreto de la Administración sanitaria[13].

ii. Naturaleza contractual

La medicina satisfactiva, en la mayoría de las ocasiones se sitúa fuera del ámbito del SNS. Esto provoca la existencia de un vínculo voluntario entre paciente-cliente y médico y la naturaleza contractual de la relación jurídica[14].

En relación con la naturaleza contractual o extracontractual de la asistencia sanitaria, hasta hace no mucho, en las reclamaciones de responsabilidad sanitaria deducidas en el orden civil, se yuxtaponía, a la cita art. 1902 del Código Civil, una mención a los arts. 1101 y ss. del Código Civil (CC). Esta alegación se fundaba en el principio de «unidad de culpa». A ella se refieren MANENT y TAJUELO en el cap. 21 y MALDONADO en el cap. 3 (págs. 1583 y 1584 y 171 a 173), ambos de este tratado, y a ellos nos remitimos. Aquí simplemente destacamos que el origen de esta singularidad se halla en cierta jurisprudencia que admitía que, en las reclamaciones de responsabilidad civil, «*concurrían*, conjuntamente, los aspectos contractual y extracontractual, ya que el médico, además de cumplir

---

[13] GARRIDO MAYOL, Vicente (2004): *Responsabilidad patrimonial del Estado. Especial referencia a la Responsabilidad del Estado legislador*, Tirant lo Blanch, Valencia, pág. 53.

[14] Respecto de las diferencias de la relación contractual o extracontractual puede citarse la STS 651/2006, de 20 de junio, de la Sala de lo Civil (núm. rec. 3935/1999 y [*Tol 964446*]). Así, para el TS «la acción de responsabilidad fundada en la culpa contractual tiene un régimen jurídico distinto de la basada en la extracontractual, como derivadas de títulos y causas diferentes, aunque su finalidad última sea análoga, pues de una y de otra nace la responsabilidad que de estos dos supuestos resulta de los artículos 1.101 y 1902» del CC. Según señaló el fallo, «la responsabilidad contractual trae causa del incumplimiento de una relación obligatoria entre acreedor y deudor, que ordinariamente es un contrato, pero que puede ser una relación enmarcada en el área de cualquier servicio privado o público (…), en general (…), en cualquier otra relación jurídica que conceda un medio específico para su resarcimiento». En cambio, la responsabilidad «extracontractual deriva del principio general de no dañar a otro y se produce, por tanto, con total independencia de las posibles obligaciones contractuales o de otro tipo que existan entre las partes» (FJ 2).

las obligaciones derivadas del contrato *debía* observar la obligación genérica de no dañar a otro ("alterum no laedere")»[15].

Lo hacía con el propósito de soslayar el plazo de prescripción anual y, como veremos en el epígrafe de la carga de la prueba, para producir la inversión de la carga de la prueba en beneficio del demandante. Sin embargo, la jurisprudencia más reciente precisa que, en la medicina satisfactiva, la «relación contractual entre médico y paciente deriva normalmente de [un] contrato»[16]. De hecho, en alguna ocasión —como en la STS de 24 de noviembre de 2016— el

---

15 FJ 5 STS de 7 de febrero de 1990, de la Sala de lo Civil [*Tol 1730390*]. La yuxtaposición de responsabilidades, contractual y extracontractual, entre otros fallos de la Sala de lo Civil del TS, estuvo reconocida por las SSTS 587/1999, de 28 de junio (núm. rec. 3617/1994 y [*Tol 2728468*]), 923/1999, de 10 de noviembre (núm. rec. 813/1995 y [*Tol 5120593*]), 1136/1999, de 30 de diciembre (núm. rec. 1222/1995 y [*Tol 5157417*]) y STS 1193/2001, de 11 de diciembre (núm. rec. 2017/1996 y [*Tol 4924464*]). Como consecuencia de esta yuxtaposición, la jurisprudencia española se inclinaba «a conferir al perjudicado la elección entre aplicar las normas contractuales y las extracontractuales, con posibilidad de acogimiento, según las características y circunstancias de la relación jurídica a que afecte, de las ventajas que ambas normativas ofrecen» (FJ 5 STS de 7 de febrero de 1990 de la Sala de lo Civil [*Tol 1730390*]). Éstas se referían al plazo de prescripción, y a la presunción de culpa. Como es sabido, «*prescribe* por el transcurso de un año (…) la acción para exigir la responsabilidad civil (…) por las obligaciones derivadas del artículo 1.902» (art. 1968.2 CC). En cambio, a las relaciones contractuales, les resulta de aplicación el art. 1964.2 CC, el cual, antes de ser reformado por la Ley 42/2015, de 5 de octubre, establecía un plazo quincenal. En la actualidad prevé lo siguiente: «las acciones personales que no tengan plazo especial prescriben a los cinco años desde que pueda exigirse el cumplimiento de la obligación». También se recurría a la yuxtaposición de responsabilidades porque, en las reclamaciones de responsabilidad contractual, podía llegar a ocurrir que, «aquél a quien se le *atribuía* responsabilidad *hubiera* de probar en ciertos casos su falta de (…) responsabilidad en virtud de un desplazamiento del "onus probandi"». En cambio, en las obligaciones extracontractuales, la responsabilidad tenía que ser probada por el paciente «mediante la justificación de no haber empleado el médico la diligencia exigible en su actuar profesional» (FJ 5 STS de 7 de febrero de 1990, de la Sala de lo Civil [*Tol 1730390*]). «En materia de responsabilidad médica, la sentencia de 18 de febrero de 1997 (…) [fue la que acogió] esta tesis que ha venido a denominarse del concurso de normas, y parte de la base de que no existen dos pretensiones independientes». YZQUIERDO TOLSADA, Mariano (2001): «La responsabilidad medico-sanitaria al comienzo de un nuevo siglo. Los dogmas creíbles y los increíbles de la jurisprudencia», *Derecho y salud*, vol. 9, pág. núm. 36.

16 FJ 3.2 STS 587/1999, de 28 de junio, de la Sala de lo Civil (núm. rec. 3617/1994 y [*Tol 2728468*]).

TS ha llegado a afirmar que «no se entiende la cita (...) de [los] artículos 1902 y 1903 del Código Civil, relativos» a la responsabilidad extracontractual[17].

Al margen de la denominación, el fundamento y la naturaleza de la medicina satisfactiva y de la curativa, entre una y otra existen ciertas diferencias que afectan a su régimen jurídico. Éstas derivan de la consideración de primera como una obligación de medios intensificada y la necesidad de informar al paciente no sólo los riesgos típicos, sino también de los atípicos. Adicionalmente, se ha dicho que en la medicina satisfactiva se produce una inversión de la carga de la prueba o presunción de culpa.

Estas tres cuestiones —que son las que acotan la medicina voluntaria frente a la necesaria— se exponen a continuación antes de abordar la medicina satisfactiva y sus tres principales modalidades, a saber: cirugía y ortodoncia estética y las esterilizaciones humanas.

II. CLASES DE OBLIGACIONES: DE MEDIOS Y DE RESULTADO

De todos los criterios expuestos para diferenciar la medicina necesaria de la medicina voluntaria, el más polémico, y el que más literatura jurídica ha causado, es la «discutida obligación de medios y resultados»[18]. Esta división fue recuperada por DEMOGUE en el primer cuarto del siglo XX, quien «dotó de importancia a la misma para configurar la responsabilidad contractual en torno al problema de la carga de la prueba del incumplimiento»[19].

Decimos que rescató este binomio porque el Derecho romano ya efectuaba esta distinción. Lo hizo con el fin de establecer un «sistema mixto de responsabilidad, conforme a una obligación de medios en determinados casos, arbitrados a través de un contrato de arrendamiento de servicios

---

17 FJ 5 STS 698/2016, de 24 de noviembre, de la Sala de lo Civil (núm. rec. 455/2014 y [*Tol 5899910*]).

18 FJ 3 STS 759/2007, de 29 de junio, de la Sala de lo Civil (núm. rec. 2094/2000 y [*Tol 1113002*]). La difusión, entre la doctrina, de la distinción entre obligaciones de medios y de resultado se atribuye a DEMOGUE. DEMOGUE, René (1923-1933): *Traité des Obligations en Général,* Librairie Arthur Rousseau, París, tomo V. Esta distinción ya estaba prefigurada en el Derecho romano.

19 ARBESÚ GÓNZÁLEZ, Vanesa (2018); *La responsabilidad civil en el ámbito de la cirugía estética,* Madrid, Dykinson, pág. 37.

—*locatio conductio operarum*—, o bien a través de un contrato de arrendamiento de obra —*locatio conductio operis*—, que se correspondía a una obligación de resultado, en la que la coexistencia del elemento de la culpa era indiferente al tiempo de determinar la responsabilidad del deudor por la ausencia de resultado prometido»[20].

En nuestro país, ya en 1919 MIGUEL señalaba que «en el arrendamiento de servicios se promete la actividad (operae), y en el arrendamiento de obra, el resultado de la actividad (opus)»[21]. Este argumento puede verse también en la jurisprudencia, entre otras en la STS 4 de febrero de 1950[22].

Volviendo al presente, «por obligación se entiende cualquier actividad que una persona ha de realizar en beneficio o favor de otra, impul-

---

20 *Idem.* Según expresa ARBESÚ, este «régimen de responsabilidad (…) predominó en el ámbito de la cirugía ya en tiempos muy anteriores al Imperio Romano, lo que no implica que siempre se le impusiera al médico la obligación de curar al enfermo, pues, para esos supuestos, se preveía la concurrencia de impericia en actuar ante el acaecimiento de un daño». De hecho, el Digesto 9,2,7, 8 exime al médico del evento de la muerte, pero no de lo cometido por impericia. Éste afirma que «dice Próculo, que si con impericia hubiese operado el médico a un esclavo, comete o la acción del arrendamiento o la de la Ley Aquilia». MAZEAUD, por su parte, mantuvo que, en la época del Derecho romano clásico, en las obligaciones en la que el deudor debía obrar de buena fe, pero no estaba especificada la consecución de un determinado resultado, para que el mismo pudiera ser condenado debía probarse su falta de diligencia en la conducta. Estas serían las obligaciones que Gayo denominaba *de fides et diligencia praestare.* Junto a estas obligaciones, existían otras en las que el deudor prometía un acto determinado, y si no lo conseguía, la responsabilidad surgía del simple hecho de la no restitución. MAZEAUD, Henri (1936): «Essai et clasification des obligarions: Obligations contractuelles et extra-contractuelles, obligations determinés e obligation générale de prudence et diligence», *Revue Trimestrielle de Droit Civile,* vol. 35.

21 MIGUEL TRAVIESAS, Manuel (1919): «Contrato de arrendamiento», *Revista de Derecho Privado,* núm. 64, año 7, tomo VI, pág. 36.

22 En la STS de 4 de febrero de 1950, de la Sala de lo Civil [*Tol 4451234*], el TS dijo, refiriéndose a las profesiones liberales, en general, y la de abogado, en particular, que sus contratos eran arrendamientos de servicios que incorporaban obligaciones de medios. También señaló que podían convertirse en contratos de obras, «supuesto que se da cuando mediante remuneración se obliga aquél a prestar no propiamente su actividad profesional, sino el resultado producido por la misma, cual ocurre, entre otros casos, en el de aceptar el letrado el encargo de emitir un dictamen» (considerando 2).

sado por una causa que le impone como deber concreto una prestación determinada»[23].

Pues bien, de acuerdo con el art. 1089 CC, «toda obligación consiste en dar, hacer o no hacer alguna cosa». A su vez, en las obligaciones de hacer se distinguen, en función del contenido de la prestación, las de medios y las de resultado. «La obligación es de resultado cuando el deudor se ha comprometido a obtener un resultado determinado; es de medios cuando el deudor se ha comprometido a poner su actividad al servicio del acreedor, pero sin garantizar que se obtendrá tal o cual resultado»[24].

Unas y otras —obligaciones de medios y obligaciones de resultado— se diferencian en función de la diligencia requerida al deudor: en las primeras se exige, en palabras de DÍEZ-PICAZO «pura diligencia promotora»[25]; en las segundas, la diligencia es el objeto mismo de la obligación. No basta emplear todos los medios apropiados, es necesario conseguir un resultado.

De manera sintética cabe afirmar que «la obligación de medios tiene por objeto el desarrollo de una actividad diligente por parte del deudor, mientras que en la obligación de resultado el deudor se compromete a alcanzar este, integrándose dicho deber en el objeto mismo de la obligación contratada»[26].

A partir de esta división, GÁZQUEZ, tomando como referencia el tipo de vínculo contractual, sostiene que «al tratar la naturaleza jurídica de la

---

[23] RUIZ SERRAMALERA, Ricardo (1981): *Derecho Civil. Derecho de obligaciones I*, Universidad Complutense, Madrid, pág. 11.

[24] MALINVAUD, Philippe (1992): *Droits des obligations*, Litec, París, pág. 7 (La traducción es nuestra).

[25] Para DÍEZ-PICAZO, «en la obligación de medios, el deudor cumple y, por consiguiente, se libera, al satisfacer el derecho del acreedor desplegando la actividad en sí misma. En la obligación de resultado, en cambio, sólo hay verdadero cumplimiento cuando el resultado ha sido obtenido. De lo anterior se desprende un sistema diverso en orden a la distribución de los riesgos y a la incidencia del caso fortuito. En caso de falta de obtención del resultado, el derecho a la contraprestación sólo se conserva si ha existido *mora accipiendi* o la imposibilidad ha sido debida a causa imputable al acreedor». DÍEZ-PICAZO y PONCE DE LEÓN, Luis (1996): *Fundamentos de Derecho civil patrimonial*, Tecnos, Madrid, vol II (5ª ed.), pág. 247.

[26] DE VERDA y BEAMONTE, José Ramón (2015): «La responsabilidad derivada de la cirugía estética en la jurisprudencia actual (de obligación de resultado a obligación de medios): consideraciones críticas», *Revista de Derecho Patrimonial*, núm. 35, pág. 96.

relación que une al médico con el paciente o cliente, nos movemos en tres campos:

i. Uno muy seguro, que es el de la medicina curativa (...) [o necesaria], que claramente es un contrato de arrendamiento de servicios, que [se] cumple con poner los medios recomendados por la ciencia médica).

ii. Otro (...) [el de la medicina satisfactiva o voluntaria,] que, en principio parecía claro, si bien (...) ha habido una evolución jurisprudencial (...) [, que] es un contrato de obra, por cuanto que pretende la obtención de un resultado concreto que el propio tipo de medicina ofrece o promete.

iii. Hay un tercer campo, entre las líneas divisorias de aquellos, que se presta a dudas y a interpretaciones diversas. Y ahí entramos ya en el casuismo (...) porque no todo se puede reducir al binomio curación-satisfacción. Sino que existen intervenciones médicas que pueden integrar ambas finalidades, en cuyo caso habrá que considerar si una prepondera sobre la otra, y tal cual sea la conclusión habrá que aplicar un régimen jurídico diferente»[27].

Se admita o no esta clasificación tripartita, en nuestra opinión, lo cierto es que, hoy en día, los parámetros «obligación de medios» y «obligación de resultado», utilizados para diferenciar la medicina curativa de la satisfacía, están desfasados[28]. En nuestra opinión, ya no son útiles. Como se verá en el

---

27 GÁZQUEZ SERRANO, Laura (2014): «¿La medicina satisfactiva como contrato de obra?», en ALBIEZ DOHRMANN, Klaus y RODRÍGUEZ MARÍN, Concepción (dirs.), *Contrato de obra y protección de los consumidores,* Aranzadi, Cizur Menor (Navarra), pág. 724. ARBESÚ, como ejemplo de cirugías híbridas, cita el «caso de [las] prótesis dentales, en [las] que puede ser interpretada una función de mejora estética, por un lado, y una mejora de la función digestiva, por otro (...). [También señala, como cirugía híbrida, el] supuesto de reducción de pecho (...) [ya que esta intervención] puede interpretarse igualmente desde el punto de vista estético y desde el punto de vista terapéutico con la finalidad de reducir dolores de espalada». ARBESÚ GÓNZÁLEZ, Vanesa (2018); *La responsabilidad civil en el ámbito de la cirugía estética,* Madrid, Dykinson, pág. 87.

28 En palabras de DE ÁNGEL, «en la obligación de resultado, el deudor no se obliga solamente a desplegar una simple actividad diligente con vistas a la consecución de un determinado resultado, sino que es precisamente el logro de este concreto resultado (...) el que se constituye en contenido de la prestación del deudor, en lo debido por éste. En cambio, cuando se trata de prestaciones de actividad o de medios, el contenido de la prestación del deudor del *facere* se agota en el simple despliegue o desarrollo de una actividad o conducta diligente "diligencia

siguiente epígrafe, el elemento determinante no es la clase de obligación sino el alcance del deber de información, el cual es mayor en la medicina satifactiva. En cualquier caso, en esta materia, tanto la jurisprudencia como la doctrina —legal y científica— están divididas.

En otro orden de cosas, no podemos dejar de advertir que autores como ASÚA, DE ÁNGEL, GÁZQUEZ y ORDÁS han puesto de manifiesto que no es propio referirse a obligaciones de medios y resultado en el plano de la responsabilidad extracontractual y patrimonial[29]. Para estos autores, esta división afecta a las obligaciones de hacer, las cuales tienen como presupuesto una obligación previa y por lo tanto un contrato[30]. Sin embargo, como afirma ORDÁS, «ello no *implicaría* que los parámetros para medir la diligencia de los profesionales sanitarios en el ámbito contractual y extracontractual *hubieran* de ser distintos, sino que lo que en el plano contractual es incumplimiento de la obligación preexistente y en el extracontractual es simplemente negligencia», o daño que no haya que soportar[31].

---

que puede ser técnico-profesional o común", sin que se integre en el contenido de la prestación del deudor "en lo debido por éste" el logro o consecución del fin o resultado al que tal actividad o conducta está, desde luego, teleológicamente enderezada». DE ÁNGEL YÁGÜEZ, Ricardo (2006): «El "resultado" en la obligación del médico. ¿Ideas sensatas que pueden volverse locas?», en LLAMAS POMBO, Eugenio (coord.): *Estudio de Derecho de obligaciones: Homenaje al profesor Mariano Alonso Pérez,* La Ley, Las Rozas (Madrid), pág. 421.

29 En relación con la improcedencia de configurar, en el ámbito del SNS, la relación paciente-médico como obligación de medios, ya la STS 334/1997, de 22 de abril, de la Sala de lo Civil (núm. rec. 1524/1993 y [*Tol 5119381*]), advirtió —a los efectos de exigir una responsabilidad médica— que era «preciso partir de la naturaleza de su obligación, tanto si procede de contrato (contrato que, en principio, es de prestación de servicios, ya que sólo excepcionalmente es de obra, como puede ser en cirugía estética, odontología o vasectomía) como si deriva de una relación extracontractual» (FJ 1).

30 ASUA GONZÁLEZ, Clara Isabel (2014): «Responsabilidad civil médica», en REGLERO CAMPOS, Luis Fernando y BUSTO LAGO, José Manuel (coords.), *Tratado de responsabilidad civil,* Aranzadi, Cizur Menor (Navarra), vol. 2 págs. 331 y 332. DE ÁNGEL YÁGÜEZ, Ricardo (2006): «El "resultado" en la obligación del médico. ¿Ideas sensatas que pueden volverse locas?», *op. cit.* págs. 420 y 421. GÁZQUEZ SERRANO, Laura (2014): «¿La medicina satisfactiva como contrato de obra?», *op. cit.* pág. 730.

31 ORDÁS ALONSO, Marta (2020): «La delgada línea roja entre la medicina curativa o asistencial y la medicina voluntaria o satisfactiva. Hacia una unificación de régimen jurídico», *op. cit.* pág. 18.

Dicho esto, para comprender la complejidad del asunto, exponemos a continuación: desde cuándo la jurisprudencia empieza a utilizar las expresiones «obligación de medios» y «obligación de resultado»; y por qué la primera se enmarcaría en un contrato de servicios y la segunda en un contrato de obra, Después compararemos estas conclusiones con la doctrina, jurisprudencia y doctrina legal actuales.

1) Doctrina inicial

Como punto de inicio, hay que tener en cuenta, que «el resultado siempre está presente en la obligación; en la de actividad, ésta es el objeto de la obligación; en la de resultado, su objeto es el resultado mismo»[32]. A partir de aquí —utilizando la terminología del Derecho privado— para algunos la medicina necesaria sería una medicina de medios y la medicina voluntaria una medicina de resultados. Todo ello con las consecuencias que ello conlleva en la distribución de riesgos, incumplimiento y carga de la prueba[33].

Tradicionalmente, la jurisprudencia entendió que en las profesiones liberales —como las del abogado y el médico— el prestador del servicio asumía una obligación de medios. Así se aprecia en las SSTS de 4 de febre-

---

32 FJ 1 STS 334/1997, de 22 de abril, de la Sala de lo Civil (núm. rec. 1524/1993 y [*Tol 5119381*]).

33 Respecto a las consecuencias de calificar la medicina satisfactiva como medicina de resultados, de acuerdo con la STS 334/1997, de 22 de abril, de la Sala de lo Civil (núm. rec. 1524/1993 y [*Tol 5119381*]), ello «implicaba dos consecuencias: la distribución del riesgo y el concepto del incumplimiento, total o parcial, siendo este último el llamado también cumplimiento defectuoso». En cuanto a la distribución del riesgo, «el deudor de obligación de actividad ejecuta la prestación consistente en tal actitud y cumple con su ejecución adecuada y correcta; el deudor de obligación de resultado, ejecuta la prestación bajo su propio riesgo, ya que tan sólo hay cumplimiento si se produce el resultado. Por lo que se refiere al cumplimiento, «en la obligación de actividad, la realización de la conducta diligente basta para que se considere cumplida, aunque no llegue a darse el resultado: lo que determina el cumplimiento no es la existencia del resultado, sino la ejecución adecuada y correcta, es decir, diligente, de la actividad encaminada a aquel resultado. El cumplimiento de la obligación de resultado, por el contrario, requiere la satisfacción del interés del acreedor consistente en la obtención del resultado. En consecuencia, en la obligación de resultado, la no obtención de éste, que implica incumplimiento de obligación, hace presumir la culpa; en la obligación de actividad, es precisa la prueba de la falta de diligencia, para apreciar incumplimiento» (FJ 1).

ro de 1950, citada, y 21 de marzo de 1950. En esta última se desestimó un recurso de casación al rechazar que la cirugía estética tuviera «más aspecto de contrato de obra que de arrendamiento de servicios y [en consecuencia, pese a que el médico] no dio el fin de embellecimiento que se perseguía» rechazó su condena[34].

Las SSTS de la Sala de lo Civil de 11 de febrero y 22 de abril de 1997 se encuentran entre los primeros pronunciamientos en los que el TS admitió que, en la medicina satisfactiva, las obligaciones del facultativo eran obligaciones de resultado[35]. Previamente, entre otras las SSTS de 26 de mayo de 1986 y 25 de abril de 1994, ya habían postulado que la medicina curativa incorporaba obligaciones de medios, y más importante aún, que la medicina voluntaria era una medicina de medios, con un matiz: incorporaba una «exigencia de una mayor garantía en la obtención del resultado»[36]. El

[34] Considerando 1 STS de 21 de marzo de 1950, de la Sala de lo Civil [*Tol 445110*]. En esta ocasión el TS resolvió un pleito en el que una paciente reclamaba una indemnización por los desperfectos causados, por dos cirujanos, a una artista (bailadora), tras someterse una operación de reducción de pecho, en la que «se le hizo una verdadera carnicería, dejándolos inutilizados para toda su vida» (antecedente quinto). Pese a la evidencia del resultado, el TS desestimó la acción de responsabilidad civil por entender que se trataba de un caso fortuito al haber sido el causante del mal resultado de la cirugía una infección nosocomial en la garganta.

[35] La STS 83/1997, de 11 de febrero, de la Sala de lo Civil (núm. rec. 627/1993 y [*Tol 5114368*]) identificó la cirugía satisfactiva con la *locatio operis* y la STS 334/1997, de 22 de abril, de la Sala de lo Civil (núm. rec. 1524/1993 y [*Tol 5119381*]) sostuvo que, en la medicina satisfactiva, se exigía al facultativo una obligación de resultado. Según la primera sentencia, la jurisprudencia había «distinguido jurídicamente dentro del campo de la cirugía entre una "cirugía asistencial" que identificaría la prestación del profesional con la "locatio operarum" y una "cirugía satisfactiva" (operaciones de cirugía estética u operaciones de vasectomía (...) que identifican aquella con la "locatio operis", esto es, con el plus de responsabilidad que, en último caso, comporta la obtención del buen resultado o, dicho con otras palabras, el cumplimiento exacto del contrato en vez del cumplimiento defectuoso» (FJ 5). La STS de 22 de abril de 1997 defendió que en «la responsabilidad del médico (...), *era* preciso partir de la naturaleza de su obligación (...) [la cual] si *procedía* de contrato (...), en principio, *era* de prestación de servicios, (...) [y que] sólo excepcionalmente *era* de obra, como *podía* ser en cirugía estética, odontología o vasectomía» y demás intervenciones o mecanismos para la esterilización de personas» (FJ 1).

[36] FJ 3 STS 349/1994, de 25 de abril, de la Sala de lo Civil (núm. rec. 1876/1991 y [*Tol 1665404*]). Una de las primeras sentencias del TS en referirse expresamente a la medicina curativa como obligación de medios fue la STS de 26 de mayo de 1986, de la Sala de lo Civil [*Tol 1740330*]. En ella se afirmó que «la naturaleza

cambio de criterio, propiciado en 1997, por la Sala de lo Civil, fue asumido en la Sala de lo Contencioso-administrativo a partir de la STS de 3 de octubre de 2000[37].

---

jurídica de la obligación contractual del médico (...) no es la de obtener en todo caso la recuperación de la salud del enfermo (obligación de resultado), sino una "obligación de medios", es decir [el médico] se obliga no a curar al enfermo, sino a suministrarle los cuidados que requiera según el estado, actual de la ciencia médica» (FJ 3). Años después, la STS de 25 de abril de 1994 [*Tol 73778*] añadió que, en la medicina voluntaria o satisfactiva, «el interesado acude al médico, no para la curación de una dolencia patológica, sino para el mejoramiento de un aspecto físico o estético o (...), para la transformación de una actividad biológica —la actividad sexual— (...) [. En estos casos], el contrato, sin perder su carácter de arrendamiento de servicios, que impone al médico una obligación de medios, se aproxima ya de manera notoria al de arrendamiento de obra, que propicia la exigencia de una mayor garantía en la obtención del resultado que se persigue, ya que, si así no sucediera, es obvio que el interesado no acudiría al facultativo para la obtención de la finalidad buscada» (FJ 3).

37 Para la STS de 3 de octubre de 2000, de la Sala de lo Contenciso-administrativo (núm. rec. 3905/1996 y [*Tol 1717207*]), la medicina curativa sería «una medicina de medios que persigue la curación y la (...) [medicina satisfactiva] una medicina de resultados a la que se acude voluntariamente para lograr una transformación satisfactoria del propio cuerpo. En la primera la diligencia del médico *consistiría* en emplear todos los medios a su alcance para conseguir la curación del paciente; en la segunda no *sería* la necesidad la que lleva a someterse a ella, sino la voluntad de conseguir un beneficio estético o funcional y ello *acentuaría* la obligación del facultativo de obtener un resultado e informar sobre los riesgos y pormenores de la intervención. Esta distinción, aplicada al campo de la cirugía, *permitió* diferenciar entre la "cirugía asistencial", que identificaría la prestación del profesional con lo que, en el ámbito del Derecho privado, se asocia con la *locatio operarum* y una "cirugía satisfactiva" (...) [. Esta última se] identificaría, en el mismo terreno de las relaciones entre particulares, con la *locatio operis*, esto es, con el reconocimiento del plus de responsabilidad que, en último caso, comporta la obtención del buen resultado o, dicho con otras palabras, el cumplimiento exacto del contrato en vez del cumplimiento defectuoso (...). «El resultado, en la cirugía satisfactiva, *operaría* como auténtica representación final de la actividad que desarrolla el profesional, de tal suerte que su consecución *sería* el principal criterio normativo de la intervención. Por el contrario, cuando se *actuase* ante un proceso patológico, que por sí mismo supone un encadenamiento de causas y efectos que hay que abordar para restablecer la salud o conseguir la mejoría del enfermo, la interferencia de aquél en la salud convertiría en necesaria la asistencia y elevaría a razón primera de la misma los medios que se emplean para conseguir el mejor resultado posible» (FJ 9).

Pues bien, la doctrina jurisprudencial volcada en las SSTS de la Sala de lo Civil de 11 de febrero y de 22 de abril de 1997, y de 3 de octubre de 2000, de la Sala de lo Contencioso-administrativo, llevó a algunos a considerar: que, en las operaciones de cirugía estética, en particular, y la medicina voluntaria, en general, las obligaciones del facultativo eran las propias de un contrato de obra; y que el paciente debería ser tratado como un cliente o usuario.

A. Contratos de servicios y contratos de obra

Una vez dictadas las SSTS de 11 de febrero y 22 de abril de 1997, «la doctrina científica y la jurisprudencia, partiendo del ordenamiento jurídico general civil, *llegaron* a establecer el principio de que el médico, en el ejercicio de su profesión, se hallaba sometido a la normativa reguladora del contrato de arrendamiento de servicios»[38]. A lo anterior añadían que en la medicina voluntaria las obligaciones del facultativo eran las propias de un contrato de obra y que el paciente debería ser tratado como un cliente o usuario.

De la aplicación de este criterio a la responsabilidad patrimonial sanitaria resultaba lo siguiente:

i. Medicina curativa

   En ella, la obligación de la Administración sanitaria sería «poner a disposición del paciente los medios adecuados comprometiéndose no solo a cumplimentar las técnicas previstas para la patología en cuestión, con arreglo a la ciencia médica adecuada a una buena praxis, sino a aplicar estas técnicas con el cuidado y precisión exigible de acuerdo con las circunstancias y los riesgos inherentes a cada intervención, y, en particular, a proporcionar al paciente la

---

[38] FJ 4 STS de 7 de febrero de 1990, de la Sala de lo Civil [*Tol 1730390*]. No obstante, esta sentencia —después de calificar la profesión del médico como un arrendamiento de servicios— puntualizó que esta afirmación llevaba a una «posición simplista, reductora de la intervención facultativa al aspecto contractual [y que] omite la esencial circunstancia de que el médico no ejerce su profesión solamente en vista de un enfermo concreto y a petición de él, o de quien lo represente o tenga su guarda, sino también en casos de urgencia, como siniestro, cumpliendo un imperativo deontológico, por lo que la múltiple relación fáctica que ello pueda originar puede también ser rica en matices» (FJ 4).

información necesaria que le permita consentir o rechazar una determinada intervención»[39].

En consecuencia, «el hecho de no lograr la curación del paciente no generaría responsabilidad por sí mismo, sino que habrá que acudir al parámetro de la *lex artis* para determinar si la actividad médica fue o no correcta»[40].

ii. Medicina satisfactiva

En la medicina voluntaria, en cambio, el facultativo «no se *obligaría* solamente a desplegar una simple actividad diligente con vistas a la consecución de un determinado resultado, si no que *sería* precisa-

---

39 FJ 1 STS 534/2009, de 30 de junio, de la Sala de lo Civil (núm. rec. 222/2005 y [*Tol 1577971*]). Como consecuencia de calificar la asistencia sanitaria como una obligación de medios, corresponde al facultativo: «A) Utilizar cuantos remedios conozca la ciencia médica y estén a disposición del médico en el lugar en que se produce el tratamiento, de manera que (…) la actuación del médico se rija por la denominada *lex artis ad hoc*, es decir, en consideración al caso concreto en que se produce la actuación e intervención médica y las circunstancias en que la misma se desarrolle, así como las incidencias inseparables en el normal actuar profesional, teniendo en cuenta las especiales características del autor del acto médico, de la profesión, de la complejidad y transcendencia vital del paciente y, en su caso, la influencia de otros factores endógenos, —estado e intervención del enfermo, de sus familiares, o de la misma organización sanitaria—, para calificar dicho acto como conforme o no a la técnica normal requerida (…), la diligencia que el derecho sajón califica como propia de las obligaciones del mayor esfuerzo; B) Informar al paciente o, en su caso, a los familiares del mismo, siempre (…) que ello resulte posible, del diagnostico de la enfermedad o lesión que padece, del pronostico que de su tratamiento puede normalmente esperarse, de los riesgos que el mismo, especialmente si este es quirúrgico, pueden derivarse y, finalmente, y en el caso de que los medios de que se disponga en el lugar donde se aplica el tratamiento puedan resultar insuficientes, debe hacerse constar tal circunstancia, de manera que, si resultase posible, opte el paciente o sus familiares por el tratamiento del mismo en otro centro médico más adecuado; C) Continuar el tratamiento del enfermo hasta el momento en que este pueda ser dado de alta, advirtiendo al mismo de los riesgos que su abandono le puedan comportar, y D) En los supuestos —no infrecuentes— de enfermedades o dolencias que puedan calificarse de recidivas, crónicas o evolutivas, informar al paciente de la necesidad de someterse a los análisis y cuidados preventivos y que resulten necesarios para la prevención del agravamiento o repetición de la dolencia». FJ 3.2 STS 349/1994, de 25 de abril, de la Sala de lo Civil (núm. rec. 1876/1991 y [*Tol 1665404*]).

40 ORDÁS ALONSO, Marta (2020): «La delgada línea roja entre la medicina curativa o asistencial y la medicina voluntaria o satisfactiva. Hacia una unificación de régimen jurídico», *op. cit.* pág. 21.

mente el logro de ese concreto resultado (...) el que se constituiría en contenido de la prestación» del médico[41]. Por ello, «la no obtención del resultado al que se aspira *activaba* las posibilidades de exigencia» de responsabilidad[42].

B. Paciente o cliente

La identificación de la medicina voluntaria con un contrato de obra ha llevado a que parte de la doctrina y jurisprudencia, sostengan —hoy en día— que en la «medicina satisfactiva (...) es más correcto *referirse* a la relación médico-cliente»[43]. ORDÁS y otros autores no comparten que, «cuando de medicina satisfactiva se trata (...) [se refieran] a una parte de la relación como interesado o como cliente»[44].

De todas formas, no puede desconocerse que, tal y como se advirtió en el primer epígrafe, en la medicina curativa, la intervención del facultativo surge —las más de las veces— sin contraprestación directa del paciente y por imperativo legal. En cambio, en la medicina satisfactiva, la actuación del médico con frecuencia se presenta como el resultado de un acuerdo de voluntades de carácter contractual entre la persona que quiere mejorar algún aspecto de su cuerpo y el equipo médico que se compromete a prestar ese servicio a cambio de la percepción de un precio.

2) *Doctrina actual*

«Hasta mediados de la década de los 2000 mayoritariamente se afirmaba que la medicina curativa o asistencial constituía una obligación de medios, mientras que la medicina voluntaria o satisfactiva no podía sino encuadrarse entre las obligaciones de resultado»[45]. Como afirma MANJÓN,

---

41 JORDANO FRAGA, Francisco (1991): *Obligaciones de actividad y de resultado*, Bosch, Barcelona, pág. 9.

42 DE URBANO CASTRILLO, Eduardo (2007): «La responsabilidad médica por el resultado; el caso de los odontólogos», *La Ley penal: revista de derecho penal, procesal y penitenciario*, núm. 43, pág. 9.

43 GÁZQUEZ SERRANO, Laura (2014): «¿La medicina satisfactiva como contrato de obra?», *op. cit.* pág. 7.

44 ORDÁS ALONSO, Marta (2020): «La delgada línea roja entre la medicina curativa o asistencial y la medicina voluntaria o satisfactiva. Hacia una unificación de régimen jurídico», *op. cit.* pág. 17.

45 *Ibidem* págs. 16 y 17.

«a finales de 2005 el Tribunal Supremo experimenta un cambio de criterio entendiendo que la obligación asumida por el médico debe entenderse como de medios acentuada por su propia naturaleza del acto médico»[46].

En efecto, en la jurisdicción ordinaria, desde la STS de 21 de octubre de 2005, de la Sala de lo Civil —conocida como la sentencia de las «cicatrices queloideas—, se ha producido un giro de 180 grados. Se ha operado «un cambio radical, por el que todas las vertientes de la Medicina han de considerarse una obligación de medios; residiendo el motivo de ello en que en todo acto médico (o prácticamente todos) concurre un elemento azaroso que quiebra la idea de un resultado, que no es otra que el propio cuerpo humano, cuyas reacciones son imprevisibles»[47]. Para el TS, «la obligación de medios [únicamente] puede tornarse en una obligación de resultados si el acto médico se encuentra garantizado en lo que a la consecución del resultado se refiere», esto es, si hay pacto de resultado[48].

La imposibilidad de atribuir a la actuación del facultativo, en la medicina satisfactiva, la consideración de obligación de resultado reside en «factor reaccional». Éste se define como el conjunto de circunstancias relacionadas con la edad, predisposición genética y hábitos del paciente que impiden anticipar la reacción del cuerpo del paciente al tratamiento o intervención. De esta regla general, habría que excepcionar determinados actos sanitarios, como los estudios radiológicos y los análisis de sangre, en los que no se actúa sobre un cuerpo humano[49].

---

46 MANJÓN RODRÍGUEZ, Jimena Beatriz (2013): «Configuración jurídica y evolución jurisprudencial en la prestación de servicios de cirugía estética; información, responsabilidad y publicidad», *Derecho y Salud*, vol. 23 extraordinario, pág. 227. En el mismo sentido se pronunció BOTANA. BOTANA GARCÍA, Gemma (2006): «Infracción del deber de información médica en una operación de cirugía estética», *Práctica de Derecho de Daños*, núm. 35, pág. 2.

47 VICANDI MARTÍNEZ, María Aránzazu (2016): *El error médico en la cirugía estética. La respuesta judicial del Derecho a la casuística en la Medicina voluntaria, op. cit.* pág. 21.

48 *Idem.*

49 DE ÁNGEL mantiene que la obligación de resultado, trasladada a la profesión médica, tendría como «campo en el que podría aplicarse con rigor (…) el de aquellas especialidades en las que lo que el facultativo compromete (…) [es] una cosa corporal». Dicho autor pone como ejemplos, la actividad del «radiólogo (entregar al paciente la "placa" de rayos X, o de resonancia magnética, o de ecografía) o (…) del analista (entregar la hoja de resultados de los análisis practicados al paciente)». Como afirma DE ÁNGEL, en casos como éstos la actuación «que determina el cumplimiento de las obligaciones del profesional es la de dar, esto es, la de entrega del *resultado físico*». DE ÁNGEL YÁGÜEZ, Ricardo (2006): «El "re-

Llegados a este punto, no queda más que exponer cuál es la posición actual de la doctrina, jurisprudencia y doctrina legal respecto de la clase de obligaciones que asume el facultativo en la medicina satisfactiva.

A. Doctrina

A la hora de calificar la medicina satisfactiva como medicina de medios o de resultado, la doctrina se haya dividida. Autores como BLANCO, DE URBANO y MARTÍNEZ-PEREDA, y en cierta medida BERCOVITZ, sostienen que la medicina voluntaria se presta mediante contratos de obra[50]. Otros, como BLANQUER, CABANILLAS, DE ÁNGEL, GALÁN, GALLARDO, GUERRERO, LLAMAS, RIBOT y VICANDI, mantienen que la medicina satisfactiva es una medicina de medios en la que se intensifica la

---

sultado" en la obligación del médico. ¿Ideas sensatas que pueden volverse locas?», *op. cit.* págs. 445.

50 Como se acaba de decir, BLANCO, DE URBANO y MARTÍNEZ-PEREDA, y en cierta medida BERCOVITZ, califican la medicina voluntaria como medicina de resultado que se presta mediante contratos de obra. La primera afirma que «en la medicina voluntaria o satisfactiva lo que se pretende conseguir es un resultado El segundo sostiene que «la cirugía estética y la odontología exigen resultados». El tercero expresa que, en las intervenciones estéticas, «la actuación quirúrgica de pura finalidad estética se contempla y juzga [por la sociedad] bajo unos patrones diferentes», razón por la cual el facultativo no debe únicamente utilizar los medios a su alcance —y cumplir con el deber de informar— sino a alcanzar lo pactado con el paciente. Finalmente, BÉRCOVITZ «admite que en determinados supuestos cabe tipificar el contrato (…) como un arrendamiento de obra, de cuyo correcto resultado debe responder el arrendador: colocación de prótesis dentales, análisis clínicos, graduaciones ópticas, operaciones de estética», etc. En su opinión, por poner un ejemplo de medicina satisfactiva, en las «intervenciones encaminadas a conseguir un control de natalidad: ligadura de trompas, vasectomía, instalación de aparatos como el DIU (…) la jurisprudencia ha venido a reconocer (…) la existencia de elementos propios del contrato de obra o una cierta cercanía al mismo, que supone, al menos, una mayor garantía del resultado programado». BLANCO PÉREZ-RUBIO, Lourdes (2014): «Obligaciones de medios y obligaciones de resultado: ¿tiene relevancia jurídica su distinción», *Cuadernos de Derecho Transnacional,* vol 6, núm. 2, pág. 53. DE URBANO CASTRILLO, Eduardo (2007): «La responsabilidad médica por el resultado; el caso de los odontólogos», *op. cit.* pág. 9. MARTÍNEZ-PEREDA RODRÍGUEZ, José Manuel (1997), *La cirugía estética y su responsabilidad,* Comares, Granada, pág. 265. BERCOVITZ RODRÍGUEZ-CANO, Rodrigo (2000): «Comentarios a la sentencia de 24 de septiembre de 1999, *Cuadernos Civitas de Jurisprudencia Civil,* núm. 52. pág. 203.

obligación de obtener un resultado[51]. Esta última autora, además, añade argumentos etimológicos[52]. Por su parte, DOMÍNGUEZ MARTÍN y GÁZQUEZ, entienden que, en la medicina satisfactiva, nos movemos no en una «obligación de medios cualificada», sino en una «categoría híbrida entre las obligaciones de medios y de resultado»[53]. Por su parte PLAZA equipara

---

[51] Entre otros, BLANQUER, CABANILLAS, DE ÁNGEL, GALÁN, GALLARDO, GUERRERO, LLAMAS, RIBOT y VICANDI consideran que la medicina satisfactiva da lugar a obligaciones de medios, si bien, cuando la prestación tiene naturaleza contractual, lo aproximan al contrato de obra. BLANQUER CRIADO, David (2021): *La responsabilidad patrimonial en tiempos de pandemia (los poderes públicos y los daños por la crisis de la COVID*-19, Tirant lo Blanch, Valencia, págs. 420 y 421. CABANILLAS SÁNCHEZ, Antonio (1993): *Las obligaciones de actividad y de resultado,* Bosch, Barcelona, pág. 73. DE ÁNGEL YÁGÜEZ, Ricardo (2006): «El "resultado" en la obligación del médico. ¿Ideas sensatas que pueden volverse locas?», *op. cit.* págs. 420 y 421. GALÁN CORTÉS, Julio César (2001): *Responsabilidad médica y consentimiento informado,* Civitas, Madrid, pág. 268. GALLARDO CASTILLO, María Jesús (2021): *Administración Sanitaria y responsabilidad patrimonial,* Colex, La Coruña, pág. 185. GUERRERO ZAPLANA, José (2004): *Las reclamaciones por la defectuosa asistencia sanitaria,* Lex Nova, Valladolid (4ª ed.), pág. 61. LLAMAS POMBO, Eugenio (1994): «Comentario a la sentencia de 25 de abril de 1994», *Cuadernos Civitas de Jurisprudencia* Civil, núm. 36, pág. 1014. RIBOT IGUALADA, Jordi (2004): «Comentario a la sentencia de 22 de julio de 2003», *Cuadernos Civitas de Jurisprudencia Civil,* núm. 64, pág. 401. VICANDI MARTÍNEZ, María Aránzazu (2016): *El error médico en la cirugía estética. La respuesta judicial del Derecho a la casuística en la Medicina voluntaria, op. cit.* págs. 20 y 21.

[52] VICANDI, para justificar que el cometido del médico se ubica dentro de las obligaciones de medios, sostiene que «es necesario acudir a la etimología misma del vocablo latino *medicus,* derivado del griego *medeo,* que puede traducirse como "cuidar". El término "cuidar" no significa "curar", lo que evidencia que el facultativo, tal y como su propio nombre indica, está obligado a hacer uso de todos los medios a su alcance para tratar al paciente y "cuidarlo", pero no tiene el deber de "curarlo"». Adicionalmente expresa esta autora que, «si trasladamos esta afirmación al ámbito de las obligaciones (…) [del médico] podemos traducir los elementos "cuidar" y "curar" como manifestación de los contratos de servicio y obra, respectivamente». Tras estas afirmaciones, la citada autora concluye que «de acuerdo con la propia denominación del profesional médico, éste se encuentra vinculado en su actuación con una obligación de medios y no de resultado». VICANDI MARTÍNEZ, María Aránzazu (2016): *El error médico en la cirugía estética. La respuesta judicial del Derecho a la casuística en la Medicina voluntaria, op. cit.* pág. 21.

[53] DOMÍNGUEZ MARTÍN, Almudena (2008); «La cirugía estética como obligación de resultados», *Lex Nova,* núm. 52, pág. 36. En opinión de esta autora la medicina satisfactiva se aproximaría: por un lado, al contrato de obra porque no da lugar a intervenciones necesarias; por otro al contrato de servicios, por la incertidumbre

la medicina satisfactiva a la noción de daño desproporcionado y afirma que en la medicina voluntaria existe una presunción de culpabilidad[54].

B. Jurisprudencia

A la hora de exponer la doctrina jurisprudencial es necesario distinguir la emanada por la Sala de lo Civil del TS, de la surgida de la Sala de lo Contencioso-administrativo. Como se expone a continuación, sus posturas no coinciden.

a) Sala de lo Civil del Tribunal Supremo

El primer pronunciamiento que, cambiando de criterio, excluyó la calificación de la medicina satisfactiva como obligación de resultado fue la citada STS de 21 de octubre de 2005. En ella, la Sala de lo Civil rechazó que la medicina voluntaria se prestase mediante contratos de obra al entender que en la «medicina voluntaria o satisfactiva (...) hay una aproximación al régimen jurídico del arrendamiento de obra o que se trata de una figura intermedia entre éste y el arrendamiento de servicios»[55].

Con el paso de los años, ese titubeo inicial sobre el carácter de las obligaciones del facultativo en la medicina voluntaria ha cedido a favor de una posición más clara. La STS de 30 de noviembre de 2021 es el mejor exponente de esta evolución experimentada por la Sala de lo Civil. En ella, además, late cierto hastío por los reiterados «intentos» de convertir la medicina satisfactiva en un contrato de obra.

En efecto, según afirma la STS de 30 de noviembre de 2021, la Sala de lo Civil «se ha cansado de repetir que la distinción entre obligación de medios y resultados no es posible mantenerla en el ejercicio de la actividad

---

provocada por factor reaccional. *Ibidem* págs. 36 a 39. GÁZQUEZ SERRANO, Laura (2014): «¿La medicina satisfactiva como contrato de obra?», *op. cit.* pág. 724.

54 PLAZA PENADÉS, Javier (2002): *El nuevo marco de la responsabilidad médica y hospitalaria*, Aranzadi, Cizur Menor (Navarra), págs. 65 a 67. PLAZA, sin considerar que la medicina satisfacitva dé lugar a contratos de obra, equipara ésta al concepto de daño desproporcionado al afirmar que existe una presunción de culpa dado que el fin lógico de las intervenciones voluntarias hace presumir que éste se ha acordado.

55 FJ 3 STS 758/2005, de 21 de octubre, de la Sala de lo Civil (núm. rec. 1039/1999 y [*Tol 731285*]).

médica, salvo que el resultado se pacte o se garantice»[56]. Esta sentencia también considera que la medicina satisfactiva, aunque es una obligación de medios, conlleva mayores exigencias porque es «obligación de medios cualificada», en palabras de MARTÍN y SOLÉ. En estos casos se estaría reclamando al médico «la diligencia que el derecho anglosajón califica como propia de las obligaciones del mayor esfuerzo»[57].

b) *Sala de lo Contencioso-administrativo del Tribunal Supremo*

La clarividencia de la Sala de lo Civil respecto de las singularidades de la medicina satisfactiva no se corresponde con la doctrina jurisprudencial «inconcluyente» y «sin actualizar» de la Sala de Contencioso-administrativo. De sus pronunciamientos se desprende que todavía sigue sosteniendo que la medicina satisfactiva es una medicina de resultados.

La doctrina jurisprudencial de la Sala de lo Contencioso-administrativo se ha estancado en su STS de 3 de octubre de 2000. Desde entonces, postula que la medicina satisfactiva es «una medicina de resultados a la que se acude voluntariamente para lograr una transformación satisfactoria del propio cuerpo»[58]. De hecho, para dar continuidad a esta doctrina jurisprudencial, diversos fallos se remiten a la STS de 3 de octubre de 2000, tanto previos a la STS de 21 de octubre de 2005, de la Sala de lo Civil (*v.gr.* STS 9 de mayo de 2005, de la Sala de lo Contencioso-administrativo), como posteriores a la misma (*vid.* SSTS de 14 de febrero y 29 marzo de 2006 y 2 de octubre de 2007, de la Sala de lo Contencioso-administrativo)[59].

---

[56] FJ 3.2 STS 828/2021, de 30 de noviembre, de la Sala de lo Civil (núm. rec. 5955/2018 y [*Tol 8674791*]). Dicho hastío de repetir que la obligación del facultativo es de medios salvo que incluya un pacto de resultado derivaría, entre otras, de las SSTS de la Sala de lo Civil 18/2005, de 3 de febrero (núm. rec. 2343/2012 y [*Tol 4709030*]), 544/2007, de 23 de mayo (núm. rec. 1984/2000 y [*Tol 1106817*]), 534/2009, de 30 de junio (núm. rec. 222/2005 y [*Tol 1577971*]), 778/2009, de 20 de noviembre (núm. rec. 1945/2005 y [*Tol 1748140*]), 517/2013, de 19 de julio (núm. rec. 939/2011 y [*Tol 3887671*]),

[57] FJ 3.1 STS 394/1994, de 25 de abril (núm. rec. 1876/1991 y [*Tol 1665404*]).

[58] FJ 9 STS de 3 de octubre de 2000 (núm. rec. 3905/1996 y [*Tol 1717207*])

[59] *Idem.* Las SSTS de la Sala de lo Contencioso Administrativo de 9 de mayo de 2005 (núm. rec. 5346/2001 y [*Tol 657106*]), de 14 de febrero de 2006 (núm. rec. 846.466 y [*Tol 846466*]), de 29 de marzo de 2006 (núm. rec. 271/2002 y [*Tol 873103*]), de 2 de octubre de 2007 (núm. rec. 9208/2003 y [*Tol 1156845*]), reproducen el fundamento jurídico noveno de la STS de 3 de octubre de 2000, de la misma Sala (núm. rec. 3905/1996 y [*Tol 216732*]). En dicho fundamento se afirma que la medicina

Esta posición de la Sala de lo Contencioso-administrativo se confirma en las SSTS de 12 de septiembre de 2012 y de 18 de diciembre de 2017. Ambas mantienen la dualidad medicina curativa-obligación de medios y medicina satisfactiva-obligación de resultado. En la primera se desliza que la Administración sanitaria «salvo determinadas esferas de la actividad médica (…) contrae solo una "obligación de medios" y no "de resultado"»[60]. Esa equiparación entre medicina satisfactiva y obligación de resultados es más directa aún en la STS de 18 de diciembre de 2017. En un *obiter dictum* de la misma se postula que «la responsabilidad patrimonial sanitaria en sus vertientes de medicina curativa [da lugar a una] (…) obligación de medios, y [de] medicina satisfactiva [obliga a la] (…) obtención de resultado»[61].

C. Doctrina legal

En la doctrina legal tampoco hay una posición común sobre el alcance de las obligaciones del facultativo en la medicina satisfactiva.

---

curativa «es una medicina de medios que persigue la curación y la (…) [medicina satisfactiva] una medicina de resultados a la que se acude voluntariamente para lograr una transformación satisfactoria del propio cuerpo. En la (…) segunda (…) [se] acentúa la obligación del facultativo de obtener un resultado e informar sobre los riesgos y pormenores de la intervención. Esta distinción, aplicada al campo de la cirugía, ha permitido diferenciar entre la "cirugía asistencial" (…) y una "cirugía satisfactiva" (…) [que se] identificaría (…) con la *locatio operis*, esto es, con el reconocimiento del plus de responsabilidad que, en último caso, comporta la obtención del buen resultado o, dicho con otras palabras, el cumplimiento exacto del contrato en vez del cumplimiento defectuoso (…)» (FJ 9).

60 FJ 2 STS de 12 de septiembre de 2012, de la Sala de lo Contencioso-administrativo (núm. rec. 1467/2011 y [*Tol 2652663*]). En ella, para desestimar el recurso de casación, se extracta la sentencia 1417/2020, de 17 de diciembre, del Tribunal Superior de Justicia de Cataluña (núm. rec. 122/2007 y [*Tol 2091446*]). Aquí se manifiesta que «se hace inexcusable recordar que salvo determinadas esferas de la actividad médica, en la curativa o asistencial la obligación fundamental del médico es curar o sanar (…) por (…) no responder siempre igual los pacientes respecto de una misma enfermedad y tratamiento [, por ello, el médico] contrae solo una "obligación de medios" y no "de resultado", careciendo nadie de derecho a que la curación sea efectiva» (FJ 2).

61 FJ 3 STS 1993/2017, de 18 de diciembre, de la Sala de lo Contencioso-administrativo (núm. rec. 1955/2016 y [*Tol 6461849*]). Esta sentencia, para concluir que la obligación de un anestesista, como «profesional médico es de medios y no de resultado», afirma que una «peculiaridad de la responsabilidad patrimonial sanitaria [es la existencia] en sus vertientes de *medicina* curativa [de una] *obligación* de *medios*, y [en la] *medicina satisfactiva*, de obtención de resultados» (FJ 3).

a) Obligación de resultado

Una posición es la seguida, entre otros consejos, por el Consejo de Estado (CdE) y CJCVal. Para ambos la medicina voluntaria es una medicina de resultado.

El primero, apoyándose en las SSTS de 3 de octubre de 2000 y 2 de octubre de 2007, comparte el criterio de la Sala de lo Contencioso-administrativo del TS. En palabras del DCdE de 10 de mayo de 2010 «la denominada "medicina satisfactiva" (...) se trata de una medicina de resultados a la que se acude voluntariamente (...) [y] en la que no es la necesidad la que lleva a someterse a ella, sino la voluntad de conseguir un beneficio estético o funcional y ello acentúa la obligación del facultativo de obtener un resultado»[62].

Por su parte, el CJCVal mantiene, que «según se trate de un caso de medicina curativa o satisfactiva cambia el nivel de exigencia que se le requiere al profesional sanitario en relación con la obtención del resultado pretendido»[63]. En concreto, afirma que en «la medicina satisfactiva (...) se trata de una medicina de resultados»[64]. Por lo tanto, este órgano consultivo, a día de hoy, es del parecer de que «la obligación del médico *es* una obligación de resultado (...), en los casos de medicina voluntaria o satisfactiva»[65].

b) Obligación de medios intensificada

Otra posición, que coincide con la Sala de lo Civil del TS, es la mantenida, entre otros, por el Consejo Consultivo de Aragón (CCAra), el extinto Consejo Consultivo de Extremadura (CCExt), y Comisión Jurídica Asesora del País Vasco (CJAEus).

---

62 CJ IV DCdE de 10 de mayo de 2010 (núm. exp. 96/2018). Realmente es poca la doctrina legal del CdE sobre la medicina satisfactiva. Dejando de lado los dictámenes recaídos en reclamaciones contra la Agencia Española de Medicamentos y Productos Sanitarios (AEMPS) por *culpa in invigilando* y de los productos sanitarios de esterilización (*v.gr.* Essure e Implanon) sus pronunciamientos se limitan a peticiones de dictamen de las Administraciones sanitarias de Cantabria, y entre 2016 y 2021, de Extremadura.

63 CJ 5 DCJCVal 647/2018, de 3 de octubre.

64 CJ 5 DCJCVal 710/2021, de 24 de noviembre.

65 CJ 4 DCJCVal 175/2021, de 24 de marzo

El CCAra califica la medicina satisfactiva como una medicina de medios intensificada. Para él, en la medicina satisfactiva, únicamente se «acentúa la obligación del facultativo de obtener un resultado»[66]

Tanto el CCExt como la CJAEus admiten *a contrario sensu* que, en la medicina voluntaria, las obligaciones del facultativo son las propias de un contrato de servicios. Y durante su existencia, el CCExt sostuvo que la medicina voluntaria es medicina de medios y que «la única excepción a esta doctrina se *producía* cuando el médico se *hubiera* comprometido con el paciente a la obtención de un resultado, (...) supuesto excepcional y concreto reducido usualmente a intervenciones de estética»[67]. En idéntico sentido se manifiesta la CJAEus, para la cual, fuera de los casos de «pacto de resultado», «la llamada medicina satisfactiva (...), acuñada en la jurisdicción civil (...) queda intensificada (...) en la obligación del médico de obtener un resultado previsto»[68].

3) Valoración crítica

En este epígrafe se han señalado las causas que han llevado a dividir, tanto a la doctrina como a la jurisprudencia y doctrina legal, el tipo de obligaciones —de medios o de resultado— que genera la medicina satisfactiva. En esta materia, el impulso lo ha marcado siempre la Sala de lo Civil del TS. Sus sentencias de 11 de febrero y 22 de abril de 1997, en un primer momento, como la sentencia de 21 de octubre de 2005, en un segundo tiempo, son las que han determinado qué clase de obligaciones de asume el facultativo, la clínica y el hospital: primero de resultado, y en la actualidad, de medios, pero reforzada. En cambio, la Sala de lo Contencioso-administrativo del TS ha mantenido una postura más pasiva. Se ha limitado —en la sentencia de 3 de octubre de 2000— a hacer suya la postura de la Sala de lo Civil surgida en 1997. La doctrina legal, según consejos consultivos, se ha aferrado a las tesis de la Sala de lo Contencioso-administrativo o ha evolucionado apoyándose en las aportaciones de la Sala de lo Civil.

Esta situación de desencuentro entre las Salas primera y tercera del TS y la doctrina legal, en nuestra opinión, encuentra su razón de ser en el hecho de que, en el SNS, la medicina satisfactiva se ciñe a realizar intervenciones

---

66 CJ 3 DCCAra 17/2010, de 1 de junio.

67 CJ 2 DCCExt de 29 de mayo de 2008.

68 Ap. 72 DCJAEus de 8 de noviembre de 2015. Esta posición también la sostiene el Consejo Consultivo de Aragón.

para eliminar la capacidad reproductiva de hombres y mujeres. Como se expuso, la medicina voluntaria —salvo en su vertiente esterilizadora— no está incluida en la cartera de servicios del SNS. Como consecuencia de ello, las reclamaciones de responsabilidad derivadas de la cirugía y odontología estética se ventilan en la jurisdicción ordinaria. Ésta, es la que ha tenido que pronunciarse sobre la procedencia o no de invertir la carga de la prueba o presumir la culpa del médico a los efectos de condenar a los cirujanos y odontólogos por no haber alcanzado el resultado estético pretendido.

Por ello, la Sala de lo Civil, entre 1997 y 2005, tuvo tiempo suficiente para evidenciar que criterios apriorísticos no son los más indicados para impartir justicia en materia de medicina. No es operativo afirmar que la medicina satisfactiva es una medicina de resultados, presumir la culpa del facultativo, y sentenciar que la falta de éxito de la operación o tratamiento determina la responsabilidad del médico. No lo es porque no toma en consideración el «factor reaccional». Teniendo en cuenta las limitaciones de la medicina y la distinta reacción de cada cuerpo humano tras una intervención o tratamiento médico, no parece prudente garantizar un resultado por el solo hecho de adjetivarla como medicina «satisfactiva» o «voluntaria». Por ello, entendemos que, si el «factor reaccional» imposibilita que los médicos aseguren el resultado de los actos médicos de carácter satisfactivo, el Derecho positivo, la jurisprudencia y la doctrina legal no pueden exigírselo.

Este razonamiento, en cambio, no ha sido necesario para la Sala de lo Contencioso-administrativo del TS, porque junto con la «creación del problema», trajo la solución. La tantas veces citada STS de 3 de octubre de 2000, no solo sentenció que la medicina voluntaria era una medicina de resultado. A renglón seguido añadió, que, en las intervenciones de esterilización, existía «un porcentaje de fracasos reducido (...) en condiciones que no *podían* ser definidas de modo seguro (...) pero que *comportaban* la posible recuperación de la fertilidad». De esta manera, apoyándose en los riesgos del progreso, concluyó que en «la obtención del resultado no *quedaba* excluida (...) la existencia de un fracaso que *tuviera* por causa un comportamiento extraordinario y no previsible de la fisiología de la persona». De hecho, aún hoy en día, la práctica totalidad de sentencias y dictámenes —en muchas ocasiones sin necesidad de reparar que la medicina satisfactiva es una medicina de resultados— suelen denegar el abono de indemnizaciones por fallos de recanalización. El fundamento, aunque no siempre se exprese, son las limitaciones del estado de conocimientos de la ciencia y de la técnica recogida en el art. 34.1 de la Ley 40/2015, de 1 de octubre, de régimen jurídico del sector público (LRJ).

Por lo tanto, aunque sea «habitual afirmar que en la "medicina satisfactiva" normalmente se exige el éxito de la intervención sanitaria (...), más que el logro de los resultados previstos, lo que se exige es un reforzamiento de la cantidad y la calidad de la información al paciente, pues también en ese sector hay limitaciones de la ciencia médica», cuestión que abordamos a continuación[69].

En nuestra opinión la medicina satisfactiva no da lugar a una obligación de resultado, ni mucho menos puede ser encasillada como un contrato de obras. Genera obligaciones de medios, en su caso intensificadas porque el paciente se somete a una intervención, no por necesidad, sino para obtener un embellecimiento o funcionalidad orgánica. Éste es el enfoque con el que, en nuestra opinión, deberían resolverse las reclamaciones de responsabilidad patrimonial y recursos contencioso-administrativos relacionados con la medicina voluntaria.

Técnicamente, la finitud del estado de conocimientos de la ciencia y de la técnica no es un límite a una obligación de resultado de la Administración sanitaria, sino una causa de justificación del deber de soportar el daño en el seno de un régimen de responsabilidad de carácter objetivo. Prueba de ello es que, para no indemnizar los fallos de recanalización, los pronunciamientos en los que se afirma que la medicina voluntaria es una obligación de resultado suelen referirse a los fallos de recanalización —y por lo tanto al factor reaccional— como causa de exoneración.

En definitiva, como expondremos en el epígrafe quinto, la medicina voluntaria no es una obligación de resultado, ni en consecuencia —como se verá en el epígrafe quinto— se produce una inversión de la carga de la prueba o presunción de culpa del facultativo.

III. CONSENTIMIENTO INFORMADO: RIESGOS TÍPICOS Y RIESGOS ATÍPICOS

«Durante muchos años el ejercicio de la medicina respondió a una concepción paternalista, conforme a la cual era el médico quien, por su experiencia, conocimientos y su condición de tercero ajeno a la enfermedad, tomaba las decisiones que, según su criterio profesional, más le convenían

---

69 BLANQUER CRIADO, David (2021): *La responsabilidad patrimonial en tiempos de pandemia (los poderes públicos y los daños por la crisis de la COVID-*19), *op. cit.* págs. 420 y 421.

al estado de salud y al grado de evolución de la enfermedad de sus pacientes, con la unilateral instauración de tratamientos e indicación de intervenciones quirúrgicas»[70].

Esta situación cambió como consecuencia de una «evolución de los modelos sanitarios tradicionales, por la cual se han superado ideas paternalistas o de beneficencia, para llegar a modelos de autonomía»[71]. Estos modelos descansan en el libre desarrollo de la personalidad y se sustentan en el deber de información y la obtención de la «hoja» del consentimiento informado, regulados ambos en la Ley 41/2002 de 14 de noviembre, básica reguladora de la autonomía del paciente y de derechos y obligaciones en materia de información y documentación clínica (LAP)[72].

El art. 10.1 LAP incluye hoy, como información básica, los riesgos o consecuencias seguras y relevantes, los riesgos personalizados, los riesgos típicos, los riesgos probables y las contraindicaciones[73].

Pues bien, la obligación de informar adquiere perfiles propios en la medicina voluntaria. Es «notoriamente conocido que la jurisprudencia establece mayor estrictez y exigencia en cuanto al consentimiento informado se refiere, en los casos de cirugía estética o satisfactiva que en los supuestos de medicina curativa»[74]. Por ello, como quiera que la intervención es contingente o al menos puede retrasarse, la relación riesgo-beneficio es el único parámetro para decidir o rechazarla. A lo anterior, DE ÁNGEL añade que, el hecho de que esta asistencia satisfactiva «*se aproxime* (...) a la noción de obligación de resultado (...) justifica que el deber de información por

---

70 FJ 2.2 STS 828/2021, de 30 de noviembre, de la Sala de lo Civil (núm. rec. 5955/2018 y [*Tol 8674791*]).

71 VICANDI MARTÍNEZ, María Aránzazu (2016): *El error médico en la cirugía estética. La respuesta judicial del Derecho a la casuística en la Medicina voluntaria, op. cit.* pág. 33.

72 Para una exposición razonada sobre el alcance del deber de información puede leerse a VICANDI. VICANDI MARTÍNEZ, María Aránzazu (2012): «El derecho a la información. Un campo de batalla entre la Medicina y el Derecho», *Derecho y Salud*, vol. 22, págs. 39 a 78.

73 De acuerdo con el art. 10.1 LAP, «el facultativo proporcionará al paciente, antes de recabar su consentimiento escrito, la información (...) [relativa a]: a) Las consecuencias relevantes o de importancia que la intervención origina con seguridad. b) Los riesgos relacionados con las circunstancias personales o profesionales del paciente. c) Los riesgos probables en condiciones normales, conforme a la experiencia y al estado de la ciencia o directamente relacionados con el tipo de intervención. d) Las contraindicaciones».

74 CJ 2 DCJCVal 415/2018, de 20 de junio.

parte del médico deba interpretarse con un carácter mucho más exigente que lo que sería propio en otro caso»[75]. Esta intensificación del deber de información pasa por distinguir los riesgos típicos de los atípicos.

Esta clasificación —riesgos típicos y atípicos— ha sido expuesta por BOIX en el cap. 16 dedicado al consentimiento informado (págs. 1032 a 1039). A él nos remitimos. En este epígrafe, de manera sucinta, exponemos, en abstracto, cuáles son los tipos de riesgos con el fin de aplicarlos a la medicina curativa y satisfactiva a los efectos de determinar el diferente alcance del deber de informar en una y otra. Terminaremos con una sucinta valoración crítica.

1) Tipos de riesgos

En la doctrina jurisprudencial es frecuente distinguir entre riesgos típicos y atípicos.

i. *Riesgos típicos.* Se dice que un riesgo es típico porque al ser inherente a la intervención o tratamiento, es y debe ser conocido por el facultativo. Esta afirmación alcanza tanto a los riesgos generales como a los específicos derivados de la situación basal del paciente.

ii. *Riesgos atípicos.* Los riesgos atípicos se caracterizan por no ser inherentes a la intervención o tratamiento de que se trate.

Los rasgos propios, tanto de los riesgos típicos como de los atípicos, son los siguientes.

A. Riesgos típicos

Los riesgos típicos —ya sean genéricos o ya sean específicos del paciente— se caracterizan por ser probables, razón por la cual deben ser conocidos por el facultativo y comunicados al paciente para que éste, si lo considera oportuno, pueda rechazar la intervención o tratamiento propuesto. Tres son las notas que los singularizan: la probabilidad, el conocimiento y la necesidad de asociarlos a cada persona.

---

75 DE ÁNGEL YÁGÜEZ, Ricardo (2006): «El "resultado" en la obligación del médico. ¿Ideas sensatas que pueden volverse locas?», *op. cit.* págs. 420 y 421.

a) Riesgos probables

Por riesgos probables, debe entenderse aquéllos que sean previsibles, con independencia de las estadísticas. De hecho, la vinculación de los riesgos típicos a cada clase intervención médica, es lo que convierte a éstos en riesgos probables. Dicho de otra forma, un riesgo se reputará típico si es inherente a una determinada intervención o tratamiento, y por lo tanto, probable.

b) Riesgos conocidos

Con arreglo al art. 10 c) LAP, los riesgos típicos vienen determinados por «la experiencia, el estado de la ciencia o directamente relacionados con el tipo de intervención». Éste es el motivo por el que también deben reputarse como riesgos típicos —y por tanto probables— aquéllos que los facultativos médicos conozcan por actuaciones médicas anteriores que han realizado, o aquellos que la ciencia médica los ha puesto de relieve, o deriven del tipo de intervención.

c) Riesgos genéricos y específicos

Dentro de la categoría de los riesgos típicos hay que incluir no solo los de la clase de intervención médica propuesta (riesgo genérico), sino también los propios del paciente, debidos a sus circunstancias o condiciones personales concretas (riesgo específico). En este sentido, procede recordar que, de acuerdo con el art. 10 LAP, la información a suministrar al paciente debe incluir, además de los riesgos generales, «los riesgos relacionados con sus circunstancias personales o profesionales».

B. Riesgos atípicos

Son riesgos atípicos los que no se asocian a la concreta actuación médica y, en consecuencia, no resultan probables. Ahora bien, no deben equipararse los riesgos típicos o probables con los frecuentes, y los atípicos con los infrecuentes. Si bien es cierto que los riesgos que con frecuencia se producen, suelen ser riesgos inherentes a la actuación médica (riesgo típico), en cambio, un riesgo estadísticamente poco probable (infrecuente) puede ser un riesgo típico o probable si se sabe, por la experiencia o por la ciencia médica, que puede producirse, aunque acaezca con poca frecuencia.

2) Tipos de actividad médica

La distinción entre riesgos típicos y atípicos resulta especialmente relevante a efectos de determinar el alcance del deber de información. Esta división es importante porque el contenido de la información está especialmente vinculada a la clase de intervención que se pretenda realizar. Como afirma LLAMAS, «la exigencia de consentimiento será tanto más rígida cuanto más nos alejemos de tal finalidad puramente curativa, llegando a ser inexcusable cuando dicho objeto desaparece»[76].

A. Medicina necesaria

La jurisprudencia entiende que, en la medicina necesaria, no es preciso informar, con carácter general, detalladamente, de aquellos riesgos que no tienen un carácter típico ni son específicos del tratamiento aplicado, siempre que tengan carácter excepcional o no revistan una gravedad extraordinaria[77]. Como expresa el CJCVal, cuando «no es un acto de medicina satisfactiva sino curativa (...) el consentimiento informado no alcanza aquellos riesgos que no tienen carácter típico»[78].

B. Medicina voluntaria

«La información (...) se hace especialmente exigente en intervenciones no necesarias, en las que el paciente tiene un mayor margen de libertad para optar por su rechazo habida cuenta la innecesaridad o falta de pre-

---

[76] LLAMAS POMBO, Eugenio (2003): «Doctrina general de la llamada culpa médica», *Ponencias del III Congreso Asociación de Abogados Especializados en Responsabilidad Civil y Seguro*, pág. 262.

[77] La esencia de obligación de la Administración sanitaria de informar de los riesgos típicos en la medicina necesaria está recogida en la STS de 12 de septiembre de 2012, de la Sala de lo Contencioso-administrativo (núm. rec. 467/2011 y [*Tol 2652663*]). En este mismo sentido también se han pronunciado las SSTS de la Sala de lo Civil 1207/1998, de 28 de diciembre (núm. rec. 2134/1994 y [*Tol 2126391*]), 421/2007, de 17 de abril (núm. rec. 1773/2000 y [*Tol 1106771*]), y 465/2007, de 30 de abril de 2007 (núm. rec. 1018/2000 y [*Tol 1073415*]). En esta línea, el art. 10.1 LAP, incluye como información básica, los «riesgos probables» y las «contraindicaciones».

[78] CJ 5 DCJCVal 75/2017, de 1 de febrero. En este dictamen, relativo a la administración de una vacuna, concluyó que dicho acto no era una manifestación de medicina voluntaria.

mura de la misma y porque podría dar lugar en algunos casos a un silenciamiento de los riesgos excepcionales a fin de evitar una retracción de los pacientes a someterse a la intervención»[79].

Por esta razón, es necesario comunicar todos los riesgos, y de su frecuencia —aunque sea ínfima— con la finalidad de que no se omitan, por el facultativo, riesgos relevantes para influir en la decisión de rechazar una intervención no necesaria para la mejoría de su salud. Únicamente se exceptúan del deber de información los riesgos no conocidos según el estado de la ciencia médica en el momento de llevar a cabo la actuación médica.

De acuerdo con la STS de 23 de octubre de 2008, la doctrina jurisprudencial sobre la información médica, en lo que aquí interesa, se puede resumir en los siguientes apartados:

> 1. «*La finalidad de la información es la de proporcionar a quien es titular del derecho a decidir los elementos adecuados para tomar la decisión que considere más conveniente a sus intereses (...);*
>
> *2. La información tiene distintos grados de exigencia según se trate de actos médicos realizados con carácter curativo o se trate de la medicina denominada satisfactiva (...) revistiendo mayor intensidad en los casos de medicina no estrictamente necesaria (...);*
>
> *3. Cuando se trata de la medicina curativa no es preciso informar detalladamente acerca de aquellos riesgos que no tienen un carácter típico por no producirse con frecuencia ni ser específicos del tratamiento aplicado, siempre que tengan carácter excepcional o no revistan una gravedad extraordinaria (...);*
>
> *4. En la medicina satisfactiva (...) la información debe ser objetiva, veraz, completa y asequible, y comprende las posibilidades de fracaso de la intervención, es decir, el pronóstico sobre la probabilidad del resultado, y también cualesquiera secuelas, riesgos, complicaciones o resultados adversos que se puedan producir, sean de carácter permanente o temporal, con independencia de su frecuencia, dada la necesidad de evitar que se silencien los riesgos excepcionales ante cuyo conocimiento el paciente podría sustraerse a una intervención innecesaria —prescindible— o de una necesidad relativa;*
>
> *5. La denuncia por información deficiente resulta civilmente intrascendente cuando no existe ningún daño vinculado a su omisión o a la propia intervención médica; es decir, no genera responsabilidad civil*»[80].

---

[79] FJ 3 STS 1/2011, de 20 de enero, de la Sala de lo Civil (núm. rec. 1565/2007 y [*Tol 2038296*]). El mayor grado de exigencia del deber de información en la medicina satisfactiva también ha sido admitida por las SSTS de la Sala de lo Civil 544/2007, de 23 de mayo (núm. rec. 1984/2000 y [*Tol 1106817*]), 759/2007, de 29 de junio (núm. rec. 2094/2000 y [*Tol 1113002*]) y 1215/2007, de 28 de noviembre (núm. rec. 4889/2000 y [*Tol 1213895*]).

[80] FJ 7 STS 943/2008, de 23 de octubre, de la Sala de lo Civil (núm. rec. 943/2008 y [*Tol 1389660*]).

«De esta forma, se quiere impedir que se silencien los riesgos excepcionales ante cuyo conocimiento el paciente podría sustraerse a una intervención innecesaria o de una exigencia relativa, toda vez que no sufre un deterioro en su salud que haga preciso un tratamiento o intervención quirúrgica, con fines terapéuticos de restablecimiento de la salud o paliar las consecuencias de la enfermedad»[81].

3) Oralidad y escritura en el consentimiento informado

Como se acaba de exponer el paciente tiene derecho a ser informado, en la medicina necesaria, de los riesgos típicos, y en la voluntaria, adicionalmente, de los atípicos. Pues bien, la LAP «aboga por una visión pragmática de la información, con un formato eminentemente verbal, pasando la forma escrita a un segundo plano: limitándose ésta a cirugías o procesos diagnósticos y terapéuticos invasores, que supongan riesgo inconveniente para el paciente»[82]. En esto, la LAP se diferencia del art. 10.6 de la Ley 14/1986, de 25 de abril, general de sanidad.

Pues bien, cuando la forma escrita es exigible, la acreditación del cumplimiento del deber informativo se materializa, fundamentalmente, en la «hoja» de consentimiento informado. Por consentimiento informado hay que entender, siguiendo a la Comisión Jurídica Asesora de Cataluña (CJA-Cat), «la aceptación, por parte de un enfermo capaz, de un procedimiento diagnóstico o terapéutico, después de tener la información adecuada para

---

81 FJ 2.3 STS 828/2021, de 30 de noviembre, de la Sala de lo Civil (núm. rec. 5955/2018 y [*Tol 8674791*]). En opinión de MARTÍNEZ-PEREDA, un peligro de las intervenciones de cirugía plástica «es el de los errores médicos, los fallos y descuidos, la falta de preparación y conocimientos del cirujano o colaboradores (...) habida cuenta que en una casi totalidad de las intervenciones no *son* precisas». A juicio de VICANDI, en este tipo de intervenciones, la finalidad del consentimiento informado es «facilitar el discernimiento al cliente sobre la conveniencia o no de someterse a una intervención o tratamiento, de modo que cualquier ocultación podría llevar implícito un engaño, con la única finalidad de promover la contratación de servicios de un médico o centro sanitario». MARTÍNEZ-PEREDA RODRÍGUEZ, José Manuel (1997): *La cirugía estética y su responsabilidad, op. cit.* pág. 200. VICANDI MARTÍNEZ, Aránzazu (2017): *El error médico en la cirugía estética. La respuesta judicial del Derecho a la casuística en la Medicina voluntaria, op. cit.* pág. 54.

82 VICANDI MARTÍNEZ, María Aránzazu (2016): *El error médico en la cirugía estética. La respuesta judicial del Derecho a la casuística en la Medicina voluntaria, op. cit.* pág. 34.

implicarse libremente en la decisión»[83]. Tal y como afirma el Consejo Consultivo de la Rioja (CCRioja), el consentimiento informado «tiene su génesis en el Derecho privado y equivale a una cláusula voluntaria y genérica de exoneración de responsabilidad, aceptada por el paciente»[84].

4) Consecuencias de la omisión o insuficiencia del consentimiento Informado: remisión

Una vez se constata que el consentimiento informado, bien se ha omitido, bien no se ha prestado de manera adecuada, surgen determinados interrogantes que la Administración sanitaria debe abordar. BOIX destaca los siguientes:

i. Si la inexistencia o insuficiencia de consentimiento informado es, por si sola, una infracción de la *lex artis.*
ii. Si la existencia de consentimiento informado sólo determina la asunción, por el paciente, de los riesgos de los que es informado.
iii. Si solo se consienten aquellos los riesgos resultantes de una intervención o tratamiento médico ejecutada conforme a la *lex artis.*
iv. Si para que surja la obligación de indemnizar es necesario que se produzca un daño corporal.
v. Si la inexistencia o insuficiencia de consentimiento informado únicamente comporta la generación de un daño moral.
vi. Si la inexistencia o insuficiencia de consentimiento informado conlleva el deber de indemnizar, también, los daños corporales.
vii. Si existe un criterio de valoración de los daños causados por la inexistencia o insuficiencia del consentimiento informado
viii. Si existen excepciones al deber de informar al paciente.

Las respuestas a cada uno de estos interrogantes están expuestas por BOIX en el cap. 16 de esta obra al que desde aquí nos remitimos.

---

83 CJ V.4 DCJACat 183/2006, de 18 de mayo. Esta definición se ha reiterado, entre otros, en los DDCJACat 256/2007, de 30 de octubre, 409/2009, de 26 de noviembre, y 192/2017, de 6 de julio.

84 CJ 3.7 DCCRioja 40/2015, de 27 de julio.

5) Valoración crítica

En materia de consentimiento informado, se acepta de manera pacífica, que el servicio público de salud debe informar no solo de los riesgos típicos, sino también de los atípicos. Como se ha expuesto en el segundo epígrafe, no puede decirse lo mismo respecto del tipo de obligaciones —de medios y de resultado— que se atribuyen a la medicina curativa y satisfactiva.

En nuestra opinión, lo determinante es saber que «la norma general es la de considerar la cirugía estética [—y en general, la medicina satisfactiva—] como una variante más de la Medicina (…), de lo que parece poder deducirse que es una obligación de medios, con algunas especialidades»[85]. La principal de ellas se refiere al mayor alcance de la información a suministrar al paciente.

Éste debe ser mayor en la medicina voluntaria con el fin de prevenir intervenciones superfluas e innecesarias, motivadas por el mero afán de lucro del médico. En la medicina voluntaria las actuaciones innecesarias son lo que la medicina defensiva representa en la medicina necesaria. Tanto una como otra suponen una distracción de los recursos sanitarios, que son limitados, y un riesgo para la salud.

Por ello, toda intervención sin haber comunicado al paciente los distintos elementos necesarios para que éste conozca el balance riesgo-beneficio deberá dar lugar a una indemnización de aquellos daños cuyo riesgo no haya sido informado. A estos efectos será indiferente que los mismos sean típicos o atípicos. Es más, la pretensión de reconducir a categorías apriorísticas el contenido de la información que debe suministrarse al paciente choca de lleno con el carácter casuístico de la responsabilidad patrimonial sanitaria. En nuestra opinión, el juicio de relevancia debe centrarse en la ocultación de información que, de haberse sabido, hubiera hecho dudar al paciente de someterse a una intervención no necesaria.

IV. LA CARGA DE LA PRUEBA

Un tercer ámbito en el que se ha pretendido diferenciar la medicina satisfactiva de la necesaria es el régimen de la carga de la prueba. De hecho, en la actualidad, parte de la doctrina sostiene que en la medicina

---

85 VICANDI MARTÍNEZ, María Aránzazu (2016): *El error médico en la cirugía estética. La respuesta judicial del Derecho a la casuística en la Medicina voluntaria, op. cit.* pág. 30.

voluntaria se produce una inversión de la carga de la prueba en caso de no conseguirse el resultado objeto de la intervención. Como se verá, ello pasa por calificar la medicina satisfactiva como una obligación de resultado. En esto se diferencia, además, de los otros ámbitos de la medicina —*v.gr.* infecciones nosocomiales, transfusiones de sangre y daños vacunales— en la que se postula la inversión de la carga de la prueba o presunción de culpa. En ellos la justificación descansa en la necesidad de evitar la indefensión del reclamante liberándole de la *probatio diabólica*.

Dicho esto, en este epígrafe analizamos la carga de la prueba. Nos referiremos a su objeto y funciones y diferenciaremos la regla de la facilidad y disponibilidad probatoria de la inversión de la carga de la prueba. En el siguiente abordaremos la presunción de culpa.

1) Concepto

En sede de responsabilidad patrimonial, la carga de la prueba puede ser definida como la necesidad de probar los hechos que constituyen el supuesto fáctico necesario para reconocer o denegar una indemnización al reclamante.

«La carga de la prueba reúne los siguientes caracteres:

1. Es una carga de ejercicio facultativo.

2. Tiene carácter instrumental.

3. Tutela un interés jurídico propio.

4. Su incumplimiento no comporta sanción sino sólo la pérdida de expectativas de obtener una resolución (...) favorable»[86].

Aunque, en principio, corresponde al reclamante probar por qué tiene derecho a ser resarcido —ya que *iusta allegata et probata iudex iudicare debet*— existen determinados extremos que deben ser acreditados por la Administración sanitaria. A esta conclusión se llega a partir del art. 217 de la Ley 1/2000, de 7 de enero, de enjuiciamiento civil (LEC), aplicable por analogía al procedimiento administrativo.

De acuerdo con el mismo, a pesar de la regla general del art. 217.2 LEC —que exige probar al reclamante los hechos de los que derivaría el

---

[86] LUNA YERGA, Álvaro (2004): *La prueba de la responsabilidad médico-sanitaria*, Civitas, Madrid, pág. 78.

nacimiento de la indemnización—, en el art. 217.7 LEC se libera a éste de probar ciertos extremos cuando concurren determinadas circunstancias.

Con ello se atiende a la posición probatoria del reclamante con el fin de obtener la verdad material y evitar que se produzca una situación de indefensión. Ocurre, sin embargo, que no siempre se efectúa, en las resoluciones y sentencias relativas a reclamaciones de responsabilidad patrimonial, una sistematización del régimen de la carga de la prueba. Incluso algunos fallos afirman que, en la medicina satisfactiva, se produce una inversión de la carga de la prueba o que existe una presunción de culpa en la medicina voluntaria. Todo ello ha generado cierta confusión que conviene aclarar.

Teniendo en cuenta lo anterior recogemos en las siguientes páginas las funciones y el objeto de la carga de la prueba, así como los mecanismos utilizados para poder alcanzar la verdad material. Éstos son la regla de la mayor facilidad y disponibilidad de la prueba, la inversión de la carga de la prueba, y la denominada culpa presunta. Los referiremos a la responsabilidad patrimonial sanitaria.

2) Funciones

En el procedimiento administrativo —como en los procesos civil y contencioso-administrativo— la carga de la prueba cumple dos finalidades básicas: durante el mismo se desenvuelve como una regla de conducta de las partes o de la Administración y el reclamante en orden a la acreditación de los hechos controvertidos (carga formal); y posteriormente, en la resolución administrativa o sentencia, opera como una regla de juicio para estimar o desestimar indemnización (carga material)[87].

---

[87] En este sentido se pronuncia MONTERO al afirmar que las reglas de la carga de la prueba producen efectos en dos momentos distintos (proceso y sentencia) y respecto a diferentes sujetos (partes y juez). Respecto de esta división, LUNA advierte que «las normas que regulan la carga de la prueba desempeñan dos funcionares básicas que no siempre han sido convenientemente distinguidas por la jurisprudencia y la doctrina, que acostumbran a reconocer exclusivamente la primera de ellas: la función de regla de juicio (carga material) y la función de distribución de los hechos a probar». Ello sería así, en opinión de GÓMEZ POMAR, porque «la concepción de la carga de la prueba dominante en la doctrina española sitúa el centro de atención en el sujeto equivocado —el juez o tribunal—, en lugar de orientarla hacia aquéllos cuyo comportamiento —el probatorio, pero también el extraprocesal— es verdaderamente relevante: las partes». Tras la LEC ambas funciones se han positivizado en el art. 217.1 y 217.2. MONTERO AROCA, Juan

Pues bien, antes de analizar las funciones que la carga de la prueba cumple, hay que advertir tres cosas:

i. «Las normas sobre la carga de la prueba son normas procesales de prueba, pero no sobre valoración de la prueba»[88].
ii. «Las normas que disciplinan la carga de la prueba se convierten en normas de orden público y, como tales, de carácter indisponible»[89].
iii. En las reclamaciones de responsabilidad patrimonial sanitaria, es de plena aplicación el art. 217 LEC.

Estamos ante una norma que, aun formalmente pensada para procesos judiciales entre particulares, recoge criterios generales sobre la prueba. Por esta razón, en virtud de la analogía, estos criterios pueden ser extrapolados al procedimiento administrativo, y también, a las reclamaciones de responsabilidad patrimonial.

A. Regla de juicio

En primer lugar, «la carga de la prueba se concibe como una regla de juicio (...) [que] permite resolver la controversia en aquellos supuestos en los que la actividad probatoria (...) no ha sido suficiente para convencer sobre la certeza de los hechos introducidos»[90].

La regla de juicio se funda en el principio *non liquet*, tipificado en el art. 1.7 CC. En efecto, «dada una insuficiencia probatoria y ante la imposibilidad de dejar imprejuzgada la cuestión por este motivo debido al *non liquet*, el ordenamiento jurídico ha proporcionado un criterio conforme al cual

---

(2000): *La prueba*, Consejo General del Poder Judicial, Madrid, pág. 37. LUNA YERGA, Álvaro (2004): *La prueba de la responsabilidad médico-sanitaria, op. cit.* pág. 78. GÓMEZ POMAR, Fernando (2001): «Carga de la prueba y responsabilidad objetiva», *op. cit.* pág. 6.

88 LUNA YERGA, Álvaro (2003): «Regulación de la carga de la prueba en la LEC. En particular, la prueba de la culpa en los procesos de responsabilidad civil médico-sanitaria», *Indret*, núm. 4, pág. 6. La valoración de la prueba se debe efectuar con sujeción a las reglas que prevé el cap. VI del libro II de la LEC para cada una de ellas.

89 *Ibidem* pág. 7.

90 BAUZÁ MARTORELL, Felio José (2016): «Presunción de culpa. La deducción de negligencia en la responsabilidad patrimonial de la Administración», *Revista de Administración Pública*, núm. 201, pág. 376.

(...) pueda determinar[se] a cuál de las partes debe perjudicar este vacío probatorio»[91].

Es un instrumento lógico para determinar, en los casos de insuficiencia probatoria, si la pretensión debe estimarse o no. Establece, al final del procedimiento o proceso, cuál de las partes o el reclamante o Administración debe soportar la ausencia o insuficiencia de prueba de alguno de los hechos controvertidos. A ella se refiere el art. 217.1 LEC.

> Art. 217.1 LEC. Carga de la prueba
> «*Cuando, al tiempo de dictar sentencia o resolución semejante, el tribunal considerase dudosos unos hechos relevantes para la decisión, desestimará las pretensiones del actor o del reconveniente, o las del demandado o reconvenido, según corresponda a unos u otros la carga de probar los hechos que permanezcan inciertos y fundamenten las pretensiones*».

Ahora bien, «la regla de juicio no sustituye [la valoración del órgano administrativo ni] el enjuiciamiento del órgano judicial, sino que evita la parálisis y la inercia impuestas por la incerteza de determinados hechos que imposibilitan el enjuiciamiento y la salvaguarda del principio de seguridad jurídica, pues ante un supuesto de incerteza probatoria evitan un pronunciamiento arbitrario»[92].

B. Regla de conducta

Durante el procedimiento, la carga de la prueba actúa como una regla de conducta, distribuyendo qué hechos deben ser probados por la Administración y el reclamante. Los criterios de distribución son los establecidos en los aps. 2 a 7 del art. 217 LEC, particularmente el segundo y el tercero (y el séptimo).

> Art. 217 LEC. Carga de la prueba
> «*2. Corresponde al actor y al demandado reconviniente la carga de probar la certeza de los hechos de los que ordinariamente se desprenda, según las normas jurídicas a ellos aplicables, el efecto jurídico correspondiente a las pretensiones de la demanda y de la reconvención.*

---

91 LUNA YERGA, Álvaro (2003): «Regulación de la carga de la prueba en la LEC. En particular, la prueba de la culpa en los procesos de responsabilidad civil médico-sanitaria», *op. cit.* pág. 5.

92 *Ibidem* pág. 6.

3. Incumbe al demandado y al actor reconvenido la carga de probar los hechos que, conforme a las normas que les sean aplicables, impidan, extingan o enerven la eficacia jurídica de los hechos a que se refiere el apartado anterior (...).

5. De acuerdo con las leyes procesales, en aquellos procedimientos en los que las alegaciones de la parte actora se fundamenten en actuaciones discriminatorias por razón del sexo, corresponderá al demandado probar la ausencia de discriminación en las medidas adoptadas y de su proporcionalidad.

A los efectos de lo dispuesto en el párrafo anterior, el órgano judicial, a instancia de parte, podrá recabar, si lo estimase útil y pertinente, informe o dictamen de los organismos públicos competentes.

6. Las normas contenidas en los apartados precedentes se aplicarán siempre que una disposición legal expresa no distribuya con criterios especiales la carga de probar los hechos relevantes.

7. Para la aplicación de lo dispuesto en los apartados anteriores de este artículo el tribunal deberá tener presente la disponibilidad y facilidad probatoria que corresponde a cada una de las partes del litigio».

De acuerdo con los aps. 2 a 6 del art. 217 LEC, el régimen de distribución de la carga de la prueba, en sede de responsabilidad patrimonial sanitaria, debería traducirse en la siguiente regla: el reclamante debe probar los hechos constitutivos del daño imputable a la Administración sanitaria, mientras que ésta tiene la carga de probar aquéllos que la liberan de responder, como la fuerza mayor o los riesgos de desarrollo. Esta regla se condensa en la máxima *incumbit probatio ei qui agit non qui negat.*

Ahora bien, en virtud de la regla de la mayor facilidad y disponibilidad de la prueba, recogido en el art. 217.7 LEC, puede corresponder a la Administración acreditar que no concurrieron ciertos hechos cuya existencia, en principio, corresponderían al reclamante acreditar.

3) Objeto

En la responsabilidad patrimonial, constituye el objeto de la carga de la prueba, aquellos elementos cuya realidad deberá ser probada, por el reclamante o la Administración sanitaria, con el fin de obtener o denegar una indemnización. Por razones obvias, no se exige «la prueba de aquellos hechos que son de notoriedad general y absoluta»[93].

Teniendo en cuenta la regla de conducta del art. 217.2 LEC, el reclamante debe acreditar el daño, el funcionamiento del servicio público y

---

93 Memoria de la Comissió Jurídica Assessora de Cataluña de 2010, pág. 145.

la relación de causalidad entre ambos. Ahora bien, tratándose de daños desproporcionados o morales, existen, no obstante, ciertas singularidades.

Por su parte, *ex* art. 217.3 LEC, a la Administración sanitaria corresponde probar la existencia de causa mayor o de otros motivos que justifiquen que el particular deba soportar el daño por no ser éste antijurídico.

A. Extremos que debe probar el reclamante

Según dijo acaba de decir, corresponde al reclamante acreditar el daño y la relación de causalidad entre éste y el funcionamiento del servicio público. Si el daño es desproporcionado, bastará que pruebe su desproporción. Adicionalmente, en algunos casos, el reclamante queda relevado de demostrar que el daño moral.

Estos cuatro extremos han sido analizados por BAUZÁ (daño y relación de causalidad), GRANADO (daño desproporcionado) y HURTADO (daño moral) en los caps. 11, 17 y 10 de esta obra, por lo que no cabe profundizar en los mismos. Por ello, aquí simplemente reseñamos lo siguiente:

a) Daño

El punto de partida de toda reclamación de responsabilidad patrimonial sanitaria es la realidad del daño, cuya existencia debe probar el reclamante. Éste, además, deberá cuantificarlo. A tal efecto, tratándose de daños corporales, «en los casos de muerte o lesiones corporales se podrá tomar como referencia la valoración incluida en los baremos de la normativa vigente en materia de Seguros obligatorios y de la Seguridad Social»[94].

En concreto, las más de las veces los reclamantes cuantifican el daño a partir de informes de médicos con conocimientos especializados en valoración del daño corporal. Habitualmente éstos siguen los parámetros del baremo del texto refundido de la Ley sobre responsabilidad civil y seguro en la circulación de vehículos a motor, aprobado por el Real Decreto Legislativo 8/2004, de 29 de octubre (TRLRC)[95]. Su estudio corresponde al cap. 9 del libro, escrito por RAMOS, al que nos remitimos.

---

[94] Art. 43.2 de la Ley 40/2015, de 1 de octubre, de régimen jurídico del sector público (LRJ).

[95] El funcionamiento del baremo del TRLRC ha sido expuesto por RAMOS en el cap. 9. Esta autora también aborda las consecuencias del carácter orientativo del

Corresponde también al propio reclamante argumentar —y como advierte GARCÍA-TREVIJANO en el cap. 27 de esta obra (pág. 2047)— esto no es una cuestión de prueba, sino de fundamentación, que el daño es antijurídico. Para este autor, es muy conveniente tener esto presente porque el sistema sanitario debe poner los medios, no garantizar los resultados. Además, «en la ponderación de esa obligación de medios, es preciso tener en cuenta las limitaciones lógicas de todo servicio público; la prioridad en la utilización de los medios limitados, el plazo en que pueden ser puestos a disposición del usuario», etc.[96]

b) Relación de causalidad

La prueba de la ligazón que une el daño con el funcionamiento del servicio público corresponde al reclamante. Para conseguirlo se han formulado diversas teorías, enumeradas por BAUZÁ en el cap. 11 del libro. Las más importantes son las de la causalidad adecuada y la equivalencia de condiciones[97].

En paralelo a estas dos teorías, y con el propósito de limitar los casos en los que surge el deber de resarcir, PANTALEÓN propuso incorporar la teoría de la imputación objetiva al ámbito de la responsabilidad extracontractual. En la doctrina administrativa BELADIEZ y MIR son los principales valedores de esta teoría en las reclamaciones de responsabilidad patrimonial[98].

En opinión de HURTADO, «la teoría de la imputación objetiva sirve para negar la equiparación absoluta entre la prueba de la relación de causalidad (causalidad fáctica o material) y la atribución de responsabilidad (causalidad jurídica); y ello por cuanto la causalidad de hecho resulta insuficiente como título de imputación de daños, requiriendo la concurrencia

---

baremo.

[96] FJ 4 STSJ de Asturias 365/2022, de 20 de abril, de la Sala de lo Contencioso-administrativo (núm. rec. 675/2020 y [*Tol 8971682*]).

[97] Sobre las distintas teorías de la causalidad, consúltese el cap. 11 (pág. 754), escrito por BAUZÁ.

[98] A la teoría de la imputación objetiva también se refieren BAUZÁ, MALDONADO y MANENT y TAJUELO en los caps. 11, 3 y 21 (págs. 762 y 763, 202 a 206 y 1504 a 1521): MALDONADO describe su recepción en la doctrina y jurisprudencia civil; MANENT y TAJUELO recogen el uso que de la misma hacen los autores administrativistas y los fallos de la jurisdicción contencioso-administrativa; y BAUZÁ la incluye entre los elementos de la responsabilidad patrimonial sanitaria.

de otros criterios que delimiten su radio de acción»[99]. Esta teoría, al ser estudiada por MALDONADO y MANENT y TAJUELO en los caps. 3 y 21 (págs. 198 a 213 y 1504 a 1521), no precisa ser expuesta aquí.

c) Daño desproporcionado

GALLARDO define el daño desproporcionado como «aquel daño no previsto ni explicable en la esfera de actuación médica, dada su desproporción con lo que es usual comparativamente, atendiendo a las reglas de la experiencia y el sentido común, al estado de la ciencia y a las circunstancias del tiempo y lugar, así como el descuido en su conveniente y temporánea utilización»[100].

En atención a su carácter palmario, al reclamante solo se le exige probar la existencia del daño y su carácter desproporcionado. A partir de ahí, la Administración sanitaria es la que debe acreditar —sino quiere ser condenada a indemnizar al reclamante— cómo se ha producido el mismo. No le basta manifestar que se han observado los protocolos médicos y se ha actuado conforme a la *lex artis*.

En el orden civil, desde la STS de 9 de diciembre de 1998, el TS «identifica la doctrina de los daños desproporcionados con la regla res ipsa loquitur, la prueba prima facie y la culpa virtual»[101]. Esta equiparación también

---

[99] HURTADO DÍAZ-GUERRA, Isabel (2018): *El daño moral en la responsabilidad patrimonial sanitaria*, Tirant lo Blanch, Valencia, págs. 58 y 59.

[100] GALLARDO CASTILLO, María Jesús (2021): *Administración sanitaria y Responsabilidad patrimonial, op. cit.* pág. 125.

[101] LUNA YERGA, Álvaro (2004): *La prueba de la responsabilidad médico-sanitaria, op. cit.* pág. 188. La STS 1146/1998, de 9 de diciembre, de la Sala de lo Civil (núm. rec. 2159/1994 y [*Tol 4035980*]) recordó, que «la doctrina sobre el daño desproporcionado (...) [se] corresponde a la regla res ipsa loquitur (la cosa habla por sí misma) que se refiere a una evidencia que crea una deducción de negligencia y ha sido tratada profusamente por la doctrina angloamericana y a la regla del Anscheinsbeweis (apariencia de prueba) de la doctrina alemana y, asimismo, a la doctrina francesa de la faute virtuelle (culpa virtual); lo que requiere que se produzca un evento dañoso de los que normalmente no se producen sino por razón de una conducta negligente, que dicho evento se origine por alguna conducta que entre en la esfera de la acción del demandado aunque no se conozca el detalle exacto y que el mismo no sea causado por una conducta o una acción que corresponda a la esfera de la propia víctima» (FJ 1).

ha sido asumida por la Sala de lo Contencioso-administrativo desde la STS de 29 de junio de 2011[102].

d) Daños morales

Hoy en día existe una falta de consenso sobre la necesidad de probar, por su carácter eminentemente subjetivo, el daño moral[103]. Tal y como afirma HURTADO en el cap. 10 (pág. 646) del tratado, en la práctica, se dispensa de la carga de la prueba al reclamante, cuando —recurriendo «al juicio de razonabilidad que proporciona la lógica, la experiencia y el criterio humano»[104]— el mismo pueda deducirse sin mayor argumentación. Así ocurre con el daño moral de rebote que experimentan el cónyuge y los hijos por la muerte, imputable a la Administración sanitaria, de la marido o mujer o ascendente.

---

102 FJ 6 STS de 29 de junio de 2011, de la Sala de lo Contencioso-administrativo (núm. rec. 2950/2007 y [*Tol 2185651*]). En ella se concluyó que la teoría del daño desproporcionado, «trasladada al ámbito de la acción de responsabilidad patrimonial (...), se condensa en la afirmación de que la Administración sanitaria debe responder de un daño (...), ya que éste, por sí mismo, por sí sólo, denota un componente de culpabilidad, como corresponde a la regla «res ipsa liquitur» (la cosa habla por sí misma) de la doctrina anglosajona, a la regla «Anscheinsbeweis» (apariencia de la prueba) de la doctrina alemana y a la regla de la «faute virtuelle» (culpa virtual), que significa que si se produce un resultado dañoso que normalmente no se produce más que cuando media una conducta negligente, responde el que ha ejecutado ésta, a no ser que pruebe cumplidamente que la causa ha estado fuera de su esfera de acción» (FJ 6).

103 Según expone HURTADO en el cap. 10, tradicionalmente, han sido dos las posturas sostenidas al respecto, conviviendo ambas a pesar de ser totalmente antagónicas. Por un lado: se encuentra la que libera al reclamante de la exigencia de prueba del daño moral; por otro lado, está la que defiende que, al igual que el resto de los daños, el daño moral debe ser probado por quien solicita su reparación. Esta división de la doctrina encuentra su razón de ser en la importancia del elemento subjetivo en este tipo de daños.

104 HURTADO DÍAZ-GUERRA, Isabel (2018): *El daño moral en la responsabilidad patrimonial sanitaria*, Tirant lo Blanch, Valencia, pág. 136.

B. Extremos que debe probar la Administración

El art. 32.1 LRJ exime a la Administración de resarcir «en los casos de fuerza mayor o de daños que el particular tenga el deber jurídico de soportar de acuerdo con la Ley».

Tanto la fuerza mayor como la antijuridicidad se exponen por MANENT y TAJUELO en el cap. 21 del tratado. A dicho capítulo nos remitimos (págs. 1484 a 1495 y 1495 a 1404). A pesar de ello no queremos dejar de decir lo siguiente:

a) Fuerza mayor

El nexo causal entre el funcionamiento del servicio público y el daño se rompe cuando concurre una causa de fuerza mayor, pero no en los supuestos de caso fortuito.

Además, según afirma BLANQUER, «en materia de responsabilidad patrimonial de la Administración, el concepto de fuerza mayor se vincula (por influencia de la legislación de contratos del sector público) con una causa externa (los fenómenos de la naturaleza), y del Código Civil resulta el carácter imprevisible de la causa e inevitable del resultado»[105].

b) Deber de soportar el daño

Los particulares deben soportar el daño cuando exista una causa de justificación. Una de ellas son los riesgos del progreso. Fuera de este supuesto, positivizado en el art. 34.1 LRJ, «el problema consiste en determinar cuándo el interesado tiene o no el deber de soportar el daño. En efecto, se trata de una regla fácilmente comprensible como tal, pero cuya determinación en cada caso concreto suele encerrar muchas dificultades: y esto es así porque las normas no suelen señalar cuáles sean los daños que se deben soportar y cuáles no»[106].

A juicio de GONZÁLEZ-VARAS, «pese a la imprecisión del concepto (daños que no se tenga el deber de soportar), puede decirse que significa

---

105 BLANQUER CRIADO, David (2020): *Responsabilidad patrimonial en tiempos de pandemia (los poderes públicos y los daños por la crisis de la COVID-19), op. cit.* pág. 624.

106 LÓPEZ MENUDO, Fernando, GUICHOT REINA, Francisco y CARRILLO DONAIRE, Juan Antonio (2004): *La responsabilidad patrimonial de los poderes públicos*, Lex Nova, Valladolid, pág. 72.

que, para que sea antijurídico el daño concreto producido, basta con que el riesgo inherente a su utilización haya rebasado los límites impuestos por los estándares de seguridad exigibles conforme a la conciencia social»[107].

En el ámbito de la responsabilidad patrimonial sanitaria la falta de antijuridicidad se ancla en los riesgos de progreso u otras causas de justificación no reconocidas legalmente. Este es el caso de la *lex artis* o el riesgo general de la vida.

C. Principio de adquisición procesal

Llegados a este punto, habiendo expuesto qué extremos corresponde probar a la Administración y al reclamante, hay que tener en cuenta que en el procedimiento administrativo también rige el principio de adquisición procesal, propio de proceso judicial.

«Conforme al principio de adquisición procesal o comunidad de pruebas (...) una vez que (...) los hechos que constituyen la prueba, son aportados al proceso, dejan de pertenecer al sujeto que los aporta para formar parte del proceso mismo, con independencia de la persona a la que pueda beneficiar o perjudicar su valoración»[108].

4) Facilidad y disponibilidad probatoria

La distribución de la carga de la prueba expuesta se ve alterada en situaciones de asimétrica posición del reclamante y la Administración respecto de determinada información relevante para aquél.

En estos supuestos, el reclamante queda dispensado de traer dicha información al procedimiento (regla de conducta), «en atención a las particulares circunstancias del caso [cuando] hay una manifiesta desproporción entre la facilitad para aportar las pruebas que ostenta la Administración, y la mayor dificultad que tiene el ciudadano reclamante»[109]. Posteriormente, al tiempo de resolver, la Administración será la que deba soportar las

---

107 GONZÁLEZ-VARAS IBÁÑEZ, Santiago (2022): *Responsabilidad patrimonial de la administración,* Aranzadi, Cizur Menor (Navarra), pág. 61.

108 LUNA YERGA, Álvaro (2003): «Regulación de la carga de la prueba en la LEC. En particular, la prueba de la culpa en los procesos de responsabilidad civil médico-sanitaria», *op. cit.* pág. 2.

109 BLANQUER CRIADO, David (2020): *Responsabilidad patrimonial en tiempos de pandemia (los poderes públicos y los daños por la crisis de la COVID-19), op. cit.* pág. 692.

consecuencias desfavorables de no haber traído la información al procedimiento (regla de juicio).

Este mecanismo de redistribución de la carga de la prueba, de origen jurisprudencial, se encuentra recogido en la actualidad en el art. 217.7 LEC. Se caracteriza por matizar y modular los aps. 1, 2 y 3 del art. 217 LEC, y es de aplicación plena a las reclamaciones de responsabilidad patrimonial.

De este modo, la LEC «incorporó lo que por algunos autores ha sido considerado como una nueva regla de juicio que venía a superponerse a la regla general» del art. 217.1 LEC[110]. En opinión de BLANQUER, su «fundamento está en la mala fe procesal (en rigor no se trata tanto de un deber positivo de buena fe, como de un deber negativo de abstención y prohibición de buena fe)»[111]. Otros autores, sin embargo, la sustentan en la improcedencia de exigir al reclamante «una prueba imposible o diabólica, so pena de causarle indefensión»[112]. Todo ello, obviamente, en relación con información que perjudica a la Administración y no se haya al alcance del reclamante.

En el proceso civil, «la disponibilidad probatoria consistiría en que una de las partes posee en exclusiva un medio de prueba idóneo para acreditar un hecho, de tal modo que resulta imposible para la otra parte acceder a él. Por su parte, el principio de facilidad, de alcance más amplio que el anterior, exige tener en cuenta la existencia de impedimentos que dificulten a una de las partes la práctica de un medio de prueba, mientras para la otra parte ésta resulta más fácil o cómoda»[113].

Llegados a este punto hay que advertir que el criterio de la mayor facilidad y disponibilidad probatoria se predica tanto del consentimiento informado como de la actuación médica.

---

110 LUNA YERGA, Álvaro (2003): «Regulación de la carga de la prueba en la LEC. En particular, la prueba de la culpa en los procesos de responsabilidad civil médico-sanitaria», *op. cit.* pág. 11.

111 BLANQUER CRIADO, David (2020): *Responsabilidad patrimonial en tiempos de pandemia (los poderes públicos y los daños por la crisis de la COVID-19), op. cit.* pág. 693.

112 LUNA YERGA, Álvaro (2003): «Regulación de la carga de la prueba en la LEC. En particular, la prueba de la culpa en los procesos de responsabilidad civil médico-sanitaria», *op. cit.* pág. 11.

113 *Idem.*

A. Consentimiento informado

El consentimiento informado al que nos referimos en el epígrafe tercero es un procedimiento que comienza con una información verbal y termina, cuando proceda, con la suscripción de un documento[114]. En virtud del principio de la facilitad de la prueba, pese a afectar a un hecho constitutivo del daño, por el menor coste de adquisición, corresponde a la Administración sanitaria acreditar la existencia y suficiencia, tanto de la información suministrada como de la «hoja» de consentimiento informado.

En efecto, «la carga de la prueba en relación con el deber de información (...) puede ser considerada desde una doble vertiente, positiva o negativa, pues no es lo mismo acreditar que desde la posición del médico ha habido información suficiente —hecho positivo— que demostrar, desde la condición de paciente, que no hubo tal información —hecho negativo— lo que se anuda con la *probatio diabólica* que coloca a la parte a la que se impone tal carga en una situación de indefensión contraria al principio de tutela judicial efectiva»[115].

Además, «según la jurisprudencia, la obligación de informar corresponde a los profesionales que practicaron la intervención y al centro hospitalario (...) y la carga de la prueba de dicho deber (...), debe recaer sobre el profesional de la medicina (...), por ser quien se halla en situación más favorable para ofrecer la prueba»[116].

---

114 A los requisitos y características del consentimiento informado, así como cuál de las partes debe soportar carga de la prueba, se ha referido BOIX en el cap. 16, al que nos remitimos.

115 GRAU GRAU, Ignacio (2017): *La responsabilidad patrimonial sanitaria: aspectos procesales*, Wolters Kluwer, Las Rozas (Madrid), pág. 252.

116 FJ 3 B) STS 1194/2007, de 22 de noviembre, de la Sala de lo Civil (núm. rec. 4358 y [*Tol 1213897*]). De acuerdo con esta sentencia, la obligación del facultativo de comunicar la información relativa a la cirugía estética también viene impuesta por las SSTS de la Sala de lo Civil 956/1998, de 16 de octubre (núm. rec. 2165/1994 y [*Tol 5157081*]), 828/2003, de 8 de septiembre (núm. rec. 3583/1999 y [*Tol 307998*]), y 667/2007, de 19 de junio (núm. rec. 2047/2000 y [*Tol 1116437*]). A su vez, también habrían aplicado la inversión de la carga de la prueba en virtud del principio de facilidad y disponibilidad probatoria las SSTS de la Sala de lo Civil 1207/1998, de 28 de diciembre (núm. rec. 2134/1994 y [*Tol 2126391*]), 318/1999, de 19 de abril (núm. rec. 3362/1998 y [*Tol 5120863*]), 239/2000, de 7 de marzo (núm. rec. 1694/1995 y [*Tol 4927317*]), 667/2002, de 2 de julio (núm. rec. 2769/1996 y [*Tol 4975820*]), y 512/2006, de 18 de mayo (núm. rec. 3785/1999 y [*Tol 942244*]).

Así, la Administración debe probar que el perjudicado consintió el tratamiento o intervención, así como que fue informado de manera adecuada. Más en concreto, dos son las cuestiones controvertidas respecto del deber de prueba que pesa sobre la Administración sanitaria: el carácter *ad probationem* o *ad solemnitatem* del consentimiento escrito; así como la posibilidad de integrar la «hoja» del consentimiento informado con la historia clínica y las manifestaciones de los facultativos.

a) Forma ad probationem

El art. 8 LAP determina cuándo el consentimiento informado debe prestarse por escrito[117]. Como señala LÓPEZ y GARCÍA DE LA SERRANA, sólo «las pequeñas intervenciones o tratamientos que no entrañen un riesgo grave o que no sean demasiado invasivos no requerirán de un consentimiento escrito»[118]. Ahora bien, en los demás casos, las «sentencias del

---

[117] Aunque hasta el día de hoy nuestra jurisprudencia viene entendiendo que, en materia de consentimiento informado, la constancia documental, cuando es exigida por el art. 8.2 LAP, tiene carácter *ad probationem,* aún está por ver cómo va a incidir en esta doctrina jurisprudencial la sentencia del Tribunal Europeo de Derechos Humanos (TEDH), de 8 de marzo de 2022 (núm. rec. 57020/2018 y [*Tol 8820566*]). En ese fallo, la STEDH *Reyes Jiménez contra España* ha ligado el consentimiento informado en el ámbito sanitario con el «respeto a la vida privada» reconocido en el art. 8 del Convenio Europeo de Derechos Humanos (CEDH). En particular ha reconocido el derecho del paciente a ser informado sobre los riesgos derivados del acto médico para que pueda decidir si se somete a una intervención quirúrgica o análoga. En lo que aquí interesa, el fallo acuerda indemnizar con 24.000 euros porque, siendo exigible por la legislación española reflejar por escrito el consentimiento informado, en el supuesto enjuiciado éste se prestó de manera oral. De acuerdo con el fallo, ni el TSJ de Murcia ni el TS dieron «respuesta al argumento concreto sobre el requisito de la legislación española de obtener el consentimiento por escrito en tales circunstancias [consentimiento informado prestado por escrito para la primera intervención de un tumor cerebral, pero no para la segunda operación]. Su conclusión de que un acuerdo verbal era válido en las circunstancias del caso no es suficiente a la luz de las disposiciones específicas de la legislación española, que requieren el consentimiento informado por escrito. Si bien el Convenio no exige en modo alguno que el consentimiento informado se dé por escrito siempre que sea inequívoco, la legislación española exige dicho consentimiento por escrito y los tribunales no han explicado suficientemente por qué han sostenido que la ausencia de dicho consentimiento por escrito no había violado el derecho del solicitante» (parágrafo 37).

[118] LÓPEZ y GARCÍA DE LA SERRANA, Javier (2022): *El consentimiento informado: la valoración y cuantificación del daño, op. cit.* pág. 69.

Tribunal Supremo atribuyen al consentimiento informado mero valor *ad probationem,* estableciendo que la regulación legal ha de interpretarse en el sentido de que no excluye de modo radical la validez del consentimiento en la información no realizada por escrito»[119].

En la actualidad, como admite la STS de 19 de septiembre de 2012, el art. 8 LAP debe «interpretarse en el sentido de que no excluye de modo radical la validez del consentimiento en la información no realizada por escrito». A ello, el TS añade que el reflejo documental del consentimiento informado se debe a que esta forma es «la más adecuada para dejar la debida constancia de su existencia y contenido»[120].

b) Medios alternativos de prueba

Como señala el CJCVal, el hecho de que no conste en el expediente «la denominada "hoja de consentimiento informado" (...) no constituye, de forma automática, un incumplimiento del deber de informar al paciente, ni justifica sin más un derecho a ser indemnizado, pues debe valorarse la influencia que pudiera tener la falta de información y su omisión real en cada caso concreto»[121].

Por ello, cuando falta la forma documental, será necesario indagar si en el caso concreto hubo o no una previa información al paciente y consentimiento de éste para la actuación médica. Ahora bien, en estos casos, la afirmación verbal requerirá que esté acompañada, por parte de la Administración sanitaria, de los medios probatorios que acrediten su certeza y realidad. Para el Consejo Consultivo de Murcia (CCMur), ello es así porque «la ausencia de documento [de prestación del consentimiento informado] (...), no determina automáticamente la antijuricidad del daño, si puede probarse por otros medios que se dio la necesaria información al paciente»[122]. Entre ellos cabe destacar la historia clínica, y las manifestaciones de los facultativos.

i. Historia clínica

Como regla general, «el historial médico (...) no hace fe por sí mismo de los datos que contiene (...), pues no tienen carácter into-

[119] *Ibidem* pág. 70.

[120] FJ 8 STS 19 de septiembre de 2012 (núm. rec. 8/2010 y [*Tol 2651403*]).

[121] CJ 5 DCJCVal 219/2017, de 29 de marzo.

[122] CJ 4 2 b) DCCMur 69/2004, de 28 de junio.

cable (...) ya que la historia no es más que el relato de un proceso médico que puede, o no, ser verídico y que (...) se les reconoce el carácter de documentos administrativos como señala hoy el artículo 319.2 de la Ley de Enjuiciamiento Civil»[123].

Es más, aunque la historia clínica sea un documento administrativo, este medio de prueba «no tiene prevalencia sobre los demás y la veracidad intrínseca de un documento público puede ser desvirtuada por otro medio de prueba, especialmente si se trata de un documento del mismo carácter (...). Por esta razón habrá que estar al caso concreto y a la valoración conjunta de la prueba»[124].

ii. Manifestaciones de los facultativos

Como se acaba de decir, la historia clínica es un elemento más —aunque cualificado— para valorar el consentimiento informado. Aunque posee una enorme relevancia, no constituye el único medio probatorio. Junto a ellas hay que destacar las declaraciones o informes de los facultativos, en particular de los que llevaron a cabo o presenciaron la asistencia al paciente.

Tanto la jurisprudencia como la doctrina legal se han encargado de señalar, de manera casuística, el carácter y valor probatorio de los informes y relatos de los facultativos. En este sentido, pueden encontrarse en la jurisprudencia sentencias que niegan valor probatorio, a los efectos de entender prestado el consentimiento informado, a las simples manifestaciones del facultativo que intervino al paciente.

B. Asistencia sanitaria

La regla de la mayor facilidad y disponibilidad de la prueba provoca que, en aquellos ámbitos en los que la Administración pueda producirla a menor coste, el reclamante quede relevado de probar los hechos cuya introducción en el procedimiento sea especialmente oneroso.

Así sucede en las infecciones nosocomiales, en las que es el servicio público de salud el que debe aportar los informes que acreditativos de la

---

123 FJ 10 STS 84/2006, de 14 de febrero, de la Sala de lo Civil (núm. rec. 2249/1999 y [*Tol 846267*]).

124 FJ 3 STS de 27 de noviembre de 2012, de la Sala de lo Contencioso-administrativo (núm. rec. 5398/2011 y [*Tol 2708603*]).

adopción de la cadena de asepsia y los informes de esterilización. Esta cuestión es abordada por DE LORENZO en el cap. 19 del tratado, al que nos remitimos (págs. 1465 a 1471).

Mutatis mutandis, lo mismo puede decirse en los supuestos de transfusiones de sangre. Dado que la sangre está en poder de la Administración —o al menos ésta tiene su trazabilidad— es ella la que debe aportar la documentación que pruebe que no está contaminada.

Siguiendo esta lógica, también corresponde a la Administración introducir en el procedimiento la prueba que desvincule el daño vacunal de la inoculación de la vacuna. Ello es así así porque el reclamante sólo puede intuirlo por el simple hecho cronológico de experimentar una reacción adversa después de la administración de la vacuna.

En estos ámbitos, lo que late es una situación en la que la información que perjudica a la Administración está exclusivamente a su disposición. Por eso, para evitar una *probatio diabólica,* también se ha dicho que se produce una inversión de la carga de la prueba. A ella nos referimos a continuación.

5) Inversión de la carga de la prueba

No es fácil delimitar el concepto de inversión de la carga de la prueba. De hecho, no existe una definición de común aceptación, en parte debido a lo ambiguo de la expresión.

En efecto, si partimos de la doble perspectiva —material y formal— de la carga de la prueba, en el primero de los planos «la inversión de la carga comportaría la inversión de la regla de juicio, de manera tal que (...) debería aplicarse en sentido contrario al enunciado en el art. 217.1 LEC»[125]. En la dimensión formal —esto es, en la de distribución de los hechos a probar— la inversión comportaría un «trasvase de los hechos a probar de una a otra parte»[126].

Dicho esto, hay que saber que, en determinadas actuaciones sanitarias, ante la dificultad de probar la infracción de la *lex artis,* parte de la doctrina entiende que se invierte la carga de la prueba[127].

---

125 LUNA YERGA, Álvaro (2004): *La prueba de la responsabilidad civil médico sanitaria. Culpa y causalidad, op. cit.* pág. 306.

126 *Idem.*

127 Entre otros autores, FERNÁNDEZ LÓPEZ aboga por la inversión de la carga de la prueba en la responsabilidad civil médico-sanitaria, en particular en la medicina

Ahora bien, no puede ignorarse lo siguiente:

i. La alteración del régimen de distribución de la prueba está sujeta a reserva de ley *ex* art. 217.6 LEC.

ii. «La posibilidad de que las partes en el proceso inviertan la carga de la prueba es (…) inadmisible, por cuanto constituyen reglas de ius cogens (…) que escapan a la disposición de las partes»[128].

Esta afirmación, trasladada a la responsabilidad patrimonial, impide que la Administración sea la que deba cargar con la prueba de hechos determinantes de la estimación de la reclamación.

iii. La inversión de la carga de la prueba surge en el contexto de la responsabilidad por riesgo, como criterio de imputación distinto a la culpa.

Y el criterio de imputación de la responsabilidad patrimonial es la antijuridicidad del daño y no la culpa del facultativo de la Administración.

A todo lo anterior cabe añadir que, habiéndose positivizado la regla de la mayor facilidad o disponibilidad de la prueba, no existe laguna alguna que deba ser integrada convencional o jurisprudencialmente.

Por lo tanto, en nuestra opinión, no siendo necesaria la inversión de la carga de la prueba, la liberación del reclamante de la prueba de los hechos referidos debe descansar en la regla de la mayor disponibilidad y facilidad probatoria. De todas formas, en la práctica, ambas formulaciones llegan a la misma conclusión en la mayoría de los supuestos.

---

satisfactiva. FERNÁNDEZ LÓPEZ, Mercedes (2006): *La carga de la prueba en la práctica judicial civil,* La Ley, Madrid, págs. 153 y ss.

128 *Ibidem* pág. 313. En relación con la inversión de la carga de la prueba, CABEZUDO también rechaza «la eventual inversión convencional o jurisprudencial de la regla de juicio, pues, como se deriva de la naturaleza de ius cogens de las normas reguladoras de la carga de la prueba serían inmutables por voluntad de las partes o del juzgador». Para él, «tal inversión y aun cualquier modificación de la regla de juicio, a todas luces, se (…) antoja, imposible y no merece mayores comentarios». CABEZUDO RODRÍGUEZ, Nicolás (1998): «La regla de juicio de la carga de la prueba y su inversión en el proceso civil», *Revista del Poder Judicial,* núm. 52, pág. 273. En el mismo sentido CABAÑAS afirma que «la naturaleza procesal de las reglas sobre carga probatoria (…) las hace (…) de derecho necesario e improrrogables». CABAÑAS GARCÍA, Juan Carlos (1996): «Tratamiento de la prueba en el proceso civil», *Actualidad Civil,* núm. 15, pág.

Sobre este particular, resulta de interés lo escrito por LUNA. Aunque esté referido a la responsabilidad civil médico-sanitaria, con ligeras adaptaciones, también puede predicarse de la responsabilidad patrimonial sanitaria.

> «*No es correcto sostener, sin embargo, que la regla introducida en el art. 217.6 LEC* [léase 217.7 LEC] *propicia la inversión de la carga de la prueba. La aplicación de los principios de disponibilidad y facilidad probatoria no invierte la carga de la prueba en perjuicio de la parte que fácilmente podría llevarla a cabo sino que, sin que se altere la distribución de los hechos a probar, evita que la imposibilidad de acreditar un determinado hecho perjudique a la parte que soporta la carga de su prueba pero no tiene una mayor disponibilidad o facilidad para probarlo. Así, en casos como el descrito en que existe una clara asimetría de información, en orden a la facilidad y disponibilidad probatoria, se exige a la parte que dispone de los medios de prueba o que, a menor coste, puede producirla, que la aporte al proceso para que pueda ser valorada por el Juez. Será después de la valoración judicial de esta prueba, de la que el juzgador extraerá las conclusiones directas o, en su caso, indirectas por la vía de las presunciones judiciales (art. 386 LEC), que se tendrá en cuenta la regla de juicio del art. 217.1 LEC en relación con la distribución de los hechos a probar asignada por el art. 217.2 y 3 LEC*
>
> *Sucede, no obstante, que en numerosas ocasiones el resultado será, desde un punto de vista material, idéntico a la inversión de la carga probatoria, principalmente cuando la prueba de que se trate se halle a disposición exclusiva de la parte demandada en el proceso. Sin embargo, desde un punto de vista formal, la aplicación de estos principios se identifica con lo que se ha venido en conocer como distribución dinámica de la carga de la prueba, que consiste precisamente en atribuir la carga de la prueba a aquella parte procesal que, en cada fase del periodo probatorio se encuentre en mejor posición para producirla en el proceso (…), con alguna salvedad. En efecto, mientras que en la distribución dinámica de la carga de la prueba, ésta se distribuye directamente en función de los principios mencionados, en el art. 217.6 LEC* [léase 217.7 LEC] *la distribución de los hechos a probar se realiza de un modo indirecto; es decir, se atribuyen las consecuencias desfavorables de la falta de acreditación de un hecho, en sentido positivo o negativo (piénsese en culpa y diligencia), a la parte que conforme a los principios enunciados podía haber producido la prueba a menor coste, bien porque disponía de ella, bien porque gozaba de un más fácil acceso a la misma. Se induce así claramente a la parte demandada a presentar prueba en estos casos, con lo que de hecho el art. 217.6 LEC* [léase 217.7 LEC] *puede ser considerado una norma especial de distribución de la carga probatoria cuando confluyan los requisitos enunciados.*
>
> *El art. 217.6 LEC* [léase 217.7 LEC] *responde a criterios de eficiencia económica. En este sentido, las razones que permiten distinguir los casos en que la inversión de la carga de la prueba resulta indicada (…) permiten al mismo tiempo determinar cuándo resulta eficiente atribuir la carga de la prueba a una u otra parte. Si suponemos que las partes sólo presentarán prueba. Si ésta satisface sus pretensiones, y dado que el art. 217.6 LEC* [léase 217.7 LEC] *obliga al juzgador a asignar la carga probatoria de manera que los costes de la prueba del hecho que se trata de demostrar resulten minimizados, resultará eficiente atribuir al demandado la carga de la prueba de un hecho (X) cuando la probabilidad (P) de que X haya ocurrido multiplicada por sus costes de presentar la prueba (Cd) sean inferiores a la probabilidad de que X no haya*

ocurrido (esto es, ~X) multiplicada por los costes para la parte contraria (Ca) de probar que X efectivamente no ocurrió (HAY/SPIER, 1997, pág. 423). Así, ocurrido un daño (Y), deberá asignarse la prueba al demandado si:

P(Y/X) · P(X) · Ca > P(Y/~X) · P(~X) · Cd

En caso contrario, esto es, cuando:

P(Y/X) · P(X) · Ca < P(Y/~X) · P(~X) · Cd

la carga de la prueba deberá asignarse al demandante.

De lo anterior, se deduce la estrecha relación que existe entre la figura de la distribución dinámica y la inversión de la carga de la prueba, pues pese a las conclusiones avanzadas no es menos cierto que con mucha probabilidad la atribución a la parte demandada de la aportación de la prueba de un hecho que puede perjudicarle se identificará con la inversión de la carga de la prueba»[129].

No es raro escuchar que, en las infecciones nosocomiales, las transfusiones de sangre y los daños vacunales se produce una inversión de la carga de la prueba. También se ha dicho que opera tal inversión en los daños desproporcionados y la medicina satisfactiva.

A. Infecciones nosocomiales, transfusiones de sangre y daños vacunales

La inversión de la carga de la prueba en las infecciones nosocomiales impondría a la Administración aportar al expediente administrativo los informes acreditativos de la adopción de la cadena de asepsia y los informes de esterilización. Esta cuestión es abordada por DE LORENZO en el cap. 19 del tratado, al que nos remitimos (págs. 1465 a 1471).

En las transmisiones de sangre, por mor de la inversión de la carga de la prueba, correspondería a la Administración traer al procedimiento la prueba de que la sangre, por haber pasado los oportunos filtros, no estaba contaminada.

En el supuesto de los daños vacunales, sin perjuicio de lo que se dirá en el cap. 22 de esta obra sobre el carácter objetivo de estos daños (págs. 1717 a 1743), relevaría al reclamante de la prueba de la relación causal entre el contagio y la inoculación siempre que hubiese una conexión temporal.

Tal y como se ha expuesto en el apartado anterior, la regla de la disponibilidad probatoria hace innecesario acudir a una técnica —la inversión de la carga de la prueba— que no está positivizada ni en la responsabilidad patrimonial sanitaria ni en la civil médico-sanitaria.

---

[129] LUNA YERGA, Álvaro: «Regulación de la carga de la prueba en la LEC. En particular, la prueba de la culpa en los procesos de responsabilidad médico-sanitaria», *op. cit.* págs. 12 y 13.

B. Daños desproporcionados

Según nuestro parecer, tampoco rige la inversión de la carga de la prueba en los daños desproporcionados. En estos casos, el aligeramiento de la carga del reclamante de probar la causalidad entre el daño y el funcionamiento del servicio público se justifica en la regla de normalidad procesal. Ésta, a diferencia de las de facilidad y disponibilidad probatoria, no ha sido positivizada en el art. 217 LEC. A pesar de ello, no parece que exista obstáculo en aplicarlo, como de hecho lo hace la jurisprudencia[130]. Explicamos su fundamento.

«En el lenguaje coloquial, un acontecimiento es considerado "normal" cuando sucede con cierta frecuencia o habitualidad, según el curso normal de los acontecimientos. Por este motivo, la mayor probabilidad de que un determinado hecho se haya desarrollado conforme a tales parámetros de normalidad pone su prueba a cargo de quien afirma un acaecimiento anormal o excepcional en ese contexto»[131].

C. Medicina satisfactiva

También se ha dicho que en la medicina satisfactiva se produce una inversión de la carga de la prueba. Ésta, empero, se vincularía más que con la *probatio diabólica* con la pretendida catalogación de la medicina voluntaria con una obligación de resultado. Esta afirmación, como se expone a continuación, se formula en la responsabilidad extracontractual médico-sanitaria, y posteriormente, se extrapola a la responsabilidad patrimonial.

---

130 El Entre otras, en la STS 925/1998, de 13 de octubre (núm. rec. 1624/1994 y [*Tol 5157129*]), la Sala de lo Civil recordó que «la conocida regla "incubit probatio qui dicit non qui negat", no *tenía* valor absoluto y axiomático, y que la moderna doctrina viene a atribuir al actor la prueba de los hechos normalmente constitutivos de su pretensión o necesarios para que nazca la acción ejercitada, así como al demandado incumbe, en general, la prueba de los hechos impeditivos y la de los extintivos; pero quien actúa frente al estado normal de las cosas o situaciones de hecho y de Derecho ya producidas, debe probar el hecho impediente de la constitución válida del derecho que reclama o su extinción» (FJ 3). La aplicación de esta regla a los daños desproporcionados la encontramos, por ejemplo, en la STS 461/2003, de 8 de mayo, de la Sala de lo Civil (núm. rec. 2731/1997 y [*Tol 274464*]).

131 LUNA YERGA, Álvaro (2003): «Regulación de la carga de la prueba en la LEC. En particular, la prueba de la culpa en los procesos de responsabilidad civil médico-sanitaria», *op. cit.* pág. 10.

La calificación de la ciencia médica como obligación de medios o de resultado ha provocado ríos de tinta. De ello se dio cuenta en el primer epígrafe de este capítulo. En él se expuso que para la jurisprudencia contencioso-administrativa —y la civil desde la STS de 11 de febrero de 1997 hasta la STS 21 de octubre de 2005[132]— así como para parte de la doctrina legal, la medicina satisfactiva es una obligación de resultado.

Partiendo de esta premisa, se ha pretendido invertir de la carga de la prueba en la medicina voluntaria. En este sentido se pronuncia GRAU. Según su parecer, la inversión de la carga de la prueba «dependerá (...) de conocer si el acto médico es de los comprendidos en la llamada medicina curativa o en la medicina satisfactiva, pues en función de si la relación es de medios o de resultado, o uno u otro con matices, procederá en el caso concreto la inversión de la carga de la prueba»[133].

Para comprender el porqué de esta conclusión es necesario remontarse a la responsabilidad civil médico-sanitaria.

a) Responsabilidad civil

Entre la doctrina civilista, parte de ésta, ha sostenido que «cuando de obligación de resultado se trate, la prueba del incumplimiento de la misma es suficiente, puesto que el resultado no se ha producido, lo que ya comporta un daño, una culpa y una relación de causalidad; mientras tanto, en las obligaciones de medios, es a través de la prueba de estos dos extremos como se llega a la del incumplimiento»[134].

Ello sería así porque «tratándose de obligaciones de resultado, en las que el deudor se obliga a un determinado resultado, la sola prueba del incumplimiento de él *sería* suficiente para generar la responsabilidad, pues el sólo hecho de no producirse el resultado *comportaría*» el deber de indemnizar sin necesidad de probar la culpa del médico[135].

---

132 SSTS de la Sala de lo Civil 83/1997, de 11 de febrero (núm. rec. 627/1993 y [*Tol 5114368*]) y 758/2005, de 21 de octubre (núm. rec. 1039/1999 y [*Tol 731285*]).

133 GRAU GRAU, Ignacio (2017): «La responsabilidad patrimonial sanitaria: aspectos procesales», *op. cit.* pág. 253.

134 BLANCO PÉREZ-RUBIO, Lourdes (2014): «Obligaciones de medios y obligaciones de resultado: ¿tiene relevancia jurídica su distinción», *op. cit.* 64.

135 DOMÍNGUEZ HIDALGO, Carmen (2001): «El problema de la culpa presunta contractual y las obligaciones de medio y obligaciones de resultado: sus implicancias para la responsabilidad médica», *Cuadernos de Análisis Jurídico*, vol. 6, pág. 36.

Para parte de la doctrina, «tal distinción acarrea que, tratándose de obligaciones de resultado, en las que el deudor se obliga a un determinado resultado, la sola prueba del incumplimiento de él es suficiente para generar la responsabilidad, pues el sólo hecho de no producirse en resultado comporta un daño, una culpa y una relación de causalidad. No es por tanto necesario entrar a la prueba de tales elementos»[136]. Más bien al contrario, incumplida la obligación, el deudor, para no tener que indemnizar, debería probar que concurrió fuerza mayor, caso fortuito, culpa del acreedor u otra causa de justificación.

«En cambio, cuando se trata de obligaciones de medios, el deudor sólo se compromete a hacer lo posible para procurar al acreedor la prestación que éste espera, de modo que, en caso de incumplimiento, para que se desencadene la responsabilidad, será necesario probar que el deudor incurrió en culpa. Probada la culpa al deudor no le cabe ya exonerarse por medio de la prueba de ausencia de culpa, pues la prueba del acreedor agota el juicio de responsabilidad»[137].

Una tesis intermedia es la sostenida por ATAZ. Para este autor, con independencia de que estemos en medicina satisfactiva o curativa, «cargar al enfermo con la carga de la prueba de diligencia médica, es, en la práctica, conseguir que le sea muy difícil tener una sentencia condenatoria. También lo es que no sería justo presumir una culpa médica ante cada fracaso. Por ello [a juicio de ATAZ,] ninguna de las dos soluciones es totalmente satisfactoria, y parece que lo adecuado es exigir al médico la prueba de su diligente cumplimiento, y al enfermo la de la ausencia del mismo: el enfermo ha de probar la existencia de la obligación y su incumplimiento, y el médico ha de probar que cumplió con toda la diligencia exigible»[138].

Por su parte, DE VERDA distingue el juicio de incumplimiento del de responsabilidad con el fin de exigir, para que surja el deber de indemnizar, no solo el incumplimiento del resultado sino también una actuación negligente[139].

---

136 *Idem.*

137 *Ibidem* pág. 37.

138 ATAZ LÓPEZ, Joaquín (1985): *Los médicos y la responsabilidad civil,* Montecorvo, Madrid, pág. 255.

139 DE VERDA, comentando la famosa STS de 21 de marzo de 1950, de la Sala de lo Civil [*Tol 4451106*], relativa a una operación de reducción de pecho de una bailarina, considera que, pese a la evidencia del mal resultado, el TS desestimó la acción de responsabilidad civil porque concurrió una infección nosocomial en la garganta. Este autor destaca de este fallo las siguientes ideas: «en primer lugar,

b) Responsabilidad patrimonial

Los postulados expuestos —los que consideran que en las obligaciones de resultado no es preciso probar la culpa del deudor— trasladados al ámbito de la responsabilidad patrimonial, han creado un lugar común, a saber, que la en la medicina satisfativa se produce una inversión de la carga de la prueba. Lo único que se sustituye es la referencia a la culpa del médico por la infracción de la *lex artis.*

En este sentido se expresa GALLARDO, para la cual «la consecuencia inmediata de esta diferenciación es crucial: cuando se trata de una obligación de medios y no de resultado (caso de la Medicina necesaria), no procede estimar la responsabilidad del facultativo salvo que se demuestre incumplimiento de la *lex artis ad hoc.* Cuando se trata de una obligación de resultado (caso de la Medicina no necesaria o satisfactiva) la anormalidad del servicio se da por supuesta a los efectos de apreciar responsabilidad, salvo prueba en contrario [de la Administración], o la concurrencia de fuerza mayor o de riesgo imprevisible o imputable al propio paciente-cliente»[140].

En nuestra opinión, por los motivos expuestos en el primer epígrafe, siendo la medicina satisfactiva una obligación de medios intensificada, no procedería invertir la carga de la prueba. La medicina como obligación de resultado se limita a los supuestos de pacto de resultado o a aquellas intervenciones en las que no se actuase sobre un cuerpo humano, como

la calificación de la obligación del cirujano plástico como una obligación de resultado; y, en segundo lugar, la neta distinción entre *juicio de cumplimiento y juicio de responsabilidad*: se afirma el incumplimiento de la obligación, por no haberse alcanzado el resultado esperado, pero se deja perfectamente claro que el mero incumplimiento no genera responsabilidad, sino va acompañado de la culpa del deudor, lo que no sucedió en el caso concreto, ya que la falta de cumplimiento de la obligación fue debida a una infección que no puede atribuirse a descuido de los demandados, suceso que, por lo tanto no les era imputable». En este sentido, la STS 783/2003, de 22 de julio, de la Sala de lo Civil (núm. rec. 3871/1997 y [*Tol 4921066*]), apoyándose en esta sentencia, mantuvo que la cirugía estética «*participaba* en gran medida de la naturaleza de contrato de arrendamiento de obra, como ya apuntó esta Sala de Casación Civil en antigua Sentencia de 21 de marzo de 1950» (FJ 1). DE VERDA y BEAMONTE, José Ramón (2015): «La responsabilidad derivada de la cirugía estética en la jurisprudencia actual (de obligación de resultado a obligación de medios): consideraciones críticas», *op. cit.* pág. 102.

140 GALLARDO CASTILLO, María Jesús (2020): «Responsabilidad objetiva y daño indemnizable», *Revista Española de la Función Consultiva,* núm. 34, pág. 28.

las prótesis dentarias a que nos referiremos en el epígrafe dedicado a la ortodoncia estética.

Pero los reparos no se quedan aquí. «La distinción entre obligaciones de medios y de resultado no altera la regla de juicio, sino que, en materia probatoria, sólo comporta un diverso contenido de la carga de la prueba»[141]. Como afirma LUNA, «en las obligaciones de resultado, bastará la prueba de la falta o defectuosidad del resultado debido; en las obligaciones de medios será necesario demostrar el incumplimiento total de la obligación o la negligencia del deudor en su realización»[142].

De todas formas, «el efecto práctico al que se llega desde las diferentes posturas enfrentadas es el mismo: (…) [la Administración sanitaria] deberá demostrar cualquiera de las causas que extinga su responsabilidad, de manera que en las de medios le bastará con probar su propia diligencia[, porque actuó conforme a la *lex artis*], y en las de resultado (…) la fuerza mayor[, los riesgos del progreso u otra causa de justificación,] para evitar su responsabilidad»[143].

6) Valoración crítica

No es fácil dar con el motivo por el que determinadas sentencias o dictámenes concluyen que, en la medicina satisfactiva, se produce una inversión de la carga de la prueba (y se facilita la obtención de una indemnización).

Esta dificultad se agrava ya que la razón de la supuesta inversión es distinta al de otros ámbitos de la responsabilidad patrimonial sanitaria, singularmente las infecciones nosocomiales, las transfusiones de sangre y los daños vacunales.

Es necesario acudir a la categoría de las obligaciones de medios y de resultado para comprender cómo la inversión de la carga de la prueba postulada en la responsabilidad médico-sanitaria se extiende a la responsabilidad patrimonial sanitaria.

A partir de aquí, supuesta la obligación de resultado, se concluye que «la doctrina general de que la carga de la prueba de la negligencia corres-

---

141 LUNA YERGA, Álvaro (2003): «Regulación de la carga de la prueba en la LEC. En particular, la prueba de la culpa en los procesos de responsabilidad civil médico-sanitaria», *op. cit.* pág. 16.

142 *Idem.*

143 *Idem.*

ponde al demandante (…) *se modera*», facilitándose el reconocimiento de una indemnización[144].

Esta afirmación, tratándose de responsabilidad civil médico-sanitaria podría comprenderse —que no compartir— porque, al enmarcarse la intervención médica en una relación contractual, juega la autonomía de la voluntad. En concreto, quien se somete a una intervención no necesaria lo hace para obtener un resultado: el embellecimiento corporal o la pérdida de la capacidad reproductiva. El médico, además, es conocedor de esta circunstancia y opera con esta premisa. No ocurre lo mismo en la asistencia sanitaria prestada por el SNS. Al tener ésta un fundamento normativo no se alcanza a comprender por qué se libera al reclamante del probar la infracción de la *lex artis* por el solo hecho de no haberse logrado el objetivo de la intervención —las más de las veces una recanalización espontánea de los órganos sexuales— para que la Administración deba indemnizarle.

Así, mientras que, en la asistencia sanitaria privada, tratándose de medicina voluntaria, el médico presta un servicio no porque esté obligado sino para obtener un resultado ya que la intervención no es necesaria. En cambio, en los servicios públicos de salud, el facultativo opera porque debe hacerlo toda vez que el paciente tiene derecho a ello. Este derecho del paciente tiene las mismas características ya sea el acto de medicina necesaria o voluntaria. Es más, a los efectos de obtener una indemnización, siendo la intervención superflua, no existe razón para colocar al paciente que quiere operarse en mejor posición que el que tiene que operarse, dispensándole de la prueba de la infracción de la *lex artis.*

De hecho, para evitar esta disfunción, según se ha expuesto en el segundo epígrafe, en las intervenciones de medicina satisfactiva incluidas en la cartera de servicios del SNS —las esterilizaciones humanas— tanto la jurisprudencia contencioso-administrativa como la doctrina legal, recurre a los riesgos del progreso.

En definitiva, a la hora de importar construcciones doctrinales procedentes del Derecho privado deben efectuarse ciertas modulaciones, y en sede de responsabilidad patrimonial, hay que ser cautos a la hora de expandir la garantía patrimonial del Estado. Por ello entendemos que «la inversión de la carga de la prueba no existe ni es posible que se dé. A lo sumo se producen exoneraciones probatorias parciales por el juego del razonamiento presuntivo (…) o, en su caso, por el juego de una suerte de

144 CJ 4 DCJC 175/2021, de 24 de marzo.

presunción legal de culpa creada a través de la mal llamada inversión de la carga de la prueba»[145].

V. LAS PRESUNCIONES

De manera paralela a la inversión de la carga de la prueba, el recurso a la presunción de culpa también se haya presente en la literatura jurídica del derecho de daños y la responsabilidad patrimonial. Tanto una como otra pretenden facilitar el reconocimiento de una indemnización. La cuestión está en determinar, aquí y ahora si se hace un uso correcto de la presunción de culpa.

Antes de abordar esta cuestión, la encuadraremos en las presunciones de hechos con el fin de diferenciarla de figuras afines.

1) Presunciones de hechos

De manera complementaria a la carga de la prueba del art. 217 LEC, los arts. 385 y 386 LEC regulan las presunciones legales y de hechos. Su contenido se aplica, por analogía, a las reclamaciones de responsabilidad patrimonial.

Las presunciones de hechos, conocidas también como «presunciones judiciales», permiten, «a partir de un hecho [base,] admitido o probado [,] (…) presumir la certeza (…) de otro hecho, si entre el admitido o demostrado y el presunto existe un enlace preciso y directo según las reglas del criterio humano»[146].

Existe, por lo tanto, un hecho base, probado o admitido, y un hecho presunto, no probado. Ahora bien, lo que no es posible es aceptar «que el "hecho [base]" de que ha de deducirse la presunción, conforme al [art. 385 LEC] (…) pueda basarse en indeterminaciones cuantitativas, dado que el hecho [base] en sí ha de estar "completamente acreditado"»[147].

---

145 LUNA YERGA, Álvaro (2004): *La prueba de la responsabilidad civil médico sanitaria. Culpa y causalidad, op. cit.* págs. 314 y 315.

146 Art. 385 LEC.

147 FJ 3 STS 327/2002, de 11 de abril, de la Sala de lo Civil (núm. rec. 3183/1996 y [*Tol 4975463*]).

La presunción es, por lo tanto, aquella actividad intelectual por la cual Administración o el juez reconocen un hecho distinto del afirmado por el reclamante o las partes a causa del nexo causal o lógico existente entre ambos hechos según máximas de experiencia o la sana crítica. Por lo tanto, las presunciones de hechos descansan en máximas de experiencia o en la sana crítica.

i. Las máximas de experiencia son apreciaciones de carácter abstracto obtenidas del conocimiento humano y que son de general aceptación. «Permiten conocer un hecho, valorarlo e inferir el nexo o vínculo entre el hecho base y el hecho presumido»[148].

ii. La sana crítica es «la lógica interpretativa y el común sentir de las gentes» aplicado a la valoración de uno o varios hechos concretos con el propósito de tenerlos por probados o no probados en un procedimiento o proceso[149].

Las presunciones son por lo tanto un juicio cualificado de probabilidad en el sentido de que dispensan de la prueba del hecho presunto porque es altísimamente probable según máximas de experiencia y la sana crítica —reglas empíricas frecuentemente comprobadas— que dándose el hecho base se da el hecho presunto.

Por lo demás, las presunciones no son un medio de prueba sino un método que permite fijar hechos. Por ello, no es correcto hablar de prueba por presunciones porque no son un instrumento a través del cual se trasladan al procedimiento hechos de la realidad. Las presunciones operan sobre los resultados a los que se llegue por medio de las pruebas. Son un método para dilucidar si las afirmaciones de las partes o el reclamante son ciertas. Lo que sí que debe ser probado, mediante los medios de prueba del art. 299 LEC, es el hecho base. A partir de aquí se podrá tener por cierto el hecho presunto si entre ambos existe un enlace lógico.

Mediante la presunción, la Administración o el juez extraen nuevas afirmaciones distintas de las ya vertidas —y probadas o admitidas— por las partes o el reclamante. La presunción se integra dentro del mecanismo probatorio y, como los medios de prueba, persigue la fijación de los hechos en el proceso o procedimiento.

Además, las presunciones pueden neutralizarse desmintiendo el hecho base (contraprueba) y la prueba de la irrealidad del hecho presunto o de

148 MONTERO AROCA, Juan (2002): *La prueba en el proceso civil, op. cit.* pág. 278.
149 *Ibidem* pág. 279.

la inexistencia de un nexo lógico entre el hecho base y el presunto (prueba de lo contrario).

Las presunciones de hechos se diferencian de las legales del art. 386 LEC. Como apunta BAUZÁ, tampoco puede concluirse que con las presunciones de hechos «se invierta la carga de la prueba o que la responsabilidad se torne en objetiva»[150]. Adicionalmente, la presunción se distingue de la regla del daño desproporcionado.

Así, en opinión de este autor, debe distinguirse de las presunciones de hechos:

A. Presunciones legales

Las presunciones de hechos se distinguen de las legales porque no operan de manera de manera automática, sino que exigen un razonamiento amparado en las reglas de la sana crítica y las máximas de experiencia. Además, admiten contraprueba del hecho base y prueba en contrario del hecho presunto y del nexo entre ambos.

B. Responsabilidad objetiva

La presunción de hechos no «objetiviza» la responsabilidad patrimonial porque no convierten en estéril cualquier apreciación subjetiva sobre la producción del daño. La responsabilidad objetiva es una responsabilidad en la que es indiferente, a efectos de atribuir la responsabilidad a la Administración, su culpa en la producción del daño.

C. Inversión de la carga de la prueba

La presunción de hechos no invierte la carga de la prueba porque, al no actuar de manera automática, exige un razonamiento lógico.

Según se ha desarrollado en el epígrafe anterior, la inversión de la carga de la prueba consiste en desplazar *ope legis* la prueba de los hechos de los que se desprende la responsabilidad de la Administración, del reclamante a ésta.

---

[150] BAUZÁ MARTORELL, Felio José (2016): «Presunción de culpa. La deducción de negligencia en la responsabilidad patrimonial de la Administración», *op. cit.* pág. 376.

D. Daño desproporcionado

La presunción de hechos no coincide exactamente con el daño desproporcionado. BAUZÁ y LUNA lo consideran una presunción cualificada[151]. En palabras de este último, «la probabilidad de la existencia de culpa conforme a las máximas de experiencia es mayor que en las presunciones judiciales» o de hecho. Por eso las califica como «presunciones cualificadas, en el camino que va del daño a la culpa se acorta, pero presunciones al fin y al cabo»[152].

GRANADO, en cambio, como ha expuesto en el cap. 17 del tratado (págs. 1128 a 1130), entiende que con la doctrina del daño desproporcionado se produce una inversión de la carga de la prueba. Así, para él, el reclamante debe probar el daño y su desproporción, en cuyo caso —y salvo que la Administración justifique médicamente por qué se ha producido el daño— se imputará a esta la responsabilidad patrimonial. Se produciría, por lo tanto, en opinión de este autor, una inversión de la carga de la prueba.

2) Presunción de culpa

«Parte de la doctrina había mantenido tradicionalmente que en el ámbito contractual y con base en la presunción legal de culpa contractual del art. 1183 CC correspondía al demandado su falta de culpa, mientras que en el ámbito extracontractual, por aplicación de la regla del art. 1214 CC (...) la carga de la prueba correspondía al demandante»[153]. De este

---

151 En relación con la consideración del daño desproporcionado como una presunción de culpa, BAUZÁ afirma que «en el daño desproporcionado confluyen todos los requisitos para la presunción de culpa. En primer lugar, la responsabilidad no es objetiva, sino subjetiva en función del cumplimiento o incumplimiento de la lex artis. El único dato cierto consiste en la lesión que ha sufrido la víctima, si bien se desconoce la causa, que por otra parte entra dentro del ámbito de influencia del eventual causante de la misma. A partir de aquí, si se verifica el daño desproporcionado, la jurisprudencia deduce la negligencia en la prestación del servicio por la simple razón de que no podría haberse dado un resultado tan desproporcionado de no haber mediado culpa o negligencia». BAUZÁ MARTORELL, Felio José (2016): «Presunción de culpa. La deducción de negligencia en la responsabilidad patrimonial de la Administración», *op. cit.* pág. 406.

152 LUNA YERGA, Álvaro (2004): *La prueba de la responsabilidad civil médico-sanitaria. Culpa y causalidad, op. cit.* págs. 188 y 189.

153 *Ibidem* pág. 88.

último se decía que imponía «al actor (...) la carga de probar los hechos constitutivos de su pretensión, mientras que el demandado (...) los hechos extintivos, impeditivos y excluyentes de la pretensión»[154].

> Art. 1183 CC «*Incumbe la prueba de las obligaciones al que reclama su cumplimiento, y la de su extinción al que la opone*»[155].
>
> Art. 1214 CC
> «*Siempre que la cosa se hubiese perdido en poder del deudor, se presumirá que la pérdida ocurrió por su culpa y no por caso fortuito, salvo prueba en contrario, y sin perjuicio de lo dispuesto en el artículo 1.096*».

A partir de aquí, en virtud del principio de unidad de culpa, algunos sostuvieron que, en la responsabilidad médico-sanitaria, debiera presumirse *iuris et de iure* la culpa del facultativo. Posteriormente, presumiendo la culpa del deudor en la responsabilidad civil, las presunciones de culpa pasaron a la responsabilidad patrimonial.

Esta tesis ya no se sostiene ni por la doctrina y ni por la jurisprudencia civil. En primer lugar, porque el art. 1214 CC fue derogado por la LEC. En segundo término, porque la presunción de culpa del art. 1183 CC no es una regla sobre la carga de la prueba. Finalmente, poque este segundo precepto hace «referencia exclusiva al supuesto de imposibilidad sobrevenida de la obligación de entregar cosas específicas cuando ésta se produce por pérdida de la cosa. Además, la finalidad de la norma es meramente la de entender extinguida la obligación y exonerar, con ello, al deudor del deber de cumplir la prestación, sin que haga ninguna referencia al deber de indemnizar los daños causados»[156].

Incluso antes de la aprobación de la LEC ya no gozaba de pleno predicamento. Los motivos son los siguientes; por un lado, se entendía que era

---

154 *Ibidem* pág. 85.

155 La regulación de la carga de la prueba en una norma sustantiva había sido criticada por la doctrina. En este sentido, LUNA, recogiendo el parecer mayoritario de la doctrina, criticó el art. 1214 CC; «en primer lugar, porque la regla de juicio es una norma de carácter procesal, dado que se dirige directamente al Juez, pese a lo cual se hallaba regulada en un Código de derecho civil; en segundo lugar, porque la norma, que había de aplicarse con carácter general en el proceso civil, hacía referencia exclusiva a la prueba de las obligaciones, y en definitiva porque la desacertada redacción del precepto suscitaba más dudas de las que resolvía». LUNA YERGA, Álvaro (2004): *La prueba de la responsabilidad civil médico-sanitaria. Culpa y causalidad, op. cit.* pág. 84.

156 *Ibidem* pág. 89.

incorrecta la doctrina tradicional que defendía la aplicación del art. 1183 CC a la responsabilidad extracontractual por las razones esgrimidas en el párrafo anterior; por otro se aplicaba el art. 1214 CC uniformemente tanto a la responsabilidad contractual como extracontractual.

Este razonamiento, ya sin referencia a los preceptos que lo justificaron, ha pervivido en el tiempo y ha propiciado, en ocasiones, un uso impropio en la responsabilidad, pero ahora como presunción judicial o de hecho.

3) Presunción de culpa en la responsabilidad médica

La presunción de culpa es un criterio seguido para engarzar causalmente el daño con una conducta humana cuando no es posible demostrar el nexo causal. A tal efecto, apoyándose en el art. 386 LEC, se deduce el comportamiento culpable del causante del daño porque existen daños que sólo pueden haber sido causados a partir de una negligencia médica. Ocurre, sin embargo, que no siempre se ha hecho un uso adecuado de la presunción de culpa en la responsabilidad médica, primero en la responsabilidad civil y luego en la patrimonial.

A. Responsabilidad civil

Ahora bien, de manera errónea, «la presunción judicial ha sido considerada tradicionalmente una regla de distribución de la carga de la prueba, y en particular, una regla de inversión de la regla general de la carga de la prueba»[157].

---

[157] LUNA YERGA, Álvaro (2004): *La prueba de la responsabilidad civil médico sanitaria. Culpa y causalidad, op. cit.* pág. 255. Según señala este autor, «presunciones judiciales y reglas sobre la carga de la prueba difieren tanto en su objeto como en el momento de su producción en el proceso. Así, la presunción tiene por objeto la acreditación de un hecho relevante par el proceso, mientas que las reglas sobre la carga de la prueba proporcionan al Juez soluciones para el caso en que este hecho no haya sido acreditado de manera positiva y, en un momento anterior, distribuyen entre las partes los hechos a probar. Por otro lado, la presunción tiene lugar en la fase de fijación del período de conversión, mientras que las reglas de la prueba operan en el período de comparación». *Idem.* Este autor parte de la clasificación realizada por SERRA, el cual distingue los períodos de conversión y comparación. El primero comprende las actividades encaminadas a trasladar la realidad a presencia judicial. Comprende las siguientes fases: a) Traslación: es aquella en la que las partes ponen en conocimiento del juez sus apreciaciones so-

Así, un primer error ha sido considerar que las presunciones judiciales, junto con hechos admitidos y los notorios, están exentas de prueba. De ser así se estaría modificando el régimen de distribución de la carga de la prueba del art. 217 LEC. Sobre este particular debe decirse que las presunciones no pueden estar exentas de prueba en tanto en cuanto admiten contraprueba y prueba en contrario. «A lo sumo, se produciría una exoneración parcial, pues la actividad probatoria de la parte se dirigirá no a acreditar el hecho presunto sino a demostrar el hecho base, prueba en principio más asequible»[158].

El segundo error ha consistido en considerar que la presunción judicial supone una inversión de la carga de la prueba. Este error partiría, en un primer momento, de identificar las verdades interinas, esto es aquellos hechos a los que la ley asocia una consecuencia jurídica, con las presunciones legales, caracterizadas por dispensar de la carga de la prueba. Después, en un segundo tiempo, se extendería la dispensa de la carga de la prueba a todas las presunciones, y se identificaría a éstas con la inversión de la carga de la prueba. «Lo relevante es comprender que si bien la *relevatio* [*ab onere probandi* o dispensa de la carga de la prueba] forma parte de la inversión de la carga de la prueba, la solitaria exoneración de prueba no comporta una inversión de la carga de la prueba»[159]. A ello hay que añadir que las presunciones judiciales solo provocan una exoneración probatoria parcial, pero no una *relevatio ab onere probandi.*

---

bre lo ocurrido en la realidad; b) Fijación: tiene por objeto el examen, por el juez, mediante el uso de máximas de experiencia y la sana crítica, de las afirmaciones introducidas por las partes, y la fijación de sus propias afirmaciones sobre éstas. Finalmente, el período de comparación tiene lugar cuando el juzgador compara las afirmaciones iniciales de las partes con sus propias afirmaciones. Sí coinciden las recogerá en los fundamentos de la sentencia, y sino las rechazará. SERRA DOMÍNGUEZ, Manuel (2009): *Estudios de Derecho Probatorio,* Communitas, Lima, págs. 30 a 38.

158 LUNA YERGA, Álvaro (2004): *La prueba de la responsabilidad civil médico sanitaria. Culpa y causalidad, op. cit.* pág. 256.

159 CORTÉS DOMÍNGUEZ, Valentín (1972): (1972): «Algunos aspectos sobre la inversión de la carga de la prueba», *Revista de Derecho Procesal Iberoamericana,* núm. 2-3, pág. 602.

B. Responsabilidad patrimonial

La aplicación, en sus justos términos, de la presunción de culpa a la responsabilidad aquiliana no plantea problemas puesto que ésta está basada en la responsabilidad por culpa.

No puede decirse lo mismo en sede de responsabilidad patrimonial, ya que, como es sabido, ésta tiene carácter objetivo. A pesar de ello, y siendo pacífico que la responsabilidad patrimonial sanitaria se guía por la infracción de la *lex artis,* algunos autores defienden su aplicación. Lo hacen porque consideran que son de utilidad al permitir hacer responsable a la Administración a partir de la prueba de otros hechos o acciones de los que cabe inducir un comportamiento negligente.

Así lo hace BAUZÁ en el cap. 11 de este tratado (págs. 731 a 734) donde concluye que estaremos ante una deducción de la responsabilidad —no una mera conjetura— a partir del daño. Para él, en la presunción de culpa se alcanza la convicción, razonada, de que sólo una negligencia ha podido causar el daño y que la falta de diligencia es atribuible a la persona o personas que tenían encomendada la responsabilidad de una materia, es decir, aquéllos que tenían el bien bajo su esfera de dominio o control.

Por lo tanto, las presunciones de culpa serían un tipo de presunciones de hechos consistentes en presumir la infracción de la *lex artis* —y por lo tanto la negligencia de la Administración sanitaria— a partir de determinados hechos[160]. Por ello, si el reclamante consigue acreditar una serie de hechos base, podrá presumirse, salvo prueba en contrario, que la actuación médica o del centro de salud —el funcionamiento del servicio público— no se ha ajustado a los protocolos o estándares exigibles y por lo tanto ha sido anormal.

BAUZÁ refiere una serie de ámbitos idóneos para la identificar hechos cuya prueba permite inferir una presunción de culpa de la Administración sanitaria. Entre ellos cabe destacar las infecciones nosocomiales y los daños vacunales o por transfusiones de sangre.

---

160 Sobre el criterio de «culpa» a efectos de responsabilidad, *vid.* BAUZÁ. BAUZÁ MARTORELL, Felio José (2016): «Presunción de culta. La deducción de negligencia en la responsabilidad patrimonial de la Administración», *op. cit.* págs. 373 a 411.

a) Infecciones nosocomiales

Se ha dicho que se presume la infracción de la *lex artis* —y por lo tanto la culpa de la Administración sanitaria— en la ruptura de la cadena de asepsia. Un ejemplo lo encontramos en la STSJ de Asturias de 8 de junio de 2011. Según esta sentencia, «en orden a las enfermedades nosocomiales, resulta aplicable el principio de presunción o probabilidad de culpa (...), al mantener que aunque los datos acreditados no prueban de una manera absolutamente indubitada el nexo causal, lo cierto es que de las distintas circunstancias concurrentes cabe llegar razonadamente a la conclusión de que la causa eficiente de la producción del daño era el contagio intrahospitalario, al no mediar otros riesgos concurrentes para adquirir la infección»[161].

En la práctica, las Administraciones suelen evitar dictámenes de consejos consultivos desfavorables y pronunciamientos judiciales adversos, aportando informes en los que se acredite la adopción de medidas para mantener la cadena de asepsia y los informes de esterilización. De no ser así, este autor sostiene la existencia de una presunción de culpa en la modalidad de culpa *in vigilando*.

b) Transfusiones de sangre

Se ha propuesto por un sector de la doctrina que, vista la dificultad o imposibilidad de probar el contagio de una enfermedad por una transfusión de sangre, en estos casos debe existir una presunción de culpa cuando el daño es previsible y evitable de acuerdo con el estado de conocimientos de la ciencia y de la técnica.

En este sentido se ha dicho que se presume infringida la *lex artis*, cuando, en atención al «estado de los conocimientos de la ciencia o de la técnica existentes en el momento de la producción» del contagio[162], la Administración sanitaria debiera haber podido prever o evitar la transmisión de la enfermedad con ocasión de la transfusión de sangre.

Un ejemplo lo encontraríamos en la STS de 18 de febrero de 1997, de la Sala de lo Civil, ya que presumió la culpa de la Administración sanitaria porque el paciente fue contagiado con los virus de inmunodeficiencia

---

[161] FJ 4 STSJ de Asturias 632/2011, de 8 de junio (núm. rec. 979/2008 y [*Tol 2195755*]).

[162] Art. 34.2 LRJ.

humana (VIH) y hepatitis C (VHC). Lo hizo porque «no se había acreditado que el fallecido demandante perteneciese a grupo alguno de especial riesgo, ni que con posterioridad a las transfusiones antes mentadas hubiera llevado a cabo conductas aptas para producir el contagio de la citada enfermedad»[163]. Respecto de esta sentencia, al ser objeto de un comentario en el cap. 21 de este tratado por MANENT y TAJUELO, damos aquí por reproducido lo escrito allí (págs. 1588 a 1590).

Desde el punto de vista de la Administración sanitaria, ésta podrá acreditar la ruptura del nexo causal si, cuestión harto difícil, prueba cuál fue la causa del contagio[164].

c) Daños vacunales

Los daños vacunales también son otro ámbito de la responsabilidad patrimonial idóneo para las presunciones de culpa. Por razones análogas a las expuestas para las transfusiones de sangre también hay quien sostiene que debe presumirse la culpa en los daños vacunales siempre que, de acuerdo con el estado de conocimientos de la ciencia y la técnica, fuera previsible y evitable el daño causado por una vacuna.

4) Valoración crítica

«La importancia de las presunciones en la afirmación de la culpa médica está condicionada, en gran medida, a la previa ubicación de las reglas sobre la carga de la prueba en su justo lugar»[165].

Las reglas de la carga de la prueba, en nuestra opinión, son el último recurso al que acudir cuando se ha producido una insuficiencia probatoria. Las más de las veces existirá prueba, positiva o negativa, de la culpa.

---

163 FJ 3 STS 108/1997, de 18 de febrero, de la Sala de lo Social (núm. rec. 892/1993 y [*Tol 5114407*]).

164 Sobre esta cuestión —contagios por sangre contaminada y estado de conocimientos de la ciencia y de la técnica— nos remitimos al cap. 21. En él, MANENT y TAJUELO han explicado porqué, a partir de 1985, en el caso del SIDA, y de 1989, en el caso de la hepatitis C —con arreglo al estado de la ciencia— se pudo reprochar a la Administración la transmisión de estas enfermedades como consecuencia de transfusiones de sangre (págs. 1553 a 1563 a 1577 a 1582).

165 LUNA YERGA, Álvaro (2004): *La prueba de la responsabilidad civil médico sanitaria. Culpa y causalidad, op. cit.* págs. 260.

Cuando su existencia o inexistencia no se haya podido probar la culpa del facultativo, podrá recurrirse a las presunciones. El único requisito será que exista «un engarce preciso y directo conforme a las máximas de experiencia entre el hecho que se trata de acreditar, en nuestro caso la culpa médico-sanitaria, y otro hecho que sí haya resultado acreditado. [En este caso,] el razonamiento presuntivo conducirá a la cumplida culpa sin que sea necesario acudir a las reglas del onus probandi»[166].

Por lo tanto, el recurso a la regla de juicio del art. 217 LEC debe ser residual. No solo en defecto de la presunción de culpa, sino en primer lugar, de prueba sobre la observancia o inobservancia de la *lex artis* por el facultativo.

En este sentido no compartimos posición de DÍAZ-REGAÑÓN, el cual, refiriéndose a la responsabilidad civil médico-sanitaria, sostiene que, en todo caso es necesario aplicar «la *praesumptio hominis* para llegar a la deducción de la existencia (o inexistencia) de la culpa o negligencia médica». Según su parecer, la presunción de culpa es un «presupuesto cuya constatación siempre será necesaria para logra la imputación de responsabilidad al demandado en un ámbito como el médico-sanitario»[167]. Entiende que «la culpa no es, en sentido estricto, probada por el paciente, sino que tal presupuesto será deducido —en todo caso— por el Juez mediante presunción simple». Para él, las partes, «únicamente aportarán todos los datos oportunos al proceso, con el fin de obtener la decisión judicial más conveniente para cada uno (...) [si bien] la afirmación presumida —culpa=calificación jurídica— es un extremo cuya decisión corresponde al juzgador»[168].

VI. MEDICINA SATISFACTIVA

Como hemos escrito en el primer epígrafe, la medicina curativa es, en esencia, la que tiene por objeto la sanación de personas enfermas. Por esta razón tiene carácter necesario. La medicina curativa es necesaria, en el sentido de inexorable, porque va dirigida a salvar la vida, recuperar la sa-

---

166 *Ibidem* págs. 260 y 261.

167 DÍAZ-REGAÑÓN GARCÍA-ALCALÁ, Calixto (1996): *El régimen de la prueba en la responsabilidad civil médica. Hechos y derecho,* Aranzadi, Cizur Menor (Navarra), pág. 101.

168 *Ibidem* pág. 24.

lud o minorar su pérdida. Un ejemplo lo encontramos en la extracción de las muelas del juicio. Esta operación, a diferencia de buena parte de intervenciones odontológicas, es considerada como medicina necesaria, entre otros fallos por la STS de 19 de septiembre de 2012[169]. Este carácter inexorable de la medicina necesaria, en nuestro país, se conecta —por los arts. 41 y 43 CE— con derecho a protección de la salud, y la obligación de los poderes públicos de mantener un régimen público de la Seguridad Social.

En cambio, la medicina voluntaria es prescindible porque actúa sobre un cuerpo sano. Desde el punto de vista del paciente se justifica en el libre desarrollo de la personalidad reconocido en el art. 10 CE. Paralelamente, la existencia de hospitales o clínicas entronca con la libertad de empresa proclamada en el art. 38 CE. Dado su carácter voluntario, los derechos y obligaciones de los distintos agentes implicados en la medicina satisfactiva se enmarcan en una relación contractual.

Estas dos notas —que afectan al fundamento y naturaleza de la atención médica— permiten distinguir a grandes rasgos, la medicina necesaria de la voluntaria. Ahora bien, tratándose de peticiones de responsabilidad, los elementos que determinarán el reconocimiento de una indemnización o no dependen: de la clase de obligaciones que asuma el servicio público de salud, clínica u hospital; en su caso, del tipo de contrato que une a la clínica u hospital con el paciente; el contenido del consentimiento informado; y la aplicación de las reglas de facilidad y disponibilidad probatoria o las presunciones de culpa.

Habiéndose expuesto esas singularidades en lo epígrafes II a V, aquí y ahora los resumimos como paso previo para abordar el estudio de las principales manifestaciones de la medicina satisfactiva, a saber, cirugía y odontología estética y las esterilizaciones.

1) Clases de obligaciones

Hasta hace unos años, tanto la jurisprudencia como la doctrina legal, de manera unánime, sostenían que las prestaciones que nacían de la medicina necesaria eran obligaciones de medios, así como que las obligaciones asumidas por el médico o centro de salud en la medicina voluntaria eran de resultado.

---

169 STS de 19 de septiembre de 2012, de la Sala de lo Contencioso-administrativo (núm. rec. 8/2010 y [*Tol 2651403*]),

i. *Obligación de medios*

Las obligaciones propias de medicina necesaria se catalogarían, en grandes rasgos, como una medicina de medios. En ella, «la diligencia del médico consiste en emplear todos los medios a su alcance para conseguir la curación del paciente, que es su objetivo»[170].

ii. *Obligación de resultado*

Por el contrario, en la medicina voluntaria, «no es la necesidad la que lleva a someterse a ella, sino la voluntad de conseguir un beneficio estético o funcional y ello *acentuaría* la obligación del facultativo de obtener un resultado»[171].

Esta intensificación llegaba hasta el punto de considerar la medicina satisfactiva como una actuación en la que el facultativo se comprometía a obtener un resultado. Sin embargo, desde la sentencia de 21 de octubre de 2005, la Sala de lo Civil del TS, considera que la medicina voluntaria, como la necesaria, dan lugar a obligaciones de medios, si se quiere intensificados en la medicina satisfactiva[172]. No así la Sala de lo Contencioso-administrativo que desde la STS de 3 de octubre de 2000 califica la medicina satistactiva como una medicina de resultado[173].

Según nuestro parecer, ello no deber ser así, porque el resultado del tratamiento o intervención depende del factor reaccional del paciente.

2) *Tipos de contrato*

La distinción, entre obligaciones de obligaciones de medios y de resultado, acotada a la asistencia sanitaria privada, permitió diferenciar entre

---

170 FJ 9 STS de 3 de octubre de 2000, de la Sala de lo Contencioso-administrativo (núm. rec. 3905/1996 y [*Tol 1717207*]).

171 *Idem.* En el mismo sentido se pronuncia DE FUENTES *et alii.* Para esos autores la medicina satisfactiva no genera una obligación de resultado, sino de actividad, aunque intensificado el deber de obtener un resultado. DE FUENTES BARDAJI, Joaquín *et alii* (2010): *Manual de responsabilidad sanitaria,* Abogacía General del Estado. Dirección del Servicio Jurídico del Estado, Aranzadi, Cizur Menor (Navarra), pág. 902.

172 STS 758/2005, de 21 de octubre, de la Sala de lo Civil (núm. rec. 1039/1999 y [*Tol 713285*]),

173 STS de 3 de octubre de 2000, de la Sala de lo Contencioso-administrativo (núm. rec. 3905/1996 y [*Tol 1717207*]).

tratamientos y cirugías asistenciales y satisfactivos. Cada una de estas prestaciones, utilizando las categorías propias de las obligaciones y contratos del Derecho civil, se sustentaría en un contrato de arrendamiento de servicios y de obra, respectivamente.

i. Contrato de servicios

La medicina y «"cirugía asistencial" (...) identificaría la prestación del profesional con lo que, en el ámbito del Derecho privado, se asocia con la *locatio operarum*», y modernamente se conoce como arrendamiento o contrato de servicios[174].

ii. Contrato de obra

Las intervenciones de medicina y «"cirugía satisfactiva" (...) [se] *identificaban* (...) con la "*locatio operis*", (...) [y], con el plus de responsabilidad que, en último caso, comporta la obtención del buen resultado o, dicho con otras palabras, el cumplimiento exacto del contrato en vez del cumplimiento defectuoso»[175].

En nuestra opinión, si —como se acaba de postular— la curación del paciente depende, en parte, del factor reacional, la medicina privada no se puede instrumentar mediante contratos de obras.

3) Consentimiento informado

Otro rasgo que permite diferenciar la medicina necesaria de la voluntaria, —y que incide en las reclamaciones de responsabilidad— es el que se refiere a la comunicación de información al paciente y, particularmente, a la suscripción de la «hoja» del consentimiento informado.

Este proceso, presenta grados distintos de exigencia según se trate de actos médicos realizados con carácter curativo o no. Así, en la medicina curativa basta informar al paciente acerca de los riesgos típicos. En cambio, en la medicina satisfactiva, también deberán comunicarse a los atípicos.

i. Riesgos típicos

La obligación de información, cuando se trata de la medicina curativa, tiene ciertos límites. Ésta solo se proyecta sobre los riesgos típicos, entendidos como los que pueden producirse con más fre-

---

174 FJ 5 STS 83/1997, de 11 de febrero, de la Sala de lo Civil (núm. rec. 627/1993 y [*Tol 5114368*]).

175 *Idem*.

cuencia y darse en mayor medida, conforme a la experiencia y al estado actual de la ciencia.

ii. *Riesgos atípicos*

En la medicina satisfactiva la obligación de información se refiere, además de los riesgos típicos, a los atípicos por considerarse imprevisibles o infrecuentes.

Esta cuestión es pacífica, por lo que no precisa mayor aclaración.

4) Carga de la prueba

La actuación médica —ya sea necesaria o voluntaria— en cualquier centro sanitario, público o privado, genera riesgos que no en todos los casos deben ser soportados por los pacientes. Para que esto sea así, en principio, el paciente debería probar el daño, así como que éste es causado por el cirujano o centro médico infringiendo la *lex artis*.

Sin embargo, en este punto también habría que realizar alguna matización porque, con carácter general, rige el criterio de la mayor facilidad y disponibilidad probatoria, tildada con frecuencia como regla de la inversión de la carga de la prueba.

i. *Facilidad y disponibilidad de la prueba.*

Tratándose de medicina necesaria, es «jurisprudencia consolidada la que afirma que el obligado nexo causal entre la actuación médica vulneradora de la *lex artis* y el resultado lesivo o dañoso producido debe acreditarse por quien reclama la indemnización, si bien esta regla de distribución de la carga de la prueba debe atemperarse con el principio de facilidad probatoria, sobre todo en los casos en los que faltan en el proceso datos o documentos esenciales que tenía la Administración a su disposición y que no aportó a las actuaciones»[176].

ii. *Inversión de la carga de la prueba*

En el ámbito de la medicina voluntaria se ha sostenido que, «tratándose de obligaciones de resultado, en las que el deudor se obliga a un determinado resultado, la sola prueba del incumplimiento de él *sería* suficiente para generar la responsabilidad, pues el solo hecho

---

176 FJ 5 STS de 19 de mayo de 2015, de la Sala de lo Contencioso-administrativo (núm. rec. 4397/2010 y [*Tol 5173539*]).

de no producirse el resultado *comportaría*» el deber de indemnizar sin necesidad de probar la culpa del médico[177].

No se comparte esta opinión porque como se ha expuesto, la medicina satisfactiva es también una obligación de medios, aunque intensificada.

Llegados a este punto, un estudio de la responsabilidad por actos médicos propio de medicina satisfactiva requiere analizar, sus tres grandes ámbitos, a saber: «cirugía estética, odontología y vasectomía» y demás intervenciones o mecanismos de esterilización»[178]. A cada uno de ellos dedicamos un epígrafe.

VII. CIRUGÍA ESTÉTICA

Para MARTÍNEZ-PEREDA, la cirugía estética es «aquella rama de la cirugía que, como su nombre del derivado del griego indica, en su sentido de dar forma, tiene por finalidad la restauración y mejora de la función y del aspecto físico»[179]. Se caracteriza, por lo tanto, por sus facetas reparadora y embellecedora.

La existencia de la cirugía estética, como tal, como especialidad médica, es bien reciente. El detonante de su reconocimiento fueron las dos guerras mundiales. Durante las mismas, la necesidad de reconstruir partes del cuerpo de soldados mutilados y heridos, propiciaron su aceptación, tanto por los facultativos como por la ciudadanía. Previamente, la intervención en un cuerpo sano era consideraba una actuación ilícita o propia de personas de dudosa moralidad.

En nuestro país, la primera sentencia del TS sobre la materia fue la STS de 21 de marzo de 1950. Su interés de doble: por un lado, porque fue la primera oportunidad que tuvo el TS de pronunciarse sobre esta modalidad

---

177 DOMÍNGUEZ HIDALGO, Carmen (2001): «El problema de la culpa presunta contractual y las obligaciones de medio y obligaciones de resultado: sus implicancias para la responsabilidad médica», *op. cit.* pág. 36.

178 FJ 1 STS 334/1997, de 22 de abril, de la Sala de lo Civil (núm. rec. 1524/1993).

179 MARTÍNEZ-PEREDA RODRÍGUEZ, José Manuel (1997): *La cirugía estética y su responsabilidad,* Comares, Granada, pág. 155. Las palabras «cirugía» y «estética» provienen de las palabras griegas *girunguiki,* que significa «cirugía», «mano» y «obra» y *plastikos* que se traduce como «modelar».

de la medicina satistactiva; por otro lado, porque indirectamente calificó la cirugía estética como una obligación de resultado[180].

Llegados a este punto, analizamos a continuación la doctrina jurisprudencial y legal y la casuística de la cirugía estética. Como se podrá ver, al no estar incluida la cirugía estética en la cartera de servicios del SNS, casi todos los fallos provienen de la Sala de lo Civil del TS.

1) Doctrina jurisprudencial

La doctrina jurisprudencial relativa a la cirugía estética, desde la STS de 21 de marzo de 1950 hasta hoy, ha experimentado una importante evolución, particularmente en lo que a las obligaciones del cirujano y la carga de la prueba se refiere. Con la finalidad de recoger la actualidad jurídica, limitaremos la doctrina jurisprudencial a las principales sentencias de la Sala de lo Civil del siglo XXI. De la mismas cabe destacar las reglas relativas a la legitimación, prescripción, carga de la prueba, *lex artis* y consentimiento informado.

A. Legitimación

En las reclamaciones de responsabilidad civil, la acción normalmente se dirige tanto contra el cirujano como la clínica estética. Esta última, también está legitimada pasivamente, aún cuando el cirujano «sólo *hubiera utilizado* las instalaciones de la Clínica para fines médico-terapéuticos y quirúrgicos, sin dependencia ni relación laboral alguna» con ella, siempre que el paciente desconociera este dato y pagase a la clínica[181].

---

180 La STS de 21 de marzo de 1950, de la Sala de lo Civil [*Tol 4451106*] resolvió un pleito en el que una paciente reclamaba una indemnización por los desperfectos causados, por dos cirujanos, a una artista (bailadora), tras someterse una operación de reducción de pecho, en la que «se le hizo una verdadera carnicería, dejándolos inutilizados para toda su vida» (antecedente quinto). Pese a la evidencia del resultado, el TS desestimó la acción de responsabilidad civil por entender que se trataba de un caso fortuito al haber sido el causante del mal resultado de la cirugía una infección nosocomial en la garganta.

181 FJ 2 STS 783/2003, de 22 de julio, de la Sala de lo Civil (núm. rec. 3871/1997 y [*Tol 4921066*]).

B. Prescripción

A efectos de prescripción, el *dies a quo* no cabe «fijarlo en el día en que cesó la asistencia médica (...) sino cuando se conoció el resultado lesivo definitivo, con o sin secuela, que es el día en que la jurisprudencia reiterada viene concretando el conocimiento en armonía con la expresión "desde que lo supo el agraviado"»[182].

C. Carga de la prueba

Tratándose de actos de medicina voluntaria, hasta hace unos años, los tribunales del orden civil invertían la carga de la prueba, ya que se reclamaba una «reclamación de indemnización por incumplimiento de la obligación de resultado derivada del contrato de obra». De este modo, si el cirujano no aportaba «prueba alguna de un hecho fortuito o de fuerza mayor que hubiera sido causa del mal resultado que produjo la actuación del médico», debía indemnizar al paciente[183]. Esta situación comienza a cambiar, en el orden civil, a partir de la STS de 21 de octubre de 2005, de la Sala de lo Civil, conocida como la sentencia de las cicatrices queloideas.

D. Lex artis

El canon de destreza exigible al cirujano plástico ha experimentado una evolución. Hasta hace poco, este tipo de facultativos debían responder del buen fin de sus intervenciones. Sin embargo, desde la STS de 21 de octubre de 2005, les basta ajustar su actividad a la *lex artis ad hoc*. Ello es así, porque el cirujano actúa «la medicina, bajo los riesgos típicos, que discurren al margen del actuar diligente y que, además, están sometidos a cierto componente aleatorio, en tanto en cuanto no todas las personas reaccionan de la misma forma ante los tratamientos dispensados»[184].

---

182 FJ 7 STS 667/2002, de 2 de julio, de la Sala de lo Civil (núm. rec. 2769/1996 y [*Tol 4975820*]).

183 FFJJ 6 y 5 STS 1193/2001, de 11 de diciembre, de la Sala de lo Civil (núm. rec. 2017/1996 y [*Tol 4924464*]).

184 FJ 3.2 STS 828/2021, de 30 de noviembre (núm. rec. 5955/2018 y [*Tol 8674791*]). El TS no siempre ha seguido una línea jurisprudencial sin solución de continuidad. Un ejemplo lo encontramos en la STS de 22 de junio de 2003 —que posteriormente comentaremos— en la que se rechazó que la medicina voluntaria fuese una medicina de resultados. En concreto, se mantuvo que, en aquélla, por aproxi-

Por ello, fuera de los casos de pacto de resultado, «la cirugía estética o plástica no conlleva la garantía del resultado, si bien es cierto que su obtención es el principal objetivo de toda intervención médica, voluntaria o no, (...) [pero] el fracaso no es imputable al facultativo por el simple resultado»[185].

E. Consentimiento informado

En toda intervención médica debe distinguirse el consentimiento informado del consentimiento contractual. Aquél debe recabarse, «tanto si existe un vínculo contractual» o no[186]. Además, en la medicina satisfactiva, el consentimiento informado alcanza no solo a los riesgos típicos sino también a los riesgos atípicos. Como afirma GALLARDO, «la cirugía estética es el único dominio médico en que los Tribunales exigen que el cirujano obtenga el consentimiento totalmente ilustrado de su cliente, sin fisura alguna (...), pues solo quedan excluidos los desconocidos por la ciencia médica en el momento de intervención»[187].

El consentimiento informado se intensifica «porque la relatividad de la necesidad podría dar lugar en algunos casos a un silenciamiento de los riesgos excepcionales a fin de evitar una retracción de los pacientes a someterse a la intervención, y esta información no fue proporcionada debidamente»[188].

marse más al contrato de obra que al de servicios, únicamente se «intensifica una mayor garantía en la obtención del resultado perseguido, ya que, si así no sucediera, es obvio que el cliente-paciente no acudiría al facultativo sino en la seguridad posible de obtener la finalidad buscada de mejoría estética» (FJ 1 STS 783/2003, de 22 de julio, de la Sala de lo Civil, núm. rec. 3871/1997 y [*Tol 4921066*]).

185 FJ 2 STS 250/2016, de 13 de abril, de la Sala de lo Civil (núm. rec. 2237/2014 y [*Tol 5695493*]).

186 FJ 7 STS 667/2002, de 2 de julio, de la Sala de lo Civil (núm. rec. 2769/1996 y [*Tol 4975820*]).

187 GALLARDO CASTILLO, María Jesús (2021): *Administración Sanitaria y responsabilidad patrimonial, op. cit.* pág. 188.

188 FJ 4 STS 993/2006, de 4 de octubre, de la Sala de lo Civil (núm. rec. 2873/1999 y [*Tol 1014557*]).

2) Casuística

Habiendo resumido en las páginas anteriores la doctrina jurisprudencial atendiendo a distintos conceptos, en este apartado analizaremos 17 fallos del TS en los que se reconoció o denegó una indemnización. A su vez, en cada uno de estos dos grupos de sentencias distinguiremos en función de si la discusión se centró en la infracción la *lex artis* o la insuficiencia de consentimiento informado. Aquellos pronunciamientos en los que hubiera sido relevante tanto la *lex artis* como el consentimiento informado serán abordados con el grupo las sentencias relativas a la *lex artis*.

A. Reconocimiento indemnización

Entre las sentencias en las que condena al pago de una indemnización hemos seleccionado unas que afectan a la mandíbula, el abdomen y los senos. También haremos una mención a dos sentencias en las que se apreció mala praxis del anestesista y en las que su intervención se calificó como actuación médica de carácter necesario, a pesar de que la cirugía fuese estética.

a) Infracción de la lex artis

Son muchas las partes del cuerpo susceptibles de embellecimiento. Entre ellas, atendiendo a los pronunciamientos del TS, destacamos la mandíbula, el abdomen y los senos.

Mandíbula

La **STS de 11 de diciembre de 2001** resolvió un caso de peregrinaje médico en el fueron necesarias cinco intervenciones para corregir una **profusión maxilar superior**. Las dos primeras —una insatisfactoria y otra que únicamente consiguió recolocar el maxilar en su posición inicial— fueron llevadas a cabo por el mismo cirujano. Las tres últimas por un segundo cirujano, el cual consiguió colocar el maxilar en el lugar pretendido, aunque a costa de importantes secuelas de la recurrente.

En este pleito, la Sala de lo Civil reconoció una indemnización a la paciente porque primó la consideración de la cirugía estética como ***contrato de obra***. Para ello desestimó el recurso del cirujano maxilofacial, porque, a juicio del TS, en este tipo de contratos, «la responsabilidad por incumplimiento o cumplimiento defectuoso se *produjo* en la obligación de resultado»[189].

Abdomen

La **STS de 20 de junio de 2006** versó sobre una operación de dermolipectomía abdominal llevada a cabo con el objeto de minimizar una **cicatriz infralumbar** causada por dos cesáreas y una cirugía previa para extirpar quistes ováricos. El recurso de casación fue interpuesto por el cirujano plástico y el Instituto Social de las Fuerzas Armadas (ISFAS).

Tanto el Juzgado de Primera Instancia (JPI) como la Audiencia Provincial (AP), ambos de Madrid, apreciaron una infracción de la *lex artis* en una cirugía que no sólo no consiguió su resultado, sino que provocó un empeoramiento estético y funcional de la paciente. Para minimizar una cicatriz, se eliminó una cantidad de piel superior a la debida con la consecuente creación de una dehiscencia amplia de la sutura, con elevación de algunos tejidos. Esta intervención también provocó dificultades para miccionar y graves alteraciones estéticas.

En este fallo, el TS únicamente se pronunció sobre la naturaleza contractual de la intervención médica y consecuente denegación de la prescripción de la acción. La cirugía practicada, por tener fines puramente estéticos y no reparadores, no estaba incluida entre las **prestaciones cubiertas** por la entidad concertada a los beneficiarios del **ISFAS**[190]. A pesar de

---

189 FJ 4 STS 1193/2001, de 11 de diciembre, de la Sala de lo Civil (núm. rec. 2017/1996 y [*Tol 4924464*]). Aunque, en esta sentencia la desestimación del recurso de casación se basó en «el incumplimiento de su obligación de resultado», a juicio de VICANDI, teniendo en cuenta la evolución que ha sufrido la jurisprudencia en este punto, «la no obtención del resultado que se pretendió, no debería dar lugar a reproche alguno». En su opinión, la condena debería basarse, «no tanto en el fracaso de la primera intervención, sino en la necesidad que tuvo el paciente de someterse a otras cuatro operaciones y el empeoramiento de su situación». Otros autores, como DE URBANO, consideran que el sentido del fallo se debió a la calificación de la intervención como un contrato de obra. VICANDI MARTÍNEZ, María Aránzazu (2017): *El error médico en la cirugía estética. La respuesta judicial del Derecho a la casuística en la Medicina voluntaria op. cit.* pág. 52. DE URBANO CASTRILLO, Eduardo (2007): «La responsabilidad médica por el resultado; el caso de los odontólogos», *op. cit.* pág. 13.

190 En el supuesto estudiado en la STS de 20 de junio de 2006, la reclamación fue formulada por la mujer de un marino de guerra, beneficiaria de ISFAS. A juicio del TS, aunque la cobertura de la atención sanitaria, por hospitales de elección

ello, el TS concluyó que «existió sin duda (...) [un] **vínculo [contractual]** que (...) obligaba al facultativo a un hacer comprometido con la paciente, lo que *excluía* que el daño derivara pura y simplemente de una situación de hecho en la que por la infracción de la diligencia debida se causara vulnerando el principio general de no dañar a otro»[191]. En consecuencia hubo que indemnizar a la demandante.

Senos

La **STS de 22 de julio de 2003** abordó una reclamación por las secuelas —físicas y psíquicas— padecidas por una mujer que, tras dos operaciones, quedó marcada con unas **cicatrices** en el torso. Las intervenciones, llevadas a cabo por el mismo cirujano, consistieron: en un primer momento para implantar una **prótesis mamaria;** y en un segundo tiempo, para reconstruir las marcas dejadas en la primera operación. La principal singularidad de esta sentencia radica en rechazar la calificación de las dos cirugías como contratos de obra pese a no haber recaído aún la STS de 21 de octubre de 2005[192].

En esta sentencia, el TS reconoció una indemnización por infracción de la *lex artis*. Para ello, calificó las operaciones como medicina satisfactiva y señaló que las mismas participaban «en gran medida de la naturaleza de contrato de **arrendamiento de obra**». A partir de aquí estimó el recurso porque el «resultado de la operación no se acomodó a las expectativas y

---

del asegurado o beneficiario, no alcanzaba a la medicina voluntaria, ello no afectó a la naturaleza contractual de la intervención médica. Para la Sala, «entre la actora y la Policlínica para la que actuaba el médico demandado, existía una relación jurídica previa (...), sin que la irregularidad que comporta haber efectuado una intervención no cubierta por ISFAS, suponga sin más que (...) no hubiera ningún vínculo jurídico u obligacional» (FJ 2 STS 651/2006, de 20 de junio, de la Sala de lo Civil, núm. rec. 3935/1999 y [*Tol 964446*]).

191 FJ 2 STS 651/2006, de 20 de junio, de la Sala de lo Civil (núm. rec. 3935/1999 y [*Tol 964446*]).

192 La STS 783/2003, de 22 de julio (núm. rec. 3871/1997 y [*Tol 4921066*]), para calificar la relación entre médico y paciente, como cercana al contrato de obra, se apoyó en las SSTS de la Sala de lo Civil, de 21 de marzo de 1950 [*Tol 4451106*], de 25 de abril de 1994 [*Tol 73778*] y 28 de junio de 1997 [*Tol 2728468*]. También recordó que, en la medicina voluntaria, por aproximarse más al contrato de obra que al de servicios, se «intensifica una mayor garantía en la obtención del resultado perseguido, ya que, si así no sucediera, es obvio que el cliente-paciente no acudiría al facultativo sino en la seguridad posible de obtener la finalidad buscada de mejoría estética» (FJ 1).

confianza que la recurrente había depositado en el médico para la mejora estética de sus senos al **acrecentarse las cicatrices** que le afectaban y presentarse antiestéticas»[193].

Con carácter previo, la Sala de lo Civil habría apreciado **falta de consentimiento informado** porque la información no fue «actualizada, puntual y precedente a la [segunda] intervención». En concreto rechazó, que fuera suficiente, para ambas intervenciones, la información comunicada para la primera de ellas. Según sentenció la Sala de lo Civil, «no se *trataba* de una información oportuna y efectiva, ya que no *se acreditó* [que] se hubiera realizado con una inmediatez temporal razonable a la [segunda] operación de senos, lo que era carga probatoria del médico demandado»[194].

En segundo lugar, la **STS de 22 de junio de 2004** analizó un recurso de casación sobre responsabilidad civil contra un cirujano general por los daños causados a una mujer de 36 años. Ésta se «sometió voluntariamente a una intervención quirúrgica de **reducción de mamas** principalmente orientada a remediar los dolores de espalda derivados de su hipertrofia mamaria, así como una osteoporosis en fase inicial». De esta intervención se derivó una necrosis masiva del único pecho intervenido con la consecuencia final de pérdida total de la zona areola-pezón»[195].

En esta ocasión, el TS estimó el recurso porque consideró mala praxis que la operación **no se llevase a cabo por un cirujano plástico** sino por un cirujano general especializado «en la extirpación de tumores y no en

---

[193] FJ 1 STS 783/2003, de 22 de julio, de la Sala de lo Civil (núm. rec. 3871/1997 y [*Tol 4921066*]). Para el TS, la condena al pago de una indemnización se debió a que, tras dos intervenciones quirúrgicas, la recurrente, no solo no mejoró, sino que empeoro su presencia física y estado de salud. Entre otros autores, VICANDI ha criticado que la STS de 22 de julio de 2003 se centrase en la insuficiencia de consentimiento informado porque, una vez apreciada la misma, reprochó al cirujano la infracción de la *lex artis* para que pudiera indemnizarse a la recurrente. En nuestra opinión, y aquí coincidimos con VICANDI, «parece más bien que hubo un menoscabo de salud, motivado por una mala *praxis* y no por una vulneración informativa». Esta motivación es más propia para sentenciar una mala praxis médica que un consentimiento informado. Por eso hemos incluido la sentencia entre los ejemplos de infracción de la *lex artis*. VICANDI MARTÍNEZ, Aránzazu (2017): *El error médico en la cirugía estética. La respuesta judicial del Derecho a la casuística en la Medicina voluntaria, op. cit.* pág. 47.

[194] FJ 1 STS 783/2003, de 22 de julio, de la Sala de lo Civil (núm. rec. 3871/1997 y [*Tol 4921066*]).

[195] FJ 1 STS 560/2004, de 22 de junio, de la Sala de lo Civil (núm. rec. 2417/1998 y [*Tol 454027*]).

la reconstrucción del pecho»[196]. También apreció insuficiente el consentimiento informado porque la necrosis era un **riesgo**, que, aunque **poco frecuente** (0'44 por ciento), era típico[197]. Ahora bien, la principal singularidad de este caso radica en la calificación dual de las intervenciones porque «a la finalidad curativa de la intervención se le *añadía* la satisfactiva (...) [y] la prestación médica [participaba] de un doble carácter de obligación de medios y de resultado»[198].

En tercer término, la **STS de 19 de julio de 2013** resolvió un recurso, relativo a una operación de reconstrucción mamaria, y lo hizo aplicando la doctrina del **daño desproporcionado** y sin exigir la prueba del daño a la demandante. También se hizo eco, con cita de las SSTS de 20 de noviembre de 2009 y 3 de marzo de 2010, de «la reciente doctrina (...) respecto de la obligación de medios y de resultados [conforme a la cual, también en la cirugía estética,] la responsabilidad del profesional médico es de medios y como tal no puede garantizar un resultado concreto»[199].

En el pleito enjuiciado, el TS desestimó el recurso del facultativo y la clínica estética advirtiendo que, aunque el tribunal *a quo* afirmase que había quedado «probado que hubo mala praxis médica (...) [, sin embargo,] *excluyó* la existencia de una relación causal (...) entre la conducta del médico que practicó la intervención (...) y el simple resultado dañoso, responsabilizando a la demandada (...) por una negligencia médica». Por eso, aplicó la doctrina del daño desproporcionado, con la consecuente inversión de la carga de la prueba[200].

---

196 FJ 4 STS 560/2004, de 22 de junio, de la Sala de lo Civil (núm. rec. 2417/1998 y [*Tol 454027*]). El TS, para calificar la mala praxis tuvo en cuenta que el facultativo no era especialista en cirugía estética, sino un cirujano de medicina general. De hecho, esta falta de conocimientos se tradujo en una técnica obsoleta, la necesidad de dos cirugías, una de ellas excesivamente larga, y por supuesto, la necrosis.

197 *Idem.* El TS rechazó que «como el porcentaje de posibilidades de la necrosis era muy bajo [0'44 por ciento], la falta de información sobre ese riesgo fuera intranscendente (...) [porque ello supondría], eximirle de su deber de informar a la paciente de ese mismo riesgo típico por darse en muy pocos casos». *Idem.*

198 *Idem.* En esta sentencia, atribuyó a las operaciones de reconstrucción de mamas el carácter de medicina curativa y satisfactiva y rechazó calificar la cirugía como medicina exclusivamente curativa a pesar de «la finalidad primordialmente correctora de la reducción mamaria (...) [por la significación] que el resultado final de la intervención [tenía] en el aspecto estético o plástico» de la paciente. *Idem.*

199 FJ 2 STS 517/2013 de 19 de julio, de la Sala de lo Civil (núm. rec. 939/2011 y [*Tol 3887671*]).

200 *Idem.*

Anestesista

Las **STS de 16 de diciembre de 2013** conoció del recurso en el que se enjuició unas secuelas —lesiones neuronales— derivadas de una operación cirugía estética **—liposucción—** por **falta de oxigenación del cerebro durante tres minutos**. La Sala de lo Civil desestimó el recurso al confirmar a la SAP de Barcelona que había apreciado contraria a la *lex artis* la actuación del **anestesista**. Llegó a esta conclusión, citando al tribunal *a quo*, porque «"cualquiera que hubiera sido la situación de base que la hubiera provocado (...) debería haber sido detectada y abordada con aplicación de los medios adecuados"»[201].

En la **STS de 29 de mayo de 2014** se condenó al pago de una indemnización al anestesista y la clínica privada, por infracción de la *lex artis* del primero. En esta ocasión, lo mismo que en la STS 16 de diciembre de 2013, **no** se trataba de un acto de **medicina curativa**, sino de una negligencia médica producida durante una operación de reducción de abdomen, una intervención estética abdomiplastia.

Según señaló el TS, «la condena se produjo (...), por incumplimiento de las obligaciones propias (...) [porque], no *estábamos* ante un riesgo propio de la anestesia, sino ante una **incorrecta colocación del tubo de respiración endotraqueal** y consiguiente vulneración de la *lex artis* propia del médico anestesista». De esta manera rechazó que las lesiones cerebrales fueran parte del acto anestésico entendido «como un riesgo evidente [para la vida] pese a los progresos alcanzados en los últimos años y la consiguiente disminución de los riesgos en su aplicación»[202].

b) Inexistencia o insuficiencia de consentimiento informado

La Sala de lo Civil del TS, entre otras reclamaciones, ha conocido de pretensiones por falta de idoneidad del consentimiento informado en relación con cirugías de embellecimiento de los labios y senos, así como mejora de la funcionalidad del cabello y el órgano sexual.

---

201 FJ 1 STS 776/2013, de 16 de diciembre, de la Sala de lo Civil (núm. rec. 2245/2011 y [*Tol 4042392*]).

202 FJ 3 STS 288/2014, de 29 de mayo, de la Sala de lo Civil (núm. rec. 288/2014 y [*Tol 4357284*]).

Labios

La **STS de 21 de octubre de 2005** se pronunció sobre la idoneidad y efectos de un tratamiento cosmético —dermoabrasasión por láser quirúrgico— utilizado para disminuir unas cicatrices queloideas de la zona peribucal y en la barbilla, causadas por una depilación eléctrica[203]. Al no conseguirse el resultado previsto —eliminación de cicatrices— y padecer otras secuelas —nuevas **cicatrices queloideas debajo del labio** y en el mentón— la demandante recurrió en casación alegando tanto la infracción de la *lex artis* como el consentimiento informado prestado defectuosamente.

En este fallo, sin embargo, el recurso se estimó: no por infracción de la *lex artis*, ya que calificó la cirugía como un contrato próximo al «arrendamiento de obra» o figura «intermedia entre éste y el arrendamiento de servicios»; sino por insuficiencia de consentimiento informado. La Sala de lo Civil estimó la casación y reconoció una indemnización porque consideró que **no se había informado de la posibilidad de sufrir las marcas cutáneas**. A juicio de la Sala de lo Civil, el deber de información del facultativo, reflejado en un documento escrito, era un requisito previo para la validez de la prestación. Adicionalmente concluyó que no se había advertido de los posibles defectos, «aunque *fueran* remotos, poco probables o *se pudieran producir* excepcionalmente»[204].

---

203 Tal y cómo expuso la STS 758/2005, de 21 de octubre, de la Sala de lo Civil, «las cicatrices queloideas —poros abiertos— consiste en un tumor formado por el tejido fibroso que aparece en personas predispuestas genéticamente a producir excesiva respuesta tisular ante un trauma cutáneo» (FJ 4).

204 FJ 4 STS 758/2005, de 21 de octubre, Sala de lo Civil (núm. rec. 1039/1999 y [*Tol 731285*]). GALÁN, en un comentario a esta sentencia publicado en Cuadernos de Jurisprudencia Civil, sostuvo que no podía «calificarse de imprevisible el riesgo de queloide en una intervención estética, pues, aunque el mismo sea muy poco frecuente y depende de la predisposición genética de la piel del paciente, sí integra uno de los posibles riesgos de la operación, cuya consideración debería venir impuesta precisamente por la finalidad de la misma». GALÁN también señaló en los comentarios que no era posible «limitar la información a los riesgos que se producen en porcentajes "razonables", sino que la misma debe venir impuesta entre otras circunstancias, por su tipicidad —cual *sucedía* en este caso—, y además por el carácter meramente voluntario de la misma, que acrecienta la meritada obligación extendiéndola a todos los posibles riesgos posibles, abstracción hecha de su probabilidad o frecuencia». GALÁN CORTÉS, Julio César (2006): «Comentario a la sentencia de 21 de octubre de 2005», *Cuadernos Civitas de Jurisprudencia Civil*, núm. 72, pág. 1447.

Cabello

La **STS de 4 de octubre de 2006** estudió un supuesto de **implante capilar** para restituir pérdidas en el cabello del que resultaron, como secuelas, lesiones dermatológicas crónicas —poiquilodermia— por piel adelgazada e hiperreactiva de carácter crónico. Como en la anterior sentencia, el recurrente empeoró su situación porque pasó de una alopecia a unas lesiones dermatológicas.

El TS declaró no haber lugar a la casación, promovida tanto por la clínica como la paciente, y confirmó el abono de la indemnización: por un lado, porque descartó que hubiera incumplimiento contractual en atención a la generalidad de las alegaciones y preceptos citados; por otro, porque se había **garantizado un resultado** mediante una **campaña publicitaria**. Para la Sala de lo Civil, ello provocó «un evidente desajuste [ya que se vino] (...) a garantizar el resultado comprometido, con lo que se *evitó* cualquier valoración sobre los elementos que conforman la responsabilidad que pudiera derivarse de la intervención médica sujeta, como todas, al componente aleatorio propio de la misma (...) al margen de los elementos de la causalidad y culpabilidad»[205].

Órgano sexual

En la **STS de 26 de abril de 2007** el recurrente era un paciente aquejado de fimosis y de una incurvación del pene, al cual, tras someterse a una primera intervención de cirugía plástica, solo se le pudo corregir la fimosis. Volvió a pasar por quirófano. En la segunda intervención tampoco se logró el resultado pretendido —corregir la curvatura hacia la derecha— que, además, le causaba trastornos psicológicos que le impedían mantener relaciones sexuales con normalidad. En este pleito la salud no empeoró. Simplemente no se consiguió el resultado pretendido.

El TS estimó la casación al sentenciar que la información facilitada fue insuficiente porque en la cirugía estética «la diligencia del médico debe prestarse sin regateos ni evasivas [y en ella hay una] (...) **exigencia más**

---

[205] FJ 4 STS 993/2006, de 4 de octubre, de la Sala de lo Civil (núm. rec. 2873/1999 y [*Tol 1014557*]). En palabras del TS, la «*campaña publicitaria* [fue] capaz de inducir a error al consumidor o usuario (...) [por su] escaso rigor [que] *llevaba* fácilmente a la conclusión de que el tratamiento *era* sencillo y sin resultado negativo posible, aludiendo a la existencia de especialistas en cabello cuando ciertamente los médicos que asistían en el centro no tenían la consideración de tales». *Idem.*

intensa en su faceta de información (...) [a fin de que el paciente], goce de la más plena libertad para decidir si se somete a la operación o no, ya que se trata de intervenciones en las que no están precisamente en juego de modo definitivo y urgente su salud»[206].

Senos

La **STS de 22 de noviembre de 2007** conoció de un pleito sobre recolocación de dos prótesis mamarias, una de ellas en una segunda intervención, realizada para corregir la perforación producida durante la primera intervención. Estas operaciones le produjeron a la paciente la pérdida de sensibilidad y parálisis del brazo y seno izquierdo.

El TS, partiendo de la consideración de la obligación del cirujano como de medios, rechazó la infracción de la *lex artis* porque debía «descartarse (...) un aseguramiento del resultado (...), pues esta circunstancia no *resultaba* de la narración fáctica (...) por lo que no podía deducirse del simple hecho de que nos hallemos ante un supuesto de cirugía estética»[207].

B. Denegación de indemnización

La Sala de lo Civil del TS también ha resuelto recursos en los que ha concluido que tanto la cirugía como el consentimiento informado fueron correctos.

a) Actuación ajustada a la lex artis ad hoc

Los pronunciamientos seleccionados y relacionados con la adecuación de la intervención del cirujano a la *lex artis* se refieren a la nariz, una fecundación *in vitro*, y los pechos.

Nariz

La **STS de 12 de febrero de 2008** desestimó un recurso de casación que traía causa de una operación en la nariz. Excluyó la responsabilidad

---

206 FJ 3 STS 467/2007, de 26 de abril, de la Sala de lo Civil (núm. rec. 1919/2000 y [*Tol 1073428*]).

207 FJ 3 A) STS 1194/2011, de 22 de noviembre, de la Sala de lo Civil (núm. rec. 4358/2000 y [*Tol 1123897*]).

del cirujano y la clínica porque, «la obligación del médico es de actividad y no de resultado, y [por]que el resultado, aun desproporcionado, en el sentido de que no era el esperado en una intervención de esta clase, no determina la responsabilidad del médico sino sólo la **exigencia de una explicación coherente** acerca del porqué de la importante disonancia existente entre el **riesgo inicial** que implicaba la actividad médica y la **consecuencia producida**»[208].

Fecundación *in vitro*

En la **STS de 23 de octubre de 2008** se resolvió un pleito en el que se discutía el carácter curativo o satisfactivo de la intervención realizada por tres ginecólogos en un proceso de fecundación *in vitro* (FIV) en una clínica especializada en tratamientos de reproducción asistida. El recurso fue interpuesto por el viudo y los hijos de una mujer fallecida, por unas convulsiones durante el embarazo, agravadas por falta coagulación —eclampsia asociada a síndrome de Hellp—, y a la que se le tuvo que provocar un parto por cesárea. «Este asunto *fue* llamativo, dado que se *trataba* de un tratamiento terapéutico, como lo es la fecundación in vitro, que tiene como resultado algo tan fatídico como la muerte del paciente, aspecto sobre el que además no fue informada»[209].

El TS rechazó que hubiera habido infracción de la *lex artis* porque apreció la **falta de nexo causal entre la FIV y la muerte** de la mujer y madre de los recurrentes. Para la Sala de lo Civil, el deceso «no se produjo por una causa o circunstancia relacionada con la (...) [técnica de reproducción asistida], sino en el desarrollo del embarazo, al que *era* razonable dar el tratamiento correspondiente a la medicina necesaria o curativa»[210].

---

208 FJ 2 STS 144/2008, de 12 de febrero (núm. rec. 5419/2000 y [*Tol 1336009*]).

209 VICANDI MARTÍNEZ, María Aránzazu (2017): *El error médico en la cirugía estética. La respuesta judicial del Derecho a la casuística en la Medicina voluntaria, op. cit.* pág. 63. Hay que tener presente que, desde 2009, de acuerdo con la clasificación internacional de enfermedades elaborada por la Organización Mundial de la Salud, la infertilidad es considerada como una enfermedad del sistema reproductivo que se caracteriza por la incapacidad de lograr un embarazo clínico después de 12 meses o más de relaciones sexuales no protegidas.

210 FJ 4 STS 943/2008, de 23 de octubre, de la Sala de lo Civil (núm. rec. 870/2003 y [*Tol 1389660*]). El síndrome de Hellp es una enfermedad que aparece entre un 5 y 10 por ciento de los embarazos, ya sean naturales, ya sean *in vitro*.

El TS también descartó el **daño desproporcionado** ya que «no *procedía* la apreciación de responsabilidad civil sanitaria porque se *había* declarado probada la causa de fallecimiento, y no se *apreció* negligencia médica»[211]. Finalmente, la Sala de lo Civil sostuvo que, en caso de embarazos, el TS venía haciendo «hincapié en la exigencia de **informar** de modo especial respecto a las circunstancias de dicho embarazo; es decir sobre los **riesgos del mismo», pero no de otros**[212].

Senos

La STS **de 28 de junio de 2013** conoció de una reclamación de una persona que se sometió a sendas intervenciones para corregir la **obesidad mórbida** como **cirugía necesaria.** Se trataba de una mujer que pesaba 100 kg y medía 1'50 metros. El TS, pese a no haberse alcanzado el objetivo pretendido, rechazó la infracción de la *lex artis* porque «la distinción entre **obligación de medios** y de resultados no *era* posible mantener en el ejercicio de la actividad médica, salvo que el resultado se *hubiese pactado o garantizado,* incluso en los supuestos más próximos a la llamada medicina voluntaria que a la necesaria o asistencial»[213]. Este pleito guarda similitud con la citada STS de 23 de octubre de 2008 porque calificó dos operaciones como cirugía necesaria.

---

211 FJ 6 STS 943/2008, de 23 de octubre, de la Sala de lo Civil (núm. rec. 870/2003 y [*Tol 1389660*]).

212 FJ 7 STS 943/2008, de 23 de octubre, de la Sala de lo Civil (núm. rec. 870/2003 y [*Tol 1389660*]). A pesar de que los familiares no fueron informados de la posibilidad de desarrollar el síndrome de Hellp, se rechazó que hubiera insuficiencia informativa porque el síndrome de Hellp es un riesgo inherente al embarazo que nada tiene que ver con la fecundación *in vitro.* En palabras del TS, «la técnica reproductiva de fecundación in vitro no constituye por si misma, y en términos epidemiológicos, como factor de riesgo en relación a la preclampsia y/o síndrome de Hellp en el embarazo». *Idem.* Como señala BELLO, «el fallecimiento no se produjo por una causa o circunstancia relacionada con la (...) [fecundación *in vitro*] sino en el desarrollo del embarazo, al que se le da el tratamiento correspondiente a la medicina necesaria». Como consecuencia de ello, «la lex artis exigible (...) no es más que un criterio valorativo de la corrección de un concreto acto médico o presupuesto "ad hoc" ejecutado por el profesional de la medicina (que es lo que a la postre individualiza a dicha "lex artis". BELLO JANEIRO, Domingo (2009): «Comentario a la sentencia de 23 de octubre de 2008», *Cuadernos Civitas de Jurisprudencia Civil,* núm. 80, pág. 805.

213 FJ 2 STS 463/2013, de 28 de junio, de la Sala de lo Civil (núm. rec. 265/2011 y [*Tol 3843023*]).

La **STS de 13 de abril de 2016** también falló que «la cirugía estética o plástica no conlleva la garantía del resultado»[214]. Lo hizo en una intervención en la que la actuación del cirujano causó, tras la práctica de una **mamoplastia,** una «**doble burbuja**». Para la Sala, que desestimó el recurso, «el médico *había actuado* en todo momento de forma ajustada a la lex ar*tis* derivada del caso concreto»[215]. Adicionalmente, desestimó que el consentimiento no se hubiera prestado de forma adecuada, porque en este caso «hubo información y (…) esta había sido calificada de correcta y suficiente»[216].

b) Consentimiento informado adecuado

En último lugar una correcta transmisión de la información ha sido estudiada en las SSTS de 27 de septiembre de 2010 y 30 de noviembre de 2021, relativas a sendas intervenciones voluntarias, en el abdomen y los senos.

Abdomen

La **STS de 27 de septiembre de 2010** resolvió un pleito sobre una operación de abdominoplastia que provocó una cicatriz de grandes dimensiones y una enorme deformidad por falta del adecuado seguimiento postoperatorio. En ella, tras recordar que «la información (…) por su propia naturaleza *integraba* un **procedimiento gradual y básicamente verbal**», desestimó el recurso porque el recurrente pretendía «imponer su propia valoración de las declaraciones del médico en cuanto al consentimiento informado».

---

214 FJ 2 STS 250/2016, de 13 de abril, de la Sala de lo Civil (núm. rec. 2237/2014 y [*Tol 5695493*]). En este fallo, en relación con la clasificación de la cirugía voluntaria como una obligación de medios intensificada, se cita una línea jurisprudencial de la que formaban parte las SSTS de la Sala de lo Civil 349/1994, de 25 de abril (núm. rec. 1876/1991 y [*Tol 1665404*]), 83/1997, de 11 de febrero (núm. rec. 627/1993 y [*Tol 5114368*]), 286/2004, de 7 de abril (núm. rec. 821/1998 y [*Tol 376551*]), STS 758/2005, de 21 de octubre (núm. rec. 1039/1999 y [*Tol 731285*]), 993/2006, de 4 de octubre (núm. rec. 2873/1999 y [*Tol 1014557*]), 544/2007, de 23 de mayo (núm. rec. 1984/2000 y [*Tol 1106817*]) y 517/2013, de 19 de julio (núm. rec. 939/2011 y [*Tol 3887671*]).

215 FJ 3 STS 250/2016, de 13 de abril, de la Sala de lo Civil (núm. rec. 2237/2014 y [*Tol 5695493*]).

216 FJ 2 STS 250/2016, de 13 de abril, de la Sala de lo Civil (núm. rec. 2237/2014 y [*Tol 5695493*]).

Para ello asumió la fundamentación del juez de instancia, para el cual, «si bien la información escrita podría resultar insuficiente por genérica, la misma se habría completado con las numerosas entrevistas entre médico y paciente»[217]

Senos

La **STS de 30 de noviembre de 2021** estimó un recurso en el que una clínica especializada en cirugía estética pedía ser absuelta por la **asimetría mamaria y cicatrización inestética** con la que había quedado la demandante tras someterse a una cirugía de aumento de mamas. Negó que la información facilitada fuera insuficiente porque «la asimetría y las cicatrices conforman **riesgos típicos de la intervención**, que figuran expresamente descritos en el **consentimiento informado** suscrito por la demandante (…) [por lo que se trababa] la materialización de un riesgo típico de una intervención quirúrgica debidamente informado, que fue asumido consciente y voluntariamente por la actora»[218].

3) Doctrina legal

Como regla general, las reclamaciones derivadas de la cirugía estética se dirimen en la jurisdicción ordinaria. Existe una excepción, las pretensiones que tengan por objeto una petición de indemnización contra los servicios públicos de salud o la Agencia Española de Medicamentos y Productos Sanitarios (AEMPS) por culpa *in vigilando.*

En efecto, los daños causados por la implantación de una prótesis pueden dar lugar a responsabilidad del fabricante o distribuidor, del cirujano y la clínica estética, así como de la Administración sanitaria. En este último caso será necesario interponer una reclamación de responsabilidad patrimonial, y contra la resolución que ponga fin a la misma recurso contencioso-administrativo.

La responsabilidad de fabricante y distribuidor se expone en el cap. 22 (págs. 1638 a 1669 y 1669 a 1674), redactado por HERNÁNDEZ VILLALÓN y dedicado a los productos sanitarios defectuoso. A él nos remitimos.

---

[217] FFJJ 2 y 1 STS 583/2010, de 27 de septiembre, de la Sala de lo Civil (núm. rec. 2224/2006 y [*Tol 1958896*]).

[218] FJ 3.1 STS 828/2021, de 30 de noviembre, de la Sala de lo Civil (núm. rec. 5955/2018 y [*Tol 8674791*]).

En cuanto a la responsabilidad del cirujano y la clínica estética, las más de las veces se ventilará en la jurisdicción ordinaria. Ocasionalmente, también podrá demandarse al servicio público de salud cuando se trate de actos de medicina necesaria llevados a cabo en el Sistema Nacional de Salud. Un ejemplo lo encontramos en la cirugía reconstructiva. En este caso la actuación del facultativo se regirá por las reglas generales de la responsabilidad patrimonial sanitaria.

Ahora bien, si lo que se reprocha no es la actuación médica sino el empleo de productos sanitarios defectuosos, hay que tener en cuenta doctrina emanada de las SSTS de 21 de diciembre de 2020. En ellas se concluye que los daños causados por una prótesis podrán recaer sobre fabricante o distribuidor —incluso se podría condenar al protésico— pero no al servicio público de salud por la actuación del cirujano. En su caso sería responsable el Ministerio de Sanidad o la AEMPS ya que «la competencia para la autorización, homologación y control de los medicamentos y productos sanitarios corresponde, única y exclusivamente, al órgano estatal»[219].

Sobre este particular —responsabilidad de Administración General del Estado o la AEMPS por culpa *in vigilando*— existe doctrina legal del Consejo de Estado (CdE).

El CdE viene reiterando en sus dictámenes que «la responsabilidad patrimonial de la Administración sanitaria del Estado por la puesta en circulación de (…) un producto sanitario sólo podría verse comprometida en el supuesto de que se acreditase que el mismo no debió ser autorizado o verificado favorablemente, o porque, después, no funcionaran debidamente los mecanismos de farmacovigilancia —a cargo de la Agencia Española de Medicamentos y Productos Sanitarios-»[220].

---

219 FJ 7 A) STS 1806/2020, de 21 de diciembre, de la Sala de lo Contencioso-administrativo (núm. rec. 803/2019 y [*Tol 8291027*]). Para un comentario a la doctrina jurisprudencial surgida de esta sentencia, conocida como Ala Octa, puede leerse a MEDIAVILLA. MEDIAVILLA CABO, José Vicente (2021): «Responsabilidad derivada de la utilización de productos defectuosos en la asistencia sanitaria», *Revista de Derecho Administrativo VLex*, núm. 5, págs. 89 a 102.

220 CJ III DCdE de 15 de julio de 2021 (núm. exp. 317/2021). En esta ocasión el CdE se pronunció por la eventual responsabilidad de la AEMPS como consecuencia de la retirada de los implantes mamarios de una determinada marca. Previamente, ya había declarado que la responsabilidad *in vigilando* solo surge cuando no debió haberse autorizado o verificado favorablemente o cuando falló la farmacovigilancia en sus dictámenes de 11 de julio de 2013, 13 de marzo de 2013 y 27 de septiembre de 2018 (núms. exps. 435/2013, 117/2014, y 518/2018). Este criterio

En particular, el DCdE de 15 de julio de 2021, poniendo como ejemplo los implantes mamarios —producto sanitario del tipo III—, recordó que «no todos los productos sanitarios están sometidos a evaluación y autorización comercial por las autoridades españolas». En efecto, los productos sanitarios, «son de libre circulación en el ámbito europeo en cuanto un Estado miembro efectúa su comprobación correspondiente»[221].

También destacó este DCdE que «para comercializar legalmente en la Unión Europea los productos sanitarios tienen que estar provistos del marcado CE, distintivo que declara la conformidad del producto con los requisitos de seguridad, eficacia y calidad establecidos en la legislación"». Es más, en el caso de las prótesis mamarias, el control *ex ante* es realizado «por un organismo notificado, que es quien emite el correspondiente certificado CE, evaluando la documentación técnica y comprobando el cumplimiento de los requisitos relativos a la seguridad, características y prestaciones de los productos en condiciones normales de utilización»[222].

Un organismo notificado es una organización designada por un Estado miembro de la UE (o por otros países en el marco de acuerdos específicos) para evaluar la conformidad de determinados productos antes de su comercialización. En España, desde el 14 de julio de 2022, el Centro Nacional de Certificación de Productos Sanitarios (CNCps), adscrito a la AEMPS, es el organismo notificado encargado de certificar los productos sanitarios recogidos en el Reglamento (UE) 2017/745 del Parlamento Europeo y del Consejo, de 5 de abril de 2017, sobre los productos sanitarios, conocido como la norma MDR.

VIII. ODONTOLOGÍA ESTÉTICA

La odontología es la ciencia que tiene por objeto el diagnóstico, tratamiento y prevención de las enfermedades del aparato estomatognático— formado por los dientes, encías, tejido periodontal, maxilares, superior e inferior, y la temporomandibular— y la armonía estética de la boca en su conjunto.

también es compartido por las SAN 479/2016, de 23 de noviembre (núm. rec. 293/2013 y [*Tol 5929141*]).

221 *Idem.*

222 *Idem.*

De esta actividad médica destacamos, con carácter previo, los tipos más frecuentes de intervenciones, así como las profesionales más conocidas.

1) Tipología de intervenciones

Entre las intervenciones y tratamientos de la odontología destacan:

i. *Exodoncia.* Es la cirugía que tiene por objeto la extracción de dientes, partes de éstos, o del lecho óseo en el que se apoyan.

ii. *Obturación.* Es el tratamiento dirigido a eliminar la caries que ha atravesado el esmalte o la dentina, pero sin llegar a la pulpa, mediante la eliminación del tejido con caries y su relleno con material artificial. Se la conoce como «empaste». Cuando la obturación es amplia y afecta a una extensión considerable de la pieza dental se la denomina reconstrucción.

iii. *Endodoncia.* La endodoncia es un tratamiento que se utiliza para tratar caries profundas, y que tiene por objeto extraer la pulpa y rellenar la cavidad con material artificial.

iv. *Ortodoncia.* Es el tratamiento que se encarga de corregir las posiciones inadecuadas de las piezas dentales.

v. *Implante.* Es aquel tratamiento destinado a reponer los dientes mediante intervención quirúrgica.

vi. *Ortognática.* Es la cirugía que se encarga de corregir las deformidades del apartado estomatognático mediante movimientos óseo-maxilares y mandibulares.

Ciñéndonos a la odontología estética, entre sus actuaciones deben mencionarse los tratamientos restauradores, periodontales, ortodóncicos u ortognáticos, de higiene y profilaxis, con técnicas de blanqueamiento o micro abrasión del esmalte, y el contorneado estético. Quedan fuera de nuestro análisis las infecciones bucodentales y demás actuaciones relacionadas con la sanidad bucal.

En la odontología suelen emplearse prótesis dentales. Una prótesis dental es aquella pieza artificial que sirve para restaurar la anatomía de uno o varios dientes, tanto para recuperar la funcionalidad como para conseguir la armonía estética de la boca. Las prótesis dentales son elaboradas de manera personalizada por un protésico, de acuerdo con las indicaciones señaladas por el odontólogo.

2) Profesionales de la odontología estética

Odontólogos y protésicos son los profesionales a los que, con mayor probabilidad podrá reclamarse una indemnización como consecuencia de la actividad médica que realizan.

A. Odontólogos

La odontología, como profesión diferenciada de la medicina, se retrotrae a principios del siglo XX con la creación del título de odontólogo por la Real Orden de 21 de marzo de 1901. Sin embargo, desde 1944, con la aprobación del Decreto de 7 de julio de 1944, de especialidades médicas, la odontología se convirtió en una especialidad médica, en concreto la de estomatología.

Cuarenta años después, en el marco de la integración de España a las entonces Comunidades Europeas, y con el fin de homologar la profesión del médico estomatólogo con la de odontólogo que existía en los demás Estados miembros, se inician los trámites para reintroducir la titulación de odontología. Así, tras la publicación del RD 970/1986, de 11 de abril, los estudios de odontología se convierten, primero en una licenciatura y posteriormente, en el Marco Europeo de Educación Superior, en un grado.

Esta distinción, por razón de la profesión, es la que justifica el tratamiento diferenciado de la odontología orientada al embellecimiento de una dentadura sana de la cirugía estética. Ahora bien, ello no quiere decir que la jurisprudencia recogida en el epígrafe anterior, *mutatis mutandis,* no les sea de aplicación[223].

De todas formas, en este epígrafe traeremos a colación, exclusivamente, doctrina jurisprudencial y casuística de la odontología relacionadas con

---

223 Autores como SÁNCHEZ GÓMEZ abogan por calificar la relación entre paciente y médico (u odontólogo) como una obligación de actividad con algunas notas de mayor exigibilidad, concretadas normalmente en la información a facilitar al paciente. MONFORTE y ESCRICHE, sin separarse de la categoría de obligación de medios, entienden que la odontología es una actividad «híbrida», a caballo entre la obligación de medios y de resultado. SÁNCHEZ GÓMEZ, Amelia (1998): *Contrato de servicios médicos y contrato de servicios hospitalarios,* Tecnos, Madrid, pág. 139. DOMINGO MONFORTE, José y ESCRICHE MONZÓN, María del Carmen (2005): «Medicina satisfactiva: Responsabilidad civil médica: ortodoncia-implantología oral», *Revista de responsabilidad civil, circulación y seguros,* núm. 5, pág. 5.

«los estándares de belleza sobre la forma, el color y la colocación de las piezas dentales»[224].

B. Protésicos

El protésico es el profesional que elabora las prótesis dentales. Para VÁZQUEZ BARROS, la distinción de funciones de odontólogo y protésico es importante porque mientras que el contrato que une al paciente con el odontólogo —o médico estomatólogo— es de servicios, en cambio, la relación obligatoria del protésico da lugar a un contrato de obra[225].

DE ÁNGEL matiza esta afirmación. Para él, en las prótesis, la obligación será de resultado únicamente «si la prestación del médico consistiera sólo en *dar* constituido por la entrega de la *cosa* que la prótesis es (…). [Ocurre, sin embargo, que frecuentemente] «la aplicación de una prótesis es consecuencia de una acción de diagnóstico e incluso, en muchos casos, elemento o ingrediente de una decisión de tratamiento (…). [En estos supuestos, para DE ÁNGEL,] el profesional desarrolla una actividad de *hacer* que (…) sólo debe ponerse en relación con el resultado (en este caso la cosa, la prótesis) si respecto de aquélla (la actividad de hacer) puede predicarse un apartamiento o vulneración de la *lex artis* rectora»[226].

---

224 VICANDI MARTÍNEZ, María Aránzazu (2017): *El error médico en la cirugía estética. La respuesta judicial del Derecho a la casuística en la Medicina voluntaria, op. cit.* pág. 69.

225 VÁZQUEZ BARROS, Sergio (2009): *Responsabilidad civil de los médicos: doctrina, legislación básica, jurisprudencia, formularios y bibliografía,* Tirant lo Blanch, Valencia, págs. 171 y 186. Tempranamente, la STS de 9 de febrero de 1970 [*Tol 1730390*], puso de manifiesto que «la relación jurídica médico— enfermo (…) [daba lugar a] un contrato de obligación de medios adecuados y no de resultado, salvo en el caso de que la relación jurídica concertada *fuera* reveladora de un contrato de ejecución de obra, como sucede en el caso, entre otros, de prótesis dentarias o de otra índole» (CJ 4).

226 DE ÁNGEL YÁGÜEZ, Ricardo (2005): «El "resultado" en la obligación del médico. ¿Ideas sensatas que pueden volverse locas?», *op. cit.* pág. 445. Lo escrito respecto de las prótesis dentales es perfectamente aplicable a los distintos tipos de prótesis. No sólo las de traumatología —que son las más conocidas— sino también las que se aplican en ginecología, oftalmología, neurocirugía, cirugía cardiovascular, urología, etc.

3) Doctrina jurisprudencial

A la hora de recoger la —escasa— doctrina jurisprudencial recaída sobre reclamaciones contra odontólogos, separaremos los fallos en los que el *thema decidendi* está referido a la *lex artis* de los que la responsabilidad se imputa al consentimiento informado

A. *Lex artis*

En materia de responsabilidad civil, la actuación de los odontólogos «debe regirse por la denominada "lex artis ad hoc", es decir, en consideración al caso concreto en que se produce la actuación e intervención médica y las circunstancias en que las mismas se desarrollen y tengan lugar, así como las incidencias inesperables en el normal actuar profesional»[227].

Ahora bien, según señala la jurisprudencia, «está reconocido científicamente que la seguridad de un resultado no es posible pues no todos los individuos reaccionan de igual manera ante los tratamientos que dispone la medicina actual». En consecuencia, «la responsabilidad del profesional médico es de medios, y como tal no puede garantizar un resultado concreto», incluso cuando se trate de odontología estética. A mayor abundamiento, la diferencia entre medicina curativa y «la llamada medicina voluntaria (…) tampoco aparece muy clara (…) sobre todo a partir de la asunción del derecho a la salud como bienestar en sus aspectos psíquicos y social, y no sólo físico. La responsabilidad del profesional médico es de medios, y como tal no puede garantizar un resultado concreto»[228].

Por ello, al odontólogo sólo le corresponde «poner a disposición del paciente los medios adecuados comprometiéndose no solo a cumplimentar las técnicas previstas para la patología en cuestión, con arreglo a la ciencia médica adecuada a una buena praxis, sino a aplicar estas técnicas con el cuidado y precisión exigible de acuerdo con las circunstancias y riesgos inherentes a cada información». Existe, no obstante, una excepción, el pacto de resultado. Como recuerda el TS, «la distinción entre obligación

---

227 FJ 3 STS 267/2004, de 7 de febrero, de la Sala de lo Civil (núm. rec. 1358/1998 y [*Tol 376561*]).

228 FJ 2 STS 218/2008, de 12 de marzo, de la Sala de lo Civil (núm. rec. 180/2001 y [*Tol 1351235*]).

de medios y de resultados (…), no es posible en el ejercicio de la actividad médica, salvo que el resultado se garantice»[229].

B. Consentimiento informado

Como se acaba de señalar, la obligación del odontólogo «es poner a disposición del paciente los medios adecuados y, en particular, proporcionarle la información necesaria que le permita consentir o rechazar una determinada intervención»[230]. Dicho de otro modo, el deber de información, cuando el acto médico no es necesario, se incrementa y alcanza no solo a los riesgos típicos, sino también a los atípicos. Ello es así por dos razones:

i. Para evitar que pueda prevalecer el interés crematístico del odontólogo, induciendo al paciente a intervenciones superfluas o innecesarias.
ii. Para que el paciente pueda rechazar cualquier tipo de tratamiento o intervención porque la medicina satisfactiva, a diferencia de la curativa, que es necesaria, es prescindible.

Por ello, en los actos de medicina necesaria es suficiente transmitir cuál es la mejor opción para atajar una patología. Es más, un exceso de información puede sumir al paciente en una situación de incertidumbre ante una actuación que debe llevarse a cabo necesariamente. No ocurre lo mismo cuando la actuación sea meramente satisfactiva. Al ser prescindible la intervención médica, una completa información, tanto de los riesgos típicos como a típicos, le permitirá decidir con conocimiento de causa.

Además, «el consentimiento informado (…) incluye el diagnóstico, pronóstico y alternativas terapéuticas, con sus riesgos y beneficios, pero presenta grados distintos (…) [. En concreto, para] los actos médicos realizados con carácter curativo (…) no es menester informar detalladamente acerca de aquellos riesgos que no tienen un carácter típico por no producirse con frecuencia ni ser específicos del tratamiento aplicado, siempre que tengan carácter excepcional o no revistan una gravedad extraordinaria»[231].

---

229 FJ 5 STS 330/2015, de 17 de junio, de la Sala de lo Civil (núm. rec. 1275/2013 y [*Tol 5185814*]).

230 FJ 2 STS 218/2008, de 12 de marzo, de la Sala de lo Civil (núm. rec. 180/2001 y [*Tol 1351235*]).

231 FJ 6 STS 698/2016, de 24 de noviembre (núm. rec. 455/2014 y [*Tol 5899910*]).

4) Casuística

De la misma manera que la cirugía estética, la odontología con fines de embellecimiento queda fuera de la acción protectora de la Seguridad Social y no está incluida en la cartera de servicios del SNS, recogida en los anexos del RD 1030/2006, de 15 de septiembre, regulador de la cartera de servicios comunes del SNS y el procedimiento para su actualización.

Esta circunstancia nos aboca a referirnos únicamente a la jurisprudencia, fundamentalmente de la Sala de lo Civil del TS, y sin recoger —por inexistente— doctrina legal.

Dicho esto, entre los diversos pronunciamientos recaídos, nosotros nos centraremos en 7 sentencias, agrupándolas según se reconociera una indemnización al paciente o no, y dentro de cada grupo por orden cronológico. Todas ellas están relacionadas con la infracción o adecuación de la *lex artis.*

A. Reconocimiento de indemnización

En la **STS de 7 de febrero de 1990**, la Sala de lo Civil, se pronunció, en un recurso de casación promovido por una paciente contra la clínica dental y uno de sus médicos estomatólogos, por los daños causados por este último —fractura orbitaria con resultado de estrabismo— como consecuencia de una intervención en la prótesis dentaria. El TS estimó la casación al significar que, con carácter general, las actuaciones médicas daban lugar a «un contrato de obligación de medios adecuados y no de resultado, salvo en el caso de que la relación jurídica concertada *fuera* reveladora de un **contrato de ejecución de obra**, como sucedía en el caso, entre otros, de **prótesis dentarias** o de otra índole»[232].

La **STS de 28 de junio de 1999** conoció de otro recurso de casación interpuesto por un paciente contra su odontólogo, por el mal resultado de un tratamiento dental, el cual requirió una intervención quirúrgica, con anestesia general, de **colocación de prótesis**. La Sala de lo Civil estimó el recurso por «entenderse infringido, el art. 1583 (en relación con el 1544 del Código civil) al no subsumir (...) la obligación del médico como derivada

232 FJ 4 STS de 7 de febrero de 1990, de la Sala de lo Civil [*Tol 1730390*].

de **contrato de obra**». Para la Sala de lo Civil, la **obligación** del odontólogo «era obtener el **resultado** de sanear (...) la boca del paciente»[233].

En tercer lugar, la **STS de 12 de marzo de 2008** tuvo que resolver una reclamación de responsabilidad civil derivada de una intervención quirúrgica que tenía por objeto la **rehabilitación del maxilar superior izquierdo** de una mujer. Para ello, se repuso masa ósea y se colocaron implantes osteointegrados de piezas dentarias en una prótesis facilitada por la recurrente. En este caso, se dio la circunstancia de que el médico estomatólogo garantizó el éxito del tratamiento. De esta manera, en este contrato, mediante un **pacto de resultado**, la obligación de medios se transformó en una obligación de resultado. En este sentido, el TS remarcó, para desestimar el recurso y condenar al médico estomatólogo al pago de una indemnización, que «la distinción entre obligación de medios y de resultados (...), no *era* posible en el ejercicio de la actividad médica, salvo que el resultado se garantice»[234].

B. Denegación de indemnización

La **STS de 25 de octubre de 2002** estimó un recurso de casación, promovido por una clínica dental y el Instituto Nacional de Salud (INSALUD), porque —a su juicio— no había **relación de causalidad** entre la **endodoncia** practicada y la infección osteomielítica que causó la pérdida de la mandíbula inferior izquierda del paciente. El TS rechazó que la infección fuese provocada por una negligencia, consecuencia de una falta de diagnóstico y tratamiento adecuado, tanto del odontólogo como del médico del Hospital Nuestra Señora de Sonsoles de Ávila porque la infección normalmente

---

233 FJ 3.2 STS 587/1999, de 28 de junio, de la Sala de lo Civil (núm. rec. 3617/1994 y [*Tol 2728468*]).

234 FJ 2 STS 218/2008, de 12 de marzo, de la Sala de lo Civil (núm. rec. 180/2001 y [*Tol 1351235*]). Para calificar la intervención del odontólogo como obligación de resultado, la Sala de lo Civil trajo a colación las SSTS, también de la Sala de lo Civil, de 25 de abril de 1994 [*Tol 73778*], 83/1997, de 11 de febrero (núm. rec. 627/1993 y [*Tol 5114368*]), 286/2004, de 7 de abril (núm. rec. 821/1998 y [*Tol 376551*]), 993/2006, de 4 de octubre (núm. rec. 2873/1999 y [*Tol 1014557*]), y STS 544/2007, de 23 de mayo (núm. rec. 1984/2000 y [*Tol 1106817*]). Todas ellas, salvo la STS 993/2006 —que tuvo por objeto un implante capilar para corregir una alopecia— eran relativas a vasectomías. De aquí puede extraerse que la odontología estética es un supuesto de medicina satisfactiva, junto con la cirugía estética (alopecia) y la que tiene por objeto las funcionalidades del cuerpo humano relacionadas con la procreación (vasectomía).

proviene gérmenes piógenos existentes en el tejido óseo. Por ello, la Sala de lo Civil, descartó «imputar [un] error de diagnóstico, pues (...) el **tratamiento** recibido fue el **correcto** y (...) *adaptado* a las circunstancias específicas del enfermo»[235].

La **STS de 19 de septiembre de 2012**, esta vez de la Sala de lo Contencioso-administrativo, calificó una a la extracción de la muela del juicio como de medicina curativa. En particular, refiriéndose a una **exodoncia de muelas del juicio**, señaló que «la extracción de los cordales superiores para prevenir la enfermedad periodontal no *integraba* un acto de medicina voluntaria o satisfactiva, cuya finalidad es lograr una transformación satisfactoria del propio cuerpo, sino de **medicina curativa**, en cuanto se *encaminaba*, precisamente, a evitar la enfermedad periodontal» (...). Adicionalmente, descartó entrar a valorar la eventual insuficiencia del consentimiento por falta de argumentación del demandante, ya que «la actora se *había limitado* a afirmar que en el caso de la medicina satisfactiva la exigencia del consentimiento informado *era* aún mayor y más estricta»[236].

La **STS de 17 de junio de 2015** resolvió un recurso de casación, interpuesto por una paciente, contra su odontóloga y la clínica dental, en el que se pedía una condena, en concepto de responsabilidad civil, por la **mala colocación de unos implantes de titanio** utilizando la técnica de infiltración. Del relato fáctico de la sentencia se desprendía que, tras la lectura de la radiografía previa a la intervención —una ortopantomografía— la odontóloga no apreció la necesidad de someter a la paciente a pruebas complementarias. Sin embargo, como quiera que tras el implante la recurrente presentara persistentes dolores, la odontóloga encargó una radiografía tridimensional, de la que resultó que una de las piezas dentarias rozaba el nervio dental, el cual le fue retirado. Sin embargo, a pesar de ello, los síntomas no mejoraron. El fallo fue desestimatorio porque, a juicio del TS, en consonancia con la **obligación de medios** propia de la actuación de los odontólogos, las **pruebas practicadas a la recurrente fueron las necesarias y la intervención de la odontóloga se ajustó a la lex artis**[237].

---

235 FJ 4 STS 1004/2002, de 25 de octubre, de la Sala de lo Civil (núm. rec. 1121/1991 y [*Tol 4975134*]).

236 FJ 2 STS de 19 de septiembre de 2012, de la Sala de lo Contencioso-administrativo (núm. rec. 8/2010 y [*Tol 2651403*]).

237 FJ 5 STS 330/2015, de 17 de junio, de la Sala de lo Civil (núm. rec. 1275/2013 y [*Tol 5185814*]).

En la **STS de 24 de noviembre de 2016**, el TS enjuició un caso, promovido por un paciente con un historial clínico complicado —cáncer, mala circulación y tabaquismo—, que recurrió en casación con el fin de obtener una indemnización por los daños sufridos —necrosis de los tejidos— causados como consecuencia de la imposición de 5 **implantes en la mandíbula inferior**. El TS desestimó el recurso porque la **intervención del odontólogo fue correcta**, ya que los actos se ejecutaron conforme a la *lex artis*, y la **información fue suficiente** porque se trataba de un acto de **medicina curativa**[238].

IX. ESTERILIZACIONES

La tercera modalidad de medicina satisfactiva a analizar son las *wrongful conception* o *wrongful pregnacy actions*. En ellas se reclama por el nacimiento de un hijo sano, pero no deseado.

Según afirma HURTADO, «son tres los supuestos de anticoncepciones fallidas que recoge la jurisprudencia en sus sentencias:

1. Por un lado, las intervenciones de esterilización (vasectomías o ligaduras de trompas) negligentemente realizadas, o practicadas de modo correcto, pero con omisión de la debida información (sobre las medidas necesarias a tomar tras la intervención, advertencia del riesgo de fracaso de la esterilización o del método, o necesidad de someterse a análisis posteriores) siendo éste el motivo que suscita el mayor número de reclamaciones.
2. Colocación negligente o incorrecta de un mecanismo anticonceptivo intrauterino (DIU) o subdérmico, o puesta en circulación de un mecanismo anticonceptivo ineficaz, que no impide el embarazo.
3. Abortos fallidos, que conllevan la creencia errónea de no estar embarazada, descubriendo posteriormente que no ha sido eliminado el feto, constituyendo un claro daño moral con respecto a la autodeterminación, al que se añade el daño de no poder someterse al seguimiento médico del embarazo en sus primeros momentos»[239].

---

238 FFJJ 5 y 6 STS 698/2016, de 24 de noviembre, de la Sala de lo Civil (núm. rec. 455/2014 y [*Tol 5899910*]).

239 HURTADO DÍAZ-GUERRA, Isabel (2018): *El daño moral en la responsabilidad patrimonial sanitaria, op. cit.* págs. 217 y 218.

El primer pronunciamiento conocido sobre este tipo de demandas fue la sentencia *Christensen vs. Thornby*, de 1934, de la Corte Suprema de Minesota. Y el primer fallo en reconocer una indemnización fue la sentencia *Custodio vs. Bauer*, de la Corte de Apelación de California, dictada en 1967. En él se condenó a resarcir los gastos no previstos y derivados del nacimiento de un hijo no deseado. Hasta entonces este tipo de pretensiones se habían rechazado porque el neonato había nacido sano.

Dicho esto, en relación con las reclamaciones de responsabilidad por esterilizaciones fallidas, procede remitirse a lo escrito por GARRIDO sobre las *wrongful conception actions* en el cap. 19 (págs. 1386 a 1414), dedicado a las *wrongful actions*. En él se expone: por qué el nacimiento de un hijo no puede considerarse un daño; los requisitos para reclamar por el nacimiento de un hijo no deseado, en particular del daño; así como los motivos de estimación de las reclamaciones (infracción *lex artis*, deficiente información y ruptura del nexo causal). En este epígrafe, sin embargo, no queremos dejar de mencionar, aunque sea de manera breve, el motivo por el que un nacimiento no deseado no puede ser un daño y los hipotéticos daños resarcibles en las *wrongful conception actions*.

Posteriormente, en los aps. 2 y 3, con el fin de hacer una comparativa entre la jurisprudencia de la Sala de lo Civil y de lo Contencioso-administrativo del TS, nos centraremos en la doctrina jurisprudencial y la casuística. Terminaremos con un ap. 4, en el que brevemente nos referiremos a la doctrina legal. De esta manera podrá comprobarse por qué en el orden contencioso-administrativo, a diferencia de la jurisdicción ordinaria, todavía se sostiene que la medicina satisfactiva es una medicina de resultado en la que se produce una inversión de la carga de la prueba.

1) La vida como bien y daños indemnizables

La existencia de un daño, como presupuesto para reconocer una indemnización en concepto de responsabilidad patrimonial, tiene tintes singulares en las *wrongful pregnacy actions*.

Aunque parezca obvio, es necesario recordar que «la vida humana es un bien precioso en cualquier sociedad civilizada, cuyo ordenamiento la protege ante todo y sobre todo. [Por ello, según refiriera en su día la STS de 5 de junio de 1998], no puede admitirse que el nacimiento de hijos no previstos sea un mal para sus progenitores»[240]. De hecho, «la doctrina y la jurisprudencia rechazan de manera unánime que, en los supuestos de anticoncepciones fallidas el daño consista en la concepción y posterior nacimiento del hijo no deseado»[241].

Ahora bien, con el fin de posibilitar el resarcimiento por nacimiento de hijos no deseados, la doctrina alemana alumbró la teoría de la separación (*Trennungslehre*), conforme a la cual hay que diferenciar entre la vida y el daño. A partir de aquí se separa la vida del daño, para permitir que éste sea indemnizable, tanto en su dimensión moral como patrimonial.

A. Daños morales

En opinión de VICANDI, y con ella la mayoría de la doctrina, el nacimiento no deseado sería resarcirse en concepto de daños morales, por el impacto, por «los sentimientos de angustia y aflicción que puede padecer un matrimonio por un embarazo no deseado (...). Del mismo modo, entraría dentro de esta categoría la preocupación derivada de una gestación no prevista dentro de un círculo familiar, así como las molestias sufridas por un paciente al que se le ha practicado una intervención infructuosa, ya que ha tenido un resultado fallido»[242].

Otros autores identifican «el bien o interés jurídicamente protegido en los supuestos de anticoncepciones fallidas (...) [en] la libertad de procrear, en tanto que manifestación de la dignidad de la persona y del libre desarrollo de la personalidad, reconocidos en el art. 10.1 de la Constitución Española»[243]. Para ellos el daño moral se produce por el mero hecho de mermar la autodeterminación procreativa.

---

240 FJ 2 STS 531/1998, de 5 de junio, de la Sala de lo Civil (núm. rec. 878/1994 y [*Tol 5119951*]).

241 MARTÍN CASALS, Miquel y SOLÉ FELIÚ, Josep (2004): «Sentencia de 29 de mayo de 2003: responsabilidad sanitaria. Ligadura de trompas fallida que no impide un posterior embarazo. Deber de informar sobre las probabilidades de que la operación de esterilización resulte ineficaz», *Cuadernos Civitas de Jurisprudencia Civil*, núm. 64, pág. 211.

242 VICANDI MARTÍNEZ, María Aránzazu (2017): *El error médico en la cirugía estética. La respuesta judicial del Derecho a la casuística en la Medicina voluntaria, op. cit.* pág. 82.

243 MARTÍN CASALS, Miquel y SOLÉ FELIÚ, Josep (2004): «Sentencia de 29 de mayo de 2003: responsabilidad sanitaria. Ligadura de trompas fallida que no impide un posterior embarazo. Deber de informar sobre las probabilidades de que la operación de esterilización resulte ineficaz», *op. cit.* págs. 214 y 215. En cuanto

B. Daños patrimoniales

El debate en torno a los daños patrimoniales se centra en los denominados gastos «de crianza». Como punto de partida, en nuestro ordenamiento jurídico deben rechazarse como indemnizables, por ser inherentes a la paternidad, los gastos de manutención *lato sensu* (alimentos, ropa, escolarización, vivienda, etc.). Todos ellos están incluidos dentro de la obligación de alimentos del art. 151 CC, la cual es intransferible. Por ello, los mismos no pueden ser considerados un daño, con independencia de que el hijo no fuese deseado.

Cuestión distinta son los gastos asociados al embarazo y parto. «En principio, doctrina y jurisprudencia están de acuerdo en considerar como indemnizable el daño emergente y el lucro cesante derivados del embarazo y posterior nacimiento del hijo. Así, se admite la indemnización de los gastos derivados por el embarazo y parto (gastos de asistencia médica y otros gastos suplementarios). También se consideran indemnizables las ganancias dejadas de obtener como consecuencia del embarazo y del parto cuando, por ejemplo, la madre «al necesitar guardar cama, a causa del embarazo, *dejase* de atender debidamente el negocio que regentaba [—u otra actividad económica—] con la consiguiente aminoración productiva, o debe abandonar temporalmente o definitivamente su trabajo habitual con los subsiguientes perjuicios económicos»[244].

Llegados a este punto, hay que saber que el TS mantiene una posición restrictiva respecto del lucro cesante. Lo reconoce únicamente «en el caso de que se probara la existencia de un perjuicio efectivo como consecuencia de la necesidad de desatender ciertos fines ineludibles o muy relevantes mediante la desviación para la atención al embarazo y parto y la manutención del hijo de recursos propios en principio previstos para dichas fi-

---

a la jurisprudencia, la STS de 3 de octubre de 2000, de la Sala de lo Contencioso-administrativo (núm. rec. 3095/1996 y [*Tol 216732*]), sostuvo que «la frustración de la decisión sobre la propia paternidad o maternidad (...), ha comportado una restricción de la facultad de autodeterminación derivada del libre desarrollo de la personalidad, al que pertenecen también ciertas decisiones personalísimas» (FJ 5).

244 MARTÍN CASALS, Miquel y SOLÉ FELIÚ, Josep (2001): «Responsabilidad civil por anticoncepción fallida (wrongful conception)», *La Ley*, núm. 2, pág. 1644.

nalidades, en tanto no sea previsible una reacomodación de la situación económica o social del interesado o de los interesados»[245].

2) *Doctrina jurisprudencial*

Las *wrongful conception actions* tienen su origen en una esterilización no ajustada a la praxis médica o en una omisión informativa, en ambos casos, respecto de intervención de esterilización o implantación de mecanismos anticonceptivos.

A. *Lex artis*

Las esterilizaciones, junto con la cirugía con fines de embellecimiento y la odontología estética, son las tres áreas en las que se ha debatido si la obligación del deudor de la prestación es una obligación de medios o de resultado.

Sobre este particular cabe reiterar con VICANDI que «cualquier acto médico de esterilización, bien sea una vasectomía, bien una ligadura de trompas, bien una colocación de un DIU, etc., conforma una obligación de medios y no de resultado»[246]. Con esta argumentación, la Sala de lo Civil del TS rechaza que todo embarazo no deseado deba ser considerado una infracción de la *lex artis*, y en última instancia, suele abogar por desestimar las reclamaciones de responsabilidad civil por fallos de esterilización.

La Sala de lo Contencioso-administrativo, al mantener que la medicina satisfactiva es una obligación de resultado, acude a las limitaciones del estado de la técnica para romper el binomio fallo de esterilización-infracción de la *lex artis.* En concreto, afirma que en las esterilizaciones «existe un porcentaje de fracasos reducido, (…) en condiciones que no pueden ser definidas de modo seguro (…) pero que comporta la posible recuperación de la fertilidad»[247]. De esta manera, limita el reconocimiento de indemnizaciones por embarazo no deseado al correcto o inadecuado consentimiento informado

---

[245] FJ 2 STS de 26 de abril de 2006, de la Sala de lo Contencioso-administrativo (núm. rec 257/2005 y [*Tol 948948*]).

[246] VICANDI MARTÍNEZ, María Aránzazu (2017): *El error médico en la cirugía estética. La respuesta judicial del Derecho a la casuística en la Medicina voluntaria, op. cit.* pág. 77.

[247] FJ 9 STS de 3 de octubre de 2000, de la Sala de lo Contencioso-administrativo (núm. rec. 3095/1996 y [*Tol 216732*]).

Esta dualidad de líneas jurisprudenciales es posible porque, las esterilizaciones, a diferencia de la cirugía y odontología estética, están incluidas en la cartera de servicios del SNS[248]. Por eso no sólo existe jurisprudencia civil. Ésta convive con la jurisprudencia contencioso-administrativa y la doctrina legal.

De resultas de lo anterior, ya sea porque las esterilizaciones son una obligación de medios o por las limitaciones del estado de la técnica, el TS rara vez anuda a una esterilización fallida la condena al pago una cantidad de dinero. La realidad subyacente es la dificultad de cometer negligencias en unas intervenciones, en principio, sencillas.

B. Consentimiento informado

A diferencia de la *lex artis*, la Sala de lo Civil y la Sala de lo Contencioso-administrativo del TS llegan a conclusiones similares en materia de consentimiento informado. Tanto una como otra condenan al pago de una indemnización cuando se detecta un incumplimiento del deber de información reforzado propio de la medicina satisfactiva.

En efecto, las operaciones con fines de esterilización dan lugar, en las relaciones entre particulares a «un contrato de servicios, con una añadidura de diligencia en lo que a las cuestiones informativas se refiere»[249]. A la misma conclusión se llega si la intervención quirúrgica ha sido llevada a cabo en el marco del SNS. Tanto en uno como en otro caso, la principal singularidad radica en la intensificación del deber de información como consecuencia del carácter satisfactivo o voluntario de la actuación médica.

3) Casuística

Como se ha expuesto al comienzo de este epígrafe, las acciones por nacimiento no deseado son consecuencia de intervenciones de esterilización, implantación de mecanismos anticonceptivos y abortos fallidos. Salvo los

---

248 El anexo III del RD 1030/2006 regula la cartera de servicios comunes de la atención especializada. Su ap. 5 especifica los servicios comprendidos en ella. En particular, de acuerdo con el ap. 5.3.7.3, comprende la «realización de ligaduras de trompas y de vasectomías, de acuerdo con los protocolos de los servicios de salud, excluida la reversión de ambas».

249 FJ 9 STS de 3 de octubre de 2000, de la Sala de lo Contencioso-administrativo (núm. rec. 3095/1996 y [*Tol 216732*]).

abortos fallidos, que rara vez se judicializan, tanto las intervenciones de esterilización como los mecanismos anticonceptivos, han obligado a pronunciarse al TS en distintas ocasiones.

A continuación, exponemos, en sendos apartados, los principales fallos recaídos en lo que llevamos de siglo, tanto respecto de las intervenciones de esterilización como los mecanismos anticonceptivos. Hay que advertir que, en este epígrafe, citaremos tanto la jurisprudencia civil como la contencioso-administrativa, y sin distinguir si la *ratio decidendi* se refiere a la *lex artis* y el consentimiento informado.

A. Intervenciones de esterilización

Los supuestos más habituales de reclamaciones *wrongful pregnacy* se refieren a las intervenciones de esterilización. Con el fin de exponer la actualidad jurisprudencial del TS, tanto civil como contencioso-administrativa, distinguiremos la doctrina relativa a vasectomías y ligaduras de trompas.

Para ello, clasificaremos los fallos, en primer lugar, en atención al tipo operación y, en segundo término, según se reconozca una indemnización o no. No distinguiremos en función de la causa de reconocimiento o denegación, a saber la *lex artis* o el consentimiento informado, porque el elemento determinante es éste último.

a) Vasectomías

La vasectomía es una cirugía sencilla que tiene por objeto cortar los conductos deferentes, que son los encargados de llevar los espermatozoides hasta la uretra. De esta manera, los espermatozoides, al no poder salir de los testículos, permiten realizar el acto sexual sin posibilidad de fecundar el óvulo. La garantía de esta intervención no es absoluta porque existe un pequeño porcentaje de recanalización espontánea que oscila entre un 0'16 y 2 por ciento. Con posterioridad a la vasectomía se suelen realizar dos análisis, denominados espermiogramas, para confirmar la azoospermia, esto es, la ausencia de espermios en el eyaculado.

Reconocimiento de indemnización

La **STS de 2 de julio de 2002** abordó una intervención de vasectomía durante la cual se produjo un gran hematoma que provocó la pérdida de un testículo del recurrente. En este caso, el TS consideró que no hubo mala praxis, pero sí omisiones informativas de relevancia. La Sala de lo Civil, excluyó la infracción de la ***lex artis*** porque «***faltaba* la base fáctica** necesaria para entender que existió una negligencia en la actuación médica (...). [Para el TS], la existencia de un **nexo causal** entre la operación de vasectomía y el daño causado (atrofia de un testículo) **no es suficiente** para sentar la responsabilidad médica»[250]. En cambio, respecto de las **omisiones informativas**, el TS consideró que la hemorragia, de acuerdo con la información resultante de la fase probatoria, era un **riesgo típico**[251].

La **STS de 7 de abril de 2004** resolvió una *wrongful conception action* con pacto de resultado en la que la mujer del reclamante quedó embarazada. La Sala de lo Civil apreció una vulneración del derecho del padre a la información porque la falta de comunicación de una posible recanalización le privó de tomar una decisión correcta. En particular, el TS, después de practicar una inversión de la carga de la prueba, consideró que «no nos *encontrábamos* ante una información errónea (...) sino en una **absoluta y total falta de información**»[252].

En la **STS de 8 de febrero de 2005,** la Sala de lo Contencioso-administrativo conoció de un recurso de casación de un supuesto de embarazo no deseado a pesar de haber practicado dos vasectomías. El TS desestimó el recurso del centro médico y el urólogo que practicó la cirugía y reconoció la indemnización, por la **falta de información** adecuada de la realidad de tal operación, por no referirse al porcentaje de fallos de esterilización[253].

La **STS de 26 de abril de 2006** se pronunció sobre una reclamación de responsabilidad patrimonial, interpuesta por una persona que había sido padre con posterioridad a una vasectomía. En esta ocasión el TS, tras considerar que la vasectomía estaba bien realizada, desestimó el recurso promovido por la Generalitat Valenciana al entender que el consentimiento se había prestado de manera inadecuada. Para la Sala de lo Contencioso-administrativo, la **información fue defectuosa** ya que «lo único que exis-

---

250 FJ 5 STS 667/2002, de 2 de julio, de la Sala de lo Civil (núm. rec. 2769/1996 y [*Tol 4975820*]).

251 *Idem.*

252 FJ 1 STS 286/2004, de 7 de abril, de la Sala de lo Civil (núm. rec. 821/1998 y [*Tol 376551*]).

253 STS 69/2005, de 8 de febrero, de la Sala de lo Civil (núm. rec. 3760/1998 y [*Tol 927686*]).

tía eran las supuestas **informaciones verbales** practicadas al paciente»[254]. Adicionalmente, consideró —invirtiendo la carga de la prueba— que la Administración no había acreditado la comunicación verbal de la posibilidad de recanalización espontánea y su posterior plasmación en la «hoja» de consentimiento informado.

Denegación de indemnización

La **STS de 3 de octubre de 2000** es una sentencia de obligada cita. Absolvió al INSALUD de abonar una indemnización por una vasectomía fallida practicada por un centro concertado de Calahorra[255]. En ella, en primer lugar, la Sala de lo Contencioso-administrativo rechazó la falta de consentimiento informado. Según su parecer «se *hizo* constar en la ficha [de la historia clínica,] obrante en el expediente (...) [, la posibilidad de un] porcentaje mínimo (...) de recanalizaciones» espontáneas»[256]. De este modo admitió la **comunicación oral de la información.** En segundo término —y aquí radica la importancia de del fallo— concluyó que la **esterilización fallida era un riesgo asumido**, por inherente, en este tipo de operaciones. De este modo, sirviéndose de la cláusula de los riesgos del progreso, a pesar de calificar la intervención como medicina de resultado, denegó la indemnización pedida por el recurrente.

En la **STS de 11 de mayo de 2001** la Sala de lo Civil ventiló un recurso por nacimiento no deseado en el que el recurrente se había sometido a una vasectomía, y tras ella, comenzó a mantener relaciones con su mujer.

---

254 FJ 2 STS de 26 de abril de 2006, de la Sala de lo Contencioso-administrativo (núm. rec. 257/2005 y [*Tol 948948*]).

255 Como afirman LÓPEZ MENUDO, GUICHOT y CARRILLO, «un interesante supuesto nos lo proporciona la STS de 3 de octubre de 2000 que suscita además una interesante distinción entre medicina curativa y medicina satisfactiva. En ella un padre de familia de escasos recursos económicos al que *se le practicó* una vasectomía en un hospital público *solicitó* indemnización en concreto de daños morales y gastos de manutención por el nacimiento de una hija cuya paternidad *acreditó* en autos. Se *discutió*, entre otras interesantísimas cuestiones, si entre la actividad administrativa y el daño producido *existía* nexo de causalidad; y si el daño padecido *podía* ser considerado antijurídico por no existir una obligación del particular de soportarlo». LÓPEZ MENUDO, Francisco, GUICHOT REINA, Emilio y CARRILLO DONAIRE, José Antonio (2005): *La responsabilidad patrimonial de los poderes públicos, op. cit.* pág. 125.

256 FJ 12 STS de 3 de octubre de 2000, de la Sala de lo Contencioso-administrativo (núm. rec. 3905/1996 y [*Tol 1717207*]).

Las tuvo a pesar de haber sido advertido, hasta en tres ocasiones, del fallo de la intervención esterilizadora porque se habían detectado espermatozoides en los espermiogramas, la cual quedó embarazada. De este fallo se desprende que la desestimación de la casación fue debida, al margen de las deficiencias de la «hoja» de consentimiento informado, por seguir una **conducta contraria a la prescripción médica**. A juicio del TS «el deber de información fue cumplido por el facultativo ya que (...) por un acto deliberado y voluntario del esposo (...) no *actuó* conforme a las elementales precauciones correspondientes»[257].

La **STS de 29 de octubre de 2004** destaca por centrarse, sin necesidad de pronunciarse sobre la mala praxis o el consentimiento informado exclusivamente, en la **falta de prueba de la paternidad**. En palabras de la Sala de lo Civil, «la acción de indemnización por razón del fracaso del resultado de la intervención de vasectomía tan solo puede prosperar si se ha acreditado que el paciente es el padre del futuro embarazo[258]. En relación con esta cuestión, LÓPEZ MENUDO, GUICHOT y CARRILLO recuerdan que «el Tribunal Supremo tiene establecido que en estos casos corresponde al reclamante aportar la prueba de paternidad»[259]. Entienden que no cabe considerar la habitual presunción de paternidad dentro del seno familiar porque «las presunciones ceden al ponerse en litigio la infertilidad de una persona»[260].

La **STS de 23 de mayo de 2007** también tuvo por objeto una esterilización fallida. En ella el TS, confirmó la SJPI y SAP, y negó una indemnización porque: por un lado, la intervención fue acorde a la ***lex artis***: y por otro, porque el recurrente fue **advertido** de la posibilidad de **recanalización espontánea**. Si acaso, como singularidad, cabe resaltar que la Sala de lo Civil desestimó la casación, a pesar de no existir reflejo documental del consentimiento informado, porque dedujo que «existió una información

257 FJ 8 STS 447/2001, de 11 de mayo, de la Sala de lo Civil (núm. rec. 1044/1996 y [*Tol 4974267*]).

258 STS 1052/2004, de 29 de octubre, de la Sala de lo Civil, (núm. rec 2883/1998 y [*Tol 514251*]).

259 LÓPEZ MENUDO, Francisco, GUICHOT REINA, Emilio y CARRILLO DONAIRE, José Antonio (2005): *La responsabilidad patrimonial de los poderes públicos*, op. *cit.* pág. 125.

260 LÓPEZ MENUDO, Francisco y GHICHOT REINA, Emilio (2000): «Esterilización frustrada ¿Responsabilidad administrativa? Comentario a la Sentencia del Tribunal Supremo de 3 de octubre de 2000», *Revista Andaluza de Administración Pública, núm.* 40, pág. 126.

muy detallada sobre los cuidados que debía seguir el paciente (...) para evitar los riesgos de recanalización»[261].

b) Ligaduras de trompas

La ligadura de trompas, practicada las más de las veces mediante electrocoagulación tubárica, es una cirugía para cerrar las trompas de Falopio de una mujer, que son las que conectan los ovarios con el útero. La mujer que se somete a esta operación, en principio, no podrá quedar embarazada. No obstante, existe un margen de error inferior al 1 por ciento.

Reconocimiento de indemnización

La **STS de 27 de abril de 2001**, reconoció a la reclamante una indemnización al entender que la «**hoja**» **de consentimiento** informado consistió en un **formulario genérico**. En palabras de la Sala de lo Civil, «la información (...) no *reunía* ni se *aproximaba* a los presupuestos (...) para poder considerarlo como información correcta, ya que (...) la actora y su marido firmaron un documento impreso (...) carente de todo rigor informativo, por ser un modelo general para toda clase de informaciones, sin especificación concreta de los riesgos y alternativas de la intervención (...) y la posibilidad de poder quedar embarazada»[262].

La **STS de 29 de mayo de 2003** también apreció una deficiente información por empleo **de formularios-tipo**. Este pleito tuvo como presupuesto la petición de la recurrente a su ginecólogo, con ocasión de su tercer embarazo, de la realización de una ligadura de trompas. Posteriormente, la madre dio a luz a dos gemelas. La Sala de lo Civil casó la sentencia porque, según su parecer, el consentimiento no estaba bien prestado ya que solo se facilitó a la recurrente un texto informativo «tipo». En cuanto a la **indemnización**, reconoció una indemnización de 10.000.000 de pesetas, en concepto de daños patrimoniales y morales, pero desestimó la petición de una **pensión periódica**[263].

---

[261] FJ 3 B) STS 544/2007, de 23 de mayo, de la Sala de lo Civil (núm. rec. 1984/2000 y [*Tol 1106817*]).

[262] FJ 1 STS 416/2001, de 27 de abril, de la Sala de lo Civil (núm. rec. 1216/1996 y [*Tol 4974257*]).

[263] STS 511/2003, de 29 de mayo, de la Sala de lo Civil (núm. rec. 3119/1997 y [*Tol 274445*]).

En tercer lugar, la **STS de 23 de febrero de 2005** conoció de una ligadura de trompas fallida. Al quedar embarazada, la recurrente interpuso una reclamación de responsabilidad patrimonial, y al ser rechazada, un recurso contencioso-administrativo, y después, otro de apelación. La Sala de lo Contencioso-administrativo estimó el recurso porque **no *constaba*** en el expediente administrativo la «**hoja**» **de consentimiento informado** y del mismo no se desprendía la fase información previa. Ante tal tesitura, aplicando la **regla de la mayor facilidad y disponibilidad probatoria**, concluyó «que la paciente no fue oportuna y debidamente informada de los riesgos que estadísticamente pueden derivarse (...) en cuanto a la posibilidad de un embarazo posterior»[264].

Otro supuesto de reconocimiento de indemnización por **defecto de información** lo encontramos en la **STS de 9 de mayo de 2005,** de la Sala de lo Contencioso-administrativo. En este pleito, la reclamante se sometió a una ligadura de trompas —por consejo médico— en el Hospital de Caravaca de la Cruz, dependiente del INSALUD, para **no empeorar la pérdida de visión** tras dos desprendimientos de retina. En lo que aquí interesa hay que destacar que la ligadura de trompas no impidió: que la recurrente en casación volviera a quedar embarazada; que posteriormente sufriera un tercer y un cuarto desprendimiento de retina; y en última instancia, que padeciese una notoria pérdida de visión. El elemento diferencial de este pleito radica en la razón de la ligadura de trompas, y en particular en la consideración de la misma como **cirugía necesaria**. Por eso el reproche del TS a la Audiencia Nacional, en vez de estar centrado en el carácter oral u escrito de la comunicación de la información, se centró en reconocer un daño moral por falta de información efectiva sobre la posibilidad de volver a concebir. Como posteriormente se verá en la STS de 29 de junio de 2007, de la Sala de lo Civil, en un supuesto análogo, el TS denegó la indemnización por considerar que el acto era propio de la medicina satisfactiva[265].

Denegación de indemnización

En la **STS de 21 de junio de 2002** la Sala de lo Civil desestimó el recurso, sin necesidad de pronunciarse sobre el consentimiento informado, por

---

264 FJ 3 STS de 23 de febrero de 2005, de la Sala de lo Contencioso-administrativo (núm. rec. 145/2004 y [*Tol 675382*]).

265 FJ 6 STS de 9 de mayo de 2005, de la Sala de lo Contencioso-administrativo (núm. rec. 3546/2001 y [*Tol 657106*]) con reproducción de parte del FJ 5 de la tantas veces citada STS de 3 de octubre de 2000 (núm. rec. 3905/1996 y [*Tol 1717207*]).

falta de nexo causal entre el daño —heridas de cicatriz— y la actuación médica. La recurrente alegó deficiente información respecto de «los problemas que como consecuencia de la (...) intervención [de ligadura de trompas, practicada antes de concebir a su quinto hijo,] aún se podían producir» después de la misma. En este recurso el TS descartó: en primer lugar, la existencia de **nexo causal** entre las **heridas de cicatriz y la primera cesárea**; en segundo término —y como consecuencia de ello— rechazó reconocer una indemnización por fallo de la primera ligadura de trompas. El TS no tuvo que valorar la infracción de la *lex artis* o la insuficiencia del **consentimiento informado** porque **«no se consideró acreditada» su versión de los hechos**[266].

La **STS de 29 de junio de 2007** entró a valorar un supuesto de falta de información en relación con un **acto médico de esterilización de carácter necesario**. En esta ocasión, la ligadura de trompas no respondía a la voluntad de no volver a concebir, sino a razones de salud habida cuenta que ya había tenido dos partos por cesárea previos al último embarazo. El TS, al valorar que la intervención era una actuación de **medicina curativa**, rebajó el nivel de exigencia del deber de información y concluyó que el consentimiento se había prestado de manera adecuada. Para la Sala de lo Civil fue suficiente indicar que la ligadura de trompas era el método más seguro para no volver a quedarse embarazada por ser esta intervención «un método de planificación familiar permanente (...) que la actora habría elegido (...) incluso después de haberse advertido del riesgo de un nuevo embarazo»[267].

La **STS de 2 de octubre de 2007** conoció un caso de ligadura de trompas practicada con ocasión de una cesárea en la que la recurrente volvió a quedarse embarazada. En esta ocasión la Sala de lo Contencioso-administrativo confirmó las sentencias recaídas en instancia. La particularidad de este

---

[266] FJ 4 STS 616/2002, de 21 de junio, de la Sala de lo Civil (núm rec. 3948/1996 y [*Tol 4975746*]).

[267] FJ 3 STS 759/2007, de 29 de junio, de la Sala de lo Civil (núm. rec. 2094/2000 y [*Tol 1113002*]). Este fallo de la Sala de lo Civil del TS choca con la citada STS de 9 de mayo de 2005, de la Sala de lo Contencioso-administrativo, en la que, a pesar de existir razones terapéuticas —lesiones oculares— se estimó la reclamación por insuficiencia informativa. De esta manera, mientras que la STS de 9 de mayo de 2005 sostuvo que debería haberse informado a la recurrente de la posibilidad de volver a quedar embarazada, la STS de 29 de junio de 2007, juzgó que era suficiente con comunicar que la ligadura de trompas era la solución terapéutica más adecuada y no que no era necesario informar acerca de la posibilidad de volver a quedar embarazada al tratarse de una cirugía curativa.

pleito se halla en el objeto la controversia jurídica. Frente a la mayoría de los fallos, en los que el elemento determinante del pronunciamiento es el informativo, en esté se alegó **mala praxis** del acto médico. El sentido del fallo fue desestimatorio, al **descartar** —como pretendía la recurrente— que la catalogación de la medicina satisfactiva como **medicina de resultados implicase la indemnización de todo embarazo no deseado**. En esta ocasión el TS volvió a indicar que el estado de conocimientos de la técnica era compatible con «un determinado índice de fracasos, al margen de la correcta aplicación de la técnica propia de la medicina satisfactiva»[268].

En la **STS de 28 de noviembre de 2007** volvemos a toparnos con una ligadura de trompas practicada con ocasión de un parto por cesárea. Esta sentencia, a diferencia de las comentadas SSTS de 27 de abril de 2001 y 29 de mayo de 2003, también de la Sala de lo Civil —y en las que se falló que una «hoja» de consentimiento informado genérico no era idónea— desestimó el recurso de casación. Lo hizo porque valoró que el **documento genérico, completado con la información comunicada de manera verbal** cumplían con las exigencias de información «puntual, correcta, veraz, leal, continuada, precisa y exhaustiva»[269].

Finalmente, la **STS de 21 de julio de 2008** dirimió un recurso de casación para la unificación de la doctrina, en el que se cuestionaba que la **información** previa y la suscripción de la «hoja» de consentimiento informado pudieran realizarse el **mismo día de la ligadura de trompas**. La Sala de lo Contencioso-administrativo, aunque desestimó el recurso de casación para la unificación de la doctrina por falta de contradicción de las sentencias aportada, incorporó la *ratio decidendi* de la STSJ del País Vasco de 28 de septiembre de 2000. De acuerdo con esta última, «la recurrente fue debidamente informada de los riesgos de la operación quirúrgica, sin que *fuera* suficiente para desvirtuar esta afirmación el hecho de que (...) fuera **extranjera**, ya que ello no quiere decir que no entendiera nada el castellano (...) ni que no comprendiera las explicaciones dadas, o por lo menos dicho extremo no ha quedado acreditado»[270].

---

268 FJ 3 STS de 2 de octubre de 2007, de la Sala de lo Contencioso-administrativo (núm. rec. 9208/2003 y [*Tol 1156845*]).

269 FJ 3 STS 1216/2007, de 28 de noviembre, de la Sala de lo Civil (núm. rec 4881/2000 y [*Tol 1213859*]).

270 FJ 2 STS de 21 de julio de 2008, de la Sala de lo Contencioso-administrativo (núm. rec. 309/2006 y [*Tol 1353229*]) y FJ 3 STSJ del País Vasco 840/2000, de 28 de septiembre, de la Sala de lo Contencioso-administrativo (núm. rec. 4864/1996).

B. Mecanismos anticonceptivos

La jurisprudencia también se ha pronunciado sobre embarazos no deseados tras la implantación de mecanismos anticonceptivos. Fuera de los casos de la STS de 24 de septiembre de 1999, de la Sala de lo Civil, y de las SSTS de la Sala de lo Contencioso-administrativo de 3 de mayo de 2012 y 7 de mayo de 2018 no existen pronunciamientos sobre el fondo del Alto Tribunal[271]. Por ello, en este apartado nos serviremos de la jurisprudencia menor.

Así, teniendo en cuenta el tipo de mecanismo (dispositivo intrauterino o intratubario o implante subdérmico), nos centraremos en el DIU, Essure e Implanon, por ser los mecanismos anticonceptivos que han atraído el foco judicial. El primero, por la frecuencia de su uso, el segundo por haber sido retirado a causa de los efectos secundarios, y el tercero porque provocó un pronunciamiento del Tribunal Constitucional (TC).

En estos supuestos, de la misma manera que en las intervenciones de esterilización, diferenciaremos según se reconozca o no una indemnización atendiendo a *lex artis* o el consentimiento informado.

a) DIU

El dispositivo intrauterino (DIU) es un objeto pequeño, de cobre o plástico, que se coloca en el interior del útero, sobre el endometrio, a fin de impedir el embarazo. Existen dos tipos, ambos tienen forma de T y se caracterizan por la reversibilidad. Sus nombres comerciales son Paragard, para el primero, y Mirena, Kyleena, Liletta, y Skyla, para el segundo.

El primero, conocido como DIU no hormonal, se sirve del cobre porque provoca una reacción inflamatoria que es tóxica para los espermatozoides y los óvulos. El segundo, conocido como DIU hormonal, se caracteriza: por evitar que los óvulos salgan de los ovarios; o por liberar una pequeña cantidad de la hormona progestina que hace que el moco del cuello uterino se vuelva más espeso de manera que bloquee el espermatozoide para que no llegue al óvulo.

---

[271] STS 766/1999, de 24 de septiembre, de la Sala de lo Civil (núm. rec. 3543/1995 y [*Tol 3956593*]) y SSTS de la Sala de lo Contencioso-administrativo de 3 de mayo de 2012 (núm. rec. 4397/2010 y [*Tol 2543136*]) y 741/2018 (núm. rec. 1579/2016 y [*Tol 6602629*]).

Señalamos a continuación cuatro fallos, distinguiéndolos por reconocer una indemnización al apreciar infracción de la *lex artis* y por denegarla por no haberse infringido la *lex artis* y ser suficiente y adecuado el consentimiento informado. De los mismos resulta la importancia de proceder a su retirada cuando por circunstancias sobrevenidas esté así indicado, así como de informar sobre dicha circunstancia.

Reconocimiento de indemnización

Aunque lejana en el tiempo, merece ser citada la **STS de 24 de septiembre de 1999** por ser el primer pronunciamiento del TS relacionado con los mecanismos anticonceptivos. Este fallo reconoció una indemnización a la reclamante contra la Diputación de Valencia y DIU SA, por haberse quedado embarazada después de serle implantada un DIU el 28 de enero de 1987 en el Centro de Planificación Familiar de Gandía. Para ello aplicó la Ley 26/1984, de 19 de julio, general para la defensa de los consumidores y usuarios.

La Sala de lo Civil, confirmando el criterio de la AP de Valencia, condenó a la Diputación de Valencia por **infracción de la *lex artis* al atribuirle una función de garante**. En palabras de la Sala de lo Civil, «la responsabilidad que *procedía derivaba* de que el producto no *reuniera* las debidas y exigidas garantías de niveles determinantes de su eficacia y seguridad». También condenó a DIU SA, distribuidor del mecanismo anticonceptivo, por «aceptar el producto sin efectuar comprobación ni verificación técnica alguna acerca de su estructura y composición, así como de su aptitud para el fin a que se destinaban»[272].

Como *obiter dictum* recalcó que la relación entre la Diputación de Valencia y la reclamante «se *aproximaba* a un contrato de arrendamiento de obra al perseguirse un resultado concreto, perfectamente decidido, pero, en todo caso, *había* de atenderse a la obligación de medios y, con ello, que estos deben ser los adecuados e idóneos para conseguir el fin pretendido»[273].

En la actualidad, esta tesis, ha sido desplazada por la doctrina jurisprudencial emanada de las SSTS de 21 de diciembre de 2020 y a la que hemos

---

[272] FFJJ 4 y 1 STS 766/1999, de 24 de septiembre, de la Sala de lo Civil (núm. rec. 3543/1995 y [*Tol 3956593*]).

[273] FJ 3 STS 766/1999, de 24 de septiembre, de la Sala de lo Civil (núm. rec. 3543/1995 y [*Tol 3956593*]).

hecho referencia en el apartado dedicado a la doctrina legal sobre la cirugía estética[274].

Otro fallo de condena a la Administración sanitaria —en este caso el Servicio Navarro de Salud— es la **SJCA núm. 3 de Pamplona de 4 de julio de 2018**. Apreció una **infracción de la *lex artis* por no retirar un DIU**, colocado en 2005, e implantar un segundo DIU en 2012, a pesar de ser portadora de bacterias actinomices, incompatibles con dicho dispositivo. Dicha conducta, que causó una enfermedad de inflamación pélvica que obligó a extirpar el ovario y las trompas de Falopio, llevó al magistrado a la siguiente conclusión: «existió mala praxis al no tratarse correctamente la infección bacteriana, además de colocarse dos dispositivos intrauterinos lo que aumentó el riesgo de la enfermedad inflamatoria pélvica que finalmente padeció la actora»[275].

Denegación de indemnización

La **STSJ de Madrid de 22 de enero de 2021** desestimó un recurso contencioso-administrativo en el que se alegó tanto la infracción de la *lex artis* como la insuficiencia del consentimiento informado. Los hechos relevantes fueron los siguientes: A la recurrente le fue colocado un DIU el 23 de octubre de 2017 en el Hospital Puerta de Hierro de Majadahonda. A causa de los daños que le provocaba el mecanismo anticonceptivo, por presionar una zona nerviosa, acudió al servicio de urgencias del Hospital Puerta del Hierro el 27 de octubre de 2017. Allí, después de practicarle una ecografía, procedieron de urgencia a la retirada del DIU por haber migrado a la pelvis. También le extirparon las trompas de Falopio.

Sobre la perforación del útero, el TSJ de Madrid **no la calificó como «una mala praxis** en la colocación del DIU **sino una complicación típica** asociada a la inserción del dispositivo». Como recordó la Sala de lo Contencioso-administrativo, «la perforación uterina por DIU es de una de las complicaciones típicas de la inserción del DIU». También avaló la salpinguectomía como alternativa quirúrgica porque, en atención a los antecedentes clínicos, la edad (44 años) y la intolerancia a los demás anticonceptivos, era

---

274 STS 1806/2020, de 21 de diciembre, de la Sala de lo Contencioso-administrativo (núm. rec. 803/2019 y [*Tol 8291027*]).

275 FJ 5 SJCA núm. 3 de Pamplona 180/2018, de 4 de julio (núm. rec. 180/2018 y [*Tol 8434595*]).

«razonable ofrecer la posibilidad de aprovechar el mismo acto quirúrgico para darle una solución a la anticoncepción»[276].

En cuanto al consentimiento informado concluye que «no *cabía* estimar vulnerado el derecho al consentimiento informado de la actora habida cuenta de que en el **consentimiento informado firmado** por la misma se recoge claramente la **descripción del procedimiento» de salpinguectomía** que se le ofreció. En atención a la situación de urgencia, tampoco atendió «a la exigencia de 24 h entre la entrega del consentimiento informado y la práctica de la intervención toda vez que dicha afirmación no *tenía* sustento legal para este caso concreto» de urgencia[277]. Finalmente, calificó como error el hecho de estar consignada la firma en el lugar destinado a la denegación del consentimiento porque en caso contrario «no se hubiera procedido a practicar la intervención debiendo hacerse expresamente constancia de ello por el médico interviniente»[278].

La **STSJ de la Comunitat Valenciana de 14 de febrero de 2023** presenta un interés especial porque vincula el consentimiento informado con la ficha técnica. Tiene como supuesto de hecho el fallecimiento de una persona el 10 de agosto de 2017 por trombosis pulmonar y a la que se le había implantado un DIU el 7 de enero de 2014 y retirado el 15 de octubre de 2016.

A juicio de los reclamantes —viudo e hijos— el tromboembolismo venoso agudo debía estar reflejado como **causa de retirada del DIU** no **sólo en la ficha técnica del producto sanitario,** sino también en el documento de consentimiento informado. Sin embargo, para la Sala de lo Contencioso-administrativo, dicho silencio no era determinante, por cuanto «aun cuando se pudiera pensar que (...) [la retirada del DIU por trombosis venosa aguda] (...) *debía* figurar en el documento del consentimiento informado, tras la trombosis aguda de 2016 el dispositivo le fue retirado, sin que quepa vincularlo por tanto con el fallecimiento». No había nexo causal entre la implantación del DIU y el fallecimiento de su portadora. También rechazó que el hecho de que «el consentimiento informado se firmara el mismo día

---

276 FJ 7.1 STSJ de Madrid 20/2021, de 22 de enero, de la Sala de lo Contencioso-administrativo (núm. rec. 121/2019 y [*Tol 8398858*]).

277 *Idem.*

278 FJ. 7.3 STSJ de Madrid 20/2021, de 22 de enero, de la Sala de lo Contencioso-administrativo (núm. rec. 121/2019 y [*Tol 8398858*]).

en que se procedió a su inserción *podía* llevarnos a declarar la existencia de responsabilidad patrimonial por esta causa»[279].

b) Essure

Un segundo tipo de mecanismos anticonceptivos son aquellos que se insertan en las trompas de Falopio con el fin de evitar la fecundación de su portadora. No son reversibles. Entre ellos, por su litigiosidad, debe destacarse Essure, comercializado por Bayer entre 2002 y 2017.

Essure es un método anticonceptivo permanente que actúa generando un crecimiento de tejido fibrótico en las trompas de Falopio para evitar el paso del óvulo, impidiendo la fecundación. Es un muelle de nitinol —una aleación de níquel y titanio— con un corazón de fibras de polímero PET que fue puesto en el mercado en 2002 como alternativa a la ligadura quirúrgica.

Pasados 15 años, a instancias de la AEMPS, la farmacéutica Bayer lo retiró temporalmente del mercado el 3 de agosto de 2017. Lo hizo tras «la suspensión temporal del certificado de marcado CE, emitido por el Organismo Notificado Irlandés NSAI (...), en el marco de su procedimiento de renovación del certificado para el implante ESSURE»[280]. El detonante fueron las molestias que sufrían algunas portadoras del mecanismo. Dicha retirada se hizo definitiva un mes después al «no continuar con el procedimiento de renovación del certificado de marcado CE para su comercialización en la Unión Europa y por tanto en España»[281]. Así lo informó la AEMPS en sus notas 15 y 17/2017, de 7 de agosto y 19 de septiembre, respectivamente.

La AEMPS, en dichas notas, además de informar de estos hechos, recomendó en la primera a «las mujeres que estuvieran a la espera de una implantación por este método de esterilización definitivo, (...) valorar con su médico los métodos de contracepción disponibles más adecuados y sus eventuales efectos indeseables». También ordenó «como medida de precaución [que] los centros y profesionales sanitarios que dispusieran del producto Essure, *debían* cesar en su utilización»[282]. Un mes después, en la

---

279 FJ 8 STSJ de la Comunitat Valenciana 109/2023, de 14 de febrero, de la Sala de lo Contencioso-administrativo (núm. rec. 257/2020 y [*Tol 9619287*]).

280 Nota 15/2017 de la AEMPS, de 7 de agosto de 2017.

281 Nota 17/2017 de la AEMPS, de 19 de septiembre de 2017.

282 Nota 15/2017 de la AEMPS.

nota 17/2017 informó que «los datos de los estudios existentes *seguían* sin cuestionar la relación beneficio/riesgo del dispositivo» Essure. Complementariamente aconsejó: con carácter general no retirar el «dispositivo ni modificar las pautas de seguimiento de las personas portadoras»; y respecto de «las pacientes que *experimentasen* alguna sintomatología (...) consultar con su médico»[283].

Reconocimiento de indemnización

A la hora de reconocer una indemnización por implantación de Essure, debe diferenciarse la responsabilidad del fabricante de la del servicio de salud que lo implanta. En el primer caso son de aplicación los arts. 128 y ss. del Real Decreto Legislativo 1/2007, de 16 de noviembre, por el que se aprueba el texto refundido de la Ley general para la defensa de los consumidores y usuarios. Esta cuestión —la responsabilidad del fabricante y distribuidor— es tratada por HERNÁNDEZ VILLALÓN en el cap. 22, el dedicado a la responsabilidad por productos sanitarios defectuosos, al que nos remitimos (págs. 1638 a 1669 y 1669 a 1674).

Aquí solo referimos que la SJPI núm. 1 de Orihuela, de 1 de septiembre de 2021, ha sido la primera en condenar a Bayer y sus distribuidores en España por la fabricación y distribución de un producto sanitario defectuoso. En concreto, ha reconocido a la demandante una indemnización de 226.169,81 euros por los daños morales y corporales derivados de la implantación de Essure[284].

Denegación de indemnización

Ciñéndonos a la responsabilidad de los servicios de salud, las reclamaciones de responsabilidad patrimonial derivadas de la implantación de Essure se deben, fundamentalmente, a dos motivos: al nacimiento no deseado de un hijo; y a su extracción —con extirpación de útero o trompas de Falopio— por sus efectos secundarios, sobre todo tras ser retirado del mercado por su fabricante Bayer.

La jurisprudencia existente, salvo algún fallo aislado como la STSJ de 23 de septiembre de 2020, que parte de un error ajeno a la implantación o

---

283 Nota 17/2017 de la AEMPS.

284 SJPI núm. 2 de Orihuela 263/2021, de 1 de septiembre (núm. rec. 560/2020 y [*Tol 8640397*]).

retirada del mecanismo, no es favorable a los reclamantes[285]. Ante la falta de jurisprudencia del TS, nos serviremos de jurisprudencia menor.

Un caso de enjuiciamiento de nacimiento no deseado lo encontramos en la **STSJ de Castilla y León de 23 de octubre de 2015**. Ésta tuvo por objeto una pretensión de indemnización de 90.000 euros por una oclusión tubárica fallida practicada en el Hospital Universitario de Salamanca.

Para **desestimar el recurso** la Sala de lo Contencioso-administrativo comenzó recordando que «todos **los sistemas anticonceptivos** permanentes —y el sistema Essure principalmente— son muy seguros [y a pesar de ello,] **no garantizan total e íntegramente la anticoncepción**, que puede derivar de recanalizaciones o de otros hechos distintos»[286]. A renglón seguido dijo que procedía desestimar el recurso porque **no había quedado acreditado que «los servicios médicos actuasen contra la *lex artis***, pues consiguieron que los dos conductos tubáricos no apareciesen como permeables»[287]. Según reflejase el Tribunal, aunque la reclamante «se quedó embarazada después de la intervención quirúrgica anticonceptiva (...) no constaba que [ello] dependiese de un mal hacer técnico de los sanitarios que la atendieron»[288].

También dijo que el **consentimiento informado** «no *podía*, en líneas generales, ser objeto de soluciones predeterminadas, salvo los casos de infracciones grotescas o inexistencias de todos los datos aplicables, sino que deben ser objeto de análisis pormenorizados correspondientes a cada supuesto específico»[289]. Y, para el caso que nos ocupa concluyó que, **«sí fue objeto de información sobre qué se le iba a hacer y sus consecuencias»**[290].

Otra sentencia que citar es la **STSJ de Castilla y León de 13 de marzo de 2015**. La pretensión de la actora coincide con la mencionada sentencia de 23 de octubre de 2015, tanto en el motivo de la reclamación como la

---

[285] En la STSJ de Galicia 439/2020, de 23 de septiembre, de la Sala de lo Contencioso-administrativo (núm. rec. 76/2020 y [*Tol 8284733*]) hubo un error médico en la apreciación del estado de una de las trompas de Falopio del que derivó un nacimiento no deseado. Al creer el facultativo que en la trompa derecha existía un «ostium tubárico derecho conglutinado» que impedía la colocación de Essure en dicha trompa, sólo le fue insertado el dispositivo Essure en la trompa izquierda.

[286] FJ 3 STSJ de Castilla y León 2388/2015, de 23 de octubre, de la Sala de lo Contencioso-administrativo (núm. rec. 732/2013 y [*Tol 5552957*]).

[287] *Idem.*

[288] *Idem.*

[289] FJ 4 STSJ de Castilla y León 2388/2015, de 23 de octubre, de la Sala de lo Contencioso-administrativo (núm. rec. 732/2013 y [*Tol 5552957*]).

[290] *Idem.*

cuantía demandada. En esta ocasión, se reclamaron 90.000 euros por colocación del dispositivo Essure el 20 de julio de 2009 en el Hospital Universitario Rio Hortega de Valladolid, ya que la reclamante tuvo un cuarto hijo al haber quedado desplazado el mecanismo intrauterino fuera de la trompa de Falopio. La sentencia fue desestimatoria porque la Sala, de acuerdo con los informes médicos, llegó a la conclusión de que «no *tenía* la más mínima duda de que la actora se *había sometido* libre y voluntariamente al implante de los Essure en ambas trompas tras prestar su pleno y cabal consentimiento, y que además *había obtenido* y **dispuso de toda la información precisa para la intervención**»[291].

Las reclamaciones que tienen su origen en la colocación de Essure no se han agotado con las migraciones o implantaciones defectuosas de este mecanismo. También han venido propiciadas por su extirpación, y consecuente pérdida del útero o las trompas de Falopio. Aunque desde agosto de 2017 ya no se comercializa Essure, todavía se encuentra implantado en el órgano sexual de algunas mujeres, motivo por el cual existen pronunciamientos judiciales recientes. En estos supuestos las reclamaciones se centran en la relación de causalidad y en el consentimiento informado, y en concreto, respecto de la omisión de los riesgos de retirada.

Un ejemplo de falta de acreditación de la relación de causalidad entre la implantación de Essure y las consecuencias secundarias alegadas lo encontramos en la **STSJ de Galicia de 15 de febrero de 2023**. Los hechos son los siguientes: a la recurrente le fue implantada un DIU hormonal el 10 de abril de 2013, y el 22 de noviembre de 2013. Según resulta de la historia clínica ambos mecanismos quedaron normoinsertados. Desde entonces, según refiere la recurrente, entre otros efectos secundarios, sufría dolores pélvico-abdominales y alergia al niquel. El 27 de diciembre de 2017 se le practicó resonancia magnética en la pelvis sin que se objetivasen complicaciones en relación con el dispositivo Essure. Finalmente, el 22 de agosto de 2018 se procedió a retirarle el mecanismo anticonceptivo junto con las trompas de Falopio por petición propia. La Sala de lo Contencioso-administrativo desestimó el recurso porque ni hubo infracción de la *lex artis* ni la información sobre los riesgos de Essure fue insuficiente.

Respecto a la retirada de Essure y la posible infracción de la *lex artis* por pérdida del útero y las trompas de Falopio, tanto el juzgado como la Sala entendieron que el «el daño *era* legítimo desde el momento en que

---

291 FJ 5 STSJ de Castilla y León 502/2015, de 13 de marzo (núm. rec. 553/2013 y [*Tol 4791914*]).

la decisión de retirar los Essure fue de la demandante». Además, rechazó que las molestias que padecía la recurrente fueran debidas al Essure porque «todas las pruebas realizadas y documentos sanitarios conducían a la conclusión contraria de la desvinculación causal entre las dolencias y la implantación del dispositivo»[292].

En relación con el consentimiento informado, el TSJ partió de dos premisas: una, que «la más profunda información ha de referirse sobre todo a la consecución de la esterilización; otra, que «la exigencia sólo alcanza a la información producida según el estado de los conocimientos de la ciencia o de la técnica existentes en el momento de la producción de los daños». A partir de ahí concluyó que «**las complicaciones que se *describían* en los documentos de consentimiento informado** (...) **se *correspondían* con los datos disponibles en esas fechas**, no siendo exigible [por ello] la inclusión ni del dolor pélvico ni de la alergia al níquel que la actora echa de menos»[293].

También relacionada con el consentimiento informado se haya la **SJCA núm. 2 de Vigo de 5 de mayo de 2022,** en la que se rechazó indemnizar a la reclamante porque, según el parecer del perito judicial, «no se *podía* perder de vista que nos hallábamos ante un método de anticoncepción de carácter permanente, esto es, de implantarse, no se colocaban para ser eventualmente retirados»[294]. Lo determinante para el juzgador fue que, tal y como expreso el perito judicial, «el **consentimiento informado** prestado por la actora para la implantación del Essure (...) *fue* el **adecuado a los conocimientos existentes en aquel tiempo, año 2013**»[295]. Todo ello a pesar de que, «en la medicina satisfactiva los perfiles con que se presenta la prueba del consentimiento adquieren peculiar relieve en la medida en que esta medicina es por definición voluntaria»[296].

---

292 FJ 4 STSJ de Galicia 121/2023, de 15 de febrero (núm. rec. 442/2022 y [*Tol 9435727*]).

293 FJ 3 STSJ de Galicia 121/2023, de 15 de febrero (núm. rec. 442/2022).

294 FJ 5 SJCA núm. 2 de Vigo 96/2022, de 5 de mayo (núm. rec. 322/2020 y [*Tol 9692342*]).

295 *Idem.*

296 FJ 3 STSJ de Castilla y León 502/2015, de 13 de marzo (núm. rec. 533/2013 y [*Tol 4791914*]).

c) *Implanon*

Inplanon es un implante anticonceptivo precargado en un aplicador desechable. El implante es una pequeña varilla de plástico, blanda, y flexible, que mide 4 cm de longitud y 2 mm de diámetro que contiene 68 miligramos del principio activo etonogestrel. Se coloca debajo del brazo.

A la hora de estimar o desestimar los recursos, los jueces y magistrados suelen atender si «el implante se colocó en tiempo adecuado[, si en] (...) la historia clínica (...) se (...) explicaron los diferentes métodos anticonceptivos [y si está firmado] el correspondiente consentimiento informado»[297].

En este sentido puede traerse a colación, la **STSJ de Cataluña de 18 de mayo de 2010**, que conoció un recurso por migración de Implanon, Los hechos determinantes del pleito se produjeron en el Hospital Germans Trias i Pujol de Badalona, el 25 de junio de 2005, y consistieron en la colocación de Implanon. El 19 de abril de 2006 la recurrente dio a luz una niña con una discapacidad del 70 por ciento.

La Sala de lo Contencioso-administrativo desestimó el recurso porque dio «por seguro que la implantación del anticonceptivo se llevó a cabo, sin lugar a dudas». En este sentido resaltó que **no era reprochable a la Administración «la posible migración del Implanon** o cualquier otra circunstancia [que] *pudiera* impedir la eficacia del anticonceptivo [, ya que el embarazo debía] (...) considerarse un caso fortuito dentro de las posibilidades mínimas de eficacia del anticonceptivo»[298]. También rechazó indemnizar las taras con que nació la niña porque la madre «no se sometió a controles, asistencia o tratamiento, o incluso información adecuada para prevenir el parto, una vez conocido el embarazo»[299].

Dicho fallo fue recurrido y dio lugar a la **STS de 3 de mayo de 2012**, el cual estimo parcialmente el recurso. Apreció falta de motivación en el fallo, pero sentenció que «no *concurrían* los elementos configuradores de la responsabilidad patrimonial de la administración, pues no resulta acreditada la relación de causalidad entre la prestación del servicio sanitario y

---

297 FJ 4 SJCA núm. 2 de Albacete 141/2019, de 16 de septiembre (núm. rec. 386/2018 y [*Tol 7927608*]).

298 FJ 2 STSJ de Cataluña 567/2010, de 18 de mayo, de la Sala de lo Contencioso-administrativo (núm. rec. 322/2020 y [*Tol 1923638*]).

299 *Idem.*

el daño sufrido por la actora»[300]. El pleito no terminó aquí porque la **STC 9/2015, de 2 de febrero** estimó el recurso de amparo presentado por la recurrente y ordenó la retroacción de las actuaciones. A juicio del TC, se había vulnerado el derecho a la tutela judicial efectiva por falta de valoración de determinadas pruebas y defectuosa motivación de las tomadas en consideración[301].

Lo curioso fue que, en cumplimiento de la STC de 2 de febrero de 2015, la **STS de 19 de mayo de 2015**, no solo apreció falta de motivación de la STSJ de Cataluña de 18 de mayo de 2010, sino que, entrando a conocer el fondo del asunto, estimó el recurso de casación.

Para la Sala de lo Contencioso-administrativo del TS, **la colocación del implante anticonceptivo «no se efectuó adecuadamente»**. Esta conclusión se alcanzó por «falta de prueba» ya que no podía afirmarse «con absoluta certeza que el Implanon fuera efectivamente colocado (...), o que fuera insertado debidamente (por vía subdérmica o justo bajo la piel), o demasiado profundamente (a causa de una inserción intramuscular o en la fascia) provocando su migración»[302].

Al parecer de la Sala de lo Contencioso-administrativo, «lo único que *podía* afirmarse con seguridad es que los servicios médicos extendieron un parte de asistencia en el que se señala que el anticonceptivo se implantó "sin incidencias", que (...) después (...) se detectó un embarazo (...) y que, mediante las pruebas diagnósticas efectuadas (...) tras conocerse el estado de gestión, no se halló en el brazo de la interesada rastro alguno de la varilla de plástico en que el Implanon consiste, aunque sí un "surco intermuscular interno, cicatriz de colocación de implante"». Es más, para el TS «ni siquiera es completamente descartable que el embarazo tuviera su causa en una ineficacia del producto (improbable, pero que no puede excluirse absolutamente) o en una retirada o extracción del mismo». Por lo tanto, presumió que el dispositivo no se había colocado correctamente porque, «ni el rastreo ecográfico del brazo, ni la ecografía de partes blandas, ni la exploración radiológica de todo el brazo detectaron la existencia

300 FJ 7 STS de 3 de mayo de 2012, de la Sala de lo Contencioso-administrativo (núm. rec. 4397/2010 y [*Tol 2543136*]).

301 STC 9/2015, de 2 de febrero (núm. rec. 4930/2012 y [*Tol 4761468*]).

302 FJ 5 STS de 19 de mayo de 2015, de la Sala de lo Contencioso-administrativo (núm. rec. 4397/2010 y [*Tol 5173539*]).

del implante, lo que parece resultar incompatible con una colocación adecuada del dispositivo»[303].

En definitiva, como afirma DOMÍNGUEZ LUIS, en este fallo late «una **presunción de culpa** (negligencia) que se deriva de un resultado dañoso en el que, más que su carácter desproporcionado en este caso, **lo que destaca es su anormalidad** —infrecuencia o excepcionalidad— respecto de la que sería consecuencia habitual o acostumbrada de no mediar esa actuación negligente»[304].

En cualquier caso, las sentencias, cuando se estima recursos por fallos de esterilización del Implanon, con frecuencia se repara en la omisión de alguna de las actuaciones de su ficha técnica. De acuerdo con la misma, «debe verificarse mediante su palpación la presencia del implante en el brazo de la mujer inmediatamente después de la inserción», añadiendo que «debe aplicarse un pequeño vendaje adhesivo sobre el lugar de inserción y pedir "a la mujer que palpe el implante", explicando a continuación cómo debe actuar el profesional en los casos en los que, tras estas actuaciones, el implante no resulte palpable»[305].

4) Doctrina legal

Como se ha dicho, las esterilizaciones, al estar incluidas en la cartera de servicios, han permitido formar un *corpus* jurídico de la doctrina legal. Ésta no se distancia de lo postulado por la Sala de lo Contencioso-administrativo del TS, tanto en relación con las intervenciones de esterilización como respecto de los mecanismos anticonceptivos.

A título ilustrativo, sobre la consideración de las intervenciones o tratamientos esterilizadores como medicina satisfactiva, puede consultarse el dictamen del Consejo Consultivo de Galicia (CCGal) de 14 de octubre de 2015. En él se recordó que, en el contexto de una vasectomía, «*era* preciso subrayar el carácter de medicina satisfactiva que tiene la intervención a la

---

303 *Idem.*

304 DOMÍNGUEZ LUIS, José Antonio (2016): «Responsabilidad patrimonial sanitaria por (no) colocación de implante anticonceptivo: medicina satisfactiva, daño anormal y mala praxis», *Actualidad Administrativa*, núm. 6, pág. 252.

305 FJ 6 STSJ de Castilla y León 422/2022, de 6 de abril (núm. rec. 394/2020 y [*Tol 8957302*]).

que se sometió el interesado que exige una información de carácter más amplio, como señala la jurisprudencia»[306].

En relación con los dispositivos intrauterinos, mención especial merece la doctrina legal surgida de las reclamaciones de responsabilidad derivadas de la implantación o extracción del dispositivo intratubárico Essure. A pesar de haber sido retirado en 2017, el DCdE de 11 de marzo de 2021 concluyó que «en cuanto al supuesto carácter defectuoso de los implantes y las afirmaciones (...) de que ciertos componentes de los dispositivos no *eran* adecuados para implantes permanentes en el cuerpo humano (...) [no podía] imputarse responsabilidad alguna a la Administración autonómica por la utilización[en 2013,] de unos dispositivos que contaban con marcado CE en vigor»[307].

Y sobre las reacciones adversas o molestias de Essure, el CdE advierte que «la Sociedad Española de Ginecología y Obstetricia ha indicado que las pacientes que padecen molestias derivadas de la implantación del Essure no superan en porcentaje a la población general que sufre dolor crónico pélvico y que tal complicación es poco frecuente». A ello añade como motivo para proponer el rechazo de la reclamación que no «estaba protocolizada en el momento en que se le implantaron los dispositivos la realización de pruebas de alergia específica sobre los componentes del Essure»[308].

Bibliografía

ARBESÚ GÓNZÁLEZ, Vanesa (2016): *La responsabilidad civil en el ámbito de la cirugía estética*, Madrid, Dykinson

ATAZ LÓPEZ, Joaquín (1985): *Los médicos y la responsabilidad civil*, Montecorvo, Madrid

ASUA GONZÁLEZ, Clara Isabel (2014): «Responsabilidad civil médica», en REGLERO CAMPOS, Luis Fernando y BUSTO LAGO, José Manuel (coords.), *Tratado de responsabilidad civil*, Aranzadi, Cizur Menor (Navarra), vol. 2

BAUZÁ MARTORELL, Felio José (2016): «Presunción de culpa. La deducción de negligencia en la responsabilidad patrimonial de la Administración», *Revista de Administración Pública*, núm. 201

BELLO JANEIRO, Domingo (2009): «Comentario a la sentencia de 23 de octubre de 2008», *Cuadernos Civitas de Jurisprudencia Civil*, núm. 80

BERCOVITZ RODRÍGUEZ-CANO, Rodrigo (2000): «Comentarios a la sentencia de 24 de septiembre de 1999, *Cuadernos Civitas de Jurisprudencia Civil*, núm. 52

---

306 CJ 5 DCCGal 452/2015, de 14 de octubre.

307 CJ V DCdE de 11 de marzo de 2021 (núm. exp. 832/2020).

308 CJ V DCdE de 26 de noviembre de 2021 (núm. exp. 375/2020).

BLANCO PÉREZ-RUBIO, Lourdes (2014): «Obligaciones de medios y obligaciones de resultado: ¿tiene relevancia jurídica su distinción», *Cuadernos de Derecho Transnacional*, vol 6, núm. 2

BLANQUER CRIADO, David (2021): *La responsabilidad patrimonial en tiempos de pandemis (los poderes públicos y los daños por la crisis de la COVID*-19), Tirant lo Blanch, Valencia

BOTANA GARCÍA, Gemma (2006): «Infracción del deber de información médica en una operación de cirugía estética», *Práctica de Derecho de Daños*, núm. 35

CABANILLAS SÁNCHEZ, Antonio (1993): *Las obligaciones de actividad y de resultado*, Bosch, Barcelona

CABAÑAS GARCÍA, Juan Carlos (1996): «Tratamiento de la prueba en el proceso civil», *Actualidad Civil*, núm. 15

CABEZUDO RODRÍGUEZ, Nicolás (1998): «La regla de juicio de la carga de la prueba y su inversión en el proceso civil», *Revista del Poder Judicial*, núm. 52

CORTÉS DOMÍNGUEZ, Valentín (1972): «Algunos aspectos sobre la inversión de la carga de la prueba», *Revista de Derecho Procesal Iberoamericana*, núm. 2-3

DE ÁNGEL YÁGÜEZ, Ricardo (2006): «El "resultado" en la obligación del médico. ¿Ideas sensatas que pueden volverse locas?», en LLAMAS POMBO, Eugenio (coord.): *Estudio de Derecho de obligaciones: Homenaje al profesor Mariano Alonso Pérez*, La Ley, Las Rozas (Madrid)

DE FUENTES BARDAJI, Joaquín *et alii* (2010): *Manual de responsabilidad sanitaria*, Abogacía General del Estado. Dirección del Servicio Jurídico del Estado, Aranzadi, Cizur Menor (Navarra)

DE URBANO CASTRILLO, Eduardo (2007): «La responsabilidad médica por el resultado; el caso de los odontólogos», *La Ley penal: revista de derecho penal, procesal y penitenciario*, núm. 43

DE VERDA y BEAMONTE, José Ramón (2015): «La responsabilidad derivada de la cirugía estética en la jurisprudencia actual (de obligación de resultado a obligación de medios): consideraciones críticas», *Revista de Derecho Patrimonial*, núm. 35

DÍAZ-REGAÑÓN GARCÍA-ALCALÁ, Calixto (1996): *El régimen de la prueba en la responsabilidad civil médica. Hechos y derecho*, Aranzadi, Cizur Menor (Navarra)

DÍEZ-PICAZO y PONCE DE LEÓN, Luis (1996): *Fundamentos de Derecho civil patrimonial*, Tecnos, Madrid, vol. II (5ª ed.)

DOMINGO MONFORTE, José y ESCRICHE MONZÓN, María del Carmen (2005): «Medicina satisfactiva: Responsabilidad civil médica: ortodoncia-implantología oral», *Revista de responsabilidad civil, circulación y seguros*, núm. 5

DOMINGUEZ HIDALGO, Carmen (2001): «El problema de la culpa presunta contractual y las obligaciones de medio y obligaciones de resultado: sus implicancias para la responsabilidad médica», *Cuadernos de análisis jurídico*, vol. 6

DOMÍNGUEZ LUIS, José Antonio (2016): «Responsabilidad patrimonial sanitaria por (no) colocación de implante anticonceptivo: medicina satisfactiva, daño anormal y mala praxis», *Actualidad Administrativa*, núm. 6

DOMÍNGUEZ MARTÍN, Almudena (2008): «La cirugía estética como obligación de resultados», *Lex Nova*, núm. 52

FERNÁNDEZ LÓPEZ, Mercedes (2006): *La carga de la prueba en la práctica judicial civil*, La Ley, Madrid

GALÁN CORTÉS, Julio César (2001): *Responsabilidad médica y consentimiento informado*, Civitas, Madrid

GALÁN CORTÉS, Julio César (2006): «Sentencia de 21 de octubre de 2005: Responsabilidad médica. Medicina voluntaria. Doctrina de la imputación objetiva. Consentimiento informado en cirugía estética. Incumplimiento del deber de información: daño y nexo causal», *Cuadernos Civitas de jurisprudencia civil*, núm. 72

GALLARDO CASTILLO, María Jesús (2020): «Responsabilidad objetiva y daño indemnizable», *Revista Española de la Función Consultiva*, núm. 34, pág. 28

GALLARDO CASTILLO, María Jesús (2021): *Administración Sanitaria y responsabilidad patrimonial*, Colex, La Coruña

GÁZQUEZ SERRANO, Laura (2014): «¿La medicina satisfactiva como contrato de obra?», en ALBIEZ DOHRMANN, Klaus y RODRÍGUEZ MARÍN, Concepción (dirs.), *Contrato de obra y protección de los consumidores*, Aranzadi, Cizur Menor (Navarra)

GARRIDO MAYOL, Vicente (2004): *Responsabilidad patrimonial del Estado. Especial referencia a la Responsabilidad del Estado legislador*, Tirant lo Blanch, Valencia

GÓMEZ POMAR, Fernando (2001): «Carga de la prueba y responsabilidad objetiva», *Indret*, núm. 1

GONZÁLEZ-VARAS IBÁÑEZ, Santiago (2022): *Responsabilidad patrimonial de la administración*, Aranzadi, Cizur Menor (Navarra)

GUERRERO ZAPLANA, José (2004): *Las reclamaciones por la defectuosa asistencia sanitaria*, Lex Nova, Valladolid (4ª ed.)

GRAU GRAU, Ignacio (2017): *La responsabilidad patrimonial sanitaria: aspectos procesales*, Wolters Kluwer (Las Rozas), Madrid

HURTADO DÍAZ-GUERRA, Isabel (2018): *El daño moral en la responsabilidad patrimonial sanitaria*, Tirant lo Blanch, Valencia

JORDANO FRAGA, Francisco (1991): *Obligaciones de actividad y de resultado*, Bosch, Barcelona

LÓPEZ y GARCÍA DE LA SERRANA, Javier (2022): *El consentimiento informado: la valoración y cuantificación del daño*, Atelier, Barcelona

LÓPEZ MENUDO, Francisco y GHICHOT REINA, Emilio (2000): «Esterilización frustrada ¿Responsabilidad administrativa? Comentario a la Sentencia del Tribunal Supremo de 3 de octubre de 2000», *Revista Andaluza de Administración Pública, núm.* 40

LÓPEZ MENUDO, Francisco, GUICHOT REINA, Emilio y CARRILLO DONAIRE, José Antonio (2005): *La responsabilidad patrimonial de los poderes públicos*, Lex Nova, Valladolid, pág. 125

LLAMAS POMBO, Eugenio (1994): «Comentario a la sentencia de 25 de abril de 1994)», *Cuadernos Civitas de Jurisprudencia* Civil, núm. 36

LLAMAS POMBO, Eugenio (2003): «Doctrina general de la llamada culpa médica», *Ponencias del III Congreso Asociación de Abogados Especializados en Responsabilidad Civil y Seguro*, Salamanca

LUNA YERGA, Álvaro (2003): «Regulación de la carga de la prueba en la LEC. En particular, la prueba de la culpa en los procesos de responsabilidad civil médico-sanitaria», *Indret*, núm. 4

LUNA YERGA, Álvaro (2004): *La prueba de la responsabilidad médico-sanitaria. Culpa y causalidad*, Civitas, Madrid

MALINVAUD, Philippe (1992): *Droits des obligations*, Litec, París

MANJÓN RODRÍGUEZ, Jimena Beatriz (2013): «Configuración jurídica y evolución jurisprudencial en la prestación de servicios de cirugía estética; información, responsabilidad y publicidad», *Derecho y* Salud, vol. 23 extraordinario

MARTÍN CASALS, Miquel y SOLÉ FELIÚ, Josep (2001): «Responsabilidad civil por anticoncepción fallida (wrongful conception), *La Ley*, núm. 2

MARTÍN CASALS, Miquel y SOLÉ FELIÚ, Josep (2004): «Sentencia de 29 de mayo de 2003: responsabilidad sanitaria. Ligadura de trompas fallida que no impide un posterior embarazo. Deber de infomar sobre las probabilidades de que la operación de esterilización resulte ineficaz», *Cuadernos Civitas de Jurisprudencia Civil*, núm. 64

MARTÍNEZ-PEREDA RODRÍGUEZ, José Manuel (1997): *La cirugía estética y su responsabilidad*, Comares, Granada

MAZEAUD, Henri (1936): «Essai et clasification des obligarions: Obligations contractuelles et extra-contractuelles, obligations determinés e obligation générale de prudence et diligence», *Revue Trimestrielle de Droit Civile*, vol. 3

MEDIAVILLA CABO, José Vicente (2021): «Responsabilidad derivada de la utilización de productos defectuosos en la asistencia sanitaria», *Revista de Derecho Administrativo VLex*, núm. 5

MIGUEL TRAVIESAS, Manuel (1919): «Contrato de arrendamiento», *Revista de Derecho Privado*, núm. 64, año 7, tomo VI

MONTERO AROCA, Juan (2000): *La prueba*, Consejo General del Poder Judicial, Madrid

MORENO NAVARRETE, Miguel Ángel (2009): «La responsabilidad civil en la medicina natural o satisfactiva», en MORILLAS CUEVA, Lorenzo y SUÁREZ LÓPEZ, José María (dirs.), *Estudios jurídicos sobre responsabilidad penal, civil y administrativa y otros agentes sanitarios*, Dykinson, Madrid

ORDÁS ALONSO, Marta (2020): «La delgada línea roja entre la medicina curativa o asistencial y la medicina voluntaria o satisfactiva. Hacia una unificación de régimen jurídico», *Revista Boliviana de Derecho*, núm. 29

PLAZA PENADÉS, Javier (2002): *El nuevo marco de la responsabilidad médica y hospitalaria*, Aranzadi, Cizur Menor (Navarra)

RIBOT IGUALADA, Jordi (2004): «Comentario a la sentencia de 22 de julio de 2003», *Cuadernos Civitas de Jurisprudencia Civil*, núm. 64

RUIZ SERRAMALERA, Ricardo (1981): *Derecho Civil. Derecho de obligaciones I*, Universidad Complutense, Madrid

SÁNCHEZ GÓMEZ, Amelia (1998): *Contrato de servicios médicos y contrato de servicios hospitalarios*, Tecnos, Madrid

SERRA DOMÍNGUEZ, Manuel (2009): *Estudios de Derecho Probatorio*, Communitas, Lima

VÁZQUEZ BARROS, Sergio (2009): *Responsabilidad civil de los médicos: doctrina, legislación básica, jurisprudencia, formularios y bibliografía*, Tirant lo Blanch, Valencia

VICANDI MARTÍNEZ, María Aránzazu (2012): «El derecho a la información. Un campo de batalla entre la Medicina y el Derecho», *Derecho y Salud*, vol. 22

VICANDI MARTÍNEZ, María Aránzazu (2017): *El error médico en la cirugía estética. La respuesta judicial del Derecho a la casuística en la Medicina voluntaria*, Dykinson, Madrid

YZQUIERDO TOLSADA, Mariano (2001): «La responsabilidad médico-sanitaria al comienzo de un nuevo siglo. Los dogmas creíbles y los increíbles de la jurisprudencia», *Derecho y salud*, vol. 9, núm. 1

Jurisprudencia

SAN (Contencioso) 479/2016, de 23 de noviembre (núm. rec. 293/2013 y [*Tol 5929141*])
SJCA núm. 2 de Albacete 141/2019, de 16 de septiembre (núm. rec. 386/2018 y [*Tol 7927608*])
SJCA núm. 3 de Pamplona 180/2018, de 4 de julio (núm. rec. 180/2018 y [*Tol 8434595*])
SJCA núm. 2 de Vigo 96/2022, de 5 de mayo (núm. rec. 322/2020 y [*Tol 9692342*])
SJPI núm. 2 de Orihuela 263/2021, de 1 de septiembre (núm. rec. 560/2020 y [*Tol 8640397*])
STC 9/2015, de 2 de febrero (núm. rec. 4930/2012 y [*Tol 4761468*])
STEDH de 8 de marzo de 2022 (núm. rec. 57020/2018 y [*Tol 8820566*])
STSJ de Asturias (Contencioso) 632/2011, de 8 de junio (núm. rec. 979/2008 y [*Tol 2195755*])
STSJ de Asturias (Contencioso) 365/2022, de 20 de abril (núm. rec. 675/2020 y [*Tol 8971682*])
STSJ de Castilla y León (Contencioso) 502/2015, de 13 de marzo (núm. rec. 553/2013 y [*Tol 4791914*])
STSJ de Castilla y León (Contencioso) 2388/2015, de 23 de octubre (núm. rec. 732/2013 y [*Tol 5552957*])
STSJ de Castilla y León (Contencioso) 422/2022, de 6 de abril (núm. rec. 394/2020 y [*Tol 8957302*])
STSJ de Cataluña (Contencioso) 567/2010, de 18 de mayo (núm. rec. 322/2020 y [*Tol 1923638*])
STSJ de Cataluña (Contencioso) 1417/2020, de 17 de diciembre (núm. rec. 122/2007 y [*Tol 2091446*])
STSJ de la Comunitat Valenciana (Contencioso) 109/2023, de 14 de febrero (núm. rec. 257/2020 y [*Tol 9619287*])
STSJ de Galicia (Contencioso) 439/2020, de 23 de septiembre (núm. rec. 76/2020 y [*Tol 8284733*])
STSJ de Galicia (Contencioso) 121/2023, de 15 de febrero (núm. rec. 442/2022 y [*Tol 9435727*])
STSJ de Madrid (Contencioso) 20/2021, de 22 de enero (núm. rec. 121/2019 y [*Tol 8398858*])
STSJ del País Vasco (Contencioso) 840/2000, de 28 de septiembre (núm. rec. 4864/1996)
STS (Civil) de 4 de febrero de 1950 [*Tol 4451234*]
STS (Civil) de 21 de marzo de 1950 [*Tol 4451106*]
STS (Civil) de 9 de febrero de 1970 [*Tol 1730390*]
STS (Civil) de 26 de mayo de 1986 [*Tol 1740330*]
STS (Civil), de 7 de febrero de 1990 [*Tol 1730390*]
STS (Civil) 349/1994, de 25 de abril (núm. rec. 1876/1991 y [*Tol 1665404*])
STS (Civil) 83/1997, de 11 de febrero (núm. rec. 627/1993 y [*Tol 5114368*])
STS (Civil) 334/1997, de 22 de abril (núm. rec. 1524/1993)
STS (Civil) 531/1998, de 5 de junio (núm. rec. 878/1994 y [*Tol 5119951*])
STS (Civil) 925/1998, de 13 de octubre (núm. rec. 1624/1994 y [*Tol 5157129*])
STS (Civil) 956/1998, de 16 de octubre (núm. rec. 2165/1994 y [*Tol 5157081*])

STS (Civil) 1146/1998, de 9 de diciembre (núm. rec. 2159/1994 y [*Tol 4035980*])
STS (Civil) 1207/1998, de 28 de diciembre (núm. rec. 2134/1994 y [*Tol 2126391*])
STS (Civil) 318/1999, de 19 de abril (núm. rec. 3362/1998 y [*Tol 5120863*])
STS (Civil) 587/1999, de 28 de junio (núm. rec. 3617/1994 y [*Tol 2728468*])
STS (Civil) 766/1999, de 24 de septiembre (núm. rec. 3543/1995 y [*Tol 3956593*])
STS (Civil) 923/1999, de 10 de noviembre (núm. rec. 813/1995 y [*Tol 5120593*])
STS (Civil) 1136/1999, de 30 de diciembre (núm. rec. 1222/1995 y [*Tol 5157417*])
STS (Civil) 239/2000, de 7 de marzo (núm. rec. 1694/1995 y [*Tol 4927317*])
STS (Civil) 416/2001, de 27 de abril (núm. rec. 1216/1996 y [*Tol 4974257*])
STS (Civil) 447/2001, de 11 de mayo (núm. rec. 1044/1996 y [*Tol 4974267*])
STS (Civil) 1193/2001, de 11 de diciembre (núm. rec. 2017/1996 y [*Tol 4924464*])
STS (Civil) 327/2002, de 11 de abril (núm. rec. 3183/1996 y [*Tol 4975463*])
STS (Civil) 616/2002, de 21 de junio (núm. rec. 3948/1996 y [*Tol 4975746*])
STS (Civil) 667/2002, de 2 de julio (núm. rec. 2769/1996 y [*Tol 4975820*])
STS (Civil) 1004/2002, de 25 de octubre (núm. rec. 1121/1991 y [*Tol 4975134*])
STS (Civil) 461/2003, de 8 de mayo (núm. rec. 2731/1997 y [*Tol 274464*])
STS (Civil) 511/2003, de 29 de mayo (núm. rec. 3119/1997 y [*Tol 274445*])
STS (Civil) 828/2003, de 8 de septiembre (núm. rec. 3583/1999 y [*Tol 307998*])
STS (Civil) 783/2003, de 22 de julio (núm. rec. 3871/1997 y [*Tol 4921066*])
STS (Civil) 267/2004, de 7 de febrero (núm. rec. 1358/1998 y [*Tol 376561*])
STS (Civil) 286/2004, de 7 de abril (núm. rec. 821/1998 y [*Tol 376551*])
STS (Civil) 560/2004, de 22 de junio (núm. rec. 2417/1998 y [*Tol 454027*])
STS (Civil) 1052/2004, de 29 de octubre (núm. rec 2883/1998 y [*Tol 514251*])
STS (Civil) 18/2005, de 3 de febrero (núm. rec. 2343/2012 y [*Tol 4709030*])
STS (Civil) 69/2005, de 8 de febrero (núm. rec. 3760/1998 y [*Tol 927686*])
STS (Civil) 758/2005, de 21 de octubre (núm. rec. 1039/1999 y [*Tol 713285*])
STS (Civil) 84/2006, de 14 de febrero (núm. rec. 2249/1999 y [*Tol 846267*])
STS (Civil) 512/2006, de 18 de mayo (núm. rec. 3785/1999 y [*Tol 942244*])
STS (Civil) 651/2006, de 20 de junio (núm. rec. 3935/1999 y [*Tol 964446*])
STS (Civil) 993/2006, de 4 de octubre (núm. rec. 2873/1999 y [*Tol 1014557*])
STS (Civil) 421/2007, de 17 de abril (núm. rec. 1773/2000 y [*Tol 1106771*])
STS (Civil) 465/2007, de 30 de abril (núm. rec. 1018/2000 y [*Tol 1073415*])
STS (Civil) 467/2007, de 26 de abril (núm. rec. 1919/2000 y [*Tol 1073428*])
STS (Civil) 544/2007, de 23 de mayo (núm. rec. 1984/2000 y [*Tol 1106817*])
STS (Civil) 667/2007, de 19 de junio (núm. rec. 2047/2000 y [*Tol 1116437*])
STS (Civil) 759/2007, de 29 de junio (núm. rec. 2094/2000 y [*Tol 1113002*])
STS (Civil) 1194/2007, de 22 de noviembre (núm. rec. 4358/2000 y [*Tol 1213897*])
STS (Civil) 1215/2007, de 28 de noviembre (núm. rec 4881/2000 y [*Tol 1123859*])
STS (Civil) 1216/2007, de 28 de noviembre (núm. rec 4881/2000 y [*Tol 1123859*])
STS (Civil) 144/2008, de 12 de febrero (núm. rec. 5419/2000 y [*Tol 1336009*])
STS (Civil) 218/2008, de 12 de marzo (núm. rec. 180/2001 y [*Tol 1351235*])
STS (Civil) 943/2008, de 23 de octubre (núm. rec. 943/2008 y [*Tol 1389660*])
STS (Civil) 534/2009, de 30 de junio (núm. rec. 222/2005 y [*Tol 1577971*])
STS (Civil) 778/2009, de 20 de noviembre (núm. rec. 1945/2005 y [*Tol 1748140*])
STS (Civil) 583/2010, de 27 de septiembre (núm. rec. 2224/2006 y [*Tol 1958896*])
STS (Civil) 1/2011, de 20 de enero (núm. rec. 1565/2007 y [*Tol 2038296*])
STS (Civil) 463/2013, de 28 de junio ((núm. rec. 265/2011 y [*Tol 3843023*])

STS (Civil) 517/2013, de 19 de julio (núm. rec. 939/2011 y [*Tol 3887671*])
STS (Civil) 776/2013, de 16 de diciembre (núm. rec. 2245/2011 y [*Tol 4042392*])
STS (Civil) 288/2014, de 29 de mayo (núm. rec. 288/2014 y [*Tol 4357284*])
STS (Civil) 18/2015, de 3 de febrero (núm. rec. 2343/2012 y [*Tol 4709030*])
STS (Civil) 330/2015, de 17 de junio (núm. rec. 1275/2013 y [*Tol 5185814*])
STS (Civil) 250/2016, de 13 de abril (núm. rec. 2237/2014 y [*Tol 5695493*])
STS (Civil) 698/2016, de 24 de noviembre (núm. rec. 455/2014 y [*Tol 5899910*])
STS (Civil) 218/2008, de 12 de marzo (núm. rec. 180/2001 y [*Tol 1351235*])
STS (Civil) 828/2021, de 30 de noviembre (núm. rec. 5955/2018 y [*Tol 8674791*])
STS (Contencioso) de 3 de octubre de 2000 (núm. rec. 3905/1996 y [*Tol 1717207*])
STS (Contencioso) de 30 de marzo de 2004 (núm. rec. 118/2003 [*Tol 421459*])
STS (Contencioso) de 23 de febrero de 2005 (núm. rec. 145/2004 y [*Tol 675382*])
STS (Contencioso) de 9 de mayo de 2005 (núm. rec. 5346/2001 y [*Tol 657106*])
STS (Contencioso) de 14 de febrero de 2006 (núm. rec. 846.466 y [*Tol 846466*])
STS (Contencioso) de 29 de marzo de 2006 (núm. rec. 271/2002 y [*Tol 873103*])
STS (Contencioso) de 26 de abril de 2006 (núm. rec. 257/2005 y [*Tol 948948*])
STS (Contencioso) de 2 de octubre de 2007 (núm. rec. 9208/2003 y [*Tol 1156845*])
STS (Contencioso) de 21 de julio de 2008 (núm. rec. 309/2006 y [*Tol 1353229*])
STS (Contencioso) de 29 de junio de 2011 (núm. rec. 2950/2007 y [*Tol 2185651*])
STS (Contencioso) de 12 de septiembre de 2012 (núm. rec. 1467/2011 y [*Tol 2652663*])
STS (Contencioso) de 3 de mayo de 2012 (núm. rec. 4397/2010 y [*Tol 2543136*])
STS (Contencioso) de 19 de septiembre de 2012 (núm. rec. 8/2010 y [*Tol 2651403*])
STS (Contencioso) de 9 de octubre de 2012 (núm. rec. 5450/2011 y [*Tol 2668365*])
STS (Contencioso) de 9 de octubre de 2012 (núm. rec. 6878/2010 y [*Tol 2667914*])
STS (Contencioso) de 27 de noviembre de 2012 (núm. rec. 5398/2011 y [*Tol 2708603*])
STS (Contencioso) de 19 de mayo de 2015 (núm. rec. 4397/2010 y [*Tol 5173539*])
STS (Contencioso) 1993/2017, de 18 de diciembre (núm. rec. 1955/2016 y [*Tol 6461849*])
STS (Contencioso) 741/2018, de 7 de mayo (núm. rec. 1579/2016 y [*Tol 6602629*])
STS (Contencioso) 1806/2020, de 21 de diciembre (núm. rec. 803/2019 y [*Tol 8291027*])
STS (Social) 108/1997, de 18 de febrero (núm. rec. 892/1993 y [*Tol 5114407*])

Doctrina legal

DCCAra 17/2010, de 1 de junio
DCCGal 452/2015, de 14 de octubre
DCCExt de 29 de mayo de 2008
DCCMur 69/2004, de 28 de junio
DCCRioja 40/2015, de 27 de julio
DCdE de 10 de mayo de 2010 (núm. exp. 96/2018)
DCdE 13 de marzo de 2013 (núm. eps. 117/2014)
DCdE 11 de julio de 2013 (núm. exp. 435/2013)
DCdE 27 de septiembre de 2018 (núm. exp. 518/2018)
DCdE de 11 de marzo de 2021 (núm. exp. 832/2020)
DCdE de 15 de julio de 2021 (núm. exp. 317/2021)
DCJACat 183/2006, de 18 de mayo

DCJACat 256/2007, de 30 de octubre
DCJACat 409/2009, de 26 de noviembre
DCJACat 192/2017, de 6 de julio
DCJAEus de 8 de noviembre de 2015
DCJCVal 75/2017, de 1 de febrero
DCJCVal 219/2017, de 29 de marzo
DCJCVal 647/2018, de 3 de octubre
DCJCVal 415/2018, de 20 de junio
DCJCVal 22/2020, de 15 de enero
DCJCVal 175/2021, de 24 de marzo
DCJCVal 710/2021, de 24 de noviembre

Capítulo 19

Responsabilidad patrimonial por daños derivados de nacimiento no deseado

Vicente Garrido Mayol

Catedrático de Derecho Constitucional de la Universidad de Valencia

Presidente de Honor del Consell Jurídic Consultiu de la Comunitat Valenciana[1]

SUMARIO: I. INTRODUCCIÓN: una referencia al carácter objetivo de la responsabilidad pública y a la obligación de reparar el daño causado; 1) Fundamento de la responsabilidad pública; 2) El requisito de la culpa en la responsabilidad civil; 3) Aproximación de regímenes; 4) Responsabilidad por funcionamiento de servicios públicos; II. RECLAMACIÓN POR DAÑOS PRODUCIDOS POR EL NACIMIENTO DE UN HIJO: las diversas acciones derivadas de tal supuesto; 1) Consideración previa: el nacimiento de un hijo no puede considerarse un daño; A. Jurisprudencia; B. Doctrina legal; C. Doctrina; 2) Los requisitos genéricos para reclamar por el nacimiento no deseado de un hijo; A. Daño; a) Nacimiento de un hijo; b) Derecho al aborto; c) Autodeterminación de la madre; d) Impacto psíquico; e) Manutención del hijo; f) Gastos extraordinarios del hijo; B. Relación de causalidad; a) Daños no atribuibles al facultativo; b) Cursos naturales no verificables; III. El WRONGFUL CONCEPTION O WRONGFUL PREGNANCY: el nacimiento de un hijo no esperado; 1) Nacimiento de un hijo tras haberse sometido el progenitor a una vasectomía; A. Supuestos; B. Desestimación; a) Falibilidad del método esterilizante y consentimiento informado; b) Lex artis; c) Ruptura nexo causal; C. Estimación; a) Infracción de la lex artis; b) Insuficiente consentimiento informado; 2) Nacimiento de un hijo tras haberse sometido la progenitora a una ligadura de trompas; A. Supuestos; B. Desestimación; a) Falibilidad del método esterilizante; b) Consentimiento informado; c) Lex artis; C. Estimación; a) Insuficiente consentimiento informado; b) Infracción de la lex artis; 3) Otros métodos anticonceptivos para mujeres; A. Essure; B. Implanon; 4) Interrupciones de embarazo fallidas; 5) Indemnización; A. Daños patrimoniales; B. Daños morales; C. Criterios alternativos indemnización; IV. LAS RECLAMACIONES COMO CONSECUENCIA DEL NACIMIENTO DE UN HIJO CON MALFORMACIONES: *Wrongful birth* y *Wrongful life;* 1) Acción en nombre propio: Wrongful birth; A. ¿La interrupción voluntaria del embarazo es un derecho?; B. Diagnóstico prenatal; a) Licitud; b) Responsabilidad patrimonial; c) Pruebas invasivas; C. La pérdida de oportunidad como supuesto para reclamar; a) Requisitos; b) Funcionamiento anormal; c) Daños morales; d) Daños patrimoniales; e) Inaplicabilidad de la pérdida de oportunidad; D. Para apreciar la pérdida de oportunidad y la procedencia de indemnizar, ¿es exigible constatar que la madre hubiera querido abortar?; E. La indemnización procedente; a) Legitimación; b) Conceptos indemnizables; c) Criterios de cuantificación; d) Beneficiarios y formas de la indemnización; 2) La acción en nombre del menor: wrongful life; A. Supuestos; B. Posición jurisprudencial y doctrinal; Bibliografía.

---

[1] Secretario General (1996-1998), consejero (1996-2003) y presidente (2003-2016) del Consell Jurídic Consultiu de la Comunidad Valenciana.

I. INTRODUCCIÓN: UNA REFERENCIA AL CARÁCTER OBJETIVO DE LA RESPONSABILIDAD PÚBLICA Y A LA OBLIGACIÓN DE REPARAR EL DAÑO CAUSADO

Desde que se popularizó el instituto de la responsabilidad patrimonial, especialmente bajo la vigencia de la Constitución (CE), se ha extendido la creencia de que de cualquier incidencia que nos ocurra en nuestra vida cotidiana siempre hay alguien que deba responder por ello. Con mayor motivo si tal incidencia cabe relacionarla con la actividad pública.

En España, la regulación de la responsabilidad patrimonial pública fue tardía, pues no llegó a reconocerse hasta mediados del pasado siglo[2]. La aprobación de la CE de 1978, aunque no supuso una especial novedad, en esta materia, desde el punto de vista normativo, en lo esencial, sirvió como escaparate del reconocimiento de ciertos derechos a los ciudadanos, lo que, en definitiva, provocó la utilización más frecuente por estos, de los medios que el ordenamiento jurídico ponía a su alcance.

Ahora bien, desde distintos ámbitos jurídicos se ha pasado de saborear las posibilidades que la imputación de responsabilidad al Estado proporciona, a propugnar cierto orden para evitar la dispersión de criterios jurisprudenciales y el desbordamiento de reclamaciones, no siempre justificadas.

Y es que se ha podido observar, en esta cuestión de la responsabilidad pública, la producción de un movimiento pendular. En poco tiempo se ha pasado de proclamar la inmunidad del poder público, a considerar un sistema de responsabilidad objetiva como mecanismo asegurador universal que obligue al Estado, a las Comunidades Autónomas (CCAA) o a las Provincias y Municipios, a indemnizar todo daño que se produzca en sus instalaciones, en sus infraestructuras o como consecuencia de la prestación de sus servicios. Y es que, en efecto, hay quienes piensan que siempre hay que buscar algún responsable de las adversidades e infortunios que podamos sufrir.

El resarcimiento de toda lesión que los particulares sufran en cualquiera de sus bienes o derechos como consecuencia del funcionamiento de los servicios públicos es un derecho constitucional. Está reconocido en el artículo 106.2 de nuestra Carta Magna con entronque en el principio de

---

2 Sobre la evolución normativa, *vid.* GARRIDO MAYOL, Vicente (2004): *La responsabilidad patrimonial del Estado. Especial referencia a la responsabilidad del Estado Legislador,* Tirant lo Blanch, Valencia, págs. 56 y ss.

responsabilidad de los poderes públicos proclamado en el art. 9.3 del texto constitucional.

Posteriormente, la Ley 30/1992, de 26 noviembre, de régimen jurídico de las Administraciones Públicas y del procedimiento administrativo común (LRJPAC-92), que en este punto desarrolló la CE, configuró la responsabilidad patrimonial como *objetiva.* Su art. 139.1, más allá de lo que el texto constitucional dispone, reconoció que fuera indemnizable la lesión patrimonial consecuencia del funcionamiento *normal o anormal* de los servicios públicos, al modo en que lo hacía el art. 121 de la Ley de expropiación forzosa (LEF), de 1954, y el art. 40 de la vieja Ley de régimen jurídico de la Administración del Estado, de 1957. Y de igual manera se establece, en el art. 32.1 de la Ley 40/2015, de 1 de octubre, de régimen jurídico del sector público (LRJ), en la que, actualmente, se establece el régimen jurídico de la responsabilidad patrimonial pública.

Pero, ¿qué ha de entenderse por *responsabilidad objetiva*?

Sobre esta cualidad se sigue discutiendo hoy en día y sigue sin haber unanimidad en la doctrina[3]. Pero, en todo caso, creo que para contestar a este interrogante hay que tener en cuenta que la responsabilidad patrimonial del Estado tiene un fundamento distinto al de la responsabilidad civil[4].

---

3 Tomás Ramón FERNÁNDEZ, de manera brillante, se hace eco de la diversidad de opiniones que existe respecto la responsabilidad objetiva. FERNÁNDEZ, Tomás Ramón (2021): «Sobre la discutida naturaleza objetiva de la responsabilidad patrimonial de la Administración». *Revista de Administración Pública,* núm. 216, págs. 169 a 186. *Vid.* también, al respecto, DOMÉMENCH PASCUAL, Gabriel (2022): «La persistencia de los dogmas en el Derecho público español», en el portal *Almacén de Derecho* (2022), https://almacendederecho.org/la-persistencia-de-los-dogmas-en-el-derecho-publico-espanol. Y asimismo, GARRÓS FONT, Inma (2017): «El carácter objetivo de la responsabilidad patrimonial en el ejercicio de la función administrativa», *Revista Española de Derecho Administrativo,* núm. 184.

4 Desde el ámbito jurídico-privado se critica la expresión «Responsabilidad patrimonial» y el abandono de la ya arraigada «responsabilidad civil», aduciendo que esta, en todo caso, también es patrimonial. *Vid.* al respecto YZQUIERDO TOLSADA, Mariano (2002): «Reflexiones sobre la responsabilidad del Estado por el funcionamiento de la Administración de Justicia y por actos legislativos», *Revista Jurídica General del Ilustre Colegio de Abogados de Madrid,* núm. 23, pág. 263. En el Derecho público ya se ha extendido el uso del término responsabilidad patrimonial que, a mi juicio, podría ser sustituido por «responsabilidad pública», en contraposición a la civil que, por su propio nombre, debe reservarse para calificar la derivada de las relaciones entre particulares.

1) Fundamento de la responsabilidad pública

Aunque ambos tipos de responsabilidad —patrimonial y extracontractual— pueden descansar en el principio de inmunidad —en virtud del cual todo daño debe ser resarcido por su causante— el fundamento de la responsabilidad patrimonial es más amplio y profundo que el de la responsabilidad extracontractual. Aquel responde a la concepción del Estado como servidor del ciudadano, al que debe prestar, por medio de su Administración, servicios bien gestionados y reparar los daños que esa prestación le pueda irrogar.

Como ha destacado el Consejo de Estado (CdE), la regla «ningún daño sin reparación», en el ámbito administrativo no tiene como fundamento último el principio civil de la responsabilidad aquiliana[5]. De todas formas, comparte con esta última una base ética que se relaciona con las ideas de justicia conmutativa, de reequilibrio de situaciones, de evitar empobrecimientos sin causa y de equidad. De hecho, esta base ética común inspira la preocupación jurisprudencial por la indemnización de las víctimas en la determinación de una y otra responsabilidad, la civil y la patrimonial pública.

Pero el fundamento de la responsabilidad del Estado es, como decíamos, más amplio y profundo. En palabras del Tribunal Supremo (TS), este supone una «garantía fundamental de la seguridad jurídica con entronque en el valor justicia, pilar del Estado social y democrático de derecho»[6]. También comprende, la igualdad de los ciudadanos ante las cargas públicas (el daño causado debe ser reparado con cargo a la colectividad); y es una manifestación del principio de legalidad y de la proscripción de la arbitrariedad (la responsabilidad es también una reacción frente a actuaciones ilegales y arbitrarias). Todo ello conforma la amplia base sobre la que descansa la responsabilidad patrimonial.

2) El requisito de la culpa en la responsabilidad civil

Las reglas que rigen la responsabilidad civil y la pública, son diferentes. Si para que, en ambos casos, proceda la indemnización es necesario que exista una lesión y un nexo causal entre la acción u omisión y el resultado

---

5 *Vid.* Memoria del CdE de 1998.

6 FFJJ 3 y 2 SSTS de 15 de diciembre de 1997 [*Tol 196730*] y 4 de marzo de 1998 (núm. rec. 588/1992 y [*Tol 1551050*]).

dañoso, en el ámbito civil es preciso, además, que haya mediado culpa o negligencia en quien lo ha provocado. Lo exige el art. 1902 del Código Civil, el cual reza «el que por acción u omisión causa daño a otro, interviniendo culpa o negligencia, está obligado a reparar el daño causado»).

Aunque no es momento de analizar la evolución jurisprudencial en torno a la interpretación del requisito legal de la culpa o negligencia, sí conviene destacar que aquel no cabe postularlo en el ámbito de la responsabilidad pública. La responsabilidad pública no puede reivindicar la culpa o negligencia, puesto que en esta procederá indemnizar las lesiones que sean consecuencia del funcionamiento normal o anormal de los servicios público. Como ya hemos visto, esto supone la posibilidad de que nazca la responsabilidad como consecuencia de un actuar lícito de la Administración, al margen de cualquier actuación culpable. Y ello sin perjuicio de que en la mayoría de las ocasiones la responsabilidad pública se anude a una actuar culposo o negligente.

Y tan ello es así, que TS ha indicado que «la invocación (...) del artículo 1902 del Código Civil y la Jurisprudencia que la interpreta resulta improcedente por carecer dichos preceptos de relación alguna con (...) las relaciones particular-Administración»[7].

3) Aproximación de regímenes

Lo cierto es que cabe observar un punto de convergencia entre ambos institutos jurídicos: por un lado, la responsabilidad civil se ha ido progresivamente *objetivizando*; por otro, habida cuenta que los requisitos para el nacimiento de la obligación de indemnizar son, normalmente, inobjetivables, es difícil encontrar pronunciamientos jurisprudenciales sobre la responsabilidad pública en los que no se aprecie una *subjetivización* de esta.

En efecto, en el ámbito civil, en nuestro derecho, al igual que en el de otros países, la fórmula de la responsabilidad objetiva se ha ido implantando en ciertos sectores de la actividad humana caracterizados por su intrínseca peligrosidad: el ejemplo más relevante es el que se refiere a la circulación de vehículos de motor, en la que se responde de los daños causados a no ser que se pruebe que estos fueron debidos únicamente a culpa o negligencia del perjudicado o a fuerza mayor extraña a la conducción

---

[7] FJ 1 STS de 5 de junio de 1998, de la Sala de lo Civil (núm. rec. 1662/1994 y [*Tol 1551113*]).

o al funcionamiento del vehículo; pero también se exige responsabilidad objetiva, en relación con supuestos «correspondientes a actividades empresariales e industriales que lleven inherente un factor o componente de peligrosidad»[8].

Y es que, como ha destacado el TS, la irrupción, en este ámbito, del seguro obligatorio ha provocado que se tenga que precisar que, si bien la responsabilidad civil está basada en la necesaria concurrencia de culpa, la cubierta por el seguro obligatorio obedece a criterios ajenos a la culpabilidad del agente (STS de 8 de julio de 1983). De esta manera se ha ido abriendo camino la tendencia a una responsabilidad basada en el riesgo (objetiva), frente a una responsabilidad basada en la culpa (subjetiva), al considerarse que deben asumirse las consecuencias de una actividad arriesgada[9].

Por el contrario, en el ámbito de la responsabilidad pública, es constante el criterio jurisprudencial que, si bien incide en su carácter objetivo, considera que para que la misma se reconozca es preciso constatar que la actuación administrativa entrañaba cierto riesgo, o bien que se ha desarrollado de forma deficiente, insegura, o anormal, para el ciudadano.

Es decir, por una parte, se considera que la responsabilidad del Estado se configura como objetiva o por el resultado, siendo indiferente que la actuación administrativa haya sido normal o anormal. Ello es así, porque para declararla, basta que, como consecuencia directa de aquella, se haya producido un daño efectivo, evaluable económicamente e individualizado.

Así, la STS de 10 de febrero de 1998 —y en el mismo sentido, la de 15 de diciembre de 1997— señala que «esta fundamental característica impone que no es menester demostrar (...) que los titulares o gestores de la actividad administrativa (...) han actuado con dolo o culpa, sino que ni siquiera es necesario probar que el servicio público se ha desenvuelto de manera anómala». Pero, a continuación, indica que para que el daño sea antijurídico, «basta con que el riesgo inherente a su utilización haya rebasado los límites impuestos por los estándares de seguridad exigibles conforme a la conciencia social»[10]. De esta forma, introduce un elemento subjetivo que,

---

[8] FJ 5 STS 524/1993, de 20 de mayo, de la Sala de lo Civil (núm. rec. 2998/1990 y [*Tol 5130084*])

[9] Al respecto pueden consultarse las SSTS de 16 de octubre de 1989, 20 de mayo de 1993 y 28 de diciembre de 1998.

[10] FJ 2 STS de 10 de febrero de 1998, de la Sala de lo Contencioso-Administrativo (núm. rec. 11532/1990 y [*Tol 1715018*]).

de alguna manera, acerca la responsabilidad patrimonial del Estado a la civil propia de las relaciones entre particulares.

Se pueden contar por docenas las sentencias del TS que, haciendo una loa al carácter objetivo de la responsabilidad, terminan considerando elementos típicamente subjetivos para estimar o no la pretensión del recurrente.

Y es que como señala la STS de 5 de junio de 1998: «la prestación por la Administración de un determinado servicio público y la titularidad por parte de aquella de la infraestructura material para su prestación no (...) convierte a éstas en aseguradoras universales de todos los riesgos con el fin de prevenir cualquier eventualidad desfavorable o dañosa para los administrados, que pueda producirse con independencia del actuar administrativo, porque de lo contrario,(...) se transformaría aquel en un sistema providencialista no contemplado en nuestro ordenamiento jurídico»[11].

Ello no obstante, y como conclusión, cabe afirmar que aunque sean evidentes las similitudes entre la responsabilidad civil y la patrimonial del Estado, como ha destacado el CdE, esta goza de autonomía frente a la civil. Esta autonomía afecta a sus fundamentos y a sus reglas, e incluso en su procedimiento judicial, toda vez que mientras que la civil es exigible ante los órganos de tal orden jurisdiccional, la patrimonial del Estado ha de articularse, tras el correspondiente procedimiento administrativo, ante la jurisdicción contencioso-administrativa[12]. Pero es indudable que, en la práctica, son cada vez mayores las similitudes con que aparecen configurados ambos institutos jurídicos[13].

4) Responsabilidad por funcionamiento de servicios públicos

Hay que destacar que la responsabilidad no se ciñe exclusivamente a la comisión de actuaciones arbitrarias, ni tampoco al abuso o desviación de poder, ni a la utilización de la vía de hecho, que son, por sí mismos, arbi-

---

11 FJ 1 STS de 5 de junio de 1998, de la Sala de lo Contencioso-Administrativo (núm. rec. 1662/1994 y [*Tol 1551113*]).

12 Art. 2 e) de la Ley 29/98, de 13 de julio, reguladora de la jurisdicción contencioso-administrativa (LJCA), y art. 9.4 de la Ley Orgánica del Poder Judicial (LOPJ), según redacción dada por la Ley Orgánica 6/98, de 13 de julio.

13 GARRIDO MAYOL, Vicente (2004): «El carácter objetivo de la responsabilidad patrimonial y el funcionamiento normal de los servicios públicos» *Revista Española de la Función Consultiva*, núm. 1, pág. 29.

trarios. Por el contrario, la responsabilidad de los poderes públicos alcanza a todos aquellos supuestos en que su actuación, aun siendo conforme con la CE y con el resto del ordenamiento jurídico, causa perjuicio a algún ciudadano.

Ahora bien, desde la doctrina científica no son pocas las voces que han tratado de moderar la interpretación de la expresión «funcionamiento normal de los servicios públicos» que puede dar lugar a indemnización. Entre los civilistas, PANTALEÓN considera erróneo «parificar a efectos de responsabilidad de la Administración, "funcionamiento normal" y "funcionamiento anormal" de los servicios públicos, en el sentido de que tanto el uno como el otro comporten, con carácter general, la indemnización de los daños que ocasionan, salvo que se incluya en la responsabilidad por "funcionamiento normal" la llamada responsabilidad por riesgo»[14].

Entre los administrativistas, GARRIDO FALLA y PARADA también se muestran reacios a una aplicación indiscriminada o a una interpretación inadecuadamente extensiva del sistema de responsabilidad.

GARRIDO FALLA señaló que en materia de responsabilidad patrimonial la regla general es el «funcionamiento anormal»; la expresión «funcionamiento normal» cubre los supuestos de riesgo creado y el de aquellas actuaciones administrativas, —en especial obras públicas—, que causan perjuicios singulares que, por simple aplicación del principio de igualdad ante las cargas públicas, justifica la obligación de reparar[15].

Y aparte dichos supuestos, encontramos otros en el legítimo ejercicio del *ius variandi* derivado de la actuación urbanística, en la actividad de la policía o en situaciones de emergencia.

---

[14] PANTALEÓN PRIETO, Fernando (1994): «Los anteojos del civilista: Hacia una revisión del régimen de responsabilidad patrimonial de las Administraciones Públicas», *Documentación Administrativa*, núm. 237-238, pág. 247.

[15] GARRIDO FALLA, Fernando (1997): «Los límites de la responsabilidad patrimonial: una propuesta de reforma legislativa», *Revista Española de Derecho Administrativo*, núm. 94, pág. 185.

II. RECLAMACIÓN POR DAÑOS PRODUCIDOS POR EL NACIMIENTO DE UN HIJO: LAS DIVERSAS ACCIONES DERIVADAS DE TAL SUPUESTO

«La responsabilidad en materia sanitaria es un "territorio fronterizo" entre el derecho civil y el administrativo, con jurisprudencia en ambos órdenes jurisdiccionales. (…) Ciertamente, este carácter "fronterizo" le da un atractivo especial, aunque también complica algo su estudio»[16].

Partiendo de esta singularidad, en este capítulo abordaremos un conjunto de acciones que de alguna forma guardan relación con el hecho de la vida. Como afirma el Consell Jurídic Consultiu de la Comunitat Valenciana (CJCVal), en puridad, «una reclamación de este tipo se enmarca en el grupo de acciones que, doctrinal y jurisprudencialmente, se conocen como *wrongful actions*. En todas ellas, aunque con distintos matices, lo que se reclama es un daño derivado del nacimiento de una persona: ya sea por el simple hecho de nacer cuando no se esperaba o deseaba este bien; ya sea por el hecho del nacimiento con malformaciones no conocidas ni esperadas; ya sea simplemente por el hecho mismo de vivir con malformaciones»[17].

---

16 TORRE DE SILVA LÓPEZ DE LETONA, Víctor (2017): «Responsabilidad por nacimiento evitable (*wrongful birth*) y discapacidad», *Revista de Administración Pública*, núm. 203, pág. 94. Según este autor, el «carácter fronterizo» propicia que «el mismo tipo de suceso, en efecto, se analiza desde el punto de vista civil y se residencia ante los tribunales civiles en caso de que no haya tenido parte la Administración o, en el caso contrario, el análisis sustantivo pasa a ser de derecho administrativo, con competencia de la jurisdicción contencioso-administrativa». *Idem.*

17 CJ 6 DCJCVal 466/2020, de 7 de octubre. Dentro de las *wrongful actions*, en atención la existencia o no de malformaciones en el *nasciturus*, se distinguen: por un lado las reclamaciones por *wrongful conception* (nacimiento sin malformaciones); por otro lado las peticiones de responsabilidad por *wrongfun birth* o *wrongful life* (nacimiento con malformaciones). En las acciones que se sustentan en la existencia de malformaciones, a su vez, hay que distinguir las primeras de las segundas por razón de la persona que legitima la reclamación. En efecto, tanto en las acciones *wrongfun birth* como *wrongful life*, la causa de pedir son daños producidos por el nacimiento de un hijo con malformaciones o enfermedades congénitas. Si los padres reclaman en su propio nombre y derecho, el daño que se reclama es el padecido por ellos mismos (*wrongful birth actions*). Por el contrario, cuando los padres reclaman en nombre del hijo, como representantes legales, el daño patrimonial será el que este sufrirá durante su vida por causa del nacimiento (*wrongful life actions*). A esta tipología, aceptada pacíficamente. MACÍA se refiere a las acciones de procreación irresponsable, de lesiones preconceptivas. Las acciones de pro-

El punto común de estas tres formas de reclamar —conocidas como *wrongful conception o wrongful pregnacy, wrongful birth y wrongful life,* respectivamente— «consiste en el hecho de que desencadena la responsabilidad es el nacimiento de un niño»[18].

Esta forma de clasificar las acciones derivadas del nacimiento de un hijo suele centrarse en torno a dos supuestos: las pruebas diagnósticas y el embarazo no deseado.

i. Embarazo no deseado. Las *Wrongful conception actions* pueden tener su origen en el embarazo no deseado, producido tras haberse sometido el progenitor a una intervención de vasectomía —o la embarazada a una ligadura de trompas u otro método anticonceptivo— y no obstante haber resultado fallidos ambos métodos anticonceptivos.

   Aquí afloran los problemas, relacionados con la actuación médica —regularidad de la intervención e información debida de los efectos y consecuencias— y con el daño que pueda sufrirse y su reparación.

ii. Pruebas diagnósticas. Las *Wrongful birth* y *wrongful life actions* se fundan: en la ausencia de pruebas, durante el embarazo, capaces de determinar la malformación del feto; o cuando estas se han llevado a cabo, porque las mismas han sido ineficaces, o habiendo sido eficaces, porque no se han comunicado de sus resultados, a tiempo para que la madre pueda, en su caso, interrumpir el embarazo temporáneamente.

   Es este un supuesto que plantea diversos problemas: unos relacionados con la legitimación activa para accionar; otros, con la actuación

---

creación irresponsable serían las ejercitadas por un hijo nacido con taras o limitaciones que reclama frente a sus padres. Las acciones preconceptivas tienen en común con las *wrongful birth* y *wrongful life* en imputar la responsabilidad a partir de un diagnóstico derivado de una prueba. Pero mientras que estas se proyectan sobre un diagnostico posterior a la concepción y se refieren a las taras del *nasciturus,* las acciones de responsabilidad preconceptivas parten de un diagnóstico previo a la concepción e inciden sobre enfermedades hereditarias. MACÍA MORILLO, Andrea (2006): «Una visión general de las acciones de responsabilidad por "wrongful birth" y "wrongful life" y de su tratamiento en nuestro ordenamiento jurídico», *Anuario de la Facultad de Derecho de la Universidad Autónoma de Madrid,* núm. 10, págs. 68 a 73.

18 TORRE DE SILVA LÓPEZ DE LETONA, Víctor (2017): «Responsabilidad por nacimiento evitable (*wrongful birth*) y discapacidad», *op. cit.* pág. 96.

de los facultativos y demás personal sanitario para tratar de averiguar si fue o no conforme con la *lex artis ad hoc;* por último, también existen problemas a la hora de determinar cuál es, en su caso, el daño y cómo debe indemnizarse.

Llegados a este punto, a continuación exponemos dos cuestiones preliminares: la consideración de la vida como un bien y los requisitos generales de la responsabilidad patrimonial, aplicados a las reclamaciones derivadas del nacimiento de un hijo.

1) Consideración previa: el nacimiento de un hijo no puede considerarse un daño

Al estudiar las *wrongful actions,* hay que partir de una consideración previa, expresada por el TS en constante y reiterada jurisprudencia —con un titubeo inicial, como ahora veremos— y seguida pacíficamente por jueces y tribunales, por el CdE y por los Consejo Consultivos autonómicos. Tanto estos —Consejos Consultivos— como aquel —CdE— vienen pronunciándose sobre la vida como un bien —porque, entre sus competencias, cuentan con la de dictaminar los asuntos relativos a la responsabilidad patrimonial derivada de la actividad administrativa— y al hacerlo resaltan de que el nacimiento de un hijo no puede considerarse un daño pues no lo es alumbrar una vida[19].

En efecto, la doctrina mayoritaria y la jurisprudencia del TS «han rechazado que el nacimiento de un hijo pueda ser contemplado como un daño indemnizable, no solo por los problemas jurídicos que esto suscita, sino también por el dilema ético que supone considerar la vida, por penosa que esta pueda llegar a ser, como un perjuicio»[20].

---

19 En muchos casos, en asuntos en los que se reclame una determinada cuantía mínima. Así se establece en el art. 81.2 de la Ley 39/2015, de 1 de octubre, del Procedimiento Administrativo Común de las Administraciones Públicas (LPAC), que expresa que «cuando las indemnizaciones reclamadas sean de cuantía igual o superior a 50.000 euros o a la que se establezca en la correspondiente legislación autonómica, así como en aquellos casos que disponga la Ley Orgánica 3/1980, de 22 de abril, del Consejo de Estado, será preceptivo solicitar dictamen del Consejo de Estado o, en su caso, del órgano consultivo de la Comunidad Autónoma».

20 SÁNCHEZ GONZALEZ, Margarita (2018): «El tratamiento jurisprudencial del daño en las acciones de responsabilidad por *wrongful birth*», *Revista Jurídica de la Universidad Autónoma de Madrid,* núm. 37, 2018-I, pág. 469.

Lo mismo puede decirse de la doctrina, la cual, de manera mayoritaria, al posicionarse en las acciones por nacimiento no deseado, defiende la vida como un bien precioso.

A. Jurisprudencia

El TS, aunque en su primer pronunciamiento sobre las *wrongful actions*, en sentencia de 6 de junio de 1997 de su Sala de lo Civil, parece incurrir en contradicción al identificar el nacimiento como el daño antijurídico, en posteriores fallos ha mantenido una posición a favor de la vida[21].

En la STS de 6 de junio de 1997 se afirmó primeramente: que «surge en el presente caso un perjuicio o daño, como es el nacimiento de un ser que padece síndrome de Down»; para, posteriormente, concluir que el daño sufrido por la gestante radica en el «impacto psíquico de crear un ser discapacitado que nunca previsiblemente podrá valerse por sí mismo»[22]. Como ha señalado SÁNCHEZ GONZÁLEZ, «el fundamento del fallo parece centrarse más bien en la primera idea, de manera que puede afirmarse que en esta resolución el Tribunal Supremo identificó el daño con el propio nacimiento del niño»[23].

No es este el criterio mantenido después. Es expresiva, al respecto, la STS de 5 de junio de 1998, en la que afirma que «la vida humana es un bien precioso en cualquier sociedad civilizada, cuyo ordenamiento jurídico la protege ante todo y sobre todo. [Por ello], no puede admitirse que el nacimiento de hijos no previstos sea un mal para los progenitores»[24].

---

21 En la STS 495/1997, de 6 de junio, de la Sala de lo Civil, la reclamante era un mujer embarazada que fue asistida en el Hospital Clínico Universitario de Valencia y a la que se le comunicó el resultado de la prueba de amniocentesis —la cual apuntaría al nacimiento de un hijo con síndrome de Down — hasta una fecha en la que no era posible practicar un aborto. En este caso, el TS, tras admitir que hubo un «acción médica negligente, un perjuicio gravísimo y una declaración causal entre ambos acontecimientos», condenó solidariamente al médico y al Servicio Valenciano de Salud.

22 FJ 3 STS 495/1997, de 6 de junio, de la Sala de lo Civil (núm. rec. 165/1993 y [*Tol 5119471*]).

23 SÁNCHEZ GONZALEZ, Margarita (2018): «El tratamiento jurisprudencial del daño en las acciones de responsabilidad por *wrongful birth*» *op. cit.* pág. 469.

24 FJ 3 STS 531/1998, de 5 de junio de 1998, de la Sala de lo Civil (núm. rec. 878/1994 y [*Tol 5119951*]).

Ya en el siglo XXI, no considera la STS de 30 de junio de 2006, que el nacimiento de un hijo pueda considerarse daño moral «pues nada más lejos del daño moral, en el sentido ordinario de las relaciones humanas, que las consecuencias derivadas de la paternidad o maternidad»[25].

Más adelante, el Alto Tribunal volvió a reafirmarse en su criterio de que el nacimiento de un hijo no puede considerarse un daño. Según su parecer, «no cabe en el ordenamiento español lo que, en terminología inglesa, se denomina *wrongful birth.* No hay nacimientos equivocados o lesivos, ya que el art. 15 de la Constitución implica que toda vida humana es digna de ser vivida. Y hay que destacar igualmente que los gastos derivados de la crianza de los hijos no constituyen, en principio, un daño, ya que son inherentes a un elemental deber que pesa sobre los padres»[26].

«Otra cosa es que el patrimonio de los progenitores tenga que afrontar mayores gastos o dejar de obtener ingresos por la suspensión o abandono del trabajo ante la contingencia inesperada del embarazo y parto, y ello nos lleva a considerar si en algunos supuestos procede una indemnización o compensación económica»[27].

En el mismo sentido ya se había pronunciado la STS 4 de febrero de 1999, segunda sentencia recaída en materia *Wrongful actions*[28]. Desde la misma, el TS, de manera reiterada y sin variación, expresa que el nacimiento de un hijo, en cualesquiera circunstancias, no constituye «un daño *per se*»[29].

---

25 FJ 4 STS de 30 de junio de 2006, Sala de lo Contencioso-Administrativo (núm. rec. 217/2005 y [*Tol 998513*]).

26 FJ 3 de la STS 4 de noviembre de 2008, de la Sala de lo Contencioso-Administrativo (núm. rec. 4936/2004 y [*Tol 1401291*]).

27 FJ 3 STS 531/1998, de 5 de junio de 1998, de la Sala de lo Civil (núm. rec. 878/1994 y [*Tol 5119951*]).

28 En la STS de 4 de febrero de 1999, a la reclamante se le practicaron periódicamente pruebas en el servicio de ginecología del Hospital de Béjar. A pesar de las mismas los facultativos no apreciaron las malformaciones congénitas con las que nació su hijo. La Sala de lo Civil desestimó el recurso por entender que ni la doctora que la trató actuó de manera negligente ni el Ministerio de Sanidad y Consumo prestó una asistencia deficiente.

29 FJ 5 STS 1242/1998, de 4 de febrero de 1999, de la Sala de lo Civil (núm. rec. 2236/1994 y [*Tol 3711169*]).

B. Doctrina legal

Como en su día puso manifiesto PÉREZ-TENESSA con ocasión del DCdE de 21 de diciembre de 2000, las reclamaciones por nacimiento no deseado dieron lugar a un intenso debate en el seno del CdE[30]. Fruto del mismo, este consejero permanente —y antes letrado— preparó un estudio sobre el diagnóstico prenatal que sería publicado en la *Revista de Administración Pública* en 2001[31].

En esta publicación puso de manifiesto, que desde el citado dictamen, el CdE comparte, con «la doctrina más autorizada (...) [que], el nacimiento de un hijo, en cualesquiera circunstancias, no constituye *per se* un daño, y si lo fuera, sus progenitores tendrían el deber de soportarlo a tenor de lo dispuesto en el artículo 154.1.° del Código Civil. Pensar de otro [—afirma PÉREZ-TENESSA—] modo repugna a la naturaleza de las cosas»[32].

---

30 DCdE de 21 de diciembre de 2000 (núm. exp. 3385/2000). En el DCdE de 21 de diciembre de 2000, se rechazó la reclamación de responsabilidad por nacimiento de un hijo con el síndrome del X-frágil. La desestimación fue motivada en la imposibilidad de imputar al Ministerio de Sanidad y Consumo y el INSALUD el nacimiento de un niño con discapacidad por no existir nexo causal entre el funcionamiento del servicio público y el nacimiento del hijo con taras ya que los médicos actuaron conforme a la l*ex artis.*

31 Como afirma PÉREZ-TENESSA, dicho estudio sobre el DCdE de 21 de diciembre de 2000, lo publicó, «no para defenderlo "que no *necesitaba* de defensa alguna viniendo de donde *venía* —ni para criticar su tesis— ya que se *había* tenido en él sumo cuidado en ceñirse al caso y no sentar doctrina sobre la eficacia jurídica del diagnóstico prenatal", sino para aprovechar la oportunidad de exponer el estado de la cuestión (...), con mayor amplitud y ropaje doctrinal de lo que permite un Dictamen del Consejo de Estado que, por regla general, ha de ser intenso y corto, sin hacerse eco de discusiones académicas ni de otros argumentos de autoridad distintos de la jurisprudencia». PÉREZ-TENESSA HERNÁNDEZ, Antonio (2002): «Sobre el diagnóstico prenatal como causa de responsabilidad», *Revista de Administración Pública,* núm. 154, págs. 48 y 49.

32 *Ibidem* pág. 61. En la conclusión de su estudio sobre el diagnóstico prenatal, PÉREZ-TENESSA sostuvo que «la aplicación rigurosa de la ley en estos casos no significa ser insensible a la penosa situación de los reclamantes; pero una cosa es el sentimiento y otra la justicia»en materia de responsabilidad patrimonial de la Administración "cuya declaración es un acto de justicia" no cabe dejarse llevar de la compasión ni de la generosidad, con cargo a los caudales públicos. Los pacientes, y más si son minusválidos, merecen toda la asistencia social que sea posible. Lo que no puede ni debe hacerse es declarar responsable a nadie (tampoco a la Administración) de unos daños que no le son imputables». *Ibidem* pág. 61

C. Doctrina

Entre la doctrina, SÁNCHEZ GONZÁLEZ, ha destacado que «en el estudio de las acciones *wringful birth,* se han contemplado dos argumentos que impiden identificar el nacimiento del niño como un daño digno de ser resarcido: la idea de que la vida es un derecho protegido por el ordenamiento jurídico, por lo que nunca podrá ser un perjuicio; y el hecho de que minusvalorar la vida enferma frente a la vida sana supone una lesión de la dignidad de las personas enfermas»[33]. En efecto, a día de hoy, la doctrina de manera casi unánime considera lo siguiente:

i. «Calificar como daño la propia vida de un hijo (…) choca frontalmente con el derecho a la vida» reconocida en el art. 15 CE[34]. Es comúnmente compartido que la vida humana es un bien precioso en cualquier sociedad avanzada, por lo que no puede admitirse que el nacimiento de hijos no previstos sea un mal para los padres.

ii. La vida con discapacidad no puede valorarse de manera negativa. Lo contrario implicaría admitir que «la persona con discapacidad como un ser inferior que tiene un menor valor o, mejor, que sólo tendrá el mismo valor que las personas sin discapacidad en la media en que pueda adaptarse a la sociedad»[35].

2) Los requisitos genéricos para reclamar por el nacimiento no deseado de un hijo

En aplicación de los arts. 32 y ss. LRJ, y anteriormente los arts. 139 y ss. LRJPAC-92, se reconoce un auténtico derecho de los particulares a ser indemnizados por la Administración Pública que corresponda por toda lesión sufrida en cualquiera de sus bienes y derechos, salvo en los casos de fuerza mayor, siempre que la lesión fuera consecuencia del funcionamiento normal o anormal de los servicios públicos.

---

33 SÁNCHEZ GONZÁLEZ, Margarita (2018): *El tratamiento jurisprudencial del daño en las acciones de responsabilidad por wrongful birth, op. cit.* pág. 469.

34 ELIZARRI URTASUN, Leyre (2010): «El daño en las acciones de *wrongful birth y wrongful life*», *Derecho y Salud,* vol. 19, núm. extraordinario 1, pág. 140.

35 CUENCA GÓMEZ, Patricia (2012): «Los derechos fundamentales de las personas con discapacidad. Un análisis a la luz de la Convención de la ONU», *Cuadernos de la Cátedra de Democracia y Derechos Humanos de la Universidad de Alcalá,* núm. 7, pág. 32.

El TS, al interpretar dichos preceptos, ha puesto de relieve de forma reiterada que, para exigir la responsabilidad patrimonial por el funcionamiento de los servicios públicos es necesario que concurran los siguientes requisitos o supuestos: 1) Un hecho imputable a la Administración; 2) Una lesión o perjuicio antijurídico efectivo, económicamente evaluable e individualizado en relación a una persona o grupo de personas; 3) La existencia de la relación de causalidad entre los hechos ocurridos y el perjuicio padecido; y, por último, 4) Que no concurra ningún evento de fuerza mayor u otra causa de exclusión o exoneración de la responsabilidad de la Administración.

Además, a juicio del TS, para que exista dicha responsabilidad patrimonial será necesaria una actividad administrativa —por acción u omisión, material o jurídica—, un resultado dañoso no justificado y una relación de causa a efecto entre aquella y esta incumbiendo su prueba a la persona que reclame. Más concretamente, en opinión del TS, al enjuiciar cualquier asunto de responsabilidad por daños en el ámbito sanitario el carácter objetivo de la misma no puede conducir a entender que, con independencia de su concreta actuación en el caso, pueda ser considerada siempre responsable de toda lesión o perjuicio sufrido por los particulares con ocasión de la prestación del servicio público sanitario. Esto es así porque para el TS, el principio de responsabilidad objetiva no puede conducir a apreciar que la Administración se convierte en una aseguradora universal de todo riesgo.

Por ello, para determinar esta responsabilidad patrimonial de la Administración de sanidad se erige como uno de sus elementos esenciales la apreciación del requisito legal que exige la antijuridicidad del daño o, lo que es lo mismo, que el paciente objeto de la asistencia sanitaria no esté obligado a soportar el daño. En este punto hay que partir de la base de que la asistencia sanitaria consiste, en esencia, en una obligación por parte de los servicios sanitarios de la Administración de prestar los medios adecuados, y de acuerdo con la *lex artis*. Esta singularidad excluye toda pretensión indemnizatoria fundada en el mero hecho de haberse producido un resultado lesivo para los pacientes, por cuanto lo que cabe exigir de la Administración es la prestación de esos medios personales y técnicos en función de los conocimientos de la ciencia médica. En ningún caso puede pretenderse que la Administración se convierta en la responsable de todo daño cuando se compruebe que la asistencia recibida por el paciente fue conforme a la denominada *lex artis*.

Esta es la razón por la que el criterio de la *lex artis* sirve de pauta para valorar la normalidad en la actuación de los profesionales sanitarios, lo que permite apreciar la corrección de los actos médicos y que impone al profesional el deber de actuar con arreglo a la diligencia debida y a los conocimientos que derivan de la ciencia médica.

Llegados a este punto es necesario advertir que, en las *wrongful actions,* la lesión antijurídica plantea problemas de encaje. En las *wrongful birth* y *wrongful life,* además, el nexo causal también es controvertido. En efecto, una de las singularidades de las acciones derivadas del nacimiento de un hijo es la falta de unanimidad sobre algunos de los elementos basilares de la responsabilidad patrimonial: ni el daño susceptible de ser indemnizado ni el concreto nexo causal entre el funcionamiento del servicio público o la actuación del facultativo y la lesión antijurídica son aceptados pacíficamente por la doctrina y jurisprudencia.

A. Daño

«En nuestro Ordenamiento no existe un concepto de daño resarcible definido, a partir del cual se pueda incluir o excluir como tal un determinado evento. Aunque, a grandes rasgos, se entiende por daño todo menoscabo que, a consecuencia de un determinado evento, sufre una persona en sus bienes vitales naturales, en su propiedad o en su patrimonio»[36].

Esta es la razón por la que, en las *wrongful actions,* el bien o los intereses dignos de protección varían según autores.

TORRE DE SILVA, recogiendo los distintos pareceres, afirma que «las posibilidades pueden resumirse en seis daños: 1) el nacimiento del hijo, en sí mismo; 2) la lesión del derecho a abortar; 3) la privación de la toma de decisión sobre la interrupción del embarazo; 4) el impacto psíquico de encontrarse con un hijo discapacitado; 5) la manutención y gastos ordinarios asociados al hijo; y 6) los gastos extraordinarios derivados de la enfermedad»[37].

En los cuatro primeros se indemniza un daño moral, mientras que en los dos últimos un daño patrimonial. Ello es así porque en las reclamaciones por nacimiento de hijo no deseado concurren «daños que comportan

---

36 MACÍA MORILLO, Andrea (2005): *La responsabilidad médica por los diagnósticos preconceptivos y prenatales (las llamadas Wrongful birth y wrongful life),* Tirant lo Blanch, Valencia, pág. 343.

37 TORRE DE SILVA LÓPEZ DE LETONA, Víctor (2017): *Responsabilidad por nacimiento evitable (wrongful birth)* y discapacidad, *op. cit.* pág. 103.

un claro componente económico (por los gastos e imprevistos que sobrevienen ante tales acontecimientos), pero sobre todo moral, que suscitan importantes cuestionamientos por recaer sobre la existencia de un ser humano, lo que si duda hace relevante su estudio dentro de la casuística del daño moral sanitario»[38].

Analicemos los posibles daños:

a) Nacimiento de un hijo

Como se acaba de exponer, «el nacimiento de un hijo no puede considerarse un daño (...), ya que "no hay nacimientos equivocados o lesivos, pues el art. 15 de la Constitución implica que toda vida humana es digna de ser vivida"»[39]. Ahora bien, «aunque que esto sea así en términos estrictamente jurídicos, desde el punto de vista psicológico no es infrecuente que la mujer embarazada conciba como un daño el nacimiento de su hijo»[40].

En cambio, a los solos efectos dialécticos, cabe admitir que «la minusvalía y la consiguiente mala calidad de vida del nacido, sí que son un daño en el que éste no ha tenido ninguna intervención, daño que se traduce en actos de asistencia, en perjuicios económicos derivados de su situación y, casi siempre en algún sufrimiento: daños que de ordinario repercuten en los padres o familiares más próximos»[41].

Para llegar a esta conclusión, tanto en las *wrongful pregnacy* como en las *wrongful birth,* la doctrina suele apoyarse en la teoría alemana de la separación entre la vida y el daño (*Trennungslehre*). Según esta teoría cabe diferenciar el nacimiento de las cargas patrimoniales que este genera, las cuales sí que podrían categorizarse como lesiones antijurídicas[42]. En cambio, en

---

38 HURTADO DÍAZ-GUERRA, Isabel (2018): *El daño moral en la responsabilidad patrimonial sanitaria,* Tirant lo Blanch, Valencia, pág. 215.

39 FJ 6 STS de 19 de mayo de 2015, Sala de lo Contencioso-Administrativo (núm. rec. 4397/2010 y [*Tol 5173539*]).

40 TORRE DE SILVA LÓPEZ DE LETONA, Víctor (2017): «Responsabilidad por nacimiento evitable (*wrongful birth*) y discapacidad», *op. cit.* pág. 103.

41 PÉREZ-TENESSA HERNÁNDEZ, Antonio (2001): «Sobre el diagnóstico prenatal como causa de responsabilidad», *op. cit.* pág. 56.

42 Según apunta MACÍA, la teoría *Trennungslehre* «parte de que, desde un punto de vista teórico, se puede distinguir entre la vida —o el nacimiento del niño— y los gastos que genera su mantenimiento (*Unterhaltsaufwand, Lebensbedarf*), como deber que pesa sobre los padres desde el momento en que se produce tal nacimiento. De hecho, es por estos últimos por los que se solicita indemnización y no

las pretensiones *wrongful life,* en las que el hijo reclama por tener una vida desdichada, no es posible diferenciar el daño del hecho de la vida del niño.

Pues bien, la vida como lesión jurídica parece estar presente en la STS de 6 de junio de 1997, primera sentencia recaída en materia de *wrongful actions.* Como se expuso anteriormente, de la misma se desprende que el daño antijurídico era «el nacimiento de un ser que padece síndrome de Down», aunque posteriormente se refirió al «impacto psíquico de crear un ser discapacitado que nunca previsiblemente podrá valerse por sí mismo»[43]. Esta línea argumental no ha tenido recorrido.

b) Derecho al aborto

En las *wrongful birth* y *wrongful life actions,* para que el nacimiento de un hijo pueda considerarse como una lesión antijurídica es preciso que el aborto sea reconocido como un derecho. Así ocurrió en Estados Unidos desde la STS *Roe* contra *Wade* de 22 de enero de 1973, en la que —a partir del derecho a la vida privada (*right to privacy*)— se declaró que la interrupción voluntaria del embarazo constituía un derecho fundamental. No obstante, la reciente STS de Estados Unidos, *Dobbs contra Jackson Women's Health Organization* de 24 de junio de 2022, estima que no cabe considerar que el aborto sea un derecho fundamental, pues la Constitución no hace ninguna referencia al aborto y tal hipotético derecho no está protegido implícitamente en ninguna provisión constitucional.

La tendencia predominante en Europa, como ha señalado TORRE DE SILVA, es no considerar el aborto como un derecho constitucional, ni tan siquiera como un verdadero derecho, sino como un supuesto de actuación lícita prevista por la ley[44].

---

por el nacimiento en sí. Así, se afirma que, aunque el propio nacimiento no es un daño en sí, con él concurre o se concreta un daño por las cargas patrimoniales que genera». MACÍA MORILLO, Andrea (2005): *La responsabilidad médica por los diagnósticos preconceptivos y prenatales (las llamadas Wrongful birth y wrongful life),* Tirant lo Blanch, Valencia, pág. 343.

43 FJ 3 STS 495/1997, de 6 de junio, Sala de lo Civil (núm. rec. 165/1993 y [*Tol 5119471*]).

44 TORRE DE SILVA LÓPEZ DE LETONA, Víctor (2017): «Responsabilidad por nacimiento evitable *(wrongful birth)* y discapacidad», *op. cit.* págs. 102 y 103.

Pero el 4 de marzo de 2024, la Asamblea Nacional de Francia aprobó una reforma de su constitución, concretamente de su art. 34, al que se ha añadido un párrafo del siguiente tenor:

> *«La ley determina las condiciones en las que se ejerce la libertad garantizada para la mujer de recurrir a la interrupción voluntaria dl embarazo».*

Las dos cámaras del Parlamento francés, en una sesión conjunta extraordinaria en el Palacio de Versalles, aprobaron el texto modificatorio de la carta magna destinado a proteger la libertad de las mujeres a abortar. La iniciativa salió adelante por 780 votos a favor frente a 70 en contra y 50 abstenciones, muy por encima de los tres quintos requeridos para introducir una reforma en la Constitución del país.

De esta forma, Francia se ha convertido en el primer país del mundo en incluir el derecho al aborto en su Constitución.

Esta decisión tiene por objetivo «prohibir que la ley cuestione esta libertad en el futuro», según el Gobierno estatal.

La reforma fue impulsada por el presidente francés, Emmanuel Macron, después de que el Tribunal Supremo de Estados Unidos derogase en la citada sentencia de 24 de junio de 2022 el reconocimiento federal al derecho al aborto, dejando su autorización en manos de cada estado.

Asimismo, el Gobierno de Francia también ha buscado reafirmar esta libertad ante ciertos movimientos que pretenden restringir el derecho al aborto y a la anticoncepción en otros países de Europa.

En Francia, las mujeres derecho legal al aborto desde 1975 cuando se promulgó la llamada Ley Simone Veil, con Valéry Giscard d'Estaing como presidente. Las disposiciones de esta normativa fueron plasmadas de forma definitiva en 1979 a través de la Ley de Interrupción Voluntaria del Embarazo.

Según BELLVER, la reforma se sostiene sobre la idea según la cual privar a la mujer del acceso al aborto es una violación de la libertad de disponer de su cuerpo [Introducir la siguiente nota a pie de página: BELLVER CAPELLA, Vicente (2024): «El aborto en la Constitución francesa: error y oportunidad», Diario Las Provincias de 26 de marzo de 2024, pág. 29]. De cualquier manera, la reforma remite a una ley por lo que deja en manos del legislador de turno el alcance real de esa libertad.

En nuestro país, aunque la opinión generalizada excluye que el aborto sea un derecho, alguna sentencia, como la STS de 11 de noviembre de 2008, ha vinculado la falta de información sobre la existencia de pruebas de diagnóstico prenatal con «el fin de permitir a la gestante hacer efectivo su derecho a abortar por causas eugenésicas»[45]. En nuestra opinión, en esta sentencia, en puridad, la Sala de lo Civil estaba identificando el daño, no con la imposibilidad de abortar, sino más bien con la pérdida de oportunidad de interrumpir voluntariamente el embarazo.

Al abordarse en el epígrafe cuarto la cuestión relativa al aborto como derecho, nos remitimos a lo allí escrito, pero sí conviene adelantar que el Tribunal Constitucional (TC) en su reciente sentencia de 9 de mayo de 2023 —que desestimó el recurso de inconstitucionalidad interpuesto contra la Ley Orgánica 2/2020, de 3 de marzo, de salud sexual y reproductiva y de interrupción voluntaria del embarazo— considera que el sistema de plazos que establece dicha Ley Orgánica —frente al sistema de supuestos de la Ley Orgánica 9/1985, de 5 de julio, de reforma del art. 417 bis del Código penal— es conforme a la Constitución por cuanto reconoce a la mujer embarazada el ámbito razonable de autodeterminación que requiere la efectividad de su derecho fundamental a la integridad física y moral, en conexión con su derecho a la dignidad y libre desarrollo de su personalidad, justificándolo con la «interpretación evolutiva» de la Constitución[46].

Y es que, según comunicado del Alto Tribunal al anunciar la sentencia que comentamos, el sistema de plazos garantiza el deber estatal de protección de la vida prenatal —desestimando de esta manera la queja nuclear de los recurrentes— ya que existe una limitación gradual de los derechos constitucionales de la mujer en función del avance de la gestación y el desarrollo fisiológico-vital del feto.

En los fundamentos de derecho se invoca la STC 53/1985, de 11 de abril, en la que el Alto Tribunal señaló que la «vida humana es un devenir, un proceso que comienza en la gestación (…) y que termina en la muerte», en el que se genera «un *tertium,* existencialmente distinto de la madre,

---

45 FJ 1 STS 1094/2008, de 17 de noviembre, Sala de lo Civil (núm. rec. 1560/2003 y [*Tol 1401690*]). Para SÁNCHEZ GONZÁLEZ el derecho a abortar también puede considerare presente en la STS de 18 de diciembre de 2003, cuarto pronunciamiento del TS sobre las *wrongful actions.* A pesar de que el fallo no expresa cuál es la lesión antijurídica, la autora lo haylla en la pérdida de oportunidad de obtener «la información adecuada a la que tenían legítimo derecho» (FJ 3 STS 1184/2003, de 18 de diciembre, núm. rec. 766/1998 y [*Tol 343599*]). SÁNCHEZ GONZÁLEZ, Margarita (2018): «El tratamiento jurisprudencial del daño en las acciones de responsabilidad por wrongful birth», *op. cit.* pág. 477.

46 FJ 3 D) STC 44/2023, de 9 de mayo (núm. rec. 4510/2010 y [*Tol 9582039*]).

aunque alojado en el seno de esta»[47]. Pero recuerda el Constitucional que «también ha afirmado de forma inequívoca que la titularidad del derecho a la vida proclamado por el art. 15 CE corresponde exclusivamente a quienes han nacido y cuentan, por el hecho del nacimiento, con personalidad jurídica plena, sin que quepa extender esta titularidad a quienes han sido concebidos pero todavía no han nacido»[48]. O sea, para el Tribunal Constitucional, el *nasciturus* merece protección, pero solo el nacido es titular del derecho a la vida.

Y de ahí que considere la interrupción voluntaria del embarazo como parte del contenido constitucionalmente protegido del derecho fundamental a la integridad física y moral (art. 15 CE).

En otro momento podemos leer que «la interrupción voluntaria del embarazo genera una tensión interpretativa en el interior de la Constitución, cuyos polos se sitúan, cabe anticipar, por una parte, en el respeto a la dignidad y el libre desarrollo de la personalidad de la mujer embarazada (art. 10.1 CE) y su derecho fundamental a la integridad física y moral (art. 15 CE); y, por otra parte, en el deber del Estado de tutelar la vida prenatal como bien jurídico constitucionalmente protegido», y ello porque «la decisión de la mujer de interrumpir su embarazo se encuentra amparada en el art. 10.1 CE, que consagra "la dignidad de la persona" y el "libre desarrollo de la personalidad" y en el art. 15 que garantiza el derecho fundamental a la integridad física y moral»[49].

O sea, se está afirmando que existe un derecho constitucional y fundamental, anclado en los artículos 10.1 y 15 en virtud del cual la mujer puede autodeterrminarse interrumpiendo libremente su embarazo dentro del plazo legalmente establecido. Parece que se está recociendo un nuevo derecho que la Constitución no establece como tal, lo que ha sido objeto de no pocas críticas que consideran que el TC ha adoptado el rol de constituyente sin que, dada su naturaleza constitucional, sea ello posible.

El Tribunal invoca para llegar a tales conclusiones la STC 198/2012, de 6 de noviembre, basada en la sentencia del Tribunal Supremo de Canadá de 9 de diciembre de 2004, al indicar que «la Constitución es un 'árbol vivo' (...) que, a través de una interpretación evolutiva, se acomoda a las realidades de la vida moderna como medio para asegurar su propia rele-

---

47 FJ 5 a) y b) STC 53/1985, de 11 de abril (núm. rec. 800/1983 y [*Tol 79468*]).

48 FJ 3 A) STC 44/2023, de 9 de mayo (núm. rec. 4510/2010 y [*Tol 9582039*]).

49 FFJJ 2 C) d) y 3 STC 44/2023, de 9 de mayo (núm. rec. 4510/2010 y [*Tol 9582039*]).

vancia y legitimidad (...), el Tribunal Constitucional, cuando controla el ajuste constitucional de esas actualizaciones, dota a las normas de un contenido que permita leer el texto constitucional a la luz de los problemas contemporáneos, y de las exigencias de la sociedad actual a que debe dar respuesta la norma fundamental del ordenamiento jurídico a riesgo, en caso contrario, de convertirse en letra muerta»[50].

Los votos particulares discrepantes de cuatro magistrados advierten que reconocer nuevos derechos fundamentales es una potestad del poder constituyente, no de los poderes constituidos y, por tanto, no lo es del Tribunal Constitucional.

c) *Autodeterminación de la madre*

La autodeterminación de la madre estaría vinculada con la libertad de procrear. Esta se manifestaría en su vertiente negativa —como decisión de no procrear— en las *wrongful conception actions* y en su vertiente positiva —como decisión de engendrar hijos sanos— en las *wrongful birth* y *wrongful life actions*. En este segundo caso, el daño se identifica con «la imposibilidad para la madre de tomar una decisión informada sobre el término de su embarazo, acorde con sus propios intereses personales y familiares»[51].

Pues bien, a día de hoy, «la afectación negativa a este proceso de toma de decisión constituye un daño, según la doctrina mayoritaria y la jurisprudencia. Es aceptado por Macía y otros muchos, aunque no es unánime»[52].

En el plano jurisprudencial, fue la Audiencia Nacional (AN), la primera en fundar una indemnización con este enfoque. De acuerdo con la SAN de 6 de junio de 2001, en un supuesto de *wrongful birth action*, «el daño resarcible está en que (...) se la privó de una información trascendente [a la madre] para optar» por poner fin al embarazo. «Esto implica que lo lesionado fue una manifestación de la facultad de autodeterminación de la persona, ligada al principio de dignidad (art. 10.1 de la Constitución, como es la información para ejercer sus libres determinaciones»[53]. Posteriormente,

---

50 FFJJ 2 B)3 STC 44/2023, de 9 de mayo (núm. rec. 4510/2010 y [*Tol 9582039*]).

51 SÁNCHEZ GONZÁLEZ, Margarita (2018): «El tratamiento jurisprudencial del daño en las acciones de responsabilidad por wrongful birth», *op. cit.* pág. 475.

52 TORRE DE SILVA LÓPEZ DE LETONA, Víctor (2017): *Responsabilidad por nacimiento evitable (wrongful birth)* y discapacidad, *op. cit.* pág. 105.

53 FJ 9 SAN de 6 de junio de 2001, Sala de lo Contencioso-Administrativo (núm. rec. 91/2000 y [*Tol 5394788*]).

esta fundamentación sería utilizada en las SSTS de 4 de noviembre de 2005 y 21 de diciembre de 2005, de la Salas de lo Contencioso-administrativo y Civil, respectivamente[54].

d) Impacto psíquico

La teoría del impacto psíquico —también conocido como falta de preparación psicológica o de los daños de rebote— es aplicable tanto a las *wrongful conception* como *wrongful birth* y *wrongful life actions.*

i. En las primeras, el interés jurídicamente protegido sería el desasosiego e incertidumbre que produce un embarazo no esperado ni deseado e incluso.

ii. En las segundas, la lesión antijurídica vendría propiciada por la falta de preparación psicológica de los padres para concebir un hijo con limitaciones con la antelación suficiente.

Para quienes defienden la doctrina del impacto psíquico, ante la imposibilidad de evitar el sufrimiento, debe poder reclamarse una indemnización por los daños morales causados por privación de la oportuna información que les hubiese ayudado a amortiguar el nacimiento de su hijo.

A diferencia de los daños mencionados en las letras b) y c) de este apartado —derecho al aborto y la autodeterminación de la madre— el impacto psíquico puede ser invocado no solo por la madre, sino también por el padre y otros familiares. Aunque alguna sentencia lo haya reconocido —*v.gr.* STS de 18 de mayo de 2006— MARTÍN y SOLÉ sostienen que no debe indemnizarse a los hermanos. En sentido contrario SALÀS admite el impacto psicológico en los hermanos y abuelos si hay convivencia bajo un mismo techo[55].

Para VICANDI, en las *wrongful conception actions,* el nacimiento no deseado sería resarcirse en concepto de daños morales, por el impacto, por «los sentimientos de angustia y aflicción que puede padecer un matrimonio

---

54 SSTS de 4 de noviembre de 2005, Sala de lo Contencioso-Administrativo (núm. rec. 5377/2001 [*Tol 856598*]) y 1002/2005, de 21 de diciembre (núm. rec. 1986/1999 y [*Tol 795310*]).

55 SALÀS DARROCHA Josep Tomás (2005): «Las acciones de wrongful birth y wrongul life ante la Jurisdicción Contencioso-Administrativa», *Actualidad Administrativa,* núm. 22, pág. 2697. STS 481/2006, de 18 de mayo, Sala de lo Civil (núm. rec. 3337/1999 y [*Tol 952802*]).

por un embarazo no deseado (...). Del mismo modo, entraría dentro de esta categoría la preocupación derivada de un gestación no prevista dentro de un círculo familiar, así como las molestias sufridas por un paciente al que se le ha practicado una intervención infructuosa, ya que ha tenido un resultado fallido»[56].

En opinión de TORRE DE SILVA, en las acciones *wrongful birth* y *wrongful life,* aunque «el impacto psíquico de estar esperando un hijo discapacitado en un mundo ideal no debería de existir, pues la discapacidad se asumiría como una forma distinta de la estadísticamente predominante, sin traumas ni miedos. Sin embargo, como la aceptación social de la discapacidad por desgracia aún no es la deseable, el impacto existe en muchas personas al comunicarles el diagnóstico y que no pueden evitarlo»[57].

Respecto de las *wrongful birth* y *wrongful life actions,* también se ha dicho que la falta de preparación psicológica para ser padres hace innecesario el reconocimiento de la posibilidad de interrumpir voluntariamente el embarazo en el concreto ordenamiento jurídico.

El impacto psíquico derivado del nacimiento de un hijo con malformaciones congénitas, como se ha expuesto *ut supra,* parece estar presente en la STS de 6 de junio de 1997. Sin embargo, cabe destacar que, tanto en este como en otros fallos, aún cuando la «idea de identificación del daño late tras alguno de los pronunciamientos del Tribunal Supremo, este concepto de daño no aparece nunca en las sentencias con entidad propia e independiente»[58].

---

[56] VICANDI MARTÍNEZ, María Aránzazu (2017): *El error médico en la cirugía estética. La respuesta judicial del Derecho a la casuística en la Medicina voluntaria,* Dykinson, Madrid, pág. 82.

[57] TORRE DE SILVA LÓPEZ DE LETONA, Víctor (2017): «Responsabilidad por nacimiento evitable (*wrongful birth* y discapacidad», *op. cit.* pág. 106.

[58] SÁNCHEZ GONZALEZ, Margarita (2018): «El tratamiento jurisprudencial del daño en las acciones de responsabilidad por *wrongful birth*», *op. cit.* pág. 479. Esa autora afirma que la falta de preparación psicológica, «allí donde aparece, este concepto de daño siempre se ha visto tratado en las sentencias como derivado de la imposibilidad de abortar o, en su caso, de la lesión al derecho de autodeterminación, y que ha servido de sustento para otorgar una indemnización en concepto de daño moral». *Idem.*

e) Manutención del hijo

Tanto la doctrina como la jurisprudencia excluyen el carácter antijurídico de este supuesto daño porque «el derecho de alimentos entre parientes no constituye un daño indemnizable»[59].

En las *wrongful pregnacy actions*, sí que se admiten los gastos asociados al embarazo y parto por reprocharse el nacimiento de un hijo no deseado[60].

En las acciones *wrongful birth y wrongul life* también se ha dicho que «el deber legal de alimentos (...) no puede ser objeto de tráfico jurídico» y que «con independencia de cuál hubiese sido su decisión sobre el aborto, la mujer embarazada iba a tener un hijo y asumía su coste: lo que no asumía es su mayor coste»[61].

En el mismo sentido se ha pronunciado la jurisprudencia. Entre otras, la STS de 4 de noviembre de 2008, partiendo del hecho de que el nacimiento de un hijo no puede considerarse un daño, ha sostenido que «igualmente que los gastos derivados de la crianza de los hijos no constituyen, en principio, un daño, ya que son inherentes a un elemental deber que pesa sobre los padres»[62].

---

59 NAVARRO MICHEL, Mónica (2006): «Comentario a la sentencia del Tribunal Supremo de 21 de diciembre de 2005», *Cuadernos Civitas de Jurisprudencia civil*, núm. 72, pág. 1657.

60 Para MARTÍN y SOLÉ, «En principio, doctrina y jurisprudencia están de acuerdo que es indemnizable el daño emergente y el lucro cesante derivados del embarazo y posterior nacimiento del hijo. Así, se admite la indemnización de los gastos derivados por el embarazo y parto (gastos de asistencia médica y otros gastos suplementarios. También se consideran indemnizables las ganancias dejadas de obtener como consecuencia del embarazo y del parto cuando, por ejemplo, la madre "al necesitar guardar cama, a causa del embarazo, dejó de atender debidamente el negocio que regentaba con la consiguiente aminoración productiva, o debe abandonar temporalmente o definitivamente su trabajo habitual con los subsiguientes perjuicios económicos». MARTÍN CASALS, Miquel y SOLÉ FELIÚ, Josep (2001): «Responsabilidad civil por anticoncepción fallida (wrongful conception), *La Ley*, núm. 2, pág. 1644.

61 *Idem.*

62 FJ 3 STS de 4 de noviembre de 2008, Sala de lo Contencioso-Administrativo (núm. rec. 4936/2004 y [*Tol 1401291*]).

f) Gastos extraordinarios del hijo

Esta lesión se diferenciaría de la de manutención del hijo porque limita el daño a los mayores gastos de los que ordinariamente cabría esperar de un hijo. Se predica por ello solo de las *wrongful birth actions.*

Autores como DE ÁNGEL, MARTÍN, GALÁN y SALÀS, NAVARRO, y otros muchos más, respaldan que, junto con los daños morales, los gastos extraordinarios sean considerados como lesión indemnizable[63]. Así lo han reconocido también, tanto de la Sala de lo Civil del TS (SSTS de 18 de diciembre de 2003, 21 de diciembre de 2005 y 31 de mayo de 2011)[64], como de la Sala de lo Contencioso-Administrativo (SSTS de 14 de marzo de 2007 y de 4 de noviembre de 2008)[65], esta última con mayores reticencias.

i. Para la STS de 31 de mayo de 2011, de la Sala de lo Civil,«el daño es independiente de la decisión de abortar y resulta no sólo del hecho de haber privado negligentemente a la madre de la posibilidad de decidir acerca de su situación personal y familiar (...), sino de los efectos que dicha privación conlleva derivados de los sufrimientos y padecimientos ocasionados por el nacimiento de una hija afectada por un mal irremediable —daño moral—, y de la necesidad de hacer frente a gastos o desembolsos extraordinarios o especiales —daños patrimoniales»[66].
ii. En la Sala de lo Contencioso-Administrativo, aunque las SSTS de 4 de noviembre de 2005 y 26 de enero de 2006 y 30 de junio de 2006, limitaron la indemnización a los daños morales, otras posteriores,

---

63 DE ÁNGEL YÁGUEZ, Ricardo (2002): «La tercera sentencia del Tribunal Supremo sobre casos de wrongful birth. Mi intento de conciliar su doctrina con la de las dos sentencias anteriores», *Revista de Derecho y Genoma Humano,* núm. 17, pág. 190, GALÁN CORTÉS Julio César (2016): *Responsabilidad civil médica,* Cizur Menor: Civitas, Madrid (5ª ed.), pág. 581, SALÀS DARROCHA, Josep Tomás (2005), «Las acciones de wrongful birth y wrongful life ante la Jurisdicción Contencioso— Administrativa», *op. cit.* pág. 1702, y NAVARRO MICHEL, Mónica (2006), «Comentario a la sentencia del Tribunal Supremo de 21 de diciembre de 2005», *op. cit.* pág. 1654.

64 SSTS de la Sala de lo Civil 1184/2003, de 18 de diciembre (rec. 766/1998 y [*Tol 343599*]), 1002/2005, de 21 de diciembre (núm. rec. 1986/1999 y [*Tol 795310*]) y STS 344/2011, de 31 de mayo (núm. rec. 128/2008 y [*Tol 2145221*]).

65 STS de la Sala de lo Contencioso, de 14 de marzo de 2007 (núm. rec. 8017/2012 y [*Tol 1049994*]) y de 4 de noviembre de 2008 (núm. rec. 4936/2004 y [*Tol 1401291*]).

66 FJ 4 STS 344/2011, de 31 de mayo (núm. rec. 128/2008 y [*Tol 2145221*]).

como la STS de 14 de marzo de 2007, reconocen tanto estos como los patrimoniales[67]. Como ha afirmado la STS de 4 de noviembre de 2011, «existe nexo causal entre la omisión de la prueba de detección prenatal del síndrome de Down y el daño, tanto moral como económico»[68].

B. Relación de causalidad

La causalidad es un modo de conocer, a partir del cual apreciamos la relación entre un hecho (la causa) y un resultado (el efecto). Desde la ciencia penal se han aportado varias teorías causales. La que goza de mayor predicamento es la de la equivalencia de condiciones. En virtud de esta teoría un acto es consecuencia de otro, cuando este se presenta como *conditio sine qua non* de aquel.

Con el fin de atemperar los rigores de esta teoría —que se aproxima a la de la causalidad física— se han admitido otras tesis. Una de ellas es la de causalidad adecuada, según la cual lo determinante es discernir qué hechos son relevantes para atribuir un resultado a una persona.

Dicho esto, en orden a establecer un nexo entre la sesión antijurídica y el funcionamiento del servicio público (o actuación del facultativo) hay que tener en cuenta, en los casos de *wrongful birth y life actions,* lo siguiente:

a) Daños no atribuibles al facultativo

En las *wrongful birth* y *wrongful life actions* la relación de causalidad entre el daño antijurídico y el funcionamiento del servicio público es problemática.

i. Cuando el bien jurídico protegido es el derecho al aborto, la autodeterminación de la madre o el impacto psíquico de los padres, no

---

[67] FJ 4 STS de 14 de marzo de 2007 (núm. rec. 8017/2012 y [*Tol 1049994*]). Para determinar el quantum de la indemnización la Sala de lo Contencioso tomo en consideración «la naturaleza de las malformaciones, las limitaciones que comportan, el dolor de aflicción que para la menor y sus progenitores representan, las necesidades que también comportan, el tratamiento médico y rehabilitador que exigen, el resultado de la prueba practicada sobre el alcance del daño, la situación de la familia y la reparación específica derivada del sistema de la Seguridad Social» (FJ 4).

[68] FJ 4 STS de 11 de noviembre de 2008 (núm. rec. 4936 y [*Tol 1401291*]).

existen grandes problemas a la hora de vincular la intervención del facultativo con la afección de la libertad de procreación.

La valoración errónea del diagnóstico prenatal, su comunicación tardía o la falta de una determinada prueba pueden privar a una mujer a decidir sobre la vida de su hijo. La acción del facultativo también puede provocar un impacto psíquico a los padres.

ii. En cambio, enlazar los daños posteriores al nacimiento del niño —*v.gr.* la propia vida y los gastos de manutención o extraordinarios— con la conducta del médico, es más difícil. Este no es culpable de las malformaciones congénitas[69]. En su caso, estas serían imputables a los genes de sus padres.

En efecto, la falta de causalidad se pone de manifiesto, fundamentalmente, con los daños patrimoniales. «El asunto es relevante, pues, como se ha visto, las indemnizaciones por este daño alcanzan cuantías muy elevadas, en comparación con las que se otorgan por el simple daño moral»[70]. Como afirma ELIZARI, «la relación de causalidad entre estos gastos patrimoniales y la [eventual] negligencia del profesional sanitario (…) plantea problemas»[71]. Para soslayar esta limitación, un sector de la doctrina sostiene que hay que acudir a la teoría de la imputación objetiva[72].

---

69 Incluso se ha criticado el resarcimiento, no ya de los gastos de manutención, sino de los extraordinarios, sobre la base de que el médico o servicio de salud únicamente deben responder de «aquellos bienes o intereses que la norma busca proteger», como, por ejemplo, la autodeterminación de la mujer.

70 TORRE DE SILVA LÓPEZ DE LETONA, Víctor (2017): *Responsabilidad por nacimiento evitable (wrongful birth)* y discapacidad, *op. cit.* pág. 115.

71 ELIZARI URTASUN, Leire (2010): *El daño en las acciones de wrongful birth y wrongrul* life, *Derecho y* Salud, vol. 19, pág. 156 (nota a pie núm. 57).

72 Para HURTADO, como quiera que las *wrongful birth* y *wrongful life actions*, «no se basan en el hecho de que el profesional sanitario haya causado el mal que sufre el niño, sino que dejó de advertir de él a sus progenitores por algún error: el hecho lesivo es no haber podido impedir el nacimiento, permitiendo que nazca y viva enfermo. Nos encontramos, por lo tanto, ante una causación por omisión. De tal modo, que en estos casos para establecerse oportuno enlace causal preciso y directo, un sector doctrinal viene apuntando que no sólo ha de analizarse el comportamiento del facultativo para comprobar si además de un enlace físico entre omisión y resultado, es posible la imputación objetiva del mismo, examinando si hubo o no un incremento del riesgo por parte de actuar de los facultativos». De esta manera se atribuye a una acción un resultado por crear un peligro no permitido o jurídicamente desaprobado. HURTADO DÍAZ-GUERRA, Isabel (2018): *El daño moral en la responsabilidad patrimonial sanitaria, op. cit.* pág. 240.

b) Cursos naturales no verificables

Una segunda singularidad de las *wrongful birth* y *wrongul life actions* se halla en que estas se apoyan en «cursos causales no verificables». En efecto, nunca podrá saberse con certeza, cuál habría sido la conducta de la madre —abortar o no— de haber conocido la malformación del feto cuando era posible interrumpir voluntariamente el embarazo. Ante la imposibilidad de conocer con certeza sobre la decisión de abortar debe «recurrirse a la Teoría de los Cursos Causales no verificables, estableciendo suposiciones sobre si realmente la conducta del médico fue la causa de que la madre no pudiera abortar, para luego determinar si, de haber sido así, la madre habría decidido interrumpir el embarazo en caso de ser viable médica y legalmente»[73].

Esta forma de razonar —tanto si se opta por la teoría de la equivalencia de condiciones como si se atiende a la causalidad adecuada— pone en manos de la madre probar su eventual conducta.

Ante la dificultad de saber cuál habría sido la decisión de la madre (...), se abren diversas posibilidades teóricas:

1) «Denegar toda indemnización, pues un elemento clave del curso causal no se ha acreditado.

2) Aplicar un "estándar probabilístico suave", dada la dificultad de una prueba plena, y aceptar indicios de voluntad de abortar (como la solicitud de pruebas diagnósticas adicionales, el sometimiento a la

---

[73] HURTADO DÍAZ-GUERRA, Isabel (2018): *El daño moral en la responsabilidad patrimonial sanitaria,* Tirant lo Blanch, Valencia, pág. 238. Para esta autora las presunciones se apoyarán en un buen número de ocasiones en actos y pruebas prenatales. Así, «cuando la madre se somete a una prueba diagnóstica que es más fiable pero que entraña riesgo (como la amniocentesis y biopsia corial), está asumiendo el riesgo para la vida del feto, pudiendo deducirse que persigue una certeza para poder decidir a respecto (en base a la cual, cabe presumir, a su vez, su intención de optar por el aborto en caso de enfermedad del feto). Por el contrario, cuando se trata de ecografías y triple *screening* (no optando por otras pruebas más invasivas), aunque se somete la gestante a una prueba para conocer el estado del feto, no está comprometiendo la vida de éste con ello, pudiendo interpretar que no tiene intención de interrumpir el embarazo». *Idem.* En este sentido, la STS de 7 de junio de 2002, de la Sala de lo Civil [*Tol 202875*], desestimó la demanda porque la madre no hubiera abortado, mientras que en las SSTS 1184/2003, de 18 de diciembre, (núm. rec. 766/1998 y [*Tol 343599*]) 655/2005, de 19 de julio (núm. rec. 720/1999 y [*Tol 674314*]), ambas de la Sala de lo Civil, anudan la relación de causalidad con independencia de la voluntad de la madre de abortar.

amniocentesis, que conlleva riesgos para el feto, o la práctica de previos abortos).

3) Aplicar un "estándar probabilístico suave", dada la dificultad de una prueba plena, y aceptar indicios de voluntad de no abortar (como las convicciones religiosas o el nacimiento de otros hijos con patologías similares).
4) Admitir como acreditado el elemento de la relación causal con la afirmación de la madre.
5) Admitir como acreditado el elemento de la relación causal con la sola pretensión indemnizatoria de la madre»[74].

En opinión de TORRE DE SILVA, «la práctica judicial respalda la quinta posibilidad, de hecho con frecuencia indistinguible de la cuarta». Es más, en aquellos fallos en los que —como en la STS de 7 de junio de 2002— se ha utilizado el argumento de la falta de prueba, ha sido para reforzar la actuación del facultativo conforme a la *lex artis*. Por esta razón, este autor afirma gráficamente que «se ha establecido jurisprudencialmente, en realidad, una especie de presunción *iuris et de iure* de que si la madre pide una indemnización por wrongful birth [es porque] habría abortado» si hubiera podido»[75].

«Con todo, no obstante, entre los pronunciamientos que siguen la estela de esta tendencia mayoritaria, podemos distinguir dos líneas argumentativas:

- Por un lado, en la sala de lo Contencioso-administrativo puede apreciarse una doctrina muy clara que opta por invertir la carga de la prueba, de modo que pesa sobre el facultativo [y sobre todo sobre la Administración sanitaria] la responsabilidad de probar que, de haber sabido la gestante el estado de salud del feto, no habría optado por poner fin a su embarazo (...).
- Frente a estos pronunciamientos, en la sala de lo Civil (...), se admite que los sanitarios puedan exonerarse mediante la prueba de que su error no influyó en el resultado»[76].

---

[74] TORRE DE SILVA LÓPEZ DE LETONA, Víctor (2017): «Responsabilidad por nacimiento evitable (*wrongful birth*) y discapacidad», *op. cit.* pág. 113.

[75] *Idem.*

[76] SÁNCHEZ GONZALEZ, Margarita (2018): «El tratamiento jurisprudencial del daño en las acciones de responsabilidad por *wrongful birth*», *op. cit.* págs. 475 y 476. Son exponentes de la inversión de la cara de la prueba para probar que la madre

Finalmente, un sector doctrina considera que en los litigios de *wrongful birth* el daño puede traducirse en una pérdida de oportunidad. A juicio de VICANDI, ello sería así porque en estas acciones «un feto se encuentra aquejado de una enfermedad que no se conoce hasta el momento mismo del nacimiento, a pesar de que podía ser diagnosticada durante la gestión. Esta situación viene provocada por una omisión informativa, debido a la cual la madre no tiene posibilidad alguna de someterse a una prueba esclarecedora de someterse al acto médico debido»[77]. GALÁN, sin embargo, encuentra no obstante un elemento insalvable. Para el no nacer no puede ser considerado un beneficio esperado[78]. Sobre esta cuestión volveremos en el epígrafe cuarto en el que expresaremos nuestra opinión.

III. EL WRONGFUL CONCEPTION O WRONGFUL PREGNANCY: EL NACIMIENTO DE UN HIJO NO ESPERADO

Se entiende por *Wrongful conceptión* —o *wrongful pregnacy*— aquella reclamación interpuesta por los padres como consecuencia de la concepción de un hijo sano pero no buscado. En estos casos el nacimiento tiene lugar al fallar los métodos anticonceptivos (*v.gr.* vasectomías, ligadura de trompas, dispositivos intrauterinos o subdérmicos).

---

no hubiera abortado, entre otros fallos de la Sala de lo Contencioso-Administrativo: la STS de 30 de junio de 2006 (núm. rec. 217/2005 y [*Tol 998513*]). En ella se afirma que «incumbe a la Administración demandada la carga de probar de forma indubitada que, en el supuesto de conocer la mujer la malformación del feto, no hubiera optado por un aborto terapéutico» (FJ 4). En idéntico sentido se han pronunciado la SSTS de 14 de marzo de 2007 (núm. rec. 8017/2002 y [*Tol 1049994*]) y 25 de mayo de 2007 (núm. rec. 1251/2005 y [*Tol 1106923*]). En la Sala de lo Civil, entre otras, las SSTS 667/2007 de 19 de junio (núm. rec. 2047/2000 y [*Tol 1116437*]) y la 1197/2007, de 23 de noviembre de 2007 (núm. rec. 4469/2000 [*Tol 1213902*]) y han exonerado de responsabilidad al facultativo por haberse acreditado que su «error» no influyó en el resultado.

77 VICANDI MARTÍNEZ, Aránzazu (2013): «El concepto de wrongful birth y su inherente problemática. Una polémica de pasado y del presente», *Revista de derecho, empresa y sociedad*, núm. 3, pág. 49.

78 GALÁN CORTÉS, Julio César (2008): «Cometario a la sentencia de 6 de julio de 2007, *Cuadernos de Civitas de jurisprudencia civil, núm. 76,* págs. 287 y 288.

En ellas se reclama por el «perjuicio que puede sobrevenir por el nacimiento de un hijo que, no sólo no se había planificado, sino que no se había querido evitar adoptando para ello las oportunas medidas»[79].

Según expresa, HURTADO, tres son las causas que pueden propiciar un nacimiento no deseado:

i. *Intervenciones de esterilización* (vasectomías o ligaduras de trompas)

Tras una esterilización, la reclamación puede fundarse tanto en la incorrecta práctica de la intervención esterilizadora, como la realización de la misma de modo correcto, pero con omisión de la debida información.

ii. *Mecanismos anticonceptivos*

Estos pueden ser intrauterinos o subdérmicos. En ambos supuestos el nacimiento no deseado puede obedecer a una negligente o incorrecta implantación o a la puesta en el mercado de anticonceptivos ineficaces.

iii. *Abortos fallidos*

Tienen lugar cuando, tras una interrupción voluntaria del embarazo, la madre erróneamente cree no estar embarazada[80].

«En cuanto al *dies a quo* para la interposición de la reclamación, *el* TS ha señalado que tendrá lugar, no desde que se conoce el embarazo, sino desde el nacimiento o la finalización por otra causa del embarazo, siendo éste el momento en que queda determinado el daño, y así se pone de manifiesto, entre otras en la STS (…) de 23 de febrero de 2005, en el caso de embarazo tras ligadura de trompas»[81].

Los supuestos más habituales de reclamaciones *wrongful pregnacy* se refieren a las intervenciones de esterilización (vasectomía y ligadura de trompas de Falopio). También existen reclamaciones derivadas del empleo o implantación de mecanismos anticonceptivos. No puede decirse lo mismo respecto de las interrupciones de embarazo fallidas. A todos ellos nos referimos a continuación a partir de concretos supuestos enjuiciados por la

---

79 HURTADO DÍAZ-GUERRA, Isabel (2018): *El daño moral en la responsabilidad patrimonial sanitaria, op. cit.* pág. 216.

80 *Idibem* pág. 218.

81 HURTADO DÍAZ-GUERRA, Isabel (2018): *El daño moral en la responsabilidad patrimonial sanitaria, op. cit.* pág. 222. STS de 23 de febrero, Sala de lo Contencioso-Administrativo (núm. 145/2004 y [*Tol 675382*]).

jurisprudencia o dictaminados por los Consejos Consultivos. Terminaremos haciendo una mención a las indemnizaciones derivadas de las *wrongful conception actions.*

1) Nacimiento de un hijo tras haberse sometido el progenitor a una vasectomía

La vasectomía es un método anticonceptivo o de control de la natalidad consistente en una intervención tendente a bloquear los conductos deferentes a fin de que los espermatozoides no puedan llegar al semen y de evitar, por tanto, un embarazo.

A decir de los científicos la vasectomía, aunque goza de alta efectividad, no es un método anticonceptivo infalible. Como quiera que no brinda una protección inmediata contra el embarazo, es aconsejable usar un método anticonceptivo alternativo durante algunas semanas, y someterse a control médico que garantice el buen fin de la intervención. Adicionalmente, antes de tener relaciones sexuales sin protección, se debe eyacular de 15 a 20 veces o más para eliminar todos los espermatozoides del semen.

En general, estas circunstancias deben ser informadas al paciente que se somete a esta cirugía, para evitar sorpresas no deseadas como un embarazo. En este sentido, no puede olvidarse que «los pacientes tienen derecho a conocer, con motivo de cualquier actuación en el ámbito de su salud, toda la información disponible sobre la misma»[82]. Este deber de información queda reforzado en supuestos, como las intervenciones esterilizadoras, incardinables en la medicina curativa o satisfactiva.

A. Supuestos

Son numerosas las reclamaciones de responsabilidad patrimonial derivadas en embarazos posteriores a una vasectomía: bien por estimar que la intervención resultó fallida; bien por considerar que no medió una información adecuada de los efectos *ex post*; y, en algunos casos, por ignorancia de los reclamantes que confiaron en la infalibilidad del método.

---

[82] Art. 4.1 Ley 41/2002, de 14 de noviembre, básica reguladora de la autonomía del paciente y de derechos y obligaciones en materia de información y documentación clínica.

En efecto, en estas reclamaciones, se reprocha la conducta del facultativo —por infracción de la *lex artis* o por no informar de manera adecuada acerca de las consecuencias o los límites de la esterilización— y se anuda a la misma un efecto no deseado, el nacimiento de un hijo.

B. Desestimación

La desestimación de la reclamación puede provenir de diferentes causas. Entre ellas destacan la suficiencia del consentimiento informado sobre la comunicación de la falibilidad del método esterilizante, la adecuación a la *lex artis* y la ruptura del nexo causal.

a) Falibilidad del método esterilizante y consentimiento informado

Como apunta HURTADO, «conocida la posibilidad de su fracaso, la mayoría de las sentencias rechazan indemnizar a los padres porque no se ha demostrado que el médico que practicó la operación hubiera actuado de forma negligente»[83].

En este sentido, el DCJCVal de 13 de mayo de 2014 desestimó un caso de en el que se alegaba la ignorancia de la falibilidad del método. El médico inspector —a quien se debe pedir que informe en el procedimiento que ha de instruirse— indicó que el paciente no mantuvo método alguno de contracepción hasta comprobar que en los seminogramas no existían espermatozoides libres[84]. Y el jefe del servicio de urología donde se realizó la cirugía explicó que en el «1/4000 o 1/5000 de estas operaciones se produce una recanalización involuntaria que puede dar lugar a embarazos»[85].

En el DCJCVal, de 14 de mayo de 2011 también se desestimó una reclamación de quien alegó que se sometió a una vasectomía cuando tenía 32 años de edad, realizándose un espermiograma de control, con resultados

---

83 HURTADO DÍAZ-GUERRA, Isabel (2018): *El daño moral en la responsabilidad patrimonial sanitaria, op. cit.* pág. 220.

84 Como expone GARCÍA-BLANCO en el cap. 27 (págs. 1991 a 1993), el dedicado al procedimiento de reclamación de responsabilidad patrimonial, en algunas CCAA —pese a no estar exigido legalmente— los inspectores médicos deben emitir un informe médico en cada reclamación de responsabilidad. Así ocurre en la Comunidad Valenciana. En otras, como Castilla y León, sin embargo, son los instructores de estos procedimientos son los inspectores médicos.

85 CJ 3 DCJCVal 129/2014, de 13 de marzo.

de azoospermia. Cuando ya habían transcurrido más de seis años, su esposa quedó embarazada, naciendo su hija. En el procedimiento se emitió un informe médico en el que se indicó que, en relación a la información suministrada al paciente, en el consentimiento informado que él suscribió previamente a la intervención, se indicaba claramente que «de forma excepcional ha sido descrita en la literatura médica la repermeabilización espontánea de la vía seminal de forma tardía, lo que conllevaría la posibilidad de embarazo»[86].

Adicionalmente, en la STS de 3 de octubre de 2000 y en la SAN de 31 de octubre de 2001, tanto el TS como la AN, se desestiman las reclamaciones de daños y perjuicios cuando los pacientes habían accedido expresamente a prestar su consentimiento para la práctica de la vasectomía y asumieron uno de los posibles riesgos de dicha intervención quirúrgica[87].

b) *Lex artis*

No puede dejarse de reseñar que, por regla general, la calificación de una técnica quirúrgica como absolutamente segura no se compadece con la naturaleza de la medicina. Esta, lejos de ser una ciencia exacta, está sometida —pesar de los amplios conocimientos y avances técnicos existentes en nuestros días— a eventualidades y contingencias que no permiten asegurar el éxito de la intervención quirúrgica realizada.

Con ello no se quiere decir que cualquier daño sufrido con ocasión de la asistencia médica esté justificado. Lo único que se pretende resaltar es que del fracaso de una vasectomía —como el de una ligadura de trompas y de cualquier otra intervención quirúrgica— no puede concluirse indefectiblemente, tal y como pretenden algunos reclamantes, la existencia de una mala praxis médica.

c) *Ruptura nexo causal*

La recanalización de la vía seminal es posible, estando ligada a factores inflamatorios y de respuesta del paciente y no a factores relacionados con la técnica quirúrgica. En estos casos se rompe en nexo causal.

---

86 CJ 3 DCJCVal 532/2011, de 4 de mayo.

87 *Cfr.* STS de 3 de octubre de 2000, de la Sala de lo Civil (núm. rec. 3905/1996 y [*Tol 1717207*]) y SAN de 31 de octubre de 2001, de la Sala de lo Contencioso-Administrativo (núm. rec. 132/2000 y [*Tol 5258898*]).

La STS de 11 de mayo de 2001, de la Sala de lo Civil, reproduce un fragmento de un informe pericial practicado en periodo probatorio en el que se hace constar que el resultado fallido de la vasectomía puede deberse a diversas circunstancias. Entre otras estas pueden ser: «a) la existencia de una vía espermática supernumeraria, anomalía congénita, b) la recanalización espontánea, habitualmente producida por la proliferación epitelial a través de un granuloma inflamatorio; c) que el paciente no haya tenido las eyaculaciones necesarias para el vaciado de los espermatozoides presentes en la vía espermática distal a la vasectomía; d) persistencia de la continuidad de la vía)»[88].

C. Estimación

También existen fallos que estiman reclamaciones por infracción de la *lex artis*, así como por insuficiencia del consentimiento informado En estos casos, además, procede diferenciar los daños morales de los patrimoniales. Un supuesto especial es el que afecta al consentimiento informado.

a) Infracción de la lex artis

En relación con la estimación de *wrongful pregnacy action*, es interesante lo que resuelve la STS de 3 de octubre de 2000, pronunciada en un caso de vasectomía mal practicada[89]. En este caso el reclamante fundó su reclamación en la teoría del impacto psíquico y el tribunal resolvió a partir de la teoría de la autodeterminación de la madre (daños morales). También reconoció el resarcimiento de los gastos extraordinarios (daños patrimoniales).

Alegó el recurrente que la paternidad inesperada le suponía un daño moral, que relacionó, entre otras circunstancias, con la situación de inquietud e incertidumbre que había padecido, así como un daño emergente derivado de los gastos realizados y un lucro cesante relacionado con los necesarios para el mantenimiento de su hija.

El TS recuerda que viene considerando que el «concepto de daño evaluable, a efectos de determinar la responsabilidad patrimonial de la Ad-

---

88 FJ 3 STS 447/2001, de 11 de mayo, Sala de lo Civil (núm. rec. 1044/1996 y [*Tol 4974267*]).

89 FJ 5 STS de 3 de octubre de 2000, de la Sala de lo Contencioso-Administrativo (núm. rec. 3905/1996 y [*Tol 216732*]).

ministración, incluye el daño moral»[90]. A ello añade que por tal no cabe «entender una mera situación de malestar o incertidumbre —ciertamente presumible cuando de una operación de vasectomía con resultado inesperado de embarazo se trata— salvo cuando la misma ha tenido una repercusión psicofísica grave. Finalmente expresa que «tampoco puede considerarse como daño moral el derivado del nacimiento inesperado de un hijo, pues nada más lejos del daño moral, en el sentido ordinario de las relaciones humanas, que las consecuencias derivadas de la paternidad o maternidad»[91].

Sin embargo —señala el Alto Tribunal— sí podría existir un daño moral si concurriesen los requisitos necesarios, en el caso de que se hubiese lesionado el poder de la persona de autodeterminarse, lo que a su vez podría constituir una lesión de la dignidad de la misma. Según afirma la STS de 3 de octubre de 2000:

> *«Esta dignidad es un valor jurídicamente protegido, pues, como dice el Tribunal Constitucional en la sentencia 53/1985, 11 abr., FJ 8, "nuestra Constitución ha elevado también a valor jurídico fundamental la dignidad de la persona, que, sin perjuicio de los derechos que le son inherentes, se halla íntimamente vinculada con el libre desarrollo de la personalidad (artículo 10 (...)". En efecto, como añade el Tribunal Constitucional, "la dignidad es un valor espiritual y moral inherente a la persona que*

---

90 Sobre el concepto de daño moral y la procedencia, en su caso, de su indemnización, cabe referirse a las palabras del prof. Luis DÍEZ-PICAZO, en su opúsculo titulado *El Escándalo del Daño Moral*. En dicha obra, puso de relieve la tendencia a aplicar indebidamente esta figura, advirtiendo no solo de la trivialización de su uso, sino también de su deformación al atribuirle un fin más punitivo que resarcitorio. De hecho, lo calificó ilustrativamente como concepto «comodín» y moldeable «como la plastilina». Como pone de manifiesto HURTADO, «con tal desfiguración del concepto de daño moral, no sólo se consigue esquivar las dificultades de valorar algunos daños patrimoniales, atemperando así dicha tarea, sino que (...) con ello se está eludiendo tener que explicitar los criterios de valoración económica del daño, beneficiándose de que, según reiterada jurisprudencia del propio TS, tal exigencia no existe para los daños morales». En cualquier caso, sobre el uso y abuso de los daños morales, nos remitimos aquí al cap. 10 de esta obra (págs. 630 a 632), redactado por HURTADO. DÍEZ— PICAZO Y PONCE DE LEÓN, Luis (2008): *El Escándalo del Daño Moral*, Civitas, Madrid, pág. 1. HURTADO DÍAZ-GUERRA, Isabel (2018): *El daño moral en la responsabilidad patrimonial sanitaria, op. cit.* págs. 126 y 127.

91 FJ 5 STS de 3 de octubre de 2000, de lo Contencioso-Administrativo (núm. rec. 3905/1996 y [*Tol 216732*]).

> *se manifiesta singularmente en la autodeterminación consciente y responsable de la propia vida* [...]"»[92].

El TS considera, por tanto, que «no cabe duda (...) [en el caso que enjuicia] que el embarazo habido ha supuesto haberse sometido a una siempre delicada intervención quirúrgica que vino en definitiva a demostrarse como inútil». Adicionalmente, valora el TS «la frustración de la decisión sobre la propia paternidad o maternidad». Teniendo en cuenta ambos extremos, el TS concluye que «ello, ha comportado una restricción de la facultad de autodeterminación derivada del libre desarrollo de la personalidad, al que pertenecen también ciertas decisiones personalísimas en cuanto no afecten al "mínimum" ético constitucionalmente establecido, como no puede menos de ser en un ordenamiento inspirado en el principio de libertad ideológica (artículo 16 de la Constitución)»[93].

Junto a estos perjuicios morales, la STS de 3 de octubre de 2000 admite indemnizar los daños patrimoniales, aunque solo los extraordinarios, pues los de manutención entrarían dentro de la obligación de alimentos. Para el TS, «también debe tenerse en cuenta la existencia de daño emergente, ligado a los gastos necesarios para la comprobación de la paternidad, que la intervención quirúrgica realizada convierte en incierta». Y al lado del daño emergente, «existen consecuencias dañosas que pueden considerarse como lucro cesante, aunque no cabe estimar, como tal, el importe de las cantidades destinadas a la manutención del hijo inesperado, «pues ésta constituye para los padres una obligación en el orden de las relaciones familiares impuesta por el ordenamiento jurídico, de tal suerte que el daño padecido no sería antijurídico, por existir para ellos la obligación de soportarlo»[94].

Otra cosa es que «se probara la existencia de un perjuicio efectivo como consecuencia de la necesidad de desatender ciertos fines ineludibles o muy relevantes mediante la desviación para la atención al embarazo y al parto y a la manutención del hijo de recursos en principio no previstos para dichas finalidades, en tanto no sea previsible una reacomodación de la situación económica o social del interesado o de los interesados. Si la situación eco-

---

92 *Idem.*

93 *Idem.*

94 *Idem.*

nómica y familiar de los padres es mala, entonces sí que procedería una indemnización por los perjuicios sufridos»[95].

b) Insuficiente consentimiento informado

Otro supuesto interesante es el caso objeto de la sentencia de la Audiencia Provincial de Barcelona, de 25 de septiembre de 2014. En ella se reseñaron como hechos no controvertidos: primero, que el actor se sometió a una operación de vasectomía y a los cuatro meses se le practicó un seminograma, con el resultado de azoospermia; segundo, que dos meses después el médico remitió al actor una carta en la que decía textualmente: «ya puede tener la relación sexual sin ningún miedo ni precaución, tener sus relaciones cuando quieran y como quieran»; tercero, que seis años después la esposa, quedó embarazada y alumbró una niña.

A partir de aquí, la Audiencia Provincial (AP) consideró que hubo una inadecuada información al no explicársele al paciente el riesgo de la operación por la recanalización de los conductos seminales. También recordó, con cita de las SSTS de 21 de octubre de 2005 y 12 de febrero de 2007, que «el deber de información en la medicina satisfactiva, de acuerdo con la doctrina reiterada por la jurisprudencia, debe ser objetiva, veraz, completa y asequible, y comprende las posibilidades de fracaso de la intervención, es decir, el pronóstico sobre la probabilidad del resultado, y también cualesquiera secuelas, riesgos, complicaciones o resultados adversos se puedan producir, sean de carácter permanente o temporal, con independencia de su frecuencia»[96].

Esta cuestión —las reclamaciones por recanalización espontánea tras una vasectomía— ha sido también abordada por MANENT y ALONSO en el cap. 18 de este tratado (págs. 1310 a 1314). En él se contrasta las posi-

---

95 *Idem.*

96 FJ 4 SAP de Barcelona 440/2014, de 29 de septiembre de 2014 (núm. rec. 133/2013 y [*Tol 4538235*]). Como afirma HURTADO, «en este tipo de actos médicos considerados de medicina voluntaria o satisfactiva, es decir, no curativa, la jurisprudencia del TS ha puesto de manifiesto el perfil propio que adquiere la obligación de informar (...) que viene intensificada por la obligación no solo de informar de los riesgos posibles inherentes a la intervención, sino también de las posibilidades de que la misma no comporte el resultado que se pretende y de los cuidados, actividades y análisis que resulten precisos para el mayor aseguramiento del éxito de la intervención». HURTADO DÍAZ-GUERRA, Isabel (2018): *El daño moral en la responsabilidad patrimonial sanitaria, op. cit.* pág. 217.

ciones de las Salas de lo Civil y Contencioso-administrativo del TS y de los distintos consejos consultivos.

2) *Nacimiento de un hijo tras haberse sometido la progenitora a una ligadura de trompas*

La ligadura de trompas es una cirugía mediante la que se atan las trompas de Falopio a fin de conseguir la esterilidad permanente de la mujer al impedir el paso del óvulo al útero. En este caso, como en el de la vasectomía, es constatable, en principio, una voluntad de no concebir.

A. Supuestos

La realización de ligadura de trompas ha dado lugar un número no despreciable de responsabilidades patrimoniales, incluso ha provocado algún pronunciamiento del TS. De todas ellas, unas son desestimatorias y otras estimatorias.

B. Desestimación

La desestimación puede provenir de diversas causas. Entre ellas destacan la falibilidad del método esterilizante y la sujeción de la actuación médica a la *lex artis.*

a) Falibilidad del método esterilizante

Suele ocurrir, como en los supuestos de vasectomía, que se pueda producir un embarazo habida cuenta que como aquella, no es un método infalible. Es conocido que no se trata de una técnica de esterilización quirúrgica de carácter absoluto y permanente. De hecho, se han descrito casos de repermeabilización tubárica tras haber realizado la ligadura de las trompas que alcanzan un porcentaje cercano al 2%, aunque algunos estudios suelen fijar en un 99% su efectividad para evitar el embarazo. Y no es infrecuente que se realice en el mismo momento del parto, si se ha llevado a cabo mediante cesárea o mediante una laparotomía y, especialmente, en algunos casos en que, por indicación obstétrica, es aconsejable por considerar arriesgado para la salud de la madre un nuevo embarazo.

La concepción tras una ligadura de trompas puede dar lugar a un embarazo ectópico, lo que ocurre cuando el óvulo fecundado se implanta fuera del útero, generalmente, en una trompa de Falopio, y requiere tratamiento médico inmediato.

b) Consentimiento informado

En relación con el embarazo pese la previa ligadura de trompas, para valorar la antijuridicidad de la lesión que pueda considerarse como indemnizable, adquiere una relevancia singular —como ocurre con la vasectomía— la información sanitaria asistencial completa y continuada que se le suministre a la afectada.

Además, en el ámbito de la medicina satisfactiva —supuesto en el que encaja una ligadura de trompas a petición de la propia interesada— cuando una beneficiaria de las prestaciones del servicio público de salud ya ha tenido descendencia numerosa, la trascendencia del consentimiento informado se realiza por doble vía. Por ser una manifestación de la autonomía de la voluntad, se dirije tanto para tener el debido conocimiento de los efectos beneficiosos como de los adversos del concreto tratamiento médico y quirúrgico que ha instado. Esta circunstancia, aun adquiere una mayor significación cuando el tratamiento de la medicina satisfactiva se solicitó al personal sanitario, pero, llegado el momento, no se llegó a realizar.

c) Lex artis

Hay que tener en cuenta, en línea con lo expuesto, que la asistencia obstetricia no está exenta de riesgos. Los obstetras son profesionales que tienen por objetivo la atención al embarazo y parto para obtener hijos sanos y madres sin problemas, poniendo los medios oportunos para ello. Pero es cierto que con ello no siempre se alcanzan los resultados deseados. En ocasiones, aun siguiendo todos los protocolos y normas de asistencia y atención establecidas, suelen haber fallos. Así ocurre, por ejemplo en el caso de la oclusión tubárica cuando, pese a la información prestada a la paciente de la técnica y las posibilidades de fracaso —aceptando la paciente y firmando consentimiento informado— se produce un embarazo.

C. Estimación

Junto con las reclamaciones estimatorias, existen otras desestimatorias. El detonante puede, bien que la información transmitida por el médico no sea la adecuada, o que durante la intervención quirúrgica se haya infringido la lex artis.

a) Insuficiente consentimiento informado

Pero hay ocasiones en las que es perceptible la existencia de nexo causal entre la atención prestada y el daño causado. Tal sucedió en el caso —dictaminado por el CJCVal— de una mujer que, sorprendida por su embarazo, tuvo conocimiento —y reclamó por ello— de que no se le había informado de que únicamente se le había ligado la trompa derecha en la intervención practicada.

En el caso del DCJCVal de 10 de mayo de 2000, la Administración entendió que existía nexo causal entre el daño producido y la prestación médica. Llegó a esta conclusión porque, como consecuencia de la ligadura de una única trompa y de la falta de medidas posteriores como la realización de la prueba de histerosalpingografía y prescripción de medidas anticonceptivas, la paciente quedó embarazada con las consecuencias de riesgo para su salud, económicas y familiares que de ello derivaron.

También consideró la Administración que no podía «admitirse como información adecuada la expresada en el parte de alta (...), al señalar, en relación con la intervención practicada, "cesárea + LT dcha.", contraviniendo el artículo 10.5 de la Ley General de Sanidad»[97], actual art. 4.1 Ley 41/2002, de 14 de noviembre, básica reguladora de la autonomía del paciente y de derechos y obligaciones en materia de información y documentación clínica.

b) Infracción de la lex artis

En un caso similar, la STS de 5 de junio de 1998, de la Sala de lo Civil, confirmó la de la primera instancia, estimatoria de la pretensión de la demandante. Lo hizo, «por creer que la actora quiso una ligadura de trompas para evitar la fecundación, y que hubo una defectuosa práctica al ligársele

---

97 CJ 3 DCJCVal 140/2000, de 4 de mayo. En esta ocasión la reclamante solicitó una indemnización por el menoscabo patrimonial (692.055 pesetas anuales para la crianza y educación de su hijo) y 4 millones de pesetas en concepto de daño moral, como consecuencia del embarazo no deseado.

sólo la derecha, por no apercibirse de que aún quedaba un resto de ovario izquierdo con la trompa de la operación anterior»[98].

Para el TS la actuación de los profesionales médicos fue contraria a la *lex artis ad hoc*, al habérsele ligado solo la trompa de Falopio derecha, cuando ella solicitó la ligadura bilateral, y por no haberle informado adecuadamente del resultado de la intervención.

Similar es el caso —analizado en el DCJCVal de 22 de diciembre de 2011— de la mujer que interesó que se le practicara la ligadura de trompas, la cual prestó el consentimiento informado, tras conocer las ventajas y los riesgos de dicha obstrucción, pero luego no se le practicó[99]. La falta de comunicación a la paciente y la creencia de esta de que se le había practicado la intervención fue motivo para declarar la responsabilidad patrimonial por un funcionamiento anormal del servicio público sanitario.

En el mismo sentido, el caso de la mujer a quien se recomendó, igualmente, la realización de ligadura de trompas al habérsele practicado ya dos cesáreas. Este hecho, unido a la constancia escrita en el preceptivo informe de alta hospitalaria de la realización de tal intervención, condujo necesariamente a la conclusión de la existencia de circunstancias que determinaron la convicción de la interesada de que se le había realizado la ligadura de trompas. Todo ello, cuando ni siquiera constaba en la historia clínica que se le informara de forma verbal de lo contrario. Y aun admitiendo a efectos dialécticos de que se le informara de forma verbal de tal circunstancia, debe prevalecer la información escrita suministrada[100].

De la misma manera que las reclamaciones por recanalización espontánea tras una vasectomía MANENT y ALONSO también analizan la jurisprudencia y doctrina legal derivadas embarazos no deseados con posterioridad a la realización de una ligadura de trompas.

3) Otros métodos anticonceptivos para mujeres

Junto con las intervenciones esterilizadores, la responsabilidad también puede resultar de mecanismos anticonceptivos como Essure o Implanon.

---

98 FJ 3 STS 531/1998, de 5 de junio de 1998 (núm. rec. 878/1994 y [*Tol 5119951*]).

99 DCJCVal 1451/2011, de 22 de diciembre.

100 DCJCVal 486/2015, de 30 de julio.

A. Essure

El embarazo puede producirse pese a haber utilizado otros métodos anticonceptivos como el denominado Essure, que conlleva la colocación de microinsertos flexibles en las trompas de Falopio y evita que el óvulo y el esperma se encuentren y, por tanto, la fecundación. Su eficacia se considera que era —ya no se usa— del 99'8%, no del 100%, y así debe constar en el preceptivo consentimiento informado.

B. Implanon

Lo mismo ocurre con la implantación subdérmica del anticonceptivo *Implanón,* consistente en un implante de unos 4 cm. de longitud que se coloca debajo de la piel liberando etonogestrel y evitando de esa manera el embarazo durante un período aproximado de 3 años.

La responsabilidad por empleo de métodos anticonceptivos se plantea, básicamente, en dos supuestos distintos, en función de si el defecto es atribuible al mecanismo anticonceptivo o no.

i. En primer caso, la responsabilidad corresponde al fabricante por aplicación de la responsabilidad por productos defectuosos prevista en los arts. 135 y ss. del TR de la Ley general para la defensa de los consumidores y usuarios, aprobado por el RDLeg. 1/2007, de 16 de noviembre. En este punto nos remitimos lo escrito por HERNÁNDEZ VILLALÓN en el cap. 22 (págs. 1650 a 1663), relativo a la responsabilidad por productos defectuosos. Ocasionalmente, puede declararse la responsabilidad concurrente del servicio de salud cuando el médico debía conocer el defecto del mecanismo anticonceptivo o se le pueda imputar a su esfera de control. Así ocurrió en la STS de 24 de septiembre de 1999 en la que se condenó al fabricante —DIU SA— y a la Diputación de Valencia[101].

ii. Si el defecto no es imputable al mecanismo la reclamación puede provenir: cuando la implantación de los mecanismos anticonceptivos exijan la intervención de un facultativo (*v.gr.* DIU) y este actúe negligentemente: cuando el médico prescriba un método anticonceptivo inadecuado para el paciente; cuando se prescriba negligentemente, como método anticonceptivo un medicamento que pro-

---

101 STS 766/1999, de 24 de septiembre, de la Sala de lo Civil (núm. rec. 3543/1995 y [*Tol 3956593*]).

dujera tal efecto; o cuando el médico informe que no es necesario la implantación de mecanismo anticonceptivo alguno en atención a una supuesta esterilidad.

Sobre la casuística de estos dos mecanismos anticonceptivos —y el dispositivo intrauterino (DIU) también puede consultarse lo escrito en el cap. 18 por MANENT y ALONSO (págs. 1318 a 1322).

4) Interrupciones de embarazo fallidas

Tiene lugar cuando, pese al sometimiento de una intervención voluntaria del embarazo, no se produce el resultado buscado. Estamos ante un supuesto de infracción de la *lex artis.*

Un supuesto similar lo encontramos a la práctica de la ligadura de trompas cuando una mujer ya está embarazada y la solicitante desconoce tal estado. Si la interesada no advierte al centro hospitalario, con carácter previo a la realización de la esterilización, de su amenorrea por el embarazo, es difícil que se pueda detectar. Pero, en cualquier caso, la práctica de la esterilización tubárica a una embarazada, no afecta en absoluto al embrión, por lo que, difícilmente puede sostenerse la existencia de un daño. En el caso del DJCJVal de 7 de julio de 2014, no obstante, se le ofrecieron por los servicios médicos las alternativas posibles, habiendo optado y solicitado la reclamante una interrupción voluntaria del embarazo acogiéndose a la legislación vigente[102].

5) Indemnización

En estos casos de embarazos no deseados —vasectomía o ligadura de trompas u otros métodos referidos— en los que sea procedente la declaración de responsabilidad patrimonial, se plantean diversas cuestiones en relación la indemnización correspondiente.

A. Daños patrimoniales

Es reiterada la jurisprudencia que reconoce indemnización en tales supuestos —ha mediado infracción de la *lex artis,* de acuerdo con lo expuesto— como la STS de 25 de abril de 1994, en un caso de vasectomía, «no

---

102 DCJCVal 433/2014, de 31 de julio.

como indemnización por daños morales, sino como ayuda a la alimentación y crianza de los mismos [de los hijos no esperados ni deseados»[103].

B. Daños morales

En cambio, en la STS de 24 de septiembre de 1999 se condenó solidariamente al fabricante de un dispositivo intrauterino (DIU) defectuoso y a la Administración a pagar una indemnización en concepto de daños morales y materiales. Según el parecer de la Sala de lo Civil, el embarazo no deseado «le afectó una situación depresiva que alteró su armonía anímica, y le produjo un inevitable estado de preocupación atentatorio a su libertad por causa de la gestación no deseada». Bien es cierto que estos «se presentan como los mas intensos y decisivos y justifican por sí mismos la indemnización»[104].

Es ilustrativa la STS de 5 de junio de 1998, en la que se dice que considera que no cabe indemnizar por el daño moral interesado por los embarazos no deseados. El motivo, ya sentado en anteriores ocasiones, no es otro que considerar a «la vida humana (…) un bien precioso en cualquier sociedad civilizada, cuyo ordenamiento jurídico la protege ante todo y sobre todo. No puede admitirse que el nacimiento de hijos no previstos sea un mal para los progenitores»[105].

C. Criterios alternativos indemnización

Ciertamente, repele al sentido común considerar el nacimiento de un hijo como un daño; pero es indiscutible que genera a la gestante y, en general, a la familia una serie de limitaciones y gastos que merecen una compensación económica que se ha de ponderar atendiendo a las circunstancias concurrentes en cada caso. Entre ellos, destaca el mayor gasto exigido

---

[103] FJ 4 STS 349/1994, de 25 de abril, Sala de lo Civil (núm. rec. 1876/1991 y [*Tol 1656892*]).

[104] FJ 2 STS 766/1999, de 24 de septiembre, Sala de lo Civil (núm. rec. 766/1999 y [*Tol 3956593*]).

[105] FJ 1 STS de 5 de junio de 1998 (núm. rec. 1662/1994 y [*Tol 1551113*]). En esta sentencia, junto al hecho de cosiderar la vida humana como un bien, se añadió que «Otra cosa es que el patrimonio de los progenitores tenga que afrontar mayores gastos o dejar de obtener ingresos por la suspensión o abandono del trabajo ante la contingencia inesperada del embarazo y parto, y en este sentido es admisible una compensación económica» (FJ 1).

para el cuidado y educación del menor. Una opción es la de reconocer el derecho a una prestación periódica, en términos análogos a los previstos en el Código Civil para el deber legal de alimentos, actualizándose, cada año con arreglo al índice de precios al consumo interanual, y hasta que el menor alcance los 16 años, de acuerdo con lo dispuesto en el art. 34.4 LRJ. Este precepto permite los pagos periódicos cuando resulte más adecuado para lograr la reparación debida y convenga al interés público, siempre que exista acuerdo con el interesado. La prestación periódica —normalmente, mensual— se debería satisfacer a cualquiera de los progenitores que tenga la patria potestad del menor y, en su caso, además, la guarda y custodia, y no se haya extinguido la mencionada patria potestad y la referida guarda y custodia de conformidad con las disposiciones del CC.

Entiendo que es defendible la indemnización mediante pagos periódicos, y es más equitativo y adecuado al interés público. A nuestro entender, la procedencia de la indemnización se anuda al mayor gasto que comporta la educación de un hijo, que se prolonga en el tiempo. Por eso, cabría estimar que si el menor falleciera prematuramente se produciría un enriquecimiento injusto si la indemnización se hubiera abonado a un tanto alzado. Sobre esto volveré más adelante.

IV. LAS RECLAMACIONES COMO CONSECUENCIA DEL NACIMIENTO DE UN HIJO CON MALFORMACIONES: *WRONGFUL BIRTH* Y *WRONGFUL LIFE*

Supuestos distintos a los analizados anteriormente son los conocidos como *wrongful birth y wrongful life actions.* En estos casos, hay voluntad de concebir y se desea el nacimiento del hijo, pero debido a malformaciones del feto no detectadas oportunamente o no comunicadas a los progenitores, se les privó a estos de optar por la interrupción del embarazo temporáneamente. En otros casos la malformación o discapacidad del recién nacido puede deberse a una mala praxis durante el parto, pero en este caso estaríamos ante una infracción de la *lex artis,* normalmente indemnizable[106].

---

106 La SAP de Cádiz de 17 de septiembre de 2002 (núm. rec. 130/2002), definió las *wrongful birth* y *wrongful life actions* como «grupo de casos de responsabilidad médica en relación con el error en el diagnóstico prenatal por falta de realización o defectuosa realización del diagnóstico, produciéndose con ello la consecuencia

Las *Wrongful life actions* se diferencian de las *wrongful birth actions* por la persona en cuyo interés se ejercita. Pues bien, a partir de esta división en las siguientes páginas expondremos los dos principales supuestos de reclamaciones por nacimiento de hijos con malformaciones.

1) Acción en nombre propio: Wrongful birth

Para MACÍA, una acción *wrongful birth* es aquella «reclamación de responsabilidad que interponen uno o ambos progenitores, en la que solicitan la reparación de un daño consistente en la privación de la facultad de decisión, así como los gastos unidos al nacimiento de un niño»[107].

---

de que no existe constancia (...) del riesgo de enfermedad congénita de la criatura concebida, resultando que el feto sufre la dolencia y nace con tales defectos, no disponiendo ya la mujer de la posibilidad de recurrir al aborto dentro del plazo legalmente establecido» (FJ 1).

107 MACÍA MORILLO, Andrea (2005): *La responsabilidad médica por diagnósticos preconceptivos y prenatales (las llamadas wrongful birth y wrongful life), op. cit.* pág. 86. Como pone de manifiesto VICANDI, «el origen de este concepto de wrongful birth se encuentra en la jurisprudencia de Estados Unidos, en el caso Gleitman vs. Cosgrove, de la Corte de Nueva Jersey (1967). Una mujer se contagió de rubéola el segundo mes de su gestación y como consecuencia de ello dio a luz a un niño con graves problemas de salud. Dado que en ningún momento se le informó sobre el efecto que la rubéola podía tener en el feto, promovió la primera acción judicial en esta materia, al considerar que no se le había dado la oportunidad de interrumpir el embarazo. Sin embargo, el asunto no fue indemnizado, porque el Tribunal estimó que el daño invocado era abstracto y no cuantificable, y por ende no indemnizable. Asimismo, otro de los motivos esgrimidos fue la imposible valoración de este tipo de litigios, por ser contrarios a "la santidad de la vida". Fue necesario aguardar hasta la década de los años setenta a fin de ver admitida una controversia de wrongful birth. Esto ocurrió también en Estados Unidos, en el caso Becker vs. Schwartz, de la corte de New York (1978). Se trataba de una mujer con alto riesgo de concebir un hijo aquejado de síndrome de Down por su avanzada edad, aspecto sobre el que no fue informada. El triste desenlace se tradujo en el nacimiento de un niño enfermo de la trisomía del cromosoma 21, que llevó a la madre a iniciar una acción judicial para ser indemnizada por el daño sufrido, traducido en el desconocimiento de la posibilidad de tener un hijo enfermo. El Tribunal dictaminó a su favor, pero sin aludir a gastos especiales, más allá de los propios del daño moral y los específicos del embarazo (lucro cesante)». VICANDI MARTÍNEZ, Arantzazu (2013): «El concepto de wrongful birth y su inherente problemática. Una polémica de pasado y del presente», *op. cit.* págs. 42 y 43.

En ocasiones se engendra un feto que, por diversas causas, está afectado de una malformación, de una deficiencia física o aquejado de una enfermedad.

En estos casos, puede ocurrir: que la malformación no se detecte durante el embarazo por no haberse practicado pruebas especialmente pautadas en los correspondientes protocolos para algunos supuestos; o, que practicadas estas y detectada la malformación, la misma no se comunique a los progenitores; o que las pruebas se hayan realizado de forma incorrecta[108]. Puede suceder, también, que el daño al feto se le produzca durante el parto. En todos estos casos estaríamos ante un caso de mala praxis por incumplimiento de la *lex artis*.

La culpa de la malformación no es del médico. Pero puede haber habido una pérdida de oportunidad indemnizable, aunque se discute sobre ello, como ya se ha expuesto en el epígrafe anterior y veremos más adelante.

El daño suele centrarse en el hecho de la privación de la facultad de interrupción voluntaria del embarazo o del impacto psicológico que produce el conocimiento de las taras del *nasciturus* cuando ya se no puede abortar (acción de *wrongful birth*); y el niño nacido enfermo, cuyo daño se centra en el hecho de su propia vida (acción de *wrongful life*, entablada en nombre del niño). En ambos casos, con frecuencia, también se reclaman daños de carácter patrimonial (manutención o gastos extraordinarios).

Antes de referirnos a la *wrongful birth action* como supuesto indemnizables por pérdida de oportunidad, hemos de plantearnos si, en nuestro ordenamiento jurídico el aborto, debe ser considerado como un derecho, así como las características del diagnóstico prenatal.

A. ¿La interrupción voluntaria del embarazo es un derecho?

En el Código Penal (CP), aunque el aborto está tipificado como delito —actualmente en los arts. 144 y ss. del vigente CP, y en el anterior, en los artículos arts. 411 y ss.— la LO 9/1985, de 5 de julio, de reforma del art. 417 bis CP despenalizó algunos supuestos.

---

108 GALLARDO CASTILLO, María Jesús (2021): *Administración sanitaria y responsabilidad patrimonial*. Colex, A Coruña, pág. 78.

Así, en el art. 417 bis CP de 1971, no derogado por el CP de 1995, se dispuso que no sería punible el aborto con consentimiento expreso de la mujer embarazada, entre otros casos:

i. «En el supuesto de grave peligro para la vida o la salud física o psíquica de la embarazada».

ii. «Cuando se presuma que el feto habrá de nacer con graves taras físicas o psíquicas, siempre que el aborto se practique dentro de las veintidós primeras semanas de gestación y que el dictamen, expresado con anterioridad a la práctica del aborto, sea emitido por dos especialistas de centro o establecimiento sanitario, público o privado, acreditado al efecto, y distintos de aquel por quien o bajo cuya dirección se practique el aborto»[109].

Durante la vigencia del art. 417 bis CP, PÉREZ-TENESSA, sostuvo que no existía en España un derecho al aborto. «Otra cosa es [—decía—] que, en determinados supuestos, por razones terapéuticas, éticas o eugenésicas, la ley despenalice el aborto, pero esa no penalización no puede calificarse de "causa de justificación", sino de lo que SILVELA calificaba de "excusa absolutoria"». Por este motivo, añadía este autor, el aborto no podía ser un derecho y como tal no podía ser indemnizable, porque era tan solo simple oportunidad[110].

Mismo parecer tiene TORRE DE SILVA. Para él, «en España, claramente bajo la vigencia de la primera regulación del aborto, contenida en el art. 417 bis del Código Penal, la interrupción del embarazo no se concebía como derecho, sino como conducta despenalizada. Así se infiere de la Sentencia del Tribunal Constitucional 53/1985, de 11 de abril»[111].

Veinticinco años después, la LO 2/2010, de 3 de marzo, de salud sexual y reproductiva y de la interrupción voluntaria del embarazo, modificó el sistema de «supuestos» del art. 417 bis CP de 1971, para introducir otro de «plazos». De acuerdo con su art. 15, intitulado «interrupción por causas médicas», «excepcionalmente, podrá interrumpirse el embarazo por causas médicas»:

---

109 PÉREZ-TENESSA HERNÁNDEZ, Antonio (2002): «Sobre el diagnóstico prenatal como causa de responsabilidad», *op. cit.* pág. 56.

110 *Idem.*

111 TORRE DE SILVA LÓPEZ DE LETONA, Víctor (2017): «Responsabilidad por nacimiento evitable (wrongful birth) y discapacidad», *op. cit.* págs. 102 y 103.

i. «Cuando no se superen las veintidós semanas de gestación y siempre que exista grave riesgo para la vida o la salud de la embarazada».

ii. «Cuando no se superen las veintidós semanas de gestación y siempre que exista riesgo de graves anomalías en el feto».

iii. «Cuando se detecten anomalías fetales incompatibles con la vida».

iv. «Cuando se detecte en el feto una enfermedad extremadamente grave e incurable»[112].

Pues bien, TORRE DE SILVA mantiene que, con la reforma producida en 2010, el aborto tampoco puede ser considerado como un derecho en nuestro ordenamiento jurídico. En este sentido sostiene que la Ley Orgánica 2/2010 de 3 de marzo, de salud sexual y reproductiva y de la interrupción voluntaria del embarazo, no afirma que el aborto sea un derecho. Por contraste, sí lo hace con la «maternidad libremente decidida» y con la adopción libre de «decisiones que afectan a su vida sexual y reproductiva sin más límites que los derivados de las demás personas y al orden público garantizado por la Constitución y las Leyes».

En cambio, respecto del aborto, la Ley Orgánica 2/2010, únicamente «garantiza el acceso a la interrupción voluntaria del embarazo en las condiciones que se determinan en esta Ley»[113]. Como pone de manifiesto este autor, esta expresión obedece a una sugerencia del CdE, en el dictamen emitido sobre el anteproyecto de ley. Nos estamos refiriendo al DCdE de 17 de septiembre de 2009[114]:

> *«De la doctrina sentada por el Tribunal Constitucional en la que se mueve la presente consulta y del conjunto del propio texto del anteproyecto no resulta un derecho al aborto —algo desconocido en los ordenamientos de nuestro entorno susceptibles de ser tomados como modelos—, sobre el que el Tribunal Europeo de Derechos Hu-*

---

112 Por su parte, el art. 14 de la LO 2/2010, regula la «interrupción del embarazo a petición de la mujer». Este afirma que, dentro de las catorce primeras semanas de gestación, «podrá interrumpirse el embarazo a petición de la mujer (...) siempre que concurran los requisitos siguientes: a) Que se haya informado a la mujer embarazada sobre los derechos, prestaciones y ayudas públicas de apoyo a la maternidad, en los términos que se establecen en los apartados 2 y 4 del artículo 17 de esta Ley.

b) Que haya transcurrido un plazo de al menos tres días, desde la información mencionada en el párrafo anterior y la realización de la intervención».

113 Arts. 2.2, 2.1 y 12 LO 2/2010, de 3 de marzo, de salud sexual y reproductiva y de la interrupción voluntaria del embarazo.

114 TORRE DE SILVA LÓPEZ DE LETONA, Víctor (2017): «Responsabilidad por nacimiento evitable (wrongful birth) y discapacidad», *op. cit.* pág. 103.

> *manos ha rehusado pronunciarse (TEDH/2007/20, caso Tysiac contra Polonia, par. 104), que ni siquiera se menciona en los instrumentos internacionales relativos a los derechos de la mujer (véase Res 48/104 de 20 de diciembre de 1993, art. 3) y cuya formulación carece de fundamento en nuestro ordenamiento jurídico. En efecto, una vez que, como antes se expuso, el Tribunal Constitucional ha sentado y reiterado la tesis de que el feto constituye un "tertium" independiente de la madre y que, aún sin ser titular de un derecho a la vida, sí es un bien jurídico digno de protección —en cuanto esperanza de vida—, resulta lógica una doble conclusión, a saber: de un lado, en caso de conflicto, puede considerarse su sacrificio en aras de un interés superior; incluso si, por hipótesis más adelante analizada, fuera la madre gestante la única que debiera hacer tal ponderación y tomar la decisión oportuna. Pero, de otro lado, no puede reconocerse un derecho subjetivo —semejante al de propiedad— o un derecho personalísimo —como el que existe sobre el propio cuerpo— a eliminar tal bien, dotado de sustantividad propia, de relieve vital y, en consecuencia, de interés objetivo y general, como, tomando pie en la normativa francesa al respecto, ha reconocido expresamente el Tribunal Europeo de Derechos Humanos en Sentencia de 13 de febrero del 2003 (TEDH/2003/, caso Odièvre contra Francia, par. 45). Ello aconseja matizar la confusa y, por ende, polémica expresión del art. 12 del anteproyecto consultado, referente, según se precisa más adelante, no a un derecho al aborto sino a la prestación sanitaria requerida por la interrupción voluntaria del embarazo. Basta a estos efectos decir "se garantiza" puesto que la expresión "se reconoce" es propia de las declaraciones constitucionales de derechos fundamentales»*[115].

En definitiva, en línea con el CdE, cabe afirmar que «no existe, como tal, un derecho al aborto consagrado en nuestro ordenamiento jurídico. Se trata de una actuación libre y lícita, como tantas otras, que no tiene asociado un derecho sino una garantía de acceso»[116]. La consecuencia de lo anterior es clara: no es posible configurarse como lesión indemnizable la lesión de un derecho que no está reconocido como tal en nuestro país. Lo mismo ocurre en, entre otros estados europeos, en Italia, Alemania y Reino Unido[117].

Dicho sea de paso, la Ley Orgánica para la garantía integral de la libertad sexual no aborda esta cuestión. Según expresó el CdE al dictaminar el

---

115 CJ IV DCdE de 17 de septiembre de 2009.

116 TORRE DE SILVA LÓPEZ DE LETONA, Víctor (2017): «Responsabilidad por nacimiento evitable (*wrongful birth*) y discapacidad», *op. cit.* pág. 104.

117 Según apunta TORRE DE SILVA: en Alemania el aborto por malformaciones del feto no se permite a partir de 2005; en Italia la sentencia de la Corte Suprema de Casación, de 29 de julio de 2004, negó legitimación activa a un menor para ejercitar la acción *wrongful life* (Hay que tener en cuenta que en Italia no existe el aborto por patologías del feto); y en el Reino Unido la responsabilidad por nacimiento con malformaciones está excluida por la *Congenital Disabilities Civil Liability Act* de 1976. *Ibidem* pág. 99.

anteproyecto, «en la Memoria se anuncia una futura modificación de la Ley Orgánica 2/2010, de 3 de marzo, de salud sexual y reproductiva y de la interrupción voluntaria del embarazo, y la aprobación de una regulación legal ad hoc contra la trata»[118].

En cualquier caso, y dejando aparte consideraciones de tipo moral, los progenitores gozan de la facultad de interesar la interrupción del embarazo en los supuestos previstos en el ordenamiento vigente. Entre ellos figuran las malformaciones o anomalías del feto o la grave enfermedad incurable a juicio de los médicos[119].

De ahí que cuando se detecta alguna malformación, anomalía o enfermedad grave e incurable y no se comunica oportunamente a los progenitores, se les está privando de ejercer la referida facultad. Y lo mismo ocurre cuando no se realizan las pertinentes pruebas pautadas para detectar tales excepcionales supuestos.

Ello no obstante, como ya hemos advertido anteriormente, la reciente STC 44//2023, de 9 de mayo, al desestimar el recurso de inconstitucionalidad contra la Ley Orgánica 2/2020, de 3 de marzo, de salud sexual y reproductiva y de interrupción voluntaria del embarazo, consideró que el sistema de plazos que establece es conforme a la Constitución y reconoce que la mujer embarazada posee un ámbito de autodeterminación que requiere la efectividad de su derecho fundamental a la integridad física y moral, en conexión con su derecho a la dignidad y libre desarrollo de su personalidad[120].

B. Diagnóstico prenatal

El diagnóstico prenatal permite conocer desde la gestación las características del *nasciturus* (empezando por el sexo) y descubrir algunas de las anomalías que corre el riesgo de padecer desde su nacimiento. Se basa en diversas técnicas y plantea una serie de problemas jurídicos. Se trata de una

---

118 CJ 1 DCdE de 10 de junio de 2021 (núm. exp. 393/2021).

119 Sobre los plazos en que es legalmente posible la interrupción voluntaria del embarazo *vid.* MACÍA MORILLO, Andrea (2011): «El tratamiento de las acciones de *wrongful birth y wrongful life* a la luz de la nueva ley sobre interrupción voluntaria del embarazo», *Revista Jurídica de la Universidad Autónoma de Madrid, núm.* 23, págs. 83 a 98.

120 FJ 3 D) STC 44/2023, de 9 de mayo (núm. rec. 4510/2010 y [*Tol 9582039*]).

prueba que facilita la identificación de la mayoría de los defectos congénitos del feto, especialmente los más graves y frecuentes[121].

«Las técnicas utilizadas para el diagnóstico prenatal van desde la ecografía hasta las tomas de muestras de vellosidades coriales, del líquido amniótico (amniocentesis) o de sangre fetal del cordón umbilical, para someterlas a todo tipo de análisis. La ecografía tiene la ventaja de ser inocua para el feto, pero tiene el inconveniente de ser tardía y de que sólo sirve para descubrir anomalías morfológicas. Las otras pruebas son más precoces y permiten identificar un amplio abanico de enfermedades congénitas infecciosas (como el SIDA) o de origen genético (como el síndrome del x-frágil); pero, al ser "invasivas", tienen el riesgo de dañar al feto o de provocar el aborto. De ahí que la ecografía goza de una amplia aceptación social —hasta el punto de que, en los países con suficiente cobertura sanitaria, es rara la mujer embarazada que no acuda al menos una vez a los centros de salud a hacerse una ecografía— las otras pruebas se miran con más recelo y sólo se somete a ellas la mujer cuando tiene fundada sospecha de que el feto pueda estar afectado por una grave enfermedad que plantea a los padres la delicada disyuntiva de arriesgarse al nacimiento o de interrumpir voluntariamente el embarazo, antes de que sea tarde»[122].

A la vista del diagnóstico prenatal, se podrá recurrir dentro de los plazos previstos al efecto y siempre que lo permita la ley, a un aborto eugenésico o embriopático, es decir cuando se presuma que el feto pudiera tener una anomalía o enfermedad.

En cualquier caso, el diagnóstico prenatal plantea diversas cuestiones, como su licitud, la posible responsabilidad patrimonial derivada del mismo, y las singularidades de las pruebas invasivas.

a) Licitud

«A falta de legislación específica, la licitud del diagnóstico prenatal viene condicionada por unos criterios establecidos o recomendados por los

---

121 este particular nos remitimos a los escrito por MEDIAVILLA CABO, José Vicente (2024): *Errores de diagnóstico prenatal y responsabilidad*, Aranzadi, Cizur Menor (Navarra).

122 PÉREZ-TENESSA HERNÁNDEZ, Antonio (2002): «Sobre el diagnóstico prenatal como causa de responsabilidad», *op. cit.* pág. 50.

Comités Nacionales de Bioética o por instancias supranacionales como la UNESCO o el Consejo de Europa»[123].

PÉREZ-TENESSA sintetiza de la siguiente manera los tres requisitos básicos para que, de acuerdo con los criterios bioéticos de estas instancias, el diagnóstico sea lícito:

i. El diagnóstico prenatal solo puede ser ético si persigue una finalidad terapéutica. No resultarían admisibles estas pruebas con fines eugenésicos o para seleccionar fetos.

ii. Ha de existir un riesgo patológico, es decir un factor de riesgo, ya sea por la edad de la madre, los antecedentes familiares o la detección de una malformación en una ecografía.

iii. El sometimiento a la prueba debe ser libre e informado, no siendo lícita ni el sometimiento obligatorio al diagnóstico prenatal ni cualquier práctica coactiva.

En España, el diagnóstico prenatal estuvo previsto la Ley 35/1988, de 22 de noviembre, sobre técnicas de reproducción asistida humana, hoy derogada por Ley 14/2006, de 26 de mayo, sobre técnicas de reproducción humana asistida. Según sus disposiciones, toda intervención sobre el embrión en el útero o sobre el feto, con fines diagnósticos, no es legítima si no tiene por objeto el bienestar del *nasciturus* y el favorecimiento de su desarrollo, o si no está legalmente amparada.

b) Responsabilidad patrimonial

A lo largo del embarazo pueden presentarse sospechas de las posibles alteraciones genéticas del feto. En estos casos la responsabilidad puede nacer, bien por un diagnóstico prenatal erróneo, bien de la omisión de información relevante obtenida en las pruebas.

En ocasiones, por diversas circunstancias, se omiten a la gestante datos relevantes sobre las consecuencias de dichas sospechas. En estos casos, se le puede privar de la posibilidad de optar por la interrupción del embarazo. Así sucederá por no haber puesto a su disposición todos los medios de los que dispone el sistema, que hubieran podido confirmar de forma prenatal una alteración cromosómica importante.

---

123 *Ibidem* pág. 51

Otras veces, la declaración de responsabilidad patrimonial se interesa por no haberse informado de importantes malformaciones debido a que tales lesiones y secuelas de carácter congénito no fueron detectadas por los servicios médicos dentro de los plazos legales para proceder a la interrupción del embarazo. Se trata de supuestos de incorrecta interpretación de las ecografías efectuadas que impiden la realización de pruebas diagnósticas complementarias, derivando en la demora de diagnóstico de las malformaciones congénitas del feto. El hecho de no emplear todos los medios disponibles según el estado de los conocimientos y de la ciencia supone una vulneración de *la lex artis ad hoc*, normalmente generadora del derecho a una indemnización.

De cualquier manera, debe tenerse en cuenta, como ha señalado el CdE, que los reclamantes deben acreditar que se haya producido una violación de la *lex artis* médica en el diagnóstico de la patología que sufría el feto, pues no siempre que falte el diagnóstico prenatal se está ante un caso contrario a la *lex artis*[124]. Hay supuestos en los que durante el embarazo se realizan los adecuados controles ginecológicos y se practica el test del primer trimestre, con unos resultados muy alejados de los umbrales de riesgo que hubieran motivado de una prueba de carácter invasivo, y tampoco en las ecografías realizadas se detecta anomalía fetal alguna.

c) *Pruebas invasivas*

Según Guías aplicables en los distintos servicios médicos ginecológicos, la práctica de pruebas invasivas de diagnóstico prenatal no procede cuando la gestante no se encuentra en alguno de los colectivos que podrían haber motivado la realización de una técnica invasiva de diagnóstico. Estas solo se suelen considerarse para un grupo de riesgo en el que se presenten cromosomopatías. Este está constituido por aquellas gestantes que tengan un hijo previo con cromosomopatía documentada, que alguno de los padres sea portador de una anomalía cromosómica o que la edad materna sea igual o superior a 40 años.

Téngase en cuenta, además, estas pruebas entrañan en la actualidad un riesgo de aborto no deseado entre el 1 por ciento al 1,5 por ciento de casos por lo que solo se practican en supuestos en los que exista una causa médicamente justificada. Esta es la razón por la que en las SSTS de 19 de

---

124 *Cfr.* DDCdE de 11 de enero de 2005 (núm. exp. 2984/2004) y 18 de enero de 2018 (núm. exp. 1168/2017), entre otros.

junio de 2007 y 17 de noviembre de 2008 se absolvió a los facultativos que leyeron las imágenes. Según se desprende de las mismas «el deber de información sobre la prácticas de pruebas para comprobar la posibilidad de malformaciones (...) únicamente existe cuando se dan circunstancias que evidencien o permitan sospechar la existencia de un riesgo de anomalía del feto, pero no en embarazos normales»[125].

Lo escrito respecto del diagnóstico prenatal es también aplicable *mutatis mutandis* a los diagnósticos preimplantatorios, esto es, aquellos que permiten «descubrir algunas enfermedades hereditarias de las que será portador el embrión antes de ser implantado»[126].

C. La pérdida de oportunidad como supuesto para reclamar

En el anterior epígrafe introdujimos los problemas que suscitaba el nexo causal en las acciones *wrongful birth,* y cómo la jurisprudencia —partiendo de los cursos causales no verificables, resolvía los supuestos examinados mediante precauciones. También señalamos qué un sector doctrinal, al que nos adscribimos, consideraaplicable a las *wrongful birth actions* la teoría de la pérdida de oportunidad. A ella dedicamos este apartado, refiriéndonos a los requisitos, la necesidad de verificar un funcionamiento anormal de un servicio público y los daños indemnizables. En último lugar apuntaremos por qué, para parte de la doctrina la teoría de la pérdida de oportunidad no es aplicable a las *wrongful birth actions.*

La doctrina de la pérdida de oportunidad en nuestro país tuvo su origen en la responsabilidad profesional de los abogados (por ejemplo, la pérdida de oportunidad de obtener una resolución judicial favorable por la presentación extemporánea de un recurso).

Como afirma DE LORENZO, «en el ámbito sanitario se ha venido aplicando a supuestos de error o de retraso en el diagnóstico, de deficiente asistencia sanitaria, por falta de realización de pruebas pertinentes por ausencia de información o de consentimiento informado»[127].

---

[125] ELIZARI URTASUN, Leyre (2010): «El daño en las acciones de *wrongful birth y wrongful life*», *op. cit.* pág. 144. SSTS 667/2007 de 19 de junio (núm. rec. 2047/2000 y [*Tol 1116437*]) y 1094/2008, de 17 de noviembre, Sala de lo Civil (núm. rec. 1560/2003 y [*Tol 1401690*]).

[126] *Ibidem* pág. 139.

[127] DE LORENZO APARICI, Ofelia (2016): «Pérdida de oportunidad en responsabilidad sanitaria», Redacción médica, 16 de octubre de 2016.

«Esta doctrina permite a los operadores jurídicos determinar en supuestos dudosos, la posibilidad de una indemnización de manera que la reclamación no se resuelva en términos de todo o nada»[128].

Según el CdE se trata de una doctrina no solo incipiente —lo decía en su Memoria de 2005— sino muy susceptible de debate público. En estos casos, se trata de saber, en el ámbito sanitario, qué habría pasado en realidad si no llega a producirse un error. Como singularidad, hay que tener en cuenta, que es la propia salud del paciente la que en realidad puede causar el daño y que la actividad sanitaria la que concurre con ese nexo de causalidad. Además, al estar ante supuestos de cursos naturales no verificables, es de imposible constatación cual habría sido el resultado final, ya que solo si el servicio se hubiera prestado correctamente se hubiera sabido si el resultado era exitoso. A pesar de ello, el CdE ha considerado que es indemnizable, entre otros, en sus dictámenes de 14 de octubre de 17 de diciembre de 1999[129].

a) Requisitos

GALLARDO ha apuntado como requisitos necesarios para estimar procedente una indemnización por pérdida de oportunidad: la probabilidad, el daño cierto y la incertidumbre causal[130].

Se suele considerar, en los casos en que procediendo las pruebas pertinentes no se llevaron a cabo, que hubo, cuando menos, una pérdida de oportunidad de los padres de adoptar la decisión de interrumpir voluntariamente el embarazo. Lo mismo ocurre cuando la reclamación se fundamenta en un defectuoso diagnóstico prenatal.

Así ocurre en nuestro país, como hemos visto, *ex* art. 15 LO 2/2010, de 3 de marzo, cuando una mala praxis médica impide a los padres conocer la existencia de las «graves anomalías en el feto», en un momento en el que

---

128 MEDINA ALCOZ, Luis (2007): *La teoría de la pérdida de oportunidad. Estudio Doctrinal y jurisprudencial de Derecho de Daños público y privado.* Aranzadi, Cizur Menor (Navarra), pág. 112.

129 DDCdE de 14 de octubre y 17 de diciembre de 1999 (núm. exps. 3108/1999 y 3167/1999).

130 GALLARDO CASTILLO, María Jesús (2015): «Causalidad probabilística, incertidumbre causal y responsabilidad sanitaria: la doctrina de la pérdida de oportunidad», *Revista Aragonesa de Administración Pública,* núm. 45-46, págs. 41-42.

tienen la opción legal de poner término al embarazo. En estos casos, se les está privando de esta opción.

Doctrina y jurisprudencia coinciden en afirmar que la llamada *pérdida de oportunidad,* con carácter general, «se caracteriza por la incertidumbre acerca de que la actuación médica omitida pudiera haber evitado o minorado el deficiente estado de salud del paciente, con la consecuente entrada en juego a la hora de valorar el daño así causado de dos elementos o sumandos de difícil concreción, como son, el grado de probabilidad de que dicha actuación hubiera producido ese efecto beneficioso, y el grado, entidad o alcance de éste mismo»[131]. «Así la imposibilidad de abortar se convierte en un supuesto más de responsabilidad»[132].

Ello, aplicado a aquellos supuestos en que el nacimiento se produce como consecuencia de un parto que los padres habrían querido evitar, únicamente puede enfocarse como un funcionamiento anormal de la Administración sanitaria y como un posible daño moral.

b) Funcionamiento anormal

Entre otros casos, el error en el diagnóstico prenatal puede ser causa de responsabilidad patrimonial de la Administración sanitaria, cuando: no se hayan aplicado las técnicas adecuadas con arreglo a la *lex artis ad hoc*; o incluso cuando por la defectuosa información se haya perdido la oportunidad de interrumpir legalmente el embarazo, siempre que se den los demás requisitos que exige la ley.

Así ocurrió en la STS de 6 de junio de 1997 (Sala de lo Civil), en la que se consideró que procedía la declaración de responsabilidad patrimonial por reclamación de una madre que alumbró un niño con síndrome de Down, a la que no se comunicó de la prueba de amniocentesis con resultado adverso[133].

Pero en su STS de 4 de febrero de 1999 (Sala de lo Civil), no dio lugar a la pretensión de la recurrente que alumbró un niño con malformaciones, pues se hicieron todas las pruebas conforme a los conocimientos de

---

131 FJ 5 STS de 19 de octubre de 2011, de la Sala de lo Contencioso-Administrativo (núm. rec. 5893 y [*Tol 2274412*]).

132 DÍEZ-PICAZO GIMÉNEZ, Gema (1998): «La imposibilidad de abortar: un supuesto más de responsabilidad civil», *La Ley,* 15 de junio de 1998, pág. 1708.

133 FJ 3 STS 495/1997, de 6 de junio, de la Sala la de lo Civil (núm. rec. 165/1993 y [*Tol 5119471*]).

la ciencia y no se detectaron anomalías en el feto. Adicionalmente, en esta sentencia, el TS afirmó que no existe un derecho al aborto[134].

c) Daños morales

El impacto psíquico, como daño moral indemnizable, se encuentra ya presente en la STS de 3 de octubre de 2000, en la que el Alto Tribunal excluyó el daño moral por el nacimiento de un hijo no deseado. Según dijera, no surge el daño moral de «la mera situación de malestar o incertidumbre (…), salvo cuando la misma ha tenido una repercusión psicofísica grave». Ahora bien, según esta misma sentencia «sí podría existir un daño moral, si concurriesen los requisitos necesarios, en el caso de que se hubiese lesionado el poder de la persona de autodeterminarse, lo que a su vez podría constituir una lesión de la dignidad de la misma»[135].

d) Daños patrimoniales

En la STS de 3 de octubre de 2000 también se encuentra presente la limitación de los daños patrimoniales indemnizables a los mayores costes, con re rechazo de los gastos de manutención. En esta sentencia, en relación con los daños asociados al mayor coste de vida tras un embarazo no deseado, el TS señala que «sería, sin embargo, un grave error integrar este concepto resarcitorio con el importe de las cantidades destinadas a la manutención del hijo inesperado, pues ésta constituye para los padres una obligación en el orden de las relaciones familiares impuesta por el ordenamiento jurídico, de tal suerte que el daño padecido no sería antijurídico, por existir para ellos la obligación de soportarlo»[136].

Y continúa indicando que «sólo podría existir lucro cesante en el caso de que se probara la existencia de un perjuicio efectivo como consecuencia de la necesidad de desatender ciertos fines ineludibles o muy relevantes mediante la desviación para la atención al embarazo y al parto y a la manutención del hijo de recursos en principio no previstos para dichas

---

134 STS 1242/1998, de 4 de febrero de 1999, Sala de lo Civil (núm. rec. 2236/1994 y [*Tol 5119951*]).

135 FJ 5 STS de 3 de octubre de 2000, de la Sala de lo Contencioso-Administrativo (núm. rec. 3905/1996 y [*Tol 216732*]).

136 *Idem.*

finalidades, en tanto no sea previsible una reacomodación de la situación económica o social del interesado o de los interesados»[137].

Esta doctrina jurisprudencial ha sido asumida, específicamente, en casos como el supuesto de nacimiento de un hijo con síndrome de Down sin que se practicase en tiempo útil la prueba prenatal de detección de dicha patología que hubiera permitido a la madre optar por interrumpir voluntariamente su embarazo. Así, cabe citar las SSTS de 21 de febrero y de 30 de junio de 2006, y en el mismo sentido las de 10 de mayo de 2007, 16 de octubre del mismo año y de 4 de noviembre de 2008[138].

e) Inaplicabilidad de la pérdida de oportunidad

He hecho una referencia a la doctrina y hay que reseñar que no siempre hay coincidencia en afirmar que, en los casos indicados, sea aplicable la teoría de la pérdida de oportunidad.

A juicio de algunos autores, la pérdida de oportunidad consiste en la desaparición de la probabilidad de un evento favorable cuando la posibilidad del mismo aparezca como suficientemente seria, entendiendo que evento favorable para la víctima es todo aquel que sea aleatorio, casual o que sea producto del azar. Y en estos casos queda descartado que la materialización del evento pueda depender de la voluntad de la víctima ya que la facultad de interrumpir el embarazo depende de la madre que, como perjudicada, viene a ser el mismo sujeto con facultad para ejercer la demanda[139]. O sea, al residir la decisión del aborto en la madre y no en evento aleatorio desparece el elemento ocasión perdida respecto del nacimiento y los gastos correspondientes.

---

137 *Idem.*

138 SSTS de la Sala de lo Contencioso-Administrativo, de 21 de febrero de 2006, (núm. rec. 1181/2002), de 30 de junio de 2006, (núm. rec. 217/2005 y [*Tol 998513*]) de 10 de mayo de 2007 (núm. rec. 4779/2003), de 16 de octubre de 2007 [*Tol 1161221*] (núm. rec. 9768/2003 y [*Tol 1161221*]) y de 11 de noviembre de 2008 (núm. rec. 4936/2004 y [*Tol 1401291*]).

139 MARTIN-CASALS, Miquel y SOLE FELIU, Josep (2002): "Sentencia de 7 de junio de 2002: Responsabilidad de profesionales sanitarios. Responsabilidad contractual del artículo 1.101 CC. Nacimiento de un hijo con síndrome de Down sin que el ginecólogo informara de la anomalía a la paciente. Inexistencia de una relación de causalidad entre la falta de información del médico y la decisión de no abortar de la paciente. Wrongful birth», Cuadernos Civitas de Jurisprudencia Civil, núm. 60, págs. 1114 y 1115.

A mi juicio parece un razonamiento un tanto forzado. Lo bien cierto es que en aquellos casos en que, bien por ausencia de pruebas pertinentes o por defectos en su práctica, bien por falta de información, se priva a los progenitores de una facultad legalmente reconocida cual la interrupción voluntaria del embarazo, sin duda alguna es una pérdida de oportunidad.

D. Para apreciar la pérdida de oportunidad y la procedencia de indemnizar, ¿es exigible constatar que la madre hubiera querido abortar?

Tal y como se expuso en el segundo epígrafe, ante la dificultad de saber cuál habría sido la decisión de la madre, cabe un amplio abanico de posturas que van desde denegar cualquier indemnización por falta de nexo causal, a presumir la voluntad de abortar con la voluntad de reclamar o recurrir.

Hay quien considera, ante la alegación de que de haber conocido a tiempo una malformación del feto hubiera podido interrumpir voluntariamente el embarazo, que debe verificarse si, efectivamente, en tal caso, la gestante hubiera procedido de tal modo. Así lo estima, por ejemplo, la Sentencia de la Audiencia de las Palmas de 25 de enero de 2005[140].

Otros estiman que no se puede exigir la exteriorización de tal intención. Así BERCOVITZ afirma que constituye un daño grave privar a la madre, cualquiera que sea la actitud previa existencial, ideológica, religiosa o sus circunstancias familiares sociales y materiales, de la posibilidad de interrumpir su embarazo. Por ello, sostiene que «nadie puede afirmar en principio cuál sería la reacción de una determinada persona ante semejante dilema». En su opinión, «no es posible sustituir la reacción de una

---

140 FJ SAP de las Palmas 41/2005, de 25 de enero (núm. rec. 525/2004 y [*Tol 607213*]). A Juicio de la AP de Las Palmas, para apreciar la relación de causalidad de en las acciones por *Wrongful birth*, «cuando la acción es ejercitada por la madre, resulta (...) oportuno requerir, como condición necesaria, pero no suficiente, no solamente la concurrencia de la posibilidad legal de interrupción del embarazo, sin la que, por otro lado, no sería posible el aborto, sino, además, de modo imprescindible, que la gestante hubiera declarado que lo habría hecho, surgiendo, de este modo, dos concretas cuestiones que, afectantes a la relación de causalidad, deben quedar perfectamente ventiladas. La primera, supone la determinación de si la negligencia del facultativo fue la causa de que la madre no pudiera abortar. La segunda, consiste en resolver si, concurriendo el primer curso causal, es decir, encontrándose la gestante ante la posibilidad física y legal de abortar, ésta habría o no decidido hacerlo» (FJ 5).

persona ante una circunstancia real que afecta intensamente a su vida con hipótesis más o menos razonables»[141].

Por su parte, GALLARDO considera que «no es posible sustituir la reacción de una persona ante una circunstancia real que afecta intensamente a su vida con hipótesis más o menos razonables». Para ella «lo importante es que no tuvo ocasión de decidir como consecuencia de la negligencia de la atención médica recibida». Pero sin embargo postula viable la improcedencia de la indemnización si se acredita de forma indubitada que la intención de la madre hubiera sido en cualquier caso la de no abortar. A juicio de esta autora, «lo único que cabría aceptar (…) sería la prueba contraria, la que viniese acreditar de forma indubitada que la intención de la madre habría sido en cualquier caso la de no abortar»[142].

Pero el TS en algunas de sus resoluciones parece apuntar a que sí que es necesario constatar la voluntad de interrumpir el embarazo por parte de quien ha alumbrado un hijo con malformaciones, en el supuesto de haber conocido la afección del feto.

Así, en la STS 7 de junio de 2002 (de la Sala de lo Civil) señaló que «el establecer una relación de causalidad directa entre el incumplimiento (…) [del] deber de información de la existencia de pruebas médicas por medio de las cuales apreciar el estado del feto, y la privación a aquélla de su facultad de optar por la interrupción del embarazo, no está basada sino en meras conjeturas». Por ello declaró haber lugar el recurso de casación ya que «no *existía* prueba alguna en autos de la que pueda deducirse que, de haber conocido la gestante el estado del feto, hubiera decidido interrumpir su embarazo»[143].

Pero las SSTS de 14 de julio de 2001 y de 18 de mayo de 2002 (de la Sala de lo Contencioso-administrativo) recaídas en reclamaciones por daño moral sufrido por una madre al privársele de la posibilidad de decidir sobre la interrupción voluntaria del embarazo sentenciaron que la carga de la prueba correspondía a la Administración. Sostuvieron que incumbía a la Administración demandada la carga de probar de forma indubitada, que en el supuesto de haber conocido la malformación del feto no hubiera

---

141 BERCOVITZ RODRÍGUEZ-CANO, Rodrigo (2002): «Comentario a la STS de 7 de junio de 2002». *Cuadernos Civitas de Jurisprudencia Civil*, núm. 59, pág. 864.

142 GALLARDO CASTILLO, María Jesús (2021): *Administración sanitaria y responsabilidad patrimonial, op. cit.* págs. 81 y 82.

143 FJ 4 STS de 7 de junio de 2002 de la Sala de lo Civil [*Tol 202875*].

optado por un aborto eugenésico[144]. Precisamente, esa falta de probanza determinó que cupiera apreciar el nexo causal para la exigibilidad de la acción de responsabilidad patrimonial.

Y en el mismo sentido, la STS de 14 de marzo de 2007, que desestimó un recurso de casación al entender que «en los diagnósticos médicos realizados, incumbe a la Administración demandada la carga de probar de forma indubitada, que en el supuesto de conocer la mujer la malformación del feto no hubiera optado por un aborto terapéutico»[145].

Para el DCdE de 21 de diciembre de 2000, frente a la alegación de haber abortado si hubiese conocido que estaba embarazada, el CdE entendió que estábamos «afirmación atrevida que, en el mejor de los casos, sólo se puede tomar como un artilugio argumental a posteriori o como mera suposición»[146]. En este caso se trataba de una mujer, con antecedentes familiares del cromosoma x-fragil, que frente a la sugerencia de abortar, en caso de quedar embarazada, optó por someterse a una ligadura de tropas. Pese a tal intervención quedó embarazada y nació un hijo al que, con el tiempo, se comprobó portador de aquel cromosoma.

Cabe estimar que, en estos supuestos, para que sea estimable una reclamación al respecto, la madre debe expresar que su voluntad hubiera sido la de abortar. Si por razones, morales, éticas o religiosas considerara que en ningún caso hubiera procedido a interrumpir el embarazo al conocer que portaba un feto con malformaciones psíquicas o físicas, entonces decaería la teoría de la afectación de su dignidad por no haber podido determinarse.

En cualquier caso, tal y como se expuso en el epígrafe segundo, en opinión de TORRE DE SILVA, la jurisprudencia parece respaldar la presunción de voluntad con el hecho de reclamar una indemnización[147]. SÁNCHEZ GONZÁLEZ apunta que la Sala de lo Contencioso-Administrativo

---

144 SSTS de la Sala de lo Contencioso-Administrativo de 14 de julio de 2001 y 18 de mayo de 2002 (núm. recs. 2280/1997 y 280/98).

145 FJ 3 STS de 16 de octubre de 2007, de la Sala de lo Contencioso-Administrativo (núm. rec. 8017/2002 y [*Tol 1049994*]).

146 CJ IV DCd de 21 de diciembre de 2000 (núm. exp. 3385/2020).

147 TORRE DE SILVA LÓPEZ DE LETONA, Víctor (2017): «Responsabilidad por nacimiento evitable (*wrongful birth*) y discapacidad», *op. cit.* pág. 113.

del TS, al invertir la carga de la prueba, parte de la intención de la madre de abortar[148].

E. La indemnización procedente

Cuestión controvertida es la referente a la indemnización en los casos en que proceda estimar la reclamación, siempre que concurran los requisitos para ello, de acuerdo con lo indicado hasta ahora. Resulta complejo valorar al daño en los supuestos de nacimiento de un hijo no deseado o con malformaciones. Como ya hemos indicado, el hecho mismo del nacimiento no cabe considerarlo como un daño y, consecuentemente, no cabe reconocer indemnización alguna por ello.

El error de diagnóstico prenatal puede ser causa de responsabilidad patrimonial —y de reconocimiento de la correspondiente indemnización—: cuando no se hayan aplicado las técnicas adecuadas con arreglo a la *lex artis ad hoc*; o incluso cuando por la defectuosa información se haya perdido la oportunidad de interrumpir legalmente el embarazo, siempre que se den los demás requisitos que exige la ley[149].

Ahora bien, no procedería la declaración de responsabilidad cuando el diagnóstico emitido, aunque erróneo, sea conforme a lo prescrito y exigido por la *lex artis*. «De sobra es conocido que la ciencia médica no es un saber universal ni absoluto, y que son numerosas —aunque, quizá, cada vez menos— las enfermedades, dolencias y procesos corporales para los que no existe explicación, diagnóstico o cura»[150].

Pero sí que puede ser indemnizable la pérdida de oportunidad —en supuestos de malformación del feto no detectado o informado temporáneamente— o los mayores gastos que va a suponer a los progenitores la atención que requiere un nuevo miembro de la familia (alimentación, vestido, educación, etc.).

---

[148] SÁNCHEZ GONZALEZ, Margarita (2018): «El tratamiento jurisprudencial del daño en las acciones de responsabilidad por *wrongful birth*», *op. cit.* págs. 475 y 476.

[149] DÍEZ-PICAZO GIMÉNEZ, Gema (1998): «La imposibilidad de abortar: un supuesto más de responsabilidad civil», *La Ley*, 15 de junio de 1998. Como hemos visto, entre otros, en los DDCdE de 14 de octubre y 17 de diciembre de 1999 (núm. exps. 3108/1999 y 3167/1999), la pérdida de oportunidad es indemnizable.

[150] MACÍA MORILLO, Andrea (2011): «El tratamiento de las acciones de *wrongful birth y wrongful life* a la luz de la nueva ley sobre interrupción voluntaria del embarazo», *Revista Jurídica de la Universidad Autónoma de Madrid*, núm. 23, pág. 86.

a) Legitimación

Se plantea el dilema de a quién indemnizar, pues si en algunos supuestos es claro que son la madre, el padre o ambos progenitores los destinatarios de la indemnización, en otros parece más equitativo que sean los hijos los que deban percibirla.

El primer supuesto es el relativo al embarazo no esperado y al nacimiento no deseado: en el caso de que uno y otro se hayan producido por infracción de la *lex artis ad hoc* —mala praxis en la intervención de la vasectomía o de la ligadura de trompas, ausencia de información de los posibles efectos de ambas cirugías, etc.— son los padres del bebe alumbrado quienes pueden ser acreedores de una indemnización que contribuya al sostenimiento de las cargas familiares a las que tendrán que hacer frente.

También los progenitores de un hijo con malformaciones podrían tener derecho a ser indemnizados por la pérdida de oportunidad de acuerdo con lo que tenemos expuesto.

Ahora bien, en relación con reclamaciones derivadas de la pérdida de oportunidad de haber podido proceder a la interrupción voluntaria del embarazo, únicamente son tenidos en cuenta los intereses de la progenitora, no los del padre, pues su voluntad no se tuvo en cuenta al establecer el supuesto de despenalización del aborto[151].

La STS de 5 de diciembre de 2007 rechazó la legitimación del padre en el único supuesto en el que se ha planteado su reclamación en solitario, declarando no haber lugar al recurso de casación para la unificación de doctrina[152]. Para la STS de 5 de diciembre de 2007, solo estaba legitimada la madre porque la decisión de abortar sería «un derecho personal e intransferible de la madre»[153].

---

151 Cuestiona la legitimación del padre para reclamar RUBIO TORRANO, Enrique (2007): «Responsabilidad patrimonial por diagnóstico prenatal», *Aranzadi civil*, núm. 19, Cizur Menor (Navarra).

152 ELIZARRI URTASUN, Leyre (2010): «El daño en las acciones de *wrongful birth* y *wrongful life*», *op. cit.* pág. 153.

153 El TS fundamentó la falta de legitimación del padre para reclamar en el hecho de que «la circunstancia de que la facultad de optar por la interrupción del embarazo constituye, en circunstancias normales, un derecho personal e intransferible de la madre, conforme resulta del art. 5 de la Ley General de Sanidad, art. 417 bis CP, y 9 del RD 2409/86 y fundamento decimotercero de la sentencia del Tribunal Constitucional de 11 de abril de 1985, lo que se convierte en obstáculo para la reclamación formulada con carácter exclusivo por el padre con dicho fundamen-

Es tema controvertido y sobre el hay opiniones diversas, el hecho de que la decisión de interrumpir un embarazo recaiga exclusivamente en la madre, apartando al padre de toda intervención al respecto. En síntesis, como se dijo en el segundo epígrafe, puede sostenerse que la legitimación del padre dependerá de cuál sea el bien jurídico dañado, la autodeterminación de la madre o el impacto psíquico derivado del conocimiento de las malformaciones del menor cuando ya no es posible abortar.

Aunque escapa de este trabajo que la legitimación activa en las *wrongful birth actions*, hay que dejar constancia de que la tendencia jurisprudencial, tanto del TS —como hemos visto en la STS de 5 de diciembre de 2007— como del Tribunal Constitucional (TC), apunta en el sentido de privar de la indemnización al padre. Recuérdese que la STC 53/1985 resolvió el recurso de inconstitucionalidad contra la Ley Orgánica de reforma del art. 417 bis CP. En ella, ante la alegación de los recurrentes de que el consentimiento no debería corresponder únicamente en la madre, pues ello vulneraría el art. 39.3 de la CE, consideró que la solución del legislador no era inconstitucional, dado que la peculiar relación entre la embarazada y el *nasciturus* hace que la decisión afecte primordialmente a aquella.

b) Conceptos indemnizables

En cuanto a los conceptos indemnizables hay que estar a las circunstancias concurrentes en cada caso y a la valoración del daño que se haya podido causar[154].

Quizás sea la STS de 14 de marzo de 2007, que resuelve el recurso interpuesto contra la SAN 16 de octubre de 2002, la que con mayor detalle

to, que es lo que ocurre en el supuesto considerado por el Tribunal de instancia, sin tener en cuenta, además, que no hay constancia alguna del consentimiento, expreso o tácito de la madre para el ejercicio de la acción de responsabilidad civil fundado en la privación de ese derecho personal e intransferible que a ella le corresponde». El RD 2409/1986, de 21 de noviembre, sobre centros sanitarios acreditados y dictámenes preceptivos para la práctica legal de la interrupción voluntaria del embarazo, ha sido derogado por el RD 831/2010, de 25 de junio, de garantía de la calidad asistencial de la prestación a la interrupción voluntaria del embarazo.

[154] DÍEZ-PICAZO afirma que no existe un concepto legal de daño, pudiendo definirlo como «el detrimento, perjuicio o menoscabo de un interés jurídico protegido o valorado por el legislador». DÍEZ-PICAZO Y PONCE DE LEÓN, Luis (1999): *Derecho de daños*, Civitas, Madrid, págs. 296 y 297.

concreta los conceptos indemnizables. Se trataba de un caso de una niña que nació con graves malformaciones (ausencia de las dos piernas y del brazo izquierdo). De acuerdo con esta última sentencia: «partiendo del principio legal de la efectividad del daño, como presupuesto de la reparación del mismo y, por tanto, de la determinación de la indemnización correspondiente (...) y tomando en consideración la naturaleza de las malformaciones, las limitaciones que comportan, el dolor de aflicción que para la menor y sus progenitores representan, las necesidades que también comportan, el tratamiento médico y rehabilitador que exigen, el resultado de la prueba practicada sobre el alcance del daño, la situación de la familia y la reparación específica derivada del sistema de la Seguridad Social, la Sala considera pertinente valorar económicamente el daño irrogado en la suma de 360.000 euros», cuantía fijada en la SAN, citada, que el Supremo confirma[155].

c) Criterios de cuantificación

Respecto de las cuantías concretas por los distintos conceptos indemnizables, se suelen utilizar, con carácter orientativo, las tablas del sistema para la valoración de los daños y perjuicios causados a las personas en accidentes de circulación, incorporadas como anexo del RDLeg 8/2004, de 29 de octubre, por el que se aprueba el TR de la Ley sobre responsabilidad civil y seguro en la circulación de vehículos a motor.

Ahora bien, en el ámbito de la responsabilidad patrimonial pública, los baremos tienen una función orientativa y no vinculante al ser su ámbito propio la valoración de daños personales en relación al seguro de responsabilidad civil. A pesar de ello, ciertamente sirven de referencia por la seguridad y objetividad jurídica que implican, razón por la que se suelen utilizar en reclamaciones y suelen orientar a jueces y tribunales a la hora de determinar la indemnización procedente. De cualquier forma, el importe de la indemnización ha de fijarse estimativamente por el Tribunal teniendo en cuenta las cantidades reconocidas en casos análogos y las que pudieran resultar aplicables, en su ámbito. Como ha expresado la STS de 10 de abril de 2000, «el baremo en cuestión, sin suponer una inflexible limitación en la valoración de los perjuicios, brinda cuando menos criterios

---

155 FJ 9 SAN de 16 de octubre de 2002, de la Sala de lo Contencioso-Administrativo (núm. rec. 112/2001 y [*Tol 5262695*]) y FJ 2 STS de 14 de marzo de 2007, de la Sala de lo Contencioso-Administrativo (núm. rec. 8017/2002 y [*Tol 1049994*]).

objetivos, y generales para todos, introduciendo claridad, precisión y certeza. Por ello su observancia no precisa de una expresa justificación, exigible por el contrario cuando el Tribunal decide separarse de las valoraciones normadas»[156].

d) Beneficiarios y formas de la indemnización

Otra cuestión controvertida es cómo indemnizar y a quién. Parece claro que en el caso de embarazos no deseados —supuestos vistos de vasectomía y ligadura de trompas— los perjudicados son el padre y la madre: el daño moral y los mayores gastos que supone mantener a un hijo serían los conceptos indemnizables.

Más compleja es la indemnización procedente en supuestos de nacimiento de un niño con malformaciones. Es evidente, en los términos expuestos, el daño causado a los progenitores —e incluso, a familiares próximos—: pérdida de oportunidad, autodeterminación de la madre, daño psicológico por ausencia de preparación para atender a un hijo discapacitado, y gastos de atención al hijo (alimentos, vestido, educación, adaptación de vivienda y medio de transporte, cuidados especiales …) y extraordinarios.

El TS, en STS de 4 noviembre de 2008 —dictada en reclamación al no haberse practicado la prueba prenatal y haber imposibilitado que los padres pudieran conocer por adelantado la patología del feto e interrumpir el embarazo en plazo legal— indicó lo siguiente: «el hecho de que no practicara —habiendo debido hacerlo, según reconoció la propia Administración sanitaria— la prueba de detección precoz de la patología puede dar lugar a responsabilidad patrimonial por el daño moral consistente en no haber conocido la patología en un momento lo suficientemente temprano como para decidir poner fin legalmente al embarazo; es decir, cabe indemnizar la pérdida de oportunidad (…).

«Además, en contra de lo sostenido por ésta, consideró que procede también la indemnización por la lesión puramente económica consistente en el notablemente mayor coste de criar a una hija con síndrome de Down. Ocuparse de una hija con tal patología comporta, como es obvio, gastos extraordinarios, que encajan perfectamente en la idea expuesta por la arriba citada STS de 28 de septiembre de 2000 cuando hablaba de desatender ciertos fines ineludibles o muy relevantes mediante la desviación

---

156 FJ 5.1 STS 130/2000, de 10 de abril, Sala de lo Penal (núm. rec. 2867/1998 y [*Tol 4923519*]).

para la atención al embarazo y al parto y a la manutención del hijo de recursos en principio no previstos para dichas finalidades. En otras palabras, los gastos derivados de la crianza de los hijos no constituyen un daño en circunstancias normales; pero, cuando las circunstancias se separan de lo normal implicando una carga económica muy superior a la ordinaria, la Sala entiende que puede haber daño y proceder la indemnización (…).

«Y es que para el TS los gastos que la recurrida ha debido y deberá afrontar en cuanto madre de una hija con el síndrome de Down no pueden considerarse lógicamente desvinculados de la imposibilidad, causada por la Administración sanitaria, de interrumpir legalmente su embarazo. Existe nexo causal entre la omisión de la prueba de detección prenatal del síndrome de Down y el daño, tanto moral como económico, experimentado por la reclamante»[157].

En estos casos, los padres deben ser indemnizados, pero hay que considerar adecuada —y, a mi juicio, conveniente— la solución establecida en la STS (de la Sala de lo Civil) de 18 de mayo de 2006. En ella se que estableció una indemnización de 180.000 euros a los padres, 30.000 euros a la hermana por daño moral y una pensión vitalicia para el niño de 900 euros, actualizada anualmente conforme al IPC, a abonar a la persona que ostente la patria potestad o tutela[158]. Y en el mismo sentido, la STS de 16 de junio de 2010 (de la Sala de lo Contencioso-administrativo), que confirmó el criterio de la Sala del TSJ de la Comunidad Valenciana, que condenó al pago de una indemnización de 75.000 euros a cada uno de los progenitores y de 1500 euros mensuales en favor del niño, revalorizables con arreglo al IPC[159].

Otra solución, en el mismo sentido, ofrece la previsión de la STS (de la Sala de lo Civil) de 4 de febrero de 1999, que estableció que de los 425.000 euros que reconoció como indemnización total, los padres podrían disponer de 125.000 euros, y 300.000 euros quedarían en una cuenta hasta

---

157 FJ 4 STS de 4 de noviembre de 2008, de la Sala de lo Contencioso-Administrativo (núm. rec. 4936/2004 y [*Tol 1401291*]).

158 STS 481/2006, de 18 de mayo, Sala de lo Civil (núm. rec. 3337/1999 y [*Tol 952802*]).

159 STS de 16 de junio de 2010, Sala de lo Contencioso (núm. rec. y 4403/2008 y [*Tol 1895703*])

que la hija alcanzase los 18 años, salvo que los padres, previa autorización judicial, necesitaran disponer de ellos en interés de su hija[160].

La solución más equitativa, a mi juicio, es la de indemnizar a los padres —perjudicados— por la pérdida de oportunidad, por el sufrimiento que les general el tener un hijo con malformaciones físicas o psíquicas pudiendo haberlo evitado. Pero la víctima directa es el hijo. Y en su favor debe establecerse una pensión vitalicia adecuada a sus circunstancias y actualizable con arreglo al IPC. Reflexionamos y discutimos sobre este tema en los diversos asuntos que tuvimos que dictaminar en el *Consell Jurídic Consultiu* sobre nacimientos no deseados —por las causas que venimos examinando— y siempre pensé que antes de reconocer una indemnización de cuantía importante a entregar a los padres era preferible una pensión vitalicia en favor del hijo.

Y es que la indemnización que se entrega de una sola vez, podría dedicarse a atender gastos ajenos a las necesidades y bienestar del niño. La adquisición de una vivienda más cómoda, de un vehículo o el disfrute de unas vacaciones podrían mermar una cantidad destinada al cuidado del hijo. El dinero se gasta, se acaba, y el niño aquejado de malformaciones queda desamparado. Y una posible separación o divorcio de los padres quizás supondría repartir la indemnización entre ambos progenitores. Por ello, la solución más garantista es la de establecer una pensión vitalicia al menor, administrada por los cónyuges o por aquel que, en su caso, tenga atribuida su guarda y custodia. Pero, además, es la más equitativa. Hay resoluciones judiciales —y en mucha menor medida, administrativas— que reconocen una indemnización de alta cuantía para atender al menor discapacitado, y el fallecimiento prematuro de éste podría comportar lo que pudiera considerarse un enriquecimiento injusto. Por ello, como hacen algunas sentencias, debería ser norma que en concepto de indemnización se estableciera una pensión vitalicia —o, en su caso, hasta alcanzar determinada edad— en favor de la persona nacida con malformación.

2) La acción en nombre del menor: wrongful life

Como afirma DE ÁNGEL, a diferencia de las *wrongful birth actions*, «en la acción de wrongful life, en cambio, el hijo demandante [es el que] argu-

---

160 FJ 6 STS 1242/1998, de 4 de febrero de 1999, Sala de lo Civil (núm. rec. 2236/1994 y [*Tol 5119951*]).

menta que [con], "el consejo médico inadecuado, no habría nacido para experimentar el sufrimiento propio de su enfermedad"»[161].

«Las semejanzas entre ambas ideas son manifiestas, hasta el punto de que sólo existe un aspecto que las diferencia: el actor. En los supuestos de wrongful life es el propio hijo, quien una vez alcanzada su mayoría de edad, inicia un proceso judicial contra el médico que no le diagnosticó del padecimiento que le aquejaba en el útero materno, alegando su "derecho a no haber nacido"»[162]. También es posible que los padres reclamen en nombre del menor. No obstante, no suelen ser habituales las reclamaciones en nombre del menor nacido con minusvalías graves.

Puede ocurrir, también, que sea el propio adulto quien reclame la indemnización —aunque ello plantea un problema en cuanto a la posible prescripción de la acción— alegando que habría sido mejor para él no nacer. En esta tesitura podría sostener, que de no haber sido por un diagnóstico negligente o por una información incompleta o errónea a sus padres, él no hubiera nacido y no habría tenido que soportar el sufrimiento de su enfermedad congénita. En base a este hecho, podría reclamar que el médico o la Administración sanitaria deben resarcirle tanto por el mismo hecho de haber nacido como por los daños económicos que lleva aparejada su vida enferma.

A. Supuestos

Parece ser que, hasta la fecha, el TS sólo ha resuelto reclamaciones en nombre de los hijos en la vía civil, y siempre junto a la reclamación de los padres, los cuales plantean las demandas en nombre propio y también en representación del hijo menor. Es el caso de la STS de 18 de diciembre de 2003, en la que, sin embargo, el daño del niño pasó inadvertido y el TS no lo tuvo en cuenta en el fallo. Se trataba del caso de un matrimonio que accionó en nombre propio y en el de su hijo nacido con malformaciones[163]. El TS apreció actuación negligente al no detectarse unas anomalías

---

161 DE ÁNGEL YÁGÜEZ, Ricardo (2001): «Orientaciones generales en torno a la responsabilidad cvil por actos médicos», en MARTÍNEZ-CALCERRADA GÓMEZ, Luis y DE LORENZO Y MONTERO, Ricardo (dirs.), Cólex, (La Coruña), pág. 117.

162 VICANDI MARTÍNEZ, Aránzazu (2013): «El concepto de wrongful birth y su inherente problemática. Una polémica de pasado y del presente», *op. cit.* pág. 43.

163 STS de 18 de diciembre de 2003, de la Sala de lo Civil [*Tol 343599*].

en el feto, y como consecuencia, imposibilitar que el ginecólogo pudiera proporcionar a los progenitores la información adecuada a la que tenían legítimo derecho. Por ello condenó a los facultativos que asistieron a la gestante, así como al hospital y a la compañía aseguradora, solidariamente. Pero la Indemnización fijada —60.000.000 pts.— se establece en favor de los reclamantes, sin concretar el reparto entre ellos y su hijo pese a haber formulado la reclamación también en nombre de éste.

«Por su parte en la Sentencia de 18 de mayo de 2006, el TS confirmó el pronunciamiento de la Audiencia Provincial de Barcelona que había reconocido una pensión vitalicia a favor del hijo, pero aquí el TS no entró a revisar el daño en casación porque no se planteó por la vía adecuada, por lo que tampoco se pronunció respecto al daño del hijo»[164].

B. Posición jurisprudencial y doctrinal

«En lo que respecta a las acciones de *wrongful life*, han sido rechazadas por la doctrina mayoritaria por no poder separar el daño del propio nacimiento o la vida del hijo, al igual que entiende la Sala de lo Civil del TS, a pesar de algunos intentos por fijar un daño al margen de los mismos. De momento, habrá que remitir la atención de estos casos a otros mecanismos diferentes de la responsabilidad civil»[165].

Ciertamente la acción encaminada a reclamar por vivir —por vivir malformado— es altamente compleja y parece llevarnos a un conflicto entre el nacer con malformación y el derecho —inexistente en nuestro ordenamiento jurídico y, desde luego, inejercitable— a no nacer.

Según HURTADO, «todos los países de nuestro entorno, salvo Bélgica y Holanda rechazan la indemnización al hijo por su propia vida»[166]. Ahora

---

[164] ELIZARRI URTASUN, Leyre (2010): «El daño en las acciones de *wrongful birth y wrongful life*», *op. cit.* pág. 160. STS 481/2006, de 18 de mayo, Sala de lo Civil (núm. rec. 3337/1999 y [*Tol 952802*]).

[165] *Idem*, pág. 164.

[166] HURTADO DÍAZ-GUERRA, Isabel (2018): *El daño moral en la responsabilidad patrimonial sanitaria, op. cit.* pág. 245. Como afirma VICANDI, «un ejemplo emblemático es el del caso Perruche, un supuesto de wrongful life que llegó a la Cour de Cassation francesa, dando lugar a una extraordinaria polémica. Una mujer se contagió de rubéola durante su embarazo, porque su hija la padeció en esa época. Conociendo el riesgo que esta enfermedad podía tener para el feto, se sometió a las pruebas pertinentes a fin de conocer si ella también se había infectado, ya que, de ser así, procedería a la interrupción del embarazo. Aunque la paciente estaba

bien, en Francia, el tratamiento que han recibido las reclamaciones *wrongful life*, es de rechazo por parte de los Tribunales de justicia, tal como se evidenció en las sentencias de la Corte de Casación de 26 de marzo y en la del 14 de febrero de 1997 del *Conseil d'État*, manteniendo este último siempre el mismo criterio. Pero el 17 de noviembre de 2000, la Corte de Casación en el *Caso Perruche*, dictó sentencia en la que decidió indemnizar al niño por el perjuicio que supuso para él vivir con las minusvalías con las que nació, aunque estas tuvieran su origen en la enfermedad infecto-contagiosa padecida por la madre durante su embarazo y no detectada por quien le asistió.

Ello dio lugar a ulteriores sentencias estimatorias de reclamaciones formuladas por los directamente perjudicados y propició masivas protestas por distintos ámbitos sanitarios y que desembocaron en la promulgación de la Ley 2002-303, de 4 de marzo, de Derechos de los enfermos y de calidad del sistema de salud, que rechaza la posibilidad de esta suerte de reclamaciones formuladas por niños nacidos con malformaciones, aunque prevé que puedan recibir ayudas con cargo a los fondos públicos.

En definitiva, y como ya hemos señalada, este tipo de reclamaciones presentan una problemática más profunda que las formuladas por los progenitores pues, en efecto, nos lleva a un conflicto entre el nacer con malformación y un hipotético derecho a no nacer no reconocido por ordenamiento jurídico alguno.

---

contagiada, se le notificó lo contrario, así como que el feto estaba sano. Dados los alentadores resultados obtenidos, ésta continuó con su embarazo, dando a luz a un niño gravemente enfermo. Años después los padres del menor, Nicolás, demandaron a los responsables del diagnóstico erróneo, viendo sus pretensiones admitidas e indemnizadas. Pasado un tiempo de esta resolución, y con la finalidad de asegurar que Nicolás estuviese atendido durante toda su vida, sus padres iniciaron una nueva acción judicial, pero en esta ocasión en nombre de su hijo (es decir, se pretendía indemnizar al menor por el hecho de haber nacido), que corrió la misma suerte que la anterior, estimándose el día 17 de noviembre del año 2000 por la Cour de Cassation francesa. La trascendencia del caso fue inmediata y los colectivos médicos se hicieron eco de ello, hasta tal punto, que la Asamblea francesa vio la necesidad de reunirse y poner fin a la doctrina Perruche el día 10 de enero de 2002. Se estableció la premisa por la cual nadie puede beneficiarse de un perjuicio que tenga origen en su propio nacimiento, es decir, nadie puede ser indemnizado por nacer, independientemente de sus circunstancias». VICANDI MARTÍNEZ, Aránzazu (2013): «El concepto de wrongful birth y su inherente problemática. Una polémica de pasado y del presente», *op. cit.* pág. 44.

Bibliografía

BERCOVITZ RODRÍGUEZ-CANO, Rodrigo (2002): «Comentario a la STS de 7 de junio de 2002». *Cuadernos Civitas de Jurisprudencia Civil*, núm. 59

CUENCA GÓMEZ, Patricia (2012): «Los derechos fundamentales de las personas con discapacidad. Un análisis a la luz de la Convención de la ONU», *Cuadernos de la Cátedra de Democracia y Derechos Humanos de la Universidad de Alcalá*, núm. 7

DE ÁNGEL YÁGUEZ, R (2002): «La tercera sentencia del Tribunal Supremo sobre casos de wrongful birth. Mi intento de conciliar su doctrina con la de las dos sentencias anteriores», *Revista de Derecho y Genoma Humano*, núm. 17

DE ÁNGEL YÁGÜEZ, Ricardo (2001): «Orientaciones generales en torno a la responsabilidad civil por actos médicos», en MARTÍNEZ-CALCERRADA GÓMEZ, Luis y DE LORENZO Y MONTERO, Ricardo (dirs.), Cólex, (La Coruña), pág. 117

DE LORENZO APARICI, Ofelia (2016): «Pérdida de oportunidad en responsabilidad sanitaria», *Redacción médica*, 16 de octubre de 2016

DÍEZ-PICAZO Y PONCE DE LEÓN, Luis (1999): *Derecho de daños*, Civitas, Madrid

DÍEZ-PICAZO Y PONCE DE LEÓN, Luis (2008): *El Escándalo del Daño Moral*, Civitas, Madrid

DÍEZ-PICAZO GIMÉNEZ, Gema (1998): «La imposibilidad de abortar: un supuesto más de responsabilidad civil», *La Ley*, 15 de junio de 1998

DOMÉNCH PASCUAL, Gabriel (2022): «La persistencia de los dogmas en el Derecho público español», en *el portal Almacén de Derecho*

ELIZARRI URTASUN, Leyre (2010): «El daño en las acciones de *wrongful birth* y *wrongful life*», *Derecho y Salud*, vol. 19, núm. extraordinario 1

FERNÁNDEZ, Tomás Ramón (2021): «Sobre la discutida naturaleza objetiva de la responsabilidad patrimonial de la Administración». *Revista de Administración Pública*, núm. 216

GALÁN CORTÉS, Julio César (1998): «Cometario a la sentencia de 6 de julio de 2007», *Cuadernos de Civitas de jurisprudencia civil*, núm. 76

GALÁN CORTÉS Julio César (2016): *Responsabilidad civil médica*, Cizur Menor: Civitas, Madrid (5ª ed.)

GALLARDO CASTILLO, María Jesús (2015): «Causalidad probabilística, incertidumbre causal y responsabilidad sanitaria: la doctrina de la pérdida de oportunidad», *Revista Aragonesa de Administración Pública*, núm. 45-46

GALLARDO CASTILLO, María Jesús (2021): *Administración sanitaria y responsabilidad patrimonial*. Colex, A Coruña

GARRIDO FALLA, Fernando (1997): «Los límites de la responsabilidad patrimonial: una propuesta de reforma legislativa», *Revista Española de Derecho Administrativo*, núm. 94

GARRIDO MAYOL, Vicente (2004): *La responsabilidad patrimonial del Estado. Especial referencia a la responsabilidad del Estado Legislador*, Tirant lo Blanch, Valencia

GARRÓS FONT, Inma (2017): «El carácter objetivo de la responsabilidad patrimonial en el ejercicio de la función administrativa», *Revista Española de Derecho Administrativo*, núm. 184

HURTADO DÍAZ-GUERRA, Isabel (2018): *El daño moral en la responsabilidad patrimonial sanitaria*, Tirant lo Blanch, Valencia

YZQUIERDO TOLSADA, Mariano (2002): «Reflexiones sobre la responsabilidad del Estado por el funcionamiento de la Administración de Justicia y por actos legislativos», *Revista Jurídica General del Ilustre Colegio de Abogados de Madrid*, núm. 23

MACÍA MORILLO, Andrea (2005): *La responsabilidad médica por los diagnósticos preconceptivos y prenatales (las llamadas Wrongful birth y wrongful life)*, Tirant lo Blanch, Valencia

MACÍA MORILLO, Andrea (2006): «Una visión general de las acciones de responsabilidad por "wrongful birth" y "wrongful life" y de su tratamiento en nuestro ordenamiento jurídico», *Anuario de la Facultad de Derecho de la Universidad Autónoma de Madrid*, núm. 10

MACÍA MORILLO, Andrea (2011): «El tratamiento de las acciones de wrongful birth y wrongful life a la luz de la nueva ley sobre interrupción voluntaria del embarazo», *Revista Jurídica de la Universidad Autónoma de Madrid*, núm. 23

MARTÍN CASALS, Miquel y SOLÉ FELIÚ, Josep (2001): «Responsabilidad civil por anticoncepción fallida (wrongful conception), La Ley, núm. 2

MEDIAVILLA CABO, José Vicente (2024): *Errores de diagnóstico prenatal y responsabilidad, Aranzadi, Cizur Menor* (Navarra)

MEDINA ALCOZ, Luis (2007): *La teoría de la pérdida de oportunidad. Estudio Doctrinal y jurisprudencial de Derecho de Daños público y privado*. Aranzadi, Cizur Menor (Navarra)

NAVARRO MICHEL, Mónica (2006): «Comentario a la sentencia del Tribunal Supremo de 21 de diciembre de 2005», *Cuadernos Civitas de Jurisprudencia civil*, núm. 72

PANTALEÓN PRIETO, Fernando (1994): «Los anteojos del civilista: Hacia una revisión del régimen de responsabilidad patrimonial de las Administraciones Públicas», *Documentación Administrativa*, núm. 237-238

PÉREZ-TENESSA HERNÁNDEZ, Antonio (2002): «Sobre el diagnóstico prenatal como causa de responsabilidad», *Revista de Administración Pública*, núm. 154

SALÀS DARROCHA Josep Tomás (2005): «Las acciones de wrongful birth y wrongul life ante la Jurisdicción Contencioso-Administrativa», *Actualidad Administrativa*, núm. 22

SÁNCHEZ GONZALEZ, Margarita (2018): «El tratamiento jurisprudencial del daño en las acciones de responsabilidad por *wrongful birth*», *Revista Jurídica de la Universidad Autónoma de Madrid*, núm. 37

TORRE DE SILVA LÓPEZ DE LETONA, Víctor (2017): «Responsabilidad por nacimiento evitable (*wrongful birth*) y discapacidad», *Revista de Administración Pública*, núm. 203

VICANDI MARTÍNEZ, Aránzazu (2013): «El concepto de wrongful birth y su inherente problemática. Una polémica de pasado y del presente», Revista de derecho, empresa y sociedad, núm. 3

VICANDI MARTÍNEZ, María Aránzazu (2017): *El error médico en la cirugía estética. La respuesta judicial del Derecho a la casuística en la Medicina voluntaria*, Dykinson, Madrid

Capítulo 20

Reclamaciones de responsabilidad patrimonial por infecciones nosocomiales

Ricardo De Lorenzo y Montero
Doctor en Derecho
Socio-director de Lorenzo Abogados
Presidente de Honor de la Asociación Española de Derecho Sanitario

I. INTRODUCCIÓN

Las infecciones nosocomiales, del latín *nosocomium* hospital de enfermos, constituyen un subconjunto de enfermedades infecciosas, adquiridas por un paciente durante su estancia hospitalaria y que aquel no portaba con anterioridad al ingreso en el centro sanitario.

Son una contingencia de suma importancia, tanto desde el punto de vista médico como económico. Incluyen una variedad de situaciones o circunstancias, las cuales responden a una pluralidad de causas. Adicionalmente, con ocasión de las mismas pueden surgir responsabilidades tanto para los empresarios como profesionales y proveedores.

Para entender este asunto de forma cabal, en los siguientes párrafos definiremos y clasificaremos las infecciones nosocomiales, señalaremos su relevancia médica y económica, las causas que las propician, los sujetos responsables, así como los tipos de responsabilidades.

1) Definición

Para la Organización Mundial de la Salud (OMS), las infecciones nosocomiales son «una infección contraída en el hospital por un paciente internado por una razón distinta de esa infección»[1].

BAUZÁ las define como «aquellas contraídas en un centro de salud (no solo hospitales) por un paciente internado por una dolencia distinta de la infección»[2].

BENENSON, de una forma más completa, las define como «una infección que se presenta en un paciente internado en un hospital o en otro establecimiento de atención de salud en quien la infección no se había manifestado ni estaba en período de incubación en el momento del internado. [Según este autor, la infección nosocomial] comprende las infecciones contraídas en el hospital, pero manifiestas después del alta hospitalaria y también las infecciones ocupacionales del personal del establecimiento»[3].

---

1 WORLD HEALTH ORGANIZATION (2003). *Prevención de las infecciones nosocomiales. Guía práctica* / revisores: G. Ducel, J. Fabry y L. Nicolle, 2a ed. Organización Mundial de la Salud. https://apps.who.int/iris/handle/10665/67877.

2 BAUZÁ MARTORELL, Felio José (2016): «Presunción de culpa. La deducción de negligencia en la responsabilidad de la Administración», *Revista de Administración Pública*, núm. 201, pág. 407. Para este autor las infecciones nosocomiales comprenden tanto «las causadas por factores exógenos al paciente (microorganismos presentes en un quirófano) o endógenos al mismo, es decir, presentes en su cuerpo, si bien manifestados y desarrollados a raíz del riesgo». A estos efectos, según BAUZA, «resulta indiferente que la infección se manifieste durante la estancia hospitalaria o con posterioridad, siempre que la misma no se hubiere manifestado antes del ingreso ni el paciente se encontraba en periodo de incubación». Este autor destaca que también «se incluyen en las infecciones nosocomiales las contraídas por el personal facultativo y por los visitantes del centro de salud». *Idem.*

3 BENENSON, Abram S. (1995): *Control of communicable diseases in man*, American Public Health Association (16ª ed.), Washington.

En cualquier caso, hay coincidencia generalizada en considerar como infección hospitalaria, aquella transmitida a un paciente, transcurridas 48 a 72 horas desde la admisión en el centro sanitario, o dentro de los 10 días posteriores al alta[4].

Estos términos pueden variar de acuerdo con el tiempo de incubación de ciertas enfermedades. Para la infección de sitio quirúrgico se considera el término de 30 días a partir del día de la operación o hasta un año si está relacionada con material protésico[5].

2) *Relevancia médica y económica*

Desde el punto de vista clínico, las infecciones nosocomiales, son el evento adverso de la atención sanitaria que mata más personas en los servicios de salud de todo el mundo. Se trata de la segunda causa de muerte general, tras las enfermedades cardiovasculares.

A mayor abundamiento, las infecciones nosocomiales perjudican tanto al paciente como al centro sanitario: al primero porque supone un incremento en los riesgos y un aumento del tiempo de hospitalización y de consumo de medicamentos; para el hospital porque implica un problema de recursos, ya que aumenta el tiempo de hospitalización y, al mismo tiempo, se aumenta el gasto en todo tipo de recursos hospitalarios.

Desde el punto económico, hoy en día, nadie cuestiona la trascendencia pecuniaria de las infecciones nosocomiales. A pesar de la relevancia contrastada y reconocida de estas infecciones, sin embargo, hay dificultades para determinar con precisión su coste y repercusión económica.

Dos son los factores que dificultan su cuantificación: por un lado, la financiación asignada a los hospitales, la cual tiene como referente la cantidad de procesos que se atienden (actividad) más que a la tipología de los pacientes o a indicadores de calidad asistencial; y, por otro, los costes hospitalarios, los cuales tradicionalmente se calculan en base al coste medio de

---

4 Estos términos pueden variar de acuerdo con el tiempo de incubación de ciertas enfermedades. Para la infección de sitio quirúrgico se considera el término de 30 días a partir del día de la operación o hasta un año si está relacionada con material protésico. FREULER Cristina y DURLACH, Ricardo (2006): «Vigilancia de la infección hospitalaria» en (DURLACH, Ricardo y DEL CASTILLO, Marcelo (dirs.), *Epidemiología y control de infecciones hospitalarias* Ediciones de la Guadalupe (1ª ed.), Buenos Aires, pág. 39.

5 *Idem.*

la estancia, incluyéndose dentro de él, el importe de los costes extraordinarios, sobre los que tiene enorme importancia la incidencia de infecciones hospitalarias.

En ausencia de un sistema de contabilidad analítico preciso, la prolongación de la estancia hospitalaria es el parámetro que mejor refleja el coste atribuible a la infección nosocomial. Desde un punto de vista metodológico es mucho más indicativo analizar la incidencia de los sobrecostes según procesos, una vez detectada la infección nosocomial y en razón a su concreta naturaleza[6].

En cualquier caso, cuando hablamos de infecciones nosocomiales, hablamos de un asunto de la máxima relevancia sanitaria y de un fuerte impacto económico, con muchas variables para su cálculo, siempre relativizado por diversos factores (geográficos, institucionales, personales) e incluso por el tipo de infección que analicemos[7].

3) Tipología: causas y causantes

Las infecciones nosocomiales más frecuentes son las de heridas quirúrgicas, y las provenientes de las vías urinarias y respiratorias inferiores[8].

---

[6] Los costes a analizar en las infecciones nosocomiales se dividen en directos e indirectos. Los primero son los producidos por los procesos del medio clínico, y los indirectos hacen referencia a prestaciones de aseguramiento social. A estos dos grupos podríamos añadir los indemnizatorios, en su caso, por responsabilidad civil o patrimonial. A este planteamiento —incidencia de los sobrecostes según procesos— se le pueden añadir muchos correctores y variables, que no es posible abordar por razones de espacio en este capítulo. En el valor según infección hay grandes contrastes, entre los diferentes conceptos de coste dependiendo de la infección nosocomial de que se trate, por ejemplo, el coste en antibioterapia de una neumonía es casi tres veces superior al de una infección de tracto urinario, aunque el coste total de los procedimientos es prácticamente igual para los diferentes tipos de infecciones, de esta índole, analizadas. El valor de la prolongación de estancia y su coste hostelero es, en cualquier caso, un elemento muy relevante del precio total, entre un 32,42% (neumonías) y un 43,34% (infecciones de tracto urinario).

[7] DE LORENZO Y MONTERO, Ricardo (2013): «Las infecciones nosocomiales en España», *Redacción Médica*, núm. 2139, 27 de noviembre de 2013, año IX.

[8] En el estudio de la OMS, y en otros sobre esta temática, se ha demostrado también que la máxima prevalencia de infecciones nosocomiales ocurre en unidades de cuidados intensivos y en pabellones quirúrgicos y ortopédicos de atención de enfermedades agudas.

Atendiendo a su causa, podemos sintetizar los orígenes de la misma del siguiente modo:

i. Contacto con colonias de bacilos residentes en instalaciones hospitalarias.

ii. Asepsia deficiente en viales, que siendo compartidos propagan la enfermedad.

iii. Tratamientos dispensados en condiciones negligentes de aplicación de protocolos y técnicas necesarias.

iv. Deficiencias de instalaciones médicas antiguas y de muy difícil tratamiento antiséptico.

v. Madres en el entorno del parto.

vi. Visitas de personas ajenas al centro sanitario, que afectan especialmente a los pacientes inmunodeprimidos.

Hecha esta exposición de los posibles motivos de la infección, se comprende la problemática de su determinación. A ello hay que sumar otra dificultad añadida, la de determinar, no ya la causa, sino el sujeto responsable de la infección.

En este sentido, pueden ser causantes de la infección nosocomial:

i. Los centros gestores del establecimiento[9].

ii. Arquitectos, ingenieros y demás personal especializado en la construcción, equipamiento y adecuación de este tipo de inmuebles.

iii. Empresas suministradoras del material farmacéutico y sanitario al uso en el centro en el que se originó la infección.

iv. Los facultativos y demás personal sanitario que han utilizado inadecuadamente los elementos de atención sanitaria, propiciando la infección.

La relevancia de las infecciones nosocomiales en la salud es incuestionable. Por ello, no hemos querido omitir, siquiera, una escueta mención a sus aspectos clínicos, si bien no vamos a detenernos en ellos al ser su índole

---

Las tasas de prevalencia de infección son mayores en pacientes con mayor vulnerabilidad por causa de edad avanzada, enfermedad subyacente o quimioterapia. Este tipo de afecciones puede alcanzar a cualquier centro sanitario, desde grandes hospitales hasta pequeños centros médicos o ambulatorios.

9 Los responsables de los centros de salud son la empresa o compañía titular, en los privados, y la Administración sanitaria, en los de naturaleza pública.

y objetivos de naturaleza clínica y ajena, por tanto, al examen jurídico que motiva nuestro capítulo.

II. DEL INCUMPLIMIENTO EN MATERIA DE RIESGOS LABORALES A LAS LESIONES EN LA SEGURIDAD DE LOS PACIENTES: DOS ÁMBITOS QUE HAY QUE DIFERENCIAR

Las infecciones nosocomiales en España constituyen un problema relevante de salud pública de gran trascendencia económica y social. Además, constituye un desafío tanto para las instituciones de salud como el personal médico responsable de su atención en las unidades donde se llegan a presentar.

Tal y como apunta acertadamente MÉJICA, los supuestos de contraer o desarrollar enfermedades infecto-contagiosas en el ámbito sanitario pueden resumirse así[10]:

i. Riesgo de adquisición por el personal sanitario de VIH/SIDA o Hepatitis víricas por una exposición accidental.

ii. Transmisión de VIH o de los virus Hepatitis B o Hepatitis C desde el personal sanitario al paciente.

iii. Riesgo de resultar afectado el paciente por una infección nosocomial, aunque no provenga de un profesional sanitario como transmisor de aquélla.

Como veremos a continuación, las infecciones nosocomiales, pueden afectar, obviamente, tanto a los profesionales sanitarios como a los pacientes, ya que ambos tipos de sujetos se encuentran en el mismo medio que el agente infectante, generando: respecto de los profesionales sanitarios un eventual incumplimiento de la normativa de prevención de riesgos laborales; y respecto de los paciente, diversas responsabilidades por el incumplimiento o la inobservancia del deber de velar por la seguridad clínica de los pacientes.

---

[10] MÉJICA GARCÍA, Juan M. (2011): «La prevención de las enfermedades nosocomiales y de transmisión sanguínea en el medio sanitario: todavía un problema pendiente. Algunas cuestiones que suscitan su reparación en caso de contagio y su protección social», XVIII Congreso Nacional de Derecho Sanitario. Asociación Española de Derecho Sanitario Madrid, octubre. https://www.aeds.org/congreso/XVIIIcongreso/ponencias/JMGarcia.

Por lo tanto, las infecciones intrahospitalarias pueden dar lugar a diversos tipos de responsabilidad. Para conocer cuáles son habrá que distinguir si el establecimiento es público o privado, y tanto en uno como en otro caso, si el perjudicado es trabajador o no.

i. *Establecimiento hospitalario.* Si el establecimiento es de titularidad privada, tanto trabajador como paciente o visitante, podrán interponer una reclamación de responsabilidad contractual o extracontractual, según los casos. En cambio, si el establecimiento sanitario es público, tanto trabajador como paciente o visitante, podrán interponer una reclamación de responsabilidad patrimonial.

ii. *Trabajador.* Si el perjudicado es trabajador, ya preste sus servicios en un hospital público o privado, podrá ser compensado en los términos previstos en la legislación de prevención de riesgos laborales. Si el contagio, además, es enfermedad profesional, nacerán a su favor las prestaciones específicas de dicha contingencia[11]. En concreto, al entrar en la situación de baja el trabajador, se genera un subsidio diario que compensa la pérdida de rentas por la imposibilidad de trabajar[12].

---

11 Las enfermedades profesionales difieren de las derivadas de causa común, no solo en cuanto a los requisitos precisos para causar derecho a las mismas, sino también en cuanto a la mayor protección que dispensan. En las contingencias profesionales: a) La protección no está condicionada a un período de carencia previo b) El cálculo de las prestaciones se realiza sobre bases reguladoras más elevadas «salario real en cómputo anual, incluidas las horas extraordinarias» c) Existe derecho a consideración de alta de pleno derecho y principio de automaticidad absoluta d) Existen indemnizaciones específicas en los casos de muerte y supervivencia e) Existe posibilidad de un recargo de prestaciones por infracción de medidas preventivas f) Existe un reconocimiento de lesiones permanentes no invalidantes g) Cuentan con un tratamiento preventivo específico para las enfermedades profesionales: posibilidad de colocar al trabajador en período de observación con el fin de confirmar el diagnóstico de la enfermedad, reconocimientos médicos obligatorios previos a la contratación, o el traslado de puesto de trabajo a otro exento de riesgo cuando se detecten síntomas de la enfermedad profesional h) Cuentan con reglas especiales en materia de cotización (el empresario asume la totalidad de la cotización, se cotiza sobre una base de cotización distinta que incluye horas extraordinarias, y con tarifas de primas específicas en función de la peligrosidad de la actividad).

12 El subsidio diario que compensa la pérdida de rentas por la imposibilidad de trabajar consiste en la cuantía del 75% de la base reguladora del trabajador, desde el día siguiente al de la baja en el trabajo. Su duración es de 365 días prorrogables, en su caso, por otros 180 días más, bajo el seguimiento y control de la entidad

1) Daños a los trabajadores del establecimiento

Como señala MÉJICA, la Ley 31/1995, de 8 de noviembre, de prevención de riesgos laborales (LPRL), supuso un cambio importante en el esquema de la actuación de la prevención en España, tanto en el ámbito preventivo como represivo[13].

Entre otras mejoras, dinamizó los servicios de prevención, los cuales juegan papel importante en la minimización de las infecciones nosocomiales[14].

---

gestora (Mutua colaboradora y el Instituto Nacional de la Seguridad Social). En caso de devenir dicha incapacidad a permanente procedería la declaración bajo dicha calificación en el grado correspondiente de la misma.

13 La LPRL traspuso la Directiva 89/391/CEE del Consejo, de 12 de junio, relativa a la aplicación de medidas para promover la mejora de la seguridad y de salud de los trabajadores en el trabajo. Conocida como la Directiva Marco, define el Servicio de Prevención como la estructura especializada en la prevención de riesgos laborales con funciones de asesoramiento y apoyo del empresario, los trabajadores y sus representantes. La LPRL fue desarrollada por el Reglamento de los servicios de prevención, aprobado por el RD 39/1997, de 17 de enero. Este concretó esta organización preventiva, que resulta de aplicación taxativa a la Administración Sanitaria. Adicionalmente, debe tenerse en cuenta la frondosísima colección de normas estatales y autonómicas, así como de instrucciones, circulares y recomendaciones internas de los hospitales para el personal que atiende a personas infectadas por el VIH, VHB y VHC. Éstas establecen medidas que van desde precauciones universales con métodos barrera hasta recomendaciones para el uso de elementos auxiliares como guantes, batas, mascarillas o material de quirófano.

14 La LPRL definió los servicios de prevención como el «conjunto de medios humanos y materiales necesarios para realizar las actividades preventivas a fin de garantizar la adecuada protección de la seguridad y la salud de los trabajadores, asesorando y asistiendo para ello al empresario, a los trabajadores y a sus representantes y a los órganos de representación especializados» (art. 31.2 LPRL). La LPRL fue desarrollada en este punto por el Reglamento de los servicios de prevención, aprobado por el RD 39/1997, de 17 de enero. Éste concretó esta organización preventiva, que resulta de aplicación taxativa a la Administración Sanitaria. Adicionalmente, debe tenerse en cuenta la frondosísima colección de normas estatales y autonómicas, así como de instrucciones, circulares y recomendaciones internas de los hospitales para el personal que atiende a personas infectadas por el VIH, VHB y VHC. Estas establecen medidas que van desde precauciones universales con métodos barrera hasta recomendaciones para el uso de elementos auxiliares como guantes, batas, mascarillas o material de quirófano.

Paralelamente, los daños derivados de la infección nosocomial pueden traducirse en la exigencia de responsabilidades al empresario, entendido este tanto como persona física o como persona jurídica.

De conformidad con lo establecido en la LPRL, los daños derivados de la infección nosocomial podrían imputarse al empresario, ya sea persona física o ya sea persona jurídica.

Las posibles responsabilidades resultarían de falta de puesta en marcha de los mecanismos de prevención y vigilancia activa de la infección nosocomial. Ello es así, al resultar encuadrable esta conducta en la obligación del empresario de proteger la seguridad y salud de los trabajadores.

Las responsabilidades (y eventuales sanciones) en este terreno laboral traen su causa en la exigencia de responsabilidad contractual al empresario y en el recargo de prestaciones por falta de medidas de seguridad e higiene en el trabajo. En este sentido, la Hepatitis B, en concreto, ha llegado a ser un gran problema para los trabajadores sanitarios desde el punto de vista laboral[15].

En nuestra opinión, con carácter general, debe existir compatibilidad para los profesionales sanitarios perjudicados: entre la percepción de una indemnización por responsabilidad patrimonial como consecuencia de la falta o insuficiencia de medidas de prevención de las infecciones nosocomiales; y las prestaciones que le reconoce la Seguridad Social. Estamos ante

[15] El riesgo de infección por VHB entre el personal sanitario fue reconocido ya en la década de los 50. Posteriormente, numerosos estudios han demostrado que la Hepatitis B es una de las enfermedades profesionales más frecuentes en este colectivo, y que el riesgo de padecer una infección es 3 a 10 veces más elevado que entre la población normal, siendo una causa común de enfermedad hepática, incluyendo cirrosis y hepatocarcinoma primario y originando incluso la muerte. Así, a pesar de los datos alarmantes que circulan en los medios sobre el VIH o SIDA, el VHB es significativamente más infeccioso que el primero, debido, entre otras razones, a la diferencia entre el número de personas infectadas por uno u otro virus, al volumen de sangre requerido para transmitir una y otra infección, al riesgo de infección después de un accidente por pinchazo y al número efectivo de trabajadores infectados declarados después del accidente. En este punto se ha producido, por aquella alarma social, un cambio radical y se ha dado mayor importancia a la transmisión y prevención de las infecciones de transmisión sanguínea desde que se ha identificado y demostrado el riesgo de transmisión de VIH entre el personal sanitario.

instituciones distintas, de relaciones de naturaleza jurídica diferente y con requisitos y condiciones diferenciados[16].

Otro tanto cabría decir respecto a la compatibilidad de la indemnización, en concepto de responsabilidad patrimonial, tanto con las mejoras voluntarias de prestaciones, como con el recargo de prestaciones al empresario, aunque en el primer supuesto la jurisprudencia es mucho más casuística[17]. Las mejoras voluntarias se caracterizan por su complementariedad y voluntariedad, se distinguen por garantizar a los trabajadores unos beneficiarios sustitutivos de las rentas que percibirían de encontrarse en

---

16 En efecto, en la responsabilidad patrimonial y las prestaciones de la Seguridad Social, tenemos distintos sujetos y relaciones jurídicas diferenciadas. En la responsabilidad patrimonial se trata de una indemnización civil, cuyo deudor es la Administración Pública. En la responsabilidad por daños debidos a infracción en materia de riesgos laborales el responsable es la empresa infractora y en las prestaciones de la Seguridad Social, quien debe hacer frente a las mismas es la entidad gestora. En todos estos casos, desde el planteamiento que nos ocupa, el perceptor beneficiario de las prestaciones que puedan proceder es el trabajador perjudicado. La diferencia de sujetos obligados y vínculos jurídicos distintos origina prestaciones diferentes a un mismo sujeto, desde este punto de vista que abordamos.

17 La Constitución Española de 1978 (CE), establece, en su art. 41, que «los poderes públicos mantendrán un régimen público de Seguridad Social para todos los ciudadanos, que garantice la asistencia y prestaciones sociales suficientes ante situaciones de necesidad, especialmente en caso de desempleo». La «Seguridad Social complementaria» nace como otro nivel de protección añadido a la denominada «Seguridad Social básica» reconocida en la CE, presentando una naturaleza privada y de creación voluntaria. No existe un concepto legal de mejoras voluntarias, si bien las podemos definirlas como aquellas obligaciones empresariales derivadas de la propia voluntad empresarial (unilateralmente o fruto de la negociación colectiva), cuyo objetivo es complementar la acción protectora del sistema público de Seguridad Social garantizando a sus beneficiarios la sustitución de las rentas que percibirían de encontrarse en activo. En la STS 67/2019, de 29 de enero, de la Sala de lo Social (núm. rec. 3326/2016 y [*Tol 7119015*]) se determina quién ha de asumir el pago de la indemnización establecida en el convenio colectivo, como mejora voluntaria de las prestaciones de Seguridad Social, para el caso de declaración de incapacidad permanente derivada de accidente, cuando hay dos aseguradores que se suceden en el tiempo. El TS declara la responsabilidad directa de la propia empresa. La póliza de seguro concertada por la misma no cubre el supuesto de hecho, en tanto que en sus condiciones particulares se ha pactado de forma expresa, clara e indubitada, que la cobertura del aseguramiento lo es para las situaciones en las que la declaración de incapacidad permanente se produce durante la vigencia del contrato de seguros. Debe estarse a la dicción literal de esa previsión contractual que ha sido específicamente pactada y firmada por la empresa y no ofrece dudas sobre la común voluntad de los contratantes.

activo[18]. No puede decirse lo mismo respecto del recargo de prestaciones[19]. Estas se imponen al empresario como consecuencia de la actualización de la contingencia[20].

---

18 Como ha puesto de manifiesto el TSJ de Galicia, las notas que caracterizan el espacio prestacional de las mejoras voluntarias son las siguientes: En este último caso debemos destacar dos notas que configuran este espacio prestacional son la complementariedad y la voluntariedad. La primera, «supone que estas mejoras se anudan a la cobertura que ofrece la Seguridad Social pública y contributiva, pues las mejoras voluntarias traen causa en las contingencias previstas en el régimen básico público al que complementan». La voluntariedad: «supone que existe libertad en su establecimiento, pues surgen de la autonomía individual o colectiva, esto es, a través de fuentes propias de la relación laboral como el contrato de trabajo o la negociación colectiva, si bien también puedan surgir de decisiones unilaterales del empresario. La forma más común de establecimiento de las mejoras es cualquier manifestación de la negociación colectiva, esto es, convenios colectivos estatutarios, extraestatutarios o acuerdos de empresa». FJ 2 STSJ Galicia 2600/2013, de 21 de mayo (núm. rec. 3365/2010 y [*Tol 3793503*] de 2013).

19 En lo que respecta al posible recargo de prestaciones, el art. 164 del TR de la Ley general de la Seguridad Social, aprobado por el RDLeg 8/2015, de 30 de octubre, en adelante TRLGS, establece lo siguiente: «1. Todas las prestaciones económicas que tengan su causa en accidente de trabajo, o enfermedad profesional, se aumentarán, según la gravedad de la falta, de un 30 a un 50 por 100, cuando la lesión se produzca por máquinas, artefactos o en instalaciones, centros o lugares de trabajo que carezcan de los dispositivos de precaución reglamentarios, los tengan inutilizados o en malas condiciones, o cuando no se hayan observado las medidas generales o particulares de seguridad e higiene en el trabajo, o las elementales de salubridad o las de adecuación personal a cada trabajo, habida cuenta de sus características y de la edad, sexo y demás condiciones del trabajador. 2. La responsabilidad del pago del citado recargo recaerá directamente sobre el empresario infractor y no podrá ser objeto de seguro alguno, siendo nulo de pleno derecho cualquier pacto o contrato que se realice para cubrirla, compensarla o transmitirla. 3. La responsabilidad que se estudia en este apartado es independiente y compatible con las de todo orden, incluso penal, que puedan derivarse de la infracción». En este sentido, como señala la Sala de lo Social del TS, respecto del art. 164.3 TRLSS, la incoación de diligencias penales no debe dar lugar a la suspensión de un procedimiento administrativo de imposición del recargo de las prestaciones de accidentes de trabajo, por la concurrencia de falta de medidas de seguridad en la producción del accidente. Así resulta, entre otras, de las SSTS de la Sala de lo Social de 25 de octubre de 2005 (núm. rec. 3552/2004 y [*Tol 759632*]) y 18 de octubre de 2007 (núm. rec. 2812/2006 y [*Tol 1235091*]). En concreto, el FJ 3 de esta última expresa que «el fundamento de estas decisiones estriba por una parte en la naturaleza especial de dichas indemnizaciones a cargo de las empresas infractoras, y en la interpretación de los preceptos legales (…)

Como elemento de concreción o especificación de las obligaciones empresariales de cuidado de la salud y seguridad de los trabajadores, impuestas por la LPRL, puede considerarse la guía de la OMS de referencia, en adelante la Guía. Esta constituye la *lex artis* en la prevención y control de las infecciones nosocomiales en los centros, servicios y establecimientos sanitarios, tanto respecto a los pacientes, como en relación a los trabajadores que prestan sus servicios en dichos centros.

Por ello, cualquier conducta empresarial que se apartara de los criterios preventivos y de control establecidos en la Guía, sería merecedora de la responsabilidad, en tanto que la misma resultaría encuadrable en la obligación del empresario de proteger la seguridad y salud de los trabajadores. En estos casos, podría imputarse al empresario posibles responsabilidades por falta de puesta en marcha de los mecanismos de prevención y vigilancia activa de la infección nosocomial.

La antes referida Guía continúa señalando que la atención de los pacientes se dispensa en establecimientos que comprenden desde dispensarios muy bien equipados y hospitales universitarios con tecnología avanza-

---

(art. 1 86 LJS) y reglamentarios (Real Decreto 1300/1995, de 21 de julio y OM 18-1-1996) en la materia». La conclusión del razonamiento es que «este recargo no afecta al principio non bis in ídem», por lo que se desestimó el recurso del INSS, que reclamaba la suspensión de la tramitación de un procedimiento de imposición de recargo de prestaciones hasta tanto recayera resolución que pudiera fin al proceso penal en curso por causa del mismo accidente.

20 Como afirma la STS de 14 de febrero de 2012, «el referido recargo tiene, entre otras, las siguientes características principales: a) Un carácter sancionador y por esa razón el precepto legal regulador de este aumento porcentual ha de ser interpretado restrictivamente. b) El recargo "es una pena o sanción que se añade a una propia prestación, previamente establecida y cuya imputación solo es atribuible, en forma exclusiva, a la empresa incumplidora de sus deberes en materia de seguridad e higiene en el trabajo". c) Se trata de responsabilidad empresarial cuasi-objetiva con escasa incidencia de la conducta del trabajador. d) En orden a su abono, está exento de responsabilidad el INSS como sucesor del Fondo de Garantía de Accidentes de Trabajo, recayendo la responsabilidad directa y exclusivamente sobre el empresario, lo que se fundamenta como una consecuencia de su carácter sancionatorio. e) En la vía jurisdiccional cabe modular la cuantía porcentual del recargo fijada por juez de instancia, pudiendo la sala de suplicación moderar ese porcentaje cuando el recargo impuesto no guarde manifiestamente proporción con la directriz legal de fijarse en atención a la "gravedad de la falta", con independencia del daño causado al trabajador». FJ 3 STS de 14 de febrero de 2012, de la Sala de lo Social (núm. rec. 1535/2011 y [*Tol 2489114*]).

da, hasta unidades de atención primaria, dotadas únicamente con servicios básicos.

A pesar del progreso alcanzado en la atención hospitalaria y de salud pública, siguen manifestándose infecciones en pacientes hospitalizados, que también pueden afectar al personal que presta sus servicios en los centros, servicios y establecimientos sanitarios.

Son muchos los factores que propician la infección en los pacientes hospitalizados. Entre ellos cabe destacar: la reducción de la inmunidad de los pacientes; la mayor variedad de procedimientos médicos y técnicas invasivas, que crean posibles vías de infección; y la transmisión de bacterias farmacorresistentes en poblaciones hacinadas en los hospitales, donde las prácticas deficientes de control de infecciones pueden facilitar la transmisión.

2) Contagios a los profesionales como contingencia común o profesional

Conforme a la normativa que examinaremos enseguida, tendrán la consideración de accidente de trabajo, las enfermedades que contraiga el trabajador con motivo de la realización del mismo, siempre que se pruebe que la enfermedad tuvo por causa exclusiva dicha ejecución.

Ha sido pacífica esta consideración para determinadas transmisiones infectivas, como las de hepatitis B o C o VIH. No fue así, como enseguida veremos para la infección por COVID-19 en la época inicial de la pandemia, cuando se consideró profesional esta contingencia (*se asimilaba* a profesional, en realidad) solo a efectos del subsidio de incapacidad temporal.

En cualquier caso, haciendo abstracción de la contingencia determinante de la infección, se abre la posibilidad de acciones resarcitorias en doble vía, en concurrencia, naturalmente, de los necesarios requisitos para ello: por un lado existiría la vía normativa de protección de riesgos laborales con el trabajador como perceptor y el centro sanitario (el empleador) como obligado; por otro lado, la vía resarcitoria por responsabilidad civil. La diferencia surge, entonces, en el vínculo jurídico de la obligación de este último, según la titularidad del centro empleador. Concurre responsabilidad patrimonial si dicha titularidad es pública y responsabilidad extracontractual si el centro es privado.

En el caso de que el sujeto perceptor sea el paciente pueden concurrir estas vías resarcitorias mencionadas (patrimonial o civil), además de la eventual concurrencia de responsabilidad penal por delitos contra la vida o integridad corporal.

Pues bien, la calificación de las infecciones nosocomiales como una contingencia común o profesional reviste, como es obvio, una relevancia capital y no exenta de dificultades y motivos de análisis, que, con notorio acierto, describe el eminente jurista y profesor MEJÍCA.

En principio, precisa el citado autor, y atendiendo a la *vis expansiva* del concepto de accidente de trabajo desde la conocida sentencia del Tribunal Supremo (STS) de 17 de junio de 1903[21], ninguna dificultad ofrecería el encuadramiento del contagio del VIH o de la Hepatitis B o C dentro del concepto de accidente de trabajo[22]. En todo caso, opera la presunción, salvo prueba en contrario, de que son constitutivas de accidente de trabajo las lesiones que sufra el trabajador durante el tiempo y en el lugar de trabajo. El único requisito sería que se dieran las circunstancias establecidas en la normativa de Seguridad Social[23].

---

21 La STS de 17 de junio de 1903 [*Tol 5062979*], relativa a un caso de intoxicación plúmbea, es el primer fallo que incluyó, dentro del concepto de trabajo, a las enfermedades profesionales. En ella se sostuvo que era «evidente que, siempre que la lesión (…) sobrevenga de una manera directa e inmediata por consecuencia indudable del manejo de sustancias tóxicas, se encuentra de lleno comprendida en» la Ley de accidentes de trabajo, de 30 de enero de 1900. Llegó a esta conclusión por dos motivos: primero, porque la ley de 30 de enero de 1900 «no define el accidente con referencia a un suceso repentino más o menos imprevisto, sino al hecho mismo constitutivo en sí de la lesión»; segundo «porque, dada la naturaleza de esta clase de accidentes en los establecimientos en que se emplean materias tóxicas o insalubres, sería por demás insólito que acaecieran repentinamente, como acontece en otras fábricas o talleres, o en los demás lugares donde los obreros ejecutan un trabajo manual por cuenta del patrono» (considerando primero).

22 Según la doctrina mayoritaria, dentro del concepto de accidente de trabajo, se incluyen las enfermedades comunes en cuya etiología aparece, precisamente, el trabajo como causa determinante. En este sentido, se ha reconocido la posibilidad de configurar el contagio parenteral como un accidente de trabajo en el caso del acaecido en el medio laboral hospitalario, donde los facultativos y el resto del personal sanitario —enfermeros, auxiliares e incluso celadores— pueden adquirirlo en el desarrollo de su actividad —contagio ocupacional— de forma ocasional y totalmente involuntaria y que, en todo caso, se traduciría en un daño que no están obligados a soportar profesionalmente.

23 Con carácter general, «se entiende por accidente de trabajo toda lesión corporal que el trabajador sufra con ocasión o como consecuencia del trabajo que ejecute por cuenta ajena» (art. 156.1 TRLSS). También tendrán la consideración de accidente de trabajo, «las enfermedades (…) que contraiga el trabajador con motivo de la realización de su trabajo, siempre que se pruebe que la enfermedad tuvo por causa exclusiva la ejecución del mismo». Además, «se presumirá, salvo prueba en

Pues bien, la situación única de la pandemia de la COVID-19, ha dado lugar, con carácter excepcional, a la calificación de contingencias comunes como profesionales, e incluso a su consideración como enfermedad profesional, cuestión esa trascendencia para el objeto de estudio que tratamos[24].

De esta manera, la COVID-19 habría reabierto un viejo debate, que ya se suscitó en 2009 en relación con la Gripe A, sobre cuál debe ser la consideración —accidente o enfermedad profesional o enfermedad común o no laboral— de las bajas del personal sanitario contagiado o confinado tras atender a un paciente infectado[25]. Prueba de ellos son las siguientes normas:

i. El RD-ley 19/2020, de 26 de mayo. Su art. 9 calificó como contingencia profesional derivada de accidente de trabajo las enfermedades padecidas por el personal que prestaba servicios en centros sanitarios o socio-sanitarios como consecuencia del contagio del virus SARS-CoV2[26].

---

contrario, que son constitutivas de accidente de trabajo las lesiones que sufra el trabajador durante el tiempo y en el lugar del trabajo» (art. 156.3 TRLGSS).

24 DE LORENZO Y MONTERO, Ricardo (2021): «Derecho Sanitario: Respuestas excepcionales a una situación también excepcional», (derechosanitario-rdl.blogspot.com), Redacción Médica. 5 de febrero. En efecto, el 13 de marzo de 2020, se publicó el RD-ley 7/2020, de 12 de marzo, por el que se adoptaron medidas urgentes para responder al impacto económico del COVID-19. Entre ellas, el art. 11 incluyó la «consideración excepcional como situación asimilada a accidente de trabajo de los períodos de aislamiento o contagio del personal encuadrado en los Regímenes Especiales de los Funcionarios Públicos como consecuencia del virus COVID19» (título de artículo). Esta asimilación lo fue «exclusivamente para el subsidio de incapacidad temporal que reconoce el mutualismo administrativo, aquellos periodos de aislamiento o contagio provocados por el COVID-19» (art. 11). Este RD lo que hizo fue asimilar el contagio o el aislamiento por coronavirus a accidente de trabajo a los exclusivos efectos de la prestación económica de incapacidad temporal. No decía que fuera un accidente de trabajo, sino que lo «asimilaba a accidente de trabajo». Este primer avance permitió diferenciar la calificación de la enfermedad común inicial de la profesional.

25 De hecho, la inicial declaración como contingencia común de los contagios de personal sanitario por gripe aviar motivó una fuerte reacción social que cristalizó en una pluralidad de fallos en los que se consideró estos contagios como enfermedades profesionales (*v.gr.* STSJ de Galicia de 13 de mayo de 2019, núm. rec. 489/2019 [*Tol 7341658*]).

26 RD-ley 19/2020, de 26 de mayo, por el que se adoptaron medidas complementarias en materia agraria, científica, económica, de empleo y Seguridad Social y tributarias para paliar los efectos del COVID-19.

ii. El RD-ley 27/2020, de 4 de agosto de 2020. Su disposición adicional (DA) 8 prorrogó la consideración como contingencia profesional los contagios por COVID-19 en los profesionales sanitarios desde el 1 de agosto hasta que las autoridades sanitarias levantasen todas las medidas de prevención adoptadas para hacer frente a la crisis sanitaria[27].

iii. El RD-ley 28/2020, de 22 de septiembre. Su DA 4 consideró, durante el segundo estado de alarma, como contingencia profesional derivada de accidente de trabajo, las enfermedades padecidas por el personal de centros sanitarios o socio-sanitarios como consecuencia del contagio del virus SARS-CoV-2[28].

iv. El RD-ley 3/2021, de 2 de febrero. Reconoció a la COVID-19 como enfermedad profesional para todo el personal sanitario y socio-sanitario[29].

Por último, los Estados miembros, los trabajadores y los usuarios alcanzaron en el mes de mayo de 2022, en el Comité Consultivo para la Seguridad y la Salud en el Trabajo (CCSST), un acuerdo sobre la necesidad de reconocer la COVID-19 como enfermedad profesio-

---

27 RD-ley 27/2020, de 4 de agosto, de medidas financieras, de carácter extraordinario y urgente, aplicables a las entidades locales. Al ser derogada la DA 8 RD-ley 27/2020, por resolución de 10 de septiembre de 2020, desde el 21 de julio de 2020, los contagios de profesionales por COVID-19 no fueron considerados como contingencia profesional.

28 RD-ley 28/2020, de 22 de septiembre, de trabajo a distancia.

29 RD-ley el 3/2021, de 2 de febrero, por el que se adoptaron medidas para la reducción de la brecha de género y otras materias en los ámbitos de la Seguridad Social y económico. No obstante, en el ap. III de su exp. mot. ya se anticipó que «las prestaciones que pudieran devengar estos profesionales serán las mismas que el sistema de la Seguridad Social otorga a quienes hubieran contraído una enfermedad profesional». No obstante, la norma no incluye «todavía», que la COVID-19 se incluya en el catálogo de enfermedades profesionales, dentro del sistema de lista cerrada de enfermedades profesionales contenidas en el RD 1299/2006, de 10 de noviembre, de aprobación del cuadro de enfermedades profesionales en el sistema de la SS y se establecen criterios para su notificación y registro. A pesar de ello, con este reconocimiento se ha avanzado en la protección de los profesionales «que prestan servicios en centros sanitarios o socio-sanitarios y que contraigan la COVID19 en el ejercicio de su profesión durante la situación de pandemia, extendiendo esta cobertura al personal sanitario que presta servicios en la inspección médica de los Servicios Públicos de Salud y del Instituto Nacional de la Seguridad Social y al personal sanitario de Sanidad Marítima que preste servicios en el Instituto Social de la Marina».

nal en la asistencia sanitaria, social y domiciliaria y, en un contexto de pandemia, en los sectores en los que aumentan las actividades con riesgo demostrado de contagio. También respaldaron que se actualice la lista de enfermedades profesionales de la UE[30].

3) Daños a los pacientes del centro sanitario

Debe tenerse en cuenta que, los daños por infecciones nosocomiales ocasionados a los pacientes podrían dar lugar a un abanico de exigencia de responsabilidades, que pueden mostrarse en los siguientes espacios:

i. Penales, para las infracciones más graves derivadas de un hecho ilícito en este terreno.
ii. Civiles, exigibles éstas en el ámbito de actuación de la medicina privada;
iii. Administrativas, de una doble naturaleza:
    - Sancionadoras.
    - Tendentes a la exigencia de responsabilidad patrimonial.

Las primeras se pueden imponer tanto a los servicios sanitarios públicos como a los privados, mientras que las segundas solamente serían exigibles por el funcionamiento normal o anormal de los servicios públicos sanitarios en materia de infecciones nosocomiales. Las posibles infracciones en otro terreno, como el de protección de riesgos laborales no entran en esta clasificación al tener como sujeto protegido al trabajador y no al paciente. El complejo entramado de medidas y dispositivos de la empresa tienen como objetivo a sus empleados.

A pesar de la relevancia contrastada y reconocida de estas infecciones, sin embargo, hay dificultades para determinar con precisión su coste y repercusión económica.

Como expresó GOVINDARAJÁN, con emblemática claridad: «la eficacia clínica es conseguir curar a un enfermo de una enfermedad curable. La eficiencia es hacer lo mismo con los recursos justamente necesarios, no más»[31].

---

30 https://ec.europa.eu/commission/presscorner/detail/en/ip_22_3117

31 GOVINDARAJAN, Rajaram (2010): «Dieta anticrisis para los hospitales públicos: seguridad, calidad y rapidez», *Gestión clínica y sanitaria,* vol. 12, nº 3, pág. 81.

Llegados a este punto, en las siguientes páginas analizaremos la responsabilidad patrimonial de la Administración sanitaria por daños corporales derivados de infecciones intrahospitalarias.

Para ello, nos referiremos al problema de la «sangre contaminada» como precedente ineludible, abordaremos —y tomaremos partido— en la polémica relativa al carácter subjetivo o subjetivo de la responsabilidad. Posteriormente nos referiremos a la concurrencia de culpas en la generación del daño y el régimen de distribución de la carga de la prueba. También estudiaremos las singularidades resultantes de la aplicación de la normativa de protección de los consumidores y usuarios así como los preceptos relativos a la asistencia jurídica. Terminaremos con una valoración personal.

III. LA RESPONSABILIDAD PATRIMONIAL DE LAS ADMINISTRACIONES PÚBLICAS POR LAS INFECCIONES NOSOCOMIALES

Los principales basamentos de este tipo de responsabilidad se sitúan, en el panorama jurídico actual, en el art. 106 CE y en los arts. 32 y siguientes (ss.) de la Ley 40/2015, de 1 de octubre, de régimen jurídico del sector público (LRJ)[32].

---

[32] El instituto de la responsabilidad patrimonial, consagrado constitucionalmente, nació para reparar aquellos daños y perjuicios causados a los ciudadanos por la Administración como consecuencia de su actividad o pasividad al intentar defender los intereses generales de éstos en cumplimiento del mandato de la Constitución en su Artículo 103.1. En la actualidad está considerado, junto con el principio de legalidad, un pilar básico del derecho administrativo. En concreto, el precitado art. 106 CE, recuerda que «tendrán derecho a ser indemnizados por toda lesión que sufran en cualquiera de sus bienes y derechos, salvo los casos de fuerza mayor, siempre que sean consecuencia del funcionamiento de los servicios públicos». Respecto al origen de esta institución, si bien su referencia inicial surge del Derecho Privado con el Código Civil (CC) de 1889 y, por consiguiente, con base en el principio de culpabilidad, su gran desarrollo surge con la aprobación de la Ley de expropiación forzosa, de 16 de diciembre de 1954 (LEF). Posteriormente se consolida, tanto con su reglamento de desarrollo de 26 de abril de 1957 (REF), como con la Ley de régimen jurídico de la Administración del Estado, de 26 de julio de 1957. Esta última fue sustituida por la Ley 30/1992, de 30 de noviembre, de régimen jurídico de las Administraciones Públicas y del procedimiento administrativo común, ya derogada. En la actualidad la responsabilidad patrimonial se regula

Vamos a examinar un asunto de notoria complejidad jurídica, en el que se manejan, criterios de imputación de responsabilidad para la Administración de índole subjetiva (es necesario demostrar culpa) y objetiva (basta con demostrar el daño y la causalidad)[33].

Adicionalmente no hay que olvidar que, como recuerda la STS de 20 de julio de 2011, «en el ámbito de la responsabilidad patrimonial de la Administración sanitaria (…) la obligación del profesional médico es siempre de medios, no de resultados»[34]. A partir de aquí, como pone de manifiesto esta misma sentencia, la jurisprudencia ha descompuesto esta obligación de medios en los siguientes deberes:

i. Utilizar cuantos medios conozca la ciencia médica y estén a su disposición en el lugar donde se produce el tratamiento, realizando las funciones que las técnicas de la salud aconsejan y emplean como usuales.

---

en la Ley 39/2015, de 1 de octubre, del procedimiento administrativo común de las Administraciones Públicas (LPAC) y la LRJ. Esta última norma declara, en coherencia con la CE, que «los particulares tendrán derecho a ser indemnizados por las Administraciones Públicas correspondientes, de toda lesión que sufran en cualquiera de sus bienes y derechos, siempre que la lesión sea consecuencia del funcionamiento normal o anormal de los servicios públicos, salvo en los casos de fuerza mayor o de daños que el particular tenga el deber jurídico de soportar de acuerdo con la Ley» (art. 32.1 LRJ). En el concreto espacio de la responsabilidad sanitaria, en el seno de las administraciones con estas competencias, se requiere la concurrencia de los siguientes elementos: a) daño individualizable y evaluable económicamente. Presupuesto básico. b) consecuencia de funcionamiento (normal o anormal) de un servicio público. Cláusula de la causalidad adecuada. c) que el perjudicado no tenga deber jurídico de soportar el daño. d) que dicho daño no sea imputable a fuerza mayor y que no provenga de hechos imprevisibles o inevitables según los conocimientos de la ciencia en el momento de su producción. DE LORENZO APARICI, Ofelia y MONTALVO REBUELTA, Pablo (2020): *Responsabilidad profesional sanitaria, Claves Prácticas Sanitarias.* Serie De Lorenzo/Francis Lefebvre, Lefebvre, pág. 75 y ss.

33 La doctrina y la jurisprudencia muestran estas dos tendencias de imputación (subjetiva y objetiva), y a veces, la tesis subjetiva se muestra rigurosa en sus requerimientos, otras, no tanto, como cuando se invocan criterios como la solidaridad social hacia los perjudicados. En otras ocasiones se desdibuja el criterio objetivo con la aplicación de la tesis de los riesgos del progreso. Examinaremos este complejo asunto, comenzando por describir los elementos que configuran la responsabilidad de la Administración en estos casos.

34 FJ 2 de la STS de 20 de julio de 2011 STS de 20 de julio de 2011 (núm. rec. 4037/2006 y [*Tol 2207553*])

ii. Informar al paciente del diagnóstico de la enfermedad y del pronóstico.

iii. Continuar el tratamiento al enfermo hasta que pueda ser dado de alta advirtiendo de los riesgos de abandono del tratamiento.

Aunque posteriormente se desarrollará esta afirmación, hay que tener en cuenta que, en las infecciones nosocomiales, la cláusula «que el perjudicado no tenga el deber jurídico de soportar el daño» del art. 32.1 LRJ tiene una especial relevancia[35].

«Directamente relacionado con las infecciones intrahospitalarias, aunque guardando su especialidad, resulta obligado plantear el supuesto de transmisión de enfermedades con ocasión de transfusiones sanguíneas»[36]. Como quiera que, en Europa, y en particular en España, tuvo en décadas pasadas una situación emergente el asunto de la responsabilidad pública por el fenómeno infectivo en el concreto espacio de los contagios transfusionales, conviene dedicarle siquiera una breve referencia. Lo escrito aquí, será sin perjuicio de lo que se exponga por MANENT y TAJUELO en el cap. 21, dedicado monográficamente a las transfusiones de sangre.

En efecto, en la década de los ochenta del siglo pasado, la utilización de sangre contaminada por el virus de inmunodeficiencia humana (VIH) en transfusiones de sangre, intervenciones quirúrgicas o tratamientos con hemoderivados a pacientes hemofílicos causó contagios masivos del síndrome de inmunodeficiencia adquirida (SIDA). *Mutatis mutandis,* lo mismo puede decirse de la hepatitis C.

---

35 Art. 32.1 LRJ. Aunque se harán las oportunas observaciones al deber de soportar el daño más adelante, basta apuntar, ahora, que ocasionalmente se excluye el derecho a indemnización, no porque se considere un supuesto de fuerza mayor, sino una situación en la que el particular tiene el deber jurídico de soportar el daño porque así lo establece la Ley, y, por tanto, no es indemnizable. Hay exclusión de antijuridicidad (no concurre daño antijurídico). No debe olvidarse que el derecho a ser indemnizado no es absoluto. No existe una inquebrantable ecuación: daño = indemnización. Se trata de un derecho de configuración legal, «en los términos establecidos en la Ley» (art. 106.2 CE).

36 BAUZÁ MARTORELL, Felio José (2016): «Presunción de culpa. La deducción de negligencia en la responsabilidad de la Administración», *op. cit.* pág. 408.

1) Su incidencia en España, en el campo transfusional

Ha venido siendo este asunto, de la responsabilidad por los contagios transfusionales, uno de los más complejos en materia de responsabilidad sanitaria en nuestro país. Aunque, a día de hoy, la cuestión ya está asentada, estas reclamaciones fueron objeto de aguda controversia[37].

Determinar si concurre responsabilidad patrimonial, cuando, en el curso de un tratamiento, se produce un contagio vírico a un paciente, con motivo de una transfusión, es un asunto controvertido y nada simple. En unos casos la responsabilidad patrimonial se estimó por entenderse que era un supuesto de caso fortuito[38]. En otros casos, con el mismo punto fáctico de partida, por el contrario, se sentenció excluyendo la responsabilidad de la Administración sanitaria al estimar que en la época anterior a 1989 no era

---

37 Sobre este particular, responsabilidad patrimonial por transfusiones de sangre, puede leerse *in extenso* a SISO. SISO MARTÍN, Juan (2008): *Las variables jurídicas del ejercicio de la Medicina. Examen de la responsabilidad sanitaria,* Editorial Universitaria Ramón Areces, pág. 384 y ss.

38 Hay que traer a colación la STS de 5 de octubre de 1999 (núm. rec. 351/1995 y [*Tol 5120467*]). En este caso se trataba de un paciente que, en nuestro país, recibió una transfusión en 1986, previamente analizada para detectar virus de hepatitis A y B (conocidos entonces) con resultado negativo. Poco tiempo después, sin embargo, le diagnosticaron una hepatitis tipo C, adquirida en aquella transfusión y sin medios para haberla detectado entonces, pues se desconocía la existencia del virus y el mecanismo para identificarlo, hasta 1989. La consecuencia del análisis judicial de este asunto fue el reconocimiento a la perjudicada de una indemnización, por el funcionamiento del servicio sanitario, al evidenciarse una causalidad clara y diáfana entre la transfusión y la inoculación del virus de la hepatitis C. El vehículo jurídico para declarar la responsabilidad fue la consideración de caso fortuito, que no excluye la responsabilidad objetiva, bajo el criterio de que el servicio sanitario público está obligado a reparar todos los daños que puedan originar los avances de la Medicina. Las más de las veces, cuando se estima su concurrencia se han manejado dos criterios, dos diferentes orientaciones. Se trata de un riesgo específico del servicio sanitario o tiene la consideración de una carga social. Desde el primer punto de vista, la transfusión es un acto imprescindible para tratar determinadas enfermedades (hemofilia, por ejemplo) y la infección es un riesgo excepcional. En base a la segunda consideración expuesta, se trata de una epidemia, de origen y alcance desconocidos y que al relacionarse con un servicio público hay que derramar a la sociedad en su conjunto. En este último sentido, las indemnizaciones traerán su fundamento en el principio de solidaridad (las ayudas a las víctimas del terrorismo son un claro ejemplo de esta consideración).

posible evitar el contagio y, por ello, se estaba en presencia de una fuerza mayor[39].

Detrás de esta diversidad de pareceres se encontraba el alcance de la inversión de la carga de la prueba en relación con el estado de la ciencia. De hecho, «a partir del momento en que tales pruebas científicas sí se hacen en los hospitales (test del sida a partir de 1985 y el de la hepatitis C a partir de 1990), la responsabilidad deviene culpable y en consecuencia un contagio es indicativo de presunción de culpa»[40].

En el fondo de este complejo asunto latió, en realidad, la razón de que se utilizan servicios o productos que, en razón al progreso del estado de la ciencia, resultan defectuosos o inadecuados. Es el riesgo del desarrollo, patente por la evolución rápida de la tecnología.

Desde el punto de vista metajurídico, los contagios transfusionales hicieron preguntarse hasta qué punto el Estado debe asumir «un riesgo social, como hace en los casos de las víctimas del terrorismo, o si más bien en estos supuestos estemos ante un caso de responsabilidad patrimonial de la Administración sanitaria con funcionamiento normal o anormal de un servicio público»[41].

Al margen de las reclamaciones, en España, con una escasa incidencia en una primera época, igual que en Francia, se articuló un sistema de ayudas públicas[42].

---

39 En cambio, entre otras, la STS de 11 de febrero de 1998 [*Tol 2233*] denegó la reclamación contra el INSALUD por entender que, por falta de conocimientos sobre la hepatitis C se estaba ante un supuesto de fuerza mayor.

40 BAUZÁ MARTORELL, Felio José (2016): «Presunción de culpa. La deducción de negligencia en la responsabilidad de la Administración», *op. cit.* pág. 409.

41 CUETO PÉREZ, Miriam (1998): *Responsabilidad de la Administración en la asistencia sanitaria,* Tirant lo Blanch, Valencia, pág. 235.

42 Las ayudas a las personas contagiadas por transfusiones de sangre se canalizaron por el RD-ley 9/1993, de 28 de mayo, por el que se concedieron ayudas a los afectados por el VIH como consecuencia de actuaciones realizadas en el sistema sanitario público. Las ayudas se otorgaron bajo el criterio de la solidaridad. Aunque la solución adoptada (indemnización basada en solidaridad social) es pareja a los supuestos terroristas, sin embargo, hay una diferencia muy importante y es la relación de causa-efecto, en el supuesto del contagio transfusional, servicio público (causa) — lesión (efecto). Da una idea de la gravedad del problema de los contagios transfusionales en España, el informe realizado por la Real Fundación Victoria Eugenia, enviado al Defensor del Pueblo, según el cual el 46% de los hemofílicos fueron infectados, en nuestro país, con sangre contaminada.

2) *Los orígenes en Europa del problema infectivo transfusional*

Expuesto ya un apunte sobre los orígenes de este asunto en nuestro país, conviene completarlo con una mención a su incidencia en el espacio europeo[43]. De esta manera podremos examinar, con el fondo del mismo problema sanitario, las distintas variables que el tiempo ha introducido desde la realidad de entonces a la actual.

La mayor parte de los estados europeos tuvieron que hacer frente a las terribles consecuencias derivadas de la utilización de sangre contaminada por el virus de la hepatitis C (VHC) y por el VIH en transfusiones de sangre, intervenciones quirúrgicas o tratamientos con hemoderivados a pacientes hemofílicos. Esto llevó, en algunos casos, a la transmisión con carácter masivo de anticuerpos de VIH a pacientes de los centros sanitarios públicos.

En el espacio internacional el proceso infectivo, en concreto por el VIH, corrió como un reguero de pólvora:

i. Luxemburgo: comienzos de 1985

ii. Italia: junio de 1985

iii. Francia: julio de 1985[44]

iv. Reino Unido: septiembre de 1985[45]

v. España: septiembre de 1985

---

43 SISO MARTÍN, Juan (2003): *Responsabilidad sanitaria y legalidad en la práctica clínica*, Escuela Andaluza de Salud Pública, Consejería de Salud, Junta de Andalucía, pág. 62 y ss.

44 En Francia, el asunto de la sangre contaminada por el VIH colocó a varios altos cargos, responsables de la sanidad nacional, ante los tribunales penales y el Centro Nacional de Sangre fue condenado por haber distribuido productos sanguíneos sin haber realizado los test de detección del VIH (Tribunal Grande Instance Bobygny, sentencia de 19 de diciembre de 1990). Incluso la República Francesa llegó a ser condenada por el Tribunal Europeo de Derechos Humanos, en su sentencia de 31 de marzo de 1992, a indemnizar a los herederos de un paciente infectado por el VIH a través de transfusiones practicadas en centros públicos, por no haber adoptado las medidas necesarias para haber prevenido esta situación tan lamentable

45 En Gran Bretaña, la contaminación masiva se produjo por la importación de sangre contaminada procedente de los Estados Unidos de Norteamérica, país en el que el número de casos de sida ya era muy alto en el momento en que se adquirieron los productos sanguíneos por parte de las autoridades sanitarias británicas, sin tener en cuenta que los donantes de sangre en el citado ámbito geográfico son

vi. Holanda: comienzos de 1986

vii. Bélgica: mayo de 1986

viii. Suiza: septiembre de 1986

ix. Portugal: finales de 1986[46]

IV. CARÁCTER SUBJETIVO DE LA RESPONSABILIDAD

En la actualidad, bajo unos componentes de seguridad clínica mucho más eficaces, se plantea la controversia jurídica acerca de la responsabilidad de medio sanitario, en terrenos polémicos y controvertidos cuyas posiciones vamos a examinar.

De entrada, «aunque pudiera parecer a la vista de la lectura (...) [de los arts. 32 y ss. de la LRJ] que nos hallamos ante un sistema de responsabilidad objetiva o de resultado lo cierto es que en el ámbito de la responsabi-

remunerados, lo que hace que aumenten las posibilidades de que dichos donantes se encuentren entre los grupos de riesgo

46 En Portugal, con fecha 31 de enero de 1986, fue autorizada la adquisición de lotes de un derivado sanguíneo utilizado en el tratamiento de la hemofilia procedente de un laboratorio austríaco. Desde el año 1985 las autoridades administrativas fueron advertidas de la necesidad de tomar medidas para evitar que las transfusiones de sangre se convirtieran en un vehículo difusor del VIH. Para ello, la importación de los lotes de hemoderivados fue sometida a controles por una comisión técnica formada por especialistas en inmunohemoterapia. Esta comisión, a pesar de los rumores que existían sobre la posible contaminación de los productos provenientes de Austria, mantuvo la adjudicación del suministro al laboratorio austríaco, sometiendo a los pacientes a un riesgo innecesario. El 18 de abril de 1986, el Ministerio de Sanidad hizo públicas una serie de medidas destinadas a garantizar la comprobación y la subsiguiente eliminación de los componentes del VIH que pudieran aparecer en los lotes de sangre, en los componentes o en los productos fraccionados. A finales de 1986, el Ministerio fue informado de que, como resultado de los análisis de los productos sanguíneos efectuados en Austria, debía procederse a la suspensión de la administración de los mismos. Las autoridades esperaron, sin embargo, casi 10 meses, en lugar de los 90 días recomendados como período para la retirada de todos los hospitales de los lotes de productos sanguíneos importados de Austria, cuando ya habían sido utilizados en su totalidad.

lidad sanitaria no es así, ya que dichos requisitos deben ser completados o matizados con otros»[47].

A juicio del Consejo Jurídico Consultivo de la Comunidad Valenciana (CJCVal), ello es así porque «la responsabilidad de la Administración sanitaria debe configurarse de acuerdo con los principios que la sustentan para evitar la desnaturalización de la institución, rechazando que aquélla asuma el riesgo y responda, en todo caso, de los resultados de los tratamientos sanitarios, debiendo acudirse a parámetros tales como la *lex artis ad hoc*»[48].

En efecto, si seguimos la teoría de imputación de responsabilidad por culpa, la basaremos en la concurrencia de infracción de la *lex artis,* entendiendo que esta se centra en el incumplimiento de los protocolos o guías de actuación, por parte del establecimiento sanitario o del profesional actuante sobre las pautas de comportamiento a observar.

1) Los protocolos médicos

«Los protocolos médicos vienen a ser una especie de *lex artis* codificada, una forma de positivar la *lex artis,* los criterios de prudencia y buen hacer hechos papel. En definitiva, son el plan de acción coordinado que permite contrastar la actuación del facultativo su nivel de cumplimiento o desviación»[49].

Para GALLARDO, los protocolos médicos vienen a cumplir una triple función: orientadora, valorativa y tutelar.

i. Orientan a la comunidad médica al suponer una aproximación al estado actual de conocimientos de la ciencia y de la técnica. Plasman documentalmente las directrices y recomendaciones que un grupo de expertos cualificado establecen con el objetivo de mejorar la calidad y la eficacia de la actuación médica.

---

47 CABEDO ARCE, Bibian (2015): «Infecciones hospitalarias. Derecho del paciente a la seguridad: obligación de resultado; hacia la objetivación de la responsabilidad en el derecho comparado», *Revista Derecho y Salud, Juristas de la Salud,* vol. 25, núm. 1, pág. 140.

48 Consideración jurídica (CJ) 3 del DCJCVal 715/2018, de 13 de noviembre.

49 GALLARDO CASTILLO, Mª Jesús: *Administración sanitaria y responsabilidad patrimonial, Colex,* La Coruña, pág. 35. Sobre la importancia de los protocolos médicos puede leerse lo escrito en el cap. 14 de BLANQUE de esta obra (págs. 926 y 927).

ii. Otorgan al juzgador o al operador jurídico un importante elemento de juicio, pues aunque no suministran su decisión ni constituyen un medio probatorio *stricto sensu*, le orientan para juzgar sobre el modo proceder más adecuado ante un determinado cuadro clínico.

iii. Son un elemento probatorio de primer orden para el facultativo, garantizándole una indemnidad cuando ajusta su labor a lo consignado en ellos[50].

Se da la circunstancia de que, en virtud del principio (aquí operante) de la inversión de la carga de la prueba, en las reclamaciones por infecciones intrahospitalarias, corresponde a la Administración la obligación de demostrar el cumplimiento de la *lex artis* para obtener la exculpación en la producción del resultado dañoso como examinaremos de forma concreta en el epígrafe séptimo[51]. En este contexto la sujeción del establecimiento hospitalario a los oportunos protocolos, en cierta medida, le otorgarán una «patente de corso».

Se ha dado algún supuesto de controvertida interpretación del cumplimiento de la *lex artis* y su consecuencia en la dimensión indemnizatoria. Uno de ellos, es el caso, recogido por DE LORENZO APARICI, en el que, la Sala de lo Contencioso-Administrativo del TS confirmó la sentencia dictada por el Tribunal Superior de Justicia de la Comunidad Valenciana (TSJ), la cual, a su vez, había estimado parcialmente una demanda interpuesta por los familiares de un paciente fallecido por una infección nosocomial[52]. En esta ocasión, el fallo condenó al pago de una indemnización

---

50 *Idem.*

51 Tratándose de responsabilidad por infecciones nosocomiales, en virtud del principio de facilidad de la prueba, entre otras, la STS de 23 de septiembre de 2009, ha invertido la carga de la prueba. En esta ocasión, la Administración sanitaria, obtuvo exculpación de su responsabilidad cuando recurrió a la falta de previsibilidad del daño y a la ausencia de antijuridicidad en su proceder. De acuerdo con el fallo: «se hizo una correcta aplicación de los medios razonablemente exigibles, tanto personales como materiales, y se practicó una correcta profilaxis con antibióticos que cubría, en términos de razonabilidad, la posible infección, que, por otro lado, resulta tan excepcional que no se contempla, según el perito procesal, la prevención con antibióticos». FJ 4 STS de 23 de diciembre de 2009, sec. 6ª Sala de lo Contencioso-Administrativo (núm. rec. 10185 y [*Tol 1634651*]).

52 DE LORENZO APARICI, Ofelia (2013): «Desencadenante de sepsis generalizada», Redacción Médica: https://www.redaccionmedica.com/opinion/ofelia-de-lorenzo/el-germen-de-la-herida-no-fue-el-desencadenante-de-la-sepsis-generalizada-2128.

de 3.000 euros, no por el incumplimiento de protocolos o guías de actuación, sino por falta de consentimiento informado[53].

En sentido análogo se ha pronunciado el Consejo de Estado (CdE), entre otros, en su dictamen de 19 de diciembre de 2019. Ante un episodio de neumonía nosocomial durante una intervención de hemorroides rechazó que se produjese «una quiebra de la *lex artis ad hoc* (...) [por cuanto] los facultativos (...) observaran, en todo momento, los protocolos clínicos aplicables». A pesar de ello, apreció un daño moral —que valoró en 5.000

---

[53] STS de 4 de junio de 2013, sec. 4ª de la Sala de lo Contencioso-Administrativo, (núm. rec. 2187/2010 y [*Tol 3775438*]). Según recoge la STS de 4 de junio de 2013, la parte demandante fundamentó su pretensión señalando que la atención sanitaria que recibió el paciente no fue la correcta. En este sentido sostuvo que al paciente se le aplicó el tratamiento de quimioterapia existiendo una infección en la herida quirúrgica que no fue correctamente valorada, lo que provocó una extensión de la infección y el fallecimiento del mismo por sepsis generalizada. Adicionalmente señaló no le fue facilitado en momento alguno un consentimiento informado, respecto a los riesgos de la quimioterapia a la que se iba a someter, por lo que no era conocedor del riesgo ni de las opciones, lo que objetiva la grave desatención que padeció. Finalmente, tras determinar la concurrencia de los presupuestos que objetivan la responsabilidad patrimonial de la Administración, solicitó se indemnizara en la cantidad de 684.000 euros. La Administración demandada, discrepando del relato fáctico planteado por la actora, señaló que la atención hospitalaria fue la correcta. Para ello, se remitió a los datos que constan en la historia clínica y en el Informe de la Inspección médica y prueba pericial judicial y negó la relación de causalidad entre la asistencia sanitaria y el fallecimiento del causante. En concreto, sostuvo que el paciente fue intervenido del sarcoma de partes blandas que presentaba, que y no constaban datos que objetivasen que el paciente presentara una infección de la herida quirúrgica que impidiese la aplicación de la quimioterapia, la cual dadas las características de la patología que sufría, era necesaria. Y, en lo relativo a la falta de información alegada, concluyó que el paciente recibió de forma verbal la información necesaria. La STS consideró, en virtud de la valoración conjunta de la prueba pericial judicial médica practicada, que no había quedado objetivado que se produjera una infracción de la *lex artis ad hoc*, en los términos que argumentaba la demandante. Llegó a esta conclusión: en primer lugar, porque en la fecha de administración de quimioterapia los signos no eran de infección sino de cicatrización, lo cual resultaba procedente la aplicación de una quimioterapia útil; y en segundo término, porque no se encontraba objetivado que el germen detectado en la herida quirúrgica fuera el desencadenante de la sepsis generalizada. Por lo anterior, finalmente, la STS confirmó la STSJ de la Comunidad Valenciana, que había estimado parcialmente la demanda únicamente por la falta de consentimiento informado para el tratamiento de quimioterapia.

euros— porque el consentimiento informado «en atención a su discapacidad intelectual, no se adecuó (...) a sus posibilidades de comprensión»[54].

Pues bien, entre las singularidades de las reclamaciones por infecciones nosocomiales —junto con la inversión de la carga de la prueba para acreditar el incumplimiento de la *lex artis*— se encuentra la aplicación de los riesgos del progreso en relación con el estado de los conocimientos de la ciencia. A ella nos referimos a continuación.

2) Los riesgos del progreso y el estado de la ciencia y sus conocimientos

Recoge el art. 34.1 LRJ una trascendental puntualización cuando concreta que «no serán indemnizables los daños que se deriven de hechos o circunstancias que no se hubiesen podido prever o evitar según el estado de los conocimientos de la ciencia o de la técnica, existentes en el momento de producción de aquellos».

Como explican *in extenso* MANENT y TAJUELO en el cap. 21 de este tratado (págs. 1521 a 1534), los riesgos del progreso conllevan que la Administración sanitaria quedará exonerada de responsabilidad si acredita que intervino una fuerza mayor extraña, o que la infección no pudo preverse y evitarse con los conocimientos que proporcionaba el estado de la ciencia en el momento de adquirir aquélla.

Este régimen es de la máxima relevancia en la responsabilidad por riesgo, pues introduce una decisiva excepción a la regla de que sólo la prueba de la fuerza mayor exógena libera de la obligación de indemnizar. Puede así concluirse que, en estos casos, esta específica falta de culpa (la ausencia de los conocimientos técnicos o científicos que habría evitado el daño) exonera de responsabilidad, aunque no intervenga una fuerza mayor exógena.

Quedan, con el apoyo de esta tesis, fuera del campo de responsabilidad de la Administración sanitaria, por ejemplo, los contagios de hepatitis y sida producidos con anterioridad a que la Administración sanitaria dispusiera de conocimientos y medios respecto de la detección para estas enfermedades. Así lo ha reconocido tanto la jurisprudencia (*v.gr.* STS de 5 de diciembre de 2007) como la doctrina legal[55]. Como ha admitido la STS

---

[54] CJ V DCdE de 19 de diciembre de 2020 (núm. exp. 828/2019).

[55] En relación con los daños imprevisibles procede citar la STS 1250/2007, de 5 de diciembre (núm. rec. 3823/2000 y [*Tol 1235320*]). En ella se muestra cómo, el

de 9 de octubre de 2012, si cuando se produjo el daño, a pesar de haberse desplegado cuantos medios proporcionaba el estado de la ciencia, no se genera responsabilidad de la Administración por dicho daño[56].

En este mismo sentido se ha pronunciado el Consejo Consultivo de Andalucía (CCAnd) desde su dictamen 65/1995, de 26 de octubre. En éste y en otros posteriores ha reiterado que a pesar de estar «probada la relación causa efecto entre la transfusión y la hepatitis C referidas, el desconocimiento científico del virus productor de la enfermedad y la ausencia de técnicas para su detección en 1986 configuran un supuesto de fuerza mayor exonerante de responsabilidad»[57].

No es suficiente, por tanto, conforme a la tesis subjetiva, con constatar el origen intrahospitalario de una infección para, de ello, derivar la responsabilidad de la misma al funcionamiento del medio sanitario. Para que pueda nacer la responsabilidad patrimonial de la Administración, es necesario acreditar el incumplimiento del estándar de rendimiento. Solo «es exigible a la Administración sanitaria la aportación de todos los medios que la ciencia en el momento actual pone razonablemente a disposición de la medicina para la prestación de un servicio adecuado a los estándares habituales»[58].

---

principio riguroso de la responsabilidad objetiva de la Administración «no concurre en aquellos casos en que el paciente debe soportar los llamados riesgos del progreso, cuando los daños se deriven de "hechos o circunstancias que no se hubiesen podido prever o evitar según el estado de los conocimientos de la ciencia o de la técnica existentes en el momento de producción de aquéllos"» y esto se traduce en que la exención de responsabilidad «comprende los casos en los que el contagio por transfusión se produjo con anterioridad a la disponibilidad de los reactivos para la práctica de las pruebas del SIDA» (FJ 3 C b).

56 STS de 9 de octubre de 2012, secc. 4ª de la Sala 3, (núm. Rec. 40/2012 y [*Tol 2668624*]). En la linea de eximir responsabilidad por haber adoptado medios disponibles, «frente al principio de responsabilidad objetiva interpretado radicalmente y que convertiría a la Administración sanitaria en aseguradora del resultado positivo y, en definitiva, obligada a curar todos las dolencias, ha de recordarse... en modo alguno puede deducirse la existencia de una responsabilidad de toda actuación médica, siempre que ésta se haya acomodado a la "lex artis", y de la que resultaría la obligación de la Administración de obtener un resultado curativo, ya que la responsabilidad de la Administración en el servicio sanitario no se deriva tanto del resultado como de la prestación de los medios razonablemente exigibles» (FJ 3).

57 CJ 4 DCCAnd 14/1997, de 6 de febrero [*Tol 4655435*].

58 CJ V DCdE de 19 de diciembre de 2020 (núm. exp. 828/2019).

En conclusión, con carácter general, «nos encontramos ante una responsabilidad subjetiva, por culpa, en virtud del cual la Administración responderá por aquellas infecciones nosocomiales contraídas sin culpa de la víctima, salvo que la Administración demuestre que la intervención de fuerza mayor extraña o que la infección no podía preverse o evitarse con los conocimientos y técnicas disponibles conforme al estado vigente de la Ciencia»[59].

3) Unas necesarias precisiones

Como acertadamente señala FONSECA es preciso tener en cuenta los siguientes aspectos:

i. La infección nosocomial no es un supuesto de fuerza mayor. El estado de la ciencia puede tener su incidencia.
ii. Las infecciones nosocomiales no siempre generan responsabilidad.
iii. La infección ha de ser intrahospitalaria, generándose responsabilidad si se vulneró la *lex artis.*
iv. El paciente perjudicado ha de acreditar la infección intrahospitalaria y el daño, y sobre la Administración pesa el acreditar la existencia de buena praxis, y dentro de ella, que se adoptaron todas las medidas para evitar la infección.
v. Que se ha de estar al caso concreto, teniendo en cuenta todas las circunstancias concurrentes, incluido el riesgo derivado del propio estado del paciente[60].

Otra cuestión sería la dificultad de determinación de la *lex artis* en relación con los estándares de conducta aplicables y la ambigüedad del concepto «conforme al estado de la ciencia» y su concreción. Máxime, si como señala la STSJ de Madrid de 1 de julio de 2013, al reclamante es a quien incumbe la carga de probar que «el riesgo inherente a su utilización haya

---

59 CABEDO ARCE, Bibian (2015): «Infecciones hospitalarias. Derecho del paciente a la seguridad: obligación de resultado; hacia la objetivación de la responsabilidad en el derecho comparado», *op. cit.* pág. 143.

60 FONSECA GONZALEZ, Ramón L. (2011): «Seguridad clínica de los pacientes, 10 años de evolución. Aspectos relativos a la responsabilidad patrimonial», XVIII CONGRESO NACIONAL DE DERECHO SANITARIO, Asociación Española de Derecho Sanitario, https://www.aeds.org/congreso/XVIIIcongreso/ponencias/RFonsecaG

rebasado los límites impuestos por los estándares de seguridad exigibles conforme a la conciencia social»[61].

4) Manejo de riesgos e inevitabilidad ¿absoluta? de las infecciones

En el cuidado minucioso de las medidas de prevención y control de las infecciones hospitalarias, la diligencia exquisita es la principal herramienta hacia la evitabilidad.

Para poder comprender el motivo de su exigencia es prioritario conocer que la prevención de las infecciones hospitalarias no se refiere solo a la prevención de casos de infección sino también a la prevención de la ocurrencia de sus factores de riesgo.

En los últimos años se ha demostrado que un gran porcentaje de las infecciones hospitalarias pueden ser prevenibles a partir de la implementación de ciertas medidas destinadas a aumentar el cumplimiento y adherencia de recomendaciones ya existentes[62].

La falta de adherencia a las recomendaciones representa uno de los errores médicos vinculados con mayor frecuencia en su desarrollo. La responsabilidad en la prevención de las infecciones hospitalarias no es exclusiva de la institución, sino también de cada uno de los profesionales que la integran.

Hay consenso en afirmar, respecto de las infecciones hospitalarias, que, si bien pueden ser inevitables, en algún caso concreto, siempre son previsibles. Por ello, deben adoptarse todas las concretas medidas de prevención disponibles[63].

---

[61] FJ 4 STSJ de Madrid 536/2013, de 1 de julio (núm. rec. 469/2010 y [*Tol 3884221*]). Según el parecer del TSJ de Madrid, «para que el daño concreto (...) sea antijurídico basta con que el riesgo inherente a su utilización haya rebasado los límites impuestos por los estándares de seguridad exigibles conforme a la conciencia social. [En estos casos], no existirá entonces deber alguno del perjudicado de soportar el menoscabo y, consiguientemente, la obligación de resarcir el daño o perjuicio causado por la actividad administrativa será a ella imputable» (FJ 4).

[62] BRATZLER, Dale W. (2005): *Use of Antimicrobial Prophylaxis for Major Surgery. Baseline Results From the National Surgical Infection Prevention Project.* Arch Surg. 140:174.

[63] Entre las medidas de prevención, MEJICA concreta en las siguientes: 1) Formación adecuada de los profesionales. 2) Establecimiento de protocolo de profilaxis y de las guías clínicas adecuadas, conforme a las recomendaciones europeas de calidad intrahospitalaria. 3) Proveer al personal sanitario de información puntual sobre la evolución de las infecciones y las resistencias para que se tomen las medi-

La baja adherencia por parte de los profesionales de la salud y la violación sistemática de las medidas representan uno de los errores médicos más frecuentes para el desarrollo de las infecciones hospitalarias. De hecho, estudios recientes han demostrado que, con diligencia exquisita en su prevención, un 50% a 70% de las infecciones hospitalarias son prevenibles[64].

De inmediato nos surge una interrogante terrible. Si no es posible evitar las infecciones en su totalidad, ni con un exquisito cuidado de los profesionales y con un rigor inflexible de medidas por parte del centro sanitario, ¿cómo puede derivarse responsabilidad de lo inevitable?

5) Tendencia cero

De forma sintética, somos del perecer de que puede afirmarse que el centro hospitalario tiene una obligación de seguridad con el paciente ingresado en el mismo. Por ello debe responder de las infecciones contraídas en el propio centro sanitario, salvo causa de fuerza mayor debidamente acreditada. Este es el resquicio por el que podría escapar la responsabilidad del centro sanitario. Acreditar que la infección era imprevisible e inevitable.

Entre los factores relacionados con la aparición de la infección existen algunos que son modificables y otros que no lo son. Este hecho, condiciona que exista un mínimo irreductible de infección. Este mínimo está tam-

---

das correctoras oportunas. 4) Extremar las medidas de limpieza de los quirófanos después de cada intervención. 5) Revisión frecuente de los filtros de agua y calefacción 6) Colocación de contenedores con antisépticos basados en derivados del alcohol al lado de todas y cada una de las camas del hospital. 7) Cumplimiento del lavado de manos entre el personal sanitario 8) Dotación de más camas para que enfermos de distintas patologías no tengan que compartir habitación en épocas de mayor presión asistencial 8) Promover la creación de un Registro centralizado de infecciones hospitalarias donde se recojan los datos de mortalidad, los factores de riesgo de los pacientes y los patrones de resistencia a los antibióticos. MÉJICA GARCÍA, Juan M. (2011): «La prevención de las enfermedades nosocomiales y de transmisión sanguínea en el medio sanitario: todavía un problema pendiente. algunas cuestiones que suscitan su reparación en caso de contagio y su protección social», XVIII Congreso Nacional de Derecho Sanitario. Asociación Española de Derecho Sanitario Madrid, octubre. https://www.aeds.org/congreso/XVIIIcongreso/ponencias/JMGarcia.

64 BARENHOLTZ, Sean M. (2004): *Eliminating catheterrelated bloodstream infections in the intensive care unit. Critical Care Medicine,* 32(10)2014-2020.

bién condicionado por el estado actual del conocimiento de la patogenia de la infección y del sistema inmunitario. «De modo que, a la vista de ello, se puede concluir que las infecciones intrahospitalarias son previsibles y prevenibles, y con un incremento del gasto sanitario pueden evitarse fácilmente si se adoptan medidas organizativas y de higiene, tal y como se ha ocupado en señalar el Parlamento Europeo»[65].

En este contexto surge el término «tendencia cero». Muchas veces este término es mal interpretado ya que no hace referencia a «cero infección», sino a «cero tolerancia a la violación de las medidas impuestas para su prevención con el propósito de reducir las misma»[66]. «Así, el riesgo de infección intrahospitalaria obliga a la Administración sanitaria a aplicar todas las medidas preventivas que la ciencia poner a su alcance. Cuando la Administración no ha hecho todo lo posible para prever y evitar el daño, no puede recaer sobre el perjudicado las consecuencias de este funcionamiento por muy alto que sea el riesgo inherente a la enfermedad de aquel»[67].

El concepto de infección hospitalaria y sus variables de responsabilidad, en el contexto de estas apreciaciones expuestas, ha cambiado. Hasta hace no mucho tiempo el precepto era que muchas infecciones son inevitables, aunque algunas podían ser prevenidas. Hoy se considera que la infección hospitalaria es potencialmente prevenible a menos que se demuestre lo contrario. Este planteamiento lleva a considerar que la responsabilidad en una infección hospitalaria es compartida: la responsabilidad objetiva y subjetiva se encuentran entrelazadas.

De este modo, la única forma de demostrar la ausencia de culpa es a través de probar la «diligencia exquisita», la cual debe ser probada por el centro asistencial o el médico actuante, en su caso. Las herramientas a utilizar son: comités específicos, programas de vigilancia epidemiológica, revisión de recomendaciones, análisis de datos de prevalencia, etc. Todas estas medidas, por su índole clínica, son ajenas al carácter jurídico de este estudio. Según afirma el CJCVal, «en las reclamaciones sanitarias existe un

---

65 CABEDO ARCE, Bibian (2015): «Infecciones hospitalarias. Derecho del paciente a la seguridad: obligación de resultado; hacia la objetivación de la responsabilidad en el derecho comparado», *Revista Derecho y Salud, Juristas de la Salud, op. cit.* 135.

66 VITOLO NOBLE, Fabián y CORAZZA, Rosana G (2009): "Infecciones hospitalarias aspectos médico-legales y manejo de riesgos", Biblioteca Virtual NOBLE, http://asegurados.descargas.nobleseguros.com/download/posts/November2017/4X7sr9TAImhhKDlEWV2a.

67 GALLARDO CASTILLO, Mª Jesús (2021): *Administración sanitaria y responsabilidad, op. cit.* pág. 92.

importante componente técnico, por lo que hay que atender al contenido de los informes médicos obrantes en el expediente para decidir, tras un examen conjunto, sobre la procedencia o no de estimar la reclamación»[68].

En este sentido, queremos traer aquí la emblemática STS de 18 de julio de 2019. Este fallo, partiendo del art. 148 del TR de la Ley general para la defensa de los consumidores y usuarios, aprobado por el RDLeg 1/2007, de 16 de noviembre (TRLCU), recoge unas declaraciones de particular notoriedad y claridad expositiva sobre el alcance de la responsabilidad del centro médico. A juicio de la Sala de lo Civil, «es el centro hospitalario al que, en todo caso, le corresponde justificar la culpa exclusiva de la víctima o el caso fortuito, como evento imprevisible o inevitable, interno a la propia asistencia o actividad hospitalaria, lo que permite distinguirlo de la fuerza mayor»[69].

---

68 CJ 4 DCJCVal 334/202, de 8 de julio.

69 FJ 2 STS 446/2019, de 18 de julio, Sala de lo Civil (núm. rec. 576/2017 y [*Tol 7482410*]). En esta ocasión, la STS de 18 de julio de 2019, estimó el recurso de casación con las siguientes palabras: «No podemos compartir, con las sentencias de instancia [dice esta resolución] que las infecciones nosocomiales son en cualquier caso inevitables (...) o que la falta de constancia del origen o causa de la infección nosocomial perjudique la posición jurídica del paciente, pues el juego normativo del art. 148 del TRLCU opera a la inversa. Es el centro hospitalario al que, en todo caso, le corresponde justificar la culpa exclusiva de la víctima o el caso fortuito, como evento imprevisible o inevitable, interno a la propia asistencia o actividad hospitalaria, lo que permite distinguirlo de la fuerza mayor. En principio, el caso fortuito, inherente a la propia actividad prestada, en cuyo ámbito se produce el daño, estaría comprendido dentro del fin de la protección de la norma y su formulación objetiva; no obstante, analicemos si la infección sufrida era imprevisible o inevitable en el contexto del presente pleito. Pues bien, en cuanto a la culpa exclusiva de la víctima, no podemos achacar al paciente ningún comportamiento imputable a su persona generador de la infección nosocomial contraída, siempre respetó las indicaciones médicas pautadas sin mostrar oposición a las mismas. No figura en ningún momento la existencia de una patología clínica previa, que pudiera complicar su cuadro clínico asistencial. Las infecciones nosocomiales en modo alguno son imprevisibles. La presencia de gérmenes patógenos en el ámbito hospitalario, su agresividad y resistencia al tratamiento antibiótico es perfectamente conocida. El grado de prevalencia de las mismas es un indicador del nivel de calidad asistencial y todos los hospitales cuentan con protocolos para prevenirlas. Constituyen una preocupación constante de la medicina preventiva. La minimización del riego deviene fundamental y conforma una elemental obligación del centro hospitalario, que se encuentra en una posición de dominio y exclusividad para instrumentar las medidas adecuadas para evitar la proliferación de agentes patógenos» (FJ 2.2).

objetivación de la responsabilidad. En estos casos la Administración sanitaria, a diferencia de su obligación asistencial general de medios, debería responder por los resultados, y lo haría porque el perjudicado no tendrá el deber jurídico de soportarlos.

1) Seguridad del paciente y obligación de resultados

Según reiterada jurisprudencia, el centro sanitario y sus profesionales están obligados a proteger la salud del paciente, de modo que, si contrae allí una infección surge responsabilidad por este hecho. Como gráficamente señala la STS de 11 de junio de 1999, una de las funciones de los centros sanitarios «es precisamente la de velar eficazmente por la asepsia» de las estancias médicas[74].

La infección no es un acontecimiento extraño al servicio sanitario. Por ello, con independencia de otras consideraciones, entendemos, que, si la cadena de protección al paciente se rompe y surge la infección, deviene una responsabilidad automática del centro sanitario.

Al amparo de esta tesis, la responsabilidad surge de forma automática. Es decir, los elementos que la configuran son, simplemente, la prueba del daño (antijurídico *per se*, en este planteamiento) y la relación de causalidad. La existencia de esta última se reducirá a mostrar la entrada en el centro sanitario sin infección, la estancia en este establecimiento y el contagio de la infección durante esta estancia.

Conviene hacer una precisión sobre el requisito de la causalidad. La relación causal entre el funcionamiento (normal o anormal) del servicio público y el daño que se pretende sea indemnizado, es un elemento de primer orden en la configuración de la responsabilidad patrimonial. Tanto la normativa como la jurisprudencia vienen determinando que el nexo debe

---

74 STS de 11 de mayo 1999, de la Sala de lo Contencioso-Administrativo (núm. rec. 9655 y [*Tol 1716083*]). Como afirma la STS de 11 de mayo de 1999, refiriéndose a la actuación médica, «cualquiera que sea el grado de previsibilidad sobre la existencia o no de gérmenes nocivos que inopinadamente pudieran ser inoculados durante la administración de la misma, su presencia en el establecimiento sanitario y su entrada indeseada en el cuerpo del fallecido no puede considerarse como producto de la intervención de acontecimientos exteriores o extraños al propio funcionamiento del servicio, una de cuyas funciones es precisamente la de velar eficazmente por la asepsia, evitando que la presencia de gérmenes nocivos en el recinto de los establecimientos sanitarios pueda originar daños a quienes son atendidos en ellos con el fin de restablecer su salud» (FJ 6).

ser real y directo, no basado en meras hipótesis, sin que puedan intervenir factores que condicionen la producción del daño.

El problema que vemos en los supuestos de responsabilidad patrimonial sanitaria es que en la mayoría de veces existen factores externos que pueden influir en la concreción del daño y que dificultan esa causalidad. A este respecto, los tribunales han ido modulando el necesario requisito de la causalidad, evolucionando de la teoría de la causa exclusiva —en la que únicamente respondería la Administración, si ese nexo es directo y exclusivo— a una teoría de la causalidad adecuada.

La teoría de la causalidad adecuada exige, por parte del juzgador, valorar hasta qué punto el funcionamiento normal o anormal del servicio público es «causa directa» para la concreción del daño objeto de reclamación[75].

2) Carácter antijurídico del daño

Como señalamos en el epígrafe anterior, en la mayoría de los casos, las infecciones por asistencia hospitalaria son no solo predecibles, sino también evitables. Además, con un aumento de medios económicos, estas se reducirían sensiblemente.

«Partiendo de dicha premisa entendemos[, que] en tales casos[,] en virtud del derecho a la seguridad del paciente y [el] de la evitabilidad de dichas infecciones[,] la regla general debería ser que el paciente no tiene la obligación de soportar los daños derivados de las mismas, constituyendo por lo tanto las lesiones derivadas de dichas infecciones un daño antijurídico»[76].

La antijuridicidad del daño, a la que se refieren MANENT y TAJUELO en el cap. 21 (págs. 1495 a 1504), determina la falta de obligación del paciente de soportarla. Esto es así, porque en virtud del derecho a la seguridad del paciente —antes expresado— y de la evitabilidad de las infecciones a las que venimos aludiendo, la regla general debería ser la ausencia de soportar los daños derivados de infecciones nosocomiales. De esta manera,

---

75 DE LORENZO APARICI, Ofelia y MONTALVO REBUELTA, Pablo (2020): *Responsabilidad profesional sanitaria, Claves Prácticas Sanitarias, op. cit.* pág. 84.

76 CABEDO ARCE, Bibian (2015): «Infecciones hospitalarias. Derecho del paciente a la seguridad: obligación de resultado; hacia la objetivación de la responsabilidad en el derecho comparado», *Revista Derecho y Salud, Juristas de la Salud, op. cit.* 150.

las lesiones derivadas de dichas infecciones constituyen un daño antijurídico, una auténtica premisa del derecho a ser indemnizado conforme a la normativa de responsabilidad patrimonial vigente.

En el concreto caso de las infecciones nosocomiales, esta tendencia a la interpretación objetiva de la responsabilidad está recibiendo cada vez más el respaldo por la jurisprudencia. En este sentido:

i. Como pone de manifiesto la STSJ de Asturias de 12 de mayo de 2011, aunque el protocolo de prevención sea correcto, cuando estas infecciones [nosocomiales] se producen es porque en algún momento «se rompe la cadena de asepsia»[77].

ii. Mismo parecer muestra la STS de 11 de mayo de 1999. En esta ocasión, el TS desestimó el recurso del Instituto Nacional de Salud (INSALUD), porque entender que la presencia del germen infectivo «en el establecimiento sanitario y su indeseada entrada en el cuerpo del paciente no *podía* considerarse como producto de la intervención de acontecimientos exteriores o extraños al propio funcionamiento de los servicios»[78].

iii. Ahora bien, como gráficamente señala la STSJ de Cataluña de 27 de abril de 2007, «si la infección es inevitable (en el porcentaje que sea y mientras no se supere dicho porcentaje) el daño causado no es antijurídico»[79].

3) Modelo francés de responsabilidad objetiva

En relación con régimen específico de imputación, merece la pena destacar que, en Francia, la legislación sanitaria ha introducido un sistema de

---

77 STSJ de Asturias 509/2011, de 12 de mayo (núm. rec. 659/2009 y [*Tol 2140028*]). Según resalta este TSJ, «cuando estas infecciones se producen es porque en algún momento se rompe la cadena de asepsia, de modo que aunque las medidas generales propuestas por el Servicio de medicina preventiva del Hospital son correctas, si se hubieran llevado a cabo de forma estricta no se habría producido la infección, por lo que la infección hospitalaria era previsible y evitable si no se hubiera roto aquella cadena de asepsia y se extremasen las medidas de asepsia y todos los controles de prevención de infecciones» (FJ 5).

78 FJ 6 STS de 11 de mayo 1999, Sala de lo Contencioso-Administrativo (núm. rec. 9655 y [*Tol 1716083*]).

79 STSJ de Cataluña 311/2007, de 26 de abril, Sala de lo Contencioso-Administrativo, Sec. 4ª, núm. rec. 25/2006 y [*Tol 1134294*]).

responsabilidad sin culpa para los casos de infecciones nosocomiales. En virtud del mismo, los establecimientos y profesionales de la salud, sean de carácter público o privado, responden por los contagios producidos a los pacientes que están alojados en ellos[80].

Pues bien, este régimen de responsabilidad objetiva descansa sobre tres pilares fundamentales:

i. Riesgo, porque las infecciones nosocomiales existen y cualquiera puede padecerlas.
ii. Igualdad, porque todas las personas son iguales y por ello todas tienen derecho a estar protegidas de igual forma.
iii. Solidaridad, porque pese a que no se enfermarán todos, todos debemos hacernos cargo porque podría dañar a cualquiera.

Como resalta MIR, en el seno de esta responsabilidad de índole objetiva se instala no sólo el aludido principio de solidaridad, sino también, cuando concurran las premisas necesarias para ello, la lógica del daño desproporcionado[81]. Pocos ciudadanos entenderían que quien entra en un hospital para ser tratado de una herida poco grave en una pierna y ve cómo le acaba siendo amputada como consecuencia de una infección nosocomial acaecida con ocasión del tratamiento recibido, deba soportar el daño sin ser siquiera indemnizado.

Por su parte, MOURE sostiene que la justificación de una responsabilidad patrimonial de la Administración de tipo objetivo tiene por fundamento las teorías del riesgo y la igualdad[82].

---

80 El 4 de marzo de 2002 se aprobó la Ley 2002-303, relativa a los derechos de los enfermos y a la calidad del sistema sanitario. De acuerdo con la misma, los establecimientos hospitalarios y otros organismos análogos responden por los daños que resulten de infecciones nosocomiales, «salvo si aportan la prueba de una causa extraña». Existen, no obstante dos excepciones: daños derivados del defecto de un producto utilizado en la asistencia sanitaria y, respecto de los establecimientos sanitarios, si se demuestra que fue la infección nosocomial fue causada por un elemento ajeno al servicio sanitario (art. 1142-1)

81 MIR PUIGPELAT, Oriol (2014): «La responsabilidad patrimonial de la Administración sanitaria y su capacidad de prevención de errores médicos», en VICENTE REMESAL, Javier (dir.), Congreso Internacional sobre Prevención de Errores Médicos y Eventos Adversos, Vigo. http://practicamedicayderecho.webs.uvigo.es.

82 MOURE GONZALEZ, Eugenio (2013): «Estafilococos y otros intrusos. El paciente ante las infecciones intrahospitalarias. Virtualidad del régimen de responsabilidad del artículo 148 del Real Decreto Legislativo 1/2007», *Revista de la Asociación*

– En virtud de la llamada teoría del riesgo, por razones de justicia conmutativa, los daños causados en el patrimonio privado deben de ser asumidos por la propia colectividad en cuyo interés se causaron, en la medida en que el funcionamiento en interés general de los servicios públicos comporta la creación de riesgos.

– De acuerdo con la denominada teoría de la igualdad, por razones de solidaridad ante las cargas públicas, la Administración debe resarcir los daños patrimoniales causados a los particulares como consecuencia de su actuación cuando aquellos comporten un sacrificio especial para los damnificados. Esta carga que excede de las generales que recaen sobre todos los ciudadanos por el propio modelo de organización social.

4) El criterio de los tribunales

La infección nosocomial está relacionada con la asistencia clínica. Por este motivo, no tendrán esta consideración aquellas infecciones que se producen fuera de esta *ratio.*

Para el estudio del mecanismo responsable, MARTÍNEZ-ZAPORTA, tras analizar la jurisprudencia, propone una clasificación de supuestos de los que inferir su ámbito objetivo y subjetivo[83]. De esta investigación resultan las siguientes conclusiones:

i. *Infección causada por hemoderivados.* Para esta autora, la infección causada por hemoderivados, por ser diagnosticada mucho después de la atención hospitalaria, quedaría fuera de la vía indemnizatoria por no cumplir el requisito de temporalidad.

   En estos casos, según MARTÍNEZ-ZAPORTA, como quiera que la vía de transmisión es un acto invasivo, generalmente consentido, la antijuridicidad resulta de una infracción normativa: el incumplimiento de la trazabilidad segura que se acoge en la legislación sectorial.

Española de Abogados Especializados en Responsabilidad Civil y Seguro, núm. 45, págs. 25 a 46.

[83] MARTÍNEZ-ZAPORTA ARÉCHAGA, Elena (2011): «La responsabilidad patrimonial por contracción de infecciones en el ámbito hospitalario: evolución, control y registro de datos», *Revista Derecho y Salud, Juristas de la Salud,* vol. 21, núm. 2, pág. 153 a 163.

ii. *Infección motivada por legionella.* La legionela, normalmente se origina por supuestos —como la mala conservación de instalaciones— no directamente asociados a la asistencia sanitaria.

Ahora bien, pueden ser considerados como infección nosocomial, si por incorrecta desinfección de los dispositivos de acondicionamiento de los quirófanos, la infección es consecuencia de la inhalación de aerosoles o de gotas de pequeño tamaño suspendidas en el aire de quirófanos[84].

iii. *Infecciones con precedente en el consentimiento informado del paciente.* Según destaca MARTÍNEZ-ZAPORTA, no existe un consenso entre los juzgados y tribunales alrededor de las infecciones propiciadas por falta de una adecuada comunicación de los riesgos relacionados con la asistencia sanitaria.

En este grupo de casos, apunta la autora que estamos exponiendo, es donde podemos encontrar más pronunciamientos dispares, a veces pese a la información previa y tratarse de resultados insatisfactorios, pero dentro de la normalidad[85].

---

84 La falta del debido cuidado de los aparatos de aire acondicionado también suele provocar infecciones por *Aspergilius.*

85 Entre otros fallos, la STSJ de Galicia de 24 de septiembre de 2008 condenó a la Administración por haberse encontrado en la herida quirúrgica «gérmenes típicamente hospitalarios» que impiden que el paciente tenga el deber jurídico de soportar el daño (STSJ de Galicia 593/2008, de 24 de septiembre, de la Sala de lo Contencioso-administrativo (núm. rec. 477/2006 y [*Tol 1405114*]). Por el contrario, la STSJ de Castilla y León de 17 de septiembre de 2010 no indemnizó a una paciente que fue advertida de la posibilidad al 1% de la pérdida del ojo por infección grave. Ello a pesar de que otra persona que fue operada en el mismo quirófano y con unas horas de diferencia también había tenido el mismo padecimiento (STSJ de Castilla y León 1930/2010, de 17 de diciembre, de la Sala de lo Contencioso-administrativo (núm. rec. 2762/2004 y [*Tol 2003883*]). En otras ocasiones, como la STSJ de la Comunidad Valenciana de 7 de abril de 2004, no se responsabiliza exactamente por la contracción de la infección, sino por no haber instaurado a tiempo el tratamiento procedente. En estos casos, si además existe falta de consentimiento o éste es defectuoso, la respuesta comprende ese doble descuido (STSJ de la Comunidad Valenciana de 7 de abril de 2004, de la Sala de lo Contencioso-administrativo (núm. rec. 833/2001 y [*Tol 522464*]). Hay una curiosa sentencia, la STSJ de la Comunidad Valenciana 329/2015, de 11 de mayo, de Sala de lo Contencioso Administrativo, sec. 2. A la paciente se le realizó una punción lumbar, en presencia de un familiar, siendo informada de la técnica y riesgos de la prueba que se le iba a realizar. Sin embargo no se recabó su consentimiento informado por escrito. Consta en la sentencia que no existe en el expediente

iv. *Infecciones por maniobras asistenciales inadecuadas.* Entre otros supuestos, destacamos la SSTSJ de la Comunidad Valenciana de 27 de julio de 2005 y de Madrid de 21 de junio de 2007.

En la primera se condenó a la Administración sanitaria por el fallecimiento de una persona por una infección respiratoria debido al inadecuado tratamiento farmacológico[86]. En la segunda la estimación del recurso vino motivada por la falta de aislamiento invertido, como consecuencia de no corroborar la desinfección de material quirúrgico[87].

v. *Infecciones motivadas por el contacto con prótesis.* Para MARTÍNEZ-ZAFORTA, a la hora de apreciar que la pérdida de salud se debe a infecciones derivadas del contacto con prótesis, hay que acometer con particular cautela. Como apunta esta autora, la estimación de los recursos debe relacionarse con complicaciones posibles y no evitables, máxime cuando su aparición se hace depender de la propia respuesta del paciente que puede estar limitada por patologías concurrentes.

---

dicho consentimiento informado firmado por la recurrente. El médico actuante, en su testifical, admitió que solo se firmaba el consentimiento en caso de intervención, pero que no se recababa la firma del mismo cuando se realizaban pruebas diagnósticas. Siendo la punción lumbar una prueba diagnóstica inequívocamente invasiva y con posibles consecuencias adversas no hay duda de que se precisaba la firma del consentimiento informado, a tenor de lo preceptuado en el art. 8.2 de la Ley 41/2002, de 14 de noviembre, básica reguladora de la autonomía del paciente y de derechos y obligaciones en materia de información y documentación clínica. También se ha indemnizado al no demostrar la Administración que adoptó todas las prevenciones profilácticas de los protocolos médicos, por la contracción de una infección que provocó una insuficiencia venosa crónica o síndrome posflebítico. Así ocurrió en la STS de 22 de noviembre de 2010. En este caso, además, se indemnizó por los daños morales asociados a la falta de consentimiento en donde se pudieron indicar estas complicaciones (STS de 22 de noviembre de 2010, de la Sala de lo Contencioso-administrativo (núm. rec 4674/2006 y [*Tol 2008883*]).

86 STSJ de la Comunidad Valenciana 662/2005 (núm. rec. 635/2002 y [*Tol 1405114*]. El TSJ de la Comunidad Valenciana condenó a la Conselleria de Sanidad por el fallecimiento de paciente como consecuencia de contraer una determinada infección respiratoria debido al inadecuado tratamiento farmacológico.

87 STSJ de Madrid 825/2007, de 21 de julio (núm. rec. 157/2004 y [*Tol 1219802*]).

Así, por ejemplo, la SAN de 18 de mayo de 2005, desestimó un recurso porque en la implantación de prótesis pueden producirse procesos infecciosos en los que influye la situación basal del paciente[88].

vi. *Infecciones motivadas por la limpieza y las infraestructuras.* Para que la Administración quede liberada de responder se requiere la prueba de la debida asepsia mediante certificaciones sobre la desinfección de quirófanos, salas de neonatos u otras que se consideren de riesgo. Como afirma la STSJ de Cataluña 26 de abril de 2007, «es evidente que son estos protocolos los que marcan la conducta a tener en cuenta por el personal sanitario para evitar el contagio de infecciones»[89].

Hasta el año 2003, apunta MARTÍNEZ-ZAPORTA, eran frecuentes las condenas atendiendo: bien a la imputación bien por la teoría del daño desproporcionado experimentado por el paciente; bien levemente por la de la creación de un riesgo no permitido; y, a veces, recurriendo la pérdida de oportunidad[90]. No obstante, los retrasos administrativos y judiciales suscitan que, pese a la fecha de la sentencia, los hechos litigiosos queden algo lejos, en la década de los 90, en la que aún la cultura de la prevención era tímida en nuestro país, y eran más habituales los fallos de asepsia.

VI. LA CONCURRENCIA DE CULPAS EN LA CAUSACIÓN DEL DAÑO

Si bien es cierto que, en el ámbito de la responsabilidad patrimonial sanitaria, no así en otros ámbitos, no es muy frecuente que nos encontremos ante esta disyuntiva, existen supuestos en los que en la producción del

---

88 Según señaló la SAN de 18 de mayo de 2005, en «los procesos infecciosos, en casos de implantación de prótesis, resultan complicaciones posibles en pacientes que sufren este tipo de intervenciones, riesgo que se incrementa cuando, como en el caso examinado, la paciente padecía una diabetes y una insuficiencia renal moderada constada en 2001» (FJ 6 SAN de 18 de mayo de 2005, Sala de lo Contencioso-Administrativo, Sec. 4ª, núm. rec. 363/2002 y [*Tol 766813*]).

89 STSJ de Cataluña 311/2007, de 26 de abril, Sala de lo Contencioso-Administrativo, Sec. 4ª, núm. rec. 25/2006 y [*Tol 1134294*]).

90 MARTÍNEZ-ZAPORTA ARÉCHAGA, Elena (2011): «La responsabilidad patrimonial por contracción de infecciones en el ámbito hospitalario: evolución, control y registro de datos», *op. cit.* págs. 153 a 163.

daño influye tanto la actuación del profesional médico como del propio perjudicado.

La concurrencia tiene efectos a la hora de calibrar el necesario requisito de la causalidad y en su caso la indemnización a conceder al perjudicado. Dicha cuestión se valora teniendo en cuenta el momento en que se produce la concurrencia y sobre todo los efectos que se producen en la causalidad.

Para la jurisprudencia el problema se reduce a fijar entonces qué hecho o condición debe ser considerado como relevante por sí mismo para producir el resultado final, con lo que la incidencia que puedan tener las distintas actuaciones servirá de modulador de la indemnización.

Dicho esto, a continuación señalamos los supuestos mas frecuentes de concurrencia de culpas. Estas pueden dar lugar a la distribución de responsabilidades o a la atribución exclusiva al causante o al perjudicado. Cuando la concurrencia de culpas es interna, tratándose de una Administración, en su caso, está podrá repetir contra sus empleados.

1) Reparto de responsabilidades

El reparto de responsabilidades puede ser horizontal (Administración y paciente) o vertical (entre Administraciones Públicas o entre una de ellas y su contratista).

A. Administración sanitaria y el paciente

Un supuesto harto difícil de resolver, y que plantea muchos problemas, prácticos tiene lugar cuando la concausa se encuentra en la patología del propio paciente. En estos casos la jurisprudencia es especialmente vacilante.

Así por ejemplo en la STSJ de Navarra de 18 de febrero de 2005, en un supuesto de fallecimiento a causa «neumonía hospitalaria», aplicando la teoría de la causalidad adecuada, estimó el recurso, a pesar de que paciente estaba especialmente predispuesto a contagiarse[91]. Sin embargo, la

91 STSJ de Navarra 205/2005, de 18 de febrero (núm. rec. 30/2004 y [*Tol 616157*]). En este caso, se trataba de un «paciente inmunosuprimido [que] esta[ba] especialmente predispuesto a sufrir la infección nosocomial». Para la Sala, a pesar de ello, «lo que media entre ese importante riesgo y la muerte, el paso de un estadio

STS de 11 de noviembre de 2004, negó que la pérdida de visión en un ojo a los dos días de una intervención de extracción extracapsular de catarata se debiera a la mala praxis o a una infección nosocomial. De acuerdo con la misma «la infección por el germen que provocó la infección obedece a causas endógenas del propio paciente y no del carácter hospitalario», en concreto a agenesia de iris y cataratas congénitas[92].

En nuestra opinión, cuando la conducta del perjudicado ha influido en el daño, «el deber de soportar el daño no depende del riesgo inherente a la enfermedad sino del estándar de seguridad exigible a la Administración»[93].

Por otro lado, un ejemplo recurrente de concurrencia de culpas entre Administración y perjudicado, son los suicidios de pacientes en el centro hospitalario o tras el alta, después de una valoración por cuadro psiquiátrico. En estos casos, cuando no es posible modular la influencia de la actuación del profesional médico o del servicio en la evitabilidad del suicidio los tribunales vienen modulando la indemnización en un 50 por ciento en la idea de la concurrencia de culpa de la víctima.

De todas formas, por lo que al tratamiento de los suicidios se refiere, nos remitimos a lo escrito en el cap. 24 por NAVALPOTRO (págs. 1820 a 1829), relativo a la responsabilidad patrimonial de la Administración sanitaria derivada de actuaciones no asistenciales.

B. Administración sanitaria y contratista

Puede existir concurrencia de culpas cuando en la producción de daño confluyan dos administraciones o una administración y una empresa contratista de un servicio público determinado. En este caso la responsabilidad será solidaria, respondiendo ambos al 50 por ciento o al porcentaje que el tribunal considere oportuno.

---

a otro, solo se explica por los efectos derivados de la infección». En su caso, esta fue «la causa que actúa sobre la enfermedad preexistente con consecuencias fatales. En definitiva, a juicio del TSJ de Navarra, «no se trata[ba] de procesos simultaneaos, sino de un proceso inicial complicado por un proceso sobrevenido. Es el segundo el que interfiere en el curso normal del primero, con efectos propios que acaban siendo mortales. La patología previa favoreció el proceso infeccioso, pero fue éste último el causante del fallecimiento» (FJ 3 STSJ de Navarra de 18 de febrero de 2005).

92 FJ 4 STS de 11 de noviembre de 2004 (núm. rec. 4067/2000).

93 CASTILLO GALLARDO, Mª Jesús (2021): *Administración sanitaria y responsabilidad patrimonial, op. cit.* pág. 92.

Como ejemplo de la concurrencia de culpas entre la Administración y el contratista encontramos el caso de fallecimiento de un paciente durante un acto quirúrgico, como consecuencia de un corte de electricidad que impidió proseguir la cirugía y del que devino una serie de complicaciones que no pudieron ser tratadas.

En el caso de daños como consecuencia de gestión indirecta del servicio público sanitario, nos remitimos lo escrito por VIDAL y MANENT en los caps. 6 y 7 (págs. 409 a 415 y 474 a 510), dedicado a la concurrencia de Administraciones en la causación del daño.

C. Varias Administraciones sanitarias

Puede suceder, también, que haya concurrencia de culpas por haber varias Administraciones responsables, como apuntan DE LORENZO APARICI y MONTALVO, a quienes estamos siguiendo en este apartado[94]. En este punto, también puede consultarse el cap. 12 (págs. 831 a 849), escrito por FORJÁN, dedicado a la concurrencia de Administraciones en la causación del daño.

Si concurren, como eventuales responsables, dos servicios de salud, el ciudadano puede presentar la reclamación de responsabilidad patrimonial frente a cualquiera de las dos Administraciones en las que se ha producido la asistencia. Corresponde tramitar la reclamación, si se ha reclamado a ambas Administraciones, a aquélla en la que haya habido una mayor intensidad en la actuación, debiendo dar traslado, esta administración, dicen los autores mencionados, al resto de las Administraciones implicadas para que puedan hacer las manifestaciones que estimen oportunas.

Esta regla de mayor intensidad en la actuación se sigue también a la hora de determinar el importe de las indemnizaciones que pudieran proceder. Cuando no fuera posible determinar el grado de implicación de cada administración, se acudirá al principio de solidaridad entre los entes intervinientes, con el objeto de preservar la indemnidad del administrado.

De las diversas combinaciones de concurrencia de culpa, por su interés nos centramos en la ausencia de responsabilidad por culpa del perjudicado y la responsabilidad de la Administración sanitaria por los daños causados por sus empleados.

---

94 DE LORENZO APARICI, Ofelia y MONTALVO REBUELTA, Pablo (2020): *Responsabilidad profesional sanitaria, Claves Prácticas Sanitarias, op. cit.* págs. 87 y ss.

2) Responsabilidad exclusiva del perjudicado

En estrecha relación con la posibilidad de la concurrencia de concausas, en la aparición del daño, encontramos los supuestos de culpa exclusiva del perjudicado.

La actuación exclusiva del paciente en la producción del daño ha sido admitida como elemento exonerador de la responsabilidad patrimonial de la Administración por la jurisprudencia. En estos casos, cuando se acredita que el daño es consecuencia de la actuación del paciente, el necesario requisito de la causalidad vendrá quebrado y el paciente no tendrá derecho a ser indemnizado.

Como ejemplos de la ruptura del nexo causal por culpa exclusiva de la víctima tenemos la decisión voluntaria del paciente de no seguir el tratamiento farmacológico para evitar una infección. En este caso, si devienen complicaciones propias de la misma, que pudieran haberse evitado con la toma de los antibióticos prescritos, se romperá el nexo causal. Lo mismo puede decirse del suicidio del paciente psiquiátrico durante una salida tutelada por la familia.

Como nota fundamental del concepto de culpa exclusiva del perjudicado, como criterio para exonerar de responsabilidad a la Administración debe tenerse en cuenta que los tribunales vienen estableciendo como requisito que la Administración demuestre la culpa o negligencia de la víctima en la producción del daño como causa exclusiva.

3) Repetición de la responsabilidad

Como apuntan DE LORENZO APARICI y MONTALVO, una vez declarada la existencia de responsabilidad patrimonial de la Administración, a favor del interesado, puede iniciar aquella un procedimiento de repetición contra el funcionario cuya actuación haya provocado la indemnización a favor del ciudadano, por actuación culposa o negligente[95]. La responsabilidad del funcionario debe haber sido producida en términos de dolo, culpa o negligencia grave[96].

---

95 Entendiendo este término en su amplio sentido de trabajador al servicio de una Administración y, por tanto, no sólo aquellos de vínculo funcionarial (en sentido estricto) sino también los de carácter estatutario o laboral que presten servicios con un vínculo público.

96 *Ibidem* pág. 111 y ss.

Es necesaria la concurrencia de estas notas de gravedad, de modo que la Administración que haya indemnizado está claramente limitada a la hora de repetir del causante de daño motivo de la indemnización. La finalidad de esta limitación es proteger al profesional de aquellos errores o descuidos no demasiado graves en que pueda incurrir, sin desproteger al ciudadano perjudicado[97]. Sobre este particular nos remitimos a lo escrito por BLANQUER en el cap. 5 (págs. 386 a 394), en el que se estudia la responsabilidad de los autoridades y empleados públicos.

VII. LA CARGA DE LA PRUEBA. UN ASUNTO CAPITAL

Aunque, como principio general, corresponde la prueba de las obligaciones, al que reclama su cumplimiento, la carga probatoria puede invertirse en virtud del principio de facilidad probatoria. Dicha regla es de aplicación al proceso civil o al administrativo, y dentro de este, a la responsabilidad sanitaria de la Administración, con especial notoriedad en el supuesto de las infecciones nosocomiales.

En cualquier caso, como pone de manifiesto el CdE, «no se debe dar una solución apriorística a las reclamaciones de responsabilidad patrimonial por infecciones hospitalarias cuando se ha cumplido el deber de información al paciente y no se ha identificado una específica violación de la *lex artis* médica ni tampoco una deficiencia o un incumplimiento de las reglas internas para la prevención de infecciones vigentes en el centro hospitalario. La resolución de estas reclamaciones depende fundamentalmente de lo que resulte de las pruebas aportadas. En particular, no cabe afirmar que los pacientes no tienen en caso alguno el deber jurídico de soportar las

---

97 La acción de repetición puede ser ejercitada tanto tras una sentencia penal, como después de una resolución judicial en el orden contencioso administrativo, ya que la LRJ no prejuzga el orden jurisdiccional. Una vez iniciado el expediente se abre, para el expedientado, un plazo de alegaciones de 15 días, pudiendo presentar cualquier prueba admitida en Derecho, que pueda sustentar sus intereses. Una vez practicada aquella se dará traslado al expedientado del trámite de audiencia, siguiendo la propuesta de resolución y resolución pertinente por parte de la Administración. Esta resolución pone fin a la vía administrativa, por lo que cabe, en caso de disconformidad con la misma, recurso contencioso administrativo. Es de destacar que, actualmente, la Administración está obligada a poner en marcha esta repetición contra el funcionario causante del daño al ciudadano, cuando concurran los presupuestos para ello, mientras que en la regulación anterior de esta materia era una posibilidad facultativa para la Administración.

infecciones nosocomiales, cualquiera que sea su grado de inevitabilidad e imprevisibilidad»[98].

Cuando concurren estas infecciones se exige que se acredite, por parte de la Administración, que se cumplieron, por los hospitales que trataron al paciente y por los médicos que le atendieron, los protocolos de profilaxis[99].

«Ahora bien [como recuerda la STS de 18 de julio de 2019, partiendo de art. 217.7 de la Ley 1/2000, de 7 de enero] «lo que no basta es contar con protocolos de asepsia y profilaxis, sino se demuestran que son escrupulosamente observados, correspondiendo la carga de la prueba al centro hospitalario en virtud de los principios de disponibilidad o facilidad probatoria»[100].

El paciente perjudicado no tiene que probar otra cosa que el hecho infectivo, contraído en determinado medio sanitario y el daño producido. A partir de ahí, corresponde a la Administración sanitaria la prueba de que los protocolos correspondientes existían y se aplicaron, conforme al estado de la ciencia y posibilidades disponibles.

Acreditado esto no se derivará responsabilidad a la Administración por el contagio. En este sentido se ha pronunciado la STS de 22 de noviembre de 2010. Para el alto tribunal, las obligaciones de la Administración sanitaria, *grosso modo*, se ciñen a la prueba de la *lex artis* en la asistencia médica, a la información de los riesgos y el cumplimiento de los protocolos de asepsia y profiláxis[101].

---

98 DCdE de 27 de septiembre de 2006 (núm. exp. 1637/2006).

99 SÁNCHEZ GARCÍA, Marta M. (2013): «Evolución jurisprudencial de la responsabilidad patrimonial de la administración sanitaria». *Revista Derecho y Salud*, Juristas de la Salud, vol. 23, núm. extra 1, págs. 189-205.

100 FJ 2 STS 446/2019, de 18 de julio, Sala de lo Civil (núm. rec. 576/2017 y [*Tol 7482410*]). Esta misma STS, a la carga de disponer y observar los protocolos de asepsia y profilaxis, añade que «la falta de constancia de la concurrencia de culpa o negligencia en la adopción de medidas preventivas no puede perjudicar al enfermo, que sufre una patología propiamente hospitalaria, que no padecía a su ingreso, y con respecto a la cual no corre con la carga de la prueba. Al revés es acreedor, como hemos indicado, de la recepción del tratamiento médico hospitalario con las debidas garantías de seguridad. No estamos tampoco enjuiciando la responsabilidad individual de los facultativos tratantes, ni del personal adscrito al servicio de medicina preventiva por infracción de la *lex artis ad hoc*» (FJ 2).

101 FJ 3 STS de 22 de noviembre de 2010, Sala de lo Contencioso-Administrativo, sec. 6 (núm. rec. 4674/2006 y [*Tol 2008883*]). En palabras de la STS de 22 de noviembre de 2010, «se pone a cargo de la Administración sanitaria la prueba

Por lo demás, sobre esta cuestión —carga de la prueba de la infección nosocomial— puede consultarse lo escrito por MANENT y ALONSO y GARCÍA-TREVIJANO en los caps. 18 y 28 de esta obra (págs. 1255 y 2041).

En esta línea la STSJ de Madrid de 25 de mayo de 2013, falló a favor del reclamante al haberse «acreditado [por él] que una de las causas de la infección (…) pudo ser la nosocomial (…) correspondía a la Administración haber informado a la Sala de los protocolos que se habían seguido en este caso para prevenir el contagio de dicha infección»[102].

En conclusión, en la práctica, nos encontramos ante una responsabilidad subjetiva, por culpa. En virtud de la cual la Administración responderá por aquellas infecciones nosocomiales contraídas sin culpa de la víctima, salvo que la Administración demuestre la intervención de una fuerza mayor extraña o que tal infección no podía preverse o evitarse con los conocimientos y técnicas disponibles conforme al estado vigente de la ciencia.

1) Protocolos de asepsia e informe de esterilización

Es criterio jurisprudencial la consideración de que cuando la Administración acredita que ha desplegado las medidas profilácticas exigidas por los medios técnicos conocidos no se permite imputarle la responsabilidad por el hecho infectivo. De haberse aplicado estas medidas se concluye que la infección se atribuye a fuerza mayor en esos casos.

En síntesis: la responsabilidad patrimonial en materia de infecciones nosocomiales se remite a la infracción del deber de diligencia debido (*lex artis*) consistente en la ausencia de medidas de asepsia. *A contrario sensu,* si

---

de que ajustó su actuación a las reglas de la *lex artis,* aportando los documentos justificativos de que se informó a la paciente de los riesgos de la intervención y de que recabó su consentimiento, así como que adoptó todas las prevenciones profilácticas que los protocolos médicos aconsejan para evitar las infecciones nosocomiales, pues es ella y no la actora la que tiene la disponibilidad y facilidad de probar que su actuación en los dos aspectos reseñados fue correcta» (FJ 3).

102 FJ 7 STJ de Madrid 329/2013, de 25 de marzo (núm. rec. 329/2013 y [*Tol 3775328*]). Esta sentencia, recordó a la Administración sanitaria que «sólo (…) tras acreditarse debidamente que se habían cumplido tales protocolos de asepsia o prevención, se podía haber concluido en el carácter inevitable de la infección, a pesar de haberse utilizado todas las medidas de prevención exigidas por la ciencia médica al tiempo de los hechos litigiosos y, en definitiva, en el carácter no antijurídico del resultado de dicha infección, el fallecimiento del paciente» (FJ 7).

la Administración ha cumplido con los protocolos y medidas de asepsia no podrá declararse la existencia de responsabilidad[103].

A la hora de dimensionar el despliegue exonerador de la responsabilidad es interesante la postura mantenida por la Comisión Jurídica Asesora de la Generalitat de Catalunya (CJACat). Según su parecer, aunque «entre los rasgos que caracterizan las reclamaciones derivadas de las infecciones nosocomiales, destaca la inversión de la carga de la prueba (...) [,] esto no puede comportar que cualquier alegación desplace la carga de la prueba a la Administración y que esta se vea obligada a una especie de investigación general sobre la corrección de todo el proceso clínico cuestionado»[104].

A lo anterior, la CJACat añade que, con carácter general, se tendrá «por acreditado el cumplimiento de las medidas de asepsia con la incorporación, por un lado, de los protocolos de asepsia vigentes y de aplicación en el momento de los hechos, y, por otro, de los informes y hojas de control de esterilización que den fe de que efectivamente se han cumplido»[105].

2) Obligación de medios o de resultado

No puedo omitir, siquiera, una mención a este conflictivo tema de si el ejercicio de la medicina es una obligación de medios o de resultados. En una interpretación clásica, la medicina curativa o tradicional estaría en el primer caso y la medicina satisfactiva, en el segundo, si bien cobra fuerza progresivamente la tesis de que hay obligación de medios, incluso en este último caso mencionado, salvo que se garantice el resultado[106].

---

103 PÉREZ LÓPEZ, Ian (2013): «Infecciones hospitalarias: ciencia, pacientes y tribunales», *Revista CESCO de Derecho de Consumo*, núm. 8.

104 Memoria de la CJACat de 2015, pág. 124.

105 *Idem.*

106 De acuerdo con la STS de 28 de junio de 2013, «la distinción entre obligación de medios y de resultado no es posible mantener en el ejercicio de la actividad médica, salvo que el resultado se pacte o se garantice, incluso en los supuestos más próximos a la llamada medicina voluntaria que a la necesaria o asistencial, cuyas diferencias tampoco parecen muy claras, sobre todo a partir de la asunción del derecho a la salud como una condición del bienestar en sus aspectos psíquicos y social, y no solo físico. Obligación de medios es poner a disposición del paciente los medios adecuados y, en especial ofrecerle información necesaria, en los términos que exige la Ley 14/1986, de 25 de abril, General de la Salud —vigente en el momento de cometerse los hechos— teniendo en cuenta que los médicos actúan sobre personas, con o sin alteraciones de la salud, y que la intervención médica

En términos civilistas, apuntan DE LORENZO APARICI y MONTALVO, nos encontramos en presencia de un contrato de arrendamiento de servicios (en la obligación general de medios) o ante un contrato de obra (cuando concurre la obligación de resultados). Apuntan estos juristas que, respecto de la garantía de resultado, es de la máxima relevancia no solo el compromiso adquirido con el ciudadano destinatario de la actuación médica, sino también la publicidad efectuada por el médico actuante ó el centro sanitario en el que se encuentra encuadrado[107].

La necesidad de la prueba y el cargo de la misma al centro sanitario se recogen con claridad en la STS de 28 de mayo de 2013, recogida y comentada DE LORENZO APARICI[108].

---

está sujeta, como todas, al componente aleatorio propio de la misma, por lo que los riesgos y complicaciones que se pueden derivar de las distintas técnicas de cirugía utilizadas, especialmente, la estética, son los mismos que los que resultan de cualquier otro tipo de cirugía: hemorragias, infecciones, cicatrización patológica o problemas con la anestesia... Lo contrario supone poner a cargo del médico una responsabilidad de naturaleza objetiva en cuanto se le responsabiliza exclusivamente por el resultado alcanzado en la realización del acto médico, equiparando el daño al resultado no querido ni esperado, ni menos aún garantizado, por la intervención, al margen de cualquier valoración sobre culpabilidad y relación de causalidad» (FJ 2 (STS 463/2013, de 28 de junio, núm. rec. 265/2011 y [*Tol 3843023*]).

107 DE LORENZO APARICI, Ofelia y MONTALVO REBUELTA, Pablo (2020): *Responsabilidad profesional sanitaria, Claves Prácticas Sanitarias*, Lefevbre, Madrid, pág. 53 y ss.

108 STS de 28 de mayo de 2013, sec. 4ª, Sala de lo Contencioso-Administrativo, (núm. rec. y [*Tol 3753343*]). En esta ocasión el TS confirmó la STSJ de la Comunidad Valenciana 853/2012, de 3 de octubre (núm. rec. 183/2010 y [*Tol 2709776*]). El TSJ de la Comunidad Valenciana había desestimado la demanda interpuesta por un paciente en solicitud de 150.255 euros por responsabilidad patrimonial de la Administración por una infección nosocomial. La sentencia objeto de recurso fundamentaba la desestimación de la reclamación en la falta absoluta de prueba practicada a instancias de la parte demandante, razonando que la misma no aportó prueba pericial alguna que, más allá de sus apreciaciones subjetivas acerca de la atención recibida, permitiera obtener una valoración cualificada de los hechos analizados, distinta de la que se desprende de los Informes aportados y que permita constatar la existencia de una mala praxis en la asistencia médico hospitalaria proporcionada, y tampoco avala su tesis el informe que emitió la Dirección General de Salud Pública, en su extremo relativo a la detección de 166 casos de *Staphylococcus* a lo largo del año 2008 en el mismo centro hospitalario, pues considera el Tribunal que este dato no es significativo en sí mismo, si no se le relaciona con concretas fechas, y con el conjunto de población atendida por dicho Hospital

3) *Culpa in vigilando*

En último lugar, aunque pueda exceder del ámbito de la responsabilidad patrimonial sanitaria, queremos terminar este epígrafe destacando la responsabilidad por *culpa in vigilando.*

«La culpa *in vigilando* o *in omitiendo* no es más que una modalidad de presunción de culpa, que en cualquier caso se distingue de esta última en la que la causa del daño sí se conoce. Sobre esta modalidad de culpa opera una presunción, si bien no exactamente para deducir un hecho, sino para interpretar directamente la responsabilidad»[109].

---

en la referida anualidad. En definitiva, el Alto Tribunal concluye que la parte demandante no acreditó en modo alguno su planteamiento argumental. Para llegar a esta conclusión la parte recurrente parte de la doctrina general aplicable al caso, pues se considera que es la Administración la que tiene que probar la correcta profilaxis para evitar cualquier tipo de contagios, para a continuación valorar la prueba practicada y que considera suficiente en relación a la adopción de las medidas necesarias de protección siendo, además, que la parte demandante nada había acreditado en sentido contrario. La valoración que hace el Tribunal de las pruebas obrantes en autos concluye en la confirmación de la Sentencia dictada en primera instancia, considerando que la misma resulta coherente y plenamente motivada, recordando que, dado que el riesgo de infección hospitalaria no puede erradicarse por completo, es a la Administración a quien le incumbe la carga probatoria, de que se hallaban previstas y se aplicaron adecuadamente las medidas preventivas y de profilaxis, siendo también correcta la atención dispensada una vez aislado el germen causante de la infección, y justificado tal proceder por la Administración sanitaria, correspondiendo a la parte reclamante desvirtuarlo. Sobre esta base, el Tribunal ha analizado el informe de la Inspección Médica, así como la documentación clínica aportada para valorar que no existió abandono en el tratamiento ni retraso en la aplicación de la pauta antibiótica, valorando igualmente el Informe del Jefe del Servicio de Ginecología del Hospital del que se deriva la corrección del tratamiento dispensando a la paciente, lo que ha llevado a la desestimación de la reclamación por responsabilidad patrimonial».

109 BAUZÁ MARTORELL, Felio José (2016): *Presunción de culpa. La deducción de negligencia en la responsabilidad patrimonial de la Administración, op. cit.* pág. 381. BAUZÁ, a los efectos de diferenciar la presunción de culpa de la culpa *in vigilando,* se remite a la STS 813/1997, de 26 de septiembre, Sala de lo Civil (núm. rec. 2503/1993). En un supuesto de extirpación de un mioma en un ovario, durante el transcurso de la operación se desprendió un tornillo de un retroactor. Tres años después se descubrió el tornillo y tuvo que practicarse una histerectomía. Tanto en la instancia como en la casación se absolvió a los médicos y se condenó al INSALUD por no haber conservado el material quirúrgico. Al probarse que los médicos habían actuado conforme a la *lex artis,* fueron absueltos. En cambio, se condenó al centro hospitalario porque no había sido diligente en conservación del material.

Con carácter general, la exigencia legal de invertir la carga de la prueba concurre cuando el daño a un ciudadano se ha producido en el seno de una organización obligada a dispensarle protección. En estos casos, es de aplicación en el ámbito civil la llamada *culpa in vigilando*, en la que encontramos acusado paralelismo con el manejo de la prueba en las infecciones nosocomiales.

De hecho, los requisitos de exigencia de esta responsabilidad *in vigilando* son los siguientes:

i. Existencia del daño y su cuantificabilidad.
ii. Origen del mismo (medio o persona que lo ha causado).
iii. Nexo causal del daño y del mencionado origen del mismo.
iv. Falta de prueba por el médico o profesional causante del daño de la diligencia debida en su actuación.

Nótese el paralelismo entre este supuesto general de *culpa in vigilando* y la inversión de carga de la prueba en las infecciones nosocomiales. Como resaltó en su día el TS, tanto en uno como en otro caso, concurre la circunstancialidad. En su virtud, «la responsabilidad no se circunscribe a los supuestos de infracción reglamentaria, pues no basta acomodar la actitud diligente a las exigencias normativas, sino que hay que agotar la diligencia socialmente exigible en atención a las circunstancias que concurren en cada caso»[110].

VIII. VISIÓN JURISPRUDENCIAL DE LA DOCTRINA DE CONSUMIDORES Y USUARIOS

En los servicios sanitarios, además de las normas reguladoras de la responsabilidad extracontractual o patrimonial, hay que tener en cuenta la legislación protectora de los consumidores y usuarios. Aunque esta cuestión se aborda por HERNÁNDEZ VILLALÓN *in extenso* en el cap. 22, el dedicado a la responsabilidad por productos sanitarios defectuosos, en este epígrafe queremos destacar su inaplicación por la doctrina legal y la jurisprudencia contencioso-administrativa.

En el caso de daños causados con ocasión de la asistencia sanitaria, hay que estar al art. 148 TRLCU, relativo al régimen especial de responsabili-

110 FJ 4 STS 1164/2004, de 2 de diciembre (núm. rec. 3297 y [*Tol 636123*]).

dad objetiva por daños causados por los prestadores de determinados servicios. Tal y como prescribe este precepto, en los servicios sanitarios «se responderá de los daños originados en el correcto uso de los servicios» hasta el límite de 3.005.06052 euros[111].

1) Ámbito de aplicación

El precepto predecesor del art. 148 TRLCU, fue aplicado en el ámbito sanitario, por vez primera, por la STS de 1 de julio de 1997[112]. Con posterioridad ha sido invocado muchas ocasiones, entre otras la STS de 4 de diciembre de 2007, en la que se condenó al centro hospitalario, por contagio de hepatitis C, no solo en aplicación del art. 1903.4 CC sino también del predecesor del art. 148 TRLCU[113].

Es necesario, no obstante, dejar sentada una precisión, la responsabilidad establecida por la legislación de consumidores únicamente es aplicable: subjetivamente al titular del centro sanitario; y objetivamente a los

---

111 Según el art. 148 TRLQCU, relativo al régimen especial de responsabilidad, «se responderá de los daños originados en el correcto uso de los servicios, cuando por su propia naturaleza, o por estar así reglamentariamente establecido, incluyan necesariamente la garantía de niveles determinados de eficacia o seguridad, en condiciones objetivas de determinación, y supongan controles técnicos, profesionales o sistemáticos de calidad, hasta llegar en debidas condiciones al consumidor y usuario. En todo caso, se consideran sometidos a este régimen de responsabilidad los servicios sanitarios, los de reparación y mantenimiento de electrodomésticos, ascensores y vehículos de motor, servicios de rehabilitación y reparación de viviendas, servicios de revisión, instalación o similares de gas y electricidad y los relativos a medios de transporte. Sin perjuicio de lo establecido en otras disposiciones legales, las responsabilidades derivadas de este artículo tendrán como límite la cuantía de 3.005.060,52 euros».

112 STS 604/1997, de 1 de julio, Sala de lo Civil (núm. rec. 1937/1993 y [*Tol5156484*]).

113 STS 1242/2007, de 4 de diciembre de 2007 (núm rec. 4051 y [*Tol 1256811*]). En ella, el TS condenó al centro hospitalario no se fundaba únicamente del art. 1903.4 CC, sino también en los arts. 25 y 28.2 de la Ley 26/1984, de 19 de julio, general para la defensa de los consumidores y usuarios. Esta última norma, como en la actualidad el art. 148 TRLCU, incluía a los servicios sanitarios También estableció una responsabilidad objetiva por los daños originados en el correcto uso y consumo de bienes y servicios cuando por su propia naturaleza, o por estar así reglamentariamente establecido, incluyeran necesariamente la garantía de niveles determinados de pureza, eficacia o seguridad, en condiciones objetivas de determinación, o dispusieran controles técnicos, profesionales o sistemáticos de calidad, hasta llegar en debidas condiciones al consumidor o usuario.

aspectos organizativos o de prestación de los servicios sanitarios. Quedan fuera del ámbito del TRLCU tanto la actividad médica propiamente dicha como los profesionales sanitarios, cuya responsabilidad subjetiva de acuerdo con el art. 1902 CC[114].

Gráficamente han advertido DE LORENZO APARICI y MONTALVO que en aplicación de la normativa de consumidores y usuarios el paciente eventualmente perjudicado actúa como consumidor y el centro sanitario asume la figura de empresario. La responsabilidad, en términos expuestos por el TS, solo puede proyectarse en este campo sobre los aspectos organizativos o funcionales, no pudiendo alcanzar a los actos médicos propiamente dichos[115].

A lo anterior hay que precisar con MOURE que: mientras que la Sala 1ª del TS viene aplicando como criterio legal de imputación del daño derivado de una infección intrahospitalaria el art. 148 TRLCU, incluso cuando la condenada al pago resulta ser una Administración Pública; en cambio, la Sala 3ª de este alto Tribunal elude la mención al art. 148 TRLCU[116].

2) Responsabilidad objetiva

La regla de responsabilidad objetiva del art. 148 TRLCU se ancla en que la seguridad del paciente es un derecho. Por ello, en caso de verse vulnerado por una infección nosocomial, se genera el derecho a una indemnización, sin más consideraciones.

---

114 Como afirma la STS de 20 de noviembre de 2012 «este tipo de responsabilidad no afecta a los actos médicos propiamente dichos, dado que es inherente a los mismos la aplicación de criterios de responsabilidad fundados en la negligencia por incumplimiento de la lex artis ad hoc. Por consiguiente, la responsabilidad establecida por la legislación de consumidores [en el art. 148 TRLCU] únicamente es aplicable en relación con los aspectos organizativos o de prestación de servicios sanitarios, ajenos a la actividad propiamente dicha» (FJ 10 STS de 20 de noviembre de 20212 (núm. rec. 4598/2011 y [*Tol 2689553*]). En el mismo sentido se ha pronunciado la STSJ de Castilla y León de 1259/2013, de 2 de julio de 2013 (núm. rec. 1464/2009 y [*Tol 3901164*]).

115 DE LORENZO APARICI, Ofelia y MONTALVO REBUELTA, Pablo (2020): *Responsabilidad profesional sanitaria, Claves Prácticas Sanitarias*, pág. 63 y ss.

116 MOURE GONZALEZ, Eugenio (2013): «Estafilococos y otros intrusos. El paciente ante las infecciones intrahospitalarias. Virtualidad del régimen de responsabilidad del artículo 148 del Real Decreto Legislativo 1/2007», *op. cit.* págs. 25 a 46.

Este planteamiento tan elemental deriva de principios de justicia o de solidaridad. De acuerdo con los mismos, no puede dejarse de indemnizar a un paciente que ha adquirido una infección que nada tiene que ver con la enfermedad por la cual fue hospitalizado.

Además, la responsabilidad objetiva del art. 148 TRLCU opera con independencia de la inevitabilidad de la infección por haber aplicado cuantas medidas profilácticas fueren procedentes. El prestador del servicio sanitario solamente podrá eludir su responsabilidad probando el origen externo de la infección.

Con el art. 148 TRLCU, «se ha configurado legalmente, así, un interés jurídicamente protegido con el mayor nivel de garantía posible, en este caso referido al consumidor en el ámbito sanitario, responsabilidad objetiva por "funcionamiento normal" de los servicios sanitarios»[117].

3) Fuerza mayor

En los centros sanitarios, como proveedores de servicios, el paciente mantiene unas legítimas expectativas de seguridad, de ahí que, en el ámbito de las infecciones nosocomiales, se establezca la responsabilidad objetiva del establecimiento sanitario en la prestación de los referidos servicios sanitarios.

Por ello, para que pudiera considerarse que el daño sufrido por un paciente debido a una infección nosocomial no es imputable al centro sanitario, deberíamos encontrarnos ante un supuesto en el que el daño ha sido producido por una causa ajena al funcionamiento del servicio sanitario, de carácter imprevisible e inevitable[118].

Como se ha comentado, para la STS de 18 de julio de 2019, una infección nosocomial es un riesgo previsible[119]. Por ello, no basta con contar

---

117 CABEDO ARCE, Bibian (2015): «Infecciones hospitalarias. Derecho del paciente a la seguridad: obligación de resultado; hacia la objetivación de la responsabilidad en el derecho comparado», *op. cit.* pág. 152.

118 FUENTES RODRÍGUEZ, Laura y GAITÁN LUJÁN, María (2019): «El Tribunal Supremo intensifica la responsabilidad de los centros sanitarios en los casos de infecciones intrahospitalarias», EJASO, *https://ejaso.com/blog/el-tribunal-supremo-intensifica-la-responsabilidad-de-los-centros-sanitarios-en-los-casos-de-infecciones-intrahospitalarias.*

119 El alcance de la STS de 18 de julio de 2019, ya ha sido comentado en los epígrafe quinto y-séptimo, dedicados a la responsabilidad objetiva y a la carga de la prueba,

con protocolos de asepsia y profilaxis, sino que debe demostrarse por el centro hospitalario que fueron escrupulosamente observados tales protocolos y sistemas de prevención de las infecciones nosocomiales[120].

IX. DEFENSA JURÍDICA DE LA RECLAMACIÓN DE RESPONSABILIDAD

Como hemos visto con anterioridad, el centro sanitario puede llegar a responder ante una infección de esta naturaleza a un paciente, con independencia de que no concurra culpa alguna en esta transmisión. El sustrato de esta responsabilidad es el derecho del paciente a la seguridad clínica.

Se condena, así, a las instituciones invocando su deber de seguridad y la garantía de resultados (ausencia de infecciones hospitalarias exógenas) que pesa sobre las mismas. Este criterio determina a su vez que, tradicionalmente, las únicas líneas de defensa admisibles de las instituciones hayan sido:

i. Demostrar que la infección fue adquirida con anterioridad al ingreso del paciente al establecimiento.

ii. Demostrar que la infección fue endógena (el propio paciente es el portador del germen infeccioso, ya sea antes de su ingreso o luego del mismo sin intervención de causa externa alguna).

---

respectivamente (nota a pie de página núm. 62 para el primer asunto) y (nota a pie de página núm. 93 para el segundo tema mencionado).

120 FJ 2 STS 446/2019, de 18 de julio, Sala de lo Civil (núm. rec. 576/2017 y [*Tol 7482410*]). En este fallo, el TS expresó en el fundamento jurídico segundo que «las infecciones nosocomiales en modo alguno *eran* imprevisibles», así como que «la presencia de gérmenes patógenos en el ámbito hospitalario, su agresividad y resistencia al tratamiento antibiótico *era* perfectamente conocida». En concreto significó que «el grado de prevalencia de las mismas es un indicador del nivel de calidad asistencial y todos los hospitales cuentan con protocolos para prevenirlas. Constituyen una preocupación constante de la medicina preventiva». De esta manera, condenó al centro hospitalario demandado al abono de una indemnización de 96.800 euros, más el interés moratorio previsto en el art. 20 de la Ley 50/1980, de 8 de octubre, de contrato de seguro, desde la fecha del fallecimiento del paciente. En esta ocasión el TS, al considerar infringido el art. 148 TRLCU, declaró la responsabilidad civil del hospital de la infección intrahospitalaria adquirida tras una intervención quirúrgica y que terminó causando el fallecimiento del paciente.

iii. Demostrar que la infección tuvo su origen en una causa de fuerza mayor.

Algunos autores consideran que la acreditación de esta prueba es verdaderamente «diabólica» ya que, al objetivarse la responsabilidad, las instituciones solo podrán eximirse fracturando el nexo causal. Esto, que en la práctica es generalmente imposible, conduce en muchos casos a la producción de sentencias con consideraciones problemáticas[121].

De este modo, los letrados defensores de centros sanitarios deben cargar con las complejidades probatorias derivadas de esta visión simplista que considera que todas las infecciones adquiridas en el hospital por gérmenes ajenos al paciente son el resultado exclusivo de las deficiencias en la asepsia, esterilización, higiene o control en el instrumental, utensilios o ambiente, y que podrían haber sido evitadas con un mínimo de diligencia. La ecuación, antes mencionada, infección en el centro igual a responsabilidad, parece servida.

El paciente infectado, a su vez, a través de su defensa jurídica podrá armar su estrategia en consideración a las siguientes consideraciones:

i. Si se ha producido la negligencia médica en un centro privado se acudirá a la jurisdicción civil para reclamar la indemnización que pudiera proceder.

ii. En el caso de situar los hechos en un centro público, la vía a seguir será presentar la reclamación por responsabilidad patrimonial de dicho centro y una eventual demanda ante la jurisdicción contencioso-administrativa.

iii. Si el contagio se ha producido por una negligencia obvia, que pueda considerarse delictiva y ha ocasionado la muerte o lesiones graves al paciente, la vía de elección será la jurisdicción penal.

En cualquier caso, habrá que demostrar el nexo causal entre la estancia y atención en un centro, o por un profesional, carente de las medidas necesarias y la infección adquirida. Al tratarse de extremos precisados de objetivación y valoración clínica es esencial contar con un perito médico cuya participación es crucial en un juicio por negligencia médica como consecuencia de una infección hospitalaria, ya que es el encargado de valorar y emitir informe al respecto, para su traslado al tribunal.

---

121 VAZQUEZ FERREYRA, Roberto (2002): *Daños y perjuicios en el ejercicio de la medicina.* Hammurabi, Buenos Aires, pág. 151.

X. CONSIDERACIONES FINALES

Hemos tenido ocasión de examinar y valorar, en este complejo asunto de las infecciones nosocomiales, los distintos fundamentos jurídicos de la imputación y sus criterios de aplicación.

Podemos encontrar su examen en sede civil, administrativa y hasta penal, según el caso, como hemos tenido ocasión de exponer. La primera orientación, por tanto, debe ser la sede jurisdiccional a la que dirigir la demanda, según la índole del incumplimiento si es delictivo (penal) o indemnizatorio (civil o patrimonial). Pero es que, además, se acude en ocasiones a la normativa de consumidores y usuarios.

Todos estos ámbitos se pronuncian, según la tesis que se decida aplicar a la declaración de responsabilidad —subjetiva o por culpa o a la objetiva— sobre cuyas ambas categorías gravitan diversas consideraciones de incardinación de la responsabilidad. El pronunciamiento final se derivará a una u otra tesis, con independencia de hacia cual se haya dirigido la reclamación, en función de los elementos fácticos con que se cuente y la estrategia procesal que se adopte.

Pero, desde criterios de estricta lógica jurídica nos preguntamos: ¿cuál puede parecernos más coherente y con mayor sustrato normativo?

Con el mismo supuesto de partida de una infección hospitalaria al paciente perjudicado le es más peligrosa la aplicación de la responsabilidad por culpa, pues la Administración sanitaria, si logra demostrar la aplicación exquisita de medios de antisepsia o romper el nexo causal, las expectativas de indemnización son más que problemáticas.

En el caso de valorar la responsabilidad bajo el criterio objetivo puede bastar, sin embargo, como hemos destacado en su momento, con la prueba del daño y del hecho causal de derivarse de una infección adquirida en el medio hospitalario. En torno a este criterio objetivo gravitan, además, teorías de frecuente aplicación y orientadas al beneficio del paciente, como la del reparto social de los daños, la solidaridad, la tesis del daño desproporcionado o los riesgos del progreso.

Parece más coherente, sin embargo, desde nuestra opinión, en términos generales, la tesis subjetiva, en conocimiento del ejercicio de la medicina actual y de las prestaciones asistenciales por los medios sanitarios. Debemos asumir que el funcionamiento, incluso normal de la Administración sanitaria puede producir un daño que, no en todos los casos, puede declararse como indemnizable para el paciente perjudicado por el mismo. Hay una serie de riesgos que debemos asumir como ciudadanos, usuarios y demandantes de servicios públicos; riesgos que son inherentes a la propia actividad asistencial, sin que resulte cabal ni lógico indemnizar sistemáticamente la materialización de un daño que el estado de la ciencia y la técnica no permite evitar y que convertiría a la Administración sanitaria en una especie de asegurador todo riesgo de su actividad, lo que no resulta acorde con el significado de la responsabilidad, aunque sea objetiva, por el resultado, como tiene declarado con reiteración el TS. No parece conveniente la objetivación, sin más, de la responsabilidad de la Administración sanitaria por el mero hecho de haber adquirido el paciente la infección durante la estancia hospitalaria, sin otras consideraciones.

No se puede pedir a la Administración que asuma (que «socialice») todos los riesgos a los que ha de enfrentarse el usuario y que resultan imposibles de erradicar en su integridad.

Toda esta complejidad que podría traernos una visión negativa del asunto, debe aportarla, sin embargo, de carácter positivo, en la contemplación de los esfuerzos de la doctrina y de la jurisprudencia para no dejar en desamparo a quien sufre un daño en las circunstancias expuestas. No vale de nada una interminable formulación de derechos, sin más. Los derechos no son nada sin sus garantías.

Bibliografía

BARENHOLTZ, Sean M. (2004): *Eliminating catheterrelated bloodstream infections in the intensive care unit. Critical Care Medicine,* 32

BENENSON, Abram S. (1995): *Control of communicable diseases in man* (16a ed.), American Public Health Association, Washington

BAUZÁ MARTORELL, Felio José (2016): «Presunción de culpa. La deducción de negligencia en la responsabilidad de la Administración», *Revista de Administración Pública,* núm. 201

DALE W. BRATZLER (2005): *Use of Antimicrobial Prophylaxis for Major Surgery. Baseline Results From the National Surgical Infection Prevention Project*

CABEDO ARCE, Bibian (2015): «Infecciones hospitalarias. Derecho del paciente a la seguridad: obligación de resultado; hacia la objetivación de la responsabilidad en el derecho comparado», *Revista Derecho y Salud, Juristas de la Salud,* vol. 25, núm. 1

CUETO PÉREZ, Miriam (1998): *Responsabilidad de la Administración en la asistencia sanitaria,* Tirant lo Blanch, Valencia

DE LORENZO APARICI, Ofelia (2013): «Absolución por la correcta atención dispensada a un paciente», *Redacción Médica*

DE LORENZO APARICI, Ofelia (2013): «Desencadenante de sepsis generalizada», *Redacción Médica*

DE LORENZO APARICI, Ofelia y MONTALVO REBUELTA, Pablo (2020): *Responsabilidad profesional sanitaria, Claves Prácticas Sanitarias.* Serie De Lorenzo/Francis Lefebvre, Lefebvre

DE LORENZO Y MONTERO, Ricardo (2013): «Las infecciones nosocomiales en España», *Redacción Médica*, núm. 2139, 27 de noviembre de 2013, año IX

DE LORENZO Y MONTERO, Ricardo (2019): *Derechos y Obligaciones de los Pacientes. Análisis de la Ley 41/2002, de 14 de noviembre, básica reguladora de la autonomía del paciente y de derechos y obligaciones en materia de información y documentación clínica. Evolución normativa y jurisprudencial desde su entrada en vigor* (2002-2019) Colex, 2ª ed.

DE LORENZO Y MONTERO, Ricardo (2021): «Derecho Sanitario: Respuestas excepcionales a una situación también excepcional», *Redacción Médica*, 5 de febrero

FONSECA GONZALEZ, Ramón L. (2011): «Seguridad clínica de los pacientes, 10 años de evolución. Aspectos relativos a la responsabilidad patrimonial», *XVIII CONGRESO NACIONAL DE DERECHO SANITARIO*, Asociación Española de Derecho Sanitario

FREULER, Cristina, DURLACH, Ricardo (2006): «Vigilancia de la infección hospitalaria» en DURLACH, Ricardo y DEL CASTILLO, Marcelo (dirs.), *Epidemiología y control de infecciones hospitalarias* (1ª ed.), Ediciones de la Guadalupe, Buenos Aires

FUENTES RODRÍGUEZ, Laura y GAITÁN LUJÁN, María (2019): «El Tribunal Supremo intensifica la responsabilidad de los centros sanitarios en los casos de infecciones intrahospitalarias», EJASO

GALLARDO CASTILLO, Mª Jesús (2021): *Administración sanitaria y responsabilidad patrimonial*, Colex, La Coruña

GOVINDARAJAN, Rajaram (2010): «Dieta anticrisis para los hospitales públicos: seguridad, calidad y rapidez». *Gestión clínica y sanitaria*, vol. *12*, núm. 3

MARTÍNEZ-ZAPORTA ARÉCHAGA, Elena (2011): «La responsabilidad patrimonial por contracción de infecciones en el ámbito hospitalario: evolución, control y registro de datos», *Revista Derecho y Salud, Juristas de la Salud*, vol. 21, núm. 2

MÉJICA GARCÍA, Juan M. (2011): «La prevención de las enfermedades nosocomiales y de transmisión sanguínea en el medio sanitario: todavía un problema pendiente. Algunas cuestiones que suscitan su reparación en caso de contagio y su protección social», *XVIII Congreso Nacional de Derecho Sanitario. Asociación Española de Derecho Sanitario*, Madrid, octubre

MIR PUIGPELAT, Oriol (2014): «La responsabilidad patrimonial de la Administración sanitaria y su capacidad de prevención de errores médicos» en VICENTE REMESAL, Javier (dir.), *Congreso Internacional sobre Prevención de Errores Médicos y Eventos Adversos*, Vigo

MOURE GONZALEZ, Eugenio (2013): «Estafilococos y otros intrusos. El paciente ante las infecciones intrahospitalarias. Virtualidad del régimen de responsabilidad del artículo 148 del Real Decreto Legislativo 1/2007», *Revista de la Asociación Española de Abogados Especializados en Responsabilidad Civil y Seguro*, núm. 45

PÉREZ LÓPEZ, Ian (2013): «Infecciones hospitalarias: ciencia, pacientes y tribunales», *Revista CESCO de Derecho de Consumo*, núm. 8

SÁNCHEZ GARCÍA, Marta M. (2013): «Evolución jurisprudencial de la responsabilidad patrimonial de la administración sanitaria», *Revista Derecho y Salud*, Juristas de la Salud, vol. 23, núm. extra 1

SISO MARTÍN, Juan (2003): *Responsabilidad sanitaria y legalidad en la práctica clínica*, Escuela Andaluza de Salud Pública, Consejería de Salud, Junta de Andalucía

SISO MARTÍN, Juan (2008): *Las variables jurídicas del ejercicio de la Medicina. Examen de la responsabilidad sanitaria*, Editorial Universitaria Ramón Areces

VAZQUEZ FERREYRA, Roberto (2002): *Daños y perjuicios en el ejercicio de la medicina,* Hammurabi, Buenos Aires
VITOLO NOBLE, Fabián y CORAZZA, Rosana G (2009): «Infecciones hospitalarias aspectos médico-legales y manejo de riesgos», Biblioteca Virtual NOBLE
WORLD HEALTH ORGANIZATION. (2003): *Prevención de las infecciones nosocomiales. Guía práctica* / revisores: G. Ducel, J. Fabry y L. Nicolle, 2ª ed. Organización Mundial de la Salud

Capítulo 21

Responsabilidad patrimonial derivada de transfusiones de sangre y tratamiento de hemoderivados

Luis Manent Alonso
Abogado de la Generalitat Valenciana
Letrado del Consell Jurídic Consultiu de la Comunitat Valenciana (2019-2021)

Alicia Tajuelo Castilla
Letrada de la Junta de Comunidades de Castilla-La Mancha

SUMARIO: I. INTRODUCCIÓN; II. FUERZA MAYOR; 1) Concepto; 2) Características; A. Origen externo; B. Irresistibilidad; a) Imprevisibilidad; b) Inevitabilidad; 3) Carga de la prueba; 4) Caso fortuito; A. Concepto; B. Características; a) Indeterminación; b) Interioridad; 5) Mención especial a las infecciones nosocomiales; III. ANTIJURIDICIDAD; 1) Concepto; 2) Antecedentes; 3) Características; A. Antijuridicidad del resultado; B. Sistema de daños atípicos; C. Causas de justificación tasadas legalmente; 4) Carga de la prueba; IV. TEORÍA DE LA IMPUTACIÓN OBJETIVA; 1) Imputación subjetiva; A. Actuación típicamente administrativa; a) Dependencia; b) Subordinación; c) Culpa in vigilando; B. Sumisión al poder de dirección de la Administración; a) Contratistas; b) Entidades de Derecho privado del sector público; c) Adjudicatarios de acuerdos de acción concertada; 2) Imputación objetiva; 3) Creación de un riesgo jurídicamente relevante y su realización en un resultado; V. RIESGOS DEL PROGRESO; 1) Concepto; 2) Antecedentes; A. Ley de régimen jurídico de las Administraciones Públicas y del procedimiento administrativo común; a) Redacción original; b) Ley 4/1999; B. Ley de régimen jurídico del sector público; 3) Características; A. Estándar de diligencia; B. Obligación de aplicar los avances de la técnica; 4) Mención especial a los medicamentos y productos sanitarios elaborados por la Administración sanitaria; A. Riesgos del progreso; B. Fabricación y comercialización; 5) Mención especial a los daños vacunales; VI. ESTADO DE CONOCIMIENTOS DE LA CIENCIA Y DE LA TÉCNICA; 1) Concepto; 2) Características; A. Objetividad; B. Certidumbre; C. Difusión; D. Dinamismo; 3) Graduación; A. Imprevisibles e inevitables; B. Previsibles pero inevitables; C. Previsible y evitable; 4) Causa de justificación; 5) Carga de la prueba; VII. EL PROBLEMA DE LA SANGRE CONTAMINADA; 1) El síndrome de inmunodeficiencia adquirida; A. Cronología; a) Descubrimiento de la enfermedad; b) Descubrimiento de la causa y las vías de propagación de la enfermedad; c) La Conferencia Internacional sobre el SIDA; B. Normativa española sobre extracción de sangre; a) Disposiciones de primera generación; b) Disposiciones de segunda generación; c) Normativa autonómica; C. Momento de inflexión; a) Doctrina; b) Jurisprudencia; c) Valoración crítica; D. Doctrina jurisprudencial; a) Sala de lo Contencioso-administrativo; b) Sala de lo Civil; c) Sala de lo Social; E. Doctrina legal; 2) La hepatitis C; A. Cronología; a) Descubrimiento de la enfermedad; b) Descubrimiento de la causa y las vías de propagación de la enfermedad; B. Normativa española sobre extracción de sangre; a) Normativa de primera y segunda generación; b) Normativa autonómica; C. Momento de inflexión; a) Doctrina; b) Jurisprudencia; c) Valoración crítica; D. Doctrina jurisprudencial; a) Sala de lo Contencioso-administrativo; b) Sala de lo Civil; c) Sala de lo Social; E. Doctrina legal; VIII. DE RESPONSABILIDAD

PATRIMONIAL A AYUDA PÚBLICA: UN CAMBIO DE PARADIGMA; IX. RESPONSABILIDAD DEL ESTADO POR EL DAÑO FUTURO; X. CONCLUSIONES; Bibliografía; Jurisprudencia; Doctrina legal.

I. INTRODUCCIÓN

De acuerdo con el art. 32.1 de la Ley 40/2015, de 1 de octubre, de régimen jurídico del sector público (LRJ), «los particulares *tienen* derecho a ser indemnizados (...) de toda lesión que sufran en cualquiera de sus bienes y derechos, siempre que la lesión sea consecuencia del funcionamiento normal o anormal de los servicios públicos salvo (...) que el particular tenga el deber jurídico de soportar de acuerdo con la Ley».

A sensu contrario, «sólo serán indemnizables las lesiones (...) provenientes de daños que éste no tenga el deber jurídico de soportar de acuerdo con la Ley»[1]. Además, tal y como propuso en su día GARCÍA DE ENTERRÍA, dicha antijuricidad no se predica de la acción sino del resultado ya que nuestro sistema de responsabilidad «es independiente de la concurrencia o no de una intencionalidad dolosa o negligente en la Administración»[2].

Adicionalmente, el art. 34.1 LRJ señala que tampoco surgirá la obligación de resarcir los daños «en los casos de fuerza mayor» o cuando estos «se deriven de hechos o circunstancias que no se hubiesen podido prever o evitar según el estado de los conocimientos de la ciencia o de la técnica existentes en el momento de producción de aquéllos»[3].

Por otro lado, la ausencia del deber de soportar el daño o de fuerza mayor, así como la falta de los requisitos para alegar los riesgos del progreso —y el consecuente deber de indemnizar de la Administración— son independientes de «las prestaciones asistenciales o económicas que las leyes puedan establecer» en virtud del principio de solidaridad. Como afirman LÓPEZ MENUDO, GUICHOT y CARRILLO, en ese último caso estamos ante «una regla de solidaridad social [que] impone que los riesgos y sacri-

---

1 Art. 34.1 LRJ.

2 MARTÍN QUERALT, Juan (2004): «Condena en costas y responsabilidad patrimonial de la Administración por actos tributarios», *Tribuna Fiscal*, núm. 162, pág. 5.

3 Arts. 32.1 y 34.1 LRJ.

ficios impuestos en beneficio de la colectividad no sean soportados exclusivamente por uno o algunos de sus miembros»[4].

Dicho esto, en este capítulo expondremos las citadas causas obstativas al nacimiento de la responsabilidad patrimonial —deber de soportar el daño, fuerza mayor y riesgos del progreso— y la teoría de la imputación objetiva. Todo ello como preámbulo para la exposición, desde un punto de vista jurídico, de un problema social que afectó a las dos últimas décadas del siglo XX: el de los contagios con sangre contaminada con los virus de inmunodeficiencia humana (VIH) y de la hepatitis C (VHC) a pacientes del actual Sistema Nacional de Salud (SNS) como consecuencia de transfusiones de sangre o tratamientos con hemoderivados a pacientes hemofílicos.

i. Fuerza mayor

   La fuerza mayor es un concepto jurídico indeterminado utilizado para romper el necesario vínculo causal entre el daño y el funcionamiento de los servicios públicos.

ii. Antijuridicidad del daño

   La antijuridicidad es una *conditio sine qua non* para que la Administración deba indemnizar los daños causados por el funcionamiento de los servicios públicos. Engarza con «el problema (...) [de] determinar cuándo el interesado tiene o no el deber de soportar el daño (...). Se trata de una regla fácilmente comprensible como tal, pero cuya determinación en cada caso concreto suele encerrar muchas dificultades: y esto es así porque las normas no suelen señalar cuáles sean los daños que se deben soportar y cuáles no»[5].

iii. Riesgos del progreso

   Los riesgos del progreso son aquellos que deben soportar los particulares en atención a los límites de los conocimientos científicos y la falibilidad de los instrumentos técnicos.

iv. Teoría de la imputación objetiva

   La imputación es «un fenómeno jurídico consistente en la atribución a un determinado sujeto del deber de reparar un daño, en

---

[4] LÓPEZ MENUDO, Fernando, GUICHOT REINA, Francisco y CARRILLO DONAIRE, Juan Antonio (2004): *La responsabilidad patrimonial de los poderes públicos*, Lex Nova, Valladolid, pág. 62.

[5] *Ibidem* pág. 72.

base a la relación existente entre este y aquel»[6]. Para ello es necesario servirse de «títulos» o «causas». Éstos se definen como «aquellas circunstancias en virtud de las cuales es posible establecer una relación entre el daño y el sujeto imputado que justifica atribuir a éste el deber de reparación la antijuridicidad del daño impone»[7].

II. FUERZA MAYOR

Tanto el art. 106.2 CE como el art. 32.1 LRJ establecen que no existirá responsabilidad de la Administración cuando el daño sea fruto de una fuerza mayor. Nada dicen del caso fortuito, razón por la cual hay que entender que esta eventualidad no libera a los poderes públicos de resarcir los daños que causen a los particulares. De aquí la importancia de definir y caracterizar ambos conceptos.

«La distinción entre fuerza mayor y caso fortuito ha sido obra de la doctrina y jurisprudencia, alcanzando muy especialmente en el ámbito del Derecho administrativo una relevancia capital por cuanto el caso fortuito, lejos de exonerar a la Administración, constituye una especie de cajón de sastre que absorbe todos los supuestos de responsabilidades imputables al servicio mismo, como centro de absorción de todos aquellos daños que no tienen un sujeto causante conocido»[8].

1) Concepto

Tradicionalmente la jurisprudencia ha asociado la fuerza mayor «aquellos hechos que, aun siendo previsibles, sean sin embargo inevitables, insuperables e irresistibles, siempre que la causa que la motive sea independiente y extraña a la voluntad del sujeto obligado»[9]. Haciéndose eco de

---

6 GARCÍA DE ENTERRÍA, Eduardo y FERNÁNDEZ, Tomás Ramón (2017): *Curso de Derecho administrativo*, vol. II (15ª ed.), Civitas, Madrid, pág. 414.

7 GARCÍA DE ENTERRÍA, Eduardo (1984): *Los principios de la nueva Ley de Expropiación Forzosa*, Civitas, Madrid (2ª ed.), págs. 203 y 204.

8 LÓPEZ MENUDO, Francisco (2000): «Responsabilidad administrativa y exclusión de los riesgos del progreso: un paso adelante en la definición del sistema», *Derecho y salud*, vol. 8, núm. 2, pág. 86.

9 FJ 5 STS de 23 de mayo de 1986, de la Sala de lo Contencioso-administrativo [*Tol 2321149*].

esta realidad, MIR afirma que «la fuerza mayor, como sostiene la doctrina administrativista española más autorizada, se caracteriza por dos notas: su inevitabilidad y su exterioridad al servicio administrativo»[10].

Sin embargo, autores como BLANQUER van más allá y mantienen que, técnicamente, «en materia de responsabilidad patrimonial de la Administración, el concepto de fuerza mayor se vincula (por influencia de la legislación de contratos del sector público) con una causa externa (los fenómenos de la naturaleza), y del Código Civil resulta el carácter imprevisible de la causa e inevitable del resultado»[11].

Un ejemplo cercano en el tiempo es la difusión del SARSCov-2, el virus que causó la pandemia del COVID-19. Otro ejemplo de causa mayor un poco más distante, son las epidemias que provocaron el VIH y el VHC.

2) Características

Como se acaba de decir, para BLANQUER, las características de la fuerza mayor son su origen externo y la irresistibilidad de la misma.

A. Origen externo

«El concepto de fuerza mayor viene siempre ligado a hechos»[12]. Por ello, «cuando el daño proviene de un hecho, la causa exoneratoria, cuando sea relevante jurídicamente, se vincula con la fuerza mayor»[13]. Por el contrario, cuando la lesión es provocada por el acto de una persona, en este caso la actuación de la Administración, el motivo de liberación será el «deber jurídico de soportar [el daño] de acuerdo con la Ley»[14].

Pues bien, para delimitar qué debe entenderse por «externidad», «exterioridad», «causas externas» u «origen externo», la Ley 9/2017, de 8 de

---

10 MIR PUIGPELAT, Oriol (2000): *La responsabilidad patrimonial de la Administración sanitaria. Organización, imputación y causalidad*, Civitas, Madrid, págs. 310 y 311.

11 BLANQUER CRIADO, David (2020): *Responsabilidad patrimonial en tiempos de pandemia (los poderes públicos y los daños por la crisis de la COVID-19)*, Tirant lo Blanch, Valencia, pág. 624.

12 VILLAR EZCURRA, José Luis (2020): «La responsabilidad patrimonial. Una avalancha de reclamaciones», en RECUERDA GIRELA, Miguel Ángel (dir.), *Antes de la próxima pandemia*, Aranzadi, Cizur Menor (Navarra), pág. 322.

13 *Idem.*

14 art. 32.1 LRJ.

octubre, de contratos del sector público (LCSP), es un referente porque regula, de manera separada al caso fortuito de la fuerza mayor. Además, contiene unos contornos que permiten acotar el significado del término *vis maior* a los efectos de los contratos administrativos.

Lo hace con la finalidad de atemperar el principio de riesgo y ventura en beneficio del contratista y del concesionario. Supone «un principio de excepción a la regla de inmutabilidad de los contratos, propia del derecho civil»[15]. «Se configura como elemento mitigador de la responsabilidad del contratista en el contrato de obras, así como un mecanismo corrector de la distribución de riesgos en las concesiones»[16]. Funciona, en los contratos de obras, reconociendo una indemnización al contratista por los daños y perjuicios que la fuerza mayor le hubiere producido en la ejecución del contrato. En cambio, en las concesiones y servicios es una causa de reequilibrio de la ecuación financiera en que se basan estos contratos.

Como se acaba de decir, la LCSP, efectúa —tanto para el contrato de obra, como para los de concesión— una definición legal de la fuerza mayor. La limita a ciertos fenómenos de la naturaleza. Estos son los previstos en su art. 239.2 LCSP[17].

---

[15] MANENT ALONSO, Luis (2018): «Los contratos de concesión de obras y servicios», en MESTRE DELGADO, Juan Francisco y MANENT ALONSO, Luis (dirs.), *La Ley de contratos del sector público. Ley 9/2017, de 8 de noviembre. Aspectos novedosos*, Tirant lo Blanch, Valencia, pág. 173.

[16] MANENT ALONSO, Luis (2020): «Medidas en materia de contratación pública para paliar las consecuencias del Covid-19. Análisis del artículo 34 del Real Decreto-ley 8/2020, de 17 de mayo», *Gabilex*, núm. 21 extraordinario, pág. 27.

[17] El reconocimiento de una indemnización para aquellos contratos en cuya ejecución interviniera una causa de fuerza mayor se recogió por primera vez en el pliego general para las contratas de obras públicas de 1836, y los motivos reconocidos en el actual art. 239.2 LCSP, son los que se fijaron en el art. 40 del pliego de 1886 con ciertas variaciones. Desde el punto de vista normativo, la fuerza mayor se estableció por primera vez en la Ley de contratos del Estado de 8 de abril de 1965 para los contratos de obras, por así preverlo el art. 46, y en el de gestión de servicios públicos, este último en virtud de la aplicación supletoria a este tipo de contrato de los preceptos que regulaban el contrato de obras ex art. 67. En la actualidad la LCSP proyecta la fuerza mayor como causa de reequilibrio económico tanto para los contratos de concesión de obras como los de concesión de servicios en los arts. 270.2 *in fine* y 290.4 *in fine*. Para conocer más sobre la evolución de la fuerza mayor como elemento mitigador del principio de riesgo y ventura en la contratación pública puede leerse a VILLAR PALASÍ y VILLAR EZCURRA. VILLAR PALASÍ, José Luis y VILLAR EZCURRA, José Luis (2004): «Fuerza mayor»,

> Art. 239.2 LCSP. Fuerza mayor
> «*Tendrán la consideración de casos de fuerza mayor los siguientes:*
> *a) Los incendios causados por la electricidad atmosférica.*
> *b) Los fenómenos naturales de efectos catastróficos, como maremotos, terremotos, erupciones volcánicas, movimientos del terreno, temporales marítimos, inundaciones u otros semejantes.*
> *c) Los destrozos ocasionados violentamente en tiempo de guerra, robos tumultuosos o alteraciones graves del orden público*».

A partir de aquí la inercia ha equiparado la fuerza mayor a fenómenos propios de la indómita naturaleza. Ahora bien, si bien la legislación de contratación pública puede servir para determinar el «círculo de certeza positiva» y el «halo de incertidumbre» propio de todo concepto jurídico indeterminado, no puede perderse de vista que, en sede de responsabilidad patrimonial, no existe una definición legal de fuerza mayor. «Nada impide, así y en hipótesis, que una norma no considere caso de fuerza mayor, a sus efectos, alguno de los eventos anteriormente enumerados. Es más, podría incluso contener una modulación legal del concepto de fuerza mayor que lo hiciera apartarse, con mayor o menor justeza, de lo que se ha considerado por la doctrina y la jurisprudencia como fuerza mayor»[18].

Por ello, el origen externo no explica de manera completa el funcionamiento de la fuerza mayor como causa de exoneración. En nuestra opinión, en sede de «responsabilidad patrimonial se acepta que hay fuerza mayor, normalmente [cuando] el resultado lesivo se debe a circunstancias externas a la actividad administrativa, que además no son previsibles ni evitables», esto es, irresistibles[19].

B. Irresistibilidad

La imprevisibilidad de la causa y la inevitabilidad del resultado, propio de la fuerza mayor, es un «préstamo» del art. 1105 del Código Civil (CC). Éste exime de responder a las partes, en el marco de una relación obligacional, de los daños causados por «aquellos sucesos que no hubieran podido preverse, o que previstos, fueran inevitables». Sin embargo, este precepto no diferencia el caso fortuito de la fuerza mayor.

---

en GÓMEZ-FERRER MORANT, Rafael (dir.), *Comentario a la Ley de contratos de las Administraciones Públicas*, Civitas, Madrid, págs. 855 a 871.

18 Memoria del Consejo de Estado de 2001, pág. 121.

19 BLANQUER CRIADO, David (2020): *Responsabilidad patrimonial en tiempos de pandemia, op. cit.* pág. 625.

De esta manera, nuestro Código Civil, en consonancia con «los modernos Códigos civiles (italiano, portugués y alemán) *sigue* esa idea negativa basada en el criterio objetivo de encuadrar el caso fortuito y la fuerza mayor bajo la imposibilidad de cumplir la obligación sin culpa del deudor»[20]. Puede decirse que «la norma del art. 1.105 sigue el principio invariado desde el Derecho romano de "casus sentit dominus"» o *res perit dominus*[21].

Esta indiferenciación —imprevisibilidad de la causa o inevitabilidad del resultado del art. 1105 CC— no es útil para eximir a la Administración del deber de indemnizar.

En nuestra opinión, la fuerza mayor debe ser irresistible, y ello implica que el acontecimiento sea imprevisible e inevitable. No basta que pueda evitarse, es necesario, además que sea imprevisible. Esta postura, además, entronca con otros ordenamientos de diferente tradición jurídica. Lo que el Derecho continental califica como *vis maior* en el ámbito norteamericano se designa como *acts of God.*

a) Imprevisibilidad

No todo acontecimiento —ajeno al funcionamiento de los servicios públicos— por el mero hecho de serlo, determina la ausencia de responsabilidad. Aunque la causa de un resultado sean las fuerzas ciegas de la naturaleza, en ocasiones, las catástrofes son previsibles. Por ello, para «exonerar a la Administración de toda la responsabilidad suele ser necesario examinar la gestión administrativa de los riesgos de la naturaleza»[22].

A tal efecto, la imprevisibilidad debe de aquilatarse aplicando los principios de prevención y precaución, este último tratándose de riesgos relacionados, en lo que aquí interesa, con la salud pública y la seguridad alimentaria[23]. Como afirma el Tribunal de Justicia de la Unión Europea

---

20 SANTOS BRIZ, Jaime (2000): «Artículo 1105», en SIERRA GIL DE LA CUESTA, Ignacio (coord.), *Comentario del Código Civil*, vol. VI, Bosch, Barcelona, pág. 125.

21 *Idem.*

22 BLANQUER CRIADO, David (2020): *Responsabilidad patrimonial en tiempos de pandemia, op. cit.* pág. 631.

23 El principio de precaución, formulado en la declaraciones de Wingspread (Winsconsin) y Lowell (Massachusetts) en enero 1998 y septiembre de 2001, «trae causa de un nuevo sentir colectivo ligado a la voluntad de anticipar la acción de los poderes públicos a la concreción de nuevos riesgos o amenazas que ponen en jaque la salud o el medio ambiente; encierra, por ello, un nuevo valor que con el

(TJUE), el principio de precaución «modula al principio de prevención o anticipación; sirve para saber qué significa ser cauto y prudente cuando

---

tiempo va ganando firmeza (...) frente a graves riesgos que trae consigo el progreso industrial y tecnológico». CIERCO SEIRA, César (2004): «El principio de precaución: reflexiones sobre su contenido y alcance en los derechos comunitario y español», *Revista de Administración Pública*, núm. 163, pág. 74. Este principio sería exigible cuando una actividad amenazase con daños para la salud humana o el medio ambiente, en cuyo caso deberían tomarse medidas precautorias aun cuando no haya sido científicamente determinada en su totalidad la posible relación de causa y efecto. *Cfr.* MONTAGUE, Peter (1998): «The Precautionary Principle», *Rachel's Enviroment & Health Weekly*, núm. 586. Para CIERCO, sin embargo, «la aplicación de este principio constituye un soporte para acotar la vigencia de (...) [la] cláusula de antijuridicidad, constriñéndola a aquellos supuestos en que los conocimientos científicos hubiesen sido realmente insuficientes para identificar el riesgo que luego se ha visto concretado. Por el contrario, allí cuando, a pesar de las dudas o lagunas en el parecer de la comunidad científica, existiesen ya indicios bastantes sobre la eventualidad del riesgo y su potencialidad lesiva, es claro que, precisamente por influjo del principio de precaución, la conducta de la Administración no será ni mucho menos irrelevante a efectos de la responsabilidad patrimonial. Así, el particular perjudicado podrá exigir la reparación de la lesión sufrida por considerar que no fueron adoptadas las medidas de precaución pertinentes o que las mismas se activaron con demora». CIERCO SEIRA, César (2004): «El principio de precaución: reflexiones sobre su contenido y alcance en los derechos comunitario y español», *op. cit.* pág. 116. En la actualidad, al haber sido recogido el principio de precaución entre los principios generales de acción en salud pública, este principio debe modular la causa de justificación de los riesgos del progreso. Para el Derecho de la Unión Europea, según afirma la STJUE *AgroScience* de 9 de septiembre de 2011 (as. T-475/2007 y [*Tol 2236721*]), «el principio de cautela [—que así se denomina en el argot comunitario—] constituye un principio general del Derecho (...) que impone a las autoridades competentes la obligación de adoptar, en el marco preciso del ejercicio de las competencias que les atribuye la normativa pertinente, las medidas apropiadas con vistas a prevenir ciertos riesgos potenciales para la salud pública, la seguridad y el medio ambiente, otorgado a las exigencias ligadas a la protección de estos intereses primacía sobre los intereses económicos» (par. 144). En el ordenamiento jurídico español, la positivación de este principio se ha efectuado por la Ley 33/2011, de 4 de octubre, general de salud pública, la cual incluye, entre los principios generales de acción en salud pública, el de precaución, el cual, obliga a actuar ante la «existencia de indicios fundados de una posible afectación grave para la salud de la población, aun cuando hubiera incertidumbre científica sobre el carácter del riesgo, determinará la cesación, prohibición o limitación de la actividad sobre la que concurran» (art. 3 d).

existen dudas cognoscitivas; se trata de determinar cómo gestionar las medidas preventivas cuando existe incertidumbre científica»[24].

En este sentido, para que los fenómenos de la naturaleza sean considerados imprevisibles —y puedan neutralizar la fuerza mayor como causa de justificación del daño— no basta tener la certeza de que éstos acontecerán (*certus an incertus quando*). Haciendo un símil neotestamentario, a las Administraciones Públicas debe exigírseles que estén en vilo «porque no *sabemos* ni el día ni la hora».

Además, este estándar de precaución deberá ser ponderado teniendo en cuenta máximas de conocimiento especializado y no pautas de prudencia de una persona con conocimientos medios. Para llegar a la conclusión de que un evento fue imprevisible, «se precisan aquellos conocimientos especializados que están relacionados o vinculados con los distintos tipos de catástrofe; en ocasiones será preciso un experto en sismología, y otras veces se necesitará un sabio en meteorología o epidemiología»[25].

Por lo tanto, el hecho extraordinario solo podrá reputarse como imprevisible cuando, a pesar de haberse adoptado las oportunas medidas preventivas, la Administración no pudo anticipar el despertar de la indómita naturaleza. Obviamente este juicio no podrá emitirse con carácter retrospectivo o *ex post facto*. Habrá de hacerse teniendo en cuenta las circunstancias y conocimientos científicos existentes en el momento anterior al hecho de la naturaleza.

b) Inevitabilidad

«En cuanto al carácter evitable o no de los resultados lesivos (...), aunque la causa del resultado lesivo sea un huracán o unas lluvias que sean imprevisibles (conforme a los conocimientos de la meteorología), en determinadas circunstancias de hecho son evitables los daños causados por estas fuerzas de la fiera e indómita naturaleza; puede bastar con que la Administración gestione esa situación de peligro con eficacia y rauda diligencia»[26].

En estos casos —como ocurre con el requisito de la imprevisibilidad— se impone diferenciar la generación del riesgo de su gestión. El hecho

[24] BLANQUER CRIADO, David (2020): *Responsabilidad patrimonial en tiempos de pandemia, op. cit.* pág. 606.

[25] *Ibidem* pág. 639.

[26] *Ibidem* pág. 643.

de que una Administración no haya creado una situación de riesgo no le exonera de adoptar las medidas que permitan anularlo o minimizarlo. Una mala gestión de una situación de crisis debe hacer responder a la Administración de los daños causados sin que esta pueda escudarse en el carácter inevitable del hecho externo que motiva los perjuicios.

Un ejemplo lo encontramos en la rotura de la presa de Tous en 1982. En esta ocasión, el Tribunal Supremo (TS), en su STS de 20 de octubre de 1997, rechazó considerar las lluvias torrenciales que hicieron desbordar el cauce del río Turia en varios puntos de la provincia de Valencia como un acontecimiento inevitable. A juicio de la Sala de lo Contencioso-administrativo solo habría excluido «de responsabilidad patrimonial a la Administración del Estado la apertura de las compuertas con criterios de racionalidad, lo que no *sucedió* en el caso examinado»[27].

3) Carga de la prueba

Como advierten MANENT y ALONSO y GARCÍA-TREVIJANO en los caps. 18 y 28 de esta obra (págs. 1240 a 1244 y 2039 y 2040), no puede desconocerse que «para desplazar la imputación del resultado lesivo y orillar su responsabilidad patrimonial, pesa sobre la Administración la carga de la prueba de la efectiva concurrencia de la fuerza mayor; además también debe acreditar el vínculo o la conexión lógica entre las fuerzas de la indómita naturaleza y el inevitable resultado lesivo que generan»[28].

4) Caso fortuito

Como se ha dicho, el caso fortuito, a diferencia de la fuerza mayor, no libera a la Administración del deber de resarcir. Esta afirmación se enmarca en la idea de la responsabilidad por la creación de riesgos como consecuencia del manejo de las fuerzas de la naturaleza a partir de la revolución industrial. En concreto, los riesgos que crea la Administración son los resultantes de la prestación de servicios públicos.

---

[27] FJ 10 STS de 20 de octubre de 1997, de la Sala de lo Contencioso-administrativo (núm. rec. 455/1997 y [*Tol 5108320*]). Adicionalmente el TS también cuestionó el carácter imprevisible de la riada dada «la actuación estatal negligente [que] se *puso* de manifiesto ante la insuficiencia de las medidas de inspección, gestión y conservación» (FJ 10).

[28] *Idem.*

A. Concepto

El caso fortuito es un riesgo interno o inherente al servicio público.

B. Características

En «el esquema de ordenación tradicional, la responsabilidad extracontractual se acomoda a la concepción del cuasidelito [y] dicha responsabilidad tiene como presupuesto la existencia de una culpa o negligencia que actúa causando daño a otro. La ordenación de la responsabilidad patrimonial de las entidades administrativas, sin embargo, viene a responder [al del] (...) creador de un riesgo [que] ha de responder del daño que haya causado a un tercero; y ello, con independencia de que haya o no culpa, su actuación esté o no de acuerdo con la norma»[29].

A partir de aquí, la jurisprudencia ha ido caracterizando los rasgos del caso fortuito. En expresión de la STS de 31 de mayo de 1999: «en el caso fortuito hay indeterminación e interioridad; indeterminación porque la causa productora del daño es desconocida (o por decirlo con palabras de la doctrina francesa: "falta de servicio que se ignora"); interioridad, además, del evento en relación con la organización en cuyo seno se produjo el daño, y ello porque está directamente conectado al funcionamiento mismo de la organización»[30].

---

29 MORELL OCAÑA, Luis (1999): *Curso de Derecho administrativo*, Aranzadi, Cizur Menor (Navarra), vol. II (4ª ed.), pág. 412.

30 FJ 5 STS de 31 de mayo de 1999, de la Sala de lo Contencioso-administrativo (núm. rec. 2132/1995 y [*Tol 1715717*]). Esta sentencia viene a replicar lo dicho por GARCÍA DE ENTERRÍA cuarenta años antes. Para él, «el análisis de esta causa formal de imputación se descompone en dos elementos; primero, determinación del concepto de caso fortuito; segundo, riesgos creados por la empresa administrativa. El caso fortuito, a los efectos de la doctrina del riesgo, se define por contraposición a la fuerza mayor. El caso fortuito se caracteriza por dos elementos: la indeterminación y la interioridad; a la fuerza mayor, por el contrario, corresponden las notas opuestas de la determinación irresistible y la exterioridad. Indeterminación del caso fortuito: el accidente que ocasiona el daño —dice la fórmula consagrada—, resulta de una causa desconocida; es, dice HAURIOU, una "falta del servicio que se ignora" (...). Frente a la interioridad del evento fortuito, la fuerza mayor es una causa extraña, exterior por relación al objeto dañoso y a sus propios riesgos; en lugar de la indeterminación en que se producía el "casus", la fuerza mayor se presenta con una exacta determinación, y por ello su nota propia es la "irresistibilidad" como rezaba ya el antiguo concepto: "cui humana infirmitas risistere non potest". Para depurar, finalmente, la calificación del "casus" hay que

a) Indeterminación

A juicio de BLANQUER, la responsabilidad por los daños causados «con fundamento en la creación o la gestión de un riesgo no requiere la existencia de culpa de las autoridades o empleados públicos; basta con que por causas fortuitas no se haya satisfecho adecuadamente la misión de ser precavido o cauteloso que corresponde a quien tiene la posición de garante de los riesgos para la salud pública o para el entorno natural»[31].

Ello es así porque, como dijera GARCÍA DE ENTERRÍA, «lo propio de la teoría del riesgo (...) es la imputación de aquellos daños producidos por caso fortuito, pero de ninguna manera de aquellos que directa y materialmente ocasiona el propio sujeto aun fuera de toda ilicitud. Así, entrarán dentro de esta específica causa de imputación por comisión material directa y legítima los daños derivados de la construcción de obras públicas que no sean consecuencia de la falta seguida en esta construcción, los daños ocasionados por la represión de los desórdenes y calamidades públicas sin falta en la actuación de la administrativa»[32].

b) Interioridad

La segunda característica del caso fortuito es su origen interno. Como dijera la STS de 11 de diciembre de 1974, y han reiterado muchos fallos posteriores, el caso fortuito es «un evento interno, intrínseco, inscrito en el funcionamiento de los servicios públicos, producido por la misma naturaleza, por la misma consistencia de sus elementos»[33].

En definitiva, «acaece un caso fortuito cuando el resultado lesivo deriva de un riesgo interno del funcionamiento de la Administración y de una causa desconocida»[34].

---

excluir otras dos fuerzas extrañas a la empresa: la falta de la víctima y el hecho de un tercero». GARCÍA DE ENTERRÍA, Eduardo (1984): *Los principios de la nueva Ley de Expropiación Forzosa, op. cit.* págs. 213 y 214.

31 BLANQUER CRIADO, David (2020): *Responsabilidad patrimonial en tiempos de pandemia, op. cit.* pág. 626.

32 GARCÍA DE ENTERRÍA, Eduardo (1984): *Los principios de la nueva Ley de Expropiación Forzosa, op. cit.* pág. 207.

33 STS de 11 de septiembre de 1974, de la Sala de lo Contencioso-administrativo (RJ 1974\5132 y [*Tol 67730*]).

34 BLANQUER CRIADO, David (2020): *Responsabilidad patrimonial en tiempos de pandemia, op. cit.* págs. 626 y 627.

5) Mención especial a las infecciones nosocomiales

En el ámbito de la responsabilidad patrimonial sanitaria, el caso fortuito se asocia normalmente a las infecciones relacionadas con la atención sanitaria y, en particular, a las infecciones nosocomiales. Éstas, en ocasiones, pueden preverse y evitarse. A juicio de BLANQUER, «cuando son evitables por los gestores del hospital se produce un caso de mal funcionamiento de la Administración (que en sentido impropio pueden ser calificados como un caso fortuito, a pesar de no ser en rigor un peligro tolerado e inherente al servicio»)[35]. Por el contrario, sigue afirmado este autor, los contagios hospitalarios, cuando son imprevisibles e inevitables, deben ser calificados como un supuesto de fuerza mayor. En su opinión, las infecciones producidas «a pesar de cumplirse satisfactoriamente el protocolo de prevención profiláctica (...) son calificadas como una causa de fuerza mayor que excluye la responsabilidad de la Administración sanitaria»[36].

Sobre este particular —contagios intrahospitalarios— también puede leerse el cap. 20 de esta obra (págs. 1448 a 1452), escrito por DE LORENZO. En él, este autor mantiene que el deber de seguridad del hospital con el paciente debe llevar hacia una «tendencia cero», no como sinónimo de «cero infecciones» calificables como supuestos de fuerza mayor, sino a «tolerancia cero» con la violación de los protocolos de asepsia establecidos con el propósito de reducir las misma.

Paralelamente, en la jurisprudencia y doctrina legal también se pueden encontrar fallos y resoluciones en los que se concluye que el paciente —o sus familiares— deben soportar las consecuencias del contagio ante la imposibilidad de evitar el contagio en atención a la limitación del estado de conocimientos de la técnica, esto es, en virtud de los riesgos del desarrollo.

Según nuestro parecer, cuando los particulares tienen el deber de soportar las consecuencias de las infecciones nosocomiales, lo es porque existe una causa de justificación —los riesgos del progreso— y no por la intervención de un elemento externo imprevisible e inevitable que rompe el nexo causal entre el daño y el funcionamiento del servicio público. Técnicamente, los contagios intrahospitalarios se producen por la falibilidad de las medidas de asepsia. Se producen por la colonización de bacterias, gérmenes, organismos, etc., que provenientes de otros pacientes, pululan en el entorno hospitalario, en especial en los quirófanos. No son un ele-

---

[35] *Ibidem* pág. 627.

[36] *Ibidem* pág. 628.

mento exterior —un fenómeno de la naturaleza— sino riesgos inherentes al funcionamiento de un hospital o centro de salud que tienen su origen en el personal sanitario y los pacientes.

III. ANTIJURIDICIDAD

La piedra angular de la responsabilidad patrimonial descansa, junto con el carácter objetivo, en la antijuridicidad del daño, porque éste —además de efectivo, económico e individualizable— no debe ser conforme al ordenamiento. En caso contrario, el particular tendrá el deber de sufrirlo[37].

1) Concepto

La antijuridicidad es un «comodín» que se emplea para decantar la estimación o el rechazo de las reclamaciones de responsabilidad patrimonial. Ello es así porque «el resultado lesivo es antijurídico cuando por razón de los valores que protege el ordenamiento, es objetivamente indeseable que la persona dañada se aguante y soporte estoicamente el daño con su propio patrimonio»[38]. De esta forma, la antijuridicidad se convierte en un concepto dinámico que se adapta a la evolución de los valores y bienes jurídicamente protegido.

Por poner un ejemplo, la fuerza mayor operó como supuesto de exención de responsabilidad patrimonial en relación con los daños directamente imputables a la pandemia COVID-19, pero no cuando éstos se debieron a la actividad de los poderes públicos. En estos casos, cuando la actuación administrativa desarrollada fue razonable y proporcionada a la situación existente, no generó responsabilidad y los particulares tuvieron que soportar los daños porque éstos no fueron antijurídicos.

Así, «pese a la imprecisión del concepto (daños que no se tenga el deber de soportar), puede decirse que significa que, para que sea antijurídico el daño concreto producido, basta con que el riesgo inherente a su utiliza-

---

37 MARA SIERRA, María Teresa y BLASCO DELGADO, Carolina (2013): «Responsabilidad de la Administración en el ámbito tributario», en QUINTANA LÓPEZ, Tomás (dir.), *Responsabilidad patrimonial de la Administración Pública*, tomo I (2ª. Ed.), Tirant lo Blanch, Valencia, *op. cit.* págs. 941 y 942.

38 BLANQUER CRIADO, David (2020): *Responsabilidad patrimonial en tiempos de pandemia, op. cit.* pág. 407.

ción haya rebasado los límites impuestos por los estándares de seguridad exigibles conforme a la conciencia social»[39].

Como se expone en este epígrafe, esta realidad, sin embargo, no coincide con el sistema de responsabilidad de la Administración de daños atípicos y causas de justificación legalmente tasadas.

2) Antecedentes

Como se acaba de decir, el sistema español de responsabilidad patrimonial descansa sobre dos pilares: la responsabilidad objetiva por el funcionamiento del servicio público y el carácter antijurídico del daño.

i. La Administración debe responder por los daños causados por el funcionamiento de sus servicios, tanto si ésta ha actuado de manera anormal —negligentemente o «con culpa»— como de manera normal o correcta.
ii. Adicionalmente, sobre el papel, todo resultado dañoso es indemnizable siempre que se repute antijurídico, y lo será salvo que la ley, expresamente, establezca el deber ciudadano de soportarlo.

La «antijuridicidad», a pesar de ser un elemento esencial de nuestro sistema de responsabilidad patrimonial, no se recogió expresamente en la Ley de expropiación forzosa de 16 de diciembre de 1954 (LEF), primera norma en establecer, con carácter general, la responsabilidad patrimonial de la Administración. Ello fue así a pesar de que la antijuridicidad sí que estuvo presente en la mente de sus redactores.

Tres años después, la Ley de régimen jurídico de la Administración del Estado, de 20 de julio de 1957 (LRJAE-57), al decir lo mismo, pero con distintas palabras, volvió a guardar silencio sobre el requisito de la antijuridicidad.

> Art. 121.1 LEF
> «*Dará también lugar a indemnización (...) toda lesión que los particulares sufran en los bienes y derechos a que esta Ley se refiere, siempre que aquélla sea consecuencia del funcionamiento normal o anormal de los servicios públicos, o la adopción de medidas de carácter discrecional no fiscalizables en vía contenciosa, sin perjuicio de las responsabilidades que la Administración pueda exigir de sus funcionarios con tal motivo*».

---

[39] GONZÁLEZ-VARAS IBÁÑEZ, Santiago (2022): *Responsabilidad patrimonial de la administración*, Aranzadi, Cizur Menor (Navarra), pág. 61.

Art. 40.1 LRJAE-57

«Los particulares tendrán derecho a ser indemnizados por el Estado de toda lesión que sufran en cualquiera de sus bienes y derechos, salvo en los casos de fuerza mayor, siempre que aquella lesión sea consecuencia del funcionamiento normal o anormal de los servicios públicos o de la adopción de medidas no fiscalizadles en vía contenciosa».

Sin embargo, la exp. mots. de la LRJAE-57 ya precisó que la Administración no tendría la obligación de indemnizar los daños causados por el funcionamiento de los servicios públicos «cuando *existiera* justa causa que *obligase* [a los ciudadanos] a soportar el daño sin indemnización». *A sensu contrario*, en ausencia de una justa causa, el daño infligido sería contrario al ordenamiento jurídico, esto es, antijurídico.

Aprobada la Constitución de 1978, y recogida la regla de la responsabilidad de los poderes públicos en su art. 106.2, la Ley 30/1992, de 30 de noviembre, de régimen jurídico de las Administraciones Públicas y del procedimiento administrativo común (LRJPAC-92), siguió sin referirse al requisito de la «antijuridicidad». Lo mismo hace la actual LRJ.

Art. 139.1 LRJPAC-92. Principios de responsabilidad

«Los particulares tendrán derecho a ser indemnizados por las Administraciones Públicas correspondientes, de toda lesión que sufran en cualquiera de sus bienes y derechos, salvo en los casos de fuerza mayor, siempre que la lesión sea consecuencia del funcionamiento normal o anormal de los servicios públicos».

Art. 32.1 LRJ. Principios de responsabilidad

«Los particulares tendrán derecho a ser indemnizados por las Administraciones Públicas correspondientes, de toda lesión que sufran en cualquiera de sus bienes y derechos, siempre que la lesión sea consecuencia del funcionamiento normal o anormal de los servicios públicos salvo en los casos de fuerza mayor o de daños que el particular tenga el deber jurídico de soportar de acuerdo con la Ley».

Ahora bien, siguiendo la estela de la exp. mots. de la LRJAE-57, los arts. 141.1 LRJPAC-92 y 34.1 LRJ, por fin, cristalizaron en ley el deber ciudadano de soportar el daño en ciertos casos. Tanto uno como otro expresan que «sólo serán indemnizables las lesiones producidas al particular provenientes de daños que este no tenga el deber jurídico de soportar de acuerdo con la Ley».

Art. 141.1 LRJPAC-92 y 34.1 LRJ. Indemnización

«Sólo serán indemnizables las lesiones producidas al particular provenientes de daños que éste no tenga el deber jurídico de soportar de acuerdo con la Ley. No serán indemnizables los daños que se deriven de hechos o circunstancias que no se hubiesen podido prever o evitar según el estado de los conocimientos de la ciencia o de la técnica existentes en el momento de producción de aquellos, todo ello sin perjuicio

de las prestaciones asistenciales o económicas que las leyes puedan establecer para estos casos».

En definitiva, como vamos a ver a continuación, el requisito de la antijuridicidad, aunque «es tradicional en nuestro ordenamiento jurídico, lo cierto es que no es expresa y literalmente utilizada en el lenguaje de nuestro Derecho positivo»[40].

3) Características

En nuestro ordenamiento, la antijuridicidad como requisito se caracteriza por ser una «antijuridicidad de resultado» por la causación de toda clase de daños, salvo que la ley establezca una causa que justifique el deber de soportarlo.

A. Antijuridicidad del resultado

Para reconducir el sistema de responsabilidad patrimonial de carácter objetivo a sus justos términos, la jurisprudencia afirma que el daño causado por la Administración necesita ser adjetivado. Sólo aquel «resultado lesivo» que el ordenamiento jurídico califique como «antijurídico» hará nacer el deber indemnizatorio de las Administraciones Públicas. En caso contrario, ese daño se reputará como un «simple perjuicio» que los particulares tendrán el deber de soportar[41].

---

40 BLANQUER CRIADO, David (2020): *Responsabilidad patrimonial en tiempos de pandemia, op. cit.* pág. 407.

41 Sobre este particular modo de entender el requisito de la antijuridicidad, MEDINA llama la atención a un hecho muy singular, que nosotros llamaremos la «excepción ibérica». Según su parecer, «se ha producido (...) un amplio distanciamiento entre la jurisprudencia española sobre responsabilidad patrimonial de la administración respecto de la doctrina administrativa (hoy mayoritariamente contraria al panobjetivismo), así como respecto del Derecho civil y el Derecho de daños de los demás países». La «excepción ibérica» ha provocado que, más allá de nuestras fronteras, la antijuridicidad, como tal, tiene un significado muy distinto. Esta «rareza» llega hasta el punto de «que sí un profesor o juez francés, italiano o alemán habla con un juez contencioso español sobre la antijuridicidad del daño en la responsabilidad resarcitoria, lo más probable es que se produzca un diálogo de sordos». MEDINA ALCOZ, Luis (2022): *Historia del Derecho administrativo español,* Marcial Pons, Madrid, pág. 429.

«La antijuridicidad, como elemento de la responsabilidad patrimonial de la Administración, es una aportación de GARCÍA DE ENTERRÍA»[42]. Tal y como puntualizase él mismo, para que la Administración deba indemnizar se requiere un resultado dañoso y una «lesión antijurídica», y no un simple «perjuicio». Es más, para este autor, «posiblemente esta distinción oculte buena parte del escondido principio de una teoría de la responsabilidad patrimonial» basada en el «resultado antijurídico». Según su parecer, «el concepto de perjuicio es puramente económico, material; el de lesión es ya un concepto jurídico»[43].

Adicionalmente, GARCÍA DE ENTERRÍA reparaba en la necesidad de «*observar* que no decimos perjuicio causado antijurídicamente (criterio subjetivo), sino perjuicio antijurídico (criterio objetivo), perjuicio que el titular del patrimonio considerado no tiene el deber jurídico de soportarlo, aunque el agente que lo ocasione obre el mismo con total licitud»[44]. A partir de aquí —daño derivado del funcionamiento de los servicios públicos y resultado antijurídico— se ha construido, en España, la teoría de la responsabilidad patrimonial objetiva que es la que aplica la jurisprudencia de manera sistemática. Por lo tanto, hay que convenir que la antijuridicidad es un juicio que se predica del resultado lesivo y no de la actividad de la Administración.

B. Sistema de daños atípicos

En el Derecho comparado existen dos sistemas de responsabilidad extracontractual, el de daños típicos, como el alemán, y el de daños atípicos, como el francés y el español.

En este sentido, DÍEZ-PICAZO afirmaba que «la ordenación de los daños extracontractuales se puede calificar como típica cuando los supuestos de los daños resarcibles se encuentran expresamente regulados en la ley y sólo respecto de ellos se debe la indemnización. En los sistemas típicos (...) el juicio sobre la dignidad de la tutela se encuentra previamente realizado por el legislador que excluye cualquier otro que los jueces puedan reali-

42 MANENT ALONSO, Luis (2021): «Las singularidades de las reclamaciones por daños causados por las administraciones públicas como consecuencia de la COVID-19, *Revista Jurídica de las Illes Balears,* núm. 20, pág. 151.

43 GARCÍA DE ENTERRÍA, Eduardo (1984): *Los principios de la nueva Ley de Expropiación Forzosa, op. cit.* pág. 155.

44 *Ibidem* págs. 155 y 156.

zar (...). En cambio, se consideran sistemas atípicos aquellos sistemas de carácter abierto en que los daños resarcibles y los supuestos comprendidos en la norma aparecen en una cláusula general abierta, como ocurre en la protección "*iusnaturalista*", en el Código Civil francés y el nuestro»[45].

Así, de acuerdo con los arts. 1902 CC y ss., los particulares deben responder de todos los daños —*v.gr.* contra la propiedad, la salud, el honor, etc., y no solo de alguno de ellos— salvo que exista una justa causa que les eximan del deber de responder (riesgos del progreso, culpa del perjudicado, etc.). Por lo tanto, los sistemas de responsabilidad pivotan sobre dos elementos, el daño y las causas de justificación.

Mutatis mutandis, lo afirmado por DÍEZ-PICAZO para la responsabilidad civil es perfectamente aplicable a la responsabilidad patrimonial de la Administración porque legalmente no se han individualizado los daños susceptibles de ser resarcidos. Como se expone en el siguiente apartado, existe una particularidad, el establecimiento de una reserva de ley para establecer las causas que justifican el deber de soportar el daño.

En palabras del Consejo de Estado (CdE), «la reserva de ley impide un papel creador autónomo a los reglamentos, pero también el propósito constitucional de que el régimen de responsabilidad administrativa se establezca en sus líneas esenciales por la ley, que no sea un creación *extra-*

---

[45] DÍEZ-PICAZO PONCE DE LEÓN, Luis (2011): *Fundamentos del Derecho civil patrimonial,* vol. V, Civitas, Madrid, pág. 304. DÍEZ-PICAZO pone como ejemplo de sistema de responsabilidad de daños típicos el *Bürgerliches Gesetzbuch* alemán cuyo parágrafo 823 tipifica como daños que deben ser resarcidos los que atenten contra la vida humana, la integridad física, la salud, la libertad y la propiedad. Según este precepto, «quien dolosa o negligentemente, de forma antijurídica dañe la vida, el cuerpo, la salud, la libertad, la propiedad u otro derecho de otra persona, está obligada a indemnizarle cualquier daño causado por esto» (ap. 1). Complementariamente señala su ap. 2. que «la misma obligación incumbe a aquel que infrinja una ley que tenga por objeto la protección de otro. Si, de acuerdo con las disposiciones de la ley, la infracción de ésta es posible sin culpa, la obligación de indemnizar sólo aparece en caso de culpa». En cambio, los códigos civiles francés y español, recogiendo la tradición pandectista del Derecho romano, recogen un sistema de daños atípicos. Así, el art. 1382 del Código Civil francés expresa que «cualquier hecho del hombre que causa a otro un daño, obliga a aquél por cuya culpa ocurrió, a repararlo». En el mismo sentido se pronuncia el art. 1902 CC cuando afirma que «el que por acción u omisión causare daño a otro interviniendo culpa o negligencia está obligado a reparar el daño causado».

legem de la jurisprudencia, la cual debe ser solo un completamente de una regulación legal suficientemente completa y acabada»[46].

C. Causas de justificación tasadas legalmente

Visto que en un sistema de responsabilidad de daños atípicos la Administración debe responder de toda lesión que sufran los particulares, «la calificación de un perjuicio en justo o injusto depende de la existencia o no de causas de justificación (civil) en la acción personal del sujeto a quien se impute tal perjuicio. La causa de justificación ha de ser expresa y concreta y consistirá siempre en un título que legitime el perjuicio contemplado: por ejemplo, la exacción de un impuesto, el cumplimiento de un contrato, una ejecución administrativa o procesal. Fuera de esta hipótesis, todo perjuicio o detrimento patrimonial imputable a un sujeto (a una Administración en nuestro caso) será una lesión, un perjuicio injusto, que, por la propia virtualidad de esta última nota, tendrá a su reparación, generando un deber de resarcimiento, que es en lo que se concreta la responsabilidad civil»[47].

A ello hay que añadir que las causas de justificación deben estar legalmente tasadas. Tanto el art. 141.1 LRJPAC-92 como el 34.1 LRJ, prevén que, tratándose de daños provenientes del funcionamiento de los servicios públicos, los particulares tengan el «deber jurídico de soportar[los] de acuerdo con la Ley». Adicionalmente, el art. 32.1 LRJ reconoce al ciudadano el derecho a ser resarcido por los daños causados por la Administración, «salvo (...) que (...) tenga el deber jurídico de soportar de acuerdo con la Ley».

Así, de la estricta literalidad de ambos preceptos —arts. 32.1 y 34.1 LRJ— «resulta de manera clara y evidente una reserva de ley en materia de antijuridicidad del resultado lesivo. Conforme a nuestro vigente Derecho positivo, la obligación de soportar el resultado lesivo es una carga económica que únicamente puede ser impuesta al perjudicado por el parlamento mediante una ley. Por tanto, el resultado lesivo es antijurídico cuando por los representantes parlamentarios de los ciudadanos se considera que sería contrario a los valores de justicia material propios de un Estado de Derecho, que quien ha sufrido un daño tuviera que soportar con su propio patrimonio las consecuencias desfavorables derivadas de la actividad admi-

---

46 Memoria del Consejo de Estado de 1998, pág. 95.

47 GARCÍA DE ENTERRÍA, Eduardo (1984): *Los principios de la nueva Ley de Expropiación Forzosa, op. cit.* pág. 177.

nistrativa. Dicho en otros términos, tienen que estar clara y expresamente tipificadas en la ley las únicas y excepcionales causas de exoneración de responsabilidad que justifican la obligación de soportar resignadamente el resultado lesivo»[48].

«Aunque, en principio, el deber de soportar el daño solo existe cuando lo establece la ley, en la práctica esta causa de exoneración opera tanto cuando así lo prevé la ley, como cuando no lo contempla expresamente»[49]. De hecho, la jurisprudencia recurre constantemente, y sin un anclaje legal, al carácter antijurídico del daño para reconocer una indemnización, así como al deber de soportarlo, para denegarla.

Esta práctica es criticada por BLANQUER, para el cual «no hay "reserva de jurisdicción" sino "reserva de ley"»[50]. Dicho con otras palabras, es al legislador, y no a los jueces y magistrados, a quien corresponde apreciar cuál o cuáles deben ser las justas causas en virtud de las cuales un particular deba soportar el daño infligido por la Administración.

Ahora bien, la LRJ sólo recoge una causa de justificación, los riesgos del progreso. El resto de las causas, según el modelo ideado por GARCÍA DE ENTERRÍA, deberían encontrarse en la legislación sectorial. Por ello, Tomás Ramón FERNÁNDEZ, ante lo que considera un incumplimiento flagrante del principio de reserva de ley, recaba «una reflexión a fondo y una corrección sustancial, que en cualquier caso tiene que dejar bien claro que ningún ciudadano tiene el deber jurídico de soportar»[51]. Por su parte, el CdE considera que la «regulación es incompleta y son muchas las cuestiones que deberían haber sido reguladas por el legislador y que no lo han sido, que están a la discreción ya sea de la propia Administración ya sea de los Tribunales, sobre todo en lo que se refiere a los criterios de antijuridicidad del daño»[52].

---

48 BLANQUER CRIADO, David (2020): *Responsabilidad patrimonial en tiempos de pandemia, op. cit.* pág. 408.

49 MANENT ALONSO, Luis (2021): «Las singularidades de las reclamaciones por daños causados por las administraciones públicas como consecuencia de la COVID-19», *op. cit.* pág. 157.

50 BLANQUER CRIADO, David (2020): *Responsabilidad patrimonial en tiempos de pandemia, op. cit.* pág. 411.

51 FERNÁNDEZ, Tomás Ramón (2018): «Existe un deber jurídico de soportar los perjuicios producidos por un acto administrativo declarado nulo por sentencia firme?», *Revista de Administración Pública*, núm. 205, pág. 236.

52 Memoria del Consejo de Estado de 1998, pág. 96.

LÓPEZ MENUDO, GHICHOT y CARRILLO, desde un punto de vista más pragmático, consideran: que hay obligación de soportar el daño «en todos aquellos supuestos en los que la Ley impone, expresa o implícitamente, un sacrificio (v. gr.: pena de prisión, imposición de sanción, liquidación de un tributo, desestimación de licencia, prohibición de comercialización de un producto, etcétera); [que] (...) cabe deducir que no concurre antijuridicidad en todos aquellos supuestos en que no hay ruptura del principio de igualdad (tal ocurre, típicamente, en los casos de daños derivados de la colindancia con las vías públicas) o cuando el interesado se coloca voluntariamente en una situación de riesgo —concurra o no su voluntad de aceptar sus consecuencias—, siendo ejemplos típicos de esto la conducción a velocidad excesiva, la fuga de un recinto penitenciario o ante una orden de detención, o las acciones manifiestamente temerarias o imprudentes de la propia víctima; supuestos estos, por cierto, que suelen guardar íntima conexión con la relación causal y sus problemas relacionados con la concurrencia de culpa de la propia víctima»[53].

Esta afirmación —antijuridicidad por ruptura del principio de igualdad ante las cargas— nos sitúa en la teoría de la imputación objetiva introducida entre nosotros por BELADIEZ y a la que nos referiremos en el siguiente epígrafe.

4) Carga de la prueba

En materia de responsabilidad patrimonial sanitaria, la Administración es la que debe probar el deber ciudadano de soportar el daño porque existe una causa de justificación, toda vez que éste es un elemento obstativo al reconocimiento de una indemnización. Así resulta de una aplicación analógica del art. 217.3 de la Ley 1/2000, de 7 de enero, de enjuiciamiento civil (LEC), conforme al cual «incumbe al demandado (...) *la carga de probar los hechos que* (...) *impidan, extingan o enerven*» el deber de resarcir de la Administración sanitaria.

Por su parte —como advierten MANENT y ALONSO y GARCÍA-TREVIJANO en los caps. 18 y 28 (págs. 1242 y 2047)— compete al reclamante argumentar —que no probar— que el daño es antijurídico. Para ello,

---

53 LÓPEZ MENUDO, Fernando, GUICHOT REINA, Francisco y CARRILLO DONAIRE, Juan Antonio (2004): *La responsabilidad patrimonial de los poderes públicos*, *op. cit.* pág. 72.

tratándose de responsabilidad patrimonial sanitaria, lo determinante será que haya habido una infracción de la *lex artis*.

En efecto, «derivada de esa obligación de medios, en las reclamaciones que nacen de la actuación médica o sanitaria, resulta insuficiente (...) la existencia de una lesión (...), sino que es preciso acudir al criterio de la Lex artis como modo de determinar cuál es la actuación médica correcta, independientemente del resultado producido en la salud o en la vida del enfermo, ya que no le es posible ni a la ciencia ni a la Administración garantizar, en todo caso, la sanidad o la salud del paciente (...); en caso contrario, dichos perjuicios no son imputables a la Administración y no tendrían la consideración de antijurídicos por lo que deberán ser soportados por el perjudicado»[54].

IV. TEORÍA DE LA IMPUTACIÓN OBJETIVA

En el epígrafe anterior se ha expuesto por qué, en un sistema como el nuestro de responsabilidad patrimonial de daños atípicos, la regla general es la responsabilidad de la Administración y la excepción el deber de los particulares de soportar el daño. Adicionalmente, las excepciones al deber de responder tendrían que estar expresamente tipificadas en una norma con rango de ley y deberían ser interpretadas restrictivamente. Para salir de este atolladero, la teoría de la imputación objetiva acude al rescate y puede servir a no forzar los límites señalados por el Derecho positivo. A ella nos referimos a continuación

Tal y como ha expuesto BAUZÁ en el cap. 11 de esta obra (pág. 727), en la responsabilidad patrimonial, la atribución de un daño a la Administración precisa —además de un daño, el funcionamiento del servicio público y la relación de causalidad entre ambos— una valoración jurídica en virtud de la cual se concluya que la Administración deba resarcir un perjuicio sufrido por un particular. Como afirma BLANQUER en el cap. 5 de esta obra (págs. 339 a 343), a esta operación se le llama imputación subjetiva.

En efecto, por mucho que se afirme que el nexo causal entre la lesión y la actuación de la Administración baste para que la Administración deba resarcir, si se quiere reconducir el carácter objetivo de la responsabilidad patrimonial a sus justos términos, hay que dar un paso más. Es necesario

---

54 FJ 4 STSJ de Asturias 365/2022, de 20 de abril, de la Sala de lo Contencioso-Administrativo (núm. rec. 675/2020 y [*Tol 8971682*]).

realizar una operación de calificación jurídica en virtud de la cual, en función de los valores socialmente dominantes, pueda concluirse que, en un caso concreto, un particular no tiene que soportar el daño sufrido. «Responsabilidad objetiva no significa responsabilidad absoluta. Pero tampoco significa responsabilidad por culpa»[55].

En el epígrafe anterior se ha expuesto cómo la adjetivación de una lesión como «antijurídica» es utilizada para evitar que la Administración, en un régimen de responsabilidad objetiva, se convierta en una aseguradora universal de riesgos. Una vía complementaria, aunque con mucho menor predicamento entre la doctrina y jurisprudencia administrativa, es la teoría de la imputación objetiva.

Esta teoría se caracteriza por superponer a la relación de causalidad una valoración jurídica, denominada imputación, que cribe los efectos indeseados de nuestro sistema de responsabilidad patrimonial objetivo. Uno de los defensores de la teoría de la imputación objetiva es MIR, al cual seguimos en este epígrafe.

Para este autor, la imputación debe desplegarse en dos niveles: el que liga la conducta de una persona física a la Administración (imputación de conducta); y el que permite que el daño se atribuya a la conducta de la Administración (imputación del daño)[56]. A esta doble operación por la que se atribuye a la Administración, primero una actividad y después un daño, nos referiremos como imputación subjetiva y objetiva, respectivamente.

La imputación subjetiva, o de primer nivel, se realiza mediante la individualización de dos títulos —actuación típicamente administrativa y la sumisión al poder de dirección de la Administración— en virtud de los cuales la actuación de una persona física se considera realizada por una concreta persona jurídica, la Administración. La imputación objetiva, o de segundo nivel, se efectúa a partir de un criterio, el de la creación de un riesgo jurí-

---

55 MIR PUIGPELAT, Oriol (2000): *La responsabilidad patrimonial de Administración sanitaria. Organización, imputación y causalidad, op. cit.* pág. 43.

56 Según expresa MIR, respecto de las personas jurídicas, «una cosa es atribuir una acción o una omisión a un determinado sujeto, atribución que se efectuará con base en una serie de criterios (títulos de imputación de primer nivel), y otra muy distinta es atribuir un daño sufrido por una persona a una determinada acción u omisión, operación a que se llevará a cabo a través de criterios distintitos (títulos de imputación de segundo nivel). MIR PUIGPELAT, Oriol (2000): *La responsabilidad patrimonial de Administración sanitaria. Organización, imputación y causalidad, op. cit.* pág. 62.

dicamente relevante, unido a su realización en un resultado lesivo. Así lo viene defendiendo BELADIEZ desde 1997[57].

1) Imputación subjetiva

La imputación subjetiva es aquella que se refiere a la conducta de una persona. Cuando esta es una persona física no plantea especial dificultad, basta constatar que su acción u omisión ha causado un daño. «Si plantea problemas, no obstante, esta imputación de una concreta a una persona jurídica (como, p.ej., la Administración), ya que ésta, al carecer de intelecto, de voluntad (de vida, en definitiva), no puede producir ni acciones ni omisiones, y requiere siempre, necesariamente, para actuar a personas físicas; además, estas personas físicas que actúan por las personas jurídicas poseen una voluntad propia, que les permite ir más allá, en su actuación de sus atribuciones al servicio de la persona jurídica»[58].

Como hemos dicho, MIR se refiere a este vínculo como imputación de primer nivel porque «consiste en la atribución de la conducta (activa u omisiva) de la concreta persona física (identificada o no —este último es el caso de la "culpa anónima"—) a la Administración Pública»[59].

Con la imputación de primer nivel no se pretende otra cosa que determinar cuándo la Administración es autora de una conducta. Examina los requisitos que deben concurrir en una conducta para que «la Administración asuma como propia y que constituya la puesta en práctica de las competencias», ya sea en relaciones de Derecho público como de Derecho privado[60]. Para ello es necesario individualizar una serie de títulos a partir de los arts. 106.2 CE y 32.1 y 35 LRJ, por un lado, y del art. 196 LCSP, por otro. Adicionalmente, hay que tener en cuenta que no es pacífica la proyección de la responsabilidad patrimonial respecto de los daños causados por los adjudicatarios de acuerdos de acción concertada.

---

57 BELADIEZ ROJO, Margarita (1997): *Responsabilidad e imputación de daños por el funcionamiento de los servicios públicos: con particular referencia a los daños que ocasiona la ejecución de un contrato administrativo,* Tecnos, Madrid.

58 MIR PUIGPELAT, Oriol (2000): *La responsabilidad patrimonial de Administración sanitaria. Organización, imputación y causalidad, op. cit.* págs. 60 y 61.

59 *Ibidem* pág. 80.

60 *Ibidem* pág. 142. Para conocer qué entidades integran el Sistema Nacional Salud puede leerse lo escrito por BLANQUER y VIDAL en los caps. 5 y 6 del tratado (págs. 356 a 360 y 445 a 461).

A. Actuación típicamente administrativa

Los arts. 106.2 CE y 32.1 LRJ exigen, para que nazca el deber de responder de la Administración, que la lesión derive del «funcionamiento de los servicios públicos». Pues bien, en España, según tradicional definición de GARCÍA DE ENTERRÍA, una actividad es típicamente administrativa cuando está ligada al «tráfico o giro» de la Administración. Ello implica que «"por funcionamiento de los servicios públicos" debe entenderse, a efectos de responsabilidad patrimonial de la Administración, toda la actividad típicamente administrativa, y no ya sólo el concreto sector, de tipo prestacional, denominado habitualmente "actividad de servicio público". Se efectúa una interpretación subjetiva de la actividad típicamente administrativa porque esta es definida no en función de un concreto contenido material, sino de un sujeto determinado: la Administración Pública»[61].

Adicionalmente, el art. 35 LRJ afirma que «cuando las Administraciones Públicas actúen, directamente o a través de una entidad de derecho privado, en relaciones de esta naturaleza» responderán de los daños que causen con arreglo a los arts. 32 y ss. LRJ. De esta manera, los daños causados por la Administración, no sólo en sus relaciones de Derecho público, sino también en las de Derecho privado, deben reclamarse mediante el instituto de la responsabilidad patrimonial.

Sin embargo, ni los arts. 106.2 CE y 32 LRJ, ni el art. 35 LRJ, determinan cuándo estamos en presencia de una actividad típicamente administrativa. No establecen bajo qué premisas podrá considerarse que una conducta concreta de una persona física da lugar a actividad administrativa. Para MIR «lo que ocurre es que dichos preceptos presuponen dicha exigencia», la cual estaría implícita en aquella actuación llevada a cabo por una persona física, integrada en la organización de una Administración Pública (dependencia) y desempeñada con ocasión o en el ejercicio de sus funciones (subordinación)[62].

a) Dependencia

El requisito de la dependencia —o inserción en la organización administrativa— se encuentra reconocido, aunque de manera velada, en el art. 36.1 LRJ. Este precepto, en sede de responsabilidad de autoridades y em-

---

61 *Ibidem* pág. 143.
62 *Ibidem* pág. 144.

pleados públicos, aclara que la Administración responderá, directamente, «por los daños y perjuicios causados por las autoridades y personal a su servicio».

b) Subordinación

En cuanto al requisito de la subordinación —actuación en el ejercicio del cargo o con ocasión de sus funciones—, éste debe exigirse en la responsabilidad patrimonial porque resulta de otro tipo de responsabilidades con las que guarda identidad de razón. Nos estamos refiriendo a la responsabilidad civil *ex delicto* del art. 121 del Código Penal (CP), y la responsabilidad extracontractual vicaria del par. 5 del art. 1903 CC[63]. Utilizando categorías propias del Derecho francés, *mutatis mutandis,* puede decirse que en ellos se descubre la necesidad no sólo de la dependencia, sino también de la subordinación, porque sin ella estaremos ante una *faute personnelle* y no ante una *faute de service*[64].

---

63 El art. 121 CP hace responder de manera subsidiaria a las Administraciones «de los daños causados por los penalmente responsables de los delitos dolosos o culposos, cuando éstos sean autoridad, agentes y contratados de la misma o funcionarios públicos en el ejercicio de sus cargos o funciones siempre que la lesión sea consecuencia directa del funcionamiento de los servicios públicos que les estuvieren confiados». Este precepto exige los dos requisitos del título de la actividad típicamente administrativa, a saber: inserción en la organización administrativa al prever que los daños hayan sido causados por la «autoridad, agentes y contratados [laborales] (...) o funcionarios públicos» de la Administración; y actuación en el desempeño del cargo porque estos deberán haber actuado «en el ejercicio del cargo o funciones». Lo mismo puede decirse del art. 1903 par.5 CC, el cual, refiriéndose a la responsabilidad civil extracontractual vicaria, prescribe que los dueños o directores de un establecimiento o empresa responderán «de los perjuicios causados por sus dependientes» (inserción), siempre que éstos los hayan causado «en el servicio de los ramos en que los tuvieran empleados, o con ocasión de sus funciones» (subordinación).

64 La distinción, a efectos de determinar si la Administración debe responder por los actos de los empleados públicos, entre responsabilidad por culpa personal (*faute personelle*) y culpa del servicio (*faute de service*) es analizada por SOLER en el cap. 2 de esta obra, al que nos remitimos (págs. 139 y 140).

c) *Culpa in vigilando*

Mención especial merecen los daños causados por las personas sujetas a una relación de sujeción especial diferente a la del empleado público.

A juicio de GARCÍA DE ENTERRÍA y Tomás Ramón FERNÁNDEZ, «el fenómeno de la imputación a la Administración se extiende, también, a los daños causados a terceros por personas que, aún sin ser funcionario o agentes de la misma (…) se encuentran situados bajo su autoridad o custodia, en el seno, pues, de la organización en que el servicio se presta»[65]. Nos estamos refiriendo a «aquellas personas que no actúan para la Administración, a su servicio, sino que constituyen precisamente el objeto de la actuación administrativa: enfermos mentales internados en centros públicos, presos, alumnos menores de edad», etc.[66].

Un caso paradigmático, pero también criticado, es el de «los novios de Granada», resuelto por STS de 12 de marzo de 1975. En esta ocasión el TS hizo responder a la Diputación de Granada por los daños causados a la triste pero famosa pareja de novios como consecuencia de la caída de un enfermo mental que saltó desde una ventana del Hospital Provincial de Granada. Para la Sala de lo Contencioso-administrativo, «al hallarse internado en el hospital (…) no constituía un agente extraño al funcionamiento del centro sino un usuario interno que como tal se integraba en su organización y disciplina»[67].

SÁNCHEZ MORÓN ha criticado esta sentencia al estimarla «exagerada y peligrosa (…) porque los usuarios [de los servicios públicos, en este caso un interno] no son agentes de la Administración, ni con mayor razón aún, se integran en su organización»[68].

Modernamente, para evitar afirmaciones de este tipo, se hace bascular la responsabilidad sobre el empleado público al que se le imputa el funcionamiento anormal del servicio público por culpa *in vigilando.*

---

65 GARCÍA DE ENTERRÍA, Eduardo y FERNÁNDEZ, Tomás Ramón (2017): *Curso de Derecho administrativo, op. cit.* 422.

66 *Ibidem* pág. 161.

67 Considerando 3 STS de 12 de marzo de 1975, de la Sala de lo Contencioso-administrativo [*Tol 5096906*].

68 SÁNCHEZ MORÓN, Miguel (1975): «Sobre los límites de la responsabilidad civil de la Administración», *Revista Española de Derecho Administrativo,* núm. 7, págs. 650 y 651.

B. Sumisión al poder de dirección de la Administración

Nuestro ordenamiento jurídico, en el ámbito de la responsabilidad patrimonial, también hace responder a la Administración, bajo determinadas circunstancias, de la actuación de algunas personas ajenas a su organización. Nos estamos refiriendo a los contratistas de la Administración y las entidades de Derecho privado del sector público. Mayores dudas plantean, por falta de título reconocido legalmente, los daños por los adjudicatarios de acuerdos de acción concertada.

a) Contratistas

Tanto el art. 121.2 LEF, formalmente no derogado, como el art. 196.2 LCSP, establecen un título de imputación distinto al de la actividad típicamente administrativa. Este título se refiere a los daños causados por un contratista al ejecutar una orden dada por la Administración y por los vicios de proyecto, en este último caso, solo en los contratos de obra o de suministro de fabricación.

> Art. 121.2 LEF
>
> «*En los servicios públicos concedidos correrá la indemnización a cargo del concesionario, salvo en el caso en que el daño tenga su origen en alguna cláusula impuesta por la Administración al concesionario y que sea de ineludible cumplimiento para éste*» (art. 121.2 LEF).
>
> Art. 196. 1 y 2 LCSP. Indemnización de daños y perjuicios causados a terceros
>
> «1. *Será obligación del contratista indemnizar todos los daños y perjuicios que se causen a terceros como consecuencia de las operaciones que requiera la ejecución del contrato.*
>
> *2. Cuando tales daños y perjuicios hayan sido ocasionados como consecuencia inmediata y directa de una orden de la Administración, será esta responsable dentro de los límites señalados en las leyes. También será la Administración responsable de los daños que se causen a terceros como consecuencia de los vicios del proyecto en el contrato de obras, sin perjuicio de la posibilidad de repetir contra el redactor del proyecto de acuerdo con lo establecido en el artículo 315, o en el contrato de suministro de fabricación*».

Su justificación se encuentra en la singularidad de que los contratistas, a pesar de no estar integrados en la organización de la Administración, están sometidos a su poder de dirección de la Administración.

Por lo demás, no queremos de dejar de apuntar aquí que el art. 196.3 LCSP, y sus predecesores, han dado lugar a ríos de tinta, así como que, a día de hoy, provoca un «desencuentro» entre la doctrina legal y jurisprudencia sobre el alcance y tramitación de las reclamaciones de responsabilidad patrimonial por daños causados por contratistas. De ello dan cuenta VIDAL y MANENT en los caps. 6 y 7 a los que nos remitimos desde aquí (págs. 418 a 423 y 492 a 505)[69].

b) Entidades de Derecho privado del sector público

MIR entiende que el resarcimiento de los daños causados por las personas de Derecho privado a que se refiere el art. 2.2 b) LRJ corresponde a la Administración matriz. Llega esta conclusión por estar aquéllas sometidas al poder de dirección de ésta, razón por la cual debe ser la Administración matriz la que indemnice previa tramitación de una reclamación de responsabilidad patrimonial.

Para este autor, el hecho de que no existiera precepto legal alguno que permitiera llegar a esta conclusión no era óbice puesto que «la imputación que *propone* es fruto de una aplicación analógica de la doctrina mercantil del levantamiento del velo que tanto predicamento tiene en la jurisprudencia del TS y entre los privatistas españoles y extranjeros»[70].

Sin embargo, ya no es necesario el recurso a la analogía, puesto que, novedosamente, el actual art. 35 LRJ hace responder a las Administraciones o a sus entidades de Derecho privado «de conformidad con lo previsto en los artículos 32 y siguientes» LRJ[71].

---

69 El art. 196.3 LCSP, interpretado literalmente, implica que, fuera de los casos de orden de la Administración o vicios del proyecto, los contratistas de la Administración deban responder, ante la jurisdicción la jurisdicción ordinaria, de los daños que causen a terceros con ocasión de la ejecución de un contrato público. No obstante, si el particular duda respecto de quién deba responder, podrá consultar al órgano de contratación para que éste, oído el contratista, informe sobre a cuál de las partes contratantes corresponde la responsabilidad de los daños. Sin embargo, una interpretación garantista conlleva que sea la Administración la que determine, en el seno de un procedimiento administrativo de responsabilidad patrimonial, si se ha causado una lesión antijurídica, y en caso de reconocerlo, indemnice al particular, y luego, si corresponde, repita contra el contratista. En la práctica, como quiera la Administración suele admitir a trámite y resolver las reclamaciones por daños imputables al contratista, al existir un acto administrativo que deniega la reclamación, total o parcialmente, la jurisdicción contencioso-administrativa es la que revisa judicialmente estos conflictos.

70 MIR PUIGPELAT, Oriol (2000): *La responsabilidad patrimonial de Administración sanitaria. Organización, imputación y causalidad, op. cit.* pág. 156.

71 Tal y como afirma BLANQUER en el cap. 5 del tratado (págs. 358 y 359), cuando el daño sea imputable a una entidad de Derecho privado del art. 2.2 b LRJ, el ré-

Art. 35 LRJ. Responsabilidad de Derecho privado
«*Cuando las Administraciones Públicas actúen, directamente o a través de una entidad de derecho privado, en relaciones de esta naturaleza, su responsabilidad se exigirá de conformidad con lo previsto en los artículos 32 y siguientes, incluso cuando concurra con sujetos de derecho privado o la responsabilidad se exija directamente a la entidad de derecho privado a través de la cual actúe la Administración o a la entidad que cubra su responsabilidad*».

c) Adjudicatarios de acuerdos de acción concertada

Novedosamente, la disposición adicional 49 LCSP ha habilitado a las Comunidades Autónomas (CCAA), para que, «en el ejercicio de las competencias que tienen atribuidas, legislen articulando instrumentos no contractuales para la prestación de servicios públicos destinados a satisfacer necesidades de carácter social». En consonancia con ello, el art. 11.6 LCSP excluye de su ámbito de aplicación a «la prestación de servicios sociales por entidades privadas, siempre que esta se realice sin necesidad de celebrar contratos públicos, a través, entre otros medios, de la simple financiación de estos servicios».

Sin nombrarlo expresamente estas dos disposiciones se refieren a los acuerdos de acción concertada regulados por media docena las asambleas legislativas de CCAA. Así ocurre en la Comunitat Valenciana que las regula en los ámbitos sanitario y social[72]. Como ha señalado su Tribunal Superior de Justicia (TSJ), «es palmario, evidente, que (...) [las CC.AA.] disponen de suficiente hálito competencial como para regular la acción concertada para la prestación de servicios a las personas»[73]. El TSJ de la Comunitat Valenciana también ha concluido que «la acción concertada cuyo valor estimado iguale o supere el umbral comunitario (...) será contrato sujeto a regulación armonizada, de modo que habrá que estar a lo dispuesto en el cap. I del Título III Directiva de contratos»: esto es al régimen simplificado de la Directiva 2014/24/UE del Parlamento y del Consejo, de 26 de

---

gimen sustantivo aplicable para aceptar o rechazar la responsabilidad patrimonial y el derecho a percibir una indemnización será el contenido en los arts. 32 y ss. LRJ.

72 En la Comunitat Valenciana la acción concertada está regulada por dos leyes de la Generalitat: la Ley 7/2017, de 30 de marzo, sobre acción concertada para la prestación de servicios a las personas en el ámbito sanitario, y los arts. 87 a 91 de la Ley 3/2019, de 18 de febrero, de servicios sociales inclusivos.

73 FJ 6 STSJ de la Comunitat Valenciana 560/2018, de 12 de junio, de la Sala de lo Contencioso-administrativo (núm. rec. 236/2017 y [*Tol 6796862*]).

febrero, sobre contratación pública[74]. Ello sería así porque los acuerdos de acción concertada reunirían los requisitos del art. 1.2 de la citada directiva para ser considerados contratos públicos[75]. Sin embargo, poco más hay claro sobre esta figura «desconcertante» a la que VIDAL se ha referido en el cap. 6 (págs. 448 a 152)[76].

En nuestra opinión, la acción concertada se diferencia de la gestión indirecta de servicios públicos, mediante contratos, por establecer una relación directa entre el prestador de servicio, financiado por la Administración Pública, y el usuario o paciente. Para que ello sea posible el adjudicatario del acuerdo debe tener libertad de admisión y de configuración del servicio. Ello es incompatible con la existencia de «derivaciones» por parte de la Administración concertante, así como de un clausulado con densidad suficiente para encorsetar la forma de llevar a cabo la actividad. Tanto uno como otro ponen de manifiesto que el destinatario inmediato del servicio es la Administración, y que el usuario o paciente, solo se benefician de la actividad de manera mediata.

---

74 FJ 7 La STSJ de la Comunitat Valenciana 342/2023, de 30 de junio, de la Sala de lo Contencioso-administrativo (núm. rec. 169/2018). Este fallo concluye —refiriéndose a la acción concertada— que pese a que la legislación valenciana la califique como una forma no contractual para la prestación de servicios a las personas, y que «la naturaleza no contractual (...) es defendida por determinados juristas/doctrina administrativa [a efectos del Derecho de la Unión Europea, estamos ante] un instrumento de naturaleza contractual». Para ello se apoya en la sentencia y auto *ASADE I y II* de 14 de julio de 2022 y 31 de marzo de 2023 (as. C-436/2020 y [*Tol 9118265*] y C-676/2020 y [*Tol 9493262*]). En la primera de ellas se afirma que «por mucho que se califique la acción concertada como instrumento no organizativo de naturaleza no contractual, hemos de (...) afirmar que es irrelevante jurídicamente. [Para la Sala de lo Contencioso-Administrativa,] dada la consabida primacía del Derecho de la Unión Europea (...) los acuerdos de acción concertada se incluyen, en rigor, entre las modalidades de gestión indirecta» (FJ 9). En el mismo sentido se pronuncian las SSTSJ de la Comunitat Valenciana 352, 353 y 354/2023, todas ellas de 30 de junio y de la Sala de lo Contencioso-administrativo (núm. rec 224/2019 y [*Tol 9692394*], núm. rec 302/2018 y [*Tol 9692395*] y núm. rec. 171/2019 y [*Tol 9692393*]).

75 De acuerdo con el art. 2.5 de la Directiva 2014/24/UE del Parlamento Europeo y del Consejo, de 26 de febrero, sobre contratación pública, son contratos públicos «los contratos onerosos celebrados por escrito entre uno o vario operadores económicos y uno o varios poderes adjudicadores, cuyo objeto sea la ejecución de obras, el suministro de productos o la prestación de servicios».

76 Sobre la naturaleza y características de la acción concertada puede leerse a MANENT. MANENT ALONSO, Luis (2019): «El desconcierto de la acción concertada», *Actualidad administrativa 2019*, Tirant lo Blanch, Valencia, págs. 547 a 574.

Pues bien, si se cumplen estas dos premisas, según nuestro parecer, no habrá contrato ni sumisión del adjudicatario del acuerdo de acción concertada al poder de dirección de la Administración, y en última instancia, no existirá un título que obligue a esta a responder de los daños causados por aquel[77].

2) *Imputación objetiva*

La imputación objetiva va referida a un daño y es denominada por MIR como «imputación de segundo nivel» porque «consiste en la atribución del daño (del resultado) sufrido por la víctima a la Administración»[78]. Este autor, para explicar este segundo nivel, recurre a la teoría de la imputación

---

[77] Esta afirmación —necesidad de relación directa entre el paciente y el prestador del servicio— parece ser compartida por el ATSJ de la Comunitat Valenciana de 25 de abril de 2023, de la Sala de lo Contencioso-administrativo (núm. rec. 523/2022), único pronunciamiento que, hasta la fecha, en sede de responsabilidad patrimonial, ha aplicado el art. 196 LCSP a un acuerdo de acción concertada. En esta ocasión, con la oposición del Ministerio Fiscal, el TSJ rechazó la falta de jurisdicción planteada por la Abogacía de la Generalitat para conocer de una reclamación de responsabilidad patrimonial sanitaria derivada de la asistencia sanitaria recibida por el reclamante en la Fundación Instituto Valenciano de Oncología (IVO). Esta entidad, a día de hoy, es adjudicataria del acuerdo de 6 de octubre de 2017, de la Conselleria de Sanidad Universal y Salud Pública, para la prestación asistencial integral oncológica (Diari Oficial de la Generalitat Valenciana de 2 de noviembre de 2017). Para ello sostuvo que «el paciente/recurrente fue indiciariamente atendido en tal Instituto, ante propuesta de orden de servicio (...) cursada desde el Hospital Clínico Universitario de Valencia» (FJ Único). Por nuestra parte, si bien compartimos, «indiciariamente», el fondo del asunto, no podemos dejar de reprochar la falta de título para hacer responder a la Generalitat del menoscabo de salud imputado por el reclamante al IVO, y en última instancia de la competencia de la jurisdicción contencioso-administrativa para conocer de una reclamación extracontractual entre un particular y una fundación. Si la DA 49 y el art. 11.6 LCSP excluyen de su ámbito de aplicación a los acuerdos de acción concertada, y el art. 3 de la Ley 7/2017, de la Generalitat, define los acuerdos de acción concertada sanitaria como «son instrumentos organizativos de naturaleza no contractual» no existe base legal alguna para imputar los daños reclamados a la Administración sanitaria. Según dijera el Ministerio Fiscal, esta reclamación debería haberse ventilado ante el orden jurisdiccional civil, por cuanto el IVO desde 2017 «ya no presta servicios a la Generalitat, sino que es adjudicatario de un acuerdo de acción concertada».

[78] MIR PUIGPELAT, Oriol (2000): *La responsabilidad patrimonial de Administración sanitaria. Organización, imputación y causalidad, op. cit.* pág. 80.

objetiva porque la misma es una «teoría de la imputación del resultado a la conducta, y no ya de la imputación de la conducta a un sujeto jurídico del resultado» o de primer nivel[79].

Pues bien, la teoría de la imputación objetiva se caracteriza por distinguir, sin ambages, la relación de causalidad —un elemento naturalístico, empírico— de la imputación, que es un juicio valorativo de carácter jurídico. «Se trata de dos fases de análisis sucesivas que conviene separar con claridad porque mientras que la causalidad posee una naturaleza puramente fáctica, la imputación tiene un carácter eminentemente normativo»[80]. Por ello MIR asume, frente a la tradicional teoría de la causalidad adecuada, la doctrina de la equivalencia de condiciones porque considera de igual valor —equivalentes— a todas las condiciones del resultado, sin efectuar ninguna distinción entre ellas[81].

---

79 *Idem.*

80 *Ibidem* pág. 218.

81 En su monografía sobre l*a responsabilidad patrimonial de Administración sanitaria,* MIR critica el tratamiento doctrinal de los conceptos de imputación y causalidad admitidos de manera casi pacífica por la doctrina y jurisprudencia. Sobre los mismos señala lo siguiente: A) Imputación. Este autor considera que la doctrina mayoritaria sitúa la imputación del daño, o de segundo nivel, en «dos ubicaciones sistemáticas distintas e incompatibles entre sí. Por un lado se estudia el tipo de relación que debe mediar entre el daño y el comportamiento atribuible a la Administración en el seno de la (…) mal llamada (…) relación de causalidad, al examinarse cuando un determinado daño es consecuencia de la acción u omisión administrativa (y cuando no: supuestos de existencia de fuerza mayor e intervención de culpa de la víctima o de hecho de tercero); por otro lado [también ubica la imputación del daño entre] los concretos títulos de imputación del daño al comportamiento de la Administración (en concreto, qué deba entenderse por funcionamiento "normal" y "anormal") (…) en el marco de lo que dicha doctrina conoce como imputación». Así, en palabras de MIR, «la doctrina aborda, como un todo único, el estudio (…) dos conceptos distintos de imputación. El significado de dicho concepto se incluyen cuestiones relativas tanto a la imputación de conductas a la Administración como a la imputación de daños a dichas conductas administrativas, sin que en ningún momento se distinga entre ambos niveles de imputación; al contrario, parece presuponerse que el término "imputación" posee un significado unívoco». A juicio de MIR, «la confusión en el empleo de dicho término se ve acrecentada cuando (…) a menudo se le concede expresamente un tercer significado, mucho más amplio: imputación como sinónimo de atribución de responsabilidad (…), y no ya sólo a la atribución de una conducta o a la del daño». Entiende que «si se emplea el concepto como sinónimo de atribución de responsabilidad deja de constituir un requisito más y se convierte en la expresión que encabeza el examen de todos los requisitos o presupuestos, perdiendo, auto-

máticamente utilidad. B) Causalidad. En opinión de MIR, «tres críticas pueden hacerse (…) a la construcción operada por la doctrina administrativa española de la relación de causalidad: (…) se trata de una construcción poco desarrollada, que desconoce los avances experimentados en otras ramas del Derecho, y que se muestra poco congruente con sus postulados básicos». Critica a la doctrina mayoritaria por las siguientes razones: 1) Su reflexión sobre la causalidad es pobre porque «tras despachar en unas pocas líneas la discusión (…) sobre los pros y los contras de las teorías de la equivalencia de las condiciones y de la causalidad adecuada (decantándose por esta última), afirma que se trata de un presupuesto eminentemente jurisprudencial y se limita a examinar el tratamiento que ésta otorga a las causas que pueden llegar a romper el nexo causal (culpa de la víctima, hecho de tercero y fuerza mayor). Así, bajo una premisa doble, «la gran dificultad de la definición de la causalidad y la complejidad que pueden adquirir los distintos cursos causales, no se presta ninguna atención a fórmulas que permiten articular el funcionamiento de las teorías mencionadas (p. ej. la fórmula de la *conditio sine qua non*, en lo que respecta a la teoría de la teoría de la equivalencia de condiciones), ni a la cuestión de la virtualidad causal de la omisión, ni a otros tantos problemas que la relación de causalidad plantea». 2) No ha incorporado los avances experimentados por otras ramas del derecho ya que todavía sustenta la relación de causalidad «en planteamientos teóricos abandonados (…) por la moderna civilística alemana y la dogmática jurídico-penal [española]. Concretamente (…) sigue manteniendo una concepción normativa de la causalidad, (…) desterrada [por la] (…) teoría de la imputación objetiva [y] (…) se resiste a admitir que todo comportamiento que desde una perspectiva puramente fáctica, naturalística, sea causa de resultado, lo sea también desde una perspectiva jurídica [porque exige] una serie de requisitos normativos jurídicos. Realiza (…) una distinción entre causalidad fáctica y causalidad jurídica». 3) La construcción que ha realizado sobre la causalidad es incongruente con sus propios postulados porque sistemáticamente sitúa a esta, sin justificación aparente, en dos ámbitos distintos, a saber: en el de la imputación de segundo nivel y en el de la «imputación» como presupuesto de la responsabilidad de carácter confuso. Afirma que, para ser los congruentes, concretos títulos de imputación del daño a la Administración, esto es el concreto alcance de las cláusulas «funcionamiento normal y anormal de los servicios públicos, deberían ubicarse «en el marco de la relación de causalidad» MIR PUIGPELAT, Oriol (2000): *La responsabilidad patrimonial de Administración sanitaria. Organización, imputación y causalidad, op. cit.* págs. 62 a 64, 66 a 68 y 79. Según refiere DÍAZ-REGAÑÓN, algunos autores —particularmente. MIR, PANTALEÓN y BUSTO— sustituyen la regla de la *conditio sine qua non* por la de la «condición ajustada a las leyes de la naturaleza». Lo hacen «dado que la primera presupone el conocimiento de la existencia de relación de causalidad, y si se desconoce la virtualidad de una condición concreta, difícil será que aporte un resultado seguro cuando procedamos a su supresión mental. Es por ello que, cuando el juicio hipotético —método de supresión mental— ofrezca una solución dudosa, habrá que someter el caso al juicio de los peritos o expertos en la materia y aplicar

Niega que exista una «causalidad física» y otra «causalidad jurídica» y que esta última sea la que seleccione las causas «adecuadas», «eficientes», «eficaces», «próximas» o decisivas» de dicho resultado», pero modulada por la «condición ajustada a las leyes de la naturaleza»[82].

A juicio de MIR, en un segundo tiempo, se debe de llevar a cabo una selección valorativo-normativa de las causas a las que se atribuirán los resultados producidos a partir de los títulos de segundo nivel o de imputación del daño. «Ello se producirá cuando exista una relación de causalidad entre la conducta y el daño y, además, éste sea imputable objetivamente (en sentido estricto) a la Administración»[83].

En este sentido puede afirmarse que la teoría de la imputación objetiva, «no agota su utilidad en la distinción apuntada entre causalidad e imputabilidad del resultado, sino que, además (y sobre todo), suministra una serie de criterios o títulos de imputación»[84]. Éstos «son los que permiten al operador jurídico llegar a una solución justa (acorde con la concepción de la sociedad de que se trate tenga de la justicia en el momento en que deba producirse la selección), son la articulación técnica de la justicia en los casos concretos»[85].

Sin embargo, según advirtiera MIR hace ya casi 25 años, «la doctrina y jurisprudencia administrativista de nuestro país dotan a la relación de causalidad de un alcance que no le corresponde (posee, como se ha visto, un alcance puramente fáctico, y no ya normativo); abordan, bajo la denominación de la "causalidad" verdaderos problemas de imputación, de imputación de segundo nivel. Por ello, se trata de una "mal llamada" relación de causalidad»[86].

Llegados a este punto no queda más que remitirse a lo escrito por MALDONADO en el cap. 3 (págs. 200 a 206), en el que describe cómo la teoría de la imputación objetiva fue importada a nuestro país por PANTALEÓN

---

la fórmula de la condición asustada a las leyes de la naturaleza». DÍAZ-REGAÑÓN GARCÍA-ALCALÁ, Calixto (2004): «Relación de causalidad e imputación objetiva en la responsabilidad civil sanitaria, *InDret*, núm. 1, pág. 4.

82 MIR PUIGPELAT, Oriol (2000): *La responsabilidad patrimonial de Administración sanitaria. Organización, imputación y causalidad, op. cit.* pág. 72.

83 *Ibidem* pág. 80

84 *Ibidem* págs. 76 y 77.

85 *Ibidem* págs. 75 y 76.

86 *Ibidem* pág. 77.

en la década de los noventa del siglo pasado y cuáles son los títulos de imputación.

Aquí nos limitamos a citar los criterios de imputación objetiva:

i. *Riesgo general de la vida.* Postula que no debe producirse la imputación de un resultado cuando sea la realización de un riesgo habitualmente ligado al natural existir del perjudicado.

ii. *Prohibición de regreso.* Impide imputar el resultado a quien haya puesto en marcha el concreto curso causal cuando con posterioridad intervenga la conducta de un tercero salvo: que esta se haya visto favorecida por la conducta inicial; o que sea una de aquellas conductas que la norma de cuidado infringida por el responsable tenía por finalidad evitar.

iii. *Provocación.* Agrupa dos clases de sucesos en los que se atribuye los daños a una persona distinta a la que los ha causado: aquéllos en los que se imputa al perseguido que huye los daños experimentados o causados por el perseguidor; aquéllos en que se imputa al salvado, los daños experimentados o causados por el salvador salvo que el salvamento deba reputarse altamente irrazonable.

iv. *Incremento del riesgo.* Aboga por no imputar un resultado a una conducta si la misma no ha incrementado el riesgo de que se produzca el daño. Así sucederá cuando suprimida mentalmente la conducta el resultado siga produciéndose.

v. *Fin de protección de la norma que fundamenta la responsabilidad.* Prohíbe imputar un resultado a una persona cuando los daños se escapen de la finalidad de la norma por él vulnerada y sobre la que se pretende fundar la responsabilidad.

vi. *Adecuación.* Impide imputar un resultado a una conducta si su producción hubiera sido considerada extraordinariamente improbable por un observador experimentado.

3) Creación de un riesgo jurídicamente relevante y su realización en un resultado

La reformulación de la teoría de la imputación objetiva para su aplicación a la responsabilidad patrimonial ha sido obra de BELADIEZ. Esta autora, partiendo de los postulados del Derecho penal —que propone articular los distintos títulos de imputación en torno a una idea común— elabora una teoría propia. Ésta se caracteriza por la creación de un riesgo jurídicamente relevante y su realización en un resultado como título de imputación. En estos casos, para esta autora, no existirá el deber de soportar el daño al que se refiere el art. 34.1 LRJ.

Según la doctrina penal, para que pueda imputarse un resultado a la conducta que lo ha causado es necesario que haya creado un riesgo jurídicamente relevante, que a su vez se haya realizado en el resultado. En esta afirmación incluye varios títulos de imputación: en la fase de creación del riesgo los criterios de la adecuación y el de la prohibición de regreso; en la fase de realización del riesgo los títulos del incremento del riesgo y del fin de protección de la norma.

Pues bien, para BELADIEZ, el riesgo será jurídicamente relevante cuando su causante haya creado un riesgo general, inherente al servicio y que no se encuentre socialmente admitido.

i. El riesgo será general cuando incida sobre todas las personas o bienes a los que el servicio pueda afectar, o sobre grupos de personas o bienes perfectamente identificables.

   Así sucederá, por ejemplo, con las infecciones nosocomiales a la que están expuestos todos los pacientes. En cambio, no podrá reputarse riesgo general el padecimiento, por una persona, de una crisis nerviosa como consecuencia de los ruidos de unas obras en la vía pública.

ii. Son riesgos inherentes los propios y exclusivos del funcionamiento de un concreto servicio público.

   Dicho con otras palabras, el riesgo será inherente al servicio si tiene la «interioridad» propia del caso fortuito y en su generación no han contribuido causas extrañas o la propia conducta de la víctima. En sentido negativo, no serán inherentes los riesgos que provengan de un elemento externo calificable como fuerza mayor o aquéllos en cuya realización hayan contribuido personas ajenas al concreto servicio público o el propio perjudicado.

   Con este requisito se excluyen los daños causados por cursos causales anómalos como el del obrero de una contrata que sufre un accidente, necesita ser operado y en dicha intervención le trasfunden sangre contaminada. Se afirma que el contratista no será responsable porque éste sólo responde de los propios de la ejecución de una obra. A él no se le podrán imputar los riesgos propios de un hospital.

iii. El riesgo no estará socialmente admitido cuando se exija un sacrificio especial al ciudadano, y no lo estará, si es este contrario al principio de igualdad ante las cargas públicas o deriva de una actividad ilícita.

Siguiendo con los símiles de la obra pública, se ha dicho que la prolongación de unas obras más allá de lo previsto causa un sacrificio especial a los comerciantes afectados por las mismas.

Ciñéndonos al ámbito sanitario, un ámbito en el que la jurisprudencia entiende que el riesgo no está socialmente admitido es el caso de los daños vacunales graves. A ellos se refiere RAMOS en el cap. 23 de este tratado al que nos remitimos.

Un fallo en el que el TS se sirvió de la teoría de la imputación objetiva fue la STS de 28 de octubre de 1998, de la Sala de lo Contencioso-administrativo. A los efectos de calificar un contagio transfusional del VHC dijo «que el riesgo inherente a su utilización *había* rebasado los límites impuestos por los estándares de seguridad exigibles conforme a la conciencia social»[87].

Otro, la STSJ de la Comunitat Valenciana de 18 de diciembre de 2010. En dicho fallo se concluyó «que no procede (...) asumir [que] el perjudicado que soporta el sacrificio personal en beneficio de la colectividad social [deba soportar], los daños [vacunales] graves y permanentes, pues (...) en tales casos se han rebasado los límites impuestos por los estándares de seguridad exigibles conforme a la conciencia social», no correspondiendo al perjudicado el deber de soportar el menoscabo»[88].

Terminamos con un ejemplo relacionado con la asistencia sanitaria expuesto por BELADIEZ. Según su parecer, en el caso de los daños que pueden sufrir los pacientes con ocasión de alguna intervención sanitaria, «coexisten dos riesgos: el creado por el propio estado de salud del paciente y el creado por el centro hospitalario o personal sanitario. Por esta razón, los daños que sufren los enfermos sólo serán imputables al centro médico o al personal sanitario cuando el mismo sea la realización de un riesgo jurídicamente relevante por ellos creados. Por el contrario, no se les podrá atribuir los daños que sean la realización del riesgo que entraña el estado

---

[87] FFJJ 3, 8 y 5 STS de 28 de octubre de 1998, de la Sala de lo Contencioso-administrativo (núm. rec. 2356/1994 y [*Tol 1715258*]).

[88] FJ 9 STSJ de la Comunitat Valenciana 1359/2010, de 18 de diciembre, de la Sala de lo Contencioso-administrativo (núm. rec. 5/2008 y [*Tol 2086257*]).

de salud del paciente. Pensemos en el caso en que el enfermo ingresa en estado muy grave en el hospital falleciendo al poco tiempo a pesar de que el personal sanitario hace todo lo posible por salvarle la vida. En este supuesto de fallecimiento del paciente es un riesgo que, como es obvio, no lo crea el centro hospitalario, sino su propio estado de salud, pues el riesgo de que se produzca el resultado lesivo existía con anterioridad de acudir al centro hospitalario»[89].

V. RIESGOS DEL PROGRESO

Junto con la teoría de la imputación objetiva, hasta ahora se han expuesto los elementos obstativos tradicionalmente utilizados para eximir a la Administración de indemnizar a los particulares, a saber, la fuerza mayor y el deber de soportar el daño por no ser éste antijurídico. Desde 1999 existe uno nuevo, los riesgos del progreso.

1) Concepto

«Las modernas sociedades han experimentado, en paralelo a su desarrollo tecnológico, un cambio ya muy perceptible en el origen de los daños que puedan afectarlas (...). Una cuestión particularmente aguda, y ya muy debatida, en el tratamiento jurídico de la responsabilidad es la que atañe a los riesgos desconocidos que genera el tejido tecnológico y los daños que entonces, por desconocer los riesgos, pudieran producirse»[90].

Así, los riesgos del progreso, también conocidos como riesgos de desarrollo, son aquéllos que provocan los «daños producidos por actuaciones o utilización y suministro de cosas cuya peligrosidad se desconocía en el momento de su aplicación; y ello porque el estado de los conocimientos de la ciencia o de la técnica que había en tal momento no advertía de la exis-

---

89 BELADIEZ ROJO, Margarita (1997): *Responsabilidad e imputación de daños por el funcionamiento de los servicios públicos, op. cit.* págs. 110 y 111.

90 ESTEVE PARDO, José (2013): «Responsabilidad patrimonial y riesgos de desarrollo», en CASARES MARCOS, Anabelén y QUINTANA LÓPEZ, Tomás (dir.), *La responsabilidad patrimonial de la Administración Pública.* Estudio general y ámbitos sectoriales, vol. 2, Tirant lo Blanch, Valencia, pág. 1549.

tencia de tales riesgos»[91]. En efecto, «hay tecnologías que se creen seguras, producen unos daños y es así como adquirimos el conocimiento de su potencial dañoso. A partir de entonces esas tecnologías dejarán de utilizarse: la sociedad queda a salvo de esos daños porque otros los han sufrido y así se conocen»[92].

En su día SALVADOR y SOLÉ justificaron, en abstracto, la existencia de los riesgos del progreso distinguiendo al innovador del aprendiz de brujo. Para estos autores el innovador «no puede limitarse a jugar con los riesgos del desarrollo como el aprendiz de brujo» porque «si quiere mejorar las técnicas de su maestro debe asumir los riesgos asociados a las nuevas soluciones, debe aprender efectivamente las recetas del brujo o, al menos, aproximarse razonablemente a ellas»[93].

Aunque los riesgos del progreso pueden proyectarse en cualquier sector, «el área más sensible es la salud humana [por]que constituye el centro de absorción no sólo de sus riesgos propios (alimentos, medicamentos, transfusiones, tratamientos, técnica operatoria, etc.), o sea, los que proceden de las actividades y productos relacionados directamente con el ser humano, sino de otras fuentes indirectas de riesgo (máquinas, edificios, cosas, actividades, productos peligrosos o defectuosos) cuyos efectos nocivos pueden repercutir finalmente en la salud de las personas o de los seres vivos en general»[94].

---

91 LÓPEZ MENUDO, Francisco (2000): «Responsabilidad administrativa y exclusión de los riesgos del progreso: un paso adelante en la definición del sistema», *op. cit.* pág. 77.

92 ESTEVE PARDO, José (2021): *Lecciones de Derecho Administrativo*, Marcial Pons, Madrid (10ª ed.), pág. 306.

93 A la distinción del innovador con el aprendiz de brujo, SALVADOR y SOLÉ añadían que «en un mundo en el que la investigación científica y tecnológica está descentralizada, es legítimo formular la propuesta de que el fabricante, o al menos algunos de ellos, no pueden limitarse a informarse del estado de los conocimientos sino que han de contribuir razonablemente a mejorarlos, mejorar el estado de la ciencia y de la técnica es algo que también incumbe al fabricante, al menos en los sectores más sensibles de la química, la biología, la medicina, la alimentación, etc.». SALVADOR CODERCH, Pablo y SOLÉ FELIU, Josep (1999): *Brujos y aprendices. Los riesgos del desarrollo en la responsabilidad del producto*, Marcial Pons, Barcelona, pág. 13.

94 BELADIEZ ROJO, Margarita (1997): *Responsabilidad e imputación de daños por el funcionamiento de los servicios públicos*, *op. cit.* págs. 110 y 111.

2) Antecedentes

Los riesgos del progreso fueron incorporados por la Ley 4/1999, de 13 de enero, de modificación de la LRJPAC-92. El borrador de esta reforma fue redactado, en 1997, por una comisión de expertos integrada por LÓPEZ MENUDO, PÉREZ MORENO y PAREJO[95].

Con esta reforma lo que se hizo fue «positivizar (esto es: convertir en derecho positivo, o sea, en derecho "puesto", en derecho escrito) un principio que estaba ya latente (es decir oculto, escondido (...) en la regulación anterior»[96].

«El caso que motivó la reforma [fue] el del contagio del virus de la Hepatitis C o del SIDA por transfusiones de sangre contaminada realizada [, en la década de los ochenta y noventa del siglo pasado,] en hospitales públicos antes de que la ciencia y la técnica permitieron detectarlos en la sangre»[97].

Esta «avalancha» de contagios propició una aplicación desigual, por parte los tribunales, de los criterios para resolver las reclamaciones[98]. En

---

95 Así lo reconoció el propio LÓPEZ MENUDO en un artículo publicado en la revista *Derecho y Salud.* En dicha publicación LÓPEZ MENUDO afirmó que el borrador de la futura Ley 4/1999, además de por él, «fue elaborado, por encargo del Ministerio para las Administraciones Públicas, por un equipo constituido por los profesores Alfonso Pérez Moreno, Luciano Parejo Alfonso» en 1997. LÓPEZ MENUDO, Francisco (2000): «Responsabilidad administrativa y exclusión de los riesgos del progreso: un paso adelante en la definición del sistema», *op cit.* pág. 81.

96 FJ 5 B) STS de 31 de mayo de 1999, de la Sala de lo Contencioso-administrativo (núm. rec. 2132/1995 y [*Tol 1715717*]). Este fallo, adicionalmente, precisó que el adjetivo, «latente —contra lo que a veces se creé— no deriva de latir, sino del vocablo latino latere, que significa esconderse».

97 RAMOS GONZÁLEZ, Sonia (2022): *Responsabilidad patrimonial y daños vacunales. Por un sistema público de compensación en el Derecho español,* Aranzadi, Cizur Menor (Navarra), págs. 53 y 54.

98 La aplicación de criterios distintos para resolver las reclamaciones de responsabilidad contra la Administración sanitaria se vio reforzada por la pluralidad de jurisdicciones competentes para conocer de las peticiones de indemnizaciones por causa de contagio del VIH y el VHC y la consecuente diversidad de criterios. Hasta principios del siglo XX no se erradico este peregrinaje jurisdiccional. Además de la jurisdicción penal, que tiene carácter preferente para enjuiciar los delitos, tanto la jurisdicción contencioso-administrativa, así como la civil y la laboral, se irrogaron la competencia para conocer de las reclamaciones por daños causados por el funcionamiento de los servicios públicos de salud: la primera en atención al agente del daño, una Administración; la civil por su carácter ordinario; y la social

particular, lo que preocupó a la Administración fue que el riesgo de contagio «era considerado por los tribunales como un hecho imprevisible (...), pero interno al ámbito de actuación administrativa, susceptible por tanto de generar responsabilidad sin una excepción como la introducida porque el caso fortuito no excluye la responsabilidad objetiva»[99]. Por ello, con el propósito de generar mayor seguridad jurídica —y también de minimizar los riesgos de condena por daños inevitables para la Administración sanitaria— se reformó la LRJPAC-92.

La reforma se hizo con el propósito de incluir los riesgos del progreso como un supuesto de fuerza mayor[100].

A. Ley de régimen jurídico de las Administraciones Públicas y del procedimiento administrativo común

El art. 141.1 LRJPAC-92, en la redacción original y tras su modificación por la Ley 4/1999, dispuso lo siguiente:

> Art. 141.1 LRJPAC-92. Indemnización
> *«Sólo serán indemnizables las lesiones producidas al particular provenientes de daños que éste no tenga el deber jurídico de soportar de acuerdo con la Ley».*

> Art. 141.1 LRJPAC-92. Indemnización

---

por tratarse de una prestación de la Seguridad Social. Para evitar esta dispersión judicial, además de incorporar una disposición adicional 12 a la LRJPAC-92, se reformaron los arts. 2 e) de la Ley 29/1998, de 13 de julio, reguladora de la jurisdicción contencioso-administrativa (LJCA) y 9.4 de la Ley Orgánica 6/1981, de 6 de julio, del Poder Judicial. Esta cuestión, no obstante, será tratada por ORTILLÉS, ALONSO, GÓMEZ ZAMORA y SOLER en el cap. 29 del tratado al que nos remitimos (págs. 2078 a 2085).

99 RAMOS GONZÁLEZ, Sonia (2022): *Responsabilidad patrimonial y daños vacunales. Por un sistema público de compensación en el Derecho español, op. cit.* pág. 54.

100 Según nuestro parecer, con la reforma de 1999 también se trató de atajar la tendencia de los tribunales a invertir —con extremada facilidad— la carga de la prueba en beneficio del reclamante, y revalorizar y contextualizar el criterio de la *lex artis ad hoc* frente a un sistema de responsabilidad cuasi objetivo que los tribunales venían aplicando a partir de la doctrina del riesgo. En virtud de esta teoría, se afirmaba que la necesidad de proteger a la persona de las amenazas que crea la vida en sociedad obligaba a la Administración a pechar con determinados daños, pese a que éstos no pudieran preverse ni evitarse porque su obligación era la de prevenir y evitar supuestos similares. De esta doctrina daba cuenta, entre otras, la STS 1232/1998, de 28 de diciembre, de la Sala de lo Civil (núm. rec. 925/1994 y [*Tol 5119767*]).

> *«Sólo serán indemnizables las lesiones producidas al particular provenientes de daños que éste no tenga el deber jurídico de soportar de acuerdo con la Ley. No serán indemnizables los daños que se deriven de hechos o circunstancias que no se hubiesen podido prever o evitar según el estado de los conocimientos de la ciencia o de la técnica existentes en el momento de producción de aquéllos, todo ello sin perjuicio de las prestaciones asistenciales o económicas que las leyes puedan establecer para estos casos».*

a) Redacción original

Antes de la Ley 4/1999, la jurisprudencia del TS fue vacilante en lo que respecta al enjuiciamiento de la sangre contaminada con VIH y VHC. En los años previos a esta ley, «los tribunales o bien resolvían la cuestión utilizando parámetros culpabilísticos, extraños al sistema de responsabilidad administrativa desde el punto de vista técnico (así, la jurisprudencia civil por lo general), o bien distinguían entre fuerza mayor y caso fortuito, para negar que hubiera alguna otra causa de exclusión de responsabilidad aparte de la fuerza mayor y afirmar que los "riesgos del progreso" no entraban en dicho concepto, fundamentalmente por la falta de "hecho externo"»[101].

b) Ley 4/1999

Con el fin de atajar esta situación la Ley 4/1999 incorporó una frase al art. 141.1 LRJPAC-92 para positivizar los riesgos de progreso. Estos fueron calificados *ex lege* como un supuesto de fuerza mayor. A ello contribuyó:

i. Que art. 139.1 LRJPAC-92 únicamente relevase a la Administración del deber de responder en los casos de fuerza mayor.

ii. Que la exp. mots. calificase los riesgos del progreso como un supuesto de fuerza mayor.

En efecto, en palabras de la exp. mots. de la Ley 4/1999, se pretendió salir al paso de «los problemas detectados en la regulación de ciertos artículos [de la LRJPAC-92] —como los referidos (...) [a] la responsabilidad patrimonial—». Así, en esta materia «se *matizaron* los supuestos de la fuerza mayor que no [tenían que] *dar* lugar a responsabilidad». La calificación, en la exp. mots. de los riesgos del progreso como un supuesto de fuerza

---

[101] LÓPEZ MENUDO, Francisco (2000): «Responsabilidad administrativa y exclusión de los riesgos del progreso: un paso adelante en la definición del sistema», *op. cit.* pág. 81.

mayor —en vez de causa de justificación— se ha achacado al CdE, el cual, al informar el anteproyecto sostuvo que «se *trataba* técnicamente de un supuesto de fuerza mayor»[102].

B. Ley de régimen jurídico del sector público

En su día CUETO, sirviéndose de los contagios con sangre contaminada, criticó la identificación de los riesgos de progreso como un supuesto *ex lege* de fuerza mayor. Puso de manifiesto, citando a GARCÍA DE ENTERRÍA y Tomás-Ramón FERNÁNDEZ, que «la realización de transfusiones sanguíneas o el tratamiento con hemoderivados son actos que forman parte de la asistencia sanitaria, por lo que no podemos considerar este suceso como una causa extraña, exterior por relación al objeto dañoso y a sus riesgos propios, ordinariamente imprevisible en su producción y, en todo caso, absolutamente irresistible, aún en el supuesto de que hubiera podido ser prevista»[103].

Actualmente, dicha confusión ya no se plantea. Prueba de ello es que el art. 32.1 LRJ —a diferencia del art. 139.1 LRJPAC-92— distingue los supuestos de fuerza mayor de las causas de justificación, como supuestos que liberan a la Administración del deber de indemnizar.

---

[102] El DCdE de 22 de enero de 1998 (núm. exp. 5356/1997) refiriéndose a los riesgos del progreso, dijo que «los "hechos" o "circunstancias" con eficacia exonerante *debían* ser imprevisibles o inevitables según el estado de los conocimientos de la ciencia o de la técnica existentes en el momento en que acaecen y su prueba *correspondía* a la Administración. Se *trataba* técnicamente de un supuesto de fuerza mayor, cuya especificación *cumplía* una función orientadora de eventuales interpretaciones que, desde cierta perplejidad, pudieran conducir a resultados desviados por el legítimo deseo de no dejar en desamparo situaciones capaces de conmoverlo los más nobles sentimientos humanos» (CJ IV).

[103] CUETO PÉREZ, Miriam (1997): *Responsabilidad de la Administración Sanitaria en la asistencia sanitaria*, Tirant lo Blanch, Valencia, págs. 242. Para GARCÍA DE ENTERRÍA y Tomás Ramón FERNÁNDEZ, la introducción de la excepción de los riesgos del progreso fue «una simple aclaración, no una modificación, de la cláusula de responsabilidad y del juego que (...) corresponde a la idea de la antijuridicidad del daño, que no puede predicarse, naturalmente, de aquéllos cuyo origen se desconoce o son inatajables de acuerdo con el estado de los conocimientos en el momento en que se producen y deben ser por ello soportados». GARCÍA DE ENTERRÍA, Eduardo y FÉRNÁNDEZ, Tomás Ramón (2017): *Curso de Derecho administrativo, op. cit.* pág. 407.

Artículo 139.1 LRJPAC-92. Principios de la responsabilidad.

«Los particulares tendrán derecho a ser indemnizados por las Administraciones Públicas correspondientes, de toda lesión que sufran en cualquiera de sus bienes y derechos, salvo en los casos de fuerza mayor, siempre que la lesión sea consecuencia del funcionamiento normal o anormal de los servicios públicos».

Artículo 32.1 LRJ. Principios de la responsabilidad.

«Los particulares tendrán derecho a ser indemnizados por las Administraciones Públicas correspondientes, de toda lesión que sufran en cualquiera de sus bienes y derechos, siempre que la lesión sea consecuencia del funcionamiento normal o anormal de los servicios públicos salvo en los casos de fuerza mayor o de daños que el particular tenga el deber jurídico de soportar de acuerdo con la Ley».

Por lo tanto, con la redacción actual del art. 32.1 LRJ puede afirmarse, sin peligro a equivocarse, que la justificación del deber de soportar los daños causados por los riesgos del progreso descansa en la idea según la cual la Administración no debe pechar los riesgos del progreso porque ella, a diferencia del empresario, no se le aplica la máxima *cuius est commodum eius est periculum.*

Quedan ya muy lejos, pues, las críticas de SALVADOR y SOLÉ, para los cuales, la exclusión de la Administración de los riesgos del progreso, particularmente cuando se tratase de daños previsibles pero inevitables, planteaba dudas de encaje con el art. 43 CE[104].

3) Características

Llegados a este punto, señalamos cuáles son las características que deben revestir los riesgos del progreso. Estas son el estándar de diligencia alto y la disociación entre conocimiento científico y disponibilidad técnica del deber de legal de ponerlos en práctica.

A. Estándar de diligencia

Una cuestión importante es el «correcto estándar de diligencia que debe desplegarse para que la cláusula de exención de los riesgos del desa-

104 SALVADOR CODERCH, Pablo y SOLÉ FELIU, Josep (1999): *Brujos y aprendices. Los riesgos del desarrollo en la responsabilidad del producto, op. cit.* pág. 15.

rrollo se asiente con toda legitimidad en el sistema y alcance de la racionalidad que le es propia»[105].

Para LÓPEZ MENUDO, «el deber de diligencia debe ser muy alto de tal modo que deben desecharse *a radice*, aquellos criterios que favorezcan la relajación o la fácil justificación de los servicios públicos ante los riesgos. Por consiguiente, debe quedar de todo punto erradicada la idea de que el estado de los conocimientos haya de ponerse en relación con el que exista en un concreto hospital o el que sea posible por imperativos económicos en un determinado territorio, o incluso en el conjunto del país»[106].

B. Obligación de aplicar los avances de la técnica

Los riesgos del progreso conectan con los avances científicos y técnicos, en concreto, con las sus limitaciones en un momento determinado. Por esta razón no se puede excusar la responsabilidad patrimonial porque una norma no exija aplicar los avances de la técnica. «"El estado de los conocimientos de la ciencia o de la técnica" no es el estado de la legislación. Pues es sabido que ésta —la legislación, el derecho positivo— va siempre detrás de los hechos, hasta el punto de que no es infrecuente que se modifique un texto legal para adaptarlo al progreso técnico (...). De aquí que para probar el estado de los conocimientos de la ciencia en un determinado momento no bastará normalmente con argumentar sobre la existencia o no de una regulación legal aplicable al caso»[107].

Ello es así, porque los riesgos del progreso se vinculan con el estado de la ciencia y de la técnica y no con la legislación vigente. Por poner un ejemplo relacionado con la sangre contaminada: fue «irrelevante que el contagio [del VIH o VHC] se *hubiera* producido con anterioridad a que se hubiese impuesto reglamentariamente el deber de analizar la sangre destinada a transfusiones (...), dada la posibilidad científica y técnica de efectuar las comprobaciones para descubrirlo en la sangre, pues no siempre el ordenamiento jurídico es reflejo del estado de la ciencia y a los efectos de la responsabilidad patrimonial de la Administración lo que tiene

---

105 LÓPEZ MENUDO, Francisco (2000): «Responsabilidad administrativa y exclusión de los riesgos del progreso: un paso adelante en la definición del sistema», *op. cit.* pág. 92.

106 *Ibidem* págs. 92 y 93.

107 FJ 5 B. b) STS de 31 de mayo de 1999, de la Sala de lo Contencioso-administrativo (núm. rec. 2132/1995 y [*Tol 1715717*]).

trascendencia es el estado del saber y no el estado de la legislación o de la norma»[108].

4) Mención especial a los medicamentos y productos sanitarios elaborados por la Administración sanitaria

La responsabilidad por daños causados por medicamentos y demás productos sanitarios se rige por normas distintas en función de la persona que los produce. Mientras que los laboratorios y productores privados están sometidos al texto refundido de la Ley general para la defensa de los consumidores y usuarios, aprobado por el Real Decreto Legislativo 1/2007, de 16 de noviembre (TRLCU), las Administraciones sanitarias quedan sujetas a los arts. 32 y ss. LRJ[109]. No puede decirse lo mismo respecto de las empresas públicas toda vez que tras la aprobación del TRLCU, éstas están incluidas dentro del concepto de empresa[110].

---

108 FJ 1 STS de 15 de abril de 2004, de la Sala de lo Contencioso-administrativo (núm. rec. 8842/2004 y [*Tol 443626*]).

109 En su día la doctrina criticó que la parte expositiva de la Ley 4/1999 guardase silencio sobre la una de las razones determinantes de la modificación del art. 141.1 LRJPAC-92: la necesidad de transponer la Directiva 85/374/CEE de 25 julio de 1985, del Consejo, relativa a la aproximación de las disposiciones legales, reglamentarias y administrativas de los Estados miembros en materia de responsabilidad por los daños causados por productos defectuosos. Frente a esta denuncia se dijo que la transposición de la directiva se llevó a cabo por la Ley 22/1994, de 6 de julio, de responsabilidad civil por los daños causados por productos defectuosos. Sin embargo, en nuestra opinión, no puede desconocerse que esta norma se ciñó a la esfera civil. Su articulado, a diferencia de el del TRLCU, no contenía mención alguna a la titularidad pública del fabricante.

110 Novedosamente el TRLCU incluye en su ámbito la responsabilidad de fabricantes de productos defectuosos. Este texto refundido ha propiciado un principio de excepción a la regla de inaplicación de la normativa de productos defectuosos a la Administración. En concreto, las empresas públicas ya no van a poder alegar su inaplicación porque el TRLCU alcanza al empresario, y éste, de acuerdo con su art. 4 es «toda persona (...), ya sea privada o pública, que actúe con un propósito relacionado con su actividad comercial, empresarial, oficio o profesión». Esta cuestión no es baladí porque el art. 1 de la Directiva 85/374/CEE dispone que el «productor es responsable de los daños causados por los defectos de sus productos» salvo que concurra una de las causas de exoneración del art. 7, y en particular «que, en el momento en que el producto fue puesto en circulación, el estado de los conocimientos científicos y técnicos no permitía descubrir la existencia del defecto» (letra e). No obstante, el art. 15.1 c) de la Directiva 85/374/CEE precisa

Esta circunstancia da lugar a ciertas singularidades en su régimen de responsabilidad por los daños que causen los medicamentos y productos sanitarios que fabrique la Administración. Estas especialidades afectan a la inaplicación de la cláusula de los riesgos del progreso como causa de justificación en los medicamentos y al momento en que debe ser tenido en cuenta los conocimientos de la ciencia y de la técnica (*state-of-the-art*).

A. Riesgos del progreso

El TRLCU establece un sistema «de responsabilidad objetiva, en caso de productos defectuosos»[111]. Como excepción, el art. 140.1 TRLCU exime de responsabilidad al productor en los casos enumerados en primer apartado del precepto, entre los que se encuentra los riesgos del progreso (letra e).

> Art. 140 TRLCU. Causas de exoneración de la responsabilidad
> «*1. El productor no será responsable si prueba:*
> *a) Que no había puesto en circulación el producto*
> *b) Que, dadas las circunstancias del caso, es posible presumir que el defecto no existía en el momento en que se puso en circulación el producto.*
> *c) Que el producto no había sido fabricado para la venta o cualquier otra forma de distribución con finalidad económica, ni fabricado, importado, suministrado o distribuido en el marco de una actividad profesional o empresarial.*
> *d) Que el defecto se debió a que el producto fue elaborado conforme a normas imperativas existentes.*
> *e) Que el estado de los conocimientos científicos y técnicos existentes en el momento de la puesta en circulación no permitía apreciar la existencia del defecto.*
> *2. El productor de una parte integrante de un producto terminado no será responsable si prueba que el defecto es imputable a la concepción del producto al que ha sido incorporado o a las instrucciones dadas por el fabricante de ese producto*
> *3. En el caso de medicamentos, alimentos o productos alimentarios destinados al consumo humano, los sujetos responsables, de acuerdo con este capítulo, no podrán invocar la causa de exoneración del apartado 1, letra e)*».

que los Estados miembros podían prever que «el productor sea responsable incluso si demostrara que, en el momento en que él puso el producto en circulación, el estado de los conocimientos técnicos y científicos no permitía detectar la existencia del defecto». Por lo tanto, la directiva ha dejado a discreción de los Estados miembro la decisión acerca de la cláusula de los riesgos de progreso y el art. 140.3 TRLCU, a diferencia del art. 34.1 LRJ, no libera de los riesgos de progreso a los fabricantes de medicamentos.

111 SARDINERO GARCÍA, Carlos (2017): «La responsabilidad patrimonial de las Administraciones Públicas de relacionada con su intervención en los medicamentos», en FAUS SANTASUSANA, Jordi y VIDA FERNÁNDEZ, José (dirs.), *Tratado de Derecho sanitario*, Aranzadi, Cizur Menor (Navarra), pág. 1161.

Ahora bien, el 140.3 del TRLCU neutraliza la causa de exoneración de responsabilidad del art. 140.1 e) TRLCU en relación con los medicamentos. De esta manera, hace responsable al laboratorio de los daños causados por medicamentos defectuosos, aun cuando —de acuerdo con el estado de la ciencia y de la técnica— no fuera posible descubrir el defecto. En cambio, el fabricante de otros productos sanitarios distintos a los medicamentos quedará liberado de responder por los «riesgos del progreso» a que se refiere el art. 140.1 e) del TRLCU, ya que no le es aplicable el art. 140.3 del TRLCU[112].

Sin embargo, como se acaba de decir, el art. 140.1 TRLCU no se aplica a la Administración sanitaria. Ello implica que cuando la reclamación se dirija contra ella —*v.gr.* los servicios de farmacia hospitalaria— la Administración sanitaria pueda alegar los riesgos del progreso no sólo respecto de los productos sanitarios que elabore sino también en relación con los medicamentos que fabrique (*v.gr.* fórmulas magistrales).

B. Fabricación y comercialización

En relación con el momento en que debe tomarse en consideración el estado de conocimientos de la ciencia y de la ciencia de los medicamentos y demás productos sanitarios fabricados por la Administración sanitaria, hay que estar al «momento de producción» del daño (art. 34.1 LRJ), en vez del «momento de la puesta en circulación» (art. 140.1 e TRLCU)[113].

Estas dos diferencias de trato han sido criticadas por RAMOS, la cual entiende que el art. 34.1 LRJ es desplazado por el 140 TRLCU porque es «ley

---

112 Sobre la diferencia entre medicamento y otros productos sanitarios puede consultarse el cap. 22 (págs. 1614 a 1628), escrito HERNÁNDEZ VILLALÓN. Son medicamentos los destinados a uso humano y veterinario elaborados industrialmente, las fórmulas magistrales, los preparados oficinales y los medicamentos especiales previstos en la ley (art. 2 del texto refundido de la Ley de garantías y uso racional de los medicamentos y productos sanitarios, aprobado por el Real Decreto Legislativo 1/2015, de 24 de julio. Por su parte el producto sanitario es «todo instrumento, dispositivo, equipo, programa informático, implante reactivo, material u otro artículo destinado por el fabricante a ser utilizado en personas» (art. 1.2 del Reglamento (UE) 2017/745, del Parlamento Europeo y del Consejo de 5 de abril, sobre los productos sanitarios).

113 Ello es así por venir previsto de esta manera en el art. 7 de la Directiva 85/374/CEE, de 25 julio de 1985, del Consejo, relativa a la responsabilidad por los daños causados por productos defectuosos.

especial frente a la normativa general (...) que comprende cualquier hipótesis de responsabilidad administrativa». Adicionalmente considera que «a las Administraciones públicas que fabrican medicamentos es exigible [el art. 140 TRLCU] para mantener la coherencia del sistema de responsabilidad civil extracontractual»[114].

5) Mención especial a los daños vacunales

Según recoge RAMOS en el cap. 23 de este tratado (págs. 1711 y 1712), los daños vacunales pueden ser leves o graves. Los primeros, que son los más frecuentes, no son indemnizables por su escasa entidad, los segundos, que se producen rara o muy raramente, sí. Pues bien, como afirma BLANQUER, «llama poderosamente la atención, que, aunque la reacción adversa generada por la vacuna sea desconocida para la ciencia, en este caso no se aplique la cláusula de exoneración de responsabilidad tipificada en el artículo 34.1 de la LRJSP 40/2015»[115]. Desarrollamos esta afirmación.

Inicialmente, al tiempo de comercializar por primera vez una vacuna, gracias a los ensayos, se conocen sus reacciones adversas, aunque sólo en abstracto porque no se ha podido evaluar su incidencia. Por ello constan en las fichas técnicas y prospectos del producto. Ahora bien, estos daños deben considerarse imprevisibles porque sólo con la administración masiva del producto a la población puede cifrarse el porcentaje de reacciones adversas[116].

---

114 RAMOS GONZÁLEZ, Sonia (2004): *Responsabilidad civil por medicamento. Defectos de fabricación, de diseño y en las advertencias o instrucciones,* Civitas, Madrid, pág. 368.

115 BLANQUER CRIADO, David (2020): *La responsabilidad patrimonial en tiempos de pandemia (los poderes públicos y los daños por la crisis de la COVID-19), op. cit.* pág. 234.

116 Según expone HÉRNÁNDEZ VILLALÓN en el cap. 22 del tratado (págs. 1661), en sede de responsabilidad patrimonial, la excepción de los riesgos de desarrollo del art. 34.1 LRJ toma como fecha de referencia, a los efectos de comprobar si el daño era imprevisible e inevitable, el momento de la producción del daño. En cambio, en el ámbito de la responsabilidad extracontractual por daños causados por productos defectuosos, hay que estar a la fecha de puesta en circulación. Así resulta del art. 140. 1 e) TRLCU. Ahora bien, tratándose de vacunas, en éstas, por ser medicamentos «los sujetos responsables (...) no podrán invocar la causa de exoneración» (art. 140.3 TRLCU).

Por su excepcionalidad, este tipo de reacciones no alteran el balance positivo beneficio-riesgo del producto, y por ello, no provocan la retirada del medicamento del mercado, sino la actualización de la ficha técnica y del prospecto. Es más, desde que estos riesgos se incorporan a estos documentos, sus reacciones adversas deben reputarse inevitables dado el diseño de la vacuna[117].

Así se explica que la agencia reguladora de los medicamentos (española o europea) mantenga en el mercado vacunas que implican riesgos que no pueden ser eliminados o que, al menos, no son eliminables a un coste razonable[118]. La AEMPS o EMEA actúan de este modo porque retirar la comercialización del medicamento —y exigir al fabricante mayores niveles de investigación para reducir al máximo o eliminar cualquier riesgo de daño vacunal, aunque fuera remoto— no sería beneficioso para la sociedad[119].

Pues bien, al ser beneficioso para la sociedad la comercialización de vacunas, la jurisprudencia no aplica la excepción de los riesgos del progreso del art. 34.1 LRJ a los daños vacunales graves imprevisibles o inevitables. Más bien al contrario, en virtud del principio de solidaridad o el criterio del daño de sacrificio reconoce a las víctimas una indemnización. Respecto de esta cuestión, al ser estudiada por RAMOS en el cap. 23 de este tratado (págs. 1738 a 1741), damos aquí por reproducido lo escrito en dicho capítulo.

---

117 SALVADOR y SOLÉ citan precisamente, como ejemplo de daño previsible pero inevitable el de la reacción adversa inherente a la vacuna. SALVADOR CODERCH, Pablo y SOLÉ FELIU, Josep (1999): *Brujos y aprendices. Los riesgos de desarrollo en la responsabilidad por producto, op. cit.* pág. 16.

118 PANTALEÓN considera inevitables aquellos riesgos (vacunales) a un coste excesivo para la Administración. PANTALEÓN PRIETO, Fernando (1999): «Cómo repensar la responsabilidad civil extracontractual (también de las Administraciones públicas)», *Anuario de Derecho de la Universidad Autónoma de Madrid,* núm. 4 (ejemplar dedicado a la responsabilad en el Derecho), pág. 190.

119 Ha tratado esta cuestión en el ámbito de los medicamentos terapéuticos RAMOS. *Cfr.* RAMOS GONZÁLEZ, Sonia (2005): «Responsabilidad civil por medicamente: el defecto de diseño. Un análisis comparado de los criterios de definición del defecto en España y en los EE.UU., *Indret,* núm. 2., pág. 3.

VI. ESTADO DE CONOCIMIENTOS DE LA CIENCIA Y DE LA TÉCNICA

Como precisa GILI, la expresión «estado de conocimientos de la ciencia y de la técnica» y los «riesgos del progreso o desarrollo», aunque se empleen como sinónimos, son nociones distintas. Para esta autora:

i. «El estado de la ciencia y de la técnica (*State-of-the-Art*) se vincula al (...) conjunto de conocimientos más recientes que se encuentran disponibles en el ámbito científico y técnico»[120].

ii. Los «riesgos de desarrollo [o progreso son] los causados por [un elemento o circunstancia] (...) que no era reconocible a la luz del estado de los conocimientos científicos y técnicos existentes en el momento»[121].

Habiendo expuesto qué son los riesgos del progreso o desarrollo, ha llegado el momento de abordar el estado de conocimientos de la ciencia y de la técnica.

1) Concepto

En palabras de la STS de 15 de abril de 2004, «el estado de los conocimientos científicos y técnicos (...) es el nivel más avanzado de las investigaciones y comprende todos los datos presentes en el circuito informativo de la comunidad científica en su conjunto, teniendo en cuenta las posibilidades concretas de circulación de la información»[122].

Estas dos modalidades de conocimiento, empero, no son la misma. Según pusiese de manifiesto la STS de 31 de mayo de 1999:

i. La técnica es «un conjunto de actos específicos del hombre mediante los que éste consigue imponerse a la naturaleza, modificándola,

---

120 GILI SALDAÑA, Marian (2008): *El producto sanitario defectuoso en Derecho español*, Atelier, Barcelona, pág. 139.

121 SALVADOR CORDERCH, Pablo, SEUBA TORREBLANCA, Joan Carles, RAMOS GONZÁLEZ, Sonia, LUNA YERGA, Álvaro y RUÍZ GARCÍA, Juan Antonio (2000): «Hepatitis y riesgos de desarrollo. Responsabilidad del laboratorio que comercializa plasma sanguíneo infectado de VHC (STS, 1ª, 5 de octubre de 1999) y de las Administraciones Públicas Sanitarias que lo emplean (STS, 3ª, 31 de mayo de 1999)», *InDret*, núm. 1, pág. 6.

122 FJ 1 STS de 15 de abril de 2004, de la Sala de lo Contencioso-administrativo (núm. rec. 8842/1999 y [*Tol 443626*]).

venciéndola o anulándola [así como el] (...), equipamiento instrumental con que se cuenta para esa aplicación».

«Uno de los resultados que se obtiene del empleo de ese camino o método y de la utilización de ese equipamiento es el saber experimental, el saber práctico».

ii. «La ciencia es [el] saber teórico, conocimiento de los principios y reglas conforme a los que se organizan los hechos y éstos llegan a ser inteligibles».

«Se hace ciencia cuando, pasando de la anécdota a la categoría, se elabora una teoría que permite entender los hechos haciendo posible el tratamiento de los mismos»[123].

Llegados a este punto, cabe plantearse con GONZÁLEZ NAVARRO, «¿qué diferencia, pues, a la técnica de la ciencia, y al técnico del científico?: la fruición por lo problemático que es propia del quehacer científico y que a la técnica y al técnico no le preocupa o que, en el mejor de los casos, no ocupa el primer lugar en la jerarquía de valores que rigen la conducta. No se trata de diferencia de nivel entre uno y otro tipo de conocimiento, sino de diferencia de puntos de vista»[124].

---

123 FJ 5 B b) STS 31 de mayo de 1999, de la Sala de lo Contencioso-administrativo (núm. rec. 2132/1995 y [*Tol 1715717*]). Esta sentencia también dijo que «la técnica es a modo de un camino establecido por el hombre para alcanzar determinado fin, como puede ser vencer la enfermedad (...); y en este sentido podríamos decir que la técnica es un método para la aplicación de la ciencia [cuando ésta ha sido ya hecha] o para la práctica de una actividad artística; en el bien entendido —conviene advertirlo— de que la técnica unas veces sigue a la ciencia y otras veces la precede: lo primero cuando la ciencia existe ya, lo segundo cuando la ciencia está aún por hacer, situación ésta que puede darse, por ejemplo, cuando el hombre conoce sólo los efectos de un fenómeno pero no sus causas; pese a ello, el hombre tendrá que enfrentarse con esos hechos, aunque —precisamente porque no posee la ciencia— deberá hacerlo a través de meros tanteos y de intuiciones más o menos certeras».

124 GONZÁLEZ NAVARRO, Francisco (2000): «La universidad en la que yo creo», *Revista de Administración Pública*, núm. 153, pág. 125. Además del párrafo extractado este autor, seguía diciendo que «el científico quiere saber del ser, de la sustancia, del objeto de su quehacer; busca una explicación de la realidad. El técnico no es que desdeñe esas explicaciones, y, por supuesto, cuando existen las aproveche; lo que ocurre es que el técnico se mueve en un plano distinto de aquél en que trabaja el científico: el mundo de los hechos perceptibles por los sentidos sensibles, un mundo tan problemático como aquél pero que, además, no admite espera. Porque es también una diferencia de talante, de estar en el tiempo en el que se

2) Características

Para que los riesgos del progreso se configuren como causa de justificación del daño es necesario que concurran determinadas circunstancias en el estado de conocimientos de la ciencia y de la técnica. En concreto las limitaciones del *state of the art* a que se refiere GILI deben ser objetivas, aceptadas como ciertas, y con suficiente difusión. Además, estas limitaciones tienen carácter dinámico.

A. Objetividad

Las limitaciones del estado de conocimientos del estado de la ciencia y la técnica son un hecho objetivo, y por ello, son cognoscibles y ajenos a cualquier subjetivismo[125].

---

vive. El hombre de ciencia puede tomarse todo el tiempo del mundo, no porque le sobre, tampoco porque se pueda permitir ese estúpido lujo de "perderlo". Trabaja sin prisa, pero también sin pausa. Y esto es así porque su trabajo, de puro delicado que es, ha de llevarlo a cabo con sumo cuidado. El científico puede tener, y tiene, intuiciones, pero no improvisa. El técnico, en cambio, y por eso la técnica va muchas veces por delante de la ciencia, sabe que está ante un problema que hay que solucionar aquí y ahora; un problema cuyas causas muchas veces no conoce, pero que hay que afrontar sin demora y ver de resolverlo como sea. Lo cual exige dotes que tampoco posee cualquiera: audacia, imaginación, habilidad (a las veces incluso manual), frialdad... Piénsese, por ejemplo, en el avance experimentado por la cirugía durante la primera y la segunda guerra mundial y lo que ello ha supuesto también para el avance de la ciencia médica, y se entenderá lo que estoy diciendo». *Ibidem* págs. 125 y 126.

125 «Una dirección doctrinal distingue entre incognoscibilidad en abstracto y en concreto: dado el estado de los conocimientos, hay casos, se dice, en los cuales la existencia de riesgos en abstracto era absolutamente incognoscible: nadie podía haber supuesto que tal riesgo estuviera asociado con tal producto. En cambio, hay otros supuestos en los que ciertamente resulta imposible conocer el riesgo (...), pero en los que, pese a ello, se puede razonablemente suponer que la industria [o actividad] en sí se mueve en un ámbito de actividad peligrosa en abstracto, es decir, no exenta de algún tipo imaginable riesgos de desarrollo en abstracto como, por ej., la ingeniería genética». Como apuntan SALVADOR, SOLÉ, SEUBA, RUIZ GARCÍA, CARRASCO y LUNA, «la distinción entre actividades que no son intrínsecamente peligrosas y aquéllas que previsiblemente lo son es perfectamente posible de establecer a efectos diversos y, de hecho e históricamente, la posesión de objetos considerados como muy peligrosos o la realización de actividades extraordinariamente arriesgadas estuvo en la base de la misma categoría normativa de la responsabilidad objetiva. Sin embargo, se trata de una distinción cuya acep-

En este sentido, se ha dicho que las pruebas para negar el estado del conocimiento en un momento determinado deben asimilarse al de los hechos notorios. Además, para evitar que la Administración indemnice no se exigiría «probar un hecho negativo, cuál sería la inexistencia de conocimientos en la ciencia y la técnica, por ser imposible probar un hecho de esa naturaleza, sino meramente de expresar y demostrar el estado de los conocimientos disponibles»[126].

B. Certidumbre

Como consecuencia del carácter objetivo del estado de los conocimientos científico-técnicos, éstos comprenden tanto los conocimientos teóricos, consolidados sobre un aspecto de la ciencia, como de las técnicas en las que se aplica aquél.

Ahora bien, el art. 34.1 LRJ no exige «que sean conocimientos unánimes o mayoritariamente aceptados por la comunidad científica a modo de una pragmática *communis opinio,* ni excluye la opinión minoritaria, revolucionaria o excéntrica; tampoco establece que ha de tratarse de conocimientos contrastados conforme a los dictados de tal o cual metodología de la ciencia —deductivista o inductivista, realista o antirrealista— o, ni siquiera, de conocimientos sistemáticamente articulados en teorías científicas —pueden ser conocimientos teóricos, o simplemente hipotéticos — que sean conocimientos teóricos, o simplemente hipotéticos»[127]. En nuestra opinión, los conocimientos teórico-prácticos deben ser considerados como correctos y útiles por la mayoría de la comunidad científica en un momento dado.

Por ello, no forman parte de este conocimiento las meras hipótesis pendientes de confirmación, las suposiciones o tesis emitidas por grupos de

---

tación normativa corresponde al Legislador, no al intérprete: aquél singularizará determinadas actividades a efectos de aplicarles un estándar de responsabilidad distinto al general de la Ley». SALVADOR CODERCH, Pablo, SOLÉ FELIU, Jordi, SEUBA TORREBLANCA, Joan Carles, RUIZ GARCÍA, Juan Antonio, CARRASCO MARTÍN, Jordi y LUNA YERGA, Álvaro (2001): «Los riesgos de desarrollo», *InDret,* núm. 1, pág. 9.

126 FJ 1 STS de 15 de abril de 2004, de la Sala de lo Contencioso-administrativo (núm. rec. 8842/1999 y [*Tol 443626*]).

127 SALVADOR CODERCH, Pablo, SOLÉ FELIU, Jordi, SEUBA TORREBLANCA, Joan Carles, RUIZ GARCÍA, Juan Antonio, CARRASCO MARTÍN, Jordi y LUNA YERGA, Álvaro (2001): «Los riesgos de desarrollo», *InDret, op. cit.* pág. 10.

investigación o por escuelas si estas son rebatidas o cuestionadas por otros investigadores. Tampoco se incluyen las teorías que no han obtenido un consenso o aval científico mayoritario.

Por la misma razón, tampoco pueden forman parte de este estado del conocimiento los prototipos o las técnicas de experimentación no validadas. En este sentido, como afirma RUIZ DE PALACIOS, «si el daño se produce en un momento en el tiempo coetáneo con una técnica que se está ensayando en algún lugar, es indiferente si posteriormente esa técnica es la que resulta viable frente al riesgo, pues en el momento en que se produce el daño no se conocía si tenía eficacia»[128].

C. Difusión

También se requiere que el avance del conocimiento o de un determinado invento o técnica haya sido divulgado en un medio de acceso general y conocido. En este sentido, si el instrumento de difusión utilizado ha sido una publicación con escasa o nula circulación o de dudoso renombre, no podrá afirmarse que el conocimiento tenga una difusión suficiente. Esta es la razón, por la que para que un descubrimiento acrezca al estado del conocimiento de la ciencia y de la técnica precisa deba tener una difusión suficiente.

Como sostiene MIR, «la difusión debe ser tal que la información pueda llegar a todo especialista medio del sector. Esta difusión puede producirse a través de cualquier medio, siendo la revista especializada el vehículo idóneo»[129]. Así, las publicaciones científicas, actas de ponencias y comunicaciones de congresos son medios idóneos para difundir los conocimientos científicos y técnicos.

«Los límites [de esta afirmación, sin embargo,] son difusos y la delimitación precisa dependerá de cada caso»[130]. En cualquier caso, lo que se requiere es una difusión suficiente en el sentido de idónea para que pueda ser conocida en condiciones habituales, por los medios habituales, para

---

128 RUIZ DE PALACIOS VILLAVERDE, José Ignacio (2018): *Memento práctico responsabilidad patrimonial de la administración*, Francis Lefebvre.

129 MIR PUIGPELAT, Oriol (2000): *La responsabilidad patrimonial sanitaria. Organización, imputación y causalidad*, *op. cit.* págs. 279 y 280.

130 SALVADOR CODERCH, Pablo, SOLÉ FELIU, Jordi, SEUBA TORREBLANCA, Joan Carles, RUIZ GARCÍA, Juan Antonio, CARRASCO MARTÍN, Jordi y LUNA YERGA, Álvaro (2001): «Los riesgos de desarrollo», *op. cit.* pág. 15.

los que se dedican a esta actividad. «Se exige así, la asequibilidad o, dicho de otro modo, la "verificabilidad" (...): debe comprender todos los datos integrados en el circuito de información de la comunidad científica en su conjunto, teniendo en cuenta, según un criterio de racionabilidad, las concretas posibilidades de circulación de las informaciones»[131]. Lo que no se exige es una difusión extraordinaria, ni la que afecta a un ámbito geográfico reducido.

D. Dinamismo

Los conocimientos científicos y la técnica no se expanden con la misma velocidad. Los primeros, gracias al desarrollo de los sistemas de información, se difunden rápidamente. En cambio, el empleo de los avances de la técnica depende del desarrollo tecnológico de un país o una zona o la necesidad de que existan expertos suficientes.

Lo anterior lleva a concluir que, aunque el estado del conocimiento científico sea uno, en cambio, el estado de la técnica puede ser variable y se configura como un concepto dinámico que crea matices propios, los cuales deben ser ponderados a la hora de imputar responsabilidad a la Administración en un caso concreto[132].

3) Graduación

Los riesgos del progreso son susceptibles de ser graduados en función del momento en el que se produce el daño y el avance del *state of the art* como imprevisibles e inevitables, previsibles pero inevitables y previsibles y evitables.

---

131 *Ibidem* pág. 10.

132 Puede ponerse como ejemplo las intervenciones a través de laparoscopia con máquina de precisión milimétrica (Da Vinci). Este invento, sin embargo, tiene un elevado coste por lo que son pocos los centros sanitarios que disponen de él en todo el mundo. Si bien los riesgos asociados a las intervenciones se reducen sensiblemente, no es exigible que todos los Estados, ni todos los hospitales españoles cuenten con uno. En este punto nos remitimos a la siguiente publicación: VILLAVICENCIO MARVICH, Humberto (2006): «Cirugía laparoscópica avanzada robótica Da Vinci: origen, aplicación clínica actual en Urología y su comparación con la cirugía abierta y laparoscópica», *Actas Urológicas Españolas,* vol. 30, núm. 1, págs. 1 a 12.

A. Imprevisibles e inevitables

En este estadio los daños no se pueden prevenir ni evitar porque no se conoce nada sobre ellos. Así ocurrió con el VIH hasta 1981, ya que antes de ese año no se conocía el origen del daño.

En esta fase del *state of the art* también se ubican aquellos daños cuya existencia se conoce, pero se ignoran los aspectos esenciales del mismo, incluida la forma de su producción. A título de ejemplo, el VHC fue detectado en 1975, aunque en ese momento se desconocía todo sobre él, tanto que se llegó a llamar hepatitis no A no B (VHNANB). Por eso los daños eran tan imprevisibles como inevitables.

B. Previsibles pero inevitables

Se afirma que unos daños son previsibles cuando se conoce su carácter, la forma en que se producen, pero no la forma de evitarlo. Este desconocimiento de las formas de evitarlo, a su vez puede total o parcial.

i. Cuando el desconocimiento de la forma de evitarlo es total no puede garantizarse la no producción del resultado dañoso.

   En el caso del VHC: en 1990, año en que comenzaron a comercializarse tests del VHC, el daño era previsible, pero prácticamente inevitable, ya que estas pruebas tenían un porcentaje de error alto. Por ello se dice que eran previsibles pero inevitables.

ii. Cuando el desconocimiento de las formas de evitarlo es parcial los daños también son previsibles, pero siguen siendo inevitables. Por ejemplo, se encuentran en esta situación los daños cuya causa es descubierta. En estos casos, aunque el *state of the art* permita minorar la forma de evitar el daño, aún no es posible garantizar su eliminación.

   Para el caso de los daños causados por contagios a través de la sangre con el VIH y el VHC, esta fase coincidiría con el momento su secuenciación en 1985 y 1989, respectivamente.

C. Previsible y evitable

Para que un daño sea considerado previsible y evitable se exige un conocimiento total de la forma de evitarlo. Para ello se hace necesario conocer las técnicas para evitar la lesión.

Volviendo al supuesto del VHC, su contagio se consideró totalmente previsible y evitable desde 1992, momento en el que se perfeccionaron los tests y pudo garantizarse con las pruebas la detección de sangre infectada con un margen de error mínimo.

Respecto del VIH hubo que esperar a 1985, años en los que se autorizó y comercializó la prueba de detección de la sangre contaminada. Así, si bien en 1984 se consiguió elaborar tests serológicos, fue en 1985 cuando se autorizó su comercialización.

Otro buen ejemplo de la plena vigencia de esta graduación de los riesgos de desarrollo es el cáncer. Los distintos tratamientos existentes en la actualidad tratan de curarlo con diferentes métodos como la cirugía, la radioterapia, la quimioterapia, inmunoterapia, el tratamiento hormonal o varias o todas ellas de forma conjunta. Pues bien, a pesar de las continuas y múltiples investigaciones su origen es, en muchas ocasiones desconocido, y su tratamiento no puede considerarse ni definitivo, ni exento de riesgos. Es más, ¿quién sabe si en el futuro sabremos a ciencia cierta los elementos que lo causan y seamos capaces de evitarlos, y, para el desafortunado caso en que se produzca, el tratamiento que permita cortar de raíz esta enfermedad?

4) Causa de justificación

Llegados a este punto puede decirse que la responsabilidad de la Administración sanitaria dependerá de los estadios del estado de conocimientos de la ciencia y de la técnica.

i. En el caso de daños imprevisibles e inevitables, así como los previsibles, pero totalmente inevitables, la Administración no será responsable y los ciudadanos tendrán el deber de soportar el daño.

   Tanto en uno como en otro supuesto el resultado no podrá ser considerado antijurídico al existir una causa de justificación, los riesgos del progreso.

ii. Respecto de los daños previsibles y parcialmente evitables, la Administración deberá responder cuando no haya advertido a los pacientes de los riesgos.

   Desde el momento en que lo hace, el riesgo se desplaza al paciente al ser asumido por él, razón por la cual ya no puede ser considerado el resultado como antijurídico.

iii. Finalmente, la Administración tendrá que resarcir los daños causados ignorando el conocimiento de la ciencia y la técnica pues el daño, en estos casos, sí que será antijurídico.

Adicionalmente, para determinar el momento a partir de cual un daño puede ser imputado a la Administración por encontrarse suficientemente desarrollado el estado de la ciencia y de la técnica también puede acudirse al principio de prudencia.

En virtud de este principio, cuando existan dudas sobre un eventual riesgo para la salud de las personas deberán adoptarse las oportunas medidas para evitarlo. En este sentido se han pronunciado el TS y el TJUE. Este último viene manteniendo que «las instituciones pueden adoptar medidas de protección sin tener que esperar a que se demuestre plenamente la realidad y la gravedad de tales riesgos»[133].

5) Carga de la prueba

A partir de una aplicación analógica del art. 217.3 LEC, los riesgos del progreso deben ser probados por la Administración porque son una causa de justificación del daño. En concreto, la invocación de una insuficiencia de conocimiento en el momento en el que se produjo el evento dañoso, al ser un hecho favorable, su prueba recae sobre la parte que lo alegue, y en el caso que nos ocupa, la Administración sanitaria.

Así, en palabras de la STS de 15 de abril de 2004, «la prueba del estado de los conocimientos de la ciencia y de la técnica, salvo que se trate de un hecho notorio, recae sobre la Administración»[134]. Sin embargo, ello no es del todo así. En la práctica, para que la Administración quede liberada de la carga de la prueba en un supuesto concreto es preciso que existan varios pronunciamientos judiciales que hayan llegado a la misma conclusión. Es

---

133 Par. 99 STJUE de 5 de mayo de 1998 *Reino Unido vs. Comisión Europea* de 5 de mayo de 1998 (as. C-180/1996 y [*Tol 103810*]).

134 FJ 1 STS de 15 de abril de 2004, de la Sala de lo Contencioso-administrativo (núm. rec. 8842/1999 y [*Tol 443626*]). Debe traerse a colación la STS de 25 de noviembre de 2000, de la Sala de lo Contencioso-administrativo (núm. rec. 7541/1996 y [*Tol 1716872*]) en la que se ataja la contradicción que se venía produciendo entre las declaraciones de la Sala de lo Contencioso-administrativo y la Sala de lo Social, considerando como acertado el criterio de la Sala de lo Social. La unificación de criterios en esta resolución simplifica la prueba del estado de conocimientos en lo que a la hepatitis C hace.

decir, la Administración ha debido probar el estado de los conocimientos hasta que sobre la cuestión existían numerosas sentencias y se decida fijar una fecha, construyendo un hecho notorio sobre una materia muy concreta.

VII. EL PROBLEMA DE LA SANGRE CONTAMINADA

Una vez tratados todos los aspectos jurídicamente relevantes —caso fortuito y fuerza mayor, antijuridicidad, teoría de la imputación objetiva, los riesgos del progreso y el *state of the art*— ha llegado el momento de abordar el problema de la sangre contaminada.

Las transfusiones de sangre y el tratamiento con productos hemoderivados, en hospitales públicos, causaron un número significativo de infecciones de los virus la inmunodeficiencia humana (VIH) y de la hepatitis C (VHC). Estos virus a su vez que provocaron el síndrome de inmunodeficiencia adquirida (SIDA) y otras enfermedades[135].

Aunque la problemática jurídica de las reclamaciones de responsabilidad patrimonial por estas infecciones fue similar, sin embargo, determinadas cuestiones relativas a la sucesión de los hechos relevantes, así como la normativa aplicable, merecen un estudio separado. En él daremos más importancia al SIDA por la mayor relevancia social que alcanzó, salvo en una cuestión, la doctrina jurisprudencial que acompañó a estas dos epidemias. Así lo haremos, porque los pronunciamientos judiciales del TS relacionados con el VHC reflejaron de manera más completa las controversias jurídicas sobre aspectos comunes tales como los daños continuados, la unidad y presunción de culpa, la fuerza mayor y los riesgos del progreso[136].

---

135 Como afirma MUGA, «los hemoderivados son unas sustancian que se suministran fundamentalmente a los hemofílicos o personas que sufren la deficiencia de algún factor coagulante, generalmente el factor VIII». Según este autor, que se basa en un informe de la Real Fundación Victoria Eugenia de 1983, en ese año, «el 46% de los hemofílicos *había* sido infectado con "sangre contaminada"». MUGA MUÑOZ, José Luis (1995) «La responsabilidad patrimonial de las Administraciones Públicas por el contagio de SIDA», *Revista de Administración Pública*, núm. 136, pág. 284.

136 Como señaló en su día CUETO, «en Francia, el asunto de la sangre contaminada por el VIH, colocó a varios altos cargos responsables de la Sanidad Nacional ante los tribunales penales y el Centro Nacional de Sangre fue condenado por haber distribuido productos sanguíneos sin haber realizado los test de detención del VIH (Tribunal Grand Instance, Bobygny, sentencia de 19 de diciembre de

1) El síndrome de inmunodeficiencia adquirida

El SIDA es una enfermedad infecciosa, causada por el VIH, que hace disminuir las defensas naturales del organismo hasta llegar a su completa

---

1990). Incluso la República francesa *fue* condenada por el Tribunal Europeo de Derechos Humanos, en la sentencia de 31 de marzo de 1992, a indemnizar a los herederos de un paciente infectado por el VIH a través de transfusiones practicadas en centros de un paciente, por no haber adoptado las medidas necesarias para haber prevenido esta situación tan lamentable. La trascendencia del asunto en la opinión pública *fue* enorme, y las autoridades y tribunales *se vieron* desbordadas por el número de reclamaciones que se *produjeron* (...). En Gran Bretaña en el año 1991 el número de hemofílicos contaminados con VIH a través de productos sanguíneos se *elevó* a 1217; la contaminación masiva se produjo por la importación de sangre contaminada procedente de América, país en el que el número de casos de SIDA ya era muy alto, en el momento en que se adquirieron los productos sanguíneos por parte de las autoridades sanitarias británicas, sin tener en cuenta que los donantes de sangre en América son remunerados, lo que *hizo* que *aumentasen* las posibilidades de que los donantes se *encontrasen* entre los grupos de riesgo (...). En Portugal con fecha de 31 de enero de 1986, fue autorizada la adquisición de lotes de un derivado de sangre utilizado en el tratamiento de hemofilia procedente de un laboratorio austríaco. Desde el año 1985 las autoridades administrativas fueron advertidas de la necesidad de tomar medidas para evitar que las transfusiones de sangre se convirtiesen en un vehículo difusor del VIH. Para ello la importación de los lotes de hemoderivados fue sometido a ciertos controles por una comisión técnica formada por especialistas de inmunohemoterapia. Esta comisión, a pesar de los rumores que existían sobre la posible contaminación de los productos provenientes de Austria, mantuvo la adjudicación del suministro al laboratorio austríaco sometiendo a los pacientes a un riesgo innecesario. El 18 de abril de 1986 el Ministerio de Sanidad hizo públicas una serie de medidas destinadas a garantizar la comprobación y subsiguiente eliminación de los componentes del VIH que pudieran aparecer en los lotes de sangre, en sus componentes o en los productos fraccionados. En estas medidas se señalaba un plazo de 90 días para su puesta en práctica por todos los servicios sanitarios públicos. A finales de 1986 el Ministerio de Sanidad fue informado de que, como resultado de unos análisis de los productos sanguíneos efectuados en Austria, se procediese a la no administración de los mismos. Sin embargo, las autoridades *esperaron* al 10 de febrero de 1987 para ordenar la retirada de todos los hospitales de los lotes de productos sanguíneos importados de Austria, fecha en la que éstos ya habían sido utilizados en su totalidad. Como consecuencia de todas estas arbitrariedades *fueron* numerosos los supuestos de pacientes contaminados con los anticuerpos del SIDA, especialmente entre el grupo de población hemofílico, información obtenida del artículo, "Hemofílicos: la ley de la perplejidad", publicado en el Diario de noticias, de 2 de agosto de 1993». CUETO PÉREZ, Miriam (1997): *Responsabilidad de la Administración Sanitaria en la asistencia sanitaria, op. cit.* págs. 234 y 235.

desaparición. En la actualidad, esta enfermedad, aunque no tiene una cura eficaz, es tratable.

El VIH se transmite por vía sexual, a través de la sangre o de la madre al feto (parenteral). En el presente capítulo, al estar referido a la responsabilidad patrimonial sanitaria, nos ceñiremos al contagio por transfusiones con sangre contaminada y tratamiento con hemoderivados en hospitales y centros del SNS.

> «Según los datos del Registro Nacional de SIDA, desde 1981 hasta finales de junio de 1999 se *diagnosticaron* en España 54.964 casos de contagio de VIH, de los cuales 748 se debieron al uso de hemoderivados y 338 a transfusiones sanguíneas»[137].

A. Cronología

En la década de los ochenta del siglo XX, el SIDA se convirtió en un gran problema social porque afectó a miles de personas en todo el mundo y causó un número de muertes fuera de lo habitual.

Son hechos relevantes relacionados con la irrupción de esta pandemia y los avances médicos obtenidos, los siguientes:

a) Descubrimiento de la enfermedad

Su descubrimiento se remonta a 1981, con la detección, en la ciudad de San Francisco, de una enfermedad de origen desconocido y de rápida propagación que provocaba múltiples fallecimientos. Ese año, tres equipos científicos dirigidos por Gottlieb, Friedman-Kien y Sieguel y Masur, simultáneamente y de manera independiente, «diagnosticaron esta nueva enfermedad en grupos de jóvenes hombres homosexuales»[138].

Al año siguiente, aunque se desconocía el origen del SIDA, la agencia americana de salud pública —el *Centers for Disease Control and Prevention*— anotó como posible causa de contagio la sangre y los productos hemo-

---

137 SEUBA TORREBLANCA, Joan Carles (1999): «La responsabilidad civil por uso de sangre o productos hemoderivados. Un estudio jurisprudencial», *Derecho privado y Constitución,* núm. 13, pág. 382.

138 MIR PUIGPELAT, Oriol (2000): *La responsabilidad patrimonial sanitaria. Organización, imputación y causalidad, op. cit.* pág. 286. Este autor basa esta afirmación en un estudio de GALLO y MONTAGNIER de 1987. GALLO, Robert y MONTAGNIER, Luc (1987): «The cronology of AID research», *Nature,* vol. 326, pág. 435.

derivados. Lo intuyó al detectar contagios de SIDA entre personas con hemofilia no pertenecientes a los grupos de riesgo, «básicamente, homosexuales, consumidores de droga y haitianos de reciente entrada en Estados Unidos»[139]. Así lo recogió en su Informe Semanal de Morbilidad y Mortalidad de 16 de julio de 1982[140].

Esta misma entidad en la misma publicación citada, pero de 24 de septiembre de 1982, fue la que bautizó al SIDA como la *acquired immunodeficiency syndrome* (AID)[141]. En ese momento, el *Centers for Disease Control and Prevention* ya «apuntó la posibilidad de que [la enfermedad] fuera causada por un microorganismo infeccioso transmitido de la misma forma que el virus de la hepatitis B: por contacto sexual, por inoculación de sangre o productos hemoderivados, y de madre a hijos»[142]. Por ello, en su Informe Semanal de Morbilidad y Mortalidad, de 5 de noviembre de 1982, recomendó al personal sanitario, la adopción de las mismas cautelas con los pacientes de SIDA que las que tenían con enfermos de la hepatitis B, a saber: evitar el contacto con sangre de dichos pacientes[143].

Poco tiempo después, en 1983, los bancos de sangre comenzaron a adoptar las primeras cautelas con donantes. Lo hicieron incorporando formularios con preguntas específicas destinadas a impedir donaciones provenientes de personas de grupos de riesgo. Así lo hicieron: desde el 7 de enero de 1983 el *Irwing Memorial* de San Francisco; y, desde 14 de enero de 1983, la *National Hemophilia Foundation.* De hecho, en marzo de 1983, el *Public Health Service* de Estados Unidos instó a los bancos de sangre a que informaran a los potenciales donantes que pertenecieran a grupos de riesgo que se abstuvieran de donar sangre.

En España la primera publicación en hacerse eco de estos avances científicos sobre fue el número 38 del Boletín Epidemiológico Semanal, editado por el Instituto de Salud Carlos III, dependiente del Ministerio de

---

139 MIR PUIGPELAT, Oriol (2000): *La responsabilidad patrimonial sanitaria. Organización, imputación y causalidad, op. cit.* pág. 287.

140 CENTERS FOR DISEASE CONTROL (1982): «Pneumocystis carinii pneumonia among persons with hemophilia Acquired», *Morbidity and Mortality Weekly Report,* núm. 31, vol. III.

141 *Idem.*

142 MIR PUIGPELAT, Oriol (2000): *La responsabilidad patrimonial sanitaria. Organización, imputación y causalidad, op. cit.* pág. 286.

143 CENTERS FOR DISEASE CONTROL (1982): «acquired immnunodeficienciy syndrome (AIDS): precautions for clinical laboratory staffs», *Morbidity and Mortality Weekly Report,* núm. 42, vol. III.

Sanidad y Consumo. En él se afirmó que «todos los datos conocidos hasta el momento *tendían* a poner de manifiesto que el SIDA tenía las mismas vías de transmisión que la hepatitis B». También recomendó «la utilización racional de sangre o sus derivados y un estricto cumplimiento de las normas aplicables en donantes y equipos de plasmaféres»[144].

En el plano académico, en 1983, Gallo aventuró una posible causa del SIDA en las jornadas científicas *Cold Spring Harbor Workshop on AIDS*, organizadas por el *Cold Spring Harbor Laboratoy*, y que tuvieron lugar en Nueva York. En ellas mantuvo que «dicha enfermedad era causada, probablemente, por un retrovirus, presumiblemente una variante de los recientemente descubiertos HTLV-I o HTLV-II»[145].

b) Descubrimiento de la causa y las vías de propagación de la enfermedad

Un paso importante en relación con la lucha contra SIDA fue el aislamiento del virus que causaba esta enfermedad. Según relataron Gallo y Montagnier en 1987 —en un *paper* suscrito por ambos y publicado conjuntamente en la revista *Nature* con el título *The chronology of AID research*— Montagnier y su grupo de investigadores consiguieron el retrovirus del SIDA en mayo 1983 y lo denominaron *Lymphadenopathy-associated virus* (LAV)[146]. Por su parte, el equipo de Gallo aisló el virus en mayo de 1984 y lo denominó HTLV-III. Un tercer equipo, dirigido por Levy, también consiguió aislarlo en el mes de agosto de 1984 y lo denominó ARV (*AIDS-associated retrovirus*).

Con este estado de conocimientos de la ciencia, en 1984, se dio a conocer la eficacia de la técnica del calentamiento para evitar la seropositividad de los productos hemoderivados suministrados a los hemofílicos. Prueba de ello fue la advertencia realizada por el *Centers for Desease Control and Preventions,* en su Informe Semanal de Morbilidad y Mortalidad de 26 de

---

144 BOLETÍN SEMANAL DE EPIDEMEOLOGÍA (1983) núm. 38. En dicho ejemplar también se sostuvo que, entre las causas de contagio, eran «las más probables la sexual o más raramente la parenteral, a través de jeringuillas o sangre contaminada». Un extracto de este boletín se encuentra reproducido en las págs. 1610 a 1612 de esta obra.

145 MIR PUIGPELAT, Oriol (2000): *La responsabilidad patrimonial sanitaria. Organización, imputación y causalidad, op. cit.* pág. 289.

146 Este autor basa esta afirmación en un estudio de GALLO y MONTAGNIER de 1987. GALLO, Robert y MONTAGNIER, Luc (1987): «The cronology of AID research», *op. cit.* 326, pág. 435.

octubre de 1984. En dicha publicación se recomendó el calentamiento de los productos hemoderivados para eliminar el virus del SIDA[147].

En 1984 también se consiguió elaborar tests serológicos para la detección del SIDA[148]. En 1985, una vez la *Food and Drug Administration* —la FDA americana— los autorizó el 2 de marzo, comenzaron a comercializarse en Estados Unidos tests serológicos para la detección de anticuerpos del virus del SIDA en la sangre por cinco empresas del sector farmacéutico (Abbot Laboratories, Electro-Nucleonisc, Litton-Bionetics, Dupont de Nemours and Company, y Travenol-Genenthech Diagnostics[149].

Paralelamente, de acuerdo con un estudio sobre la relación entre el VIH y el SIDA, publicado, en marzo de 1985, por el *National Institute of Allergy and Infectious Diseases*, los grupos de investigación de Wain-Hobson, Ratner y Sánchez-Pescador, cada uno de ellos de manera independiente, lograron establecer las secuencias nucleóticas de los virus LAV, HTLV-III y ARV. A partir de aquí llegaron a la conclusión de que los tres virus, en atención a sus grandes similitudes, formaban parte de la misma familia retroviral. Con esta información, el Comité Internacional de Taxonomía Viral dio a los tres virus su actual denominación: *human immunodecifiency virus* (HIV), en castellano, el virus de inmunodeficiencia humana (VIH)[150].

c) La Conferencia Internacional sobre el SIDA

Otro hito de la «batalla» contra el SIDA fue la celebración, en Atlanta, los días 15 a 17 de abril de 1985, de la primera *International Conference on Acquired Immunodeficiency Syndrome.* «En ella MONTAGNIER, GALLO y LEVY expusieron sus investigaciones sobre el virus causante del SIDA y se constató: la fiabilidad de los test serológicos de detección de anticuerpos del SIDA ya existentes, en aquel momento, en el mercado; y la necesidad

---

147 CENTERS FOR DISEASE CONTROL (1984): «Update: acquired immunodeficiency syndrome (AIDS) in persons with hemophilia», *Morbidity and Mortality Weekly Report,* núm. 42, vol. III.

148 NATIONAL INSTITUTE OF ALLERGY AND INFECTIOUS DISEASES (1987): «The relationship between the Human Immunodeficiency Virus and the Acquired Immunodeficiency Syndrome», pág. 6.

149 PETRICCIANI, John (1985): «Licensed tests for antibody to Human T-Lymphotropic Virus Type III», *Annals of International Medicine,* núm. 5, vol. III, pág. 727.

150 NATIONAL INSTITUTE OF ALLERGY AND INFECTIOUS DISEASES (1987): «The relationship between the Human Immunodeficiency Virus and the Acquired Immunodeficiency Syndrome», pág. 6.

de su utilización para efectuar el cribado de la sangre y el plasma donados con el fin de evitar así la transmisión transfusional, y por uso de productos hemoderivados, del VIH. También se confirmaron los buenos resultados de la técnica del calentamiento en los productos hemoderivados»[151].

Los avances posteriores, a pesar de su importancia, exceden el objeto de estudio de este capítulo. Por esa razón detendremos la exposición aquí.

B. Normativa española sobre extracción de sangre

Para atajar la pandemia del SIDA no sólo fueron importantes los avances científicos. También lo fue la normativa que los acompañó. La que se aprobó la hemos clasificado en función de su publicación, antes o después, de la eclosión del SIDA.

a) Disposiciones de primera generación

La primera norma que abordó las operaciones relacionadas con la obtención y el uso terapéutico de sangre humana y sus derivados fue el RD 1574/1975, de 26 de junio, regulador de la hemodonación y los bancos de sangre. Aunque su contenido fue principalmente organizativo, pues reguló las hermandades de donantes y la red nacional de bancos de sangre, también impuso la obligación: de los donantes de someterse a un estudio de idoneidad; y de los bancos de sangre de analizar la sangre obtenida.

Esta norma fue desarrollada por las órdenes del ministro de Sanidad y Seguridad Social de 14 de mayo de 1976 y de 24 de octubre de 1979.

i. La primera completó el RD 1574/1975, y entre otros aspectos, desarrolló los requisitos para ser donante, así como el contenido del reconocimiento previo a cada extracción (interrogatorio, examen físico y exploraciones analíticas).

ii. La segunda actualizó las medidas de carácter técnico para la hemodonación establecidas en la primera, así como los controles y uso de sangre extraída con fin transfusional previstos en la misma.

---

[151] MIR PUIGPELAT, Oriol (2000): La responsabilidad patrimonial sanitaria. Organización, imputación y causalidad, *op. cit.* pág 292.

Por su incidencia en el nacimiento de responsabilidad patrimonial también merecen una mención especial:

i. La publicación, el 25 de noviembre de 1983, del núm. 1067 del Boletín Epidemiológico Semanal (BES), correspondiente al núm. 38/1983 (18 a 24 de septiembre) dependiente del Ministerio de Sanidad y Consumo[152]. Se adjunta un extremo de éste como anexo I en las págs. 1610 a 1612 de esta obra.

   En él se recopilaron por primera vez los datos conocidos sobre el SIDA. También se señalaron que las vías de transmisión del VIH eran las mismas que las de la hepatitis B. Adicionalmente, se recomendó un uso racional de la sangre y sus derivados, así como la vigilancia para de los donantes y de los equipos.

ii. La resolución del subsecretario de Sanidad y Consumo de 6 de septiembre de 1985.

   Dicha resolución, con el fin de imponer determinadas medidas de control a los laboratorios, obligó a los fabricantes e importadores de productos hemoderivados a practicar pruebas de detección de anticuerpos del VIH. Fue una resolución polémica porque no se aplicó a las transfusiones de sangre, razón por la cual quedaron desprotegidos las personas que precisasen una transfusión[153].

---

[152] Para acceder al núm. 1067 del *Boletín epidemiológico Semanal* (BES), correspondiente a la semana núm. 38/1983, se puede consultar libro recopilatorio del MINISTERIO DE SANIDAD Y CONSUMO (1989) *Informes sobre Síndrome de Inmunodeficiencia Adquirida (SIDA): boletín epidemiológico semanal. Marzo 1983 marzo 1989.* Contiene todos los informes y noticias publicados por el BES, y algunos no publicados, desde que se inició la vigilancia y el registro del SIDA (en marzo de 1983), incluyendo desde el primer caso detectado de 1981. Es un volumen con la mejor información que existe en España y de considerable interés. Sus datos son los que se pueden considerar como oficiales. En las pág. 17 a 20 del BES de la semana 38 de 1983 (18 a 24 de septiembre) núm. 1067.

[153] La «resolución de 6 de septiembre de 1985 de la Subsecretaría del Ministerio de Sanidad y Consumo [fue] desarrollada después por la Circular de 30 de septiembre de 1985 de la Dirección General de Farmacia y Productos Sanitarios, en cuyo artículo 3°, apartado c, se dispuso la retirada inmediata de las especialidades farmacéuticas elaboradas con plasma no sometido a tal prueba y la destrucción de las mismas así como de los productos depositados en los almacenes y fabricados con plasma no testado» (FJ 2 STS de 4 de julio de 1998, de la Sala de lo Contencioso-administrativo, núm. rec. 1612/1994 y [*Tol 1715165*]). Contra esta resolución y circular, el Instituto Behring SA y ICN-HUBBER SA, dos laboratorios obligados a practicar pruebas de detección de anticuerpos del VIH, presentaron sendos re-

b) Disposiciones de segunda generación

El RD 1945/1985, de 9 octubre, regulador de la hemodonación y los bancos de sangre, derogó el RD 1474/1975. Entre sus novedades incluyó la fijación, por parte del Ministerio de Sanidad y Consumo, de «los patrones, métodos, requisitos técnicos y condiciones mínimas para la obtención, preparación de sangre y sus componentes y el control de su calidad» (art. 2.2 RD 1945/1985).

i. En ejecución del art. 2.2 RD 1945/1985 se dictó la Orden del ministro de Sanidad y Consumo de 4 de diciembre de 1985.

   En ella se determinaron los criterios de selección de los donantes de sangre. En particular, previó un reconocimiento previo al donante, el cual consistió en recoger sus datos personales y formular un cuestionario de preguntas, entre las que se encontraban las relativas a la pertenencia a un grupo de población con riesgo de transmisión del SIDA, así como acerca de los síntomas y signos de esta enfermedad. También fijó los criterios de exclusión para ser donante, entre los que se incluían los portadores de la hepatitis vírica y las personas con antecedentes de transfusión de sangre[154].

ii. El 18 de febrero de 1987 el ministro de Sanidad dictó otra orden sobre pruebas de detección anti-VIH en las donaciones de sangre. Fue la «primera norma en la que se *estableció*, sin exclusiones, la necesidad de realizar las pruebas de detección de los anticuerpos del virus del SIDA (VIH) y la obligatoria destrucción de las unidades que resultasen positivas»[155]. Su importancia radicó en la introducción

---

cursos contenciosos-administrativos con los que se pretendió que la Administración les indemnizara —como empresas dedicadas a fraccionar plasma o a la fabricación e importación de hemoderivados— los costes de los test y del producto que debía destruirse. Se fundaban en que la resolución no exigía expresamente la destrucción de éstas. Sin embargo, las SSTS de la Sala de lo Contencioso-administrativo de 11 de marzo de 1998 (núm. rec. 6930/1993 y [*Tol 1715181*]) y de 4 de julio de 1998 (núm. rec. 1612/1994 y [*Tol 1715165*]) fallaron que los laboratorios reclamantes tenían el deber de controlar los productos conforme a los estudios epidemiológicos. *Cf.* LÓPEZ MENUDO, Francisco; GUICHOT REINA, Emilio; CARRILLO DONAIRE, Juan Antonio (2005) *La responsabilidad patrimonial de los poderes públicos, op. cit.* págs. 174 a 177.

154 GUERRERO ZAPLANA, José (2004): *Reclamaciones por la defectuosa asistencia sanitaria* (4ª ed.), Lex Nova, Valladolid, pág. 158.

155 *Ibidem* pág. 159.

de la obligación de someter a pruebas de detección de marcadores anti-VIH a todas las unidades de sangre o plasma recién extraídas. Como reconocía la exp. mots. de esta orden, se trataba «de una concreción de lo que había dispuesto, con carácter genérico, la anterior Orden Ministerial de 4 de diciembre de 1985 (...) y venía a ser la positivación en un texto reglamentario de lo que era una práctica habitual en los centros tanto dependientes del Estado como de las Comunidades Autónomas»[156].

Con posterioridad, la normativa que fue aprobándose mantuvo y mejoró los estándares de seguridad ya alcanzados. A título de ejemplo pueden citarse: el RD 478/1993, de 2 de abril, reguladora de los medicamentos derivados de la sangre y plasma humano: y las órdenes ministeriales de 7 de febrero de 1996, de 2 de junio de 1998 y de 2 de julio de 1999.

c) Normativa autonómica

Junto con la normativa estatal, algunas de las CCAA con competencias en materia de sanidad en la década de 1980 también fueron aprobando normas reguladoras de las pruebas de sangre. Algunas de ellas se anticiparon a la obligación, impuesta en 1985 a fabricantes y 1987 a los donantes, de realizar tests.

i. En el País Vasco el consejero de Trabajo, Sanidad y Seguridad Social aprobó la orden de 10 de septiembre de 1985 por la que se obligó a someter a las operaciones de tratamiento de sangre a pruebas con el fin de excluir la que estuviera contaminada con SIDA[157].

ii. En Navarra, con similar contenido, se promulgó el Decreto Foral 205/1985, de 23 de septiembre[158].

---

156 *Ibidem* pág. 160

157 Orden de 10 de septiembre de 1985, del Departamento de Trabajo, Sanidad y Seguridad Social, por la que se estableció la obligatoriedad de realizar la prueba de detección de anticuerpos anti LAV/HTLV-III, en las hemodonaciones efectuadas en el País Vasco (Boletín Oficial del País Vasco de 21 de septiembre de 1985, núm. 1985/01983 y LPV 1985/2574).

158 Decreto Foral 205/1985, de 23 de octubre, por el que se estableció la obligatoriedad, por el Banco de Sangre de Navarra, de la determinación sistemática de anticuerpos frente al virus del SIDA en donaciones y de la utilización de jeringuillas desechables de un solo uso (Boletín Oficial del Navarra de 1 de noviembre de 1985, núm. 132 y LNA 1985\2925).

iii. En Aragón, se dictó la orden de 3 de diciembre de 1985, del Departamento de Sanidad, Bienestar Social y Trabajo, por la que la sangre transfundida tuvo que someterse a examen para evitar la infección por SIDA[159].

iv. En Cataluña se aprobó la orden de 10 de enero de 1986, del Departamento de Sanidad y Seguridad Social, de similar contenido a la orden del consejero de Sanidad, Bienestar Social y Trabajo de la Diputación General de Aragón[160].

Resumiendo, «en España hasta mediados del año 1985 no era obligatorio la realización de pruebas de detección del virus VIH, e incluso hasta principios de 1987 no se estableció la obligatoriedad de las pruebas en relación con las donaciones de sangre»[161]. Dicho con otras palabras, en 1985 solo se exigió efectuar pruebas de los hemoderivados adquiridos a los laboratorios, y en 1987 se extendió esta obligación a la sangre donada por particulares.

C. Momento de inflexión

La fecha a partir de la cual, desde el punto de vista de la responsabilidad patrimonial, los contagios con sangre contaminada con el VIH debieron considerarse un funcionamiento anormal de la Administración sanitaria no estuvo exenta de polémica.

a) Doctrina

Entre la doctrina no fue pacífica la fecha a partir de la cual debieron estimarse las reclamaciones de responsabilidad patrimonial. Todos coinci-

159 Orden de 3 de diciembre de 1985, del Departamento de Sanidad, Bienestar Social y Trabajo, por la que se declaró la obligatoriedad de pruebas de detección de anticuerpos frente al virus LAV/HTLV-III en los bancos de sangre de la Comunidad Autónoma de Aragón (Boletín Oficial de Aragón de 11 de diciembre de 1985, núm. 11 y LARG 1985\3320).

160 Orden de 10 de enero de 1986, del Departamento de Sanidad y Seguridad Social, por la se que estableció la obligatoriedad de la prueba de detección de anticuerpos anti-VIH en todas las donaciones de sangre en Cataluña (LCAT 1986\3058).

161 LOBO RODRIGO, Ángel (2003) «La responsabilidad patrimonial de las Administraciones Públicas en el ámbito sanitario: la transmisión del virus del SIDA a través de transfusiones, *Anales de la Facultad de Derecho de la Universidad de la Laguna*, núm. 20, pág. 49.

den en señalar que ese día debió ser aquel en que «la ciencia médica *entendió* que la enfermedad [del SIDA] se contagiaba a través de agujas de inyección contaminadas y a través de inoculación de sangre y sus derivados»[162]. Sin embargo, no se pusieron de acuerdo cuándo tuvo lugar este hecho.

Para MIR el 4 de marzo de 1983 fue el momento a partir del cual la Administración sanitaria debió responder de los contagios por sangre contaminada con VIH[163]. Este autor llegó a esta conclusión porque ese «día apareció publicada la recomendación que el Public Health Service nor-

162 MUGA MUÑOZ, José Luis (1995) «La responsabilidad patrimonial de las Administraciones Públicas por el contagio de SIDA», *op. cit.* pág. 288.

163 En opinión de MIR, «los seis grandes estadios a efectos de responsabilidad de la Administración que ha atravesado la ciencia médica en materia de SIDA (...) [son] – Estadio primero: desconocimiento de la enfermedad del SIDA. – Estadio segundo: descubrimiento de la enfermedad del SIDA e ignorancia de su causa y vías de transmisión. – Estadio tercero: establecimiento de las vías de transmisión del SIDA y desconocimiento de su causa. – Estadio cuarto: descubrimiento de la causa principal del SIDA. – Estadio quinto: constatación de la eficacia de la técnica del calentamiento para evitar la seropositividad en los productos hemoderivados. – Estadio sexto: elaboración de los primeros test serológicos de detección de anticuerpos del virus causante del SIDA». Para este autor, «el paso del estadio primero al segundo se *produjo* en 1981, año en que (...) se descubre el SIDA. El estadio tercero, a su vez, *comenzó* a finales de 1982-principios de 1983, que es cuando la comunidad científica, con base sobre todo en estudios de tipo epidemiológico, determinó las vías de transmisión de la enfermedad (entre las que se *encontraban* (...) la sangre y los productos hemoderivados) [. En concreto,] (...) el día 4 de marzo de 1983 (...) [porque fue el] día en que apareció publicada la recomendación que el Public Health Service norteamericano (...) dirigió a los miembros de los grupos de riesgo del SIDA, pidiéndoles que se abstuvieran de donar sangre y plasma (...). [El] estadio cuarto [comenzó en] el momento [en que] se descubrió el virus del SIDA [y] la fecha que suele tenerse como referencia es el 24 de abril de 1984, cuando HECKLER anunció a los medios de comunicación que GALLO y sus colaboradores habían descubierto el virus del SIDA. El paso al estadio quinto se *produjo* en octubre de 1984, momento en el que el National Hemophilia Foundation y el CDC [*Centers for Disease Control and Prevention*] norteamericanos recomendaron la práctica de la técnica del calentamiento para evitar la seropositividad en los productos hemoderivados (...). [Finalmente, teniendo en cuenta que] en marzo de 1985 [fue] cuando salieron al mercado los primeros test serológicos comerciales de detección de anticuerpos del VIH (...) [en ese mes,] debe fijarse el inicio del sexto estadio en la evolución del conocimiento científico en materia de SIDA». MIR PUIGPELAT, Oriol (2000): *La responsabilidad patrimonial sanitaria. Organización, imputación y causalidad, op. cit.* pág. 293 a 295.

teamericano (...) dirigió a los miembros de los grupos de riesgo del SIDA, pidiéndoles que se abstuvieran de donar sangre y plasma»[164].

En su opinión, esta recomendación fue «dictada de acuerdo con la opinión dominante en la comunidad científica del momento [y] constituyó el reconocimiento, al máximo nivel institucional (norteamericano) de la transmisión del SIDA a través de la sangre y los productos hemoderivados, y corroboró las recomendaciones que en los meses anteriores habían dirigido instituciones públicas (...) y privadas (...) tanto a los bancos de sangre como a potenciales donantes»[165].

Siguiendo este criterio, en España, algún autor fijó como momento de inflexión el 25 de noviembre de 1983, día en el que Ministerio de Sanidad y Consumo publicó el Boletín Epidemiológico Semanal de la semana 38 de 1983 (18 de septiembre a 24 de septiembre). Según expresase este semanario, «todos los datos conocidos hasta el momento *tendían* a poner de manifiesto que el SIDA tenía las mismas vías de transmisión que la hepatitis B, siendo las más probables la sexual o más raramente la parenteral, a través de jeringuillas o sangre contaminada»[166]. Por ello recomendó «la utilización racional de sangre o sus derivados y un estricto cumplimiento de las normas aplicables en donantes y equipos de plasmaféresis».

Otros autores, por el contrario, rechazaron esta conclusión —la de hacer responsable de los contagios a la Administración en 1983— al entender que, en ese año, «los datos conocidos hasta el momento [únicamente] *tendían* a poner de manifiesto que el SIDA *tenía* las mismas vías de transmisión que la Hepatitis B [y que] (...) las más probables [eran] la sexual o más raramente la parenteral, a través de jeringuillas o sangre contaminada»[167].

Éste es el caso de MUGA, quien fijó el momento de inflexión en la celebración de la I Conferencia Internacional sobre el SIDA en abril de 1985. Según este criterio, «los contagios de VIH posteriores a la fecha del Congreso (...) *fueron* responsabilidad por funcionamiento anormal de las Administraciones sanitarias». En particular, a efectos de la responsabilidad patrimonial de la Administración sanitaria, para este autor fue reprochable:

---

[164] *Ibidem* pág. 294.

[165] *Idem.*

[166] MUGA MUÑOZ, José Luis (1995) «La responsabilidad patrimonial de las Administraciones Públicas por el contagio de SIDA», *op. cit.* pág. 288.

[167] Boletín Epidemiológico Semanal, editado por el Ministerio de Sanidad y Consumo, de la semana 38 de 1983.

i. «La demora de varios meses observada en la publicación de la Resolución [del subsecretario de Sanidad y Consumo] de 6 de septiembre de 1985 con respecto del Congreso de Atalanta» para los pacientes con hemofilia[168].

Como se dijo, el 6 de septiembre de 1985, fue el día a partir del cual, el subsecretario del Ministerio de Sanidad y Consumo obligó a los fabricantes e importadores de productos hemoderivados a practicar pruebas de detección de anticuerpos del VIH.

ii. El retraso en la imposición de «la obligación de analizar la sangre donada para transfusiones (...) en 1987» respecto de los pacientes que precisaron una transfusión de sangre para ser intervenidos quirúrgicamente[169].

Según se expuso, el 18 de febrero de 1987, el ministro de Sanidad aprobó la orden por la que se estableció la obligación de realizar las pruebas de detección de los anticuerpos del virus del SIDA en las donaciones de sangre.

Por lo tanto, para MUGA «sólo *cumplían* los requisitos de responsabilidad patrimonial de la Administración los casos [de contagio del VIH] producidos durante el período entre abril y octubre de 1985 para el contagio por hemoderivados, y el período comprendido entre abril de 1985 y febrero de 1987 para el contagio por transfusión sanguínea»[170].

Mismo parecer mantuvo CUETO, para la cual: «las primeras disposiciones que *introdujeron* la obligación de practicar las pruebas anti VIH fueron, por un lado, la Resolución de 6 de septiembre de 1985, de la Subsecretaría de Sanidad y Consumo, declarando la obligatoriedad de las pruebas de detección de anticuerpos para las industrias fraccionadoras de plasma y los fabricantes e importadores de hemoderivado y, por otro, en cuanto a las donaciones de sangre, las Órdenes de 18 de febrero y 23 de junio de 1987»[171].

En su opinión, esta demora fue un «retraso totalmente injustificado y que llevó a que el número de casos se multiplicase» porque desde el 17 de

---

168 MUGA MUÑOZ, José Luis (1995) «La responsabilidad patrimonial de las Administraciones Públicas por el contagio de SIDA», *op. cit.* pág. 288.

169 *Idem.*

170 *Ibidem* pág. 290.

171 CUETO PÉREZ, Miriam (1997): *Responsabilidad de la Administración en la asistencia sanitaria, op. cit.* pág. 238.

abril de 1985, día en que finalizó la I Conferencia Internacional sobre el SIDA, «con carácter mundial se *estableció* la necesidad de someter a pruebas de detección de anticuerpos tanto las unidades de plasma que se *utilizasen* para la obtención de hemoderivados como las donaciones de sangre para transfusiones o intervenciones quirúrgicas»[172].

En términos análogos se pronunció LOBO, para el cual, «la inexistencia de una norma legal hasta que se dictó la Orden de 23 de julio de 1987 que exigió de manera formal y taxativa la práctica de pruebas de control en la sangre y plasma sanguíneo objeto de transfusiones no *fue* razón suficiente para (...) *entender* que no se daba la antijuridicidad del daño. Por el contrario, la existencia de literatura científica sobre el SIDA y la puesta en práctica por algunos países como Francia y Estados Unidos de medidas de control de la sangre que accedía a los bancos de los centros hospitalarios, suficientes y necesarias para evitar el riesgo de transmisión de la enfermedad cuyas gravísimas consecuencias eran ya conocidas en aquel tiempo, sí *fueron* razones suficientes para (...) la antijuridicidad del daño causado por la inoculación del virus del SIDA a pacientes con anterioridad a la exigibilidad legal de los tests de control»[173].

Llegados a este punto puede afirmarse que, en la doctrina administrativa, hubo dos posiciones:

i. La de quienes situaron el *dies a quo* de la responsabilidad de la Administración sanitaria en 1983 por ser la fecha en la que la comunidad científica apuntó a las transfusiones de sangre como causa de propagación del virus.

   Este es el caso de MIR, el cual sostuvo que «en marzo de 1983 (...), pese a desconocerse cuál era la causa del SIDA, se consideraba ya que dicha causa no podría ser otra que un microorganismo infeccioso, transmitido de enfermo a enfermo por contacto sexual o por inoculación de sangre o productos hemoderivados (...) y así lo señaló, en España, pocos meses después, el Ministerio de Sanidad y Consumo, en el *Boletín Epidemiológico Nacional*»[174].

---

[172] *Ibidem* págs. 238 y 241.

[173] LOBO RODRIGO, Ángel (2003) «La responsabilidad patrimonial de las Administraciones Públicas en el ámbito sanitario: la transmisión del virus del SIDA a través de transfusiones, *op. cit.* pág. 60.

[174] MIR PUIGPELAT, Oriol (2000): *La responsabilidad patrimonial sanitaria. Organización, imputación y causalidad, op. cit.* pág. 294.

ii. La de los que retrasaron esta fecha a 1985, al hacerla coincidir el momento en que se comercializaron los tests de detección del SIDA.

Así lo entendieron, entre otros MUGA, CUETO y LOBO, para los cuales las recomendaciones *Public Health Service* y el Ministerio de Sanidad y Consumo «sólo *podían* ser valorada en el terreno de la mera hipótesis sin confirmar [máxime cuando] (...) en 1983 los científicos pioneros en SIDA, R. GALLO y L. MONTAGNIER, no habían ofrecido el resultado definitivo de sus investigaciones, y por lo tanto las vías de contagio no eran conocidas con seguridad». A ello, añadió MUGA que, «aunque no hubiese sido así, en 1983 no había posibilidad de realizar pruebas de detección de anticuerpos del VIH porque no existían, aún, reactivos»[175].

b) Jurisprudencia

Jurisprudencialmente, la Sala de lo Contencioso-administrativo acabó decantándose por hacer coincidir el momento de inflexión con la disponibilidad de las pruebas de reconocimiento de los anticuerpos del VIH. A tal efecto, tuvo en cuenta que, desde el congreso de Atlanta de abril de 1985, se alcanzó un consenso científico sobre las vías de transmisión del virus, y poco después, comenzaron a producirse a gran escala tests de detección del VIH por la industria farmacéutica.

Este criterio —el de la disponibilidad de pruebas por los servicios públicos de salud del actual SNS— fue recogido por la jurisprudencia contencioso-administrativa del siguiente modo:

i. Las SSTS de 11 de marzo y 4 de julio de 1998 adelantaron el criterio de la disponibilidad de los tests en relación con sendos recursos planteados por dos empresas farmacéuticas[176].

---

175 MUGA MUÑOZ, José Luis (1995) «La responsabilidad patrimonial de las Administraciones Públicas por el contagio de SIDA», *op. cit.* pág. 289.

176 Como se señaló en la nota a pie de pág. 153, las SSTS de la Sala de lo Contencioso-administrativo de 11 de marzo de 1998 (núm. rec. 6930/1993 y [*Tol 1715181*]) y 4 de julio de 1998 (núm. rec. 1612/1994 y [*Tol 1715165*]), rechazaron sendas peticiones de indemnización, formuladas por Instituto Behring SA y ICN-HUBBER SA, de ser indemnizadas por la obligación, impuesta por la resolución del subsecretario de Sanidad y Consumo, 6 de septiembre de 1985, de realizar pruebas de anticuerpos del VIH. En lo que aquí interesa queremos destacar que, según dijera el segundo fallo, «cuando la entidad demandante y ahora recurrente adquirió el plasma, se desconocía la existencia de las pruebas de detección del virus en

ii. La STS de 17 de octubre de 2001 apuntó —en relación con un afectado por el VIH— que el momento de inflexión no podía hacerse coincidir con el aislamiento del virus en 1983. También señaló —como *obiter dictum*— que la obligación de practicar pruebas a los donantes de sangre se impuso por la orden del ministro de Sanidad de 18 de febrero de 1987, así como que, a partir del mes de abril siguiente, fue cuando se dispuso de reactivos para la determinación del SIDA[177].

iii. La STS de 29 de noviembre de 2002 fijó, en unificación de doctrina, que los parientes de un enfermo con SIDA tenían la obligación de soportar el daño porque el contagio se produjo en agosto de 1985. Para la Sala de lo Contencioso-administrativo, en ese momento, no se disponía de pruebas que reconocieran el SIDA, ya que éstas, en el caso de sangre donada, se obtuvieron en abril de 1987[178].

iv. Las SSTS de 25 de enero de 2003 y de 15 de abril de 2004, matizaron su doctrina, permitiendo retrotraer el momento de inflexión de los contagios del SIDA a 1985. Lo hicieron al haber admitido la propia Administración sanitaria que «detectar su existencia en la sangre (…) fue posible cuando se comercializaron los correspondientes reactivos o marcadores (…) [en] el año 1985». En concreto, ambos fallos recalcaron que fue «la propia Administración sanitaria española [la que] *reconoció* en (…) [la tantas veces citada] Resolución de 6 de septiembre de 1985» del subsecretario de Sanidad y

---

cuestión, de manera que no era posible realizarlas, lo que [obligó a] *descartar* cualquier forma de responsabilidad por mal funcionamiento del servicio público» (FJ 6).

177 La STS de 17 de octubre de 2001, de la Sala de lo Contencioso-administrativo (núm. rec. 8237/1997 y [*Tol 4977042*]) afirmó que, en 1981, al tiempo de realizar la transfusión de sangre «no existía obligación de realizar los test del SIDA ni se disponían de reactivos para su determinación, y, además, no había sido aislado —lo fue en 1983— el virus determinante de la enfermedad» (FJ 3 B b).

178 La STS de 29 de noviembre de 2002, de la Sala de lo Contencioso-administrativo (núm. rec. 12/2002 y [*Tol 1717320*]) expresó que en el momento «en que se produjo el contagio, en el mes de agosto de 1985, no se disponían de reactivos para la determinación del SIDA que (…) sólo se obtuvieron en abril de 1987 [razón por la que] *era* evidente que en la fecha en que se *produjo* el contagio ni exista obligación de realizar los test del SIDA, ni se disponía de reactivos para su determinación lo que, aun cuando el virus había sido aislado en 1983, determina la inexistencia de la antijuricidad en la actividad administrativa» (FJ 3).

Consumo»[179], que, en ese año, «la detección de anticuerpos frente al virus asociado al SIDA era un sistema que estaba siendo aplicado a nivel mundial»[180].

v. En cualquier caso, tras la aprobación de la Ley 4/1999 la antijuridicidad del daño vino motivada por los límites del «estado de los conocimientos de la ciencia y de la técnica, y no el de las normas que *detallaron* las precauciones sanitarias a tomar»[181].

Por carácter recopilatorio extractamos la STS de 15 de abril de 2004:

> «*Es un hecho notorio que en el mes de mayo de 1983 la revista SCIENCE dio a conocer el aislamiento del retrovirus VIH, causante del SIDA, por un equipo de científicos, pero este descubrimiento no bastaba para detectar su existencia en la sangre, lo que sólo fue posible cuando se comercializaron los correspondientes reactivos o marcadores, y ello no tuvo lugar hasta el año 1985, en que la propia Administración sanitaria española reconoce en su Resolución de 6 de septiembre de 1985 (BOE 10-9-85)* (...).
>
> *La Sala Primera de este Tribunal Supremo en sus Sentencias de 18 de febrero de 1997* (...) *y 3 de diciembre de 1999* (...) [—en relación con el VHC y VHI, respectivamente,—] *señala en la primera que "sólo a mediados de 1985 se introdujeron las técnicas al respecto" para detectar la contaminación de la sangre por el virus del SIDA, y en la segunda que "a partir sobre todo del año 1985 ya disponían los centros hospitalarios de las técnicas precisas para combatir el desarrollo del virus".*
>
> *Esta Sala Tercera en sus Sentencias de 11 de marzo de 1998 y 4 de julio del mismo año* (...) *extrajo consecuencias jurídicas de la existencia de la prueba para detectar el VIH, impuesta a las industrias fraccionadoras de plasma y a los fabricantes e importadores de hemoderivados por la mencionada Resolución de 6 de septiembre de 1985 de la Subsecretaría del Ministerio de Sanidad y Consumo.*
>
> *En una reciente Sentencia de esta misma Sala, de fecha 29 de noviembre de 2002* (...), *se afirma que "en el mes de agosto de 1985 no se disponían de reactivos para la determinación del SIDA", y seguidamente se señala que* (...) [éstos] *sólo se obtuvieron en abril de 1987, a pesar de que* (...), *la Administración sanitaria española el 6 de septiembre de 1985 (Resolución publicada en el BOE 10-9-85) admite que en esta fecha la detección de anticuerpos frente al virus asociado al SIDA era un sistema que estaba siendo aplicado a nivel mundial, por lo que hemos de aceptar como estado de conocimiento el que dicha Administración reconoce.*
>
> *Releída la Sentencia de esta Sala de 17 de octubre de 2001* (...) *[*para la STS de 15 de abril de 2004,*] en ella no se declara que los marcadores para la detección del VIH se obtuvieran y comercializaran en abril de 1987, sino que* (...) *se transcribe*

179 FJ 7 STS de 25 enero de 2003, de la Sala de lo Contencioso-administrativo (núm. rec. 7926/1998 y [*Tol 1718076*]).

180 FJ 1 STS de 15 de abril de 2004, de la Sala de lo Contencioso-administrativo (núm. rec. 8842/1999 y [*Tol 443626*]).

181 FJ 5 STS de 31 de marzo de 2010, de la Sala de lo Contencioso-administrativo (núm. rec. 2828/2008 y [*Tol 1840293*]).

> *literalmente lo expresado por el Tribunal "a quo", que alude a la obligatoriedad de las pruebas en febrero de 1987 y a la disponibilidad de reactivos "a partir del mes de abril siguiente"*» (FJ 1).

La doctrina jurisprudencial de la Sala de lo Civil, sin embargo, no compartió este parecer ya que continuó efectuando pronunciamientos de condena, pese a que los contagios hubieran tenido lugar con anterioridad a 1985. Como se verá, así ocurrió, entre otros, en las SSTS de 24 de junio de 1997 y 3 de diciembre de 1999. En concreto, en estos dos fallos, se dictaron sendos pronunciamientos condenatorios respecto de contagios producidos en 1984 y 1982, respectivamente, porque en atención a las circunstancias del momento la actuación de la Administración sanitaria no fue diligente.

Por su parte, la jurisdicción social llegó a la misma conclusión que la contencioso-administrativa, pero sirviéndose de distinto fundamento. Desde la STS de 22 de diciembre de 1997, referida a los contagios por transfusiones con sangre contaminada con VHC, la Sala de lo Social consideró que hasta 1989 los contagios eran supuestos de fuerza mayor ya que desde 1990 hubo test de detección de anticuerpos del VHC. *Mutatis mutandis,* los contagios del SIDA previos a 1985 también fueron supuestos de fuerza mayor para la jurisprudencia social.

c) Valoración crítica

En nuestra opinión, lo esencial para evitar el contagio fue el conocimiento de las vías de transmisión, y en marzo de 1983 —mes en que el *Public Health Service* norteamericano recomendó la abstención de donar sangre y plasma a los grupos de riesgo—, el contacto sexual, la inoculación de sangre infectada y la vía parenteral eran solo una hipótesis. Estos conocimientos no eran tales, sino meras conjeturas formuladas en Estados Unidos a partir de 1982, año en que se tradujeron estas hipótesis en métodos para evitar que personas que potencialmente pudieran ser portadoras de SIDA fueran donantes de sangre mediante preguntas en los formularios.

Por todo ello, teniendo en cuenta el estado de conocimientos de la ciencia, afirmar que en 1983 era posible evitar el contagio si se prescindía de la trasfusión de sangre o el tratamiento con hemoderivados no es sino juicio prospectivo. En ese año, esta cuestión, se movía en el campo de la hipótesis y precisaba su confirmación empírica. Según nuestro parecer, podría haber sucedido que la hipótesis planteada sobre las vías de transmisión hubiese sido errónea y que, al no ser validada, hubiera sido necesario plantear otra tesis y someterla a confirmación. Si bien consideramos que hubiera sido deseable que las formas de transmisión se conocieran con mayor certeza y celeridad, no puede negarse que lo admirable que fue que los avances en el conocimiento de esta enfermedad se materializaron en certeza en apenas dos años.

En cuanto a 1985, hay que tener en cuenta: que entre mayo y agosto de 1984 se aisló el virus del SIDA; y que en marzo de 1985 se autorizó la comercialización de los tests de reconocimiento del SIDA. Por ello, antes de agosto de 1984 sólo existían meras hipótesis y probabilidades sobre las vías de transmisión del SIDA. Probabilidades que una política sanitaria preventiva debía atender, pero que, en el caso de enfermos crónicos graves o en supuestos de urgencia vital, no había una alternativa de curación real. En esos momentos, la política preventiva se limitaba a excluir de las donaciones de sangre a las personas que pertenecían a grupos de riesgo o que se había encontrado en situaciones de riesgo.

Si lo escrito hasta aquí se conecta con la pandemia causada por la Covid-19, fácilmente se aprehende que muchas de las medidas de precaución que se adoptaron en 2020 —en función del estado de conocimientos de las vías de transmisión del coronavirus— fueron a partir de hipótesis, algunas de las cuales eran erróneas. Así, si bien en 2021 se confirmó el contagio por aerosoles, también se descartó el contacto con superficies como vía de transmisión del SARS-Cov-2. En este sentido se ha pronunciado la STS de 31 de octubre de 2023, que ha rechazado la antijuridicidad de los daños causados a un salón de fiestas por entender que las medidas adoptadas por la autoridad sanitaria fueron proporcionadas y se ajustaron al principio de precaución[182].

En cualquier caso, en nuestra opinión, el punto de inflexión debe analizarse desde el prisma de los riesgos del progreso. Así, a los efectos de estimar o desestimar reclamaciones de responsabilidad patrimonial, la *ratio decidendi* fue: si el estado de conocimientos de la ciencia permitió reconocer la sangre contaminada, y el estado de la técnica posibilitó que la industria farmacéutica proveyera los necesarios tests para detectarla. Así, los contagios que se produjeron con posterioridad a abril de 1985 —bien por falta de realización de test, bien por inaplicación de la técnica del calentamiento en los productos hemoderivados— debieron reputarse como supuestos de funcionamiento anormal del servicio público sanitario indemnizables en concepto de reclamar responsabilidad.

---

182 *Cfr.* FJ 7 STS 1360/2023, de 31 de octubre, de la Sala de lo Contencioso-administrativo (núm. rec. 453/2022 y [*Tol 9764117*]).

Dicho esto, a continuación, analizamos algunas de las sentencias recaídas como consecuencia de sangre contaminada con el VIH. En ellas, además del momento de inflexión se abordaron otras cuestiones como: la prescripción (*cfr.* SSTS de la Sala de lo Contencioso-administrativo 17 de octubre de 2001, 29 de noviembre de 2002, 25 de enero de 2003, y 15 de abril y 11 de mayo de 2004); la relación de causalidad (*vid.* STS de 6 de febrero de 1996, de la de la Sala de lo Contencioso-administrativo); la antijuridicidad (*i.e.* STS de 29 de noviembre de 2002, de la de la Sala de lo Contencioso-administrativo); la fuerza mayor y los riesgos del progreso (*cfr.* SSTS de la Sala de lo Contencioso-administrativo de 17 de octubre de 2001, 29 de noviembre de 2002 y 25 de enero de 2003, y de la Sala de lo Civil de 3 y 30 de diciembre de 1999); la obligación de realizar pruebas (SSTS de la de la Sala de lo Contencioso-administrativo de 17 de octubre de 2001 y 29 de noviembre de 2002, y de la Sala de lo Civil de 3 y 30 de diciembre de 1999); y el alcance del consentimiento informado (*vid.* STS de 17 de octubre de 2001, de la Sala de lo Civil).

D. Doctrina jurisprudencial

Una de las consecuencias del peregrinaje jurisdiccional fue la falta de un mismo criterio respecto de aspectos fundamentales de la sangre contaminada. Estos no solo se refirieron solo a cuestiones «semánticas» como antijuridicidad *vs* culpabilidad. Como botón de muestra de lo escrito en el párrafo anterior, señalamos los siguientes fallos, tanto de la Sala de lo Civil como de lo Contencioso-administrativo del TS. En cuanto a la Sala de lo Social, solo pudo manifestar su postura en contagios de VHC con sangre transfundida.

a) Sala de lo Contencioso-administrativo

Entre los pronunciamientos de la Sala de lo Contencioso-administrativo que reconocieron una indemnización por contagio de sangre transfundida con VIH destacamos aquí las SSTS de 6 de febrero de 1996 y 15 de abril y 11 de mayo de 2004[183]. En ellos el fundamento de la antijuridicidad del

---

183 La STS de 2 de marzo de 2004, de la Sala de lo Contencioso-administrativo (núm. rec. 2652/1999 y [*Tol 615500*]), estimó el recurso de casación y permitió indemnizar no sólo la pérdida de calidad de vida de la víctima sino también el contagio del VIH.

daño no fue siempre el mismo: en el primer fallo el TS se limitó a apreciar la relación de causalidad y a caracterizar la responsabilidad patrimonial como objetiva; en el segundo y tercero lo determinante fue la existencia de pruebas de detección del VIH.

La **STS de 6 de febrero de 1996** condenó al Servicio Andaluz de Salud (SAS) al pago de 300.000 pesetas a la viuda y los tres hijos de una persona fallecida el 4 de octubre de 1989. Lo hizo al declarar probado la existencia de un «nexo causal, directo e inmediato», entre la transfusión de un hemofactor y el contagio del VIH con ocasión de la complicación de una operación de menisco, realizada el 15 de noviembre de 1984, en la Ciudad Sanitaria Virgen del Rocío de Sevilla. Sin embargo, no reparó en el hecho de que ni se hubiera descubierto la causa del SIDA, ni en la falta de obligación probar si la sangre donada estaba contaminada o la calificación del contagio como un supuesto de caso fortuito.

Sí que se destacó que era irrelevante que se tratase de un producto debidamente registrado como hemofactor de Laboratorios Grifols, así como que éste no hubiera sido fabricado ni autorizado por la Junta de Andalucía. Según el TS, aun cuando el defecto del producto «pudiera dar lugar a que la Junta de Andalucía y su Servicio de Salud formularan las reclamaciones que estimaran oportunas, *era* obvio que [esta circunstancia] no *rompía* la relación de causalidad entre los daños y perjuicios»[184], como ya pusieron de manifiesto las SSTS de 24 de octubre y 5 de diciembre de 1995.

La **STS de 15 de abril de 2004** se pronunció sobre una infección por VIH derivada de una transfusión realizada en junio de 1985, y, por lo tanto, antes de que fuera obligatorio realizar tests de detección de anticuerpos del SIDA a los donantes de sangre. Para condenar al SAS, lo determinante fue que la propia Administración sanitaria reconoció la existencia de tests para detectar la sangre contaminada.

Según dijera la Sala de lo Contencioso-administrativo, «el aislamiento del retrovirus VIH, causante del SIDA (...) no bastaba para detectar su existencia en la sangre, lo que sólo fue posible cuando se comercializaron los correspondientes reactivos o marcadores (...) [en] el año 1985 (...) [como] la propia Administración sanitaria española [lo] *reconoció*». Por ello estimó el recurso, porque «la Administración sanitaria (...) recurrente, *ad-*

---

[184] FJ 4 STS de 6 de febrero de 1996, de la Sala de lo Contencioso-administrativo [*Tol 189189*].

mitió (...) que en la fecha de la afección era posible la detección del virus VIH mediante pruebas analíticas»[185].

Finalmente, la **STS de 11 de mayo de 2004** también condenó al Instituto Nacional de Salud (INSALUD) por un contagio del VIH y del VHC a la hija de los recurrentes. Dicho contagio se produjo con ocasión de una transfusión de sangre practicada el 7 de julio de 1986 en el Hospital Nuestra Señora de Covadonga, y para el TS, «en la fecha en que se produjo el contagio de SIDA ya era detectable la existencia de la enfermedad según el estado de la ciencia».

En esta sentencia también se declaró el carácter continuado de los daños por sangre contaminada, y, en consecuencia, la Sala de lo Contencioso-administrativo no apreció extemporaneidad en la demanda el 3 de marzo de 1997. No lo hizo porque no consideró iniciado el cómputo del plazo de prescripción ni el 7 de julio de 1986, cuando se le diagnosticó el VHC, ni en junio de 1992, cuando le diagnosticaron que padecía el SIDA «habida cuenta la naturaleza de la enfermedad»[186].

En la Sala de lo Contencioso-administrativo también hubo pronunciamientos favorables a los intereses de la Administración sanitaria. Aquí y ahora mencionamos las SSTS de 17 de octubre de 2001, 29 de noviembre de 2002 y 25 de enero de 2003[187]. En todas ellas se adujo la cláusula de los riesgos del progreso.

La **STS de 17 de octubre de 2001** estimó el recurso de casación promovido por el INSALUD contra la STSJ de Asturias el 23 de julio 1997 aplicando el criterio de los riesgos del progreso incorporados en 1999 al art. 141.1 LRJPAC-92. En dicho fallo se había reconocido una indemnización al padre de un menor, nacido el 27 de junio de 1981 y fallecido el 18 de diciembre de 1993, a causa de unas transfusiones con sangre contaminada realizadas en el Hospital de Nuestra Señora de Covadonga a los pocos días

---

185 FJ 1 STS de 15 de abril de 2004, de la Sala de lo Contencioso-administrativo (núm. rec. 8842/1999 y [*Tol 443626*]).

186 FFJJ 5 y 4 C) STS de 11 de mayo de 2004, de la Sala de lo Contencioso-administrativo (núm. rec. 2191/2000 y [*Tol 463008*]).

187 Hubo otros fallos que desestimaron las pretensiones indemnizatorias. Entre ellos se encuentran las SSTS de la Sala de lo Contencioso-administrativo de 19 de abril de 2001 (núm. rec. 8724/1996 y [*Tol 4919460*]) y 23 de abril de 2004 (núm. rec. 528/2000 y [*Tol 421423*]): La primera por falta de nexo causal directo, inmediato y exclusivo; la segunda por la cláusula de los riesgos del progreso.

de nacer: el 1 de julio y 4 de agosto de 1981. El SIDA le fue diagnosticado en marzo de 1988.

Con carácter previo, el TS rechazó la prescripción de la reclamación, interpuesta el 17 de diciembre de 1994 fuera extemporánea, «al estarse ante un supuesto de daño continuado».

Respecto del fondo del asunto, la Sala de lo Contencioso-administrativo recordó que, a diferencia de lo que venía haciendo de la Sala de lo Social, el contagio no podía calificarse como un caso de fuerza mayor, sino una consecuencia de los riesgos del progreso, «razón por la que ese contagio no fue daño antijurídico». Para llegar a esta conclusión, previamente recalcó dos datos: por un lado, que había «que tener también en cuenta que hasta [la Orden de 18 de febrero de 1987, del Ministerio de Sanidad y Consumo (...)] no se estableció la obligatoriedad de efectuar pruebas de detención de SIDA»; por otro, ya en relación con el supuesto enjuiciado, que «en 1981 (...) no existía obligación de realizar los test del SIDA ni se disponían de reactivos para su determinación, y, además, no había sido aislado —lo fue en 1983— el virus determinante de la enfermedad»[188].

La **STS de 29 de noviembre de 2002** conoció de una reclamación de responsabilidad patrimonial contra el INSALUD por un contagio producido el 11 de agosto de 1985. El fallo no da más información. Solamente da cuenta de que la sentencia recurrida —la STSJ del Asturias de 5 de octubre de 2001— había inadmitido el por recurso haberse interpuesto la reclamación de responsabilidad patrimonial fuera de plazo.

Frente a esta decisión, el TS apreció que la reclamación, presentada el 21 de junio de 1996, no estaba prescrita porque si bien el 16 de enero de 1995 fue diagnostico el SIDA, dicha fecha no podía ser considerada el *dies a quo* porque supondría «*prescindir* de las secuelas que conlleva la enfermedad». En el caso enjuiciado, para la Sala «el plazo de prescripción *quedaba* abierto hasta que se *concretasen* definitivamente el alcance de las secuelas».

Descartada la prescripción, el TS estimó el recurso en base a la cláusula de los riesgos del progreso. En particular señaló: que «no existía (...) fuerza mayor (...), sino la ausencia de antijuricidad»; la falta de antijuridicidad se fundó en que al tiempo del «contagio (...), no se disponían de reactivos para la determinación del SIDA que, (...) solo se obtuvieron en abril de 1987 (...) y, en consecuencia, (...) el daño *había* de ser soportado por el

188 FFJJ 3 A, 3 B c), 3 B b) y 3 B b) STS de 17 de octubre de 2001, de la Sala de lo Contencioso-administrativo (núm. rec. 8237/1997 y [*Tol 4977042*]).

interesado, ante la absoluta imposibilidad de, acuerdo con el estado de la ciencia y de la técnica, de conocer si la sangre transfundida estaba contaminada por el virus del SIDA, aun cuando el virus había sido aislado en 1983»[189].

Otra sentencia que denegó la indemnización, también de la Sala de lo Contencioso-administrativo, fue la **STS de 25 de enero de 2003**. Al confirmar la STSJ de Madrid, de 27 de marzo de 1998, denegó la indemnización, solicitada por la viuda y las tres hijas de un paciente al que le diagnosticaron el SIDA el 23 de octubre de 1986. El contagio del VIH se produjo por una transfusión de sangre realizada, el 17 de julio de 1984, en el Hospital Provincial de Madrid, actual Hospital General Universitario Gregorio Marañón.

Para poder pronunciarse sobre el fondo, el TS tuvo que desestimar la alegación relativa a la prescripción del recurso. Así, aunque la reclamación de responsabilidad patrimonial se había interpuesto el 21 de febrero de 1994, la Sala resolvió que el cómputo del plazo anual «no se *inició* sino cuando se *estabilizó* o *consolidó* los daños y cuando se *conocieron* definitivamente los efectos del quebranto, pero nunca en el momento del diagnóstico».

Posteriormente, estimó el recurso aplicando la cláusula de los riesgos del progreso. Para ello expresó que «hasta el año 1985 el estado de los conocimientos de la técnica no permitía detectar la existencia del VIH en sangre, por lo que todas las transfusiones de plasma, efectuadas con anterioridad a dicho año 1985, en que se hubiese podido inocular el indicado virus, no generan responsabilidad patrimonial para la Administración sanitaria por no ser la lesión causada antijurídica»[190].

b) Sala de lo Civil

En la Sala de lo Civil interesa traer a colación las SSTS de 24 de junio de 1997, 3 y 30 de diciembre de 1999 y 17 de octubre de 2001. En todas ellas se apreció la existencia de responsabilidad extracontractual por considerar

---

189 FFJJ 2, 3 y 4 STS de 29 de noviembre de 2002, de la Sala de lo Contencioso-administrativo (núm. rec. 12/2002 y [*Tol 1717320*]).

190 FJ 2 STS de 25 de enero de 2003, de la Sala de lo Contencioso-administrativo (núm. rec. 7926/1998 y [*Tol 1718076*]).

que hubo una actuación negligente por falta de diligencia de la Administración sanitaria[191].

En la **STS de 24 de junio de 1997** se desestimó el recurso de casación, interpuesto por el Institut Català de Salut (ICS), el cual había sido condenado a pagar una indemnización de 5.000.000 de pesetas a la viuda de un paciente al que se le inoculó sangre contaminada en sendas intervenciones de 4 y 28 noviembre de 1984 para sustituir una válvula aórtica.

La Sala de lo Civil sentenció que hubo una falta de diligencia por «la omisión de información imputable a la dirección del hospital, a lo que *añadió* [el TS] que no [se] acreditó la toma de medidas ante la existencia del peligro [de contagio del VIH], perfectamente conocido»[192].

A la misma conclusión —falta de diligencia— llegó la **STS de 3 de diciembre de 1999.** Estimó un recurso de casación y declaró la obligación del Servicio Gallego de Salud (SERGAS) de indemnizar al viudo y al hijo, con 15.000.0000 de euros a cada uno de ellos, por el fallecimiento de su mujer y madre, respectivamente, como consecuencia de una transfusión sanguínea practicada el 27 de junio de 1982 en el Centro Médico Nuestra Señora del Cristal de Orense. En esta ocasión la Sala de lo Civil, sin reparar en el carácter inevitable del contagio, consideró responsable a la Administración sanitaria de un daño, consistente en la pérdida de oportunidad de paralizar o minorar el desarrollo del virus, por no haber practicado prueba

---

191 La Sala de lo Civil del TS también resolvió recursos de casación relacionados con el SIDA en las SSTS 108/1997, de 18 de febrero (núm. rec. 892/1993 y [*Tol 5114407*]), 101/1998, de 11 de febrero (núm. rec. 197/1994 y [*Tol 5157356*]), 147/1998, de 26 de febrero (núm. rec. 86/1996 y [*Tol 5157273*]), 1163/1998, de 28 de diciembre (núm. rec. 2127/1994 y [*Tol 5119669*]), y de 5 de octubre de 1999, (núm. rec. 351/1995 y [*Tol 5120467*]). La primera, al tratarse de un contagio de VIH y VHC, se analizará en el apartado dedicado a la hepatitis. La segunda abordó el caso de un paciente sometido a un tratamiento de hemodiálisis al que el TS falló que la indemnización reconocida judicialmente no estaba constreñida por los parámetros previstos para las ayudas del RD-ley 9/1993, de 28 de mayo, al que posteriormente nos referiremos. La tercera se pronunció sobre un paciente incluido en un programa de hemodiálisis al que no se le pudo realizar un trasplante renal al haberse contagiado del VIH por un contagio transfusional en dicho programa. La cuarta declaró que la jurisdicción competente para conocer de una reclamación por contagio transfusional en un hospital dependiente del INSALUD era la contencioso-administrativa. En la quinta el condenado fue un laboratorio farmacéutico, por lo que excede de nuestro estudio

192 FJ 8 STS 2128/1993, de 24 de junio, de la Sala de lo Civil (núm. rec. 565/1997 y [*Tol 5119553*]).

médica alguna para descubrir que la víctima era portador del VIH hasta el 7 de febrero de 1992.

De este fallo es especialmente relevante, porque, a diferencia de la Sala de lo Contencioso-administrativo, condenó a pagar una indemnización por un contagio con sangre contaminada realizado con anterioridad a la disponibilidad de tests de detección del VIH en 1985. Lo hizo porque, al tiempo del fallecimiento del paciente, «la enfermedad del SIDA era suficientemente conocida, al haberse detectado el primer caso en los Estados Unidos en el año 1981, contando ya con regulación positiva en nuestro país (...) con lo cual, a nivel científico e incluso popular, se tenía noticias suficientes de los síntomas y graves consecuencias del Sida». A ello añadió que el hecho de tratarse de un contagio en 1982 «no *suponía* que *hubiera* de excluirse necesariamente la responsabilidad por los eventos acaecidos con anterioridad, pues la graduación de los conocimientos sobre la enfermedad y los cuidados para evitar tal infección están dentro del riesgo que configura la responsabilidad cuasi-objetiva civil»[193].

La **STS de 30 de diciembre de 1999** mantiene una continuidad argumental con los anteriores fallos. Declaró no haber lugar al recurso de casación, y confirmó la condena al SAS por el fallecimiento de una mujer como consecuencia de una infección causada por una transfusión de sangre realizada en julio 1986 en el Hospital Virgen de la Nieves, de Granada. En esta ocasión, a diferencia de la STS de 3 de diciembre de 1999, sí que existían pruebas de detección VIH. A pesar de ello, el virus no fue detectado. Por ello la conducta del SAS fue negligente.

En particular, la sentencia destacó que «la asistencia médico-sanitaria *había* de ser prestada teniendo en cuenta el estado de la ciencia y la situación actual de los conocimientos médicos». A ello añadió que «tal estado de la ciencia y de la práctica médica obligaba a la institución demandada a adoptar las medidas de control de la sangre (...) sin que la inexistencia de una norma legal hasta que se dictó la Orden de 23 de julio de 1987, que exigió de manera formal y taxativa la práctica de esas pruebas, *justificase* la omisión de la recurrente ya que la culpa o negligencia origen de responsabilidad civil no se funda en el incumplimiento de normas reglamentarias

---

193 FJ 2 STS 1045/1999, de 3 de diciembre, de la Sala de lo Civil (núm. rec. 1920/1995 y [*Tol 5120640*]).

sino en la omisión de la diligencia debida atendidas las circunstancias de las personas, del tiempo y del lugar»[194].

Finalmente, la **STS de 17 de octubre de 2001** centró la conducta negligente en la omisión de información sobre los riesgos de contagio. Así lo hizo en un recurso de casación promovido por el Centro Médico San Jorge SA, respecto de un contagio del VIH producido en agosto de 1985, en el que declaró no haber lugar al mismo. La Sala resolvió que el contagio con VIH debía ser indemnizado toda vez que no se informó del riesgo que se asumía en la cesárea programada, pues de haber sido conocidos, se podía haber solicitado donación sangre de familiares o allegados.

Según su parecer, la indemnización de 24.966.396 pesetas era procedente porque «la información obligada y no practicada no se tenía que referir (...) a la procedencia y necesidad de la transfusión, sino de (...) de los peligros de la transfusión sanguínea, por los problemas de contagio de SIDA, que ya se conocían en el mundo médico en la fecha de la transfusión (...), así como las alternativas posibles a tal medida» como la recepción de sangre de familiares[195].

c) Sala de lo Social

En la Sala de lo Social, aunque hubo varios pronunciamientos, ninguno de ellos entró a conocer del fondo del asunto porque las sentencias de contraste o no eran contradictorias, o siéndolo no había identidad de hechos. Entre otros fallos, destacamos aquí las **SSTS 17 de abril de 1995, 10 de junio de 1996** y **de 5 de mayo de 1999**[196]**.** Las tres descartaron que hubiera sentencia de contraste. La segunda, además, declaró la competencia del orden social.

La falta de pronunciamientos de la Sala de lo Social, respecto del VIH, no impide conocer su parecer puesto que tuvo la ocasión de manifestarlo en múltiples fallos, todos ellos relacionados con el VHC. Sobre ellos volveremos posteriormente para destacar que la Sala de lo Social, cuando

---

[194] FJ 3 STS 1181/1999, de 30 de diciembre, de la Sala de lo Civil (núm. rec. 1127/1995 y [*Tol 5157539*]).

[195] FJ 2 STS 941/2001, de 17 de octubre, de la Sala de lo Civil (núm. rec. 867/2000 y [*Tol 4974810*]).

[196] SSTS de 17 de abril de 1995 (núm. rec. 2704/1993 y [*Tol 5160743*]), 10 de junio de 1996 (núm. rec. 2723/1995 y [*Tol 5116075*]) y de 5 de mayo de 1999 (núm. rec. 2530/1998 y [*Tol 5118813*]).

denegó el reconocimiento de una indemnización, fue por considerar que el contagio era reconducible al caso fortuito.

E. Doctrina legal

El peregrinaje jurisdiccional en materia de responsabilidad patrimonial sanitaria privó al CdE —y a otros consejos consultivos autonómicos— del conocimiento de un número significativo las reclamaciones. A pesar de ello, existe un número suficiente de dictámenes para tener una opinión al respecto. Sus pronunciamientos giraron en torno a antijuridicidad y la calificación del contagio como fuerza mayor o caso fortuito. Pues bien, según afirma LOBO, «se aprecia (...) a partir del año 1996 un cambio sustancial en los dictámenes del Consejo de Estado en relación a los postulados que la más alta instancia consultiva del país» mantenía en materia de sangre contaminada[197].

Entre otros, el **DCdE de 21 de marzo de 1996** dio cuenta del cambio de orientación al apreciar un daño antijurídico por falta de diligencia en una transfusión realizada en 1986. En esta ocasión el CdE dijo que «la circunstancia de que no fuera obligatoria la prueba de detección del SIDA en la fecha en la que se practicó la transfusión, no *excluía* (...) la declaración de responsabilidad patrimonial de la Administración, toda vez que tal circunstancia *tendría* consecuencias en cuanto a la exclusión de responsabilidad por parte del personal sanitario, pero ello no *obstaba* para que, atendiendo a que la responsabilidad administrativa es objetiva, *pudiera* llegarse a una estimación parcial de la reclamación». A ello añadió, para determinar que hubo un funcionamiento anormal del servicio público de salud, que, en 1986, «ya eran conocidos los peligros de contagio del referido virus, como lo demuestran las instrucciones dadas sobre el particular ya en el año 1985»[198].

Mismo parecer mantuvo en aquellos casos en los que se practicaron pruebas de detección del VIH cuando éstas ya eran obligatorias. En este sentido se pronunció el **DCdE de 4 de julio de 1996** en relación con una transfusión realizada en agosto de 1987. Esta vez, sin embargo, la propuesta de estimación de la reclamación se fundó en la calificación del contagio

---

197 LOBO RODRIGO, Ángel (2003) «La responsabilidad patrimonial de las Administraciones Públicas en el ámbito sanitario: la transmisión del virus del SIDA a través de transfusiones, *op. cit.* pág. 57.

198 CJ I DCdE de 21 de marzo de 1996 (núm. exp. 2933/1995 y [*Tol 2546217*]).

como un caso fortuito. Dictaminó que debía resarcirse al reclamante pese a «que el tratamiento médico prestado se acomodó a las cautelas y obligaciones legales propias de este tipo de transfusiones, (...) [ya que] por un desafortunado desarrollo de los acontecimientos, una de las unidades transfundidas (...), tras una comprobación posterior [resultó ser] portadora del Virus de Inmunodeficiencia Humana»[199].

2) La hepatitis C

La hepatitis es una enfermedad inflamatoria que afecta al hígado. Como enfermedad infecciosa, entre otras vías, puede originarse por contagio de un virus. Por este motivo, las hepatitis virales son clasificadas con una letra en función de la etiología del virus que la ha causado (virus hepatotropos).

Se conocen en la actualidad 7 virus hepatotropos: los más conocidos son los virus A, B y C (VHA, VHB, VHC); de menor importancia son los virus D y E (VHD y VHE); los últimos en recibir su calificación, y los menos estudiados, son los F y G (VHF y VHG). De hecho, las hepatitis C y E se incluyeron hasta 1989 entre las hepatitis no-A no-B (HNANB). Ello fue así porque, inicialmente, tanto una como otra, fueron catalogadas por exclusión, puesto que en 1975 se comenzaron a detectar personas enfermas de hepatitis cuya etiología no se correspondía con el perfil de ninguna de ellas.

Así, entre las hepatitis virales se encuentra la hepatitis C, que es aquélla que es causada por el VHC. Esta enfermedad puede ser aguda o crónica y puede provocar desde una enfermedad leve hasta cirrosis hepática y cáncer.

Toda hepatitis vírica aguda se caracteriza «por [causar] necrosis hepatocelular e inflamación. El cuadro clínico y las lesiones histológicas causadas por los diferentes agentes etiológicos son prácticamente idénticos, aunque existen diferencias en el mecanismo de transmisión, el período de incubación y en la evolución clínica (...). [Ahora bien, son] los «marcadores serológicos específicos de cada infección [los que] permiten reconocer el agente responsable»[200].

---

199 CJ III DCdE de 4 de julio de 1996 (núm. exp. 2275/1996).

200 BUTI FERRET, María y ESTEBAN MUR, Rafael (2020): «Hepatitis vírica aguda», en ROZMAN BORSTNAR y CARDELLACH LÓPEZ, Francesc (dirs.), *Farreras-Rozman. Medicina interna*, vol. I (19ª ed.), Elsevier, Barcelona, pág. 291.

Por lo tanto, el VHC es la denominación actual para designar al virus de la hepatitis no-A no-B de transmisión parenteral. «Se trata de un virus de 50-60 nm [nanomicras] de diámetro, provisto de una envoltura lipídica y con un genoma RNA de una sola cadena constituido por unos 10.000 nucleótidos. Por sus características parece estar relacionado con los flavivirus»[201].

A. Cronología

La hepatitis C fue descubierta en la década de los 70 del siglo pasado. Quince años después se pudo conocer la causa de su transmisión, y al año siguiente empezó a comercializarse las pruebas para su detección.

a) Descubrimiento de la enfermedad

«A mediados de los años 70 comenzó a describirse un tipo de hepatitis, muy frecuente en receptores de transfusiones sanguíneas, que no estaba relacionada serológicamente con los marcadores de los virus de hepatitis A (VHA), ni B (VHB), ni con ningún otro virus hepatotropo. [Por ello,] al virus causante de este tipo de hepatitis se le denominó virus de la hepatitis no A, no B (HNANB) y posteriormente se vio que era el responsable de más del 90% de hepatitis postransfusional»[202].

En concreto, «la existencia de uno o varios virus de la hepatitis C fue propuesta por primera vez por Prince et alii en 1974, tras la observación de la alta frecuencia de hepatitis postransfusional, en pacientes sometidos a cirugía cardiovascular, sin evidencia de infección por el virus de la hepatitis B». Al año siguiente, «una editorial aparecida en Lancet en 1975 acuñó el término de hepatitis no-A no-B, para una patología cuyo diagnóstico debía ser hecho por exclusión» porque no estaba relacionada serológicamente con los marcadores del VHA ni del VHB, descubiertos, respectivamente en 1963 y 1973[203].

En el momento de su descubrimiento —al apreciarse un contagio muy frecuente del virus de la hepatitis no A, no B (VHNANB) entre receptores

---

201 *Ibidem* pág. 292.

202 BLAS ORBÁN, Carmen (2008): «Contagio Transfusional del VHC. Reflexiones sobre la previsibilidad del daño», *Derecho y Salud,* núm. 1, vol. 16, pág. 199.

203 *Idem.*

de transfusiones de sangre— ya se apuntó que una de las vías de la transmisión del VHC era la transfusión. Éstas eran «las transfusiones de sangre, el uso de productos hemoderivados, los accidentes sufridos por el personal sanitario y el uso compartido de jeringuillas para consumo de drogas»[204].

De hecho, «la HNANB se halla extendida por casi todas las áreas geográficas, habiéndose definido dos categorías de HNANB según su forma de transmisión: la epidémica o entérica, producida por el VHE con un mecanismo de transmisión fecal-oral, frecuente en zonas de malas condiciones sanitarias y la parenteral, forma predominante en Occidente, debida al VHC, al que se hace responsable de más del 90% de hepatitis postransfusional en Europa y Norteamérica»[205].

Los intentos de identificar el agente causante de la HNANB pasaron por numerosas dificultades. Tras muchos esfuerzos se pudo identificar a dos de los agentes implicados en la HNANB. Por un lado, el virus de la hepatitis E (VHE), responsable de la HNANB epidémica, y por otro el agente causal de la mayoría de las formas de HNANB, denominado en la actualidad virus de la hepatitis C (VHC).

b) Descubrimiento de la causa y las vías de propagación de la enfermedad

Como se ha dicho, en el momento del descubrimiento de la enfermedad de la hepatitis C, ya se apuntó a que una de las posibles vías de transmisión del VHC eran las transfusiones de sangre y los tratamientos hemodinámicos. Sin embargo, «no fue hasta principios de 1989 cuando se alcanzó un consenso sobre las vías de transmisión». Su aislamiento se publicó el 21 de abril de 1989 en la revista Sience en un artículo escrito por Choo *et alii*[206]. Al poco tiempo, «la empresa Ortho Diagnostic Inc. había presentado a la comunidad científica un test de detección en abril de 1989, test que luego sería mejorado (segunda generación, 1992; tercera generación, 1994»[207].

---

204 SEUBA TORREBLANCA, Joan Carles (2000): «*Hepatitis C*», *InDret*, núm. 1, pág. 1.

205 FJ 2 A) STS de 19 de junio de 1997, de la Sala de lo Contencioso-administrativo (núm. rec. 1406/1997 y [*Tol 4916692*]).

206 CHOO, Qui-Lim, KUO, George, WEINTER, Amy J., OVERBY, Lacy R., Houghton, Bradley and Michael (1989): «Isolation of a cDNA clone derived from a blood-borne non-A, non-B viral hepatitis genome», *Science*, núm. 4902, vol. 244, págs. 359 a 362.

207 SEUBA TORREBLANCA, Joan Carles (2002): «La Ley 14/2002, de 5 de junio, de ayudas sociales a hemofílicos contagiados con el VHC», *InDret*, núm. 3, pág. 3. Según expresa COMINGES, «el descubrimiento del Test analítico se dio a cono-

En concreto, «en mayo de 1990 se licenció en Estados Unidos el primer test para detectar la presencia de anticuerpos VHC en la sangre»[208] y desde 1992, «se redujo el riesgo de transmisión a un 0.01%»[209].

En efecto, «fue en 1989, cuando, utilizando métodos de biología molecular, investigadores de la Chiron Corporation, clonaron un gen del virus de la hepatitis no A-no B, proporcionando una base firme para la caracterización del genoma del virus de la hepatitis C (VHC)»[210]. «El virus de la hepatitis C (VHC) fue identificado y descrito a mediados de 1989, pero hasta el año 1990 no se dispuso de los medios técnicos adecuados para prevenir su transmisión a través de la sangre y productos hemoderivados, en forma de un test de detección de anticuerpos del VHC, que empezó a aplicarse con carácter obligatorio en todas las unidades de sangre o plasma extraídas en los bancos de sangre, a tenor de los dispuesto en la Orden del Ministerio de Sanidad y Consumo, de 3 de octubre de 1990»[211].

---

cer, entre otros medios, a través de la revista norteamericana «Science» de abril de 1989. A ello añade BLAS, que «fue en el año 1989 cuando, después de intensos trabajos sobre esta materia, y en base a los estudios de biología molecular efectuados por Michael Hounghton y colaboradores que permitieron el clonaje del virus C de la hepatitis y el desarrollo de un test diagnóstico de anticuerpos, se alcanzó a determinar el principal causante de este tipo de hepatitis denominada no A no B. Ello *posibilitó* el desarrollo de técnicas de inmunoensayo y el diseño de un test de enzimoinmunoanálisis que permite detectar la presencia de anticuerpos frente al virus de la hepatitis C». COMINGES CÁCERES, Francisco (2001): «Análisis jurisprudencial de la responsabilidad administrativa por el contagio de hepatitis C», *Revista de Administración Pública,* núm. 155, pág. 195, nota a pie de página 7. BLAS ORBÁN, Carmen (2008): «Contagio Transfusional del VHC. Reflexiones sobre la previsibilidad del daño», *Derecho y Salud, op. cit.* pág. 184, nota a pie de página 12.

208 SALVADOR CODERCH, Pablo, RUIZ GARCÍA, Juan, RAMOS GONZÁLEZ, Sonia, SEUBA TORREBLANCA, Joan Carles y LUNA YERGA, Álvaro (2000): «Hepatitis y riesgos de desarrollo: Responsabilidad del laboratorio que comercializa plasma sanguíneo infectado de VHC (STS, 1ª, 5 de octubre de 1999) y de las Administraciones Públicas Sanitarias que lo emplean (STS, 3ª, 31 de mayo de 1999)», *op. cit.* pág. 2.

209 FJ 2 A) STS de 19 de junio de 1997, de la Sala de lo Contencioso-administrativo (núm. rec. 1406/1997 y [*Tol 4916692*]).

210 BLAS ORBÁN, Carmen (2008): «Contagio Transfusional del VHC. Reflexiones sobre la previsibilidad del daño», *Derecho y Salud, op. cit.* pág. 199.

211 Exp. mots. de la Ley 14/2002, de 5 de junio, por la que se establecieron ayudas sociales a las personas con hemofilia u otras coagulopatías congénitas que hubiesen desarrollado la hepatitis C como consecuencia de haber recibido tratamiento con concentrados de factores de coagulación en el ámbito del sistema sanitario público y otras normas tributarias.

B. Normativa española sobre extracción de sangre

De la misma manera que con el VIH, en el plano normativo hay que distinguir la normativa de primera y segunda generación y la autonómica.

a) Normativa de primera y segunda generación

La normativa de referencia para el VHC es la misma que la citada respecto del VIH, tanto la de primera generación como la de segunda: a saber, los RRDD 1574/1975, de 26 de junio, y 1945/1985, de 9 de octubre, reguladores de la hemodonación y los bancos de sangre, y las órdenes que los desarrollaron. Como se dijo, estas fueron las órdenes del ministro de Sanidad y Seguridad Social de 14 de mayo de 1976 y 24 de octubre de 1979, y del ministro de Sanidad y Consumo de 4 de diciembre de 1985.

A ellas cabe añadir la Orden de 3 de octubre de 1990 sobre pruebas de detección de anticuerpos del virus de la hepatitis C (anti-VHC) en las donaciones de sangre.

i. En relación con el desarrollo normativo del RD 1574/1975, interesa destacar aquí lo siguiente de la Orden de 24 de octubre de 1979.

   En ella, se «*estableció* como criterio excluyente de la donación [, además, de ser portador de la hepatitis vírica,] la convivencia con enfermos de hepatitis en los últimos seis meses [.] Igualmente [se] *previó* que, tanto después de la donación como antes de considerar la sangre apta para su perfusión, *fuese* necesario la realización de una prueba de exclusión de portadores de hepatitis de tercera generación»[212].

ii. Respecto de las órdenes que complementaron el RD 1945/1985 debe destacarse lo siguiente:

   La Orden del ministro de Sanidad de 4 de diciembre de 1985 —del mismo modo que la Orden de 24 de octubre de 1979— excluyó de la condición de donante a los portadores de hepatitis vírica y a quienes hubieran estado en contacto estrecho con ellos 6 meses antes de su diagnóstico.

   La Orden del ministro de Sanidad de 3 de octubre de 1990 impuso la obligatoriedad de todos los donantes de sangre de someterse a

---

[212] GUERRERO ZAPLANA, José (2004): *Las reclamaciones por defectuosa asistencia sanitaria, op. cit.* págs. 158 y 159.

las pruebas de detección del VHC y la destrucción de la sangre o plasma que resultasen positivos. Vino a cumplir la misma finalidad que la Orden del ministro de Sanidad de 18 de febrero de 1987, reguladora de las pruebas de detección de anticuerpos del VIH en las donaciones de sangre, pero en relación con el VHC.

En definitiva, tanto la Orden de 18 de febrero de 1987, como la de 3 de octubre de 1990, ambas del ministro de Sanidad, supusieron «el reconocimiento de la garantía total tanto respecto a VIH como respecto a hepatitis C, referido a todas las extracciones de sangre realizadas a partir de la entrada en vigor de dichas normas»[213]. Con posterioridad, para continuar con las garantías de la sangre transfundida, se dictaron nuevas normas, las cuales, a efectos de este estudio tienen menor importancia.

b) Normativa autonómica

«En España, la Orden del Ministerio de Sanidad y Consumo de 3 de octubre de 1990 estableció la obligatoriedad de practicar las pruebas de detección de anticuerpos de VHC en las donaciones de sangre. No obstante, algunas Comunidades Autónomas, en ejercicio de sus competencias, ya habían establecido con anterioridad la obligación de dichas pruebas: Así ha *ocurrió* en la Comunidad Autónoma de las Islas Baleares —Decreto 54/1990, de 3 de mayo, Cataluña —Orden de 15 de marzo de 1990—, Galicia —Orden de 25 de junio de 1990—, Madrid —Orden 291/1990, de 3 de julio—, Navarra —Orden de 12 de enero de 1990—, País Vasco —Orden de 22 de enero de 1990— y Valencia Orden de 1 de junio de 1990-»[214].

C. Momento de inflexión

De la misma manera que el SIDA, a efectos de reconocer el deber de resarcir de la Administración, lo determinante fue conocer el momento a partir del cual pudo reprocharse a los servicios públicos de salud no haber detectado que la sangre transfundida estaba contaminada con VHC.

---

213 *Idem.*

214 COMINGES CÁCERES, Francisco (2001): «Análisis jurisprudencial de la responsabilidad administrativa por el contagio de hepatitis C», *op. cit.* pág. 197.

a) Doctrina

Según se expondrá, jurisprudencialmente, para las Salas de lo Contencioso-administrativo y Social del TS, las Administraciones sanitarias debieron quedar exentas de responsabilidad por contagios producidos con sangre contaminada con VHC antes de que se comercializasen los marcadores para detectar la presencia del VHC en 1989. Esta cuestión no fue doctrinalmente pacífica.

BLAS sostiene que previamente a 1989 «la existencia del virus causante de esta hepatopatía era conocido dentro del ámbito sanitario, así como su transmisión por vía sanguínea; y era, asimismo, conocido el cuadro clínico que desde muchos años atrás venían sufriendo los pacientes afectados con la sangre contaminada con el agente productor. [En su opinión,] se sabía (…) lo mínimo suficiente para poder evitar su transmisión a una parte de los pacientes que resultaron afectados por esta importante enfermedad»[215].

Por ello entiende que «en fechas anteriores a finales de 1989 el contagio de la enfermedad que hoy se conoce como hepatitis C era previsible», y según los casos evitable. Lo era porque «ya en el año 1956, los estudiantes de Medicina de nuestro país conocían la existencia de una hepatitis vírica, cuya etiopatogenia era distinta a otras hepatitis ya conocidas, y así se estudiaba en la asignatura de Patología Médica. [En concreto,] se sabía que esta hepatitis era transmitida por vía sanguínea, hasta tal punto que se consideraba como una enfermedad iatrogénica, es decir: producida por el propio médico con motivo de una inyección parenteral que portara la sangre infectada[216].

COMINGES también rechaza que el momento de inflexión fuese 1989. Lo hace, entre otros motivos, porque «ya en fecha muy anterior, mayo de 1986, la Subdirección General de Planes de Salud, perteneciente (…) [al] Ministerio [de Sanidad], había redactado y distribuido un Informe con el propósito de reducir los contagios de la entonces denominada "hepatitis

---

[215] BLAS ORBÁN, Carmen (2008): «Contagio Transfusional del VHC. Reflexiones sobre la previsibilidad del daño», *Derecho y Salud, op. cit.* pág. 197.

[216] *Ibidem* págs. 185 y 199. Para reforzar el carácter iatrogénico del contagio del VHC BLAS se remite a «un libro muy conocido entre los profesionales médicos, que lleva por título Compendio práctico de Patología Médica, del que eran autores Domarus y P. Farreras, redactado y puesto al día por Pedro Farreras Valentí (…) con la colaboración de Egidio S. Mazzei (…) [y] monografías de amplia difusión médica, como la que lleva por título Tratamiento de las hepatopatías, de Editorial Científico-Médica (Barcelona, Madrid, Lisboa, Río de Janeiro)». *Ibidem* pág. 199.

no A no B". [En él,] siguiendo los criterios de la Asociación Americana de Bancos de Sangre, se aconsejó (...) la eliminación de la sangre de los donantes con niveles elevados de alaninotransferasa (ALT), así como [la realización de] otras "pruebas alternativas para la hepatitis no A no B". Sin embargo [a juicio de este autor], este criterio preventivo —divulgado ya en 1986— no fue aplicado en la mayoría de los hospitales españoles por el importante volumen de unidades de sangre que hubieran debido desecharse»[217].

En definitiva, estos autores criticaron que de la jurisprudencia contencioso-administrativa y social porque de la misma «parece entenderse que el virus de la hepatitis C y el que se vino denominando no A no B *carecían* de relación entre sí»[218]. Se alinean así con el criterio de la Sala de lo Civil, que atendió a cada caso concreto.

b) Jurisprudencia

Inicialmente hubo disparidad de criterios jurisprudenciales. Esta falta de uniformidad fue debida al «desfase temporal entre la identificación del virus, la posibilidad de detección y el establecimiento de la obligación de practicar las correspondientes pruebas de detección»[219].

El criterio que prevaleció fue el siguiente: si «el virus VHC no se aisló hasta (...) 1989, y (...) los marcadores para detectarlo en sangre se identificaron con posterioridad al mes de julio de 1989 (...) con anterioridad a esas fechas la contaminación (...) con el virus C de la hepatitis no podía preverse ni evitarse según el estado de los conocimientos de la ciencia o de la técnica»[220].

Así, la Sala de lo Social del TS, en relación con contagios con sangre contaminada con VHC anteriores a 1989, mantuvo que concurría fuerza

---

217 COMINGES CÁCERES, Francisco (2001): «Análisis jurisprudencial de la responsabilidad administrativa por el contagio de hepatitis C», *op. cit.* pág. 196.

218 BLAS ORBÁN, Carmen (2008): «Contagio Transfusional del VHC. Reflexiones sobre la previsibilidad del daño», *Derecho y Salud, op. cit.* pág. 180.

219 MARTIN CASALS, Miquel y SOLÉ FELIU, Josep (2005): «Sentencia de 10 de junio de 2004: Responsabilidad médico-sanitaria. Daños causados por sangre contaminada con el virus de la hepatitis», *Cuadernos Civitas de Jurisprudencia Civil,* núm. 67, pág. 361.

220 FJ 4 STS de 25 de noviembre de 2000, de la Sala de lo Contencioso-administrativo (núm. rec. 7541/1996 y [*Tol 1716872*]),

mayor. Lo hizo, entre otras, en las STS de 22 de noviembre de 1997, 3 de diciembre de 1999, 5 de abril de 2000 y 9 de octubre de 2000[221].

Por el contrario, las SSTS de la Sala de lo Contencioso-Administrativo de 31 de mayo de 1999, y de 19 y 30 de octubre de 2000 fallaron, en supuestos similares descartaron la existencia de fuerza mayor[222].

En palabras de la STS de 31 de mayo de 1999:

> «***Todo lo cual se halla en perfecta coherencia con la*** *teoría directriz, matriz disciplinar o paradigma (tomando esta palabra en su sentido filosófico: teoría de teorías) de la* ***responsabilidad objetiva****, que inspira nuestro vigente derecho administrativo desde hace casi cincuenta años,* ***conforme a la cual la antijuridicidad se predica del efecto o resultado dañoso, y no del sujeto que causa ese daño****. Y lo objetivo aquí es que el enfermo ingresó en el centro médico con un politraumatismo y salió con las secuelas propias del accidente y, además, con una hepatitis derivada de la transfusión.* ***El hecho puede ser fortuito, pero del caso fortuito responde la Administración, aunque obviamente no quepa imputar aquí****, por lo que nos consta,* ***culpa alguna al personal sanitario****. Y es sabido que para exigir responsabilidad extracontractual a la Administración pública no hace falta que medie culpa. Precisamente porque el ordenamiento la configura como responsabilidad objetiva*»[223].

La convergencia de ambos órdenes vino de la mano de la STS de 25 de noviembre de 2000, de la Sala de lo Contencioso-administrativo[224]. En este fallo se fijó «en armonía de doctrina de la Sala Cuarta (...) [que] sino se había aislado el virus VHC y no existían marcadores para detectarlo, la infección no *podía* considerarse una lesión o daño antijurídico»[225].

De acuerdo con la STS de 25 de noviembre de 2000 estábamos ante un supuesto de daños causados por los riesgos de desarrollo:

---

221 SSTS de la Sala de lo Social de 22 de diciembre de 1997 (núm. rec. 1969/1997 y [*Tol 5116659*]), de 3 de diciembre de 1999 (núm. rec. 3227/1998 [*Tol 5118341*], de 5 de abril de 2000 (núm. rec. 3948/1998 y [*Tol 4965411*]) y de 9 de octubre de 2000 (núm. rec. 2756/1999 7 [*Tol 4965407*]).

222 SSTS de la Sala de lo Contencioso-administrativo de 31 de mayo de 1999 (núm. rec. 2132/1995 y [*Tol 1715717*]), de 19 de octubre de 2000 (núm. rec. 2892/2000 y [*Tol 1716773*]), y de 30 de octubre de 2000 (núm. rec. 8549/2000 y [*Tol 1717052*]).

223 FJ 5 C) STS de 31 de mayo de 1999, de la Sala de lo Contencioso-administrativo (núm. rec. 2132/1995 y [*Tol 1715717*])

224 STS de 25 de noviembre de 2000, de la Sala de lo Contencioso-administrativo (núm. rec. 7541/1996 y [*Tol 1716872*]).

225 FJ 2 STS de 19 de julio de 2005 (núm. rec. 468 y [*Tol 698317*]).

> «***Tanto si se considera***, *como hace la Sala Cuarta*, ***un hecho externo*** *a la Administración sanitaria* ***o si se estima como un caso fortuito*** *por no concurrir el elemento de ajenidad al servicio, que esta Sala ha requerido para apreciar la fuerza mayor (...),* ***lo cierto es que resultaba imposible, según el estado de la ciencia y de la técnica, conocer al momento de la transfusión si la sangre estaba contaminada por el virus C dela hepatitis****, de manera que su posible contagio era un riesgo que debía soportar el propio paciente sometido a la intervención quirúrgica, en la que fue necesario llevar a cabo tal transfusión (...),* ***razón por la que ese contagio no fue un daño antijurídico*** *y, por consiguiente, no viene obligada la Administración a repararlo al no concurrir el indicado requisito (...) para que nazca la responsabilidad patrimonial de la Administración, y que ahora contempla expresamente el artículo 141.1*» LRJPAC-92»[226].

En cambio, la Sala de lo Civil mantuvo a una solución distinta a de las Salas de lo Contencioso-administrativo y Social. Para ello ser sirvió del criterio de la diligencia exigible en atención a las circunstancias del caso. Según su parecer, expresado, entre otras, en la STS de 9 de marzo de 1999, «a partir de la primavera del año 1989, no solo en el espacio científico, sino también en el de la opinión pública, se conocía la gravedad de la hepatitis C, así como las fuentes de contagio, entre las que se encontraba la transfusión de sangre infectada efectuada en centros hospitalarios»[227]. Incluso con anterioridad a dicha fecha, llegaron a efectuarse pronunciamientos de condena por no haber limitado las «transfusiones a los supuestos de riesgo vital o de graves e irreparables consecuencias para la salud del paciente (...) [, siempre que] no existiera método terapéutico alternativo (...) y que *se hubiese informado* al enfermo» de los riesgos[228]. Este es el caso de la STS de 18 de febrero de 1997, relativa a un contagio por sangre transfundida en 1983. El reproche se debió a que en 1983 ya se conocía el elevado porcentaje de casos de contagio de VHNANB —10 por ciento— por vía de transfusión de sangre.

c) Valoración crítica

«En el caso del SIDA, podemos afirmar que se trata de una enfermedad extraña en nuestra cultura, pues es sabido que el primer caso de Sida fue detectado en Estados Unidos en el año 1981. De esta enfermedad no eran

---

226 FJ 6 STS de 25 de noviembre de 2000, de la Sala de lo Contencioso-administrativo (núm. rec. 7541/1996 y [*Tol 1716872*]),

227 FJ 3 STS 184/1999, de 9 de marzo, de la Sala de lo Civil (núm. rec. 2650/1994 y [*Tol 5120284*]).

228 FJ 6 3 STS 108/1997, de 18 de febrero, de la Sala de lo Social (núm. rec. 892/1993 y [*Tol 5114407*]).

conocidos ni su cuadro clínico ni su agente causal, lo que hacía muy difícil evitar su contagio [antes de la comercialización de pruebas de detección de la sangre contaminada con el VIH]. Pero este no *fue* el caso de la hepatitis C, afección hepática que aunque no había sido etiquetada con un nombre concreto, sí se sabía de ella que formaba parte de las enfermedades conocidas por los médicos desde muchos años atrás»[229].

A partir de aquí, algunos autores —como BLAS— aceptan el criterio de la disponibilidad de los tests como momento de inflexión para el SIDA, pero no para la hepatitis C. En opinión de este autor, en la sangre contaminada con VHC, «era sabida [que] su transmisión por [se producía] vía sanguínea, y las medidas para evitar su contagio se iban conociendo a medida que la ciencia se adentraba en el estudio del tema»[230].

Aún aceptado que *a priori* fuera así, para que una afirmación como ésta determinase el reconocimiento de reclamaciones de responsabilidad, según nuestro parecer, hubiera sido necesario un consenso científico. Pues bien, a falta de dicha unanimidad, no puede más que decirse que la propuesta de BLAS hubiera supuesto desvirtuar el carácter objetivo de la responsabilidad patrimonial más allá de lo recomendable. «Sólo en un régimen de responsabilidad estrictamente objetiva *podían haber encontrado* reparación [los contagios del VHC anteriores a julio de 1989], pues (...) en tales supuestos no *concurrió* actuación negligente alguna (la asistencia médica se prestó conforme al estado de avance de la Ciencia en aquel momento, actuando los médicos conforme a la lex artis de su profesión) ni *pudo* tampoco detectarse anormalidad alguna en el funcionamiento del servicio sanitario»[231].

D. Doctrina jurisprudencial

El estudio de la jurisprudencia relacionada con la sangre contaminada con VHC, aunque carece de actualidad, sigue siendo importante su conocimiento porque fue la fragua donde se acrisolaron cuestiones tan impor-

---

229 BLAS ORBÁN, Carmen (2008): «Contagio Transfusional del VHC. Reflexiones sobre la previsibilidad del daño», *Derecho y Salud, op. cit.* pág. 184.

230 *Idem.*

231 PEMÁN GAVÍN, Juan (1994): «La responsabilidad patrimonial de la Administración en el ámbito sanitario público», *Revista de Administración Pública,* núm. 237-238, pág. 328, nota a pie de página núm. 79.

En esta cuestión, aunque empleando diferentes conceptos, las Salas de lo Civil y de lo Contencioso-administrativo resolvieron los pleitos acudiendo al criterio culpabilístico —o en su caso o cuasiobjetivo— (*cfr.* SSTS de la Sala de lo Civil de 18 de febrero de 1997 y 9 de marzo de 1999, y 28 de octubre de 1998 de la Sala de lo Contencioso-administrativo). En cambio, la Sala de lo Social calificó la responsabilidad de la Administración como objetiva (*cfr.* SSTS de la Sala de lo Social de 5 de junio de 1991 y 22 de diciembre de 1997).

v. *Diligencia exigible*

La diligencia exigible, por los tribunales, a la Administración sanitaria no estuvo ligada al cumplimiento de la normativa vigente sino al estado de conocimientos de la ciencia y la técnica.

En este sentido, las más de las veces, los jueces y magistrados, no admitieron, como causa exoneraría, la inexistencia de un deber normativo de someter la sangre transfundida a un test previo de detección del VHC. Lo determinante, para la Sala de lo Civil, fue el conocimiento, por la comunidad científica, de los riesgos de contagio por sangre contaminada. Este fue el caso de las SSTS de la Sala de lo Civil de 18 de febrero de 1997, de 9 de marzo de 1999 y de 10 de junio de 2004. En cambio, para la Sala de lo Contencioso-administrativo, el criterio a seguir fue el aislamiento del virus o la disponibilidad de tests de reconocimiento de la enfermedad (*cfr.* STS de 25 de noviembre de 2000).

Paralelamente, cabe destacar que la STS de 20 de marzo de 1996 descartó aplicar la responsabilidad por riesgo al ámbito transfusional.

vi. *Causas de exoneración*

Este punto fue uno de los más polémicos: ya que las Salas de lo Civil y de lo Contencioso-administrativo, con frecuencia, atendieron a un criterio culpabilístico (*cfr.* STS de 28 de octubre de 1998, de la Sala de lo Contencioso-administrativo).

Por el contrario, la Sala de lo Social, partiendo del carácter objetivo de la responsabilidad patrimonial, condenó a la Administración por entender que los contagios eran supuestos de caso fortuito. Así lo hizo, entre otras, en la STS de 5 de junio de 1991. Sin embargo, este criterio cedió a favor de la consideración de los contagios como supuestos de fuerza mayor. Así lo hicieron las SSTS de 22 de diciembre de 1997 y 3 de diciembre de 1999, las cuales calificaron el contagio como un supuesto de fuerza mayor.

Dicho esto, no puede desconocerse que, al margen del binomio caso fortuito/fuerza mayor, las SSTS de 3 de diciembre de 1999, de la Sala de lo Social, y de 25 de noviembre de 2000, de la Sala de lo Contencioso-administrativo, eximieron a la Administración en virtud de los riesgos del progreso.

Llegados a este punto, exponemos a continuación algunas SSTS, agrupadas por órdenes jurisdiccionales.

a) Sala de lo Contencioso-administrativo

De la jurisprudencia contencioso-administrativa destacamos dos casos en que se reconoció una indemnización —las SSTS de 28 de octubre de 1998 y 31 de mayo de 1999— y una que lo denegó: la STS 25 de noviembre de 2000. En la primera aplicó la teoría de incremento del riesgo de BELADIEZ; en la segunda consideró el contagio como un caso fortuito; y en la tercera utilizó la cláusula de los riesgos del progreso para denegar la indemnización.

La **STS de 28 de octubre de 1998** desestimó un recurso, promovido por el INSALUD, contra la STSJ de Canarias 28 de diciembre de 1993. Ésta había reconocido una indemnización de 7.500.000 de pesetas a los herederos de un paciente en diálisis que falleció el 22 de octubre de 1989. El motivo del deceso fue una hepatitis B aguda causada por una transfusión sanguínea realizada en el Hospital de Nuestra Señora del Pino en agosto de 1988, y el de la condena, la antijuridicidad del daño. Para ello empleó, como título de imputación, el incremento del riesgo.

Según dijera la Sala de lo Contencioso-administrativo, partiendo del carácter objetivo de la responsabilidad patrimonial, «para que el daño concreto producido por el funcionamiento del servicio (...) sea antijurídico basta con que el riesgo inherente a su utilización haya rebasado los límites impuestos por los estándares de seguridad exigibles conforme a la conciencia social». Esto es lo que ocurrió ya que «no *se acreditó* por parte de la Administración la debida diligencia en la prestación del servicio». En concreto, los informes periciales, aunque dieron cuenta del sometimiento de la sangre contaminada a un análisis previo, también reflejaron «"la posibilidad de que estas técnicas no *detectasen* algunos casos de presencia de virus"» como ocurrió en el supuesto enjuiciado.

En relación con el nexo causal, el TS se sirvió de la teoría de la causalidad adecuada, entendida como aquella «explican el daño por la concurrencia objetiva de factores cuya inexistencia, en hipótesis, hubiera evitado aquél»[235].

La **STS de 31 de mayo de 1999** fue una sentencia muy importante por las cuestiones que abordó: los daños permanentes, la fuerza mayor, los riesgos del progreso y el estado de conocimientos de la ciencia y de la técnica. Su ponente fue el prof. GONZÁLEZ NAVARRO.

El supuesto de hecho fue el contagio del VHC al trasfundir sangre contaminada durante una operación, llevada a cabo en el Hospital Marqués de Valdecilla de Santander. La operación vino motivada por un accidente de trabajo ocurrido el 25 de diciembre de 1975 y diagnosticada en 1978 como hepatitis crónica recurrente y en 1993 como hepatitis C.

En primer lugar, este fallo rechazó que la acción hubiera prescrito por tratarse de un daño continuado. También se excluyó que el contagio, en atención a los conocimientos sobre hematología y hemoterapia en 1975, pudiera calificarse como fuerza mayor. Para ello destacó las notas del caso fortuito —indeterminación e interioridad— frente a la irresistibilidad y exterioridad propias de la fuerza mayor.

A partir de ahí, la Sala de lo Contencioso-administrativo condenó al INSALUD porque «ni *había* habido fuerza mayor ni *cabía* hablar de ausencia de antijuridicidad de la lesión ya que no se *había* acreditado por quien tenía la carga procesal de hacerlo —la Administración— la imposibilidad de evitar el daño en función del estado de la ciencia en el momento en que se produjo; y el caso fortuito, aun admitiendo que exista, no *era* bastante para enervar la responsabilidad demandada a la Administración»[236].

En este fallo, el magistrado Peces Morate formuló voto particular, al que se adhirió el magistrado Sieira, al cuestionar que en 1975 se hubieran confirmado las vías de transmisión de la enfermedad. Para los magistrados discrepantes la discusión, en vez de centrarse en el caso fortuito y la fuerza mayor, debía girar en torno a estábamos ante unos daños causado por los riesgos del progreso. De hecho, el criterio del voto particular fue asumido por la Sala de lo Contencioso-administrativo en la STS de 25 de noviembre de 2000.

---

235 FFJJ 3, 8 y 5 STS de 28 de octubre de 1998, de la Sala de lo Contencioso-administrativo (núm. rec. 2356/1994 y [*Tol 1715258*]).

236 FJ 5 C) STS de 31 de mayo de 1999, de la Sala de lo Contencioso-administrativo (núm. rec. 2132/1995 y [*Tol 1715717*]).

La **STS de 25 de noviembre de 2000** enjuició un caso de hepatitis C crónica postransfusional, diagnosticada el 20 de agosto de 1990, y provocada con ocasión de una intervención quirúrgica que tuvo lugar el 29 de julio de 1989 en el Hospital General de Asturias. El TS estimó el recurso interpuesto por el INSALUD, casó la STSJ de Asturias y dejó sin efecto una indemnización de 8.000.000 y 500.000 pesetas reconocidos al paciente y a su mujer, respectivamente. Lo hizo aplicando los riesgos del progreso, y a pesar de que cuando se produjeron los hechos éstos aún no se habían positivizado por la Ley 4/1999.

Como dijo en el apartado anterior, su importancia se encuentra en acompasar el criterio de las Salas de lo Social y Contencioso-administrativo del TS sobre el momento de inflexión y absolver a la Administración por la cláusula de los riesgos del progreso. Para ello, en opinión de BLAS, «*pesó* considerablemente el Informe Científico elaborado conjuntamente por el Instituto de Salud Carlos III, la Real Academia de Medicina, la Sociedad Española de Transfusión Sanguínea y la Sociedad Española de Virología (...) [y en el que se fijó] el último trimestre de 1989 como el momento en el que aparecieron en el mercado los primeros reactivos comerciales para detectar el VCH en suero y plasma humano»[237]. De él dedujo el TS que antes de esta fecha no era posible reconocer la presencia en sangre del VHC.

b) Sala de lo Civil

De la jurisprudencia civil destacamos tres fallos —SSTS de 18 de febrero de 1997, 9 de marzo de 1999 y 10 de junio de 2004— que obligaron a la Administración a resarcir los daños causados al perjudicado o los herederos de la víctima y otro de 20 de marzo de 1996, que absolvió a la Administración sanitaria. En los tres primeros fallos se apreció una actuación negligente atendidas las circunstancias del caso (bien no existían tests de reconocimiento, bien no existía obligación de someter la sangre transfundida a pruebas de reconocimiento del VHC): en el último negó el necesario vínculo causal entre la actuación de la Administración sanitaria y el contagio del VHC.

La **STS de 18 de febrero de 1997** condenó al Institut Català de Salut (ICS) a pagar 40.000.000 DE pesetas al desestimarse el recurso de casación y confirmar el fallo de la Audiencia Provincial (AP). Éste fallo reconoció

---

[237] BLAS ORBÁN, Carmen (2008): «Contagio Transfusional del VHC. Reflexiones sobre la previsibilidad del daño», *Derecho y Salud, op. cit.* pág. 194.

la indemnización a una viuda por el fallecimiento de su marido, al que le habían transfundido, por vía parenteral, dos concentrados de protombina en el Hospital Príncipes de España de Bellvitge en 1983. Como consecuencia de ello: en 1986 le diagnosticaron hepatopatía crónica secundaria a VHNHAHB, y en marzo de 1989 le diagnosticaron que era portador del VIH.

En efecto, la SAP de Barcelona de 11 de enero de 1993, tras estimar en apelación la competencia del orden civil, entró a conocer sobre el fondo del asunto e imputó al ICS la hepatopatía crónica, que posteriormente degeneró en cirrosis hepática, y que causó el fallecimiento del marido de la demandante el 20 de junio de 1990.

Pues bien, para la Sala de lo Civil, la actuación de los facultativos también fue negligente «dado el muy elevado porcentaje de casos de contagio de hepatitis no A no B y sida por vía de transfusión de sangre que se producía en la época —entre un diez y un quince por ciento para la primera de dichas enfermedades, e incluso más cuando se transfundían hemoderivados, como los concentrados de protrombina, que no se obtienen de un sólo donante sino de un conjunto de muestras de sangre». En estas circunstancias el Hospital Príncipes de España debió «reducir el uso de las transfusiones a los supuestos de riesgo vital o de graves e irreparables consecuencias para la salud del paciente, cuando no existiera método terapéutico alternativo, y, de otra parte, a informar al enfermo, que en el caso presente se hallaba plenamente consciente y lúcido».

En relación con la competencia del orden civil, la Sala de lo Civil adujo lo siguiente: «cuando las entidades gestoras de la prestación de asistencia sanitaria de la Seguridad Social (...) realizan actuaciones de atención médico-sanitaria respecto a los particulares no lo hacen en el marco de una relación jurídico-pública, pues ni se hallan dotadas de "ius imperium", ni ejercitan actividad de prestación de servicios públicos, sino en el de una relación de Derecho privado, a modo de empresarios obligados a procurar la curación de un lesionado o enfermo». A ello añadió que esta «jurisprudencia implícitamente [estaba] basada en el principio del "favor actionis" y cuyo cuestionamiento podría hasta afectar a la seguridad jurídica de los litigantes».

Adicionalmente, respecto del principio de unidad de culpa, la Sala de lo Civil precisó que eran conocidas «las dificultades (...) de la delimitación del campo propio de la responsabilidad civil por culpa extracontractual y culpa contractual, dificultades que, en muchas ocasiones (...) tienen por causa que el mismo hecho dañoso configura tanto un supuesto normativo como otro». A partir de aquí añadió que, en casos como estos se producía, «en términos procesales, un concurso de normas coincidentes en una misma pretensión, fijada en lo sustancial por la unidad de los acontecimientos históricos que justifican el "petitum" indemnizatorio». Por ello concluyó «que sería erróneo considerar que si el perjudicado *había* fundamentado su demanda de indemnización sólo en normas de responsabilidad extracontractual o sólo en normas de responsabilidad contractual».

Finalmente, admitió un nexo causal entre la intervención de los facultativos y el contagio del VHC, al presumir la culpa de la Administración porque «no se *había* acreditado que el fallecido demandante perteneciese a grupo alguno de especial riesgo, ni que con posterioridad a las transfusiones antes mentadas hubiera llevado a cabo conductas aptas para producir el contagio de la citada enfermedad»[238].

La **STS de 9 de marzo de 1999,** desestimó el recurso de casación interpuesto por el INSALUD y confirmó la SAP de Palma de Mallorca de 12 de julio de 1994 que había reconocido una indemnización de 6.000.000 de pesetas. La demanda fue promovida por una persona que fue declarada incapaz para el ejercicio de la profesión habitual por padecer hepatitis crónica. El contagio se había producido por las transfusiones de sangre que le fueron efectuadas durante una intervención quirúrgica practicada el día 10 de octubre de 1989 en el Hospital Son Dureta de Palma de Mallorca.

El TS exigió una «responsabilidad patrimonial cuasi-objetiva» y declaró de aplicación la normativa de consumidores y usuarios «que establecen el derecho de consumidores y usuarios de productos farmacéuticos y servicios sanitarios a ser indemnizados por parte de quienes suministran o facilitan los mismos».

Para la Sala de lo Civil la diligencia exigible no podía limitarse al cumplimiento de la normativa vigente. Según dijera la Sala de lo Civil, «aunque las pruebas de detección del virus de la hepatitis C no eran exigibles sino desde de la Orden de 3 de octubre de 1990, esta particularidad no *exoneraba* de responsabilidad a la recurrente, ya que, a partir de la primavera del año 1989, no solo en el espacio científico, sino también en el de la opinión pública, se conocía la gravedad de la hepatitis C, así como las fuentes de contagio, entre las que se encontraba la transfusión de sangre infectada efectuada en centros hospitalarios» Adicionalmente rechazó la concurrencia de caso fortuito «porque, determinadas las acciones u omisiones antiju-

---

238 FFJJ 3, 1, 2, 6 y 3 STS 108/1997, de 18 de febrero, de la Sala de lo Social (núm. rec. 892/1993 y [*Tol 5114407*]).

rídicas del INSALUD, la culpa, el daño producido y la relación causal entre aquellas y éste, era evidente»[239].

Años después la **STS de 10 de junio de 2004** ratificó este criterio al estimar el un recurso promovido por la Clínica Virgen del Consuelo SA. El motivo fue que el contagio se produjo cuando «se conocía la realidad de unas infecciones que se denominaban hepatitis no A no B»[240].

En cambio, la **STS de 20 de marzo de 1996** absolvió a la entidad Centros Turísticos SA (CETURSA), concesionaria de las pistas de esquí de Sierra Nevada, al desestimar el recurso de casación de un esquiador, al que fue necesario transfundirle sangre tras perder el control al colisionar con unos postes.

Desestimó el recurso por falta de nexo causal ya que, como dijera la SAP de Granada recurrida, «la hepatitis en cuestión *tenía* una "etiología no aclarada" y (...) [porque el esquiador no se contagió del VHC] (...) por el accidente, luego no *podía*[241].

También descartó una responsabilidad por riesgo. Lo hizo porque la «Sala *venía aplicando* la misma con un sentido limitativo (fuera de los supuestos legalmente prevenidos), no a todas las actividades de la vida, sino sólo a las que implicasen un riesgo considerablemente anormal en relación con los estándares medios». También asumió, como dispuso la SAP de Granada, teniendo en cuenta las circunstancias en que estaba esquiando, que dicha actuación "*comportaba* la creación de un riesgo por parte del esquiador de elevadísimo grado".

c) *Sala de lo Social*

Finalmente, resta por referirse a la doctrina jurisprudencial de la Sala de lo Social del TS. De la misma destacamos, en primer lugar, la STS de 5 de junio de 1991 porque sentó que la Administración sanitaria debía resar-

---

239 FFJJ 2 y 3 STS 184/1999, de 9 de marzo, de la Sala de lo Civil (núm. rec. 2650/1994 y [*Tol 5120284*]).

240 FJ 4 STS de 527/2004, de 10 de junio, de la Sala de lo Civil (núm. rec. 2354/1998 y [*Tol 452743*]). Para conocer más información de ese fallo, que por no tratarse de un supuesto de responsabilidad extracontractual de la Administración sanitaria excede de nuestro trabajo, puede leerse a SEUBA. SEUBA TORREBLANCA, Joan Carles (2004): «Contagio transfusional del VHC», *InDret*, núm. 6.

241 FFJJ 2 y 3 STS de 20 de marzo de 1996, de la Sala de lo Civil (núm. rec. 2736/1992 y [*Tol 1659283*]).

cir porque su régimen de responsabilidad es objetivo. En cambio, en la STS de 21 de febrero de 1991, le liberó de indemnizar por haberse adoptado las pruebas que existían en ese momento para detectar la hepatitis C.

Más importantes son las SSTS de 22 de diciembre de 1997 y 3 de diciembre de 1999. Tanto una como otra denegaron la indemnización pretendida por los recurrentes, no por calificar su conducta como ajustada a la normativa, sino al calificar el contagio como un supuesto de fuerza mayor. Esta línea argumental fue continuada por las SSTS de 5 de abril y 9 de octubre de 2000.

En ellas se aprecia la evolución de la Sala de lo Social, que paso de condenar a la Administración sanitaria sobre la base de la responsabilidad objetiva, a liberarla de indemnizar por ser los contagios supuestos de fuerza mayor.

La STS de 5 **de junio de 1991** conoció de un recurso interpuesto por el INSALUD contra la SJS núm. 1 de Valladolid. Todo comenzó el 10 de enero de 1987, cuando le comunicaron a la demandante que estaba contagiada del VHNANB postransfusional de 10 meses de evolución. Esta acción le produjo «una hepatitis crónica persistente de tipo C, sin que *hubiera* intervenido culpa o negligencia por parte de los trabajadores de la Seguridad Social». En la SJS núm. 1 de Valladolid, se había condenado a la entidad gestora a pagar a 200.000 pesetas a una afiliada de la Seguridad Social que se contagió del VHC durante el transcurso de una histerectomía en 1986, a pesar de que, previamente había analizada la sangre contaminada con resultado negativo.

Este es fallo es importante: no solo por ser uno de los primeros pronunciamientos del TS sobre la materia —y citado y reproducido por otros fallos de los distintos órdenes jurisdiccionales—; sino también, por haber abordado varias cuestiones interesantes: la prescripción, la competencia del orden social, el nexo causal y el carácter objetivo de la responsabilidad patrimonial.

En primer lugar, se declaró competente porque «exigir las consecuencias de la prestación asistencial deficiente (…) no podía fundarse en la existencia de culpa extracontractual, sino en el desarrollo mismo de la acción protectora del sistema de la Seguridad Social». En segundo término, la Sala de lo Social rechazó que, en aplicación del art. 1968.2 CC, la acción estuviera prescrita porque, al ser la acción «inherente a una prestación de la Seguridad Social (…) *era* aplicable el art. 54.1 de la Ley de la Seguridad Social, en cuanto a la prescripción de la misma». También adujo que «el día a partir del cual *había* de computarse el plazo de prescripción o caducidad, es aquel en que se diagnostica como irreversible y definitivo el daño».

En cuanto al fondo del asunto, el TS que apreció existía un nexo causal entre la atención sanitaria y el contagio en aplicación del a teoría de la causa adecuada. En su opinión, ante la dificultad de una prueba certera del contagio, «la doctrina legal se *refugiase* de ordinario "en la condición necesaria y adecuada para producir el efecto" que más que un concepto claro y general, es una generalidad que sirve como instrumento para poder apreciar y valorar cada caso por sí mismo».

Finalmente, se condenó al INSALUD, a pesar de no haber apreciado actuación negligente por parte del personal del hospital ya que, si bien «en el ordenamiento del derecho privado, pervive este principio [de culpabilidad] (...), se ha abierto paso el principio de responsabilidad objetiva, no sólo mediante la moderación jurisprudencial del principio de culpabilidad (...) [sino también porque] junto al supuesto de responsabilidad objetiva del art. 1.905 del Código Civil (...) [ésta] se abre paso para supuestos en que la complejidad y desarrollo técnico de la vida moderna lo aconsejan». Además, este fallo se enmarcó, en el momento en que se dictó, en una doctrina jurisdiccional compartida con la Sala de lo Contencioso-administrativo, a saber, que «el contagio constituye un caso fortuito, pero no fuerza mayor»[242].

A diferencia de la STS de 5 de junio de 1991, la **STS de 21 de febrero de 1991** absolvió a la Administración sanitaria. Para ello revisó y confirmó una sentencia de un juzgado de lo social (JS), en concreto del JS núm. 1 de Barcelona. Este juzgado había denegado una indemnización de 20.000.000 de pesetas a un paciente que fue intervenido de urgencia, el 1 de agosto de 1984, en el Hospital de Santa Cruz y San Pablo, por una hemorragia digestiva, y que precisó una transfusión de sangre.

El TS liberó al ICS de indemnizar la hepatitis aguda ictérica del demandante porque consideró que la Administración sanitaria actuó diligentemente. En concreto, casó la sentencia de instancia porque se había incorporado al proceso un «informe pericial documentado acreditativo de la verificación de los controles técnicos exigibles en la sangre transfundida». Por ello confirmó al JS, para el cual: «las unidades de sangre transfundidas al actor *habían cumplido* los requisitos médicos legales de control técnico para detectar si la sangre de los donantes era portadora de virus de hepa-

242 FFJJ 3, 1, 6 y 3 STS de 5 de junio de 1991, de la Sala de lo Social [*Tol 2423633*].

titis B; y habiéndose «realizado la prevención de la transmisión de dicha enfermedad a través de análisis de detección del antígeno HBs Ag (...) *arrojó* resultado negativo»[243].

La **STS de 22 de diciembre de 1997** también desestimó el recurso de casación, y confirmó la SJS núm. 6 de Zaragoza de 22 de diciembre de 1995 y STSJ de Aragón de 15 de abril de 1997. De esta forma absolvió a la Administración sanitaria, pero con una fundamentación nueva y distinta —y que posteriormente ratificaría la STS de 21 de febrero de 1999—, a saber: la fuerza mayor. Aquí radica la relevancia de este fallo porqué dejó de calificar los contagios anteriores a 1989 como supuestos de caso fortuito.

En el supuesto enjuiciado, tanto el JS como el TSJ habían absuelto al INSALUD de resarcir los daños que padeció una mujer a la que le practicaron una transfusión en el curso de un legrado secundario a un aborto incompleto en enero de 1985 y que acabó falleciendo el 2 de marzo de 1994 por una hepatitis C crónica en evolución a cirrosis. Finalmente, la Sala de lo Social, después de admitir que la jurisprudencia había reconocido la responsabilidad por riesgo, descartó estimar el recurso. Lo hizo al entender que había intervenido una causa de fuerza mayor porque «el caso que se *sometió* a su conocimiento *debía* considerarse que se *daban* ambos requisitos [de la fuerza mayor] excluyentes [de la obligación de indemnizar], tanto el del suceso imprevisto, como el del hecho externo"»[244].

Para concluir que estábamos ante un supuesto de fuerza mayor el TS atendió a las siguientes circunstancias:

i. Se trataba de «un suceso extraordinario que no podía comprenderse dentro del proceso ordinario de un tratamiento, salvo que se calificase como de procedencia interna y se atendiera exclusivamente al mecanismo material de la transfusión sin comprender todo el proceso en el que se descubre en la humanidad una nueva dolencia».

ii. «La prevención era imposible y externa a la actuación (...) pues no se conocía el medio de detectar la posible infección (...) e incluso conociendo la existencia del virus, pero no la forma de protegerse de sus efectos al desconocerse la manera de detectarlo, indudable-

[243] FJ 2 STS de 21 de febrero de 1991, de la Sala de lo Social (núm. rec. 172/1989 y [*Tol 2425349*]).

[244] FJ 2 STS de 22 de diciembre de 1997, de la Sala de lo Social (núm. rec. 1969/1997 y [*Tol 5116659*]).

mente no se le podía exigir que suspendiera todas las transfusiones».

iii. Pretendió evitar el absurdo de que «conociendo la enfermedad y no el medio de detectación, que por el consentimiento informado podría llegarse a la exoneración de responsabilidad, y ésta no se alcanzase en el supuesto litigioso en el que se desconocía la propia existencia del virus».

La **STS de 3 de diciembre de 1999** mantuvo la línea jurisprudencial iniciada con la STS de 22 de diciembre de 1997. Lo hizo en unificación de doctrina ante la existencia de pronunciamientos contradictorios.

En esta ocasión, el TS estimó el recurso de casación y revocó la sentencia del STSJ del Principado de Asturias, de 27 de mayo de 1997. Ésta había condenado al INSALUD a indemnizar con 20.000.000 de pesetas por haber transfundido sangre que no había sido previamente analizada para la detección de anticuerpos de la hepatitis C. La condena reconoció a una persona que, tras un accidente de trabajo, al ser intervenido en el Hospital de Covadonga, precisó una transfusión sanguínea en 1984, y a la que diagnosticaron ser portador del VHC en 1996.

La Sala de lo Social partió de «una realidad jurídica cual es la del principio de que el INSALUD en cuanto órgano de la Administración Sanitaria está sujeto a las reglas que sobre responsabilidad extracontractual objetiva rigen para cualquier Administración Pública». A partir de ahí calificó el contagio «como causa de fuerza mayor [por] el hecho de que en aquel entonces desconociera la ciencia médica el virus en cuestión»[245].

E. Doctrina legal

De la misma manera que con los contagios transfusionales del SIDA, el CdE cambió su doctrina legal y comenzó a proponer la estimación de reclamaciones. Según se explicó al hilo de las reclamaciones de responsabilidad patrimonial por contagios de VIH, hasta 1996 no se asumió este cambio.

En este sentido procede traer a colación, el DCdE de 11 de noviembre de 1995, en el que desestimó la reclamación por «insuficiencia probatoria notable del vínculo causal entre la transfusión de sangre de 1979 y la presente afección» del VHC diagnosticada 8 de junio de 1994. Esta afirmación

---

245 FFJ 2.3 y 2.4 STS de 3 de diciembre de 1999, de la Sala de lo Social (núm. rec. 3227/1998 y [*Tol 5118341*].

se corresponde con una transfusión de sangre realizada el 29 de septiembre de 1979 al reclamante, mientras realizaba el servicio militar obligatorio, y diagnosticadas el 8 de junio de 1994 como he

Lo importante de este dictamen, más allá de la falta de prueba, es un *obiter dictum* en el que el CdE dijo que «incluso si se entendiese probado el vínculo causal pretendido probablemente habría de ser desestimada la solicitud, pues parece que en el año 1979 se desconocía el marcador capaz de detectar el virus de la hepatitis de tipo C en la sangre donada. El contagio de este virus, por ende, constituía un riesgo ordinario de cualquier transfusión de sangre que no generaba derecho a indemnización»[246].

Tesis esta, que dejó de mantener en el **DCdE de 7 de marzo de 1996**, al sostener que un contagio era un supuesto de caso fortuito[247]. En él se concluyó que una transfusión de sangre contaminada con el VHC, realizada el 8 de enero de 1984 a un neonato, era un caso fortuito y no un supuesto de fuerza mayor. Para proponer la estimación de la reclamación dijo que estábamos ante: «lo que en términos coloquiales se denomina "un caso desafortunado", y en términos jurídicos "un caso fortuito", supuesto éste que, como es sabido, excluye la culpa, pero no la responsabilidad objetiva; ésta sólo queda descartada por la fuerza mayor, y para que ésta concurra se precisa una necesidad e inevitabilidad ausentes en este supuesto»[248].

VIII. DE RESPONSABILIDAD PATRIMONIAL A AYUDA PÚBLICA: UN CAMBIO DE PARADIGMA

La jurisprudencia recaída como consecuencia de los contagios del VIH y VHC por sangre contaminada supuso un cambio de paradigma en la naturaleza y cuantía de las indemnizaciones entregadas a los damnificados.

Esta modificación consistió en la transformación del concepto de la indemnización, que pasó de ser considerada *de facto* como un supuesto de responsabilidad patrimonial por mal funcionamiento de la Administración sanitaria a una ayuda para sobrevenir a una desgracia. De esta manera, el fundamento de la indemnización dejó de estar basado en el principio de justicia, para entroncarse con el de la solidaridad. La indemnización se

---

246 CJ 12 DCdE de 2 de noviembre de 1995 (núm. exp. 1914/1995).

247 DCdE de 7 de marzo de 1996 (núm. exp. 563/1996 y [*Tol 2546225*]).

248 CJ 4 DCdE de 7 de marzo de 1996 (núm. exp. 563/1996 y [*Tol 2546227*]).

convirtió en una de garantía social. Como consecuencia de ello, en las cantidades reconocidas por la jurisprudencia estuvo latente la necesidad de socializar el riesgo de contagio por transfusión de sangre o dispensación de hemoderivados, de suerte que los daños sufridos por unos pocos debían ser compensados por el resto de la ciudadanía.

Esta jurisprudencia dio paso a una serie de compensaciones económicas basadas en el principio de solidaridad. Así, para los pacientes con SIDA, se aprobó el RD-ley 9/1993, de 28 de mayo, por el que se concedieron ayudas a los afectados por el VIH, como consecuencia de las acciones realizadas en el sistema sanitario público. Respecto de los contagiados con el VHC, casi diez años después, la Ley 14/2002, de 5 de junio, reconoció una compensación económica para las personas con coagulopatías congénitas que hubiesen desarrollado el virus VHC como consecuencia de haber recibido tratamiento con concentrados de factores de coagulación en el ámbito del sistema sanitario público[249].

---

[249] En Francia, a través de la Ley 91/1406, de 21 de diciembre de 1991, se creó un fondo de indemnización al que se dotó de personalidad jurídica, administrado por una comisión. En Gran Bretaña, mediante acuerdo indemnizatorio con el colectivo de hemofílicos afectados, se optó por constituir un fondo de ayudas para las personas afectadas, Mac Earlene Trust. En Portugal, esta garantía social se arbitró a través del Decreto-ley 237/1993, de 3 de julio, en el que se estableció un modelo arbitral de reparación para amparar a los hemofílicos afectados. La Unión Europea no se quedó al margen de la regulación de estas respuestas normativas. Respetando la soberanía de los Estados, y teniendo en cuenta sus competencias, reguló las condiciones que aseguraran la homogeneidad de la legislación de comercialización de la sangre, plasma y productos derivados que pudieran transmitir enfermedades infecciosas. Cabe destacar que la Directiva 89/381/CEE de 14 de junio, del Consejo, según afirmase en su parte expositiva, modificó la normativa reguladora de los medicamentos derivados de la sangre y el plasma humanos — las Directivas 65/65/CEE y 75/319/CEE— con el fin de que sus fabricantes, antes de recibir la autorización para su comercialización, demostrasen «su capacidad de garantizar, en la medida que el estado de la técnica lo *permitiese* (...) la ausencia de contaminación viral específica». Tras la aprobación del Tratado de Maastricht, la Comisión presentó la Comunicación COM (1993) 559 final que constituyó la base para la adopción, en la década de los noventa, de ocho programas de acción comunitarios en esta materia. Entre ellos, se dictó la Decisión 647/96/CE del Parlamento Europeo y del Consejo, de 29 de marzo, por la que se adoptó un programa de acción comunitario relativo a la prevención del SIDA y de otras enfermedades transmisibles en el marco de la acción en el ámbito de la salud pública (1996-2000). La mencionada Directiva 89/381 ha sido derogada por la Directiva 2001/83/CE del Parlamento Europeo y del Consejo, de 6 de noviembre, reguladora del código comunitario sobre medicamentos para uso humano. Su tits. X y XI se dedican, respectivamente, a las

Sin embargo, como quiera que las indemnizaciones concedidas judicialmente, a título de responsabilidad patrimonial, eran de mayor cuantía que las ayudas reconocidas legalmente, esta disfunción provocó que los familiares de pacientes contagiados por el VIH o VHC reclamasen «indemnizaciones complementarias»[250]. Los tribunales, a pesar de que en las citadas normas se fijaba la incompatibilidad de unas y otras, en más de una ocasión declararon ambas compatibles siempre que quien reclamase fuera persona diferente del perjudicado ya resarcido[251].

Pues bien, esta doctrina jurisprudencial y las citadas normas fueron las que propiciaron que la Ley 4/1999, al reformar el art. 141.1 LRJPAC-92, incluyera, después de recoger los riesgos del progreso, un inciso. En él se precisó que el deber de soportar el daño se entendía «sin perjuicio de las prestaciones asistenciales o económicas que las leyes puedan reconocer». Actualmente, esta puntualización se está incorporada en el art. 34.1 LRJ.

En definitiva, «las limitaciones de la ciencia médica justificaron que en el Estado de Derecho no se declarase la responsabilidad patrimonial de la Administración por todos los contagios del "virus de inmunodeficiencia

---

«disposiciones particulares relativas a los medicamentos derivados de la sangre y del plasma humanos y la «vigilancia y sanciones». En estas cuestiones nos remitimos a lo escrito por CUETO y MOYA y GONZÁLEZ NAVARRO. CUETO PÉREZ, Miriam (1997): *Responsabilidad de la Administración en la asistencia sanitaria, op. cit.* págs. 236 a 239 y MOYA y GONZÁLEZ NAVARRO. MOYA PUEYO, Vicente y GONZÁLEZ NAVARRO, Francisco (1993): *La sanidad española en la Europa de Maastricht*, I.M.& C., D.L., Madrid, pág. 45 y ss.

250 A título de ejemplo del importe de las indemnizaciones por contagios de sangre contaminada, la STS de 6 de febrero de 1996, de la Sala de lo Contencioso-administrativo [*Tol 189189*], confirmó una STSJ de Andalucía que había reconocido a una viuda 20.000.000 de pesetas en concepto de daños y perjuicios ocasionados con motivo del contagio y posterior fallecimiento por SIDA de su marido intervenido en noviembre de 1984.

251 En este sentido —compatibilidad de las ayudas económicas con las indemnizaciones a título de responsabilidad patrimonial cuando el solicitante de aquéllas fuera el contagiado y los reclamantes de éstas sus familiares, puede consultarse la SAN de 24 de febrero de 1999, de la Sala de lo Contencioso-administrativo (núm. rec. 233/1997 y [*Tol 5244167*]). En ella se concluyó «que los beneficiarios de las ayudas (...) eran los propios enfermos (...), pero en ningún caso (...) los padres de los afectados que no *dependieran* de ellos». También se reparó en que «lo que se *reclamaba* [judicialmente por los padres] *era* otra cosa distinta: (...) "el daño de naturaleza moral [, el cual] se contrae al dolor afectivo derivado del fallecimiento de sus respectivos hijos, produciéndose, de esta manera, una ruptura del vínculo familiar"» (FJ 1).

humana" (VIH) [o del VHC] ocasionados como consecuencia de transfusiones de sangre realizadas en hospitales públicos. Ahora bien, aunque no existiese responsabilidad patrimonial, para aminorar parcialmente los daños y las situaciones de necesidad, se optó por crear libremente algunas ayudas reclamadas por el perfil solidario del Estado Social de Derecho»[252].

De esta manera se desvincularon las cantidades de dinero que los ciudadanos pudieran percibir en concepto de responsabilidad patrimonial —y que responden a la justicia conmutativa o redistributiva— de otras fundadas en el principio de solidaridad, las cuales responden a la justicia distributiva.

IX. RESPONSABILIDAD DEL ESTADO POR EL DAÑO FUTURO

Como es sabido, de acuerdo con el art. 1902 CC, la responsabilidad aquiliana exige, para que pueda reconocerse una indemnización, una acción u omisión culposa. En el caso de la responsabilidad patrimonial, ésta se configura como un sistema de responsabilidad objetiva. Así parece decirlo el art. 106 CE y lo ha confirmado la STC 112/2018, de 17 de octubre[253]. Previamente lo establecieron los arts. 121 LEF y 40 LRJAE-57.

Las anteriores normas, en la actualidad el art. 32 LRJ y antes el art. 139 LRJPAC-92, expresan que será el funcionamiento normal o anormal lo

---

[252] BLANQUER CRIADO, David (2020): *Responsabilidad patrimonial en tiempos de pandemia, op. cit.* pág. 147. También puede consultarse lo escrito por BLANQUER en el cap. 5 de este tratado, en el tercer apartado del segundo epígrafe (págs. 350 a 356), el relativo a la imputación subjetiva de responsabilidad a la Agencia Española de Medicamentos y Productos Sanitarios (AEMPS).

[253] La STC 112/2018, de 17 de octubre [*Tol 687748*], falló que el art. 106 CE supuso la «recepción constitucional del sistema de responsabilidad del Estado previamente vigente en España, cuyo carácter objetivo venía siendo ampliamente aceptado por la doctrina y la jurisprudencia» (FJ 5). En base a esta premisa, el TC concluyó que «el régimen constitucional de responsabilidad de las Administraciones Públicas se rige por criterios objetivos» (FJ 5). La sentencia contó con dos votos particulares formulados, respectivamente, por los magistrados Andrés Ollero Tasara y Antonio Narváez Rodríguez. A este último voto particular también se adhirió el magistrado Alfredo Montoya Melgar. El TC hizo este pronunciamiento con ocasión de una cuestión de inconstitucionalidad relativa a la distribución de responsabilidad en atropello por especies cinegéticas regulada en la disposición adicional 7 del texto refundido de la Ley de circulación de vehículos a motor y seguridad vial, aprobado por el Real Decreto Legislativo 8/2004, de 29 de octubre.

que determine la responsabilidad de la Administración. De esta manera, como se ha expuesto por BLANQUE en el cap. 14 de esta obra (pág. 906), la responsabilidad patrimonial viene impuesta con independencia de que concurra culpa en la actuación agente que personaliza la actuación administrativa. Lo determinante, según hemos explicado en el tercer epígrafe de este capítulo, es la antijuridicidad del resultado. Entre otros supuestos, el particular tendrá el deber de soportar el daño cuando éste no sea antijurídico por derivar de los riesgos de progreso. Tampoco tendrán derecho a una indemnización cuando haya intervenido una causa de fuerza mayor que rompa el nexo entre el daño y el funcionamiento del servicio público. Así lo hemos expuesto en los epígrafes segundo y cuarto a los que nos remitimos.

Esta singularidad —el carácter objetivo de la responsabilidad patrimonial— para algunos ha colocado al Derecho español en uno de los sistemas de responsabilidad patrimonial más avanzados, otros, sin embargo, consideran esta «excepcionalidad ibérica» una anomalía en el Derecho comparado. En cualquier caso, la doctrina, desde la aprobación de la LEF y la LRJAE-57, viene advirtiendo de los peligros de una normativa tan favorable para el ciudadano[254].

254 Autores como DOMÉNECH, MARTÍN REBOLLO, MARTÍN-RETORTILLO, RODRÍGUEZ-ARANA, SÁNCHEZ MORÓN, y DOMÉNECH afirman, categóricamente, la necesidad de establecer un sistema culpabilístico de responsabilidad de la Administración. Según su parecer, la dificultad en obtener un pronunciamiento, administrativo o judicial, que reconozca la responsabilidad patrimonial —con la consecuente indemnización— favorece al erario público, y en última instancia, a los particulares a través de una menor carga fiscal. Otros autores, como CUETO, consideran idóneo el carácter objetivo de la responsabilidad patrimonial, aunque reconducido a sus justos términos. CUETO PÉREZ, Miriam (2013) «Responsabilidad patrimonial de la Administración en el ámbito sanitario», en QUINTANA LÓPEZ, Tomás (dir.), *Responsabilidad patrimonial de la Administración Pública. Estudio general y ámbitos sectoriales,* Tirant lo Blanch, 2ª ed., págs. 1043 y 1044. DOMÉNECH PASCUAL Gabriel (2022): «De nuevo sobre la responsabilidad patrimonial de la Administración por actos ilegales. A favor de la doctrina del margen de tolerancia», *Revista de Administración Pública,* núm. 219, pág. 81. MARTÍN REBOLLO, Luis: «Ayer y hoy de la responsabilidad patrimonial de la Administración», *Revista de Administración Pública,* núm. 150, págs. 334 y 335. MARTIN-RETORTILLO BAQUER, Lorenzo (1987): «La eficiencia y economía en el sistema de responsabilidad de la Administración. De las indemnizaciones derivadas de los hechos terroristas», *Revista Vasca de Administración Pública,* núm. 19, pág. 102. NIETO GARCÍA, Alejandro (1975): «La relación de causalidad en la responsabilidad del Estado», *Revista Española de Derecho Administrativo,* núm. 4.

Sea como fuere, la necesidad de reducir la presión de las arcas públicas se hizo patente en casos tan conocidos como el del aceite de colza y las víctimas del terrorismo. Uno y otro caso participan de las algunas de las características de los supuestos de infección por sangre contaminada que hemos expuesto en este capítulo.

Por ello, de modo análogo al RD-Ley 9/1993, de 28 de mayo, y a la Ley 14/2002, de 5 de junio, entendemos que, en situaciones análogas al aceite de colza, las víctimas del terrorismo y la sangre contaminada se impone reconocer y regular ayudas públicas con el fin minimizar el recurso a la responsabilidad patrimonial. Un ejemplo de ello es la Ley 32/1999, de 8 de octubre, de solidaridad con las víctimas del terrorismo, en las que se reconocen ayudas públicas como forma de socializar el riesgo.

El problema se encuentra en saber dónde cuadrar los riesgos del progreso y la imposibilidad de sanar a alguien y, en lo que se centra este capítulo, el contagio de un virus transmitido por una transfusión sanguínea o por el tratamiento con hemoderivados cuando se desconocía en ese momento que la sangre estaba contaminada.

Dicho en otras palabras, la configuración de los riesgos del progreso como causa de justificación, incorporada por la Ley 4/1999, tal y como señaló en su día CUETO, colabora a reducir a sus justos términos el carácter objetivo de la responsabilidad patrimonial.

X. CONCLUSIONES

El daño o lesión que sufre una persona, para que pueda dar lugar a una indemnización a título de responsabilidad patrimonial, debe reputarse antijurídico. Esta antijuricidad, entendida como disconformidad del resultado con el ordenamiento jurídico, deja de ser tal, y se convierte en un deber de soportar el daño, en ciertos supuestos. Uno de ellos son los riesgos del progreso o desarrollo. Estos se encuadran como una causa de justificación del daño para aquellos casos en los que la lesión no sea previsible ni evitable por razón del estado de los conocimientos de la ciencia y de la técnica.

RODRÍGUEZ-ARANA MUÑOZ, Jaime (2002): «Nuevas orientaciones doctrinales sobre la responsabilidad patrimonial de la Administración Pública», *Nuevas líneas doctrinales y jurisprudenciales sobre la responsabilidad patrimonial de la Administración*, Consejo General del Poder Judicial, Madrid, pág. 19. SÁNCHEZ MORÓN, Miguel (1975): «Sobre los límites de la responsabilidad civil de la Administración», *op. cit.*

En el presente capítulo, a pesar de ser un «supuesto superado» desde el punto de vista clínico y de la responsabilidad patrimonial, hemos querido dedicarlo al estudio de los contagios por VIH y VHC en tratamientos hemodinámicos y transfusiones de sangre contaminada. Su interés —dejando de lado la relevancia social que tuvo— radica en ser el origen de la positivación de los riesgos del progreso en el sistema español de responsabilidad patrimonial. También ha servido para aquilatar la frontera entre las causas de justificación y la fuerza mayor.

En efecto, tanto el SIDA como la hepatitis C son enfermedades que en un principio se desconocían. Con el paso del tiempo, y gracias a la investigación y los avances científicos, se supo su existencia, posteriormente las formas de su transmisión del mismo, y finalmente la causa del contagio del VIH y el VHC. En nuestra opinión, desde el momento en que se pudo detectar los anticuerpos de uno y otro virus, surgió el deber de indemnizar de la Administración sanitaria por el anormal funcionamiento del servicio público de salud. Antes no, porque las limitaciones del estado de conocimientos de la ciencia y de la técnica justificaban el deber de soportar el daño a los pacientes o sus familiares. Todo ello, sin perjuicio del régimen de ayudas públicas que puedan articularse, las cuales no estarán fundadas en la justicia retributiva sino en el principio de solidaridad.

Pues bien, en el caso del SIDA y la hepatitis C, además de las dificultades de prueba de la transmisión del virus a una persona sana, el problema residió en determinar el momento de inflexión a partir del cual el contagio del VIH y VHC debió reprocharse a los distintos servicios públicos de salud. Algunos autores, como MIR, entendieron que este momento tuvo que coincidir con la sospecha de la causa de su transmisión. Otros, como MUGA, CUETO y LOBO al entender que las causas de transmisión apuntadas en aquel momento —contacto sexual, transfusiones de sangre y vía materna durante el embarazo— eran una mera hipótesis rechazaron dicha tesis. Retrasaron dicha fecha al momento en existió una evidencia empírica —asumida por la comunidad científica— acerca de la posibilidad de evitar el contagio por conocerse las vías de transmisión del virus y el motivo que causaba el SIDA y la hepatitis C. Más en concreto, ese momento fue fijado en la comercialización de las pruebas que permitieron a la Administración sanitaria comprobar la existencia de sangre contaminada, o en el caso de los productos hemoderivados, la aplicación de técnicas, como la del calentamiento, que impedían la transmisión del virus.

Desde el punto de vista de la jurisprudencia hubo un peregrinaje afectó a tres órdenes judiciales, el civil, el contencioso-administrativo y el social. Al final, los órdenes contencioso-administrativo y social, que fueron los que acabaron reteniendo la competencia para resolver este tipo de pretensiones, unificaron su doctrina jurisprudencial pero con distintos argumentos: para la jurisdicción social las indemnizaciones debieron negarse en aquellos casos en los que el contagio se considerase un supuesto de fuerza mayor; para la jurisdicción contencioso-administrativa, la negativa a resarcir a los pacientes o sus familiares se fundó en una causa de justificación, el deber de soportar el daño por no ser este antijurídico en atención los riesgos del progreso.

Llegados a este punto procede plantearse, teniendo en cuenta tanto la evolución de la jurisprudencia como las opiniones de los autores, si, a la luz del estado de los conocimientos de la ciencia y de la técnica, las Administraciones deben responder por los daños futuros. Dicho con otras palabras, si como consecuencia de un tratamiento curativo —esto es, necesario para recuperar la salud— se desarrolla una patología en un paciente que no se conocía en el momento, ¿debe responder la Administración por los daños que cause, pese a que desconocía científicamente tal posibilidad? Más en concreto, por poner un ejemplo reciente, si las vacunas contra el SARS-CoV-2 han causado alguna enfermedad —*v.gr.* la Covid persistente o ictus en personas con pauta completa contra el coronavirus— en estos casos, ¿son responsables las Administraciones de los daños desconocidos que éstas podían causar?

Si la respuesta es negativa, estaremos en presencia de una justificación del daño. En el supuesto de ser afirmativa la respuesta, cabe seguir preguntándose, cuándo acaba este sistema de responsabilidad por daños futuros. Según nuestro parecer, del mismo modo que la prueba del nexo causal se modula con determinadas teorías —como las de la imputación objetiva o la causalidad adecuada— también la antijuricidad del daño de ser objeto de determinadas correcciones. La limitación de la antijuricidad del daño, debe ser una causa de justificación de la producción del daño que dote de seguridad jurídica a la institución de la responsabilidad patrimonial de la Administración.

Bibliografía

BELADIEZ ROJO, Margarita (1997): *Responsabilidad e imputación de daños por el funcionamiento de los servicios públicos: con particular referencia a los daños que ocasiona la ejecución de un contrato administrativo,* Tecnos, Madrid

BLANQUER CRIADO, David (2020): *Responsabilidad patrimonial en tiempos de pandemia (los poderes públicos y los daños por la crisis de la COVID-19,* Tirant lo Blanch, Valencia

BLAS ORBÁN, Carmen (2008): «Contagio Transfusional del VHC. Reflexiones sobre la previsibilidad del daño», *Derecho y Salud,* núm. 1, vol. 16

BUTI FERRET, María y ESTEBAN MUR, Rafael (2020): «Hepatitis vírica aguda», en ROZMAN BORSTNAR y CARDELLACH LÓPEZ, Francesc (dirs.), Farreras-Rozman. Medicina interna, vol. I (19ª ed.), Elsevier, Barcelona

CHOO, Qui-Lim, KUO, George, WEINTER, Amy J., OVERBY, Lacy R., Houghton, Bradley and Michael (1989): «Isolation of a cDNA clone derived from a blood-borne non-A, non-B viral hepatitis genome», *Science*, núm. 4902, vol. 244

CIERCO SEIRA, César (2004): «El principio de precaución: reflexiones sobre su contenido y tecnológico», *Revista de Administración Pública*, núm. 163

CLAVERO ARÉVALO, Manuel (1971): «La quiebra de la pretendida unidad jurisdiccional en materia de responsabilidad patrimonial de la Administración», *Revista de Administración Pública*, núm. 66

COMINGES CÁCERES, Francisco (2001): «Análisis jurisprudencial de la responsabilidad administrativa por el contagio de hepatitis C», *Revista de Administración Pública*, núm. 155

CUETO PÉREZ, Miriam (1997): *Responsabilidad de la Administración en la asistencia sanitaria*, Tirant lo Blanch, Valencia

CUETO PÉREZ, Miriam (2013): «Responsabilidad patrimonial de la Administración en el ámbito sanitario», en QUINTANA LÓPEZ, Tomás (dir.), *Responsabilidad Patrimonial de la Administración Pública estudio general y ámbitos sectoriales* (2ª ed.), Tirant lo Blanch, Valencia

DÍAZ-REGAÑÓN GARCÍA-ALCALÁ, Calixto (2004): «Relación de causalidad e imputación objetiva en la responsabilidad civil sanitaria», *Indret*, núm. 1

DÍEZ-PICAZO PONCE DE LEÓN, Luis (2011): *Fundamentos del Derecho civil patrimonial*, vol. V, Civitas, Madrid

DOMÉNECH PASCUAL Gabriel (2022): «De nuevo sobre la responsabilidad patrimonial de la Administración por actos ilegales. A favor de la doctrina del margen de tolerancia», *Revista de Administración Pública*, núm. 219

DEPARTMENT OF HEALTH AND HUMAN SERVICES OF THE UNITED STATES OF AMERICA. S*tory of Discovery: Hepatitis C: from non-A, non-B hepatitis to a cure*. Disponible en el enlace: https://www.niddk.nih.gov/news/archive/2016/story-discovery-hepatitis-c-from-non-a-non-b-hepatitis-cure

ESTEVE PARDO, José (2013): «Responsabilidad patrimonial y riesgos de desarrollo», en CASARES MARCOS, Anabelén y QUINTANA LÓPEZ, Tomás (dir.), La responsabilidad patrimonial de la Administración Pública. Estudio general y ámbitos sectoriales, vol. 2, Tirant lo Blanch, Valencia

ESTEVE PARDO, José (2021): *Lecciones de Derecho Administrativo*, Marcial Pons, Madrid (10ª ed.)

FERNÁNDEZ RODRÍGUEZ, Tomás Ramón (2018) «¿Existe un deber jurídico de soportar los perjuicios producidos por un acto administrativo declarado firme por una sentencia firme?», *Revista de Administración Pública*, núm. 205

GALLO, Robert y MONTAGNIER, Luc (1987): «The cronology of AID research», *Nature*, vol. 326

GARCÍA DE ENTERRÍA, Eduardo (1984): Los principios de la nueva Ley de Expropiación Forzosa, *Civitas*, Madrid (2ª ed.)

GARCÍA DE ENTERRÍA, Eduardo y FERNÁNDEZ Tomás Ramón (1993): *Curso de Derecho administrativo*, vol. II (2ª ed.), Civitas, Madrid

GILI SALDAÑA, Marian (2008): El Producto Sanitario Defectuoso en Derecho Español, Atelier, Barcelona

GONZÁLEZ NAVARRO, Francisco (2000): «La universidad en la que yo creo», *Revista de Administración Pública*, núm. 153

GONZÁLEZ PÉREZ, Jesús (1975): «Responsabilidad patrimonial de la Administración y unidad de jurisdicción», *Revista Española de Derecho Administrativo*, núm. 4

GONZÁLEZ-VARAS IBÁÑEZ, Santiago (2022): *Responsabilidad patrimonial de la administración*, Aranzadi, Cizur Menor (Navarra)

GREENE, Warner C. (2007) «A history of AIDS: Looking back to see ahead», *European Journal of Immunology*, vol. 37, issue S1, S94-S102. Disponible en el enlace: https://doi.org/10.1002/eji.200737441

GUERRERO ZAPLANA, José (2004): *Reclamaciones por la defectuosa asistencia sanitaria* (4ª ed), Lex Nova, Valladolid

LOBO RODRIGO, Ángel (2003) «La responsabilidad patrimonial de las Administraciones Públicas en el ámbito sanitario: la transmisión del virus del SIDA a través de transfusiones, *Anales de la Facultad de Derecho de la Universidad de la Laguna*, núm. 20

LÓPEZ MENUDO, Francisco (2000): «Responsabilidad administrativa y exclusión de los riesgos del progreso: un paso adelante en la definición del sistema», *Derecho y salud*, vol. 8, núm. 2

LOPEZ MENUDO, Francisco; GUICHOT REINA, Emilio; CARRILLO DONAIRE, Juan Antonio (2005): *La responsabilidad patrimonial de los poderes públicos*, Lex Nova, Valladolid

MANENT ALONSO, Luis (2018): «Los contratos de concesión de obras y servicios», en MESTRE DELGADO, Juan Francisco y MANENT ALONSO, Luis (dirs.), *La Ley de contratos del sector público. Ley 9/2017, de 8 de noviembre. Aspectos novedosos*, Tirant lo Blanch, Valencia

MANENT ALONSO, Luis (2019): «El desconcierto de la acción concertada», *Actualidad administrativa 2019*, Tirant lo Blanch, Valencia

MANENT ALONSO, Luis (2020): «Medidas en materia de contratación pública para paliar las consecuencias del Covid-19. Análisis del artículo 34 del Real Decreto-ley 8/2020, de 17 de mayo, *Gabilex*, núm. 21 extraordinario

MANENT ALONSO, Luis (2021): «Las singularidades de las reclamaciones por daños cauados por las administraciones públicas como consecuencia de la COVID-19, *Revista Jurídica de las Illes Balears*, núm. 20

MARA SIERRA, María Teresa y BLASCO DELGADO, Carolina (2013): «Responsabilidad de la Administración en el ámbito tributario», en QUINTANA LÓPEZ, Tomás (dir.) *Responsabilidad patrimonial de la Administración Pública*, tomo II (2ª ed.), Tirant lo Blanch, Valencia

MARTÍN QUERALT, Juan (2004): «Condena en costas y responsabilidad patrimonial de la Administración por actos tributarios», *Tribuna Fiscal*, CISS, núm. 162

MARTÍN REBOLLO, Luis (1977): *La responsabilidad patrimonial de la Administración en la jurisprudencia*, Civitas, Madrid

MARTÍN REBOLLO, Luis (1999): «Ayer y hoy de la responsabilidad patrimonial de la Administración», *Revista de Administración Pública*, núm. 150

MARTIN CASALS, Miquel y SOLÉ FELIU, Josep (2005): «Sentencia de 10 de junio de 2004: Responsabilidad médico-sanitaria. Daños causados por sangre contaminada con el virus de la hepatitis», *Cuadernos Civitas de Jurisprudencia Civil*, núm. 67

MARTIN-RETORTILLO BAQUER, Lorenzo (1987): «La eficiencia y economía en el sistema de responsabilidad de la Administración. De las indemnizaciones derivadas de los hechos terroristas», *Revista Vasca de Administración Pública,* núm. 19

MARTIN-RETORTLLO BAQUER, Lorenzo (1963): «Responsabilidad patrimonial de la Administración y jurisdicción», *Revista de Administración Pública,* núm. 42

MEDINA ALCOZ, Luis (2022): *Historia del Derecho administrativo español,* Marcial Pons, Madrid

MORELL OCAÑA, Luis (1999): *Curso de Derecho administrativo,* vol. II, Aranzadi, Cizur Menor (Navarra), vol. II (4ª. ed.)

MINISTERIO DE SANIDAD Y CONSUMO (1989) *Informes sobre Síndrome de Inmunodeficiencia Adquirida (SIDA): boletín epidemiológico semanal. Marzo 1983 - marzo 1989*

MIR PUIGPELAT, Oriol (2000): *La responsabilidad patrimonial de la Administración Sanitaria,* Civitas, Madrid

MOYA PUEYO, Vicente y GONZÁLEZ NAVARRO, Francisco (1993): *La sanidad española en la Europa de Maastricht* I.M.& C., D.L., Madrid

MUGA MUÑOZ, José Luis (1995) «La responsabilidad patrimonial de las Administraciones Públicas por el contagio de SIDA» *Revista de Administración Pública,* núm. 136

NIETO GARCÍA, Alejandro (1975): «La relación de causalidad en la responsabilidad del Estado», *Revista Española de Derecho Administrativo,* núm. 4

PANTALEÓN PRIETO, Fernando (1985): *Responsabilidad civil: conflictos de jurisdicción,* Tecnos, Madrid

PANTALEÓN PRIETO, Fernando (1991): «Causalidad e imputación objetiva: criterios de imputación», en *Asociación de Profesores de Derecho Civil, Centenario del Código Civil,* vol. II, Centro de Estudios Ramón Areces, Madrid

PANTALEÓN PRIETO, Fernando (1993): «Artículo 1902», en PAZ-ARES RODRÍGUEZ, Cándido, BERCOVITZ RODRÍGUEZ-CANO, Rodrigo, DÍEZ-PICAZO y PONCE DE LEÓN, Luis y SALVADOR CODERCH, Pablo (dirs.), *Comentarios al Código Civil* (2ª. ed.), Ministerio de Justicia, Madrid

PANTALEÓN PRIETO, Fernando (2000) «Como repensar la responsabilidad civil extracontractual (también la de las Administraciones Públicas», *Anuario de la Facultad de Derecho de la Universidad Autónoma de Madrid,* núm. 4

PEMÁN GAVÍN, Juan (1994): «La responsabilidad patrimonial de la Administración en el ámbito sanitario público», *Revista de Administración Pública,* núm. 237-238

PETRICCIANI, John (1985): «Licenced tests for antibody to Human T-Lymphotropic Virus Type III, *Annals of International Medicine,* núm. 5, vol. III

PRINCE, Alfred. M. et alii (1974): «Long-incubation post-transfusion hepatitis without serological evidence of exposure to hepatitis B virus», *Lancet,* vol. 304

RAMOS GONZÁLEZ, Sonia (2004): *Responsabilidad civil por medicamento. Defectos de fabricación, de diseño y en las advertencias o instrucciones,* Civitas, Madrid

RAMOS GONZÁLEZ, Sonia (2022): Responsabilidad patrimonial y daños vacunales. Por un sistema público de compensación en el Derecho español, Aranzadi, Cizur Menor (Navarra)

RODRÍGUEZ-ARANA, Jaime (2002): «Nuevas orientaciones doctrinales sobre la responsabilidad patrimonial de la Administración Pública», en GARCÍA BERNALDO DE QUIRÓS, Joaquín (dir.), *Cuadernos de Derecho Judicial,* Consejo General del Poder Judicial, Madrid

RUIZ DE PALACIOS VILLAVERDE, José Ignacio (2018): *Memento práctico responsabilidad patrimonial de la administración*, Francis Lefebvre

SALVADOR CODERCH, Pablo y SOLÉ FELIU, Josep (1999): *Brujos y aprendices. Los riesgos del desarrollo en la responsabilidad del producto*, Marcial Pons, Barcelona

SALVADOR CORDERCH, Pablo, SEUBA TORREBLANCA, Joan Carles, RAMOS GONZÁLEZ, Sonia, LUNA YERGA, Álvaro y RUÍZ GARCÍA, Juan Antonio (2000): «Hepatitis y riesgos de desarrollo. Responsabilidad del laboratorio que comercializa plasma sanguíneo infectado de VHC (STS, 1ª, 5 de octubre de 1999) y de las Administraciones Públicas Sanitarias que lo emplean (STS, 3ª, 31 de mayo de 1999)», *Indret*, núm. 1

SALVADOR CODERCH, Pablo, SOLÉ FELIU, Jordi, SEUBA TORREBLANCA, Joan Carles, RUIZ GARCÍA, Juan Antonio, CARRASCO MARTÍN, Jordi y LUNA YERGA, Álvaro (2001): «Los riesgos de desarrollo», *Indret*, núm. 1

SÁNCHEZ MORÓN, Miguel (1975): «Sobre los límites de la responsabilidad civil de la Administración», *Revista Española de Derecho Administrativo*, núm. 7

SANTOS BRIZ, Jaime (2000): «Artículo 1105», en SIERRA GIL DE LA CUESTA, Ignacio (coord.), *Comentario al Código Civil*, vol. VI, Bosch, Barcelona

SEUBA TORREBLANCA, Joan Carles (1999): «La responsabilidad civil por uso de sangre o productos hemoderivados. Un estudio jurisprudencial», *Derecho privado y Constitución*, núm. 13

SEUBA TORREBLANCA, Joan Carles (2000): «Hepatitis C», *Indret*, núm. 1

SEUBA TORREBLANCA, Joan Carles (2002): «La Ley 14/2002, de 5 de junio, de ayudas sociales a hemofílicos contagiados con el VHC», *Indret*, núm. 3, pág. 3

SEUBA. SEUBA TORREBLANCA, Joan Carles (2005): «Contagio transfusional del VHC», *Indret*, núm. 1

STRADER, D. B. and SEEFF, L. B. (2012): «A brief history of the treatment of viral hepatitis C. Clinical Liver Disease», *Clinical Liver Disease A Multimedia Reviem Journal*, Volume 1: 6-11. Disponible en el enlace: https://aasldpubs.onlinelibrary.wiley.com/doi/10.1002/cld.1

VILLAR EZCURRA, José Luis (2020): «La responsabilidad patrimonial: una avalancha de indemnizaciones», en GIRELA RECUERDA, Miguel Ángel (dir.), *Antes de la próxima pandemia*, Aranzadi, Cizur Menor (Navarra)

VILLAR PALASÍ, José Luis y VILLAR EZCURRA, José Luis (2004): «Fuerza mayor», en GÓMEZ-FERRER MORANT, Rafael (dir.), *Comentario a la Ley de contratos de las Administraciones Públicas*, Civitas, Madrid

VILLAVICENCIO MARVICH, Humberto (2006): «Cirugía laparoscópica avanzada robótica Da Vinci: origen, aplicación clínica actual en Urología y su comparación con la cirugía abierta y laparoscópica», *Actas urológicas españolas*, vol. 30, núm. 1

Jurisprudencia

ATSJ de la Comunitat Valenciana (Contencioso) de 25 de abril de 2023 (núm. rec. 523/2022)

SAN (Contencioso) de 24 de febrero de 1999 (núm. rec. 233/1997 y [*Tol 5244167*])

STSJ de Asturias 365/2022, de 20 de abril, de la Sala de lo Contencioso-Administrativo (núm. rec. 675/2020 y [*Tol 8971682*])

STSJ de la Comunitat Valenciana (Contencioso) 560/2018, de 12 de junio (núm. rec. 236/2017 y [*Tol 6796862*])
STSJ de la Comunitat Valenciana (Contencioso) 342/2023, de 30 de junio (núm. rec. 169/2018)
STSJ de la Comunitat Valenciana (Contencioso) 352/2023, de 30 de junio (núm. rec. 169/2018 y [*Tol 9692394*])
STSJ de la Comunitat Valenciana (Contencioso) 353/2023, de 30 de junio (núm. rec. 224/2019 y [*Tol 9692395*])
STSJ de la Comunitat Valenciana (Contencioso) 354/2023, de 30 de junio (núm. rec. 171/2019 y [*Tol 9692393*])
STS (Civil) 2128/1993, de 24 de junio (núm. rec. 565/1997 y [*Tol 5119553*])
STS (Civil) 108/1997, de 18 de febrero (núm. rec. 892/1993 y [*Tol 5114407*])
STS (Civil) 101/1998, de 11 de febrero (núm. rec. 197/1994 y [*Tol 5157356*])
STS (Civil) 147/1998, de 26 de febrero (núm. rec. 86/1996 y [*Tol 5157273*])
STS (Civil) 1163/1998, de 16 de diciembre (núm. rec. 2127/1994 y [*Tol 5119669*])
STS (Civil) 1232/1998, de 28 de diciembre (núm. rec. 925/1994 y [*Tol 5119767*])
STS (Civil) 1596/1999, de 9 de marzo (núm. rec. 2650/1994 y [*Tol 5120284*])
STS (Civil) 803/1999, de 5 de octubre de 1999, (núm. rec. 351/1995 y [*Tol 5120467*])
STS (Civil) 1045/1999, de 3 de diciembre (núm. rec. 1920/1995 y [*Tol 5120640*])
STS (Civil) 1181/1999, de 30 de diciembre (núm. rec. 1127/1995 y [*Tol 5157539*])
STS (Civil) 941/2001, de 17 de octubre (núm. rec. 867/2000 y [*Tol 4974810*])
STS (Civil) 527/2004, de 10 de junio (núm. rec. 2354/1998 y [*Tol 452743*])
STS (Contencioso) de 11 de septiembre de 1974 (RJ 1974\5132)
STS (Contencioso) de 12 de marzo de 1975 [*Tol 5096906*]
STS (Contencioso) de 23 de mayo de 1986 [*Tol 2321149*]
STS (Contencioso) de 14 de junio de 1991 [*Tol 2423062*]
STS (Contencioso) de 6 de febrero de 1996 [*Tol 189189*]
STS (Contencioso) de 19 de junio de 1997 (núm. rec. 1406/1997 y [*Tol 4916692*])
STS (Contencioso) de 20 de octubre de 1997 (núm. rec. 455/1997 y [*Tol 5108320*])
STS (Contencioso) de 11 de marzo de 1998 (núm. rec. 6930/1993 y [*Tol 1715181*])
STS (Contencioso) de 4 de julio de 1998 (núm. rec. 1612/1994 y [*Tol 1715165*])
STS (Contencioso) de 28 de octubre de 1998, (núm. rec. 2356/1994 y [*Tol 1715258*])
STS (Contencioso) de 31 de mayo de 1999 (núm. rec. 2132/1995 y [*Tol 1715717*])
STS (Contencioso) de 19 de octubre de 2000 (núm. rec. 2892/2000 y [*Tol 1716773*])
STS (Contencioso) de 30 de octubre de 2000 (núm. rec. 8549/2000 y [*Tol 1717052*])
STS (Contencioso) 25 de noviembre de 2000 (núm. rec. 7541/1996 y [*Tol 1716872*])
STS (Contencioso) 19 de abril de 2001 (núm. rec. 8724/1996 [*Tol 4919460*]
STS (Contencioso) de 17 de octubre de 2001 (núm. rec. 8237/1997 y [*Tol 4977042*])
STS (Contencioso) de 29 de noviembre de 2002, (núm. rec. 12/2002 y [*Tol 1717320*])
STS (Contencioso) de 25 de enero de 2003 (núm. rec. 7926/1998 y [*Tol 1718076*])
STS (Contencioso) de 2 de marzo de 2004 (núm. rec. 2652/1999 y [*Tol 615500*])
STS (Contencioso) 15 de abril de 2004, (núm. rec. 8842/1999 y [*Tol 443626*])
STS (Contencioso) 23 de abril de 2004 (núm. rec. 528/2000 y [*Tol 421423*])
STS (Contencioso) de 11 de mayo de 2004 (núm. rec. 191/2000 y [*Tol 463008*])
STS (Contencioso) de 19 de julio de 2005 (núm. rec. 468 y [*Tol 698317*])
STS (Contencioso) 1360/2023, de 31 de octubre (núm. rec. 453/2022 y [*Tol 9764117*])
STS (Social) de 5 de junio de 1991 [*Tol 2423633*]

STS (Social) de 17 de abril de 1995 (núm. rec. 2704/1993 y [*Tol 5160743*])
STS (Social) 10 de junio de 1996 (núm. rec. 2723/1995 y [*Tol 5116075*])
STS (Social) de 22 de diciembre de 1997 (núm. rec. 1969/1997 y [*Tol 5116659*])
STS (Social) de 5 de mayo de 1999 (núm. rec. 2530/1998 y [*Tol 5118813*])
STS (Social) de 3 de diciembre de 1999, rec. 3227/1998 [*Tol 5118341*]
STS (Social) de 5 de abril de 2000) (núm. rec. 3948/1998 y [*Tol 4965411*])
STS (Social) de 9 de octubre de 2000 (núm. rec. 2756/1999 7 [*Tol 4965407*])
STJUE *Reino Unido vs. Comisión Europea* de 5 de mayo de 1998 (as— C-180/1996 y [*Tol 103810*])
STJUE *AgroScience* de 9 de septiembre de 2011 (as. T-475/2007 y [*Tol 2236721*])
STJUE *ASADE I* de 14 de julio de 2022 (as. C-436/2020 y [*Tol 9118265*])
SSTJUE *ASADE II* de y 31 de marzo de 2023 (as. C-676/2020 y [*Tol 9493262*])

Doctrina legal

DCdE de 21 de marzo de 1996 (núm. exp. 2933/1995 y [*Tol 2546217*])
DCdE de 4 de julio de 1996 (núm. exp. 2275/1996)
DCdE de 22 de enero de 1998 (núm. exp. 5356/1997)
DCdE de 2 de noviembre de 1995 (núm. exp. 1914/1995)
DCdE de 7 de marzo de 1996 (núm. exp. 563/1996)
DCdE de 7 de marzo de 1996 (núm. exp. 56371996 y [*Tol 2546227*])

ANEXO

DIRECCION GENERAL DE SALUD PUBLICA
MINISTERIO DE SANIDAD Y CONSUMO
Paseo del Prado, 18-20 - Madrid. 14
ESPAÑA

BOLETIN EPIDEMIOLOGICO SEMANAL

VIGILANCIA EPIDEMIOLOGICA

SEMANA 38/1983 del 18 al 24 de septiembre (impreso el 25-XI-1983) N.° 1.607

1. SINDROME DE INMUNODEFICIENCIA ADQUIRIDA EN EUROPA

El 19 y 20 del mes de octubre de 1983 se celebró en Aarhus (Dinamarca) una reunión patrocinada por la Organización Mundial de la Salud en colaboración con la Sociedad Danesa del Cáncer, cuyo propósito fundamental era el de recolectar información de los países de la región europea sobre la situación de la enfermedad en el momento actual y tratar de establecer normas de acción similares para el futuro. Participaron en la reunión representantes de la administración sanitaria de todos los países de la región europea y un grupo de invitados como expertos.

Se consideró esencial proponer una definición común de la enfermedad para todos los países, adoptándose la ya utilizada por los CDC de Estados Unidos. A efectos de vigilancia epidemiológica se considera como un caso a la persona que presente:

— Una enfermedad diagnosticada fiablemente, que sea al menos moderadamente indicativa de una deficiencia subyacente de la inmunidad celular, pero que al mismo tiempo no haya tenido:

— Ninguna causa conocida de deficiencia de la inmunidad celular ni ninguna otra causa de disminución de la resistencia (previamente descrita) a la presentación de dicha enfermedad.

Esta definición se completa especificando las enfermedades que se considera como indicativas de deficiencia de la inmunidad celular:

A) *Infecciones por protozoos y helmintos*

1. Criptosporidiosis intestinal causando diarrea de más de un mes de duración (histología o microscopía en heces).
2. Neumonía por *Pneumocystis carinii* (histología o microscopía de una impronta o lavado bronquial).
3. Estrongiloidosis, causando neumonía, infección del sistema nervioso central o infección diseminada (histología).
4. Toxoplasmosis, causando neumonía o infección del sistema nervioso central (histología o microscopía de una impronta).

B) *Infecciones por hongos*

1. Aspergillosis, causando infección del sistema nervioso central o diseminada (cultivo o histología).
2. Candidiasis, causando esofagitis (histología o microscopía de una preparación en fresco de esófago o hallazgos endoscópicos de placas blancas sobre una mucosa eritematosa).
3. Criptococosis, causando infección pulmonar, del sistema nervioso central o diseminada (cultivo, detección de antígenos, histología o preparación de líquido céfalo-raquídeo en tinta china.

C) *Infección facteriana*

1. Micobacteriosis atípica (se excluye tuberculosis o lepra), causando infección diseminada (cultivo).

D) *Infecciones víricas*

1. *Cytomegalovirus*, causando infección pulmonar, gastrointestinal o del sistema nervioso (histología).

INDICE:

Depósito legal: M 41.502/1978

IMPRENTA NACIONAL DEL BOLETIN OFICIAL DEL ESTADO

2. *Herpes simple*, causando infección mucocutánea crónica con úlceras que persistan más de un mes o infección pulmonar, gastrointestinal o diseminada (cultivo, histología o citología).
3. Leucoencefalopatía multifocal progresiva, sospechosa de ser causada por *Papovavirus* (histología).

E) *Cáncer*

1. Sarcoma de Kaposi (histología).
2. Linfoma limitado al cerebro (histología).

Situación en Europa

Según los datos aportados por los países presentes, en la reunión, en Europa, igual que en Estados Unidos, el número de casos diagnosticados ha ido aumentando en los últimos años (cuadro 1), debido posiblemente a una progresión real de la enfermedad y, por otro lado, a una mayor preocupación y conocimiento de la misma.

El país que presenta la casuística más amplia es Francia, si bien las tasas más elevadas corresponden a Bélgica, Suiza y Dinamarca.

Los casos se acumulan en los grupos de riesgo previamente descritos en Estados Unidos, al que se añade el de procedentes de Africa, en su mayor parte de la zona ecuatorial (cuadro 2). El 87 por 100 de los casos corresponde a varones, el resto son mujeres que en su mayor parte proceden de Africa. Entre los países africanos algunos de ellos habían venido a Europa desde su país de origen tras haber iniciado la sintomatología, con la finalidad de ser diagnosticados.

CUADRO 1

NUMERO DE CASOS DE SIDA NOTIFICADOS POR LOS ESTADOS MIEMBROS DE LA REGION EUROPEA DE LA OMS
Hasta el 20 de octubre de 1983

País	Año de diagnóstico						
	Antes de 1979	1979	1980	1981	1982	1983	Total
Austria						7	7
Bélgica			2	4	8	24	38
Checoslovaquia					1	1	2
Dinamarca			1	2	4	6	13
España				1	1	4	6
Finlandia						2	2
Francia	6	1	5	5	30	47	94
Irlanda						2	2
Italia					2		2
Holanda					3	9	12
Noruega						2	2
Reino Unido				2	5	17	24
Rep. Fed. Alemana	1	1			7	33	42
Suecia					1	3	4
Suiza			2	3	5	7	17
Total	7	2	10	17	67	164	267

CUADRO 2

GRUPOS DE RIESGO. SIDA EN EUROPA

	Porcentaje
Homo o bisexuales (hombres)	59,5
Drogadictos i. v.	1,5
Hemofílicos	4
Africanos	21
Haitianos	4
Otros	10

La enfermedad se manifiesta con variaciones en relación a los diferentes grupos de riesgo. El Sarcoma de Kaposi, solo a compañado de infecciones oportunistas, es más frecuente en el grupo europeo que en el africano; también es la patología más frecuente entre los homosexuales y no se diagnosticó en ningún hemofílico.

La aparición de la clínica que actualmente definimos como SIDA fue en la mayor parte de los casos precedida de un período relativamente largo de síntomas inespecíficos, con una duración media de ocho meses, en una serie de casos analizados, y entre los que predominaron la fiebre, pérdida de peso y diarrea.

Situación en España

En nuestro país, como en el resto de Europa, se va produciendo paulatinamente declaración de nuevos casos. Hasta este momento se han confirmado seis casos, todos ellos varones, con residencia en Madrid (tres), Barcelona (dos) y Cádiz (uno), y cuya edad oscila entre los veinticuatro y treinta y ocho años. El mayor número de casos corresponde a homosexuales y la patología más frecuente es el Sarcoma de Kaposi (cuadro 3).

CUADRO 3

SIDA EN ESPAÑA HASTA EL 15 DE OCTUBRE

	Núm. de casos	Edad	Patología		
			S. K.	S. K. + + I. O.	I. O.
Homosexuales ...	3	34a, 35a, 37a	1	2	
Drogadictos	1	24a	1		
Hemofílicos	2	28a, 38a			2

S. K. = Sarcoma de Kaposi.
I. O. = Infecciones Oportunistas.

Recomendaciones

Todos los datos conocidos hasta el momento tienden a poner de manifiesto que el SIDA tiene las mismas vías de transmisión que la hepatitis B, siendo las más probables la sexual o más raramente la parenteral, a través de jeringuillas o sangre contaminada. No hay evidencia de transmisión por contactos ocasionales entre las personas, ni a través de los alimentos, aire o los objetos. Tampoco se ha descrito un mayor riesgo del personal sanitario.

En relación a todas aquellas personas que están en contacto con pacientes de SIDA o al personal sanitario, parece indicado hacer el mismo tipo de recomendaciones que las ya dictadas para la hepatitis B.

La utilización de sangre o sus derivados es en muchas ocasiones necesaria, recomendándose la utilización racional de los mismos independientemente de un estricto cumplimiento de las normas aplicables en donantes y equipos de plasmaferesis.

En cuanto a los grupos de riesgo específicos, el intercambio de jeringuillas entre las personas que se inyecten drogas i. v. y el evitar los contactos sexuales anónimos, con personas sospechosas de padecer la enfermedad o con los propios enfermos, parecen las medidas más importantes.

Una vez más insistimos en la necesidad de colaboración para la notificación de los casos a la Subdirección General de Vigilancia Epidemiológica, ya que si bien se trata de una enfermedad que podríamos considerar de escasa importancia por el número de enfermos, es de gran interés la aportación de todos los casos a una fuente común, lo que aseguraría una vigilancia de la enfermedad y contribuiría a un mejor conocimiento de todos los aspectos de la misma.

Los formularios para la declaración de los casos pueden solicitarse a la Dirección General de Salud de la Autonomía correspondiente o bien a la Subdirección General de Vigilancia Epidemiológica del Ministerio de Sanidad y Consumo.

2. VIGILANCIA DE LA GRIPE. CARACTERIZACION ANTIGENICA DE LOS VIRUS GRIPALES

(«WER» 1983, 58, 329-336, núm. 43)

Los Centros colaboradores de la OMS de Referencia e Investigación de la Gripe de Atlanta y Londres, informan que desde el punto de vista antigénico los virus de la gripe B aislados en 1983 han sido semejantes a B/Singapur/222/79. La mayoría de los aislamientos de virus de la gripe A (H3N2) se asemejaban a A/Philippines/2/82 (H3N2). Por el contrario, los virus de la gripe A (H1N1) eran más heterogéneos, reflejando un nuevo deslizamiento antigénico («Drift» o variación menor) respecto a A/Brasil/11/78. La mayoría eran más semejantes a los virus A/England/333/80 y A/India/6263/80 que circulan desde 1980 y cuyo tipo es A/Hong Kong/2/82. En cierta proporción de aislamientos procedentes de Reino Unido, Italia y, más recientemente, Nueva Zelanda, la diferencia ha sido más acusada, siendo el tipo A/Dunedin/27/83. Estos virus están todavía en estudio en los diferentes Centros colaboradores de la Organización Mundial de la Salud.

El MMWR 41/83 (vol. 32: 533-543) publica una nota editorial en la que resalta la eficacia de la vacuna control como protectora frente a la infección por estas nuevas variantes.

3. NOTA REFERENTE A LA NUMERACION DE LAS SEMANAS EPIDEMIOLOGICAS DE 1984

Para asegurar la coordinación referente a la numeración de las semanas del año 1984, se hace necesario puntualizar que dicho año tiene 52 semanas; la primera comprende desde el domingo día 1 al sábado día 7 del mes de enero y la 52, desde el domingo día 23 al sábado día 29 de diciembre de este mismo año. Así, pues, la primera semana de 1985 empezará el domingo día 30 de diciembre de 1984.

Capítulo 22

Responsabilidad patrimonial por productos sanitarios defectuosos

Yolanda Hernández Villalón

Letrada del Tribunal Supremo

Letrada de la Comunidad de Madrid

I. DEFINICIÓN DE MEDICAMENTO Y DE PRODUCTO SANITARIO

Como señala MARTÍN CASTRO «La salud en el ámbito actual, es una manifestación de una nueva forma de entender la protección de la salud pública que deja de ser meramente reactiva frente a las enfermedades, y añade una acción preventiva y de mejora de la salud asumida por los propios ciudadanos»[1].

De ahí que, a la hora de afrontar una reclamación de responsabilidad patrimonial por productos sanitarios defectuosos, sea necesario definir con precisión lo que se entiende por medicamento, por producto sanitario, así como otros productos para el cuidado de la salud.

Los medicamentos pueden ser definidos desde muy distintas perspectivas (científico, industrial o médico), de ahí, que en las siguientes páginas nos centraremos exclusivamente en la que se ofrece desde el ámbito jurídico.

La definición legal de medicamento, aunque parte del significado común, añade al mismo unas funciones adicionales con el fin de determinar la sujeción a un régimen jurídico concreto. Esta singularidad es la que explica las particularidades de su contenido.

1) Medicamento

Si bien inicialmente la identificación legal del medicamento tenía por objeto la protección de la salud frente a los productos potencialmente peligrosos, hoy en día esta definición se encuentra superada. La consideración de la salud, no solo desde el punto de vista preventivo sino también reactivo, ha propiciado la necesidad de renovar el concepto tradicional de medicamento, así como los criterios de distinción de otros productos para la salud.

La finalidad de la definición legal de medicamento ya no se limita a «la prohibición de remedios secretos y la exigencia de que los medicamen-

---

1 MARTÍN CASTRO, Dalmacio (2017): «La definición de los medicamentos y su distinción de otros productos para la salud», en FAUS SANTASUSANA, Jordi y VIDA FERNÁNDEZ, José (dirs.), *Tratado de Derecho sanitario,* Aranzadi, Cizur Menor (Navarra), pág. 167.

tos solamente pudieran comercializarse previa supervisión y autorización administrativa»[2].

A. Derecho comunitario

«En la actualidad la definición legal del medicamento viene dada desde la Unión Europea que interviene con la doble finalidad de garantizar su libre circulación dentro del mercado único a la vez que mantiene el máximo nivel de protección para la salud»[3]. Quizás por eso, su definición es muy amplia y se encuentra en constante evolución.

Así, en la Unión Europea (UE), se entiende por medicamento:

> «*Toda sustancia o combinación de sustancias que se presenten como poseedoras de propiedades curativas o preventivas con respecto a las enfermedades humanas. Se considerarán asimismo medicamentos todas las sustancias o combinación de sustancias que puedan administrarse con el fin de establecer un diagnóstico médico, o de restablecer, corregir o modificar las funciones fisiológicas del hombre*»[4].

La «Directiva da dos definiciones de medicamento: una definición "por su presentación" y otra "por su función". Un producto se considera medicamento si está incluido en una de las dos definiciones»[5]. Esta definición

---

2 VIDA FERNÁNDEZ, José (2015): *Concepto y régimen jurídico de los medicamentos*, Tirant lo Blanch, Valencia, pág. 18.

3 *Ibidem* pág. 19. MARTÍN CASTRO se muestra escéptico respeto del papel jugado por las Instituciones comunitarias en relación con la definición de medicamento. En su opinión «el problema de la determinación del régimen jurídico no se resuelve a través de la UE, pues a pesar de la armonización, el acercamiento de las legislaciones nacionales no ha sido ni suficiente ni armonizada, existiendo productos para la salud que en unos países se consideran medicamentos y en otros no». MARTÍN CASTRO, Dalmacio (2017): «La definición de los medicamentos y su distinción de otros productos para la salud», *op. cit.* pág. 169.

4 Art. 1.2 de la Directiva 2001/83/CE del Parlamento Europeo y del Consejo, de 6 de noviembre, por la que se establece un código comunitario para uso humano. Misma definición contenía la Directiva 2001/82/CE, de 6 de noviembre, por la que se estableció un código comunitario sobre medicamentos veterinarios, dejada sin efecto por el Reglamento (UE) 2019/6 del Parlamento Europeo y del Consejo, de 11 de diciembre de 2018, sobre medicamentos veterinarios. La redacción actual de medicamento es la que resulta de la Directiva 2004/27/CE del Parlamento Europeo y del Consejo, de 31 de marzo.

5 Par. 49 de la STJUE *HLH Warenvertriebs* de 9 de junio de 2005 (as. C-299/03. [*Tol 4625553*]). El TJUE señaló para que una sustancia fuera considerada como me-

está fundada en la doctrina del Tribunal de Justicia de la Unión Europea (TJUE)[6], la cual caracteriza a los medicamentos por dos elementos: la presentación (primera definición) y la funcionalidad (segunda definición)[7].

---

dicamento por su presentación, es suficiente que, por el modo, el contenido o el contexto en el que tiene lugar su presentación induzca a pensar que tiene capacidad para prevenir o tratar enfermedades. Así, no es necesario referencia directa y expresa a su condición de medicamento. Se trata más de una percepción subjetiva del destinatario y no tanto que exista una forma objetiva de declaración expresa de las propiedades preventivas o terapéuticas. A sensu contrario, si el producto no está registrado como medicamento, no puede presentarse adoptando la forma de píldoras, tabletas, cápsulas, o con embalajes, etiquetado y literatura promocional atribuibles a medicamentos. Asimismo, la finalidad perseguida por la sustancia es otra característica a valorar para definir aquella como medicamento. Se considera medicamento por su función aquel que tenga propiedades farmacológicas, inmunológicas y metabólicas. Tanto la presentación como la función son elementos a tomar en consideración para determinar al caso concreto si la sustancia es un medicamento.

6 La influencia de la jurisprudencia comunitaria para definir medicamento queda constatada, entre otras en la STJUE *Jean Monteil y Samanni* de 21 de marzo de 1991 (as. C-60/89). En ella se afirma que «Un producto debe ser considerado como "medicamento" y someterse al régimen correspondiente si se presenta como poseedor de propiedades curativas o preventivas respecto de las enfermedades, o si puede administrarse con el fin de restablecer, corregir o modificar las funciones orgánicas» (par. 17).

7 La STJUE *Upjhom* de 16 de abril de 1991 (as. C— 112/89), interpretó el art. 1.2 de la Directiva 65/65/CEE del Consejo, relativa a la aproximación de las disposiciones legales, reglamentarías y administrativas sobre especialidades farmacéuticas. Para ello se sirvió de la jurisprudencia contenida en la STJUE *Van Bennekom* de 30 de noviembre de 1983 (as. 227/82, rec. pág. 3883). En este sentido sostuvo que la directiva daba «dos definiciones de medicamento: una definición de medicamento "por presentación" y una definición "por función"», así como que «un producto es un medicamento si corresponde a alguna de las dos definiciones» (par. 15). A lo anterior añadió que la definición por función «tiene un sentido distinto y más amplio (...), lo cual se debe a los distintos objetivos que persiguen» (par. 12). Para el TJUE, «el primer criterio (...) está destinado a combatir el curanderismo [y] el segundo permite abarcar todas las sustancias que puedan influir en la salud humana» (par. 13). De acuerdo con la Directiva 65/65/CEE, la definición de medicamento «por presentación», comprende a «toda sustancia o combinación de sustancias que se presente como poseedora de propiedades curativas o preventivas con respecto a las enfermedades humanas o animales» (art. 1.2). Su finalidad es «a abarcar no sólo los medicamentos que tengan un auténtico efecto terapéutico y médico, sino también los productos que no son suficientemente eficaces o que no producen el efecto que su presentación permitiría esperar, con objeto de preservar a los consumidores no sólo de los medicamentos nocivos o

a) Medicamento por su presentación

En primer lugar, debe calificarse como medicamento, «toda sustancia o combinación de sustancias que se presenten como poseedoras de propiedades curativas o preventivas con respecto a las enfermedades humanas»[8]. Con este criterio se persigue proteger al consumidor, evitando que se oferte como tal un producto que no esté autorizado y registrado como medicamento.

Basta que sea presentado como tal, con independencia de que tenga cualidades curativas o no, para que legalmente tenga que someterse al régimen jurídico de los medicamentos. Por esta razón, «al criterio de la presentación debe dársele una interpretación amplia»[9].

De aquí que, para la jurisprudencia «debe atenderse a la forma externa del producto (píldoras, cápsulas, polvos, tabletas, etc., es decir formas típicas de presentación), embalaje y etiquetado, la literatura promocional, anuncios, estrategia comercial y publicitaria, así como la conducta del consumidor y de la confianza que le manifiesta el producto»[10].

Por este motivo, «en caso de duda, cuando, considerando todas las características de un producto, éste pueda responder a la definición demedicamento y a la definición de producto contemplada por otras normas comunitarias, se aplicará la presente Directiva» 2001/83/CE[11].

---

tóxicos como tales, sino también de diversos productos utilizados en lugar de los remedios adecuados» (par. 16). En cambio, según la Directiva 65/65/CEE, la definición de medicamento «por función» se refería a «todos los productos destinados a restablecer, corregir o modificar las funciones del organismo y que, por ello, pueden tener consecuencias sobre la salud en general» (art. 1.2). En este segundo grupo, «también están comprendidos en el ámbito de aplicación de esta definición los productos que alteran las funciones orgánicas sin que exista enfermedad, por ejemplo, las sustancias anticonceptivas» (par. 19).

8 Art. 1.2 de la Directiva 2001/83/CE.

9 Par. 22 STJUE *Van Bennekom* de 30 de noviembre de 1983 (C 227-82).

10 La definición de medicamento por presentación se trata más de una percepción subjetiva del destinatario y no tanto que exista una forma objetiva de declaración expresa de las propiedades preventivas o terapéuticas, en consecuencia. Así, como afirma MARTÍN CASTRO, «no es necesario que se haga referencia directa y expresa a su capacidad para prevenir o tratar enfermedad, sino que esta puede derivarse del modo, del contenido o del contexto en el que tiene lugar la presentación» MARTÍN CASTRO, Dalmacio (2017): «La definición de los medicamentos y su distinción de otros productos para la salud», *op. cit.* pág. 173

11 Art. 2.2 de la Directiva 2001/83/CE, introducido por la Directiva 2004/27/CE.

b) Medicamento por su función

En segundo término, también son medicamentos, aquellas sustancias o combinación de las mismas, que «puedan administrarse con el fin de establecer un diagnóstico médico, o de restablecer, corregir o modificar las funciones fisiológicas del hombre[12].

El segundo elemento definitorio de medicamento se refiere a la función. Con él se pretende que ésta coincida con el concepto común de medicamento. Como señala MARTÍN CASTRO, para que un producto sea medicamento por su función se requiere:

a. Que con independencia de su origen sea una sustancia que se use o administre a seres humanos.

b. Que se emplee con fines diagnósticos o para incidir en las funciones fisiológicas.

c. Que se tenga en cuenta el tiempo de acción a través del que se incide en funciones fisiológicas[13].

Adicionalmente, en relación con estas características, como reiteradamente advierte el TJUE, a la hora de calificar el medicamento es necesario tener «en cuenta todas las características del producto, entre ellas, su composición, sus propiedades farmacológicas —en la medida en que pueden determinarse en el estado actual de los conocimientos científicos—, su modo de empleo, la amplitud de su difusión, el conocimiento que de él tengan los consumidores y los riesgos que pueda ocasionar su uso»[14].

c) Los denominados medicamentos huérfanos

El Considerando Primero del Reglamento (CE) nº 141/2000 del Parlamento Europeo y del Consejo, de 16 de diciembre de 1999, sobre medicamentos huérfanos, los define como los que tratan afecciones tan poco frecuentes que el coste de investigación, desarrollo y puesta en el mercado de un medicamento destinado a establecer un diagnóstico, prevenir o tratar dichas afecciones no podría amortizarse con las ventas en condiciones normales del mercado. Lo más destacado de su regulación son los incentivos

---

12 Art. 1.2 de la Directiva 2001/83/CE.

13 MARTÍN CASTRO, Dalmacio (2017): «La definición de los medicamentos y su distinción de otros productos para la salud», *op. cit.* págs. 174 a 177

14 Par. 30 STJUE *Warenvertriebs* de 9 de junio de 2005 (C-299/03 [*Tol 4625553*]).

para su desarrollo, y especialmente destaca, el principio de exclusividad de comercialización (art. 8 y 9).

A este tipo de medicamentos se contiene una referencia en el art. 3.3. de TR de la Ley de garantías y uso racional de los medicamentos y productos sanitarios, aprobado por el RDLeg 1/2015, de 24 de julio (TRLM)[15].

B. Derecho español

El constante desarrollo científico ha originado una variedad de sustancias y productos, conforme veremos a continuación, que han ido integrando la práctica médica respecto los que hay que delimitar su consideración como medicamento.

En la legislación nacional, el artículo 3 del TRLM son medicamentos legalmente reconocidos:

a. Los destinados a uso humano y veterinario elaborados industrialmente o en cuya fabricación intervenga un proceso industrial.

b. Las fórmulas magistrales.

c. Los preparados oficinales.

d. Los medicamentos especiales previstos en la Ley.

Analizamos cada uno de ellos por separado.

a) Medicamento de uso humano y veterinario

La definición de medicamento, propiamente dicha, se encuentra en el art. 2 a) y b) del TRLM, siendo ambos apartados de redacción similar, tanto para uso humano [apartado a)], como para uso veterinario [apartado b)].

Así se considera como medicamento: «toda sustancia o combinación de sustancias que se presenten como poseedoras de propiedades para el tratamiento o prevención de enfermedades, o que puedan usarse con el fin de restaurar, corregir o modificar las funciones fisiológicas ejerciendo una

---

15 Relevante la STS 145/2022, de 7 de febrero (núm. rec. 203/2020 [*Tol 8810497*]) donde se considera que no se vulnera el Derecho de la UE, por los órganos nacionales que proceden a regular los medicamentos huérfanos.

acción farmacológica, inmunológica o metabólica, o establecer un diagnóstico médico»[16].

b) Fórmulas magistrales

Las fórmulas magistrales son «medicamentos destinados a un paciente individual»[17] aquellas sustancias de acción e indicación, destinadas a uso humano o veterinario, reconocidas legalmente en España, y que se elaboran, de forma general, en las oficinas de farmacia y servicios farmacéuticos legalmente establecidos. Para ello se les exige que dispongan de los medios necesarios para su preparación de acuerdo con las exigencias del Formulario Nacional[18]. Excepcionalmente podrán encargarse la elaboración de una o varias de sus fases o su control a entidades autorizadas por la Administración sanitaria competente (art. 42 del TRLM).

c) Preparado oficinal

Los preparados oficinales son aquellas combinaciones de sustancias, elaboradas y garantizadas por farmacéutico según las normas de la Real Farmacopea Española[19], bajo principio activo, o en su defecto bajo denominación común del Formulario Nacional, y en todo caso, nunca bajo marca comercial (art. 43 del TRLM).

---

16 La única diferencia, contenida en el art. 2 del TRLM, entre los medicamentos de uso humano y veterinario, es la consideración de medicamento, para los de uso veterinario, de las «premezclas para piensos medicamentosos elaboradas para ser incorporadas a un pienso».

17 RAMOS GONZÁLEZ, Sonia (2004): *Responsabilidad civil por medicamento. Defectos de fabricación, de diseño y en advertencias o instrucciones, op. cit.* pág. 70.

18 El art. 44.1 del TRLM define el Formulario Nacional como el conjunto de «fórmulas magistrales tipificadas y los preparados oficinales reconocidos como medicamentos, sus categorías, indicaciones y materias primas que intervienen en su composición o preparación, así como las normas de correcta preparación y control de aquéllos».

19 La Orden SSI/23/2015, de 15 de enero, aprueba la quinta edición de la Real Farmacopea Española y la segunda edición del Formulario Nacional.

d) Medicamentos especiales

Los medicamentos especiales requieren una mención; se regulan en el capítulo V del Título II del TRLM, y entre ellos se encuentran:

i. *Vacunas y medicamentos biológicos* (art. 45 del TRLM).

ii. *Medicamentos de origen humano* (como sangre, plasma, tejidos, etc.), *ex.* art. 46 del TRLM[20].

iii. *Medicamentos de terapia avanzada.* De acuerdo con el art. 47 del TRLM, estos pueden ser de terapia génica o celular somática:

– «Se considera "medicamento de terapia génica", el producto obtenido mediante un conjunto de procesos de fabricación destinados a transferir, in vivo o ex vivo, un gen profiláctico, de diagnóstico o terapéutico, tal como un fragmento de ácido nucleico, a células humanas/animales».

– «Se considera "medicamento de terapia celular somática" de terapia celular somática, tanto de células del propio paciente como de otro ser humano o xenogénicas, procedentes de animales, cuyas características biológicas han sido alteradas sustancialmente como resultado de su manipulación para obtener un efecto terapéutico, diagnóstico o preventivo» (art. 47 del TRLM).

---

[20] El art. 3.9 del RD 1591/2009, de 16 de octubre, por el que se regulan los productos sanitarios, excluye del ámbito de los medicamentos de origen humano: la sangre humana, los productos derivados de la sangre humana, el plasma o las células sanguíneas de origen humano y los productos que en el momento de su puesta en el mercado contengan dichos productos derivados de la sangre humana, plasma o células sanguíneas (letra e); los órganos, los tejidos o las células de origen humano y los productos que incorporen tejidos o células de origen humano o deriven de ellos (letra f); y los órganos, los tejidos o las células de origen animal, excepto en los casos en que un producto haya sido elaborado con tejidos animales que hayan sido transformados en inviables o con productos inviables derivados de tejidos animales» (letra g). En relación con las letras e) y f), quedan fuera de la exclusión del RD 1591/2009 —y podrán tener la consideración de medicamento de origen humano— los productos a que se refiere el art. 3.5 del RD 1951/2009. De acuerdo con ese precepto, pueden ser medicamentos de uso humano, las sustancias, incorporadas a un producto que, como parte integrante de utilizarse por separado, puedan considerarse un componente de un medicamento o un medicamento derivado de la sangre o plasma humanos, y que puedan ejercer en el cuerpo humano una acción accesoria a la del producto.

iv. *Radiofármacos.* Tiene la consideración de radio fármaco todo preparado para su uso terapéutico, diagnóstico que contenga radionucleidos —isotopos radiactivos— (art. 48 del TRLM).

v. *Medicamentos con sustancias psicoactivas con potencial adictivo* (art. 49 del TRLM), son aquellos incluidos en las listas anexas a la Convención Única de sobre Estupefacientes, firmada en Nueva York el 30 de marzo de, 1961 y al Convenio sobre Sustancias Psicotrópicas, firmado en Viena el 21 de febrero de 1971 así como los medicamentos que las contengan.

vi. *Medicamentos homeopáticos de uso humano o veterinario.* Se obtienen a partir de cepas homeopáticas con arreglo a un procedimiento de fabricación descrito, bien en la Farmacopea Europea[21], bien en la Real Farmacopea Española, bien en la utilizada por un estado miembro de la UE. Podrá contener varios principios activos (art. 50 del TRLM).

vii. *Medicamentos de plantas medicinales.* Son aquellos que se obtienen de plantas en forma de extractos, liofilizados, destilados, tinturas, cocimientos o cualquier otra preparación galénica que se presente con utilidad terapéutica, diagnóstica o preventiva, que seguirán el régimen de las fórmulas magistrales, preparados oficinales o medicamentos industriales, según proceda y con las especificidades que reglamentariamente se establezcan (art. 51 del TRLM); y, por último, los gases medicinales (art. 52 del TRLM), se entenderá por gases medicinales licuados el oxígeno líquido, nitrógeno líquido y protóxido de nitrógeno líquido así como cualesquiera otros que, con similares características y utilización, puedan fabricarse en el futuro.

---

21 La Farmacopea Europea fue adoptada en el seno el Consejo de Europa el 22 de julio de 1964. Posteriormente fue aceptada, en nombre de la Comunidad Europea, por la Decisión 94/358/CE del Consejo, de 16 de junio de 1994. Con esta decisión se asumió el Convenio sobre la elaboración de unafarmacopea europea. Actualmente, se han adherido a este convenio: Alemania, Austria, Bélgica, Dinamarca, España, Finlandia, Francia, Grecia, Irlanda, Italia, Luxemburgo, Países Bajos, Portugal y Suecia; tres países de la Asociación Europea de Libre Comercio (AELC): Islandia, Noruega y Suiza; los trece Estados miembros más recientes de la UE: Croacia, Chipre, la República Checa, Estonia, Hungría, Letonia, Lituania, Malta, Polonia, la República Eslovaca, Eslovenia, Bulgaria y Rumanía; los cuatro países candidatos a la UE: la Antigua República Yugoslava de Macedonia, Montenegro (ARYM), Serbia y Turquía; por último, Bosnia y Herzegovina, y Ucrania.

2) Producto sanitario

Como señala el art. 16 de la Ley 16/2003, de 28 de mayo, de cohesión y calidad del Sistema Nacional de Salud (LSNS), «la prestación farmacéutica comprende los medicamentos y los productos sanitarios».

De acuerdo con el art. 1.2 del Reglamento (UE) 2017/745, del Parlamento Europeo y del Consejo de 5 de abril, un producto sanitario es «todo instrumento, dispositivo, equipo, programa informático, implante reactivo, material u otro artículo destinado por el fabricante a ser utilizado en personas, por separado o en combinación, con alguno de los siguientes fines:

1. Diagnóstico, prevención, seguimiento, predicción, pronóstico, tratamiento o alivio de una enfermedad.

2. Diagnóstico, seguimiento, tratamiento, alivio o compensación de una lesión o de una deficiencia.

3. Investigación, sustitución o modificación de la anatomía o de un proceso fisiológico.

4. Obtención de información mediante el examen in vitro de muestras procedentes del cuerpo humano, incluyendo donaciones de órganos, sangre y tejidos.

«y que no ejerza la acción principal prevista en el interior o en la superficie del cuerpo humano por mecanismos farmacológicos, inmunológicos ni metabólicos, pero a cuya función puedan contribuir tales mecanismos»[22].

Dentro de los «productos sanitarios» tienen cabida, entre otros dispositivos: las prótesis, los instrumentos ortopédicos y los productos para diagnóstico[23].

---

[22] Art. 2.1 del Reglamento (UE) 2017/745 del Parlamento Europeo y del Consejo, de 17 de abril, sobre productos sanitarios. En España, el régimen jurídico de los productos sanitarios se desarrolla en el RD 1591/2009, de 16 de octubre, por el que se regulan los productos sanitarios; su art. 2.1 a) establece una definición análoga a la del reglamento comunitario.

[23] CAMACHO se plantea si todos los dispositivos tecnológicos que tengan finalidad ortoprotésica —*i.e.* sustituir o mejorar una función de nuestro cuerpo— pueden ser considerados como producto sanitario.

CAMACHO se plantea si todos los dispositivos tecnológicos que tengan finalidad ortoprotésica —*i.e.* sustituir o mejorar una función de nuestro cuerpo— pueden ser considerados como producto sanitario. En otras palabras, cuestiona que todos los dispositivos tecnológicos puedan incluirse dentro del concepto de producto sanitario contenido en el art. 2 del RD 1591/2009. En su opinión, «en este concepto [normati-

A. Prótesis

Se refiere a los productos sanitarios que sirven para mejorar una función de nuestro cuerpo. CAMACHO, partiendo del dispositivo tecnológico como parte integrante del cuerpo, diferencia, a los efectos de la prestación ortoprotésica del Sistema Nacional de Salud (SNS).

---

vo de producto sanitario] se comprenderían aquellas prótesis, y en combinación con órtesis que consisten en dispositivos tecnológicos destinados a restablecer o compensar las funciones orgánicas deficientes o inexistentes del hombre» (pág. 245). A estos dispositivos denomina «dispositivo tecnológico sanitario» y entiende que debe considerarse como producto sanitario cuando es «utilizado en seres humanos cuya finalidad es bien "la compensación de una lesión o deficiencia", bien "la sustitución o modificación de la anatomía o de un proceso fisiológico»" (pág. 245). Por el contrario, a juicio de CAMACHO, no tendrían que ser considerados productos sanitarios del art. 2 del RD 1591/2009, «los dispositivos tecnológicos que sólo tienen como finalidad mejorar las funciones orgánicas existentes o incluso establecer nuevas (la conexión a Internet vía Bluetooth, la mejora de la visión mediante cámaras que nos permiten a la vez grabar, etc.) [porque] (…) aunque constituyen una "modificación de la anatomía o de un proceso fisiológico no tienen finalidad sanitaria ni tampoco son utilizados en sanidad. Además, como la implantación de estos dispositivos queda fuera del concepto de producto sanitario y por tanto del uso en Sanidad, la necesaria intervención médica resulta difícil» (pág. 246). En todo caso, CAMACHO puntualiza que, si bien los productos sanitarios implantables activos podrían considerarse producto sanitario, tienen una regulación específica. «Son ejemplo de estos productos sanitarios los marcapasos cardíacos implantables, los sistemas neuro-estimuladores implantables, los implantes cocleares, etc.» (pág. 247). Por un lado, estos dispositivos tecnológico-sanitarios cumplen «con las dos características de tipificación legal de producto sanitario implantable activo: 1) son destinados a ser introducidos total o parcialmente en el cuerpo humano para permanecer en él implantados, y 2°) su funcionamiento como sensores de tecnología de radiofrecuencia y Wireless depende de la electricidad o de cualquier otra fuente de energía distinta de la generada por el cuerpo humano o por la gravedad. Por otro lado, el art. 3.9 b) del RD 1591/2009, los excluye de su ámbito de aplicación; por otro, el RD 1616/2009, de 26 de octubre, regula los productos sanitarios implantables activos. Dicho reglamento especifica, entre otros aspectos: cuando afecta el producto sanitario implantable activo a los productos de uso general; la garantía sanitaria del producto y la tarjeta de implantación; la licencia previa de funcionamiento de instalaciones o el marcado de conformidad de la Unión Europea (UE). Interesa aquí resaltar que los arts. 2 d) 9, 11 y 14 de. RD 1616/2009 regulan las singularidades de productos sanitarios implantables activos fabricados a medida para un paciente. Entre otros aspectos, para que se le implante el dispositivo y avale su diseño, estos requieren la prescripción un facultativo. CAMACHO CLAVIJO, Sandra (2017): «La subjetividad "Cyborg"», en NAVAS NAVARRO, Susana (dir.), *Inteligencia artificial. Tecnología. Derecho.* Tirant lo Blanch, Valencia, págs. 244 a 252.

El art. 17 de la Ley 16/2003, de 28 de mayo, del Sistema Nacional de Salud (LSNS) indica que «la prestación ortoprotésica consiste en la utilización de productos sanitarios, implantables o no, cuya finalidad es sustituir total o parcialmente una estructura corporal, o bien de modificar, corregir o facilitar su función. Comprenderá los elementos precisos para mejorar la calidad de vida y autonomía del paciente». Cabe diferenciar:

– Las órtesis. «Es un dispositivo de uso externo, no implantable que, a adaptados individualmente al paciente se destinan a modificar las condiciones estructurales o funciones del sistema neuromuscular o del esqueleto»[24].

– Las prótesis[25]. «Es un dispositivo (mecanismo, instrumento o aparato) que está diseñad para sustituir la falta total o parcial de un órgano»[26].

---

24 *Ibidem* pág. 105. A su vez, CAMACHO, distingue dentro de la órtesis, entre órtesis externa y exo-órtesis: «i) *Órtesis externa.* Es un dispositivo separado del cuerpo humano, pero conectado a éste. Los ejemplos incluyen tobilleras y pulseras estabilizadoras o inmovilizadoras, órtesis correctoras que sirven para corregir una deformidad esquelética y son más efectivas si se utilizan durante el desarrollo infantil y protectoras que mantienen la alineación de un miembro enfermo o lesionado. ii) *Exo-Órtesis.* Es un dispositivo situado en una extremidad externa del cuerpo humano y efectivamente integrado en él. Los ejemplos incluyen las extremidades artificiales, tales como dedos adicionales, articulaciones altamente articuladas, y las piernas de resorte-acero». CAMACHO CLAVIJO, Sandra (2017): «La subjetividad "cyborg"», *op. cit.* pág. 244.

25 CAMACHO, siguiendo a CLARKE, distingue entre prótesis externa, exo-protesis y endoprótesis: «i) *Prótesis Externa.* Se trata de una prótesis separada del cuerpo humano, pero conectada con él. Los ejemplos incluyen gafas, bastones y muletas, pero también diálisis renal y máquinas corazón-pulmón. ii) *Exo-Prótesis.* Es una prótesis referida a una extremidad externa del cuerpo humano y efectivamente integrada en él. Los ejemplos incluyen las lentes de contacto, las manos artificiales, los brazos y las piernas (siempre que el artefacto no sea puramente cosmético, pero proporcione cualquier grado de la recuperación de la funcionalidad que falta debido a la ausencia o defecto de la parte del cuerpo). iii) *Endo-Prótesis.* Es una prótesis interna, integrada en el cuerpo humano Los ejemplos incluyen caderas y rodillas artificiales, stents, marcapasos, implantes cocleares, etc. CAMACHO CLAVIJO, Sandra (2017): «La subjetividad "cyborg", *op. cit.* pág. 243.

26 MÉJICA GARCÍA, Juan (1998): *Prótesis, régimen jurídico y criterios jurisprudenciales,* Comares, Granada, pág. 13. Lo productos ortéticos comparten con los protésicos la finalidad de prevenir, cuidar o facilitar las funciones del órgano, pero a diferencia de estos, nunca sustituyen una parte del cuerpo.

B. Instrumentos ortopédicos

Son aparatos creados o diseñados para personas con alguna discapacidad y cuya principal función es el apoyo en la movilidad de una persona de un lugar a otro, así como también la corrección de posturas[27].

C. Productos para diagnóstico «in vitro»

Remiten a aquellos productos sanitarios «destinado por el fabricante (…) para el estudio de muestras procedentes del cuerpo humano»[28].

Llegados a este punto, adelantamos que, a pesar de la amplitud de las definiciones de medicamento y producto sanitario, la regulación, elaboración y distribución de los mismos dificulta la exigencia de responsabilidad de las reclamaciones de responsabilidad patrimonial contra fabricantes o proveedores. De hecho, es habitual que la reclamación se dirija contra la prestación del servicio sanitario, el centro médico correspondiente y de forma excepcional contra los facultativos.

3) Otros productos

A lo indicado hasta ahora —medicamentos y productos sanitarios—, cabe añadir que existen otros productos cuya finalidad es la mejora de la salud, como los cosméticos, los biocidas, los complementos alimenticios y los alimentos funcionales. Cada uno de ellos está sujeto a su régimen jurídico propio, y aunque no pueden ser considerados medicamentos *stricto sensu,* sí están sujetos a control sanitario.

---

27 Los instrumentos ortopédicos, como productos sanitarios que requieren una adaptación individualizada, están sometidos al Reglamento (UE) 2017/745 y del RD 1591/2009, y en particular sus arts. 21.2 y 16, que regulan aspectos relativos a los productos a medida.

28 Art. 3 b) del RD 1662/2000, de 29 de septiembre, sobre productos sanitarios para diagnóstico "in vitro". Se regulan por el Reglamento (UE) 2017/746 del Parlamento Europeo y del Consejo, de 5 de abril, sobre productos sanitarios para diagnóstico *in vitro.*

A. Cosméticos y otros productos de cuidado personal

Comprenden «toda sustancia o mezcla destinada a ser puesta en contacto con las partes superficiales del cuerpo humano (...), con el fin exclusivo o principal de limpiarlos, perfumarlos, modificar su aspecto, protegerlos, mantenerlos en buen estado o corregir los olores corporales»[29].

B. Biocidas

Engloba a aquellas sustancias «cuya finalidad que es actuar contra organismos nocivos ya sea destruyéndolos, contrarrestándolos o neutralizándolos, o impidiendo su acción, ya sea aplicándose directamente al usuario dicho producto»[30].

C. Complementos alimenticios

Son aquellas sustancias cuya «composición no es otra que determinadas concentraciones de nutrientes que se identifican como vitaminas y minerales y de otras sustancias que tengan un efecto nutricional o fisiológico»[31].

D. Alimentos funcionales

«Se trata de un alimento que ingerido en cantidades normales aporta otros efectos beneficiosos sobre las funciones del organismo más allá de los

---

[29] Art. 2.1 del Reglamento (CE) 1229/2009 del Parlamento Europeo y del Consejo, de 30 de noviembre, sobre productos cosméticos. En el ámbito interno se regulan por el RD 1599/1997, de 17 de octubre, de productos cosméticos al que se remite la DA 3 de TRLM. Los cosméticos no se consideran producto sanitario *ex* art. 3.9 d) del RD 1591/2009.

[30] VIDA FERNÁNDEZ, José (2015): *Concepto y régimen jurídico de los medicamentos, op. cit.* pág. 116. Los biocidas se regulan por el Reglamento (UE) 582/2012 del Parlamento Europeo y del Consejo, de 22 de mayo, relativo a la comercialización y uso de biocidas, y en España, por el RD 1054/2012, de 11 de octubre por el que se regula el proceso de registro, autorización y comercialización de biocidas.

[31] *Ibidem* pág. 121. Los complementos alimenticios se regulan por la Directiva 2002/46/CE del Parlamento Europeo y del Consejo, de 10 de junio, relativa a la aproximación de las legislaciones de los Estados miembros en materia de complementos alimenticios, traspuesta por el RD 1487/2009, de 26 de noviembre, relativo a los complementos alimenticios.

puramente nutricionales como, por ejemplo, los alimentos que contribuyen a la mejora del tránsito intestinal, a reducir el nivel de colesterol, etc.»[32].

II. ÁMBITO COMPETENCIAL

La distribución de competencias entre la Administración General del Estado y las Comunidades Autónomas (CCAA) es relevante a efectos de perfilar las respectivas obligaciones en los casos de reclamación de responsabilidad patrimonial. Por esta razón, dedicamos este epígrafe a delimitar el ámbito competencial de la Administración General del Estado, fundamentalmente a través de la Agencia Española de Medicamentos y Productos Sanitarios (AEMPS), del correspondiente a las CCAA, prestadoras de la asistencia sanitaria.

Como es sabido, la Constitución española (CE) reserva al Estado la legislación sobre «productos farmacéuticos», así como las bases y la coordinación general de la sanidad y el régimen económico de la Seguridad Social[33]. A partir de estos títulos, el art. 30 de la Ley 16/2003, de 28 de mayo, de cohesión y calidad del Sistema Nacional de Salud (LSNS)[34], atribuye al Ministerio de Sanidad, el ejercicio de las competencias «en materia de evaluación, registro, autorización, vigilancia y control de los medicamentos de uso humano y veterinario y de los productos sanitarios, así como la decisión sobre su financiación pública y la fijación del precio correspondiente».

A su vez, siguiendo la previsión constitucional lasCCAA han asumido competencias en materia de sanidad[35], y en concreto, en el ámbito de actuación en el marco de los medicamentos y productos sanitarios, tras haberse producido la descentralización completa de la asistencia sanitaria del SNS, incluida la prestación farmacéutica, en virtud de lo previsto en el artículo 41 y la disposición adicional sexta de la Ley General de Sanidad

---

32 *Ibidem* pág. 133. No existe una regulación *ad hoc* de alimentos funcionales a nivel europeo. Únicamente se regula su presentación en el Reglamento (UE) 1169/2011 del Parlamento Europeo y del Consejo, de 25 de octubre, sobre información alimentaria proporcionada al consumidor, y en el Reglamento (UE) 1924/2006 del Parlamento Europeo y del Consejo, de 20 de diciembre, relativo a las declaraciones nutricionales y de propiedades saludables en los alimentos.

33 Art. 149.16 y 17 de la CE

34 Ley 16/2003, de 28 de mayo, de cohesión y calidad del Sistema Nacional de Salud.

35 Art. 148.1.22ª de la CE.

(LGS)[36]. Específicamente, en lo que se refiere a los medicamentos y demás productos sanitarios, todas ellas son competentes en materia de «ordenación farmacéutica», sin perjuicio de lo que dispone el número 16 del apartado 1 del artículo 149 de la CE[37].

Pues bien, como afirma PAREJO, el reparto competencial en los aspectos farmacológicos es conflictivo "dada la estrecha relación de la materia relativa al medicamento con la ordenación farmacéutica (de los establecimientos farmacéuticos), y la formada por el bloque de sanidad-Seguridad Social»[38].

---

36 Ley 14/1986, de 25 de abril.

37 Art. 54 del Estatuto de Autonomía de la Comunidad Valenciana, aprobado por la Ley Orgánica 5/1982, de 1 de julio (EACV).
Art. 49.1.19 del EACV. En similares términos se pronuncia el Estatuto de Autonomía de la Comunidad de Madrid. No obstante, este se refiere no solo a la «ordenación farmacéutica», sino también a los «establecimientos farmacéuticos» (art. 27.1.12ª del Estatuto de Autonomía de la Comunidad de Madrid, aprobado por la Ley Orgánica 3/1983, de 25 de febrero). En Andalucía, la Junta de Andalucía se irroga la competencia exclusiva «en el marco del art. 149.1.16 de la CE sobre «la ordenación farmacéutica», así como «la ejecución de la legislación estatal en materia de productos farmacéuticos» (art. 55.1 y 3 del Estatuto de Autonomía de Andalucía, aprobado por la Ley Orgánica 2/2007, de 19 de marzo). En términos similares se pronuncia el Estatuto de Autonomía de Cataluña al afirmar que «corresponde a la Generalitat la ordenación farmacéutica en el marco del artículo 149.1.16 de la Constitución» (art. 162.2 de la Ley Orgánica 6/2006, de 19 de julio, de reforma del Estatuto de Autonomía de Cataluña).

38 PAREJO ALFONSO, Luciano (2017): «La distribución de competencias en el sector farmacéutico: UE, Estado y CCAA», en FAUS SANTASUSANA, Jordi y VIDA FERNÁNDEZ, José (dirs.), *Tratado de Derecho Farmacéutico*, Aranzadi, Cizur Menor (Navarra), pág. 139. A juicio de PAREJO, la yuxtaposición de títulos referentes tanto a la ordenación, como al tratamiento y a la dispensación de medicamentos, se articula del siguiente modo: a) Reserva al Estado la regulación de las bases, así como la coordinación general y la alta inspección (STC 42/1983, de 20 de mayo [*Tol 792009*]), y por tanto, de los principios normativos generales que informan u ordenan la materia, constituyendo, así el marco común de necesaria vigencia en el territorio nacional; b) Competencia autonómica en todo lo demás, teniendo en las bases su punto de partida y límite (SSTC 1/1982, de 28 de enero [*Tol 110844*]. 37/2002, de 14 de febrero [*Tol 132125*] y 1/2003, de 16 de enero [*Tol 238344*], entre otras).

1) *Legislación sobre productos farmacéuticos*

Como señala la jurisprudencia «el título relativo a la legislación sobre productos farmacéuticos tiene un carácter reforzado, al ser titular el Estado de una competencia más amplia, que se extiende a la plenitud legislativa, en lo relativo a esta regulación de los productos farmacéuticos, y que encuentra su justificación en la potencial peligrosidad de estos productos el título relativo a la legislación sobre productos farmacéuticos tiene un carácter reforzado, al ser titular el Estado de una competencia más amplia»[39].

En este sentido, «la CE reserva al Estado, en toda la materia, la "legislación", lo que significa que ésta tiene por objeto y comprende:

a. Desde el punto de vista material (...) la entera ordenación [farmacéutica].

b. Desde el punto de vista funcional: todo el ciclo normativo, es decir, todas las normas con tal objeto, cualquiera que su rango y carácter

"La legislación alude aquí (...) a una «regulación completa» que no deja espacio para las normas autonómicas algunas (salvo las de carácter organizativo y de funcionamiento, indispensables para el desarrollo de la función ejecutiva)"[40].

Sin ánimo de exhaustividad, en este título competencial descansa:

i. «Todo lo concerniente a la elaboración de fórmulas magistrales y preparados oficinales»[41].

ii. «Todo lo que respecta a la garantía de la seguridad y calidad de los medicamentos en las actividades de investigación, fabricación, distribución, prescripción y dispensación de los medicamentos», incluyendo los radiofármacos[42].

---

39 FJ 5 STS de 14 de octubre de 2014 (núm. rec. 4333/2012 [*Tol 4545853*]).

40 PAREJO ALFONSO, Luciano (2017): «La distribución de competencias en el sector farmacéutico: UE, Estado y CCAA», *op. cit.* pág. 140.

41 *Ibidem* pág. 42. La competencia estatal en lo atinente a la prescripción y dispensación de medicamentos, explica por qué sólo existe una autoridad que autoriza la comercialización de los medicamentos y los supervisa, como es la AEMPS.

42 FAUS SANTASUSANA, Jordi y VIDA FERNÁNDEZ, José (2017): «El Derecho Farmacéutico y de los Medicamentos: concepto, características esenciales y principios», en FAUS SANTASUSANA, Jordi y VIDA FERNÁNDEZ, José (dirs.), *Tratado de Derecho Farmacéutico,* Aranzadi, Cizur Menor (Navarra), pág. 117.

Mención especial merece la función inspectora. Como señala BOMBILLAR, la «potestad de inspección busca la protección de la legalidad vigilando y fiscalizando su cumplimiento, con una doble vertiente: preventiva y correctora (...). [Además,] en el campo del medicamento tiene un papel muy destacado de cara a la garantía de la calidad farmacéutica»[43].

Aunque la legislación relativa a la actividad inspectora corresponde al Estado, las competencias de ejecución recaen sobre las CCAA. Ahora bien, a día de hoy, tanto las CCAA como la AEMPS inspeccionan los laboratorios-farmacéuticos con el fin de verificar el cumplimiento de las NFC (Normas de Correcta Fabricación)[44].

Así, teniendo en cuenta las funciones inspectoras que el art. 108.2 del TRLM atribuye a la AEMPS, y como veremos en los siguientes epígrafes, los supuestos de reclamación de responsabilidad patrimonial son muy escasos. Estos, fundamentalmente, se vinculan a la autorización de la comercialización de un medicamento, y a las medidas que puede adoptar la Administración respecto un medicamento en determinadas situaciones. Ello es así, porque la actuación se encuentra tasada y anudada a protocolos, de ahí que la eficacia o interpretación de la prueba que pueda proponerse al efecto en un procedimiento judicial se encuentre muy limitada[45].

---

43 BOMBILLAR SÁENZ, Francisco Miguel (2017): «Garantías de calidad, identificación e información del medicamento: fabricación y etiquetado, en FAUS SANTASUSANA, Jordi y VIDA FERNÁNDEZ, José (dirs.), *Tratado de Derecho Farmacéutico*, pág. 458.

44 De acuerdo con el art. 108.2 TRLM, la AEMS ejerce «la función inspectora en los siguientes casos: a) Cuando se trate de las actuaciones necesarias para las oportunas autorizaciones o registros que, de acuerdo con esta ley, corresponden a la Administración General del Estado. b) En todo caso, cuando se trate de inspecciones a realizar en el territorio de las comunidades autónomas que no ostenten competencias de ejecución de la legislación de productos farmacéuticos o no hubieren recibido los correspondientes traspasos. c) cuando se trate de medicamentos, productos o artículos destinados al comercio exterior o cuya utilización o consumo pudiera afectar a la seguridad pública».

45 Un ejemplo de la complejidad de reclamar contra las autorizaciones administrativas de la AEMPS se ha producido con la crisis sanitaria generada por el virus SARS-Cov-2 (COVID-19). Por otro lado, la responsabilidad patrimonial en materia de medicamentos exigible a las CCAA, se genera, fundamentalmente, por la prestación del servicio sanitario. Ambos supuestos se, aspecto que se examinará con más detalle en ep. V.

En cambio, en materia de farmacovigilancia, las funciones inspectoras son realizadas por la AEMPS, en colaboración con las CCAA[46]. A estas corresponde trasladar a aquélla la información recibida de los profesionales sanitarios y los titulares de autorización[47]. Todo ello, sin perjuicio de las competencias que las CCAA tienen para elaborar informes de posicionamiento terapéutico u otras medidas, que garanticen la seguridad y calidad de los medicamentos.

---

46 El art. 53.1 del TRLM define la farmacovigilancia, como aquella «actividad de salud pública que tiene por objetivo la identificación, cuantificación, evaluación y prevención de los riesgos del uso de los medicamentos una vez comercializados, permitiendo así el seguimiento de los posibles efectos adversos de los medicamentos, es decir, el dedicado a la identificación, cuantificación, evaluación y prevención de los riesgos del uso de los medicamentos antes o tras ser comercializados, permitiendo así el seguimiento de los posibles efectos adversos, y prevenir o mitigar reclamaciones por responsabilidad en la materia». Como afirma RAMOS, «la Farmacovigilancia realiza el seguimiento de la calidad, seguridad y eficacia de los medicamentos, valora sus riesgos y beneficios, proporciona información a los consumidores y profesionales sanitarios sobre el uso efectivo de los medicamentos y diseña los programas y procedimientos para analizar las posibles reaccione adversas asociadas a los medicamentos. Las medidas que resultan de la actividad de la farmacovigilancia pueden incluir la modificación de la ficha técnica y del prospecto del medicamento, el establecimiento de una vigilancia especial, la restricción de su uso en grupos especiales de población e incluso la retirada del medicamento del mercado». La farmacovigilancia se desarrolla en el marco del Sistema Español de Farmacovigilancia (SEFV). El SEFV es una red coordinada por AEMPS y que «integra las actividades que las Administraciones sanitarias realizan de manera permanente y continuada para recoger, elaborar y, en su caso, procesar toda la información útil para la supervisión de medicamentos y, en particular, la información sobre reacciones adversas a los medicamentos, así como para la realización de cuantos estudios se consideren necesarios para evaluar la seguridad de los medicamentos». RAMOS GONZÁLEZ, Sonia (2004): *Responsabilidad civil por medicamento. Defectos de fabricación, de diseño y en las advertencias o instrucciones, op. cit.* págs. 111 y 112.

47 De acuerdo con el art. 53.2 del TRLM, «los profesionales sanitarios tienen la obligación de comunicar con celeridad (...) las sospechas de reacciones adversas de las que tengan conocimiento y que pudieran haber sido causadas por medicamentos». Según el art. 53.4 del TRLM, «Los titulares de la autorización también están obligados a poner en conocimiento (...) las sospechas de reacciones adversas de las que tengan conocimiento y que pudieran haber sido causadas por los medicamentos que fabrican o comercializan (...). Asimismo, estarán obligados a la actualización permanente de la información de seguridad del producto, a la ejecución de los planes de farmacovigilancia y programas de gestión de riesgos y a la realización de una evaluación continuada de la relación beneficio/riesgo del medicamento.

En definitiva, como señala BOMBILLAR SÁENZ[48] la potestad de inspección permite a la Administración tutelar la sanidad pública, repartiéndose la AEMPS y las CCAA las competencias para la realización de inspecciones con el fin de verificar el cumplimiento de las Normas de Correcta Fabricación (NCF)[49].

2) Bases y coordinación de la sanidad

En la sanidad interior, la finalidad de las bases consiste en atribuir a una determinada materia, «una regulación normativa uniforme y de vigencia en toda la nación»[50]. Por su parte, la coordinación general de la sanidad supone «un reforzamiento o complemento de la noción de bases», que «persigue la integración de la diversidad de las partes o subsistemas en el conjunto del sistema, evitando contradicciones y reduciendo disfunciones que, de subsistir, impedirían o dificultarían, respectivamente, la realidad misma del sistema»[51].

Así, los aspectos relativos al régimen jurídico de la oficina de farmacia son encuadrables en la ordenación farmacéutica, sobre la cual —al residenciarse en las bases y coordinación de la sanidad— el Estado solo tiene competencia sobre la legislación básica y coordinación general. Por ello, la competencia del Estado debe circunscribirse a la «determinación con carácter general de las condiciones y los requisitos técnicos para la aprobación, homologación, autorización y revisión o evaluación de instalaciones,

---

48 BOMBILLAR SÁENZ, Francisco Miguel (2017): «Garantías de calidad, identificación e información del medicamento: fabricación y etiquetado», en FAUS SANTASUSANA, Jordi y VIDA FERNÁNDEZ, José (dirs.), *Tratado de Derecho Farmacéutico*, pág. 458

49 Art. 108 del TRLM; art. 43 del RD 824/2010 de 25 de junio, por el que se regulan los laboratorios farmacéuticos, los fabricantes de principios activos de uso farmacéutico y el comercio exterior de medicamentos y medicamentos de investigación.

50 FJ 1 STC 1/1982, de 28 de enero [*Tol 110844*]. «Aunque (...) la competencia estatal para fijar las bases de una competencia de normación corresponde al legislador, ocurre que en algunas materias ciertas decisiones y actuaciones de tipo aparentemente coyuntural tienen como objeto una regulación inmediata de situaciones concretas, pueden tener sin duda un carácter básico por la independencia de situaciones concretas de todo el territorio nacional y por su incidencia en los fundamentos mismos del sistema normativo»

51 STC 32/1983, de 28 de abril [*Tol 79199*]

equipos, estructuras organización y funcionamiento de centros, servicios actividades o establecimientos sanitarios»[52].

Según resalta PAREJO, entre otros aspectos la competencia estatal engloba:

i. «Los extremos relativos a (1) la presencia y actuación profesional de un farmacéutico (...); (2) la reserva a los farmacéuticos de la titularidad y propiedad de las farmacias (...); (3) el principio de trasmisión de las mismas únicamente a favor de otro u otros farmacéuticos (...); y (4) los elementos estructurales del diseño de la empresa farmacéutica»[53].

ii. «La regulación de: (i) el tratamiento y dispensación de medicamentos (...); (ii) los catálogos de medicamentos en tanto que prescripciones sanitarias y la fijación de precios de referencia de aquellos»[54].

iii. «La prescripción y dispensación de medicamentos, por razones formales y pateriales»[55].

iv. «La determinación de las diferentes modalidades de prestaciones sanitarias, desde las constitutivas del núcleo esencial de la materia sanidad (contenidas y denominadas «cartera común básica»), hasta las suplementarias y de servicios accesorios»[56].

v. «La decisión acerca de quienes deban ser beneficiarios de las prestaciones sanitarias y cuales sean dichas prestaciones»[57].

vi. «La determinación con carácter general de los requisitos técnicos y las condiciones de mínimos dirigidos a establecer características comunes en los centros, servicios, actividades y establecimientos sanitarios»[58].

vii. «El establecimiento de una prestación farmacéutica (...) y su financiación pública»[59].

---

52 PAREJO ALFONSO, Luciano (2017): «La distribución de competencias en el sector farmacéutico: UE, Estado y CCAA», *op. cit.* pág. 142.

53 *Ibidem* pág. 146.

54 *Idem.*

55 *Ibidem* pág. 151.

56 *Ibidem* pág. 154.

57 *Ibidem* pág. 155.

58 *Ibidem* pág. 156.

59 *Ibidem* pág. 157.

En definitiva, se reserva al Estado la regulación de las bases, así como la coordinación general y la alta inspección (STC 42/1983, de 20 de mayo)[60], es decir, los principios normativos generales que informan u ordenan la materia, constituyendo, así el marco común de necesaria vigencia en el territorio nacional; y constituye competencia autonómica todo lo demás, teniendo en las bases su punto de partida y límite (SSTC 1/1982, de 28 de enero[61]; 37/2002, de 14 de febrero[62]; y 1/2003, de 16 de enero[63])[64].

Asimismo, FAUS SANTASUSANA y VIDA FERNÁNDEZ[65]inciden en que la prestación farmacéutica se reubica en el título competencial sobre asistencia sanitaria del art. 149.1.16ª de la CE, conforme señaló la STC 6/2015, de 22 de enero[66].

La garantía de la seguridad y calidad de los medicamentos, las actividades de investigación, fabricación, distribución, prescripción y dispensación entienden que se encuadran en el título competencial de la «legislación sobre productos farmacéuticos», es competencia exclusiva del Estado, tanto por lo que respecta a la competencia legislativa, como ejecutiva, de manera que las Comunidades Autónomas no pueden asumir competencia alguna al respecto, de ahí que exista una sola autoridad que autorice y supervise la comercialización de los medicamentos, la AEMPS.

3) Ordenación farmacéutica

En la actualidad es pacífico, frente a lo que se ha sustentado hasta hace veinte años, que la prestación farmacéutica no se ancla en la «legislación básica y régimen económico de la Seguridad Social»[67]. En efecto, «la CE programaba la creación de un sistema sanitario desligado del sistema de la Seguridad Social (…) y así fue desarrollando hasta que el SNS, con los

---

60 STC 42/1983, de 20 de mayo [*Tol 792009*]

61 STC 1/1982, de 28 de enero [*Tol 110844*]

62 STC 37/2002, de 14 de febrero [*Tol 132125*]

63 STC 1/2003, de 16 de enero [*Tol 238344*].

64 PAREJO ALFONSO, Luciano (2017): «La distribución de competencias en el sector farmacéutico: UE, Estado y CCAA», *op. cit.* págs. 129 a 159.

65 FAUS SANTASUSANA, Jordi, y VIDA FERNÁNDEZ, José (2017): «El Derecho Farmacéutico y de los Medicamentos: concepto, características esenciales y principios», *op. cit.* págs. 116 a 118.

66 STC 6/2015, de 22 de enero, FJ 2º [*Tol 4741315*].

67 Art. 149.1.17 de la CE.

respectivos servicios autonómicos de salud, sustituyó a la organización de la Seguridad Social (el INSALUD) a finales de los noventa del siglo pasado»[68].

Por tanto, será competencia de las CCAA; en el plano legislativo, aquellas cuestiones que el Estado no haya declarado básico, y la ejecución de la legislación, tanto básica como de desarrollo.

FAUS y VIDA inciden en que «las medidas para garantizar el acceso a los medicamentos [forman] (...) parte la prestación farmacéutica dentro del SNS (...) a pesar de que [en el TRLM] se intente encuadrar la prestación farmacéutica en [el régimen económico de] la Seguridad Social»[69].

Respecto la competencia en el ámbito de la farmacovigilancia, es decir, el dedicado a la identificación, cuantificación, evaluación y prevención de los riesgos del uso de los medicamentos antes o tras ser comercializados, permitiendo así el seguimiento de los posibles efectos adversos, y prevenir o mitigar reclamaciones por responsabilidad en la materia, se ejerce de forma colaborativa entre las CCAA y la AEMPS[70] (art. 53 del TRLM), de manera que las primeras trasladen toda información sobre sospechas de reacciones a medicamentos o productos sanitarios, y ello sin perjuicio de que por su parte, la Administración autonómica tenga competencia para elaborar informes de posicionamiento terapéutico u otras medidas, que garanticen la seguridad y calidad de los medicamentos, siempre respetando las señaladas competencias exclusivas del Estado al efecto.

---

68 FAUS SANTASUSANA, Jordi, y VIDA FERNÁNDEZ, Jose (2017): «El Derecho Farmacéutico y de los Medicamentos: concepto, características esenciales y principios», *op. cit.* pág. 117.

69 *Idem.* En este sentido, la STC 6/2015, de 15 de enero [*Tol 4741315*] ha rechazado «que la creación de un catálogo de productos farmacéuticos priorizado pueda incardinarse en (...) la legislación sobre productos farmacéuticos (...), dentro del título relativo al régimen económico de la Seguridad Social [o] en la competencia reconocida al Estado en el artículo 149.1.º CE» (FJ 2).

70 A su vez, el artículo 31.3 de la LSNS, señala: «La Agencia Española de Medicamentos y Productos Sanitarios asume, como organismo técnico especializado, las actividades de evaluación, registro, autorización, inspección, vigilancia y control de medicamentos de uso humano y veterinario y productos sanitarios, cosméticos y de higiene personal, y la realización de los análisis económicos necesarios para la evaluación de estos productos, sin perjuicio de las competencias ejecutivas de las comunidades autónomas».

Finalmente, un último aspecto que procede mencionar a efectos competenciales es la intervención autonómica en el método para suministrar medicamentos en el sistema sanitario público[71].

Así, por ejemplo, la Junta de Andalucía ha propiciado varias sentencias, por todas, la STS de 15 de febrero de 2022[72], relacionadas con el procedimiento seguido para seleccionar medicamentos por la citada Junta según lo establecido por los arts. 60 bis a 60 quinquies de la Ley 22/2007, de 18 de diciembre, de farmacia de Andalucía, en relación con la necesidad de garantizar la sostenibilidad financiera del Servicio Andaluz de Salud[73].

Como corolario de lo comentado, la competencia territorial del Estado actualmente se proyecta, en esencia, en la AEMPS, y como veremos, los supuestos para reclamarle responsabilidad patrimonial son muy escasos. En parte esto se debe a que su intervención se vincula a la autorización de la comercialización de un medicamento, y a las medidas que puede adoptar la Administración en determinadas situaciones, y ello es así porque su actuación se encuentra tasada y sujeta a los correspondientes protocolos.

Como referiremos en el epígrafe V de este capítulo, un ejemplo de la complejidad de recurrir contra la autorización administrativa deriva de las vacunas para paliar la crisis sanitaria generada por el *virus SARS-Cov-2 (COVID-19)*. Por otro lado, la responsabilidad en materia de medicamento exigible a una Comunidad Autónoma se genera, principalmente, por la prestación del servicio sanitario, aspecto que se examinará con más detalle también en el citado ep. V.

---

71 En el caso concreto de la Junta de Andalucía se ha deliberado acerca de la naturaleza del proceso selectivo: así se examinó, si este era un procedimiento de contratación; si el resultado de la subasta, por la que se atribuye la exclusividad en el suministro de determinados medicamentos, constituía una restricción a la libre competencia; y, si concurrían razones imperiosas de interés general que lo justificasen Para el TS este procedimiento seguido por la «central de Compras de medicamentos», carece de naturaleza contractual, por lo que no queda sujeta a la Directiva 2014/24/UE del Parlamento Europeo y del Consejo, de 26 de febrero, sobre contratos públicos; y respeta los principios de libre competencia y circulación de mercancías. Previamente, las STC 210/2016, de 15 de diciembre [*Tol 5936515*] y 16/2017, de 2 de febrero [*Tol 6427587*] al enjuiciar el Decreto-Ley 3/2011, de 13 de diciembre, por el que se añadió los arts. 60 bis a 60 quiquíes a la Ley 22/2007 para introducir un sistema de convocatorias públicas, respetando los elementales principios de libre competencia y transparencia.

72 STS 145/2022 (núm. rec. 203/2020 [*Tol 8810594*]).

73 La Junta de Andalucía inició en marzo de 2022 la modificación de su Ley 22/2007, de 18 de diciembre, de Farmacia de Andalucía.

III. RESPONSABILIDAD DEL FABRICANTE

Conforme señala GILI SALDAÑA «La víctima de un daño en el sector de los productos defectuosos puede interponer una acción de responsabilidad civil extracontractual y/o, en su caso, contractual; una acción de responsabilidad penal; y finalmente, una acción de responsabilidad patrimonial si una Administración Pública ha contribuido en a la producción del daño»[74].

Pue bien, en este epígrafe abordamos sucesivamente la responsabilidad civil tanto contractual, como extracontractual, de los fabricantes, por daños causados por productos sanitarios defectuosos, como la responsabilidad penal derivada de productos sanitarios defectuosos, y terminaremos con la responsabilidad patrimonial por autorización de productos sanitarios defectuosos.

A la hora de abordar la responsabilidad civil del fabricante de productos sanitarios debe indicarse que «en el derecho comunitario y español (...) no presenta ninguna especificidad respeto a cualquier otro producto de consumo»[75]. Ello implica que no existe una regulación *ad hoc* de los daños causados por medicamentos y productos sanitarios. Nuestro ordenamiento no reglamenta de manera específica la responsabilidad civil respecto los mismos, sino que se trata de una especie dentro del género de los productos defectuosos, prevista en el Libro III del texto refundido de la Ley general para la defensa de los consumidores y usuarios, aprobado por el Real Decreto Legislativo 1/2007, de 16 de noviembre (TRLCU).

El libro III del TRLCU regula la responsabilidad civil por bienes o servicios defectuosos (arts. 128 a 149). Sus títulos I y II se dedican, respectivamente, a las disposiciones comunes y específicas en materia de responsabilidad. El título II, a su vez, diferencia los daños causados por productos (arts. 135 a 146), y por otros bienes y servicios (arts. 147 a 149).

Es importante destacar que en el libro III del TRLCU se juntan: por un lado, preceptos aplicables tanto a los productos como a los servicios defectuosos (arts. 128 a 134); y por otro, artículos específicos de los productos defectuosos (arts. 135 a 146 y 149) y de los servicios defectuosos (arts. 147 a 148).

---

[74] GILI SAÑDAÑA, Marian (2008): *El producto sanitario defectuoso en el Derecho español*, Atelier, Barcelona, pág. 73.

[75] RAMOS GONZÁLEZ, Sonia (2004): *Responsabilidad civil por medicamento. Defectos de fabricación, de diseño y en las advertencias o instrucciones, op. cit.* pág. 189.

Llegados a este punto, en las siguientes páginas expondremos: cuál es el ámbito de aplicación del Libro III del TRLCU; quiénes son fabricantes a efectos de la normativa de productos defectuosos; cuál es su régimen de autorización y funcionamiento, qué daños son indemnizables; por qué los fabricantes deben de adoptar medidas preventivas en situaciones de riesgo; y cuál es el régimen de responsabilidad previsto en el TRLCU.

1) Ámbito de aplicación

La responsabilidad civil señalada en el libro III del TRLCU cubre «los daños personales, incluida la muerte, y los daños materiales, siempre que éstos afecten a bienes o servicios objetivamente destinados al uso o consumo privados y en tal concepto hayan sido utilizados principalmente por el perjudicado»[76]. Esta afirmación merece una doble precisión:

i. Quedan excluidos «los daños materiales en el propio producto», sin perjuicio las indemnizaciones que correspondan al perjudicado conforme a la legislación civil y mercantil[77].
ii. El régimen de responsabilidad establecido por el TRLCU, es compatible con otras indemnizaciones «por daños y perjuicios, incluidos los morales, como consecuencia de la responsabilidad contractual (...), o [o] extracontractual a que hubiere lugar»[78].

Adicionalmente, el régimen de responsabilidad del libro III del TRLCU se completa: por un lado, con las reglas generales de la responsabilidad contractual, y las específicas del contrato de compraventa o negocio que le resulte aplicable; por otro, con los arts. 1902 y ss. del Código Civil (CC).

Dicho esto, en las siguientes páginas expondremos: quiénes son fabricantes a efectos de la normativa de productos defectuosos, cuál es su régimen de autorización y funcionamiento, qué daños son indemnizables y cuál es el régimen de responsabilidad previsto en el TRLCU.

2) Sujetos responsables

A los efectos del TRLCU los productores son los responsables de los daños causados por productos defectuosos. Tiene tal consideración el «fa-

---

76 Art. 129.1 del TRLCU

77 Art. 142 del TRLCU.

78 Art. 128 del TRLCU.

bricante del bien o el prestador del servicio o su intermediario, o el importador del bien o servicio en el territorio de la Unión Europea»[79].

Esta calificación es relevante, entre otras razones, porque de conformidad con lo señalado por el art. 138.2 TRLCU, la responsabilidad por productos defectuosos recae sobre el productor, y solo subsidiariamente, para el caso de que aquel no pueda ser identificado, en el proveedor.

A los efectos de ser considerado fabricante debe distinguirse si lo fabricado es un medicamento o u otro producto sanitario.

A. Laboratorios de medicamentos

Tratándose de medicamentos, la legislación española identifica al fabricante con el laboratorio. Esta asimilación parte del art. 100 de la Ley General de Sanidad (LGS)[80], el cual exige la obtención de «licencia previa a las personas físicas o jurídicas que se dediquen a la importación, elaboración, fabricación, distribución o exportación de medicamentos y otros productos sanitarios y a sus laboratorios y establecimientos». A ello hay que añadir la identificación entre fabricante, importador y comercializador de medicamentos y el laboratorio, realizada por el art. 63.1 del TRLM y el art. 2 del RD 824/2010, de 25 de junio, regulador de los laboratorios farmacéuticos, los fabricantes de principios activos de uso farmacéutico y el comercio exterior de medicamentos y medicamentos de investigación. En este sentido puede afirmarse que, para ser considerado laboratorio basta participar en la circulación en el mercado de medicamentos.

Pues bien, tal y como señala la circular de 12 de julio 1997, de la Dirección General de Farmacia y Productos Sanitarios, a partir del RD 1304/2010, de 25 de junio, pueden distinguirse tres tipos de laboratorios farmacéuticos y una modalidad[81]:

---

79 Art. 135 del TRLCU.

80 Ley 14/1986, de 24 de abril, general de sanidad.

81 La Circular 17/1997, de 12 de julio, de la Dirección General de Farmacia y Productos Sanitarios diferencia, dentro del concepto de laboratorio farmacéutico, los fabricantes, importadores y comercializadores de medicamentos, a partir de las definiciones de los aps. 7, 8 y 9 del art. 2 del RD 824/2010, de 25 de junio, por el que regulan los laboratorios farmacéuticos, los fabricantes de principios activos de uso farmacéutico y el comercio exterior de medicamentos y medicamentos de investigación.

i. Laboratorio-fabricante. Tiene esta consideración «la persona física o jurídica que se dedica a la fabricación de medicamentos o medicamentos en investigación»[82].

Dentro de esta categoría, están comprendidos todos aquellos que se «dediquen a la fabricación de medicamentos o a cualquiera de los procesos que ésta pueda comprender, incluso los de fraccionamiento, acondicionamiento y presentación para la venta»[83].

ii. Laboratorio-importador. Se considera laboratorio-importador a «la persona física o jurídica que se dedica a la realización de los análisis cualitativos y cuantitativos preceptivos para la importación de medicamentos procedentes de terceros países»[84].

iii. Laboratorio-comercializador. «Es la persona física o jurídica responsable de la comercialización del medicamento, para el que ha obtenido la preceptiva autorización de comercialización». El comercializador, además, debe tener «en España de instalaciones, propias o contratadas, para almacenar y distribuir sus medicamentos»[85].

iv. Fabricantes por terceros. Es aquel que realiza actividades de fabricación o controles previstos en el TRLM por cuenta de otros laboratorios. Para tener esta consideración el art. 66 del TRLM le exige que cuente con autorización para ser laboratorio y que la AEMPS autorice esta modalidad[86].

Por lo tanto, y sin perjuicio de la existencia de las entidades distribuidoras a que se refiere el art. 67.1 del TRLM, la identificación entre fabricante y laboratorio resulta de la autorización única que pueden obtener fabricantes, importadores y comercializadores, a saber: la prevista en el art. 63 del TRLM. Por este motivo, como afirma BOMBILLAR, la autorización de la AEMPS se convierte en «un título habilitante al que se subordina la fabrica-

---

82 Art. 2.7 del RD 1034/2010. A efectos de la normativa comunitaria, es laboratorio-fabricante el «fabricante o titular de la autorización de fabricación».

83 Art. 63 del TRLM.

84 Art. 2.8 del RD 1034/2010. En el derecho comunitario el laboratorio-importador se corresponde con «el importador o titular de la autorización de importación».

85 Art. 2.9 del RD 1034/2010.

86 Además, excepcionalmente: cuando así lo requiera la atención a sus pacientes, los servicios de farmacia hospitalaria y oficinas de farmacia podrán encomendar a una entidad legalmente autorizada por la AEMPS la realización de alguna fase de la producción de una preparación concreta o de su control analítico (art. 66.2 del TRLGRUM).

ción industrial de medicamentos» sin el cual no puede fabricar, custodiar, conservar y dispensar medicamentos de uso humano[87].

B. Fabricantes de otros productos sanitarios

En cuanto a los productos sanitarios el RD 1591/2009, de 16 de octubre, por el que se regulan los productos sanitarios, define al fabricante y le exige un título habilitante, la licencia de funcionamiento.

El RD 1591/2009 señala que es fabricante todo aquel que sea «responsable del diseño, fabricación, acondicionamiento y etiquetado de un producto sanitario con vistas a la puesta en el mercado de éste en su propio nombre»[88].

Y la misma disposición reglamentaria indica que «de acuerdo con el artículo 100 de la Ley 14/1986, de 25 de abril, General de Sanidad, las personas físicas o jurídicas que se dediquen a la fabricación, importación, agrupación o esterilización de productos sanitarios y las instalaciones

---

87 BOMBILLAR SÁENZ, Francisco Miguel (2017): «Garantías de calidad, identificación e información del medicamento: fabricación y etiquetado», *op. cit.* pág. 444. La importancia del título habilitante para ser «fabricante» se pone de manifiesto: por un lado, porque la falta de autorización tiene la consideración de infracción muy grave del art. 112 TRLM; por otro, porque los fabricantes, junto con los servicios de farmacia hospitalaria y las oficinas de farmacia son los únicos que pueden producir medicinas para consumo humano. Ahora bien, tanto unas — oficinas de farmacia— como otros — servicios de farmacia hospitalaria— no precisan de título habilitante para funcionar. Las primeras, además, podrán producir fórmulas magistrales y los preparados oficinales. Los segundos podrán encargarse de las preparaciones de cambio de acondicionamiento del segundo.

88 Art. 2.1 f) del RD 1591/2009, de 16 de octubre, por el que se regulan los productos sanitarios. Esta definición es una concreción del concepto de productor previsto en los arts. 5 y 138 TRLCU. De acuerdo con ellos, «se considera productor al fabricante del bien o al prestador del servicio o su intermediario, o al importador del bien o servicio en el territorio de la Unión Europea, así como a cualquier persona que se presente como tal al indicar en el bien, ya sea en el envase, el envoltorio o cualquier otro elemento de protección o presentación, o servicio su nombre, marca u otro signo distintivo». Adicionalmente, también será productor «el fabricante o importador en la Unión Europea de: a) Un producto terminado. B) Cualquier elemento integrado en un producto. c) Una materia prima».

en que se lleven a cabo dichas actividades requerirán licencia previa de funcionamiento»[89].

C. Servicios de farmacia hospitalaria y oficinas de farmacia

«La Administración sanitaria no es normalmente productor de los medicamentos y productos sanitarios que utiliza en la prestación de la asistencia sanitaria. El contexto que mejor ejemplifica este primer supuesto de hecho es la actividad del servicio público de farmacia hospitalaria»[90].

Ahora bien, los servicios de farmacia hospitalaria y las oficinas de farmacia fabrican determinados medicamentos. En particular suelen elaborar fórmulas magistrales y preparados oficinales. Ni a aquellos ni a estos se les exige autorización, como laboratorio para las fórmulas magistrales, o para los preparados oficinales realizados por una farmacia para venta al por menor; tampoco se les exigirá autorización a las oficinas de farmacia hospitalaria, para las preparaciones de cambio de acondicionamiento[91].

3) Autorizaciones administrativas y reglas de funcionamiento de los medicamentos

Sentando lo anterior, procede abordar los requisitos que todo laboratorio debe observar. La razón es doble: su incumplimiento será, cuanto

---

89 Art. 9.1 del RD 1591/2009, de 16 de octubre, por el que se regulan los productos sanitarios.

90 RAMOS GONZÁLEZ, Sonia (2004): *Responsabilidad civil por medicamento. Defectos de fabricación, de diseño y en advertencias o instrucciones, op. cit.* pág. 363. Tal y como afirma RAMOS, la farmacia hospitalaria consiste en un Servicio General Clínico, integrado funcional y jerárquicamente en el hospital, cuyo objetivo principal es el uso racional de los medicamentos dando soporte a la demanda asistencial del Área sanitaria a través de las diferentes áreas de actividad —de gestión, de dispensación, de elaboración, de investigación, de docencia, de farmacovigilancia, de intoxicación y de farmacocinética—. Una de estas áreas es la correspondiente a la elaboración de medicamentos, en particular fórmulas magistrales y preparados medicinales». *Ibidem* págs. 363 y 364.

91 Al margen de autorización quedan también las instalaciones dedicadas a la fabricación de sustancias activas de uso farmacéutico, que están obligadas a comunicar sus actividades, en virtud del RD 920/1978, de 14 de abril, por el que se regula el registro y procedimiento de control de los fabricantes, importadores y almacenistas de productos farmacéuticos.

menos, un indicio de responsabilidad; su cumplimiento será alegado por el fabricante para negar su responsabilidad.

Como señala RAMOS GONZÁLEZ «si algo diferencia el mercado de los medicamentos del correspondiente a cualquier otro producto de consumo es el principio de intervención pública»[92]. Pues bien, los elementos a tomar en consideración dos son: el primero, el control administrativo necesario para fabricar, importar o comercializar productos sanitarios; y el segundo, la observancia de las reglas sectoriales de funcionamiento, tanto las anteriormente citadas Normas de Correcta Fabricación (NCF), como las Buenas Prácticas de Laboratorio (BPL).

A. Autorización de fabricación e importación

El laboratorio fabricante debe contar, en primer lugar, con una autorización administrativa de fabricación e importación de medicamentos, y al efecto, deberá cumplir las exigencias previstas en el arts. 63.2 y 64 del TRLM[93]. Adicionalmente, deberá disponer, de un seguro o aval que responda de los daños sobre la salud que pudieran derivar (art. 131 del TRLCU). En tercer lugar, desde el punto de vista subjetivo, deberá haber nombrado a un director técnico[94].

92 *Ibidem* pág. 78.

93 Los requisitos que debe cumplir un laboratorio para ser autorizado están recogidos en el RD 824/2010, de 25 de junio, por el que se regulan los laboratorios farmacéuticos, los fabricantes de principios activos de uso farmacéutico y el comercio exterior de medicamentos y medicamentos en investigación. De acuerdo con sus arts. 30 a 35, los requisitos pueden agruparse como sigue: cumplimiento de condiciones para obtener la autorización de funcionamiento, cumplimiento de los estándares de limpieza y mantenimiento; control de calidad de las materias primas; garantía del adecuado desarrollo del proceso de producción y el producto final; creación de una unidad específica de desarrollo del proceso de producción y el producto final, dotación de un sistema de documentación, así como de registro y examen de reclamaciones.

94 Los arts. 18 a 20 RD 824/2010, de 25 de junio, se refieren al director técnico, determinando sus responsabilidades, así como su designación, notificación a la AEMPS y sustitución.

B. Autorización de comercialización

Por así disponerlo el art. 63.1 del TRLM, la comercialización de medicamentos también requiere contar con la autorización de la AEMPS. Esta puede expedirse junto con la autorización de fabricación e importación a partir de una solicitud única. En este caso estaremos ante el laboratorio-comercializador a que se refiere la citada circular de 12 de julio 1997, de la Dirección General de Farmacia y Productos Sanitarios.

En relación con las autorizaciones de comercialización, el ATS de 6 de julio de 2023, ha planteado a examen, la posible legitimación del titular de una autorización de comercialización de un medicamento, para recurrir la autorización de un medicamento de otra empresa, cuando considera que se están vulnerando sus derechos de exclusividad[95] en el marco del procedimiento descentralizado de los arts. 28 y 29 de la Directiva 2001/83, en relación con la vía del art. 10 ter, cuando entiende que, de contrario, es aplicable el régimen jurídico previsto en el art. 10 de la citada directiva[96].

C. Autorización de dispensación

Adicionalmente, «en España, como en el resto de los países de la Unión Europea la puesta en el mercado de un medicamento exige la previa autorización administrativa»[97]. Estos trámites se regulan en la actualidad en el

---

95 ATS de 6 de julio de 2023 (núm. rec. 2023/2022 [*Tol 9647932*]).

96 El debate pivota en el alcance de la STJUE *Olainfarm* de 23 de octubre de 2014 (C-104/13 [*Tol 4631322*]), que concluye que el art. 10 de la Directiva 2001/83, en relación con el art. 47 de la Carta de los Derechos Fundamentales de la Unión Europea, "debe interpretarse en el sentido de que el titular de la autorización de comercialización de un medicamento utilizado como medicamento de referencia en el marco de una solicitud de autorización de comercialización para un medicamento genérico de otro fabricante, presentada basándose en el art. 10 de la antedicha Directiva, tiene un derecho de recurso contra la resolución de la autoridad competente que otorga una autorización de comercialización para ese último medicamento"; así como por la existencia de la Sentencia de 26 de julio de 2022 del Tribunal de Holanda Septentrional que ha revocado la autorización de comercialización del Medicamento de CINFA, por entender que vulnera art. 10 ter de la Directiva 2001/83 (esta sentencia ha sido apelada).

97 RAMOS GONZÁLEZ, Sonia (2004): *Responsabilidad civil por Medicamento. Defectos de fabricación, diseño y en las advertencias o instrucciones. op. cit.* pág. 78. Así lo establece el art. 9.1 del TRLM. En él se afirma que «ningún medicamento elaborado industrialmente podrá ser puesto en el mercado sin la previa autorización de la Agencia Española de Medicamentos y Productos Sanitarios e inscripción en el

RD 1345/2007, de 11 de octubre, por el que se regula el procedimiento de autorización, registro y condiciones de dispensación de los medicamentos de uso humano fabricados industrialmente.

En caso contrario, si no ha sido evaluado y autorizado por la AEMPS, o no cumple los requisitos de fórmulas magistrales o preparados oficinales, tiene la consideración de medicamento ilegal (art. 4.4 del TRLM).

Cabe plantear si el laboratorio queda exculpado de cualquier tipo de responsabilidad, cuando un concreto medicamento ha obtenido la correspondiente autorización de fabricación o comercialización. Pues bien, la respuesta se encuentra en el RD 1345/2007. Su art. 23 determina que «la autorización se concederá sin perjuicio de la responsabilidad civil o penal del fabricante o del titular de la autorización de comercialización». Y esa exigencia de responsabilidad se mantiene incluso en los supuestos de autorizaciones en situaciones especiales (art. 24.1 del TRLM).

No obstante, el art. 24.5 del TRLM señala que la AEMPS puede «autorizar temporalmente la distribución de medicamentos no autorizados, en respuesta a la propagación, supuesta o confirmada, de un agente patógeno o químico, toxina o radiación nuclear capaz de causar daños. En estas circunstancias, si se hubiere recomendado o impuesto por la autoridad competente el uso de medicamentos en indicaciones no autorizadas o de medicamentos no autorizados, los titulares de la autorización y demás profesionales que intervengan en el proceso estarían exentos de responsabilidad civil o administrativa por todas las consecuencias derivadas de la utilización del medicamento, salvo por los daños causados por productos defectuosos».

Lo señalado hay que ponerlo en relación con la causa de exoneración del artículo 140.1 d) del TRLCU, que libera al fabricante que pruebe «que el defecto se debió a que el producto fue elaborado conforme a normas imperativas existentes», lo que le lleva a probar que el defecto del producto derive de las previsiones legales.

Registro de Medicamentos o sin haber obtenido la autorización de conformidad con lo dispuesto en las normas europeas que establecen los procedimientos comunitarios para la autorización y control de los medicamentos de uso humano y veterinario y que regula la Agencia Europea de Medicamentos.

D. Normas de Correcta Fabricación (NCF)

La fabricación industrial de medicamentos requiere la observancia de las NCF, publicadas por el Ministerio de Sanidad[98]. Estas aportan una garantía de calidad técnica añadida[99]. Por ello, su observancia, desempeña un papel fundamental en la actividad de control interno del laboratorio y externo de la Administración. Además, llegado el caso, tendrán incidencia en una posible reclamación de responsabilidad porque tienen por finalidad asegurar que los medicamentos estén elaborados según las normas de calidad correspondientes a los usos a los que están destinados.

E. Buenas Prácticas de Laboratorio (BPL)

Los laboratorios también deberán respetar las BPL. Inicialmente armonizadas por la OCDE[100], en la actualidad sus criterios están fijados por la Directiva 2004/10/CE del Parlamento Europeo y del Consejo, de 11 de febrero, sobre la aproximación de las disposiciones legales, reglamentarias y administrativas relativas a la aplicación de los principios de buenas prácticas de laboratorio y al control de su aplicación para las pruebas sobre las sustancias químicas[101].

---

98 La exigencia de unas NCF proviene del mundo anglosajón. En inglés estas se conocen como *Good Manufacturing Practice* (GMP).

99 Los NCF se regulan en el cap. IV del RD 824/2010, de 25 de junio. En él se establecen los principios y directrices de las NCF. Su importancia deriva de la obligación relativa a que todos los medicamentos y principios activos fabricados o importados en la UE, deben sujetarse a las mismas. También deberán observar las NFC la fabricación de los medicamentos destinados a la exportación y aquellos destinados a la realización de ensayos clínicos. Las NCF de medicamentos y de principios activos de la UE están publicados en volumen 4 de la legislación de la UE-Eudralex, estando disponibles en la siguiente página web: «*EudraLex - Volume 4 Good manufacturing practice (GMP) Guidelines*».

100 La Organización para la Cooperación y el Desarrollo Económico (OCDE), es un organismo internacional de la familia de las Naciones Unidas, creado el 14 de diciembre de 1960, y en funcionamiento desde el 30 de septiembre de 1961. Su predecesora fue la Organización para la Cooperación Económica Europea (OCEE), formada por los Estados Unidos y Canadá para coordinar la ayuda dentro del Plan Marshall dedicada la reconstrucción de Europa tras la Segunda Guerra Mundial.

101 Las BPL definen el sistema de calidad relacionado con los procesos organizativos y las condiciones bajo las cuales, los estudios no clínicos de seguridad sanitaria y medioambiental son planificados, realizados, controlados, registrados, archivados e informados.

En definitiva, la empresa farmacéutica debe cumplir, como mínimo, la obligaciones que garanticen el adecuado estado de las materias primas, así como la correcta producción en los términos previstos en el art. 64 del TRLM, así como en las NFC[102]. Adicionalmente, deberá realizar controles internos de calidad, tanto de las materias primas, como de los productos intermedios de fabricación y del producto terminado.

Asimismo, entre las obligaciones de los laboratorios, se encuentra la de información, que afecta al contenido de la ficha técnica del producto aprobada por la AEMPS. Esta deberá reflejar, para los profesionales, «las condiciones de uso autorizadas para el medicamento y sintetizará la información científica esencial»[103]. Por su parte, el prospecto dirigido a los pacientes deberá facilitar, entre otros extremos, información suficiente sobre el principio activo, aplicación, efectos adversos y conservación, y para garantizar su legibilidad y comprensibilidad se regula el test de legibilidad a través de un método de consultas[104].

A su vez, el etiquetado del producto debe garantizar un adecuado embalaje que permita conocer la trazabilidad del medicamento (constarán los datos del Código Nacional del Medicamento), y un contenido que permita conocer la posología, composición forma de administración, caducidad y precauciones, así como leyendas para evitar accidentes con menores o personas con discapacidad, e inclusión de lenguaje Braille[105].

Por último, sólo podrán ponerse en el mercado y en servicio, productos que ostenten el marcado CE. Como excepción, los productos a medida y los destinados a investigaciones clínicas no llevarán marcado CE[106]. Por lo tanto, si ese marcado se hubiera producido sin observarse los requisitos

---

102 Las NCF se revisan periódicamente por la AEMPS-Industria-Inspección de Normas de Correcta Fabricación - Guía de NCF (aemps.gob.es)

103 Art. del 15.2 TRLM.

104 Art. 36.1 y anexo V del RD 1345/2007.

105 Art. 31.1 y anexo III del RD 1345/2007.

106 Art. 12.1 del RD 1591/2009, de 16 de octubre, por el que se regulan los productos sanitarios. Su párrafo segundo añade que «el marcado CE será colocado únicamente por el fabricante o su representante autorizado y sólo podrá colocarse en productos que hayan demostrado su conformidad con los requisitos esenciales señalados en el artículo 5 y que hayan seguido los procedimientos de evaluación de la conformidad señalados en el artículo 13». Por su parte, el art. 5 remite al Anexo I para enumerar los requisitos esenciales y el artículo 13 determina los procedimientos de evaluación a los que puede optar el fabricante para obtener el marcado.

previstos en la citada norma reglamentaria, podría plantearse un escenario donde cuestionarse la responsabilidad patrimonial de la AEMPS.

4) Daños indemnizables

Siguiendo a RAMOS GONZÁLEZ «muchos medicamentos usados correctamente son potencialmente (...) peligrosos (...). El caso del paciente que utiliza un medicamento tras haber leído el prospecto y sufre después efectos secundarios que no estaban previstos en las contraindicaciones es un ejemplo de que algunos medicamentos, aun cuando cumplen los requisitos mínimos de calidad, de eficacia y van acompañados de la información previa, son intrínsecamente peligrosos, en tanto que soportan riesgos inevitables para la integridad físicos de los consumidores. No obstante, lo anterior no les convierte en productos defectuosos de acuerdo con la definición de defecto prevista» en el art. 137 del TRLCU[107].

Ahora bien, ¿cuáles son los daños indemnizables por los medicamentos y productos sanitarios defectuosos? De acuerdo con el art. 129 del TRLCU, su régimen de responsabilidad «comprende los daños personales, incluida la muerte, y los daños materiales.

i. Los daños personales incluyen los daños corporales y las secuelas físicas.

   También tienen la consideración de daños personales, los derivados del lucro cesante en el supuesto de que el paciente no haya podido continuar trabajando.

   Respecto de los daños morales, aunque no estén expresamente referidos en el art. 129 del TRLCU, del art. 128 del TRLCU en relación con los arts. 1101 y 1902 del CC puede interpretarse que son indemnizables, si bien con un límite cuantitativo.

   En todo caso, «la responsabilidad civil global del productor por muerte y lesiones personales causadas por productos idénticos que presenten el mismo defecto tendrá como límite la cuantía de 63.106.270,96 euros»[108].

ii. Los daños materiales alcanzan a los gastos médicos, farmacéuticos o en su caso, de entierro.

---

107 RAMOS GONZÁLEZ, Sonia (2004): *Responsabilidad civil por Medicamento. Defectos de fabricación, diseño y en las advertencias o instrucciones. op. cit.* pág. 299.

108 Art. 141 del TRLCU.

5) Régimen de responsabilidad por productos defectuosos

A continuación, se examina la responsabilidad por productos defectuosos. Al efecto, el TRLCU canaliza la responsabilidad derivada de ese aspecto en el fabricante o importador, y de forma subsidiaria —si ambos no pueden ser identificados— se atribuye la responsabilidad al proveedor[109]. Tanto uno como otro están sujetos al régimen de responsabilidad objetiva puesto que el art. 139 del TRLCU libera al perjudicado de la prueba de la culpa o negligencia del fabricante, importador o proveedor del producto defectuoso[110].

Es preciso recordar aquí, de nuevo, que el Libro III del TRLCU, bajo la rúbrica de las «responsabilidad civil por bienes o servicios defectuosos», después de establecer las disposiciones comunes en el Título I (arts. 128 a 134), diseña en el Título II dos regímenes de responsabilidad. Al primero, regulado en el Capítulo I (arts. 135 a 146), y es el que aquí interesa, debe reconducirse la responsabilidad por productos sanitarios defectuosos. En el Capítulo II (arts. 147 a 149), que queda fuera del estudio de la responsabilidad de fabricante, se incardinan, entre otros, «los daños originados en el (...) uso de (...) servicios sanitarios». Estos daños por uso de servicios sanitarios se rigen por las reglas previstas para «resto de bienes y servicios» del Capítulo II, del Título II del TRLCU, en concreto en el art. 148. A ellos haremos referencia en apartado 4) del epígrafe V, dedicado a la responsabilidad patrimonial de los Servicios de Salud.

---

109 El art. 7 TRLCU define al proveedor como «el empresario que suministra o distribuye productos en el mercado, cualquiera que sea el título o contrato en virtud del cual realice dicha distribución». El art. 146 TRLCU hace responder al proveedor «como si fuera el productor, cuando haya suministrado el producto a sabiendas de la existencia del defecto». En estos casos, «podrá ejercitar la acción de repetición contra el productor». Por su parte, el art. 138.2 TRLCU dispone que, «si el productor no puede ser identificado, será considerado como tal el proveedor del producto, a menos que, dentro del plazo de tres meses, indique al dañado o perjudicado la identidad del productor o de quien le hubiera suministrado o facilitado a él dicho producto». El art. 7 TRLCU ha sido modificado por el RD-Ley 7/2021, de 27 de abril, por el que se trasponen la Directiva 2019/770, del Parlamento Europeo y del Consejo, de 20 de mayo de 2019, relativa a determinados aspectos de los contratos de suministro de contenido y servicios digitales, y la Directiva 2019/771 del Parlamento Europeo y del Consejo de 20 de mayo de 2019, relativa a determinados aspectos de los contratos de compraventa de bienes.

110 El art. 139 del TRLCU señala que «el perjudicado que pretenda obtener la reparación de los daños causados tendrá que probar el defecto, el daño y la relación de causalidad entre ambos».

Adicionalmente, cabe resaltar que en el caso de los productos sanitarios rige «un sistema de responsabilidad objetiva puro pero limitado a 3.005.060'52» y con una franquicia para los daños materiales de 500 euros[111]. Como se verá, esta responsabilidad «no es absoluta, permitiendo al fabricante exonerarse de responsabilidad en los supuestos que se enumeran»[112]: por un lado, esta puede reducirse o suprimirse cuando un tercero haya colaborado en la producción del daño; por otro, el productor quedará liberado de su responsabilidad cuando concurra una de las causas de exoneración del art. 140 TRLCU.

A. Ámbito objetivo

La responsabilidad del TRLCU alcanza a las actuaciones relacionadas con los medicamentos y otros productos sanitarios. Así se desprende del art. 137 del TRLCU[113] que, fuera de los casos de accidentes nucleares a que se refiere el art. 129.2 del TRLCU, no establece ninguna limitación exclusión *ratione materiae.*

Al efecto, conviene precisar cuáles son los daños indemnizables. La normativa señala que son, tanto los personales, como los materiales (art. 129 TRLCU); así, dentro de los personales se incluyen los corporales, las secuelas físicas, así como los daños patrimoniales por gastos médicos, farmacéuticos o en su caso, de entierro, y se incluyen dentro de este grupo de daños personales, los derivados del lucro cesante en el supuesto de que el paciente no haya podido continuar trabajando. Por otro lado, si bien los daños morales no están expresamente referidos en el citado precepto, del artículo 128 del TRLCU puede interpretarse que son indemnizables *ex.* art.

---

111 GILI SALDAÑA, Marian (2008): *El producto sanitario defectuoso en el mercado español, op. cit.* pág. 88.

112 Esta frase, aunque esté tomada de la exp. Mots. de la Ley 22/1994 Ley 22/1994, de 6 de julio, de responsabilidad civil por los daños causados por productos defectuosos, es perfectamente aplicable al TRLCU que le sustituye.

113 El art. 137 del TRLCU regula el concepto de producto defectuoso: «1. Se entenderá por producto defectuoso aquél que no ofrezca la seguridad que cabría legítimamente esperar, teniendo en cuenta todas las circunstancias y, especialmente, su presentación, el uso razonablemente previsible del mismo y el momento de s puesta en circulación. 2. En todo caso, un producto es defectuoso si no ofrece la seguridad normalmente ofrecida por los demás ejemplares de la misma serie. 3. Un producto no podrá ser considerado defectuoso por el solo hecho de que tal producto se ponga posteriormente en circulación e forma más perfeccionada».

1101 y 1902 del CC., si bien existe un límite cuantitativo para responder de los daños por muerte y lesiones por defectos de los productos, el importe máximo es de 63.106.279,96.-€ (art. 141 del TRLCU).

Ahora bien, como afirma PARRA LUCÁN, la responsabilidad establecida por la legislación de consumidores y usuarios en el ámbito sanitario es aplicable únicamente a los aspectos organizativos o de prestación de servicios, pero no a la actuación individual de los profesionales[114].

Así tres son los tipos de defectos atribuibles a los productos defectuosos que pueden originar responsabilidad[115]:

a) Defectos de fabricación

Son aquellos que hacen que el medicamento presente una característica se no ajuste al plan ideado (*ad. ex.* una variante de los componentes previstos o alguna impureza).

b) Defectos de diseño

Se caracterizan por originar un daño, provocando reacciones adversas, al ser sus efectos secundarios superiores a los beneficios que se derivan de su uso[116].

---

114 PARRA LUCÁN, Mª Ángeles (2017): «Medicamentos que dañan y prótesis que se rompen; quién responde y con arreglo a qué criterios», en PRATS ALBENTOSA, Lorenzo y TOMÁS MARTÍNEZ, Gema (coords.), *Culpa y responsabilidad. Homenaje al Profesor don Ricardo de Ángel Yagüez*, Aranzadi, Cizur Menor (Navarra), págs. 825 a 851. En plano jurisprudencial, como afirma la STS de 20 de noviembre de 2012 «este tipo de responsabilidad [por productos defectuosos] no afecta a los actos médicos propiamente dichos, dado que es inherente a los mismos la aplicación de criterios de responsabilidad fundados en la negligencia por incumplimiento de la *lex artis ad hoc.* La responsabilidad establecida por la legislación de consumidores (art. 148 del TRLCU) es aplicable en relación con los aspectos organizativos o de prestación de servicios sanitarios, ajenos a la actividad propiamente dicha» (FJ 10 STS de 20 de noviembre de 2012 (núm. rec. 4598/2011 y [*Tol 2689553*]). En el mismo sentido se ha pronunciado la STSJ de Castilla y León de 1259/2013, de 2 de julio de 2013 (núm. rec. 1464/2009 [*Tol 3901164*]).

115 *Ibidem* págs. 832 a 834

116 RAMOS GÓNZÁLEZ, Sonia (2005): *Responsabilidad civil por medicamento: el defecto de diseño. Un análisis comparado de los criterios de definición de defectos en España y en Estados Unidos*», Indret 2/2005.

c) Defectos de información

Son los que resultan de una inadecuada comunicación de las dosis, posología, contraindicaciones, riesgos, o alergias. Así, es necesario resaltar que el fabricante debe velar por el adecuado etiquetaje, prospecto y embalaje del producto[117]. A tal efecto, hay que tener en cuenta, que el art. 15 del TRLM, al regular las garantías de la información de los medicamentos, distingue entre la información científica, dirigida a los sanitarios, y la correspondiente al prospecto, dirigida a los pacientes.

Tanto la información a los profesionales como a los pacientes tiene especial trascendencia.

i. Información a los profesionales.

En relación con la información dirigida a los profesionales se menciona la STJUE *Hoffmann-La Roche* de 7 de julio de 2022, la cual examinó la procedencia o no de las sanciones impuestas, respectivamente, al grupo Roche y a Novartis, por la Autoridad Garante de la Competencia del Mercado en Italia, al considerar que habían realizado una práctica colusoria contraria al art. 101 del Tratado de Funcionamiento de la Unión Europea (TFUE)[118]. La práctica colusoria se dirigió a la obtención de una diferenciación artificial de los medicamentos Avastin y Lucentis. Para ello manipularon la percepción de los riesgos asociados al uso del Avastin en oftalmología, e informaron a los profesionales sanitarios de un uso no contemplado en su autorización de comercialización, en virtud del que lo estaban prescribiendo[119].

---

117 El etiquetado, embalaje y prospecto de los medicamentos de uso humano se regula en los arts. 54 y ss. de la Directiva 2001/83/CE del Parlamento Europeo y el Consejo, de 6 de noviembre, relativa al código comunitario sobre medicamentos para uso humano, y art. 104 y 105 del TRLM y el RD 1345/2007, de 11 de octubre, por el que se regula el procedimiento de autorización, registro y condiciones de dispensación de medicamentos de uso humano fabricados industrialmente.

118 STJUE *Hoffmann-La Roche* de 7 de julio de 2022 (C-261/221 [*Tol 9105589*]).

119 Según se afirma en la STJUE *Hoffmann-La Roche* de 7 de julio de 2022, los medicamentos Avantis y Lucentis fueron desarrollados por una sociedad domiciliada en los Estados Unidos de América, cuya actividad se limitaba al territorio de este país tercero. Dicha sociedad encomendó la explotación comercial del Avastin fuera de ese territorio al grupo Roche y la de Lucentis al grupo Novartis. En 2005, se concedió una autorización de comercialización para la UE al Avastin, con el fin del tratamiento de determinadas patologías tumorales, y en 2007, se concedió una autorización de comercialización al medicamento Lucentis, para el tratamiento

Asimismo, procede mencionar la STJUE *Pharma Expressz Szolgáltató és Kereskedelmi* de 8 de julio de 2021, relativa a la limitación de la libre circulación de mercancías que tengan por objeto medicamentos de uso humano. De la misma resulta la siguiente doctrina jurisprudencial: los medicamentos autorizados en un primer Estado miembro y clasificados de forma que no se *requiera* prescripción médica, para que puedan dispensarse en un segundo Estado miembro sin autorización de comercialización, se requerirá la notificación a la autoridad competente nacional y un pronunciamiento de la misma sobre el uso del medicamento[120].

ii. Información a los pacientes

---

de patologías oculares. Antes de la comercialización del Lucentis, algunos médicos habían comenzado a prescribir el Avastin a sus pacientes aquejados de enfermedades oculares, es decir, para indicaciones que no se correspondían con las mencionadas en la autorización de comercialización de este último. Especialmente interesante, es la conexión suscitada por la STJUE de 7 de julio de 2022 con la STJUE *Hoffmann-La Roche* de 23 de enero de 2018 (C-179/16 [*Tol 6478524*]), donde se puso en valor los exámenes que atribuían otro uso del medicamento, aunque no estuviera este contemplado en la autorización de comercialización, sin que constara prueba del carácter engañoso de la información difundida por las empresas.

120 STJUE *Pharma Expressz Szolgáltató és Kereskedelmi* de 8 de julio de 2021 (C—178/2020 [*Tol 8503409*]), resolvió una la cuestión prejudicial planteada por el Tribunal General de Budapest. La cuestión fáctica de partida residía en que la autoridad competente para supervisar las actividades de comercialización de los medicamentos constató que una empresa había importado en varias ocasiones desde otro Estado miembro del Espacio Económico Europeo (EEE), un medicamento para el que no se había obtenido una autorización de comercialización (AC) en Hungría, pero cuya comercialización estaba autorizada en ese otro Estado miembro como medicamento no sujeto a receta médica. En esta ocasión el TJUE aplicó los arts. 70 a 73 de la Directiva 2001/83/CE del Parlamento Europeo y el Consejo, de 6 de noviembre, relativa al código comunitario sobre medicamentos para uso humano. Pues bien, para la STSJUE *Pharma Expressz Szolgáltató és Kereskedelmi* de 8 de julio de 2021, de acuerdo con estos preceptos, no estaba permitido que un medicamento que pudiera dispensarse sin receta médica en un Estado miembro pudiera ser considerado como un medicamento no sujeto a receta en otro Estado miembro, mientras en este último Estado miembro se no hubiera obtenido una autorización de comercialización y no hubiera sido clasificado. En consecuencia, el TJUE sentenció que «sin perjuicio de la aplicación de la excepción (...) [del art. 5.1 de la Directiva 2001/83/CE] [los arts. 70 a 73 de la misma norma] se *oponían* a que un medicamento que *pudiera* dispensarse sin receta médica en un Estado miembro *debía* también ser considerado como un medicamento que *pudiera* dispensarse sin receta médica en otro Estado miembro cuando el medicamento

En cuanto a la información a los pacientes, conviene recordar la STS de 10 de julio de 2014, recaída en el caso del medicamento Agreal, en la que se condenó al laboratorio por una deficiente información del prospecto[121].

B. Características del régimen de responsabilidad

El Capítulo I del Título II del Libro III del TRLCU (arts. 135 a 146) «regula un régimen de responsabilidad objetiva, por defecto de producto, extracontractual, exclusiva del fabricante o del importador, tasada e incompatible con la responsabilidad penal del fabricante»[122]. De acuerdo

---

en cuestión no *dispusiera* en este último Estado de una autorización de comercialización y no *hubiera* sido clasificado» (par. 76 1).

121 STS 412/2014, de 10 de julio (núm. rec. 2795/2012 [*Tol 4478976*]). Según expone PARRA, Agreal fue un medicamento para alivio sintomático de los sofocos y otros trastornos asociados a la menopausia, que se comercializó en diversos países de la UE (a partir del año 1983 en España, y con anterioridad en Bélgica, Francia, Luxemburgo, Italia y Portugal). A partir de unas primeras alertas procedentes de España, donde la AEMPS revocó la autorización de comercialización en el año 2005, dos años después, en 2007, la Agencia Europea del Medicamento (AEM o EMA en inglés) lo retiró del mercado. Lo hizo al asumir un informe del Comité de Medicamentos de Uso Humano en el que se concluía que los riesgos del consumo del medicamento eran superiores a los limitados efectos beneficiosos que producía. Posteriormente, la STS de 10 de julio de 2014 condenó al Sanofi-Aventis SA, al pago de tres mil euros a cada una de las ciento cuarenta y seis demandantes por el daño moral derivado del uso de un medicamento. El TS hizo responsable al laboratorio por no haber informado de los efectos secundarios adecuadamente. Adicionalmente, acordó indemnizar con diversas cantidades a trece demandantes que acreditaron la producción de daños corporales. El producto se consideró defectuoso, porque en el prospecto no existía suficiente información sobre efectos secundarios que permitiese a los pacientes decidir si asumían el riesgo de someterse a un tratamiento, en virtud de la información facilitada por el laboratorio. Por otro lado, el TS no hizo responsables a los profesionales de la información facilitada a los pacientes, al haberse limitado a trasladar la información facilitada por los laboratorios. En síntesis, la sentencia fallo a favor de los reclamantes en aplicación de las siguientes bases: a) Agreal era defectuoso, no tanto por los efectos secundarios, como por la falta de suficiente y clara información de los mismos; b) la víctima debía probar el nexo causal entre el consumo del medicamento y los padecimientos típicos no advertidos; y c) Sanofi-Aventis debía responder por tanto por los daños corporales como morales.

122 GILI SALDAÑA, Marian (2008): *El producto sanitario defectuoso en el mercado español*, *op. cit.* pág. 83.

con estos preceptos —así como las disposiciones comunes de los arts. 129 a 135 TRLCU, sus principales características son las siguientes:

a) Responsabilidad solidaria

En la responsabilidad por productos defectuosos, para facilitar que la víctima pueda dirigirse contra cualquiera de los responsables, rige la regla de la responsabilidad solidaria, sin perjuicio de que el responsable que abone el importe pueda repetir la parte correspondiente, al resto de participantes en el plazo de un año desde que abonó la indemnización (art. 143.2 del TRLCU).

b) Intervención de tercero

En principio, la intervención de un tercero (art. 133 del TRLCU) no interrumpe la relación de causalidad entre fabricante y perjudicado[123]. Para que se rompa el nexo causal debe acreditarse que el daño resulta exclusivamente de la conducta del tercero. En cambio, si el daño es causado conjuntamente por un defecto del productor y la conducta de un tercero, la víctima podrá reclamar al fabricante la reparación íntegra de los daños sufridos.

c) Prescripción

El plazo con el que cuenta el particular para reclamar en el orden civil es de tres años desde la fecha en que sufrió el perjuicio (art. 143.1 del TRLCU), así según los daños, constituye el *dies a quo:*

i. En los daños continuados o de producción sucesiva e ininterrumpida, el inicio se hace coincidir con la producción del definitivo resultado lesivo.

   Un caso lo encontramos en los contagios de hepatitis C causados por Baxter. La STS de 21 de mayo de 2014 señaló el comienzo del cómputo en las acciones *inter vivos,* cuando el afectado conozca los

[123] Por tercero debe entenderse a los sujetos independientes, distintos del productor (*v.gr.* empleados o dependientes). En caso contrario, este responderá por los actos de sus auxiliares de conformidad con los arts. 1101 y 1903 del Código Civil (CC).

daños y la identidad del productor, y en las acciones mortis causa, comienza a contar desde «la fecha de su fallecimiento dado que desde ese momento el concreto daño finalmente sufrido ya era conocido»[124].

ii. En los daños permanentes o duraderos, el plazo empieza a correr desde que se tiene cabal conocimiento del mismo y se puedo medir la trascendencia mediante un pronóstico razonable.

En el caso de la Talidomida, la STS de 20 de octubre de 2015[125] entendió que la acción estaba prescrita porque se trataba de daños permanentes, cuyos efectos quedaron determinados al nacer las víctimas del medicamento consumido por su madre gestante, por tanto, la acción se consideró prescrita. Así, al no considerarse daños continuados, se consideró que no interrumpió la prescripción el procedimiento iniciado para que se reconociera la condición de afectados por la talidomida en orden a hacer a los afectados acreedores de las ayudas públicas[126].

---

124 FJ 3 STS 244/2014, de 21 de mayo, de la Sala de lo Civil (núm. rec. 409/2012 [*Tol 4330684*])

125 FJ 1.3 STS 544/2015, de 20 de octubre, de la Sala de lo Civil (núm. rec. 3140/2014 [*Tol 5511240*]).

126 El procedimiento iniciado para que se reconociera la condición de afectados por la talidomida en orden a hacer a los afectados acreedores de las ayudas públicas no interrumpió la prescripción. Al respecto, *vid.* IZQUIERDO TOLSADA, Mariano (2016): «Comentario de la Sentencia del Tribunal Supremo de 20 de octubre de 2015 (4149/2015). Prescrita la acción contra los fabricantes de la talidomida», *Revista de la Asociación Española de Abogados en Responsabilidad Civil y Seguro,* núm. 57, págs. 57 a 77. La demanda, que dio lugar a la STS de 20 de octubre de 2015, fue promovida en 2012 por la Asociación de Víctimas de la talidomida (AVITE) contra la empresa farmacéutica Grünental Pharma SA, titular de los derechos sobre el principio activo de la talidomida. Con ella se pretendió que sus asociados fueran reconocidos e indemnizados como afectados por la talidomida. También se reclamaba en nombre de los herederos de los afectados, ya fallecidos. Previamente, el RD 1006/2010, de 5 de agosto, había regulado un procedimiento de concesión de ayudas a las personas afectadas por la talidomida en España durante el periodo 1960-1965. Este real decreto reconoció una ayuda a aquellas personas que hubieran sufrido malformaciones corporales durante el proceso de gestación en el periodo 1960-1965, siempre que no pudiera descartarse que estas se debían a la ingesta de Talidomida en España por la madre gestante, bajo diagnóstico acreditado por el Instituto de Salud Carlos III. En primera instancia se reconoció una indemnización a favor de los miembros de AVITE de 20.000 euros por cada punto porcentual de minusvalía. Posteriormente la Audiencia Provincial de Ma-

En relación con todo lo señalado, cabe añadir, que el art. 144 del TRLCU establece un segundo plazo de prescripción concurrente con el anterior: la acción quedará prescrita, en todo caso, si han transcurrido diez años desde la puesta en circulación del medicamento, salvo que, en ese plazo, se hubiera formulado alguna reclamación judicial.

d) Exoneración de responsabilidad

Como recuerda RAMOS GONZÁLEZ, el cumplimiento, por parte del fabricante, de la normativa administrativa sobre seguridad de los productos, no significa que aquél quede exonerado de responsabilidad civil por daños ocasionados a terceros[127]. En términos análogos se pronuncia SOLÉ, el cual advierte que, ni la observancia de las normas conlleva automáticamente a excluir la existencia de defecto, ni su incumplimiento supone que el producto sea defectuoso. Todo ello, sin perjuicio de que, en este último caso, quepa imponer las correspondientes sanciones administrativas. El cumplimiento de la normativa reguladora de la seguridad de los productos puede actuar como indicio respecto el defecto, pero no es una prueba concluyente[128].

Por su parte, SARDINERO afirma, que «el modelo elegido por... [el TRLCU] es de responsabilidad objetiva, en caso de productos defectuosos, de manera que es obligación del perjudicado que pretenda obtener una reparación de los daños causados la de probar el defecto, acreditar el daño y la relación de causalidad entre uno y otro: daño ocasionado»[129].

No obstante, el art. 140 del TRLCU exonera de responsabilidad al productor en los casos enumerados en primer apartado del precepto[130].

---

drid estimó el recurso de apelación y revocó la sentencia del Juzgado de Primera Instancia núm. 90 de Madrid.

127 RAMOS GONZÁLEZ, Sonia (2004): *Responsabilidad civil por medicamento. Defectos de fabricación, de diseño y en las advertencias o instrucciones,* Aranzadi, Cizur Menor (Navarra), pág. 97.

128 SOLÉ I FELIU, Josep (1997): *El concepto de defecto del producto en la responsabilidad civil del fabricante,* Tirant lo Blanch, Valencia.

129 SARDINERO GARCÍA, Carlos (2017): «La responsabilidad patrimonial de las Administraciones Públicas de relacionada con su intervención en los medicamentos», en FAUS SANTASUSANA, Jordi y VIDA FERNÁNDEZ, José (dirs.), *Tratado de Derecho Sanitario,* Aranzadi, Cizur Menor (Navarra), pág. 1161.

130 De acuerdo con el art. 140.1 TRLCU, «el productor no será responsable si prueba: a) Que no había puesto en circulación el producto b) Que, dadas las circuns-

De entre las causas de exoneración destaca la derivada de los «riesgos de desarrollo»[131], letra e) del citado art. 140.1 del TRLCU denominado como indica GILI con la expresión «estado de la ciencia y de la técnica» y los «riesgos de desarrollo», aunque se empleen como sinónimos, son nociones distintas.

En efecto, la expresión «estado de la ciencia y de la técnica» y el «desarrollo de la ciencia», se diferencian:

i. «El estado de la ciencia y de la técnica (*State-of-the-Art*) se vincula al conocimiento del defecto o conjunto de conocimientos más recientes que se encuentran disponibles en el ámbito científico y técnico.
ii. El riesgo de desarrollo, en cambio, se refiere al potencial dañino de un producto que no puede ser conocido porque el estado de la ciencia existente en el momento de su puesta a circulación no permitía descubrirlo»[132]. Según los ordenamientos, la actualización de este tipo de riesgos exime al laboratorio o fabricante de responder o no de los daños causados por el producto defectuoso[133].

---

tancias del caso, es posible presumir que el defecto no existía en el momento en que se puso en circulación el producto. c) Que el producto no había sido fabricado para la venta o cualquier otra forma de distribución con finalidad económica, ni fabricado, importado, suministrado o distribuido en el marco de una actividad profesional o empresarial. d) Que el defecto se debió a que el producto fue elaborado conforme a normas imperativas existentes. e) Que el estado de los conocimientos científicos y técnicos existentes en el momento de la puesta en circulación no permitía apreciar la existencia del defecto. 2. El productor de una parte integrante de un producto terminado no será responsable si prueba que el defecto es imputable a la concepción del producto al que ha sido incorporado o a las instrucciones dadas por el fabricante de ese producto."

131 SALVADOR CORDERCH, Pablo, SEUBA TORREBLANCA, Joan Carles, RAMOS GONZÁLEZ, Sonia, LUNA YERGA, Álvaro y RUÍZ GARCÍA, José Antonio (2000): «Hepatitis y riesgos de desarrollo Responsabilidad del laboratorio que comercializa plasma sanguíneo infectado de VHC (STS, 1ª, 5 de octubre de 1999) y de las Administraciones Públicas Sanitarias que lo emplean (STS, 3ª, 31 de mayo de 1999)», *InDret*, núm. 1.

132 GILI SALDAÑA, M. (2008): *El Producto Sanitario Defectuoso en Derecho Español, op. cit.* pág. 139.

133 «Cuando se produce un daño derivado de riesgos de desarrollo, algunos ordenamientos jurídicos imputan la responsabilidad correspondiente al fabricante del producto en cuestión, pero otros le conceden una excepción que le permite exonerarse de tal responsabilidad. El elemento clave de la excepción de riesgos de desarrollo es el estado de la ciencia y de la técnica (State-of-the-Art), pero ambas nociones operan de forma distinta en relación al defecto: el estado de la ciencia y

Pues bien, al efecto, especial mención requiere la previsión del art. 140.3 del TRLCU, porque neutraliza el art. 140.1 e) del TRLCU al hacer responsable al laboratorio de los daños causados por medicamentos defectuosos, aún cuando, de acuerdo con el *State-of-the-Art*, no fuera posible descubrir el defecto. En cambio, el fabricante de otros productos sanitarios distintos a los medicamentos quedará exento en virtud de la cláusula de los «riesgos de desarrollo» del art. 140.1 e) del TRLCU porque no le es aplicable el art. 140.3 del TRLCU.

Mientras que en los productos sanitarios distintos a los medicamentos se exonera al fabricante de responder por los daños causados si prueba que en virtud del desarrollo de la ciencia no era posible apreciar la existencia del defecto, en los medicamentos el laboratorio no podrá invocar el art. 140.1 e) del TRLCU. En consecuencia, salvo la excepción indicada para los laboratorios de medicamentos, en virtud del régimen del «estado de los conocimientos científicos y técnicos», se exonera de responsabilidad al fabricante que pruebe que aquél no permitía apreciar la existencia del defecto. Para SARDINERO esto supone, que la responsabilidad del medicamento, en los casos de imprevisibilidad con el «estado de los conocimientos científicos y técnicos», conlleva que no se requiera la concurrencia de culpa[134].

GILI al examinar el alcance de esa excepción del art. 140.1 e) del TRLCU —que no aplica a los «medicamentos, alimentos o productos alimentarios destinados al consumo humano»— critica que se excluya de operar como causa de exención de responsabilidad cuando se trata de medicamentos de uso humano. En su opinión, «el régimen de responsabilidad aplicable a los fabricantes de productos sanitarios difiere, por tanto, del previsto para los fabricantes de medicamentos. El fundamento de esta distinción señala que no es claro. Es cierto que existen diferencias entre ambos tipos de pro-

---

de la técnica se vincula al conocimiento del defecto; y la excepción de los riesgos de desarrollo presupone un defecto y persigue exonerar al fabricante que prueba que el estado de los conocimientos científicos y técnicos impedía apreciar la existencia de aquel defecto». CORDERCH, Pablo Salvador, SEUBA, Joan Carles, RAMOS GONZÁLEZ, Sonia, LUNA YERGA, Álvaro y RUÍZ GARCÍA, Juan Antonio (2000): «Hepatitis y riesgos de desarrollo. Responsabilidad del laboratorio que comercializa plasma sanguíneo infectado de VHC (STS, 1ª, 5 de octubre de 1999) y de las Administraciones Públicas Sanitarias que lo emplean (STS, 3ª, 31 de mayo de 1999)», *op. cit.* pág. 6.

134 SARDINERO GARCÍA, Carlos (2017): «La responsabilidad patrimonial de las Administraciones Públicas relacionada con su intervención en los medicamentos», *op. cit.* 1163.

ductos, pues la acción principal de los medicamentos, a diferencia de los que sucede con los productos sanitarios, se alcanza mediante una acción química o gracias a su metabolización por el cuerpo humano. (...). Ambas clases de productos se utilizan en seres humanos y, además, pretender diagnosticar, prevenir, tratar o aliviar una enfermedad o dolencia»[135]. Por esta razón defiende una unidad de régimen para medicamentos y productos sanitarios, y que alcanzase a los destinados al uso veterinario.

Al margen de ese debate, en todo caso, la causa de falta de responsabilidad por estado de los conocimientos científicos y técnicos plantea una particularidad cuando se pretende reclamar contra la Administración sanitaria. Como se acaba de exponer, el régimen de responsabilidad de los laboratorios de medicamentos impide que estos queden exonerados por los riesgos de desarrollo. En cambio, los servicios de farmacia hospitalaria podrán invocar, que «no serán indemnizables los daños que se deriven de hechos o circunstancias que no se hubiesen podido prever o evitar según el estado de los conocimientos de la ciencia o de la técnica existentes en el momento de producción de aquéllos» (art. 34.1 de la Ley 40/2015, de 1 de octubre, de régimen jurídico del sector público, en adelante LRJ).

Esta diferencia de trato ha sido criticada por RAMOS, la cual entiende que el art. 140.3 del TRLCU es «ley especial frente a la normativa general (...) que comprende cualquier hipótesis de responsabilidad administrativa» y desplaza el art. 34.1 de la LRJ. Adicionalmente considera que «a las Administraciones públicas que fabrican medicamentos es exigible [el art. 140.3 del TRLCU] para mantener la coherencia del sistema de responsabilidad civil extracontractual»[136].

e) *Medidas preventivas*

Con el propósito de evitar la provocación de daños, y en última instancia la responsabilidad del fabricante, dentro de la actividad preventiva de los productores de medicamentos y demás productos sanitarios se encuen-

---

135 GILI SALDAÑA, M. (2008): *El Producto Sanitario Defectuoso en Derecho Español, op. cit.* pág. 145.

136 RAMOS GONZÁLEZ, Sonia (2004): *Responsabilidad civil por medicamento. Defectos de fabricación, de diseño y en las advertencias o instrucciones, op. cit.* pág. 368. MANENT y TAJUELO sostienen en el cap. 21 de este tratado (pág. 1531) que tras la aprobación del TRLCU la exclusión de los riesgos de desarrollo a los fabricantes de medicamentos se aplica a las empresas públicas *ex* art. 4 TRLCU.

tran las medidas cautelares. En virtud de las mismas, cuando un fabricante tenga indicios suficientes de que ha puesto en el mercado productos incompatibles con el deber de seguridad, debe adoptar, «las medidas adecuadas para evitar los riesgos asociados a los productos que comercializan, sin necesidad de requerimiento de los órganos administrativos competentes». Entre las medidas cautelares que, de acuerdo con el art. 4.3 b) del RD 1801/2003, de 26 de noviembre, pueden adoptarse se incluye, «la información a los consumidores mediante, en su caso, la publicación de avisos especiales; la retirada de los productos de mercado; o su recuperación de los consumidores»[137].

f) Ensayos clínicos

La responsabilidad de los fabricantes en el sentido examinado en este apartado despliega sus efectos también respecto los ensayos clínicos.

A efectos del TRLM se define como «toda investigación efectuada en seres humanos con el fin de determinar o confirmar los efectos clínicos, farmacológicos y/o demás efectos farmacodinámicos, y/o de detectar las reacciones adversas, y/o de estudiar la absorción, distribución, metabolismo y eliminación de uno o varios medicamentos en investigación con el fin de determinar su seguridad y/o su eficacia» (art. 58.1 TRLM).

Con el fin de favorecer la realización de ensayos clínicos, el art. 58 del TRLM impone a las Administraciones sanitarias la obligación de facilitar su realización en el ámbito del SNS. Sus condiciones, eso sí, serán las que acuerden el promotor y los servicios de salud de las comunidades autónomas con criterios de transparencia[138].

Dichos acuerdos deberán adecuarse al TRLM e incluirán todos los aspectos necesarios para su correcta realización. En particular deberán reflejarse los profesionales participantes, los recursos implicados y las compensaciones que se establezcan. Adicionalmente deberá concertarse un seguro o garantía financiera para cubrir los daños y perjuicios que pudieran ocasionarse en la persona que se lleve a efecto[139].

En todo caso, la AEMPS podrá interrumpir el ensayo o modificar su protocolo cuando lo estime necesario. Paralelamente, las Administraciones

---

137 *Ibidem* pág. 108.

138 Art. 58.1 TRLM

139 Art. 61.1 *in fine* TRLM.

sanitarias velarán por la observancia de su desarrollo en virtud de las inspecciones necesarias, para comprobar que se siguen las normas de «buena práctica clínica»[140].

C. Responsabilidad penal

Por último, conforme se anticipó, tras lo plasmado en materia de reclamación por medicamento y producto defectuoso, procede hacer una referencia a la responsabilidad penal atribuible al fabricante.

El Código Penal (CP), en su libro II, en el capítulo III del título XVII, regula los delitos contra la salud pública. En la primera sección se tipifican los delitos relacionados con el comercio y en la segunda los relativos al tráfico de drogas.

Dentro de la sección primera destacan los delitos de los arts. 361 y 362 CP. A estos delitos se les conoce como «delitos farmacológicos» y se trata de:

a) Expendición ilegal de medicamentos (art. 361 CP)[141]

En este precepto se castiga, respecto de los fabricantes de medicamentos:

i. La elaboración de medicamentos, incluyendo los medicamentos en investigación, de uso humano o veterinario, u de otros productos sanitarios, en ambos casos, siempre que sean nocivos para salud y puedan causar estragos[142].

---

[140] De acuerdo con el art. 59.2 TRLM, «La Agencia Española de Medicamentos y Productos Sanitarios podrá interrumpir en cualquier momento la realización de un ensayo clínico o exigir la introducción de modificaciones en su protocolo, en los casos siguientes: a) Si se viola la ley. b) Si se alteran las condiciones de su autorización. c) Si no se cumplen los postulados éticos recogidos en el artículo 60. d) Para proteger la salud de los sujetos del ensayo. e) En defensa de la salud pública».

[141] A la redacción original del art. 361 PP, se añaden, la carencia de autorización necesaria según la Ley, y en el caso de los productos sanitarios, la carencia de los documentos de conformidad exigidos por la normativa.

[142] Las conductas farmacológicas del actual art. 361 CP, son las resultantes de la Ley Orgánica 1/2015, de 30 de marzo, de modificación del CP. Tras la LO 1/2015, a las conductas típicas de expendición y despacho, se añade la fabricación de medicamentos que estén deteriorados, caducados, o incumplan las exigencias técnicas relativas a su composición, estabilidad y eficacia. Según expresa CASTRO,«la ra-

ii. La elaboración de medicamentos o productos sanitarios sin autorización.

La aplicación de este precepto no es pacífica. La problemática derivada de este tipo de delitos es que suelen estar cohonestados con los delitos de tráfico de drogas del art. 368 del CP. Esto suscita dudas, sobre si deben acumularse ambas causas, o deben ser objeto de división.

En este sentido es significativo el ATS de 4 de marzo de 2020. En él, a partir del art. 17 de la Ley de Enjuiciamiento Criminal (Lecrim)[143], se resolvió a favor de la división de causas en lugar de su acumulación, dadas las complejidades existentes en este tipo de asuntos[144].

b) Falsificación de medicamentos (art. 362 a 362 ter)

El art. 362 del CP tipifica la falsificación en su vertiente de alteración de medicamentos o productos sanitarios, accesorios o componentes. Esta conducta presupone su elaboración para presentarse engañosamente. Se requiere, por tanto una voluntad de simulación. A estos efectos, es esencial —como manifiesta CASTRO— la acreditación de la intencionalidad, de manera que se ponga de manifiesto que para este tipo de delitos contra la salud pública se admite el dolo eventual[145].

La conducta puede suponer la alteración al fabricarlos, o en un momento posterior, así como afectar a la cantidad, dosis, fecha de caducidad, o a la composición originaria de cualquiera de sus componentes.

---

zón de ser de la sustitución y ampliación de las tradicionales conductas de expendición y despacho, es la de extender al ámbito típico los supuestos de distribución o entrega gratuitas de los medicamentos, en los que no concurre necesariamente ánimo de lucro ni contraprestación económica para el autor». A ello añade CASTRO que «el catálogo y heterogeneidad de las conductas contempladas en el nuevo 351 CP resulta tan amplia, que el mero hecho de otorgar al mismo un nombre o denominación categorial resulta complicado». Por esta razón mantenemos la denominación clásica. CASTRO MORENO, Abraham (2017): «*La responsabilidad penal relacionada con los medicamentos típicos específicos*», en FAUS SANTASUSANA, Jordi y VIDA FERNÁNDEZ, José (dirs.), Tratado de Derecho sanitario, Aranzadi, Cizur Menor (Navarra), págs. 1101 y 1109.

143 R. D. de 14 de septiembre de 1882, por el que se aprueba la Ley de Enjuiciamiento Criminal.

144 ATS de 4 de marzo de 2020 (cuestión de competencia 20961/2018).

145 CASTRO MORENO, Abraham (2017): «*La responsabilidad penal relacionada con los medicamentos: tipos específicos*», *op. cit.*

En todo caso, el art. 366 CP prevé la responsabilidad penal para las personas jurídicas intervinientes en este tipo de delitos, por lo que se equipara así la previsión de exigencia de responsabilidad penal a lo previsto para otros delitos.

Además de lo indicado, en la jurisprudencia penal en el ámbito del medicamento, encontramos una variedad de pronunciamientos relacionados: con la estafa y el intrusismo (*v.gr.* STS de 19 de mayo de 2020); o con los delitos contra la salud por la elaboración y comercialización de productos nocivos, bajo la presentación de un medicamento contra la obesidad y adelgazante, de la redacción original del art. 369 CP (*ad ex.* STS de 11 de octubre de 2004)[146].

D. Valoración crítica

En consecuencia, en este epígrafe dedicado a la responsabilidad del fabricante se constata que según la influencia de la regulación europea, en el sector farmacéutico existe una gran variedad subjetiva de responsables civiles, especialmente los fabricantes, lo que puede entenderse que derivada de la sobrerregulación para garantizar la salud pública, así como de la comercialización de medicamentos y otros productos sanitarios[147].

Esta es la razón por la que el fabricante debe responder de los defectos de fabricación, de diseño o de información, distinguiendo en este último caso, entre la información facilitada a los profesionales de la que se propicia a los consumidores (*vid.* caso Agreal). Además, su responsabilidad es de carácter objetivo, si bien está atemperada por los supuestos de exención de responsabilidad del art. 140 TRLCU, y afecta tanto a la fabricación en sí del medicamento o producto, como a la fase previa de ensayo clínico.

Desde el punto de vista penal los tipos que afectan a los fabricantes fueron ampliados tras la reforma del CP de 2015. Dicha reforma añadió como conducta punible: tanto para medicamentos como productos sanitarios, la carencia de autorización; y para los segundos, además, no tener los documentos exigidos por la normativa que garantiza su funcionamiento

---

146 SSTS 167/2020, de 19 de mayo (núm. rec. 2411/2018 [*Tol 7940616*]) y 1207/2004, de 10 de mayo (núm. rec. 235/2003 [*Tol 514592*]).

147 Una manifestación del robusto marco regulatorio de la comercialización de medicamentos y otros productos sanitarios es la necesidad de la autorización administrativa, como título habilitante, para el ejercicio de cualquier actividad mercantil relacionada con los medicamentos.

técnico. Finalmente, la comisión de los delitos farmacológicos aparece con frecuencia en concurso con otros delitos como el tráfico de drogas, la estafa o el intrusismo, siendo el criterio prioritario el conocimiento separado de las causas.

6) Responsabilidad por autorización de medicamentos

«La responsabilidad civil por daños causados por medicamentos defectuosos no está limitada a aquellos sujetos que directamente se encargan de su producción, distribución o importación (...). También puede alcanzar a la Administración sanitaria en tanto sujeto que autoriza la comercialización de un medicamento y supervisa su seguridad, eficacia y calidad en el mercado (...). No obstante, la posible responsabilidad de la Administración (...) sólo puede plantearse si previamente se discute la existencia de un defecto en el medicamento que ha causado los daños»[148].

Además, en las reclamaciones por autorización de un medicamento defectuoso, la responsabilidad de la Administración se funda en un título distinto al del laboratorio. Mientras que este respondería por la comercialización de un medicamento que no ofrecía las condiciones de seguridad que cabría esperar, aquella debiera responder por haber autorizado la puesta en el mercado de un medicamento que, con los avances de la ciencia y de la técnica, era defectuoso,

En estos casos la responsabilidad se regirá por los arts. 32 y ss. de la LRJ y alcanzará a los siguientes supuestos:

i. La autorización de un medicamento defectuoso ya sea este evitable de acuerdo con el estado de la ciencia y de la técnica, ya sea un defecto que deriva de los riesgos de desarrollo del medicamento.

ii. La falta de retirada del mercado de un medicamento cuando se sospeche razonablemente de la existencia de un riesgo inminente y grave para la salud de los consumidores.

Dicho esto, en este apartado nos centraremos en la responsabilidad de la Administración por los daños causados por la autorización de un medicamento defectuoso, y en el epígrafe V, por los daños derivados de la retirada de autorización.

---

[148] RAMOS GONZÁLEZ, Sonia (2004): *Responsabilidad civil por Medicamento. Defectos de fabricación, diseño y en las advertencias o instrucciones. op. cit.* págs. 372 y 373.

Pues bien, hasta la fecha no ha recaído sentencia alguna del TS en la que se declare la responsabilidad de la Administración sanitaria por autorización negligente de un medicamento. FAUS es escéptico sobre eventuales condenas a la Administración sanitaria. En su opinión, «la posibilidad de que los usuarios afectados por los daños causados por un medicamento obtengan resarcimiento mediante el ejercicio de una acción de responsabilidad patrimonial de la Administración alegando un anómalo ejercicio de sus potestades administrativas de intervención en materia de medicamentos, parece más bien compleja a la luz de la jurisprudencia dominante en España»[149]. La «jurisprudencia parte de la idea de que las autorizaciones se otorgan en un contexto en el que no hay plena certeza acerca de la eficacia, en base a un juicio de ponderación de los riesgos y beneficios que entraña el uso del proyecto, lo cual es consustancial a este tipo de actividad, sin que ello implique necesariamente un funcionamiento anormal de los servicios públicos causados»[150].

Para que la Administración sanitaria deba responder no es suficiente ligar la autorización de un medicamento a un daño corporal, se requiere que este sea antijurídico. Lo será «en caso de haberse otorgado una autorización de comercialización de forma negligente, como ocurriría si incurriera en un error manifiesto a la hora de resolver el procedimiento de autorización, esto es, si no evaluara correctamente los requisitos de seguridad, eficacia, calidad e información del producto conforme a los conocimientos científicos existentes o si rebasara manifiestamente su facultad de apreciación a la hora de examinar tales requisitos»[151].

«En términos de defecto de producto, la omisión de la diligencia debida a la hora de autorizar el medicamento puede afectar tanto a la adecuación o suficiencia de las instrucciones o advertencias relativas a los riesgos previsibles de daños, así como al resultado del balance riesgos-beneficios de diseño del medicamento. Un criterio válido, en este último sentido, es comprobar si existe en el mercado o en la comunidad científica un diseño alternativo razonable y más seguro que desaconseje la autorización del nuevo medicamento»[152].

---

149 FAUS SANTASUSA, Jordi (2017): «La autorización de comercialización», *op. cit.* pág. 375.

150 *Idem.*

151 RAMOS GONZÁLEZ, Sonia (2004): *Responsabilidad civil por Medicamento. Defectos de fabricación, diseño y en las advertencias o instrucciones. op. cit.* pág. 374.

152 *Ibidem* pág. 375.

7) Responsabilidad como organismo de notificado de productos sanitarios

«Los productos sanitarios (…), no están sometidos a evaluación ni autorización de comercialización por las autoridades nacionales de los Estados Miembros»[153]. Estos productos pueden circular libremente en el territorio comunitario siempre que vayan provistos del marcado CE, obtenido tras una evaluación positiva por un organismo notificado, y los Estados Miembros no pueden impedir en su territorio la comercialización ni la puesta en servicio de los productos que ostentan el marcado CE, a menos que se demuestre que presentan riesgos para la salud. Como excepción, los productos a medida y los destinados a investigaciones clínicas no llevarán marcado CE[154]. Por lo tanto, si ese marcado CE se hubiera producido sin observarse

---

153 CJ III del dictamen del Consejo de Estado de 15 de julio de 2021 (núm. exp. 282/2021). En relación con el marcado CE hay que decir que es un requisito para la comercialización de determinados productos en la UE, entre los que se encuentran los productos sanitarios. Con esta etiqueta se garantiza el cumplimiento de los requisitos de seguridad, sanidad y protección del medio ambiente marcados por la UE. A tal efecto el fabricante debe evaluar el producto —y en algunos de ellos, como sucede con los productos sanitarios— recurrir a la evaluación externa de un «organismo notificado». El «organismo notificado» es una entidad designada por un Estado miembro, para evaluar la conformidad de determinados productos antes de su comercialización. Como ha puesto de manifiesto el Consejo de Estado, refiriéndose a las prótesis mamarias. Estas «son productos sanitarios regulados —a nivel comunitario— por la Directiva 93/42/CEE, de 14 de junio, sobre productos sanitarios y sus posteriores modificaciones [en la actualidad sustituido por el Reglamento (UE) 2017/45 de 5 de abril], y en el ámbito nacional, por el Real Decreto (…) 1591/2009, de 16 de octubre, por el que se regulan los productos sanitarios (…). Por otro lado (…) para comercializar legalmente en la Unión Europea los productos sanitarios tienen que estar provistos "del marcado CE, distintivo que declara la conformidad del producto con los requisitos de seguridad, eficacia y calidad establecidos en la legislación" (ese distintivo debe figurar en el etiquetado y en el prospecto del producto sanitario). Además, las prótesis mamarias, dado su riego —están clasificados como productos de clase III— deben evaluarse antes de su comercialización por un organismo notificado, que es quien emite el correspondiente certificado CE, evaluando la documentación técnica y comprobando el cumplimiento de los requisitos relativos a la seguridad, características y prestaciones de los productos en condiciones normales de utilización» (CJ III DCdE de 15 de julio de 2021 (núm. exp. 317/2021).

154 Art. 12.1 del RD 1591/2009, de 16 de octubre, por el que se regulan los productos sanitarios. Su párrafo segundo añade que «el marcado CE será colocado únicamente por el fabricante o su representante autorizado y sólo podrá colocarse en productos que hayan demostrado su conformidad con los requisitos esenciales señalados en el artículo 5 y que hayan seguido los procedimientos de evaluación

los requisitos podría plantearse un escenario donde cuestionarse la responsabilidad patrimonial de la Centro Nacional de Certificación de Productos Sanitarios-AEMPS en su condición único organismo notificado español de productos sanitarios[155].

IV. RESPONSABILIDAD DEL DISTRIBUIDOR

La cadena de distribución de medicamentos desde la fabricación o importación hasta su dispensación se encuentra sujeta al cumplimiento de las garantías de calidad y condiciones adecuadas de conservación, transporte y suministro de los medicamentos y productos, previstas en el RD 782/2013, de 11 de octubre, sobre distribución de medicamentos de uso humano (en adelante, RDM), que desarrolla los artículos 67 a 71 del TRLM[156].

Asimismo, hay que destacar, el RD 717/2019, de 5 de diciembre, por el que se modifica el RD 1345/2007, de 11 de octubre, por el que se regula el procedimiento de autorización, registro y condiciones de dispensación de los medicamentos de uso humano fabricados industrialmente[157].

---

de la conformidad señalados en el artículo 13». Por su parte, el art. 5 remite al Anexo I para enumerar los requisitos esenciales y el artículo 13 determina los procedimientos de evaluación a los que puede optar el fabricante para obtener el marcado.

155 En alguna ocasión cuando el marcado CE ha sido obtenido en un Estado miembro de la UE, el Consejo de Estado, a los solos efectos dialécticos, ha precisado que «de existir responsabilidad en la verificación (...), ello sería imputable a la Administración alemana y no al Ministerio español de Sanidad. Así resulta del informe de la AEMPS en el que se hace constar que las prótesis (...) obtuvieron el marcado CE de acuerdo a la Directiva 93/42/CEE y la evaluación de la conformidad de las mismas fue efectuada por el Organismo Notificado alemán» (CJ III DCdE de 15 de julio de 2021 (núm. exp. 317/2021).

156 Modificada en esta materia por la Ley 10/2013, de 24 de julio, por la que se incorporan al ordenamiento jurídico español las Directivas 2010/84/UE, del Parlamento Europeo y del Consejo, de 15 de diciembre, sobre farmacovigilancia, y 2011/62/UE, del Parlamento Europeo y del Consejo de 8 de junio, sobre la prevención de entrada de medicamentos falsificados en la cadena de suministro legal.

157 La STS 316/2023, de 9 de marzo (núm. rec. 43/2020 [*Tol 9447117*]), ha declarado conforme la modificación introducida por el RD 717/2019 al haberse resuelto por la STJUE *Consejo General de Colegios Oficiales de Farmacéuticos de España* de 26 de enero de 2023 (C-469/21 [*Tol 9373470*]), sobre la obligación de establecer vía

Tomando como referencia esta normativa, a continuación, definimos quiénes son los distribuidores de medicamentos y productos sanitarios. En segundo lugar, señalaremos qué requisitos deben cumplir para operar en el mercado (autorización administrativa y buenas prácticas). Después de haber dibujado el régimen jurídico de los distribuidores, expondremos qué responsabilidades civiles concurren en materia de medicamentos u otros productos sanitarios defectuosos, y penales.

1) Definición

Estas entidades, siguiendo el criterio de ALONSO-ALEGRE se clasifican de la siguiente manera[158]:

i. Distribución mayorista. Tienen esta consideración: los almacenes mayoristas; los almacenes por contrato, también denominados terceros; los almacenes ubicados en zonas aduaneras, incluidas zonas francas y depósitos francos; y los laboratorios farmacéuticos (titulares de la autorización de comercialización, o de fabricación, o de importación)[159].

ii. Brokers o entidades dedicadas a la intermediación de medicamentos[160].

2) Autorización y catálogo de entidades distribuidoras

Desde el punto de vista administrativo, la responsabilidad del distribuidor deriva del cumplimiento de los requisitos previstos en la normativa para el ejercicio de su actividad, fundamentalmente el TRLM, donde se indica, que «cada una de las entidades de distribución reguladas en este real decreto deberán disponer de autorización previa». En concreto «los almacenes mayoristas y los almacenes por contrato serán autorizados por la correspondiente comunidad autónoma y los almacenes de medicamen-

convenio administrativo un nodo o interfaz de titularidad pública para el acceso al repositorio español de dispensación de medicamentos.

158 ALONSO-ALEGRE FERNÁNDEZ DE VALDERRAMA, Germán (2017): «la distribución de los medicamentos» en *Tratado de Derecho Farmacéutico,* en FAUS SANTASUSANA, Jordi y VIDA FERNÁNDEZ, José (dirs.), *Tratado de Derecho Farmacéutico,* Aranzadi, Cizur Menor (Navarra), págs. 482 a 491.

159 Arts. 8 a 10 RDM.

160 Arts. 71 TRLM y 11 del RDM.

tos bajo control o vigilancia aduanera por la Agencia Española de Medicamentos y Productos Sanitario»[161]. Por este motivo, la AEMPS mantiene un catálogo de entidades de distribución autorizadas que incluye, tanto las autorizaciones notificadas por las CCAA, como las concedidas por la AEMPS.

3) Buenas prácticas de distribución

Junto con la autorización, los distribuidores de medicamentos deberán observar las «Buenas prácticas de distribución», las cuales constituyen el contenido esencial para valorar la actuación de los sujetos intervinientes, en esta fase de la cadena de provisión de medicamentos. Al efecto se entiende por buenas prácticas de distribución las actuaciones que garantizan «la calidad, que asegura, que la calidad de los medicamentos se mantiene en todas las fases de la cadena de suministro, desde la sede del fabricante hasta la oficina de farmacia o servicio de farmacia»[162].

Las buenas prácticas se publican por el Ministerio de Sanidad[163]. Estas, en esencia, constituyen: el mantenimiento del control: la gestión de la calidad; el personal; los locales; la documentación; las operaciones y su trazabilidad; las reclamaciones, devoluciones y retirada; las actividades que se subcontraten; realización de autoinspecciones; y el transporte de los medicamentos.

Finalmente, las buenas prácticas exigibles a los intermediarios se circunscriben al ámbito de actuación, deben constar por escrito, haber sido aprobado y actualizado el sistema de calidad donde se especifique la responsabilidad, los procesos y los riesgos en relación a sus actividades.

4) Obligaciones y responsabilidades

Los distribuidores de medicamentos, como intermediarios en la puesta en el mercado de productos, están sujetos a la normativa reguladora de la seguridad de los productos.

---

161 Art. 13 TRLM.

162 Art. 20 del TRLM.

163 Las buenas prácticas de distribución aprobadas por el Ministerio de Sanidad parten de las directrices de la UE de 5 de noviembre de 2013, de la Comisión Europea sobre prácticas correctas de distribución de medicamentos para uso humano (DOUE de 23 de noviembre de 2013, C-343/1).

A. Normativa de seguridad de productos

De conformidad con el art. 5.3 del RD 1801/2003, de 26 de diciembre, sobre seguridad general de los productos, los distribuidores de medicamentos, «dentro de los límites de sus actividades, participan en los deberes de vigilancia de la seguridad de los productos puestos en el mercado»[164].

En relación con lo indicado, la industria farmacéutica y los titulares de una autorización de comercialización de medicamentos y productos sanitarios, deben observar lo dispuesto en el RD 577/2013, de 26 de julio, regulador de la farmacovigilancia de medicamentos de uso humano, de esta manera, les corresponde cumplir, en los términos previstos en los arts. 8 y 9, las obligaciones propias para garantizar su cooperación en la labor de control de las Administraciones sanitarias, deberes de colaboración[165].

B. Por productos defectuosos

Siguiendo la STS de 21 de enero de 2020, los distribuidores de medicamentos del art. 71 del TRLM, se consideran proveedores a efectos del art. 138.2 TRLCU. La citada sentencia declaró responsable a Jhonson & Jhonson por actuar como «distribuidora que no cumplió diligentemente su obligación, pues debió informar a la demandante sobre la identidad del fabricante de la prótesis defectuosa, si no se identifica al fabricante».

---

164 De acuerdo con el art. 5.3 del RDM, «los distribuidores tienen el deber de distribuir sólo productos seguros, por lo que no suministrarán productos cuando sepan, o debieran saber, por la información que poseen y como profesionales, que no cumplen tal requisito» (ap. 1). En segundo lugar, «los distribuidores actuarán con diligencia para contribuir al cumplimiento de los requisitos de seguridad aplicables, en particular, durante el almacenamiento, transporte y exposición de los productos». En tercer lugar, «dentro de los límites de sus actividades respectivas, participarán en la vigilancia de la seguridad de los productos puestos en el mercado, en concreto: a) Informando a los órganos administrativos competentes y a los productores sobre los riesgos de los que tengan conocimiento. b) Manteniendo, durante un plazo de tres años después de haber agotado las existencias de los productos, y proporcionando la documentación necesaria para averiguar el origen de los productos, en particular la identidad de sus proveedores, y, en caso de no ser minoristas, su destino, y proporcionando aquélla, en su caso, a las autoridades que la soliciten. c) Colaborando eficazmente en las actuaciones emprendidas por los productores y los órganos administrativos competentes para evitar dichos riesgos» (ap. 3).

165 Arts. 8 y 9 del RD 577/2013, por el que se regula la farmacovigilancia de medicamentos de uso humano.

Según señaló la Sala, el art. 138.1 TRLCU hace responsable al productor de los daños causados por productos defectuosos por dos motivos. «De una parte [por]que son los fabricantes quienes están en mejores condiciones para evitar y prevenir el carácter defectuoso de sus productos. De otra [por]que la responsabilidad de todos los sujetos de la cadena de elaboración y distribución encarecería el precio de los productos, tanto por la exigencia de multiplicación de los seguros como por el aumento de la litigiosidad como consecuencia del previsible ejercicio de acciones de repetición entre proveedores y productores».

Sin embargo, «no establece la responsabilidad solidaria de fabricantes y distribuidores, sino que canaliza la responsabilidad por productos defectuosos al "productor" (en sentido amplio, comprensivo de los fabricantes e importadores en la Unión Europea, cuando el fabricante se encuentre fuera de la Unión Europea).

Por tanto solo de modo subsidiario, y para el caso de que el productor no esté identificado, se considera al proveedor (suministrador, distribuidor) como productor, a menos que indique al dañado la identidad del productor o de quien le hubiera suministrado el producto a él»[166].

C. Delito de tráfico de medicamentos o productos sanitarios

Las entidades en su consideración de distribuidores o comercializadores pueden incurrir en responsabilidad penal derivada del tráfico de medicamentos o producto sanitarios. Pueden cometer el delito contra la salud pública del art. 362 bis CP. Este regula las conductas achacables al distribuidor y comercializador de la cadena farmacológica. En concreto, serán penalmente responsables, cuando terceros con conocimiento de la falsificación de la confección o de la alteración del medicamento o producto sanitario lleven a cabo la importación, exportación, publicitación, venta, facilitación, expedición, suministro, intermediación, tráfico, distribución, puesta en el mercado, adquisición y depósito.

---

166 La STS 34/2020, de 21 (núm. rec. 3450/2016 [*Tol 7691018*]), al confirmar la SAP de Málaga 412/2015, de 14 de junio (núm. rec. 302/2014 [*Tol 5904549*]) atribuyó la condición de proveedor del art. 138.2 TRLCU a los distribuidores de medicamentos. En este proceso judicial, tanto el juzgado de instancia núm. 8 de Marbella, como la Audiencia Provincial de Málaga, y el propio TS declararon responsable civilmente a Jhonson&Jhonson

Un caso a reseñar es el contenido en la SAP de Barcelona de 4 de febrero de 2020. En esta sentencia se condenó al acusado por venta de medicamentos en un portal conocido de ventas de segunda mano, a sabiendas de que eran falsos, y sin informar de los riesgos que se derivaban de los mismos[167].

V. RESPONSABILIDAD DE LA ADMINISTRACIÓN

Estados Unidos es un país en el que la litigiosidad en el ámbito farmacéutico es muy activa, de ahí el examen tan detallado de los criterios para exigir responsabilidad al laboratorio, a la Administración, y, en definitiva, a cualquiera de los intervinientes en la cadena del producto.

La doctrina de la *product liability* inspiró el desarrollo del Derecho europeo en la materia, y una gran variedad de criterios para delimitar la responsabilidad. Entre otros criterios destacan:

i. La existencia o no de una alternativa técnicamente posible y económicamente razonable de un diseño más seguro, de la valoración de la importancia y gravedad de los riesgos respecto al beneficio que procura el medicamento;
ii. Las expectativas de seguridad despertadas en los consumidores con la comercialización del medicamento;
iii. El consumo del medicamento previa prescripción médica;
iv. La intermediación de un profesional experto o de la información proporcionada por los laboratorios[168].

---

167 SAP de Barcelona de 96/2020, de 4 de febrero (núm. rec. 60/2019 [*Tol 7902181*])

168 PARRA LUCÁN, Mª Ángeles (2014): *Responsabilidad por los efectos indeseables de los medicamentos", con ocasión de la STS de 10 de julio de 2014: responsabilidad del laboratorio por falta de información de los efectos secundarios de Agreal.* Revista CESCO de Consumo nº 11/2014. http://www.revista.uclm.es/index.php/cesco. La autora refiere «*This is your products liability restatement on drugs*», Brooklyn Law review, Vol. 74, 2009 (ha sido revisado en 2015), donde se ofrece una valoración de la normativa denominada "Product Liability Restatement (Third)" basada en la teoría del sucesor fiable de los productos fabricados bajo la misma marca, que eran producidos por un sujeto que gozaba de fiabilidad, con especial énfasis sobre cuándo el defecto de un medicamento puede ser considerado como defecto de diseño.

Quizás sea esta la razón por la que la carga de las Administraciones Públicas de responder por los daños causados por productos sanitarios defectuosos viene impuesta por el Derecho comunitario[169], además de las previsiones de la normativa constitucional española.

Otra segunda singularidad de esta responsabilidad es que «el perjudicado no es quien ha utilizado el producto»[170]. Como quiera que el producto se utiliza por el servicio de salud, que lleva a cabo la intervención médica, este hecho dificulta no solo la determinación de régimen de responsabilidad aplicable —TRLCU o LRJSP— sino también los sujetos responsables (laboratorios, almacenes, profesionales sanitarios, farmacéuticos, la autoridad sanitaria o los servicios de salud).

RAMOS GONZÁLEZ destaca que «no todos los daños derivados del uso del medicamento [y productos sanitarios] tienen su causa en un defecto de fabricación, de diseño o de información atribuible al fabricante. La responsabilidad por muerte, daños corporales o a la salud causados por la ingestión de medicamentos puede alcanzar a diferentes agentes que intervienen en la utilización de un fármaco: el médico o veterinario que prescribe el medicamento, el farmacéutico que lo dispensa y, por último, también la Administración sanitaria»[171].

En atención a estas singularidades en las siguientes páginas diferenciaremos las autoridades sanitarias en materia de medicamentos y productos sanitarios, de los servicios de salud. Terminaremos con una breve referencia a la responsabilidad patrimonial por daños causados por productos sanitarios defectuosos durante la pandemia causada por el SARS-Cov2.

---

169 El art. 10.16 del Reglamento (UE) 2017/745 del Parlamento Europeo y el Consejo, de 5 de abril, sobre productos sanitarios, expresa que «las personas físicas o jurídicas podrán reclamar indemnizaciones por daños y perjuicios causados por un producto defectuoso con arreglo al Derecho de la Unión o nacional aplicable».

170 CUETO PÉREZ, Miriam (2022): «Jurisprudencia en el caso Ala Octa: Responsabilidad Patrimonial por la utilización de productos defectuosos en el ámbito sanitario», *Revista de Administración Pública*, núm. 217, pág. 172.

171 RAMOS GONZÁLEZ, Sonia (2004): *Responsabilidad civil por medicamento. Defectos de fabricación, de diseño y en advertencias o instrucciones*, Civitas, Madrid, pág. 51.

1) Autoridades sanitarias en materia de medicamentos y productos sanitarios

En la UE conviven dos niveles de autorización de comercialización de medicamentos, el comunitario y el de los Estados miembros, en cada uno de los cuales existe una autoridad. En nuestro caso la actividad de control corresponde, por un lado, a la Agencia Europea del Medicamento y por otro, a la AEMPS.

A. Agencia Europea del Medicamento

A nivel europeo la actividad preventiva común frente a los riesgos farmacológicos deriva de las funciones desempeñadas por la Agencia Europea del Medicamento (AEM). Es la entidad europea encargada de la evaluación científica, supervisión y seguimiento de las medicinas desarrolladas por compañías farmacéuticas que operan en la UE[172].

La AEM (o EMA con las siglas en inglés) como tal, se crea por el Reglamento (CE) 726/2004, del Parlamento Europeo y del Consejo, de 31 de marzo, por el que se establecen procedimientos comunitarios para la autorización y el control de los medicamentos de uso humano y veterinario y por el que se crea la Agencia Europea de medicamentos.

A ella le corresponde garantizar el control de los medicamentos utilizados en su ámbito competencial. Como veremos en el último apartado de este epígrafe, la AEM tuvo y tiene especial relevancia en la actuación sobre las vacunas para controlar la pandemia producida por el virus SARS-Cov-2 (COVID-19).

Hay que tener en cuenta que cuando se trate de los medicamentos mencionados en el anexo del Reglamento (CE) 726/2004, su comercialización no podrá efectuarse sin la autorización de la Comisión Europea, previa evaluación de la AEM. Así, están sujetos a autorización comunitaria:

1. Medicamentos desarrollados por uno de los procedimientos biotecnológicos enumerados en él (*v.gr.* técnica del ADN y expresión controlada de codificación de genes para las proteínas biológicamente activas en procariotas y eucariotas).

---

172 Su finalidad es proteger la salud humana y animal de los Estados Miembros, así como en los países del Espacio Económico Europeo (EEE). Anteriormente, actuaba bajo la denominación de la Agencia Europea para la Evaluación de Medicamentos, creada por el Reglamento (CEE) 2309/93, del Consejo, de 22 de julio.

2. Medicamentos de terapia avanzada regulados en el Reglamento 1394/2007 del Parlamento Europeo y del Consejo, de 13 de noviembre.
3. Medicamentos de uso humano que contengan una sustancia activa nueva cuya indicación terapéutica sea uno de los tratamientos enumerados en él (*ad. ex.* SIDA, cáncer, trastornos neuro degenerativos, diabetes).
4. Medicamentos designados como medicamentos huérfanos de conformidad con el Reglamento 141/2000 del Parlamento Europeo y del Consejo de 16 de diciembre de 1999.

B. Agencia Española de Medicamentos y Productos Sanitarios

A nivel nacional, la AEMPS autoriza y vigila los medicamentos según se prevé en el RD 1275/2011, de 16 de septiembre, por el que se crea la Agencia estatal «Agencia española de medicamentos y productos Sanitarios» y se aprueba su Estatuto. Su naturaleza es la propia de organismo público con personalidad jurídica propia (art. 1) y está sujeta *ratione temporis* a las Leyes 39 y 40/2015, de 1 de octubre, de Procedimiento Administrativo Común de las Administraciones Públicas, y de Régimen Jurídico del Sector Público (LPAC y la LRJ, respectivamente), de conformidad con el art. 2 del citado RD 1275/2011.

Las dos principales responsabilidades de la AEMPS son la tramitación del procedimiento de autorización de medicamentos y la vigilancia de los medicamentos y productos ya autorizados[173]. Por lo tanto, le corresponde, por un lado, el impulso de las denominadas cinco etapas del medicamento, a saber: la etapa de investigación básica, la investigación preclínica, las tres fases de los ensayos clínicos y la autorización de comercialización, obtenida tras evaluar todos los resultados de la investigación sobre el medicamento, los datos sobre su fabricación y el plan de gestión de riesgos. Por otro lado, también es competente de la vigilancia continua *postcomercialización* (farmacovigilancia)[174].

[173] *Cfr.* AEMPS «Cómo se regulan los Medicamentos y los Productos Sanitarios en España», Ministerio de Sanidad, Servicios Sociales e Igualdad, 2014.

[174] Los procedimientos de autorización de productos sanitarios son cuatro: a) Procedimiento nacional, el solicitante presenta a la AEMPS el expediente con toda la información para la autorización de comercialización del medicamento en España; b) Procedimiento descentralizado, el solicitante presenta su solicitud de autorización de forma simultánea en varios países de la UE. Las distintas agencias

Dentro de su ámbito competencial, se ha suscitado si en el procedimiento descentralizado de los arts. 28 y 29 de la Directiva 2001/83[175], la AEMPS debe pronunciarse sobre los aspectos sustantivos del expediente, cuando España actúe como Estados miembro afectado[176].

---

evalúan el medicamento de forma coordinada, actuando una de ellas como agencia coordinadora o de referencia y, al final del proceso, todas las agencias emiten una autorización idéntica y válida para su territorio de competencia; c) Procedimiento de reconocimiento mutuo, se utiliza cuando un medicamento tiene ya una autorización de comercialización comunitaria. El titular de esta autorización puede presentar una solicitud de reconocimiento de la misma en otros Estados miembros de la UE debiendo comunicar este particular tanto al Estado miembro que le concedió la autorización (Estado miembro de referencia), como a la AEM. El Estado miembro de referencia remite el informe de evaluación del medicamento a los Estados implicados quienes reconocen, si procede, la autorización de comercialización inicial; y d) Procedimiento centralizado, solicitante opta a una autorización para todos los Estados miembros de la UE al mismo tiempo. En este caso, el proceso administrativo recae sobre la AEM y las evaluaciones científicas son asumidas por dos Estados miembros (ponente y co-ponente), que envían sus informes a los demás Estados miembros. Un comité científico, que depende de la AEM, se encarga de preparar los dictámenes de esta sobre cualquier cuestión relativa a la evaluación de los medicamentos. una vez emitido un dictamen técnico positivo es la Comisión Europea quien concede al solicitante la autorización de comercialización válida para toda la UE

175 Directiva 200183/CE del Parlamento Europeo y del Consejo, de 6 de noviembre de 2001, por la que se establece un código comunitario sobre medicamentos para uso humano.

176 ATS de 6 de julio de 2023 (núm. rec. 2023/2022 [*Tol 9647932*]). El marco normativo a análisis es la Directiva 2001/83/CE del Parlamento Europeo y del Consejo, de 6 de noviembre de 2001, por la que se establece un código comunitario sobre medicamentos para uso humano, y en concreto sus arts. 10 (medicamentos genéricos), 10 ter (medicamentos que contengan sustancias activas que entren en la composición de medicamentos autorizados, pero que no hayan sido combinadas todavía con fines terapéuticos) y 28 y 29 (procedimiento descentralizado). Pues bien, el debate se ha centrado en la legitimación de Organon Salud, SL, como titular de una autorización de comercialización de un medicamento, para recurrir la autorización de un medicamento a Laboratorios Cinfa, S.A, al considerar que se están vulnerando sus derechos de exclusividad, ya que considera que la vía utilizada (en el marco del procedimiento descentralizado de los mencionados arts. 28 y 29 de la Directiva 2001/83) por Cinfa, S.A (art. 10 ter) no es ajustada a derecho, al entender Organon Salud, SL que es titular ya de una combinación de dosis fija de idénticos principios activos autorizada y en periodo de exclusividad.

Asimismo, si bien no es una competencia principal, le corresponde informar sobre el marco regulatorio de los medicamentos en relación con el comercio paralelo y el desabastecimiento de medicamentos.

Esta información es especialmente importante a efectos de la determinación de posible doble precio de medicamentos, como resolvió, la STS de 7 de marzo de 2023, donde bajo la vigencia de la Ley 25/1990, de 20 de diciembre, del Medicamento, modificada por la Ley 55/1999, de 29 de diciembre, de Medidas fiscales, administrativas y del orden social, se determina que el establecimiento del precio intervenido para los medicamentos por la autoridad sanitaria española ya no es aplicable a cualquier venta que se realice en territorio nacional, sino únicamente a las ventas de los medicamentos financiados por la Seguridad Social y, como novedad relevante respecto de la norma anterior, que sean dispensados en territorio nacional[177].

Finaliza la sentencia señalando, que «los contratos denunciados no incluyen un sistema de doble precio por voluntad de Pfizer, como ocurría en el caso Glaxo, sino un sistema de precio único, que es el precio libre fijado voluntariamente por la denunciada, sin perjuicio de que, en virtud del régimen legal aplicable a las conductas de Pfizer examinadas, cuando concurriesen los requisitos de financiación por la Seguridad Social y dispensación en territorio nacional, debiera aplicarse un precio intervenido, a cuyo fin Pfizer exigía a los laboratorios mayoristas la acreditación de encontrarse el medicamento en cuestión en el ámbito de aplicación del precio intervenido y procedía, en consecuencia a las devoluciones correspondientes».

2) Denominaciones oficiales de principios activos

El art. 14 del TRLM impone a cada principio activo una denominación oficial española (DOE). La denominación oficial española (DOE) del principio activo será determinada por la AEMPS, y es de uso obligatorio de manera que sea «igual, o lo más aproximada posible, salvadas las necesidades lingüísticas, a la denominación común internacional (DCI) fijada por la Organización Mundial de la Salud»[178].

---

177 STS 289/2023, de 7 de marzo (núm. rec. 7575/2021 [*Tol 9459846*]).

178 Art. 14 del TRLM. La OMS es un organismo especializado de las Naciones Unidas establecido el 7 de abril de 1948.

En relación con las competencias para fijar las denominaciones oficiales de los principios activos, es de interés la STS de 27 de octubre de 2021. En ella se analizó si para los medicamentos no equipotentes al resto de fármacos de su conjunto de referencia, en el cálculo del coste/tratamiento/día, debía estarse a las dosis diarias definidas (DDD) de forma genérica para los principios activos fijados por la OMS, o a la DDD que fije la Administración española, en concreto, el órgano competente en materia de financiación pública y de fijación de precio de medicamentos y productos sanitarios del Ministerio de Sanidad, según el coste del tratamiento diario real. El TS concluyó, que tratándose de medicamentos no equipotentes respecto de las restantes especialidades integrantes del mismo conjunto de referencia, la determinación del parámetro consistente en las DDD, debía realizarse atendiendo a su eficacia[179].

Como ya se indicó en el epígrafe III, dedicado a la responsabilidad del fabricante, sólo podrán ponerse en el mercado y ponerse en servicio productos que ostenten el marcado CE. Como excepción, los productos a medida y los destinados a investigaciones clínicas no llevarán marcado CE[180]. Por lo tanto, si ese marcado se hubiera producido sin observarse los

---

179 STS 1274/2021, de 27 de octubre de 2021 (núm. rec. 7617/2019 [*Tol 8640128*]). Esta STS estimó el recurso, en el que apreció interés casacional, porque la sentencia recurrida —como la Administración— interpretaba en su literalidad la expresión «o, en su defecto». Tanto la Ministerio de Sanidad como el tribunal *a quo* entendían que como la OMS había fijado una DDD no había ausencia de esta. De acuerdo con esta interpretación, como no estábamos en «defecto de», no cabía integrar en ese parámetro la DDD porque se acudía al previsto subsidiariamente. En el caso juzgado este sería el que fijó la Administración al autorizar el ENVARSUS e incluirlo en el sistema de precios de referencia. Así se consideró que con tal planteamiento se obviaba que con posterioridad a la DDD, atribuida por la OMS a los medicamentos a base de tacrolimus. Este medicamento con el mismo principio activo tenía una mayor eficacia, de ahí que para las DDD se emplease menos cantidad de tacrolimus. Esta determinación de su DDD, que no fue considerarla por la OMS, sí lo hizo el Ministerio de Sanidad. De ahí que hubiera que estar a la fijada por esta para la determinación del PVLRef de ENVARSUS.

180 Art. 12.1 RD 1591/2009, de 16 de octubre, por el que se regulan los productos sanitarios. Su párrafo segundo añade que «el marcado CE será colocado únicamente por el fabricante o su representante autorizado y sólo podrá colocarse en productos que hayan demostrado su conformidad con los requisitos esenciales señalados en el artículo 5 y que hayan seguido los procedimientos de evaluación de la conformidad señalados en el artículo 13». Por su parte, el art. 5 remite al Anexo I para enumerar los requisitos esenciales y el art. 13 determina los procedimientos de evaluación a los que puede optar el fabricante para obtener el marcado.

requisitos previstos en la citada norma reglamentaria, podría plantearse un escenario donde cuestionarse la responsabilidad patrimonial de la AEMPS.

3) *Farmacovigilancia*

Esta potestad puede definirse como «la utilización de los medicamentos requiere que el beneficio de su empleo sea superior a los riesgos que puede generar. Es evidente que los medicamentos presentan riesgos para la salud y la integridad de las personas físicas, pero ello no les convierte en productos defectuosos de manera automática»[181]. Por ello, con el fin de procurar que los efectos beneficiosos de los medicamentos sean superiores a sus riesgos, los poderes públicos despliegan una actividad de vigilancia postcomercialización dirigida a la «identificación, cuantificación, evaluación y prevención de los riesgos asociados al uso de dichos medicamentos»[182]. Esta facultad se enmarca en el Sistema Español de Farmacovigilancia.

La farmacovigilancia se reguló en el Capítulo VI del título II de la Ley 29/2006, de 26 de julio, de garantías y uso racional de los medicamentos y productos sanitarios, siendo el RD 577/2013, de 26 de julio, el que regula la farmacovilgilancia de medicamentos de uso humano; y, el RD 1157/2021, de 28 de diciembre, regula los medicamentos veterinarios fabricados industrialmente (cap. V).

En este sector, opera la responsabilidad por culpa *in vigilando*, siendo dos los parámetros a tener en cuenta: el principio de precaución, y la *lex artis*.

A. Principio de precaución

Para referirnos al principio de precaución, procede traer a colación la STJUE *Elisabeth Schmitt* de 16 de febrero de 2017, referida a los productos sanitarios, los cuales deben someterse a la evaluación y posterior vigilancia de un organismo notificado.

El TJUE resolvió una cuestión prejudicial planteada por Alemania sobre la posible responsabilidad de la Agencia equivalente a la AEMPS en España, por haber otorgado el marcado CE —como organismo notificado— unas

---

181 RAMOS GONZÁLEZ, Sonia (2004): *Responsabilidad civil por medicamento. Defectos de fabricación, de diseño y en advertencias o instrucciones,* Civitas, Madrid, pág. 116.

182 Art. 53 TRLM.

prótesis a una empresa francesa que posteriormente constataron las autoridades sanitarias francesas que no cumplía los requisitos de calidad[183]. La Sala concluyó que el organismo no estaba obligado, con carácter general, a realizar inspecciones sin previo aviso, a examinar los productos, ni a comprobar la documentación comercial del fabricante. Sin embargo, cuando existiesen indicios que sugiriesen que un producto sanitario podría no ajustarse a los requisitos derivados de la norma predecesora del Reglamento (UE) 2017/745, del Parlamento Europeo y del Consejo, de 5 de abril, sobre productos sanitarios, el organismo notificado debería adoptar todas las medidas necesarias para cumplir las obligaciones de art. 56.4[184].

Por tanto, como conclusión de lo expresado, en nuestra opinión, una reclamación contra la AEMPS tiene escaso margen de prosperar. Al encontrase tasada su intervención y circunscrita su función preventiva a los casos en los que existan sospechas fundadas de algún defecto, lo que hay que conectar al principio de libre mercado que rige en el ámbito europeo, difícilmente podrá apreciarse un funcionamiento anormal del servicio público.

En Europa, al igual que sucede en España, las reclamaciones sobre responsabilidad por daños causados por medicamentos y productos sanitarios son abundantes. Por poner un ejemplo, en Francia los casos de manifestaciones de esclerosis tras la administración de la vacuna dirigida a prevenir la hepatitis B, han originado una pluralidad de resoluciones de la *Cour de Cassation* francesa no siempre con igual suerte.

En unos casos, la *Cour de Cassation* ha estimado la demanda contra los laboratorios, en otros supuestos idénticos, las ha desestimado. Lo que se discute en estos pleitos es, por un lado, si un tribunal puede valorar, con ocasión de una reclamación de un consumidor afectado, y en atención exclusivamente al daño producido en el caso concreto, la seguridad de un medicamento que ha sido autorizado por las administraciones sanitarias (ya sea porque supera de manera favorable el test de la utilidad-riesgo, ya sea porque no existe una alternativa razonable y ser beneficioso para un buen número de pacientes, etc.); por otro, si esa valoración puede ser diferente en función de la información suministrada por el

---

183 STJUE *Elisabeth Schmitt* de 16 de febrero de 2017 (C-219/15 [*Tol 5958920*]).

184 El contenido del art. 16.6 de la Directiva 93/42, en su versión modificada por el Reglamento (CE), se recoge en la actualidad en el art. 56.4 del Reglamento (UE) 2017/745, del Parlamento Europeo y del Consejo, de 5 de abril, sobre productos sanitarios.

laboratorio acerca de la posibilidad de que pueda manifestarse el riesgo de que se trate[185].

B. *Lex artis*

A nivel nacional, como regla general, en la responsabilidad patrimonial en materia sanitaria derivada del sector del medicamento, se manejan criterios objetivos aplicando factores correctores como la *lex artis*. De esta manera, la responsabilidad de la Administración en el sector sanitario se limita a supuestos de funcionamiento anormal de la Administración[186]. Así lo señala, entre otras, la STS de 19 de mayo de 2015[187].

De esta sentencia destacamos, que «no resulta suficiente la existencia de una lesión (que llevaría la responsabilidad objetiva más allá de los límites de lo razonable), sino que es preciso acudir al criterio de la *lex artis* como modo de determinar cuál es la actuación médica correcta, independientemente del resultado producido en la salud o en la vida del enfermo ya que no le es posible ni a la ciencia ni a la Administración garantizar, en todo caso, la sanidad o la salud del paciente", por lo que "si no es posible atribuir la lesión o secuelas a una o varias infracciones de la *lex artis*, no cabe apreciar la infracción que se articula por muy triste que sea el resultado producido" ya que "la ciencia médica es limitada y no ofrece en todas ocasiones y casos una respuesta coherente a los diferentes fenómenos que se producen y que a pesar de los avances siguen evidenciando la falta de respuesta lógica y justificada de los resultados»[188].

Por su parte, la parametrización de la responsabilidad pretende facilitar la existencia de relación de causalidad en el sector farmacéutico a través de algoritmos. Al efecto, pueden mencionarse sentencias de Tribunales Superiores de Justicia en las que se tomaron en consideración, el algoritmo

---

185 BORGHETTI, Jean-Sébastien (2013): «Contentieux de la vaccination contre l'hépatite B: le retour en force de la condition de participation du produit à la survenance du dommage», *Recueil Dalloz*.

186 BERBEROFF AYUDA, Dimitri y SOSPEDRA NAVA, Francisco José (2006): *Fundamentos dogmáticos de la responsabilidad patrimonial de la Administración en la jurisprudencia*, vol. II., Consejo General del Poder Judicial/Fundación Wellington, Madrid, págs. 95 a 105.

187 MERINO JIMÉNEZ, María Asunción (2021): «La aplicación del baremo para la valoración y cuantificación del daño sanitario», *Cuadernos Digitales de Formación*. Consejo General del Poder Judicial, Madrid.

188 FJ 5 STS de 3 de mayo de 2012 (núm. rec. 4397/2010 [*Tol 5173539*]).

de Karch y Lasagnado[189]. Dos de ellas recayeron en el orden jurisdiccional contencioso-administrativo, y la tercera se dictó en el ámbito social: en la STSJ Castilla y León de 2 de enero de 2012, y en la STSJ de Asturias de 20 de febrero de 2016, se condenó a pagar a los familiares de los pacientes por responsabilidad patrimonial[190]; y en la STSJ de Castilla y León de 10 de marzo de 2016, se discutieron las contingencias por incapacidad temporal[191].

Los algoritmos Karch y Lasagnado valoran la relación causa efecto entre el medicamento y su reacción adversa. Para ello toman en consideración varios criterios: a) el efecto de la retirada; b) el efecto de la reutilización; c) las causas alternativas, concernientes a las causas diferentes a la medicación que puedan justificar el cuadro clínico; d) la secuencia temporal. Este último mide la relación temporal entre la administración del medicamento, la vacuna y la aparición de la reacción adversa, el conocimiento previo, o lo que es lo mismo, las reacciones adversas conocidas tras la administración del medicamento. Asimismo, el último criterio consiste en las causas alternativas a la medicación que pudieran justificar el cuadro clínico[192].

4) Responsabilidad patrimonial de las autoridades sanitarias en materia de medicamentos y productos sanitarios

Sentado lo anterior, cabe hacer una mención a otra vertiente de la responsabilidad de la Administrativa sanitaria en relación con medicamentos y productos sanitarios. Se trata de las reclamaciones de responsabilidad patrimonial por parte de los fabricantes y distribuidores, derivada de la adopción de medidas preventivas adoptadas por la Administración dentro

---

189 RÍO SANTOS, Fruela (2017): «La utilización del algoritmo de Karch y Lasagna modificado en la responsabilidad patrimonial de la administración por asistencia sanitaria y su conexión con la famacovigilancia», *Diario La Ley*, 26 de abril de 2017, núm. 8968.

190 STSJ de Justicia de Castilla y León, sede Valladolid, de 2 de enero de 2012 (núm. rec. 564/2006) y STSJ del Principado de Asturias de 20 de febrero de 2017 (núm. rec. 136/2015 [*Tol 5964391*]).

191 STSJ de Castilla y León, sede Valladolid, de 10 de marzo de 2016 (núm. rec. 2126/2015 [*Tol 5679744*]).

192 KARCH Fred E. y LASAGNA, Louis (1975): «Adverse druge actions», *Journal of the American Medical Association*, 22 de diciembre, núm. 234, págs. 1236 a 1239.

de su competencia farmacovigilante, por las que se inmovilizan productos o se retiran del mercado.

En primer lugar, conviene recordar que la Administración ostenta competencia para adoptar tales medidas al amparo del art. 26 LGS, cuando se esté ante una situación de riesgo inminente y extraordinario para la salud.

Siguiendo a SARRATO, entendemos que, para evaluar la responsabilidad de la Administración, habría que examinar la antijuricidad del daño. Es decir, sería necesario analizar si el perjudicado tiene o no el deber jurídico de soportar los perjuicios derivados de la inmovilización efectuada[193].

Así, por ejemplo, encontramos un caso sobre los daños derivados de la inmovilización de medicamentos en la STSJ de Madrid de 31 de mayo de 2004. En esta ocasión, a fin de examinar la adecuación de la medida cautelar de retirada del mercado de un medicamento, se entró a valorar la discrecionalidad técnica de la Administración para determinar cuál era el método de análisis más correcto[194].

Asimismo, la STSJ de Madrid de 11 de julio de 2007 examinó la inmovilización, acordada como medida preventiva, por la composición de especies vegetales medicinales no incluidas en el Anexo de la Orden Ministerial 3 de octubre de 1973[195]. La Sala territorial consideró, en este caso, que la medida administrativa adoptada fue proporcional al amparo del principio de precaución y riesgo configurado por la jurisprudencia europea, entre otras, por la STJUE *Monsanto Agricoltura Italia SpA* de 9 de septiembre de 2003[196].

---

193 SARRATO MARTÍNEZ, Luis (2014): La responsabilidad administrativa, civil y penal en el ámbito del medicamento. Aranzadi, Cizur Menor (Navarra), pág. 82 a 84.

194 STSJ de Madrid 458/2004, de 31 de mayo (núm. rec. 727/1998 [*Tol 488666*]). En este pleito, el TSJ de Madrid declaró la nulidad de la medida cautelar por haberse adoptado sin la concurrencia del requisito necesario de grave riesgo, inminente y extraordinario para la salud pública. Llegó a esta conclusión tras valorar dos informes periciales, uno emitido por la Facultad de Ciencias de la Universidad Autónoma de Madrid, y otro por el Centro Superior de Investigaciones Científicas, contradictorios en sus resultados. Por ello, entendió el análisis cromatografico HPLC-TLC no daba resultados fiables frente a la seguridad que proporciona el análisis por la técnica del peso molecular MALDI TOF.

195 STSJ de Madrid 834/2007, de 11 de julio de 2007 (núm. rec. 633/2004 [*Tol 1226379*]).

196 Según dijo la STJUE *Monsanto Agricoltura Italia SpA* de 9 de septiembre de 2003 (as. C-236/2001 [*Tol 307654*]), «conforme a la jurisprudencia del Tribunal de

En base a esta jurisprudencia la TSJ de Madrid 11 de julio de 2007 denegó la indemnización por posible grave riesgo. No obstante, la STS de 23 de junio de 2009 estimó el recurso de casación, por vulneración de la libre circulación de mercancías, al haberse acordado la inmovilización de mercancías importadas sin comunicarlo a la Comisión Europea[197].

Justicia, del principio de precaución se deriva que, cuando subsisten dudas sobre la existencia o alcance de riesgos para la salud de las personas, pueden adoptarse medidas de protección sin tener que esperar a que se demuestre plenamente la realidad y gravedad de tales riesgos (véanse las sentencias de 5 de mayo de 1998, NationalFarmers' Union y otros, C-157/96, Rec. pág. I-2211, apartado 63, y Reino Unido/Comisión, C-180/96, Rec. pág. I-2265, apartado 99)» (par. 111). «Por tanto, pueden adoptarse medidas de protección con arreglo al artículo 12 del Reglamento nº. 258/97, interpretado a la luz del principio de precaución, aun cuando no pueda efectuarse una evaluación científica de los riesgos lo más completa posible, dadas las circunstancias concretas del caso de que se trate, por la insuficiencia de los datos científicos disponibles (SSTJUE Pfizer Animal Health/ Consejo, apartados 160 y 162, y Alpharma/Consejo, apartados 173 y 175)» (par 112). «Tales medidas suponen, en particular, que la evaluación de riesgos con que cuenten las autoridades nacionales arroje indicios concretos que, sin perjuicio de la incertidumbre científica, permitan concluir razonablemente, sobre la base de los datos científicos disponibles de mayor fiabilidad y de los resultados más recientes de la investigación internacional, que dichas medidas son necesarias para evitar que se introduzcan en el mercado nuevos alimentos que puedan poner en peligro la salud humana» (par. 113).

197 La STSJ de Madrid de 11 de julio de 2007 fue recurrida ante el TS, el cual estimó el recurso en la STS de 23 de junio de 2009 (núm. rec. 4666/2007 [*Tol 1577755*]). En este recurso el TS, rechazó las alegaciones de indefensión por denegar la Sala de instancia el recibimiento del pleito a prueba, así como la alegación de incongruencia omisiva por no pronunciarse sobre el planteamiento de cuestión prejudicial ante el TJUE, y de caducidad del expediente de inmovilización. En cambio, el TS, al amparo de la STJUE, Sala 1, *Comisión vs España* de 5 de marzo de 2009 (as. C-88/2007), estimó el recurso de casación respecto de la inmovilización de la importación de los productos de la marca BIOVER. En la STJUE *Comisión vs España* de 5 de marzo de 2009, se declaró que el Reino de España había incumplido las obligaciones que le incumbían en virtud de los arts. 28 y 30 de Tratado de Constitutivo de la Unión Europea y de los arts. 1 y 4 de la Decisión 3052/95/CE del Parlamento Europeo y del Consejo, de 13 de diciembre, por la que se establece un procedimiento de información mutua sobre las medidas nacionales de excepción al principio de libre circulación de mercancías en la Comunidad. En definitiva, la STJUE se debió a que la inmovilización de productos elaborados a base de plantas medicinales legalmente fabricados o comercializados en otro Estado miembro, sin comunicar esta medida a la Comisión Europea, ya que dichos productos se fabricaban y ubicaban en Italia, Francia, Bélgica y Reino Unido, donde son comercializados con la correspondiente autorización de la autoridad sanitaria.

Por su parte, la STS de 2 de diciembre de 2009 confirmó la sentencia de la Audiencia Nacional (AN) de 12 de marzo de 2008[198]. En este caso, tanto el TS como la AN, en virtud del principio de precaución y a partir de un informe técnico, consideraron proporcionada la suspensión de la autorización para comercializar especialidades de Difrarel, comercializado por Sigma Tau España[199]. Estas sentencias ponen de manifiesto, que cuando existen dudas sobre la existencia de riesgos para la salud de las personas, se pueden emplear medidas de protección, sin necesidad de que se demuestre plenamente la realidad y gravedad de los riesgos. «Así, podemos concluir que para valorar la responsabilidad patrimonial en estos casos debemos considera si la actuación de la Administración Pública fue diligente, y, en definitiva, acorde a la *lex artis* cuando decidió la medida cautelar»[200].

---

198 SAN de 12 de marzo de 2008 (núm. rec. 168/2007 [*Tol 5389943*]) y STS de 2 de diciembre de 2009 (núm. rec. 1540/2008 [*Tol 1747305*]).

199 Sigma Tau España SA consideraba que el daño sufrido —suspensión de la autorización de comercialización de las especialidades farmacéuticas de Difrarel— era antijurídico porque las resoluciones del director general de la AEMPS que las sustentaron habían sido anuladas por las sentencias de los Juzgados Centrales de lo Contencioso-Administrativo de 27 de mayo de 2003 y 18 de octubre de 2004. La STS de 2 de diciembre de 2009, sin embargo, tuvo en cuenta un informe técnico que contenía elementos de juicio suficientes para valorar la adopción de la medida cautelar en atención a la desfavorable relación beneficio/riesgo. Por eso, consideró que las medidas cautelares de suspensión de la autorización para comercializar, estaban justificada en virtud del principio de precaución, acuñado por la STJUE *Nationals Farmer's Union* de 5 de mayo de 1998 (C-157/96 [*Tol 103809*]). En virtud de este principio, cuando existen dudas sobre la existencia de riesgos para la salud de las personas, se pueden emplear medidas de protección, sin necesidad de que se demuestre plenamente la realidad y gravedad de los riesgos. En la STJUE *Nationals Farmer's Union* de 5 de mayo de 1998 se consideraron adecuadas las medidas de interrupción de exportación de ganado bovino, adoptadas por la Decisión 96/239/CE de la Comisión, de 27 de marzo de 1996, por la que se adoptaron determinadas medidas de emergencia en materia de protección contra la encefalopatía espongiforme bovina.

200 SARDINERO GARCÍA, Carlos (2017): «La responsabilidad patrimonial de las Administraciones Públicas relacionadas con su intervención sobre medicamentos». *op. cit.* pág. 1171. En materia de medicamentos y otros productos sanitarios el principio de precaución cuenta con el anclaje normativo del art. 8 RD 1801/2003, de 26 de diciembre, sobre seguridad general de los productos. De acuerdo con este producto, «los órganos administrativos competentes, de oficio o como consecuencia de las denuncias o reclamaciones que presenten los consumidores u otras partes interesadas, adoptarán las medidas previstas en este capítulo con la máxima celeridad o incluso inmediatamente cuando resulten necesarias para garantizar la salud o seguridad de los consumidores» (ap. 1). «Las medidas adoptadas, así

No obstante, en una sentencia previa, la STS de 25 de noviembre de 2009, el TS reconoció una indemnización de 309.786,05 € a favor de LORCA MARIN SA, como consecuencia de la anulación, en otro proceso, de la retirada del mercado de las suturas de catgut y de prohibir su comercialización[201].

Por tanto, el ámbito de la suspensión o revocación de la autorización de comercialización del medicamento goza de una amplia facultad discrecional para ponderar los intereses en conflicto. En estos casos, es necesario ponderar: por un lado, la protección a la salud; y por otro, el impacto económico en los agentes intervinientes en la fabricación y comercialización del medicamento. Por este motivo, la prueba practicada un elemento determinante al respecto.

5) Responsabilidad in vigilando

En el sector a examen, responsabilidad por falta de adopción de medidas como autoridad sanitaria tiene especial relevancia el alcance de la cláusula del estado de la ciencia y la técnica (State-of-the-Art), como cláusula de exención de responsabilidad patrimonial.

Por su relevancia, corresponde examinar el alcance de la causa de exclusión de responsabilidad por el «estado de la ciencia y de la técnica» del art. 140.3 TRLCU, referido en el apartado 4 del epígrafe III, el dedicado a la responsabilidad del fabricante. Pues bien, esa denominada por algunos

como los medios para su ejecución o efectividad, deberán ser congruentes con los motivos que las originen, proporcionadas con los riesgos que afronten y, de entre las que reúnan esos requisitos, las menos restrictivas de la libre circulación de mercancías y prestación de servicios, de la libertad de empresa y demás derechos afectados» (ap. 2).

201 STS de 25 de noviembre de 2009 (núm. rec. 3627/2005 [*Tol 1761871*]). La resolución administrativa de retirada del producto, de la que se deriva la suspensión del certificado de calidad CE, fue anulada por la STSJ de Madrid de 3 de octubre de 2003 (núm. rec. 827/2001). Al analizar la actuación administrativa, el TSJ de Madrid concluyó —a la vista de las circunstancias fácticas examinadas— que no habían existido elementos de juicio suficientes para avalar la medida de suspensión del un medicamento por posible riesgo de su uso en relación a la infección de la enfermedad examinada.

autores «cláusula de progreso»[202], hay que ponerla en relación a efectos de responsabilidad de la Administración, con el contenido del art. 34.1 LRJ[203].

El TRLCU toma como referencia para determinar «estado de la ciencia y de la técnica», el momento de puesta en circulación. En cambio, la LRJ tiene como referente el momento de la producción del daño. SARDINERO defiende que la Administración pública debe quedar sometida al TRLCU y responder por los riesgos de desarrollo de los medicamentos con independencia de que su régimen de responsabilidad esté regulado en la LRJ y aunque esta sea una norma posterior[204].

En definitiva sostiene que el sistema de responsabilidad patrimonial es objetivo (art. 106 CE y art. 32 y ss. de la LRJ), siendo matizado mediante la aplicación de la *lex artis* para determinar la concurrencia de culpa en el sector sanitario. Ahora bien, añade, que en la práctica se exige en materia de responsabilidad patrimonial de la Administración derivada del uso de medicamentos, la concurrencia también de la *lex artis*. Ello conlleva que no le sea aplicable a la Administración la regulación del TRLCU en materia de medicamentos defectuosos.

Coincide así el autor con lo señalado por PARRA, quien sostiene que el art. 41 LRJ excluye la responsabilidad de la Administración, tanto si las circunstancias de las que derivan el daño no se han podido prever —*i.e.* riesgos de desarrollo—, como cuando siendo previsibles, no se hayan podido evitar[205]. Un ejemplo lo encontramos en la STS de 5 de diciembre de 2007 donde se exoneró a la Administración sanitaria, por carecer de

---

202 GARCÍA BLANCO Jesús y MARTÍN LORENZO, Beatriz (2021): «Introducción a la responsabilidad patrimonial de la Administración en tiempos de pandemia», en DE LA CRUZ LÓPEZ, Pablo y MOLL FERNÁNDEZ-FIGARES, Luis S. (dirs.), *Responsabilidad patrimonial y COVID-19 en los distintos sectores de actividad*, Claves prácticas Francis Lefebvre, Madrid, pág. 25.

203 De acuerdo con el art. 34.1 LRJ, «sólo serán indemnizables las lesiones producidas al particular provenientes de daños que éste no tenga el deber jurídico de soportar de acuerdo con la Ley. No serán indemnizables los daños que se deriven de hechos o circunstancias que no se hubiesen podido prever o evitar según el estado de los conocimientos de la ciencia o de la técnica existentes en el momento de producción de aquéllos, todo ello sin perjuicio de las prestaciones asistenciales o económicas que las leyes puedan establecer para estos casos».

204 SARDINERO GARCÍA, Carlos (2017): «La responsabilidad patrimonial de las Administraciones Públicas de relacionada con su intervención en los medicamentos», *op. cit.* págs. 1165 y 1166.

205 PARRA LUCÁN, Mª Ángeles (2017): «Medicamentos que dañan y prótesis que se rompen; quién responde y con arreglo a qué criterios», *op. cit.* pág. 845.

reactivos para la detección del virus de responsabilidad por los contagios de virus VIH[206].

En sentido similar se dictaron las SSTS de 17 de septiembre de 2012 y 13 de noviembre de 2012, en el asunto Agreal[207]. Ambas concluyeron que era el demandante quien, partiendo del estado de la ciencia en aquel momento, debía probar que el medicamento no se debió autorizar. A su vez, se declararon, que la Administración ejerció sus funciones de farmacovigilancia al evaluar el riesgo/beneficio con posterioridad a la notificación de las reacciones adversas y que, en todo caso, sobrevenidos posteriores efectos adversos, es el laboratorio quien debe informar, de acuerdo con la normativa de farmacovigilancia.

No obstante, cabe cuestionar si la Administración que ha autorizado un producto en virtud de la previsión del artículo 24.5 TRLM —autorizaciones en de importación de medicamentos no autorizados en España en situaciones especiales—, debe responder junto con el fabricante de los daños derivados de un producto defectuoso cuya comercialización autorizó.

La normativa de responsabilidad por productos defectuosos no establece la responsabilidad de la Administración, por lo que solo podrá exigirse responsabilidad cuando se cumplan los presupuestos de la responsabilidad patrimonial de las Administraciones Públicas, en concreto, lo previsto en el artículo 32 LRJ. Por tanto, los particulares tienen derecho a reclamar a la Administración, salvo en casos de fuerza mayor, cuando la lesión derive del funcionamiento normal o anormal de los servicios públicos.

Pues bien, como se ha indicado en párrafos anteriores, un ejemplo emblemático, fueron las citadas SSTS de 17 de septiembre de 2012 y 12 de noviembre de 2012. En ellas se ponderó que, según el estado de la ciencia en el momento de autorizarse, no era posible conocer los efectos secundarios del medicamento Agreal. Si a ello se añade que la Administración ejerció sus funciones de farmacovigilancia al evaluar el riesgo/beneficio tras notificarse las reacciones adversas, el responsable de comunicar los efectos adversos del consumo era el laboratorio.

SARRATO en línea de lo señalado añade, que una vez autorizado el medicamento y para prevenir los referidos riesgos de desarrollo, este queda

---

206 STS 1250/2007, de 5 de diciembre, Sala 1ª (núm. rec. 3823/2000 [*Tol 1235320*]).

207 SSTS 17 de septiembre de 2012 (núm. rec. 1216/2010 [*Tol 2652716*]) y de 13 de noviembre de 2012 (núm. rec. 3515/2010 [*Tol 2684971*]).

sujeto a una revalidación[208]. Para él, la aparición de efectos adversos no es suficiente para considerar, que se trata de un medicamento defectuoso, ni que se esté ante un daño antijurídico a efectos de ser resarcido por la Administración, y ello por la propia finalidad del Sistema Español de Farmacovigilancia (SEFV)[209]. El autor sostiene que el elemento detonante para censurar una acción u omisión administrativa en este aspecto es el funcionamiento anormal del SEFV. En su opinión, habría un funcionamiento anormal si tras la aparición de reacciones adversas, no se efectuase la revisión de la autorización través de la correspondiente reevaluación de la relación beneficio/riesgo, y no se tuvieran en cuenta los nuevos datos disponibles respecto el medicamento en virtud de la evolución del estado de la ciencia desde que la autorización fue otorgada.

6) Responsabilidad patrimonial de los servicios de salud

Por último, tradicionalmente ha existido una tendencia a reclamar por la prestación de asistencia sanitaria contra el profesional o el centro médico —lo que determinaba que entrase en juego la *lex artis*—, sin embargo,

---

208 SARRATO MARTÍNEZ, Luis (2014): *La responsabilidad administrativa, civil y penal en el ámbito del medicamento*", Aranzadi, Cizur Menor (Navarra). Esta convalidación se recoge en el art. 27 RD 1345/2007, por el que se regula el procedimiento de autorización, registro y condiciones de dispensación de medicamentos de uso humano fabricados industrialmente. De acuerdo con él, «la autorización de un medicamento tendrá una validez de cinco años. Esta podrá renovarse transcurrido dicho plazo previa reevaluación de la relación beneficio/riesgo. Una vez renovada la autorización, tendrá carácter indefinido, salvo que razones de farmacovigilancia, justifiquen su sometimiento a un nuevo procedimiento de renovación».

209 El art. 2 RD 577/2013, por el que se regula la farmacovigilancia de medicamentos de uso humano, define el Sistema Español de Farmacovigilancia de medicamentos de uso humano de la siguiente manera: es la «estructura descentralizada, coordinada por la Agencia Española de Medicamentos y Productos Sanitarios, que integra las actividades que las administraciones sanitarias realizan de manera permanente y continuada para recoger, elaborar y, en su caso, procesar la información sobre sospechas de reacciones adversas a los medicamentos con la finalidad de identificar riesgos previamente no conocidos o cambios de riesgos ya conocidos, así como para la realización de cuantos estudios se consideren necesarios para confirmar y/o cuantificar dichos riesgos. Está integrado por los órganos competentes en materia de farmacovigilancia de las comunidades autónomas y las unidades o centros autonómicos de farmacovigilancia a ellas adscritos, la Agencia Española de Medicamentos y Productos Sanitarios, los profesionales sanitarios y los ciudadanos».

cada vez más, se emplea la vía de la reclamación contra el fabricante por productos defectuosos.

Como señala VICANDI, la tendencia a reclamar contra el prestador del servicio, lleva a escrutar en primer lugar el acto médico, constituido por una obligación de medios[210]. Esto se traduce en que la no consecución del resultado no implique un incumplimiento. De ahí que se recurra a la *lex artis*[211]. Ese tipo de responsabilidad, según la autora, también puede reclamarse al albur de la normativa en materia de consumidores, aunque la acción deberá limitarse a los aspectos organizativos sanitarios del centro[212].

---

210 VICANDI MARTÍNEZ, Aránzazu (2017): *Culpa y responsabilidad. De la culpa del acto médico a la responsabilidad objetiva de la actividad de los centros sanitarios*, Aranzadi, Cizur Menor (Navarra), págs. 977 a 993.

211 Para la STS 167/2006, de 15 de febrero, Sala de lo Civil (núm. rec. 2626/1999 [*Tol 849929*]), la *lex artis* «no se asocia al resultado sino al hecho de no haber puesto a disposición del paciente los medios adecuados al caso concreto» (FJ 2). Por su parte la STS 10/2008, de 16 de enero, Sala de lo Civil, (núm. rec. 4984/2000 [*Tol 1235316*]) matiza que la *lex artis* es un «un criterio valorativo de la corrección de un concreto acto médico o presupuesto "ad hoc" ejecutado por el profesional de la medicina» (FJ 1).

212 El libro III del TRLCU, además de regular la responsabilidad por productos defectuosos —y que se ha expuesto en el epígrafe IIII— también aborda en los arts. 147 a 149 la responsabilidad por servicios defectuosos. Según expresa RAMOS en relación con los daños y perjuicios causados a los consumidores por los prestadores de servicios, en el TRLCU «coexisten dos regímenes distintos de responsabilidad. El primero de los regímenes, previsto en (...) [art. 147] y que constituye la regla general consiste en un sistema de responsabilidad por culpa con inversión de la carga de la prueba en perjuicio del (...) prestador de servicios. En cambio, el segundo régimen de responsabilidad, previsto en el art. [148] (...) establece un verdadero sistema de responsabilidad objetiva para aquellos supuestos en que el daño haya sido originado en el correcto uso y consumo de determinados (...) servicios, que por su propia naturaleza o por estar reglamentariamente así dispuesto, incluyan la garantía de niveles determinados de pureza, eficacia o seguridad». A ello añade GILI que el art. 148 del TRLCU establece «un sistema de responsabilidad objetiva puro pero limitado a 3.005.060'52». Ahora bien, no puede desconocerse que, si bien los daños causados por la prestación de servicios sanitarios están incluidos en el régimen de responsabilidad objetivada del art. 148 TRLCU, lo están con matizaciones. Como afirma PARRA, la responsabilidad establecida por la legislación de consumidores y usuarios en el ámbito sanitario, es aplicable únicamente a los aspectos organizativos o de prestación de servicios, pero no a la actuación individual de los profesionales. En plano jurisprudencial, como afirma la STS de 20 de noviembre de 2012 «este tipo de responsabilidad [por servicios sanitarios defectuosos] no afecta a los actos médicos propiamente dichos, dado que es inherente a los mismos la aplicación de criterios de responsabilidad funda-

La citada profesora VICANDI entiende, que si bien el acto médico queda exento de responsabilidad objetiva —dado que se caracteriza por ser una obligación de medios— cabe considerar la aplicación de la responsabilidad objetiva civil derivado de normativa de protección a los consumidores respecto el centro sanitario. De esta forma podría exigírsele el cumplimiento de un resultado. En concreto, propone que se reclame responsabilidad por las actividades hospitalarias que trasciendan del acto médico, y por lo tanto, a toda actuación dañosa que se encuentre relacionada con el material sanitario, productos médicos e instalaciones en general. Esta tesis, sin embargo, no es compartida por GUERRERO, para el cual, en los supuestos de empleo de productos sanitarios defectuosos, habría que aplicar el art. 33 LRJ porque estaríamos ante un supuesto de responsabilidad patrimonial concurrente del Servicio de Salud y del fabricante, y en su caso de la

dos en la negligencia por incumplimiento de la *lex artis ad hoc.* Por consiguiente, la responsabilidad establecida por la legislación de consumidores [en el art. 148 del TRLCU] únicamente es aplicable en relación con los aspectos organizativos o de prestación de servicios sanitarios, ajenos a la actividad propiamente dicha» (FJ 10 STS de 20 de noviembre de 2012 (núm. rec. 4598/2011 [*Tol 2689553*]). En el mismo sentido se ha pronunciado la STSJ de Castilla y León de 1259/2013, de 2 de julio de 2013 (núm. rec. 1464/2009 [*Tol 3901164*]). Dicho esto, resta por reproducir el art. 148 del TRLGCU por ser el que afecta a los servicios sanitarios. De acuerdo con el mismo, «se responderá de los daños originados en el correcto uso de los servicios, cuando por su propia naturaleza, o por estar así reglamentariamente establecido, incluyan necesariamente la garantía de niveles determinados de eficacia o seguridad, en condiciones objetivas de determinación, y supongan controles técnicos, profesionales o sistemáticos de calidad, hasta llegar en debidas condiciones al consumidor y usuario. En todo caso, se consideran sometidos a este régimen de responsabilidad los servicios sanitarios, los de reparación y mantenimiento de electrodomésticos, ascensores y vehículos de motor, servicios de rehabilitación y reparación de viviendas, servicios de revisión, instalación o similares de gas y electricidad y los relativos a medios de transporte. Sin perjuicio de lo establecido en otras disposiciones legales, las responsabilidades derivadas de este artículo tendrán como límite la cuantía de 3.005.060,52 euros». RAMOS GONZÁLEZ, Sonia (2004): *Responsabilidad civil por Medicamento. Defectos de fabricación, diseño y en las advertencias o instrucciones. op. cit.* págs. 314 y 315. GILI SALDAÑA, Marian (2008): *El Producto Sanitario Defectuoso en Derecho Español, op. cit.* pág. 88. PARRA LUCÁN, Mª Ángeles (2017): «Medicamentos que dañan y prótesis que se rompen; quién responde y con arreglo a qué criterios», en PRATS ALBENTOSA, Lorenzo y TOMÁS MARTÍNEZ, Gema (coords.), *Culpa y responsabilidad. Homenaje al Profesor don Ricardo de Ángel Yagüez*, Aranzadi, Cizur Menor (Navarra), págs. 825 a 851. CUETO PÉREZ, Miriam (2022): «Jurisprudencia en el caso Ala Octa: Responsabilidad Patrimonial por la utilización de productos defectuosos en el ámbito sanitario», *Revista de Administración Pública*, núm. 217, págs. 167 a 190.

AEMPS si hubiese autorizado el medicamento o actuado como organismo notificado del producto sanitario[213]. Esta disquisición, no obstante, es más teórica que práctica puesto que «los Tribunales acostumbran a decidir los casos que llegan a su conocimiento con las normas de su especialidad»[214].

En relación con la responsabilidad de los servicios de salud del Sistema Nacional de Salud por el empleo de productos sanitarios defectuosos, merece la pena resaltar, por la doctrina jurisprudencial sentada, la STS de 21 de diciembre de 2020[215]. Esta se pronunció sobre la posibilidad de decla-

---

213 En situaciones de empleo de productos sanitarios defectuosos por los Servicios de Salud, en opinión de GUERRERO, «se *producía* una clara concurrencia de responsabilidad de causas: por una parte, la Administración hospitalaria *era* la causante del daño al suministrar el medicamento o emplear el aparato defectuoso, por otra parte, el causante inmediato del daño *era* el fabricante del producto o aparato defectuoso, ello pues, de haber estado en condiciones, no se habría producido el resultado lesivo. [A lo anterior, este autor añadía que], *había* que tener en cuenta que *existía* una relación entre la Administración y el fabricante del producto o instrumental defectuoso relación regulada por la Ley de Contratos de las Administraciones Públicas [actualmente Ley 9/2017, de 8 de noviembre, de contratos del sector público]) pero no *existía* relación directa entre el suministrador y el paciente que *sufría* el daño. [A juicio de este autor], la Administración *era* autora material del daño puesto *hacía* un uso por sí misma del producto suministrado, sin embargo, lo razonable *era* que esa Administración *reparase* el daño (entendiendo que la responsabilidad *era* solidaria respecto a la responsabilidad del fabricante o suministrador, aplicando el mismo criterio de solidaridad que *resultaba* de la responsabilidad concurrente de administraciones y que resultaba del artículo 140 de la Ley 30/1992[actual art. 33 LRJ]) sin perjuicio de que, una vez reparado el daño, *podía* repetir contra el suministrador». GUERRERO ZAPLANA José (2004): *Las reclamaciones por la defectuosa asistencia sanitaria. Doctrina, Jurisprudencia, Legislación y Formularios,* Lex Nova, Valladolid (4ª ed.), págs. 125 y 126.

214 LUNA YERGA, Álvaro (2004): *La prueba de la responsabilidad civil médico-sanitaria,* Civitas, Madrid, pág. 216.

215 STS 1806/2020, de 21 de diciembre (núm. rec. 803/2019 [*Tol 8291027*]). En la STS de 21 de diciembre de 2020 se ventiló la reclamación de responsabilidad patrimonial contra el Servicio Cántabro de Salud por haber empleado en dos de las tres intervenciones de desprendimiento de retina a que fue sometida la paciente en 2015 (13 de abril y 11 de mayo de 2015) gas perfluoroctano Ala Octa, posteriormente retirado por la AEMPS mediante alerta sanitaria de 26 de junio de 2015, dos meses después. Por su relevancia, extractamos a continuación los párrafos de la parte dispositiva más relevantes de su doctrina jurisprudencial: «1°. Que pese al carácter objetivo que se proclama de la responsabilidad patrimonial de la Administraciones públicas, (…) la responsabilidad sanitaria, cuenta con un evidente componente subjetivo o culpabilístico, cuyo elemento de comprobación es el ya reiterado del "incumplimiento de la lex artis ad hoc". 2°. Que el carácter

rar responsable a un servicio de salud —en concreto, al Servicio Cántabro de Salud— por el empleo, por parte de sus facultativos, de un medicamento defectuoso. Previamente, «a la luz de los pronunciamientos de los TSJ de Cantabria, País Vasco, Castilla y León, Murcia y TSJ de Canarias, sección primera, la existencia de responsabilidad patrimonial no planteó dudas, solamente la sección segunda, del TSJ de Canarias, entendió que no procedía declarar la responsabilidad patrimonial de la Administración[216]. Por su parte, la Comisión Jurídica Asesora de Euskadi (CJAEus) entendió que se daba una responsabilidad solidaria entre el Servicio Vasco de Salud y el fabricante Ala Medics[217].

---

objetivo de la responsabilidad patrimonial prevista en la normativa (...) de consumidores y usuarios (...) no comprende, ni se extiende, ni abarca a los denominados "actos médicos propiamente dicho", esto es, a las intervenciones quirúrgicas (...). 3º. Pero debemos avanzar algo más (...) [porque según] la doctrina [de] la Sala de instancia (...) la responsabilidad patrimonial (...) vendría determinada por la utilización del gas tóxico al margen de su aplicación por un acto médico (intervención quirúrgica) (...); Es decir, (...) derivaría del riesgo creado (...). Debemos rechazar tal conclusión (...) por diversas razones: A) Porque la competencia para la autorización, homologación y control de los medicamentos y productos sanitarios corresponde a (...) la Agencia Española de los Medicamentos y Productos Sanitarios. No resulta posible la imposición (...) al Servicio Cántabro de Salud un modo de culpa in vigilando (...). B) Porque tampoco resulta posible la imputación con base en el riesgo creado por permitir (...) el Servicio, la utilización del gas tóxico, pues, la realidad es que riesgo no deriva de la aplicación del producto defectuoso —del acto médico—, sino de la fabricación del mismo por su productor, así como de la falta de control por la Administración competente para ello (...) como era la Agencia Española de los Medicamentos y Productos Sanitarios. La utilización del producto —de conformidad con la lex artis ——, previa y debidamente autorizado, no creaba riesgo alguno, pues el riesgo derivaba de la defectuosa fabricación o producción del gas tóxico (...) y, ello, al margen del deficiente control sobre el producto defectuoso llevado a cabo por la Agencia Española de los Medicamentos y Productos Sanitarios» (FJ 8). Para completar lo escrito sobre la STS de 21 de diciembre de 2020 puede leerse a CUETO. CUETO PÉREZ, Miriam (2022): «Jurisprudencia en el caso Ala Octa: Responsabilidad Patrimonial por la utilización de productos defectuosos en el ámbito sanitario», *op. cit.* págs. 167 a 190.

216 CUETO PÉREZ, Míriam (2022): «Jurisprudencia en el caso Ala Octa: responsabilidad patrimonial por la utilización de productos defectuosos en el ámbito sanitario», *op. cit.* pág. 175.

217 DCJAEus 196/2016, de 23 de noviembre. Para la CJAEus, «el hecho de que el defecto del producto empleado en la intervención quirúrgica (...) sea imputable al laboratorio que lo fabricó no impide que pueda exigirse la responsabilidad de la Administración sanitaria. Y es así porque se trata de un producto que se ha

A pesar de estos precedentes, el TS, a raíz de una reclamación por pérdida de visión en un ojo como consecuencia del empleo de gas perfluoroctano Ala Octa en una intervención por desprendimiento de retina, negó la indemnización porque entendió que no se había vulnerado la *lex artis ad hoc.* Para el TS, no hubo funcionamiento anormal del servicio de salud: en primer lugar, porque aún no se había acordado toxicidad; en segundo término, porque no hubo infracción de la *lex* artis en la actuación del personal sanitario; finamente, y en este extremo reside la importancia de la sentencia, porque, en su caso, la responsabilidad recaería en el fabricante, el distribuidor, o la AEMPS, organismo público con competencias para autorizar y vigilar los medicamentos y productos sanitarios. Así, el TS corrigió al TSJ de Cantabria al descartar que el servicio cántabro de salud respondiera por la creación de un riesgo.

El criterio de la STS de 21 de diciembre de 2020 ha sido confirmado posteriormente por las SSTS de 21 de enero de 2021, 28 de enero de 2021, 17 de noviembre de 2021 y 23 de febrero de 2022[218]. Todas ellas han resuelto reclamaciones derivadas de operaciones de desprendimiento de retina, y han reiterado el criterio de eximir de responsabilidad a los servicios de salud, porque: la regulación de la responsabilidad civil por productos

---

integrado de modo esencial en el funcionamiento del servicio sanitario (...)». Por ello, «en el origen del daño coexisten dos causas: el defecto del medicamento (imputable al fabricante u otro agente de la cadena de producción y distribución) y la utilización del mismo (...), por la Administración pública», y en consecuencia, hay «dos títulos de responsabilidad diferentes y concurrentes en este caso. El título de responsabilidad (...) de la Administración [resulta] en cuanto titular del servicio público sanitario». En el mismo sentido los DDCJAEus 175/2016, de 5 de octubre, y 197/2016, de 25 de octubre. Para un mayor conocimiento del *status quaestionis* nos remitimos al análisis que efectúa CUETO a la STS de 21 de diciembre de 2020 que ha zanjado la polémica de la responsabilidad del Instituto Nacional de Salud (INGESA) y los servicios autonómicos de salud por el empleo en los actos de asistencia sanitaria de productos sanitarios defectuosos. A juicio del TS esta responsabilidad debe recaer en el fabricante o distribuidor del producto, pero no la Administración sanitaria. RAMOS GONZÁLEZ, Sonia (2004): *Responsabilidad civil por medicamento. Defectos de fabricación, de diseño y en las advertencias o instrucciones, op. cit.* págs. 314 y 315.

218 SSTS 50/2021, de 21 de enero (rec. 5608/2019 [*Tol 8301657*]), 92/2021, de 28 de enero (núm. rec. 5467/2019 [*Tol 8310447*]), 1340/2021 de 17 de noviembre (núm. rec. 6485/2020 [*Tol 8667678*]), 1423/2021, de 1 de diciembre (núm. rec. 6479/2020 [*Tol 8692044*]) y 232/2022, de 23 de febrero (núm. rec. 2560/2021 [*Tol 8833279*]) donde se examinaron supuestos similares al resuelto por STS de 21 de diciembre de 2020 respecto el gas perfluoroctano Ala Octa.

defectuosos atribuye la misma al productor, y en su defecto al distribuidor; y porque la actuación de los profesionales sanitarios se rige por la *lex artis*, con independencia del resultado producido en la salud.

Frente a este criterio jurisprudencial han surgido críticas. Así, CUETO no comparte la posición del TS porque, para ella, «el principio de solidaridad social, el riesgo inherente a ciertas prestaciones, así como el hecho de que el instituto de la responsabilidad patrimonial sea una garantía de cierre en la propia configuración del Estado social y democrático de derecho deben contribuir a resituar dicha institución en los términos que al menos, de momento, ha contemplado el legislador»[219].

Por último, cabe hacer mención a los casos de prótesis mamarias, en los que se consideró también defectuoso el producto que el fabricante pone en circulación sin haber realizado las comprobaciones suficientes sobre su toxicidad, aunque no causara daños a la salud de los consumidores[220]. Téngase en cuenta que en 2021 recayó sentencia condenando parcialmente a la empresa Allergan, por defectos en este tipo de prótesis[221].

7) Responsabilidad patrimonial y COVID-19

No queremos terminar nuestro estudio, sin hacer una mención a la incidencia de la situación sanitaria ocasionada por el virus SARS— Cov2 (COVID 19), en relación con algunas decisiones adoptadas en el ámbito farmacológico para paliar la pandemia.

---

219 CUETO PÉREZ, Miriam (2022): «Jurisprudencia en el caso Ala Octa: Responsabilidad Patrimonial por la utilización de productos defectuosos en el ámbito sanitario», *op. cit.* pág. 188.

220 RAMOS GONZÁLEZ, Sonia y GILI SALDAÑA, Marian (2011): «Sentencia del Tribunal Supremo de 9 de diciembre de 2010. También es defectuoso el producto que el fabricante pone en circulación sin haber realizado las comprobaciones suficientes sobre su toxicidad, aunque no haya causado daños a la salud de los consumidores», *Comentarios a las sentencias de unificación de doctrina (civil y mercantil),* vol. 4, 2010, págs. 975 a 1008. La compañía suiza LipoMatrix inició la fabricación de prótesis mamarias con relleno de aceite de soja de la marca Trilucent. Ese tipo de relleno era supuestamente mejor que el gel de silicona o la solución salina, pues su carácter translúcido facilitaba el diagnóstico mamográfico y se disolvía en el cuerpo en caso de rotura del implante. El TS condenó a la compañía por el riesgo de genotoxicidad del aceite de soja y el defecto de diseño del producto.

221 Sentencia del Juzgado de Primera Instancia núm. 6 de Cádiz, de 2 de noviembre de 2021 (PO 26/2021).

El citado principio de precaución previsto en la ya mencionada STJUE *Nationals Farmers' Union*, de 5 de mayo de 1998, permite a la Administración adoptar medidas de protección en los casos de dudas sobre la existencia o alcance de riesgos para la salud de las personas, sin tener que esperar a que se demuestre plenamente la realidad y gravedad de tales riesgos[222]. Este principio se deduce en la normativa nacional en el art. 3 d) LGS.

Pues bien, según señalan GARCÍA BLANCO y MARTÍN LORENZO, durante la vigencia de las medidas adoptadas para afrontar la crisis sanitaria derivada del virus SARS-Cov-2 (COVID-19), se han visto afectados derechos no indemnizables, por enmarcarse en el ámbito del citado art. 32 LRJ[223].

Los citados autores sostienen a su vez, la necesidad de analizar la concurrencia de dos elementos: por un lado, la eventual calificación de la pandemia como caso de fuerza mayor, lo que haría quebrar el nexo causal entre el daño y el funcionamiento del servicio público, nexo necesario para declarar la responsabilidad administrativa (ex. arts. 32.1 y 34 LRJ); y por otro, plantean el debate sobre la aplicabilidad de la mencionada «cláusula de progreso», con el fin de que se excluya la indemnización de los daños que se deriven de hechos o circunstancias, que no se hubieran podido prever o evitar según el estado de los conocimientos de la ciencia o de la técnica, existentes en el momento de producirse aquéllos.

Los aspectos indicados llevan a los autores a cuestionarse si la pandemia puede entenderse como un supuesto de fuerza mayor. En su opinión, con el SARS-Cov2, —a diferencia de lo ocurrido con los mencionados contagios de Hepatitis C—, al valorar el estado de la ciencia en el momento, desde el inicio de la pandemia sí que existía un relativamente temprano conocimiento científico sobre el virus, sobre las vías de contagio y de los medios de prevención y tratamiento. Este razonamiento les lleva, a su vez, a dudar de que pueda concurrir la exención de responsabilidad por la cláusula de progreso.

DIVASSON, ORTILLÉS y MARTÍNEZ AGUIRRE[224] manifiestan, que siguiendo los hitos temporales de la crisis sanitaria del coronavirus SARS-

---

222 STJUE *Nationals Farmers' Union* (C157/96 [*Tol 103809*]).

223 GARCÍA BLANCO, Jesús y MARTÍN LORENZO, Beatriz (2021): «Introducción a la responsabilidad patrimonial de la Administración en tiempos de pandemia», *op. cit.* págs. 47 a 52.

224 DIVASSON MEDIVIL, Jesús, ORTILLÉS BUITRÓN, Jorge y MARTÍNEZ AGUIRRE, Mª Esther (2021): «Administración Sanitaria», en DE LA CRUZ LÓPEZ, Pablo y MOLL FERNÁNDEZ-FIGARES, Luis S. (dirs.), *Responsabilidad patrimonial*

CoV-2, existieron instrumentos científicos que pautaron el proceder ante la crisis sanitaria, los cuales alejan a la pandemia del concepto de fuerza mayor en los términos previstos por la jurisprudencia[225]. Estos autores consideran esta pandemia que no se compadece con los requisitos establecidos para definir los supuestos de fuerza mayor, a saber: tratarse de un evento extraordinario externo a la empresa, ajeno a la voluntad de las partes, y que conlleve la imposibilidad de cumplimiento de la obligación pactada[226].

Los autores abordan la cuestión en relación a reclamaciones del personal por exposición a los agentes biológicos, y consideran que, si bien la pandemia era inevitable, por la facilidad de contagio, no era imprevisible, pues la protección de riesgos es una obligación legal de la empresa. En todo caso, sostienen que este enfoque sobre la concurrencia de fuerza mayor, será necesario examinarlo en las diferentes reclamaciones de responsabilidad patrimonial que se formulen según la vertiente del ámbito sanitario.

Poniendo en relación lo indicado con el impacto en las reclamaciones de responsabilidad sanitaria derivada de los productos farmacéuticos, hay que partir de que la vacuna del coronavirus fue autorizada por la AEM[227],

---

y COVID-19 en los distintos sectores de actividad, Claves prácticas Francis Lefebvre, Madrid, págs. 21 a 52.

225 Notificación por la Comisión Municipal de Wuham el 31 de diciembre de 2019 de la infección a pacientes con una neumonía provocada por un nuevo coronavirus; la OMS se pone en estado de emergencia el 1 de enero de 2020 y se recomienda la utilización de equipos de protección por personal sanitario y la necesidad de su aprovisionamiento; el 25 de enero de 2020 la OMS publica orientaciones provisionales de prevención y control de infecciones durante la atención sanitaria de los casos en los que se sospecha una infección por el nuevo coronavirus, y se advierte que el personal sanitario deberá utilizar equipos de protección personal; el 30 de enero de 2020 la misma Organización Internacional decretó la situación de emergencia de salud pública de importancia internacional siguiendo el Reglamento Sanitario Internacional de la OMS (2005); las orientaciones provisionales de 4 de febrero de 2020 sobre atención en el domicilio a pacientes presuntamente infectados por el nuevo coronavirus que presenta síntomas leves, y gestión de su contactos, insisten en el uso de mascarillas y, en su caso, de equipos de protección individual; el 1 de marzo de 2020, la OMS alerta de una posible pandemia, el 3 de marzo solicita a la industria proveerse de los equipos de protección.

226 Entre otras, la STS de 10 de abril de 2012 (núm. rec. 451/2010 [*Tol 2511217*]), define la fuerza mayor como una fuerza que, con independencia de su previsibilidad, es inevitable.

227 La AEM es competente para autorizar medicamentos de uso humano desarrollados por medio de determinados procesos biotecnológicos —previstos en el Anexo

dentro del procedimiento comunitario centralizado para la autorización de determinados medicamentos que fue inicialmente establecido, por el Reglamento (CEE) nº 2309/93 del Consejo, de 22 de junio, para la autorización de determinados medicamentos de uso humano y veterinario e instituyó la Agencia Europea para la Evaluación de Medicamentos.[228]

En consecuencia, difícilmente las acciones que reclamen responsabilidad sanitaria derivada de este ámbito cuestionarán el procedimiento de autorización de la vacuna, al haber sido aprobado a nivel europeo[229].

A lo señalado hay que añadir, a efectos de valorar posibles responsabilidades administrativas por campañas de vacunación y el empleo de medicamentos utilizados para mitigar la situación de pandemia, que la coordinación de la colaboración multilateral interadministrativa del sistema de vacunación, en España, fue realizada por el Consejo Interterritorial del Sistema Nacional de Salud[230], y los criterios que fijó al efecto fueron: un sistema de vacunación voluntaria, y la delimitación de grupos de riesgo al patógeno, sin olvidar que la intervención de las diferentes Administraciones públicas en la gestión sanitaria, conllevará probar si la relación de causalidad se produce respecto el producto, o por la dispensación del mismo, prueba que salvo errores manifiestos será muy complicada de practicar[231].

I del Reglamento CE/726/2004—, que contengan una sustancia activa no autorizada por la UE y cuya indicación terapéutica sea el tratamiento del cáncer, SIDA y diabetes, entre otros. A su vez es competente, si se trate de medicamentos destinados a enfermedades autoinmunes, y a enfermedades víricas, como es el caso, medicamentos huérfanos y medicamentos veterinarios empleados principalmente como potenciadores para fomentar el crecimiento o aumentar el rendimiento de los animales tratados. Motivo por el que la vacuna del coronavirus fue autorizada por la AEM.

228 BLANQUE REY, Lucas (2012): «Algunas cuestiones relevantes sobre el régimen de los medicamentos en el derecho de la unión europea», en SORIANO GARCÍA, José Eugenio y ZILLER, Jacques (dirs.), *Procedimiento administrativo europeo*, Civitas, Madrid, págs. 776 y 777.

229 DIVASSON MEDIVIL, Jesús, ORTILLÉS BUITRÓN, Jorge y MARTÍNEZ AGUIRRE, Mª Esther (2021): «Administración Sanitaria», *op. cit.* pág. 49 y 50.

230 El Consejo Interterritorial del Sistema Nacional de Salud se regula en los arts. 69 a 76 de la Ley 16/2003, de 28 de mayo, de cohesión y calidad del Sistema Nacional de Salud.

231 La STS de 9 de octubre de 2012, (núm. rec. 6878/2020 [*Tol 2667914*]), se pronunció sobre la responsabilidad administrativa en los supuestos de daños causados por vacunación preventiva, para resolver el supuesto del paciente que tras la vacuna sufrió el Síndrome de Guillain-Barré. La solidaridad social como fundamento de la responsabilidad patrimonial de la administración en un supuesto

Sin perjuicio de lo señalado, procede mencionar que RAMOS en el cap. 23 de ese tratado propone, fundada su opinión en la STS de 9 de octubre de 2012, y la STSJ de la Comunidad Valenciana de 18 de diciembre de 2010, que la Administración que promueve una campaña de vacunación recomendada debe responder de los daños vacunales graves por el normal funcionamiento del servicio público (pág. 1761)[232]. Por último, en el citado capítulo se citan igualmente las sentencias de 13 de enero de 2022, del Juzgado de lo Contencioso-Administrativo núm. 3 de Alicante, y de 1 de septiembre de 2022 de la Sala territorial de la Comunidad Valenciana, donde se ha reconocido el derecho a indemnizar el daño moral por la práctica discriminatoria del uso de la vacuna contra el Covid-19[233].

Ahora bien, el Tribunal Supremo ha resuelto numerosos casos de reclamaciones de responsabilidad patrimonial derivada de las medidas adoptadas por la Administración en época de pandemia, por todas, cabe señalar la STS de 29 de enero de 2024 (recurso ordinario nº 120/2022 [*Tol 9864210*]), donde se reitera que las medidas adoptadas por el Estado legislador para controlar la pandemia, fueron declaradas proporcionales, necesarias y justificadas para preservar el derecho a la vida y a la salud, en virtud de la previsión consagrada al respecto por la propia doctrina constitucional (SSTC 183 y 148/2021).

---

de administración de una vacuna. Así la sentencia afirma en un caso de lesiones derivadas de la aplicación de una vacuna que resultó de obligada aplicación al perjudicado en el curso de una campaña general de vacunación: «el supuesto se manifiesta como una carga social que el reclamante no tiene el deber jurídico desoportar de manera individual, sino que ha de ser compartida por el conjunto de la sociedad, pues así lo impone la conciencia social y la justa distribución de los muchos beneficios y los aleatorios perjuicios que dimanan de la programación de las campañas de vacunación dirigidas a toda la población, con las excepciones conocidas, y de modo especial a los distintos grupos de riesgos perfectamente caracterizados, pero de las que se beneficia en su conjunto toda la sociedad». El deber de información asistencial adquiere mayor intensidad cuando se trata de la denominada «medicina satisfactiva».

232 STS de 9 de octubre de 2010, de la Sala de lo Contencioso-Administrativo (núm. rec. 6878/2010 [*Tol 26667914*]), y STSJ de la Comunidad valenciana 1359/2020, de 18 de diciembre, de la Sala de lo Contencioso-Administrativo (núm. rec. 5/2008 [*Tol 2086257*]).

233 SJCA nº 3 de Alicante, de 13 de enero de 2022 (núm. rec. 372021 [*Tol 8736846*]), y STSJ de la Comunidad Valenciana 293/2022, de 1 de septiembre (núm. rec. 69/2022 [*Tol 9249826*]).

Por último, la jurisprudencia ya resolvió que incluso fuera del estado de alarma, el artículo 3 de la Ley Orgánica 3/1986, de 14 de abril, de Medidas Especiales en materia de Salud Pública, ofrece cobertura a las Administraciones para acordar medidas restrictivas o limitativas de derechos fundamentales para preservar la salud pública en casos de pandemia, siempre y cuando sean idóneas, necesarias y proporcionales (entre otras, STS de 30 de noviembre de 2022, recurso de casación nº 7483/2021 [*Tol 9314608*]).

Bibliografía

ALONSO-ALEGRE FERNÁNDEZ DE VALDERRAMA, Germán (2017): «la distribución de los medicamentos», en *Tratado de Derecho Farmacéutico,* en FAUS SANTASUSANA, Jordi y VIDA FERNÁNDEZ, José (dirs.), *Tratado de Derecho Farmacéutico,* Aranzadi, Cizur Menor (Navarra)

BERBEROFF AYUDA, Dimitri y SOSPEDRA NAVA, Francisco José (2006): «Fundamentos dogmáticos de la responsabilidad patrimonial de la Administración en la jurisprudencia», vol. II., Consejo General del Poder Judicial/Fundación Wellington, Madrid

BLANQUE REY, Lucas (2012): «Algunas cuestiones relevantes sobre el régimen de los medicamentos en el derecho de la unión europea», en SORIANO GARCÍA, José Eugenio y ZILLER, Jacques (dirs.), *Procedimiento administrativo europeo* Thomson Reuters-Civitas. Madrid

BOMBILLAR SÁENZ, Francisco Miguel (2017): «Garantías de calidad, identificación e información del medicamento: fabricación y etiquetado, en en FAUS SANTASUSANA, Jordi y VIDA FERNÁNDEZ, José (dirs.), *Tratado de Derecho Farmacéutico,* Aranzadi, Cizur Menor (Navarra)

BORGHETTI, Jean-Sébastien (2013): «Contentieux de la vaccinationcontrel'hépatite B: le retour en force de la condition de participation du produit à la survenance du dommage», *Recueil Dalloz*

CASTRO MORENO, Abraham (2017): «La responsabilidad penal relacionada con los medicamentos típicos específicos», en FAUS SANTASUSANA, Jordi y VIDA FERNÁNDEZ, José (dirs.), *Tratado de Derecho sanitario,* Aranzadi, Cizur Menor (Navarra)

CAMACHO CLAVIJO, Sandra (2017): «La subjetividad "cyborg"», en NAVAS NAVARRO, Susana (dir.), *Inteligencia artificial. Tecnología. Derecho.* Tirant lo Blanch, Valencia

CLERC, Carlos (2017): «De la "ley aquiliana" hacia el concepto de culpa en las legislaciones actuales», en PRATS ALBENTOSA, Lorenzo y TOMÁS MARTÍNEZ, Gema (coords.), *Culpa y Responsabilidad,* Aranzadi, Cizur Menor (Navarra)

CUETO PÉREZ, Miriam (2022): «Jurisprudencia en el caso Ala Octa: Responsabilidad Patrimonial por la utilización de productos defectuosos en el ámbito sanitario», *Revista de Administración Pública,* núm. 217

DIVASSON MEDIVIL, Jesús, ORTILLÉS BUITRÓN, Jorge y MARTÍNEZ AGUIRRE, Mª Esther (2021): «Administración Sanitaria», en DE LA CRUZ LÓPEZ, Pablo y MOLL FERNÁNDEZ-FIGARES, Luis S. (dirs.), *Responsabilidad patrimonial y COVID-19 en los distintos sectores de actividad,* Claves prácticas Francis Lefebvre, Madrid

FAUS SANTASUSANA, Jordi y VIDA FERNÁNDEZ, José (2017): «El Derecho Farmacéutico y de los Medicamentos: concepto, características esenciales y principios», en FAUS SANTASUSANA, Jordi y VIDA FERNÁNDEZ, José (dirs.), *Tratado de Derecho Farmacéutico*, Aranzadi, Cizur Menor (Navarra)

GARCÍA BLANCO Jesús y MARTÍN LORENZO, Beatriz (2021): «Introducción a la responsabilidad patrimonial de la Administración en tiempos de pandemia», en DE LA CRUZ LÓPEZ, Pablo y MOLL FERNÁNDEZ-FIGARES, Luis Salvador (dirs.), *Responsabilidad patrimonial y COVID-19 en los distintos sectores de actividad*, Claves prácticas Francis Lefebvre, Madrid

GILI SAÑDAÑA, Marian (2008): *El producto sanitario defectuoso en el Derecho español*, Atelier, Barcelona

GUERRERO ZAPLANA José (2004): *Las reclamaciones por la defectuosa asistencia sanitaria. Doctrina, Jurisprudencia, Legislación y Formularios*, Lex Nova, Valladolid (4ª ed.)

LUNA YERGA, Álvaro (2004): *La prueba de la responsabilidad civil médico-sanitaria*, Civitas, Madrid

KARCH Fred E. y LASAGNA, Louis (1975): «Adverse druge actions», *Journal of the American Medical Association*, 22 de diciembre, núm. 234

MEDIAVILLA CABO, José Vicente (2021): «Responsabilidad derivada de la utilización de productos defectuosos en la asistencia sanitaria», *Revista de Derecho Administrativo VLex*, marzo 2021, págs. 89 a 101

MÉJICA GARCÍA, Juan (1998): *Prótesis, régimen jurídico y criterios jurisprudenciales*, Comares, Granada

MARTÍN CASTRO, Dalmacio (2017): «La definición de los medicamentos y su distinción de otros productos para la salud», en FAUS SANTASUSANA, Jordi y VIDA FERNÁNDEZ, José (dirs.), *Tratado de Derecho sanitario*, Aranzadi, Cizur Menor (Navarra)

MERINO JIMÉNEZ, María Asunción (¿2021-2022?): «La aplicación del baremo para la valoración y cuantificación del daño sanitario», *Cuadernos Digitales de Formación*, del Consejo General del Poder Judicial, núm. 22

PAREJO ALFONSO, Luciano (2017): «La distribución de competencias en el sector farmacéutico: UE, Estado y CCAA», en FAUS SANTASUSANA, Jordi y VIDA FERNÁNDEZ, José (dirs.), *Tratado de Derecho Farmacéutico*, Aranzadi, Cizur Menor (Navarra)

PARRA LUCÁN, Mª Ángeles (2011): «Responsabilidad por productos sanitarios y medicamentos», en GASCÓN ABELLÁN, Marina, GONZÁLEZ CARRASCO, Mª del Carmen y CANTERO MARTÍNEZ, Josefa (coords.), *Derecho sanitario y bioética*, Tirant lo Blanch, Valencia

PARRA LUCÁN, Mª Ángeles (2014): «Responsabilidad por los efectos indeseables de los medicamentos, con ocasión de la STS de 10 de julio de 2014: responsabilidad del laboratorio por falta de información de los efectos secundarios de Agreal», *Revista CESCO de Consumo*, núm. 11

PARRA LUCÁN, Mª Ángeles (2017): «Medicamentos que dañan y prótesis que se rompen; quién responde y con arreglo a qué criterios», en PRATS ALBENTOSA, Lorenzo y TOMÁS MARTÍNEZ, Gema (coords.), Culpa y responsabilidad. Homenaje al Profesor don Ricardo de Ángel Yagüez, Aranzadi, Cizur Menor (Navarra)

RAMOS GONZÁLEZ, Sonia (2004): *Responsabilidad civil por medicamento. Defectos de fabricación, de diseño y en las advertencias o instrucciones*, Aranzadi, Cizur Menor (Navarra)

RAMOS GONZÁLEZ, Sonia y GILI SALDAÑA, Marian (2011): «Sentencia del Tribunal Supremo de 9 de diciembre de 2010. También es defectuoso el producto que el fabricante pone en circulación sin haber realizado las comprobaciones suficientes sobre su toxicidad, aunque no haya causado daños a la salud de los consumidores», *Comentarios a las sentencias de unificación de doctrina (civil y mercantil)*, vol. 4, 2010

RÍO SANTOS, Fruela (2017): «La utilización del algoritmo de Karch y Lasagna modificado en la responsabilidad patrimonial de la administración por asistencia sanitaria y su conexión con la famacovigilancia», *Diario La Ley*, 26 de abril de 2017, núm. 8968

SALVADOR CORDERCH, Pablo, SEUBA TORREBLANCA, Joan Carles, RAMOS GONZÁLEZ, Sonia, LUNA YERGA, Álvaro y RUÍZ GARCÍA, Juan Antonio (2000): «Hepatitis y riesgos de desarrollo. Responsabilidad del laboratorio que comercializa plasma sanguíneo infectado de VHC (STS, 1ª, 5 de octubre de 1999) y de las Administraciones Públicas Sanitarias que lo emplean (STS, 3ª, 31 de mayo de 1999)», *InDret*, núm. 1

SARRATO MARTÍNEZ, Luis (2014): *La responsabilidad administrativa, civil y penal en el ámbito del medicamento*. Aranzadi, Cizur Menor (Navarra)

SARDINERO GARCÍA, Carlos (2017): «La responsabilidad patrimonial de las Administraciones Públicas de relacionada con su intervención en los medicamentos», en FAUS SANTASUSANA, Jordi y VIDA FERNÁNDEZ, José (dirs.), *Tratado de Derecho sanitario*, Aranzadi, Cizur Menor (Navarra)

SOLÉ I FELIÚ, Josep (1997): *El concepto de defecto del producto en la responsabilidad civil del fabricante*, Tirant lo Blanch, Valencia

VICANDI MARTÍNEZ, Aránzazu (2017): *Culpa y responsabilidad. De la culpa del acto médico a la responsabilidad objetiva de la actividad de los centros sanitarios*, Aranzadi, Cizur Menor (Navarra)

VIDA FERNÁNDEZ, José (2015): *Concepto y régimen jurídico de los medicamentos*, Tirant lo Blanch, Valencia

YZQUIERDO TOLSADA, Mariano (2016): «Comentario de la Sentencia del Tribunal Supremo de 20 de octubre de 2015 (4149/2015). Prescrita la acción contra los fabricantes de la talidomida», *Revista de la Asociación Española de Abogados en Responsabilidad Civil y Seguro*, núm. 57

Capítulo 23

Daños vacunales: responsabilidad patrimonial y fondos de compensación

Sonia Ramos González

Profesora agregada de Derecho civil, Universitat Pompeu Fabra

Consejera de la Comissió Jurídica Asesora de Catalunya (2016-2022)

I. PLANTEAMIENTO

Las vacunas son medicamentos biológicos —normalmente, sus componentes se extraen de los virus o bacterias contra los que actúa la vacuna o de otros virus— y están indicadas para generar la inmunización activa de las personas frente a un agente infeccioso»[1]. Algunas de las vacunas contra el COVID-19 emplearon ARMn (ácido ribonucleico mensajero) de la proteína del virus para crear la respuesta inmune. La mayor parte de las reacciones adversas de las vacunas son normalmente son leves y temporales (*v.gr.* inflamación en la zona, fiebre y malestar). Solo, rara, o muy raramente, causan daños a graves a la salud, los cuales, además, no están asociados, necesariamente, a defectos de la vacuna o a una negligencia del personal sanitario que la ha administrado.

En el Derecho comparado, una característica muy singular de la compensación de los daños graves que exceden los riesgos normales de la vacunación es que muchos Estados —entre otros, Francia, Alemania, Italia o Reino Unido— tienen sistemas prospectivos de compensación sin culpa de los daños vacunales. Éstos, normalmente, se financian con fondos públicos, ya sean fondos de compensación o prestaciones de la Seguridad Social.

El Derecho español, sin embargo, no ha constituido un fondo de compensación de daños vacunales. Tampoco reconoce ayudas económicas para los perjudicados. Por ello, las víctimas recurren a las acciones de responsabilidad contra el fabricante o —en su caso, contra la Administración pública— para tratar de obtener una reparación de los daños graves inherentes a la vacunación[2]. El problema es que, como estos daños son

---

1 RAMOS GONZÁLEZ, Sonia (2022): *Responsabilidad patrimonial y daños vacunales. Por un sistema público de compensación en el Derecho español»*, Aranzadi, Cizur Menor (Navarra), pág. 15. El término vacuna proviene del nombre en latín de la variante vacuna de la viruela (*variola vaccinae*) y su descubrimiento se debe al experimento realizado en 1796 por el médico inglés Edward Jenner (1749-1823). Jenner, tras observar que los granjeros que ordeñaban las vacas y habían padecido la variante vacuna de la viruela no contraían después la enfermedad, llevó a cabo un experimento con un niño de ocho años, James Phillips. Le inoculó primero líquido de una pústula de persona infectada con la viruela vacuna. El niño desarrolló la enfermedad de manera leve. Dos meses después, volvió a inocularlo, esta vez con material de pústulas de viruela humana. El niño no desarrolló la enfermedad y así Jenner comprobó su hipótesis de que el virus vacuno protegía contra la viruela humana. Casi un siglo después, Louis Pasteur descubrió que las enfermedades infecciosas estaban causadas por microorganismos que, al cultivarse en un medio diferente al de su huésped habitual, perdían su virulencia, pero no su capacidad para generar respuesta inmunitaria. Revolucionó el método de Jenner al desarrollar la vacuna (contra el cólera y la rabia, entre otras) a partir del propio patógeno causante de la enfermedad en humanos.

2 En el ámbito médico, se ha pronunciado a favor de la creación de un fondo para los daños vacunales TUELLS. TUELLS HERNÁNDEZ, José (2003): «Razones para

poco frecuentes y los beneficios de la vacunación muy importantes para la salud individual y pública, es discutible que el producto sea defectuoso conforme al test europeo de las expectativas legítimas del consumidor que rige en materia de responsabilidad civil del fabricante. Más discutible aún es considerar defectuosas las vacunas contra el Covid-19, pues se autorizaron para hacer frente a una situación de emergencia sanitaria. En el Reino Unido, 51 demandantes han interpuesto una acción de responsabilidad civil por producto defectuoso contra el laboratorio AstraZeneca por los daños personales, incluida la muerte, asociados a una reacción adversa de su vacuna: trombosis con trombocitopenia, de carácter inmune (según informa el propio despacho de abogados que defiende a los demandantes, Leigh Day, en su página web, noticias, 30 abril de 2024). Algunos de los demandantes ya han obtenido una compensación con cargo al fondo público del Reino Unido destinado destinado para cubrir los daños vacunales muy graves.

El pasado 27 de marzo de 2024, la Comisión Europea decidió [C(2024) 2239 final] la retirada de la autorización de comercialización de la vacuna de Astrazeneca, a petición del propio laboratorio.

A partir de este planteamiento, la cuestión principal del trabajo es analizar si, en el Derecho español, la autoridad sanitaria deber responder de los daños vacunales derivados de reacciones graves y poco frecuentes, previsibles o no. Para las reacciones adversas impresivisibles, es relevante analizar si resulta aplicable la cláusula de exoneración por daños derivados de hechos imprevisibles o inevitables, de acuerdo con el estado de los conocimientos de la ciencia o de la técnica (art. 34.1 Ley 40/2015, de 1 de octubre, de régimen jurídico del sector público —LRJ—).

Más en concreto, en las siguientes páginas abordaremos si la recomendación pública de la vacunación —apelando al beneficio individual pero también al interés de toda la sociedad— es base suficiente para aplicar el régimen de responsabilidad objetiva de la Administración Pública previsto en el art. 106 de la Constitución española (CE) y en los arts. 32 y ss. LRJ.

Adicionalmente, este estudio también pretende identificar los problemas de indemnizar los daños derivados de vacunas meramente recomen-

---

un programa de compensación de daños por acontecimientos adversos relacionados con vacunas en España», *Medicina Clínica*, núm. vol. 140, núm. 2, págs. 554 a 557. Según este autor, «para empezar a recorrer la última milla de las políticas públicas de inmunización de este país debe establecerse un PCDV [programa de compensación de daños por vacunas] como componente ético». *Ibidem* pág. 557.

dadas y no obligatorias: uno se refiere a la inadecuación de la teoría del daño de sacrificio a los daños vacunales derivados de vacunas recomendadas incluidas en campañas de vacunación; otro afecta a la aplicación de la cláusula de los riesgos de desarrollo del art. 34 LRJ a los daños de vacunas.

De manera complementaria, y desde un plano de *lege ferenda*, en estas páginas se propone que la compensación de los daños derivados de las vacunas recomendadas —y, en su caso, de las que pudieran imponerse obligatoriamente— debería articularse mediante la creación de sistemas de compensación sin culpa, ya sea fondos de compensación o prestaciones de la Seguridad Social.

También abordaremos aquellos daños vacunales que son resarcibles, de acuerdo con los arts. 32. y ss. LRJ por el funcionamiento anormal de la Administración sanitaria. Nos estamos refiriendo a los causados por indebida autorización o defectuosa farmacovigilancia de la Agencia Española de Medicamentos y Productos Sanitarios (AEMPS), la falta o insuficiencia de información facilitada con ocasión de la campaña de vacunación y el trato discriminatorio en el orden de inoculación de vacunas cuando estas son escasas.

II. EXTERNALIDADES POSITIVAS Y RIESGOS DE LA VACUNACIÓN

Las vacunas, para ser autorizadas por la Agencia Española de Medicamentos y Productos Sanitarios (AEMPS), la *European Medicines Evaluation Agency* (EMEA) —también conocida como *European Medicines Agency* (EMA)— u otras autoridades sanitarias de Estados miembros de la Unión Europea (UE), deben haber superado un estándar de seguridad que garantice que los riesgos que presenta son proporcionados a sus beneficios. Así lo prevé el art. 10 Real Decreto Legislativo 1/2015, de 24 de julio, por el que se aprueba el texto refundido de la Ley de garantías y uso racional de los medicamentos y productos sanitarios, en adelante TRLM. A partir de ese momento las vacunas podrán ser recomendadas por las autoridades sanitarias mediante campañas de vacunación.

Ahora bien, pese a las externalidades positivas que las campañas de vacunación generan, éstas conllevan unos riesgos. Como afirma ALIENZA, «con la vacuna (...) se provoca deliberadamente una infección debilitada para que el sistema inmunitario produzca anticuerpos contra dicha infección que le permitan vencer en el futuro una infección real»[3].

Dicho esto, a continuación, explicamos en sendos apartados las externalidades positivas y riesgos de las vacunas. Posteriormente, por su incidencia en la responsabilidad patrimonial por daños vacunales, distinguiremos las campañas de vacunación en función de si la inoculación de la vacuna es obligatoria o recomendada. En último lugar, por el mismo motivo, determinaremos cuál debe ser el riesgo relevante a efectos de reconocer una reclamación de responsabilidad patrimonial.

1) Externalidades positivas

Como los medicamentos terapéuticos, las vacunas ofrecen un beneficio individual a quien las recibe, ya que las enfermedades que previenen pueden causar daños muy graves. Así, a título de ejemplo: la meningitis causa, en un 20 por ciento de los casos, problemas neurológicos, sordera o amputaciones; la poliomelitis causa parálisis de las extremidades; la rubeola en la embarazada puede provocar defectos congénitos en el feto; y la hepatitis B es causa del cáncer hepático.

Adicionalmente, y en esto se diferencian de otros medicamentos, las vacunas, al beneficiar al conjunto de la sociedad, generan externalidades positivas. Es más, si las vacunas se administran en proporción suficiente consiguen la denominada inmunidad de grupo (*herd immunity, herd protection*). Y la inmunidad de grupo bloquea o reduce, en función del tipo de vacuna, la transmisión de una enfermedad infecciosa entre los individuos. También permite proteger a personas no vacunadas —por ejemplo, personas inmunodeprimidas para las que la vacuna está contraindicada— o a personas respecto a las cuales la vacuna no ha resultado eficaz.

Teniendo en cuenta lo anterior, puede afirmarse que, cuando no existe un tratamiento terapéutico eficaz para una enfermedad, la transmisión del virus que lo causa y el contagio de la misma no es solo un problema de salud individual, sino también de salud pública. Es más, está ampliamente aceptado entre los expertos y organismos públicos nacionales e interna-

---

3 ALIENZA GARCÍA, José Francisco (2013): «La vacunación obligatoria de los ciudadanos y el deber de vacunar de la Administración», en ALIENZA GARCÍA, José Francisco y ARCOS VIEIRA, María Luisa, *Nuevas perspectivas jurídico-éticas en Derecho sanitario*, Aranzadi, Cizur Menor (Navarra), pág. 29.

cionales, que la vacunación sistemática de la población es la mejor medida costo-efectiva de salud pública[4].

De hecho, como señala la literatura científica, con la excepción del agua potable, pocas cosas han contribuido más que las vacunas a la reducción de la mortalidad y la morbilidad de la población[5]. Además, las campañas de vacunación ahorran costes sanitarios y generan ganancias en términos de productividad laboral[6]. Sus efectos positivos han quedado evidenciados con la pandemia por el Covid-19 en los países que han suministrado las vacunas masivamente a su población[7].

---

4 La vacunación es uno de los diez mayores logros de la ciencia biomédica y de la salud pública del siglo XX según el informe del *Centers for Disease Control and Prevention* (EEUU), «Ten great public health achievements-United States, 1990-1999», publicado por el *Morbidity and Mortality Weekly Report* de 2 de abril de 1999 (vol. 48, núm. 12), págs. 241 y ss., en https://www.cdc.gov/mmwr/pdf/wk/mm4812.pdf. En este sentido, la inmnunización de la población mediante la vacunación es uno de los objetivos de la UE. Así, la recomendación del Consejo de la UE, de 7 de diciembre de 2018, sobre la intensificación de la cooperación contra las enfermedades evitables por vacunación (2018/C 466/01), la UE debe proponer a los Estados miembros que desarrollen e implementen planes de vacunación con el objetivo de incrementar la cobertura de vacunación y conseguir los objetivos del Plan de Acción Europeo sobre Vacunas de la Organización Mundial de la Salud 2015-2020. Éste incluye, entre sus objetivos la inmunización de la población como una prioridad y la necesidad de que los ciudadanos entiendan el valor de la inmunización y de las vacunas. No debe desconocerse que la Organización Mundial de la Salud (OMS) estima que las vacunas infantiles salvan cada año la vida de entre 3,5 y 5 millones de personas (Vacunas e inmunización: la seguridad de las vacunas, 14 de marzo de 2023. https://www.who.int/es/news-room/q-a-detail/vaccines-and-immunization-vaccine-safety).

5 PLOTKIN, Susan L. y PLOTKIN, Stanley. A. (2013): «A short history of vaccination», en PLOTKIN, Susan L. A., ORENSTEIN, Walter. A. y OFFIT, Paul O. (eds.), *Vaccines,* Elsevier, Amsterdam (6ª ed.), pág. 1.

6 Tal y como afirma el informe de la Fundación Weber *El valor del medicamento desde una perspectiva social* de 2021, dirigido por Álvaro HIDALGO VERA, «en España, se estima que, por cada euro invertido en vacunación infantil, se ahorran 22 euros en gastos directos e indirectos. Así, el ahorro generado por los 94 millones invertidos en vacunación por el SNS en 2016 se estima en 2.068 millones de euros» (pág. 8). Dicha afirmación se extrae del estudio del Instituto Choiseul sobre *El impacto económico de las vacunas,* publicado en 2017 https://weber.org.es/wpcontent/uploads/2021/03/libro_digital_valor_medicamento_actualizacion_2020_final.pdf).

7 Entre otros estudios, uno llevado a cabo en EEUU sobre 1129 pacientes concluyó que la efectividad de las vacunas de ARNm frente a la enfermedad del Covid-19 y a la hospitalización se mantuvo en el 86% después de 24 semanas. En este sentido

Por las razones expuestas, las autoridades sanitarias promueven y recomiendan el uso de las vacunas para cumplir con la obligación, exigida por el art. 43 CE, de «organizar y tutelar la salud pública mediante medidas preventivas y de prestación de los servicios necesarios». A tal efecto concretan la acción de vacunación en dos instrumentos básicos: los calendarios de vacunación y las campañas de vacunación[8].

2) Riesgos vacunales

Según se acaba de indicar, las vacunas, además de generar beneficios, también pueden causar riesgos para la salud. Es más, el riesgo de reacciones adversas a la vacunación en el momento de la comercialización es inherente al diseño del producto y a las limitaciones propias del estado de los conocimientos científicos y técnicos. Por ello, lo único exigible a los fabricantes de vacunas es un nivel de investigación precomercialización suficiente y razonable que garantice una protección elevada de la salud de los consumidores. El nivel de seguridad exigido no puede ser ilimitado, entre otras razones, porque los costes que supondría para la sociedad retrasar la comercialización de la vacuna serían muy superiores al valor de los daños probables asociados al uso de la vacunación.

Así se entiende que toda vacuna autorizada presenta, inevitablemente, un riesgo de reacciones adversas, graves e inesperadas —por no ser conocidas en el momento de la comercialización a pesar de una investigación suficiente del producto—, y que sólo podrán ser detectadas cuando se administre de manera masiva a la población[9].

---

se ha pronunciado el *Centers for Disease Control and Prevention,* en su *Morbidity and Mortality Weekly Report,* de 27 de agosto de 2021 (vol. 70 núm. 40); https://www.cdc.gov/mmwr/volumes/70/wr/mm7034e2.htm.

8 De acuerdo con el art. 19.3 a) de la Ley 33/2011, de 4 de octubre, general de salud pública (LGSP), el calendario único de las vacunas recomendadas, el número de dosis y la edad de su suministro son fijados por el Consejo Interterritorial del Sistema Nacional de Salud, Ministerio de Sanidad. El calendario único de vacunación puede ser modificado, por razones epidemiológicas, por las Comunidades Autónomas (CCAA) y las ciudades de Ceuta y Melilla. Sin embargo, como advierte CIERCO la realidad se aparta de esta previsión legal puesto que las CCAA siguen aprobando sus respectivos calendarios, a veces con diferencias significativas. CIERCO SEIRA, César (2019): «Las vicisitudes del calendario *único* de vacunación», *Derecho y salud,* vol. 29 (extra), pág. 154.

9 De acuerdo con los aps. 4 y 6 del art. 2 del RD 577/2013, de 26 de junio, regulador de la farmacovigilancia y los medicamentos de uso humano: una reacción adversa,

A lo anterior cabe añadir que las reacciones adversas graves suelen ser raras, o muy raras, por lo que una vez detectadas mediante los sistemas de farmacovigilancia, no alterarán normalmente el balance favorable beneficio-riesgo de la vacuna[10]. Por ello, normalmente la vacuna permanecerá en el mercado y el fabricante, previa autorización de la agencia pública encargada de la farmacovigilancia actualizará la ficha técnica y el prospecto del producto.

Por ejemplo: la ficha técnica de la vacuna antigripal informa que puede causar el síndrome neurológico Guillain Barré, con una frecuencia de hasta 9 casos de cada 10.000 dosis; y en caso de la vacuna contra la triple vírica (sarampión, rubéola y parotiditis) se informa que se ha notificado encefalitis con una frecuencia inferior a 1 caso por cada 10 millones de dosis.

3) Vacunación obligatoria y vacunación recomendada

Las campañas de vacunación pueden tener por objeto vacunaciones de inoculación obligatoria o recomendada. El carácter obligatorio o recomendado de la vacunación es una cuestión de política sanitaria[11]. Así, la

---

«es cualquier respuesta nociva y no incentivada a un medicamento»; y reacción adversa inesperada, aquélla «cuya naturaleza, gravedad o consecuencias no sean coherentes con la información descrita en la ficha técnica del medicamento».

10 El *European Vaccination Information Portal* informa que la probabilidad de sufrir una reacción grave a una vacuna es de uno entre un millón; https://vaccination-info.eu/en. Véase sobre los deberes de farmacovigilancia, DOMÉNECH PASCUAL, Gabriel (2009): *El régimen jurídico de la farmacovigilancia*, Civitas, Cizur Menor (Navarra).

11 Según afirma BLANQUER, «la vacuna es una medida preventiva de salud pública que a veces es voluntaria y en ocasiones es obligatoria. La compleja y delicada disyuntiva entre las simples recomendaciones (...) o las órdenes imperativas de vacunación (...) ya ha sido abordada en Italia por la Sentencia de la Corte Constitucional 5/2018, de 18 de enero. Este pronunciamiento reconoce a los poderes públicos un amplio margen de libertad a la hora de optar por una u otra fórmula de vacunación, siempre que se establezca un régimen razonable y proporcionado». Por su parte, el Tribunal Europeo de Derecho Humanos (TEDH), en su sentencia *Solomakhin vs. Ucrania*, de 15 de marzo de 2012 (núm. rec. 24429/2003 y [*Tol 2644639*]), ha declarado que, si la vacunación obligatoria está prevista en la ley y se respeta el principio de proporcionalidad, en una sociedad democrática puede ser una medida necesaria para defender la salud pública y evitar la propagación de una enfermedad. BLANQUER CRIADO, David (2020): *La responsabilidad patrimonial en tiempos de pandemia (los poderes públicos y los daños por la crisis de la COVID-19), op. cit.* pág. 201.

vacunación infantil es obligatoria para todas o algunas de las dosis de vacunas más comunes en 12 países miembros del Espacio Económico Europeo (Francia, Italia, Alemania, Bulgaria, Croacia, República Checa, Hungría, Letonia, Malta, Polonia, Eslovaquia y Eslovenia)[12].

Por señalar uno de ellos, Italia, dado el nivel insatisfactorio de vacunación contra determinadas enfermedades y un aumento preocupante del número de casos de sarampión, aumentó por Decreto ley núm. 73, de 7 de junio de 2017, el número de vacunas obligatorias de cuatro a diez[13]. Por razones similares, la Ley francesa núm. 2017-1836, de 30 de diciembre, incrementó el número de vacunas obligatorias de tres a once. Paralelamente, la Ley alemana para la protección contra el sarampión, de 10 de febrero de 2020 (*Masernschutzgesetz*), introdujo la vacunación obligatoria contra el sarampión, a tres colectivos: niños de más de un año, profesores de guarderías y colegios y personal sanitario[14].

Además, en estos países, la obligación de vacunarse no es ejecutable forzosamente. Aunque se afirme que la vacunación sea imperativa, para su inoculación se requiere el consentimiento del receptor o de sus representantes legales[15].

En España, la vacunación sistemática de la población infantil y adulta no está impuesta legalmente. El art. 38.2 b) 5.ª de la Ley 8/2008, de 10 de

---

[12] Consultado en https://vaccine-schedule.ecdc.europa.eu (octubre de 2021).

[13] D'ANCONA, Fortunato, D'AMARIO, Claudio, MARAGLINO, Francesco, REZZA Giovani y LANNAZZO, Stefania (2019): «The law on compulsory vaccination in Italy: an update 2 years after the introduction», *Euro Surveillance*, vol. 24, issue 26: pii=1900371. https://doi.org/10.2807/1560-7917.ES.2019.24.26.1900371.

[14] Además, Italia y Francia aprobaron sendas leyes que imponen a los profesionales sanitarios la vacunación contra el Covid-19 (Decreto ley italiano núm. 44, de 1 de abril de 2021 y Ley francesa núm. 2021-1040, de 5 de agosto de 2021).

[15] DE MONTALVO JÄÄSKELÄINEN, Federico «Vacunas obligatorias y forzosas: ¿hablamos de lo mismo?», El País, 18 de agosto de 2021. Tal y como precisa BLANQUER, dejando «al margen la eventual existencia de una infracción sancionable por la Administración, si el paciente se resistiere y no quedara más alternativa que recurrir a la fuerza física para inyectarle la vacuna, esta actuación debe ser previamente autorizada por la autoridad judicial (artículo 8 de la LJCA 29/1998)». Cabe advertir que dichas medidas deberán estar «plasmadas en actos administrativos singulares que afecten únicamente a uno o varios particulares concretos e identificados de manera individualizada» (art. 8.6 par. 2 de la Ley 29/1998, de 13 de julio, reguladora de la jurisdicción contencioso-administrativo). BLANQUER CRIADO, David (2020): *La responsabilidad patrimonial en tiempos de pandemia (los poderes públicos y los daños por la crisis de la COVID-19), op. cit.* pág. 218.

julio, de salud de Galicia (LSG), en la redacción dada por la Ley 8/2021, de 25 de febrero, contemplaba entre las medidas para atajar las enfermedades transmisibles la vacunación obligatoria. En 2021 fue recurrida ante el Tribunal Constitucional (TC) por el presidente del Gobierno[16]. Previo acuerdo en el seno de la Comisión bilateral de Cooperación Administración General del Estado-Comunidad Autónoma de Galicia, el Parlamento gallego introdujo, mediante la Ley 18/2021, de 27 de diciembre, de medidas fiscales y administrativas, una DA 2 en la Ley 8/2008, relativa a la aplicación de las medidas de vacunación en el marco de las competencias estatales de coordinación general de la sanidad y de la Estrategia nacional de vacunación[17]. Con base en el acuerdo, producida tal modificación normativa, el presidente del Gobierno desistió del recurso.

Cuestión distinta al carácter obligatorio o recomendado de la vacunación es la decisión de la Administración sanitaria de vacunar forzosamente a individuos determinados para proteger la salud individual de estos sujetos y la salud colectiva. Para ello deberá obtener autorización judicial *ex* art. 8.6 de la Ley 29/1998, de 13 de julio, reguladora de la jurisdicción contencioso-administrativa (LJCA)[18]. Un ejemplo lo encontramos en el AJCA núm. 5 de Granada, de 24 de noviembre de 2010, dictado en un

16 El art. 38.2.b.5.ª de la Ley 8/2008, de 10 de julio, de salud, de Galicia, fue introducido por el art. único.5 quinto de la Ley 8/2021, de 25 de febrero. Mediante providencia de 22 de abril de 2021, se admitió el recurso de inconstitucionalidad 1975/2021 y suspendió la eficacia del art. 38.2 en los términos previos en el art. 161.2 CE. Posteriormente, el ATC 74/2021, de 20 de julio, acordó mantener la suspensión de la vigencia, pero solo respecto del art. 38.2.b.5ª.

17 La redacción actual del art. 38.2 b) 5ª LSG es la que resulta de la DA 2ª Ley 8/2008 que prescribe lo siguiente: «La medida prevista en el número 5 de la letra b) del número 2 del artículo 38 se entenderá sin perjuicio del carácter voluntario de la vacunación con carácter general y se aplicará siempre de acuerdo con lo establecido para cada patología por la Administración general del Estado en el ejercicio de sus competencias de coordinación general de la sanidad, en la estrategia nacional de vacunación que esté vigente en cada momento y en el marco de lo que determine el Consejo Interterritorial del Sistema Nacional de Salud. Las campañas se articularán sobre el principio de colaboración voluntaria de las personas afectadas con las autoridades sanitarias, y estas ofrecerán información, en todo caso, de los posibles riesgos relacionados con la adopción o no adopción de estas medidas».

18 Conviene distinguir la autorización judicial del art. 8.6 LJCA de la solicitud, por el facultativo o el Ministerio Fiscal, *ex* art. 9.6 de la Ley 41/2002, de 14 de noviembre, básica reguladora de la autonomía del paciente y de derechos y obligaciones en materia de información y documentación clínica (LAP). Ésta última tiene por objeto administrar forzosamente la vacuna a una persona mayor de edad sin capa-

caso de inoculación forzosa de la vacuna triple vírica (sarampión, rubeola y parodititis) a menores matriculados en un mismo colegio para atajar un brote de sarampión en un barrio de baja cobertura vacunal[19].

4) Delimitación del riesgo relevante

El modo correcto de plantear, a mi modo de ver, la responsabilidad patrimonial por los daños vacunales es considerar que el riesgo deriva de un producto cuyo uso ha sido promovido en el marco de una campaña de vacunación diseñada por la autoridad sanitaria competente para proteger la salud pública. Ésta, además, se ejecuta en beneficio del interés general.

Por ello, desde la perspectiva de la prestación de la asistencia sanitaria no hay, en principio, nada que reprochar a los profesionales sanitarios, los cuales se ajustan a la *lex artis* al decidir administrar la vacuna recomendada.

Dicho con otras palabras, el objeto de la reclamación de responsabilidad patrimonial no debería ser valorar si los profesionales sanitarios tomaron la decisión adecuada de administrar la vacuna. Éste no podría ser el enfoque, porque de reducir el análisis a esta cuestión, llegaríamos a la conclusión de que, conforme al estándar general de la *lex artis*, el profesional se limitó a cumplir con el calendario de vacunación recomendado en su territorio. El daño del que estamos hablando no deriva de los riesgos del acto médico, sino del uso del producto promovido por la autoridad sanitaria.

Además, si el riesgo de daño deriva de la promoción o recomendación pública de su uso, lo más razonable es que la Administración responsable del pago de la indemnización sea la autoridad sanitaria, estatal o autonómica, o ambas, con competencia para elaborar la campaña de vacunación en el marco de la cual se ha producido el daño.

En la práctica, la mayor parte de los procedimientos de responsabilidad patrimonial sanitaria se dirigen contra los servicios autonómicos de salud —y en las ciudades de Ceuta y Melilla contra el Instituto Nacional de Gestión Sanitaria INGESA— por ser los titulares del servicio público sanitario. Además, en general, la cuestión de la legitimación pasiva no

cidad natural para tomar la decisión, porque los familiares que están legitimados para consentir por representación se nieguen a que le apliquen el tratamiento.

19 AJCA núm. 5 de Granada 362/2010 (núm. rec. 918/2010 y RJCA 2010\841).

suele plantear problemas, ni en vía administrativa ni contencioso-administrativa[20].

En ningún caso podrá exigirse responsabilidad a la Administración titular del colegio o dependencia en la que se hayan administrado algunas vacunas sistemáticas como sostuvo la STS de 18 de septiembre de 2007[21].

---

20 Un caso en el que sí que se discutió la falta de legitimación pasiva de la Administración sanitaria fue la STS de 18 de septiembre de 2007, de la Sala de lo Contencioso-administrativo (núm. rec. 8967/2003 y [*Tol 1146874*]). El TS desestimó el recurso de casación, interpuesto por la Junta de Castilla y León, como sucesora de la Administración Institucional de la Sanidad Nacional (AINSA), contra la STSJ de Castilla y León de 7 de octubre de 2003, sede de Burgos, porque «la regulación e implantación por ley de una determinada prestación sanitaria, en este caso de carácter preventivo como era la vacuna antivariólica, no altera su naturaleza de prestación integrada en el servicio sanitario de titularidad administrativa» (FJ 4). Sigue el criterio de esta sentencia el Consejo de Estado (CdE) en su dictamen de 21 de enero de 2010 (núm. exp. 1954). En él, con cita del DCdE de 18 de junio de 2009 (núm. exp. 79e/2009), propuso desestimar la reclamación dirigida contra la Administración General del Estado por daños asociados a la vacuna contra la poliomelitis administrada en los años 1983-1984. En su opinión, carecía de legitimación pasiva porque «cuando se celebró la campaña de vacunación a la que se imputa el daño sufrido (años 1983 y 1984), las competencias en la materia ya habían sido transferidas desde el organismo autónomo Administración Institucional de la Sanidad Nacional (...) al Consejo General Interinsular de las Islas Baleares» (antecedente de hecho 6).
En cambio, la STSJ de Castilla y León, Burgos, 541/1999, de 7 de junio, en una reclamación de responsabilidad patrimonial por una encefalitis postvacunal sufrida como consecuencia de la vacunación obligatoria contra la viruela realizada en 1975, apreció la falta de legitimación pasiva del Instituto Nacional de Salud (INSALUD). Lo hizo porque este instituto ni había establecido la obligación de vacunación, ni ejecutó las vacunaciones, ni se había subrogado, tras su creación, en las funciones de prevención y lucha contra las enfermedades contagiosas. Según dijera la Sala de lo Contencioso-administrativo, el INSALUD, creado en 1978, «no existía cuando se produjo el hecho (...) [y] nunca [tuvo] competencia alguna en materia de vacunaciones, siendo antes competencia de los Ayuntamientos y ahora de las Comunidades Autónomas». En este sentido recordó que «la Ley de Bases de la Sanidad Nacional de 25 de noviembre de 1944 atribuye (...) a la Dirección General de Sanidad la lucha contra las infecciones [y posteriormente se ejercieron] las competencias en materia de prevención y lucha contra enfermedades contagiosas a través de la Administración Institucional de la Sanidad Nacional, cuyas competencias fueron progresivamente transferidas a las Comunidades Autónomas» (FJ 4).

21 La STS de 18 de septiembre de 2007 también confirmó la STSJ de Castilla y León, de 7 de octubre de 2003, ambas citadas, porque había rechazado que el Ayunta-

Finalmente, si el riesgo proviene del producto en sí, desde el punto de vista de la responsabilidad patrimonial será responsable, en su caso y sin perjuicio de la responsabilidad del fabricante, la Administración la que autorizó su comercialización o está encargada de la farmacovigilancia. Así lo ha establecido el Tribunal Supremo (TS) en la jurisprudencia que arranca con la STS de 20 de diciembre de 2020, conocida como *Ala Octa*[22]. En este punto nos remitimos al cap. 22 (págs. 1692 a 1697), dedicado a la responsabilidad patrimonial por los productos sanitarios defectuosos, y escrito por HERNÁNDEZ VILLALÓN ya que excede del objeto de este capítulo.

III. RESPONSABILIDAD POR EL FUNCIONAMIENTO NORMAL DE LA ADMINISTRACIÓN SANITARIA EN LA JURISPRUDENCIA

Como se acaba de exponer al hilo de los riesgos vacunales, «la autorización administrativa de la vacunación comporta la delimitación del riesgo tolerado al admitirse la generación de determinados efectos secundarios que son leves y muy pasajeros, por lo que no son relevantes para la salud de las personas»[23]. Éstos no dan lugar al nacimiento de responsabilidad patrimonial porque los ciudadanos deben soportarlos *ex* art. 34.1 LRJ. La discusión se centra en los resultados adversos graves, los cuales son infrecuentes. Estos últimos son los que pueden obligar a la Administración sanitaria que promueva una campaña de vacunación a indemnizar a los perjudicados.

Además, la responsabilidad patrimonial por daños vacunales ha sido objeto de pocos pronunciamientos judiciales. Sin embargo, del estudio de los escasos fallos en los que se ha considerado acreditada la relación de

---

miento de Salas de los Infantes fuera responsable por haberse limitado a «ejecutar una competencia que le viene impuesta por la otra Administración que es la que mantiene la obligatoriedad de las vacunaciones» (FJ 8).

22 La doctrina jurisprudencial que libera de responder a los servicios públicos de salud por el empleo de productos defectuosos arranca con la STS 1806/2020, de 21 de diciembre (núm. rec. 803/2019 [*Tol 8291027*]). En ella el TS sentenció que el daño propiciado a un paciente por un producto sanitario defectuoso empleado por un servicio público de salud no le era imputable. En su caso, la responsabilidad recaería sobre la entidad sanitaria —la AEMPS— que autorizó su comercialización y es competente de la farmacovigilancia.

23 BLANQUER CRIADO, David (2020): La responsabilidad patrimonial en tiempos de pandemia (los poderes públicos y los daños por la crisis de la COVID-19), *op. cit.* pág. 228.

causalidad entre el daño y la vacunación[24], no es posible deducir una doctrina jurisprudencial uniforme, ni del Tribunal Supremo (TS), ni de la jurisprudencia menor. Las líneas argumentales utilizadas son el principio de solidaridad, y la teoría del sacrificio singular[25]. Tanto una como otra responden a un modelo de responsabilidad objetiva —o por el funcionamiento normal de la Administración sanitaria— y se fundan en el principio de justicia distributiva y no en la justicia conmutativa. Ocasionalmente —como se verá en el siguiente apartado dedicado a la responsabilidad de la Administración sanitaria por funcionamiento anormal del servicio público-también se ha argumentado la responsabilidad patrimonial a partir de la infracción de la *lex artis.*

1) Principio de solidaridad y socialización de riesgos

Si la Administración pública responde por los daños graves e infrecuentes derivados de las vacunas que recomienda, el fundamento del deber de resarcir es el principio de solidaridad ya que «con independencia del

---

24 Para BLANQUER, «una dificultad práctica para lograr que se declare la responsabilidad patrimonial es acreditar suficientemente la relación de causalidad entre la inoculación de la vacuna y el resultado lesivo sufrido». Como botón de muestra cita la SAN de 12 de diciembre de 2007 (núm. rec. 417/2004 y [*Tol 1256364*]). En su opinión, «hay que reconocer que el simple hecho cronológico de experimentar una reacción adversa después de inoculada la vacuna, no comporta inexorablemente de que ese producto sea siempre el origen causal del resultado lesivo». Además, sigue diciendo este autor que «en algunas ocasiones, puede suceder que no exista plena certeza científica a ese respecto (por las limitaciones intrínsecas de la ciencia médica), y que lo único que puedan ofrecer los peritos que intervengan en el procedimiento administrativo o el proceso judicial, es un juicio hipotético de verosímil probabilidad sobre la existencia de nexo causal entre la vacuna y determinadas secuelas sufridas por la persona reclamante». Por ello, concluye que siendo en este contexto «más fácil para la Administración sanitaria que para el reclamante despejar la incógnita (artículo 217.3 de la LEC 1/2000) (...) cabe presumir la responsabilidad de la Administración, salvo que ésta aporte pruebas suficientes en contrario». BLANQUER CRIADO, David (2020): *La responsabilidad patrimonial en tiempos de pandemia (los poderes públicos y los daños por la crisis de la COVID-19), op. cit.* págs. 241 y 242 a 244.

25 Una imbricación de las teorías justificativas de la responsabilidad patrimonial por el funcionamiento normal —principio de solidaridad y doctrina del sacrificio particular— y anormal —basado en la responsabilidad patrimonial sanitaria en la infracción de la *lex artis*— puede leerse en el cap. 1 de esta obra (págs. 88 a 90), realizada por MARTÍNEZ OTERO al que nos remitimos.

mayor o menor grado de voluntariedad para colaborar en beneficio de la salud pública, no es justo ni solidario utilizar al individuo para lograr la inmunidad de rebaño, y después abandonarle a su infortunio»[26].

También se ha dicho que, en supuestos como éstos, lo que se produce es una socialización del riesgo en el sentido de transferir al conjunto de la sociedad el riesgo que crea una determinada actividad. Así, por «socialización del riesgo» se entiende la disolución, en el conjunto de la sociedad, de las consecuencias dañosas sufridas por unos pocos[27]. Además, según expresa CIERCO, «al recomponer así la escena, el hilo argumental nos conduce inexorablemente a la doctrina, universal, del reparto justo de las cargas públicas. A la luz de esta doctrina (...) no puede exigirse al ciudadano, después de contribuir a la inmunización del grupo, que soporte en solitario sobre sus espaldas la ocasional irrogación imputable, aun sin falta, al servicio de vacunación. Se diría que es algo consustancial al contrato social: ya que el ciudadano se expone a un riego en interés del bien común, es justo, en contrapartida, que la sociedad cargue con la reparación de la eventual lesión que ello le cause»[28].

Dicha repercusión del daño se lleva a cabo en nuestro país, con cargo a los tributos que pagan los contribuyentes, cuando se condena a la Administración por responsabilidad patrimonial; y, como se verá en los eps. V y VI en otros Estados, también, mediante la constitución de fondos públicos de compensación de daños causados sin culpa.

Para justificar la responsabilidad patrimonial de la Administración en el principio de solidaridad, en España, la sentencia de referencia es la STS de 9 de octubre de 2012, relativa a una reclamación de responsabilidad patrimonial por un síndrome Guillain Barré asociado a una vacuna antigripal recibida en un centro de salud público[29].

---

[26] BLANQUER CRIADO, David (2020): *La responsabilidad patrimonial en tiempos de pandemia (los poderes públicos y los daños por la crisis de la COVID-19)*, *op. cit.* pág. 231.

[27] Aunque se hable de socialización del riesgo, técnicamente, lo que se socializa no es el riesgo sino la responsabilidad, concebida ésta como una suerte de «mal menor» necesario para que puedan funcionar determinados servicios públicos que impactan positivamente en el conjunto de la sociedad.

[28] CIERCO SEIRA, César (2018): *Vacunación, libertades individuales y Derecho público*, Marcial Pons, Madrid, pág. 73.

[29] STS de 9 de octubre de 2012, de la Sala de lo Contencioso-administrativo (núm. rec. 6878/2010 y [*Tol 2667914*]).

En este recurso, el recurrente, de 37 años en el momento de los hechos, y camarero de profesión, acudió a su centro de atención primaria de Tortosa en el año 2002 para recibir la vacuna antigripal. Como consecuencia de la vacunación, sufrió el síndrome Guillain-Barré —una alteración grave del sistema nervioso— que le produjo una tetraparesia flácida y un grado de disminución funcional del 85 por ciento. A ello hay que añadir que la víctima no formaba parte de los grupos de riesgo para los que los que las autoridades sanitarias recomiendan la vacunación. Tampoco consta en la sentencia que el personal del centro de atención primaria le hubiese suministrado al recurrente el prospecto u otro documento con información respecto a los riesgos de la vacuna.

En este caso, el TS casó la sentencia del Tribunal Superior de Justicia (TSJ), en concreto del TSJ de Cataluña, y declaró la obligación del Institut Catalá de la Salut de indemnizar al recurrente. Según el TS, la lesión fue antijurídica porque, aunque la vacunación fue voluntaria y el daño era previsible y conocido en el momento de implantación de la campaña de vacunación, el ciudadano sufrió un daño excepcional que no tenía la obligación de soportar. Además, en virtud del principio de solidaridad, la socialización de riesgos y un mejor reparto de beneficios y cargas, correspondía a la sociedad en su conjunto asumir la indemnización, por ser la beneficiaria de la campaña de vacunación.

Paralelamente, como se verá en el epígrafe IV —el dedicado al funcionamiento anormal de la Administración sanitaria— «el TS también tuvo en cuenta que se trataba de riesgos previsibles y conocidos sobre los que no es exigible informar a la población, porque hacerlo tendría un efecto disuasorio y perjudicaría el éxito de la campaña y la consecución del objetivo de salud pública pretendido»[30].

En este sentido, el TS consideró lo siguiente:

> «[E]*l daño causado no dimana de la aplicación de las técnicas sanitarias conocidas por el estado de la ciencia y razonablemente disponibles en el momento; y que, igualmente, se acomodó a la 'lex artis' en lo que demandaba el derecho de información del paciente. Ahora bien, es igualmente cierto que la obligación de soportar el daño sufrido no puede imputarse al perjudicado cuando éste no tiene el deber jurídico de soportar el riesgo que objetivamente debe asumir la sociedad en virtud del principio de solidaridad, como sucede en el particular y concreto supuesto que nos ocupa, difícilmente repetible fuera de su excepcionalidad, en el que se ha concretado en el reclamante un riesgo altamente infrecuente, pero de previsible aparición en el*

30 RAMOS GONZÁLEZ, Sonia (2022): *Responsabilidad patrimonial y daños vacunales. Por un sistema público de compensación en el Derecho español*», *op. cit.* pág. 34.

> *amplio ámbito de las campañas generales de vacunación, considerando además, según nos recuerda el informe del doctor Jesús Ángel, que éstas persiguen objetivos no solo particulares, sino también generales de salud pública, para la disminución de la incidencia o erradicación de enfermedades que, como la gripe, puede ser una enfermedad muy grave cuando se extiende de forma genérica a una población numerosa, con complicaciones también muy graves y fuerte absentismo laboral, y que una información excesiva de los riesgos de la vacunación sería un factor disuasorio a la adhesión de la campaña, cuyo éxito requiere de la máxima cobertura de la población por la vacuna; factores estos que justifican que los perjuicios de la programación anual de vacunación, previsibles y conocidos por el estado de la ciencia en el momento de la implantación de esta política de salud pública, sean soportados por toda la sociedad, porque así lo impone el principio de solidaridad y socialización de riesgos, con el fin de lograr un mejor reparto de beneficios y cargas»*[31].

La sentencia descrita sirvió de fundamento a la STSJ de Aragón de 11 de septiembre de 2015, que resolvió una reclamación similar contra la Diputación General de Aragón[32]. En este caso se trataba de una polineuropatía asociada a la vacuna antigripal mixta Rovi administrada en la campaña de inmunización de otoño 2010-2011. La TSJ de Aragón consideró acreditada la relación de causalidad por la proximidad en el tiempo entre la administración de la vacuna y la aparición de los primeros síntomas. Además, añadió, «la dolencia es de las previstas en el prospecto del medicamento, como de posible, aunque rara, causación de la vacuna [y] (...) la paciente no presentaba antecedentes próximos a la vacunación»[33].

Por ello, desestimó la principal vía de responsabilidad que arbitraba la recurrente, basada en la infracción del deber de información. En concreto, falló que «la escasa aparición de la enfermedad de que se trata excluye en este caso la obligación específica que prevé la Ley 41/2002, de 14 de noviembre [básica reguladora de la autonomía del paciente y de derechos y obligaciones en materia de información y documentación clínica (LAP)], en línea con constante doctrina jurisprudencial (así STS de 2 de enero de 2012, por ejemplo)»[34].

---

31 FJ 6 STS de 9 de octubre de 2010, de la Sala de lo Contencioso-administrativo (núm. rec. 6878/2010 y [*Tol 2667914*]).

32 STSJ de Aragón 429/2015, de 11 de septiembre, de la Sala de lo Contencioso-administrativo (núm. rec. 262/2012 y [*Tol 5511292*]).

33 FJ 3 STSJ de Aragón 429/2015, de 11 de septiembre, de la Sala de lo Contencioso-administrativo (núm. rec. 262/2012 y [*Tol 5511292*]).

34 FJ 5 STSJ de Aragón 429/2015, de 11 de septiembre, de la Sala de lo Contencioso-administrativo (núm. rec. 262/2012 y [*Tol 5511292*]).

En cambio, y esto es lo importante, declaró responsable a la Administración por las «mismas razones y conclusión expuestas en la sentencia (...) del Tribunal Supremo [de 9 de octubre de 2012, ya que] son de plena aplicación al caso»[35]. En consecuencia, el TSJ de Aragón consideró que correspondía indemnizar a la actora en la cuantía que solicita en la reclamación (250.000 euros) por las secuelas muy graves que dieron lugar a una incapacidad permanente absoluta.

En relación con la vacuna contra el Covid, es de interés la STSJ de Extremadura 293/2024, de 3 de mayo (núm. recurso 75/2014 y [*Tol 10000410*]) que confirma la Sentencia del Juzgado Contencioso-Administrativo núm. 1 de Cáceres, que había condeno al Servicio Extremeño de Salud a pagar una indemnización de 40.000 euros a la actora, quien sufrió una trombosis como consecuencia de la vacuna Jansen contra el Covid.

En primer lugar, la STSJ Extremadura tiene en cuenta en primer la estrategia de vacunación seguida por la Administración:

«La Administración consideramos que aconsejó de una manera un tanto forzada a la población, tal y como señala la recurrente, a que llevase a cabo su vacunación, ciertamente que también en beneficio particular pero sobre todo y a la vista de los efectos que producen en la colectividad».

Entre los argumentos que utiliza la STSJ para confirmar la condena se encuentran el principio de solidaridad y el principio de igualdad en el sostenimiento de las cargas públicas, aunque también refiere a la responsabilidad por riesgo como fundamento de la responsabilidad por funcionamiento normal de la Administración:

«[E]l título de imputación de la Administración, en el que participa activamente a través de la conducta administrativa, es la salvaguarda de los intereses públicos, en este caso, el contagio (...) intereses generales que, en muchas ocasiones, producen daños colaterales y que, han dado lugar a que se establezca una responsabilidad por riesgo en quien pone en funcionamiento el mismo, (...) como sucede en otros muchos campos, como puede ser la legislación en materia de circulación de vehículos a motor o de consumidores (....).

«[L]a función que desempeñaba cada uno de los ciudadanos que se vacunaba, no solo le beneficiaba a él sino a toda la colectividad y si ahora no se atendiera a quienes se han visto singularmente perjudicados a conse-

---

35 FJ 6 STSJ de Aragón 429/2015, de 11 de septiembre, de la Sala de lo Contencioso-administrativo (núm. rec. 262/2012 y [*Tol 5511292*]).

cuencia de esta actividad individual y de trascendencia colectiva se rompería el principio de igualdad en el levantamiento de las cargas o de los peligros que acechan a la sociedad de ahí que, realmente, exista un principio de solidaridad social, que sirve de fundamento de actuación y consecuente responsabilidad» (FJ. 5º).

2) Teoría del sacrificio particular o no exigible

La teoría del sacrificio particular, vinculada al principio de igualdad ante las cargas públicas, que deriva del art. 32. CE, es, según la doctrina administrativa y de la jurisprudencia, fundamento, junto con del criterio del riesgo, de la responsabilidad objetiva de la Administración pública. Es verdad, con todo, que no es el supuesto más común, basado en el funcionamiento anormal de la Administración, ni tampoco el más claro de responsabilidad, porque se basa en la idea de carga o sacrificio, que es más propia de la expropiación[36].

---

36 MIR reconoce que «el principio de igualdad ante las cargas públicas ha sido y es, probablemente, el argumento más repetido por la doctrina administrativista en defensa de la responsabilidad objetiva de la Administración». MIR PUIGPELAT, Oriol (2002): *La responsabilidad patrimonial de la Administración. Hacia un nuevo sistema*, Civitas, Cizur Menor (Navarra), pág. 190. PANTALEÓN sostiene que los daños consecuencia del funcionamiento normal de los servicios públicos son sólo los daños cuasiexpropiatorios o de sacrificio. PANTALEÓN PRIETO, Fernando (1994): «Los anteojos del civilista: Hacia una revisión del régimen de responsabilidad patrimonial de las Administraciones públicas», *op. cit.* pág. 251. Por su parte, MEDINA ALCOZ expresa que tanto el criterio del sacrificio como el criterio del riesgo forman parte del régimen de responsabilidad patrimonial de la Administración pública y sirven para imputar los daños generados por actividades que presentan determinadas características. MEDINA ALCOZ, Luis (2015): *La responsabilidad patrimonial por acto administrativo*, Civitas, Cizur Menor (Navarra), págs. 215-216. El art. 121 de la Ley de expropiación forzosa de 16 de diciembre de 1954 (LEF) —antecedente de la regla de responsabilidad de la Administración— «extiende el principio de la justa indemnización, desde la privación jurídica de la propiedad por razón de utilidad pública a la privación o menoscabo de la misma acaecida de hecho, como inevitable efecto de la acción administrativa» (ap. IV exp. mots. LEF). El Código civil (CC) también prevé supuestos indemnizatorios que responden a una lógica expropiatoria. Este es el caso del art. 564 CC, según el cual «el propietario de una finca o heredad, enclavada entre otras ajenas y sin salida a camino público, tiene derecho a exigir paso por las heredades vecinas, previa la correspondiente indemnización».

Por este motivo se ha dicho que la idea de carga o sacrificio se adapta mal al daño incidental propio de la responsabilidad[37]. Además, los tribunales, para llegar a declarar la responsabilidad de la actuación administrativa cuando ésta es lícita, tienen que flexibilizar el requisito de la causalidad directa e inmediata. Así ocurre, por ejemplo, en casos de daños causados por presos durante permisos penitenciarios.

PANTALEÓN define los daños expropiatorios o de sacrificio como «aquellos que son (producto indeseado, pero) consecuencia inmediata o directa de actuaciones administrativas lícitas de las que los daños aparecen como secuencia connatural, como realización de un potencial dañoso intrínseco a la actuación administrativa en cuestión»[38]. Sobre esta cuestión volveremos en el siguiente apartado al cuestionar la aplicación de la teoría del daño de sacrificio a las campañas de vacunación recomendada.

Siguiendo la teoría del daño de sacrificio, otras sentencias —distintas a la STS de 9 de octubre de 2012 y STSJ de Aragón de 11 de septiembre de 2015, citadas— han declarado el deber de indemnizar de la Administración sanitaria por el normal funcionamiento del servicio público de salud. «La diferencia, fundamental, con las sentencias anteriores es que los tribunales consideran aplicable esta teoría sólo a la vacunación obligatoria»[39].

El razonamiento de este segundo tipo de fallos es el siguiente: si de la obligación de vacunación deriva un daño grave y permanente, este daño es equiparable a un daño de sacrificio que merece ser compensado porque

---

37 MIR PUIGPELAT, Oriol (2002): *La responsabilidad patrimonial de la Administración. Hacia un nuevo sistema, op. cit.* pág. 209. Este autor considera que el principio de igualdad de ante las cargas públicas encuentra mejor ubicación en sede de expropiación forzosa que en sede de responsabilidad de la Administración.

38 PANTALEÓN PRIETO, Fernando (1994): «Los anteojos del civilista: Hacia una revisión del régimen de responsabilidad patrimonial de las Administraciones públicas», *op. cit.* pág. 247.

39 RAMOS GONZÁLEZ, Sonia (2022): «Daños vacunales: responsabilidad patrimonial y fondos de compensación», en DE BARRÓN ARNICHES, Paloma (dir.), *La salud y los derechos de la persona,* pág. XXX. En la única sentencia consultada en que la vacuna era obligatoria por la Ley de Bases de la Sanidad Nacional, de 25 de noviembre de 1944 (Base 4ª, pár. 6º) —vacuna contra la viruela—, el TS en su sentencia de 18 de septiembre de 2007 (núm. rec. 8967/2003 y [*Tol 1146874*]) se limitó a calificar el daño como antijurídico porque derivaba de una obligación impuesta por la Administración. Además, en el mismo caso, la STSJ de Castilla y León, sede de Burgos, de 18 de septiembre de 2003, había considerado innecesaria la vacuna dada la erradicación de la viruela en España y contraindicada porque generaba más riesgos que beneficios según la opinión médica mayoritaria.

se sufre en beneficio de la colectividad. Es el denominado, primero por la doctrina y después por la jurisprudencia, como daño cuasi expropiatorio, en tanto que responde a una lógica similar a la de la expropiación por dimanar de una actividad normal y lícita, pero necesaria para satisfacer un interés general. La indemnización del daño es necesaria para evitar que unos ciudadanos sean de peor condición que otros y para otorgar el reconocimiento de los derechos a la vida y a la integridad personal que merecen la máxima protección en el ordenamiento constitucional.

La sentencia de referencia sobre la teoría del sacrificio particular es la STSJ de la Comunitat Valenciana de 18 de diciembre de 2010[40], confirmada por la STS de 6 de noviembre de 2012 en lo relativo a la cuantía de la indemnización[41].

En esta ocasión, el TSJ de la Comunitat Valenciana calificó como obligatoria la vacuna triple vírica (sarampión, rubeola y parotiditis) por razones de salud pública (según una orden reglamentaria, cuya referencia completa no cita). A partir de ahí, el fallo estimó parcialmente el recurso de una madre contra la desestimación de la reclamación de responsabilidad patrimonial dictada por el conseller de Sanidad de la Generalitat Valenciana. Los hechos tuvieron lugar en el año 2002 y fueron los siguientes: el hijo de la actora, cuando contaba con seis años, fue vacunado de la vacuna triple vírica (sarampión, rubeola y parotiditis) en el centro de salud de Ruzafa y a los pocos días sufrió una hipoacusia bilateral con una minusvalía del 33 por ciento. La actora solicitó 290.913,11 euros.

En primer lugar, la Sala de lo Contencioso-administrativo consideró que la vacunación era la causa probable de la sordera que sufrió el menor, porque la vacunación contra la parotiditis era el único antecedente médico que se podía relacionar con la sordera. De hecho, la revisión bibliográfica identificaba esta reacción entre la primera semana y los dos primeros meses tras la vacunación.

En segundo término, concluyó que «no existe déficit alguno de información puesto que difícilmente podía informarse sobre un resultado ad-

---

40 STSJ de la Comunitat Valenciana 1359/2010, de 18 de diciembre, de la Sala de lo Contencioso-administrativo (núm. rec. 5/2008 y [*Tol 2086257*]).

41 STS de 6 de noviembre de 2011, de la Sala de lo Contencioso-administrativo (núm. rec. 2354/2011 y [*Tol 2694979*]).

verso impredecible y del que sólo se había descrito un porcentaje muy bajo en la literatura médica»[42].

Finalmente, consideró el daño como antijurídico por tratarse de un daño grave y permanente equiparable a un sacrificio personal en beneficio de la colectividad. Por ello, según señaló la sentencia, la indemnización era exigible para proteger un derecho merecedor de la máxima protección en la CE, como el derecho a la vida y a la integridad física.

En palabras del TSJ de la Comunidad Valenciana:

> «[N]*os encontramos, como ha señalado la doctrina más experimentada, ante unos daños denominados por aquélla como cuasiexpropiatorios, esto es, a diferencia de los accidentales o que demandan de una actuación no deseable de la Administración, los daños cuasiexpropiatorios se sitúan entre la institución de la responsabilidad y la de la expropiación, y obedecen a una lógica distinta en parte, se trata de daños no ya incidentales, sino dimanantes de una actividad necesaria para satisfacer un interés general, que en el presente caso supone un sacrifico especial para el menor que sufre el perjuicio llamado a soportar para prevenir enfermedades a la sociedad en general, donde éste está incurso. En dicho caso, los daños dimanan de un funcionamiento normal y lícito de la Administración ciertamente, pero no por ello excluyen todo tipo de indemnización para el que padece el perjuicio, esto es su sacrifico personal debe de ser reembolsado. Ciertamente esta cuestión se observa perfectamente en los supuestos de expropiaciones stricto sensu (...) pero en lo casos en que no estamos en supuestos tan evidentes de expropiación sino a medio camino como hemos dicho entre esta institución y la responsabilidad patrimonial por daños accidentales, los daños cuasiexpropiatarios deberá acudirse a falta de una opción legislativa expresa, al mecanismo indemnizatorio residual de la responsabilidad patrimonial con ciertas matizaciones*».

A ello añadió la Sala de lo Contencioso-administrativo:

> «[E]*n principio nada obsta a entender que las lesiones que dimanan de la obligación de vacunación, deben de ser soportadas por los individuos, en cuanto entran dentro de los parámetros que podemos decir son consentidos, leves y admitidos por la conciencia social, pero no en aquellos casos en que los rebasan, esto es, no procede entender que siendo el acto lícito debe de asumir el perjudicado que soporta el sacrificio personal en beneficio de la colectividad social, los daños graves y permanentes, pues entiende la Sala, como ya hizo el Consejo Jurídico Consultivo de la Comunidad Valenciana, "que en tales casos se han rebasado los límites impuestos por los estándares de seguridad exigibles conforme a la conciencia social, no correspondiendo al perjudicado el deber de soportar el menoscabo".*
>
> *Podemos entonces concluir que habiéndose rebasado estos límites (...) la obligación de resarcir el daño causado por la actividad administrativa será a imputable a la*

---

42 FJ 7 STSJ de la Comunitat Valenciana 1359/2010, de 18 de diciembre, de la Sala de lo Contencioso-administrativo (núm. rec. 5/2008 y [*Tol 2086257*]).

> *comunidad, que es la beneficiaria del sacrificio personal del menor, máxime cuando estamos ante un supuesto donde el fin que se persigue con la obligación de la vacunación, que justifica su imposición reglada, se entronca o choca con derechos fundamentales del individuo, pues es susceptible de poner en riesgo bienes constitucionales de la mayor importancia, como la vida y la integridad física de las personas* (...).
>
> [E]*l principio de evitar que unos ciudadanos sean de peor condición que otros, impone que cuando la consecuencia dañosa suponga perjuicios graves y permanentes, ésta debe ser indemnizada por la comunidad, representada por la Administración, porque de otro modo se produciría un sacrificio individual en favor de la salud colectiva de la sociedad, perjudicando su integridad personal sin obtener el debido reconocimiento al derecho de máxima protección en nuestro ordenamiento constitucional, como el derecho a la vida y a la integridad personal*»[43].

En esta misma línea, la STSJ de Castilla y León de 2 de enero de 2012, después de distinguir entre vacunación obligatoria y recomendada, concluyó que sólo en el primer caso resultaba de aplicación la teoría del sacrificio particular o del daño de sacrificio aplicada por la citada STSJ de la Comunidad Valenciana de 18 de diciembre de 2010[44].

En cambio, a juicio de la Sala, si la vacuna era recomendada —como sucedía en el caso resuelto por la TSJ de Castilla y León— sólo procedería indemnizar en caso de haber privado a los recurrentes la posibilidad de rechazar la vacunación por falta información acerca de los riesgos de la vacuna.

En el supuesto enjuiciado, la Sala de lo Contencioso-administrativo estimó parcialmente el recurso contencioso-administrativo interpuesto por los padres de un niño de 15 meses contra la Consejería de Sanidad de la Junta de Castilla y León. Imputó a la Administración sanitaria el daño vacunal consistente en una tetraparesia espástica con graves secuelas como consecuencia de la inoculación de la vacuna triple vírica contra el sarampión, la rubeola y la parotiditis en un ambulatorio de Burgos el 1 de marzo de 1994.

Los progenitores habían reclamado, en nombre del menor, una indemnización 300.507 euros, más una pensión vitalicia de 1.803,04 euros mensuales; y en nombre propio 180.303,63 euros por daño moral para cada uno de ellos. No obstante, la Sala de lo Contencioso-administrativo sólo estimó una indemnización global de 350.000 euros para el menor y de 120.000 euros a favor de los padres, por la falta de información sobre el riesgo y la privación del derecho a rechazar la vacunación.

---

43 FJ 9 STSJ de la Comunitat Valenciana 1359/2010, de 18 de diciembre, de la Sala de lo Contencioso-administrativo (núm. rec. 5/2008 y [*Tol 2086257*]).

44 STSJ de Castilla-León 2/2012, de 2 de enero, de la Sala de lo Contencioso-administrativo, sede de Valladolid (núm. rec. 564/2006 y [*Tol 2456377*]).

En el caso enjuiciado, fue determinante que la información suministrada se refería, en consonancia con el objetivo de favorecer la campaña, sobre las ventajas de la vacunación. Por eso mismo, la Sala de lo Contencioso-administrativo apreció una lesión del derecho de los padres a rechazar la vacunación porque no se les facilitó toda la información que debió habérseles suministrado.

Según fallase el TSJ de Castilla y León:

> «[E]*sta naturaleza de mera recomendación a su sometimiento —con su corolario de participación voluntaria— se deduce de los criterios básicos de actuación contenidos en el Decreto 116/1993, de 27 de mayo (...), de la Consejería de Sanidad y Bienestar Social de la Comunidad Autónoma de Castilla y León, por el que se aprueba el Plan Sectorial de Vacunaciones (...uno de los objetivos marcados es que 'en 1995, al menos el 95% de los niños residentes en Castilla y León deberán recibir, antes de los 2 años de edad, las dosis vacúnales correspondientes frente a la difteria, tétanos, tosferina, poliomielitis, sarampión, parotiditis y rubéola'). Aparte de la literalidad del objetivo —'deberán recibir'—, expresivo de la singular intensidad con que la Administración pretende su logro, transformando la mera voluntariedad de su inoculación en una conducta cuasiobligatoria, lo que es conforme con la general concepción por la población como tal obligación, lo que interesa ahora significar es que la finalidad de la información a proporcionar —conocimiento suficiente— se proyecta sólo sobre las ventajas de la vacunación y no sobre los posibles efectos adversos, lo que guarda congruencia con dicho objetivo y con la ausencia de información a los actores sobre el riesgo de encefalitis, excepcional pero conocido, vinculado a la inoculación del virus del sarampión. Sin perjuicio de reconocer que probablemente no exista en el campo de la prevención ninguna medida con mejor relación beneficio/coste y beneficio/riesgo que la de las vacunaciones, sí hubo violación del derecho de los recurrentes a poder optar por rechazar sin más la vacunación de su hijo tras la información que la Administración sanitaria pudo y debió suministrarles*»[45].

3) Mención especial a la vacunación obligatoria como presupuesto para la aplicación de la teoría del sacrificio particular

No es la primera vez que el legislador o los tribunales han declarado la responsabilidad objetiva de la Administración con base a la lógica del daño de sacrificio o cuasi expropiatorio. El legislador lo ha hecho al amparo del art. 294 de la Ley Orgánica 6/1985, de 1 de julio, del Poder Judicial (LOPJ) en los daños personales derivados de prisión preventiva indebida. La jurisprudencia también ha aplicado la teoría del sacrificio particular en supuestos de daños dolosos causados por presos durante permisos peni-

---

45 FJ 4 STSJ de Castilla-León 2/2012, de 2 de enero, de la Sala de lo Contencioso-administrativo, sede de Valladolid (núm. rec. 564/2006 y [*Tol 2456377*]).

tenciarios, así como de daños causados a particulares por la ejecución de obras públicas[46].

De estos supuestos, y otros, pueden deducirse una serie de requisitos —beneficio colectivo y daño anormalmente grave—. Como se verá, los requisitos necesarios para invocar la teoría del sacrificio no se dan en los daños derivados de vacunas recomendadas.

---

46 En el ámbito de los daños derivados de prisión preventiva indebida puede citarse la STC 85/2019, de 19 de junio (núm. rec. 4314/2018 y [*Tol 8485968*]). Este fallo, al enjuiciar la inconstitucionalidad del art. 294 LOPJ, dijo que este precepto «sirve a la indemnización de los perjuicios originados por el sacrificio legítimo impuesto al privado cautelarmente de libertad en beneficio del interés general (...). [A ello añadió que,] la persecución de intereses vinculados a la protección de la comunidad permite la limitación del derecho a la libertad en las condiciones y en los casos previstos por la ley, pero activa un mecanismo solidario de reparación del sacrificio en los casos concernidos de prisión preventiva no seguida de condena» (FJ 5). En el ámbito de los daños causados por presos durante un permiso penitenciario debe citarse la STS de 7 de octubre de 1997 (núm. rec. 8879/1992 y [*Tol 5150164*]). Desde este fallo el TS mantiene una jurisprudencia consolidada que declara indemnizables estos daños porque derivan del riesgo que objetivamente la sociedad debe asumir en la concesión de los permisos penitenciarios, los cuales producirán inevitables fallos. En el grupo de casos relativos a daños causados por la ejecución de obras públicas, la indemnización requiere la causación de un daño especialmente grave. Éste debe exceder de las molestias y perjuicios normales que sufren el resto de los ciudadanos como consecuencia de la actividad administrativa y colocar a su víctima en una situación de desigualdad frente al resto. La causalidad en este tipo de daños y la actuación administrativa es clara. Lo que es difícil es decidir si el daño tiene, en términos objetivos y también por razón de las condiciones del sujeto al que afecta, la especial entidad para considerar que supera los perjuicios normales cuya causación está legitimada por el beneficio colectivo que general la actividad administrativa. Un buen ejemplo de esta doctrina es la STS de 23 de marzo de 2009 (núm. 10236/2004 y [*Tol 1490751*]), relativa a unas obras publicas de conexión entre varias líneas de metro de Madrid que implicaron, durante un año y medio y las 24 horas del día, una excavación, a cielo abierto, en la pueta principal y a lo largo de toda la fachada del Hotel Miguel Ángel. Ello obligó al hotel a modificar los accesos, bajar el precio del servicio y a cerrar determinadas zonas, además de soportar el despliegue de maquinaria pesada y de operativos, polvo, ruidos y vibraciones inherentes a los trabajos. El TS estimó el recurso de casación interpuesto por el hotel y, en parte, el recurso contencioso-administrativo, al limitar la cuantía indemnizatoria solicitada. Como se ha dicho, lo relevante, en estos casos, es la excepcionalidad o anormalidad de daño sufrido por el actor.

A. Requisitos de la teoría del sacrificio particular

Para apreciar la teoría del sacrificio particular, hay dos elementos básicos en el concepto de daño de sacrificio que hay que tomar en consideración: el beneficio colectivo y el perjuicio individual anormal y grave.

a) Beneficio colectivo

El beneficio colectivo es el que justifica la actividad administrativa que desencadena el daño. Dicho con otras palabras, el daño ha de ser una consecuencia inevitable, necesaria de una actividad que beneficia a toda la colectividad[47]. Ahora bien, no todos los daños incidentales pueden equipararse a la idea de sacrificio. Entre otros supuestos, no es un daño de sacrificio aquel que resulta de una actuación que produce esencialmente un beneficio individual para el ciudadano. En el ámbito sanitario, por ejemplo, el daño derivado de una reacción adversa inherente a un medicamento terapéutico no puede ser calificado como un daño de sacrificio.

b) Daño anormalmente grave

El daño de sacrificio, para que sea resarcible, ha de ser anormalmente grave. Debe serlo en el sentido de exceder a las cargas o perjuicios habituales, de menor entidad, que comporta cualquier actividad administrativa para la generalidad de los ciudadanos. De hecho, los daños residuales normales, asociados a actividades administrativas lícitas, con carácter general, constituyen una carga que el perjudicado tiene la obligación de soportar en contrapartida al beneficio que supone la actividad administrativa[48]. Sin embargo, cuando el daño es singularmente grave, la obligación de soportarlo no debe ser asumida por el lesionado sino por la colectividad en su conjunto, representada por la Administración. Ello es así, porque la anormalidad del daño expresa la ruptura del principio de igualdad ante las

---

[47] MIR PUIGPELAT, Oriol (2002): *La responsabilidad patrimonial de la Administración. Hacia un nuevo sistema, op. cit.* pág. 190; MEDINA ALCOZ, Luis (2015): La responsabilidad patrimonial por acto administrativo, pág. 215 y GONZÁLEZ PÉREZ, Jesús (2006): *Responsabilidad patrimonial de las Administraciones públicas,* Civitas, Cizur Menor (Navarra) (4ª ed.), pág. 456.

[48] GARCÍA DE ENTERRÍA, Eduardo y FERNÁNDEZ, Tomás Ramón (2020): *Curso de Derecho Administrativo,* tomo II, Civitas, Madrid (16ª ed.), pág. 406.

cargas públicas al colocar al perjudicado en una situación de desigualdad frente al resto de ciudadanos.

B. Carácter instrumental del daño de sacrificio

RODRÍGUEZ FERNÁNDEZ, ha destacado la importancia de la idea de la instrumentalidad para justificar el derecho a la indemnización con base a la regla de responsabilidad objetiva. En su opinión, cuando se utiliza al ciudadano como instrumento al servicio del interés general, «la indemnización se revela como una exigencia de la eficacia del derecho constitucional que se ve comprometido»[49].

Para este autor:

> «[L]*os derechos de ciertos individuos se ven instrumentalmente menoscabados para materializar un bien que el poder público considera de mayor valor, razón por la cual autoriza* (...) *la causación hipotética de un daño a través de una actividad que rompe la reciprocidad de los riesgos que son normalmente asumidos en la vida social. En tales supuestos, la carga económica generada en los derechos de los perjudicados debe ser equidistribuida entre todos los que pueden considerarse beneficiarios. Si el coste de daño instrumentalmente verificado en interés colectivo es soportado exclusivamente por quienes lo han sufrido en sus propios bienes y derechos, los individuos dañados no son tratados como fines en sí mismos, de acuerdo con su dignidad de personas. Sin una equidistribución del perjuicio, la víctima es convertida en instrumento o herramienta de los demás*»[50].
>
> «*Si es* (...) *el propio Estado el que, con la finalidad de obtener una utilidad pública, realiza la actuación dañosa* (...) *aquellos que sufren de modo singular deben ser indemnizados con dinero público* (...). *A través de la indemnización satisfecha con fondos públicos se produce la necesaria equidistribución del sacrificio* (...), *que es asumido por todos los beneficiarios (todos los miembros del colectivo) de acuerdo con las reglas propias de la estructura del sistema tributario (que responde a las reglas*

---

49 RODRÍGUEZ FERNÁNDEZ, Ignacio (2018): *«La responsabilidad objetiva de la administración pública y la equidistribución del coste del bien común», Revista Española de Derecho Administrativo, núm.* 195, pág. 34, págs. 1 a 38. El autor explica que el sustrato filosófico originario es la doctrina del estado de necesidad, que justifica la lesión de un bien o derecho ajeno por la salvaguarda de un bien que el conjunto de la sociedad considera de mayor valor, pero que también obliga a que el beneficiario está obligado a indemnizar al titular de los bienes o derechos sacrificados (págs. 13 y 17). Véase, en este sentido, la regla del art. 118.1.3.º del Código Penal, según el cual son «responsables civiles directos las personas en cuyo favor se haya precavido el mal».

50 *Ibidem* pág. 9.

constitucionales de solidaridad) (...). *Y es que, en el fondo, estamos ante la misma lógica que concurre en la expropiación pagada con dinero público*»[51].

C. Inaplicación de la doctrina del sacrificio particular a los daños vacunales derivados de campañas de vacunación recomendada

En España, tratándose de daños derivados de vacunas recomendadas, el sistema de responsabilidad patrimonial es el único remedio indemnizatorio que ofrece una garantía patrimonial al perjudicado por las reacciones adversas y graves.

Ni el legislador ni la Administración han previsto una regulación sectorial o sistemas alternativos de compensación sin culpa que cubran estos daños. Por ello, compartimos la decisión de la STS de 9 de octubre de 2012 de fundamentar la obligación de indemnizar en la responsabilidad patrimonial en la medida en que es la única vía para resarcir al perjudicado[52].

Es más, los autores que se han pronunciado sobre la responsabilidad patrimonial por los daños vacunales no cuestionan la aplicación del régimen de responsabilidad objetiva a las vacunaciones recomendadas[53]. Probablemente sea así porque, como sostiene CIERCO, «lo que realmente cuenta es la dimensión social, esto es, la utilidad colectiva que se extrae

---

51 *Ibidem* pág. 30.

52 STS de 9 de octubre de 2010, de la Sala de lo Contencioso-administrativo (núm. rec. 6878/2010 y [*Tol 2667914*]).

53 Entre otros autores REBOLLO, ORDÁS, MEDINA ALCOZ se han posicionado a favor de aplicar un régimen de responsabilidad objetiva a los daños vacunales. REBOLLO PUIG, Manuel (2021): «Responsabilidad y ayudas públicas por daños de las vacunas contra la Covid», *El Cronista del Estado Social y Democrático de Derecho*, núm. 93-94, págs. 68 a 79 y 76 a 77. ORDÁS ALONSO, Marta (2021): «Vacunación y responsabilidad patrimonial de la Administración. De la vergonzante doctrina jurisprudencial al principio de socialización de los riesgos», en ATAZ LÓPEZ, Joaquín y COBACHO GÓMEZ, José Antonio (coords.), *Cuestiones clásicas y actuales del Derecho de daños. Estudios en Homenaje al Profesor Dr. Roca Guillamón*, tomo III, Aranzadi, Cizur Menor (Navarra), págs. 815 a 860, 855 a 859. GARRIDO CUENCA, Nuria María (2018): «Seguridad, riesgos y efectos secundarios en materia de vacunación. Jurisprudencia sobre responsabilidad administrativa. Y reflexión: ¿es necesario o conveniente un fondo específico de compensación por daños vacunales?», *Revista Española de Derecho Administrativo* núm. 189, apt. VI. 4 (consulta on line). MEDINA ALCOZ, Luis (2022), «Responsabilidad patrimonial por reacción adversa a la vacunación: régimen general con referencia especial al caso del Covid-19», *Revista de Derecho Público: Teoría y Método*, Vol. 6, págs. 51-91, págs. 81 y ss.

de la vacunación pública»[54]. En sentido similar se pronuncia MEDINA, quien destaca que en un sistema de vacunación recomendada lo que prima es el interés colectivo. Para el autor, «el paciente conserva aparentemente su autonomía, pero, en realidad, el sistema no bascula alrededor de ella, sino del beneficio social resultante de la vacunación extensiva»[55]. En el plano de la responsabilidad, esta situación justifica para el autor no sólo que concurran los presupuestos de la responsabilidad patrimonial por sacrificio especial[56], sino también «la sustracción de la intervención vacunal al régimen ordinario de consentimiento informado»[57]. Por lo tanto, en su opinión, el paciente no tendría derecho a indemnización por el daño asociado a la falta de autodeterminación, pero sí tendría derecho a una indemnización por las reacciones adversas graves e infrecuentes asociadas a la indemnización[58]. En su trabajo MEDINA ALCOZ tiene muy en cuenta la distinción entre vacunas obligatorias y recomendadas. Sostiene, con valiosos argumentos, que el régimen de responsabilidad patrimonial bajo la teoría del daño de sacrificio también es de aplicación a las vacunas recomendadas porque precisamente la no exigencia del consentimiento informado y la falta de información a la ciudadanía sobre los riesgos graves y raros de la vacunación tienen como finalidad promover la vacunación, por lo que el ciudadano que se vacuna y sufre un daño grave también ha desarrollado una función social[59].

Ahora bien, en nuestra opinión, en puridad, la teoría del daño de sacrificio sólo podría ser invocada en las vacunaciones obligatorias. Esta doctrina, según nuestro parecer, sólo es aplicable a aquellas intervenciones públicas en las que se hubiera impuesto al ciudadano un determinado comportamiento del que se hubiera derivado la lesión de un derecho, en nuestro caso, no patrimonial. Desarrollamos esta idea.

---

54 CIERCO SEIRA, César (2018): *Vacunación, libertades individuales y Derecho público*, Marcial Pons, Madrid, págs. 76 y 77.

55 MEDINA ALCOZ, Luis (2022), «Responsabilidad patrimonial por reacción adversa a la vacunación: régimen general con referencia especial al caso del Covid-19», *Revista de Derecho Público: Teoría y Método,* Vol. 6, págs. 51-91, págs. 74 y 75.

56 *Ibidem* págs. 81 y ss.

57 *Ibidem* pág. 75.

58 *Ibidem* pág. 83.

59 MEDINA ALCOZ, Luis (2022), «Responsabilidad patrimonial por reacción adversa a la vacunación: régimen general con referencia especial al caso del Covid-19», *Revista de Derecho Público: Teoría y Método,* vol. 6, págs. 75, 76 y 81.

Es cierto que, tanto en el modelo de vacunación obligatoria como el recomendado, el ciudadano que se vacuna lleva a cabo un acto que beneficia a la sociedad en su conjunto. También es verdad que tanto en uno como en otro modelo es necesario el consentimiento del ciudadano (véase la distinción entre vacunación forzosa y obligatoria que hemos hecho en el apt. II.3)[60]. En tercer lugar, hay que señalar que, en un modelo de vacunación recomendada, las cargas que soporta el ciudadano que no se vacuna en términos de limitación de servicios o derechos pueden generar los mismos incentivos que las sanciones en un modelo de vacunación obligatoria.

Sin perjuicio de estos tres elementos comunes, el ámbito de aplicación propio de la teoría del daño de sacrificio, como parte de la responsabilidad patrimonial, es el de la intervención administrativa lícita, realizada en beneficio de la colectividad que, inevitablemente, causará daños graves a ciudadanos particulares. El carácter obligatorio de la vacunación es por tanto la razón para indemnizar los daños graves derivados de la vacunación.

Hay que tener en cuenta que, en la teoría del daño de sacrificio, son necesarios no solo la carga o sacrificio extraordinario, sino también que el daño indemnizable ha de ser necesario e inevitable de la actividad administrativa misma (que no solo de la vacunación). Por ello, la teoría del daño de sacrificio sólo debería aplicarse a las vacunaciones obligatorias, porque solo en este ámbito la autoridad administrativa impone al ciudadano un determinado comportamiento del que deriva la lesión del derecho a la vida o a la integridad física (en nuestro caso no patrimonial).

Creemos que no es fácil sostener la relación de causalidad entre el daño vacunal y la intervención administrativa en un modelo de vacunación recomendada. No lo es porque el ciudadano tiene libertad para rechazar la va-

---

60 Según refiere CIERCO, «establecido el deber legal [de vacunación], individualizada la obligación, es de suponer que podrá movilizarse la ejecución forzosa allí donde persista la resistencia, pasiva o activa, del obligado. Las cosas, sin embargo, no son tan sencillas. Primero porque la autotutela es asunto que depende de la posición institucional de la Administración en cada ordenamiento jurídico. Y segundo porque, aun contando con ello, lo cierto es que las señales que nos llegan nos indican que raramente se utiliza la coacción, aun legítima, para dar ejecución práctica a la obligación de vacunarse. No en vano, la norma suele trasladar la reacción al campo de las sanciones o de la vacuna-condición. Por tanto, la efectividad de la vacunación obligatoria no se hace descansar sin más en la amenaza de la coacción forzosa y el empleo posterior de la fuerza física llegado el caso, sino en la disuasión asociada a otro tipo de repercusiones». CIERCO SEIRA, César (2018): *Vacunación, libertades individuales y Derecho público*, Marcial Pons, Madrid, pág. 76.

cunación sin tener que quedar sujeto a sanciones, limitaciones de derechos o pérdida de beneficios previstos en un modelo de vacunación obligatoria.

Por otro lado, se ha sostenido en contra de limitar la teoría del daño de sacrificio a la vacunación obligatoria, que si la única razón que impide aplicar esta teoría a la vacunación recomendada fuera el carácter obligatorio de la vacunación se podría sostener que en la vacunación obligatoria el daño vacunal no debería ser indemnizable. No lo sería porque carecería de la nota de antijuridicidad en tanto que derivaría del cumplimiento de un deber. Esta afirmación, en mi opinión, presenta el problema de confundir el daño derivado de la vacuna con el daño impuesto por el sistema jurídico (la ley o el contrato, por ejemplo). El daño vacunal es inherente a la vacunación, pero no es una consecuencia necesaria de la norma jurídica, del acto administrativo o de la decisión judicial que pudiera imponer una vacuna obligatoria.

En definitiva, la conclusión a la que debe llegarse, siguiendo la lógica expropiatoria, propia de la idea de carga o sacrificio, es que la teoría del daño de sacrificio solo es idónea para la vacunación obligatoria. Así resulta, además, de los presupuestos de la teoría del daño de sacrificio en el Derecho que la originó, el alemán.

D. Acción indemnizatoria por sacrificio contra el Estado

La teoría del daño de sacrifico tiene su origen en la acción indemnizatoria por sacrificio contra el Estado (*Aufopferungsanspruch*), positivizada en el pár. 75 de la Introducción del *Allgemeines Landrecht* de Prusia de 1794. Esta doctrina fue aplicada por primera vez por el Tribunal Supremo federal alemán para estimar una reclamación de daños vacunales en su sentencia de 19 de febrero de 1953 (III ZR 208/51)[61]. En el caso, el demandante había recibido en 1930, cuando tenía un año, la vacuna contra la viruela —obligatoria por una Ley de 8 de abril de 1874— y había sufrido una encefalitis postvacunal, sin que el profesional sanitario que le administró la vacuna incurriera en ninguna negligencia.

El pár. 75 de la Introducción del *Allgemeines Landrecht* reconoce la obligación del Estado de indemnizar a los ciudadanos que se ven obligados a sacrificar sus derechos por el bien de la comunidad. Lo hace con las siguientes palabras:

---

61 ROTT, Peter (2019): «Compensation for Vaccination Damage under German Social Security Law», *Otago Law Review*, vol. 16, Issue 1, pág. 206 (págs. 199 a 217).

«*Dagegen ist der Staat denjenigen, welcher seine besondern Rechte und Vortheile dem Wohle des gemeinen Wesens aufzuopfern genöthigt wird, zuentschädigen gehalten*».

En su configuración originaria, esta obligación estaba reservada a las intervenciones legítimas producidas en los derechos de contenido patrimonial. Posteriormente, en el siglo XIX, desde que se desligó de esta acción la expropiación forzosa, su ámbito de aplicación se limitó a las intervenciones públicas que recaían sobre bienes jurídicos inmateriales (como vida, salud, libertad u honor).

Pues bien, en la actualidad, con carácter general, la acción indemnizatoria por sacrificio contra el Estado exige que exista una intervención pública de obligado cumplimiento que haya impuesto un determinado comportamiento al ciudadano y del que se derive la lesión de un derecho no patrimonial. Además, ese comportamiento exigido al ciudadano ha de servir al interés general. Finalmente, el daño ha de constituir un sacrificio especial para el afectado, entendiendo por tal la intervención pública que grava al individuo de manera desigual[62]. Mediante esta acción, que tiene carácter subsidiario respecto a cualquier otra acción de responsabilidad por daños, el perjudicado tiene derecho a una compensación limitada a los daños materiales producidos (*v.gr.* costes de tratamiento médico, pérdida de ingresos y beneficios).

En Derecho francés, hasta hace no mucho, el fundamento de la compensación de los daños vacunales era la responsabilidad del Estado por una actuación lícita, regulada desde 1964 en el art. L. 10-1 del*Code de la Santé Publique*, y fundada en la infracción del principio de igualdad ante las cargas públicas[63]. En este país, la doctrina define la carga pública como el sacrificio consentido a favor del interés general[64]. Este sacrificio, además, ha de ser anormalmente grave en relación con los perjuicios normales, ya

---

62 OSSENBÜHL, Fritz (1996): «La responsabilidad patrimonial de los poderes públicos en la República Federal de Alemania», en BARNES VÁZQUEZ, Javier (coord.), *Propiedad, Expropiación y Responsabilidad. La garantía indemnizatoria en el Derecho europeo y comparado,* Tecnos, Madrid, pág. 938.

63 BIOY, Xavier, LAUDE, Anne y TABUTEAU, Didier (2020): *Droit de la santé,* Thémisdroit, Presses Universitaires de France, París, pág. 41. SOUSSE, Marcel (1994): *La notion de réparation de dommages en droit administratif français,* LGDJ, Paris, pág. 43.

64 PHILIPP, Dominique (1999): «De la responsabilité à la solidarité des personnes publiques», *Revue du droit public et de la science politique en France et a l'etranger,* núm. 2, págs. 616 y 619.

que estos últimos deben ser tolerados por los ciudadanos en contrapartida al beneficio que supone la actividad administrativa[65]. Pero, de nuevo, en el caso del daño vacunal, la indemnización estaba justificada por el carácter obligatorio de la medida que priva a los interesados de la libertad de decidir sobre si aceptar o rechazar el riesgo inherente a la vacunación[66].

En la actualidad, al haberse constituido un fondo público de compensación por daños vacunales causados sin culpa, ya no es necesario acudir a esta vía. Este fondo fue creado por la Ley núm. 2002-303, de 4 de marzo de 2002 (*Office national d'indemnisation des accidents médicaux, des affections iatrogènes et des infections nosocomiales,* ONIAM)

En resumen, y volviendo al caso español, en aquellos casos en los que el legislador reconoce la responsabilidad de la Administración por daños de sacrificio impone un determinado comportamiento al ciudadano que le obliga a tolerar una actividad dañosa. Este es el caso de la prisión preventiva indebida *ex* art. 294 LOPJ o el de daños causados por particulares por la ejecución de obras públicas expuestos en la nota a pie de página núm. 43. Por ello, al no concurrir este presupuesto en las vacunas recomendadas debe descartarse su aplicación más allá de la vacunación obligatoria.

4) Inaplicación de la excepción de los riesgos del desarrollo a los daños vacunales graves e inherentes a la vacunación

Otro de los problemas que plantea el régimen de responsabilidad patrimonial de la Administración en el ámbito de la vacunación —además de la inadecuación de la teoría del sacrificio obligatorio a la vacunación recomendada— es el relativo a la aplicación o no de la excepción de los riesgos de desarrollo del art. 34.1 LRJ a los daños vacunales. Como es sabido, esta excepción exonera a la Administración pública de toda responsabilidad

---

65 *Ibidem* pág. 614.

66 KNETSCH, Jonas (2013): *Le Droit de la Responsabilité et les Fonds d'Indemnisation. Analyse en Droits Français et Allemand,* LGDJ, Paris, pág. 444. Antes de la Ley de 1964, el Conseil d'État ya se había pronunciado expresamente en el asunto *Dejous* de 7 de marzo de 1958 en el que siete niños desarrollaron tuberculosis después de recibir la vacuna anti-difteria y tétanos. En ese año ya expresó lo siguiente: *«Si en fin d'autre vaccinations obligatories provoquent de nouveaux accidents, il net parait pas excessiv d'en mettre les conséquences a la charge de l'Etat puisque l'obligation retire aux intéressés toute possibilité d'accepter ou de refuser le risque qui est attaché a la vaccination».*

por daños derivados de hechos imprevisibles o inevitables según el estado de conocimientos de la ciencia y de la técnica.

> Art. 34.1 LRJ *Indemnización*
>
> *«Sólo serán indemnizables las lesiones producidas al particular provenientes de daños que éste no tenga el deber jurídico de soportar de acuerdo con la Ley. No serán indemnizables los daños que se deriven de hechos o circunstancias que no se hubiesen podido prever o evitar según el estado de los conocimientos de la ciencia o de la técnica existentes en el momento de producción de aquéllos, todo ello sin perjuicio de las prestaciones asistenciales o económicas que las leyes puedan establecer para estos casos».*

Al haber sido explicados por MANENT y TAJUELO (págs. 1534 a 1543), en el cap. 21 del tratado qué es el estado de la ciencia y de la técnica, así como los riesgos de desarrollo o progreso, en este apartado nos limitaremos a una cuestión concreta. Explicaremos por qué la Administración sanitaria debe indemnizar los daños vacunales graves, sean desconocidos o conocidos y tolerados por ser inherentes a la vacuna. Lo haremos, además, al margen del art. 34 LRJ ya, que como señala BLANQUER, «llama poderosamente la atención, que, aunque la reacción adversa generada por la vacuna sea desconocida para la ciencia, en este caso no se aplique la cláusula de exoneración de responsabilidad tipificada en el artículo 34.1 de la LRJSP 40/2015»[67].

Con carácter previo conviene aclarar que esta cuestión sólo tiene sentido si se considera que existe una relación de causalidad entre la intervención administrativa de promover la vacunación y los daños. Por ello la aplicación o no de los riesgos de desarrollo a las campañas vacunales solo puede plantearse en el ámbito de la vacunación obligatoria, pero no en la vacunación recomendada. Así se ha expuesto en el apartado anterior al hilo de la explicación de por qué la doctrina del sacrificio particular no es aplicable a los daños vacunales derivados de campañas de vacunación recomendada.

A. Riesgos imprevisibles y riesgos inherentes pero inevitables

Con frecuencia, los daños personales graves que sufren algunos ciudadanos vacunados derivan de reacciones adversas raras o muy raras que en el momento del acto de inoculación de la vacuna eran conocidas y consta-

---

67 BLANQUER CRIADO, David (2020): *La responsabilidad patrimonial en tiempos de pandemia (los poderes públicos y los daños por la crisis de la COVID-19), op. cit.* pág. 234.

ban en las fichas técnicas y prospectos del producto. A pesar de ello, en el momento de su comercialización eran imprevisibles. Lo eran porque no se habían podido detectar durante los ensayos clínicos del medicamento, y sólo con la administración masiva del producto a la población pudieron ser conocidos[68].

Por su excepcionalidad este tipo de reacciones no alteran el balance positivo beneficio-riesgo del producto y no provocan la retirada de la vacuna del mercado en un segundo tiempo sino la actualización de la ficha técnica y del prospecto. Es más, desde que se incorporan a estos documentos, son reacciones adversas inherentes e inevitables dado el diseño de la vacuna[69].

Así se explica que el derecho regulatorio de la comercialización de los medicamentos permite a la Agencia reguladora (española o europea) mantener en el mercado vacunas que implican riesgos que no pueden ser eliminados o que, al menos, no son eliminables a un coste razonable. La AEMPS o EMEA permiten que se mantengan porque retirar su comercialización y exigir al fabricante mayores niveles de investigación para reducir al máximo o eliminar cualquier riesgo de daño vacunal, aunque fuera remoto, no sería beneficioso para la sociedad. En efecto, la retirada de la vacuna generaría mayores riesgos de daño para la sociedad que se vería privada del acceso a productos altamente beneficiosos para la salud[70].

---

68 Según ha expuesto HÉRNÁNDEZ VILLALÓN, en sede de responsabilidad patrimonial, la excepción de los riesgos de desarrollo del art. 34.1 LRJ toma como fecha de referencia, a los efectos de comprobar si el daño era imprevisible e inevitable, el momento de la producción del daño. En cambio, en el ámbito de la responsabilidad extracontractual por daños causados por productos defectuosos hay que estar a la fecha de puesta en circulación. Así resulta del art. 140. 1 e) del Texto Refundido de la Ley general para la defensa de los consumidores y usuarios y otras leyes complementarias, aprobado por Real Decreto-legislativo 1/2007, de 16 de noviembre. Ahora bien, en el caso de las vacunas, por tratarse de medicamentos «los sujetos responsables (…) no podrán invocar la causa de exoneración» (art. 140.3 TRLCU).

69 SALVADOR y SOLÉ citan precisamente, como ejemplo de daño previsible pero inevitable el de la reacción adversa inherente a la vacuna. SALVADOR CODERCH, Pablo y SOLÉ FELIU, Josep (1999): *Brujos y aprendices. Los riegos de desarrollo en la responsabilidad por producto,* Marcial Pons, Madrid, pág. 16.

70 He tratado esta cuestión en el ámbito de los medicamentos terapéuticos. *Cfr.* RAMOS GONZÁLEZ, Sonia (2005): «Responsabilidad civil por medicamente: el defecto de diseño. Un análisis comparado de los criterios de definición del defecto en España y en los EE.UU., *Indret,* núm. 2., pág. 3.

Una interpretación conforme con el estándar de seguridad de productos —basado en una relación favorable de los beneficios y riesgos del producto— permite considerar que, en el ámbito de la vacunación, la inevitabilidad del hecho dañoso a la que se refiere el art. 34.1 LRD, se ha de integrar con un criterio de razonabilidad, que incluya también los hechos dañosos evitables pero a un coste excesivo para la Administración. [71].

Es verdad que, como sugieren los profs. MIR y ESTEVE, el hecho dañoso es evitable por la Administración no llevando a cabo la política de vacunación pública[72]. Sin embargo, conviene advertir que la consideración de los daños vacunales como riesgo en todo caso evitable llevaría a vaciar de contenido los riesgos de desarrollo e inaplicar la excepción del art. 34.1 LRJ en todo caso en el que el hecho dañoso perteneciera al ámbito de actuación de la Administración. La consecuencia sería la responsabilidad del servicio público de salud de todos los daños vacunales graves. Además, el criterio que determina, según el citado precepto, si el hecho es evitable o

---

71 En este sentido —considerar inevitables aquellos riesgos (vacunales) evitables pero a un coste excesivo para la Administración— se pronunció PANTALEÓN. PANTALEÓN PRIETO, Fernando (2000): «Cómo repensar la responsabilidad civil extracontractual (también de las Administraciones públicas)», *Anuario de Derecho de la Universidad Autónoma de Madrid*, núm. 4 (ejemplar dedicado a la responsabilad en el Derecho), págs. 167-191, pág. 190.

72 MIR PUIGPELAT, Oriol (2002): *La responsabilidad patrimonial de la Administración. Hacia un nuevo sistema, op. cit.* pág. 57. En idéntico sentido —esto es, evitabilidad del riesgo vacunal no promoviendo la vacunación mediante campañas— puede citarse a ESTEVE, muy crítico con la introducción de la excepción de los riesgos de desarrollo por la Ley 4/1999, de 13 de enero, de modificación de la Ley 30/1992, de 26 de noviembre, de régimen jurídico de las Administraciones Públicas y del procedimiento administrativo común, al modificar su art. 141.1. En su opinión, «aunque el conocimiento de los riesgos que la técnica produce puede que no se domine —esta es la razón de este precepto y de otros que avizoran ese horizonte—, lo que sí queda bajo la órbita de decisión humana es la implantación y aplicación de las tecnologías que los generan. Los riesgos tecnológicos están bajo el dominio humano y, como tales, son evitables. Los daños derivados de un tratamiento médico o de una vacunación (...) podrían obviamente evitarse si estos tratamientos médicos no se hubieran aplicado, si la decisión que precedió a su aplicación hubiera sido negativa. Lo que ocurre es que, muy posiblemente, los daños habrían sido muy superiores de no aplicarse la vacuna. Se aceptó el riesgo que comportaba». ESTEVE PARDO, José (2009): «Responsabilidad de la Administración y riesgos de desarrollo», en QUINTANA LÓPEZ, Tomás (dir.), *La responsabilidad patrimonial de la Administración Pública. Estudio general y ámbitos sectoriales*, vol. 2, Tirant lo Blanch, Valencia, pág. 1264.

no, es el estado de conocimientos de la ciencia y de la técnica y no la decisión de la Administración.

Además, como ha constado ESTEVE, considerar evitables los daños vacunales, generaría una discriminación respecto a los ciudadanos que sufrieron los daños en el primer tiempo de comercialización de la vacuna, esto es, mientras los daños eran imprevisibles y por ese motivo, inevitables.

Según expresa ESTEVE:

> «*La antijuridicidad se resuelve de la manera siguiente: quienes sufrieron el daño, como era imprevisible hasta entonces, están obligados a soportarlo; a partir de ese momento nadie tendrá que cargar con esta obligación puesto que con la aparición de las primeras víctimas (...) esos efectos dañosos dejaron de ser imprevisibles. Aunque con esos conocimientos —obtenidos de manera tan costosa cuando no dramática— el daño será no sólo previsible sin que, muy posiblemente será evitable: bastará con no correr el riesgo que hasta entones inconscientemente se asumía*»[73]

B. Vacunas alternativas

Un supuesto de daño vacunal derivado de un hecho dañoso evitable por la Administración a la luz de los conocimientos de la ciencia y de la técnica sería aquél en el que la autoridad sanitaria hubiera podido recomendar una vacua alternativa, disponible en el mercado, igualmente eficaz para prevenir la infección, pero más segura.

Esta situación se planteó en la reclamación de responsabilidad patrimonial que dio lugar a las SAN de 12 de diciembre de 2007[74]. En el caso, la actora había desarrollado temporalmente un cuadro de parálisis aguda tras administrarle la vacuna atenuada de la poliomielitis.

La parte actora consideraba que en el momento de la inoculación de la vacuna atenuada contra la polio (23.5.2002) la Asociación Española de Pediatría ya había recomendado sustituir la vacuna atenuada por la vacuna inactivada. Todo ello, en línea con lo que recomendaba en EEUU el *Center for Disease Control and Prevention* que había constatado que en los países desarrollados los casos de poliomielitis que se veían estaban causados por la propia vacuna. También arguyeron que, en España, el Consejo Interterritorial del Sistema Nacional de Salud, unos años después, el 11 de noviembre de 2003 aprobó la sustitución en el calendario de vacunación infantil.

---

73 *Idem* pág. 1267.

74 SAN de 12 de diciembre de 2007 (núm. rec. 417/2004 y [*Tol 1256364*]).

Sin embargo, la reclamación se desestimó por falta de relación de causalidad entre los daños y la vacunación.

En el caso, la actora había desarrollado temporalmente un cuadro de parálisis aguda. El hecho de que la clínica se hubiera relacionado temporalmente con la administración de la vacuna atenuada de la polio oral a su hija hizo que se plantease el diagnóstico de presunción de poliomielitis postvacunal. Consta, además, que el riesgo estimado de poliomielitis asociado a la vacuna era de un caso de cada 2,4 millones de dosis administradas y aproximadamente dos tercios de los casos ocurrían en contactos de los vacunados. A pesar de todo ello, como no se pudo identificar la presencia del virus de la polio ni en la paciente ni en su hija, la SAN 12 de diciembre de 2007 concluyó que el diagnostico de poliomielitis postvacunal no era de certeza.

C. Principio de solidaridad y teoría del daño de sacrificio

La razón para inaplicar la cláusula de la excepción de los riesgos de desarrollo a los daños vacunales graves imprevisibles o conocidos, pero inevitables, no es, a mi modo de ver, que sean evitables porque la Administración podría haber optado por no recomendar la vacunación.

Según mi parecer, la obligación de indemnizar deriva de la responsabilidad objetiva, esto es, por funcionamiento normal de la Administración sanitaria, fundamentada en la solidaridad social como infracción del principio de igualdad ante las cargas. Esta es la razón por la que la Administración no puede alegar la excepción de los riesgos de desarrollo recogida actualmente en el del art. 34.1 LRJ. Su aplicación llevaría al resultado —cuestionable— de admitir que el legislador puede alterar el régimen de responsabilidad del art. 106.2 CE hasta el punto de excluir la responsabilidad objetiva por el daño personal de sacrificio expropiatorio.

La exclusión de la obligación de resarcir los daños vacunales graves debe reservarse, en mi opinión, a aquellos daños que no supongan para el ciudadano un sacrificio en beneficio del interés general.

En ausencia de dicho interés general como objetivo de la actuación administrativa podrá invocarse la excepción de los riesgos del progreso del art. 34.1 LRJ, porque la carga de indemnizar no puede encontrar su razón de ser en la ruptura del principio de igualdad ante las cargas públicas.

Por tanto, se aplicará la excepción del art. 34.1 LRJ a la mayor parte de los tratamientos médicos terapéuticos que se indiquen por el médico y se acepten por el paciente en beneficio exclusivo de éste, en tanto en cuanto no pueda advertirse ninguna contribución a un beneficio colectivo fomentado por una política pública.

Nótese, además, que ninguna de las sentencias que ha declarado la responsabilidad objetiva de la Administración por las reacciones adversas inevitables de la vacunación, comentadas en los aps. 1 y 2 de este epígrafe, se ha referido a la excepción de los riesgos de desarrollo a pesar de ser casos ocurridos cuando ésta ya estaba recogida en el art. 141.1 LRJPAC-92.

IV. RESPONSABILIDAD POR EL FUNCIONAMIENTO ANORMAL DE LA ADMINISTRACIÓN SANITARIA EN LA JURISPRUDENCIA

En sede de daños vacunales, la actuación negligente de la Administración sanitaria también puede ser el motivo determinante del reconocimiento de la responsabilidad patrimonial. Los criterios más utilizados son la infracción de la *lex artis* en la prestación de la asistencia sanitaria y la falta o insuficiencia de consentimiento informado. Recientemente, también se ha reconocido la existencia de daños morales por trato discriminatorio a la hora de establecer el orden de preferencia de los colectivos objeto de la campaña de vacunación.

1) Infracción de la lex artis ad hoc

A la hora de referirnos a las sentencias que abordan la responsabilidad patrimonial por daños vacunales desde el prisma de la *lex artis* debe distinguirse los daños causados por los Servicios públicos de Salud de los imputables a la Agencia Española de Medicamentos y Productos Sanitarios (AEMPS).

A. Servicios Públicos de Salud

Como se ha dicho, la responsabilidad patrimonial por daños vacunales se plantea de manera central en supuestos de funcionamiento normal de la Administración. Sin embargo, todavía pueden encontrarse sentencias, alguna del TS— aunque anterior a la STS de 9 de octubre de 2012— que aplican un estándar subjetivo de responsabilidad basado en la infracción de la *lex artis* a las Administraciones promotoras de las campañas de vacunación. Ahora bien, lo hacen sin entrar a analizar la singularidad del daño vacunal como sacrificio a favor del interés general, y sin pronunciarse sobre la existencia de un criterio de imputación adicional al funcionamiento normal de servicio público.

Un ejemplo lo encontramos en la STS de 12 de septiembre de 2012. Este fallo confirmó una STSJ de Cataluña que desestimó, por prescripción, el recurso contencioso-administrativo interpuesto por unos padres contra el Institut Català de la Salut por la cerebelitis que padeció su hija a la edad de 4 años tras recibir la vacuna contra la varicela Varilrix[75].

Interesa destacar este fallo porque declaró que, de no haberse apreciado la prescripción, y de existir un nexo causal entre la vacuna y los daños vacunales, éstos no serían antijurídicos porque la actuación médica no fue contraria a la *lex artis*. No lo hubiera sido porque la vacuna estaba bien indicada y porque no había infracción del consentimiento informado por no informar de unos riesgos rarísimos, como el que se materializó en la hija de los actores.

Tal y como dijera la Sala de lo Contencioso-administrativo:

> «[S]*i bien en las indicaciones que acompañan a esta vacuna se hace constar que Varilrix no debe administrarse de forma rutinaria a niños menores de trece años de edad, se precisa, también, en las mismas que la vacuna puede administrase a niños entre 1 y 12 años de edad que tengan riesgo de sufrir complicaciones severas en caso de padecer la enfermedad, constando ya en el informe del primer ingreso hospitalario del niño, de fecha 23 de septiembre de 2002, entre sus antecedentes personales una dermatitis atópica (...) circunstancia esta que en opinión del doctor Bienvenido (...), aconsejaba la administración de la vacuna al niño y que, con las demás consideraciones que figuran en referido informe, conduce a considerar esta actuación médica como no contraria a la lex artis ad hoc; y, en fin, porque la administración de la vacuna contra la varicela no integra un acto de medicina satisfactiva sino curativa en la que el consentimiento informado no alcanza a aquellos riesgos que no tienen un carácter típico, por no producirse con frecuencia ni ser específicos del tratamiento aplicado, siempre que tengan carácter excepcional, como es aquí el caso, en que de la prueba practicada resulta que la cerevelitis postvacunal es rarísima*»[76].

En sentido similar se pronunció la STSJ de Andalucía de 31 de enero de 2005[77]. En este fallo se desestimó un recurso presentado por unos padres contra el Servicio Andaluz de Salud por la encefalitis secundaria a la vacu-

---

75 STS de 12 de septiembre de 2012, de la Sala de lo Contencioso-administrativo (núm. rec. 1467/2011 y [*Tol 2652663*]).

76 STS de 12 de septiembre de 2012, de la Sala de lo Contencioso-administrativo (núm. rec. 1467/2011 y [*Tol 2652663*]).

77 STSJ de Andalucía 74/2005, de 31 de enero, de la Sala de lo Contencioso-administrativo (núm. rec. 2877/1997 y [*Tol 658445*]).

na triple vírica que sufrió su hijo a los 15 meses de edad por considerar que la actuación médica se ajustó a la *lex artis.*

En efecto, la Sala de lo Contencioso-administrativo aplicó al caso la doctrina general sobre la responsabilidad sanitaria basada en la infracción de la *lex artis.* Lo hizo con las siguientes palabras:

> «*La actuación médico sanitaria, se ajustó pues en el caso enjuiciado al mandato de la llamada "lex artis", derivando no obstante hacia un resultado lesivo, que si bien era previsible en un muy reducido porcentaje [1 caso entre 1 millón, según el informe médico forense], el riesgo de contraer las enfermedades infecciosas que la vacuna trataba de evitar era infinitamente superior, por lo que la ponderación de intereses en juego, demandaba conforme al dictado de la medicina actual, su administración* (...) *La previsibilidad del resultado lesivo, cede pues ante la fundada garantía de éxito de la vacuna en el marco de una política sanitaria eficaz diseñada en pro del interés general. Por todo lo cual, aun cuando los hechos enjuiciados caigan dentro del ámbito del caso fortuito, conforme a la doctrina expuesta en materia de asistencia sanitaria, la actuación de la Administración demandada, a través de sus profesionales sanitarios se adecuó en todo momento a la lex artis, debiéndose pues rechazar el recurso*»[78].

B. Agencia Española de Medicamentos y Productos Sanitarios

Hasta ahora se ha expuesto que, algunas sentencias del Tribunal Supremo y de Tribunales inferiores han reconocido una indemnización por los daños vacunales graves con base en la regla de la responsabilidad objetiva por normal funcionamiento del servicio público sanitarios. Este criterio no rige respecto de la AEMPS como entidad encargada de autorizar la comercialización de vacunas y controlar *a posteriori* sus reacciones adversas[79]. La

---

78 FJ 3 STSJ de Andalucía 74/2005, de 31 de enero, de la Sala de lo Contencioso-administrativo (núm. rec. 2877/1997 y [*Tol 658445*]).

79 En relación con la eventual responsabilidad de la AEMPS cabe apuntar con BLANQUER, que «en el ámbito de la Unión Europea, para la autorización de medicamentos se distingue un "procedimiento centralizado" en el que la competencia corresponde a la Agencia Europea de Medicamentos, y el "procedimiento descentralizado" y de reconocimiento mutuo que tramitan las distintas autoridades nacionales (...). Algunos medicamentos (...) no pueden ser autorizados por las autoridades españolas (...), por corresponder la competencia en exclusiva a la Agencia Europea del Medicamento. En esas circunstancias, la eventual responsabilidad patrimonial pesaría sobre la Unión Europea, y la reclamación debería fundarse en lo dispuesto en el artículo 41.3 de la Carta de Derechos Fundamentales de la Unión Europea». Tampoco podrá imputarse a la AEMPS cuando la vacuna se comercialice en España, tras haber sido autorizado por una autoridad nacional de un Estado miembro de la UE en virtud del principio de reconocimiento mu-

responsabilidad *in vigilando* de la AEMPS, ya sea por actos de autorización ya sea por actuación de farmacovigilancia, ha sido expuesto por HERNÁNDEZ VILLALÓN en el cap. 22 de este tratado (págs. 1689 a 1692), al que nos remitimos.

Pues bien, ciñéndonos aquí a los daños vacunales, las sentencias que enjuician el ejercicio de las potestades de autorización y farmacovigilancia de la Administración resuelven con base en un estándar de responsabilidad por culpa o por funcionamiento anormal.

En estos supuestos, se exige la infracción por parte de la Administración de un deber de diligencia en el cumplimiento de las obligaciones que la ley le atribuye. En este sentido, pueden encontrarse sentencias en las que se alega por la parte reclamante la incorrecta valoración del balance riesgo-beneficio del producto antes o después de autorizar su comercialización, el incumplimiento de los deberes de vigilancia sobre las reacciones adversas del producto, etc.

Por poner un ejemplo, así lo han expresado las sentencias de la Audiencia Nacional (AN) dictadas en relación con el tiomersal y las vacunas contra el virus del papiloma humano. En todas ellas, aunque el motivo de desestimación fue la falta de relación de causalidad[80], «en todo caso, la AEMPS no es responsable de los daños derivados de reacciones adversas conocidas o inesperadas inherentes a la vacunación, si no hay infracción de sus obligaciones que se haya incrementado el riesgo de daño para el ciudadano»[81].

a) *Tiomersal*

Entre otras, las SSAN de 23 de noviembre, 30 de noviembre y 28 de diciembre de 2011, y de 6 de noviembre de 2013, valoraron si la Adminis-

---

tuo. BLANQUER CRIADO, David (2020): *La responsabilidad patrimonial en tiempos de pandemia (los poderes públicos y los daños por la crisis de la COVID-19), Tirant lo Blanch,* Valencia, pág. 226.

80 En el mismo sentido se pronuncia el DCdE de 15 de julio de 2021 (núm. exp. 316/2021 y [*Tol 6055279*]), y otros dictámenes del mismo CdE.

81 RAMOS GONZÁLEZ, Sonia (2022): *Responsabilidad patrimonial y daños vacunales. Por un sistema público de compensación en el Derecho español», op. cit.* pág. 42. Sobre el criterio del incremento del riesgo como título de imputación objetiva de responsabilidad patrimonial puede consultarse el cap. 21 de este tratado escrito por MANENT y TAJUELO (págs. 1518 a 1521).

tración había actuado conforme a los datos y evidencias científicas disponibles en el ejercicio de las potestades de autorización y farmacovigilancia[82]. Todas ellas sostuvieron que la decisión de prescindir de un componente de las vacunas con base en el principio de precaución no implicaba *per se* un ejercicio anómalo del ejercicio de la potestad de autorización o farmacovigilancia. También reflejaron que no se había demostrado que dicho componente, en las dosis incluidas en las vacunas, produjera desórdenes neurológicos.

El tiomersal es un componente organomercurial que es un 49,6 por ciento etilmercurio y se ha utilizado durante más de 70 años en la producción de vacunas porque actúa como conservante matando e impidiendo el crecimiento de bacterias y hongos. Por ejemplo, se añadía como conservante en las vacunas triple vírica (difteria, tétanos, tos ferina), contra la hepatitis B o la gripe. Las reclamaciones relativas a las vacunas infantiles con este componente plantearon la responsabilidad del Ministerio de Sanidad por el ejercicio de las potestades de autorización y farmacovigilancia dada la toxicidad del tiomersal y su posible asociación con el autismo.

El 8 de junio de 1999, la EMEA emitió una recomendación (2062/1999) de retirada del tiomersal con base en el principio de precaución. También estableció que en las preparaciones en las que fuera necesario conservarlo (preparados multidosis), sería necesario advertir del riesgo de reacción alérgica. En este sentido, la AEMPS emitió la Circular 1/2000, sobre modificación de la información de ficha técnica y prospecto en las especialidades que contuvieran tiomersal u otros conservantes organomercuriales, en la que se exigía advertir el riesgo de reacción alérgica al tiomersal.

En particular, la SAN de 23 de noviembre de 2011 estableció lo siguiente:

> *«Lo irregular aparecería si esa retirada evidenciase que hubo una inadecuada evaluación del medicamento bien al tiempo de autorizarse, si se permitió una información incompleta, si la retirada se hace con retraso debido una inadecuada farmacovigilancia o que hubiere una indebida calificación de la reacción adversa según los grados previstos hoy día en el RD 1344/2007 como antes en el RD 711/2002 (reacción adversa, reacción adversa grave, reacción adversa inesperada) y todo siempre teniendo en cuenta el estado de la ciencia»*.

82 SSAN de 23 de noviembre (núm. rec. 74/2009 y [*Tol 2338216*]), 30 de noviembre (núm. rec. 75/2009 y [*Tol 2299602*]), 28 de diciembre de 2011 (núm. rec. 85/2009 y [*Tol 2366705*]) y 6 de noviembre de 2013 (núm. rec. 359/2010 y [*Tol 4026364*]).

«La posible responsabilidad queda neutralizada por esa invocación al estado de la ciencia que hace el artículo 141.1 Ley 30/92 como motivo de exención de la responsabilidad de la Administración autorizante y que actúa a modo de fuerza mayor, lo que no se prevé respecto del fabricante en la ya citada Ley 22/1994»[83].

b) *Virus del papiloma humano*

Se han planteado diversas reclamaciones contra la Secretaría de Estado competente en materia de sanidad, por daños que experimentaron algunas menores tras la administración de las vacunas Cervarix o Gardasil contra el virus del papiloma humano. En ellas se alegaba la infracción del deber de información y de la actividad de farmacovigilancia por parte de la autoridad sanitaria.

Las SSAN de 10 de julio de 2019 y de 12 de junio de 2019, entre otras, consideraron que no había quedado acreditada la relación de causalidad entre la vacuna y los cuadros clínicos que presentaron las menores[84].

En particular, en el asunto resuelto por la SAN de 12 de junio de 2019, la historia clínica calificaba los daños como crisis psicogénicas no epilépticas de causa exclusivamente psiquiátrica. En cambio, en la SAN de 19 de junio de 2019 el supuesto de hecho se refería a menores que habían experimentado: una, dolor e impotencia funcional en brazo y dolor en columna cervical; y la otra, temblores en miembros inferiores, visión borrosa y dolor torácico.

En ambos fallos se valoró si el funcionamiento de la autoridad sanitaria había sido el adecuado. La conclusión fue que la autorización de las vacunas se había ajustado a la legislación y a los estándares de calidad exigibles, así como que la decisión de incluirlas en el calendario de vacunación fue fruto de amplios debates y jornadas de trabajo, y que la información que contenía la ficha técnica y el prospecto fue lo más completa posible teniendo en cuenta la evidencia científica disponible. Adicionalmente, se dijo que las actividades de farmacovigilancia fueron en todo momento las apropiadas.

En palabras de la SAN de 10 de julio de 2019:

---

[83] FFJJ 11 y 9 SSAN de 23 de noviembre (núm. rec. 74/2009 y [*Tol 2338216*]).

[84] SSAN de 12 de junio (núm. rec. 335/2016 y [*Tol 7379065*]) y 10 de julio de 2019 (núm. rec. 484/2015 y [*Tol 7438810*]).

> *«Las especialidades farmacéuticas —incluidas las vacunas— pueden presentar efectos adversos cuya manifestación efectiva —de producirse— constituye uno de los supuestos en los que la causación del daño viene determinada por la necesidad de evitar un mal mayor, debiendo el administrado soportar el riesgo de los efectos adversos que se consignan en la ficha técnica y el prospecto, y salvo que se aprecie una mala praxis en relación con la situación particular del paciente o la vigilancia y tratamiento de las posibles reacciones, lo que, en su caso, abriría las puertas a otro tipo de responsabilidades distintas a las derivadas de la autorización del medicamento»*[85]

2) Falta de información de las reacciones adversas graves e infrecuentes

La legislación en materia de autonomía del paciente no concreta qué riesgos han de ser objeto de información. Para BLANQUER CRIADO, por ejemplo, el objeto de la información en materia de vacunación consiste en las consecuencias negativas *habituales*:

«Antes de inocular la vacuna, hay que suministrar al paciente una información adecuada y suficiente de las consecuencias habituales, como las normales reacciones leves y pasajeras, también hay que comunicarle los medios para paliar sus efectos; es decir la información básica que se contiene en el "prospecto" del producto (documento destinado al paciente), por lo que no es exigible o necesario ir más allá e informarle siempre al paciente sobre el contenido de la "ficha técnica" de la vacuna (documento destinado al personal sanitario»[86].

Como quiera que BOIX ya ha expuesto en el cap. 16 de este tratado (págs. 1107 a 1118), el dedicado al consentimiento informado, cuáles son las singularidades del consentimiento informado en materia de vacunas, nos remitimos a lo allí escrito[87]. En este epígrafe sostendremos que, aunque puede haber buenas razones para que el profesional sanitario informe al ciudadano sólo de los riesgos más frecuentes y leves, ello no obsta a exigir a la Administración que diseña la campaña de vacunación una mejora en la comunicación e información sobre la relación beneficio-riesgo de la vacuna recomendada u obligatoria, poniendo a disposición de la ciu-

---

85 FJ 11 SAN 10 de julio de 2019 (núm. rec. 484/2015 y [*Tol 7438810*]).

86 BLANQUER CRIADO, David (2020): *La responsabilidad patrimonial en tiempos de pandemia (los poderes públicos y los daños por la crisis de la COVID-19)*, *op. cit.* pág. 230.

87 En el cap. 16 del tratado BOIX aborda cuestiones como los sujetos obligados a informar —laboratorio, facultativo y servicio de salud—, la extensión de la información —riesgos típicos y frecuentes— y forma oral de manifestar el consentimiento, comunicar la información y el alcance de la responsabilidad de la AEMPS.

dadanía, por ejemplo, el prospecto del medicamento o una información resumida de los riesgos conocidos y graves, así como de su probabilidad, excluyendo, a los riesgos extraordinariamente infrecuentes o remotos.

En materia de vacunación, el TS ha reconocido que los riesgos graves y muy infrecuentes, inherentes a la vacunación, no forman parte de la información que debe facilitarse a las personas que vayan a vacunarse. Así, por ejemplo, en la STS de 12 de septiembre de 2012, el TS, después de calificar la inoculación de la vacuna como un acto de medicina curativa, concluyó que, como el riesgo no era típico, no había habido falta de información. Por ello desestimó un recurso interpuesto por los padres de una menor de 4 años que sufrió atrofia cerebelosa tras la administración de la vacuna contra la varicela Varilix[88].

Lo hizo en los siguientes términos:

> «[L]*a administración de la vacuna contra la varicela no integra un acto de medicina satisfactiva sino curativa en la que la que el consentimiento informado no alcanza a aquellos riesgos que no tienen un carácter típico, por no producirse con frecuencia ni ser específicos del tratamiento aplicado, siempre que tengan carácter excepcional, como es aquí el caso, en que de la prueba practicada resulta que la cerevelitis postvacunal es rarísima*»[89].

Menos de un mes después, en la STS de 9 de octubre de 2012, el TS concluyó que el deber de información de los riesgos de las vacunas se limitaba a las reacciones leves. En esta ocasión, además de recordar que el riesgo de ocurrencia extraordinaria o remoto no estaba incluido entre la información que debía facilitarse al paciente, hizo hincapié en los beneficios sociales que se derivaban de la vacuna contra la gripe recomendada por la Administración[90].

Según dijera el TS:

> «*En este supuesto, no es que el resultado buscado no fuera conseguido, esto es la inmunización contra el virus de la gripe, sino que a consecuencia de su dispensación se produjo una reacción adversa de cuyo riesgo no fue advertido el recurrente* (...).
>
> [E]*l deber de información no puede entenderse genérico o en términos de probabilidad hipotética, ni ampara la exigencia de la información excesiva y despropor-*

---

88 STS de 12 de septiembre de 2012, de la Sala de lo Contencioso-administrativo (núm. rec. 1467/2011 y [*Tol 2652663*]).

89 FJ 6 STS de 12 de septiembre de 2012, de la Sala de lo Contencioso-administrativo (núm. rec. 1467/2011 y [*Tol 2652663*]).

90 STS de 9 de octubre de 2012, de la Sala de lo Contencioso-administrativo (núm. rec. 6878/2010 y [*Tol 2667914*]).

> *cionada con las finalidades curativas o preventivas de la ciencia médica, como es la relativa a los riesgos no normales, no previsibles de acuerdo con la literatura médica, o que se basan en características específicas del individuo, que previamente podían no haberse manifestado como relevantes o susceptibles de una valoración médica.*
>
> *También hemos dicho en múltiples ocasiones que la información no puede ser ilimitada o excesiva, so pena de producir el efecto contrario, atemorizante o inhibidor y que ha de ofrecerse en términos comprensibles, claros y adaptados al usuario de la asistencia. Por tanto, es un derecho que ha de ponerse en relación con los datos que en concreto se han de transmitir y la finalidad de la información misma en cuanto al conocimiento de los riesgos y alternativas existentes según el estado de la técnica, cuál es en el caso de la administración de una vacuna antigripal, que no incluye la posibilidad de un riesgo de ocurrencia tan extraordinaria como es el considerado en la sentencia recurrida, calificado por la misma como tan remotamente considerable que no permitió ofrecer información sobre ello, basada en evidencias ciertas y contrastables* (…).
>
> [E]*n supuestos como el presente* [de] *vacunación en todo caso voluntaria si bien aconsejada y promovida por la Administración por los beneficios sociales que de la misma derivan, es bastante con que en el acto de la inoculación del virus se advierta verbalmente a la persona que lo recibe de aquellas consecuencias leves que pueden presentarse y que desaparecerán en breve tiempo y se indique los medios para paliar sus efectos*»[91].

En nuestra opinión, desde la perspectiva estrictamente individual del derecho del ciudadano a obtener información adecuada sobre las características y riesgos del tratamiento médico, excluir —con carácter general— la información sobre cualquier efecto adverso grave tiene difícil amparo en la LAP. Esta norma sólo autoriza a prescindir del consentimiento informado «cuando existe riesgo para la salud pública a causa de razones sanitarias establecidas por la Ley» (art. 9.2.a LAP). Sin embargo, no prevé, como indica ORDÁS, ninguna limitación por razón de la gravedad del daño. Tampoco limita el deber de información por razón del beneficio colectivo que se deriva del tratamiento médico[92].

---

[91] FJ 5 STS de 9 de octubre de 2010, de la Sala de lo Contencioso-administrativo (núm. rec. 6878/2010 y [*Tol 2667914*]).

[92] ORDÁS sostiene que, en el caso de la vacunación, es más necesario informar de todos los efectos adversos que se puedan derivar de la vacunación, con independencia de su frecuencia, porque se administran a una persona sana que puede optar entre vacunarse o no y porque la vacunación no es obligatoria en España. Añade, además, que la LAP no distingue entre riesgos habituales y no habituales, leves o graves y que incluso si la vacunación fuera obligatoria, la información al paciente sobre todos los riesgos de la vacunación sería relevante. Esto debería ser así «porque sólo así podrá asociar los padecimientos que sufre con la administración de la vacuna los días previos y plantearse un eventual ejercicio de una acción de responsabilidad sin que, por desconocimiento, transcurra el breve pla-

A pesar de ello, la doctrina del TS —en los casos de daños vacunales— se ha de poner en relación con la rara o rarísima frecuencia con la que los riesgos neurológicos se materializan y, en ese sentido, no se aparta de la doctrina general sobre consentimiento informado aplicable a cualesquiera otros tratamientos de medicina curativa, que tiende a excluir de la información relevante los riesgos muy infrecuentes o remotos[93]. La vacunación, en tanto que previene al paciente del contagio de una enfermedad grave para su salud, es equiparable a un tratamiento de medicina curativa.

Pero, además, en materia vacunación habría una razón adicional para excluir la información sobre los daños graves y muy infrecuentes de la vacunación: evitar la reducción de la tasa de vacunación basada, exclusivamente, en el miedo a las reacciones adversas. El efecto inhibidor o atemorizante que produciría suministrar toda información de cada una de las reacciones adversas, raras o muy raras, conocidas tras la comercialización de la vacuna, sería perjudicial no solo para el propio paciente, como ocurre en cualquier tratamiento médico individual, sino que, además, pondría en riesgo la inmunidad de grupo frente a la enfermedad[94].

En cualquier caso, hay que tener en cuenta: por un lado, que la mayor parte de las reacciones adversas graves a la vacunación son muy raras y, con-

zo de prescripción de un año». ORDÁS ALONSO, Marta (2021): «Vacunación y responsabilidad patrimonial de la Administración. De la vergonzante doctrina jurisprudencial al principio de socialización de los riesgos», *op. cit.* pág. 848. CIERCO también cuestiona que el deber de información deba ser menos intenso en el ámbito de la vacunación. CIERCO SEIRA, César (2018): *Vacunación, libertades individuales y Derecho público, op. cit.* pág. 124.

93 «[E]s conocido que el nivel de información sobre los riesgos del tratamiento que ha de suministrar el profesional médico se ha de adecuar, según la jurisprudencia, al tipo de acto médico, si de medicina curativa o satisfactiva, siendo mucho más intenso el deber de información en el segundo tipo, que alcanza también a los riesgos típicos muy infrecuentes o excepcionales (STS de 9 de octubre de 2012 (RJ 2012, 10199) con cita de las Sentencia de 2 de octubre de 2007 (RJ 2007, 7461) y de 3 de octubre de 2000 (RJ 2000, 7799)]». RAMOS GONZÁLEZ, Sonia (2022): Responsabilidad patrimonial y daños vacunales. Por un sistema público de compensación en el Derecho español», *op. cit.* pág. 91.

94 MEDINA ALCOZ reconoce que «la transparencia en torno a las posibles reacciones adversas puede ayudar a que la ciudadanía confíe en la vacunación (…). Ahora bien, la presentación exhaustiva de los riesgos y la garantía de espacio para una ponderación reflexiva sobre la decisión más conveniente para cada paciente podría desincentivar la vacunación». MEDINA ALCOZ, Luis (2022), «Responsabilidad patrimonial por reacción adversa a la vacunación: régimen general con referencia especial al caso del Covid-19», *op. cit.* pág. 76.

forme a la doctrina general del consentimiento informado, quedan excluidas de la información a suministrar al paciente por ser riesgos raros o muy raros; y por otro, que la prescripción de la vacuna no deriva, en general, de un juicio individualizado sobre la conveniencia del medicamento para un concreto paciente, sino que es una actuación enmarcada en la ejecución de una campaña de vacunación previamente decidida por la autoridad sanitaria.

Atendidas estas circunstancias, cabe preguntarse cuáles es el alcance de la información que corresponde advertir a la autoridad sanitaria como artífice de la política de vacunación pública. La imprecisión sobre el contenido de esta obligación en la normativa sobre salud pública no permite fundar normativamente cuál es su extensión. Sin embargo, lo que es evidente es que otros modelos mejores al actual son posibles[95]. Según nuestro parecer, sería suficiente con asegurar que la autoridad sanitaria garantizase que el ciudadano tiene acceso real al prospecto de la vacuna, ya sea proporcionándoselo directamente o poniéndolo a su disposición en los centros de salud.

En este sentido, es ilustrativa la STSJ Castilla y León, Valladolid, de 13 de noviembre de 2015. Nos estamos refiriendo a la sentencia que condenó a la Junta de Castilla y León a indemnizar a un ciudadano que, ocho días después de recibir la vacuna antigripal Fluarix en un centro de salud de Salamanca, sufrió un síndrome Guillain Barré, reacción adversa rara (que se puede producir en hasta 1/10.000 dosis). Lo hizo porque consideró que la Gerencia Territorial de Salud de Castilla y León había minimizado en la información institucional los riesgos de la vacunación.

El TSJ de Castilla y León estimó parcialmente el recurso y concedió una indemnización de 70.000 euros, por la falta de información del riesgo de padecer una enfermedad grave[96]. La perjudicada había reclamado 151.104,05 euros por las secuelas derivadas del síndrome neurológico que

---

[95] GARRIDO advierte que «antes de ensayar nuevos modelos [con referencia a los fondos de compensación sin culpa], deberíamos mejorar la transparencia, la calidad de la información, la comunicación, la participación consensuada en la toma de decisiones, la coordinación de nuestro modelo vacunal, principalmente». GARRIDO CUENCA, Nuria María (2018): «Seguridad, riesgos y efectos secundarios en materia de vacunación. Jurisprudencia sobre responsabilidad administrativa. Y reflexión: ¿es necesario o conveniente un fondo específico de compensación por daños vacunales?», *op. cit.* apt. VII.

[96] STSJ de Castilla y León 2592/2015, de 13 de noviembre (núm. rec. 886/2013 y [*Tol 5587077*]).

le provocaba, entre otras molestias la afección del nervio ciático, paresias e hipoestesias en miembros inferiores y paresia en nervio facial bilateral.

Lo determinante, para el TSJ de Castilla y León fue que:

> «*Estas vacunaciones producen inequívocamente una mejora de la salud pública, general y poblacional. Ahora bien, se trata de unas actuaciones no exentas de riesgos, como las propias mercantiles productoras de las vacunas advierten en sus prospectos. Y esos riesgos, por el contrario, son individuales. Es por tanto obligación de la administración sanitaria, tanto realizar campañas de vacunación generales o de grupos de riesgo como advertir personalmente a cada paciente de las consecuencias que pueden derivarse de tales campañas de vacunación (...) Ahora bien, en el presente caso, de la prueba practicada se colige, sin duda alguna, que tanto la administración demandada como su personal minimizan los posibles efectos adversos de la administración de una vacuna, hasta el punto de faltar a la verdad, por omisión, de la totalidad de sus efectos. No por ser estos raros o muy raros han de ser silenciados, máxime si la vacunación era, en este caso, voluntaria*»[97].

3) Trato discriminatorio en la inoculación de la vacunación

«La problemática de la inoculación obligatoria se diluye parcialmente cuando no existen vacunas suficientes para inmunizar a toda la población en un breve espacio de tiempo. En este contexto el debate se traslada a la fijación de un orden de prioridades (para identificar qué grupos de riesgo serán vacunados antes), situación que genera una diferencia de trato entre personas»[98].

En estos casos, aunque la vacunación sea voluntaria, se pueden causar daños morales —y en su caso corporales— con ocasión de las campañas de vacunación. Estos deberán reputarse antijurídicos si el orden de inoculación carece de una lógica asistencial.

Así lo pusieron de manifiesto con ocasión de la vacunación contra la Covid-19 DE MONTALVO y BELLVER, para los cuales, «la priorización fue el primer debate ético de calado de esta crisis sanitaria [de la Covid-19 porque] [...] el todo para todos, siempre y ya es sencillamente imposible»[99].

---

97 FJ 5 STSJ de Castilla y León 2592/2015, de 13 de noviembre (núm. rec. 886/2013 y [*Tol 5587077*]).

98 BLANQUER CRIADO, David (2020): *La responsabilidad patrimonial en tiempos de pandemia (los poderes públicos y los daños por la crisis de la COVID-19)*, *op. cit.* pág. 197.

99 DE MONTALVO JÄÄSKELÄINEN, Federico y BELLVER CAPELLA, Vicente (2020): «Priorizar sin discriminar: la doctrina del Comité de Bioética de España

Pues bien, en este apartado no se pretende hacer una digresión sobre las singularidades de los daños morales. Éstos han sido explicados por HURTADO en el cap. 10 de esta obra. Simplemente queremos recoger una aplicación de los mismos a los daños vacunales a partir de la SJCA núm. 3 de Alicante de 13 enero de 2022 y de la STSJ de la Comunidad Valenciana de 1 de septiembre 2022.

Con ocasión de la vacunación del personal sanitario de la Comunidad Valenciana, la SJCA núm. 3 de Alicante de 13 enero de 2022, confirmada por la STSJ de la Comunidad Valenciana de 1 de septiembre 2022, condenó a la Generalitat Valenciana a indemnizar con 10.000 euros, en concepto de *pecunia doloris*, al personal sanitario dependiente de hospitales y centros de titularidad privada[100]. Lo hizo al entender que habían sido discriminados a la hora de recibir la vacuna contra la Covid-19[101].

El recurso para la protección de los derechos fundamentales, promovido por el Colegio Oficial de Médicos de Alicante, tuvo por objeto una inactividad de la Generalitat Valenciana. Esta consistió en la falta de vacunación inicial de todo el personal sanitario que durante la pandemia ejerció su actividad en hospitales o centros de salud de titularidad privada.

El punto de partida de los argumentos de la sentencia fue un documento acordado en el Consejo Interterritorial del Sistema Nacional de Salud, «la Estrategia de vacunación COVID 19 en España», de 23 de noviembre de 2020, en su versión actualizada de 18 de diciembre de 2020, y asumido por la Generalitat Valenciana en sus «Instrucciones para la planificación de la vacunación frente a Covid enero 2021». Tanto en uno como en otro se estableció un orden de prelación para la vacunación de grupos por etapas.

En ambos, se estableció el siguiente orden:

> *«1°. Residentes y personal sanitario y socio sanitario en residencias de personas mayores y con discapacidad;*
> *2°. Personal sanitario de primera línea;*
> *3°. Otro personal sanitario;*

---

sobre derechos de las personas con discapacidad en un contexto de pandemia». IgualdadES, núm. 3, pág. 315

100 En el cap. 10 de este tratado HURTADO ha expuesto la difícil conceptualización y delimitación de los daños morales. También expone qué es el *pretium* o *pecunia doloris* como daño moral puro. A él nos remitimos (págs. 632 a 641 y 676 a 681).

101 SJCA núm. 3 de Alicante 5/2022, de 13 de enero (núm. rec. 3/2021 y [*Tol 8736846*]) y STSJ de la Comunitat Valenciana 293/2022, de 1 de septiembre (núm. rec. 69/2022 y [*Tol 9249826*]).

4ª Personas con discapacidad que requieran intensas medidas de apoyo para desarrollar su vida (grandes dependientes no institucionalizados)».

En base a la «Estrategia de Vacunación COVID 19 en España», el JCA núm. 3 de Alicante sentenció que «el trato por parte de la Administración autonómica valenciana debió ser exactamente el mismo para el personal sanitario que ejercía en la sanidad pública como para el que se encontraba ejerciendo funciones en la sanidad privada». A pesar de ello, «los sanitarios que trabajaban en el sector fueron pura y simplemente ignorados (...), como si no existiesen». Ello llevo al magistrado a concluir que «no es que hubo una priorización del personal de la sanidad pública; es que hubo una exclusión inexplicable del personal de la sanidad privada; sobre todo porque la normativa aplicable (la Instrucción de 5 de enero de 20221) NUNCA contempló esta distinción»[102].

Como se trataba de un recurso para la protección de derechos fundamentales, los fundamentos jurídicos se basaron la vulneración del derecho a la igualdad en relación con el derecho a la protección de la salud y la vida y la integridad física y no en los arts. 32 y ss. LRJ. En un fallo muy duro el Juzgado de lo Contencioso-administrativo núm. 3 de Alicante, reprochó a la Generalitat Valenciana haber «relegado de manera manifiesta a la hora de recibir la vacuna a este grupo de profesionales».

También tiene interés este pronunciamiento porque admitió la legitimación activa del Colegio Oficial de Médicos de Alicante y condenó a la Administración sanitaria a pesar de no haberse tramitado un procedimiento de reclamación de responsabilidad patrimonial previo.

Lo hizo con las siguientes palabras:

> *«El personal sanitario privado tuvo que seguir trabajando con grave riesgo para su integridad y su salud, debiendo atender a pacientes propios y también a pacientes derivados del sistema sanitario público, sin saber si los mismos eran o no portadores del virus. Esta situación generó para el personal sanitario privado evidentes daños morales, ansiedad, frustración, etc., que deben ser indemnizados.*
>
> *La Administración señaló la inexistencia de un procedimiento de responsabilidad patrimonial (...) interesando por ello la inadmisibilidad del recurso por esta causa (...). La vía utilizada por el colegio de médicos, no obstante, se encuentra perfectamente prevista en la normativa procesal. El art. 71.1 d) LJCA permite estimar junto con la demanda "una pretensión de resarcir daños y perjuicios (...) señalando asimismo quien viene obligado a indemnizar", sin que se establezca necesariamente*

102 FJ 3 SJCA núm. 3 de Alicante 5/2022, de 13 de enero (núm. rec. 3/2021 y [*Tol 8736846*]).

la existencia de un procedimiento de responsabilidad patrimonial previo, pudiendo acordarse la indemnización cuando lo pida expresamente el demandante y consten probados en autos elementos suficientes para ello

Hubiera sido perfectamente factible que cada uno de los sanitarios hubiera interpuesto el mismo proceso por vulneración de Derechos Fundamentales, en reclamación de cuantos daños materiales personales o morales pudieran resultar. O que hubieran optado también por iniciar un procedimiento de responsabilidad patrimonial ante la propia Administración. Ahora bien, el Colegio Oficial de Médicos en tanto que Administración corporativa está legitimada para la interposición del presente recurso contencioso, habiendo debido acudir a los tribunales en defensa de sus colegiados, destinando para ello recursos personales y materiales para denunciar la situación de los colegiados. La situación debe reponerse no solamente con la condena en costar para la Administración demandada, sino también reconociendo al Colegio Oficial de Médicos recurrente como Administración Corporativa una indemnización por daños morales; (...); daños que la propia parte fija simbólicamente en 10,000 euros, cuantía que este Juzgado considera plenamente ajustada, y conforme con jurisprudencia similar en materia de daños morales»[103].

Como se ha adelantado la STSJ de la Comunidad Valenciana de 1 de septiembre de 2022 confirmó la SJCA núm. 3 de Alicante de 13 de enero de 2022.

Los argumentos fueron similares. En cuanto al trato discriminatorio y los daños morales destacamos los siguientes textos de la Sala de lo Contencioso-administrativo.

«La exposición a los riesgos de contagio del virus de una y otra clase de profesiones por razón de atender a pacientes expuestos y afectados por el coronavirus obligaba a la administración a atenderlos con la misma intensidad y los mismos medios que se ofrecían a los sanitarios oficiales. La situación de riesgo que reclamaba su atención era exactamente la misma. Y esta igualdad en esta situación de peligro reclamaba su misma prestación de medios en forma de vacunación»[104].

«Se trata de indemnizar por daños morales derivados del sufrimiento padecido por profesionales que a pesar del riesgo de contagio al que estaban sometidos por no haber recibido a tiempo la vacunación han debido seguir trabajando, sabiendo que se podían infectar con una enfermedad grave para sus vidas y su salud. Sin duda trabajar en estas condiciones sometidos a tanta presión y expuestos a tanta inseguridad y trance, produce angustia, desasosiego, grave inquietud y malestar y desazón. Y esto es precisamente lo que se trata de compensar con la indemnización reconocida que resarce el dolor producido, máxime ante una situación de desamparo y desprotección evidente cuando a otros profesionales en su misma situación se les atendía, pro-

---

103 FJ 3 SJCA núm. 3 de Alicante 5/2022, de 13 de enero (núm. rec. 3/2021 y [*Tol 8736846*]).

104 FJ 4 STSJ de la Comunitat Valenciana 293/2022, de 1 de septiembre (núm. rec. 69/2022 y [*Tol 9249826*]).

vocando como efecto añadido, un sentimiento de agravio comparativo, inseguridad, injusticia y falta de equidad (...).

El hecho de que el Colegio Oficial demandante piense destinar la indemnización a atender necesidades del sistema sanitario no priva a su cuantificación económica de su sentido y naturaleza, que el Juzgado de instancia con toda corrección ha conceptuado y estimado como tal daño moral o "pecunia doloris"»[105].

V. RESPONSABILIDAD PATRIMONIAL DE LA ADMINISTRACIÓN POR LOS DAÑOS VACUNALES EN LOS DICTÁMENES DE CONSEJOS CONSULTIVOS

La posición del CdE en materia de responsabilidad por daños vacunales se muestra en diversos dictámenes, el último que hemos consultado el DCdE de 28 de enero de 2016[106]. Su parecer es contrario al reconocimiento de responsabilidad patrimonial de la Administración por funcionamiento normal. Así se muestra, como *obiter dicta* en este dictamen. En él propuso desestimar la reclamación por falta de prueba de la relación de causalidad entre la vacuna contra el virus del papiloma humano y los daños sufridos por la hija menor de edad de los reclamantes —alergia y toxicidad a metales, además de otros cuadros clínicos—.

«*De todo lo anterior se concluye que no hay relación de causalidad entre la administración de la vacuna y los daños invocados por los interesados, pues la supuesta responsabilidad patrimonial de la Administración sanitaria del Estado por el hecho de que esta vacuna estuviera autorizada en España sólo podría verse comprometida en el caso de que se acreditase que la misma no debió ser autorizada o que, después de su autorización no funcionaron debidamente los mecanismos de farmacovigilancia a cargo de la Agencia Española de Medicamentos y Productos Sanitarios, circunstancias que, como se ha expuesto más arriba no concurren en el presente caso, por lo que el Consejo de Estado comparte el parecer de los órganos preinformantes de desestimar la reclamación formulada. Y todo ello sin perjuicio de que, como ha expuesto este Consejo en otros asuntos análogos sobre administración de vacunas, las especialidades farmacéuticas —incluidas las vacunas— pueden presentar efectos adversos cuya manifestación efectiva —de producirse— constituye uno de los supuestos en los que la causación del daño viene determinada por la necesidad de evitar un mal mayor, debiendo el administrado soportar el riesgo de los efectos adversos. Otra cosa bien distinta es que la concreta prescripción facultativa no fuera correcta, o que la*

---

105 FJ 5 STSJ de la Comunitat Valenciana 293/2022, de 1 de septiembre (núm. rec. 69/2022 y [*Tol 9249826*]).

106 DCdE de 28 de enero de 2016 (núm. exp. 1181/2015 y [*Tol 5675888*]).

actuación del fabricante o del comercializador hubiera sido anómala, lo que, en su caso, abriría las puertas a otro tipo de reclamaciones»[107].

En sentido similar, el DCdE de 23 de mayo de 2005 propuso desestimar la reclamación de responsabilidad patrimonial en un caso el que un menor de tres años de edad sufrió una paresia de hemicuerpo derecho tras la administración de la vacuna triple vírica, en el marco de una intervención de salud pública ante la aparición de un brote de parotiditis en su centro escolar. Consta que los informes médicos del Hospital de La Paz, aportados al expediente, admitían que los acontecimientos neurológicos asociados a la vacuna eran muy raros[108]. El Consejo consideró que no se había acreditado la relación de causalidad y, conforme a dichos informes médicos, tuvo en cuenta también que se había informado a los padres, antes de obtener su autorización, que la vacuna no estaba exenta de riesgos[109].

Siguen esta tesis otros dictámenes de Consejos consultivos que analizan la responsabilidad de la Administración con base en la doctrina general sobre infracción de la *lex artis* de los profesionales o sobre funcionamiento anormal del servicio.

Por ejemplo, el dictamen el Consejo Consultivo de Aragón (CCAra), en su dictamen de 20 de septiembre de 2023, se pronunció en este sentido en un caso en el que la reclamante sufrió, dieciocho días después de recibir la segunda dosis de la vacuna contra el Covid-19 de AstraZeneca, un ictus isquémico agudo que resultó en una pérdida de visión periférica[110]. La reclamación hacía referencia a la STS de 9 de octubre de 2012 y del STSJ de Aragón de 11 de septiembre de 2015, analizadas anteriormente[111]. Tam-

---

107 CJ IV DCdE de 28 de enero de 2016 (núm. exp. 1181/2015 y [*Tol 5675888*]). En el mismo sentido se han pronunciado los DDCdE de 26 de septiembre de 2013 (núm. exp. 692/2013 y [*Tol 9802124*]), 3 de octubre de 2013 (núm. exp. 868/2013 y [*Tol 9802031*]) y 10 de octubre de 2014 (núm. exp. 469/2014 y [*Tol 9800993*]), entre otros.

108 DCdE de 23 de mayo de 2005 (núm. exp. 869/2002). Según se reflejase en él, «[R]evisada la bibliografía existente en relación a lesiones desmielinizantes secundarias a vacunación triple vírica, el Centro de Farmacovogilancia informa que los acontecimientos neurológicos con la vacuna son muy raros, subrayando que la aparición de síntomas neurológicos tras la administración de la vacuna no implica relación de causalidad» (antecedente de hecho 6).

109 Antecedente de hecho 7 DCdE de 23 de mayo de 2005 (núm. exp. 869/2002).

110 DCCAra 183/2023, de 20 de septiembre.

111 STS de 9 de octubre de 2012, de la Sala de lo Contencioso-administrativo (núm. rec. 6878/2010 y [*Tol 2667914*]) y STSJ de Aragón 429/2015, de 11 de septiem-

bién consta que la reclamante había aportado literatura científica sobre los efectos adversos de la vacunación —entre ellos, la creación de trombos—. Además, la Inspección médica había llegado a la conclusión de que la asociación entre la vacunación y el evento isquémico arterial no era totalmente descartable, pero también concluyó que no se había acreditado la relación de causa efecto en el caso, porque la paciente sufría una lesión cardíaca congénita que era un potencial factor de riesgo del ictus. El CCAra partió de la doctrina general sobre responsabilidad en el ámbito sanitario, basada en la infracción de la *lex artis* y en la valoración de los medios con los que la asistencia sanitaria fue dispensada a la paciente, y concluyó que no se había probado ni la relación de causalidad ni la existencia de infracción de la *lex artis ad hoc*[112].

En sentido análogo se ha pronunciado el Consejo Consultivo de Castilla-La Mancha (CCC-M). Así en el DCCC-M de 13 de octubre de 2022, en una reclamación similar a la del DCCAra de 20 de septiembre de 2023, interpuesta por los familiares de un paciente que falleció por un trombo cerebral una semana después de recibir la primera dosis de la vacuna contra el Covid-19, informó a favor de la responsabilidad patrimonial de la Administración sanitaria pero con base en la pérdida de oportunidad basada en el retraso médico en diagnosticar y tratar el trombo cerebral. El dictamen propuso, por tanto, una reducción de la indemnización solicitada por daños morales[113].

Otros dictámenes, en cambio, se pronuncian a favor de la responsabilidad con argumentos relativos a la socialización del riesgo, a la calificación de los daños graves derivados de las vacunas como daños que superan los límites impuestos por los estándares de seguridad exigibles conforme a la conciencia social y a la consideración de que existe actividad administrativa que contribuye a la producción del daño cuando la Administración diseña y ejecuta una campaña de vacunación.

En este grupo, son relevantes, por ejemplo, el parecer del Consell Jurídic Consultiu de la Comunitat Valenciana (CJCVal), expresado en su dictamen de 5 de julio de 2007[114], emitido en el procedimiento administrativo que dio lugar a la STSJ de la Comunidat Valenciana de 18 de diciembre de

---

bre, de la Sala de lo Contencioso-administrativo (núm. rec. 262/2012 y [*Tol 5511292*]).

112 DCCAra 183/2023, de 20 de septiembre.

113 FJ 6 DCC-M 261/2022, de 13 de octubre [*Tol 9581637*].

114 DCJCVal 629/2007, de 5 de julio [*Tol 4814683*].

2010 —sentencia de referencia en cuanto a la aplicación de la teoría del daño de sacrificio en esta materia[115]—. Según el CJCVal.:

«En opinión de este Órgano consultivo nada obstaría a trasladar dicha tesis [la seguida por las SSTSJ Madrid 132/2005, de 16 de febrero, y Andalucía, 74/2005, de 31 de enero, que se pronuncian en contra de la responsabilidad en dos casos sobre daños asociados a la vacuna triple vírica] al asunto examinado si la aplicación de las vacunas solamente tuviera como único beneficiario e interesado al menor, o se tratase de una administración voluntaria por parte de los particulares. Pero en el presente supuesto nos encontramos ante la administración de vacunas en virtud de una obligación impuesta por la Administración atendiendo al calendario vacunal, representando el sistema vacunal una de las medidas más importantes de salud pública ya que son la causa de una disminución de determinadas enfermedades infecciosas e incluso de su desaparición (...).

[D]*ebe añadirse la teoría del riesgo creado por la Administración que se desenvuelve dentro del supuesto de «funcionamiento normal del servicio público» y consiste en atribuir la reparación de un daño fortuito en virtud de la llamada «responsabilidad por riesgo generalizado» o de «socialización del riesgo», sin que la aceptación voluntaria del sistema vacunal por los ciudadanos tenga, en el presente caso, entidad suficiente para romper el nexo causal, ya que esa asunción es condición imprescindible para que pueda producirse el daño indemnizable.*

Debe recordarse que para que el daño concreto producido por el funcionamiento del servicio a uno o varios particulares sea antijurídico basta con que el riesgo inherente a su utilización haya rebasado los límites impuestos por los estándares de seguridad exigibles conforme a la conciencia social (...) Además, la naturaleza objetiva de la responsabilidad de las Administraciones Publicas debe ser exigida, según manifiesta la Sentencia del Tribunal Supremo de 25 de octubre de 1996, con especial rigor cuando se proyecta sobre actividades que son susceptibles de poner en riesgo bienes constitucionales de la mayor importancia, como la vida y la integridad física de las personas (...).

[A]*tendiendo al conflicto de intereses beneficios/riesgos del sistema vacunal, constituye una carga del ciudadano asumir los efectos adversos derivados de la administración de vacunas que sean calificados de leves o moderados (fiebre, abcesos, inflamación local, erupciones cutáneas, lesiones no permanentes, etc) debiendo la comunidad, representada por la Administración, asumir los más graves y permanentes, al entenderse que en tales casos se han rebasado los límites impuestos por los estándares de seguridad exigibles conforme a la conciencia social, no correspondiendo al perjudicado el deber de soportar el menoscabo. El éxito incuestionable de las vacunas en el control y la eliminación de muchas enfermedades no conlleva que los efectos adversos o indeseables que hayan generado hayan de ser soportados, automáticamente y de forma incuestionable por los menores, aun cuando sean inevitables, pues siendo perfectamente conocidos y posibles (aun en un pequeño porcentaje) han de ser asumidos por la comunidad»*[116].

---

115 STSJ de la Comunitat Valenciana 1359/2010, de 18 de diciembre, de la Sala de lo Contencioso-administrativo (núm. rec. 5/2008 y [*Tol 2086257*]).

116 CJ 4 DCJCVal 629/2007, de 5 de julio [*Tol 4814683*].

Con anterioridad, el DCJCVal de 11 de septiembre de 2003[117] ya había afirmado la responsabilidad, pero con base exclusivamente en la relación de causalidad entre los daños neurológicos graves sufridos por el reclamante y la vacuna contra la gripe:

> «*Por lo tanto, habiéndose probado la realidad del daño, que la vacuna antigripal se recomendó y administró por los propios servicios hospitalarios públicos, la inmediatez de las reacciones adversas, y la respuesta inmunológica de la paciente a los anticuerpos, todo ello conduce a que se estime que concurre la necesaria relación de causalidad entre la administración de la vacuna antigripal y las lesiones que se le causaron a la interesada, procediendo que se declare la responsabilidad patrimonial de la Generalitat Valenciana, al concurrir todos y cada uno de los requisitos legalmente previstos*»[118].

Sin embargo, en otro supuesto de hecho similar, en el que una paciente de 72 años, sufrió también una mielitis transversa aguda a los pocos días de la administración de la vacuna antigripal, el DCJCVal de 20 de abril de 2011 no dio por acreditada la relación de causalidad[119].

También se pronunció a favor de la responsabilidad patrimonial la Comissió Jurídica Assessora de la Generalitat de Catalunya (CJACat) en el dictamen de 30 de marzo de 2000, a pesar de considerar prescrita la acción interpuesta en el año 1998[120]. En el caso, se había acreditado que el hijo de los actores, a la edad de 3 años, sufrió una poliomelitis como consecuencia de la vacuna antipoliomelítica oral, administrada en el año 1983, de acuerdo con el calendario de vacunación de la Generalitat de Catalunya. La CJACat tuvo en cuenta que existía una actuación administrativa vinculada a la causación del daño, en tanto que la vacuna formaba parte del calenda-

---

117 CCJJ 4 DCJCVal 457/2003, de 11 de septiembre [*Tol 4819341*].

118 *Idem.*

119 CJ 4 DCJCVal 2011/0486, de 20 de abril [*Tol 4813647*]. A ello añadió que «en el presente caso, como se desprende de las afirmaciones contenidas en los informes de la Dirección General de Farmacia y Productos Sanitarios, remitido el 30 de mayo de 2005; de la Sección de Medicina Preventiva del Hospital público de Elx, de 3 de enero de 2006; y, sobre todo, del Servicio de Inspección Médica, de 5 de abril de 2007; y de la Asesoría Médica de la aseguradora, de 3 de enero de 2009, no está demostrado que los casos puntuales de encefalitis o de mielitis sean debidos a la administración de la vacuna antigripal (lo que ocurre en menos de un caso por cada 10.000 inoculaciones), y que en este caso estaba completamente indicada su administración, teniendo en cuenta la edad y el estado de salud de la paciente» (CJ 4).

120 DCJACat 202/2000, de 30 de marzo.

rio de vacunación y había sido, por tanto, promovida y recomendada a los ciudadanos.

En palabras de la CJACat:

> *«La Generalitat de Catalunya, a través del Decreto 157/1981, de 19 de junio, aprobó el Plan de vacunaciones sistemáticas, entre los cuales cita expresamente la vacuna contra la poliomelitis (...).*
>
> *La norma citada obviamente no establecía la vacunación obligatoria en el sentido estricto de la palabra, pero también es verdad que el sistema se inscribe en el marco de una activa y decidida actuación dirigida a las vacunaciones sistemáticas como fórmula más eficaz de prevención y desaparición de determinadas enfermedades.*
>
> *Por lo tanto, queda claro que la vacunación de la poliomelitis no fue una actividad que los padres de la criatura, de forma espontánea, aislada o circunstancial pidieron a la Administración sanitaria, sino que fue esta la que promovió y promueve los planes y todas las acciones necesarias para realizar vacunaciones sistemáticas de toda la población infantil, aunque estas vacunaciones puedan comportar algún riesgo aunque pequeño. En efecto, la Organización Mundial de la Salud estima que en el caso de la poliomelitis uno de cada tres millones puede desarrollar la enfermedad (...) En consecuencia, la acción de la administración es clara y, por tanto, si la Administración en la consecución del interés general genera un riesgo, es natural que en principio lo haya de indemnizar. El instituto de la responsabilidad patrimonial de la Administración puede responder a esta situación»*[121] (FD. VII)

Por su parte, el DCCC-M, de 22 de marzo de 2017, consideró aplicable la doctrina del TS Supremo sobre consentimiento informado en el sentido de que no era exigible informar sobre todos los riesgos asociados a la vacunación[122]. En el caso, no era necesario acudir a esa doctrina, porque quedó acreditado que la mielitis transversal que sufrió la hija menor de los reclamantes no era uno de los riesgos descritos en la información sobre la vacuna contra la meningitis C, incluida en el calendario de vacunaciones de Castilla-La Mancha. Consta que la vacuna se le administró a la menor el 4.4.2014, que los primeros síntomas se iniciaron el 1 y el 3 de mayo de 2014 y que el diagnóstico se realizó el 15 de mayo de 2014. Los reclamantes alegaron falta de información sobre los riesgos de la vacunación y el dictamen desestimó la alegación por la falta de prueba sobre la relación de causalidad.

Así, consideró lo siguiente:

---

121 FJ VII DCJACat 202/2000, de 30 de marzo.

122 DCCC-M 109/2017, de 22 de marzo [*Tol 9579135*].

«Aun en el supuesto de admitir, a los meros efectos dialécticos, la existencia de dicha relación causal, tampoco se derivaría de ella responsabilidad para la Administración por razón de la falta de consentimiento informado.

Ello por cuanto que la mielitis padecida por la hija de los reclamantes, no era un resultado adverso predecible y, por tanto, que fuera posible considerar como posible riesgo advertible a los pacientes.

Sobre este particular, conviene traer a colación el contenido de la doctrina enunciada por el Tribunal Supremo sobre la razonabilidad y adecuada modulación del deber informativo en estos supuestos [con cita, entre otras de la] Sentencia más reciente de 21 de diciembre de 2012 (Ar. RJ, 2013, 1165), en cuyo Fundamento de Derecho Cuarto se expone al respecto: "[...] *Hemos dicho en multitud de ocasiones también, que la información previa a la actividad médica no puede ser excesiva, ilimitada, ya que de lo contrario puede contrarrestar la finalidad de la misma.*

En el presente caso, como señala el médico instructor *"ni la mielitis transversa ni la sintomatología que la caracteriza es descrita como efecto adverso en ninguno de estos apartados, haciendo referencia como reacción adversa muy rara, la aparición de hipoestesias, paresterias e hipotonía, que en ningún caso se describe sea consecuencia de afectación medular"»*[123].

VI. ARGUMENTOS A FAVOR DE LA CREACIÓN EN ESPAÑA DE UN SISTEMA PÚBLICO DE COMPENSACIÓN SIN CULPA DE LOS DAÑOS VACUNALES

Como se ha sostenido al referirnos a la teoría del daño de sacrificio en el ep. III, el sistema de responsabilidad objetiva no es el instrumento adecuado para compensar los daños derivados de vacunas recomendadas. Junto con este argumento, existen otros también importantes para sostener la conveniencia de que el Estado cree un fondo de compensación sin culpa para compensar a los perjudicados por este tipo de daños.

En primer lugar, es una exigencia ética, consecuencia del principio de solidaridad social y de la equidad respecto a los riesgos de la vacunación. Algún autor va más allá y sugiere que la creación de un fondo de compensación sin culpa es una cuestión de justicia[124]. Dentro de esta lógica, lo sería porque el Estado tendría que compensar adecuadamente a las víctimas de daños graves que hubieran contribuido con la vacunación a un beneficio

---

123 CJ V DCCC-M 109/2017, de 22 de marzo [*Tol 9579135*].

124 COLGROVE, James (2019): «Immunization and Ethics: Beneficence, Coertion, Public Health, and the State», en MASTROIANNI, Anna C., KAHN, Jeffrey P. y KASS, Nancy E., *The Oxford Handbook of Public Health Ethics,* Oxford University Press, pág. 10.

colectivo, consistente en el mantenimiento o la recuperación de la salud pública[125]. De lo contario, la vacunación beneficiará a una gran parte de los ciudadanos a costa de unos pocos ciudadanos que sufrirán daños personales graves[126].

En segundo término, defender que los ciudadanos sólo tienen derecho a una indemnización en un modelo de vacunación obligatoria, lleva a un agravio comparativo respecto de quienes, en un sistema de vacunación voluntaria, han sido vacunados. Sería difícil de justificar que las personas que voluntariamente hubieren seguido la recomendación de la autoridad sanitaria— y que ha permitido al Estado ahorrarse los costes de asociados al modelo obligatorio (*v.gr.* elaboración de la norma, control y en su caso ejecución de las sanciones)— fueran peor tratadas por el solo hecho de no ser obligatoria la vacunación. La falta de razones para imponer una vacunación obligatoria —como las bajas tasas de vacunación que hacen peligrar la inmunidad de grupo— no debe afectar a quienesa quienes, siguiendo la recomendación pública, se han vacunado contribuyendo a la inmunidad de grupo.

En España, aunque ninguna norma impone la vacunación obligatoria —ni para niños, ni para adultos— no es indiferente a las autoridades sanitarias la decisión ciudadana de vacunarse porque, como ya se ha advertido, el éxito de la política de vacunación depende de una tasa de vacunación elevada. Sin la aceptación generalizada de los ciudadanos no hay inmunidad de grupo y no hay control de la transmisión comunitaria de una enfer-

---

125 FAIRGRIEVE, Duncan, HOLM, Søren, HOWELLS, Geraint, KIRCHHELLE, Claas, y VANDERSLOTT, Samantha (2021): «COVID-19 vaccines: in favor of a bespoke compensation scheme for adverse effects. A briefing paper», *British Institute of International and Comparative Law,* pág. 3 https://www.biicl.org/publications/covid-19-vaccines-in-favour-of-a-bespoke-compensation-scheme-for-adverse-effects-a-briefing-paper. HODGES, Christofer (2020):«COVID-19 Vaccines: Injury Compensation Issues», *Legal Research Paper Series, University of Oxford,* pág. 4, https://papers.ssrn.com/sol3/papers.cfm?abstract_id=3647042. FAIRGRIEVE, Duncan, FELDSCHREIBER, Peter, HOWELLS, Geraint y PILGERSTORFER QC, Marcus (2020):«Products in a Pandemic: Liability for Medical Products and the Fight Against COVID-19», *European Journal of Risk Regulation,* vol. 11, Issue 3, pág. 601; COLGROVE, James (2019): «Immunization and Ethics: Beneficence, Coercion, Public Health, and the State», *op. cit.* pág. 10.

126 HALABI, Sam, HEINRICH, Andrew, OMER, Saad B. (2020): «No-Fault Compensation for Vaccine Injury - The Other Side of Equitable Access to Covid-19 Vaccines», *The New England Journal of Medicine,* 383:23, Perspective, 3 de diciembre de 2020, pág. e125 (3).

medad infecciosa. Esta idea es fundamental en un modelo de vacunación voluntaria, pero también obligatoria, porque en este segundo caso es necesario contar con una amplia aceptación de la vacunación para conseguir el objetivo marcado por la autoridad sanitaria[127].

Por este motivo, las autoridades sanitarias hacen básicamente dos cosas para incrementar el uso de la vacunación: recaban la colaboración del personal sanitario y limitan la información a los riesgos típicos.

Por un lado, promueven el uso de la vacunación con la colaboración de los pediatras y otros profesionales sanitarios que recomiendan la vacunación a sus pacientes. Lo hacen alegando el beneficio individual, pero también de manera expresa el beneficio colectivo que se obtiene para el conjunto de la sociedad[128]. Por lo tanto, la Administración apela a un acto de solidaridad colectiva del ciudadano, entendida en palabras de REAL, como el vínculo colectivo que implica compartir derechos y obligaciones como resultado de la pertenencia al grupo[129].

De esta manera el acto de vacunación perfeccionaría un pacto de solidaridad entre el individuo y la colectividad, representada por el Estado. En un modelo de vacunación obligatoria, el Estado impone la solidaridad colectiva para la consecución del interés común concretado en la inmunidad de grupo. En cambio, en un modelo de vacunación recomendada, como el español, al Estado no le resulta necesario imponer la solidaridad, porque, sea cual sea el motivo que lleva a una persona a vacunarse o a va-

---

127 CIERCO destaca, en relación con la necesidad de contar con un respaldo social para establecer la obligatoriedad de una vacuna, que «no es ocioso insistir en que la vacunación sistemática requiere para su completa eficacia que toda la comunidad sea inoculada contra la enfermedad. De manera que es preciso un acuerdo global de la propia comunidad en este terreno. A este respecto, bueno será recordar que, a tenor de cuanto previene el art. 11 de la LGS, es obligación de los ciudadanos "cumplir las prescripciones generales de naturaleza sanitaria comunes a toda la población"» CIERCO SIEIRA, César (2005): «Epidemias y Derecho Administrativo. Las posibles respuestas de la Administración en situaciones de grave riesgo sanitario para la población», *Derecho y Salud*, vol. 13., núm. 2, pág. 235.

128 Según expresa la página web del Ministerio de Sanidad, «el calendario de vacunación es una herramienta de salud pública cuya aplicación favorece a toda la población, tanto a las personas que se vacunan como a las que no se vacunan».

129 REAL FERRER, Gabriel (2003): «La solidaridad en el Derecho administrativo», *Revista de Administración Pública*, núm. 161., pág. 135. Este autor propone la «recuperación de la noción de la solidaridad como central de la acción pública y, por tanto, sustento y sustrato del Derecho administrativo». *Idem.*

cunar a sus hijos, las decisiones voluntarias de gran parte de los individuos coinciden con el objetivo de interés público que el Estado se ha marcado como relevante.

Por otro lado, para incrementar los porcentajes de vacunación, las autoridades sanitarias no informan, ni directamente ni mediante los profesionales sanitarios, sobre los riesgos graves, aunque infrecuentes, de la vacunación[130]. La decisión pública de no informar sobre los riesgos graves pero muy improbables puede estar justificada para evitar una reducción de la tasa de vacunación basada exclusivamente en una errónea percepción del riesgo de la vacunación. Además, está avalada por el TS, como hemos visto, pero es innegable que tiene como efecto incrementar el uso de la vacunación.

En este sentido, en el apartado Vacunas-Ciudadanos de la web del Ministerio de Sanidad, se puede acceder a información sobre cada una de las vacunas recomendada. En concreto, el apartado seguridad de las vacunas incluye una advertencia que da razón de las reacciones adversas más frecuentes, que son las leves. Por ejemplo, respecto a la vacuna contra la tosferina, se puede leer: «las vacunas frente a tosferina son muy seguras, siendo las reacciones adversas más frecuentes las locales en el lugar de inyección (dolor, enrojecimiento e hinchazón), somnolencia o irritabilidad».

Un link reenvía al ciudadano a la web CIMA (Centro de Información on line de Medicamentos), de la AEMPS, para acceder a los prospectos y fichas técnicas del medicamento.

La información que ofrece el canal salud de la Generalitat de Cataluña por tipo de vacuna y por tipo de enfermedad tampoco da razón de reacciones adversas inusuales ni pone a disposición del ciudadano los prospectos del producto (https://canalsalut.gencat.cat/ca/salut-a-z/d/difteria/).

Además, según la información extraída de las sentencias judiciales, la práctica habitual en los centros de salud limita la información a los efectos más frecuentes de la vacunación, que son leves y temporales. No consta que sea práctica habitual entregar al ciudadano antes del acto de inoculación el prospecto del producto.

Las consideraciones anteriores justifican, a mi modo de ver, la conveniencia de que el legislador o la Administración creen un sistema de com-

130 Véase, en el epígrafe dedicado a la responsabilidad por funcionamiento de la Administración sanitaria, el apartado dedicado a la falta de información de las reacciones adversas graves e infrecuentes.

pensación sin culpa alternativo a la responsabilidad. Este modelo, y no el de la responsabilidad patrimonial sanitaria, debiera ser el que sirva de base a la indemnización por daños derivados de vacunas recomendadas.

VII. LOS SISTEMAS O FONDOS DE COMPENSACIÓN SIN CULPA POR DAÑOS VACUNALES EN EL DERECHO COMPARADO

En Derecho comparado, una característica singular de la compensación de los daños vacunales es la existencia, en un número significativo de Estados, de sistemas prospectivos de compensación sin culpa al margen de las reglas de responsabilidad del fabricante y de la Administración.

Estos sistemas de compensación se financian normalmente de manera exclusiva con fondos públicos o prestaciones de la Seguridad Social. En esencia, reconocen el derecho de las víctimas de los daños causados por vacunas —obligatorias, en algunos sistemas, recomendadas en otros— a una compensación que, en función de cada sistema, será tasada o cubrirá todos los perjuicios.

1) Rasgos distintivos frente a la responsabilidad patrimonial

En general, los sistemas de compensación sin culpa, aunque muy variados y con diferencias notables, tienen en común que son fuentes de indemnización alternativas a la responsabilidad.

Se crean, precisamente, cuando no hay un sujeto, privado o público, a quien atribuir la responsabilidad o, aunque lo haya, es muy difícil que la víctima sea resarcida, ya sea por las dificultades de prueba de los requisitos de la responsabilidad o por la falta de solvencia del responsable[131].

Estos sistemas tienen a su favor el hecho de que la compensación a la víctima no depende de la prueba de la negligencia del fabricante, de la

---

131 Una aproximación a los sistemas de compensación sin culpa en el Derecho comparado puede leerse en VANSWEEVELT y WEYTS. VANSWEEVELT, Thierry y WEYTS, Britt (eds.) (2020): *Compensation Funds in Comparative Perspective,* Intersentia, Cambridge, 2020, págs. 1 y 2. En derecho español, véase RIBOT. RIBOT IGUALADA, Jordi (2021): «Los fondos de indemnización de daños corporales», en ATAZ LÓPEZ, Joaquín y COBACHO GÓMEZ, José Antonio (Coords.), *Cuestiones clásicas y actuales del Derecho de daños. Estudios en Homenaje al Profesor Dr. Roca Guillamón,* tomo III, pág. 1320.

falta de seguridad de la vacuna, del funcionamiento anormal del servicio público sanitario o de la negligencia del profesional sanitario que no informa correctamente sobre los riesgos de la vacuna o del que la administra incorrectamente. Basta que resulte acreditada la causalidad material entre los daños y la administración de la vacuna, cuestión sometida a distintos estándares en función de cada Estado. En este sentido, estos sistemas facilitan a las víctimas la compensación de los daños frente a los remedios judiciales tradicionales[132].

Las normas que regulan estos sistemas de compensación suelen identificar como fundamento de su creación el principio de solidaridad social con las víctimas. El legislador o la Administración los crean para servir de asistencia y apoyo a las víctimas de determinados accidentes y acontecimientos extraordinarios. Lo hacen porque estiman que dejar sin reparación a determinadas víctimas es socialmente intolerable y la Administración, en representación de la sociedad, asume el pago[133].

Por lo tanto, en principio, estos sistemas nada tienen que ver con la responsabilidad patrimonial de la Administración pública[134], quien, bajo

---

132 CIERCO SEIRA, César (2005): «Epidemias y Derecho Administrativo. Las posibles respuestas de la Administración en situaciones de grave riesgo sanitario para la población», *op. cit.* pág. 235, nota al pie 81.

133 RIBOT IGUALADA, Jordi (2021): «Los fondos de indemnización de daños corporales», *op. cit.* pág. 1342.

134 BELL, John (2002):«Introduction», en FAIRGRIEVE, Duncan, ANDENAES, Mads Tønnesson y BELL, John (eds.): *Tort Liability of Public Authorities in Comparative Perspectives,* British Institute of International and Comparative Law, pág. xxii. BELL distingue entre responsabilidad y solidaridad social con las siguientes palabras: *«liability is based on a principle of justice that a public body which has acted in a certain way ought to bear the consequences of its actions (whether these are the result of fault or risk-taking). Social solidarity gives us a reason to offer assistance to those who find themselves in an unfortunate position. It is a principle of compassion, not justice»*. Precisamente, cita como ejemplo de compensación de daños basado en la solidaridad social los sistemas de compensación de daños vacunales. Por su parte, KNETSCH reflexiona sobre la dificultad de distinguir en algunos grupos de daños entre responsabilidad de la Administración y sistemas de compensación sin culpa. Considera que hay áreas donde la responsabilidad de la Administración participa en la compensación social de la misma manera que los fondos de compensación, pero no se tratan de supuestos de responsabilidad en sentido estricto porque el origen del daño no está en el hecho administrativo y porque el vínculo con la actividad de la Administración es un artificio. Cita como ejemplo de falsos supuestos de responsabilidad el de los daños vacunales, los daños derivados de la guerra o los accidentes médicos. KNETSCH, Jonas, (2013): *Le Droit de la Responsabilité et les Fonds*

los mismos, asume el pago de la indemnización para ayudar a determinadas víctimas que no pueden ser compensadas, por distintos motivos, con cargo a los remedios indemnizatorios ordinarios. Simplemente, no hay, en estos casos, relación de causalidad directa ni indirecta entre los daños y la Administración, requisito ineludible para que nazca la responsabilidad[135].

Además, hay dos diferencias muy importantes entre ambas fuentes indemnizatorias: sólo la responsabilidad es fuente de obligaciones para la Administración, mientras que la creación de un sistema de compensación sin culpa basado en la solidaridad asistencial es una decisión política; y el principio de reparación íntegra del daño sólo rige bajo una regla de responsabilidad, mientras que nada impediría que la compensación con cargo al sistema de pura solidaridad fuera limitada por razón del tipo de daño y por razón de la cuantía[136].

De acuerdo con un estudio de MUNGWIRA *et al.*, realizado en 2020, y en el que se analizaron los 194 países miembros de la ONU, 25 de estos Estados han implementado un sistema de compensación sin culpa de los daños vacunales, 16 de los cuales son europeos[137]:

---

d'Indemnisation, Analyse en Droits Français et Allemand, L.G.D.J., Paris, págs. 233 y 234.

135 MARTÍN-RETORTILLO BAQUER, Lorenzo (1987): «De la eficiencia y economía en el sistema de responsabilidad patrimonial de la Administración. De las indemnizaciones derivadas de hechos terroristas», *Revista Vasca de Administración Pública*, núm. 19, págs. 120 y 121. PIMIENTO también considera que el elemento de la causalidad está en el centro de la distinción entre solidaridad y responsabilidad. PIMIENTO ECHEVERRI, Julián Andrés (2016): «Responsabilidad o solidaridad. El fundamento del deber de reparar en el ámbito de la responsabilidad extracontractual del Estado», *Revista de Derecho Público*, núm. 36, pág. 37.

136 AHUMADA RAMOS, Francisco Javier (2009): *La Responsabilidad Patrimonial de las Administraciones Públicas*, Aranzadi, Cizur Menor (Navarra) (3ª ed.), págs. 112 a 118.

137 MUNGWIRA, Randy G., *et al.* (2020):«Global landscape analysis of no-fault compensation programmes for vaccine injuries: A review and survey of implementing countries», *PLOS One* 2020; 15 (5): e0233334, https://www.ncbi.nlm.nih.gov/pmc/articles/PMC7241762/. Según LOOKER y KELLY, en 2011, eran 19 los Estados con sistemas de compensación sin culpa. LOOKER Clare y KELLY, Heath (2011): «No-fault compensation following adverse events attributed to vaccination: a review of international programmes», *Bulletin of the World Health Organization*; 89 (5): 371-8.

Continent	Number of countries	Countries
Africa	0	None
America	2	United States, Canada
Asia	6	China, Japan, South Korea, Viet Nam, Nepal, Thailand
Europe	16	Austria, Denmark, Finland, France, Germany, Hungary, Iceland, Italy, Luxembourg, Norway, Russia, Latvia, Slovenia, Sweden, Switzerland and United Kingdom
Oceania	1	New Zealand

https://doi.org/10.1371/journal.pone.0233334.t001

Fuente: MUNGWIRA *et al.* 2020.

2) *Dos ejemplos de derecho comparado*

Los sistemas o fondos de compensación sin culpa son muy heterogéneos en su funcionamiento. Tomando como ejemplos los sistemas de compensación sin culpa en Alemania y Francia, se advierten diferencias notables:

A. Alemania

En Alemania la compensación especial de los daños vacunales es una prestación de la Seguridad Social. Está regulada, en sus aspectos esenciales, por los párs. 60 y 61 de la Ley de prevención y control de enfermedades infecciosas en humanos, de 20 de julio de 2000 (*Infektionsschutzgesetz*, IfSG, BGBl.I, 1045)[138], vigente desde el 1 de enero de 2001.

Las características fundamentales de este sistema compensación son las siguientes: el daño a la salud ha de exceder de las reacciones normales de una vacunación (pár. 60.1 IfSG); la pensión está dirigida a compensar las consecuencias económicas del daño vacunal, pero no este mismo: y procede tanto si la vacunación es obligatoria o ha sido públicamente recomendada[139].

---

138 Sustituye los pár 50 y 51 de la Ley federal de epidemias de 18 de julio de 1961 (*Bundesseuchengesetz*, BSeuchG, BGBl. I, 1012).

139 En la actualidad, las autoridades sanitarias competentes de los *Länder* recomiendan la mayor parte de las vacunas sistemáticas infantiles y para adultos, excepto la vacuna contra el sarampión que ha sido impuesta como obligatoria desde marzo del año 2000 en todo el país (*Masernschutzgesetz*). ROTT, Peter (2019): «Compensation for Vaccination Damage under German Social Security Law», *Otago Law Review*, Vol. 16, Issue 1, págs. 199-217.

En cuanto a la prueba de la relación de causalidad, el pár. 61, inciso primero, de la IfSG sólo requiere que el solicitante pruebe la existencia de una probabilidad razonable de que la vacuna haya causado el daño a la salud. Y de acuerdo con la jurisprudencia de los tribunales del orden social, este estándar se cumple si, conforme a la opinión médica relevante en el momento en el que el tribunal ha de tomar la decisión, representada por las opiniones de la *Ständige Impfkommission* (STIKO)[140], la vacunación es la causa más probable del daño.

Además, el segundo inciso del pár. 61 prescribe que la autoridad competente podrá establecer la relación de causalidad si la única razón que impide acreditarla en los términos indicados en el inciso primero es la falta de desconocimiento científico sobre el origen de la enfermedad. Finalmente, el derecho a indemnización con base al sistema de la Seguridad Social es compatible con la acción de responsabilidad civil extracontractual *ex* § 839.1 del BGB (§ 63.2 IfSG).

B. Francia

En Francia, los aspectos esenciales del régimen de compensación sin culpa de los daños vacunales se encuentran regulados en el art. L. 3111-9 del *Code de la Santé Publique* (CSP), desarrollado por los arts. R. 3111-27 a R. 3111-33.

El citado art. L. 3111-9 CSP prevé una reparación integral con cargo a la *Office national d'indemnisation des accidents médicaux, des affections iatrogènes et des infections nosocomiales* (ONIAM), un organismo público de carácter administrativo dependiente del Ministerio de Sanidad. Éste, desde su creación por la Ley núm. 2002-303, de 4 de marzo de 2002, sustituyó al Estado en el pago de la indemnización a fin de facilitar la gestión de la solicitud indemnizatoria.

La indemnización cubre íntegramente cualesquiera perjuicios causados por vacunas obligatorias en Francia y está expresamente fundamentada en el principio de solidaridad nacional (art. L. 3111-9, pár. 1.° CSP).

Para la cuantificación del daño, el *Code* prevé el nombramiento, por la ONIAM, de un especialista de la lista nacional de expertos en accidentes

---

140 Comisión asesora independiente de las autoridades sanitarias, que emite las recomendaciones sobre vacunación. ROTT, Peter (2019): «Compensation for Vaccination Damage under German Social Security Law», *op. cit.* pág. 210.

médicos elaborada por la Comisión Nacional de Accidentes Médicos. De acuerdo con el art. R 3111-29 CSP, el especialista deberá llevar a cabo una evaluación médica y, en su caso, trasladar una oferta de indemnización a la víctima o, si esta ha fallecido, a sus derechohabientes, previa conformidad de una comisión de indemnización (art. L. 3111-9, pár. 3.º CSP).

La aceptación de la oferta por la parte solicitante constituye una transacción en el sentido del art. 2044 del Código Civil francés (art. L. 3111-9, pár. 5.º CSP)[141], lo que significa que se extingue el derecho de los interesados a exigir del Estado una indemnización por los mismos daños con base en las reglas de responsabilidad. Hasta el monto de la indemnización que haya pagado la Oficina, el Estado se subroga, en su caso, en los derechos y acciones de la víctima frente a los potenciales responsables del daño (art. L. 3111-9, pár. 6.º CSP).

3) Ventajas

La existencia de sistemas de compensación sin culpa por daños vacunales es defendida por la doctrina científica, tanto la jurídica, como la médica y bioética. Sus principales argumentos son los siguientes:

En primer lugar, se sostiene que la regulación, por el Estado, de un sistema de protección *ex ante* de las víctimas de daños vacunales contribuye a mantener o incrementar la confianza de la población en la vacunación, pieza fundamental para garantizar la eficacia de la política de vacunación, ya se ésta obligatoria o recomendada. Tanto en uno y otro caso, la consecución del objetivo de salud pública pretendido pasa por la aceptación ciudadana. Por ello, si se ofrece, de manera prospectiva, un sistema de protección que asegure que todos van a ser tratados de la misma manera, así como que el Estado compensará a quienes, de manera excepcional, padezcan reacciones adversas graves, se favorece la confianza ciudadana en la vacunación[142].

---

141 KNETSCH considera que el legislador hace un uso inapropiado de la figura de la transacción. KNETSCH, Jonas (2013): *Le Droit de la Responsabilité et les Fondsd'Indemnisation. Analyseen Droits Français et Allemand, op. cit.* pág. 440.

142 HODGES, Christofer (2020): «COVID-19 Vaccines: Injury Compensation Issues», *op. cit.* pág. 4. FAIRGRIEVE, Duncan, FELDSCHEIBER, Peter, HOWELLS, Geraint y PILGERSTORFER QC, Marcus (2020):«Products in a Pandemic: Liability for Medical Products and the Fight Against COVID-19», *op. cit.* pág. 603. En España, GARRIDO considera, en cambio, que «el reconocimiento —de facto— de la adversidad posible de la vacunación podría suscitar dudas en la población que

En segundo término, también se ha dicho que un sistema de compensación sin culpa ofrece un remedio más efectivo que la litigación. En concreto, si en un procedimiento administrativo, en teoría más ágil y menos costoso e incierto que el proceso judicial[143], se reconoce una compensación económica a las víctimas, se libera a éstas de la prueba de algunos de los requisitos de la responsabilidad patrimonial, en particular el de la causalidad entre la vacunación y los daños[144].

En tercer lugar, siempre que el sistema no establezca lo contrario[145], la víctima, en vez de solicitar una indemnización con cargo al sistema de

---

ahora mismo conoce riesgos y beneficios y opta, en un amplísimo porcentaje, por los beneficios conocidos». GARRIDO CUENCA, Nuria María (2018): «Seguridad, riesgos y efectos secundarios en materia de vacunación. Jurisprudencia sobre responsabilidad administrativa. Y reflexión: ¿es necesario o conveniente un fondo específico de compensación por daños vacunales?», *op. cit.* apt. VII. En relación con la conveniencia de un fondo de compensación para los daños derivados de la vacuna Covid-19, REBOLLO subraya la importancia de estudiar cómo debería ser el diseño del sistema de compensación sin culpa para que "ese régimen de ayudas sirva de incentivo a la vacunación y no, como es de temer, aumente la sensación de inseguridad y retraiga la vacunación voluntaria». REBOLLO PUIG, Manuel (2021): «Responsabilidad y ayudas públicas por daños de las vacunas contra la Covid», *op. cit.* pág. 79.

143 Sobre el sistema alemán, ROTT reconoce que la prueba de la relación de causalidad, aunque está sujeta a un estándar menos estricto que bajo una regla de responsabilidad, sigue siendo un gran problema para los reclamantes especialmente cuando existe incertidumbre causal en la comunidad científica sobre la relación entre los daños y la vacunación. Añade que el procedimiento en Alemania es complejo y lento, y la prueba pericial supone para los reclamantes un coste elevado. ROTT, Peter (2019): «Compensation for Vaccination Damage under German Social Security Law», *op. cit.* pág. 217.

144 HODGES, Christofer (2020):«COVID-19 Vaccines: Injury Compensation Issues», *op. cit.* pág. 6. FAIRGRIEVE, Duncan, FELDSCHEIBER, Peter, HOWELLS, Geraint y PILGERSTORFER QC, Marcus (2020):«Products in a Pandemic: Liability for Medical Products and the Fight Against COVID-19», *op. cit.* pág. 601.

145 El sistema de compensación sin culpa de los Estados Unidos de América (*National Vaccine Injury Compensation Program,* regulado por la *National Childhood Vaccine Injury Act* de 1986 (Pub. L. No. 99-660, 100 Stat. 3756, codificado en la sección 42 U.S.C. §§ 300aa-1 a 34) es una excepción a lo anterior, porque se configuró de manera que había de tener como efecto directo exponer en menor medida a los fabricantes de las vacunas a los costes asociados a potenciales demandas de responsabilidad civil y asegurar así la disponibilidad de las vacunas en el mercado y el desarrollo de nuevas vacunas. La ley exige como requisito para interponer una demanda de responsabilidad contra el fabricante que la víctima inicie el procedimiento ante el Tribunal Federal de Vacunación y que la resolución sea desesti-

compensación sin culpa, puede ejercitar los remedios indemnizatorios comunes[146]. Además, si opta por aquél y acepta la indemnización, el organismo público que le haya resarcido, con el fin de recuperar la cantidad satisfecha, debería poder subrogarse en las acciones de la víctima contra el fabricante u otros posibles responsables.

Así lo prevé expresamente en Francia el art. L 3111-9 *Code de la Santé Publique*. De esta manera, el sistema jurídico galo incentiva que respondan económicamente quienes produjeron la vacuna defectuosa o la administraron negligentemente. En estos casos, en la parte de los daños que no haya sido compensada la víctima, ésta podrá accionar contra los posibles responsables aplicando la normativa de responsabilidad extracontractual.

VIII. CONCLUSIONES

Las vacunas difieren de los demás medicamentos y de otros productos, por sus externalidades positivas en la prevención de enfermedades transmisibles y en la estabilidad del sistema sanitario, pero para conseguir tales efectos se han administrar masivamente a una gran parte de la población.

Por ese motivo, las vacunas forman parte de políticas públicas de inmunización de la población y la administración de las vacunas por los centros de atención primaria es una prestación integrada en la cartera de servicios comunes del Sistema Nacional de Salud.

Sea cual sea el motivo que lleve a una persona a vacunarse o a vacunar a sus hijos, la decisión individual de aceptar la vacunación recomendada por el profesional sanitario del servicio público de salud es un acto de solidaridad social, porque beneficia a todos: evita potenciales daños a terceros, derivados del contagio de la enfermedad que previene, y contribuye a obte-

---

matoria o, siendo estimatoria, que la víctima rechace la indemnización concedida [§300aa-11(a)]. Esta vinculación con la responsabilidad civil del fabricante explica que el fondo esté financiado por los fabricantes mediante el pago de una tasa por cada dosis administrada. Un análisis del sistema puede verse en RABIN, Robert L. (2011): «The Vaccine No-Fault Act: An Overview», *Indiana Health Law Review*, 8(2), págs. 267-273.

146 MUNGWIRA, Randy G. *et al.* (2020): «Global landscape analysis of no-fault compensation programmes for vaccine injuries: A review and survey of implementing countries», *PLOS One*, *op. cit.* abstract.

ner la inmunidad de grupo necesaria para frenar y controlar la transmisión comunitaria de una enfermedad grave.

La decisión individual de aceptar la vacunación coincide con el objetivo de protección de la salud pública que las autoridades sanitarias se han marcado cuando promueven y tutelan la salud pública (art. 43 CE) con el impulso de la vacunación de la población, ya sea mediante la técnica de la obligación o de la recomendación.

Similar contribución al bien colectivo en el ámbito de la salud no está presente en casi ningún otro tratamiento médico, con la excepción de la participación en ensayos clínicos con medicamentos en experimentación.

El Estado no es neutral a la decisión de los ciudadanos, porque la eficacia de cualquier política de vacunación, obligatoria o recomendada, depende de una alta cobertura de vacunación. En España, de momento, a las autoridades sanitarias les basta con recomendar el uso de las principales vacunas sistemáticas infantiles y para adultos, porque la tasa de vacunación es muy elevada.

Aunque las vacunas recomendadas presentan un nivel de seguridad muy elevado, este no es absoluto y fabricantes y autoridades sanitarias conocen que, inevitablemente, cuando se administren masivamente a la población, causarán aleatoriamente daños a la salud, inusuales pero graves, a algunos ciudadanos que no convertirán necesariamente en defectuosa a la vacuna.

Como estas reacciones adversas serán muy inusuales no impedirán normalmente que la vacuna siga en el mercado con una advertencia en el prospecto y la ficha técnica, y habrán pasado a ser reacciones adversas conocidas e inevitables dado el diseño de la vacuna y según el estado de los conocimientos.

En derecho comparado, una característica singular de la compensación de los daños a la salud graves derivados de reacciones adversas imprevisibles o inevitables de las vacunas obligatorias o recomendadas por las autoridades sanitarias es que un buen número de Estados han regulado, al margen de las reglas de responsabilidad civil del fabricante y patrimonial de la Administración pública, sistemas prospectivos de compensación sin culpa.

En algunos casos, se trata de prestaciones integradas en el Derecho de la Seguridad Social, como se prevé en los §§ 60 y 61 de la Ley de prevención y control de enfermedades infecciosas de 20 de julio de 2000 —*Infe-*

ktionsschutzgesetz—. En otros casos, los sistemas de compensación se articulan mediante fondos públicos de compensación, como en Francia, donde desde 2002 la *Office national d'indemnisation des accidents médicaux, des affections iatrogènes et des infections nosocomiales* —ONIAM— gestiona el pago de las indemnizaciones conforme al régimen previsto en el art. 3111-9 del *Code de la Santé Publique.*

Estos son los dos sistemas de derecho comparado analizados en el capítulo para servir de contrapunto al Derecho español, que no prevé un sistema similar.

En el trabajo se sostiene que, en Derecho español, hasta que el legislador o la Administración no decidan crear un sistema de compensación sin culpa con cargo a fondos públicos (y, en su caso, también privados), al margen de la responsabilidad patrimonial, esta es la única fuente indemnizatoria que ofrece una garantía patrimonial a los ciudadanos que han sufrido daños graves por el uso de vacunas que no son defectuosas.

En este sentido, se puede compartir la decisión del Tribunal Supremo en la Sentencia de 9 de octubre de 2012, que fundamenta la obligación de indemnización en el principio de solidaridad para repartir los beneficios y cargas que dimanan de la vacunación entre todos.

Sin embargo, advertimos en este capítulo que jurídicamente es más correcta la posición de algunos Tribunales que han consideran aplicable la responsabilidad objetiva de la Administración con base en la teoría del daño de sacrificio o cuasiexpropiatorio sólo en casos de vacunas obligatorias bajo el razonamiento de que sólo respecto a estas el daño singular y grave que sufre el individuo tras la vacunación viene desencadenado por la actuación administrativa. Por el contrario, en un modelo de vacunación recomendada, que es el que sigue el Estado español en la actualidad, es difícil sostener que exista una relación de causalidad entre la intervención administrativa y los daños si el ciudadano tiene libertad para rechazar la vacunación.

Por ese motivo, hemos defendido, en un plano de *lege ferenda*, que el principio de solidaridad con las víctimas de daños vacunales en España justifica y hace más necesario (si cabe que en un modelo de vacunación obligatoria) la regulación de un remedio alternativo a la responsabilidad patrimonial, que podría concretarse en un fondo público o en prestaciones de la Seguridad Social. Este remedio sería no sólo una forma de ayuda o asistencia a los desfavorecidos, como ocurre con otras ayudas del Estado, sino la expresión de la obligación de la colectividad de asumir los costes de los daños graves que algunos ciudadanos han sufrido a favor o en interés de todos.

A la vista de la experiencia en Derecho comparado, un sistema alternativo a la responsabilidad patrimonial en este ámbito incrementaría la confianza de la población en la vacunación, ofrecería un remedio más ágil y menos costoso de gestionar que el de la responsabilidad patrimonial y se podría configurar como un sistema compatible con las pretensiones indemnizatorias comunes frente a la Administración o frente al fabricante de la vacuna.

Bibliografía

AHUMADA RAMOS, Francisco Javier (2009): *La Responsabilidad Patrimonial de las Administraciones Públicas*, Aranzadi, Cizur Menor (Navarra) (3ª ed.)

BELL, John (2002): «Introduction», en FAIRGRIEVE, Duncan, ANDENAES, Mads Tønnesson y BELL, John (eds.): *Tort Liability of Public Authorities in Comparative Perspectives*, British Institute of International and Comparative Law, Londres

BIOY, Xavier, LAUDE, Anne y TABUTEAU, Didier (2020): *Droit de la santé*, 4a. ed., Thémisdroit, Presses Universitaires de France, París

BLANQUER CRIADO, David (2020): *La responsabilidad patrimonial en tiempos de pandemia (los poderes públicos y los daños por la crisis de la COVID-19)*, Tirant lo Blanch, Valencia

CIERCO SIEIRA, César (2005): «Epidemias y Derecho Administrativo. Las posibles respuestas de la Administración en situaciones de grave riesgo sanitario para la población», *Derecho y Salud*, vol. 13., núm. 2, págs. 154 a 168

CIERCO SEIRA, César (2018): *Vacunación, libertades individuales y Derecho público*, Marcial Pons, Madrid

CIERCO SEIRA, César (2019): «Las vicisitudes del calendario único de vacunación», *Derecho y salud*, vol. 29 (extra), págs. 211 a 256

COLGROVE, James (2019): «Immunization and Ethics: Beneficence, Coertion, Public Health, and the State», en MASTROIANNI, Anna C., KAHN, Jeffrey P. y KASS, Nancy E., *The Oxford Handbook of Public Health Ethics*, Oxford University Press, Oxford, págs. 1 a 4

D'ANCONA, Fortunato, D'AMARIO, Claudio, MARAGLINO, Francesco, REZZA Giovani y LANNAZZO, Stefania (2019): «The law on compulsory vaccination in Italy: an update 2 years after the introduction», *Euro Surveillance*, vol 24, issue 26

DE MONTALVO JÄÄSKELÄINEN, Federico y BELLVER CAPELLA, Vicente (2020): «Priorizar sin discriminar: la doctrina del Comité de Bioética de España sobre derechos de las personas con discapacidad en un contexto de pandemia», *IgualdadES*, núm. 3

DOMÉNECH PASCUAL, Gabriel (2009): *El régimen jurídico de la farmacovigilancia*, Civitas, Cizur Menor (Navarra)

ESTEVE PARDO, José (2009): «Responsabilidad patrimonial y riesgos de desarrollo», en QUINTANA LÓPEZ, Tomás (dir.), *La responsabilidad patrimonial de la Administración Pública. Estudio general y ámbitos sectoriales*, vol. 2, Tirant lo Blanch, Valencia

FAIRGRIEVE, Duncan, FELDSCHEIBER, Peter, HOWELLS, Geraint y PILGERSTORFER QC, Marcus (2020): «Products in a Pandemic: Liability for Medical Products and the Fight Against COVID-19», *European Journal of Risk Regulation*, vol. 11, Issue 3, págs. 555 a 603

FAIRGRIEVE, Duncan, HOLM, Søren, HOWELLS, Geraint, KIRCHHELLE, Claas, y VANDERSLOTT, Samantha (2021): «COVID-19 vaccines: in favor of a bespoke compensation scheme for adverse effects. A briefing paper», *British Institute of International and Comparative Law*, Londres, págs. 1 a 7

GARCÍA DE ENTERRÍA, Eduardo y FERNÁNDEZ, Tomás Ramón (2020): *Curso de Derecho Administrativo*, tomo II, Civitas, Madrid (16ª ed.)

GARRIDO CUENCA, Nuria María (2018): «Seguridad, riesgos y efectos secundarios en materia de vacunación. Jurisprudencia sobre responsabilidad administrativa. Y reflexión: ¿es necesario o conveniente un fondo específico de compensación por daños vacunales?», *Revista Española de Derecho Administrativo* núm. 189, págs. 129 a 172

GONZÁLEZ PÉREZ, Jesús (2006): *Responsabilidad patrimonial de las Administraciones públicas*, Civitas, Cizur Menor (Navarra) (4ª ed.)

HERRERO, Mariano (2021): «Responsabilidad patrimonial de la Administración y COVID-19», en ALONSO TIMÓN, Antonio Jesús (coord.), *Visión crítica de la gestión del COVID-19 por la Administración*, Lefebvre, Madrid

HODGES, Christofer (2020): «COVID-19 Vaccines: Injury Compensation Issues», *Legal Research Paper Series, University of Oxford*, págs. 1 a 7

KNETSCH, Jonas (2013): *Le Droit de la Responsabilité et les Fonds d'Indemnisation. Analyse Droits Français et Allemand*, LGDJ, Paris

LOOKER Clare y KELLY, Heath (2011): «No-fault compensation following adverse events attributed to vaccination: a review of international programmes», *Bulletin of the World Health Organization*; 89 (5): 371-8

MARTÍN-RETORTILLO BAQUER, Lorenzo (1987): «De la eficiencia y economía en el sistema de responsabilidad patrimonial de la Administración. De las indemnizaciones derivadas de hechos terroristas», *Revista Vasca de Administración Pública*, núm. 19, págs. 97 a 140

MEDINA ALCOZ, Luis (2015): *La responsabilidad patrimonial por acto administrativo*, Civitas, Cizur Menor (Navarra)

MEDINA ALCOZ, Luis (2022), «Responsabilidad patrimonial por reacción adversa a la vacunación: régimen general con referencia especial al caso del Covid-19», *Revista de Derecho Público: Teoría y Método*, Vol. 6, págs. 51 a 91

MIR PUIGPELAT, Oriol (2002): *La responsabilidad patrimonial de la Administración. Hacia un nuevo sistema*, Civitas, CizurMenor (Navarra)

MUNGWIRA, Randy G, *et al.* (2020): «Global landscape analysis of no-fault compensation programmes for vaccine injuries: A review and survey of implementing countries», *PLOS One* 2020; 15 (5)

ORDÁS ALONSO, Marta (2021): «Vacunación y responsabilidad patrimonial de la Administración. De la vergonzante doctrina jurisprudencial al principio de socialización de los riesgos», en ATAZ LÓPEZ, Joaquín y COBACHO GÓMEZ, José Antonio (coords.), *Cuestiones clásicas y actuales del Derecho de daños. Estudios en Homenaje al Profesor Dr. Roca Guillamón*, tomo III, Aranzadi, Cizur Menor (Navarra), págs. 815 a 860

OSSENBÜHL, Fritz (1996): «La responsabilidad patrimonial de los poderes públicos en la República Federal de Alemania», en BARNES VÁZQUEZ, Javier (coord.), *Propiedad, Expropiación y Responsabilidad. La garantía indemnizatoria en el Derecho europeo y comparado*, Tecnos, Madrid

PANTALEÓN PRIETO, Fernando (1994): «Los anteojos del civilista: Hacia una revisión del régimen de responsabilidad patrimonial de las Administraciones públicas», *Documentación Administrativa*, núm. 237-238, págs. 240 a 253

PANTALEÓN PRIETO, Fernando (2000): «Cómo repensar la responsabilidad civil extracontractual (también de las Administraciones públicas)», *Anuario de Derecho de la Universidad Autónoma de Madrid*, núm. 4 (ejemplar dedicado a la responsabilidad en el Derecho), págs. 167-191

PHILIPP, Dominique (1999): «De la responsabilité à la solidarité des personnes publiques», *Revue du droitpublic et de la sciencepolitique en France et a l'etranger*, núm. 2, págs. 593 a 631

PIMIENTO ECHEVERRI, Julián Andrés (2016): «Responsabilidad o solidaridad. El fundamento del deber de reparar en el ámbito de la responsabilidad extracontractual del Estado», *Revista de Derecho Público*, núm. 36, págs. 1 a 43

PLOTKIN, Susan L. y PLOTKIN, Stanley. A. (2013): «A short history of vaccination», en PLOTKIN, Susan L. A., ORENSTEIN, Walter. A. y Offit, Paul O. (eds.), *Vaccines*, Elsevier, Amsterdam (6ª ed.)

RABIN, Robert L. (2011): «The Vaccine No-Fault Act: An Overview», *Indiana Health Law Review*

RAMOS GONZÁLEZ, Sonia (2005): «Responsabilidad civil por medicamente: el defecto de diseño. Un análisis comparado de los criterios de definición del defecto en España y en los EE.UU., *Indret*, núm. 2

RAMOS GONZÁLEZ, Sonia (2022): «Daños vacunales: responsabilidad patrimonial y fondos de compensación», en DE BARRÓN ARNICHES, Paloma (dir.), *La salud y los derechos de la persona*, págs. 207 a 242

RAMOS GONZÁLEZ, Sonia (2022): *Responsabilidad patrimonial y daños vacunales. Por un sistema público de compensación en el Derecho español*, Aranzadi, Cizur Menor (Navarra)

REAL FERRER, Gabriel (2003): «La solidaridad en el Derecho administrativo», *Revista de Administración Pública*, núm. 161, págs. 123 a 179

REBOLLO PUIG, Manuel (2021): «Responsabilidad y ayudas públicas por daños de las vacunas contra la Covid», *El Cronista del Estado Social y Democrático de Derecho*, núm. 93-94, págs. 68 a 79

RIBOT IGUALADA, Jordi (2021): «Los fondos de indemnización de daños corporales», en ATAZ LÓPEZ, Joaquín y COBACHO GÓMEZ, José Antonio (Coords.), *Cuestiones clásicas y actuales del Derecho de daños. Estudios en Homenaje al Profesor Dr. Roca Guillamón*, tomo III, págs. 1315 a 1368

RODRÍGUEZ FERNÁNDEZ, Ignacio (2018): «La responsabilidad objetiva de la administración pública y la equidistribución del coste del bien común», *Revista Española de Derecho Administrativo*, núm. 195, págs. 1 a 38

ROTT, Peter (2019): «Compensation for Vaccination Damage under German Social Security Law», *Otago Law Review*, vol. 16, Issue 1, págs. 199 a 217

SALVADOR CODERCH, Pablo y SOLÉ FELIU, Josep (1999): *Brujos y aprendices. Los riegos de desarrollo en la responsabilidad por producto*, Marcial Pons, Madrid

TUELLS HERNÁNDEZ, José (2003): «Razones para un programa de compensación de daños por acontecimientos adversos relacionados con vacunas en España», *Medicina Clínica*, núm. vol. 140, núm. 2, págs. 554 a 557

VANSWEEVELT, Thierry y WEYTS, Britt (eds.) (2020): *Compensation Funds in Comparative Perspective*, Intersentia, Cambridge

Capítulo 24

Defectos en el funcionamiento de la Administración Sanitaria. La responsabilidad sanitaria más allá de la lex artis

Tomás Navalpotro Ballesteros[1]

Letrado de la Comunidad de Madrid

Letrado-vocal de la Comisión Jurídica Asesora de Madrid (2016-2019)

Profesor Asociado de Derecho Administrativo de la Universidad Rey Juan Carlos

I. INTRODUCCIÓN

El estudio de la responsabilidad patrimonial en el ámbito sanitario no sería completo si, una vez realizado el análisis de las consecuencias que surgen de los actos médicos, se obviara la obligación resarcitoria que, en no pocas ocasiones, surge de otros tipos de actuaciones igualmente vinculadas a la prestación de dicho servicio.

[1] Anteriormente, ha ocupado el puesto de Letrado del Consejo Consultivo de la Comunidad de Madrid (2012-2014). También desarrolló funciones relacionadas específicamente con la responsabilidad patrimonial administrativa, adscrito a la Sección 4ª de la Sala Tercera, durante su estancia en el Gabinete Técnico del Tribunal Supremo (2008-2012).

En efecto, siendo el epicentro de la relación entre el paciente y los servicios públicos de salud la prestación sanitaria, normalmente de carácter médico y en todo caso orientada a la preservación de la salud, su funcionamiento da origen a una serie de situaciones potencialmente dañosas para los bienes e intereses de sus usuarios, así como de otras personas que entran en relación con la Administración sanitaria[2]. Con sencillez, se ha matizado que esta situación se da cuando «*no se aprecia propiamente anomalía en el actuar de los facultativos o en sus funciones de diagnóstico, sino en el actuar administrativo, en ocasiones derivado de la carencia de medios adecuados cuando estos sean exigibles*»[3].

De esas situaciones, prestaremos especial atención a los perjuicios ocasionados con motivo del estado defectuoso de las instalaciones sanitarias o de un deficiente funcionamiento de servicios instrumentales como los de mantenimiento o de limpieza, la infracción de deberes de custodia, los retrasos producidos en la actuación de los servicios de emergencia y las listas de espera. Del mismo modo, profundizaremos en el análisis de las situaciones relacionadas con el suicidio de pacientes, sistematizadas en función de su relación con la actuación de los servicios psiquiátricos o con carencias de índole logística.

No se trata de una relación agotadora, y, en cualquier caso, debe tenerse en cuenta que, por simple inercia o falta de sutileza, es relativamente frecuente encontrar consideraciones relativas a la infracción de la *lex artis* en diversa documentación jurídica relativa a este tipo de actuaciones. Sin embargo, a nuestro entender, se trata de una especie distinta, en la que se debe valorar si ha existido una omisión en la prestación del servicio sanitario o si este ha sido atendido de forma deficiente, más desde el punto de vista de los medios puestos a disposición de ese servicio público que de la actuación médica en sí misma considerada.

De este modo, si a lo largo del libro se ha podido ver que la responsabilidad patrimonial administrativa derivada de la prestación propiamente médica se asienta, desde el punto de vista de la antijuridicidad del daño, en su adecuación a las exigencias de la buena práctica profesional o *lex artis ad hoc*, en el actual capítulo nos veremos obligados a cambiar el punto de enfoque. De ahí la conveniencia de prestar a estos supuestos un tratamien-

---

[2] Por ejemplo, las personas que visitan a un paciente en un hospital y resultan accidentadas en él.

[3] GALLARDO CASTILLO, María Jesús (2021): *Administración sanitaria y responsabilidad patrimonial*, Colex, La Coruña, pág. 72.

to específico y diferenciado en la obra. Para ello, utilizaremos una metodología eminentemente casuística que permita glosar las líneas esenciales en que se asientan las doctrinas administrativa y judicial, renunciando de modo premeditado a la exhaustividad, dada la magnitud, prácticamente inabarcable, de los precedentes en la materia.

II. DAÑOS RELACIONADOS CON EL ESTADO DE LAS INSTALACIONES SANITARIAS

Constituye una norma general en materia de responsabilidad patrimonial administrativa imputar a las entidades del sector público el buen estado de las instalaciones en las que se prestan los servicios que tienen encomendados. De ahí se deduce el deber de indemnizar los daños derivados de su estado defectuoso o de las deficiencias en su debida conservación[4].

El servicio público sanitario, como, en general, todos los servicios públicos, requiere sustentarse en unas instalaciones físicas en las que sea posible atender a las personas que demandan su intervención: hospitales, centros de especialidades, centros de salud… Por razón de la titularidad del servicio por parte de la Administración, le corresponde asegurar su mantenimiento en un estado adecuado para su prestación y atender a la limpieza periódica de sus instalaciones[5].

1) Deber de mantenimiento

La casuística nos enseña que un defectuoso estado de las instalaciones sanitarias, de concurrir el resto de los requisitos propios de la responsabilidad administrativa, conlleva con carácter general la indemnización a las personas perjudicadas, sean o no pacientes.

Así, la Comisión Jurídica Asesora de la Comunidad de Madrid (CJAMad) manifiesta una línea rigurosa en cuanto al deber de mantenimiento. Por ejemplo, en su Dictamen de 19 de septiembre de 2019, en relación

---

4 Esa es la norma general, de la que encontramos numerosos ejemplos relacionados con las instalaciones deportivas, educativas, culturales, de transporte, etcétera.

5 Es objeto de otra parte de la obra, caps. 5 y 6, redactados por BLANQUER y VIDAL (págs. 379 a 384 y 409 a 415), lo concerniente a determinar quién debe responder cuando el servicio sanitario, cuya titularidad permanece en manos de la Administración, se presta a través de conciertos con entidades privadas.

con los daños físicos sufridos por un paciente al que se le cayó encima un ventanal mientras se encontraba en una sala de espera, consideró que se trataba de un «*caso manifiesto de funcionamiento anormal del servicio público*» con respecto al cual, además, los servicios correspondientes del centro hospitalario no facilitaron explicación alguna sobre la causa u origen de la incidencia[6]. En la misma línea se sitúa el DCJAMad de 30 de marzo de 2017, en relación con los perjuicios causados por el mal funcionamiento de la puerta de acceso a un hospital. En dicho precedente se estimó que el servicio había funcionado anómalamente al recoger el informe de la unidad causante del daño que, aunque unas puertas automáticas funcionaban correctamente, «*puede ocurrir que la célula de detección no capte a la persona y se cierre la puerta*»[7].

El Consejo Consultivo de Galicia (CCGal) mantiene una postura equiparable. Cabe destacar su dictamen de 30 de junio de 2003, en el que valoró la apertura hacia afuera de una puerta de emergencia que invadía la zona por la que normalmente transitan los peatones. Para el CCGal, «*este era el hecho verdaderamente relevante*», es decir, la peligrosidad objetiva de la instalación a efectos de apreciar el anormal funcionamiento del ambulatorio[8].

No obstante, cuando se trata de caídas en los centros sanitarios, es habitual que se proyecten las singularidades relativas a este tipo de responsabilidad patrimonial en el ámbito vial, exigiendo una actuación diligente al accidentado. Buena muestra de ello es el dictamen del Consejo Consultivo de Castilla-La Mancha (DCCCL-M) 75/2003, de 26 de junio, en el que, sin perjuicio de apreciar la existencia de un desperfecto en un tramo de la escalera de un hospital, exonera a la Administración habida cuenta de que «el desperfecto que presentaba el escalón podría perfectamente haber sido salvado por la reclamante a su paso, si ésta hubiera prestado el grado de atención necesario cuya ausencia contribuyó de modo indudable en la causación del accidente».

Y es que no cabe sino consignar la importancia que en este ámbito tiene la conducta del perjudicado, si con su actuación contribuye a la materialización del daño. Como gráficamente afirma BLANQUER, cuando «*la conducta irregular del reclamante ha sido la auténtica causa generadora del resultado*

---

6 CJ 4 DCJAMad 347/2019, de 19 de septiembre.

7 CJ 4 DCJAMad 139/2017, de 30 de marzo.

8 CJ 3 DCCGal 150/2003, de 30 de junio.

lesivo; su comportamiento culposo produce los efectos de una especie de fuerza mayor que cortocircuita el nexo con la actuación administrativa»[9].

Añadamos que, en ocasiones, los perjudicados pueden ser empleados públicos que desempeñen sus servicios profesionales en dichas instalaciones, en cuyo caso se suele restringir la responsabilidad patrimonial, conforme a la jurisprudencia del Tribunal Supremo (TS) en la materia, a los supuestos de funcionamiento anormal[10].

2) Deber de limpieza

Por lo que se refiere a la limpieza, siguiendo la regla general en materia de responsabilidad patrimonial administrativa, el reclamante deberá acreditar que el perjuicio se ha debido a un mal funcionamiento del servicio correspondiente. En dicho sentido, el Tribunal Superior de Justicia de Madrid, (TSJ de Madrid)[11] en su sentencia de 31 de julio de 2009, rechazó la compensación económica de una lesión en el hombro con relación al suelo mojado de un pasillo del Hospital Gregorio Marañón, «*por falta* [de] *la prueba de que la caída del recurrente se debiera al mal estado del pavimento del Hospital, con lo cual no está acreditada la relación de causalidad entre el daño producido y el funcionamiento del servicio público*»[12].

En esa misma línea se sitúa el dictamen del Consejo Consultivo de Madrid (CCMad) de 13 de julio de 2011. En dicha ocasión se estimó improcedente indemnizar a una interesada que invocaba una caída en un pasillo, mojado y sin señalización, de un hospital, sin concretar más detalles y sin que de este dato tampoco existiera reflejo en el historial clínico. En concreto, la reclamante «*no probó que la caída fuera motivada por la defectuosa gestión del servicio de limpieza del hospital, por lo que no estaba acreditada la relación de causalidad entre el daño producido y el funcionamiento del servicio público*»[13].

---

9 BLANQUER CRIADO, David (2020): *La responsabilidad patrimonial en tiempos de pandemia (los poderes públicos y los daños por la crisis de la COVID-19*, Tirant lo Blanch, Valencia, pág. 500.

10 *Vid*. DCCCL-M 201/2006, de 8 de noviembre.

11 En adelante, todas las citas a órganos jurisdiccionales, salvo especificación en contrario, deben entenderse realizadas a sus correspondientes salas de lo Contencioso-Administrativo.

12 FJ 4 STSJ de Madrid 1613/2009, de 31 de julio, Rec. 409/2007 y [*Tol 1766680*].

13 CJ 5 DCCMad 384/2011, de 13 de julio.

III. LA PROBLEMÁTICA DE LAS LISTAS DE ESPERA

1) La legitimidad del «régimen de cola»

Como norma general, a la hora de determinar cuándo resulta obligada la Administración a indemnizar a los particulares por los daños que sufran a consecuencia del funcionamiento de los servicios públicos, y no obstante lo que podría deducirse del enunciado del texto constitucional (art. 106 CE)[14], se viene huyendo de planteamientos exacerbados que hagan responsable al sector público de cualquier daño que derive de dicho funcionamiento. En este sentido, se ha significado que, así la doctrina como la jurisprudencia, huyen de la asimilación entre responsabilidad objetiva y responsabilidad universal, es decir, de institucionalizar una especie de seguro a todo riesgo de la actuación administrativa convirtiendo a la Administración en una especie de aseguradora universal, o de la socialización del riesgo que genera la prestación de los servicios públicos[15].

Uno de los elementos que precisamente se tienen en cuenta para delimitar el *ámbito de lo indemnizable* viene constituido por el carácter finito de los fondos públicos. Dicho planteamiento está presente en el tratamiento

---

[14] El art. 106.2 CE no distingue entre funcionamiento normal y anormal. Sobre esta base, el art. 32.1 de la Ley 40/2015, de 1 de octubre, de régimen jurídico del sector público (LRJ) obliga a compensar a los particulares por toda lesión que sufran a consecuencia del funcionamiento normal o anormal de los servicios públicos. Sin embargo, la evolución de la jurisprudencia permite apreciar que, bajo el paraguas del estándar de calidad en el funcionamiento de los servicios públicos, en muchos sectores de la actividad administrativa la responsabilidad patrimonial se circunscribe a los casos de funcionamiento anormal. En aras de su delimitación, no puede ser más razonable el criterio de GONZÁLEZ PÉREZ, Jesús (2016), Responsabilidad patrimonial de las Administraciones Públicas, Civitas, Madrid, págs. 427 y ss., cuando cataloga como funcionamiento normal el supuesto en que la Administración Pública actúa conforme al ordenamiento, en el ejercicio de sus potestades, para un fin o necesidad pública, cumpliendo los requisitos legales, y que, por el contrario, la anormalidad reside en que el servicio no ha funcionado o en que, habiendo funcionado, lo ha sido de forma defectuosa, imperfecta o inadecuada. Abundaremos en esta perspectiva más adelante.

[15] BLANQUER CRIADO, David (1997): *La responsabilidad patrimonial de las Administraciones Públicas»*, Ponencia Especial de Estudios del Consejo de Estado, Instituto Nacional de Administración Pública, pág. 145, y ASTRID MUÑOZ GUIJOSA, María (2012): «Sobre el carácter objetivo de la responsabilidad patrimonial administrativa. Antijuridicidad y atención al tipo de funcionamiento administrativo», *Revista de Administración Pública*, núm. 18, pág. 113.

de la responsabilidad administrativa en diversos sectores de actuación[16]. En la parcela sanitaria encontramos una poderosa manifestación de esta inquietud en el abordaje de las listas de espera por las doctrinas consultiva y jurisprudencial. Por ambas se viene dando por ineludible la existencia de un mínimo de demora en la obtención de ciertas prestaciones sanitarias. Una absoluta eficiencia en su prestación —se viene planteando— solo se podría obtener a costa de considerables sacrificios de los contribuyentes o de marginar los fondos destinados a otros servicios públicos también necesarios. De esta forma, se ha podido decir que la existencia de las listas de espera resulta «*inevitable, por lo que no es determinante, por sí solo, de responsabilidad alguna, salvo cuando concurre una defectuosa gestión de la misma*»[17].

No son excepcionales, por ello, los pronunciamientos judiciales que auspician la viabilidad del denominado «régimen de cola».

La Audiencia Nacional (AN) anticipó esta línea argumental. Así, en sentencia de 31 de mayo de 2000 destacó el carácter de obligación de puesta a disposición de medios de la prestación sanitaria, pero considerando que tales medios, materiales y humanos, son limitados y han de ser gestionados en aras de atender, en función de la organización sanitaria, cierto número de beneficiarios. En este contexto —argumenta la sentencia— «*la llamada lista de espera es una realidad en sí jurídica y como tal tiene su previsión legal*»[18]. Igualmente, las Sentencias de la misma Sala de 29 de octubre de 2003 y de 24 de noviembre de 2004 destacan la relevancia de dicho régimen en la regulación jurídica de los servicios públicos y, en particular, del servicio público sanitario, habida cuenta de la constreñida disponibilidad de medios personales y materiales[19].

---

[16] Son incontables las sentencias que, en el ámbito de la responsabilidad patrimonial, utilizan tal motivación. A título meramente ejemplificativo, STS 1715/2011, de 5 de abril, Rec. 2550/2009 [*Tol 2088294*], en relación con el mantenimiento de infraestructuras, o STSJ de Cataluña 638/2011, de 25 de mayo, Rec. 71/2008 [*Tol 5332394*], sobre la ejecución de obras públicas.

[17] STSJ de la Comunidad Valenciana 1332/2009, de 13 de octubre, Rec. 1392/2007 [*Tol 6703801*].

[18] FJ 3 SAN 3702/2000, de 31 de mayo, Rec. 1/1998 [*Tol 5394758*].

[19] SSTS de 29 de octubre de 2003 (Rec. 784/2002 [*Tol 5259235*]) y 24 de noviembre de 2004 (Rec. 784/2002 [*Tol 704412*]). Otros órganos jurisdiccionales del orden contencioso-administrativo se han sumado posteriormente a la doctrina avanzada en la citada SAN de 31 de mayo de 2000. Es el caso de los TSJ de Cataluña (S. de 26/01/2006, Rec. 2162/1996 [*Tol 855255*]); Castilla y León, Valladolid (S. de 9 de febrero de 2008, Rec. 1299/2003 [*Tol 4213513*]); País Vasco (S. de 23 de junio de 2008, Rec. 120/2006 [*Tol 6947314*]); Comunidad Valenciana (SS. de

A título de espaldarazo, el TS, en Sentencia de 24 de septiembre de 2001, señaló significativamente que

> «No se trata (...), pues, de exigir a la Administración que disponga de medios ilimitados —lo que sería antijurídico por ir contra la naturaleza de las cosas y hasta contra el mismo sentido común— sino de probar que los medios materiales y personales disponibles, dentro del sistema estaban operativos y ocupados en atender a pacientes que habían entrado antes en el sistema por ocupar un puesto anterior en la cola»[20].

La práctica jurisdiccional y consultiva también pone de manifiesto que este tipo de responsabilidad patrimonial se vincula a parámetros de calidad y eficacia en el funcionamiento de los servicios públicos, y no sirve para evaluar la adecuación de los actos médicos en sí mismo considerados, esto es, el criterio de la *lex artis* no debe ser objeto de consideración[21].

Las listas de espera, además, son objeto de reconocimiento legal. El Real Decreto 1039/2011, de 15 de julio, por el que se establecen los criterios marco para garantizar un tiempo máximo de acceso a las prestaciones sanitarias del Sistema Nacional de Salud, pretendió, dentro de las limitaciones de las competencias del Estado en materia sanitaria[22], establecer un mínimo prestacional común. Bajo este designio, hizo una llamada a las Comunidades Autónomas para determinar los tiempos máximos de acceso a la atención sanitaria programable conforme a dichos criterios (arts. 4.2 y disposición transitoria), y fijó los plazos de realización de algunas inter-

---

30 de diciembre de 2010, Rec 1442/2008 [*Tol 2086203*], y de 23 de diciembre de 2008, Rec. 1633/2005 [*Tol 6951640*]), o Cantabria (S. de 8 de junio de 2009, Rec. 67/2008 [*Tol 1928514*]). Aun así, una lectura sosegada de estas resoluciones judiciales permite apreciar que, en algunas ocasiones, lo sometido a discusión no es la inclusión de un paciente en una lista de espera, sino el tiempo de tardanza en someterle a determinada actuación médica (normalmente, a una intervención quirúrgica).

20 FJ 5 STS 7056/2001, de 24 de septiembre, Rec. 4596/1997 [*Tol 4919336*]. Esta misma doctrina fue recuperada por el Alto Tribunal en su Sentencia 4654/2011, de 5 de julio, Rec. 6777/2009 [*Tol 2189332*].

21 Esta dualidad fue puesta de manifiesto, verbigracia, por la Sentencia del Juzgado de lo Contencioso-Administrativo (JCA) núm. 1 de Orense 213/2016, de 8 de noviembre, Procedimiento Abreviado 209/2016 [*Tol 5912963*]: «*(...) debe dejarse claro que la responsabilidad de la Administración no se deriva de una mala praxis de los médicos del SERGAS que trataron al paciente (no se constata ningún error por su parte), sino de un deficiente funcionamiento del Servicio de Neurología del CHUOU en lo que a las listas de espera se refiere*» (FJ 3).

22 Art. 149.1. 16ª CE.

venciones a título de *referente* (art. 4.2, en relación con el anexo). Conviene aclarar que, sin perjuicio de la posibilidad de que las Comunidades Autónomas extiendan esta garantía a otros tipos de prestaciones, el establecimiento de un plazo máximo de espera queda circunscrito en el reglamento estatal a las actuaciones médicas programables (quedan fuera la atención sanitaria de urgencia, los trasplantes de órganos y tejidos y las intervenciones que requieran la conjunción de condiciones determinadas para su realización) y, dentro de ellas, existe una clara tendencia a su restricción a las intervenciones quirúrgicas[23].

Esta institucionalización del sistema favorece la seguridad jurídica e introduce la figura en el ámbito de los derechos prestacionales (el paciente tiene derecho a ser tratado de su dolencia o enfermedad en el margen temporal incluido dentro del periodo de espera). Así, por ejemplo, en el ámbito de Castilla y León, la regulación correspondiente articula ese derecho a través de la creación de registros de pacientes en listas de espera de atención especializada (lista de espera de pacientes pendientes de consulta externa y de pruebas diagnósticas o terapéuticas, y de pacientes pendientes de intervención quirúrgica programada) y de la fijación de plazos máximos de espera para las intervenciones quirúrgicas programadas, así como de un sistema de garantías que aseguren su cumplimiento[24].

Otra normativa estatal tendente a la uniformidad en el tratamiento de los pacientes viene constituida por el Real Decreto 605/2003, de 23 de mayo, por el que se establecen medidas para el tratamiento homogéneo de la información sobre las listas de espera en el Sistema Nacional de Salud, esta vez desde el punto de vista de la información prestada sobre las listas de espera en consultas externas, pruebas diagnósticas/terapéuticas e intervenciones quirúrgicas. Con ello se pretende no solo garantizar la información sobre el funcionamiento del sistema sanitario, sino también permitir comparar el funcionamiento del sistema en los diferentes ámbitos territoriales. Es importante significar que este reglamento permite al Consejo Interterritorial del Sistema Nacional de Salud establecer criterios de priorización de pacientes, de general aplicación, en listas de espera en

---

[23] *Vid.*, en dicho sentido, el anexo del Real Decreto 1039/2011, de 15 de julio.

[24] Decreto 68/2008, de 4 de septiembre, por el que se crea el Registro de pacientes en lista de espera de atención especializada y se regulan las garantías de espera máxima en intervenciones quirúrgicas programadas en el Sistema de Salud de Castilla y León. La normativa de Castilla y León también concreta las garantías para la obtención de una prestación sanitaria dentro del tiempo fijado a este tipo de actuaciones médicas.

primeras consultas externas, pruebas diagnósticas y terapéuticas e intervenciones quirúrgicas.

Las listas de espera sirven también para asegurar el trato igual de los usuarios sin derecho a la asistencia de los servicios de salud, que acceden a los servicios sanitarios públicos a título de pacientes privados, en lo que se refiere a los ingresos hospitalarios (art. 16.2 de la Ley 4/86, de 25 de abril, general de sanidad).

2) Compensación de los perjuicios causados por la espera excesiva

Ahora bien, la legitimidad jurídica del régimen de cola o espera no legitima todo retraso de la Administración en la atención a un paciente. Es bien elocuente al respecto el TSJ de Cataluña, al indicar que el sistema de colas no puede implicar que durante el período de espera los servicios sanitarios se desentiendan en absoluto de un paciente, ya que debe estar sujeto a control o seguimiento por cuanto el hecho de la espera motiva un deterioro o sensación de mayor nerviosismo y decaimiento. La falta de seguimiento o control es, para su Sala de lo Contencioso-Administrativo, un supuesto de funcionamiento defectuoso de la Administración sanitaria[25]. Por su parte, el TSJ de Cantabria, en Sentencia de 8 de junio de 2009, resaltó que, aunque el retraso en determinada intervención pudiera entenderse justificado por la inclusión del paciente en la correspondiente lista de espera cuando, según quedó demostrado en las actuaciones, existían otras intervenciones preferentes, «*no lo es así la ausencia de toda revisión oncológica a lo largo de ese año*»[26].

Se puede afirmar así que, con carácter general, la antijuridicidad de los daños relacionados con las listas de espera se limita a los supuestos de funcionamiento anormal de la Administración. Y es que, como ya hemos anticipado, autorizada doctrina ha puesto de manifiesto que, no obstante, el carácter objetivo de la responsabilidad patrimonial, en numerosos sectores de la actividad administrativa la Administración solo responde en el caso de incurrir en dicha situación[27].

---

25 STSJ de Cataluña de 15 de enero de 2007, Rec. 898/2003 [*Tol 1109977*].

26 FJ 4 STSJ de Cantabria 369/2009, de 8 de junio, Rec. 67/2008 [*Tol 1546238*].

27 DOMÉNECH PASCUAL, Gabriel (2010): «Responsabilidad patrimonial de la Administración por actos jurídicos ilegales. ¿Responsabilidad objetiva o por culpa?», *Revista de Administración Pública*, núm. 183, págs. 203, aclara que la jurisprudencia, cuando se trata de daños ocasionados por actuaciones materiales, entre las que

La superación del plazo de espera constituye precisamente un funcionamiento inadecuado de los servicios sanitarios: cuando se origine un daño al interesado, y siempre que estén presentes el resto de requisitos propios de la responsabilidad patrimonial administrativa, surgirá, en principio, la obligación de proceder a su resarcimiento. Asimismo, el daño vinculado a la espera será antijurídico «*cuando venga dado por una lista en sí mal gestionada o irracional, de duración exagerada o cuando hubiere un error en la clasificación de la prioridad del enfermo o cuando en el curso de esa espera se produjeses empeoramientos o deterioros de la salud que lleven a secuelas irreversibles o que sin llegar a anular, sí mitiguen la eficacia de la intervención esperada*»[28]. En parecido sentido, el TSJ de Extremadura, en Sentencia de 28 de octubre de 2021, considera que «*la excesiva dilación en la espera para la intervención quirúrgica derivada de la inadecuada gestión de las listas de espera* (...) *convierte en antijurídico el daño sufrido por el paciente*»[29].

Por el contrario, se han conceptuado como daños que el particular tiene el deber jurídico de soportar (y, por consiguiente, en los que no concurre la necesaria antijuridicidad), los que se refieran a las molestias de la espera, precauciones y prevenciones que hay que tener en tanto llega el momento de la intervención, la desazón que implica o la rebaja que esto suponga en calidad de vida por controles o vigilancia del padecimiento hasta la operación[30].

El carácter razonable de la lista de espera es, en todo caso, algo que debe ser valorado en función de las circunstancias del caso, por lo que, en las resoluciones judiciales, es habitual encontrar un detenido examen de los medios probatorios puestos a disposición del juzgador. Este necesario casuismo ha sido destacado por el TSJ de La Rioja en Sentencia de 27 de mayo de 2004[31].

---

incluye la asistencia sanitaria, viene a constreñir la responsabilidad patrimonial a los casos de funcionamiento anormal. También diserta sobre este aspecto de la generalización de la responsabilidad por funcionamiento anormal ASTRID MUÑOZ GUIJOSA, María, *op. cit.* págs. 97 a 139.

28 FJ 7 SAN 7445/2004, de 24 de enero, Rec. 784/2002 [*Tol 704412*]. Este aspecto es destacado en GRAU GRAU, Ignacio (2017): «*La responsabilidad patrimonial sanitaria: Aspectos procesales*», Bosch, Las Rozas (Madrid), pág. 184.

29 FJ 2 STSJ de Extremadura 187/2021, de 28 de octubre, Rec. 167/2021 [*Tol 8715502*].

30 STSJ de Aragón de 4 de diciembre de 2017, Rec. 333/2016 [*Tol 6479924*].

31 STSJ de La Rioja 322/2004 Rec. 635/2002 [*Tol 471619*]. Señala la resolución judicial: «*En principio debe indicarse que el Sistema de Asistencia Sanitario Público tiene unos*

Al respecto, el TSJ del País Vasco en Sentencia de 23 de junio de 2008, a la hora de apreciar la anormalidad de la espera para una determinada cirugía (en el caso, una cirugía bariátrica), toma en cuenta con buena lógica los tiempos medios de espera para ese mismo tipo de actuación sanitaria en otras comunidades autónomas, que habían sido aportados al ramo de prueba[32]. Y el TSJ de Cataluña hace una llamada a evitar considerar justificada una determinada actuación médica bajo la mera invocación de estar amparada en el régimen de cola y en lo limitado de los recursos sanitarios. En este punto, la Administración sanitaria puede considerarse gravada con la carga de acreditar el estándar de funcionamiento del servicio, es decir, si en un determinado momento existía tal volumen de demanda que determinara que la valoración del paciente se demorase durante cierto tiempo[33].

No obstante, en ocasiones, no es la superación del plazo normal o más habitual lo que se tiene en cuenta a la hora de hacer un reproche al funcionamiento de la Administración, sino las circunstancias ínsitas a la dolencia del paciente. Ejemplo de ello es la STS de 14 de mayo de 2020, al tomar en consideración que, a tenor de la totalidad de informes médicos obrantes en las actuaciones, las expectativas de curación pasaban por operar al paciente en un plazo máximo de tres meses; en cambio, su fallecimiento acaeció lindando el transcurso de cinco meses desde la indicación de la intervención quirúrgica. Esta circunstancia, sin más consideraciones, resultó suficiente para condenar a la Administración sanitaria a indemnizar a la pareja de hecho del paciente fallecido por la consiguiente pérdida de oportunidad[34].

Por ello, las listas de espera no deben ser consideradas como una relación inmutable, siempre que las circunstancias del enfermo requieran otorgarle preferencia frente a otros pacientes que ocupen, en un determinado momento, un lugar prioritario. Así, la CJAMad admite en sus dictámenes la posibilidad de que «*un criterio médico... aconsejara realizar antes la correspondiente intervención... y priorizar su intervención frente a otros pacientes*

---

recursos limitados que implican la necesidad de existencia de lista de espera, y en principio esta circunstancia no genera responsabilidad patrimonial, siempre y cuando dicha espera deba considerarse razonable y adecuada, para lo cual deberá de atenderse a las circunstancias concretas de cada caso» (FJ 5).

32 STSJ del País Vasco 455/2008, de 23 de junio, Rec. 120/2006 [*Tol 6947314*].

33 FJ 7 STSJ de Cataluña 1477/2010, de 27 de diciembre, Rec. 450/2007 [*Tol 2098177*].

34 STS 407/2020, de 14 de mayo, Rec. 6365/2018 [*Tol 7947621*].

que pudieran encontrarse en las mismas circunstancias pero que habían accedido antes a la correspondiente lista de espera»[35].

En cualquier caso, será lógico pensar que, sin perjuicio de que la superación del tiempo máximo para la realización de un acto médico pueda ser, cuando ese plazo esté regulado, contraria en sí misma a la legalidad vigente, tal irregularidad solo dará derecho a indemnización cuando, de hecho, haya determinado la producción de un daño al interesado. En dicho sentido, se ha aludido a la necesidad de distinguir entre la reclamación de las molestias que se deriven de la demora en la asistencia sanitaria y la de los daños en la salud derivados precisamente de la falta de intervención sanitaria durante dicho plazo[36]. Por ello, en la práctica, es habitual poner especial énfasis en la comprobación de la concurrencia de relación de causalidad, que exige atender a la incidencia de la demora asistencial en el desarrollo o evolución de la dolencia del paciente: *«En el presente caso, aunque la precocidad en el inicio del tratamiento de infarto agudo de miocardio contribuye a una disminución de la morbilidad, lo cierto es que la posible demora excesiva en la citación para efectuar el electroencefalograma —según concluye la inspección médica y ello no se ha desvirtuado— no puede relacionarse con la aparición del posterior proceso agudo del infarto de miocardio»*[37].

Cuando se produce una situación de imposibilidad de tratar en el tiempo oportuno al paciente, bien puede evitarse el acaecimiento de un daño mediante su remisión espontánea a los servicios privados de salud por parte de la Administración sanitaria, bien, ya en vía compensatoria, podrá reclamar aquel los gastos que le haya supuesto acudir *motu proprio* a la sanidad privada con vistas a obtener una atención más temprana, incluso por el cauce de la responsabilidad patrimonial administrativa.

En cuanto al abono de los gastos producidos en la sanidad privada, ha de tenerse en cuenta el art. 4.3 del Real Decreto 1030/2006, de 15 de septiembre, por el que se establece la cartera de servicios comunes del Sistema

---

35 Entre otros, CJ 4 DCJAMad. 373/22, de 14 de junio.

36 GUERRERO ZAPLANA, José (2003): *Las reclamaciones por la defectuosa asistencia sanitaria,* Lex Nova, Valladolid, pág. 182. Por su parte, el TSJ de Cataluña, ante una espera excesiva sin seguimiento y control de un paciente, considera indemnizable, no el valor del daño (consistente, en el caso, en el fallecimiento del paciente), *«el cual no sabemos si se podría haber evitado»*, sino *«la excesiva espera y demora sin seguimiento y control a partir de su ingreso en el Servicio de Urgencias»* (FJ 6 S. 21/2007, de 15 de enero, Rec. 898/2003 [*Tol 1109977*]).

37 FJ 3 STSJ de la Comunidad Valenciana 1353/2010, de 30 de diciembre, Rec. 1442/2008 [*Tol 2086203*].

Nacional de Salud y el procedimiento para su actualización[38]. Dicho precepto avala que, en situaciones de riesgo vital en que se precisa una asistencia sanitaria «*urgente, inmediata y de carácter vital*» que no sea facilitada por los medios del Sistema Nacional de Salud, se reembolsen al paciente los gastos de dicha asistencia, «*una vez comprobado que no se pudieron utilizar oportunamente los servicios de aquél y que no constituye una utilización desviada o abusiva de esta excepción*» (resulta difícil sustraerse a la tentación de poner de manifiesto la mejorable redacción del precepto)

El rigor de estos requisitos ha sido dulcificado por la Sala de lo Social del TS al señalar por una parte que «*no es preciso que los servicios públicos no dispongan en absoluto de los medios necesarios para hacer frente a la asistencia sanitaria que necesita el paciente sino que basta con que no se disponga de esos medios a su debido tiempo*», y, por otra, que «*el riesgo vital puede entenderse como un peligro inminente de muerte que no necesariamente concurre en los casos en que la intervención debe ser inmediata y urgente, lo que significa… que puede ser incompatible con la inclusión del paciente en la correspondiente lista de espera pero no necesariamente que tenga que ser intervenido ipso facto*»[39]. El TSJ de Asturias, Social, conforme a los criterios de la Sala de lo Social del TS, considera susceptibles de inclusión en el concepto de urgencia vital los sufrimientos intolerables y continuados y las lesiones graves en las que la demora en el tratamiento origine unos daños irreparables en órganos o funciones esenciales[40].

La urgencia vital no se dará cuando se trate, no de atender una dolencia que comprometa de forma inminente la salud del paciente, sino de recibir

---

38 Asimismo, y como base de dicha disposición reglamentaria, el art. 9 de la Ley 16/2003, de 28 de mayo, de cohesión y calidad del Sistema Nacional de Salud: «Las prestaciones sanitarias del Sistema Nacional de Salud únicamente se facilitarán por el personal legalmente habilitado, en centros y servicios, propios o concertados, del Sistema Nacional de Salud, salvo en situaciones de riesgo vital, cuando se justifique que no pudieron ser utilizados los medios de aquél, sin perjuicio de lo establecido en los convenios internacionales en los que España sea parte».

39 FJ 3 STS 4172/2012, de 8 de mayo, RCUD 2404/2011 [*Tol 2566946*]. AZAGRA SOLANO, Miguel (2011), «La Jurisdicción Social ante el reintegro de gastos sanitarios: cuestiones actuales», *Derecho y Salud*, Vol. 21, núm. extraordinario 2011, pág. 109, matiza que en ocasiones la Jurisdicción Social no ha requerido la urgencia para acceder al reintegro. Otro interesante aspecto que aborda su trabajo, y que excedería del objeto de este capítulo, se refiere al derecho a la compensación de los gastos producidos en la sanidad privada a causa de la denegación injustificada de la asistencia sanitaria.

40 FJ 2 STSJ de Asturias 925/2019, de 7 de mayo, Rec. 144/2019 [*Tol 7256167*].

tratamiento de rehabilitación y, en consecuencia, no se halle en riesgo la vida del afectado ni su recuperación (SSTS de la Sala de lo Social de 23 de junio de 2008, y de 22 de noviembre de 2006, así como el DCJAMad. de 14 de septiembre de 2021)[41].

Por supuesto, a la hora de calibrar la concurrencia de una deficiencia asistencial, será un factor relevante el que al paciente no solo no se le trate cuando lo requiera su dolencia, sino que tampoco se le incluya en una lista de espera (STSJ de Madrid de 31 de mayo de 2007[42]). No se puede considerar arbitrario que la Administración sanitaria no salga beneficiada de su inacción cuando, debiendo haber incluido al interesado en la lista, no lo haya hecho.

No es cuestión del todo clara la relativa a la sede en que hayan de ser reclamados los gastos producidos en la sanidad privada. La Jurisdicción Social ha afirmado su competencia al respecto (SSTS de 4 de mayo de 2008 y de 31 de enero de 2012)[43]. En otras ocasiones, se procede a su petición por vía de la reclamación de responsabilidad patrimonial. Tampoco falta documentación jurídica que sustenta que ambas vías son alternativas[44].

A nuestro juicio, en aras de evitar un inadecuado desbordamiento del instituto de la responsabilidad patrimonial es necesario constreñir este último cauce a aquellos supuestos en que, más allá de la necesidad de acudir a la sanidad privada para obtener determinado tratamiento, se haya producido un daño o perjuicio al interesado que este no tenga el deber jurídico de soportar. En dicho sentido, se advierte razonable el criterio que viene sustentando la CJAMad al considerar que el derecho de los pacientes a ser indemnizados por los gastos producidos en un centro privado se dará siempre y cuando, ante la pasividad o falta de diligencia de la sanidad pública, el enfermo no haya tenido otra alternativa que acudir a aquel con vistas a obtener solución a su dolencia. En cambio, el derecho a la compensación

---

41 SSTS de la Sala de lo Social de 23 de junio de 2008, Rec. 27/2007 [*Tol 1369589*], y de 22 de noviembre de 2006, Rec. 2094/2005 [*Tol 1026799*], y DCJAMad 429/21, de 14 de septiembre

42 STSJ de Madrid de 31 de mayo de 2007, Rec. 174/2004 [*Tol 1139338*].

43 SSTS 4529/2008, de 8 de mayo, Rec. 2404/2011 [*Tol 2566946*], y 1196/2012, de 31 de enero, Rec. 45/2011 [*Tol 2472537*]. En idéntico sentido, entre otras muchas STSJ de Castilla-León, Valladolid, 4471/2015, de 30 de septiembre, Rec. 1045/2012 [*Tol 5526833*], y STSJ de Asturias de 1277/2019, de 7 de mayo, Rec. 144/2019 [*Tol 7256167*].

44 Sentencia del JCA núm. 1 de Orense 1724/2016, de 8 de noviembre, Procedimiento Abreviado 209/2016 [*Tol 5912963*].

no prevalecerá cuando el recurso a la sanidad privada tenga origen en una decisión voluntaria del paciente con base en criterios de conveniencia (Dictamen de 14 de junio de 2022, y otros anteriores que cita)[45].

IV. DEBERES DE CUSTODIA: ENSERES Y MATERIAL CRIOCONSERVADO

1) Custodia de bienes y enseres. En especial, las prótesis dentales

A título de referente en la materia, el extracto doctrinal del Consejo Consultivo de Castilla y León (CCCyL) refiere los criterios que toma en consideración dicho órgano consultivo de cara a que la Administración sanitaria responda de la desaparición de enseres personales de los pacientes: el tipo de pertenencia de que se trate; la previa comunicación que pueda llevar a cabo el paciente, familiares o acompañantes de la existencia de tales pertenencias; el depósito de éstas en poder de la Administración con el fin de su custodia; la existencia de otras personas que pudieran haberse hecho cargo de estos bienes o, en general, circunstancias como la consciencia del paciente o la urgencia de la asistencia sanitaria prestada[46].

En particular, conviene hacer referencia específica a las reclamaciones producidas en relación con la pérdida de prótesis dentales en las instalaciones sanitarias. Al respecto, deben distinguirse dos tipos de supuestos en los que se produce la pérdida o deterioro de piezas dentales.

En primer lugar, existen ocasiones en las que los daños ocasionados a dichas piezas se producen en el contexto de la realización de actos médicos. En estos casos, la determinación del carácter indemnizable de los daños vendrá dada por la aplicación de los criterios que con carácter general se exigen para la condena patrimonial de la Administración en dicho tipo de actuaciones. Así, normalmente habrá de valorarse si la pérdida es producto de una actuación médica contraria a la *lex artis ad hoc* (DCCCyL 57/2020,

---

[45] DCJAMad 373/22, de 14 de junio. El órgano consultivo, en el supuesto de hecho analizado en el dictamen de referencia, consideró ilustrativo de que la vida de la paciente no corría peligro y, por consiguiente, no era urgente la intervención quirúrgica, el hecho de que la cirugía se programase en el centro privado para unas semanas después de la primera cita.

[46] Esta línea viene sustentada, según el referido documento, entre otros, en los dictámenes 955/2011, de 31 de agosto, y 871/2012, de 20 de diciembre.

de 5 de marzo) o si el posible deterioro estaba previsto en el documento de consentimiento informado (DDCCCyL 456/2013, de 4 de julio, y 361/2019, de 1 de agosto). Esta cuestión, al ser abordada por MANENT y ALONSO en el cap. 18, no requiere mayor explicación (pág. 1298).

En cambio, se sitúan al margen de tales criterios de imputación del daño los casos en que la pérdida de las piezas no se produce en el marco de una actuación médica. Lo más común es que esto tenga lugar cuando el paciente deja las piezas en la habitación que ha sido puesta a su disposición mientras es objeto de una intervención quirúrgica. En tal hipótesis, ha de concretarse a quién debe imputar su pérdida: al paciente, que es su propietario, o a la Administración sanitaria, en cuyas instalaciones quedan depositadas mientras el paciente es sometido a la actuación médica de que se trate.

En aras a dicha determinación, el CCCyL atiende a las circunstancias concurrentes en cada caso. Con cierta cautela, el órgano consultivo apela a la aplicación de la doctrina general en materia de carga de la prueba, exigiendo la acreditación en el procedimiento de que la pérdida sea imputable precisamente a la actuación de la Administración sanitaria. Así, ha estimado que no se había procedido a la necesaria prueba de los hechos cuando los servicios de limpieza correspondientes, requeridos para informar en el marco del procedimiento de responsabilidad patrimonial, indicaron que el personal encargado de dicho servicio no recordaba haber visto una dentadura en la habitación (D. 258/2013, de 24 de abril). Igualmente, cuando el informe del supervisor de la planta da cuenta de la ausencia de constancia en los registros de Enfermería de que la paciente fuese portadora de prótesis, falta mención de este hecho en la valoración realizada al ingreso y, de modo a nuestro juicio muy significativo, en los comentarios posteriores de las unidades en las que permaneció ingresada no se refleja ningún problema con la ingesta en las fechas posteriores a aquella en que se habría producido la pérdida (D. 34/2013, de 14 de febrero), o cuando, habiéndose producido la posible pérdida de la prótesis en el marco de la realización de una prueba radiológica, el informe de la supervisora de la Unidad de Radiodiagnóstico del hospital correspondiente resalta la falta de constancia tanto de que la paciente tuviera dentadura postiza, como de que por parte de aquella se hubiera dejado la pieza en custodia a algún profesional del servicio (D. 871/2012, de 20 de diciembre). Por el contrario, se ha reconocido el derecho a una indemnización, consistente en el coste de adquisición de una nueva prótesis, cuando la paciente tuvo que ser intubada de urgencia con extracción de la dentadura sin tener ocasión de ponerlo por sí misma en lugar seguro ni estar presente un familiar que se pudiera hacer cargo de la pieza, no constando tampoco que fuera advertida con carácter previo a su ingreso de la necesidad de dejar la dentadura en un lugar seguro ni que el personal hospitalario la guardara para entregarla posteriormente a aquella o a un allegado (Dict. 955/2011, de 31 de agosto).

Por su parte, el CCGal, en una línea comedida y basada en criterios objetivos, se manifiesta en contra de que la desaparición de una prótesis sea por sí misma elemento suficiente para reconocer la responsabilidad patrimonial de la Administración. Antes bien, considera que esta última únicamente debe entrar en juego cuando los bienes introducidos en el establecimiento sanitario sean inherentes a las condiciones vitales del paciente y éste los precisara para las más elementales actividades, mientras que la desaparición del resto de enseres, para dar lugar a indemnización, tendría que haber sido objeto de previo inventario y/o depósito (como podría ser el caso de las pertenencias personales que el enfermo entregue a un empleado del establecimiento antes de ser introducido en un quirófano o de aquellos objetos que el enfermo confíe en custodia por el conjunto del tiempo que esté hospitalizado). Por ello, reputa «*evidente que siendo la prótesis un objeto de sencillo extravío, acreditar su preexistencia y una mínima ajenidad al evento de la desaparición por parte del interesado, son elementos necesarios a tener en cuenta para declarar la existencia de un daño patrimonial y de la relación de causalidad*»[47].

Como se puede ver, esta doctrina se aleja de apreciar una responsabilidad incondicionada de la Administración sanitaria por la custodia de los bienes depositados en sus instalaciones por los pacientes.

2) Depósito de preembriones y material crioconservado

Especial interés tienen, por su singularidad, las reclamaciones relacionadas con la toma y conservación de muestras de cordón umbilical y sustancias criopreservadas. Se ha apuntado con acierto que, «*si bien todavía son escasas las sentencias* (...) *por el extravío o deterioro de muestras biológicas* (...), *o material genético* (...), *los avances en este campo convierten éstos en supuestos con tendencia a ser más habituales*»[48].

---

47 CJ 4 DCCGal 319/2000, de 28 de septiembre.

48 HURTADO DÍAZ-GUERRA, Isabel (2018): *El daño moral en la responsabilidad patrimonial sanitaria*, Tirant lo Blanch, Valencia, pág. 249.

En lo concerniente a esta cuestión, debe partirse de las previsiones contenidas en la Ley 14/2006, de 26 de mayo, sobre técnicas de reproducción humana asistida (LTRHA), cuyo art. 11.4 contempla los posibles destinos de los preembriones, así como del semen, ovocitos y tejido ovárico, que sean crioconservados, siendo uno de ellos el consistente en su utilización por la mujer o su cónyuge. Por ello, es natural la existencia de reclamaciones cuando su pérdida o desaparición impide materializar ese interés en su aprovechamiento con fines reproductivos. Dicha problemática ha sido objeto, entre otros, de los dictámenes de la CJAMad 343/2019, de 19 de septiembre, 458/2020, de 13 de octubre; 64/2020, de 20 de febrero; y, 284/2022, de 10 de mayo. Con alguna salvedad, tienden a situar claramente este tipo de reclamaciones al margen de consideraciones sobre la *lex artis*.

En ellos, el órgano consultivo madrileño ha evitado atribuir carácter económico a los embriones, inclinándose en cambio por la reparación del daño moral derivado de la frustración de la expectativa de intentar nuevos embarazos con los preembriones depositados[49]. Igualmente, el TSJ de Madrid, en sentencia de 6 de febrero de 2017, ha apelado a la indemnización del daño moral *«consistente en la aflicción, zozobra y sufrimiento psíquico infligidos a los sentimientos [de la paciente afectada] por la pérdida injustificada de los embriones criopreservados»*[50].

También se han dado casos en los que la desaparición o el extravío del material han anulado la intención previamente manifestada en el sentido de procederse a su remisión a un banco privado de conservación. El CCMad, en el Dictamen 86/12, de 15 de febrero, recalcó la necesidad de seguir el procedimiento establecido para ello; por el contrario, en el supuesto planteado, la decisión de autorizar la entrega a una empresa privada se había realizado sin procedimiento alguno, «*fruto de una decisión de un jefe de servicio supuestamente acordada con el director-gerente, cuando la normativa vigente establece expresamente la necesidad de un convenio de colaboración entre la entidad que obtiene las células y la que las procesa, precisamente para asegurar un correcto funcionamiento del proceso de obtención y procesamiento*»[51].

---

49 CJ 5 DCJAMad. 458/2020, de 13 de octubre, y, CJ 4 DCJAMad. 284/22, de 10 de mayo.

50 FJ 6 STSJ Madrid 41/2017, de 6 de febrero, Rec. 448/2014 [*Tol 6015877*].

51 CJ 5 DCCMad. 86/2012, de 15 de febrero. La norma en que se apoyaba el órgano consultivo era el Real Decreto 1301/2006, de 10 de noviembre, por el que se establecen las normas de calidad y seguridad para la donación, la obtención, la evaluación, el procesamiento, la preservación, el almacenamiento y la distribución de

Estos riesgos, por otra parte, pueden estar cubiertos en sus consecuencias patrimoniales, ya que, conforme al art. 11.8 de la LTRHA, los centros de fecundación *in vitro* que procedan a la crioconservación de gametos o preembriones humanos han de disponer de un seguro o garantía financiera que cubra los accidentes que afecten a su crioconservación, siempre que, en el caso de los preembriones crioconservados, se hayan cumplido los procedimientos y plazos de renovación del consentimiento informado correspondiente.

No cabe obviar la problemática suscitada por las sucesivas reformas legislativas en lo referente al plazo del depósito. En concreto, la Ley 35/1988, de 22 de noviembre, sobre técnicas de reproducción asistida (LTRA), estableció inicialmente la posibilidad, igualmente acogida en vía reglamentaria, de crioconservar el semen en bancos de gametos autorizados durante un tiempo máximo de cinco años[52]. Dicho apartado resultó modificado por la Ley 45/2003, de 21 de noviembre[53], que admitió la posibilidad de conservarlo «*al menos durante la vida del donante*». Finalmente, la LTRA, en su art. 11.1, dispuso la posibilidad de guardar el semen «*durante la vida del varón de quien procede*». Su disposición adicional primera, aunque reguló el régimen de los preembriones preservados con anterioridad a la entrada en vigor de dicha ley, no introdujo previsión alguna en cuanto al resto de sustancias susceptibles de crioconservación.

El TSJ de Madrid, en Sentencia de 18 de noviembre de 2021, en relación con una criopreservación realizada en 2001 en el banco de semen de un hospital público, rechazó imponer una condena indemnizatoria a la Administración autonómica por la pérdida de los gametos al contemplar la LTRHA la conservación del material durante un plazo de cinco años como una posibilidad, y no como una obligación[54]. A resultas de esta interpretación, no se podía deducir la existencia de la obligación legal de conservarlos más allá de ese período, ni tan siquiera de informar a los pa-

---

células y tejidos humanos y se aprueban las normas de coordinación y funcionamiento para su uso en humanos. Esta disposición reglamentaria fue anulada por la STS 2253/2014, de 30 de mayo, Rec. 2/2007 [*Tol 4369777*], al tratarse de una materia reservada a la ley *ex* art. 43.2 CE.

52 Arts. 11.1 de la LTRA y 7 del Real Decreto 413/1996, de 1 de marzo, por el que se establecen los requisitos técnicos y funcionales precisos para la autorización y homologación de los centros y servicios sanitarios relacionados con las técnicas de reproducción humana asistida.

53 Ley 45/2003, de 21 de noviembre, por la que se modifica la LTRA.

54 STSJ de Madrid 18 de noviembre de 2021, Rec. 1031/2019 [*Tol 8748102*].

cientes de su destino, que, al entender del tribunal, no podía consistir sino en su destrucción.

No obstante, el supuesto de hecho suscitaba la singularidad de que, a pesar de que el interesado había firmado un documento en el que se daba por enterado de que «*en la actualidad la Ley de Reproducción Asistida… no permite la utilización del semen congelado transcurridos cinco años desde la fecha de criopreservación*», se le había llamado con periodicidad anual entre los años 2001 y 2011 para la realización de seminogramas. Y que, con motivo de la realización de los controles, había puesto de manifiesto en diversas ocasiones el interés compartido con su pareja en el mantenimiento de las muestras. De ahí que la resolución judicial considerara que, cuando en el año 2016, al pretender someterse la pareja a un tratamiento de fertilidad, le fue comunicada la falta de conservación del fluido, se había frustrado la expectativa generada durante años de ser padres biológicos. Tal situación fue considerada como un supuesto de funcionamiento anormal de la Administración, en concreto del Servicio de Ginecología y Obstetricia del que dependía el banco de gametos, determinando la obligación de reparar el daño moral consistente en la aflicción, zozobra y sufrimiento psíquico infringidos a la pareja.

El DCJAMad 64/2020, de 20 de febrero, también se ha manifestado sobre las consecuencias de tal sucesión normativa. En concreto, en relación con una muestra tomada durante la vigencia de la LTRAH, consideró no indemnizable el perjuicio ocasionado por la pérdida del material crioconservado a pesar de la ampliación del plazo de cinco años por la Ley 45/2003, de 21 de noviembre, precisamente en atención al régimen jurídico aplicable en el momento en que se tomó la muestra y a la realización de un tratamiento de fertilidad con posterioridad a dicho plazo[55].

Igualmente aparece vinculado a deficiencias en la información suministrada el supuesto tratado en la sentencia del TSJ de Madrid de 16 de octubre de 2018, relativa a una pareja a la que se le había hecho creer durante algún tiempo que los embriones habían desparecido[56]. La Sala tuvo en

---

55 Desde una perspectiva distinta, la STSJ de Murcia de 2 de octubre de 2015, Rec. 514/2013 [*Tol 5507512*], aborda la obligación del Instituto Social de las Fuerzas Armadas (ISFAS) y de su aseguradora de hacerse cargo de los gastos ocasionados por el proceso de tratamiento y mantenimiento de crioconservación de ovocitos y de una futura fecundación *in vitro* de asegurados que, por su enfermedad, pueden ver interrumpido su deseo de tener descendencia en el futuro.

56 STSJ de Madrid de 16 de octubre de 2018, Rec. 443/2016 [*Tol 6933349*].

cuenta, por un lado, la dificultad para afirmar con rotundidad, atendidas las estadísticas sobre probabilidades de éxito de este tipo de técnicas, que los recurrentes hubieran podido ser padres durante los dos años a los que se extendió el error, y, por otro, la puesta a su disposición de los medios necesarios una vez conocido que, realmente, los embriones se conservaban.

Resulta igualmente reseñable la abstención de la Jurisdicción Contencioso-Administrativa a la hora de apreciar, en el marco de una reclamación de responsabilidad patrimonial, las pretensiones de «*reparación de los fallos del sistema para que esto no vuelva a ocurrir y la modificación de cuantas cuestiones sean necesarias a fin de garantizar la calidad y seguridad del sistema sanitario, así como la apertura de las investigaciones necesarias para garantizar que el caso de los reclamantes no se pueda repetir*»[57]. A decir del TSJ de Madrid, un pronunciamiento de ese tipo no se correspondería con el carácter revisor de la Jurisdicción Contencioso-Administrativa. En una línea equiparable, el Consejo Consultivo de Asturias (CCAst) descarta que la petición de una usuaria de los servicios públicos de salud de cara a la modificación de los criterios de preferencia en la inclusión en las listas de espera de la reproducción humana asistida, así como la prolongación de su permanencia en ella, puedan ser atendidas en la resolución administrativa que haya de poner fin al procedimiento, ya que «*excede del ámbito propio de una reclamación de responsabilidad patrimonial*»[58].

La práctica también ha planteado controversias en relación con la prestación del consentimiento para la utilización del material crioconservado. En este punto, la LTRHA exige recabar el consentimiento informado del marido, en su caso, con carácter previo a la generación de los preembriones, y, a efectos de asegurar su vigencia, prevé su posible modificación en cualquier momento y que, con una periodicidad mínima de dos años, se inste su renovación o modificación por parte de la mujer o de la pareja progenitora[59]. No es de extrañar por ello que el Consejo Jurídico Consultivo de la Comunidad Valenciana (CJCVal), en el dictamen 262/2020, de 27 de mayo, se mostrara en favor de indemnizar al marido cuya aquiescencia no había sido requerida con carácter previo a la transferencia del preembrión a la mujer con vistas a una fecundación *in vitro* que deparó un embarazo y

---

57 Esta, según quedó recogido en su antecedente de hecho primero, era textualmente la pretensión ejercitada en el recurso contencioso-administrativo que dio origen a la STSJ de Madrid 612/2018, de 16 de octubre, Rec. 443/2016 [*Tol 6933349*].

58 CJ 6 DCCAst 136/2016, de 2 de junio.

59 Aps. 5 y 6 del art. 11 LTRHA.

el posterior nacimiento de un hijo común. En cuanto a los daños indemnizables, no consideró como tales la obligación de alimentos que debía afrontar el progenitor, sino exclusivamente el daño moral relacionado con la falta de expresión de la voluntad del reclamante en el preciso momento de la implantación del preembrión a su esposa.

Desde una perspectiva diferente, conviene tomar en consideración que la inclusión de una pareja en una lista de espera de cara a la práctica de técnicas de reproducción asistida aparece normalmente condicionada a la edad de la interesada. Tal es el caso del DCJCVal 2018/0410, de 20 de junio, en que se tuvo en cuenta que los criterios para la prestación de técnicas de reproducción humana asistida en centros hospitalarios públicos de la Agencia Valenciana de Salud establecían que la edad de la mujer no fuera superior a 40 años[60]. De ahí que la paralización de una prueba a realizar a la interesada en el marco del procedimiento para su inclusión en la lista, que determinó que quedara al margen de ella sin que la Administración sanitaria diera explicaciones del porqué de dicha omisión, fuera considerada una actuación irregular de los servicios públicos de salud. Ello, sin perjuicio de que, en la hipótesis planteada, circunstancias tales como el que su cónyuge se hubiera sometido con carácter previo a un procedimiento de esterilización voluntaria (que también hubiera constituido una causa de exclusión de la lista de espera) o que la propia pareja acudiera a la sanidad privada a intentar la reproducción asistida sin resultados favorables, condujeran al órgano consultivo a no considerar indemnizables los perjuicios sufridos.

En relación con la misma problemática, el DCJCVal 197/2012 tampoco consideró resarcible la falta de inclusión de una paciente en la lista de espera cuando, teniendo ya los 39 años cumplidos, los protocolos indicaban la necesidad de dar prioridad a su solicitud en atención a la cercanía de la edad máxima en que podía ser incluida en el programa correspondiente. Aparte del nulo éxito de la pareja al someterse a las técnicas de reproducción asistida en la sanidad privada, el órgano consultivo aplicó los criterios habituales en cuanto al reintegro de los gastos producidos en aquella: no concurría un supuesto de urgencia vital (los tratamientos de fertilidad no

---

60 Según recoge un informe pericial del que da cuenta el DCJCVal 197/2012, CJ 3, estos criterios eran generalizados en la sanidad pública, al haber sido consensuados por el Grupo de Interés de Unidades de Reproducción Asistida de los hospitales públicos de España.

lo serían a juicio del órgano consultivo valenciano) y la denegación de la asistencia no podía ser reputada carente de justificación.

También es tomada en consideración la aptitud de la pareja para participar en un programa de reproducción asistida en la sanidad pública en el DCCAst 256/2019, de 7 de noviembre, en el que un error en el manejo de los embriones durante el proceso de congelación (caída accidental) produjo sus nulas expectativas de supervivencia, tal y como quedó de relieve al proceder a la desvitrificación. En este caso no se consideró indemnizable el daño puesto que, entre los criterios generales de acceso a los tratamientos de reproducción humana asistida incluidos en el anexo II del Real Decreto 1030/2006, de 15 de septiembre, figura que se trate de personas o, en su caso, de parejas, sin ningún hijo, previo y sano (apartado 5.3.8.2)[61].

Por otra parte, resulta interesante este último precedente (DCCAst 256/2019, de 7 de noviembre) en lo concerniente a la determinación del *dies a quo* del plazo de prescripción de la reclamación, que, a juicio del órgano consultivo asturiano, debía ser establecido en el momento en el que los interesados tuvieron pleno conocimiento de que los siete preembriones sobrantes del tratamiento inicial de fecundación *in vitro* no habían sobrevivido.

No exento de interés, pese a su sencillez aparente, está el supuesto objeto de análisis en el DCJCVal 792/2009, de 5 de noviembre, en el que una mujer alegó que, tras sufrir dos abortos espontáneos y realizársele pruebas médicas, sus únicas expectativas reproductivas pasaban por la técnica de fecundación *in vitro* con diagnóstico genético preimplantacional de los embriones obtenidos. La reclamante, al considerar que no era posible realizar dicha técnica de reproducción asistida en ningún centro del Sistema Nacional de Salud, acudió directamente a la sanidad privada con vistas a su práctica. El dictamen de referencia rechazó la indemnización por falta de nexo causal entre los daños alegados y el funcionamiento de los servicios sanitarios públicos, al no haberse solicitado con carácter previo el tratamiento en estos, que, por consiguiente, ni habían denegado su realización ni habían derivado a la paciente a un centro de carácter privado.

A similar conclusión llegó el DCJCVal 227/2017, de 14 de marzo, en que se abordó la procedencia de abonar a una pareja los gastos vinculados a la realización de una técnica de reproducción asistida en la sanidad privada, en un momento en que los servicios sanitarios públicos no la realizaban.

---

61 En concreto, la norma reglamentaria se refiere a personas sin ningún hijo, previo y sano, o, en el caso de parejas, sin ningún hijo común, previo y sano.

Significativamente, entendió el órgano consultivo que los gastos que les había supuesto dicha decisión voluntaria no estaban conectados causalmente con el funcionamiento de los servicios públicos sanitarios.

Excepcionalmente, encontramos algún supuesto en el que se ha apreciado la pertinencia de reconocer el derecho de determinada persona a ser admitida en los tratamientos de reproducción asistida públicos, resultando de dicha declaración el deber de satisfacer los gastos de tratamiento en la sanidad privada y los psicológicos derivados de la falta de atención en la pública (DCCAst 237/2014, de 16 de octubre).

En otras ocasiones, se han planteado cuestiones vinculadas con las técnicas de reproducción asistida desde el punto de vista de la aplicación de las destrezas sanitarias. Es el caso, por ejemplo, del DCJCVal 334/2003, de 19 de junio, en que los reclamantes alegaban que la inseminación artificial había motivado un contagio del virus de la hepatitis C (VHC) y del virus de inmunodeficiencia humana (VIH), o del DCCGal 1486/2008, de 25 de noviembre, por la vulneración del derecho a la autodeterminación de una paciente a quien se le practicó una salpinguectomía sin informarle previamente de la posibilidad de someterse a técnicas de reproducción asistida, que, en caso de desear tener más hijos, resultaban más eficaces que la microcirugía tubárica. También del DCCGal 212/2021, de 28 de julio, en relación con la inadecuación del seguimiento del embarazo de una mujer que, siendo en definitiva ectópico, deparó unas lesiones que podían haber sido evitadas mediante la repetición de un análisis que había informado inicialmente la presencia de Beta-HCG en sangre. O el DCCAst 203/2017, de 13 de julio, en relación con la reclamación de un varón que sufrió esterilidad tras un tratamiento de quimioterapia y alegaba que no se le había informado previamente de ese riesgo, perdiendo así la oportunidad de criogenizar o congelar sus células reproductoras de cara a futuros tratamientos de reproducción asistida.

V. LA ACTUACIÓN DE LOS SERVICIOS DE EMERGENCIA

1) Diversidad de supuestos relacionados con la asistencia de emergencia

El análisis de la intervención de los servicios de emergencia exige distinguir diversas fases en su actuación. Solo de esa manera se pueden aislar las situaciones que son producto de una mala praxis médica de las que se vinculan a deficiencias en el funcionamiento del servicio y deben ser enjuiciadas conforme a consideraciones distintas de la posible infracción de la *lex artis*.

De un modo sinóptico, y siguiendo un orden causal, el primero de los estadios de esta fenomenología reside en el acto de recepción y atención de las llamadas por parte del servicio que haga las funciones de centralita administrativa, proceso en el que se produce con frecuencia la derivación a un médico con el objeto de que este valore el tipo de respuesta a ofrecer al paciente en función de la información facilitada por la persona que realiza la comunicación; tras ello se produce eventualmente el aviso o indicación a los servicios de emergencia para que presten una atención *in situ* a la persona que lo demanda (activación del servicio); a continuación, nos encontramos con la asistencia que prestan los servicios sanitarios de emergencias que, en cuanto acto médico, ha de ser valorada conforme a los criterios de la *lex artis ad hoc* y, eventualmente, también podrá suceder el traslado de la persona atendida a un establecimiento hospitalario[62]. Son muy frecuentes las reclamaciones relacionadas con este tipo de intervenciones.

Por lo que se refiere a la asistencia prestada por el profesional médico destinado en el servicio de asistencia telefónica, entre otros ejemplos de pronunciamiento de condena a la Administración cabe citar el DCJAMad 490/2019, de 21 de noviembre, en que no se activó una UVI móvil, como demandaba la situación; el DCCMad 195/2013, de 14 de mayo, cuando se produce una inadecuada elección del recurso asistencial, ya que la situación requería una unidad medicalizada y se envió una simple ambulancia, o el DCJCVal 333/2018, de 23 de mayo, en que se remite una ambulancia sin material ni personal para atender a la paciente. Igualmente, ya en sede judicial, encontramos condenas a la Administración relacionadas con la falta de realización de un adecuado diagnóstico diferencial sobre la base de los síntomas manifestados en la llamada del alertante, lo que, a su vez, determinó una movilización inadecuada de recursos asistenciales, siendo tratada como un error de diagnóstico y evaluada jurídicamente por su disconformidad con la *lex artis* (STSJ Madrid de 23 de junio de 2021[63]).

---

62 Así, la CJ 5 del DCJAMad 531/2021, de 19 de octubre, atribuye al Servicio Coordinador de Urgencias del SUMMA 112 las funciones relativas a la coordinación del trasporte intrahospitalario recogidas en el Anexo IV del Real Decreto 1030/2006, de 15 de septiembre: «*transporte sanitario, terrestre, aéreo o marítimo, asistido o no asistido, según lo requiera la situación clínica de los pacientes, en los casos en que sea preciso para su adecuado traslado al centro sanitario que pueda atender de forma óptima la situación de urgencia*».

63 STSJ Madrid 528/2021, de 23 de junio, Rec. 233/2020 [*Tol 8613034*].

Igualmente, no es difícil encontrar ejemplos de una defectuosa asistencia de los facultativos de los servicios de emergencia cuando asisten *in situ* a la persona que requiere una atención médica perentoria (entre otros, DCCMad de 23 de enero de 2013, DCCC-LM de 4 de mayo de 2011, y DCCCyL de 13 de febrero de 2011[64]).

2) En particular, las deficiencias asistenciales por falta de medios

Sin embargo, en este capítulo nos interesan las fases de esa prestación sanitaria que no reúnen un carácter propiamente médico y se relacionan, bien con un defectuoso funcionamiento del servicio de centralita telefónica (no consistente en la valoración a distancia de la situación por un facultativo), bien con la tardanza en producirse la llegada de los servicios sanitarios al lugar en que ha de producirse la asistencia. Conviene tener en cuenta que, tanto el servicio de atención telefónica como el de asistencia a las emergencias están en ocasiones en manos de entidades integradas en la Administración institucional, como es el caso, en cuanto a la primera función, de la Agencia de Seguridad y Emergencias Madrid 112, o, con respecto a la segunda, de la Empresa Pública de Emergencias Sanitarias de la Junta de Andalucía[65].

En dicho contexto, se ha reconocido el derecho de los pacientes, o de sus familiares o allegados, a ser indemnizados por fallos administrativos en la atención telefónica, como, según parece, es el caso analizado en el DCCMad 532/13, de 6 de noviembre, en el cual, una vez que el médico que actúa en los servicios de centralita sugiere el envío de una asistencia urgente, pasa cierto tiempo en la transmisión de dicha solicitud. También se estima que entre las causas del perjuicio está el retraso en la movilización del recurso en el DCCMad 195/2013, de 14 de mayo. En la misma línea, cabe citar el supuesto en que el aviso de los servicios de teleasistencia al centro de salud de cara a la atención de un paciente no aparece reflejado en la agenda de la doctora de Atención Primaria llamada a atenderlo hasta después de trascurrir una hora, tiempo en el que resulta imposible la asistencia eficaz del paciente finalmente fallecido y que se tiene en cuenta

---

64 DCCMad 18/13, de 23 de enero, DCCC-LM 99/2011, de 4 de mayo, y DCCCyL 28/2020, de 13 de febrero.

65 Esta diferenciación incide, además, sobre la competencia jurisdiccional y el sistema de recursos (arts. 8.3 y 10.2 de la Ley 29/1998, de 13 de julio, reguladora de la jurisdicción contencioso-administrativa, respectivamente).

a la hora de apreciar una pérdida de oportunidad asistencial (DCJAMad 589/2020, de 29 de diciembre).

Por lo que se refiere a la activación del servicio, la CJAMad hace una llamada a valorar la adecuación de los medios movilizados y la conformidad del tiempo de respuesta con los parámetros exigibles o razonables, atendiendo a las circunstancias concurrentes en cada caso (Dict. 95/2022, de 15 de febrero).

Tampoco faltan pronunciamientos en los que se tiene en cuenta la limitación de los presupuestos públicos, sobre la base de no resultar exigible que la Administración sanitaria disponga de recursos de personal y materiales prácticamente ilimitados con la finalidad de atender de forma rápida y eficaz toda urgencia médica en cualquier zona del territorio. En este sentido, señala el CJCVal que la obligación de medios correspondiente a la prestación de este servicio «*sólo puede comprender aquellos que sean estrictamente razonables, siempre estarán limitados por razones presupuestarias y serán exigibles a partir del momento en que la demanda de asistencia sanitaria llegue a conocimiento del personal integrante de los servicios sanitarios públicos*»[66].

En esa misma línea, el CCGal dispensa a la Administración sanitaria de la obligación de indemnizar cuando el tiempo en efectuar la asistencia no excedió de los plazos de razonabilidad en la demora, matizando que, el hecho de que no acudiese inmediatamente una ambulancia medicalizada sería reprochable únicamente desde la perspectiva del funcionamiento ideal del servicio, «*parámetro no atendible desde la perspectiva de la responsabilidad patrimonial que, aunque objetiva —es cierto— en el ámbito sanitario se anuda a las consecuencias derivadas de la prestación de medios que asume el servicio público sanitario, prestaciones que acantonan su ámbito a los parámetros de razonabilidad en el funcionamiento del servicio, expresados tradicionalmente en la ponderación que ofrecen los estándares de funcionamiento*»[67]. Al mismo criterio de no superación de los plazos de razonabilidad, y utilizando una fundamentación similar, apela el mismo órgano consultivo en su Dictamen 441/2005, de 6 de julio, en el que, a la hora de valorar la idoneidad del funcionamiento del servicio, tiene en cuenta el que el helicóptero medicalizado cuya actuación se requería estaba ocupado en el momento en que era demandado (CJ 4), así como el Dictamen 73/2009, de 11 de marzo, en el que se hace remisión a los estándares de funcionamiento normal de los servicios públicos, «*ya que son estos estándares los que se erigen en parámetro de enjuiciamiento*

---

66 CJ 3 DCJCVal 802/2006, de 15 de diciembre.

67 CJ 4 DCCGal. 539/2013, de 17 de julio.

de la responsabilidad patrimonial de la Administración y no los derivados de un funcionamiento óptimo» (CJ 4).

3) El complejo problema de la tardanza en la atención

En cuanto al aspecto fundamental de si un determinado lapso temporal puede considerarse excesivo, cumple igualmente una función relevante la comparación de las circunstancias de la asistencia prestada en cada caso concreto con los protocolos que cada Administración sanitaria tenga aprobados al efecto[68]. Conforme a dicha orientación, el CCMad, a la hora de apreciar la antijuridicidad de la tardanza de los servicios de emergencia, considera relevante que la Comunidad de Madrid tuviera establecido un tiempo de 25 minutos para la prestación del servicio de ambulancias de traslado urgente del SUMMA 112 para las intervenciones en medio urbano, y de 35 en medio rural, no pudiendo, en ningún caso, superar los 45 minutos: «*En atención a esta circunstancia, la llegada de la ambulancia a los veinte minutos de la primera llamada no puede considerarse una llegada tardía*»[69]. El Dictamen del Consejo Consultivo de Andalucía (DCCAnd 772/2018, de 31 de octubre (CJ 4), también toma en consideración el «*Protocolo de Coordinación de la Asistencia Extrahospitalaria Urgente y Emergente del Sistema Sanitario Público Andaluz*».

En otras ocasiones, se tienen en cuenta criterios de experiencia, como puede ser el tiempo medio de respuesta a las emergencias de los diferentes dispositivos asistenciales recogido en el observatorio de resultados del servicio sanitario correspondiente con respecto a la anualidad en que se produjo la actuación (DDCJAMad. 261/2019, de 20 de junio, y 238/2019, de 6 de junio, en relación con los datos ofrecidos por el observatorio de resultados del Servicio Madrileño de Salud publicados en el Portal de Salud de la Comunidad de Madrid).

A veces, lo extraordinario de la situación hace complejo un punto de comparación, como es el caso en que debe prestarse atención a un motorista que se ha caído por un barranco, situación en que el rescate resulta dificultoso por las condiciones climáticas y la orografía del terreno. En este caso, el CJCVal aplica un principio de razonabilidad, apreciando que el tiempo empleado en activar los servicios de rescate y llegar al lugar del

---

68 En dicho sentido, verbigracia, el Manual de Calidad del SUMMA 112 en la Comunidad de Madrid.

69 CJ 5 DCCMad. 496/2010, de 29 de diciembre.

accidente no pudo considerarse *«superior al racionalmente exigible, teniendo en cuenta la distancia que se tenía que recorrer y que la pista forestal se hallaba embarrada»*[70].

Con frecuencia, se producen divergencias entre los reclamantes y la Administración sanitaria en cuanto al tiempo que se tardó en prestar la asistencia sanitaria. En esta hipótesis, la práctica más habitual incide en otorgar prevalencia a los informes de los servicios administrativos correspondientes sobre la declaración del particular (en dicho sentido, el DCC-Gal. 441/2005, de 6 de julio, CJ 4).

No es inhabitual que las discrepancias entre los reclamantes y los informes aportados por la Administración se refieran a la existencia de llamadas, alegadas por aquellos, que no aparecen debidamente registradas, aspecto que puede resultar determinante a la hora de apreciar el tiempo de demora en la activación de determinado recurso sanitario. La STSJ de Madrid de 1 de junio de 2021, estima que, ante tal tesitura, debe prevalecer la imputación de la carga de la prueba al reclamante, haciéndole responsable de su falta de aportación, es decir, no pudiendo tenerse como probada la existencia de llamadas que no hayan sido debidamente acreditadas[71].

En ocasiones, la sola consideración del tiempo que se tarda en prestar el tipo de asistencia que demanda la situación, en relación con la importancia de que aquella fuera facilitada de forma urgente en orden a preservar la salud del paciente, es elemento suficiente para la condena patrimonial sin entrar tan siquiera a la comparación con los protocolos establecidos o con los promedios generales de actuación del servicio. Un caso paradigmático viene constituido por la conocida STS de 7 de julio de 2008 en relación con la asistencia a un buceador de la zona de Murcia cuyo percance (accidente disbárico) reclamaba de una atención perentoria, que no fue conseguida al no remitirle con la rapidez necesaria a un centro dotado con una cámara hiperbárica. Acaecido un accidente por descompresión, que exige actuar con la máxima celeridad a juicio del Alto Tribunal, la persona accidentada fue trasladada a un centro de salud; tras ello, y sin realizarle exploración alguna, al servicio de Urgencias de un hospital público de la Comunidad Valenciana, y, finalmente, al no existir ninguna cámara hiperbárica en dicho ámbito territorial, se le hubo de remitir al hospital de la Cruz Roja de Barcelona, pero, en lugar de hacerlo en un helicóptero medicalizado que se hallaba disponible y practicable en ese momento, se decidió emplear una

---

70 CJ 4 DCJCVal 754/2008, de 20 de noviembre.

71 CJ 6 STSJ de Madrid 453/2021, de 1 de junio, Rec. 962/2019 [*Tol 8560658*].

ambulancia, que tardó cinco horas en realizar el trayecto correspondiente. Ante ello, concluyó la sentencia que «*el recurrente ha sufrido un daño antijurídico consistente en que si los servicios sanitarios de la Comunidad Valenciana hubieran actuado más diligentemente, remitiéndole de forma inmediata a la Ciudad Condal en helicóptero, tal y como era posible, y no por carretera, habría disfrutado de la probabilidad de obtener un resultado distinto y más favorable para su salud y, en definitiva, para su vida*»[72].

En parecido sentido, y ante una hemorragia subaracnoidea, el TSJ de Castilla y León toma en consideración una serie de circunstancias concurrentes, como la llegada tardía del equipo sanitario a la localidad en la que se demandaba la atención urgente debido a la ausencia de un dispositivo con la función GPS en el vehículo; el que fuera preciso que el traslado en ambulancia fuera realizado por una proveniente de Arenas de San Pedro, sin que se acreditara que no había otras más cercanas, o el que se decidiese el traslado al hospital de Talavera de la Reina para hacer una prueba cuando, de confirmarse el diagnóstico de sospecha, no disponía de los medios necesarios para atender a la paciente, lo que obligó a un nuevo trasvase a un hospital que dispusiera del Servicio de Neurología[73].

Por otra parte, conviene observar que el servicio de emergencias, en función de las circunstancias, puede tener que realizar más de un traslado. Así, en el DCJAMad. 531/2021, de 19 de octubre, parece darse por razonable el tiempo empleado en orden a trasladar al paciente a determinado hospital con vistas a la realización de una prueba diagnóstica, pero no la demora en transportarle después a otro centro hospitalario en que debía ser intervenido con urgencia.

Conviene incidir en que este tipo de responsabilidad patrimonial, en cuanto a los elementos necesarios para evaluar la concurrencia de la necesaria antijuridicidad, no atiende al criterio del ajuste de la actuación sanitaria a la *lex artis*, sino a parámetros de calidad en la prestación del servicio, que se relacionan precisamente con el cumplimiento o ajuste a los protocolos establecidos, así como, en ocasiones, a un simple criterio de práctica y experiencia. En esta última línea se sitúa el DCJCVal 25/2010, de 27 de enero, que, en el caso del servicio de Urgencias, considera extramuros del estándar medio admisible en cuanto al funcionamiento de los servicios públicos, sin necesidad de atender a un determinado protocolo

---

72 FJ 5 STS 3890/2008, de 7 de julio, Rec. 4776/2004 [*Tol 1351165*].

73 CJ 6 STSJ de Castilla y León, Valladolid, 4296/2021, de 18 de noviembre, Rec. 310/2019 [*Tol 8736759*].

o estadística, el que una mujer se encuentre tendida en el suelo de una vía pública céntrica de la ciudad de Valencia y que a pesar de producirse un primer requerimiento de los viandantes y después otro de la Policía Local, la llegada al lugar de una unidad de Soporte Vital Básico no se produzca hasta hora y media después del aviso correspondiente.

Del mismo modo, en sede judicial se apela a la doctrina de la «*falta de servicio*» o de la «*falta de medios*», al entender que «*los ciudadanos deben contar, frente a sus servicios públicos de la salud, con la garantía de que, al menos, van a ser tratados con diligencia aplicando los medios y los instrumentos que la ciencia médica pone a disposición de las administraciones sanitarias*»[74].

En cualquier caso, no basta con que se haya producido un determinado déficit asistencial, sino que es necesario que esa carencia influya en la producción de un daño al paciente. Así, argumenta la jurisprudencia que, aun en la hipótesis de que los servicios de socorro hubieran funcionado anormalmente, en orden al nacimiento de la responsabilidad patrimonial administrativa será precisa la concurrencia del debido nexo causal entre el hecho que se imputa a la Administración (el retraso en la prestación de socorro) y el daño producido a consecuencia de dicho retraso (los daños cerebrales), no pudiendo considerarse presente tal conexión cuando, pasados tres minutos desde la parada cardiaca, las lesiones ya eran irreversibles[75]. Del mismo modo, en sede consultiva se ha negado la procedencia de indemnizar cuando, a pesar de concurrir un retraso injustificado, el mal pronóstico del paciente permitía descartar que el curso de los acontecimientos hubiera sido distinto en el caso de haberse producido una atención más temprana (DCCMad 596/2011, de 26 de octubre). Sin perjuicio de lo anterior, y aunque el retraso no repercuta en un peor pronóstico de la dolencia, agrave las secuelas ni produzca un retraso en la curación, en algún caso se ha llegado a reconocer el derecho a una indemnización por el daño moral o *pretium doloris* derivado del tiempo de espera a la llegada del servicio de ambulancias correspondiente[76].

En este punto, es práctica habitual atender a los informes médicos incorporados al procedimiento administrativo de responsabilidad patrimonial, en los que, con cierta asiduidad, se establece que, aunque los servicios de emergencia hubieran llegado en un momento anterior al lugar reque-

---

74 FJ 6 STSJ Castilla y León, Valladolid, 1256/2021, de 18 de noviembre, Rec. 310/2019 [*Tol 8736759*].

75 FJ 2 STS 6406/2010, de 15 de noviembre, Rec. 4561/2006 [*Tol 2002595*].

76 DCJCVal 25/2010, de 27 de enero.

rido, ello no hubiera tenido influencia sobre el resultado final. Si así fuera, no se estimaría concurrente la necesaria relación de causalidad entre el daño alegado y el funcionamiento de los servicios públicos (así, el DCJCVal de 14 de marzo de 2007[77]). A idéntica pauta atiende la STSJ de Madrid de 11 de marzo de 2022[78]. En esta última resolución judicial, a la reclamación de los familiares del paciente fallecido se le objeta que, aun cuando la propia Inspección Sanitaria hubiera reconocido que la UVI tardó algo más de lo habitual, otros factores, como el hecho de haberlo encontrado inconsciente sin conocerse el inicio exacto del síndrome coronario, el haber realizado maniobras de reanimación básica miembros de la Policía antes de la llegada de los servicios de emergencia y la propia concurrencia de múltiples factores de riesgo cardiovascular en el fallecido, harían incierto o muy poco probable a tenor de los informes de carácter médico incorporados al procedimiento, que la persona afectada hubiera sobrevivido al infarto. Igualmente, se produce ausencia de relación de causalidad, a tenor del DCJCVal 358/2015, de 10 de junio, cuando, aunque una ambulancia destinada a atender la situación de emergencia se equivocara de trayecto, lo cual supuso un mayor retraso en la asistencia, tal demora no resultó determinante del daño producido, puesto que, entretanto, otra ambulancia había llegado al domicilio de la persona afectada.

En relación con este inevitable casuismo, viene a colación destacar que la CJAMad, en su Memoria de Actividad del año 2019, puso de manifiesto la variedad de circunstancias que pueden influir en este tipo de actuaciones, atendido el carácter complejo de una prestación en la que se mezcla la atención telefónica que, en ocasiones, supone que los ciudadanos y los servicios del SUMMA no se transmitan adecuadamente la información, con la necesidad de una asistencia urgente al domicilio que plantea problemas como la escasez de los recursos disponibles, la lejanía de las bases del SUMMA y, con frecuencia, las dificultades de acceso (urbanizaciones, callejero erróneo, etc.).

Particularmente, entre los aspectos a tener en cuenta a la hora de apreciar la posible responsabilidad administrativa figura la actitud de la persona comunicante. Es el caso en que el personal que atiende la llamada anota un estado de nerviosismo en aquella que le impide recibir una información clara sobre los datos básicos para prestar la asistencia, e incluso rehúsa

---

77 DCJCVal 223/2007, de 14 de marzo.

78 FJ 5 STSJ de Madrid 3136/2022, de 11 de marzo, Rec. 771/2020 [*Tol 8910284*].

pasar el teléfono a otra persona que pudiera dar esa información pese a los requerimientos hechos al efecto por la teleoperadora[79].

También se ha tomado como un elemento a considerar la propia situación del lugar en que debe prestarse la asistencia sanitaria, que puede plantear problemas de accesibilidad o de localización. Como muestra, en el Dictamen del CCAnd 298/2020, de 28 de mayo, se aprecia que el retraso en la llegada al domicilio del paciente quedaba justificado por tratarse de una urbanización alejada del núcleo urbano, sin nombre en las calles ni número en las casas.

En todo caso, es diferenciable conceptualmente el retraso en activar los servicios de emergencia o la tardanza en su llegada al lugar en que se requiere la asistencia, de la decisión de los propios servicios de emergencia ya comparecientes de no activar, a su vez, la presencia de una UVI móvil en atención a la situación clínica que presentaba la persona asistida. Esta última actuación, al ser de carácter médico, ha de ser examinada conforme a los criterios habituales de ajuste a las exigencias de la *lex artis ad hoc* (*vid.* STSJ de Madrid de 13 de diciembre de 2011[80]).

Por lo demás, en estos supuestos se utilizan los criterios comunes de apreciación de la responsabilidad patrimonial.

Al respecto, la doctrina de los órganos consultivos proclama, en línea de principio, la carga que pesa sobre quien reclama en orden a la acreditación de los hechos en que sustente la solicitud, exigencia que, por lo común, se extiende a la demostración de los datos que soportan la alegación de que la asistencia ha sido deficiente. En la misma línea conceptual cabe destacar la importancia que, a la hora de la resolución del caso, suele darse a los informes médicos incorporados al expediente administrativo, particularmente a los de la Inspección Sanitaria.

No obstante, un estudio algo profundo permite apreciar que, en no pocas ocasiones, resulta complicado atenerse a una aplicación rígida de las reglas generales de imputación de la carga probatoria, ya que las personas alertantes, por la urgencia concurrente, más que de recabar o preconstituir pruebas, están pendientes de la situación crítica de su familiar o alle-

---

79 CJ 4 DCJAMad. 95/2022, de 15 de febrero. En este precedente, «*pese a las dificultades de comunicación de la información que hubo por causas ajenas al servicio sanitario, el dispositivo no superó los veinte minutos en llegar y menos de quince desde que se pudo activar; ello implica que se encuentra dentro de márgenes aceptables e incluso dentro de los márgenes óptimos*».

80 STSJ de Madrid 14834/2021, de 13 de diciembre, Rec. 408/2019 [*Tol 8774615*].

gado. Esto permite explicar la flexibilización del requisito de referencia en la doctrina de algunos órganos consultivos.

Ejemplo de ello lo encontramos en la doctrina del CCAnd, que, en relación con una demora excesiva y relevante en la puesta a disposición de los medios necesarios para la atención al paciente, llama a la aplicación de la doctrina de la pérdida de la oportunidad en aquellas ocasiones en las que resulte evidenciado un déficit asistencial con influencia suficiente para privarle de unas expectativas razonables de supervivencia, sin necesidad de apreciar mala praxis o funcionamiento anormal, y a que, en caso de duda, y siempre que se haya acreditado dicha deficiencia asistencial, esta sea resuelta en favor de los damnificados. En dicho sentido, viene a reprochar la actitud pasiva que en ocasiones adopta la Administración cuando se limita a objetar que, aunque no hubiera existido demora, tampoco se habría conseguido salvar la vida del paciente, y le conmina a desplegar la actividad probatoria necesaria para demostrar que una temporánea asistencia tampoco hubiera podido impedir el fatal desenlace[81].

El propio TSJ de Andalucía se ha hecho eco de esta dulcificación del rigor probatorio, señalando (con cita expresa de la doctrina del CCAnd) que, cuando ha quedado acreditado un déficit asistencial, la duda racional que pudiera existir sobre la relación entre la tardanza en la asistencia y el traslado del enfermo, así como en el empleo de todos los recursos disponibles, debe ser resuelta en favor de la persona damnificada, dado que la situación de partida lleva a desplazar a la Administración demandada el deber de probar que la rápida utilización de los medios de intervención no hubiera bastado para evitar la gravedad del desenlace[82]. En esta misma dirección, la ya citada Sentencia del TSJ de Castilla y León, de 18 de noviembre de 2021, al establecer el derecho a la indemnización del paciente atendido tardíamente, valora que la Administración no había acreditado la inexistencia de bases de ambulancias más cercanas ni las razones por las

---

81 FJ 4 DCCAnd 772/2018, de 31 de octubre: «…*la Administración no puede adoptar una actitud pasiva en estos casos, limitándose a señalar que aunque no hubiera habido demora no se habría conseguido salvar la vida del paciente, sino que debe desplegar la actividad probatoria necesaria para demostrar que una temporánea asistencia del paciente no hubiera podido impedir el fatal desenlace, cosa que no hace, aunque apele al estado anterior del paciente y señale que determinadas circunstancias adversas (localización, saturación en la recepción de llamadas, y primer recurso ocupado) influyeron en el resultado final*».

82 FJ 3 STSJ de Andalucía, Sevilla, 366/2014, de 27 de marzo, Rec. 290/2012 [*Tol 4562631*].

que no se había decidido el traslado del paciente a un centro en el que le hubieran podido efectuar la prueba y el tratamiento que precisaba[83].

Y, muy significativamente, la también precitada STS de 7 de julio de 2008 (asunto «*cámara hiperbárica*») señala que, una vez acreditado que un tratamiento no se ha manejado de forma idónea o que lo ha sido con retraso, no puede exigirse al perjudicado la prueba de que, de haberse actuado correctamente, no se habría evitado al desenlace dañoso, trasladándole la carga de un hecho de demostración imposible: «*Probada la irregularidad, corresponde a la Administración justificar que, en realidad, actuó como le era exigible. Así lo demanda el principio de la "facilidad de la prueba", aplicado por esta Sala en el ámbito de la responsabilidad de los servicios sanitarios de las administraciones públicas*»[84].

Sin perjuicio de lo anterior, teniendo en cuenta que, por la fatalidad, la reclamación suele ser formulada por los familiares del paciente fallecido, la doctrina consultiva desaconseja juzgar la corrección de la asistencia prestada atendiendo al resultado producido, esto es, se incide también en estos casos en la conocida como «*prohibición de regreso*» (entre otros muchos precedentes, DCCAnd 298/2020, de 28 de mayo).

4) Perjuicios indemnizables por el retraso asistencial

En cuanto a los daños susceptibles de indemnización, no resultan mayoritarios los supuestos en los que, de un modo directo, se impute el fallecimiento o la totalidad de secuelas derivadas de la tardanza al retraso en la asistencia sanitaria. Este sería el caso de la STSJ de Andalucía de 23 de septiembre de 2021, en la que, confirmando el parecer de la sentencia apelada, se rechaza de forma apodíctica la posible aplicación de la doctrina de la pérdida de la oportunidad: «*la incomprensible demora en la atención al paciente condujo a su muerte*»[85].

No obstante, dada la dificultad de concretar las consecuencias de la demora sobre el estado de salud del asistido, es frecuente la aplicación de la doctrina de la «*pérdida de oportunidad*». En esta, como es sabido, se viene a indemnizar el daño moral producido al paciente, o bien a sus familiares o

---

[83] FJ 6 STSJ de Castilla y León, Valladolid, 1256/2021, de 18 de noviembre, Rec. 310/2019 [*Tol 8736759*].

[84] FJ 4 STS 3890/2008, de 7 de julio, Rec. 4776/2004 [*Tol 1351165*].

[85] FJ 3 STSJ de Andalucía, Granada, 11920/2021, de 23 de septiembre, Rec. 4853/2019 [*Tol 8662501*].

allegados. Un supuesto paradigmático es el examinado en la precitada STS de 7 de julio de 2008. En dicha resolución, aunque la recompresión en la cámara hiperbárica no garantizaba al ciento por ciento el restablecimiento, ya que un 28,5 % por ciento de los accidentados disbáricos asistidos en la seis primeras horas presentaban lesiones permanentes, la Sala apreció que el retraso en remitirle con inmediatez a un centro dotado de un dispositivo de las características requeridas había hurtado al buceador la posibilidad de pertenecer al 71,5 % por ciento de los lesionados que, habiendo sido tratados en el tiempo exigido, se recuperan totalmente. Al hilo de esta situación, se realizaron dos pronunciamientos relevantes en cuanto al alcance y significado de la doctrina de la pérdida de oportunidad: primero, que no supone el deber de indemnizar las secuelas o dolencias sufridas de hecho por el paciente, al no estar médicamente garantizada la curación, sino tan sólo la mera posibilidad de que, de no haberse sufrido la dilación, hubiera podido obtener otro resultado, más propicio y benigno; y, segundo, que ello no va en contra de la exigencia de que el daño sea efectivo y no meramente hipotético[86], al indemnizarse el actual y real consistente en habérsele privado de la ocasión para eludir las secuelas físicas en definitiva padecidas[87].

Cuando se aprecia una pérdida de oportunidad, es habitual recurrir a la fijación de una indemnización a tanto alzado. En este punto, conforme a la regla general en materia de responsabilidad patrimonial, también en este ámbito se ha recordado el carácter meramente orientativo, de guía para introducir parámetros de objetividad, del baremo establecido en la Ley sobre responsabilidad civil y seguro de circulación de vehículos a motor[88]. Dicha indemnización a tanto alzado, además, suele establecerse a título de actualizada a la fecha del correspondiente dictamen del órgano consultivo o, en su caso, de la sentencia correspondiente (en este último sentido, la ya citada Sentencia TSJ de Castilla y León, Valladolid, de 18 de noviembre)[89]. Todo ello, sin perjuicio de que, como matiza la STS de 7 de

---

86 Art. 139.2 de la Ley 30/1992, de 226 de noviembre, de régimen jurídico de las Administraciones Públicas y del procedimiento administrativo común, actual art. 32.2 LRJ.

87 Sobre este aspecto, nos remitimos al análisis efectuado por HURTADO y FLIQUETE en los caps. 10 y 15 (págs. 690 y 691 y 981 y 982).

88 STSJ de Andalucía, Granada, de 23 de septiembre de 2021, Rec. 4853/2019 [*Tol 8662501*].

89 TSJ de Castilla y León, Valladolid, 4296/2021, de 18 de noviembre, Rec. 310/2019 [*Tol 8736759*].

julio de 2008, surja la obligación de abonar, en su caso, los intereses legales por demora en el pago (art. 106.2 de la Ley 29/1998, de 13 de julio, reguladora de la jurisdicción contencioso-administrativa)[90].

Al precisar la indemnización, una posible concurrencia de causas debe determinar la imputación a cada una de las coexistentes, de la influencia que respectivamente les corresponda en la generación del daño. Es ilustrativa al respecto la STSJ de Aragón de 27 de septiembre de 2021, en que al retraso en acudir al domicilio de una persona que presentaba síntomas compatibles con un ictus (2 horas y 35 minutos computados desde que se produce la llamada telefónica) se le une la tardanza previa en reclamar asistencia sanitaria, habida cuenta de que los síntomas del proceso habían comenzado a manifestarse más de diez horas antes de la llamada y, en especial, cuando habían transcurrido las dos horas críticas en que el inicio del tratamiento resulta determinante de la futura evolución. En tal situación —nos dice la Sala aragonesa—, «*parece ponderado y ajustado a la realidad de lo acontecido el establecimiento que hizo la resolución recurrida de un 25 por ciento como de concurrencia efectiva que tuvo la defectuosa actuación administrativa en la relación causal entre producción de la enfermedad y fallecimiento causado por ella, en lugar del cien por cien propugnado por los demandantes*».

Para finalizar con este aspecto, conviene hacer notar que, con cierta reiteración, son los familiares o allegados del paciente fallecido quienes reclaman. El CCAnd ha puesto de manifiesto que el daño moral padecido por aquellos se intensifica por la duda que puedan albergar sobre lo que hubiera ocurrido si la asistencia sanitaria hubiera sido acorde con las circunstancias (Dict. 346/2003, de 9 de junio).

VI. EL DIFÍCIL PAPEL DE LOS SERVICIOS SANITARIOS ANTE LOS INTENTOS AUTOLÍTICOS

1) Responsabilidad por decisiones médicas

Uno de los aspectos más delicados de la responsabilidad patrimonial sanitaria es el relacionado con los suicidios. Ante esta desgraciada incidencia, son numerosas las reclamaciones de familiares y seres queridos planteadas bajo la hipótesis de que, de haberse prestado una asistencia médica adecuada, podría haberse evitado el luctuoso desenlace.

---

[90] STS 3890/2008, de 7 de julio, Rec. 4776/2004 [*Tol 1351165*].

Las reclamaciones de responsabilidad patrimonial relacionadas con los intentos autolíticos no son exclusivas del ámbito sanitario. En particular, no es difícil encontrar precedentes en el ámbito penitenciario[91]. Del mismo modo, se encuentran antecedentes relacionados con las competencias autonómicas en materia de protección de menores, cuando la autolisis se produce en el ámbito de la estancia del menor en un centro dependiente de los servicios sociales[92]. Y, lamentablemente, tampoco faltan los originados en el contexto de situaciones de acoso escolar[93].

En el ámbito sanitario, por lo general, estos hechos se relacionan con dolencias previas de carácter psiquiátrico, por lo que es habitual que, tras el fallecimiento, los allegados reclamen por entender que, de haberse llevado un seguimiento más estrecho, adoptado medidas que comportaran una mayor restricción u optado por otro tipo de tratamiento, no se hubiera producido la fatalidad.

Tal y como ha destacado el Consejo Consultivo de Canarias (CCCan), «*la estimación del riesgo de suicidio es un proceso complejo debido a la propia naturaleza de la conducta suicida y a las dificultades metodológicas que subyacen a su investigación, no existiendo actualmente indicadores específicos de la conducta suicida o factores de riesgo con poder predictivo* per se»[94]. El mismo órgano consultivo ha acudido a la estadística para poner de manifiesto la dificultad de diagnosticar el riesgo de autolisis; así, ha recordado que, según los cálculos coetáneos, «*solo el 15% de los pacientes que se autolesionan llegan al suicidio*»[95]. Asimismo, el CCMad reflejó que, a tenor de las «*Recomendaciones preventivas y manejo del comportamiento suicida en España*», la evaluación del riesgo suicida constituye una de las tareas más importantes, complejas y difíciles a las que debe enfrentarse cualquier clínico[96]. En ocasiones, el desenlace puede relacionarse incluso con la ingesta de medicación pautada al paciente. Así, la CJAMad considera que, el que un fármaco (específicamente,

---

91 Por todas, SSTS 1217/2020, de 28 de septiembre, Rec. 123/2020 [*Tol 8112181*]; 5/2016, de 18 de enero, Rec. 945/2015 [*Tol 5625256*], y 1343/2015, de 13 de abril, Rec. 2986/2014 [*Tol 4831458*].

92 DDCCCan 102/2015, de 24 de marzo, y 274/2014, de 22 de julio, y DCCMad 82/2010, de 24 de marzo.

93 *V. gr.*, DCJAMad 443/17, de 2 de noviembre.

94 CJ 4 DCCCan 412/2020, de 14 de octubre.

95 FJ 2 DCCCan 543/2018, de 3 de diciembre.

96 DCCMad 609/13, de 11 de diciembre, antecedente de hecho tercero. Se refería a un documento realizado por la Sociedad Española de Psiquiatría y Sociedad Española de Psiquiatría Biológica.

de la familia de los psicofármacos) pueda repercutir desfavorablemente en el paciente no significa que su prescripción sea inadecuada, sino que el facultativo que lo receta ha de realizar una evaluación del riesgo/beneficio de su prescripción[97].

En este ámbito, deben tomarse en consideración las orientaciones incluidas en determinados protocolos sanitarios. Es el caso de la Guía para la prevención de Suicidio de la Organización Mundial de la Salud y de la Guía para la Detección y Prevención de la Conducta Suicida de la Comunidad de Madrid, de las que da cuenta la CJAMad (Dictamen 340/18, de 19 de julio). En este último se consideró determinante para la condena patrimonial de la Administración, contrarrestando así lo informado por la Inspección Sanitaria, el hecho de que, según las guías incorporadas al expediente, si bien estaban adecuadamente prescritas en función de los antecedentes del paciente y sus síntomas la medicación y la derivación a Salud Mental para que pudiese recibir atención especializada, en cambio, no se tuvo en cuenta la indicación incluida en esos mismos documentos en el sentido de que los pacientes en la situación de referencia no estuvieran solos. En particular, se hacía una llamada a la implicación de los familiares y amigos, que son quienes, al no dejar solo al paciente, pueden dar la voz de alarma de un posible empeoramiento y avisar a su médico o acudir a los servicios de urgencia. En el caso analizado, no constaba en la historia clínica que se hubiera alertado a la familia, dejando en manos *«de un paciente sintomático e inestable emocionalmente la decisión o no de acudir a la atención especializada que precisaba»*.

En este punto, a los efectos de considerar concurrente la relación de causalidad, se ha significado que *«el internamiento sanitario de un paciente implica su integración en la organización y disciplina del centro, el cual tenía el deber de velar por su integridad, debiendo asumir las consecuencias de un funcionamiento deficiente del Servicio de que se trata, en este caso, justamente el de vigilancia y control»*[98].

Ahora bien, debe tenerse en cuenta que, en no pocas ocasiones, el mantener en situación de ingreso al paciente puede resultar contraproducente

---

[97] CJ 4 DCJAMad 379/2020, de 15 de septiembre. Matiza el órgano consultivo que, en el caso analizado, esos mismos medicamentos habían sido prescritos y confirmados por varios psiquiatras y surtido efectos beneficiosos a la paciente con anterioridad.

[98] CJ 3 DCCCan 185/2003, de 7 de octubre.

desde el punto de vista del tratamiento de su dolencia de base[99]. En dicho sentido, resalta el CCCan que no es posible aplicar una medida de contención (sujeción de extremidades superiores, inferiores y cintura) de forma indefinida, y ello «*tanto por razones legales como humanitarias y médicas*»[100]. Asimismo, el CCMad interpretó que el artículo veinte de la Ley 14/1986, de 25 de abril, general de sanidad, implica reducir la hospitalización psiquiátrica a los casos en que resulte indispensable[101].

En otras ocasiones, los propios dictámenes médicos incorporados al expediente de responsabilidad patrimonial destacan la ambivalencia de las medidas de contención mecánica, puesto que, por un lado, sirven para aumentar la seguridad del propio paciente y de terceras personas frente a potenciales conductas de riesgo, pero, por otro, pueden resultar contraproducentes desde la perspectiva de la dignidad y autoestima de aquel atendida su penosidad, e incluso conllevan riesgos para la salud física del interesado (problemas de higiene, quemaduras por rozamiento, complicaciones circulatorias…)[102].

No obstante, también encontramos precedentes en los que se imputa a la Administración sanitaria el no haber llevado a cabo una vigilancia permanente del enfermo. Un caso llamativo es el conocido en el DCCCan de 11 de febrero de 2016, en el que, atendidas sus ideaciones suicidas, y a pesar de las abundantes muestras de estrecho control sobre aquel que denotaban las anotaciones incluidas en el historial clínico, se reprochó a los servicios médicos que se le dejara unos minutos de tranquilidad para acudir al aseo y que no se le hubiera desprovisto de enseres que podían ser utilizados en su propio perjuicio (cinturón de una bata)[103].

---

99 Es completo e interesante el estudio que se hace de esta cuestión, incluso desde la perspectiva constitucional, en el DCCMad 243/2014, de 14 de junio.

100 CJ 4 DCCCan 38/2016, de 11 de febrero.

101 DDCCMad 243/2014, de 14 de junio, y 609/2013, de 11 de diciembre.

102 Doctrina de carácter general recogida en la CJ 4 DCCCan 76/2010, de 11 de febrero.

103 Resulta ilustrativo comparar este dictamen con el 387/2006, de 21 de noviembre, del mismo órgano consultivo, en que el paciente se suicidó durante su permanencia en el centro hospitalario, igualmente en el baño y utilizando parte de su vestimenta, en este caso el pantalón del pijama. Sin embargo, el paciente no presentaba depresión ni ideas autolíticas, ni tenía antecedentes de tendencia al suicidio, y manifestó una buena evolución durante su estancia hospitalaria. El que se detectara el fallecimiento del paciente transcurridos apenas diez minutos desde su acaecimiento, se tiene incluso como una muestra de que era objeto de un seguimiento constante. El contraste entre ambos dictámenes da cuenta de la

En particular, a la hora de la valoración *ex post* de las medidas adoptadas con respecto a determinado paciente, juega un papel fundamental el riesgo concurrente de que pudiera incurrir en un intento autolítico, es decir, analizado en el momento en que se produjeron los hechos.

Al respecto, la jurisprudencia del TS, en las sentencias en las que el Alto Tribunal se ha enfrentado a este tipo de sucesos, apela a la necesidad de analizar la previsibilidad del intento de autolisis a la vista de los antecedentes del paciente, ya que, si atendidos estos, el conato resultara predecible, se podría reprochar a la Administración sanitaria la falta de adopción de medidas necesarias de atención y cuidado del enfermo. En tal supuesto, entiende el Alto Tribunal que la Administración sanitaria tendría el deber de vigilar cuidadosamente el comportamiento de quien se encuentra privado de una capacidad normal de discernimiento. En relación con ello, señala también que la conducta del paciente que ignora las medidas de seguridad no servirá para la ruptura del nexo causal cuando, debido a su alteración mental, fuera predecible que aquel se comportase creando riesgos que cualquier persona eludiría en condiciones de normalidad: «*pues si esa persona no se encuentra en tales condiciones de normalidad y ello es conocido por el servicio sanitario, este tiene el deber de vigilar cuidadosamente el comportamiento de quien se encuentra privado de una capacidad normal de discernimiento*»[104].

En la misma dirección, el CCCyL viene haciendo referencia a la procedencia de valorar «*la necesidad de adopción por la Administración sanitaria de específicas medidas de vigilancia, y ponderar si existe un deber especial de custodia, teniendo en cuenta la posible presencia de una ideación suicida más o menos estructurada*». De esta forma, la insuficiencia de las medidas de prevención adoptadas con respecto a un paciente que se halle en dicha situación de riesgo «*puede resultar un título de imputación a la Administración Pública correspondiente*»[105].

Para valorar esa situación previa, el CCCan toma en consideración el estado del paciente, «*su disponibilidad a tratamiento, la autocrítica de lo suce-*

---

importancia de atender a las circunstancias del caso para valorar este tipo de episodios.

104 SSTS 568/2007, de 5 de febrero, Rec. 4067/2003 [*Tol 1036676*] (FJ 4); 1656/2007, de 21 de marzo, Rec. 276/2003 [*Tol 1050747*] (FJ 4); 1655/2007, de 21 de marzo, Rec. 6151/2002 [*Tol 1050746*] (FJ 3), y 456/2001, de 27 de enero, Rec. 6360/1996 [*Tol 3956519*] (FJ 3).

105 CJ 5 DCCCyL 15/2022, de 22 de febrero.

dido y sus planes a corto plazo y la negación de ideación autolítica»[106]. En otras ocasiones, a la hora de apreciar una posible responsabilidad patrimonial de la Administración, apunta a la falta de constancia previa de incidentes que indicaran que podía producirse el fatal desenlace, a que «*la paciente hacía vida normal y en el momento de solicitar el alta voluntario no refiere ideas autolíticas, por lo que no se le obliga contra su voluntad al traslado forzoso porque no se encontró causa justificada para realizar una remisión hospitalaria contra su voluntad*»[107]. Asimismo, descarta la necesidad de adopción de medidas restrictivas de vigilancia y seguridad en relación con un paciente que «*no tenía antecedentes de tentativa autolítica ni de patología psiquiátrica, no precisaba de medicación ni de control psiquiátrico alguno y no presentaba un cuadro depresivo importante sino de carácter leve*»[108].

Por su parte, la CJAMad, haciendo suyos los criterios de la Inspección Médica, señala que la estimación del riesgo suicida se realiza mediante el juicio clínico del profesional, valorando los factores que concurren de modo particular en cada persona en un momento determinado de su vida, y ante eventos estresantes específicos[109]. En línea igualmente conducente a la desestimación de la reclamación patrimonial, el DCCMad valoró el hecho de que el enfermo no reuniera ninguno de los factores que pudieran incrementar el riesgo ante un alta hospitalaria, tuviera apoyo familiar y no presentara exclusión social ni adicción a sustancias tóxicas[110].

En cambio, la doctrina consultiva ha considerado que la actuación sanitaria no atendió debidamente a las circunstancias que demandaba el caso, requiriendo estas la adopción de medidas de seguimiento más estrecho, cuando, tras apreciarse en el Servicio de Urgencias sospechas fundadas de una situación clínica de carácter psicótico y remitirse al paciente al psiquiatra de guardia, este no realiza un análisis detallado de los síntomas aplicando un método de estudio acorde con la buena práctica de su especialidad basado en el Protocolo recomendado por el Ministerio de Sanidad para la

---

106 Remacha el órgano consultivo isleño que, «*En definitiva, en ese momento no existían indicios para apreciar "riesgo grave de daño inmediato o inminente para esa persona o para terceros" que justificaran un tratamiento en contra de su voluntad*». CJ 4 DCCCan 412/2020, de 14 de octubre.

107 DCCCan 65/2020, de 3 de marzo.

108 CJ 3 DCCCan 216/2018, de 17 de mayo.

109 DCJAMad 564/2020, de 15 de diciembre, antecedente de hecho tercero.

110 CJ 5 DCCMad 609/2013, de 11 de diciembre.

atención de pacientes en servicios de urgencia en hospitales[111]. Del mismo modo, se estimó que no se habían adoptado las medidas adecuadas desde un punto de vista clínico cuando lo procedente hubiera sido mantener el internamiento del afectado con la finalidad de efectuar un estudio más profundo de su estado mental, prescribiéndole un tratamiento adecuado al mismo, en vez de enviarlo enseguida a su casa sin un debido seguimiento o un control estrecho[112]. O cuando, a la vista de la situación clínica del paciente, se debió proceder a su ingreso cuando acudió al centro sanitario o, al menos, disponer un seguimiento particularmente intenso y exigente[113].

Dando un salto cualitativo, algunos precedentes han considerado que medidas adoptadas desde una perspectiva médica han podido incidir en un suicidio. Así, cuando se concede un permiso para pasar el fin de semana con la familia, precisamente como medida terapéutica, si, lejos de constituir dicha convivencia un elemento de estabilización, recuperación y apoyo en un contexto de recuperación psiquiátrica, constaba la aversión a dicho núcleo por parte de la paciente[114]. Por el contrario, también se han registrado casos en que los psiquiatras habían ido concediendo al paciente que había tenido previos intentos autolíticos, permisos de duración breve para comprobar el efecto de su vuelta a la normalidad, aprovechando alguno de ellos para ejecutar su ideación, sin que esa decisión médica se haya considerado reprochable[115]. Esta contraposición resulta demostrativa de la importancia de atender a las circunstancias del caso concreto en este tipo de sucesos.

Con respecto a la imputación de culpas, la doctrina consultiva no es dada a reconocer la del propio paciente accidentado en términos de ex-

---

111 CJ 5 DCCCan 17/2019, de 16 de enero. Concluye proclamando el dictamen: «*Cuando un psiquiatra no proporciona el apoyo y la atención que se esperan de él, y esto produce algún daño al paciente, puede responsabilizársele por negligencia médica. Al tratar los estados emocionales y mentales de las personas, los psiquiatras deben tener sumo cuidado cuando diagnostican los síntomas y prescriben un tratamiento. En algunos casos, la vida de un paciente puede estar en juego. Un diagnóstico erróneo relacionado con una condición médica podría tener consecuencias graves, como las tuvo en este caso*».

112 CJ 3 DCCCan 437/2006, de 15 de diciembre.

113 CJ 5 DCCCan 230/2006, de 19 de julio: «En otro caso, corresponde a la Administración asumir los riesgos derivados de sus propias actuaciones y pechar con los daños en su caso ocasionados, e inherentes a la postre a la propia situación originada por ella».

114 CJ 3 DCCCan 304/2007, de 3 de julio.

115 CJ 4 DCJAMad 379/2020, de 15 de septiembre.

clusividad (ruptura del nexo causal), puesto que, en general, no suelen apreciarse en él las condiciones para discernir adecuadamente las consecuencias de sus actos.

No obstante, se viene admitiendo la posibilidad de que su conducta actúe al menos como factor de moderación de la indemnización (compensación de culpas)[116]. Así, no faltan precedentes en los que la propia conducta del paciente (persona mayor de edad, no incapacitada, que porfía para que se le dé el alta voluntaria a pesar de que los facultativos insistían en la conveniencia de prorrogar la hospitalización) y de sus propios familiares (hija de la paciente que pone de manifiesto su aquiescencia con la voluntad de su madre, al considerar que se encuentra mejor) es tomada en consideración a la hora de descartar la responsabilidad patrimonial de la Administración[117].

Es más frecuente encontrar muestras de reparto de responsabilidades entre la Administración sanitaria y las personas que tenían a su cargo a un familiar. Así, por ejemplo, cuando debieron darse cuenta de que su comportamiento durante la estancia con su familia no era normal, lo que hubiera debido inducirles a poner tal circunstancia en conocimiento de los servicios de Psiquiatría que seguían tratando a la paciente, o cuando, junto a un alta hospitalaria inadecuada, igualmente se estima determinante del desenlace posterior el hecho de que la familia, conocedora de los riesgos ínsitos en que la paciente estuviera sola, no hubiera adoptado las medidas necesarias en el ámbito domiciliario para evitar que se materializara la autólisis[118].

Cuando el desenlace resulta luctuoso, la doctrina consultiva viene resaltando el peligro de desviarse de la prohibición de regreso y conmina a evitar una valoración de la actuación médica en mérito al resultado definitivo, y no conforme a las circunstancias que se daban en el momento de la intervención[119]. Asimismo, da cuenta de la dificultad de establecer un diagnóstico precoz cuando no existan pruebas diagnósticas perfecta-

---

116 FJ 7 STS 1656/2007, de 21 de marzo, Rec. 276/2003 [*Tol 1050747*].

117 CJ 3 DCCMad 557/2012, de 9 de octubre.

118 DCCCan. 178/2006, de 6 de junio.

119 CJ 3 DCCCan 65/2020, de 3 de marzo, y CJ 4 DCJAMad 564/2020, de 15 de diciembre. Este último señala que, «*cuando la reclamante considera que la efectiva producción del suicidio es una muestra de la equivocación del facultativo, en su error del abordaje asistencial, incurre ciertamente en la prohibición de regreso, ya que tiene en cuenta acontecimientos posteriores desconocidos en el momento de la actuación desencadenante del daño*».

mente objetivables que puedan demostrar inequívocamente si existe o no patología subyacente, y de la dificultad que demuestra en la práctica el abordaje de los pacientes, que pueden ocultar la ideación suicida «*aun cuando... sean interrogados por el profesional correspondiente de forma hábil, correcta y adecuada*»[120].

2) Deficiencias en el funcionamiento de los servicios

Junto a estos precedentes en los que el enjuiciamiento de los hechos gira claramente en torno a la corrección de la asistencia médica prestada, y en tal sentido deben ser evaluados desde el punto de vista de la *lex artis ad hoc*, encontramos otros, si bien excepcionales, en los que la petición indemnizatoria se relaciona con deficiencias en las instalaciones o en las medidas de seguridad adoptadas, que los reclamantes consideran determinantes, bien con exclusividad, bien de forma concurrente, de la causación del letal resultado.

Dentro del primer grupo puede situarse la STS de 15 de julio de 1991, referida a un supuesto en que, no siendo posible la convivencia de la paciente con otras personas hospitalizadas en su misma habitación, fue trasladada a otra individual determinando que, por la falta de medidas de seguridad de esta última estancia, la enferma pudiera precipitarse por la ventana[121].

En otras ocasiones, esa deficiencia de los medios instaurados hospitalariamente converge con otras causas de carácter estrictamente médico. Es el caso de la ya citada STS de 21 de marzo de 2007, que alude entre los aspectos que determinan la condena patrimonial de la Administración sanitaria a que la habitación en la que estaba ingresado el paciente en situación de riesgo de autolisis carecía de medidas de especial protección en las ventanas[122]. Igualmente, en el DCCCan de 11 de febrero de 2016, se destaca que, a pesar del luctuoso final, el centro contaba con medidas de seguridad

---

120 CJ 4 DCJAMad 481/2020, de 27 de octubre. En el caso, el paciente había acudido a terapia la misma mañana del día en que acaecieron los hechos y nada había hecho sospechar sus ocultos propósitos. El dictamen de referencia apunta como elementos a considerar a la hora de anticipar la ideación suicida, a los antecedentes personales y familiares, la evaluación del nivel de conciencia, la capacidad mental y competencia para tomar decisiones del afectado, la presencia de enfermedades mentales graves y el estado de ánimo del paciente.

121 STS 4177/1991, de 15 de julio, Rec. 101/1987 [*Tol 2423966*].

122 FJ 6 STS 1656/2007, de 21 de marzo, Rec. 276/2003 [*Tol 1050747*].

tales como puertas de entrada y salida imantadas y con control remoto de apertura, cámara de seguridad, ventanas de apertura limitada y redes de seguridad en el hueco de la escalera central del edificio[123].

También se aprecia un defecto logístico en el funcionamiento de un hospital cuando, a un enfermo con reconocido y reiterado pensamiento obsesivo, varias veces por minuto, de desear irse, con hipocondría y heteroagresividad, se le traslada de la Unidad de Internamiento Breve destinada al tratamiento de usuarios con trastornos mentales en fase aguda, en que estaba inicialmente ingresado, a otra planta, por no contar con camas suficientes en aquella unidad ante la llegada de un nuevo paciente[124]. Igualmente trasciende del ámbito estrictamente médico el supuesto en que, a unos padres, a pesar de su insistencia, no se les permitió permanecer con su hija (con antecedentes de fuga de centros especializados) en el Servicio de Urgencias de un hospital mientras esperaba a ser atendida, aprovechando el descuido en su vigilancia para escapar del mismo y consumar el suicidio[125].

Apunta también a la problemática de la seguridad de las ventanas el DCJAMad 144/2020, aunque en este caso no se tratara propiamente de una autolisis, sino de un padre que se precipitó desde la ventana de la habitación del hospital con su hija en sus brazos, produciéndose la muerte de esta. Sin embargo, al tratarse de una habitación no destinada a un enfermo psiquiátrico, y ser necesaria la apertura para favorecer la ventilación, el órgano consultivo no estimó concurrente la responsabilidad patrimonial administrativa[126].

VII. LA PRESERVACIÓN DEL HISTORIAL CLÍNICO

Los deberes de preservación y custodia del historial clínico han dado lugar a una variada casuística en materia de responsabilidad patrimonial.

---

123 CJ 2 DCCCan 38/2016, de 11 de febrero.

124 CJ 4 DCCCan 627/2011, de 17 de noviembre. A juicio del órgano consultivo, «*la insuficiencia de camas no puede ser el argumento para que este paciente fuese trasladado sin asumir, al hacerlo, el riesgo de los daños que se pudiera hacer a sí mismo o a terceros en el intento de salir, con ausencia de vigilancia específica y en un entorno favorable, de plasmar su idea obsesiva de quererse marchar y reafirmar, a ese fin, que no estaba enfermo*».

125 CJ 4 DCCCan 300/2011, de 6 de mayo.

126 CJ 4 DCJAMad. 144/2020, de 19 de mayo.

Al respecto, conviene deslindar dos vertientes diferenciables. Por una parte, la pérdida, deterioro o falta de completitud del historial clínico tiene repercusiones desde el punto de vista probatorio, vinculadas fundamentalmente al principio de facilidad probatoria[127]. La Sentencia del Tribunal Constitucional (TC) 165/2020, de 16 de noviembre, precisamente en relación con un supuesto en que no se había aportado al procedimiento judicial la documentación de la que podía derivarse una desatención médica en la que encontraba sustento la reclamación patrimonial de los familiares del paciente fallecido, destacó que su falta de aportación por la Administración sanitaria había infringido el derecho a la tutela judicial efectiva sin indefensión y a un proceso con todas las garantías, en su vertiente de igualdad de armas procesales (art. 24.1 y 2 CE)[128].

De esta forma, cuando la Administración sanitaria no aporte datos o documentación que debieran figurar en el historial clínico, se le hace pechar con las consecuencias de esa omisión a tenor de lo dispuesto en el artículo 217.7 de la Ley 1/2000, de 7 de enero, de Enjuiciamiento Civil, produciéndose la inversión de la carga de la prueba[129]. Son numerosas las sentencias dictadas por la jurisdicción contencioso-administrativa en dicho sentido, tal y como se explica por MANENT, HERNÁNDEZ VILLALÓN y ALBERO, BOIX y GARCÍA-TREVIJANO con mayor detenimiento en otras partes de la obra (caps. 4, 16 y 28, págs. 325 a 333, 1084 a 1087 y 2042 a 2044).

La aplicación de esta doctrina no es, sin embargo, automática. De hecho, la experiencia demuestra que no entrará en juego cuando otros medios de prueba (normalmente, incluidos en el expediente administrativo)

---

127 GALLARDO CASTILLO, María Jesús (2021), *Responsabilidad patrimonial de la Administración sanitaria, op. cit.* pág. 73, señala que la completitud y disponibilidad de la historia clínica está ligada al derecho fundamental del paciente a utilizar los medios de prueba pertinentes para su defensa (art. 24.2 CE). Como enseguida veremos, se trata de una línea seguida por el TC.

128 Según la sentencia, al FJ 4, el principio de facilidad probatoria no sería de aplicación en dos supuestos excepcionales: cuando concurra una imposibilidad material, y no una negativa injustificada, de aportación del medio probatorio por parte de la Administración, y cuando el deber de custodia del documento esté sujeto a un plazo normativo, y este se haya superado en la fecha en la que se solicita el documento por la otra parte.

129 Esta figura se aplica también, en el ámbito sanitario, a los supuestos de daño desproporcionado y a las infecciones producidas en el ámbito hospitalario. Al respecto, vid. los capítulos correspondientes de esta obra.

permitan evaluar el ajuste de la actuación médica a las exigencias de la *lex artis*[130].

Es, sin embargo, la segunda vertiente, relacionada con los perjuicios que ocasionan directamente a los interesados las deficiencias producidas en la custodia o preservación del historial clínico, la que nos interesa. Al respecto, ha de tenerse en cuenta que la Ley 41/2002, de 14 de noviembre, básica reguladora de la autonomía del paciente y de derechos y obligaciones en materia de información y documentación clínica (LAP), define la historia clínica como el conjunto de documentos que contienen los datos, valoraciones e informaciones de cualquier índole sobre la situación y la evolución clínica de un paciente a lo largo del proceso asistencial (art. 3)[131]. En su articulado encontramos disposiciones relativas a su archivo y preservación (art. 14), al acceso a la misma y su utilización (art. 16, destacando el deber de secreto de quienes accedan a ella), al deber de conservación (que debe hacerse en condiciones que garanticen su correcto mantenimiento y seguridad, art. 17) y a su custodia (art. 19)[132].

En cuanto a la posibilidad de fijar un plazo máximo para dicha conservación, resultó avalada por la STS de 21 de junio de 2004, dictada en relación con el Decreto 45/1998, de 17 de marzo del Gobierno Vasco, por el que se establece el contenido y se regula la valoración, conservación y

---

130 En este sentido, el documentado estudio de SÁNCHEZ GARCÍA, Marta María (2016): «La responsabilidad patrimonial de la Administración sanitaria derivada del extravío de la historia clínica: la visión de los tribunales de Justicia», *Derecho y Salud*, vol. 26, núm. 2, págs. 87 a 101. La autora da cuenta de que, en casos excepcionales, se han tomado en consideración medios de prueba que no estaban incluidos en la historia clínica.

131 Conforme al art. 14.1 LAP, la historia clínica comprenderá el conjunto de documentos relativos a los procesos asistenciales de cada paciente, con la identificación de los médicos y de los demás profesionales que han intervenido en ellos, con el objeto de obtener la máxima integración posible de la documentación clínica de cada usuario, al menos, en el ámbito de cada centro.

132 Las legislaciones autonómicas también inciden en la materia, aumentando el contenido mínimo de la historia clínica que viene establecido en el art. 15.2 LAP, o estableciendo garantías adicionales. Es el caso, por ejemplo, de la Ley 21/2000, de 29 de diciembre, sobre los derechos de información concerniente a la salud y la autonomía del paciente, y la documentación clínica (Generalidad de Cataluña); de la Ley 1/2003, de 28 de enero, de la Generalidad, de derechos e Información al paciente de la Comunidad Valenciana, actualmente regulados en la Ley 10/2014, de 30 de diciembre, de la Generalidad, de salud pública de la Comunidad Valenciana, que la deroga, o del Decreto 101/2005, de 22 de diciembre, por el que se regula la historia clínica (Castilla y León).

expurgo de los documentos del registro de actividades clínicas de los servicios de urgencia de los hospitales y de las historias clínicas hospitalaria[133]. Asimismo, ha de tenerse en cuenta que el plazo de cinco años a que apela con carácter general el art. 17 LAP, no quiere decir que transcurrido dicho término se deba proceder a su cancelación o a su supresión, toda vez que su conservación tiene como finalidad prestar la debida asistencia al paciente durante el tiempo que sea adecuado a cada caso (SAN de 14 de junio de 2021[134]).

El acceso de terceros no autorizados al historial clínico puede dar origen a la indemnización por los daños morales inferidos a la persona afectada, tal y como revela la STSJ de Galicia 821/2023, de 14 de noviembre, (Rec. 373/2023, TOL9.795.957). No obstante, el que se haya considerado que el derecho de acceso que ostenta el titular del historial clínico desde el punto de vista de la protección de datos de carácter personal (art. 13 de la Ley Orgánica 3/2018, de 5 de diciembre, de Protección de Datos Personales y garantía de los derechos digitales), no constituye una vía para conocer la identidad de las personas que hayan accedido indebidamente a dicho historial (SAN de 10/1/2024, Rec. 223/2022 [*Tol 9848639*]), determina cierta dificultad para conocer los accesos inconsentidos.

Se ha planteado también la posible lesión a los derechos fundamentales al honor y a la intimidad a consecuencia de la inclusión de determinada información en los historiales clínicos. Al respecto, señaló el CCMad que «*los datos sobre la salud de un paciente afectan a su esfera más personal e íntima, por lo que su conocimiento por terceras personas puede atentar gravemente contra su intimidad*»[135].

Asimismo, en la reclamación que dio lugar al dictamen del mismo órgano consultivo 514/2012, los familiares del paciente fallecido lamentaron que, en el informe del servicio médico que le atendió, se hiciera constar que había sido traído por una ambulancia desde un domicilio sin ser acompañado por nadie, así como que su «*aspecto es bastante descuidado y sucio e impresiona de vivir en la calle y de consumo de alcohol*». Esta mención, además, fue objeto de difusión, puesto que, tras varios días de ingreso inicial en un centro hospitalario que no se correspondía con su domicilio habitual, fue trasladado a otro de su zona de procedencia con remisión, entre otra documentación, del referido informe médico.

---

133 STS 4293/2004, de 21 de junio, Rec. 2837/2002 [*Tol 484061*].

134 SAN 2412/2021, de 14 de junio, Rec. 1061/2018 [*Tol 8491455*].

135 CJ 5 DCCMad 464/2011, de 7 de septiembre.

El primer aspecto abordado en dicho dictamen se refería a la legitimación pasiva de los familiares del finado. Al respecto, se acudió a la doctrina sustentada en la STC 190/1996, de 25 de noviembre, en la que se consideró que la atribución de una posible adicción a las drogas a una persona ya fallecida no se limitaba a la difamación de la persona a la que se refería la imputación, al alcanzar también a las de su ámbito familiar con las que guardaba una relación estrecha. En dicho sentido, sostuvo el Alto Tribunal que «*no cabe dudar que ciertos eventos que puedan ocurrir a padres, cónyuges o hijos, tienen normalmente, y dentro de las pautas culturales de nuestra sociedad, tal trascendencia para el individuo, que su indebida publicidad o difusión incide directamente en la propia esfera de su personalidad*»[136].

Pese a esa consideración inicial en el sentido de que la información recogida en el informe médico de referencia podía afectar al honor del paciente y de su núcleo familiar, el dictamen de referencia rechazó la reclamación patrimonial al considerar, por una parte, que en la valoración preliminar de un paciente, en la que se insertaba el informe controvertido, se pueden incluir aquellos comentarios subjetivos sobre la impresión clínica del mismo que se estimen relevantes para su posterior diagnóstico, entre ellos los relativos a aspectos sociales, y que, en propiedad, la entrega del informe al centro al que se trasladó al paciente no constituía una cesión de datos a terceros no autorizados para el tratamiento, sino al personal sanitario de otra comunidad autónoma, que iba a continuar con la asistencia sanitaria y estaba constreñido por el deber de secreto profesional y el respeto de la normativa de protección de datos de carácter personal[137].

Como se puede observar, las deficiencias en la gestión del historial clínico presentan también una importante repercusión desde el punto de vista de la protección de los datos de carácter personal[138]. Y es que, tal como ha sido proclamado por la Audiencia Nacional[139], los datos relativos a la salud que se incluyen en la historia clínica son de carácter personal, lo que

---

136 FJ 2 STC 190/1996, de 3 de enero de 1997, con cita de la STC 231/1988, de 2 de diciembre.:

137 CJ 6 DCCMad 514/2012, de 19 de septiembre.

138 Sabido es que, el dictado de la STC 292/2000, de 30 de noviembre [*Tol 2772*, determinó su configuración como derecho fundamental consistente «*en un poder de disposición y de control sobre los datos personales que faculta a la persona para decidir cuáles de esos datos proporcionar a un tercero, sea el Estado o un particular, o cuáles puede este tercero recabar, y que también permite al individuo saber quién posee esos datos personales y para qué, pudiendo oponerse a esa posesión o uso*» (FJ 7).

139 FJ 4 SAN 60/2018, de 9 de febrero, Rec. 605/2016 [*Tol 6528497*].

obliga a tener en cuenta la normativa reguladora de protección de ese derecho fundamental, y, además, son datos especialmente protegidos[140]. Ello explica que la Agencia Española de Protección de Datos (AEPD), en relación con una historia clínica perdida en una mudanza realizada por un centro sanitario, amonestara al Servicio Andaluz de Salud por no disponer de medidas técnicas y organizativas que garantizaran un nivel adecuado de seguridad[141].

Ello no obsta para que, en ocasiones, se haya dispensado a la Administración de la responsabilidad por la cesión de datos personales. Ello ocurre, verbigracia, en relación con la solicitud del historial clínico por parte de un órgano jurisdiccional, cesión de datos personales que el TSJ Cataluña entiende avalada por la obligación de cumplir los mandatos de jueces y tribunales dictados en el ejercicio de sus funciones *ex* arts. 118 CE y 17 de la Ley Orgánica 6/1985, de 1 de julio, del Poder Judicial[142].

De particular interés, aunque no se pronuncie en propiedad sobre el derecho a ser indemnizado, es la STSJ de Madrid de 13 de mayo de 2019, en la que se planteó la necesidad del consentimiento de la persona a que se refiere determinada historia clínica para que esta fuera aportada a un procedimiento de responsabilidad patrimonial instado por un tercero. La resolución judicial, deslindado la necesidad de consentimiento del afectado para la incorporación de su historial de la legitimación para reclamar, exige que aquel sea solicitado por la Administración responsable del tratamiento en el curso del procedimiento de responsabilidad patrimonial,

---

140 Ya lo eran conforme a la Ley Orgánica 15/1999, de 13 de diciembre, de protección de datos de carácter personal, en su art. 7.3. En dicho sentido, *verbigracia*, la Resolución R/01441/2014, de 25 de julio de 2014, de la Agencia Española de Protección de Datos [*Tol 4479893*]. Actualmente, el Reglamento General de Protección de Datos [Reglamento (UE) 2016/679 del Parlamento Europeo y del Consejo de 27 de abril de 2016 relativo a la protección de las personas físicas en lo que respecta al tratamiento de datos personales y a la libre circulación de estos datos y por el que se deroga la Directiva 95/46/CE], incluye los datos relativos a la salud entre las categorías especiales de datos (art. 9.1).

141 Resolución de 16 junio 2020, Procedimiento nº: PS/00443/2019. DE LORENZO APARICI, Ricardo (2021): «Sanciones en el ámbito sanitario», en DAVARA FERNÁNDEZ DE MARCOS, Elena y Laura (coords.), *Análisis práctico de sanciones en materia de protección de datos —divididas por conceptos y sectores—*, Aranzadi, Cizur Menor (Navarra), 1ª ed., págs. 173 y ss., da cuenta de una serie de resoluciones sancionadoras de la AEPD, no siempre impuestas en relación con la sanidad pública, a resultas del indebido manejo de datos personales de carácter sanitario.

142 FJ 2 STSJ de Cataluña 77/2016, de 2 de febrero, Rec. 407/2013 [*Tol 574926*].

y no exigido a los reclamantes a título de carga para la admisión de su reclamación[143].

VIII. OTROS SUPUESTOS

El capítulo de actuaciones administrativas que son susceptibles de determinar la responsabilidad patrimonial de la Administración sanitaria por deficiencias en el funcionamiento del servicio público de tal carácter no se agota con las que han centrado nuestra atención. Algunas son objeto de consideración especial en otros capítulos de la obra y otras, por su excepcionalidad o menor importancia, deben ser objeto de una atención secundaria por nuestra parte.

Entre ellas, cabe citar los supuestos de utilización de productos defectuosos, analizada por HERNÁNDEZ VILLALÓN en el cap. 22 (págs. 1692 a 1698), que han centrado la atención de la jurisprudencia en las SSTS de 23 de febrero de 2022 y 1 de diciembre de 2021 (esta última en relación con productos que habían sido objeto de alerta por su toxicidad)[144].

Igualmente, son objeto de tratamiento específico, por MANENT y TAJUELO, en el cap. 21 (págs. 1543 a 1596), las infecciones y contagios por transfusiones de sangre, que, en ocasiones, pueden estar relacionados con una carencia de medios por la Administración sanitaria.

Otros supuestos más episódicos, estudiados por FLIQUETE en el cap. 15 (págs. 1010 y 1011), se relacionan con la falta de derivación a otros centros, que puede dar lugar a una pérdida de oportunidad, o con la falta de coordinación objetiva del servicio (SAN de 25 de octubre de 2006 y STJSJ Comunidad Valenciana de 2 de marzo de 2009[145]).

No faltan tampoco los casos exóticos, como aquel que se relacionó con el sacrificio de un animal que había convivido con una enferma de Ébola, lo que determinó que aquél constituyera un riesgo para la transmisión del virus, que exigió su sacrificio (DCCMad de 28 de enero de 2015[146]).

---

143 FFJJ 7 y 8 STSJ de Madrid 377/2019, de 13 de mayo, Rec. 90/2018 [*Tol 7607587*].

144 SSTS 818/2022, de 23 de febrero, Rec. 2560/2021 [*Tol 8833279*], y 1423/2021, de 1 de diciembre, Rec. 6479/2020 [*Tol 8692044*].

145 SAN de 4962/2006, de 25 de octubre, Rec. 759/2005 [*Tol 1017471*], y STJSJ de la Comunidad Valenciana 327/2009, de 2 de marzo, Rec. 562/2007 [*Tol 1802417*].

146 DCCMad. 24/2015, de 28 de enero

Bibliografía

AZAGRA SOLANO, Miguel (2011): «La Jurisdicción Social ante el reintegro de gastos sanitarios: cuestiones actuales», *Derecho y Salud*, vol. 21, núm. extraordinario 2011

ASTRID MUÑOZ GUIJOSA, María (2012): «Sobre el carácter objetivo de la responsabilidad patrimonial administrativa. Antijuridicidad y atención al tipo de funcionamiento administrativo», *Revista de Administración Pública*, núm. 187

BLANQUER CRIADO, David (1997): «La responsabilidad patrimonial de las Administraciones Públicas, *Ponencia Especial de Estudios del Consejo de Estado*, Instituto Nacional de Administración Pública, Madrid

BLANQUER CRIADO, David (2020): *La responsabilidad patrimonial en tiempos de pandemia (los poderes públicos y los daños por la crisis de la COVID-19*, Tirant lo Blanch, Valencia

DE LORENZO APARICI, Ricardo (2021): «Sanciones en el ámbito sanitario», en DAVARA FERNÁNDEZ DE MARCOS, Elena, y DAVARA FERNÁNDEZ DE MARCOS, Laura (coords.), *Análisis práctico de sanciones en materia de protección de datos —divididas por conceptos y sectores—*, Aranzadi, Cizur Menor (Navarra)

DOMÉNECH PASCUAL, Gabriel (2010): «Responsabilidad patrimonial de la Administración por actos jurídicos ilegales. ¿Responsabilidad objetiva o por culpa?», *Revista de Administración Pública*, núm. 183

GALLARDO CASTILLO, MARÍA JESÚS (2021): *Administración sanitaria y responsabilidad patrimonial*, Colex, La Coruña

GONZÁLEZ PÉREZ, JESÚS (2016): «*Responsabilidad patrimonial de las Administraciones Públicas*», Civitas, Madrid

GRAU GRAU, Ignacio (2017): «*La responsabilidad patrimonial sanitaria: Aspectos procesales*», Bosch, Las Rozas (Madrid), 6ª ed.

GUERRERO ZAPLANA, José (2003): *Las reclamaciones por la defectuosa asistencia sanitaria*, Lex Nova, Valladolid

HURTADO DÍAZ-GUERRA, Isabel (2018): *El daño moral en la responsabilidad patrimonial sanitaria*, Tirant lo Blanch, Valencia

SÁNCHEZ GARCÍA, Marta María (2016): «*La responsabilidad patrimonial de la Administración sanitaria derivada del extravío de la historia clínica: la visión de los tribunales de Justicia*», Derecho y Salud, Volumen 26, núm. 2

PARTE V

RESPONSABILIDAD PATRIMONIAL EN TIEMPOS DE PANDEMIA

Capítulo 25

Responsabilidad patrimonial sanitaria por adopción de medidas para frenar la COVID-19 (I)

Nuria Portell Salom

Abogada del Área de Derecho Público de Broseta Abogados

Profesora asociada de Derecho administrativo de la Universitat de València

I. SITUACIÓN DE CRISIS SANITARIA Y MEDIDAS ADOPTADAS POR LA ADMINISTRACIÓN

El coronavirus **SARS-CoV-2** ha causado una crisis sanitaria sin precedentes a nivel mundial. Los efectos sobre la vida y la salud de las personas han sido devastadores, por no hablar del negativo impacto que ha supuesto en términos sociales y económicos.

Detectado por primera vez en China el 31 de diciembre de 2019, el 30 de enero de 2020 el Comité de Emergencias del Reglamento Sanitario Internacional declaró el brote como una emergencia de salud pública de importancia internacional; y el 11 de marzo de 2020, la Organización Mundial de la Salud (OMS) elevó la situación de emergencia de salud pública a pandemia internacional.

La COVID-19, enfermedad causada por el mencionado virus, obligó a los poderes públicos a tomar medidas de forma urgente para hace frente y dar respuesta a los riesgos que suponía para la salud de la población.

En este marco, es fácil entender que cobre especial importancia la institución de la responsabilidad patrimonial. Si la respuesta de la Administración Pública no logra el objetivo pretendido, o si sencillamente no hay respuesta alguna por su parte, cabe plantearse si todos aquellos que han visto sus bienes y derechos lesionados, pueden exigir el derecho a ser indemnizados.

Sin duda, a la hora de resolver esta cuestión, van a tener un papel relevante los efectos provocados por nuestro sistema sanitario. No puede ignorarse que el Sistema Nacional de Salud (SNS), ya antes de la pandemia estaba falto de medios, mostraba notables carencias a la hora de trabajar de forma coordinada con otros subsistemas, y no apostaba lo suficiente por invertir en investigación. Sin duda alguna, un sistema sanitario fuerte podría haber dado mejores respuestas a una crisis sanitaria como la que ha supuesto la COVID-19.

Es necesario preguntarse, pues, hasta qué punto y en qué momento las autoridades españolas fueron conocedoras de la magnitud de la crisis sanitaria que iba a llegar y, por tanto, hasta qué punto, y en qué momento, debieron haber dotado al SNS con los medios necesarios.

Independientemente de ello, cabe también analizar el papel que han jugado las Administraciones Públicas (AAPP) durante la crisis. Básicamente, hay que prestar atención al compendio de disposiciones normativas que se han ido dictando desde que, en marzo de 2020, se declarara el estado de alarma. Podemos adelantar que se trata de un marco normativo dictado con urgencia, para atender las complejas necesidades a las que en cada momento era necesario dar respuesta, por lo que no siempre disfruta de los niveles de calidad normativa que hubieran sido deseables.

Las medidas más importantes que se aprobaron para dar respuesta a la situación de crisis sanitaria fueron las siguientes:

i. El RD 463/2020, de 14 de marzo[1], por el que se declaró el estado de alarma para gestionar la situación de crisis sanitaria ocasionada por la COVID-19 (REDEA)[2].

---

[1] El estado de alarma fue prorrogándose en diversas ocasiones. La última de ellas fue la operada por el RD 555/2020, de 5 de junio. Este RD señalizó su finalización el 21 de junio de 2020.

[2] Muchas de las medidas contempladas en el REDEA son las previstas en art. 11 de la Ley Orgánica 4/1981, de 1 de junio, de los estados de alarma, excepción y sitio (LOAES). En particular, La LOAES permite, previa declaración del estado de

Su art. 8 habilitó a las autoridades competentes para practicar requisas temporales e imponer la realización de prestaciones personales obligatorias. Por su parte, el art. 12 adoptó un conjunto de acciones dirigidas a reforzar el SNS en todo el territorio nacional[3]. Por otro lado, el art. 13 señaló un cómputo de acciones para asegurar el suministro de bienes y servicios necesarios para la protección de la salud pública[4].

ii. La Orden SND/232/2020, de 15 de marzo, por la que se adoptaron medidas en materia de recursos humanos y medios para la gestión de la situación de crisis sanitaria ocasionada por la COVID-19[5].

---

alarma: i) practicar requisas; ii) intervenir y ocupar transitoriamente industrias; iii) o limitar el consumo de artículos de primera necesidad.

3 De acuerdo con el art. 12 REDEA, las medidas tendentes a reforzar el SNS fueron las siguientes: i) la obligación de todas las autoridades sanitarias civiles de quedar bajo las órdenes directas de la persona titular del Ministerio de Sanidad en cuanto fuera necesario para la protección de personas, bienes y lugares, pudiendo imponerles servicios extraordinarios por su duración o por su naturaleza; ii) la carga de mantener, por parte de las AAPP autonómicas y locales, el normal funcionamiento de los servicios sanitarios y; iii) la posibilidad de ordenar, en todo el territorio nacional, todos los medios técnicos y personales, de acuerdo con las necesidades que se pusieran de manifiesto en la gestión de esta crisis sanitaria.

4 Con el fin de asegurar el suministro de bienes y servicios necesarios para proteger la salud pública, el art. 13 REDEA facultó a la persona titular del Ministerio de Sanidad para: i) impartir las órdenes que fueran necesarias en este sentido; ii) intervenir y ocupar transitoriamente industrias, fábricas, talleres, explotaciones o locales de cualquier naturaleza, incluidos los centros, servicios y establecimientos sanitarios de titularidad privada, así como aquellos que desarrollasen su actividad en el sector farmacéutico y; iii) practicar requisas temporales e imponer prestaciones personales.

5 Entre los objetivos de la Orden SND/232/2020 estaba garantizar la existencia de profesionales suficientes para prestar adecuadamente asistencia sanitaria a la población. A tal efecto contempló la posibilidad de contratar profesionales sanitarios sin especialidad, dedicados a funciones sindicales, pendientes de realización de prácticas o en formación, así como a estudiantes de los grados de medicina y enfermería. También permitió que las CCAA, en caso de no poder ofrecer una atención sanitaria adecuada con los medios materiales y humanos que tuvieran adscritos, dispusieran a su favor los centros y establecimientos sanitarios privados y de su personal, así como el de las Mutuas de accidentes de trabajo. Finalmente, se habilitó a las CCAA para que pudieran habilitar espacios para uso sanitario en locales públicos o privados que reuniesen las condiciones necesarias para prestar atención sanitaria, ya fuera en régimen de consulta o de hospitalización.

iii. La Orden SND/265/2020, de 19 de marzo, de adopción de medidas relativas a las residencias de personas mayores y centros sociosanitarios, ante la situación de crisis sanitaria ocasionada por la COVID-19.

iv. La Orden SND/275/2020, de 23 de marzo, por la que se establecieron medidas complementarias de carácter organizativo, así como de suministro de información en el ámbito de los centros de servicios sociales de carácter residencial en relación con la gestión de la crisis sanitaria ocasionada por la COVID-19.

v. La Orden SND/276/2020, de 23 de marzo, por la que se establecieron obligaciones de suministro de información, abastecimiento y fabricación de determinados medicamentos[6].

vi. La Orden SND/293/2020, de 25 de marzo, por la que se establecieron condiciones a la dispensación y administración de medicamentos en el ámbito del SNS, ante la situación de crisis sanitaria ocasionada por la COVID-19.

vii. La Orden SND/295/2020, de 26 de marzo, por la que se adoptaron medidas en materia de recursos humanos en el ámbito de los servicios sociales ante la situación de crisis ocasionada por el COVID-19.

viii. El RD-ley 9/2020, de 27 de marzo, por el que se adoptaron medidas complementarias, en el ámbito laboral, para paliar los efectos derivados de la COVID-19[7].

ix. La Orden SND/310/2020, de 31 de marzo, por la que se establecieron como servicios esenciales determinados centros, servicios y establecimientos sanitarios[8].

---

6 La Orden SND/276/2020 permitió que la persona titular del Ministerio de Sanidad pudiera ordenar la priorización de la fabricación de los medicamentos que la propia norma consideraba esenciales para la gestión de la crisis sanitaria ocasionada por la COVID-19.

7 El RD-ley 9/2020 consideró servicios esenciales, cualquiera que fuese su titularidad —pública o privada o el régimen de gestión— de los centros, servicios y establecimientos sanitarios que determinase el Ministerio de Sanidad, así como los centros sociales de mayores, personas dependientes o personas con discapacidad. De conformidad con su carácter esencial, estos establecimientos debieron mantener su actividad, pudiendo únicamente reducir o suspender la misma parcialmente en los términos en que así lo permitieran las autoridades competentes.

8 La Orden SND/310/2020 concretó qué centros, servicios y establecimientos merecieron la consideración de esenciales a los efectos del RD-ley 9/2020. También

x. La Orden SND/344/2020, de 13 de abril, por la que se establecieron medidas excepcionales para el refuerzo del SNS y la contención de la crisis sanitaria ocasionada por la COVID-19[9].

xi. El Plan para la transición hacia una nueva normalidad, aprobado por el Consejo de Ministros el 28 de abril de 2020[10].

xii. El RD-ley 21/2020, de 9 de junio, de medidas urgentes de prevención, contención y coordinación para hacer frente a la crisis sanitaria ocasionada por la COVID-19[11].

xiii. El RD-ley 29/2020, de 29 de septiembre, de medidas urgentes en materia de teletrabajo en las AAPP y de recursos humanos en el SNS para hacer frente a la crisis sanitaria ocasionada por la COVID-19.

xiv. El RD 962/2020, de 25 de octubre, por el que se declaró un segundo estado de alarma en todo el ámbito del territorio nacional por un periodo inicial de 14 días.

---

dispuso, para los servicios no esenciales, que debían paralizar toda actividad que implicase algún tipo de desplazamiento. Complementariamente, previó, para el caso de que no pudieran prestar asistencia sanitaria de forma adecuada con sus medios materiales y humanos, que las CCAA pudieran tener a su disposición los centros y establecimientos sanitarios privados, así como su personal.

9 La Orden SND/344/2020 puso a disposición de las CCAA los centros, servicios y establecimientos sanitarios de diagnóstico clínico de titularidad privada que no estuvieran prestando servicios en el SNS, así como su personal.

10 En el acuerdo del Consejo de Ministros, de 28 de abril de 2020, se establecieron los principales parámetros e instrumentos para el levantamiento de las medidas establecidas en el REDEA. Su objetivo fundamental consistió en recuperar paulatinamente la vida cotidiana y la actividad económica, minimizando el riesgo que representaba la epidemia para la salud de la población y evitando que las capacidades del SNS puedan desbordarse. El Plan para la Transición hacia una Nueva Normalidad se articuló en cinco fases. Estas fueron desde la Fase 0, o de preparación de la desescalada, hasta la denominada de Nueva normalidad. En cada una de estas fases se permitía, progresivamente, la apertura de las actividades económicas, si bien con limitaciones de aforo adaptadas a la evolución de la crisis, y siempre manteniendo medidas de seguridad y distancia.

11 El RD-ley 21/2020 mantuvo determinadas medidas de prevención e higiene, entre otras, el uso obligatorio de mascarillas. También estableció la obligación de garantizar la adopción de las medidas organizativas, de prevención y de higiene para asegurar el bienestar de personal empleado y pacientes, así como: la disponibilidad de los materiales de protección necesarios en las ubicaciones pertinentes; la limpieza y desinfección de las áreas utilizadas y la eliminación de residuos: y mantenimiento adecuado de los equipos e instalaciones.

xv. El RD 956/2020, de 3 de noviembre, prorrogó el estado de alarma hasta las 00:00 horas del día 9 de mayo de 2021[12].

II. RESPONSABILIDAD PATRIMONIAL EN EL MARCO DEL ESTADO DE ALARMA

Como hemos indicado en el epígrafe anterior, el conjunto de normas y medidas adoptadas por los poderes públicos para dar una respuesta a la crisis parte del REDEA, por el que se declaró el estado de alarma.

Esta singularidad nos remite al art. 3.2 de la Ley Orgánica 4/1981, de 1 de junio, de los estados de alarma, excepción y sitio (LOAES). De acuerdo con este precepto «quienes como consecuencia de la aplicación de los actos y disposiciones adoptadas durante la vigencia de estos estados sufran, de forma directa, o en su persona, derechos o bienes, daños o perjuicios por actos que no les sean imputables, tendrán derecho a ser indemnizados de acuerdo con lo dispuesto en las leyes».

De la lectura del art. 3.2 LOAES se desprenden dos consecuencias: por un lado, que la pandemia no va a impedir que los ciudadanos sean indemnizados por los daños causados por las medidas adoptadas para frenar la COVID-19 (indemnización); por otro, que las eventuales reclamaciones se canalizarán por las instituciones previstas en nuestro ordenamiento jurídico (remisión normativa).

i. *Indemnización*

El art. 3.2 LOAES reconoce el derecho a la indemnización por los actos y disposiciones que la Administración haya adoptado una vez declarado el estado de alarma.

Aunque el art. 3.2 LOAES no se refiera a la responsabilidad por inactividad, ello no significa que no pueda reclamarse a la Adminis-

12 El RD 956/2020 habilitó a las CCAA para dictar, por delegación del Gobierno de la Nación, órdenes, resoluciones y disposiciones como el establecimiento de limitaciones a la libertad de circulación en horario nocturno (entre las 23.00 P.M. y las 6.00 A.M.); la restricción de la entrada y salida de personas del territorio de cada CCAA; y la limitación, a seis personas, de la permanencia de grupos de personas en espacios públicos y privados, tanto cerrados como al aire libre. De esta regla quedaron excluidos las unidades de convivencia.

tración por no haber adoptado las medidas necesarias antes de la declaración del estado de alarma.

En nuestro ordenamiento jurídico las actuaciones de las AAPP, en materia de sanidad, deben estar orientadas a la promoción de la salud y la prevención de la enfermedad. De aquí resulta, sin duda, el deber de la Administración: de proveerse de medios necesarios para combatir la enfermedad y hacer frente a la crisis; así como adoptar las medidas de organización adecuadas para tal fin[13].

Por esta razón, en caso de inactividad, la pasividad de la Administración, si causa daños, puede traducirse en una indemnización. A estos efectos debe entenderse por inactividad no solo la pasividad de la Administración, sino también aquellos otros casos en los que esta desplegase una actividad insuficiente para cumplir, bien las obligaciones que el ordenamiento jurídico le impone, bien las necesidades que la situación exige cubrir.

ii. Remisión normativa

El art. 3.2 LOAES no prevé un régimen indemnizatorio propio, sino que se remite a lo «dispuesto en las leyes».

A juicio de PALOMAR, «esto determina que no sea sencillo indicar cuales son, específicamente, las leyes a las que se remite que, en todo caso, estarán en función de la propia naturaleza de la medida (...). [En su opinión] el esquema indemnizatorio va a girar entre la Ley sobre expropiación forzosa y la reguladora de la responsabilidad patrimonial, en este caso, la Ley 40/2015», de 1 de octubre, de régimen jurídico del sector público (LRJ)[14].

---

[13] Las AAPP también son responsables por sus omisiones. No en balde el art. 43 de la CE indica que es competencia de los poderes públicos «organizar y tutelar la salud pública a través de medidas preventivas y de las prestaciones y servicios necesarios»; y el art. 26.1 de la Ley 14/1986, de 25 de abril, general de sanidad, dispone que: «en caso de que exista o se sospeche razonablemente la existencia de un riesgo inminente y extraordinario para la salud, las autoridades sanitarias adoptarán las medidas preventivas que estimen pertinentes, tales como la incautación o inmovilización de productos, suspensión del ejercicio de actividades, cierres de Empresas o sus instalaciones, intervención de medios materiales y personales y cuantas otras se consideren sanitariamente justificadas».

[14] PALOMAR OLMEDA, Alberto (2020): «Responsabilidad institucional en la crisis del COVID-19», *Revista Derecho y Salud*, vol. 30, núm. 1, pág. 28.

> Así pues, si los daños derivan de medidas expropiatorias, habrá que estar a la Ley sobre expropiación forzosa de 16 de diciembre de 1954 (LEF). Pero sí las medidas no tienen este carácter, pero aun así generan daños, regirá lo dispuesto en la LRJ.

En definitiva, la declaración de estado de alarma, ni suprime ni atenúa el derecho a percibir una indemnización. Todo lo contrario, a pesar de lo extraordinario de las circunstancias, sigue siendo de aplicación el régimen general de la responsabilidad patrimonial[15].

En todo caso, no puede negarse que la situación generada por la pandemia ha supuesto un fuerte impacto en la aplicación del régimen general de la responsabilidad patrimonial.

Es más, ha provocado mucha incertidumbre sobre el buen fin de las reclamaciones. En este sentido, hay que tener en cuenta: la variedad y complejidad de situaciones no planteadas hasta el momento; que no toda la normativa dictada durante el estado de alarma ha gozado de la calidad que hubiera sido deseable; y la parca regulación en materia de responsa-

---

15 Sobre este particular —modulación del régimen general de la expropiación forzosa— BLANQUER se cuestiona la pervivencia de la garantía indemnizatoria durante los estados de alarma. En su opinión, la responsabilidad patrimonial —reconocida en el art. 106.2 CE— es un derecho de configuración legal ejercitable en «los términos establecidos por la ley». A lo anterior, este autor añade —partiendo de la competencia del Estado para establecer un «sistema» de responsabilidad *ex* art. 149.1.18ª CE— que la Carta Magna no diseña un régimen unitario o uniforme de la responsabilidad patrimonial. Por ello, para BLANQUER, el legislador hubiera podido haber optado bien por establecer una dualidad de regímenes —uno general para situaciones de normalidad y otro especial para situaciones extraordinarias— bien por instaurar un régimen elástico, adaptable a las circunstancias del momento. Sea como fuere, el legislador no se decantó por ninguna de las dos posibilidades, sino que eligió la fórmula que recoge el art. 3.2 LOAES. Por ello, para BLANQUER, «el estado de alarma no tiene ninguna incidencia en el régimen general y normal de responsabilidad patrimonial de la Administración. [En consecuencia el art. 3.2 LOAES] (…) puede y debe ser interpretado en el sentido de que, a pesar de las circunstancias extraordinarias (y no obstante la restricción o suspensión de derechos y libertades que en cada uno de esos estados se pueden imponer), lo que no cabe es orillar ni aminorar la garantía indemnizatoria por los daños y perjuicios causados por el funcionamiento de los servicios públicos, siendo de aplicación el mismo régimen general de resarcimiento de resultados lesivos que es aplicable en situaciones de normalidad». BLANQUER CRIADO, David (2020): *La responsabilidad patrimonial en tiempos de pandemia,* Tirant lo Blanch, València, págs. 343 y 344.

bilidad patrimonial[16]. Este cúmulo de singularidades, en nuestra opinión, va a dejar en manos de jueces y tribunales la aplicación al caso de una materia —como la de la responsabilidad patrimonial— que no siempre ofrece respuestas claras y contundentes para resolver con solvencia el caso planteado.

Así las cosas, y teniendo en consideración los arts. 32 y 34 LRJ —que establecen los requisitos de la responsabilidad patrimonial, esto es, daño, funcionamiento servicios públicos, relación de causalidad, antijuridicidad del daño y ausencia de fuerza mayor[17]— a continuación, abordamos cómo juegan estos aspectos en un escenario de excepción como el generado por la COVID-19. En otras palabras, vamos a analizar qué circunstancias debe-

---

16 Tal y como acertadamente ha puesto de manifiesto BLANQUER, «la regulación legal en España de la responsabilidad patrimonial de la Administración ha sido, y en cierta medida sigue siendo todavía, un vagón en la cola de una locomotora que tiene otro destino diferente. Ha venido siendo una suerte de estrambote de la legislación de expropiación forzosa, del régimen jurídico de las Administraciones públicas o del procedimiento administrativo común. [Como apunta ese autor], si (...) nos fijamos en el Derecho positivo (...), tan solo 7 preceptos legales (artículos 67, 91 y 92 de la LPAC 39/2015, y los artículos 32 a 35 de la LRJSP 40/2015) [regulan la responsabilidad patrimonial] (...). [Por ello, BLANQUER se plantea si] ¿es ello suficiente teniendo en cuenta la trascendencia y la complejidad de la materia?». En sentido contrario se manifiesta DOMÉNECH. En su opinión, el hecho de que las normas que regulan la responsabilidad patrimonial sean enormemente abiertas, ambiguas y poco precisas genera el inconveniente de que «no dan una respuesta específica ni clara a las cuestiones que plantea una crisis tan insólita como la que estamos experimentando». Sin embargo, también supone una ventaja por cuanto «su textura abierta les confiere una enorme flexibilidad y permite adaptarlas a las excepcionales circunstancias concurrentes». BLANQUER CRIADO, David (2020): *La responsabilidad patrimonial en tiempos de pandemia, op. cit.* pág. 351. DOMÉNECH PASCUAL, Gabriel. (2020): «Responsabilidad Patrimonial del Estado y COVID-19», *El Cronista del Estado Social y Democrático de Derecho*, núm. 86-87, págs. 104-105.

17 Según resume la STS de 27 de septiembre de 2011 (núm. rec. 6280/2009 y [*Tol 2248302*]), los requisitos para que pueda prosperar una reclamación de responsabilidad patrimonial son los siguientes: «a) La efectiva realidad del daño o perjuicio, evaluable económicamente e individualizado en relación a una persona o grupo de personas. b) Que el daño o lesión patrimonial sufrida por el reclamante sea consecuencia del funcionamiento normal o anormal —es indiferente la calificación— de los servicios públicos en una relación directa e inmediata y exclusiva de causa a efecto, sin intervención de elementos extraños que pudieran influir, alterando, el nexo causal. c) Ausencia de fuerza mayor. d) Que el reclamante no tenga el deber jurídico de soportar el daño cabalmente causado por su propia conducta» (FJ 7).

rán concurrir para que las reclamaciones por daños por la adopción —o falta de adopción— de medidas por la Administración para hacer frente la COVID-19, den lugar al reconocimiento del derecho a ser indemnizado. En particular nos referiremos a la fuerza mayor y al caso fortuito, a la lesión antijurídica, al nexo causal y al daño individualizado.

1) Fuerza mayor y caso fortuito

La expresión «fuerza mayor», en materia de responsabilidad patrimonial, es un concepto jurídico indeterminado, pues no existe en nuestro ordenamiento jurídico una definición que nos indique, de manera unívoca, qué debe entenderse como tal[18]. A este concepto se han referido MANENT y TAJUELO en el cap. 21 del tratado al que nos remitimos (págs. 1484 a 1491).

La fuerza mayor es una causa de exclusión de la responsabilidad caracterizada por la imprevisibilidad o irresistibilidad. Al no depender aquella del área de decisión de la Administración, los daños que cause no serán consecuencia del funcionamiento de los servicios públicos. Es de toda lógica que no se pueda exigir a la Administración que responda por unos daños que le son ajenos: bien porque no se hubieran podido prever (imprevisibilidad); bien porque, aun siendo previsibles, no se podrían haber evitado empleando los deberes que demandaría la precaución y la prudencia (irresistibilidad).

El caso fortuito, por el contrario, no exonera de responsabilidad a la Administración. A diferencia de la fuerza mayor, en el caso fortuito el evento que genera el daño no es de carácter externo, sino que se produce como consecuencia del funcionamiento de los servicios públicos. Así, por ejemplo, la jurisprudencia ha calificado de caso fortuito las infecciones nosocomiales como consecuencia de no haber aplicado la Administración sanitaria los protocolos que resultaban exigibles. En este caso, es el mal funcionamiento de los servicios el que justifica que el daño sea indemnizable, por mucho que se alegue que este fuera inevitable o irresistible.

---

18 Como recuerda la STS de 11 de julio de 1995 (núm. rec. 303/1993 y [*Tol 1674537*]), jurisprudencialmente, la fuerza mayor «se define por dos notas fundamentales cuales son el ser una causa extraña exterior al objeto dañoso y a sus riesgos propios, imprevisible en su producción y absolutamente irresistible o inevitable aun el supuesto de que hubiera podido ser prevista» (FJ 3).

Pues bien, como hemos dicho previamente, el 30 de enero de 2020, el coronavirus fue catalogado como emergencia de salud pública de importancia internacional, y el 11 de marzo del mismo año se declaró pandemia. La cuestión objeto de debate es si la pandemia era o no previsible, y en caso de serlo, si pudo haberse evitado. En otras palabras, es necesario preguntarse si los poderes públicos tuvieron la posibilidad de tomar medidas para, en virtud del principio de precaución, mitigar los efectos dañinos del virus en la población.

En nuestra opinión, a principios de 2020, la enfermedad era desconocida, no se contaba con medios para curarla y no existían precedentes médicos o científicos que pudieran servir para frenarla.

Con este escenario, parte de la doctrina considera que la pandemia de la COVID-19 fue un caso de fuerza mayor. En este sentido se pronuncian DOMÉNECH y MANENT[19]. En sentido opuesto se posiciona RODRÍGUEZ-ARANA[20]. En su opinión, el 14 de marzo de 2020, al tiempo de la declaración del estado de alarma, ya era previsible que fuera a producirse una crisis sanitaria. Por esta razón, para RODRÍGUEZ-ARANA, las AAPP

---

19 Para DOMÉNECH, la COVID-19 «encaja en esa definición de fuerza mayor, en la medida en que esta enfermedad ha surgido por una causa extraña al funcionamiento de los servicios públicos españoles y, además, ha generado daños que ni siquiera adoptando las medidas de prevención exigibles se hubieran podido evitar». En el mismo sentido se pronuncia MANENT. Para él «la vida en sociedad implica la asunción de riesgos, uno de ellos es la contracción de enfermedades. [A juicio de este autor], «estos riesgos exceden del ámbito de decisión de los gestores de servicios públicos. Por ello, en abstracto, contagiarse del SARS-CoV-2 no es un "riesgo inherente" al funcionamiento de un servicio público y del que deban responder las Administraciones Públicas». DOMÉNECH PASCUAL, Gabriel (2020): «Responsabilidad Patrimonial del Estado y COVID-19», *op. cit.* pág. 105. MANENT ALONSO, Luis (2021): «Las singularidades de las reclamaciones por daños causados por las administraciones públicas como consecuencia de la COVID-19», *Revista jurídica de les Illes Balears,* núm. 20, pág. 155.

20 Según el parecer de ROGRÍGUEZ-ARANA, «la enumeración de hechos y acontecimientos constatados entre el mes de enero y el mes de marzo de 2020 rompe la posible existencia de fuerza mayor puesto que Gobierno y Administración, a la vista de lo que se venía encima, debieron haber sido, en esos primeros momentos, más previsores y evitar actos masivos desde los que el virus pudiera multiplicar sus devastadores efectos». RODRÍGUEZ-ARANA MUÑOZ, Jaime (2021): «La responsabilidad patrimonial del Estado por las medidas adoptadas en estado de alarma declarado para la gestión de la crisis sanitaria ocasionada por el Covid-19. Consideraciones generales del caso español», *Actualidad Administrativa,* núm. 10), pág. 25.

deberían haber tomado medidas oportunas para frenar los contagios y para proveerse del material necesario. Una tesis intermedia es la propuesta por PALOMAR y BLANQUER. Para ellos, la consideración de la pandemia como causa de fuerza mayor no impide el reconocimiento de indemnizaciones a los particulares[21].

Un precedente importante en esta materia lo encontramos en las SSAN de 15 de abril de 2013, de 10 de julio de 2013, de 18 de septiembre de 2013 y de 7 de marzo de 2014, todas ellas de la Sala de lo Contencioso-administrativo[22]. En ellas se concluyó que la huelga general de controladores aéreos, de 3 y 4 de diciembre 2010, constituyó un supuesto de fuerza mayor, toda vez que el descontento de aquellos no hacía previsible la realización de una huelga como la que acabó teniendo lugar. Por esta razón, se

---

21 PALOMAR sostiene que «es razonable pensar que la crisis, en sí misma considerada, esto es, la pandemia, es algo que claramente se sitúa en el concepto de fuerza mayor». Sin embargo, para PALOMAR, esta circunstancia es compatible con una «eventual responsabilidad derivada de la forma de atención o subvención de las necesidades ante la propia situación de emergencia». Para él, «los datos (...), que se conocen permiten señalar que [las Administraciones públicas] (...) tenían algunas referencias [del alcance de la Covid-19, y que a pesar de ello] (...), no se adoptaron las medidas de precaución suficientes ni proporcionadas al riesgo (...), Para PALOMAR, «todo ello conduce de forma directa a una demora en la prestación convencional y necesaria del servicio y que la normalización del mismo desde una perspectiva asistencial y material tardó mucho tiempo pese a haber asumido el Estado y las autoridades delegadas la competencia única para la obtención centralizada del material necesario para paliar la crisis». En igual sentido, BLANQUER considera que «del principio de prevención en materia de salud pública se infiere un grado máximo de diligencia exigible a la Administración pública». A ello añade que «desde que el 30 de enero la OMS declara la "emergencia de salud pública de importancia internacional" (ESPII), hasta que el 14 de marzo siguiente se declara en España es estado de alarma (...), transcurren 44 días que eran críticos y de máxima importancia, pero que fueron fatídicos porque no se aprovecharon por las autoridades españolas competentes para adoptar las medidas que impone el principio de precaución». PALOMAR OLMEDA, Alberto (2020): «Responsabilidad institucional en la crisis del COVID-19», *op. cit.* págs. 14 y 27. BLANQUER CRIADO, David (2020): *La responsabilidad patrimonial en tiempos de pandemia, op. cit.* págs. 635 y 642.

22 Se trata de las SSAN de 15 de abril de 2013 (núm. rec. 108/2012 y [*Tol 3534533*]), de 10 de julio de 2013 (núm. rec. 35/2013 y [*Tol 3889414*]), de 18 de septiembre de 2013 (núm. rec. 55/2013 y [*Tol 3955755*]) y de 7 de marzo de 2014 (núm. rec. 17/2013 y [*Tol 4143750*]).

desestimaron las peticiones indemnizatorias dirigidas contra Aeropuertos Españoles de Navegación Aérea (AENA), actual ENAIRE[23].

En sentido contrario se ha pronunciado la sentencia del Juzgado de lo Social Único de Teruel, de 3 de junio de 2020[24]. Esta condenó a las entidades demandadas a dotar de material profiláctico a sus empleados. La relevancia de este fallo radica en haber rechazado la concurrencia de fuerza mayor como causa exoneratoria por el mero hecho de haberse producido una pandemia[25]. En nuestra opinión, como resalta BLANQUER, el juicio de imprevisibilidad e irresistibilidad debe realizarse, en todo caso, atendiendo a las circunstancias del caso, sin que sea posible descartar de plano cualquier tipo de responsabilidad[26].

---

23 En palabras de la SAN de 15 de abril de 2013, la situación fue «absolutamente excepcional, grave, imprevisible e inevitable, generada de manera premeditada y voluntaria por los controladores aéreos, con la finalidad clara de colapsar el tráfico aéreo, haciéndolo inviable en las exigibles condiciones de seguridad, y obligando a AENA a adoptar medidas urgentes y excepcionales que no podían ser otras que el cierre de las posiciones de control, desatendidas por la mayor parte de los controladores que tenían que servicio en ellas, con el consiguiente cierre del espacio aéreo» (FJ 8).

24 La sentencia, del Juzgado de lo Social Único de Teruel 60/2020, de 3 de junio (núm. rec. 114/2020 y [*Tol 7950957*]), ha sido confirmada por la sentencia del pleno de la Sala de lo Social del TSJ de Aragón 405/2020, de 22 de septiembre (núm. rec. 353/2020 y [*Tol 8091537*]).

25 El procedimiento tuvo por objeto dilucidar si la actuación de los poderes públicos dio lugar a una infracción de la normativa en materia de prevención de riesgos laborales, así como a una vulneración de los derechos a la vida e integridad física y a protección de la salud. En esa ocasión se reprochaba al Servicio Aragonés de Salud, al Instituto Aragonés de Servicios Sociales y a la propia Diputación General de Aragón no haber facilitado equipos de protección individual (EPI) y demás material necesario para evitar contagios por COVID-19 en el desempeño de su trabajo. Para el Juzgado de lo Social, la gravedad y excepcionalidad de la situación no podía implicar sin más un supuesto de fuerza mayor capaz de eliminar derechos fundamentales o de eximir de responsabilidad a la Administración sanitaria por incumplir su obligación de proteger a los trabajadores. Razona la sentencia que la necesidad de hacer acopio de EPI para el personal sanitario, protegiéndoles frente al riesgo de contagio, era previsible, pues también lo era el que la pandemia alcanzara en mayor o menor medida, ya antes o después, a nuestro país.

26 Tal y como pone de manifiesto BLANQUER, «para analizar si una específica causa de fuerza mayor era o no razonablemente previsible, no cabe asumir el punto de vista de una persona normal con conocimientos medios (…); Se precisan aquellos conocimientos especializados que están relacionados o vinculados con los distintos tipos de catástrofe (…). Importa añadir y precisar también que, para hacer ese

La cuestión planteada no resulta sencilla. La variada y compleja casuística que se puede dar excluye planteamientos apriorísticos. Es necesario analizar, caso por caso, la causa determinante del daño para discernir si este era o no era previsible, o siendo previsible, inevitable. Solo los daños imprevisibles o irresistibles pueden considerarse ajenos al funcionamiento de los servicios públicos.

Para nosotros, los daños derivados de la pandemia en sí misma considerada son subsumibles en un supuesto de fuerza mayor, pero los perjuicios ocasionados como consecuencia de una mala gestión de la Administración sanitaria, no. La inactividad, la tardanza y el mal funcionamiento provocan unos riesgos que inciden en la producción de daños o en su agravación. Entendemos que, en virtud del principio de precaución, proclamado en el art. 3 d) de la Ley 33/2011, de 4 de octubre, general de salud pública, la Administración no puede escudarse en la fuerza mayor para no responder de los perjuicios sufridos por los ciudadanos los días previos a la declaración de estado de alarma y durante la pandemia[27].

En definitiva, por los daños derivados del funcionamiento de los servicios públicos, el perjudicado podrá solicitar una indemnización en concepto de responsabilidad patrimonial, siempre y cuando se cumplan el resto de los requisitos establecidos en el art. 32 LRJ.

2) Lesión antijurídica

Para que una lesión sea indemnizable debe ser antijurídica, y lo será cuando su resultado sea antijurídico (antijuridicidad del daño), con independencia de que la conducta sea antijurídica (antijuridicidad de la conducta). Es decir, la Administración responderá en todos aquellos casos en

---

juicio sobre el carácter previsible o imprevisible de un desastre causado por las fuerzas de la indómita naturaleza, es necesario situarse en un momento histórico anterior al acaecimiento de los hechos que generan el resultado lesivo, y no en otro instante posterior». BLANQUER CRIADO, David (2020): Responsabilidad patrimonial en tiempos de pandemia, *op. cit.* págs. 639 y 640.

27 Según el art. 3.d) de la Ley 33/2011, de 4 de octubre, general de salud pública, «las Administraciones públicas y los sujetos privados, en sus actuaciones de salud pública y acciones sobre la salud colectiva, estarán sujetos [al] (...) principio de precaución. [De acuerdo con el mismo], la existencia de indicios fundados de una posible afectación grave de la salud de la población, aun cuando hubiera incertidumbre científica sobre el carácter del riesgo, determinará la cesación, prohibición o limitación de la actividad sobre la que concurran».

los que haya generado un daño que el perjudicado «no tenga el deber de soportar de acuerdo con la Ley» (art. 32.1 LRJ).

Es por tanto una norma con rango de Ley la que debe imponer al perjudicado la carga de soportar el daño para que el resultado lesivo no se considere antijurídico. Sobre este particular, puede leerse lo escrito por MANENT y TAJUELO en el cap. 21 de esta obra (págs. 1501 a 1503).

En el caso de los daños provocados por la COVID-19, va a resultar necesario valorar: las circunstancias extraordinarias y excepcionales que impulsaron a las AAPP a adoptar las diferentes medidas preventivas; la finalidad que con las mismas se pretendía alcanzar; y en qué medida estas medidas resultan proporcionales para alcanzar el pretendido fin. En particular, en nuestra opinión, tanto el principio de precaución del art. 3.1 d) de la Ley general de salud pública, como la cláusula de progreso del art. 34.1 LRJ, van a ser criterios determinantes para estimar o desestimar las reclamaciones de responsabilidad patrimonial.

A. Principio de precaución

El principio de precaución[28] va a tener, sin duda, un peso muy importante a la hora de evaluar si el particular tenía el deber jurídico de soportar los daños provocados por las medidas adoptadas por los poderes públicos.

---

[28] GARCÍA y MARTÍN recuerdan que el principio de precaución «supone que cuando subsisten duda sobre la existencia o alcance de riesgos para la salud de las personas, las Instituciones puedan adoptar medidas de protección sin tener que esperar a que se demuestre plenamente la realidad y gravedad de tales riesgos. (…) Tales supuestos [explican los autores] constituirían una limitación de derechos no indemnizable al amparo del sistema de responsabilidad patrimonial (…) entre las que podrían encuadrarse medidas como el confinamiento general, toque de queda, el cierre perimetral de los distintos ámbitos territoriales, la limitación de la permanencia de grupos de personas en espacios públicos y privados o el uso obligatorio de mascarillas. En este sentido, por ejemplo, el TS, desestima el recurso contencioso-administrativo para la protección de los derechos fundamentales, interpuesto por un particular contra la OM SND/422/2020, por la que se regulan las condiciones para el uso obligatorio de mascarilla, al calificarla como medida necesaria y proporcionada para alcanzar el fin de interés general de proteger la salud pública, que puede contribuir a frenar la pandemia». GARCÍA BLANCO, Jesús Mª y MARTÍN LORENZO, Beatriz (2021): «Introducción a la responsabilidad patrimonial de la Administración en tiempos de pandemia», en DE LA CRUZ LÓPEZ, Pablo y MOLL FERNÁNDEZ-FIGARES, Luis (dirs.), *Responsabilidad Patrimonial y COVID-19 en los distintos sectores de la actividad*, Lefebvre, Madrid, pág. 24.

En este sentido, resultan muy ilustrativas las SSTSJ de Madrid, de 6 de abril de 2017, y 10 de enero de 2019, dictadas con ocasión de la crisis sanitaria provocada por el virus del Ébola[29][30]. En ambas se tuvo en cuenta la protección de la salud pública del conjunto de la población y la *ratio decidendi*,

---

29 La STSJ de Madrid 237/2017, de 6 de abril (núm. rec. 273/2015 y [*Tol 6173644*]), resolvió el recurso planteado por una auxiliar de enfermería contagiada por Ébola, y su esposo, como consecuencia del sacrificio de su perro, ordenado por la Administración por haber estado en contacto con una persona que padecía la mencionada enfermedad. Para el TSJ de Madrid, el principio de precaución permitía que, en caso de duda sobre posibles riesgos para la salud pública, las autoridades pudieran adoptar las medidas que consideren necesarias para protegerla. Según la STSJ de Madrid de 6 de abril de 2017, el principio de precaución «permite que, en caso de duda sobre la existencia o alcance de riesgos para la salud pública, la Administración pueda adoptar las medidas necesarias para protegerla sin necesidad de esperar a que se demuestren previamente la realidad y la gravedad de tales riesgos, lo que hace decaer los argumentos desarrollados en la demanda en orden a la exigencia de diagnosticar con certeza la infección del animal antes de proceder a su sacrificio [Por ello, para el TSJ de Madrid], en el supuesto (...) [enjuiciado] se ha aplicado correctamente el principio de precaución, también recogido en el Derecho Comunitario, al haberse acreditado que el perro había convivido con una persona afectada por el virus del Ébola y existir estudios científicos sobre la infección de los perros por el citado virus con clínica asintomática y sobre su consideración como factores de alto riesgo para la posible transmisión de la enfermedad a los humanos o a otros animales» (FJ 7).

30 En la STSJ de Madrid 21/2019, de 10 de enero (núm. rec. 785/2015 y [*Tol 7167523*]), el recurso fue promovido por la titular de un negocio de peluquería y estética a la que acudió la auxiliar de enfermería infectada por el Ébola. La reclamante solicitaba una indemnización por los daños materiales y morales que se le había ocasionado como consecuencia de su ingreso hospitalario preventivo, así como por cierre del local, todo ello motivado por haber estado en contacto con la auxiliar. AI igual que en la STSJ de Madrid de 6 de abril de 2017, el TSJ de Madrid también consideró que la Administración había actuado conforme a derecho en virtud del principio de precaución. En esta ocasión el TSJ de Madrid reiteró, en la sentencia de 10 de enero de 2019, que el «principio de precaución permite que, en caso de duda sobre la existencia o alcance de riesgos para la salud pública, la Administración pueda adoptar las medidas necesarias para protegerla sin necesidad de esperar a que se demuestren previamente la realidad y la gravedad de tales riesgos [Por ello, para el TSJ de Madrid], en el supuesto (...) [enjuiciado] se ha aplicado correctamente el principio de precaución, también recogido en el Derecho Comunitario, al haberse acreditado que el local había sido visitado por una persona afectada por el virus del Ébola, quien había recibido servicios de contacto directo y había desarrollado la enfermedad a pesar de que, inicialmente, no cumplía los factores protocolariamente determinados para apreciar un contagio» (FJ 12).

para desestimar las reclamaciones de responsabilidad patrimonial descansó en la correcta aplicación del principio de precaución.

B. Riesgos del progreso

En el análisis sobre la antijuricidad de la lesión, de acuerdo con el art. 34.1 LRJ, también va a ser necesario tomar en consideración el «estado de los conocimientos de la ciencia o de la técnica existentes en el momento» de adoptar las medidas de salud pública. En este punto nos volvemos a remitir al cap. 21 de este libro (págs. 1534 a 1543), escrito por MANENT y TAJUELO.

En este sentido, hay que resaltar que los estudios epidemiológicos sobre el comportamiento de la COVID-19, conforme se iba estudiando el virus y se conocía mejor la forma en que se transmitía, eran cada vez más precisos y certeros. Sin duda este avance en el conocimiento del coronavirus y la cambiante situación epidemiológica han ido marcando las medidas de contención adoptadas por las AAPP.

Pues bien, aplicando la cláusula de progreso, si se demostrara que con los conocimientos de la ciencia no era posible evitar los daños que para la salud de la población ha causado el COVID-19, los perjudicados no deberían obtener indemnización alguna. Estaríamos ante una de las lesiones que los ciudadanos tienen el deber de soportar.

En este sentido, en el análisis de la antijuricidad del resultado lesivo, hay que considerar que, en materia de sanidad, a la Administración no se le pueden exigir resultados positivos para la salud. Las obligaciones que esta asume son de medios. De esta manera, si la Administración ha actuado conforme a la *lex artis*, debe entenderse que el funcionamiento del servicio ha sido correcto. Por ello, el daño que pudiera causarse no podría refutarse antijurídico.

En este punto, conviene traer a colación, de nuevo, la STSJ de Madrid, de 10 de enero de 2019. En ella se desestimó el recurso, entre otros motivos, porque la Administración había actuado conforme a los protocolos disponibles, así como por la regla de «prohibición de regreso»[31] [32].

---

31 Para la STSJ de Madrid 21/2019, de 10 de enero (núm. rec. 785/2015 y [*Tol 7167523*]), el hecho de que los protocolos se fueran modificando sucesivamente no significaba que la Administración estuviera improvisando y que, en consecuencia, tomara decisiones de manera deficiente. Por ello rechazó que esta circunstancia —modificación de protocolos— fuese determinante del contagio de la auxi-

liar de enfermería y de su libre deambulación posterior. Adicionalmente, el TSJ de Madrid puso de manifiesto que no se tenían conocimientos de la evolución de la enfermedad, por ello, según su parecer, la situación objetiva era subsumible en la cláusula de progreso, razón por la cual se podía exigir responsabilidad a la Administración. En palabras de la STSJ de Madrid, de 10 de enero de 2019, el contagio de la «auxiliar de enfermería es el primer caso de contagio del virus del Ébola en Europa, por lo que todo el conocimiento que se tenía (...) procedía (...) [del] (...) brote de Guinea Conakry, con base en el cual se elaboró el Procedimiento de actuación (...), de fecha 16 de abril de 2014 (...). [Por este motivo], se sucedieron diversos protocolos de actuación de fechas 15 de septiembre, 7 de octubre y 9 de octubre de 2014 (...). Ahora bien, (...) no puede inferirse que las innovaciones de los protocolos de actuación obedecieran a la improvisación o actuación negligente de la Administración (...). Tal forma de proceder viene justificada por la precariedad de conocimientos de la evolución de la enfermedad en el continente y las circunstancias del seguimiento del primer contagio del virus del Ébola en España. Por tanto, se trata de una situación objetiva subsumible en el estado de los conocimientos de la ciencia), en el sentido de que sólo cabe exigir a la Administración que actúe diligentemente conforme al grado de entendimiento de la enfermedad disponible en cada momento (...). [A mayor abundamiento, en virtud de la regla de prohibición de regreso], no es posible determinar que [la Administración] no actuó correctamente basándose en un devenir de los acontecimientos que sólo fue conocido a posteriori pues, a lo que viene obligada, precisamente, es a modificar las pautas de los protocolos, en su caso, en función de tal evolución, para proteger la salud pública y evitar la propagación del virus» (FJ 7).

32 Al respecto, resultan igualmente muy ilustrativos al caso los siguientes Dictámenes:

1. Dictamen 424/2021, de 1 de junio, del Consejo Consultivo de Andalucía. La reclamación se formula por los hijos de la persona fallecida. Alegan la falta de un tratamiento adecuado y un error y confusión en las pruebas COVID-19 con las de otros pacientes. En Consejo Consultivo de Andalucía propone desestimar la reclamación teniendo en cuenta el estado de los conocimientos. Según el Dictamen: «A la vista de los anteriores informes y de la fecha en que tuvo lugar la asistencia sanitaria (del 4 al 18 de marzo de 2020), no puede cuestionarse que se trata de uno de los primeros casos de Covid-19 confirmados en España, por tanto, resulta imposible desvincular este caso de la situación límite que se experimentó al comienzo de la pandemia (...). En este caso los reclamantes alegan una serie de errores cometidos, especialmente en la trazabilidad de las pruebas PCR practicadas a su madre. Pero como se ha explicado en los informes obrantes en el expediente las pruebas que existían al inicio de la pandemia no eran fiables al 100%, pues aún no se habían desarrollado. Como tampoco, existía, y sigue sin existir, un tratamiento de la enfermedad. Debemos destacar que se inició el tratamiento con los medicamentos recomendados en aquellos momentos ante la falta de conocimientos exacta sobre la infección y su diagnóstico. De esta forma, la

En el caso de la COVID-19, sentencias como la de 10 de enero de 2019, tienen gran importancia, pues al principio no había aún medicamentos para combatir la enfermedad. Por lo que respecta a las vacunas, no fue hasta finales del 2020 cuando empezaron a comercializarse. En España la campaña de vacunación se inició el día 27 de diciembre de 2020.

Como consecuencia de ello, en muchos casos vamos a estar ante daños que no podían preverse, ni mucho menos evitarse, a la vista de los conocimientos científicos. En este sentido, PALOMAR manifiesta que «no son

---

asistencia sanitaria recibida por la paciente se ajustó a la *lex artis* exigible en aquel momento inicial de la pandemia, ya que en todo momento prevaleció la sospecha clínica sobre las pruebas diagnósticas, aplicando los protocolos existentes».
2. Dictamen 100/2022, de 10 de febrero, del Consejo Consultivo de Andalucía. La reclamación se presenta por la cónyuge e hijas del paciente fallecido. Los reclamantes solicitan responsabilidad de la Administración pues consideran que existió falta de medios en el tratamiento que se le dispensó ya que nunca se lo ingresó en la planta de la UCI, ni se le puso un respirador ni recibió los medios adecuados. El Consejo Consultivo propone desestimar la reclamación por considerar que la asistencia sanitaria que recibió el paciente se ajustó a la «lex artis». Considera que: «(...) al principio de la pandemia, como es el caso, la intubación orotraqueal llegó a estar en entredicho ya que en un principio parecía aumentar la mortalidad de dichos pacientes, por lo que se recomendó la ventilación no invasiva como primera opción; ventilación que sí se puso al paciente. Como tampoco existía, y sigue sin existir, un tratamiento de la enfermedad debemos destacar que se inició el tratamiento con los medicamentos recomendados en aquellos momentos ante la falta de conocimientos sobre la infección y su diagnóstico. De esta forma, la asistencia sanitaria recibida por el paciente se ajustó a la *lex artis* exigible en aquel momento inicial de la pandemia, aplicando los protocolos existentes».
3. Dictamen 76/2022, de 10 de marzo, de la Comissió Jurídica Assessora (CJACat). En este caso, se presentó una reclamación de responsabilidad patrimonial por los daños y perjuicios derivados de la muerte de un familiar como consecuencia del COVID-19 en un centro sociosanitario en el que había ingresado para su convalecencia después de una intervención de fractura de fémur realizada en un hospital. Los reclamantes alegan falta de medidas idóneas para proteger a los pacientes de acuerdo con los protocolos de prevención, entre otros motivos. La CJACat propone desestimar la reclamación teniendo en cuenta, entre otros aspectos, que la actuación de centro se ajustó a los protocolos médicos para prevenir la enfermedad. En concreto, se afirma: «Teniendo en cuenta el estado del conocimiento médico sobre la infección en aquel momento incipiente de la pandemia y la sintomatología que presentaba el paciente, se desprende del mismo expediente que el centro se ajustó, respecto al paciente, a la práctica habitual en materia de prevención contra la COVID-19 que era exigible de acuerdo con los únicos protocolos médicos específicos para prevenir la COVID-19 en el ámbito sociosanitario existentes entonces».

exigibles (…) los medicamentos, las vacunas o los medios que no existen porque no están inventados pero que sí deben resultar aplicables aquellos que, conforme al estado de la ciencia en el momento de su aplicación, eran convencionales o habituales»[33].

Llegados a este punto, conviene hacer referencia a las SSTC de 148/2021, 14 de julio, y 183/2021, de 27 de octubre.

i. Sentencia del Tribunal Constitucional de 14 de julio de 2021[34]

---

33 PALOMAR OLMEDA, Alberto (2020): «Responsabilidad institucional en la crisis del COVID-19», *op. cit.* pág. 20.

34 La STC 148/2021, de 14 de julio (núm. rec. 2054/2020 y [*Tol 8518747*]) declaró inconstitucionales varios apartados de los arts. 7 y 10 REDEA, por el que se declaró el primer estado de alarma. Para el TC la inconstitucionalidad vino motivada porque la declaración de un estado de alarma no permite suspender el ejercicio de derechos fundamentales. Únicamente ampara «la adopción de medidas que pueden suponer limitaciones o restricciones a su ejercicio» (FJ 5 a). Estas limitaciones o restricciones, razona el TC, podrán exceder a las ordinariamente previstas en el régimen jurídico del derecho en cuestión, pero no son ilimitadas en el sentido de que no pueden llegar hasta la suspensión del derecho. Adicionalmente, afirma el TC, estas medidas deberán respetar los principios de legalidad y de proporcionalidad. A continuación, el TC analiza las diferentes disposiciones cuya constitucionalidad se cuestiona en el recurso. A los efectos que aquí interesa, debe destacarse lo siguiente: I) El TC declaró inconstitucionales los aps. 1, 3 y 5 del art. 7 RD del 463/2020. Para el TC la libertad ambulatoria se ha visto suspendida, lo cual está proscrito en el estado de alarma. Pues bien, a juicio de la STC 148/2021, «al tratarse de medidas que los ciudadanos tenían el deber jurídico de soportar, la inconstitucionalidad apreciada en esta sentencia no será por sí misma título para fundar reclamaciones de responsabilidad patrimonial de las administraciones públicas, sin perjuicio de lo dispuesto en el art. 3.2 de la Ley Orgánica 4/1981» (FJ 11 c). II) El TC declaró inconstitucionales los términos «modificar, ampliar, o» del ap. 6 del art. 10, en la redacción resultante del artículo único, 2, del RD 465/2020, de 17 de marzo. El TC considera que habilitar al Ministro de Sanidad para modificar, ampliar o restringir las medidas, lugares, establecimientos o actividades enumeradas en los apartados anteriores, por razones justificadas de salud pública, con el alcance y ámbito territorial que específicamente se determine considera que son contrarios al art. 38 CE en tanto en cuanto «en esos apartados se contemplan las limitaciones que afectan a la libertad de empresa, las cuales, una vez fijadas en el Real Decreto, no pueden ser ampliadas ni modificadas sino por el propio Consejo de Ministros, mediante un nuevo decreto del que considera cuenta inmediata al Congreso de los Diputados» (FJ 9). III) El TC declaró constitucionales los aps. 1, 3 y 4 del art. 10 REDEA por no implicar la suspensión de la libertad de empresa. Para el TC, los arts. 12.1 LOAES, 26.1 de Ley 14/1986, general de sanidad (LGS), y 54.2 LGSP, permiten la suspensión del ejercicio de actividades, cierres de empresas o el cierre preventivo de instalaciones, estableci-

La STC de 27 de octubre de 2021 declaró inconstitucional la delegación de funciones en las CCAA y la prórroga semestral del estado de alarma. A diferencia de la STC de 14 de julio de 2021, la STC de 27 de octubre de 2021 no indica qué efectos tendrá el fallo sobre las reclamaciones de responsabilidad patrimonial. En esta ocasión, el TC, señaló únicamente que la «declaración de inconstitucionalidad y nulidad no afecta por sí sola, de manera directa, a los actos y disposiciones dictados sobre la base de tales reglas durante su vigencia. [A lo que añadió que] ello [sería] sin perjuicio de que tal afectación pudiera, llegado el caso, ser apreciada por los órganos judiciales que estuvieran conociendo o llegaran aún a conocer de pretensiones al respecto» (FJ 11)[37].

En nuestra opinión, la STC de 27 de octubre de 2011 va a tener incidencia en las reclamaciones de responsabilidad. Su contenido y alcance, según se ha delimitado por el propio TC, va a suponer que algunos actos y disposiciones dictados al amparo de los preceptos declarados inconstitucionales puedan ser expulsados de ordena-

---

y del RD 956/2020, de 3 de noviembre, por el que se prorrogó el estado de alarma declarado por el RD 926/2020.

En lo que aquí interesa, se declararon inconstitucionales: I) Los preceptos delegaban competencias a los presidentes de CCAA y de las ciudades autónomas de Ceuta y Melilla, así como aquellos en los que se les conferían facultades para limitar la libertad ambulatoria en horario nocturno, la entrada y salida en las CCAA y las ciudades de Ceuta y Melilla, la permanencia de grupos de personas en espacios públicos y privados y la permanencia de personas en lugares de culto, así como para la imposición de la realización de prestaciones personales obligatorias. II) La extensión temporal de la prórroga del estado de alarma autorizada por el Congreso de los Diputados.

37 Coincidimos en este sentido con lo manifestado por doña María Luisa Balaguer Callejón en su voto particular a la STC 183/2021. Para la magistrada «las divergencias entre la presente sentencia y la STC 148/2021, no se limitan a lo expuesto, y se refieren también a los efectos de una y otra. Si en la aprobada el 14 de julio se estableció en su fundamento jurídico 11 apartado c) que "al tratarse de medidas que los ciudadanos tenían el deber jurídico de soportar, la inconstitucionalidad apreciada en esta sentencia no será por sí misma título para fundar reclamaciones de responsabilidad patrimonial de las administraciones públicas, sin perjuicio de lo dispuesto en el art. 3.2 de la Ley Orgánica 4/1981, de 1 de junio, de los estados de alarma, excepción y sitio", en la sentencia actual nada se dice, en su fundamento jurídico 11, en relación con la derivación de responsabilidad patrimonial de las administraciones públicas, lo que deja un espacio abierto a la interpretación excesivamente ambiguo, habida cuenta, además, de lo escueto del pronunciamiento relativo a los efectos y alcance del pronunciamiento al que se opone este voto».

miento jurídico, y en consecuencia puedan dar lugar a una indemnización.

Realmente, estos efectos pronto empezaron a producirse. Cabe citar la STS de 26 de enero de 2022, por la que se anulan varios Decretos de la presidenta de la Comunidad Autónoma de las Illes Balears por haber sido dictados como autoridad delegada en base en el RD 929/2020[38].

Sin duda, estas anulaciones pueden dar paso a las correspondientes reclamaciones en el marco de las cuales deberá analizarse si concurren el resto de los requisitos para que nazca la obligación de indemnización en concepto de responsabilidad patrimonial.

3) Nexo causal

En tercer lugar, hay que hacer referencia a la relación de causalidad que debe existir entre el daño producido y el funcionamiento normal o anormal de los servicios públicos, de tal manera que el primero sea consecuencia del segundo.

La mera titularidad de un servicio público no convierte a la Administración en responsable de todos los daños que se causen en su prestación. Lo contrario implicaría convertir a esta en aseguradora universal de todos los perjuicios que sufrieran los ciudadanos, con el consecuente desequilibrio entre la protección a la que tienen derecho los ciudadanos y la protección del interés general.

El nexo causal reclama que la Administración deberá responder de aquellos daños que se hayan producido como consecuencia del funcionamiento de los servicios públicos. Luego, no todo daño producido con

---

38 A juicio de la STS 61/2022, de 26 de enero (núm. rec. 156/2021), «la declaración de inconstitucionalidad de la norma (...) por la que se designa como autoridad delegada a los Presidentes de las Comunidades Autónomas no puede dejar de influir en un recurso contencioso-administrativo (...) en el que objeto de impugnación son precisamente varios actos administrativos restrictivos de derechos adoptados por la Presidenta de la Comunidad Autónoma de las Islas Baleares como autoridad delegada en virtud del Real Decreto 926/2020 [A juicio del TS], «La autoridad que dictó los actos administrativos impugnados (...) carecía de competencia para dictarlos, a la luz de la STC 183/2021. Ello implica que tales actos administrativos adolecen de un vicio de incompetencia, por lo que el recurso contencioso-administrativo debe ser estimado» (FJ 3).

ocasión del funcionamiento de un servicio público va a ser indemnizable, sino, como decimos, solo aquellos que lo sean a consecuencia del mismo.

Por ello, en los casos de personas fallecidas en un hospital público durante la pandemia, habrá que vincular su fallecimiento con el mal funcionamiento del servicio público. El simple hecho de estar ingresado en un hospital, y de haber fallecido en él, no es suficiente para apreciar la relación de causalidad entre el resultado de muerte y el funcionamiento del servicio público.

Esta cuestión, que *a priori* puede parecer lógica y sencilla, reviste ciertas complejidades prácticas. Por seguir con el ejemplo, no siempre va a ser posible —o fácil— determinar que el fallecimiento de una persona en el hospital sea consecuencia de un mal funcionamiento del servicio público: puede que no le hubieran hecho al paciente, en el momento de su ingreso, las pruebas para diagnosticar la COVID-19; y puede que, tras el fallecimiento, tampoco le hubieran realizado la autopsia o prueba para saber la causa de la muerte. La excepcionalidad de la pandemia va a obligar a ponderar, a la hora de señalar el nexo causal, estas singularidades. En estos casos, además, habrá que estar a los indicios, siendo preciso recordar que la prueba de descaro recae en la Administración.

En todo caso, en materia de causalidad, debe considerarse que puede haber una concurrencia de causas. Así, es posible que la actuación del propio lesionado haya generado el riesgo o que aquel, con sus actos, lo haya aceptado en cierto modo. En estos supuestos se producirá una compensación de culpas, de manera que la indemnización a la que el perjudicado tenga, en su caso, derecho, estará en función del nivel de responsabilidad que sea achacable a la Administración. Pensemos por ejemplo en un ciudadano que no hubiera atendido las medidas higiénico-sanitarias que dictadas las autoridades, o en un sanitario que teniendo a su disposición equipos de protección individual, hubiera decidido no utilizarlos.

4) El daño individualizado

En último lugar, para que proceda indemnizar al perjudicado, la lesión debe tener un carácter individualizado, esto es, debe afectar a una persona o grupo de personas. La Administración no tiene obligación de indemnizar aquellos daños que, por su generalidad, deben considerarse cargas comunes o colectivas para todos los ciudadanos.

Resulta interesante la reflexión que sobre este particular realiza DOMÉNECH. Indica que las acciones y omisiones que han adoptado las AAPP para gestionar la crisis sanitaria provocada por la COVID-19 han generado, en mayor o menor medida, daños a todo el conjunto de la población. Ahora bien, para DOMÉNECH, no tiene sentido indemnizar de forma generalizada. De ser así, el beneficio que pudiera obtener un ciudadano sería menor que los gastos de tramitación de expedientes, costes que, por otro lado, acabaría costeando a través de los impuestos. En consecuencia, DOMÉNECH considera que los daños individualizados a los que se refiere el art. 32 de la LRJ son «los perjuicios especiales, singularmente intensos, que exceden de los que los ciudadanos, con carácter general, hemos soportados y vamos a tener que soportar como consecuencia de la gestión de la pandemia»[39].

III. CASOS ESPECÍFICOS DE RESPONSABILIDAD PATRIMONIAL

Como se ha explicado, las medidas adoptadas por las AAPP encargadas de gestionar la crisis sanitaria pueden generar daños. Ahora bien, la vía para lograr su resarcimiento no siempre va a ser la responsabilidad patrimonial.

En algunas ocasiones la obligación de indemnizar tendrá su origen en medidas expropiatorias. En este caso, y como explica DOMÉNECH, «a diferencia de la responsabilidad patrimonial en sentido estricto, que tiene su origen en un accidente que provoca una reducción del bienestar social [en las expropiaciones] la obligación de indemnizar nace aquí de una operación que incrementa —o, cuando menos, debería incrementar— ese bienestar, si bien implica para determinadas personas un sacrificio especial»[40]. Este «sacrificio especial» es el que justifica que deba reconocerse una compensación a su favor.

En este sentido, cabe recordar que el art. 120 LEF, expresa que procederá indemnizar a los particulares «cuando por (...) epidemias (...), hubiesen de adoptarse por las Autoridades civiles medidas que implicasen destrucción, detrimento efectivo o requisas de bienes o derechos de particulares sin las formalidades que para los diversos tipos de expropiación exige esta Ley».

---

39 DOMÉNECH PASCUAL, Gabriel (2020): «Responsabilidad Patrimonial del Estado y COVID-19». *op. cit.* pág. 106.

40 *Ibidem* pág. 103.

Ninguna duda cabe de que, en el caso de las requisas, estaríamos ante una expropiación que justificaría indemnizar al particular afectado. Pero la norma de aplicación no ofrece una respuesta clara para todos los supuestos. Como ha señalado DOMÉNECH, en cada concreta situación habrá que analizar: si la medida reduce o incrementa el bienestar social de una persona, en cuyo caso esta podría obtenerse una indemnización vía responsabilidad patrimonial o vía expropiatoria; o si, por el contrario, estamos ante una medida de ordenación general que no da derecho a percibir indemnización alguna.

Esto hace que deba analizarse cada caso, para ver en qué contexto se produjo el daño y qué elementos concurrieron en el supuesto concreto. En efecto, aunque en un supuesto concreto se solicite y obtenga una indemnización, ya sea por responsabilidad patrimonial, ya sea por expropiación forzosa, en otros casos análogos en los que se produzca un daño, este no tiene por qué ser resarcido.

Por ello, a continuación, vamos a centrar nuestro análisis en distinguir algunos daños que podrían dar lugar a responsabilidad patrimonial, de otros en los que podría surgir el derecho a percibir una compensación en concepto de expropiación forzosa[41]. El encaje no siempre es fácil.

1) Daños que pueden dar lugar a responsabilidad patrimonial

Dada la gran variedad de situaciones en las que puede reclamarse una indemnización, es necesario agrupar los supuestos similares. A partir de aquí, nosotros vamos a clasificar las posibles situaciones en cuatro grupos: daños causados al personal sanitario; a pacientes; a personas ingresadas en residencias de la tercera edad; y a centros sanitarios privados.

A. Daños causados al personal sanitario

Entre los colectivos profesionales, sin duda, el más afectado durante la pandemia fue el personal sanitario. Por ello, cabe plantearse si los emplea-

---

[41] De acuerdo con el art. 1 LEF, se entiende por expropiación «cualquier forma de privación singular de la propiedad privada o de derechos o intereses patrimoniales legítimos, cualesquiera que fueren las personas o Entidades a que pertenezcan, acordada imperativamente, ya implique venta, permuta, censo, arrendamiento, ocupación temporal o mera cesación de su ejercicio».

dos públicos que, en el ejercicio de sus funciones, se contagiaron por la COVID-19 podrían exigir responsabilidad a la Administración.

La respuesta a esta cuestión obliga a diferenciar entre funcionamiento normal o anormal de los servicios públicos. En el primero de los casos, los daños sufridos por los funcionarios no darán derecho a recibir indemnización alguna pues el contagio es un riesgo inherente al ejercicio de su profesión. En el segundo de los supuestos —funcionamiento anormal del servicio—, si se dan el resto de los requisitos que exige la normativa, sí que se tendría derecho a exigir responsabilidades.

Pues bien, la falta de material profiláctico constituye el primer y más reclamado ejemplo de funcionamiento anormal denunciado por el colectivo sanitario. En relación con esta cuestión, son ya varios los fallos recaídos.

- La STS de 8 de octubre de 2020 ha señalado que, en los primeros momentos de la pandemia, el personal sanitario careció de medios suficientes, lo que supuso un riesgo para su integridad física y su salud. Ello, a pesar de que el coronavirus pudo dificultar o retrasar el abastecimiento y distribución de material por parte de la Administración General del Estado (AGE)[42].
- La sentencia del Juzgado Único de Teruel, de 3 de junio de 2020, citada al analizar la fuerza mayor como causa exoneratoria de la responsabilidad patrimonial, también ha puesto de manifiesto la falta de material profiláctico para el personal sanitario[43].

---

42 Según indicó la STS 1271/2020, de 8 de octubre (núm. rec. 91/2020 y [*Tol 8105438*]) «es notorio que la pandemia nos ha llevado a unas circunstancias absolutamente excepcionales (...) a escala mundial y puede haber ocasionado serias dificultades de abastecimiento (...). Aun así, no hay duda de que las Administraciones correspondientes debían proveer de medios de protección a los profesionales sanitarios y, en especial, el Ministerio de Sanidad a partir del 14 de marzo de 2020 (...). Sin embargo, no se les facilitaron los necesarios y como consecuencia su integridad física y su salud sufrieron riesgos (...). [Es más, como pone de manifiesto la sala de lo contencioso-administrativo del TS, como quiera que la Administración] (...) no fue capaz de dotar a los profesionales de la salud de los medios precisos para afrontar protegidos la enfermedad (...) [estos] corrieron el peligro de contagiarse y de sufrir la enfermedad, como efectivamente [sucedió y] (...) se contagiaron muchos y entre ellos hubo numerosos fallecimientos» (FJ 7).

43 Tal y como se expuso, la sentencia del Juzgado de lo Social Único de Teruel 60/2020, de 3 de junio (núm. rec. 114/2020 y [*Tol 7950957*]), condenó al Servicio Aragonés de Salud, al Instituto Aragonés de Servicios Sociales y a la Diputación General de Aragón a facilitar equipos de protección individual (EPI) y demás material necesario para evitar un posible contagio por COVID-19. Advertir que

– La sentencia del Juzgado de lo Social núm. 5 de Alicante, de 7 de enero de 2022, ha dado un paso más, y ha condenado a la Generalitat Valenciana a indemnizar con una cantidad de dinero, entre 5.000 y 49.180 euros, en función del grado de desprotección, a cada trabajador[44].

Teniendo en cuenta estas sentencias, consideramos que las reclamaciones por falta de medios que formule el personal sanitario podrían dar derecho a obtener una indemnización por la vía de la responsabilidad patrimonial. Sobre este particular no puede ignorarse que el protocolo de actuación frente a casos de infección por coronavirus, aprobado por el Consejo de Ministros el 31 de marzo de 2020[45], recomendó al «personal sanitario [y a las] (…) las personas que entren en la habitación de aislamiento (…) llevar un equipo de protección individual (…) que incluya bata, mascarilla (…) y siempre asegurando la existencia de stocks suficientes»[46].

---

el fallo no se dictó en un litigio sobre responsabilidad patrimonial sino en el contexto de la prevención de riesgos laborales. Aun así, no deja de ser interesante al caso.

44 Para la sentencia del Juzgado de lo Social núm. 5 de Alicante 1/2022, de 7 de enero (núm. rec. 319/2020, y [*Tol 8730662*]), hubo desprotección del personal sanitario por cuanto «las medidas de seguridad no se reforzaron lo suficiente o, al menos, no en proporción al aumento del riesgo (…). [Como pone de manifiesto el juzgador] el personal sanitario tuvo que atender a pacientes contagiados, sin contar con las medidas de seguridad necesarias para salvaguardar su integridad y salud. Ello derivó en un elevado índice de contagios de personal (…). [Según constató el juez] los trabajadores (…) prestaron servicios médicos en condiciones inadecuadas e insuficientes para salvaguardar la salud y seguridad en el trabajo» (FJ 5).

45 Procedimiento de actuación frente a casos de infección por el nuevo coronavirus, de 31 de marzo de 2020, pág. 6.
(SARS-CoV-2) https://www.semg.es/images/2020/Coronavirus/20200331_Procedimiento_actuacion_COVID_19.pdf

46 PALOMAR OLMEDA, Alberto (2020): «Un intento de sistematización de la responsabilidad de los profesionales sanitarios ante la crisis de la Covid-19», *vlex*, núm. 3, pág. 20. A juicio de este autor, «parece razonable pensar que pueden existir acciones de responsabilidad por la carencia de medios (…) [ya que,] los Poderes Públicos (…) han tenido la improvisación, han generado la incertidumbre sobre los canales de distribución, han centralizado las mercancías existentes y, por tanto, agravado la situación allí donde se producían las decisiones de centralización y los que, finalmente, han precisado un tiempo poco razonable para allegar mínimamente bienes y servicios necesarios para solventar la crisis (…). [En opinión de OLMEDA,] a este planteamiento teórico podemos, posteriormente, ponerle hechos y circunstancias acreditativas o matizadoras de las circunstancias descritas que nos llevaran a una determinación, si era o no justificada la posición

A esta conclusión —responsabilidad por insuficiencia de material— también ha llegado PALOMAR, para el cual «el título de vinculación con la responsabilidad no es tanto la pandemia como la imprevisión pública en la satisfacción de los mínimos medios con los que hacerla frente»[47].

Otro ámbito distinto al de insuficiencia de material profiláctico en el que pueden reconocerse indemnizaciones es el de la inoculación de vacunas contra la Covid-19, no por su falta o insuficiencia, sino por su dispensación arbitraria. Así ha sido apreciada por la sentencia del Juzgado de lo Contencioso-administrativo núm. 3 de Alicante, de 13 de enero de 2022, y la STSJ de la Comunidad Valenciana, de 1 de septiembre de 2022. Ambas han condenado a la Generalitat Valenciana por postergar la vacunación de personal sanitario de hospitales y centros de salud privados respecto del dependiente del Sistema Valenciano de Salud[48].

Como quiera que estos fallos han sido comentados por RAMOS en el cap. 23 de este tratado no es preciso profundizar aquí en los mismos (págs. 1754 a 1758).

B. Daños causados a pacientes

Durante la pandemia, los centros sanitarios tuvieron que atender a los pacientes sin contar con los medios personales y materiales necesarios. Para suplir tales carencias, las Administraciones adoptaron diferentes medidas. Entre ellas cabe destacar:

- La incorporación de profesionales sanitarios jubilados, sin especialidad, dedicados a funciones sindicales o en formación, así como estudiantes de medicina y farmacia[49].

---

de los poderes públicos y, por tanto, la determinación de si existe o no un funcionamiento normal o anormal de los servicios públicos. Esta conclusión es la que permitirá determinar la existencia de responsabilidad, pero lo que es evidente es que el hecho que nos sirve de fundamento resulta indiscutido: la atención se ha prestado en condiciones de medios que, a todas luces, pueden considerarse insuficientes y que la política para subvenirlos no puede considerarse, en ningún caso, satisfactoria» (*idem*).

47 *Idem*.

48 SJCA núm. 3 de Alicante 5/2022, de 13 de enero (núm. rec. 3/2021 y [*Tol 8736846*]) y STSJ de la Comunidad Valenciana 293/2022, de 1 de septiembre (núm. rec. 69/2022 y [*Tol 9249826*]).

49 La contratación extraordinaria de personal sanitario se reguló por Orden SND/232/2020, de 5 de marzo, por la que se adoptaron medidas en materia de

- La compra centralizada de medicamentos y demás productos necesarios para la protección de la salud[50].
- La atribución de poderes extraordinarios al ministro de Sanidad para dar órdenes tendentes a asegurar el abastecimiento de comida y de productos necesarios para la protección de la salud pública[51].

Para PALOMAR la contratación de personal sanitario no cualificado «supone, claramente, una degradación del nivel de atención. En el fin de la balanza se puede alegar la situación de emergencia y, eventualmente, la fuerza mayor que tantas veces repetiremos, pero el hecho objetivo es que el nivel de pericia profesional se ha reducido al ampliarse la habilitación para la actuación por profesionales que en condiciones de normalidad no hubieran prestado ese servicio»[52].

A pesar de ello, en nuestra opinión, la contratación sin la cualificación necesaria no implica *per se* que pueda exigirse responsabilidad patrimonial de la Administración. Lo determinante será que el paciente haya sufrido un daño que no tenía el deber jurídico de soportar, para lo cual habrá que analizarse si el profesional actuó conforme a la *lex artis*.

En segundo lugar, según nuestro parecer, los mecanismos especiales de compra centralizada y los poderes otorgados al ministro de Sanidad no eximen a la Administración de responder por la pérdida de oportunidad de recibir asistencia médica o acceder a un tratamiento alternativo[53].

---

recursos humanos y medios para la gestión de la crisis sanitaria ocasionada por el COVID-19.

50 Para paliar la falta de medios materiales se modificó el art. 4 de la Ley Orgánica 3/1986, de 14 de abril, de medidas especiales en materia de salud pública, para permitir la compra centralizada no solo de medicamentos y productos sanitarios, sino también de cualquier producto necesario para la protección de la salud. Esta modificación se llevó a cabo por el RD-Ley 6/2020, de 10 de marzo.

51 El art. 13 a) REDEA facultó a la persona titular del Ministerio de Sanidad para «impartir las órdenes necesarias para asegurar el abastecimiento del mercado y el funcionamiento de los servicios de los centros de producción afectados por el desabastecimiento de productos necesarios para la protección de la salud pública».

52 PALOMAR OLMEDA, Alberto (2020): «Un intento de sistematización de la responsabilidad de los profesionales sanitarios ante la crisis de la Covid-19», *op. cit*, pág. 27.

53 La falta de medios obligó a los profesionales sanitarios a tener que tomar en ocasiones una dramática decisión: atender a unos pacientes en detrimentos de otros, considerando para ello qué paciente tenía más posibilidades de salvarse. En este sentido, es significativo que el informe del Ministerio de Sanidad sobre los aspec-

En este sentido, consideramos que, en las reclamaciones formuladas por familiares de fallecidos o damnificados —por ejemplo, por carencia de aparatos de respiración asistida—, será clave valorar: si faltaron medios; la razón por la que faltaron; así como la pérdida de oportunidad de haberse curado.

Entre los daños que la pandemia ha podido causar a los pacientes, cabe citar también el caso de los diagnósticos tardíos. La curación o el correcto desarrollo de muchas enfermedades depende de que su diagnóstico se realice lo más pronto posible.

Con la pandemia se suspendieron intervenciones quirúrgicas y se retrasaron revisiones, lo que sin duda podría generar responsabilidad patrimonial de la Administración Pública[54].

C. Daños causados a residentes de centros de la tercera edad

Las personas mayores, y en particular los que viven en residencias de la tercera edad, por su especial vulnerabilidad, fueron —sin duda— el co-

---

tos éticos en situaciones de pandemia: El SARS-CoV-2», de 2 de abril de 2020, ya concluyera que: «la escasez de recursos, temporal o duradera, puede exigir el establecimiento de criterios de priorización de acceso a los mismos, lo que se hará con base en criterios objetivos, generalizables, transparentes, públicos y consensuados, sin perjuicio de valorar también los aspectos singulares e individuales que presente cada persona enferma por el virus». https://www.sanidad.gob.es/profesionales/saludPublica/ccayes/alertasActual/nCov/documentos/AspectosEticos_en_situaciones_de_pandemia.pdf

54 Evidentemente, y como indican DIVASSON, ORTILLÉS y MARTÍNEZ, se produciría una ruptura del nexo causal en todos aquellos casos en los que es el propio paciente el que ha dejado de asistir a la revisión periódica que tenía programada o ha retrasado la citación por miedo de acudir a un hospital o centro de salud y contagiarse por ello de la COVID-19. En estos casos, no se generará responsabilidad patrimonial de las AAPP. Por otro lado, y como acertadamente exponen los autores, «Existen (…) supuestos en los que, acreditado el retraso, existen dudas sobre si un diagnóstico precoz hubiera variado el desenlace de la enfermedad, son los casos en los que entra en juego la doctrina de la «pérdida de oportunidad». Existe un retraso, pero se desconoce si tal retraso hubiera, o no, variado el curso de la enfermedad, este retraso determina la aplicación de un cálculo de probabilidades que se aplica en la reducción del quantum indemnizatorio». DIVASSON MEDIVIL, Jesús, ORTILLÉS BUITRÓN, Jorge y MARTÍNEZ AGUIRRE, María Esther (2021): «Administración sanitaria», en DE LA CRUZ LÓPEZ, Pablo y MOLL FERNÁNDEZ-FIGARES, Luis (dirs.), *Responsabilidad Patrimonial y COVID-19 en los distintos sectores de la actividad,* Lefebvre, Madrid, págs. 56 y 57.

lectivo más castigado por el COVID-19. Conscientes de esta realidad, se adoptaron medidas especialmente dedicadas a prevenir el contagio de la enfermedad en este grupo de población. En particular hay que destacar las siguientes medidas:

- El aislamiento de contagiados por COVID-19 o el seguimiento y derivación de enfermos[55].
- La habilitación a la autoridad sanitaria de la correspondiente Comunidad Autónoma para designar a un empleado público para dirigir la actividad asistencial en residencias de la tercera edad[56].
- La incorporación obligatoria de todo el personal de servicios sociales[57].
- Priorizar la realización de pruebas diagnósticas a residentes y empleados de las residencias de la tercera edad[58].

Por tanto, durante la pandemia, la gestión de las residencias de la tercera edad estuvo muy condicionada por las medidas que se fueron aprobando por parte del Ministerio de Sanidad.

Por esta razón, en nuestra opinión, la existencia de fuerza mayor va a ser un motivo en el que se escudarán las Administraciones a las que se les exija responsabilidad. Ahora bien, como hemos expuesto anteriormente:

---

55 El aislamiento de personas mayores en residencias de la tercera edad se previó en el art. 2 de la Orden SND/265/2020 de 19 de marzo, por medio de la cual se establecieron una serie de medidas dirigidas al personal que presta servicios en las residencias de personas mayores y centros sociosanitarios.

56 La designación de responsables de supervisar las residencias de la tercera edad fue prevista por el art. 3.5 de la Orden 275/2020, de 23 de marzo, por la que se establecieron medidas complementarias de carácter organizativo, así como de suministro de información en el ámbito de los centros de servicios sociales de carácter residencial en relación con la gestión de la crisis sanitaria ocasionada por la COVID-19.

57 La obligación de todo el personal asistencial de estar disponible fue impuesta por el art. 3 de la Orden SND/295/2020, de 26 de marzo, por la que se adoptaron medidas en materia de recursos humanos en el ámbito de los servicios sociales ante la situación de crisis ocasionada por la COVID-19.

58 La preferencia en la realización de pruebas diagnósticas a los residentes y trabajadores de residencias de la tercera edad fue impuesta por la Orden SND 322/2020, de 3 de abril, de modificación de Orden SND/295/2020, de 26 de marzo, por la que se establecen nuevas medidas para atender necesidades urgentes de carácter social o sanitario en el ámbito de la situación de la crisis sanitaria ocasionada por la COVID-19.

una cosa es la propia pandemia, la cual ha de considerarse un supuesto de fuerza mayor; y otra muy distinta, las acciones u omisiones achacables a las Administraciones en el funcionamiento de los servicios públicos.

En este sentido, va a resultar clave analizar: la idoneidad de las medidas adoptadas; su cumplimiento por Administración; así como evaluar si las medidas agravaron o minimizaron las consecuencias de la COVID-19[59].

Más en concreto, entendemos que la ausencia de pruebas diagnósticas, o la demora en su realización, podrían fundamentar una reclamación de responsabilidad patrimonial. Se trata de una medida que llegó de forma tardía, cuando ya se habían producido contagios de forma masiva. En estos casos, probablemente sea difícil para los reclamantes vincular el fallecimiento de un familiar con el funcionamiento anormal del servicio público, sobre todo si no se realizaron pruebas diagnósticas ni practicó autopsia.

D. Daños causados a centros sanitarios privados

Muchos fueron los daños causados a los centros sanitarios privados como consecuencia de las medidas adoptadas para atajar la COVID-19. Entre ellos, tuvieron especial importancia la puesta a disposición de sus recursos personales y materiales, y la obligación de no suspender la actividad y mantener la plantilla de trabajadores.

a) Puesta a disposición

Durante la pandemia se ordenó a los centros sanitarios privados poner a disposición de las CCAA sus recursos personales y materiales para el caso de ser insuficientes los de las Administraciones sanitarias[60]. En estos casos, como acertadamente señala PALOMAR, «lo que no cabe ninguna duda es

---

59 En este sentido, resulta ilustrativo el auto TSJ de Madrid, de 21 de abril de 2020 (núm. rec. 428/2020 y [*Tol 7887202*]). En él se impuso cautelarmente, *inaudita parte*, a la Comunidad de Madrid, respecto de las residencias de mayores de Alcorcón: cumplir con lo previsto en la Orden SND/265/2020, de 19 de marzo; y en particular, dotarlas de manera inmediata con el personal sanitario necesario, así como con los medios materiales precisos para llevar a cabo las pruebas diagnósticas.

60 La puesta a disposición de los centros sanitarios privados se impuso por la Orden SND/232/2020, de 15 de marzo, por la que se adoptaron medidas en materia de recursos humanos y medios para la gestión de la situación de crisis sanitaria ocasionada por la COVID-19.

que (...) surge una obligación (...) de prestación de un servicio profesional que (...) el centro sanitario no tiene la obligación de soportar, aunque lo tenga de atenderlo»[61].

El solo hecho de la «puesta a disposición», aun cuando no se hubiera materializado, puede dar lugar a compensaciones vía responsabilidad patrimonial[62]. Adicionalmente, en caso de haber habido remisiones de pacientes, el *quantum* indemnizatorio deberá ser superior. Este dependerá de los recursos del titular del centro, de tal manera que si afectó a su capacidad operativa y de programación tendrá un reflejo económico complementario.

---

61 PALOMAR OLMEDA, Alberto (2020): «La configuración de la urgencia de un sistema de salud, la incidencia en el ámbito privado y el control de la actividad de éstos», *Revista Derecho y Salud*, vol. 30. Extraordinario, págs. 40 y 41.

62 Para DURÁN, la puesta a disposición de la autoridad sanitaria de centros sanitarios privados sería una medida de intervención u ocupación temporal de empresas. Considera que «la naturaleza expropiatoria de estas medidas de intervención vendría a ser clara» y estarían «sometidas en todo caso, a efectos indemnizatorios, al ámbito del artículo 120 de la LEF». El referido autor considera que «si la posible apreciación de un supuesto de fuerza mayor no supusiera ya, por sí sola, un importante impedimento para la prosperabilidad de cualquier reclamación encauzada a través de la vía de la responsabilidad patrimonial aparece, además, otro óbice a tener en cuenta: la antijuricidad del daño». En este sentido, argumenta que «argüir sobre la antijuricidad de los hipotéticos daños que pudieran derivarse de las medidas de intervención deviene en un esfuerzo innecesario desde el mismo instante en que dichas medidas dimanan de normas reglamentarias dictadas sobre la base del Real Decreto 463/2020»; por lo que, en su opinión, «mejor encaje procedimental ostentaría la posibilidad de reconducir la cuestión a través de la específica vía contemplada en el artículo 120 de la Ley de 16 de diciembre de 1954, sobre expropiación forzosa». Y concluye indicando que: «Profundizando en la naturaleza expropiatoria de las medidas de puesta a disposición, el Informe de la Abogacía General de la Comunidad de Madrid, de 19 de junio de 2020 plantea, incluso, la posibilidad de catalogar dichas actuaciones como supuestos de ocupación temporal en sentido estricto: «La ocupación temporal en situaciones de urgencia no vendría a comprender meramente los supuestos de utilización directa de los bienes ocupados, sino que abarcaría todos aquellos supuestos en los que la Administración se arroga un derecho de disponibilidad general, múltiple y polivalente, sobre los inmuebles en cuestión, como bien podrían ser las consabidas medidas de intervención adoptadas en el seno del presente estado de alarma». DURÁN VICENTE, HÉCTOR (2021): «La indemnización de los daños causados por las medidas de intervención u ocupación transitoria de empresas y servicios durante la pandemia», *Revista Jurídica de la Comunidad de Madrid*, Edición diciembre 2021, págs. 312 a 315.

b) Mantenimiento de la actividad

Como hemos indicado previamente, los establecimientos, públicos o privados, que fueron declarados esenciales, tuvieron que mantener su actividad[63]. Para reducirla o suspenderla de manera parcial se requirió una autorización administrativa[64]. Además, tampoco se les permitió acudir a los mecanismos de flexibilización laboral[65].

En la práctica, estas imposiciones normativas supusieron, para los establecimientos privados afectados, el mantenimiento de su plantilla a pesar de la caída importante de su volumen de ingresos ordinarios (*v.gr.* por las desprogramaciones quirúrgicas).

Estas cargas causaron a los titulares de centros sanitarios privados un daño antijurídico por funcionamiento anormal de los servicios públicos, el cual podrá ser resarcido mediante reclamaciones de responsabilidad patrimonial.

2) Otros daños que pueden dar derecho a percibir una compensación

Al margen de las reclamaciones de responsabilidad patrimonial, la doctrina ha planteado otras figuras que pueden dar lugar a compensaciones. Entre ellas destacan las requisas y ocupaciones temporales, las expropiaciones forzosas, suspensión de actividades y la intervención de empresas.

---

63 La Orden SND/310/2020, de 31 de marzo, estableció como servicios esenciales determinados centros, servicios y establecimientos sanitarios. Esta norma complementó las previsiones contenidas en el RD-Ley 9/2020, de 27 de marzo, por el que se adoptaron medidas complementarias, en el ámbito laboral, para paliar los efectos derivados de la COVID-19.

64 Es más, el incumplimiento o la resistencia a cumplir la obligación de mantener en funcionamiento de los establecimientos declarados esenciales fue sancionable en los términos establecidos en la LOAES.

65 De acuerdo con el art. 2 del RD-ley 9/2020, de 27 de marzo, «la fuerza mayor y las causas económicas, técnicas, organizativas y de producción en las que se amparan las medidas de suspensión de contratos y reducción de jornada previstas en los artículos 22 y 23 del RD-ley 8/2020, de 17 de marzo, no se podrán entender como justificativas de la extinción del contrato de trabajo ni del despido».

A. Requisas y ocupaciones temporales

Como hemos indicado en el primer epígrafe, el art. 11 LOAES y los arts. 8 y 13 REDEA permitieron a las autoridades sanitarias acordar requisas temporales de bienes para gestionar la crisis sanitaria ocasionada por la COVID-19. Aunque no se indique expresamente, dentro del concepto de requisa (de bienes muebles) debe entenderse comprendido las ocupaciones temporales de bienes inmuebles. Tanto una como otra atribuyen al particular el derecho a ser compensados económicamente.

a) Requisas

La requisa supone la privación temporal, tanto de la posesión como del uso de una cosa mueble, con la finalidad de satisfacer necesidades de interés general. Sería el caso de la privación a su titular de la posesión y el uso de aparatos de respiración asistida, pese a que se continue manteniendo la titularidad de los mismos.

Las diferencias entre la requisa y la responsabilidad patrimonial son claras. Según indica BLANQUER: mientras que en el primer caso el daño es directo, voluntario e intencional, en la responsabilidad patrimonial el resultado lesivo es indirecto, involuntario y consecuencial; mientras que en el caso de las requisas el pago del justiprecio siempre tiene su origen en una decisión de la Administración que es acorde a Derecho, el pago como consecuencia del reconocimiento de la responsabilidad patrimonial puede deberse al funcionamiento normal o anormal de los servicios públicos[66].

Por tanto, no hay ninguna duda de que en el caso de las requisas temporales de bienes se produce un efecto lesivo para el titular del bien que debe ser compensado económicamente. Pero el fundamento jurídico para ello no se encuentra en la figura de la responsabilidad patrimonial, sino en el art. 120 de la LEF. Este precepto prevé que «cuando por consecuencias de (...) epidemias (...) hubiesen de adoptarse por las Autoridades civiles (...) requisas de bienes o derechos (...) el particular dañado tendrá derecho a indemnización».

Además, al no perder el titular del bien requisado su titularidad, este deberá ser devuelto a su propietario, que recuperaría con ello la posesión y el uso del mismo.

---

66 BLANQUER CRIADO, David (2020): *La responsabilidad patrimonial en tiempos de pandemia, op. cit.* págs. 61 y 62.

b) Ocupaciones temporales de bienes inmuebles

Al igual que las requisas, en la ocupación temporal de un bien inmueble, su propietario no pierde la titularidad, pero sí la posesión y su derecho a usarlo. Esta privación genera el derecho a una indemnización[67]. Además, al tratarse de una medida temporal, una vez desaparece la causa que ha propiciado la ocupación, la Administración devolverá a su propietario los bienes.

Un ejemplo de ocupación temporal de un bien inmueble lo podemos encontrar en la ocupación de unos terrenos de propiedad privada para instalar temporalmente un hospital militar de campaña.

B. Expropiaciones forzosas

A diferencia de las requisas y de las ocupaciones temporales, la expropiación implica la privación de bienes y derechos con carácter pleno y definitivo. Así ocurrió en todos aquellos casos en los que la Administración expropió mascarillas, geles hidroalcohólicos o equipos de protección individual (EPI). Estamos ante bienes consumibles que no pueden ser reutilizados, de ahí que la privación sea definitiva. En estos casos, procede indemnizar al particular afectado en base a la LEF.

C. Suspensión de actividades

En el art. 10 REDEA suspendió, con carácter general, la apertura al público de locales y establecimientos minoristas. También prohibió, temporalmente, el funcionamiento de museos y demás establecimientos donde se desarrollasen espectáculos públicos, así los que sirvieran de base para realizar las actividades de hostelería y restauración.

---

67 De acuerdo con el art. 108 LEF la ocupación temporal de bienes inmuebles, podrá acordarse: «1. Con objeto de llevar a cabo estudios o practicar operaciones facultativas de corta duración (...). 2. Para establecer (...) cualesquiera (...) obras previamente declaradas de utilidad pública (...). 3. Para la extracción de materiales de toda clase (...).4. Cuando por causa de interés social (...) la Administración estime conveniente, no haciéndolo por sí el propietario, la realización por su cuenta de los trabajos necesarios para que la propiedad cumpla con las exigencias sociales de que se trate».

Para paliar los negativos efectos que estas medidas supusieron, las AAPP aprobaron determinadas ayudas, tanto para personal por cuenta ajena, como para trabajadores autónomos.

Cabe plantearse, si aparte de estas ayudas, sus beneficiarios podrían solicitar una indemnización. Esta cuestión es compleja, pues no estamos ante un supuesto de responsabilidad patrimonial, ya que el daño no deriva de un funcionamiento de los servicios públicos. Tampoco puede considerarse que el art. 10 REDEA estuviera habilitando la adopción de medidas expropiatorias, pues no se priva al particular de la propiedad privada o de derechos o intereses patrimoniales legítimos.

Para determinar si estas medidas pueden dar derecho a indemnización o no, puede resultar de utilidad acudir al criterio que propone DOMÉNECH, el cual distingue entre actividades cuyo ejercicio es «intolerablemente peligroso o nocivo» y aquellas cuyo ejercicio es «socialmente deseable»[68]. En opinión de este autor: en el primer caso, no conviene indemnizar porque se estaría estimulando económicamente actividades peligrosas; en cambio, en el segundo supuesto, sí que podría concederse una compensación, pues se trata de actividades inocuas que conviene apoyar, porque, de no hacerlo, se estaría desincentivando actividades que son valiosas para la sociedad.

En base a este planteamiento, DOMÉNECH sostiene que la suspensión de las actividades contempladas en el art. 10 REDEA debe calificarse como delimitación de derechos no susceptible de ser indemnizados, pues en el momento en que se prohibieron, estas se consideraron peligrosas.

La STC de 14 de julio de 2021, a la que aludimos al referirnos a la cláusula de progreso del art. 34.1 LRJ, viene a confirmar esta idea. En ella se declaró que las medidas enumeradas en los aps. 1, 3 y 4 del art. 10 REDEA, estaban fundadas en el art. 12.1 LOAES, así como en los art. 26.1 y 54.1 de la Leyes generales de sanidad y salud pública. Por este motivo, para el TC, los aps. 1, 3 y 4 REDEA, no merecían un reproche constitucional, porque «en la medida en que cuentan con suficiente respaldo constitucional, tienen capacidad para obligar tanto a los ciudadanos como a los poderes públicos (...), lo que se traduce en un correlativo deber de soportar dichas limitaciones, en atención a la gravedad de los bienes que se pretende proteger» (FJ 9).

---

68 DOMÉNECH PASCUAL, Gabriel (2020): «Responsabilidad patrimonial del Estado y COVID-19», *op. cit.* págs. 108 y 109.

D. Intervención de empresas

A partir de los arts. 11 LOAES y 13 REDEA, las AAPP pudieron intervenir y ocupar temporalmente empresas. Estos preceptos responden a la modulación de la libertad de empresa, del art. 38 CE, permitida por el art. 128 CE, el cual habilita a las AAPP, mediante ley, a intervenir empresas cuando así lo exige el interés general.

La intervención de empresas permite adoptar medidas como la sustitución de los administradores de la sociedad por gestores nombrados por la Administración Pública o la prohibición de realizar determinados contratos.

Además, la intervención empresarial no supone una expropiación de bienes o derechos, ni una prohibición de llevar a cabo la actividad en cuestión. Más bien implica el sometimiento de la gestión y de la actividad de la empresa al control de la Administración Pública.

A título de ejemplo, la intervención de empresas es la que permitió poner a disposición de las CCAA los centros, servicios y establecimientos sanitarios privados de diagnóstico clínico que no estuvieran prestando servicios en el SNS[69]. Como consecuencia de ello, la realización de pruebas diagnósticas por los citados centros debía estar prescrita por un facultativo, teniendo la Administración la capacidad de regular los precios de las referidas pruebas.

En este supuesto, no se genera ninguna lesión indemnizable. De esta regla general se exceptúan los daños que se produzcan en los bienes de la empresa intervenida o el lucro cesante —consecuencia de una mala gestión propiciada por la Administración— que el empresario no tenga porqué asumir. En casos como estos, si se dan los requisitos que exige el art. 32 y siguientes de la LRJ se podrá exigir responsabilidad patrimonial a la Administración[70].

---

69 La puesta a disposición de los establecimientos sanitarios privados de diagnóstico clínico fue impuesta por el art. 1 de la Orden SND 344/2020, de 13 de abril, por la que se establecieron medidas excepcionales para el refuerzo del SNS y la contención de la crisis sanitaria ocasionada por el COVID-19.

70 En relación con la intervención de empresas, BLANQUER sostiene que «la simple intervención administrativa no genera por sí misma el derecho a percibir una compensación, pues la simple imposición de otros gestores para la empresa no causa un daño indemnizable (...). [A lo anterior añade que] si durante ese intervalo de tiempo se producen daños en el equipo en maquinaria de la compañía intervenida, o en su caso se genera un lucro cesante como consecuencia de la de-

IV. Las sentencias del Tribunal Supremo de 21 de septiembre y 23 de noviembre de 2023

Analizado cómo juegan los requisitos de la responsabilidad patrimonial en una situación de COVID y expuestos qué casos podrían dar derecho a que surgiera el derecho a percibir una compensación en concepto de responsabilidad patrimonial o de expropiación forzosa, no podemos cerrar este capítulo sin referirnos a las recientes SSTS de 21 de septiembre y 23 de noviembre de 2023[71].

Son sentencias gemelas. Ambas desestiman sendos recursos interpuestos contra resoluciones desestimatorias, por silencio administrativo, de solicitudes de responsabilidad patrimonial por el cierre de instalaciones hoteleras como consecuencia de las diferentes normas dictadas durante el primer estado de alarma, en el caso de la STS de 21 de septiembre de 2023, y durante el primer y segundo estado de alarma, en el supuesto de la STS de 23 de noviembre de 2023. En esta última, además, se inadmite el recurso contencioso-administrativo respecto de la Generalitat Valenciana por no haber interpuesto una reclamación de responsabilidad patrimonial contra la Administración autonómica.

Las principales conclusiones alcanzadas en las sentencias son las siguientes:

i. En la STS de 23 de noviembre de 2023, el TS inadmite el recurso contencioso-administrativo relativo a la Generalitat Valenciana, porque la entidad demandante no dirigió la necesaria reclamación previa individualizada contra la Administración autonómica. De

---

fectuosa gestión burocrática de la empresa, puede existir fundamento adecuado para reclamar una indemnización a título de responsabilidad patrimonial. [Para BLANQUER,] no es impertinente precisar, que no da lugar a responsabilidad la simple existencia de un lucro cesante como consecuencia del parón económico general; sólo hay derecho a percibir una indemnización si las pérdidas o la disminución de ingresos ha sido causada por la mala gestión administrativa mientras ha durado la intervención temporal de la empresa». BLANQUER CRIADO, David (2020): *La responsabilidad patrimonial en tiempos de pandemia, op. cit.* pág. 77.

71 SSTS 1360/2023, de 21 de septiembre (núm. rec. 453/2022 y [*Tol 9764117*]) y 1547/2023, de 23 de noviembre (núm. rec. 424/2023 y [*Tol 9788822*]). Para un comentario de estas sentencias puede leerse a GARRIDO MAYOL, Vicente (2024): «La responsabilidad patrimonial como consecuencia de la crisis sanitaria por el Covid-19», en GARRIDO MAYOL, Vicente y MARTÍNEZ OTERO, Juan (dirs.), *Estado autonómico y derechos fundamentales en la era Post-Coronavirus,* Tirant lo Blanch, Valencia, págs. 400 a 405.

esta manera limita el conocimiento del fondo del asunto respecto de la AGE. Para la Sala de lo Contencioso-administrativo si el recurrente entendió que existía una responsabilidad concurrente, ello no le eximía de formular la reclamación en tal concepto.

ii. El TS sostiene que la responsabilidad patrimonial que las dos mercantiles reclaman, principalmente, es del Estado legislador, pues los RRDD de declaración de estado de alarma tienen valor de ley.

A ello añade que, en la LRJ se contemplan dos supuestos de responsabilidad del Estado legislador: cuando la lesión en los bienes y derechos sea consecuencia de actos legislativos de naturaleza no expropiatoria de derechos que no se tenga el deber jurídico de soportar y así se establezca en la propia norma legal; y cuando los daños deriven de la aplicación de una norma con rango de ley declarada inconstitucional.

A partir de aquí, el TS razona que, no tratándose del segundo supuesto, respecto del primero de ellos, los RRDD de declaración de estado de alarma no contemplan esa previsión indemnizatoria como para que pueda surgir un derecho al respecto por responsabilidad patrimonial de Estado legislador.

Más bien al contrario, el TS alude a la SSTC de 148/2021 y 183/2021 para llegar a la conclusión de que las medidas adoptadas fueron necesarias, idóneas y proporcionales a la situación. Por ello, habiendo afectado a la generalidad de la población, entiende el TS que no resulta justificado que puedan atenderse pretensiones singulares de revisión fundadas exclusivamente en la inconstitucionalidad apreciada, cuando no concurran otros motivos de antijuridicidad.

iii. El TS insiste en que las normas que imponen la medida son imperativas y de aplicación general a sus destinatarios, imponiendo a la ciudadanía el deber de soportar las cargas derivadas en aras del interés público.

Del mismo modo, hace alusión al principio de precaución. De él, afirma el TS, se deriva la imposibilidad de atribuir responsabilidad a la Administración cuando las medidas sanitarias adoptadas tendieron a mitigar o evitar la propagación de los contagios, siempre y cuando se muestren razonables y proporcionadas. Todo ello, aunque posteriormente se pudiese demostrar que resultaron innecesarias, pues lo trascendental es la incertidumbre científica sobre la naturaleza y alcance del riesgo en el momento de su adopción.

En cuanto a la generalidad de las cargas impuestas, el TS las considera una carga colectiva. A partir de aquí concluye que, puesto que fue la sociedad en su conjunto la afectada, la vía de reparación o de daños de ser procedente, tiene que ser la de las ayudas públicas, pero no la de la responsabilidad patrimonial, que exige la antijuridicidad señalada.

iv. Los recurrentes sostienen que el régimen específico del art. 3.2 LOAES se caracteriza porque se separa del régimen de responsabilidad patrimonial previsto en la LRJ. Para ello distingue sus efectos procedimentales y sustantivos, con el fin de advertir que la LOAES solamente se remite a los efectos procedimentales de la LRJ, pero no a los sustantivos, ya que los mismos ostentan un cierto carácter autónomo.

Sin embargo, la Sala de lo Contencioso-administrativo disiente de lo expuesto por dos motivos:

- En primer lugar, porque ese régimen singular no se desprende, ni directa ni indirectamente, del art. 116.6 CE o del propio art. 3.2 LOAES.
- En segundo término, porque la remisión que efectúa el art. 3.2 LOAES a lo dispuesto en las leyes solo puede ser entendido como una remisión al régimen general de la responsabilidad patrimonial de los poderes públicos vigente en cada momento.

  De esta manera concluye lo siguiente: si se trata de responsabilidad patrimonial del Estado legislador por los daños sufridos como consecuencia de las normas con fuerza y valor de ley habrá que estar a las normas reguladoras de dicha responsabilidad; y si se trata de la responsabilidad del Estado administración, por los daños derivados del funcionamiento normal o anormal de los servicios públicos, también habrá que estar a la regulación contenida en la LRJ.

v. El TS considera que no se han producido expropiaciones forzosas, pues no estamos ante casos de privación singular de bienes o derechos, entendidas éstas como sacrificio especial impuesto deliberadamente de forma directa a través de procedimientos específicos. Todo lo contrario, afirma que estamos ante sendos supuestos de restricciones generales de carácter temporal del ejercicio de determinados derechos, impuestas en una norma jurídica con valor de ley con el fin de preservar la salud y la vida de los ciudadanos, y que obliga a todos.

vi. El TS atribuye la nota de fuerza mayor a la pandemia. La define como un acontecimiento insólito e inesperado en el momento en el que surgió. También afirma que, por la forma en la que se extendió por todo el planeta, en sus primeros momentos, así como durante el desarrollo de la misma, fue completamente ajena a la actividad de las AAPP.

    A partir de aquí, el Tribunal llega a la conclusión de que la fuerza mayor puede operar como supuesto de exención de la responsabilidad patrimonial en relación con determinados daños directamente imputables a la pandemia, pero no cuando éstos se imputan a la actividad de los poderes públicos.

    Respecto de este segundo tipo de daños, a juicio de la Sala de lo Contencioso-administrativo, la pandemia, como causa de fuerza mayor, no excluiría la responsabilidad si la actividad pública para hacerle frente fue insuficiente, desproporcionada o irrazonable. No obstante, como se ha señalado, el TS considera que las medidas adoptadas fueron adecuadas, idóneas y proporcionadas.

vii. Finamente, las mercantiles recurrentes tratan de justificar la existencia de la responsabilidad patrimonial en la imprevisión y mal funcionamiento de las AAPP durante la pandemia, es decir, por el retraso en la adopción de medidas.

    Sin embargo, el TS considera que, en tal caso: estaríamos ante una responsabilidad patrimonial por funcionamiento anormal de los servicios públicos a la hora de afrontar la pandemia; y que, para poder imputar los daños sufridos, en todo o en parte, a esos retrasos o incumplimientos, hubiera sido necesaria una argumentación y prueba sobre la causalidad existente entre unos y otros que no han ocurrido en los casos objeto de enjuiciamiento.

En definitiva, como hemos dicho, a través de las comentadas sentencias, el TS desestima sendos recursos interpuestos contra resoluciones desestimatorias, por silencio administrativo, de dos solicitudes de responsabilidad patrimonial por el cierre de instalaciones hoteleras como consecuencia de las diferentes normas dictadas durante el primer estado de alarma, en el caso de la STS de 21 de septiembre de 2023, y de los dos primeros estados de alarma, en el supuesto de la STS de 23 de noviembre de 2023.

En nuestra opinión, estos fallos se circunscriben a un ámbito determinado de actividad, el hotelero, y a un período temporal concreto, el primer y el segundo estado de alarma. Por ello, esta doctrina no tiene por qué proyectarse sobre otras actividades. Respecto de éstas, según nuestro parecer, hay que entender que aún no hay pronunciamiento del TS. A pesar de ello, consideramos que estas SSTS son muy importantes, pues previsiblemente las consideraciones y conclusiones alcanzadas en ellas se trasladarán, en la medida de lo posible, a otros sectores, entre ellos el sanitario.

V. REFLEXIONES FINALES

La crisis que ha provocado la COVID-19 ha supuesto un desafío a nivel social, económico y sanitario. La situación de extraordinaria gravedad que ha conllevado la pandemia ha sido una prueba para los ciudadanos y para las Administraciones. En cuanto a la responsabilidad patrimonial, unos y otros han tenido que lidiar en este desconocido e imprevisible escenario partiendo de una normativa que no resuelve todos los problemas que se han ido planteando. Ya no solo es que la regulación en la materia sea mínima, es que nadie podía prever cuando se dictó que tendría que servir para dar solución a una situación de crisis sanitaria de las dimensiones de la que se ha vivido.

La jurisprudencia en la que podemos apoyarnos para intentar dar respuesta no siempre se adecua al caso concreto. Hasta ahora los juzgados y tribunales se han pronunciado sobre situaciones en las que se planteaban reclamaciones de responsabilidad patrimonial en un contexto de cierta normalidad.

Ahora bien, no por ello debemos concluir que los pronunciamientos judiciales hasta ahora dictados sean inútiles. Considero que debemos partir de los mismos, pues son el fruto de un trabajo de muchos años que ha permitido definir los elementos y límites del régimen de la responsabilidad patrimonial de las AAPP.

Sin ningún lugar a dudas, al tener que aplicar estas bases para resolver las cuestiones que puedan darse en el marco de la COVID-19, va a ser necesario dar un salto en los planteamientos tradicionales. En nuestra opinión, esta pandemia va a requerir una evolución en los criterios interpretativos, pero sin perder de vista de dónde venimos. Dar la espalda a este compendio jurisprudencial, fruto del estudio detallado de la figura de la responsabilidad patrimonial, podría suponer su desnaturalización, situación no deseable por la inseguridad jurídica que generaría.

En todo caso, las recientes SSTS de 21 de septiembre y 23 de noviembre de 2023 han empezado a marcar un camino que, probablemente, se replique en futuros pronunciamientos. Si bien es cierto que, en los casos enjuiciados, las solicitudes de responsabilidad patrimonial eran por el cierre de una instalación hotelera como consecuencia de las diferentes normas dictadas durante los dos primeros estados de alarma, previsiblemente, las consideraciones y conclusiones alcanzadas en ellas se trasladarán, en la medida de lo posible, a otros sectores, entre ellos el sanitario.

En el presente capítulo nos hemos referido a algunas situaciones que pueden motivar reclamaciones de responsabilidad patrimonial u otras compensaciones como consecuencia de los daños provocados por la crisis sanitaria.

Pero las situaciones que pueden darse son muchas más que las descritas. Pensemos en los daños causados a pacientes por las demoras en el acceso a tratamientos, o por haber sido atendidos en espacios habilitados como centros sanitarios sin reunir los requisitos para ser considerado como tales. Pensemos también en el caso de los hoteles medicalizados o que se destinaron a alojar personal sanitario y de emergencias.

Los supuestos que pueden darse son muy variados, algunos muy complejos. Como decimos, para resolverlos tendremos que partir de la jurisprudencia existente, pero sin duda, la adecuación al caso será, en algunos supuestos, un reto y, por consiguiente, una oportunidad de avanzar en los cimientos que deben ser la base de los conceptos a considerar en materia de responsabilidad patrimonial.

Finalmente, recordar que en este ejercicio no hay que perder de vista que el punto del que debemos partir es el art. 3.2 LOAES, según el cual, «quienes como consecuencia de la aplicación de los actos y disposiciones adoptadas durante la vigencia de estos estados sufran, de forma directa, o en su persona, derechos o bienes, daños o perjuicios por actos que no les sean imputables, tendrán derecho a ser indemnizados de acuerdo con lo dispuesto en las leyes».

En nuestra opinión, este precepto no debe ser interpretado de manera tan restrictiva que no sirva para la finalidad a la que está llamado: ser una auténtica garantía indemnizatoria de daños y perjuicios sufridos durante el estado de alarma.

Bibliografía

BLANQUER CRIADO, David (2020): *La responsabilidad patrimonial en tiempos de pandemia,* Tirant lo Blanch, València

DIVASSON MEDIVIL, Jesús, ORTILLÉS BUITRÓN, Jorge y MARTÍNEZ AGUIRRE, María Esther (2021): «Administración sanitaria», en DE LA CRUZ LÓPEZ, Pablo y

MOLL FERNÁNDEZ-FIGARES, Luis (dirs.), *Responsabilidad Patrimonial y COVID-19 en los distintos sectores de la actividad*, Lefebvre, Madrid, págs. 25 a 67

DOMÉNECH PASCUAL, Gabriel (2021): «Dogmatismo contra pragmatismo. Dos maneras de ver las restricciones de derechos fundamentales impuestas con ocasión de la COVID-19», *InDret*, núm. 4, págs. 345 a 411

DOMÉNECH PASCUAL, Gabriel (2020): «Responsabilidad Patrimonial del Estado y COVID-19», *El Cronista del Estado Social y Democrático de Derecho*, núm. 86-87, págs. 102 a 109

DURÁN VICENTE, Héctor (2021): «La indemnización de los daños causados por las medidas de intervención u ocupación transitoria de empresas y servicios durante la pandemia», *Revista Jurídica de la Comunidad de Madrid*, Edición diciembre 2021, págs. 303 a 327

GARCÍA BLANCO, Jesús Mª y MARTÍN LORENZO, Beatriz (2021): «Introducción a la responsabilidad patrimonial de la Administración en tiempos de pandemia», en DE LA CRUZ LÓPEZ, Pablo y MOLL FERNÁNDEZ-FIGARES, Luis (dirs.), *Responsabilidad Patrimonial y COVID-19 en los distintos sectores de la actividad*, Lefebvre, Madrid, págs. 21 a 34

Para un comentario de estas sentencias puede leerse a GARRIDO MAYOL, Vicente (2024): «La responsabilidad patrimonial como consecuencia de la crisis sanitaria por el Covid-19», en GARRIDO MAYOL, Vicente y MARTÍNEZ OTERO, Juan (dirs.), *Estado autonómico y derechos fundamentales en la era Post-Coronavirus*, Tirant lo Blanch, Valencia, págs. 372 a 411

MANENT ALONSO, Luis (2021): «Las singularidades de las reclamaciones por daños causados por las administraciones públicas como consecuencia de la COVID-19», *Revista jurídica de les Illes Balears*, número 20, págs. 139 a 173

PALOMAR OLMEDA, Alberto (2020): «La configuración de la urgencia de un sistema de salud, la incidencia en el ámbito privado y el control de la actividad de éstos», *Revista Derecho y Salud*, vol. 30. Extraordinario, págs. 36 a 46

PALOMAR OLMEDA, Alberto (2020): «Responsabilidad institucional en la crisis del COVID-19», *Revista Derecho y Salud*, vol. 30, núm. 1, págs. 5 a 38

PALOMAR OLMEDA, Alberto (2020): «Un intento de sistematización de la responsabilidad de los profesionales sanitarios ante la crisis de la Covid-19», *vlex*, núm. 3, págs. 12 a 39

RODRÍGUEZ-ARANA MUÑOZ, Jaime (2021): «La responsabilidad patrimonial del Estado por las medidas adoptadas en estado de alarma declarado para la gestión de la crisis sanitaria ocasionada por el Covid-19. Consideraciones generales del caso español», *Actualidad Administrativa*, núm. 10

Capítulo 26

Responsabilidad patrimonial sanitaria por adopción de medidas para frenar la COVID-19 (II)

Mariángeles Berrocal Vela
Consejera del Consell Consultiu de las Illes Balears
Letrada de la Comunidad Autónoma de las Illes Balears

I. INTRODUCCIÓN

En las fechas en que se publique este trabajo, esperamos haber dejado atrás un binomio distópico, que empezó con ese silencio abrumador que nos gritaba desde las calles desiertas. Lo hacía con la angustia por los efectos demoledores —cientos de muertos y miles de infectados diarios— de la que entonces no sabíamos que sería la primera de una media docena de «olas» cuyos símbolos visibles perdurables hasta hoy día han sido el uso de las mascarillas sanitarias, los tests de autodiagnóstico y la exhibición del «pasaporte COVID».

En paralelo al desarrollo de la pandemia, tanto el legislador estatal como los autonómicos —por delegación del primero en algunos ámbitos y en ejercicio de sus propias competencias en otros— desarrollaron una necesaria, febril y cambiante actividad normativa[1]. Con ella se intentó salir al paso de una situación objetivamente desbordante y que comenzó con la aprobación del RD 463/2020, de 14 de marzo, por el que se declara el estado de alarma para la gestión de la situación de crisis sanitaria ocasionada por el COVID-19 (REDEA)[2].

Los mimbres legislativos con los que se contaba el día 14 de marzo de 2020 eran pocos y no daban plena cobertura y seguridad a lo que acontecía. Únicamente se disponía de la previsión del art. 116 de la Constitución española (CE)[3] y de la escueta regulación de los estados de alarma, ex-

---

1 Una primera sistematización de las medidas adoptadas durante la pandemia para atajar las consecuencias del COVID-19 puede leerse en VEGA LABELLA, José Ignacio (2020): «Principales medidas adoptadas tras la declaración del estado de alarma», en ALONSO TIMÓN, Antonio Jesús (coord.), *Visión crítica de la gestión del COVID-19 por la Administración*, Madrid, Lefebvre, págs. 9 a 29.

2 RD 463/2020, de 14 de marzo, por el que se declara el estado de alarma para la gestión de la situación de crisis sanitaria ocasionada por el COVID-19 [*Tol 7818721*]

3 El art. 116 de la CE dispone: «1. Una ley orgánica regulará los estados de alarma, de excepción y de sitio, y las competencias y limitaciones correspondientes. 2. El estado de alarma será declarado por el Gobierno mediante decreto acordado en Consejo de Ministros por un plazo máximo de quince días, dando cuenta al Congreso de los Diputados, reunido inmediatamente al efecto y sin cuya autorización no podrá ser prorrogado dicho plazo. El decreto determinará el ámbito territorial a que se extienden los efectos de la declaración. 3. El estado de excepción será declarado por el Gobierno mediante decreto acordado en Consejo de Ministros, previa autorización del Congreso de los Diputados. La autorización y proclamación del estado de excepción deberá determinar expresamente los efectos del mismo, el ámbito territorial a que se extiende y su duración, que no podrá exceder de treinta días, prorrogables por otro plazo igual, con los mismos requisitos. 4. El estado de sitio será declarado por la mayoría absoluta del Congreso de los Diputados, a propuesta exclusiva del Gobierno. El Congreso determinará su ámbito territorial, duración y condiciones. 5. No podrá procederse a la disolución del Congreso mientras estén declarados algunos de los estados comprendidos en el presente art., quedando automáticamente convocadas las Cámaras si no estuvieren en período de sesiones. Su funcionamiento, así como el de los demás poderes constitucionales del Estado, no podrán interrumpirse durante la vigencia de estos estados. Disuelto el Congreso o expirado su mandato, si se produjere alguna de

cepción y sitio contenida en la Ley Orgánica 4/1981, de 1 de junio, de los estados de alarma, excepción y sitio Ley Orgánica (LOAES), dictada antes de la aprobación de la mayoría de los Estatutos de Autonomía[4].

En consecuencia, era imposible que la LOAES vislumbrase siquiera cómo sería la realidad del reparto competencial entre el Estado y las Comunidades Autónomas (CCAA) en el año 2020[5].

Por ello, y porque, como desde hace siglos proclama el art. 3 del Código Civil (CC), las normas deben ser interpretadas «en relación con el contexto (...) y la realidad social del tiempo en que deben ser aplicadas». Desde dicho contexto, en nuestra opinión, era desde donde había que examinar la constitucionalidad, tanto de la declaración del estado de alarma como del mecanismo conocido como «cogobernanza» que puso en marcha la Administración General del Estado (AGE) para cohonestar las competencias de las CCAA con las exclusivas de aquel en la gestión normativa de la pandemia.

Dado que el examen detenido de los requisitos responsabilidad patrimonial de la Administración sanitaria se ha llevado a cabo por BAUZÁ en el cap. 11 de esta obra, nuestra pretensión es cuádruple: primero, estudiar si la inconstitucionalidad del REDEA debió conllevar la declaración de responsabilidad del Estado legislador; segundo, enumerar otras instituciones distintas a responsabilidad patrimonial en las que deben residenciarse la medidas de salud pública adoptadas las Administraciones Públicas para contener el COVID-19; tercero, detenernos en figuras jurídicas que, pese a estar previstas en la Ley 29/1998, reguladora de la jurisdicción conten-

---

las situaciones que dan lugar a cualquiera de dichos estados, las competencias del Congreso serán asumidas por su Diputación Permanente.

6. La declaración de los estados de alarma, de excepción y de sitio no modificarán el principio de responsabilidad del Gobierno y de sus agentes reconocidos en la Constitución y en las leyes».

4 En el mes de junio de 1981 sólo se habían aprobado los Estatutos de Autonomía: del País Vasco (Ley Orgánica 3/1979, de 18 de diciembre, de Estatuto de Autonomía para el País Vasco); Cataluña (Ley Orgánica 4/1979, de 18 de diciembre); y Galicia (Ley Orgánica 1/1981, de 6 de abril).

5 El reparto de competencias entre el Estado y las CCAA ha sido el resultado de un proceso de décadas, aquilatado por la jurisprudencia del Tribunal Constitucional (TC), creado apenas dos años antes de la promulgación de la Ley Orgánica mencionada 2/1979, de 3 de octubre. La primera STC se dictó en fecha 26 de enero de 1981 (BOE núm. 47, de 24 de febrero de 1981 y [*Tol 7855*]), para conceder el amparo en un asunto sobre ejecución de una sentencia de separación matrimonial dictada por el Tribunal de la Rota.

cioso-administrativa (LJCA) y venir siendo aplicadas sin problemas desde su aprobación, la pandemia ha puesto en primera línea (*i.e.* las decisiones de las autoridades sanitarias decretando previa autorización judicial, el confinamiento forzoso tanto de personas concretas como de colectivos indeterminados); cuarto, analizar las denuncias que intentan residenciar las consecuencias de la aplicación de la denominada «normativa COVID» en la jurisdicción penal.

II. RESPONSABILIDAD DEL ESTADO LEGISLADOR DERIVADA DE LA ADOPCIÓN DE MEDIDAS SANITARIAS PARA PALIAR LA PANDEMIA PROVOCADA POR EL COVID

Como ha recogido la más depurada doctrina en relación con la responsabilidad del Estado legislador, la teoría que sostiene que el Parlamento debe responder por los daños ocasionados a los ciudadanos sigue siendo vista con enorme recelo por los jueces llamados a su apreciación. En este sentido, como afirma GARRIDO, «ha costado —y el sistema ha de perfeccionarse—, entrar en la consideración del legislador como responsable por daños que al ciudadano pueda inferirse la aplicación de actos normativos emanados de aquel»[6]. Así sucede, incluso en los países pioneros en legislar

---

6 GARRIDO MAYOL, Vicente (2004): *La responsabilidad patrimonial del Estado. Especial referencia a la responsabilidad del Estado legislador,* Tirant lo Blanch, Valencia, pág. 133. Este autor destaca que «hasta época muy reciente la responsabilidad del Estado dimanante de un acto legislativo se hallaba (...) huérfana de regulación específica en nuestro derecho por lo que su procedencia o improcedencia debía dilucidarse al amparo de los valores y principios expresamente reconocidos en la Constitución y de los Principios Generales del Derecho ínsitos en nuestras leyes». *Ibidem* pág. 151. Para la doctrina mayoritaria el reconocimiento esta responsabilidad había que anclarlo en el art. 9.3 CE. No obstante autores como GARCÍA DE ENTERRÍA y LEGUINA. *Cfr.* LEGUINA VILLA, Jesús y SÁNCHEZ MORÓN, Miguel (1993): *La nueva Ley de Régimen Jurídico de las Administraciones Públicas y de Procedimiento Administrativo Común: La responsabilidad patrimonial de la Administración, de sus autoridades y del personal a su servicio,* Técnos, Madrid, págs. 412 y ss. Sobre este particular puede leerse lo escrito por BLANQUE en el cap. 14 de esta obra al que nos remitimos (págs. 900 a 904).

sobre la misma[7]. Este recelo deriva, esencialmente, del carácter soberano del Parlamento[8].

De hecho, para que la responsabilidad del Estado legislador cristalizase en ley, hubo que esperar a la aprobación de la Ley 30/1992, de 26 de noviembre, de régimen jurídico las Administraciones Públicas y del procedimiento administrativo común (LRJPAC-92). No fue hasta ese momento cuando nuestro Derecho positivo admitió que «las Administraciones Públicas *indemnizasen* a los particulares por la aplicación de actos legislativos de naturaleza no expropiatoria de derechos (…) cuando así se *estableciera*

---

7 Como pone de manifiesto SANTAMARÍA, «durante el siglo XIX comenzó a asentarse —muy lentamente-la posibilidad de exigir indemnización a las Administraciones; pero plantear tal exigencia por los daños causados por la aprobación de leyes era algo que ni siquiera podía ser considerado. Sin embargo, los avances que experimentó el ámbito de daos indemnizables, causados por las Administraciones empezó a poner en cuestión la inviolabilidad patrimonial de las cámaras legislativas, que se rompió por primera vez en Francia, en la turbulenta década de los años treinta del pasado siglo». De hecho, en Francia, país pionero en el reconocimiento de la responsabilidad patrimonial del Estado legislador, durante todo el siglo XX soló se ha reconocido está responsabilidad en tres ocasiones. Lo ha hecho en tres *arrêts* del *Conseil d'Etat*, a saber: el de 21 de enero de 1944, sobre la utilización de glucosa en la cerveza; *arrêt* Bovero, de 25 de febrero de 1963, relativo a los locales arrendados a militares de la guerra de Argelia; y el de 18 de diciembre de 1981, sobre la licencia de construcción y posteriores obras anuladas por el hallazgo de ruinas de interés arqueológico. SANTAMARÍA PASTOR, Juan Alfonso (2016): *Principios de Derecho Administrativo General*, Iustel, Madrid (4ª ed.), pág. 576.

8 Según afirma ALONSO, «el argumento del carácter soberano de la Ley en cuanto decisión política fue empleado por nuestra jurisprudencia en una de las primeras sentencias que abordaron la posible responsabilidad del Legislador, concretamente la STS de 10 de junio de 1988, para denegar la indemnización solicitada por una empresa ante los daños derivados de la Ley de Amnistía de 15 de octubre de 1977. El Tribunal considera no solamente que el precepto regulador en ese momento de la responsabilidad administrativa, el 40 de la Ley de Régimen Jurídico de la Administración del Estado, venía referido exclusivamente a los "órganos de la Administración", sino también que los efectos lesivos que se estiman inferidos son consecuencia directa e inmediata de una Ley, "con un evidente y notorio contenido político", que permanece inmune a cualquier control jurisdiccional». ALONSO GARCÍA, Mª Consuelo (2013): «La responsabilidad patrimonial del Estado legislador», en QUINTANA VÁZQUEZ, Tomás (dir.) y CASARES MARCOS, Anabelén (coord.), *La responsabilidad patrimonial de la Administración Pública*, Tirant lo Blanch, Valencia, pág. 145 [*Tol 3706303*].

en los propios actos legislativos»[9]. Obviamente, quedaron excluidos de los «actos legislativos de naturaleza expropiatoria»[10].

Paralelamente, «aunque por regla general la reordenación sobrevenida del contenido normal de un derecho subjetivo no da lugar al pago de una compensación económica, (...) hay lugar a la indemnización cuando la ley que introduce una ordenación sobrevenida es invalidada y declarada inconstitucional»[11]. Así lo contempla el art. 32.4 LRJ, para el cual, «si la lesión es consecuencia de la aplicación de una norma con rango de ley declarada inconstitucional, procederá su indemnización». No está demás recordar que esta indemnización es independiente de las que puedan reconocer los actos legislativos de naturaleza no expropiatoria no declarados inconstitucionales y a los que se refiere el art. 32.3 LRJ.

Lo que subyace en el art. 32.4 LRJ, que es el que va a centrar nuestra atención en las próximas páginas, «es que las Cortes Generales consideran antijurídico el resultado lesivo causado por una ley inconstitucional (...)

---

9 Art. 139.3 LRJPAC-92. Previamente algunas leyes ya habían reconocido, con carácter singular, indemnizaciones derivadas de la promulgación de leyes. Así sucedió con la descolonización del Sáhara. La Ley 40/1975, de 19 de octubre, sobre descolonización del Sáhara previó, en su disposición adicional única que «el Gobierno *adoptase* las medias adecuadas para que *fueran* indemnizados (...) los españoles que, en su caso, se *vieran* obligados a abandonar el territorio del Sáhara».

10 GARRIDO apunta que esta exclusión de «los actos legislativos de naturaleza expropiatoria» se debe a que estos «darían lugar a la aplicación del art. 33.3 de la Constitución». Ahora bien, como expone este autor, «el problema lo encontramos en éste punto, en la determinación de lo que es derecho o simple expectativa, como se ha puesto de manifiesto con ocasión de la anticipación de la edad de jubilación de los funcionarios públicos». Como es sabido, la disposición transitoria novena de la Ley 30/1984, de 2 de agosto, de medidas urgentes para la reforma de la función pública, dispuso que «la jubilación forzosa se *declarase* de oficio al cumplir el funcionario los sesenta y cinco años de edad». Esta anticipación dio lugar a las STC 108/1986, de 29 de julio [*Tol 79654*], 99/1987, de 11 de junio [*Tol 338841*], y 70/1988, de 19 de abril [*Tol 80181*]. En ellas el TC concluyó que la jubilación forzosa a los 70 años no constituía un derecho del funcionario, sino una simple expectativa. En palabras de la STC 108/1986, el funcionario «no es titular de un derecho subjetivo a ser jubilado a la edad establecida para ello en el momento de su acceso, sino de una expectativa a ser a tal edad» (FJ 16). GARRIDO MAYOL, Vicente (2004): *La responsabilidad patrimonial del Estado. Especial referencia a la responsabilidad del Estado legislador, op. cit.* pág. 220.

11 BLANQUER CRIADO, David (2020): *La responsabilidad patrimonial en tiempos de pandemia (los poderes públicos y los daos por la crisis de la COVID-19*, Tirant lo Blanch, Valencia, págs. 94 y 95.

[porque] el reclamante no está obligado a soportar los daños y perjuicios causados por los representantes parlamentarios de los ciudadanos al cometer una gravísima irregularidad jurídica»[12]. Ahora bien, hay que rechazar cualquier tipo de automatismo. Para que sea resarcible la declaración de inconstitucionalidad de una norma con rango de ley, deberán concurrir una serie de requisitos, los cuales pasamos a exponer a continuación.

1) Requisitos generales

En efecto, los arts. 106.2 CE y 32 de la Ley 40/2015, de 1 de octubre, de régimen jurídico del sector público (LRJ) reconocen la responsabilidad patrimonial de la Administración como una responsabilidad directa y objetiva. En consecuencia, obliga a aquella a indemnizar «toda lesión que sufran los particulares en cualquiera de sus bienes o derechos, salvo en los casos de fuerza mayor, siempre que aquella lesión sea consecuencia del funcionamiento normal o anormal de los servicios públicos»[13].

La concreta regulación de la responsabilidad patrimonial se contiene en el cap. IV del título preliminar de la LRJ y en los arts. 65, 67, 81, 91, 92, 96.4 y 114.1.e) de la Ley 39/2015, de 1 de octubre, del procedimiento administrativo común de las Administraciones Públicas (LPAC).

Partiendo de lo anterior, no todo daño que produzca la Administración es indemnizable, sino tan solo los que tengan la consideración de *daño antijurídico,* entendiendo por tal aquél que el perjudicado no tenga el deber jurídico de soportar.

Constante jurisprudencia de la Sala Tercera del Tribunal Supremo (TS) ha venido configurando como requisitos ineludibles para que nazca el deber de indemnizar, los siguientes:

i. Existencia y realidad de un daño efectivo, evaluable económicamente e individualizado que el interesado no tenga el deber jurídico de soportar.

ii. Lesión consecuencia del funcionamiento normal o anormal de los servicios públicos y ajeno a la fuerza mayor.

iii. Nexo causal entre el funcionamiento del servicio público y el daño o lesión.

---

12 *Ibidem* pág. 117.

13 Art. 32 LRJ.

Los anteriores requisitos son igualmente predicables de la responsabilidad patrimonial del Estado legislador. Así se desprende del hecho de que su regulación se encuentre en el mismo art. 32 LRJ. Mientras que su ap. 1 consagra el principio general de responsabilidad de la Administración, su ap. 3 recoge la responsabilidad del Estado legislador[14].

Es más, el art. 32.3 LRJ supedita el nacimiento de «la responsabilidad del Estado legislador (...) [a] que concurran los requisitos» generales del art. 32.1 LRJ. Por lo tanto, para que pueda las Administraciones Públicas deban responder[15], junto a los requisitos que acabamos de señalar, el particular debe haber obtenido, en cualquier instancia, «sentencia firme desestimatoria» de un recurso contra la actuación administrativa que ocasionó el daño. Adicionalmente, deberá haber alegado en dicho proceso la inconstitucionalidad que posteriormente se haya declarado.

---

14 De acuerdo con el art. 32.1 LRJ, «los particulares tendrán derecho a ser indemnizados por las Administraciones Públicas correspondientes, de toda lesión que sufran en cualquiera de sus bienes y derechos, siempre que la lesión sea consecuencia del funcionamiento normal o anormal de los servicios públicos salvo en los casos de fuerza mayor o de daños que el particular tenga el deber jurídico de soportar de acuerdo con la Ley». Según el art. 32.3 LRJ, «los particulares tendrán derecho a ser indemnizados por las Administraciones Públicas de toda lesión que sufran en sus bienes y derechos como consecuencia de la aplicación de actos legislativos de naturaleza no expropiatoria de derechos que no tengan el deber jurídico de soportar cuando así se establezca en los propios actos legislativos y en los términos que en ellos se especifiquen. La responsabilidad del Estado legislador podrá surgir también en los siguientes supuestos, siempre que concurran los requisitos previstos en los apartados anteriores: a) Cuando los daños deriven de la aplicación de una norma con rango de ley declarada inconstitucional, siempre que concurran los requisitos del apartado 4. b) Cuando los daños deriven de la aplicación de una norma contraria al Derecho de la Unión Europea, de acuerdo con lo dispuesto en el apartado 5».

15 GARRIDO, durante la vigencia del art. 139.3 LRJ-PAC ya criticó que el reconocimiento de la responsabilidad, y consecuente indemnización, debieran efectuarlo —como ahora prevé el art. 32.3 LRJ, «las Administraciones Públicas». Para este autor esta referencia provoca una «confusión terminológica y conceptual (...) [porque] atribuye la obligación de indemnizar a las "Administraciones Públicas" en lugar de al Estado, o a las Comunidades Autónomas, en su caso, lo que sólo se comprende si consideramos a la Administración como gestora, como "administradora"-valga la redundancia— de la Hacienda Pública». *Ibidem* pág. 219.

2) Aplicación de la doctrina general a los daños supuestamente causados por la legislación estatal aprobada en relación con la COVID-19

BLANQUER fue uno de los primeros autores en advertir que «no *cabía* descartar de raíz la posibilidad de que se *invalidase* la declaración del estado de alarma,[por el REDEA] por vulnerar la Constitución». En este sentido, a los pocos meses su aprobación, ya dejó por escrito que «si se *invalidaba* ese Real Decreto, *existía* fundamento para declarar la responsabilidad de los poderes públicos»[16].

Es más, para que la declaración de inconstitucionalidad del REDEA dé lugar al reconocimiento de una indemnización a concretas personas, «no sólo no es necesario que el Tribunal constitucional invalide el Real Decreto 463/2020 (...), sino que además también es preciso que (...) [se] haya impugnado esa norma excepcional, y deducido tanto una pretensión declarativa de invalidez, como otra pretensión de condena a la Administración a pagar un resarcimiento. Además de este doble "*petitum*", es también necesario que en la "*causa petendi*" (...) [se] haya alegado expresamente la inconstitucionalidad del mencionado RD 463/2020»[17].

Ahora bien, el art. 32.6 LRJ deja en manos del Tribunal Constitucional (TC) el establecimiento de la fecha de los efectos de la declaración de la inconstitucionalidad de la norma. Subsidiariamente, para el caso de que la sentencia no se pronuncie sobre el nacimiento de dichos efectos, el art. 32.6 LRJ se remite a la fecha de su publicación en el Boletín Oficial del Estado (BOE).

Sin embargo, conocido el contenido de la STC 148/2021, de 14 de julio, en nuestra opinión —como ya ha apuntado el TS— tendrán difícil recorrido las reclamaciones basadas en la mera declaración de inconstitucionalidad de las normas estatales que aprobaron la declaración del estado de alarma y sus prórrogas[18].

Así las cosas, el alcance concreto de la declaración de inconstitucionalidad parcial del REDEA se contiene en el fundamento jurídico 11 de la STC 148/2021, reproducido en el anexo I a este capítulo. Según refleja el fallo:

---

16 BLANQUER CRIADO, David (2020): *La responsabilidad patrimonial en tiempos de pandemia (los poderes públicos y los daos por la crisis de la COVID-19, op. cit.* pág. 114.

17 *Ibidem* pág. 117.

18 STC (Pleno) 148/2021, de 14 de julio [*Tol 8518747*].

i. Se declararon inconstitucionales lo que el TC consideró constricciones extraordinarias de la libertad de circulación por el territorio nacional que había impuesto el art. 7.1 3 y 5 REDEA[19].

---

[19] Art. 7 REDEA. Limitación de la libertad de circulación de las personas. «1. Durante la vigencia del estado de alarma, las personas únicamente podrán circular por las vías o espacios de uso público para la realización de las siguientes actividades, que deberán realizarse individualmente, salvo que se acompañe a personas con discapacidad, menores, mayores, o por otra causa justificada: a) Adquisición de alimentos, productos farmacéuticos y de primera necesidad, así como adquisición de otros productos y prestación de servicios de acuerdo con lo establecido en el art. 10. b) Asistencia a centros, servicios y establecimientos sanitarios. c) Desplazamiento al lugar de trabajo para efectuar su prestación laboral, profesional o empresarial. d) Retorno al lugar de residencia habitual. e) Asistencia y cuidado a mayores, menores, dependientes, personas con discapacidad o personas especialmente vulnerables. f) Desplazamiento a entidades financieras y de seguros. g) Por causa de fuerza mayor o situación de necesidad. h) Cualquier otra actividad de análoga naturaleza [ap. 1 declarado inconstitucional y nulo por la STC 148/2021, de 14 de julio]. 1 bis. La vigencia del estado de alarma no supondrá obstáculo alguno al desenvolvimiento y realización de las actuaciones electorales precisas para el desarrollo de elecciones convocadas a Parlamentos de comunidades autónomas. 2. Los menores de 14 años podrán acompañar a un adulto responsable de su cuidado cuando este realice alguna o algunas de las actividades previstas en el apartado anterior. 3. Igualmente, se permitirá la circulación de vehículos particulares por las vías de uso público para la realización de las actividades referidas en los apartados anteriores o para el repostaje en gasolineras o estaciones de servicio [ap. 3 declarado inconstitucional y nulo por la STC 148/2021, de 14 de julio].4. En todo caso, en cualquier desplazamiento deberán respetarse las recomendaciones y obligaciones dictadas por las autoridades sanitarias. 5. El Ministro del Interior podrá acordar el cierre a la circulación de carreteras o tramos de ellas por razones de salud pública, seguridad o fluidez del tráfico o la restricción en ellas del acceso de determinados vehículos por los mismos motivos. Cuando las medidas a las que se refiere el párrafo anterior se adopten de oficio se informará previamente a las Administraciones autonómicas que ejercen competencias de ejecución de la legislación del Estado en materia de tráfico, circulación de vehículos y seguridad vial. Las autoridades estatales, autonómicas y locales competentes en materia de tráfico, circulación de vehículos y seguridad vial garantizarán la divulgación entre la población de las medidas que puedan afectar al tráfico rodado [ap. 5 declarado inconstitucional y nulo por la STC 148/2021, de 19 de julio]. 6. El Ministro de Sanidad podrá, en atención a la evolución de la emergencia sanitaria, dictar órdenes e instrucciones en relación con las actividades y desplazamientos a que se refieren los apartados 1 a 4 de este artículo, con el alcance y ámbito territorial que en aquellas se determine. Un comentario a esta sentencia puede leerse en GARRIDO MAYOL, Vicente (2024): «La responsabilidad patrimonial como consecuencia de la crisis sanitaria por el Covid-19», en GARRIDO MAYOL,

ii. La declaración de inconstitucionalidad «no deriva del contenido material de las medidas adoptadas», cuya necesidad, idoneidad y proporcionalidad no se ponen en duda, sino del instrumento jurídico a través del cual se llevó a cabo la suspensión de ciertos derechos fundamentales. Para el TC, al haber afectado la suspensión de derechos a la generalidad de la población, el estado de alarma no podía dar cobertura a tales limitaciones.

 Con esta sola declaración, entiendo que están llamadas a la desestimación las reclamaciones por responsabilidad patrimonial del legislador que se interpongan.

iii. Se declaran expresamente no susceptibles de ser revisados: no solo los procesos conclusos mediante sentencia con fuerza de cosa juzgada, o las situaciones decididas mediante actuaciones administrativas firmes; sino tampoco las demás situaciones jurídicas generadas por la aplicación de los preceptos anulados.

 Se exceptúan, no obstante, los procesos penales o contencioso-administrativos referentes a un procedimiento sancionador en que, como consecuencia de la nulidad de la norma aplicada, resulte una reducción de la pena o de la sanción o una exclusión, exención o limitación de la responsabilidad.

iv. Al tratarse de medidas que los ciudadanos tenían el deber jurídico de soportar, la inconstitucionalidad apreciada en esta sentencia no será por sí misma título para fundar reclamaciones de responsabilidad patrimonial de las Administraciones Públicas (AAPP).

En esta última afirmación, la STC 148/21, precisa que el deber jurídico de soportar el daño, lo es «sin perjuicio de los dispuesto en el art. 3.2 de la Ley Orgánica 4/1981, de 1 de junio, de los estados de alarma, excepción y sitio».

Este inciso conforma una más de las incoherencias internas en que incurre el fallo, dado que, si ya se ha dicho que el daño no es antijurídico, porque los ciudadanos tenían el deber de soportarlo, no hay excepción concreta en lo que dispone dicho precepto. En efecto:

i. El art. 3.1 LOAES establece una declaración inane, al recordar que «los actos y disposiciones de la Administración Pública adoptados durante la vigencia de los estados de alarma, excepción y sitio serán

---

Vicente y MARTÍNEZ OTERO, Juan María (dirs.), en *Estado autonómico y derechos fundamentales en la era post-coronavirus*, Tirant lo Blanch, Valencia, págs. 382 a 386.

impugnables en vía jurisdiccional de conformidad con lo dispuesto en las leyes».

Este apartado, como han confirmado las SSTS de 21 de septiembre y 23 de noviembre de 2023, no añade ni quita nada al ordenamiento jurídico[20]. Como es sabido, no puede haber excepciones a la revisión de los actos de la Administración. Hasta los denominados «actos políticos» y la actividad discrecional de la misma contienen elementos revisables por la jurisdicción. Una declaración en sentido opuesto, supondría situarse extramuros de la propia Constitución.

ii. El art. 3.2 LOAES dispone que el derecho a ser indemnizados, lo será «de acuerdo con lo dispuesto en las leyes»[21]. Por ello, tendrán derecho a ser indemnizado, «quienes, como consecuencia de los actos y disposiciones adoptados durante la vigencia (...) [del estado de alarma], sufran de forma directa, o en su persona, derechos o bienes, daños y perjuicios por actos que no les sean imputables».

En consecuencia, ese derecho no es otro que el que recoge el antes examinado art. 32 LRJ, que exige —entre otros requisitos— que el daño o perjuicio sea «antijurídico», antijuridicidad que la propia STC 148/2021 ha negado de plano.

Es más, el propio Alto Tribunal, en la tan repetida STC 148/2021, se detiene a examinar el encaje constitucional de las medidas de limitación y restricción de las actividades económicas reguladas en el art. 10 REDEA. Rechaza la inconstitucionalidad porque estas medidas contaban «con fundamento en la Ley Orgánica a la que remite el art. 116.1 CE, y no *resultaron desproporcionadas*»[22].

---

20 SSTS 1360/2023, de 21 de septiembre (núm. rec. 453/2022 y [*Tol 9764117*]) y 1547/2023, de 23 de noviembre (núm. rec. 424/2023 y [*Tol 9788822*]).

21 BLANQUER, en relación con el reenvío legislativo del art. 3.2 LOAES, sostiene que este precepto, «puede y debe ser interpretado en el sentido de que, a pesar de las circunstancias extraordinarias y no obstante la restricción de derechos y libertades que en cada uno de los estados se pueden imponer, lo que no cabe es orillar ni aminorar la garantía indemnizatoria por los daños y perjuicios causados, siendo de aplicación el mismo régimen general de resarcimiento de resultaos lesivos que es aplicable en situaciones de normalidad». BLANQUER CRIADO, David (2020): *La responsabilidad patrimonial en tiempos de pandemia (los poderes públicos y los daos por la crisis de la COVID-19, op. cit.* págs. 115 y 116.

22 Según el parecer de la STC 148/021, «el derecho fundamental a la libertad de empresa que reconoce el art. 38 CE ampara "el iniciar y sostener en libertad la actividad empresarial" (...). No hay duda de que las mencionadas reglas del art.

Por tanto, la STC 148/2021, en nuestra opinión, al reconocer que las medidas restrictivas al principio económico y rector de la libertad de empresa del art. 38 CE, fueron proporcionadas, impone el deber de soportar dichas limitaciones. A mayor abundamiento dicho principio debe ceder ante los derechos constitucionales especialmente protegidos por la propia CE, como lo son el de la vida e integridad física (art. 15).

En definitiva, a nuestro entender no podrán prosperar las reclamaciones por responsabilidad patrimonial del Estado legislador por no concurrir los requisitos exigidos para el nacimiento de la misma. No obstante, se han interpuesto numerosas reclamaciones por responsabilidad patrimonial basadas únicamente en los argumentos anteriores[23].

Pues bien, en la actualidad, ya contamos con dictámenes emitidos por diferentes consejos consultivos en los que se concluye que no se dan los requisitos necesarios para declarar la responsabilidad patrimonial de la Ad-

---

10 constriñen intensísimamente, con carácter temporal, el libre mantenimiento de la actividad empresarial en algunos de los sectores directamente concernidos. Pero como ya se ha señalado anteriormente, el estado de alarma puede justificar "excepciones o modificaciones pro tempore en la aplicabilidad" ordinaria de determinadas normas del ordenamiento vigente (STC 83/2016, FJ 9), siempre que se orienten a la protección de otros bienes de relevancia constitucional y resulten razonablemente adecuadas y necesarias a tal propósito (...). La constricción extraordinaria del derecho fundamental a la libertad de empresa que se estableció en los apartados 1, 3 y 4 del art. 10 del RD 463/2020 contó pues con fundamento en la Ley Orgánica a la que remite el art. 116.1 CE, y no resultó desproporcionada, por lo que se rechaza la pretensión de inconstitucionalidad formulada (...) lo que se traduce en un correlativo deber de soportar dichas limitaciones, en atención a la gravedad de los bienes que se pretende proteger» (FJ 9).

[23] Los escritos de interposición de gran número de las reclamaciones son idénticos en su contenido, y con cita abigarrada tanto de la legislación estatal relativa al estado de alarma como de la específica de las CCAA. Llama la atención que los reclamantes enumeren la legislación de diferentes CCAA, sea cual sea aquella a la que están solicitando la declaración del daño sufrido y su indemnización. Dichas reclamaciones suelen distinguir tres etapas para sostener la imputación del daño a la aprobación de la normativa que les afecta: 1) La que abarca desde la aprobación del REDEA; 2) La que se inicia, tras finalizar ese primer estado de alarma, el 22 de junio de 2021, hasta el 25 de octubre de 2020. En esta etapa tanto el Estado como las CCAA dictaron normas restrictivas que afectaban a los diferentes sectores de establecimientos; 3) La que comprende desde la declaración el segundo estado de alarma, el día 25 de octubre de 2020, hasta el día 9 de mayo de 2021, fecha en que finaliza aquel. Esta última etapa es en la que las normas de las CCAA se dictaron por delegación del Estado, dentro del mecanismo denominado «cogobernanza», al que dedicaremos el siguiente apartado.

ministración. Este es el caso de los dictámenes del Consejo Consultivo de Andalucía (CCAnd), de 1 de junio de 2021 y 10 de febrero de 2022, relativos a reclamaciones de mala praxis por confusión en pruebas diagnósticas de COVID y por insuficiencia de medios para contener la pandemia[24]. Especialmente interesantes resultan los dictámenes de la Comisión Jurídica Asesora de la Comunidad de Madrid (CJAMad) de 16 de noviembre de 2021 y 11 de enero de 2022[25]. Se pronuncian por reclamaciones interpuestas por gimnasios.

A nuestro entender, después de la negación de la antijuridicidad del daño, la concurrencia de causa mayor, es el principal argumento para desestimar las reclamaciones de responsabilidad patrimonial ancladas en la COVID-19. Ello es así: no solo porque es evidente que estábamos ante un suceso imprevisible y que, aun previsto, no pudiera evitarse; sino también, porque —excluida la posibilidad de derivar la responsabilidad de la actividad legislativa del Estado— toda la ciudadanía tiene el deber inexcusable de cumplir las medidas dictadas en el ejercicio de la potestad reglamentaria. Además, estas medidas afectaron a todos los sectores de la actividad económica cuya actividad no fuese esencial.

---

24 DDCCAnd 424/2021, de 1 de junio, y 100/2022, de 10 de febrero.

25 Los DDCJAMad 599/2021, de 16 de noviembre de 2021 y 8/2022, de 11 de enero de 2022, fueron emitidos en sendos procedimientos de responsabilidad patrimonial promovidos por entidades mercantiles titulares gimnasios. Ambos dictámenes contienen una extensa fundamentación sobre: la necesidad de que los interesados prueben la concurrencia de los requisitos exigidos para que nazca la responsabilidad patrimonial; la necesidad de concretar a qué administración se le atribuye la responsabilidad; y la concurrencia, en los supuestos relacionados con la COVID 19, de la fuerza mayor como elemento de ruptura del nexo causal entre el daño sufrido y la norma a la que intenta atribuírsele la causación del daño. Hay que destacar la consideración sexta el DCJAMad. En ella se razona que concurren todos los requisitos para apreciar que la existencia, formalmente declarada por la Organización Mundial de la Salud, de una pandemia mundial, sea causa de fuerza mayor. Para la CJAMad hubo *vis maior* porque la pandemia fue imprevisible según el estado actual de la ciencia. A los solos efectos dialécticos la CJAMad añade que, este hecho, aun siendo hipotéticamente previsible, fue sin embargo, inevitable. Además, consideró que la causa que lo ha motivó era extraña e independiente de la actuación administrativa. Por ese motivo por concluye que le es aplicable el art. 34 LRJ, que declara como no indemnizables los daños que se deriven de hechos o circunstancias que no se hubiesen podido prever o evitar según el estado de los conocimientos de la ciencia o de la técnica existente en el momento de producción de aquéllos.

De hecho, en relación con recurso promovidos por hoteles, ésta ha sido la conclusión a la que ha llegado el TS, entre otras en sus sentencias de 21 de septiembre y 23 de noviembre de 2023. Ambas han sido comentadas por PORTELL en el cap. 25 de este tratado (págs. 1879 a 1883), por lo que damos por reproducido aquí lo escrito allí[26].

3) Aplicación de la doctrina general a los daños supuestamente causados por la legislación autonómica aprobada en relación con la COVID-19. La inconstitucionalidad de la llamada «cogobernanza»

El art. 4 REDEA, estableció que, a los efectos del mismo, la autoridad competente era el Gobierno. También nombró como autoridades competentes delegadas, en sus respectivas áreas de responsabilidad, a los ministros de Defensa, Interior, Transportes, Movilidad y Agenda Urbana, así como al de Sanidad. Este último, además, tuvo la competencia en las áreas de responsabilidad que no recayesen en alguno de los ya indicados.

Con este reparto competencial, las autoridades autonómicas y locales competentes quedaron relegadas a la participación mediante «solicitudes motivadas». Estas debían dirigirse al ministerio correspondiente para que adoptase los actos, medidas y disposiciones necesarios para garantizar la prestación de todos los servicios, ordinarios o extraordinarios, en orden a la protección de personas, bienes y lugares, mediante la adopción de cualquiera de las medidas previstas en el art..11 LOAES[27].

---

26 SSTS 1360/2023, de 21 de septiembre (núm. rec. 453/2022 y [*Tol 9764117*]) y 1547/2023, de 23 de noviembre (núm. rec. 424/2023 y [*Tol 9788822*]).

27 De acuerdo con el art. 11 LOAES, en el «decreto de declaración del estado de alarma, o los sucesivos que durante su vigencia se dicten, podrán acordar las medidas siguientes: a) Limitar la circulación o permanencia de personas o vehículos en horas y lugares determinados, o condicionarlas al cumplimiento de ciertos requisitos. b) Practicar requisas temporales de todo tipo de bienes e imponer prestaciones personales obligatorias. c) Intervenir y ocupar transitoriamente industrias, fábricas, talleres, explotaciones o locales de cualquier naturaleza, con excepción de domicilios privados, dando cuenta de ello a los Ministerios interesados. d) Limitar o racionar el uso de servicios o el consumo de art. s de primera necesidad. e) Impartir las órdenes necesarias para asegurar el abastecimiento de los mercados y el funcionamiento de los servicios de los centros de producción afectados» por situaciones de desabastecimiento de productos de primera necesidad). limitar o racionar el uso de servicios o el consumo de artículos de primera necesidad, e impartir las órdenes necesarias para asegurar el abastecimiento de los mercados y el funcionamiento de los servicios y de los centros.

Tras un primer intento de volver a la normalidad mediante el llamado «proceso de desescalada», y ante la indeseada prolongación de la situación de crisis sanitaria, mediante RD 926/2020, de 25 de octubre, se declaró el segundo estado de alarma para contener la propagación de infecciones causadas por el COVID.

El art. 2 RD 926/2020, tras establecer que la autoridad competente a sus efectos era el Gobierno de la Nación, dispuso que, en los términos establecidos en mismo, «en cada comunidad autónoma y ciudad con Estatuto de autonomía, la autoridad competente delegada *fuera* quien *ostentase* la presidencia de la comunidad autónoma o ciudad con Estatuto de autonomía». A renglón seguido les habilitó para «dictar, por delegación del Gobierno de la Nación, las órdenes, resoluciones y disposiciones para la aplicación de lo previsto en los arts. 5 a 11 [del RD 926/2020.] (…) [A tal efecto], no *sería* precisa la tramitación de procedimiento administrativo alguno ni sería de aplicación lo previsto en el segundo párrafo del art. 8.6 y en el art. 10.8» LJCA.

Nació así lo que la propia exposición de motivos de la norma denominó «marco de cogobernanza» entre la AGE y las Administraciones de las CCAA. Este marco se introdujo, entre otras razones, porque la incidencia de la pandemia no era homogénea entre las CCAA, y particularmente, porque estas últimas ya estaban dictando normativa en el ejercicio de su competencia exclusiva en materia de sanidad. Otro tanto sucedió en el RD 956/2020, de 3 de noviembre, que prorrogó el anterior.

Pues bien, la STC 183/2021 estimó parcialmente el recurso contra los RRDD 926/2020 y 956/2020. El TC declaró la inconstitucionalidad de la duración de la prórroga de 6 meses del estado de alarma autorizada por el Congreso de los Diputados, así como de la regulación del régimen de delegación que efectuó el Gobierno, en cuanto autoridad competente, en los presidentes de las comunidades y ciudades con estatuto de autónoma[28].

No obstante, la STC 183/2021, dejó incólumes, las limitaciones de derechos fundamentales establecidas en los arts. 5 a 8 del RD 926/2020, porque consideró que estas se adaptaban a lo que el bloque de constitucionalidad —mencionando únicamente el art. 116 CE y la LOAES— prevé para el estado de alarma.

El alcance de la declaración de inconstitucionalidad, a decir del propio TC, «no *afectó*, por sí sola, de manera directa, a los actos y disposiciones dictados sobre la base de tales reglas durante su vigencia. Ello sin perjuicio de

---

[28] STC (Pleno) 183/2021, de 27 octubre [*Tol 8641489*].

que tal afectación pudiera, llegado el caso, ser apreciada por los órganos judiciales que estuvieran conociendo o llegaran aun a conocer de pretensiones al respecto, siempre conforme a lo dispuesto en la legislación general aplicable y a lo establecido, específicamente, en el art. 40.1 LOTC»[29].

Con esta declaración, creemos que el propio TC no puede escapar de la incoherencia interna que padece el fallo al ignorar el llamado bloque constitucional, en su totalidad, y su propia jurisprudencia sobre el desarrollo del Estado autonómico. Es decir, el TC dice que no se anulan las disposiciones que haya dictado cualquier Comunidad Autónoma sobre la base de la delegación, aunque sí hace desaparecer del ordenamiento jurídico la delegación misma. Y ello es así porque, aunque el TC guarde silencio sobre este importante extremo, la inmensa mayoría de las disposiciones que han aprobaron las CCAA a partir del segundo estado de alarma no necesitaban la «delegación», sino que podían dictarse al amparo de la legislación sanitaria vigente[30].

Dejando a un lado, además, que el TC parece confundir la habilitación legislativa a las CCAA con la delegación, ningún efecto tendrá, a nuestro entender, la declaración de inconstitucionalidad de la STC 183/2021 sobre la petición de responsabilidad patrimonial derivada del Estado legislador[31]. Ello es así, porque es la propia sentencia la que declara la constitucionalidad de las medidas adoptadas en el llamado «segundo estado de alarma» consistentes en. En concreto:

---

29 FJ 11 STC 183/2021, de 27 octubre [*Tol 8641489*].

30 En palabras de la propia STC 183/2021, «no *era* posible desconocer que las referencias originarias o reformadas del Real Decreto 926/2020 a las autoridades competentes delegadas no tuvieron siempre un sentido jurídico unívoco, pues en unos casos se pretendió apoderar a dichas autoridades para disponer, con diverso alcance, sobre medidas generales ya previstas en el propio Real Decreto, en tanto que, en otros supuestos, aquellas referencias se contuvieron en normas que articularon, en sí mismas, nuevas y específicas medidas. Las previsiones del primer tipo son inseparables de la designación, viciada de invalidez, de estas autoridades competentes delegadas, pero no cabe predicar lo mismo, sin más, de las reglas que introducen, propiamente, medidas de otro género; medidas que, en lo que ahora importa, pueden considerarse válidas en tanto sean disociables, lógica y jurídicamente, de aquel inconstitucional apoderamiento y siempre que no resultaran por su contenido contrarias, en sí mismas, a la Constitución» (FJ 1 E).

31 El TC parece confundir la habilitación con una delegación de competencias del art. 9 de la LRJ, esto es, como el mecanismo de reparto de competencias interadministrativas regulado en la Ley. Solo con esa confusión puede entenderse que reproche a la norma estatal que la delegación se haya hecho «sin instrucciones» a las autoridades delegadas.

i. Limitación de la libertad de circulación de las personas en horario de nocturno, recogida en el art. 5.1 del RD 926/2020.

Para el TC, el art. 5.1 del RD 926/2020 no infringió ni los arts. 17, 25 y 55.1 CE. En cambio supuso una limitación del art. 19 CE que consagra el derecho a la libertad de circulación[32].

Consideró el TC que la regulación del art. 5.1 no suspendió el derecho, sino que solo lo limitó. En su opinión, el art. 12.1 LOAES, así como el art. 3 de la Ley Orgánica 3/1986, de 14 de abril, de medidas especiales en materia de salud pública (LOMESP), ofrecían suficiente cobertura para adoptar la limitación. También señaló que, a diferencia de lo que establecía el art. 7 REDEA —que suponía una suspensión del derecho—, en la redacción del art. 5.1 del RD 926/2020 quedaba dibujado como una limitación al horario nocturno. En consecuencia, según su parecer, la limitación era necesaria, proporcionada y adecuada, razón por la cual no podía ser declarada inconstitucional.

ii. Limitación de entrada y salida de personas en comunidades y ciudades autónomas o en ámbitos territoriales inferiores, establecida en el art. 6 del RD 926/2020.

Para el TC el art. 6 del RD 926/2020 afectó a la dimensión dinámica del derecho fundamental a la libre elección de residencia del art. 19.1 CE, pero no a su dimensión estática. Por ello, aunque supuso una limitación no consistió en una suspensión de la misma. Adicionalmente concluyó que la limitación fue adecuada, necesaria y proporcionada a las circunstancias del momento[33].

---

32 El FJ 4 C) STC 183/2021, de 27 de octubre [*Tol 8641489*] falló que la libertad deambulatoria, «ante coyunturas de "grave riesgo, catástrofe o calamidad pública" (en palabras del art. 30.4 CE), (…) como otras, podría llegar a redefinirse y contraerse —incluso sin dar lugar a un estado de alarma— con arreglo a lo que el Tribunal llamó tempranamente los "límites necesarios que resultan de su propia naturaleza, con independencia de los que se producen por su articulación con otros derechos […]" (STC 5/1981, de 13 de febrero, FJ 7)" [STC 148/2021, de 14 de julio, FJ 5 a)]».

33 De acuerdo con la STC 183/2021, la dimensión estática del art. 19.1 CE es aquellas que «protege la conducta del individuo consistente en "elegir libremente su residencia en territorio español": es "el derecho subjetivo y personal a determinar libremente el lugar o lugares donde se desea residir transitoria o permanentemente" en España» (FJ 5 B STC 183/2021, de 27 de octubre y [*Tol 8641489*]).

iii. Limitación de la permanencia de grupos de personas en espacios públicos y privados, recogida en el art. 7 del RD 926/2020.

Para el TC, el art. 7 del RD 926/2020 condicionó el ejercicio del derecho de reunión a que no se superase el número máximo de seis personas, salvo que se tratase de convivientes. A juicio del TC, las limitaciones más intensas, siempre que no llegasen a alcanzar el núcleo irreductible del derecho fundamental, podían ser adoptadas durante el estado de alarma. Ahora bien, fijó dos requisitos: que estas ueran por el tiempo estrictamente indispensable y que, conforme al art. 1.2 LOAES, se sujetasen al principio de proporcionalidad[34].

iv. Limitación de la permanencia de personas en lugares de culto, regulada en el art. 8 del RD 926/2020.

El TC consideró que la limitación de permanencia en lugares de culto prevista en el art. 8 del RD 926/2020, supuso una afección o suspensión, pero no limitación. También entendió que la medida fue Y concluye igualmente que la limitación fue adecuada, necesaria.

En definitiva, entendemos que no podrán prosperar las peticiones de indemnización por responsabilidad patrimonial del Estado legislador, ya sea por las normas dictadas por la AGE en el denominado «primer estado de alarma», ya sea por las posteriores, emanadas tanto AGE como de las CCAA, en virtud de la habilitación del RD 926/2020. En nuestra opinión, ello será así, porque la declaración de inconstitucionalidad del mecanismo de delegación o habilitación no conlleva la automática conversión en antijurídicas de las medidas adoptadas. Y, como venimos reiterando, sin daño «antijurídico» no hay responsabilidad, sino deber de soportarlo[35].

---

34 Para el TC, la posibilidad de limitar el derecho de reunión a un número de personas, podía adoptarse también en supuestos de funcionamiento ordinario del estado de derecho. El TC sustentó esta afirmación en art. 21.2 de la propia CE prevé que el ejercicio del derecho de reunión pacífica en lugar de tránsito público pueda verse eventualmente sometido a restricciones necesarias para preservar otros derechos o bienes constitucionales, entre los que figura la protección de la salud. Y concluye igualmente que la limitación fue adecuada, necesaria y proporcionada (FJ 3 STC 183/2021, de 27 de octubre y [*Tol 8641489*]).

35 En relación el alcance la de suspensión de los derechos fundamentales empleado por la STC 148/2021, de 14 de julio, DOMÉNECH, manifiesta que el TC «adopta una tesis puramente sustantiva y gradualista según la cual una restricción de derechos constituye una suspensión a los efectos del artículo 55.1 CE cuando reúne

III. MEDIDAS DE SALUD PÚBLICA ADOPTADAS POR LAS ADMINISTRACIONES PÚBLICAS

«Con bastante frecuencia[, salta a la palestra] el prejuicio emocional de considerar que [la Administración] debería ser la aseguradora universal y a todo riesgo de cualquier resultado lesivo que sufran las personas»[36]. Sin embargo no toda desventaja debe llevar aparejada una solidarización de los riesgos[37].

---

cumulativamente dos características: ser «general en cuanto a sus destinatarios y de altísima intensidad en cuanto a su contenido»». Añade que la STC 148/2021 tiene varias incoherencias porque, por ejemplo, considera que las previsiones del art. 10 del RD 463/2020 no implicaron una restricción a la libertad de empresa. Según DOMÉNECH el concepto de suspensión de derechos recogido en el art. 55.1 de la CE debería implicar un «elevado grado de previsibilidad»; a lo que concluye que «no cabe duda de que este concepto resulta mucho más predecible con arreglo a la referida tesis cualitativa [según la cual la suspensión no implica una «restricción especialmente intensa» del derecho sino una «derogación temporal del mismo»] que de acuerdo con una tesis gradualista como la sostenida por la STC 148/2021. Esta última obliga a fijar el umbral a partir del cual las restricciones de un derecho son «generalizadas» y alcanzan una «altísima intensidad» tal que deben considerarse suspensiones. Lo cual está muy lejos de ser una tarea sencilla y de resultados fácilmente predecibles». Tras esta reflexión, manifiesta a modo de cierre que «la doctrina sentada por la STC 148/2021 implica que, mientras el Tribunal Constitucional no la rectifique o no se reforme la Constitución, las crisis sanitarias para cuya resolución haga falta tomar medidas que restringen derechos «de manera generalizada y con una altísima intensidad» deberán ser gestionadas centralizadamente, de modo conjunto por el Gobierno de España y el Congreso de los Diputados, a través de un estado de excepción o, en su caso, de sitio». DOMÉNECH PASCUAL, Gabriel (2021): «Dogmatismo contra pragmatismo. Dos maneras de ver las restricciones de derechos fundamentales impuestas con ocasión de la COVID-19», *Indret*, núm. 4, págs. 377 y siguientes.

36 BLANQUER CRIADO, David (1997): *La responsabilidad patrimonial de las Administraciones Públicas. Ponencia especial de estudios del Consejo de Estado,* Instituto Nacional de Administración Pública, Madrid, pág. 21.

37 Como dijera el CdE en su memoria de 1998, delimitando la responsabilidad patrimonial de otras figuras: «la cláusula del Estado social no puede hacerse equivaler con la idea de socialización generalizada de riesgos, pues la propia idea del Estado social repudia la idea de convertir al Estado en asegurador universal de todos los daños que sufren los ciudadanos en su vida personal y social. Desde la Constitución es clara la diferenciación de planos entre el régimen de protección social en sentido amplio del término, y el régimen de compensaciones y resarcimientos que deriva de la responsabilidad de la Administración» (págs. 80 y 81).

La responsabilidad patrimonial es una institución de Derecho público con la que se resarce a los ciudadanos por los daños causados por el funcionamiento de las Administraciones Públicas. Junto a ella existen otras instituciones con las que empresarios y profesionales pudieron actuar para minimizar las pérdidas económicas derivadas de las medidas de salud pública adoptadas por las Administraciones Públicas para contener la propagación del COVID-19. Nos estamos refiriendo las medidas de ordenación general de la economía, la intervención de empresas, las requisas, ocupaciones temporales y expropiaciones forzosas y las atribuciones patrimoniales solidarias.

Toda pretendida responsabilidad de la Administración, para comprobar si verdaderamente tiene que ser asumida por esta, debe pasar por el tamiz de estas instituciones.

1) Medidas de ordenación general de la economía

El art. 10.1 REDEA suspendió «la actividad de cualquier establecimiento (...) [que pudiera] suponer un riesgo de contagio por las condiciones en las que se esté desarrollando». Posteriormente, fundamentalmente con el tercer estado de alarma, el del RD 926/2020, las medidas de ordenación de la economía se adoptaron por las CCAA en coordinación con el Consejo Interterritorial del Sistema Nacional de Salud.

Como afirma BLANQUER, en este punto «hay que diferenciar la "privación singular" de activos patrimoniales (en inglés "*taking*"), y la "ordenación general" de los derechos e intereses legítimos que tienen un contenido económico (en inglés, "*regulation*"). Mientras que el "*taking*" siempre genera el derecho a percibir una compensación económica, no sucede lo mismo con las consecuencias negativas o desfavorables de la ordenación general o "*regulation*" las medidas de ordenación general de la economía (*regulation*) se diferencian de las privaciones singulares (*taking*). Así

i. Las medidas de ordenación económica son generales y abstractas. Como no se identifica un beneficiario concreto, no son resarcibles.

ii. Las privaciones singulares dan lugar a una indemnización porque conllevan a una medida ablatoria con la que se sustrae un bien o derecho para entregarlo a un tercero con el fin de satisfacer una necesidad pública o interés social. Se canalizan a través instituciones como la expropiación forzosa.

La ordenación general delimita o define el contenido normal de un derecho. Por eso, la prohibición o suspensión temporal de una actividad mercantil —como los casinos, bares, discotecas, gimnasios o restaurantes— son potestades públicas de ordenación que los particulares están jurídicamente obligados a soportar sin compensación economía[38]. Suponen una modulación de los derechos en atención a unas circunstancia excepcionales. Un ejemplo lo tenemos en la implementación de la Ley 28/2005, de 26 de diciembre, del tabaco[39].

Tanto las medidas de ordenación general de la economía, como las privaciones singulares, se diferencian de la responsabilidad patrimonial porque esta resulta del funcionamiento de los servicios públicos.

---

38 Por poner un ejemplo, las medidas de ordenación de la economía relacionadas con los servicios sociales, se orientaron más al mantenimiento de su actividad que a su cierre. En puridad se observa una situación bifronte: por un lado se han acordaron cierres de residencias y centros (por incumplimiento de protocolos, insuficiencia de espacios o de materiales, etc.); por un lado, se impuso la obligación de dar continuidad a la actividad consideradas imprescindibles (*v.gr.* ap. 2.1 Orden SND/275/2020, de 23 de marzo, para los servicios sociales de carácter residencial, expuesto, y el RDLey 12/2020, de 31 de marzo, y la Ley 1/2021, de 24 de marzo, que declararon esenciales los servicios de información y asesoramiento jurídico dirigidos a las víctimas de violencia de género).

39 Cuando la Ley 28/2005, de 26 de diciembre, de medidas sanitarias frente al tabaquismo y reguladora de la venta, el suministro, el consumo y la publicidad de los productos del tabaco, prohibió fumar en los bares y demás establecimientos abiertos al público, la pérdida de dinero —en concepto de lucro cesante— no fue indemnizable a título de responsabilidad patrimonial. Al menos así falló la STS de 25 de enero de 2011 (núm. rec. 260/2009 y [*Tol 2032425*]). En esta ocasión, parafraseando las SSTS de 11 de abril y 18 de diciembre de 21986, el TS desestimó el recurso porque «"si el criterio esencial para determinar la antijuridicidad del daño o perjuicio causado a un particular por la aplicación de un precepto legal o normativo, debe ser el de si concurre o no el deber jurídico de soportar el daño, ya que las restricciones o limitaciones impuestas por una norma, precisamente, por el carácter de generalidad de la misma, deben ser soportadas, en principio por cada uno de los individuos que integran el grupo de afectados en aras al interés público", la clave para apreciar la responsabilidad por acto legislativo, está en la apreciación de que los daños ocasionados sean de naturaleza especial, y que no se traten de meras expectativas de derecho.» (FJ 7). Esto último únicamente sucederá cuando la minoración de las facultades es abusiva y desproporcionada o cuando alcanza al contenido esencial del derecho, así como cuadno la ordenación general conlleve un sacrificio especia para una persona o grupo de personas.

2) Intervención de empresas

La intervención de empresas estuvo contemplada en art. 13 REDEA. Este legitimó al ministro de sanidad para «intervenir y ocupar transitoriamente industrias, fábricas, talleres, explotaciones o locales de cualquier naturaleza».

La previsión de este tipo de medidas fue concebida, para llegado el caso, garantizar el suministro a la población de bienes esenciales y cotidianos como los alimentos, medicamentos, etc. Sin embargo, como quiera que la cadena de distribución de estos productos funcionó correctamente, no fue necesario acordar la intervención de empresas[40].

En nuestra opinión, en abstracto, la simple intervención administrativa no general por si misma el derecho a percibir una compensación. Para que ello sea así sería necesario acreditar una defectuosa gestión de la empresa intervenida[41]. En ese caso, para ser indemnizado habría que formular una reclamación de responsabilidad patrimonial.

---

40 En relación con la intervención de empresas, la O/SND/334/2020, de 13 de abril, por la que se establecieron medidas excepcionales para el refuerzo del Sistema Nacional de Salud y la contención de la crisis sanitaria provocada por el COVID-19, puso a disposición de las CCAA los laboratorios y los centros de diagnóstico clínico con la finalidad de incrementar la capacidad de realizar PCR (polymerase chain reaction). Como consecuencia de esta medida estos centros solo pudieron realizar pruebas y análisis previa prescripción médica., y en las condiciones fijadas por la Administración. Otro ejemplo lo encontramos en la Orden SND/322/2020, de 3 de abril, la cual habilitó a las CCAA para designar un interventor-empleado públic para coordinar la actividad asistencial de las residencias privadas.

41 En relación con la intervención de empresas, como han puesto de manifestó MANENT, ZAMORA Y TAJUELO, «por lo que se refiere a los servicios sociales, la Orden SND 265/2020, de adopción de medidas relativas a las residencias de personas mayores y centros socio-sanitarios, impuso medidas organizativas y de coordinación. A su vez, su ap. 7 atribuyó a las autoridades sanitarias autonómicas la implementación de las estas medidas. La ejecución defectuosa de estas medidas, por uno de los medios de ejecución forzosa del art. 99 LPAC ampararía la interposición de una reclamación de responsabilidad patrimonial». MANENT ALONSO, Luis, ZAMORA ZARAGOZA, Francisco José y TAJUELO CASTILLA, Alicia (2021): «Servicios Sociales», en DE LA CRUZ LÓPEZ, Pablo y MOLL FERNÁNDEZ-FIGARES, Luis (dirs.), *Responsabilidad Patrimonial en el ámbito de la* Sanidad, S. Responsabilidad patrimonial y COVID-19 en los distintos sectores de la actividad, Lefebvre, Madrid, pág. 139.

3) Requisas, incautaciones y ocupaciones temporales, expropiaciones e incautaciones

Los arts. 8 y 13 REDEA facultaron a las autoridades delegadas y al ministro de Sanidad para efectuar requisas y ocupaciones temporales.

Las requisas, incautaciones, ocupaciones temporales de bienes inmuebles, expropiaciones forzosas, y incautaciones tienen en común la privación singular de bienes y derechos. Sin embargo, mientras que las requisas, incautaciones, ocupaciones temporales inciden sobre la posesión, la expropiación y el decomiso sobre la propiedad[42].

i. La requisa, incautación y ocupación temporal tienen carácter temporal. La primera y el tercero tienen aparejado el pago de un justiprecio. El decomiso no[43].
ii. La expropiación —lo mismo que el decomiso— comporta la privación del derecho de propiedad porque supone la transferencia de la propiedad. Sin embargo, solo la primera genera el derecho a ser resarcido[44].

---

42 A diferencia de la expropiación y el decomiso, que pueden recaer sobre toda clase de bienes y derechos, la requisa y la incautación, necesariamente, deben tener por objeto bienes muebles. La ocupación temporal, por su parte, solo tiene por objeto bienes inmuebles.

43 Como afirma BLANQUER, «tanto en la "incautación" de bienes como en la "requisa" hay una privación temporal de la posesión y de uso de una cosa, pero hay importantes matices conceptuales y funcionales entre la una "requisa" temporal (realizada para satisfacer transitoriamente una causa de utilidad pública), y la "incautación" e inmovilización administrativa de un bien mueble (media impuesta para restablecer la legalidad vulnerada». Como pone de manifiesto este autor, «normalmente, el punto de partida de la inmovilización e incautación de un cosa muebles es una situación irregular o contraria a Derecho del titular o detentador de una cosa: baste pensar en la venta o dispensación de mascarillas cuya calidad no esté certificado, y que no reúnen las condiciones de seguridad y eficacia exigidas para su válida distribución y venta». Además, mientras que la requisa permite, tras la desposesión de su propietario, atribuir su uso —por ejemplo de respiradores— a terceras personas, no sucede así con la incautación. Esta es una medida de cesación de uso para restablecer la legalidad vulnerada. BLANQUER CRIADO, David (2020): *La responsabilidad patrimonial en tiempos de pandemia (los poderes públicos y los daos por la crisis de la COVID-19, op. cit.* pág. 63.

44 La expropiación y el decomiso, aunque tienen en común la sustracción definitiva de una cosa muebles, cada una de ello tiene rasgos diferenciales. Así, la expropiación forzosa tiene por fundamento una causa de utilidad pública o interés social.

Durante la pandemia, se llegó a expropiar geles hidroalcoólicos, mascarillas y los equipos de protección individual (EPI) y requisar respiradores.

La expropiación forzosa, la requisa y la ocupación temporal están reguladas en la Ley de expropiación forzosa, de 16 de diciembre de 1954 (LEF). Las dos últimas, también están contempladas en el art. 7 bis.3 de la Ley 17/2015, de 9 de julio, del Sistema Nacional de Protección Civil. Unas y otras, ya se amparen en la LEF o la Ley 17/2015, dan lugar a una compensación económica. Ahora bien, según dispuso el REDEA, «durante el estado de alarma no fue «precisa la tramitación de procedimiento administrativo alguno»[45].

Ahora bien, la expropiación forzosa, requisa y la ocupación temporal son medidas diferentes a la responsabilidad patrimonial porque las mismas el efecto lesivo es directo voluntario e intencional[46]. En cambio, en la expropiación forzosa el daño es indirecto involuntario y consecuencial.

En cambio el decomiso implica la confiscación definitiva de unos bienes motivada por la ilegal tenencia de esas cosas.

45 Art. 4.3 REDEA.

46 Una buena exposición de las diferencias entre la expropiación forzosa y la responsabilidad puede consultarse en las págs. 281 a 283 de la Memoria del Consejo de Estado (CdE) de 2010-2011. En ella se afirma que «la expropiación forzosa y la responsabilidad patrimonial no constituyen técnicas intercambiables en nuestro ordenamiento jurídico (...). La expropiación es una privación singular, acordada imperativamente por la Administración, de derechos e intereses patrimoniales de los particulares que se encuentra su fundamento en el interés general (...). La expropiación forzosa excluye la idea de antijuridicidad en el actuar administrativo (...). Es más, (...) es el resultado del ejercicio de un poder jurídico abstracto y genérico —potestad— atribuido a la Administración pública con la específica finalidad de privar de derechos e intereses particulares (...). Constituye un "*iubere iussum*". En correlación con dicho poder la Administración, el expropiado se encuentra en una situación de sujeción que tiene el deber de soportar. Por el contrario, el instituto de la responsabilidad patrimonial es un mecanismo de garantía del administrado frente a las Administraciones públicas a fin de asegurar la compensación de los daños (per-juicio injusto) que sufren a consecuencia del desenvolvimiento de los servicios públicos. La responsabilidad pivota primordialmente sobre la antijuridicidad de los daños sufridos (...). [y] la imputación formal del perjuicio injusto inferido (relación de causalidad) a la Administración. Dicha imputación formal es precisamente la que diferencia este instituto de los resarcimientos. La responsabilidad patrimonial no se constituye técnicamente sobre la noción de potestad —y su correlato, la sujeción— como la expropiación. Lo hace sobre el concepto de obligación. Esto es, sobre la modalidad de las situaciones de deber en que, en el seno de una relación jurídica, un sujeto en este caso la Administración— se encuentra constreñido a observar una conducta encaminada

«En la responsabilidad patrimonial el resarcimiento es siempre posterior a la producción del resultado lesivo (es una "consecuencia" patrimonial de la actuación de la Administración). (...). No sucede lo mismo cuando se realiza una privación coactiva: por regla general, el pago del justiprecio expropiatorio es previo a la privación del bien o del derecho (el pago es un "requisito habilitante" para la adquisición de la titularidad del bien o derecho objeto de expropiación»[47].

4) Atribuciones patrimoniales solidarias

Aunque el REDEA guardó silencio, durante la pandemia, las Administraciones Púbicas adoptaron una serie de medidas, de muy variado tipo —aunque fundamentalmente económicas—, con las que se pretendió crear un escudo social frente al coronavirus. Estas se articularon a través de RRDDLeyes y DDLeyes y otras normas de rango inferior[48].

En esencia las mismas pueden considerarse como atribuciones patrimoniales solidarias. Su común denominador es la solidaridad. Por eso, no son un derecho como consecuencia de un resultado lesivo imputable a la Administración. En esto se diferencian de la responsabilidad patrimonial.

Estas atribuciones patrimoniales son medidas de justicia distributiva, mientras que la responsabilidad patrimonial se ancla en la justicia conmutativa. El otorgamiento de ayudas es discrecional, en cambio, la responsabilidad patrimonial es un derecho subjetivo que resulta de los arts. 9.3 y 106 CE.

A mayor abundamiento, en cuanto a sus efectos, las atribuciones patrimoniales solidarias tienden a paliar las consecuencias y la expropiación forzosa procura el resarcimiento íntegro de los daños.

---

a satisfacer un interés ajeno, en ese caso, del lesionado, que tiene reconocido legalmente el poder de exigir dicha satisfacción —"iubere licere"-».

47 BLANQUER CRIADO, David (2020): *La responsabilidad patrimonial en tiempos de pandemia (los poderes públicos y los daños por la crisis de la COVID-19), op. cit.* pág. 61.

48 Un ejemplo de atribuciones patrimoniales solidarias lo encontramos en el RD-ley 17/2020, de 5 de mayo, de aprobación medidas de apoyo al sector cultural y de carácter tributario para hacer frente al impacto económico y social del coronavirus.

IV. MEDIDAS SANITARIAS APROBADAS POR INSTRUMENTOS SIN RANGO DE LEY, PREVIA AUTORIZACIÓN JUDICIAL

1) Regulación

De conformidad con los arts. 8.6 y 10.8 LJCA, las autoridades sanitarias, previa autorización o ratificación judicial, podrán adoptar las medidas que consideren urgentes y necesarias para la salud pública, aunque «impliquen limitación o restricción de derechos fundamentales». Tal autorización o ratificación corresponderá al juzgado de lo contencioso-administrativo (JCA) o al Tribunal Superior de Justicia (TSJ), en función de si los destinatarios de las medidas estén identificados individualmente o no.

De acuerdo con los arts. 45 y 49.2 de las Leyes 5/2003, de 4 de abril, y 16/2010, de 28 de diciembre, de salud y salud pública de las Illes Balears, en dicha Comunidad Autónoma, su consejo de gobierno, es el órgano competente para adoptar las medidas sanitarias que considere necesarias para la salvaguarda de la población[49]. Estos preceptos están amparados por la LOMESP, la cual da cobertura a la reserva de ley orgánica para adoptar medidas restrictivas de derechos fundamentales[50].

En efecto, con el fin de controlar enfermedades transmisibles, la autoridad sanitaria —además de realizar acciones preventivas generales— podrá adoptar «las medidas oportunas para el control de los enfermos, de las personas que estén o hayan estado en contacto con los mismos y del medio ambiente inmediato, así como las que se consideren necesarias en caso de riesgo de carácter transmisible» (art. 3 LOMESP)[51].

---

49 Los arts. 45 y 49.2 de las Leyes 5/2003 de 4 de abril y 16/2010 de 28 de diciembre, de salud y salud pública de les Illes Balears, fueron modificadas por el Decreto-Ley 5/2021, de 7 de mayo, al objeto de que recogieran y quedasen debidamente positivadas, en el ámbito de la legislación autonómica, aquellas medidas específicas especialmente idóneas para atajar o aminorar los efectos de la pandemia ocasionada por el COVID-19.

50 Llama la atención el hecho de que las SSTC 148/2021 y 183/2021 hallan orillado inexplicablemente, que para adoptar medidas que limiten dichos derechos fundamentales, habrá que estar la legislación material, así como que esta —en el caso de la Covid-19— debe ser aprobada por las CCAA puesto que tienen competencia exclusiva en materia de sanidad.

51 Para el TS el art. 3 LOMESP da cobertura legal a las limitaciones que afecten al núcleo esencial de los derechos mencionados (*Cfr.* SSTS 719/2021 de 24 de mayo, núm. rec. 3375/2021 [*Tol 8461322*] y 788/2021 de 3 de junio, núm. rec. 3704/2021 y [*Tol 8447950*]). Como dijera la STS 788/2021, «el medio normal

2) Supuestos en que es necesaria la ratificación o la autorización judicial de las medidas

La autorización judicial para aprobar estas medidas será necesaria cuando las mismas «restrinjan o limiten derechos fundamentales» de los comprendidos en los art. 14 a 29 CE.

En este sentido, entre otras medidas, la adopción del «toque de queda» y la limitación del numero de personas no convivientes que pueden juntarse en un domicilio requieren autorización judicial. Son restricciones de la libertad de circulación y el derecho de reunión cuya adopción requiere la justificación, por parte de la autoridad sanitaria[52]. Al menos así lo entendió la STS de 3 de junio de 2021[53].

---

para aprobar normas que impliquen la restricción o limitación de un derecho fundamental se encuentra (...) en los arts. 53 y 81 del texto constitucional: dicho medio es la previsión por ley que, en todo caso, debe respetar el contenido esencial del derecho fundamental restringido y, por ello mismo, superar el juicio de proporcionalidad; y es la ley orgánica cuando la restricción prevista suponga desarrollo de alguno de los derechos proclamados en la Sección 1ª del Capítulo II del Título I». (FJ 6). Más en concreto, en relación con el «toque de queda» nocturno, para la STS 788/2021, medidas como esta, «por su severidad y por afectar a toda la población autonómica, inciden restrictivamente en elementos básicos de la libertad de circulación y del derecho a la intimidad familiar, así como del derecho de reunión. Ello significa que requieren de una ley orgánica que les proporcione la cobertura constitucionalmente exigible. [Y] la única norma [que] podría dar cobertura (...) es el ya mencionado art. 3 de la Ley Orgánica 3/1986».

52 A título de ejemplo, en la Comunidad Autónoma de las Illes Balears se aportaron con cada petición de autorización, documentos que acreditasen: la incidencia acumulada a 14 días (IA14) en población general y en población de más de 65 años; el detalle de la incidencia a 14 días por islas; informes del Comité Autonómico de Enfermedades Infecciosas relativo a la medida concreta que se solicitaba; informe sobre la situación asistencial y su evolución, así como sobre el nivel de riesgo para camas en planta; informes sobre la evolución de la vacunación por islas y por grupos de edad, etc.

53 La STS 719/2021, de 24 de mayo (núm. rec. 3375/2021 y [*Tol 84613221*]), confirmó el ATSJ de Canarias, de 9 de mayo de 2021. Esta resolución denegó la ratificación judicial de determinadas medidas adoptadas por el Gobierno de Canarias de 6 de mayo de 2021. En su opinión no era suficiente que la Administración alegase meras consideraciones de prudencia o precaución. Para la Sala, las medidas debían estar basadas en soportes probatorios que permitiesen valorar en sede judicial la proporcionalidad de la medida. Por ello, las resoluciones judiciales de podían variar —y de hecho lo hicieron— en función de lo que la Comunidad Autónoma respectiva acreditase. Adicionalmente, en esta sentencia se fijó

3) Inconstitucionalidad de la ratificación judicial de las disposiciones generales limitativas de derechos fundamentales por razones de salud pública

Recientemente la STC 70/2022, de 2 de junio, ha declarado nulo el art. 10.8 LRJCA, introducido por la Ley 3/2020, de 18 de septiembre, de medidas procesales y organizativas para hacer frente al Covid-19 en el ámbito de la Administración de justicia. Este apartado atribuía a los TSJ la competencia para autorizar o ratificar «las medidas adoptadas (…) [por] las autoridades sanitarias de ámbito distinto al estatal *considerasen* urgentes y necesarias para la salud pública e *implicasen* la limitación o restricción de derechos fundamentales cuando sus destinatarios no estén identificados individualmente».

Para el TC, el «mandato de exclusividad del art. 117.3 CE impide que ningún otro poder del Estado ejerza la potestad jurisdiccional. Y también impide, en sentido inverso, que los jueces y tribunales integrantes del poder judicial ejerzan potestades públicas ajenas a la potestad de juzgar y hacer ejecutar lo juzgado»[54].

Por eso, «el art. 10.8 LJCA quebranta el principio constitucional de separación de poderes, (…) [porque] la potestad reglamentaria se atribuye por la Constitución (y por los estatutos de autonomía, en su caso) al Poder Ejecutivo de forma exclusiva y excluyente, por lo que no cabe que el legislador la convierta en una potestad compartida con el Poder Judicial, lo que sucede si se sujeta la aplicación de las normas reglamentarias al requisito previo de la autorización judicial»[55].

—como doctrina jurisprudencial del TS— la posibilidad de limitar puntualmente derechos fundamentales siempre que la medida fuera imprescindible, idónea y proporcionada. Medidas de este tipo estaban amparadas por el art. 3 LOMESP y los arts. 26 y 54, de las Leyes 14/1986, de 26 de abril, y 33/2011, de 4 de octubre, generales de sanidad (LGS) y salud pública (LGSP).

54 FJ 6 STC 70/2022.

55 FJ 7 STC 70/2022.

V. LAS MEDIDAS DE CONFINAMIENTO FORZOSO. ESPECIAL REFERENCIA A LOS MENORES DE EDAD: EL CASO DE LAS ILLES BALEARS

Determinadas medidas adoptadas por las Administraciones Públicas, si no se adoptan bajo el paraguas de un estado de alarma, excepción o sitio, requieren la intervención judicial. Nos estamos refiriendo a las que limitan o suspenden derecho fundamentales.

1) Introducción

Las distintas Administraciones sanitarias, al amparo del párrafo segundo del art. 8.6 LJCA, ha venido solicitando —y obteniendo en la práctica totalidad de los casos— autorizaciones judiciales de internamiento forzoso de pacientes con enfermedades infectocontagiosas que se negasen a cumplir con las medidas sanitarias de aislamiento. Son numerosos los autos de ratificación o autorización de dichas medidas en relación, a título de ejemplo, con enfermos afectados de tuberculosis.

La COVID-19 ha obligado a solicitar autorizaciones judiciales para amparar el internamiento forzoso, tanto de personas con diagnóstico positivo como de sus contactos estrechos, en ambos casos si se negaban voluntariamente a cumplir con el aislamiento. Todas ellas han sido ellas autorizadas, salvo la que ocupa el epígrafe siguiente de este capítulo[56].

Con carácter previo al episodio del confinamiento de los estudiantes en el Hotel Bellver de Palma, los JJCA de Mallorca ya habían autorizado otros internamientos forzoso en régimen de aislamiento y bajo custodia policial, entre ellos: (i) en el mismo Hotel Palma Bellver, de Palma de Mallorca, de una persona con diagnóstico positivo por SARS-CoV-2 y de un grupo de ciudadanos extranjeros que habían llegado en embarcaciones tipo «patera» por potencial diagnóstico de infección por SARS-CoV-19; (ii) en el

[56] Así, y a título meramente de ejemplo, el AJCA núm. 1 de Palma de Mallorca 187/2021, de 6 de junio, ratificó la hospitalización obligatoria de dos enfermos de tuberculosis. En esta ocasión el juez accedió a la pretensión de la Administración porque constaba un informe médico en el que se afirmaba que la «tuberculosis pulmonar bacilífera (...) [presentaba un] alto riesgo de transmisión por vía aérea (...) y [era] necesario para la seguridad de la salud pública que el paciente *siguiera* exactamente las indicaciones médicas. Con fundamento en dicho informe, la directora general de Salud Pública y Participación ordenó la hospitalización terapéutica obligatoria, bajo custodia policial».

Hospital Universitario Son Espases, de un menor con diagnóstico positivo por SARS-CoV-2[57].

Siendo el SARS-Cov-2 una enfermedad vírica de gran capacidad de contagio y riesgo de muerte —especialmente en la población calificada como «de riesgo»— con importantes consecuencias sociales y económicas, resultaba de aplicación la normativa de sanidad pública que faculta la adopción de medidas adecuadas siempre que contasen con el aval judicial.

Las medidas de confinamiento forzoso, a día de hoy, encuentran amparo en los arts. 3 y 4 LOMESP así como en el art. 26 de la Ley 14/1986, de 25 de abril, general de sanidad (LGS).

2) *Especial referencia al caso de los viajes de estudios en las Illes Balears*

El 21 de junio de 2021, un grupo numeroso de jóvenes estudiantes afectados por Covid-19 se negaron a someterse a una prueba de diagnóstico y a desplazarse voluntariamente al Hotel Bellver, sito en el Paseo Marítimo de Palma de Mallorca[58].

---

[57] En la misma línea, el AJCA núm. 3 de Palma de Mallorca 177/2021, de 14 de junio, ratificó el confinamiento forzoso de 20 personas llegadas en una embarcación «tipo patera», algunas de ellas contagiadas con COVID-19. En opinión del juez «la medida de internamiento hospitalario (...) *era* necesaria e imprescindible, tanto para la salvaguarda de su propia salud, como para protección de la sociedad ante una fuente cierta de contagio» (FJ 5). En esta ocasión, el internamiento para tratamiento hospitalario de las citadas personas se concibió como una medida precautoria. En este sentido, según se reflejo en el auto, esta medida cumplía con una doble finalidad: de un lado cuidaba y mejoraba la salud de los ciudadanos extranjeros infectados a través del tratamiento médico y terapéutico adecuado; y de otro, cooperaba con las medidas preventivas y de política sanitaria exigidas al resto de la población. En particular, respecto de las personas extranjeras no contagiados con COVID-19, el juez entendió que la medida era necesaria, idónea y proporcionada, porque, por proximidad con los infectados podían, el resto de miembros del grupo podía presentar afección y eran una fuente de riesgo para la salud pública.

[58] A diferencia del internamiento forzoso de los ciudadanos extranjeros y nacionales, a los que nos acabamos de referir, las medidas de confinamiento de los menores del Hotel Bellver, fueron cuestionadas por los afectados. Contra la medida de confinamiento forzoso, los padres de algunos de los menores interpusieron recurso de alzada, incoaron el procedimiento de *habeas corpus* y se querellaron contra la directora de Salud Pública y Participación por la supuesta comisión de diferentes delitos, entre otros el de detención ilegal.

Esta circunstancia provocó la petición de ratificación judicial de la medida de confinamiento forzoso en régimen de aislamiento y custodia policial, en el Hotel Bellver acordada por la directora general de Salud Pública y Participación el 27 de junio de 2021. La medida se adoptó tanto para los jóvenes que se realizaron la prueba y ya habían dado positivo en COVID, como para los que se negaron a hacérsela[59].

El AJCA núm. 3 de Mallorca 198/2021, de 30 de junio, en adelante el Auto de 30 de junio de 2021, acogiendo la tesis del ministerio fiscal, no ratificó la medida respecto de los menores que habían tenido un resultado negativo en la prueba de COVID, así como de los que se habían negado rotundamente a someterse a la misma[60].

---

59 La resolución de la directora general de Salud Pública y Participación, de 27 de junio de 2021, dispuso que «como consecuencia de ser contactos estrechos, debe someterse a los ciudadanos que han efectuado viajes de fin de curso a Mallorca en compañía o en contacto con casos positivos confirmados de COVID-19 y que aun hoy se encuentran en esta isla a un aislamiento preventivo, de conformidad a los protocolos establecidos por la Estrategia de Detección Precoz, Vigilancia y Control de COVID-19, aprobada por la Comisión de Salud Pública del Consejo Interterritorial del Sistema Nacional de Salud, lo cual supone realización de una prueba PCR manteniendo aislamiento preventivo hasta la obtención de un resultado negativo o en su caso, de negarse el contacto estrecho a someterse a tal prueba, cuarentena obligatoria de 10 días desde el último contacto con caso positivo confirmado».

60 De acuerdo con el Auto de 30 de junio de 2021: «teniendo en cuenta el informe del Ministerio Fiscal de fecha 30 de junio de 2021 y, la documentación que obra en las actuaciones, en relación a la solicitud de ratificar el confinamiento forzoso de las personas que se relacionan en el Anexo I de la Resolución, solo procede, ratificar el confinamiento de las personas que hayan dado positivo en la prueba PCR efectuada en fecha 27/06/21, y ello porque no se ha acreditado por la Administración sanitaria, en la Resolución y documentación aportada, quienes son los contactos estrechos de dichos positivos de acuerdo con un criterio concreto y determinado, solo se hace referencia de una manera genérica en la Resolución, a brotes en otras Comunidades de personas que han viajado a Mallorca, y en el informe del Centro de Coordinación de Alertas y Emergencias Sanitarias que se ha aportado en el día de hoy, se hace alusión a alguna actividades que participaron en Mallorca los que han dado positivo en otras CCAA, pero no se acredita que hayan participado en esas actividades los jóvenes cuyo confinamiento se pretende ratificar. Por ello, se considera que no se supera el juicio de proporcionalidad, y debe procederse a la no ratificación de la medida de confinamiento en relación con las personas que se relacionan en el Anexo I de la Resolución y que habiéndose sometido a la prueba PCR el día 27/06/21 hayan dado negativo, e igualmente debe no ratificarse el confinamiento forzoso de quienes se hayan negado a someterse a dicha prueba, por la misma argumentación de no haberse acreditado por

La *ratio decidendi* del auto descansa en que «no se *había* acreditado» debidamente quienes eran los «contagios estrechos» de las personas infectadas por COVID-19 en el macrobrote originado por los viajes de estudios a Mallorca. Llama la atención que la decisión judicial no se detenta en analizar la evidente colisión entre el derecho fundamental a la vida y a la integridad física del art. 15 CE y el derecho a la libertad del art. 17 CE[61]. Se limita a valorar este último como digno de protección.

El Auto de 30 de junio de 2021 se fundó en las SSTS de 24 de mayo y 3 de junio de 2021, referidas ambas a la ratificación de medidas generales para toda la población[62].

---

la Administración sanitaria el ser un contacto estrecho con el resultado positivo» (FJ 5). Y el mismo argumento utilizó para negar el confinamiento forzoso, no solo de quienes se habían negado a hacerse la prueba, sino también para poner fin a los días que quedaban para completar el plazo de 10 días de aislamiento preventivo desde la fecha de la última exposición al coronavirus.

61 En nuestra opinión, el AJCA núm. 3 de Mallorca, no ponderó que la ratificación solicitada se refería a personas individualizadas. En él, pesar de reconocer que la normativa invocada era la adecuada, entendió que la resolución de la directora general de Salud y Participación de 27 de junio de 2021 no superaba el triple juicio de proporcionalidad, necesidad e idoneidad de las medidas. En consecuencia, concluyó que el internamiento forzoso de los menores por el mero hecho de ser «contacto estrecho» fue «presuntiva e indeterminada» y, en definitiva, «genérica», tal y como había alegado el Ministerio Fiscal.

62 En las SSTS 719/2021, de 24 de mayo (núm. rec. 3375/2021 y [*Tol 8441407*]) y 788/2021, 3 de junio (núm. rec. 3740/2021 y [*Tol 8454963*]), se exigió, para considerar que la legislación sanitaria autorizase la limitación de derechos fundamentales: a) La Administración que pide la autorización/ratificación de las medidas sanitarias: – Sea la competente para adoptar las medidas sometidas a examen. – Haya invocado expresa y acertadamente los preceptos legales u otros que le confieran la correspondiente habilitación. b) La Administración que solicita la autorización/ratificación de las referidas medidas: – Haya identificado, con suficiente claridad, el peligro grave para la salud pública derivado de una enfermedad transmisible que es preciso conjugar para preservar el derecho a la vida y a la salud de los ciudadanos, con indicación de los hechos que así lo acrediten. – Haya establecido debidamente la extensión de ese riesgo desde el punto de vista subjetivo, espacial y temporal, justificando que los medios o medidas son idóneas y proporcionadas. Cuando se dictó Auto de 30 de 30 de junio, casi un año antes, el AJCA de Mallorca 185/2020, de 7 de septiembre, había ratificado la resolución de la consejera de Salud y Consumo, de 4 de septiembre de 2020, por la que se adoptaron medidas específicas de actuación por razón de salud pública para asegurar al control del cumplimiento de las obligaciones de aislamiento o cuarentena para la contención de los brotes epidémicos de la pandemia de COVID-19 (BOIB núm. 153/2020). Esta resolución tuvo por objeto definir las concretas actuaciones que

Mediante el Decreto-Ley 5/2021, de 7 de mayo se había añadido un nuevo art. 49 bis a la Ley 16/2010, de 28 de diciembre, de salud pública de les Illes Balears. Dicho art. 49. bis, en sus aps. 2 y 3, contempló las aludidas medidas y elevándolas a rango legal[63].

---

habían de adoptarse para asegurar el control del cumplimiento de las obligaciones de aislamiento, confinamiento o cuarentena para la contención de los brotes epidémicos de COVID-19. En dicha resolución de 4 de septiembre de 2021 incluyó, para las personas afectadas, el cumplimiento de alguno los siguientes deberes: «a) Aislamiento, que implica la obligación de que una persona contagiada por SARS-COV— 2 deba permanecer en el lugar que se le indique, durante el plazo establecido en cada caso, sin posibilidad de desplazarse ni de relacionarse con otras personas. b) Cuarentena, que implica la obligación de que una persona o grupo de personas sospechosas de haber sido contagiadas deba permanecer en el lugar que se le indique, durante el plazo establecido en cada caso, sin posibilidad de desplazarse ni de relacionarse con otras personas. Ambas situaciones implican el deber de confinamiento de la persona o del grupo de personas afectadas o sospechosas de haber sido contagiadas. La duración del aislamiento o cuarentena vendrá determinada por la situación concreta de cada caso, pero las personas afectadas o con contactos estrechos quedarán obligadas a la adopción de las siguientes medidas. A las personas con sospecha de infección por SARS-CoV-2 se les realizará una PCR y permanecerán en aislamiento a la espera de resultado. El aislamiento finalizará si la PCR es negativa y no persiste otra sospecha clínica alta de COVID-19. Si una persona es diagnosticada de infección activa por SARS-CoV-2, realizará un aislamiento de un mínimo de 10 días (tendrán que haber transcurrido 3 días desde la resolución de la fiebre y el cuadro clínico). Si la persona es asintomática, el aislamiento se mantendrá hasta que hayan transcurrido 10 días desde la fecha de la toma de muestras para el diagnóstico. Si una persona con infección activa ha requerido ingreso hospitalario y en el momento del alta la PCR es positiva, el aislamiento se prolongará durante al menos 14 días desde la fecha del alta hospitalaria. Si en algún momento, tras el alta, se realiza una PCR y esta es negativa, podrá suspender el aislamiento. Toda persona que haya mantenido contacto estrecho con una persona con COVID-19 desde dos días antes del inicio de síntomas del caso hasta el momento en el que este sea aislado, realizará una cuarentena durante los 14 días siguientes a la fecha del último contacto. De forma excepcional, la cuarentena podrá acortarse a 10 días siempre y cuando se obtenga un resultado negativo de una PCR realizada a partir del décimo día del último contacto. En caso de ser convivientes y no poder garantizar el aislamiento de la persona con COVID-19 en las condiciones óptimas, la cuarentena durará 14 días desde el final del aislamiento del caso».

63 Art. 49 bis Ley 16/2010, de 28 de diciembre, de salud pública de les Illes Balears. «2. Asimismo, y de acuerdo con lo dispuesto en la Ley Orgánica 3/1986, de 14 de abril, de Medidas Especiales en Materia de Salud Pública, con el fin de proteger la salud pública y prevenir su pérdida o deterioro, las autoridades sanitarias autonómicas, dentro del ámbito de sus competencias, cuando lo exijan razones sanitarias

de urgencia o necesidad, pueden adoptar medidas preventivas de reconocimiento, tratamiento, hospitalización o control cuando se aprecien indicios racionales que permitan suponer la existencia de peligro para la salud de la población debido a la situación sanitaria concreta de una persona o de un grupo de personas o por las condiciones sanitarias en las que se realice una actividad. 3. Para controlar las enfermedades transmisibles, además de realizar las acciones preventivas generales y de la posible adopción de las medidas preventivas previstas en los apartados anteriores, pueden adoptar las medidas oportunas para el control de las personas enfermas, de las personas que estén o hayan estado en contacto con éstas y del ambiente inmediato, así como las que se estimen necesarias en caso de riesgo de carácter transmisible. En particular, se pueden adoptar las siguientes medidas preventivas: a) Medidas de control de las personas enfermas, cuando sea procedente, como el aislamiento en el domicilio, el internamiento en un centro hospitalario o el aislamiento o internamiento en otro lugar adecuado para esta finalidad. b) Sometimiento de las personas enfermas a tratamiento adecuado. c) Medidas de control de las personas que estén o hayan estado en contacto con las personas enfermas, como el sometimiento a una cuarentena en el domicilio o en otro lugar adecuado para esta finalidad. A tal efecto, se entiende por cuarentena la restricción de las actividades y la separación, de las otras personas que no están enfermas, de una persona respecto a la que pueda tenerse razonablemente la sospecha de que haya estado o haya podido estar expuesta a un riesgo para la salud pública y sea una posible fuente de propagación adicional de enfermedades, de acuerdo con los principios científicos, las pruebas científicas o la información disponible. d) Sometimiento a observación o a medidas de vigilancia del estado de salud, a examen médico o a pruebas diagnósticas de personas que presenten síntomas compatibles con la enfermedad transmisible de que se trate o de personas respecto a las que existan otros indicios objetivos que puedan suponer un riesgo de transmisión de la enfermedad. La observación, el examen o las pruebas serán lo menos intrusivos o invasivos posible para permitir conseguir el objetivo de salud pública consistente en prevenir o contener la propagación de la enfermedad. e) Sometimiento a medidas profilácticas de prevención de la enfermedad, incluida la vacunación para determinados colectivos o la inmunización, con información, en todo caso, de los posibles riesgos relacionados con la adopción o la no adopción de estas medidas. f) Medidas de control del entorno inmediato de las personas enfermas o de las personas que estén o hayan estado en contacto con estas, así como de las zonas afectadas. A tal efecto, se entiende por zona afectada aquellos lugares geográficos en los que sean necesarias medidas sanitarias de control de la propagación de la enfermedad. La determinación de la zona afectada se efectuará de acuerdo con los principios de precaución y proporcionalidad, procurando, siempre que resulte posible y eficaz, actuar lo antes posible o con más intensidad o medida sobre las zonas concretas en las que se produzca la mayor afección, para evitar perjuicios innecesarios al resto de la población. Entre otras, estas medidas podrán consistir en: Medidas que comporten la limitación o la restricción de la circulación o la movilidad de las personas dentro de la zona o la

Así las cosas, ya estaba consagrada la juridicidad de este tipo de medidas.

En cuanto a la comprobación de la identificación, por la Administración sanitaria, del peligro para la salud pública hubiera bastado con la lectura de la documentación consistente en los informes que se remitieron al JCA núm. 3 de Palma de Mallorca.

Pues bien, ninguno de dichos informes ni de su contenido fue ponderado por el Auto de 30 de junio de 2021. Este se limitó a afirmar que las medidas sanitarias no superaban el necesario juicio de proporcionalidad. En nuestra opinión, para apreciar —caso por caso— si las medidas sanitarias eran proporcionadas, no solo había que ponderar el riesgo desde un punto de vista subjetivo, espacial y temporal de las medidas, sino que, un vez confirmado ese riesgo para la salud pública, también debieran de evaluarse —en caso de conflicto— los intereses en juego como factor de proporcionalidad de las medidas de referencia.

Una de las perniciosas consecuencias de la ejecución del Auto de 30 de junio de 2021 que examinamos se recoge en el informe del Centro de Coordinación de Alertas y Emergencias Sanitarias de fecha 1 de julio de 2021[64].

---

isla o las islas afectadas o en determinados lugares y espacios dentro de esta zona o en determinadas franjas horarias. Medidas de control de la salida de la zona o la isla o las islas afectadas o de entrada en estas, incluido el establecimiento de pruebas diagnósticas previas o posteriores. Medidas de control de las tarifas y los precios máximos que deben aplicar los centros, los servicios y los establecimientos sanitarios y sociosanitarios, públicos y privados, para la realización de las pruebas diagnósticas. Restricciones a las agrupaciones de personas, incluidas las reuniones privadas entre no convivientes, especialmente en los lugares y los espacios o con ocasión del desarrollo de actividades que comporten un mayor riesgo de propagación de la enfermedad; todo ello sin perjuicio de las competencias estatales en relación con las reuniones en lugares de tránsito público y las manifestaciones realizadas en ejercicio del derecho fundamental regulado en el art. 21 de la Constitución española. Medidas de cribado consistentes en la realización de pruebas diagnósticas de determinados sectores o grupos de la población particularmente afectados o vulnerables».

64 De acuerdo con el informe del Centro de Coordinación de Alertas y Emergencias Sanitarias de 1 de julio de 2021, «a fecha de 30 de junio de 2021, el CCAES tiene constancia de un total de 2135 casos asociados al brote de Mallorca con 12 Comunidades Autónomas implicadas. De ellos, 1836 son casos primarios (pertenecientes a los grupos que han viajado a la isla con motivo de los viajes de fin de estudios) y 302 son casos generados a partir de esos casos primarios. Hasta el momento se encuentran en cuarentena relacionados con estos casos 8025 personas. Con fecha de 1 de julio, tenemos constancia de 19 casos hospitalizados, 17 de ellos

La STSJ de las Illes Balears de 17 de septiembre de 2021 acogió la tesis de la Abogacía de las Illes Balears, y declaró como hecho incontrovertido que el relato del informe del Centro de Coordinación de Alertas y Emergencias Sanitarias de 24 de junio de 2021[65]. Y, tal y como decíamos *ut supra*

---

entre los casos primarios y 2 entre los secundarios. Uno de ellos, de 28 años, se encuentra ingresado en UCI. La transmisión que se ha producido en este grupo de estudiantes se considera muy alta, superior al 30% si consideramos los estudiantes que han participado en viajes organizados a la parte sur de la isla de Mallorca. Los casos primarios asociados a este brote suponen alrededor del 20% de todos los casos notificados en España en jóvenes de 17 a 19 años desde el, 21 de junio. Y esta cifra es mucho más alta en algunas CCAA como País Vasco, Murcia, Madrid y Galicia donde suponen más del 50% de los casos producidos en la Comunidad en este período y en este grupo de edad de la población. Estos datos nos sirven también para valorar la magnitud del brote producido. Otro de los motivos por el que se considera de alto riesgo el impacto de este brote es que dadas las múltiples introducciones que ha habido, en una de las variantes identificadas en varios de los casos que han regresado a tres Comunidades Autónomas es la variante Delta. Esta variante es una de las que tanto la OMS como el Centro Europeo de Control de Enfermedades (ECDC) consideran de importancia y preocupación desde el punto de vista de la Salud Pública, ya que se ha descrito su mayor capacidad de transmisión y la menor efectividad de la vacuna frente a él. Los brotes en los que están implicados este tipo de variantes deben ser considerados de especial relevancia y deben extremarse las medidas de control en su manejo. Dado todo lo planteado en este informe, tanto desde el Ministerio de Sanidad como desde la Ponencia de Alertas se sigue considerando una medida necesaria la cuarentena durante 10 días a todas las personas que, aún resultando negativas, han estado en relación con casos o con eventos, celebraciones o situaciones en las que se han detectado casos positivos. Todas estas personas son consideradas en el contexto de este brote contactos estrechos. La cuarentena de los contactos es una de las medidas de salud pública más eficaces para la contención del COVID— 19 en el que la transmisión de produce no sólo cuando se han iniciado síntomas sino desde varios días antes de que estos aparezcan, así como a partir de las personas que pueden estar infectadas pero no manifiestan síntomas».

65 Para la STSJ de las Illes Balears 493/2021, de 17 de septiembre (núm. rec. 293/2021 y [*Tol 8660976*]), «la información recabada por la Administración de la Comunidad Autónoma de les Illes Balears evidenció que la diseminación y profusión de casos positivos confirmados y su gran dispersión por todo el territorio nacional se había visto favorecida (i) por la escasa o nula observancia de las medidas de seguridad y prevención del contagio de los distintos grupos de jóvenes estudiantes, (ii) por la interacción y mezcla de los distintos grupos de jóvenes estudiantes coincidentes en los mismos buques o aeronaves que los trasladaron a la isla de Mallorca, así como la convivencia en unos mismos hoteles o en hoteles próximos, y también (iii) por la interacción y mezcla de los distintos grupos por coincidencia en otros eventos, como conciertos al aire libre y actividades organi-

y como se recoge en el fallo, la conclusión del informe técnico se basaba en lo siguiente:

i. La transmisión del SARS— CoV-2 se había visto favorecida porque en un periodo relativamente corto de tiempo produjo una reunión masiva de personas de múltiples CCAA con diferentes situaciones epidémicas.

ii. La naturaleza de las actividades que habían realizado los participantes durante su estancia en Mallorca favorecía la posibilidad de eventos superdiseminadores, los cuales generaron un número de casos secundarios muy por encima de lo habitual en la transmisión del SARS-CoV-2.

iii. Probablemente hubo múltiples contagios, incluyendo infectados, no solo de estudiantes de diversas CCAA sino también turistas de terceros países que interactuaron con los participantes en los viajes de fin de curso.

iv. El origen diverso de los casos índice pudo haber generado la transmisión de diferentes variantes del virus, con riesgo de transmisión intrafamiliar y otros casos secundarios a sus lugares de origen.

En base a los anteriores razonamientos, así como al alto el riesgo de transmisión en el mismo entorno, el Centro de Coordinación de Alertas y Emergencias Sanitarias, en su informe técnico del 24 de junio de 2021, desaconsejó la realización de viajes de fin de curso. También recomendó a las Administraciones: respecto a los menores permanecieron en la isla de Mallorca, realizar un cribado mediante pruebas diagnósticas de infección

---

zadas contratadas", añadiendo que "a la vista de lo ocurrido, esto es, visto tanto la magnitud del problema como la celeridad de su crecimiento, y teniendo en cuenta la elevada transmisión de los contagios entre los participantes en los viajes de fin de curso, así como la imposibilidad de determinar con exactitud los contactos estrechos de cada uno de los casos debido a la participación en eventos de distinta naturaleza y entre grupos de diferente procedencia y con gran afluencia de público y a no poder asegurar en ellos el adecuado seguimiento de las medidas de prevención, en definitiva, el 24/06/2021 el Centro de Coordinación de Alertas y Emergencias Sanitarias dependiente de la Dirección General de Salud Pública del Ministerio de Sanidad, órgano asesor de la Comisión de Salud Pública del Consejo Interterritorial del Sistema Nacional de Salud, en informe técnico relativo al Brote de COVID-19 asociado a viajes de fin de curso a Mallorca, concluía que, epidemiológicamente, todas las personas que habían participado ya o que todavía estaban participando entonces en los viajes de fin de curso en la isla de Mallorca deberían ser considerados contactos estrechos» (el subrayado es nuestro).

activa (PDIA); respecto de los menores que hubieran regresado a su domicilio, que realizasen las correspondientes pruebas diagnósticas, y si estas fueran positivas, guardar 10 días[66].

---

[66] En palabras de la STSJ de las Illes Balears 493/2021, «a ese informe seguiría el emitido el 27/06/2021 por el Servicio de Epidemiología de les Illes Balears, y seguiría también un segundo informe del Centro de Coordinación de Alertas y Emergencias Sanitarias, emitido el 28/06/2021, todos ellos en el mismo sentido, esto es, poniendo de manifiesto el peligro y reiterando la conclusión de que deberían considerarse contactos estrechos a todas las personas que habían participado ya o que todavía estaban participando entonces en los viajes de fin de curso en la isla de Mallorca. La prescripción técnica del Centro de Coordinación de Alertas y Emergencias Sanitarias converge con la Estrategia de Detección Precoz, Vigilancia y Control de COVID-19, aprobada por la Comisión de Salud Pública del Consejo Interterritorial del Sistema Nacional de Salud. En efecto, en la Estrategia de Detección Precoz, Vigilancia y Control del COVID-19 se indica que, a la hora de establecer el riesgo, se tendrán en cuenta circunstancias tales como espacios en que haya riesgo elevado de generación de aerosoles u otras características personales o sociales del entorno en que se evalúe la posible transmisión. Esa indicación responde especialmente a caso como el presente, esto es, atiende a aquellos casos en los que no es posible una clasificación de forma individualizada de todos los contactos de los casos detectados. Pues bien, la Administración actuante en el caso, tomando en cuenta la prescripción técnica del Centro de Coordinación de Alertas y Emergencias Sanitarias, la cual converge con la Estrategia de Detección Precoz, Vigilancia y Control de COVID-19, aprobada por la Comisión de Salud Pública del Consejo Interterritorial del Sistema Nacional de Salud, en definitiva, reconoció en la resolución de la Directora General de Salud Pública y Participación de 27/06/2021 lo siguiente: "[…] que es procedente considerar como contactos estrechos y realizar un cribado para determinar la existencia o inexistencia de una infección activa por SARS CoV-2 en los mismos, a todas aquellas personas que han realizado o se encuentran aún hoy realizando viajes de fin de curso en Mallorca y que se hayan alojado o potencialmente hayan participado en cualquier género de actividad en coincidencia con alguno de los casi 400 casos positivos confirmados conocidos, la Administración Sanitaria de la comunidad autónoma de las Illes Balears, con la colaboración de las fuerzas y cuerpos de seguridad del Estado ha procedido a realizar cribados a los jóvenes alojados en los establecimientos hoteleros siguientes: Hotel Fénix, Hotel BLUESEA Mediodía, Seramar Hotel Luna-Luna Park, Hotel Cassandra, Hotel JS Paradise Beach, Hotel El Doradoy Hotel Whala! Beach Para la realización de tales cribados y mantenimiento del aislamiento preventivo hasta obtención del resultado de las pruebas realizadas, se ha trasladado a los afectados al Hotel Palma Bellver, establecimiento contratado y habilitado por el Servicio de Salud de las Illes Balears, para el alojamiento de transeúntes en Mallorca, que sean casos positivos confirmados o sospechosos o contactos". No obstante, como igualmente se refleja en la resolución de la Directora General de Salud Pública y Participación de 27/06/202, la debida acción

Pese a ello, el Ministerio Fiscal interpuso un recurso extraordinario de casación, con la finalidad de que el TS «*-pro futuro*— (...) *fijase* como doctrina jurisprudencial, que para la adopción (...) de la medida de confinamiento individual de personas determinadas con anterioridad en establecimiento, ora hospitalario, ora de hostelería, *debían*, previamente, practicarse los oportunos análisis, que el estado de la ciencia epidemiolóxica [sic] aconseje, sin mezclar indiscriminadamente sanos con enfermos en tal confinamiento»

Dicho recurso fue inadmitido mediante ATS de 29 de septiembre de 2021, por no concurrir ninguna de las dos exigencias del art. 87 ter LJCA: en vez de auto dictado en única instancia por una sala del orden jurisdiccional contencioso-administrativo se recurrió una sentencia recaída en apelación; en vez referirse a medidas sanitarias limitativas o restrictivas dirigidas «destinatarios no estén identificados individualmente» se refirió a «personas determinadas»[67].

---

administrativa, lamentablemente, se vería no solo comprometida sino incluso directamente entorpecida, y ello porque:"[...] el día 25 de junio, un total de 52 jóvenes alojados en los hoteles BLUESEA Mediodía y Seramar Hotel Luna-Luna Park, se negaron al traslado y a la realización de la prueba diagnóstica y al correspondiente aislamiento. Por otra parte, un total de 183 jóvenes alojados en los hoteles Seramar Luna Park (60), Hotel BLUESEA Mediodía (74), Hotel Arenal Tower (17) y Hotel Cassandra (32), deben mantener, a día de hoy, aislamiento preventivo en el establecimiento habilitado al efecto por las autoridades sanitarias y el servicio público de salud autonómico, hasta que o bien obtengan un resultado negativo de la prueba de diagnóstico de infección activa que se le realice, o en caso de no aceptar la realización de la prueba hasta que haya transcurrido el periodo de aislamiento preventivo necesario para descartar un contagio efectivo. Lamentablemente, según informan los responsables de los establecimientos hoteleros donde se encuentran alojados y las Fuerzas de seguridad del estado, se está produciendo un intento de elusión masiva de realización de esta prueba, por vía de intentar partir por vía aérea o marítima de esta isla».

67 Posteriormente, mediante ATS de 30 de marzo de 2022 (núm. rec. 7483/2021), se admitió a trámite el recurso ordinario de casación interpuesto por el Ministerio Fiscal. Para el Ministerio Fiscal concurría interés casacional ya que «si bien nos hallamos ante una cuestión que no *era* totalmente nueva, se hacía aconsejable un pronunciamiento (...) que *esclareciera* la cuestión para, en su caso, reafirmar, reforzar o completar su jurisprudencia, tarea propia del recurso de casación, que no debe operar para formar jurisprudencia *ex novo*, sino también para matizarla, precisarla o, incluso corregirla». Sin embargo, la STS 1601/2022, de 30 de noviembre (núm. rec. 7483/2021 Y [*Tol 9314608*]) desestimó el recurso porque «mantener el confinamiento de los que dieron negativo en los PCR, a la espera de su confirmación, *fue* medida ajustada al principio de proporcionalidad» (FJ 5).

VI. RECLAMACIONES EN EL MARCO DE SERVICIOS PROFESIONALES

Es un hecho que durante la pandemia las primeras sentencias condenatorias a las Administraciones Públicas por la gestión del COVID-19 fueron de orden social. En ellas se reconoció el deber de poner a disposición de los trabajadores cuyo desempeño requería un contacto directo con el virus los medios necesarios.

Estas no tuvieron por objeto «hacer imputaciones de responsabilidad concreta ni establecer un juicio de culpabilidad, sino en obtener un pronunciamiento judicial sobre el derecho a la protección de la salud laboral (…) y, caso de entender que esa protección no ha existido, determinar si eso ha supuesto la lesión del derecho fundamental [a la vida y la integridad física] tutelado en el art. 15 CE»[68].

Alguna sentencia, no obstante, sí que reconoció una compensación económica. Este es el caso de la STSJ del País Vasco de 9 de febrero de 2021 que condenó una empresa a indemnizar a su plantilla, por no haber respetado el permiso retribuido fijado por el Real Decreto Ley 10/2020, a empresa a indemnizar a su plantilla con 50.000 euros por «daños morales» generados a sus trabajadores al haberse «vulnerado su derecho fundamental a la integridad física y moral", tras decidir reabrir en abril de 2020 y no respetar, de esta manera, el permiso retribuido establecido en un[69]. Dicho real decreto reguló un permiso retribuido recuperable para las personas trabajadoras por cuenta ajena que no prestasen servicios esenciales, con el fin de reducir la movilidad de la población en el contexto de la lucha contra el COVID-19.

---

68 FJ 1 STSJ de Aragón 497/200, de 30 de octubre (núm. rec. 474/2020 y [*Tol 8183037*]). En relación con la afección al derecho a la vida, la STS de 218/2021, de 18 de febrero (núm. rec. 105/2020 y [*Tol 8329371*]) negó la afección de este derecho fundamental en atención a «las muy difíciles circunstancias que se dieron en los momentos iniciales de la crisis sanitaria para proveerse de las suficientes medidas de protección» (FJ 8.2).

69 Fallo de la STSJ del País Vasco 257/2022, de 9 de febrero (núm. rec. 76/2021 y [*Tol 8490529*]).

VII. LA EXIGENCIA DE RESPONSABILIDAD PENAL DERIVADA DE LA APLICACIÓN DE MEDIDAS SANITARIAS

Algunos padres y madres de los jóvenes que habían viajado a la Isla de Mallorca en el origen de lo que luego se conocería en todo el territorio nacional como «la quinta ola» de la COVID, se querellaron contra directora general de Salud Pública y Participación.

En este sentido, sostuvieron que el aislamiento preventivo fue constitutivo, por un lado, de un delito de detención ilegal, y otro lado, de un delito de prevaricación. A tal efecto, alegaron que la libertad individual de los aislados estaba por encima del riesgo cierto para la salud pública que representaban. Dicho sea de paso, gracias a la salida de quienes se negaron al aislamiento, el riesgo se convirtió, lamentablemente, en combustible innegable para la expansión de la denominada «quinta ola».

Sea como fuere, analicemos los delitos que se le imputan a quien tomó la decisión controvertida:

1) Análisis del delito de prevaricación

El delito de prevaricación, tipificado en el art. 404 CP, castiga a la «autoridad o funcionario público que, a sabiendas de su injusticia, dictare una resolución arbitraria en un asunto administrativo». Este tipo penal tutela el recto y normal funcionamiento de la Administración Pública, reprimiendo conductas contrarias a la consecución del interés general y el pleno de aquella a la ley y al derecho (art. 103 a 106 CE).

Para que una conducta sea constitutiva de prevaricación, la Sala Segunda del TS viene exigiendo que la resolución en que se materializa sea contraria a Derecho de manera patente, grosera e indudable. Por ello, no toda resolución contraria a derecho —ya sea nula de pleno derecho, ya sea anulable— integra el tipo.

Como señala, entre otras, la STS de 8 de julio de 2013, en «cualquier acto administrativo que, procedente de una autoridad o funcionario público, suponga una declaración de voluntad de contenido decisorio que afecte a los derechos de los ciudadanos por su contenido ejecutivo»[70].

---

[70] FJ 10 STS 605/2013, de 8 de julio (núm. rec. 1325/2012 y [*Tol 3852152*]). En sentido análogo también se pronuncian las SSTS 629/2013, de 19 de julio (núm.

En esto última radica el plus de antijuridicidad: en que la decisión no sea en modo alguno defendible con argumentos jurídicos razonables. Por eso debe poder concluirse que deriva de la exclusiva voluntad y del capricho de quien la adopta lo que entraña que el autor actúe a sabiendas de la injusticia de la resolución.

Como ha señalado la Audiencia Provincial de las Illes Balerars de 27 de enero de 2020, «pero aún si se considerase que el informe encierra una resolución (desestimar la denuncia) lo que tampoco se acredita es que sea grosera y abiertamente contraria a Derecho. Lo explica el Juzgado a quo advirtiendo de la complejidad de la materia»[71].

Expuesto lo anterior, las decisiones de la directora general de Salud Pública y Participación no fueron constitutivas de delito de prevaricación, por lo siguiente:

i. Se trató de una resolución dictada tras la valoración de los intereses en juego, ante una actitud entorpecedora, y en base a los informes epidemiológicos que obraban en el expediente administrativo.
ii. No existió, con posterioridad a la presentación de la denuncia y la aportación de la prueba documental pública, informe técnico alguno que se manifieste en contra de la valoración de dichos documentos.
iii. No existió motivación técnica razonada alguna que explicitase, expresase o indicase la incorrección de la valoración que llevó a cabo la Dirección General de Salud Pública y Participación.

En nuestra opinión, analizados los hechos desde el tamiz del art. 404 CP, no es posible mantener la comisión de un delito de prevaricación, porque la resolución de la directora general de Salud Pública y Participación, de 27 de junio de 2021, ni fue arbitraria, porque se basó en informes técnicos, ni se dictó a sabiendas de su ilegalidad.

Es más, posteriormente, la STSJ de las Illes Balears de 17 de septiembre de 2021 lo recoge así en su parte expositiva y revoca el Auto de 30 de junio de 2021. De esta manera, acogió la tesis de la Administración de la Comunidad Autónoma de las Illes Balears expuesta anteriormente. A partir de

---

rec. 261/2013 y [*Tol 3888033*]), 657/2013, de 15 de julio (núm. rec. 1216/2012 y [*Tol 3852259*]) y 18/2014, de 23 de enero (núm. rec. 125/2013 y [*Tol 4100925*])

71 A de la Audiencia Provincial de les Illes Balears 65/2020, de 27 de enero, confirmatorio del auto del juzgado de instrucción *a quo* que había acordado el sobreseimiento libre.

las razones expuestas en la resolución de 27 de junio de 2021, consideró que concurrían indicios racionales de peligro para la salud de la población ante una enfermedad contagiosa.

En definitiva, no concurrieron los requisitos del tipo de prevaricación del art. 404 CP, porque no es que la resolución no fuera grosera e indudable ilegal, sino que la misma no adoleció de ningún vicio de nulidad o anulabilidad.

2) *Análisis del delito de detención ilegal*

El art. 167.2 CP castiga al «funcionario público o autoridad que, mediando o no causa por delito, acordare, practicare o prolongare la privación de libertad de cualquiera y que no reconociese dicha privación de libertad».

La resolución de 27 de junio de 2021, de la directora general de Salud Pública y Participación, acordando el aislamiento preventivo en base a criterios sanitarios, y ratificada dicha medida por la jurisdicción contencioso-administrativa —que es la competente para ello— no se cumple ninguno de los requisitos del delito de detención ilegal. Y esta afirmación no se vería enervada por un hipotético triunfo de las tesis del Ministerio Fiscal en la casación ordinaria que ha interpuesto contra la STSJ de las Illeas Balears de 17 de septiembre de 2021:

Como concluyó la STSJ de las Illes Balears de 17 de septiembre de 2021, la cuarentena y el confinamiento son deberes establecidos en el art. 49 bis de la Ley 16/2010, de 28 de diciembre, de salud pública de las Illes Balears, en la redacción dada por el Decreto-ley 5/2021, de 7 de mayo. Por esta razón entendemos que no concurrieron los requisitos del delito de detención ilegal del art. 167.2 CP.

Así lo entendió el auto del Juzgado de Instrucción núm. 12 de Palma de Mallorca, de 8 de diciembre de 2021, al decretar el sobreseimiento libre: por un lado, por no concurrir ninguno de los elementos del tipo de la prevaricación; y por otro, porque el delito de detención ilegal exige la privación de libertad tenga su origen en un abuso de autoridad.

A lo anterior debe añadirse que, atendiendo al carácter fragmentario del Derecho penal, incluso si la resolución hubiese sido contraria a derecho, de ello no se derivaría sin más la comisión de los delitos de prevaricación y detención ilegal. En este sentido hay que destacar que los interesados podían recurrir —y así lo hicieron— la resolución por la que se acordaba su confinamiento. De esta manera la vía penal debe reservarse para castigar los ataques más graves a los bienes jurídicos protegidos de cada uno de los tipos.

VIII. EL DENOMINADO «PASAPORTE COVID» Y LAS RECLAMACIONES BASADAS EN LA LEY ORGÁNICA DE PROTECCIÓN DE DATOS

Cuando la isla de Mallorca se encontraba en el nivel de alerta sanitaria, decretada por el Gobierno de las Illes Balears, mientras estuvo vigente, el acceso al interior de los locales y establecimientos cerrados por personas mayores de 12 años, se supeditó a la exhibición de una certificación que acreditase:

i. La pauta completa de una vacuna contra la COVID-19.

   A estos efectos, se consideró cumplido dicho requisito transcurridos 14 días desde la segunda dosis o dosis única en el caso de vacunas monodosis.

ii. La prueba diagnóstica de infección activa (PDIA) en una de las siguientes modalidades: PRC (reacción en cadena de la polimerasa), TMA (amplificación mediada por transcripción) o PRAg negativa.

Sobre este particular, aunque referida a medida análoga acordada en Galicia, tuvo que pronunciarse la STS de 14 de noviembre de 2021[72]. En esta sentencia se ponderó la afección del derecho a la igualdad del art. 14 CE en relación con los derechos a la intimidad y a la protección de datos, de los arts. 18.1 y 18 CE, por un lado, y los derechos a la vida y la integridad física, del art. 15 CE, por otro.

A juicio de la STS de 14 de noviembre de 2021:

i. El art. 3 LOMESP, en relación con la LGS y la LGSP, amparan a las medidas y normas urgentes y necesarias para la salud pública, que adopten las autoridades sanitarias e impliquen la limitación o restricción de derechos fundamentales.

[72] La STS 1112/2021 (núm. rec. 5909/2921 y [*Tol 8587777*]), revocó el ATSJ de Galicia 97/2021, de 20 de agosto, por el que anuló parcialmente que anulaba la orden de 13 de agosto de 2021, de la Consellería de Sanidad, en lo referente a la exhibición de documentación para el acceso a determinados establecimientos.

ii. La restricción o limitación de los derechos fundamentales de los arts. 14 a 29 CE no requiere ineluctablemente de la aprobación de una ley orgánica de cobertura. Ello sólo es necesario cuando la restricción —o cualquier otra previsión normativa— implique desarrollo del derecho fundamental de que se trate.

A efectos del art. 81 CE, por «desarrollo» debe entenderse tanto la regulación de conjunto del derecho fundamental, como cualquier otra que incida en elementos básicos, nucleares o consustanciales del mismo, el respeto al contenido esencial.

De este modo, las medidas sanitarias que supongan restricción o limitación de algún derecho fundamental solo precisaran de ley orgánica cuando tales medidas afecten a algún elemento básico, nuclear o consustancial.

Este juicio, solo puede verificarse examinando cada medida que prevea la restricción de un derecho fundamental; nunca de antemano según un criterio estandarizado, pretendidamente válido para cualquier derecho, cualquier restricción y cualquier situación.

iii. Los derechos fundamentales, como cualquier derecho subjetivo, no son absolutos ni ilimitados. Su limitación resulta precisa para la pacífica coexistencia con los demás derechos fundamentales y con los bienes constitucionalmente protegidos que se traducen.

A partir de aquí, consideró que la exhibición del «pasaporte Covid» constituía una «tenue limitación» del derecho a la igualdad (art. 14 CE) en relación con la intimidad (art. 18.1 CE).

En cambio, no apreció limitación alguna del derecho a la protección de datos, porque las Administraciones sanitarias pueden acceder a los datos identificativos de pacientes por razones epidemiológicas o de protección de la salud pública, aunque el acceso deba realizarse con sujeción a determinadas prevenciones. Así lo contempla el art. 16.3 de la Ley 41/2002, de 14 de noviembre, básica reguladora de la autonomía del paciente y de derechos y obligaciones en materia de información y documentación clínica (LAP)[73].

[73] Art. 16. 3 LAP. Usos de la historia clínica. «El acceso a la historia clínica con fines judiciales, epidemiológicos, de salud pública, de investigación o de docencia, se rige por lo dispuesto en la legislación vigente en materia de protección de datos personales, y en la Ley 14/1986, de 25 de abril, General de Sanidad, y demás normas de aplicación en cada caso. El acceso a la historia clínica con estos fines

En relación con la protección de datos, el TS sostuvo que no suponía un vulneración del art. 18.4 CE, porque el «pasaporte Covid» únicamente implicaba la «mera exhibición, es decir, enseñar o mostrar la documentación. Sin que, desde luego, *pudieran* recogerse los datos de los asistentes a tales locales»[74]. En definitiva, ni se transmitía mediante el certificado dato sanitario alguno al personal especialmente protegido, ni el establecimien-

---

obliga a preservar los datos de identificación personal del paciente, separados de los de carácter clínico-asistencial, de manera que, como regla general, quede asegurado el anonimato, salvo que el propio paciente haya dado su consentimiento para no separarlos. Se exceptúan los supuestos de investigación previstos en el apartado 2 de la Disposición adicional decimoséptima de la Ley Orgánica de Protección de Datos Personales y Garantía de los Derechos Digitales. Asimismo, se exceptúan los supuestos de investigación de la autoridad judicial en los que se considere imprescindible la unificación de los datos identificativos con los clínico-asistenciales, en los cuales se estará a lo que dispongan los jueces y tribunales en el proceso correspondiente. El acceso a los datos y documentos de la historia clínica queda limitado estrictamente a los fines específicos de cada caso. Cuando ello sea necesario para la prevención de un riesgo o peligro grave para la salud de la población, las Administraciones sanitarias a las que se refiere la Ley 33/2011, de 4 de octubre, General de Salud Pública, podrán acceder a los datos identificativos de los pacientes por razones epidemiológicas o de protección de la salud pública. El acceso habrá de realizarse, en todo caso, por un profesional sanitario sujeto al secreto profesional o por otra persona sujeta, asimismo, a una obligación equivalente de secreto, previa motivación por parte de la Administración que solicitase el acceso a los datos cuando ello sea necesario para la prevención de un riesgo o peligro grave para la salud de la población, las Administraciones sanitarias a las que se refiere la Ley 33/2011, de 4 de octubre, General de Salud Pública, podrán acceder a los datos identificativos de los pacientes por razones epidemiológicas o de protección de la salud pública. El acceso habrá de realizarse, en todo caso, por un profesional sanitario sujeto al secreto profesional o por otra persona sujeta, asimismo, a una obligación equivalente de secreto, previa motivación por parte de la Administración que solicitase el acceso a los datos».

74 Para el TS, el «derecho fundamental a la protección de datos no se aprecia limitación alguna, cuando lo que se establece, para entrar en el interior de un determinado establecimiento, es la mera exhibición, es decir, enseñar o mostrar la documentación en cualquiera de las tres modalidades exigida. Sin que, desde luego, puedan recogerse los datos de los asistentes a tales locales, ni pueda elaborarse un fichero, ni hacer un tratamiento informático al respecto. Pues nada de esto se permite en la citada Orden que impone la medida. Al contrario, en la misma se advierte que se trata de "la exhibición" de dichos certificados en "el momento de acceso" al local, y expresamente establece una prohibición, pues "no se conservarán esos datos ni se crearán ficheros con ellos". De modo que no concurre limitación alguna de este derecho fundamental».

to sabía en qué situación concreta se encontraba cada persona que accedía a su interior.

Aún es más, según dijeran, los AATSJ de las Illes Balears de 1 de octubre de 2021, 3 de noviembre, 1, 16 y 28 de diciembre de 2021, respecto de la exhibición del «pasaporte Covid», «no parece coherente que el derecho a la intimidad deba ceder frente a bienes jurídicamente protegidos como las investigaciones de la inspección tributaria (STC 110/1984, de 26 de noviembre), o la investigación de la paternidad (STC 7/1994, 17 de enero), y sin embargo haya de resultar preferente y prevalente frente a circunstancias tan graves y desoladoras para la vida y la salud pública como las que acarrea la Covid-19»[75].

Además, el TSJ de las Illes Balears tampoco apreció limitación alguna del derecho a la protección de datos, por cuanto lo que se establece para entrar en el interior de un determinado establecimiento es la mera exhibición. Con esta «consulta», obviamente, «no puede elaborarse un fichero, ni hacer un tratamiento informático al respecto; al contrario, la exhibición de dichos certificados se realizan en "el momento de acceso" al local, y expresamente se establece una prohibición, pues "no se conservarán esos datos ni se crearán ficheros con ellos"».

Bibliografía

ALONSO GARCÍA, Mª Consuelo (2013): «La responsabilidad patrimonial del Estado legislador», en QUINTANA VÁZQUEZ, Tomás (dir.) y CASARES MARCOS, Anabelén (coord.), *La responsabilidad patrimonial de la Administración Pública,* Tirant lo Blanch, Valencia

BLANQUER CRIADO, David (1997): *La responsabilidad patrimonial de las Administraciones Públicas. Ponencia especial de estudios del Consejo de Estado,* Instituto Nacional de Administración Pública, Madrid

BLANQUER CRIADO, David (2020): La responsabilidad patrimonial en tiempos de pandemia (los poderes públicos y los daños por la crisis de la COVID-19, Tirant lo Blanch, Valencia

DOMÉNECH PASCUAL, Gabriel (2021): «Dogmatismo contra pragmatismo. Dos maneras de ver las restricciones de derechos fundamentales impuestas con ocasión de la COVID-19», *InDret,* núm. 4

GARRIDO MAYOL, Vicente (2004): *La responsabilidad patrimonial del estado. Especial referencia a la responsabilidad del estado legislador,* Tirant lo Blanch, Valencia

75 AATSJ de las Illes Balears, de 1 de octubre, 355/2021, de 3 de noviembre, 382/2021, de 1 de diciembre, 397/2021, de 16 de diciembre y 411/2021, de 28 de diciembre.

GARRIDO MAYOL, Vicente (2024): «La responsabilidad patrimonial como consecuencia de la crisis sanitaria por el Covid-19», en GARRIDO MAYOL, Vicente y MARTÍNEZ OTERO, Juan María (dirs.), en *Estado autonómico y derechos fundamentales en la era post-coronavirus*, Tirant lo Blanch, Valencia

LEGUINA VILLA, Jesús y SÁNCHEZ MORÓN, Miguel (1993): *La nueva Ley de Régimen Jurídico de las Administraciones Públicas y de Procedimiento Administrativo Común: La responsabilidad patrimonial de la Administración, de sus autoridades y del personal a su servicio*, Tecnos, Madrid

MANENT ALONSO, Luis, ZAMORA ZARAGOZA, Francisco José y TAJUELO CASTILLA, Alicia (2021): «Servicios Sociales», en DE LA CRUZ LÓPEZ, Pablo y MOLL FERNÁNDEZ-FIGARES, Luis (dirs.), *Responsabilidad Patrimonial en el ámbito de la* Sanidad, S. Responsabilidad patrimonial y COVID-19 en los distintos sectores de la actividad, Lefebvre, Madrid

VEGA LABELLA, José Ignacio (2020): «Principales medidas adoptadas tras la declaración del estado de alarma», en ALONSO TIMÓN, Antonio Jesús (coord.), *Visión crítica de la gestión del COVID-19 por la Administración*, Madrid, Lefebvre

SANTAMARÍA PASTOR, Juan Alfonso (2016): Principios de Derecho Administrativo General, Iustel, Madrid (4ª ed.)

ANEXO I

Fundamento jurídico 11 sentencia del Tribunal Constitucional de 14 de julio de 2021

«Examinadas pues sucesivamente las diversas alegaciones de inconstitucionalidad formuladas en la demanda, resta determinar el alcance preciso de la controversia y, con ello, los efectos de esta sentencia.

A tal efecto, no cabe ignorar que, como señaláramos en su día (ATC 40/2020, FFJJ 2 y 4), esta es “la primera vez que nuestra actual democracia se ha visto en la necesidad de enfrentarse ante un desafío de esta magnitud y de poner en marcha los mecanismos precisos para hacer… frente” a “esta pandemia, de dimensiones desconocidas… y, desde luego, imprevisibles cuando el legislador articuló la declaración de los estados excepcionales en el año 1981”. Esta circunstancia “ha puesto a prueba a las instituciones democráticas y a la propia sociedad y los ciudadanos”, planteando “una cuestión jurídica de relevante y general repercusión social o económica”, que hace “importante el pronunciamiento de este Tribunal… llevando a cabo un análisis de los contenidos del RD de declaración del estado de alarma y de su alcance desde la perspectiva constitucional, especialmente en cuanto al ejercicio de los derechos fundamentales, ya que puede establecer pautas importantes en la interpretación y aplicación de las distintas previsiones de aquella norma, en tanto que intérprete supremo de la normal fundamental, que resulten provechosas para el conjunto de la sociedad. Lo que también se puede traducir en la enunciación de criterios de actuación" para el futuro.

Similar planteamiento parece resultar, como se ha puesto de manifiesto anteriormente, del escrito de demanda: los recurrentes no discuten "la concurrencia… del presupuesto que permite la declaración del estado de alarma"; y "son conscientes de la grave situación creada por la pandemia… y de la necesidad de adoptar medidas que contribuyan a preservar la salud y seguridad de los ciudadanos". Es más: admiten explícitamente que alguna de las medidas que impugnan "muy posiblemente fuese necesaria". Su argumentación se centra, pues, no en las medidas en sí y en su eventual necesidad en una situación que —se reconoce— "habilita para la declaración del estado de alarma", sino en su consideración de que algunas de ellas, aunque posiblemente necesarias, supondrían una suspensión de derechos constitucionales y, por tanto, excederían el marco permitido por la configuración constitucional del estado de alarma. En definitiva, su iniciativa se justifica por "el convencimiento de que, a la excepcionalidad de la situación, sólo puede hacérsele frente dentro de los mecanismos constitucionales y no al margen de los mismos"; acto seguido plantea, genéricamente, la relación entre "estado de alarma" y "suspensión de derechos"; y a partir de ahí, como se ha razonado previamente, los específicos límites a la restricción de derechos permitidos por dicho estado de alarma.

Desde ese punto de vista, y como ya se ha dicho anteriormente, la Constitución no perfila en particular la distinción sustancial entre estado de alarma y estado de excepción más allá de permitir, en su art. 55.1, la suspensión de ciertos derechos en este último, excluyéndolos a sensu contrario en toda otra circunstancia (incluyendo, por tanto, durante un estado de alarma) y remitiéndose en lo demás a la ley orgánica de desarrollo (LOAES). Por tanto, una vez apreciada la existencia de tal suspensión y la ausencia de cobertura legal suficiente, la conclusión no puede ser otra que la declaración de inconstitucionalidad señalada en nuestro FJ 5 respecto de los apartados 1, 3 y 5 del art. 7 de la disposición impugnada.

Ello no obstante, tanto la demanda como la mayor parte de la doctrina (y, en el seno de este proceso, la Abogacía del Estado) han subrayado que, según resulta de los debates constituyentes, tal diferencia no responde sólo a un criterio gradual, de distinta intensidad; sino que se fundamenta en la distinta naturaleza de los presupuestos de hecho que provocan la declaración del estado constitucionalmente adecuado. Frente a quienes proponían, como ya se ha dicho, eliminar esta figura de la Constitución porque podría servir "para limitar derechos sin decirlo" ("Diario de sesiones del Congreso de los Diputados. Comisión de asuntos constitucionales y libertades públicas"; número 84, sesión número 17, de 8 de jimio de 1978, pág. 3074), se impuso la tesis de que "el estado de alarma… no es una figura política, es la forma de capacitar al Gobierno, a todo Gobierno, para una rápida reacción ante catástrofes naturales o tecnológicas. La afirmación de que el estado de alarma no es un hecho político no procede de una interpretación personalista o de partido, sino de la contemplación del conjunto de la Constitución" ("Diario de sesiones del Congreso de los Diputados", número 109, sesión plenaria número 38, de 13 de julio de 1978, págs. 4238). Esta interpretación "originalista" parece reforzada, en lo que ahora nos ocupa, por la literalidad del art. 4.b) de la LO 4/1981 (y por los debates parlamentarios sobre la misma), cuando autoriza al Gobierno para "declarar el estado de alarma, en todo o parte del territorio nacional", si se producen, entre otras "alteraciones graves de la normalidad" posibles, "crisis sanitarias, tales como epidemias y situaciones de contaminación graves."

Tal interpretación responde a la desconfianza ante la posibilidad de que el poder pudiera recurrir al estado de alarma para restringir indebidamente los derechos que la Constitución reconocía. Una desconfianza enteramente lógica en el contexto histórico de la transición española a la democracia, que llevó a subrayar explícitamente (en los debates y en la letra de la ley) la naturaleza no política de este estado, vinculándolo a supuestos de hecho carentes de dimensión política propia (catástrofes naturales, accidentes de gran magnitud, epidemias…). Sin embargo, esa interpretación parece asumir también, al mismo tiempo y "a contrario", algo que los debates no revelan: el rechazo tajante a que ciertas situaciones excepcionales provoquen una respuesta excepcional, que exceda las (voluntaria y expresamente limitadas) posibilidades que otorga el estado de alarma, hasta alcanzar a la suspensión de derechos. Por eso, el debate se centra en la limitación de los efectos de la alarma, mucho más que en el alcance —potencialmente suspensivo— de los otros estados, excepción o sitio, cuya aceptación apenas se discute.

En cualquier caso, esa interpretación (que la Constitución no incorporó expresamente, aun pudiendo hacerlo) excluiría radicalmente la posibilidad de que una epidemia, por grave que resulte, habilite al Gobierno para declarar otro estado que no sea el de alarma. Le impediría, por tanto, adoptar medidas que comporten la suspensión de otros derechos, como los aquí discutidos, más allá de los supuestos expresamente previstos en la normativa sanitaria "ordinaria" relativa a la lucha contra las enfermedades infecciosas, ex art. 12.1 LOAES. Dicha suspensión sí sería posible en caso de declararse un estado de excepción, pero conforme a esta interpretación sería necesaria una reforma normativa de alcance a fin de admitir las crisis sanitarias o epidemias graves como supuestos de hecho habilitadores para una declaración del estado de excepción. Sólo así, pues, podría una epidemia —por grave que pueda ser— justificar la suspensión (en los términos anteriormente utilizados en el FJ 5) de la libertad deambulatoria con carácter general.

Obviamente, solo el legislador democrático puede adoptar tales reformas normativas que, por otra parte, han recomendado recientemente órganos como el Consejo de Estado (Dictamen 213/2021, de 22 de marzo), y el Tribunal Supremo [Sentencia 719/2021, de 24 de mayo, fundamento cuarto, letra D)]; y es claro que "no corresponde a este Tribunal interferirse en el margen de apreciación" que sólo aquel tiene atribuido [SSTC 8/2015, de 22 de enero, FJ 2, g); y 17/2013, de 31 de enero, FJ 11]. Pero, conforme a la condición de "intérprete supremo de la Constitución" que le atribuye el art. 1 de su Ley Orgánica 2/1979, de 3 de octubre, sí le compete "dota[r] a las normas de un contenido que permita leer el texto constitucional a la luz de los problemas contemporáneos, y de las exigencias... a que debe dar respuesta la norma fundamental del ordenamiento jurídico a riesgo, en caso contrario, de convertirse en letra muerta" (STC 198/2012, de 6 de noviembre, FJ 9). No es pues preciso forzar el razonamiento constitucional para afirmar, como allí mismo se hacía, la necesidad "de una interpretación evolutiva [de la Norma Fundamental que] se acomoda a las realidades de la vida... como medio para asegurar su propia relevancia y legitimidad", por lo que no basta una "interpretación... originalista de los textos jurídicos", sino que es igualmente precisa "la observación de la realidad social jurídicamente relevante, sin que esto signifique otorgar fuerza normativa directa a lo fáctico".

En tal sentido, parece también posible una interpretación integradora que permita justificar la adopción de medidas tan intensas como las que amparan los Reales Decretos impugnados en tanto lo que se cuestiona no es, ha de reiterarse, las medidas en sí, sino su adecuación al estado de alarma declarado. En efecto, como también se ha recordado, ya nuestro ATC 40/2020 (FFJJ 2 y 4) subrayaba que los distintos estados previstos en el art. 116 comportan —al margen de las específicas circunstancias que los justifiquen— un distinto grado de intensidad en cuanto a las medidas adoptadas; y basta una lectura de la ley para comprobar que tales estados no constituyen "compartimentos estancos e impermeables", en tanto la propia norma prevé la concurrencia de circunstancias habilitantes para declarar distintos estados, que justifican la ampliación de las medidas disponibles (art. 28: "cuando la alteración del orden publico haya dado lugar a alguna de las circunstancias especificadas en el art. cuarto o coincida con ellas, el gobierno podrá adoptar además de las medidas propias del estado de excepción, las previstas para el estado de alarma en la presente ley").

Es más: esta interpretación integradora, capaz de superar una distinción radical entre tales circunstancias habilitantes ("naturales o tecnológicas", para la alarma; políticas o sociales, para la excepción) se manifestó ya implícitamente con ocasión del RD 1673/2010, de 4 de diciembre, por el que se declara el estado de alarma para la normalización del servicio público esencial del transporte aéreo. En efecto, dicha declaración se justificó por "las circunstancias extraordinarias que concurren por el cierre del espacio aéreo español como consecuencia de la situación desencadenada por el abandono de sus obligaciones por parte de los controladores civiles de tránsito aéreo", que "impiden el ejercicio del derecho fundamental" a la libre circulación por todo el territorio nacional, "y determinan la paralización de un servicio público esencial para la sociedad como lo es el servicio de transporte aéreo". Dichas circunstancias constituían, según afirmaba el RD, "una calamidad pública de enorme magnitud por el muy elevado número de ciudadanos afectados, la entidad de los derechos conculcados y la gravedad de los perjuicios causados", lo que permitió la declaración del estado de alarma.

En aquel caso, las medidas —frente a un conflicto claramente laboral y social— fueron "relativamente" modestas, aunque incisivas: "se encomendaron transitoriamente al Ministerio de Defensa las facultades de control de tránsito aéreo atribuidas a... AENA", y los controladores "pasaron a tener, durante la vigencia del estado de alarma, la consideración de personal militar, sometidos, en consecuencia, a las autoridades... y a las leyes penales y disciplinarias militares" (STC 83/2016, de 28 de abril, Antecedente 2). Como es bien sabido, esas medidas solo fueron impugnadas indirectamente a través del recluso de amparo resuelto por dicha sentencia, que no hubo de pronunciarse sobre este aspecto concreto.

Y esa interpretación integradora se plantea también, a nuestro juicio, en el supuesto ahora debatido. En efecto, y aunque algunos sectores doctrinales pusieron de manifiesto desde el primer momento que la gravedad de la crisis hubiera podido justificar la declaración del estado de excepción, lo cierto es que la epidemia —o pandemia, por mejor decir— que inicialmente justificó siguiendo la interpretación ("originaria", estricta y mayoritaria) de la ley, la declaración del estado de alarma, alcanzó rápidamente, como señalábamos en el Auto anteriormente citado (FJ 4.b.ii), dimensiones "desconocidas y, desde luego, imprevisibles" Así resulta claramente de los debates constituyentes y de los trabajos legislativos que configuraron el régimen vigente en esta materia, en los cuales no parece contemplarse una situación tan excepcional por su generalidad y su gravedad como la que actualmente ha de afrontarse. Estas dimensiones, desconocidas e imprevisibles, llevaron a la autoridad competente a una respuesta imprevista, declarando el estado de alarma (único disponible, según la interpretación "originalista" y mayoritaria en la doctrina), si bien incluyendo medidas que en el curso de este proceso se discuten esencialmente por su cuestionable adecuación a dicho estado. Medidas que —no es ocioso recordarlo— son en gran parte similares a las adoptadas por otros países cercanos al nuestro, por más que las diferencias estructurales existentes entre los diversos ordenamientos hayan generado, lógicamente, controversias formuladas en distintos términos.

Ahora bien: es cierto que el legislador de 1981 incluyó, a título de ejemplo, en el art. 4 de la LOAES una serie de circunstancias fácticas como causas que legitimaban la declaración del estado de alarma (catástrofes naturales, crisis sanitarias, paralización de servicios públicos, desabastecimientos), y que todas ellas tienen en común —en línea con los argumentos expuestos en los debates constituyentes— la ausencia de motivación política. Pero no lo es menos que, al prever en el art. 13.1 las circunstancias justificativas de la declaración del estado de excepción, el mismo legislador omite cualquier referencia a las motivaciones, centrándose en los efectos perturbadores provocados en la sociedad para invocar dicho estado como respuesta ante situaciones en que "el libre ejercicio de los derechos y libertades de los ciudadanos, el normal funcionamiento de las instituciones democráticas, el de los servicios públicos esenciales para la comunidad, o cualquier otro aspecto del orden público, resulten tan gravemente alterados que el ejercicio de las potestades ordinarias fuera insuficiente para restablecerlo y mantenerlo".

Así las cosas, resulta claro que, aunque la causa primera de la perturbación sea una epidemia (lo que sin duda justifica el recurso al estado de alarma ex art. 4.b LOAES), la situación que el poder público debía afrontar se ajustaba también a los efectos perturbadores que justificarían la declaración de un "estado de excepción". Cuando una circunstancia natural, como es una epidemia, alcanza esas "dimensiones desconocidas y, desde luego, imprevisibles" para el legislador a que aludíamos en nuestro reiterado ATC 40/2020, puede decir se que lo cuantitativo deviene cualitativo: lo relevante pasan a ser los efectos, y no su causa Como apunta el Tribunal Europeo de Derechos Humanos en su mencionada Decisión de 20 de mayo de 2021 (Terhes c. Rumania), "no cabe duda de que la pandemia de la COVID-19 puede tener efectos muy graves no solo para la salud, sino también para la sociedad, la economía, el funcionamiento del Estado y la vida en general" (§ 39). Citando la gravedad y extensión de la epidemia imposibilitan un normal ejercicio de los derechos, impiden un normal funcionamiento de las instituciones democráticas; saturan los servicios sanitarios (hasta temer por su capacidad de afrontar la crisis) y no permiten mantener con normalidad ni las actividades educativas ni las de casi cualquier otra naturaleza, es difícil argüir que el orden público constitucional (en un sentido amplio, comprensivo no sólo de elementos políticos, sino también del normal desarrollo de los aspectos más básicos de la vida social y económica) no se ve afectado; y su grave alteración podría legitimar la declaración del estado de excepción. Otra cosa implicaría aceptar el fracaso del Estado de derecho, maniatado e incapaz de encontrar una respuesta ante situaciones de tal gravedad.

En definitiva, tal situación hubiera permitido justificar la declaración de un estado de excepción atendiendo a las circunstancias realmente existentes, más que a la causa primera de las mismas; legitimando, con ello, incluso la adopción de medidas que impliquen una limitación radical o extrema (suspensión, en los términos razonados en el FJ 5) de los derechos aquí considerados. Lo cual hubiera exigido la "previa autorización del Congreso de los Diputados" prevista en el art. 116.3.

Una opción diferente llevaría a desfigurar la apuntada distinción constitucional. En efecto, si, en cuanto a sus causas, la alarma sirve tanto para resolver conflictos "político-sociales" (como el de los controladores, militarizando su organización y su estatuto jurídico); como para afrontar circunstancias naturales, como una epidemia, "de dimensiones desconocidas y, desde luego, imprevisibles"; y si, en cuanto a sus efectos, permite confinar a los ciudadanos y restringir la actividad de los comercios, escuelas e industrias, vaciando de contenido algunos derechos para gran parte —la mayoría— de la población, porque no existe una suspensión formal, sino una mera limitación, por intensa que sea, se estaría violentando la distinción constitucional y convirtiendo la alarma en un sucedáneo de la excepción, pero no sometida a la "previa autorización" parlamentaria. Se estaría, en otros términos, utilizando la alarma, como temían algunos constituyentes, "para limitar derechos sin decirlo", esto es, sin previa discusión y autorización de la representación popular, y con menos condicionantes de duración.

Apreciadas todas estas circunstancias, este Tribunal debe limitarse a constatar que las constricciones extraordinarias de la libertad de circulación por el territorio nacional que impuso el art. 7 (apartados 1, 3 y 5) del RD 463/2020, por más que se orienten a la protección de valores e intereses constitucionalmente relevantes, y se ajusten a las medidas recomendadas por la Organización Mundial de la Salud en su documento "Actualización de la estrategia frente a la COVID-19" (14 de abril de 2020), exceden el alcance que al estado de alarma reconocen la Constitución y la Ley Orgánica a la que remite el art. 116.1 CE (LOAES).

En ese contexto, parece necesario finalmente precisar el alcance de nuestra declaración de inconstitucionalidad, modulando los efectos de la declaración de nulidad:

a) Deben declararse no susceptibles de ser revisados como consecuencia de la nulidad que en esta sentencia se declara, no sólo los procesos conclusos mediante sentencia con fuerza de cosa juzgada [así establecido en los arts. 161.1.a) CE y 40.1 LOTC] o las situaciones decididas mediante actuaciones administrativas firmes (según criterio que venimos aplicando desde la STC 45/1989, de 20 de febrero, por razones de seguridad jurídica ex art. 9.3 CE), sino tampoco las demás situaciones jurídicas generadas por la aplicación de los preceptos anulados.

Y ello porque la inconstitucionalidad parcial del RD 463/2020, de 14 de marzo, no deriva del contenido material de las medidas adoptadas, cuya necesidad, idoneidad y proporcionalidad hemos aceptado, sino del instrumento jurídico a través del cual se llevó a cabo la suspensión de ciertos derechos fundamentales. A lo cual se añade que habiendo afectado la suspensión a la generalidad de la población, no resulta justificado que puedan atenderse pretensiones singulares de revisión fundadas exclusivamente en la inconstitucionalidad apreciada, cuando no concurran otros motivos de antijuridicidad. Entenderlo de otro modo pugnaría no sólo con el principio constitucional de seguridad jurídica (art. 9.3 CE) sino también con el de igualdad (art. 14 CE).

b) Por el contrario, sí es posible la revisión expresamente prevista en el art. 40.1 in fine LOTC, esto es, "en el caso de los procesos penales o contencioso-administrativos referentes a un procedimiento sancionador en que, como consecuencia de la nulidad de la norma aplicada, resulte una reducción de la pena o de la sanción o una exclusión, exención o limitación de la responsabilidad". Esta excepción viene impuesta por el art. 25.1 CE, pues estando vedada la sanción penal o administrativa por hechos que en el momento de su comisión no constituyan delito, falta o infracción administrativa, el mantenimiento de la sanción penal o administrativa que traiga causa de una disposición declarada nula vulneraría el derecho a la legalidad penal consagrado en el indicado precepto constitucional.

c) Por último, al tratarse de medidas que los ciudadanos tenían el deber jurídico de soportar, la inconstitucionalidad apreciada en esta sentencia no será por sí misma título para fundar reclamaciones de responsabilidad patrimonial de las administraciones públicas, sin perjuicio de los dispuesto en el art. 3.2 de la Ley Orgánica 4/1981, de 1 de junio, de los estados de alarma, excepción y sitio».

ANEXO II

Fundamento jurídico X de la sentencia del Tribunal Superior de Justicia de las Illas Balears de 17 de septiembre de 2021

«Los indicios racionales de existencia del peligro para la salud de la población ante una enfermedad contagiosa concurren en supuestos como el del caso. Ello es así precisamente por las razones que extensamente se expresan en la resolución de la Directora General de Salud Pública y Participación, de 27/06/2021, la cual aplica directamente la conclusión del informe técnico epidemiológico emitido el 24/06/2021 por el Centro de Coordinación de Alertas y Emergencias Sanitaria. Cabe recordar que el balance de contagios asociados a brotes de COVID 19 vinculados a viajes de fin de curso a Mallorca era de 394 casos, lo que muestra a las claras que existían indicios racionales de peligro para la salud de quienes "se hayan alojado o potencialmente hayan participado en cualquier género de actividad en coincidencia con alguno de los casi 400 casos positivos confirmados conocidos". Y esa era precisamente la circunstancia que concurría en los destinatarios de la medida.

3.- Dichos indicios racionales incluso se recogen en el Auto apelado. Concretamente, respecto a los 52 jóvenes alojados en los hoteles Bluesea Mediodía y Seramar Hotel Luna-Luna Park, que se negaron al traslado, a la realización de la prueba diagnóstica y al correspondiente aislamiento, ocurrió que, una vez gran parte de ellos se sometieron a las pruebas, resultó que hubo "30 positivos, 16 negativos y 5 que no han sido tomadas", según refleja el Auto apelado. Esto es, al tiempo de dictarse el Auto apelado ya no es que existiesen simples indicios de riesgo de contagio para el grupo de personas considerado, sino que los hechos posteriores al informe de 24/06/2021 evidenciaban que el riesgo no era ni presuntivo ni indeterminado, que es lo que sostiene el Auto apelado. **El riesgo era real y estaba acreditado.**

La decisión judicial alojada en el Auto apelado —sin disponerse de otro informe técnico que lo contradijese— contraría el informe emitido el 24/06/2021 por el Centro de Coordinación de Alertas y Emergencias Sanitarias, al que habían seguido los informes de 27/06/2021 y de 28/06/2021 antes ya mencionados, en todos los cuales, ante la imposibilidad de determinarlos con precisión, se había concluido que todas las personas que habían participado ya o que todavía estaban participando entonces en los viajes de fin de curso en la isla de Mallorca deberían ser considerados contactos estrechos, quedando así sujetos a las medidas dispuestas en la Estrategia de Detección Precoz, Vigilancia y Control de COVID-19, aprobada por la Comisión de Salud Pública del Consejo Interterritorial del Sistema Nacional de Salud.

En realidad, la decisión administrativa que no ha sido ratificada por el Auto apelado ni es escurridiza ni es imprevisible.

Sencillamente, se trata de una medida fundada y sin alternativa, la cual converge con la prescripción del informe técnico disponible y atiende directamente al principio de necesidad.

Además, la medida que no ha sido ratificada por el Auto apelado también responde al principio de corrección de los riesgos en la fuente, según el cual no basta con reparar los daños ya producidos sino que es preciso igualmente adoptar las medidas apropiadas para prevenirlos adecuadamente.

SEGUNDO.- El Auto ahora apelado no cuestiona —y en ese punto acierta— ni la competencia de la Administración actuante ni la regularidad de las invocaciones normativas alojada en la decisión cuya ratificación ha rechazado.

Lo que ocurre es que el Auto apelado afirma que la decisión de la Administración actuante no es proporcionada, extrayendo tal afirmación del juicio de que era presuntiva e indeterminada la consideración por dicha Administración actuante como contactos estrechos de todas las personas que habían participado ya o que todavía estaban participando entonces en los viajes de fin de curso en la isla de Mallorca. **Pero lo cierto es que la Administración actuante se ciñe a la aplicación directa de la conclusión del informe técnico epidemiológico disponible, es decir, la conclusión del informe emitido el 24/06/2021 por el Centro de Coordinación de Alertas y Emergencias Sanitarias, reiterada en los informes de 27/06/2021 y 28/06/2021**. Y el Auto del Juzgado realiza el juicio de rechazo de la ratificación de la decisión de la Administración actuante sin fundamento para ello porque:

1.- La Juez a quo, como nosotros mismos y, en fin, como cualquier otro Juez, carece de conocimientos epidemiológicos, y

2.- La Juez a quo tampoco disponía de ningún otro informe técnico epidemiológico que acaso desvirtuase la conclusión alcanzada en el informe técnico epidemiológico emitido el 24/06/2021 por el Centro de Coordinación de Alertas y Emergencias Sanitarias y reiterada en los informes de 27/06/2021 y 28/06/2021 anteriormente ya señalados.

Como es natural, si en lugar del procedimiento de ratificación de medidas sanitarias se tratase del proceso de impugnación en esta sede jurisdiccional de la decisión de la Administración por cualquier afectado, esa parte recurrente seguramente afrontaría la necesidad de desvirtuar la conclusión del informe técnico epidemiológico en el que se sustenta la decisión administrativa que ha rechazado ratificar el Auto apelado. En tal caso, el juicio de la Juez, de llegar a contar en ese proceso contradictorio con informes discordantes con el del Centro de Coordinación de Alertas y Emergencias Sanitarias, sí que podría concluir que con tales informes se había desvirtuado la conclusión del Centro de Coordinación de Alertas y Emergencias Sanitarias. Pero no es el caso.

Atendiendo a la doctrina de las SSTS números 719 y 788/2021, de 24/05/2021 y de 03/06/2021, cabe observar igualmente que, según ya hemos indicado en el anterior fundamento de Derecho de esta sentencia, en este caso la decisión de la Administración actuante (i) sí que señala los hechos que acreditaban en el caso el peligro grave para la salud pública derivado de la enfermedad transmisible que era preciso conjugar para preservar el derecho a la vida y a la salud de los ciudadanos, y (ii) sí que establece la extensión de ese riesgo desde el punto de vista subjetivo, espacial y temporal.

Además de idóneas, las medidas adoptadas por la Administración actuante, en tanto que carentes de alternativa, eran por tanto medidas debidamente proporcionadas.

El aislamiento, la cuarentena y el confinamiento son deberes hoy recogidos en el art. 49 bis de la Ley CAIB 16/2010, introducido por el Decreto-Ley 5/2021, de 7 de mayo (...)

Independientemente de que, según se recuerda en el recurso de apelación de que ahora tratamos, la Administración actuante ya fue juzgada por medida análoga en el Auto nº 185/2020, de 07/09/2020, dictado por el Juzgado de lo Contencioso-Administrativo nº 1 de Palma, lo más sustancial ahora es que la medida rechazada en el Auto aquí apelado tiene su origen y fundamento en el informe técnico epidemiológico emitido el 24/06/2021 por el Centro de Coordinación de Alertas y Emergencias Sanitarias, al que en el mismo sentido siguieron los informes de 27/06/2021 y 28/06/2021.

Efectivamente, la consideración por la Administración actuante como contactos estrechos de todas las personas que habían participado ya o que todavía estaban participando entonces en los viajes de fin de curso en la isla de Mallorca se basa en la conclusión del informe técnico epidemiológico de 24/06/02021, refrendado por los informes posteriores de 27/06/2021 y 28/06/2021.

En consecuencia, no cabía rechazar la ratificación de ninguna de las medidas adoptadas por la Administración actuante porque, no cuestionándose ni la competencia ni la previsión normativa de esas medidas, y no existiendo tampoco alternativa posible, en definitiva, la aplicación de dichas medidas deriva directamente de la conclusión del informe técnico epidemiológico de 24/06/02021, el cual no ha quedado desvirtuado por cualquier otro informe técnico y tampoco los órganos jurisdiccionales tienen conocimientos técnicos epidemiológicos para ello».

PARTE VI

RECLAMACIONES Y RECURSO CONTENCIOSO-ADMINISTRATIVO

Capítulo 27

El procedimiento de reclamación de responsabilidad patrimonial sanitaria

Jesús Mª García Blanco
Letrado de la Comunidad de Castilla y León
Letrado del Consejo Consultivo de Castilla y León (2007-2021)
Vocal del Tribunal Administrativo de Contratación Pública de Galicia

I. INTRODUCCIÓN

Desde el punto de vista normativo, partiendo del art. 106 de la Constitución (CE), el procedimiento para reclamar la responsabilidad patrimonial de las Administraciones Públicas (AAPP) se regula en las Leyes 39/2015, del procedimiento administrativo común de las Administraciones Públicas (LPAC) y en la Ley 40/2015, de régimen jurídico del sector público (LRJ), ambas de 1 de octubre de 2015. En concreto, los arts. 54 a 95 de la primera, relativos al procedimiento administrativo general —con las especialidades prevista en materia de la responsabilidad patrimonial—; y en los arts. 32 y siguientes de la segunda.

El procedimiento de responsabilidad patrimonial por indebida asistencia sanitaria no difiere de mucho del procedimiento previsto para cualquier otra reclamación por daños dirigida a una administración pública. Existen, no obstante, ciertas peculiaridades, las cuales ocuparán nuestra atención en las siguientes páginas.

Además de estas dos normas, básicas a los efectos que nos ocupan, hay que añadir la normativa que cada Comunidad Autónoma pueda haber adoptado sobre la materia, así como las instrucciones, que a nivel interno, se han aprobado sobre tramitación de las reclamaciones en sus respectivos territorios[1].

---

1 En la medida en que la asistencia sanitaria se encuentra transferida a las Comunidades Autónomas (CCAA), y que el número de reclamaciones son bien numerosas, las distintas Administraciones sanitarias han ido aprobando disposiciones e instrucciones relacionadas con el procedimiento, las cuales no son siempre de fácil acceso. Ahora bien, usando la terminología de buena parte de los órganos consultivos, se observa un alto grado de caracteres y «patologías» comunes en la tramitación de este tipo de procedimientos que serán objeto de nuestro análisis en el presente capítulo. Unos y otros afectan a la prueba, historia clínica, consentimiento informado, etc. Entre los caracteres comunes que merecen especial atención habría que destacar la importancia y particularidades de los informes evacuados en fase instructora, y entre las «patologías» a evitar, la tardanza en la resolución de los procedimientos más allá del máximo legal para resolver y notificar —6 meses, *ex* art. 91.3 de la LPAC—, lo que incide en la infracción de principios de buena administración como los recogidos en el artículo 3 LRJ —eficacia, eficiencia, agilidad,... entre otros— así como en el incremento del gasto público que deriva de la generación de intereses en los supuestos en que la resolución resulte finalmente estimatoria.
Junto a ello, fruto del dilatado tiempo en que lleva operando la descentralización de la competencia sanitaria en nuestro país, se pueden observar ciertas diferencias procedimentales entre la práctica administrativa de una u otra Comunidad

Complementariamente, en la medida en que la responsabilidad patrimonial sanitaria tiene que ver con la salud humana, es necesario atender a otras disposiciones dictadas más allá de la finalidad específica de regular la responsabilidad patrimonial administrativa pero que puede tener incidencia en esta[2].

Abstracción hecha de cuanto se acaba de indicar, lo cierto es que la regulación básica procedimental es la recogida en la LPAC y LRJ, con las

---

Autónoma. A título de ejemplo, la elaboración de las propuestas de resolución es encomendada en unas CCAA al personal técnico-jurídico y en otras a profesionales médicos. Otra singularidad es la creación, en algunas CCAA, de órganos especializados en valoración de daño personal. Todos ellos serán abordados en el presente capítulo, llegándose a proponer una mayor coordinación entre los diferentes servicios sanitarios con el objeto de poder compartir experiencias satisfactorias.

2 A pesar de que en el presente capítulo nos ceñiremos a los aspectos netamente procedimentales de la responsabilidad patrimonial sanitaria, debe mencionarse también que, aunque pueda resultar evidente, existen normas dictadas más allá de la finalidad especifica de regular la responsabilidad patrimonial de los entes públicos pero directamente relacionados con esta al tener incidencia en la salud humana, sobre todo en materia medioambiental, como son la cláusula de progreso, el derecho de acceso a la información y el principio de precaución. La cláusula de progreso es una previsión de corte similar a la cláusula de desarrollo del art. 34 LRJ. El derecho de acceso a la información está reconocido en los arts. 7.6 y 9 de la Ley 27/2006, de 18 de julio, reguladora de los derechos de acceso a la información, de participación pública y de acceso a la justicia en materia de medio ambiente [*Tol 1155062*]. En cuanto al principio de precaución, este se encuentra positivizado en los arts. 26 y 3 de la Leyes 14/1986, general sanitaria (LGS) y 33/2011, general de salud pública (LGSP), respectivamente. En ocasiones, para conocer su verdadero alcance será necesario acudir a la jurisprudencia del Tribunal de Justicia de la Unión Europea (TJUE), del Tribunal Supremo (TS), y de los tribunales superiores de justicia (TSJ). El motivo de ser traídos a este sede es que su incumplimiento podría derivar también la interposición de reclamaciones de responsabilidad patrimonial. En este sentido, procede traer a colación la STJUE *Farmers Union* de 5 de mayo de 1998 (as. C-157-1996 y [*Tol 103809*]), sobre la crisis de las vacas locas y la STS de 4 de marzo de 2009 [*Tol 1486544*], sobre el aceite de orujo. Resulta también de interés la STSJ de Madrid de, 10 de enero de 2019 [*Tol 7167523*], relativa al virus del ébola. El principio de precaución implica, sintéticamente, que aun cuando no existan evidencias científicas incontrovertidas, existe el deber de actuar. En este sentido LOZANO cita la actuación de un Tribunal de Río de Janeiro que provocó el cese de la campaña «El Brasil no puede parar». LOZANO CUTANDA, Blanca y ALLI TURRILAS, Juan-Cruz (2020): *Administración y Legislación Ambiental,* Dykinson, Madrid, pág. 199.

especialidades que en ocasiones se han ido conformando derivadas de la interpretación jurisprudencial y doctrinal de sus preceptos, como veremos.

Con el propósito de facilitar la comprensión del capítulo lo dividiremos, además de este introductorio, en 8 epígrafes dedicados a analizar aquellas cuestiones que, desde el plano procedimental, merecen alguna reflexión. Así, estos epígrafes abordarán, respectivamente: el inicio del procedimiento; la legitimación pasiva; la fase de instrucción, reservando espacio separado para la Historia clínica, informes médicos y dictámenes periciales, así como para la audiencia y los informes jurídicos; los dictámenes del Consejo de Estado y de los consejos consultivos autonómicos y, finalmente, la terminación del procedimiento.

Nótese que la finalidad de este capítulo dentro de la obra se circunscribe a analizar el procedimiento de tramitación de este tipo de reclamaciones, con los comentarios que a este respecto nos parece apropiado destacar por su complejidad, falta de uniformidad o que presentan problemas que por su reiteración merecen alguna consideración. Para el estudio detallado de las cuestiones apuntadas nos remitimos, con carácter general, a otros capítulos de esta obra.

II. INICIO DEL PROCEDIMIENTO

Al igual que la mayoría de los procedimientos administrativos los de responsabilidad patrimonial «podrán iniciarse de oficio o a solicitud del interesado»[3]. Tanto en uno como en otro caso, la LPAC recoge ciertas peculiaridades.

1) A solicitud del interesado

La reclamación de responsabilidad patrimonial se inicia a solicitud del interesado cuando quien acciona es el perjudicado por el acto de asistencia sanitaria o persona con derecho a reclamarlo en su nombre. Esto es, por cualquier titular de derechos o intereses legítimos individuales que decide incoar un procedimiento de responsabilidad patrimonial, siempre que no

---

3 Art. 54 LPAC.

haya prescrito su derecho a reclamar[4]. De hecho, es lo que ocurre las más de las veces.

En cuanto a los requisitos que exige la iniciación del procedimiento a solicitud del interesado, podemos distinguir los relativos a la legitimación activa, representación y aquellos otros que con carácter general o especial exige la LPAC para los procedimientos de responsabilidad patrimonial[5]. Por otra parte, los defectos en el escrito de la reclamación podrán ser subsanados en la práctica totalidad de las ocasiones. Lo dicho aquí se entiende

---

4 Arts. 4.1 a) y 67.1 LPAC. En los últimos años, las reclamaciones de responsabilidad patrimonial sanitaria, lejos de disminuir, se han incrementado notablemente, en parte como consecuencia de los efectos de la devastadora pandemia provocada por la COVID-19. Según la Asociación Defensor del Paciente, en 2021, se presentaron 13.156 quejas, lo que supone un incremento del 25% de las reclamaciones de este tipo respecto del año anterior. Por materias el mayor número de reclamaciones lo representan: listas de espera, cirugía, urgencias y traumatología (Memoria del Defensor del Paciente 2021). En relación con reclamaciones de responsabilidad patrimonial por covid, entre los primeros dictámenes en la materia, se hallan los evacuados por la Comisión Jurídica Asesora de Madrid (CJAMad), a saber, los dictámenes 599/2021, 16 noviembre, 8/2022, 11 de enero o 44/2022, de 25 de enero. Al tiempo de cerrar estas líneas han sido ya varios los pronunciamientos de estos órganos consultivos. A modo de resumen, se puede condensar en el DCdE de 24 de febrero de 2022 (núm. exp. 1129/2021) que si bien dictamina sobre responsabilidad del Estado legislador por las medidas adoptadas por el RD 463/2022 concluye que los perjuicios derivados de esta crisis sanitaria «traen causa de la situación de epidemia habida, a cuya causación resultó completamente ajena la Administración y cuya gravedad e intensidad superó las peores previsiones imaginables. El gran número de fallecimientos, de personas afectadas, de enfermos graves y de ingresos hospitalarios exigió la adopción de medidas extraordinarias a fin de atajar la situación; medidas que, por su excepcionalidad, alteraron el normal desenvolvimiento de la vida cotidiana y resultaron especialmente incómodas y aún gravosas. La epidemia constituyó un acontecimiento insólito, inevitable e incontrolable a la vista del estado de la ciencia en el momento de generarse. Todo este rimero de circunstancias impide apreciar la existencia de una relación de causalidad entre el quehacer de los servicios administrativos y las consecuencias de las medidas administrativas adoptadas».

5 Interesa destacar la STS 27/2023, de 12 de enero (núm. rec. 2507/2022 y [*Tol 9374098*]) sobre la innecesaridad de aportar documentos que ya obran en poder de la Administración: «Del tenor literal de los arts. 109.1.a) y 5 del Reglamento de Extranjería y 28.2 de la Ley 40/15, declaramos que, salvo oposición expresa del interesado, no puede ser requerido a la aportación de documentos en los que funda la solicitud, cuando éstos obran ya en poder de las Administraciones o han sido elaborados por ellas, teniendo éstas obligación de solicitarlos de la correspondiente Administración a través de interconexión telemática».

sin perjuicio de lo escrito por MANENT, HERNÁNDEZ VILLALÓN y ALBERO en el cap. 4 (págs. 282 a 286), dedicado específicamente al reclamante, se explican a continuación de manera sucinta.

A. Capacidad y legitimación

Los problemas de capacidad (art. 3 b) de la LCAP) y legitimación en el campo de la responsabilidad patrimonial sanitaria son especialmente casuísticos. Cuando la persona que presenta la reclamación es mayor de edad y tiene plena capacidad de obrar, puede reclamar en su propio nombre, lo que no planteará mayores problemas a los efectos que nos ocupan.

En cambio, el inicio del procedimiento es más conflictivo en las reclamaciones interpuestas por familiares y allegados, cuando estos —ya sea por fallecimiento o incapacidad del afectado por la praxis médica— se presentan en nombre o representación de otros.

Sobre este particular destacaremos algunas vicisitudes: las derivadas del fallecimiento y de la minoría de edad del reclamante; la acción ejercitada en beneficio de la comunidad hereditaria; y la legitimación para reclamar daños morales en nombre propio o en concepto de heredero o allegado.

a) Fallecimiento del reclamante

En las reclamaciones *iure hereditatis*, según consolidada doctrina, la acción es transmisible *mortis causa* a los herederos y allegados si el perjudicado reclamó antes de fallecer[6].

En el caso de fallecimiento sin haber interpuesto la reclamación, los autores están divididos entre los que reconocen la transmisibilidad de la acción y los que la niegan por tratarse de un derecho personalísimo. Para los primeros, el reclamante actuará *iure hereditatis*, mientras que para los segundos la reclamación se ejercitará *iure proprio*. La más reciente jurisprudencia admite la transmisibilidad de la acción. Suele ser cita común para ello diversos pronunciamientos jurisdiccionales adoptados en sede civil, entre ellos, la STS

---

6 En relación con la transmisibilidad *mortis causa* de la acción, la STSJ de Madrid de 22 de julio de 2021, núm. rec. 634/2018 y [*Tol 8635627*]) recuerda que «no se trata (...) de negar legitimación a los actores para estar y conducir el presente procedimiento pues (...), se reconoce que el ejercicio de la acción se fundamenta en un derecho que tiene naturaleza patrimonial y es plenamente transmisible a los herederos» (FJ 4).

de 15 de marzo de 2021[7]. Esta cuestión se ha analizado con más detalle por MANENT, HERNÁNDEZ VILLALÓN y, HURTADO, FORJÁN y YÁÑEZ en los caps. 4, 10, 12 y 13 a los que nos remitimos (págs. 296 a 324, 651 a 672, 728 a 813 y 854 a 862).

b) *Minoría de edad*

En relación con los menores de edad, hay que tener en cuenta que en nuestro ordenamiento jurídico no ha pervivido el principio del Derecho romano *contra non valentem agere non currit praescriptio*[8]. Por esta razón para

---

7 «No se puede negar el carácter polémico de esta cuestión, que se ha movido entre los dos polos antagónicos de las posiciones favorables o contrarias a tal posibilidad, dadas las reticencias fundamentalmente existentes respecto a la transmisión del daño moral. Han surgido, incluso, otras posturas intermedias, que admiten la transmisión del crédito resarcitorio sólo en los casos en los que haya sido judicialmente ejercitado y fallezca el perjudicado durante la sustanciación del proceso, lo que conforma ya un supuesto de sucesión procesal. No nos hallamos, en el caso que enjuiciamos, ante derechos personalísimos, que se extinguen por la muerte (...). La muerte no se indemniza a quien muere, sino a quienes sufren los daños morales o patrimoniales por tal fallecimiento. Ello es así, dado que no existe propiamente daño resarcible para el muerto, desde la esfera del derecho de daños, sino privación irreversible del bien más preciado con el que contamos como es la vida, que extingue nuestra personalidad (art. 32 CC). La muerte no genera, por sí misma, perjuicio patrimonial ni no patrimonial a la víctima que fallece y, por lo tanto, en tal concepto, nada transmite vía hereditaria; cuestión distinta es que nazcan ex iure propio derechos resarcitorios, originarios y no derivados, a favor de otras personas en razón a los vínculos que les ligan con el finado. (...) Ahora bien, el derecho de los particulares a ser resarcidos económicamente por los daños y perjuicios sufridos, a consecuencia de una conducta jurídicamente imputable a otra persona (art. 1902 CC), genera un derecho de crédito de contenido patrimonial, condicionado a la concurrencia de los presupuestos de los que surge la responsabilidad civil. Los bienes jurídicos sobre los que recae el daño cuando son la vida, la integridad física, los derechos de la personalidad, tienen carácter personalísimo y, como tales, no son transmisibles por herencia, pero cuestión distinta es el derecho a ser resarcido económicamente por mor de la lesión padecida, en tanto en cuanto goza de la naturaleza de un crédito de contenido patrimonial, que no se extingue por la muerte del causante (art. 659 CC)» (FJ 6.2 STS 141/2021, de 15 de marzo, de la Sala de lo Civil, núm. 1235/2018 y [*Tol 8356571*]).

8 Como recientemente ha señalado el Consello Consultivo de Galicia (CCGal), frente a la pretensión del reclamante de retrasar el *dies a quo* de la prescripción a la mayoría de edad, declaró prescrita la reclamación porque podía ser sido instada por los padres o tutor del menor. En este mismo dictamen también se denegó

evitar que prescriba la acción del menor, según los casos, serán los representantes legales los que deberán reclamar en su nombre o aquellos deberán actuar asistidos por sus padres o tutor[9].

c) Comunidad hereditaria

Tanto jurisprudencia como doctrina legal admiten, de manera pacífica, que durante el tiempo en que la herencia está yacente, cualquiera de los miembros de la comunidad puede accionar para su beneficio[10].

d) Daños morales

Para la doctrina mayoritaria, los padecimientos del *de cuius* no son reclamables. Únicamente se admite que los parientes y allegados reclamen *nomine proprio* por su dolor o aflicción, o aún a la incomodidad experimentada por ellos mismos.

Sin perjuicio de lo escrito en capítulo correspondiente de este manual dedicado monográficamente al daño moral, señalamos aquí que, la jurisprudencia no es unánime. Existen pronunciamientos en los que no se sigue la doctrina que se acaba de apuntar sobre la intransmisibilidad de la acción[11]. En cambio, tanto el Consejo de Estado (CdE) como la mayoría de

---

a efectos del cómputo del plazo, la fijación del *dies a quo* con la fecha de modificación de su grado de discapacidad (CJ 4 DCCGal 359/2019, de 23 de octubre).

9 Téngase en cuenta la trascendental modificación operada en el CC por la Ley 8/2021, de 2 de junio, por la que se reforma la legislación civil y procesal para el apoyo a las personas con discapacidad en el ejercicio de su capacidad jurídica, en donde la tutela queda reservada para los menores no emancipados en situación de desamparo y para los no sujetos a patria potestad (art. 199 CC). Para el resto de supuestos, las medidas de apoyo a las personas mayores o menores emancipados que las necesiten para el ejercicio de su capacidad jurídica están representadas por las medidas de naturaleza voluntaria, la guarda de hecho, la cuartela y el defensor judicial ex arts. 249 y 205 del CC.

10 En este sentido, ejercicio de la acción en beneficio de la herencia yacente, puede consultarse la STS 629/2002, de 19 de junio, de la Sala de lo Civil (núm. rec. 8/1997 y [*Tol 4975760*]), así como la doctrina del Consejo Consultivo de Canarias (CCCan) y del Consell Jurídic Consultiu de la Comunitat Valenciana (CJCVal). En particular así lo señalan los DCCCan 360/2019, de 10 de octubre y DCJCVal 244/2018, de 28 de abril.

11 En los distintos repositorios de jurisprudencia pueden encontrarse pronunciamientos judiciales, tanto de la sala de lo civil como la de lo contencioso-adminis-

los consejos consultivos de CCAA niegan con carácter general la legitimación *iure hereditatis en este aspecto*[12].

e) Herederos y allegados

Para buena parte de la jurisprudencia, así como para la mayoría de los consejos consultivos, la legitimación, como norma general, no viene tanto por la condición de heredero como por el vínculo afectivo que une al reclamante con el fallecido[13].

f) Autoridades y funcionarios

Frente a reticencias iniciales, resulta pacífico en la actualidad reconocer legitimación activa para interponer una reclamación de responsabilidad patrimonial a empleados públicos que hayan sufrido un daño en el ejercicio de su actividad como consecuencia del funcionamiento de los servicios públicos. No obstante, esta posibilidad ha de entenderse como subsidiaria, esto es, en aquellos casos en que el empleado público se encuentre ante la ausencia de una vía específica de reclamación de esos daños o cuando

---

trativo, en los que se admite la transmisibilidad *mortis causa* de los padecimientos del *de cuius*. Así se han pronunciado, entre otras, la STS de 13 de septiembre de 2012, de la Sala de lo Civil (núm. rec. 2019/2009 y [*Tol 2695691*]) y la STS de 26 de marzo de 2012, de la Sala de lo Contencioso-Aministrativo (núm. rec. 3531/2010 y [*Tol 2501604*]).

12 En cuanto a la doctrina legal, de manera casi unánime se niega la transmisibilidad de la acción para reclamar por los padecimientos de una persona fallecida. En esta cuestión remitimos el DCJAMad 485/2020, de 27 de octubre. En él se recoge una detallada reflexión sobre las reclamaciones derivadas de los padecimientos de una persona fallecida. En todo caso, la legitimación relacionada con los daños morales exige una exégesis casuística que evita la posibilidad de reconocer pautas comunes al respecto. Así, como singularidad, traemos a colación el DCdE de 4 de julio (núm. exp. 491/2019). En esta ocasión el CdE negó la legitimación *proprio nomine* a familiares de un fallecido en un centro sanitario ya que no ostentaban la tutela, ni mantenían contacto con el paciente más allá de visitas ocasionales.

13 Acerca de la legitimación de los allegados para interponer una reclamación de responsabilidad patrimonial puede consultarse la STS de 2 de febrero de 2006 (núm. rec. 2181/1999 y [*Tol 827053*]), así como la doctrina del CCAnd, recogida en su dictamen 26/1996, de 22 de febrero.

esta se muestre insuficiente para la reparación íntegra del daño causado[14]. El fundamento para el reconocimiento de esta legitimación descansa en que los servidores públicos deben quedar indemnes en el ejercicio de sus funciones, de tal manera que todo daño patrimonial sufrido por la prestación de sus servicios no debe ser soportados por estos, de no mediar culpa o negligencia grave.

Esta reflexión obedece a que no son pocas las reclamaciones que se interponen por personal estatutario por daños biológicos (pinchazo al manipular jeringuillas, agresiones o accidentes laborales y más recientemente por el contagio de COVID en su puesto de trabajo[15], entre otros)[16].

B. Representación

Se entiende por representación aquella situación que se produce cuando otra persona interviene por quien no es el perjudicado en su nombre. Esta puede ser legal o voluntaria. De esta manera, los legitimados con plena capacidad de obrar pueden actuar en el procedimiento de responsabilidad patrimonial, tanto *motu proprio* como a través de representante con poder bastante[17]. En cambio, las personas sin capacidad de obrar o con capacidad de obrar modificada deberán actuar a través de representante o contar con otra persona que le apoye o complete su capacidad de obrar[18].

De acuerdo con el art. 68 LPAC, la insuficiencia en la acreditación de la representación será en todo caso subsanable previa concesión de trámite al efecto y bajo apercibimiento de que se tendrá por desistido de su solicitud en caso contrario, previa resolución. A estos efectos hay que distinguir la representación legal de la representación voluntaria.

---

[14] Sobre la capacidad de reclamar de los empleados públicos puede consultarse la Memoria del CdE del 2005 y el DCCGal 43/2000, de 1 de marzo.

[15] Dictamen del Consejo Consultivo del Principado de Asturias 108/2023, de 11 de mayo.

[16] Respecto las reclamaciones efectuadas por personal estatutario se pronuncian, entre otros, el DCdE de 11 de mayo de 2005 (núm. exp. 337/2005) y Consejo Consultivo de Castilla y León (CCCyL) en su dictamen 568/2010, de 9 de junio.

[17] *Cfr.* arts. 5 y 68 LPAC.

[18] Art. 3 LPAC. Respecto de la capacidad de obrar debe tenerse en cuenta la reciente Ley 8/2021, de 2 de junio, por la que se reforma la legislación civil y procesal para el apoyo a las personas con discapacidad en el ejercicio de su capacidad jurídica.

a) La representación legal

Tal y como recoge el CdE en su Memoria correspondiente al año 2019[19], es en este tipo de reclamaciones donde resulta frecuente que los padres actúen en nombre de sus hijos cuando han sido perjudicados: Si los hijos son menores no emancipados o que no han obtenido el beneficio de la mayor edad, el Libro de Familia acredita suficientemente la representación legal de los padres, que el art. 162 del Código Civil (CC) atribuye a sus progenitores[20]. Cuando los hijos son mayores, se requiere acto de apoderamiento expreso[21].

Respecto de las personas con discapacidad habrá que estar a la nueva redacción dada al CC por la Ley 8/2021, de 2 de junio, por la que se reforma la legislación civil y procesal para el apoyo a las personas con discapacidad en el ejercicio de su capacidad jurídica. En particular, será determinante lo que dispongan las medidas de protección. Adicionalmente habrá que tener en cuenta que la diferencia entre curatela con representación, de la que no la tiene: en la primera situación, el curador es el representante de la persona con discapacidad; en la segunda necesitará de un curador que complete su capacidad cuando así resulte de las medidas de protección o de la resolución judicial de constitución o actualización de la curatela.

b) La representación voluntaria

Regulada con carácter general para todo procedimiento administrativo en el artículo 5 de al LPAC. Esta representación puede recaer tanto en personas físicas como jurídicas. En estos casos, tanto la representación de los padres respecto de sus hijos, así como la de un de un cónyuge respecto del otro, debe resultar acreditada. En la representación voluntaria, los padres

---

19 Memoria del CdE de 2019.

20 DCdE de 14 de noviembre (núm. exp. 782/2019).
Recuérdese no obstante que transcurrida la enormemente amplia *vacatio legis* de la Ley 20/2011, de 21 de julio, del Registro Civil [*Tol 2166566*], desde el 30 de abril de 2021 los Libros de Familia son sustituidos por el registro individual que acompaña a la persona desde el nacimiento.

21 La exigencia de apoderamiento expreso ha sido exigida por el DCdE de 14 de febrero (núm. exp. 1.078/2018). A la misma conclusión el CCAnd en su Memoria de 2018, en el que se confirma que la representación de los mayores de edad y de un cónyuge respecto del otro debe resultar acreditada (https://consejoconsultivodeandalucia.es/wp-content/uploads/2019/07/Memoria-2018-con-marcadores.pdf pág. 106).

vuelven a ser el colectivo que con más frecuencia actúan en nombre de sus hijos[22].

C. Otros requisitos

Además de los requisitos generales previstos para todo procedimiento administrativo *ex* art. 66 LPAC, en las reclamaciones de responsabilidad patrimonial iniciadas a solicitud del interesado, estas deberán contener los extremos expresados en el art. 67 de la misma.

En particular, de acuerdo con el art. 67.2 LPAC, deberán especificar:

i. Las lesiones producidas.
ii. La presunta relación de causalidad de estas y el funcionamiento del servicio público.
iii. La evaluación económica, si fuera posible, y el momento en que la lesión efectivamente se produjo[23].

Complementariamente, «deberán acompañarse, cuantas alegaciones, documentos e informaciones se estimen oportunos, así como la proposición de prueba, concretando los medios de que pretenda valerse el reclamante»[24].

Pues bien, a pesar de la dicción del art. 67.2 LPAC, nada parece indicar que tanto alegaciones como medios de prueba precisen apartarse de las reglas de todo procedimiento administrativo. Por este motivo, en nuestra opinión, no debe existir causa que impida que los mismos se presenten en cualquier momento anterior al trámite de audiencia.

En relación con la valoración económica del daño nos remitimos al cap. 9 por RAMOS. No obstante no queremos dejar de poner de manifiesto aquí, que según nuestro parecer, debería matizarse la previsión legal relativa a que procederá su cuantificación con el escrito de reclamación «si

---

22 Así lo ha puesto de manifiesto el CdE en su Memoria de 2019.

23 Nótese que no es la única fecha de importancia en el procedimiento. Sin perjuicio de su estudio más detallado en otra parte de esta obra, la fecha de curación es igualmente relevante a efectos del cómputo del dies a quo de prescripción para el ejercicio de la acción. En este sentido la STS de 4 de abril de 2019 (núm. rec. 4399/2017 [*Tol 7177863*]) señaló esta fecha de curación como relevante con independencia de que se siguiera un expediente para la declaración de incapacidad, sin efectos interruptivos.

24 Art. 67.2 LPAC.

fuera posible»[25]. De hecho, la falta de una declaración terminante en este punto ha dado lugar a diversas interpretaciones del precepto, generándose el debate sobre la necesidad o no de la valoración de las lesiones por parte de los reclamantes[26].

En la práctica, fruto, en buena parte, de esta indeterminación legal, pueden observarse diferentes *modus operandi* en los distintos servicios de responsabilidad patrimonial sanitaria: en unos se aplica el precepto con mayor rigor que en otros, intimando al particular para que valore, siquiera indiciariamente, los daños so pena de inadmisión; en otros, se admite una somera referencia a aquellos o incluso obvian este requisito.

---

[25] En relación con la cuantificación del daño en las reclamaciones de responsabilidad patrimonial sanitaria, no nos parece oportuno efectuar una interpretación literal y rigorista del art. 67.2 LCSP. En estas reclamaciones ni es preceptiva la asistencia letrada ni la valoración de los daños se presenta como tarea sencilla. De hecho, en no pocas ocasiones, para cuantificar el daño se acude a aplicar las tablas y baremos incorporados al TR de la Ley sobre responsabilidad civil y seguro en la circulación de vehículos a motor, aprobado por el RDLeg 8/2004, de 29 de octubre por la Ley 35/2015, de 22 de septiembre, de reforma del sistema para la valoración de los daños y perjuicios causados a las personas en accidentes de circulación (TRLRC), de intrincado manejo para no iniciados. Es más, como se expondrá posteriormente, en atención a la complejidad creciente y cambiante de los métodos de cuantificación, algunas CCAA se han creado órganos *ad hoc* para llevar a cabo esta labor. Por este motivo, entiendo que puede cercenar la tutela efectiva de legítimos intereses exigir a un usuario de los servicios de salud, so pena de inadmisión, que para reclamar aporte la valoración de unos hechos sumamente complejos, donde las más de las veces —aplicando la diligencia de un hombre medio— no le resultará fácil tarea dicha operación. Ello unido a que de no ser posible efectuar este cálculo motu proprio, tendrían que acudir a un especialista en la materia, lo que supondría una carga económica para los interesados, no resarcible las más de las veces por la administración incluso con una resolución estimatoria, que no todos los afectados pueden estar en posición de asumir.

[26] En opinión de GALLARDO, la exigencia de valorar los daños al tiempo de reclamar aunque «es lógica y congruente con un pronunciamiento administrativo en el que puede quedar definitivamente resuelto el asunto (…) sin embargo (…) no resulta coherente si se contempla el procedimiento como una vía previa a la vía jurisdiccional, casi como un mero presupuesto procesal, pues en el posterior Contencioso-administrativo es posible, y hasta normal, que ni la demanda ni la sentencia fijen la cuantía de la indemnización y que ésta quede diferida a la ejecución (art. 71.1d LJAC)». GALLARDO CASTILLO, María Jesús (2021): *Administración Sanitaria y Responsabilidad Patrimonial*, Colex, A Coruña, pág. 214.

D. Subsanación

Como en cualquier otro escrito dirigido a iniciar un procedimiento administrativo, las reclamaciones de responsabilidad patrimonial, si presentan deficiencias subsanables o son susceptibles de mejora, debe aplicárseles el art. 68 LPAC, relativo a la subsanación y mejora de la solicitud.

Con carácter general, la tendencia doctrinal y jurisprudencial abogan por la subsanabilidad de la reclamación, y sólo en el caso de que medie previo requerimiento este no sea atendido, pueda ser inadmitida la reclamación. En este sentido, y sobre la representación, la STC 104/1997, de 2 de junio «la falta de acreditación de la representación procesal, si el defecto se reduce a aquélla, tiene carácter subsanable, de forma que no puede conllevar automáticamente la inadmisión del escrito sino hasta después de ser requeridos, y no aportados, los documentos omitidos»[27].

Esto es, se trata de evitar que a través de un acusado formalismo sobre la ausencia de elementos o documentos no esenciales o trascendentes para resolver, se impida el ejercicio de derechos y acciones.

Además de la ausencia de subsanación, el decaimiento del derecho debe ser notificado al interesado en los términos señalados en el art. 73.3 LPAC. Ya desde antiguo Tribunal Supremo ha declarado que «para que se produzcan los efectos jurídicos de naturaleza formal pretendidos por el artículo 71 LPA, es preciso que (...), además de practicarse el requerimiento para que en el plazo de diez días se subsane la falta, se acuerde, cuando el requerimiento de subsanación no se hubiere cumplido, el archivo de las actuaciones, acuerdo que por afectar esencialmente a sus derechos e intereses tendrá que ser obligatoriamente notificado al interesado, por ministerio del artículo 79, en la forma, dentro del plazo señalado y con observancia de todos y cada uno de los requisitos exigidos por el mismo»[28].

Nótese la importancia en lo que a tramitación de los procedimientos se refiere, del principio (o principios) que engloba el de buena administración, utilizado por la STS de 5 de diciembre de 2023 (núm. rec. 104/2022 y [*Tol 9826839*]) sobre la indebida actuación de la administración al archivar por desistimiento una reclamación de responsabilidad patrimonial, apartándose del sentido desestimatorio del silencio, al no haberse supuestamente atendido un requerimeinto de subsanación por falta de firma.

---

27 FJ 4 STC 104/1997, de 2 de junio (núm. rec. 1104/1994 y [*Tol 83247*]).

28 Considerando primero de la STS de 1 de junio de 1965 [*Tol 4323303*].

trativa y, en su caso ante la jurisdicción contencioso-administrativa, como para exigir la del contratista en vía civil y ante la jurisdicción ordinaria.

Tanto en el requerimiento previo como en el procedimiento de responsabilidad patrimonial deberá oírse al contratista. En ambos casos para evitar la indefensión de este y para que, una vez se ha señalado al contratista como posible responsable, poder tener un conocimiento directo de los acontecimientos.

En cualquier caso, las especialidades derivadas de la intervención de contratistas en los procedimientos de responsabilidad patrimonial se analizan en el siguiente epígrafe.

Por lo demás, y de importancia no menor, la interposición del requerimiento previo, «interrumpe el plazo de prescripción de la acción»[36].

III. LEGITIMACIÓN PASIVA

Está legitimado activamente quien, por su relación con la posible lesión, puede iniciar un procedimiento. Paralelamente, está legitimado pasivamente, la Administración o entidad a la que se le imputa el daño.

En nuestra opinión, no debe existir ámbito en el que la responsabilidad patrimonial derivada de la asistencia sanitaria prestada a través de los servicios públicos pueda verse restringida. Por ello, las reclamaciones deben poderse dirigir «contra todo tipo de administración, entendida en sentido amplio (...), extensible a las relaciones de derecho privado (...), por lo que este régimen podría ser aplicado incluso en sede civil, por ejemplo, en el ejercicio de acción directa contra la aseguradora»[37]. Respecto de esta

---

36 Art. 196.3 LCSP.

37 GARCÍA BLANCO, Jesús María, MARTÍN LORENZO, Beatriz (2021): «Introducción a la responsabilidad patrimonial en tiempos de pandemia», en DE LA CRUZ LÓPEZ, Pablo y MOLL FERNÁNDEZ-FIGARES, Luis (dirs.), *Responsabilidad Patrimonial y COVID-19 en los distintos sectores de la actividad*, Lefebvre, Madrid, pág. 23. En este sentido —acción directa contra la compañía de seguros— conviene conocer que el art. 76 de la Ley 50/1980, de 8 de octubre, del contrato de seguro, admite y la STS 321/2019, de 5 de junio, de la Sala Civil (núm. rec. 2992/2016 y [*Tol 7278390*]) confirma la acción directa contra la aseguradora. A mayor abundamiento, la STS 119/2022, de 15 de febrero, de la Sala de lo Civil (núm. rec. 563/2019 y [*Tol 8810603*]), viene a reiterar lo hasta ahora indicado, en el sentido de que resulta admisible el ejercicio de la acción directa contra la aseguradora *ex* art. 76 LCS; pero si previamente se ha acudido a la jurisdicción contenciosa, que

cuestión, al haber sido abordada en el cap. 8 por CARRILLO (págs. 537 a 542), nos remitimos a lo allí escrito.

Teniendo en cuenta esta regla, en tres apartados abordaremos: ciertos supuestos en los que se ha puesto en duda la legitimación pasiva de la entidad contra la que se ha dirigido la reclamación; la responsabilidad concurrente de varias AAPP; y la responsabilidad personal de autoridades y empleados públicos. Para un estudio más detallado puede consultarse a BLANQUER y FORJÁN en los caps. 5 y 12 (págs. 831 a 848).

1) Supuestos controvertidos

En este apartado corresponde enumerar determinadas personas jurídicas respecto de las cuales se ha cuestionado su legitimación pasiva en las reclamaciones de responsabilidad patrimonial sanitaria.

Tal y como así ha ocurrido con las mutualidades de funcionarios, las sociedades de economía mixta, los hospitales y clínicas concertadas, los hospitales y clínicas adjudicatarias de acciones concertadas, los hospitales generales vinculados con la Administración sanitaria y las mutuas colaboradoras de la Seguridad Social.

A. Mutualidades de funcionarios

Aunque inicialmente la jurisprudencia se posicionó a favor de reconocer la legitimación pasiva a las mutualidades[38], hoy en día tanto la jurisprudencia como la doctrina legal suelen negar legitimación pasiva a las Mutualidades Generales de Funcionarios de la Administración Civil del Estado (MUFACE) y Judicial (MUGEJU) y el Instituto Social de las Fuerzas Armadas (ISFAS). Ninguna de ellas «ha prestado ningún tipo asistencia

declaró prescrita la reclamación, no puede acudirse en la vía civil exclusivamente contra la aseguradora «porque equivaldría a una suerte de fiscalización de lo resuelto en vía contencioso administrativa por los tribunales de la jurisdicción civil» (FJ 3). Estamos ante un supuesto de los calificados en el cap. 13 (págs. 886 y 887), como acciones sucesivas en distintas jurisdicciones, en las que «no resulta viable, y así lo considera la Sala [de lo Civil], aunque se reclame contra personas distintas, la duplicidad de las reclamaciones, y por ende, de indemnizaciones por unos mismos hechos» FJ 4 STS 961/2008, de 15 de octubre, de la Sala de lo Civil (núm. rec. 2127 y [*Tol 1393363*]).

38 FJ 4 STS 09.12.2015 (núm. rec. 967/2014 y [*Tol 5596153*]).

sanitaria [sino que] ha sido la Entidad (…) elegida por el mutualista la que lo ha hecho a través de sus servicios»[39].

B. Sociedades de economía mixta

Esta se exigirá en idénticos términos que los previstos para los contratistas de la Administración sanitaria. Como afirma la STSJ de Madrid de 10 de junio de 2010, el régimen de atribución y distribución de responsabilidades previsto en la LRJ para los contratistas de la Administración sanitaria, «se puede aplicar igualmente cuando el régimen de gestión se realiza indirectamente (…) a través de una sociedad de economía mixta»[40].

C. Hospitales y clínicas concertadas

A día de hoy, la legitimación pasiva de los hospitales y clínicas concertadas dista mucho de ser pacífica, en parte porque el propio concepto de centro concertado no es unívoco.

En este punto se oponen dos interpretaciones. De nuevo, las particulares circunstancias del caso concreto no son ajenas a los pronunciamientos en uno u otro sentido. Así, por ejemplo, que el paciente acuda a estos centros por derivación automática del sistema de salud correspondiente, sin posibilidad de opción para el paciente, tendrá relevancia a efectos de determinar una eventual responsabilidad.

Para quienes sostienen una primera postura, la Administración sanitaria es la que debe responder de las reclamaciones por daños causados por asistencia médica prestada en centros concertados. «En otro caso, se estaría colocando a los pacientes que son remitidos a los centros, por decisión de la Administración sanitaria, en una peor situación que el resto de los ciudadanos que permanecen en los establecimientos hospitalarios públicos»[41].

---

[39] Como anticipaba ya el FJ 4 SAN de 25 de julio de 2002 (núm. rec. 754/2000 y [*Tol 5248668*]) y que confirma el FJ 2 de la SAN 6 de marzo de 2019 (núm. rec. 726/2019 y [*Tol 7169237*]). En este mismo sentido el DCdE de 13 de diciembre de 2018 (núm. rec. 922/2018).

[40] FJ 2 STSJ de Madrid 1178/2010, de 10 de junio (núm. rec. 2401/2009 y [*Tol 1938317*]).

[41] *Cfr.* DDCdE de 31 de enero de 2002 (núm. rec. 85/2002), de 5 de junio de 2003 (núm. exp. 1115/2003), y de 20 de noviembre de 2003 (núm. exp. 3345/2003). También el DCCCyL 713/2004, de 21 de abril, y los que allí se citan en su consi-

Para quienes sostienen la segunda postura, entienden que la regla general es la responsabilidad del contratista y por lo tanto se abogaría por la falta de legitimación pasiva de la Administración sanitaria.

En cualquier caso, y aunque volveremos sobre esta cuestión en el epígrafe dedicado al trámite de audiencia, esta ha sido analizada en otros capítulos de esta obra.

D. Hospitales generales vinculados a la Administración sanitaria

Mediante los convenios singulares, regulados en los arts. 66 y 67 de la Ley 14/1986, de 25 de abril, los hospitales de titularidad privada se integran en la red hospitalaria pública «serán vinculados al Sistema nacional de Salud». «El convenio debe tener por objeto la gestión de un hospital general de titularidad privada»[42].

Por ello, la Comisión Jurídica Asesora de Madrid (CJAMad), en relación con los daños causados por los hospitales vinculados con un convenio singular, ha señalado la necesidad de demandar a la Comunidad Autónoma. Así, en el DCJAMad de 23 de febrero de 2021 ha reconocido la legitimación pasiva de la Comunidad Autónoma, «en tanto, que la asistencia fue dispensada en el Hospital (...) integrado en la red sanitaria pública madrileña por convenio singular, prestándose la asistencia al amparo del mismo»[43].

---

deración jurídica 6, a saber: Dictamen 52/2001, de 7 de noviembre, del Consejo Consultivo de La Rioja o DCJCVal 164/2002, de 18 de abril.

42 BLANQUER CRIADO, David (2012): *La concesión de servicio público,* Tirant lo Blanch, Valencia, pág. 418.

43 En el DCJAMad 104/2021, de 23 de febrero, se reclamaba una supuesta negligencia médica de los facultativos de la Fundación Jiménez Díaz, la cual tiene firmado un convenio singular (con un clausulado específico) con la Comunidad de Madrid. Para la CJAMad, el Servicio Madrileño de Salud (SERMAS) estaba pasivamente legitimado, «en tanto, que la asistencia fue dispensada en el Hospital Universitario Fundación Jiménez Díaz, integrado en la red sanitaria pública madrileña por convenio singular, prestándose la asistencia al amparo del mismo» En los otros dictámenes a los que se hace referencia (DDCJAMad 222/2017 de 1 de junio, 72/2018 de 15 de febrero, 219/2018 de 17 de mayo y 323/20 de 28 de julio) aunque se referían a «centros concertado», la CJAMad equipara su régimen al de los hospitales vinculados con la Administración mediante un convenio singular.

E. Hospitales y clínicas adjudicatarias de acuerdos de acción concertada

Se entiende por acción concertada aquella «forma de gestión de servicios alternativa a la gestión directa o indirecta de los servicios públicos, no económicos, que realizan entidades sin ánimo de lucro en el ámbito de las personas»[44].

A diferencia de los hospitales generales vinculados con la Administración sanitaria, en la acción concertada, «en puridad no existe una actuación de una Administración a través de una entidad de Derecho privado»[45]. Al ser sólo entidades financiadas con fondos públicos no cabría pensar en la existencia de responsabilidad de la Administración si bien no es infrecuente encontrar algún pronunciamientos que concluya lo contrario. Así ocurre con el ATSJ de la Comunidad Valenciana de 24 de abril de 2023 y DCJCVal de 23 de febrero de 2023[46].

Como expone VIDAL en el cap. 6 de esta obra (págs. 458 y 459), para MANENT los acuerdos de acción concertada se distinguen de las fórmulas contractuales para la gestión indirecta de servicios públicos por la relación directa entre el prestador del servicio y el usuario o paciente. La STSJ de la Comunidad Valenciana de 30 de junio de 2023, en cambio, sostiene que pese a la literalidad de la leyes reguladoras de la acción concertada, los

---

44 Preámbulo de la Ley 7/2017, de 30 de marzo, de la Generalitat Valenciana, sobre acción concertada para la prestación de servicios a las personas en el ámbito sanitario (LACVal). De acuerdo con este preámbulo, «con la acción concertada, se pretende dar una respuesta eficiente y eficaz (...) [a ciertas] prestaciones dirigidas a las personas vulnerables (...), con el fin de garantizar los principios de atención personalizada e integral, de arraigo de la persona en el entorno social, elección de la persona y continuidad en la atención y la calidad».

45 MANENT ALONSO, Luis (2021): «Las singularidades de las reclamaciones por daños causados por las administraciones públicas como consecuencia de la COVID-19», *Revista Jurídica de las Illes Balears,* núm. 20, págs. 149 y 150.

46 El ATSJ de la Comunidad Valenciana de 25 de abril de 2023, recaído en el procedimiento ordinario 523/2022, respondió a una alegación previa de la Generalitat Valenciana en la que cuestionaba su legitimación pasiva puesto que el causante del daño había dejado de ser un contratista de la Generalitat Valenciana y desde 2017 tenía suscrito un acuerdo de acción concertada. La Sala, apartándose del criterio del ministerio fiscal consideró que tenía legitimación pasiva porque en vía administrativa lo había considerado como «contratista» y porque el paciente había sido derivado desde un hospital de la Generalitat. El DCJCVal 147/2023, de 22 de febrero, a modo de *obiter dictum* señaló que la legitimación pasiva de los adjudicatarios de acción concertada derivaría de la LACVal, la cual tendría un precepto equivalente al art. 196 LCSP.

mismos, dichos acuerdos, cuando estén sujetos a regulación armonizada tienen naturaleza contractual[47].

F. Mutuas colaboradoras de la Seguridad Social

«Las mutuas colaboradoras de la Seguridad Social son asociaciones privadas de empresarios (...) que tienen por finalidad colaborar en la gestión de la Seguridad Social, sin ánimo de lucro y asumiendo sus asociados responsabilidad mancomunada»[48], cuya financiación se efectúa con las cotizaciones de los empresarios.

El CdE, en sus dictámenes, niega legitimación pasiva a estas mutuas porque «no son Administración Pública y las facultades que ostenta la Administración General del Estado, a través del Ministerio de Trabajo y Asuntos Sociales, se circunscriben, básicamente, a funciones de control y fiscalización de la función colaboradora»[49]. El TS, por su parte, entiende que «la responsabilidad por deficiente asistencia sanitaria debe (...) ser exigida a las mismas (...) [y] sin que pueda condenarse por ello a la Administración competente para la vigilancia del funcionamiento del sistema sanitario»[50].

2) Responsabilidad concurrente de varias Administraciones

Otro supuesto problemático, aún no resuelto de manera pacífica y definitiva, es el relativo a la actuación concurrente de varias AAPP en el evento dañoso. A pesar de que el art. 33 LRJ contiene criterios específicos sobre cómo resolver este tipo de situaciones, estos no están exentos de dificultad en su aplicación práctica. Esta indefinición, coloca en una posición difícil al reclamante, lo que en ocasiones le puede empujar a

---

47 Sobre esta novedosa cuestión recomendamos leer a MANENT. MANENT ALONSO, Luis (2019): «El desconcierto de la acción concertada», *Actualidad Administrativa,* págs. 547 a 574 y la STSJ de la Comunidad Valenciana 342/2023, de 30 de junio.

48 Art. 80 del TR de la Ley general de la Seguridad Social, aprobado por el RDLeg 5/2015, de 30 de octubre (en adelante «TRLGSS».

49 DCdE de 25 de octubre de 2001 (núm. exp. 2872/2001).

50 FJ 7 STS de 26 de octubre de 2011 (núm. rec. 388/2009 y [*Tol 2289308*]). En el mismo sentido la CJ única del Dictamen 266/2017, de 26 de octubre, del Consejo Consultivo del Principado da Asturias, donde se expone la evolución normativa al respecto. http://www.ccasturias.es/documentos/2017/dictamen_0266-17.pdf

tener que iniciar sendos procedimientos *ad cautelam*[51] (el denominado peregrinaje jurisdiccional) frente a dos administraciones distintas por unos mismos hechos[52].

En cualquier caso, la decisión relativa a la determinación de la Administración Pública responsable corresponde adoptarla al reclamante. Esto, que *a priori* podría resultar evidente, en ocasiones se transforma en tarea no sencilla. No siempre está claro cuál es la Administración a la que imputar la lesión[53].

---

51 Qué duda cabe que las reclamaciones de responsabilidad patrimonial sanitarias derivadas de la Covid-19 van a poner a prueba, tanto a consejos consultivos como a juzgados y tribunales. No va a ser fácil establecer criterios para delimitar los supuestos en los que deberá responder la AGE, las Administraciones de las CCAA, o ambas. En este punto resulta de interés la STS de 8 de octubre de 2020 (núm. rec. 91/2020 y [*Tol 8105438*]). En ella resaltó el alto tribunal que, durante el primer estado de alarma, mientras hubo un mando único se puso de manifiesto «la incapacidad (...) del Sistema Nacional de Salud en su conjunto y no sólo de la Administración General del Estado» (FJ 7). En cualquier caso, parece dejar entrever su parecer al respecto puesto que para el TS las reclamaciones «tendrían que dirigirse, principalmente, a los servicios de salud de las comunidades autónomas ya que el estado de alarma expiró el 21 de junio de 2020 y, en ese momento, desapareció la dirección que sobre ellos asignó al ministerio de sanidad (...) las comunidades autónomas recobraron desde entonces la plenitud de sus competencias» en esta materia (FJ 8). En sentido análogo se ha pronunciado el Juzgado de lo Social núm. 5 de Alicante. En su sentencia 1/2022, de 7 de enero ha concluido que «la aprobación del RD 463/20 no supuso una derogación de las competencias de las CCAA en materia de prevención de riesgos laborales cuando (...) estas (...) eran los empleadores en una relación laboral» (...) [Además], a juicio de la sentencia (...) la gestión sanitaria seguía siendo de su competencia y solo la consejería de sanidad, como empleadora y deudora de seguridad, era la responsable del cumplimiento del marco normativo de prevención de riesgos laborales (...) [Por ello, sostuvo que] NO procedía apreciar su exoneración de responsabilidad por falta de legitimación pasiva, (...) NI procede llamar al proceso a los órganos del gobierno central, al no concurrir falta de litisconsorcio pasivo necesario» (FJ 4).

52 En casos como los que se comentan, dos reclamaciones simultáneas por los mismos hechos, así como en los casos en que interviene una entidad aseguradora además de una AAPP, no resulta infrecuente se recomiende por los diferentes órganos consultivos que con carácter previo al abono de ninguna cantidad se requiera al reclamante para que, mediante declaración responsable o cualquier otro medio válido en derecho, manifieste si ha percibido alguna cantidad por los mismos hechos, tratando de evitar así se reciba doble indemnización o la figura del enriquecimiento injusto (FJ 3 del DCCGal 709/2014, de 17 de diciembre).

53 Aunque la determinación de la Administración responsable debería ser una operación de calificación jurídica sencilla, la realidad nos muestra que en ocasiones

En este punto, la LRJ impone un deber de colaboración entre AAPP. En este sentido, cuando una reclamación se dirija contra una Administración Pública manifiestamente incompetente no será necesario tramitar el procedimiento. Ahora bien, «el órgano administrativo que se estime incompetente (...) remitirá directamente las actuaciones al órgano que considere competente, debiendo notificar esta circunstancia a los interesados»[54].

Dado el complejo entramado en que se han convertido en ocasiones las administraciones públicas, el error en la identificación de la concreta entidad a la que dirigir la reclamación puede conllevar nefastas consecuencias para el particular reclamante. En función del caso concreto, un error excusable podría no perjudicar al interesado[55].

3) Responsabilidad de autoridades y empleados públicos

También la responsabilidad administrativa por los daños ocasionados por autoridades y personal deberá ser dirigida a las administraciones de las que dependan y no directamente frente al empleado público. El art. 36 LRJ, a diferencia de la Ley 30/1992, de 26 de noviembre, de régimen jurídico de las Administraciones Públicas y del procedimiento administrativo

---

ello no es así. A buen seguro que las reclamaciones derivadas del coronavirus van a provocar una copiosa jurisprudencia al respecto. Una muestra de ello la encontramos en los DDCJAMad 599/2021, de 16 noviembre, 8/2022, de 11 de enero o 44/2022, de 25 de enero. En los mismos se pone de manifiesto como unos confusos RRDD sobre declaración de estado de alarma y sus prórrogas, unido a la declaración de inconstitucionalidad de una parte de los mismos, ya está provocando dificultades de calificación de la actividad generadora de presunta responsabilidad.

54 Art. 14.1 LRJ.

55 Según el DCCCyL 286/2006, de 27 de abril, «cuestión diferente es que excepcionalmente pueda reconocerse eficacia interruptiva a la reclamación dirigida a una Administración, en su condición de tal, resultando ser responsable otra Administración, por idéntica condición, al objeto de evitar que, del complejo entramado delimitador de las competencias entre una y otra o de cualquier otra circunstancia concurrente en el caso concreto imputable a éstas pudiera conllevar que, como consecuencia de la prescripción, un perjuicio originado por el funcionamiento de los servicios públicos que el particular no tenga el deber jurídico de soportar quedase sin reparar pese haberse seguido una conducta diligente por éste al ejercitar la reclamación» (CJ 6).

común (LRJPAC-92), obliga a las AAPP a derivar la responsabilidad cuando hubieran actuado con dolo, o culpa o negligencia graves[56].

Las características de esta acción, conocida como «acción de regreso», han sido expuestas por BLANQUER en el cap. 5, al que nos remitimos (págs. 386 a 390).

4) Responsabilidad de contratistas

Presenta también dificultades la responsabilidad dirigida contra una AAPP por los daños causados por su contratista durante la ejecución de contratos sujetos a la LCSP. En principio si los daños son causados a partir de una orden inmediata y directa de aquella o de vicios del proyecto o en el contrato de suministro de fabricación (arts. 32.9 LRJ y 196 de la LCSP), no cabría duda de la responsabilidad administrativa que recaería sobre aquellas.

Cuando el reclamante, con o sin requerimiento previo del art. 196.3 de la LCSP, estima que la Administración es quien debe responder por los daños causados por un contratista suyo, «se seguirá el procedimiento (…) para determinar la responsabilidad de las Administraciones Públicas» (art. 32.9 LRJ). En él, «será necesario en todo caso dar audiencia al contratista, notificándole cuantas actuaciones se realicen en el procedimiento, al efecto de que se persone en el mismo, exponga lo que a su derecho convenga y proponga cuantos medios de prueba estime necesarios» (art. 82.5 de la LCSP).

Los arts. 196 LPAC, 32.9 LRJ, y 82.5 LPAC han sido objeto de interpretación por la jurisprudencia y la doctrina legal da manera dispar.

Tan solo destacar que, en síntesis, existen dos tesis sobre la responsabilidad del contratista por los daños causados a terceros con ocasión de la

---

[56] Sobre esta cuestión puede leerse a DOMÉNECH y GARCÍA BLANCO. DOMÉNECH PASCUAL, Gabriel (2020): «Responsabilidad patrimonial del Estado por la gestión de la crisis de la Covid-19», *El Cronista del Estado Social y Democrático de Derecho,* núm. 86-87, págs. 102 e 110. GARCÍA BLANCO, Jesús María y MARTÍN LORENZO, Beatriz (2021): «Introducción a la responsabilidad patrimonial de la Administración en tiempos de pandemia», *op. cit.* págs. 21 a 34.
Hace unos años, el ATS de 18 de diciembre de 2020 (núm. rec. 20542/2020 y [*Tol 8241697*]) recordó que ante un eventual delito cometido por dirigentes políticos, la competencia para conocer del asunto en relación con personas aforadas correspondía al TS.

ejecución de un contrato: una que interpreta literalmente los arts. 32.9 de la LCSP, 82.5 LRJ y art. 196 de la LCSP; y otra que efectúa una interpretación, a nuestro juicio, más garantista de los mismos[57].

La primera, avalada jurisprudencialmente, aboga por aplicar estrictamente los preceptos citados, y por lo tanto por la necesidad de requerir al órgano de contratación para que determine quién es el responsable[58].

---

57 Para los supuestos de reclamaciones de responsabilidad patrimonial que se interpongan como consecuencia de los daños causados a terceros durante la ejecución de un contrato hay que partir de la LRJ. De acuerdo con su art. 32.9, se seguirá el procedimiento previsto en la LPAC «para determinar la responsabilidad de las Administraciones Públicas (...) cuando [los daños] sean consecuencia de una orden inmediata y directa de la Administración o de los vicios del proyecto elaborado por ella misma sin perjuicio de las especialidades que, en su caso establezca (...) la Ley de Contratos del Sector Público». La LRJ efectúa una doble remisión, a la LPAC y a la LCSP: 1) Remisión a la LPAC. El art. 32.9 LRJ se remite a la PAC. El reenvío debe entenderse hecho al procedimiento administrativo común regulado en los arts. 54 y siguientes de la LPAC. De una interpretación literal del art. 32.9 LRJ resultaría que el órgano de contratación, antes de determinar la aplicación de la LPAC, debería comprobar que los daños le son imputables porque dio una orden o porque estos resultan de un vicio del proyecto. La LPAC únicamente menciona la intervención del contratista en el art. 82.5 LPAC. Este señala que cuando la Administración sea la responsable de los daños, «será necesario (...) dar audiencia al contratista, notificándole cuantas actuaciones se realicen en el procedimiento (...) [para que] exponga lo que a su derecho convenga y proponga (...) prueba». 2) Remisión a la LCSP. Como quiera que la LCSP no contiene un procedimiento *ad hoc*, sino únicamente una serie de especialidades en el art. 196 de la LCSP, se produce una incoherencia. Esta tiene lugar porque la audiencia del contratista será imprescindible cuando aún no se ha determinado si los daños le son imputables a él o a la Administración. También en el caso de que los daños y perjuicios ocasionados a terceros durante la ejecución de un contrato cuando sean consecuencia de una orden inmediata y directa de la AAPP —o de los vicios del proyecto elaborado por ella misma— el procedimiento para exigir responsabilidad a aquellas serán el común previsto en la LPA (art. 32.9 LRJ).

58 SÁNCHEZ CARMONA, «resultan patentes las diferencias entre (...) [entre el] trámite de audiencia al contratista [del art. 82.5 LPAC] y el informe [del art. 196.3 de la LCSP] (...), puesto que si aquél era emitido por un órgano o servicio administrativo distinto del competente para resolver la reclamación, pero dentro de cuyo funcionamiento se había originado presuntamente el daño, en el caso del contratista estamos ante alguien ajeno a la Administración Pública. Por otra parte, en cuanto a las posibilidades de asunción de culpa, la práctica pone de manifiesto lo inhabitual de que se produzca un reconocimiento tanto en los informes administrativos como en el trámite de audiencia a los contratistas, si bien en el caso de la Administración siempre quepa recordar que su actuación debe estar

La segunda, defendida por la mayoría de los consejos consultivos —y que compartimos— sostiene que la Administración Pública, como única titular del servicio, es la responsable de los daños causados por el contratista a terceros, sin perjuicio de la acción de regreso que, en su caso, remita contra este[59].

---

inspirada por los principios generales establecidos (...), lo que a priori podría determinar una mayor objetividad e imparcialidad en el sentido de este trámite». SÁNCHEZ CARMONA, Miguel (2015): «Procedimiento administrativo y contencioso administrativo: reglas y especialidades», en SÁCHEZ CARMONA, Miguel y PÉREZ PINO, Mª Dolores (dirs.), *Manual sobre Responsabilidad Patrimonial de la Administración Pública.* Instituto Andaluz de Administración Pública— Asociación de Letrados y Letradas de la Junta de Andalucía, Sevilla, pág. 122.

59 Para el CdE: «la asistencia sanitaria (...), no es (...) una prestación autónoma con entidad propia cuya ejecución por un tercero (...), sino, más bien, una prestación que se subsume en el conjunto de las actuaciones que aquella debe desplegar (...). En estas circunstancias (...) resulta aplicable (...) el principio de indemnidad consagrado en el artículo 106 de la Constitución [. En virtud del mismo] (...) resulta "indiferente quién sea el causante inmediato del daño, sin que quepa colocar al ahora reclamante en peor posición por el hecho de que el perjuicio haya sido ocasionado (...) por un contratista, pues éste, al fin y al cabo, actúa por cuenta de aquélla" (dictamen número 1.725/2011, de 12 de enero). Así pues, el hecho de que la actividad causante del daño haya sido realizada a través de un contratista interpuesto "no empecé (...) [el] reconocimiento de la responsabilidad de la Administración (...), por lo que, en el caso de que resulte procedente indemnizar (...) su abono deberá realizarlo la propia Administración contratante, sin perjuicio de (...) la acción de regreso frente a la empresa contratista ". (Dictamen nº 837/2009, de 10 de septiembre). [Además, el art. 196 de la LCSP] "no obsta para que (...) primero pague la Administración, y luego ésta repita frente al contratista (...) " (Dictamen número 996/2007, de 30 de mayo, y los que cita). En definitiva, la obligación legal [del contratista de responder] no priva a los particulares del derecho de exigir directamente a la Administración (...), aunque haya un contratista interpuesto» (DCdE de 18 de junio, núm. exp. 205/2020). Este criterio es el sostenido de manera continuada por el CdE, y así lo ha recordándolo de manera reiterada en varias de sus memorias, como las correspondientes a los años 2001 y 2004, ad— ex. en la pág. 187 de la segunda. En términos análogos se ha pronunciado el CCCyL, para el cual: «La posición de la administración en el seno de la relación contractual establecida con estos particulares (concesionario o contratista), en virtud de la cual se distribuyen y asumen riesgos entre las partes contratantes, no incumbe al particular que sufre daños a consecuencia de esa actividad, cuya integridad patrimonial debe ser garantizada por imperativo de los artículos 106 de la Constitución y 139 y siguientes de la referida Ley 30/1992, de 26 de noviembre, sin perjuicio de que la indemnización sea abonada finalmente por quien deba soportarla a tenor de la relación obligacional establecida (Sentencias del Tribunal Supremo de 13 de febrero de 1987, 10 de abril de 1989, 9

Como apuntamos, en nuestra opinión la segunda tesis, también con apoyo jurisprudencial, es más garantista con el reclamante porque le ahorra un peregrinaje jurisdiccional —acción frente al contratista y frente a la administración, en órdenes jurisdiccionales diferentes— de futuro incierto. Además, «la práctica pone de manifiesto lo inhabitual de que se produzca un reconocimiento tanto en los informes administrativos [del art. 196.3 de la LCSP] como en el trámite de audiencia a los contratistas» del art. 82.5 LPAC[60].

5) Responsabilidad de las compañías de seguros

Llama la atención que la LPAC, la LRJ y la LCSP, guarden silencio sobre la intervención de las compañías de seguros en los procedimientos de responsabilidad patrimonial. Ninguna de las tres normas exige que durante su tramitación se dé audiencia, no ya a las aseguradoras de contratistas de la Administración sanitaria, sino a las compañías aseguradoras de la Administración en general.

Esto no implica que las compañías de seguros deban quedar al margen de la tramitación del procedimiento. Al amparo de lo dispuesto en el art. 4.1 LPAC, no se les puede negar su condición de interesada. Desde el momento en que sus intereses pueden resultar afectados por la

---

de mayo de 1989 y 11 de febrero de 1997). Así, "hay que considerar como idea rectora en esta materia la de que en toda clase de daños producidos por servicios y obras públicas en sentido estricto, cualquiera que sea la modalidad de prestación directamente, o a través de entes filiales sometidos al derecho privado o por contratistas o concesionarios), la posición del sujeto dañado no tiene por qué ser recortada en su esfera garantizadora frente a aquellas actuaciones de titularidad administrativa en función de cuál sea la forma en que son llevadas a cabo y sin perjuicio, naturalmente, de que el contratista y el concesionario puedan resultar también sujetos imputables" (Sentencia de 8 de noviembre de 2010)» (CJ 5 DCCCyL 41/2018, de 14 de febrero). También el reciente DCCCyL 148/2022, de 4 de mayo, en concreto en su CJ 5. En fin, como dijera la STSJ Cataluña de 12 de noviembre de 2020 (núm. rec. 38/2020 y [*Tol 8328070*]), «estamos ante la gestión de un servicio público que se descentraliza a través de la contratación administrativa que no puede comportar el desentendimiento de las medidas de seguridad y salud, ni excluir la responsabilidad última, que va más allá de la responsabilidad in vigilando para ser responsabilidad directa, de quién legalmente es el encargado del servicio público.». (FJ 8 STSJ de Cataluña de 12 de noviembre de 2020.

60 SÁNCHEZ CARMONA, Miguel (2015): «Procedimiento administrativo y contencioso administrativo: reglas y especialidades», *op. cit.* pág. 122.

decisión que se adopte en el procedimiento tienen derecho a ser parte en él. De hecho, el art. 16 de la Ley 50/1980, de 8 de octubre, de contrato de seguro, impone al tomador del seguro la carga de comunicar al asegurador el acontecimiento del siniestro en un plazo máximo de siete días desde que se tiene conocimiento del mismo o en el más amplio que fije la póliza.

Cuestión diferente es que, en la práctica, la compañía de seguros de la Administración sanitaria, sea o no llamada al procedimiento como interesada y comparezca o no en él, se le ofrezca ser oída y se le notifique la resolución.

En nuestra opinión, la intervención de las compañías de seguros debería recogerse en los pliegos que rijan la contratación de los seguros de responsabilidad patrimonial de la Administración. De hecho, como quiera que, en la mayoría de los casos, las compañías aseguradoras no son parte en estos procedimientos de responsabilidad patrimonial, si al final la Administración sanitaria es responsable del daño, deberá iniciar una acción de repetición contra la compañía aseguradora a través del procedimiento civil correspondiente.

En cualquier caso, habiéndose tratado la cuestión relativa al aseguramiento de la responsabilidad patrimonial de la Administración en el ámbito sanitario, los interrogantes planteados en los párrafos anteriores reciben cumplida respuesta por CARRILLO en el cap. 8, al que nos remitimos.

IV. INSTRUCCIÓN DEL PROCEDIMIENTO

«El procedimiento administrativo [es] (...) un conjunto coherente en el que todos sus trámites se interrelacionan con el objeto de concluir con una resolución fundada en todos los trámites seguidos»[61].

La parte central del mismo, la instrucción, es, a su vez, un conjunto cohonestado de actuaciones encaminadas a esclarecer los hechos y a efectuar una adecuada calificación jurídica de la actividad administrativa puesta en entredicho[62]. Como todo procedimiento administrativo se impulsará de

61 CJ 2 DCCCyL 371/2019, de 1 de agosto.

62 Aunque no pueden efectuarse valoraciones generales, tampoco puede negarse que, en la tramitación de los procedimientos de responsabilidad patrimonial, en ocasiones, se observa cierto automatismo en la fase de instrucción. En estos casos, a pesar de las reiteradas llamadas de atención de los consejos consultivos,

oficio en todos sus trámites y a través de medios electrónicos (art. 71.1 LPAC). La instrucción, que tiene por objeto «la determinación, conocimiento y comprobación de los hechos en virtud de los cuales deba pronunciarse la resolución» (art. 75 de la LPAC), se realizará de oficio, sin perjuicio del derecho de los interesados a intervenir en el mismo a través de alegaciones, prueba,...

Entre los principales actos que conforman la instrucción del procedimiento, y sobre las que nos detendremos brevemente, se encuentran las alegaciones del reclamante, la prueba y los diferentes informes, tanto preceptivos como facultativos.

Teniendo en cuenta su importancia, en las páginas siguientes dedicaremos dos epígrafes a la fase de instrucción. En el primero, de carácter genérico, abordaremos en tres apartados, los tramites esenciales, así como los aspectos diferenciales y las prácticas comunes de las distintas Administraciones sanitarias a la hora de tramitar las reclamaciones de responsabilidad patrimonial en este ámbito. En el segundo nos centraremos en los concretos documentos que determinan en la mayoría de las ocasiones la estimación o desestimación de la reclamación —historia clínica, informes médicos y dictámenes periciales— y su valoración. En cuanto a la práctica de la prueba, en este capítulo nos limitaremos a señalar alguna reflexión sobre los dictámenes periciales que pueden ser aportados por las partes.

---

da la impresión de que poco o nulo impacto tienen en los servicios de responsabilidad patrimonial para su corrección. Por ejemplo, el DCCCyL 371/2019, que se acaba de citar, sobre la falta de toma en consideración de las observaciones formuladas por la Asesoría Jurídica en su informe. Sobre la necesidad de la toma en consideración y de motivación para apartarse del criterio de los informes emitidos, aún cuando no sean vinculantes, la STS de 27 de octubre de 2009 (núm. rec. 5906/2007 y [*Tol 1747327*]): «La infracción en que incurrió la Administración es manifiesta se limitó a mantener lo que había decidido en la instancia la Dirección General sin dar respuesta a la recurrente en cuanto a las razones que esgrimía en el recurso, y, desde luego, desdeñó el informe de la Inspección que no le vinculaba, pero que merecía, para desoír su opinión, de la necesaria motivación».

1) Trámites relevantes

En la fase de instrucción, no todos los trámites tienen igual importancia. En ese sentido, es fácil reconocer la diferente entidad de cada uno de ellos[63].

Ahora bien, aunque la admisión a trámite o el nombramiento del instructor puedan tener menor relevancia procedimental objetiva, tanto una como otra, no dejan de tener trascendencia y tanto su adopción como su notificación a los interesados deben quedar necesariamente reflejadas en el expediente.

Esta exigencia, lejos de constituir un mero formalismo puede llegar a tener una importante significación práctica en cuestiones tales como el cómputo de plazos —piénsese en el caso de la inadmisión de la reclamación— o la transparencia e información a los interesados, etc[64]. De hecho, su inobservancia podría acarrear incluso la nulidad del procedimiento.

En cualquier caso, debe insistirse en la correcta tramitación del procedimiento de responsabilidad y la observancia de los requisitos formales en cada trámite. Prueba de ello, es que no deja de ser infrecuente, pese a las observaciones reflejadas por los consejos consultivos, que determinados trámites o actuaciones del procedimiento son obviados o reducidos a su mínima expresión.

2) Aspectos diferenciales

Como antes se apuntó, la tramitación de las reclamaciones de responsabilidad patrimonial sanitaria en sede administrativa sigue la misma estructura que, para todo procedimiento administrativo, se establece en la LPAC.

Ahora bien, la circunstancia de que la competencia en esta materia corresponda a las CCAA está provocando importantes diferencias en el modo de instruir los procedimientos por parte de las distintas Administraciones sanitarias. Este hecho indubitadamente dificulta obtener una visión de conjunto, si bien arroja también la oportunidad de lograr una mayor

---

63 Por ejemplo, la admisión a trámite o el nombramiento de instructor no pueden equipararse en relevancia con el informe del servicio cuyo funcionamiento haya ocasionado la presunta lesión o con el trámite de audiencia.

64 Entre otros motivos es importante reflejar la identidad del instructor para que no existan causas de abstención o recusación que no han podido ser apreciadas por el reclamante por faltar el acuerdo de nombramiento de instructor.

coordinación ente AAPPs, donde se intercambien experiencias, se expongan problemas comunes y se adopten soluciones de eficacia contrastada importadas de otros territorios.

Del análisis del *modus operandi* de las distintas Administraciones sanitarias en la fase de instrucción cabe destacar ciertas singularidades. Están afectan, entre otros aspectos, a las funciones atribuidas a la Inspección Médica, la creación de órganos colegiados de valoración del daño y los órganos competentes para resolver las reclamaciones.

A. Inspección Médica

El papel y la intervención de la Inspección Médica, cuerpo común en todos los territorios, no es la misma en todas las AAPP: en algunas CCAA se reserva su actuación a la fase probatoria mediante la elaboración de dictámenes técnico-médicos de carácter imparcial; mientras que en otras se les encomienda la redacción de la propuesta de resolución[65].

Así, existen comunidades autónomas donde emiten un informe, como en la Comunidad Valenciana; un informe sobre la totalidad del proceso asistencial seguido más allá del informe del/los servicio/s afectados, en el caso de Castilla y León; o directamente son los encargados de redactar la propuesta de resolución tras la instrucción del procedimiento, como ocurre en el caso de la comunidad gallega.

---

65 Es nuestra opinión que los inspectores médicos, en atención a sus importantes conocimientos técnicos, sean aprovechados para emitir dictámenes o informes que coadyuven al esclarecimiento de los hechos. En cambio, podrían no ser el colectivo más idóneo para formular con arreglo a criterios jurídicos una propuesta de resolución. Como es sabido, la resolución de los procedimientos entran en juego conceptos e institutos —legitimación, prescripción, aplicación de baremos,...— que escapan del saber científico de estos profesionales pudiendo existir otros más idóneos —cuerpos técnico-jurídicos— para este cometido. Compartimos la apreciación del CdE sobre la intervención de la Inspección Médica en las reclamaciones de responsabilidad patrimonial. Según expresa en su Memoria del año 2019, «la Inspección Sanitaria está llamada a cumplir una importantísima función de garantía de la calidad de las prestaciones sanitarias y del debido respeto a los derechos de los usuarios del Sistema Nacional de Salud (...), ofreciendo en sus informes un valioso juicio en el artículo 217.7 de la Ley de Enjuiciamiento Civil y perfilado por una constante jurisprudencia ...» (https://www.consejo-estado.es/wp-content/uploads/2021/05/MEMORIA-2019.pdf).

B. Órganos colegiados de valoración del daño

Las diferencias entre CCAA también se aprecian en la creación de órganos administrativos *ad hoc* para las reclamaciones patrimoniales sanitarias encargadas del no pocas veces complejo cometido de efectuar la valoración de los daños sufridos. Este es el caso de la Generalitat Valenciana y la de Cataluña.

Ambas Administraciones han creado órganos colegiados —denominados Comisión de Valoración del Daño Corporal (CVDC) e Instituto Catalán de Evaluaciones Médicas (ICEM)— con la finalidad de evaluar los daños para el caso de que la propuesta de resolución resultare ser estimatoria o parcialmente estimatoria. Como apuntamos más arriba, tras un tiempo en funcionamiento, y de obtener resultados satisfactorios, podría ser una opción por la que podrían apostar otras Administraciones sanitarias, evitándose la disparidad de criterios que se observa en ocasiones dentro de una misma administración en esta labor valorativa.

C. Órganos competentes

También existen variaciones significativas en la atribución de la competencia para resolver dentro de cada Administración, resultado de la potestad de autoorganización de cada una de ellas. Frente a la uniformidad existente en el extinto Instituto Nacional de la Salud (INSALUD), en la actualidad, existen diferencias tanto en cuanto a las unidades encargadas de resolver[66]; consejeros, directores del servicio de salud, delegaciones de competencias,…

En nuestra opinión, y de nuevo, una mayor coordinación interadminsitrativa podría ofrecer resultados positivos para todas las AAPP implicadas, ya sea por el juego de sinergias, ya sea simplemente para optar de manera

66 Cualquiera que sea la opción por la que apuesten las distintas AAPP, ante situaciones de notable incremento del volumen de reclamaciones deberían adoptarse medidas coyunturales con el fin de incrementar la eficacia en el actuar administrativo. Algún ejemplo reciente lo podemos observar en relación las reclamaciones presentadas con ocasión de la Covid-19 ante la AGE. En esta administración, se han realizado encomiendas de gestión para agilizar la tramitación de estas reclamaciones. Así, el Boletín Oficial del Estado (BOE) de 21 de octubre de 2020, daba cuenta de la encomienda de gestión efectuada por la Subsecretaría del Ministerio de Sanidad en la Subsecretaría del Ministerio de Hacienda para que instruyera las reclamaciones de responsabilidad patrimonial relacionadas con el coronavirus.

desacomplejada por el «copiar/pegar» en favor de las opciones con eficacia contrastada.

3) Prácticas comunes

Junto con las diferencias procedimentales, también existen características comunes en prácticamente todas las Administraciones instructoras, no siempre positivas.

A. Dilaciones indebidas

Entre las notas comunes de carácter «patológico» debe señalarse, en primer lugar, sin riesgo a equivocarse, el retraso en la resolución de este tipo de procedimientos[67]. Esta mala práctica es particularmente grave en materia sanitaria porque afecta, entre otras personas, a enfermos y/o familiares de un fallecido, los cuales, con razón o sin ella, creen que ha habido un mal funcionamiento de los servicios sanitarios públicos y merecen una respuesta en plazo.

---

67 Desde un punto de vista objetivo, la infracción del plazo máximo para resolver supone la conculcación de un buen número de principios reconocidos tanto en la LPAC como en la LRJ. Entre ellos cabe destacar los principios de eficacia, eficiencia, servicio efectivo a los ciudadanos, racionalización y agilidad de los procedimientos administrativos, buena administración y control del gasto público ligado a la consecución de los objetivos de estabilidad presupuestaria entre otros. Esta «patología» choca con el compromiso, reflejado en la práctica totalidad de los Estatutos de Autonomía de segunda generación, de ofrecer a sus ciudadanos una respuesta en plazos razonables o el derecho a una buena administración. Llama la atención el hecho de que, junto con el instructor, existan otros elementos de demora no imputables a este órgano. Así ocurre con la acumulación histórica de expedientes, la insuficiencia de medios personales y materiales, el retraso en la emisión de dictámenes periciales o en la localización de parientes y allegados del fallecido. A mayor abundamiento, debe recordarse igualmente que las dilaciones indebidas en aquellas reclamaciones finalmente estimadas en vía administrativa o judicial, van a suponer un incremento de la indemnización a satisfacer al reclamante en concepto de intereses, por lo que habría que añadir el carácter antieconómico de este proceder.

Además, habría que tener presente la posibilidad de acudir al procedimiento simplificado, bien de oficio, bien a solicitud de los interesados, con la reducción de plazos que ello comporta[68].

Es justo reconocer que la demora en la tramitación y resolución de los procedimientos en materia sanitaria, se da también en no pocas ocasiones, en el ámbito judicial.

B. Automatismo

Como se apuntó más arriba, el procedimiento administrativo debe ser entendido como un conjunto de tramites que permita tener por acreditados los hechos sobre los que versa la reclamación y proceder a una adecuada calificación jurídica de la actividad administrativa puesta en entredicho.

Sin ser un lugar común, en ocasiones se observa cierto automatismo —o comportamientos rutinarios— en la fase de instrucción, como si se siguieran una suerte de trámites por imperativo legal pero sin relación entre ellos, y sin que las observaciones u objeciones vertidas bien por los órganos informantes bien por los particulares lograsen permear en la instrucción, cuyo fin único fuese llegar hasta la resolución con independencia de lo que «pase durante el camino», práctica que debe ser censurada.

Ello es particularmente frecuente en lo que se refiere a la aceptación y práctica de pruebas[69]. Esta circunstancia no favorece en absoluto el es-

---

68 Como afirma el art. 96.4 LPAC, «en el caso de procedimientos en materia de responsabilidad patrimonial de las Administraciones Públicas, si una vez iniciado el procedimiento administrativo el órgano competente para su tramitación considera inequívoca la relación de causalidad entre el funcionamiento del servicio público y la lesión, así como la valoración del daño y el cálculo de la cuantía de la indemnización, podrá acordar de oficio la suspensión del procedimiento general y la iniciación de un procedimiento simplificado».

69 Aunque las más de las veces la práctica de la prueba se limite a la aportación de dictámenes médico-periciales por ambas partes, no deben descartarse *a priori* otros medios probatorios, como las testificales. En algunos supuestos estas pueden tener al menos el mismo valor o más que aquellas. A título de ejemplo se significa que la prueba testifical puede ser determinante para conocer lo que ocurrió en una consulta o quirófano. De ahí la importancia de la admisión de este tipo de pruebas en determinados casos y no su negativa de plano, así como una adecuada práctica de las mismas, en la que la toma de declaración a los testigos se realice en presencia de todos los interesados en el procedimiento. Todo ello al margen de que todo rechazo de las pruebas propuestas por los interesados deba realizarse mediante resolución motivada (art. 35.1 f) LPAC).

clarecimiento de los hechos[70]. Además, suponen un desconocimiento de las funciones legalmente atribuidas al instructor del procedimiento[71], así como la especial posición que el ordenamiento jurídico le atribuye[72].

---

70 Sobre este particular —valoración de la prueba— procede recordar, con la CJACat, que son plenamente aplicables a las reclamaciones de responsabilidad patrimonial las normas que rigen el procedimiento administrativo. Por esta razón, y con independencia del preceptivo informe de funcionamiento del art. 81.1 LPAC, en este tipo de procedimientos deberán recabarse todos aquellos medios de prueba que se consideren necesarios o convenientes (arts. 71 y 77.1 y 2 LPAC). Estos medios de prueba, junto los que puedan aportar los reclamantes (art. 53.1 e) y 76 LPAC) solo podrán ser desestimados por motivos fundados y de manera razonada (art. 77.3 LPAC). Memoria y análisis de doctrina de 2012 de la CJACat de 2012, pág. 22. https://cja.gencat.cat/web/.content/continguts/ambits_actuacio/Publicacions/Doctrina_per_materies/Responsabilitat-patrimonial/responsabilidad-patrimonial-sanitaria-perdida-oportunidad-prueba-2012-ES.pdf

71 En relación con la instrucción del procedimiento resulta de interés la diferenciación que BLANQUER realiza entre actividad inquisitiva —conocer la realidad de lo ocurrido— y probatoria, en el seno de un procedimiento de responsabilidad patrimonial. Señala así que «el instructor (...) tiene que investigar y comprobar de oficio qué ha sucedido y cuáles son las circunstancias concurrentes (artículo 75.1 LPAC 39/2015). Con fundamento en indicios o sospechas sobre un mal funcionamiento de la Administración hospitalaria (al detectarse una infección nosocomial, o al producirse la pérdida de una oportunidad terapéutica), la inspección sanitaria puede y debe iniciar de oficio una investigación. Si la investigación alcanza su objetivo, el resultado será la comprobación de un hecho (resultado que no existe cuanto no hay averiguación, al no haberse constatado el indicio o la sospecha). Distinta a esa actividad inquisitiva, es la actividad de probar o acreditar un hecho relevante cuya existencia es objeto de controversia por el interesado del procedimiento (artículo 77 de la LPAC 39/2015) (...). So pretexto de que la carga de la prueba pesa sobre el reclamante, durante la instrucción del expediente la Administración no puede permanecer pasiva y omitir esas gestiones inquisitivas de determinación, conocimiento y comprobación de los hechos jurídicamente relevantes (artículo 75.1 de la LPAC 39/2015) (...). La Administración no puede atrincherarse en que toda la cuestión fáctica depende única y exclusivamente del interesado que reclama un resarcimiento a título de responsabilidad patrimonial». BLANQUER CRIADO, David (2012): *La concesión de servicio público, op. cit.* pág. 707.

72 Entre las funciones que la LPAC atribuye a la fase probatoria se encuentra el derecho del reclamante a probar la realidad de los hechos causantes de la lesión. Paralelamente, el instructor, lejos de lo que pudiera parecer, no tiene por misión negar estos hechos, como si de un litigio o pleito «civil» se tratara. Su función consiste en depurar la indagación y calificación de lo acontecido, y llegado el caso, proponer dictar resolución estimatoria de la solicitud.

C. Alegaciones

Derecho esencial de todo interesado en todo procedimiento administrativo junto con «utilizar los medios de defensa admitidos por el Ordenamiento Jurídico, y a aportar documentos en cualquier fase del procedimiento anterior al trámite de audiencia, que deberán ser tenidos en cuenta por el órgano competente al redactar la propuesta de resolución»[73].

Si bien lo usual es que las alegaciones en que el particular reclamante funde su derecho se recojan en el escrito de reclamación o una vez conferido el trámite de audiencia, lo cierto es que de conformidad con el artículo 76 LPAC los interesados podrán en cualquier momento anterior hacer alegaciones y aportar documentos, y también pueden alegar los defectos de tramitación que consideren[74].

Debe igualmente destacarse que el artículo 73.3 de la misma norma —al igual que antes lo hacía el 76.3 LPAC— advierte que, aunque las alegaciones no se presenten en el plazo establecido, y en consecuencia puedan ser los interesados declarados decaídos en su derecho, se admitirá la actuación del interesado y producirá efectos «si se produjera antes o dentro del día

---

[73] Art. 53.1 e) LPAC.

[74] Sobre la denuncia de defectos de tramitación, la STSJ de Murcia 444/2021, de 24 de septiembre, (rec. núm. 68/2019 y [*Tol 8665622*]): ha expresado lo siguiente «en cuanto a la alegación de nulidad de la resolución, hemos de poner de manifiesto que desde el primer momento los hoy recurrentes tenían la posibilidad de presentar el informe pericial, así como la documentación que estimaran oportuna. Por otro lado, antes de redactar la propuesta de resolución, se procedió a la apertura del trámite de audiencia, lo que se notificó a la recurrente, que figuraba al inicio de la reclamación, que fue conjunta en todo momento, en fecha 28 de octubre de 2019, concediendo un plazo de 10 días para alegaciones y presentar documentos o justificantes que creyera convenientes; se le facilitaba además la relación de documentos obrantes en el expediente al objeto de poder obtener copias; no presentaron el informe ni hicieron alegaciones. Tampoco con el recurso de reposición se aportó el informe pericial. Pues bien, de acuerdo con el artículo 76, de la Ley 39/2015, los interesados podrán en cualquier momento anterior al trámite de audiencia hacer alegaciones y aportar documentos, y también pueden alegar los defectos de tramitación. No consta que los actores alegaran defectos en la tramitación, como ya hemos dicho. No podemos entender que se haya producido esa vulneración por haber prescindido total y absolutamente del procedimiento legalmente establecido; por ello no procede la nulidad conforme al artículo 47 de la Ley 39/2015» (FJ 4).

que se notifique la resolución en la que se tenga por transcurrido el plazo», precepto aplicado por los tribunales en las más variadas materias[75].

En lógica consecuencia, la resolución que en su días se dicte debe resolver sobre todas las alegaciones formuladas de manera motivada.

V. HISTORIA CLÍNICA, INFORMES MÉDICOS Y DICTÁMENES PERICIALES

Dado el carácter técnico de la materia que nos ocupa, en la mayoría de los procedimientos de responsabilidad patrimonial sanitaria el éxito o fracaso de las reclamaciones dependerá de una serie de documentos de especial relevancia: la historia clínica, los informes médicos y los dictámenes periciales.

Su trascendencia radica en la fuerza de convicción que acarrean las declaraciones vertidas por profesionales médicos conocedores de la *praxis* médica, la cual deberá hacerse valer de acuerdo con el sistema de valoración de la prueba legalmente establecido.

Dicho esto, a continuación, señalaremos las características básicas de algunos de ellos como la historia clínica, los informes —tanto del servicio donde se produjo la asistencia sanitaria, de la Inspección Médica, de los órganos colegiados de valoración del daño y de los dictámenes periciales emitidos a instancia de la administración— como informes y dictámenes de parte. Terminaremos con una breve referencia al valor de todos ellos a efectos probatorios.

1) Historia clínica

Todo el proceso asistencial se encuentra —o así debería ser— reflejado y consignado en la historia clínica. Esta se define como «el conjunto de los documentos relativos a los procesos asistenciales de cada paciente, con la identificación de los médicos y de los demás profesionales que han intervenido en ellos»[76].

---

75 CJ 4 STS de 14 de junio (núm. rec. 4374/2009 y [*Tol 2145034*]) o STSJ de Madrid 519/2015, de 29 de julio (núm. rec. 4374/2009 y [*Tol 5538231*]).

76 Art. 14 de la LAP.

La información contenida en la historia clínica es confidencial. Su contenido, uso, conservación, acceso y custodia se rigen por la Ley 41/2002, de 14 de noviembre, básica reguladora de la autonomía del paciente y de derechos y obligaciones en materia de información y documentación clínica (LAP), y el resto de las disposiciones aprobadas por las CCAA[77].

Pues bien, el acceso a la historia clínica es imprescindible en la práctica totalidad de las reclamaciones patrimoniales en materia sanitaria[78]. Es más, su pérdida, extravío, e incluso la imposibilidad de aportarla, da lugar en no pocas ocasiones a la estimación de la reclamación[79]. En estos casos hay ya de por si un «quebranto de la "lex artis" (...) [por] no darle a los recurrentes el derecho a tener una HC [historia clínica] completa y rigurosa (...) [ya que] es la Administración, quien (...) por su disponibilidad (...) debe correr con los perjuicios de la falta de prueba. [En definitiva, al no haberse aportado la historia clínica,] se le ha privado de la capacidad de probar y defender»[80].

---

77 En Cataluña la LAP se completa con la Ley 21/2000, de 29 de diciembre, sobre los derechos de información concernientes a la salud y la autonomía del paciente, y la documentación clínica [*Tol 210799*].

78 El acceso a la historia clínica es un derecho dentro de los límites de los artículos 13 LPAC y 18 LAP.

79 La obligación de incorporar en la historia clínica el procedimiento asistencial no puede entenderse como absoluta, en el sentido de que toda actuación debe ser recogida en ella. En este sentido, para el TSJ de Andalucía, la historia clínica debe incluir «no el resultado material obtenido [de toda actuación asistencial], sin que, por lo tanto, (...) deba incluir obligadamente [todos] los archivos informáticos o visuales de las ecografías (...). Tampoco habría de incluir el material empleado o resultante de las pruebas químicas o de anatomía patológica, de las que, por la misma razón, solo se exige la conservación de los informes realizados [a los correspondientes a las segundas se refiere específicamente el apartado 2.1) de la norma]» (FJ 8 STJS de Andalucía 215/2019, de 25 de febrero, núm. rec. 189/2017 y [*Tol 7598079*]).

80 FJ 4 STS 2 enero 2012 (núm. rec. 3156/2012 y *Tol 2387900*). En idéntico sentido se ha pronunciado la STSJ de Andalucía 1770/2020, de 13 de octubre (núm rec. 517/2018 y [*Tol 8472206*]). Según su parecer. «en el supuesto enjuiciado, si bien el organismo demandado ha reconocido el error padecido, sin embargo, en ningún momento ha llegado a ofrecer explicación alguna que sirviera para justificarlo o mostrar su imposible evitación, explicación que sin duda le correspondía ante el padecimiento de dicho error y, sobre todo, en atención a la facilidad probatoria de la que disponía considerado el conjunto organizativo con el que contaba para ello y, en particular, la posibilidad de recabar la relevante opinión que sobre tal aspecto hubiera podido suministrar la doctora que realizó la operación, por completo omitida» (FJ 5).

Si bien no puede sostenerse que sea práctica usual, en ocasiones facilitar su acceso al interesado o sus allegados no resulta fácil y se presentan obstáculos de todo tipo para acceder a una documentación que, en definitiva, le pertenece, obviándose derechos reconocidos tanto constitucional (105 b) CE) como legalmente (arts. 13 y concordantes LPAC y 18 LAP).

Sin ser, como señalamos, práctica generalizada la denegación de acceso a la historia clínica, en el supuesto que esto ocurra, llegado el caso, esta podría reclamarse como diligencia preliminar[81], prevista específicamente en Ley 1/2000, de 7 de enero, de la Ley de Enjuiciamiento Civil (LEC), de aplicación supletoria al proceso contencioso-administrativo, entre las que se encuentra «la petición de la historia clínica al centro sanitario o profesional que la custodie»[82].

2) *Informes médicos*

De acuerdo con el art. 81.1 LPAC, todos los expedientes de responsabilidad patrimonial deben contar con un informe del servicio «cuyo funcionamiento haya ocasionado la presunta lesión indemnizable»[83]. En adelante nos referiremos a él como el Informe del Servicio.

En los Informes del Servicio, en principio, debería de haber información suficiente para efectuar una propuesta de resolución en la que se reflejasen con precisión los hechos y su evaluación jurídico-medica.

Ahora bien, los procedimientos de responsabilidad patrimonial sanitaria son quizá de los que más informes, además del servicio actuante, cuentan durante su instrucción, algo en principio lógico dado el carácter técnico de la materia que se aborda, por lo que el expediente en el que sólo se cuenta con este constituye la excepción (sólo a instancia de la Administración se incorporan, en función de la organización de cada servicio de

81 La moderna normativa sobre transparencia y acceso a la información pública también supone una nueva vía para que los particulares puedan acceder a información relevante en materia de responsabilidad patrimonial. Cabe recordar que esta normativa, representada principalmente por la LTAIPBG, el RGAIP y la normativa de desarrollo dictada por las CCAA.

82 Art. 256.1 5º bis de la LEC. Sobre este particular hay que significar que en un buen número de supuestos, aunque no llegan a judicializarse, se detecta el desorden en su remisión o la inelegibilidad de algunas de partes manuscritas de la historia clínica (*v.gr* «la letra de médico») lo que dificulta sobremanera la carga de la prueba.

83 Art. 81.1 LPAC.

salud: el de la inspección médica, el de un órgano colegiado de valoración del daño, el de la compañía aseguradora,...).

A la pléyade de informes evacuados por la administración, en este ámbito es también frecuente que durante el procedimiento —ya sea junto con la reclamación, más adelante, durante la instrucción o en sede judicial— la presencia de informes periciales de parte, del todo punto comprensible por otro lado si se pretende lograr una decisión administrativa o judicial favorable, decisión que a su vez y en todo caso se presentará como «bien fundamentada» al incorporar el contenido de los informes públicos que se acaban de citar. Esto no obstante, la estrategia procesal seguida en ocasiones por los particulares reclamantes o sus representantes es demorar la presentación de estos informes periciales de parte hasta el momento del juicio en sede contencioso-administrativa, lo que si bien permite reservar algún «arma procesal» para tratar de refutar la postura de la administración desestimatoria de la pretensión, por otro lado hurta el debate jurídico —sobre los extremos recogidos en unos informes hasta ahora desconocidos— tanto al propio órgano administrativo encargado de resolver como a los órganos consultivos en su labor revisora del conjunto del expediente.

Dicho esto, en los siguientes párrafos señalaremos algunas de las principales características de los informes médicos.

A. Informe del Servicio

Es el informe preceptivo que tiene por objeto obtener una valoración de lo acontecido por servicio o área donde se ha producido la lesión. Estos informes permiten conocer de primera mano los motivos de las decisiones médicas y actuaciones clínicas practicadas por parte de los facultativos.

Desgraciadamente, un rasgo común y frecuente es la demora en su emisión[84]. En otras ocasiones, el contenido de los informes son extremada-

[84] El motivo del retraso en la evacuación de los informes casi siempre se debe al volumen de trabajo de la unidad encargada de la asistencia. También, en ocasiones, es debido a que los autores que participaron en el acto médico impugnado no se encuentren prestando ya sus servicios en la referida unidad. Esta circunstancia no debería suponer un obstáculo ya que el servicio puede informar igualmente: la LPAC no exige que el autor de los informes del servicio sea la persona que ha practicado la intervención o asistencia sanitaria que ha provocado la reclamación aunque lógicamente resulte deseable. Además, el personal sanitario, y en particular los facultativos, tiene una adecuada formación para, a partir de la historia clínica, redactar el informe del servicio actuante. Estos informes pueden estar

mente escuetos, lo que poco o nada aportan al debate suscitado[85]. Algunos autores incluso les han reprochado su carácter voluntarista[86].

Debe advertirse nuevamente que, en ocasiones, un informe de un servicio concreto no resultaría suficiente para el esclarecimiento de unos hechos en los que pueden estar implicadas varias especialidades médicas, departamentos, servicios o en el que han intervenido varios profesionales (médicos, personal de enfermería, resto de personal sanitario,...). Esto supondría por un lado que se evacuaran tanto informes como servicios implicados y a su vez reclamaría una visión de conjunto de todo el proceso asistencial, que en muchas ocasiones proporciona la Inspección Médica en sus informes, de los que nos ocuparemos seguidamente.

---

firmados por la persona a la que se le reprocha la actuación negligente y usualmente aparecen suscritos o acompañados de otro del jefe de servicio o unidad correspondiente.

85 Al afirmar que los informes del servicio tienden a ser breves, no se pretende desmerecer su valor en todo caso, sino resaltar la importancia que tienen en el seno del procedimiento, ya que permiten conocer de primera mano los motivos de las decisiones y actuaciones practicadas por parte de los intervinientes en la acción sanitaria, por lo que no se deberían escatimar los esfuerzos para que todas las cuestiones planteadas en la reclamación resultaran reflejadas y explicadas de forma clara y con especial atención a los órganos a quien van dirigidos, esto es, los encargados de resolver la reclamación bien en vía administrativa bien en vía judicial, carentes de conocimientos técnicos sobre la materia a dilucidar.

86 En opinión de SÁNCHEZ CARMONA, «la práctica pone de relieve que (...) [los informes del servicio] suelen incluir un contenido voluntarista junto al relato de hechos. Así, al emitir el informe se es consciente de que la solicitud del mismo viene determinada por una reclamación en materia de responsabilidad patrimonial. De este modo, sin que ello sea obstáculo a la objetividad de la información suministrada por el informante, es evidente que el modo en que se suministre esa información, así como las eventuales conclusiones que puedan incluirse, revelarán una voluntad u opinión del órgano emisor respecto de la solicitud del interesado. De cualquier modo, dado el carácter no vinculante del informe, la propuesta que finalmente se eleve por el instructor habrá de ser fruto de la valoración del conjunto de medios probatorios practicados, siendo plausible que se separe del sentido del informe emitido por el servicio respecto cuyo funcionamiento se formula la reclamación». SÁNCHEZ CARMONA, Miguel (2015): PÉREZ PINO, Mª Dolores, SÁNCHEZ CARMONA, Miguel (Coord.) (2015): «Procedimiento administrativo y contencioso administrativo: reglas especiales», en SÁCHEZ CARMONA, Miguel y PÉREZ PINO, Mª Dolores, *Manual sobre Responsabilidad Patrimonial de la Administración Pública.* Instituto Andaluz de Administración Pública— Asociación de Letrados y Letradas de la Junta de Andalucía, Sevilla, pág. 121.

B. Informe de la Inspección Médica

La elaboración del informe por parte de la Inspección Médica, en aquellas CCAA en las que se recaba, responde a la voluntad de incorporar en el procedimiento un elemento de objetividad a través de un informe de conjunto emitido por personal cualificado pero que no ha tenido participación directa en el proceso asistencial causante de la reclamación.

Si la imparcialidad se presume de todo empleado público, estas características aparecen con mayor protagonismo y *auctoritas* en el caso de la Inspección Médica. A ellos corresponde emitir su parecer en un informe técnico, aunque suponga, en ocasiones, la ingrata labor de informar en contra del iter asistencial seguido por compañeros.

Su importancia no es baladí en los procedimientos en los que interviene. De hecho, en no pocas ocasiones en las que existen dos informes contradictorios sobre unos mismos hechos, —por lo general el informe del servicio actuante y el dictamen pericial de parte—, el informe de la Inspección Médica hace inclinar la balanza en uno u otro sentido. Ello es así porque «los Inspectores Médicos (...) actúan de acuerdo a los principios de imparcialidad y especialización (...) [y] han de ser, (...) independientes del caso y de las partes»[87]. Es por esto que el parecer razonado del inspector médico goza de influencia no menor, tanto en sede administrativa como judicial[88].

---

87 FJ 5 STSJ de Castilla y León 26/2022, de 8 de febrero (núm. rec. 94/2019 y [*Tol 8814881*]). En aquellos casos en los que se resuelva contra el parecer del inspector médico, el hecho de contar con un informe favorable a estimar la reclamación, supone una ayuda extra al abogado de parte que interpone un recurso Contencioso-administrativo. Esta apreciación es perfectamente aplicable al CdE y a los consejos consultivos de las CCAA. Tanto aquel como estos, como más adelante se señalará, toman en consideración la cualificada opinión de este informe médico, sobre todo cuando es favorable a estimar la reclamación y la propuesta de resolución desestimatoria.

88 Como comentaremos al hilo de la valoración de la prueba, tanto el CdE como los consejos consultivos de las CCAA son proclives a hacer suyos los informes de la Inspección Médica. En este sentido, la STSJ de Castilla y León 29/2015, de 20 de febrero (núm. rec. 205/2013) ha considerado que «es sabido que las alegaciones sobre negligencia médica deben acreditarse con medios probatorios idóneos, como son las pruebas periciales médicas, pues estamos ante una cuestión eminentemente técnica y este Tribunal carece de los conocimientos técnicos— médicos necesarios, por lo que debe apoyarse en las pruebas periciales que figuren en los autos, bien porque las partes hayan aportado informes del perito de su elección al que hayan acudido o bien porque se hubiera solicitado la designación judicial

Ahora bien, y como no puede ser de otro modo, esta regla no es automática, ya que a pesar de este juego de presunciones, la identidad de razón de los argumentos utilizados serán el elemento clave que permita dar preponderancia a uno u otro informe. Como se verá en el apartado del sistema de valoración del daño, existen fallos en los que el juzgado o tribunal dará mayor credibilidad a los informes periciales de parte «porque estos informes pueden ser tenidos en cuenta en la vía jurisdiccional (...) [y determinantes del fallo cuando su] análisis (...) ha sido profundo y exhaustivo», o al menos más convincente que el del inspector médico[89].

Sin perjuicio de lo anterior, el papel encomendado a la Inspección Médica en los procedimientos de responsabilidad patrimonial sanitaria es diferente en una u otra CCAA. Se nos escapa el motivo por el cual en algunas

---

de un perito a fin de que informe al Tribunal sobre los extremos solicitados. En estos casos, los órganos judiciales vienen obligados a decidir con tales medios de prueba empleando la lógica y el buen sentido o sana crítica con el fin de zanjar el conflicto planteado. No obstante debemos de realizar también una consideración respecto a los informes elaborados por la Inspección Sanitaria; informes que contienen también una opinión de carácter técnico, obtenida extraprocesalmente, por lo que sus consideraciones deben ser ponderadas como un elemento de juicio más en la valoración conjunta de la prueba, debiéndose significar que los informes de los Inspectores Médicos son realizados por personal al servicio de las Administraciones Públicas, que en el ejercicio de su función actúan de acuerdo a los principios de imparcialidad y especialización reconocidos a los órganos de las Administraciones, y responden a una realidad apreciada y valorada con arreglo a criterios jurídico-legales, por cuanto han de ser independientes del caso y de las partes y actuar con criterios de profesionalidad, objetividad e imparcialidad» (FJ 4).

En el mismo sentido la STSJ de Madrid de 26 de julio de 2018 (núm. rec. 768/2016 y [*Tol 6802514*]):«No existen reglas generales preestablecidas para valorar las pruebas periciales salvo la vinculación a las reglas de la sana crítica en el marco de la valoración conjunta de los medios probatorios aportados al proceso. Su fuerza de convicción reside en gran medida en su fundamentación y coherencia interna, en la cualificación técnica de sus autores y en su independencia o lejanía respecto a los intereses de las partes.

El informe de la Inspección Sanitaria, sin ser propiamente una prueba pericial, es también un relevante elemento de juicio para la valoración y apreciación técnica de los hechos o datos que interesan a las cuestiones litigiosas planteadas por las partes. La fuerza de convicción de sus consideraciones y conclusiones depende de la motivación, objetividad y coherencia interna del informe emitido pero también de los criterios de profesionalidad e imparcialidad respecto del caso y de las partes con que los Médicos Inspectores informan» (CJ 7).

89 FJ 4 STSJ del País Vasco 240/2015, de 10 de abril (núm. rec. 338/2013).

CCAA la Inspección Médica emite un informe médico en el sentido antes descrito, con el que nos alienamos al considerar que esta debe ser su función, frente a otras, en cambio, en las que son los encargados de redactar la propuesta de resolución, donde como es sabido además de criterios técnicos-sanitarios deben ser tenidos en cuenta conceptos jurídicos, que también requieren conocimientos especializados (plazos de prescripción, aplicación de tablas de valoración del daño,...). No alcanza a vislumbrarse el motivo de este último proceder.

C. Informe de los órganos colegiados de valoración del daño

Desde hace algunos años, en algunas CCAA, se ha creado un nuevo órgano de particular relevancia en los procedimientos que nos ocupan. Se trata de órganos encargados de la valoración del daño corporal. Es el caso de la Comisión de Valoración del Daño Corporal (CVDC), en la Comunidad Valenciana[90].

En el caso de la CVDC llama la atención su relevante y creciente papel. En esta Comunidad Autónoma, su CVDC, además de informar y valorar el daño corporal cuando el informe del inspector médico sea favorable al reconocimiento de una indemnización, también emitirá su parecer cuando lo soliciten la Abogacía de la Generalitat o el Consejo Jurídico Consultivo de la Comunidad Valenciana (CJCVal).

Su influencia se refleja no sólo en sede administrativa, sino que no son pocas las resoluciones judiciales que se remiten, a la hora de fijar la indemnización, a sus dictámenes[91].

---

90 La Comisión de Valoración del Daño Corporal de la Conselleria de Sanidad Universal y Salud Pública, actualmente está regulada por la Orden 6/2020, de 26 de octubre, de la Conselleria de Sanidad Universal y Salud Pública, por la que se aprueba el Reglamento de organización y funcionamiento de la Comisión de Valoración del Daño Corporal (CVDC).

91 Entre los pronunciamiento judiciales en los que se ha aceptado la valoración efectuada por la CVDC, cabe destacar las SSTSJ de la Comunidad Valenciana 27/2021, de 14 de enero de 2021 (núm. rec. 72/2018 y [*Tol 8551095*]) y 288/2017 de 31 mayo (núm. rec. 257/2014 y [*Tol 6280182*]).

3) Dictámenes periciales

Además de la pléyade de informes médicos evacuados por la propia Administración reclamada —Informe del Servicio, de la Inspección Médica y/o del órgano colegiado de valoración del daño— suelen añadirse, aunque con menos frecuencia, dictámenes de parte, que dependerá lógicamente de que sean incorporados bien por el reclamante y, en su caso, por la compañía de seguros del sistema de salud reclamado.

A. Dictámenes de parte

Como se apuntó, recabar e incorporar al expediente estos dictámenes tiene carácter facultativo, pero en no pocas ocasiones será determinante para el éxito o fracaso de la reclamación. El acudir a este recurso como elemento de convicción que acompaña a la reclamación se ha generalizado tanto en algún ámbito, que existen empresas destinadas a este fin.

a) Dictámenes del reclamante

Como apuntamos más arriba, en puridad, para el éxito de una reclamación de responsabilidad patrimonial no resultaría imprescindible que viniera acompañada de un dictamen pericial, si bien en la materia que nos ocupa, en no pocas ocasiones ayudarán da manera decisiva en la obtención de una resolución estimatoria.

En nuestra opinión, los motivos son los siguientes:

- No es fácil para el ciudadano explicar con rigor y precisión la improcedencia o deficiente ejecución de un acto médico, máxime cuando la Administración suele incorporar dos o más informes emitidos por expertos en la materia en sentido contrario.
- Es por todos sabido que la Administración en general, y la sanitaria en particular, en más ocasiones de las debidas, opta por una postura defensiva tendente a negar la mala praxis denunciada como punto de partida, por lo que en muchas ocasiones será necesario que las denuncias sobre deficiencias del servicio o actuación médica necesiten ir acompañada de algo más que la mera reclamación del afectado.
- Ya sea por la adopción de una postura defensiva frente al acto médico, ya por cierto corporativismo entre el colectivo, en la práctica se traduce en una cierta protección entre facultativos del mismo siste-

ma de salud, por lo que no será fácil obtener un pronunciamiento estimatorio con la mera reclamación.

Estas reflexiones, aunque en distintos términos, también han sido realizadas por el CCAnd o el CdE[92].

---

[92] En relación con la importancia de incorporar un dictamen pericial de parte compartimos la advertencia formulada por el CCAnd en su memoria de 2018. En ella se destaca que «en determinados procedimientos de responsabilidad patrimonial de la Administración sanitaria, cuando la parte reclamante no aporta informe pericial que respalde su tesis sobre la relación causal entre el funcionamiento del servicio público sanitario y el fallecimiento, por mala praxis en la intervención y en el postoperatorio, la reclamación solo puede prosperar si la historia clínica y los informes obrantes en el expediente corroboran la versión de los interesados. En efecto, aun siendo cierto que la Administración no puede ser un simple espectador y está obligada a procurar que la instrucción del procedimiento permita esclarecer lo sucedido, actuando de buena fe y de manera acorde con los principios de facilidad y disponibilidad probatoria (artículo 217.7 de la Ley de Enjuiciamiento Civil), ello no releva a los reclamantes de la carga probatoria que les corresponde, sobre todo cuando la historia clínica y los informes médicos no permiten establecer las conclusiones que se sientan en la reclamación de un modo apodíctico. En este caso, tales informes no solo no proporcionan elementos de juicio que fundamenten la responsabilidad patrimonial, sino que dan respuesta a las alegaciones esenciales de los interesados, negando que el fallecimiento acaeciera por mala praxis médica». https://consejoconsultivodeandalucia.es/memoria-2018/ También hacemos nuestra la valoración que el CdE realiza en su memoria de 2019. En su pág. 155 significa que «el Consejo de Estado carece de los conocimientos técnicos precisos para poder evaluar por sí mismo si una actuación sanitaria determinada ha quebrado o no la lex artis ad hoc, lo que confiere singular relevancia a la actividad probatoria que los interesados tienen que desarrollar con el fin de acreditar los hechos en los que se fundamenta su pretensión indemnizatoria, acompañando su reclamación de cuantas alegaciones, documentos e información estimen oportunos y proponiendo en ella los medios de prueba de los que quieran valerse durante la instrucción del expediente». En el mismo sentido la STSJ de Madrid 202/2020, de 11 de marzo (núm. rec. 829/29017 y: [*Tol 7968790*]): «"las alegaciones sobre negligencia médica deben acreditarse con medios probatorios idóneos, como son las pruebas periciales médicas, pues estamos ante una cuestión eminentemente técnica y este Tribunal carece de los conocimientos técnicos-médicos necesarios, por lo que debe apoyarse en las pruebas periciales que figuren en los autos, bien porque las partes hayan aportado informes del perito de su elección al que hayan acudido o bien porque se hubiera solicitado la designación judicial de un perito a fin de que informe al Tribunal sobre los extremos solicitados. En estos casos, los órganos judiciales vienen obligados a decidir con tales medios de prueba empleando la lógica y el buen sentido o sana crítica con el fin de zanjar el conflicto planteado» (CJ 3).

En ocasiones, no obstante, la estrategia procesal del reclamante consiste en demorar la presentación de todas sus «armas procesales», hasta la fase probatoria del recurso-contencioso-administrativo, guardando ese informe pericial hasta este momento del procedimiento. Esta práctica, si bien permite guardar alguna baza para la sede judicial, hurta del debate jurídico tanto al órgano administrativo encargado de resolver como a los órganos consultivos encargados de dictaminar a la luz de todo el expediente.

Sea como fuere, ya en sede administrativa o judicial, lamentablemente, no deja de ser una realidad que en no pocas ocasiones para la estimación de la reclamación en esta materia será necesaria la aportación de un dictamen pericial de parte como *conditio sine qua non* de la prosperibilidad de su reclamación. Su incorporación supondrá las más de las veces un coste para el ciudadano que no podrá ser repercutido a la Administración sanitaria, ya sea la resolución estimatoria, ya sea desestimatoria al no considerarse como regla general gastos indemnizables.

b) Dictamen de la Administración

Con no ser un recurso al que se acuda con frecuencia, en ocasiones la Administración recaba otros dictámenes periciales distintos de los anteriores por variados motivos: insuficiencia de los informes del servicio; servir de base para otros informes, como los del inspector médico o del órgano colegiado de valoración del daño.

Para minimizar este riesgo, en algunas CCAA, la Administración tiene suscritos contratos con empresas dedicadas a peritajes, así ocurre, entre otras, en la Comunidad Valenciana. Cuando así ocurre, los informes del inspector médico, así como del órgano colegiado de valoración del daño apoyan sus conclusiones con el contenido de estos, de resultar concordantes con su postura.

Señalar también que algunos consejos consultivos celebran convenios de colaboración con facultades de medicina para poder acudir a ellos en reclamaciones de este tipo, tal y como se indica en el apartado VIII de este capítulo.

B. Dictamen de la compañía de seguros

Otro de los dictámenes periciales que, con frecuencia, aparece en estos procedimientos de responsabilidad patrimonial es el elaborado a instancia de la compañía de seguros contratada por la Administración sanitaria.

Tienen una significativa relevancia para aquellas porque si la reclamación es estimatoria, será la principal obligada al pago del daño si este aparece cubierto por la póliza respectiva.

Otra de las diferencias que se detectan en la forma de proceder entre las diferentes Administraciones sanitarias es que en algunas de ellas sus compañías de seguros son llamadas en todos los procedimientos de responsabilidad patrimonial por mala praxis médica, con remisión por parte de estas de un informe pericial que se incorpora al expediente, reforzándolo. En otras CCAA, por el contrario, las compañías de seguros únicamente son llamadas y oídas en asuntos especial relevancia (reclamaciones cuantiosas, materias determinadas,...). Finalmente, hay CCAA en las que intervención de estas compañías en este tipo de procedimientos es prácticamente inexistente. En atención a esta diferente forma de proceder, creemos que resultaría interesante un estudio sosegado sobre los motivos de esta disparidad, ya que tratándose de compañías aseguradoras con implantación en todo el territorio nacional no se comprenden los motivos de estas diferencias (que aventuramos en la negociación en el contenido de las pólizas, cuantía de estas,...) y extraer conclusiones.

Aunque esta cuestión se ha estudiado con detalle en otro capítulo de esta obra, no queremos dejar de recordar que la reclamación se tramitará conforme a la LPAC y que la jurisdicción contencioso-administrativa será la que conozca el recurso contra la reclamación en que se condene al pago a la aseguradora, salvo que se ejercite la acción directa contra ella[93]. Por ello, en los demás casos —acción dirigida exclusivamente contra la Administración y acción dirigida conjuntamente contra esta y la aseguradora— la responsabilidad se dirimirá, en principio, prescindiendo del concepto de culpa[94]. Decimos en principio porque a pesar de la constitucional y legal-

---

93 En este punto nos remitimos a lo escrito en la Memoria del Consejo Consultivo Andalucía de 2018. https://consejoconsultivodeandalucia.es/memoria-2018/

94 La acción directa contra la aseguradora se regula en el art. 76 Ley 50/1980, de 8 de octubre, del contrato de seguro (LCS). Esta singularidad genera no pocos interrogantes ya que en definitiva se enjuicia en vía civil una actividad administrativa. En este sentido queremos destacar que cuando la cantidad a indemnizar queda fijada de manera firme en sede administrativa, esta cuestión vincula al posterior proceso civil que se pueda seguir contra la aseguradora a través de la acción directa antes mencionada. Así lo han declarado, entre otras, las SSTS de 5 de junio de 2019 STS 05-06-2019, Sala Civil (núm. rec. 2992/2016 y [*Tol 7278390*] y 5 de noviembre de 2019 (núm. rec. 1914/2017 y [*Tol 7569402*]). Además de lo escrito por CARRILLO en el cap. 8 también pueden consultarse los interrogantes plan-

mente declarada responsabilidad objetiva de las AAPP, en el ámbito sanitario, aparece modalizada por determinadas reglas que la aproximan a la responsabilidad culposa, propia de la responsabilidad extracontractual del CC[95]. Nos estamos refiriendo a la *lex artis ad hoc,* como parámetro para juzgar la adecuada actuación médica, u otras reglas como el riesgo de la vida, la pérdida de oportunidad, el estado de la ciencia, el estándar del servicio, la cláusula de progreso o de precaución, etc.[96], cuestiones todas estas que han sido estudiadas por MALDONADO y BLANQUE, en los caps. 3 y 14 (*lex artis*), GRANADO y MANENT y TAJUELO, en los caps. 17 y 21 (riesgo general de la vida y riesgos del progreso o precaución), FLIQUETE en el cap. 15 (pérdida de oportunidad). Un estudio monográfico sobre la prueba puede leerse en el capítulo 28 de esta obra, por GARCÍA-TREVIJANO.

Finalmente, queremos significar que algunos autores, como BLANQUER, y autoridades, como el CdE, han propuesto la creación de un registro administrativo de pólizas de seguro suscritas por las AAPP, en ocasiones desconocidas por los propios profesionales médicos[97].

4) Valoración de informes médicos y dictámenes periciales

La LEC reconoce y la LPAC hace suyos los principios y normas que regulan la prueba, y que pueden resumirse en los aforismos *necessitas probandi*

---

teados por BLANQUER. BLANQUER CRIADO, David (2020): *la responsabilidad patrimonial en tiempos de pandemia,* Tirant lo Blanch, Valencia, pág. 382 y ss.

95 Como pone de manifiesto DOMÉNECH, su «configuración legislativa (...) y aplicación por los tribunales resultan enormemente confusas e incoherentes». Para este autor, existe un auténtico divorcio «entre lo que parecen decir nuestras leyes y cómo las aplican efectivamente los tribunales; entre los argumentos que estos esgrimen para decidir y el contenido real de sus decisiones». DOMÉNECH PASCUAL, Gabriel (2020): «Responsabilidad patrimonial del Estado en la gestión de la crisis de la Covid-19», *op. cit.* págs. 105 y 107.

96 En todo caso, y al igual que en cualquier otro expediente de responsabilidad patrimonial, de la instrucción del procedimiento debe resultar meridianamente claro, a través de un procedimiento contradictorio dirigido al esclarecimiento de los hechos, si se ha producido, en el concreto acto médico, infracción de la *lex artis ad hoc.*

97 A este respecto, el CdE, en su Memoria de 2017, ya propuso la creación de un registro burocrático, accesible a través de internet, en el que se inscriban todas las pólizas de seguro suscritas por la AAPP en favor de su personas y daños. Sobre esta cuestión véase, BLANQUER CRIADO, David (2020): *La responsabilidad patrimonial en tiempos de pandemia, op. cit.* pág. 381.

incumbit ei qui agit y *onus probandi incumbit actori*. Sin embargo estos no pueden ser admitidos en términos absolutos o sin reservas[98].

Así, los interesados en el procedimiento podrán aportar las pruebas que consideren en interés de su posición dirigidos a probar la responsabilidad de la Administración.

A. Carga de la prueba

Como acabamos de señalar, las normas procesales de valoración de la prueba son de aplicación a los procedimientos de responsabilidad patrimonial (art. 77 LPAC). En este sentido resulta esencial citar el artículo 217 de la LEC en el sentido de que es necesario probar por el reclamante que los daños traen causa directa e inmediata del funcionamiento normal o anormal de la administración y a esta, por el contrario, deberá probar los hechos que, en su caso, desvirtúen los alegados por la parte contraria.

Estos criterios son de aplicación porque el art. 77 LPAC, al regular los medios de prueba, se remite a la LEC, y por lo tanto a su art. 217.

Como recuerda el art. 77.3 LPAC sólo podrá ser rechazada la prueba propuesta por el interesado cuando sean manifiestamente improcedentes o innecesarias, mediante resolución motivada. Si bien el incumplimiento de este precepto no suele dar lugar a la nulidad del procedimiento, sí influye a la hora de tener en cuenta la mayor o menor facilidad probatoria de las partes en liza.

Complementariamente, en materia de responsabilidad patrimonial sanitaria, tanto la doctrina legal como la jurisprudencial, aplican ciertas reglas de prueba específicas en función de la «disponibilidad y facilidad probatoria que corresponde a cada una de las partes del litigio» (art. 217.7 LEC), la buena fe o el mayor interés de cada una de ellas.

---

98 Tal y como señala el DCCCyL 98/2022, de 30 de marzo, «aunque la Administración tiene la obligación de facilitar al ciudadano todos los medios a su alcance para cumplir con dicha carga, dado que el procedimiento se impulsa de oficio, en mayor medida en los casos en que los datos estén solo en poder de aquella. De la misma manera, los hechos impeditivos, extintivos o moderadores de la responsabilidad son carga exigible a la Administración (artículo 217 de la Ley 1/2000, de 7 de enero, de Enjuiciamiento Civil, por remisión del artículo 60.4 de la Ley 29/1998, de 13 de julio, reguladora de la Jurisdicción Contencioso-Administrativa)» (CJ 4).

Buena parte de ellas suponen, de facto, una inversión de las normas generales sobre la carga de la prueba puesto que «es bien sabido que el principio general de la carga de la prueba sufre una notable excepción en los casos en que se trata de hechos que fácilmente pueden ser probados por la Administración»[99]. Esto es lo que ocurre en el caso de la fuerza mayor —cuya acreditación corresponde en todo caso a la AAPP—; los supuestos de daño desproporcionado —*res ipsa loquitur*—; o el supuesto daño moral —cuya prueba descansa sobre el particular reclamante—.

En el ámbito sanitario, los principales supuestos de inversión de la carga de prueba afectan a la ausencia del consentimiento informado, el daño desproporcionado, la medicina satisfactiva y las infecciones nosocomiales. Al ser estudiados por BOIX, GRANADO, MANENT y ALONSO y DE LORENZO en los en caps 16, 17, 18 y 20, nos remitimos a lo allí escrito.

Por otro lado, resulta interesante destacar que la prueba no puede ser tratada de conformar a partir del resultado infructuoso derivado de una *praxis* médica (diagnóstico, intervención,...) conocido con posterioridad, esto es, «la improcedencia de reproches asistenciales que se fundan en el análisis retrospectivo de la asistencia médica a partir del resultado luego conocido»[100].

---

[99] FFJJ 5 SSTS de 19 de mayo de 2015 (núm. rec. 4.397/2010 y [*Tol 5173539*]) y de 25 de abril de 2005 (núm. rec. 4285 y [*Tol 657090*]). En el mismo sentido, como recuerda el DCCyL 46/2021, de 11 de marzo, «la carga de la prueba recae, como regla general, sobre la parte reclamante. No obstante, dado que la Administración sanitaria suele tener mayor facilidad probatoria que el reclamante, la doctrina ha admitido la inversión de la carga de la prueba en aquellos supuestos en que su práctica es sencilla para la Administración y complicada para el reclamante, o utiliza presunciones que la invierten, como "la teoría del daño desproporcionado" o "culpa virtual", referida al daño no previsto ni explicable en la esfera de la actuación profesional, un juicio probabilístico sobre un resultado inusual o anormalmente grave en relación con la media de resultados en intervenciones médicas de similar naturaleza» (CJ 5).

[100] FJ 6 S TSJ Castilla y León de 6 de febrero de 2018 (núm. rec. 74 /2016 y [*Tol 6562519*]). En sentido análogo la STSJ de Castilla y León 1154/2017, de 23 de octubre (núm. rec. 656/2016 y [*Tol 6440279*]) señaló que la «Sala acoge pacíficamente la doctrina de la improcedencia de reproches asistenciales que se fundan en el análisis retrospectivo de la asistencia médica a partir del resultado luego conocido (...) incurriendo así en la prohibición de regreso, en cuya virtud debemos tener en cuenta que en sede de responsabilidad patrimonial por defectuosa asistencia sanitaria no es factible cuestionarse el diagnóstico inicial de un paciente si el reproche se realiza exclusiva o primordialmente fundándose en la evolución posterior y, por ende, infringiendo la prohibición de regreso que imponen las

B. Confrontación de informes y dictámenes

Cuestión distinta al reparto de carga de la prueba son los criterios de prevalencia entre medios de prueba de idéntica naturaleza. La prevalencia entre unos u otros deberá estar presidida por la mayor razonabilidad o capacidad de los razonamientos, juicios de razón ofrecidos, información y datos técnicos, —hasta cierto punto equiparable a las reglas de la sana crítica en los términos del artículo 348 LEC—, que, en última instancia habrán de ser valorados por el órgano administrativo encargado de resolver y/o, en su caso por el órgano jurisdiccional en el supuesto de que se llegue a sede contencioso-administrativa.

Tratándose de dictámenes, informes médicos y dictámenes médico-periciales, las más de las veces, las resoluciones de las reclamaciones fluctúan entre dos criterios:

- La prevalencia de los dictámenes emitidos por órganos o instituciones administrativas en los que se presupone una mayor objetividad, imparcialidad y falta de interés personal en el asunto[101].
- La mayor fundamentación o preparación técnica de los autores del informe[102].

leyes del razonamiento práctico. (…); es decir, no es posible sostener la insuficiencia de pruebas diagnósticas, el error o retraso diagnóstico o la inadecuación del tratamiento, sólo mediante una regresión a partir del curso posterior seguido por el paciente ya que dicha valoración ha de efectuarse según las circunstancias en el momento en que tuvieron lugar» (FJ 3).

101 Entre otros fallos, han dado prevalencia a los informes elaborados por funcionarios en los que se presume una mayor objetividad, las STS de 2 de abril de 1998 (núm. rec. 7295 y [*Tol 1551087*]) y SAP de A Coruña 3 de febrero de 2006.

102 Entre otros fallos, se ha hecho prevalecer el dictamen con mayor fundamentación (criterio objetivo) o emitidos por persona con mayor preparación técnica (criterio subjetivo), en la STSJ de Galicia 683/2021, de 17 de noviembre (núm. rec. 207/2021 y [Tol 8731046]). En esta ocasión, se dio mayor valor a la opinión técnica de dos especialistas relacionados con la actividad médica puesta en entredicho en la reclamación, frente al informe de un facultativo especialista en valoración de daño personal. Así, en esta sentencia, se concluyó que la «opinión técnica [del médico especialista en valoración del daño corporal] no tenía respaldo y había quedado desmentida con los restantes datos que constan en el expediente, y por el dictamen de peritos especialistas en urología, cuyo criterio merece mayor garantía, no sólo por su mayor conocimiento de la materia sino también por su superior experiencia» (FJ 4).

Por su cercanía en el tiempo, traemos a colación la STS de 17 de febrero de 2022. Aunque no se refiera a una reclamación de responsabilidad patrimonial, en ella se realiza una interesante reflexión sobre la naturaleza y valor probatorio de los informes evacuados por la AAPP, tanto en el procedimiento administrativo como en sede judicial.

De acuerdo con el TS, aun cuando el informe lo elabore un funcionario, «ello no implica que el dictamen pericial sea una prueba tasada o legal, cuya fuerza está predeterminada por la ley y no puede ser destruida por otros medios»[103]. Más bien al contrario, el valor de los dictámenes e informes emanados de la AAPP descansa en las siguientes premisas[104]:

- No puede tener el mismo valor un informe que se pretenda hacer valer en un litigio donde la Administración sea parte, que otro informe emitido por un técnico de una Administración ajena al conflicto[105].
- No todo informe emitido por un experto al servicio de la Administración tiene igual valor. Hay que tener en cuenta el grado de dependencia del emisor del informe con respecto del órgano encargado de decidir[106].

103 FJ STS 597/2022, de 17 de febrero (núm. rec. 5631/2019 y [*Tol 8810419*]). Como acertadamente indica el TS sobre la sana crítica: «ante una prueba pericial puede el juzgador formar su convicción sobre los hechos con libertad, dando a aquélla el peso que —habida cuenta de las circunstancias y del resto del material probatorio— considere adecuado. Pero debe hacerlo exponiendo las razones que le conducen, siguiendo el modo de razonar de una persona sensata, a aceptar o rechazar lo afirmado por el perito» (FJ 7).

104 STS 597/2022, de 17 de febrero (núm. rec. 5631/2019 y [*Tol 8810419*]).

105 Según expresa el TS, respecto de los informes elaborados por funcionarios para la Administración para la que trabajan, «no tiene sentido decir que el informe o dictamen goza de imparcialidad y, por ello, merece un plus de credibilidad: quien es parte no es imparcial» (FJ 7 STS de 17 de febrero de 2022).

106 Para la STS de 17 de febrero de 2022, «por mucha que sea la capacitación técnica o científica de la concreta persona, no es lo mismo un funcionario inserto en la estructura jerárquica de la Administración activa que alguien que —aun habiendo sido designado para el cargo por una autoridad administrativa— trabaja en entidades u organismos dotados de cierta autonomía con respecto a la Administración activa» (FJ 7). *Mutatis mutandis* este criterio puede trasladarse a los informes de órganos, que como el CdE y sus homólogos autonómicos, estas dotados de independencia.

– No todo informe técnico elaborado por un funcionario puede ser considerados como prueba pericial[107].

Esta última conclusión tiene especial importancia en las reclamaciones de responsabilidad patrimonial sanitaria, donde los informes o declaraciones se elaboran o vierten sin contradicción.

En definitiva, «la valoración de la prueba pericial según las reglas de la sana crítica es, así, una valoración libre debidamente motivada; algo que, como es obvio, exige realizar un análisis racional de todos los elementos del dictamen pericial, sopesando sus pros y sus contras»[108].

C. Otra documentación relevante

Por último, y al margen de la documentación hasta ahora analizada, destacar también que los interesados, al amparo del art. 27.4 LPAC, podrán solicitar copias auténticas de los documentos públicos administrativos emitidos por las AAPP. La moderna normativa sobre transparencia y acceso a la información pública también supone una nueva vía para que los particulares puedan acceder a información relevante en materia de responsabilidad patrimonial[109].

---

107 En particular, no podrá ser considerado como dictamen pericial, cuando «las partes no tienen ocasión de pedir explicaciones o aclaraciones (arts. 346 y 347 de la Ley de Enjuiciamiento Civil y art. 60 de la Ley de la Jurisdicción Contencioso-Administrativa). Dichos informes no tendrán más valor que el que tengan como documentos administrativos, y como tales habrán de ser valorados» (FJ STS de 17 de febrero de 2022).

108 (FJ 7 STS de 17 de febrero de 2022). Sobre las reglas de la sana crítica también puede consultarse los DDCdE de 31 de octubre de 2019 (núm. exp. 780/2019) y de 14 de noviembre de 2019 (núm. exp. 827/2019).

109 En relación con la solicitud de estos documentos, si esta va dirigida a una entidad u órgano que no dispongan de la información solicitada, estos, si conocen quien dispone de ella deben «derivar» la solicitud y comunicarlo al solicitante. Así lo dispone el art. 18.2 Ley 19/2013, de 9 de diciembre, de transparencia, acceso a la información pública y buen gobierno. Ello puede tener importantes implicaciones prácticas en la materia que nos ocupa, pues en ocasiones, no estará clara la administración que ostenta determinada información. En relación con esta cuestión, es interesante la resolución 720/2019, de 15 de noviembre, de la Comisión de Garantía de Acceso a la Información Pública de Cataluña —GAIP—, emitida con ocasión de una petición de información al Instituto Catalán de Salud como consecuencia de una reclamación de responsabilidad patrimonial sanitaria prestada en una Fundación de un hospital cuya pertenencia al sistema sanitario

Además, en ocasiones, otro tipo de documentación resulta determinante para el examen y calificación de las actuaciones practicadas en el ámbito sanitario. Tal es el caso de protocolos aprobados por centros o sociedades médicas, de especial importancia en el caso de infecciones nosocomiales o prácticas obstétricas. Estos protocolos, no siempre son de acceso público, por lo que su incorporación en el expediente en concreto será necesario para el cotejo de su contenido y poder comprobar si han sido observados[110].

VI. AUDIENCIA

La audiencia es aquel trámite que se efectúa una vez finalizada la instrucción y antes de redactar la propuesta de resolución, por el que se pone a disposición de los interesados el expediente administrativo por un plazo de entre 10 y 15 días para que él o su representante puedan consultarlo, y en su caso, formular alegaciones[111].

Tiene por finalidad permitir que los interesados puedan conocer el expediente tramitado, contar con todos los elementos de juicio e intervenir, mediante la presentación de alegaciones, en el momento anterior a la re-

---

público de la Comunidad Autónoma no resultaba clara (http://www.gaip.cat/es/detall/normativa/2019-0720).

110 DCCMadrid 194/2012 de 18 de marzo: «Sin embargo, ya hemos visto que, conforme al protocolo de la SEGO respecto de gestante diabética, las indicaciones de cesárea son las mismas que las de parto vaginal, por lo que no sólo no era razonable informar a gestante diabética de riesgo especial de parto vaginal frente al procedimiento de cesárea, sino que tal información no hubiese sido conforme con la experiencia médica. (...) por no estar indicada la cesárea en caso de gestantes diabéticas con preferencia al parto vaginal, ni hay mala praxis al practicar éste ni hay en este primer punto de la reclamación un déficit de información previa a la reclamante».
Sobre la importancia, a veces relativa de estos protocolos, DCCMadrid 12/2013, de 16 de enero o DCC Madrid 760/2022, de 15 de diciembre, sobre infección hospitalaria por Covid.

111 Debe advertirse que no se cumple en debida forma el trámite de audiencia mediante la simple invitación al interesado para que formule alegaciones sobre una parte del expediente. Es necesario que se comunique los elementos de que se compone, así como la posibilidad de acceso al mismo, en especial de aquellos documentos que serán utilizados para fundamentar la resolución. A estos efectos es indiferente que los documentos hayan sido elaborados por entidades ajenas a la propia Administración. Entre otros, nos estamos refiriendo a las compañías aseguradoras a las que, en ocasiones, se les encomienda la valoración de los daños.

dacción de la propuesta de resolución[112]. De hecho, de acuerdo con el art. 87 LPAC, en el caso de que se optare por acordar actuaciones complementarias, será necesario conferir nuevo plazo de alegaciones de siete días.

1) Audiencia al reclamante

La audiencia al reclamante es un trámite obligatorio para la Administración y facultativo para el reclamante. Por ello, en sentido técnico-jurídico, tiene la consideración de trámite esencial, porque su omisión podría acarrear la nulidad de todo el procedimiento administrativo[113].

Al ser un trámite obligatorio para la Administración, es doctrina común entre los consejos consultivos que una vez les sea remitido el expediente administrativo para evacuar el preceptivo dictamen, se proceda a su devolución si no se ha otorgado audiencia reclamante[114].

Es más, para que el trámite de audiencia se entienda bien realizado no es suficiente la mera invitación al interesado para que formule alegaciones o la remisión parcial del expediente[115].

Ahora bien, la Administración podrá prescindir del mismo «cuando no figuren en el procedimiento ni sean tenidos en cuenta en la resolu-

---

112 Conviene recordar que el trámite de audiencia se entiende sin perjuicio del derecho que el art. 53.1 e) LPAC otorga los interesados «a formular alegaciones, utilizar los medios de defensa admitidos por el Ordenamiento Jurídico, y a aportar documentos en cualquier fase del procedimiento anterior al trámite de audiencia, que deberán ser tenidos en cuenta por el órgano competente al redactar la propuesta de resolución».

113 Si bien es posible observar excepciones en vía judicial a la declaración de nulidad del procedimiento por falta de este trámite sobre la base de si se produjo o no una indefensión material, lo cierto es que en sede administrativa los órganos encargados de informar jurídicamente sobre el procedimiento —en especial los órganos consultivos—, son especialmente cuidadosos en velar porque se respete este trámite.

114 La devolución del expediente por omisión del trámite de audiencia se debe a las consecuencias anulatorias en el caso de que se dictase una resolución sin que todos los afectados pudieran haber tenido la posibilidad de participar en el procedimiento o de tener acceso a toda la documentación que lo conforma, pues de otro modo se situaría al reclamante en la difícil posición de desvirtuar consideraciones no conocidas por él.

115 El principio de contradicción impide que la resolución de la reclamación se base en información o pruebas que no se han facilitado al reclamante.

ción otros hechos ni otras alegaciones y pruebas que las aducidas por el interesado»[116].

Adicionalmente el trámite se tendrá por realizado «si antes del vencimiento del plazo los interesados *manifestasen* su decisión de no efectuar alegaciones ni aportar nuevos documentos o justificaciones»[117].

Tratándose de expedientes de responsabilidad patrimonial sanitaria, este trámite adquiere singular relevancia porque será necesario comprobar:

- En el caso de que reclamen varios familiares, cotejar que a todos ellos se les ha dado audiencia, directamente o a través de un representante único de todos ellos.
- En el supuesto de presencia de herederos *ab intestato* es conveniente efectuar las oportunas actuaciones inquisitorias para identificar a todos los posibles herederos.

2) Audiencia al contratista

Según se expuso en epígrafes anteriores, la Administración o el contratista, según los casos, pueden ser responsables de los daños causados a terceros durante la ejecución de un contrato.

Para saber a cuál de las partes atribuir la responsabilidad, el reclamante, antes de incoar el procedimiento de responsabilidad patrimonial, podrá dirigirse al órgano de contratación para que refleje su parecer en un informe. Según sea el sentido de este, quedará expedita la vía, tanto para reclamar la responsabilidad patrimonial de la Administración en sede administrativa, como para exigir la del contratista ante la jurisdicción ordinaria.

En cualquier caso, tanto en el requerimiento previo como en el procedimiento de responsabilidad patrimonial deberá oírse al contratista. En el primer procedimiento para evitar la indefensión de este al poder ser invitado el particular para que se dirija directamente contra aquel, por lo que debería ser oído el presunto responsable. En el segundo, por tener un conocimiento directo de los acontecimientos y darle la oportunidad participar en un proceso en el que sin duda resulta interesado.

---

116 Art. 82.4 LPAC.

117 Art. 82.3 LPAC.

En efecto, de acuerdo con el art. 196.3 LCSP, el reclamante, cuando dude quién deba responder, podrá dirigirse al órgano de contratación para que este, «previamente [al inicio del procedimiento de responsabilidad patrimonial], oído el contratista, informe sobre a cuál de las partes contratantes corresponde la responsabilidad de los daños»[118].

Con o sin informe previo, si el reclamante estima que la Administración es quien debe responder, «se seguirá el procedimiento (...) para determinar la responsabilidad de las Administraciones Públicas» (art. 32.9 LRJ[119]). En él, «será necesario en todo caso dar audiencia al contratista, notificándole cuantas actuaciones se realicen en el procedimiento, al efecto de que se persone en el mismo, exponga lo que a su derecho convenga y proponga cuantos medios de prueba estime necesarios» (art. 82.5 de la LCSP).

Los arts. 196 LPAC, 32.9 LRJ, y 82.5 LPAC han sido objeto de interpretación dispar por la jurisprudencia y la doctrina legal. Por este motivo en los siguientes párrafos nos dedicaremos a enunciar la problemática que ocasionan aún a día de hoy.

En principio si los daños son causados a partir de una orden inmediata y directa de la Administración o de vicios del proyecto o un contrato de suministro de fabricación (art. 32.9 L 40/2015 y art. 196 de la LCSP), no cabría duda de la responsabilidad administrativa.

Fuera de estos casos, no existe uniformidad en la materia y, como antes se apuntó, existen dos tesis sobre la responsabilidad del contratista por los daños causados a terceros con ocasión de la ejecución de un contrato sujeto a la LCSP: una que interpreta literalmente los arts. 32.9 LRJ, 82.5 LPAC y art. 196 de la LCSP; y otra que efectúa una interpretación garantista del mismo[120]. Ambas, con aval jurisprudencial en uno y otro sentido, si bien la primera opta por la aplicación literal de los preceptos señalados, encomendando al órgano de contratación determine el responsable del daño, la segunda, con apoyo de gran parte de la doctrina legal de los órganos consultivos, declara que la única titular del servicio es una AAPP y por

---

118 Art. 196.3 LCSP.

119 La referencia que el art. 32.9 LRJ efectúa al Real Decreto Legislativo 3/2011, de 14 de noviembre —art. 214—, por el que se aprueba el texto refundido de la Ley de Contratos del Sector Público, debe entenderse hecha a la LCSP, por la que se transponen al ordenamiento jurídico español las Directivas del Parlamento Europeo y del Consejo 2014/23/UE y 2014/24/UE, de 26 de febrero de 2014 —art. 196.3—.

120 *Vid.* Notas al pie 55 a 58 de este capítulo.

tanto, será la única responsable frente a terceros, sin perjuicio de la acción de regreso o de la vía que el ente público estime adecuada para depurar la responsabilidad del contratista.

En resumida síntesis los motivos para alinearnos con esta última tesis serían: el particular no tiene por qué conocer la relación que une a la Administración, titular del servicio público, con la empresa que lo presta; los interesados no tienen por qué verse en peor posición por el hecho de que el servicio sea prestado indirectamente vía contrato que si se prestase directamente por la Administración; y, cuestión no menor, evitar un peregrinaje jurisdiccional —acción simultánea contra el contratista y frente a la administración, en órdenes jurisdiccionales diferentes— de futuro incierto en cuanto al resultado, pero que sin duda genera gastos procesales y costas —en ocasiones por duplicado— ante la incertidumbre de acudir a la vía judicial equivocada.

No faltan tampoco pronunciamientos en los que se condena solidariamente a ambos, incluso junto con la compañía de seguros correspondiente, pero de importancia cualitativa mucho menor[121].

VII. INFORMES JURÍDICOS

Al igual que cualquier otro procedimiento de responsabilidad patrimonial, cuando lo que se reclama son daños referentes a la salud, la instrucción del procedimiento se vuelve esencial. En él la Administración y el reclamante deberán acreditar la existencia o ausencia de la responsabilidad patrimonial pretendida. Para determinar el sentido de la resolución es necesario recabar asistencia jurídica, bien de los servicios jurídicos de la Administración sanitaria, bien del CdE y los consejos consultivos de las CCAA, bien de ambos, con el fin de obtener una resolución fundada en derecho. Ambos se exponen en este y el siguiente epígrafe, respectivamente.

De nuevo se observan diferencias en relación con la necesidad de requerir los informes de los servicios jurídicos solicitados por las Administraciones sanitarias. En unas, el informe de la asesoría jurídica o abogacía es preceptivo respecto de toda reclamación (*i.e.* artículo 4.2 e) de la Ley 6/2003, de 3 de abril, reguladora de la asistencia jurídica

121 FJ 4 STSJ de Castilla y Léon 723/2019, de 14 de mayo (núm. rec. 911/2017 y [*Tol 7318265*]).

a la Comunidad de Castilla y León). En otras, su participación queda limitada a aquellos asuntos que presenten especial complejidad jurídica u otros criterios, de tal manera que no siempre intervendrán en este tipo de procedimientos. Finalmente, también hay Administraciones sanitarias en las que no se recaba esta asistencia jurídica (*v.gr.* Comunidad Valenciana).

En nuestra opinión, el informe de los servicios jurídicos debería reservarse a aquellos supuestos en que la complejidad del asunto lo requiera. En caso contrario —si son preceptivos— se produce un consumo innecesario de recursos de personal cualificado y con tareas amplias cuando con frecuencia el instructor del procedimiento y el resto de unidades participantes en el procedimiento son conocedores tanto de la materia como del procedimiento y actúan con rigor y plenas garantías para el administrado. Finalmente, si se opta por excluir de plano toda intervención de los servicios jurídicos se desaprovechan unos efectivos idóneos para el estudio y análisis de aspectos especialmente técnico-jurídicos" por "de aspectos especialmente complejos desde el punto de vista técnico-jurídico. La explicación de este último proceder se ha querido ver en que buena parte de estos asuntos son objeto de dictamen por el órgano consultivo correspondiente, como veremos a continuación.

En otro orden de cosas, sin resultar propiamente informes jurídicos, debe señalarse la importancia de la documentación generada en otros procesos jurisdiccionales, fundamentalmente penales por los mismos hechos[122]. De ahí que al margen de la suspensión de los procedimientos por prejudicialidad penal, como pone de manifiesto la Comisión Jurídica Asesora de la Generalitat de Cataluña (CJACat), no puede dejar de señalarse la importancia de los hechos declarados probados en esa sede o del contenido de los informes médico forenses, cuyas consideraciones son tenidas en cuenta a la hora de resolver (*ad. ex.* DCJACat 117/2012, de 19 de abril).

---

122 Como afirma la sentencia de la Audiencia Nacional de 14 de marzo de 2012, respecto de ambos tipos de responsabilidad, que «ha de reconocerse que la responsabilidad penal, conectada con la imprudencia de los profesionales, no es equiparable a la responsabilidad patrimonial de la Administración, que tiene diferentes fundamentos y requisitos, pero, habida cuenta de la identidad del soporte fáctico de la denuncia y de la demanda, tampoco cabe ignorar los razonamientos expresados por los órganos judiciales de la jurisdicción penal para acordar el sobreseimiento provisional de las diligencias previas, al igual que deben tenerse presentes los informes, ratificaciones, declaraciones y demás elementos contenidos en dicha causa». (FJ 3 SAN de 14 de marzo de 2012, recurso 1656/2009 y [*Tol 2503633*]).

VIII. DICTAMEN DEL CONSEJO DE ESTADO Y DE LOS CONSEJOS CONSULTIVOS DE LAS COMUNIDADES AUTÓNOMAS

En los procedimientos de responsabilidad patrimonial en los que se reclame una indemnización que supere una determinada cuantía, debe recabarse el dictamen preceptivo, que no vinculante, del CdE, o en su caso, del órgano consultivo equivalente de la Comunidad Autónoma[123].

Como pone de manifiesto BLANQUER, la intervención de estos órganos consultivos se justifica no solo en la defensa de los intereses patrimoniales de los lesionados sino también en la protección del interés general[124]. Por esta razón —el doble interés, particular y general— su

---

[123] De acuerdo con el art. 81.1 LPAC el umbral a partir de cual debe recabarse el DCdE es de 50.00 euros. En el caso de los consejos consultivos de las CCAA la cantidad suele ser inferior. Así, el art. 10.8 a) de la Ley 10/1994, de 19 de diciembre, de la Generalitat, de creación del CJCVal, la reduce a 30.000 euros. En la Comunidad Autónoma de Castilla y León el umbral es de 6.000 euros en el ámbito de la Administración autonómica y de 3.000 euros en el de otras administraciones (art. 4 i 1º) de la Ley 1/2002, reguladora del Consejo Consultivo de Castilla y León). En la Comunidad de Castilla-La Mancha la cuantía asciende a 15.000 euros (art. 54.9 a) de la Ley 11/2003, de 25 de septiembre, del Gobierno y del Consejo Consultivo de Castilla-La Mancha). De 6.000 euros es el límite que opera para el Consejo Consultivo del Principado de Asturias (art. 18.k) del D 75/2005, de 14 de julio, por el que se aprueba su Reglamento de Organización y Funcionamiento). En el caso andaluz, la cuantía es de 60.101,21 euros (art. 16 8 a) de acuerdo con la Ley 8/1993, de 19 de octubre, de Creación del Consejo Consultivo de Andalucía). De 300.000 euros para el Consejo de Navarra (art. 14.1 i) de la Ley 8/2016, de 9 de junio, sobre el Consejo de Navarra).

[124] Afirma BLANQUER en este sentido que «desde que en el año 1954 se produjo la introducción en nuestro ordenamiento de la responsabilidad patrimonial (...), la mayoría de los estudios acerca de esa institución se han desarrollado de forma casi exclusiva desde la perspectiva de las garantías patrimoniales del lesionado (en particular el derecho a percibir una reclamación integral), con olvido de las garantías de los intereses generales (como el aumento de gasto público por la tramitación de reclamaciones manifiestamente infundadas o caprichosas, el interés general en que las autoridades y funcionarios asuman personalmente su responsabilidad cuando dictan actos contrarios a Derecho, o el interés general que resulta satisfecho mediante la fijación normativa de los estándares de eficacia exigibles a las Administraciones). BLANQUER CRIADO, David (2020): *Responsabilidad patrimonial en tiempos de pandemia, op. cit.* págs. 749 y 750.

omisión puede viciar el procedimiento como una causa de nulidad de pleno derecho[125].

A mayor abundamiento, hay que tener en cuenta que estos dictámenes, al ser el último trámite antes de la resolución del expediente, tienen una visión privilegiada del conjunto del procedimiento, tanto para apreciar posibles patologías comunes durante la instrucción que se repiten en la práctica, como para formular sugerencias de mejora con vocación de generalidad[126]. Por ello, aunque no son vinculantes, dada la *autoritas* e independencia del órgano del que emanan, en un porcentaje muy alto de ocasiones las Administraciones sanitarias asumen como propia la calificación jurídica del dictamen[127].

---

125 La importancia del dictamen del CdE y los consejos consultivos de las CCAA se pone de manifiesto cuando se omite. En ocasiones su ausencia ha motivado la nulidad del acto. Así lo ha hecho, entre otras, la STS de 27 de noviembre de 1990 (núm. rec. 3640/1989 y [*Tol 2390615*]). En cambio, la omisión de este trámite no perjudica al ciudadano que decide acudir a la vía contencioso— administrativa por inacción de la Administración (*cfr.* SAN de 14 de septiembre de 2001, núm. rec. 886/1999 y [*Tol 5257179*]).

126 Como se acaba de señalar, la posición de los órganos consultivos dentro del procedimiento hace que se encuentren en una situación idónea para formular propuestas de mejora. Un ejemplo lo encontramos en la memoria de 2012 de la CJACat. En ella se abogó, en las páginas, 157 y 158, por establecer una regulación con previsiones específicas sobre documentación básica, necesaria y preceptiva entre la documentación a incluir en este tipo de procedimientos. Otro ejemplo es la Memoria del CdE de 2005. En ella, consideró innecesaria la solicitud de su dictamen en aquellos casos en los que el procedimiento finalizase mediante archivo. En su razonamiento señalo que «así, por ejemplo, no se requiere el dictamen del Consejo de Estado para (...) tener por desistidos a los reclamantes y archivar los procedimientos por falta de subsanación de defectos apreciados en las reclamaciones deducidas. Tampoco se requiere en los casos de prescripción, renuncia del derecho, caducidad del procedimiento o desistimiento de la solicitud, así como la desaparición sobrevenida del objeto del procedimiento (en especial, los casos de satisfacción extra procedimental de pretensiones (...) ni en el supuesto de muerte del interesado, cuando aquél no pueda ser seguido por sus causahabientes» (pág. 205 de la Memoria de 2005 del CdE).

127 Afirma GARRIDO, como presidente del CJCVal entre los años 2003 y 2016, que durante su presidencia pudo «constatar que aproximadamente poco más de un 72% de los dictámenes se emitieron en sentido desestimatorio, coincidiendo con la propuesta de resolución. Y un 8% aproximadamente se emitieron en sentido estimatorio, pero también coincidente con la propuesta de resolución (...). Lo que quiere decir que en un 80% de los casos, el Consejo suele coincidir con el criterio de la Administración. Sólo en un 15% aproximadamente, el Consejo es-

Como se apuntó más arriba, con el propósito de agilizar la labor de estos órganos, amén de contar ya con una doctrina consolidada en la materia, las leyes reguladoras de los consejos consultivos suelen establecer una limitación cuantitativa de suerte que solo las reclamaciones que superen dicho umbral deban ser dictaminadas.

GARRIDO, en cambio, propone cuatro alternativas al criterio económico. En primer lugar, un criterio cualitativo que excluya la consultas respecto de las cuales exista una «doctrina clara y precisa del órgano consultivo». En segundo término, previendo la intervención «cuando lo solicite el reclamante si la propuesta de resolución es desestimatoria de su pretensión». En tercer lugar, «estableciendo la innecesaridad de la intervención del órgano consultivo si la propuesta de la Administración es estimatoria. Finalmente, «podría establecerse, cuando la Administración cuente con seguro, una negociación directa entre el perjudicado reclamante y la aseguradora»[128].

Pues bien, en las reclamaciones de responsabilidad patrimonial sanitaria, los dictámenes del CdE y de los órganos homólogos de las CCAAs, gozan de una particular idiosincrasia dada la materia sobre la que deben dictaminar. En palabras del Consello Consultivo de Galicia (CCGal) «la apreciación de los hechos médicos, o acaecidos con ocasión de la asistencia médica, es una actividad que, por formar parte de un sistema técnico-científico específico y complejo, escapa de las atribuciones del operador jurídico, cuya tarea debe limitarse a subsumir aquellas apreciaciones en las respectivas categorías jurídicas»[129].

---

timó que debía declararse la responsabilidad patrimonial, en contra del criterio de la Administración consultante. Y en algún supuesto ocurrió al revés (...). En otro casos,-no llega al 4%-s se emitieron dictámenes de procedimiento a fin de que se completara el expediente o se incorporaran nuevos informes. GARRIDO MAYOL, Vicente (2021): «Reflexiones sobre la función consultiva en relación con la responsabilidad patrimonial», en SOLER SÁNCHEZ, Margarita (coord.) *La función consultiva en la Comunitat Valenciana,* Tirant lo Blanch-Consell Jurídic Consultiu de la Comunitat Valenciana, pág. 637 y 638.

128 *Ibidem* págs. 646 y 647.

129 CJ 4 DCCGal 398/00 y 261/2018. Tanto el CdE como los órganos equivalentes de las CCAA se erigen en superiores órganos consultivos de carácter jurídico de sus respectivas Administraciones Públicas. Esta circunstancia —órgano asesor que emite dictámenes fundados en Derecho— requiere en ocasiones precisiones sobre concretos aspectos en materia sanitaria. Por ello, no es infrecuente que se celebren convenios de colaboración con facultades o academias de medicina con el propósito de solicitar informes técnico-médicos.

Por ello, en ocasiones se recaba por estos órganos el asesoramiento de entidades con conocimientos técnico-científicos sobre la materia a través de convenios con facultades, academias de medicina, comisiones de valoración del daño corporal, etc.

En atención a su prestigio y antigüedad, el CdE ha ido consolidando una doctrina autorizada en las reclamaciones de responsabilidad patrimonial sanitaria, la cual ha sido heredada por los órganos consultivos de las CCAA. Es más, a día de hoy, buena parte de la labor de estos últimos descansa precisamente en la emisión de dictámenes relacionados con la asistencia sanitaria[130].

En cuanto al procedimiento (artículo 81 LPAC), el dictamen del CdE o los consejos consultivos de las CCAA deberán ser solicitado en los diez días siguientes a la finalización del trámite de audiencia, y junto a la petición, deberá acompañarse una propuesta de resolución o acuerdo de finalización del procedimiento. El órgano consultivo, que dispondrá de dos meses

---

130 Debido a que corresponde a las CCAA responder del correcto funcionamiento de sus respectivos servicios de salud, *ex* Título III da la LGS, y dado el traspaso de competencias en esta materia, es a los consejos consultivos de las CCAA, allí donde existan, a los que corresponde dictaminar las reclamaciones de responsabilidad patrimonial sanitaria en las que se solicite una indemnización que supere el umbral señalado por su propia normativa o en su defecto por la señalada en la LPAC, que es de 50.000 euros —art. 81.2—. De esta manera, los diferentes órganos consultivos han continuado desarrollando la doctrina legal iniciada por el CdE, órgano encargado, hasta la fecha de la transferencia de la competencia sanitaria, de dictaminar este tipo de reclamaciones. Como se acaba de indicar, las reclamaciones de responsabilidad patrimonial sanitaria ocupan un número considerable de los dictámenes de los consejos consultivos de las CCAA. Por poner algún ejemplo, en 2018, en Galicia, según reseña la memoria del CCGal del año 2019 los dictámenes de responsabilidad patrimonial supusieron el 72,02% del conjunto de su actividad (pág. 166). Por otro lado, a pesar del proceso de transferencias, a día de hoy, el CdE sigue emitiendo dictámenes sobre responsabilidad sanitaria en el caso de: las reclamaciones presentadas frente a los servicios sanitarios de la Comunidad Autónoma de Cantabria, que carece de órgano consultivo; en determinadas reclamaciones formuladas frente a la Comunidad Autónoma de Extremadura, conforme al sistema dual recogido en la DA 1ª de la Ley 2/2021, de 21 de mayo, de defensa, asistencia jurídica y comparecencia en juicio de la administración de la Comunidad Autónoma de Extremadura; del Instituto Nacional de Gestión Sanitaria (INGESA), que gestiona la asistencia sanitaria en las ciudades autónomas de Ceuta y Melilla, y en general las que se dirijan contra la AGE por ser decisiones estratégicas de salud pública. Para más información puede consultarse la memoria de 2019 del CdE, págs. 148 y siguientes (https://www.consejo-estado.es/wp-content/uploads/2021/05/MEMORIA-2019.pdf)

para dictaminar —salvo que otra norma disponga otro plazo para la emisión del dictamen—, se pronunciará sobre la relación de causalidad entre el funcionamiento del servicio público y la lesión producida, y cuando la propuesta de resolución sea estimatoria, además, sobre la valoración del daño, su cuantía y modo de la indemnización.

Advertir también que en el caso de la tramitación del procedimiento simplificado, además del resto de las especificidades previstas en el artículo 96 LPAC, si el dictamen del órgano consultivo fuera contrario al fondo de la propuesta de resolución, deberá seguirse con la tramitación ordinaria del procedimiento entendiéndose convalidadas las actuaciones ya realizadas a excepción del propio dictamen (artículo 96.6 g) LPAC). En palabras de la EM de la LPAC el motivo de esta especificidad tiene por objeto una «mayor garantía de los interesados [...], pudiéndose en este caso realizar otros trámites no previstos en el caso de la tramitación simplificada, como la realización de pruebas a solicitud de los interesados. Todo ello, sin perjuicio de la posibilidad de acordar la tramitación de urgencia del procedimiento en los mismos términos que ya contemplaba la Ley 30/1992, de 26 de noviembre».

IX. TERMINACIÓN DEL PROCEDIMIENTO

Ponen «fin al procedimiento la resolución, el desistimiento, la renuncia (...) y la declaración de caducidad», amén de la imposibilidad material de continuarlo por causas sobrevenidas[131]. Por razones sistemáticas nosotros analizaremos, por un lado la resolución, y por otro, las demás causas de terminación. En cualquier caso, se encuentra desarrollado con mayor detenimiento en el cap. 13 por YÁÑEZ, dedicado a la extinción de la responsabilidad patrimonial sanitaria.

1) Resolución

La forma «usual» de terminación del procedimiento es mediante resolución, la cual decidirá todas las cuestiones planteadas por los interesados. En el caso de la responsabilidad patrimonial, previo dictamen, en su caso de los órganos consultivos antes indicados de ser preceptiva su participa-

---

131 Art. 84.1 y 2 LPAC.

ción, o tras el trámite de audiencia, el órgano resolverá sobre la reclamación.

Este escrito está llamado a pronunciarse, de manera motivada «sobre la existencia o no de la relación de causalidad entre el funcionamiento del servicio público y la lesión producida y, en su caso, sobre la valoración del daño causado, la cuantía y el modo de la indemnización, cuando proceda, de acuerdo con los criterios que para calcularla y abonarla se establecen en el artículo 34 de la Ley de Régimen Jurídico del Sector Público»[132].

En las resoluciones de las reclamaciones de responsabilidad patrimonial hay que tener presente la modulación del principio de congruencia y la obligación de resolver.

A. Principio de congruencia

En relación con esta cuestión, pueden detectarse ciertas diferencias entre administraciones en la aplicación más o menos rigorista del principio de congruencia[133]. Este, entendido como aquel en el que la resolución no

---

132 Art. 91.2 en relación con el 88 LPAC. De acuerdo con lo dispuesto en el ap. tercero de este último precepto, la resolución, en uno u otro sentido, deberá ser motivada con el alcance que establece el art. 35.2 LPAC. Sobre el significado y concreto alcance de la motivación, la STS de 29 de marzo de 2010 (rec. núm. 2940/2010 y 2.504.402), señala lo siguiente: «Es constante jurisprudencia (...) que el requisito de la motivación de los actos administrativos no exige un razonamiento exhaustivo y pormenorizado, pues basta con la expresión de las razones que permitan conocer los criterios esenciales fundamentadores de la decisión, facilitando a los interesados el conocimiento necesario para valorar la corrección o incorrección jurídica del acto a los efectos de ejercitar las acciones de impugnación que el ordenamiento jurídico establece y articular adecuadamente sus medios de defensa. Como indica la Sentencia de 31 de marzo de 2011 (...) "la motivación de los actos administrativos responde a la finalidad de exteriorizar las razones que justifican su adopción a fin de permitir su conocimiento por el destinatario, permitir su impugnación y, asimismo, posibilitar el control de legalidad posterior por los tribunales"» (FJ 3).

133 En relación con el principio de congruencia, GALLARDO considera que «es fundamental distinguir entre las [alegaciones] aducidas por las partes para argumentar sus pretensiones y las pretensiones en sí mismas consideradas pues, si con respecto a las primeras puede no ser necesaria una respuesta explícita y pormenorizada a todas ellas, respecto de las segundas la exigencia de la congruencia de la resolución se muestra con todo su rigor. Dicho de otro modo: la resolución —al igual que sucede con las sentencias judiciales— no tiene por qué contestar "una a una" las alegaciones en que se fundamente la reclamación o el recurso

puede reconocer algo diferente o más cantidad de lo solicitado por el reclamante (*extra petita* y *ultra petita*), tiene o debería tener, para muchos, un alcance distinto en el seno de un procedimiento administrativo que en la vía jurisdiccional dentro de un proceso contencioso-administrativo.

Frente a la tesis clásica y propiamente procesal que sostiene que de la misma manera que una sentencia judicial no puede conceder más de lo solicitado en la demanda, lo que resultaría plenamente aplicable en las reclamaciones de responsabilidad patrimonial, existe otra, avalada jurisprudencialmente, que permite matizar este principio en sede administrativa.

La modulación del principio de congruencia tiene especial relevancia en las reclamaciones de responsabilidad patrimonial sanitaria, por cuanto un error en el particular reclamante al valorar aspectos complejos técnicamente —por ejemplo, secuelas o daño moral—, de seguirse *stricto sensu* la primera de las tesis expuestas, le condenaría a no poder aspirar más que a una indemnización injusta por insuficiente, incluso cuando la administración reconoce que el daño debería ser valorado en mayor cantidad que lo inicialmente solicitado por un particular, recordemos, que no tiene por qué conocer cómo se valoran estos daños —tablas y baremos— de difícil comprensión[134].

---

que resuelvan, sin que la omisión de esta contestación suponga vicio alguno, pues para ello se requeriría haber omitido pronunciarse sobre alguna de las pretensiones aducidas por el interesado y no de meros argumentos o alegaciones que apoyen una pretensión. Lo relevante no es dar respuesta a todos y cada uno de los razonamientos o argumentaciones sino en respetar el soporte fáctico de la acción ejercitada, o el componente fáctico o relato histórico y a lo solicitado en la reclamación». GALLARDO CASTILLO, Mª Jesús (2021): *Administración Sanitaria y Responsabilidad Patrimonial*, *op. cit.* pág. 226.

134 Un ejemplo de ello lo encontramos en el DCCyL 183/2013, de 4 de abril. En esta ocasión este órgano consultivo, apoyándose en jurisprudencia del TS, concluyó que no quedaba vulnerado el principio de congruencia cuando la Administración sanitaria y el órgano consultivo calculaban la indemnización en una cuantía notablemente superior a la pedida por el reclamante. Para ello, tuvo en cuenta la dificultad jurídico-técnica de valorar los daños corporales. A pesar de que suponía una «falta de aplicación del principio de congruencia. No obstante, debe recordarse (…) que dicho principio "no tiene en el ámbito administrativo un alcance tan estricto como en el jurisdiccional porque la Administración debe decidir todas las cuestiones que se deriven del expediente en función del interés público implicado, con el único límite de no agravar la situación inicial del solicitante (…)" (por todas, Sentencia de 22 de marzo de 2004 [[*Tol 615349*]])» (CJ 6 del DCCCyL 183/2013, de 4 de abril).

B. Obligación de resolver

«La Administración está obligada a dictar resolución expresa y a notificarla en todos los procedimientos cualquiera que sea su forma de iniciación»[135], incluso cuando haya transcurrido el plazo máximo para resolver en estos procedimientos por el transcurso de 6 meses o 30 días en el caso del procedimiento simplificado[136]. Se exceptúan de esta regla los supuestos de terminación del procedimiento por pacto o convenio.

El hecho de que la resolución se dicte fuera del plazo legalmente establecido no impedirá la generación de intereses de demora con arreglo a lo previsto en las respectivas leyes presupuestarias o de hacienda pública.

C. Inadmisión de la reclamación

En los casos de inadmisión *a limine*, con el correspondiente archivo de las solicitudes sin propuesta de resolución *ad hoc* sobre el fondo de la

---

135 Art. 21.1 y 24 LPAC. Como ha señalado respeto del silencio administrativo la STC 4/2006, de 16 de enero [*Tol 817401*], la omisión del deber de resolver en plazo puede suponer que este quede indefinidamente abierto. Desgraciadamente, no parece que este mandato se vaya a cumplir en buena parte de las reclamaciones derivadas de la Covid-19.

136 El plazo de tiempo para resolver, cuando se trate del procedimiento simplificado, será de 30 días, «desde el siguiente al que se notifique al interesado el acuerdo de tramitación simplificada» (art. 96.6 LPAC). En estos procedimientos, como recalca el DCCAnd 633/2019, de 25 de septiembre, no se «admite pronunciamiento respecto de la relación de causalidad sino que al exigir "inequivocidad" en cuanto a la relación de causalidad entre "el funcionamiento del servicio público y la lesión" parece referirse a la existencia de la misma, de tal modo que si en el caso que nos ocupa lo que resultaba claro era la inexistencia de esta relación causal entre el servicio y el daño alegado, no puede sino colegirse que faltaba el primero de los presupuestos para poder acordarse continuar el procedimiento en su modalidad de tramitación simplificada y, por tanto, éste debió haberse seguido tramitando en su modalidad ordinaria» Ahora bien, si el procedimiento simplificado se ha utilizado sin que concurra esta premisa debe entenderse que es una irregularidad no invalidante, «dado que el legislador no sanciona con grado alguno de invalidez la improcedente tramitación del procedimiento por esta vía ni tampoco exige que (…) haya que volver nuevamente, a la tramitación ordinaria» (CJ). Adviértase la previsión contenida el en artículo 96.4 LPAC cuando, durante la tramitación de un procedimiento simplificado, el dictamen del órgano consultivo sea contrario al fondo de la propuesta de resolución, lo que conllevará que el procedimiento continuará con arreglo a la tramitación ordinaria.

cuestión controvertida no resultaría preceptivo recabar el DCdE o de los órganos consultivos de las CCAA. Esto es, resultará necesario el dictamen cuando, además de por la cuantía reclamada, el procedimiento vaya acompañado de una propuesta de resolución, ya que el dictamen requerido debe pronunciarse sobre la existencia o no de la relación de causalidad entre el funcionamiento del servicio y la lesión y, en su caso sobre la valoración del daño y su cuantificación (artículo 81.2 LPAC).

Esto no obstante, existen ocasiones en los que el motivo de inadmisión requiere un análisis jurídico que va más allá de la mera constatación de unos hechos, motivo por el que estos órganos consultivos sí han procedido a dictaminar entrando a analizar jurídicamente el motivo de inadmisión[137].

D. Contenido de la resolución

Además del contenido común de toda resolución administrativa, las que pongan fin a una reclamación de responsabilidad patrimonial deberán expresar: «la existencia o no de la relación de causalidad (...) entre el funcionamiento del servicio público y la lesión producida y, en su caso, sobre la valoración del daño causado», junto con la cuantía y el modo de indemnización, cuando proceda[138].

Cuando los daños hayan sido causados por los contratistas de la Administración, tal y como se apuntó más arriba —y desarrollan VIDAL y MANENT en profundidad en los caps. 6 y 7 (págs. 418 a 422 y 495 y 499), tanto el CdE como la mayor parte de los consejos consultivos, con apoyo jurisprudencial, entienden que la Administración, como única titular del

---

[137] DCCGal 194/2020, de 5 de agosto: «Pues bien, en el presente caso se observa la necesidad de realizar un juicio jurídico previo a la inadmisión, en el que deben de tenerse en cuenta una serie de elementos fácticos que dan lugar a una conclusión jurídica. (...) En definitiva, estas operaciones de interpretación normativa y fáctica que procedemos a exponer en la consideración siguiente, exigen un juicio jurídico previo que excluye, al entender de este organismo, la posibilidad de apreciar la "manifiesta incompetencia" del Consejo, y en consecuencia, deber a analizar la legalidad de la propuesta de resolución sometida a dictamen. En este sentido hace falta además recordar que este órgano actúa como una garantía de legalidad para los administrados en relación con la actuación de la Administración, por lo que su intervención no puede constituir vicio o defecto alguno en la tramitación del expediente».

[138] Art. 91.2 LPAC.

servicio público y en aras de evitar un peregrinaje jurisprudencial debe resarcir, y en su caso, podrá repetir contra el contratista[139].

Otra corriente doctrinal y jurisprudencial entiende que, fuera de los casos de daños derivados de órdenes derivadas de la propia Administración o de vicios del proyecto de obras o suministro de fabricación, ésta no deberá indemnizar por falta de nexo causal entre el funcionamiento del servicio público y el daño[140]. En su opinión la interposición del contratista rompe el necesario nexo causal.

E. Extemporaneidad de las resoluciones

Quizá una de las «patologías» comunes de las reclamaciones de responsabilidad patrimonial sea la superación, y con creces, del plazo máximo para resolver y notificar la resolución que ponga fin al procedimiento. En estos casos «podrá entenderse que la resolución es contraria a la indemnización del particular», así como que «la misma pone fin a la vía administrativa»[141]. En nuestra opinión, una resolución tardía es casi siempre injusta, particularmente en materia sanitaria donde, en ocasiones, la resolución recae con posterioridad al *exitus* del reclamante.

Los diferentes órganos consultivos con frecuencia reiteran en sus resoluciones las dilaciones indebidas en la tramitación y conminan a resolver en plazo más razonables[142]. Por su parte, los órganos de la Administración sanitaria encargados de resolver, tanto de la AGE, como de las Administraciones de las CCAA, suelen justificarse con argumentos similares. Entre ellos, cabe destacar: el elevado número de reclamaciones y la insuficiencia de medios personales; el carácter técnico de la materia; la intervención de

---

139 Para reforzar la tesis garantista la doctrina legal cita a su favor la SSTS de 13 de octubre de 1998 (núm. rec. 1505/1996 y [*Tol 962783*]) y de 30 de noviembre de 2010 (núm. rec. 1866/2009 y [*Tol 2001834*]).

140 Sobre las diferentes posturas y jurisprudencia en uno u otro sentido el DCCCyL 41/2018, de 14 de febrero, CJ 5ª.

141 Arts. 91.3 y 114.1 e) LPAC.

142 En sus dictámenes, en última instancia, y ante incumplimientos groseros y reiterados, estos órganos han llegado incluso a advertir de la posibilidad de que, de no ser corregidas, conllevar la responsabilidad del personal encargado de la tramitación de los asuntos en virtud de lo señalado en los artículo 20.1 y 29 LPAC. En este sentido CJ 2 del Dictamen 563/2021, de 22 de febrero de 2022, del Consejo Consultivo de Castilla y Léon ó CJ 3 del Dictamen 804/2011, de 21 de diciembre, del Consejo Consultivo Andalucía (CCAnd).

varios órganos informantes: la necesidad de valorar económicamente la resolución, cuando esta es estimatoria, etc.

Nótese que, en todo caso, las circunstancias de lugar y tiempo han de ser tenidas en cuenta tanto para valorar el procedimiento seguido como también para resolver sobre el fondo de las cuestiones sometidas a debate. En este sentido los DCCAnd 424/2021, de 1 de junio de 2021 y DCJAMad 485/2022, d 19 de julio, en relación con la situación límite que se experimentó durante la pandemia del Covid-19.

F. Responsabilidad por dilaciones indebidas

La imputación de responsabilidad patrimonial «por omisión, inactividad o retraso, plantea numerosos problemas no sólo doctrinales, sino también jurisprudenciales»[143]. Es difícil acotar cuándo la resolución extemporánea de un expediente de responsabilidad patrimonial deba considerarse como generadora, a su vez, de un nuevo supuesto de responsabilidad patrimonial. Estamos ante una responsabilidad patrimonial derivada de una reclamación de responsabilidad patrimonial.

En estos casos puede producirse la paradoja de que la reclamación de responsabilidad no sea indemnizable y que el retraso en responder sí.

En nuestra opinión, el reconocimiento de la responsabilidad pasa por apreciar un funcionamiento anormal de un servicio público, como consecuencia de un deber jurídico de actuar. Para ello, la omisión debe ser sinónimo de un acto que podía y debía haberse ejecutado en plazo y no se hizo.

«En esta línea, se puede afirmar que para el surgimiento de la responsabilidad patrimonial de la Administración no es suficiente, con carácter general, un mero retraso o un simple incumplimiento de plazos, sino que debe producirse una inactividad en los términos anteriormente referidos, ya que, sólo de esta manera el posible daño ocasionado puede ser calificado como antijurídico»[144].

Dadas las características de la responsabilidad por dilaciones indebidas, la apreciación de un funcionamiento anormal de Administraciones Públicas debe ser casuística. Junto a esos casos groseros, tanto la jurisprudencia como la doctrina legal, vienen declarando la responsabilidad en determi-

143 GÓMEZ ZAMORA, Leopoldo *et alii* (2022): *La inactividad y el silencio de la Administración*, Tirant lo Blanch, Valencia, pág. 234.

144 *Ibidem* pág. 235.

nados tipos de situaciones, que por su especial relevancia o visibilidad, no pueden quedar sin una compensación económica.

En el caso de la responsabilidad patrimonial sanitaria, un supuesto lo encontramos en relación con los daños causados por los contratistas de la Administración. En estos casos, cuando el órgano de contratación, o bien no responde al requerimiento previo del art. 196.3 de la LCSP, o bien se limita a excluir su responsabilidad, varios pronunciamientos judiciales vienen reconociendo la obligación de indemnizar.

Para un análisis más detallado de la cuestión puede leerse a NAVALPOTRO en el cap. 24 (págs. 1788 a 1789).

G. Valoración de los daños

La resolución que ponga fin sobre el fondo de las reclamaciones de responsabilidad patrimonial puede ser desestimatoria, de estimación parcial o estimatoria. En los dos últimos casos esta deberá además valorar económicamente los daños, la indemnización que deberá satisfacer la Administración por fallecimiento, secuelas, lesiones temporales, daño moral,… en función del supuesto concreto de que se trate.

a) Criterios generales

En el supuesto de que la resolución estime (total o parcialmente) la reclamación, la resolución deberá contemplar el *quantum* indemnizatorio. La valoración del daño se ha analizado en el cap. 9 por RAMOS. Por ello, aquí únicamente señalaremos que la valoración que se realice es particularmente importante por varios motivos:

- Se trata de una cuestión técnica y compleja, alejada de los conocimientos de la ciudadanía.
- La participación sucesiva de diversos intervinientes durante la instrucción del procedimiento puede arrojar valoraciones distintas de unos mismos daños[145].

---

145 Frente a la inicial valoración de los daños recogida en la reclamación, generalmente al alza, y la que se contempla en la propuesta de resolución estimatoria —total o parcial—, sensiblemente inferior, se suceden otras de importancia no menor: En ocasiones, a estas dos valoraciones, se añaden las del inspector médico; las de las comisiones de valoración del daño corporal; de las compañías de seguros; de

– Como resulta evidente, son los juzgados y tribunales de lo contencioso-administrativo los que tienen la última palabra a la hora de fijar la cantidad a indemnizar, si bien en no pocas ocasiones se realiza una valoración a tanto alzado en función de las circunstancias del caso difícilmente extrapolables para otros supuestos[146].

En cuanto a los concretos elementos a utilizar para valorar, el art. 34.2 LRJ se remite a los criterios «establecidos en la legislación fiscal, de expropiación forzosa y demás normas aplicables, ponderándose, en su caso, las valoraciones predominantes en el mercado». Como novedad de la LRJ, «en los casos de muerte o lesiones corporales se podrá tomar como referencia la valoración incluida en los baremos de la normativa vigente en materia de Seguros obligatorios y de la Seguridad Social», si bien la opción de acudir al TR de la Ley sobre responsabilidad civil y seguro en la circulación de vehículos a motor, aprobado por el RDLeg 8/2004, de 29 de octubre, ya era práctica común por Administraciones, Juzgados y Tribunales[147].

---

facultades o academias de medicina, en su caso; e incluso las del propio consejo consultivo. Respecto de las valoraciones de los órganos consultivos, estas, cada vez más, se limitan a considerar si procede estimar o no la reclamación, remitiendo la fijación del *quantum* a un expediente contradictorio entre la Administración sanitaria y el reclamante. Si bien este modo de proceder violentaría lo previsto en el art. 81.1 *in fine* LPAC, el cual atribuye a los consejos consultivos, entre otras funciones, la de efectuar una «valoración del daño causado y la cuantía y modo de la indemnización», esta conducta estaría justificada en la ausencia de información suficiente para cuantificar en ocasiones, en sede consultiva, la totalidad de los daños. En cualquier caso, considero como opción acertada que, como regla general, resulte sólo un órgano, a poder ser arbitral o ajeno al procedimiento, dotado de autonomía funcional, la valoración del daño. En este sentido, en otros ámbitos en los que el procedimiento se encamina a fijar una cantidad de dinero, ya existen órganos administrativos *ad hoc*. Este es el caso de los jurados de expropiación regulados en los arts. 31 a 37 de la Ley de expropiación forzosa, de 16 de diciembre de 1954.

146 La importancia de la fijación del *quantum* indemnizatorio en el procedimiento administrativo ha sido reconocida por el TS, entre otras, en sus SSTS de 5 de junio de 2019, Sala Civil, (núm. rec 2992/2016 [*Tol 7278390*]), de 5 de noviembre de 2019 (núm. rec. 1914/2017 [*Tol 7569402*]) y la reciente STS de 12 de febrero de 2024 (núm rec. 6524/2019). En ellas se ha recalcado que la cuantía de la indemnización, una vez fijada en sede administrativa y confirmada en sede contenciosa, deviene inatacable en la vía civil, por ejemplo, cuando se ejercite la acción directa contra la compañía de seguros prevista en el art. 76 de la LCS.

147 El art. 34.4 LRJ, como ya hacía el art. 141.4 LRJPAC-92, contempla la posibilidad de sustituir la indemnización «por una compensación en especie o ser abonada mediante pagos periódicos». Esta previsión raras veces es utilizada. En ello tiene

Como señala el precepto, estos baremos, como los que puedan existir en la legislación fiscal o de expropiación forzosa tendrán un valor meramente orientativo y no tienen por qué ser aplicados de modo automático, como de hecho ocurre en muchos pronunciamientos administrativos y jurisprudenciales[148].

En la práctica, no resulta inusual que admitida la obligación de indemnizar, se requiera a los interesados para que aporten originales o copias compulsadas de los documentos traídos durante la instrucción del procedimiento a través de copia simple.

b) Valoración del daño moral

Como señala el CdE, «los daños morales admiten hoy muy diversas manifestaciones pero se refieren, con carácter general, a perjuicios que los interesados sufran en su honor, honra, estima y consideración personal, familiar, profesional, social y cívica»[149]. Siguiendo a HURTADO, el daño moral puede ser definido como aquel «impacto o sufrimiento psíquico o espiritual que en la persona pueden producir ciertas conductas, actividades, comportamientos o determinados resultados; comprendiendo en él

---

que ver la falta de «cultura transaccional» de las AAPP y las dificultades de todo acuerdo transaccional en la órbita pública.

148 Al tener un valor orientativo debe rechazarse cualquier automatismo a la hora de fijar la cuantía de la indemnización. Como recuerda el TSJ de la Comunidad Valenciana, «nada ha cambiado con la nueva regulación que se estable en el actual artículo [34 LRJ. Este precepto] (…) se limita a proponer que la determinación de la indemnización (…) "podrá tomar como referencia" dicho baremo [del TRLRC], es decir, ni se impone imperativamente ni, menos aún, de aceptarse ese recurso al baremo, deba ser aplicado en toda su pureza. porque lo que se propone es "tomarlo como referencia"». (FJ 4 STSJ de la Comunidad Valenciana de 14 de enero de 2021 (núm. rec. 72 y [*Tol 8551095*]). Un año antes, la STS de 28 de septiembre ya había señalado «que el recurso a los baremos fijados para accidentes de circulación (…) solo podrían tener un valor orientativo y que, en modo alguno podrían comportar el automatismo en la determinación de las indemnizaciones» (FJ 4 STS de 1217/2020, de 28 de septiembre, (núm. rec. 123/2020 y [*Tol 8112181*]).

149 CCJJ II de los DDCdE de 23 de mayo (núm. exp. 1574/1996) y de 15 de junio (núm. exp. 1828/2000).

no solo los ataques a bienes o derechos de la personalidad, sino también las repercusiones de los daños en el ámbito psíquico y afectivo»[150].

Si la acotación de lo que debe entenderse por daño moral ya presenta una buena dosis de subjetividad, su cuantificación es más vaporosa aún. Por ello ha sido tratada monográficamente en el cap. 10 por HURTADO. En cualquier caso, la falta de una regulación relativa a la valoración del daño moral,— en atención al carácter etéreo del mismo— sigue siendo su eterno problema.

Con carácter general el daño moral suele ser valorado al alza por los reclamantes, disminuido sensiblemente en sede administrativa y finalmente templado, sin criterios objetivos de aplicación extrapolables en muchos casos, en sede judicial, lo que presenta nuevas dificultades para poder lograr aprehender unos criterios fácilmente reconocibles por todos los implicados.

c) Valoración de la pérdida de oportunidad

«La doctrina de la pérdida de oportunidad [se configura] (...) como una figura alternativa a la quiebra de la lex artis que permite una respuesta indemnizatoria en los casos en que tal quiebra no se ha producido y, no obstante, concurre un daño antijurídico consecuencia del funcionamiento del servicio»[151].

Su fundamento descansa en la pérdida de la oportunidad de la curación —o disminución de secuelas— por determinadas actuaciones médicas (retraso en la asistencia, calificaciones de enfermedad erróneas, etc.) u omisión de las mismas (ausencia de pruebas, de diagnóstico certero, etc.).

Como consecuencia de lo anterior, en las reclamaciones en las que se reconoce la pérdida de oportunidad el *quantum* indemnizatorio no es cal-

---

150 HURTADO DÍAZ-GERRA, Isabel (2018): *El daño moral en la responsabilidad patrimonial sanitaria*, Tirant lo Blanch, Valencia, pág. 115. FUENTES se refiere a él de la siguiente manera: «Ahora bien, no podemos sino indicar que el daño psíquico puede ser un auténtico daño material si bien en el sistema nervioso del individuo, en tanto el daño moral iría más allá, pretendiendo una compensación al dolor o aflicción, o aún a la incomodidad, no sólo de la víctima, sino de sus más allegados, que encuentra su soporte en la mente del individuo, pero no en su vertiente nerviosa, sino afectiva». DE FUENTES BARDAJÍ *et alii* (2009): *Manual sobre responsabilidad sanitaria*, Aranzadi, Cizur Menor (Navarra), pág. 258.

151 FJ 2 STS de 24 de noviembre de 2009 (núm. rec. 1593/2008 y [*Tol 1761949*]).

culado en función del resultado acaecido —fallecimiento o determinadas secuelas— sino de forma proporcional en relación con la probabilidad de curación o mejoría.

Por lo demás, al haber sido analizada esta cuestión por RAMOS y FLIQUETE nos remitimos aquí a los caps. dedicados a la valoración del daño y la pérdida de oportunidad, respectivamente.

2) Actualización

El art. 34.3 LRJ determina, para todo procedimiento de responsabilidad patrimonial, que la «cuantía de la indemnización se calculará con referencia al día en que la lesión efectivamente se produjo, sin perjuicio de su actualización a la fecha en que se ponga fin al procedimiento, con arreglo al Índice de Garantía de la Competitividad, fijado por el Instituto Nacional de Estadística, y de los intereses que procedan por demora en el pago de la indemnización fijada, que se exigirán de conformidad con la Ley 47/2003, de 26 de noviembre, General Presupuestaria o a las normas presupuestarias de las Comunidades Autónomas»[152].

Por lo expuesto, deberá estarse al momento en que el daño efectivamente se produzca para valorarlo, cuya cuantía se actualizará al momento en que se ponga fin al procedimiento administrativo y que, a su vez, podrá verse incrementada ex artículo 24 de la LGP o, si se acude al orden jurisdiccional contencioso-administrativo con el interés legal del dinero[153].

---

[152] La redacción del art. 34.2 LRJ es heredera de la LRJPAC-92. En su día, CUETO criticó que no se recogiera en la LRJPAC-92, en su redacción originaria, la actualización de cantidades: «más que un avance lo que se produce (...) es un retroceso respecto a la situación anterior» prevista en la Ley de régimen jurídico de la Administración del Estado de 26 de julio. Esta «laguna» fue corregida por la Ley 4/1999, de 13 de enero, de modificación de la LRJPAC-92. CUETO PÉREZ, Miriam (1997): *La responsabilidad de la Administración en la asistencia sanitaria*, Tirant lo Blanch, Valencia, pág. 499.

[153] Para el CdE, conforme a la legislación de expropiación forzosa, una vez reconocida la indemnización, a lo que se tiene derecho «es a que se le abonen intereses de demora, previa intimación a la Administración, caso de transcurrir más de tres meses desde la fecha de reconocimiento de la obligación sin haberse hecho efectivo el pago». Memoria del Consejo de Estado de 2004, pág. 236. https://www.consejo-estado.es/wp-content/uploads/2021/05/MEMORIA-2004.pdf. El art. 106.2 de la Ley 29/1998, de 13 de julio, reguladora de la jurisdicción contencioso-administrativa «A la cantidad a que se refiere el apartado anterior se añadirá el interés legal del dinero, calculado desde la fecha de notificación de la sentencia

La cantidad fijada a efectos de indemnización es considerada como deuda de valor, de tal manera que debería caber su actualización una vez transcurrido un lapso temporal considerable por la depreciación de la moneda en que se hubiera fijado la indemnización[154].

Por lo demás, al haber sido analizada esta cuestión en el cap. 9 por RAMOS (págs. 609 a 618), damos por reproducido aquí lo allí expuesto.

3) Otras formas de terminación

De conformidad con el art. 84 LPAC, además de por resolución, todo procedimiento administrativo puede terminar por desistimiento, renuncia al derecho, declaración de caducidad o imposibilidad material de continuarlo por causas sobrevenidas.

Junto a ello, el art. 86 LPAC regula la terminación convencional, que para el caso de la responsabilidad patrimonial, su apartado 5 establece que el acuerdo alcanzado deberá fijar la cuantía y modo de indemnización de acuerdo con los criterios establecidos en el artículo 34 LRJ[155].

---

dictada en única o primera instancia». De acuerdo con el art. 106.3 de la misma «transcurridos tres meses desde que la sentencia firme sea comunicada al órgano que deba cumplirla, se podrá instar la ejecución forzosa. En este supuesto, la autoridad judicial, oído el órgano encargado de hacerla efectiva, podrá incrementar en dos puntos el interés legal a devengar, siempre que apreciase falta de diligencia en el cumplimiento».

154 Con todo, en la práctica no resulta infrecuente que tanto por parte de los órganos consultivos como jurisdiccionales, y con el fin de evitar posibles conflictos a la hora de actualización de cantidades, estas se fijen a tanto alzado acompañada de la expresión: «actualizada a todos los efectos»: «dichas indemnizaciones devengarán los intereses de demora desde la fecha de la reclamación» (*vid.* STS 1217/2020 de 28 de septiembre (núm. rec. 123/2020 y [*Tol 8112181*]); «sin dar lugar a actualización» o fórmula similar, como si de deudas de dinero propiamente dicho se tratase.

155 El preámbulo del RRP establecía, respecto de la terminación convencional que, «Además de estas específicas innovaciones legales [sobre la valoración del daño y el cálculo de la cuantía de la indemnización], la LRJ-PAC[-92] *tenía* otros preceptos en materia de procedimiento administrativo como son la terminación convencional y el carácter no suspensivo de los informes no determinantes de los procedimientos, cuya incorporación a este Reglamento [de procedimiento de responsabilidad patrimonial] se *había adoptado* decididamente. Obviamente, el acuerdo de terminación convencional no *podía* incluir, como tal acuerdo con un particular, ningún tipo de transacción sobre la existencia o no de relación de

En relación con estas formas anormales de terminación del procedimiento, especialmente en los casos de satisfacción de la pretensión —*v.gr.* por resolución en otro procedimiento administrativo o judicial, acuerdo transaccional o reparación *in natura*—, corresponde el archivo de las actuaciones, sin necesidad de continuar la tramitación de aquel[156]. En estos casos, «al haberse visto satisfecha dicha pretensión, no existe un daño indemnizable, ni por consiguiente obligación de indemnizar por parte de la Administración»[157].

Repárese que en el supuesto de acuerdo entre las partes debe existir identidad entre lo ofertado y lo aceptado, pues en caso contrario procedería terminar el procedimiento mediante resolución al efecto[158].

Bibliografía

BLANQUER CRIADO, David (2012): *La concesión de servicio público*, Tirant lo Blanch, Valencia

BLANQUER CRIADO, David (2020): *Responsabilidad patrimonial en tiempos de pandemia*, Tirant lo Blanch, Valencia

causalidad o de reconocimiento pactado de la responsabilidad de las Administraciones públicas, sino limitarse a la determinación de la cuantía y el modo».

156 Nada hace suponer que ese acuerdo de terminación convencional no pueda adoptarse en cualquier momento del procedimiento, siempre que se trate, lógicamente, antes de que se dicte la resolución finalizadora del mismo. Es decir, nada impide que tras la emisión de uno o varios informes favorables a la estimación, o tras el dictamen del órgano consultivo en el mismo sentido, la administración decida proponer un acuerdo convencional. En ocasiones, son los propios particulares reclamantes los que lo intiman tras la lectura de un informe/dictamen favorable a sus intereses. Recuérdese igualmente que como antes se indicó, no resultaría procedente la emisión de dictamen de los órganos consultivos cuando el procedimiento terminara mediante archivo.

157 Memoria CdE 2005, pág 204. A este respecto, el CCCyL, en sus memorias de los años 2009 y 2010, incidió que la «terminación convencional es loable en cuanto tiene de conciliación de los intereses y posturas de las partes implicadas, con lo que se evita así que el conflicto perdure e incluso se extienda a la vía judicial. Sin embargo, es necesario que figure en el expediente la documentación o razonamientos adecuados que permitan considerar que la cuantía acordada finalmente como indemnización aparece plenamente justificada. No se trata, por tanto, de un simple reconocimiento pactado de la responsabilidad con el fin de eludir la continuación del procedimiento sino sobre todo de que el interesado obtenga la reparación del daño sufrido mediante una justa indemnización».

158 FD 14 DCdE 2535/2004, de 2 de diciembre.

COBO OLVERA, Tomás (2007): *El procedimiento para la exigencia de la responsabilidad patrimonial a las Administraciones Públicas*, Bosch, Barcelona

CUETO PÉREZ, Miriam (1997): *Responsabilidad de la Administración en la Asistencia Sanitaria*, Tirant lo Blanch, Valencia

DE FUENTES BARDAJÍ *et alii* (2009): *Manual sobre responsabilidad sanitaria*, Aranzadi—Abogacía General del Estado, Cizur Menor (Navarra)

DOMÉNECH PASCUAl, Gabriel (2024): «Nacimiento, consolidación y persistencia de las teoría jurídicas defectuosas», *Revista para el Análisis del Derecho, InDret*, núm. 1

GALLARDO CASTILLO, María Jesús (2021): *Administración Sanitaria y Responsabilidad Patrimonial*, Colex, A Coruña

GARCÍA BLANCO, Jesús María, MARTÍN LORENZO, Beatriz (2021): «Introducción a la responsabilidad patrimonial en tiempos de pandemia», en DE LA CRUZ LÓPEZ, Pablo y MOLL FERNÁNDEZ-FIGARES, Luis (dirs.), *Responsabilidad Patrimonial y COVID-19 en los distintos sectores de la actividad*, Lefebvre, Madrid

GARCÍA BLANCO, Jesús María (2017): «Responsabilidad patrimonial de funcionaros en el ejercicio de sus funciones», *Revista española de la Función Consultiva*, núm. 27 (págs. 51-76)

GARRIDO MAYOL, Vicente (2021): «Reflexiones sobre la función consultiva en relación con la responsabilidad patrimonial», en SOLER SÁNCHEZ, Margarita (coord.) *La función consultiva en la Comunitat Valenciana*, Tirant lo Blanch-Consell Jurídic Consultiu de la Comunitat Valenciana

GÓMEZ ZAMORA, Leopoldo et alii (2022): *La inactividad y el silencio de la Administración*, Tirant lo Blanch, Valencia

HURTADO DÍAZ-GUERRA, Isabel (2018): *El daño moral en la responsabilidad patrimonial sanitaria*, Tirant lo Blanch, Valencia

LASARTE Carlos (2021): *Derecho de Familia. Principios de Derecho Civil VI*, Marcial Pons, Madrid

Ley 39/2015 comentada por letrados da Xunta de Galicia (2017), Escola Galega de Administración Pública, Colección Comentarios lexislativos, Santiago de Compostela

LOZANO CUTANDA, Blanca y ALLI TURRILAS, Juan-Cruz (2020): *Administración y Legislación Ambiental*, Dykinson, Madrid

MANENT ALONSO, Luis (2019): «El desconcierto de la acción concertada», *Actualidad Administrativa*

MANENT ALONSO, Luis (2021): «Las singularidades de las reclamaciones por daños causados por las administraciones públicas como consecuencia de la COVID-19», *Revista Jurídica de les Illes Ballears*, núm. 20

MARTÍN LORENZO Beatriz, GARCÍA BLANCO Jesús María (2022): ¿Es responsable la administración de los daños causados por la covid-19? REVISTA JURÍDICA SOBRE CONSUMIDORES Y USUARIOS. La responsabilidad patrimonial de la Administración pública, ante la COVID-19. VLEX-

SÁNCHEZ CARMONA, Miguel (2015): «Procedimiento administrativo y contencioso administrativo: reglas especiales», en SÁCHEZ CARMONA, Miguel y PÉREZ PINO, Mª Dolores (dirs.), *Manual sobre Responsabilidad Patrimonial de la Administración Pública.* Instituto Andaluz de Administración Pública— Asociación de Letrados y Letradas de la Junta de Andalucía, Sevilla

Capítulo 28

La prueba en la responsabilidad patrimonial sanitaria

José Antonio García-Trevijano Garnica

Letrado del Consejo de Estado (jub.)

Socio-director García-Trevijano Abogados

SUMARIO: I. ENCUADRAMIENTO. LOS EXPEDIENTES SOBRE RESPONSABILIDAD PATRIMONIAL; II. LA PRUEBA EN LA TRAMITACIÓN DE LOS EXPEDIENTES DE RESPONSABILIDAD PATRIMONIAL; III. CONTENIDO DE LOS ACTOS RESOLUTORIOS DE LOS EXPEDIENTES ADMINISTRATIVOS SOBRE RESPONSABILIDAD PATRIMONIAL; IV. LA CARGA DE LA PRUEBA, OBJETO Y MEDIOS; 1) Carga de la prueba; 2) Objeto de la prueba; 3) La inversión de la carga probatoria; 4) Algunas consideraciones sobre la prueba del consentimiento informado; 5) Sustantividad de la praxis sanitaria; 6) La actuación sanitaria es, como regla general, una obligación de medios; 7) Valoración de las pruebas; 8) Presunciones; V. LA PRUEBA EN EL PROCEDIMIENTO ADMINISTRATIVO Y EN EL PROCESO JUDICIAL; 1) La prueba en el seno del expediente administrativo; 2) La prueba en el proceso contencioso-administrativo; Bibliografía.

I. ENCUADRAMIENTO. LOS EXPEDIENTES SOBRE RESPONSABILIDAD PATRIMONIAL[1]

Las reclamaciones por daños sanitarios imputables al Sistema Nacional de Salud dan lugar a procedimientos administrativos previos destinados a

[1] Existen estudios clásicos sobre responsabilidad patrimonial de la Administración sanitaria. Aparte de los trabajos que citaré, cabe mencionar los siguientes: MIR PUIGPELAT, Oriol (1991): *La responsabilidad patrimonial de la Administración sanitaria,* Civitas, Madrid; RODRÍGUEZ LÓPEZ, Pedro (2007): Responsabilidad Patrimonial de la Administración en materia sanitaria, Atelier, Barcelona; RODRÍGUEZ LÓPEZ, Pedro (2004): *Responsabilidad médica y hospitalaria,* Bosch, Barcelona; MERINO MOLINS, Vicente (2003): *La responsabilidad patrimonial de la Administración en el ámbito de la sanidad,* Actualidad Administrativa, núm. 6; Sobre responsabilidad sanitaria, en GÓMEZ JARA Mariano (2013): *Responsabilidad profesional sanitaria,* Atelier, Barcelona; BELLO JANEIRO, Domingo et alii (2003): *Régimen jurídico de la responsabilidad sanitaria,* Reus, Madrid.

que la Administración competente se pronuncie de forma expresa sobre la lesión y la eventual indemnización a abonar al lesionado[2].

Conviene empezar destacando que se trata siempre de reclamaciones administrativas susceptibles de derivar en procesos contencioso-administrativos, nunca ante la jurisdicción ordinaria, salvo que se trate de reclamaciones no dirigidas contra la Administración sino directamente contra particulares, por ejemplo, aseguradoras[3]. Así lo dispuso la Ley 4/1999, de 11 de enero, de modificación de la Ley 30/1992, de 26 de noviembre, de régimen jurídico de las Administraciones Públicas y del procedimiento administrativo común (LRJPAC-92) y lo dice hoy el art. 35 de la Ley 40/2015, de 1 de octubre, de régimen jurídico del sector público (LRJ). Este último establece que toda responsabilidad de la Administración, aunque provenga de relaciones de derecho privado, se debe canalizar como reclamación administrativa bajo los principios establecidos en los arts. 32 y ss. de esa norma; queda así positivizado algo que se debatió bajo normas anteriores y que resolvió en ese mismo sentido el Tribunal Supremo (TS) en sentencia y auto de su Sala de Conflictos de 11 de julio de 2000 y 22 de diciembre de 2005, respectivamente[4].

Más aún, como establece el art. 35 LRJ, esa vía es asimismo la adecuada cuando se reclama una indemnización de una Administración que ha

---

2 En esta materia —la responsabilidad patrimonial sanitaria—, como veremos, resulta aplicable lo escrito por GARRIDO MAYOL, sobre la evolución que ha experimentado la responsabilidad patrimonial, pues «se ha pasado de considerar la presunción de licitud de actos estatales por el mero hecho de provenir de las Instituciones del Estado, a reconocer que, como en el ámbito de las relaciones jurídico-privadas, el que causa daño al otro está obligado a reparar el daño causado». GARRIDO MAYOL, Vicente (2004): La responsabilidad patrimonial del Estado. Especial referencia a la responsabilidad del Estado legislador, Tirant lo Blanch, Valencia, pág. 11.

3 La acción directa contra el asegurador, por los daños causados por la Administración sanitaria, está prevista en el art. 76 de la Ley 50/1980, de 8 de octubre, de contrato de seguro.

4 Hoy en día no está vigente la previsión que introdujo en la Ley LRJPAC-92, la Ley 4/1999, de 11 de enero, para decir (en la nueva DA 12 LRJPAC-92) que «la responsabilidad patrimonial de las Entidades Gestoras y Servicios Comunes de la Seguridad Social (...), seguirán la tramitación administrativa prevista en esta Ley» 30/1992. No obstante, parece claro que se someten a ella dada la naturaleza jurídico pública de dichas entidades (para el estado, art. 22 h de la Ley 47/2003, de 26 de noviembre, general presupuestaria), e incluso la DA 13 LRJ las somete al régimen de los organismos autónomos.

causado el daño cuando actúa mediante, o en concurrencia, con entidades jurídico-privadas.

Son aplicables al efecto las reglas generales sobre procedimiento administrativo y, en particular, sobre expedientes de responsabilidad patrimonial, ya que, al menos en los casos del sector público sanitario, no se habla de responsabilidad contractual, sino extracontractual, al no existir propiamente un contrato entre el beneficiario del servicio y la Administración correspondiente.

A este respecto, los expedientes se inician normalmente a solicitud, es decir, por reclamación, del interesado, tal y como contemplan los arts. 66 a 68 de la Ley 39/2015, de 1 de octubre, del procedimiento administrativo común de las Administraciones Públicas (LPAC). Tales reclamaciones deben resolverse de forma expresa (y notificarse o intentar notificarse —art. 40.4 de esa norma) en plazo de seis meses, siendo negativo el silencio administrativo que se producirá en otro caso (art. 91.3 LPAC)[5].

Cabe que se aplique el procedimiento simplificado (art. 96 LPAC) —de prácticamente nula utilización—, previsto para casos en los que haya: «razones de interés público o la falta de complejidad del procedimiento así lo aconsejen»; o, en caso de reclamaciones de responsabilidad patrimonial, si la Administración «considera inequívoca la relación de causalidad entre el funcionamiento del servicio público y la lesión, así como la valoración del daño y el cálculo de la cuantía de la indemnización».

No está en manos del reclamante el decidir si reclama en forma ordinaria o por el cauce simplificado, sino que su reclamación debe ser siempre la misma, siendo la Administración la que en su caso puede decidir la aplicación del procedimiento simplificado, como establece ese art. 96, de

---

[5] Sobre la suspensión del cómputo de plazos de los procedimientos de responsabilidad patrimonial, *vid.* los arts. 22 a 24 y 87, par. segundo LPAC. Sobre suspensión *vid.* asimismo los arts. 74, 77, 80.3 y 81.3 LPAC en GARCÍA-TREVIJANO GARNICA, José Antonio (2021): «Artículo 22. Suspensión del plazo máximo para resolver», «Artículo 23. Ampliación del plazo máximo para resolver y notificar», «Art. 24. Silencio administrativo en procedimientos iniciados a solicitud del interesado». «Artículo 87. Actuaciones complementarias», «Artículo 77. Medios y período de prueba», «Artículo 80. Emisión de informes», «Art. 81.3. Solicitud de informes y dictámenes en los procedimientos de responsabilidad patrimonial», en BAÑO LEÓN, José María, LAVILLA RUBIRA, Juan José (dirs.): *Comentarios al Procedimiento Administrativo*, Tirant lo Blanch, Valencia, págs. 165 a 188, 625 a 628, págs. 505 a 510, y págs. 557 a 570.

modo que a lo sumo el reclamante podrá proponer a la Administración que lo aplique.

Una diferencia fundamental entre el procedimiento ordinario y el simplificado es que en éste el plazo de silencio administrativo es de treinta días (art. 96.6 LPAC)[6].

Por otra parte, todos los procedimientos, tanto ordinarios como simplificados, pueden iniciarse de oficio por la Administración, como resulta de los arts. 61 y 65 LPAC[7].

Cabe asimismo la terminación convencional de estos expedientes (arts. 81.2, par. segundo, 86 y 91.1 LPAC).

II. LA PRUEBA EN LA TRAMITACIÓN DE LOS EXPEDIENTES DE RESPONSABILIDAD PATRIMONIAL[8]

No hay diferencias relevantes con los procedimientos ordinarios, siendo destacables las que resultan del art. 81 LPAC en el sentido de que: «será preceptivo solicitar informe al servicio cuyo funcionamiento haya ocasionado la presunta lesión indemnizable, no pudiendo exceder de diez días el plazo de su emisión»; y «cuando las indemnizaciones reclamadas sean de cuantía igual o superior a 50.000 euros o a la que se establezca en la correspondiente legislación autonómica, así como en aquellos casos que disponga la Ley Orgánica 3/1980, de 22 de abril, del Consejo de Estado, será preceptivo solicitar dictamen del Consejo de Estado o, en su caso, del órgano consultivo de la Comunidad Autónoma».

A su vez, cuando el servicio público se preste mediante contrato (hay que entender que se preste por tercero aunque su relación con la Administración no sea genuinamente contractual), habrá que dar audiencia al mismo (aparte del propio reclamante) tal y como establece el art. 82.5 LPAC. Téngase en cuenta que el art. 32.9 LRJ permite obtener una indemnización de la Administración por daños causados por sus contratistas si estos han

---

6 Sobre un comentario al art. 96 LPAC *vid. Ibidem* págs. 679 a 694.

7 Sobre cómo opera el silencio administrativo en expedientes de responsabilidad patrimonial iniciados de oficio, vid. mi comentario al art. 96 LPAC en esa misma obra citada.

8 En general sobre la prueba en materia de responsabilidad sanitaria puede consultarse GRAU GRAU, Ignacio (2017): *La responsabilidad patrimonial sanitaria: aspectos procesales*, Bosch, Madrid.

actuado siguiendo órdenes directas suyas y conforme a un proyecto elaborado por dicha Administración[9].

---

[9] La DA 19.1 de la Ley 9/2017, de 8 de noviembre, de contratos del sector público (LCSP), en relación con la responsabilidad de la Administración por los daños causados por sus contratistas dispone lo siguiente: «los conciertos que tengan por objeto la prestación de servicios de asistencia sanitaria y que, para el desarrollo de su acción protectora, celebren la Mutualidad General de Funcionarios Civiles del Estado, la Mutualidad General Judicial y el Instituto Social de las Fuerzas Armadas con entidades públicas, entidades aseguradoras, sociedades médicas y otras entidades o empresas, cualquiera que sea su importe y modalidad, tendrán la naturaleza de contratos de concesión de servicios regulándose por la normativa especial de cada mutualidad y, en todo lo no previsto por la misma, por la legislación de contratos del sector público». Ya lo establecía así la LRJPAC-92. Con este motivo el TS y el Consejo de Estado (CdE) tienen reconocida la posibilidad de que exista responsabilidad administrativa de mutualidades, por ejemplo MUFACE. Así, el DCdE 827/2018, de 22 de noviembre, dice: «la utilización de la técnica del concierto a la hora de instrumentar las relaciones entre MUFACE y las entidades prestadoras de la asistencia sanitaria tiene consecuencias en lo relativo a la articulación de eventuales reclamaciones formuladas por los usuarios de los servicios concertados. En efecto, el abandono de la concepción del concierto como realidad sustantiva distinta de las figuras contractuales —primitivamente vigente en nuestra legislación administrativa y que subyacía en el artículo 143 del Reglamento de Servicios de las Corporaciones Locales—, su incardinación entre las formas contractuales de gestión de los servicios y su progresivo acercamiento al régimen legal de la concesión justifican que, ante daños producidos por los prestadores del servicio concertado, el lesionado pueda accionar frente a MUFACE, titular del concierto, bien porque le haya sido abierta la vía por decisión jurisdiccional, bien porque el régimen legal general aplicable al concierto, en cuanto figura que participa del carácter contractual, le habilita para ello. Culminación del proceso que viene a reconocer legitimación a MUFACE en casos como el planteado fue la disposición adicional vigésima tercera de la Ley 30/2007, de 30 de octubre, de Contratos del Sector Público, que califica los conciertos para la asistencia sanitaria y farmacéutica celebrados por MUFACE y el ISFAS como contratos de gestión de servicio público, regulándose por la normativa especial de cada mutualidad y, en todo lo no previsto, por la legislación de contratos del sector público. Esta misma previsión se recogió en el apartado 1 de la disposición adicional vigésima del texto refundido de la Ley de Contratos del Sector Público, aprobado por Real Decreto Legislativo 3/2011, de 14 de noviembre, aplicable en el momento de producirse los hechos de los que trae causa la reclamación consultada. / En este sentido se expresan las Sentencias de la Sala de lo Contencioso-Administrativo de la Audiencia Nacional de 2 de julio de 2008 y de 25 de marzo de 2009» (CJ 8). Esta cuestión —la responsabilidad de MUFACE, ISFAS, etc.— es abordada en el cap. 5.

En estos expedientes se debe tener por parte a otros interesados, lo que habitualmente sucede con las entidades aseguradoras de la Administración[10].

La resolución administrativa final declarará o no la responsabilidad de la Administración y la indemnización a pagar en su caso. Cuando se considere que existe corresponsabilidad de un contratista, así deberá establecerse en dicha resolución, la cual será recurrible por cualquier interesado, incluido el propio contratista.

Esto no significa que la resolución administrativa constituya título ejecutivo contra el contratista, ni que vincule a los órganos judiciales; de hecho, el art. 196.3 de la Ley, de contratos del sector público (LCSP), dice que «Los terceros podrán requerir previamente, dentro del año siguiente a la producción del hecho, al órgano de contratación para que este, oído el contratista, *informe sobre a cuál de las partes contratantes corresponde la responsabilidad de los daños.* El ejercicio de esta facultad interrumpe el plazo de prescripción de la acción». Por tanto, lo que la Administración diga (en un informe o en la resolución misma del expediente de responsabilidad seguido contra ella) no dejará de ser una opinión para que el lesionado pueda ejercitar acciones directas contra ese contratista, de las que corresponderá conocer a la jurisdicción ordinaria.

El tema adquiere cierto sesgo particular cuando la resolución administrativa es denegatoria y se impugna en vía contencioso-administrativa. En estos casos procede plantearse si puede, o incluso debe, el demandante que la impugna pedir al órgano judicial su anulación y la subsiguiente condena tanto a la Administración como al contratista o al asegurador. En la práctica así se hace y resuelve, lo que implicará una sentencia de condena ejecutable contra ellos, aunque la misma se imponga por la jurisdicción contencioso-administrativa. El tema no está desde luego bien resuelto en cuanto que se produce una cierta discordancia entre el alcance del acto administrativo impugnado (que, aunque sea estimatorio, total o parcialmente, no es a muy juicio ejecutivo frente al contratista) y el del proceso judicial y sentencia que, como digo, sería de condena y, por ende, ejecutable por la fuerza.

---

10 La obligación de dar audiencia a la aseguradora de la Administración sanitaria se establece, por ejemplo, el art. 112.2 LCSP, según el cual: «el avalista o asegurador será considerado parte interesada en los procedimientos que afecten a la garantía prestada, en los términos previstos en la legislación vigente en materia de procedimiento administrativo común».

En relación con ello, aparte la mencionada normativa específica sobre contratación, en general es aplicable el art. 35 LRJ, que afecta a todo tipo de entidades privadas afectadas, aunque no sean propiamente contratistas que presten el servicio por encargo de la Administración, por ejemplo entidades aseguradoras.

Pero para que opere la vía administrativa y ulterior contencioso-administrativa debe reclamarse a la entidad privada y a la propia Administración, pues si se reclama solo de la entidad privada debería hacerse ante la jurisdicción ordinaria por más que el texto de dicho art. 35 LRJ parezca permitir que se haga ante la Administración[11].

Por otra parte, entiendo que no se puede impedir que el reclamante decida solo actuar contra la entidad privada[12].

Independientemente de ello, esas entidades privadas tienen derecho a poder intervenir en los procedimientos judiciales contencioso-administrativos que se dirijan contra la Administración y que puedan afectarles, aunque sea solo indirectamente ante la eventualidad de una posterior acción de repetición de la Administración contra ellos. Por ello, la Administración debería emplazarles para que pudieran comparecer en esos procesos (art. 49 de la Ley 29/1998, de 13 de julio, LJCA).

Es por otra parte muy habitual en materia sanitaria que antes de iniciarse acción administrativa de reclamación de daños y perjuicios se formule denuncia ante la jurisdicción penal. El plazo de un año previsto para formular la reclamación administrativa se mantiene interrumpido por ese proceso penal. Es además perfectamente posible que en el proceso penal sea condenada la Administración, en particular como responsable subsidiario según entienda el órgano judicial y conforme al art. 121 de la Ley Orgánica 10/1995, de 13 de noviembre, por la que se aprueba el Código

---

11 De acuerdo con el art. 35 LPAC, relativo a la responsabilidad de Derecho privado, «cuando las Administraciones Públicas actúen, directamente o a través de una entidad de derecho privado, en relaciones de esta naturaleza, su responsabilidad se exigirá de conformidad con lo previsto en los artículos 32 y siguientes, incluso cuando concurra con sujetos de derecho privado o la responsabilidad se exija directamente a la entidad de derecho privado a través de la cual actúe la Administración o a la entidad que cubra su responsabilidad».

12 Ese art. 35 LPAC se refiere solo, en su literalidad, a relaciones de derecho privado generadoras de responsabilidad; pero debe considerarse aplicable a todo caso de responsabilidad de la Administración.

Penal, lo que evitaría el tener que seguir procedimiento administrativo y en su caso contencioso-administrativo[13].

Por lo demás, el art. 92 LPAC dispone que la competencia para resolver procedimientos de responsabilidad patrimonial de la Administración corresponde al «Ministro respectivo o por el Consejo de Ministros (...) en los casos del artículo 32.3 de la Ley de Régimen Jurídico del Sector Público o cuando una ley así lo disponga. En el ámbito autonómico y local, los procedimientos de responsabilidad patrimonial se resolverán por los órganos correspondientes de las Comunidades Autónomas o de las Entidades que integran la Administración Local. En el caso de las Entidades de Derecho Público, las normas que determinen su régimen jurídico podrán establecer los órganos a quien corresponde la resolución de los procedimientos de responsabilidad patrimonial. En su defecto, se aplicarán las normas previstas en este artículo».

III. CONTENIDO DE LOS ACTOS RESOLUTORIOS DE LOS EXPEDIENTES ADMINISTRATIVOS SOBRE RESPONSABILIDAD PATRIMONIAL

Como es lógico, y establece además el art. 91.2 LPAC, la resolución de estos expedientes deberá pronunciarse sobre «la existencia o no de la relación de causalidad entre el funcionamiento del servicio público y la lesión producida y, en su caso, sobre la valoración del daño causado, la cuantía y el modo de la indemnización, cuando proceda, de acuerdo con los criterios que para calcularla y abonarla se establecen en el artículo 34 de la Ley de Régimen Jurídico del Sector Público».

Y debe ser motivada —tanto la resolución como la previa propuesta de resolución—, como establecen respectivamente los arts. 88.3 y 35.1 h) de la propia Ley.

13 Sobre este punto —excepción a la regla de responsabilidad patrimonial directa de la Administración—, en el cap. 13 YÁÑEZ hace una valoración crítica a esta posibilidad (págs. 881 a 884).

IV. LA CARGA DE LA PRUEBA, OBJETO Y MEDIOS[14]

Sin entrar en el tema de la realidad o ficción de la llamada responsabilidad objetiva de la Administración, sobre el que tanto se ha escrito, basta señalar ahora que, al menos en el ámbito específico de la responsabilidad sanitaria, no suele operar tal objetividad[15]. A lo sumo se produce un cambio parcial en cuanto a la carga de la prueba, cambio del que participa asimismo el régimen de responsabilidad extracontractual jurídico-privada regulado en el art. 1902 del Código Civil.

En todo caso, no existe responsabilidad en casos de fuerza mayor, inevitabilidad de la lesión o desconocimiento científico en función del estado de la ciencia (arts. 32.1 y 34.1 LRJ). Así,

i. El art. 32.1 LRJ dice que «los particulares tendrán derecho a ser indemnizados por las Administraciones Públicas correspondientes, de toda lesión que sufran en cualquiera de sus bienes y derechos (…) salvo en los casos de fuerza mayor»;

ii. El art. 34.1 LRJ establece que «no serán indemnizables los daños que se deriven de hechos o circunstancias que no se hubiesen podido prever o evitar según el estado de los conocimientos de la ciencia o de la técnica existentes en el momento de producción de aquéllos, todo ello sin perjuicio de las prestaciones asistenciales o económicas que las leyes puedan establecer para estos casos».

El peso del problema en este tipo de asuntos no está tanto en la culpabilidad cuanto en determinar si existe el deber jurídico de soportar, que es en definitiva lo que ha venido a llamarse antijuridicidad del daño (art. 32.1 LRJ)[16].

---

14 Sobre la carga de la prueba en general en esta materia *vid.* RAMOS GONZÁLEZ, Sonia y LUNA YERGA, Álvaro (2004): *Responsabilidad médico-sanitaria y del medicamento,* Civitas, Madrid.

15 Sobre el carácter subjetivado de la responsabilidad patrimonial sanitaria *vid.* los caps. 3 y 14, escritos por MALDONANO y BLANQUE; y también GALLARDO, GALLARDO CASTILLO, María Jesús (2021): *Administración sanitaria y responsabilidad patrimonial,* Colex, La Coruña, págs. 27 a 40. En particular, sobre la carga de la prueba, págs. 96 y 181. Sobre el criterio de «culpa» a efectos de responsabilidad, *vid.* BAUZÁ MARTORELL, Felio José (2016): «Presunción de culta. La deducción de negligencia en la responsabilidad patrimonial de la Administración», *Revista de Administración Pública,* núm. 201, págs. 373 a 411.

16 Mantiene así la vieja referencia a funcionamiento normal o anormal de los servicios públicos que establecía el art. 40 de la Ley de régimen jurídico de la Adminis-

1) *Carga de la prueba*

Sin perjuicio de las particularidades en materia de responsabilidad patrimonial sanitaria, la carga probatoria se somete en general a lo establecido en el art. 217 de la Ley 1/2000, de 7 de enero, de enjuiciamiento civil (LEC), que sustituyó al clásico art. 1214 CC. Esta norma, aun formalmente pensada para en procesos judiciales, recoge criterios generales sobre la materia, destacando ahora sus siguientes previsiones:

> *«2. Corresponde al actor y al demandado reconviniente la carga de probar la certeza de los hechos de los que ordinariamente se desprenda, según las normas jurídicas a ellos aplicables, el efecto jurídico correspondiente a las pretensiones de la demanda y de la reconvención.*
>
> *3. Incumbe al demandado y al actor reconvenido la carga de probar los hechos que, conforme a las normas que les sean aplicables, impidan, extingan o enerven la eficacia jurídica de los hechos a que se refiere el apartado anterior (...).*
>
> *5. De acuerdo con las leyes procesales, en aquellos procedimientos en los que las alegaciones de la parte actora se fundamenten en actuaciones discriminatorias por razón del sexo, corresponderá al demandado probar la ausencia de discriminación en las medidas adoptadas y de su proporcionalidad.*
>
> *A los efectos de lo dispuesto en el párrafo anterior, el órgano judicial, a instancia de parte, podrá recabar, si lo estimase útil y pertinente, informe o dictamen de los organismos públicos competentes.*
>
> *6. Las normas contenidas en los apartados precedentes se aplicarán siempre que una disposición legal expresa no distribuya con criterios especiales la carga de probar los hechos relevantes.*
>
> *7. Para la aplicación de lo dispuesto en los apartados anteriores de este artículo el tribunal deberá tener presente la disponibilidad y facilidad probatoria que corresponde a cada una de las partes del litigio».*

Como a la hora de resolver sobre la reclamación la decisión debe ser motivada, adquiere evidente relevancia el analizar si cada parte afectada ha probado aquello que tiene la carga de probar.

Por eso, y precisamente para dar soporte a la resolución final, en el seno del expediente debe darse la posibilidad de cumplir con esa carga, como es de esencia a todo procedimiento (el art. 70.1 de la LRJ dispone que «se entiende por expediente administrativo el conjunto ordenado de documentos y actuaciones que sirven de antecedente y fundamento a la resolu-

---

tración del Estado, de 26 de julio de 1957, y sigue reflejando el texto del art. 121 de la Ley de expropiación forzosa, de 26 de diciembre de 1954. Sin embargo, el art. 106.2 de la Constitución (CE) se refiere solo a funcionamiento de los servicios públicos. A esta cuestión —antijuridicidad— se refieren monográficamente MANENT y TAJUELO en el cap. 21 de esta obra (págs. 1495 a 1504).

ción administrativa, así como las diligencias encaminadas a ejecutarla») y establecen además específicamente los arts. 77 y 78 LRJ.

2) Objeto de la prueba

Estas cuestiones operan sobre actos médicos, y corresponde al reclamante probar (1) la realidad de la lesión, (2) la relación de causalidad entre el funcionamiento —o no funcionamiento— del sistema sanitario y esa lesión, (3) si es que resulta del caso, el alcance desproporcionado de la lesión, o sea, si supera las consecuencias que el paciente tenga el deber de soportar, y (4) todo el efecto lesivo, material o moral en su caso, y sus efectos —en particular para cuantificar la indemnización que se solicita—[17].

A partir de ahí, como se verá, y siempre en función de lo que el reclamante haya en su caso probado, corresponderá a la Administración probar que el servicio sanitario ha funcionado correctamente por más que se haya producido una lesión. Y en todo caso ésta debe probar, pues no se presume, la existencia de consentimiento informado, la eventual fuerza mayor, o el que la lesión, aun cierta, deba ser por sus características soportada por el interesado (falta de antijuridicidad del evento lesivo), tal y como resulta del art. 32.1 LRJ[18].

En materia sanitaria las reclamaciones pivotan en concreto sobre si el paciente (o alguien por él) ha firmado el consentimiento informado, que éste es suficiente y correcto en sus advertencias[19], y sobre si ha habido mala

---

[17] Se trata de aspectos analizados en varios trabajos de este libro, entre ellos por RAMOS, BAUZÁ, GRANADO, HURTADO y MANENT en los caps. 9, 11, 17, 10 y 7.

[18] Estas dos son analizadas por MANENT y TAJUELO en el cap. 21 de este libro (págs. 1484 a 1491 y 1495 a 1504).

[19] Sobre la distribución de la carga de la prueba en los supuestos de posible quiebra de la *lex artis* por inexistencia o insuficiencia de consentimiento informado, además del cap. 16 de esta obra, puede consultarse a LOPÉZ y GARCÍA DE LA SERRANA, GARCÍA y GÓMEZ DE MERCADO, GALLARDO y LLAMAS. LOPÉZ y GARCÍA DE LA SERRANA, Javier (2022): *El consentimiento informado en el ámbito sanitario: la valoración y cuantificación del daño*, Atelier, Barcelona; GARCÍA GÓMEZ DE MERCADO, Francisco (2020): *Responsabilidad Patrimonial de la Administración*, Comares, Granada, págs. 240 y ss.; GALLARDO CASTILLO, María Jesús (2021): *Administración sanitaria y responsabilidad patrimonial, op. cit.* págs. 139 y ss.; y LLAMAS POMBO et alii (2014): *Estudios sobre la responsabilidad sanitaria*, La Ley, Madrid. El consentimiento informado se regula en los arts. 8 y ss. de la Ley 41/2002, de 14 de noviembre, básica reguladora de la autonomía del paciente y de los derechos y obligaciones en materia de información y documentación

praxis del servicio sanitario, en sus vertientes de haber funcionado —tempestiva y sostenidamente en debida forma—, si se han seguido los protocolos establecidos al efecto, y que se han producido error de diagnóstico, de información o de tratamiento[20].

3) La inversión de la carga probatoria

En determinadas circunstancias, en especial ante la dificultad de probar la incorrecta actuación de la Administración sanitaria y la realidad de una lesión surgida con motivo de esa actuación, se tiende a aplicar un régimen de inversión de la carga probatoria a base presumir la responsabilidad y poner en el debe de la Administración la prueba de que no la tiene, es decir, de que ha actuado correctamente[21].

---

clínica (LAP) y en las distintas leyes de salud de las Comunidades Autónomas (CCAA). Un ejemplo lo encontramos, para Castilla y León, en el art. 34 de la Ley 8/2003, de 8 de abril, sobre derechos y deberes de las personas en relación con la salud. De acuerdo con este precepto, «el documento de consentimiento informado deberá ser específico para cada supuesto, sin perjuicio de que se puedan adjuntar hojas y otros medios informativos de carácter general. Dicho documento debe contener como mínimo: / Identificación del centro, servicio o establecimiento. / Identificación del médico. / Identificación del paciente y, en su caso, del representante legal, familiar o persona vinculada de hecho que presta el consentimiento. / Identificación y descripción del procedimiento, finalidad, naturaleza, alternativas existentes, contraindicaciones, consecuencias relevantes o de importancia que deriven con seguridad de su realización y de su no realización, riesgos relacionados con las circunstancias personales o profesionales del paciente y riesgos probables en condiciones normales conforme a la experiencia y al estado de la ciencia o directamente relacionados con el tipo de intervención. / Declaración de quien presta el consentimiento de que ha comprendido adecuadamente la información, conoce que el consentimiento puede ser revocado en cualquier momento sin expresión de la causa de revocación y ha recibido una copia del documento. (Consentimiento prestado por el paciente o, en su caso, por su representante legal, familiar o persona vinculada de hecho. / Lugar y fecha. / Firmas del médico y de la persona que presta el consentimiento».

[20] Sobre circunstancias habituales que implican responsabilidad, GALLARDO CASTILLO, María Jesús (2021): *Administración sanitaria y responsabilidad patrimonial, op. cit.* págs. 64 a 89. Un caso particular es el de las lesiones nosocomiales, o sea, las adquiridas en el centro sanitario.

[21] Esta cuestión, que también ha sido abordada por MANENT y ALONSO, puede consultarse en el cap. 18 de esta obra (págs. 1252 a 2160).

Hay algunos ámbitos en los que ello tiene particular aplicación, como son los de las infecciones nosocomiales, daños vacunales o contagios por sangre contaminada.

Respecto a las infecciones nosocomiales (adquiridas en el establecimiento sanitario) se ha dicho que se presume la culpa de la Administración sanitaria en casos de ruptura de la cadena de asepsia. Un ejemplo lo encontramos en la STSJ de Asturias de 8 de junio de 2011, según la cual «en orden a las enfermedades nosocomiales, resulta aplicable el principio de presunción o probabilidad de culpa (...), al mantener que aunque los datos acreditados no prueban de una manera absolutamente indubitada el nexo causal, lo cierto es que las distintas circunstancias concurrentes cabe llegar razonadamente a la conclusión de que la causa eficiente de la producción del daño era el contagio intrahospitalario, al no mediar otros riesgos concurrentes para adquirir la infección».

Por ello, como expone DE LORENZO[22], las Administraciones tratan de aportar a los expedientes informes que acrediten que se han adoptado las adecuadas medidas para mantener la cadena de asepsia así como los informes de esterilización. Aún así, ese quizá sea uno de los casos en los que podría hablarse de responsabilidad objetiva.

En cuanto a las transfusiones de sangre sucede algo parecido, y se ha dicho que se presume infringida la lex artis cuando, en atención al «estado de los conocimientos de la ciencia o de la técnica existentes en el momento de la producción» del contagio, la Administración sanitaria debiera haber podido prever o evitar la transmisión de la enfermedad con ocasión de la transfusión de sangre.

Los daños vacunales también son otro ámbito de la responsabilidad patrimonial idóneo para las presunciones de culpa. Por razones análogas a las expuestas para las transfusiones de sangre, también hay quien sostiene debe presumirse la culpa siempre que, de acuerdo con el estado de conocimientos de la ciencia y la técnica, fuera previsible y evitable el daño causado por una vacuna[23].

---

22 En el cap. 20 (págs. 1467 y 1468).

23 Sobre la presunción de culpa en estos ámbitos puede consultarse también lo escrito por MANENT y ALONSO en el cap. 18 de este tratado (págs. 1265 a 1272).

4) Algunas consideraciones sobre la prueba del consentimiento informado

El consentimiento informado es sencillamente la aceptación por el paciente de los riesgos —previamente puesto en su conocimiento— que le supondrá la prestación sanitaria. Sin entrar en concreto en el tema del consentimiento informado[24], baste aquí señalar que los arts. 4 y 8 de la Ley 41/2002, de 14 de noviembre, básica reguladora de la autonomía del paciente (LAP), contemplan su derecho a conocer, de modo que sea comprensible y adecuado a sus necesidades, toda la información disponible sobre la actuación en el ámbito de su salud que se proyecte llevar a cabo, salvando los supuestos exceptuados por la Ley, de forma que pueda así tomar decisiones de acuerdo con su propia y libre voluntad.

Tal información debe alcanzar, como mínimo, a la finalidad y la naturaleza de cada intervención, a sus riesgos y a sus consecuencias, y como regla general se ofrecerá al paciente de modo verbal, al igual que será verbal su consentimiento, debiendo dejarse constancia de ello en la historia clínica.

El art. 8 LAP, y esto puede ser relevante a efectos de prueba de su existencia, dispone que el consentimiento será escrito en caso de intervención quirúrgica, procedimientos diagnósticos y terapéuticos invasores y, en general, aplicación de procedimientos que suponen riesgos o inconvenientes de notoria y previsible repercusión negativa sobre la salud del paciente.

Concretamente sobre la carga probatoria de dicho consentimiento dice lo siguiente la STSJ de Castilla y León de 25 de abril de 2022:

> «*Sin embargo, es un hecho cierto que no se recabó el consentimiento informado para esta segunda intervención quirúrgica, como era preceptivo.*
>
> *Pese a que las partes demandadas afirman lo contrario lo cierto es que no obra en el expediente administrativo el impreso correspondiente a la segunda intervención, ni consta en la historia clínica que se recabase el mismo, ni que se informase al paciente de las distintas opciones terapéuticas, a saber, otra intervención quirúrgica o un injerto.*
>
> *La carga de la prueba, que en este caso, recae sobre la Administración demandada, no se satisface con los informes emitidos por los profesionales en el expediente administrativo de responsabilidad patrimonial*»[25].

---

24 Aparte de las obras antes mencionadas, se refiere al tema BOIX en el cap. 16 de este libro.

25 FJ 7 STSJ de Castilla y León 510/2022, de 25 de abril (núm. rec. 701/2019 y [*Tol 8988401*]).

Y sobre el valor de la falta de consentimiento informado, la misma sentencia cita la postura del TS al respecto:

> «*La Sentencia del Tribunal Supremo de 24 de abril de 2018 (rec. 33/2016) en el Fundamento de Derecho Quinto dice: "Bien es verdad que la jurisprudencia de esta Sala viene considerando que el deber de obtener el consentimiento informado del paciente constituye una infracción de la lex artis y revela una manifestación anormal del servicio sanitario. No solo puede constituir infracción la omisión completa del consentimiento informado sino también descuidos parciales. Se incluye, por tanto, la ausencia de la obligación de informar adecuadamente al enfermo de todos los riesgos que entrañaba una intervención quirúrgica y de las consecuencias que de la misma podían derivar. (STS de 22 de junio de 2012, recurso de casación 2506/2011, con abundante cita). Ahora bien, a los efectos de indemnización, esa misma jurisprudencia se ha cuidado de señalar que en tales supuestos, no procede la indemnización por el resultado del tratamiento, si este fue, como se ha concluido en el caso de autos, conforme a la "lex artis" (sentencias de 27 de diciembre y 30 de septiembre de 2011, y de 9 de octubre de 2012; dictadas en los recursos de casación 2154/2010, 3536/2007 y 5450/2011). Porque lo procedente en tales supuestos es, como acertadamente concluye la Sala de instancia, la fijación de una indemnización sobre la base del daño moral que se haya ocasionado, para lo cual se ha de atender a las circunstancias del caso; circunstancia que en el supuesto ahora enjuiciado no puede desconocer ni la situación del paciente, la necesidad de las intervenciones y la correcta actuación médica, como concluye la Sala de instancia"*»[26].

Cierto es que el propio TS ha tendido en ocasiones a hacer primar la realidad del consentimiento (aun verbal, pese a estar previsto que sea por escrito) sobre la formalidad de su constancia escrita. Así, la STS de 19 de septiembre de 2012[27]. A ello, el TS añade que el reflejo documental del consentimiento informado se debe a que esta forma es «la más adecuada para dejar la debida constancia de su existencia y contenido (…) [, habida cuenta que el art. 8 LAP], podría alcanzar virtualidad suficiente para llegar a invertir la regla general sobre la carga de la prueba», de modo que al lesionado correspondería la carga de probar que no consintió[28].

---

[26] FJ 8 STSJ de Castilla y León 510/2022, de 25 de abril (núm. rec. 701/2019 y [*Tol 8988401*]).

[27] FJ 8 STS 19 de septiembre de 2012 (núm. rec. 8/2010 y [*Tol 2651403*]). En el mismo sentido, FJ 3 STS de 27 de noviembre de 2012 (núm. rec. 5398/2011 y [*Tol 2708603*]).

[28] Es destacable sin embargo la sentencia del Tribunal Europeo de Derechos Humanos (TEDH), de 8 de marzo de 2022 (núm. rec. 57020/2018 y [*Tol 8820566*]), que reconoce un derecho a indemnización sobre la base de que los órganos judiciales españoles no dieron respuesta al argumento concreto sobre el requisito de la legislación española de obtener el consentimiento por escrito en tales circunstancias [consentimiento informado prestado por escrito para la primera interven-

En el mismo sentido de tender a buscar la acreditación de la realidad del consentimiento, aun acudiendo para ello a medios de prueba distintos al documento que lo refleje, se han mostrado también, por ejemplo, el Consejo Consultivo de la Comunidad Valenciana[29] y el Consejo Consultivo de la Región de Murcia (CCMur), que han considerado[30] que «la ausencia de documento [de prestación del consentimiento informado] (...), no determina automáticamente la antijuridicidad del daño, si puede probarse por otros medios que se dio la necesaria información al paciente» (entre ellos cabría destacar la historia clínica —que deberá valorarse en conexión con otras circunstancias, pues no tiene valor probatorio por sí misma a estos efectos[31]— y las manifestaciones de los facultativos o sus informes y actos).

La falta del exigible consentimiento informado es importante porque puede dar lugar a un resarcimiento de daños y perjuicios si se producen efectos que debieron haber sido objeto de la información y que debieron haber podido ser valorados por el paciente antes de someterse a la actuación sanitaria, y ello aunque la lesión no derive de una mala praxis en el proceso de actuación sanitaria misma de suerte que no hubiera dado lugar a indemnización de haber existido ese consentimiento[32][33].

5) *Sustantividad de la praxis sanitaria*

Como ya se ha dicho, la prueba sobre la sustantividad de la actuación sanitaria opera sobre:

---

ción de un tumor cerebral, pero no para la segunda operación]. Dice (parágrafo 37) que si bien el Convenio no exige que el consentimiento informado se plasme por escrito —siempre que sea inequívoco—, tiene en cuenta que la legislación española lo exige así dicho en determinados casos, y que cuando tal exigencia no se cumpla deberá al menos exponerse suficientemente las razones por que se llegue a considerar su no necesidad en el caso concreto.

29 CJ 5 DCJCVal 219/2017, de 29 de marzo.

30 CJ 4 2 b) DCCMur 69/2004, de 28 de junio.

31 FJ 10 STS 84/2006, de 14 de febrero, de la Sala de lo Civil (núm. rec. 2249/1999 y [*Tol 846267*]).

32 FJ 6 STSJ de la Comunidad Valenciana 89/2018, de 21 de febrero (núm. rec. 336/2015 y [*Tol 6623410*]).

33 Independiente de ello es que las circunstancias del caso —por ejemplo urgencia en la actuación sanitaria— pueda tenerse en cuenta a la hora de aminorar el importe de la indemnización.

i. La relación de causalidad entre el funcionamiento del servicio público y la lesión producida.

ii. La valoración del daño y su cuantía y el modo de llevarse a cabo la reparación (para lograr la indemnidad, hasta donde sea posible)[34].

En relación con el primer punto opera sin embargo una cierta alteración de la carga de la prueba en la medida en que corresponderá a la Administración demostrar que la actuación sanitaria ha sido correcta, o sea, se ha ajustado a la praxis médica adecuada y a los protocoles aplicables al caso, y ello porque la Administración siempre debe estar en condiciones de acreditar esa circunstancias.

La STSJ de Madrid de 8 de abril de 2022 resume, con citas jurisprudenciales, la doctrina sobre el tema, y dice:

> *«La Jurisprudencia (STS de 7 de septiembre y 18 de octubre de 2005, de 9 de diciembre de 2008, de 30 de septiembre, 22 de octubre, 24 de noviembre, y 18 y 23 de diciembre de 2009, y las que en ellas se citan) han precisado el alcance de las anteriores normas sobre la carga probatoria en materia de responsabilidad patrimonial sanitaria a la luz del principio de facilidad probatoria, en el sentido de que compete al recurrente la prueba del daño antijurídico y del nexo o relación de causalidad entre éste y el acto de asistencia médica, de forma que, no habiéndose producido esa prueba no existe responsabilidad administrativa, si bien tales exigencias deben moderarse, en aplicación del principio de facilidad de la prueba, tomando en consideración las dificultades que en cada caso concreto haya encontrado el recurrente para cumplir con la carga probatoria que le incumbe debido a que la Administración es la parte que dispone del expediente administrativo.*
>
> *Pero una vez acreditado por el demandante el daño antijurídico y el nexo causal entre éste y la actuación sanitaria, corresponde a la Administración la prueba de que ajustó su actuación a las exigencias de la lex artis, por la mayor dificultad del reclamante de acreditar que la Administración sanitaria no ha actuado conforme a las exigencias de una recta praxis médica, si bien no faltan sentencias en las que, sin excluir el principio de facilidad probatoria, se indica que la prueba de un mal uso de la lex artis corre a cargo de quien reclama, aunque en ellas se considera la prueba de presunciones como un medio idóneo de justificación de este mal uso, en concreto, cuando el daño sufrido por el paciente resulta desproporcionado y desmedido con el mal que padecía y que provocó la intervención médica, en cuyo caso cabrá presumir que ha mediado una indebida aplicación de la lex artis (STS de 17 de mayo de 2002 y 26 de marzo de 2004).*
>
> *Aunque lo anterior parece dar la razón a quien reclama cuando afirma que corresponde a la Administración la carga de probar que no existió mala praxis, es lo cierto que esta tesis carece de la trascendencia que se le pretende atribuir porque*

---

34 Hay que tener en cuenta que no siempre se estará ante compensaciones económicas, pues la reparación puede serlo también —en todo o en parte— en especie, como según permite de forma expresa el art. 34.4 de la LRJ.

previamente incumbe a la parte actora la de acreditar la antijuricidad del daño, y ello lleva implícita la prueba de que la prestación sanitaria no se acomodó al estado de la ciencia o que, atendidas las circunstancias del caso, los Servicios Públicos Sanitarios no adoptaron los medios a su alcance»[35].

En similares términos se pronuncia la STSJ de Galicia de 18 de abril de 2022:

«Por eso, en aplicación de la remisión normativa establecida en el artículo 60.4 de la Ley 29/1998, de 13 de julio, reguladora de la Jurisdicción Contencioso-Administrativa debe tenerse en cuenta que rige en el proceso contencioso— administrativo el principio general, inferido del artículo 217 de la Ley de Enjuiciamiento Civil que atribuye la carga de la prueba a aquél que sostiene el hecho así como los principios consecuentes que atribuyen la carga de la prueba a la parte que afirma, no a la que niega y que excluye de la necesidad de probar los hechos notorios y los hechos negativos. Corresponde al demandante "la carga de probar la certeza de los hechos de los que ordinariamente se desprenda, según las normas jurídicas a ellos aplicables, el efecto jurídico correspondiente a las pretensiones de la demanda", y corresponde al demandado "la carga de probar los hechos que, conforme a las normas que les sean aplicables, impidan, extingan o enerven la eficacia jurídica delos hechos a que se refiere el apartado anterior". Las reglas generales se matizan en el apartado 7 del precepto citado, en el sentido de que se "deberá tener presente la disponibilidad y facilidad probatoria que corresponde a cada una de las partes del litigio".

Y, constituye jurisprudencia consolidada la que afirma que el obligado nexo causal entre la actuación médica vulneradora de la lex artis y el resultado lesivo o dañoso producido debe acreditarse por quien reclama la indemnización, si bien esta regla de distribución de la carga de la prueba debe atemperarse con el principio de facilidad probatoria, sobre todo en los casos en los que faltan en el proceso datos o documentos esenciales que tenía la Administración a su disposición y que no aportó a las actuaciones. En estos casos, se ha señalado (sentencias de 2 de enero de 2012, recaída en el recurso de casación núm. 3156/2010, y de 27 de abril de 2015, recurso de casación núm. 2114/2013) que, en la medida en que la ausencia de aquellos datos o soportes documentales "puede tener una influencia clara y relevante en la imposibilidad de obtener una hipótesis lo más certera posible sobre lo ocurrido", cabe entender conculcada la lex artis, pues al no proporcionarle a los recurrentes esos esenciales extremos se les ha impedido acreditar la existencia del nexo causal".

Pero una vez acreditado por el demandante el daño antijurídico y el nexo causal entre éste y la actuación sanitaria, corresponde a la Administración la prueba de que ajustó su actuación a las exigencias de la "lex artis", por la mayor dificultad del reclamante de acreditar que la Administración sanitaria no ha actuado conforme a las exigencias de una recta praxis médica, si bien no faltan sentencias en las que, sin excluir el principio de facilidad probatoria, se indica que la prueba de un mal uso de la "lex artis" corre a cargo de quien reclama, aunque en ellas se considera la prueba de presunciones como un medio idóneo de justificación de este mal uso, en concreto,

35 FJ 3 STSJ de Madrid 316/2022, de 8 de abril, de la Sala de lo Contencioso-Administrativo (núm. rec. 1079/2019 y [*Tol 8967449*]).

cuando el daño sufrido por el paciente resulta desproporcionado y desmedido con el mal que padecía y que provocó la intervención médica, en cuyo caso cabrá presumir que ha mediado una indebida aplicación de la "lex artis" (STS de 17 de mayo de 2002 y 26 de marzo de 2004)».

De esta manera previamente incumbe a la parte actora acreditar la antijuricidad del daño, y ello lleva implícita la prueba de que la prestación sanitaria no se acomodó al estado de la ciencia o que, atendidas las circunstancias del caso, los Servicios Públicos Sanitarios no adoptaron los medios a su alcance.

De otra parte, es claro que, si la Administración invocara la existencia de fuerza mayor o, en general, la ruptura del nexo causal como causa de exoneración de su responsabilidad, es ella la que debe acreditar el hecho, para que tal causa de exoneración resulte operativa»[36].

6) La actuación sanitaria es, como regla general, una obligación de medios

Hay que partir siempre de los principios sobre responsabilidad de la Administración, que se recogen en los arts. 106 CE y 32 y ss. de la LRJ y se estudian en el cap. 11.

Baste aquí resaltar que para estimar una reclamación de responsabilidad patrimonial —la sanitaria entre ellas—, la lesión debe ser «consecuencia del funcionamiento normal o anormal de los servicios públicos salvo en los casos de fuerza mayor» (art. 32.1 de la LRJ); y queda excluida la responsabilidad cuando «los daños que se deriven de hechos o circunstancias que no se hubiesen podido prever o evitar según el estado de los conocimientos de la ciencia o de la técnica existentes en el momento de producción de aquéllos, todo ello sin perjuicio de las prestaciones asistenciales o económicas que las leyes puedan establecer para estos casos» (art. 34.1 de la LRJ).

Corresponderá por tanto al propio reclamante argumentar (esto no es propiamente un problema de prueba sino de fundamentación) que no tiene el deber jurídico de soportar la lesión. Es muy conveniente tener esto en cuenta porque, en general, el sistema sanitario debe poner los medios, no garantizar los resultados, o sea, debe funcionar a tiempo y debidamente conforme a las praxis y protocolos correspondientes. Solo en determinados casos (ajenos en principio al sistema público de salud), y bajo contrato, puede variar esa regla; me refiero por ejemplo a intervenciones quirúr-

---

36 FJ 4 STSJ de Galicia 294/2022, de 18 de abril, de la Sala de lo Contencioso-Administrativo (núm. rec. 408/2018 y [*Tol 8959921*]).

gicas estéticas a las que el paciente se someta bajo determinada garantía pactada de resultado[37].

Dice a ese respecto la reciente STSJ de Asturias, de 20 de abril de 2022, de la Sala de lo Contencioso-administrativo:

> «*La jurisprudencia del TS considera que esta "obligación de medios" implica la puesta a disposición del paciente de cuantos medios conozca la ciencia médica, en la fecha de los hechos, en relación con el proceso patológico sufrido, obligación que no queda referida sólo a los medios técnicos y estructurales, sino, también, al factor humano. Y, aun cuando los medios no fueran suficientes, dicha circunstancia, por sí, no determina la existencia de responsabilidad, de la Administración. En la ponderación de esa obligación de medios, es preciso tener en cuenta las limitaciones lógicas de todo servicio público; la prioridad en la utilización de los medios limitados, el plazo en que pueden ser puestos a disposición del usuario. En este sentido, las SSTS de 25 de febrero de 2009, y STS de 24 de mayo de 2011.*
>
> *Derivada de esa obligación de medios, en las reclamaciones que nacen de la actuación médica o sanitaria, resulta insuficiente, en doctrina de nuestro Alto Tribunal, la existencia de una lesión (que conduciría la responsabilidad objetiva más allá de los límites de lo razonable), sino que es preciso acudir al criterio de la Lex artis como modo de determinar cuál es la actuación médica correcta, independientemente del resultado producido en la salud o en la vida del enfermo ya que no le es posible ni a la ciencia ni a la Administración garantizar, en todo caso, la sanidad o la salud del paciente. Así pues, solo en el caso de que se produzca una infracción de dicha Lex artis responde la Administración de los daños causados; en caso contrario, dichos perjuicios no son imputables a la Administración y no tendrían la consideración de antijurídicos por lo que deberán ser soportados por el perjudicado. La obligación se concreta en prestar la debida asistencia médica y no de garantizar en todo caso la curación del enfermo. Estamos ante un criterio de normalidad de los profesionales sanitarios que permite valorar la corrección de los actos médicos y que impone al profesional el deber de actuar con arreglo a la diligencia debida; criterio que es fundamental pues permite delimitar los supuestos en los que verdaderamente puede haber lugar a responsabilidad exigiendo que no solo exista el elemento de la lesión sino también la infracción del repetido criterio (así lo recuerda la STSJ DE CYL, Burgos, Secc. 2ª, de 6 de mayo de 2010, y lo expresa con claridad la STS de 10 de julio de 2012).*
>
> *La aplicación de este criterio se traduce en la práctica en la asunción de la regla de responsabilidad por culpa, analizando los distintos supuestos en los que puede concurrir una vulneración de la lex artis, como serían el error de diagnóstico; la tardanza en el mismo; en la determinación del tratamiento, etc. En todo caso, en la apreciación de esa vulneración de las normas y leyes de la ciencia médica, deben considerarse una serie de criterios, a saber: A/ El estado de la ciencia, como criterio de referencia para valorar la idoneidad de la actuación sanitaria; B/ Inversión de la carga de la prueba de la culpa sin perjuicio de excepciones, como en el caso dela denominada doctrina del daño desproporcionado; supuestos de facilidad y disponibilidad probatorias, por aplicación del art. 217.6 de la LEC; Pérdida o extravío de la historia clínica (STS 20 de noviembre de 2012 Rec. de Casación 4891/2011); o*

[37] Que se estudia en el cap. 18 por MANENT y ALONSO (págs. 1259 y 1260).

Infecciones nosocomiales); C/ Teoría de la pérdida de oportunidad; D/ La teoría de la responsabilidad por actuación sanitaria conjunta defectuosa»[38].

Por tanto, queda en el ámbito de la carga probatoria de la Administración el acreditar el correcto y tempestivo funcionamiento del sistema sanitario, desde luego, la existencia de fuerza mayor o el estado de la ciencia si es que considera que impide estimar la reclamación. Ella misma deberá informar sobre la relación que en su caso exista entre ella y otros eventuales responsables o corresponsables, sean contratistas entidades privadas mediante las cuales dicha Administración haya actuado.

7) Valoración de las pruebas

– En la práctica los jueces valoran conforme a su saber y entender el resultado de las pruebas, lo que alcanza además, en particular en el ámbito de la responsabilidad sanitaria, a concretar hasta donde alcance la carga probatoria de cada parte. La STSJ de Extremadura de 29 de abril de 2022 dice lo siguiente a ese respecto:

> «*Esta peculiar configuración exige de quien reclama que justifique, al menos de modo indiciario, que se ha producido por parte de las instituciones sanitarias un mal uso de la lex artis [véase la sentencia de esta Sala Tercera de 9 de marzo de 1998 (casación 6115/93, FJ 7º.c), y la de la Sala Primera, invocada por el recurrente, de 26 de marzo de 2004 (casación 1458/98, FJ 2º)]. Esta prueba puede ser, como acabamos de indicar, la de presunciones, admitida actualmente en nuestro derecho por el artículo 386 de la Ley 1/2000, de 7 de enero, de Enjuiciamiento civil (BOE de 8 de enero), de modo que si, a partir de circunstancias especiales debidamente probadas y acreditadas, se obtiene, mediante un enlace preciso y directo conforme a las reglas del criterio humano, que el daño que sufre el paciente resulta desproporcionado y desmedido con el mal que padecía y que provocó la intervención médica, cabrá presumir que ha mediado una indebida aplicación de la lex artis[véanse las sentencias de la Sala Primera del Tribunal Supremo de 17 de mayo de 2002 (casación 3475/96, FJ 6 º) y 26 de marzo de 2004 (casación 1458/98, FJ 2º)].*»[39].

Hay que saber que el incumplimiento de la carga probatoria por parte de quien la tenga puede influir decisivamente en el resultado de la reclamación. Ahora bien, hay que tener en cuenta que la Administración no

[38] FJ 4 STSJ de Asturias 365/2022, de 20 de abril, de la Sala de lo Contencioso-Administrativo (núm. rec. 675/2020 y [*Tol 8971682*]).

[39] FJ 4 STSJ Extremadura 255/2022, de 29 de abril, de la Sala de lo Contencioso-Administrativo (núm. rec. 81/2022 y [*Tol 8988546*]).

debe comportarse como enemiga del reclamante, sino que debe reconocer directamente su responsabilidad y valorar los daños y perjuicios si es que ciertamente procede. Para ello se tramita precisamente el expediente administrativo, que la Administración debe desarrollar y resolver en todo caso con objetividad y ajuste al ordenamiento jurídico.

– Una parte de la prueba debe referirse a la valoración, de modo que, como ya se ha dicho, no bastará al reclamante con probar la lesión y su procedencia, sino que deberá probar suficientemente el alcance de la misma a efectos de cuantificar justificadamente la indemnización que reclame. Esta parte de la prueba debe alcanzar a la lesión misma y a sus efectos personales físicos (días de baja, secuelas) y morales (de difícil valoración en la práctica), así como a los puramente económicos (daños efectivos y perjuicios o ingresos que se dejen de percibir).

En cuanto al montante de las indemnizaciones, hay que tratar de evitar reclamar efectos lesivos que puedan considerarse meramente hipotéticos, pues nuestros órganos judiciales son remisos —acaso en exceso— a acceder a indemnizaciones basadas en efectos lesivos económicos que no se consideren de producción segura.

Particulares problemas de cuantificación plantean, a su vez, las indemnizaciones por la llamada pérdida de oportunidad, o sea, por pérdida de posibilidades de tratamiento que hubieran podido tener eventuales efectos impeditivos o minorativos —o de mero aplazamiento— de la situación del paciente[40]. Debe tratar de justificarse debidamente la cuantificación, con la dificultad de que no hay norma que regule esta cuestión. En general en estos casos se suele o bien aplicar una rebaja porcentual —bajo criterios casuísticos y un tanto aleatorios— sobre la indemnización que se habría considerado adecuada de no haberse producido solo una pérdida de oportunidad, o bien fijar una cantidad determinada —asimismo bastante aleatoria—.

---

[40] Como dice la Sentencia del TSJ de Asturias 365/2022, de 20 de abril (núm. rec. 675/2020 y [*Tol 8971682*]), «la llamada pérdida de oportunidad se caracteriza, según reiterada jurisprudencia, por la incertidumbre acerca de que la actuación médica omitida pudiera haber evitado o minorado el deficiente estado de salud del paciente, con la consecuente entrada en juego a la hora de valorar el daño así causado de dos elementos o sumandos de difícil concreción, como son, el grado de probabilidad de que dicha actuación hubiera producido ese efecto beneficioso, y el grado, entidad o alcance del mismo [SSTS de 19 de octubre de 2011 (casación 5893/2006), 22 de mayo de 2012 (casación 2755/2010) y 21 de diciembre de 2012 (casación 4229/2011)]» (FJ 6).

Sobre esta cuestión —valoración de la indemnización— dijo el Consejo de Estado (CdE), en su dictamen de 3 de diciembre de 2020, que «de acuerdo con la doctrina jurisprudencial del Tribunal Supremo "[se] ha optado por efectuar una valoración global que, a tenor de la STS 3 de enero de 1990, derive de una "apreciación racional aunque no matemática" pues, como refiere la Sentencia del mismo Alto Tribunal de 27 de noviembre de 1993, se "carece de parámetros o módulos objetivos", debiendo ponderarse todas las circunstancias concurrentes en el caso, incluyendo en ocasiones en dicha suma total el conjunto de perjuicios de toda índole causados, aun reconociendo, como hace la S 23 de febrero de 1988, "las dificultades que comporta la conversión de circunstancias complejas y subjetivas" en una suma dineraria"»[41].

También en relación con la prueba del efecto económico de la lesión hay que tener en cuenta que, aunque en esta materia impera el principio de indemnidad del lesionado (arts. 106 CE), se suele aplicar en la práctica el baremo de lesiones por accidentes de tráfico, que ciertamente puede no alcanzar una verdadera reparación dado su limitación de importes. El TS tiene dicho, por ejemplo en su sentencia de 28 de septiembre de 2020:

> *«El recurso a los baremos fijados para accidentes de circulación a los efectos de calcular las indemnizaciones que resultaren procedentes en el ámbito de la responsabilidad de los poderes públicos, ciertamente que han sido utilizados a veces por los Tribunales de lo Contencioso-Administrativo, también por este Tribunal Supremo. El mismo Legislador, ya se dijo, se hace eco de esa posibilidad cuando en el artículo 34.2° de la vigente Ley 40/2015, de 1 de octubre, de Régimen Jurídico del Sector Público, acepta esa posibilidad que, por cierto, no estaba en el artículo 141 de la Ley de Procedimiento de 1992, que regulaba también la indemnización y su cálculo. Sin embargo, es lo cierto que este Tribunal Supremo ha venido también declarando que los mencionados baremos, en el mejor de los supuestos, solo podrían tener un valor orientativo y que, en modo alguno podrían comportar el automatismo en la determinación de las indemnizaciones, como decía la sentencia de 20 de febrero de 2012 (recurso de casación 527/2010) "no son vinculantes y solo tienen un carácter meramente orientativo" (en el mismo sentido, sentencia de 3 de mayo de 2012, recurso de casación 2441/2010). Y nada ha cambiado con la nueva regulación que se estable en el actual artículo que regula la indemnización que, como se ha expuesto en su transcripción, se limita a proponer que la determinación de la indemnización, que la primera que deba aplicar es la Administración, en su caso, "podrá tomar como referencia" dicho baremo, es decir, ni se impone imperativamente ni, menos aún, de aceptarse ese recurso al baremo, deba ser aplicado en toda su pureza. Porque lo que se propone es "tomarlo como referencia"»*[42].

---

[41] CJ III DcdE 367/2020, de 3 de diciembre.

[42] FJ 4 STS 1217/2020, de 28 de septiembre (núm. rec. 123/2020 y [*Tol 8112181*]).

Y hay además que tener en cuenta que el art. 34 de la LRJ establece ciertos criterios para cuantificar las indemnizaciones, al decir que:

> «Art. 34 LRJ. Indemnización
>
> *2. La indemnización se calculará con arreglo a los criterios de valoración establecidos en la legislación fiscal, de expropiación forzosa y demás normas aplicables, ponderándose, en su caso, las valoraciones predominantes en el mercado. En los casos de muerte o lesiones corporales se podrá tomar como referencia la valoración incluida en los baremos de la normativa vigente en materia de Seguros obligatorios y de la Seguridad Social.*
>
> *3. La cuantía de la indemnización se calculará con referencia al día en que la lesión efectivamente se produjo, sin perjuicio de su actualización a la fecha en que se ponga fin al procedimiento de responsabilidad con arreglo al Índice de Garantía de la Competitividad, fijado por el Instituto Nacional de Estadística, y de los intereses que procedan por demora en el pago de la indemnización fijada, los cuales se exigirán con arreglo a lo establecido en la Ley 47/2003, de 26 de noviembre, General Presupuestaria, o, en su caso, a las normas presupuestarias de las Comunidades Autónomas».*

Dificultades particulares presenta, como ya se dijo, la prueba y cuantificación de los daños morales.

Todo lo dicho obligará seguramente —para una correcta articulación de la defensa— a valerse de peritos especializados en las materias correspondientes, sobre todo profesionales de la sanidad y economistas, además de las pruebas documentales, testificales, reconocimiento o las que sean del caso.

8) Presunciones

Ya se ha venido a hacer referencia a ello al tratar sobre casos en los que se tiene a aplicar un régimen de inversión de la carga de la prueba, pues una presunción no hace sino comportar ese cambio, o sea, cargar la prueba sobre quien no la tendría en caso de no aplicarse la presunción.

Los arts. 385 y 386 LEC regulan las llamadas «presunciones», y aunque, como sucede con el ya visto art. 217, se trata de normas procesales, resultan trasladables al ámbito administrativo y al de los procesos contencioso-administrativos.

Las presunciones llamadas «legales» (art. 385) operan cuando las impone la ley, y tienen el efecto de dispensar de la prueba sobre el hecho al que las mismas afectan. Cuando la ley la establece “salvo prueba en contario” (o sea, iuris tantum) la parte perjudicada por ella tendrá la carga de probar la inexistencia del hecho presumido.

Las llamadas «judiciales» (art. 386) no vienen impuestas o previstas concretamente en la ley, sino que operan bajo valoración del caso por la Administración —que tiene que resolver el expediente— o del órgano judicial, según resulta de ese artículo, que las describe así: «A partir de un hecho admitido o probado, el tribunal podrá presumir la certeza, a los efectos del proceso, de otro hecho, si entre el admitido o demostrado y el presunto existe un enlace preciso y directo según las reglas del criterio humano. / La sentencia en la que se aplique el párrafo anterior deberá incluir el razonamiento en virtud del cual el tribunal ha establecido la presunción».

El hecho de partida debe estar acreditado, y cabe prueba en contra.

Estas presunciones suelen descansar en las circunstancias de cada caso concreto —sana crítica de los elementos del caso— y en máximas de experiencia, es decir, apreciaciones de carácter abstracto obtenidas del conocimiento humano que son de general aceptación y «permiten conocer un hecho, valorarlo e inferir el nexo o vínculo entre el hecho base y el hecho presumido».

Las presunciones desembocan evidentemente en una inversión de la carga de la prueba[43].

V. LA PRUEBA EN EL PROCEDIMIENTO ADMINISTRATIVO Y EN EL PROCESO JUDICIAL

Hay finalmente que tener en cuenta que el órgano judicial (y antes la Administración) deberá resolver motivadamente sobre la reclamación valorando bajo reglas de sana crítica las pruebas de que disponga. A estos efectos, podrá incluso aplicar en su caso criterios de presunción o inversión de la carga de la prueba.

1) *La prueba en el seno del expediente administrativo*

Los expedientes administrativos se diferencian netamente de los judiciales en cuanto que no se someten a un procedimiento regido por pasos y trámites de sucesivo vencimiento, o sea a actuaciones perentorias que

[43] MANENT y ALONSO en el cap. 18 de esta obra sostienen que no se produce una inversión de la práctica de la prueba sino un desplazamiento de ésta del hecho presunto al hecho base, el cual sí que debe de ser probado (págs. 1252 a 1255).

se vayan cerrando. De hecho, el art. 82 LPAC permite a los administrados aportar cuantas alegaciones y documentos consideren hasta el trámite final de vista y audiencia, los cuales, como dice ese precepto, deben ser analizados a la hora de resolver. Es más, en la práctica se admiten incluso documentos y alegaciones que se presenten después, lo que se hace en favor del administrado y confirmado así el carácter no formal de los procedimientos administrativos.

Tan es así que una reclamación es suficiente con solo presentarla, aunque no se acompañen a ella documentos y datos suficientes (sí los mínimos necesarios para considerar interrumpido el plazo de prescripción de un año que establece al efecto el art. 67.1 LPAC). Ni siquiera es necesario concretar ya en la reclamación el importe de la indemnización que se solicita. Cierto es que el art. 67.2 LPAC dice que «en la solicitud que realicen los interesados se deberán especificar las lesiones producidas, la presunta relación de causalidad entre éstas y el funcionamiento del servicio público, la evaluación económica de la responsabilidad patrimonial, si fuera posible, y el momento en que la lesión efectivamente se produjo, e irá acompañada de cuantas alegaciones, documentos e informaciones se estimen oportunos y de la proposición de prueba, concretando los medios de que pretenda valerse el reclamante». Pero no se trata en realidad de una exigencia formal de la que pueda derivar la inadmisión de la reclamación, sino que se trata de una previsión regulatoria que es realmente de fondo y que quiere decir que corresponde al reclamante demostrar su razón al tiempo de explicar cómo se produjeron los hechos.

En cualquier caso, si la Administración abre expresamente un periodo de prueba —conforme al art. 77 LPAC—, se debe cumplimentar el mismo; el no hacerlo no impide subsanarlo —al menos en parte— aportando después documentos.

Lo relevante es que el reclamante debe saber con qué carga probatoria debe cumplir, como ya se ha dicho, y en base a ella deberá articular los medios de prueba correspondientes, incorporando, o pidiendo que se incorporen, al expediente las pruebas correspondientes.

A este respecto se aplican las reglas generales sobre prueba establecidas en la LEC. Ello implica que sean utilizables las pruebas contempladas en esa norma, en particular las documentales, testificales y periciales. A este respecto, el art. 77.1 LPAC remite a esa legislación procesal con las siguientes palabras: «los hechos relevantes para la decisión de un procedimiento podrán acreditarse por cualquier medio de prueba admisible en Derecho, cuya valoración se realizará de acuerdo con los criterios establecidos en la Ley 1/2000, de 7 de enero, de Enjuiciamiento Civil».

Por lo referente a los documentos, pueden y deben aportarse por el propio interesado si dispone de ellos. En otro caso puede reclamar su obtención a la Administración que tramita el expediente.

Debe además tenerse en cuenta que los ciudadanos tienen derecho, conforme al art. 53.1 LPAC: «a no presentar documentos originales salvo que, de manera excepcional, la normativa reguladora aplicable establezca lo contrario. [Además,] en caso de que, excepcionalmente, deban presentar un documento original, tendrán derecho a obtener una copia autenticada de éste» (letra c); y «a no presentar datos y documentos no exigidos por las normas aplicables al procedimiento de que se trate, que ya se encuentren en poder de las Administraciones Públicas o que hayan sido elaborados por éstas» (letra d).

En este caso conviene remitir a los propios archivos de la Administración a fin de que la misma incorpore al expediente los pertinentes datos.

En cuanto a la prueba pericial, y conforme a reglas procesales a las que, como ya se ha dicho, remite la legislación administrativa, solicitada la prueba a la Administración, ésta debería ordenar su práctica. No obstante, caso de que esta no lo haga, la declaración de un testigo aportada en forma de documento (por ejemplo una declaración ante notario) suele ser considerada suficiente, en particular si la Administración no la pone en duda, pues en tal caso debe ordenar la adecuada práctica de la prueba.

No es habitual que se solicite la declaración testifical de empleados públicos, pero es perfectamente posible proponer esa prueba.

En cuanto a los informes periciales, sucede algo parecido: la Administración no suele ordenar su formalmente correcta práctica, es decir, la comparecencia para ratificación y aclaraciones del perito autor del informe.

Respecto a los informes emitidos por la propia Administración, en la práctica no se procede a la comparecencia para ratificación y aclaraciones de sus autores.

Cuando se trata de informes de terceros pero recabados por la Administración —cosa en cualquier caso poco habitual—, el valor de esa prueba debería supeditarse a la ratificación y aclaraciones de su autor.

Recientemente el TS ha dictado una relevante sentencia sobre el valor probatorio de los informes emitidos por ella. La cuestión es importante a la vista de que el art. 77.5 de la LPAC dispone que «los documentos formalizados por los funcionarios a los que se reconoce la condición de autoridad y en los que, observándose los requisitos legales correspondientes se recojan los hechos constatados por aquéllos harán prueba de éstos salvo que se acredite lo contrario»[44]. Me refiero a la STS de 17 de febrero de 2022 que distingue entre procedimientos según la Administración sea o no parte interesada y ellos. Si lo es, los informes periciales que se emitan (que —se añade— deberían someterse a ratificación para que fueran verdaderas pericias y no meros documentos) serán valorados debidamente pero no tendrán referencia ni gozarán de presunción de corrección, es decir, que deberán ser considerados en plano de igualdad con las demás pruebas[45]. El tema tiene particular importancia en relación con la tramitación y resolución de los procedimientos judiciales, pero indirectamente también lo tiene para la tramitación administrativa.

Relevante es asimismo la antes citada la STSJ de Galicia de 18 de abril de 2022, que trata precisamente sobre esta cuestión y, en general, sobre el valor de las pruebas periciales en este tipo de procesos:

---

44 No se confunda la presunción de validez de los actos administrativos (art. 39.1 LPAC) con la presunción de certeza de los hechos (pues no a otra cosa es referible tal presunción). Sobre ello *vid.* GARCÍA-TREVIJANO GARNICA, José Antonio (2021): «Artículo 77. Medios y período de prueba», en BAÑO LEÓN, José María, LAVILLA RUBIRA, Juan José (dirs.): *Comentarios al Procedimiento Administrativo, op. cit.* págs. 527 a 540.

45 La STS 202/2022, de 17 de febrero (núm. rec. 5631/2019 y [*Tol 8810419*]) llega a tres conclusiones, respecto de la naturaleza y valor probatorio de los informes (periciales) de la Administración incorporados en el expediente administrativo: a) «No es lo mismo que un informe o dictamen emanado de la Administración se haga valer como medio de prueba en un litigio entre terceros o en un litigio en que esa misma Administración es parte. En este último supuesto, no tiene sentido decir que el informe o dictamen goza de imparcialidad y, por ello, merece un plus de credibilidad: quien es parte no es imparcial»; b) «No todos los expertos al servicio de la Administración se encuentran en una misma situación de dependencia con respecto al órgano administrativo llamado a decidir (...). No es lo mismo un funcionario inserto en la estructura jerárquica de la Administración activa que alguien que —aun habiendo sido designado para el cargo por una autoridad administrativa— trabaja en entidades u organismos dotados de cierta autonomía con respecto a la Administración activa»; c) «Hay supuestos en que los informes de origen funcionarial, aun habiendo sido elaborados por auténticos técnicos, no pueden ser considerados como prueba pericial. Ello ocurre destacadamente cuando las partes no tienen ocasión de pedir explicaciones o aclaraciones (arts. 346 y 347 de la Ley de Enjuiciamiento Civil y art. 60 de la Ley de la Jurisdicción Contencioso-Administrativa). Dichos informes no tendrán más valor que el que tengan como documentos administrativos, y como tales habrán de ser valorados» (FJ 7).

«Y, finalmente, como es sabido, por haber sido reiterado en numerosas sentencias que se han dictado acerca de cuestiones relativas a la responsabilidad patrimonial sanitaria, resulta necesario acudir a los informes técnicos que suministran al Tribunal los conocimientos necesarios, de carácter técnico-médico, para resolver las cuestiones debatidas. Y, también es sabido que las alegaciones sobre negligencia médica deben acreditarse con medios probatorios idóneos, como son las pruebas periciales médicas, pues estamos ante una cuestión eminentemente técnica y este Tribunal carece de los conocimientos técnicos-médicos necesarios, por lo que debe apoyarse en las pruebas periciales que figuren en los autos, bien porque las partes hayan aportado informes del perito de su elección al que hayan acudido o bien porque se hubiera solicitado la designación judicial de un perito a fin de que informe al Tribunal sobre los extremos solicitados. En estos casos, los órganos judiciales vienen obligados a decidir con tales medios de prueba empleando la lógica y el buen sentido o sana crítica con el fin de zanjar el conflicto planteado.

En estos casos es procedente un análisis crítico de los mismos, dándose preponderancia a aquellos informes valorativos de la praxis médica que, describiendo correctamente los hechos, los datos y fuentes de la información, están revestidos de mayor imparcialidad, objetividad e independencia y cuyas afirmaciones o conclusiones vengan dotadas de una mayor explicación racional y coherencia interna, asumiendo parámetros de calidad asentados por la comunidad científica, con referencia a protocolos que sean de aplicación al caso y estadísticas médicas relacionadas con el mismo. También se acostumbra a dar preferencia a aquellos dictámenes emitidos por facultativos especialistas en la materia, o bien con mayor experiencia práctica en la misma. Y en determinados asuntos, a aquéllos elaborados por funcionarios públicos u organismos oficiales en el ejercicio de su cargo y a los emitidos por sociedades científicas que gozan de prestigio en la materia sobre la que versa el dictamen.

No obstante debemos de realizar también una consideración respecto a los informes elaborados por la Inspección Sanitaria; informes que contienen también una opinión de carácter técnico, obtenida extraprocesalmente, por lo que sus consideraciones deben ser ponderadas como un elemento de juicio más en la valoración conjunta de la prueba, debiéndose significar que los informes de los Inspectores Médicos son realizados por personal al servicio de las Administraciones Públicas, que en el ejercicio de su función actúan de acuerdo a los principios de imparcialidad y especialización reconocidos a los órganos de las Administraciones, y responden a una realidad apreciada y valorada con arreglo a criterios jurídico— legales, por cuanto han de ser independientes del caso y de las partes y actuar con criterios de profesionalidad, objetividad, e imparcialidad.

Además de los dictámenes obrantes en autos, se erige asimismo en elemento probatorio el conjunto de documentos que contienen datos, valoraciones e información de cualquier índole sobre la situación clínica del paciente a lo largo del proceso asistencial y que se recogen en la Historia Clínica, así como los protocolos y las guías médicas.

La valoración como prueba de lo que figura en el expediente administrativo, incluso aunque no se proponga como tal, pues se incorpora a los autos por ministerio de la ley, ha sido declarada en la SSTS de 6 de julio de 1994 (recurso 495/1993) y de 20 de septiembre de 2013 (recurso 2309/2012), declarando esta última que es uno de los elementos de juicio en los que puede descansar la convicción del juzgador, debiendo ser analizado junto con la prueba practicada en el proceso. Incluso su a portación a los autos se ha vinculado al derecho a la tutela judicial efectiva en la sentencia del Tribunal Constitucional /24/ 1981, de 14 de julio.

En todo caso, la valoración de los informes técnicos a que se refiere ese artículo 81.1 de la Ley 39/2015, ha de efectuarse en función de la fuerza de convicción que transmiten los argumentos que aportan, de modo que puede otorgárseles prevalencia sobre pericias acompañadas por una parte procesal, si ofrecen una explicación racional de los hechos, con justificación lógica del actuar del servicio (en este caso sanitario) ante la presencia de obstáculos, dificultades, inconvenientes y condicionantes que pueden presentarse. Es decir, si el responsable del servicio, al emitir su informe o informes, rebate o contradice con argumentos racionales y lógicos lo que los peritos dictaminan en el curso del proceso, y justifica con explicaciones de peso su modo de actuación, nada impide que quien ha de enjuiciar le otorgue superior valor probatorio, pues aquella singularidad que ofrece el proceso contencioso-administrativo en los litigios sobre responsabilidad patrimonial introduce reglas particulares que advierten sobre sus peculiaridades en relación con las propias del proceso civil, de modo que en ese punto la regulación propia de la jurisdicción contencioso administrativa admite tal singularidad, sin que haya de aplicarse milimétricamente cuanto se recoge en la Ley de Enjuiciamiento Civil, ya que la aplicación supletoria de esta última es "En lo no previsto por esta Ley'; tal como se recoge en la disposición final 19 de la Ley 29/ 1998, de 13 de julio, reguladora de la jurisdicción Contencioso administrativa.

Señalaremos, finalmente, que en la valoración de la prueba también se ha de tener en consideración la doctrina jurisprudencial sobre la prohibición de regreso lógico desde acontecimientos posteriores desconocidos en el momento de la actuación desencadenante del daño, declarada en las sentencias de la Sala Primera del Tribunal Supremo de 14 y 15 de febrero de 2006, 7 de mayo de 2007 y de 10 de junio de 2008»[46].

Por su parte, la asimismo antes citada STSJ de Asturias de 18 de abril 2022 dice:

"Y dentro de esta actividad probatoria opera con especial relevancia la prueba pericial. No se escapa que para poder apreciar si concurre o no defectuosa praxis o lex artis ad hoc, se hace necesario analizar y valorarla técnica médica empleada en cada supuesto y para ello es necesario un estudio técnico para el que se exigen conocimientos médicos específicos. La aportación de dichos conocimientos solo puede realizarse a través de una prueba pericial que tiende a convertirse en muchos supuestos, en el centro del recurso. La trascendencia de la prueba pericial se aprecia con más intensidad en supuestos en los que la estimación o no de la reclamación depende de que se determine si se ha producido una violación o no de la lex artis; y a partir de ahí, concluir si el daño reúne la condición de antijurídico, o si debe entenderse que es una consecuencia inherente al padecimiento mismo de la enfermedad y que, por tanto, no debe dar lugar a indemnización. En la valoración de esta prueba, existe una constante doctrina jurisprudencial que se expresa, entre muchas otras, en la STSJ de Madrid, Secc. 10ª de 30 de diciembre de 2014, citando la jurisprudencia del TS: "Finalmente, no puede desconocerse que para la determinación de la existencia de posibles infracciones de la "lex artis" se requieren especiales conocimientos de la ciencia médica que deben ser facilitados por técnicos especializados en la materia.

---

46 FJ 4 STSJ de Galicia 294/2022, de 18 de abril (núm. rec. 404/2018 y [*Tol 8959921*]).

En tal sentido, la jurisprudencia viene sosteniendo que la valoración de los informes periciales o de técnicos peritos requiere un análisis crítico de los mismos, incumbiendo al órgano judicial valorar los datos y conocimientos expuestos en ellos de acuerdo con los criterios de la sana crítica que determina el artículo 348 dela Ley de Enjuiciamiento Civil, y debiendo atender a la fuerza probatoria de los dictámenes con base en la mayor fundamentación y razón de ciencia aportada, y conceder, en principio, prevalencia a aquellas afirmaciones o conclusiones que vengan dotadas de una mayor explicación racional. Y precisa que el principio de libre valoración de la prueba pericial permite al Juez o Tribunal decantarse por uno u otro dictamen en función de su fuerza técnica, generadora de convicción, sin que ello suponga valoración arbitraria o contraria a las reglas de la sana crítica [sentencias del Tribunal Supremo, Sala 3ª, de 20-11-2012 (recurso 5870/2011) y 21 de diciembre de 2012 (4229/2011)]"»[47].

La admisión de las pruebas requiere una resolución de trámite de la propia Administración. En la práctica no se efectúa pronunciamiento expreso al respecto cuando se trata de pruebas aportadas como documentales, incluidos informes periciales o declaraciones de testigos. Pero evidentemente debe producirse cuando el interesado propone alguna prueba que exija actuación positiva de la Administración para su práctica.

Este tipo de actos (de admisión o inadmisión de pruebas) son en principio de trámite, es decir, no autónomamente recurribles. Hay sin embargo que tener en cuenta que, si producen efectiva indefensión, sí cabría recurso directo tal y como contempla el art. 112 de la LPAC[48]. Téngase, además, en cuenta que el art. 77.3 de la propia LPAC dispone que «el instructor del procedimiento sólo podrá rechazar las pruebas propuestas por los interesados cuando sean manifiestamente improcedentes o innecesarias, mediante resolución motivada».

Respecto a la procedencia de abrir de oficio el período de prueba y su coste, la legislación sobre procedimiento administrativo no establece reglas, como tampoco sobre costas. Por esta razón, hay que entender que el coste de su práctica es imputable al solicitante y que solo lo recuperará en su caso mediante una independiente reclamación de daños y perjuicios en el que se concluya que ello le ha supuesto una lesión que no tiene el deber jurídico de soportar[49].

---

47 FJ 5 STSJ de Asturias de 365/2022, de 20 de abril (núm. rec. 675/2020 y [*Tol 8971682*]).

48 Sobre la problemática de la recurribilidad directa de actos de trámite que ocasionen indefensión puede verse GARCÍA-TREVIJANO GARNICA (1993): *La impugnación de los actos administrativos de trámite*, Montecorvo, Madrid, págs. 266 y ss.

49 Respecto a la procedencia de abrir de oficio periodo de prueba y costeamiento, *vid.* GARCÍA-TREVIJANO GARNICA, José Antonio (2021): «Artículo 77. Medios

¿Hay que efectuar protesta sobre la inadmisión de una prueba? No es necesario en el expediente, al no contemplarse tal cosa en la legislación administrativa. Ello significa que no se pueda denegar en vía judicial una prueba no pedida en el expediente administrativo o una prueba pedida en él e inadmitida.

Particularmente en los casos de reclamaciones sanitarias hay un documento relevante que conviene conocer cuanto antes, sea para articular la reclamación con debido fundamento, sea para precisarla o enfocarla debidamente a lo largo del expediente. Me refiero a la historia clínica, cuya regulación se contiene hoy en la LAP. La historia clínica es:

> «*El conjunto de los documentos relativos a los procesos asistenciales de cada paciente, con la identificación de los médicos y de los demás profesionales que han intervenido en ellos, con objeto de obtener la máxima integración posible de la documentación clínica de cada paciente, al menos, en el ámbito de cada centro*", e "*Incorporará la información que se considere trascendental para el conocimiento veraz y actualizado del estado de salud del paciente. Todo paciente o usuario tiene derecho a que quede constancia, por escrito o en el soporte técnico más adecuado, de la información obtenida en todos sus procesos asistenciales, realizados por el servicio de salud tanto en el ámbito de atención primaria como de atención especializada.*" Con excepciones, incluye "*a) La documentación relativa a la hoja clínico estadística. b) La autorización de ingreso. c) El informe de urgencia. d) La anamnesis y la exploración física. e) La evolución. f) Las órdenes médicas. g) La hoja de interconsulta. h) Los informes de exploraciones complementarias. i) El consentimiento informado. j) El informe de anestesia. k) El informe de quirófano o de registro del parto. l) El informe de anatomía patológica. m) La evolución y planificación de cuidados de enfermería. n) La aplicación terapéutica de enfermería. ñ) El gráfico de constantes. o) El informe clínico de alta*».

Su finalidad principal es «facilitar la asistencia sanitaria, dejando constancia de todos aquellos datos que, bajo criterio médico, permitan el conocimiento veraz y actualizado del estado de salud»[50].

Las historias clínicas se deben archivar por cada centro sanitario y, como dispone el art. 18 LAP:

> «*El paciente tiene el derecho de acceso, con las reservas señaladas en el apartado 3 de este artículo, a la documentación de la historia clínica y a obtener copia de los datos que figuran en ella. Los centros sanitarios regularán el procedimiento que garantice la observancia de estos derechos. 2. El derecho de acceso del paciente a la historia clínica puede ejercerse también por representación debidamente acreditada.*

---

y período de prueba», en BAÑO LEÓN, José María, LAVILLA RUBIRA, Juan José (dirs.): *Comentarios al Procedimiento Administrativo, op. cit.* págs. 625 a 628.

50 Art. 3 LAP.

3. El derecho al acceso del paciente a la documentación de la historia clínica no puede ejercitarse en perjuicio del derecho de terceras personas a la confidencialidad de los datos que constan en ella recogidos en interés terapéutico del paciente, ni en perjuicio del derecho de los profesionales participantes en su elaboración, los cuales pueden oponer al derecho de acceso la reserva de sus anotaciones subjetivas. 4. Los centros sanitarios y los facultativos de ejercicio individual sólo facilitarán el acceso a la historia clínica de los pacientes fallecidos a las personas vinculadas a él, por razones familiares o de hecho, salvo que el fallecido lo hubiese prohibido expresamente y así se acredite. En cualquier caso el acceso de un tercero a la historia clínica motivado por un riesgo para su salud se limitará a los datos pertinentes. No se facilitará información que afecte a la intimidad del fallecido ni a las anotaciones subjetivas de los profesionales, ni que perjudique a terceros»[51].

2) La prueba en el proceso contencioso-administrativo

Se somete a reglas generales procesales, en concreto a los siguientes principios:

i. En los procedimientos ordinarios la prueba debe proponerse (con explicación de qué quiere probarse) ya en la demanda misma (art. 60.1 LJCA).

ii. No hay posibilidad de encajar la plantilla procesal de esa Ley en la de la LEC. Pero hay que entender que, en caso de ser posible, y conforme a la LEC, los informes periciales deben ya adjuntarse a la demanda y en ella pedir la ratificación del perito correspondiente[52]. Puede no obstante anunciarse su aportación después explicando las razones por las que no ha sido posible, presentarlos antes. Sobre este particular no puede ignorarse que a diferencia de lo que sucede con los procesos civiles —en los que el actor tiene tiempo para formular su demanda iniciadora del proceso judicial—), en los procesos contencioso-administrativos ordinarios el demandante solo dispondrá de veinte días para formalizar demanda desde que, admitido el recurso antes anunciado, se reciba el expediente administrativo. Ello puede dificultar ciertamente el aportar la pericia con la demanda misma.

---

[51] Art. 18 LAP.

[52] No es posible encajar la plantilla de la LJCA y LEC porque el art. 56.3 LJCA solo exige en realidad acompañar a la demanda las pruebas documentales.

Si lo que se pretende es un informe a emitir por perito designado por el órgano judicial, ello es posible y debe asimismo solicitarse en la demanda.

iii. En cuanto a la práctica de las pruebas periciales en sede judicial, el art. 60.6 LJCA establece una regla que diferencia los procesos contencioso-administrativos de los judiciales civiles. Dispone que «en el acto de emisión de la prueba pericial, el Juez otorgará, a petición de cualquiera de las partes, un plazo no superior a cinco días para que las partes puedan solicitar aclaraciones al dictamen emitido».

Por tanto, a diferencia de lo que sucede en los procesos civiles, en los que el perito debe comparecer ante el órgano judicial —si lo pide la parte o el órgano judicial no considera pertinente— para a ratificar y responder personalmente a solicitudes de aclaración (arts. 346 y 347 LEC), en los contencioso-administrativos las respuestas del perito se harán por escrito, para lo que se trasladarán al mismo las preguntas de las partes (hay en la práctica órganos judiciales que siguen considerando necesaria la presencia y respuestas personales in voce del perito).

iv. Hay además que tener en cuenta que el art. 60.4 de la LJCA permite «aportar al proceso las pruebas practicadas fuera de este plazo por causas no imputables a la parte que las propuso», o sea, aportarlas pasados los treinta días que en general se abrirán para la práctica de las que se admitan.

v. Es posible pedir prueba después de la demanda conforme al art. 60.2 de la LJCA, concretamente cuanto «de la contestación a la demanda resultaran nuevos hechos de trascendencia para la resolución del pleito», caso en el que «el recurrente podrá pedir el recibimiento a prueba y expresar los medios de prueba que se propongan dentro de los cinco días siguientes a aquel en que se haya dado traslado de la misma».

vi. Con más flexibilidad el art. 56.4 de la propia LJCA dispone que «después de la demanda y contestación no se admitirán a las partes más documentos que los que se hallen en alguno de los casos previstos para el proceso civil. No obstante, el demandante podrá aportar, además, los documentos que tengan por objeto desvirtuar alegaciones contenidas en las contestaciones a la demanda».

vii. Como ya dije, nada impide pedir, y su pertinencia, alguna prueba no solicitada en vía administrativa, ni siquiera si esa prueba hubiera podido, y hasta acaso debido —en ejercicio de una buena defensa—, haberse solicitado en ella. O sea, por el hecho de no haberse pedido una prueba en vía administrativa no justifica inadmitir, o sea, por esa sola razón procesal, la propuesta después, en tiempo y forma, al órgano judicial.

viii. Por otra parte, al operar reglas procesales en materia probatoria, es imprescindible recurrir, si es posible en función del tipo de proceso, la resolución denegatoria de una prueba o de alguna solicitud relacionada con ella, e incluso dejar hecha protesta ulterior. De no hacerse así, ni podrá esgrimirse la infracción cometida en recursos judiciales posteriores (arts. 285.2 369, 446, 460.2.1ª, 734.3, LEC-supletorio de la LJCA— y arts. 78.17 y 89.2.c. LJCA) ni articularse demanda de amparo constitucional con ese motivo (art. 41.1. a. y c. LOTC). Con ese mismo fin es además importante que al recurrir o protestar se invoquen expresamente los arts. 6 y 13 de la Convención Europea de Derechos Humanos, de 4 de noviembre de 1950, y 24.2 de la Constitución, sobre derecho a los medios de prueba.

Finalmente, debe añadirse que hay otras posibilidades de reclamar por responsabilidad sanitaria. No me refiero ahora al funcionamiento o no del sistema de atención a la salud, sino a la responsabilidad que puede derivar de decisiones-normativas o no— de la Administración sanitaria. Un ejemplo habitual es el de reclamaciones por efectos lesivos producidos por medicamentos o tratamientos (por ejemplo vacunas) autorizados por esa Administración. Han sido así muchas las reclamaciones presentas por lesiones derivadas de la implantación de dispositivos «Essure», vacunas contra el virus del papiloma humano (VPH), tratamientos con el medicamento Agreal o tratamientos entre 1960 y 1965 con talidomida[53].

Hay que ser conscientes que la responsabilidad en estos casos podría ser de la Unión Europea en cuanto haya sido ella la interviniente.

En general, se ha venido considerando que no existe responsabilidad de la Administración sino del fabricante o distribuidor, salvo que la autorización haya sido indebida por ejemplo por insuficiencia de prospecto en base al cual se produce la autorización, o en caso de demora o falta de res-

---

[53] Téngase en cuenta que no obedecen a título de responsabilidad patrimonial las ayudas que puedan otorgarse a afectados por el virus del papiloma humano o la talidomida. Así, por ejemplo, en el caso de la talidomida, el Real Decreto 1006/2010, de 5 de agosto, trata sobre ese tipo de ayudas.

puesta ante la aparición suficientes de síntomas adversos o, en definitiva, por falta de la debida farmacovigilancia[54].

Bibliografía

BAUZÁ MARTORELL, Felio José (2016): «Presunción de culta. La deducción de negligencia en la responsabilidad patrimonial de la Administración», *Revista de Administración Pública,* núm. 201

BELLO JANEIRO, Domingo *et alii* (2003): *Régimen jurídico de la responsabilidad sanitaria,* Reus, Madrid

BLANQUER CRIADO, David (2020): Responsabilidad patrimonial en tiempos de pandemia (los poderes públicos y los daños por la crisis de la COVID-19, Tirant lo Blanch, Valencia

GALLARDO CASTILLO, María Jesús (2021): Administración sanitaria y responsabilidad patrimonial, Colex, La Coruña

GARCÍA-TREVIJANO GARNICA (1993): *La impugnación de los actos administrativos de trámite,* Montecorvo, Madrid

GARCÍA-TREVIJANO GARNICA, José Antonio (2021): «Artículo 22. Suspensión del plazo máximo para resolver», «Artículo 23. Ampliación del plazo máximo para resolver y notificar», «Art. 24. Silencio administrativo en procedimientos iniciados a solicitud del interesado». «Artículo 87. Actuaciones complementarias», «Artículo 77. Medios y período de prueba», «Artículo 80. Emisión de informes», «Art. 81.3. Solicitud de informes y dictámenes en los procedimientos de responsabilidad patrimonial», en BAÑO LEÓN, José María, LAVILLA RUBIRA, Juan José (dirs.): *Comentarios al Procedimiento Administrativo,* Tirant lo Blanch, Valencia

GARCÍA GÓMEZ DE MERCADO, Francisco (2020): Responsabilidad Patrimonial de la Administración, Comares, Granada

GARRIDO MAYOL, Vicente (2004): La responsabilidad patrimonial del Estado. Especial referencia a la responsabilidad del Estado legislador, Tirant lo Blanch, Valencia

GÓMEZ JARA Mariano (2013): *Responsabilidad profesional sanitaria,* Atelier, Barcelona

GONZÁLEZ-VARAS IBÁÑEZ, Santiago (2022): Responsabilidad patrimonial de la administración, Aranzadi, Cizur Menor (Navarra)

GRAU GRAU, Ignacio (2017): La responsabilidad patrimonial sanitaria: aspectos procesales, Bosch, Madrid

LOPÉZ Y GARCÍA DE LA SERRANA, Javier (2022): *El consentimiento informado en el ámbito sanitario: la valoración y cuantificación del daño,* Atelier, Barcelona

LÓPEZ MENUDO, Fernando, GUICHOT REINA, Francisco y CARRILLO DONAIRE, Juan Antonio (2004): *La responsabilidad patrimonial de los poderes públicos,* Lex Nova, Valladolid

LLAMAS POMBO *et alii* (2014): *Estudios sobre la responsabilidad sanitaria,* La Ley, Madrid

---

54 En cualquier caso, la responsabilidad por daños causados por medicamentos o productos sanitarios, así como por daños vacunales, es abordada por HERNÁNDEZ VILLALÓN y RAMOS en los caps. 21 y 22 de este tratado.

MERINO MOLINS, Vicente (2003): «La responsabilidad patrimonial de la Administración en el ámbito de la sanidad», *Actualidad Administrativa*, núm. 6

MIR PUIGPELAT, Oriol (1991): *La responsabilidad patrimonial de la Administración sanitaria*, Civitas, Madrid

RAMOS GONZÁLEZ, Sonia y LUNA YERGA, Álvaro (2004): *Responsabilidad médico-sanitaria y del medicamento*, Civitas, Madrid

RODRÍGUEZ LÓPEZ, Pedro (2004): *Responsabilidad médica y hospitalaria*, Bosch, Barcelona

RODRÍGUEZ LÓPEZ, Pedro (2007): *Responsabilidad Patrimonial de la Administración en materia sanitaria*, Atelier, Barcelona

Capítulo 29

El proceso jurisdiccional con ocasión de reclamaciones de responsabilidad patrimonial sanitaria

Jorge Ortillés Buitrón
Letrado de la Comunidad Autónoma de Aragón

Víctor Ernesto Alonso Prada
Letrado de la Junta de Comunidades de Castilla-La Mancha

Leopoldo J. Gómez Zamora
Letrado de la Junta de Comunidades de Castilla-La Mancha (exc.)
Director adjunto de la Asesoría Jurídica de la Universidad Rey Juan Carlos

Enrique Soler Santos
Letrado de la Comunidad de Madrid
Letrado de la Junta de Andalucía (exc.)
Letrado de la Junta de Comunidades de Castilla-La Mancha (exc.)

I. INTRODUCCIÓN

El aspecto adjetivo —jurisdiccional y competencial— de las reclamaciones de responsabilidad patrimonial de la Administración sanitaria no ha estado exento de debate. Éste se ha suscitado en diversas líneas ya desde la aparición de la responsabilidad patrimonial con la Ley de expropiación forzosa de 26 de diciembre de 1954.

Además, previamente, el orden contencioso-administrativo, osciló a lo largo del siglo XIX entre un sistema jurisdiccional de competencia retenida de corte francés, un sistema inglés de jurisdicción ordinaria e incluso un breve ensayo de sistema de composición mixta similar al belga. Sin embargo, con la aprobación de la Ley de 27 de diciembre de 1956, reguladora de la jurisdicción contencioso-administrativa (LJCA-56), se consolida el sistema de jurisdicción especializada que pervive en la actualidad.

SANTAMARÍA PASTOR expone este movimiento pendular con las siguientes palabras: «la configuración de la jurisdicción contencioso-administrativa ha sido objeto, desde sus orígenes allá en 1845, de innovaciones legislativas constantes, que han afectado profundamente tanto a su estructura orgánica como a su funcionamiento. Durante más de un siglo, estas reformas estuvieron condicionadas —casi exclusivamente— por la vieja polémica decimonónica que enfrentó a los partidarios (conservadores) de un sistema administrativo de corte francés con los propugnadores (progresistas o liberales) de una judicialización completa»[1].

Y, por su parte, DÍEZ-PICAZO explica que «con anterioridad [a 1956] regía el llamado "sistema armónico" de la Ley Santamaría de Paredes de 1888, en virtud el cual el órgano jurisdiccional en lo contencioso-administrativo tenía una composición paritaria de jueces y funcionarios. Dicho sistema fue culminado por la Ley Maura de 1904, que suprimió la función jurisdiccional del Consejo de Estado y la transfirió a una Sala tercera del Tribunal Supremo de nueva creación. Pero la composición continuó siendo mixta»[2].

La plena judicialización de este orden, como se acaba de decir, fue operada por la LJCA-56, y hoy en día, se encuentra confirmada y reforzada con la consagración constitucional de los principios de unidad y exclusividad jurisdiccional en 1978.

Sin embargo, esta previsión constitucional no impidió un «peregrinaje de jurisdicciones» de las reclamaciones de responsabilidad patrimonial sanitaria hasta en cuatro órdenes jurisdiccionales: civil, penal, contencioso-administrativo y social. Fueron necesarias las reformas de 1998, 1999 y 2003 para reconducir al orden contencioso-administrativo este tipo de pretensiones.

Existen, no obstante, ciertas excepciones a esta «unificación jurisdiccional». Además de la *vis atractiva* que ejerce la jurisdicción penal —y que nadie cuestiona—: el orden civil conoce de las reclamaciones que se dirijan exclusivamente contra los contratistas y aseguradoras de la Administración sanitaria; y el orden social de las demandas de empleados públicos por da-

---

1 SANTAMARÍA PASTOR, Juan Alfonso (2023): «Problemas de estructura y funcionamiento de la jurisdicción contencioso-administrativa», *Revista de Administración Pública,* núm. 220, pág. 37.

2 DÍEZ-PICAZO GÍMENEZ, Luis María (2023): «Sobre la estructura de la jurisdicción contencioso-administrativa», *Revista de Administración Pública,* núm. 220, pág. 18.

ños causados por infracción de la normativa reguladora de prevención de riesgos laborales y los reintegros de gastos.

Esta realidad exige abordar, además del «peregrinaje de jurisdicciones», los aspectos procesales del recurso contencioso-administrativo en materia de responsabilidad patrimonial sanitaria, y hacer una breve referencia a los asuntos relacionados con la responsabilidad patrimonial y el *iter* procesal de los órdenes civil, penal y social. Finalmente terminaremos con una referencia a la prueba relacionada con los daños causados a las personas físicas con ocasión de la asistencia sanitaria.

II. PROBLEMÁTICA JURISDICCIONAL DE LA RESPONSABILIDAD PATRIMONIAL SANITARIA: EL «PEREGRINAJE DE JURISDICCIONES»

La jurisdicción contencioso-administrativa es la competente para conocer de las controversias derivadas de la responsabilidad patrimonial de la Administración en general, y en particular de la sanitaria.

Sin embargo, desde un principio, encontramos una serie de matices o de verdaderas excepciones a esta regla general. A ellos nos referimos con los apartados dedicados al «peregrinaje de jurisdicciones» y al «fin del peregrinaje jurisdiccional». De hecho, como afirma GALLARDO, «una de las cuestiones que más debate *suscitó*, tanto en la doctrina como en la jurisprudencia, *fue* la relativa a la jurisdicción competente para resolver las cuestiones de responsabilidad patrimonial de la Administración cuando ésta actúa a través de personificaciones de derecho privado»[3].

---

3 GALLARDO CASTILLO, Mª Jesús (2021): *Administración sanitaria y responsabilidad patrimonial*, Colex, La Coruña, pág. 50. Sobre esta cuestión, entre otros, se pronunciaron los autores ALEGRE, DE PALMA, GAMERO, LEGUINA, MERCADER y PANTALEÓN. ALEGRE ÁVILA, José Manuel (2005): «La responsabilidad civil extracontractual de la Administración Pública y la jurisdicción contencioso-administrativa», *Revista Española de Derecho Administrativo*, núm. 196, págs. 191 a 216. DE PALMA TESO, Ángeles (1996): «El lamentable peregrinaje jurisdiccional entre el orden social y el contencioso-administrativo en materia de reclamaciones de indemnización por daños derivados de la deficiente atención sanitaria de la Seguridad Social», *Revista Española de Derecho administrativo*, núm. 89, págs. 135 a 148. GAMERO CASADO, Eduardo (1997): *Responsabilidad administrativa: conflictos de jurisdicción*, Aranzadi, Cizur Menor (Navarra). LEGUINA VILLA, Jesús (1999): «Responsabilidad patrimonial de la Administración y unidad jurisdiccional», *Jus-*

1) El «peregrinaje de jurisdicciones»

En primer lugar, es necesario delimitar adecuadamente los perfiles del ámbito competencial de la jurisdicción contencioso-administrativa. Esta demarcación es necesaria porque existen una serie de supuestos limítrofes —o puntos de conexión— que hacen que las fronteras con los órdenes jurisdiccionales penal, civil y social sean —o hayan sido— ocasionalmente difusas.

Como acertadamente sintetiza MIR, «uno de los aspectos más controvertidos de la distribución de competencias entre los distintos órdenes jurisdiccionales de nuestro país ha sido, durante los años noventa, el relativo a la responsabilidad patrimonial de las Administraciones Públicas (AAPP). Los cuatro órdenes jurisdiccionales —el civil, el penal, el contencioso-administrativo y el social— se han venido considerando competentes, con distintos argumentos, para conocer de las reclamaciones de responsabilidad patrimonial de la Administración por los daños ocasionados por su actuación, sobre todo en el ámbito sanitario»[4].

A. Delimitación del ámbito competencial de la jurisdicción contencioso-administrativa en materia de responsabilidad patrimonial sanitaria

Desde la aprobación de la LJCA-56 hasta la promulgación la actual Ley 29/1998, de 13 de julio, reguladora de la jurisdicción contencioso-administrativa (LJCA), la competencia de este orden para conocer de las reclamaciones de responsabilidad patrimonial se justificó en sus arts. 1.1, 3 b) y 37 LJCA-56.

Adicionalmente se alegaron: inicialmente el art. 41 de la Ley de régimen jurídico de la Administración del Estado 20 de julio de 1957; y pos-

---

ticia Administrativa, núm. extraordinario 1, págs. 5 a 14. MERCADER URGINA, Jesús Rafael (1999): La delimitación de competencias entre el orden social de la jurisdicción y el orden contencioso-administrativo tras la nueva LJCA», *Cuadernos de Derecho Judicial. Competencia del orden social tras la Ley reguladora de la jurisdicción contencioso-administrativa,* Consejo General del Poder Judicial, Madrid, págs. 335 a 416. PANTALEÓN PRIETO, Fernando (1996): «Responsabilidad patrimonial de las Administraciones públicas: sobre la jurisdicción competente», *Revista Española de Derecho* Administrativo, núm. 91, págs. 403 a 413.

4 MIR PUIGPELAT, Oriol (2003): «La jurisdicción competente en materia de responsabilidad patrimonial de la Administración: una polémica que no cesa», *op. cit.* pág. 3.

teriormente, los arts. 142.6 y 144 y la DD 2.a) de la Ley 30/1992, de 30 de noviembre, de régimen jurídico de las Administraciones Públicas y del procedimiento administrativo común (LRJPAC-92), así como la DA 1 del Reglamento de los procedimientos de las Administraciones Públicas en materia de responsabilidad patrimonial, aprobado por el RD 429/1993, de 26 de marzo (RPRP).

Sin embargo, estos preceptos no bastaron para atribuir al orden contencioso-administrativo, con carácter exclusivo, las reclamaciones de responsabilidad patrimonial sanitaria. Además de este orden, los órdenes jurisdiccionales que han conocido o conocen de las reclamaciones de responsabilidad por daños causados por la Administración sanitaria son los siguientes:

a) Orden civil

Dos cuestiones o distinciones principales rigen el reparto competencial entre los órdenes civil y contencioso-administrativo: primero, la distinción entre Administración sanitaria y sistema sanitario; segundo, la diferenciación entre Administración sanitaria y personal sanitario.

Administración sanitaria y sistema sanitario

El sistema sanitario, en nuestro país y en la práctica totalidad de los de nuestro entorno, no se circunscribe a la Administración sanitaria o al sistema público sanitario. Éste coexiste con la asistencia sanitaria privada. Además, uno y otro no forman compartimentos estancos, pues mediante una serie de fórmulas contractuales o colaborativas explicadas por BLANQUER y VIDAL en los caps. 5 y 6 de esta obra (págs. 364 a 386 y 398 a 406 y 445 a 456)—contratos, convenios, acuerdos de acción concertada, etc.— dicha distinción está muy diluida. En efecto, en nuestro país, en la actualidad, encontramos centros privados que mediante contratos, convenios o acuerdos de acción concertada coadyuvan a la prestación de la asistencia sanitaria como servicio público.

Además, esta fórmula no es la única posible. En otros ordenamientos y en otros momentos históricos se han aplicado sistemas colaborativos más intrincados, incluso bidireccionales. Así, tradicionalmente, en el sistema francés —a título de ejemplo— no sólo encontramos centros privados que colaboran en la prestación del servicio público de salud, sino también profesionales del sistema sanitario público que, mediante la correspondiente contraprestación, emplean sus instalaciones y equipamiento siempre que no interfieran en el normal funcionamiento del servicio público.

Adicionalmente existen otros regímenes de asistencia sanitaria en los que concurren, en distinta proporción, el interés privado y la intervención pública. Este es el caso de las mutuas patronales o colaboradoras de la Seguridad Social, conocidas hasta no hace mucho como mutuas de accidentes de trabajo y enfermedades profesionales.

Todo ello hace que, en ocasiones, queden diluidos los puntos de conexión que, eventualmente, pueden llegar a ser determinantes para la asunción, por uno u otro orden jurisdiccional, de las reclamaciones de responsabilidad derivadas de la asistencia sanitaria con fondos públicos.

Pues bien, aunque —como ha desarrollado MANENT en el cap. 7 de este tratado (págs. 502 y 503)— la cuestión no es todo lo pacífica que cabría esperar, en la práctica, en España, la responsabilidad de los contratistas y adjudicatarios de convenios y acuerdos de acción concertada suele ser declarada en el procedimiento administrativo de responsabilidad patrimonial, en el cual, lógicamente, habrá de darse audiencia a estas entidades. Según exponen BLANQUER y VIDAL en los caps. 5 y 6 (págs. 371 a 379 y 433 y 434), y se verá aquí también en el tercer ep., la única salvedad es la de las mutualidades de funcionarios: las Mutualidades de Funcionarios de la Administración Civil del Estado (MUFACE), y General Judicial (MUGEJU) y el Instituto Social de las Fuerzas Armadas (ISFAS)[5]. Por lo tanto, fuera de estos tres supuestos, si el particular acude a la vía judicial, será competente la jurisdicción contencioso-administrativa al haberse recurrido necesariamente un acto administrativo, a saber, la resolución que pone fin a la reclamación de responsabilidad patrimonial.

Por otro lado, tampoco han prevalecido los argumentos esgrimidos a favor de la jurisdicción civil relativos a la «la concepción reduccionista del concepto de "servicio público" en ciertos sectores o el hecho de no actuar en el marco de una relación jurídico-pública o no hacerlo dotadas del *ius imperium* cuando lo hacen como entidad privada»[6].

---

5 MUFACE, MUGEJU e ISFAS son organismos públicos encargados de prestar asistencia sanitaria y social a los funcionarios de la Administración Civil del Estado, la Administración de justicia y las Fuerzas Armadas. Estas entidades prestan indirectamente estos servicios mediante la suscripción de contratos con entidades sanitarias privadas.

6 GALLARDO CASTILLO, Mª Jesús (2021): *Administración sanitaria y responsabilidad patrimonial*, *op. cit.* pág. 51.

Administración sanitaria y personal sanitario

En abstracto, está claro que la responsabilidad en que incurran los centros, entidades o profesionales en régimen estrictamente privado competerá a la jurisdicción civil. Sin embargo, en ocasiones, la responsabilidad en que puede incurrir un facultativo del sistema público sanitario por actos médicos llevados a cabo a título personal ha planteado problemas de deslinde con la responsabilidad patrimonial sanitaria (recuérdese la evolución de la distinción entre *faute personnelle* y *faute de service* en la jurisprudencia francesa, analizada en el cap. 2 por SOLER en las págs. 137 a 147 de este tratado).

Algo similar puede ocurrir cuando la asistencia sanitaria se presta en régimen convencional en la doble modalidad mencionada: bien sea la Administración la que se sirve de medios privados para prestar un servicio público; bien sea un profesional o entidad privada quienes, mediante la correspondiente contraprestación, se sirven de medios, instalaciones o equipamiento de titularidad pública.

Por ello, en nuestro ordenamiento se ha terminado por establecer un sistema de la responsabilidad directa de la Administración y posterior repetición (*solve et repete*). De esta manera, la delimitación de la responsabilidad civil del personal facultativo pasa a un segundo plano al haberse sustituido un sistema de opción —que permitía demandar al médico en la vía civil o reclamar patrimonialmente frente a la Administración— por otro de responsabilidad directa de esta. Así ocurre desde la reforma de la LRJPAC-92, operada por la Ley 4/1999, de 11 de enero[7].

Pues bien, resumiendo, en la actualidad, ambas cuestiones —Administración sanitaria y sistema sanitario y Administración sanitaria y personal sanitario— parecen quedar resueltas en nuestro ordenamiento. La solución se ha obtenido dando relevancia al elemento o factor administrativo, de suerte que, en estos casos, la tendencia es: sujetar el conjunto de relaciones jurídicas, en bloque, al Derecho administrativo; tramitar la reclamación por el procedimiento administrativo común; y someter su control judicial a la jurisdicción contencioso-administrativa.

---

[7] La ley 4/1999, de 11 de enero, no solo modificó el art. 146 LRJPAC-92 sino también derogó expresamente la Ley de 5 de abril de 1904 y el Real Decreto de 23 de septiembre de 1904, relativos a la responsabilidad civil de los funcionarios públicos.

Con ello se abandona —desde finales del siglo XX— un sistema en el que, en caso de disyuntiva, a menudo se daba preponderancia a la jurisdicción civil, por dos razones —ninguna de ellas convincente, a juicio de GARCÍA-MANZANO—[8]: el histórico argumento de la *vis attractiva* de la jurisdicción civil como jurisdicción matriz, hoy superado, y la reticencia a la división de la continencia de la causa[9].

Sin embargo, como después veremos, incluso después de la promulgación de la actual LJCA, en el caso de Administraciones sanitarias que tienen contratado un seguro de responsabilidad civil, encontramos una última reviviscencia de la teoría de la *vis attractiva* de la jurisdicción civil.

b) Orden penal

En nuestro Derecho penal —quizá por razones históricas, distinguiéndose con ello de otros a nivel comparado— se ha consagrado un sistema de acumulación optativa. Se dice que este sistema es de acumulación optativa porque se permite que la responsabilidad civil nacida de delito no tenga que exigirse, forzosamente, en un procedimiento paralelo. La jurisdicción penal puede prorrogarse o extenderse a esta materia conexa; ahora bien, tampoco se impone esta acumulación, sino que se deja a la opción o arbitrio del reclamante.

La extrapolación de este tradicional sistema a la responsabilidad patrimonial de la Administración implica que cuando ésta surge con ocasión de la comisión de un delito —en observancia de la *vis attractiva* de la jurisdic-

---

8 GARCÍA MANZANO, Pablo (2000): «¿El fin del peregrinaje jurisdiccional?», *Derecho y Salud*, vol. 8, núm. 1, pág. 67.

9 Tal y como afirma MIR, en sede de responsabilidad civil, «la jurisdicción civil ha basado su competencia en tres argumentos principales: en una interpretación muy restrictiva de la noción de servicio público (e, inversamente, en una interpretación muy amplia de lo que debía entenderse por actuación de la Administración “en relaciones de Derecho privado” —actuación que según el derogado artículo 41 LRJAE [Ley sobre el régimen jurídico de la Administración del Estado de 20 de julio de 1957] quedaba sometida a la competencia de los tribunales civiles—), en la voluntad de no dividir la continencia de la causa y evitar resoluciones contradictorias cuando la Administración es codemandada junto con particulares (unida a la competencia residual o vis atractiva del orden civil establecida por el artículo 9.2 LOPJ, y en el argumento de equidad de ahorrar el “peregrinaje de jurisdicciones” a las víctimas de la actuación administrativa». MIR PUIGPELAT, Oriol (2003): «La jurisdicción competente en materia de responsabilidad patrimonial de la Administración: una polémica que no cesa», *op. cit.* pág. 3.

ción penal— encontramos una primera excepción a la propia sistemática y estructura conceptual de nuestro ordenamiento.

Efectivamente, el art. 44 de la LO 6/1985, de 1 de julio, del Poder Judicial (LOPJ), dispone que «el orden jurisdiccional penal es siempre preferente. Ningún Juez o Tribunal podrá plantear conflicto de competencia a los órganos de dicho orden jurisdiccional».

En consecuencia, cuando la responsabilidad patrimonial de la Administración sanitaria nazca de una conducta que pueda revestir trascendencia penal, la competencia para conocer en sede judicial de dicha responsabilidad podrá venir atribuida al orden jurisdiccional penal. En tales casos no podrá plantearse conflicto de competencia por ninguna otra jurisdicción.

Piénsese, no ya sólo en una infracción de la *lex artis* por el personal facultativo que revista los caracteres de culpa o negligencia penalmente típica, sino también de la posible responsabilidad derivada de delitos cometidos por funcionarios públicos (no facultativos) en ejercicio de sus cargos; por ejemplo, prevaricación en la gestión de listas de espera para trasplantes o sencillamente en la denegación injustificada de asistencia. La responsabilidad derivada de todo ello podrá ventilarse, a elección del perjudicado, en el mismo proceso penal.

c) Orden social

La jurisdicción laboral, integrada en su día por las tradicionales magistraturas de trabajo, experimentó un exorbitante incremento de su ámbito competencial tras la implantación de un potente sistema de Seguridad Social y de servicios sociales a partir la Ley 193/1963, de 28 de diciembre, de bases de la Seguridad Social. Dicho con otras palabras, el surgimiento y expansión del Estado Social se ha traducido, en último término, en una mutación del concepto y extensión de la jurisdicción laboral que le ha pasado a denominarse jurisdicción social y a conocer las controversias de lo que la doctrina llama la «rama de lo social»[10].

---

[10] Sobre el surgimiento y evolución de la Seguridad Social y su incidencia en la asistencia sanitaria puede consultarse el cap. 3 de este tratado (págs. 244 a 246), escrito por MALDONADO. En realidad, está más extendida la expresión «rama social del Derecho». Consta: en el primer párrafo de la EM de la LJS («La naturaleza singular de las relaciones laborales y sus específicas necesidades de tutela explican y justifican la especial configuración de la tradicionalmente conocida como rama social del Derecho»); en el título del artículo «La jurisdicción y la rama social del

Ello ha sido así por la directa conexión entre las primeras manifestaciones de este sistema de seguridad o mutualidad social —iniciada con el retiro obrero— y la prestación laboral. Como se acaba de decir, éste es el motivo por el que la jurisdicción laboral ha terminado por ser competente para conocer este tipo de controversias con independencia de su vínculo con el ámbito laboral. En efecto, la progresiva expansión —tanto objetiva como subjetivamente— de las prestaciones y servicios sociales ha producido un incremento de asuntos de la jurisdicción laboral más allá del ámbito laboral. Aun así, la jurisdicción laboral —denominada jurisdicción social posteriormente— mantiene e incluso extiende y refuerza su competencia, adquiriendo además una *vis attractiva*, que, con anterioridad, como hemos dicho, se predicaba de la jurisdicción civil.

La consecuencia de ello, en lo que aquí interesa, fue la concurrencia de una tercera jurisdicción cuando, como es hoy lo habitual, la asistencia sanitaria se prestaba en el marco del sistema público de Seguridad Social. La jurisdicción social llegó así a asumir, en ocasiones con preferencia sobre la civil y sobre la contencioso-administrativa —y a juicio de GARCÍA MANZANO, «muy forzadamente»[11]—, la competencia para conocer de reclamaciones de responsabilidad sanitaria por entender que la asistencia sanitaria forma parte del sistema público de Seguridad Social.

Tal y como afirma MIR, en «la jurisdicción social [se] ha sostenido que la reclamación del paciente que ha sufrido daños en la sanidad pública no *era* en realidad una reclamación de responsabilidad patrimonial de la Administración sanitaria, sino una reclamación de prestación de la Seguridad Social»[12].

Aún cuando, como se verá, esta afirmación ya no puede sostenerse, la jurisdicción social sigue pronunciándose sobre los daños causados a particulares con ocasión de la asistencia sanitaria por los diversos servicios públicos de salud a partir de la normativa reguladora de prevención de riesgos laborales.

---

derecho» de Montoya Melgar, 2010; en el título de la tesis doctoral «Administración y rama social del derecho" de Rubén López-Tames Iglesias; etc.

11 GARCÍA MANZANO, Pablo (2000): «¿El fin del peregrinaje jurisdiccional?», *op. cit.* pág. 67.

12 MIR PUIGPELAT, Oriol (2003): «La jurisdicción competente en materia de responsabilidad patrimonial de la Administración: una polémica que no cesa», *op. cit.* pág. 3.

B. El fin del «peregrinaje jurisdiccional»: ¿una realidad?

La coexistencia de estos cuatro órdenes —civil, penal, contencioso y social— obligó a resolver de forma casuística y según criterios diversos, no siempre concurrentes, el orden jurisdiccional competente para conocer de los daños causados por la Administración sanitaria. Esta singularidad produjo el fenómeno denominado «peregrinaje de jurisdicciones», expresión acuñada por la Sala de lo Civil del Tribunal Supremo (TS).

Así, planteada la cuestión ante uno de los órdenes mencionados, en función de las circunstancias concurrentes en el caso concreto, podía darse el caso de que —por vía inhibitoria o declinatoria— la competencia fuese finalmente avocada por orden distinto, o incluso que fuese fraccionada. Esta singularidad provocaba que el perjudicado tuviera que acudir, sucesiva o simultáneamente, a distintos órganos para obtener reparación. Adicionalmente comprometía la continencia de la causa, con el consiguiente riesgo de pronunciamientos incompatibles o contradictorios.

De hecho, «la polémica ha sido muy intensa (...). Lo ha sido tanto, que ha requerido la intervención del legislador, que ha tratado de zanjarla [en un primer tiempo] a través de una triple reforma producida en los años 1998 y 1999»[13], y posteriormente, en 2003, en relación con las aseguradoras de las AAPP.

a) Reforma de 1998

Uno de los objetivos de la LJCA de 1998 poner fin al «peregrinaje de jurisdicciones». Así lo refleja su exp. mots. con las siguientes palabras:

> «*La Ley precisa la competencia del orden jurisdiccional contencioso-administrativo para conocer de las cuestiones que se susciten en relación* (...) *con la responsabilidad patrimonial de la Administración pública. Los principios de su peculiar régimen jurídico, que tiene cobertura constitucional, son de naturaleza pública y hoy en día la Ley impone que en todo caso la responsabilidad se exija a través de un mismo tipo de procedimiento administrativo. Por eso parece muy conveniente unificar la competencia para conocer de este tipo de asuntos en la Jurisdicción Contencioso-administrativa, evitando la dispersión de acciones que actualmente existe y garantizando la uniformidad jurisprudencial, salvo, como es lógico, en aquellos casos en que la responsabilidad derive de la comisión de una infracción penal*».

13 *Ibidem* págs. 3 y 4.

Para ello el art. 2 e) LJCA atribuyó expresamente al orden contencioso-administrativo competencia para conocer las cuestiones que se suscitasen en relación con «la responsabilidad patrimonial de las Administraciones públicas, cualquiera que sea la naturaleza de la actividad o el tipo de relación de que derive, no pudiendo ser demandadas aquéllas por este motivo ante los órdenes jurisdiccionales civil o social».

Adicionalmente la LO 6/1998, de 13 de julio, modificó el art. 9.4 LOPJ con el propósito de atajar «los principales argumentos aducidos por la jurisdicción civil en defensa de su competencia: el desarrollo por la Administración de actividades sujetas al Derecho privado idénticas a las realizadas por los particulares (y no ya revestidas de imperium) y la no división de la continencia de la causa cuando el daño es imputable simultáneamente a la Administración y a sujetos privados»[14].

Para ello se añadió un par. segundo al art. 9.4 LOPJ con el propósito de aclarar que los juzgados y tribunales de orden contencioso-administrativo conocerían «de las pretensiones que se dedujeran en relación con la responsabilidad patrimonial de las Administraciones Públicas y del personal a su servicio, cualquiera que fuera la naturaleza de la actividad o el tipo de relación de que se derivase». A ello añadió que «si a la producción del daño hubieran concurrido sujetos privados, el demandante *deduciría* también frente a ellos su pretensión ante este orden jurisdiccional».

> Art. 9.4 LOPJ
>
> *«Los del orden contencioso-administrativo conocerán de las pretensiones que se deduzcan en relación con la actuación de las Administraciones públicas sujeta al Derecho Administrativo, con las disposiciones generales de rango inferior a la Ley y con los Decretos legislativos en los términos previstos en el artículo 82.6 de la Constitución, de conformidad con lo que establezca la Ley de esa jurisdicción. También conocerán de los recursos contra la inactividad de la Administración y contra sus actuaciones materiales que constituyan vía de hecho.*
>
> *Conocerán, asimismo, de las pretensiones que se deduzcan en relación con la responsabilidad patrimonial de las Administraciones públicas y del personal a su servicio, cualquiera que sea la naturaleza de la actividad o el tipo de relación de que se derive. Si a la producción del daño hubieran concurrido sujetos privados, el demandante deducirá también frente a ellos su pretensión ante este orden jurisdiccional».*

---

14 *Ibidem* pág. 4.

b) Reforma de 1999

Si en 1998 las reformas legales —del art. 2 e) LJCA y 9.4 LOPJ— pretendieron atribuir al orden contencioso-administrativo la competencia exclusiva sobre toda clase de reclamaciones de responsabilidad patrimonial, la de 1999 lo hizo específicamente en relación con las reclamaciones de carácter sanitario. Para ello, la Ley 4/1999, de modificación de la LRJPAC-92, incorporó a ésta una DA 12, dedicada a la responsabilidad patrimonial sanitaria. Así lo reflejó su exp. mots.:

> «*En concordancia con el artículo 144* [LRJPAC-92], *la nueva disposición adicional duodécima pone fin al problema relativo a la disparidad de criterios jurisprudenciales sobre el orden competente para conocer de estos procesos* [de responsabilidad patrimonial] *cuando el daño se produce en relación con la asistencia sanitaria pública, atribuyéndolos al orden contencioso-administrativo*».

En efecto, el conocimiento de las reclamaciones por daños causados por los servicios públicos de salud fue reivindicado por la jurisdicción social a partir de la de una interpretación *a sensu contrario* del art. 2.2, así como de la DA 6 de la LRJPAC-92, ambos en relación con el art. 2.b) del texto refundido de la Ley del procedimiento laboral, aprobado por el Real Decreto Legislativo 2/1995, de 7 de abril (LPL) y el art. 9.5 LOPJ[15].

También se decía que la DA 1 RPRP tenía un rango insuficiente porque para modificar o alterar el régimen de distribución de competencias entre las ramas jurisdiccionales se requería una LO. Esta disposición, además de imponer a los particulares la carga de interponer una reclamación de responsabilidad patrimonial para reclamar los daños causados por los servicios públicos de salud, declaraba la competencia de la jurisdicción contencioso-administrativa para conocer este tipo de reclamaciones.

---

15 El art. 2.2 LRJPAC-92 dispuso que las entidades de derecho público dependientes o vinculadas a una Administración territorial sujetarían su actividad a la misma «cuando ejercieran potestades administrativas». Por su parte la DA 6 LRJPAC-92 prescribía que «la impugnación de los actos de la Seguridad Social (...) se regirían por lo dispuesto en» la LPL. Paralelamente: el art. 2 e) de la LPL atribuyó a la jurisdicción social las cuestiones litigiosas que se promovieran «contra el Estado cuando le atribuya responsabilidad la legislación laboral»: el art. 9.5 LOPJ atribuye al orden jurisdiccional social «las pretensiones que se promuevan dentro de la rama social del derecho (...) así como las reclamaciones en materia de Seguridad Social o contra el Estado cuando le atribuya responsabilidad la legislación laboral».

Pues bien, para salir al paso de la supuesta reserva de ley —así como la interpretación que se hacía del art. 2.2 y la DA 6 LRJPAC-92 para atribuir al orden social el conocimiento de las reclamaciones de responsabilidad patrimonial sanitaria— el contenido de la DA 1 RPRP se incorporó por la Ley 4/1999 a la LRJPAC-92 como DA 12.

Tanto una como otra señalaban que «la responsabilidad patrimonial de las Entidades Gestoras y Servicios Comunes de la Seguridad Social, fueran estatales o autonómicas, así como de las demás entidades, servicios y organismos del Sistema Nacional de Salud, por los daños y perjuicios causados por o con ocasión de la asistencia sanitaria, y las correspondientes reclamaciones, seguirían la tramitación administrativa [prevista en la LRJPAC-92] (...), correspondiendo su revisión jurisdiccional al orden contencioso-administrativo en todo caso».

c) Reforma de 2003

«Cuando por fin parecía haberse resuelto la polémica y los distintos órdenes jurisdiccionales (salvo el penal, cuya competencia sigue inalterada) comenzaban a aceptar que tras la[s] referida[s] reforma[s] legislativa[s] sólo el orden contencioso-administrativo era competente para declarar la responsabilidad patrimonial de las Administraciones públicas, el Auto de la Sala Especial de Conflictos de Competencia del Tribunal Supremo de 27 de diciembre de 2001» reabrió la polémica[16].

El ATS de 27 de diciembre de 2001, atribuyó al orden civil la competencia para enjuiciar las demandas dirigidas conjuntamente contra la Administración pública y su aseguradora de responsabilidad extracontractual[17].

Reabierta la polémica en este sentido, la doctrina reclamó una modificación legislativa que acabase con el «peregrinaje de jurisdicciones» en el sentido pretendido por el espíritu unificador de la LJCA[18].

---

16 MIR PUIGPELAT, Oriol (2003): «La jurisdicción competente en materia de responsabilidad patrimonial de la Administración: una polémica que no cesa», *op. cit.* pág. 5.

17 ATS 33/2001, de 27 de diciembre (conflicto de competencia 41/2001 y [*Tol 228192*]).

18 *Cfr.* MIR PUIGPELAT, Oriol (2003): «La jurisdicción competente en materia de responsabilidad patrimonial de la Administración: una polémica que no cesa», *op. cit.*

Esta modificación llegó de la mano de la LO 19/2003, de 23 de diciembre, de modificación de la LOPJ (y la LJCA). Con esta reforma se añadió un tercer inciso al segundo párrafo del art. 9.4 LOPJ, se incorporó un tercer párrafo al art. 2 e) LJCA y se impuso el litisconsorcio pasivo necesario de la aseguradora al añadir una letra c) al art. 21.1 LJCA[19]. Con ello se pretendió que las Administraciones no pudieran ser demandadas en materia de responsabilidad patrimonial ante los órdenes jurisdiccionales civil o social, incluso «cuando el interesado *accionase* directamente contra la aseguradora de la Administración, junto a la Administración respectiva»; o «si las demandas de responsabilidad patrimonial se *dirigieran*, además, contra las personas o entidades públicas o privadas indirectamente responsables de aquéllas».

Art. 9.4 LOPJ

«*Los del orden contencioso-administrativo conocerán de las pretensiones que se deduzcan en relación con la actuación de las Administraciones públicas sujeta al derecho administrativo, con las disposiciones generales de rango inferior a la ley y con los reales decretos legislativos en los términos previstos en el artículo 82.6 de la Constitución, de conformidad con lo que establezca la ley de esa jurisdicción. También conocerán de los recursos contra la inactividad de la Administración y contra sus actuaciones materiales que constituyan vía de hecho.*

Conocerán, asimismo, de las pretensiones que se deduzcan en relación con la responsabilidad patrimonial de las Administraciones públicas y del personal a su servicio, cualquiera que sea la naturaleza de la actividad o el tipo de relación de que se derive. Si a la producción del daño hubieran concurrido sujetos privados, el demandante deducirá también frente a ellos su pretensión ante este orden jurisdiccional. Igualmente conocerán de las reclamaciones de responsabilidad cuando el interesado accione directamente contra la aseguradora de la Administración, junto a la Administración respectiva.

También será competente este orden jurisdiccional si las demandas de responsabilidad patrimonial se dirigen, además, contra las personas o entidades públicas o privadas indirectamente responsables de aquéllas».

Art. 2 e) LJCA

«*La responsabilidad patrimonial de las Administraciones públicas, cualquiera que sea la naturaleza de la actividad o el tipo de relación de que derive, no pudiendo ser demandadas aquellas por este motivo ante los órdenes jurisdiccionales civil o social,* aun cuando en la producción del daño concurran con particulares o cuenten con un seguro de responsabilidad».

Art. 21.1 LJCA

«*Se considera parte demandada:*

---

19 RAMOS GONZÁLEZ, Sonia, LUNA YERGA, Álvaro y GÓMEZ LIGÜERRE, Carlos (2004): «Todos a una: Jurisdicción competente para condenar a la administración pública y su compañía aseguradora», *Indret*, núm. 4.

> *a) Las Administraciones públicas o cualesquiera de los órganos mencionados en el artículo 1.3 contra cuya actividad se dirija el recurso.*
>
> *b) Las personas o entidades cuyos derechos o intereses legítimos pudieran quedar afectados por la estimación de las pretensiones del demandante.*
>
> *c) Las aseguradoras de las Administraciones públicas, que siempre serán parte codemandada junto con la Administración a quien aseguren».*

Los términos de la LOPJ y la LJCA de esta reforma son, como vemos, amplios. Casi puede decirse que la *vis attractiva* en materia de responsabilidad patrimonial se ha desplazado ahora a la jurisdicción contencioso-administrativa. Tan es así, que encontramos incluso pronunciamientos judiciales que extraen de esta regla sus últimas consecuencias.

En este sentido puede traerse a colación cierta jurisprudencia menor, esto es, de los Tribunales Superiores de Justicia (TSJ). Un buen ejemplo de ello es la STSJ de la Comunidad Valenciana de 11 de julio de 2023[20]. En este fallo la Sala de lo Contencioso-administrativo concluyó que, aunque el Sistema Valenciano de Salud no ostentaba *legitimatio ad causam* —por no haberse prestado la asistencia sanitaria en el estricto ámbito organizativo del servicio valenciano de salud— el orden contencioso podía condenar solidariamente a una mutua colaboradora de la Seguridad Social así como al hospital donde se prestó la asistencia sanitaria y al cirujano. Todo ello, a pesar de no tratarse de mutuas colaboradoras de la Seguridad Social, y estar ligado el cirujano con el hospital con una relación enmarcada dentro del denominado contrato de clínica.

Sin embargo, tras la aprobación de la Ley 36/2011, de 10 de octubre, reguladora de la jurisdicción social (LJS), se han planteado ciertos supuestos límite que, de nuevo, han reabierto la polémica sobre el «peregrinaje de jurisdicciones», si bien en ámbitos distintos a la responsabilidad patrimonial. Nos estamos refiriendo, fundamentalmente a los daños causados a empleados públicos por infracción de la normativa de prevención de riesgos laborales y al reintegro de gastos médicos por terceros obligados al pago y en supuestos de urgencia. Estos supuestos, al ser analizados en el epígrafe X, nos remitimos a lo escrito en él.

En el fondo nos encontramos con dos dinámicas contrapuestas: si bien la LJCA concentra decididamente toda controversia relativa a la actuación de las AAPP sujeta al Derecho Administrativo ante dicha jurisdicción; la LJS, con no menor convicción, residencia ante estos órganos toda actua-

---

20 STSJ de la Comunidad Valenciana 646/2023, de 11 de julio (núm. rec. 320/2019 y [*Tol 9677068*]).

ción administrativa relativa a la tradicionalmente conocida como «rama social del Derecho».

Este encaje no ha sido siempre fácil. Valga como ejemplo un brevísimo análisis de lo ocurrido «en materia de selección de empleo laboral [donde] la Sala Especial de Conflictos de Competencia del art. 42 LOPJ del Tribunal Supremo ha dictado el Auto 3/2020, de 12 de febrero de 2020 (rec. 13/2019), que atribuye a la jurisdicción social los actos preparatorios o proceso selectivo de personal»[21].

---

[21] BAUZÁ MARTORELL, Felio José (2021): «Revisión de oficio y jurisdicción competente: ¿subsisten los actos separables», en SOLER SÁNCHEZ, Margarita, *La Función Consultiva en la Comunitat Valenciana. XXV Aniversario del Consell Jurídic Consultiu,* Tirant lo Blanch-Consell Jurídic Consultiu de la Comunitat Valenciana, Valencia, pág. 366. La impugnación de los procesos selectivos en materia de personal laboral alcanza a actos de una Administración pública sujeta al Derecho administrativo. Por ello, y por guardar directa analogía con el régimen de impugnación de los procesos selectivos de personal funcionario y estatutario, ha llevado a que tradicionalmente fuera la jurisdicción contencioso-administrativa la que conociera de tales litigios. Esto conducía a los órganos de la jurisdicción social a declinar competencia en favor de aquella. Sin embargo, en aplicación de los arts. 2 n) LJS y 3 a) LJCA —al tratarse de la impugnación de un acto de la Administración Pública sujeto al derecho administrativo, pero dictado en el ejercicio de potestades y funciones en material laboral— los órganos de la jurisdicción contencioso-administrativa a su vez remitían la competencia a la jurisdicción social. A tal efecto argumentaban que la actuación administrativa impugnada se realizaba por la Administración en tanto que entidad empleadora, no como poder público en ejercicio de potestades administrativas. La cuestión pareció quedar solventada con el ATS 3/2020, de 12 de febrero, de la Sala Especial de Conflictos de Competencias (conflicto de competencias 13/2019 y [*Tol 7762974*]). Este concluyó que «al amparo de la normativa anterior a la LRJS podía pensarse en cierta discordancia doctrinal (…). Sin embargo, tras la entrada en vigor de la LRJS debiera desaparecer cualquier discordancia porque sus claros mandatos, en concordancia con los de la LRJCA, abocan a que los litigios como el presente deban ventilarse ante los Juzgados y Tribunales del Orden Social» (FJ 5). Sin embargo, la DF 20 de la Ley 22/2021, de 28 de diciembre, de presupuestos generales del Estado para el año 2022, modificó la LJS con el propósito de excluir de su competencia tales procesos, que volvían a la jurisdicción contencioso-administrativa. Ahora bien, el Tribunal Constitucional, en su sentencia de 15 de noviembre de 2022, ha declarado la inconstitucionalidad de dicha disposición final, aunque no por razones de fondo. La declaración se ha fundado en un criterio formal, a saber, no guardar la DF 20 relación alguna con la materia presupuestaria. Ello ha provocado la reasunción de la jurisdicción social de la competencia.

En suma, si bien es cierto que la cuestión relativa al «peregrinaje de jurisdicciones» parece seguir abierta en determinados ámbitos, es más cierto aún que, en términos generales, y en particular en el que aquí interesa, la responsabilidad patrimonial sanitaria, esta controversia está resuelta. En efecto, ésta se ha reconducido en buena medida a la jurisdicción contencioso-administrativa, sin perjuicio de las necesarias especialidades del ámbito penal y con los matices antedichos.

III. COMPETENCIA OBJETIVA Y TERRITORIAL EN EL ORDEN CONTENCIOSO-ADMINISTRATIVO

En un recurso contencioso-administrativo que tenga por objeto una reclamación de responsabilidad patrimonial pueden estar llamadas: dos Administraciones; un contratista de la Administración; sus respetivas compañías de seguro; e inclusive, una institución pública responsable del daño que sea distinta de la Administración encargada de la tramitación del procedimiento administrativo de responsabilidad patrimonial.

De aquí, que el suplico de la demanda de este tipo de pretensiones tenga una importancia capital. En él habrá de determinarse los demandados contra los que se dirige el recurso. Previamente, habrá que efectuar, en el cuerpo de la demanda, la delimitación de la responsabilidad imputable, ya que pueden existir varios intervinientes respecto de los cuales habrá que deslindar la responsabilidad que se les puede imputar.

Además, a la hora de interponer un recurso es relevante conocer la naturaleza jurídica del órgano llamado a resolver la reclamación de la responsabilidad patrimonial sanitaria, así como de la entidad que prestó la asistencia sanitaria, porque estos aspectos determinan la competencia objetiva y territorial del órgano jurisdiccional.

1) Servicio público de salud que forme parte de la Administración de la Comunidad Autónoma

Si el servicio público de salud forma parte de la Administración de la Comunidad Autónoma, en función del importe de la reclamación, la competencia corresponderá al TSJ de la Comunidad Autónoma donde aquél tenga su sede (art. 14.1 LJCA) o a los juzgados de lo contencioso-administrativo (JCA). En este segundo supuesto el demandante podrá elegir, dentro de la Comunidad Autónoma, entre los JCA de la provincia de su domicilio o los de la sede de la Administración sanitaria (art. 14.1. 2º y 3º LJCA)[22]. Así, si la reclamación no supera los 30.050 euros será el JCA el que resuelva el recurso contencioso-administrativo (art. 8.2 c LJCA); si la supera corresponderá al TSJ por aplicación de la competencia de cierre del art. 10.1 n) LJCA.

Este es el caso de la Generalitat Valenciana porque uno de sus departamentos es la Conselleria de Sanidad, que constituye a su vez el servicio autonómico de salud.

2) *Servicio público de salud que tenga la consideración de organismo autónomo de una Comunidad Autónoma*

Los recursos contencioso-administrativos que se dirijan frente a un servicio autonómico de salud que tenga la consideración de organismo autónomo se ventilarán ante los JCA, salvo que sus estatutos o la ley atribuyan la competencia para tramitar y resolver las reclamaciones de responsabilidad patrimonial a la Administración de la Comunidad Autónoma o que guarden silencio al respecto. Así ocurre con el Servicio Aragonés de Salud (SAS es el Servicio Andaluz de Salud) cuyas reclamaciones de responsabilidad patrimonial son resueltas por el consejero de sanidad y frente a las cuales cabe interponer recurso contencioso-administrativo ante el TSJ de Aragón[23].

En principio, el art. 8.3 LJCA, atribuye a los JCA el conocimiento de los recursos que se deduzcan frente «a actos de los organismos, entes, entidades o corporaciones de derecho público cuya competencia no se extienda a todo el territorio nacional». Dentro de la Comunidad Autónoma en que tenga su sede el organismo autónomo, el recurrente podrá optar por los JCA de su domicilio o la sede de la entidad de derecho público (art. 14.1 2º y 3º LJCA).

En esta categoría se encuadran los servicios públicos de salud autonómico que revistan la naturaleza jurídica de organismo autónomo (ej. Servicio de Salud de Castilla-La Mancha, SESCAM), dotado de personalidad

---

[22] Ley 37/2011, de 10 de octubre, de medidas de agilización procesal fue la que modificó el art. 14 LJCA para introducir el fuero electivo para el demandante.

[23] El art. 98.6 de la Ley 5/2021, de 29 de junio, de organización y régimen jurídico del sector público autonómico de Aragón, expresa que «la resolución de los procedimientos de responsabilidad patrimonial corresponderá, en todo caso, a la persona titular del Departamento al que el organismo público esté adscrito».

jurídica propia y plena capacidad de obrar para el cumplimiento de sus fines. En concreto, observando el ejemplo de Castilla-La Mancha, el TSJ de Castilla-La Mancha viene entendiendo que en el art. 8.3 LJCA se distinguen dos supuestos, uno el de la Administración periférica del Estado o de las Comunidades Autónomas. Otro, el de los entes, entidades, o corporaciones de derecho público que no extiendan su actuación a todo el territorio nacional.

En consecuencia, nos dice dicho órgano jurisdiccional que la competencia para conocer de los recursos contra las resoluciones que ponen fin a la vía administrativa corresponde a los JCA, y ello, con independencia de la cuantía. Esto es así porque el pár. segundo del art. 8.3 LJCA sólo atribuye a las Salas de lo Contencioso-Administrativo la competencia en los asuntos de determinada cuantía dictados por la Administración periférica del Estado y los organismos públicos estatales cuya competencia no se extienda a todo el territorio nacional (por todos, *vid.* ATSJ de Castilla-La Mancha de 10 de febrero de 2023[24])

Lo dicho en los párrafos anteriores presupone que «las normas que determinen su régimen jurídico *hayan establecido* los órganos a quien corresponde la resolución de los procedimientos de responsabilidad patrimonial» (art. 92 pár. 3 de la Ley 39/2015, de 1 de octubre, del procedimiento administrativo común de las Administraciones Públicas, LPAC). En caso contrario, «los procedimientos de responsabilidad patrimonial se resolverán por los órganos correspondientes de las Comunidades Autónomas» (art. 92 pár. 2 LPAC). Como consecuencia de ello, los recursos contencioso-administrativos deberán interponerse ante el TSJ de la Comunidad Autónoma.

3) Entidades locales

Aunque no es habitual que la Administración local tengan competencias sanitarias, podría darse el caso[25]. En estos supuestos, los JCA serán los

24 ATSJ de Castilla-La Mancha de 10 de febrero de 2023 (núm. rec. 3/2023).

25 La DT 1 de la Ley 27/2013, de 27 de diciembre, de racionalización y sostenibilidad de la Administración Local (LRSAL), previó un proceso de centralización de las competencias de las entidades locales en materia de sanidad. Sin embargo, fue declarada inconstitucional y nula por la STC 41/2016, de 3 de marzo de 2016 (núm. rec. 1792/2014 y [*Tol 5688784*]). El recurso de inconstitucionalidad fue interpuesto por la Asamblea de Extremadura, la cual recurrió diversos preceptos

llamados a pronunciarse sobre la responsabilidad patrimonial de la entidad local.

4) Consorcios hospitalarios

En determinadas Comunidades Autónomas (CCAA), como en Cataluña y la Comunidad Valenciana, la asistencia sanitaria pública de un área de salud, o parte de ella, se encomienda a un consorcio formado por la Administración de la Comunidad Autónoma y una o varias entidades locales, ayuntamientos y diputaciones provinciales fundamentalmente.

En estos casos, de la misma manera que los organismos autónomos, *ex* art. 8.3 LJCA, dentro de la Comunidad Autónoma, serán competentes los JCA de la sede de la entidad de derecho público o el domicilio del demandante, a elección de éste. No obstante, si los estatutos del consorcio no le atribuyen competencia para resolver reclamaciones de responsabilidad patrimonial, la competencia vendrá determinada, en última instancia, al sector público al que se adscriban.

En este sentido, los actuales estatutos del Consorcio Hospital General Universitario de Valencia le atribuyen la «competencia para tramitar y resolver las reclamaciones de responsabilidad patrimonial»[26]. Por ello los

---

de la LRSAL. El TC falló a su favor, entre otros extremos, en lo concerniente al establecimiento de un régimen transitorio de asunción autonómica de las competencias municipales sobre salud y servicios sociales, previsto en las DDTT 1 y 2 LRSAL. En esta ocasión, el TC, después de precisar que lo que se cuestionaba era si la LRSAL había superado la competencia estatal para establecer las bases de régimen jurídico de las Administraciones públicas del art. 149.1.18 CE, concluyó que las Cortes Generales habían «superado claramente estos márgenes. [A juicio del TC, ello era así porque las DDTT 1 y 2 LRSAL], no se *limitaban* a dibujar un marco de límites dentro del cual la Comunidad Autónoma *podía* ejercer sus competencias estatutarias, para distribuir poder local o habilitar directamente determinadas competencias municipales sin obstaculizar el ejercicio de las atribuciones autonómicas. Al contrario, *impedían* que las Comunidades Autónomas *pudieran* optar, en materias de su competencia, por descentralizar determinados servicios en los entes locales, obligando a que los asuma la Administración autonómica dentro de plazos cerrados y con determinadas condiciones» (FJ 13 c).

26 Art. 9.2 de los Estatutos del Consorcio Hospital General Universitario de Valencia, aprobados por el 27 de junio de 2017, por su consejo de gobierno y publicados en el Diario Oficial de la Generalitat Valenciana (DOGV) de 24 de julio de 2017. Estos estatutos sustituyen a los de 26 de diciembre de 2001, publicados en el DOGV de 31 de diciembre de 2001.

JCA son los órganos procesales llamados a resolver las reclamaciones de responsabilidad patrimonial. Hasta ese momento, como quiera que los estatutos originarios no contenían esta previsión, la tramitación y resolución de las reclamaciones de responsabilidad patrimonial correspondía al conseller con competencias en materia de sanidad, y en consecuencia, el TSJ de la Comunidad Valenciana era quien debía conocer en primera instancia de los recursos contencioso-administrativos *ex* art. 92 párs. 2 y 3 LPAC en relación con el art. 10.1 n LJCA.

5) Organismos públicos de la Administración General del Estado

En el caso de entidades de derecho público de la Administración General del Estado (AGE) cuyos estatutos no establezcan el órgano competente para resolver las reclamaciones de responsabilidad patrimonial, a falta de atribución expresa, serán resueltas por «el Ministro respectivo» (art. 92 LPAC par. 1).

Así ocurre respecto del Instituto Nacional de Gestión Sanitaria (INGESA), que gestiona la asistencia sanitaria en las ciudades autónomas de Ceuta y Melilla. El RD 118/2023, de 21 de febrero, por el que se regula la organización y funcionamiento de esta entidad gestora de la Seguridad Social guarda silencio al respecto. A ello hay que añadir que la misma está adscrita a la Secretaria de Estado de Sanidad[27]. Por este motivo el ministro de Sanidad es quien tiene atribuida las competencias para resolver las reclamaciones de responsabilidad patrimonial de INGESA.

No ocurre lo mismo con la Agencia de Medicamentos y Productos Sanitarios (AEMPS), competente para autorizar la comercialización de medicamentes y demás productos sanitarios en España. El RD 1275/2011, de 15 de septiembre, que creó esta agencia estatal y aprobó sus estatutos, atribuye a su director «la resolución de los procedimientos de responsabilidad patrimonial derivadas de las actuaciones de la Agencia» (art. 4 de los estatutos).

Como consecuencia de lo anterior, contra las resoluciones del ministro de sanidad, relativas a la responsabilidad patrimonial de INGESA, cabrá interponer recurso contencioso-administrativo ante los juzgados centrales de lo contencioso-administrativo (JCCA) o la AN, en este segundo caso si la reclamación alcanza 30.050 euros (arts. 9.1 d) y 11.1 a LJCA).

---

27 Art. 2.2 5) del RD de 4 de agosto, por el que se desarrolla la estructura orgánica básica del Ministerio de Sanidad.

En cambio, en esta misma materia, las resoluciones del director de la AEMPS son recurribles, en todo caso, ante los JCCA porque a estos corresponde fallar los «recursos contencioso-administrativos que se interpongan contra las disposiciones generales y contra los actos emanados de los organismos públicos con personalidad jurídica propia» (art. 9.1 c LJCA).

6) Red sanitaria militar

Fuera de los casos en los que la cobertura de la asistencia sanitaria del personal militar corresponde a ISFAS —y la consecuente responsabilidad civil de los hospitales y centros de salud contratados por éste— la responsabilidad patrimonial de la Sanidad Militar se canaliza a través del Ministerio de Defensa.

Así ocurre con las reclamaciones ocasionadas por la atención sanitaria dispensada por el Hospital Central de la Defensa Gómez Ulla. Al estar integrado en el Ministerio de Defensa (art. 92 LPAC par. 1), la resolución de las reclamaciones corresponderá al ministro, y los recursos contencioso-administrativos deberán interponerse ante los JCCA o la AN atendiendo al valor de la reclamación, inferior o igual o superior a 30.050 euros (arts. 9.1 d) y 11.1 a LJCA).

7) Mutualidades de funcionarios

Según ha expuesto VIDAL en el cap. 6 del tratado (págs. 433 y 434), aunque inicialmente la jurisprudencia titubeó, hoy en día tanto la jurisprudencia como la doctrina legal niegan legitimación pasiva ante el orden contencioso-administrativo de MUFACE, MUGEJU e ISFAS por las reclamaciones de responsabilidad patrimonial presentadas por sus afiliados o beneficiarios. Ninguna de ellas «ha prestado ningún tipo asistencia sanitaria [sino que] ha sido la Entidad (...) elegida por el mutualista la que lo ha hecho a través de sus servicios»[28]. Por ello, la responsabilidad civil deberá exigirse ante la jurisdicción ordinaria, en contreto deberá dirigirse,

---

[28] FJ 4 SAN de 25 de julio de 2002 (núm. rec. 754/2000 y [*Tol 5248668*]). GALLARDO coincide con esta sentencia ya que, en su opinión, «habida cuenta de que la actuación administrativa consiste en celebrar conciertos con entidades o sociedades para facilitar a los mutualistas y beneficiarios la prestación sanitaria de tal modo que la responsabilidad que puede surgir por la defectuosa asistencia sanitaria no es susceptible de ser imputada "más allá del círculo en que efectivamente se

a falta de sumisión tácita, al juzgado de primera instancia del domicilio del demandado o del municipio donde se haya llevado a cabo la atención sanitaria (art. 45, 51.2 y 54 LEC).

En opinión del Consejo de Estado (CdE), las mutualidades de funcionarios no deben responder por los daños causados por sus contratistas, porque «la prestación sanitaria efectuada [es] de exclusiva responsabilidad de ésta». Cada mutualidad administrativa «gestiona el régimen especial de seguridad social de (…) [un colectivo de] funcionarios públicos (…). Dicho régimen incluye entre su acción protectora la asistencia sanitaria que (…) puede prestarse bien directamente —lo que nunca ha ocurrido— bien mediante [contrato] (…) con otras entidades o establecimientos públicos o privados, estando facultado el mutualista para elegir la entidad concreta a cuyo servicio se acoge»[29].

8) Mutuas patronales

Las mutuas colaboradoras de la Seguridad Social, también conocidas como mutuas patronales, son asociaciones de empresarios que, debidamente autorizadas por el Ministerio de Trabajo y Seguridad Social, tienen por objeto colaborar, bajo la dirección y tutela de dicho Ministerio, en la gestión de contingencias de accidentes de trabajo y enfermedades profesionales del personal a su servicio.

Son entidades sin ánimo de lucro que no pueden considerarse entidades de derecho público, ni organismos públicos porque no son entidades pertenecientes al sector público estatal. Sin embargo, «pese a esta forma de personificación, dado que asumen funciones públicas las Mutuas pueden ser declaradas responsables patrimonialmente por razón de la asistencia sanitaria prestada, según el régimen de [responsabilidad patrimonial regulado por] la Ley 40/2015», de 1 de octubre, de régimen jurídico del sector público (LRJ)[30].

Dicho esto, «sin duda, la declaración de responsabilidad de la Mutua es competencia del Orden Contencioso-Administrativo (véase el art. 3.g

---

realiza la prestación"». GALLARDO CASTILLO, Mª Jesús (2021): *Administración sanitaria y responsabilidad patrimonial, op cit.* pág. 45.

29 CJ 3 del del dictamen del Consejo de Estado 27 de julio de 2009 (núm. exp. 1123/2009).

30 FJ Único ATSJ de Castilla-La Mancha 44/2022, de 9 de marzo (núm. rec. 649/2021 y [*Tol 8920007*]).

de la Ley 36/2011 de la Jurisdicción Social, así como el Auto de la Sala de Conflictos de Jurisdicción del Tribunal Supremo de 26 de septiembre de 2017, conflicto nº 10/2017»[31]. Además, «la Mutua demandada debe responder por las consecuencias del daño producido haciendo frente a la indemnización que corresponda, sin que pueda condenarse por ello a la Administración competente para la vigilancia del funcionamiento del sistema sanitario»[32].

Llegados a este punto, cuatro son las cuestiones procedimentales que se plantean: si es necesario tramitar una reclamación de responsabilidad patrimonial en vía administrativa, y en ese caso, qué Administración, entidad gestora de la Seguridad Social u organismo autónomo debe hacerlo; si la entidad del sector público debe comparecer en el proceso: y qué juzgado o tribunal será competente para conocer de este tipo de recurso contencioso-administrativos.

i. «La responsabilidad de la Mutua debe ser reclamada por el particular, en vía administrativa, a la Administración, la cual debe tramitar el procedimiento administrativo correspondiente con intervención de la Mutua y dictamen del Consejo Consultivo para, finalmente, declarar si la Mutua es responsable y en qué cuantía, pudiendo impugnar esta decisión tanto la Mutua como el interesado, en un régimen equivalente, salvando las distancias, al que recoge el art. 196.3 de la Ley de Contratos del Sector Público». Además, «según quién impugne la resolución, la otra parte podrá comparecer como coadyuvante de la Administración en defensa de su decisión»[33].

---

31 *Idem.* De acuerdo con el art. 3 g) LJS, «no conocerán los órganos jurisdiccionales del orden social (…) de las reclamaciones sobre responsabilidad patrimonial de las Entidades Gestoras y Servicios Comunes de la Seguridad Social, así como de las demás entidades, servicios y organismos del Sistema Nacional de Salud y de los centros sanitarios concertados con ellas, sean estatales o autonómicos, por los daños y perjuicios causados por o con ocasión de la asistencia sanitaria, y las correspondientes reclamaciones, aun cuando en la producción del daño concurran con particulares o cuenten con un seguro de responsabilidad». En el mismo sentido el ATS 5/2019, de 18 de febrero, de la Sala de Conflictos (núm. rec. 23/2018 y [*Tol 7083130*]), recuerda que «es reiterada la doctrina de este Tribunal Supremo en la que se atribuye al orden contencioso administrativo de la jurisdicción el conocimiento de esta materia» y que «esta es la doctrina que viene siendo aplicada de manera uniforme por las Salas III y IV de este Tribunal Supremo» (FJ 2.1 y 2.2).

32 FJ 7 STS de 26 de octubre de 2011 (núm. rec. 388/2009 y [*Tol 2289308*]).

33 FJ Único ATSJ de Castilla-La Mancha 44/2022, de 9 de marzo (núm. rec. 649/2021 y [*Tol 8920007*]). Desde la incorporación, por la Ley 4/1999, de la DA

ii. «Aunque la responsabilidad derivada de la asistencia sanitaria por ella prestada, *corresponderá* [, en su caso,] a la Mutua, la competencia para resolver la reclamación de responsabilidad patrimonial derivada de esa actuación correspondería (...) a la Consejería de Sanidad de la Comunidad Autónoma», al organismo autónomo, o el ministro de Sanidad, pero no al Instituto Nacional de la Seguridad Social INSS[34].

---

12 LRJPAC-92, la obligación de tramitar la responsabilidad patrimonial sirviéndose de un expediente administrativo resultaba de la misma. Ciertamente la DA 12ª de la Ley 30/1992 ha sido derogada y no ha sido sustituida por otra norma equivalente, pero el diseño institucional de la jurisdicción y de las mutuas abocan a idéntica conclusión. Sin embargo, como dijera la STS de 10 de diciembre de 2009 (núm. rec. 1885/2008 y [*Tol 1768733*]), «el hecho de que las Mutuas Patronales sean sujetos privados no es obstáculo para que las mismas puedan ser objeto de reclamaciones en el ámbito de la responsabilidad patrimonial de las administraciones públicas ya que aquellas realizan su labor prestando un servicio público por cuenta del Sistema Nacional de Salud (...). [A ello cabe añadir que] las mismas tienen atribuida (...) la colaboración con la administración pública sanitaria en la gestión de la Seguridad Social de las contingencias de accidentes de trabajo y enfermedades profesionales [razón por la cual] se encuentran sometidas al mismo régimen que las administraciones públicas» (FJ 3). Frente a la posición de la jurisprudencia, el CdE sostiene que «es doctrina reiterada del Consejo de Estado que (...) los trabajadores tienen que reclamar los daños sufridos a consecuencia del mal funcionamiento de la asistencia sanitaria prestada por las mutuas [colaboradoras de la Seguridad Social] únicamente frente a estas, y no frente a las Administraciones públicas ni frente a las entidades gestoras de la Seguridad Social. Pueden, y deben, dirigirse directamente a las mutuas» (CJ III DCdE de 7 de febrero de 2019, núm. exp. 1601/2018 y [*Tol 6055137*]).

34 FJ 3.4 SAN de 27 de enero de 2017 (núm. rec. 594/2014 y [*Tol 5967132*]). En sentido negativo, la STS de 22 de julio de 2010 (núm. rec. 90/2009 y [*Tol 1921214*]) sentó que «el Instituto Nacional de la Seguridad Social (...) no era el competente para resolver la reclamación patrimonial» (FJ 4). Ello a pesar de que las mutuas son entidades colaboradoras de la Seguridad Social, ajenas e independiente de la ordenación sanitaria cuya gestión y dirección corresponde la Comunidad Autónoma, a un organismo autónomo dependiente de la misma o el INGESA en las ciudades de Ceuta y Melilla. Según afirma la STS de 10 de diciembre de 2009 (núm. rec. 1885 /2008 y [*Tol 1768733*]) «lo indiscutible es que la prestación sanitaria forma parte de los servicios integrados en el Sistema Nacional de Salud, así como que salvo, en Ceuta y Melilla, la Comunidad Autónoma es la «titular de la competencia de asistencia sanitaria (...), ya sea directamente a través de la Consejería de Sanidad ya, si la Administración lo estima más adecuado y eficaz, a través del Servicio de Salud» constituido como organismo autónomo (FJ 3). Como principio de excepción, a juicio del Consejo Jurídico Consultivo de la Comunidad Valenciana (CJCVal), la Administración será corresponsable cuando el «daño (...) *traiga* ori-

iii. El recurso contencioso-administrativo deberá dirigirse necesariamente contra la Administración de una Comunidad Autónoma, un organismo autónomo de su sector público, o la AGE, además, contra la mutua colaboradora de la Seguridad Social. Éstas «no pueden hacerlo por sí solas, sino siempre como coadyuvantes de la Administración, pues ellas mismas (...) carecen del carácter de Administración, y solo las Administraciones pueden comparecer con carácter de demandado principal, según expresa con perfecta claridad el art. 1 LJCA»[35].

iv. Finalmente, en cuanto al órgano judicial ante el que deberán interponerse los recursos contencioso-administrativos, «el Tribunal Supremo, en su sentencia de 16 de octubre de 2007 dejó la clara idea de que la competencia para conocer de los recursos interpuestos contra la denegación de las entidades que colaboran (...) con el Sistema de Salud, en relación con las reclamaciones sobre daños y

---

gen en un incumplimiento del deber de vigilancia del funcionamiento del sistema sanitario que le compete a la administración autonómica sanitaria (...). [Así ocurriría, si] el Centro de Salud donde se haya prestado la asistencia sanitaria adoleciera de medios materiales adecuados para la práctica sanitaria o que el personal que dispensara la atención careciera de la correspondiente capacidad profesional. En estos supuestos la Mutua debe responder por las consecuencias del daño producido haciendo frente a la indemnización que corresponda, siendo también responsable la Administración sanitaria autonómica correspondiente, por el incumplimiento del deber de vigilancia del funcionamiento del sistema sanitario» (CJ 3 DCJCVal 18/2017, de 11 de enero, núm. exp. 528/2016 y [*Tol 9204845*]).

35 FJ Único ATSJ de Castilla-La Mancha 44/2022, de 9 de marzo (núm. rec. 649/2021 y [*Tol 8920007*]). Este auto, además, expresa que «la pretensión de que la Mutua comparezca por sí sola como si se tratase de una Administración plantea problemas insolubles, tales como los siguientes: – Se trata de una asociación privada y por tanto no entra dentro de las previsiones del art. 1 LJCA. – Resulta imposible determinar, al amparo de los criterios de los arts. 8 y siguientes de la LJCA, cuál sea el órgano jurisdiccional competente territorialmente para su enjuiciamiento autónomo. – La Mutua no tiene capacidad para tramitar un expediente de responsabilidad patrimonial como el previsto por las Leyes, con dictamen del Consejo Consultivo incluido. Tampoco puede dictar actos administrativos en la materia, ni ofrecer recurso de reposición, alzada o contencioso-administrativo, ni mucho menos le es de aplicación la institución del silencio administrativo» (FFJJ 2 y Único). En este asunto es interesante el DCJCVal 18/2017, de 11 de enero (núm. exp. 518/2016 y [*Tol 9204845*]), porque «al albur de la jurisprudencia» da cuenta de su cambio de criterio, consistente en negar la legitimación pasiva a la Conselleria de Sanidad en las reclamaciones por asistencia sanitaria realizada por las mutuas colaboradoras de la Seguridad Social, a admitirlo.

perjuicios producidos con ocasión de la asistencia sanitaria, corresponde a las Salas de lo Contencioso administrativo de los Tribunales Superiores de Justicia, ex art. 10.1 *n)* LJCA» de la Comunidad Autónoma donde se prestó la asistencia sanitaria[36].

Al no ser una entidad del sector público no es posible acudir al 8.3 LJCA y hay que estar a la competencia de residuo del art. 10.1 n) LJCA.

9) Reclamación contra varias Administraciones sanitarias

El TS también se ha pronunciado en conflictos de competencia para conocer de una única pretensión de responsabilidad patrimonial dirigida frente a dos Administraciones diferentes *(v.gr.* Comunidad Autónoma y AGE). En estos casos ha señalado que «aunque, en principio, el conocimiento de las impugnaciones (...) correspondería a órganos jurisdiccionales diferentes, la finalidad de no dividir la continencia de la causa y evitar resoluciones contradictorias postula a favor de un conocimiento unitario por parte del órgano jurisdiccional que tenga una competencia más amplia»[37].

Dicho con otras palabras, «una interpretación integradora de las reglas sobre competencia objetiva previstas en la Ley Jurisdiccional permite deducir que la competencia objetiva en los casos en que hayan de fiscalizarse decisiones sobre responsabilidad patrimonial adoptadas por diferentes Administraciones, pero fundadas en igual causa de pedir, entendida esta causa como el dato fáctico determinante de la reclamación, ha de corresponder al órgano jurisdiccional competente para fiscalizar el acto dictado por la Administración de mayor ámbito territorial en donde comparecerán como demandados el servicio público de salud y la mutua»[38].

---

36 FFJJ 3.1 y 4 SSAN de 18 de diciembre de 2013 (núm. rec. 3160/2012 y [*Tol 4075119*]) y de 30 de mayo de 2018 (núm. rec. 379/2014 y [*Tol 6652836*]).

37 FJ 3 STS de 8 de enero de 2010 (cuestión de competencia 102/2009 y [*Tol 1776350*]). Como consecuencia de este fallo la SAN de 17 de noviembre de 2010 condenó solidariamente a la AGE y la Diputación General de Aragón por los gastos derivados de una intervención de prótesis en el Hospital militar por derivación (en virtud de convenio) de un paciente del Salud. SAN (SAN de 17 de noviembre de 2010 (núm. rec. 377/2008 y [*Tol 1994434*]).

38 *Idem.*

Por ello, como estableció la SAN de 17 de noviembre de 2010, cuando una de las Administraciones implicadas es la AGE, la competencia para conocer en estos casos cede a favor de la Audiencia Nacional (AN)[39].

Cuando se trata de dos Administraciones sanitarias de idéntico ámbito demandadas conjuntamente, la STSJ de Aragón de 9 de enero de 2023 ha aplicado el fuero territorial electivo del demandante *ex* art. 53.2 de la Ley 1/2000, de 7 de enero, de enjuiciamiento civil. Lo hizo en un supuesto de una paciente que fue atendida por el Servicio Aragonés de Salud y el Sistema Valenciano de Salud[40].

Pero no es un criterio unánime el de los TSJ. Algunos de ellos entran a conocer la responsabilidad patrimonial conjunta, así ocurrió: en la STSJ de Castilla y León, de 12 de marzo de 2012, que absolvió a la Gerencia Regional de Salud de Castilla y León y el Servicio Aragonés de Salud; o la STSJ de Aragón, de 11 de diciembre de 2007, que desestimó una reclamación de responsabilidad patrimonial dirigida contra los Servicios Aragonés y Andaluz de Salud e INGESA[41].

En otros casos, ante actuaciones de dos servicios públicos de salud, cuyas actuaciones asistenciales se sucedieron temporalmente sin solución de continuidad, no se ha permitido la acumulación. Éste es el caso de las SSTSJ de Aragón de 6 de junio de 2011 y de la Comunidad Valenciana de 11 de mayo de 2012[42].

Debemos destacar en este punto la STSJ de la Comunidad Valenciana de 31 de enero de 2014. Se declaró incompetente para conocer de la actuación del Servicio Aragonés de Salud porque no existía fórmulas de actuación conjunta entre éste y la Agencia Valenciana de Salud, ni existía

---

39 SAN de 17 de noviembre de 2010 (núm. rec. 377/2008 y [*Tol 1994434*]). En este fallo se declaró la responsabilidad solidaria de la AGE y el Servicio Aragonés de Salud por los gastos derivados de una intervención de prótesis en el Hospital General de la Defensa de Zaragoza —en virtud de convenio— de un paciente proveniente del Hospital Universitario Miguel Servet.

40 STSJ de Aragón 2/2023, de 9 de enero (núm. rec. 17/2021 y [*Tol 9439698*]).

41 SSTSJ de Castilla y León 474/2012, sede de Valladolid, de 12 de marzo (núm. rec. 2734/2008 y [*Tol 2498078*]) y de Aragón 791/2007, de 11 de diciembre (núm. rec. 503/2004 y [*Tol 7285718*])

42 SSTSJ de Aragón 331/2011, de 6 de junio (núm. rec. 161/2009 y [*Tol 2158949*]) y de la Comunidad Valenciana 425/2021, de 11 de mayo (núm. rec. 269/2009 y [*Tol 2596469*]).

una concurrencia de dos Administraciones en la producción del daño en la que no fuera posible delimitar la responsabilidad[43].

IV. COMPETENCIA FUNCIONAL EN EL ORDEN CONTENCIOSO-ADMINISTRATIVO

La LJCA-56 sentó dos principios rectores de la estructura orgánica y competencial del orden contencioso-administrativo, los cuales —como expone DÍEZ-PICAZO— han perdurado en mayor o menor medida hasta nuestros días[44]. Se trata de los principios de centralización y de cuantía, los cuales, además, indirectamente, han condicionado el acceso a la segunda instancia y a la casación[45].

El principio de centralización consiste en la atribución del conocimiento, en primera instancia, de cada asunto al órgano judicial correspondiente al ámbito territorial de competencia del órgano administrativo del que proviene la actividad administrativa impugnada. Se renuncia así a atribuir el conocimiento en primera instancia de todos los asuntos al órgano de base de la pirámide judicial. Como señala DÍEZ-PICAZO, se trata de una opción de política legislativa, no de una necesidad lógica ni sistemática[46].

El principio de cuantía es aquel que supedita el acceso a una segunda instancia o recurso extraordinario a la cuantía del recurso contencioso-administrativa.

La evolución de estos dos principios se expone en los siguientes apartados a partir de la LJCA-56 y la actual LJCA de 1998 con el objeto de poner de manifiesto la necesidad reformular los principios de concentración y cuantía con el fin de universalizar la segunda instancia y de reformar el recurso de casación para garantizar la certeza en su acceso.

---

43 STSJ de la Comunidad Valenciana 62/2014, de 31 de enero (núm. rec. 982/2011 y [*Tol 4227436*]).

44 DÍEZ-PICAZO GÍMENEZ, Luis María (2023): «Sobre la estructura de la jurisdicción contencioso-administrativa», *op. cit.* pág. 17.

45 *Idem.*

46 *Idem.*

1) Ley de la jurisdicción contencioso-administrativa de 1956

En la planta creada por la LJCA-56 —en la que no existían los JCCA y la AN— el principio de centralización implicaba, necesariamente, atribuir al TS el conocimiento en primera —y lógicamente en única instancia— de cualquier impugnación de la actividad de órganos centrales de la Administración del Estado.

No existiendo tampoco los JCA ni los TSJ, a las Audiencias Territoriales correspondía conocer, en primera instancia, de las controversias derivadas de la actuación de las entidades de la Administración local y de los órganos territoriales de la estatal. Contra estas sentencias cabía recurso de apelación, el cual, por otra parte, estaba restringido por el mencionado principio de cuantía.

Con esta planta territorial, el propósito de generalización de la doble instancia y de acceso a la casación al que en este epígrafe nos referiremos eran absolutamente ajenos a este orden jurisdiccional. La casación venía virtualmente impedida por la planta y la distribución competencial, pues el conocimiento del asunto correspondía al TS ya en primera o ya en segunda instancia. Y la propia segunda instancia estaba limitada por la cuantía.

Sirva esta exégesis histórica para introducir la idea de que, cuando desde la doctrina y desde la práctica forense surge un enfoque crítico, que propone o reivindica racionalizar la competencia funcional, se hace desde un prisma que es ajeno, en principio, al germen de la planta y estructura de este orden jurisdiccional.

Pues bien, las numerosas y profundas reformas de la jurisdicción contencioso-administrativa que se han sucedido, al multiplicar los órganos, han alterado por completo su planta originaria. La primera reforma relevante se produjo con la aprobación del RD-ley 1/1977, de 4 de enero, por el que se creó la AN, y dentro de ella, su Sala de lo Contencioso-administrativo. Partiendo del principio de concentración, a esta sala se le encomendó la revisión judicial de los actos emanados de autoridades administrativas con competencia sobre todo el territorio nacional. Otra reforma importante fue la operada por la LOPJ en 1985. Sustituyó las Audiencias Territoriales por los TSJ.

Las reformas también han tenido por objeto, primero introducir el recurso extraordinario de casación, y después hacerlo compatible con el ordinario de apelación. Así ocurrió la Ley 10/1992, de 4 de noviembre, de medidas urgentes de reforma procesal: sustituyó el recurso de apelación por el de casación[47]. Como se expone a continuación, la vigente LJCA lo mantuvo, y entre otras novedades, introdujo un tercer nivel, lo que permitió, en última instancia, mantener los recursos de apelación y casación.

2) *Ley de la jurisdicción contencioso-administrativa de 1998*

LJCA reformó la competencia funcional y compatibilizó el acceso al recurso de apelación y al de casación. Por una parte, propugnó modernizar el acceso a la segunda instancia, creando los JCA y JCCA, y generalizarla, para dar plenitud al derecho a la tutela judicial, no ya sólo desde una perspectiva constitucional sino incluso internacional (que exige la segunda instancia en materia sancionadora). Por otra parte, pretendió dar certeza y previsibilidad a la admisión de la casación, con la fijación de umbrales económicos —hoy eliminados— y la fijación de estrechos y tasados supuestos y requisitos de admisibilidad.

Nótese que ambas aspiraciones o premisas —generalización segunda instancia y certeza de acceso a la casación— son, como venimos decimos, completamente ajenas a las que inspiraron la LJCA-56. Pero, además, tampoco se lograron plenamente con la actual LJCA de 1998. Quizá por ello, en los veinticinco años de vigencia de esta ley, ha seguido siendo recurrente en la doctrina —como lo era antes— la problemática del acceso a la apelación y a la casación. De hecho, las ulteriores reformas de la LJCA-56, mal que bien, pretendieron dar respuesta a las mismas.

Pues bien, en lo que aquí interesa destacamos dos aspectos introducidos por la actual LJCA: la crearon órganos unipersonales y la reincorporación del recurso de apelación, manteniendo el de casación.

A. Generalización de la segunda instancia

Con la creación, en 1998, de los órganos unipersonales —los JCA y JCCA— a los dos niveles ya existentes —y formados por los órganos cole-

---

47 Con estas reformas se ha sistematizado la competencia en torno a la nueva dimensión autonómica de la Administración, y se ha generalizado, aunque no universalizado, la segunda instancia. También se ha configurado la casación como cauce nomofiláctico, atribuyendo al TS —fuera del ámbito de la casación autonómica— la función principal de crear y mantener un cuerpo uniforme de jurisprudencia —tendencialmente uniforme, al menos— y limitando su intervención en instancia a excepcionales supuestos.

giados (AN, TSJ y TS)— se añadió el tercer nivel: primero, el del TS; segundo, el de los TSJ y la AN; y tercero, el de los JCA y JCCA.

Pues bien, sólo a partir de la aparición de este tercer nivel, puede empezar a hablarse de doble instancia y casación en un sentido pleno o equivalente al actual. Hasta entonces, en un sistema de dos niveles, la propia planta judicial determinaba que ambos recursos se fagociten mutuamente. Antes de 1998, los conceptos de casación nomofiláctica y de generalización de la segunda instancia eran, sencillamente, mutuamente excluyentes, razón por la que hasta esa fecha se sucedieron en el tiempo, pero sin coexistir.

Sin embargo, esta plenitud conceptual de los recursos ordinarios y extraordinarios —posible en una planta judicial de tres niveles— quedó en 1998 en una plenitud meramente posible o potencial, sin alcanzarse en la práctica. Como sagazmente señala DÍEZ-PICAZO, «la existencia de tres niveles en la organización judicial (...) no comporta que haya otros tantos grados en el proceso»[48]. La razón de ello fue la persistencia de los consabidos principios de centralización y de cuantía.

Por ello puede decirse que la LJCA, en su redacción original, a pesar de sus numerosas novedades, fue continuista en cuanto a los citados principios de configuradores de la jurisdicción contencioso-administrativa desde 1956. Las novedades y mejoras técnicas no llegaron a socavar la permanencia de las decisiones de política legislativa tomadas en 1956 (principios de concentración y cuantía).

Dicho con otras palabras, con la creación de órganos unipersonales de instancia no se absorbió —como podría haberse planteado en abstracto— una competencia plena en primera instancia. De hecho, aún hoy en día, la competencia de los JCA y JCCA viene delimitada por materias, y dentro de éstas, en función de la cuantía (principio de cuantía) y del ámbito territorial del órgano administrativo (principio de centralización). De tal modo, la competencia en primera instancia de los TSJ, en principio residual, es en realidad muy amplia. Lo mismo ocurre, para la AGE, entre los JCCA y la AN. Sigue vigente, pues el principio de centralización que limita la universalización de la segunda instancia.

---

48 *Ibidem* págs. 23 y 24.

B. Acceso a la casación

Otra novedad de la actual LJCA fue la reintroducción del recurso de apelación, que —como se ha dicho— había sido sustituido por el de casación en 1992. Y lo hizo con un ámbito extenso en cuanto a la cuantía —precisamente, como explica DÍEZ-PICAZO— para limitar el ámbito de la competencia en única instancia de los órganos unipersonales. De este modo se minimizan los casos en que los JCA y JCCA conocen en única instancia, pero no por ello generalizan la segunda instancia. Además, la apelación y la casación coexisten por vez primera, pero de forma más frecuentemente alternativa que cumulativa.

Pues bien, si el principio de centralización mediatizó el ámbito de competencia objetiva de los nuevos órganos unipersonales, el principio de cuantía configuró el acceso a los recursos ordinarios y extraordinarios en la nueva LJCA. Así, contra las sentencias de los órganos unipersonales cabía apelación por encima de 3.000.000 pesetas; sin embargo, para acceder a la casación contra sentencias de órganos colegiados se fijó una *summa gravaminis* de nada menos que 25.000.000 de pesetas, mucho mayor de la anteriormente requerida para el recurso de apelación ante el TS. Esta tendencia de elevación de las cuantías mínimas iba a mantenerse: la Ley 37/2011, de 10 de octubre, de medidas de agilización procesal sobre agilización procesal, las fijó en 30.000 euros y 600.000 euros, respectivamente.

Duras y justas críticas suscitaron el mantenimiento y, más aún, la exacerbación de este principio de cuantía: «Hay que decir sin ambages que se trata de un criterio tosco y arcaico y, desde luego, difícilmente justificable en una democracia moderna», pues «una misma cantidad de dinero no significa lo mismo para personas distintas» y además «una misma cantidad de dinero tampoco significa lo mismo en distintos sectores del ordenamiento jurídico»[49].

En este estado de cosas se llega a 2015, año de la gran reforma de la casación en esta jurisdicción, que ha puesto fin al principio de cuantía en lo que a la casación respecta.

a) Ley Orgánica de 21 de julio de 2015

La DF 3 de la LO 7/2015, modificó los arts. 86 a 93 LJCA, con el propósito de introducir el novedoso concepto de «interés casacional objetivo». Según DÍEZ-PICAZO esta reforma ha supuesto, en cierto modo, una emu-

---

49 *Ibidem* págs. 23 y 24.

lación del conceptual y sistemática de la «especial trascendencia constitucional» exigido desde 2007 para la admisión del recurso de amparo[50].

Con este cambio se reforzó el carácter nomofiláctico del recurso de casación. En este sentido puede decirse que, con la reforma de 2015, el interés del recurrente en la corrección de la aplicación del Derecho al caso concreto (*ius litigatoris*) ha perdido preponderancia frente al interés público en la configuración de un cuerpo jurisprudencial tendencialmente uniforme (*ius constitutionis*).

Esta reforma tiene sus detractores. Para ellos, la tacha de este sistema no es tanto, o no es solo, que limite y estreche la admisibilidad de los recursos, lo cual, por otra parte, ya venía ocurriendo por vía jurisprudencial antes de la reforma legal. El principal reproche es la introducción de un elemento de amplia discrecionalidad, hasta entonces desconocido. A esta discrecionalidad contribuye también la eliminación del requisito de cuantía en la casación.

b) Real Decreto-ley de 28 de junio de 2023

Como hemos visto, la crítica al sistema de recursos en la jurisdicción contencioso-administrativa ha evolucionado a medida que lo hacía la ley. En primer lugar, se criticó la ausencia o insuficiencia de sus reformas; después, los elevados umbrales cuantitativos; finalmente, la discrecionalidad introducida en el trámite de admisión casacional[51].

Pues bien, con la reforma operada por el Real Decreto-ley 5/2023, de 28 de junio, se ha pretendido atajar la crítica relativa a la incertidumbre en el acceso al recurso de casación[52]. Para ello, en el tít. VII del libro IV, incluye una serie de modificaciones de la legislación procesal. Estas operan una

---

[50] *Ibidem* pág. 22.

[51] FERNÁNDEZ, Tomás Ramón (2023): «Un acuerdo básico sobre la necesidad de reformar la estructura de la jurisdicción contencioso-administrativa», *Revista de Administración Pública*, núm. 220, págs. 73 a 79.

[52] Mediante el RD-ley 5/2023, de 28 de julio, se adoptaron y prorrogaron determinadas medidas de respuesta a las consecuencias económicas y sociales de la Guerra de Ucrania. También tuvo por objeto: apoyar la reconstrucción de la isla de La Palma y a otras situaciones de vulnerabilidad; transponer las de Directivas de la UE en materia de modificaciones estructurales de sociedades mercantiles y conciliación de la vida familiar y la vida profesional de los progenitores y los cuidadores; y de ejecución y cumplimiento del Derecho de la UE, verdadero paradigma. Estamos —y no en el mejor de los sentidos— ante una auténtica norma *ómnibus* o paraguas.

reforma sustancial de los recursos de casación en los órdenes civil, penal, contencioso-administrativo y social.

En relación con la LJCA, la exp. mots. del RD-ley 5/2023 reseña lo siguiente:

> *«El capítulo II (...) está dedicado al orden jurisdiccional contencioso-administrativo. Por un lado, se mejora el mecanismo del pleito testigo para lograr una mayor eficiencia en la gestión del fenómeno de la litigiosidad en masa. Dicha medida será de gran utilidad especialmente para la Sala de lo Contencioso-Administrativo del Tribunal Supremo en relación con los miles de recursos interpuestos en materia de responsabilidad patrimonial del Estado legislador por los daños generados por la declaración de inconstitucionalidad de los Reales Decretos que declararon el estado de alarma por razón de la epidemia de COVID-19.*
>
> *Por su parte, con la finalidad de reducir la actual pendencia en juzgados y tribunales y la masiva entrada de asuntos en la citada Sala del Tribunal Supremo, se introduce la facultad de que los órganos jurisdiccionales puedan suspender los procedimientos en la instancia una vez que la referida Sala haya admitido algún recurso de casación en el que se suscite la misma cuestión controvertida que en aquellos.*
>
> *Por otra parte, en lo que se refiere al recurso de casación, resulta procedente dotar de mayor agilidad su tramitación, acortando los plazos previstos para algunos trámites intermedios; en concreto, el de personación de las partes ante la Sala de lo Contencioso administrativo del Tribunal Supremo que sigue a la decisión de la Sala de instancia de tener por preparado el recurso, y el previsto para la eventual audiencia a las partes personadas que, con carácter excepcional, puede acordar la Sala si considera que las características del asunto aconseja oírles acerca de si el recurso presenta interés casacional objetivo para la formación de jurisprudencia».*

De este modo, tras el RD-ley 5/2023:

i. Se modifica la regulación de la figura del pleito testigo en la instancia, pasando a ser obligatoria su tramitación.

ii. Se introduce, también con carácter obligatorio, la suspensión del curso de los autos en la instancia por haber sido admitida a trámite una casación sobre asunto idéntico.

iii. Se amplía el motivo de interés casacional objetivo por apartamiento de la jurisprudencia, de modo que dicho apartamiento puede ser deliberado o también realizarse «de modo inmotivado pese a haber sido citada en el debate o ser doctrina asentada»; se reducen los plazos en el sentido indicado.

iv. La inadmisión de los recursos de casación en los supuestos del art. 88.2 LJCA requerirá providencia «sucintamente motivada».

v. Se introduce la que podría llamarse casación-testigo, es decir, se extrapola la figura del pleito testigo al ámbito de la casación.

En relación con la casación-testigo, DÍEZ-PICAZO, ya había puesto de manifiesto la existencia de «bolsas de asuntos repetitivos, especialmente abundantes en materia tributaria y de empleo público». En estos «paquetes» de recursos contencioso-administrativo, «solo el primero de ellos tiene interés casacional objetivo: [ya que] una vez que el Tribunal Supremo haya fijado el criterio jurisprudencial, no tiene mucho sentido seguir resolviendo recursos de casación sustancialmente idénticos. Pero, ante el silencio de la ley al respecto, es claro que sería absurdo que solo quien lograse que su recurso de casación llegase primero al trámite de admisión pudiera obtener un pronunciamiento en sede casacional»[53].

Este problema —que afecta de lleno a la avalancha de recursos por desestimación de reclamaciones de responsabilidad patrimonial sanitaria que ha propiciado la pandemia de la Covid-19— aspira a solucionar importando de la primera instancia la figura del pleito-testigo.

Según afirma el art. 94.1 LJCA, cuando el TS detecte un «gran número de recursos que susciten una cuestión jurídica sustancialmente igual», podrá admitir y tramitar uno y suspender los demás. Después de dictada la sentencia en el caso testigo, se resolverá sobre la admisión a trámite de los suspendidos.

c) Valoración crítica

Terminaremos señalando lo obvio: que la reforma de 2023 está lejos de satisfacer a todos. En particular, en relación con los antedichos principios de centralización y de cuantía, cuya revisión definitiva se propugna.

No es exagerado decir que la necesidad de la generalización de la segunda instancia es prácticamente unánime en la doctrina. Esto significa, por una parte, prescindir del criterio de cuantía; y por otra, revisar el principio de centralización, pues para acabar con los supuestos de conocimiento en única instancia ante los TSJ será necesario reconducir su competencia residual a los órganos de primera instancia.

En este sentido se ha manifestado DÍEZ-PICAZO. Para este autor, «aquello que el legislador considera más importante solo es examinado, en principio, por un órgano jurisdiccional. Es en este orden de ideas donde surge una de las principales críticas al nuevo recurso de

---

53 DÍEZ-PICAZO GÍMENEZ, Luis María (2023): «Sobre la estructura de la jurisdicción contencioso-administrativa», *op. cit.* págs. 26 y 27.

casación: no ha ido acompañado de una generalización de la doble instancia en lo contencioso-administrativo (...). [Además,] esta crítica ya se oyó en 2015, pero, después de que el Tribunal Europeo de Derechos Humanos condenase a España por no garantizar la doble instancia en los recursos contencioso-administrativos contra sanciones administrativas graves (sentencia Sachetti c. España de 30 de junio de 2020), se trata de un clamor»[54].

Y en el mismo sentido, también recientemente, se ha pronunciado Tomás Ramón FERNÁNDEZ, para el cual: «hay que generalizar la doble instancia. [En su opinión,] es sencillamente intolerable que los asuntos más importantes se ventilen en instancia única ante los tribunales superiores de justicia (...). [También apunta que] la jurisprudencia Sachetti del TEDH hace urgente en este punto la reforma, que debería tener alcance general por más que la referida jurisprudencia no obligue a ello. Esta generalización exige inexcusablemente reforzar la primera instancia que se ventila en los juzgados, cuya competencia habría que generalizar también, lo que exigiría su conversión en tribunales provinciales»[55].

---

54 *Ibidem* pág. 28.

55 FERNÁNDEZ, Tomás Ramón (2023): «Un acuerdo básico sobre la necesidad de reformar la estructura de la jurisdicción contencioso-administrativa», *op. cit.* págs. 74 y 75. En el ámbito del Consejo de Europa no puede desconocerse la labor realizada por el Tribunal Europeo de Derechos Humanos (TEDH) para garantizar el derecho a la doble instancia cuando se trate de infracciones administrativas, que de acuerdo con los «criterios Engel», tengan entidad penal. En este sentido, la STEDH *Saquetti* de 30 de junio de 2020 (núm. rec. 50514/2013 y [*Tol 7983062*]), partiendo de la STEDH *Engel* de 8 de junio de 1976 [*Tol 163349*], consideró vulnerado el art. 2 del protocolo 7 de la Convención Europea de Derechos Humanos por no garantizar nuestra LJCA la doble instancia en infracciones no estrictamente penales. Se trataba de una sanción de 153.800 euros, impuesta en aplicación de la Ley 10/2010, de 28 de abril, de prevención del blanqueo de capitales. En España, la STC 71/2022, de 13 de junio (núm. rec. 4766/2019 y [*Tol 9105562*]), ya ha «tomado partido» al desestimar un recurso de amparo frente la inadmisión de un recurso de casación en el que se discutía sobre el derecho a la doble instancia en materia sancionadora. Lo hizo alegando que «la exigencia de ese segundo examen jurisdiccional, que el Protocolo núm. 7 reclama, se cumple tanto con los tribunales de apelación como con los de casación por cuanto, conforme a los propios términos del art. 2 del Protocolo, la concreta regulación de ese derecho se deja a la normativa interna de los Estados, que también pueden condicionarla a los presupuestos que consideren procedentes. Es posible, por tanto, tal como sucede con el vigente recurso de casación en el orden contencioso-administrativo, condicionar legislativamente su admisibilidad al cumplimiento de ciertos requisitos, sin que eso implique, de por sí, la infracción de la garantía que proporciona el

Por su parte, SANTAMARÍA PASTOR señala, que entre las razones en favor de esta propuesta se encuentra también la relativa a la metodología de enjuiciamiento. En su opinión, a los órganos de primera instancia debería atribuírseles «una competencia en principio universal: respecto de todas las actuaciones provenientes de cualquiera de los órganos de todas las Administraciones públicas. [Pues,] la atribución a los órganos colegiados superiores de competencias en primera instancia y en vía de recurso de apelación o casación es disfuncional, porque se trata de metodologías de enjuiciamiento completamente diversas que, sin embargo, se contaminan, de manera que los asuntos de instancia tienden a ser tratados con la mentalidad con que se examinan los recursos»[56].

En definitiva, esta reforma ha sido muy duramente y muy acertadamente criticada en cuanto a la forma por su abrumadora extensión, su pobre sistemática, su inusitada heterogeneidad y su frágil justificación de la urgente necesidad.

Pero en cuanto al fondo, en el ámbito de la jurisdicción contencioso-administrativa, no ha sido tan criticada por las reformas que introduce —que habían sido planteadas por la doctrina y que tienden a resolver problemas reales de la práctica forense— como por las que olvida, en particular en cuanto a la generalización de la doble instancia.

Puede concluirse, pues, que esta reforma de finales de junio deja asignaturas «pendientes para septiembre».

---

mencionado art. 2 del Protocolo núm. 7» (FJ 6). Sobre este asunto también pueden consultarse las SSTS 1376/2021, de 25 de noviembre (núm. rec. 8158/2020 y [*Tol 869523*]) y 1120/2022, de 8 de septiembre (núm. rec. 8160/2020 y [*Tol 9217448*]). Y más recientemente el ATS de 19 de enero de 2023 (núm. rec. 3456/2021 y [*Tol 9373431*]), en el que se determinó, en un asunto concreto, si concurrían los requisitos para considerar de la naturaleza penal de la infracción administrativa de acuerdo con los «criterios Engel».

56 SANTAMARÍA PASTOR, Juan Alfonso (2023): «Problemas de estructura y funcionamiento de la jurisdicción contencioso-administrativa», *Revista de Administración Pública*, núm. 220, pág. 40.

3) Recursos de apelación y casación contra sentencias en las reclamaciones de responsabilidad patrimonial

Contra las sentencias dictadas en instancia en materia de responsabilidad patrimonial sanitaria cabrá interponer, según sea un JCA o un TSJ quien haya fallado, recurso de apelación o casación

A. Recurso de apelación

Frente a las SSJC y SSJCC cuyo interés en el recurso sea de 30.000 euros cabe recurso de apelación ante el TSJ y la AN, respectivamente. Pero analicemos brevemente la competencia:

Cuando los recursos en materia de responsabilidad patrimonial se interponen frente a decisiones cuya competencia corresponde al JCA (art. 8 LJCA) y la cuantía del recurso supera los 30.000 euros, cabe el citado recurso de apelación. En cuanto a la cuantía del recurso, la Sala Tercera del TS ha considerado que, en los supuestos de ejercicio acumulado por varios sujetos de una acción de responsabilidad patrimonial, ha de atenderse al valor económico de la pretensión deducida por cada uno de ellos y no a la suma de todos, por mandato del (art. 41.2 LJCA).

En caso de que el recurso fuera admisible, las Salas de lo Contencioso-Administrativo de los TSJ conocerán, en segunda instancia, de las apelaciones promovidas contra SSJCA (art. 11.2 LJCA). Teniendo acceso a la segunda instancia mediante un recurso judicial ordinario.

Los JCCA conocerán, en primera o única instancia, de los recursos que se deduzcan frente a los actos administrativos que tengan por objeto los recursos contra las resoluciones dictadas por los ministros y secretarios de Estado en materia de responsabilidad patrimonial cuando lo reclamado no exceda de 30.050 euros (art. 9.1 d) LJCA).

Por su parte la Sala de lo Contencioso-administrativo de la AN conocerá en única instancia de los actos de los ministros y de los secretarios de Estado en general (art. 11.1 a) LJCA) y conocerá, en segunda instancia, de las apelaciones contra SSJCCA (art. 11.2 LJCA).

Las Salas de lo Contencioso-Administrativo de los TSJ conocerán en única instancia de los recursos que se deduzcan en relación con los actos de las Administraciones de las CCAA, cuyo conocimiento no esté atribuido a los JCA (art. 11.1 a) LJCA). Por lo que aquellas decisiones cuya competencia corresponda a estos Tribunales no tendrán recurso de apelación.

Una vez determinada la competencia en función del órgano que dicta la resolución y la cuantía del mismo, podremos adelantar si cabe recurso o no. Existen servicios de salud autonómicos en los que la decisión corresponde a un organismo autónomo, atribuyéndose la decisión del asunto al JCA, mientras que en aquellos casos que la decisión pueda ser adoptada por un órgano de la propia Administración territorial podrá resolver en primera y única instancia el TSJ. Por consiguiente, como veremos, no existe un derecho a la doble instancia pues si el recurso de apelación es ordinario y plenario, el recurso de casación frente a sentencias del TSJ en un recurso limitado y extraordinario. La doble instancia no beneficia ni perjudica por sí misma a ninguna de las partes, pero hace que la sentencia sea revisable por la vía ordinaria o no.

El recurso de apelación es un recurso ordinario que no tiene limitación sobre el alcance de los pronunciamientos, pudiendo plantearse la cuestión jurídica e incluso que el tribunal realice una revisión de los hechos, incluso realizarse una vista o prueba[57].

El recurso de apelación podrá interponerse por quienes se hallen legitimados como parte demandante o demandada. No se exige, según el art. 85 LJCA, que se acredite esa representación cuando se formula el recurso de apelación[58]. No obstante, rigen las reglas de sucesión procesal en caso de óbito por ejemplo, pudiendo tener los herederos un interés legítimo en el mantenimiento de la acción.

B. Recurso de casación

Frente a las SSTSJ y SSAN cabe únicamente recurso de casación, que será resuelto por la Sala de lo Contencioso-Administrativo del TS. Tras la modificación operada por la LO 7/2015, de 21 de julio, el recurso únicamente tiene función nomofiláctica, esto es, de creación de jurisprudencia. Así lo señala el art. 87 LJCA, conforme al cual «el recurso de casación ante la Sala de lo Contencioso-administrativo del Tribunal Supremo se limitará a las cuestiones de derecho, con exclusión de las cuestiones de hecho». Por

---

[57] La solicitud de celebración de la vista, que necesariamente deberá pedirse en los escritos de interposición y oposición al recurso, se prevé art. 85.7 LJCA, y su práctica en el art. 85.6 LJCA.

[58] *Cfr.* STSJ Castilla y León, Sala de Burgos, 228/2004, de 10 de junio (núm. rec. 79/2003 y [*Tol 462251*]).

lo tante el recurso de casación es no es un recurso ordinario, como el de apelación, sino extraordinario.

Mientras el recurso de apelación permite un nuevo y total examen del tema controvertido desde los puntos de vista fáctico y jurídico, en el recurso de casación resulta necesario exponer las razones que justifican la intervención del órgano de casación; el interés casacional.

Las pretensiones del recurso de casación deberán tener por objeto la anulación, total o parcial, de la sentencia o auto impugnado y, en su caso, la devolución de los autos al tribunal de instancia o la resolución del litigio por la Sala de lo Contencioso-administrativo del TS dentro de los términos en que apareciese planteado el debate.

El recurso de casación podrá ser admitido a trámite cuando, invocada una concreta infracción del ordenamiento jurídico, tanto procesal como sustantiva, o de la jurisprudencia, la Sala de lo Contencioso-Administrativo del TS estime que el recurso presenta interés casacional objetivo para la formación de jurisprudencia (art. 88.1 LJCA).

La sentencia fijará la interpretación de aquellas normas estatales o la que tenga por establecida o clara de las de la UE sobre las que, en el auto de admisión a trámite, se consideró necesario el pronunciamiento del Tribunal Supremo. Y, con arreglo a ella y a las restantes normas que fueran aplicables, resolverá las cuestiones y pretensiones deducidas en el proceso, anulando la sentencia o auto recurrido, en todo o en parte, o confirmándolos (art. 93.1 LJCA).

En casación no se permite el «reexamen» de los elementos fácticos. Quedan las cuestiones de hecho expresamente excluidas del objeto de enjuiciamiento[59]. El recurso de casación tiene, por tanto, un objeto muy limitado, referido a las cuestiones jurídicas y no de hecho[60]. Por esta razón, hace que sea muy difícil que los procedimientos por responsabilidad patri-

---

59 Art. 87 bis.1 de la LJCA y ATS de 10 de abril de 2017, de la Sala de lo Contencioso-administrativo, sección de admisión.

60 No cabe plantear cuestiones fácticas o de pruebas en el recurso de casación: «(...) siendo así, por más que la recurrente pretenda disfrazar la cuestión que suscita de ropajes jurídicos, en realidad se trata de una cuestión de prueba en la que el Tribunal de casación no puede adentrarse, pues conforme al artículo 87 bis LJCA, apartado 1, el recurso de casación ante la Sala de lo Contencioso-Administrativo del Tribunal Supremo "se limitará a las cuestiones de derecho, con exclusión de las cuestiones de hecho"» (ATS de 8 de marzo de 2017, de la Sala de lo Contencioso-administrativo, sección de admisión).

monial sanitaria accedan a la casación, precisamente por ser procedimientos cuya naturaleza es eminentemente fáctica.

Son pocos los recursos relacionados con la responsabilidad patrimonial sanitaria los que acceden al recurso de casación, por ser cuestiones donde impera lo fáctico sobre lo jurídico, mientras en el recurso de casación es justo al contrario.

Un ejemplo lo encontramos en la STS de 11 de febrero de 2021, estudiada por HERNÁNDEZ VILLALÓN en el cap. 22 de este tratado (págs. 1694 a 1697) y conocida como la sentencia Ala Octa En este fallo la Sala de lo Contencioso-Administrativo estableció una doctrina muy específica ya que lo que se discutía, en un caso de daños causados por un producto sanitario cuya toxicidad solo se supo tras la intervención, fue si la responsabilidad correspondía al servicio de saludo la Agencia Española de Medicamentos y Productos Sanitarios (AEMPS), o a ninguno de ambos. En dicho fallo el TS falló lo siguiente:

> «*Por todo ello, debemos concluir señalando que la Administración sanitaria cuyos facultativos realizan correcta y adecuadamente una intervención quirúrgica de conformidad con la lex artis no debe responder de las lesiones causadas a un paciente como consecuencia de la utilización de un producto sanitario defectuoso, cuya toxicidad se descubre y alerta con posterioridad a su utilización, previamente autorizada por la Agencia Española de Medicamentos y Productos Sanitarios, debiendo la responsabilidad recaer en el productor o, en su caso, en la Administración con competencias para autorizar y vigilar los medicamentos y productos sanitarios, de concurrir las concretas circunstancias necesarias para ello*»[61].

Esta Sentencia condensa la jurisprudencia consolidada del TS en materia de responsabilidad patrimonial sanitaria avanzado en un aspecto muy concreto y de carácter jurídico y no fáctico.

V. LAS PARTES EN EL ORDEN JURISDICCIONAL CONTENCIOSO-ADMINISTRATIVO

La posición procesal de las partes resulta fundamental a efectos de la carga de la prueba, el momento de intervención procesal y el orden de la práctica la prueba.

---

[61] FJ 7 3 b) STS 1806/2020, de 21 de diciembre (núm. rec. 803/2019 y [*Tol 8037388*]).

1) Posiciones jurídicas de las partes en el orden contencioso-administrativo

El orden contencioso administrativo exige siempre que el objeto del proceso sea un acto —expreso o presunto—, una actuación administrativa, una inactividad o una vía de hecho. Por ello, la Administración generadora de la actuación será siempre la demandada en estos procesos, pero el resto de las posiciones procesales pueden variar como veremos a continuación.

A. Posiciones usuales

En el proceso contencioso-administrativo por responsabilidad patrimonial suele haber un demandante legitimado activamente (art. 19 LJCA), una Administración demandada (art. 21.1 LJCA) y puede haber uno o más codemandados (art. 21 LJCA), entre los que cabe destacar la aseguradora de la Administración.

a) Paciente como demandante

Lo habitual es que el que se siente damnificado por una actuación de Administración sanitaria interponga un recurso contencioso-administrativo frente a la resolución desestimatoria de la reclamación de responsabilidad patrimonial. Ésta será la que constituya el objeto del recurso contencioso administrativo y podrá ser expresa o presunta y desestimatoria o parcialmente estimatoria. También puede ocurrir que la resolución satisfaga totalmente las expectativas del recurrente, pero que la Administración no pague (ejecute el acto) en el plazo legalmente establecido. En este último supuesto el recurso se dirigirá contra la inactividad de la Administración.

b) Administración como demandada

Ya hemos visto que siempre debe recurrirse una actuación administrativa. Por ello, la posición de demandado siempre será ocupada por la Administración autora del acto administrativo. Las más de las veces ésta será la que prestó la asistencia sanitaria, aunque en circunstancias excepcionales no coincide.

c) Compañía de seguros como codemandada

Salvo contadas excepciones, como la Junta de Extremadura y la Generalitat Valenciana, las Administraciones sanitarias suelen tener contratos para asegurar el riesgo de la prestación sanitaria.

Como se ha expuesto en el segundo epígrafe, desde la modificación del art. 21 LJCA por la LO 19/2003, las aseguradoras tienen consideración de partes demandadas en el proceso a efectos de la correcta constitución de la litis. En cualquier caso, para algunos órganos judiciales, ello dependerá de lo manifestado en el suplico de la demanda para poder tenerlas como demandadas a efectos de ulteriores condenas e, inclusive, de ser beneficiarias de una posible condena en costas. Así, la STSJ de Aragón de 19 de enero de 2021 en una demanda que sólo se dirigió frente a la Administración autonómica, falló que «*debían* ser impuestas a la parte actora las costas de la Administración demandada. No así las de la compañía aseguradora (...), que compareció como codemandada en virtud del emplazamiento del artículo 49.1 de la LJCA»[62].

En nuestra opinión, el JCA o TSJ no debería pronunciarse sobre la cobertura o no del siniestro por la póliza, por tratarse de la interpretación de un contrato de seguro de gran riesgo cuyo conocimiento corresponde a la jurisdicción civil. No obstante, entre otras, la STSJ de Aragón de 25 de octubre de 2017 ha entrado a resolver esta cuestión porque «estos argumentos no son aceptables [ya que] fue la administración la que, en el ámbito de su competencia, contrató un seguro (...) para cubrir las contingencias que pudieran derivar de la atención sanitaria a pacientes en centros médicos y hospitalarios dependientes del Servicio Aragonés de Salud. [A ello añadió que, ese contrato se *calificaba* como de gran riesgo (...) y el hecho de que aquí se trata q*uedaba* claramente fuera de esa cobertura, porque el siniestro había acontecido antes de la fecha de inicio de los efectos del contrato, y en cuanto a los hechos anteriores no estaba incluido conforme a ella»[63].

B. Variaciones en las posiciones procesales

Las posiciones que acabamos de ver antes pueden experimentar variaciones cuando alguno de los codemandados se considere perjudicado por la resolución de la reclamación de responsabilidad patrimonial.

---

62 FJ 6 STSJ de Aragón 13/2021, de 19 de enero (núm. rec. 110/2018 y [*Tol 8342424*]).

63 FJ 8 STSJ de Aragón 424/2017 de 25 de octubre (núm. rec. 232/2016 y [*Tol 6440641*]).

a) Demandas de compañías de seguros contra la Administración

Recordemos que la resolución que estima la responsabilidad patrimonial afecta al contrato de seguro suscrito por la Administración sanitaria ya que será la compañía aseguradora la que abone la indemnización. Pese a que suele establecerse un procedimiento en el contrato de seguro para evitar discrepancias, en algunas ocasiones, la aseguradora puede no estar conforme con la resolución de la Administración y acudir a la jurisdicción contencioso-administrativa para proteger sus intereses. En estos casos, ocurrirá que el paciente se personará, sí así lo considera, como codemandado de la Administración para defender la actuación administrativa impugnada.

Sobre esta cuestión, sin embargo, todavía no existe jurisprudencia del TS que haya unificado doctrina frente a sentencias contradictorias inclusive del mismo órgano judicial. Así, la STSJ de Aragón de 7 de octubre de 2015 declaró la falta de legitimación de la Compañía aseguradora de la Administración al considerarla un agente a la misma. Indicó al respecto:

> «*En el presente caso, en el que media la asunción voluntaria de una obligación indemnizatoria supeditada a una previa declaración de responsabilidad patrimonial que se define como riesgo asegurado en un contrato de seguro, parece oportuno denegar el efecto legitimador de estas consecuencias o efectos reflejos, pues dependen de una relación jurídica a la que el asegurador es totalmente ajeno; y al efecto no parece ocioso traer a colación lo dispuesto en el art. 74 L 50/1980, que establece como regla general la asunción por el asegurador de la defensa del asegurado, sin otorgar a aquél legitimación alguna para discutir la responsabilidad de éste, así como la constante jurisprudencia que deniega al subarrentario cualquier legitimación en las cuestiones que afectan al contrato de arrendamiento principal (SAP Granada nº 38/2014, Recurso 581/2013)*»[64].

Para la Sala de lo contencioso-administrativo, si aseguradora entendía que el siniestro no estaba cubierto, debió negarse al pago, en cuyo caso la pretensión sobre la interpretación de la obligación derivada del contrato de gran riesgo correspondería la jurisdicción civil.

Sin embargo, la STSJ de Aragón de 16 de julio de 2015, sin negar la legitimación, sentenció que la cuantificación del daño causado efectuada por la Administración, y del que respondía la compañía de seguros, debía ser objeto de una minoración, estimando en parte la demanda formulada:

---

64 FJ 3 f) STSJ de Aragón 520/2015 de 7 de octubre (núm. rec. 95/2013 y [*Tol 5553276*]).

«Para la valoración del daño, la segunda propuesta de resolución de 24 de agosto de 2012, mediante la aplicación del RDL 8/2004 en base a los posibles días de incapacidad (entre seis meses y un año) valoró la indemnización en 15.508,40 euros. El dictamen nº 178/2012 del Consejo Consultivo de Aragón, en sesión de 16 de octubre de 2012, considerando que debe indemnizarse el daño moral sufrido por la reclamante y sus hijas como consecuencia de que el fallecimiento del esposo y padre se produjera entre seis y doce meses antes (en promedio nueve meses) de lo que razonablemente hubiera acaecido, y siguiendo el criterio establecido en el artículo 114 de la Ley 30/1992, estima una cantidad de 38.000 euros (20% de la cantidad reclamada), y así lo estimó la resolución recurrida.

Sin embargo, atendiendo a la valoración de la prueba que se ha realizado, con especial atención al informe de las forenses en su apreciación de que el resultado de cualquier tratamiento hubiera resultado de pronóstico más limitado que el señalado en el informe de la inspección médica, la Sala considera más adecuada la cantidad de 10.000 euros, como indemnización actualizada al momento presente, sin intereses dada la falta de liquidez de la cantidad señalada y la actualización a la fecha actual, y contemplando todos los perjuicios de todo orden derivados de la actuación objeto del presente proceso»[65].

b) *Demandas de hospitales y clínicas privadas contra la Administración*

No podemos olvidar que la Administración en determinadas ocasiones contrata o adjudica acuerdos de acción concertada con centros sanitarios privados la realización de prestaciones sanitarias incluidas en la cartera de servicios.

En los casos de contratistas, como han expuesto VIDAL y MANENT en los caps. 6 y 7 (págs. 418 a 424 y 510 a 517), debemos acudir a art. 196 de la Ley 9/2017, de 8 de noviembre, de contratos del sector público (LCSP), el que regula la indemnización de los daños y perjuicios causados a terceros. Aunque esta cuestión enfrenta a la doctrina legal y la jurisprudencia —la primera mantiene una interpretación garantista y la segunda realiza una interpretación literal del art. 196.2 LCSP— en la práctica las resoluciones administrativas se pronuncian tanto si la responsabilidad es de la Administración o del contratista[66].

---

[65] FJ 5 STSJ de Aragón 424/2015, de 16 de julio (núm. rec. 14/2013 y [*Tol 5221151*]).

[66] Según han desarrollado VIDAL y MANENT en los caps. 6 y 7 del tratado (págs. 418 a 424 y 592 a 505), para el CdE y la mayoría de los consejos consultivos y comisiones asesoras de las CCAA, tanto sea el daño imputable a la Administración como al contratista, será necesario tramitar una reclamación de responsabilidad patrimonial, y si ésta es estimatoria, resarcir al reclamante, y cuando proceda, repetir contra el contratista. En cambio, el TS considera que solo deberá tramitarse la reclamación cuando el daño deba atribuirse, conforme el art. 169.2 LCSP, a la

Respecto de los adjudicatarios de acción concertada, aunque no son muchos los pronunciamientos recaídos hasta la fecha, los escasos que existen apuntan a la necesidad de tramitar una reclamación de responsabilidad patrimonial, y posteriormente, demandar a la Administración sanitaria y el prestador del servicio ante la jurisdicción contencioso-administrativa[67]

En sede de responsabilidad patrimonial sanitaria, las más de las veces la lesión antijurídica será imputable al contratista o adjudicatario de la acción concertada. Pues bien, si la Administración sanitaria estima la reclamación e imputa el daño al contratista puede ocurrir que éste muestre su disconformidad con el acto administrativo en sede jurisdiccional. Así ocurrió en la SJCA núm. 5 de Zaragoza de 10 de mayo de 2010 que desestimó el recurso contencioso-administrativo promovido por el contratista al entender que «la resolución del procedimiento administrativo era ajustada al ordenamiento jurídico imputando la responsabilidad al contratista»[68].

c) *Falta de legitimación pasiva de las mutualidades de funcionarios*

Según ha expuesto VIDAL en el cap. 6 de esta obra (págs. 433 y 434), las mutualidades de funcionarios no deben responder por los daños causados por sus contratistas, porque «la prestación sanitaria efectuada [es] de exclusiva responsabilidad de ésta[s]».

Administración. Si recae en la órbita del contratista, el perjudicado deberá deducir demanda ante la jurisdicción ordinaria. Para aquellos supuestos en los que la víctima dude, podrá recabar el parecer de la Administración mediante el sencillo procedimiento contemplado en el art. 196.3 LCSP, el que se oirá al contratista.

67 El ATSJ de la Comunidad Valenciana de 25 de abril de 2023, recaído en el procedimiento ordinario 523/2022, respondió a una alegación previa de la Generalitat Valenciana en la que cuestionaba su legitimación pasiva puesto que el causante del daño había dejado de ser un contratista de la Generalitat Valenciana y desde 2017 tenía suscrito un acuerdo de acción concertada. La Sala, apartándose del criterio del ministerio fiscal consideró que tenía legitimación pasiva porque en vía administrativa lo había considerado como «contratista» y porque el paciente había sido derivado desde un hospital de la Generalitat. El DCJCVal 147/2023, de 22 de febrero, a modo de *obiter dictum* señaló que la legitimación pasiva de los adjudicatarios de acción concertada de la Ley 7/2017, de 30 de marzo, de la Generalitat Valenciana, sobre acción concertada para la prestación de servicios a las personas en el ámbito sanitario, la cual derivaría de la LACVal, la cual tendría un precepto equivalente al art. 1961 LCSP.

68 FJ 5 SJCA núm. 5 de Zaragoza 148/2010, de 10 de mayo (núm. rec. 416/2008).

Como es sabido, cada mutualidad «gestiona el régimen especial de seguridad social de (…) [un colectivo de] funcionarios públicos (…). Dicho régimen incluye entre su acción protectora la asistencia sanitaria que (…) puede prestarse bien directamente —lo que nunca ha ocurrido— bien mediante [contrato] (…) con otras entidades o establecimientos públicos o privados, estando facultado el mutualista para elegir la entidad concreta a cuyo servicio se acoge»[69].

Por este motivo, debido a la libertad de elección del mutualista, las mutualidades de funcionarios carecen de legitimación pasiva en los recursos contencioso-administrativo que tengan por objeto una reclamación de responsabilidad sanitaria. Si el mutualista pretende ser indemnizado deberá demandar a aquellas ante la jurisdicción ordinaria.

d) Administraciones como codemandadas

No es inusual la concurrencia de varias administraciones en la asistencia sanitaria en la que, el paciente o ciudadano, centra la relación de causalidad para imputar el daño. Aunque esta cuestión es tratada por FORJÁN en el cap. 12 (págs. 831 a 849) no queremos dejar pasar la oportunidad de resaltar que en estos casos la Administración autora de la actuación administrativa ostenta la posición de demandada y el resto de codemandada.

La principal diferencia entre ambas posiciones consiste en que el plazo para contestar a la demanda se otorga en primer lugar a la Administración demandada, a la que se le da traslado del expediente administrativo. Posteriormente, tras su contestación, una vez entregado el expediente administrativo, el plazo para contestar de los codemandados es único para todos ellos.

2) Mención especial al ejercicio de acciones colectivas por colegios oficiales de personal sanitario

El art. 19.1 b) de la Ley 29/1998, de 13 de julio, reguladora de la jurisdicción contencioso-administrativa, reconoce legitimación a las «las corporaciones, asociaciones, sindicatos y grupos y entidades [de afectados, uniones sin personalidad y patrimonios separados] (…) o estén legalmente habilitados para la defensa de los derechos e intereses legítimos colecti-

---

[69] CJ 3 DCdE de 27 de julio de 2009 (núm. exp. 1123/2009).

vos». Estas personas o entidades podrán ejercer acciones en defensa de sus afiliados o miembros, incluso para reclamar daños morales.

Entre estos colectivos debe incluirse a los colegios profesionales, los cuales son «algo más que una mera asociación (reguladas éstas en el artículo 22 CE), desde el momento en que la Ley les permite gestionar determinados intereses públicos, reuniendo la doble condición de asociación que defiende los intereses privados de sus colegiados; pero también Administración corporativa que gestiona y tiene encomendados intereses indiscutiblemente públicos»[70].

La cuestión radica en determinar si la mera consideración de un colegio profesional —por ejemplo, un colegio de médicos— como Administración corporativa les legitima para litigar en nombre de sus colegiados en toda clase de pleitos. Este parece ser el criterio de las sentencias del JCA núm. de 3 de Alicante de 13 de enero de 2022 y del TSJ de la Comunidad Valenciana de 1 de septiembre de 2022[71].

Ambas reconocieron una indemnización, en concepto de daños morales, de 10.000 euros a los médicos que durante la pandemia de la Covid-19 trabajaron en hospitales y centros de salud de titularidad privada por no haber sido vacunados a principios de 2021. Lo singular radica en el hecho de que la acción fue ejercitada por el Colegio Oficial de Médicos de la Provincia de Alicante. Según dijera el JCA núm. 3 de Alicante, «el Colegio Oficial de Médicos en tanto que Administración corporativa *estaba* legitimada para la interposición del recurso contencioso-administrativo [ya que ante la inactividad de la Generalitat Valenciana tuvo que] (…) acudir a los tribunales en defensa de sus colegiados»[72]

Sobre esta cuestión, puede consultarse el cap. 10 de este tratado, ya que ha sido abordada por HURTADO (págs. 671 a 673). También el cap. 23 de esta obra (págs. 1754 a 1758), redactado por RAMOS, en la que comenta las citadas sentencias.

---

70 FJ 1 SJCA núm 3 de Alicante 5/2022, de 13 de enero (núm. rec. 3/2021 y [*Tol 8736846*]).

71 SJCA núm. 3 de Alicante 5/2022, de 13 de enero (núm. rec. 3/2021 y [*Tol 8736846*]) y STSJ de la Comunidad Valenciana 293/2022, de 1 de septiembre (núm. rec. 69/2022 y [*Tol 9249826*]).

72 FJ 7 SJCA núm. 3 de Alicante 5/2022, de 13 de enero (núm. rec. 3/2021 y [*Tol 8736846*]).

3) Mención especial a la aseguradora de la Administración Pública

En los recursos contencioso-administrativo por responsabilidad patrimonial sanitaria, como se acaba de exponer, las aseguradoras de la Administración sanitaria están legitimadas pasivamente y su presencia es necesaria para que la relación jurídico procesal esté bien formada. Ahora bien, si el recurrente no realiza petición alguna respecto de ellas en el suplico de su demanda, éstas no podrán ser condenadas en sentencia. Para evitar esta anomalía, en la práctica, los juzgados y tribunales del orden contencioso-administrativo suelen requerir a la Administración para que declare si el riesgo está asegurado.

Todo ello se entiende, sin perjuicio de que, obviamente, lleguen a responder después en cumplimiento de la relación que las vincula con el tomador del seguro, en un pago que ya se realizará fuera del ámbito del procedimiento contencioso. Ahora bien, si en la demanda se realiza una petición de condena contra la aseguradora, si el fallo es estimatorio, ésta será condenada junto con la Administración. Al fin y al cabo, el art. 9.4 LOPJ permite ejercitar la acción directa del contrato de seguro en vía contencioso-administrativa, lo que implica la necesidad de decidir respecto de la misma[73].

Naturalmente, cuando hablamos de condenar a una aseguradora solidariamente junto con la Administración, dicho pronunciamiento lo será a efectos meramente prejudiciales (art. 4 LJCA). Dicho con otras palabras, la condena que se dicte no causará cosa juzgada más que en cuanto al deber de indemnizar, en esta causa, al demandante, pero no impedirá posibles acciones civiles de repetición entre las partes, que serán libremente valoradas por el juez civil sin sujeción a lo que aquí se diga.

Adicionalmente, hemos de manifestar que el emplazamiento a dicha aseguradora deviene siempre obligatorio en esta clase de procedimientos por exigencias legales de conformidad con lo previsto en el art. 21 LJCA.

---

[73] STSJ de Castilla-La Mancha 145/2022, de 7 de abril (núm. rec. Apelación 464/2019 y [*Tol 8957207*]). En virtud de la acción directa del art. 76 de la Ley 50/1980, de 10 de octubre, del contrato de seguro, en caso de riesgos cubiertos por un seguro de responsabilidad civil el perjudicado puede reclamar directamente contra la compañía de seguros la indemnización «olvidándose de la figura del asegurado». GALLARDO CASTILLO, María Jesús (2021): *Administración sanitaria y responsabilidad patrimonial, op. cit.* pág. 54.

Esta exigencia, como ha destacado GALLARDO ha dejado algunos problemas pendientes de resolución[74].

Por último, cabe destacar que la posición procesal de la aseguradora como codemandada en el proceso está sujeta a ciertas ataduras o limitaciones. Se infiere con claridad del precepto del que surge su legitimación *ope legis,* que éste únicamente le permite personarse como codemandado para defender legalidad de la actuación administrativa, pero no para solicitar la anulación o modificación del acto impugnado. Para ello, debería ocupar la posición procesal del demandante, lo que requiere la interposición del correspondiente recurso contencioso-administrativo frente a aquella actuación, puesto que la figura del coadyuvante ha desaparecido en la vigente ley procesal.

Se impone, por tanto, en procesos en que pudiesen suscitarse estos fraudes procesales no tomar en consideración las pretensiones deducidas por las referidas entidades codemandadas, en cuanto puedan venir a reforzar la posición y pretensiones de la recurrente.

Por lo demás, para cualquier otra cuestión relativa a las aseguradoras de la Administración sanitaria puede consultarse el cap. 8 del tratado, ela-

---

74 GALLARDO CASTILLO, María Jesús (2021): *Administración sanitaria y responsabilidad patrimonial, op. cit.* págs. 50 a 58. Entre los problemas que el litisconsorcio pasivo necesario de la Administración y la compañía de seguros plantea, puede mencionarse la imprevisión de las consecuencias de un allanamiento de la Administración en el recurso contencioso-administrativo, que dejaría la vigencia de la acción frente al codemandado y, al cabo, un litigio contencioso-administrativo que perviviría entre dos sujetos particulares. Otra cuestión que plantea GALLARDO es el orden competente para conocer de petición de la acción directa contra la aseguradora cuando previamente el reclamante desistió del procedimiento administrativo de responsabilidad patrimonial, el cual terminó con una resolución que «*consistió* en la declaración de la circunstancia que concurra en cada caso, con indicación de los hechos producidos y las normas aplicable» (art. 21.1 LPAC). Para esta autora, «ante este panorama el art. 35 LRJSP, si bien no con la claridad que hubiera sido deseable [al estar] dejando subsistente la posibilidad de ejercitar de ejercitar la acción directa, se decanta por exigir la responsabilidad conforme a las reglas establecidas en los arts. 32 y siguientes [y en consecuencia] (…) la opción del interesado por la acción directa contra la aseguradora no muta la naturaleza jurídica ni las reglas de la responsabilidad que siguen siendo las propias de derecho público. Y aunque el precepto no menciona que la jurisdicción contencioso-administrativa sea la competente para conocer del conflicto que eventualmente pueda suscitarse, parece que ello va de suyo, en tanto que de su lectura puede inferirse que incluso en caso de acción directa la tramitación que habrá de seguirse es la prevista en esta Ley». *Ibidem* pág. 56.

borado por CARRILLO y dedicado monográficamente a las compañías de seguro en la responsabilidad patrimonial sanitaria.

4) Mención especial a las Administraciones Públicas no destinatarias de la reclamación en vía administrativa

En aquellos autos que se formen tras haber dirigido los demandantes su reclamación de responsabilidad patrimonial frente a una concreta Administración Pública, por no haber resuelto ésta en plazo, posteriormente, no se podrá ampliar el recurso contra otras AAPP que no hubiesen intervenido en el procedimiento administrativo.

En este recurso contencioso-administrativo, las mismas no ostentan la condición de interesada, máxime cuando los recurrentes tampoco lleguen a efectuar en sus escritos de demanda pretensión alguna deducida frente a estas. En definitiva, podría afirmarse que lo expuesto impide considerar a estas otras Administraciones distintas de la destinataria de la reclamación en vía administrativa como parte demandada ex art. 21.1.a) LJCA.

VI. EL OBJETO DEL RECURSO CONTENCIOSO-ADMINISTRATIVO Y PLAZO PARA RECURRIR

A la hora de estudiar los requisitos para recurrir en vía contencioso-administrativa las reclamaciones de responsabilidad patrimonial sanitaria se impone analizar el objeto del recurso y el plazo para recurrir, así como el examen de la prescripción.

1) Objeto del recurso

El objeto del recurso contencioso-administrativo se encuentra regulado en el art. 25 LJCA. Éste señala lo siguiente:

> Art. 25 LJCA
>
> «1. *El recurso contencioso-administrativo es admisible en relación con las disposiciones de carácter general y con los actos expresos y presuntos de la Administración pública que pongan fin a la vía administrativa, ya sean definitivos o de trámite, si estos últimos deciden directa o indirectamente el fondo del asunto, determinan la imposibilidad de continuar el procedimiento, producen indefensión o perjuicio irreparable a derechos o intereses legítimos.*

2. También es admisible el recurso contra la inactividad de la Administración y contra sus actuaciones materiales que constituyan vía de hecho, en los términos establecidos en esta Ley».

A. Actos expresos o presuntos

En las reclamaciones de responsabilidad patrimonial sanitaria, lo habitual es recurrir los actos expresos o presuntos. En el caso de los servicios autonómicos de salud, habrá que estar a sus normas de organización administrativa, si bien, en la mayoría de los casos corresponde al consejero titular del departamento en materia de sanidad o al máximo responsable del organismo autónomo. En el supuesto de reclamaciones contra organismos públicos de la AGE, según se ha escrito en el ap. 4 del tercer epígrafe: tratándose de INGESA, la competencia corresponde al ministro de sanidad; en el caso de AEPS a su director.

Tanto en uno como en otro caso, de acuerdo con el art. 114.2 d) LPAC, estas resoluciones ponen fin a la vía administrativa. Así lo establece el art. 114.1 e) LPAC al señalar, con carácter básico, que «la resolución administrativa de los procedimientos de responsabilidad patrimonial, cualquiera que fuese el tipo de relación, pública o privada, de que derive» pone fin a la vía administrativa. Queda a salvo, no obstante, el recurso potestativo de reposición.

Adicionalmente, el art. 91.3 LPAC indica, también con carácter básico, que «transcurridos seis meses desde que se inició el procedimiento sin que haya recaído y se notifique resolución expresa o, en su caso, se haya formalizado el acuerdo, podrá entenderse que la resolución es contraria a la indemnización del particular».

B. Inactividad de la Administración

Puede ocurrir que el recurso se dirija contra la inactividad de la Administración sanitaria. Para estos casos, el art. 29 LJCA establece lo siguiente:

Art. 29 LJCA.

«1. Cuando la Administración, en virtud de una disposición general que no precise de actos de aplicación o en virtud de un acto, contrato o convenio administrativo, esté obligada a realizar una prestación concreta en favor de una o varias personas determinadas, quienes tuvieran derecho a ella pueden reclamar de la Administración el cumplimiento de dicha obligación. Si en el plazo de tres meses desde la fecha de la reclamación, la Administración no hubiera dado cumplimiento a lo solicitado o no hubiera llegado a un acuerdo con los interesados, éstos pueden deducir recurso contencioso-administrativo contra la inactividad de la Administración.

2. Cuando la Administración no ejecute sus actos firmes podrán los afectados solicitar su ejecución, y si ésta no se produce en el plazo de un mes desde tal petición, podrán los solicitantes formular recurso contencioso-administrativo, que se tramitará por el procedimiento abreviado regulado en el artículo 78».

A título de ejemplo, en la asistencia sanitaria un supuesto habitual de inactividad es la demora en cumplir el plazo de pago al ciudadano después de haber estimado una reclamación de responsabilidad patrimonial.

Conviene recordar que el precepto determina el procedimiento. Así en caso de inactividad de la Administración se tramitará su impugnación judicial por el procedimiento abreviado, aunque la competencia corresponda a una Sala de lo Contencioso-administrativo de un Tribunal Superior de Justicia o de la Audiencia Nacional.

2) Plazo para recurrir

El art. 46 LJCA regula el plazo de interposición del recurso contencioso-administrativo. Así, de acuerdo con este precepto, el plazo será de dos meses cuando se trate de actos expresos, y de 6 meses cuando la reclamación se desestime por silencio administrativo:

Art. 46 LJCA.

«1. El plazo para interponer el recurso contencioso-administrativo será de dos meses contados desde el día siguiente al de la publicación de la disposición impugnada o al de la notificación o publicación del acto que ponga fin a la vía administrativa, si fuera expreso. Si no lo fuera, el plazo será de seis meses y se contará, para el solicitante y otros posibles interesados, a partir del día siguiente a aquél en que, de acuerdo con su normativa específica, se produzca el acto presunto.

2. En los supuestos previstos en el artículo 29, los dos meses se contarán a partir del día siguiente al vencimiento de los plazos señalados en dicho artículo».

A pesar de la literalidad del art. 46.1 LJCA, desde hace ya tiempo la jurisprudencia viene reiterando que, en el caso de actos presuntos, el plazo permanecerá abierto mientras no recaiga resolución expresa. Dicho con otras palabras, las resoluciones que desestimen reclamaciones de responsabilidad patrimonial por silencio administrativo no están sujeta al plazo de caducidad previsto en el art. 46.1 LJCA.

Así lo entiende el Tribunal Constitucional (TC), y así lo ha reflejado, entre otras en su STC de 10 de abril de 2014. En ella concluyó lo siguiente:

«Sentado lo anterior podemos valorar la incidencia de la reforma de 1999 de la Ley 30/1992 en el entendimiento del inciso segundo del art. 46.1 LJCA cuestionado

en este proceso y, subsiguientemente, resolver la duda de constitucionalidad que nos plantea el órgano judicial.

Con la reforma de la Ley 30/1992 operada por la Ley 4/1999, de 13 de enero, recobró pleno vigor la regulación tradicional en nuestro Derecho según la cual el silencio negativo es una mera ficción legal que abre la posibilidad de impugnación, pero que deja subsistente la obligación de la Administración de resolver expresamente (cfr. arts. 42 a 44 LPC según la redacción dada a los mismos por la Ley 4/1999 y, en particular, arts. 42.1, 43.1 y 43.4).

En suma, con arreglo a la nueva ordenación del silencio administrativo introducida por la Ley 4/1999 ya no tienen encaje en el concepto legal de "acto presunto" los supuestos en los que el ordenamiento jurídico determina el efecto desestimatorio de la solicitud formulada, pues en tales supuestos el ordenamiento excluye expresamente la constitución ipso iure de un acto administrativo de contenido denegatorio.

Los arts. 42 a 44 LPC fueron modificados por la Ley 4/1999 teniendo a la vista el régimen legal de impugnación de los "actos presuntos" establecido en el art. 46.1 LJCA, precepto que no fue derogado ni modificado con ocasión o como consecuencia de dicha reforma. Por tanto, habida cuenta de que, primero, el inciso segundo del art. 46.1 LJCA que regula el plazo de impugnación del "acto presunto" subsiste inalterado; segundo, que tras la reforma de 1999 de la Ley 30/1992 en los supuestos de silencio negativo ya no existe acto administrativo alguno finalizador del procedimiento (art. 43.2 LPC), ni un acto administrativo denominado "presunto" basado en una ficción legal como se desprendía de la redacción originaria de la Ley 30/1992, y tercero, que la Administración sigue estando obligada a resolver expresamente, sin vinculación al sentido negativo del silencio [arts. 42.1 y 43.3 b) LPC], el inciso segundo del art. 46.1 LJCA ha dejado de ser aplicable a dicho supuesto. En otras palabras, se puede entender que, a la luz de la reforma de 1999 de la Ley 30/1992, la impugnación jurisdiccional de las desestimaciones por silencio no está sujeta al plazo de caducidad previsto en el art. 46.1 LJCA.

Así entendido, es manifiesto que el inciso legal cuestionado no impide u obstaculiza en forma alguna el acceso a la jurisdicción de los solicitantes o los terceros interesados afectados por una desestimación por silencio. Por todo ello, procede declarar que el inciso legal cuestionado no vulnera el art. 24.1 CE»[75].

3) Examen de la prescripción

Para determinar si una reclamación de responsabilidad patrimonial está prescrita es preciso distinguir según se trate daños corporales, materiales o morales.

---

75 STC 52/2014, de 10 de abril de 2014 (cuestión de inconstitucionalidad 2918-2005). La cuestión de inconstitucionalidad se dirigió a interpretar el art. 46.1 LJCA y fue planteada por la sección segunda de la Sala de lo Contencioso-administrativo del TSJ de Castilla-La Mancha. Como consecuencia de la STC 52/2014, las SSTSJ de Castilla-La Mancha estimaron sendos recursos contencioso-administrativos en los que el art. 46.1 LJCA se había aplicado estrictamente.

A. Daños corporales

Son muchos los procesos judiciales en donde la defensa procesal de la Administración introduce la objeción de la temporalidad de la acción, sometida a plazos fugaces. En este sentido, tal y como se ha expuesto por YÁÑEZ en el cap. 13 del tratado (págs. 865 y 866), en esta materia rige el principio *pro actione*. Además, según advierte GÓMEZ GARCÍA DE MERCADO, los plazos son de prescripción y no de caducidad[76].

Cuando se trata de lesiones corporales debemos tener claro el debate se resolverá en atención a la fecha de la estabilidad lesional, esto es, en la fecha en la que las secuelas hubiesen quedado perfectamente determinadas. Esta regla se modula por el principio de la *actio nata*, el cual facilita que el *dies a quo* coincida con el día de alta médica.

Sobre este particular, hay que resaltar que el *dies a quo* no se corresponde con la declaración de incapacidad por la Seguridad Social[77]. Además, debe aclararse que el plazo para reclamar una indemnización de la Administración no se reabre con motivo de la resolución de esa otra tipología de procedimientos de carácter social.

Por otro lado, hemos de señalar que el carácter crónico o continuado de una enfermedad no permite dejar abierto el plazo para reclamar *sine die*. Existirá «un determinado momento de su evolución [en el que se conozca] su alcance y secuelas definitivas o al menos de aquellas cuya concreta reparación se pretende»[78]. Lo único que puede decirse es que el inicio del plazo de prescripción será distinto según los daños sean permanentes o continuados, cuestión ésta, que al ser sido analizada por YÁÑEZ en el cap. 13 de esta obra (págs. 866 a 878), damos aquí por reproducido lo allí escrito.

B. Daños morales

Según ha expuesto HURTADO en el cap. 10 de este tratado, de una negligente intervención médica pueden derivarse no sólo daños corpo-

---

76 GARCÍA GÓMEZ DE MERCADO, Francisco (2009): *Responsabilidad Patrimonial de la Administración*, Comares, Granada, pág. 76.

77 Así lo ha entendido la STS 463/2019, de la Sala de lo Contencioso-administrativo, de 4 de abril (núm. rec. 4399/2017 y [*Tol 7177863*]), que descartó que la declaración de incapacidad laboral produjera efectos extintivos ya que ésta limitaba sus efectos al ámbito laboral y de la Seguridad Social.

78 FJ 2 STS de 28 de junio de 2011 (núm. rec. 6372/2009 y [*Tol 2170601*].

rales sino también morales. Éstos se pueden infringir tanto a la víctima como a sus allegados. Son los denominados daños morales indirectos o de rebote.

En este último caso el plazo de prescripción no tiene por qué coincidir con el del daño corporal. En aplicación del principio de la *actio nata,* los familiares o padres de un hijo podrían tener conocimiento de la pérdida de salud en un momento posterior al alta médica, fecha que suele tomarse como referencia para fijar el *dies a quo* para la reclamación de la víctima.

C. Daños materiales

A los efectos de determinar si la acción está prescrita o no, resulta esencial concretar qué es lo que la parte actora reclama. En este sentido, cuando no nos encontremos en un procedimiento en el que se reclaman daños personales, sino que lo que se demanda son daños materiales —como los gastos por asistencia en una clínica privada que haya que tenido que adelantar el recurrente por falta de atención en la sanidad pública— hay que acudir al criterio de la *actio nata.*

Pues bien, en estos casos, «el computo de la prescripción se inició en el momento de abono de la última factura, pues en ese momento el perjudicado tuvo conocimiento cierto del daño»[79].

Por tanto, siempre que se constate que hubiese transcurrido más de un año desde el abono de la última factura hasta la reclamación administrativa, la acción estará prescrita salvo que quedase demostrado que el tratamiento en la sanidad privada siga su curso o tenga continuidad. En supuestos como este, el plazo de un año pudiera ser considerado un simple período de inactividad temporal dentro de un tratamiento más largo que no hubiera concluido.

---

79 FJ 1 STSJ de Castilla-La Mancha 179/2021, de 9 de noviembre (núm. rec. 123/2019 y [*Tol 8730624*]).

VII. EL PROCESO CONTENCIOSO-ADMINISTRATIVO Y LOS RECURSOS

1) Procedimiento ordinario

El procedimiento ordinario es preminentemente escrito. Se inicia con el escrito de interposición, en el que debe señalarse el acto recurrido. Posteriormente, el órgano jurisdiccional reclama el expediente administrativo y emplaza al demandante para formular demanda por 20 días.

Presentada la demanda, se da traslado de la misma a la Administración demandada, para que, una vez recibido el expediente administrativo, conteste a la demanda. A tal efecto dispondrá de 20 días. Los mismos que disponen los codemandados, pero éstos de manera simultánea.

En la demanda —y en la contestación— deberá solicitarse el recibimiento del pleito a prueba mediante otrosí. En él deberán fijarse los hechos sobre los que versará, la justificación de utilidad de la misma y los medios de prueba concretos que se propone. De la misma manera, también mediante otrosí, las partes deberán cuantificar el recurso.

Mediante auto la sala de lo contencioso-administrativo fijará su cuantía, salvo que las partes coincidan en su cuantificación en cuyo caso se realizará por el letrado de la Administración de justicia mediante decreto. La admisión de la prueba se realizará mediante auto.

Tras la práctica de la prueba, se dará traslado a la parte actora para formular por escrito las conclusiones. Y posteriormente a todos los demandados en plazo común quedando los autos pendientes de sentencia.

Todos los plazos, excepto el de interponer y preparar recursos exigen, caso de haber trascurrido el plazo sin presentar el escrito, que el letrado de Administración de Justicia declare caducado el derecho y por perdido el trámite que hubiere dejado de utilizarse. Admitiéndose el escrito que proceda, y producirá sus efectos legales, si se presentare dentro del día en que se notifique la resolución de caducidad del trámite (art. 128 LJCA).

2) Procedimiento abreviado

El procedimiento abreviado se encuentra regulado en el art. 78 LJCA. De acuerdo con el mismo, se inicia por demanda, en la que se fijarán los medios de prueba. Admitida a trámite, se reclama el expediente y se señala día para celebrar la vista. En este acto: se puede ampliar los argumentos a la vista del expediente administrativo; se formulan las contestaciones orales; se practica la prueba; y las conclusiones orales quedando los autos pendientes de sentencia.

Aunque no suele ocurrir en los recursos que tengan objeto una reclamación de responsabilidad patrimonial sanitaria, en los que la prueba pericial suele ser determinante, no queremos dejar pasar de largo la reforma del art. 78.3 LJCA por Ley 37/2011, de 10 de octubre. Desde entonces la parte actora puede expresar mediante otrosí en la demanda que el pleito sea declarado concluso para sentencia una vez se conteste a la demanda por escrito en 20 días. De ser así, no tendrá lugar ni la vista ni el recibimiento del pleito a prueba salvo que el demandado —o los codemandados— manifiesten dentro de los primeros 10 días para contestar a la demanda que interesan la práctica de la prueba. En este caso, necesariamente deberá adjuntarse a la contestación a la demanda el expediente administrativo. El hándicap de este proceso es que no cabe la práctica de la prueba dando conformidad con los hechos del expediente administrativo lo que mal casa con la responsabilidad patrimonial.

3) Recursos de apelación y casación

El recurso de apelación se interpondrá ante el JCA que hubiere dictado la sentencia que se apele, dentro de los quince días siguientes al de su notificación, mediante escrito razonado que deberá contener las alegaciones en que se fundamente el recurso. Tras el trámite de admisión y la presentación del escrito de oposición, en su caso, del apelado se elevan los autos al tribunal *ad quem* que tras las oportunas personaciones y la tramitación del procedimiento, pudiendo incluso llegarse a celebrar vista o conclusiones; dictará sentencia.

En el supuesto del recurso de casación se preparará ante la Sala de instancia en el plazo de treinta días, contados desde el siguiente al de la notificación de la resolución que se recurre, estando legitimados para ello quienes hayan sido parte en el proceso, o debieran haberlo sido. El art. 89 LJCA regula los pormenores del escrito de preparación del recurso, que será fundamental para la fase de admisibilidad del recurso.

El tribunal *a quo*, mediante auto motivado, tendrá por preparado el recurso de casación, ordenando el emplazamiento de las partes para su comparecencia ante la Sala de lo Contencioso-administrativo del TS.

La admisión o inadmisión a trámite del recurso será decidida por una Sección de la Sala de lo Contencioso-administrativo del TS, resolviendo la misma: mediante providencia de inadmisión o mediante auto de admisión que precisará las cuestiones en las que se entiende que existe interés casacional objetivo y se identificarán la norma o normas jurídicas que en principio serán objeto de interpretación, sin perjuicio de que la sentencia haya de extenderse a otras si así lo exigiere el debate finalmente trabado en el recurso.

Finalmente, una vez preparado el recurso y admitido, se da plazo para la presentación del escrito de interposición del recurso de casación. A continuación, se acordará dar traslado del escrito de interposición a la parte o partes recurridas y personadas para que puedan oponerse al recurso en el plazo común de treinta días y si no hay vista o se da ninguna circunstancia sobre la tramitación, se dicta sentencia.

La sentencia fijará la interpretación de aquellas normas estatales o de la UE sobre las que, en el auto de admisión a trámite, se consideró necesario el pronunciamiento del TS. Y, con arreglo a ella y a las restantes normas que fueran aplicables, resolverá las cuestiones y pretensiones deducidas en el proceso, anulando la sentencia o auto recurrido, en todo o en parte, o confirmándolos. Podrá asimismo, cuando justifique su necesidad, ordenar la retroacción de actuaciones a un momento determinado del procedimiento de instancia para que siga el curso ordenado por la ley hasta su culminación (art. 93.1 LJCA).

4) Recurso contencioso-administrativo sin reclamación de responsabilidad patrimonial previa

Como es sabido, para acudir a la jurisdicción contencioso-administrativa es necesario agotar la vía administrativa previa. Tratándose de peticiones indemnizatorias por daños causados por la Administración sanitaria la vía administrativa previa se concreta en la reclamación de responsabilidad patrimonial.

Ocurre, sin embargo, que, bajo determinadas premisas, el resarcimiento de los daños puede invocarse directamente ante los juzgados y tribunales del orden contencioso-administrativo previo.

Así resulta del art. 71.1 d) LJCA, el cual contempla que cuando «fuera estimada una pretensión de resarcir daños y perjuicios, (...) la sentencia fijará también la cuantía de la indemnización cuando lo pida expresamente el demandante y consten probados en autos elementos suficientes para ello».

Este precepto permite que, como pretensión accesoria se pueda solicitar una indemnización, guarda correlación con el art. 31 LJCA. Éste admite que el demandante pueda «pretender la declaración de no ser conformes a Derecho y, en su caso, la anulación de los actos (...) y, también, el reconocimiento de una situación jurídica individualizada y la adopción de las medidas adecuadas para el pleno restablecimiento de la misma, entre ellas, la indemnización de los daños y perjuicios cuando proceda».

Como señala GARCÍA GIL, desde hace ya más de 25 años, el art. 71.1 d) LJCA «además de señalar quién es el obligado a indemnizar, la sentencia debe fijar el quantum indemnizatorio, si el actor lo pide expresamente y constan en autos elementos suficientes para determinarlos»[80].

«Esta previsión, cuyo origen se encuentra en el artículo 360 de la LEC, obedece a razones de economía procesal y al deber de poner punto final a las situaciones litigiosas en beneficio de todos los litigantes. Sólo, por tanto, cuando el juzgador estime que no puede fijarse adecuadamente en la sentencia que dicte la cuantía de los daños y perjuicios, probados en el pleito, procede hacer la condena de ellos a reserva de fijar su importe en la fase de ejecución, lo que ha de efectuarse de conformidad con los artículos 103 y siguientes de la LJCA y mediante la actividad procesal que establecen los artículos 928 a 931 de la Ley procesal civil, siempre, claro está, sobre el presupuesto de que la cantidad resultante no exceda de la cuantía establecida como base de las pretensiones formuladas en la demanda»[81].

En principio, este precepto tiene poca relevancia en las reclamaciones de responsabilidad patrimonial sanitaria pues los recursos contencioso-administrativo que las vehiculan se dirigen a obtener un pronunciamiento de condena en el que reconozca una indemnización. Sin embargo, no puede descartarse que un acto, actuación o inactividad de la Administración sanitaria cause un daño, así como que como, consecuencia de su declaración de nulidad, pueda pretenderse una indemnización. Así puede suceder con los daños morales estudiados por HURTADO en el cap. 10 de este tratado.

---

80 GARCÍA GIL, Francisco Javier (1998): *El procedimiento contencioso-administrativo (conforme a la Ley 29/1998, de 13 de julio, reguladora de la jurisdicción contencioso-administrativa): comentarios y jurisprudencia,* Dilex, pág. 753. Con anterioridad a la LJCA, «el pronunciamiento judicial quedaba limitado a la declaración del derecho a la indemnización, cuya cuantificación se relevaba al trámite de ejecución de sentencia». *Idem.*

81 *Ibidem* págs. 753 y 754.

Un ejemplo lo encontramos en las sentencias del JCA núm. de 3 de Alicante de 13 de enero de 2022 y del TSJ de la Comunidad Valenciana de 1 de septiembre de 2022[82].

La primera reconoció, en un procedimiento para la protección de los derechos fundamentales, y la segunda confirmó en apelación, una indemnización a los médicos que durante la pandemia de la Covid-19 trabajaron en hospitales y centros de salud de titularidad privada sin estar vacunados a principios de 2021. El fallo apreció una vulneración del derecho a la igualdad en relación con los derechos a la vida e integridad física y protección de la salud ya que, en idéntica situación, la Generalitat Valenciana, había decidido vacunar a los médicos de hospitales y centros de salud del Sistema Valenciano de Salud. Adicionalmente reconoció, en concepto de daños morales de 10.000 euros para todos médicos.

Sobre esta cuestión, puede consultarse el cap. 10 de este tratado, ya que ha sido abordada por HURTADO (págs. 671 a 673). También el cap. 23 de esta obra (págs. 1754 a 1758), redactado por RAMOS, en la que comenta las citadas sentencias.

Aquí nos centramos en la inexistencia de reclamación de responsabilidad patrimonial previa. Como dijera la SJCA núm. 3 de Alicante de 13 de enero de 2022, era tan válido interponer un recurso contencioso por inactividad, a través de «proceso por vulneración de Derecho fundamentales, en reclamación de cuantos daños materiales personales o morales pudieran resultar (…) como iniciar un procedimiento de responsabilidad patrimonial ante la propia Administración», y posteriormente interponer un recurso contencioso-administrativo[83].

5) La prestación de ayuda a morir

En último lugar, aun cuando técnicamente no sea un supuesto de responsabilidad patrimonial, debemos indicar que la LO 3/2021, de 24 de marzo, de regulación de la eutanasia (LORE), ha creado las «comisiones

---

82 SJCA núm. 3 de Alicante 5/2022, de 13 de enero (núm. rec. 3/2021 y [*Tol 8736846*]) y STSJ de la Comunidad Valenciana 293/2022, de 1 de septiembre (núm. rec. 69/2022 y [*Tol 9249826*]).

83 FJ 7 SJCA núm. 3 de Alicante 5/2022, de 13 de enero (núm. rec. 3/2021 y [*Tol 8736846*]).

de garantía y evaluación» de las peticiones de suicidio asistido[84]. Éstas tienen ámbito autonómico y dependen de las CCAA. Son órganos administrativos cuyos actos son plenamente recurribles ante la jurisdicción contencioso-administrativa, aunque la norma sólo regulase las desestimaciones de la prestación[85].

Al respecto la STC 19/2023 ha indicado lo siguiente:

> «*La apertura del control judicial cuya previsión echan en falta los recurrentes provienen directamente, sin necesidad de recordatorio legal, de la legislación procesal, que así cumple aquellos imperativos constitucionales* (...). *En definitiva, el legislador no ha cerrado el paso a la eventual impugnación judicial de las resoluciones que reconocen el acceso a la prestación, impugnación que podría plantear quien adujera el incumplimiento de las condiciones legales para el reconocimiento administrativo de este derecho —por vicios de voluntad en la solicitud del paciente, por la no concurrencia de los supuestos fácticos que justifican la prestación eutanásica o, entre otras hipótesis concebibles, a causa de irregularidades invalidantes en el curso del procedimiento— y ostentara legitimación para ello con arreglo al art. 19.1.a) de la citada Ley 29/1998. Ello sin perjuicio de la legitimación institucional que pudiera corresponder al Ministerio Fiscal para la interposición, en especial, del recurso contencioso administrativo en el procedimiento para la protección de los derechos fundamentales de la persona, hoy regulado en el capítulo I del título V de la misma Ley 29/1998, procedimiento al que se refiere la disposición adicional quinta de la LORE (al respecto, con carácter general, Sentencia de la Sala del Tribunal Supremo de 28 de noviembre de 1990, recurso 2915/1990)*» (FJ 7 C b).

Dos son las cuestiones que queremos destacar del suicidio asistido.

i. La LORE establece el suicidio asistido como una prestación más de la cartera común de la Seguridad Social[86]. También contempla, en

---

84 La STC 19/2023, de 22 de marzo (núm. rec. 4057/2021 y [*Tol 9493276*]), ha confirmado la constitucionalidad de la LORE.

85 Un ejemplo lo encontramos en la STSJ de la Comunidad Valenciana 146/2023, de 25 de abril (núm. rec. 396/2022 y [*Tol 9624707*]), que confirmó la denegación de asistencia al suicidio solicitada por dos hijas respecto de su madre que padecía Alzheimer.

86 La prestación de eutanasia en el Sistema Nacional de Salud (SNS) se configura como una excepción al conocimiento por parte de la jurisdicción social de las prestaciones de Seguridad Social. A ello cabe añadir que la LORE no modifica el ámbito de conocimiento de la jurisdicción contencioso-administrativa ni de la social, ni señala que la misma haya sido dictada en aplicación de la competencia establecida en el art. 149.1.6 CE. En este sentido, la DA 2 LORE expresa que la misma «se dicta al amparo del artículo 149.1.1.ª y 16.ª de la Constitución Española, que atribuyen al Estado la competencia para la regulación de las condiciones básicas que garanticen la igualdad de todos los españoles en el ejercicio de los

su DA 5, la impugnación de las «comisiones de garantía y evaluación» ante la jurisdicción contencioso-administrativa a través del procedimiento especial de protección de derecho fundamentales[87].

ii. Del control judicial de los actos de las «comisiones de garantía y evaluación» podrá derivar, en caso de anulación de los mismos, responsabilidad patrimonial de la Administración sanitaria.

VIII. COMPETENCIA DEL ORDEN PENAL

Los daños causados con ocasión de la asistencia sanitaria pueden ser constitutivos de delito. En este caso se seguirán las actuaciones en el orden penal. De las mismas cabe destacar de manera preliminar: los principios ordenadores del orden penal; la posibilidad de reservar la acción de responsabilidad extracontractual; y las diferencias entre la acción penal y el recurso contencioso-administrativo en materia de responsabilidad patrimonial sanitaria.

1) Principios inspiradores del orden penal

La actuación de la jurisdicción penal se basa en dos principios fundamentales: la presunción de inocencia consagrada en la CE bajo el aforismo *in dubio pro reo*; y el principio absoluto de legalidad, que conlleva que sólo

---

derechos y en el cumplimiento de los deberes constitucionales, y sobre las bases y coordinación general de la sanidad, respectivamente, salvo la disposición final primera que se ampara en la competencia que el artículo 149.1.6.ª atribuye al Estado sobre legislación penal». A día de elaboración del presente tratado se constatan escasas sentencias sobre la eutanasia, debiendo destacar que no es pacífico el órgano judicial que debe conocer del asunto en primera instancia. Así SJCA núm. 4 de Valladolid de 15 de julio de 2022, ordenó retrotraer el procedimiento ante la ausencia de todos los tramites legalmente establecidos. La STSJ de Navarra de 16 de diciembre de 2022, de la Sala de lo Contencioso-administrativo que confirma el acto denegatorio de la Comisión ante la petición de eutanasia.

87 De conformidad con la DA 5 LORE «los recursos a los que se refieren los artículos 10.5 y 18.a) se tramitarán por el procedimiento previsto para la protección de los derechos fundamentales de la persona en la Ley 29/1998, de 13 de julio, reguladora de la Jurisdicción Contencioso-administrativa». Esta disposición, de acuerdo con la DF 3 LORE tiene carácter de ley ordinaria.

podrá efectuar un pronunciamiento de condena en caso de que los hechos revistan todos los elementos configurados en el Código Penal (CP).

Estos dos criterios básicos aseguran el funcionamiento del Estado de Derecho, pero hacen que tengan poco éxito las acciones ejercidas en materia de asistencia sanitaria. Las pruebas han de confirmar, sin ningún género de dudas, que los actos de uno o varios profesionales han causado lesiones o el fallecimiento del paciente.

2) *Reserva de acciones*

Según se dijo en el segundo epígrafe, la LJCA estableció la unificación jurisdiccional de las reclamaciones de responsabilidad patrimonial, entre ellas las sanitarias. Ahora bien, como advirtió su propia exp. de mots., quedaron a salvo las acciones ejercidas en el ámbito penal[88]. Además, cabe recordar que la Ley de enjuiciamiento criminal permite que, en el proceso penal, pueda enjuiciarse reparación de los daños causados o que la víctima reserve esta acción ante la jurisdicción ordinaria, o contenciosa, según corresponda.

En el caso de las responsabilidades patrimoniales, el art. 37.2 LRJ, contempla la suspensión de la tramitación del procedimiento. Lo hace con las siguientes palabras:

> Art. 37.2 LRJ Responsabilidad penal
>
> «*La exigencia de responsabilidad penal del personal al servicio de las Administraciones Públicas no suspenderá los procedimientos de reconocimiento de responsabilidad patrimonial que se instruyan, salvo que la determinación de los hechos en el orden jurisdiccional penal sea necesaria para la fijación de la responsabilidad patrimonial*».

Lo habitual no suele ser reservar acciones «civiles» para su ejercicio en vía administrativa. Las más de las veces tiene lugar una suerte de doble vía, de manera que primero se insta la acción ante la jurisdicción penal y, en su caso, para el supuesto de ser absolutoria la sentencia, ante la jurisdicción contencioso-administrativa, previa interposición de reclamación de responsabilidad patrimonial.

---

88 El ejercicio de la acción penal es el llamamiento al ejercicio de la potestad punitiva del Estado, la búsqueda de los elementos constitutivos de un delito y de quién ha sido su causante en los diversos tipos de autoría.

3) Diferencias de la acción penal y el recurso contencioso-administrativo en materia de responsabilidad patrimonial sanitaria

Debemos indicar al respecto que la vía penal no busca, inicialmente, el resarcimiento del perjudicado, sino que el fin primordial de la misma es el esclarecimiento de los hechos.

Bajo estas premisas en el momento de la instrucción, el Instituto de Medicina Forense adscrito al juez instructor elaborará un informe médico analizando los hechos.

Por el contrario, el éxito de la acción de responsabilidad patrimonial, ante la jurisdicción contencioso-administrativa, se basa en la acreditación de la relación de causalidad entre la intervención de los profesionales o de la institución y el daño causado por falta de medios o incumplimiento de obligaciones del protocolo.

4) Proceso penal

A. Inicio

El inicio de la actuación de la jurisdicción penal viene determinada por tres vías: querella de paciente o sus familiares, denuncia del Ministerio Fiscal o denuncias por personas u órganos obligados *ex lege* (hospitales, por ejemplo).

La querella supone el ejercicio de la pretensión penal por el agraviado o sus familiares. Se formula ante el juzgado de guardia y convierte a la víctima o sus allegados en parte en el proceso penal.

La denuncia puede ser realizada por cualquier ciudadano y obliga al Ministerio Fiscal al ejercicio de la acción para el esclarecimiento de los hechos. Adicionalmente, determinadas personas y entidades están obligadas por ley a denunciar los hechos que tengan conocimiento por razón de su empleo o cargo y puedan ser constitutivos de delito. Así ocurre con el parte de lesiones o de fallecimiento que deben remitir los centros sanitarios al juzgado de guardia.

B. Partes

En un proceso penal propiciado por una asistencia sanitaria en el SNS, son parte: el Ministerio Fiscal, la acusación particular, los investigados, los responsables civiles, tanto los solidarios como los subsidiaros y, en su caso, el actor civil. Normalmente no suele ejercerse la acción popular ni personarse el actor civil. En este segundo caso, lo habitual es la constitución como acusación particular.

Debemos recordar que la representación procesal de la Administración sanitaria —ya sea la Comunidad Autónoma o una entidad de su sector público, ya sea INGESA— puede comparecer como actor civil con el fin de reclamar la factura de una asistencia sanitaria incluida en la cartera de servicios. Estas son, a día de hoy, las incluidas en la cartera de servicios comunes del SNS con la extensión prevista en el anexo IX RD 1030/2006.

Por lo demás, hay que saber que el titular del servicio sanitario público será el responsable civil subsidiario (art. 121 CP) y su compañía de seguros el responsable civil directo (art. 117 CP).

C. Órganos judiciales

Son órganos encargados de la instrucción, los juzgados instrucción (JI) —o de primera instancia e instrucción (JPIE), conocidos como juzgados mixtos— del lugar de comisión del presunto delito. En función de la pena solicitada el enjuiciamiento corresponderá a los juzgados de lo penal (JP) o la audiencia provincial (AP), de la provincia donde ocurrieron los hechos.

De los recursos contra las sentencias conocerá, según corresponda, la propia AP, la Sala de lo Civil y Penal del TSJ o Sala de lo Penal del TS.

D. Tramitación y formas de terminación del proceso

Hay que distinguir la instrucción del juicio oral.

a) Instrucción

Una vez puestos a disposición del juzgado instructor los autos, se practican las diligencias que soliciten las partes, entre ellas, el informe del médico forense adscrito al juzgado. Este tiene por objeto analizar los hechos médicos desde la perspectiva penal de la *lex artis.*

Terminada la instrucción, el juez acordará la apertura de juicio oral si existen indicios de delito o decretara el sobreseimiento de la causa, en caso contrario. Éste será libre si no hay indicios de delito, y provisional, si con las diligencias practicadas, no hay indicios suficientes de la comisión del delito. En la mayoría de las ocasiones el servicio público sanitario no suele ser llamado al proceso hasta la apertura del juicio oral.

b) *Juicio oral*

Ya corresponda el enjuiciamiento al JP o la AP, en la vista oral deben practicarse todas las pruebas propuestas y la sentencia determinará la condena o absolución de los acusados.

En relación con la valoración de la *lex artis* en el ámbito penal debemos hacer mención, por su claridad, a la SAP de 29 de julio de 2014 que revoca una sentencia condenatoria de la instancia en un caso de asistencia al parto[89].

IX. COMPETENCIA DEL ORDEN CIVIL

Como hemos analizado, la LOPJ y LJCA atribuyen al orden contencioso administrativo una *vis atractiva* para conocer las reclamaciones de daños causados por la asistencia sanitaria en los servicios públicos de salud.

Algunos supuestos, sin embargo, se escapan al control jurisdiccional del orden contencioso-administrativo. Un ejemplo, por no decir el ejemplo prototipo, es la acción directa derivada del contrato de seguro prevista en el art. 76 de la Ley 50/1980, de 8 de octubre, de contrato de seguro.

> Art. 76 LCS
> «*El perjudicado o sus herederos tendrán acción directa contra el asegurador para exigirle el cumplimiento de la obligación de indemnizar, sin perjuicio del derecho del asegurador a repetir contra el asegurado, en el caso de que sea debido a conducta dolosa de éste, el daño o perjuicio causado a tercero. La acción directa es inmune a las excepciones que puedan corresponder al asegurador contra el asegurado. El asegurador puede, no obstante, oponer la culpa exclusiva del perjudicado y las excepciones personales que tenga contra éste. A los efectos del ejercicio de la acción directa, el asegurado estará obligado a manifestar al tercero perjudicado o a sus herederos la existencia del contrato de seguro y su contenido*».

Los motivos habituales de elección del proceso civil para reclamar contra las compañías de seguros son la brevedad del plazo de la aseguradora para contestar, unida a la dificultad en la obtención de la historia clínica

[89] SAP de Teruel 30/2014, de 29 de julio (núm. rec. 118/2014 y [*Tol 4534387*]).

dependiente de la Administración asegurada, y la no intervención de la Administración sanitaria en el pleito.

Por otro lado, existen otras circunstancias que desincentivan el ejercicio de la acción civil, como son los requisitos de las pruebas y el elevado coste económico del proceso. Llegados a este punto, nos remitimos a lo escrito en el cap. 8 por CARRILLO, dedicado monográficamente a las compañías de seguros de la Administración sanitaria.

También puede conocer la jurisdicción civil de aquellos pleitos en los que víctima o el perjudicado se dirija exclusivamente contra un contratista de la Administración sanitaria[90]. Sobre este particular puede consultarse el cap. 7 escrito por MANENT.

Dicho esto, someramente exponemos qué órganos conocerán y qué procesos se actuarán en las demandas de responsabilidad civil así como cuáles serán las que cabrá imponer contra las sentencias de primera instancia.

1) Órganos judiciales

La competencia corresponde a los juzgados de primera instancia (JPI) o JPIE del domicilio del demandante o del demandado, al ser fuero electivo del mismo.

Así, es habitual que las acciones civiles frente a la aseguradora de una Administración sanitaria autonómica se formulen en otra Comunidad Autónoma. Un ejemplo lo encontramos en la SJPI nº 3 de Madrid de 23 de septiembre de 2013 que condenó a la aseguradora de la Comunidad Autónoma de Aragón[91].

2) Procesos

Atendiendo a que las reclamaciones por negligencias médicas, las más de las veces, superan 15.000 euros, el proceso habitualmente seguido es el juicio ordinario, y solo ocasionalmente el juicio verbal. Adicionalmente, si la demanda se limita al cobro de facturas habrá que actuar el proceso monitorio.

---

90 SAP de Zaragoza 659/2009, de 30 de diciembre de 2009 (núm. rec. 501/2009 y [*Tol 6688587*]).

91 SJPI núm. 3 de Madrid de 23 de septiembre de 2013 (juicio ordinario 1408/2012).

Ciñéndonos al juicio ordinario, éste da comienzo con la demanda y su contestación, después tiene lugar la audiencia previa en la que se dilucidan las cuestiones previas y se concretan los medios probatorios. La práctica de la prueba tiene lugar el día del juicio.

Por lo que respecta a la intervención procesal de la Administración sanitaria en el orden civil, ésta suele ser requerida, mediante diligencias previas, por cinco días, para la exhibición del contrato de seguro o para la entrega de la hoja clínica, ya para demandar a la Administración o para formular demanda entre particulares. Uno de los motivos habituales de oposición en las reclamaciones frente a la Administración es la falta de reclamación de la historia clínica en la vía administrativa previa. Tal y como se aprecia en el SAP de Barcelona de 24 de febrero de 2022, en los pleitos entre particulares, la intervención de la Administración se suscita en un número significativo de proceso en relación con la anulación de disposiciones testamentarias[92].

3) Recursos

Los recursos que pueden interponerse en vía civil son: el de apelación ante la AP contra las SSJPI o SSJPIE: y frente a las SSAP, el de casación ante el TS.

4) Mención especial a la acción civil contra el contratista de la Administración

Aunque no es frecuente, existe jurisprudencia civil relativa a la responsabilidad de los contratistas de la Administración. En dichos pronunciamientos se sostiene que, con independencia de que «haya existido o no responsabilidad de la Administración, no se puede negar el derecho de los perjudicados en vía civil para demandar las responsabilidades de sujetos privados (…) [ante la jurisdicción ordinaria. Ello es así,] aunque existiera una potencial responsabilidad de la Administración [puesto que] la misma, ni sería excluyente de la de los sujetos privados ni generaría una situación litisconsorcial entre ellos»[93]. Es más, en alguna ocasión se ha llegado

---

[92] SAP de Barcelona 73/2022, de 24 de febrero (núm. rec. 843/2021 y [*Tol 9362706*]).

[93] FJ 6 SAP de Zaragoza 659/2009, de 30 de diciembre (núm. rec. 501/2009 y [*Tol 6688587*]). En términos análogo resolvió la SAP 216/2019, de 26 de noviembre

a decir que «el artículo 35 de la Ley 40/2015, de 1 de octubre, de Régimen Jurídico del Sector Público (...), no *era* aplicable al caso»[94].

Como han señalado la Sala Especial de Conflictos en los AATS de 19 de noviembre de 2007 y 16 de junio de 2009: «ante el hecho de que no exista imputación de daño a alguna Administración Pública y que las pretensiones estén dirigidas contra sujetos privados (...), ha de entenderse competente a los Tribunales y Juzgados del Orden Jurisdiccional Civil, que, según lo dispuesto en el artículo 9.2, de la Ley 6/1985, de 1 de julio, son los que "conocerán, además de las materias que le son propias, de todas aquellas que no estén atribuidas a otro orden jurisdiccional"»[95].

Ahora bien, «demandar única y exclusivamente al contratista ante la jurisdicción civil tiene el inconveniente de que es necesario dejar fuera de la reclamación a la Administración, que puede ser responsable si él daño se debe a orden de ella o a un vicio del proyecto. Esto supone el riesgo de que, si el contratista es absuelto porque la sentencia aprecia posible responsabilidad de la Administración, el perjudicado se ve obligado a iniciar un nuevo procedimiento administrativo (y en su caso contencioso-administrativo) con el riesgo de que se produzcan decisiones contradictorias (es decir, que la Administración atribuya la responsabilidad al contratista, ya absuelto por una sentencia civil). Todo ello al margen de la posible prescripción de la

---

(núm. rec. 568/2009 y [*Tol 6901171*]).

94 FJ 1 SAP de Asturias 100/2018, de 19 de octubre (núm. rec. 414/2018 y [*Tol 7087267*]). De acuerdo con el art. 35 LRJ, «cuando las Administraciones Públicas actúen, directamente o a través de una entidad de derecho privado, en relaciones de esta naturaleza, su responsabilidad se exigirá de conformidad con lo previsto en los artículos 32 y siguientes, incluso cuando concurra con sujetos de derecho privado o la responsabilidad se exija directamente a la entidad de derecho privado a través de la cual actúe la Administración o a la entidad que cubra su responsabilidad». Para la AP de Asturias, «tal artículo se refiere a actuación negocial (aseguramientos incluidos) o transaccional privada de las Administraciones, lo que no *era* el caso [—rotura del cristal frontal de un autobús por impacto de piedra proveniente de unas obras de mantenimiento de la red viaria del Principado de Asturias—], ya que *había* un contrato del sector público, concretamente de servicios; o cuando lo haga a través de una entidad de esta naturaleza, caso de las personificaciones privadas a las que se refieren los artículos 84 y siguientes de la misma ley (sociedades mercantiles, fundaciones del sector público, fondos sin personalidad, etc.)» (FJ 1).

95 FFJJ 3 AATS de la Sala Especial de Conflictos 100/2007, de 19 de noviembre (núm. conflicto. 17/2007 y [*Tol 4981721*]) y 66/2009, de 19 de junio (núm. conflicto. 6/2009 y [*Tol 4937192*]).

acción frente a la Administración, que no quedaría interrumpida por una demanda civil no dirigida contra ella»[96].

5) La acción de repetición del contratista contra la Administración

Para evitar sentencias contradictorias —sobre la responsabilidad de la Administración— existen ya fallos que han reconocido el derecho del contratista para repetir contra la Administración en el orden civil, sobre todo en relación con los contratos de obras.

Así ha sucedido en la SAP de Cádiz de 7 de junio de 2022 que falló, en un caso de ejecución de un contrato de obra pública, que el juzgado de lo contencioso-administrativo solo tendría jurisdicción «para el supuesto de que efectivamente (...) fuera el Ayuntamiento el único responsable de los daños». Para la Sección de lo Civil, al imponer la Ley 38/1999, de 5 de noviembre, una responsabilidad solidaria contra cualquier de los agentes de la edificación, «la parte perjudicada *podía* ejercer la acción consta cualquiera de los agentes (...) sin perjuicio de que en su caso *pudiera* repetir contra el Ayuntamiento como promotor y director de la obra»[97].

La posibilidad de repetir también ha sido declarada cuando se repite contra una empresa pública. Este es el caso, de la SAP de Asturias de 10 de noviembre de 2006, en la que un contratista del Gobierno del Principado de Asturias quería repetir contra RENFE las cantidades satisfechas por daños causados en ejecución de un contrato de obra. La Sección de lo Civil falló a su favor porque «RENFE *era* la responsable de lo sucedido al *haber facilitado* o *autorizado* con su sello un plano de sus propias instalaciones que se reveló erróneo respecto del trazado del cableado, lo que tuvo una influencia decisiva, en relación de causa a efecto, con el daño producido»[98].

---

96 HUERGO LORA, Alejandro (2023): «Responsabilidad patrimonial por daños causados en la ejecución de contratos y concesiones administrativas. Situación actual y propuesta de mejora», *Revista de Estudios de la Administración Local y Autonómica,* núm. 20, págs. 20 y 21.

97 FJ 2 SAP de Cádiz 263/2022, de 7 de junio (núm. rec. 244/2022 y [*Tol 9228130*]). En esta ocasión la AP conoció de un recurso de apelación derivado de unos daños ocasionados consecuencia directa de una orden de la Administración —mandato del director facultativo de la obra en aplicación de proyecto de obra— en el curso de urbanización de una unidad de ejecución del plan general de urbanismo del Ayuntamiento de Jerez de la Frontera.

98 FJ 5 SAP de Asturias 390/2006, de 10 de noviembre (núm. rec. 367/2006 y [*Tol 1626018*]).

6) Mención especial a la acción civil de la Administración asegurada

Como hemos indicado en el segundo epígrafe, la acción directa frente a la compañía de seguros es un supuesto excepcional por el que conoce la jurisdicción civil de actuaciones derivadas de reclamaciones de responsabilidad patrimonial en materia de asistencia sanitaria. Ésta también conoce de las acciones de regreso por el contrato de seguro.

En determinadas ocasiones la Administración sanitaria se ve obligada a acudir a la jurisdicción civil para la interpretación del contrato de gran riesgo. Así sucede en los supuestos en los que la compañía aseguradora no paga la indemnización porque considera que la contingencia estaba fuera de cobertura.

Finalmente, aunque no sea responsabilidad patrimonial sanitaria, no podemos olvidar aquellos procesos monitorios en los que hay un tercero obligado al pago como consecuencia de una asistencia sanitaria incluida en la cartera de servicios del SNS por no tener la consideración de asegurado.

7) La acción civil contra la aseguradora posterior al recurso contencioso-administrativo

Quienes consideran que han sufrido algún daño por una mala praxis médica en el ámbito de la sanidad pública, si la Administración sanitaria está asegurada, pueden optar por accionar directamente contra la compañía de seguros en el orden civil, o interponer una reclamación de responsabilidad patrimonial (*vid.* arts. 67 y 114 de la LPAC). En este segundo caso, luego, llegado el caso, podrán recurrir ante los juzgados y tribunales del orden contencioso-administrativo (*cfr.* art. 2 e LJCA).

En nuestra opinión no debería permitirse un «doble tiro» a los particulares, primero ante la jurisdicción contencioso-administrativa y después ante la ordinaria. Éstos, desde el mismo momento en que deduzcan demanda contra la compañía de seguros o presenten la reclamación de responsabilidad patrimonial, deberían ser conscientes de las implicaciones que esto acarrea.

Como se ha señalado en repetidas ocasiones, cuando el proceso se dirige única y exclusivamente contra la compañía de seguros, cabe ejercer la acción directa de art. 76 LCS contra ella. Con esta acción se pretende evitar el calvario de las víctimas ante dilaciones de las compañías que garantizaban la responsabilidad civil, concediendo al perjudicado la posibilidad de dirigirse exclusivamente contra el asegurador en aras de obtener el pronto resarcimiento[99]. Pues bien, para que el juez o tribunal acuerde la obligación de la compañía de seguros de indemnizar a la víctima o sus allegados, previamente, mediante una cuestión prejudicial del art. 42 LEC, deberá haber declarado, aplicando la normativa de Derecho administrativo, la responsabilidad del servicio de salud.

Además, en los casos de acción directa y exclusiva contra la aseguradora, no cabe acudir, posteriormente, a los juzgados y tribunales de lo contencioso-administrativo porque no ha habido un procedimiento administrativo previo. En este sentido se han pronunciado las SSTS de 15 de octubre de 2013 y 5 de junio de 2019[100].

Paradójicamente, la interposición de una reclamación de responsabilidad patrimonial, y posterior recurso contencioso-administrativo, no impide ejercer, en un segundo tiempo, la acción directa contra la aseguradora. En nuestra opinión, elegida la vía administrativa, en aplicación del art. 21.1 c) LJCA, únicamente podría interponer un recurso contencioso-administrativo, dirigido tanto contra la Administración sanitaria como compañía de seguros. Sin embargo, la realidad es que para aquellos recursos contencioso-administrativo en los que se desestima la reclamación, los recurrentes pueden accionar, en un segundo tiempo, contra la aseguradora en vía civil.

En este sentido, si se opta por acudir a la vía administrativa, posteriormente, se puede solicitar judicialmente, y obtener un fallo de un JPI o JPIE, en el que se condene a la compañía de seguros al pago de una indemnización por el funcionamiento anormal del servicio público de salud. Esto no debería ser posible por dos razones:

---

99 En este sentido —admisión de la acción directa contra la compañía de seguros— se han pronunciado: los AATS de la Sala de Conflictos del TS 60/2004, de 18 de octubre (núm. conflicto 25/2004 y [*Tol 4960274*]), 53/2004, de 28 de junio de 2004 (núm. conflicto 53/2004 y [*Tol 4930101*]), 3/2010, de 22 de marzo (núm. conflicto 23/2009 y [*Tol 4938981*]), 4/2010, de 22 de marzo (núm. conflicto 25/2009 y [*Tol 4938984*]), 5/2010, de 22 de marzo de 22 de marzo (núm. conflicto 27/2009 y [*Tol 4938983*]); y las SSTS de la Sala de lo Civil 574/2007, de 30 de mayo (núm. rec. 2049/2000 y [*Tol 1123880*]) y 62/2011, de 11 de febrero (núm. rec. 1888/2007 y [*Tol 2045770*]) y 321/2019, de 5 de junio (núm. rec. 2992/2016 y [*Tol 7278390*]).

100 SSTS de la Sala de lo Civil 616/2013, de 15 de octubre (núm. rec. 1578/2011 y [*Tol 3984662*]) y 321/2019, de 5 de junio, (núm. rec. 2992/2016 y [*Tol 7278390*]).

i. No cabe condenar a la compañía de seguros cuando, en vía contencioso-administrativa, se declaró la inexistencia de responsabilidad patrimonial de la Administración asegurada.

ii. Equivaldría a una suerte de fiscalización de lo resuelto en vía contencioso-administrativa por los tribunales de la jurisdicción civil, con clara infracción del art. 9 LOPJ.

Según nuestro parecer, este precepto, cuando proclama que los tribunales ejercerán su jurisdicción, exclusivamente, en aquellos casos en que les venga atribuida por la LOPJ u otras leyes, debería conllevar la nulidad de pleno derecho del segundo fallo por falta de jurisdicción (art. 238.1 LOPJ y 225.1 LEC).

Al no ser así, se está tolerando una especie de revisión de sentencias firmes, en las que se declara la inexistencia de responsabilidad de la Administración.

Por todas las razones expuestas, es obvio que la tramitación de un procedimiento administrativo y ulterior proceso contencioso-administrativo, si bien no interrumpen la prescripción de la acción civil, impiden que la jurisdicción ordinaria vuelva a conocer la obligación de indemnizar de la aseguradora de la Administración sanitaria. Absuelta ésta en vía contencioso-administrativa, por un pronunciamiento firme, aquélla no podría ser obligada a hacerse cargo de la inexistente responsabilidad patrimonial de su asegurada.

En definitiva, la vinculación de la jurisdicción civil a lo resuelto en el expediente de responsabilidad patrimonial, o a lo sentenciado en la jurisdicción contencioso-administrativa, tendría que operar como un límite infranqueable desde un punto de vista procesal.

En este sentido, se recuerda que la acción directa del art. 76 LCS se funda en los principios de autonomía de la acción, solidaridad de obligados y dependencia estructural respecto de la responsabilidad del asegurado. Esta realidad debería comportar que, aunque la acción directa goce de autonomía procesal —al ser posible demandar exclusivamente a la aseguradora ante la jurisdicción civil sin que previamente se sustancie una reclamación en vía administrativa— la aseguradora no pueda quedar obligada más allá de la obligación del asegurado. Ello debe ser así porque, la jurisdicción contencioso-administrativa es la única competente para condenar a la Administración, y la jurisdicción civil sólo debe conocer de su responsabilidad y consecuencias a efectos prejudiciales en el proceso civil.

A fortiori, existe una jurisprudencia consolidada, con arreglo a la cual se desestima la acción directa contra la aseguradora cuando ésta es utilizada por el perjudicado para conseguir en vía civil una indemnización superior a la reconocida en vía administrativa o contencioso-administrativa. En nuestra opinión, *mutatis mutandis,* esta doctrina jurisprudencial es trasladable a todos aquellos supuestos en el que la víctima, pudiendo demandar directamente a la aseguradora en vía civil, opte por exigir la responsabilidad patrimonial de la Administración sanitaria en vía administrativa. En casos como estos, debería reputarse ilegal la utilización de la acción directa con vistas a conseguir que la jurisdicción civil declare la responsabilidad la Administración sanitaria asegurada como presupuesto para hacer responder a la compañía de seguros. Todo ello, a pesar de haber devenido firme el acto administrativo o la sentencia que negó la existencia de dicha responsabilidad patrimonial de la Administración sanitaria.

Por todo el conjunto argumental expuesto, entendemos que, «cuando existe una sentencia del orden jurisdiccional contencioso administrativo, que proclama mediante pronunciamiento firme, en proceso seguido contra la compañía como codemandada, que no existe responsabilidad patrimonial de la administración asegurada, (...) [ésta] no puede renacer mediante la promoción de una acción ante la jurisdicción civil sobre los mismos hechos contra su aseguradora absuelta»[101].

X. COMPETENCIA DEL ORDEN SOCIAL

Ya hemos visto que, a pesar de la *vis atractiva* que la jurisdicción contencioso-administrativa ejerce sobre la responsabilidad patrimonial sanitaria, los órdenes penales y civil siguen conociendo determinados aspectos relacionados con estas reclamaciones. Lo mismo puede decirse respecto del orden social. Por este motivo señalamos a continuación qué órganos del orden social conocerán de pretensiones relacionadas con la responsabilidad patrimonial sanitaria y cuál será el proceso que seguir. Finalmente realizaremos una mención especial a los daños causados a empleados públicos por infracción de la normativa de prevención de riesgos laborales y el reintegro de los gastos médicos.

---

[101] FJ 4 STS 119/2022 de 15 de febrero, de la Sala de lo Civil (núm. rec. 563/2019 y [*Tol 8810603*]).

1) Competencia

A la jurisdicción social se le atribuyen, entre otras cuestiones, las pretensiones en materia de Seguridad Social, así como las derivadas de los daños causados por el incumplimiento de la normativa reguladora de prevención de riesgos laborales. En particular:

i. Como ha puesto de manifiesto la pandemia de la Covid-19, es posible reclamar y obtener de la jurisdicción social una indemnización que resarza la falta de adopción de medidas en materia de prevención de riesgos laborales.
ii. En materia de prestaciones de la Seguridad Social, la cuestión más importante y que la que más litigiosidad genera, son los reintegros de gastos médicos. A ellos nos referimos a continuación con el objeto de deslindarlos de las reclamaciones de responsabilidad patrimonial sanitaria.
iii. Otras cuestiones relevantes son la reclamación de facturas en materia de material ortoprotésico, *y* las reclamaciones económicas de las mutuas patronales para el cobro de facturas por asistencia sanitaria cuando ha ocurrido un cambio de contingencia de profesional a común.

2) Órganos judiciales

Los órganos de la jurisdicción social competentes para conocer en instancia de las pretensiones descritas —reintegros de gastos médicos, infracción normativa de riesgos laborales, material ortoprotésico y reclamaciones de mutuas patronales— son los juzgados de lo social.

Por su parte, las Salas de lo Social de los TSJ, a través del recurso de suplicación, y, en su caso, la Sala de lo Social del TS, mediante el recurso de casación para la unificación de la doctrina, podrán conocer estas pretensiones en vía de recurso citadas pretensiones. Tanto uno como otro no dan lugar a una ulterior instancia ya que, en el caso del de suplicación, éste se limita a la revisión de los hechos probados en la instancia. Por lo que se refiere al recurso de casación este recurso es extraordinario.

3) Proceso

El procedimiento laboral seguido en instancia es el ordinario, el cual es fundamentalmente oral. Se inicia por demanda sucinta, tras la cual se cita a las partes para los actos de conciliación y juicio: contestada oralmente la demanda se practica la prueba y se formulan conclusiones orales, quedando el procedimiento pendiente de sentencia.

4) Mención especial a los daños causados a empleados públicos por infracción de la normativa de prevención de riesgos laborales

Antes de la entrada en vigor de la LJS, cualquier pretensión indemnizatoria esgrimida por un empleado público por los daños ocasionados por el incumplimiento de la normativa de prevención de riesgos laborales debía ventilarse ante el orden contencioso-administrativo. Hasta ese momento se admitía pacíficamente que, «las pretensiones sobre impugnación de resoluciones administrativas en materia laboral o de la Seguridad Social eran tuteladas por el orden contencioso-administrativo»[102]. Así resultaba de texto refundido del Ley de procedimiento laboral, aprobado por el Real Decreto Legislativo 2/1995, de 7 de abril.

Sin embargo, aunque tras la LJS «la situación no es evidente»[103], la jurisprudencia ha acabado por residenciar, con carácter pleno, las reclamacio-

---

102 FJ 3 ATS de 6 de mayo de 2019 de la Sala Especial de Conflictos de Competencia, (núm. rec. 22/2018 y [*Tol 7239103*]). Este auto se pronunció sobre una demanda por acoso laboral. Merece la pena destacar, por su singularidad, que en el supuesto planteado en el conflicto la actora no reclama daños y perjuicios derivados de la enfermedad profesional causada por infracción de la normativa de prevención de riesgos laborales, sino que se limita a solicitar que se declare como enfermedad profesional o accidente de trabajo la incapacidad laboral sufrida. Por ello afirma el ATS, «nada *impedía* que [la demandante] (…) pueda reclamar dichos perjuicios en el futuro» al amparo de la normativa de prevención de riesgos laborales (FJ 3).

103 *Idem.* El punto de partida es el art. 2 e) LJS, el cual debe contextualizarse con su exp. mots. A este respecto, como afirma la exp. mots. de la LJS, esta ley aboga por la «concentración en el orden jurisdiccional social de todas las cuestiones litigiosas relativas a los accidentes de trabajo y que hasta ahora obligaban a los afectados a acudir necesariamente para intentar lograr la tutela judicial efectiva a los distintos juzgados y tribunales encuadrados en los órdenes civil, contencioso-administrativo y social». También expresa que «esta unificación permite de manera general convertir el orden social en el garante del cumplimiento de la normativa de prevención de riesgos laborales, aun cuando no se hayan derivado daños concretos por tales incumplimientos». De esta manera pretende poner fin a «las dificultades que han generado el denominado "peregrinaje de jurisdicciones", que provocaba hasta ahora graves disfunciones y una merma en la efectiva protección de los derechos de las personas». Por ello, termina diciendo la exp. mots., con la unificación jurisdiccional, «no sólo se fortalecen los instrumentos

nes por infracción de la normativa de prevención de riesgos laborales en el orden social, incluyendo a todo el personal de las AAPP, ya sean «funcionarios, personal estatutario de los servicios de salud o personal laboral»[104]. Éstos, desde la LJS, deben plantear ante el orden jurisdiccional social las reclamaciones de responsabilidad por los daños que sufran como consecuencia del incumplimiento de la normativa de prevención de riesgos laborales.

El ATS de 6 de mayo de 2019, de la Sala Especial de Conflictos, así lo ha confirmado al decantarse por atribuir la competencia al orden social en este tipo de asuntos. Según su parecer: «la nueva perspectiva introducida por la LRJS, que racionaliza la competencia en el ámbito de las relaciones laborales, permite afirmar que compete a la jurisdicción social cualquier impugnación frente a la actuación de las Administraciones Públicas en materia de prevención de riesgos laborales, aunque el afectado sea un funcionario público»[105].

Como se desprende de esta resolución, la sola invocación de la normativa de prevención de riesgos laborales nos conduce a determinar al orden social como jurisdicción competente. Ahora bien, el cambio de orden jurisdiccional no lleva aparejada la exoneración del agotamiento de la vía administrativa previa. Así parece desprenderse de la exp. mots. de la LJS, el art. 2 e) en relación con los arts. 69.1 y 151, todos ellos de la LJS. De los mismos resulta que antes de demandar a la Administración ante el orden jurisdiccional social es necesario haber agotado la vía administrativa.

5) *Mención especial a los reintegros de gastos médicos*

En este apartado vamos a tratar dos aspectos, que sin poder conceptuarse puramente como responsabilidad patrimonial sanitaria, están relacionados con deudas de valor. Nos estamos refiriendo: por un lado, al reintegro o reembolso de gastos por terceros obligados al pago de la asistencia sanitaria recibida en un servicio público de salud; y por otro, a la devolución de los gastos satisfechos en centros sanitarios privados por personas incluidas

---

judiciales para proteger a las víctimas de accidentes de trabajo, sino que además se disponen los recursos para hacer efectiva la deuda de protección del empresario y la prevención de riesgos laborales».

104 *Idem.*

105 *Idem.*

en el ámbito de protección del SNS. Veremos los requisitos y someramente los aspectos procesales.

A. Asistencia sanitaria a favor de terceros responsables del pago

El art. 83 de la Ley 14/1986, de 25 de abril, general de sanidad (LGS), establece que en aquellos supuestos en los que aparezca un tercero obligado al pago de la prestación «las Administraciones Públicas que hubieran atendido sanitariamente a (...) [estos] usuarios (...) tendrán derecho a reclamar (...) el coste de los servicios prestados».

En este precepto se haya latente la existencia de seguros, u otro tipo de obligaciones legales, que pudieran cubrir contingencias relacionadas con la salud y que, si la asistencia se ha realizado con cargo a fondos públicos, la Administración sanitaria tendrá derecho al reembolso el gasto. Según expresa la STS de 19 de mayo de 2020 «la condición de "tercero obligado al pago" persigue la necesidad de no destinar fondos adscritos a la sanidad pública cuando las prestaciones sanitarias al paciente estén ya cubiertas por otros mecanismos, ya públicos o privados, es decir, cuando deban ser asumidas por aquellas entidades que tienen la obligación legal o contractual de hacerlo»[106].

En cuanto al procedimiento a seguir para proceder al reembolso, el art. 16.3 LGS, se limita a decir que «la facturación por la atención de estos pacientes será efectuada por las respectivas, administraciones de los Centros, tomando como base los costes efectivos»[107].

A este precepto hay que añadir el art. 2.7 del RD 1030/2006, que exige reclamar a los obligados al pago, así como a los «pacientes privados», las

---

106 FJ 3 STS 518/2020, de 19 de mayo (núm. rec. 5617/2018 y [*Tol 7944096*]).

107 El art. 16.3 LGS también regula la naturaleza de los ingresos, los cuales «tendrán la condición de propios de los Servicios de Salud». Adicionalmente expresa que «en ningún caso estos ingresos podrán revertir directamente en aquellos que intervienen en la atención de estos pacientes». Por su parte la DA 10 a) del Real Decreto Legislativo 8/2015, de 30 de octubre, por el que se aprueba el texto refundido de la Ley General de la Seguridad Social, establece que «no tendrán la naturaleza de recursos de la Seguridad Social los ingresos a los que se refieren los artículos 16.3 y 83 de la Ley 14/1986, de 25 de abril, General de Sanidad, procedentes de la asistencia sanitaria prestada por el Instituto Nacional de Gestión Sanitaria a los usuarios sin derecho a la asistencia sanitaria de la Seguridad Social, así como en los supuestos de seguros obligatorios privados y en todos aquellos supuestos, asegurados o no, en que aparezca un tercero obligado al pago».

prestaciones o atenciones incluidas en la cartera de servicios de la Seguridad Social.

> Art. 2.7. RD 1030/2026. Cartera de servicios del SNS
>
> *«Conforme a lo señalado en el artículo 83 de la Ley General de Sanidad, en la disposición adicional 22 del texto refundido de la Ley General de Seguridad Social, aprobado por Real Decreto legislativo 1/1994, de 20 de junio, y demás disposiciones que resulten de aplicación, los servicios de salud reclamarán a los terceros obligados al pago el importe de las atenciones o prestaciones sanitarias facilitadas directamente a las personas, de acuerdo con lo especificado en el anexo IX.*
>
> *Procederá asimismo la reclamación del importe de los servicios a los usuarios sin derecho a la asistencia de los servicios de salud, admitidos como pacientes privados, conforme a lo establecido en el artículo 16 de la Ley General de Sanidad»*.

Por consiguiente, los servicios públicos de salud pueden reclamar las prestaciones sanitarias por ellos efectuadas de cualquier tercero obligado al pago[108]. En los distintos servicios de salud dependientes de las CCAA se

---

108 Algunos órganos judiciales al definir la facturación frente a terceros la determinan más como una obligación que como una facultad de reclamar el reintegro del coste cuando figura un tercero obligado. También en estos casos dependerá la configuración del instrumento de reintegro que en todo caso se fundamenta en las normas básicas mencionadas (DA 1 a TRLGSS y arts. 16.3 y 83 LGS). En este sentido se ha pronunciado la STSJ de Galicia 561/2009, de 17 de junio, de Sala de lo Contencioso-administrativo (núm. rec. 16027/2009 y [*Tol 1554399*]) con las siguientes palabras, «los servicios de salud de las Comunidades autónomas con la gestión sanitaria transferida tienen la obligación de reclamar a los terceros obligados los abonos de las prestaciones sanitarias que faciliten directamente a las personas necesitadas de ellas, no solamente en el supuesto de que la lesión esté cubierta por un seguro obligatorio —como es el caso del previsto para el tráfico y seguridad vial—, sino también en el caso de accidentes de trabajo o en el supuesto de funcionarios cubiertos por regímenes especiales mutualistas. Hecha la precisión anterior, decir que el régimen jurídico de la reclamación o reintegro a las Administraciones sanitarias de los costes derivados de la asistencia sanitaria prestada está representado por las siguientes normas jurídicas: El art. 83 de la Ley General de Sanidad (Ley 14/1986), al establecer que "Los ingresos procedentes de la asistencia sanitaria en los supuestos de los seguros obligatorios especiales y en todos aquellos supuestos, asegurados o no, en que aparezca un tercer obligado al pago, tendrán la condición de ingresos propios del Servicio de Salud correspondiente. Los gastos inherentes a la prestación de tales servicios no se financiarán con los ingresos de la Seguridad Social. En ningún caso estos ingresos podrán revertir en aquellos cese intervinieron en la atención a estos pacientes. A estos efectos, las Administraciones públicas que hubieren atendido sanitariamente a los usuarios en tales supuestos tendrán derecho a reclamar del tercero responsable el coste de los servicios prestados". En parecidos términos, la Disposición adicional 22ª del

han utilizado diversos sistemas para hacer efectivo el reintegro del gasto. Estos pueden agruparse en los siguientes mecanismos:

i. La facturación en régimen de derecho privado (*v.gr.* el Gobierno de las Islas Baleares, que obtiene reintegros en vía judicial ante la jurisdicción civil).
ii. El establecimiento de una tasa por norma con rango de ley (*cfr.* en la Comunidad Valenciana el art. 29.1-1 de la Ley 20/2007, de 28 de diciembre, de la Generalitat, de tasas).
iii. Regulación del reintegro mediante precios públicos (*i.e.* en la Región de Murcia y la Junta de Castilla y León)[109].

En cuanto los obligados al pago, tienen tal consideración los siguientes colectivos:

i. Asegurados o beneficiarios del sistema de Seguridad Social pertenecientes a las mutualidades de funcionarios (MUFACE, MUGEJU e ISFAS), que no hayan sido adscritos, a través del procedimiento establecido, al recibir asistencia sanitaria del SNS.
ii. Asegurados o beneficiarios de empresas colaboradoras en la asistencia sanitaria del SNS, en aquellas prestaciones cuya atención corresponda a la empresa colaboradora conforme al convenio o concierto suscrito.
iii. Accidentes de trabajo o enfermedades profesionales a cargo de las mutuas patronales, el INSS y el Instituto Social de la Marina.

TR de la LGSS aprobado por R. D. Legislativo 1/1994, de 20 de junio, viene a establecer que no tendrán la consideración de recursos de la Seguridad Social, entre otros, los ingresos a que se refiere el precitado art. 83 de la Ley General de Sanidad. Por su parte, el art. 3 del R. D. 63/1995, de 20 de enero, sobre ordenación de prestaciones sanitarias del Sistema Nacional de Salud, viene a disponer que "La asistencia sanitaria a que se refiere el Anexo II del este Real Decreto podrá ser realizada en el ámbito del Sistema Nacional de Salud. No obstante, conforme a lo previsto en el artículo 83 de la Ley General de Sanidad y a la disposición adicional vigésima segunda del Texto Refundido de la Ley General de la Seguridad Social, aprobado por Real Decreto Legislativo 1/1994, de 20 de junio, procederá la reclamación del importe de los servicios realizados a los terceros obligados al pago» (FJ 1).

[109] En este sentido, en Castilla y León, el Decreto 78/2008, de 13 de noviembre, aprueba los precios públicos por actos asistenciales y servicios sanitarios prestados por la Gerencia Regional de Salud de Castilla y León respecto de pacientes no beneficiarios de la Seguridad Social o terceros obligados al pago.

iv. Seguros obligatorios de deportistas federados y profesionales, vehículos de motor, seguro obligatorio de viajeros, caza y cualquier otro seguro obligatorio.

v. Convenios o conciertos con otros organismos o entidades.

vi. Ciudadanos extranjeros, tanto asegurados o beneficiarios en un Estado miembro de la UE como de un tercer país, en ambos casos no residentes en España.

vii. Otros obligados al pago, como:

- Los que sufren accidentes acaecidos con ocasión de eventos festivos, actividades recreativas y espectáculos públicos con contrato de seguro de accidentes o de responsabilidad civil.
- Los beneficiarios del seguro escolar.
- Cualquier otro supuesto en que, en virtud de normas legales o reglamentarias, el importe de las atenciones o prestaciones sanitarias deba ser a cargo de las entidades o terceros correspondientes (*v.gr.* compañías se seguros de vehículos a motor, viajeros, de deportistas profesionales, de cazadores, festejos taurinos).

En otro orden de cosas, existen diversas vías jurisdiccionales para su reclamación: desde la penal al responsable de una acción penal que lleva aneja la responsabilidad civil; pasando por la social por ser una prestación de Seguridad Social; hasta la contenciosa si se regula un precio público o tasa.

Para saber a qué jurisdicción acudir habrá que estar al supuesto de hecho concreto ya que puede cambiar la prescripción de la acción si se ejercita en el ámbito civil, en el contencioso si se ha liquidado como tasa o precio público, en el social como prestación de Seguridad Social e incluso en el penal como responsabilidad civil asociada a la penal.

Sobre la reclamación por la vía penal podemos afirmar que conforme al art. 109 CP «la ejecución de un hecho descrito por la ley como delito obliga a reparar, en los términos previstos en las leyes, los daños y perjuicios por él causados». Por su parte el art. 110 CP señala que la responsabilidad mencionada comprende la indemnización de perjuicios materiales causados. A su vez el art. 116.1 CP prescribe que «toda persona criminalmente responsable de un delito lo es también civilmente si del hecho se derivaren daños o perjuicios». Podemos colegir, pues, que la persona penalmente responsable de reparar los daños y asumir los gastos de la atención sanitaria es como tercero obligado al pago.

B. Asistencia sanitaria urgente, inmediata y de carácter vital

El art. 43 CE reconoce el derecho de los ciudadanos a la protección de su salud y en este marco los poderes públicos han articulado un sistema sanitario público que presta la asistencia sanitaria a sus beneficiarios.

Pues bien, una vez garantizadas ciertas prestaciones sanitarias por el sistema público de salud, el art. 17 LGS advierte que «las Administraciones (...) no abonarán [a los beneficiarios] (...) los gastos que puedan ocasionarse por la utilización de servicios sanitarios distintos de aquellos que les correspondan en virtud de lo dispuesto» en la normativa aplicable[110]. Esta regla general, no obstante, tiene sus excepciones ya que permiten un reintegro de los gastos asumidos por los pacientes o interesados si se cumplen determinados requisitos.

Un ejemplo lo encontramos en el art. 5.3 del RD 63/1995, de 20 de enero, relativo a la ordenación de prestaciones sanitarias del SNS. Permite el reembolso de gastos «en los casos de asistencia sanitaria urgente, inmediata y de carácter vital, que hayan sido atendidos fuera del Sistema Nacional de Salud». Tal y como afirma este precepto, «se reembolsarán los gastos (...) una vez comprobado que no se pudieron utilizar oportunamente los servicios de aquél y que no constituye una utilización desviada o abusiva de esta excepción[111].

---

110 Lo dispuesto en el art. 17 LGS ya estaba previsto en el art. 102.3 del Decreto 2065/1974, de 30 de mayo, regulador del TRLGSS, todavía vigente. Éste prevé que «entidades obligadas a prestar la asistencia sanitaria no abonarán los gastos que puedan ocasionarse cuando el beneficiario utilice servicios médicos distintos de los que hayan sido asignados, a no ser en los casos que reglamentariamente se determinen».

111 El art. 18 del Decreto 2766/1967, de 16 de noviembre, predecesor del art. 5.3 del RD 63/1995, expresaba que «cuando el beneficiario, por decisión propia o de sus familiares, *utilizase* servicios distintos de los que *le hubieran* sido designados, las Entidades obligadas a prestar la asistencia sanitaria [solo abonarían los gastos] (...): – Si se denegase injustificadamente la prestación de la asistencia debida, el beneficiario podrá reclamar el reintegro de los gastos efectuados por la utilización de servicios distintos de los que corresponderían, siempre que lo hubiera notificado en el plazo de cuarenta y ocho horas siguientes al comienzo de la asistencia, debiendo, al solicitarlo, razonar la petición y justificar los gastos efectuados. – Cuando la utilización de servicios médicos distintos de los asignados por la Seguridad Social haya sido debida a una asistencia urgente de carácter vital, el beneficiario podrá formular ante la Entidad obligada a prestarle asistencia sanitaria la solicitud de reintegro de los gastos ocasionados, que será acordado por ésta si de la oportuna información que se realice al efecto resultara la procedencia del mismo. Esta

Por lo tanto, el beneficiario tiene derecho a la asistencia sanitaria pública en los términos legales establecidos, pero no ostenta un derecho de opción entre la medicina pública y la privada. El hecho de acudir a la medicina privada tiene carácter excepcional que debe justificarse por el beneficiario ante la entidad o servicio público de salud responsable de la asistencia sanitaria.

La jurisprudencia exige el cumplimiento tres requisitos para la procedencia del reintegro de los gastos médicos causados por atención en centros o establecimientos sanitarios privados:

i. Que se trate de **asistencia sanitaria urgente, inmediata y de carácter vital.**

   Se entiende por urgencia vital aquella «situación objetiva de riesgo que se traduce en la imposibilidad de utilizar los servicios sanitarios de la seguridad social, porque la tardanza en obtener la asistencia de esos servicios o el hecho de que éstos no estén en condiciones de prestarla en la forma requerida ponga en peligro la vida o la curación del enfermo»[112].

   También «cuando la referida asistencia es precisa para conservar la vida, los aparatos y órganos del cuerpo humano o su mejor funcionalidad o para lograr una mejor calidad de vida y menor dolor y sufrimiento»[113]. En resumen, se entiende urgente cuando la actuación resulta necesaria para conservar la vida u obtener curación.

---

norma regulaba la prestación de asistencia sanitaria y ordenación de los servicios médicos en el Régimen General de la Seguridad Social. En la actualidad, el art. 4.3 del Real Decreto 1030/2006, de 15 de septiembre, refuerza el art. 5.3 del RD 63/1995. Lo hace afirmando que la «cartera de servicios comunes únicamente se facilitará por centros, establecimientos y servicios del Sistema Nacional de Salud, propios o concertados, salvo en situaciones de riesgo vital, cuando se justifique que no pudieron ser utilizados los medios de aquél. En esos casos de asistencia sanitaria urgente, inmediata y de carácter vital que hayan sido atendidos fuera del Sistema Nacional de Salud, se reembolsarán los gastos de la misma, una vez comprobado que no se pudieron utilizar oportunamente los servicios de aquél y que no constituye una utilización desviada o abusiva de esta excepción. Todo ello sin perjuicio de lo establecido en los convenios internacionales en los que España sea parte o en normas de derecho interno reguladoras de la prestación de asistencia sanitaria en supuestos de prestación de servicios en el extranjero».

112 FFJJ 1 y 3 SSTS de 22 de octubre de 1987 [*Tol 2329960*] y de 21 de diciembre de 1988 [*Tol 2359242*].

113 FJ 2 STS de 17 de julio de 2007 (núm. rec. 557/2006 y [*Tol 1161254*]).

ii. Que el **beneficiario haya intentado y no podido recibir oportunamente la asistencia sanitaria por parte de la sanidad pública**.

iii. Que el acudir a la asistencia sanitaria privada **no implique una utilización abusiva o desviada de la posibilidad legalmente contemplada**

Por lo demás, de acuerdo con el ATS de 3 de noviembre de 1998, de la Sala de Conflictos, las reclamaciones por reintegro de gastos médicos como consecuencia de asistencia sanitaria prestada en centro privado por razones de urgencia vital deben ser resueltas por el orden jurisdiccional social y no por el contencioso-administrativo como reclamaciones de responsabilidad patrimonial[114]. No obstante, según declaró la STSJ de Castilla y León de 7 de marzo de 2000, los daños y perjuicios causados por o con ocasión de la asistencia sanitaria, y las correspondientes reclamaciones sí serán conocidas en todo caso por el orden contencioso-administrativo[115]. Estaríamos ante supuestos de reclamaciones sobre responsabilidad patrimonial de las AAPP a las que le será de aplicación la normativa en materia

---

114 El ATS 34/1998, de 3 de noviembre, de la Sala de Conflictos (núm. rec. 34/1998 y [*Tol 5160093*]) determinó que «las reclamaciones de reintegro de gastos originados con motivo de la asistencia médica prestada a los beneficiarios de la Seguridad Social por servicios sanitarios ajenos a la misma, no pueden ser incluidos dentro del concepto de reclamaciones por responsabilidad patrimonial de la administración a consecuencia de las lesiones que puedan haber sufrido en su persona y bienes con resultado del funcionamiento, normal o anormal de los servicios públicos (...) sino que han de ser consideradas como ejercicio de acciones derivadas de relaciones laborales —y en concreto de la protección debida por seguridad social— sometidas a conocimiento de los Tribunales de este orden» social (FJ 2). De esta manera zanjó un conflicto negativo de competencia planteado en el seno del procedimiento que dio lugar a la STSJ del País Vasco 572/2001, de 16 de mayo, de Sala de lo Contencioso-administrativo (núm. rec. 93/2001 y [*Tol 128186*]).

115 De acuerdo con la STSJ de Castilla y León, sede Valladolid, de 7 de marzo de 2000, de la Sala de lo Social (núm. rec. 15/2000), «si lo acaecido fue que se solicitó del INSALUD el traslado y éste lo denegó injustificadamente, el orden social de la jurisdicción no resulta competente para el conocimiento de las acciones que se deduzcan en reclamación de indemnizaciones, toda vez que (...), expresamente dispuso que será competencia del orden contencioso-administrativo el conocimiento de las pretensiones que se deduzcan en relación con la responsabilidad patrimonial de las Administraciones Públicas y del personal a su servicio, cualquiera que sea la naturaleza de la actividad o el tipo de relación de que se derive». A tal efecto trajo a colación la modificación de los arts. 9.4 LOPJ, llevada a cabo por la LO 6/1998, y 2 e) LJCA realizada por la LO 19/2003, así como la incorporación de la DA 12 LRJPAC-92, llevada a cabo por la Ley 4/1999. Al haber sido analizados en el segundo epígrafe nos remitimos a lo escrito en él.

de responsabilidad patrimonial y la doctrina jurisprudencial sobre la responsabilidad patrimonial sanitaria.

XI. LA PRUEBA

La prueba es un trámite previsto en todos y cada uno de los procesos de los distintos órdenes jurisdiccionales, incluido —por lo tanto— el contencioso-administrativo. Existen, no obstante, ciertas singulares en cada uno de ellos. En atención a esta realidad dedicamos sendos apartados a las cuestiones comunes y a las particulares de la prueba en el recurso contencioso-administrativo. Adicionalmente, un tercer apartado, se expondrá lo característico de la prueba en las reclamaciones de responsabilidad derivadas de una asistencia sanitaria.

Ahora, si bien, «el objeto de la prueba puede concebirse desde dos prismas; uno abstracto, por el que el objeto de la prueba consiste en las realidades que objetivamente deben ser probadas; y otro concreto, que son las realidades que han de ser probadas», en este capítulo tiene especial interés el segundo enfoque[116].

1) Cuestiones comunes a todos los órdenes jurisdiccionales

Siguiendo las reflexiones jurídicas que ofrecen autores como GARCÍA DE LA ROSA, podemos hacer preguntas como: «¿quién ha de probar? ¿para quién se prueba? o ¿qué se debe probar?»[117]. Estas preguntas nos sitúan lógicamente ante la cuestión de la carga de la prueba, temática propia del Derecho procesal.

En cierto modo se puede señalar que la tarea de todo tribunal consistirá principalmente en, comprobar, primero, y comparar, después, el soporte probatorio de cada parte y, en su caso, si lo que dice y aporta la parte actora que interesa el reconocimiento de una indemnización pecuniaria es suficiente.

---

116 GRAU GRAU, Ignacio (2017): *La responsabilidad patrimonial sanitaria: aspectos procesales,* Bosch, Madrid, pág. 109.

117 GARCÍA DE LA ROSA, José Ángel (2021): *La prueba en los procedimientos de Gestión Tributaria,* Aranzadi, Cizur Menor (Navarra), pág. 173.

Dicho lo anterior, antes de examinar las concretas cuestiones que interesa aquí resaltar —carga de la prueba y la prueba pericial—, debemos recordar, siquiera sea brevemente, cuál es doctrina reiterada del TC sobre la prueba.

A. Doctrina del Tribunal Constitucional

Conforme viene reiterando el TC, el derecho a utilizar los medios de prueba pertinentes es un derecho fundamental, ejercitable en cualquier tipo de proceso e inseparable del derecho mismo de defensa. En palabras de la STC 1/1996, el derecho a la prueba «garantiza a quien está inmerso en un conflicto que se dilucida jurisdiccionalmente, la posibilidad de impulsar una actividad probatoria acorde con sus intereses, siempre que la misma esté autorizada por el ordenamiento»[118].

Ahora bien, según admite la STC 70/2002, «el art. 24.2 CE no atribuye un ilimitado derecho de las partes a que se admitan y se practiquen todos los medios de prueba propuestos, sino sólo de aquéllos que, propuestos en tiempo y forma, sean lícitos y pertinentes, correspondiendo el juicio de pertinencia y la decisión sobre la admisión de las pruebas solicitadas a los órganos judiciales»[119].

Esa «estrecha relación entre el derecho a la prueba y el derecho a obtener la tutela judicial efectiva consagrada en el art. 24.1 CE, conlleva [—como expresa la STC 292/2006—] que la decisión de inadmitir o no practicar la prueba pueda producir consecuencias directas en el ámbito de este último derecho»[120]. También ha dicho la STC 61/2002 respecto del proceso laboral —si bien entendemos que lo dispuesto para este orden jurisdiccional es aplicable al resto de órdenes— que «los órganos judiciales han de estar especialmente comprometidos en el descubrimiento de la totalidad de la relación jurídico-material debatida, a cuyo fin deben ser también exhaustivos en la introducción del material probatorio»[121].

Lo expuesto nos lleva a destacar las reglas de pertinencia, relevancia y diligencia, notas éstas que tampoco deben olvidarse en aquellos procesos

---

118 FJ 2 STC 1/1996, de 15 de enero (núm. rec. 1917/1993 y [*Tol 82936*]).

119 FJ 5 STC 70/2002, de 3 de abril (núm. rec. 3787/2001 y [*Tol 258605*]).

120 FJ 6 STC 292/2006, de 10 de octubre (núm. rec. 5958/2004 y [*Tol 1001099*]).

121 FJ 3 STC 61/2002, de 11 de marzo (núm. rec. 111/1999 y [*Tol 258596*]).

en que se ventilen pretensiones indemnizatorias anudadas a una mala praxis médica.

a) Pertinencia

El art. 24.2 CE reconoce el derecho «a utilizar los medios de prueba pertinentes». Con ello se quiere significar que la tutela judicial efectiva no ampara «un hipotético derecho a llevar a cabo una actividad probatoria ilimitada, en virtud de la cual las partes estarían facultadas para exigir cualesquiera pruebas que tengan a bien proponer, sino que atribuye sólo el derecho a la admisión y práctica de las que sean pertinentes, entendiendo por tales aquellas pruebas que tengan una relación con el thema decidendi (...), ya que (...) la opinión contraria no ólo iría contra el tenor literal del art. 24.2 CE, sino que conduciría a que, a través de pruebas numerosas e inútiles, se pudiese alargar indebidamente el proceso o se discutiesen cuestiones ajenas a su finalidad»[122].

b) Diligencia

En cuanto a la diligencia es necesario reparar que, «tratándose de un derecho de configuración legal, la garantía que incorpora ha de realizarse en el marco legal establecido en el ordenamiento jurídico respecto a su ejercicio (SSTC 173/2000, de 26 de junio, F. 3 y 167/1988, de 27 de septiembre, F. 2). Es preciso, por un lado, que la parte legitimada haya solicitado la prueba en la forma y momento legalmente establecido y que el medio de prueba esté autorizado por el ordenamiento (SSTC 236/2002, de 9 de diciembre, F. 4; 147/2002, de 15 de junio, F. 4; 165/2001, de 16 de julio; y 96/2000, F. 2 de 10 de abril, F. 2)»[123].

c) Relevancia

La relevancia conlleva que sea «exigible que se acredite por la parte recurrente, a quien corresponde la carga procesal correspondiente, la existencia de una indefensión constitucionalmente relevante (por todas, STC 157/2000, de 12 de junio, F. 2 c); cosa que se traduce en la necesidad de

---

122 FJ 2 STC 1/2004, de 14 de enero (núm. rec. 4204/1998 y [*Tol 337390*]).

123 FJ 3 STS 1015/2007, de 9 de octubre, de la Sala de lo Civil (núm. rec. 3819/2000 y [*Tol 1161193*]).

demostrar que la actividad probatoria que no fue admitida o practicada era decisiva en términos de defensa (STC 147/2002, de 15 de julio, F. 4), esto es, que hubiera podido tener una influencia decisiva en la resolución del pleito (STC 70/2002, de 3 de abril, F. 5), al ser susceptible de alterar el fallo en favor del recurrente (STC 116/1983, de 7 de diciembre, F. 3)»[124].

Por último, procede enfatizar que tampoco las partes pueden servirse del Tribunal para aportar medios probatorios o solicitar que se practiquen medios de prueba que no guarden relación con los hechos controvertidos y con el objeto del litigio. En este sentido, los operadores jurídicos deben observar el art. 11 de la LOPJ, pues deben eludir la presentación ante los Tribunales de diversos escritos en los que quieran aportar medios probatorios de muy difícil o imposible comprensión. Consideramos, en definitiva, que el uso de los institutos procesales tiene que conciliar con los límites y finalidad lógicos de los mismos, pues lo contrario constituye un manifiesto abuso de derecho, apreciable a limine, y que justificaría el uso por el Tribunal de la facultad establecida en el art. 11.2 LOPJ que se ha mencionado.

B. Carga de la prueba

La conocida *regla incubit probatio qui dicit non qui negat,* no tiene valor absoluto y axiomático. En este sentido, la moderna doctrina jurisprudencial viene a atribuir al actor la prueba de los hechos normalmente constitutivos de su pretensión y al demandado la prueba de los hechos impeditivos. Ahora bien, no cabe obviar que, quien actúa frente al estado normal de las cosas o situaciones de hecho y de Derecho ya producidas, debe probar el hecho por el que podría acontecer la válida constitución del derecho que se reclama.

De lo anterior resulta que la cuestión fundamental en materia probatoria es la carga de la prueba a la que se han referido MANENT y ALONSO y GARCÍA-TREVIJANO en los caps. 18 y 28 del tratado (págs. 1235 a 1262 y 2037 a 2052).

A ella se refiere el art. 217 LEC, conforme al cual, corresponde al demandante «la carga de probar la certeza de los hechos de los que ordinariamente se desprenda, según las normas jurídicas a ellos aplicables, el efecto jurídico correspondiente a las pretensiones de la demanda» (ap. 2). A su vez, el art. 217.3 LEC afirma que corresponde al demandado «la carga

124 FJ 3 c) STS 1381/2008, de 7 de enero (núm. rec. 4799/2000 y [*Tol 1320875*]).

de probar los hechos que, conforme a las normas que les sean aplicables, impidan, extingan o enerven la eficacia jurídica de los hechos a que se refiere el apartado anterior». Las precitadas reglas generales se matizan en art. 217.7 LEC, en el sentido de que se «deberá tener presente la disponibilidad y facilidad probatoria que corresponde a cada una de las partes del litigio».

C. Prueba pericial

Siguiendo a MONTERO, GÓMEZ COLOMER y BARONA, podemos enfatizar la importancia de la prueba pericial en estos asuntos[125]. Este medio de prueba, contemplado en el art. 299.1. 4ª LEC, es aquél, en virtud del cual una persona con conocimientos especializados, ajena al proceso, pone en conocimiento del órgano jurisdiccional esos conocimientos para que éste pueda valorar mejor los hechos o circunstancias relevantes en el asunto. Su regulación, recogida en los arts. 335 a 352 LEC, es de aplicación tanto a los procedimientos administrativos como contencioso-administrativo de responsabilidad patrimonial *ex* art. 77.1 LPAC y DF 1 LEC.

2) La prueba en el orden contencioso-administrativo

Cuestión fundamental en materia probatoria es el momento en que ésta debe ser traída al procedimiento. A tal efecto se impone separar los procedimientos ordinario y abreviado, por un lado, y los recursos de apelación y casación, por otro lado.

A. Procedimiento ordinario

La LJCA tan solo dedica a la introducción de la prueba en el proceso el art. 56 LJCA. Ante la falta de una mayor densidad normativa es necesario tener en cuenta los arts. 265.4, 336 y 337 LEC. De los mismos resulta que los medios e instrumentos de prueba —y entre ellos los dictámenes de peritos designados por las partes— habrán de aportarse con la demanda o con la contestación, y solo de manera excepcional se podrán aportar después de estos escritos. En consecuencia, tanto el demandante como la

---

125 MONTERO AROCA, Juan, GÓMEZ COLOMER, Juan Luis y BARONA PILAR, Silvia (2016): *Derecho Jurisdiccional I. Parte General,* vol. I, 26ª ed., Tirant lo Blanch, Valencia, pág. 272.

Administración demandada deberán justificar y acreditar la imposibilidad de presentarlos la demanda o su contestación.

No obstante, dos precisiones importantes nos vemos obligados a efectuar. En primer lugar, que la aportación de las pruebas —incluida la pericial anunciada al abrigo del art. 337 LEC— debe producirse, a más tardar, en el periodo concedido para la práctica probatoria, lo que opera de forma preclusiva, sin que quepan interpretaciones flexibles al respecto.

Según expresa el ATS de 20 de enero de 2023, «para la práctica de las pruebas debe estarse al periodo de treinta días que establece el artículo 60 de la Ley reguladora de la Jurisdicción Contencioso-Administrativa, por lo que la referencia, ciertamente inconcreta pero implícita, de que la presentación de prueba anunciada, a que fue presentada a la mayor brevedad, era obvio que estaba referida al plazo de proposición y práctica, sin que (...), una vez finalizado el periodo de prueba, se haya declarado o no la preclusión del trámite, puedan proponerse o practicarse prueba alguna, sin perjuicio de que, por causas excepcionales, fuese necesario algún trámite ulterior, como sería el supuesto de la ratificación del dictamen pericial a que se hace referencia en el escrito de interposición»[126]".

En segundo término, que no resulta admisible la solicitud de un informe pericial que tenga «por objeto el análisis de "la metodología y conclusiones del informe pericial presentado de contrario" [ya que] no puede considerarse un hecho controvertido de las características exigidas por el artículo 281.1 LEC para ser objeto de prueba»[127]. Este exige que «la prueba tendrá como objeto los hechos que guarden relación con la tutela judicial que se pretenda obtener en el proceso».

B. Procedimiento abreviado

Respecto del procedimiento abreviado, debemos traer a colación la reciente STS de 26 de noviembre de 2020[128]. En ella se analizan las peculiaridades del procedimiento abreviado del art. 78 LJCA, y en concreto la posibilidad de aportar la prueba pericial en la vista, así como la facultad del demandante de solicitar el plazo razonable para su análisis y estudio.

---

126 FJU ATS de 20 de enero de 2023 (núm. rec. 162/2021 y [*Tol 9379384*]).

127 FJ 5 ATS de 26 de julio de 2022 (núm. rec. 275/2022 y [*Tol 9156060*]).

128 STS 1613/2020, de 26 de noviembre (núm. rec. 5692/2020 y [*Tol 8230297*]).

*«9.1. **La previsión legal según la cual la contestación a la demanda** en el procedimiento abreviado **se efectúa oralmente en el acto de la vista implica que el demandado puede en dicho trámite proponer toda la prueba de la que intente valerse** para defender sus pretensiones, incluida —obviamente— la prueba pericial, **sin que pueda condicionarse la admisión de dicha prueba a su presentación con una antelación mínima al acto de la vista.***

*9.2. **La regulación** general **de la prueba pericial**, y las especiales características de este medio de prueba, **exigen** —también en los casos en los que tal medio de prueba es propuesto en la vista del procedimiento abreviado— **otorgar a la parte actora la posibilidad de analizar la pericia** al objeto de solicitar aclaraciones al perito y efectuar alegaciones a sus conclusiones, a cuyo efecto —**y siempre que lo estime necesario el demandante— deberá el órgano judicial otorgar a dicha parte un plazo que no podrá exceder de cinco días para que se instruya convenientemente de dicha prueba.***

9.3. El plazo concreto que deberá otorgarse para dicha instrucción será determinado por el juez a la vista de las circunstancias del caso, teniendo en cuenta el contenido del informe pericial, su dificultad aparente y la solicitud al respecto formulada por la parte actora y podrá determinar, en su caso, la suspensión de la vista oral y la práctica de un nuevo señalamiento.

9.4. Todo ello, dejando intactas las facultades del órgano judicial para rechazar dicha prueba en el caso de que la considere inútil, impertinente o innecesaria, en cuyo caso no procederá otorgar plazo alguno a la parte contraria para que pueda instruirse de la prueba propuesta».

En nuestra opinión, la respuesta ofrecida a la cuestión de interés casacional puede considerarse como acertada, pues salvaguarda el principio de contradicción, que es un principio inherente a la estructura del proceso, de tal manera que, si el mismo faltase, se podrá hablar de cualquier fórmula autocompositiva, pero nunca de proceso. No es de extrañar, entonces, que denegar la prueba pericial de las partes demandadas o denegar el tiempo a la parte actora para ilustrarse sobre la pericia lesionaría el derecho de defensa de una u otra.

Quizás resultaría deseable que la ley previera la aportación por el demandado de los informes periciales antes de la vista cuando vaya a hacerse uso de los mismos, aunque ello es difícil en un régimen legal en el que la pretensión —porque así lo ha querido la ley— se ejercita por el demandado en el acto mismo del juicio oral, lo que iría en favor de la economía procesal.

C. Recursos de apelación y casación

Como ya hemos señalado anteriormente el recurso de apelación es un recurso ordinario que no tiene limitación sobre el alcance de los pronunciamientos, pudiendo plantearse cuestiones jurídicas y también fácticas, cabiendo incluso la realización de una fase de prueba y conclusiones. Mientras el recurso de apelación permite un nuevo y total examen del tema controvertido desde los puntos de vista fáctico y jurídico, en el recurso de casación resulta lo contrario. El recurso de casación podrá ser admitido a trámite cuando, invocada una concreta infracción del ordenamiento jurídico, tanto procesal como sustantiva, o de la jurisprudencia, la Sala de lo Contencioso-Administrativo del Tribunal Supremo estime que el recurso presenta interés casacional objetivo para la formación de jurisprudencia (art. 88.1 LJCA). No cabe plantear cuestiones fácticas o de pruebas en el recurso de casación, dicho recurso casacional «se limitará a las cuestiones de derecho, con exclusión de las cuestiones de hecho» (STS 3ª secc. admisión, auto 8 de marzo de 2017).

3) La prueba en las reclamaciones de responsabilidad patrimonial sanitaria

Grosso modo, las particularidades de la prueba en la responsabilidad patrimonial sanitaria se central en la carga de la prueba, la valoración del daño, así como la prueba pericial y documental.

A. Carga de la prueba

Debemos conjugar las previsiones legales de los arts. 60.3 LJCA y 281.1 LEC. De acuerdo con el primero, se requiere que los hechos sean «de trascendencia, a juicio del órgano jurisdiccional para la resolución del pleito». Según el segundo, es necesario que los hechos a que se refieran los medios de prueba solicitados «guarden relación con la tutela judicial efectiva que se pretenda obtener en el proceso».

Pues bien, «la Jurisprudencia (...) *ha* precisado el alcance de las anteriores normas sobre la carga probatoria en materia de responsabilidad patrimonial sanitaria a la luz del principio de facilidad probatoria, en el sentido de que compete al recurrente la prueba del daño antijurídico y del nexo o relación de causalidad entre éste y el acto de asistencia médica, de forma que, si no se ha producido esa prueba no existe responsabilidad administrativa, si bien tales exigencias deben moderarse, en aplicación del principio de facilidad de la prueba, tomando en consideración las dificultades que en cada caso concreto haya encontrado el recurrente para cumplir con la carga probatoria que le incumbe debido a que la Administración es la parte que dispone del expediente administrativo»[129].

---

129 FJ 5 STSJ de Madrid 707/2021, de 16 de septiembre (núm. rec. 907/2019 y [*Tol 8654061*]).

Esta cuestión, al haber sido abordada *in extenso* en el cap. 28 por GARCÍA-TREVIJANO (págs. 2040 a 2042), nos remitimos a lo dicho allí. En particular en él se ha escrito que al lesionado corresponde la carga de probar las circunstancias que amparan la pretendida indemnización en cuanto a: la relación de causalidad entre el funcionamiento del servicio público y la lesión producida; si el daño es desproporcionado, bastará que pruebe el carácter desproporcionado del mismo; la valoración del daño y su cuantía —salvo si se trata de daños morales—; y el modo de llevarse a cabo la reparación (para lograr la indemnidad, hasta donde sea posible).

Por su parte la Administración sanitaria debe probar la fuerza mayor u otra circunstancia que le exima del deber de responder (*v.gr.* culpa del perjudicado). Finalmente, en virtud de la regla de facilidad probatoria —o de la inversión de la carga de la prueba— la Administración deberá demostrar: que el paciente ha firmado el consentimiento informado (y que éste es suficiente y correcto en sus advertencias); y de que no ha habido mala praxis (en sus vertientes de haber funcionado el servicio sanitario, haberse seguido los protocolos establecidos al efecto, y no haberse producido error de diagnóstico, de información o de tratamiento). Dicho con otras palabras, basta con que el reclamante pruebe que ha habido un daño imputable a la Administración sanitaria, para que ésta debe justificar que debe ser soportado por el particular por no ser éste antijurídico.

B. Valoración del daño

No es «ocioso», al igual que tampoco es infrecuente, la aparición de litigios con notorias discrepancias —muy llamativas— entre la valoración y cuantificación de la indemnización apreciadas en el expediente administrativo y la resultante de la prueba practicada.

Tal y como ha señalado la STS de 6 de febrero de 2023, admitida la existencia de la responsabilidad patrimonial de la Administración sanitaria, «para la evaluación del daño cabe la utilización orientativa, no vinculante, de baremos existentes en otros ámbitos (...), como los previstos para la valoración de los daños y perjuicios causados a las personas en accidentes de circulación»[130]. Dicho carácter orientativo se encuentra reforzado con el art. 34.2 LRJ, según el cual «en los casos de muerte o lesiones corporales se podrá tomar como referencia la valoración incluida en los baremos de

---

[130] FJ 4 a) STS 137/2023, de 6 de febrero (núm. rec. 152/2022 y [*Tol 9397845*]).

la normativa vigente en materia de Seguros obligatorios y de la Seguridad Social».

Tal y como ha expuesto RAMOS en el cap. 9 del tratado, «esta utilización orientativa de los baremos descarta una aplicación automática de los mismos, puesto que lo que se persigue con la indemnización es que se produzca una reparación integral de los perjuicios —el art. 106.2 CE reconoce el derecho a ser indemnizado" por toda lesión"—, pero atendiendo siempre a las circunstancias concurrentes en cada caso»[131].

En base a lo anterior, se impone el canon de razonabilidad y proporcionalidad como presupuesto en la cuantificación de los daños, sin perjuicio del carácter orientativo de los baremos, los que sin duda pueden emplearse a efectos de la demostración de la razonabilidad del importe reclamado en concepto de indemnización.

C. Prueba pericial

Las alegaciones sobre el funcionamiento anormal del servicio público sanitario deben acreditarse con medios probatorios idóneos, como son los informes periciales e informes técnicos incorporados a los autos. No puede ignorarse que se está ante una cuestión eminentemente técnica y en los cuales necesariamente debe apoyarse el tribunal a la hora de resolver las cuestiones planteadas.

Por ello la prueba pericial tiene una relevancia determinante en procesos relacionados con la reclamación por daños causados con ocasión de una asistencia sanitaria o proceso médico. Esto es así porque uno debe tener presente que la gran mayoría de estos asuntos se ganan o se pierden en función de la prueba de los hechos. Por ello, las partes deben prestar gran atención y preocupación por la demostración de la adecuada o inadecuada prestación asistencial a que se anuda el origen de la acción.

D. Prueba documental

La petición de prueba documental requiere, en principio, demostrar una conexión razonable entre el documento y una determinada actuación médica que el demandante reputa negligente. Además, lo que no cabe es aportar o solicitar documentos que no existen o que no estuviesen confec-

---

131 *Idem.*

cionados en el momento de solicitar la prueba, pues el documento público o privado necesariamente debe existir para que se pueda acordar su aportación al procedimiento.

Adicionalmente, debe significarse que, en atención a «las peculiaridades de la prueba documental, una vez aportada [ésta] al proceso y no cuestionándose de contrario, no requiere mayores trámites, conforme cabe concluir de lo establecido en los artículos 318 y 319 y concordantes de la LEC, por lo que no requiere la apertura del periodo probatorio para dicha prueba al no existir trámite alguno que practicar, sin perjuicio de la valoración que de dicha prueba pueda hacerse por el Tribunal en el momento de dictar sentencia»[132].

Bibliografía

ALEGRE ÁVILA, José Manuel (2005): «La responsabilidad civil extracontractual de la Administración Pública y la jurisdicción contencioso-administrativa», *Revista Española de Derecho Administrativo*, núm. 196

BAUZÁ MARTORELL, Felio José (2021): «Revisión de oficio y jurisdicción competente: ¿subsisten los actos separables», en SOLER SÁNCHEZ, Margarita (coord.), *La Función Consultiva en la Comunitat Valenciana. XXV Aniversario del Consell Jurídic Consultiu*, Tirant lo Blanch-Consell Jurídic Consultiu de la Comunitat Valenciana, Valencia

DE PALMA TESO, Ángeles (1996): «El lamentable peregrinaje jurisdiccional entre el orden social y el contencioso-administrativo en materia de reclamaciones de indemnización por daños derivados de la deficiente atención sanitaria de la Seguridad Social», *Revista Española de Derecho administrativo*, núm. 89

DÍEZ-PICAZO GÍMENEZ, Luis María (2023): «Sobre la estructura de la jurisdicción contencioso-administrativa», *Revista de Administración Pública*, núm. 220

FERNÁNDEZ RODRÍGUEZ, Tomás Ramón (2023): «Un acuerdo básico sobre la necesidad de reformar la estructura de la jurisdicción contencioso-administrativa», *Revista de Administración Pública*, núm. 220

GALLARDO CASTILLO, Mª Jesús (2021): *Administración sanitaria y responsabilidad patrimonial*, Colex, La Coruña

GAMERO CASADO, Eduardo (1997): *Responsabilidad administrativa: conflictos de jurisdicción*, Aranzadi, Cizur Menor (Navarra)

GARCÍA DE LA ROSA, José Ángel (2021): *La prueba en los procedimientos de Gestión Tributaria*, Aranzadi, Cizur Menor (Navarra)

GARCÍA GIL, Francisco Javier (1998): *El procedimiento contencioso-administrativo (conforme a la Ley 29/1998, de 13 de julio, reguladora de la jurisdicción contencioso-administrativa): comentarios y jurisprudencia*, Dilex, Madrid

---

132 FJU ATS de 20 de enero de 2023 (núm. rec. 389/2021 y [*Tol 9379683*]).

GARCÍA GÓMEZ DE MERCADO, Francisco (2009): *Responsabilidad Patrimonial de la Administración,* Comares, Granada

GARCÍA MANZANO, Pablo (2000): «¿El fin del peregrinaje jurisdiccional?», *Derecho y Salud,* vol. 8, núm. 1

GRAU GRAU, Ignacio (2017): *La responsabilidad patrimonial sanitaria: aspectos procesales,* Bosch, Madrid

HUERGO LORA, Alejandro (2023): «Responsabilidad patrimonial por daños causados en la ejecución de contratos y concesiones administrativas. Situación actual y propuesta de mejora», *Revista de Estudios de la Administración Local y Autonómica,* núm. 20

LEGUINA VILLA, Jesús (1999): «Responsabilidad patrimonial de la Administración y unidad jurisdiccional», *Justicia Administrativa,* núm. extraordinario 1

MERCADER URGINA, Jesús Rafael (1999): La delimitación de competencias entre el orden social de la jurisdicción y el orden contencioso-administrativo tras la nueva LJCA», *Cuadernos de Derecho Judicial. Competencia del orden social tras la Ley reguladora de la jurisdicción contencioso-administrativa,* Consejo General del Poder Judicial, Madrid

MIR PUIGPELAT, Oriol (2003): «La jurisdicción competente en materia de responsabilidad patrimonial de la Administración: una polémica que no cesa», *Indret,* núm. 3

MONTERO AROCA, Juan, GÓMEZ COLOMER, Juan Luis y BARONA PILAR, Silvia (2016): *Derecho Jurisdiccional I. Parte General,* vol. I, 26ª ed., Tirant lo Blanch, Valencia

PANTALEÓN PRIETO, Fernando (1996): «Responsabilidad patrimonial de las Administraciones públicas: sobre la jurisdicción competente», *Revista Española de Derecho* Administrativo, núm. 91, págs. 403 a 413

RAMOS GONZÁLEZ, Sonia, LUNA YERGA, Álvaro y GÓMEZ LIGÜERRE, Carlos (2004): «Todos a una: Jurisdicción competente para condenar a la administración pública y su compañía aseguradora», *Indret,* núm. 4

SANTAMARÍA PASTOR, Juan Alfonso (2023): «Problemas de estructura y funcionamiento de la jurisdicción contencioso-administrativa», *Revista de Administración Pública,* núm. 220

Epílogo

Santiago González-Varas Ibáñez
Catedrático de Derecho administrativo de la Universidad de Alicante

SUMARIO: I. LEX ARTIS, ANTIJURIDICIDAD Y PRUEBA; II. CUATRO PROBLEMAS: CASACIÓN, COSTAS, PRUEBA Y PRESCRIPCIÓN.

I. LEX ARTIS, ANTIJURIDICIDAD Y PRUEBA

Lo suyo es que la responsabilidad patrimonial en el ámbito sanitario conlleve examinar, en el contexto de la antijuridicidad del daño, si ha habido infracción de la *lex artis*, criterio este seguido en multitud de sentencias:

> «*El carácter objetivo de la responsabilidad de las Administraciones Públicas no supone que esté basada en la simple producción del daño, sino que, además, este debe ser antijuridico, en el sentido que no se debe tener obligación de soportar, por haber podido ser evitado con la aplicación de las técnicas sanitarias conocidas por el estado de la ciencia y razonablemente disponibles en dicho momento. Y ello conduce a que solamente cabe considerar antijurídica en la asistencia sanitaria la situación en que se haya producido una auténtica infracción de Lex Artis*»[1].

Diríamos que este último criterio es el criterio aplicable. En función de los hechos y de las pruebas e informes, se concluirá que se infringe o no la *lex artis.* No obstante, se viene a equiparar la infracción de la *lex artis* con el error de diagnóstico, entre otras en las siguientes sentencias:

La STS de 29 de noviembre de 2011 aprecia infracción de la *lex artis* en la asistencia sanitaria prestada con ocasión de la grave patología neurológica detectada en el hospital considerando que ha existido error de diagnóstico y deficiente y escasa práctica de pruebas a fin de descartar otros diagnósticos[2].

---

1 FJ 4 STSJ de la Comunidad Valenciana 46/2020, de 29 de enero (núm. rec. 298/2017 y [*Tol 8012232*]), etc. También GALÁN CORTÉS, Julio César (2020): *Responsabilidad civil médica,* Civitas, Madrid, 7ª ed., GALLARDO CASTILLO, María Jesús (2021): *Administración sanitaria y responsabilidad patrimonial,* Colex, La Coruña.

2 STS de 29 de noviembre de 2011 (núm. rec. 1929/2010 y [*Tol 2290611*]).

En la STS de 20 de marzo de 2007, nuevamente estamos ante un caso de error de diagnóstico, al no valorarse acertadamente que el paciente había tenido un infarto, error que determinó que no se pusieran los medios de tratamiento adecuados al padecimiento que aquel sufría y por el que acudió al centro médico, siendo esta circunstancia suficiente para determinar que existe nexo casual. En el fundamento jurídico tercero explica la sentencia que la Administración en este caso admite que hubo un error de diagnóstico pese a que niega la responsabilidad patrimonial, frente a lo cual reacciona el TS confirmando la sentencia distancia recorrida, afirmándose por el TS que es evidente y se tiene por probado que hubo un error de diagnóstico al no valorarse acertadamente que el paciente había tenido un infarto. Y, entonces, acto seguido, la sentencia desprende de este hecho lo siguiente: «es evidente que una mala praxis al diagnosticar la enfermedad»[3].

En la STS de 7 de noviembre de 2011 se aprecia infracción de la *lex artis* por dos motivos: el primero, por la omisión de cuidados necesarios en el desarrollo y aplicación de la técnica de fórceps. Y el segundo, porque hubo falta de consentimiento informado, que motivó el desconocimiento de la paciente de los riesgos y de las alternativas que se presentaban[4].

En la STS de 29 de abril de 2008 se considera que la actuación médica es contraria a la *lex artis* por el hecho de que se ha producido un error de diagnóstico y tardanza en la detección de un cáncer de mama; precisamente la sentencia de instancia afirmó que no procedía la acción de responsabilidad patrimonial porque la Administración sanitaria realizó con arreglo a la *lex artis* sus actuaciones, basándose para ello fundamentalmente en el informe del inspector médico y rechazando la prueba pericial contraria, con lo cual se produce un debate sobre la *lex artis* que la sentencia de instancia considera no vulnerada; sin embargo, el TS se fija en que hubo un error de diagnóstico, ya que se le detectó al paciente un nódulo hipoecoico[5].

Para la STS de 12 de julio de 2007 existe un «error de diagnóstico de un paciente que estaba sufriendo un infarto agudo de miocardio que no fue detectado» y que generó la muerte del paciente y se considera este hecho como mala praxis: tras afirmar un error de diagnóstico se concluye que

---

3 FJ 4 STS de 20 de marzo de 2007 (núm. rec. 7915/2003 y [*Tol 1050754*]).

4 STS de 7 de noviembre de 2011 (núm. rec. 5686/2009 y [*Tol 2279192*]).

5 STS de 29 de abril de 2008 (núm. rec. 4791/2006 y [*Tol 1369915*]).

«es evidente por tanto que hubo una mala praxis médica al diagnosticar la enfermedad»[6].

En la STS de 19 de junio de 2012 no se había realizado un electrocardiograma y este hecho se consideró mala praxis médica[7].

En la STS de 2 de noviembre de 2011 se equipara la *lex artis* con la insuficiencia de información al paciente, afirmándose que constituye dicha insuficiencia, en sí misma o por si sola, una infracción de la *ley artis ad hoc*[8]; similar la STS de 22 de marzo de 2011[9].

En la STS de 7 de junio de 2001 se considera vulneración de la *lex artis* el hecho de no haber considerado los antecedentes de drogadicción de la interesada[10].

En la STSJ de la Comunidad Valenciana de 7 de junio de 2006 se viene a identificar la vulneración de la *lex artis* con la ausencia de un adecuado diagnóstico y la deficiente información[11].

Los criterios mencionados conducen a una praxis dominada por la valoración judicial de la prueba en función del caso concreto. Incluso, a veces, está implícita dicha vulneración de la *lex artis* en el enjuiciamiento y se estima la acción de responsabilidad patrimonial en función de la concurrencia de los postulados generales de la responsabilidad patrimonial.

Así, en la STS de 22 de junio de 2010, al existir un error de diagnóstico existe infracción de la *Lex artis*, porque «desde el punto de vista de la responsabilidad patrimonial de la Administración ese error de diagnóstico, aun cuando se cumplieran al menos en parte los protocolos asistenciales, determina un daño que comporta unas consecuencias por las que debe responder la Administración que no prestó la asistencia debida»[12].

En la STS de 10 de octubre de 2000, se trató al paciente como si tuviera cáncer en cabeza de páncreas cuando en realidad tenía pancreatitis y se

---

6 FJ 6 STS de 12 de julio de 2007 (núm. rec. 92/2003 y [*Tol 1124247*]).

7 STS de 19 de junio de 2012 (núm. rec. 579/2011 y [*Tol 2578750*]).

8 STS de 2 de noviembre de 2011 (núm. rec. 3833/2009 y [*Tol 2274618*]).

9 STS de 22 de marzo de 2011 (núm. rec. 984/2009 y [*Tol 2075910*]).

10 STS de 7 de junio de 2001 (núm. rec. 538/1997 y [*Tol 4919472*]).

11 STSJ de la Comunidad Valenciana de 7 de junio de 2006 (núm. rec. 1371/2002 y [*Tol 2247224*]).

12 FJ 5 STS de 22 de junio de 2010 (núm. rec. 5540/2008 y [*Tol 1919490*]).

estima la acción de responsabilidad patrimonial en virtud del «error de diagnóstico»[13].

En la STS de 9 de octubre de 2012, como consecuencia de una vacuna antigripal, el paciente pareció una enfermedad grave síndrome Guillain-Barré, estimándose el recurso tras afirmar la concurrencia de los presupuestos generales de responsabilidad patrimonial[14]. Lo mismo ocurrió en la STS de 28 de marzo de 2012 en que se causó un daño grave en el paciente porque no se realizó una determinada prueba[15].

---

13 FJ 6 STS de 10 de octubre de 2000 (núm. rec. 5078/1997 y [*Tol 1717202*]).

14 STS de 9 de octubre de 2012, núm. rec. 6878/2010 y [*Tol 2667914*]).

15 STS de 28 de marzo de 2012 (núm. rec. 5267/2010 y [*Tol 3306296*]). En la STS de 20 de marzo de 2012 (núm. rec. 2757/2010 y [*Tol 2495184*]) se otorga la responsabilidad patrimonial debido al retraso en el tratamiento y el error de diagnóstico. En la STS de 6 de abril de 2011 (núm. rec. 4998/2006 y [*Tol 2106572*]) hubo un error de diagnóstico (amenaza de parto prematuro cuando en realidad había un desprendimiento prematuro total de la placenta) causándole la muerte del feto, concediéndose la responsabilidad patrimonial. La sentencia del Tribunal Supremo de 20 de abril de 2006 (núm. rec. 291/2002 y [*Tol 956195*]) es ilustrativa: se produce un error de diagnóstico, ya que se diagnostica al paciente ansiedad cuando padecía realmente un infarto de miocardio, falleciendo al día siguiente. En este supuesto el TS confirma la sentencia recurrida y desestima el recurso de casación de la Administración fijándose en la relación de causalidad. Lo mismo en la STS de 19 de mayo de 2015 (núm. rec. 4397/2010 y [*Tol 5173539*]) en un supuesto de daños por colocación incorrecta de un implante anticonceptivo. La STS de 30 de marzo de 2005 (núm. rec. 3184/2001 y [*Tol 633638*]) parte de que es un hecho probado el error de diagnóstico y esto es suficiente para afirmar la responsabilidad patrimonial. En la STS de 7 de junio de 2001 (núm. rec. 538/1997 y [*Tol 4919472*]) se reconoce la responsabilidad patrimonial en un caso en que no se apreciaron los antecedentes de drogadicción de la interesada sin mayores apreciaciones. En la STS de 20 de septiembre de 2005 (núm. rec. 5078/2002 y [*Tol 732093*]) se concede la indemnización tras examinar el daño producido. La STS de 20 de abril de 2005 (núm. rec. 3831/2001 y [*Tol 646723*]) llega a reconocer la responsabilidad patrimonial con independencia de haberse producido o no mala praxis en el acto médico. En la STS de 14 de junio de 2012 (núm. rec. 2294/2011 y [*Tol 2581414*]) se reconoce la responsabilidad patrimonial en un caso en que un niño no fue atendido por médico especialista respecto de su enfermedad, lo que llevó a que contrajera una enfermedad gravísima, aplicándose por la Sala la «teoría de la pérdida de oportunidad», al tener que primar un diagnóstico certero y por ende un tratamiento adecuado a su enfermedad. La STS de 16 de octubre de 2007 (núm. rec. 9768/2003 y [*Tol 1161221*]) estima el recurso de casación interpuesto por el damnificado fijándose en que la Administración no actuó correctamente.

II. CUATRO PROBLEMAS: CASACIÓN, COSTAS, PRUEBA Y PRESCRIPCIÓN

Es cierto que, en materia de responsabilidad patrimonial, como ocurre a veces en otros ámbitos del Derecho, se perfilan casuísticas y criterios especiales en función del área de referencia.

Por lo que se refiere al ámbito sanitario, se advierte primero una cierta complejidad adicional para el acceso **a la casación** y parece una materia abocada a terminar en los Tribunales Superiores de Justicia. Al depender, el debate procesal, en gran medida, de la prueba, el acceso casacional se revela altamente complicado, ateniendo a las restricciones que presentan los recursos de casación al margen de los parágrafos expresivos del interés casacional objetivo donde no será fácil hacer encajar el supuesto.

Ahora bien, el problema principal que queremos remarcar en este contexto es el relativo a las **costas procesales** en este tipo de contenciosos administrativos de responsabilidad patrimonial sanitaria. En este tipo de procesos es difícilmente evitable la cuantía indeterminada ya que las reclamaciones vendrán determinadas por el montante de la indemnización que se reclama con lo cual eludir la cuantía indeterminada es casi imposible. Esto convierte la situación de los justiciables en algo dramático a veces. Se dan casos de responsabilidad patrimonial en los que la persona damnificada no solo sufre el daño de la Administración que se lo causa, sino que además se ve condenada a pagar unas cantidades de costas abusivas desproporcionadas, leoninas y absurdas. Este sistema auténticamente tercermundista es el que tenemos en vigor.

Es un sistema claramente inconstitucional porque discrimina los casos de responsabilidad patrimonial respecto de los casos generales que acceden al contencioso administrativo. Es más, por ejemplo, un particular sufrió un derribo de una edificación y podrá eludir la cuantía determinada pese al valor de la casa perfectamente cuantificable, pero en los casos de sanciones y de responsabilidad patrimonial se discrimina a los afectados y se les carga con unas costas ridículas a veces porque aquellas van en función de la cuantía del proceso como es sabido. Peor aún es que ni siquiera el recurrente que quiera ser prevenido en el proceso y cerciorarse de que las costas se van a limitar no encuentras sin embargo receptividad en los órganos jurisdiccionales.

Pero si en general esto es injusto en relación con la responsabilidad patrimonial, en los contenciosos de responsabilidad patrimonial médica o sanitaria, el problema es más visible o agudo aún ya que como decimos la persona que te causa el daño se beneficia después de las costas procesales.

Pensemos en casos en que el daño ha prescrito o casos en que finalmente no se imputa suficientemente el daño a la administración por un problema de **prueba** (aludido ya, *supra*) o simplemente porque por problemas interpretativos no termina de darse la razón al recurrente. Pero el caso es que, aunque se pierda el juicio, el daño te lo ha causado a la Administración pese a que jurídicamente pueda no ser responsable.

Es evidente que uno es en el hospital donde sufre el daño, aunque jurídicamente, conforme a los principios que hemos mencionado, finalmente la Administración pueda resultar no condenada: pero una cosa es esto y otra cosa es que haya que pagar costas a quien te causa el daño. Hay casos que, evidentemente, son claros y son merecedores de imposición de costas, pero así todo no se justifica la imposición tan desproporcionada que se observa.

El tema de la **prescripción** es muy subjetivo, en especial, en estos casos de daños provocados por la Administración sanitaria. Es una materia interpretativa que depende muchas veces del criterio del tribunal o juzgado. Parece inevitable que los temas de prescripción tengan este carácter, pero todo ello redunda en el problema anterior. La subjetividad en las prescripciones, y la desproporción en las costas, son realmente dos problemas importantes que se suman al problema de la prueba y del acceso al TS vía casación. En definitiva, una situación bastante injusta para quien sufre daños.